汤斌集

〔清〕汤斌 著
范志亭 范哲 辑校

上

中州古籍出版社

图书在版编目（CIP）数据

汤斌集（上下册）/（清）汤斌著，范志亭等辑校.
—郑州：中州古籍出版社，2003.10（2019.5重印）
（中州名家集）
ISBN 978-7-5348-1548-5

Ⅰ．①汤… Ⅱ．①汤… ②范… Ⅲ．汤斌（1627～1687）-全集 Ⅳ．①B249.9

中国版本图书馆CIP数据核字（2001）第073673号

责任编辑：李祖哲
责任校对：温向苏
出 版 社：中州古籍出版社
（地址：河南省郑州市郑东新区金水东路39号C座　邮政编码：450016）
发行单位：新华书店
承印单位：郑州市毛庄印刷厂
开本：850mm×1168mm　1/32
印张：64.5
字数：1464千字　　　　　　　印数：1201—2200册
版次：2003年10月第1版　　　印次：2019年5月第2次印刷

定价：258.00元（全二册）
本书如有印装质量问题，由承印厂负责调换。

汤斌后裔保存的汤斌画像

汤氏祠堂前的石牌坊,为河南省重点文物保护单位,惜于"文革"初期被红卫兵推倒

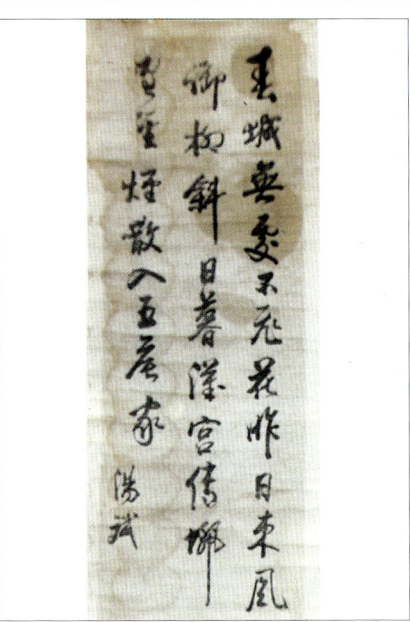

汤斌手书唐韩翃《寒食》诗

本书辑校者范志亭与汤斌后裔汤致民交谈

总　目

上　册

前言 ·· （1）
辑校说明 ·· （1）
第一编　汤子遗书 ·· （1）
第二编　汤子遗书续编 ·· （701）

下　册

第三编　明史稿 ·· （825）
第四编　洛学编 ·· （1493）
第五编　补遗 ··· （1569）
第六编　汤斌研究资料 ·· （1689）

前　言

　　清朝初叶的名臣大儒汤斌,字孔伯,号荆岘,晚年取号潜庵,河南睢州(今睢县)人。生于明末天启七年(1627),22岁乡试中举,23岁会试中式,26岁成进士,被授为弘文院庶吉士,28岁授国史院检讨,30岁以现职加一级出任陕西潼关道副使,33岁升任江西岭北道参政,统辖赣南二府。同年,因父病辞官归里。照料父亲的同时,依然苦读不辍。40岁时,听说理学大师孙奇逢在苏门讲学,便赁驴前往受业,学问更臻高深。其间,州官京官两次荐征,均以母老家贫辞却。52岁时,因总宪魏象枢、副宪金铉荐举,郡县催迫,勉强驾牛车入都应博学鸿词试,取为甲等,授为翰林院侍讲。又任日讲起居官、明史总裁、大清会典副总裁、内阁学士兼礼部侍郎等职。康熙二十三年,时年58岁,被特简为江苏巡抚。逾年升任为礼部尚书管詹事府事。二十六年调任工部尚书,十月去世,享年61岁。他政绩卓异,道德纯净,文章清雅,在哲学、史学、文学等方面都有杰出贡献。辞世后,康熙在祭文中评价他"操守廉洁,才猷素著,克尽职掌";雍正褒扬他"服官敬慎","清德可风","卓然一代完人"。清廷谥号"文正",并配享孔庙。著名文学家方苞称颂他为"一代伟人",说:"国朝语名臣,必首睢州汤公。"(《汤司空逸事》)他一生的主要贡献有以下几个方面。

一、勤政恤民 清正廉洁

汤斌曾先后在陕西、江西、江苏、北京四地做官,临政共12年,处处勤于政事,体恤民瘼,清正廉洁,深得黎民百姓的爱戴,当世和后人把他与周公、召公、范仲淹、韩琦、海瑞等名臣贤相相提并论。

他初任潼关道兵备副使时,由于明末以来长时间兵连祸结,人民流离失所。号称三秦门户、天下雄关的潼关城内,仅余三百户人家。时值西南地区战事不已,往来的清军都要路过这里。派车拉夫,占房宿营,征收粮秣,骚扰严重,剩下的百姓也无法安居,仍作背井离乡之念。道属各州县荒田连阡结陌,百姓鹑衣鹄面,不仅难完征赋,连生计都无法维持。加之盗贼蜂起,灾害频仍,着实苦不堪言。汤斌到任后招徕流民回乡屯田开荒,三年免征租课;实行保甲联防,缉拿盗贼;建立义仓,以备荒欠;创办社学,教民以德。亲自到境上接待过往清军,不使他们扰乱地方,使人民得以安居乐业。流民争归,市廛繁荣,潼关人户一年多时间增至数千户。荒莱被垦,盗贼敛迹,民风淳厚,家有余粮,关中很快治愈了战争创伤。

江西岭北道辖赣州、安南二府。同潼关一样,由于居民逃离,城内遍地败瓦颓垣,寒烟衰草。道属各地,处处层峦叠嶂,高木密林。此处东接福建,北控南京。一支抗清武装在此地凭险设守,与清军对抗。虽然其民族精神大可称道,但对天下混一,人心思定的大清人民实在骚扰尤甚。盗贼也乘机窃发,弄得人民一夕数惊。

赣南曾是心学大师王阳明临政的地方，汤斌追步前贤，效法懿行，奖励农耕，舒缓民困；加强治安，保护民生；整顿衙门，清除刁顽胥吏。对抗清武装和山林盗贼采取以抚为主，剿抚并用的方略。不数月，就擒获了降而复叛的抗清首领李玉庭，解散了他的部队；平息了许多股出没不定的草莽英雄，使得强人卖刀买犊，洗心向化。民心大定，百业开始复兴。巡抚苏宏祖对这位鸿猷长智的道员十分钦佩，军政大事，悉共与划。汤斌不舍昼夜，勤勉莅事，大小战争，都要亲自过问和指挥。由于往来奔波，被瘴疬侵染，多次呕吐昏厥，卧病不起。加之其父年老多病，便申请辞官。清政府有"外官告病，例不起用"的规定，但他仍然解组返乡。

江苏巡抚任上，是他一生从政生涯的顶峰。此时，三藩之乱已被平息，踞守台湾的郑氏也已请降，天下宴然。地方大吏的主要职责是察吏安民，征输国课，化民成俗。汤斌极其出色地完成了这些任务。江苏辖七府一州五十二县，人口繁盛，田原肥沃，商旅兴旺，号称天下富饶。但民风奢华，迎神赛会，经旬不断；花船妓楼，所在皆是；打降殴斗，赌博聚讼，无日不有。赋税繁重，几当天下之半。如苏松二府可当大省百余州县之赋，其他杂项科派多如牛毛，甚或超过正税，人民苦不堪言。再加地势低卑，湖泊星罗棋布，江、河、淮横贯其中，交替肆虐，水患频仍，百姓号泣长天。更有甚者，前任巡抚佘国柱疏于政事，使得江苏上下吏治败坏，政以贿成，苟苴往来公案；衙蠹刁恶，惟以敲剥吓诈百姓为能事。这里被称作难治之省。

汤斌励精图治，锐意革新。下车伊始，即颁布一道道政令，对过去种种弊端严加禁止。然后从裁汰冗员入手，对各级衙门进行整顿，诫谕属员不准以恶役为心腹。又弹劾了郭杰、赵禄星等一批贪官污吏；对于罪行较轻的州县官吏，行文严饬，限期改正。在整顿吏治的基础上导化民俗，严厉禁止赌博、迎神、打降、赛会等活动。苏州西上方山有五通淫祠，红男绿女游冶其中，实为治化攸关。巫师神汉假借五通神娶妻，奸玩妇女，诈取民财。乡民被煽惑欺骗，前往烧香叩头，祈祷祝祀，山成"肉山"，池为"酒池"，耗费资财，惑乱人心，实为地方大害。前数任巡抚多次禁止，或畏惧神明，或决心不大，都半途而废。汤斌认为如此害民一逞的淫神，和人间贪官无异，率领部属上山，亲手推倒神像，投畀太湖。将五通祠改为关帝庙，宣扬关公正气。又下令拆除各地淫祠，砖瓦木料用于修建学宫。令各地广建学校，选择学问优长，道德卓异的士子讲授《孝经》《小学》。整修泰伯祠、范公祠等先贤祠宇，弘扬周公、范仲淹、海瑞等前代先哲正大光明的精神。教化大兴，人民崇尚节俭，神巫敛迹，风气大变。

针对江南逋赋严重，汤斌多次向康熙皇帝吁请陈告，终于免掉了明万历四十七年加征的"三饷"和顺治以来全省旧欠的四分之一，以及宿迁、邳州等受灾地区的钱粮赋额，将康熙十八年至二十二年积欠的赋税由一次征收改为分年带征。改掉了长期以来由民户买铜交纳芦课的不合理规定，禁止地方官将莲芡报成永额税收的邀功取宠的作法。又革耗羡，禁私派，清漕政，大大减轻了人民的负担。每遇水旱灾害，他都轻装简从，亲临灾区踏勘，及时向清廷陈述受灾情形和救赈办法。在江苏任上，尽管淮、扬、徐诸府多次发生洪涝，田地淹没，庐舍漂流，由于救赈及时得力，路无饿殍，民无流移，人民万众腾口称颂。汤斌离任赴京时，苏州人民把守巡抚衙门，堵塞苏州城门，舍不得让这位好官离去。汤斌再三劝谕，才勉强出城，走陆路农民用犁耙锄头挡住去路，走水路青壮年拖着船不让开行。从苏州到扬州一千多里路程，十余万人自发地跪在道旁，捧香叩头，为他送行。由此可以看出他的得人心之深。

汤斌之所以能在短时间内做出卓越政绩,揆诸他的生平著作,有以下为政经验:

其一,亲民爱民,以民为本。民本思想是儒家仁学中的重要内容,汤斌继承了这一思想,他告诫自己:"宽一分则民受一分之赐。"并将"求通民情,愿闻己过"作为座右铭,时时省察。(见《语录》)

其二,正己率属,垂范群僚。汤斌一生为官都位居长位,他深知长官的一言一行无时不在影响着下属,关系着一方的政风,因而,他把"正己率属"四字写在簿册上,时时提醒自己。

正己要在洁己,己不洁则下必贪,行贿受贿,贪污腐化之风不扬自起。他每次升迁,上任之初,都召集所属员役,谆谆告谕:我无求于彼,而你们也不准有求于下属。如一意孤行,定题参革拿。他还发文禁止下属到衙门参谒、拜访,更不准送礼请托。到各地视察,也都撤去仪仗,轻装简从。一再严申所属各地不准为他设下程小饭一类的招待。对过往的京官,他仅按礼迎送,从不动用公款宴请或馈赠。如需招待,则自己拿出费用。他和家人日用所需的米面菜蔬布帛,都是仆役在市场上按市价采办。

其三,公正明断,勤政劬劳。他说:"公则明,廉则威。"又说:"人心公则一,私则殊。"(《语录》)处理政事,总是反复量法度理,力求公正恰当。他还以勤政著名,总是不舍昼夜,处理公务,做到案无留牍,日无积事。

二、阐释理学 不偏不倚

和当时的许多读书人一样,汤斌接受了新儒学,也即理学。他早年读书和做官时,对理学已有较深的认识和理解。因病休致后,几次涉过黄河,到五百里外的苏门夏峰,向隐居在那里的理学宗师孙奇逢求教。追随杏坛,春风催化,大有增益。同时,他还与顾炎武、黄宗羲、陆陇其、耿介等人共同研讨性理,互相补充,砥砺所学。他们或书札往来,或当面请益,关系密切。他的哲学思想的主要内涵是:

其一,不厚程朱,不薄陆王。"林无静树,川无停流",理学产生不久,即有门户之分。一派推崇程朱,一派追随陆王,双方势不两立,形同水火。汤斌对两派则采取兼收并蓄的包容态度,尊崇程朱亦不薄陆王。他对理学内部产生分歧的原因作了历史分析,指出:"自周子(敦颐)至朱子(熹),其学最为纯正精微,为儒者标准。后学沉溺训诂,殊失程朱精意。王守仁致良知之学正以救末学之流弊,但语多失中。门人又以虚见承袭,失其宗旨,致滋后人之议。"(《乾清门奏对记》)这确是公允之论。程朱后学舍本逐末,一味寻章摘句,考释训诂,使程朱之学渐入末路。王阳明意在起而拯救,门人弟子却失其宗旨,自树藩篱,排斥程朱,使理学祸起萧墙,纷争不已。两派都失去正学本意,其做法不足效法。汤斌公正客观,心气平和,实为正学本来风貌。

他对双方竞长争短的风气颇感厌恶,希望尽快罢战息争。他在给学界泰斗黄宗羲的信中表达了这种心情:"今之讲学者只是说闲话耳,诋毁先儒,争长竞短,原未见先儒真面目。""学路久迷,事事皆为奔走声利之场,诋讥先儒,树立坛坫,雷同附和,不知身心安顿何处?"(《与黄太冲书》)

其二,宇宙为"气",运动发展。汤斌同其他理学家一样,从阐释《易经》入手,去探讨生生不息,变幻无穷的宇宙。在宇宙本体论上,他接受了程朱和陆象山的成说,认为无形的"乾"是由"气"生成,有形的坤是由气聚集滋生而成。他引用朱子的话说:"天地只是一个春气。发生之初为春气,长得过便为夏,收敛便为秋,消缩尽便为冬。明年又复从春起,浑然只是一个发生之气。"由此,他发挥道:"乾元,天德之大始,故万物之生皆资之以为始。此言气,而不言形,若涉于形,便是坤之资生矣。"(以上均见《乾坤两卦解》)

汤斌认为宇宙是在变化的,他解释"易"的含义为"交易"和"变易",说:"天地间物物皆是易,不是交易便是变易,二端之外更无他也。"把运动变化看作是宇宙间永恒而又普遍的现象。不仅天道如此,人事也是这样。说:"人能及时而动,进退随时,则无咎矣。"(以上见《乾坤两卦解》)人不仅要不断运动,还要适应客观,顺应规律,见解可为透辟。

其三,阐理释道,本于日用。理学的开山祖师赋予理与道以复杂而又玄深的内容,或看成是超然于宇宙之外,支配自然和人类的永恒概念,或作为封建宗法制度的最高准则,或当作封建道德的标准,甚或看成是宇宙的根源,形成宇宙的材质。既反映了理学为规范封建社会秩序所做的努力,也反映出人们对浩渺广远的宇宙太空所作的丰富想像。汤斌穷究过天文历法,对天体宇宙,日月运行有着一定的认识,但他没有把理学与天体牵强附会地联系起来去探源求本。他的理学思想最突出的特点就是讲求伦常日用,突出人的中心地位。

首先,他认为人是宇宙间最积极的因素,谈理不可离开人。指出:"天地生物,势不能无缺陷。有缺陷处,端赖人以补助之。故人能赞天地之化育,方为克尽人道。"确定了人在宇宙间的主体地位。

其次,认为理和道并不玄妙幽深,难于捉摸。他说:"此道无古今,无圣凡,人人可以自尽。"(《答褚怀万书》)又说:"夫道无所谓高远也。其形而下者具于饮食、器服之用,形而上者极于无声无臭之微。"(《嵩山书院记》)用浅近的语句说明道远及于心,近及于身,即在人的心上身上,与每个人都息息相关,须臾不离,打破了很多人对道的神秘感。

再次,为道、性、理规定了具体而又明白的内容,说:"性不外乎仁义礼智,而虚无寂灭非性也;道无外乎人伦日用,而功利词章非道也。"(《苏州府儒学碑记》)把人立身行事,相互往来应遵循的基本道德,人伦日用须恪守的原则规定为道与性的内容。

其四,慎独居敬,刻意内省。汤斌求理悟道的重要方法是儒家传统的内省,说:"天理二字不可不时时体察。用力既久,愈见亲切。从此行将去,自然仰不愧,俯不怍。"所谓体察,即在实际生活中随时去体会儒家经典要义,口诵心证,内省其身,扬长去短,不断进益。否则,无法获取真学问,真道德,做到身心纯一,表里洞彻。

如何内省?他认为:一是慎独。他说:"小人只是不认得'独'字。"(《语录》)而君子之所以能成为君子,就在于"朝乾夕惕,自强不息"。(见《睢州建庙学碑记》)二是居敬穷理。他认为,主敬,是道学的要旨,不管是帝王将相,还是庶民百姓,都要"学以修身为本,即当以钦敬为心"。(见《东林讲学录》)

其五,主张践履,反对空谈。汤斌接受了朱熹"践履"和王阳明"知行合一"的观点,形成了自己的实践观。他说:"学者先识孔孟之真,身体而力行之,久之徐有见焉。"(《蕺山刘先生序》)基于对实践重要性的认识,他执着地强调:"躬行实践,只是行得一寸是一寸,积累将去。"(《语录》)

朴实的民主思想和无神论思想也贯穿在汤斌的著作和行为中。对于佛学的虚妄,他进行过多次抨击和揶揄。在为政上,能全面听取属吏和百姓的意见。

三、才兼三长 修撰史志

汤斌在史学方面也做出很大贡献。他生活在清初文字狱控制的间歇阶段,龚自珍的诗句"国家治定功成日,文士关门养气时",正指此时。这为汤斌治史提供了较多优越的外部环境。他一生三入史局修撰《明史》,两次总裁史事,亲手写下数十万字的明史稿。此外,还参与了两朝圣训和《大清会典》的编写工作。分任地方时,虽公堂碌碌,仍汲汲戚戚,不忘史事。或搜集当地大贤著作,或絜行郡乘志书。休致林居时,直接修纂《睢州志》;又受恩师孙奇逢委托,撰写了《洛学编》。还多次受人请托,为前人和世人写下多篇传状、序记和碑板文字。其著作中有多篇专论历代史事得失和各家史书优长。其他评点历史的言论在其书信文论中所在皆是。身后,有人用"才识冠三长,班马为前驱"(徐电发《至睢州谒潜庵先生祠堂》)来概括他在史学方面的贡献,他的主要成就有:

其一,呕心沥血,撰修《明史》。《明史》是史学界公认修撰得比较好的一部史书,后世史家如赵翼、潘永季等都赞誉不绝,其中自然有汤斌的不少功劳和心血。

《明史》修撰历经顺治、康熙、雍正、乾隆四朝,前后共分三期。第一期始于顺治二年,清政府为配合武功又施行文治,选汉族降满官员冯铨、洪承畴、范文程主持其事。史局上下多为贰臣,沐恩前朝,又事新主,修史实在无法落笔,所以,并无实绩。第二期始于康熙十七年,时当天下大定,人心思安,年轻有为的玄烨重开史局,用开博学鸿词科的办法罗致50名才猷素著的人才修史,用抽签方式分配任务。大家通力合作,将明史全部修完。第三期在康熙中叶之后,直至乾隆四年,经王鸿绪、张玉书等人修改纂易,最后成书。

汤斌第一期虽然参与，但时间很短，就到潼关做官。第二期参与了一部分，他抽签分得太祖本纪、天文志、历志、五行志，以及正统、景泰、天顺、成化、弘治五朝列传的任务。他为《明史》修纂主要做了三方面的工作。

一是发奋忘我，写出了高质量的史稿。汤斌修史时，不止一次地给友人和家人写信谈自己在史局夜以继日，笔颓颖摧的苦况："史局重大，编摩难就。入春以来，手不停笔，衰病侵寻，支缀不离。卷帙浩繁，载籍缺略，幸同事人多，交相策励，大约明岁春夏，草稿报竣。"(《再答姚岳生书》)由于他抱病驱残，废寝忘餐，发奋写作，康熙十八年至二十三年，写出并改削天文志、历志12卷，列传35卷。(见《题〈明史〉疏》)二十五年以后所撰史稿书札不载，难以计数。今天保留下来的尚有太祖本纪4卷、后妃传1卷、历志3卷、列传12卷，共约40余万字。

二是广搜博征，为修史辑存了大量史料。汤斌一入史局就注重收集史料，任国史院检讨时就致书幼年同窗好友田兰芳，请求帮助搜集史料。汤斌故家睢州的几位明朝大臣如工部尚书李孟阳、兵部尚书袁可立、兵部侍郎蔡天佑、户部尚书李汝华，以及临邑宁陵籍思想家吕坤等，按规定都可入史，汤斌写信给家人，要求把他们的著作及志传寄来。烈女也拟入明史纲目，他还要求把《河南列女传》也速寄来。他还写信向山林隐逸顾炎武等征集资料，并一起考证史料的真伪，得到顾炎武的热情支持。由于他大量占有资料，所以，撰写的史稿翔实准确，富赡生动。

三是发凡起例，为《明史》成书的框架作了奠基。论者大都认为《明史》体例详备，繁简得当，其得力于汤斌颇多。甲、《明史》、《忠义传》较前史内容丰富。汤斌于顺治八年上《陈史法疏》，主张表彰明末抗节殉难烈士，得到顺治皇帝的首肯，因而使修史者无后顾之忧。乙、《明史》专设《阉党传》,而且分辨邪正,无疑受汤斌《〈明史〉凡例议》的影响。丙、所修历志,内容丰富,条晰缕析,成书历志只作删节。另外,所撰《太祖本纪》和列传,大多为继承者接受和师法。

其二,对志乘杂史,也多有贡献。

汤斌作为一代史家,对于郡县志乘、墓碑像赞、专史修撰等亦十分重视,多有贡献,实为清代方志学的勃兴做出开山之功。

一是辑佚补缺,纂修郡乘。汤斌分任地方,虽公务繁忙,仍不忘保护整理当地史料。每至一处都发出文告,要求搜集当地大贤著作和事迹,整理梨行,兼有推行教化和保存史料两种作用。江西岭北道所辖两府十数县,止宁都、石城、定南几县有志,其他诸县志书在兵火之后,板籍毁尽。他多方购求,仅得《赣州府志》一部,事止记于万历末年,迄今30余年事迹都付缺如。他主张马上修志,命先将征得的孤本府志用欧颜字体精工誊写,校正无讹,同原本一起送道刊刻;他还准备在王阳明讲学的濂溪书院开局修志,因问政短暂,即告病休致,这项工作无法报竣。行前,他担心《赣州府志》孤本易失,捐俸刊印,并抱病写了《赣州府志序》。

汤斌的家乡睢州为宋襄公埋葬之地,秦即置县,宋时置州,历史久远,人文荟萃,却无志书。曾任明宪宗朝南京工部尚书的睢人李孟阳因不满权奸横行,辞官回乡,首修《睢州志》。汤斌少时即好向长者访求郡中故实。李自成义军攻破睢州,汤斌同父亲避乱河北,偶尔见到李修旧志,如获至宝,不舍昼夜,抄录而回。汤斌的好友吴冉渠曾购得嘉靖时所刻州志,并校对增补。这两个本子都流于过简,且错讹甚多。汤斌休政后即有心重修州志,搜求佚册,访问耆老,见闻日广,写下《睢阳耆旧传》、《风俗志》、《遗事考》诸章。后应师尊孙奇逢之托撰写《洛学编》,又将睢州理学人物收入其内。

这些活动为修撰州志准备了详实丰饶的资料。恰巧州官程正性也病于旧志简略缺漏,便同汤斌一起纂修。程正性忙于公务,大量的撰写工作都落在汤斌身上。汤斌力任其事,终于修成。新志虽仍为七卷,但内容增加十之五六,备一时之详。

二是撰写碑板墓铭,留下大量信史资料。汤斌由于声闻海内,所以求他写序记、作墓铭的人很多。他总是严肃认真、实事求是对待,决不溢美和虚构,因而为后世留下许多信史资料。

三是修成《洛学编》,使中州洛学发展有源流可寻。理学自濂洛关闽开山,风行云驰,天下滔滔。其中洛学渊源流长,影响最大。横渠之学有人按其统序撰成《关学编》,而洛学源流尚未理出。孙奇逢于苏门讲授理学,天下向往,而门墙之内称高足者应首推汤斌、魏连陆数人。于是将整理洛学、探源索流的重任交给汤斌。汤斌谨承师命,潜心探究,理清了儒学自汉至明在河洛间发展的脉序,写成《洛学编》一书。分4卷,共得41名学者,对每人都略述行实,详述学术。这不仅是一部洛学发展史,也是一部较早的专史。

其三,史论渖通,可范后世。

汤斌在史学理论上也多有建树,其论明允深刻,公正温和,可醒史者耳目。一是主张治史的目的在于"诏是非,助赏罚",这既同刘知几提出的修史"乃生人之急务,为国家之要道"(刘知几《史官建置》)的意见相吻合,也同王夫之主张的治史在于"述往事,勖来者"道同语近。二是强调"三长",但尤重"史识"。他对修史重识作过概括:"修史与专家著述不同。专家著述可据一人私见;奉旨修史必合一代之公评,未可用意见肆讥弹也。"(《〈明史〉凡例议》)因而,他主张修史须"克己无我,幽明不愧,乃能诛奸谀而发潜德。"(《二十一史论》)史识自然还有胆识的意思,即具有陈述己见的勇气和胆量。汤斌本人就颇具史识和胆识。顺治朝,他曾上疏主张表彰明末抗清诸臣。汤斌的建议表现出了史家的远见,但却有违时论。冯铨、洪承畴等人竭力想在修史中掩饰自己叛明背恩的窘态,汤斌主张表彰抗清节士,自然把他们衬托得十分渺小,因而大为恼火。冯铨给汤斌加上"奖逆"的罪名,拟旨严饬。幸得顺治保护,才免受打击。

三是尊重史实,反对虚妄。史实是修史的基础材料,马端临主张"详于事实"(《文献通考》),刘知己以为史家应实事求是,不可掇取怪诞异端。汤斌也十分重视史实的重要作用,提出"立法宜严,取材贵备"的修史原则。对于史料,他主张详加考释审证,不可盲目相信。

汤斌在文学上也有一定造诣。他早年穷通经史辞赋,文章本性求情,风貌清新,州试府试俱为第一。乡试闱卷得"新采缀露,藻思倾峡"的评语。后应博学鸿词试,诗赋均为一等。他交往的不仅有顾炎武、黄宗羲、耿介、孙奇逢、毛奇龄、朱彝尊等哲学家和史学家,也有宋荦、汪琬、施闰章、王士祯、徐轨等一批饮誉当时文坛的巨擘大家。他如能沿着文学的道路发展,必定大有成就。但他的主要精力用于繁杂的公务和明史撰写上,空余时间又探理究性,涵养性情,很少进行文学创作,使他在文学方面的成就较之理学、史学方面逊色一等。然而,由于他文学功力深厚,就是公移奏疏,序记书牍,也色彩斑斓,雄迈俊雅,具有很高的文学价值,正如毛奇龄所评:"若其高文典册,扬庙堂之盛,则纶扉判词,槐厅起草,举凡应制之作往往而是。夫既已举于春官,橐笔三馆,而复登制科,膺鸿儒博学之选,则文可知矣。"(《〈汤子遗书〉序》)其于诗词辞赋偶有涉猎,也淹雅清纯,如羚羊挂角,显露大家风范,得后人"温润茂密,扬扢风雅,粹然一出于正"的评价。(苏廷魁《重刊〈汤文正公全集〉叙》)他还长于文学批评,对文学史发展脉络的把握既条贯清晰,又见解独特。对一些文学现象的品评,也独具慧眼,时有醒人耳目之处。

汤斌作为一个历史人物,同样有他的历史局限性。在为政方面,他过分地"忠君",使"爱民"思想的火炬暗淡了许多;哲学观中主观唯心主义的色彩也较明显,尽管其中萌出不少唯物论的新芽,却没有像顾炎武、黄宗羲那样蔚然成林;史学上可称得上成绩斐然,但由于专业不精,忽而写史,忽而从政,常心有旁骛,所以,既没有建立成熟的史学体系,也没有写成像后来成书的《明史》规模的史稿。至于文学方面,由于理学观念过于突出,以至抑制了文学的美育功能,使作品显得平滞。

尽管如此,却瑕不掩瑜,他仍然是那个时代堪称伟大的人物。整理他的著作,张扬他的事迹与思想,对于当今和将来,都有着重要的现实意义。我们生于汤斌故里,从小就受着他的熏陶,乡亲们用"天下文官祖,三代帝王师"来概括他一生的辉煌业绩,因而对他充满了神圣的崇敬与向往,所以不揣庸陋,勉力承担起辑校《汤斌集》的重任。

汤斌去世不久,后学与门人蔡文炳、张壎、王廷灿、范景等便收集和整理他的遗文,并请汤斌的同里好友田兰芳校阅并作序,山平堂、文会堂、忠恕堂等书坊为之镌刻梓行。这些版本内容或多或少,体例互有歧出,书名或称"汤大司空遗稿",或为"潜庵先生遗稿",或名"汤子遗书"。汤斌的子孙也将家书交贻安堂等书坊刊刻。这些版本对扬励汤斌的睿言懿行、高风亮节起了很大作用,但因编辑仓促,内容缺漏,不便于后人学习与研究。汤斌生前主持浙江会试时遴拔的门生、崇明知县王廷灿汇集各家,采失辑佚,认真编次,定名为《汤子遗书》。该书共分十卷,包括了除《明史稿》以外的各种文体的作品。以后张伯行创正谊堂,刊印宋明理学大家的著作,以及乾隆朝纪昀等编辑《四库全书》,都采用了王廷灿的版本。

王本虽然包括了汤斌的大部分著作,但却没有将汤斌的另外两部重要著作《明史稿》和《洛学编》包括进去。《明史稿》和《洛学编》在汤斌去世后虽也有印行,但不像《汤子遗书》那样流传广泛。同治庚午(1870),汤斌后裔将《汤子遗书》、《明史稿》、《洛学编》合并,又将搜集到的部分书信、奏稿、墓铭、诗词等作为《汤子遗书》续编,刊刻印行。因藏版于家祠,故署名"本祠堂"。这便是汤斌著作的全集本。

本祠堂本问世迄今虽仅一百余年,由于印数不多,加之天灾人祸,目前流传于世者却寥寥无几。中州之大,保存完整并见于册籍登记的仅有四部。金石尚可磨损,何况纸张?因此,整理和重印汤斌文集实在是极为迫切的事情。无独有偶,此类情况比比皆是。中州古籍出版社为了抢救历史文献,在经费十分拮据的情况下决定出版此书,实在堪称义举。我们接受任务后,以本祠堂本为工作本,参照文会堂、山平堂等版本标点和校正,历时两个寒暑,终于完稿。全书体例基本保留旧制,但也根据内容稍作调整。如将《汤子遗书》卷首的序记、宸章、行略、年谱、墓志铭和卷尾收入的部分序跋,统统移入汤斌研究资料部分,《洛学编》因其内容与明史无涉,也从《明史稿》中分离出来,单独成编。全书竣稿后,幸得全国古籍整理出版规划领导小组拨款资助出版,河南省新闻出版局又做为重点图书给以出版补贴,我们喜悦心情实在无法言状。

这部煌煌百余万字的著作能够面世,远非个人力量所能完成。汤斌故里的睢县县委、县政府和文化局的负责同志给予了热情支持。睢县图书馆将从民间征集到的惟一一套《汤子遗书》和《明史稿》交给我们作为工作本,又将珍藏的有关汤斌的文物图片提供出来供选用;许多睢县在郑州工作的同乡也给予热情鼓励和支持;河南省图书馆、郑州市图书馆、河南省社会科学院图书馆、郑州大学图书馆、新乡市图书馆古籍部的工作人员给予了热忱帮助。中州古籍出版社的领导与责任编辑弦声,不仅认真审阅稿件,还四处奔走呼吁,争取出版经费。汤斌的后裔也给了我们许多帮助,或献出家藏数代的《睢州汤氏族谱》,或介绍汤斌的轶闻传说,或殷殷鼓励。郑州市图书馆的张万钧先生不断从版本辨认和文字疑难等方面指点迷津;南通师院的王树林先生慨然拿出珍藏的汤斌轶文,充实进文集。新华社河南分社摄影记者朱广智先生和睢县文联主席王继绪先生为本书拍摄了图片资料。值此书出版之际,谨向八方朋友表示衷心感谢。

范志亭负责点校《汤子遗书》一至七卷,《明史稿》中的《太祖本纪》、《历志》、《后妃传》,列传中的一至十五卷,以及《乾坤两卦解》;范哲负责点校《汤子遗书》八、九、十等三卷,《明史稿》中列传十六至二十卷,《汤子遗书续编》;胡娜负责点校《洛学编》和《汤子遗书》补遗;赵兰亭负责搜集点校有关研究汤斌的资料。全书由范志亭总其成。由于我们智短力竭,而汤斌著作博大精深有如江海,时时有难于窥测其浅深的感觉,其中错讹定会不少,谨请方家不吝垂教。

范志亭　范　哲
2002年12月25日于郑州

辑校说明

1.本书校勘,以王廷灿编辑、同治庚午年(1870)汤斌后裔刊刻的《汤子遗书》,与《明史稿》、《洛学编》合订本为底本。因藏版于汤氏家祠,书中署为本祠堂,故称本祠堂本。参照以下诸本校勘:

(1)汤斌去世不久,由蔡方炳、张壎编辑,王廷灿、蔡彬、蔡升之、范景校订,春秀堂刊刻的《汤子遗书》版,因藏于山平堂,简称山平堂本。书中无出版纪年,根据书中体例和内容,似为较早刊刻的汤斌著作。

(2)康熙四十二年(1703),由王廷灿编辑、文会堂拣选印行的《汤子遗书》,(又称《汤大司空遗稿》),简称文会堂本。

(3)乾隆四十四年,纪昀、陆锡熊、孙士毅编辑的《文渊阁四库全书》集部卷二百五十一《汤子遗书》,简称四库本。

其他如福建正谊堂书院刊刻并藏版的《正谊堂全书》中的《汤潜庵集》,简称正谊堂本,忠恕堂藏版的《潜庵汤大司空遗稿》,简称忠恕堂本,也参照辅校。

2.校勘原则：

(1)底本原文一般不作改动。校本中的异文异字,与底本相校,分出正误,列于校记中。

(2)繁体字改为简化字。

(3)通假字不改不出校记;俗体字和异体字改为常见字。

(4)《明史稿》中关于西南少数民族的"瑶"、"僮"二字,当时出于民族偏见,写为"猺"、"獞",均改之。

(5)文中避讳字一律改回本字。

3.编排说明：

(1)旧本之序跋、年谱、宸章,全编入"汤斌研究资料"中。汤斌研究资料除《汤子遗书》中选用的外,又从有关册籍中搜集汇辑,供研究之用。《洛学编》从《明史稿》中分出,另成一编。

(2)由尹会一编撰的《〈洛学编〉续编》,原被收入《洛学编》,编入《汤子遗书》内。本文集只将其中的《汤潜庵先生》一编收入本书第六编《汤斌研究资料》中,其余关于孙奇逢、耿介、张沐、张伯行、窦克勤、冉觐祖等六人的内容不再收入集中。

(3)《四书偶录序》,《汤子遗书》和《〈汤子遗书〉续编》均收入,为避免重复,该文从续编中删去。

(4)《睢州志》为汤斌所编纂,因已出单行本,故不再收入本文集。

(5)辑佚寻失,略有所得,另辟一编,置于文集卷末。

(6)田兰芳之评点,仍然保留。

(7)汤斌研究资料凡九部分：传略,年谱,碑铭,帝王评价及朝廷活动,轶事、杂记、序、论、书信、颂、祭文、启、诗,家世、家庭等。

目录

上 册

第一编 汤子遗书

卷一 语录

门人沈佳、窦克勤、姚尔申手述二十三条 …………………（3）
门人窦克勤手述五十条 …………………………………（7）
男溥手述六条 ……………………………………………（19）
门人王廷灿手述五条 ……………………………………（20）
门人范景手述十五条 ……………………………………（21）
田兰芳所编遗稿内补入二条 ……………………………（24）
志学会约 …………………………………………………（24）
学言 ………………………………………………………（29）

卷二　奏疏

敬陈史法疏　内翰林国史院检讨任内奏 …………… (31)
题《明史》事疏　内阁学士、《明史》总裁、新授江宁巡抚题 … (33)
恭报到任疏　以下三十二篇由总粮储提督军务、巡抚江宁
　　　　　　等处地方都察院右副都御史任内题 ………… (33)
报睢沭②秋灾疏 ……………………………………… (35)
恭谢南巡蠲赦疏 ……………………………………… (38)
题请蠲缓疏 …………………………………………… (39)
题请蠲恤疏 …………………………………………… (41)
代陈舆情疏 …………………………………………… (43)
谢颁日讲《易》义疏 …………………………………… (45)
题恳大沛蠲恤疏 ……………………………………… (46)
报邳州水灾疏 ………………………………………… (49)
续报扬属异常水灾疏 ………………………………… (49)
汇报淮徐秋灾疏 ……………………………………… (51)
再报淮属水灾疏 ……………………………………… (52)
赈恤淮扬灾黎疏 ……………………………………… (52)
先动帑赈饥疏 ………………………………………… (55)
陈苏松逋赋难清之由疏 ……………………………… (57)
圣德远迈疏 …………………………………………… (60)
采买布匹疏 …………………………………………… (61)
调剂驿站疏 …………………………………………… (62)
特举卓异疏 …………………………………………… (64)
钦奉上谕疏 …………………………………………… (66)
灾田漕粮米色难期纯一疏 …………………………… (68)
请免并征陈赋疏 ……………………………………… (70)

请节浮冒疏 …………………………………………… (71)
请旨行取疏 …………………………………………… (72)
解送布匹疏 …………………………………………… (74)
蠲免丁额疏 …………………………………………… (76)
详陈芦课办铜之艰疏 ………………………………… (77)
借帑买米,平粜还库疏 ……………………………… (79)
恭谢天恩疏 …………………………………………… (80)
请录先贤后裔疏 ……………………………………… (81)
请毁淫祠疏 …………………………………………… (83)
恭报起程疏 …………………………………………… (85)
特举贤才疏　由经筵讲官、礼部尚书、掌管詹事府事任内奏 …… (86)

卷三　序、记

序

拟御制《大清会典》序 ……………………………… (88)
《理学宗传》序 ……………………………………… (89)
《孙征君先生文集》序 ……………………………… (91)
《蕺山刘先生文录》序 ……………………………… (92)
《赣州府志》序 ……………………………………… (94)
劝赈序 ………………………………………………… (96)
《睢州志》序 ………………………………………… (98)
《〈孝经〉易知》序 ………………………………… (99)
《刘三蔚诗》序 ……………………………………… (101)
《蔡氏族谱》序 ……………………………………… (102)
《唐成斋制义》序 …………………………………… (104)
黄庭表集序 …………………………………………… (105)
《西涧集》序 ………………………………………… (107)

《杨彭山春望词》序 …………………………………… (108)
《雪亭梦语》序 ………………………………………… (109)
《西山唱和诗》序 ……………………………………… (110)
《王似斋诗》序 ………………………………………… (110)
送魏莲陆归保定序 ……………………………………… (111)
送宋牧仲分司赣关序 …………………………………… (113)
送汪检讨奉使琉球序 …………………………………… (114)
惠母陈太君七十寿序 …………………………………… (115)
征君孙先生九十寿序 …………………………………… (117)
募建六忠祠序 …………………………………………… (119)
贺王叔平进士序 ………………………………………… (120)
送徐电发序 ……………………………………………… (121)
贺佟抚军寿序 …………………………………………… (122)
印归序 …………………………………………………… (124)
《松青堂集》序 ………………………………………… (125)
《四书偶录》序 ………………………………………… (126)
题冯玉传像赞序 ………………………………………… (127)

记

乾清门奏对记 …………………………………………… (128)
睢州移建庙学碑记 ……………………………………… (129)
重修苏州府儒学碑记 …………………………………… (131)
潼关卫儒学重建启圣祠碑记 …………………………… (133)
嵩阳书院记 ……………………………………………… (135)
庆都县尧母陵庙碑记 …………………………………… (137)
重建汉太尉杨公飨堂碑记 ……………………………… (139)
潼关楼刻诗记 …………………………………………… (140)

重修乾明寺碑记·················(141)
田烈妇孙氏殉节碑记···············(143)
重修中州会馆记··················(144)
重建信陵君祠记··················(145)
星聚堂记······················(147)
石坞山房图记···················(148)
三圣庙碑记····················(149)
重修玉帝庙记···················(150)
睢州泰山庙碑记··················(151)
内升奏对记····················(151)
睢州泰山庙碑后记·················(154)

卷四 书
上孙征君先生书··················(156)
在内黄寄上孙征君先生书··············(159)
又上征君先生书··················(159)
三上孙征君先生书·················(161)
与田簀山书····················(162)
答田梁紫书····················(163)
与刘心周书····················(164)
答褚怀万书····················(164)
上郡守宋公书···················(165)
上粮道张尔成公祖书················(167)
与管河郡判冯公书·················(167)
答耿亦夔书····················(168)
答耿亦夔书····················(169)
又答耿亦夔书···················(170)

答施愚山书 …………………………………… (170)
答姚岳生书 …………………………………… (171)
与耿逸庵书 …………………………………… (172)
答姚岳生书 …………………………………… (173)
与李襄水书 …………………………………… (174)
答广文魏闻野书 ……………………………… (174)
答张仲诚书 …………………………………… (175)
答李襄水书 …………………………………… (177)
再答姚岳生书 ………………………………… (177)
答耿逸庵书 …………………………………… (178)
答耿逸庵书 …………………………………… (179)
答顾宁人书 …………………………………… (180)
与田篑山书 …………………………………… (181)
与田篑山书 …………………………………… (182)
答田篑山书 …………………………………… (183)
上总宪魏环溪先生书 ………………………… (184)
答刘叔续书 …………………………………… (185)
与刘叔续书 …………………………………… (186)
答黄太冲书 …………………………………… (187)
与黄太冲书 …………………………………… (188)
答陆稼书书 …………………………………… (188)
答友论学书 …………………………………… (191)
与宋牧仲书 …………………………………… (192)
答闽抚金悚存书 ……………………………… (193)
与杨筠湄书 …………………………………… (193)
与王抑仲书 …………………………………… (194)

与宋牧仲书 …………………………………（195）
　与杞县令王慎斋书 …………………………（196）
　答沈芷岸书 …………………………………（196）
　答王世兄书 …………………………………（197）
　与鲁敬侯书 …………………………………（198）
　答孙屺瞻侍郎书 ……………………………（199）
　与王似斋书 …………………………………（202）
　上虞抚讨长宁县叛民书 ……………………（202）
　与耿逸庵书 …………………………………（203）
　与杨树滋书 …………………………………（204）
　与宋牧仲书 …………………………………（204）
　与张王士书 …………………………………（205）
　答蒙城令书 …………………………………（206）
　答郡守宋公书 ………………………………（206）
　与弟斑书 ……………………………………（208）
　附　寄示诸子家书 …………………………（208）
卷五　赋、颂、论、辨、议、拟诏、露布、策、考、启、引、题跋
赋
　璇玑玉衡赋　有序 …………………………（226）
　金台怀古赋　馆课 …………………………（229）
　懋勤殿赋　拟馆课 …………………………（230）
　长白山赋 ……………………………………（232）
颂
　藉田颂　有序，顺治甲午馆课 ……………（235）
　劝赈颂　有序 ………………………………（237）

论
　《十三经》注疏论 …………………………………… (237)
　二十一史论　馆课 …………………………………… (242)
　政贵知变论　馆课 …………………………………… (245)
　诸儒执经问难论　院试 ……………………………… (246)
辨
　春王正月辨 …………………………………………… (248)
议
　缠地议 ………………………………………………… (250)
　本纪当法《宋史》议 ………………………………… (251)
拟诏
　拟汉元帝以禁囿假贫民举直言极谏之士诏　院试 …… (252)
　拟汉文帝亲耕藉田诏　院试 ………………………… (253)
露布
　粤西平露布　馆课 …………………………………… (254)
策
　平定湖南收服云贵策　院试 ………………………… (255)
考
　历代备荒良法考　馆课 ……………………………… (257)
启
　同门公建征君孙先生夏峰祠堂启 …………………… (260)
引
　《四书浅说》小引 …………………………………… (261)
题跋
　题《一乐堂卷》 ……………………………………… (262)
　题赵宪清卷 …………………………………………… (263)

《征君先生诗卷》跋················(264)
《省斋词》跋················(264)

卷六 传、墓志、墓表、行实、事状、像赞、祭文

传
明两浙运使傲辕张公传················(265)
樊隐君传················(267)
王氏五节烈传················(268)
广西参议戴公传················(270)
处士孙君传················(272)
封庶吉士李公传················(274)
钟文子先生传················(276)

墓志
文学幼兆吴君暨魏孺人合葬墓志铭················(277)
拔贡彦公赵君墓志铭················(280)
江南镇江府海防同知冉渠吴公墓志铭················(281)
征君孙钟元先生墓志铭················(285)
前兵部尚书湛虚张公墓志铭················(289)
砥园施先生墓志铭················(292)
翰林院侍读愚山施公墓志铭················(295)
翰林院提督四译馆太常寺少卿王君墓志铭················(297)
封文林郎翰林院庶吉士余君墓志铭················(299)
南罗武君墓志铭················(301)

墓表
陕西延安府靖边同知陈公墓表················(303)
江西广信府推官雪潭任公墓表················(304)
大梁处士王公墓表················(306)

行实
封中宪大夫、陕西按察司副使、先考府君行实 ………… (307)
事状
赠恭人先妣节烈事状 ……………………………………… (313)
像赞
孙征君先生像赞 …………………………………………… (316)
王山史像赞 ………………………………………………… (316)
毛会侯戴笠垂竿图像赞 …………………………………… (316)
祭文
祭华岳祈雨文　潼关道任内 …………………………… (317)
祭孙征君先生文 …………………………………………… (318)
祭同年施愚山文 …………………………………………… (319)

卷七　陕西潼关副宪公移
请修关城,以重岩疆事 …………………………………… (321)
亢旱不雨,急图修省,以祈有年事 ………………………… (322)
禁止滥讼,以厚风俗事 …………………………………… (322)
申明画一之规,以振积玩,以清案牍事 …………………… (323)
天降灾戾,雨泽不时事 …………………………………… (324)
示谕严禁事 ………………………………………………… (324)
禁约事 ……………………………………………………… (326)
申严保甲之法,使民自为捍御,以安民生,以靖地方事 … (326)
申严军法,以新壁垒,以壮金汤事 ………………………… (329)
申严门禁,以固封疆事 …………………………………… (333)
体恤行户,特立印票,以杜弊端事 ………………………… (333)
预查灾伤分数事 …………………………………………… (334)
申严缉捕逃人,无误地方事 ……………………………… (335)

申严缉盗,以靖地方事 …………………………………… (335)
询访职业,以课实效事 …………………………………… (336)
特禁恶风,以安良善事 …………………………………… (338)
潼关城守要务事 …………………………………………… (340)
谨仓廪以重军储事 ………………………………………… (340)
季考事　示谕三条 ………………………………………… (341)
申饬狱政,以重象刑之典,以广钦恤之恩事 …………… (342)
申饬祥刑,以重民命事 …………………………………… (343)
招徕流亡,修筑故居,以奠民生事 ……………………… (344)
晓谕事 ……………………………………………………… (345)
功令森严,谆谕士民速赍达部清册,早完钦件,共保身家事
　　……………………………………………………………… (345)
恳恩严檄修筑事 …………………………………………… (347)
敬陈理财管见,仰祈采择事 ……………………………… (348)
塘报事 ……………………………………………………… (348)
擒获响马事 ………………………………………………… (349)
公务事 ……………………………………………………… (350)
示谕事 ……………………………………………………… (351)
蒲城县儒学生员原天章等呈为乞恩轸恤穷苦事 ……… (351)
神道岭兵丁庞魁等恳恩严檄修筑,以免露宿事 ……… (352)
潼关卫人姚平为背父事 ………………………………… (352)
朝邑县一件申报事 ……………………………………… (353)
严禁需索,以恤冲驿事 ………………………………… (353)
祈祷雨泽事 ……………………………………………… (354)
酌通水利,以图永赖事 ………………………………… (354)
急释幽闭,稍举修省实政事 …………………………… (355)

禁约事 …………………………………………………… (355)
严饬茶马之禁,以重边防事 …………………………… (356)
举行乡约,以善风俗事 ………………………………… (356)
力行乡约,以善风俗事 ………………………………… (357)
禁约事 …………………………………………………… (358)
劝谕流民急归故业事 …………………………………… (358)
禁约事 …………………………………………………… (360)
严饬整理营伍,以壮军威事 …………………………… (361)
严革提车夙弊,以苏民困事 …………………………… (361)
举行义仓,以备饥荒事 ………………………………… (362)
义仓会劝词 ……………………………………………… (363)
呈酌定牛车等事 ………………………………………… (364)
复养济院以恤穷民事 …………………………………… (366)
饷需日迫,功令日严,谆谕士民速完赋额,以裨国计,
　以安身家事 …………………………………………… (367)
严饬速结词讼,以清积案事 …………………………… (368)
卑员越例烦渎,严行戒饬,以肃法体事 ……………… (368)
申饬事 …………………………………………………… (370)
再饬祥刑以重民命事 …………………………………… (371)
申饬职业事 ……………………………………………… (372)
再行申饬事 ……………………………………………… (372)
叩天俯行权宜以米代麦,上济国需,下便民情事 …… (373)
屯务事 …………………………………………………… (374)
申饬事 …………………………………………………… (375)
酌裁冗员,以佐军需事 ………………………………… (375)
教职远任艰难,乞赐酌议,申请就近推选,以免旷职事 … (376)

禁约事 …………………………………………………… (376)
严禁加耗,以速国课,以安民生事 …………………… (377)
饬修先贤遗迹,以重风教事 …………………………… (378)
严禁城门事 ……………………………………………… (378)
公举殉难烈臣等事 ……………………………………… (379)
申严城守,以重封疆事 ………………………………… (380)
再行谆饬防守,以备不虞事 …………………………… (380)
禁约事 …………………………………………………… (381)
钦奉上谕事 ……………………………………………… (382)
急救水灾,以拯残黎事 ………………………………… (383)
筑修旧河,除民大害事 ………………………………… (383)
再行严禁邪教,以正风俗,以遏乱源事 ……………… (384)
行查均平里甲事 ………………………………………… (385)
申饬恪遵恩诏事 ………………………………………… (385)
申严河防,以固封守事 ………………………………… (386)
再行严禁私贩茶马事 …………………………………… (386)
严饬塘报贼情,以便剿捕事 …………………………… (387)
军民异籍,约束难联,预鸣专饬,以便协力防守事 …… (387)
公举纯孝精忠,乞祀乡贤,以光大典事 ……………… (388)
再严保甲之法,以安民生,以靖地方事 ……………… (388)
褒举异节,乞请旌表,以励风化事 …………………… (389)
停止词讼事 ……………………………………………… (390)
驿传分协应差事 ………………………………………… (390)
颁发格言戒谕事 ………………………………………… (391)
申明农政,以重本务事 ………………………………… (391)
禁约事 …………………………………………………… (393)

严催拖欠钱粮,以济军需事 ………………………………… (394)
商洛中军请募补标兵事 ……………………………………… (394)
冲关用兵正殷,缺额可否募补,希赐转详,以便遵守事 … (395)
冲关差使如织,越境长途极苦,希详照界安塘,以专责任,
  以保无虞事 ………………………………………………… (396)
申饬清狱事……………………………………………………… (397)
经过兵丁不许入城,已奉严旨申饬,谆谕士民,速
  进城修筑房舍,以固封守,以奠民生事 ………………… (397)
严禁行使低假银色事…………………………………………… (398)
示谕事 …………………………………………………………… (399)
盗贼横行,捕务日弛,急图振励,期观盗息民安之效事 … (399)
祈晴事 …………………………………………………………… (400)
谕各行户知悉事 ………………………………………………… (400)
申明主仆之分,以正颓风事 …………………………………… (401)
再行严禁赌博,以杜乱萌事 …………………………………… (401)
申饬事 …………………………………………………………… (402)
摘催顽户速完屯粮,以济军需事 ……………………………… (403)
严剔衙役抗粮之弊事 …………………………………………… (403)
乞预严饬,以便稽查,以靖地方事 …………………………… (404)
禁约事 …………………………………………………………… (404)
严饬茶马之禁事 ………………………………………………… (405)
申报盗情事 ……………………………………………………… (405)
申报病故监犯事 ………………………………………………… (406)
咎征叠见,谆谕寮属共图修省实政,以回灾变,
  以安民生事 ………………………………………………… (407)
严饬审盗宜速,不得株连无辜事 ……………………………… (408)

兴利除弊之大,莫若裁并卫所,丁田归之州县,以足财用,
　　以苏民生事 …………………………………………… (408)
水利关国课民命,乞批定夺事 ……………………………… (409)
详陈屯政等事 ………………………………………………… (410)
禁约事 ………………………………………………………… (411)
首严吏治,以苏残黎,以奠封疆事 ………………………… (411)
严禁左道,以端风尚,以弭乱源事 ………………………… (413)
申饬事 ………………………………………………………… (413)
恳恩详转等事 ………………………………………………… (414)
戢虎暴以除民害事 …………………………………………… (415)
再饬置簿,以恤冲驿事 ……………………………………… (416)
禁约事 ………………………………………………………… (416)
禁革乱俗,以正伦常事 ……………………………………… (417)
户口凋残已极,穷黎苦累难堪,请敕部详,以昭画一,
　　以垂永久事 ……………………………………………… (417)
酌并潼关税务等事 …………………………………………… (418)
穷兵枵腹堪悯等事 …………………………………………… (418)
严禁兵丁赌博,以靖乱源事 ………………………………… (420)
申明乡饮,以重大典事 ……………………………………… (420)
申饬学校,以端士习事 ……………………………………… (421)
劝谕平籴,以济穷黎事 ……………………………………… (423)
率属修省,以回灾变事 ……………………………………… (423)
严禁私帮,以申法纪,以苏民困事 ………………………… (424)
禁革陋规,以苏民困事 ……………………………………… (425)
疏通籴粜,急救民命事 ……………………………………… (426)
卑员越例烦渎,严行戒饬,以肃法体事 …………………… (426)

行查旱灾事 …………………………………… (427)
抚民厅为举告逆子事 ………………………… (428)
华州详吞业杀命事 …………………………… (428)
华州呈报打夺客人马成货物事 ……………… (428)
华州详捉获盗贼事 …………………………… (429)
蒲城县恳讨宪批弹压,以革积弊,以惩刁顽事 ……… (429)
华州详诡灭吞杀事 …………………………… (430)
诡灭吞杀事 …………………………………… (430)
澄城一件防兵盘获等事 ……………………… (430)
华阴县详违宪霸水事 ………………………… (431)
朝邑县一件指官扰民事 ……………………… (431)
华州详报地方事 ……………………………… (432)
华阴县详西王等村争水一事 ………………… (432)
朝邑县一件公举节孝等事 …………………… (433)
遵旨会选堪任镇将等事 ……………………… (433)
再行严饬防御,以靖地方事 …………………… (434)
行查旱灾事 …………………………………… (435)
严禁差役下乡扰民事 ………………………… (436)
革长班以除弊端事 …………………………… (436)
谆谕属员,共保残黎事 ……………………… (437)
饷务事 ………………………………………… (438)
恳题速补要地道缺,以理残疆事 ……………… (439)
塘报事 ………………………………………… (440)
欺君虐民极冤事 ……………………………… (441)
抚民同知呈详为欺君虐民等事 ……………… (442)
咨访救荒实政,以济穷黎事 …………………… (443)

严禁溺杀子女,以全天性,以厚风俗事……………………(443)
目击冲驿倒敝,希速请示,以专责成,以通国脉事 ……(444)
禁宰耕牛,以重农务事 ………………………………(445)
塘报贼情事 ……………………………………………(446)
禁约事 …………………………………………………(446)
申饬刑名事 ……………………………………………(447)
兴复社学,以端蒙养事 ………………………………(448)
急查忠烈实迹,以备表扬,以范末俗事………………(449)
查议事 …………………………………………………(450)
复乡饮以重大典事 ……………………………………(450)

卷八 江西岭北参政公移

严禁参谒事 ……………………………………………(451)
晓谕事 …………………………………………………(451)
严饬防御,以靖地方事 ………………………………(452)
严禁溺杀子女,以全天性,以厚风俗事………………(453)
崇祀先贤,以昭景行事 ………………………………(454)
遵谕敬陈南赣险监,并陈设防机宜事…………………(455)
急谕流民归业,开垦荒田,以奠民生,以足国用事 ……(456)
严禁馈送请托,以肃吏治事 …………………………(457)
严禁邪教,以正风俗,以遏乱源事……………………(457)
严禁假名营债,倍利坑贫,以苏残黎事………………(459)
举行月课,以兴学育材事 ……………………………(459)
严禁焚毁尸骸,以厚风俗事 …………………………(460)
招徕流亡,修复故居,以奠民生事……………………(461)
修复书院,以重道源事 ………………………………(462)
禁革陋规,以苏民困事 ………………………………(462)

严禁停舟僻地,以免盗患事 …… (463)
严饬操练,以资守御事 …… (463)
申严城守门禁监狱,以防不虞事 …… (464)
纂修郡乘,以彰文献事 …… (465)
查取先贤遗文事 …… (465)
援师大获奇捷,海逆歼遁无遗,亟示晓谕,以安民心事 … (466)
戢虎暴以除民害事 …… (466)
塘报事 …… (467)
严饬塘报贼情事 …… (467)
开报事 …… (468)
钱粮不容冒支,恳准确查造报等事 …… (469)
缉解贼总,以靖地方事 …… (469)
弑叔异冤事 …… (470)
杀死弟命事 …… (470)
特申画一之法,以振积玩,以清案牍事 …… (470)
超豁罪赎事 …… (471)
销算顺治十六年分兵马钱粮事 …… (472)
申严门禁,以重城守事 …… (473)
急催官员贤否事 …… (473)
下吏受过有由,恩诏之赦款允协等事 …… (474)
敬陈丈造之详,备述收归之便等事 …… (474)
佥选殷丁等事 …… (474)
严禁行使低假银色事 …… (475)
申严城守,以重封疆事 …… (475)
申饬清狱事 …… (476)
严禁宰杀耕牛,以重农务事 …… (477)

晓谕事 …………………………………………… (477)
申严城守,以专责成,以防不虞事 …………… (478)
大盗劫狱可骇等事 …………………………… (479)
查勘隘要地方,量设官兵防汛,以靖寇源事 … (480)
飞报事 ………………………………………… (482)
属邑告警相仍,郡城无兵可虑,密请酌定硕画,
　以靖地方事 ……………………………… (483)
时势难支,恳请防兵,以保城池,以固根本事 … (483)
颁恩申详留兵永镇,以固上游,以靖地方事 … (484)
请旨发审事 …………………………………… (484)
打死人命事 …………………………………… (486)
活活打死人命事 ……………………………… (486)
土霸魍魉,乡民涂炭等事 …………………… (487)
出巡事 ………………………………………… (487)
飞报乡兵奋勇等事 …………………………… (488)
堂上万里,下情难达等事 …………………… (488)
拿获假冒大兵沿乡淫掳事 …………………… (489)
申报逃兵等事 ………………………………… (489)
迅报异乱事 …………………………………… (489)
打死驿卒事 …………………………………… (490)
活活踢死人命事 ……………………………… (490)
申报防兵杀死印官仆命事 …………………… (490)
移会查验伪首事 ……………………………… (491)
活活打死人命事 ……………………………… (491)
缉解贼总,以靖地方事 ……………………… (491)
移会查验伪首事 ……………………………… (492)

海逆肆犯有年,讹言浪传无忌,晓谕官民勿听眩惑,
  以定人心,奉宪晓谕事 …………………………………（492）
恭陈裁并未当粮务,远摄非宜,敬陈一得,仰祈睿鉴,
  以重国计,以安民生事 ………………………………（493）
敬陈盐政壅滞之由,并酌因时疏通之法,仰祈睿鉴,
  以裕课饷事 ……………………………………………（495）
移会查验伪首事 ……………………………………………（496）
移会查验伪首事 ……………………………………………（497）
藩差骚扰驿递,兵丁凌辱印官,仰祈睿鉴事 ……………（498）
钱粮不容冒支,恳准确查造报,设立良法,以垂永久事 …（499）
剿杀叛贼乡勇姓名,听候奖励,以鼓人心事 ……………（500）
盗犯越狱事 …………………………………………………（501）
塘报擒渠斩逆事 ……………………………………………（502）
逆贼荡平在即,愚民迷锢可悯,谆切晓谕,协心剪除,
  以保全身家事 …………………………………………（503）
招辑残黎及时归耕,共图生全,无误身命事 ……………（504）
再饬招徕开垦,以奠民生事 ………………………………（505）
塘报擒渠斩逆事 ……………………………………………（506）
禀报事 ………………………………………………………（506）
协济之蚀侵已久等事 ………………………………………（507）
衙蠹玩法事 …………………………………………………（507）
遵谕敬陈南赣险隘等事 ……………………………………（508）
逆渠投诚未出,难民安插无绪等事 ………………………（508）
久狱久冤,四命哭超事 ……………………………………（508）
夙疾举发,势在莫支等事 …………………………………（509）
活杀八命事 …………………………………………………（509）

塘报擒渠斩逆事 …………………………………… (510)
塘报擒渠斩逆事 …………………………………… (510)
移会查验伪首事 …………………………………… (511)
塘报擒渠斩逆事 …………………………………… (511)
移会查验伪首事 …………………………………… (512)
劫杀事 ……………………………………………… (513)
行查荒熟事 ………………………………………… (513)
请旨发审事 ………………………………………… (514)
塘报擒渠斩逆事 …………………………………… (514)
议立社学,以广教育事 …………………………… (515)
查明铺兵身死等事 ………………………………… (515)
查明铺兵身死缘由,据实报明事 ………………… (516)
盗犯越狱事 ………………………………………… (517)
吁宪恩准招抚,以安庶类事 ……………………… (517)
盗贼劫船事 ………………………………………… (518)
盗犯越狱事 ………………………………………… (518)
移解投顺,自愿归农事 …………………………… (519)
移解事 ……………………………………………… (519)
遵化归诚,恳恩准抚事 …………………………… (520)
敬陈末议,设镇兵以防寇等事 …………………… (520)
亟请多设禁卒等事 ………………………………… (521)
呈报人命事 ………………………………………… (521)
开报事 ……………………………………………… (522)
活活打死男命事 …………………………………… (523)
缉解贼总,以靖地方事 …………………………… (523)
营兵包船,违误军机等事 ………………………… (524)

呈报马船朽烂等事 …………………………………… (524)
逆贼投诚未出，难民安插无绪亟行等事 ………… (524)
赣郡养马独苦等事 …………………………………… (525)
活杀八命事 …………………………………………… (525)
民少荒多事 …………………………………………… (526)
咨请严鞫事 …………………………………………… (526)
屯粮全完，恳查转报，以免遗累等事 ……………… (526)
查明铺兵身死缘由，据实回报事 …………………… (527)
禀报事 ………………………………………………… (527)
打死父命事 …………………………………………… (527)
严饬防御，以固封疆事 ……………………………… (528)
汇报有功官兵，擒获活贼等事 ……………………… (528)
粤贼抢劫事 …………………………………………… (529)
严催奏销军器钱粮事 ………………………………… (530)
移解投顺，自愿归农事 ……………………………… (530)
亟请多设禁卒更夫，以防不虞，万难刻缓事 ……… (531)
恳恩申文留兵镇守，以靖地方，以安民生事 ……… (532)
呈报盗贼劫船事 ……………………………………… (532)
又回详三院前事 ……………………………………… (533)
军务事 ………………………………………………… (534)
禁革私收盐税事 ……………………………………… (535)
行查荒熟事 …………………………………………… (536)
查勘要隘地方，量设官兵防汛等事 ………………… (537)
饬保甲分别兵民，以靖地方，杜混害民事 ………… (539)
移解事 ………………………………………………… (540)
积病难痊，恳恩速赐题请，俯准休致，无误岩疆事 …… (541)

病势愈加，服药罔效，再恳恩怜，亟赐具题休致，
　　生还故里事 …………………………………………… (542)
直陈病源，仰恳宪鉴，以光大典事 ………………………… (543)
积病难痊，恳恩速赐题请，俯准休致，无误岩疆事 …… (544)
逆渠既获，处置宜断，谨陈善后之计，仰冀采择，
　　以靖地方事 …………………………………………… (545)
巨蠹螟国，劣衿抗官事 …………………………………… (548)
呈报任内汰革冗役事 ……………………………………… (549)

卷九　苏松告谕

关防诈伪事 ………………………………………………… (550)
钦奉上谕事 ………………………………………………… (551)
晓谕事 ……………………………………………………… (551)
晓谕事 ……………………………………………………… (552)
清理监狱事 ………………………………………………… (553)
观风事 ……………………………………………………… (553)
严禁征收钱粮勒索火耗私派之弊，以恤民艰，
　　以清赋税告谕 ………………………………………… (554)
严行设法催提，永禁滥差滋扰，以杜侵那告谕 ………… (556)
严禁妇女入寺燃身，以正风化告谕 ……………………… (558)
严禁请托，以肃官箴告谕 ………………………………… (559)
亢旱不雨，急图修省，以祈有年告谕 …………………… (561)
严禁兵丁扰民，以安蔀屋告谕 …………………………… (561)
严禁滥委家丁，以肃吏治告谕 …………………………… (562)
严行饬禁告谕 ……………………………………………… (562)
严禁讳盗，以靖地方告谕 ………………………………… (563)
举行乡约以善风俗告谕 …………………………………… (564)

禁止船户涉险夜行，以弭盗贼，以安行旅告谕 …………（565）
严禁阻葬恶习，以弘孝治告谕 ………………（566）
严禁营债盘剥重利，以除民害告谕 …………（567）
严禁营兵放马砟青，以安民生，以裕国课告谕 …（568）
晓谕告报版荒 …………………………………（569）
严禁赌博，以绝盗源告谕 ……………………（569）
禁略贩子女，以全人伦，挽颓俗告谕 ………（570）
严禁刁风，以安良善告谕 ……………………（571）
明正学，勤课艺告谕 …………………………（573）
禁赛会演戏告谕 ………………………………（573）
禁印造马吊纸牌告谕 …………………………（574）
钦奉恩诏事 ……………………………………（574）
饬查事 …………………………………………（575）
示谕事 …………………………………………（575）
禁龙舟告谕 ……………………………………（575）
严禁私刻淫邪小说戏文告谕 …………………（576）
严禁奢靡告谕 …………………………………（576）
兴复社学，以端蒙养告谕 ……………………（577）
禁止参谒事 ……………………………………（578）
严禁馈送请托，以肃吏治事 …………………（578）
再饬实行裁汰，以清蠹窟事 …………………（579）
申严速结事件，以免沉滞事 …………………（581）
严禁擅用非刑，以重民命事 …………………（582）
申饬学校，以端士习事 ………………………（583）
严饬事 …………………………………………（584）
严禁事 …………………………………………（585）

访拿积蠹光棍,以靖地方事 ………………………… (585)
咨访民瘼,敬求忠告,以匡不逮事……………………… (586)
饬行事……………………………………………………… (586)
严禁当官,以除民害事 …………………………………… (587)
申禁佐贰受词,以儆官邪事 ……………………………… (588)
申饬事……………………………………………………… (588)
严饬事……………………………………………………… (589)
钦奉恩诏事………………………………………………… (590)
申禁征兑漕粮锢弊,除民累以肃漕政事 ……………… (590)
申禁征兑漕粮痼弊,除民累以肃漕政事 ……………… (591)
严禁官旗勒兑,以速漕运事 …………………………… (592)
晓谕事……………………………………………………… (593)
严饬催攒重事……………………………………………… (593)
销圩九年等事……………………………………………… (594)
晓谕事……………………………………………………… (595)
示仰官吏兵民人等知悉事………………………………… (595)
严禁差役下属扰民贻害事………………………………… (596)
严禁关蠹积弊,以安商民事 …………………………… (597)
严禁刁棍保债,以杜扰害事 …………………………… (597)
钦奉上谕事………………………………………………… (598)
停止词讼事………………………………………………… (598)
钦奉上谕事………………………………………………… (599)
禁约事……………………………………………………… (599)
禁约事……………………………………………………… (600)
清理监狱事………………………………………………… (600)
再陈地方之害等事………………………………………… (601)

清汰衙门员役事 …………………………………… (601)
申严纪律，以肃营伍事 ……………………………… (602)
裁汰冗役事 …………………………………………… (603)
申明弭盗之令，以安民生事 ………………………… (603)
严禁容留匪类，以靖地方事 ………………………… (605)
钦遵上谕，以明教化，以善风俗事 ………………… (605)
申严包纳钱粮之禁，以祛蠹安民事 ………………… (606)
再申严禁卧批之弊，以清钱粮事 …………………… (608)
饬行征粮要务，永杜混冒积弊事 …………………… (609)
立法严禁卧批之弊等事 ……………………………… (609)
禁收税索诈之弊，以安民生事 ……………………… (610)
严饬三吴风俗浮薄事 ………………………………… (611)
晓谕事 ………………………………………………… (611)
修葺古祠，以崇圣德事 ……………………………… (612)
严禁停柩不葬，以弘孝治，以广仁德事 …………… (612)
为理财用人等事 ……………………………………… (614)
申饬狱政，以重民命事 ……………………………… (615)
禁约事 ………………………………………………… (616)
严禁借端私派，以除民害事 ………………………… (616)
严禁左道凶徒，以端风尚，以靖地方事 …………… (617)
严禁摊派输谷，以除民累事 ………………………… (618)
水灾异常，谆谕属寮实图修省，以回灾变事 ……… (619)
霪雨灾患非常等事 …………………………………… (620)
颁行赈粥条例，以图救荒实政事 …………………… (621)
禁止建碑立祠，以正恶俗事 ………………………… (624)
毁淫祠以正风化事 …………………………………… (625)

申饬事	(626)
严禁扒手，以除民害事	(627)
严禁妇女入寺庙烧香，以正风俗事	(627)
恳赐宪示，以便封植事	(628)
禁约事	(629)
再饬访拿，以除民害事	(629)
严禁焚棺水葬，以广孝思，以厚风俗事	(630)
严禁借端私派，以除民害事	(631)
恭陈末议等事	(631)
奇弊屠商号宪灭蠹事	(632)
永杜夤缘请托之弊，以肃官方事	(633)
晓谕事	(634)
晓谕事	(635)
申明例限，以清沉滞事	(636)
遵敕征收等事	(636)
公吁宪恩始终请豁事	(638)
咨会禁饬事	(639)
严禁强勒田租私债，以拯残黎事	(639)
再严滥差勒耗之弊，以肃官方，以苏民困事	(641)
地沉民逃殆尽等事	(642)
再严征漕之禁，以清锢弊，以除民累事	(643)
严禁旗丁勒索，以纾官困事	(646)
冲驿苦累，申饬禁革陋规事	(647)
严禁征收白粮积弊，以恤民力事	(648)
钦奉恩诏事	(649)
谨陈河工善后事宜等事	(650)

严禁役满恋栈,以除弊源,以信功令事 …………… (650)
查修城内河道,以通舟楫,以便民用事 …………… (651)
请敕修先贤祠宇,崇正学以维风教事 ……………… (652)
修复先儒书院,以崇正学事 ………………………… (652)
严禁汛捕指陷私盐,以除民害事 …………………… (653)
严禁地棍假逃行诈,以靖地方事 …………………… (654)
晓谕事 ……………………………………………… (654)
饬查学宫事宜事 …………………………………… (655)
申饬事 ……………………………………………… (655)
酌定各宦祀典事 …………………………………… (657)
查取遗书事 ………………………………………… (658)
禁遏邪淫,以正人心,以厚风俗事 ………………… (658)
名山苦累未除等事 ………………………………… (660)
严禁贴揭腾谤,以戢刁风事 ………………………… (660)
严禁丐头肆横,以除民害事 ………………………… (661)
四哭奇冤事 ………………………………………… (662)
禁约事 ……………………………………………… (662)
严禁商纲指官箕敛,以清积弊,以肃鹾政事 ……… (663)
晓谕事 ……………………………………………… (663)
严禁扰累铺户,以苏民困事 ………………………… (664)
钦奉恩诏事 ………………………………………… (665)
理财用人等事 ……………………………………… (665)
题明巡逻会哨之法,永靖海氛,仰祈睿鉴事 ……… (667)
再行申饬狱政,以广钦恤之恩事 …………………… (668)
无锡县东林书院呈详事 …………………………… (669)
临行晓谕士民 ……………………………………… (669)

卷十 诗 词
诗

咏史……………………………………………………（672）
夏日咏怀………………………………………………（672）
金陵别姜西溟…………………………………………（673）
赠李映碧先生 三首…………………………………（673）
题张鞠存见示《乡贤合祀传》…………………………（674）
送黄俞邰闻讣南归……………………………………（675）
赋得黄花晚节香………………………………………（676）
送陈别驾………………………………………………（676）
长安春日行……………………………………………（677）
祝总宪魏老先生寿……………………………………（677）
送富云麓请假归闽……………………………………（678）
汪钝翁六十初度………………………………………（679）
祝王农山暨夫人双寿…………………………………（680）
顺治九年七月二十日,上驾亲出郊外,谕遣定远大将军、
　敬谨亲王及诸将南征应制　壬辰七月御试………（681）
中秋萝翁斋中宴集……………………………………（681）
省耕……………………………………………………（681）
应诏御试恭纪四十韵…………………………………（682）
院中宿直八韵…………………………………………（683）
送林玉岩奉使琉球十二韵……………………………（683）
中秋陆处实同年留饮斋中,和吴见末韵二首…………（683）
寄示儿溥二首…………………………………………（684）
西湖听庄蝶庵弹琴……………………………………（684）
送陈别驾之南阳………………………………………（685）

家居感怀五首 …………………………………………………… (685)
立春 …………………………………………………………… (686)
春霁友人以诗相投,书此谢之 ………………………………… (686)
春日即事　次信庵韵 ………………………………………… (686)
春日感怀兼呈仲方 …………………………………………… (687)
崇祯壬午,闯寇破宁陵,文学翟先生仗节死之。今督学
　　使采舆论祀之乡贤,余感其事,聊述短章纪之 …… (687)
新秋雨后抑庄西斋宴集 ……………………………………… (688)
饮张尔成少参署中 …………………………………………… (688)
送王去非督学江西二首 ……………………………………… (688)
送张少参内召二首 …………………………………………… (689)
赠湖州吴太守二首 …………………………………………… (689)
赠吴冉渠少府二首 …………………………………………… (690)
赠何雍南 ……………………………………………………… (690)
京口赠友人 …………………………………………………… (691)
锡山别贺天士 ………………………………………………… (691)
东林寺二首 …………………………………………………… (691)
送李襄水赴楚幕 ……………………………………………… (692)
戊午应召入都,留别里中亲友 ………………………………… (692)
途中苦雨 ……………………………………………………… (693)
长垣北十里学堂冈有夫子庙,相传四贤言志处 …………… (693)
送李子德奉旨归养二首 ……………………………………… (693)
辛酉二月初侍讲筵纪事二首 ………………………………… (694)
拟上赐大臣游温泉诗四首 …………………………………… (694)
祝金悚存侍郎 ………………………………………………… (695)
送王子言请假归省 …………………………………………… (696)

赠柯素培右通政二首 ·· (696)
人日和郭快圃作次韵 ·· (697)
题画 ·· (697)
题观音像 ·· (697)
西来庵题壁 ·· (697)
西来庵赠水斋上人 上人旧为宁夏总兵 ························· (698)
戏赠 ·· (698)
赠怀庆太守二首 ··· (698)

词
 贺新郎　秋思 ··· (699)
 满江红　后池千叶莲盛开漫赋 ···································· (699)
 千秋岁　八月十六日夜玩月 ·· (700)
 满庭芳　秋日闲居 ··· (700)

第二编　汤子遗书续编

卷一　奏疏、序、书、记、志、传

奏疏
 由苏抚升任至京面奏恭纪 ·· (703)
 敬陈春秋诣讲疏 ··· (707)
 据实回奏疏 ··· (708)
 请解任疏 ·· (709)
 赴苏抚任陛辞恭纪 ··· (711)
 谨缮恭谢疏 ··· (712)

序
 贺吴玉京先生升同卿序 ·· (713)

同社诸子文序……………………………………………（714）
书
　　复同乡为程公立德政碑书………………………………（715）
　　与李襄水书………………………………………………（716）
　　答耿逸庵书………………………………………………（716）
　　答王介公先生书…………………………………………（717）
　　与少司农魏环极书………………………………………（718）
　　答耿逸庵书………………………………………………（719）
　　答张仲诚书………………………………………………（720）
　　与某给谏书………………………………………………（720）
　　答戴岩荦司农书…………………………………………（721）
　　与张子友人书……………………………………………（721）
　　与王东皋书………………………………………………（722）
　　答张上若书………………………………………………（723）
　　与许典三书………………………………………………（723）
　　答小岑书…………………………………………………（724）
　　答王继祖书………………………………………………（725）
　　寄丁景行巡抚书…………………………………………（725）
　　答张承武书………………………………………………（726）
　　寄李襄水书………………………………………………（726）
　　与汪苕文书………………………………………………（727）
　　答耿逸庵书………………………………………………（728）
记
　　睢城西关帝庙记…………………………………………（729）
志
　　通奉大夫、陕西布政使司右布政使、环洲成公墓表……（730）

封建昌府推官王公墓志铭……………………………（732）
传
　　文林郎江西广信府推官雪潭任公传……………………（734）
卷二　表、颂、杂记、诗、词、四书文、解
表
　　拟谢表………………………………………………………（737）
颂
　　甘泉房中产芝九茎颂　并序………………………………（739）
杂记
　　本纪条例……………………………………………………（740）
　　潼关署中记…………………………………………………（742）
　　姑苏记事……………………………………………………（749）
　　题孟陟公《虎丘三十咏册》………………………………（757）
　　赠言…………………………………………………………（758）
　　示溥儿………………………………………………………（758）
　　功过定约……………………………………………………（759）
诗
　　奉赠孙征君先生……………………………………………（761）
　　过京口赠张公选学宪………………………………………（762）
　　过滁州………………………………………………………（762）
　　题李恒阳柳林巷二首………………………………………（762）
　　祝吴太夫人六帙……………………………………………（763）
　　题方渭仁健松斋……………………………………………（763）
　　赋得火树银花合四首　次与参韵…………………………（763）
　　赠赵将军……………………………………………………（764）
　　湖上遇蝶庵…………………………………………………（764）

金陵遇皆山宗兄 ………………………………………… (764)
寄弟 ……………………………………………………… (765)
寿胡母陈太孺人八十 …………………………………… (765)
祝戚价人同年暨夫人六十双寿 ………………………… (765)
题赵水星画卷二首 ……………………………………… (766)
牛太翁六十寿 …………………………………………… (766)
送史子明令西乡 ………………………………………… (766)
程母康太夫人节烈诗 …………………………………… (767)
题风水图 ………………………………………………… (767)
祝严灏亭太夫人七十寿二首 …………………………… (768)
祝同年沈绎堂母太夫人寿二首 ………………………… (768)
贺李进士襄水 …………………………………………… (769)
赠州守二首 ……………………………………………… (769)
礼部宴朝鲜贡使 ………………………………………… (770)
挽逸士李肩绳二首 ……………………………………… (770)
金滩逢孟二清，以诗见赠，依韵奉答 ………………… (770)
王君山自光州过访 ……………………………………… (771)
和郡判游驼冈书院作　用原韵 ………………………… (771)
王豸岩斋中瓶花 ………………………………………… (771)
喜雨 ……………………………………………………… (771)
题季远之像卷　次周伯衡给事韵 ……………………… (772)
送张敦复学士请假南归 ………………………………… (772)
送金悚存年兄赴京 ……………………………………… (772)
送郡守解任归里 ………………………………………… (772)
吊尹烈妇诗 ……………………………………………… (773)
寿魏广文 ………………………………………………… (773)

再祝四首 …………………………………… (774)
白燕堂 ……………………………………… (774)
赠无锡令吴伯成 …………………………… (775)
初雪 ………………………………………… (775)
赋得金阙晓钟开万户 ……………………… (775)
雀鹰 ………………………………………… (775)
祝大司马张湛虚年伯 ……………………… (776)

词

拜星月慢　天丝 …………………………… (776)
应天长　寿菊泉 …………………………… (777)
御街行　祝寿 ……………………………… (777)
醉蓬莱　贺端午日寿 ……………………… (777)

四书文

君子无所争 ………………………………… (778)
德行：颜渊、闵子骞、冉伯牛、仲弓；言语：宰我、子贡；
　政事：冉有、季路；文学：子游、子夏 …… (779)
天下归仁焉 ………………………………… (781)
俎豆之事则尝闻之，军旅之事未之学也 …… (782)
见善如不及　一章 ………………………… (783)
汤之盘铭　全章 …………………………… (784)
其严乎富润屋，德润身 …………………… (785)
为之者疾，用之者舒 ……………………… (786)
不察于鸡豚 ………………………………… (788)
有余不敢尽 ………………………………… (789)
本诸身，征诸庶民 ………………………… (790)
子路人告之以有过则喜 …………………… (791)

昔者鲁缪公 ·· (792)
虽欲耕,得乎后稷教民稼穑 ································ (793)
仁义忠信,乐善不倦,此天爵也 ···························· (795)
奚有于是,亦为之而已矣 ···································· (796)
存其心,养其性,所以事天也 ································ (797)

解
　乾坤两卦解 ·· (798)

下　册

第三编　明史稿

《明史》凡例议 ·· (827)
本纪条例 ··· (829)
卷一　太祖本纪一 ·· (832)
卷二　太祖本纪二 ·· (860)
卷三　太祖本纪三 ·· (891)
卷四　太祖本纪四 ·· (923)
卷五　历志一 ·· (956)
卷六　历志二 ·· (976)
卷七　历志三 ·· (987)
卷八　后妃传
　高、文、昭、章、睿、景、纯七朝后妃传 ··············· (1009)

卷九 列传一

王直、王翱、李秉、崔恭、姚夔、尹旻列传 …………… （1029）

胡濙、魏骥列传 ……………………………………… （1043）

苗衷、马愉、高谷、陈循、萧镃、王文、江渊、王一宁、
　　许彬列传 ……………………………………… （1048）

曹鼐、张益、邝埜、王佐、丁铉、王永和、邓棨、姚铣、鲍辉、
　　包良佐、黄绶、黄裳、俞鉴、申佑、张瑭、罗如墉、马豫、
　　李昱列传 ……………………………………… （1057）

李实、罗绮、王复、赵荣列传　附袁彬、哈铭、沙狐狸 …… （1065）

卷十 列传二

于谦列传　附朱骥、范广、王伟 ……………………… （1072）

杨洪、郭登、朱永列传 ………………………………… （1080）

徐有贞、杨善、石亨列传 ……………………………… （1089）

陈祚、刘球、钟同、廖庄、章纶、刘祇、孟遇、刘实、
　　杨瓀列传 ……………………………………… （1098）

卷十一 列传三

李贤、彭时、商辂列传 ………………………………… （1112）

岳正、吕原、刘定之、刘珝列传 ……………………… （1124）

轩𫐐、耿九畴、耿裕、年富、杨继宗列传 …………… （1134）

卷十二 列传四

周忱、柴车、陈镒列传 ………………………………… （1142）

侣钟、白昂、李敏、叶淇、李孟旸、李衍、林泮、谢士元、
　　夏埙、邢表列传 ……………………………… （1151）

王骥、杨宁、侯琎、王越列传 ………………………… （1163）

李时勉、陈敬宗、谢铎、鲁铎、赵永、刘铉列传 …… （1172）

卷十三　列传五

罗通、罗亨信、马昂、寇深、王来列传 …………………（1180）

林聪、叶盛、朱鉴、李侃、沈固、程信列传……………（1186）

白圭、项忠、原杰列传 ………………………………（1201）

王竑、韩雍、吴琛、朱英、邓廷瓒、余子俊、徐廷璋列传……（1208）

卷十四　列传六

金濂、张楷、张瓒、孙仁、汪浩、陶鲁、孔镛、毛吉、童轩、
　张海列传 ……………………………………………（1222）

韩青、种兴、蒋信、周玉、周玺、董旻、和勇、张钦、
　神英列传 ……………………………………………（1239）

蒋贵、任礼、赵安、谭广、山云、毛忠、赵辅、李震、
　王信列传 ……………………………………………（1247）

卷十五　列传七

钱习礼、周叙、陈音、邢让、刘俨、钱溥、柯潜、
　谢一夔、倪谦、傅瀚、黎淳、王华列传 ……………（1259）

陈文、万安、刘吉列传 ………………………………（1271）

方瑛、毛胜、陈友、曹义、施聚、焦礼、刘聚列传 ……（1277）

石璞、薛希琏、陆瑜、石瑁、薛远、陈翼、杨鼎、翁世资、
　林鹗、樊莹、王概、陈俊、高明、刘孜、张鹏列传 …（1282）

卷十六　列传八

练纲、赵敔、周斌、盛顒、张宁、王徽、庄昶、黄孔昭、
　毛弘、魏元、邹智、李文祥列传 ……………………（1299）

孙鏓、卫颖、董兴、李文列传 …………………………（1315）

彭韶、何乔新、周经列传 ………………………………（1319）

卷十七　列传九

徐溥、邱濬、刘健、谢迁、李东阳列传 ………………（1330）

王恕、倪岳、马文升、许进列传 …………………………… (1349)
卷十八　列传十
　　刘大夏、戴珊、张敷华列传 ………………………………… (1369)
　　邹来学、邹干、王质、焦宏、孙原贞列传 ………………… (1380)
　　胡拱辰、章敞、李纲、彭琉、张悦列传 …………………… (1386)
　　黄润玉、刘纲、应履平、蔡蒙、杨琚、项骐、吴俸、张禺、
　　　杨峻列传 ……………………………………………………… (1391)
　　何文渊、李裕、屠滽、萧维祯、俞士悦列传 ……………… (1400)
卷十九　列传十一
　　秦纮、潘荣、孙需、闵珪、史琳、何鉴列传 ……………… (1407)
　　周洪谟、杨守陈列传 ………………………………………… (1419)
　　张瑄、杨信民、潘蕃、杜铭、周季麟列传 ………………… (1427)
　　王继、王宇、徐源、韩邦问、徐贯、徐恪、陈泰、陈寿列传 … (1434)
卷二十　列传十二
　　张文锦、蔡天祐、胡瓒、张瓒、刘源清、楚书、樊继祖、
　　　苏祐列传 ……………………………………………………… (1442)
　　王大用、翟鹏、史道、王邦瑞、郭宗皋列传 ……………… (1455)
　　王忬、商大节、翁万达、丁汝夔、杨守谦列传 …………… (1468)
　　刘麟、陈其学、党以平、许宗鲁、刘夔列传 ……………… (1480)
　　江东、李文进、龙大有列传 ………………………………… (1487)

第四编　洛学编

凡例 ………………………………………………………………… (1495)

卷之一　前编
　汉
　　杜缑氏先生　子春 …………………………………… (1497)
　　钟次文先生　兴 ……………………………………… (1497)
　　郑仲师先生　众 ……………………………………… (1498)
　　服子慎先生　虔 ……………………………………… (1499)
　唐
　　韩昌黎先生　愈 ……………………………………… (1499)
　宋
　　穆伯长先生　修 ……………………………………… (1502)
卷之二　正编
　宋
　　程明道先生　颢 ……………………………………… (1504)
　　程伊川先生　颐 ……………………………………… (1509)
　　邵康节先生　雍 ……………………………………… (1513)
　　吕原明先生　希哲　附吕居仁　本中 ……………… (1515)
　　尹彦明先生　焞 ……………………………………… (1517)
　　谢显道先生　良佐 …………………………………… (1519)
　　张思叔先生　绎 ……………………………………… (1521)
　　刘质夫先生　绚 ……………………………………… (1521)
　　李端伯先生　吁　附孟敦夫　厚 …………………… (1522)
　　朱公掞先生　光庭 …………………………………… (1523)
　　邵子文先生　伯温 …………………………………… (1524)
　　程可久先生　迥 ……………………………………… (1525)

卷之三　正编
元
　　许鲁斋先生　衡 …………………………………………（1527）
　　姚公茂先生　枢　附姚牧庵　燧 ……………………（1530）
明
　　薛敬轩先生　瑄 …………………………………………（1532）
　　曹月川先生　端 …………………………………………（1535）
　　阎子与先生　禹锡　附同邑白尧佐　良辅、齐廷仪　缙
　　　　　　　　………………………………………………（1536）
　　王凝斋先生　鸿儒 ………………………………………（1537）
　　许函谷先生　诰 …………………………………………（1538）
　　何柏斋先生　瑭　附门人周大经　道、娄子靖　枢、
　　　　　　　　刘次山　泾 …………………………………（1540）
　　崔后渠先生　铣 …………………………………………（1542）
　　王濬川先生　廷相 ………………………………………（1547）
　　王苍谷先生　尚絅 ………………………………………（1548）
　　尤西川先生　时熙　附门人李子仁　士元、谢仲川　江、
　　　　　　　　陈道征　麟、董淑化　尧封 ………………（1550）
　　鲁惺庵先生　邦彦 ………………………………………（1553）
　　孟云浦先生　化鲤 ………………………………………（1554）
　　吕新吾先生　坤 …………………………………………（1555）
　　杨晋庵先生　东明　附杨述复　涧 ……………………（1558）
　　徐涵斋先生　养相 ………………………………………（1559）
　　王惺所先生　以悟 ………………………………………（1559）
　　张洗心先生　信民　附申子渊　志深 …………………（1560）
　　贺景瞻先生　仲轼 ………………………………………（1561）

吕忠节先生　维祺 …………………………………（1563）
刘湛六先生　理顺 …………………………………（1565）
王荻嘉先生　慕祥 …………………………………（1567）

第五编　补遗

奏疏
　酌留站银疏 ………………………………………（1571）
　辞辅导本稿 ………………………………………（1572）
语录类
　语录 ………………………………………………（1573）
　东林讲学录 ………………………………………（1579）
　困学录 ……………………………………………（1581）
　嵩谈录 ……………………………………………（1587）
序
　郑介夫《柳下堂集》序 …………………………（1596）
　蔡忠襄公政书序 …………………………………（1597）
祭文
　祭高祖文 …………………………………………（1598）
　祭曾祖文 …………………………………………（1599）
　祭显祖文 …………………………………………（1600）
　祭母文 ……………………………………………（1600）
年谱
　征君孙先生年谱 …………………………………（1601）
书信
　与耿逸庵 …………………………………………（1687）

第六编　汤斌研究资料

传略

汤　斌　附孙　之旭 …………………《清史稿》(1691)
汤潜庵先生 ………………………………尹会一(1695)
经筵讲官、工部尚书、谥文正公传 ………《睢州志》(1698)
文正公传 ……………………………………《江南志》(1700)
汤　斌 ………………………………………《归德府志》(1702)
汤潜庵先生斌传 ……………………………耿　介(1703)
汤　斌 ………………………………………蔡冠洛(1706)
汤　斌 ………………………………………王藻馥(1710)
汤文正公传 …………………………………杨　椿(1712)
睢州汤先生 …………………………………《学案小识》(1720)
工部尚书、谥文正汤斌传 ……《国史贤良祠王大臣小传》(1724)
行　略 ……………………………………………………(1725)
故中宪大夫、工部尚书汤文正公事状 ………彭绍升(1738)

年谱

年谱初本 …………………………………………………(1744)
年谱定本 …………………………………………………(1760)

碑铭

皇清经筵讲官、工部尚书潜庵先生神道碑 …………(1783)
墓志铭 ……………………………………………………(1791)
汤潜庵先生墓表 …………………………………………(1796)
工部尚书汤公神道碑 ……………………………………(1798)

巡抚江宁等处、都察院右副都御史、升任礼部尚书、
　　掌管詹事府事睢州汤公祠碑 …………………… (1805)
帝王评价及朝廷活动
宸　章 ………………………………………………… (1807)
乾隆年钦定国史《汤斌传》 …………………………… (1809)
又乾隆年钦定国史《汤斌传》 ………………………… (1815)
敕斌巡抚江宁一道 …………………………………… (1816)
《康熙起居注》中有关资料 …………………………… (1817)
《清实录》中有关资料 ………………………………… (1855)
《东华录》中有关资料 ………………………………… (1856)
《清史稿·圣祖记》中有关资料 ……………………… (1858)
《清史稿》中汤斌与彭孙遹、耿介、窦克勤、郭琇的关系 … (1858)
《清史稿》中汤斌与明珠、余国柱、王鸿绪、靳辅、萨穆哈等
　　朝臣的关系 ………………………………………… (1860)
《国史文苑传》中有关资料 …………………………… (1862)
追　祀 ………………………………………………… (1863)
乾隆皇帝钦题文正碑文 ……………………………… (1863)
请求汤斌从祀孔庙疏 ………………………………… (1864)
再请汤斌从祀孔庙疏 ………………………………… (1865)
道光皇帝同意汤斌从祀文庙谕旨 …………………… (1867)
轶事、杂记
汤潜庵先生逸事 ……………………………… 方　苞(1868)
汤司空逸事 …………………………………… 方　苞(1870)
汤中丞杂记 …………………………………… 冯　景(1872)
钱仪吉《碑传集》中其他有关资料 …………………… (1873)
《国史儒林传》中有关资料 …………………………… (1875)

《清朝野史大观》中有关资料 …………………………………… (1876)
《清朝名人轶事》中有关资料 …………………………………… (1880)
《客窗闲话》中有关资料 ………………………………………… (1885)
《解春集》中有关资料 …………………………………………… (1887)
《依归集》中有关资料 …………………………………………… (1888)
《纪略》中有关资料 ……………………………………………… (1890)
易宗夔《新世说》中有关资料 …………………………………… (1891)
龚炜《巢林笔记》中有关资料 …………………………………… (1892)
《栖霞阁野乘》中有关资料 ……………………………………… (1893)
王士禛《池北偶谈》中有关资料 ………………………………… (1894)
李光第《榕村语录》续集中有关资料 …………………………… (1898)
耿介著作中有关资料 ……………………………………………… (1900)
临漪园赘言自序 ………………………………………… 汤准 (1906)
孙奇逢《日谱》中有关资料 ……………………………………… (1907)
《清儒学案》中有关资料 ………………………………………… (1909)

序、论、颂、祭文、启、诗等
序、论
送汤潜庵先生巡抚江南序 ……………………………… 朱彝尊 (1913)
送汤公潜庵巡抚江南序 ………………………………… 潘耒 (1914)
奉送大宗伯汤老先生还朝序 …………………………… 徐秉义 (1916)
《清史稿》中有关论述 …………………………………………… (1918)
梁启超对汤斌的评价 ……………………………………………… (1918)
《汤子遗书》序 之一 …………………………………………… (1919)
《汤子遗书》序 之二 …………………………………………… (1920)
《汤子遗书》序 之三 …………………………………………… (1922)
《汤子遗书》序 之四 …………………………………………… (1923)

《汤子遗书》序 之五 …………………………………… （1924）
《汤子遗书》序 之六 …………………………………… （1925）
《汤子遗书》书后 ………………………………………… （1925）
《汤子遗书》重刊跋 ……………………………………… （1927）
潜庵汤大司空遗稿序 …………………………………… （1928）
《汤子遗稿》序 …………………………………………… （1929）
《潜庵先生拟明史稿》序 ……………………………… （1930）
又《潜庵先生拟明史稿》序 …………………………… （1931）
《洛学编》序 之一 ………………………………………… （1933）
《洛学编》序 之二 ………………………………………… （1934）
《续洛学编》序 之一 ……………………………………… （1934）
《续洛学编》序 之二 ……………………………………… （1935）
《洛学编》介绍 …………………………………………… （1936）
《汤子遗书》目录提要 …………………………………… （1936）
《汤子遗书》成书过程 …………………………………… （1940）
重刊《汤文正公全集》叙 ………………………………… （1941）
《汤文正公年谱》序 ……………………………………… （1942）
《年谱定本》序 …………………………………………… （1943）
海内诗人姓名目录 ……………………………………… （1944）

书　信

答汤荆岘书 ……………………………………… 顾炎武（1945）
复汤荆岘书 ……………………………………… 顾炎武（1946）
上汤潜庵先生书 ………………………………… 陆陇其（1947）

颂、祭文、启、诗等

汤夫子颂 ………………………………………………… （1949）
祭汤夫子祠文 …………………………………………… （1949）

请以汤斌从祀文庙及熊赐履、郭琇入贤良祠札子……(1951)
祭座主汤潜庵夫子文 ………………………………(1952)
建坊启　之一 ……………………………………(1953)
建坊启　之二 ……………………………………(1954)
建坊启　之三 ……………………………………(1955)
《挽诗》序 …………………………………………(1956)
挽诗 ………………………………………………(1957)

家世、家庭

陆游、朱熹、文天祥、杨万里等对汤斌上祖的评述 ……(1976)
诰封中宪大夫、陕西按察司副使、乡饮正宾汤公传 …(1978)
汤祖契乡贤录(节) ………………………………(1979)
诰封中宪大夫、陕西按察司副使暨赵恭人一道 ……(1980)
诰授中宪大夫,整饬潼关兵备兼分巡关内道、陕西按察司
　副使暨马恭人一道 ……………………………(1981)
诰赠恭人汤母赵氏节烈祠碑 ………………………(1981)
皇清诰赠恭人、例赠一品夫人、旌表节烈汤母赵恭人传
　………………………………………………………(1983)
马恭人行略 ………………………………………(1985)
岁进士、开封府荥泽县教谕绣甫汤公及配袁孺人合葬
　墓志铭 …………………………………………(1987)
汤斌长子汤溥 ……………………………………(1988)
汤斌次子汤潾 ……………………………………(1989)
汤斌三子汤沆 ……………………………………(1990)
汤斌三儿媳宋氏(节) ……………………………(1991)
汤斌四子汤准(节) ………………………………(1991)

校记

① 目录引录正文标题的详略不尽一致,未作改动,以存原貌。
② "沐",似为"沭"之误。

第一编　汤子遗书

睢阳汤斌潜庵　著

卷一　语录

门人沈佳、窦克勤、姚尔申手述二十三条

人皆可以为尧舜，要体察我之可为尧舜者何在？识得工夫，自不容已。

问："喜怒哀乐未发。"曰："当于人欲净尽时验之。"既而曰："先儒教人看未发前气象，正是教人下手做工夫最亲切处。"

问①姚岳生曰："鸢飞鱼跃，如何是子思子吃紧为人处？"答曰："鸢鱼上下，皆道之机也。吾人体道，不可须臾离，亦是如此。"曰："然。满前洋溢，俱是发育峻极，何处得个空闲，容我疏放耶！然却随处自有个恰好的道理，一切将迎期必，总用不着。所以工夫正在勿忘勿助之间。"

学者读书，不务身体力行，专为先儒辨同异，亦是玩物丧志。先儒之言，都是自己用工夫体认过来，无一句不是实话。总之，源头澄澈，随时立教，不妨互异。正当反求诸身，识其所以同者，勿向话头讨分晓始得。

问："仁之体可一言尽否？"曰："仁体极难形似，如何一言可尽？仁者得天地生物之心，此言最宜体会。"

近代学者皆以近溪为禅。近溪蚤岁②于释典丹经无不探讨，晚年语录，一本诸《大学》孝弟慈之旨，绝口不及二氏。其孙伯愚尝私阅《中峰广录》，近溪一见辄持去，曰："汝曹慎勿观此。"禅宗之说，最令人躲闪，一入其中，如落陷阱。更能转出头来复归圣学者，百无一二。惟究心《大学》孝弟慈之旨足矣！近溪世所号为近禅者，其言如此，则沉溺波淫者可不知所戒哉！

夜坐，岳生闲问，曰："先儒有因人泛问，辄曰：汝辈是拣心中疑的问，是拣难的问？盖非诚心切问，先儒常不轻答。"

一日举必有事焉，勿忘，勿助长，以告曰："助长非必著力紧促，只容些小私意便是。"

先儒尝有言：顿悟之非，不知悟未有不顿者。但必学问真，积力久，方有一旦豁然大悟处，是顿因于渐也。古人由悟而悔，由悔而悟，真实用功，一日憬然醒悟，浑身汗下，透出本来面目。从前误亦有益，若不痛不痒，剽窃圣贤言语糟粕，纵步趋无失，究竟成一乡原，到对天质人处，心中多少愧怍？

时有以助长为患者，曰：心体原是天机，动静内外，无不周流。但时时体认天理，不令昏散，亦不可躁迫，须知必有事焉。工夫原极精密，勿助长，非放松之谓也。稍松放便忘，非必有事矣！总之，一涉有意，便是私心。

人不患思虑不宁，只患心体未透。

学者最怕是以实未了然之心含糊归依，以实未凑泊之身将就冒认③。

小人只是不认得"独"字。

问："事亲从兄，有许多仪节，亦不可不知？"曰："如何可不知！但所谓仪节，如问安、视膳、昏定、晨省，此念从何而起？侍父母而问安、视膳、昏定、晨省，有时离父母则仪节于何处行？须要透得孝弟根源,则充之足以保四海矣!"

问:"何思何虑?"曰:"何思何虑,非全无思虑也。观同归殊途,一致百虑,可见非无思虑。惟得其所谓一致者,虽千变万化而寂然者自在也。"

心中有趣才得乐。此趣从不愧不怍而生,不愧不怍从戒慎恐惧而出。学者先有用力处,后有得力处。

凡人为一善事,则心安而体舒;为一不善事,则心不安而色愧。可见人一身内浑是天理,于此便见人性皆善。人能随事体察,勿亏此心本体,无为其所不为,无欲其所不欲,这便是尽心复性的真实工夫,故格物是要紧事。

道在日用,任人一步一趋,无往不有天理流行之妙,舍却子臣弟友,更有何道?故曰:中庸不可能也。惟中庸故难能,故入其中,愈寻味愈乐。

为学工夫只在当下做。如今日为宰相,便有宰相当下该做底,推之他事皆然。

或问:"孟子言性善,阳明言无善无恶,心之体何也?"曰:此是对有善有恶意之动而言。心之体不但恶非所有,即善亦不得而名也。善亦不得而名,乃为至善。孟子言性善,究竟是于情上看出。性之善如何可说下?言知善知恶是良知,这良知便是性之虚灵不昧处。恻隐、羞恶、辞让、是非,皆从此出,是即孟子所谓性善。宋儒言主敬,阳明恐学者过于执著,反于心体上多一敬字,故教人只提醒良知便是。其言无善无恶,只是教人涵养未发,勿过执著而已。

> 田本作"这良知便是善,致良知便是扩充,恻隐、羞恶、辞让、是非俱赅在内,故说智也。赅四端,宋儒言主敬,阳明恐学者过于执著,呆守一敬字,反是不敬,故教人云云。"

凡事功不从心性上发出，于自己毫无干涉；若于心性上，毫无亏欠。颜子之蔬④水箪瓢，便是禹稷事业。

圣贤学问只在心性上用功，譬如种树，日于根本上培养灌溉，久之自然畅茂条达。纵未畅茂条达，根本自在。今人只于枝叶上用功，外面虽极好看，究之全非己有。

今人为学，须持心坚牢如铁壁铜墙，一切毁誉是非，略不为其所动，乃可渐入。若有一毫为人的意思，未有不入于流俗者。

    以上二十三条⑤，门人仁和沈佳、柘城窦克勤、巩县姚尔申手述。呜呼，此先大夫所尝语也。先大夫与臣言忠⑥，与子言孝⑦，平居讲习讨论。有来问者，未尝不竭诚而发其覆⑧，盖言之可传者百此矣，惜乎未经衷录，无一存者⑨。溥尝有所志，先大夫见即⑩削去，曰："此未必是吾，他日⑪稍自信，当笔以付汝。"其后领史事，任讲筵，出抚江南，入为东宫讲官，日无暇晷，迄不能有所论著⑫。溥痛先大夫心得不传于后⑬。此编为姚岳生、窦敏修、沈昭嗣各因所闻而识之者，存语虽少，皆先大夫躬行心得之余也⑭。

           戊辰三月十八日，男溥敬识

事不论大小，只论是非。学者须令事之合理，一事不可忽略。故曰：浩然之气，是集义所生者⑮。

理流行于天地间，不有此身，虚而无着。此身关系最重，不可不敬其身⑯。

友朋晤会，若草草错过，不实实考究身心，与世之往来徒了人事者无甚差别。远如朱陆，近如龙溪、念庵，析疑辨惑，绝无一毫盖藏，我辈似当体此意⑰。

校记

① 山平堂本为"问"，本祠堂本为"语"，从山平堂本。
② 山平堂本在"蚕"字后有一"岁"字，本祠堂本无此字，从山平堂本。

③ 山平堂本无此条,从本祠堂本。
④ 山平堂本为"蔬",本祠堂本为"疏",从山平堂本。
⑤ 经查,实为二十四条。
⑥ 此句山平堂本为"与臣言归于忠",从本祠堂本。
⑦ 此句山平堂本为"与子言归于孝",从本祠堂本。
⑧ 山平堂本于"覆"字后多一"也"字,从本祠堂本。
⑨ 此句山平堂本为"惜无志之者,皆莫有存焉",从本祠堂本。
⑩ 山平堂本"即"为"辄"字,从本祠堂本。
⑪ 山平堂本"日"为"年"字,从本祠堂本。
⑫ 山平堂本于"著"后多一"也"字,从本祠堂本。
⑬ 山平堂本以下有"将追述绪论,以行于世。自居丧以来,昏昏然如忆梦中,将成而复悔,曰心之精微,口不能言。今以无知小子追思其疑,似仿佛毫厘千里,为罪滋大。此编巩县姚岳生记者十之五,柘城窦敏修记者十之二,钱塘沈昭嗣记者十之三,各因所闻偶荅尔,然皆记于当时。失焉者犹寡,因稍加订正,质赘山先生而梓之。呜呼!非知之艰,行之惟艰,先大夫存语虽少"数语。
⑭ 山平堂本以下有"苟于此躬行而心得之矣,则亦可以无憾于其少也"句。
⑮⑯⑰ 本祠堂本无此三条,山平堂本有之,从山平堂本。

门人窦克勤手述五十条

学者须明义利之界,孔子曰:"君子喻于义。"又曰:"富与贵是人之所欲也,不以其道得之不处也;贫与贱是人之所恶也,不以其道得之不去也。"能在此处立定,天下无事不可为。所以平天下到底只说到义上去。

学者有自立之志,当拔出流俗,不可泛泛与世浮沉①。

破除流俗,是学者第一关键。透出②便是豪杰。

日之行也,日复一日,总无一息偶③已。君子之为学也,顾可息乎?一时息则一时非学矣!曾子曰:"仁以为己任,死而后已。"朱子以为:"一息尚存,此志不容少懈。"其警惕学人莫有痛切于此者。

大凡学人具刚勇之志量者,其造道恒深。《中庸》说知说仁,终必说勇。勇是收拾上面处,若无这个便不济事。

颜渊问仁,夫子只教以克复数语。说得规模既极宏远,功夫又极切实。颜子闻言便直下承当,其大勇者乎!

事不论大小,只论是非。学者须令事事合理,一事不可忽略。故曰:浩然之气是集义所生者。曰:集义是日积月累事,功夫不可一时息,一有息时便与天行之健不相似。

理流行于天地间,不有此身则虚而无著。此身关系最重,不可不敬其身。

天地生物,势不能无缺陷。有缺陷处,端赖人以补助之。故人能赞天地之化育,方为克尽人道。

《中庸》之书甚是整齐,初从天命说起,中间支派分明,末又自下学立心之始,说归天命去,首尾一贯,甚好看。

问④士之守,曰:"《中庸》说:不变塞,至死不变⑤。观两变字,可见人能自立者不乏,而败于末路者亦复不少。"先生曰:"观人全在末路上。说不变,更思如何始能不变。"⑥

宋儒教人道理,不说尽⑦,留有馀,以待学人之疑;至明儒说得太尽,人反忽过,不能深入有得也。

斯道沦落,圣贤不数数见。三代而后,如汉仅一仲舒,隋仅一文中子,唐仅一昌黎⑧,然学未必纯。虽宋有濂洛⑨诸大儒,又不无生不同时,居不同地之感。大抵学道之事能与大家讲明,同归于善,固其素心。若世人⑩不知而已独为之,亦惟躬行实践,自尽其道而已矣。

为学于举世讲学之日,学之途或虑其杂;为学于举世不知为学之日,学之事犹存其真。故圣道沉沦,或一二知己散处四方,心期砥砺,吾道已处其孤⑪,天地间正不可无此真修君子共⑫为维持⑬。

天下之理,感应二者而已。

圣人之意寄之于言,真有言不能尽意处,学者读书当默识以求得。若徒泥乎词以求之,则圣人之意亦有时而晦矣!如太极图,周子欲显其象以示人,势不得不叠画几个圈子。若论其理,则太极之中即有阴阳五行,如何可分?周子当日岂见不及此?只是落到言语上,自须如此说。画到图样上,自须如此画。此际总在学者默识而心通之尔。

先儒解《易》,特地创解,无所依据。后人观玩甚省力,却不加思索,只据现成说的⑭粗心看去。此后人所以不及前人也。

问处世之道,曰:"初之用潜,不成乎名,其处世而能善者乎?君子处世,不韬光晦显,使人得以名之,则忌之者众矣。"先生曰:"作《易》者其有忧患乎? 其虑天下来世,无一不备,后人取而观玩之,固无在不得处世之道也。"⑮

君子慎言语,节饮食。见得明道者此言语,乱道者亦此言语,故慎之;养生者此饮食,害生者亦此饮食,故节之⑯。

《渐》之"进得位",以卦画推之,似初上未为得位,问曰:"'进得位'以中四爻言也?"先生曰:"何独遗初上乎?"问曰:"此自卦变而言,谓自涣而来,九进居三,自旅而来,九进居五,各当其位,故止以中四爻取义,而不及乎初上也?"先生曰:"程传于六爻,皆取之而谓初上。二爻阳上阴下亦为得位,似觉未安。"问曰:"玩其象又似少其一层,不得盖总六爻论之,'艮下巽上',有男下乎女之象分,初上二爻。观之阳上阴下,又有夫妇尊卑之象,女未归则男先下乎女,女既归则妇不先乎夫,二者互相发明,义始备也。"先生曰:"程传不主卦变。今观卦画皆是乾坤而来,三四阴阳相交,其女归之日乎!上二爻皆乾,下二爻皆坤,其既为夫妇之后乎!只将三四爻合看,上下四爻分看,自有精义可思。"⑰

刑之一事,圣人每慎言之。《旅》之《象》曰:"君子以明慎用刑而不留狱。"与《噬嗑》之"明罚敕",《法贲》之"明庶政",无敢折狱,同一慎重之意。曾子曰:"如得其情,则哀矜而勿喜。"其万世用刑之准乎!

《兑》之"丽泽",何取"朋友讲习"之义?程子曰:"两泽相丽,互相滋益。"妙在滋益二字,已与朋友讲习之义相关切矣。

问各卦爻取义不同,有取本爻者,有取他爻者,随时而观,各惟所适。如《兑》之三四五爻,皆在他爻取义,若执本爻,求之又不得。先生曰:"兑有相引而说之义,故圣人系《兑》之本爻多于他爻取义。"⑱

问人之德业必资友而成,《兑》之"六三来兑",初二,岂不是他好处,却系之以凶,想是他阴柔不中正,只是以非道说之尔。若刚柔得中正之位,圣人自不如此说,此际当随其时以观之。先生曰:"如此看三百八十四爻皆活。"⑲

"包羞"是小人之爻,若君子筮得此,必有自心歉然之⑳事。

《春秋》之义显而可寻,人自不体尔。如公如晋,胡氏亦未有传,骤读之,几不知其何属,一㉑取上文,连类考之,则书法自明。上文书"天王崩,公自宜如周而乃如晋",是忽天王而重霸国,其罪不言自见矣。

微子之去,止遁于郊尔,后人妄以归周。为言不知微子商之元子也,亦圣人也,岂有归周之理?甚至有"面缚衔璧"之说,何其敢于诬圣人也？要知受封于宋，在武庚被诛之后。而白马来宾之诗，亦周人夸耀之词尔。然究以客礼待之而不臣也。至于祭，又令得用天子之礼乐，其所以处之者厚矣。

商之天下已失，而武王于箕子之囚则释之。此时为箕子者，审乎天理人情之安，惟不仕于周，即其所以报商者也。乃其时道统在上而不在下，箕子以一身荷尧舜以来相传之道，不容泯没无传。王访于箕子，箕子安得不为万世存道统？为万世存道统，安得不为武王陈《洪范》？圣人审天命人事之归其心，公天下而不以一毫私意与于其间。道可传则传之，义不可仕则弗仕之。武王亦亟于访道而不强箕子以仕，故封于朝鲜而不臣也。呜呼！可谓仁之至义之尽矣！

齐家之道[22]与治国不同。臣之在国也，有犯无隐。若以此道施之于家则不可。家之中不得径[23]行其直，须有委曲默为转移之法。

齐家之道[24]最难。周子云："家亲而国与天下疏。"惟其亲，故不可以义伤恩，又不可以恩掩义。然则教家者，亦惟渐渍化导而已，久当自变也。

论义门，郑氏曰："礼义之心必如此浃洽，方为善道，然非一朝一夕之故。"先生曰："家道惟创始为难，久则相承，即间有不率礼义之风已成，可观摩而化也。"[25]

问胎教，曰："只是无时不宜以正自处尔。"先生曰："古之言胎教者，原子之未生而言也。妇人以正自处，不言可见，意不重此。"

教子弟只是令他读书，他有圣贤几句话在胸中，有时借圣贤言语，照他行事。开导之，他便易有省悟处[26]。

从来以女贾祸者不可胜数[27]，然非旦夕之故。即如人家旧守家风，本无他事[28]，乃忽动念为改观之事，令[29]女子读书习字。妄念一起，后患即伏，将来必有受之者矣㉚。

圣人之言包举无遗，试观九经，始言修身，次言尊贤，次言亲亲，以至臣民百工远人诸侯无不处之，各得其道。圣人之学通天彻地，后世之儒者徒见迂疏浅陋而已矣。

节用最关治道，若经制不定，财用靡侈，未有能几于治者。又曰：不节用便不能爱人㉛。

自圣人之道不明，至汉而人崇黄老之术，大抵亦是承秦攻伐之后，人心厌纷扰而思恬静，故时会使然也。问曰："帝王之治天下，有礼以维持大纲，其间质文损益，随时而变。乱极思治，治极思乱，考其时会可知也。当秦汉时，固动极思静之会，但可动亦可静者，莫如圣人之道，当时何无一人讲明与天下相休息，必崇尚黄老何为乎？"先生曰："圣人之道与时消息，惜当时无人知之，故终汉之世治术不纯，至唐而益甚。"㉜

古之民有四㉝，今之民有六，其耗财已甚㉞，何怪匮乏相继乎㉟？问㊱曰："古之士为真儒，农皆乐业，商贾安居；今则士无真修，农日困迫，富商大贾，虽或安，然亦坐而待敝。矧又益诸㊲僧道，诸游民从而耗其财，此皆本业不修之故也。"先生曰："欲驱浮㊳惰而农之，惟在使民乐为农。今之为农者力作不足供赋税，不见其乐，而止见其苦。苦则思逃，逃则不复思返。如商贾之徒，固是奔竞之心胜㊴，亦缘不能安业，故思他图。又如僧道辈，其心岂不欲有父母妻子之乐，多缘农困无以为生，故逃归僧道。既逸其力，又不匮于衣食，则亦安之不思返矣。是莫若轻徭薄赋，使民安于农而乐为之，则游惰者不驱而归农矣。"问㊵曰："游惰者归农矣，其间贫富相耀，风俗终难整理，若何？"先生曰："此最难处。今之时势与古不同，古之时无甚贫甚富之俗，所以易治。今之富者田连阡陌，贫者至求数亩自给而不可得，此中甚费区画。今但使一乡之中富者

明礼义,兴仁让,有以庇贫者而不至失业,则后此可以徐图矣。明太祖召江南父老,谕以至道,无欺凌贫民,亦此意也。"㊶

明太祖定制,令府州县各有乡长,总理一乡之事。遇有祭孤魂等事,亦乡长主其事。每乡置亭,乡长常至其处,稽乡人之善恶而籍记之,以为劝惩。小事直决之乡长,大事方告有司,所以㊷狱讼衰息。又闻老人云,洪武时㊸每逢朝觐,令天下里老各赴京询以民隐,及归即令掌社仓,积谷备荒,略仿古义仓之制。及后在史馆阅明制,诚然。其立法甚详密,后之爱民者,恐不能出此规模也。

汤淑原问㊹:"适㊺间所论治道,就一邑论之,有司若立申明亭之类,专其责于乡长,令以时书善恶为劝惩,未有不可成俗者,何有司莫之行乎?"先生曰:"后世利欲浸渍,极重难返,留心治道者绝少。若有司有志复古,整理一方,尽可行去,初无难事。"

问㊻:"乡举里选虽不能复,似亦不可废。"先生曰:"明初极重此典。此典废而专重科举,亦虑贤否并进,名实混淆,不如舍彼取此尔!"问㊼曰:"只缘后世取士,除以言观人,更无别法,故如此。然究其立法之意,亦是乡举里选之遗,但取士以言,与取士以德,收效不同。今科举不能废,若更兼德行之选举,不亦可乎?此事实与风俗相表里,又须将风俗整顿,如置乡长,设义仓之类,措置得法方可。"先生曰:"然!"㊽

为臣而不尽职,非君子也;为臣而逾乎职分之所当为,亦非君子也。欲不至于不尽职,任事必须做事;欲不逾乎职分之所当为,多事不如省事。

"官无论尊卑,各有当尽之职。为一官即尽一职,便是天地位万物育的气象。至于司教一席,培养人材,潜移世运,关系特重。"时克勤将就教职,先生又曰:"人有动念利禄者,当其始,君子已病其终。一心扶持名教,便无不尽职之虑。"

儒者不患不信理,患在信之过。而用法过严者亦是一病。天地间法、情、理三字,原并行不悖,如官司有弗称职者,若优容贻害固不可,必嫉之过而加以重罪,至陨命析产亦不忍。有仁术焉轻其罪,使之蚤去,则我亦⁴⁹不流于残,而民已除其害矣。

天下事惟公而已矣!向在潼关时惟于此字甚得力。

先生任潼关时,年饥麦不熟⁵⁰,兵饷匮乏,人心骚动。先生知之⁵¹,欲发仓储秋粮以贷,俟来年麦收,仍以两季麦粮拨发。督镇⁵²不可,先生曰:"今事变⁵³仓卒,非可拘以常数,若以此安抚人心,利害由我而当⁵⁴,何⁵⁵不可变通行之?"督镇⁵⁶以为然。乃⁵⁷召各营弁谕之,众皆欢欣感谢,变遂寝。后督镇每谓僚属曰:"作事如汤公,真可谓尽职无遗憾⁵⁸,有能仿而行之者即善类也⁵⁹。"

先生在⁶⁰潼关时,同列问曰:"得百姓心易,得僚属心难,公何兼而致之易如也?"先生曰:"吾于属吏不惟不取其财,且彼有善吾力成之,以遂其愿。故人或不以为苦。"同列曰:"无所取于彼,何所应于上?"先生曰:"无所取于彼亦无所应于上,交际之礼不过寻常帛物四件。上官且戏谓吾礼物有班数,亦各谅之,无所受也。至往来过往之官,未有以金帛为赠者,其于上下间如此而已。"

先生任潼关时无取于属吏,属吏不得肆暴百姓;无取于津吏,津吏不得贻害商贾;无取于武弁,武弁不得克减军粮。以此行之,人感德深至,所以自关中来者有望门而拜者,有经过茔中拜其祖墓者,其得人心如此。

问潼关之政⁶¹,先生曰:"惟于保甲、乡约、社学、义仓四者加之意而已。"又曰:"《实政录》不可不读也。⁶²"

先生时为讲官,曰⁶³:"讲官所职者大,宜从源头上整理。古人正色立朝,其一段至诚感孚处,有格君心于不自知者。君心正而天下治,此犹天之枢纽,转运众星而人不之见者也。讲官又是默令枢纽能转运,底是何等关系!"

  康熙壬戌,春闱下第将归。先生留止之,设榻斋头,晨夕语对,讲论互发,答问无遗,因撮其语并事迹约略记之。凡三阅月而归,凡五十条。㊿

柘城窦克勤记

  人身各具性善之理,随事察理,则所性之全可保守不失。㊿

  正不必求圣贤接踵,有道同堂也。㊿

  学问之事,有为己为人之别。真修君子朴实做去,不求人知,人亦莫得而知之,直至遁世,不见知而不悔,此才是真实学问。故为己之学,圣人有味乎其言之也。㊿

  《易》有象必有理,数与理相因,非判而为二者也。其断以吉凶者,亦就一定之理以断之。至孔子系《易》,纯是说理。虽周家卜世三十,卜年八百,若有定数,毕竟有文武贻谋之善,方能永久。若秦至二世而亡,亦似有定数,毕竟是始皇所为不善以致此,数固不离乎理也。㊿

  《易》重阳刚,故成天下事者必刚健中正。若柔顺中正,必有相助者始可成功,此阴阳之辨也。㊿

  人之于天下无事,不宜安处其常。《易》曰:"食旧德,贞厉终吉。"盖吉凶祸福,数不能逃,故贞而犹厉,论理止宜安处其常。故"食旧德"虽"贞厉"而"终吉",此无咎之道也。㊿

  自古治日常少,乱日常多。要知乱日之所以多者,皆缘人之情欲相感,邪淫日生,其气上通于天,故天降丧乱日甚一日。然天心仁爱,常欲拨乱反治,故笃生圣人以为天下主。设不生圣人,则人之相残相害无有已时,非上天生人之意也。㊿

  自古有为之君必亲君子远小人。与君子日亲,自与小人日远。凡声色货利之欲,土木兴作之烦,奇技淫巧之物,俱耳所不及见,心思所不及谋。君志清明,忠言易入,天下事可理矣。天生民而立之君,人君之职在于安民,安民之道在于择相,故曰劳于求贤而逸于得人,此总其大纲以御天下者,万世人君之道也。⑫

人君之所最重者无如总宪,朝廷有违德,总宪则匡之;宰相有失政,总宪则纠之;六曹有不尽职,卿大夫有不守度,总宪则劾奏之。举凡用人行政,无一非总宪之责。职固若此,其重也而岂易副?⑬

壬戌春,予试礼闱不第,将就教质之先生,先生曰:"今师席不整久矣,得一振作,使知吾道有人,不亦幸乎?"曰:"司铎一官,无钱谷刑名之累,而有教育人材之责,如何便克副其职?"先生曰:"人有动念利禄者,当其始君子已病其终。若一心扶持名教,何不能尽职之虑?为臣而不尽职,非君子也;为臣而逾乎职分之所当为,亦非君子也。欲不至于不尽职,任事必须做事;欲不逾乎职分之所当为,多事不如省事。"⑭

家道惟创始为难,久则相承。即间有不率,礼义之风已成,可观摩而化也。⑮

校记

① 山平堂本此条与第三条合为一条。从本祠堂本。
② 山平堂本"出"为"此"字,从本祠堂本。
③ 山平堂本"偶"为"而"字,从本祠堂本。
④ 山平堂本"问"为"论"字,从本祠堂本。
⑤ 此句山平堂本为:《中庸》说:'国有道,不变塞焉';'国无道,至死不变'。从本祠堂本。
⑥ 本祠堂本无"说不变,更思如何始能不变"一句,山平堂本有之,以补。
⑦ 本祠堂本为"说不尽",山平堂本为"不说尽",从山平堂本。
⑧ 此句山平堂本为"唐仅一昌黎,隋仅一文中子",从本祠堂本。

⑨ 山平堂本"濂洛"为"濂闽",从本祠堂本。
⑩ 山平堂本无"人"字,从本祠堂本。
⑪ 山平堂本"已处其孤"为"幸其不孤",从本祠堂本。
⑫ 本祠堂本"共"为"以"字,从山平堂本。
⑬ 山平堂本"维持"后多一"也"字,从本祠堂本。
⑭ 本祠堂本"说"后无"的"字,从山平堂本。
⑮⑯⑰⑱⑲ 五条山平堂本无,从本祠堂本。
⑳ 山平堂本无"之"字,从本祠堂本。
㉑ 山平堂本无"一"字,从本祠堂本。
㉒ 山平堂本无"之道"二字,从本祠堂本。
㉓ 山平堂本"径"为"经"字,从本祠堂本。
㉔ 山平堂本无"之道"二字,从本祠堂本。
㉕㉖ 山平堂本无此二条。
㉗ 山平堂本此句后有"夏以妺喜,商以妲己,周以褒姒,吴以西施,晋以骊姬,非其微乎?然女之覆人国也,非旦夕倾覆之,而其祸实基于此"数语。
㉘ 山平堂本"事"为"患"字,从本祠堂本。
㉙ 山平堂本"令"前有一"或"字,从本祠堂本。
㉚ 山本堂本无"矣"字,从本祠堂本。
㉛ 山平堂本多"又曰:不节用便不能爱人。"句,本祠堂本无,补之。
㉜ 山平堂本无此条。
㉝ 山平堂本本段句首有"先生论贫民曰"句。
㉞ 本祠堂本"甚"为"至"字,从山平堂本。
㉟ 山平堂本"乎"为"也"字,从本祠堂本。
㊱ 山平堂本无"问"字。
㊲ 山平堂本"诸"为"之"字,从本祠堂本。
㊳ 山平堂本"浮"为"游"字,从本祠堂本。
㊴ 山平堂本无"固是奔竞之心胜"句,从本祠堂本。
㊵ 山平堂本无"问"字,从本祠堂本。
㊶ 山平堂本无"明太祖召江南父老……亦此意也"句。

㊷ 山平堂本“所以”后有“往往”二字,从本祠堂本。

㊸ 山平堂本“洪武时”为“明太祖时”,从本祠堂本。

㊹ 山平堂本“问”为“曰”字,从本祠堂本。

㊺ 山平堂本“适”后有一“间”字,从之。

㊻ 山平堂本“乡举里选”前有“论取士曰”句,无“问”字,从本祠堂本。

㊼ 山平堂本少一“问”字,从本祠堂本。

㊽ 山平堂本末句为:“先生曰:‘此事实与风俗相表里,须将风俗整顿。如置乡长,设义仓之类,措置得法方可。’”而无“先生曰:‘然!’”句,从本祠堂本。

㊾ 山平堂本无“亦”字,从本祠堂本。

㊿ 山平堂本无“年饥麦不熟”句。

(51) 山平堂本无“知之”二字。

(52)(56) 山本堂本“督镇”为“督抚”,从本祠堂本。

(53) 山平堂本“事变”为“变生”,从本祠堂本。

(54) “利害由我而当”句,山平堂本为“利害我当之”,从本祠堂本。

(55) 山平堂本“何”后有“持疑”二字,从本祠堂本。

(57) 本祠堂本“乃”为“及”,从山平堂本。

(58) 山平堂本“憾”后多一“矣”字,从本祠堂本。

(59) 山平堂本此句为“汝辈能效而行之者乎?”

(60) 山平堂本“在”为“任”字,从本祠堂本。

(61) 山平堂本首句为“问潼关之政何以翕然称善。”

(62) 山平堂本此句为“吕公《实政录》不可不读也。”

(63) 山平堂本无“先生时为讲官,曰”句。

(64) 此段话山平堂本为“此康熙壬戌岁余,余与汤潜庵先生京师讲习语也。余春闱下第将归,先生留止之,设榻斋头,晨夕晤对,凡三阅月,讲论互发,答问无遗,因撮其语并事迹约略记之。”

(65)(66)(67)(68)(69)(70)(71)(72)(73)(74)(75) 条本祠堂本无,山平堂本有之,补上。其中(74)条,本祠堂本有“为臣而不尽职”至“多事不如省事”数语。

男溥手述六条①

课子溥等读书,尝至夜分不辍,曰:"吾非望汝蚤贵,少年儿宜使苦,苦则志定,将来不失足也。"

"天理"二字不可不时时体察,用力既久,愈见亲切,从此行将去,自然仰不愧,俯不怍。

在林下时,或劝之著书,曰:"学贵日新,今之所是,异日未必不以为非,何敢妄为?"

抚吴时秉烛治事,四鼓始假寐,日中始食。或劝进药饵,恐事烦心血渐槁,非暮年所宜。慨然曰:"君命即天命也。"且曰:"吾自信者心也,安能保其必当乎?"

占《易》以《彖》、《象》为主,常曰:"《易》非教人趋吉避凶,只审理之当否。其进退存亡,介在几微间,非沉潜玩味不能得也。"

临殁时,自潞河勘楠木归,感风寒疾。漏下二鼓,犹戒子溥等曰:"孟子言:'乍见孺子入井,皆有怵惕恻隐之心。'汝等当养此真心。真心时时发见,则可上与天通。若但依成规,袭外貌,终为乡愿无益也。"

以上六条,男溥手述

校记
① 山平堂本无此六条。

门人王廷灿手述五条

年少登科①,切勿自喜。见识未到,学问未足,一生吃亏在此。②即使登高第,陟高位,庸庸碌碌,徒与草木同朽耳③。往往老成之人④一入仕途,建立一二事便足千古,由其阅历深也⑤。

诸生能吃苦否⑥?吃得苦无事做不来。死于安乐,生于忧患⑦,刻刻当存此念。

学问之道,全在收拾此心。此心不曾收拾,毋论声色货利,皆是戕害我身之具。即读书诵诗,亦为玩物丧志⑧。

读书遇古人疑难大事,先须掩卷静思:如我处此,何以措置?然后看将下去,方知古人得失,学识方有长进。不然,一直看去,古人自古人,我自我,有何益处⑨?

汉人全尚气节,有锋芒有圭角,终非圣贤地位。圣贤非无气节,却从性分中发出,皆是天理流行,不可名之为气节⑩。

以上五条,钱塘门人王廷灿手述⑪

校记

① 山平堂本此句前有"辛酉榜发,灿谒先生于公署,先生曰:'少年登科,甚好。'"数语。
② 此句山平堂本为"而古人以为不幸者,年少之人,侈然自足,便不能再进一步。"
③ 山平堂本此句前有"无一表见"语。
④ "老成之人"山平堂本为"老成者"。
⑤ 此句山平堂本为"无他,阅历深,识力到也"。
⑥ 此句前山平堂本有"又一日,谕灿等曰"句。

⑦ 此句山平堂本为"生于忧患,死于安乐"。
⑧ 此条山平堂本为:"壬戌,灿下第,辞先生南归,先生曰:'不必以一时未遇扼腕,我望诸生为好人,不望诸生为美官也。归去当闭户读书,以收拾身心为主,此心一放,无论声色货利皆足戕身。即诵诗读书,亦为玩物丧志。'"
⑨ 此条山平堂本为:"又谕灿曰:'读史遇疑难大事,须掩卷静思:设使我当此,如何处置?然后再看下去,方知古今人不相及处。不然,泛泛涉猎,古人自古人,我自我,识力终无长益。'"
⑩ 山平堂本无此条。
⑪ 山平堂本此句为"王廷灿手述五条"。

门人范景手述十五条

景侍先生,问涉世之道如何?曰:"言忠信,行笃敬,圣人教人不过如是。"

君子小人在天地间,如阴阳之相乘。试看从古以来,虽极治时,举朝皆君子,其间也有小人;就是极乱时,举朝皆小人,其间也有独为君子的有志者。正须自立。

先生抚吴时,闻有当事登坛讲学者,慨然语景曰:"学当躬行实践,不在乎讲。讲则必有异同,有异同便是门户争端。当初,孙夏峰先生为一代大儒,未曾应聘开讲,不过于一室中二三同志从容问答而已。若必登坛,南面聚众而谈,何异禅门家数!"

问:"为政当以顺民情为第一义否?"曰:"然!"良久,又曰:"也有顺不得的所在。即如我当初在赣州作道时,正值海寇猖獗,忽有贼持伪檄到抚军辕门,抚军传余甚急,食顷三至。余诣抚军所①,以此贼付余。余在辕门讯之,百姓观者如堵,颇多惶惑。余请抚军急枭示,以绝贼人觊觎②。抚军犹豫,欲缓候上闻。余意不容稍缓,请益力。因令押赴市曹,百姓人人震恐,遮道而请曰:'杀之,则贼众大至,百万生灵不保矣!'余晓百姓曰:'杀之,则贼知我不惧,而不敢来。即贼众果至,我自有方略保障抵敌。尔百姓无恐。'此贼亦大呼曰:'两国相争,不斩来使!'余呵之曰:'汝贼耳,安得云国!'亟斩之。寻贼败去,竟无警。使是时稍顺民情,不断然斩之,奸宄生心,保无意外之变乎?此岂不是顺不得处?非是当初年少气壮,只是明理耳。"

先生问:"闻吴中上方山神最灵,祭赛最盛,起于何时?"景对曰:"相传是南宋时沿流到今,灵异之说皆出乡③里之传说耳。"先生曰:"鬼神,福善祸淫,治幽赞化,若来④祭享者方免其祸,不来⑤祭享者即降以灾,直与世间贪官行事一般,定是邪鬼,决非正神,吾只是不信。"

乙丑夏,候先生于院⑥署,因留宿署中。时已二鼓,先生犹办事未寝,至景榻前,从容问近所施设果允协人心否?抑犹有当行而未及行者否?盖先生德愈盛而心愈下如此!

自古治日常少,乱日常多。要知乱日之所以多者,皆缘人之情欲相感,邪淫日生,其气上通于天,故天降丧乱,日甚一日。然天心仁爱,常欲拨乱反治,故笃生圣人以为天下主。设不生圣人,则人之相残相害无有已时,非上天生人之意矣!⑦

自古有为之君必亲君子远小人。与君子日亲,自与小人日远。与小人日远,凡声色货利之欲,土木兴作之烦,奇技淫巧之物,俱耳目所不及见,心思所不及谋。君志清明,忠言易入,天下事可理矣!⑧

天生民而立之君,人君之职在于安民,安民之道在于择相。故曰:劳于求贤而逸于得人。此总其大纲以御天下者,万世人君之道也。⑨

封建与井田相表里,井田不可复矣!明大封同姓之制,使诸王散居于外而不假以权,却最得法。⑩

人君之所最重者,无如总宪。朝廷有违德,总宪则匡之;宰相有失政,总宪则纠之;六曹有不尽职,卿大夫有不守度,总宪则劾奏之。举凡用人行政,无一非总宪之责。职固若此,其重也,而岂易副哉?⑪

学问之事,有为己为人之别。真修君子朴实做去,不求人知,人亦莫得而知之。直至遁世,不见知而不悔,此才是真实学问。故为己之学,圣人有味乎其言之也。⑫

《易》有象必有理,数与理相因,非判而为二者也。其断以吉凶者,亦就一定之理以断之。至孔子系《易》,纯是说理。虽周家卜世三十,卜年八百,若有定数,毕竟有文武诒谋之善,方能永久。若秦至二世而亡,亦似有定数,毕竟始皇所为不善以致此,数固不离乎理也。⑬

《易》重阳刚,故成天下事者必刚健中正。若柔顺中正,必有相助者始可成功,此阴阳之辨也。⑭

问:"《丰》之'六五',柔暗之主,二三四爻之障蔽皆由此。爻不好,至此爻却说来章,何也?"先生曰:"他爻之障蔽皆由此爻不好,若此爻能不使他爻障蔽,便是他大有好处。故只以来章言之,亦见他是阴暗不能独立,必借人而成。若不能来章,即不能有'庆誉'之吉矣,戒意已具词中也。"⑮

以上十五条,睢水门人范景手述⑯

校记

① 山平堂本"所"为"署"字,从本祠堂本。
② 山平堂本"觊觎"为"窥视",从本祠堂本。

③ 山平堂本"乡"为"间"字,从本祠堂本。
④⑤ 山平堂本少一"来"字,从本祠堂本。
⑥ 山平堂本院为"抚"字,从本祠堂本。
⑦⑪⑫⑬⑭⑮ 此六条山平堂本归窦克勤手述。
⑧ 此条"天下事可理矣"句前一段,山平堂本归窦克勤手述。
⑨ 此条与⑧,山平堂本合为一条,归为窦克勤手述。
⑩ 山平堂本无此条。
⑯ 山平堂本此句为"范景手述六条"。

田兰芳所编遗稿内补入二条

事不论大小,只论是非。学者须令事事合理,一事不可忽略。故曰:浩然之气,是集义所生者。

理流行于天地间,不有此,身虚而无著。此身关系最重,不可不敬其身。

以上二条从田兰芳所编遗稿内补入

志学会约

学者莫先于立志。孔子十五志学,便志到从心所欲不逾矩。我辈四十五十尚未知志学,何以为人?程子曰:"言学便以道为志,言人便以圣为志。"今与诸君子立会以志学名,欲先定其志要,识圣人之所志者何志,所学者何学。如适京师者,必先识京师之路。虽相去千万里,毕竟路径不差,渐次可近京师。否则,适北而南辕,用力愈勤,相去愈远矣!后列会约数则,大约①本之冯少墟先生旧约而稍稍增损，附以己见，亦藉以就正先生长者焉。

一、会以每月初一、十一、廿一中午为期，不用束邀。一揖就坐，世情寒温，语不必多。各言十日内言行之得失，务要直述无隐。善则同人奖之，过则规正。所讲以身心性命、纲常伦理为主，其书以四书、五经、《孝经》、《小学》，濂洛、关闽、金溪、河东、姚江诸大儒语录，及《通鉴纲目》、《大学衍义》等书为主，不许浮泛空谈，亵狎戏谑。凡涉时政得失、官长贤否及亲友家门私事，与所作过失并词讼请托等事，一概不许道及，违者注册记过。

一、会中崇真尚朴，备馔多不过八器，围坐，荤不许过素。若人少则②四器亦可。饭罢酒即止，甚勿杯盘狼籍，饮酒笑谑，以伤风雅，违者注册记过。

一、会中置一册子，凡是日讲论有能发明义理，或近日有所心得，即录册中，以便商订。或有疑难，一时不能明白者，亦记册中，渐次考正。亦日知其所亡，月无忘其所能之意。仍将所问答参悟，有合于道者略为缀记成篇，以存其说。

一、彼此讲论，务要平心易气。即有不合，亦当再加详思，虚己商量，不可自以为是，过于激辨。舍己从人，取人为善，圣贤心传正在于此。否则，虽所论极是，亦见涵养功疏，况未必尽是乎！尤西川先生云："让古人是无志，不让眼前人是好胜。"

一、学之不讲，孔子且忧，况学者乎。人心易放，学问难穷，故亲师取友，一则夹辅切磋，使不至放逸其心；一则问津指路，使不至错用其功。总是③自己求益，非务外徇人也。邹东郭先生云："讲学者非以资口耳，所以讲修德之方法也。闻义而徙，不善而改，便是讲学以修德实下手处。"吕泾野先生云："学不讲不明，非是自矜，将验己之是非。"又云："学道④之名，亦不消畏避人知。方是真做，才有避人知的心便与好名的心相近。我辈浮沉世味，悠悠岁月，衰老将至，漫无心得，碌碌一生，草木同朽，岂不负父母生成之恩，为宇宙间一大罪人！往者不可谏，来者犹可追，我辈大家猛省，非求名誉，非结声气，总要各完自己性分，各成自己人品，不致丧尽，几希沦于异类。富贵功名，转眼即空。如不可求，从我所好，愿同志者相与精进勇猛，共证此事焉。

一、人非圣贤，孰能无过？吾辈发愤为学，必要实心改过，默默点检自己心事，默然克治自己病痛。若瞒昧此心，支吾外面，即严师胜友，朝夕从游何益乎？每见朋友中自己吝于改过，偏要议论人过，甚至数十年前偶误，常记在心，以为话柄，独不思士别三日当刮目相待！舜跖之分，只在一念转移，若向来所为是君子，一旦改行即为小人矣！向来所为是小人，一旦改图即为君子矣！岂可一眚便弃，阻人自新之路！更有背后议人过失，当面反不肯尽言，此非独朋友之过，亦自己心地不忠厚，不光明，此过更为非细。以后会中朋友偶有过失，即于静处尽言相告，令其改图。即所闻未真，亦不妨当面一问，以释胸中之疑。不惟不可背后讲说，即在公会中亦不可对众言之，令彼难堪，反决然自弃。交砥互砺，日迈月征，庶几共为君子。改过迁善，为圣学第一义，我辈勉之。

一、圣贤义理载于五经四书，而其要在⑤于吾身。若舍目前各人进修之实，不以改过迁善为务，纵将注疏大全辨析毫厘，与己终无干涉。圣学首重诚意。自欺自慊，皆在隐微独知处勘证。若徒弥缝形迹，不实在心地打点，即外面毫无破绽，总是瞻前顾后，义袭而取，苦力一生，究竟成一乡愿。到对天质人处，心中多少愧怍。我辈着实用力，必期躬行，心得义利，诚伪关头，不可一毫将就。混过此日，勉强久之，必有纯熟境界。阳明先生致良知为圣学真脉，各求所以致之之道，勿忽也。

一、近日风俗衰薄，巧诈滋起，凡我会中各宜敦本尚实，力崇古道,不得概从流俗,苟且避谤。至于四礼仪节,亦当斟酌复古,有断当改正者,亦不必因循随众。

一、善是大家公共的,不是一人自私的。为善却是自己担当的,不是他人强攀的。既入会必须实实照约行,否则,彼此无益。孟云浦先生曰:"学者屣两家船不得。"

新吾吕先生曰:"吾学工夫,只有事心一著最为吃紧,若把一心被耳、目、口、鼻、四肢驱策如犬马,役使如奴婢,男儿七尺之躯不能为他做一主张,发之言动,措之事业,纵有一二可观,都是气质作用,安得尽合道理?协于天则必须大勇猛,振委靡之气,坚果确之心,勿以戒慎恐惧为桎梏,勿以怠荒淫⑥肆为脍炙,于发愤忘食之中尝乐以忘忧之味,久则和顺于道德,优游于矩度,驯焉安焉,才是得力处。呜呼!呼吸一过,万古无轮回之时;形神一离,千载无再生之我。悠悠一世,可为恸哭!"

又曰:"圣学入门,先要克己,归宿只是无我。盖自私自利之心是立人达人之障,此便是舜跖关头,死生岐路。"

又曰:"敬者,不苟之谓也。敬无他,攻击此心之苟而已。故苟则不敬,敬则不苟。戒慎恐惧,心体不苟也;中规中矩,步履不苟也;无淫视,无侧听,耳目不苟也;安定辞,守如瓶,声音不苟也;无众寡,无小大,无敢慢,与人不苟也;一息尚存,此志不容少懈,终身不苟也。敬外无圣人居,敬外无圣人之道,其始也;毋不敬,终也,恭而安尽之矣。"

又曰:"防欲如挽逆水之舟,才歇手便下流;力善如缘无枝之树,才住脚便下坠。是以君子之心无时而不敬畏也。"

又曰:"学者要养心气,心气一衰,万事分毫做不得。"

又曰:"胸中只摆脱一'恋'字,便十分爽净,十分自在。人生最苦处只是此心。沾泥带水，明是知得，不能割断耳。"

又曰："才能技艺，让他占个高名，莫与角胜。至于纲常大节，定要自家努力，不可退居人后。"

夏峰孙先生曰："静坐读书，须先澹其安饱之念，方称好学。自世人以富贵为性命，以贫贱为仇敌，而坏心术，丧名节，只此欲恶两念为之祟耳。程子曰：'大凡学者学处患难贫贱，今观孔颜乐处，不出乎世情所谓澹泊忧愁中。'即伊川气貌容色，逾胜平生，亦自涪川贬后见之，益信圣贤所谓⑦乐不于富贵得志时，学者正要于此处见得分明。"

又曰："世人不知，学者勿论，即素有志于学，动辄曰：目前为贫所苦，为病所苦，为门户所苦，为忧愁拂逆所苦，不知学之实际正在此贫病拂逆种种难堪处，不可轻易错过。若待富贵⑧安乐时始向学，终身无学之日，学之晦于天下也久矣。"

又曰："大凡向学之人，独立之意多近于方，方之弊也，为单板；随人之意多近于圆，圆之弊也，为软熟。初学宜以方入学，力深单板自化，断不可失之软熟耳。"

新吾先生为同郡先哲，夏峰先生为今日先觉，故各摘语录数则，与同志共勖焉。

校记

① 山平堂本"约"为"略"字，从本祠堂本。
② 山平堂本"则"为"即"字，从本祠堂本。
③ 山平堂本"是"为"之"字，从本祠堂本。
④ 山平堂本"学道"为"道学"，从本祠堂本。

⑤ 山平堂本"在"为"具",从本祠堂本。
⑥ 山平堂本"淫"为"恣",从本祠堂本。
⑦ 山平堂本"谓"为"为",从本祠堂本。
⑧ 山平堂本"贵"为"厚",从本祠堂本。

学　言

周子得孔孟之传,其说《太极图》也,曰:"圣人定之以仁义中正,而主静立。"人极此中庸,戒慎不睹,恐惧不闻之旨也。而论者以为易流于禅,窃谓不然。记曰:人生而静,天之性也;感于物而动,性之欲也。不能反躬,天理灭矣。人者,天之心也;性者,天之理也。天理非可以动静,言而主静,亦不可以时位论。泥主静之说而不得其义,固易流于禅。若昧主静之意而徒事于标末补缀,则隐微多疚,人品伪而事功无本,此乡愿之伪学,孔孟之所深拒也。程子曰:"天理二字,吾体验而得之。"又曰:"学者敬以直内为本。"朱子曰:"静者,性之真也,涵养中体出端倪,则一一皆为己物。"豫章延平,师友相传,皆是此意。其曰:穷理者亦穷天所与我之理也,故可以尽性而至命。博学、审问、慎思、明辨,皆其功也。后人失其精意,遂至沉溺训诂,泛滥名物,几于支离而无本。王守仁致良知之教返本归原,正以救末学之流弊,然或语上而遗下,偏重而失中,门人以虚见承袭,不知所以致之之方。至王畿四无之说出,益洸洋恣肆,失其宗旨,其流弊有甚焉者。故罗洪先有世间无现成良知之说,而顾宪成、高攀龙亦主性善之论。夫儒者于极重难返之际,深忧大惧,不得已补偏救弊,固吾道之所赖以存。学者先识孔孟之真,身体而力行之。久之,徐有见焉,未尝不殊涂同归。如颜曾为大宗,而由赐师商,各得圣人之一体。若学力不实,此心无主,徒从语言文字之末,妄分畛域。根柢未立,枝叶皆伪,其所为不越功利词章之习,而欲收廓清宁一之功,恐言愈多而道愈晦,圣贤心传不见于天下后世也。愿学者捐成心,去故智,法古人为学之诚而得其用心之所在,由濂洛、关闽以达于孔孟,则姚江、梁溪皆可融会贯通而无疑矣!

卷二 奏疏

敬陈史法疏①

奏为敬陈史法,以襄文治事:臣学识疏陋,备员史馆,恭逢皇上虚己咨询,臣敢不谬陈一得,以备采择。②

臣窃惟史者,所以昭是非,助赏罚也。赏罚之权行于一时,是非之衡定于万世。皇上御极初年,即命史臣纂修《明史》,仰见皇上留心文献,与唐太宗敕魏征等撰次《隋书》、明太祖敕宋濂等纂修《元史》,可谓千古哲王。

若合符节,但当时纂修止据实录,未暇广采。臣愚,窃以为立法宜严,取材贵备,实录所纪,恐有不详。臣谨取其大略为我皇上陈之。如靖难兵起,建文易号,永乐命史臣重修实录,则低昂高下之间恐未可据。他如土木之变,大礼之议,事多忌讳。况天启以后,实录无存,将何所依据焉?一也。二百七十余年,英贤辈出,有身未登朝而懿行堪著,或名仅间巷,而至性可风,万一辒轩未采,金匮失登,则姓字无传,何以发潜德之光?前代史书如隐逸、独行、孝友、列女诸传,多实录所未备者,二也。天文、地理、律历、河渠、礼乐、兵刑、艺文、财赋,以及公侯将相,为志为表,不得其人,不历其事,不能悉其本末原委,三也。臣谓今日时代不远,故老犹存,遗书未烬,当及此时开献书之赏,下购求之令。凡先儒记载,有关史事者,择其可信,并许参考,庶几道法明而事辞备矣。

臣伏读顺治九年十一月十七日上谕,云明末寇陷都城,君死社稷,当时文武诸臣中,岂无一二殉君死难者?幽忠难泯,大节可风。大哉王言,开一代忠孝之原,肃万载臣子之极,一时在京诸臣,若范景文、倪元璐、刘理顺等,皆被旌录,自当照耀史册。但明末寇氛既张,蹂躏数省。或衔命出疆,或授职守土,或罢官闲居,以至布衣之士、巾帼之妇,其间往往有抗节不屈,审义自裁者。幸遇皇上扶植人伦,发微阐幽,而忠魂烈节,犹有郁郁寒泉之下者,则后世何劝焉?伏乞敕下各地方督抚确访奏闻,并将实迹宣付史馆,与范、倪诸臣并列同书。则阐幽之典,愈为光昭矣。

更有请者,宋臣欧阳修纂《五代史》,不为韩通立传,后世讥之;《宋史》修于至正三年,而不讳文、谢之忠;《元史》修于洪武二年,而并列丁、普之义,古今韪之。皇上应天顺人,救民水火,云霓之望,四方徯苏。然元二年间,亦有未达天心,徒抱片节硁硁之志,百折靡悔,虽逆我颜行,有乖倒戈之义,而临危致命,实表岁寒之心。此与海内浑一,窃名叛逆者,情事不同。伏望皇上以万世之心为心,涣发纶音,概从宽宥,俾史臣纂修,俱免瞻顾,则如天之度,媲美前王。于以奖励臣子,昭示后世,其于纲常似非小补。

臣在史言史,不识忌讳,无任战栗,陨越之至。③

校记

① 山平堂本有副题"官检讨时上"。文会堂本题目为《陈史法以裹文治疏》。

② 山平堂本无此段。

③ 山平堂本无末一段。

题《明史》事疏

题为请旨事：臣于康熙二十一年六月十九日奉旨充《明史》总裁。臣与吏部侍郎臣陈廷敬、礼部侍郎臣张玉书、内阁学士臣王鸿绪、掌院学士孙在丰、侍讲学士臣徐乾学公议：以《明史》事体重大，卷帙浩繁，其纂修草稿已完者，先分任专阅后再互加校订。臣分任"天文志"、"历志"、"五行志"及正统、景泰、天顺、成化、弘治五朝列传，陆续删改。臣凛遵谕旨，矢公矢慎，夙夜不遑，已经删改"天文志"九卷、"历志"十二卷、"列传"三十五卷、"五行志"检讨臣吴任臣见在纂修，未经送阅。臣于天文、历法，学非专门，而五朝人物事迹繁重，虽尽心笔削，恐舛误犹多。斟酌论定，尚需时日。今臣恭承简命，出抚江苏，不能复与史事，除将改定志传缮写成册，付史馆备诸臣参订外，合行题明。

臣未敢擅便，为此具本，谨题请旨。

恭报到任疏①

题为恭报微臣到任受事日期，仰祈睿鉴事：臣于康熙二十三年六月二十六日蒙皇上简命，巡抚江宁，于本年八月初十日恭领敕谕一道，九月初七日陛辞。蒙皇上赐宴，面谕臣应行事宜。煌煌天语，如典如谟。吏治民情，炳若观火。仰见我皇上神明天纵，睿虑周详。宫廷之间，远瞩万里。臣才虽驽钝，敢不恪遵谕旨，精白一心,洁己率属,副皇上爱民图治至意。更蒙恩赐白金五百两、彩缎十端、内厩鞍马一匹,宠赉优渥,逾于等伦。至十一日,复召入内廷,赐以珍馔,特颁御制诗章、御笔法书三轴。臣跪受展观,卿云绚烂,光采溢目。臣自念至愚极陋,蒙恩得侍讲幄,日承圣训。今去天日远,得奉御笔,晨夕瞻仰,如对天颜,臣不胜欣幸。

即日出都,由陆路于十月初二日到臣属淮安府清江浦登舟。准总督、江南江西带管江宁巡抚印务臣王新命,委江宁府通判王祚永同臣标中军游击李虎,赍捧钦颁关防一颗、令旗牌八面副,及文卷等项移送到臣。臣恭设香案,望阙叩头祗受。星夜兼程,于初八日至苏州府到任,开印受事讫。

伏念臣一介寒儒,蒙世祖章皇帝拔置词馆,加级外用,两任监司。奉职无状,以病请休。家居二十年,自谓终老丘壑,蒙我皇上召自田间,复备员侍从。五年之内,进讲内殿,记注圣政,纂修太宗、世祖两朝圣训,总裁《明史》,由宫寮超迁学士。臣自顾何人,遭逢圣主知遇之恩,亘古罕闻,感激涕零,常终夜不寐。今复蒙特简,畀以节钺。江苏为东南要地,财赋繁重,俗尚浮靡,号称难治。臣才具短浅,受恩深重,惟有殚心竭力,图报万一,倘可少纾皇上南顾之怀,即亦不负臣草茅诵读之志。

至奉到钦件及应兴应革事宜,容臣悉心料理,次第入告外,所有微臣到任受事日期,理合具本题报,伏乞睿鉴,施行。②

校记
① 山平堂本有副题"以下皆巡抚江宁时上"。
② 山平堂本无此段。

报睢沐①秋灾疏②

题为谨报睢沐③二邑秋灾情形,仰祈睿鉴事:康熙二十三年十月初九日,据④江苏布政司布政使章钦文"详为水灾奇降,地废民逃,叩恳申详,亟救残黎,以裕邦本事":十月初八日,⑤据⑥淮安府详据睢宁县详称:"据本县儒学生员魏奋翼等、乡民夏王宾等禀称:'国以民为本,民以食为天,本固邦宁,食足民安,理势然也。痛睢节年以来,非旱即涝,灾荒频仍,百姓已不聊生。兼之地滨黄河,夫役繁重,糜费过于正赋,所以上累考成,下致逋欠,此官民两害之原也。况今岁春荒,粮食腾贵,率皆卖儿鬻女以活生命,吞草嚼叶以度朝昏。壮者散而老者绝,颠沛万状,惨不堪言。满望麦秋收获,以延残喘。不意二麦成熟之后,五月五日,大雨奇降,平地水深数尺,二麦朽烂。仍望秋禾活生,不意西水顺流而下,县治南北一带泛滥横流。深者丈余,浅者五七尺不等。其秋禾登场者,被阴雨连绵二十余天,并未入仓,漂流而去。房屋淹颓⑦无数,遍野已成泽国。残黎并无栖止,已种之麦尽沉水底,未种之地现今水沉。不惟今岁无赖,来岁更无所望;不惟已逃之民不兴⑧思归故土,即未逃之民亦且乐奔他乡。民逃则地荒,地荒则赋逋。士民危极情亟,公叩电怜百姓困苦,恩赐转详,得邀蠲免,则父母之仁,能转河伯之虐矣。'等情到县。

"据此,该卑县窃查睢邑历年灾患频仍,黎民涂炭,今春卖儿卖女者有售无受。以故哀鸿遍野,硕鼠兴歌。满望麦熟或可少苏,不意暴雨连旬,将麦损伤过半;复望秋粒,奈三伏不雨,禾麦⑨皆枯。入秋霖雨连绵二十余日,黄水陡发,而睢邑里社坐落黄河南北两岸,近年修筑堤工较平地约高丈余,水无注泄,一经漫溢,即如倒海。今⑩西水顺流而下,遍地汪洋。故将已获秸粒悉皆漂荡,方种麦苗俱沉水底。屋庐冲决,民无定所。众姓哀嚎伤心惨目。卑县职司民牧,不得不据实陈情,仰祈轸念民瘼,恩赐转详。题请蠲免,或议赈恤,或缓催科,起疮痍而肉沟瘠,万姓皆沐洪恩于不朽矣!等情。据此,除一面专员飞赴确勘另报外,事干灾伤,拟合通报等情。"

又据该府详:"为黄水永注,沭⑪邑灾黎终绝更生,哀吁详请亟赐拯救事。据沭阳县详称,据本县士民魏鲲等连名禀称:沭⑫居清宿下流,幸蒙皇恩蠲除,孑遗稍延残喘。不意今岁入秋以来,霪雨连绵,昼夜如注。又兼山水暴涨,以及黄水由拦马河泛漫,由邳、睢等邑直灌沭⑬境,淹没惨状,惟见水天一色,百里无烟。又不止积水漫淹,与谨报安东等案沉田溺丁已也。窃思粮从地起,无地何以征粮;鞭自丁出,无丁何以输鞭?若不叩天详请画一永久之计,不惟民命堪虞,亦且考成焉副!纵天台视民如伤,其应征额赋,果能一一问诸水滨乎?伏乞轸念水患益深,民生愈蹙,施拯溺救灾之洪恩,思安上全下之至计,据实申详,为民请命,阴功万代。等情禀县。

"据此,该卑职看得沭⑭邑谨报安东并积水漫淹两案,沉田溺丁,荷蒙上台题请蠲豁,灾民幸得更生,于康熙二十二年冬,奉江抚都院委勘查报二案,涸田陆百一顷一十五亩二分五厘,题报升科在案。第查田虽稍有露尖,实则沙荒,无人耕种。惟冀今岁招集流移,拮据播种,稍全国赋。不期自夏而秋,诸水泛涨。由宿迁县等处而下,水势溢流。沭⑮邑为汇归之区,不惟去冬报涸之地复沉水底,即未淹之田间亦浸漫。卑职南闱回县,但见四野汪洋,目击心伤。忝司民牧,不得不急为请命,合无据实申详,本府轸念沭⑯民叠罹奇灾,恳将涸地升科漕粮正赋,亟赐具详疏题蠲豁。末吏灾民,两佩洪恩于不朽矣,等情详府。据此,除一面专员飞赴确勘另报外,事干灾伤,拟合通详各等情到司。

"据此,该本司查得淮属地处卑下,入秋霪雨连绵,诸水泛涨,积注未泄。今据淮安府将睢沭⑰二邑田地被淹,庐舍倾颓情形详报前来,除一面飞行批饬淮府迅行各该县,加意抚绥,设法赈恤,并确查是否成灾,及该府属逾限日期,查明另报外,事关地方灾伤,合即通报,伏乞院台⑱迅赐核夺会题,等情到臣。"

据此,该臣看得淮属睢沭⑲二邑地处卑洼,叠遭水患,荷蒙皇上轸念民艰,蠲赈屡施,灾黎得以稍延。兹据布政使章钦文详报,今岁入秋,霪雨连绵,诸水泛涨,以致田地被淹,庐舍倾颓等情,除经飞饬该司迅委能员,亲诣确勘果否成灾,照例造具册结,同报灾违限日期一并扣明,另详题报外,惟是据报秋灾情形,例应先行入告。

臣谨会同总督臣王新命、总漕臣邵合词题报⑳,伏乞睿鉴施行。

校记

① ③ ⑪ ⑫ ⑬ ⑭ ⑮ ⑯ ⑰ ⑲ 查江苏无"沐邑"一地,"沐"疑为"沭"字误。

② 文会堂本题目为"睢沭二邑秋灾情况疏"。

④ 文会堂本无"据"字。

⑤ 文会堂本无"详为水灾奇降,地废民逃,叩恩申详,亟救残黎,以裕邦本事:十月初八日"数语。

⑥ 文会堂本"据"前有一"详"字。

⑦ 文会堂本为"淹倒"。

⑧ 文会堂本"兴"为"复"字。

⑨ 文会堂本"麦"为"黍"字。

⑩ 文会堂本无"今"字。
⑱ 文会堂本无"院台"二字。
⑳ 文会堂本无"臣谨会同总督臣王新命、总漕臣邵合词题报"句。

恭谢南巡蠲赦疏①

奏为恭谢天恩,仰祈睿鉴事②:臣恭睹我皇上文武圣神,天赐智勇,史册所载,亘古罕伦。中外臣民,沐浴圣化;八荒异域,罔不詟服。重译来朝,献琛恐后。犹且圣不自圣,视朝讲学,宵衣旰食,振肃纪纲,修明礼乐。谢绝封禅之说,举行巡狩旷典。远近闻之,无不踊跃欢呼,称为太平盛事。

銮舆将出;宏颁恩赦。普天之下,共荷皇仁。而臣属士民,被泽尤渥。盖江苏财赋当天下之半。年来水旱频仍,逋欠日多。蒙恩蠲漕粮三分之一,旧欠分年带征。穷乡下户,咸庆更生。淮扬地患沮洳,皇上亲临河上,恻然恫瘝。遣大臣相视海口,疏通下流。更劳车驾循行堤堰,咨询湖水源流,将见水土永奠,耕稼无虞。古帝王勤恤民隐,未有如我皇上者也。且沿途供应,悉出大官。约束从臣,秋毫无扰,山农野老,得睹天颜。焚香顶礼,忘其卑贱。熙熙皞皞,三代而后无此气象!

龙舟经过江宁七里州,臣同督臣王新命、安徽抚臣薛柱斗面承谕旨,仰见皇上体察民瘼,澄清吏治至意。臣才识庸陋,蒙恩最深,受任最巨。于吏治民生,责无可诿,敢不精白一心,以洁己爱民勖属吏,以敦朴尚实教士民!仰副皇上谆谆教戒之意,谨于江宁、苏州立石,大书深刻,昭示臣民永永无极。又皇上诣明太祖陵,躬行拜奠,礼仪优隆。仍谕臣等祭祀必虔,严禁樵采,赏及陵户。此又旷古希遘之盛举。臣恭承圣谕,丰碑镂勒,垂之奕祀,臣有荣施至。

臣备员巡抚,职当前驱。以受事之初,迎銮仅至淮上。方怀悚惧,乃蒙温谕重叠,体恤周至,复赐御书。圣藻光辉,照耀星汉。传之子孙,永为世珍。又赐蟒裘羊酒,上方珍食。臣何人?斯承此异数,自念忠敬之心,生平自许敢不益加砥砺,冀报圣恩于万一。至仪真奉旨:"地方事务紧要,抚臣回署办事。"臣遵旨南还,不得负弩境上,中心惶惶靡宁。圣驾还宫,不能随诸臣后恭候圣安,惟有夙夜瞻望阙廷,遥祝万寿。谨具本陈谢。

为此具本,谨具奏闻。③

校记

① 山平堂本题为"恭谢天恩疏"。
② 山平堂本无"奏为恭谢天恩,仰祈睿鉴事"一句。
③ 山平堂本无"为此具本,谨具奏闻"一句。

题请蠲缓疏①

题为积年未完之漕项已荷分征,五载压欠之正赋更祈蠲缓,以广皇仁,以苏民困事:据江苏布政司布政使章钦文详,该臣看得三吴赋税甲天下,军储供亿,仰给实多。我皇上智勇天锡,命将授钺,渊谋睿算,威震海隅,而转输不匮。江南每岁本折五六百万,较他省盖②数倍焉。我皇上念财赋重地,于军需匮乏之际,犹蠲租赈饥,恩恤备至。乃者圣驾东巡,洪恩覃敷,蠲漕免丁,带征漕欠,除一时并征之累。诏到之日,白叟黄童,靡不举手加额,感激而泣,以为皇上如天之仁,轶唐虞而超三代,实亘古所未有也。

独是漕粮虽荷天恩,而地丁钱粮自康熙十八年至二十二年,五年并征,民力犹苦不支。每臣一出,士民环马首泣诉,求为陈情者殆无虚日。臣以国课关系重大,隆恩未可妄邀,晓以大义,使各勉力输将,而士民皇皇哀求不已。既而思之,使并征有益于国,臣何敢妄有所请?乃于国计无所补益,而下民实为苦累,臣不为奏陈,是为溺职,上负圣恩矣!故敢冒昧为我皇上言之。

臣按苏松等处赋额繁重,虽在丰年,所入常不敷所出。乃十八、十九两年异常灾荒,逋欠独③多。今年之尾欠即为来岁之带征;下年之未完又为次年之并比,陈陈相因,日以增益。小民终岁胼胝,不过亩收石粟,欲正供之外兼完积逋,势必不能。且钱粮之在公家虽有起存漕项之分,而小民输将总一条编征,原无差别。未完起存钱粮之民,即是未完漕项之民。今计十八年至二十三年未完地丁并时追呼,而二十四年新粮又复起征矣。州县比较,大率十日一限。假使每日轮比,一年则十日中仅三日空闲,而七日赴比矣。近城附郭犹得稍息,其穷乡僻壤奔走道途,匍匐公堂,欲求尽力农桑不可得已。设有司见考成期迫,不暇念及民生,或一日而并比数年,则先因某年之欠而敲扑之,复因某年之欠而加责之,血肉淋漓,哀号之声上干④天和,亦所必至也。

臣仰体皇上视民如伤之仁,时时告诫有司,既不忍使疾苦遗黎受此摧残,又不敢以定限考成为之宽假,诚恐民知积欠已多,剜补无术,惟有拚此皮骨以挨征比。官知递年压欠,催科计穷,亦惟拚一降革,以图卸担。究之官之更代愈速,钱粮之头绪愈乱。加以蠹役乘机侵欺,小民逃亡相继,国课必至大绌。臣愚以为民间止有此力,并征数年,其输纳不加多;带征一年,其输纳不加少。而分年带征,则官免畏顾考成,挪新补旧之弊;民免累日并比,荒废农桑之苦,所全实大也。故敢冒昧叩恳皇上推广带征漕欠之德意,俯俞臣请,除康熙二十三年钱粮尚未奏销,不敢请缓,将康熙十八年至二十二年民欠地丁钱粮,俯照漕项一例,于康熙二十四年起分年带征,以纾民困。臣又念此数年中,十八、十九两年水旱叠承,地多版荒,人多逃亡。今时⑤已五载,牵连亲族者有之,遗累邻户者有之,所谓有粮无田、有户无人者实实不乏。倘蒙圣恩将此两年概赐除豁,准自二十年后分年带征,务期全完。在民既无并征之累,在官又无虚悬之项,然后律以考成之法。小民亦各有心,既感皇恩,又怵功令,谁不踊跃争先,以完正供?此实有裨公帑,无损国计,而江南士庶歌咏皇仁,亿万斯年,永永无极矣!

臣受恩最深,身在地方,目击情形不敢隐默。并据布政使章钦文详请前来,臣谨会同总督臣王新命、署理漕务总河臣靳辅,合词具题。伏乞睿鉴施行。⑥

校记

① 山平堂本题目为"请蠲缓旧欠疏"。
② 山平堂本无"盖"字,从本祠堂本。
③ 山平堂本"独"为"实"字,从本祠堂本。
④ "干"字误为"千"字,正之。
⑤ 山平堂本"时"为"年"字,从本祠堂本。
⑥ 山平堂本无"臣受恩最深,身在地方,目击情形不敢隐默。并据布政使章钦文详请前来,臣谨会同总督臣王新命、署理漕务总河臣靳辅,合词具题,伏乞睿鉴施行"数语。

题请蠲恤疏①

题为泰州灾复加灾,亟叩具题蠲恤事:据江苏布政司布政使章钦文详,该②臣看得泰州居高邮、宝应、兴化等州县之下流,素称泽国。自康熙七年洪水为灾,田地陆沉,民生昏垫。荷蒙皇上饥溺为怀,蠲赈频颁,孑遗获存。复将淹田钱粮于微臣目睹等事案内准予蠲停,令于每年冬勘明淹涸确数,分别蠲征,历年遵奉在案。至康熙二十、二十一两年,该州田地陆续全涸,随即据实勘报具题。是以微臣目睹等事案内,止存山阳、清河等七州县,而泰州不与焉。

臣于康熙二十三年十月内接任抚事,至十一月,据泰州里民呈控,该州田地自二十二年复被水淹,情词迫切。臣即备查卷案,该州田地已报全涸,何得妄称复淹?且未据地方官申报,难以凭信,批行布政司转委淮扬道副使多宏安亲诣查勘,务在确实,不得稍有虚捏。去后,续据该道将复淹田地情形详报前来。臣查田地疆界,岂无高下分别?册内多有未明,恐有虚捏,复据该司详委苏州府同知金鉴会同扬州府同知朱射斗前往覆勘,臣又谆切面谕,务须矢公矢慎,细加察勘,不得稍有扶捏。今据布政使章钦文详称:"同知金鉴等履亩查勘,据称泰州田地原分上河下河。其上河田地久成膏壤,惟下河一带与兴化接界地最洼。下海口未开,高堰湖水时常漫溢,淹涸无定。迨二十、二十一年,岁值大旱,田中积水全涸。二十二年虽涸田复淹,然雨水骤涨,尚冀旋消。是以前抚臣于汇题案内未敢遽请蠲豁。至二十三年九月,内湖水暴发,横流旁灌,宣泄无路,注而不流,至今田沉波③底,播种难施"等情。臣惟淹田涸出,固宜随时勘报起征,以足额赋,如涸后复淹,亦应据实陈请,以邀宽恤。

我皇上视民如伤,远迈千古。巡幸经临,见民庐舍田畴被水淹没,深轸圣怀,特遣大臣循海察勘,不惜经费,专官疏浚下流。斯民安土复业,万姓欢呼,祝诵圣寿无疆。所有泰州康熙二十、二十一年原报涸出田地,既经屡勘,实被淹没。见在播种难施,应征钱粮,委难责令输纳,亟恳皇仁,准予停缓。以后仍归微臣目睹等事,每年冬勘案内与山阳等州县一例察勘,如有④涸出,另报起征。浩荡皇恩,非微臣所敢妄冀也。

惟是泰州见任知州郭杰,于高堰湖水泛滥之时不行通报,直至里民赴臣衙门呈控,批行查报,始行具详。臣既无据呈具题之例,且已经报涸之田恐有虚捏,不敢不细加察勘,则从前该州隐匿之咎难辞,合并指明,听部议夺。除册结送部外,臣谨会同总督臣王新命、总漕臣徐旭龄合词具题。伏乞睿鉴,敕部议覆施行⑤。

校记

① 文会堂本题目为"泰州灾复加灾,亟叩蠲恤疏"。
② 文会堂本无"据江苏布政司布政使章钦文详"一句和"该"字。
③ 文会堂本"波"为"水"字,从本祠堂本。
④ 文会堂本无"如有"二字。
⑤ 文会堂本无"除册结送部外……敕部议覆施行"数语。

代陈舆情疏①

题为郡守因公降调,士民控吁迫切,谨代陈舆情,仰祈睿鉴事:据常州府武进县乡绅士民张祖留等具呈②:该臣看得臣属七府现缺知府者三③,常州府降调知府祖进朝,履任未及一载,素闻其操持廉介,莅事勤慎,臣私心重之。顷缘失察法宝一案,部议降四级调用,销去加一级,仍降三级,奉有谕旨。乃常州五县绅士商民不知朝廷功令,以为进朝服官颇能洁己爱民,惊闻解任,辄抢地呼天,号泣罢市。若一旦顿失怙恃者,奔赴臣衙门请为题留,日不下数千人。街衢拥塞,哭声震天。更有苍颜皓发,年逾八十,平日杜门静修,足不履公门者,亦至臣公堂叩首求达天听。

臣谕以朝廷自有定体,保留之例久已停止,尔等当静听部选新官,毋得渎扰。士民愈加哀痛,以为常州四十年来未有爱民如知府祖进朝者,其减差轻耗,兴学正俗,戢奸除暴,息讼安民,种种善政,穷乡僻壤,尽沾惠泽。豪强蠹胥,不敢作奸。皇上轸念东南。如江宁府知府于成龙,蒙特恩超擢,吏治丕变。今进朝操守才干,实可与成龙颉颃,而独以一眚被谪,万民惊惶,殆不欲生。言毕,泣下不能止。臣再三抚慰,许以代题,皆望阙叩头而后去。又闻赴督臣衙门控诉者亦不下数千人。

臣不知进朝何以感人之深如此?臣查失察法宝一案,无锡县知县徐永言以协拿免议,进朝身为郡守,失察之罪何辞?况部议察取督抚职名,臣受事四日拿获法宝,是受事之日已为失察之日,自当静候处分,何敢代人渎奏?惟是常州为江南巨郡,一月以来,士不安于庠,农不安于野,商贾不安于市,行旅不安于途。臣蒙皇上特恩,简畀封疆重任,属吏之败检者得而纠劾之,廉能者不能为之一言,非公也;民情皇皇如此,而不为之解慰安辑,非仁也;畏罪缄默,而使舆情不能上闻,非忠也。有一于此皆负圣恩,无所逃罪。因与督臣熟计再三,敢不避斧钺,为之陈奏,实从通达民情起见,非敢违例题留。

臣谨会同总督臣王新命合词具题④,伏乞睿鉴裁察,敕部议覆施行⑤。

校记

① 山平堂本题目为"题留郡守疏"。
② 山平堂本无"据常州府武进县乡绅士民张祖留等具呈"一句。

③ 文会堂本"三"为"二"字,从本祠堂本。
④ 山平堂本无"臣谨会同总督臣王新命合词具题"一句。
⑤ 山平堂本无"敕部议覆施行"一句。

谢颁日讲《易》义疏①

奏为恭谢天恩事:康熙二十四年五月二十四日,臣提塘李世昌自京捧赍②皇上颁赐日讲《〈易经〉解义》到臣,臣随恭设香案,望阙叩头祗③受。恭惟我皇上道协乾元,明符离照。正位凝命,秉刚中而六爻八卦之用全;富有日新,体易简而三极两仪之理备。奋神威于遹旬,日喧雷动,见万国之咸宁;布阳泽于蒸黎,云行雨施,与四时而合序。

盖显仁藏用,无非《图》、《书》未发之英华,而致远钩深,更穷河洛以来之理数。说诸心,研诸虑,参伍错综之必详;乐而玩,居而安,象变意言之悉会。法天德以行健,既有自强不息之功;观人文而化成,尤以教思无穷为大。于是,颁行解义,昭示臣工。范围在一,人已通健顺刚柔而敷治;推行先百,职俾体盈虚消息以宣猷。从此户诵家传,犹如观法悬象,二五应而位当,上下交而志同,容保无疆有孚而化。

臣行多悔吝识昧会通。曩者侍宝幄以敷陈,愧颛蒙未闻道④妙;聆玉音之阐发,知神圣自有心传。今兹职备封疆,时复神游殿陛。瑶编下赉,恍依御座以趋跄;奥义重披,宛接天颜于咫尺。敢不惕深覆悚,节励匪躬,仰对时育物之渊怀,敬以训规寮寀,承设教省方之至意,敢用告诫编氓。

臣谨具疏称谢,伏乞睿鉴施行。为此具本谨具奏闻。⑤

校记

① 文会堂本题目为"恭谢天恩疏"。
② 文会堂本无"臣提塘李世昌自京捧赍"句。
③ 文会堂本"祇"为"柢"字。
④ 文会堂本"道"前多一"妙"字。从本祠堂本。
⑤ 文会堂本无"臣谨具疏称谢,伏乞睿鉴施行。为此具本谨具奏闻"句。

题恳大沛蠲恤疏①

题为圣驾巡幸,仰瞻旷典,恳怜积苦,大沛蠲恤,以惠要地事②:据江苏布政司布政使章钦文详③:该臣看得淮安府属地方,居长河大湖之滨,民间田亩多因积水未消,难施耕耨。地利既失,困苦日深,而土瘠地冲,民穷赋重,惟宿迁尤甚。恭遇圣驾东巡,问民疾苦,而宿迁县生员陆尔谧等、民张士宏等,以豁免暂加三饷、失额丁银、失额粮地、旷土虚悬四款具奏陈请。我皇上以巡幸宿迁,亲见民生有穷苦形状,特敕部议行。臣确查据实具题。臣捧诵恩纶,仰见我皇上饥溺为怀,远迈千古。一夫不获,皆廑圣虑,此真宿民出涂炭而登衽席之时也。臣敢不仰体皇仁,悉心详察,以副如天覆冒之心。

随行江苏布政司逐细根查,毋虚毋隐,据实详报。去后,今据布政使章钦文④取结详覆前来。臣查陆尔谧等所奏暂加三饷一款,即系全书所载"九厘地亩"款项,始于明季万历四十七年加征,而宿迁一县则派银至四千三百二两八钱六分零,并随正编征水脚。我朝定鼎初年,凡明末杂派,悉赐豁除,一切钱粮,俱准万历年间起科。而此项因系万历末年所加，故当日未邀特恩，仍旧派征，相沿至今。惟念该县地亩非滨河傍湖，即砂砾斥卤。不但淹没之地望涸无期，即升科之田亦荒瘠难垦，民生昏垫，实与他处不同。且田亩科则又与邻近之海、赣、邳、睢等州县较重，故士民之呼吁倍切，仰恳⑤特恩，将宿迁县九厘地亩一项破格全蠲，以广皇上巡幸恩泽，实千载盛事也。

又，失额丁银一款，全书刊注：该县人丁叠因兵火水旱灾祲，以致逃亡，缺银三千二百七十两八钱。于顺治十三年闰五月内，前漕抚臣蔡⑥具题，部覆均于原额田地之内带征。仍严督设法招徕清补，此乃一时权宜之策，原非经久之计。尚冀流亡归复，旋即减除，岂期该县田地沉废，屡屡见告！民无恒产，见在者难免逃亡，欠缺者焉能复业？以致年复一年，因循包赔。臣查民间完纳钱粮丁田，原自有分，今以硗瘠之地，责其按亩输赋，尚苦难支，况缺额丁银，何堪久事摊赔？即该县有续报垦田，皆地方官劝谕，见在人丁免力开垦，非另有逃亡复业人丁。况顺治年间年远，缺额岂能清补？合⑦请皇上将前项缺额丁银暂行免征，督令地方官尽心招徕。数年之间，流民知无摊赔之苦，庶几渐归故土。将来编审案内，陆续增补，以符原额，诚为至便。

至失额粮地一千六百六十九顷五十八亩，盖因该县地处滨湖，坍塌失额。康熙三年，丈缺前数经前抚臣韩⑧于请除丈坍等事案内题请蠲免，奉旨行令督臣麻⑨亲勘确实，于康熙九年间部覆，准将九年钱粮暂行停征，而十年以后仍旧征输。又续报旷土六百二顷三十四亩一分，原因粮田永沉等事，请蠲祠堂、骆马湖等处水沉田地一案，前抚臣马⑩奉旨亲往查勘，见有山冈荒废之地，具疏题明。部覆：招集业户开垦。今该司府虽经行县查明，失额田地见沉水底，报垦旷土，俱系石田，详请豁免。臣因永蠲钱粮，务期详慎。

且该县见有粮田永沉、决口地废二案内，奉旨停征，前项失额地亩，是否即在其内。至续报旷土系于康熙十六年认垦，今称实系不毛，有无虚捏，复经饬行该司备移淮徐道金事常君恩亲往宿迁，逐一详询。据称："失额粮地系于康熙三年丈缺，而粮田永沉、决口地废二案，系于康熙十一、十六两年报淹。其时，里民各照被灾区图开报前项坍田，实在二案之外另有坍塌。从前失额钱粮未奉除豁，原案见在可核。其续报旷土向因需饷孔急，部文招徕开垦，故将山冈版荒地亩报升，不意既报之后，难于耕凿，依然榛莽。应升之课，虚认均完"等语。

臣惟圣朝任土作贡，必小民尽力献亩，而后可责以输将。今宿迁县失额粮地既付波臣，续报旷土又属砂砾难垦，历经该府县查明，又委淮徐道常君恩亲往查确，具有不扶印结[11]，既无虚冒，所当一并题请豁免，庶包赔之累尽释，积年之困顿除，万姓欢呼，祝颂圣寿无疆，亿万斯年，皆知我皇上巡幸所至有非常恩惠，不但如古昔省耕省敛而已也。

除将该道府县印结送部查核外，臣谨会同总督臣王新命、总漕臣徐旭龄合词具题，伏乞睿鉴，敕部议覆施行。[12]

校记

① 山平堂本题目为"恳怜积苦疏"；文会堂本题目为"恳怜积苦，大沛蠲恤，以存要地疏"。

② 山平堂本无"题为圣驾巡幸，仰瞻旷典，恳怜积善，大沛蠲恤，以惠要地事"句。

③ 山平堂本无"据江苏布政司布政使章钦文详"句。

④ 山平堂本无"去后，今据布政使章钦文"句。

⑤ 山平堂本"恳"为"冀"。

⑥ 山平堂本"蔡"后有"士英"二字。

⑦ 山平堂本"合"为"仰"字。
⑧ 山平堂本"韩"后有"世琦"二字。
⑨ 山平堂本"麻"后有"勒吉"二字。
⑩ 山平堂本"马"后有"祐"字。
⑪ 山平堂本无"有不扶印结"句。
⑫ 山平堂本无"除将该道府县印结送部查核外,臣谨会同总督臣王新命、总漕臣徐旭龄合词具题,伏乞睿鉴,敕部议覆施行"数语。

报邳州水灾疏①

题为谨报邳州水灾情形,仰祈睿鉴事:据江苏布政司布政使章钦文详,该臣看得邳州地势低洼,叠遭水患,新旧钱粮,尚多悬欠。正藉秋熟,得以输赋资生。

兹据布政使章钦文详报,该州自五月二十七日起,至六月初八日,大雨倾盆,又加山水涨发,以致各社田地布种秋禾尽被淹没等情,除批该司速委贤能官员飞往查勘果否成灾,照例取具册结另题外,所有被灾情形,合先循例题报。

臣谨会同总督臣王新命、总漕臣徐旭龄合词具题。伏乞睿鉴施行。

校记
① 此篇其他各本均未收入。

续报扬属异常水灾疏

题为续报扬属异常水灾,仰祈睿鉴事:据江苏布政司布政使章钦文详,该臣看得①扬属高邮、泰州、宝应等州县地居淮黄下流,诸湖交汇,素称泽国。自康熙七年遭堤堰冲决以来,下河田地久已陆沉,灾民流离播迁,惨苦万状,素在圣明洞鉴之中。幸赖皇仁浩荡,蠲赈频颁,孑遗犹存,不致尽填沟壑。此皆我皇上深仁厚泽,惠养之所致也。

迩年以来,天心效顺,雨旸时若。高阜之田,幸②获有秋,即勘洇田地,灾民莫不感奋,勉力播种,冀有薄收,以输国赋。不意今岁自夏徂秋,大雨倾盆,连绵月余。先据兴化县详报被灾情形,已同淮徐二属邳州、山阳等州县题报在案。今复据高邮、泰州、宝应,并江都县纷纷详报,雨水日积,无路宣泄。更兼黄淮交涨,诸湖漫溢,万壑沸腾。堤堰难御,致将熟洇田地,无论高下,尽被淹没。所种秋禾,俱沉波底。庐舍漂流,男女涕号,凄惨情形,郑图难绘。臣披阅之下,不胜蒿目惊心。一面飞饬各属设法抚绥,一面行令藩司确察。

今据布政使章钦文详覆,被灾情形无异。③除见在委官确勘灾伤分数,另疏题请破格蠲恤,惟是淮扬徐等属叠罹水患,民生昏垫,今岁水灾,更④非寻常可比。臣仰体我皇上视民如伤之仁,除经饬行各属查明实在被水深重灾民,将常平仓向存积谷动给赈济,务令安集,不致流离失所,仍将动给过谷数及赈济花名造册另报外,所有被灾情形,臣谨会同总督臣王新命、总漕臣徐旭龄合词具题。伏乞睿鉴,敕部议覆施行。⑤

校记

① 文会堂本无"题为续报扬属异常水灾,仰祈睿鉴事:据江苏布政司布政使章钦文详,该臣看得"数句。

② 文会堂本"幸"为"已"字,从本祠堂本。

③ 文会堂本无"今据布政使章钦文详覆,被灾情形无异"句。
④ 文会堂本"更"为"又"字。从本祠堂本。
⑤ 文会堂本无"伏乞睿鉴,敕部议覆施行"句。

汇报淮徐秋灾疏①

题为汇报淮徐秋灾情形,仰祈睿鉴事:据江苏布政司布政使章钦文详,该臣看得淮扬滨河田地屡遭水患,民生困苦,已非一日。荷蒙皇恩,蠲赈频颁,得以苟延残喘。徐属素称荒瘠,全赖雨旸时若,年谷丰稔,庶能上完国赋,下资糊口。不意今岁江北霪雨为虐,据布政使章钦文详报,淮安府属之山阳、清河、桃源、宿迁、睢宁、沭②阳、安东、赣榆等县,扬州府属之兴化县,徐州及所属之丰、沛、萧、砀等县,及邳州并卫与大河卫地方,五、六两月,天雨连旬,禾苗悉被淹没。初犹冀雨霁水退,补种晚禾,岂期河水泛滥,川浍皆盈,源源不息,水积难消,秋成绝望等情,除经批饬该司星速遴委能员,确勘果否成灾,照例取具册结另报,仍严檄淮扬、淮徐两道转饬府、州、县、卫各官,多方抚恤灾黎,设法赈救,毋致流离失所外,所有秋禾被灾情形合先题报。

臣谨会同总督臣王新命、总漕臣徐旭龄合词具题。伏乞睿鉴施行。

校记
① 其他诸本均无此篇。
② "沭"似为"沭"字误。

再报淮属水灾疏①

题为再报淮属水灾情形,仰祈睿鉴事:据江苏布政司布政使章钦文详,该臣看得淮、扬、徐三属逼近黄河,地势洼下,民罹水患已非一日。今岁自夏徂秋,复遭霪雨,淹没秋禾。

先据邳州、山阳、高邮、徐州等处纷纷详报,并据布政司陆续汇详,臣经节次入告,请赐蠲赈在案。今又据布政使章钦文详称,海州、盐城县并淮安卫先于六月初旬大雨连绵,禾苗被淹,犹冀晴霁,尚可补救。不意七月二十六日,飓风暴雨,河湖泛涨。民屯田地,悉付波沉,秋成绝望等情,详报前来,除批饬该司作速委官,确勘果否成灾另报外,所有淹没秋禾情形,臣谨会同总督臣王新命、总漕臣徐旭龄合词题报。

伏乞睿鉴施行。

校记

① 其他诸本均无此篇。

赈恤淮扬灾黎疏①

题为淮扬水患非常,亟请皇仁赈恤,以保残黎事②:窃照淮徐地方居黄河之滨,而扬属州县又在淮湖下流。雍、冀、豫、兖之水皆以黄河为归,而宛、汝、梁、宋、颍、寿之水又皆以淮湖为归。是淮扬者,固天下之泽国也。

自康熙九年，堤堰溃决，而民不堪命矣。赖皇上蠲赈频施，得有今日。上年恭遇圣驾东巡，睹水势弥漫，田庐淹没，深怀悯恻，特简能员大加疏治。仰见我皇上不忍一夫不获，欲起疮痍而尽登诸衽席，真尧舜如天好生之心也。以为从此立奏平成，永除昏垫。不意今岁五六月间，大雨连绵，经旬浃月。更兼河湖汹涌，川浍盈溢，禾稼淹没，秋成绝望。臣备将被灾州县情形陆续入告，并分委府厅等官亲诣各属确勘灾伤分数，造具册结，题请蠲恤在案。惟是今岁之灾非寻常秋灾比也，盖山东、河南皆有异常水患，故河湖之泛涨尤甚。而题报之后，霪雨不止。至七月二十六至二十九日，大雨四昼四③夜，又遭飓风海潮。万壑沸腾，山水、闸水建瓴直下，舟行堤岸之上。城市之间④，水皆数尺。扶老携幼，上下奔逃，溺死者不计其数，悲号之声震动远迩。奇灾异惨，从来所未有也。

臣以庸菲，谬抚兹土，痛自修省，寝食俱废。随即移咨督漕河盐诸臣，驰檄司道等官，博询捍御拯救之方，广募捐输赈济，共图存恤。今失业之民已有流入常、镇等处者，臣严饬各地方官随处抚绥赈恤，勿令远徙难归，将来田畴永荒，必至大损国课。⑤惟是淮、扬、徐三属被灾州县共计二十余处，其被灾稍轻者，拯救犹易。至于淮属之邳、睢、山、盐、海、安、清、桃、宿、沭⑥等州县，扬属之高、宝、兴、泰等州县，俱属积淹之余。徐州及萧、砀二县，田地荒瘠，户有逃亡，今更罹此奇灾，惨苦倍甚。臣与地方诸臣纵竭力捐输，告籴平粜，并动常平仓谷，稍资赈救，然为力有限，仅可暂济目前。将来秋尽交冬，饥寒愈迫，不能接济，必至壮者流亡，老弱填于沟壑矣。

臣查康熙十八年各属旱灾，请赈饥民百万。即十九年水灾，仅高、宝、兴、泰、盐五州县，并江都县邵伯一乡，请赈饥民亦有三十余万，俱荷俞旨特开事例，并准先动库帑买米发赈，得以源源相济，饥民咸获更生。今岁水患较十八、十九两年更为惨烈，被灾地方更为宽广,饥民当亦不止数十余万。若不吁请皇仁大沛恩膏,百万生灵岂能全活?臣不早言,上负圣恩,罪无可逭。今事例久停,何敢妄请!但救荒无奇策,而拯溺势不容缓,非有激劝之典,则人怀观望,谁肯争先?请敕部略仿往年赈济事例,量行减数。或准士民顶带贡监、官员加级纪录,及抵罪还级等项,则人知鼓舞,庶有实效。今时已秋深,寒冬逼近,恐饥民难待,乞准臣先借司库项银,或拨盐课银两⑦,遴委廉干官员,前赴江西、湖广采买麦米,分运各属赈济,事后另报请销;或另议补还,为国家保数十万耕田输赋之良民,即可培国家亿万载无疆之元气。浩荡殊恩,出自皇上,非臣所敢自必也。至于一应赈济事宜,臣与总督漕河诸臣勘酌缓急,议定规条,另疏报闻。⑧

事关地方异常灾荒,特请破格赈恤。臣谨会同总督臣王新命、总漕臣徐旭龄、总河臣靳辅合词具题,伏乞睿鉴迅赐,敕部议覆行,臣遵奉施行。⑨

校记

① 山平堂本题目为"赈恤淮扬水患疏"。
② 山平堂本无"题为淮扬水患非常,亟请皇仁赈恤,以保残黎事"句。
③ 山平堂本无"四"字,从本祠堂本。
④ "间"误为"问"正之。
⑤ 山平堂本无"今失业之民已有流入常、镇等处者,臣严饬地方官随处抚绥赈恤,勿令远徙难归,将来田畴永荒,必至大损国课"数句。
⑥ "沐"似为"沭"字误。
⑦ 山平堂本无"或拨盐课银两"句。
⑧ 山平堂本无"至于一应赈济事宜,臣与总督漕河诸臣勘酌缓急,议定规条,另疏报闻"数句。
⑨ 山平堂本无"事关地方异常灾荒,特请破格赈恤。臣谨会同总督臣王

新命、总漕臣徐旭龄、总河臣靳辅合词具题,伏乞睿鉴迅赐,敕部议覆行,臣遵奉施行"数句。

先动帑赈饥疏①

题为饥民望赈甚迫,谨先动帑买米,仰祈睿鉴事:据江苏布政司布政使章钦文详称,窃照淮、扬、徐三属频年昏垫,今岁复罹水厄,以皮骨仅存之众,当此怀襄震荡之凶,其颠连困苦情形,业经节次绘图入告,固已不胜其惨矣!乃日来水势不退,益加弥漫。叠据各邑迫切号呼,咸以飓风霪雨接续摧残,山瀑河流交相泛滥。城垣到处倾倒,陆地成河,村墟一望汪洋,河堤如线。灾黎扶老挈幼,道路②流离,乞食无门,栖身无地。目今渐次秋深,饥寒日迫,宁忍立视其死?是发粟散赈,诚难须臾缓也。而各县储粟无多,劝捐尤难猝办,惟有动银委官早赴江楚买米,分发赈济,是为要著。

本司伏查康熙十八等年,亦因灾民绝食,赈救无资,于赈项无出等事案内,奉督抚部院题准,部覆既称江南省亢旱,蝗蝻继起,饥民绝食,与平常荒歉不同,应如该督抚所题,照乌沙船工事例捐纳,至次年六月初一日停止,将现存剩仓库米麦银两,酌量先行动赈,俟捐输补还,奉旨依议钦遵。行司遵照,当经升任丁布政搜查仓库,并无余存银米。随详准动支中库正项,分头散赈。又经详题展限,计自康熙十八年冬季开例起,至二十二年春季止,共得银四十七万三百二十两,内除康熙十八、十九、二十等年用过赈济银四十一万六百一十八两五钱零外,仍余急公捐纳银五万九千七百一两零,于赈案报部可考。而此捐纳事例,随于再陈水利案内。

经前任抚院请浚白茆、孟渎两河,先动正帑,济工望赈,饥民得以赴工趁食。寓赈于工,请展事例捐纳还项,奉部覆允,仍开此十二案事例捐纳③,彼时复又溢收银八万三千二百五十两,未经动用起解。夫此项余存捐银虽属公帑,然原系官绅生俊人等急公输纳溢收余存之项,与已前捐赈,准动仓库存剩之例相符,且不系地丁正帑,合无于内酌量动支。

至于需银数目,查淮、扬、徐三属应赈被灾州县卫所,灾黎房产④荡然,从何觅食?虽现在各属查取真正绝食男妇老幼,确数目下遽难悬定,应请自十月初一日开赈起,至下年麦熟之期止,总计二府一州,州县卫所饥民多寡不等,约略不下数十余万,需米甚多。今惟有先尽本地捐谷,届期先行放赈,续后买米酌量运给。乘此新谷初登,应请先动银三万两,遴委松江府海防同知李经政,再动银二万两,遴委苏州府海防同知刘三杰,前往湖广、江西等处采买。仍请咨明两省督抚部院,听其与民间照时平籴,星速运回,分头酌发,仍照前项事例捐输补还。夫此流离琐尾之灾黎,即异日耕凿输赋之赤子,频年灾沴,久荷皇仁,破格蠲赈,留此残喘。兹当水患滔天,民皆艰食,委非平日寻常⑤可比。仰赖剀切陈请,大沛恩膏,起疮痍于衽席,不致失所流离矣!等因到臣。

据此该臣看得,臣属淮扬徐地方,今岁夏秋霪雨连绵,田禾淹没,臣将各州县被灾情形节次入告,复将失业饥民亟需赈救,劝捐力难普遍,且恐不能接续,请准先借⑥库帑采买米麦接济缘由具疏题明,嗣据布政司将各委官勘明灾田分数造册结详。臣具题见候部覆,分别蠲恤。惟是被灾州县二十余处,皆因五月至八月霪雨飓风接踵肆虐,更兼河湖泛涨,山水骤发,以致田沉波底,庐舍漂流,失业穷民,无衣无食。老幼哀号,惟待⑦赈济,稍延残喘。况转盼严冬,饥寒逾迫。若候部覆至日动银采买,往返道途,缓不及事,势必流离,转死沟壑,有负皇上如天之仁。

今据布政使章钦文请于开浚白茆、孟河溢收捐输事例银内,动支五万两,遴委苏州府同知刘三杰、松江府同知李经政前往江西、湖广等处采买米石,以资接济,仍俟捐输还补等情前来,除严饬委官星夜起行,上紧采买,务毋浮冒,作速运回,分发赈济外,所有借动库银买米缘由,臣谨会同总督臣王新命、总漕臣徐旭龄合词具题。

伏乞睿鉴施行⑧。

校记

① 文会堂本题目为"饥民望赈甚迫,先动帑买米疏"。
② 文会堂本"道路"为"载道",从本祠堂本。
③ 文会堂本"纳"为"补"字,从本祠堂本。
④ 文会堂本"产"为"屋"字,从本祠堂本。
⑤ 文会堂本"寻常"后有"灾荒"二字。
⑥ 文会堂本"借"为"动"字,从本祠堂本。
⑦ 文会堂本"待"为"赖"字,从本祠堂本。
⑧ 文会堂本无"伏乞睿鉴施行"句。

陈苏松逋赋难清之由疏①

题为详陈苏松逋赋难清之由,吁请睿鉴裁酌,定不易之规,以实国课,以遂民生事:②臣惟财赋为国家根本之计,而苏松尤为财赋最重之乡。臣以庸碌谬抚兹土,见钱粮累年逋欠。每当奏销之期,多者尝欠至五十余万,最少亦不下三四十万。夙夜疚心,惧无以仰佐国计,恒惴惴不安。初疑官吏之怠玩,继疑豪强之顽梗。乃一载以来,询问耆硕,体察民隐。间尝巡行阡陌,访田则之高下,考征科之多寡,然后知苏松逋赋,实由民力维艰。斟酌调剂,贵在及时,敢悉心为我皇上陈之。

苏松土隘人稠,一夫所耕,不过十亩。而倚山傍湖,旱涝难均。即丰稔之岁,所得亦自有限。而条银漕白正耗,以及白粮经费漕赠,五米十银。杂项差徭,不可胜计。而仰事俯育,婚嫁丧葬,举出其中。终岁勤动,不能免鞭扑之苦。故苏、松俗好浮华,而独耕田输税之农民艰难实甚。两府与常、镇、嘉、湖,皆壤地相接,而赋额轻重悬殊。即江、浙、闽、楚,并号财赋之乡。区区两府,田不加广,而可当大省百余州县之赋,民力所以日绌也。

夫两府田赋之重,固起自明初。臣尝考洪武年间籍没张士诚将士私产,号为官田,赋额特重。而民田之起科较轻。永乐以后,漕运愈远,加耗滋多。宣德、正统间,巡抚周忱奏减苏州租七十余万石、松江租三十余万石,民困稍苏。至嘉靖初,苏州知府王仪请行均田之法,尽括官民田而衷益之。当时稍救官田之敝,但正耗兼配科则繁杂,吏易为奸。其后以耗米作为正粮,又运纲诸费,额外取之于民;因事派征,又如所谓九厘地亩之类,日渐增益,非复正、嘉以前之旧。至启、祯时,军饷孔殷,加派日繁,民不堪命矣。

本朝定鼎,田赋悉照万历年间则例,尽革明末无艺之征,洵称救民水火。近年因时制宜,如白粮经费、运军行月、永折加价等项,载在全书。其官收官兑之法,最称便民,不可更易。然亦因明朝赋重役繁,以耗作正,不得已为此补救之计,而民力则已殚也。顺治初年,钱粮起存相半,考成之例尚宽。后因兵饷急迫,起解数多,又定十分考成之例。一分不完,难逭部议。以四十余万钱粮之州县,至与小县钱粮不上数千,或仅一二万者,一例考成。官斯土者虽贤如黄霸、鲁恭,何能自免谪谴?夫人千里而来为吏,谁肯以催科无术,甘心废弃?一存顾惜功名之念,则展转苟且之计必生。或以存留而抵起解,或以此项而借彼款,或以新粮而抵旧欠。参罚期迫,则以欠作完;赔补维艰,又以完为欠。种种弊窦,莫可究诘。一经发觉,身家俱丧。官之更代日勤,蠹胥因之作奸。头绪纷淆,侵渔任意。虽严加追比,究之款额空悬。

惟二十二年适遇岁丰,二十三年荷蒙圣恩蠲漕,故仅有一二县地丁全完,而他项仍多挂欠。又以年外报完未副议叙之例,夫人才力不甚相远,岂他省之吏干济独优,而苏松之官催科偏拙?良以百姓之脂膏既竭,则有司之智勇俱困;而前途之功名绝望,则官箴之砥砺难期,心已灰矣!地方何赖?吏治人才皆足惜也。

积欠年久,惟待赦蠲。我国家宏敷大赉,每一赦诏,苏松免租多者百万,少者七八十万。是粮额虽重,原非可完之数,与其赦免于追呼既穷之后,何若酌减于征比未加之先,使得完肌肤而乐升平,且无损国家岁入之实数乎!苏松版荒,所在都有。臣常委官履亩踏勘,非尽石田不可耕也,只因田不抵赋,力难任役。一户遁逃,数家株累,小民畏惧,不敢承佃。倘蒙皇恩稍赐宽减,其孰不踊跃复业?数年之后,按亩升科,将见田额渐增,国赋日裕,是蠲无益之虚额,而收垦田之实课也。

前此诸臣累累陈请。适当军兴旁午,饷需告匮之日,且俱言前朝苛政,欲复宋元之旧,事势难行。今赖皇上德威远播,海表日出之邦,绝域不庭之国,莫不稽首来享,奉琛恐后,斯正国家休养,蒸黎培植根本之时。上年銮舆亲巡,洞见村落萧条,深轸圣怀。又蠲漕免丁,带征积欠,深仁厚泽,沦肌浃髓。白叟黄童,感极而泣,以为生逢尧舜之主,视民如伤。若地方官能以民艰上闻,必当大沛恩膏,起三百年之痼疾。臣身在地方,义无可诿,不敢远引宋元之说,亦不敢比常、镇、嘉、湖之例,惟叩恳我皇上③念民力之已竭,察虚额之无益,宸衷独断,焕发德音,及此纂修简明全书之时,博集廷议,将苏松钱粮合盘打算,各照科则量减一二分,定适中可完之实数,无存过重必欠之虚额。再将科则稍加归并,使简易明白,便于稽核。或将赋额最重州县另立劝惩之典,不与小县一例考成,使守令知可以久任,可以升迁,不至苟且因循,事务废弛。庶几野无不耕之土,户无不完之租,民力裕而吏治清,赋税充而国用足,亿万年太平无疆之休端在是矣。

臣非不知赋额久定,未便更张,但体国经野,贵永久而无弊。苟有未善,正宜变通,况前代之苛政乎? 我皇上神圣立极,事事垂法万世。此尤关国计民生之大者,宏谟远算,总自睿裁,非微臣所能仰赞也。臣章句腐儒,钱谷非所素谙,蒙皇上隆恩优渥,惟知夙夜饮冰,图酬高厚。而心血耗竭,疾病侵寻,恐一旦溘先朝露,终负圣恩。因目睹逋赋难清,不敢不冒昧渎陈。

字多逾格,伏乞圣慈睿鉴施行。④

校记

① 山平堂本题目为"苏松逋赋难清疏"。

② 山平堂本无"题为详陈苏松逋赋难清之由,吁请睿鉴裁酌,定不易之规,以实国课,以遂民主事"数语。

③ 山平堂本"上"为"仁"字,从本祠堂本。

④ 山平堂本无"字多逾格,伏乞圣慈睿鉴施行"句。文会堂本无"臣非不知赋额久定,未便更张……字多逾格,伏乞圣慈睿鉴施行"数语。

圣德远迈疏①

题为圣德远迈千古等事:据江苏布政使司布政使章钦文呈详前事,该臣看得奉颁御书"万世师表"四字,悬置扁额于各府州县学宫。

臣接准部文,随即钦遵,备行布政司,转行各属,遵照虔制。去后,今据该布政使章钦文报称,江、苏、松、常、镇、淮、扬、徐八府州,并各州县学,俱经钦遵制备龙边金字扁额,悬置学宫讫。至于苏州府学,先据该府知府胡士威具报完工。臣恭率属员,奉送悬竖。洪惟我皇上道协时行,功同天运,文章炳焕,辟乾坤经纬之奇;德教敷宣,大覆载生成之用。御笔特颁阙里,同日晶云缦以昭垂;璇题遍揭黉宫,见凤翥鸾回之灿烂。盖圣德为生民所未有,而宸藻实亘古所希闻。缝掖欢腾,沐荣光于大造;臣邻喜溢,瞻文教之丕兴。

臣谨具疏题明,伏乞睿鉴施行。

校记

① 此篇其他诸本均无。

采买布匹疏①

题为外省采买解送布匹事:据江苏布政司布政使章钦文详前事等因到臣,据此,除办解布匹已据该司填批送挂,解部交收外,该臣看得部行江南采买青蓝布十万匹,每年照限解部等因遵照在案。今康熙二十四年应办布匹,先据江苏布政使章钦文详称,往年例委苏、松、常三府州县佐贰办解,微员稍不慎重,易至挂欠。今总委苏州府督粮同知金鉴,于司库支领见银,前往产布地方采办,以速起解。臣经批饬,加意节省,毋有虚冒。兹据该司详称,往年报销青布每匹价染银五钱二分九厘,蓝布每匹价染银四钱七分九厘。又每匹解运水脚银五分四厘,已属节省至极,一定难易。今金鉴禁绝奸牙厘剔包揽，裹粮减从，亲与机户睹面交易，较之往年每匹节省价银二分八厘。计布十万匹，共节省银二千八百两，呈请照例议叙，并将用过价银、水脚银数款项造册前来。

臣查核无异。所有动用款项应听部臣核销，至承办之苏州府督粮同知金鉴实心任事，革绝陋规，似与节省二千两以上，准予议叙之例相符，理合一并题明，听部核议。除册送部外，伏乞睿鉴施行。

校记

① 此篇其他诸本均无。

调剂驿站疏

题为谨陈调剂驿困之法，以杜耗费，以清款项事①：窃惟驿站之设，所以通命令而速章奏，甚重也。仰赖皇上圣德天威，海宇宁谧，无军机重务星夜奔驰之事，而皇华之使与海外殊域朝觐贡献，未尝不络绎于道。

臣属江苏等七府一州，为浙②、闽、江、广之冲，所属县驿额编钱粮，先于敬陈减差案内裁减十分之四，后奉恩照准复二分。近于驿递之差使甚少等事案内，将复二钱粮查明议裁，已经具疏题明，候部议覆矣。惟是臣属驿递既号冲繁，而淮扬徐州等处复多荒缺。向例凡灾荒蠲停不敷之项，按年查明缺额数目，于司库拨给造册，咨部核销。臣以平日所闻，参之今日目睹，知司库支领不便者四，请约略为我皇上陈之。

藩司驻扎苏郡，而淮扬等属近者五六百里，远者千里。至于徐州属县,则有千二三百里者矣。渡黄河,涉大江,波涛之险,道路之虞,皆所不乏。此既赴司起解,彼又赴司支领,往返徒劳跋涉。即随到随发,当亦浃月经旬。设或稍有愆期,则守候更须时日。夫马嗷嗷,岂能悬待?此不便者一也。

司驿各官,每日应付差使,势不能亲身赴领,或委家属,或遣衙役。所委之人,岂皆忠信无欺?或有浪费,或有疏虞,或借衙门使用以侵渔,或假长途水脚而那空,夫马枵腹,何堪中饱?此不便者二也。

司库拨补一应钱粮,虽臣再三严禁,不至扣克需索。然而耳目有所难周。况藩司事务繁冗,岂能一一觉察?则投批领文之间,保无胥役作奸,揹勒使费,以打点之厚薄为给发之迟速者乎!此不便者三也。

驿站钱粮,系夫马计口之需,必须按日给发。荒缺之项,不得不随时拨补。在司库或因原款属解不前,或因别项动拨已尽,往往不能按年拨③款。有以别年之银而拨此年之用者,有以此款而应彼项之需者。每烦部臣核驳,经年累月,完结无期。此不便者四也。

臣查河工钱粮,经总河臣靳辅题明,凡荒缺不敷银两,得于起运银内就近拨补。今驿站虽不敢比例河工,亦系按日给发,万难缺少之项。今既减定额数,所有原编不敷,及荒缺蠲停应补银两,应请比照河工例,即于本州县地丁实征银内就近拨足。如本州县地丁偶遇灾荒,蠲免不能足额,即于附近邻封州县应解裁站银内按数协抵。每年藩司会同驿传道预定确数,行各州县遵依,一面报臣衙门察考。盖邻封州县,体势相等,无打点使费之需,无揹勒短少之弊,无跋涉险阻之虞,仍各于地丁驿站奏销册内开列注明。款项既得清楚,造报亦易稽核,实为至便。

臣查淮扬、徐州等属,地丁钱粮除荒缺蠲停,及应解河工仓漕等款外,仍有应解司库充饷之数。今以应解之银扣抵本地应补之项,而将附近成熟州县裁站银两应协别属者,统归司库充饷。总之,各属驿站钱粮解司者,不必支领;支领者,不必解司。既可免县驿解领守候之苦,又可杜侵渔扣克之弊,更可省牵混核驳之繁,一举而数善备焉。如虑邻封州县势位相敌,彼此膜不关切,或有愆期,不妨申请藩司,行文严催。凡在属邑,谁敢不遵,何必解司转发,多此烦劳!

臣尝以公事接见属员,询问地方疾苦,言及赴司解领站银,莫不蹙额相向。即布政使章钦文,亦恐司役借端作弊,不能觉察获罪,求归各州县自行支发。近又因裁减复二站银,不堪再有旁费,致驿路颓弛,所关非细,故敢④比例题请。

如果臣言不谬,伏乞睿鉴,敕部议覆施行。⑤

校记

① 山平堂本无"题为谨陈调剂驿困之法,以杜耗费,以清款项事"一语。
② "浙"原文为"淅"字,正之。
③ "拨",本祠堂本作"按"字,从文会堂本改。
④ 山平堂本无"敢"字。
⑤ 山平堂本无"如果臣言不谬,伏乞睿鉴,敕部议覆施行"一语。

特举卓异疏①

题为特举卓异教职,以示鼓励事:窃惟三年计吏,乃朝廷激浊扬清之大典。即唐虞三载考绩,黜陟幽明之遗意也。

臣恭承简命,镇抚东吴,夙夜孜孜以察吏安民为念。每属员公务接见,谆谆告诫②以人臣幸逢尧舜之主,真千载难遘之会,若不能洁己奉公,爱养斯民,有玷盛世,不但法所难容,即梦寐何能自安?况我皇上巡狩江南,臣属官员皆得亲见天颜,恭聆圣谕。一时群寮莫不感激奋发,争自濯磨,吏治颇称丕变。

兹康熙二十四年奉旨举行大计,臣一准部文,即通行司道府州,将所属大小官员严加甄别,仰副我皇上澄清吏治至意,除贪酷不职有千八。法者另列露章纠参,并分别注册,听候部院诸臣考察,请旨处分外,惟是荐举卓异官员,必得才守兼优,政绩超著者方不愧斯选。而定例内又必本任并无未完钱粮、盗案,始得推举。臣属地方繁剧,十倍他省。虽有练达之才,清谨之操,或挂议于考成,或戴罪于缉捕,得邀参罚者十无一二。如松江府知府鲁超,品格端凝,才猷练达,剔漕厘赋,具有成绩;吴县知县刘滋,才识通敏,繁剧裕如;吴江县知县郭琇,风节矫然,催科不扰;上海县知县史彩,清洁自持,竞绿俱化;通州知州边声扬,端谨饬躬,宽和敷政。各官皆品行卓然,而积逋未清,难登荐剡。又如高淳县知县张象翀,清静为理,抚字惟勤;六合县知县洪炜,居心恺悌,士习民安。虽无参罚之案,而康熙二十三年奏销赦前皆有微欠,续经完解,尚未报销。一概不敢正荐。

臣再三斟酌,既不敢滥及于例外,又不敢竟虚此大典。惟教职一途,士习文风所关甚重,迩来阘茸者多,人皆厌薄。然由人负官,非官轻人也。我皇上圣学渊深,文治休洽,各官亦多刻意砥砺。臣矢公廉访,合之藩臬道府之揭报,堪膺卓异者一人,谨为我皇上陈之。

计开松江府儒学教授陆在新,由举人,苏州府长洲县人。据松江府知府鲁超考得本官"律躬造士,文教兴行,才守兼优,允堪师表,宜膺循卓"之褒。苏松督粮道副使刘鼎考得本官"课士克勤,律身有范,无忝艺林师表"。江苏按察使丁永誉考得本官"洁己诲士,文教聿兴,堪称司铎良才"。江苏布政使章钦文考得本官"文行兼优,训课有则,允堪多士师表"。该臣考得本官"尽心职业,力行古道,庶几蒲藿之风"。

一、本官研究先儒性理之学,淡泊自甘,砥砺行谊。又留心经济,如水利农田,兴除因革,皆能悉其原委,确有实学。

一、本官勤于训迪,每月集诸生明伦堂课艺讲解,寒暑不辍。更严饬诸生,遵守学规,不许出入衙门,干预外事。

一、本官奉文讲解乡约,朔日在城,望日赴乡,宣扬上谕十六条,兼讲《孝经》《小学》,刊刻善本,编散民间诵读,风俗为之顿改。

一、本官应本府知府鲁超延聘,于义学讲书课文,日有程课贽仪,一概不受,教化兴行。

此一官者,为学力追先型,司教克端士习,更能阐明《孝经》《小学》之旨,使共识明伦敦本之修,有裨风化,不愧儒林,所当特举,以备拔擢。仰请敕下部院察议,如果臣言不谬,将陆在新照例优叙,以示鼓励,以光大典。

相应具题,伏乞睿鉴施行。

校记
① 此文其他诸本均无。
② "诚"原文为"诚"字,正之。

钦奉上谕疏

题为钦奉上谕事①:康熙二十三年九月,皇上特颁恩诏东巡;

十月,渡黄河,历淮扬,幸苏州;十一月壬戌朔,回銮幸江宁,驻跸二日;初四日乙丑,圣驾出石城门,御龙舟。天颜甚豫,军民数十万夹岸持香呼万岁,直达七里洲。文武大小官员及乡之绅衿,皆公服分班跪送至燕子矶,洵为千载未有之旷遇。

驾过下关,上谕停舟,谕总督臣王新命、巡抚臣汤斌、薛柱斗等曰:"朕向闻江南财赋之地,今观民风土俗,通衢市镇,似觉充盈。至于乡村之饶,民情之朴,不及北方。皆因粉饰奢华所致。尔等身为大小有司,当洁己爱民,奉公守法,激浊扬清,体恤民隐。务令敦本尚实,家给人足,以副朕望老安少怀之至意。钦此!"臣新命、臣斌、臣柱斗前跪奏曰:"江南风俗浮华,人心浇漓,诚如圣谕。今皇上巡行,洞悉民隐,天语申饬,仰见我皇上无一时一刻不以民生风俗为念,无一事一物不在睿鉴照临之中。即尧仁如天,舜德广运,亦不是过。臣等自当钦遵,洁己率属,加意抚绥。祛黜浮华,敦崇朴实。并遍谕百姓,务使穷陬僻壤,士敦礼让,民尚淳朴,仰副皇上谆谆德教至意。"仍于江宁、苏州、安庆三处立石,大书深刊,以垂永久。除江宁、安庆二处应听总督臣王新命、安徽抚臣薛柱斗建碑另报外,该臣即率江苏布政使章钦文、苏松道副使刘鼎,并府县各官,采石于山,得石碑一座。计碑身高一丈,阔五尺,厚一尺。交龙碑头,高二尺五寸;全龟碑座,高二尺五寸。加之琢磨,表里光莹。谨诹吉日,恭捧②圣谕,及督臣与臣等奏对缘由,择素工楷书者书丹。更易数手,皆过于矜持,风度微减。惟原任户部右侍郎臣李仙根所书,虽微带行体,而笔势遒逸可观。遂遴选良工,饬令敬谨镌刻。仍相度苏州胥门外运河之上,地势广平,群山环拱,清溪回绕。远通太湖,为人烟辐辏,浙闽往来孔道。仕宦商贾,舟楫络绎。因于其地鼎建碑亭一座。负坎面离,缭以周垣,树以崇门,既严以肃,敬立穹碑于上,遐迩瞻仰,万姓欢呼。工费皆诸臣捐俸,不动正帑,不劳民力。已于康熙二十四年九月二十四日告成。

伏惟天语煌煌,昭垂万古,如尧典禹谟,同光日月。自今官凛典常,民遵彝宪,所谓皇极敷言,是训是行。以近天子之光,圣泽汪洚,与沧海长江,永永无极矣!臣谨具疏并碑文摹拓装裱长幅一轴,册叶一函,进呈御览。

伏乞皇上睿鉴施行③。

校记
① 山平堂本无"题为钦奉上谕事"句。
② 山平堂本"捧"为"奉"字,从本祠堂本。
③ 山平堂本无"伏乞皇上睿鉴施行"句。

灾田漕①粮米色难期纯一疏②

题为灾田完漕维艰,米色难期纯一,谨请红白兼收,以恤灾黎事:③窃照淮属邳州、海州、山阳、清河、盐城、桃源、宿迁、睢宁、沭阳,扬属高邮、泰州、江都、宝应、兴化,及徐州并所属萧、沛、砀山等州县,去秋霪雨为灾。更加黄淮交涨,田禾淹没,秋成绝望。臣经照例委官勘明会题,又经总漕臣徐旭龄将漕粮漕项会疏,题请分年带征。荷蒙皇上轸念灾民,特遣④户部侍郎臣苏等驰至察勘,确议赈济,白叟黄童,靡不感颂圣德,静候恩纶。于康熙二十四年十二月二十四日接到部覆,内开除漕粮漕项例不蠲灾外,地亩钱粮,被灾九分十分者,照例免其三分;七分八分者,免其二分;五分六分者,免其一分等因。灾田地丁等项已荷蠲免之恩,惟是漕粮漕项未允缓征,臣即饬行各属速催征兑起运,以副漕限。随据各该州县纷纷申详，咸称今岁被灾最重，汪洋千顷。今时已岁暮，即敲骨吸髓，亦难副冬兑冬开之限。吁请再叩皇恩，缓至明春。

臣查宿迁、兴化、邳州、盐城、高邮五州县，康熙二十四年下半年、康熙二十五年上半年，地丁各项钱粮特奉上谕豁免，其余⑤被灾州县钱粮亦已照例蠲恤。则淮扬士民受灾虽重，蒙恩已深。况漕粮例不蠲灾。已奉俞旨，凡在士民，自当勉力输将，以报皇仁，何敢再请宽缓？随即批饬，设法劝征，克期兑运，毋得延缓。去后而各属又复申请，以本处地产红稻，向例纳漕用纯红米色。今本地既无收获，势必告籴外郡，安得纯红米色？请题明准其红白兼收等情。臣查本地无米，远方采买，时日已迫。又责其一色征收，此万难得之于灾民者也。查康熙十九年被灾州县漕粮，原蒙恩准红白兼收，买籼搭兑，成例具在。今康熙二十四年分被灾田地漕粮，仰恳睿慈，准照十九年之例，红白籼粳并收，俾灾黎拮据措办，告籴外郡，竭⑥力输纳，庶漕运不至迟误。

查江北漕粮例限，十二月以内过淮，今部咨于十二月二十四日始到。昼夜追呼，灾民实属无措，不敢不冒昧吁请皇仁。

臣谨会同总督臣王新命、总漕臣徐旭龄合词具题。伏乞睿鉴施行。

校记

① "漕"，原文作"糟"，正之。
② 文会堂本题目为"米色难期纯一，谨请红白兼收，以恤灾黎疏"。
③ 文会堂本无"题为灾田完漕维艰……以恤灾黎事"数语。
④ "遗"原文为"遗"字，正之。
⑤ 文会堂本无"余"字，从本祠堂本。
⑥ 文会堂本"竭"为"勉"字，从本祠堂本。

请免并征陈赋疏①

题为钦奉上谕事：据江苏布政司署司事、苏松督粮道副使刘鼎详称，该臣看得淮安府属邳州，素称荒瘠，递年水患频仍，疮痍未起。康熙十八年至二十二年地丁民欠钱粮，业于理财用人等事案内奉旨分年带征，小民获免并征之累。正藉年岁丰稔，得以按欠征输，早清夙逋，仰副朝廷宽恤之仁。不意上年复遭异常水患，田禾尽被淹没，流离惨苦，不堪见闻。皇上勤求民瘼，涣发谕旨，准将康熙二十四年下半年、二十五年上半年地丁各项钱粮俱与豁免，复准动支淮凤等仓米麦，散给赈济。恩纶下沛，万姓欢呼。惟是康熙十八年未完钱粮，应于二十四年带征完解。屡据该府州吁请题蠲，臣念该州被灾虽重，已荷特恩蠲免，未敢遽为率请。今据署布政司事、苏松督粮道副使刘鼎详议，请将康熙十八、十九、二十、二十一、二十二年未完钱粮，缓于二十五年起挨次分年带征。

前来臣查该州田地，上年重罹水患，颗粒无收。被灾遗黎，见在藉赈存活。应征旧欠之小民，即系被淹之灾户，见征钱粮，尚蒙破格蠲恤。若此旧欠地丁不能免追呼之扰，是皇上浩荡洪恩，灾黎犹未尽沾也。仰恳皇仁，俯将该州康熙十八等年未完钱粮，缓至二十五年起分年带征完解。一转移间，在国赋毫无亏损，而灾民得邀宽恤，感沐圣恩无既矣。

伏乞睿鉴，敕部议覆施行。

校记

① 此篇其他诸本均无。

请节浮冒疏[①]

题为驿递之差使甚少,复二之站银实多,谨陈管窥,节浮冒以裕国课事:据江苏布政司布政使章钦文、江南驿传道佥事范永茂会详等情到臣,据此除移咨事案内,议裁站快等船水手工食银九百七十二两,先经会疏具题外,该臣看得江苏等八府州属驿站项下恩诏案内,复给二分钱粮,先准部覆通行,照安徽议裁之处查明具题,行据各属。咸以下江驿递冲繁,万难裁减,纷纷详吁。臣以部文通行议裁,且上江下江,同为一省,岂得独异?用是仰体撙节至意,议照安属裁减具题。然留六银两诚难足用。臣疏已明言之,续准部覆,令将裁四留六银两,造具冲僻清册,送部查核,遵即备行江苏布政司、江南驿传道转饬各属查造去后。

今据布政使章钦文、驿传道佥事范永茂详覆前来,臣反覆踌躇,不敢过执前说,以误邮传。窃以江苏常、镇、淮、扬、徐各府州属为南北咽喉,九省通衢。今虽海隅荡平,而各省解饷,外国贡献,与夫紧急章奏,勘合火牌,络绎不绝。陆需马,水需纤夫往来奔驰,曾无宁晷。近又运送龙袍,改由陆路,更宜敬慎。故与安徽虽同为一省,而冲僻较若天壤。臣自议裁之后,随有荒缺躏停,就近拨补之请,盖亦从万难措处中聊为补救冲驿之计。部覆未允,则别无调剂驿困之法。司邮之官恐致马毙夫逃,公务废阻,纷纷控吁,殆无虚日。况山东、河南驿站,复给钱粮,俱奉免裁。臣属之水陆交冲,较他省实难并论,若不据实上陈,倘致贻误急差,为罪非细。仰恳皇上俯鉴。

臣属驿站较安徽繁简实属悬绝,准将极冲各驿恩诏案内复给银两照数仍留。其次冲稍冲僻递原复银一万一千九百六两二钱，自康熙二十四年十月初七日奉旨之日为始扣算，截裁康熙二十五年以后照数充饷，庶节省冗费之意与调剂驿困之法并行而不悖矣。

除将该司道造到裁留款项清册送部查核外，臣谨会同总督臣王新命合词具题。

伏乞睿鉴，敕部议覆施行。

校记

① 此篇其他诸本均无。

请旨行取疏

题为请旨行取事①：据署江苏布按二司事、苏松督粮道副使刘鼎呈详前事，该臣看得行取官员以备言路之选，诚圣朝用人之大典也。臣一准部文，随行布按二司选择开报，惟是部行必无钱粮盗案官员，方准咨送。而臣属地方赋重役繁，甲于天下。实与他处不可同日而语，故铨选时掣得此缺，便形神沮丧，亲朋为之惋惜。以为半生功名，付之逝水。自非志趋坚定，不以升沉利钝介怀者，未有不颓然自放，甘心以不肖为归者也。

臣奉命抚吴以来，首以察吏安民为念，无时不告诫属员，以我皇上至圣至神，超逾百代。求贤图治，宵旰弗遑。且知人之明，出自天授，为臣子者苟能仰体圣心，洁己爱民，决不至沉埋下寮。反复申谕，舌敝笔秃，故一时守令争自濯磨，操守廉洁，政绩表著者实不乏人。然稽其钱粮考成，则万万不能十分全完。盖势处其难，智勇才力无所用也。今奉文行取，若拘定成格，必以合例之官咨送，势必以僻壤小邑易于藏拙者塞责。此其人即幸叨选用,未必能光大典,况断不能逃我皇上之睿鉴,则臣滥送匪人之罪无可辞矣。若真知其人而隐不举闻,则蔽贤之罪与滥举等。

臣采访再三,查有苏州府属吴县知县刘滋,操守端严,莅事精敏,兴行教化,劝课农桑,廉能之绩最著。又吴江县知县郭琇,居心恬澹,风骨坚凝,抚字能勤,训迪不倦,士民之称颂如一。此二官者并无未完承缉盗案,惟经征带征各年正杂钱粮,不能如额。臣于大计荐举卓异疏中亦曾列其廉能,只以格于定例,未敢开入正荐,已荷皇上睿照②。查吴县、吴江县钱粮,自康熙十九年起,至二十二年止,俱奉文停征;至康熙二十四年始,分别按年带征;其康熙二十二、二十三两年地丁钱粮,俱经奏报全完。止有康熙二十四年并带征十八年地丁漕项,及各年芦课杂税,与承追前任侵那各案俱有尾欠,尚在年限之内。查二县钱粮历年不能全完,今二官两年地丁钱粮全完,则非二官之才短惰征可知也。

臣查前督臣阿③、前抚臣慕④任内,有常熟县知县林象祖、上海县知县任辰旦,亦以钱粮未完,与例不符,曾经会疏题请,奉旨破格擢用。今刘滋、郭琇二官,臣实真知其才品,久洽舆情。兹据署江苏布按二司事、苏松督粮道副使刘鼎,暨苏州府知府胡士威交荐,合以臣之见闻无异。然臣终不敢自信一己之见,违例轻举,复又咨商督臣,随准移覆。二官清操卓越,敷政精勤,堪膺行取之选。是亦从爱惜人才起见,臣思以人事君为臣子之大义,用是冒昧比例具题,仰恳皇上俯鉴,准破格录取,俾循良之官益知感奋,而地方之繁剧与两邑相等者,亦知有登进之阶,相率而为良吏,以仰副我皇上图治安民之意,所关匪浅鲜也。

臣谨会同总督臣王新命合词具题,伏乞敕部议覆施行⑤。

再照此案,以准到部文之日为始,内除年节封印日期,扣该康熙二十五年二月十六日限满,因备细采访,稍稽时日,逾违未及一月,相应一并题明。⑥

校记

① 山平堂本无"题为请旨行取事"句。
② 山平堂本无"臣于大计荐举卓异疏中亦曾列其廉能,只以格于定例,未敢开入正荐,已荷皇上睿照"数语。
③ 山平堂本"阿"后有"席熙"二字。
④ 山平堂本"慕"后有"天颜"二字。
⑤ 山平堂本无"臣谨会同总督臣王新命合词具题,伏乞敕部议覆施行"句。
⑥ 山平堂本无"再照此案……相应一并题明"数语。

解送布匹疏①

题为外省采买解送布匹事:据江苏布政司布政使章钦文详前事,该臣看得青蓝布匹原准部文,因在京采买,皆系短窄粗糙,故行江南,每年采买宽长细密好布十万匹解部,业经转行布政司。遵照将康熙二十二、二十三两年应办布匹,分委苏州、松江、常州三府官员照数采买,赴部交收。其青布每匹价染银五钱二分九厘,蓝布每匹价染银四钱七分九厘,每匹各给水脚银五分四厘。原系升任抚臣余国柱、王新命核实无浮,具题在案。所有康熙二十四年应办之布,臣以为从前皆委微员采办,恐此辈稍有不慎,必致有布匹挂欠,钱粮蒙混等弊。故据布政司详总,委苏州府同知金鉴于司库支领见银,前往产布地方采办,以速起解。臣经再三申饬,加意节省。续据开报,青布每匹价银五钱一厘,蓝布每匹价银四钱五分一厘。

每匹给水脚银五分四厘,较之康熙二十二、二十三两年之价,每匹减银二分八厘,计节省银二千八百两。

臣见前两年未经部驳,今次稍稍节省,可以无过,随据以题销。今准部覆:青布每匹定价银三钱四分,蓝布每匹定价银三钱一分。嗣后,每年照此采办解送,并将节年核减价值并水脚银两,速追解部等因行,据布政使章钦文具详前来。臣查此布细密宽长,非比民间所用短窄粗糙之布。别处之民皆不谙织办,惟松江府上海县所属三林塘地方出产。即京师百货聚集之处采买,亦自难得,故仍行江南采办。

夫物有美恶不同,则价有低昂不等。在康熙二十二、二十三两年报销之价,业已无浮,至二十四年更加节省。其所给之价俱系当日与民交易,按布给发。今部定之价核减几半。欲追于民,则买布之时原未登记姓名,无可查追;欲追之官,则官之俸银有限,将用何物包赔?当今功令森严,皇上视民如伤。有司日用蔬薪,擅用官价,即干吏议。若岁办十万匹细密宽长之布,而用官价勒取,民谁肯服?倘出产地方民畏赔累,相率远遁,则以后应办之布必致有误,亦地方官之责也。至于水脚一项,凡长途挑运,雇船雇车,起剥添夫,以及包索等项,无不取资于此。若尽行裁减,岂能神输鬼运而至乎?

今据该司请将康熙二十二、二十三年原报布价,照依二十四年每匹亦减银二分八厘,又共减银五千六百两。计青布每匹实请销银五钱一厘,蓝布每匹实请销银四钱五分一厘,每匹给水脚银五分四厘。以后各年价值仍应照时确估报销。除据报核减银两,批饬该司速追另报外,相应据以具题。

伏乞睿鉴,敕部核销施行。

再照此案,于康熙二十四年十月十八日准咨,除年节封印,二十三日扣该,康熙二十五年三月初十日限满,合并陈明。

校记
① 此篇其他诸本均无。

蠲免丁额疏①

题为丁额科则独重,包赔苦累实深,吁恳亟赐题蠲,以安孑遗事:②

据江苏布政司布政使章钦文详前事,该臣看得③山阳县地最冲疲,而丁徭一项又最为繁重。盖淮属最大州县,不过六七万丁,小者常不及万。而山阳一县,原额人丁至一十六万三千六百九十八丁,编银至三万七千二百余两,此诸属之所未有者也。当年岁丰稔,得以按编征输,民力亦自无馀。迨康熙七年以后,叠罹河患,民生日蹙。康熙十五年编审清查缺额至四万二千六百余丁,时因需饷殷繁,未敢遽请蠲除,仍照旧额征收。小民包赔苦累,已非一日。至康熙十九年,前抚臣慕④饬司府清查,除陆续招徕复业,并清出新丁抵补外,仍有实缺人丁二万九千八百二十六丁。于淮民累苦已急等事案内具题,部覆奉有俞旨,自康熙十九年为始,准照见在人丁征输,积困顿苏。不意于康熙二十年编审案内因部文驳查,至二十二年覆准仍照原额征解。

查此项缺额丁银,于二十年始奉准蠲,即于二十年编审,一年之内长养几何?今二十四年应征丁银,已荷皇恩蠲免,万姓感颂无致矣。所有二十二年缺丁银两,应于二十八年带征;其二十三年缺丁银两,在见征未完数内。有司仰遵功令,非不尽力追呼。奈征比无人，势必责令见丁包赔。连年水旱叠告，灾伤异常，见在遗黎，赖我皇上宏仁蠲赈，得以仅存。应征之赋尚苦供输维艰，此项缺额人丁，岂能责令包赔？况宿迁、桃源、安东、沭阳等县淹溺流移人丁，见于决口地废等事各案内照旧停免，山阳故绝无征丁银，亦系专案题蠲事同一例，仰恳皇仁垂鉴。

山阳丁繁则重，灾伤频仍。即今现征⑤一十三万三千八百七十余丁，已属艰难。将二十二、三两年缺额丁银，特赐豁免。其二十五年以后，俟今次编审明有无增补，照实在见丁征收，庶灾黎获免包赔，哀鸿得以安集，将来长养生聚日渐殷繁，可以足额裕赋于无穷矣。

臣因里民控吁，该江苏布政司布政使章钦文、署布政司事、苏松督粮道副使刘鼎，先后详议前来，除将印结送部外，臣谨会同总督臣王新命合词具题。

伏乞睿鉴，敕部议覆施行⑥。

校记

① 山平堂本题目为"请蠲缺额丁银疏"。
② 山平堂本无"题为丁额科则独重……以安孑遗事"数语。
③ 文会堂本无"据江苏布政司布政使章钦文详前事，该臣看得"一句；山平堂本此句为"窃惟淮安府山阳县地最冲疲"。
④ 山平堂本"慕"后有"天颜"二字。
⑤ 山平堂本"现征"为"见在"，从本祠堂本。
⑥ 山平堂本无"臣因里民控吁……敕部议复施行"数语。

详陈芦课办铜之艰疏①

题为详陈芦课办铜之艰，仰祈睿鉴事：据江苏布政司布政使章钦文详，②该臣看得部行于江宁抚属芦课银内动支银一万一千五十两，办铜十七万斤，解交宝源局等因，案经转行布政司遵照。续据该司以江省非产铜之地，必采买于外省，定价不敷，请照各属额征芦课多寡分行州县，多方购觅，以速起解，当经咨明部臣在案。除康熙二十四年所派铜斤，已饬各属勉力采办，赴部交收外，兹据江苏布政使章钦文详称，康熙二十五年芦课铜斤，饬行各属遵照采买，各州县咸以赔补艰难，吁请停办前来。

臣查钱局需用铜斤，向于各关税银内动支办解。因芦课钱粮当年亦差芦政部司经收，故照关差一例办铜。迨后芦政衙门奉裁课银，归并有司征解，时因铜价腾贵，外省停铸，惟京局所需之铜，止令关差动支税银办买，而不及于芦课。诚以此项银两，在小民系计亩输将，在州县按则征解。岁有定数，非若关税按货征收岁额之外，稍有盈余，可以通融补剂者。比今部定铜价，每斤止银六分五厘，而各处时值，则有一钱五六分以至一钱七八分不等。是时价之与定价不啻三倍。况江宁所属每年派办十七万斤，为数既多，一时采买，价值更加腾涌。重以领解员役舟车盘剥，需费浩繁，虽康熙二十四年各州县勉力捐赔，办完起解，然后难为继。今康熙二十五年各属纷纷具详，臣查铜斤定价，既有不敷。采买解交，更多赔累。若不变通，将来各官赔补无力，必至科派那移，官民交困，仰请皇上俯鉴。

芦课与关税不同，停其办买铜斤，其应征之银，照旧充饷。如或钱局必需，万不可缺，亦恳皇上敕部，于每斤定价六分五厘之外，照依时值③酌量加增。庶承办之官，不至有赔累之苦，则那移钱粮、科派州民之弊可免，而京局鼓铸急需亦得无误矣。

臣谨会同总督臣王新命合词具题，伏乞睿鉴施行。④

校记

① 山平堂本题目为"请停芦课办铜疏"。
② 山平堂本无"题为详陈芦课办铜之艰,仰祈睿鉴事。据江苏布政司布政使章钦文详"数语。
③ 山平堂本"值"为"价"字,从本祠堂本。
④ 山平堂本无"臣谨会同总督臣王新命合词具题,伏乞睿鉴施行"一句。

借帑买米,平粜还库疏①

题为借帑采买米石,已经平粜还库,臣谨会疏题明,仰祈睿鉴事:据江苏布政司布政使章钦文详前事,该臣看得淮、扬、徐三属上年夏秋霪雨为灾,饥民载道,经臣会同督、漕、河诸臣节次具疏题报,并借动司库开浚白茆、孟河,溢收捐输事例银五万两,遴委苏州府同知刘三杰、松江府同知李经政,前往江西、湖广等处采买米石,运回赈济。荷蒙皇上怀保之仁,特差部臣苏赫来南察勘,回奏请动凤、徐、淮三仓余剩米麦,并各属节年积谷,及劝捐银米等项发赈。已奉俞旨,所有前动司库银两,亟应补还原项。随经饬行布政司,就见买米石,作速运回,照依江楚原买价值平粜。至未经买米银两,竟行赍回还项去后,今据布政使章钦文详称,原动司库银五万两内,未经买米银二万六千一百五十七两一钱三分零,先经缴回还项外,其买米银二万三千八百四十二两八钱六分零,已将买到米石运至重灾地方,照依原价平粜,见银俱经补还库项等情前来。

臣查动支司库银两,原系再陈水利等事案内;溢收捐输之款,见于该案内。准有部文行令解部,今既照数还库,应仍听于原案内解部交收,相应题明。

臣谨会同总督臣王新命、总漕臣徐旭龄合词具题。伏乞睿鉴施行。

校记
① 此篇其他诸本均无。

恭谢天恩疏

奏为恭谢天恩事：臣接准吏部咨文，内开为钦奉上谕事。①康熙二十五年三月二十日奉上谕，谕吏部："自古帝王谕教太子，必简和平谨恪之臣统领宫僚，专资赞导。江宁巡抚汤斌在讲筵时，素行勤慎，朕所稔知。及简任巡抚以来，洁己率属，实心任事，允宜拔擢大用，风示有位，特授为礼部尚书，掌管詹事府事。其现任詹事郭棻、少詹卢琦、归允肃，著照旧留任。其詹事朱玛泰，著对品调用。少詹喇拔色度，著解任，照伊②原品，随旗上朝。尔部即遵谕行。特谕，钦此。"

钦遵移咨到臣，准此宠命自天，惊惶无地，当即虔设香案，望阙叩头谢恩讫。伏念臣至愚极陋，蒙我皇上起自田间，俾列侍从，拔置讲筵，记注圣政，编辑祖训，总裁史局，数年之内，屡荷天恩。骤迁学士，自顾谫劣，深愧非分。乃蒙特简，出抚江苏。陛辞之日，天颜和霁，奖励有加，赐赉优隆③，恩溢格外。臣负乘滋惧，覆𫗧是虞。受事以来，夙夜兢兢，惟思勉策驽钝，以图报称于万一。而才薄事繁，力轻任重，拮据虽勤，涓埃莫效，丛挫屡见。俱荷④圣恩优容，臣每捧接温纶，感激涕零，以为际遇之隆，千载难觏。而又自念精力渐衰，心血枯槁，常恐终至陨越，孤负圣慈。何期复承宠命，不次超擢,特旨褒嘉,荣逾华衮! 臣何人,斯当兹异数!

敬惟皇太子徇齐天纵,敦敏日新,我皇上谕教宫中,寒暑罔间。神圣指授,自有精一心传,岂臣下所能仰赞高深! 况臣学识疏陋,尤在诸臣之下,乃荷兹重任,踧踖屏营,罔知所措,敢不益矢恪恭,勉思襄赞? 且臣职司封疆,心依黼座,兹得再瞻紫极,拜舞龙墀,犬马微忱,不胜踊跃。

臣将届限钦部事件逐一清理,即交印督臣,星驰赴阙,另将起行日期题报外,谨先具疏恭陈谢悃,伏乞睿鉴。臣无任惶恐战栗之至。⑤

校记

① 文会堂本无"奏为恭谢天恩事:臣接准吏部咨文,内开为钦奉上谕事"数语。
② 文会堂本无"伊"字,从本祠堂本。
③ 文会堂本"优隆"为"有加",从本祠堂本。
④ 文会堂本"俱荷"为"荷蒙",从本祠堂本。
⑤ 文会堂本无"臣将届限钦部事件逐一清理……臣无任惶恐战栗之至"数语。

请录先贤后裔疏①

题为请录先贤后裔,以彰圣化事:据江苏布政使司布政使章钦文呈详前事②,该臣看得③历代贤主,莫不褒崇儒学,优礼先圣,而本朝尤为明备。孔、颜、曾、孟,及先贤仲由,先儒朱熹,子孙皆世袭五经博士。我皇上崇儒重道,复录程颢、程颐子孙。圣驾东巡,录周公子孙,近又录周敦颐子孙,皆世袭博士。圣贤后裔,尽承异数,甚盛典也。

臣躬逢圣朝，愧无以仰④助文治，谨按臣属苏州府常熟县，为先贤言偃故里。偃以文学著称，弦歌之化，深契圣心。其"学道爱人"一语可为治行之准。所称行不由径，非公不至，可为取人之法。盖以诗书礼乐为教，孜孜以人才风俗为先务，视有勇足民，精粗不侔矣。尝考《礼记》"檀弓"所载：时人问礼者，十有四皆以子游一言为可否。盖其考礼论⑤道，必贵知本，不仅在器数仪文之末，可谓得圣学之精华者矣。且孔门诸贤，多产鲁卫，密迩圣居，兴起为易。独偃生长句吴，政教之所不通，乃能奋起遐荒，化学洙泗，开东南数千年人文之盛，其功之所及尤大且远。而后裔未获邀一命之恩，实为阙典。恭惟我皇上神圣天纵，集尧舜以来之大成。既已海内乂安，治化蒸蒸。更修明典礼，表章先哲文治之隆，万古为昭。倘蒙圣恩，念偃之贤，比例仲由，录其子孙，于以光大治化，昭示来兹，裨益良匪浅鲜矣！

抑臣更有请者，孔门弟子如闵损、冉耕、冉雍、端木赐、卜商、有若诸贤，其造诣虽不无浅深，要亦颜曾之流亚，若蒙敕下礼部，会同翰林院详加酌议，行各直省访其子孙，量赐录用，补前代未备之典章，实熙朝不朽之盛事也。

臣又考宋太祖、真宗、高宗，皆尝亲制孔子及诸弟子像赞，故一代儒臣，号称最盛。我皇上道本生知，学深宥密，天文炳焕，晖丽日星，薄海臣民，莫不颛仰。倘万几之暇，挥洒宸翰，御制先圣先贤像赞，颁示天下学宫，传之史册，当与典谟并重。熙朝人文之盛，必将驾汉逾唐，比隆三代，岂近世所敢望哉！

臣因诸生之请，据布政司呈详前来，臣谨会同总督臣王新命、提督学政臣李合词具题。伏乞睿鉴施行。⑥

校记

① 山平堂本题目为"请录贤裔疏"。
② 山平堂本无"题为请录先贤后裔……据江苏布政使司布政使章钦文呈详前事"数语。
③ 山平堂本"该臣看得"四字为"窃惟"。
④ 山平堂本无"仰"字,从本祠堂本。
⑤ 山平堂本"论"为"问"字,从本祠堂本。
⑥ 山平堂本无"臣因诸生之请……伏乞鉴施行"数语。

请毁淫祠疏①

题为淫祠败坏风俗已极,请严纶申禁,以正人心,以维世道事:臣才具庸劣②,奉命抚吴。陛辞之日,蒙我皇上谆谆诲谕,以移风易俗为先务。圣驾南巡,又谕以"敦本尚实,使民还淳返朴"。臣仰承德意,月吉齐集士民讲解上谕十六条,又定期至学宫讲《孝经》、《小学》,使人知重伦常而敦实行。一年以来,风俗亦渐改观。

窃以吴中之俗,尚气节而重文章。阛阓诗书以著述相高,固天下所未有也。但其风涉淫靡,黠者藉以为利,而愚者堕其术中,争相仿效,无所底止。如妇女好为冶游之习,靓妆艳服,连袂僧院。或群聚寺观,裸身燃臂,亏体海淫。至于敛钱聚会,迎神赛社,一幡之直可数百金。刻造马吊纸牌,编作淫词艳曲,流传天下,坏人心术。婚丧不遵家礼,戏乐参灵,彩服送丧,仁孝之意衰,任恤之风微。而无赖少年,教习拳勇,身刺文绣,轻生好斗,名为打降。如此之类,不可枚举。臣皆严加禁饬,委曲告诫。今寺院无妇女之迹,河下无管弦之声。迎神罢会,艳曲绝编;打降之辈,亦稍稍敛迹。若地方有司,守臣之法,三年之后,可以返朴还淳。且浮费简则赋税足,礼乐明而③争讼息,固吴中之急务也。

然此皆地方官力所能行,不敢上烦谕旨。惟有淫祠一事挟祸福之说,年代久远,入人膏肓,非奉天语申饬,不能永绝根株。苏松淫祠,有五通、五显,及刘猛将④、五方贤圣诸名号,皆荒诞不经。而民间家祀户祝,饮食必祭。妖邪巫觋创为怪诞之说,愚夫愚妇为其所惑,牢不可破。苏州府城西十里有楞伽山,俗名上方山,为五通所踞。几数百年,远近之人奔走如鹜。牲牢酒醴之飨,歌舞笙簧之声昼夜喧阗,男女杂遝,经年无时间歇。岁费金钱,何止数十百万。商贾市肆之人,谓称贷于神可以致富,借直还债,祈报必丰。里谚谓其山曰"肉山",其下石湖曰"酒海"。耗民财,荡民志,此为最甚。更可恨者,凡少年妇女有殊色者,偶有寒热之症,必曰五通将娶为妇,而其妇女亦恍惚梦与神遇,往往羸瘵而死。家人不以为哀,反艳称之。每岁常至数十家,视河伯娶妇之说更甚矣!

夫荡民志,耗民财,又败坏风俗如此。皇上治教如日中天,岂容此淫昏之鬼肆行于光天化日之下?臣多方禁之,因臣以勘灾至淮,益肆猖獗。臣遂收取妖像,木偶者付之烈炬,土偶者投之深渊。檄行有司:"凡如此类,尽数查毁!撤其材木备修学宫、葺城垣之用。"民始而骇,继而疑,以为从前曾有官长厌其妖妄,锐意除之,神即降之祸殃,皆为臣危之。数月之后见无他异,始大悟往日之非。然吴中师巫最黠而悍,诚恐臣去之后,必又造怪诞之说,箕敛民财,更议兴复。愚民无知,必复举国猖狂,不可禁遏。请赐特旨严禁,勒石山巅,令地方官加意巡察,有敢兴复淫祠者作何治罪。其巫觋人等,尽行责令改业,勿使邪说诳惑民听。天威所震,重痄当醒。人心既正,风俗可淳。更通行各直省,凡有类此者皆行禁革。有裨世道非渺小矣。

为此具题,伏乞睿鉴,敕部议覆施行。⑤

校记

① 文会堂本题目为"毁淫祠以正人心疏"。
② 山平堂本无"才具庸劣"四字。
③ 山平堂本"而"为"则"字,从本祠堂本。
④ 山平堂本无"刘猛将"三字。
⑤ 山平堂本无"为此具题,伏乞睿鉴,敕部议覆施行"一语。

恭报起程疏①

题为恭报微臣交代起行日期,仰祈睿鉴事:②准吏部咨为钦奉上谕事③,内开:"康熙二十五年三月二十日④奉上谕,谕吏部:'自古帝王谕教太子,必简和平谨恪之臣统领宫僚,专资赞导。江宁巡抚汤斌在讲筵时,素行勤慎,朕所稔知。及简任巡抚以来,洁己率属,实心任事,允宜拔擢大用,风示有位。特授为礼部尚书,掌管詹事府事。其现任詹事郭棻、少詹卢琦、归允肃,著照旧留任。其詹事朱玛泰,著对品调用,少詹喇拔色度,著解任,照伊原品随旗上朝。尔部即遵谕行。特谕,钦此。'钦遵相应行咨⑤,为此合咨前去,烦为钦遵查照施行。⑥"等因到臣。

准此⑦,除经⑧恭设香案,望阙叩头,具本⑨谢恩外,伏念臣才本疏庸,学复固陋⑩,遭逢圣主,屡荷殊恩。抚吴以来,刻自砥砺,冀图报称于万一。而绠短汲深,勤不补拙,蚤夜旁皇,惧负罪谴。乃更蒙我皇上优擢不次,骤列正卿,秩宗为典礼之司,端尹实宫寮之长。以臣庸碌,处之忝窃已极,循躬自思,惶悚无地。

然臣久离阙下,今得瞻仰天颜,不胜欣忭,敢不星趋就道,冀竭萤烛微照,仰承天光。臣将任内一切奉行钦部事件文卷,逐一清理,并将钦颁关防,王命旗牌,于康熙二十五年四月十六日,专差苏州府同知贾光先协同中军游击李虎,赍送总督臣王新命暂行署理。臣即于本日束装起行赴京,所有交代起行日期,相应具疏题报。

伏祈睿鉴施行。

校记

① 山平堂本题目为"恭谢天恩疏",并有副题"升任大宗伯掌詹事府事时上"。
② 山平堂本无"题为恭报微臣交代起行日期,仰祈睿鉴事"一语。
③ 山平堂本此句为"臣接准吏部咨文,为钦奉上谕事"。
④ 山平堂本"二十日"为"二十一日",从本祠堂本。
⑤ 山平堂本"相应行咨"为"钦遵移咨",从本祠堂本。
⑥ 山平堂本无"为此合咨前去,烦为钦遵查照施行"一语。
⑦ 山平堂本"准此"后有"宠命自天,惊惶无地"一语。
⑧ 山平堂本"除经"为"当即",从本祠堂本。
⑨ 山平堂本无"具本"二字。
⑩ 山平堂本此句为"伏念臣至愚极陋,蒙皇上起自田间"。

特举贤才疏①

奏为特举贤才,以备圣恩简用事:窃惟詹事官僚,翼导储闱,职司綦重。臣以疏庸,谬忝端尹,夙夜孜孜,深惧旷官。仰惟皇上学符姚姒,道继羲轩,圣德神功,颂扬难罄。大纲细目,备举无遗。谕教之道,尽善尽美。史册所载,亘古无伦。皇太子睿哲性成,德修日懋。臣自愧朴鲁,何能仰赞高深?

惟思古之贤臣,以人事君,图报天恩,计无逾此。乃臣交游既寡,闻见复疏。听言而观行,即事而察心,弥觉知人之难,恐蹈妄举之罪。反复详慎,不敢自轻。兹于臣素所知者得一人焉,敬为我皇上陈之。原任翰林院检讨转直隶大名道副使、丁忧回籍河南登封人耿介,赋质刚方,践履笃实。服官冰蘗②自矢,家居淡泊自甘。潜心经传,学有渊源。与臣旧为同官,相别多年,闻其造诣精进,心窃叹服。今虽年逾六旬,精力尚健。老成宿素,罕见其俦。

迩者皇上念卫既齐之贤,复其原官,仰见皇上爱惜人才,不忍遐弃。凡有寸长,谁不思奋?臣才具最下,恩遇过隆,岂敢窃位蔽贤,自昧举知之义?谨冒昧上闻。倘蒙鉴臣愚诚,将介征取来京,赐以引见。可否录用,自有睿裁,非臣之愚所敢妄议也。

如臣言不谬,伏祈敕下该部议覆施行。为此具本,谨具奏闻。

校记
① 此篇诸本均无。
② "蘗",原文作"蘗",正之。

卷三　序、记

序

拟御制《大清会典》序

朕惟一代之创兴，必明一代之制度。盖纪纲伦叙，千载维同。而规模品式，累朝各异。自唐虞以来，典谟大备；商著风愆，用儆有位；周垂官礼，具训百工。莫不煌煌巨丽，于今为昭。然道取稽古，政贵因时，近代惟明。本朝所监，其设官分职，原本古昔。权杀于汉而董正之纲维自定，员省于唐而职任之贯理甚周，禄凉于宋而蠲复之恩礼愈渥。宏谟曲算，可谓博大精详矣。至孝宗秉睿哲之资，股肱多忠良之彦，于弘治十年，诏修《大明会典》，阅六年而告成。其后，因时损益，每进加详。制度文为于焉称备。使其臣工克遵，罔替何难？仿佛殷周比隆虞夏哉！

朕于万几之暇，时一披览，因念本朝受命九载于兹，而典则不章，臣邻罔守，朕甚恧焉。用是特命诸曹纂辑旧章，别类编文，分年纪政，以官联部署为纲，以事物仪文为目。同异兼晰，而无因革难通之患；巨细均该，而有本末咸宜之美。法则折衷于前朝，谟训聿彰于昭代,诚至治之良猷,实万年之金鉴。

呜呼！法难明而易昧,民难安而易危。寅恭协应,勿持禄以养交；成宪是遵,罔纷更而多事。使百姓闻令而心服,则朝廷无为而日尊。百尔君子尚其敬哉！世世子孙尚其敬哉！

顺治壬辰七月御试

《理学宗传》序

天之所以赋人者无二理,圣人之所以承天者无二学。盖天命流行,化育万物,秀而灵者为人。本性之中,五常具备①。其见于外也,见亲则知孝,见长则知弟,见可矜之事则恻隐,见可耻之事则羞恶。

不学不虑之良,人固无异于圣人也。惟圣人为能体察天理之本,然而朝乾夕惕,自强不息。极之尽性至命,而操持不越日用饮食之间；显之事亲从兄,而精微遂至穷神知化之际。盖其知明处当,乃吾性中自有之才能。参天赞化,亦吾性中自有之功用。止如其本性之分量,而非有加于毫末也。尧舜禹之相授受,曰人心惟危,道心惟微,惟精惟一。允执厥中。其为教之目,曰父子有亲,君臣有义,夫妇有别,长幼有序,朋友有信,此圣学之渊源,王道之根柢也。

由汤、文、武、周公、孔子,以至颜、曾、思、孟,成己成物,止有此道。在上在下,止有此学。秦汉而后,道丧文敝。赖江都、文中、昌黎衍其端绪。至濂溪周子崛起,舂陵直接邹鲁。程、张、邵、朱,以至阳明,虽所至或有浅深②,气象不无少异,而中所自得,心心相印,针芥不爽。盖道之大原出于天,天不变,道亦不变,苟得其本心之同。然则千百世之上，千百世之下，固无异亲授受于一堂者矣。如高曾祖祢与嫡子嫡孙精气贯通，谱牒昭然，而旁流支派，虽贵盛于一时，而不敢与大宗相抗，盖诚有不可紊者在也。

近世学者，或专记诵而遗德性；或重超悟而略躬行。又有为儒佛合一之说者，不知佛氏之言心言性，似与吾儒相近。而外人伦，遗事物，其心起于自私自利，而其道不可以治天下国家。吾儒之道，本格致诚正以为修，而合家国天下以为学。自复其性，谓之圣学；使天下共复其性，谓之王道。体用一原，显微无间，岂佛氏所可比而同之乎？

容城孙先生集《理学宗传》一书，自濂溪以下十一子为正宗，后列汉隋唐儒考、宋元儒考、明儒考，端绪稍异者为补遗。其大意在明天人之归，严儒释之辨，盖吾儒传心之要典也。八十年中，躬行心得悉见于此。斌谢病归田，从学先生之门，受而读之，其折衷去取，精义微言，幸承面诲，而得有闻焉。时内黄令张君仲诚力任斯道③，迎先生至署中，以此书④蠲俸付梓，先生命斌为序。

斌何言哉？惟愿天下同志读是书者，无徒作书观也，止由此以复天之所与我者耳。吾之身，天实生之，无一体之不备；吾之性，天实命之，无一理之不全。吾性实与万物为一体，而民胞物与，不能浑合无间焉，吾性未尽也；吾性实与尧舜同量，而明物察伦，不能细大克全焉，吾性未尽也；吾性实与天地合德，而戒慎恐惧，不能如乾健不息焉，吾性未尽也。试由濂、洛、关、闽，以上达孔、颜、曾、孟。由孔、颜、曾、孟，而证诸尧、舜、汤、文，得其所以同者，返而求之人伦日用之间，实实省察克治，实实体验扩充，使此心浑然天理，而返诸纯粹。至善之初焉则寂然不动，感而遂通中和，可以位育，而大本达道在我矣。不然，徒取先儒因时补救之言，较短量长，横分畛域，妄起戈矛，不几负先生论定之苦心乎？且亦非仲诚公诸同好之意矣!

陆子曰:"六经注我,我注六经。学苟知本,六经皆我注脚。"斌惟与天下学者共勉之而已。

校记

① 山平堂本"具备"为"备具",从本祠堂本。
② 山平堂本"浅深"为"深浅",从本祠堂本。
③ 山平堂本"力任斯道"前有"潜修默悟"四字。
④ 山平堂本"署"后无"中"及"以此书"四字。

《孙征君先生文集》序

昔文中子生隋唐之际,佛老盛行,毅然以孔子为宗。匹夫肩绝学之统,其有功于斯世甚大。朱子集群儒之大成,其徒传之金华,诸子递相授受。至明初,制作一代典章,率本朱子之教,以是知大儒抱道空山,修明六经,非一世之业也。

容城征君孙先生登万历庚子乡荐,与鹿忠节为友,以躬行相砥砺。居亲丧结庐墓侧,于忧戚孺慕中悟心性本原①,慨然以圣人为可学。而至天启乙丙间大兴钩党之狱,左、魏、周三君子横被榜掠,故交避匿。先生独上书枢辅,鸣鼓举幡为之鸠众欸助,生死祸福不足动其中。其刚大之气复如此。时会抢攘,保全危城,避乱山中,隐然负王佐之望。征书屡贲,坚辞不应。晚年移②家苏门,声华刊落,生徒数百,结庐相就其地。自姚、许之后,称再盛云。

先生于道慎择而约守之,发为文章,皆躬行心得之余,未尝有新奇可喜。由其说而持循之,人人可以寡过。所著《四书近指》、

《读〈易〉大旨》、《〈尚书〉近指》,精义明前儒所未发。尝以古今诸儒见有偏全,力有浅深,要以不谬,圣人为归。慈湖以传子静者,失子静;龙溪以传阳明者,失阳明。儒而杂禅,不可不辨。苟无致知力行之实,徒凭揣摩亿度以轩轾先贤,先生之所不与也。

九十老人,晨兴拜谒家祠,独坐空斋,终日无惰容。事物之来,泛应曲当。浊酒孤灯,对友谈学,至丙夜不倦,自非功深于人之所不见者,乌能自强不息如此乎!当草昧初开,干戈未戢,人心几如重寐。赖先生履道坦坦,贞不绝俗,使人知正心诚意之学所以立天经,定民彝,不因运会为迁移。振三百年儒者之绪,而为兴朝理学之大宗,其于文中紫阳何如？非愚之所能知,其有关于世道,则一而已矣。

先生殁后三年,门人汇辑诗文语录③若干卷,属斌为序,不敢辞,谨述所见附编末,使读斯集者有所考焉。

校记

① 山平堂本"本原"为"原本",从本祠堂本。
② 山平堂本"移"为"携"字,从本祠堂本。
③ 山平堂本"语录"后多一"为"字。

《蕺山刘先生文录》序

蕺山刘念台先生文录十八卷,斌奉使于浙,先生门人黄君太冲与其孙茂林见示,得受而卒业焉。喟然叹曰:"先生之学至矣!程朱以来,体道之精,未有过焉者也。"

盖尝论之濂溪得孔孟之传,其说《太极图》也,曰:圣人定之以仁义中正，而主静立人，极此中庸，戒慎不睹，恐惧不闻之旨也。而论者以为易流于禅，吾谓不然。记曰：人生而静，天之性也；感于物而动，性之欲也。不能反躬，天理灭矣。人者，天之心也；性者，天之理也。天理非可以动静。言而主静，亦不可以时位论。泥主静之说而不得其义，固易流于禅。若昧主静之意而徒事于标末补缀，则隐微多疚。人品伪而事功无本，此乡愿之伪学，孔孟之所深拒也。程子曰："天理二字，吾体验而得之。"又曰："学者敬以直内为本。"朱子曰："静者，性之真也。涵养中体出端①倪，则一一皆为己物。"豫章延平，师友相传，皆是此意。其曰："穷理者，亦穷天所与我之理也，故可以尽性而至命。"

博学、审问、慎思、明辨，皆其功也。后人失其精意，遂至沉溺训诂，泛滥名物，几于支离而无本。王文成"致良知"之教返本归原，正以救末学之流弊。然或语上而遗下，偏重而失中，门人以虚见承袭，不知所以致之之方。至龙溪"四无"之说出，益洸洋恣肆，纵横自如。儒佛之藩篱尽撤，其流弊有甚焉者。故高忠宪、顾端文以性善之说救之。夫学②者于极重难返之际深忧大惧，不得已补偏救弊，固吾道之所赖以存。学者先识孔孟之真，身体而力行之，久之徐有见焉，未尝不殊途同归。如颜、曾为大宗，而由、赐、师、商，各得圣人之一体。若学力不实，此心无主，徒从语言文字之末妄分畛域。根柢未立，枝叶皆伪，其所为不越功利词章之习，而欲收廓清摧陷之功，吾恐言愈多而道愈晦，圣贤心传不见于天下后世也。

先生生文成之乡，而与忠宪、端文游。其学以慎独为宗，于天人、理气、静存、动察，辨之不厌其详。而终以静存为要。尝曰："姚江之后，流于老庄；东林之后，渐入申韩。故择取中庸以复先儒之旧。"平生于寂寞凝一中发其聪明智虑。通籍四十年，敝帷穿榻，萧然布素。其立朝也秉义据经,难进易退。自曹郎以至总宪,前后章数十上,大约志在振肃纪纲,敦崇廉节,重仁义而薄刑名。更欲申明祖制,寺人不得典兵预政。廷杖诏狱,悉当报罢。宁人主见为迂阔,而不敢贬道以从时;宁与执政相龃龉,而不敢容默③以阿世。慎独之学以之自修者如是;以之告君者如是;以之勉寮友,诲门弟子者亦如是。遭际鼎革,拜辞家庙,绝粒空山,其从容坚定,视生死犹日用饮食也。观其语门人曰:"胸中浑无一事,浩然与天地同流。"盖通微达性之学,至是而始得所归宿焉。

植天经,扶人纪,固吾儒中庸之道,非老佛之幻视。君亲与乡愿伪学,依违附和者所可假借。吾愿学者捐成心,去故智,法先生为学之诚,而得其用心之所在。由是上溯濂洛关闽以达于孔孟,则姚江梁溪皆可融会贯通而无疑矣。斌有慨于圣道之失真④,微言之将坠,故不禁娓娓言之。且以夙昔景仰之私,得附名文录,自托门下士之末,实平生之至愿也。太冲力任师传,海内人士宗之,先生之道将益光显,亦藉,是以就正云。

校记

① 山平堂本"端"为"天"字,从本祠堂本。
② 山平堂本"学"为"儒"字,从本祠堂本。
③ 山平堂本"默"为"嘿"字,从本祠堂本。
④ 山平堂本"有慨于圣道之失真"前有"末学固陋"一语,"有"前并多一"独"字。

《赣州府志》序

顺治十六年,余参藩岭北,访问两府志书。兵火之后,板籍灰烬①。后②得《赣州府志》旧本,将纲罗佚事,补缉缺略。适③以病请告,未遑竣事。恐原本散失,乃蠲俸付梓。

按赣之为郡,处江西上游。汉唐以前视若荒服,至宋濂溪周子通判州事,其时赵清献为守,程大中令兴国,识濂溪于南安,命明道伊川受学焉,伊洛文献之传实肇于此。文信公亦以守郡建大义,兴勤王之师,故豫章理学节义冠冕海内,而赣郡尤著云。然地大山深,疆隅绣错,奸宄不测之徒,时时乘间窃发。叠嶂连岭,处地既高,俯视各郡,势犹建瓴。非得博大通方,威信重臣镇抚其地。则闽楚江粤往往多事,故前代特命宪臣驻节于郡。王文成公授提督,专征伐,划平山寇,厥勋烂焉。及宸濠逆命,天下震动,公率二三郡守统兵数千,旬日之间擒俘宸濠。举豫章数千里地归之朝廷,岂非重地得人之明验与! 而文成公学本周、程,在赣日与洛村、善山、南野、东廓诸君子讲明良知之学,天下儒者以虔南为归,可谓盛矣。虔南盛衰,既关数省之安危,而圣学修明,又肇端于此地,故其山川磅礴郁积,潆洄蜿蜒,非他郡所可颉颃也。

予既考阅旧志,得其形胜扼塞之要,间尝登城眺望,见崆峒天竺,万峰回合。贡水、章江,双流奔湍。北顾十八滩,巨石侧立,如犬牙森森。想见清献疏凿之迹。谒濂溪书院,修其俎豆。信国、文成二祠乱后焚毁,予移祀书院,广集诸生,执经揖让于前,念典型之尚存;思音徽之如在,不禁为之低徊流连也。独是山川如故,风俗渐漓。户口消耗,赋役繁难。选举应南宫试者,十二邑仅数人耳。何今昔之不同如此? 是非任旬宣牧守者之责,与后之君子抚览兹编,尚加意绥辑,再见清献之休烈,而与贤士大夫讲明性道,寻坠绪于微茫,以上追濂溪、阳明之风,知必有洛村、善山其人出而应之者矣。

校记

① 山平堂本"灰烬"后有"怅然久之"一句。
② 山平堂本"得"前有"购"字。
③ 山平堂本"适"后有"予"字。

劝 赈 序

顺治十六年,归德霪雨为灾。自夏徂秋,烟云惨淡,洪流浩浩,弥望数百里。麦未登场,黍稷弗播。睢州地尤沮洳,城廓倾圮。盖父老传闻,以为百年之内所未有也。比冬,民将扶老携幼,就食四方。郡司李饶阳符公慨然轸念,遍履部内,开诚劝谕,继以涕泣。于是,各邑闻命输助麦谷者皆以万计。公之至睢也,揖知州事,戴侯而言曰:"上天降灾眚于兹土,惟我官吏,罔获辞咎,其曷敢弗钦!"既又进绅士耆老,再拜而言曰:"《诗》云:'凡民有丧,匍匐救之。'当兹荒岁,穷民流离尽矣,若珍此豆区之遗,倘变生意外,安能洗腆用酒而称无事乎?"众咸曰:"唯!唯!此流离民谁非我之乡里亲戚,乃重烦明公忧!"于是,蠲输者、立粥场者恐后。自城市至四境村镇,烟火相望。前此民之扶老携幼,奔走四方者,皆相告来归。继而,河朔淮泗之民以梁苑为乐土。越明年,麦登乃止。

当斯时也,予方衔命岭北。秋八月,请告归里。入境,睢之父老曳筇跋履,率其子弟遮道言公功德,曰:"去年微公,我聚已为墟,我属已为鱼矣!"予曰:"然!"抵舍,则父老又曳筇跋履,率其子弟造于庭曰:"公大有德于我邦。父母兄弟,惟公之赐;春耕夏艺,惟公之赐。我民何以云报!愿为赋诗以纪公功,咏而歌之,子子孙孙俾勿忘。"予乃扬言于众曰:"公官以刑名,职在惩贪纠猾,非钱谷抚循之司也。然公学有渊源，故平日为政，察奸惟明，去暴惟勇。豪民蠹吏，窜伏如鼠。而疾痛负冤之民若承雨露。公方崇教化，日进誉髦而课艺之，未尝恃桁杨之威也。予昔自潼赴赣，晤公于杞，公为予言：'刑以弼教，非以为教也。然书不云乎！既富方谷，中州自兵火以来，家无盖藏，民鲜二釜，设不幸有方二三千里水旱之灾，不知何以御之？往者天下常多故矣，其先由饥馑频仍，县令不上闻，藩臬不下询，视民间欣戚，漠然不关于心。以鸠形鹄面之人而催科是问，于是，民始忍以父母妻子所仰赖之身，而自弃于盗贼。夫养不遂则教不兴；教不兴，虽有皋陶为士，亦不可以理。此予鳏鳏然不能已于怀者。'"

噫！以公言观之，可谓识治之本矣！予既感公之德，又重以父老之请，乃拜手顿首，而为颂曰：

岁在己亥，商羊告灾。梁园千里，苍茫莫开。麦禾云腐，蒲苇塞路。耒耜高悬，争网鲂鲋。夜吼蛟龙，庭游凫鹭。苦雨名篇，愁霖缀赋。惟公曰："嗟！惟我赤子，兵火余生，何以堪此！"乃檄守令，予亲履野，时驾轻舸，时乘羸马，皇陆淳泓，旌旗潇洒，八邑咸临。至睢之下，呼尔冠绅，拜手广厦，毋吝尔有，哀此孤寡。绅士合言："惟公之命，惠我茕独，敢不敬听！"乃输仓箱，乃助釜甑。茕茕子遗，室如悬罄。闻公之命，交手相庆。庐幕周旋，炊烟缭绕。左餐右粥，歌呼昏晓。我公之归，云霞缥缈。淮泗河朔，民欣再造。何况宋州，敢忘拜祷。春尔条桑，秋尔涤场。我公之功，高山苍苍！悉尔祖妣，洽尔邻里，我公之功，河水弥弥！"

《睢州志》序

睢州处杞宋之间,壤地不过百里,而春秋诸侯会盟战伐,与汉唐攻守之迹,往往在焉。至宋为神京左辅,称雄郡;明代文物声名,甲于两河。及其乱也,锋镝日闻,受祸倍烈。盖地处中原之冲,世治则冠裳辐辏,有故则干戈相寻,势使然也。

余少时,好从长者访求郡中故实。壬午兵火之后,继以河决,故家遗书,一朝俱尽。后于河北得李司空旧志,手录以归。吾友吴君冉渠博学好古,又购得嘉靖间上党程公本,手自校雠,网罗近事,捃摭遗文。功未告竣,会中丞贾公有修志之檄,郡守取其稿以应,仓卒付剞劂。金根帝虎之讹触目皆是,田赋源流未详,山川古迹遗脱,附会为多。名宦事实寥落,人物自汉魏至宋元,名臣高贤,表表史册者姓氏湮如。入明以来,理学勋业,忠节文章,彪炳宇内。久列一统志者,皆仅于选举表中一见姓名而已,使后生末[①]学至语及先辈行事,茫然莫知所从来,何由闻风而兴起乎?大者如此,若幽贞之士,孤鏊之懿,沉埋于荒谷庐井者,又不知其凡几也。

余知非冉渠定本。林居日久,桑梓掌故,闻见渐熟。参稽前史,搜猎散佚。复寻访父老而折衷之,不敢自名州志,分为数帙,曰《睢阳耆旧传》、曰《风俗志》、曰《遗事考》。至理学,则附入《洛学编》,藏之箧衍久矣。

云安程公守郡六载[②],建[③]簧宫,立义塾,养士教民,具有成绩。复阅志,病其讹陋[④],不以予空疏无似,委之重加参订。余惴惴以不克胜任是惧。时冉渠已归道山,从其令嗣搜索遗稿,更发予敝笥而检阅之,核伪黜浮,远不遗而近不滥。时当溽暑,楗户终日,目涉手抄,汗流接踵。较旧志事增十之五六,仍旧定为七卷。公一一裁定,遂镌金授梓。余于是益叹公之大有造于睢也。

睢之为州,城郭辽廓,土田、军民绣错,赋役丛杂,壤多沙卤。黄河之患频仍,民寡蓄积。一遇水旱,道殍相望。且界连曹卫,奸盗易滋,经画调剂匪易。语曰:"前事之不忘,后事之师。"此编粗定,后来者不须旁询掾史,而因革法戒,一展卷而得其大略,岂特一二世之利哉!吾又因之有所感矣。前代吾州盛时,世家耆硕,缥缃充栋;操觚之士,比屋而居。自嘉靖以来百有余年,未闻以志为任者。独赖刘教谕"人物"一编,存其梗概,于郡事则未详也。今公于戎马倥偬,征输孔亟之时,毅然为之,岂不诚识治要君子哉!

愧余谫陋寡闻,且随缮随梓,不暇广质同人,舛误缺漏,势所不免。博雅君子,覆加增润,以成一郡之典,则兹编其前驱也,夫亦实余之所厚望也夫。

校记

① 山平堂本"未"为"承"字,从本祠堂本。
② 山平堂本"六载"后有"官无秕政,途有舆颂"一语。
③ 山平堂本"建"前有"既尝"二字。
④ 山平堂本"陋"为"漏"字,从本祠堂本。

《〈孝经〉易知》序

《孝经》注释笺注,凡数百家,近惟新安吕忠节公所著《本义大全》最称详备。吾友登封耿逸庵先生家居讲学,复著《易知》一卷。其言简而尽明,显而精切,与忠节所著互相发明,诚后学入德之津梁也。

余镇①抚吴中，见其士风文藻盛而实行衰，思有以挽之。乃聘耆儒于明伦堂讲《孝经》、《小学》，适张君𪠘如，旧为登封令，与逸庵讲学嵩阳，携有《易知》抄本②，属余颁示诸生，俾朝夕肄业焉。余乃为之言曰："古昔盛时，人重伦常，家敦仁让，故风俗朴茂，治道还淳。太和之气，洋溢宇宙。挽近之世，教化不明，本实不敦。殚精竭思，皆枝叶浮华，虽名誉动人，而本心已失。象山有言：'亲师取友，为学力行，皆从好事中来，故虚而不实。'此言切中学者病根，而吴中为甚。"

《经》曰："天地之性，人为贵。人之行，莫大于孝。"朱子少年读《孝经》，题其上曰："不如此，便不成人。"孟子曰："人之所以异于禽兽者几希？"吾人奉父母之遗体，当思父母生我之身，无一体之不具；生我之心，无一理之不全。何以保守成其为人，不至放失，沦于禽兽？此不可不深长思也。自学路久迷，陷溺日深，重以侈靡之习，淫佚之说，功利之谋，所知所行皆人欲，而非天理。夜气之良，偶一醒悟，真堪痛哭流涕而不能自已者，奚暇雕绘浮藻，驰求声誉乎？天下万善同出一原，人能孝，则事君必忠，事长必顺，交友必信，居官必廉，临民必宽。故事君不忠，非孝也；事长不顺，非孝也；交友不信，非孝也；居官不廉，非孝也；临民不宽，非孝也。进而言之，暗室屋漏，一念自欺，非孝也；应事接物，一念怠玩，一念刻薄，非孝也。事亲能养矣而未能养，志知从令之非孝矣而未能谕亲于道，养生送死尽礼矣而未能事死如生，事亡如存，其孝犹为未尽也。故事亲事天，一道也；尽伦尽性，一理也。孝之道大矣哉！诚能尽孝之道，则精义入神，参赞化育，不外是矣。一人尽孝，则一家化之；一家尽孝，则一国化之。推之天下皆孝子，四海皆仁人，则民气和平，灾害不生，祸乱不作，尚何忧治道不唐虞，风俗不三代欤！

余因牖如之请,为书简端,读者略加省察,以无负逸庵注解之意,与牖如镂版之心,其于立身为人之道,未必无小补云。

校记
① 山平堂本"镇"为"填"字,从本祠堂本。
② 山平堂本"抄本"后有"乃镂板"三字。

《刘三蔚诗》序

尝闻:"诗者,心之声也。"《尚书》曰:"诗言志。"孔子删《诗》三百,而蔽以"思无邪"之一言,此千古论诗者之宗也。《骚》、《雅》而后,言诗者无虑千家,我①所推重独靖节、少陵耳。靖节真怀高寄,箪瓢宴如,盖置身羲皇以上,而不知有汉魏者也。少陵间关氛祲,曾无虚日,而感时忧国,忠爱缠绵,即一饭一吟,不忘君父。故我谓"思无邪"一言,惟二子足以当之,即以之续三百篇可也。

近代空同、大复,振衰复古,为《风》、《雅》准的。或慷慨豪岸,或俊朗风流,实各肖其性情。纠弹戚畹,中夜悲歌,抗表闾阎,脱屣簪绂,浩气清风,至今犹可想见于长歌短咏之间。故二子者,犹得靖节、少陵遗意。中州为空同、大复之乡,苏门、浚川诸君子先后主盟词坛。吾意今日必有能似续《风》、《雅》者,求之同里,而得簣山田子焉,又因田子而得商丘刘子山蔚焉。

山蔚温粹冲远,尝隐居南村,疏篱竹径,焚香吟咏,声琅然达户外,独与簣山往来唱和无间也。余从簣山处见其诗,春容蕴藉,如朱弦疏越,不作衰草寒蛩之响,而天真烂漫,深有得于言志之义,绝非雕绘篆组,佶屈纤巧者比。吾信其能继苏门诸君子而复见空同、大复之盛者也。

夫靖节、少陵同时,词章瑰丽,树帜艺林,盖不乏人。然或驰情富贵,濡迹风尘。康乐、摩诘,未免遗恨。二子穷愁著书,志意嶙然,声名独翱翔云汉星日之表。石门、辋川,旧迹具在,后人过之,岂能与栗里浣花同其歆慕哉!

山蔚孝友敦行,乡党无间言。其性情有大过人者。自此益加砥砺,感遇莫移②其志,拂逆莫动其心,蓄焉!畅焉!肆焉!择焉!且欲已之而不得焉!比兴寄托,自合三百篇之旨归。靖节、少陵何难千载辉映乎!

山蔚将刻集问世,托篑山索余一言,余不敢以固陋辞,因为序之如此。

校记

① 山平堂本"我"为"吾"字,从本祠堂本。
② 山平堂本"移"为"撄"字,从本祠堂本。

《蔡氏族谱》序

昔三代之时多世臣,因生赐姓,胙之土而命之氏,子孙世守其家,数千年不忘其所自始。太史公之著《史记》也,公侯传国,名曰世家,亦其遗意也。魏晋以来,九品中正之法行而世族益重。王、谢、顾、陆,盛于江左。隋唐,崔、卢、李、郑,号为右族,至为天子所称叹。然其初类,皆有公侯将相,名声显赫,所谓贵其姓者也,其后则皆以姓贵耳。自辟荐科,举之政行,天子所与共天下者,皆诵习孔孟之徒,故旦白屋而夕朱户,则其贵不在世族,而在诗书。然又有官跻崇要,而后世不欲闻其姓字;或宦途颠顿,甚至终处岩①崿,狎鸥鹭而采薇芝者,名震霄壤,则贵其姓又不在官爵,而在德义矣。

蔡之先出于周文王。蔡叔度既迁,其子胡率德改行。周公举以卿士,复封之蔡,尚书蔡仲之命是也。后世往往为将相名贤,史不绝书,如中郎之博艺也,子尼之雅正也,君仲元应之教也,端明之政事文章也。季通父子与介夫之学皆照耀古今矣。睢阳之有蔡氏也自元季始也,世多名人。济南司马两公,父子相继登魏科。济南清介刚果,治行为海内第一。司马丰功伟绩,在马端肃、许襄毅之间。云中兵变,谈笑而定之,著在国史,班班可考也②。下此,若怀宁君之执法却贿,雁峰君之耽精著述,馆陶、赣州二君之齐名文苑,此予得之传闻者也。月宾、悬圃两君之文章才艺,蕴藉风流,则予所亲炙者也。然则天下之言蔡姓者,必归重于睢阳,而睢阳世家亦必以蔡氏为重,岂无故欤!

雁峰君始作族谱,乱后失散。我师茂翁先生穷搜博访,得其原稿续成之。姓源、世系、茔域,各有图。先世之有闻者为家传,女子以节著者为外传。诰敕、祭葬、碑铭附焉,可谓彬彬然详且备矣。手录一帙,命斌校正。斌既素仰济南司马之德业,而又有感于怀宁诸君之贤,与中郎子尼诸君子相辉映也。且我师采购之勤,纪述之精,皆仁人孝子之用心,不可不亟表章。故举人之所以贵其姓者,以告后之人焉,后之子孙观斯谱也,尚思绳其祖武,勿堕家声,以无负我③师之志,则孝矣。

校记

① 山平堂本"岩"为"穴"字,从本祠堂本。
② 山平堂本无"也"字,从本祠堂本。
③ 山平堂本"我"为"吾"字,从本祠堂本。

《唐成斋制义》序

吾尝谓六经之文，体制迥[①]别而义蕴无穷，千万世文章不能外焉。下此，如老、庄、荀、列、申、韩之书，屈原、宋玉之骚赋，汉两司马、董仲舒、刘向、扬雄，唐宋韩、柳、欧阳、苏、曾之文章，方其书之未成也，天下固不知有如此之文也。及其既成而出之，虽纯驳不一，皆为天地间不可磨灭之文。何则？其学有本而发之性情者真也。人必有真性情而后有真学术，有真学术而后有真文章。若徒剽窃摹拟，虽穷极工巧，终为陈腐，归于澌尽泯灭而已。譬之草木，种种花实，各不相肖，皆含造化之生气，剪彩为之，何足贵也。

自有制义以来，守溪、荆川典型具备。当时之人，固不意其后之有鹿门、震川也。鹿门、震川，变而之古，浩气逸情，笼络一代。不意后之又有正希大士也。数君子者，皆负孤特，无所附丽之志，而又深以数年之学，故其文能自树立，不谓前之人已极后之人，遂无以加也。

近日士子不务为有本之学，专一剽窃摹拟，入书肆购决科之文数百篇，闭门而诵之。又择其庸腐纤靡者以为式，左割右扯，幸而获第，取其所揣摩之技，镂板传布，后生[②]又从而效之。所谓太仓之粟，陈陈相因，朽败而不可食，而天下几无真性情矣。

予方恫然忧之，而成斋唐子以平日所作制义见示。读之见其磊落宏肆，脱去畦径，于古人之法无所不备。而欲摘其某字某句为蹈袭某书某篇者，不能也。其能继正希大士，而远绍王唐归胡，无疑也。成斋操履端洁，于人不妄交。见事之乖于义者，必正色争之。司李抚州，持法明允。决大狱，伸理沉冤，不畏强御，卒以直道获戾。贫不能治装，士民争为居停。及归，杜门穷经，课里中子弟，选定古今文，手录成笥。布衣蔬食，茅屋数椽，不能蔽风雨，泊如也。是其性情有大过人者，故为文能自运机轴，不屑屑随人步趋。而自与古人法度黍毫不爽，诚有其本也。

吾又因之有所感矣。富贵爵禄，贤者得之固多，而不贤者得之亦复不少。若天之所不甚爱惜，未尝择人而与之也。独于文章不轻畀人。故往往有享高爵厚禄，声势赫奕，足以震动一世，而求一言之几于道者无有也。成斋之文如此，而不能博一第，甫仕即蹶，轮囷③抑塞，殆终其身。而抚之人歌而思之，乡党后进，无少长皆知有唐先生也。彼贵幸一时，茫然无所自恃者，视成斋为何如？

余序成斋之文，而必原本六经及历代子史大家者，诚见文必有本而后可传。更望成斋勉之，不仅以制义传也，则庶乎不负天之所畀也已。

校记

① 山平堂本"逈"为"回"字，从本祠堂本。
② 山平堂本"生"为"人"字，从本祠堂本。
③ 山平堂本"囷"为"菌"字，从本祠堂本。

黄庭表集序

戊申，遇黄庭表先生于锡山，以所著《忍庵集》数卷见示。当是时，吴中文章家方以声华浮艳相高，而先生独原本经术，以古人为绳尺，心窃重之。后十年，同应召至京师，有《明史》之役，遇休沐辄相过从。遂得尽读其近稿，益叹先生之学大而有本，非时贤所可颉颜也。

窃谓学者为文，必内本于道德而外足以经世，始不徒为空言，可以法今而传后。否则，词采绚烂如春花柔脆，随风飘扬，转眼萧索，何足贵也。西汉儒者湛深经术，不为百家所惑，莫如董江都；通达治体，议论深切于事情，莫如贾长沙；而好为淫靡绮丽之辞，不根据理道，莫如司马长卿。此固人所易辨，非甚深远。难知者乃韩退之，号称知道，而叙述古今文章之盛，自孟、荀、屈、庄，以至相如、扬雄之伦详矣。而贾、董曾不一及焉，何欤？宋儒以退之为文人之雄，未可言知道，其殆以此欤！夫相如之赋，义在①讽谏，有为而作，君子犹有取焉。若近世自命作者，轻俳浮薄，搜集稗官野乘，繁淫怪诞之辞，妃青俪白，补缀成篇。其意可数十字毕者，率衍为千百言而不休，徒以示我之高才博闻，为哗世取宠之具，将古人立言之体，荡然无复存矣，安能望相如之眉睫哉！

今观先生集中图书象数之奥，性命理气之微，阐发几无遗蕴。礼乐兵刑，漕渠水利，盛衰沿革，名物度数，无不究极原委，期凿凿可见诸施行，其斯为体用兼全之学也乎！其为文也，醇雅而不冶，简质而不繁，谨严而不夸，吾不敢知其于先儒何如？要之为董、贾，不为相如，有断然者。

先生操履端静，虽出入禁林，官称侍从，而所居委巷，版门竟日无剥啄声。凝尘蔽榻，寂寞著书，刻苦要眇，如穷愁专一之士，盖其志量远矣。其人如是，其文亦如是，是岂可伪为哉！

余耷陋无似，何足以知先生？而殷殷以序见属，余不获辞也，乃为之言。

校记

① 山平堂本"在"为"存"字。

《西涧集》序

予往在长安,晤王去非于慈仁僧舍,得刘子道力刻诗一卷。余与刘子生同里,交游颇久,而未知其能诗,窃叹天下恢奇不羁之人,虽久与处,犹未易尽识。如刘子者,往往然也。及予自岭北归里,日偃卧茅斋,交游鲜通问者。独刘子时时过从。欹竹数竿,松阴满径,谈诗竟夕,歌声萧然振林木。

刘子巨族,家故饶,少遭丧乱,不事家人生产,遂贫落。笃好吟咏,庭户牖榻,题墨几满。家人或诮让之,曰:"此何物,曾不足①供饔飧!"刘子怡然不为少变也。家既贫,达官贵人鲜称誉之。而刘子负嵚崎历落之骨,亦耻与达官贵人游,时扶杖孤往,倘佯自放焉。或谈及仕宦纷华,田庐货财,昂首云霞,弗屑也。噫!今天下身世通显者,莫不自托于歌吟声咏,沾沾以为能,而胸怀龌龊,往往以半亩数椽,争竞不息,宜乎刘子之以白眼当之矣!

今刘子闻东南多佳山水,波涛汹涌,峰峦峭峻,将扁舟于采石、九华之间而肆志焉,乃集近诗,命余叙之。余以江上②多隐君子,必有知刘子之诗者,故不具论,论其为人大略云。

校记

① 山平堂本"足"后有"以"字,从本祠堂本。
② 山平堂本"上"后有"往来"二字,从本祠堂本。

《杨彭山春望词》序

京口形胜甲东南。金焦北固,其名特著。故画舫篮舆,日萃其下,而未有知所谓杨彭山者。是山也,虽无奇峰危巘,深涧绝壑之观,然登其上,而三山云树,环翠如屏;长江汹涌,风帆隐见与!润州城堞楼橹,烟火十余万家,无不近在几席。俯仰指顾,亦登临之胜概也。特其名不见于山经舆志,故骚人之游屐不至。即或至焉,而文字不足以发之世,亦莫得而传焉。则山川之幸不幸,岂不以人哉?

戊申三月,董子文友来自毗陵,与何子雍南、程子千一偶登此山,乘春骋望,各赋诗十章,曰《杨彭山春望词》。三子皆以诗文擅名当世,其词虽记一时见闻[①]所及,而江山形胜,如指诸掌。吾闻京口盛时,名家巨族,竞选山水靓冶之区,治园亭台榭,极四[②]时游览之娱。自海艘告警,山川如故,风景顿殊。三子怀古眷今,感慨系之,宜其词之婉丽而凄怆也。夫天下幽岩邃壑,徒为樵夫渔子所栖游者多矣。此山南望,则米元章之遗墓在焉;其西则昭明太子读书处也。风流文章,仿佛想见其人,何从来游者篇什零落乎?

此词流传于世,吾见寻奇探幽者诧为奇闻异迹,必将载酒登高,穷极眺望。墨版淋漓,侈为游览盛事。四方闻而不得至者,与金焦、北固同入梦想也。故我谓仙宫佛窟,士女缤纷,不可言游。游杨彭山者自三子始,书此所以庆此山之遇也。

校记
① 山平堂本"见闻"为"闻见",从本祠堂本。

② 山平堂本"四"为"岁"字,从本祠堂本。

《雪亭梦语》序

雪亭者,莲陆魏君侍征君先生于夏峰,自名其所居之室也;梦语者,记其所闻于师,与夫读书有得之言以自考也。

莲陆受业先生之门三十年中,频遭丧①乱,患难与共。及先生迁夏峰,莲陆自山右辞官而归。率间岁一至,每至必留数月。后构屋以居,为先生订正年谱。白雪盈山,孤灯午夜,上下古今,视千秋如旦暮。故及门问答之语,莲陆为多。

庚申秋,余卧病燕邸,君自上谷策蹇来晤,见余绳床破被,数椽不蔽风雨,慨然曰:"此犹见雪亭风味。"因出《梦语》读之,余病为之顿减。京师繁嚣,余寓斋居阛阓间②,车马之声声不绝,而门内数日无一足音。苍苔满径,槐落凝阶。独君时披户入,扫败叶,煮苦茗。君或携酒至,则相对陶然共酌。

而《梦语》首章叙豫章、延平结茅水竹,象山、白沙、阳明、念庵山居静坐故事。又叙一峰留客荆川,青衣布履,卧处惟一板门。以为诸君甘贫乐道,守孔颜家法。

余因自念壮岁归田,忽忽二十年。虽从游夏峰,亦尝设榻雪亭,与闻绪论。而因循玩愒,无所成就。今年逾五十,奉召史局,汗青无期,惟杜门绝应酬,稍存山中面目。视君萧然世外,不及远矣。故读《梦语》,辄废卷而叹。叹已复读,不自休有以也。今衰病侵寻,行将乞休,与莲陆相约,以余年证明师门宗旨,无忘雪亭夜坐时。青松白石,实闻斯言③。

校记

① 山平堂本"丧"为"变"字,从本祠堂本。
② "间"原文为"问"字,正之。
③ 山平堂本"实闻斯言"后有"漫题以为《梦语》序云"一句。

《西山唱和诗》序

宋子牧仲游西山归,示余诗一卷,而属为序。

余谓山水文章恒相因也。谢康乐"赤石"、"麻源"诸诗,冈岭、溪涧、松竹、猿鸟,读者历历如见;元次山道州诸诗,柳子厚柳州、永州诸记亦然。独怪终南去京兆为近,唐世号多诗人,游南山诗仿佛康乐元柳者殊不多见也。岂士大夫身处京华,日仆仆缁尘,遂不暇穷山水之胜与!抑或萦情圭组,不能心迹双清,虽游而诗亦不工欤!

牧仲官西曹,称繁剧。更尽心职业,尝争疑狱数大案,似不暇游。又清羸善病,而乃于休沐之顷,呼朋携子,极登临之乐。其诗与康乐元柳不必尽同。要之萧闲淡远,无长安贵游繁嚣气习。披览一过,烟云沓霭,缭绕几席间,信牧仲于山水文章有深情也。

余入京师且数年,埋头史局,忽忽无意绪。每薄暮下直,信马垂鞭,望西山暝色,辄凝目久之,而不果一往。今序牧仲诗,余滋愧矣!

《王似斋诗》序①

诗以言志,而杂出于贞淫正变。上世采之以观风,尼山删之以垂教，诚谓本于性情，而足以风化天下耳。后之作者，非不研思构彩，穷姿极情，或尚高华，或开奇奥②，要于风化亦③有补否？

王子似斋④，辛酉科余所取士也⑤，承其⑥尊人慎斋家学⑦，出其绪馀，发为诗歌，"拟⑧古"、"怀亲"、"送弟"、"忆昔"⑨诸篇，温柔敦厚，最近《风》、《骚》。

以为诗也，是名理也；以为理也，是象趣也。求之也近，而即之也远，岂徒研思构彩，穷姿极情而已哉！近时取青媲白，与夫险仄僻构者，尤不可同日语矣。努力自爱，振起颓风，不无厚望，世其可仅以文人目之乎？⑩

校记

① 山平堂本题目为"《王孝先诗》序"。
② 山平堂本"奥"为"宕"字，从本祠堂本。
③ 山平堂本"亦"为"曾"字，从本祠堂本。
④ 山平堂本"似斋"为"孝先"二字，从本祠堂本。
⑤ 此句山平堂本为"余辛酉科所取士也"。
⑥ 山平堂本无"其"字，从本祠堂本。
⑦ 山平堂本"慎斋家学"为"慎斋家学有原本"。
⑧ 山平堂本"拟"前有一"其"字，从本祠堂本。
⑨ 山平堂本"昔"为"友"字，从本祠堂本。
⑩ 山平堂本末句为："毋裨世，仅以文人目之乎？"

送魏莲陆归保定序

昔孔门诸贤，惟颜子最为好学。孔子称之曰："一箪食，一瓢饮，不改其乐。"而不言所乐何事。及观，喟然一叹，然后知颜子之乐真有不能自已者。区区贫富得丧,不足以易也。

孔子生平心得,弟子不能传,而颜①子传之。自十五"志学",至七十"从心所欲,不逾矩",固夫子自述之年谱也。"下学上达,知我其天",与夫"发愤忘食,乐以忘忧,不知老之将至",亦即夫子自传之像赞也。孔子与颜子相知最深,所称"终日言而不违"者也。而《鲁论》所载,与颜子言者寥寥,岂其微言妙义,门弟子不能尽识,而颜子独能默悟神会欤!因叹圣人之文义蕴宏深,而喟然一叹,一圣一贤之精神,至今犹在天壤也。

吾师夏峰先生平生大节伟然,其气力足以砥柱两间,而细行必矜,小物克谨,所谓豪杰而圣贤者也。其自述日谱,凡日用动作,与应事接物,纤细必书。虽患难流离,人事繁沓,未尝一日稍废。晚年造诣益精,默契神化,超然独得,非先生不能自知也。莲陆魏子从游日久,庚戌冬,自上谷来苏门,先生以日谱授之,使删定焉。雪夜挑灯,中宵不倦,炉火既烬,丹铅未休。余以胃病未得共事。明年春将北归,贻书属余校正。余何敢辞?独念莲陆才大而养之以静,学博而守之以约,尝刺晋之大州,搜访隐遗,折节下士。去官之日,匹马双僮而已。世俗升沉得失,无足介其胸中者。后日为师门颜子必莲陆也。谱中所载八十年来躬行心得,历历可考,莲陆定有得于精神意气之表,未可以言辞形容者矣。

昔朱子与吕成公辑《近思录》于寒泉精舍,至今过者必徘徊想像其处。我观后之游苏门者,亦必将访问魏子删述之所,低回流连,而不能去矣。于其行,书以送之。

校记
① 山平堂本为"颜"字,本祠堂本为"孔"字,从山平堂本。

送宋牧仲分司赣关序

戊午，宋子牧仲以秋官尚书郎视榷赣关。于其行也，同朝士大夫赠之以诗，至盈卷轴。余于宋子姻友也，适应召来都下，不可以无言。

赣州居江广之交，地号僻远。往时榷政以通判领之，岁时报成数而已。后用言官议，改部员以重其任。军兴以来，岭海多故，戈铤纵横于蛮洞瘴溪之间，估客冒险往还，其难十倍于承平时。今国储告匮，饷需孔殷。而商旅之难如此。牧仲兹往，其所以裕国课而恤商困者，可不加之意乎！然此固牧仲之所优为者也。天下事莫患于因时苟且而无真诚之意，动辄曰：时不可为也，事多掣肘也。牧仲之在刑曹一副郎耳。每虑囚，必细审其得罪之由。察其情伪，稽之律例，有求其生而不得则死者，与我俱无憾之。意有不合者，动色力争，即丰镐旧臣，亦谅其真诚，改容而敬礼之。虽不能尽如己意，其所全活者亦多矣。今其视榷也，由司冠推举，天子临轩而遣之，授以专敕。其体为京朝官与督抚藩镇不相辖也，非若部郎之多旁掣其肘者也。

吾尝谓司榷政者，禁胥役之需索，信放关之期会，则商不病；杜豪强之夹带，绝权贵之请托，则课不绌。而其要在律己严而综核慎，此皆牧仲之所优为者也。而余之所望于牧仲不尽于此焉。人身之所重者，元气也；国家之所重者，人才也。古人宦辙所至，必以咨访人才为首务。其所为人才者，非词华藻丽，驰声艺苑之谓也。必经术足以明道，才略足以匡时，有精苦之志，有沉深①之谋。此其人必不欲以浮华显，往往在深山穷谷可以遁世无闷，或浮湛人间,落落穆穆,非得其同志则不能相求也。

西江自宋以来,名臣大儒,不可胜数,今岂遂无其人乎?余昔参藩岭北,属有军旅之役。事定而疾作,请休归里。宁都有魏冰叔兄弟,与彭躬庵、邱邦士方读书易堂。余知之,未暇入山一访。亦以诸子深藏交修,不求闻于世。余尔时虽粗知其姓氏,未能悉也。今得读其所著书,想见其为人,屈指当日,已二十年矣。河山阻修,光阴②荏苒,惟有浩叹而已。天生人才无间,古今往者已矣!来者未可量,牧仲更从冰叔益求知所未知焉,勿如我之过时而悔也。还朝以此为使归之献,则牧仲之所以报国者深矣。

校记

① 山平堂本"沉深"为"深沉",从本祠堂本。
② 山平堂本"光阴"为"时光",从本祠堂本。

送汪检讨奉使琉球序

国家威德诞敷,臣服万邦。大荒之外,日月之所出没,罔不梯山航海,贡琛献贝,象胥之传译为劳,鸿胪之赞引不给。

琉球为东南岛裔,奉职尤谨。自定鼎以来,朝会之使数至。康熙二十一年,中山王世子遣陪臣来请袭封,天子嘉其守礼惟谨,下廷臣会推可使者以名闻。金曰:"检讨汪某,学行足称。仪度俊伟,以充正使,必能光照下国。"天子曰:"可赐麒麟服、玺书、金册,临轩遣之。"汪君既受命,上书陈使事,皆所以昭圣德,重国体。优诏悉付所司。

余方与汪君载笔史局,晨夕共事。今一旦传乘①出都,宣布天子威德于海外万里之邦,公卿大夫相率饯焉。余何能无一言以赠?窃以圣人论士,必曰使于四方,不辱君命。春秋大夫如叔向、子产之徒,皆以辞令增重邻国。夫友邦聘问,当时犹难之至。天王使于侯国,必大书特书,诚重之也,而二百四十二年无贬词者盖鲜焉。按史称琉球植棘为藩,以盈虚为晦朔,以草木为冬夏。隋唐以后,屡兴师讨之,宾服无闻。至明初,不烦军旅,遣子弟读书太学,策名朝著,彬彬为守礼之国,岂非文德来远之效哉?今天子湛恩汪涉,不宝远物,而汪公②学古通今,识体得宜,尤长于辞令,廷臣此举为得人矣!夫叔向、子产皆以博物著闻,世固未有学无本原而能专对不辱君命者也。以汪君之学,兹行也必能使其国君敬信而悦服,上以增天朝之重,而益坚其服事之心,且使环海后至诸国,不烦楼船横海之师而闻风景附,稽首来享。后世传之,为奉使者所取法焉,君之功亦伟矣哉。

余株守史局,汗青无日。因念司马子长周游天下,归而作《史记》,然犹未至海外也。君涉海万里,而至于其国。波涛浩淼,极天下奇诡瑰玮之观,非仅仅空同、江淮、会稽、禹穴者比。归而笔挟风云,上下千古,当有过于子长者。余与同人执笔以俟之。

校记

① 山平堂本"传乘"为"乘传",从本祠堂本。
② 山平堂本"公"为"君"字,从本祠堂本。

惠母陈太君七十寿序

余与长洲汪钝翁先生同直史馆,因得见其所与游者,而惠元龙称最贤云。元龙博学高才,为文章有矩度,交游多名公卿。顾独时时过余邸舍,论文常①至日昃不倦。将南归,持钝翁所为母陈太君寿文示余,再拜言曰:"吾母年七十,游子入京华,欲有得而归以为母荣也。乃今葛衣敝屦,持残书数卷,登堂问起居外,愧无以为母欢。吾母高节淑行,与吾师同里闬,知之为悉,敢邀惠得君一言以慰吾母,庶几为游子进一觞焉,是君之赐也。"

余既雅重元龙,又嘉其意殷恳,展卷读之既毕,而告之曰:太君之德盛矣,然元龙欲慰太君也,交游中名公卿操文章之柄者众矣。迂拙穷老,不合于时,莫余若也,何足为元龙重?且自圣贤之学不明,而功利之习日炽,父兄之望子弟者,不越富贵利达,使子弟登高科,跻肮仕,舆马赫奕,宾从杂逻,遂快然自鸣得志,不暇问所从来。盖世俗之陋久矣,妇人当尤甚。如此则元龙以不遇归,即携名公卿文章数十轴,日诵太君之前,有拂然不乐耳,况迂拙无用于世如余者乎!乃今观太君则有异,事姑孝谨,瀡滫必亲。又有樛木逮下之德,斯已贤矣。前明之季,劝太翁律和公曰:时事可知,公能师伯鸾高义,妾请椎髻布衣以从。遂偕隐龙山东渚,躬自操作,不谓尤难乎?夫妇人盛年,则以贵显望其夫;晚年则以贵显望其子,人情也。太君志行如此,若不知人世有富贵利达者,岂以其子登高第,舆马赫奕,夸耀闾里为荣乎?元龙其可以无愧。

然吾谓从来母子之贤,亦交相成也。有陶母截发,而后侃功业聿②著于晋代;有欧母画荻,而后修文学冠于宋室,此有母以成其子也。然必有侃之功被八州,而后陶母之截发始显;有修之德重三朝,而后欧母之画荻始闻。是又有子以成其母也。太君之所以教元龙者,余未及闻,然即其劝勉太翁者观之,谅必有在富贵利达之外者。既已无惭于二母矣,元龙其益勉之。

元龙博学高才,誉望隆于时,贵显行有日矣。他日立朝著,当思有所建树，无愧陶欧，则所以寿太君者，仍在元龙，而不在祝颂③之纷纷也。请以此言告之太君，或亦开颜而进一觞乎！

校记
① 山平堂本"常"为"尝"字，从本祠堂本。
② 山平堂本无"聿"字，从本祠堂本。
③ 山平堂本"祝颂"为"颂祝"，从本祠堂本。

征君孙先生九十寿序

康熙癸丑，征君孙先生寿登九十。嘉平月之十四日为悬弧之辰，睢阳门下士及平日私淑先生之教者若而人将渡河，称觞于兼山堂下。斌再拜顿首而言曰：人生百岁为期，先生年逾耆耋，步履轻翔，神完而气固。著书未尝以寒暑辍，弟子执经请益者趾错于户，应答终日无倦容。窃念自古九十好学弗衰者，卫武公而后不过数人耳。先生之寿殆天之有意斯文与！

大寿者假百年以为万古者也。道体流行，万古不息，非人则道无所寄，非圣人则道无以行，非天假之以年，则圣贤凝道之功，或未能深诣其极。而造化之流行于万古者，不能尽属之于我，故此身者百年之物，迨功力积①深，充实光辉，上继往圣，下开来学，则百年而万古矣。孔子以天纵之圣，自十五志学，犹必至七十而始能"从心所欲，不逾矩"也。道无止境，则②学亦无止境。使更假以年，必有日进不已者。特后之学者，亘千百年不能证取"从心"、"不逾矩"之真境况，能知其进此者乎？使孔子年未及七十而止，则后人必以"知命"、"耳顺"为学问止境矣。使颜子而有夫子之年，则所谓未达一间者，其终于未达欤！夫寿之可重也如此哉！

先生蚤年潜心濂洛之学，以孝亲敬长为根基，以存诚去伪，戒惧慎独为持要。出门定交，与苍屿、廓园、蓼洲诸君子议论往复，以砥柱中流自任，浩然之气百折不回。会珰焰炽张，诸君子并罹钩党，平日交游身都通显者，皆闭户扫轨，噤不敢出一言。而先生独不避虎猱，力为营救。当其时，岌岌滨于难矣，而卒恬然无恙也。今气运剥极而复，兴朝定鼎，崇儒右文。先生读《易》百泉，韬光敛耀，静悟渊思。德益劭③而学益邃。征书岁下，缥帛屡贲岩阿，至朝虚祭酒之席以待，而先生风隐愈高。公卿藩臬，拥篲到门执弟子礼，先生与臣言忠，与子言孝，鲑菜苦茗，常至更阑灯炧，犹娓娓弗倦。或千里书札问难，为之条分缕析④，无不人人各得其所求。有初接者，才品高下即衡量不爽，与之言论辄中隐微；若久与处，洞悉其生平者，即秦越人之视病，不是过也。回视数年前学问，必有日进月长，可自证自勘，而非他人所能识测者矣。

今天下理学烝烝而起，诐行淫辞之习渐以消磨。谓非先生倡率鼓舞而然欤！盖昔年处运祚之终，而今日当风会之始。处其终者与群贤声应气和，不能奏廓清维挽之功。当其始者硕果独存，灵光巍然。千百年正学之传，手辟蚕丛而立登康庄，固知天之厚予大年者，真非无意也。

卫武公耄年进德淇澳，抑戒之《诗》，"风""雅"传焉；先生结庐苏门，与淇澳百里而近，请以金锡圭璧之章，为先生一侑觞焉。是为序。

校记

① 山平堂本"积"为"绩"，从本祠堂本。
② 山平堂本少一"则"字。

③ 山平堂本"劻"为"邵",从本祠堂本。
④ 山平堂本"析"为"晰",从本祠堂本。

募①建六忠祠序

睢城②西门内旧有六忠祠,祀唐中丞张公、太守许公,以南、雷、姚、贾四公为配。庙貌赫奕,春秋官属奉祭惟谨。壬午,黄河决城,祠没于水。后土人窃其地改建尼庵,六公栖神无地,过者凄怆,于今二十有余年矣。

唐自禄山犯阙,明皇西狩,令狐潮、尹子奇辈鸥张梁宋间,名城巨郡,望风纳款者恐后。张许二③公独率二千残羸之卒④,凭孤城遏三十⑤万之强敌,以保障江淮。其精忠大节,至今八百余载,天下学士大夫以及牧竖耕夫皆能道之。吾州在唐为睢阳属邑,张公初守雍邱,移军宁陵。许公以睢阳太守迎入。则我州亦张公所往来提戈挥兵处,而庙祀不立,烝尝无所,甚非所以妥侑忠魂,劝奖人心之义也。况迩来琳宫梵宇,所在金碧庄严,而六忠祠无议及者,左道日盛,大义不明,有心世教者不禁为之长太息也。

今文学黄君于旧祠之西施地一区,谋建飨堂三楹,重门两庑,期复旧观⑥。但力薄费繁,尚赖群公共成盛事。人伦天道,明训昭垂,凡具秉彝,应有同志,务俾规模闳敞,俎豆一新。荐绅衿裾,登堂拜谒,见日星之常存,凛英魂之如在。四方君子轩车过之,亦知吾州人士识所重轻,不至崇异端而忘大义也。

校记

① 山平堂本"募"为"重"字,从本祠堂本。

② 山平堂本为"城",本祠堂本为"域"字,从山平堂本。
③ 山平堂本"二"为"数"字,从本祠堂本。
④ 山平堂本"卒"为"率"字,从本祠堂本。
⑤ 山平堂本"三十万"为"十三万",从本祠堂本。
⑥ 山平堂本"期复旧观"后有"某乐闻此举,躬捐微资"一语。

贺王叔平进士序

余少时,闻先大夫言柘城雪园王先生今之大人君子也,心窃向慕之。及通籍后,先生为御史,按两浙,余见于睢阳邮署。先生握手与语,娓娓不倦,所以训勉之者备至。出所著《传习录》、《定志》诸论,及诗文数帙见示,余受而读之不敢忘。前年遇先生子叔平于商丘,气度浑金璞玉,不自矜饰,居然有道之容。其所为文高洁简练,得大家之遗。余窃叹贤者之后必大,于先生益信矣。

己酉,叔平举于乡。明年成进士,里中亲知将修羔酒之仪,而问言于余。余不佞,年来于世故酬赠之文谢绝久矣,顾以为少时知敬爱先生,亲聆咳謦二十余年矣,今幸见叔平捷南宫,何可无一言以贺?夫诸君以为一第足重叔平乎?自有制科以来,登高第者何限也,然有布褐终身而风采照耀今古①,或身跻巍科而碌碌无所表见,二者其为人轻重何如也?从来言道德者必推濂洛关闽,五先生中濂溪、伊川未登进士。明代理学推薛、王、陈、胡四先生,而白沙、敬斋亦未登进士。可见甲第者特士子致主行道之阶,而非所恃以不朽者也,何足以为叔平重?

吾之所以重叔平者,亦曰能法雪园先生而已矣。先生之令交河也,畿辅近地,值貂珰纵横之日,他人皆束手不敢施为,先生独毅然不畏②强御。核地亩，清邮传，弭盗省刑，治行最著。及入掌柏台，正色端笏，议论侃侃。按辔所至，奸弊杜绝。尤孜孜以延揽后进，讲明性学为务。自浙东归，舟中惟图书万卷而已。叔平学行得于过庭者久，于书无所不读，而能守之以谦；于海内名士无所不交，而必归之于正。自兹以往，必能举先生之所蓄而未发者措之天下矣，是可贺也。

吾闻先生之学以王文成公为宗。文成"良知"得于真修真悟。当其折权党于方炽，定大变于呼吸，无非"良知"之妙用。羽书旁午，讲书③不辍，是岂勉强者能之乎？彼山农、汝元之徒，剽窃影响，张皇自恣，卒来世人之讥。夫文成平生行事，皆可对之天地。后之人果能仿佛万一焉？否也。叔平承先生之志，进而取法文成，必能躬行心得，一洗世儒之陋。今见用于时，天岂有意斯文乎？是又可贺也。

余受先生指诲，稍知端绪。今之所以期望叔平者，亦所以仰答先生之意也。若侈扬家世门阀之盛，徒为谀词而已，则吾岂敢！

校记

① 山平堂本"今古"为"古今"，从本祠堂本。
② 山平堂本"畏"为"避"字，从本祠堂本。
③ 山平堂本"书"为"论"字，从本祠堂本。

送徐电发序

徐君电发以征辟官禁苑，文章诗赋，在香山、涪翁之间。常请假里居，门庭萧然。还署未匝月，遽谪官去。同朝士大夫多太息，赋诗以赠其行。

余方病,杜门谢客,不能出郊一送。又怔忡不能为诗,无以为电发赠,乃强起邀至小亭,酌酒而告之曰:"人生岂必以一官为重哉!古之贤者,宦迹落寞①而声名表表于后世者众矣,如君之才,固不以官之崇卑论也。吴中山水清妍,多隐君子。君往从之,相与究性命之微,探濂洛之旨,必将敛华就实,超然自得,道德之归有日矣。岂止以文辞擅长乎?余违凤好,潦倒中外,精力颓然,而势不能遽去。即幸而得请,而旧学荒落,无所进益,百年碌碌,良可叹也!人生绌于此必伸于彼,君不得志于时矣,必有闻于后。君其勉之。"电发曰:"诺!"

爰书以志别。

校记

① 本祠堂本"寞"为"莫"字,从四库本。

贺佟抚军寿序

自古国家当昌隆豫顺之世,必有博大通方、敦庞魁硕之君子,膺股肱心膂之任,勋高带砺,名著旗常,然后能奠万世无疆之历。而博大通方、敦庞魁硕之君子往往敛遐福,享太平,庆衍后昆,泽施奕祀。盖积厚者流光,德盛者报隆,理有固然。史册所载,可考而知也。

我高冈佟公,禀川岳之秀异,钟星汉之精华,自建旄秉钺以来,锦江玉垒之乡,牂牁夜郎之域,固已镂铭峻巘,播颂渊谷矣。圣天子念腹心重地,为神京屏翰,函夏枢纽,特简镇抚。命公若曰:"吏治刑敝,民生疲瘵,其悉乃心,怀柔辑和,俾克全济。"公拜命,夙夜饮冰。黄绶以下扰吾民者悉罢劾之。以两河土地平衍,无崇山广泽、鱼盐铁冶、丝纩梓漆之利,小民胼手胝足以耕以食。而河夫柳桩困之,江南协济困之,单丁独户,豪右兼并困之。公一一疏请于朝。夫归官雇,柳归官买,而江南协济俱停,均平里役,民庆更生。频年学校渐废,弦诵几于辍响。公创建书院,月课岁会,礼聘名士讲道论业,人文蒸蒸蔚起,豫民已家颂户祝矣。逮滇闽告变,六师南征,麾幢蔽日,戈戟曜云。公送往迎来,控驭有方。储偫糗粮,必豫军士戴挟纩之恩,闾里无鸡豚之扰。省城军府初立,率多市井侩黠,寄名应募。奉文裁汰,哗然叵测。时方疏浚池隍,俾归就役。大工既成,众志咸定。于是申明军制,刍茭必严。春秋都试,钲鼓渊渊。荆襄饷需,取办中州。急则病民,缓则病国。公发银赴楚,就近采置,民免转运之劳。而士饱马腾,敌忾自倍。凡我士民父兄闾党,由公而亲;室家田庐,由公而定;桑麻禾黍,公为膏雨;波涛险阻,公为舟车。试观今日绅安冠裳,士安缝掖。襏笠之夫,安于陇亩。笄珥之妇,安于织纴。靺韐跗注之徒,安于部伍。夫孰非我公之赐哉!

五岳四渎之居于方隅也,兴云致雨,胎毓宝藏,以给万类之求,人莫不祷祀而祈福焉,何则?利赖焉故也。公之在中州,其犹泰岱河海乎!阳月值公览揆之辰,睢人士咸愿匍匐辕门,申九如之祝。而属言于余,余年来承乏京师,每读公奏疏,不禁举手加额,为斯民称庆,以为此正所谓博大通方,敦庞魁硕之君子,为我国家奠万世无疆之历者也。指日巢山驾海之群,狼纛鸟章之众,稽首来王天子。策勋庙堂,以巩固中原,筹画军饷为根本,功绩第一。将入践台,衡赞襄密,勿手握大斗,斟酌元化,歌钟侑食,剑履上殿,岂寻常祝颂之辞所能俾述万一哉!

邠人之诗曰："跻彼公堂，称彼兕觥，万寿无疆！"甚矣，邠人之善祝也。周公采之，夫子存之，以为风、雅之宗。余今日亦若是而已矣。谨序。

印 归 序

六书惟篆最古，其用惟印章为要。印篆虽为小艺，然非精于书学，未免有古俗杂用之讥。即精于书学矣，而不博通群籍，又或拘泥牵累，终愧大雅。即博通群籍矣，而足迹不出里门，眼底无数千里名山大川，交游非尽海内高人奇士，则亦不能超脱象外，而得古人之精义，非若末技曲艺可以浅率从事也。

大麓叔企吴子，少负英异绝群之贤。伯兄冉渠君学术渊邃，经史、天文、历象、律吕，皆能窥其蕴奥。叔企家庭聚处，讲习有素。闲则诗歌怡情，尤极研精六书。凡许慎《说文》、徐锴《韵谱》，及李焘、戴侗诸家之书，孰纯孰驳，辨之必极其详。秦汉小玺钟彝款识、唐宋名家私印，孰真孰伪，考之必极其精。近世寿丞、雪樵、学山、赖古诸刻，孰雅孰俗，论之必极其确。碑碣篆籀，穷壑绝巇，攀萝剥藓，求之必极其备。

雍丘有秦子先者，以印章知名海内。叔企往从之游，昼夜寒暑，尽得其微义。一切喜怒窘穷，忧悲愉佚，精神思虑，无不寄寓于此。无异僚之丸，秋之弈，伯伦之于酒，张颠之于草书也。冉渠初仕浔江，再移京口，叔企皆从之。过汉江，上大别，泛洞庭、潇湘，探衡岳之简，摹岣嵝之碑；蛮风蜃雾，鲛人之宫，猿猱之宅，无不涉历。金焦、云霞、北固、烟雨、钟阜、雨花之松涛，又其所饫闻而厌见者矣。风瓢雪笠，扁舟布帆。凡幽谷隐士，名都韵人，无不缟纻缔交，往来唱和,宜其胸中脱落无碍,而非浅见所能窥测也。

归而家居,与余比邻。石径疏篱,老梅竹树,坐对图史万卷。茗碗药臼,错置几案。间焚香吟咏,偃仰终日。世人闻其烟鬟亭、听雨窗,辄作桃源谷口之想,不复知为人间也。

今辑其所勒印章,汇为一册,与择木、阳冰高下何如?世必有能定之者,而余独述其生平学问游历,以见叔企之精于篆刻非偶然也。而其可传者,又宁止篆刻也哉!

《松青堂集》序

余昔自河北归里卜居,与赵子彦公比邻。同人五六辈相继来归,衡宇在望。彦公年最长,诸同人联社赋诗,每篇成,争相称许。彦公把酒望云,振衣而起,伸纸疾书,腕动如飞,顷刻数十篇,铿铿作金石声,无不人人自失也。

窃叹天下中材之士,蚤致通显者何限?彦公幼时,即厌科举训诂之学,肆力古文辞。每构一义,必曰:"此与司马迁、班固何如?"当明季时[①],患制举[②]之弊,特开拔贡以网罗奇士[③]。于是,彦公首应明诏,公车入都。都人士诣门投刺,操卷谒文者趾相错也。金忠洁公持风节,不轻许可,独与彦公倾盖定交。尝语人曰:"中州自李献吉、何仲默为一代风雅之宗,继起者其彦公乎!"当斯时,彦公名闻海内,有欲荐之于朝者,而彦公杜门高卧,缙绅大夫惠顾者无所报谢,以此落落而归。

今老矣,屏居水滨,拥书万卷,发为咏歌。仅仅见于虫鱼草木,为羁愁感愤之辞,岂所谓诗人少达而多穷,果信然与!余幸谢病归田,与同人复修旧事。回思昔日,盖已二十年矣。而彦公耳聪目明,长饮高歌,志气未尝少衰也。今刻其集将以问世,读者观其笔墨驰骋,托兴深远,亦可以见其志矣。

校记

① "当明季时"一语,山平堂本为"当明庄烈愍皇帝时"。
② "举",山平堂本为"义"字,从本祠堂本。
③ "特开拔贡以网罗奇士"句,山平堂本为"开拔贡一途,网罗奇士"。

《四书偶录》序

自朱子《四书集注》成,而汉唐诸儒注疏几废。明永乐间,纂辑大全以羽翼朱子。采揽宏多,纯驳相半,后学不见要领。虚斋蒙引之简确,泾野因问之质直,皆中有自得,非剽窃揣摩,寻摘章句者比。存疑浅说,辨析加详,举业家宗之,而义蕴浸薄。下此各逞臆见,不足道也。夫不求自得于心,而徒拘牵文义,虽字栉句比,于圣学旨归相去远矣。

江村太常《说约》、夏峰征君《近指》,皆从圣贤立言本意,指示学者直截痛快。读者跃然。二书发挥大义,为入道准绳。世人狃于举业之见,知深信笃好者鲜矣。上谷莲陆魏君从学两先生之门,平居讲习讨论,指别同异,剖析源流,旷然有所自得。晚年深居精诣,负笈从游者日众。取朱子以来诸家传注,采择熔篇,必求至当,著为《四书偶录》,以惠来学。间入都属余是正,余得而卒业焉。其书简而明,质而通,虽直指原本,或不若两先生之超脱。而博洽者以为知要之资,启蒙者以为养正之助,诚圣学之津梁,亦举业之苇航也。学者由是上溯诸先正,而求其所以斟酌体认之功,庶乎知微言之旨无穷,而入道之方思过半矣。

题冯玉传像赞序

睢州冯玉传所居近白云寺。寺创自唐贞观间,废兴不一。明季寇氛充斥,遂就倾圮。冯君慨然兴之。当修寺之初,适值岁饥。以所募金施粥,数百里内,扶老携幼就食者无算。病施药,死施棺。至年丰乃止。

今镇江少府吴君冉渠家在寺左,闻其事,作碑志之。玉传复介冉渠弟幼石求余为其像赞序。余与君踪迹疏阔,且余儒者,所习者尧舜孔孟之书,所行者人伦日用,修己治人之道。修寺造像之说非所闻也,何以序之?且余亦偶博涉释典,见佛刻意内治,以为随所欲而成形者身也;历千万世而不灭不昧者,心与性也。故其道严于治心与性,而举人世声名富贵,饮食男女之欲,一切弃去。逃之空山,数十年而道成。夫声名富贵,饮食男女,一切空之,何有于宫室?况于数万里之外,数千年之久,其殿宇台阁,岂其所意计欤?又达摩立教,直指人心,见性成佛。梁武造像写经,不可胜计,皆斥为人天小果。有漏之,因其言超出诸有,所谓不落言诠,不堕迹相,以为迦叶以来正法眼藏。夫言诠迹相即属小乘,况持钵建刹,岂其所重欤?而魏晋以来,服儒服而修儒行者,乃有舍宅为寺,如逸少、摩诘、介甫之徒,又独何欤?岂只树园亦如来之所必须而给孤长者,其功真不可没与!

然吾儒之学以济世安民为实用,非空谈性命也。当岁歉民饥,流移载道,至坐视而不能救。冯君以一韦布全活数万人,何其伟也!当是时,若坐拥修寺之资,日庀材鸠工,不暇他顾,使数万人呻吟而死,即经楼禅堂高出云霄,吾以为非如来之所许也。冯君识所缓急,如此则逸少、摩诘诸人又当爽然自失矣。

今观其像端然静穆,似深于道者。则默契无言之教,证所谓正法眼藏者,意在斯乎？然吾不得而知矣。

记

乾清门奏对记

康熙二十二年三月三十日,上御乾清门,斌侍直,命录平日诗文进览。斌奏:"近因纂修两朝圣训及《明史》,所作诗文甚少。"上曰:"即旧作亦可。"

四月初九日,斌遵旨进所著文十篇、诗十首。上召至乾清宫,阅首篇《籍①田颂》,肃然改容,曰:"此世祖章皇帝时事,汝为庶吉士时作乎？"斌对曰:"是。"次阅《十三经注疏》、《论二十一史》、《论至春王正月辨》,上命敷陈大意。斌对曰:"春王正月四字,《春秋》本自明显,后儒议论不一。有言周改月兼改时者,有言改月不改时者,有言时月俱不改者。臣以《春秋》本文断之,时月俱改之说为是。如冬十月雨雪,二月无冰,在夏时原不为异。又僖公五年,《左传》：'春,王正月,辛亥朔,日南至。'日南至者,子月也。此改月改时之证也。胡安国言夏时冠周月,臣以为不然。行夏之时,圣人平日论道之言。《春秋》者,圣人尊王之书。以夏时冠周月,非为下不倍之义。"上颔之。

又《拟汉以禁囹假贫民举直言极谏之士诏》，上问此诏何为而作。斌对曰："此汉元帝时事，臣散馆时，世祖章皇帝御试，以此命题，臣蒙恩受检讨之职。"

又命述《学言》篇大意。斌对曰："自周子至朱子，其学最为纯正精微，为儒者标准。后学沉溺训诂，殊失程、朱精意。王守仁致良知之学正以救末学之流弊，但语多失中。门人又以虚见承袭，失其宗旨②，致滋后人之议。臣窃谓先儒补偏救弊，各有深心。愿学者识圣学之真，身体力行，久之当有自得，徒竞口语无益也。"上复颔之。

《潼关城楼刻诗记》、《睢州儒学记》、《嵩阳书院记》、《赣州府志序》，上一一览讫。诗十首逐字看过。至末首有"年老才将尽，忧多道转亲"二句，上伫思久之，曰："何谓'忧多道转亲'？"斌对曰："臣幼遭乱离，半生在忧患中，尝随事体认，于道理转觉亲切。诗词朴拙，不胜惶恐。"

天颜和霁，从容顾问，晷刻频移。圣主优礼儒臣，为国家重事，微臣才力短浅，无由报称，愧且惧焉。

校记

① 后文"籍"为"藉"字。二字通用，故不改。
② 四库本无"失其宗旨"一句。

睢州移建庙学碑记

睢州儒学，旧在北城濯锦池上。明末，黄河决城，遂沦于水。有司权奉先师主于城南民舍，地甚湫隘，殿庑之制不备，堂斋皆缺，诸生无所肄业。屡议改建，以财用匮乏，莫有毅然任其事者。

康熙十年，知州事程公始至，虑无以兴学育才。仰承朝廷德意，期年政通事简，乃相庙东有地，据冈面阳，水环如璧，群情咸合。州之荐绅诸生量力捐助，先建大殿，次及两庑、戟门、棂星门各如制。明伦有堂，启圣名宦；乡贤有祠，树以崇坊。缭以周垣，位序丹臒，应图合礼。其相规制稽出纳久而不懈者，学正魏君也。

既讫工，公率乡大夫士行释菜礼，而属余为记。余不获辞，乃言曰：修学，有司职也。诸生之游于斯者，亦思所以为学，而求进于古人之道乎？抑徒饰文辞，溺训诂，冀苟得利禄，以夸耀一时已乎？夫朝廷庙学并建，固期学者以圣贤为宗也。夫圣贤之学，其要存心而已。存心者，存天理而已。微而不睹不闻，显而人伦日用，皆天理所在也。尧舜禹之相授受，必致辨于人心道心之危微。孔子十五志学，至七十始从心所欲，不逾矩。然则圣人之异于人者，惟在朝乾夕惕，自强不息，遂至与天为一耳。成汤、文武之为君，皋陶、伊傅、周召之为臣，以及颜、曾、思、孟诸大贤，时至事起，功业各不相同，而其深忧大惧，不得已之心，则千古同①揆也。是以行无辙迹，言无仿效，总以此心纯一粹白，相证于于穆之表，而非从勋业文章一一较论也。

濂、洛、关、闽以来，大儒相继辈出。风会所值，指授各殊，而道本于心，先后若一。学者不体验于性情践履，与古人相见于精神心术之间，则为己功疏，屋漏难慊。即著书满家，于道无当也。惟知道之大原出于天，而体用具于吾心。存养省察，交致其功，信显微之无间，悟知行之合一。喜怒哀乐，必求中节；视听言动，必求合礼；子臣弟友，必求尽分。蕴之为天德，发之为王道，此学问之极功，而尊信圣人之实事也。

然有难言者。正学不讲，俗痼日深，利欲之根难断，巧伪之术益工,苟非乘本体之偶露,急加体认扩充之力②,悠悠玩愒,岁月几何?转眼迟暮,跻跄同归。大禹之所以惜寸阴,而《尚书》有取于若药瞑眩,岂不以此欤!若曰,吾志在于科名,惟事揣摩帖括,他不暇计焉,是视圣贤六经只为富贵利达之资,异日备朝廷任使,安能秉道绝欺,忧国奉公,不几负朝廷建学立庙之意乎?

余乡人也,诚愿与乡之后进互相砥砺,使贤才辈出,以报君恩。敢述所闻以告之,遂为记。

公名正性,乡贡士,四川万县人。魏君名湛,顺治戊子举人,河南孟津县人。

校记

① 山平堂本"同"为"一"字,从本祠堂本。
② "扩充之力"之后山平堂本有"如火始然,泉始达"一句。

重修苏州府儒学碑记

康熙二十三年,岁在甲子。天子以治定功成,行古巡狩之礼。冬十月,车驾至苏州,询问民俗,告诫有司。还至曲阜,祭先圣庙,拜献之仪视前代有加。亲洒宸翰,题其庙额,诏天下修葺学宫,颁赐御书,海内蒸蒸,罔不从义。

时斌奉命抚吴,祇谒庙学,见殿庑门垣日就颓圮,明伦堂岌岌欲倾,虑无以仰承圣天子兴学重道之意。受事方新,未遑兴作。明年二月,蠲俸倡始,藩臬庶僚,饬材鸠工,黾勉襄①事。栾栋栌桷,楹础之残缺者易之,丹臒髹漆之漫漶者新之,祠斋庖库之久废者兴之。缔构坚贞,典制具备,泮水疏通,远接太湖。松桧椅桐之属,种植千本。阅十月而讫工。于是,躬率僚属,行释菜礼,定期讲学于堂。诸生执经问业,远近咸集。

又明年三月,斌奉辅导东宫之命。濒②行,进诸生而告之曰:此地自范文正公建学,胡安定立教,于今六百余年矣。名卿巨儒,项背相望。诸生肄业于斯,其所以绍述先哲,仰答天子作人雅意者果安在乎?国家兴治化在正人心,而正人心在崇经术。汉儒专门名家,师说相承。当《诗》、《书》煨烬之余,仪文器数之目,删定传授之旨,犹存什一于千百。且其时选举不以词章,通经学古之士皆得上闻。朝廷定大议,断大疑,博士据经以对,故其时士大夫勇于自立,无苟简之心。孝弟廉让之行,更衰乱而不变,此重经术之效也。其后虚无寂灭之说盛,声律骈俪之习工,而经学荒矣。宋濂、洛、关、闽诸大儒出,阐天人性道之源流,故天下知性不外乎仁义礼智,而虚无寂灭,非性也;道不外乎人伦日用,而功利词章,非道也。所谓得六经之精微,而继孔孟之绝学,又岂汉以后诸儒所可及欤!《宋史》,"道学"、"儒林"厘为二传。盖以周、程、张、朱继往开来,其师友渊源不可与诸儒等耳,而道学经学自此分矣。夫所谓道学者,六经四书之旨体验于心,躬行而有得之谓也,非经书之外,更有不传之道③学也。故离经书而言道,此异端之所谓道也;外身心而言经,此俗儒之所谓经也。宗洙泗而祢洛闽,人心之所以正也;家柱史而户天竺,世道之所以衰也。

今圣朝尊礼先圣,表章正学,士子宜知所趋向矣。吾恐朝廷以实求而士子终以名应也,苟无骛乎其名而致力于其实,则亦曰躬行而已矣。故学者必先明义利之界,谨诚伪之关,则富贵贫贱④之非道不处不去,必划然也。造次颠沛,生死祸福之间,不可移易者必确然也。毋⑤为枉尺直寻之事,毋⑥作捷径苟得之谋,宁拙毋⑦巧,宁朴毋⑧华,宁方毋⑨圆,戒惧慎独之功无时可间。子臣弟友之职不敢不勉。不愧于大廷,亦不愧于屋漏。如此则发为议论,自能息邪距⑩诐,而乡愿杨墨之教不得骋也;出为政事,自能尊王黜霸,而管、商、申、韩之政不得施也。其斯为真经学,其斯为真道学也已。否则,剽窃浮华,苟为哗世取宠之具,讲论践履,析为二事,即诵说先儒,世道亦何赖乎?当文正公时,《中庸》犹杂《戴记》中,公独举以示⑪横渠,则公之深于经学可知矣。安定之教以经义为本,当时太学取以为法,宋世人才之盛实基于此。

诸生为乡邦后进,来游来观,其亦有所兴起乎?苏郡人文,实四方所则效也。所以佐成圣朝之治化者,余实有厚望焉。诸生请书其言为记。斯役也,江苏布政使章钦文、苏松督粮道副使刘鼎、苏州知府胡世威,或总理工费,或分司督察,而心计指授。巨细不遗者,鼎之力为多;司学事者,教授吴世恒、训导张杰也。例得并书。

校记
① 山平堂本"裹"为"从"字,从本祠堂本。
② 山平堂本"濒"为"频"字,从本祠堂本。
③ 山平堂本"道"为"遗"字,从本祠堂本。
④ 山平堂本"富贵贫贱"为"贪富贵贱"。
⑤⑥⑦⑧⑨ 山平堂本"毋"为"母"字,从本祠堂本。
⑩ 山平堂本"距"为"讵"字,从本祠堂本。
⑪ 山平堂本"示"为"授"字,从本祠堂本。

潼关卫儒学重建启圣祠碑记

潼关,用武之地也,然以文教为先。卫学之设旧矣,崇祯末毁诸兵，重葺于顺治之十有一年，而规模犹多未备。越三年，予莅关，朔望谒庙，见启圣祠独阙，大惧无以妥先圣之灵。而仰副朝廷明伦教孝之意，鸠工庀材①，建祠三楹，前列门坊。工讫②，偕官绅暨士子③行祭告礼，咸请予记④。

窃惟学宫之有启圣祠也，盖本宋熊禾、明宋濂诸公之议，而嘉靖间，张孚敬请而行之者也。父子祖孙，德不紊伦，祀不紊序，其于典礼可谓至矣。然吾于从祀诸贤犹不能无议者。考之《家语》，七十弟子中，孔弗字子蔑，《史记》作孔忠，《通典》作孔患，大抵字画之讹，自为一人。本孔子兄之子，于子思为从伯叔行。今子思配飨堂上，而子蔑列之庑下，于礼未协。程敏政曰："学宫虽传道之地，未有外人伦而言道者。"则子蔑当从颜、路、曾、皙之后，移祀于启圣祠，雁行伯鱼可也。

又圣道传授，独称曾子，而名不列于四科。盖四科十子，皆陈蔡相从之徒，鲁论追而记之。自唐宋以来，颜子配飨，因进曾子以补其末；后以曾子配飨，复进子张以补其末。则是四科诸贤，后之人皆得下而上之，出而入之矣。然传记所载，有若立言明道，动协规矩。孔子既殁，弟子欲事之如师，公西华娴于礼仪；原思清静守节，贫而乐道；宓子贱爱人亲贤，名齐君子；子羔克执亲丧，遇变不惑；南宫适扪舌慎躬，世清不废，世浊不污，孔子俱亟称之。夫六子之贤，不下于冉有、宰我辈，而终不得列于十子之后。陆沉七十子中，侧居庑下，吾不知其相安否也。盖四科十子，既为陈蔡相从之徒，原非杏坛一定之格，以之进曾子可也，以之进子张可也，以之进有若等六子亦无不可也。

余记建启圣祠而并附其议于后，亦以备兵兹土，不敢不加意文教，厘正祀典。然而非其职也。潼关天下之冲，轮蹄往来，旁采刍荛，献诸当宁⑤议而行之。窃自附于洪、熊⑥二君之后，庶几于典礼少有裨哉。若以其言之无当而哓哓斯记云也，予滋惧矣！

工始于二月甲戌，成于三月戊午。襄斯役者，抚民同知刘肃之、卫守备杨文彩，例得并书。

校记

① 山平堂本"鸠工庀材"前有一"亟"字，从本祠堂本。
② 山平堂本"工讫"前有一"既"字，从本祠堂本。
③ 山平堂本"士子"为"博士弟子"。
④ 山平堂本"咸请予记"为"咸请予文以为记"。
⑤ "亠"疑应为"宣"字。
⑥ 山平堂本"洪、熊"为"熊、宋"，从本祠堂本。

嵩阳书院记

嵩阳书院在登封县城北。建自五代宋初，与睢阳、白鹿、岳麓号四大书院。其地负嵩面颍，左右少室、箕山诸峰，秀耸云表。中天清淑之气，于是焉萃。至道中，赐九经子史置校官，生徒至数百人，称最盛。二程子尝讲学于此，后人因为建祠。明末兵乱，倾圮殆尽。

国朝崇儒右文。知县事黄州叶侯封建堂三楹，祀二程、朱子。而以地邻崇福宫，凡宋臣之带崇福宫衔者皆祀之。叶侯既迁京职，邑人大名兵备副使逸庵耿先生介家居讲学，以程朱为道统所宗，不当与诸贤列，复捐赀建堂三楹，迁主崇祀。又作讲堂三楹，颜曰"丽泽"。旁署两斋，曰"博约"，曰"敬义"。书舍若干楹，庖湢门垣具备。自康熙十八年春至次年秋讫工。知县事长洲张侯埙以兴起斯文为任，月吉讲学课艺其中。多士彬彬向风。逸庵作书属余为记，余适承乏史局，方恨不得从事几席，与闻绪论，其何敢辞？然逸庵之意，岂欲余记营建岁月而已乎？或欲有言以告多士也。

窃以孔子教人之书，莫详于《论语》。当时及门称颜子为好学，尝与终日言而不违者。今所记不过"问仁"、"为邦"二章而已，然天德王道备矣。颜子谓夫子循循善诱，博文约礼。今他无可考，即二章思之意者，虞夏商周之礼乐制度，即所谓"博文"；而克己复礼之训，即所谓"约礼"欤！特学有体用，问有先后耳。《中庸》言明善诚身，而列其目，亦自"博学"、"审问"始。孔子言知不废多闻多见，而语子贡以一贯，则又以多学而识之者为非。其所以一贯之旨终隐而不发，即与门弟子言求仁之方为仁之要多矣。而仁之体则罕言也，岂圣人之过为隐与？及读《易》乾卦象传与《中庸》首章，而后知道之大原莫明于斯也。盖道之大原出于天，而仁者天道之元也。知天人同原，则知吾心与天地流通而往来无间，民胞物与之念油然而生，而戒慎恐惧，自不容已。故程子谓学者须先识仁以此也。

然仁之为体，非可口传耳授也，在人之默识耳。孔子自十五志学，至能立，不惑，五十而后知天命[①]，则知命亦难矣！今之讲学者，聚数十百人于堂，而语之曰天命云何，心性云何，将大本大原，皆为口耳影响之谈，学者于俄顷之间与闻性道之秘，其不至作光景玩弄，视《诗》、《书》为糟粕，礼仪三百，威仪三千，为粗迹也几希矣！斯亦讲学者之过也。

夫道无所谓高远也。其形而下者，具于饮食、器服之用；形而上者，极于无声、无臭之微。精粗本末，无二致也。孔子语颜子曰："非礼勿视，非礼勿听，非礼勿言，非礼勿动。"而语樊迟曰："居处恭，执事敬，与人忠。"圣人与上智、中材所言，皆不越是，盖以天命流行，不外动容周旋，而子臣弟友即可上达天德。所谓无行不与者,此也;所谓知我其天者,此也。

今功利词章,举业技艺之习,陷溺人心,士子穷年矻矻,志在利禄名誉,而天之所与我者茫然也。是其学迥非圣人之学矣!夫《中庸》之博学,将以笃行也;颜子之博文,将以约礼也;《大易》之穷理,将以尽性而至命也;《大学》之格物,将以修齐治平也。今滞事物以为穷理,未免沉溺迹象。既支离而无本,离事物以言致知,又近于堕聪黜明,亦虚空而鲜实。学路久迷,习染日深,偶尔虚见,未为真得。非默识本体,诚敬存之。绵绵密密,不贰不息,前圣心传何能会通无间?故曰:"苟不至德至道不凝焉!"呜呼,岂易言哉!

逸庵之学以主敬为宗,以体天理为要,可谓得程朱正旨矣。吾惧学者之易视之也,故因记书院而详言之,欲其深思而自得之焉。张侯明经起家,治行多可纪,于逸庵相与有成,尤足嘉也。吾又惧来者之不能继,故备书之以告后之君子。

校记

① 山平堂本"知天命"后有"以大圣人而若此"句。

庆都县尧母陵庙碑记

尧母陵在庆都县城东门内,封之①盈丈,陵之前有庙焉。

庆都于汉为望都。张晏曰:"尧山在北,庆都山在南,登尧山见都山,故以为名。迨金源乃更今名。"考秦始皇七年,攻龙孤庆都,还兵攻汲,则其名邑古矣。尧母陈锋氏,或曰陈酆,或曰陈隆,为帝喾第三妃。见于《史记》,见于《世本》,见于大戴氏《礼记》。尧以唐侯升为天子,始封于唐。皇甫谧谓中山,唐县是也。故山曰尧山,水曰唐水，城曰唐城，池曰唐池。谥又言："望都山，尧母庆都之所居邑。"既有尧祠，思尧之德，畏其神，追祀其母，固其宜尔。

欧阳修以《史记》、《地志》诸书无尧母葬处，得汉建宁五年成阳灵台碑文曰："庆都仙没，盖葬于兹，欲人莫知，名曰灵台。上立黄屋，尧所奉祀。"遂定尧母葬处在成阳。而郭缘生《述征记》有云："成阳县东南有尧母庆都墓，上有祠庙。"郦道元注《水经》亦云："成阳城西二里，有尧母庆都陵。"审是则尧母之葬在济阴可据矣。虽然成阳之碑称"盖葬于兹"，"盖"也者，未敢信之辞。尧既封于唐矣，母之终安知不于唐，葬之故土而妥其魂魄焉，此亦事理之可信者也！

庙凡三楹，列以两庑。康熙二十四年秋天，久雨庙圮，水穿陵露穴。知县事锦州蒋侯国桢出俸钱治之，以砖筑陵之四旁，外设重垣，涂饰庙貌，建坊于前，题曰："尧母陵"。余自江南奉召入都，过之，请余为文，勒之石。余按帝喾妃十人，尧母之外，其著者有邰氏，有娀氏。《诗》言"赫赫姜嫄，有娀方将"是已。娵訾氏常仪生挚，邹屠氏生八英，羲和生晏龙。当时卜其四子，皆有天下。而有邰生弃，则云履大神迹；有娀生卨，则云吞遗卵吞之，其事甚怪。或以为释经之误。至于尧母，更谓其观于三河，感赤龙而生尧，何其诞也。以尧之神圣，则其母之遗迹固不可以不治也。因侯之请，述所闻于古者，兼为神弦诗，俾侯岁时授工歌焉。辞曰：

帝[②]高辛兮十其妃；伊尧母兮降斗维。岁阏逢兮涒滩，丹陵侧兮三河干。震夙兮生子，望舒盈兮十四。析土兮陶唐，望都山兮母之乡。千秋兮万岁，思帝怀兮罔替，列俎兮执笾，荐馨香兮母前。灵之来兮缤纷，覆轮囷兮黄云。灵之逝兮婀娜，从彤车兮驾白马。觋舞兮巫歌，会鼓兮传芭。陵不崩兮庙不改，邦人祀事兮永久！

校记
① 山平堂本"之"为"域",从本祠堂本。
② 山平堂本"帝"前有"惟"字。

重建汉太尉杨公飨堂碑记

华阴城东三十里有汉太尉杨公墓,按本传公于延光中为太尉,以忠直被放归,饮鸩卒于夕阳亭。顺宗即位,门人虞放、陈翼诣阙追讼公事,诏以礼,改葬公于华阴潼亭,祀以中牢,此即其地也。

予以丙申备兵潼关,获展谒墓。下见兵乱之后堂基颓废,周垣尽圮,蔓草荒烟,碑版纵横,忾然而叹者久之。会岁歉,未遑兴作。越明年,谋于县令刘瑞远,起而新之,为飨堂三间,峻其垣墉,旁庑屏门,渠渠岩岩。碑碣之仆者起,泐者续。役罔妨农,财匪帑出,两阅月而告成。予尝读汉史,至公事未尝不呜咽流涕云。盖汉至安帝而乱甚矣。王圣以保姆之勤,与女伯荣出入宫掖,金吾常侍转通货赂。至刘环一配阿母女得袭侯封。下诏为起津城门内第舍,连楹刻栋,穷山采石。车驾东巡,宴然不顾。当是时,公卿大夫奔走贵戚,惟恐不及。而公欲以区区一掌力挽颓波,抑亦难矣。

夫地震星变,天之所以告诫人主者。乃反借以收太尉印绶,何其谬也。或有咎公以不早去者。呜呼,大臣之义不可则止,岂公之贤而不明此乎!盖公以自高祖来,杨氏世有功于国,而公位列上相,职匡社稷,诚不忍见主心惑于群小,冀杀身而君或悟也。当其时,去光武、明帝之世未远,使帝侧席悔过,慨然于建武、永平之丕绩,屏绝宠幸,委任忠直,则东汉之隆尚或未艾。观其语门人诸子杂木布被数言,千载而下谁不为之感泣者。乃能致大鸟之祥而卒不能回安帝之听，此汉祚所以不永而公之无可如何者也。于戏伤乎！

虽然公殁后子孙相继为太尉，若秉、若赐、若彪，并著清节，卫主于崎岖危难之际，使卓操辈睥睨神器而不敢举。直至剥挠数极，潜移运祚，士君子犹有感其遗教，甘覆折而不悔者，谓非公之余烈使然与！儒者不察，猥以潜身远害之道，议王臣匪躬之节，吾未见其可也。

夫太华函谷之间，由汉以来勋业著于当时，名字勒于彝鼎者众矣，然皆湮灭，无复睹记。所遗墓宫，至有牧竖箕踞啸傲于其上，乡里后进不知有斯人之墓；四方游士驱车过之，亦无有肃然而起敬者。公自改葬以迄于今，虽屡经变革，祠宇尝有倾圮，而子孙环庐错处，岁时祭祀不辍。今予一倡而乡士大夫响应恐后，四方君子登其堂，览其迹者，想见公之风声气烈，犹低徊流连不能去。呜呼，是可以知公矣！

工起于丁酉仲冬，成于戊戌孟春。予因县令乡士大夫之请，乃为之记，并论公事以刻石①。

校记

① 山平堂本"石"前有"于"字，从本祠堂本。

潼关楼刻诗记

潼关，古桃林地也。太华峙其西，崤函踞其东。秦山回合，万峰刺天。河渭屈盘，千壑奔会。崖谷冈岭，环抱丛倚。道路狭峻，车马如束，真天造奇险，为秦阃阈。且南控武关之隘，北扼蒲津之阻，握函夏之枢纽,锁川陇于堂奥。汉唐以来,莫不倚为巨镇,以资藩屏。兵火之后,城垣倾圮,楼橹半缺,废址荒烟,过者为之踌躇而凄怆。

顺治十三年,斌奉命饬兵兹土①。自顾庸菲,不足当斯重寄,恒惴惴自恐。仰赖朝廷德威遐被,数千里外如在辇毂之下,故承乏三年,兵强吏驯,士习民安。乃谋寮属重建城楼。赀皆蠲俸,役罔妨农。工既成,集古人过关题咏之词,自唐明皇以下凡一帝十有八人②,为诗二十九首,刻于东门楼壁。

呜呼! 当明皇停銮关上,与侍从唱和,其时,君臣乐豫,海寓清宁。登嵩蹑岱,勒石铭功,可谓极盛。未几,而渔阳变起,雄师告溃,关塞失守,六龙西幸,岂山河之险不足恃,与抑成败之故皆自于人也。孟子曰:"地利不如人和。"吴起曰:"在德不在险。"有国家者,修德以怀远,和人以守国,则雍容樽俎,偃戈休甲,彼放牛归马之盛,此非其故墟哉!

后之君子登斯楼也,眺山川之雄胜,览昔人之咏歌,古今兴衰之感,制治保邦之要,亦可以慨然而思矣!

校记

① "土"原文为"上"字,正之。
① 山平堂本"人"为"臣"字,从本祠堂本。

重修乾明寺碑记

睢州城西北隅有寺曰乾明。按《通志》,元至正元年建。考元人碑记云:"国初寺基,河患方横。"则在元即重修,非初建矣。或曰:"寺在唐宋为楞伽禅院,苏文忠公于绍圣元年将适岭表,遇雨信宿于此,书《松醪赋》,后人为之建亭刻像,镌赋于石。文士往往构别业于旁,其地有林木水竹之胜。"河屡迁,湮没不常,其沿革未能尽考也。

余幼时来游,见壁间有高子业、吴明卿题字,皆擘窠大书,遒媚可观,余不能尽识意。以坡公遗迹,故来游者众欤。寺东南有断塔,欹侧如将倾者。明崇祯末以寇乱,毁塔得石记,言塔去则河当徙,城当废。土人异之。未几,壬午三月,闯贼破睢州;九月,河决汴梁,水由寺北堤口入,直灌州城,旧城遂废。石记历历皆验,岂区区一塔果关兴废欤?抑偶然欤?或物之成毁有时,精易数者类能为之,非甚异事欤!城陷后值鼎革,未暇言治河,遂为巨浸者七载。吴越荆楚之贾,高樯巨帆,出入城郭阛阓间。余尝乘舟过此,见蒲苇莲芡,一望无际。白鹭飞鸣,与渔歌①相答。铁佛像斜立波涛中,嗟叹者久之。

顺治十七②年,河治地出,僧真元募资建大殿三间,栋楹坚壮,像设具备,僧院禅堂,次第毕举。介衷进士炘生请记,久未及为,其请益力。闻形家言,此寺于州风水有裨,余未习其说。然州地最洼下,寺当河冲,岿然峻峙,有独障狂澜之象,形家言或不谬。又州以屡湮,故古迹荡然。此寺建立数百年,沧桑陵谷,变幻无常,而楼阁庄严,坏而复新。当绍圣改元,正坡公遭谗放逐之时,游戏翰墨,不怨不戚,风流犹可想见。彼张商英、赵挺之辈果安在哉?其荒坟断碣亦有过而留连者乎?寺东锦水沧涟;西则古城长堤,烟柳映带;南望雉堞楼台,参差如画,可以备诗人之吟眺。而钟鱼磬板,经声梵呗,缭绕于晓风残照之间,于以消尘虑而发深省,不可谓非真元之绩也。若其年逾七十,精神强健,事必期其成,功必要其久,乞言专诚,十载弗懈,此亦足激发吾党,何忍以庐居火书之论却之,故为之记。

校记

① 山平堂本"歌"为"鼓"字,从本祠堂本。
② 山平堂本"十七"为"十四",从本祠堂本。

田烈妇孙氏殉节碑记

烈妇孙氏,岁贡生允光之女。性贞静,通《女诫》大义,年十七归处士田云龙。云龙躬耕自给,烈妇荆布操作,相对如严宾。康熙六年夏,酷暑,云龙行吟潭上,解衣游泳。雨后水大涨,遂溺死。烈妇抚尸长号,尽鬻簪珥之属治二棺。先以一敛云龙,遂自缢。家人亟救得苏。其父劝慰曰:"汝父在,独不相念乎?"烈妇曰:"在家事父,既嫁事夫,礼也。从一而终,有死无二,古之训也。夫亡与亡,计之熟矣。"其父无以难,第令诸娣姒防护之,烈妇哀泣,勺水不入口。见防卫且密,乃绐曰:"我今不死矣,须葬后再为计也。"与诸娣姒营丧事,至夜分,诸娣姒大半睡去。烈妇呼之醒,曰:"若不惧我死乎?"因与之长谈,至四鼓尽,诸娣姒困不能支,皆熟睡,烈妇遂自经夫柩侧。盖六月十九日也。睢阳之人,无远近皆知田氏之有烈妇也,孙氏之有贤女也。搢绅儒林歌咏之,郡大夫式其庐,里人相与醵金立石,而请余一言传其事。

窃惟夫妇大伦,一醮不改,名之曰"信",是谓庸德,宜若非人所难者。然《诗》三百篇以节著者,共姜一人而已。春秋去古未远,二百四十年之间,全节不失妇道者,惟纪伯姬,何寥寥也。兹观烈妇亦何忝焉。今朝廷方敦崇节义,伫看太史采风纶音,宠赍勒之青史,以为彤管光。或辎軒失采,而刻铭道周。芳魂灵气,犹将翱翔兹地。土魖木夔,亦知呵护,此石永不颠踣。即星霜迁易,岁月滋古;茑萝蒙翳,苔藓剥蚀,好古之士,摹而传之,可以补史氏之阙,而烈妇姓氏终以不没于世。则世之砥行砺节者,无虑湮灭不彰矣。

重修中州会馆记

中州会馆在宣武门之左,旧为梁司徒公别墅,所谓银湾曲也。顺治十四年,同乡官都下者捐赀购得,改建会馆。宗伯薛公为记其事。岁久渐颓,屡议修治,以艰于费,弗果。越康熙十八年秋,地震,倾圮殆尽。时都谏王君子厚方主馆事,蠲俸以倡。同籍各输金有差。鸠工庀材,中翰王君三雪,身董其役。再阅月而讫工。于是,乡之诸大夫士置酒其堂,谓不可以无记,而属文于余。

余谓国家画十五方域,而京师其都会也。凡乡之仕于朝者,官阶之崇卑,职掌之巨细,繁简不侔也。分曹治事,有朝会而外,终岁未尝过从者矣。其官于外,或数百里,或数千里,声问不相通。有一旦以奉表述职而至者矣;有贡举于乡,以应试谒选而至者矣;亦有京朝官出秉节钺,备藩臬郡守之任,倏而数百里数千里,声问不相及者矣。幸而聚于一时,则岁时伏腊,会集宴飨,于同朝事主之时,修亲睦乡曲之义,岂不谓行古之道乎!都谏斯举洵为知所务也,余更三复宗伯之记,称述吾乡先哲。若李文远[①]、刘文靖之相业,顾、轩两都宪之清直,马端肃、许襄毅之事功,何文定、崔文敏之文章气节,属望后人希慕风烈,交相砥砺,不在饮食燕衎相征逐,用意可谓深且厚矣。余谓诸公德业盖有所本,亦在其学而已。

中州文章莫盛于昌黎。其学辟佛老,崇仁义,得圣道之大端,论者以为精微之蕴犹有未究其极者。至两程子出,独深探原本,穷理尽性,接千古不传之统。故程子者,实儒学之大宗。而乡之后进所当奉为准的者也。若许文正、姚文献,讲学苏门,佐元兴太平之运。而明之曹正夫倡道崝嵝,距邪闲正,居一代理学之冠。其后,尤季美、孟叔龙绍述于洛西,鲁正卿、吕叔简振兴于宋郡。吕忠节阐绎《孝经》,贺景瞻发明《春秋》,刘文烈力任风教,大节皎然。数君子皆不惑于功利权谋,词章技能之习,而确然有以自信者也。诚得其所以为学,以之事君必忠,以之事亲必孝,以之交友必信。于前修之事功风节,不规规求合,吾见其无不合也!夫程子之学,以至诚为圣功之极,以主敬为入德之要。凡与斯会者,揖让进退,必准于礼。可否然诺,必揆诸道。敬存于心,貌恭非敬也;敬而后能诚,非敬无以为诚也。以此交修弗怠,庶不堕先哲之遗教,于以勉尽职业,报朝廷之知遇,非徒讲乡曲之情,岁时伏腊聚会,燕好之数数也。

古人无在而非学,故敢推广前记,与诸君子共勉之。

校记

① 山平堂本"远"为"达"字,从本祠堂本。

重建信陵君祠记

开封旧有信陵君祠,在上方寺之右。云杜李本宁宗伯宦梁时所建也,崇祯壬午没于河。今国家承平三十年,废典渐次修复,而信陵祠独缺。

永平韩子客游梁,叹曰:"兹非魏都耶!夷门之墟犹有侯嬴、朱亥若而人乎?使当时无信陵,则侯嬴、朱亥亦以监门市屠老耳!岩穴不乏人，能识人不耻下交者，世不数见也。"于是偕寺僧即其祠地土中求得云杜故碑，醵金建祠，以侯朱配仍旧也。韩子又曰："侯生，犹魏产耳。若毛公、薛公，固生于赵，为平原所简贱而羞与为伍者也，信陵何自而得之？卒赖其言，趣驾救魏，率五国之兵败秦师，至函谷关而还。信陵之终不失臣节于魏者，二公力也。徒以非魏产而不祀，非阙典欤！"补主列侯朱之次，旌功也。所谓礼以义起者也。工既讫，请于官，春秋致祭。复选石，刻《史记·魏公子列传》，立祠中。过睢阳，请余为之记。余酌酒与韩子曰："君燕赵布衣也。未尝绾绶分符，有修复旧典，表章古烈之任者也。何汲汲为此？得无悼沦落之难，偶慨知己之莫遇，与信陵旷世而相感乎！"

夫信陵岂独以好客重乎？秦之并六国也，此古今一大变局也。赵与魏为唇齿，而魏与五国为藩维。信陵用兵，虽太公、穰苴无以加焉。使当时不以谗废，则秦不得灭魏。魏不灭，则五国不至折而入于秦。即信陵一旦以老病死，其知人下士如此，必能得如信陵者而托国焉，暴秦之虐不能及于天下矣。其以毁废也，饮酒近妇人而卒，其亦不忍见天下之遽归于秦，而求速毕一朝之命乎？李牧死而赵亡，信陵死而魏亡。始皇之肆威于海内，天也。汉高过大梁而以太牢祠之也，其亦有见于此乎？

信陵墓在扬州门外，河流变迁，湮没不可问矣。此祠之建，其不可已也。遂为之记。

韩子名鼎业，字子新。博学好古，慷慨多大节。此祠之建，其一端云。

星聚堂记

昔东汉陈太丘过颍川荀朗陵家，太史奏："德星见。"其占曰："五百里内有贤人聚。"至今载诸史册，千古传为盛事。吾谓太丘修德清静，进退合度，可谓贤矣。至荀淑博学高行，其子号曰"八龙"。然爽或并濡迹乱时有遗议焉，何至上动天象哉？疑当日诸公雅负重望，一时傅会为之。盖东汉标榜之习则然，未必尽有其实也。

征君孙先生隐居苏门之夏峰，天下望之如泰山乔岳。夏峰去孟城里许，郭子骏臣别业在焉。当风日清和，先生命驾往游。诸门人执经问难，郭子载酒具馔以从，盖若尧夫之行。"窝云堂"旧有题扁，以避御讳，先生为更之曰"星聚"，顾谓斌曰："汝其记之。"

斌谓先生孝友笃行，当逆阉窃柄，正人沦陷，先生周旋其间。脱然党锢之祸，似有类于太丘。而道德纯备，不乐仕进，不为僻隐，忧天悯人，守先待后，则非太丘所能仿佛万一也。郭子先世宗伯，大参两公，清德直道，炳耀前朝。公隆公望，克绍家学。两河诗礼名族，首推郭氏，亦似非荀氏所敢望。

昔汉高入关，五星聚于东井；宋太祖时，五星聚于奎井。秦分也，奎为文章之府，汉宋两朝，人文最盛，已见于此。儒者师弟相聚。洙泗而后，一聚于河汾，再聚于伊洛。至元初，姚公茂、许平仲、赵仁甫、窦子声，共聚百泉之上，独静修家容城，然声气亦相往来，不可谓为非聚也。先生生静修之里而隐于苏门，一时学士负笈从游，无异隋之河汾，宋之伊洛也。夫天人一理，人之精神，原与天地流通，故严陵动客星之象，处士应少微之占。贤士聚于下则德星聚于上，理固然也。将见司天占象室壁奎娄之间，当有五星聚矣。

彼颍川之事,何足云云①。

斌庸陋,无足比数。追随杖屦于斯堂之上,以与郭子游,亦不敢不自勉焉。

校记
① 山平堂本末一"云"为"哉"字,从本祠堂本。

石坞山房图记

吴郡山水之佳为东南最。而尧峰名特著者,则以汪钝翁先生结庐故也。钝翁文章行谊高天下,尝辞官读书其中。四方贤士大夫过吴者,莫不愿得其一言以自壮。而钝翁尝杜门谢客,有不得识其面者,则徘徊涧石松桂之间,望烟云杳霭,怅然不能去也。以此钝翁名益重,然亦有病其过峻者矣。

王子咸中,旧家吴市,有亭台池馆之盛。一旦携家卜邻,构数椽于尧峰之麓,曰"石坞山房"。日与钝翁扫叶烹茗,啸歌晏息。钝翁亦乐其恬旷,数赋诗以赠之,称相得也。钝翁应诏入都,咸中复从之。舍舟登陆,千里黄尘,追随不少倦,盖其有得于钝翁者深矣。余尝过吴门,晤钝翁于城西草堂,读其所为"尧峰"、"山庄"诸诗,慨然欲往游,未果。至京师始与咸中相见。叩其所学,大约以钝翁为宗。间出其山房图请记,余既心仪其为人,而又自悔不获身至尧峰,以观其所谓文石、乳泉者,犹喜得于图中,想见其藤门萝径,芒鞋竹杖,相过从吟咏时也,乃抚卷叹息者久之。

昔王摩诘辋川别业,山水踞终南之胜。时有裴迪以诗文相属和,至今览其图画,所谓斤竹岭、华子岗,仿佛犹想见其处。摩诘在开元、天宝间,立身不无可议。徒以文辞之工,犹为后人所艳慕如此。钝翁品行之高洁,学术之正大,有非摩诘所敢望者。咸中志趣卓然,其所进未可量,或亦非仅仅裴迪比。后人见之,而向慕当何如也?故为之记。

三圣庙碑记

睢州城东南三十里曰黑龙王庙,不知所自始。相传昔时黑龙见,因庙祀,雩祷辄应。万历中,河水暴溢,有关帝像沿流而至,土人祠于其左。后又立庙,祀真武。三庙鼎峙,而黑龙王庙最久,故名特著。庙旁村径窈折,茅屋数十家,务农桑,无市贩之习。茂树千章,幽若林麓,从叔父九式公爱之,遂卜筑焉。尝携门人子弟读书庙中,睹栋宇毁顿,醵赀新之,时顺治十四年也。今二十余载,叔父墓木拱矣,从弟镐虑无以承先志,砻石请余为记。

余承乏史局,编摩无暇。秋月卧病经旬,惧负夙诺,乃驰书告之曰:叔父卜筑于此也,固爱其土风朴厚,勤耕凿以供赋税也。而其人知读书重礼义,则叔父之功实多。其新此庙也,所以聚一方之心志,而使之为善去恶也。夫读书以明礼义,力田以给公上,而又处乎遐陬僻壤,无纷华市侩之习以诱其心,则必能孝弟睦姻,恭敬信让,争竞不作,乡里无怨。如此而受多福宜也。昔之盛时,有司常令里民择宽敞祠宇讲乡约,读律令。礼法以匡迪之,神明以感动之,故荒村野叟皆有士君子之风。今军兴旁午,不暇修举坠典。贤士居其乡者仿而为之,固令甲之所不禁也。

镐欲承先志,亟亟于斯,是不可以无记。

重修玉帝庙记

睢州南城旧有玉帝庙,余童时数数过之。明崇祯乙卯、庚辰间,开州刺史唐节玉先生于此立社,课郡中子弟。余年十四,从诸生后执卷属文,暇则共二三友人坐东廊,谈论古今,薄暮而返。壬午三月,闯寇陷睢城。至秋,黄河南决,庙没于水。节玉先生移刺定州,同人亦各散去。余自河朔归里,偶过庙地,惟见荒烟寒流,断碣衰草,辄不禁盛衰之感。

顺治初,里人醵金,重建殿三楹。周垣未具,畜牧往来无禁。先大夫见之,叹曰:"庙制不备,何以妥神祇,肃瞻仰乎?况此地昔年文事之盛,结社是中者或至登巍科,入直承明,列郎署,出备牧守者,往往有之,奈何听其芜秽也!"乃约诸耆老为会,鸠工庀材,建门三间,左右廊庑,以及榱楹栀槛之具,靡不森鲜。既成,余复立社,聚里中俊秀而肄业焉。

惟昔睢阳盛时,衣冠文物甲于两河,弦诵之声相闻。北城则有若二程书院、孟子在宋书院。然皆在水中央,非扁舟不能至。又南城路远,故士子多就所近寺庙为敬业乐群之地。而搢绅先生亦乐奖借后进,嘉与有成。后进循循雅饬,守约束惟谨,无敢有喧哗自外声教者。若斯庙社事,尤其最盛者。今天下脱离兵革,士子修复故业。书院之在北城者尽付波涛,读书会友者怅怅无所归。今兹庙既兴,借此课文讲学,庶几复见昔日之盛乎!

余既立文会于此,能文之士来者日众,喜先大夫之志有成也,于是乎记。

睢州泰山庙碑记

睢州东关泰山庙,先祖留守公所建也。其旁白衣庵,为大司马袁公所施地。顺治丙申,僧觉正于后建大雄殿,僧徒百余,戒规清严。康熙庚戌,居民于旧城得铜佛五尊,乡耆杨国祯等装金捐赀迎奉殿内,求予文记之。

予谓佛教自汉永平时入中国,初不过白马一寺。自今千百余年来,通都大邑,名山幽壑,莫不有寺。其为像不知其几千万亿也。世人以建一庵、造一像即获无量福德,此理之不可信者也。佛经初至中国,止《四十二章》耳。凡人事天地鬼神,不若孝其二亲,非《四十二章》之言乎!天地,万物之本;父母,吾身之本。故孝者天经地义,百行之原也。人能孝则必敬长上,睦乡里,教子孙守礼法。内不欺心,外不欺人,和平笃实,福不求而自至。否则,本实先剥,而徒建刹造像,口诵般若,以此求福,是适南而北辕也。

予嘉乡耆之好善,因其请,告以是言,亦与人为善之意云尔。时主庵觉正弟子真清也,苦行为人所重,能继师业,并记之。

内升奏对记

康熙二十五年闰四月二十一日,礼部尚书、掌管詹事府事臣汤斌,由江苏巡抚升任,至京陛见。上曰:"汝在江苏,能洁己率属,实心任事。天下官有才者不少,操守谨慎者未能多见。汝前陛辞时,自言平日不敢自欺,今克践此言,朕用嘉悦,故行超擢,尔其勉之。"

臣斌奏曰："皇上简任江抚,奉职无状,惟陨越是惧。乃蒙皇上不次超擢,臣敢不勉竭心力,以图报称万一。"

上问："江苏风景何如?"奏曰："苏、松去年颇称丰稔。淮、扬、徐去岁异常水灾,蒙圣恩蠲赋赈恤,民庆更生。邳、宿等五州县蠲旧年一半、今年一半钱粮,万姓欢呼。惟徐州所属地最荒瘠,水灾之后,今春民困较甚。"

上曰："一路风景何如?"奏曰："臣经过地方,畿辅广平以北,麦田丰收;开州以南稍旱。凤阳、蒙城一路饥民甚多。闻宿州、灵壁一带去年水灾,今春麦尚未熟,民间谋生无策。"

上曰："凤阳地瘠民贫,饥荒自是难堪。"圣意恻然久之,又问："江苏风俗如何?"

斌奏曰："前年臣陛辞时,蒙皇上面谕,苏州风俗奢侈浮华,当以移风易俗为先。圣驾巡狩,谕臣民敦本尚实,返朴还醇。万姓无不感动。臣仰奉皇上德意,朝夕告诫,风俗亦渐改观。"

上问："吏治何如?"斌奏曰："江南吏治,自于成龙、余国柱后,有司已知守法。臣遵奉功令,复多方劝诫,吏治渐归醇谨。"

上问："有司中有好官否?"斌奏曰："松江知府鲁超才具亦优。"

上曰："祖进朝何如?"奏曰："祖进朝朴实人,操守真廉,士民爱戴。前议降调时,民间罢市,群聚臣署号泣乞留,臣敢据实上闻。"

上问："高成美何如?"斌奏曰："其人亦有才。"

上曰："作官有才固好,若操守不谨,恃才多事,反为民累。"斌奏曰："诚如圣谕。"

上问："总督王新命何如?"斌奏曰："事体晓畅,与地方安静。"

上曰："操守能仿佛于成龙否? 于成龙之廉,世间原不多见,亦难以此律人。但能与地方相安亦足矣。"

又问："今直抚于成龙何如?"斌奏曰："成龙曾为江宁知府,臣知其人清而不刻,且有才略,有担当。用为巡抚,天下服皇上知人之明。"

上曰:"往日闻吴中乡绅多事,近日何如?"奏曰:"苏州乡绅,如大学士宋德宜居乡最善。"上曰:"朕知之。"奏曰:"汪琬养病山中,不与外事。缪彤亦杜门读书。其余俱谨慎。臣在任年余,实未见乡绅以私事干渎。彭定求之父彭珑、彭宁求之祖彭行先皆年高,品行甚端。臣于朔望集士民讲解上谕,二人必来叩拜龙亭,为士民之倡。"

上曰:"有博学好古之人否?"奏曰:"吴俗素重文学,隐居著述者亦颇有人。"

上问:"下河开海口事如何?"奏曰:"皇上命尚书萨穆哈、学士穆成格等,与总漕徐旭龄及臣询问下河民情。臣等遍历海口各州县,初来人众言语嘈杂,不能归一。即各州县水道海口亦不相同。大约其言以开海口,积水可泄。但四分工银,今年荒歉,恐不足用。惟高邮、兴化之民闻筑堤开河,毁其坟墓庐舍,皆甚言其不便。部臣公议,以筑堤取土艰难,工必不成,且毁人坟墓庐舍,非皇上轸念民生之意。开海口工亦浩大,恐多费帑金,不能奏绩,不如暂停为便。臣与徐旭龄议,以目下遍地皆水,工力难施,暂停未为不善,遂同具题。但念此事乃我皇上巡狩江南,亲见民间房屋淹没水中。圣主恫瘝念切,随命大臣相视海口,简选贤能,开海泄水,真尧舜之心也。今议暂停则可,若竟中辍,非臣子所敢擅议。且上流之水滔滔而来,下流无一出路,不但民间田地永无涸期,且恐城郭人民将有不测之患。如兴化,去年城内水深数尺。万一三五年间再遇水灾,一城付之巨浸,臣等何所逃罪?"

上曰:"汝意云何?"斌奏曰:"淮扬实天下泽国,若曰开海口则水遂尽涸,臣不敢为此言。但水有去路,开一丈则有一丈之益,开一尺则有一尺之益。使浮溢之水渐去，则旧日湖河之形可寻。再加疏浚筑防，工夫自有次第。然举事当念民生，尤当重国计。若多费帑金而水不能尽涸，非长策也。请无多发帑金，止于七州县钱粮中酌量款项，暂停一二年起解，留为修河之用，此外再议设处之法。总之，以本地民力，本地钱粮，开本地海口。心既专一，工不误用，不作大举，不多设官，渐渐做去，当有成效。"

上曰："此意曾与萨穆哈等言之否？"奏曰："臣与总漕臣徐旭龄曾向萨穆哈等言之。"上曰："本内何未叙及？"奏曰："当时先起清字稿，不便繁琐。萨穆哈以奉命询问民情，止当以民间口供开列具闻，此言俟上问及，当面奏，候皇上睿裁。又海内灌坏田之说，臣以为无虑。臣询之土人，当日范仲淹筑堤时，海水与堤甚近。今海水远者百里，近者六七十里。海之潮汐，犹人之呼吸也，有一定时刻，有一定分量。平日海潮所及，原不甚远。江河之水为海潮所涌，乃江河之水，非海水也。飓风海啸，非常灾异，岂可预计？"

上曰："此理朕所深明。人不知潮汐之理，故有此言耳。"

遂命至内廷，赐食，谢恩而出。

是日也，臣斌自彰义门外趋朝，未及转奏，因九卿奏事，有言臣斌至者，即奉旨传见。顾问殷殷，奏对匆遽，语无伦叙。仰蒙圣恩优容，臣不胜惶恐，谨纪其大略，以识恩遇云。

睢州泰山庙碑后记

康熙庚戌之夏，予方读《易》潜阳书屋，泰山庙僧真清造门请曰："郡有某氏拖欠国税，借鼓铸铜本若干两，及期不能还，将毁家堂所供佛像，以偿铜价。居民杨国祯等捐赀代还其价，迎佛安置庙内，敢求文以记。"

予曰："佛，方外之教，庵寺供奉固其宜也。乃始祀之于家者何意？今一旦欲毁之以付鼓铸，又何心也？居民代为偿债迎像供养，可称义举，必求文以记之，无乃有名心欤！"

真清默然良久，而后言曰："所为某氏者，故黄门公子也。当其盛时，田庐万顷，楼阁如云，舆马童仆，声势赫奕，可谓极矣。复于居第内构精舍，造佛像，穷极工丽，朝夕祝拜，盖欲长有此富贵也。曾几何时，而子孙不能守，向之田庐楼阁已易他姓。即至佛像，亦几不免毁废，盛衰倏忽如此，岂不深可叹哉！且当时之势与区区市廛之民相去甚远也，今反赖其力以完逋负，岂富贵之不可长保而贫贱之有余力欤！抑鬼神不可妄干，而害盈福谦，亦理数之必然欤。是庙也，在通衢之会，固冠盖之所络绎也。倘进观庙像而询所由来，必将感废兴之无常，识威势之难恃，当有悄然而思，憬然而悟者矣！此居民之所欲书也。"

予闻其言，以为庶几近道者，遂述之以为记。

卷四　书

上孙征君先生书

去冬得侍几杖,蒙指诲真切,佩服无斁。昔豫章见龟山曰:"不至此,几虚过一生。"诚哉,是言也。亦夔来晤,得拜手教,期望之意殷殷弥笃。自顾何人,敢不勉励! 君山至,备询起居,知道履康胜,盛暑注《易》,孳孳不倦,非仁智合德,纯一不已者能之乎! 今精神益健,眉寿无疆。孔子曰:"仁者寿。"于今益信矣。

亦夔见示格物说,真千古定论。①斌窃尝三复古本《大学》,此谓知本,此谓知之至也。在本乱而末治节下,盖修身为本之本,即物有本末之本;格物之物,即物有本末之物;致知之知,即知所先后之知,即知止有定之知。格致诚正,所以修身,所以明德。明德为本,新民为末;修身为本,家国天下为末,一也。此即示人以格物致知之功也,下接所谓诚其意者,一段中间反覆。明德新民,止至善而终之,以此谓知本。可见圣学②入手,惟在诚意。而致知格物,则诚意之功也,原不得分为二事。所谓格物者,格明德新民之物也。明德新民虽并举,其实总是明德。明德即是仁。仁者,以天地万物为一体。一民未新,即吾德有未明处。故曰明明德于天下者,明德新民必止于至善,则格物为圣学③彻始彻终,工夫可知矣。又举听讼一事,盖新民之一端,而大畏民志,即明明德也,故曰此谓知本。古本原自明白直截,非有错文,亦无劳补义。后章如"好而知恶,恶而知美,若保赤子心诚,求之虽不中,不远所恶,于上毋以使下"云云,皆格物致知之最明白易见者也。故一部《大学》皆格物,特未处处明言格物二字耳。

千古圣贤,心心相印,毫发不爽。《大学》之格物,即《中庸》之明善,《孟子》之集,义理一而辞异。不然,若数圣贤各有心得,漫不相合,所谓传心者何事哉?唐虞授受十六字,辨晰危微,精以察之,一以守之,格物也。非礼勿视、听、言、动,与夫非礼之礼,非义之义,大人不为格物也。亲亲而仁民,仁民而爱物,各有差等不同,兼爱格物也。即至演《易·系辞》,穷神尽变。礼仪威仪,三千三百,无非格物也。故曰道外无物,物外无道。朱子以古本有错简,为之改正补传,心良苦矣。然明德新民、止至善各为一传。本末、格致、诚意,各为一传,文义似为明晰,而下手头绪反不如古本之直截归一,此阳明古本之复,诚不容已,而非有意多事,起后人之争端也。格物之说,阳明以朱子穷至事物之理为偏,属知程子曰:"穷理亦多端,或读书讲明义理,或论古今人物而别其是非,或应事接物而处其当,皆穷理也。"又曰:"致知之要,当知至善之所在。如父止于慈,子止于孝之类。"朱子曰:"或考之事为之著,或察之念虑之微,或求之文字之中,或索之讲论之际。"此与孔曰"博约",孟曰"详说"同义,固非徒求之外物而不验之身心。以亲还父子,以义还君臣,以序还兄弟,以别还夫妇,以信还朋友,可谓真切简当矣。

然亦未有不稽之往哲,考之经传遂能处之咸宜者也。其或泛览博观,弊精耗神,本性汩没于汗简竹册之中,此则不善学者之过。

阳明大声疾呼,拯其陷溺,溯流穷源,不得不归咎朱子。然究其为说,正以救其流弊,而非操戈。后人不察,或诋朱子为支离,或病阳明为虚寂,皆未睹《大学》之全者也。阳明以良知倡天下,功信伟矣。但言无善无恶心之体,而龙谿遂并意知物皆为无善无恶,则觉有刺然不安者。孟子④因性善二字费无数精神,正学始赖之以明,此正示人以大本大原,令其在在时时,兢兢业业,为天下后世,虑者诚远也。阳明"无善无恶心之体,有善有恶意之动",此言本自精确,而龙谿之言,则恍惚茫荡,与禅学何异？恐后学为其所误,君子未免归咎阳明也。愚陋之见,不知有当否,乞直示之。

家居人事纷扰,兼差繁赋急,无子弟可托,不能时常相从于百泉夏峰之间。又学识疏陋,不足鼓舞同人,振兴吾道,负谆谆提诲之意,实切悚惧。韩子新约,明岁请台驾过河为嵩少之游。伊洛之士,皆将负笈相从。倘如其请,真千古盛事也。

《宗传》念庵诸文,愚意止存其论学语,前后叙次,皆可删去。盖此书原为明道,非选文也,如何？

里中有田生名兰芳,字梁紫,习古文辞。近复潜心理学,久欲抠衣从游,以舌耕商丘,未得如愿,谨先以姓名达之座右。

《睢阳人物志》繁杂已甚,失实者多,未敢呈览。止摘出数公,皆学问事业确然可入《中州人物考》者寄上。

商丘刘山蔚,名榛,好古君子也。寄其家传二册,其意欲《人物考》附以列女,庶闺芳藉以不朽也。舍亲袁生名赋谌,字仲方⑤,向慕高风,慨然有立雪之意。赋诗四首,呈览观之,亦足见其志矣。

临启不尽瞻依。

校记

① 文会堂本无"去冬得侍几杖……真千古定论。"

②③ 山平堂本"学"为"贤"字,从本祠堂本。
④ 山平堂本"子"为"氏"字,从本祠堂本。
⑤ 山平堂本"方"为"芳"字,从本祠堂本。

在内黄寄上孙征君先生书

斌庸陋无似,得侍起居,仰见先生动静语默,无非道妙。一堂之上,太和元气。朱公掞见程子,如坐春风中,景象不是过也。更蒙提诲谆谆,示之以体,用之大全,勖之以责,任之难诿。自此以后,夙夜砥砺,断不敢时刻稍懈,以负真切指授之意。

别后三日至内黄晤仲诚①。任道之勇,求道之切,今日罕见其匹。得此良友,殊为欣慰。与君侨同订《理学宗传》,挑灯商确,常至夜分。窥管之见,不敢不竭。但学识疏浅,错谬恐多,为惴惴不安耳。

先妣传刻完,呈上十本,附此陈谢。临楮不尽瞻依,悚切之至。《星聚堂记录稿》奉览,乞付之骥臣。②

校记
① 文会堂本"仲诚"后有"张进士名沐"数字。
② 文会堂本无"《先妣传》刻完……乞付之骥臣"数语。

又上征君先生书

春仲在夏峰,承先生饮食教诲,感何可言!近觉从前悠忽度日,未有精进工夫。遇事拂乱,不能做得主定。痛自警醒,总是集义工夫有疏,应事接物以至暗室屋漏,一念之动,不合于义,则此心不能快足而气馁矣!

学者上生千古,下生千古,总要复得本体,与天命流通。若稍有夹杂,便成隔碍。稍有亏欠,便不充满,安能上下古今贯通一气?古圣贤千载而下,光辉发越如日月经天,正是真精神不可磨灭。然真精神正是戒慎不睹,恐惧不闻所生。此道见得真,自无歇手处。孔子至七十从心所欲,不逾矩,亦未尝住手。若说有住处,便非乾健不息之体。

学者让第一等人不做,做第二等,便是自暴自弃。然工夫谈何容易?人自有生以来,俗根习气渐染。日久时俗乖正,抵当最难。一事有失,终身莫救;一念不谨,遂成堕落。尔室有愧,梦寐难安。《孟子》牛山诸篇,真令人如冷水浇背也。此斌近日体察较前稍真,不知有当否?乞明示之。

过陈留晤心周,设榻为竟夜之谈。言言真切,不作一体面浮游语。而善气虚怀,令人佩服,真悔过之已晚。同志之友,最为难得。相去百余里,便同咫尺。相约以后不时往来,互相砥砺。夹辅有人,不胜欣跃。

先生五世一堂,大德遐福,古今罕觏。俚言一幅,自愧浅陋,不足称扬万一[①]。

校记

[①] 山平堂本"万一"后有"适遇荩臣之便,籍手献身上。临风依依,不尽鄙怀"数语。

三上孙征君先生书

去岁侍几杖,甚蒙策励。别来倏复一载,未能专使修候,瞻仰函座,不胜依依。

某赋质庸劣,年来因敝州苛政骇人听闻,人心汹汹,不能自安。既挽回无术,而又不能漠然,此心遂为所动。思以鲁斋之贤,当时河内有苛政,惟有避地一法。既力不能为,徒累心无益。又思孔子①畏匡,尚不动心,何况今日?总由见理不明,故主心不定。杜门静坐,体察天理。久之,觉一切外事可惊可骇,皆属平常。如疾风阴霾,不过一时。即至变出不测,亦自有道理处置,此心遂觉洒然。拂逆之来,渐渐不至扰乱。至若游行自在,独往独来,断断不能。每见先生事务繁沓,天真湛然,因物付物之妙,心甚企慕,不知何以臻此也。今章君摄篆,以经术为吏治,中州人心稍安,奈不能久借寇君何。

承谕《洛学编》,前河道邵公亦有字言及。②某近苦经书训注太繁,论说不一,虽反复翻阅,终无心得。欲斟酌先儒之说,平心理会圣人立言之意,不穿凿,不附会,定为一编。五经中《易》与《春秋》为难,故先治其难者。此非数年工夫不能草草脱稿。今奉先生命,欲暂辍经书,从事洛学,但敝州书籍甚少,恐有遗漏。且义例体裁未奉明示。前君侨曾言及此③,如有稿本,乞发下参酌,庶可早竣事也。

去岁归家,作《五世一堂》古诗一篇,适高荩臣至,言即往谒,随托代献,不知曾尘览否?十一兄命作先生像赞,先生道德纯备,非末学所能窥测。勉构数言,伏求教正。

天气渐暑,惟节劳怡神为道,保重是望。

校记
① 文会堂本"子"为"氏",从本祠堂本。
② 文会堂本无"承谕《洛学编》,前河道邵公亦有字言及"一语。
③ 文会堂本无"前君侨曾言及此"一语。

与田篑山书

岁前聆雅诲,甚慰渴怀。以节近匆匆,未得久留,期新正奉邀茅斋,樽酒细论,至今未见惠临,不胜企望①。

某庸劣无似,昔与曹厚庵、魏环极诸先生游,稍稍闻其绪论。谢病归田,实欲与同志共证斯道。吾州英俊颇众,肯究心圣学者亦未多见。夹辅无人,遂因循偷惰,几至沦落,时一猛省,为之惕然。盖师友讲习,为益最多。孔子曰:"学之不讲,是吾忧也。"此道与师友讲明一番,则此心光明一番。盖讲学为己,非为人也。古人尊师取友,岂徒为声气哉?

近世圣学不明,谈及学问,便共非笑。不以为立异,即以为好名。不知立异好名,诚学者之弊。而本体不明,工夫无序,虽剽窃前言往行,终是不著不察,终不免为义袭,而取今世功利。训诂词章之习陷溺人心,天之所与我者几不可问。训诂词章固是害道,而功利之害为甚。今人起一念,举一事,微细追求,未有不从功利起见者,若不细细讲明,未免认贼作子。

足下笃学力行。某游历中外,求友四方,所中心向往者,足下而外无多人也。惜相②居稍远,不能时时请益,恐志气昏惰,无人警策。行年四十,已非少壮可比,实实望足下脱去形迹,不时鞭策,来州则设榻茅舍,面赐指诲,勿存一毫情面。即不能常会,手札相商,亦不得将就许可。孔子曰:"朋友信之。"面是退非,非信也。一毫不信,非友也。君臣、父子、兄弟、夫妇,非朋友讲明,不能各尽其道。故朋友之伦,所以经纬夫四伦。犹五行中之土,五常中之信,故愿与足下存此一大伦。勿如世俗,但有朋友之名而已也。

吾郡先哲,如轩介肃、吕司寇、沈文端、宋庄敏、杨晋庵,皆一代伟人,海内共知。孙先生已采入《人物考》矣。外此,或德行、节义、文章、政事,虽不能如数公之显著,亦不可没没者。皆乞多为搜采,但期真确,不可如郡志之滥耳。《人物考》内原无烈女,欲请孙先生增入。如得其详,更乞录示。此亦某之所急欲得者也。

草草奉复,不宣。

校记

① 文会堂本无"岁前聆雅诲……不胜企望"数语。
② 山平堂本"相"为"所"字,从本祠堂本。

答田梁紫书

昨承台顾,匆匆言别。居止稍远,不能时聆教益。每有晤会,又常草草错过,未获实实考究。身心与世之往来徒了人事者,无大差别。远如朱陆,近如龙溪、念庵,析疑辨惑,绝无一毫盖藏,我辈似当体此意。仲诚为学,次第书呈览,余容面悉。

与刘心周书

昨过莘野,连床对语,永夜忘倦。年兄体道切深,气象光风霁月。而论学真切恳至,不作一体面浮游语。弟骨力脆薄,正苦夹辅无人,日就昏惰,乃于同里同年中得同志良友,可以时常切磋,何幸如之! 以后凡遇便,即求赐数言策励。弟偶有所得,亦随便求教,必实实体勘入微。

汪村先生曰:"不敢以实未了然之心,含糊归依;不敢以实未凑泊之身,将就冒认。"八字著脚,真实理会做工夫。晦翁于象山之外,不再许人,良有由也。

《白鹿讲义》一册呈览,临楮瞻企不尽。[1]

校记

[1] 山平堂本无"《白鹿讲义》一册呈览,临楮瞻企不尽"二语。

答褚怀万书

此道无古今,无圣凡,人人可以自尽。然须先识本体,识得本体,工夫已在其中矣。不然,终是习不著,行不察;终是义袭而取。

孔子曰:"学之不讲,是吾忧也。"今人以讲学为立异好名,不知师友讲论一番,则此心光明一番,乃为己,非为人也。古人尊师取友,岂徒为声气哉[1]?

胡敬斋先生践履笃实,与月川可相上下。至于发明道体,有功圣学②,似难与考亭、姚江并。故孙先生列之明儒考中,与康斋、白沙同为一编,位置或亦不错。

校记

① 此段话与《与田篑山书》中第二段数语略同。
① 山平堂本"学"为"贤"字,从本祠堂本。

上郡守宋公书

秋深气爽,万宝告成。执事福履其旋,应与岁功并茂。托在峤嵘,殊切欣慰。缠册一事,仰荷嘉意。厘剔真利泽无穷,睢士民衔恩不朽者也。报竣之后,闻复驳回,即向赵尉处取钧票,公阅仁言利溥,不禁加额相庆:吾睢何幸得执事!

直究利弊之源,为吾侪子若孙计永久也。独至徭役大军不折一语,则不能不窃有请者。睢阳卫地共有四项:曰大军,曰新增,曰余屯,曰徭役。弓口惟徭役,以二百四十步为一亩,其起科独少大军、新增、余屯三项。总以三百步为一亩,约计小地十亩,折行粮地八亩,犹之州地之二亩折一亩,商丘等县之或四亩折一亩,或三亩折一亩之不同。虽创始莫能详求,而奉行业已久远,此前代二百余年之遵循,亦我皇清定鼎来所率由而未改者。迨庚子、辛丑间,蠹书诡影过多,钱粮难敷,遂有以大军三项强作小亩派粮者,是名为挤地。年来追比不前,逃亡相继。上以误官,下以病民。幸执事犀照破奸,杜绝永弊,真万民更生之会也。而卫书辈久蠹其中,视为利薮。挤地既久,而诡影愈便。故朋谋密议,必不肯尽行清楚。今乘钧票,一言遂公,然号于众曰:"大军与徭役一同不折,已奉本府明文矣。"竟将肆行征派。士民哓哓，莫知所由。某等深知执事轸念穷黎之慈衷，与厘奸剔弊之盛心，必不令蠹书假借，使版籍紊乱。士民无所控诉，故敢合札奉启，以仰副见委谆切之意，乞发钧示，令各项地亩概从旧例，不得那移纷更，庶里役无以藉口矣。

总之，卫地自经丈量之后，花户与地数皆可按籍而求。除徭役一项外，凡军新余屯，查缠册内小地十亩者，赤历内注地八亩；小地一顷者，赤历内注地八十亩。则从前之挤地自去，而当年之旧例自复，在蠹书之言必曰：依小亩则足额，依旧例则不足额。不知地犹昔日之地，本朝赋役全书，额地额粮，悉依故明之旧。昔何以大亩而足额，今何以必挤地而后足额？此非诡影之地多，即缠外余地之未报。前屡奉明示，令花户自首，四邻举报，不啻墨尽颖秃矣！今竟有花户报册在官，而里书遗失无存者。夫欺隐而不报者，责在花户；已报而遗失者，责在里书。里书所司何事？托言遗失，果否出自无心？总之，不欲地亩清楚耳。

某等以为诡影之地，缠外未报之地，未有里书不知者。总责里书，勒限清报，期于大亩足①额而止。既无亏于国课，复有利于民生，泽及千家，恩流奕世，州士民惟有焚香顶礼，效九如三多之祝而已。

事关民瘼，伏惟鉴照。

校记
① 山平堂本"足"为"定"字，从本祠堂本。

上粮道张尔成公祖书

客岁奉谒,荷蒙雅爱,古道交情,近今罕觏。

漕米旧例官收官解。去年蒙执事轸念茕黎,准解原征漕银,发滩役代买。官吏省盘费之累,士民免接济之害。造福地方,功德无量。格外之恩,何敢再望?然今岁时势更有不同,某谊切桑梓,不能不再为祷吁也。去岁止,州判丁忧解任,今岁吏目亦缘事斥逐。衙官之署,空然无人,万不能官买矣!外此里丁代买,既干功令,惟有差役买米一法耳。凡兹胥役有何才识,见利忘身,比比皆然。若领银到滩,任意花费。正额漕银,必至不敷。欲另行赔补,官吏无点金之术。即追比原役,而花费者不能复还,敲扑终属无益。若加派接济,则旱蝗告灾,穷黎难堪再剥。况目下协济桃源派柳六万隆冬守候河干,颠连万状,真仁人君子所恻然悯念者。接济之说固执事之所严禁,即时势亦所万万不能者也。

伏乞准照去岁例,将额银解上,发滩役代买。庶胥役不得①借端分费,里甲不至重累,即某伏处乡间,亦同农夫野老歌颂弗谖矣。

校记
① 山平堂本"得"为"能"字,从本祠堂本。

与管河郡判冯公书

桃源协柳一事,蒙执事嘉惠,穷黎就近设厂,省转运之劳,九属受恩无量。睢州派柳六万遵奉严檄，俱已星速上纳。但梢数繁多，限期迫促，采办运送，昼夜拮据，亦不能给。某等谊切急公，反覆筹画，有一通融之术，实官民两便之道，敢冒昧渎陈，希赐采择焉。

睢州旧有柳梢约四万有奇，久贮河干。年来疏浚得宜，宣房无恙。今协工告急，似宜载运前去，那缓就急，既以慰河台西望之意，复以见执事救助之功。新派柳梢接续上纳，报完，协工之数既足，仍补完河上旧梢，以备万一之用。在执事不过略为通融，而民间稍缓须臾，遂可免典妻鬻子之苦。不然，限期逼迫，势难周转。鞭笞①虽施，亦鲜成效。执事天地父母之心，谅必恻然动念也。如曰枝梢各年派定，不便那移，窃思枝梢与他项钱粮不同，堆贮河滨，日久亦渐糜烂。存之数年，竟归乌有。谁非百姓脂膏，何忍听为弃物？若一通融，不但有益东工，且本地收以新易陈之效。执事福德鸿厚，自是平成永赖。即或培固堤堰为预防之计，而旧数依然，新陈较胜。况士民孰无本心？感恩图报，方衔结不遑；踊跃欢呼，上纳更自敏速。

某等窥管之见，不敢不竭。伏惟慨诺，幸甚，幸甚！

校记

① 山平堂本"笞"为"策"字，从本祠堂本。

答耿亦蘷书

昨辱赐顾，言下直截了当，无葛藤回互之病，真任道之器也。复承手教，字字真切。且虚怀可挹，不胜佩服。虑把持不定，及事物留滞累心,具见工夫。近里著力,非从事口耳者比。

愚以为学者当先明心体。心体既明,日用间只用提醒,法使心常在,莫令昏去,自无闲思杂虑,不用把捉。若把捉,反添一念,越见杂乱矣。朱子曰:"人只一心,识得此心,使无走作,虽不加防闲,此心常在。"又曰:"心只是一个心,非是以一个心治一个心。所谓存,所谓收,只是唤醒。"又曰:"学者常用提醒此心,使如日之升,则群邪自息。他本自光明广大,只著些子力去,提醒照管他便了,不要苦著力,著力则反不是。"合三说观之,大要可睹矣!

朋友讲习,最为得力。常常对正友讲论,妄念自无由而生。朋友难得,又不能常相会。同里有一田梁紫,又设教商丘,数月不能一面①。此君是真用功心身者,异日相遇,幸莫错过耳。

孟尹玉年翁见赐《云浦先生年谱》,深感厚意,幸代致谢。②

临楮不尽愿言。

校记

① 山平堂本"面"为"晤"字,从本祠堂本。

② 山平堂本无"孟尹玉年翁见赐《云浦先生年谱》,深感厚意,幸代致谢"数语。

答耿亦夔书

茅斋一晤,忽忽又复经年。相去不过两舍,不能时时请益。每一念及,为之惘然。足下英毅笃实,吾党领袖,同人仰慕实殷。

承教检得"慎思"一语,时为照对,具见工夫之密。此道惟在人所不见处用功。离了事亲从兄,处事接物,何处讨本性著落?离了戒惧内省,何处讨复性工夫?打并此心,归之一路,久久自有宇泰天空景象。不然,欲治私而万起万灭之私愈不可治,何由见宁帖①时乎!文章千古事,得失寸心知,况心性之学乎?

校记

① 山平堂本"帖"为"贴"字,从本祠堂本。

又答耿亦蘷书

前屡承手教,知用力真切。循环读之,不胜佩服。

吾辈处世无无事之时,亦无皆如己意之事。事物拂乱,正学问得力处。定静安虑,总由知止。知止工夫在格物致知,此知之本体,是天所赋我的。能致知的本领,亦是天所赋的,但人不肯用力耳。能致知则意可诚,心可正,廓然而大公,物来而顺应矣!此事未可腾口说,亦难求速效。

答施愚山书

去岁秋杪接手教,浣露读之,如侍左右。至仲冬,吴冉渠公郎于书筒中得年兄先生寄札一函,乃庚戌六月二十五日书也。以时计之,在枉驾敝庐之先,盖六阅春秋矣。三月之内两拜大教,曷胜欣慰!

年兄道德文学为海内所宗,齐鲁西江,坛坫相望。游屐所至,抠衣受业者甚众。倡明吾道,非年兄其谁望乎?弟材质驽下,不能日承鞭策,此中徒怀郁郁耳。孙征君先生天不慭遗,已于乙卯之夏捐馆舍。以时方多难,即归窆矣。远承慰存,并贶双金,即托友人寄之苏门。其家偶有因人受过一事,长者皆出门经理,未得报书。俟寄到,当另觅便奉上也。子完深荷高谊,感颂不容口。子完朴实长者,热心为人,多受人负,诚如台教,可谓相知之深。

闻耕岩先生即世,此弟仰止数十年者,不得一遂问字之愿。先生晚年遁迹空山,造诣益深,必有遗书可绍先哲。年兄自当为之表彰,若有付梓者,求示一二。

施兄虹玉工夫笃实,有真精神鼓动,后学未易及也,闻之不禁向往。吾道衰颓,总由躬行实践者少,利欲之根难断,巧伪之术易工。苟非察识本体,扩而充之,终日终身,绵绵密密,曾无渗漏,何由对天质人,不愧不怍?一切聪明意见,门面格套,皆是的然日亡,误人一生。惟年兄从直赐教,千里如同堂也。

孙先生志铭冢嗣,委弟为之,草草不文,奉寄一册,求斧削为感。欲言百端,不能备悉。

答姚岳生书

舍弟西旋,承寄手教。叙性道大原,归于太极,累累千余言,详且尽矣。又惠社艺九篇,皆醇正雅当。反复读之,知河洛之间,复有如月川、云浦者出焉。吾道之幸,不胜喜跃。独其文辞过恭,若欲问道于盲者,则何敢当此!

道无古今,无人我。象山谓东西海有圣人出焉,此心此理同也;千百年上下有圣人出焉,此心此理同也。学者必求得于心证,其所谓千圣同原者,勿牵滞于文义训诂之末,则善矣!来书引朱子言:"人须是于大原本上看得透,仁义礼智,每日开眼便见四字,则世间道理,若决江河,沛然莫之能御。"此言最为真确。仁义礼智,开眼便见,则应事接物,无非天理流行。此不是寻章①摘句得来,亦不是空空思索可至,必须日用伦常,随处体认天理,久久纯熟,自有得力处。

识得本体,好做工夫;做得工夫,才算本体。先儒立论,各有所重。心之精微,口不能言,况笔之于书乎!惟好学深思,心知其意,始为善领略。近代一二名儒辨析极其精详,不为无功,而分别过甚,反滋后学之惑。本体未明,工夫无据,即阐尽道理,终属门外汉。周子所谓太极,岂徒索之天地阴阳乎?亦证取人之所以为人耳。

登封与贵里密迩,逸庵造诣笃实,近闻仲诚侨寓超化,试过而问焉,必有相发明者。道不远人,学有余师,努力精进,仰望实切,行人勒笞相待,匆匆不尽欲言。

校记

① "章"字本祠堂本为"常",从山平堂本。

与耿逸庵书

初春有小札并致仲诚一函,想久达座右矣。嵩少之约,二十年未得一遂。今四方多故,不敢轻言出门,正未知何日能践耳。

巩县姚岳生端谨好学,志向颇正,不远数百里问学于某。询及道履,颇能言其大概。虽未得立雪门下,而仰止甚切。某以岳生密迩讲坛,宜奉教左右,不宜问道于远。相留二十余日,以闻兵乱辞归。今后学苦于无志,言及此道,不惊骇则非笑之矣。能徒步往返八九百里,降心执弟子礼,此其虚怀非近世士也,愧某无以益之。先生学术行谊,为人伦模范。乡里后进,尤宜奖掖,惟进而教之,异日当有成就。

征君夫子夏峰建祠,某有小引,奉启同人,想已传致,惟鼎力倡率为荷。《志学会约》呈览,敝郡同志如徐迩黄、田梁紫,工夫可称精进。少年中如吴子淳、张珮行,皆颖悟非常,此道似有兴机。先生以数言鼓励之,真百朋之赐也。临楮不尽欲言。

答姚岳生书

去岁远辱惠顾,自愧鄙陋,无以相助。别后未遇便鸿,音问疏阔。西望嵚岭洛浦,时切伊人之想。足下天资颖异,志趣高明,且与逸翁坛坫近在咫尺,朝夕质证,其进自不容已。

来教虑外物牵泥,私念起灭,疑本真未透,涵养未熟,具见进修之功。愚意二者实兼有之,外物亦不能却,私念亦未易灭,此中主脑,惟在必有事焉。一句若丢却,必有事功。夫万起万灭之私,何由可止?昔王心斋先生一念爱亲,出于真诚,久久纯熟,忽心量洞明,悟性无碍,遂觉天地万物为一体。自此行住语默,皆在觉体中。足下今高堂眉寿,兄弟怡怡,此人生最难得事。于事亲从兄之际,时时要见真性发露。推之应事接物,处处著痛痒,久之自见全体,浑然物我无间,特[①]不可徒向古人窠臼,作一场好话说过也。初入道,怕抵当流俗不过,一切世情纷华,念头才起,便当断却。贵庄在山中,人情朴厚,胜敝地数倍,为学较易。

药饵之赐,深荷雅意。逸庵一札求面致。

校记

① 山平堂本"特"为"时"字,从本祠堂本。

与李襄水书

足下正学强骨,清操长才,天下无其伦比。莅任以来,一尘不染。兴利革弊,造福百姓,闻之殊为欣慰。

近闻均役一事,本欲①拯民困苦,而守郡者辄为中伤之。端赖洪都诸君子谅其苦心,公道犹存。然时至今日,作善良非容易。天下君子原少,上官岂能尽贤?且人情难测,我辈爱民之心常切,而事上之才常拙;任事之意常盛,而弭谤之术常疏。万口欢腾之时,忌者即从中而起,往往然也。故今之吏黜弊去其太甚,举事必存小心,循规蹈矩,无露锋芒。异日当国家大任不茹不吐,正在此时磨炼出来,勿谓异己者非我辈药石也。

校记

① 山平堂本"欲"为"为"字,从本祠堂本。

答广文魏闻野书

圣政日新,比隆尧舜。待选者鳞集阙下,犹念及告病官员,令保举起用。皇上爱惜人才之至意,古今罕觏,臣子何心,其忍恝然!地方官仰承德意,保举人才,自是盛举。被举者不敢冒昧承当,具呈辞逊,亦是各尽其道,难进易退。古之人皆然,何足怪也。皇上本意怜才,而地方官不能相信,遂至夤缘干求,是此典徒开天下奔竞之门。以此起用,欲受职之后清白无欺,岂可得乎!

州守程公爱贤重士,卓有古风,某所深感。恐天下如程公者不可多得耳①。军政一案,本府驳语隐隐。为此,既不能相信而欲苟且,求一转详,自处无乃太苟简乎?古之人未尝不欲仕也,又恶不由其道。承谕程公难于具结,某以为仍保举则难于具结。若以为既有此事,免其保举,竟行回销,似无甚难。又承谕托人向郡守一言,此正某所以坚辞之意也。出处大节,三十年所学何事?十四年林下,只如旦暮;过此再十四年,即成六十老翁矣!人生如白驹过隙,安能枉道博一区区方面哉?

某昨复具一呈,恳辞乞致意,程公即据以回报。总之,臣子谊当报国,地方官相信而故辞之不可也;功令甚严,地方官不相信而必强之,亦不可也。某之自处如是,惟足下教之,草草具复不宣②。

校记

① 山平堂本无"耳"字。
② 山平堂本无"草草具复不宣"句。

答张仲诚书

刘仲藏至,拜读手教,甚慰渴怀。闻先生久寓超化,往来嵩少,与逸庵印证所学,此吾道昌明之会。借保举一事作合,真奇缘也。

来书云"存心必实,见所谓心而存亦不虚;养性必真,知所谓性而养自不眩"诸语,可称透宗,佩服无量。某窃妄意五经四书,字字从原本发挥,今人惟不真识所谓性,故以圣道为平实者多滞于形迹,而不知圣道不离日用饮食,而非粗浅也。以圣道①为高远者,或涉于虚空,而不知圣人穷神知化,而非虚空也。耽虚空者固茫无把柄矣!以日用饮食为道,而不明原本,则行不著,习不察,何由上达天德乎?

程子之学在主敬,此自己②得力处,原有存养工夫在内,故其言曰"存养是主人,省察是奴仆",非若世人把持装缀之谓也。阳明致良知乃③是就平日得力握要处举以示人,即诚正工夫亦在内,亦非世人重知遗行之说也。凡真儒立言,虽若偏主工夫俱包体用,惟《大学》、《中庸》首章说得分明完全,人真信得道,不可须臾离,何时可不戒慎,何所容其袭取?

某才本④庸下,正赖良友夹辅。乃相别十载,梦寐依依,不得一晤,安得《嵩谈录》三卷尽付一读,为豁开茅塞之助乎!仲藏无事,可代为抄写,幸授原稿,不知可否?

秦中近已大定,闽海又已廓清,楚蜀荡平,应在指日。此番劫运既过,庙堂当有一番久安长治,规模非大贤不能任此。且难进易退,固士君子之节,而仕止久速,又有非可用人意见者。以先生今日所处,似西行在所难已。兵火之后,抚绥残黎,登之衽席,亦我辈快事,不知先生以为何如?

校记

① 山平堂本"道"为"贤",从本祠堂本。
② 山平堂本"自己"为"乃己",从本祠堂本。
③ 山平堂本为"乃",本祠堂本为"第",从山平堂本。
④ "本"原文为"木",正之。

答李襄水书

闻足下遂动拂衣之兴,果尔使生民不得被大儒之泽,似不可也。然贤者出处,关系世道、天相、国家,恐有欲退不得者。

以义论之,身在危疆,委曲担荷,方圆并施,经权互用,总以保固地方,拯救残黎为念。古之君子当此境界,尽有苦心不可告之人者。及事过险出,人皆服其深心大力,足以宏济时艰。物望愈重,巨任将归此一道也。若事有难为,奉身而退,以威武不屈为高,此亦一道也。二者总内度之心而已矣。

进退所关,要彻底打算。合乎天理,无一毫私心,则进退皆道也。"出处"二字非人所得与,故某不敢为执一之论,略布区区不尽。

再答姚岳生书

一别数易星霜,怀思殊深。生自前岁奉召,匆匆北上。自揣疏庸,不足仰副盛典,不谓滥竽侍从。史局重大,编摩难就。入春以来,手不停笔,衰病侵寻,支缀不易。卷帙浩繁,载籍缺略。幸同事人多,交相策励,大约明岁春夏,草稿报竣,或可乞身耳。

耿先生力任斯道,河洛正传为之大振,不禁神往。足下朝夕请益,当有心得。此道不在多言,惟时时刻刻将先圣先贤言语反复寻绎,一一体会上身来,久久得一贯通处,是真主脑。先圣先贤,无闲言语,句句是要义,只被千百年来皮肤训诂埋没,令圣贤垂世立教,字字从诚意中发出来的,都晦昧不得显现,亦散漫不得归一。所以,学者靠不得书册,却离不得书册;离不得师友,亦靠不得师友。惟得之难,此理斯真为我有。故圣人循循善诱也。观夫子之告曾子与告子贡一贯者,可识其旨矣。

答耿逸庵书

前岁得读"为学"六则,平正精实,次序分明,已勒之座右矣。去春复拜手教,兼惠佳咏,彼时即锐意束装,欲寻嵩少之约,偶以事阻。未几任修志之役,入秋卧病兼旬,惟切驰仰耳。来札似有惠顾之意,同人无不踊跃。睢涣间得借大贤过化,何其幸也。伫望伫望。

承教"道本中庸,作不得一些聪明,执不得一些意见,逞不得一些精采"三语,最为精当。某谓人生一落躯壳便有气质。自有知识以来,各就气质偏重处积染成习,未易脱离,必须消磨,不使乘机潜发本性,得以用事,方可言学。然习气根株已深,力量最大,发不及觉,觉不及持,夹杂隐伏,消磨实非容易。方自以为刚毅也,而中藏客气;自以为密察也,而实多粘缠。与人似恭敬也,而陪奉世情之意常多;论事似持平也,而依阿不断之意时有。利心即不动矣,而名心未必全消;邀福之念不生矣,而殀寿未能不贰。凡此皆非真金,经不得烈火一煅。诚使日用动静尽是天命流行,则本性自有明觉,而非作聪明也;本性自有正见,而非执意见也;本性自有光辉,而非逞精采也。

先生有过人志行,过人力量。某所夙夜仰止者,不能时时就正,为歉然耳。张仲老《嵩谈录》便中付岳生,录示为感。家累众多，婚嫁未毕，田薄赋重，追呼日迫。出门既难，便鸿又稀，何时追随杖屦，了此一段心愿也。

答耿逸庵书

刘生至，得接手翰，如侍函座。某前札请教中多率易之言，所云日用动静，尽是天命流行，工夫纯熟后当是如此。明得尽渣滓都浑化，谈何容易？我辈只是惩忿窒欲，迁善改过，是切实用功处。时时见有善可迁，有过可改，便是学问进益处。此心不可令昏散，亦不可躁迫，如养鹰，如驯雉，只要耐心久之，上臂归庭，自有日也。

承教"未去穷理，便说涵养，却涵养个甚的"，具见体认之精。某思穷理功夫亦未易尽，必待穷理尽后方用涵养。何时是涵养时？穷理非空空穷理，程子谓："或读书讲明义理，或论古今人物，别其是非，或应事接物，而处其当，皆穷理也。"又曰："只整齐严肃，则心便一。一则自无匪僻之干，此意但涵养久之，则天理自然明。"又曰："若不能存养，只是说话。"又曰："敬以直内，是涵养事。"如此，则涵养二字亦分不得在穷理前后。今人把涵养二字看得空了，故易流于虚寂。穷理是零碎积累的工夫，涵养是主宰本原的工夫，固自无容等待，无容分析也。程子云："涵养须用敬，进学则在致知。"朱子亦曰："主敬以立其本，穷理以进其知，二者不可偏废。使本立而知益明，知精而本益固，二者亦互相发，固未尝截然分先后也。"惟先生再详示之，六则似无病也。

闻修葺嵩阳书院，此举甚善。某林居二十年，因循颓惰，虚度光阴。今圣主下求贤之诏，大臣有以贱名误尘天听。部檄已到，不能辞免，进退维谷。料衰废之余，不堪振拔，放归山林，践嵩阳之约有日也。想荣补期近,遄驾北上,把晤长安,何如①?

校记
① 山平堂本无"闻修葺嵩阳书院,此举甚善……遄驾北上,把晤长安,何如"数语。

答顾宁人书

前岁山史自关中见访,询及交游名贤,即曰:"吴郡顾先生品高学博,国家典制,郡邑掌故,天文历象,河漕兵农之属,无不洞悉原委。坐而言,起而可,见诸行事,真当今第一有用儒者也。"复①晤甫草元礼,往往言与山史同。某私心向往,冀或旦暮遇之。屏居邱园,过从稀简,又足迹久不及四方,度无从奉教左右。一旦承先生手翰远及,若以某为可与言者,感愧何如?

吾道之衰久矣,得大力阐明,岂非斯人之幸!承谕"近日言学者溺于空虚无当",最中今日流弊。窃谓孔门七十子,称颜子最为好学。孔子所与终日言而不违者,今《论语》所载,不过"问仁"、"问为邦"两章而已。言仁以视听言动合礼为目,为邦以虞夏商周制度为准,喟然一叹,亦以博文约礼为夫子之善诱,则圣贤之学非空虚无当也明矣!至曰"一贯",曰"无言",总见圣学全体大用,内外合一,动静无非道妙,亦非虚空之说所可假借。阳明良知,实从万死一生得此,把柄当时,确有实用。今人不求所以致之之方,而虚作一番光景玩弄,故流弊无穷。某妄谓今日无真紫阳,亦未必有真阳明也。

大刻精确,有裨世道,敬服敬服!惜不能得《日知录》尽读之。

何时面聆台教,闻所未闻乎。

校记
① 山平堂本"复"为"后"字,从本祠堂本。

与田篑山书

去秋匆匆北上,虽诸同人赠言多劝勉之辞,而弟自信疏庸,必蒙放免,不过数月可以言旋,不成久别也。不意被命修史,此事古人所难,如弟即勉力为之,不知可告无罪否? 足下三长具备,无有为朝廷言之者,可惜也。天下有司马子长,而使之逍遥局外,则其书亦可知矣。临时有可以请教者,当详细具陈,乞不吝指南。

今有求书之令,郡中故家藏书尚多,有裨史事者,劝令出献,当膺破格之赏。徐迩老、张于老两先生相继作古,吾道何赖? 徐先生平生不尚著述如我,子传与足下论学诸札并制义数十篇,皆心力所在,可与同志商量付梓,以永其传否? 此亦有关系事,似当图之。又李澄野夫人殉节事,大笔定当为之作传,乞赐一读。都下必有咏赞其事者,非有佳传不可。近日作何功夫,有何新作,便中统求赐教。

顷接公垂札,云道体稍稍违和,想已大康,伏惟为道保重。临楮依依。

与田篑山书

　　一别遂及两载,怅望殊殷。山蔚见示徐先生制义,今又获读论学诸牍与足下所叙行略。徐先生一生学力具见于此,诚后学所当尽心也。弟庸腐无似,滥竽史局,执笔为之,始知才力不逮,马、班无论矣,陈承祚、李延寿何可及哉!

　　近见人侈口备责前人,皆坐不解事耳。张先生抱影河滨,三①十年声光俱寂,其躬行心得之妙,岂外人所能及知?但史目断限,尚未议定,即夏峰先生亦在商榷,正可相例也。忠节门人物甚多,不敢遗漏,无问于②在内在外。台意具悉,无烦过虑也。

　　衰病侵寻,入春过甚。史事全无头绪,而告归者已多。近于自求便安,故有所不敢。若史事粗就,即可乞身,不能俟其成也。

　　知行并进,敬义夹持。千圣心传不外此八字。必须百情刊落,方能证取。此非实历过者,不能知圣贤妙谛,不可作语言文字观,正以此耳。

　　弟以吾乡礼多不经,妄欲作一通俗家礼,因循久之,未能脱稿。今在京复不暇为,乞足下慨然任之,弟得附名卷末,此亦明礼正俗急务也。

　　闻足下六忠祠前新置一宅,喜甚喜甚!异日各各回家,衡宇相望,一大快事也。

　　徐先生传不敢辞,稍暇草一稿请教。为道珍摄为望。

校记

① 山平堂本"三"为"二"字,从本祠堂本。

② 山平堂本"问"后无"于"字,从本祠堂本。

答田篑山书

六月二十八日得接五月二十八日台函,言及礼文之编,谦让过甚。引考亭云云,以为必有积于立言之先者,然后可得而言。又云,是书虽以通俗为准,必当上溯古经,以穷其源,使人知礼所自来,为吾日用之所不可缺。下酌时宜,以浚其流,使人于礼皆可尽,不苦吾财力有所不能办。旨哉言乎! 非有道者谁能为此? 此某之所以逡巡而不敢任;此某之所以谓非足下不足任也。中州之以礼自持,学博综而审权衡者,足下之外有几人乎?

吾夫子曰:"立于礼。"又曰:"不学礼,无以立。"若平时未尝讲明,一旦临事,即平日知其不可者,亦随俗行之。盖中无所主,骤难执持也。即欲执持,而哗之者众,卒亦变而从之也。倘如考亭言,虑后日为此病败,则亦求勿败而已矣。若虑其必败而不为,非有志之士所敢安也。凡著书,草创规模为难。至斟酌损益,尚赖朋友。文①不必太奥,奥则人难晓也;亦不必太繁,繁则人难知要也。某辗转思之,终以为非足下不能任,愿足下留意勿让也。不然,吾州幸有一好古秉礼之君子,而不能成此书,则末流颓俗谁与砥乎? 亦可叹也②!

史事武庙以前草稿粗就。总裁日事劝讲,领事繁多,不能专及,未免有头白汗青之嗟。承谕:"渐入所见所闻,不得误于无稽。"而各极深趣,三复芳规,饶有余味,谢谢。③

张徐两先生传自不敢忘,细读鸿篇,不减崔蔡,愈不敢草草。惟少宽以时日,当勉报命。徐先生《墓碣序》《学后录》,求赐一读。

夏月与仲诚论学，此公真不可及。崔玉阶深于易理④，制行端方，此都门⑤良友，敢附以闻，余不尽。

校记

① "文"为山平堂本字，本祠堂本为"又"，从山平堂本。
② 山平堂本"也"后多一"已"字，从本祠堂本。
③ 山平堂本无"史事武庙以前草稿粗就……饶有余味，谢谢"数语。
④ 山平堂本无"理"字，从本祠堂本。
⑤ "门"字本祠堂本无，从山平堂本。

上总宪魏环溪①先生书

先生道德经济，清操峻望，朝廷倚为柱石，士林仰如斗山。凡有奏对，皆国计民生，贤才进退，治道升降所关，至诚剀切，足以感动天心。皇上虚怀采纳，言无不从。明良相遇，天下拭目以观太平。

近复辞司寇之命，请留总宪，以汲黯自拟，皇上亦嘉悦而留之。君臣相信无间，三代而后不多见也。先生正色立朝，百寮严惮。所谓"猛虎在山，藜藿为之不采"，固不在条举一二事，纠参一二人，遂足尽职掌，称报效也。而都下搢绅以及儒生不能尽明斯义，以为翘首跂足，愿闻谠论。而两月以来未闻有所论说，议论纷纷。近闻有江南监生冯景致书台下，不知曾尘清照否？某未见其书云何。又有云此书已达政府，呈御览者。料此言必不确。而口语藉藉，至有公言于班行者，某实闻之。蒙先生下交二十余年，又辱荐牍。知己之感，古人所重。若有闻不告，非事大贤之道，且非所以报知己。

盖自请留任，为近代不经见之事，故自处较难，无再拜他官之理。而总宪非久居之地。壮往直遂，非大臣之道；而委蛇顺时，非自任之谊。盛名难副，晚节难保，先生详审之。某不敢以此闻于人也。

己未六月十七日

校记
① 四库本"溪"为"极"字。

答刘叔续书

前荣任朱襄，即奉德音。旋应召北上，未得一晤清辉，抱歉殊深。敏修入都，盛称足下持躬教士，矩矱卓然。日切仰止长安，鹿鹿未得修候。乃远承手翰，谦冲过甚，令弟致命再三，嫌于自外，不敢不仰承①高谊。

仆学无原本，疏懒自废，二十年林泉，与渔樵为伍。时人以为淡②于名利，似稍知道者，其实不然也。窃尝负笈百泉③，侧闻绪论。学者首在志道而遗利，重内而轻外，以圣贤大道为必当，由异端邪径为不可蹈。其功在主敬穷理。程子曰："涵养须用敬，进学在致知。"此入道真诀也，惟在细心体认。

今师道久废，胶庠虚设，士风日颓，振兴匪易。柘邑素习近古，足下一禀先型，以身为教；敏修刻志躬行，精进匪懈；歙州田梁紫践履笃实，学极渊邃，此皆可与夹辅进德。十室必有忠信，惟要有真精神鼓励多士，秉彝具存，必有贤者应之。胡安定、曹月川岂异人？任君子思不出其位，毋以蓿斋冷局视为不足为，与世俗同类相效也。

讲学只在当下所处之地,所处之时,舍此而谈空说悟,直作一好话头,讲过终与自己无益也④。仆生平不敢为此学,以为今天下大病,总坐一"伪"字。有来相问者,惟欲先去此字,然后有商量处耳。

校记
① "承"字本祠堂本为"成",从山平堂本。
② 山平堂本"淡"为"澹"字,从本祠堂本。
③ 本祠堂本"泉"为"门",从山平堂本。
④ 山平堂本无"也"字。

与刘叔续书

前远承手翰,更劳令弟赐顾。值史局初开,编摩无暇,未得少尽鄙曲,抱歉良深。

夏月,张仲诚先生在京时常晤对。其学真脚踏实地,其要在于主敬。程子曰:"整齐严肃,则心便一。一则自无非僻之干。只才整齐处,便是天理。别无天理,只常常整顿,思虑便一。"此一段是仲老得力处。而仲老与崔玉阶先生皆精于《易》,学有心得,不依傍前人,制行皆端方,确有把柄,此当代真儒也。惜仲老不免西川之行。西川当有贤者待其陶铸,不独残黎沐德化也。士君子行止皆关天意,非人所能为也。

因便附候道履。拙卷本不足观,因令弟前欲观,今呈览。

答黄太冲书

戊申,承先生赐《证人会语》,又得读蕺山遗书,知吾道真传实在先生。当时渡江匆匆,未得面悟,至今歉然。戊午入都,于叶讱庵处读《待访录》,见先生经世实学。史局既开,四方藏书大至,独先生著述宏富一代。理学之传,如大禹导山导水,脉络分明;事功文章,经纬灿然,真儒林之巨海,吾党之斗杓也。承乏试事,拟撤棘后一登龙门,遂夙昔之愿,乃蒙主一惠。然远临台函。眷爱殷殷,若以为可与闻斯道者。某何幸得此于先生哉!

窃以学者要在力行。今之讲学者只是说闲话耳,诋毁先儒,争长竞短,原未见先儒真面目。学者不从日用伦常躬行实践,体验天命流行,何由上达天德?何由与千古圣贤默相契会?如此即推,奉先儒与诋毁先儒,皆无当也。蕺山先生曰:"心体是圆满的,忽有物以撄之,便觉有亏欠处。自欺之病,如寸隙当堤,江河可决。"切至之言也。

先生曰:"蕺山从严毅清苦中,发为光风霁月,学问缜密而平实。《人谱》一书,真有途辙可循,不患不至上达。"此善论蕺山者也。承命作《蕺山学案》序,自顾疏陋,何能为役?然私淑之久,不敢固辞。目下匆匆起行,不敢率尔命笔。舟中无事,勉拟一稿,请教。得附名简末,遂数十年景仰之私,为幸多矣。

《忠端公集》盥手拜读,如对道容,敬谢,敬谢!临楮瞻依,言不尽意。

与黄太冲书

去岁承乏贵乡,未得一瞻光霁,幸与长公晤对。深思静气,具见家学有本,为之一慰。

《蕺山先生文录》,承命作序。某学识疏陋,何能仰测高深?逡巡久之,窃以先生忠诚忧国,似司马君实;奏对详明,似陆敬舆;骨鲠清直,似汲长孺。虽未尽其用,而大疑大案,据经廷诤。维持国体,保护正人,世道人心,补益宏多。其学辨析义理之几微,究极天人之奥窔,此孔孟之真传,濂洛之嫡派也。某生也晚,私淑之诚,积有岁年。但识既污下,笔复庸俗,不能称述万一,惟望芟其芜秽,正其讹谬,不至大有乖误,受赐多矣!

学路久迷,事事皆为奔走声利之场。诋讥先儒,树立坛墠,雷同附和,不知身心安顿何处?深惧吾道荆榛,虽勉自砥砺,独行寡助,如瞽者之怅怅①无所适。伏望时赐指南,加以鞭策。倘有所进,饮水思源,敢忘所自?文录、学案,何时可公海内?蚤惠后学,幸甚!幸甚!

校记

① "怅"本祠堂本为"伥"字,从山平堂本。

答陆稼书书

先生正学清德①,仆②私心向慕久矣!承手教及大作,仰见崇正道,辟邪说至意,嘉惠良深,敬谢,敬谢!

来[3]谕云:"孔孟之道,至朱子而大明。学者但患其不行,不患其不明。但当求入其堂奥,不当又自辟门户。"此不易之定论也。再读《学术辨》云:"天下有立教之弊,有末学之弊。"又云:"泾阳景逸,未能尽脱姚江之藩篱。[4]"皆极精当[5]。非先生体认功深,何能言之凿凿如此!

独谓仆[6]不欲学者诋毁先儒,是诚有之。然有说焉。仆少无师承,长而荒废,茫无所知。窃尝泛滥诸家,妄有论说。其后学稍进,心稍细,甚悔之。反复审择,知程朱为吾儒之正宗。欲求孔孟之道而不由程朱,犹航断港绝潢而望至于海也,必不可得矣。故所学虽未能望程朱之门墙,而不敢有他途之归。

若夫姚江之学,嘉隆以来几遍天下。近年有一二巨公倡言,排之不遗余力,姚江之学遂衰,可谓有功于程朱矣[7]!然海内学术浇[8]漓日甚,其故何与?盖天下相尚,以伪久矣。巨公倡之于上,随声附和者多[9]。更有沉溺利欲之场,毁弃坊隅,节行亏丧者,亦皆著书镂板,肆口讥弹,曰:"吾以趋时局也!"亦有心未究程朱之理,目不见姚江之书,连篇累牍,无一字发明学术,但抉摘其居乡居家隐微之私,以自居卫道闲邪之功。夫讦以为直,圣贤恶之。惟学术所关,不容不辨,如孟子所谓不得已者可也。今舍其学术而毁其功业,更舍其功业而讦其隐私,岂非以学术精微,未尝探讨,功业昭著,未易诋诬,而发隐微无据之私,可以自快其笔舌?此其用心,亦欠光明矣!在当年桂文襄之流,不过同时忌其功名,今何为也?责人者贵服人之心,自古讲学,未有如今之专以谩骂为能者也!或曰:孟子尝辟杨墨矣,杨墨何至无父无君?孟子必究其流弊而极言之,此圣贤卫道[10]之苦心也,何怪今之君子与?

夫阳明之果为杨墨否,姑未暇论[11]。窃以为[12]孟子得孔子之心传者,以其知言、养气、性善、尽心之学,为能发明圣人之蕴也。盖有所以为孟子者而后能辟杨墨,熄邪说,闲先圣之道。若学术不足继孔子,而徒日告于人曰:"杨墨无父无君也,率兽食人也。"恐无以服杨墨之心,而熄其方张之焰矣。孟子曰:"今之与杨墨辨者如追放豚,既入其苙又从而招之。"则知当日之与杨墨辨者亦不乏人矣。今无片言只字之存,则其不足为轻重可知也。然则杨墨之道不传于今者⑬,独赖有孟子耳。今不务为孟子之知言养气,崇仁义,贱功利,而但与如追放豚之流相颉颃焉,其亦不自重也已。

来⑭谕云:阳明尝比朱子于洪水猛兽,是诋毁先儒,莫阳明若也,今亦黜。夫毁先儒者耳,庸何伤?窃谓阳明之诋朱子也,阳明之大罪过也,于朱子何损?今人功业文章,未能望阳明之万一,而止效法其罪过,如两口角骂,何益之有?恐朱子亦不乐有此报复矣!故仆⑮之不敢诋斥阳明者,非笃信阳明之学也,非博长厚之誉也,以为欲明程朱之道者当心程朱之心,学程朱之学。穷理必极其精,居敬必极其至。喜怒哀乐,必求中节;视听言动,必求合礼;子臣弟友,必求尽分。久之人心咸孚,声应⑯自众。即笃信阳明者,亦晓然知圣学之有真也,而翻然从之。若曰能漫骂者即程朱之徒,则⑰毁弃坊隅,节行亏丧者,但能鼓其狂舌⑱,皆将俎豆洙泗之堂矣,非仆⑲之所敢信也。

仆⑳年已衰暮,学不加进,实深自愧,惟愿默自体勘,求不愧先贤。或天稍假以年,果有所见,然后徐出数言,以就正海内君子未晚,此时正未敢漫然附和也。今天下真为程朱之学者,舍先生其谁归?故仆㉑将奉大教为指南焉。道本无穷,学贵心得。胸中欲请教者甚多㉒,容专图晤,求先生尽教之㉓。

校记

① 《三鱼堂全集》中此句后有"为人类师表"。

②⑥⑮⑲⑳㉑ 山平堂本及《三鱼堂全集》"仆"作"某"字。

③⑭ 山平堂本及《三鱼堂全集》"来"作"台"字。

④ 《三鱼堂全集》此句后有"圣人复起,不能易也"一句。

⑤ 《三鱼堂全集》无"皆极精当"一句。

⑦ 山平堂本多一"矣"字。

⑧ 《三鱼堂全集》"浇"字为"之",从本祠堂本。

⑨ 《三鱼堂全集》此句为"今天下深明理学者固众,随声附和者实多。"

⑩ 山平堂本无"卫道"二字。

⑪ 《三鱼堂全集》无"夫阳明之果为杨墨否,姑未暇论"一句。

⑫ 《三鱼堂全集》"窃以为"为"窃以为不然"。

⑬ "然则杨墨之道不传于今者"一句,山平堂本为"杨墨不传",从本祠堂本和《三鱼堂全集》。

⑯ 山平堂本"应"为"气"字,从本祠堂本。

⑰ 山平堂本"则"为"彼"字,从本祠堂本。

⑱ 《三鱼堂全集》无"但能鼓其狂舌"一句。

㉒ 《三鱼堂全集》"胸中欲请教者甚多"一句后,有"连日五更入朝,薄暮下直"二语。

㉓ 《三鱼堂全集》在"教之"后有"不宣"二字。

答友论学书

某少遭丧乱,学无师传。入仕与曹厚庵先生同直史馆,得承指示。年少心粗,方留意词章,未能穷究根柢。泛滥先儒之说,时悟时悔。静坐久之,觉喜怒哀乐未发时,真与天地万物同体。日用之间,四端随时发见。但存养功疏,故扩充无力。

濂溪以来，师友授受，原有真传秘旨。不从本原透彻，不从存养得力，将先儒真切指示之言，都作影响混过，何由融会贯通？近世功利词章之学陷溺人心，不知天之所与我者何在？徒袭取先儒形貌，妄分畛域，所言非所见，所见非所履，亦可怪也。

某日事编摩，心血枯槁。遥企函丈，恐终无缘面觌，为此生缺陷事。更望时惠德音，临风翘瞻。

与宋牧仲书

阅北闱《题名录》，知令五弟介山高捷，不胜雀跃。俟入都，当恭贺也。

浙闱文章，素称最盛，而亦弊薮也。以某庸碌，滥叨斯任。同考诸公，广文几半。且年皆迟暮，与此道茫然。闱中费尽心力，费尽唇舌，卷数八千二百有余，限以半月。且疟疾大作，不敢言劳，每日漏下四鼓始休。虽额数有限，不能无遗珠之叹。而入彀者皆苦志芸窗，且多藜藿不充之士。榜下皆啧啧称叹，言此科孤寒吐气。某闻之殊不自安。天下才人原不尽在孤寒，某亦何所容心？或主司贫苦，气类偶相感触耳。出闱后与抚军诸公约，断不敢一事相干渎。公筵之外无私会也，无私札也。浙中例，候举人亲供全始解卷。举人有远者，一时不能至。询之学使，言往科亦有不候亲供之例，遂与抚军言于九月廿日解卷。某遂于廿二日遣牌，廿五日登舟矣。此某奉使之大略也。

某离家三载，老母年高，借便归省。于子老入都，匆匆漫陈一二，乞赐垂照。敝衙门诸先生与同乡诸公，未敢一字相候，乞为道意。

答闽抚金悚存书

先生邃学宏才,为中朝领袖。顷者入境,大疏具见振刷实政,公恕严明兼而有之。长安道上,无不叹服。

窃以今日吏治坏极,百姓苦极,有司亦困极。不但八闽为然,而八闽为甚。大贤风示于上,自应丕变。然事有难为,不无阻碍。要在大力深心,且须去泰去甚。从来化否为泰,固自有渐。惟大端既正,风行草偃,不劳而成,固不必事事改易也。海上善后之策,为今日第一要务,至尊明见万里,庙算宏深,迥出恒人意表。但身在地方,倍为亲切。绸缪经画,期于尽善。封疆重任,惟谋久远,不在铺张。圣主缓台衡之命,暂畀南服。宵旰筹度,良有深意。固知姚宋韩范并于一身,非先生不可耳。

某才本庸菲,承乏史局,昼夜编摩,心血耗尽。自五月十三日,复奉命进讲内廷,至七月内改讲期于启奏之前。每日五更入朝,昧爽进讲。无论学术疏浅,不能仰助高深。且年力衰惫,史事方急,形神交瘁,枝梧无术。虽一切应酬尽行谢绝,恐终不能无负主恩。

知己之感切于中怀,故不禁言之觊缕。南方风土异宜,伏惟珍摄,不宣。

与杨筠湄书

向于邸抄读大疏,以为汉之汲长孺、唐之张曲江于今再见。国有直臣,社稷之福。倾心向慕,晤教无从。近者秉衡三晋,人颂欧阳。

某于各省学宪，概不敢以一函相通，故不敢破例达尺素于左右。然有一事欲闻于大君子之前，藏之胸中，逡巡而不敢者数矣。既而思之，若于试事相干涉，则断断不可。若阐扬潜德，或亦大君子之所乐闻也。赵城同宗，讳家相，字泰瞻，己丑进士。孝友廉介，本自性成。言规行矩，非由矫饰①。筮仕常熟，惠政洽于人心。以催科政拙，例当左官。士民千里诣阙，号泣请留。举幡相约，输纳恐后。数载逋赋，一朝报竣。三吴搢绅，叹为从来未有。部议还职，再补南漳。地最荒残，境逼巨寇。招抚流移，训练乡勇，养民教士，具有成绩。督抚拟举卓异，而莼鲈兴思，遽赋归来。居乡杜门却扫，绝迹公府。宦既不达，家徒壁立。惟训迪后进，敦尚躬行，诚盛世之循良，儒者之卓行。古者乡先生殁而祭于社。若斯人者，以之俎豆乡贤，使后人有所矜式，实大典之光也。

门祚衰微，恐无由达之执事。某知之最深，故敢为发微阐幽之举，惟冀博采舆论，慎而行之。幸甚！

校记
① 山平堂本"饰"为"节"字，从本祠堂本。

与王抑仲书

去岁以使事出都，未得少尽鄙曲，为之歉然。归来长安道上，有称颂足下新政者，未得其详。既而知立义学七十余处，从学弟子六七百人。近且重农积谷，水旱有备。此汉代循良所为，何幸于今日见之！

"教养"二字，王道之本，近日长吏不讲久矣。某昔承乏潼关，亦力行社学、乡约、义仓、保甲四事，颇费苦心。虽寮友承行，不能尽如鄙意，然亦有效可睹矣。足下学有源本，才足经世，今日乃兼善天下之始也。某鲍系铅椠，不能躬聆弦歌，此心飞越。闻以吕司寇公诸书课子弟，此书最善，入人化俗为易，妇人女子皆能于变，真快事也。半载之后，似当课以《孝经》、《小学》。近世人才不古，若只为少此一段工夫，就中择其才可大成者，进以经书，讲明正学，三年之间，当有大贤出而应之，有功吾道不小也。贤才不择地而生，特振兴无人，遂就颓废耳，此亦天意之所甚惜也。

更闻勇于拔薙，疾恶过严，此自初政宜然。亲民之吏，慈惠为上，民既向风，威严宜弛。愚者千虑，或可一采。治行卓异，不拘俸次。旦晚内召，梓里藉荣。翘望！翘望！

与宋牧仲书

都门奉送台旌，遂如三秋。足下壮猷伟略，为三辅屏藩，舆颂一新，洋洋盈耳。吏从冰上，人在镜中，请以相赠。事繁而处之若简，民诈而驭之以诚，在足下固自裕如。然努力加餐，实所愿也。

某才本驽下，年来史事浩繁，心血耗尽，不意孙屺老荣转阁学，某滥叨新命，同张素老进讲内廷。学术疏陋，何能仰助高深？且衰年多病，风雨寒暑不辍，岂能胜任！圣主恩深，不敢控辞，足下何以教我？

兹因小价领米之便，奉候兴居，附有请者。目下盛暑，每日进讲瀛台，苦于步履，急欲买一脚力，不得妥当。厩中良骥必多，求暂借一小而驯者，俟置得即还上。借乘之风，在春秋已叹其难。朋友与共,子路以之明志,或世人以为不易者,而贤者可与言情乎! 笑,笑。

与杞县令王慎斋书①

长安晤对,退而自喜,不谓斯世复见龚黄。别后音问疏阔,时切怀想。偶有便鸿,附候兴居。

刘文烈公理学节义,彪炳宇宙。后嗣守其家学,闭户甘贫,文行可称。曾孙忠昆,相见京师。接其言论,朴诚可掬。令人想见名贤家法。笃念贤裔,扶植衰微,古道于今,非大君子其谁望乎!

圣朝表励忠节,卓冠百王。文烈公既荷旌恤,辉煌史册。四十年来墓碑未立,后人过之,几不知有斯人之墓,亦地方之阙典也。伏望与绅士公议,勒片石以志不朽。此近世所视为迂阔不足为,而先儒以为知务也。伏惟垂察焉。

校记
① 山平堂本题目为"与杞县令书"。

答沈芷岸书

去冬匆匆一晤,未得罄展积悃。别后企望云帆,不禁耿耿于怀也。

今春阅邸抄,知西闱得隽者六人,而道丈拔帜先登,曷胜欣跃。更独荷圣恩,简授中秘,从此积学树品,大用可期,不佞得以一日之雅,藉光无既。然初入仕途,择守宜慎。长安名利之场,闻见繁杂①,最易摇惑。三门急湍,砥柱良难。道丈识力坚定,宜静重养,望勿逐时好,相竞躁进。前辈典型,昭然可见。署中堂联:"人重官非官重人,德胜才毋才胜德",真座右铭也。幸勉旃而已。

江左繁剧甲天下,衰年处此,实非所宜。夙夜鞅掌,日无宁晷。久欲修贺,迁延未遑②,想蒙垂谅也。③

校记

① 本祠堂本"杂"为"难"字,从山平堂本。
② "遑"字本祠堂本为"皇",从文会堂本。
③ 山平堂本无"江左繁剧甲天下……想蒙垂谅也"数语。

答王世兄书①

去秋远承赐顾,匆匆言别,未能略展寸②心,愧歉何如!

某谬以庸菲,处第一繁难之地,救过不遑,惟恪遵功令,夙夜不怠。天鉴民瞻,时凛于怀。一载有余,未尝敢与乡士大夫以③书札相通。吴中多贵游,亦无以私相干者。某何敢以己所不欲,施之于人?且自破藩篱,将来何以自处?故万万不敢也!

今圣主振兴文教,特简学使。一时诸臣无不争自濯磨。况贵乡以名元贤侍御,处孔孟之国,自当一秉至公,洗从前之陋,副当宁④之心。士君子苦志诵读,自能邀其鉴拔。若稍存他念,则志意不立,文笔必弱,反失之矣。故惟患学业不精,不患有司不明,专心致志,不为诡遇。圣贤之道,实实在此。

某年来于千辛万苦中颇有得力,见此理颇明。因感师恩,不敢不以诚告。惟世兄稍赐垂察,毋⑤为世俗之言所移也。

校记

① 山平堂本题目为"答某世兄书"。
② "寸"字本祠堂本为"才",从山平堂本。
③ "以"字山平堂本为"拟",从本祠堂本。
④ "宀"字原文如此,音义不明。
⑤ "毋"字本祠堂本为"母",正之。

与鲁敬侯书

吴门晤后,不谓遂成远别。太翁先生台履康胜,道丈左右承欢,其乐何如!

山中岁月未可虚度,潜心经史,务求明体适用。濂洛以来,大儒之书细细穷究。蕺山先生典型尚在,黎洲、定庵学有渊源。虚心请教,必有所得。古小学,先儒讲学之地也,与同志君子相商兴复。士大夫①居乡兴学立教,变化风俗,是第一要务。但要实从立德明道起念,勿存声气、名誉、私见。成己成物,皆性分中事,不可错过此生,负天地生成之德也。

子闳端品清修,真诚君子。正当交相砥砺,以圣贤相期。士立志要高,不要卑;要定,不要杂;要坚,不要缓。让第一等人不做,做第二等,便是无志。今世士大夫以古道自持,不追随流俗者,如道丈盖不多见。不佞实有厚望,故敢略陈其愚。

不佞二十年林下,以文史自娱,实无心得。草草复出,谬承主恩,涓埃莫效,殊可愧也。每日黎明侍青宫讲席,风雨寒暑,未尝少辍。学术疏陋,老病侵寻,何能仰助高深?拟于明岁举贤自代,乞身而归,未知能如愿否耳?②

校记

① 山平堂本"士大夫"为"士君子",从本祠堂本。
② 山平堂本无"不佞二十年林下……乞身而归,未知能如愿否耳"数语。

答孙屺瞻侍郎书

淮阳水患,下民其咨。先生忠诚体国,正学宏才,为圣主特简,拯兹昏垫。君臣一德,动与天合,自当立奏平成,万世永赖。奉别数月,未敢以片牍上达左右,以先生劳心疏瀹,恐烦清听也。

远接手教,仰见大君子慎始图终。大业出于小心,非时辈漫无远谋者所可同日而语。某愚昧无识,未尝久习河务,何敢妄言?然既承下问,不敢不竭鄙见。狂瞽之言,惟赐采择焉。下河之患固在海口壅塞,然海口之塞匪自近年。只因上流不治,河淮失其故道,漕堤溃决,因而闸坝多开,止求泄上流之水以安暂时之漕,不为水求归宿之处,遂以七州县城郭田庐为巨壑矣。皇上南巡,亲见下民妇子田庐皆处洪涛之中,真若恫瘝在身,此天地覆载之心也。即尧舜之忧劳洪水,大禹之饥溺由己,何能加焉。

今欲开海口以治下河,皇上之意固专在民生,然漕运久远之计,实不出此。盖天下水未有不以海为归者。黄河北岸减水坝由沭①阳、安东等处,皆入海之路。潘印川减水坝俱建于河北岸,欲其从灌口入海也。今南岸减水闸坝之水安归乎?归洪泽湖耳!淮湖之水日增日涨,河流带沙,湖底渐高,清口太狭,则湖逼高堰。昔潘印川用高堰逼淮刷黄,宁犯大忌,浮议沸腾,而不敢轻开尺寸者,而今竟开六坝二闸矣。更②加以三十六湖之水尽注漕河,漕堤安得不危?故又开一百余丈之滚坝以泄之。其意以为漕堤不溃,则河臣之事毕矣,七州县之民命可无问也。独不思下河之地有限,而上流③之来水无穷。以有限之地供无穷之源,将来水无所容,一线漕堤势必大坏。由此言之,开海口治下河,非但救七州县之民命已也,实所以为漕运久远之计也。

今欲闭漕堤之坝,必先闭高堰之坝。高堰之坝不能全闭,欲闭高堰六坝之二三,必先塞黄河南岸之闸坝。黄河南岸有毛城铺,北岸有大谷山,徐城可无患矣。王家山以下一路减水闸坝不可稍闭,免洪泽湖之泛滥垫淤,且留以蓄水刷沙乎?自砀山以下至清河,南北减水坝三十余座,水分则流缓,流缓则沙停,将来正河运道不有淤塞之虑乎?又印川之减水坝比堤稍卑二三尺耳,今与地平矣。昔云归漕者常盈,今河能盈乎?此上河之可虑者也。

河督之坚执不移者,不过以开闸开坝费帑金无算。今日可塞,昔日何以误开?恐有从而议其后者耳。愚因于会议,向中堂九卿言之:"治水如治病,因病立方,补泄随时,难以执一,不得以后日之用补,归咎于前日之误泄。昔日开坝以保堤也,今日塞坝以刷沙也。犹先应用大黄、芒硝者,用大黄、芒硝后,应用参芪④、桂附者。用参芪、桂附各有其宜,归于愈病而已。"此言实有至理。亦欲河督开豁疑衷,从长计议,为国计民生图永远之策。此出自诚心,而不谓河督之坚执如故也。

然今日下河工程,当在范公堤外,此非坝水所能到也。但于石砼、丁溪等口开通一二处,则浮水可去,内地水当渐浅,河湖旧形当渐露。再寻访所谓射阳、德胜、平望、喜鹊诸湖旧迹,而以闸坝之水开引河以归之,再由湖归河,以入新开海口。条分缕析,脉络分明,即大禹治水亦不过如此。

若曰一开海口,而遂使下河尽为平陆焉,万万无此理也。故曰下不在减水坝之塞与不塞,而在地方官不肯尽心相助。呼应不灵,人夫物料恐难凑手耳。若诸事凑手,即当尽心严督工程,勿惑浮议。成大功者,小小顺意不足喜,小小拂意不足惧。惟先定成局,持坚忍不拔之志。如行兵然,当有定算,偶尔胜负,何足忧喜?如奕棋然,当争全局,一著二著,何足较量?下河苦水久矣,今岁之旱乃偶然耳。若尽如今岁,则海口可以不开矣。前读大疏"断无海水高于内地之事",此先生亲身阅历之言,故凿凿如此,非如他人纸上谈兵也。只此一言,便是治下河定算矣。

皇上神圣,不世出之主。滇、黔、闽、粤,指顾荡平。海外自古未入版图之地,皆立⑤郡县;汉唐以来从未臣服之国,尽来归附,岂淮扬近地开一二湮废之河道,以救数城之残黎,发自圣心,特遣部堂,为臣子阻挠而罢⑥,以为⑦圣主之心能晏然而已乎?故减水坝不可塞,则海口更不可不开。下河之水愈大,则开海口之功亦愈大。惟先生断然持之耳,某以为成功可操券而待也。

岁序聿新,藉便恭候景福。临楮匆匆,语无伦叙,伏惟鉴原不尽⑧。

校记

① "沐"似为"沭"字误。
② 山平堂本"更"为"然"字,从本祠堂本。
③ 山平堂本"流"为"河"字,从本祠堂本。
④ 本祠堂本"芪"为"耆"字,从山平堂本。
⑤ 山平堂本"立"为"入"字,从本祠堂本。
⑥ "为臣子阻挠而罢"一句,山平堂本为"若臣子可以阻挠而罢"。
⑦ 山平堂本无"以为"二字。

⑧ 山平堂本无"不尽"二字。

与王似斋书

足下有体有用,不佞所深爱。客冬晤尊公,知足下家学之有自也。顷札至,询为学之要,见足下立志不凡。为学不在语言文字之间,惟于伦理身心无愧无怍,便是圣贤一路,足下勉之。

不佞生平从不代人作文,亦未尝倩人代作。闻杞县碑文借不佞出名,寒家无寸土在杞,岂可妄列邑人之末!幸为改去,是所望也。

上虞抚讨长宁县叛民书

某章句儒生,不娴军旅。仰见明公德威远播,发纵如神。且集思广益,苟有一得,无不容纳。用敢借箸前筹,以纾台虑。

伏以长宁之事,出自意外。叛状已著,擒斩何疑?但兵凶战危,谈何容易!发兵剿捕,彼势既穷迫,必婴城自守。虽一鼓成擒,而城中士民伤残必众。即不然,或拥众奔入五指石诸巢。地既隔境,山势险绝,两省会剿,非可计日奏效也。以某愚见,彼方拘执县令,胁讨札付,是其心自知罪不容诛。外以讨札缓我之师,实暗结粤寇,俟其信息以为举动。然事犯大逆,众中必不心服,此时尚在犹豫之际,宜急遣周县丞持札授彼职衔。明公宽大坦易,闻于远近。周丞素有胆量才辨,使宣扬德意。贼既请札,必当出迎。即晓譬利害,散其党羽。邻境诸县,现今请兵驻防,一面密委彭游击率精兵千人,由山后间道以驻防邻县为名,俟周丞入城,众志懈怠,疾驰而至,掩其不备,擒缚贼徒,不过力士之能耳。如此,则一城官吏士民可保无虞。所谓不动声色而定大难,计之上者也。

兵贵神速,又机事宜密,惟明公裁断。

与耿逸庵书

自甲子秋奉抚江之命,寄书略陈鄙悃。抵吴后,以衰庸之才处天下第一繁剧之地,昼夜拮据,形神交瘁,孑然孤立。力挽流俗,与人落落,自分当难。合蒙斥谴,惟不敢时刻懈弛,上负君恩。屡承手教,有失裁答,知年兄必能心谅也。

圣主眷念讲筵旧臣,特召还朝,真希世遭逢,梦想所不及也。老母年高多病,便道归省。抵家之日,一掊荒陇,即兼程北上。一二老友,未得一面。入都每日进讲承华,盛暑霖雨,未尝间断一日。皇上好学之勤,孜孜不倦。自古人主励精图治,未有如今日者也。某学识疏陋,万万不能仰助高深。且年力衰迈,心血久竭。又会议会推,滥随九卿之后,日无宁晷,六十老翁实难胜任。君恩深重,未敢言去。且戆直与人多忤,夙夜危惧,不知作何税驾?

年兄当代真儒,讲道名山,远迩景从。长安公卿,想慕高风,何日安车蒲轮,贲于丘园?海内苍生当有起色也。《孝经易知》,牖如刻于吴门,某遍颁学宫,诸生讲习。潜附数言,稍稍阐扬大序之旨,非能另有发明也。山中功课,日加精进,注《易》成否?便中乞示一二。

南望嵩高,神思飞越。

与杨树滋书

曩承乏贵乡,过叨雅爱。识力未到,自审多愆。仰藉明诲,受益宏长。不谓一别,遂逾廿载,虽寤寐弗谖。而鳞鸿疏阔,谅在知己必能心照也。老先生正学清修,超然物表。溜上之政,无愧龚黄。遽赋归来,苍生望切。今庙堂侧席求贤,恐三峰云霞,未能久恋也。

弟谢病归田,自谓终老丘壑。不意奉诏下征,有司敦迫,不能辞免。滥竽史局,昼夜编摩。衰病侵寻,心血枯槁,头白汗青,只堪浩叹。近谬玷讲筵,山林放废日久,漫无实学,何足仰助高深?且晚乞身,庶了此蛇足耳。

拜读手教,兼惠大作,深仞注存。今海内名贤,首推贵乡。盖山川雄胜,风气完固,迥非他省所及。而先生其领袖也,二曲之精深,富平之英毅,山史之高洁,又有亭林先生千里卜邻,天下望之,真如邹鲁伊洛。何时杖屦相从,啸傲于渭川二华之间乎?独是年来转运艰难,民不堪命。幸滇池奏捷,息肩有期。前岁关门水灾,惊人听闻。知高居西庄,山水林泉可称福地,殊为快慰。

谨因便羽,恭候道履。临楮不尽依依。

与宋牧仲书

前拟过郡城,欲奉聆台诲。雨雪连绵,泥泞甚大。厩中止有一马,亦供军需,势不得不禁足也。

保举之典，乃皇上爱惜人才至意，地方官仰承德意，自当从实保举。若不相信而冒昧登荐，与彼举者稍有夤缘干求，均过也。近来每举一事，皆徒为天下开奔竞之门。故受职之后，清白无欺者甚少。弟前具呈控辞，实自揣庸菲，不敢冒昧承当。亦古人难进易退之意，非有他故也。弟与闵府尊素未谋面，何能相信？未相信而必苟且，求一转详，失己失人，君子所不为也。出处大节，三十年所学何事？十四年林下只如旦暮过此，再十四年即成六十老翁矣！人生光阴不堪把玩，何必为此蛇足事？惟望老亲家知我，幸委曲为我辞之。

闻在黄州刻《后赤壁赋》甚佳，如有，弟乞惠一幅，谢不尽。

临楮如晤。

与张王士书

武林得晤清范，别来遂已三载。崇雅堂前老桂偃松，青灯对雨，至今依依如昨也。

贵乡才薮，兄高才博学，为一时领袖。但学问之事原无止境，稍有歇手，便是退步。孔子曰："发愤忘食，乐以忘忧。"有愤便有乐，若平日无愤无乐，只是悠悠，何可言学？学者让天下第一等人不做，做第二等，便是无志。词章训诂，皆为圣学之蠹。一切填词小技，何须著意为之，望兄屏去一切，潜心经学，为近里著己之功。

异日或挂帆南去，于两高天竺之间芒鞋竹杖，重续昔游，互正所学，不知能相视而笑，莫逆于心否？

答蒙城令书

前过贵治,荷蒙雅谊,舆人之颂,遍于境内。因得悉闻冰蘖之操,春温之政,私心景重无已。入都为快翁道之,共为浮一觞也。圣主加意吏治,凡廉介自持,治行可称者,相继拔擢。贤者幸遇此时,患实政之无闻,不患官阶之不进耳。

凤、徐饥荒,道路所见,心目为恻。陛见具陈圣主,饥溺由己,深为轸恤。即日命官驰往发赈。史册所载,勤恤民隐,未有如今日者也。接手教,知麻老先生以圣主之心为心,寝食不遑,事必躬亲,饥民得沾实惠。又闻时雨立沛,秋禾茂盛,圣主一念上格苍穹,而又得贤臣宣布德意,斯民何幸,得被尧舜之泽乎!

远承垂注,南望依依。临楮不尽颀缕。

答郡守宋公书

执事恩洽九城,某沐浴仁风,匪朝伊夕,身居倚庐,常愧疏节。而执事不弃菲,每赐优容。

即如地亩一事,数年来蒙加意厘剔,真可谓费尽苦心。此番丈量,较之往年虚应故事者大不相侔。从前奸书积弊,水落石出,何能自逃犀照?乃复蒙谕谆谆,惟恐包荒捏熟,虚名顶替,受赔累之苦。此诚仁人君子,民胞物与之心也。且不以某庸陋,命同绅士公议良策,某何敢不竭刍荛之见,以资采择!惟是查核改正,造册呈报,则有不敢冒昧承任者。州中地亩四十里,及归睢宣武各卫屯,新余徭籽粒名色，头绪可谓多矣。旧例弓尺大小折数之不同，里社坐落之不一，可谓烦矣。非集十数人之目力心力，宽之时日，未能究其端绪。而某自居丧以来，五内荒迷，心血枯槁，稍有所思，即患怔忡。今复得胃痛之病，每发数日不能饮食。又且健忘。至于算法，尤平生所未究心者。家中薄产不多，每日拮据办赋，常恐错误贻咎，何敢旁及阖州之事？此不敢任者一也。

缠册数千本，必在官人役可以收掌，未有贮之私家，听人改易者。宪示内云公所，而本州经承必欲委之寒舍，阖州绅士，谁非某之亲识？缠册一到，则其门如市。改正之端一开，始虑其以荒包熟，继恐其以熟改荒。身非官长，何能禁止？此不敢任者二也。

天下权之所在，方能集事。势等编氓，何以率众？时至今日，人心日巧，奸弊丛生。荐绅之体，陵夷已极。胥蠹之势，几成莫返。若不量时势，冒昧任之，私宅固足招尤，公所亦徒滋筑舍。议论多而成功少，反足取笑，此辈负执事破格委任之意，此不敢任者三也。

昨于正月初九日集绅衿于城隍庙佥议，以为此番缠册，皆系花户自造，纵不能彻底澄清，亦不至大相悬绝。不必开花户以改易之门，但当严禁书手私更之弊。私更之弊不去，不过一载，缠册之面目全非矣。地亩则例额数，弓尺悉遵旧规。赤历尽依缠册，则从前之虚捏自去。至于二三两年所报新垦，其中不无虚捏，目下将次起科，伏乞严檄该房，责令里书另造清册，必要与缠册相符，不许册外妄报一亩。老公祖提册查对清白，仍将册内所报姓名地亩，明张告示晓谕：某年新垦若干，应某年起科。此外再私出地亩，即系里书作弊，许赴府陈告。如此，则包荒之弊可除，赔累之苦可免。缠册一样用印，另存一部于公所，以防里书私改之弊。自今以后，民间买卖地亩，止许更名，不得过里。以防那移增减，诡影飞洒之弊。征收钱粮，立前件册：某里某人名下地亩若干，照本年易知由单，应征粮若干。令花户人人共见。每限完粮,许花户亲自登册,以防柜书侵欺之弊。如此,则后患可杜,法行可永。

此皆平平无奇。感老公祖殷殷下问之意,不敢不尽其愚,伏惟垂察。如有可采,祈赐酌行。高厚之德,睢民镂刻金石,不能鸣其万一也。制中心绪迷乱,语无伦叙,统惟鉴宥。临启曷胜悚切!翘企之至。

与弟斑书

河上一别,遂已半载。屡接家报,知老母起居康胜,吾弟读书静修,殊为喜慰。赵亲家至,得接手书。连日署中有事,仅得一拜。及投启奉候已行矣。此衷歉然!新制每日入朝,不但人事废绝,且精神疲敝,职业亦难周详。家居优游自得,真神仙也。

吾弟细看书,勤作文,慎以持己,谦以与人。老兄数十年体认"天理"二字,愈觉真切。世俗浮薄之言,不足听也。程子曰:"吾学虽有所本,天理二字实自己体贴出来。"顾諟天之明命,小心翼翼,昭事上帝,皆天理之说也。愿共勉之。

附 寄示诸子家书

三场已完,遇合有数。文字工拙,可无论也。不能出省,不必强出。

闻晤张仲诚先生令郎,想是张二兄。前在内黄,极承仲老雅爱。二兄讳炳,字柴夫。天质清粹,颖悟非凡,又承家学。相别六载,学必大进。其姊丈王,讳志旦,亦美才。不曾识面,不知近亦在省否？柴夫令妇翁亦潜心端谨之士。寄去书一封,寄候仲老,当亲付之柴夫。仍问仲老近日作何工夫？图书秘典,有刻册否？近日著述有携来者,求一二种。仲老村居地名问清,以便后日或有相访时也。

田梁老、李子金,闻其议论,皆长人识见,不可不常会。遇登封等处朋友,当问你耿年伯家居近况。此同年中大君子也。

我今奉召,不敢不进京。料衰庸之才,不宜时用。且久居林下,疏慵成性,万难久居辇下。拟与诸老相见,恳求遂志。大约十月可望回家,但不敢自必耳。

今将家下事略开数款,汝宜遵之,勿贻我虑。

一、潜心读书。一、上紧完粮。一、谨慎门户。一、慎交游;二三好学有品行朋友外,不必多交,宁少勿滥。一、体恤仆从。一、凡随我赴京者,照顾其家。一、宽待佃户。一、庄上不可容留来历不明及赌博游手光棍。一、近有败类之徒,不可容上门,界限不可不严也。一、庄上地土不可不留心。此差粮所出,一家养膳所资,关系甚重。一、远方朋友,为我所敬者,偶尔来州,当礼敬之。如不知来历者,不必相会。一、朋友词讼,不可干预。一、宅中草房甚多,要小心火烛。一、乡亲相与,以谦让为主。凡事忍耐。人有不及,可以情恕。非义相干,可以理遣。切不可躁动,致伤体面。

阅试录,知你叔侄兄弟皆未入彀。看来此事固有定数,然亦人事未尽到十分。惟有用心看中式文字,勤作文。文字多做,机括自熟,平日弊病自会变化。不可杂心他务,惟举业一道,不是带著做的。

荐举,除丁忧、物故、缘事外,共一百八十六人,已到者一百三十一人。吏部具题请旨,有到齐考试之命。九月初十日,皇上驾幸温泉,约四十日回京。未到者续催甚紧,大约十月内可到齐。天已严寒,试期想在明岁二三月矣。

京中珠米桂薪,如何支持?今寓华严庵内,杜门谢客,可以静心读书。明年回家,与一二知己大兴文会,殊胜仕宦鹿鹿。今陕西李中孚、李天生、王山史、顾宁人,聚集富平;魏叔子、彭躬庵读书易堂,真千秋盛事,令人健羡!

环老深相知,亦不相强也。环老疏报中所刻止贴黄耳。及见原疏,乃累累近千言,每人俱列实事甚详。我名下有"居官清谨,二十年闭户读书,学有渊源,躬行实践,为文发明理趣,不尚浮艳"等语。"躬行实践"四字,实深自愧,亦不敢不自勉。他人皆以诗文荐,犹可炫耀才情。环老负天下重望,以此等语相荐,可不自勉,重为世所诮乎?但今长安以"理学"二字为讳,人人以诗赋见长,耳中不闻"吏治民情"四字,可叹也!

家下粮速完,诸事以谢绝为上。新中亲友,贺礼不可失。明岁先生,你二舅如不肯来,当速商量妥当,此事大有关系。三、四两儿,万万留心,看他读书不可忽。明年与你三叔、潆儿著实用工,遇题便做。此事不是说空话、耍空拳的。

吴逆已伏天诛,荡平可期。千里寄字不是容易,当逐字看过。仍与潆儿细看。寄京字亦要详细,字迹不必太楷。矜持多则有不尽之意也。

前刘光彩来,骤闻之甚为不喜。故字中最为详切,亦以我一时不能回家,恐你叔侄兄弟少不更事,再有他虑故耳。此事初本偶误,不意遂几难挽。此便是经历一事,不可轻易放过。我平日常言:"天大事皆起于细微。"古人谨小慎微,正谓此。若谓无甚关系,事且放松,人家还有甚于此者,未见怎的,此大谬也。

近日都中应酬稍暇,血气渐觉和平。圣意隆重,念应召诸臣多贫寒难支,谕户部接月量给食用。部议每月给米三斗,银三两。漫无事事,叨食天禄,感激愧汗。此出自睿虑,非由启请,亦诸臣想望所不及也。

明岁读书事要紧,三、四儿从师事尤要紧。家中八大家文四套,闲中可细看。此古文正派,粗心看之无益也。

前以寓所窄狭,庭西向,无地可避烈日,移居松筠庵内。在接待寺对门,即樊先生所寓之寺也。

近已议定,徐立斋为监修,叶讱庵、张素存为总裁。立老服阕,尚未起身。必候立老到方开馆,大约在秋末。三秋尚闲,欲将明朝书细看一番。京师不能寻买,前开去数种,除吾家所有外,你袁二叔、公垂、子淳皆可借。此事上意在必行,真千古文明圣主。有君如此,何忍负之?况各衙门事权尽在旧人,用兵在将军,修史事非儒生之责而谁之责与?此事认真做来亦不难,而总裁谦让未遑。然监修、总裁皆大手笔,与欧阳永叔、宋景濂相上下,书成或尚可观。

前有字,托你李老伯起一文会,不知行否?你们做的文字,当送去求实看。文字以显亮精采为妙,不宜深晦刻峭。

家中有稍明白的人,寻一二个来。

文文山真迹得了,甚好!朱子字原有二张,一"水源木本"四大字;一诗一首:"唐室遥遥孝义门,屹然双阙至今存"云云,有便得了,不可要人临摹的。

祠堂隔子当安锁钥,墙垣低,门户当严谨。家下以读书完粮为主。外边事不要管。四儿读经,可讲书否?书不讲,无由得通,且亦不得熟。但不必急急念文字耳。

闻田梁老近多病,偶然乎常来州中否?你袁二叔有司马公刻的大字《诗韵》,求一本。你们闲中,韵也要留心,文字不必多看,妄费精神可惜。从前工夫亦太宽泛,有余工夫细看唐宋大家,经、四书再要细细理会。

郑文十月十一日到京,知吾乡霪雨为灾,不知麦种完否?

十月殿试武进士,蒙皇上点用掌卷。自初六日入,初十日始出,宿殿前起居注馆者四日,实无多事,日费光禄之宴而已。

徐立老已到衙门,增十六员纂修。王阮亭、李贞孟两公皆同事,已开馆。吾州先辈李司空、蔡司马、鲁光禄、李恭敏、袁司马、李通政,并《唐定州传》查出,与《吕新吾先生志传》、《忧危疏》寄来。立传以实录为主,以诸家纪录参酌。若诸本皆不载,未便以私稿作据。北人著述,少功业理学表表者;南方号博学君子,皆未闻姓名。骤言之皆愕然,可叹也!

有一本《河南列女传》,系你轩二叔送我的,可查来,大抵节义不容泯没。《睢州人物志》全寄来更好。家内有两部,一部是抽过的,如前数公皆不在内,曾送孙先生故也。

汪苕老寄鄢陵梁曰《缉书》,前在省叫夏文英带回,求赵老爷往鄢陵代致,不知曾寄到否?有回札否?如有,即托公垂稍来。苕老相念甚殷。苕老人品学问,迥非近今人物。且虚怀好善,出自真情。与施愚山二公皆与我甚投合,亦不知其所以然也。

圣主右文,四方渐定。你叔侄兄弟与公垂、子淳、元长、召赓诸君子,当奋兴文事,不可委靡。韩子新《信陵祠记》曾寄到否？田梁老近日有何著作？令人抄一二篇带来看。

前《信陵君碑记》并寄韩子新札,不知曾寄到否？

三儿近老成,甚好。但文字更须用功,不必多读理题,不必多读长题,且将单句题八比文字明显纯正者读熟,细细讲与他。字要学写端楷,疏朗点画要讲明。近科各省中式卷子写讹字甚多,磨勘甚费力,皆由平日不讲明之过也。四儿读经,非先生本经。你与他正字正句读,不可先念错了,后难改。三儿读的古文不可放下,要常常温熟。

河南近科文字甚卑弱,恐学得坏了。要读好文字。好文字也,非野路文字,只要说理的确,不含糊。今科会试,题出的好,人多拟不著。俱是场中做的文字,较上科毕竟真切。总裁如杨、叶两先生,公而且明。今科会墨当细看。

四儿该讲书,且不必念文。如念几篇学规矩,且念张冲西小文章。看来读书循序,不可躐等,徒劳无益。

湖南荡平,天下太平可望,可喜！可喜！

蔡师母几时发引,不可失误了,礼亦不可薄。凡有一番家信到家。再有来札,俱要说明,防浮沉也。

邸报又两寄,家信想俱到矣。病中匆忙,寄字过于追急,遂令你三叔往返三千余里,受多少辛苦！事之不可忙也如此。

闻四儿经已读熟,可喜！当温熟四书,古文必读熟一部方好。四儿读古文,以《左传》、《国语》、《国策》、《史记》为主。八大家正当多读东坡文,韩、欧却当缓之,不知亦有理否？东坡诸论真至文也！子弟以诗书文章为事,家不至败。

闻你们病,心甚忧虑。幸俱痊可,可喜!此病不知是何证候?总之,愈后必百日方可复元。此百日内饮食起居皆当谨慎,不可忽也。

三儿幼,恐不晓事。扶光尤弱,当教之。三儿入学,你当严训之。谒见师长,拜答亲友,勿疏简失礼。

送学事自当褚遹老为首。或有分派事,勉力任之,但万不可首事也。田梁老似可补廪,一廪何足为梁老重,而当事知重贤,可喜也。礼书之编,梁老与公垂所商最善。春初幸速成方妙。

病后稍瘥复劳,缠绵百日,心血枯槁。积下史稿并一切事料理不开。孔尚信不能久住,一概回札,俱不能作,见时致意,相谅可也。

《黑龙王庙记》原是病中试笔。其中推初修庙之意,欲使一方之人为善去恶。下分两段文字,一段顶"善"字,一段顶"恶"字,而末归讲乡约律令,仍是教一方人为善去恶的意思。恐你大叔误以为箴规之言,则失之矣。盖乡间草野市井之人多,故用刀锥之利云云。贤者居一方,便要化导一方,此读书人之责也。见时幸致之,不暇另作札也。

寄来墨卷,大概妥当。此部前集幽刻较多,正集光昌。其中有人未大读者,尽有好处。

勿习作庸下。笔路也,文字也,须稍稍变动,不宜太拘谨。但不可破坏绳墨耳。且要多做便熟,机到神流。题情文境,在有意无意之间。汪苕老言:"举业做到十二分便不中。"此言可味也。

沉儿做的文,准儿写的字,便中寄一看。

王亲家至京,知家下平安。

四儿教他熟读《孝经》、《小学》后再读古文一部,不必计时日也。明春当讲四书,将小字点与他看。先辈名文,偶忆十数篇,抄与他读。不必读别的小文章。宁缓作文不妨。只要慢慢讲与他,心地明白,久之自能放笔作文。

闻家中衿绅公结,亦写我名在内,此已往事,不足论,但从无此理。现任官身,在一二千里外,家下与出甘结可乎?以后万万不可,慎之,慎之!

史事近分一代后妃传,与嘉靖各边督抚数十人,蔡石冈先生正在分中。本纪、志、表,与万历四十八年以前人物俱分,大约明秋稿可完矣。

自入起居馆,事渐繁,费渐广。不如在史馆,犹从容暇豫也。

家中以完粮为急务。约束仆从,不可犯法。近因莲陆赠我戒食牛肉文,有动于心。食其力更食其肉,忍乎?家中当永持此戒,事事以慈、俭、谦退为先,老子所谓三宝也。

施、汪两先生《绘川书院诗》寄去,可与箕山、公垂一看。

刘景多妄语,非可倚任者。遽使管庄,恐致误事,慎之!

吾家男子,以读书为事;妇女亦要有常业方好。你宋二叔家俱以纺绩为课,可法也。

书院大门工料既具,必当速成为妥。

田梁老言"修礼书如己任事",甚妙。闻梁老近日亦多病,恐是心血过损。若未命笔,即稍缓不妨。近日病中,知精神不可过费也,面时致意。

外一札寄登封耿逸老,可送柘城刘先生处。

冬月小心门户，夜间用心看家要紧。

九月内，叶讱老、张素老进讲毕，上问："衙门中学问谁最好？"二公以徐健老对。上曰："汤斌何如？"二公曰："好。"既而，以李石台、潘次耕告，且曰："诸臣学术不同。有留心理学者，有留心词华者，有留心经济者。"上曰："学虽不同，义理则一。"

此段载之《记注》。近日多病，惟欲乞归，而姓名常在至尊意中，不知何故？健老精神学问，超绝流俗，以迂疏无似之人，与之较量，恐非好消息也。

正月二十七奉上谕，添设讲官，二月初二引见。初发上谕之时，即谕阁臣曰："如汤斌可引见之。"次日，上自宫中书八人姓名：汤斌、李来泰、施闰章、曹禾、秦松龄、朱彝尊、严绳孙、徐乾学。上曰："此朕所素知，皆学问最优者。内阁掌院再斟酌，如还有好的，开来看。"次日，掌院荐胡简敬、卢琦、邵吴远、徐秉义、彭孙遹、王顼龄、潘耒七人。李来泰因甄别掌院，以昔年在家被诬通贼一案，上曾问及，遂不敢注留，以"怠惰不谨"定考。

盖甄别与添讲官，同时下引见与注考一日，不知上以前事已往无成心也。初七日引见，十五人遂去来泰，而闰章以年老口吃，亦去之。于后荐七人中用二人，孙在丰系旧讲官补用，不在此例。此用讲官起居注之始末也。

去秋病中分后半史传，以为史事可望就绪，不意分正、嘉后，隆、万目录至今未分。春月苕老已去，我亦决意请归。以送皇后梓宫之役，不敢遽言。不意点用讲官，难以病请，秋月又未必能出京。事事出人意外，所谓行藏由命不由人，自悔去秋归计之不早也。

闻吾乡旱甚，催科甚迫，何以支持？新州尊闻做官甚好，不知果否？总是完粮要紧，诸费俭用。京中盘费将尽，奈何家中诸事乱心,使你不得静心读书。惟勿杂看,精神专一方好。

　　家中年景饥荒,甚为可虑。幸设粥厂赈济,或百姓不致逃散。但不知何日开征?河夫果停否?曾托俨斋向抚台家报中言之,或可得当也。
　　管庄人容留匪类,大可恨,此当重处。各庄俱立法,稽察逃人盗贼,皆不可忽。京中无一老成人,甚不便,急望王奇速来。更得一骡子,进朝骑方好。当勉力致之。

　　我归山之意已决。今已讲《中庸》,深秋可完四书。此其时矣,家下书籍用心收著,一本不可遗失。有人借,当定限取来。近来积书家如浙之天乙阁、昆山徐氏,断不借与人书。欲观者至其家观之,欲抄者至其家抄之。乱后旧书无板,即有新刻,字多差讹。书册愈旧者愈当珍之,不可忽也。我回家赖此延年,此要务也。
　　尊经阁如何修?与殿同向否?款制何如?棂星门何时兴工?

　　本拟九月初七日出都,因圣驾还宫,八月二十五日斋戒,至九月初五始御殿,行谢恩礼,初六日当陛辞。本日驾幸南苑,故至初七日始得陛辞,十一日出都。圣驾定九月二十四日东巡,至宿迁看河,只得速行。十月初八日到任后仍星夜至宿迁迎驾。
　　家下事事小心,约束家人佃户。前字言家眷赴任,如已起行则已,如未起行,不妨从容,俟溥儿到任中面商。总之,诸事不必忙。家信中亦有不必尽依者。发回书箱四个,细心照单点检,用意收著,勿失落了。
　　江南官员乡绅,万一有至家相拜,或送礼者,万万不可会面,万万不可受丝毫,亦万万不可与他一字。此身家性命所关,非止名节也。只要州中若不知有一巡抚者方好。我受朝廷恩非常知遇,廷臣不敢望。受恩深者罪亦深,汝辈体谅,勿忽也。

出京忙甚,诸亲友未及专致,见时统致意。

前月二十日至京,以天晚不得见朝,遂宿彰义门外。次早入城,即日陛见。蒙上历问江南风俗、吏治、大小官员、乡绅贤否,及下河开海事宜,一一具对。又问途中风景,具奏凤徐灾荒,即差学士麻驰驿往赈。圣主爱民之切如此。遂命至内阁赐食。

二十四日,东宫出阁,讲四书一章;二十五日,即赴皇太子宫,同郭快老进讲。皇太子谦冲温和,降阶迎,自述诚心爱慕之意,复古坐讲之礼。

上定东宫回讲之例,讲书事事从实,非比前代具文。皇太子聪明天纵,经书精通。自六岁学书,至今八载,未尝间断一日。字画端重精楷,在虞柳之间。每张俱经上朱笔圈点,改正后判日,每月一册,每年一匣。今出阁之后,每早上亲背书。背书罢上御门听政,皇太子即出讲书。讲书罢即至上前,问所讲大义。其讲书即用上日讲原本,不烦更作。自古来帝王教太子之勤,未有如今日者也。因思搢绅家能如此教子,便当世世名卿。国家亿万年有道之长实基于此。自愧学术疏浅,不能仰赞高深,惟夙夜深励。求不负知遇耳。

皇上圣学日茂,近来工夫更加精密。每日讲《春秋》十条,《礼记》二十条,读史五十页。更研究性理之旨,词臣不能望其崖岸。当今官之难称职,未有如词臣者也。

因以赞导东宫为重,一切常朝、会议、会推,俱至阁说明不与,省多少烦杂!精神颇专一,亦一快也。

皇上恩遇过优，举朝外虽敬礼，中多忌刻。圣主体察不遗秋毫，京中固当谨慎。你们家中倍宜小心。每日杜门整理举业，按期作文。兄弟四人所作文字注明日期，便中送至京师查阅。一切外事不必预闻，勿遽求田问舍。即东房亦徐议之。刘宅若要亦好，你们当见远大，勿图小利也。世俗之言不足听。

家中事以溥儿为主，诸弟敬听，不得乱主。总以谨慎静密为要。切记，切记！

近见中牟冉解元永光刻《四书玩注详说》一部，甚佳。真有功正学，当买一部细看。

家人及佃户有生事者否？当严禁之。如你不能禁，当写字与我，请州尊禁之，不可纵他。

教四儿读文，不必新科，新科殊无好文字。人要积德，子嗣必昌。实心教人为善，教人读书，即大阴骘事，况兄弟叔侄乎？你大叔、三叔遣子来城读书，可喜之甚，当细心教之，务令作上等人。

以后衣服不必多寄。

抚台情谊，犹有古道。家下倍当谨慎，约束家人，毋许放肆，违者送官重惩。一切公事不可干与。

十二月初十日拜一疏，荐耿逸老，不知奉旨何如？每日五鼓入朝，今下《论》已讲《颛臾章》。封印在即，不知封印后停讲否？自古东宫讲学之勤未有如今日，乃知前朝具文，真无益也。

至京七十余日矣，未见一家报，殊为悬挂。老人归兴益浓，若得家书数行，即足消遣。数日而不能得，何也？

闻家下修城，州尊大有为之才。但随众，不可立异，不可怠缓。

公垂近日字甚有法，鼎甲可望，吾州益生色矣。

移居教场二条胡同，颇幽静。车马之声不闻，亦佳事也。

此番进京之日陛见，启奏凤、徐灾荒，荷圣恩遣官赈济。闻赈济得宜，甚可喜。又启奏下河事，圣恩遣孙老先生疏浚海口，但萨大司空、穆侍郎皆以回奏不实革职。其实二公久为于振甲所奏，圣怒发于今日，未免为人侧目。

又，南中君子素不喜者，借无端空言造谤。今因郭快老缺选，择讲官举徐浩轩，大忤忌者之意。每日黎明到瀛台进讲，又不能辞会议、会推。此时杜门缄口，人犹捕风捉影，欲加以罪。以疏直孤立之人遭逢异数，为人所忌，欲免难矣！且身任进讲之事，无求退之礼，不知将来作何结局？惟忠诚自矢，谨言慎行，夙夜尽职，不敢负圣主深恩。尔等家下诸事小心，以读书为主，不可一毫矜张，贻我罪戾也。

京中人多，柴米为艰，发回二人。厨子京中不可无，另择妥者代之。

岁内封印，尚不停讲。白雪盈阶青宫，黎明御讲筵，若不知有岁除者。直至二十五日祫祭斋戒，始停讲。正月十九日即开讲，未尝一日间辍。《论语》已讲完，讲《大学》矣。东宫聪明天纵，英气焕发，书旨大有发明，出人意表。宗社之灵，亿兆之福也。

正月初二、初三、初四，会议下河事。十七、十八启奏下河事，与靳总河面折廷争。幸至尊洞晰上下河事宜，总河为之词屈，始愿闭塞黄河南岸减水坝及高家堰闸坝，按月启闭。盖孙老先生文人未经历事，惟使人进京求彻回。非圣主救民昏垫，念切恫瘝，举朝谁肯赞襄此役者？

家下著实读书,外事不得与闻。蔡老师居处定否？家下远近刻碑者,不得借与官衔。

近移寓椿树胡同,即魏司寇老先生宅也,较旧寓近二里余。居贤者之室,益不敢自苟。

岁内二十五日,忽奉旨,令写江苏告示十余篇呈览。讲乡约碑文,京中竟无稿,便中速寄。

四儿既能读书,再读几部经。不通经不可言学。时文何须多读？诸孙中有好学者,令多读经,勿虚费光阴也。

赵玉老急欲内升。昨中堂、少司寇、少司马皆力荐,未蒙点用。我去后未结之案,玉老皆一一照管,毫无差错,具见周详。但所行事似未得江苏要领,声名为之顿减。幸京中有奥援,或一二月可升去耳。不然,将来钱粮考成当累手耳！

刘滋因交代迟滞,考后始进京,已无及矣。只待下次行取同考,然交代完亦幸矣！

郭琇考下卷,八年冲繁劳吏,执笔作文,自不得佳。圣主以荐者秉公,定是廉吏,特拔起。即王焞,亦因于振甲故拔之。有考在二等,以曾经崔澄荐置之。圣主衡鉴如此,真可感,亦可畏也。

闻亳人欲来树旗,此断断不可。朝廷之恩,谁敢妄干？有人问及,但称皇上圣明,自有见闻,与我无与也,万不可领！若领而不树,与树无异。

每日未出进朝讲书,盛暑霖雨,水深三尺,未尝间断一日。加以会议、会推,日无宁晷。饮食不时,劳役过度,六十老翁何以堪此？惟退直杜门谢客,不会一人,不言一事。惟会议有不得不言者,不敢默默耳。

《春秋》胡传有我批点者,与《公羊》、《谷梁》传俱送来。你李老伯病何如?附讯代我致之。

接家信,知大姊病逝,不胜伤感。又闻李老伯作古,此吾乡搢绅之持古道者,何遽至此!恸悼之极,不能执笔作字。见赵姊夫、李元长亲家、李姊夫,与我致意可也。

蔡老师进京,以马琨已归宗,老年无所倚,欲令琨次子为嗣,为终老之计。东头房张家不能回,可暂借寓,俟回去再计较。便中尝送些粮食,勿至缺乏。老年无嗣,原是最苦,用心照管可也。

四儿能读书,勤督之。既好写字,可将颜柳楷书与他看,不必学草。

蔡方麓《感应篇》寄去。

东头房大而不全,且无主楼。又经张宅另修,非我祖宗之旧。先人世爵,承平日久,积累最厚,故居第规模差大。

我系清署儒官,硁硁自守,一生贫苦。汝辈贤,师吾俭,即他日幸博一第,岂可改我家风?况士君子登一甲科,二十年不得一县令。且甲科亦何容易?世风浇薄,若止一诸生,恐再为势家所夺,又多一番可笑。如来札转当之说,亦曲折不爽利。汝辈读书不能费如许心,若坟墓旧业则不同耳。此事以速清楚为妙,清楚之时,即当另置一庄,不可花费了。

闻你在驼岭约分埋骨一事,甚善!子弟能孝友谦谨,读书学古,又能存好心,行好事,久久不懈,家道自昌。天人感应之理甚微,毫发不爽。人自心粗,不能见得。但遇好事便做,莫要放过,力不能便罢了。"勿以善小而不为,勿以恶小而为之"、"积善之家,必有余庆",此理较然,仁者善之。

长人必宽厚慈祥,方是为善之基。断不可近于刻薄。即论人论事,皆要宽一步。此自关系阴骘,非细故也。

近读许鲁斋遗书,有云:"前人谓得便宜事,莫得再做;得便宜地,莫得再去。休说莫再,只一次,已是错了。世间岂有得便宜的理?你既多取了他人的,便是欠下他的,随后却要还他。世间都有合得的分限,如何多得他的便宜?"又曰:"责己者可以成人之善,责人者适以长己之恶。责己深者不暇责人也。人欲为圣贤,何暇工夫责人?见人片长便去学他,不见人之可责也。若气不平,发言多失,又招患难。须于气不平时坚忍不动,俟气平审而应之,庶几无失。"

薛文清公曰:"立定脚,却须和平以处之。理顺心安,身自安矣。"吕泾野曰:"父母生身最难,须将圣人言语一一体贴在身上。将此身换做一个圣贤肢骸,方是孝顺。故令置身于礼乐规矩之中者,是不负父母生身之意也。"(此段讲与四儿听。)

王昶曰:"救寒莫若重裘,止谤莫若自修。"又曰:"是非之士,凶险之人。近犹不可,况较对乎?"

近来士君子看天下事皆可伪为,举人、进士、鼎甲、状头,俱由力得。即要做圣贤大儒,只要多著书,辟倒一二先儒,便是有功圣学,便做了圣贤大儒。此等识见,认真为之,天下轻浮无志之徒群归其门,一倡百和,真可怪也。圣贤自有真脉络,实实戒慎恐惧,体认天理,入手虽异,归宿则同,原无分彼此。今人且不要说先儒是非,但能有所不为,便是好的。故"行己有耻,有所不为"二句,当时时诵之。

> 先文正公家书遗失颇多,暗家藏数纸,每庄读一过,僾然如接音容。因敬集各房所藏,汇为一册,以便朝夕捧读。且贻子孙,永传为家法焉。往见宋漫堂先生梓明相国沈文端公家书一通,王阮亭先生采入

《名臣言行录》。盖辞愈质理愈切，譬诸布帛菽粟，其衣被养育之功，倍于锦绣膏粱①。故言之足传，不必尽在鸿文巨册，掇藻摛华也。

孙之暄谨识

传曰：家之本在身，以家齐本于身修，而治国平天下因之矣。夫修齐之符不必在巨，即偶尔謦咳，一斑可验其全。

睢州汤文正公生明季离乱时，于兵燹中克自淬厉。入国朝为一代醇儒，勋在两间，名标青史。溯其根本，盖肇于身修家齐也。今读其家书知之矣。家书一册，公官京师次第所寄。吾友涤斋之暄，公孙也。缮写付梓，属序于余。余曰："宾何人斯？敢序公书乎！"既思公之书，不敢妄序。涤斋梓书之意，又不可无一言闻之。事无不可告人言，则事为天下之至事。公之事无一不可见之言，公之言更无一不可征之事，是即天下之至言！天下之至言当与天下共之，此涤斋梓是书之意也。

或曰：先人手泽，不可湮没。梓，所以扬先德也。夫公勋在两间，名标青史，何俟后人表扬？涤斋欲天下后世知公之功业，悉由身修、家齐，俾有志者知所本。是书之刻，又何可少哉？至若钦祖训，念先型，子子孙孙凛家规，无坠厥声，尤涤斋不言之隐衷也。

乾隆辛未六月　考城后学梁宾顿首拜撰

言之垂世而行远者，蕲于旨远辞文。顾君子道义蕴于胸，直摅其所见而卒为，凡立言者之所莫能及，盖操觚率尔，惟正之归，自足以法天下而传后世。故又曰，言不贵文，贵于当而已，当则文。

睢州汤文正公德业彪炳海内，其遗书岿然与有宋诸大儒并世，既传而习之矣。而公之孙涤斋复刻公官京师所递家书一册，调元受而读之，见公之肫诚，上受国恩，惟惧不克报称。而特以雍和谦谨饬后昆，凡师友亲宾，谊从其厚。下至臧获，亦周不曲，引之就范，微独可为家训座铭，而官箴士诚胥于是乎在，虽恒言俗语，不必缀缉章句，如执笔学为文之所为，而理精意挚，粹然儒者之言。呜呼，足以传矣！

周元公谓治天下有本有则,端本善则之道,在诚心充溢而灌注以和亲。公家有雍熙之轨,而出抚江服,入侍禁闱,裨补于国是民瘼,顾乎其至之心渐涵朝野,寻常家邮所及,一字之浓渍乎楮墨,其根源之所从来者,深且沃也。吾尝读周元公全编,其家书具载不遗,语即米盐,悉与图说通书相表里。吾于公家书亦云。

乾隆壬申八月钱塘后学桑调元谨书

校记
① "梁"原文为"梁"字,正之。

卷五 赋、颂、论、辨、议、拟诏、露布、策、考、启、引、题跋

赋

璇玑玉衡赋 有序

臣闻蓂荚初生,古帝识明时之义;泽火成象,大《易》垂治历之文。朝廷之政令未施,奉若之仪规先备。盖敬天即勤民之本,而法天实凝命之原。自容成定握算,而六术已昭;黄帝听合宫,而五行较著。南正司天,北正司地,重黎厘职于阴阳。旸谷候春,昧谷候秋,羲和致严于分至,莫不仰观俯察。

上律旁罗,然存其理而缺其仪。未尽观占之哲,有其数而无其器,难成察稽之功。尚考《虞书》,聿垂伟制,躔度窥于寸管,星文运于圜机。聚山泽之精华,极人工之贲饰,诚《授时》之要术,步历之弘规也。然而至德难闻,成模渐致,精思罕遇,不无章会之讹。参验或淆,遂有统元之误。以建申为建亥,鲁人之月令无凭;以食卯并食辰,齐廷之度数何舛?《太初历》称邃密,寿王犹议其非;《乾象

术》号精深，韩翊尚指其短，固由天行之难定，实亦制度之未精。

观会通于古今，应彰明于昭代。恭惟皇上履端建极，丽正凝神，日就月将，光华协于天地；朝乾夕惕，奋迅象乎风雷。道在钦崇，凛曰明而曰旦；功深宥密，谨亦保而亦临。时宪之历久颁，永年之法新勒。合元会运世之终始，辨五十二家之残丛。将见合璧联珠，岁书太史大章。含誉日纪，灵台乃复，尚稽典谟，究明遗宪，旁招庶士，敷奏宏词。将假翰藻而明三才，藉笔泉而协五纪。

臣罔窥理数，素昧天人，幸际昌辰，敢辞芜陋，谨献赋曰：

缅鸿濛之初辟，邈莫知其纪极。仰辽廓而无垠，识苍苍之正色。渺终古而左旋，畴转轮而不息。罗万象于周回，建极纽于南北。三垣表内外之宫庭，列宿画中原之邦域。圜九重兮谁营？里九万兮孰测？维邃古之神灵，肇观天而作则。揆茫茫之元化，总睿圣之范围，粤重华之膺箓，绍放勋之巍巍。初受终于文祖，乃躬揽夫万几，方类禋之未举，首申命于衡玑。盖执中以体会于渊穆，自观察而效法其精微。亦犹七十载之光被四表，其功用惟本天治人而不违。若夫魁衡招摇之密运，阴阳寒暑之潜移，非参稽之不爽，何庶绩之咸熙！矧乃天鸡晓唱，曦驭昼踆。朝浴沧海，夕耀昆仑。景近极而炎暑，景远极而易昏。居牵牛而一阳来复，舍降娄而春风自温。烛龙①未足夸其光彩②，夸父无由效其骏奔。至夫继离宵曜，夜光融融，朒朓警阙，朏魄示冲。应潮汐之消长，从箕毕而泽风。日退度于十三，遂置闰而成功。再如木德行仁，太白秉义，荧惑主礼，辰纬藏智，惟填司信位。王四季或期岁而周天，或累年而迁次，或方进而复留，或既分而忽会。信薄蚀之有常，乃伏见之难泥。初偶乖于累黍，久渐易其机枢。何以测算，不失于晦朔，气数罔忒于盈虚？惟至人德合苍昊，制准乾图。玑运外而规圜，衡当轴而虚中。两极相望于直距，九行环绕夫紫宫。大梁实沉之周列，鹑首鹑尾之丽空。四游两环,定经纬表里之准;三辰六合,挈卯酉子午之针。运躔离于晷刻,转造化于尺寻。东作南讹,毕协于节序;摄提孟陬,宛肖夫天心。随波降升,似昭回之银汉;与日环绕,象灵乌之迅③飞。昼晦重阴,而仪度不愆;烈风雷雨,而僭忒不讥。饰以宏宝,缀以美玑。琼璧精莹,云霞之色可挹;夜光璀璨,星宿之芒依稀。

虽曰以管窥天,何能持小而测大?要之因衡察象,实可殊途而同归。后若苌弘子韦之探赜④索隐,梓慎裨灶之极渺穷工。殷周之巫咸、史佚,魏齐之石氏、甘公。王朔、唐昧之观星候气,尹皋、吴范之视日⑤觇风。汉唐则寿昌、一行之术密,宋元则沈括、守敬之业崇。其用器也,踵事而增华,敷衍而不穷。或造轮扇而刻木,或倚浑仪而铸铜,或削莲花以传箭,或斫觚棱以盘龙。谁能不祖奥旨而述成规,遂可察气数而合苍穹?岂若倚盖弹丸,蚁旋磨转,术家之微渺无闻,法象之探索犹浅。彼张衡之藻翰称工,洛下之经画推善,《灵宪》之图书犹存,岁差之考稽难舛。损益适宜,缩赢合撰,足以验同气于天人,通至诚于幽显。是以帝王俯察人事,仰观天则,时几必敕,视听毋惑。常扶阳而抑阴,更缓刑而尚德。雨旸寒燠若其序,岁月日星顺其职。皇猷玉润而东壁联辉,帝典金清而左角不忒。煌煌乎执大象而抚地中,面稽天若卜年万亿。敬抽毫而作赋,若身随皋夔之班,而游唐虞之世。

校记

① 山平堂本及文会堂本"烛龙"均为"龙山",从本祠堂本。
② 山平堂本及文会堂本"光彩"均为"烛光",从本祠堂本。
③ 山平堂本"迅"为"逆",从本祠堂本。
④ 山平堂本"赜"为"颐",从本祠堂本。

⑤ 山平堂本"日"为"月",从本祠堂本。

金台怀古赋 馆课

冀野漫漫,燕云莽莽。楼烦之碧岫崚嶒,易水之洪涛沆瀁。北走紫塞雁门,南通恒霍上党。拖以漕渠,轴以太行,诚帝王之都会,岂霸主之封疆!乃若朝阳门外,桑干河边,如雪白沙,如山碧岸,冈陂陁而半留,路逶迤而中断。向秋野之苍茫,对寒流之漫漫,寻昭王之遗迹①,怀昌国而浩叹。不辨黄金之台,焉知碣石之馆?当其战国纷纭,燕赵雄武,西荡秦云,东平海雾。戈铤如鳞,旌旄如雨,固已俯崤函而浅衡湘,诮稷下而陋蒙羽。且其百里求贤,千金市骏,郭隗绾绶,乐生佩印,凤不及栖,麟不暇伏。谷无幽兰,岭无秀菊。于是谢礼乐之干橹,阅武骑之䩮冲,轼锦车而前驾,驱鱼轩而继踵。乃飞阁宏敞,高榭峥嵘。万乘顾兮驻彩骑,旌旆翔兮进瑶琼。故能设宝器于宁台,陈大吕于元英;返故鼎于磨室,植汶篁于蓟城。至于临淄,有如霆之卒;邯郸,有执帚之宾。既刓有功之印,遂疑奇计之臣,实为谋而不终。

应感慨于斯晨。若乃秋风暂起,百卉凄苍,霜封野树,鸿雁南翔,则有壮士于邑,侠客魁垒,佩长剑之陆离,冠切云之崔嵬。凭玉砌而唏嘘,临青松而浩慨。长啸兮抚碧空,短歌兮凌沧海。亦有簪缨公子,殿省名流,荒郊樽酒。南陌轻艎,看浑河而似带,望山云而如楼。抚石嶙而惆怅,悲望诸之不留。岂若凌霄飞雨,铜雀凤凰,玉阶金闼,雕柱锦墙。辉煌乎岳渎,照曜乎清漳。不过歌舞之美丽,非有贤俊之遗光。只响平陵之夜漏,空留荒苑之宿霜。过之者不思,居之者已忘。

呜呼！铙鼓齐鸣，箫韶零落；骐骥奔驰，驽骀缨络。庭有乌鸢，山有白鹤。曲士升桥，高贤负郭。曾霸图之不如，况敢望乎酆洛。若夫伊傅为楫，周召为铎。吟白驹之雅诗，奏云门之翟籥。兰台石渠之高楹，白虎天禄之广幕。圣泽云飞，皇恩露灏。英华肆浮，麟凤当道，不藏无用之器，不爱非常之宝。则亦有抵玉惊禽，挥金薙草，况乎邻斗极之光辉，迩天汉之波涛。又何必徘徊幽咽，向兹台而游敖哉！

校记

① 本祠堂本"迹"前无"遗"字，山平堂本有之，从山平堂本。

懋勤殿赋　拟馆课

黄扉日丽，宝笈云开。帝座之光华正灿，东壁之淑气迎来。道衍图书，法象观乎天地；学深坟典，奋迅拟乎风雷。我皇上岐嶷敏睿，丽正凝神。本精一以立皇极，建中和而定群伦。纳谏不遗葑菲，招贤旁及隐沦。武库森严，挞伐悉遵庙算；九功歌叙，民隐日达枫宸。固已树仪型于百辟，贞仁寿于十春。

若夫焕太乙之裔皇，曜句陈之晖丽。黄云紫盖，轮囷郁其上浮；兰厄金茎，灏渺翔于天际。珠宫贝阙，复道斜通；银榜璇题，交衢迢递。飞重檐以切霞，炯丹壁而流玗。龙舸泛万顷澄澜，长杨带千章蓊郁，斯又足奠六鳌而巩四极，应三垣而驭五纬。尔乃广辟别殿，宏贮缥缃，鸿蒙矗而竦峙，瓠棱启而景彰。揭组幔于棼楣，垂绮锦于虹梁。甲帐之月光如雪，秘幄之芸火生香。瑶函左列，竹素盈床。五库标目于西清，四类充帙于东厢。犀签重积，玉轴焜煌，未足矜宛委之宝册,何须论天禄之蕴藏。

当夫金门朝罢,宣政宴余,鸾佩声远,凤扇影徐。名儒招①从,白虎大雅,延自石渠。究道系于洙泗,证心法于唐虞。无党无偏,阐维皇之敷锡;天秩天叙,绎皋陶之讦谟。既朝乾而夕惕,复无倦而有恒。顾民碞之可畏,识当位之利贞。尊所闻而行所知,高明光大;有治人斯有治法,深切著明。斯乃懋勤之实政,匪仅肇锡以嘉名。

矧夫歌叶《雅》、《颂》,文俪《诰》、《盘》,悬针倒薤,戏鸿腾鸾。云气芝英之简,渊渟岳峙之观。汉武望而废牍,章帝顾而辍翰。以此乘泰运而御六龙,映晨光而翔五凤。采太史之陈诗,第群臣之嘉颂。而时几敕命,祁暑思艰。心游农野,道契先天。

夜如何?其夜未阑。瑶编万卷,宝炬残流。月曈曈兮素华满,北斗低昂兮殿阁寒。岂比夫甘泉晖章,长乐未央。凌霄飞雨,苾若披香,九华仁寿,百福灵光。列梦橑以布翼,荷栋桴而高骧。雕玉瑱以居楹,裁金璧以饰珰。只矜制度之炜煜,何敢希道德之辉光?况乎文教敷宣,天威遐被,都护方开剑阁云,将军已定三湘地。碧鸡金马之修祀无劳,蒟酱橦华之输将遂易。百礼具兴,万舞咸备。皇情悦愉,群臣既醉,降絪缊,调元气,阜财解愠,薄赋宽徭,逾于穆之缉熙耳。

击壤之歌谣,天下弃伪而返本,敦朴而去浇。追太始之元化,偕华胥而逍遥。谨摘辞而颂圣主,微臣敢自托于王褒。

校记

① "招",山平堂本为"昭",从本祠堂本。

长白山赋

维舆图之广大,山川郁纡而蜿蜒。实融结于太始,乃通气乎乾坤。环九州而绵络,类枝柯之敷宣;仰北条之弟崔,望沧海而蟺延。根弥固于华岱,直峣峣而造天。云中玉液,分派飞泉。鸭绿南回而浩荡,混同北绕而澶湲。

若夫石壁釜崎,嵯峨万丈。概太清触纬象,摘列宿于楣楯,迓天汉之灏旷。远视则百岭俱青,近循则一岩千状。决飞瀑于层崖,汇①盘涡于叠嶂。映朝日而如金,隔青杉而若嶂。既半散而照烂,辉天阃之阆阆。背藏太古之冰雪,面对神山之宕漾。乃其素烟晚拖,白雾晨萦,或下横而疑带,或上罥而似缨。日月隐蔽以成阴,虹梁倒挂而峥嵘。二韭四明,五奥三菁,峨嵋太白,广霞赤城,曾未足方其崇萃,并其邃清也。

千里之内,万山骈拥,剑戟排连,势若相拱。拟五瑞之偕来,望紫宸而遥竦。锡碧金银,众色炫动,远近轻浓,窈蔚森耸,一旦触肤寸而溦然也。飞流崩壑,喷雪迅霆。蹴崖转石,澎湃铿鈜,不崇朝而雨天下也,岂比于岣嵝之青青。

其上则有猿狳狸獾、犴獌猱猩、紫貂白狼、狡兔飞鼬、貔豹熊罴、獠麋麏麇,掷飞捷于穹巇,踔空绝于深硼。蹲谷底而长啸,攀木杪而悲鸣。其下则有丹石白坿,琳瑶碱砆。缥青结绿,瑊玏昆吾,磊砢磷烂,嵝岪相扶。间以华芝灵药。采色丛敷,醴泉涌出于其侧,经崎岖倾注而旁趋。至于鸿雁雕鹄,鹰隼鹳鹅,交精旋目,繁鹜竞翔。更有珍异之鸟,彩翰朱裳。《禽经》不载,汉赋未详。

巨树阴林,樛枝丛倚。合抱连卷,形质崚嶒。垂条扶疏,落英幡缁。霜霰之所汦凝,风雨之所交砥,连医间之暮光,接扶桑之晨菲。良真宰之所宝护,故鸿庞于兹而初启。遂诞毓乎神圣,同贞符于丹水。东烛员峤,西耀昆仑,北熿幽崖,南震朱垠,陆訾水栗,无不奔走而来宾。

皇帝储精垂思,耀德布恩,翱翔乎书圃,逍遥乎礼园。歌清庙之雍雍,载洪颐之翻翻。望丰镐而顾念,升胙衾于帝阍。坐法宫,遴近臣,历吉日,协良辰,乘星犯露,寻崖剪榛,靡薜荔以为席,噏流霞于通津。纷长松之谡谡,见仙鹿之狌狌。蔼缤纷兮献玉琈,辟天关兮开地垠,光绚烂兮锡钝嘏,秩俎豆兮千万春。

校记

① "汦",原文如此,音义不详,疑应为"贮"字。

颂

藉田颂 有序,顺治甲午馆课

惟皇帝御极之十年,海宇底定。九州内外,毕献方物。大功既成,礼文肇举,郊坛辟雍,典章稽古。大小臣工,黾勉率职。

皇帝览图数贡,慨然念曰:"予一人受天明命,抚临亿兆。惟小民稼穑艰难,朕何敢宴然其上,以忝宗庙。闻古天子自耕千亩,以供粢盛,有司其具典制以闻。明年春,朕将亲举之。"

越明年二月,宗伯陈期,司空除坛。皇帝斋祓三日,五更既兴,斗牛当中,云旗凝蔼,黛耜载辂。公卿庶官,翼翼恪恪,奔走厥职。庶民庆睹天颜,载欣载喜。既祭先农,牲肥醴洁。尊罍明备,解靷秉耒,具如仪式。

窃惟自古神圣之君,有盛德大业,必有奇文博能之士,珥笔执简,以昭鸿烈。故嘉禾献瑞,载于《周书》。十千维耦,《周颂》歌之。煌煌辉辉,照耀竹册。千百年来,如耳闻目见,称为绝盛。

今①皇帝仁恩惠泽,翱翔海表。先是十日亲祭朝日坛,又遣官祭孔子庙,又亲祭社稷坛。旬日之内,四举典礼。而耕藉尤为数十年未行之旷典,使撰次不得其人,是使圣德不彰于后世,而大化湮如也,臣滋惧焉。

然臣闻图治以诚不以文。故耕藉之礼,代有举行,而惟周之成王、汉之文帝为昭著②。盖二主有仁心为质,故天必应之。臣见皇上轸念民依,知非徒修太平之仪者,自兹以后,五穗两歧之瑞,将继周汉而兴歌也已,臣谨拜手稽首而献颂曰:

于烁皇运,万邦攸承。海波宴然,典礼肇兴。克敬昊天,岳渎式灵。辟雍庙社,钟鼓维清。乃眷下土,小民之依。载笠载襫,载耦载耡。露之方瀼,日也未晞。暑雨沄沄,冬雪湉湉。爰命宗伯,考礼以进。朕将亲耕,以倡田畯。群臣稽首,恭承明问。敢不敬应,以襄解愠。日底天庙,顺时觅土。瞽告协风,工奏灵雨。司空扫坛,金吾陈辂。载耒车右,载履南亩。霓旌缥缈,旐旃纷纠。云日开朗,清霞出阜。帝乃三推,下则五九。各备其仪,逮于农叟。穜稑既播,贻我来牟。乃献先农,蒸蒸烰烰。神农飨醴,后稷承羞。百神醉饱,庶姓歌讴。执爵太寝,劳酒是酬。帝乃眷命,毋螟毋螽,毋雹毋雰,以报皇功。丰年穰穰③,颂声洋洋。继周越汉,奕世无疆!

校记

① 山平堂本无"今"字,从本祠堂本。
② "著"本祠堂本为"者"字,从山平堂本。
③ 山平堂本"穰"为"瀼"字,从本祠堂本。

劝赈颂 有序

顺治十六年,归德霪雨为灾。自夏徂秋,烟云惨淡,洪流浩浩,弥望数百里。麦未登场,黍稷弗播。睢州地尤沮洳,城郭倾圮。盖父老传闻,以为百年之内所未有也。

比冬,民将扶老携幼,就食四方。郡司李饶阳符公慨然轸念,遍履部内,开诚劝谕,继以涕泣。于是,各邑闻命,输助麦谷者皆以万计。公之至睢也,揖知州事,戴侯而言曰:"上天降灾眚于兹土,惟我官吏,罔获辞咎,其曷敢弗钦?"既又进绅士耆老,再拜而言,曰:"《诗》云:'凡民有丧,匍匐救之。'当兹荒岁,穷民流离尽矣。若珍此豆区之遗,倘变生意外,安能洗腆用酒而称无事乎?"众咸曰:"唯!唯!此流离民谁非我之乡里亲戚,乃重烦明公忧!"于是,蠲输者,立粥场者恐后。自城市至四境村镇,烟火相望。前此民之扶老携幼,奔走四方者,皆相告来归。继而,河朔淮泗之民以梁苑为乐土。越明年,麦登乃止。

当斯时也,予方衔命岭北。秋八月,请告归里。入境,睢之父老,曳筇跂履,率其子弟遮道言公功德,曰:"去年微公,吾聚已为墟,吾属已为鱼矣!"予曰:"然!"抵舍,则父老又曳筇跂履,率其子弟造于庭,曰:"公大有造于我邦。父母兄弟,惟公之赐;春耕夏艺,惟公之赐。我民何以云报?愿为赋诗以纪公功。咏而歌之,子子孙孙俾勿忘。"

予乃扬言于众曰：公官以刑名，职在惩贪纠猾，非钱谷抚循之司也。然公学有渊源，故平日为政，察奸惟明，去暴惟勇。豪民蠹吏窜伏如鼠，而疾痛负冤之民若承雨露。公方崇教化，日进誉髦而课艺之，未尝恃桁杨之威也。予昔自潼赴赣，晤公于杞，公为予言："刑以弼教，非以为教也。然书不云乎，既富方穀。中州自兵火以来，家无盖藏，民鲜二鬴。设不幸有方二三千里水旱之灾，不知何以御之？往者天下常多故矣，其先由饥馑频仍，县令不上闻，藩旬不下信，视民间欣戚漠然不关于心。以鸠形鹄面之人而催科是问。于是民始忍以父母妻子所仰赖之身，而自弃于盗贼。夫养不遂则教不兴。教不兴，虽有皋陶为士，亦不可以理。此予鳃鳃然不能已于怀者。"噫！以公言观之，可谓识治之本矣！予既感公之德，又重以父老之请①，乃拜手顿首，而为颂曰：

岁在己亥，商羊告灾。梁园千里，苍茫莫开。麦禾云枯，蒲苇塞路。耒耜高悬，争网鲂鲋。夜吼蛟龙，庭游凫鹭。苦雨名篇，愁霖缀赋。惟公曰："嗟！惟我赤子，兵火余生，何以堪此！"乃檄守令，予亲履野。时驾轻舸，时乘羸马。皋陆淳泓，旌旆潇洒。八邑咸临，至睢之下。呼尔冠绅，拜手广厦："毋②吝尔有，哀此孤寡。"绅士合言："惟公之命，惠我茕独，敢不敬听！"乃输仓厢，乃助釜甑。茕茕孑遗，室如悬磬。闻公之命，交手相庆。庐幕周旋，炊烟缭绕。左餐右粥，歌呼昏晓。我公之归，云霞缥缈。淮泗河朔，民欣再造。何况宋州，敢忘拜祷？春尔条桑，秋尔涤场。我公之功，高山苍苍！悉尔祖妣，洽尔邻里。我公之功，河水瀰瀰！

校记

① 山平堂本"请"为"讲"字，从本祠堂本。

② 山平堂本"毋"为"母"字,从本祠堂本。

论

自注:悉本先儒成说,不敢妄出己①见②。

《十三经》注疏论

自伏羲画八卦而象数著,唐虞垂典谟而道统开,姬公作礼乐而制度备,孔子赞《易》,删《诗》、《书》,作《春秋》,而天人性命之理,修身齐家治国平天下之道昭于万世矣。秦火之后,六籍残缺,汉儒收拾补缀,参互考订,历晋唐而十三经之注疏始定。及宋元,学道者益众,经旨益明。其间得失详略,可得而论焉。

言《易》始于田何,传于梁邱贺。又有京房、费直之学,陈元、郑众传之。凡以《彖》、《象》、《文言》,杂入卦中者,自费氏始。费氏兴而田何遂息。梁陈以来,郑康成、王弼二注并列学宫,郑则多参天象,王乃全释人事。天象难寻,人事易习,故郑学浸微而王注独盛。其析义精深,汉魏而降罕出其右。而微杂老庄,为两晋虚无之祖,后儒讥焉。然欲一概废置,则过也。韩康伯、邢璹之徒因而疏之。唐孔颖达与颜师古撰《正义》,亦以弼为本。

程子曰:"有理而后有象,有象而后有数。至微者理也,至著者象也。体用一源,显微无间,观会通以行其典礼,则辞无所不备。善学者求言必自近,《易》于近者,非知言者也。"朱子曰:"秦汉以来,考象辞者泥于术数,而不得其宏通简易之法;谈义理者沦于空寂，而不适于仁义中正之归。求其因时立教以承三圣，不同于法而同于道者，惟伊川氏之书而已。然伊川专于言理，而本义则又兼言象占易，有圣人之道四焉。"合程朱之书，庶乎备矣。其他若李鼎祚之纂集《训解》，熊过来知德之殚力象数，其亦辅程朱之不及者乎。

《尚书》则伏生口传。二十八篇作，传授同郡张生。其后，分为欧阳、大小夏侯三家。而欧阳最盛，是谓"今文"。鲁恭王得壁中藏书，孔安国校之，得二十五篇，是谓"古文"。自汉迄西晋，言《书》者惟祖欧阳氏，安国《训解》晚出。皇甫谧家虽当时大儒，扬雄、杜预之徒皆未及见。故《左传》所引者，预辄注为逸书。独其训解颇多疏浅，往往与经旨不合。朱子疑是晋宋间人伪撰有以也。孔颖达《正义》旨趣多乖，惟宋儒蔡沈《集注》颇得其要。金履祥《表注》、王柏《书疑》、魏了翁《要义》，亦多可采焉。

《诗》三百五篇，遭秦独全者以其讽诵，不独在竹帛故也。汉初鲁有申公，齐有辕固，燕有韩婴。又赵人毛苌，自云子夏所传，作诂训，是为《毛诗》，郑康成为之作笺。齐、鲁《诗》亡，《韩诗》虽存，无传之者。惟《毛诗》郑笺，至今独立。其宣厘正风，不可贬也。疏之者惟刘焯兄弟为善③。朱子博考诸家，断以己见，取裁广而立义卓，信超出百家矣。独诋斥大小序最严，门人多有疑者。窃以为《书》序可废，而《诗》序不可废。即《诗》而论之，《雅》、《颂》之序犹可废，而十五《国风》之序必不可废。何也？《书》直陈其事而已，藉令深得经意，序不作可也。《雅》、《颂》之文辞易知而意易明也。独《风》之为体，比兴之辞多于叙述；风谕之意浮于指斥，盖有反覆咏叹，联章累句，而无一言叙作之之意者。而序乃一言以蔽之曰：为某事也。且其说往往与《左传》合。子夏、左氏皆亲见圣人，而闻其笔削之意，岂尽无据乎？

朱子以《二南》、《雅》、《颂》祭祀朝聘之所用也；《郑》、《卫》桑濮里巷狭邪之所作也。夫子于郑卫深绝其声,于《乐》以为法而严立其词,于《诗》以为戒其说,诚正矣。然《左传》记季札来聘,请观古乐,而邺鄘郑卫,皆在所歌。使其为里巷狭邪之作,则鲁之乐工,安能歌异国淫泆之辞,而季子又从而听之乎?故大小序、毛注、郑笺与朱子《集注》,并行可也。

夫子《春秋》本文,世所不见。所编古经,则皆自三传中择出耳。然三传所载,经文多有异同。如"公及邾仪父盟于蔑"也,左氏以为"蔑",而公谷则以为"眛";如"筑郿"也,左氏以为"郿",而公谷则以为"微";"会于厥愁"也,左氏以为"厥愁",而公谷则以为"屈银"。至于"君氏"、"尹氏",一以为男子,一以为妇人。将以何为是乎?此三传经文之不能尽同也。

汉初,胡母④子都传公羊《春秋》,董仲舒以《公羊》显于朝,至何休作解说,覃思十七年,可谓专矣。而多引谶纬,何可训也?《谷梁》自孙卿、申公五传,至宣帝特好之。范宁父子世守其业,创名例百余条,以规诸儒同异之说,可谓善矣。而论者犹以其学不经师,毋⑤乃刻与况乎?徐彦、杨士勋之疏为邢昺所是,正者又何足道也?永平中,能为《左氏》者擢高第,为讲郎。贾逵、服虔,并为训解。而杜预注盛行于时,预之言曰:"左氏受经于仲尼,故传或先经以始事,或后经以终义,或依经以辨理,或错经以合异,将令学者原始要终,久乃得之。"其论至精,且星历地理,必考其详;方言谣辞,皆穷其义,后人不能易其说焉。间有弃经信传者,凡于传例不合,不曰传之谬,而曰经文阙漏,则其蔽也。其后,沈文阿、苏宽、刘炫皆据杜说。孔颖达《正义》则又依刘学而损益之。此三传注疏之大略也。至胡安国,始以其意探圣人之心于千载之上,其书固所以明纲常,正人心,定国是,垂法戒,非经生之作也。若其书字书名,称人削爵之例多有自相牴牾者,谓尽得圣人笔削之旨,不敢信也。

古今治天下之理尽于《尚书》，古今御天下之变备于《左传》。今取士专主胡传，士子佣耳剽目，刺取左氏之字句，以充帖括，盖有传业为大师，射策为大官，而目不睹三传之全文者矣，其陋不已甚乎？

六经之道同归，而礼乐之用为急。汉高堂生传《士礼》十七篇，又有古经出鲁淹中。然皆止于士大夫礼其朝觐，会同郊祀大享，逸而莫考。河间献王奏之朝，合五十六篇，宣帝时后苍深明其业，为《曲台记》以授，戴德、戴圣、庆普三家并立学宫。郑康成宗小戴，作《仪礼注》，而庆氏之学至曹褒失传。夫克己复礼之功，不出视听言动之间，而动容周旋之际，即性命精微所寓，则《仪礼》一书，岂非学者最宜尽心者乎？独其文辞质奥，韩愈犹病难读，况下此者乎！

《周礼》之得入秘府也，亦自河间献王始。独阙《冬官》，取《考工记》补之。夫司空掌邦事，居四民，时地利，《考工》何足尽之？其得立学宫也自刘歆始，杜子春因以授郑众、贾逵；厥后马融作传授康成，其有注也自康成始。而其有释有疏也，又自陆德明、贾公彦始。圣人致太平之迹，独赖此编之存。汉武以为黩乱不经，何休以为六国阴谋，既不足知之，而刘歆用之以辅莽，王安石用之以变法，后人遂以为《周礼》不足致治，亦已过矣。

河间又得仲尼弟子及后学所记一百三十篇上于朝，刘向检所得合为二百十四篇。戴德删其繁重为八十五篇，谓之《大戴记》。戴圣又删为四十六篇，谓之《小戴记》。马融增《月令》、《明堂位》、《乐记》，合四十九篇，康成又为之注。康成于三礼功最深，考究名物、象数，曲尽其详，朱子深许之。晋宋以来，皇侃、熊安生礼业最著，孔颖达据以作《正义》。宋儒笃信遗经，淳熙有俞廷椿《复古》之编，嘉熙有王次点《补遗》之录，陈澔采众家以为《集说》，吴澄合三礼以为《考注》，其羽翼之功，固皆有可言者。朱子欲考定三礼，请于朝，不果行，止修复王朝等礼。丧祭二礼付门人黄干绍成其书，曰《通解》。汪克宽又因其成法为《补遗》。今之学者倘以朱子之意折衷全礼，汇为一经，俾海内获诵习古《礼》之全，则诸儒卫翼之功得收实用矣！

《论语》则何晏集孔安国《七家注》成之，皇侃本卫瓘《十三家说》疏之。

《孟子》则赵岐注之，张镒、丁公著释之。孙奭据以作《正义》，当时并称精确。由今观之，于孔孟一贯忠恕性善尽心之旨，视程朱犹霄壤也。

《孝经》为河间颜芝所藏，献王得而上诸朝。凡十八章，所谓"今文"也。与《尚书》同出孔壁者，凡二十二章⑥。所谓"古文"也。孔安国尚古文，刘炫宗之。刘向典校经籍，以十八章为定，郑众、马融、郑康成皆为之注。唐明皇取王肃六家之说，参仿孔、郑旧义为注，邢昺作《正义》疏之。司马温公、范蜀公皆尊信古文指解，朱子为刊误，亦复多从古文。明吕维祺作《大全本义》、集诸家之大成。夫子曰："吾志在《春秋》，行在《孝经》。"当立之学官，与《论》、《孟》并。

《尔雅》始于周公，而成于子夏，诚九流之奥旨也。自终军豹鼠之辨，其书始行。郭璞究心十八载，草木鱼虫，名物训诂，昭然备晰。盖古人之言所以难明者，非但古人之义理难明也，实古今之事物不同，名号各异，为难明也。明《尔雅》，则可以识笺注之旨归也，可以寻古人之精义也。外此，论体制则有《说文》诸书，辨音韵则有《四声谱》诸书，皆所以辅《尔雅》而备同文之治者也，可以其为小学而忽之哉！

总而论之，汉儒去古未远，师友转相传授，渊源有自，后儒多因之。若文质三统，马融之说也；九六老变，孔颖达之说也；河洛表里之符,宗庙昭穆之数,刘歆之说也;五音六律十二管,还相为宫,郑康成之说也。是知汉儒之学,长于数,得圣人之博。宋自周、程、张、邵,逮于朱、蔡,天地阴阳之奥,道德性命之微,深究其妙,不泥前人之说,其学也得圣人之约。合二者而一之,然后得圣人之全。经若偏主一家,是汉儒、宋儒之经,而非圣人之经也,岂深于经者哉!

校记

① 山平堂本"己"为"意"字,从本祠堂本。
② 山平堂本"自注:悉本先儒成说,不敢妄出己见"一语放在全文后,从本祠堂本。
③ 山平堂本"善"为"人"字,从本祠堂本。
④ 本祠堂本"母"为"毋"字,从山平堂本。
⑤ 本祠堂本"毋"为"母"字,从山平堂本。
⑥ 山平堂本"二十二章"为"二十八章",从本祠堂本。

二十一史论　馆课①

苏洵曰:"经以道法胜,史以事辞胜。"经非一代之实录,史非万世之常法,是不明《尚书》之义,《春秋》之旨也。夫经史之法同条共贯。《尚书》备帝王之业,经也而通史;《春秋》定万世之宪,史也而为经。修史者盖未有不祖此者也。故道法明而事辞备,此史之上也;事辞章而道义犹不悖焉,次也;二者皆失,斯为下矣。尝读古今之史,约略论之。

司马迁《史记》创为义例。上下三千余年,为五十余万言。辨而不华,质而不俚。其意深远,则其言愈缓;其事繁碎,则其文愈简。隐而彰,直而宽,非豪杰特起之士,其孰能为之?班固《西汉书》,自武帝以前守其说而不敢变其所自为,赡而不秽,详而有体;经纬错综,了如指掌,亦古今之良史,司马之流亚也。然自谓汉运绍尧,以古今人物强立差等,居摄不附,于汉平孺子下列于新莽,安能逭刘知几之所短哉?王通曰:"迁、固而下,帝王之道其暗而不明乎?天人之意其否而不交乎?制理者参而不一乎?陈事者乱而无绪乎?"呜呼,难言之矣!

范蔚宗《东汉书》成,自谓体大而思精。由今观之,论窦武诛中官为违天理,论班勇使西域为遗佛书;抑节义之董宣于《酷吏》,升忍耻之蔡琰于《列女志》。王乔之《凫履记》,左慈之《羊鸣》,诡谲不经,文辞繁缛,《春秋》之义于斯尽矣。然论序详明,不可诬也。

陈寿述事简严,张华尤善之。乃以父髡之故,谓武侯不逮管萧;以索米之故,而丁仪遂不得立传。且帝曹魏而寇刘汉,所谓正大义以黜僭窃之义,谓何使非习彦威,辨之纲目,正之大统,不几终絫乎!

贞观时,以何法盛等《晋书》未善,乃据臧荣绪《书》增损之。至宣武本纪、陆王二传,煌煌御撰,何其盛也。然而史官之事,至以天子临之,且志、传分手,丛冗骈丽,《语林》、《世说》,尽入青编,《幽明》、《搜神》,咸被采录,何可不辨也?

《宋书》本承天之旧事,杂魏晋,失于限断。沈约创志《符瑞》,不经甚矣。子显《齐书》,实因江淹。《天文》但纪灾祥,《州郡》不著户口。思廉《梁》、《陈》二书,实卒父志。祖父扬名,言多不典。然而仓皇变乱之际,鉴戒颇多,不可得而泯没也。收之《后魏》,借公报私,毁誉失实;百药《北齐》,避讳略号,迁就弗端;《后周》牛弘,惟务清言。德棻继之,率多牴牾。后之君子,何以览观焉?

李延寿《南》、《北》二史,删略繁芜,编摩简净[②],比[③]之正史,实为过之。魏征《隋书》，本末备举，伦贯有叙。陈寿以来罕有其俦。

刘昫《旧唐书》府兵无志，藩镇无表，是昧制度之原，忘丧乱之本。长孙与敬宗并书，昌黎与禹锡同传，则贤否无别，功罪等观。目刘黄以《文苑》，而直节泯然。例吴淑以《外戚》，而卓行蔑著，则大节掩于细谨，高德蔽于阀阅，此曾公亮之所以致讥，而欧、宋之所以厘正也。

《新唐书》虽事增于前，文省于旧，而削去诏令，王言无征；多用奇字，读者易厌；姓氏多讹，年月屡异，君子叹之矣。盖欧、宋平分，学术稍殊，固不若《五代史》之独出一人也。其文简远澹宕，当云扰瓜④分之日，而君臣上下之交，治乱兴亡之故，一唱三叹，回环不已，盖与司马相表里矣。

史之有"本纪"，史之纲维也。古之史"本纪"立而全史具，《宋史》举驳杂细碎，志传不胜书之事，罗而入之本纪。发凡起例，举无要领；载事立传，不辨主客。互纪则复累而无章，选举则错迕而寡要，且卷帙最繁而缺略不少。如《韩琦传》，不载仪鸾司撤帘之事，《狄青传》不记与曾公亮论方略之详。又如《史弥远传》但序官阀，兼载奏章，褒刺失据，衮钺无凭，何其疏也。

《金史》简洁，远胜《宋》、《辽》，盖元好问之原本佳耳。《元史》虽才集众长，而削稿迫促。夫龙门、扶风父子相继，《梁书》《陈书》十载告成。而今限以条例，要以时日，欲成一代良史，胡可得也？

史才实难，自古叹之。揭傒斯曰："有学问文章而不知史事者，不可与；有学问文章知史事而心术不正者，不可与。"然则必才备三长而克己无我，幽明不愧，乃⑤能诛奸谀而发潜德，安得司马君实、朱元晦其人而与之议史事哉！

校记

① 山平堂本无"馆课"二字,从本祠堂本。
② 山平堂本"净"为"经"字,从本祠堂本。
③ 山平堂本"比"为"北"字,从本祠堂本。
④ 山平堂本"瓜"为"爪"字,从本祠堂本。
⑤ 山平堂本"乃"为"后"字,从本祠堂本。

政贵知变论　馆课

治天下者不察古今之变,则一代之体不立也;治一国者不察天下之变,则一国之体不立也。

盖时有迁革,治化因之。夏商之忠质,成周之文物,非三代圣人之意也,势也。太公治齐,报政三月;伯禽治鲁,报政三年,亦非二公之意也,势也。盖惟圣人善于因时,而俗儒狃于闻见。安石行《周礼》而宋道衰,孔明用申韩而蜀几霸。夫《周礼》,圣人之书也;申韩,刑名之学也。或以之乱,或以之治,此非《周礼》之过,袭《周礼》者之过也;非申韩之功,用申韩者之功也。赵广汉之在颍川也,蛎筒钩锯而奸豪息;韩延寿之治冯翊也,闭阁思过而良民辑。二者宽严异矣,而循良同声,嘉绩偕奏,卒不闻广汉与酷吏同传,而延寿与懦夫并称。若此者何也?治水者必相山陵,度地脉,而后加疏凿焉;治民者必视风俗,察民情,而后加德威焉。此不可不知也。

尝读唐史,至文宗见崔郾初治陕,不鞭一人。既迁鄂,而严刑不贷。有治陕宜宽,治鄂宜严,政贵知变之说,噫,何明达若斯也!吾独怪崔郾能明陕鄂之形,而当时朝廷独不明天下之势也。盖唐至文宗而弊极矣,藩镇恣横于外,宦竖肆虐于内,皆手握王爵,口含天宪。而其初年，元老未陨，良将犹在，倘能奋然自励，慨然于贞观、开元之丕绩，取元和以后之政令，焕然变革，与民更始，天下治乱未可知也。而乃因仍弊习，顾以李训、郑注之流，谓可藉以驱除奸竖，噫，何其愚也！当甘露变起，祸及罘罳，唐之不亡，其间不能容发，盖亦危矣！至居深宫，自比桓灵，抚坐叹息，泣下沾襟，何其惫也！使移崔郾治陕鄂之识以治天下，必不沿穆敬之余而忘太宗之业，任近侍之臣而疏股肱之彦。吾知士良之徒可不劳而去也。不知务此，陵夷至于武宣，虽欲振而不能矣。此则尚可为也，而不知变。

故曰：当更张而不更张，虽有大贤不能善治也！

诸儒执经问难论　院试

天地之理备于经，帝王之道本于学。学之不修，则治之隆替可知也。而经之不明，则学之纯驳又可知也。历观《诗》、《书》所载，自尧舜三代，何尝有不学问之天子乎？其深居燕闲，几杖有铭；临雍拜老，乞言有典；勤学好问，盖有后世儒生所不及者，何其密也。而君臣之间，吁咈告诫，皆成训典，又何盛也。

后世有言天子安事《诗》、《书》者矣，即有一二好学之主，亦或驰骛于黄老，或殚情于词赋，虽文词尔雅，亦可谓惑于流俗而不笃于自信者也。乃观汉明帝养老礼成，引桓荣上堂，使诸儒执经问难于前，圜桥门而观者亿万人。噫，此三代之遗风与！夫汉之贤主，首称文帝矣。世徒见文帝治贵清静，而比隆成康。武帝尊尚儒术，而末年骄侈。遂以为儒术寡效，黄老多功，不知文帝之贤明，得儒术之大端。而其不免于杂霸者，则儒行之不纯，故贾谊陈王道则谦让而未遑也。礼乐庠序之事犹未尽兴,而强秦之遗风余俗,犹未尽除也。夫文帝之贤者而若此,则学问之事盖亦难矣。至于武帝,虽有表章经史之功,然亦好其文辞耳。不然,以雄才大略之主,当西京治安之隆,使诚慨然于尧舜文武之丕绩,又有董仲舒诸人以为之辅,则建元之隆可与三代争烈,又何至兴师边鄙,失王师不战之训,骨肉残忍,昧家人反身之义哉!由此言之,则孝文得其一二,而未见其大全;孝武慕其虚名,而未求其实效,二者均失也。

乃光武创业之际,投戈讲艺;明帝承建武之后,戢武未几而临雍拜道,此可谓不惑乎流俗而笃于自信者矣。观其东平来朝,而咏及《采菽》;洛山出鼎,而推及《易·象》,不亦沨沨乎先王之盛哉!东汉之世,节义章明,未必非光武、明帝父子倡率之功也。惜也文物虽盛而贻谋无术,一变而章和,再变而安顺,经术不永,治道遂漓,君子悼之矣。且当时执经之徒,不过班贾诸人耳。要皆文章《尔雅》之流,非有明二帝三王之道。

天地之所以著,鬼神之所以幽,若曾参、孟轲之徒也。夫天下未尝无大贤,盖由士有志而上不重耳。使明帝果究其实而不慕其文,而曰天下无正谊明道之儒出而应之,吾不信也。其后,诸儒碌碌无闻,而桓荣车马印绶,夸耀生徒,知当日之所问难者亦只太平之盛观,而非究心经术之实也。

夫近代人主之学莫盛于汉,而汉又莫如文、武、光、明,然所就皆如此,则欲求帝王之学者,舍《诗》、《书》所载,将何取法焉。

辨

春王正月辨

圣人之书明白简易，而后儒推求过甚，遂成不决之疑者，如"春王正月"之类是也。

注《春秋》者，不下数十家。置"春王正月"四字不论者固有之。其以周改月兼改时者，则汉孔安国、郑康成，至明赵子常、王阳明、贺景瞻也。以周改月不改时者，则宋程伊川、胡康侯，至明刘文成也。以周不改时兼不改月者，则宋蔡仲默、魏华父，至明章本清也。诸家引经据传，自以为确不可易，而余则直以《春秋》本文断之而已矣。《春秋》桓公八年："冬十月雨雪。"十月者，以周正为建酉月，故雨雪为非时。若夏之十月，建亥雨雪亦常耳，何足书？成公元年二月："无冰。"此建丑月也，若建卯月无冰，又何异焉？庄公七年："秋，大水，无麦苗。"如周不改月，不改时，麦苗何得至秋？定公元年："冬十月，陨霜，杀菽。"若夏之十月，菽已获矣，陨霜亦非失时。如此之类甚众。

更有可证者，僖公五年，左氏《传》曰："春，王正月，辛亥朔，日南至。""日南至"者，子月也。此又改月改时之的据也。夫子特书曰："王正月。"而《左传》亦释曰："王周正月者，盖明其为周天子之正月，非夏之正月、殷之正月也。"而又于二月三月亦系之。王见丑月为周之二月，寅月为周之三月，非同于殷正，同于夏正也。过此，前代无以为之正者①则亦不必书"王"以别之矣。

或曰,四时之序,夏正为善。周公,大圣人也,以冬为春可乎?曰:阳明言之矣。阳生于子而极于巳午,阴生于午而极于亥子。阳生而春始,阴生而秋始,自一阳之复以极于六阳之乾而为春夏;自一阴之姤以极于六阴之坤而为秋冬,此文王之所演而周公之所系,何不可之有?胡氏泥于冬之不可为春也,故有夏时冠周月之说,以为孔子告颜渊以行夏之时,此为见于行事之验,则又谬甚。如胡氏之说,周改月不改时,是虽以子月为岁首,而四时之序犹夫夏也。以冬为春,乃自孔子始。以夏时冠周月,非所以尊周。以仲冬为孟春,岂可谓行夏之时乎?不夏不周之间,孔子何以自处焉?夫行夏时者,师友平日论道之言,所谓损益百王,垂训万世者也。

《春秋》者,圣人尊周室明王制之书也。王制固未有大于正朔者,孔子为当时诸侯强横,大夫陪臣僭乱而作《春秋》。乃首改周天子之正朔也,恐圣人亦有所不敢矣。或曰,孟子不云乎《春秋》,天子之事也,庸何伤?曰:所谓天子之事者,谓赏功讨罪以明天子之法,使诸侯不敢悖天子,大夫不敢悖诸侯耳。非必变易四时之序,改本朝正朔而后为天子之事也。胡氏以此为垂法后世,吾恐法未可垂而先犯为下不倍之戒矣。且此亦空言耳,乌在其为见诸行事之验乎?故周不改月,则孔子必不敢以十一月为正月。以十一月为正月,则周之必改月可知也。周不改时,则孔子必不敢以周正月为春。以周正月为春,则周之必改时可知也。

曰:《豳风》,亦周诗也,何以用夏正?曰:周之先世以农事开国,后稷、公刘以来,固虞、夏、商之诸侯也。为虞、夏、商之诸侯,必用虞、夏、商之正朔。且《豳风》述民事,夏正为切,而《春秋》明一。王之大法,尊周为重,未可以为例也。

曰:诸家引《商书》"元祀十有二月",以为商不改月之证,何欤?

曰:《书》缺有间矣。商之时,制固无从得而考,要之不可以例周。与其杂引他书以释《春秋》,固不若即《春秋》以释《春秋》也。左氏、公羊、谷梁,皆周人也,于此独不加论焉,亦以为不必论也。使当时以正月为冬,而孔子独书曰"春",三子能已于言哉?

校记

① "无以为之正者"一句,山平堂本为"无以之为正",从本祠堂本。

议

缠 地 议

睢州地亩,州卫错杂,款项繁多,奉文行缠,查对数载。地亩有逾额缺额之不同,弓尺有长短大小之不一,不能尽符原额,致稽转报。

从来州县地亩各有则例。睢州亩数不可比例商、鹿、睢阳卫,弓尺亦不可比例归德卫也。州地四百八十步为一亩,本自清楚,无容置议。独睢阳卫比例归德卫,弓尺不能无议焉。归德卫弓尺较民弓大三寸八分,派银三分六丝零。睢阳卫除徭役与民弓相同外,如屯地则派银三分五厘零,新增余屯则派银四分四厘零,较之归德卫粮数迥殊,弓尺何得无异?当年按弓定粮,睢阳卫三项弓尺,每亩较民弓多地二分五厘,此从来定规也。今若比归德卫弓尺,则每项当减去九亩三分,另行起科。卫地粮已极重,何堪减亩?若依本卫弓尺,则各项之有余,不能补卫地之不足。

夫地犹是昔日之地,昔何以照本卫弓尺而足额,今何以照本卫弓尺而不足？非归并卫所之时,州县之移送未明,即丈量田地之日,缠外之遗漏尚多,版籍之定例未敢遽更,赋役之征输理当慎重。若今日苟简了局,后日之归咎谁任？虽上台之催提已久,而执事莅任方新,合无申请宽限,设法查补。地在邻封,则询之旧卫旗丁；缠余遗漏,则责之四邻举首。务期地无欺隐,粮无重累,然后按缠定粮,勒石垂后。国课民生,咸有赖矣。

至于目前急务,惟在后里有卫蠹。张化鹏所报之无地悬粮六十余顷,国课则年年缺额,征比则无地无人,里书之敲朴徒烦,官长之考成受累。似当速就各项逾额地内,仍照本卫弓尺拨补明白。目下无悬粮之累,后可徐议总数之足额。此又今日最要之着,统候采择焉。

本纪当法《宋史》议

本纪自晋宋以来,法渐详密。《唐书》以诏辞骈丽删去,仅存高祖一诏,亦多裁节。书法义例,务从简严。前史之体为之一变。而王言无征,后人讥之。《宋史》因事定例,不似《唐书》之严,而事加详密。诏令言辞,亦剪裁载入,一代事迹灿然完备。《元史》繁芜,不足观矣。

窃以本纪记一帝始终,非同纲目一书,原本《春秋》,义取褒贬,另有目以详其事也。如即位册立,诸诏记其事,删其文可也。如战攻方略,训戒臣民,志、传不能载者,必须总括数句,其事方明。则《宋史》可法也。《汉书》有一诏,而本纪与志、传详略异者,知出史臣剪裁，非尽原文也。细看《宋史》，言动皆记，实备左右史之体，故本纪当以《宋史》为法。

拟　诏

拟汉元帝以禁囿假贫民举直言极谏之士诏　院试

诏曰：天生民而立之君，无非欲甚爱此民也。人主承天以致治，民有失所而不知省忧，则天示之以灾，所以警动人主而止其乱也。是天之爱人主亦无穷矣。

朕绍先帝之绪，获奉宗庙，夙寤晨兴，祈与宇内共臻咸理。乃者阴阳错缪，灾异并臻，朕甚惧之。方临遣光禄，存问鳏寡，延登贤俊，使者冠盖相望。今又地震于陇西郡，水泉涌出，其咎安在？夫岁比不登，民有饥色，天又动威，其何以堪？是朕躬不德，以累我烝民也。古帝王山林池泽之饶，与百姓共之。朕纵未能力回天谴，奈何以岁时游猎之区，使贫民不得耕耨，是重朕不德而示私于天下，非所以佐阴阳之道也。且吾贫民甚苦，而禁囿地称沃泽，奇产异植不可胜原。此皆百姓所仰给，余一人岂敢有爱焉。昔先帝假公田，赋禁簿，赐高年布帛，朕常慕之。以禁囿假贫民，岂唯百姓之为，亦庶几不忘先帝之诏也。

古者设诽谤之木，置敢谏之鼓。朝有直士，社稷之福。我国家百有余年，骨鲠强立之士项背相望。远若贾谊、汲黯之俦，近若高平、博阳之侣,皆识体得宜,足裨庙算。今岂无其人乎?乃诏书数下,卒无应令,意眇躬不足以致之,而君子多壅于上闻也。朕既不能远德,故天降灾于我国家。又使群臣不得尽情,而过失无闻,其若之何?

昔鲁哀公时,天不降谴。今倘尚可为,百尔君子忍习诺诺之风而忘朕之惓惓乎?丞相、御史中二千石各举直言极谏之士,征诣行在,所务期尽言无讳,以佐朕克谨天戒之意。

拟汉文帝亲耕藉田诏　　院试

诏曰:帝王之兴,必以敬天勤民为首务。古者天子躬耕藉亩,以为农先。与祈谷之典并举,所以神仓丰裕,而上帝时歆也;所以民咸力穑,而嘉谷岁登也。

高祖受天明命,抚临方夏。朕奉藩于代,以王侯吏不释之,故嗣守历服。天之所付予者甚厚,即位以来,除租税,免徭役,复高年,举孝弟、力田、三老,兢兢业业,不敢自宁,无非奉若天道,欲甚爱此民也。然郊祀之礼,皇皇惟慎,而粢盛之,设有司典之,虚帝藉而不举,非所以敬郊庙也。且吾农民日夜被襫,以供赋税,而朕宴然以处,是于劝农之道未备也,于为民父母之义未周也,其何以对越上帝于圜丘哉!

夫高祖创业,日不暇给。孝惠皇帝享国日浅,今四方渐定矣。昔周成王继文武之后,轸念民依,而姬公犹为之陈《豳风》,进《无逸》,谆谆于稼穑之艰难。当其时,亲履农郊,率公侯大夫秉耒三推,故天报以瑞。至今嘉禾之祥,著在简册,何其盛也。今承秦之敝,民不得休。数十年野不加辟,岁一不登,民有饥色。是何今昔之不同如此？此非独百姓之过也。大君之率不先，细民之务不举。故未作维勤，而稼穑不务也。予一人何敢自怠，以忝高祖之令闻。

其以春初，朕亲耕藉田，布诏天下，使二千石守令各率朕意以道民焉。

露　布

粤西平露布　馆课

臣闻版泉振旅于皇家，辉煌玉简；苗野奋戈于帝世，照耀金封。盖文德丕播，不因秉旄誓钺而增崇；而圣武布昭，正兼执玉舞干而益大。沧海全归《禹贡》，沧纹岂增万里之波；祝融久戴尧封，寸地亦尊昊天之命。非臣猷之克壮，咸与维新，实圣德之如天，无远弗届。

恭惟皇帝陛下宣昭义问，敉宁武功。垂裳秉圭，而天下向风；动颜变色，而海内镇定。黄旄右指，剑阁云新；玉仗南临，衡湘波静。白环西献流沙积石之乡，楛矢东来洧盘日出之郡。卿云烂漫，山林无紫芝之歌；日月光华，太史著河清之赋。独此粤西，星分宿末，地近日南。白象陵山，孔禽蔽野。西京之王，会不通周礼之职方罔载。今河山奠矣，谓宜梯山航海而来王。岂日月出矣[①]，犹然钻燧凿榆而自照。苍梧惨澹，鲛人泣明月之珠；平乐萧条，估客弃桃枝之箪。

臣等恭承玺命，远播天威。组练发而星斗明，旌旗张而云日晓。楼船轻度,细柳营开,大将某指麾明月,裨将某剑戟秋霜。皆右义左仁,佩忠戴信。乃布德宣令,而缥组来迎,韬戈束旝,而壶浆恐后。桂林象郡,悉成䍐鼓轩舞之民;瘴雨炎风,尽为祝华呼嵩之地。日无私照,南邦永以无虞;海不扬波,北户宴而不闭。幽荒绝壤,始知天子之为尊;六慰三宣,共识圣人之在位。

盖王师无战,龙城勒铜柱之勋;大武维扬,薄海靖兵戈之气。此皆受成庙计,凭藉天声。不然,何以熊旆未开,犀甲未振,而鹅山之险尽作藩篱,烟瘴之墟永无狐兔也?君之德也,果如叔向之言,臣何力哉,岂曰却縠之让!臣等无任庆忭激切,屏营之至,谨奉露布以闻。

校记

① 山平堂本"矣"为"焉"字,从本祠堂本。

策

平定湖南收服云贵策　院试

窃闻圣王耀德,不勤远大之功。而王师无战,必尚万全之计。文德诞敷,由来所重矣。昔赵充国曰:"兵难遥度,愿至金城图上方略。"诚以疆场重事,非可以千里之外安坐而论也。然庙堂无胜算,则疆场之功不可得而立矣。故平吴之计,定于元凯;而淮南之谋,实由裴度。况今名邦大郡,久隶版籍,独以湖南云贵频劳王师,此何得不烦朝廷之虑也？

云贵姑置无论，即湖南处潇湘衡霍之间，比之舆图，所隶不过二三郡耳。而至兴师动众，往来数千里之外，士卒困于军旅，老弱罢于粮饷，此非圣主所忍闻也。然而，圣度如天，仁恩洋溢，使数郡之父老赤子，日冒锋镝，内向而怨，曰："闻国中有圣人，物靡不得其所，独此僻壤不得瞻日月之光华，举踵思慕，不敢休息，尤非圣主所忍闻也。"故今日为百姓而兴师，非但为疆域计也。为疆域计者何难以力争？而为百姓计者，则湖南之土地虽若未归下吏，而湖南之赤子已久为盛世之编氓。夫以圣主而招徕编氓，此固非可以讲兵力之强弱也。

所谓德义绥怀，虽若为儒生之常谈，而实为当今之急务，不可不讲也。昔羊祜作镇荆襄，减汰戍卒，刈谷为饷。吴人有饥，船粟往哺。吴人有疾，医药相通。至于军士不闻甲胄之声，而里闾惟讲耕种之乐。此其意若无意于平吴也，而吴卒以定。范仲淹经略西夏，城清涧，城大顺，使军不刺黥，民不馈挽。三年士勇边实，恩信大洽，乃为横山灵武之计，此其意亦若不呕呕于西夏也，而夏卒无事。由此言之，兵革者胜敌之具，而非永清大定之本也。

以今天下虎贲万旅，不为不强。馈饷九州，不为不富。楼船蔽江，不为不众。然而，旌旗所至，则壶浆恐后。韬戈未返，而烽烟又警。则当今之所大患，固不任战矣。且夫承变乱之后，固不可无异旧之恩也。使湖北之禾畴被野，桴鼓不惊，而后湖南之底定可期也。使湖南之云霓入望，孔迩载歌，而后云贵之荡平可期也。况以三军之众，不尚攻击之威，则用力必暇；不争旦夕之功，则为效必久。于是，于长沙武岳之间屯田以待其敝，德教以化其俗，威信以服其众。令荷戈之士皆有翻然勃然之心，而逆我颜行者亦皆有退然自悔之意，此所谓不战而屈人之兵者也。

滇黔地接荒服，西京之王会不通，周官之职方不载，蛮洞之险不如剑阁，滇池之广非若江汉。今剑阁为平壤，而江汉为安流，况烟瘴不毛之墟，辽绝殊党之域，何足以烦王师，劳弧矢哉？盖大武本于人心，而不在钟鼓旌旗之节；王略要于无疆，而不在献俘凯旋之观也。夫三苗左洞庭右彭蠡，此非湖南之已事乎？干羽两阶之事，唐虞行之矣。今日之计，固不得外此而别求奇谋耳。

考

历代备荒良法考　馆课

尝读《周礼》，见古先王制治条贯详明而经纬备具。如大司徒之所掌，其所以聚万民量丰歉者何其详！故天灾流行而民不病，何则？其法素备也。盖分沟浍浍，御之周矣；婴茅代牺，鉴之素矣。春官岁献民谷之数，冢宰以三十年之通制国用，至余十年之食，此量出入法也；遗人收乡关之委积，以恤艰厄，养孤老，此待施惠法也；廪人数邦，用稽民食，食不能入二鬴，则令邦移民就谷，此时匪颁法也；旅师泉府，积三粟与敛不售者，平颁而贷之，此贵国服法也。故其未荒也，先有以备之；将荒也，先有以计之；及其既荒也，则又有司赦氏节巡郊国，而以王命均惠焉。虽有所谓荒政十二者，竟设而不试，是周官遗人廪人之法，无日而不用，无论荒不荒也。散利除盗，舍禁索鬼，竟世而无可用，即荒犹不荒也。故曰：三代而上，有荒政无荒民，此之谓也。

周室既衰，徭役横作。鲁宣税亩，《春秋》讥焉。其后李悝为魏文侯作"尽地力之教"与"平籴之法"，以为籴甚贵伤民，甚贱伤农。民伤则离散，农伤则国贫。善为国者使民毋伤，而农益劝必谨。观岁有上、中、下熟：上熟则籴三而舍一，中熟则籴二，下熟则籴一，使民适足，贾平则止。小饥则发小熟之所敛，中饥则发中熟之所敛，大饥则发大熟之所敛而粜之。故虽饥馑水旱，籴不贵而民不苦，取有余以补不足，虽非三代之制，抑以补偏救弊，后世深思远虑之士，犹祖其意而神明之也。

汉定天下，什五税一，量吏禄度官用，以赋于民。其后，贾谊上积贮之书，晁错兴拜爵之令，董仲舒有限民名田之说，赵都尉为仿古代田之制，皆各取济一时。而仓庾充实，民无菜色。至宣帝五凤中，则有耿寿昌常平仓矣。谷贱则增价而籴以利农，谷贵则减价而粜以利民。故岁有丰歉而谷无贵贱，谷有贵贱而民无死生。是时，百姓殷富。拟于文景，至元帝而罢之，至明帝而复之。则常平之设与汉相为盛衰也，虽亦李悝之遗意乎？而规模则亦远矣。

魏枣只募民屯田，晋武帝布帛市谷，北齐置富人之仓以收义租，后周创六官之仓以办九谷。至隋开皇二年，长孙平议诸州当社共立义仓。收获之日，随其所得出粟及麦，于当社造仓窖贮之。社司执帐检校，时有不熟，即济当社饥馑，盖取之不厚，则民既乐输矣。贮之当社，则吏胥无侵矣，岂若后世牒状反覆，给散艰难。乡遂之远，扶携转徙，以求升合之食者比也。然行之十余年，关中大旱，民犹有食粟秕争豆屑者。至亲幸洛阳，率民就食，则知当时之法亦微有不善矣。

唐则有戴胄之议。自王公以下，计垦田亩税，粟麦粳稻，随地所宜。秋熟贮之义仓，岁不登则赈民。或贷为种，至秋而偿。又置常平仓，粟藏九年，米藏五年。下湿之地，粟藏五年，米藏三年。商贾无田者,以其户为九等,出粟自五石至五斗为差。高宗以后,遂给他费,至神龙中略尽矣。善哉刘晏之言曰:"王者爱人,不在赐予。"当使之耕耘织纴,常岁平敛之,荒年赈给之,又时其缓急而先后之。盖善治病者不使至危急,善救荒者不使至赈给。赈给少则不足以活人,赈给多则国用阙。国用阙则复重敛矣,况吏胥因缘为奸,强得之多,弱得之少,此谓二害。故于诸道各置知院官,每旬月具诸州雨雪丰歉之状白使司。丰则贵籴,歉则贱粜。或以谷易杂货供官用,于丰处卖之。知院官始见不稔之端,先申救助之数。而句检簿书,出纳钱谷,事虽至细,必委士类。故诸州米储三百万斛,号称最盛。此唐之善行其法者也。

宋则常平之仓遂为定制。仁宗时,韩魏公请罢鹭没官之田,募人承佃,为广惠仓。庆历、嘉祐间,常平、广惠、广济三仓并建。仁宗四十余年,德泽休洽,盖有力焉。后朱子为社仓之法,夏受粟于仓,冬则量加息以偿之。小歉则蠲息之半,大饥则尽蠲之。凡十有四年,虽遇凶荒,人不阙食。然是法得其人则善,不得其人以聚敛亟疾之意,而无恻怛仁爱之心。恐以公正之法,流为王氏之"青苗"也,可不慎哉!

明初,通惠、广济仓为京储也,郡县预备仓为赈给也。宣德十七年,立常平义仓,损益古制。其后,青、徐有河水之患,吴越兴云汉之歌,卒赖其力,而民无雕伤焉。景泰四年,令山东、河南、江北各输锾赎纳米备赈。万历九年,张文忠讲平籴之法令,江南则籴于江淮,山、陕则籴于河南,各抚按互相关白,接递转运,于布政司权宜措处。河南、京畿如遇凶荒,以临德二仓平价发粜,此以达权济变之法也。

统而论之,先王有素备之政,上也;李悝、耿寿昌之政,次也;所在蓄积,使之流通,又次也;咸无焉,设糜粥,下也。即不得已,能如富郑公之在青州,赵清献之在会稽,犹称善也,亦在举而措之而已。

启

同门公建征君孙先生夏峰祠堂启

昔仲尼殁而微言绝,孟子出而杨墨之道熄。其后,濂洛关闽继洙泗之统,金溪姚江阐心学之宗,圣道赖以章明,彝伦赖以不坠,故得从祀两庑,俎豆千秋。至于所生之地,所居之乡,与夫讲学游历之处,后人必为之建祠设位,岁时习礼。有司亦遂载之郡乘,列之祀典。四方君子读其书,登其堂,慨然想见其为人,低徊留之不忍去。以此见天理常存,而人心之不容泯没也。

我征君先师生于容城,迁于苏门。著书明道,立教淑人。抉性命之秘,定理学之准。上自公卿大臣以及儒生隐士,近自畿辅河洛以及齐鲁晋楚吴越之间,有志斯道者,无不负笈从游。见其语默动静,天理流行,发微阐奥,透人心髓。皆踊跃兴起,知圣贤之可为,吾性之具足。其功真可远绍濂洛,近比姚江,非同山林独善,无关世道之士也。

今国家崇儒兴学,修明礼乐。庙堂之上,必当有易名从祀之举,此非草野所敢擅议。独是移家夏峰近三十年,与偶尔游处者不同。松楸在望,祠堂未建,后学无所瞻仰,实为阙典。今同门公议,卜地庀材,定期鸠工。但费用浩繁,非藉众力,难成巨观。用是敬启群公,共襄盛事。指日楹桷森鲜,阶序有严,与邵子洛阳、朱子武彝之祠，并耀千古。于以报礼先儒，章示来学，所关匪细。肩任师传，固当努力，此举乃尊师之大端。凡在门墙，应有同心。敬裁小启，伫立以俟。

引

《四书浅说》小引

四书为圣贤传心经世之典，备六经之旨奥。自汉儒以来，传注纯驳不一。至朱子注出①，集群儒之大成，国家遂用以取士。永乐间，奉敕纂辑大全，采收宏备，审择未精，虚斋、次崖诸先生继之，而考亭之注益明。然为书浩繁，初学未能得其要领。

吾友成斋唐君忧之，手著一编，名曰《训儿浅说》。言简而意尽，文显而旨深。篇章段落，联贯如珠。童子可以成诵，即宿学由博返约，亦有赖焉，其有功于学者大矣！成斋方病目，犹手自缮写，其为功甚勤。恨余力薄，不能付剞劂以广其传也。郎君稚年聪颖非常，必能世其家学，谨书篇首以勉之。

校记
① 山平堂本"出"为"释"字，从本祠堂本。

题　跋

题《一乐堂卷》

余于丙午孟冬由夏峰过内黄时,张起庵为令,倡明理学,多士蒸蒸向化,居然邹鲁之乡也。居二日,郭子非石自薄城来,携容城先生所题《一乐堂卷》见示。盖非石尊人卫寰君年逾古稀,起居康胜。非石有子有孙,一堂四世,莱舞蹁跹,左右奉养,真足乐也①。

昔孟子论三乐,于父母俱存,兄弟无故,而即曰仰不愧,俯不怍。盖父子兄弟之间必德行纯备,俯仰无惭,而后其乐始真。然欲不愧不怍,亦不必他求也,还当自父子兄弟始。孔子曰:"天地之性人为贵,人之行莫大于孝。"又曰:"孝弟之道通于神明,光于四海。"世固有勋业冠天壤,而门内多惭德者矣,虽名列竹帛,能俯仰不愧怍否乎?

非石游起庵之门,讲习有素。事亲事天,同为一理,其知之久矣。异日声闻遐著,英俊景从,即以此堂为三乐堂亦可。②

校记

①② 四库本无第一和第三段。

题赵宪清卷

　　戊午，余寓京师，吾师孙征君先生之子君侨数相过从，间告余曰："先子之讲学夏峰也，滦州宪清赵公方官许昌，遣其子介兹渡河从游。先子与之语，辄能默识不忘，其颖悟出人数等。及先子弃养，公移守磁。磁为南北孔道，使车络绎不绝，羽书旁午，军出关陇荆湖者，往来殆无虚日。官斯地者，疲于供亿，日昃不遑食，簿书期会之繁不与焉。公乃单骑三百余里，为先子任执绋之役。时曾葬者近千人，咸啧啧叹服其贤。先子所著《〈尚书〉近指》，公为校正付梓。先子手泽不至泯没者，公之力也。幼弟不幸罹难，橐饘周旋，不惮烦琐。"言未既，泪涔涔下。既而，曰："余兄弟感公厚谊，虑无以报，为制一卷，将求海内有文章行谊者为之题咏，以表公德。且以见余兄弟之不敢忘也。请君一言弁其首，其无辞！"

　　余从先生游最久，先生著《读〈易〉大旨精义》，多前儒所未发。余曾请于先生任剞劂之役。先生以此书当终吾身，未敢遽问世也。及先生殁后，适值军兴。追呼日迫，力不能独任，欲求同志者共为之，迟回未能就也。闻公之义，其能无愧乎？

　　君侨又曰："公之为政宽大精明，吏不能舞文。署中襆被萧然，寒窗竹几，篝灯课子弟，诵读声琅然达户外。与文士谈经讲艺，握手劝勉。尤加意茕独，不以击断为威。盖古之循吏不过也。"余谓当今世而知尊师重道，表章大儒遗文，急友之难，其贤于人远矣。则其为循吏也，固宜爰次其语，书于简首。

《征君先生诗卷》跋

庚申冬,莲陆魏君访余于京师邸舍。持一卷,则征君先生手书赠诗二章,盖甲辰北上至容城时作也。先生身任绝学,忧患之来,众人震慑不遑者,独能坦坦如无事时,此足验先生道力。而莲陆以门人周旋,患难紫峰,拟之蔡季通、冀元亨,良不诬也。

先生以明末寇变,内外臣工殉难者指不胜屈。虑事久湮没,著书表章,此大义所关,何可磨灭?虽风波旋定,而先生犹自悔艾,无几微不平之气。且以得归子舍,展先墓为幸。而字法苍秀坚老,如岁寒松柏,盘纡竹墨间,真可宝也。敬附数语而归之。

《省斋词》跋

省斋先生文章风雅,为词林领袖。乘兴遨游湖山,六桥烟树,双峰白云,杖屦几遍。时同年不期而聚者六七人,携酒登高,赋诗倡和,甚相得也。追忆昔时长安并辔,忽忽三十年事。少壮者,今鬓发种种矣!

酒酣为小词数阕,壮凉高逸,与稼轩、放翁驰骋上下。济武先生将南游太末,余以使事告竣,亦且北归。叹我辈相聚之难而后会之未可期也,不能不抚卷流连云。

卷六 传、墓志、墓表、行实、事状、像赞、祭文

传

明两浙运使儆辕张公传

张公讳正学,字宗儒,号儆辕,睢州人,世居潮庄之南三里。父讳权,号乐庵,累赠中宪大夫、庐州府知府。母王氏,累赠恭人。

公丰仪秀伟,孝友天成。十岁授《尚书》,为文落落有大家风。弱冠入府庠食饩,名声藉甚。万历癸卯,举于乡。公车归,槧户著书,泊如也。癸丑,成进士。以素恬淡,嗜读书,请改教职。甲寅,补顺天府学教授,董率维勤。乙卯,门下士获隽者十余人。是年,升国子监助教。丁巳,升刑部主事,历员外郎中。秉公执法,多所平反。时南皋邹公为侍郎,叹服之,尝云:"张君精神收敛退藏,真是归根之学!"由是名益著。

辛酉,升庐州府知府。下车即修学宫,锄衙蠹。庐郡承平日

久，城池颓坏，捐俸筑浚。尤杜绝馈遗。有库吏暮夜以金杯等物持献，欲有所关说。面叱之，加以重法。于是，群吏人人股栗。凡断事平心细讯，必得其情。时，巡按某受重囚赇，欲尽释之，公持不可。又票取无碍官银千金，亦不应。巡按大怒，思借事中伤，搜索无隙，乃止。稍迁两浙都转运盐使司运使，慨然曰："古人急流勇退，吾可已矣！"遂致政。

归里居，竿牍不入公庭。课子孙读书，教以孝弟谨厚。每遇豪横不法事，辄为之愤懑，至终夜不寐。尝曰："凡做事，只要自己心上打得过，便为之；打得不过，即毋为。"睢之妇人孺子无不称之为"善张"云。

是时，袁大司马可立、杨大参尧华、余光禄化龙，皆以耆硕里居。相与联席结社，棋酒①娱乐，修耆英香山故事，乡里荣之，至有传为图绘者。

年七十有七卒，崇祀乡贤。配李氏，累赠恭人，早卒。继配孟氏，累封恭人。男一：辰垣，生员。孙二：铭鼎，廪生；铭旂，庚戌进士。杞县刘文烈公志其墓。

论曰：吾郡自万历以后，士大夫习为骄奢，凌虐乡里，至今道路以目。而公独以"善张"著。今考其行事，盖真秉道绝欺，确乎不可拔者矣。其子孙皆恂恂善下人，虽通显，犹杜门诵说诗书，无挽近儇薄之习，谓非公之留泽远乎！余故为纪之，使后进有所观法焉。

校记

① "酒"原文为"洒"字，正之。

樊隐君传

樊隐君,讳梦斗,字北一,号文成,明崇祯壬午乡贡,廷试第二人。尝上书阙下,请为国家效力封疆,奉旨报可。称隐君者,从君晚志也。

其先世小兴州人。明成祖时奉诏迁文安,遂为文安人。高祖讳瑀,成化甲辰进士,筮仕浙①川令。为刑部曹郎日,逆瑾用事,平反主事安奎狱,面折瑾,因忤旨,酷暑跪午门三日。会瑾败,转四川顺庆府知府,称名臣。瑀生缤,缤生润,皆长厚有隐德。润生效才,万历癸巳恩贡入太学。叶文忠公为大司成,叹赏其文,与闽漳蔡震湖、大名成文穆公、高阳孙文正公名埒。除知文县,调静海教谕,概建文庙,多士颂服。升河南府学教授,致仕。隐君之父也。

君少颖敏,年十二补博士弟子员,于书无所不读。尝苦汉赋用事多隐僻,为之音释,句栉字比,展卷了如。著《〈中庸〉讲义》,原性道,究天人,精义入微。桐城左忠毅公见之,曰:"此洙泗真传也。"当君应廷试时,国事孔棘。自以累世受君恩,且才可济时,欲效尺寸力,率同贡十余人上书。将受职矣,无何以内艰归。君至性过人,平日事亲,色养甚笃。至是恸哭出都门,跣行三百里。

襄大事诚信备至,抚兄子爱而能劳。举人王膺,其侄婿也。殉寇难,遗孤呱呱,君收②养之。使与子翰同寝食,学同师。两姊贫无所依,生死周恤,不遗余力。论者以为内行纯笃,仿佛阳亢宗云。邑中筑城浚河,赋役盐铁诸大议,人所畏葸不敢言者,辄言之凿凿,可见诸行事。其屯海八议,侍御吴公称为经国硕③画,将上之朝,会乱不果。

值明末都城之变,俯仰唏嘘。既力不能为,遂绝意仕进,携家入桐柏山中,偕二三老友攀枯藤,扪苍壁。翠屏、玉女、龙潭、石门,号淮源胜地,无不穷极幽绝。诗成,放歌浮白,慨然有超世之概。病中遗命子翰,曰:"死即葬我山中。百岁后樵采兹土者,指某丘某水,为隐居樊某游钓赋诗处足矣。"所著有《驻槎亭诗集》若干卷。

子翰,顺治甲午拔贡,康熙丙午京闱乡荐。今任睢州学正,以文章行谊著。

汤斌曰:余官京师,与同门文安高君游,询其乡里故实,辄娓娓谈樊氏世德不衰云。后过苏门,孙征君先生授以高阳文正公藏稿,复得读其所为《樊氏家传》。盖自顺庆公以直道著于弘正之间。二百年来,家学不替,三辅世族莫敢望焉。隐君明经好古,博极群书,孝友笃行,内外无间言。若夫磊落大节,盱衡时事,郁郁未能表见于世者,时人未能尽识也。后之君子好学深思,读其遗集,亦可慨然太息,想见其为人矣。

校记

① "浙"似为"淅"字误。
② 山平堂本"收"为"牧"字,从本祠堂本。
③ 山平堂本"硕"为"石"字,从本祠堂本。

王氏五节烈传

山东新城王氏有烈妇三,曰孙氏、于氏、张氏;节妇二,曰张氏、高氏。

孙氏者,浙江布政使象晋之冢妇,生员与龄之元配也,事舅姑以孝闻。崇祯丁丑，与龄省布政公于武林，病卒，孙氏欲以死殉。既而顾念藐孤，谢簪珥，篝灯课读，俾克成立。壬午十二月朔，大兵破新城，家人劝避匿，孙氏曰："妇人，非傅姆不下堂。我未亡人也，有死而已！"遂投井死。

越三年，甲申，李自成陷京师，则有于孺人随侍御公与允①夫妇殉节之事。时，侍御方以建言左迁家居，闻变，以死自誓。或言："公无封疆社稷之任，幅巾野服，可毕此生，无为徒死也。"于孺人独不言，既而曰："妾从君称命妇矣，君为忠臣，妾独不能为烈妇耶！"遂登楼相对自经死。子士和泣曰："父死忠，母死节，儿何心独生！"亦自经于其旁。而士和妻张氏先于壬午城陷自经死。

壬午城陷时，王氏父子兄弟殉难者，曰贡生与朋，与其长子举人士熊、次子生员士雅。士熊妻张氏，年二十一；士雅妻高氏，年十九。两人同矢志守贞，事媚姑尽孝。两家皆名族，高氏尤贵盛。布衣粝食，有人所不堪者，纺绩自给，姻党罕见其面。惟元旦一出拜家祠而已。守节十八年，张氏卒；又二十年，高氏卒，皆无子。

汤斌曰：新城王氏，簪笏盈庭。以文章勋伐著声当代者踵相接矣，侍御公尤以忠烈著。一门之内，子孝臣忠，可谓极盛。而阃范尤卓卓②如此，岂正气伟节有以相感耶？抑家训之浸渍有素也。孙孺人为妇为妻为母皆有法则，而侍御公历官清白，常巡茶马蹉跎，称朊仕矣，家无长物。于孺人徽戒之力居多，世固未有平日不能尽道，而能自靖于患难之际者也。张孺人以少年慷慨殉难，两节妇贞操久而弥坚，尤人所难者。士君子立名砥节，常坏于因循。即或勉强于初年，而不能不渝节于末路。吾故合传五节烈，为世示法焉。

校记

① 山平堂本"允"为"胤"字,从本祠堂本。
② 山平堂本"卓"为"焯"字,从本祠堂本。

广西参议戴公传

戴公讳玑,字利衡,号紫杓,福建长泰人。父封奉直大夫,讳烷,好义乐施。虽家世通显,而布衣徒步澹如也。

公与弟璐孪生,有异征。少力学,厌时文熟烂之习。为文原本理要,涵演贯通,赫然有声诸生间。弱冠领乡荐,顺治己丑成进士,授户部云南司主事,出纳惟慎。辛卯,分较京闱,所得多知名士。榷关淮安,持大体,不尚苛细,商旅便之。调吏部验封,司主事,廉静自持,人莫敢干以私,权贵有忌之者。例转湖广按察司佥事,整饬上江防道。时,滇、黔未入版图,军书绎骚。公按部遍履山川,得其厄塞要害。乃自岳州至嘉鱼,立七汛,蠲俸造哨船,募兵巡逻,雚苻无警。洞庭湖盗贼出没,粮艘贾帆,时多不虞。公复设三汛,申明法令,湖湘宴然。洪文襄公经略五省,统兵剿西山,羽檄旁午,公咄嗟立应,军需无误,而民不知兵。文襄公深器之,曰:"此韩范俦也!"

寻迁陕西布政司右参议,分守西宁道。楚民号泣攀辕,至遮道不得①行。而封公讣音适至,公徒跣奔丧,哀毁尽礼。服阕,补广西右江道,驻柳州。先是东阑土酋韦兆熊,土目龙苗、黄周等构乱日久,公宣布德意,不旋踵,投戈请命。嗣值大酋唐应元之乱,斩渠魁梁邦杰以徇。瑶僮诸蛮畏怀德威,顽梗尽化。柳堡屯田,寄佃于民,既输军租,复应民役,编户苦之。公为申请督抚,具奏获免。复修葺文庙及罗池司户二贤祠,柳人烝烝向学,远近德之。

公宦辙所至,多值缮兵庀饷,瑶僮交杂之地,而宽猛相济,先恩后威。无赫赫之名而能使反侧归心,盖其本于学者,深非权术以就功名者比也。会有裁并监司之令,因解任归。杜门却扫,足迹罕至郡城。课督诸子,教以忠孝大义。

甲寅,耿精忠反,台湾贼据海澄。有言于公者,曰:"盍一见乎可以免难!"公正色曰:"生平读圣贤书,所学何事?"叱去。乙卯夏,贼围漳州。时次子镣为海澄公裨将,守东门。贼劫公至城下,使招镣降。公厉声大呼:"儿努力坚守,勿以老人为念!"贼怒,牵之而去。城破,镣巷战死,阖门为俘。公曰:"镣儿死王事,吾无憾矣!"丁巳二月,大兵复漳州,贼遁去,公与子锏②等乘间扶携入山,而元配黄恭人并诸幼子为贼执赴台湾。人以公且不能堪,而公壮志不少挫也。

戊午六月,海寇复犯澄邑及长泰,公再被执。渠帅曰:"崛强老犹在乎!今日顺则生,不顺则死。"公慷慨曰:"吾年七十余,死固其所也。"曰:"如诸儿何?"公曰:"儿曹死生有命,吾头可断,志不可夺!"目直上视,气勃勃不可御。贼本无意杀公,幽之密室,历年余,终不屈。朝夕诵文信公《正气歌》以自壮。一日,顾谓子铣曰:"吾久辱不死,何为?"遂不食,数日后病甚,肃衣冠,命铣扶掖,北向再拜,曰:"臣死命也,当为厉鬼以杀贼!"因慷慨悲歌,大书:"惟忠惟孝,可以服人"数字,呕血数升而死。时康熙十八年六月望日也,年七十有四。

逾年,耿逆伏诛,台湾相继归附。子镣以殉难,赠都司金书。其孙法以别驾谒选,至京叙公行事,闻于朝。而睢阳同年生汤斌为之传,赞曰:

公扬历中外,所至具有声绩。年七十余已去官,而父子先后殉寇难,可不谓贤欤!

公先世中丞公当明嘉靖时,治河抚军,名业烂然。司马公于万历间平岑溪、府江诸蛮,功最著,载在史册,班班可考。他如太仆之刚直,方伯之清介,皆有足多者。而公父子以死事著勋名节义,岂独甲于闽南哉!

校记
① 山平堂本"得"为"能"字,从本祠堂本。
② 山平堂本"锏"为"钊"字,从本祠堂本。

处士孙君传

孙君讳博雅,字君侨,容城人。征君钟元先生之第四子也,幼端重不苟嬉笑,同学生见之,辄为敛容。

甲申,年十五,应童子试。提学御史陈公纯德赏其文,将放榜,值流寇陷京师,陈公殉国难。君遂屏举子业,绝意仕进,从征君避乱于双峰。一时,同避乱者皆弄弓矢刀剑,谈兵事。君独日携书卷坐古柏下;与人语,唯经史及古今忠孝节义事,娓娓不倦,曰:"他非我所知也。"

征君将迁居苏门,道出祁州,刁君蒙吉留讲学于家者三月。既去,而君与母杨孺人独留。贫无以炊,赊柿饼以供母。徒步奉至苏门,征君抚之喜,作诗劳之。母病,君不解襟带,不交睫者三旬余。及卒,为孺子泣,三年不见齿。征君年渐高,偕兄弟朝夕上食,祝哽祝噎。夜则更卧床前,候其欠伸,未尝少离。有所著①作,则侍笔札。

时，四方游征君之门者，屦交于户。有数百里或数千里至者，君为之设榻供食，各得其宜。征君晚年重听，诸弟子问难，必藉君转达，虽反覆开示，不厌更端。间有未畅其旨者，君辄援据经传，发言外之意。闻者往往洒然解悟。故远近来学之士与君日亲，君侨之名遂满天下。

征君著书不下数百卷，编摩订正，君之力为多。尝数易稿，皆手书。字体古健，无一笔苟简，盖其孝谨好学类如此。

己酉，诏举山林隐逸。郡守程公启朱曰："河北诸郡邑吾所知者，独孙子耳。"以其名上之方伯抚军。君自陈一介腐儒，学不通时。父年八十，安能违亲就征。诸公深叹重之，遂不相屈。亡何，征君卒。哀毁骨立，丧葬以礼，观者莫不感动。

君至性过人，渐濡家学，德气日益纯粹。与人交，和易可亲。见人有善，赞扬不置口；人有过，不显言，默然端坐，间引一二古语相感发，听者为之耸然，多见省改。问以时事，似不别黑白，至谈古今成败得失，了若指掌也。

丙辰，弟韵雅坐事被逮，系司寇狱。君具橐饘以从。庚申夏，将远徙，兼染时疫。君往来省视，仆仆于烈日黄埃中。守卫悍卒，咆哮怒骂②，君怡然受之，宛转为弟致药饵饮食，更周恤其同系者，幸朝夕相顾视。君故贫，又竭产供给弟者已四年，故交欲有所赠遗，逡巡不肯受。旁观者察其形容憔悴，劝之自爱，勿徒累死。君曰："吾弟行免矣，吾何病。"时，方馆于崔学士玉阶家，每独宿假寐，口中嚘嚅，细听之，皆其弟事也。顷之，竟病不起。弥留，犹张目曰："吾弟免矣！"遂卒。

当其弟之被逮也，君追送之，奔驰炎暑。策蹇驴随一苍头，遇暴风雨，失道几溺死；后归家，闻有赦，隆冬赴京，彻夜行，冰糊其口，呼不成声，僵仆于路，几死；又尝让蹇驴于同难之械系者，徒步以从解役,疾驱百余里,两足皆肿,不得休,几困顿饥渴死。当是时,君惟痛念先人之积德,不宜获此报也;先人之家声,不宜自此堕也。弟之懵然骤遇此难,冀侥幸获为天所矜也,而不知己之忧劳可以死也。

死后不数日,而弟事渐宽,竟免远徙。于是,闻者无论识与不识,皆泣下沾襟,曰:"孙君之死也,盖死弟难也。其友也,本于孝也,精诚足以感通神明也。"

年五十有五,所著诗文曰《约斋集》若干卷。子汉,有文名。

史氏汤斌曰:昔孔氏褒、融兄弟争死,载之史册,两称其义。若君侨之于其弟也,风雨惨淡,肝肠寸折,至于不自知有其身,忧愁况瘁,竟以客死。呜呼,难矣! 其诗曰:"苦海无舟焉问岸,福堂有弟遂成家。"读之谁不酸鼻流涕者?而况平生交游如余也。夫君侨德性学术,天假之年,必能昌大征君之传,而竟以此终,抑又悲夫!

校记

① 山平堂本"著"为"制"字,从本祠堂本。
② 山平堂本"骂"为"詈"字,从本祠堂本。

封庶吉士李公传

李公,讳兆庆,字赖甫,闽之安溪人。初号渔叔,追思父念次公之德也,更自号惟念,故世称惟念先生云。

公兄弟四人,并力学著声。而公尤魁梧多奇节,为文不假绳尺,奥淹闳博,屡试辄高等。

明季,闽海弗靖,甲族富室,畏缩伏草间,往往不能自保。公独聚宗党,择山中高阜,鸠工筑室百堵,守御具备。巨寇突至,连日夜攻之,卒不得志而去。公复设立教条,乡里兢兢奉约束,远近赖以保全者甚众。乡人有沦于贼者,倾赀赎之,初不问其识与不识也。岁乙未,家陷于贼,仲兄雅称武健,持矛薄贼垒门,竟全其家属而归。人服其才且勇,谓亦公素德足以感之云。

乱定,归旧居,楗户却埽。藏书数簏幸无恙,诠次点定,课子弟,诵读声琅然达丙夜。今学士其长公也,辛丑,贡于乡。甲辰,自京师还里。修宗祠,定春秋祭期。远祖坟墓久湮没荆榛间,殆不可考。公按谱牒,征邻翁,搜而得之者凡四焉。更修缉家乘,访求先世赠答遗文。凡所以为祖考计久远者,靡不殚力从事,盖其诚孝如此。

庚戌,学士成进士,读中秘书,遇覃恩,封公如其官。癸丑,请假归。未几,滇黔告变,八闽相继逆命,阻绝声教者三年,学士抗节不屈。王师南下问关,遣使具蜡丸,密陈道里险易,进取机宜状。卒成恢复之功者,学士禀公之教多也。上以学士忠贞懋著,特晋[①]秩命入都陛见。公促使叱驭,而学士念公年老,迟回久之。不得已后行,至福州而公卒。

公生平厌绝纷华,向慕往哲,时有心得,与理学语录默相契合。故能践履笃实,大节不苟如此。

年六十有七。子四人。学士名光地;次鼎征、光垤、光坡。

赞曰:余与学士同官京师,以德业相砥砺。其学浩博渊通,而持守坚定,一遵程朱,不为世儒游移之说。与余有乳水之合。后乃得闻封公之懿行,盖家学渊源有自矣。

当学士之奉命赴都也,宜星言凤驾。而公察其意,次且不果,知其以己老病。故外示矍铄,而私语其室曰:"度子行濒至,我乃可死耳。"盖生平重大义,家庭相勖,一然诺,不敢宿,况君父之际乎!

使学士顾恋亲恩，愆期不进，虽奉含敛，非公意也。

公卒后，又值海寇突犯，依阻凭险，尽有漳泉之地。撤晋江桥梁，自以为天堑不可飞度。学士奋然墨缞誓旅，凿山开道，仰请王师。椎牛酾酒，士马饱腾，造舟为梁，一日夜捣其巢穴。贼以为自天而降，溃败不可复支。尽复两郡，还之朝廷。以文学侍从之臣，功在封疆，人乃知儒者之功用，果非虚谈无实效也。

至尊嘉叹壮猷，行将仿王文成故事。河山带砺，以报殊庸，此固所以成封公之志，余亦拭目聿观厥成焉，故因传封公而并及之。

校记

① 本祠堂本无"晋"字，从山平堂本。

钟文子先生传

钟文子先生，戊子典试中州。某受知遇，进谒百泉公署，先生诲谕谆谆。后得频侍于左右，教爱之甚，笃于门下士，受恩为最深。窃窥先生学术之渊博，词章之雄丽，政事之敏练，卓然足以追配古人。自司李入为秩宗郎，视学山左，备兵曹濮，往来松藩、浔阳之间，所至皆有殊绩可纪，传中详哉其言之矣！

历下文人近代推华泉、于鳞。华泉位跻通显，雍容庙堂，所不具论。于鳞视学关中，尝登华岳绝巅。其所为记诗，奥淹雄浑。其光熊熊，与岳相称。先生视学山左，亦登岱宗绝巅。鸡鸣观海日，上蓬莱阁看蜃楼。所为诗空灵浩渺，如云霞出没，不可端倪。于鳞傲岸一世，鲜当意者。坐小楼，望华不注、鲍山，曰："他无所溷吾目也！"先生乘兴踞华不注，挥毫顷刻得诗累幅，其胸怀亦正相等，然则桐园与白雪楼固可千载相望也。驰驱于蚕丛玉垒、白帝锦江、彭蠡庐阜，极天下瑰玮奇丽之观，宦迹较于鳞为独远，而时运风会则有迥不相同者。于鳞平生有弇州诸子声应气求，针芥相符，足以自快。而先生峻标孤诣，求所谓弇州无之。后之君子游济南者，必将徘徊泉石，低徊歔欷，赋诗凭吊。况及门之士，慨绛帐之销尘，望墓木之已拱，其涕泗滂沱，更何如也？

某久卧林泉，与耕钓为伍。师恩莫报，负疚良深。应诏入都，与次君相晤邸舍，握手道故，不觉泪下沾襟。某自史馆外转，移病归田，年甫三十，今且五十余矣！半生沉沦，名心都尽，待放南归，拟终老丘壑，殊负夫子平昔期许。然古人所以报师恩者，固自有在。倘天假以年，或于道稍有所窥，因得修明先儒遗书，亦不至虚度此生。今之所谓道德者，功名而已耳；今之所谓功名者，富贵而已耳。先生固未尝以富贵望我也。

某方寄寓僧舍候命，遽为此言，盖自知才分于长林丰草为宜，非爵禄之器也。先生有灵，其许我乎？书传后付次君藏之。

墓　志

文学幼兆吴君暨魏孺人合葬墓志铭

余初就外傅，则闻郡中有了疑吴先生者，中州名儒也。即欲负笈往从，而先生弃世。稍长，与先生冢君冉渠同研席。壬辰，同举南宫，赋诗论道，相得甚欢。平居道其家世，数数称大父幼兆公之贤与大母魏孺人之节,辄鸣咽沾襟,不能自已。

幼兆公笃学好古,仅以博士弟子终,年止二十有六,葬大麓冈祖茔之次。魏孺人守节三十六年,寿六十岁卒。会遭变乱,权厝故宅,不克合祔。至康熙七年戊申春,冉渠自京口走使,持状请曰:"先大父去世已七十载,大母去世亦三十四载矣。中间沧桑变故,诚不自意有今日。今卜三月乙丑,奉大母柩合窆于大父之阡淇。又羁靮王事,不敢以私情请,使子弟代襄大事。惟是圹中之石不可以无铭。铭之莫如子宜。"余生也晚,未及亲炙公之懿行,然读冉渠所自为状,与平日所称述者甚悉。又孺人节行,考之令甲,当膺旌间之典。适际鼎革,未有以姓氏闻之于上者,则纪述以诏来世,固余之任也,其何敢辞?

公讳与点,幼兆,其字。先世籍晋之洪洞,明永乐间始祖讳诚徙睢阳,遂家焉。五传至讳孜,是为公之高祖。曾祖讳岷,祖讳将仕,考讳待价。娶袁孺人,是生公。

公生而颖异,七岁读《尚书》。及长,善属文,不假绳尺,而汪洋演迤,有大家之气。督学使者按开封,拔置祥符县庠。祥符为中州首邑,试者常千人,公屡试辄居高等。一时名声藉[①]甚矣!

公宅在濯锦池上,而文昌阁前有别墅。东望驼峰,南眺襄台,地颇幽胜。公键户其中,图史充几,危坐静对,时时至丙夜,犹灯火荧荧弗息也。经书之外,《左传》《国语》、老庄、太史之书,皆手录评次,探究原[②]委,采撷菁华。论者以为与鹿门月峰相上下云。又精书法,钟、王、虞、褚、欧、颜、苏、米诸家墨迹,无远近必购求临摹,毫发毕肖乃已。是时,公方弱冠,盖将进于古人之域而未已也。不幸而病,病数年,而读书益自刻苦,人皆是其志而忧其力之不继。而病竟以是不起。

魏孺人,雍丘名族,十五归于公。公之殁也。孺人年方二十四,赠公方五岁耳。公祖父母皆在,孺人上奉尊嫜,下抚弱子,蚕筐纺车,以供晨夕。舅姑相继即世,经营丧葬,戚不废易。伏腊祠蒸,手抚赠公,泫然泪下。赠公入庠,文声日著,人且以公之郁而未施者当发于其子,即孺人之志亦庶几可以少慰矣。无何,赠公又奄然长逝。呜呼,可悲也已!弱孙茕茕无依,家业渐落。又值寇氛,仓皇避难,忧悸感疾而卒。

嗟夫!世之学者剽窃补缀,浮华无根,六经诸史,茫然不知其原委,而身都通显,富贵赫奕者,何可胜数也。如公笃志古业,使学成获用于世,必有大异于今之人者。而郁郁不得志,年未壮而身殁。孺人苦节终身,死丧患难,无不备尝,而哲嗣不得奉杯棬以老。有欧阳太夫人之节,不飨文忠之报,所谓天道不可问矣!乃今冉渠登甲科,佐名郡。文章清节,为海内推重。四方人士,言学者必曰中州吴氏。诸孙森森玉立,誉问霞起,然后知蓄之厚者发必达,造物固有深意也。呜呼,仁者必有后于今,益信哉!

公生万历三年某月日,卒万历二十八年某月日。孺人生万历五年某月日,卒崇祯八年某月日。男即了疑先生,讳斯信,庠生,赠推官。娶泰初许公女,封孺人。孙男四:淇,进士,镇江府同知;际隆,增广生,代、训,庠生。曾孙七。铭曰:

积之丰,用之啬,德厚流光。孙谋燕翼,英英象贤。丕著鸿业,虎变龙腾。显荣奕叶,峨峨大麓,永奠冥宅。松楸苍然,山青云白。其驯者兔,其翔者鹤。美哉佳城,蜿蜒磅礴。绵绵千秋,哲彦继作。我今铭之,神其永托。

校记

① 山平堂本"藉"为"籍"字,从本祠堂本。
② "原"原文为"源"字,正之。

拔贡彦公赵君墓志铭

赵君,讳震元,字伯彦,一字彦公,睢州人。嘉靖癸卯举人,东阿县知县讳诰之曾孙,隆庆辛未进士、大理寺左寺副讳举廉之孙,赠中宪大夫、广东韶州府知府讳梦日之子。母汤孺人生彦公,甫七岁而孺人卒。

彦公少具才藻,踔厉风发。伯叔兄弟,负文名者甚众,而彦公尤表表云,为诸生不能。俯首帖括,就举子尺幅。好读《左》、《国》、《考工》、《楚骚》、《史》、《汉》之书。陈明卿《四部奇赏》出,独深嗜之,伏卷诵读不辍。为文初学孙樵、刘蜕,改而为燕、许,后稍稍规摹韩、柳。得其大意,不求毕肖。晚年间仿元结,颇峭拔,有奇致。欧、曾文雅非所好。余每称欧阳文忠公文,彦公因取阅之,尝不尽卷而罢。同时独心师石斋黄先生。无论制义、策论、碑铭、记述,多方购求,缮写丹铅,未尝有遗。为诗自出杼轴,不拘一格。近代所谓北地、济南、公安、竟陵,皆所不问也。

寇变后游枣强归,其诗悲壮萧凉。晚年朴老疏宕,近陆务观。明崇祯己亥,开拔贡,依乡试例而减其一场。彦公文为成宝慈公所赏。廷试入都,与金忠洁公共研席,最为相知。两公后皆以建言为海内所重,每亟称彦公,故彦公声誉满艺林矣。壬午,棘闱移苏门。彦公偕其侄陛对往,各为《百泉赋》,辞采雄丽。登孙登台,醉桃竹园,歌罢长啸,声振林木,时人莫测也。后屡试辄报罢。每遇秋闱,策蹇赴汴,贳酒艮岳、繁台,凭吊信陵君、侯嬴,浇酒杜甫、高适废祠而还,不作遇合想。

庭中怪石数片,老树桃花,参差映带,茗碗药臼,意况萧瑟,所谓松青堂也。更阑灯炧，伸纸涤砚，作蝇头细楷。临文浮一大白，落笔若风，两腕不暇停，顷刻数千言。拍案高叫曰："掷地可作金石声！但恐腕折何？"杂及易卜，多奇中。时时寄兴六博，以抒牢骚，非真好也。

见人无少长，煦煦亲爱，不为崖岸。遇亲识尊行，恭敬尽礼。

其弟一为江宁别驾，一为农部郎。出守韶州，虽情怀缱绻，终不一过其署。高风雅度，殆古隐君子之流欤！

余自移病归里，同人零落。惟彦公往来过从，谈诗论文，相得甚欢。今出门漠然无所向，此余于彦公之殁，不禁流涕沾襟也。

君生于万历二十六年十一月初一日，卒于康熙九年八月三十日，得年七十有三。配李氏，继徐氏。先卒于康熙壬子十一月二十六日，卜葬于睢城北涧冈之新阡。子尔辙、尔轼，俱先卒。孙居易、居广，曾大升、二升。铭曰①：

譬如木焉，或为匠石所睨，而为栋梁；或轮囷②离奇，而老泉石之旁。不可谓栋梁之巍如，而叹泉石萧凉也。呜呼，如君之才而止于斯！睢水之原，松桧苍苍。后有好古者过之，当驻马而彷徨。

校记

① 本祠堂本"曰"为"目"字，从山平堂本。
② 山平堂本"囷"为"困"字，从本祠堂本。

江南镇江府海防同知冉渠吴公墓志铭

公姓吴氏，讳淇，字伯其，别号冉渠。先世山西洪洞人，明初迁睢州，居大麓冈。高祖将仕，曾祖待价，祖与点，以文学名，余尝志其墓，所谓幼兆先生者也。父斯信，博学工词赋。以公仕，赠文林郎、广西浔州府推官。母许氏，封太孺人。

公赋资颖异，好为深湛雄伟之思。十五习诗赋，清词丽句，往往惊其长老。为制举义，不拘尺幅，落落有奇气。赠公卒，家业中落。事太孺人备尽色养，抚三弱弟读书有成，孝友为人所难。补宁陵庠诸生，屡试高等。嗜读书，日记万言。喜怒窘穷，患难流离，未尝释卷。至盗贼纵横，匿荒蓬断垣中，生死倏忽，犹暗诵不休。秦汉金石遗编，海外重译之书，读之欣然自得。若平常浅易之辞，不屑意也。乱后家鲜藏书，闻旁郡旧家有异书，数百里徒步往求之，累日夜抄写，尽诵乃已。持论俱有根据，未尝特创一说。读书既多，时出其新奇者资谈柄。时人见其空旷奇肆，诧为语怪，或操论辟之，公不与较也。

顺治乙酉，登乡荐。壬辰中会试，不就廷对。里居六载，益肆力于学。天文、历法、律吕、音韵、易占、勾股、算术，及西洋奇器之学，无不精诣。戊戌，入都问历法于钦天监，考乐器于太常寺。穷思几废寝食，一切应酬俱废。

成进士甲次，例得京职。会改新制，授推官，得广西浔州。时粤地初定，多封疆大案。公听之，为求生路不得，则坐卧不安。尝举欧阳崇公"求其生而不得，则死者与我俱无憾"之言自警。一日断事毕，一囚出而泣曰："公仁人也，而不能活我，谁复活我者？"巡抚行部务严刻博风力，公力争之，曰："宦粤者皆中土[①]人，携妻子，蹈万里烟瘴地，谋升斗禄。一挂吏议，遂终流落。窃愿明公爱惜士人，若有大奸恶，某亦安敢隐哉？"巡抚感公真诚，叹为长者。察浔属果无可纠者，以此益信公。

民朴事简，无学士大夫游处，惟读书以自适。往来省会，山行水宿，蛮烟瘴雨，诵读之声达丙夜。家园万里，宦况冷绝，幽愤无聊，一寓之于诗。

自粤西升同知。镇江军府初立，事务殷繁，公职海防，应一切为之综理。时方视为利薮，公悉推让同官，故厅事寂然。雅重学校，宾礼寒素，市书万卷，与文士校雠讨论，夜则挑灯对读。遇得意，高叫长歌，胥吏皆惊起。至于簿书，寓目而已。

署丹阳，冲邑驿费浩繁，岁额不敷，公不欲累民，然亦坐是。供应多疏，镌二级。

归，公念太孺人春秋高，诸子侄②皆善属文，构书屋数楹，寝处其中，口讲手批，至夜分以为常。与三三旧友结社赋诗，出则乘柴车，或徒步。仕进之念，泊如也。

工填词，晚年声律益细。伶工奏伎，点拍失度，即笑语喧阗中辄指其误。更深于道家言，自谓《龙虎经》、《参同契》诸书，尘埋千年，无人识其要领，一旦③为之洗涤筋髓。丹学秘诀，悉传人间。海内好道之士，当有知其所以然者。

古诗以《昭明文选》为宗，近体初专师少陵，后遍究四唐，含咀菁华，归诣自然。论诗上下今古，升降正变，可出钟嵘上。其辨议精详，笔锋清雄，识者以为仿佛郑夹漈云。偶尔撰述，信笔抒写，连篇累幅，至其精神凝注，稿必数易，常有一字未妥，一韵未安，收视反听，审谛推敲，必得当而后止。人知公之博综，而不知其谨慎如是。独不喜为酬应之文，如序记、碑铭之类。为人所强，偶一为之，非其好也。一日过④余深谈，余谓以君异敏，若专攻⑤学《易》，必能发前圣之蕴。公遂尽发所藏诸家《易》说，约与余定期会讲。无何，而公逝矣。

呜呼，惜哉！公平生笃于友谊，急人之难。初登第时，有友被诬，几罹重典。公为之遍谒当事，倾身营救，事卒得白。近世杯酒谈笑，不啻骨肉。一旦失路，反眼若不相识，更为之下石者比比也。若公者，真古人哉！余求友⑥于天下，往往号宿学负盛名者，叩其所得,辄不及公万一。而公官不过郡佐,未尝一登著作之庭,虽其言可以藏名山,信后世矣,而其志尚若有进而未已者,此余之所以咨嗟悼惜,长恸而不能自止也。今其子请志圹石,不一语粉饰,亦所以报吾友而存其笃信之志云。

所著《雨蕉斋诗集》、《选诗定论》、《唐诗定论》、《律吕正论》、《〈参同契〉正论》、《〈阴符经〉正论》、《龙虎上经》、《指月入药镜图说》、《睢乘资》、《睢阳人物志》、《雨蕉斋杂录》、《道言杂录》,共若干卷。

公生于明万历四十三年五月三十日,卒于康熙十四年二月二十五日,得年六十一。配沈氏,封孺人。子二:学颢,廪生;宗颐,国子监监生,沈宜人出。孙元复,宗颐出。以康熙十四年月日葬大麓冈先茔之次。铭曰:

羽陵宛委搜秘笈,续遗补亡人莫识。结绳掌故羲皇画,地负海涵惊奇特。铿钧震曜贯冥赜,扬风扢雅追三百。胡不赓扬丹陛侧?百年礼乐会生色。功名遗爱在南极,漓江之水何浘浘!北固山头一片石,至今父老泪沾臆。邺架缥缃存手泽,有子文章压元白。奕叶绳绳传休德,旧史铭辞在幽宅。

校记
① 本祠堂本"土"为"士"字,从山平堂本。
② 本祠堂本"侄"为"姓"字,从山平堂本。
③ "且"疑为"旦"字误。
④ 本祠堂本"过"为"遇"字,从山平堂本。
⑤ 本祠堂本"攻"为"功"字,从山平堂本。
⑥ 本祠堂本"求"后无"友"字,从山平堂本。

征君孙钟元先生墓志铭

康熙十有四年乙卯四月二十一日,前万历庚子举人、征君孙先生卒于辉县夏峰之居第。一时监司郡县之大夫与方数百里乡大夫士,哭吊属路不绝;城内外市者罢,耕者废耒,里老嗟叹,子弟辍诵弦声。督学使檄郡邑列祀百泉书院。其冬十月十六日,葬夏峰之东原。距生万历甲申十二月十四日,享年九十有二矣。

道学之传,自濂洛关闽诸大儒后,莫盛于明之河东姚江先生。幼当梁溪、吉水讲学都门之日,与鹿忠节公一室默对,以圣贤相期许。忠节既没,独肩斯道者四十载。年愈高,德愈劭,真积力久,笃实辉光。四方学者不谋而合,曰:"夏峰,今之河东姚江也!"两朝征聘十一次,缥帛赉于岩谷,守令敦趋就道者数矣,先生坚卧不起,故天下称为征君云。

先生讳奇逢,字启泰,号钟元,保定之容城人。高祖端、曾祖廷宝,皆有隐德。祖臣,嘉靖辛酉乡荐,任河东盐运司运判,以清慎称。父丕振,庠员,授儒官,孝友著闻。母陈孺人。兄弟四人,两兄:奇儒、奇遇,俱庠员;弟奇彦,以贡士任武城知县。

先生少时,慷慨有大志。十四岁谒杨尚宝补庭,补庭问:"设在围城中,内无粮刍,外无救援,当如之何?"先生应声对曰:"效死勿去!"补庭曰:"此足卜子生平矣!"补庭者,忠愍公子也。十七举于乡,私居不蓄一钱。两居父母忧,治丧一准古礼,偕兄弟结庐墓侧,饮食必祭。风雨霜雪,哀音动人。尝语人曰:"少年妄意功名。自双亲见背,哀恸穷苦中证取本来面目,觉向来气质之偏。盖学问实得力于此"云。居京师,见曹贞予公举仁体以告,恍然此心与天地万物相通。

时桐城左忠毅、嘉善魏忠节、长洲周忠介,以气节相高,见先生皆倾盖定交。高阳孙文正公督师关门,鹿忠节为监军,约先生同游塞上。遍览山海形胜,指画如掌。孙公留其襄军事,急辞归,语茅元仪曰:"将相不合,未有能立功于外者。公信不愧,吉甫如时不可何?"天启末年,逆阉窃柄,左、魏、周三君子相继逮系。过白沟,缇骑森布。先生与门人张果中拮据调护,供其橐饘。且告之曰:"雷霆雨露,总是君恩。诸公主张宜蚤定。"其子弟仆从,厂卫严缉,莫敢舍者,先生与鹿太公为之寄顿。左尝督学三辅,又屯田有惠政。时诖①坐熊经略赃,考掠备至。先生与鹿太公谋设甑建表于门,曰:"愿输金救左督学者听!"于是,乡人投甑者云集。左既考死,则又按籍俵散。去京师不二百里,举幡击鼓,不畏阉知,阉亦竟不知也。当事急时,遣弟奇彦同鹿公子驰关门,上书高阳公求援。公即具疏以边事请陛见,面奏机宜。都门喧传公兴晋阳之甲,阉夜绕御床而泣。公抵通州,亟降旨勒回。公回,而诸君子不可救矣。

盖正人为国家元气,非但急友难也,事之不成则天也,而世徒以节侠视之,过矣。客氏弟光,先以时焰牢笼士大夫,介所知,送名马。以家贫不能具摧秣辞;致摧秣之需,以病躯不能乘辞,待小人不恶而严类如此。崇祯戊辰,督学御史李公蕃举孝行,奉旨建坊旌表,给二丁侍养。

丙子,容城被围,土垣将圮,穷七昼夜为攻具。先生指示方略,士民协力捍御,城赖以全。事定,巡抚都御史恤刑部郎交章闻于朝,特诏褒嘉。兵部尚书范公景文聘赞画军务,固辞不就。时寇氛渐逼都城,携家入五峰山,结茅双峰,亲识从者数百家。修武备,严教条,所以整齐约束之法甚具。更日与其徒讲学习礼,赋诗倡和,弦歌之声相闻。当兵戈抢攘时,雍容礼乐,盗贼睥睨不敢犯。呜呼，先生之不用于时，岂先生无意于世，盖亦知天意之不可回也。

国朝顺治初，祭酒特举长成均，以许文正相拟，中外大臣推毂日至。先生绝意仕进，移家共城，辟兼山堂，读《易》其中。率子孙耕稼自给，箪瓢屡空，怡然自适。远迩负笈求学者甚众。有大僚归老于家，北面称弟子者；有千里遣其子从游者。公卿持使节过卫源不入公署，屏驺从以一见先生为快。

先生涵养益邃，自强不息。每晨起谒先祠毕，退居一室，澄心端坐，即疾病未尝有惰容。接人无贵贱少长，各得其道。与后学答问，随人浅深，亹亹穷昼夜不倦。子孙甥侄数十人，揖让进退，皆有成法。闺门内外，肃肃穆穆，寂若无声。而诸事具有条理，姻族故旧，恩意笃厚。为之经理婚嫁丧葬，惟力是视。闻节孝事，必为之表扬。先贤祠祀废坠者，必倡众为之修理。见人家庭乖违，与父言慈，与子言孝，缓譬曲喻，必归于道而后已。故贤者悦其诚，不贤者服其化。即儿童牧竖，亦知欢喜尊敬。至于事变之来，众人震撼，不知所抵者，处之裕如，未尝几微动于中也。

其学以慎独为宗，以体认天理为要，以日用伦常为实际。尝言："七十岁工夫较六十而密，八十岁工夫较七十而密，九十岁工夫较八十而密。②此念无时敢懈，此心庶几少明。"又曰："生平所见，有时而迁，而独知之地不敢自欺。识得天理二字，是千圣真脉，非语言文字可以承当。故言心即在事上见，言己即在人上见，言高远在卑迩上见，言上达在下学上见。战兢惕励，不敢将就冒认，惟是慎独而已。"所著有《理学宗传》、《四书近指》、《读〈易〉大旨》、《〈书经〉近指》、《圣学录》、《两大案录》、《甲申大难录》、《岁寒居文集》、《答问日谱》、《畿辅人物考》、《中州人物考》、《孝友堂家乘四礼酌》、《乙丙纪事》、《孙文正公年谱》，共若干卷。

尝叹世之学者不务心得，株守藩篱，物我未化。先生真见道之大原,无建安,无青田,惟以庸德庸言直证天命原初之体,可谓千圣同堂,造化与游者矣。程子曰:"世无真儒,天下贸贸焉莫知所之,人欲肆而天理灭。"自先生讲道山中,公卿大臣,四方学士,闻风而起,皆知圣贤之可为,异端邪说不足以乱孔圣之真。其有功于斯世斯人大矣!若其自得之深,精微之蕴,非学问有得于心者,乌能测其所以然乎!斌何敢谓知足以知之?然奉教有年,窃观其语默动静,元气浑沦,全体大用,光明洞彻,其斯为凝道之君子何疑欤?哲人云萎,斯世何宗?故不禁涕泗无从也。

元配槐孺人,继配杨孺人,皆有阃德。丙辰,先生下第,槐孺人慰之曰:"下第何妨?即终身不第,吾未见布衣可轻,富贵可喜。"此岂妇人女子所及?当先生醵金救左、魏时,杨孺人出嫁时衣奁佐之,抚前子同己出,事槐孺人母如己母,奉养终身,皆人所难者。

子六:立雅,恩贡;奏雅,生员;望雅,增广生,槐孺人出。博雅、韵雅、尚雅,增广生,杨孺人出。女二。孙十二:澜,增广生;潜,生员;溥,生员;溶,生员;诠,举人;淳,生员;汉、浩、沐、浴、湛、源。孙女八。曾孙十三:用柔、用霖、用梓、用楠、用桓、用模、用楷、用樞、用桢、用干、用樟、用柱、用栋。曾孙女五。四世孙一,熠。娶聘皆名族。孺人原葬容城先茔,今以衣冠祔。杨孺人原葬夏峰东阡,今移祔。铭曰:

至道浩浩,待人而行。贞元会合,大儒挺生。定交江村,志绍濂洛。奥旨微言,开关启钥。穷理尽性,本于孝弟。表里洞然,天空月霁。云卧苏门,韬光敛耀。安乐窝叟,千载同调。峨峨夏峰,万仞其高。攀援莫逮,仰止为劳。松楸郁郁,幽宫在兹。我铭不磨,永式来思。

校记

① 山平堂本无"诬"字,从本祠堂本。
② 山平堂本无"八十岁工夫较七十而密,九十岁工夫较八十而密"一句,从本祠堂本。

前兵部尚书湛虚张公墓志铭

皇清顺治十有三年四月初三日,前明兵部尚书、磁州张公卒于家。是年八月,葬于槐树村之阡,少保刘公志其墓矣。至康熙十八年,其子贡士冲等改葬于南城村先茔之次,遵治命也。公之孙,翰林编修榕端,持其父故庶常君溍所作状,及冲叙改葬事始末来请铭。余与庶常君同举进士,尝以年家子谒公里第,接其状貌,伟然巨公长者也。庶常君刻公遗集四十卷成,遣使渡河授余校正,且属为序。余末学窜陋,逡巡不敢操笔者十年矣。反复熟读,自谓知公生平大略,乃不敢辞。

公讳镜心,字孝仲,号湛虚,晚号晦臣。先世襄垣人,后迁磁。考讳仁声,封通议大夫、兵部右侍郎。妣许氏,封淑人。

公天启二年进士,知萧县,调定远,再调泰兴,以治行高等擢礼科给事中,掌大计。进太常寺少卿,迁大理,调南光禄寺卿。擢兵部右侍郎,兼都察院右副都御史,总督两广军务。召入,为兵部左侍郎,以蓟辽总督张福臻未至,命公代之,加兵部尚书。俄福臻至,议公①别用。旋丁母忧②。弘光立詹事,漳浦黄公荐公老臣,宜大用。时,马士英、阮大铖用事,黄公不能安其位,公因避去。国朝定鼎,大臣推荐章数上,以丁父忧固谢,守制遂终不起。

公负经世大略。其令泰兴也,岁饥,代民完漕粮四千石,全活数千家。为给事,当庄烈愍皇帝时,内外交讧,军国积弊,臣下锢习不可究诘。而天子求治过急,政尚操切。金人窥伺意旨,附会以作威福,而正人旅进旅退,不能尽其谋国之忠。公首陈七要,继陈十二事,大约请上静正自治,推诚驭下。尤当爱惜人才,勿以一眚辄弃。更欲臣下破除偏党,公忠廉直,佐成荡平之治。慎刑罚,抑躁竞。严保举以课成效,行蠲恤以收人心。练兵核饷,委任枢辅。侃侃万言,皆切中时宜。当国者抚卷叹息,至拟之魏征"十渐"也。畿甸失事,上震怒不测,公语政府曰:"主上严则宜佐之以宽,臣下玩则宜防之以礼。边境不戒,过在将领。文法交诋,大狱繁兴,至使八座一空,衣冠囚首,犹得谓国有人乎?"政府虽不能用,时论韪之。

会大风雨雹,上书言:"春秋僖公二十九年雨雹,传言为公子遂,昭公四年雨雹,传言为季氏。今日必有大臣擅权,以干天怒者。"严旨诘责,而公遂劾总制刘策、巡抚王从义、大帅侯世禄逗遛纵兵状。更论吏部尚书王永光推荐高捷、史范为背公贪缘。指斥尤切,未尝以利害祸福自绌也。

掌大计时,阁臣温体仁有所属意。公阳为不喻,曰:"吾不能代执政报私怨。"以此忤阁臣意。赖公素持正,为上所信,不能间也。礼部议举谥典,访册至七百人。公上言:"谥法宁严勿滥。"因列陶安、方孝孺、铁铉、李已等数人,上嘉纳。又请出御史吴阿衡于狱,举范景文知兵。未几,范公以阁臣殉国,而吴公亦以蓟辽死事,世益称公为知人。

其总督两广也,滨海数郡为岛裔窥伺,蜑户豪姓与之交通。公既严奸宄之禁,设柘林、黑石、虎门之防,发材官受赇之罪,诛连州妖贼,及思明部民之戕土官者。规画略定,无何,楚寇围韶,两粤骚然,公遣将却之。寇据郴、桂之间,高獠、紫獠二源,其窟穴也。自嘉靖以来,梗化且百年,公以为非大创不可,奏请合沅、赣两抚会剿。上以贼实在楚,客兵功当倍论。公闻命誓师,购瑶僮,远侦探,严壁垒,搜讨军实久之,沅、赣兵始集。公命粤兵批坚深入,斩馘千计。下令乘胜直捣二源,诸将难之,公曰:"诸君不见渔猎者乎?池鱼阱兽,一举可尽也。楚寇即粤寇,何疆域之足云?"分兵一自连州入,一自蓝山入,扼其咽喉。主簿峒最称险峻,叱令卷甲疾趋,一战而得之。凭高俯击,高獠遂破。复依山纵火,分翼夹攻,紫源亦定。是役也,破峒源三十有六,俘斩三千,释其胁从,流亡来归。虽号为三省犄角,而先登夺隘,粤功实最。时武陵管枢曲庇楚抚,公仅赐级赉金币而已。科道交章言功高赏薄,使客兵倍论之,旨不信。公曰:"吾知平贼耳,他何敢问?"

安南黎莫构兵,公上言:"帝王详内略外,当慎守关隘,两存而弱之。"广西巡抚林赟请存莫图黎,已有旨报可。公谓制外之道,宜彰大信。黎入贡而绝之,非所以怀远人也。因辑《驭交纪》二十二卷以进,天子以为然,敕公便宜从事,卒如公言而定。至于平盘古十八峒之寇,与崖州、英乳建署、设防、立学、置师,使黎人子弟皆通《孝经》,从来所未有也。

公为政博大而精详。在粤五年,恩威并用,智勇兼施。凡所以为地方经久计者,无不尽其力。后之人守其成画,不敢变也。而张弛缓急之宜,卒莫及焉。

公平生笃于友谊。漳浦黄公建言,予杖下诏狱,知交不敢通问,公独以三百金遗其子供狱中晨夕。黄公寄诗谢,有云:"患难劳相恤,妻孥感至诚。谁期今世界,更作古人情。"甲申以后殉国诸臣,多生平故交。感旧怀忠,作前后《九哀诗》吊之。辞旨激烈,论者谓与谢翱楚歌相上下也。

晚年闭户注《易》,究极性命之旨,与孙钟元先生往复商确,逍遥泉石,自称云隐居士。元老名臣,遭遇鼎革,完节令终,皭然不滓,可谓难也已。

公生万历十八年正月十九日,距卒享年六十有七。元配秦氏,累赠淑人。机杼佐读,恭俭有礼。公未第时卒,年三十有一。继配李氏,累封淑人。随任两广,不市一珠,公之清德相成为多。先公一年卒,年五十有五。子六:沅,官生。溯,岁贡生。秦淑人出。潘,壬辰进士,内翰林弘文院庶吉士,赠文林郎、翰林院编修。衍,廪生。冲,副榜贡生。李淑人出。瀞,贡监生,侧室汪氏出。女一,适贡监生李鞳,李淑人出。孙男十三:槐韩,廪生,沅子;枫益、榆汉,溯子;榕端,丙辰进士,翰林院编修;椰璟、桥恒,俱庠生,潘子;枅蘧,衍子;栟昆、樾康,冲子;柚云,瀞子。余尚幼。曾孙丙谦,庠生。四世孙一赐讲。铭曰:

行山郁峙,漳水回澜。笃生伟人,国之屏翰。侃侃遗直,梧掖垂绅。风标岳立,威凤祥麟。临轩授钺,百粤蛮方。甲兵胸贮,岭雾开张。薄伐楚寇,钲鼓隆隆。缓带轻裘,克奏肤功。日南波静,蜒户春耕。何不中原,灭彼槐枪。蹇蹇劳臣,鬓发如雪。入佐中枢,朱弓玉节。晚年云卧,梦寐羲皇。象贤接武,奎璧烺烺。岿哉高原,松楸苍苍。铭石不泐,奕叶其昌。

校记

① 本祠堂本"议公"为"公议",从山平堂本。
② 山平堂本"忧"为"艰"字,从本祠堂本。

砥园施先生墓志铭

余同年友施君闰章,字尚白,文章行谊高天下。然少孤,叔父砥园先生养且教之。尚白历官中外,所至著声绩,尝语人曰:"此叔父之训也。"以此海内士大夫无不知砥园先生之贤。余昔家居时,尚白自京师南归,枉道视余。余欲少留为一日欢不可得,曰:"夜梦叔父,为之心动。"归家十年不复出。戊午,应召入都,与余数相过从,语次辄忽忽不乐,曰:"余叔父年七十余矣,疾病侵寻,常虑一旦不得奉终事也。"辄泫然泪下。无何讣至,尚白方奉修史之命,不得归,号泣不能自止。既乃略次行事,随书随泣,以至于病。扶掖至余寓,再拜请余铭其幽宫之石。尚白交游中操文章之柄者指不胜屈,而独以见属余,何敢辞?乃为序而铭之。

按状,公讳誉,字次仲,砥园,其号也。世籍宣城。曾祖讳志和,祖讳尹政,并有隐德。考讳宏猷,以理学著世,所称中明先生者也。中明先生二子:长赠朝议大夫,讳某①。次即先生。赠公学行纯备,兄弟友爱最笃。赠公殁,先生丧祭尽礼,事母吴太孺人以孝闻。性亢爽,多智略,为文敏赡,下笔滔滔数千言。用七艺受知督学御史,补郡诸生。每试辄甲等,而数困于秋闱。崇祯庚午已中彀矣。坐一语见摈,时论惜之。

好为诗,不尚雕饰。而欹崎历落,风格在孟东野、张文昌之间。都御史念台刘公为序之,且曰:"次仲言有本而行有式,非以诗炫者也,而诗固已不朽矣。"其见称于先达如此。

中明先生当明神宗时,与焦文端、邹忠介诸公讲学东南。其时,龙溪、盱江之学方盛,学者率以超悟为宗。乃独忧其流弊,立说主躬行,不为过高虚无之论。至其真诚恻怛,视万物为一体,则与盱江有相默契者。郡有同仁馆、云山书院,皆其讲学处也。先生于兵乱后修复旧规,偕诸生习礼其中,时时称引先训,曰:"先君子以躬为教,吾不能及万一,然愿与同人勉之。"

与人交,洞见底里。闻人一善,喜若己出。至其所不可,正色谯让，虽豪右贵人无所鲠避。岁饥，节粟以赡族人。率举家啜粥，十旬无倦色。助婚丧，置棺瘗，殡葬亡友之无后者。与人通有无，不责偿。固其天性近厚，或亦本中明先生之教而力行之者与！

尚白初登第时，有于祖坟后开穴欲坏其龙脉者，乡党皆为不平。先生曰："渠自丧心耳。吾家世有阴德，宁尽赖风水耶？"竟置不问。海寇陷京口，入宁国，乡里亡籍子欲因以为利，声言施提学叔厚积，可令出饷，祸几不测。盖是时，尚白督山东学政云。会贼败去，其人惴惴惧报复，先生曰："此辈足相校耶？"终无一言。此二事宣城人人能道之，以为尤人所难也。

尚白幼羸疾，先生尝手抱之驴背以就医。行十余里，涕泪沾衣。在官时，虑其善病好苦吟，尝望其来归，为构待归之阁，作倚门之诗。尚白每言及此，泪涔涔不能止也。

所著诗二卷，尚白刻之京师。

公生明万历壬寅五月二十六日，卒于皇清康熙己未正月四日，享年七十有八。配冯氏，子三：闻严，郡庠生，冯氏出；闻阮，邑庠生，侧室陈氏出；闻毓，侧室韩氏出。以某年月日葬于双溪之阡。铭曰：

宛水如虹山如盖，风土清淳浚发大。世有哲人德未艾，绍先起后惟君在。惠及闾党存遗爱，讲堂复起儒行赖。犹子文章擅昭代，白虎谈经家学迈。有崇者丘双流会，松柏丸丸过者拜。越惟奕叶长无害。

校记

① 山平堂本"某"为"察"字，从本祠堂本。

翰林院侍读愚山施公墓志铭

康熙二十二年闰六月十三日,翰林院侍读施公卒于京师之寓舍。公知名海内者垂四十年,天下之士或推其文学,或高其行谊,或称其治术。而余少同举进士,晚年同事史馆,相知尤深。公病,余往视之,握手熟视,曰:"平生知我之深,无如子。立言能信于世亦无如子。"因欷歔不能语。既卒,葬且有日,其子彦恪遵遗命,来请铭其墓宫之石。余何敢辞?乃垂涕序而铭之。

公讳闰章,字尚白,号愚山,江南宣城人。大父鸿猷,明万历间游邹忠介、焦石城两先生之门,为东南人士所宗。父誉,以公贵赠奉政大夫、山东按察司佥事。叔父誉,余尝志其墓,所谓砥园先生者也。兄弟孝友,内外雍穆,江南言家法者推施氏。

公少赋异资,习闻家学,从沈征君寿民游。弱冠工制举业,兼治诗赋古文辞,先达多称之。顺治丙戌举于乡,己丑登进士第,授刑部主事。天子大婚礼成,诏赦天下,公奉使广西,因得遍游粤西诸山水,著《粤江赋》以见志。既归,丁祖母艰。服除,补员外郎。引经断狱,期于明允。有疑狱,反覆推求,常至夜分。曰:"如是,则生者死者,可两无憾也。"诸卿大夫素以公娴文辞,或不习吏事。至是,藉藉言公可大用矣。

当是时,世祖方兴起文学,选尚书郎资望深者,御试高等,乃得补授提学使者。公名居第一,擢提调山东学政、按察司佥事。公既负文名久,士子争自磨砺,冀得一当公意。而公教士以通经学古为先,论文崇雅黜浮,风气为之一变。其应御试也,大学士安邱刘公实荐之。后属其同年孤子,竟以文不入格被黜落。刘公语山东巡抚曰:"学臣不受请托,独施君耳。"公之能举其职,与刘公之能相与有成也,时人以为两难。

秩满,迁江西布政司参议,分守湖西道。时军饷严迫,属邑多逋赋,追呼急,辄相聚为盗。公作《劝民急公歌》,召父老垂涕而谕之。父老见公长者,相率输租恐后。吉水有巨室,依险自保。邑令乘间执之,以叛闻。公察其伪,谕令输租而遣之。因遍历崇山广谷间,作《弹子岭大坑》、《叹竹源坑》诸篇以告。诸长吏读者为流涕曰:"施使君,今之元道州也。"暇日,修景贤、白鹭洲两书院,集多士讲学其中。或屏车骑,往来金牛、石莲诸洞,宴游赋诗。耆旧逸民亦乐就之。昔罗盱江尝为宁国守,以和易得民。公大父实服膺其教,公之为政亦略相仿佛。而时事之难易有大不同者。

无何,以裁并监司归里。而叔父砥园先生年七十,老矣。公依依左右,有终焉之志。又十年,诏举博学鸿词之士。三相国荐其才,召试,授翰林院侍讲,纂修《明史》。公素以文学①饬吏治,至是,始得当著作之任。益自发舒,考核同异,辨析疑伪,是非可否,无所回护②。而朝士大夫习其姓名,求碑版诗歌者趾错于户。四方名士负笈问业无虚日,公一一应之不少倦。平日口期期若不能言,及谈及忠孝奇节,辄抵掌奋发,慷慨流涕,不能自已。遇羁人才士,失志无聊,多方为之延誉。死丧困厄,振恤不遗余力,天下士以是益归其门。入则尽力编摩,出则应酬宾客。又砥园先生已卒,格于例不能请假。居恒忽忽不乐,而精力亦稍惫矣。

天子知其学行,将用为日讲官,司记注矣,惜其老也而止。辛酉,典试中州,称得人。又二年,进侍读,充《太宗圣训》纂修官,益恪恭不敢懈。吾见其貌加衰而不自休息,私忧之。无何,病遂卒。嗟乎,以公之才,使专精史事,久于其职,一代君臣事迹,庶有伦叙。乃事未竣而遽殁,不但平生交游之情为可恸,而国家失此良史才,为可惜也。悲夫!

公所著书《学余集》八十卷、《年谱》四卷、《诗话》、《杂著》二卷。殁后,友人检讨高君咏③为编辑,藏于家。

公生明万历四十六年十一月二十一日,距卒得年六十有六。于某年月日葬于宣城某地之原。配梅氏,继李氏,赠封并宜人。副室蒋氏、徐氏。子二:彦淳,恩贡生;彦恪,郡庠生。孙男女俱三,婚娶皆名族。铭曰:

俭以处身,惠以行仁。志希先民,复乎绝伦。养其和平,发为菁英。金石喤喤,大放厥声。敬亭如盖,宛溪如带。丸丸松桧,勿翦勿拜。维兹幽堂,哲人之藏。青乌告祥,奕叶其昌。

校记

① 山平堂本"学"为"章"字,从本祠堂本。
② 山平堂本"护"为"互"字,从本祠堂本。
③ 本祠堂本"咏"为"脉"字,从山平堂本。

翰林院提督四译馆太常寺少卿王君墓志铭

太常王君子厚,以省觐南归,道病,卒于临清之舟次。讣至京师,士大夫咸叹息泣下。子厚在词馆后余者十五年,余再起入都,相与为忘年友。尝观其气概岳岳,不苟随时。趋心窃仪之,官谏垣十四载,前后章数十上,皆关国家大计。使一旦秉钧轴,尽摅其生平所蕴,必大有建竖,而今竟已矣。虽其所表见已自章章于世,而不能尽其才,使朝廷收得人之效,是可叹也。冢嗣延禧卜葬且有日,乃奉其王父封公书来京师,以隧石志铭为请,余不敢辞。

据状，子厚讳日温，一字绿野。其先山西洪洞人也，明初迁尉氏之古三亭冈，遂占籍尉氏。传十余世，皆有隐德。至芝童公，万历庚子魁于乡，汉中推官，迁同知青州府。生子二：长鸣玉；次鸣球，即封公也。封公中顺治庚子乡试第一，甲辰中会试。有子六人，子厚其长也。

子厚少负轶才，年十一补博士弟子，有神童之目。癸卯举于乡，丁未会试中式，时年甫二十三。初，封公甲辰未与殿试，至是，父子同对策大廷，人以为荣。封公考授中书，需次里居，而子厚选弘文院庶吉士，慨然有志于经世之学。

己酉，授兵科给事中。遇事侃侃无所阿附。时有旨甄别督抚，而不及提镇。疏言："提镇为封疆大帅，权无异于督抚。今有历任七八年或十余年者，果人人称职乎？请一体甄别。以肃军纪。"是时，拜官甫数日，时论韪之。诏赦军犯，而地方官往往淹滞不遽释。上言："朝廷布宥罪之恩，而奉行者率至五六年之久。脱其中有客死异乡者，如旷典何？"又言："诏款内逃人、窝主、干连人犯俱准赦免，而直省地方距京师远者数千里，近者数百里。有赦前起解，而赦后犹械系道路者，天时酷暑，银铛烈日之下，保无喝死道上者乎？臣以为与其豁之于解到之后，曷若宥之于未解之前？请敕部飞檄各督抚，立释归农，使蒙赦者早庆生全，幸甚！"皆奉俞旨。

自是，或密奏，或公陈，多见采纳。盖其意感朝廷知遇，思奋发以图报称，孜孜以清吏治。重人才，分别激劝，综核名实，雅不欲以悻直偾事。而忠爱惓惓，尤有人所难者。间尝有所搏击，不避大僚。侧目者众，而卒安然无几微震撼之虞者，仰赖皇上至圣大仁，优容谏官。故读其奏疏，不独可以见其志，亦足彰主圣臣直之治象也。一日，上召集台垣，策问进剿机宜，转输方略。子厚敷对称旨，奉条"奏详明，克称言职"之谕，盖见知于上者深矣。数年之间，经筵侍班,掌印户垣,管登闻鼓者再。晋鸿胪光禄寺少卿,转通政右参议。寻转左,以至提督四译馆、太常寺少卿,骎骎大用矣。

壬戌五月,上念河工关运道民生,简公廉大臣往勘。会大司寇魏公以年老辞,则命偕少司寇宋公往。濒行,陛见者三。单骑驰往,西至萧砀,北至唐宋山,东至海口,南至淮扬,周回长堤三千余里。尺计寸较,绘图入告,盖其勤慎如此。

甲子冬,遇覃恩,诰封父如其官,母某氏为恭人。

上将东巡,遣大臣祭告岳渎。而子厚分诣东镇、东海,将事惟虔。事竣,念封公家居日久,便道归省。子厚性纯孝,晨昏定省无间。封公促之入都,居常忽忽不乐。丙寅,复请假归。初陆行,至松林店而病。乃买舟张家湾,走天津。转剧,至临清,遂不起矣。

生平友爱最笃,遇亲戚故旧,咸有恩礼。课子谆谆,诫以守清白,勿骄溢以堕家声。其他懿行如此类甚众,不暇著著其大者。

生于顺治二年乙酉闰六月十七日,卒于康熙二十五年丙寅闰四月十七日,享年四十有二。配苏氏,封恭人,邑庠生光训女。子五:延禧,拔贡生;延祐,候选州同;延祉、延祺,廪膳生员;延祚,附学生员。女一。

康熙二十六年某月日葬于某原。铭曰:

呜呼!王君邦之杰。楮柱言路羞甓甓。位跻奉常神人悦。藏骨于斯山巀嶫。后忆千年视斯碣。

封文林郎翰林院庶吉士余君墓志铭

浙有隐君子余君尔章,以仲子翰林院庶吉士泰来遇覃恩,得封如其官。今仲子拜监察御史,而君以老疾卒于家。

讣至，御史擗踊长号，勺水不入口者三日。京师士大夫闻之走相吊。越七日，御史徒跣至予邸舍，长跪号曰："不孝泰来孤矣！方不孝需次里门，依依膝下。更寒暑，先君子趣装就道，诫以服官图报称。不孝奉命行，先君子方健饭无①恙也。抵京除目且下，闻先君子病，则拟请急归省。无何，而凶问奄至矣。痛哉！今不孝奔丧，将卜葬，惟是幽宫之石，敢徼惠于大君子而赐之铭，不孝死且不朽。"予怆然欷歔久之。盖人子之善，譬诸醴泉芝草，其来有自。观御史平日行已②与今居丧尽礼如此，即君之生平可知矣。故不敢以不文辞。

据状，余氏为宋丞相忠肃公端礼之后。其居东浦村，自提举良斋公始。良斋生某，某生某，某生立政，代有隐德。立政，字华南，君之父也。君讳维，字尔章，事父以孝闻。少时读书有大志，治《毛诗》有声里中。所著诗、古文，暨注解《毛诗》，里人传诵之。然数奇，会厥考下世，遂绝意仕进。而丧葬祭祀，悉禀朱文公家礼，尽诚备物，皆可为乡里法事。母赵孺人，先意承志得其欢，更置产以赡舅氏。念祖若考单传再世，遇再从兄弟殊厚也。

东浦，余故著姓，而产业薄厚尝不齐。其贫而租赋殿者，樣久淹者，婚嫁乏具者，咸仰给君所，往往沾足焉，而自处常节缩，甘菲薄，饭粝茹蔬，布衣芒屦，有委巷中人所难者。会岁荒，则倾囷粟设糜粥于路，以哺饥人。又尝怜婺人子久负不能偿，辄为焚其券。诸凡桥道修筑，率捐赀为里人倡，里人以是称余君长者。即暴客凶人过门，摇手戒勿入。而豪少年忿争诟谇，望见间阎，辄愧悔去。当是时论者比之陈太邱、王彦方矣。

君蚤岁举子，泰征督课良苦，曰："服田力穑，乃亦有秋。家世咿唔，铅椠儿其为蓄笝乎？"泰征贡入，成均久未第。而晚年见仲子鹊起，弱冠举于乡，以礼闱第三人成进士，读书中秘。当是时，北望京华,意陶陶自适也。然虑仲子年方少,数遗书训诫维谨。闻仲子欲省觐,辄举柳宗元"思报国恩,唯有文章"语驰止之。比仲子听除台谏里居也,不以晨昏色养为喜,而时时称汉汲黯、唐陆贽立朝大节,以勉其树立于当世。

噫! 绩学砥行,厚积而薄发,要以忠孝仁让之泽保艾,尔后其亦可谓贤也已。东浦余氏既单传两世,至君乃有贤子二人。孙曾男女,蛰蛰绳绳,且数十人未有艾。《易》曰"积善余庆",有以也夫。

君生于明万历己酉十二月十四日,卒于皇清康熙二十五年丙寅九月初六日,享年七十有八。配丁氏,封孺人。子男某。以某年月日葬于山阴县麦坞山之原。铭曰:

山苍苍兮厚以耸也,水泱泱兮清以曲也。没藏于斯兮生所卜也,宜尔子孙兮荷天禄也。亿万斯年视厥辞兮,尚知生平之行笃也。

校记
① 山平堂本"无"为"亡"字,从本祠堂本。
② 山平堂本"已"为"巳"字,从本祠堂本。

南罗武君墓志铭

顺治戊子,余与南罗武君同受知于少参济宁王公。时,公方司李天中,余与君数往来汝上,未得相遇。公尝告余曰:"南罗议论侃侃,持己端严,卓然君子也。"余心仪之,长葛去睢不三百里,人士声问相通,咸啧啧称君之贤。余以他日嵩少之游,当造门相访,以遂平生之愿。乃戊午三月,忽其子赟介吾友韩子新其书状,为君乞墓铭,则君已于去年冬杪卒矣。呜呼,同门三十年而未得一识其面,尚忍为之铭乎?子新为之请甚,切不可以辞。则即平日所闻于我师与乡人士所传述者,质诸嗣君之状相符,乃序而铭之。

君讳际盛,字亦隆;南罗,其号也。先世居晋之洪洞,明初,徙长葛,遂家焉。曾祖讳世刚,有隐德。祖讳定国,好义乐施。值岁歉,蠲输完漕,民不知役。出仕关中,俸余尽给贫民。冬月制绵衣施及狱囚,四方归仁焉。考讳尚文,庠员,以孝闻。母韩氏,生二子,君其次也。

君生二岁而孤,母年未二十,以《柏舟》自誓。君髫龀即知励志读书,日诵数千言,岿然见头角。寇乱,避居覃怀,益自刻苦。补博士弟子试,诸生间褎然举首温孟河内之间,耆儒硕彦多为之避席矣。戊子,闱中已拟首荐,总裁抑之,仅中副车。拔贡入成均,屡试冠多士。黄鸥湄太史雅器重之,以为可与熊钟陵颉颃也。太史谋为设帐,馆谷岁数百金,力辞不赴。太史曰:"武君贫士,不爱数百金,此其志不可量也。"归家杜门却扫,与里中一二名士晨夕过从,樽酒论文,商确古今。四方宾客至其邑者,辄为之下榻投辖。月落灯残,情怀缱绻,盖其豪旷如此。

平生事亲尽孝,于兄析产让丰,丧葬一准古礼。乱后,宗族姻戚播迁他乡者,招之使归。贫羸者助之,抚育孤幼,俾至成立,延师聘娶,数十年无倦也。呜呼,此即求之古人,岂易得哉?余未得杖履相从,而今已矣,不能不为之痛惜也。

君生于前明万历甲寅,卒于康熙丁巳,享年六十有四。配朱氏。子一,赟,廪膳生员,娶内乡县教谕王慎女。女一,适廪膳生员王承乾子枚功。孙二:长,大勇,聘廪膳生刘日炉女;次人勇,聘庠生寇原勋女。孙女一,许聘增广生刘日烟子垄。铭曰:

扶舆淳淑,钟于中土。哲人之生,为时柱础。胡不通显,著勋天府？身老烟霞，名逾簪组。末俗颓靡，惟君楷柱。道派纷流，惟君慎取。冈阜盘回，若堂若斧。松柏丸丸，亦莫或侮。我铭在幽，垂示终古。

墓　　表

陕西延安府靖边同知陈公墓表

保定陈公，讳实，字郁文。少颖敏好学，善属文。年十九补郡诸生，累试辄居甲等。崇祯乙亥，略仿乡试例，特行拔贡，受知介休阎先生，益好学不辍。

皇清定鼎，选知睢州。睢自流寇残破，继以河患，城郭丘墟，田土蒿莱。公至，寄寓民舍，布袍蔬食。招流移，劝垦荒，询问疾苦，煦煦如家人状。延请文士，立社课艺。暇时辄与饮酒谈诗，娓娓忘倦。尝省耕，匹马行乡，一吏持印囊，老卒前导而已。抚按交章推荐，奉旨旌廉，膺白镪之锡。

升陕西延安府靖边同知。去之日，睢民攀辕遮留，至数日不能行。为立碑，父老见之至流涕。延绥边地，民强悍难治，公持己俭约如睢时。而不畏强御，署道篆，省冤狱，申边禁，兵民安堵。丁母孙太宜人艰，扶榇归里，行李萧然。惟图书一簏，老仆二人，跨①驴随行，逆旅咸为嗟叹。

服阕，慨然曰："昔年捧檄而喜，为亲在也。今胡为乎？"遂不起。僻巷数椽，以授徒为业，薄田仅足饘粥。戴笠坐柳阴，与村叟谈说桑麻,不知其为官人也。二三知友至,与论经义。酒后赋诗,天真烂漫。旁及小词,落落有宋人风致。不自收拾,门人手录得数百篇。

配某氏。子三人:绳武、继武、绍武,能世其学。

以康熙十七②年九月二十三日卒,年七十有三。

当公之治睢也,余应童子试。公奖拔冠多士,语人曰:"此生当联第,然疏直,非善宦者。"既而曰:"急流勇退人也。"余别公后二年,捷南宫,授馆职,年三十以病请休。林居二十载,与公言若相符。今起自田间,滥充《明史》之役。然近年懒漫益甚,行将乞身,不知能终不负公之言否?一日文字之知,公何以相识之深耶? 公既葬,其子绳武衰绖至京,请表公墓。余既感公之知,又系官于朝,不及拊棺一恸为恨,乃不敢辞。叙次公之行事,不敢用浮词以负公。

盖公治行无愧朱仲卿,而睢其桐乡也。家居仿佛柴桑征君焉。后之人过公之墓,当凭吊高风,低徊不能去也。

校记

① 山平堂本"跨"为"蹇"字,从本祠堂本。
② 山平堂本"十七"为"十九",从本祠堂本。

江西广信府推官雪潭任公墓表

康熙十八年十一月十四日,新乡雪潭任公卒于里第。讣至,余偕丙戌同举进士者凡若干人,哭于其子庶常璇京师寓所。庶常既奔丧归,逾年,遣使持书来请,曰:"先君子之葬也,幽堂之石,益都相国冯公赐之铭矣。墓上片碣未有刻文,敢请先生一言,以不朽先人于地下。先生平日直道无讳辞,且知先君子久,当不至失实,庶可信今而传后也。"余与公同举,三十余年仕宦中外,相晤对之时绝少。然公江右之政风裁凛然,遭谗而归,不得大用于时,此可为国家人才叹惜者也。居乡行谊,中州人乐道之。余尝想像其风度于行山卫水之间,微庶常请,犹将为文以章之,其何敢辞?

公讳文晔,字联璧。雪潭,其别号。先世山西洪洞人,明初徙新乡。高祖讳守志,祖讳国喜,皆有隐德。考讳道重,邑庠生,以力学闻。公幼贫困,耕且读。孝友笃诚,不苟訾笑,世之征逐声利者视之蔑如也。年二十三,补博士弟子员,声称藉甚。壬午,登乡荐,而伯兄文朗先于丙子登贤书矣。时寇乱河北,公淡于仕进,偕兄奉太公避难百门之耘斗峰。李逆僭称关中,伪令迫公西行,中道碎檄而归,时人伟之。丙戌,捷南宫,以太公年老归省,未及廷对。丁亥,成进士,授陕西凤翔府推官。未之任,丁父艰。服阕,起江西之广信。当是时,江右伏莽未靖。有杨文者,据九仙山为乱,抚军蔡公提兵进剿,委公督饷。山水迂折,公乘小舸,或策单骑,昼夜转运,刍茭充峙。文遂授首。后又偕诸将搜擒余孽,令军士裹饷先趋,舟粟继之。深峒绝壑,讫为乐土。抚军嘉其绩,上言于朝,曰:"是役也,虽师武臣力,司李之功实多。"将校获贼妇女,有赠公者,必询问姓氏居址,令其家领回完聚,将校亦为感动云。

为政则锄强除暴,不避权贵。而遇疑狱,必虚心平反,未尝以苛察为明。时南昌郡守被诬通贼,法当族。其母年八十,诣公申诉。公力辨其枉,得减等。尤加意文学,月课奖拔,多知名士。甲午,分校得人为盛。杨公廷麟遗孤废学已久,公劝掖读书,列名胶序。至属官借名馈遗者,必峻却之。无不叹公才足有为,德能泽物,而守之坚确,更不可及也。

会当计期,众咸以公治行,当膺内召矣。无何,以争疑狱忤上官意,遂为所中,至落职。公无几微见于颜色。归家奉母,晨昏定省惟谨。母卒,丧葬一准古礼。与兄同居五十余载,内外无间言。家居不干谒有司。晚年结社百泉,与孙征君、郭公望、刘一六诸君子讲论河洛奥旨。后进问业者趾错于户。风日清美,杖履自适。赋诗饮酒,篇什甚富。卒时,年六十有六。

其子孙世系详《相国志》中,不备书,独纪其生平大者以告后之人,使知天下有清节雄才,不幸见忤于时,郁郁山林。以老而隐居,积行垂裕后昆,生平蕴而不得舒者,后人犹能昌大之,公亦可以无憾于九原矣。付庶常镌之墓上,过而览者,尚临风想见其人云。

大梁处士王公墓表

归德宁陵县有合葬于某地者,为余年友王抑仲之考妣,曰处士君暨配张孺人之墓。张给事越青志其幽矣,余乃为文以表于其阡曰:

公讳诚,世为祥符人,谨厚诚朴。虽贫甚至无以自赡,终未尝不怡然也。天启初,公携家避岁于鹿邑。鹿邑水,又迁宁陵。屡经播迁,家业益萧然矣。乃叹曰:"嗟呼,我虽贫困,君子终当使显。"于是,谆谆诲子以学,孺人纺绩以助之。未几,公卒。孺人益自刻苦。闻有名师,既慨然遣子从游。其挟册归,必问其所业。孺人虽不识书,视口诵生熟以为劝惩,未尝有误。是时,孺人年既高,长子更殁于寇,而抑仲甫十余岁。连年盗贼纷纷,饥馑相仍,絣①潃之余,不能自给。午夜起坐,盖呜咽沾襟也。壬午,遘年遂不起。盖自公殁后十年,而孺人卒。又六年,而抑仲以外姓举于乡。又七年,复本姓,乃得与公合葬。

自公殁至今,凡二十二②矣。呜呼!予观古之人,凡蹈履笃实者,必有以自见于世。如公得遇其时,惠泽所被,岂特一二邻里哉?而竟落落韦布以老。即孺人茕茕寡居,抚垂髫弱息,卒至成立。此与古之画荻、丸熊者何异?然古人初茹其苦者终食其报,而孺人又以困穷终,悲夫!此如渡江河者,风波大作,舟中之人将登岸,而操舟者没焉,呜呼,可哀也已!

然今抑仲方振起家声,异日举公蓄而不得施者布之天下。后人追述先德,必本于公,而孺人亦当与欧母并传,则公与孺人亦可以少慰于地下矣!吾又以知有隐德者之必有后而世之,富贵而无以自树,自殁而响微,子孙零落者岂少哉?睹公行事,亦可以自省与!

校记
① "絣"当为"洴"字误。
② 此处疑缺"年"字。

行　实

封中宪大夫、陕西按察司副使、先考府君行实

先府君讳祖契,字孝先,号命式,先世为滁州来安县人。明初,祖讳宽从高皇帝起兵,授总旗,升昭信校尉、广东神电卫、百户。子

讳铭,调中都留守,司金川门百户。再传至讳庠,正统九年,以北征功升睢阳卫前所千户,遂家焉。庠生讳英,署卫事,才略甚著。英生讳卿,平巨寇王堂,筑黄河堤百里,备御宣府,定乱汝南,所至辄建奇功。升指挥佥事、世袭骠骑将军、中都正留守。于先君为高祖,是生岷州。守备公讳易,居官焯有声烈。岷州公二子:长讳希韩,肃州参将;仲讳希范,以选贡任山西赵城县丞。赵城公生我先大父讳敏,为庠员。性宽厚,口不言人过。尝之荆楚,适其地大祲,捐赀施粥,全活数千人。而内外亲党赖以举火者固甚众也。初娶徐孺人,继谭孺人、两刘孺人,最后继许孺人,生府君兄弟四人,府君,其三也。

府君自幼颖异,习《毛诗》,精通大义。传注之外,时时有所论说,咸出人意表。先大父抚之喜,曰:"大吾宗者,此子也!"弱冠为文峭健,有奇气。应试为督学昭度潘公鉴拔,补开封学诸生。时先大父年七十余,尝卧病。府君不脱衣冠侍汤药,倾赀延医,吁天请代,不交睫者四十余日。及先大父捐馆舍,哀毁骨立,附身附棺,靡不诚信,乡党翕然称之。窀穸甫竟,内难外侮,一时并至。有豪绅挟势横噬州中,城居之第宅,负郭之田园,一旦尽为夺去。府君曰:"此先人之业,不可不直其冤。"走诉上台,侃侃不屈。兴化吴相国巡按河南,与渠同年友也,意不能无偏重。府君平立睨之,曰:"明公奉天子命,代狩中原,宁为同年来耶?"吴公奇其言,降阶谢之。司李万公元吉闻之,亟称曰:"国士!国士!"劝府君曰:"彼势方张,当潜身避害,勿蹈危机,彼势可立待也。"自是,厚自韬藏。凡出,必卜而后行。然家业萧条,内外拮据,遂不得专事举子业矣。

念家世为阀阅旧族,恐贻弓冶羞,为不孝斌延师督课,手抄《左》、《国》、《公》、《谷》、《史》、《汉》八家文数百篇,及《易通》、《正蒙》诸[1]书,分其句读,正其韵解,授不孝斌。午夜,灯火荧荧,不熟不休。曾忆雨中一日写《汉》文二十篇，腕为之痛。时不孝斌方十一岁，此二十篇者每读之未尝不流涕也。同郡有获嘉王先生者，学行为士林宗。府君延之家塾，大集里中子弟讲《孝经》、《小学》，府君执礼甚谨。不孝斌亦循循不敢自外法度。王先生曰："汤氏世有令德，今命式好贤重礼，其终必显时。"

府君即贫困而施济未尝少倦。冬月雪甚，有杨生者过门，衣冠②腐敝，府君解衣裘赠之。杨生故邺下人也，负傲骨，不轻受人赠遗，独数数受府君馈。语人曰："汤公，君子也，故受之。"

先大母年高重听，府君日供甘旨。会寇氛洊炽，饥馑频仍，早夜经营，备尽色养。事兄贲皇公甚恭谨。贲皇公工文词，治生雅非所长。府君日为具馔，使得专志下帷，不为室家累心。姊遘危病，迎于家，亲制药饵，调理之复故始归。内行之谨盖人无间言云。

至壬午，寇陷睢城，家园遂为战场。府君冒险躬舆大母过河朔，往来曹卫、大名之间，颠沛流离。所以怡颜顺志者，仍左右无方也。当是时，先母赵恭人已殉寇难，先伯父游学于浙，先叔父卒于归德，遗孤呱呱，抚恤备至。大母弃世，号泣擗踊，勉襄含敛，抢攘之际，奉柩与先大父合祔。继有先伯母丧，竭力殡葬，乱离中真呕尽心血矣！先伯父在浙，依衢州司训孔公，病故，遗女十岁，无所归。府君备历险阻携回，择婿资奁如礼。时值鼎革，往返六千余里，波涛之汹涌，盗贼之出没，身几危者数矣！不孝斌实从行，至今忆严陵滩、彭蠡湖，犹心悸也。先叔子流落曹南，府君百方赎回，为之延师娶妇。后又授以田二百亩。尝语不孝斌曰："同胞兄弟，所存骨血惟此。"府君每一言，盖未常不泪涔涔下也。

丙戌以后，河南兵戈甫定，田庐荒芜已久。府君手辟蒿莱，定此室宇，犹篝灯市书，以课不孝斌诵读为事，曰："我备尝艰辛，不以为恨。振先人之绪，惟汝是望耳！"不孝斌夙夜识之，不敢怠。戊子,幸叨乡荐。己丑,捷南宫。壬辰,廷对,读书中秘。府君手书谕曰:"馆职清暇,正当肆力古学,为经世大业。勿得优游旷废,有负遴选至意。翰苑天下名贤所聚,学问必有什倍汝者,虚心领略,庶有进益。仕路崄巇,从来可畏,惟敬以修身,俭以养德。名位素定,不必预计。古来贤豪只因脚根不定,随风逐波,失其生平,甚可惜也。"其他贻书训戒之辞皆类此。

甲午,不孝斌授国史院检讨。乙未,遵谕陈言,狂直几得罪。府君毫无愠色。后召见南苑,天语温然。且问曰:"汝父年几何?今在京否?"斌据实以对。知圣度如天,遣使驰报。府君北向叩首,仍寄书勉斌恪供职业,语最切至。丙申,蒙世祖亲简,加一级备兵潼关。迎府君至署,府君曰:"我来,非就养也,观汝之为政耳。今地方凋敝极矣,宽一分则民受一分之赐。况君恩深重,纶音优渥,若不夙夜砥砺,使吏畏民怀,非但有玷官方,抑且抱愧清夜。杨伯起为此地先哲,汝当敬体四知之训,我不能久居此。"不孝斌谨受命。府君至潼逾月即归,不孝斌送至境上,俯伏道左。府君反覆丁宁,至今历历如昨日事,真令人一追忆一呕血也。

丁酉,恭遇覃恩,封府君为中宪大夫、陕西按察司副使。府君虽被恩荣,而自奉俭约。数椽仅蔽风雨,出入常徒步。地方有大役,辄身任之。睢城自闯寇拆③毁,继遭河陷,时州卫分壤,郡守屡议修筑。而卫中有欲签报大户,借名科敛者。府君建议按亩出夫,为力役之征,众擎易举。卫帅忿然见于词色。后众论佥同,卒如府君之议。城甫毕而邻封盗起,远近汹汹。官府下令督民防守。府君曰:"市民日营升合,贼未至而使之先困,非计之得也。"偕绅士昼夜宿城头,居民赖以安堵。吾州额协宜沟驿站银,而钱塘则协吾州。钱塘以隔省,历年不应。而宜沟驿奉上台严檄提催,驿寝不支。府君言于宪使杨公,免协济,驿困以苏。他如减柳梢之数,清里甲之累,皆不避劳怨,一力担承。盖府君尽心桑梓,周且悉如此。又尝修文庙,刊郡乘,请释滞狱,御水赈荒,诸善事尤为彰彰。

高祖茔墓年久,不无荆榛樵牧之感。府君与族人约,岁时伏腊,拜埽必亲。品物丰洁,祭毕为宴。仍奖其孝弟勤俭者,而责其不奉家训者,必垂涕谢过乃已。时,族中惟叔祖勉斋公最长,府君拜跪④侍立,礼节惟谨。家有旨蓄,必先进叔祖。叔祖亦怡怡然至府君第,或竟月忘归也。平居尝语诸子弟⑤曰:"吾家无甚疏族。自曾祖以上,则一父之子也。高祖以上,则一人之身也。一人之身而至若涂人,此苏明允之所叹息也。"赒给困乏,或粟米,或布帛,岁以为常。盖府君敦本重族,原于至性故也。"

平生英伟倜傥,洞晰世务。遇大事,众人错愕不敢发一语者,府君片言立决。即之温温然,初不见有峻厉之色。与乡中父老时相过从,饮酒谈说稼穑,较岁丰俭。间命巾车游东郊之园圃,蓺花种竹,怡然自乐,人以为有香山洛社之风焉。郡守戴公行乡饮酒礼,采舆论,聘府君为大宾,府君固辞不获。凡三与宾席,圜桥观者如堵,咸啧啧赞叹,以为府君克光大典云。

己亥,不孝斌量移岭北,便道归省。府君时患便血之症,神气减于往时。不孝斌奉侍数日,凭限迫切,府君勉令就道,衔泪拜别。自此,府君虽勉为笑语,念斌远宦,实多忧虑。又值中子之变,哀痛过节,其病日深。斌在虔闻之,亦感危症。坚志请告,幸蒙题允。府君闻斌归,喜见颜色,病渐愈,曰:"我不幸荐经家难,继遭寇变,盛衰感怀,骨肉伤心,五十年中,言之令人欷歔。今幸叨恩盛时,汝以壮年勇退,我体气稍健,父子聚首,阅耕东皋,课读南轩,亦老年佳事也。"尝录马援、柳玭《戒子书》,揭之庭壁。斑甫七岁,学《庸》、《论语》,皆口授,病中犹手抄古文数十篇教之。不孝斌请代,曰:"我固乐此,不为劳也。"

不孝辈日侍膝下,以为可以承欢百年。孰意昊天不吊,至癸卯七月,痰病陡⑥作。延医百方调理,痰嗽稍定,不孝辈私心祷吁,以为庶几痊可。而气息渐弱,卒至见背。呜呼,痛哉! 弥留之际,犹以斌砫执不能合时,斑年幼未能成立为虑。我父眷念不孝,身有尽而心无穷。言念及此,能不令人心肝屠割哉! 呜呼,痛哉! 天乎何不殒灭斌等而夺我父之速耶? 呜呼,痛哉!

府君生于万历三十二年甲辰十月初七日卯时,卒于康熙三年甲辰四月初五日辰时,享年六十有一。配我前母刘氏,廪员公讳升女,德性温淑,生于万历三十三年乙巳五月初三日,卒于天启二年壬戌六月初四日,享年一十有八。继配我先母赵氏,诰赠恭人,廪员公讳尚敬女。孝慈勤俭,明于大义,寇变殉节。巡按御史李公粹然题请,奉旨旌表,建坊立祠,春秋祭祀。事具祭酒吴公伟业、修撰邹公忠倚传中。生于万历三十四年丙午十一月二十六日,殉节于崇祯十五年壬午三月二十二日,享年三十有七。再继我今母轩氏,儒士公讳光里女。子二:长即斌,江西分守岭北道布政使司右参政。娶马氏,封恭人,庠员公中骏女。赵恭人出。斑,聘廪员袁公鸿烈女,轩孺人出。女三:长,赵恭人出;次、三,轩孺人出。孙男三:溥、濬、沆。孙女二,俱斌出。

今择康熙四年乙巳十一月初二日申时,奉葬于城北十五里涧冈东南之新阡。苫块余息,语无伦叙。惟大君子哀而赐之琬琰,先府君殁且不朽,即不孝兄弟藉以少解终天之恨,亦且不朽。

校记

① 山平堂本"诸"为"诗"字,从本祠堂本。
② 山平堂本"冠"为"寇"字,从本祠堂本。
③ 本祠堂本"拆"为"折"字,从山平堂本。

④ 山平堂本"跪"为"跽"字,从本祠堂本。
⑤ 山平堂本"子弟"为"弟子",从本祠堂本。
⑥ 山平堂本"陡"为"徒"字,从本祠堂本。

事　状

赠恭人先妣节烈事状

先妣姓赵氏,外祖廪员公讳尚敬,外祖母褚氏,世为睢阳名族。以万历三十四年十一月二十六日生。先妣孝慈勤俭,明于大义。幼读书,通《孝经》及《列女传》。年十三,外祖母弃世,哀毁备至。十七,归于先君。四年生女,又二年,生斌。

是时,先大父母春秋高,大父常病,先君昼夜侍侧,不交睫者四十余日。先妣治羹粥,奉汤药,凡大父所嗜物皆先意以待,随呼即应。大父喜,病少间。乳者抱斌立于旁,大父泫然流涕,谓先君曰:"汝与汝妇孝谨,我先人世有令德,至汝身将显。否则,亦在汝子。"逾年,又病且笃。衣巾衾帽,皆手自缝纫。自含敛以至窆穸,经画周密,必诚必信。亲党谓先妣娴于礼。

自先大父捐馆后,家益贫,先妣事大母益谨。鬻簪珥市甘脆以为馈养,烹饪浣濯,虽盛暑隆冬未尝假人。会岁祲,率女纺绩易粟,以奉大母,私则咽藜藿,杂糠粃。斌见,辄为呜咽,而先妣戒勿令大母闻。又素多病,默坐室中,厨灶萧然,见者为泪下,而先妣怡如也。

斌初就外傅,归必问所读书。背诵不错一字乃喜,或不能诵,则垂涕刻责。夜则纺绩,而命斌读书于旁。灯火荧荧,常至夜分。或不能得烛,则月下为斌讲《孝经》,为女讲列女故事。一日,斌偕同学生出城外,抵暮而归。先妣端坐不食,切责之曰:"汝年少,志趣未定,而乐嬉游,吾将何望?"斌长跽①,因姊谢过,良久乃免。

崇祯庚辰,河南大乱,李自成拥②众数十万纵横开归间,且连年旱蝗,常对先君叹曰:"我为妇人,天下事固不敢知。今四方重困,盗贼蜂起,而天又旱,且蝗如此。脱有不幸,吾姑吾子以累君,请以一身谢夫子矣!"明年,为女治嫁。斌年未可娶,亦令娶。曰:"我素病,令代我事吾姑。"既而曰:"子女婚娶已完,志愿毕矣。"

明年壬午三月,贼溃西华。数日陈州、太康皆陷。睢距太康仅九十里,城旦暮且破,人心汹汹。而先妣闲定如平时,戒家人:"勿惊吾姑也。"先是命斌从伯父贲皇公读书城北庄上。仓猝闻乱,则城门闭不得入,伯父率斌徘徊郭外。先妣闻之,告先君曰:"来则俱死,无益。"于是,先君登城而望,相对痛哭,谓伯父曰:"城中有老母在,我不可离也。母在与在,母亡与亡,夫复何言?我兄弟独此一子耳,且贼志在城,野外或可以免。兄其率此子北奔,先人有灵,无绝我嗣,乱定徐求我音耗也!"言毕复大哭,城外避难来者数百人,闻之亦皆大哭。伯父遂率斌北奔龙塘,时三月二十日也。

又二日早,城陷。大母病甚,且重听,家君仓皇负之逃于芦苇中。先妣乃谓家人曰:"嗟乎,吾家累世名门,事至今日,义无苟全。独念姑年老,不得终事为恨。若为我谢夫子,善自保重。吾儿遥遥悬隔,汝曹当有脱者,见吾儿为语善自立身,勿忘母平日言也。"遂整衿经于梁,家人为解之。复入井,井水浅,家人又出之。先妣怒曰:"若教我偷生乎?贼至而不死,非节也;死不以时,非义也!"于时贼已环至,露刃相向,先妣乃厉声曰:"若等皆朝廷赤子,食德三百年,何负于若而作贼?今大兵将集,当寸斩若,即奈何以刀锯吓人为?"遂大骂婴刃。呜呼,痛哉!三日颜色不变。贼中有罗拜者,有叹息去者。实惟崇祯十五年三月二十二日,享年三十有七。

越三日,贼徙宁陵,大母、先君仅免于难。不孝斌乃得归殓③而殡于故居之寝。九月,黄河南决,城郭庐舍尽为洪流。殡堂竟没于水,呜呼,痛哉!自壬午至今,每岁忌辰必阴云四合,风雨悲鸣,波涛有声,震惊永夜。居人闻之,无不堕泪,共传其期至比寒食云。

顺治五年,河南提学佥事李公霞成至归德,有司上其事。公命知州事房公星晔建祠于故居之东,春秋率官属往祭。顺治十七年,巡按御史李公粹然具题,奉旨建坊旌表。知州事戴公斌以旧祠湫隘,改建新祠。

先妣卒后五年,斌补学官弟子。七年,登乡荐。八年,中会试。十有一年,成进士,改翰林院庶吉士。又二年,授国史院检讨。至顺治十三年,升陕西按察司副使,整饬潼关兵备,兼分巡关内道。恭遇覃恩,赠先妣恭人。后斌再升江西,分守岭北道布政使司右参政,请告归里。至康熙三年,先君弃养,乃得合葬涧冈之阡。世系子孙见先君行实,兹不备书。

校记
① 山平堂本"跽"为"巽"字,从本祠堂本。
② 山平堂本"拥"为"有"字,从本祠堂本。
③ 本祠堂本"殓"为"敛"字,从山平堂本。

像　赞

孙征君先生像赞

当代儒者，谁称先觉？允惟哲人，光辉孔倬。敦行孝弟，修明礼乐。由忠贯恕，既博归约。日新又新，鸢鱼飞跃。默契先天，声臭寂寞。蕴涵元气，发越磅礴。譬彼星汉，终古昭灼。易传者像，难尽者学。仰止夏峰，泰山乔岳。

王山史像赞

苍然如深谷之松，矫然如晴天之鹤。绝虑寡营，素怀寂寞。凝尘满席，浊酒孤酌。寄志羲皇，吟咏间托。著述岁久，光气磅礴。相彼画史，含毫绰约。七弦静张，古音淡泊。手拂缃帙，陶然自乐。开卷视之，想见其胸怀之渊穆，与立行之介确。盖具经纶天下之才，而退藏不见其崖略也。

毛会侯戴笠垂竿图像赞

溪水洋洋，似君之清也；碧石嶙嶙，似君之贞也。默然垂钓，宴坐若忘，游鱼过之而不惊也。君非山泽之癯而廊庙之英也，胡为乎芰荷之与处而鸥鹭之与盟也。意者家近富春，思羊裘老子之高节逸情。而余之少也，亦尝扁舟过之，而爱泷水之澄泓也。倘君他年得垂竿于兹，余亦将戴笠相从于烟云杳霭之间，而世人莫得而名也。

祭　　文

祭华岳祈雨文　潼关道任内①

惟神体函金德，位列兑方，功配两仪，泽润万类。惟兹关辅，实处神宫墙之下。雨旸寒燠，咸赖神休。乃自去岁三冬无雪，入春恒旸转亢。云兴斯飙，尘霾昼晴。麦苗洊槁，百姓无所归命。

夫休咎征事，祥异从人。良由斌等奉职无状，或政乖刑滥，而狱有冤民；或吏墨兵骄，而里盈怨气；或单丁独户，穷苦重其租徭；或鳏夫孤儿，死亡莫之振救。以故感动天威，召致灾眚？然神目孔明。官之不职，宜明赐诛殛，奈何舍其有罪而殃我群黎。今斌躬率寮属，早夜步祷，数月于兹矣。呼神莫应，吁天则高。下民何知？遂妄疑神听不聪，而欲求媚于淫昏之鬼。夫山魅泽怪，神之所宜屏斥；而淫昏之祀，明主之所宜禁也。若三日不雨，民奔走于淫昏之鬼，斌不能止也。倘气极而通，偶与雨会，则民必归灵于鬼魅，将淫祠日盛，左道日兴。虽告以名山大川，泽被生民，其孰信之？

惟神念官吏士民悔过之诚，敷奏上帝，屏风伯招雨师，云奔电趋，贻我来牟。使农夫馌妇，知岳渎明神果能阖辟阴阳，吐纳风雨，将益坚其畏信之心,而淫昏之鬼自不能惑我民志,是神之眷祐斯民。不但锡以有年之庆,兼赉以正德之福。仰戴神休,永永无既!

校记

① 山平堂本无"潼关道任内"副题,从本祠堂本。

祭孙征君先生文

呜呼!道之在天下也,如元气之在人身。弥纶磅礴,上蟠而下际者,小不遗乎日用,而大即丽乎彝伦,斯诚须臾不可离矣。而胡①真见而体备者之难,其人卓哉!

先生维德之纯,博极造约,穷理识真。以孝弟为尽性之基,由忠恕为达化之门。当蚤年辨志,定交江村,析义利于秋毫,等富贵于浮云。固已抗志圣贤之途,溯洄洙泗之津。及珰焰肆虐,祸逮清流,不避虎獠,力为营救。虽运数难回,而天地正气,有所楮柱而长存。推其本志,固已视死生如旦暮,而恬然无恙者,以是知天之未丧。夫斯文德盛道尊,征书岁频。衡门之间,安车蒲轮。而先生坚卧不起,天下想望高风,如泰山乔岳之嶙峋。才本王佐而不用,学为帝师而无民。天欲存斯人之命脉,故留硕果以至今。

晚年结庐百泉,啸台行窝,云物一新。兼山堂上,弹琴鼓瑟,曾无间乎晨昏。四方学士,负笈抠衣。公卿牧守,拥篲乞言。而先生悉开导启,诲之殷殷。家庭肃雍,孝慈睦姻。薰蒸涵育而闻风兴起者,莫不油然而相亲。即顽梗之夫,浇薄之俗,皆一变而敦厚醇庞,又孰非先生之过化而存神?道隆益谦,业广弥勤。朝乾夕惕,自强日新。通达物我而不滞,酬酢万变而不纷。融朱陆之同异,与濂洛而为邻。隐显无间,体用浑沦。想像其所至,庶几乎乾坤同其消息,造化合其屈伸。冻解冰释,而湛然不动者,如天空月皎,无纤微之埃尘。此固与道为体矣,何寻常功业,文章之足云。

某从游十载,提撕惟勤,日出而谈,至于夜分。青灯白雪,诲言谆谆。方恃为斗杓之可依,岂期天不慭遗,而两楹之兆遽闻。呜呼,年届期颐,名垂后祀。生顺殁宁,亦可无憾于苍旻矣!而独是微言既绝,圣道荆榛,异端日起,杂学纷纭。功利词章之说惑于前,而虚无寂灭之教诱于后,更谁为挽世风于既靡,疏长河于将埋?

今者窀穸在即,鸡酒式陈。音容依依而如在,旨绪茫茫而莫寻。伤仪型之永隔,悲卒业之无因。尚冀先生翼我冥冥之中,俾勿堕迷途,勉策驽,骀之力而上臻。

校记

① 山平堂本"胡"为"何"字,从本祠堂本。

祭同年施愚山文

呜呼!当世之有先生也,吾道之标准也。而今竟溘然长逝耶!哲人云:"亡后学其何宗乎?"

先生之乡为旴江敷教之地,而大父中明公倡教东南,与漪园、南皋为师友。先生赋资中正,渐濡庭训,孝友纯懿,仁慈笃挚,见利斯避,慕义若竞。常以博爱宏济为心,会友辅仁为乐,訚訚谔谔,不亢不随。推挽名流,吹嘘后进,是皆出自真诚,非由矫伪。至矜恤困苦,如拯溺救焚,夙夜遑遑,犹恐不及。世之学者高谈性命,树立坛坫,求其恻怛为怀,浑忘物我,如先生者几人乎?

又宣城文章风雅,代有传人,梅都官尤两宋词人之冠。先生为文不尚铅华,醇深潇洒,而精力所注,于诗尤深。都官诗歌见称庐陵,以今准昔,不啻过之。世之文人学无原本,妃青俪白,补缀为工,遂足取誉一时,自矜博雅,求其典型不坠,追配前哲,如先生者几人乎?

晚岁出入承明,秉笔史局,老成宿素,典故熟闻,考据精详,褒弹不苟。倘藉以告成,即不敢遽言班马,亦庶几希踪欧宋。而汗青无期,哲人凋谢,此又不能不为之惜痛也。

某与先生定交三十余年,良友砥砺之情,知己存亡之感,言之不能尽。而独举其大者,以见先生所关于世非偶然也。呜呼!先生其以予言为然乎?否耶?

卷七　陕西潼关副宪公移

请修关城,以重岩疆事

窃惟潼关一城,环条华而带河渭,控崤渑而朝商洛,实数省之枢纽,三秦之门户。自闯逆蹂躏,人民屠戮殆尽,庐舍灰烬无余。幸赖皇清定鼎,恩德浩荡。十余年来,哀鸿渐集,茅宇渐修。

惟是城垣倾颓,雉堞半缺。西北一带,高仅盈丈,厚仅逾尺。牧竖可登,何以固围?西门城楼为前道陈副使重修,而东南二城楼敝坏不任风雨,北城楼久付波涛。且城中潼水南北冲激,直达黄河。山雨骤发,声若雷霆。北水关自明末为潼水崩毁,久未修筑。每遇阴雨暴作,即拨营标兵丁昼夜防护,年来啮蚀几尽。虽目前仰仗威灵,可幸无事,而外境鲸鲵,不无可虑。

本道屡集在城官员绅士商议修理,以工程浩大,且屡年荒旱,民力凋瘁,休养不暇,何敢轻言兴作?今屡奉部文:在外颓坏城垣,该地方官设法修葺。钦奉俞旨,遵行在案。如潼关城者,颓坏最甚,修葺诚难容缓。本道已捐俸倡首议,同潼关营参将刘道扬、抚民同知刘肃之督率在城官员,量力捐输,雇觅夫匠,于秋成之后渐次修理。绅衿急公者各随其便,务使楼橹一新,金汤永固。但事关城工，相应呈请，伏乞宪示，择期兴工。

亢旱不雨，急图修省，以祈有年事

照得本道莅任方始，见关门以内黎庶凋残，里舍丘墟。星骖络绎，戎马如织。学校不兴，左道日盛。兵丁之纪律未严，衙蠹之刁玩滋甚。方图振新涤滞，于民更始。乃灾变日生，雨泽愆期，数月以来，亢旱弥甚。当此盛夏之时，正农民望秋之日，云将合而风已至，气欲蒸而日愈烈。械械青苗，渐至枯槁；芃芃禾黍，将为萎黄。

此皆本道德薄任重，致干天谴。茕茕小民，夫复何辜？除本道躬自修省，体察民隐，力回灾眚外，合仰所属州县卫所等官各宜痛自省过。修举职业，振兴废坠，存恤鳏寡，简省词讼，清理囹圄，惩创豪猾，暂缓催科，留心抚字。再洁诚斋戒，设坛步祷，如有良法美政应举行者，即时举行。应申请者，即行申请，务使膏泽及于下民。为回天消灾之图，勿徒修具文了故事已也。

迫切吁告，幸勿套视。

禁止滥讼，以厚风俗事

照得雍州之俗，素号淳朴，士乐弦诵，民歌桑麻。本道平日实怀企慕。乃自入境以来询问父老，采听风谣，嚣讼之习，所在皆然。殊于所闻大相剌谬。岂今昔之不同？良由长吏教化不明，故令至此？嗟！嗟！不教民而欲仁让成俗，亦不情之甚矣。

本道谒庙毕，例当省民词，但恐尔百姓不达本道之意，仍因小忿驾诳于伏腊社中,亲戚朋党,囚首垢面,干冒桁杨,损伤世谊,败坏行检。故量迟数日,仍谕尔辈回心省过,各安生理,各守本分。秀者肄业于斋,朴者力耕于陇,即有小忿,亦当告之父兄,谋之良友,苟可已者斯已而已耳。慎勿冒炎暑,逾险阻,徒自劳苦为也。

如或不遵,本道秉持国宪,定行重惩,以为乱法伤风之戒,尔勿后悔。

申明画一之规,以振积玩,以清案牍事

照得听用各役,不过奔走御侮而已。乃闻奉差催提事件,朝出关门,举止遂异;暮宿县郭,威福便行。本道下车方始,痛心疾首,严革此弊。

非事关重大,决不差人催提。然恐各属不相体谅,事无缓急,一味耽延。因循支吾,全凭衙役。一票到手,金钱满志,任其脱逃。索诈罔获,竟行沉阁。不论家之贫富,必欲满其谿壑,故有迟之数月不报、经年不报者。上下废弛,牢不可破。

本道于各州县约:除钦件大事,刻不容缓外,凡于各院重大,及一应钱谷刑名紧要诸项,初则斟酌路之远近,量定限票。初限不应,则发"风"字宪签行催。所行事件,倘能依限详缴,经承吏书姑免解究。如"风"字过限不报,则发"火"字宪签,一面速完前件,仍令经承吏书赍文赴道回话,以凭裁夺。倘此限犹然不覆不结,必发"雷"字宪签,仍差役锁提经承吏书,正身解道,计事惩究。倘事关重大,并将本役解赴院责惩。如有捏文饰覆,及藐抗不遵不解,以宪行为故事者,除玩役尽法究处外,定将经行官员纪过,类详裁处。官评贤否,即从此定。

法在必行，先行申饬，幸毋违玩。

天降灾戾，雨泽不时事

照得本道自关抵省，襜帷遥望，风砂所被，禾稼萎黄。耕夫馌妇，秉耒浩叹。此正本道负罪引慝，痛自修省之时，乃旌盖鼓吹，炫耀闾里。铺陈供帐，扰乱居民，予罪益深。予心何忍？

为此，示仰以后经过州县，量备蔬菜数器，不得擅具荤酒，不得擅用铺陈，不得借端科派。行户旗吹等项，概从减约，以昭本道思过省愆之意。

示谕严禁事

一、本道素性澹泊，凡日用米面蔬薪，俱发现价纹银，照依时值，两平易买，并无官价赊取及低假银色等弊。如买办人役不体本道之意，不念穷民之苦，稽迟时日，亏损价值，及以低银揞勒，许各行指名喊禀，以凭拿究。

一、本道吏书快皂，俱遵经制，额设定数，并不滥收一人。若有藐视法纪，或揞勒行户，短少价值；或驾言钻营，希图诈骗；或路遇官长，不知回避；或私自下乡，吓诈愚人；或假票假签，而挟持官吏；或打纲结会，而罗织平民，如斯等弊，或经本道访出，或经被害告发，轻则量事责处，重则照新例定拟转报，决不令此辈作威作福，鱼肉百姓。

一、本道职任方面，当揽持大体，表正属员，非仅仅五听三讯为事。今定于初二、十六为放告常期,除贪官酷吏,豪奸悍兵,及真正强盗人命者,特设告牌,许坐大堂之时抱牌陈告。其余一切细事,俱往该管有司辨理。若剖断不明,听于放告日明白控诉,不许一概渎扰,违者究治。

一、本道秉性孤直,冰雪励操。一言一动,皆可与百姓见之。若有乡绅士耆,留心民瘼,硕画良谋,匡我不逮;或直言正色箴规我过,本道当斋心扫榻,敬听明教。至于封口私书,多非公事,上号吏役,严加屏绝。近日有借府州县印信封甬,假作公文投递者,封甬内私书与公文自是不同,上号吏当细加查审。如朦胧暗投,当堂拆出私书者,除不收书外,先责上号吏,仍将轻借印信封甬官吏揭参。

一、紧急公文刻不容缓,近日有过期十数日者,有污秽损坏者,殊为怠玩。今量定限期,一日以百里为率,如违限三日,及污损等弊,上号吏当堂禀明,以凭重究。至于解审人犯,随到即投批文,不许卧批延捱,致各犯久滞歇家。如违,许各犯喊禀,解役重惩。上号吏受贿暗投,一并责治。

一、本道上畏简书,下畏民岩,夙夜兢兢,犹惧不给,以贻旷官之咎。各属州县皆有民社之责,今地方多事,百姓凋残,荒芜未垦,流亡未归,正我辈惕然省愆之时。凡贺节祝诞,出巡谢劳,一切缛文陋规,概行禁止,违者揭参。

一、司牧者爱养百姓,正供外分毫不宜朘民。今闻各县陋规:凡上司安置过客馈送,皆行户见年轮值备办。夫有司自爱惜功名,以结纳当途,与百姓何与?丧乱以来,里民脂膏有几,而堪此横剥也。本道公出,所过地方铺陈安置,概行禁绝。旗吹等项,尽从俭约。敢有借端科派,定行揭参。

一、本道夙兴夜寐,勤抚字而理纷纠。一切详验文移,俱亲自裁决。吏书人等,不过奉行号件,伺候签押而已。事之曲直,讼之实虚，本道自有确见，并不假手此辈，彼亦无从启口。敢有指称打点，诈骗财物，许被害之人不时喊禀，以凭尽法究处。

一、本道职司风纪，有司贤否，俱以职业修废，地方安危，民情向背定其优劣，并不傍寄耳目，以致颠倒是非。至于奉到各部院宪件，必事关重大。或呼应不灵，始不得已，差役催提，即严加禁约，不许生事骚扰。敢有诈称访事，吓骗财物者，许各属径拿肘锁，申解本道，以凭究遣。

禁 约 事

照得文庙创自历代，朝廷极其隆崇。虽圣主之尊，犹必临雍释奠，岂梵宇玄观所可比重？

今闻有过往兵丁擅自入庙，以先师殿为驻札之所，明伦堂为养马之地，门窗渐被砍伐，墙垣渐被拆毁。本道闻之实切痛心。殊不知至圣之灵鬼神呵护，如混行轻亵，不有阳罚，必有阴谴。为此，特行禁约：

以后兵丁过往，地方自有安置，不得仍前擅入毁坏，自取罪戾。如驻防标兵，更当恪遵法纪。敢有私自窃取，污秽作践，定行重究，决不轻贷。

申严保甲之法，使民自为捍御，以安民生，以靖地方事

照得劝善惩恶，莫如乡约；缉奸诘暴，莫如保甲。此法庙堂之

所建白，上台之所申饬，行之已久。有司视为具文，鲜有成效。今本道整饬是方，欲与父老子弟实实举行。目今盗贼充斥，闾里惊扰。故略提保甲一法，先行晓谕各州县，宜严加督察。毋假借奸徒，毋虚应故事，务使家自为守，人自为战。不待调发，而处处皆兵；不待屯聚，而家家皆兵；不待畜养，而人人皆兵。无馈运之劳，而粮饷足；无关隘之设，而守御固。又可以稽查逃人，消弭奸宄。本道不时单骑查阅，非但因事以别勤惰，且将申报以明劝惩，无忽。

一、今之为乡保等长者，多是地方举报。善良而谨畏者潜藏，浮夸而纵恣者争进。所谓一乡情愿保结，有司亲为察验者，不过手本开名，该房造册而已。如此苟简何益？盖乡长主教化，以正直忠厚、德行足以服人者为之；训长、保长主团练讥察，必求有身家心力，而老成畏法者充之。盖德行足以服人，则观感而化，有身家则不生渔利之私，有心力则足任董率之事；老成畏法，则不敢刚愎自用，借端生事。若有武断乡曲，豪强自恣，里民畏惮，不敢不举。及衙役通奸，朦胧报称者，印官体访得实，即行革黜重究。

一、乡、保、训长既定，即量免其在身一概杂项差徭。不许接官派应夫役，使得专意教训保御之法。若非舆论不孚，亦不可听左右媒孽奸徒诬告，轻为拘系，以沮贤豪任事之心。

一、每家门首置一木牌，上书某甲第几家、某人某籍、作何生理、男妇几口。如兵丁则云某营、某标、某旗、某队。衙役则云某衙门、某官下书吏、承差、快手、皂隶。工匠则云某色匠役。商人则云作何生业、何处贸易。佃户则云种某人田。客户则云原籍某处、某里甲下、某色人、当某处差役、见住某人房。僦居则责之房主，佃户则责之地主，除一体编甲外，仍令主家不时觉察。

一、户口册外，甲长另置一出入清簿，每日酉时分到各家照簿查问：某家今夜少某人，往某处干某事，某日当回；某家今夜多某人，是某姓，从某处来，系何亲戚，干某事。务要审问的确，亲识于簿。若虚出实归者，便同众问所携何物，得之何人。至于乍贫乍富，潜出潜归，或消沮闭藏，或豪雄自诧，或举止慌惚，或动作惊疑，即严加盘问，密告乡、保、训长，拘拿到官。如或容隐，查出一体治罪。

一、每甲除老弱不算外，其壮丁每州县集镇拣选五十人或三十人，各备枪刀弓箭，分甲操演。冬月农隙，尽数赴操。其操日以保长、训长临之。有留心武艺，精勤熟练者，汇报印官，另行旌赏。若自恃强梁，抗拒不赴，或懒惰爽约，再犯即协同送官，究其悖违。或疾病及吉凶不得已事，先一日赴甲长给假，亦不许借端勒索。其孤独残废，聋瞽之人，编入保甲，一体讥察。保长、训长，不得混签，以虐无告。

一、乡保不出一里之外，惟令村舍相近者行之，不必拘数。乡中有警，必有报警之号。一甲中或用大钟，或用大锣，取本甲便。一甲有警，即击钟为号。一甲击钟，各甲应之。但闻钟声，保长、训长即督率乡勇各执器械，齐出应援，并力夹攻。但有观望不救及后期方至者，保长举告印官，以通贼究治。若道里辽远不与闻者，不可一概株连，滥坐不救之罪。

一、此法行之数月，掌印官时单骑减驺，或因公出之便，即赴某乡观其操练，阅其器械。即为劝说，使之孝亲敬长，教子训孙，守望相助，患难相恤，息讼罢争，讲信修睦。且以作其踊跃之气，振其厌怠之心。若委佐领查点，多带虎役，搜寻事端，糜费酒食，分毫无益，所当痛戒！

一、凡盗贼，寺院庵观、孤庄破窑，其隐窝之处；客舍酒肆、娼门赌室，其招聚之地；乞丐壮丁、游食僧道，其窥探之人。平日把持衙门，挟制官府，欺占民产，抗逋国赋，结党歃血，起灭词讼，偷贩茶盐,开场赌博。白莲、无为等教,其倡率之人;闲懒游民,捕鸟斗鸡,饮酒宿娼,其合伙之辈。保长时加搜查,凡遇此等,力能驱逐者即行驱逐,不敢驱逐者暗自报官,以凭提审究治。容隐之人,一体治罪。

一、乡、保、训、甲等长,除盗贼、人命、逃人、奸细、邪教重大事情许不时禀官外,其罗织细事,张大禀官,骚扰居民,但受只鸡杯酒,斗谷分银,被本乡评出,重责枷示,申明亭纪。恶良民不与为礼,若有觍法奸民,不乐举行此事,借端阻挠者,加等治之。

一、各州县卫所有壤地犬牙相错者,应听附近州县一体讥察操练。若借口异籍岐界,规避掣肘,及救护不前者,申解本道,以阻挠论罪。

一、一甲虽以十家为率,然道里远近,村落密疏,不妨通融。勿太拘执,以妨民便。

申严军法,以新壁垒,以壮金汤事

照得时维多事,捍卫需人,专藉尔兵丁膂力强壮、精娴韬钤者,以备干城之选。关门四省咽喉,全秦门户。银鞘往来,借尔拥护;远征家口,借尔送迎;城守赖尔防御,盗贼赖尔剿除。夏日则暑雨湿蒸,不敢告劳;冬月则夜月刁斗,苦寒滋甚。兼之馈饷艰难,枵腹荷戈,奔走道路,日无宁晷。本道虽幼习俎豆,未学军旅,然军士之苦,实所洞悉。今莅兹土,与尔辈有提调之责,昼夜思维,惟欲足其粮饷,时其操练,务俾人人娴孙吴之略,个个中赳①桓之选,方于地方有赖。今略列数款,与尔辈相约。盖体悉艰苦,既当如父母之于子女;约束豪纵,又当如弟子之于严师。职任所在,不得不然。令在必行，匪徒托之空言也。

一、行兵者，不恃寇有必败之势，而恃我无可败之机。今孙吴兵法，梦寐不闻；六韬三略，生平未见。即有骁勇，全无谋略，何益胜败之数哉？今于诸军士中择心机警敏，精采奋扬者分队教习。不拘战兵守兵，除《孙子》十三篇人人习读外，其余六书，各习一部，时常讲说。除百战奇法人人精晓外，其战攻守御诸法立为标式，时常体验。中军官朝夕勉励，惰慢不学者汇呈本营责治。每季将教过军士姓名开列送道，听候考试。弓马之外，试以枪刀火器。所习书内，任问几条，令之讲说；任摘几法，令之试演。如果讲习通明，武艺精练者，除重赏鼓吹迎送外，仍申请军门，破格录用。

一、身体雄大，不如结实。结实更要有力，有力更要便捷，便捷更要勇敢，勇敢更要艺精。此极难得，百人中但得此等十数人。先锋陷阵，直捣长驱，则九十人虽怠亦奋，虽懦亦勇矣。故钲鸣而喘息不闻，鼓动而精神倍壮，饥劳不出怨言，患难羞有惧色，有不战胜攻取者乎？军中有此等人，当举报本道，破格优赏，以示劝励。

一、战阵之道，不难于绳墨而难于变化，不难于暇豫而难于仓卒，不难于平原而难于险阻，不难于旦昼而难于晦夜，不难于晴明而难于风雨，不难于轻健而难于饥疲，不难于攻坚而难于解围，不难于得力而难于失势。瞬目之间，生死便决；旋踵之际，胜败已分。一有不慎，尚可言乎？今虽四方无虞，寇盗敛迹。然无事之时，不可一刻稍懈。万一变起仓卒，芒然莫措，则平日之训练何在？

一、军中有老者，弱者，病者，悍不驯者，惰不振者，酒色奸盗者，无端造言惑乱人心者，不恤战马而暴弃甲兵者，管队逐一报知本道，亲自点验。除老弱疾病即与革退外，五过之中，果有精壮男子，另立改过簿，戒饬一番，取本队保改结状。半年无犯者，本队举报奖劝，准其收用。知过不改，仍应本队评出。命之曰：念尔指军马养身家，革退无所依归，容尔改过。尔既不改，辱我军士，即当出伍。我恩已尽，尔悔何追？倘其哀告，再加重责。仍命本队再限保改，则此人无不改之理，而感得愧心，当必更甚，是我成就一人，鼓舞众心也。三限不改，然后出之。精壮难得，所以爱惜。

一、百姓俱设保甲，三军岂容疏纵？且如本队军人，朝出暮归，回家所带何物，本夜容留何人，家道乍贫乍富，衣服乍破乍整，作好作歹，自然知道。而今为盗者通伙分赃，懒散者全不照管，殊干法纪。我潼营中素守军律，自无此事，然亦不可不预为禁约。以后队中军人，随其居址另编保甲。朝出暮入，所干何事，所交何人，所得何物，如有可疑，甲长即告管队，管队即告把总、千总。果有通盗显迹，不分强窃，先以军法捆打，仍发有司依律问罪。队长知而不举者，一体重究不贷。

一、清核冒滥，不许将家人、厨役、戏子等人充数食粮。屡奉明文申饬，本营恪遵功令，断无此弊。然或钱粮一时缺乏，尔兵丁自当体念办纳艰难，少待一时。果系监收、出放、领解员役侵欺挨扣，即当告于千把总、中军，禀知本道，严查究治。盖军士之养赡不多，吏役之剥削可恨，上台若知，自有处法。若合群发怒，乱出无状之言，及生心潜逃者，定以军法从事。

一、兵以卫民，民以养兵。营中银一丝，米一粒，孰非小民胼胝汗血？营中步伍，谁非田间子弟出身？近见各处兵丁经过地方，假威肆虐，强入人室，不问有无，索酒索肉。稍有不给，即鞭棰继之。及至醉饱，复佯装沉酣之状，手足踉跄，语言颠倒。酒饭之资，或明为短价，或暗行图赖，甚至拔剑击刺。索讨娼妓，调戏妇女。抢毁财物，拆人房屋，以供燎爨。鸡犬羊豕，为之一空。小民饮泣吞声，莫敢谁何。一闻兵到，悄然而悲，肃然而恐，携妻抱子，避匿深山，殊非太平景象。尔等以后皆宜痛自惩戒，如敢效尤，访出定送本营重处，决不轻贷。

一、本道将与关中父老子弟修复乡约，讲读律令，使知孝亲敬长，教子训孙，讲信修睦，息讼罢争。尔军士虽在营伍，家中谁无父母？谁无兄长？谁无子孙？谁无朋友？天理皆所当存，王法皆所当凛。今后凡遇朔望讲戒谕律令之时，如无远差征剿之事，各宜齐集倾听。平居仍互相规戒，晓然于朝廷之恩德，君父之大义，自然不敢藐视军法，擅违节制矣。

一、军中孤身无妻子而家有八十老亲者，不使战；孤身有妻而无子者，不使战；大病新起，久有劳怯者，不使战；父母新丧未葬者，不使战。皆令阃队举报，暂免出征，留为城守哨望之用。兄弟同在军中，而父母年老无人养赡者，准一人归养，不愿归者听。

一、军士贫不能娶，丧不能葬者，果系平日孝亲敬长、谨守法律，不醉酒赌博、飘风凶暴，三枪中二、九箭中八者，许各队公保，中军核实，娶助银三两，丧助银二两，以旌其善。扶同滥举者，管队捆打革伍。

一、军士有能仗义疏财，救灾恤难，爱老怜贫，平和争竞，教导为善，禁止为恶者，管队举出，重加奖赏。

一、马第一膘壮，器械第一整齐，勤谨小心者，赏银二两。临阵当先、斩获渠魁者，除破格重赏外，仍力请题叙，赴部选用。

校记

① "赾"字音义不明，疑为"赴"字。

申严门禁，以固封疆事

照得门禁之设，所以诘奸宄，弭暴乱，安民居也。潼关为全秦咽喉，往来络绎，戎马如织。茶马商税，俱关军国重务，较之寻常郡县，倍宜森严。况今地方多事，东人时有逃匿，盗贼时有窃发，尤不可一刻稍懈。本道下车初始，特行严饬：

以后守门兵丁，俱多备弓矢器械，昼夜防守。一切马步面生可疑之人，严加盘诘，务要验明印信牌票，方准放行。如有因循怠玩，及受贿私纵等弊，本道不时察出，定以军法从事，决不轻贷。

本道倦怀古人，窃慕"四知"之操。今上凛王章，下恤民困，不敢自暇自逸。昼作夜思，手批目视，俱出独裁。吏书人等不过奉行号件，伺候签押而已。官之贤否，讼之虚实，事之曲直，本道自有确见，远迩自有舆论，并不授意此辈，令得诪张幻罔，荧惑听闻。此辈亦无自开口。如有奸棍妄称打点，诈骗民钱，许被害之家不时喊禀，定当立刻置之死地，三尺法决不为此辈宽也。

体恤行户，特立印票，以杜弊端事

照得本道素性淡薄，日用不过蔬菜，俱发现价纹银，并无官价赊取及低假银色等弊。但恐买办不体本道之意，不念行户之苦，或有迟留、短少、抵换种种弊端。是本道虽无克减之实，而行户实受克减之害，为此，预行晓谕：

以后买办俱当堂发价，仍给一票付各行户收执。本道每日取物若干，领价若干，或现价，或某日发价，或纹银，或低色假银，俱登记明白。每月共记完欠，详开票后逢月终缴道。即一月全未取物，亦写本道并未取物字样，缴上以凭稽查究治。若听用皂快人等敢用低假银色，赊取短欠，虐苦行户者，许不时喊禀。拦阻之人，一并重处不贷。

预查灾伤分数事

照得本道昨阅邸报，见题为"恭报西延府属旱灾事"一本内，据该县申称："卑邑僻居山麓，土瘠民穷。所赖雨旸时若，耕农为生。自今春正月以来，不雨频风，旱魃为虐，麦苗尽枯，粮价腾贵。四境之内嗷嗷啼饥。鸠形鹄面，人人菜色，告赈告荒者日无宁刻。卑职目击心伤，不得不吁请"等情，皇上轸念残黎，宵旰不遑；上台体恤民隐，绘图入告。蠲赈之典，当不崇朝而至。然恐不预查的确，必候文到之日始履亩踏勘，则当日灾伤之轻重了不可辨，而衙蠹之作奸，以重为轻者有之矣，甚至以有为无者有之矣。不但踏勘不真，非该县为民请命之意，且申驳往返，经年累月，朝廷浩荡之恩不能实被间阎，而哀哀穷民心枯眼穿，亦成画饼。

为此，仰县官吏，文到即将该县灾伤处所务亲履农郊，或委廉干官员逐乡细查，某乡旱荒最甚，某乡稍次，某乡平收，分别轻重，一一酌量确数。则朝奉命而夕报，复足见该县劳心民瘼，百姓得沾蠲赈实惠矣。

本道深忧过计，实有见于往时查勘之弊，慎勿漠然视之。

申严缉捕逃人，无误地方事

照得隐匿逃人，法令森严。一有违犯，置之重典。惟有出首一途可以免死，此朝廷法外之仁也。已屡奉明文，三令五申，不啻谆切矣。本道甫任斯土，惟恐各属印官视为故事，捕役慢无查缉，乡约甲长容隐未举，致令民罹法网，官受参罚，贻祸受累，殊非渺小，合行申饬。

为此，仰所属官吏军民人等知悉：示后即便严责捕役，饬谕乡约、甲长各顾性命，各爱身家，在于该管境内时加搜查。但有来历不明，异言异服之人加意盘诘，如或踪迹可疑，即便擒拿到官，讯究明确，据实申报，以便详夺。敢有容留窝藏，知情不首，事发一体连坐。

本道泣罪有心，解网无术，各宜详慎，勿贻后悔。

申严缉盗，以靖地方事

照得秦俗素悍，奸宄丛生。本道甫任关门，立法伊始，闻属境盗贼肆横，非张弓挟矢，白昼截路，则明火持械，黉夜行劫。失主畏累而隐忍，印捕坐视以养痈。嗟！嗟！吾民何堪受此荼毒也。若不严饬保甲，互相擒缉，惟恐有司印捕员役仍前玩愒，纵寇遗患，殊为未便，为此，示仰各属乡镇堡寨，乡长军民人等知悉：

以后各宜黾勉同心，守望相助。如有向贼白昼截路，黉夜行劫者，即齐集乡勇，号炮声闻，互相追缉。不惟保甲立举，即地方获以宁谧。如能当阵擒获向贼者，即以所得赃物马匹给赏有功。若退缩不前、观望裹足，致贼逃遁者，即以通贼究罪。如容留匪类，里邻知情不举，事发一体连坐，决不轻贷。

询访职业，以课实效事

照得本道到任甫毕，自省回关，将询问父老，体察民间疾苦，劳长吏之勤吾民者，斥贪惩猾，救此一方。所过州县，不得擅用铺陈，不得擅备丰馔，不得借端科派里甲。旗吹等项，概从俭约。唯将后开数款，逐件从实陈对，勿以未行者概作已行，未革者概作已革，当申闻者壅不以闻，负本道切问至意。呜呼，虚文盛而实政衰，人事精而民务疏。颓靡日甚而振举难，身家念重而为国轻。有肯实实举行，不徒以遵依了事者，是真民父母，真古循良矣！

一、抚字百姓之方，作何设施？劝课农桑有无实际？

一、钱粮有无火耗？有无征收不入柜，不给票？有无刁民包揽？

一、催科何法？系民自纳，系差役催督，有无扰民？

一、逃人作何缉访？有无隐匿？

一、乡约、保甲作何举行？有无实效？约长、甲长册籍可备点阅？

一、城郭有无倾圮？

一、招徕流亡之民几何？

一、盘诘私贩茶马几何？

一、清理冤狱几何？狱中有无轻犯当释？罪名有无株连？狱卒有无克减囚粮，苦虐囚犯？

一、开垦荒田几何？清丈地亩有无不均？粮差有无赔累？

一、剔去本州县宿弊何事？

一、革退弊吏几人？犯法吏有无复入衙门？

一、佐贰有无滥准词讼？

一、铺陈安置有无科派里甲？

一、买办有无官价赊取，苦累行户？

一、捍御四境作何方略？盘诘奸宄几何？剿捕盗贼几何？

一、鳏寡孤独，残废无告之人几何？收养存恤之法何若？养济院有无诡名滥冒？

一、常平、预备等仓积贮可备饥岁？

一、驿站钱粮有无侵欺？

一、词讼有无滞留？有无轻拘妇女？有无滥监家属？有无差役勾摄，诈害乡里？有无轻理粘单？

一、人命打伤，果否随告随捡？①

一、州县中操履笃实，潜心圣学者几人？博通典故，留心经济者几人？

一、诸生中闭户读书、裹足公庭者几人？有无挟制官府，结党唆讼？

一、游食僧道，流来水户，及白莲、无为等教为害惑民者作何驱除？

一、民间俊秀作养何法？质美家贫，不能延师教训者，何以资之？

一、孝子顺孙、义夫节妇，未经表扬者几人？

一、文庙先贤祠宇有无损坏？

一、乡里亲戚有无招瑶②生事？

校记
① "捡"似为"检"字误。
② "瑶"疑为"摇"字误。

特禁恶风，以安良善事

照得圣贤语治，不过教以田里树畜，申以孝弟礼让，遂而比屋可封，刑罚可措。若今日教化凌夷，奸伪滋起，稂莠不剪，而遽言休息，盖亦难矣。

关中之害，其在官吏兵马者十之七，而在刁恶游民者十之三。在官吏兵马者，本道已严谕各州县卫所次第革除外，其刁恶游民最为百姓患苦者，约举数端，严加惩创。自示之后，凡以前违犯者，当思焕然省改，为再生之年。勿仍旧执迷，理前身之业。如长恶不悛，三尺俱在，断不宽假，毋谓本道不教而杀。

一、凶暴游民，结党歃血，或假称欠债，或捏骗赌博，祭棍操刀。一人有仇，则聚众同报；一人告状，则彼此扛帮。甚至窥寡妇孤儿家道殷实而柔懦愚蒙，便指奸指盗，诱赌诱嫖。或强使揭银，或唆调争讼。又结交衙门皂快，挟同诈财，互相容隐。更有欺隐田粮，抗逋国课，窝盗窝访，保官保吏，坏法乱纪，真堪痛恨！自示后五日内不即解散者，本道访出，尽法处死。各重性命，其无后悔。

一、朝廷自有法律，一省多少衙门，果负冤抑，任凭申告，何气不出？何冤不伸？有等愚民，因些须小忿，服毒跳崖，自缢自刎。尸亲指死者为奇货，或抬尸上门，或锥棒札打，或毁伤器物，或混检家财，不知自杀人命，只该杖罪，追赔棺木耳。告状牵连数月，所追不胜盘费，将自家身子换别人一顿杖条，有何便宜？以后自死人命,同居父母、伯叔、兄弟、妻子,见死不救者,仍以重利轻伦,不孝不义,重责枷号。其尸亲指倚人命,伤人抢财,一并重惩。愚民大家思想,自死有何益哉?

一、刁民心怀奸伪,志在得财。家中但无营生,就要搜寻告状。或教唆别人,或投充劲证,或捏写无影虚词,或隐匿年月名姓,或以活人作死,或抱人墓检尸,或混告二三十人,或牵连无干妇女,或假冒籍贯,或擅用粘单,或一状未问,一状又投,或上司衙门连递数纸,以致批问纷纷,提人乱乱。有分毫小事而经年不结者,有东审西解,往返千余里者。饥寒疾病,老弱之人,连累常死;庄农买卖,佣工之家,尽误生活。及至事完之日,不过笞杖罪名,多半全无指实。如此奸诈之徒,扰乱民生,死有余辜,往往反坐,通不知惩。以后各州县置无耻刁民簿一扇,除原因辨冤诉屈所告得实者,不分曾告几次,免其登记外,其余但系半虚者,即登此簿。簿登三次,即将本犯扭解本道,以凭尽法重治。所告多人,除紧关证佐外,其无干牵告之人,所费盘缠即于本犯名下计日追银二分,给牵告人收领。申明亭纪恶,乡党良民休与为礼;教唆主谋之人,依律定拟重罪。

一、造言之人,无端捏事,见影生风。或平起满街议论,或写帖匿名文书,或擅编歌谣剧戏,或讲说闺门是非,除致出人命者,即依律定罪外,乡约人等但有指实者,即便公举到官,有司尽法重治。申明亭纪恶,良民不与为礼。

一、赌博乃败家之缘由,做贼之根本。开场者譬如窝主,束手分财;赌博者譬如盗贼,伙瞒痴幼。此徒若不严缉,地方安得宁谧?各州县卫所官于所属城市、乡村印贴告示,但有拿获真正赌博者,除尽法究治外,仍于本犯名下追银十两充赏。

一、民间银两上完国课,下资生策。前奉严旨:凡做造假银者斩。赫赫皇言,钦遵在案。奈何奸徒恬不知畏,仍前做造。欺天罔人，莫此为甚。夫小民终岁勤动，始获些须土产，以万不得已之费，赴市求售。又值神奸巧为诱骗，愚夫愚妇骤堕其奸，号天呼地，申诉无门。于是，物价愈益腾涌，穷黎愈益湫隘，实堪悯恻。更有一等刻薄钱房，故将纹银兑易低假使用。如此损人利己，不有人祸，必有天刑。以后仍前不改，许被害举首，即缚解本道，以凭按律定罪。

潼关城守要务事

照得潼关为陆路通衢，今地方多事，城守最为要务。前本道阅视，见东南一带在在倾颓，翘足可登。东北暴雨冲激，厚薄仅存三尺。水门可通行人，垛口多半缺毁。有城同于无城，其于固圉防奸何赖焉。已经责成该卫亲诣城头细加查阅，鸠工修理。诚恐视为缓图，任意怠玩，但凭工房漫无稽查，匠役工食任意克减。或随修随颓。或筑愁筑怨，殊为不便。为此，仰署卫事中军杜茂仁从实料理，垛口、城墙等项共缺坏若干，几日可以完工，酌量申报，以凭查考。本道仍不时登城劳来，以示激劝。

谨仓廪以重军储事

照得潼仓米粮，所以资三军饱腾之气，以壮壁垒，防不虞也。司是仓者，收时要极干极净，量时要极早极平。仓中之地，务使干燥，上防雨湿，下防水浸。晾窗常要透风，又要编竹小孔，以防雀入。墙壁常要坚塞，又要铺板糯灰，以防鼠盗。盛暑连阴之月，禀讨官钥,将谷翻上倒下,务使薰蒸湿热之气得以宣泄。每岁如此三番,米谷自不红腐。至发放之时,升合不欠;出纳之数,册籍最明,如此方为称职。

乃近日一味模糊,地湿房漏,全然不理;雀食鼠盗,竟不关心。收时刁难纳户,常例满足,滥收湿秕。出放之时,零取碎侵,无所不至。独不思朝廷钱粮,黎民竭力供纳,军士枵腹待命,浥烂抛弃,真堪痛惜。本道亲临阅视,灼见此弊,故行禁约。

为此,示仰司仓官吏务要加意整顿,力革夙弊。如狃于积习,仍敢故违,定行重究,决不姑恕。

季考事　示谕三条

照得关中称理学经济之乡,前代名公巨儒,冠裳相望。当今之士,岂无有如古人乎?诸生中有博学躬行,阐濂洛真传者,本道当致式庐之礼。慨自圣学湮晦,士习乖谬,功利训诂,辞章技能,陷溺人心,莫克自振。诸生苟能大疑深惧,体验于人伦日用之间,务深思而自得之,则大道不孤,圣贤接踵,本道莅任兹土,亦有厚幸焉。

今以文章问业,季有考,月有课,实互相砥砺,勿金玉尔音而有退心。今以七月初六日为始,潼关儒学训导即传会诸生,至期齐集明伦堂,候本道斋心临校。各州县俱守令、教官,质明莅事,封锁如闻,次早即将原卷解道。疾敬行之,勿得视为故事。仍将此意并附朱子白鹿洞《学规》一篇传示诸生,咸使闻知。

示谕门下各员役知悉:各役身家有无违碍,曾经犯法革处情故,俱限三日内五人互具保结,不得朦胧混饰。如有违犯,一体连坐。

示谕本道莅任方新，其门下听用各项员役，法应清核，以便录用。除王文炳因兄弟同在衙门，情愿退出外，官快李延统、刘奇蕴、刘起凤、张冲斗、汪国祯、孙养振、车养进、郑珍、李枝有，曾经犯事革去夤缘复入者，有曾在下衙门办事朦胧投进者，有籍贯隔省不便稽查者，有保结不公肆行欺妄者，俱一概革役，不准复入。其奉差下班，俟回日另行查考定夺。

示谕凡游食僧道，邪教传头，烧炼方士，流来水户，籍贯不明，言语参错，为害惑民者，甲长即时赶逐。不服者送官究治，容留之人，一体重处。

申饬狱政，以重象刑之典，以广钦恤之恩事

照得盗贼滋起，狱讼繁兴，凡桎梏圜扉之徒，纵是刺配遣戍，谁非违条犯法？若系人命强盗，尤为律所不贷。彼朝思暮想，只求撞网脱笼，得便乘机，便要劫囚反狱。司狱官若肯用心关防，昼夜轮流，严禁密锁，三木被身，岂能飞翼腾空？

乃近日重犯脱逃累累见告，狱官吏禁疏慢之罪百喙何辞？至于囚犯发解出门，印官漫不经心，既不坚牢镣锁，又不拣选兵夫，严加申谕。夫囚犯怀百计脱死之心，解夫无一念防奸之意，力倦心慵，情熟志懈，忽然逃走，尽坐受赃。疏虞失守，解夫固难辞罪，然卖放罪囚，与囚同罪，解夫岂不习闻，安肯以三五钱银替人死罪？彼久囚穷困，又安得许多财物买求性命哉？当发解之时，松羁绊之计，印捕狱官均不能辞其责矣。

至于牢头狱霸行暴殴人，当衣夺食，放钱卖饭。或壶浆入门而本囚不得入口；或敝裤到狱，而本囚不得披身；或卧之矢溺之中；或

肘诸柱楹之上。甚至强盗初入温饱之家，无不唆逼诬扳。有要索不遂，凌虐致死者；有仇家买求狱卒，设计致死者；有伙盗通同狱卒，致死首犯以灭口者；有狱卒放债逞凶，满监尽其驱使，专利坑贫因而致死者；有无钱通贿，断其供给，有病不报，待其垂死而递病呈，或死后而补病呈者。倘系情真罪当之囚瘐死犹可，中间有抱冤待辨之人，株连未结之案，一概死于囹圄，所伤天理不细。

夫于公治狱平恕，而子孙皆至公卿；欧阳夜烛检书，而文忠遂参政事。援古证今，报应如响。为此，仰所属州县官吏恻念，见燕而悲，闻蝉而吟。轻犯存哀矜之心，时加体恤；重犯严关防之法，勿使凌虐。凡例有口粮衣絮，严责狱吏勿得短少扣减，凌虐窘辱。或有疾疢，命医调理。先取刑房吏并囚亲告治结状，详开某囚感某疾，某医调理。调治不痊后取尸亲告领结状，并医生病案，一同粘申，方准开除。嗣后狱犯再有死节不明者，定以凌虐罪囚归咎于该狱官吏，加等重治。各广德心，无戕民命，文到具遵依缴。

申饬祥刑，以重民命事

照得自教化凌夷，顽悍成俗，衣食缺乏，奸盗滋起。此不独百姓之罪也，故为民之父母之道不曰乐只，则曰恺悌；不曰慈众，则曰亲民。盖雷霆霜雪在法司，而雨露阳春在守令。如有异常奸暴，四境寒心。积年蟊蠹，万民切齿者，间用重典以惩首恶，即申呈戍遣，益见法纪严明。至于寻常过误，自有常刑。要在以刑罚为教化，于抚字寓威严而已。

《书》曰："刑期无刑。"又曰："宁失不经。"《易》曰："议狱缓死。"曾子曰："上失其道，民散久矣。如得其情，则哀矜而勿喜。"此皆古圣之懿规，良吏之箴诫也。夫德礼政刑，犹分本末。今德礼不敢问，设以政道之而民不从，即用杀吾犹忍。迩来只恃齐之以刑耳，以刑齐之而当其罪，即用杀吾犹忍；迩来鞫狱只恃严加拷掠一法耳，常事桠攒，动辄夹扛。一出门外，不似人形；一入狱中，或登鬼录。更有凭喜怒为轻重，听嘱托为曲直，使柔良抱冤，贫贱负屈，藉法市恩，难俾人心之服。徇情报怨，益伤天理之公。

本道谬膺方面，不敢置之不问。为此，仰所属州县体察父母之称。父主严而母主慈，平日躬率良民，讲明戒谕。择律令中民间易犯当晓者，另刊大字条例分布。乡约时常讲解，使晓然知天理之昭彰，王法之森严。苟有不率，如律问断，则雷霆之令亦成雨露之仁。至于寻常过误，或老幼残疾，概从宽宥。问断勿至太淹，拟罪勿至太密，拘禁勿至太易，隶卒勿至太纵，则迈德降民，福积子孙。勿谓本道言之过迂，地方幸甚，民生幸甚！

招徕流亡，修筑故居，以奠民生事

照得潼谷素称雄关，陆路通衢，自应阛阓喧填，货物辐辏，成一都会气象。地方官生聚教养，即从此概见。乃自兵燹以来，富者不能自保，贫者无以自存，相率携持妇子，荡柝离居。兼之兵马络绎，心怀疑惧，故即乡绅孝廉，青青子衿，亦皆星散远方。关门之内，一望萧条。惟有败瓦颓垣，寒烟荒草。本道见之殊切恫瘝。为此，示仰居民人等知悉：

向日虑兵丁占栖，故观望不修。今兵丁住居已定，自不得逾越尺寸。城内房基皆尔祖宗辛苦构置，使尔子若孙有所托足。今地方稍宁，安忍久弃？合将旧时居址，随其财力鸠工修筑。或有佃户愿租基地,自创房舍者,听其两家议明,具呈给照。或有本主逃亡故绝,许邻佑人等查明具结,听人捐资筑室,本道仍各给以有印执照。永禁兵马侵占,庶几渐去萧索之景,浸臻蕃阜之象。

慎勿自甘废毁,羁旅草莽,负本道安辑抚绥之意。

晓 谕 事

照得据潼关卫儒学生员呈称某事,已批行抚民厅查议外,窃照国家画土分疆,自有定制,非奉明旨,谁敢擅自纷更?潼关、阌乡虽壤地相错,实隶属两省,分里编甲。数百年来,从无异议,岂至今日遂能夺此益彼,变乱成章?今闻阌乡指称奉文定里,差役拿人,借端索贿,惊惧子弟,忧患长老,殊堪诧异!

当今国课急迫,种地纳粮,自难刻缓。至于割裂疆界,另定里甲,必两省各台会议具题,始可帖服军民之心,安有本道绝不与闻,而擅拿潼民编入阌籍之理?为此,示仰该卫军民人等知悉:

凡有寄庄阌乡者,当应时办纳钱粮。若怠玩愆期,听该县提催,不得借口异界,以滋规避。至于擅定关东里名色以乱版籍,及贪夜打诈恐吓愚民者,本道断难坐视,各宜安静,勿自惊扰。

功令森严,谆谕士民速赍达部清册,早完钦件,共保身家事

照得皇朝定鼎,廓清函夏。关中封藩设镇,疆域辽阔。而西川氛祲未靖,兵戈未销,不得不望百姓竭力输将以济国用。故三晋三

吴、齐鲁梁宋,数千里外转饷秦关,络绎不绝,何况本省士民？自当晓然于践土食毛之义,安居乐业之恩。若非朝廷威灵渐被遐迩,自兵燹以后十余年来,虎霸狼吞,不知几人称伯,几人称侯,千里萧条,人烟断绝矣。虽欲带牛佩犊,输纳井税,何可复得？今尔百姓各安尔居,各耕尔土,携妻抱子,仰事俯育,莫非朝廷奠安而衽席之!

乃渔村一带,士民昧于大义,妄以奉旨起科之滩粮,私怀忿怨。锁拿里民,白昼拷打,毫无忌惮。夫滩地禾黍芃芃,岂得不纳国税？况所告事情,现奉各院批行两司府厅会审,曲直真伪,自有公断,何至士民蜂拥喧阗城市？且司驳改造清册,勒限达部,钦件严切,急如星火,而滩民竟私自携归,抗不造报。致抚檄频催,疾呼莫应。当今法令严明,凡有血气,谁不凛凛！何尔等放纵无忌,以至如此？今国用孔殷,责成甚重,府县官各有功名,各有身家,谁肯代尔受过？万一三院具疏会题,将尔等抗违情由一达天听,发尺一之檄,责以抗玩钦件,尔等区区村民何以应之？

本道下车方始,询问耆老,体察民间疾苦,崇教化,明礼让,禁滥讼,革包揽,重乡约,严保甲,弭盗贼,诘奸暴,明军法,招流亡,饬祥刑,明狱政,凡所以察吏安民之事,无不集思广益,为百姓请命。乃奉严檄查勘倡乱情状,不敢惮劳,冲风冒雨,逾岭涉溪,日行二百余里,冀开导愚蒙,早知省悟,免令父子兄弟并受戮辱。而诲谕谆谆,但有忿戾之意,全无迁悔之诚,竟不知三尺凛凛,国法难贷。本道差役持票拘提,梁受命竟抗拒不至。复差典史往提,行至中途,数百人齐至,劫夺回村。本道闻之不胜骇异,原其存心虽无倡乱之实迹。其行事实大犯不道无将之戒矣,无怪该县之频频呼吁也！

今朝廷德威方盛,十余年来倡乱横行者皆素统雄兵,一朝干犯天讨,皆覆宗绝祀,白首父母尽膏斧钺,幼弱妻子并为俘奴。此皆尔百姓耳闻目见者,奈何以区区村民,而蹈此覆辙?本道秉宪一方,潼营原在掌握,柳沟亦属提调。一旦申请上台,分遣偏校,顿兵于芝川、薛峰之间,尔等敢一尝试否?幸天诱其衷,阎村生员率领受命赴道,投见本道,姑从宽典,将受命量加责惩,余党嘉与维新。念尔等山野愚民,久失教诲,不忍任尔颠越,故再行晓谕。为此,示仰沿河居民人等知悉:

以后士为良士,民为良民,恪守子民之分,凛遵朝廷之法,息事宁居,筑场纳稼。达部清册,非民间所可私藏,刻期赍出,造完送司,早结钦件。上不负国家胥匡之义,下不负本道休养之心。若执迷不悟,仍前抗法违宪,结党行凶,本道固不敢令地方有冤民,亦不敢令朝廷有枉法。小则依律比例,大则驰檄挥戈。虽欲网开一面。禽纵三驱亦不能矣。各重性命,其无后悔。

恳恩严檄修筑事

照得韩城西山柳沟一带,重岩叠嶂,密林深溪。前数年来人迹罕至,几为虎豹之窟,而魑魅所宅矣。幸庙堂远虑,设立重兵,通商安民,防盗固圉。从此薛峰川、朱砂岭西通宁夏,北抵榆林。商旅贸迁,无盗贼之虞;土人安居乐业,有所恃以无恐。

本道下车未几,即驰至柳沟校阅兵马。见万山之巅,孤城萧条。军士披云而宿,带风而餐。霪雨连绵,屋不蔽膝,殊堪悯恻。秋霜以后,寒风凛冽,重裘不温。苦雾苍茫,沁入肺腑。人非金石,谁能堪此?乃韩城县拨夫修置房屋,率皆苟且了事,随修随坏。又复陆续逃还,殊无同舟之义。夫本营军士副府法令严明,秋毫无犯,本道仍不时查点,简汰老弱,亦以恩信约结,足服其心。尔等惮于劳役,欲其冲风冒雨,啼饥号寒。为尔等防卫身家,揆之人情,能乎?不能乎?且各兵俱有家口,室人交谪,最戁壮士之心。尔等回思数年前道路梗塞,田畴荒芜,今日高卧枕席,开垦土地,宁可不知其所自耶?为此,示仰夫役人等知悉:

以后修理营房,俱要坚固宽敞,勿得因仍弊习,潜自逃回。兵丁亦不得借端苦虐,分外苛求,则兵民互相救济,封疆永有倚赖。如或不遵,定当重究不贷。

敬陈理财管见,仰祈采择事

准按察司关布政司照会督抚案验准户部咨文:

查得潼关道统辖潼关卫同华九州县,并河南灵宝、阌乡等处,壤界三省,为全秦门户。北通连洛,南接秦岭,东控崤渑,西来泾渭,素号天险。且驿使纷纭,戎马旁午,往来既为繁杂,故盗贼奸宄,时防潜匿。凡操练兵马,修浚城池,时刻难缓。况今楚蜀未靖,大兵络绎,供应车船,皆费区画。各省转输秦饷,必由关门。而茶马商税,俱系军国重务。新又兼管屯田,招徕逃丁,开垦荒土,事务冗繁,且民风刁悍,最称难治,未可轻议裁汰。

为此,移文前去,烦为查照知会转报。

塘 报 事

据韩城县申史维赟等倡乱详由看得,百姓作乱,请兵剿除,关系地方安危。虽经抚民同知刘肃之申详,神道岭副将左助手本,本道惟恐中有隐情,不敢凭信,仍于七月十六日单骑星驰,亲诣该县询问乡耆。又躬历沿河渔村一带周阅滩地,见桑麻遍野,人皆安堵,乃知果无倡乱之事。但愚民无知,昧于大义,只因开报滩地,遂怀嫌怨,告讦县官。

夫滩地禾黍芃芃,自应申报,况尺地王土,谁敢隐匿分毫?据民口供,言自明季黄河西徙,民田虽淹,民粮未除。今一例申报,其中有重粮之累。又有数里旧为黄河支流,今虽滩出,时防淹没,不知照例起科。久奉俞旨,况奉明纶,清丈地亩,均平去累,指日可待,乃不知恪遵法度,星速造册,完结钦件,遽而肆行凶悍,暴戾恣睢。锁拿里长,白昼拷打,毫无忌惮。如该县所申,史维赟、梁受命等群殴王秉权,则伤痕现在也。私鞫刘翼高父子,则带村关王庙之道士可证也。寻打赵明运,至今逃出不知去向,则有明运之子、生员赵凤翔并乡约王国荛等之结状可凭也。倡乱之申该县,实为过情,至于所揭三事,则一一不爽矣。

本道除将梁受命重加责惩,仍面为诫谕。又出示晓之以大义,陈之以利害。又责令县丞杜昌龄持檄严河各村,限三日内造送清册。惟是构词未结,终属葛滕,何以肃官民之分,而平上下之情乎?似宜归并审官,速为讯质早结。

擒获响马事

据澄城县申张操等详,看得澄城县塘报一案,屡蒙宪驳,必查二贼浮尸与抢物姓名。盖事欲真确,功难冒称。

本道庄诵宪批,敢不恪遵?务求的据,复将张操、李守宽等亲加研讯,审得当日孙永善被贼劫马,随同多人尾追,遇张格助之中道，张操截其前路，以锐乘疲，故有斩获，自非虚诳。二贼射伤，渡洛溺死。正值水涨，两岸峡石，洪波浩荡，不数十里流入黄河，安能浮尸本境耶？且彼时既获贼马，愚民无知，争夺什物，不暇觅尸，此亦当日实情也。若张格、张操等稍知详慎，连马匹解官。李守宽所得弓箭鞍刀即行出首，申请上台，听候定夺。上台殷念残疆，方悬赏示劝，何难照例赏给？乃愚民但知争胜，自开疑窦，致烦宪台详驳，实不能为若辈掩也。但地则委系三县，人久星散各乡，姓名难以辨认。且当日对垒，仓卒之际，不暇问其谁氏，情理近真，似有可原。李守宽投首什物已经详明，寄库候解。

总之，乡野之民重利好功，其恒态也。盗行劫掠，乡勇合擒，原奉宪台鼓励，故民敢奋勇争先。不然，无所利而为之，谁肯身试不测之祸乎？今地方稍宁，民得安枕，若搜查不已，恐民惧招尤，后日再有响马窃发，虽赏不劝耳。合无宏开汤纲，以示法外之仁。前署道事张参议捐金十两，已足酬功。三马既称瘦损不堪，已变价银二十两，或解充军饷。其张格分马时原备鞍辔，亦并追出寄库。合候宪台姑念残黎，俯准宽宥，无隳壮士之气，足鼓将来之效，地方幸甚。

公 务 事

照得前朝大司成、华州槐野王公，经济文章，彪炳一代。所著有《存笥稿》等书，传颂艺林。闻兵燹之后，镌刊虽毁，而册籍故家犹有存者。恐日久放佚，文献不彰，亦有司之责也。为此，仰州官吏即遍行购求，赍解本道，蠲资刊布，公之海内。且地方之因革利弊，民情物宜，或有考焉。勿得怠缓取咎。

照得扶植人伦,必以表章节义为首务。朝邑县节妇张氏操励冰霜,丸熊训子,本族乡党靡有间言。诚宜申请题旌,以为闺阃师表,合先给匾优奖。仰朝邑县官吏即将后开字式,选善写者务要端楷伟丽,置坚阔木匾,悬挂本妇门首。仍备币仪羊酒,鼓吹往送,勿得轻慢取咎。

示 谕 事

闻道路之口,言门下晚节稍渝矣。当今功令何等森严,身名亦当自爱,奈何于九仞之时而自放弃乎?仁义村有号齐天大圣其人者,门下亦闻之乎?左道之禁甚严,地方官不得辞其责也。衙蠹加意禁戢,不可庇也。游容太滥矣,刑狱不检矣。民犹水也,水能载舟,亦能覆舟,慎之,慎之。

蒲城县儒学生员原天章等
呈为乞恩轸恤穷苦事

据蒲城县生员原天章、罗大初、屈迪呈为乞恩轸念穷苦难堪,看得我辈不能嘉育英才,又无政刑德教以召和气,致水旱不时,青青子衿,终窭而泣,三复呈词,实深自愧。每生量助二两以为灯油之资。仰县仍勉以闭户读书,勿以贫故累志缴。

神道岭兵丁庞魁等恳恩严檄修筑，以免露宿事

呈修营房，蒙批。本道亲至柳沟点阅兵马，见兵丁皆露宿风餐，殊堪悯恻。秋霜以后，朔风凛列，苦雾苍茫，身非金石，何以堪此？仰县即拨夫修置，务期坚固，以见兵民互相救助之意。

潼关卫人姚平为背父事

看得告男王朝凤乃姚平之子，襁褓养育于王时化，遂为王姓螟蛉矣。今三十余岁，娶妻生子，皆成于时化。姚平夫妇贫穷无以为生，朝凤身为胥役，亦昧其木本水源之义，不但无孝养之诚，而欺凌毁骂，曾路人之不如。虽曰听命于时化，而忍心害理，亦已甚矣。

姚平年齿迟暮，无他子女，欲求亲昵，反得凌辱，无怪其累累控吁也。朝凤非时化无以至今日，义不可背；非姚平无以有此身，恩不容忘。今原情夺理，朝凤自幼为时化之子，理难断归。姚平夫妇令朝凤以礼迎归，生时致养，死后备衣衾殡葬，以报生身之恩。

古人有生不识母，闻有似母者遂迎养如礼，况为身之所出，受三年乳哺之恩者乎！如再不遵，是良心丧尽，定当服以上刑。

朝邑县一件申报事

详批：亢旱不雨，禾苗尽槁，自有山川城社正神，为官吏庶民所当斋诚步祷。何物拜星业，妄称齐天大圣，怪诞不经，诬惑愚民，敛钱修庙，殊为不法！乡约人等容隐不首，俱宜严惩。但念原从祈雨起见，惶惶奔吁，亦愚民恒态，非有左道倡邪之意。既已禁戢，前罪姑从宽免。所建神庙成功，不便拆毁。查此地在渭洛二河之间，名山大川，必能兴云致雨，捍灾御患。且关中之水，二川为大，亦禹迹之所经营也。年来二川崩陷民田不可胜计，不可无神以主之，宜改为神禹庙。仰县即制神牌，亲迎祭告。

严禁需索，以恤冲驿事

窃照顺治拾贰年正月内上谕一款云："近来各处驿递疲累至极，冲要地方尤为困苦，马价草料工食等银不敷支用。民力既穷，马亦随毙，买补之费仍出于民。民困如此，至驿政尽坏，道路不通。其奉差员役需索骚扰屡有严禁，着再行申饬，务革积弊。"煌煌天语，真明见万里。凡属臣民，谁敢不凛凛遵奉？乃近见有等貌视纶音，驱迫邮传，暴戾恣睢，横索金钱，生立种种名色。马匹之外，仍为折干，稍一不遂，鞭棰继之。不分官民，一例辱詈，必欲满其溪壑。

殊不知驿站钱粮皆朝廷额课，黎民膏血。当丧乱之余，小民筋力有几，而堪此层层克剥乎？况潼关轮蹄交错，奔走供应，日无宁暑。若人人满其所欲,势必马尽毙于道路,夫尽死于鞭棰。民间典妻鬻子,不足供应,为害可胜言哉！本道昔备员史馆,出入清禁。奉命之时,亲承天语,责以饬法惠民,兴利除弊,故不敢爱惜情面,避辞怨嫌。若目睹地方困苦,容隐不言,不但上负君恩,抑且自失本心。为此,示仰州县卫所驿递人等知悉：

以后兵马差官过往,即当委曲开陈以地方荒残,差使络绎,钱粮匮乏,应付浩繁,公私疲困,民不聊生。凡具恺悌之心,未有不恻然动念者矣。如或坚忍不听,便告之以上谕严切申饬再三,我辈恪守法纪,不敢悖违。彼虽强悍,岂敢与功令抗乎？如果目无王章,即登记名姓报道,以凭申详题参,慎毋隐忍缄默,徒累残黎辛苦垫隘,无所控吁也。

祈祷雨泽事

照得潼关地冲民贫,中人之家多鲜盖藏,负贩之子朝不谋夕。今岁春夏不雨,民已艰食。入秋以来,少华以西,洛水以北,甘霖时霈。而关门方域百十余里亢旱弥甚,麦难播种,来春曷望？此本道奉职无状,以累我烝民也。夫天道不忒,乃不罚罢吏,而移之岁。无岁无民,民则何罪？除本道侧躬省过,仍当停止屠沽,惕天之变,分民之忧,庶几甘雨早降,不至荐于饥荒。

酌通水利,以图永赖事

照得亩亩之间必有沟浍,随时蓄泄,以备旱涝。留心民瘼者所当讲求水利,为一方资灌溉也。今该州县乡民以争水致讼者累累有徒,其中是非曲直,自有公断。然必躬历其地,相其泉源,度其地势,平心商酌,务求两便无碍,方可永息争端。又闻该州县境内废渠尚多,昔日皆清流涓涓,南亩赖以沾足,今湮塞已久,安能挹彼注兹,以备旱涝?

为此,仰州县会集父老子弟细细筹画,量物力而合人心,酌为浚辟。愚民难与虑始,可与乐成。务须至公至平,委曲开谕,区画得宜,即刻详道,以凭定夺施行。毋得疏慢,自取咎戾。

急释幽闭,稍举修省实政事

照得长平狱气得酒而后销,东海孝妇因灾而方雪。今天降旱虐,民将无所归命,虽斋戒步祷,而天听甚高,微诚难格。念彼圜土苟有冤抑莫伸,亦足乖和召戾。为此,仰州卫县官吏即亲诣监中,除真正人命强盗,及钦件、院件已成刑书通详候决候遣者照常坚固外,其有事可矜疑,及一切轻事罪犯,当援恩赦。肆宥者逐一查讯明白,取的当保家保出,开具节略文册,限日具文详道裁夺。

禁 约 事

照得潼关为全秦门户,三省通衢,设立税务原以接济军需,疏通商旅,所系甚重。必遵照正额公平征收,上不病国,下不病商,方称无弊。

久闻抽分人役视榷关为利薮,揝勒行商,巧立种种名色,分外需索。更有暗入私囊,不登税簿,欺官玩法,莫此为甚。商旅冒险涉阻,以求锱铢之利,反致逡巡不前,国课因而渐绌,殊可痛恨。屡奉部文,责成本道查核,合行禁约。为此,仰税司人役并商客知悉:

以后恪遵定例,商货到时,报名照额完纳,仍令本商亲注纳数于簿,即刻给票放行。如有借端稽留,吓骗及隐漏不报,本道访出,定行提究,决不轻贷。

严饬茶马之禁,以重边防事

照得茶马系边疆重务,潼关一带尤为要地。近访得有无籍棍徒罔顾身家,兴贩茶马,展转贸易,或公行货卖,或递运西庄。更有潜通营伍,假充兵丁,操弓挟矢,明出禁沟,暗渡河滨。巡缉员役畏惮而不敢言,止滥报小贩以塞责。或甘受责比而隐忍,以致茶法壅滞,马政渐弛,殊可痛恨。

本道屡奉茶台宪檄,职任所关,合行严禁。为此,示仰巡茶员役知悉:

务要多带兵快,昼夜巡查。但遇前项茶徒马贩,不论营伍兵丁,即刻擒拿解道,以凭审究转解。如敢徇情贿纵,访出定行重究,决不轻贷。

法在必行,毋贻后悔。

举行乡约,以善风俗事

照得古昔盛时,士有庠序学塾,以乐其群;民有比闾族党,以萃其涣。观俗于乡,则里仁为美;化行于下,则比屋可封。未有人各任情家自为俗,而能成迁善远罪之治者也。

自教衰民散之后,惟乡约之法最良。久奉明旨申饬,有司视为具文,不肯力行。父老子弟所以训诲戒饬于家庭者,不早熏陶,渐染于里闬者无素。又或愤怨相激,狡伪相残,以故靡然成俗,盗贼充斥,狱讼繁兴。秉持国宪者惟有三尺之法,轻则杖笞,重则绞斩,如此而已矣。不知先王以刑弼教,非以刑为教也。道之以政而后齐之以刑,犹为末务。矧一言不教,而惟五刑是加,岂朝廷设官之本意哉?

积习既久,振举实难。本道奉命整饬兹土,惟欲保全良善,惠爱元元。期盗贼宁谧,狱讼衰息,故与父老子弟实实举行。为此,示仰所属州县卫所印官儒学,暨约正约副、军民人等知悉:

以后朔望,官吏谒庙毕,即会集在城士民于城隍庙内,乡村各择空阔祠宇,将本道所发的《乡约训解感应篇》各讲一段,再讲新颁律令一条,务要明白痛切,人人可晓。平居无事,则互相叮咛。一有过恶,则彼此诘责。共存天理,共守王法,孝弟忠信。深耕易耨,心要平恕,毋得轻意忿争。事要含忍,毋得辄兴词讼。行之既久,地方庶几可辑宁,百姓庶几可寡过,刑清政简之效可以渐臻,知礼畏义之风可以日长。倘以怠忽之心应督责之令,混杂而来,饥疲而散,则此举反为扰乱吾民,殊非本道谆谆敷教之意。

力行乡约,以善风俗事

照得潼关城内居民近亦渐多,前已责令千总侯甸编立保甲,造册呈道。讫今特举行乡约,使皆晓然知天理昭彰,王法森严,务为礼让之民共成仁厚之俗。为此,仰卫掌印官即会同儒学教官传集各甲甲长,于关帝庙焚香盟誓,公举年高有德,为众所敬服者一人为约正,公直果断,通晓法度者二人为约副,读书能文,礼仪①习熟者二人为约讲。不拘士民,限三日内赴道来见。逢月朔望,遵依本道所发告谕,讲《乡约训解感应篇》并律令一段,务要明白痛切,人人可晓,勿虚应故事,有负本道拳拳化民之意。

校记
① "仪"原文为"义"字,正之。

禁 约 事

照得城内旧有禁夜之规,所以消潜萌而杜奸宄也。届兹秋冬,农务将竣,诚恐游手之徒不遵法纪,酗饮六博,乘夜生奸,合行严禁。为此,示仰在城军民人等知悉:

以后各安生业,静炮之后即闭户晏息,不得往来嬉游。犯者许巡捕员役即刻锁拿,解道究治。若有急病生产二项,止登记姓名,次早取甲长两邻甘结具报,不得借端扰害,重违民便。

劝谕流民急归故业事

照得关中屡经寇残,庐舍灰烬,田畴荒芜。尔百姓或因避乱,或因逃荒,舍离坟墓,抛弃骨肉,千苦万辛,离乡越井,不知受多少奔波。寻一地方暂且安身,苟活性命。既然住下,或留恋他方,不肯归来；或欠人钱债，不得归来；或缺少盘费，不能归来；或不知家下年景丰歉，不敢归来。日复一日，久久男婚女嫁，牵恋因循，甘心做了流民，永无归念。

想尔等当日在家时，兄弟子孙，女婿外甥，终日聚会，本乡本土，何等气势！六邻亲戚，四时八节，团头聚面，何等欢喜！如今寄居他乡，不是作奴为婢，就是佣工佃田，低头下气，称人爷娘，忍耻包羞，受人打骂。况今到处搜查逃人，谁肯轻易容留？才敢劲气高声，动说解回原籍，做流民的有甚好处？你们家中房屋任人拆毁，地土任人典卖，祖宗坟墓到那寒食忌辰谁为拜扫？儿女亲戚每逢佳节良辰空流血泪！况关中连年盗贼宁息，田禾丰稔。今又天惠甘雨，来春麦田可望。且恩诏屡颁，普天同庆，尔等当日欠人钱财，谁人敢讨？些须嫌怨，谁人敢告？尔等到家时，荒田地土给与牛种，任尔开垦，三年才准起科。就是佣工佃田，担柴推车，也比流民光彩许多。

本道驻节关门，与尔百姓作主。恐尔百姓不能遍知，故张示通衢，往来客商共相抄传。凡遇同华九属之民流落他乡，俱向传说，速讨本地州县官印信执照，邻佑保结前来，但无投充旗下情由验明，即行收留。倘有好义疏财之人，肯将买到流民子女不要原价，给伊父母，同还乡里，或替人赎回子女，得还乡里者，本道移文彼处州县官加等旌奖。或爱惜流民子女，不肯折磨，使得成人长大，自还乡里者，亦是上等阴德。

本道谆切相谕，不暇修饬文词，幸各遵依勿忽。

禁 约 事

照得潼关一带连年盗贼渐息，田畴渐垦，民间庐舍谓宜渐次修复。乃本道行车所过，搴帏遥望，见沿途村落丘墟，萧条景况凛若霜晨。极力招徕，舌燥笔秃，居民皆观望回翔，莫肯依托。

细诘其故，盖由往来兵丁经过地方，假威肆虐，暴戾殊甚。常横入人室，眉轩袂耸，不问有无，索酒索肉。稍有不给，即鞭棰继之。及至醉饱，复佯装沉酣之状，手足踉跄，语言颠倒。酒饭之资，或明为短价，或暗行图赖，甚至拔剑击刺，索讨娼妓，调戏妇女。抢毁财物，拆人房屋，以供燎爨，鸡犬羊豕为之一空。小民饮泣吞声，莫敢谁何。一闻兵到，悄然而悲，肃然而恐，携妻抱子，避匿深山，殊非太平景象。

夫兵以卫民，民以养兵。营中银一丝，米一粒，孰非小民胼胝汗血？营中步伍，谁非田间子弟出身？今小民终岁勤动，不能供兵丁往来之一嚼，是卫民而反以厉民，民生安得不日蹙，里舍安得不日残也！本道整饬一方，兼治兵民，实痛心疾首。下车之始，即行严禁，不谓藐抗不遵，特再行禁约。为此，示仰营伍兵丁知悉：

以后当体朝廷设兵之意，恪守军法。凡公干经临，势不能枵腹奔驰，饮食酒饭悉照民间价值逐一算还。如仍蹈前辙，倚恃强梁，凭陵愚懦，许被害之家赴道喊禀，审明治以军法。仍转申部院，以凭定夺。三尺具在，幸无以身尝试，慎之！慎之！

严饬整理营伍，以壮军威事

照得关门三秦锁钥，控制上游。设立营兵，原以资捍御，备剿捕，非可有名无实，徒称虚伍也。本道昨行亲阅，见兵多靡弱，马多羸瘦，器械不备，彼应此名，此借彼矢，互相蒙混，殊可骇异！若不严饬整顿，诚恐日就废弛，封疆何赖？

为此，仰中军柳黄甲，文到即将该营战守兵马时加操练，务令纪律森严，器械坚锐，听本道不时点阅，以壮雄关气势。如仍前苟且懈怠，徒应故事，以致士卒颓废，伍籍子虚，本管官旗定当治以军法，断不宽徇，勿谓言之不早也。

严革提车夙弊，以苏民困事

照得关中百姓叠罹兵荒，疲困已久。迩来征调殷繁，戎马旁午。换班家口，络绎不绝。催提牛车，动盈千百。小民竭力供应，日不暇给。耕耘之期，半为所误。本道目击伤心，实怀悯恻。

乃近访得州县卫所胥役竟有视牛车为奇货，一闻兵到，揽票承催。结通兵吏里长，朋比为奸。于原数之外暗自增派，擅为折干，自饱私橐。富家一而贫家五，闾右免而闾左遣，以致茕独饮恨，自然先后参差。及至用车不足，又见在之人代受鞭挞，使费赔累，不可胜计。嗟，嗟，此小民之所疾首蹙额者，而若辈反借以为利，蔑国法而戕民命，其何罪如之？为此，示谕官吏军民人等知悉：

以后凡遇奉调官兵应用牛车，印官预差诚实才干人役探听的确,照里公派。仍开某里用车若干,用牛若干,张示通衢,毋得仍前蒙混,使吏胥因缘作弊,小民无所控诉。敢有故违明禁,或人告发,或本道访出,官以溺职申参,蠹役按赃究遣。

国宪森严,断难宽假,各宜猛省,毋贻后悔。

举行义仓,以备饥荒事

照得天灾流行,何国蔑有？备荒之政,所当素讲。今天下郡县皆有常平、预备等仓,诚广储、备灾、惠民、固本之大计也。然行之日久,鲜有实效,是以饥荒之来,小民则嗷嗷待哺,而官司则束手无策。欲发官廪,则所储不给;欲劝输纳,则未免强取;专恃告籴,则远不及事;务煮糜粥,则聚而交困。夫不于平日讲求积贮之法,而因循怠玩,任民浪费。及至凶年,转死沟壑,为民父母者安能辞其责哉？

本道驻节关门,兼摄商雒,关内数百里之地实所待命。除常平等仓已经遵奉申饬外,窃念仓立郡县,官司主之。遇有灾荒,文移申请,常防阻滞,驳勘反复,动经岁时。且户口则待审于官府,贫富则颠倒于胥吏。豪强得多,懦弱得少,其为弊端,不可胜原。又乡野之民,百里就粮,旬日守候,田畴遂荒,生理几废。虽苟延一时之命,实误其终岁之业。本道夙夜筹画,仿隋唐义仓之法略为变通。不论乡村城镇,但系本地人民,居址相近者,每二三十家约为一会,共推家道殷实,素有德行者一人为社首;处事公平,人所信服者一人为社正;通晓文书算法者一人为社副。凡会中之人,酌定上中下户,每于朔望讲乡约之日,照分别等第,随其所有,出粟及麦。上户四斗,中户二斗,下户一斗,务要干圆洁净,可以久贮者入仓。其所置仓即择本村上等殷实信义之家,司其出纳。此等人户富而有力,便于防守,亦且保无侵费。社首正副各执帐检校。如此行之日久,所蓄必富。遇有荒歉,百姓自相计议而散,以济当社饥馑。朝开仓而午即得食,既无官府编审之烦,又无胥吏颠倒之弊,无奔走道路之劳,无荒废本业之患。赈恤不劳于上,实惠得沾于民,且以见讲信修睦,患难相济,揆之今日,实为可行。

但小民难于虑始,可与乐成。作会之始,必须州县官加意振兴,化其偏私,作其信义。间或单骑盘查,惩其虚冒。有抗拒不遵者,重则责治,轻则罚米入仓。务使民间预有储积,荒岁足以备赈,庶以佐朝廷常平之惠,副宵旰忧劳元元之心。若虚应故事,令吏胥扰乱其间,则良法美意,反觉烦苦吾民。国宪具存,决不轻贷。

义仓会劝词

尔百姓识见短浅,不知远虑。幸遇年景丰稔,便任情浪费,不肯樽节。试想十五年前连岁旱蝗,五谷不登,万民艰苦。或逃亡载道,流落他乡;或饿死沟壑,暴露尸体;或父母痛哭,易子而食;或聚众劫掠,析骸而炊。当此之时,父不能救子,兄不能救弟,夫不能救妇。朝廷也遣官赈济,一人分一钱半钱,怎救得一家饥?官府也开仓散谷,一人得一斗半斗,能吃得几日饱?

想平日空修寺盖庙,建醮迎幡,高棚唱赛,随会进香。更且与人挂帐温居,设筵贺寿,费了许多金钱,陪了许多精神,到此时谁来救得你?想那丰收时候宽使绰用只嫌少,绸衣布裳只嫌粗,笙箫鼓吹只嫌不中听,美酒肥肉只嫌不适口。若将那平日醉饱风流之余,积布积粮,留在此时用,怎到得吃榆皮草根,还冻死饿死了。且如老鼠盗杂粮,积在穴中,没时备用;鸟鹊衔楝子,藏在树里,冬月防饥,几曾见荒年饿死了多少鸟鼠?人生过日子,反不如鸟鼠见识,岂不可叹!

今各省水旱蝗虫,黑霜冰雹,处处灾荒。你这方圆数百里怎保得年年丰稔?你们只顾眼前,不思后日,朝廷又经费告匮,不能有许多赈济,所以教你们立个义仓会,大家随贫随富,除了纳粮当差外,宁少使俭用,宁淡饭粗衣,多积些谷入仓下窖。用心防护,不许轻自敛散,直至大歉之年酌量户口多寡,分领救生。你们会中积谷多者,州县官查出来分外加赏。其间有势豪奸猾,不肯作会,阻坏义举的,同村之人即行呈告到官,罚米入仓,仍断令入会。若有单贫最下之户,与上户不敢相敌,势难入会者,社首社正亦要书其姓名于簿,或附入本家上户,或附入邻家,虽不预坐会,时亦量收其斗米,凶年也随众给散。如此,则人人有救命之资,家家有备荒之策,自不致做贼犯法,自不至流离死亡。

若百姓不肯遵依,到凶荒年景,家无分文升合者,不准赈济。盖百姓自家有一半,官再助些须,可以接济成熟,救出性命。若空手单身,便与他三五斗谷,一二钱银,终来也要饿死,不如攒将来救那一半的性命。我今日通行劝谕,到那时休要后悔。

呈酌定牛车等事

看得潼关为全秦门户,四省通衢,虽有额设屯丁,皆散处于各州县之境,远者二三百里。而关门无尺寸之土,东门外属阌乡,西门外属华阴,南门外属雒南,北门滨黄河。居民晨星落落。总而计之,不敌州县之三四里也。每岁止额征屯粮以供军需,并无杂项银粮。所以，潼关驿递运所夫马站银，官吏俸薪，皆隶华阴县，潼关不得过而问焉。又且兵燹之后，屋毁民残，城垣荒颓，兵民错处，栖止无定。极力抚绥，犹虑逃亡。其不得与他州县比较者，势所必然，自久在上台洞鉴中矣。

年来征调频繁。大兵时集满洲换班，家口及土番喇嘛入贡，必由关门，用车多者至八九百辆。至于寻常，一二百辆则络绎不绝也。前道议于所属僻偏，同、朝、韩、郃、蒲城各州县通融协济，众擎易举，以均劳逸。已经详请，奉有俞示。继而郃阳士庶以地远道阻告免矣。韩城处郃之北，亦俱议豁免矣。夫韩、郃沟涧深峻，运车为艰，且去关门稍远。寻常二三百辆，朝邑、同州、蒲城共协关门，可无他议。独至今岁五月间，张总镇奉调南征，用车八百有奇，华州、华阴势不能独济。奉上明文，蒲城暂协华州，同州暂协华阴，则协济潼关止朝邑一县耳。夫关门平日三县协济，犹称苦累。至大兵过往用车如此之多，乃反专累朝邑一县。如此数次，富者倾家荡业，贫者典妻鬻子，无怪朝民之痛切呼吁也。然同、蒲既协两华，又协潼关，是有两协之苦，亦无怪其继朝邑而控陈也。

本道莅任之始，潼关、朝邑、同州、蒲城绅衿百姓连呈屡词，各求豁免。本道委曲慰谕，批行抚民同知会同各属从公酌议，间又奉按院批蒲城民词。而州县各为民称苦，莫有肯输心承任者。夫关门征车旁午，可概置之不闻乎？各州县均属王土，此地偏苦难堪，大声疾呼而邻邑旁观坐视，同舟共济之义谓何？韩、郃两县虽有神道岭运送草豆之苦，然神道岭官兵保障一方，韩、郃实得其利。即蒲城距省二百余里，涉灞渡渭，运纳本色，何尝敢有烦言，冀全免协济乎？如此，则韩、郃之不得坐视也明矣。

今通常计议，以后凡寻常提车，两华自能供应，不必协济者，仍著同州、朝邑、蒲城、潼关四处酌派相帮。在同、蒲无两应之艰，在朝邑免独支之苦。两华不得援张镇经过之例而妄扳同、蒲；同、蒲亦不得借口曾协两华而遂求卸脱。韩、郃路远，不必协济，此平常遵行之例也。至于用车过五百辆之外以至千辆者，如平西王伐川，及张总镇南征之役，则华州、华阴势不能独力撑持者，则以蒲城协华州，同州协华阴，而潼关则以朝邑、郃阳、韩城协力供应。如云韩、郃沟深不能行车，不妨均出牛只驴骡夫役，雇车相帮。盖此等大差，七八年，三五年中偶有一次，安得执批免为定例，视邻邑之艰苦而莫救乎？

此一时权宜之例也。既经该厅查议，前来相应呈请，伏乞宪台轸念冲关疲邑繁苦莫支，俯赐明示，庶经久之例可定，而军务免致诿误矣。

复养济院以恤穷民事

照得穷民无告，王政所先。各州县俱有养济院，该卫独废坠无存。岂该卫遂无鳏寡孤独，疲癃残疾之人乎？为此，仰卫官吏即查旧日养济院坐落何处，自何年废毁，今不能修建，查有见在空闲寺庙报到①。仍令乡约地方确查关城内外有真正残废无所依靠者，造册申报，以凭酌量设处廪谷救济。不得以游手好闲，赌荡倾家之徒混杂其中，以妨无告。速速。

校记

① "到"疑为"道"字误。

饷需日迫,功令日严,谆谕士民速完赋额,以裨国计,以安身家事

照得国用浩繁,兵饷告匮,不得不望尔百姓竭力输将,以济军需。近见该卫钱粮拖欠独多,百姓恃刁梗之风,踵顽通之俗,名下税粮竟不完纳。彼此相效,恬不知悔①。累及官长席不暇暖,被参削职。夫人数千里外逾限涉阻,不知受多少艰辛?苟得一官,辄因考成拖欠,一生功名尽付东流。贤者义命自安,固不难为百姓受过,然尔等亦失一慈父母。倘或富贵热中,身家念重,谁肯甘心代尔受罪?终不免严刑敲扑尔等。思念及此,亦应刷其旧习,如限争完。况今功令森森,已奉文查取顽户姓名,若别行处分,恐尔等虽欲保全身家,亦不可复得。

本道莅任一载,惟以安民为心,稔岁为望。凡所以安民祈岁之事,不惮筋力,为百姓请命。尔等亦当共鉴此心,好义急公,上不负朝廷胥匡之义,下不负本道休养之心,合行劝谕。为此,示仰该卫军民人等知悉:

凡应纳税粮,无论本色折色,乘此雨落谷贱之时,及早输纳。既无逋抗之罪,又免鞭扑之辱,安家乐业,称为良民,岂不甚善?若能倡首先限全完十分,并无积年拖欠者,该卫报名优奖。遇有词讼干连,不犯重罪,即行免究。如有仍前完梗,任催不应,即行解惩,以警刁俗,仍将姓名报院究拟。

若胥役借端需索,斗级高量,擅加火耗,经承那移,完欠颠倒多寡,许百姓赴本道门首击鼓喊禀,以凭拿究,处死不恕。

校记

① "悔"原文误为"海"字。

严饬速结词讼，以清积案事

照得狱贵不留，案美无牍。盖曰伸民冤，不无覆盆之民；曰达下情，犹有向隅之泣。乃近来怠忽成习，文移词讼，任吏胥沉阁耽延，致持票鳄役恣意骚扰，不厌不休。或禀人犯不齐，或称关提未到，放赵甲而留钱乙，卖正犯而拘家属。小民一词牵连，累月守候。八口供给，不足当市肆一饱。终岁勤动，不足充胥吏一饱。刁民借词讼以报仇，愚民因词讼以倾家，皆由官怠慢之过也。甚之旷日迟久，则势要嘱托纷杂而至。所以是非不明，良懦短气，兴言及此，可为痛恨。

为此，仰州县官吏照牌事理，将本道径批转批未完词讼，逐一确查，应勘详者作速勘详，应招解者作速招解。如或刁民借籍人犯无处提拿，及曾告院司久经问结者，即具由申缴，限本月终日责差经承赴道听比。以后每遇季终，除事件全完，准入递赍簿外，如有三件未完，不论词讼牌案，俱差经承亲赍听候发落。如仍前朦胧入递，差役违抗不赴，定差人锁提，重究不贷。

文到先具遵依查考。

卑员越例烦渎，严行戒饬，以肃法体事

准驿传道关据西安府呈，看得潼关为三秦第一冲途，驿站孤悬

卫境,钱粮额设州县,原与他处不同。年来荒旱频仍,豆草腾贵,马毙夫逃,委难支应。前详议委抚民厅兼理,而该厅复详请统归华阴。查华阴距关四十余里,该县设有潼津一驿一所,若再将此驿归并,此弹丸小邑,差使旁午,县官岂能分身兼顾?固断断不能行者。

据该府详称再四确查,以潼关驿昔年原系同、朝、澄、郃四处分协应差。每年应食草料与马夫工食,俱在四州县额设站内,各照额数支领。本州县站银通融销算,欲仍复旧例,责令抚民厅严为稽查,为众擎易举之计。本道以奉旨官养已久,四州县协济潼关乃系往例。又驿站为驿传道专司,本道未敢擅议,驳令覆查。通详驿传道会议去后,今该府以此责在官,原非累民,众擎易举,莫便于此。而驿传道亦云,新定奉旨冲僻册内,各州县原额协济股项尚存未改。如府议移关前来,相应呈请,伏惟宪台轸念残驿倒废已极,时难容缓。或姑照府议,饬令四州县官吏查照遵依,以济目前之急。再查四州县中,朝邑亦系次冲,而澄、郃去关颇远,又钱粮已归华阴,事权纷纷不一。其动支站银,必仍责抚民厅严加查核,勿使胥役借端冒破,勿使鳄差滥行需索,勿令各州县擅开私帮,重困里民。其火牌勘合等项,必先抄白该厅,然后行驿应付,其循环簿亦由该厅稽查明白后赍。且该厅统辖各州县,其各州县豆草丰歉,价值贵贱,自无不周知。亦当令各州县大破畛域,通融市籴。酌量丰歉,预为储蓄,互相救助,或可令冲驿既倾复苏乎!

总之,事处极难,不得已而为补偏救敝之术。惟在奉行者痛除积习,精白一心,视公事如家事,乃能弊端不生,民艰稍舒耳。其中或有未尽事宜,仍祈批行驿传道再为详议,请示定夺可也。

申　饬　事

照得节届陨霜，农功既毕。虽今地方稍宁，然当荒歉之后，恐奸宄乘机窃发。根本之图，不可不慎。凡应行事宜，合行申饬。

为此，仰州县官吏先查境内家无盖存者鳏寡若干，孤独、疲癃、残疾，未收入养济院者若干，务要查确，或酌量赈济，或煮粥赡养，或施棉衣，或仿古人冬生院之法，置暖炕长被，男女别室，自相存活。文到即日详议，妥确申报。如虑无堪动钱粮，然赎谷原以备赈，今岁大旱，前蒙上台奏闻，海内共知。则施赈无过今岁者，即具详本道转请三院，务俾境无饥饿民，无流亡。其养济院中勿令诡名滥冒，虚糜廪粮。奉文月米，勿得令奸役克减，有名无实。呜呼！有司者民之父母也，彼其呼爷娘于街市，忍冻馁于檐窑，而我袭裘拥火，饫鲜餍酏之时，亦曾念及否？查《大清律》内一款：凡鳏寡孤独及笃废之人，贫穷无亲属依倚，不能自存，所在官司应收养而不收养者，杖六十。法律之严如此，可不畏哉！

境无饥民，则盗贼自少。再申谕百姓，谨盖藏，收积聚，戒门间，筑墙垣。申明保甲，操练乡勇。患难相恤，守望相助。其店舍集镇，各置栅栏，地方司其启闭。客商往来不许夜行，违者不论有事无事，提地方重责勿恕。

再查城郭之薄缺者坏补之。修关键，慎仓库，筑囹圄之颓敝者。狱内非重罪不得滥禁。词讼拘到人犯，不得淹留三日。不得擅拘妇女。夜巡当严，不得令兵快地方借端送人冷铺。凡此皆顺时行令，各宜恪遵，俱勿违错，自旷职守，慎之！慎之！

再饬祥刑以重民命事

照得居官所慎，民命为先，所关刑狱为重。有司出入，人罪无论，受贿徇情，罪当不赦。即或识见之误，或念虑之疏，或任性忿狠，或忌讳嫌疑，或耻无摘伏之明，以成锻炼之罪。遂有情未真，招未具，而死于杖下者；有不申详，不定案而毙于狱中者；有因追抵赎而滥监家属者；有元宵告讼，除夕仍系之狱而不为审结者；有任凭佐领妄动酷刑，而若罔闻知者。呜呼，有司司民之命，假令不得正命而死，民奈尔何？只恐天道有知，善恶不爽，阎罗一本帐簿良可畏也。

至于人命盗情，奉批驳覆勘，不肯虚心平反；或恐前官怨恨，不敢异同；或因犯者富豪，不肯开释；或观望上官之批语，以为从违；或描写历来之成案，以了已事。不知众官同勘一事，原为此事虚实；同勘一人，原为此人生死，岂以求媚人求胜人哉？如此存心，倘有冤抑，与故杀等耳！《书》曰："罪疑惟轻。"又曰："与其杀不辜，宁失不经。"夫皋陶为士，安有疑失，然犹过慎如此。吾辈万不及皋陶，而牵合罗织，以成人之死，其罪将何如哉？

仁人心苦，智者识精。本道识浅而心苦，然一年以来，疏忽不少，恒默默自讼。又有表率属员之责，属员有不重民命，任性自肆者，本道不能辞其罪，故谆切劝勉。或牌票，或批答，或面谈，真笔欲秃，口欲破矣！恐各属犹有未尽遵依者，合再行申谕。为此，仰厅官吏转行州县，州县官吏查照牌内事理，实心体察。自今以后，每逢朔望，俱仿赵清献焚香告天之遗意，将半月内行过事实有关系者，直书一疏，焚之城隍庙中。庶几明畏功令，阴畏鬼神，其有非义干渎者,不妨以此却之。此亦本道躬率寮属,精白一心,互相砥砺之意。

附颁邹南皋先生所刻《刑戒》一章,令善书者置之座右,朝夕省观,勿得视为故事。

申饬职业事

照得盛德在木。农功伊始,正布德施惠,导迎天和之时,所有应行事宜,合行申饬。

为此,仰州县官吏循行郊野,劝课农桑。其粪多力勤、田禾畅遂者,酌量赏以酒红,以示鼓励。其地之肥瘠相等,而懒惰禾苗不茂者,扑戒之。田间隙地及道旁,皆令树桑。有能种桑三百株者,给扁优奖。

一切词讼,非人命盗情,暂停勾摄。其已拘到人犯,即行审结释放,不得淹留时刻。稚子幼妇,不得擅收监仓,省图圄之冤滞者。

不得兴作土木,以妨农务。严禁宰杀耕牛。申谕地方人等,掩骼埋胔。勿令民间粘鸟罗雀,烧荒田猎,以乖天地之和。

此皆有司先务,各宜恪遵,毋得或惰,自旷职守,慎之。

再行申饬事

照得高雉各县叠经寇乱,一二残黎皆灰烬之余。官斯地者当加意拊摩,庶几渐睹宁止。不意犹有罔念民艰,任情恣肆,拟罪不论当否,科罚不论贫富,拘禁至于太易,隶卒至于太纵,有聋瞽颠连，鸠形鹄面之人而吹毛求疵，不稍宽假者。独不思天理昭彰，功令森严，一旦民怨沸腾，川壅而溃，白简如霜，凛凛难贷，功名已矣，独不为身家计乎？合再申饬。

为此，仰雒南县官吏照票事理，虚心体察。朝而莅事，夕而省愆。察闾阎之疾痛，视若子弟；禁吏胥之恣睢，勿结腹心。宽一分，则民受一分之赐。民犹水也，水能载舟，亦能覆舟，可不慎哉！

如不省悟，本道秉性硁硁，不能博包荒之虚名，而付民怨于不闻也。文到具遵依报查。

叩天俯行权宜以米代麦，
上济国需，下便民情事

看得潼关卫屯粮征收本色，夏麦秋米，支给兵饷，此旧例也。只缘连岁荒歉，今春亢旱弥甚，二麦尽皆枯槁。又地枕山带河，市粜不通，小民饥饿颠连之状，真有不堪图绘者。况今饷需日迫，考成之法至严至密。又兼以新旧并征，急如星火。在卫官职司催科，势不敢专言。抚字在屯民，分切奉公，亦何敢妄冀宽征？但力有万万不能者，恐鞭扑徒施，终属无济。且恐拖欠未能全完，而新粮又复拖欠矣。

幸赖朝廷恩德，化灾为祥。秋田颇茂，此该卫士民所以有以米代麦之请也。本道行卫确议，今据详称十三年曾奉各部院批允，以麦代米，遵行在案。今援引前例，议将十四年新粮勒令遵限完纳，不必纷更。其十年、十一年、十二、十三各年拖欠旧粮，于秋米收成之日照数代征。俟营兵领饷，通融搭散，此亦权宜一时之计。军需民情，两有所便，似可允其所请者也。

屯 务 事

看得潼关卫应征屯粮拖欠本色,该卫申乞以米代麦,本道业已备详。宪台蒙允,饬行军民,咸沐鸿恩矣。兹复蒙宪票行查该卫应征屯粮,坐落道辖州县,并今岁应征夏秋本色。时值荒歉,果否便民？或输小麦莞①豆艰难,应否以粟米杂豆代纳？本道捧读之际,仰见宪台上轸国计,下念民生,思虑周详,恩泽渥厚,敢不备细详陈,以副德意。

窃以潼关地最硗薄,军屯散处各州县,如晨星落落。远者二百余里,甚则坐落别省,遥隔山河,声闻不通。缓之则输纳不前,急之则民困难堪；驰催则无分身之术,坐待则有鞭长之虑。征比之法,万难与州县同日而语也。况连岁荒歉,旱灾频仍,自冬无雪,徂夏不雨,麦豆枯槁,民有并日而食者。此皆本道奉文履亩踏勘,最真最确。

若非宪台为民请命,上天降康,此茕茕孑遗,止有转死沟壑耳。幸蒙宪檄下询,此真屯粮可完,民生可苏之一大机会！故敢再为吁请,倘邀破格之惠,将今岁夏粮比例暂准以米代输,是于百姓筋骨俱尽之日,稍存休息之意。既有裨于军需,复有便于黎庶,诚一举两全之道也。至于莞②豆艰难,应否以杂豆代纳。查得本卫原无产豆之地,并未曾征收莞③豆,无容议覆。

据该卫备详造册前来,相应呈请,合候宪示。

校记

①②③ "莞"字似为"豌"字误。

申饬事

照得岁届三冬，农务既毕，虽萑苻渐靖，而固圉防奸，不可不慎，合行申饬。

为此，仰州、县、卫官吏趁此农隙，查城垣之颓坏者，紧要桥梁之倾圮者，酌量修补，务使完整。严门禁，重夜巡，谨仓廪，固囹圄。申谕乡保训长，操练乡勇，修饬武备。巡捕员役，盘诘奸宄，较之三时，倍加严密，毋得疏玩，以致不虞。责任有归，慎勿套视。

酌裁冗员，以佐军需事

据西安府呈，看得潼关卫经历一员，设自前代，相沿已久。迩来该卫征收钱粮均徭，与夫城守诸务，俱守备、千总分任其事，而经历全无职掌，委系冗员。再查该卫知事，久未选补，亦无职任。

当今兵饷告匮，措办维艰。似此坐縻廪禄，莫效尺寸，似宜一并裁汰，将俸薪佐充军需者也。其见任经历虞光澄，照例咨部改选，似亦可从。

今据该府详议前来，相应呈请，伏候宪裁。

教职远任艰难，乞赐酌议，申请就近推选，以免旷职事

据西安府呈，看得教职一官，奉旨专用本省人选授，不但人地相习，且寒官免跋涉道路之艰，措办盘费之苦，法诚至善。独潼关卫昔属直隶管辖，故儒学教职，悉以外省铨授。自我朝定鼎，卫改属西安府，而教官仍照旧例除授。每每远隔几省，计程数千余里，寒官望而却步。即或间关远来，行囊既空，称贷无门，近如教授辛调夔竟飘然长往。不独寒毡末路付之东流，即泮水芹宫，遂成空署，所藉以培养士类何赖焉？

合无呈请具题，以后潼关卫教职照依本省之例，就近铨补，庶朝闻命而夕受事，学政士习，皆有赖矣。

禁 约 事

照得本道赋性孤介，登第以后，恪守典常，菇蘖饮冰。莅任以来，上畏简书，下畏民岩。亲识交游，音问疏绝。星相术士，尤素所厌恶，此关中士民有耳有目所共闻见者。

近访得有无藉棍徒，假借本道相识，在属邑招摇恣肆，变乱黑白，目藐三尺。而属县或不察来历，倾身延接，致国宪不灵，官方不肃，民冤不伸，殊为可恨。今功令森严，民生凋瘵，即夙兴夜寐，勤抚字而理纷纠，犹惧不给，以烦刑书。若疲精耗神，以小民之脂膏，供刁棍之欺骗，恐此等不法之辈，实繁有徒。窥官长之易朦，遂连

鞾而至,能一一结纳之乎?即一丝一毫,何非出之民间,岂得轻视!至此,本道肝胆如雪,自以为可视天日。凡察吏课属,惟以职业之修否,从不敢以私意为喜怒。若违道干誉,窃所不取。合通行晓谕。为此,示仰所属城市乡民人等知悉:

以后凡有假借本道名色招摇,希图诈骗者,即禀该县锁①拿,押解本道,以凭尽法惩治。该县亦当体谅本道真心,事事如青天白日,勿为魑魅所罔。即此一节,足卜他日立朝梗概。若徇庇纵容,是以本道之言为不足信,便当据实呈究,以明己之无私,慎之勿忽。

校记

① "锁",原文误作"销"。

严禁加耗,以速国课,以安民生事

照得潼关屯地硗薄,又兼今春亢旱,二麦不登。新粮旧逋,一时并征,民力艰苦已极。而该卫昏昧罔觉,以黠仆为腹心,供蠹役之驱使,不畏功令之森严,不念民生之凋瘵,恣意加耗,希图肥己。及输纳不前,复差鳄役沿屯催逼,需索无厌。致国课愈绌,民生愈困,殊为可恨。除严加责惩外,合行晓谕。为此,示仰官吏、斗级、花户人等知悉:

自今以后,凡上纳本色,俱要干净颗粒。斗级执斛,花户执量,务期至公至平。折色俱要足色纹银,花户自封投柜,各记姓名于封上。拆封时掌印官会同两千总当堂验对,如果银不足色,及短少丝毫者,许提花户重究添补。如敢擅加丝毫火耗者,官以悖旨虐民揭参,吏役立刻处死。不恕。

饬修先贤遗迹，以重风教事

照得该县城东三十里，有汉关西夫子之墓。自兵燹之后，飨堂倾圮，祭告无所，樵牧不禁。累累土冢，狐兔宅之。先贤遗迹废弃如此，亦有司之过也。

为此，仰华阴县官吏即速酌议，应作何修整，申报本道，以凭捐俸发县，共成盛举，庶往哲丘陇不致泯灭。且使今日有操凛四知之君子，知百世之下犹有闻风而俎豆者，将益坚其冰蘖之心，而冥冥堕行者亦默生其愧悔之意，于以激劝人心，风示当世，诚非小补。

勿得怠忽，慎之，速速！

严禁城门事

照得城门之禁，所以诘奸宄，防暴乱，最宜谨慎。近阅邸报，见河南郾城县之事，只因门禁不严，操弓骑马者手持假票公然入城，遂致大变。鉴戒炯然，岂可不为警惕？况同华一带，或路处冲繁，或城郭空虚。冲繁则过往必杂，空虚则提防宜固，诚不可不昼夜凛凛也，合行严饬。

为此，仰州县官吏申谕守门兵役严加盘诘。凡遇骑马带弓箭者，非有事本州县，勿得擅令入城，宿歇必在关外。夜间尤当谨慎，切不得轻发锁钥，致滋不虞。宁无事过防，不可有事失备。慎之，慎之！

公举殉难烈臣等事

看得疾风劲草,固忠臣所以报朝廷;而俎豆馨香,尤明王所以砺臣子。自皇清定鼎,褒崇节义,善无微而不彰。凡以激劝一代之士气人心,非徒使既殁之幽魂凛凛生色于九原也。

据潼关卫阖学生员刘育民等公举,故明监军道按察司副使乔公迁高、潼关卫儒学教授许公嗣复、潼关卫指挥使张公尔猷,三公者操凛冰雪,志扶纲常。平日惠民饬戎,明伦训士,善政懿矩,称述难尽。独是逆闯猖獗,豫省蹂躏。长驱西来,所至瓦解。当斯时也,关门之雄师宵遁,大将之前旌披靡。而三公自矢孤忠,同殉大义,魂乘箕尾,气壮河山。一代之臣节克全,千秋之英风如在,真可以比肩颜段,并驾南雷矣!

十余年来,乡国之俎豆未闻,朝廷之褒宠犹缺,斯地方有司之过也。窃尝流览史册,盖无不赞羡张、许守睢阳故事。然张、许守睢阳以障江淮,三公守潼关以障全秦,其志同也。及救援不至,而北面叩阙,誓死孤城,其节又同也。然睢阳之守,张、许实为专主,故罗雀掘鼠,而士无变志。潼关之事,握符者有人,秉麾者有人,三公事权不在也。然皆能从容就义,视死如归,是非讲明孔孟成仁取义之学者而能如是乎?至今青衿父老指其殉难之处,述其骂贼之词,犹有呜咽流涕者,而谓强勉者能之乎?

查乔公定襄人,许公井陉人,并仕于潼。张君虽生长于潼,然亦世职也。合无准并祀名宦,似于明伦教忠之典补益非细。事关从祀,为贵道专司,相应移请。为此,合关前去,烦为查照,再加确访裁夺。

申严城守，以重封疆事

照得城池为有司第一重务，官民性命系于斯，仓库钱粮系于斯。况该州县城垣颓敝，房舍空虚，居民鲜少，若不严加防守，诚恐万一奸宄窥伺，患生不测，深为可虑。

为此，仰州县官吏，文到即责令巡捕官役会同驻防官兵，昼夜防范城头，更鼓巡锣，时常戒备，不得偷安怠玩，致滋不虞。

慎之，慎之，文到即具遵依报查。

再行谆饬防守，以备不虞事

照得华州地方辽阔，南山北渭，奸宄易于藏匿，盗贼易于窃发。本道申饬防范，严督捕缉，真舌敝笔秃矣。无奈积玩成风，如聋如瞆，缉拿杳无一获，失事屡屡见告，纵盗殃民，深为可恨。

为此，示仰华州官吏、巡捕、防兵及各乡保长、地方堡头人等知悉：当此隆冬，除城池照另牌事理遵行外，其各乡堡寨俱严饬堡头、寨头昼夜防备，更鼓巡锣，达旦勿懈。如有强盗窃发，务要合力救援。每堡各置信炮一座，遇警即放炮一声，各堡闻炮接联传炮，防兵星速驰追务获。一家有事，阖堡救之；一堡有事，各堡救之。百姓之心齐，则盗贼之势孤。且夜静传炮，瞬息达于城内。若俟报至，然后发兵，贼已饱扬而去矣。如抗违不遵，一家失事，邻佑不救护，堡头、寨头不传信炮者，俱以通贼治罪。

法在必行，决不轻恕。该房抄誊二百张，遍行晓谕，勿得违错。

禁 约 事

照得礼仪,人生之大闲;俭约,居家之至宝。今习俗流弊已极,本道下车一载,三令五申,不啻笔秃舌敝。无奈愚顽之辈,劝谕不醒,岂无一二老成,心知其非。然俗尚已久,不能遽变。夫风俗纪纲,本道之职也,兹再举两端,颁示禁约。如仍不从,则有朝廷之三尺在,不敢相宽,其勿后悔。

一、乡社报赛,祀有常典。乃里中好事少年藉年例为名,敛钱聚会,遂使父老不敢异。高搭棚台,演搬杂剧,男女狎侮,街市拥挤。不但亵渎神明,耗费财物,且尽赌者于斯,饮者于斯,甚至劫盗之徒,聚谋引类亦于斯。而地方多事,率从此生。至于元宵盛造花灯烟火,尤为无益。以后除乡社土谷、祖先坟茔,遵依典礼斋戒祭祀外,其演戏娱神,概行禁止。违者许乡约保正纠举,从重惩处,收其会钱,籴谷备赈。

一、婚丧大事,自有文公家礼可以遵守。乃习俗薄恶,婚嫁不尚令德,专讲财币,已屡经禁饬。至于丧事,厚死主于哀戚。自衣衾棺椁之外,惟有朝夕哭奠上食而已。近日有丧之家,亲友搭台演戏,殡葬绫罗收头,女婿外甥,饮酒欢呼,浮屠黄冠,喧阗杂闹,揭借钱财,专悦耳目。既使孝子忘哀作乐,自陷十恶之罪,又使盗贼乘机窃发,猝致意外之虞。如蒲城张生员家可为鉴戒。今后如不遵禁约,仍然用娼优演戏,绫罗收头,饮酒喧阗者,许乡约保正纠举,以不孝论罪。

钦奉上谕事

上谕："谕礼部：朕惟治天下必先正人心，正人心必先黜邪术。儒、释、道三教并垂，皆使人为善去恶，反邪归正，遵王法而免祸患。此外乃有左道惑众，如无为、白莲、闻香等教名色，起会结党，夜聚晓散。小者贪图财利，恣为奸淫；大者招纳亡命，希谋不轨。无知小民，被其引诱，迷罔颠狂，至死不悟。历考往代，覆辙昭然，深可痛恨。向来屡行禁饬，不意余风未殄，堕其邪术者实繁有徒。京师辇毂重地，借口进香，张帜鸣锣，男女杂揉，喧填衢巷，公然肆行无忌。若不立法严禁，必为治道大蠹。虽倡首奸民，罪皆自取，而愚蒙陷网罹辟，不无可悯。尔部大揭榜示，今后再有踵行邪教，仍前聚会、烧香、敛钱、号佛等事，在京着五城御史及地方官，在外着督抚、按道、有司等官设法缉拿，穷究奸状，于定例外加等治罪。如或徇纵养乱，尔部即行指参处治。特谕，钦此！"钦遵传谕，示仰所属州县卫所军民人等知悉：

各宜钦遵上谕内事理，恪行正道，谨守法纪，为善去恶，共臻仁寿。若以前被人引诱，迷误罔觉，宜蚤自改悔，反邪归正。若坚执不悟，仍然踵行邪教，聚会烧香、敛钱、号佛者，许乡约、地方、甲长、邻佑合词举首，立刻缉拿，穷究奸状，比照定例，加等治罪。若乡约人等互相容隐，或经本道访出，或被旁人告发，一体连坐，决不轻恕。

每月朔望，仍各赴该营官投递有无左道甘结，用该州县卫官印信，赍道以凭立案。如或徇纵养乱，定行申参。法在必行，慎勿忽视。

急救水灾,以拯残黎事

照得秦地连岁亢旱,麦谷不登,茕民嗷嗷,室如悬磬。今岁兵饷急迫,民皆竭尽骨髓以完国课。本道日夜私祝,惟望雨旸时若,以待麦获,庶残黎犹或少苏。不期甫下初夏,月离毕宿,滂沱累旬。涧溪横流,膏田为沼,农夫浩叹,士子悲涕,本道实切恫瘝。

昨按部行至该州县,被灾士庶拥马首而陈词,言该州东西罗汶、沙河诸水县,华山、九峪、水口,或流下淤塞,或堤岸溃败。山水一时暴涨,被淹者数十余村。芃芃麦豆,尽付汪洋。本道目击心惨,已面谕官吏,及时督工修浚矣。诚恐强梗不法之徒借端阻挠,致众心惶惑,绩用不成,大为不便,合发示晓谕。为此,示仰华州、华阴县军民人等知悉:

各宜齐心协力,相机修理。堤堰应筑塞者筑塞,河道应疏浚者疏浚,务要刻期兴工,勒限报完,毋得因循观望,自贻后悔。如有奸宄之辈挟私阻挠,奸避夫役,不听官长约束,不顾众民生死,许被灾士民即驰赴本道衙门,击鼓喊禀,以凭提拿,重究枷示不贷。

筑修旧河,除民大害事

案照先据该州申前事,已经批令会集乡绅士民从公商酌,仍移文同州会议,妥确详报。去后耽延半载,未见如何会议,如何举行。值今大雨滂沱,河水泛涨,淹没民田,不可胜计。该州为民父母,宁能漠然处此?昨本道经临该州,被灾士民遮道泣诉。因循之罪,应有所归。本应提究经承,姑且严催。

为此,仰州官吏查照作速督工,应修筑者修筑,应疏浚者疏浚。仍专委佐贰官一员躬亲料理,务要勒限报完,具文申道查考。如再仍前延缓,定行提究经承不贷。

再行严禁邪教,以正风俗,以遏乱源事

照得左道之禁,特奉上谕严饬。本道遵奉部文,已不啻三令五申矣。今访得境内仍有不法奸民踵习邪教,煽惑乡愚,自称经主居士,男女促膝淫秽,等于禽兽。里党成群招集,真若啸聚。愚民误堕其术,迷罔颠倒,至死不悟。以此遍境成风,牢不可破。而有司因循玩愒,不肯以正风俗,靖地方为急。任凭蚩氓无礼无法,罔知有廉耻畏惮,止每月朦胧具结,遂了奉行之事。万一此辈结连日久,一旦酿成祸乱,如平山、洧川故辙,不知地方官何以自解乎?

本道秉宪一方,以扶正驱邪为己任,务必设法擒缉,靖其根株,永绝乱萌。恐该州县仍袭往套,一味优柔,悖严纶而养祸乱,殊为不便。为此,仰州县官吏,文到照牌内事理,大书告示,遍贴城市乡村,使晓然知正之为正,邪之为邪,各亲其亲,各长其长。秀者安于诗书,朴者安于耕凿,勿得踵习无为、白莲、大乘、闻香诸教,自干宪典。如执迷不悟,即严行缉拿。申解本道,以凭穷究奸状,明正典刑。如该州县漫无稽察,本道另有访闻,或经人告发,定指名揭报参处。

总之,此辈煽惑之术最诡,愚民迷锢日深,乡约、地方多其党类,方倾心信服,谁肯轻易举首?若非该州县设法体访,痛加惩创,则邪教无日可息,风俗无日可正,变乱无日可止。关系世道人心,

地方安危,实非浅鲜,慎之!慎之!

文到具遵依,并发过告示张数,及村堡地名,每月结状并书解散过邪教姓名,以凭查考,勿得违错。

行查均平里甲事

照得本道三月内按临该县,乡绅士民公以均平里甲为恳,已经面饬速行均平。去后至今一月,曾否举行?此事久奉明纶,又兼以民间偏苦已极。该县为民父母,岂容避辞劳怨,漠不关心?合行查催。

为此,仰朝邑县官吏即将该县里甲矢公矢慎,速行均平,务使大小适均,苦乐无偏。事完造简明册报道查考,勿得迟违不便。

申饬恪遵恩诏事

照得皇仁浩荡,恩诏屡颁,天下臣民,皆当遵守。近见各属呈问事件内,有应赦免者竟不援引,殊非奉行之体,合行严饬!

为此,示仰厅州官吏即转严饬道属州县,凡奉本道赦前批发过一切词讼,尽数查出。除十恶大逆等罪不应援赦者,照常审理,速行招解,以凭转报外,其余俱限文到日尽行缴销,一概不许追究。其在赦后批发词状,或事果在赦前者,审问既明即援赦,速具由申报,以凭查销。如再故违,除提究经承外,仍以悖诏呈参不恕。

申严河防,以固封守事

照得黄河襟带三秦,潼关以北,龙门以南,在在险要。近阅邸报,晋中盗贼猖獗,剿捕方亟。恐不轨之徒,乘间渡河,蔓延地方,为患非细,合行严饬防守。

为此,仰各县卫官吏照票事理,严督巡捕官役及大庆关巡检,并移会驻防官兵,昼夜堤防。凡过往之人,及携带弓矢马匹者,必须细细根究,验明引票,方许过渡。若踪迹稍有可疑,即禀明该县审究详确,申解本道,勿得朦胧疏误。贻害地方,大为不便,慎之。

再行严禁私贩茶马事

照得茶马关边疆重务,严缉私贩,不啻三令五申,诚恐法久生玩,合再严饬。

为此,仰潼关卫巡捕千总侯甸,即督率兵快人等,务要昼夜盘查。凡关城内外,河滨禁沟等处,遇马贩茶徒,但无部单引票者,无论系何衙门差遣,系何营兵丁,俱即刻擒拿申报。如敢藐视法纪,受贿徇纵,令匹马封茶暗渡津关者,本道一有访闻,定转报参拿,按律重惩,决不轻贷。

文到具遵依外,仍备抄出示,遍行晓谕,咸使闻知。

严饬塘报贼情,以便剿捕事

照得弭盗安民,地方官第一急务。近来所属州县率视为缓图,漠不关心。平日防范之法既疏,事后缉捕之术又怠。更且迟延不报,三日后签押,照寻常公文入铺司投递,五六日方到关门,十数日方达省城者。如此玩盗殃民,殊为可异。今阅邸报,见宣督卢一本为汛地被贼一疏,奉旨最为严切,恐各属仍前怠缓,自干重遣,故特酌定限期,共为遵守。

为此,仰厅州县官吏查照后开塘报日期,如遇盗贼生发,一面照本道屡次申饬事理,星速缉捕,一面刻速差精健马夫飞报本道,以凭发兵剿捕。报内并书时刻及经承、马夫姓名,如马夫迟误时刻者,罪在马夫;签押迟误时刻者,罪在经承。若隐匿不报者,访出定指名揭报。

功令森严,勿贻后悔。

军民异籍,约束难联,预鸣专饬,以便协力防守事

据同州申,据此为照,各州县卫所有壤地犬牙相错者,应听附近州县一体讯察,协力防守。此本道下车时,于申严保甲之法牌中已详言之矣,何潼民悍然不遵也。除据详批行该州外,合行严饬。

为此,仰厅官吏查照来文内事理,一面严行潼关卫申饬各屯军户,坐落某州县境内,应听某州县一体讯察,协力协御,仍行各州

县。凡卫屯坐落该州县境内者，勿分州县卫籍，一体约束。若敢借口隔属，规避掣肘，不服稽察，失事不互相救者，即据实申报本道，以凭拿究惩处。如该州县借口军屯推诿，漫不查考，使奸宄潜迹，贻害地方者，事发一并揭报题参。

法在必行，决不轻贷，仍令各具遵依，报道查考。

公举纯孝精忠，乞祀乡贤，以光大典事

看得同州前朝乡宦、太仆寺卿、管永平道事加都察院右副都御史张公讳春者，性生忠孝，身荷纲常，筮仕堂邑，弭盗赈饥，戴生成者万户；建节永平，抚军拒阉，颂德威者千家。居丧废蓼莪之篇，抗表继出师之志。问其节概，实自处于孝肃、清献之间。而考其生平，复共尊为常山、睢阳之配。泽流山左，既俎豆于黉宫；德著关西，宜馨香乎梓里。

再严保甲之法，以安民生，以靖地方事

照得缉奸诘暴，莫善于保甲。此法本非难行，本道三令五申，口欲破矣，呼吁心力已交穷矣。乃诲之谆谆，而听之藐藐，本道不知何故也。

夫盗贼虽甚狡顽，彼能不与人同里而居，朝夕相见乎？其生理经营，里人宁不闻乎？所与交游面貌，里人宁不识乎？纵令孤庄破窑，岂无亲戚朋友之往来，其行藏能尽涂人之耳目乎？或平日饮酒宿娼赌博者，游手好闲而乍贫乍富者，夜去明来、潜出潜归者，往来

面生可疑者,神色恍惚、踪迹诡秘、言语支吾者,所得非其所有,而不知所从来者,闻盗犯而携家以逃者,来路不明而潜寄庵观酒肆者,朝佣工于此,而暮窜身于彼者。此等之人言动不同,状貌自别,盖谁为盗,谁不为盗,里人辨若黑白,日蹑足附耳谈之矣。

可恨者有司不严保甲耳!惟有司不严保甲而盗贼敢公行;惟有司不严保甲而盗贼有渊薮;惟有司不严保甲而被劫无声援;惟有司不严保甲而真盗不敢举。及至劫掠屡闻,捕官视为故常,防兵忙若不知,上台督责日严,始专靠快壮取无赃无证、影响疑似之人,严刑以定招案,深文以成大辟,杀无辜之人为应捕免比较,为经承了前件。冥冥之中,卷案不爽,能不为之寒心乎?言念及此,怠荒之吏真难容于尧舜之世矣!

为此,仰州县官吏查照本道节次申饬事理,逐一恪遵,驱淫赌之徒,逐流来之户,慎保长之选,练乡甲之兵,重捕获之赏,宽首盗之令,缉窝盗之主,密僻远之防,严盘诘之法,责救护之疏,申传警之令,明夜巡之约,实实举行,勿事虚文。

自今以后,本道专以保甲之举否定有司之殿最。地方宁谧者,特揭请荐;地方失事者,立刻揭参。山西翼城降县革职拿解来京者,皆州县官也。勿曰缉盗安民无关职掌,自误功名身家,慎之,慎之!

褒举异节,乞请旌表,以励风化事

据该县申,已故监生党廷彦妻张氏截发茹荼,丸熊训子,帘篷冰清,始终无替,亟请旌表缘由到道。除批行西安府确查具结,以凭转报外,合先给扁优奖。为此,仰县官吏即置木扁一面,务要坚阔精致,上书"节比松筠"四字,用颜、柳字体,前列本道衔名,迎送本妇门首悬挂。事完开价报道发补,勿误。

停止词讼事

照得恩诏宏颁,普天同庆。凡有小过,咸与维新。一切词讼合暂停止。为此,示仰军民人等知悉:

各宜仰体皇慈,解忿息争。况今时令在木,农功伊始,本道方饬令州县循行郊野,劝课农桑,分别勤惰,薄示赏罚。尔等皆当尽力耕耨,广植桑麻,速完国课,以供军需。勿得纷纷渎扰,自干诏令也。

驿传分协应差事

看得驿传道议定四属分协应差,原因旧例。但昔日钱粮俱在四属,而今钱粮已归华阴,本道前详已言之矣。今事既责之四属,则站银似应拨回,庶免往返支领之劳。但关门枕山带河,地土鲜少,即丰稔之年,草豆价值常倍他邑。四州县既有额设站银,或酌量多寡,买备草豆,赴关供给,仍令驿官司其喂养。该厅司其稽察,职掌各自分明。里民有何干涉?廉养栋等之控,未免畏累心迫,而不知此责在官,非以累民,驿传道详中已言之彰彰也。

查此事原因今岁荒歉,马毙夫逃,故奉宪批查议。但不知倒毙马匹曾否开报,应作何买补?自今以后,站银不交付驿官,而四州县额设钱粮多寡不等,买补之法如何均平无弊?缘驿递为驿传道专司,从来上传部行有关邮政者,及冲僻等册钱粮股项,本道俱无案可查,不便悬空妄议。仍祈宪台批行,驿传道再细细确查,详议明白,申饬该厅州县,使遵奉画一之法,庶不至推诿误事,而残驿永苏矣。

颁发格言戒谕事

蒙抚治郧阳军门颁发功过格,禁杀牛犬,戒谕到道,除即转发商洛州县遵依外,合广行颁发。

为此,仰州县官吏查照发去功过格刑戒,恭置座隅,朝夕省览日中所行事,或功或过,纤悉必记。勿以善小而不为,勿以恶小而为之。则催科听讼,皆可坐证菩提。禁杀牛犬,戒谕遍贴通衢。今农务方兴,宰杀耕牛尤当严禁。呜呼,牛犬犹不宜杀,况为民父母者不论真伪,不分老幼,不择妇女,一概棰楚监禁,冤苦无所告诉,经月不得宁家,致农桑尽废,性命殉之,其罪更当何如?

慎之!慎之!勿负上台告诫之意,本道谆谆丁宁之心。

申明农政,以重本务事

照得本道钦奉敕谕,有劝课垦种之责,必令里无游民,野无旷土,方不负委任之意。今当春和,农工伊始,恐各属劝相不力,令惰农之民待命于天而负天时,责成于地而余地力,稼穑不兴,草莱如故。本道亦有旷官之惧。为此,示仰州县官吏即晓谕境内军民人等趁时耕种。开垦荒土者三年后方准起科,仍照后款内事宜实图举行，勿以虚文塞责。本道将以农政之修否为有司之殿最，各宜恪遵，勿隳乃职。

一、守令专司牧民，宜仿古省耕之法，不时巡行郊野，躬亲劝课。其粪多力勤、田禾畅茂者，酌量赏以酒红。荒秽不治者扑戒之。仍多方劝戒，务令鼓舞兴作。曾孙尝旨田畯教铸，古人未尝以为劳也。

一、仿会典开载劝督农桑之法，乡约点查，有懒惰不起者记过。遇印官巡行到时禀报定夺，但不许借端生事，以滋骚扰。

一、田中有木，古人所禁。除膏腴之田不可种树，惟于界畔栽植外，至于薄地、碱地，不生五谷，然土各有所宜，利在人兴。沙薄者一尺之下常湿，斥卤者一尺之下不碱。可掘尺五，拽栽榆柳，以备材用。水泽可种蒲苇芰荷，可畜鹅鸭。山地可种柿枣梨栗。要令地无不兴之利，里无不勤之民，自然比户充盈矣。

一、民不植桑，何以饲蚕？庄园场圃，墙下道傍，俱宜广种桑树。有种桑百株以上者酌量优赏，二百株以上者报道奖励。仍出示责令所属军民，五月半畦桑椹，六月半压桑条，先期谕以亲查。正当栽种时，印官不时带二三人下乡掣验果否全活，不奉令者责。

一、野蔬木实，皆可救荒。如榆柳可食之物，藜藿可食之菜，丰年正宜多积。古人以百亩之家，蔬果取足于市者，里正报罚。宋周沔为郡课蓄干菜，所积数万。复遇凶岁，民不流亡。近代同州一前辈为令时，亦行此有效，可仿其意而行之。

一、圣贤言政，必及鸡豚狗彘之畜。近日民间皆知生息，但防闲不慎，致伤田禾，邻里深以为害。今后生畜听民多养，除偶然走失一次，情有可恕，但有纵放六畜，伤入苗稼者，除照律追赔外，仍重责枷号。

一、三时之务，一日千金。故古人兴作，必于农隙。且家不过一人,役不过三日,诚重之也。今当耕耘之时,凡不急土木,一切报罢。词讼概从停减。即有勾摄,随到随结,不得淹留监禁,致废农业。上司过往,亦不许催促乡兵道旁迎送。至于民间醵饮赌博,敛钱结会,打醮进香,实召乱耗财之一大蠹,尤当严禁。游食僧道、娼优剧戏,皆三代之世所无,俱当驱逐。

总期人民乐业自然,礼让兴行,狱讼衰息,盗贼宁谧。故曰民事不可缓也,慎勿谓小人之事无关治体可耳。

禁 约 事

照得五岳四渎,神位尊崇,原非庶民所得渎奉。华山为雍州之望,每年会期进香之人倾动数省。男女杂糅,旌幡蔽空。鸣锣号佛,声彻远迩。甚至昏夜攀岩搦岭,争竞恐后。一有失足,殒崖堕涧者累累皆是。亵神明而轻躯命,莫此为甚。

今地方多事,且恐奸宄潜杂其中,酿生事端,贻害地方,所关非细。况结会进香,奉上谕严饬,法令森严,岂得借口往例,不为禁止? 为此,示仰各属军民人等知悉:

但当保存天理,恪守王法,神目孔明,自蒙鉴佑,不必涉险履危,纷纷亵渎。如以为雨旸祈报,义不可止,即赴该管州县讨印信路引,至华阴县挂号,方准前来,亦但许在庙内叩头。远者莎萝坪而止,并不许鸣锣张幡,震惊闾里。至于妇女,无论老幼,概不准擅给路引。如有来历不明,该县查审明确申报,以凭重处,勿得轻纵。

严催拖欠钱粮,以济军需事

照得钱粮关军国急需,刻难容缓。该卫钱粮拖欠最多,严檄催督,抗玩如故。念今兵饷孔亟,匮乏日甚之时,朝廷犹轸念黎民。八、九两年拖欠在民者,奉诏蠲免矣。近十、十一两年又奉诏豁免矣。朝廷子惠烝黎,恩德浩荡,至于如此。凡我臣民岂可自甘顽梗,仰负天恩?

前两年灾旱频仍,麦谷未获,非敢自怠国课,实由力不能给,本道具悉百姓苦衷。今岁上赖朝廷福泽,二麦丰登。若再以抗玩为得计,是尔百姓自昧于践土食毛之义。本道秉持三尺,便当痛绳以法,决不敢稍从宽假,自堕职业。

为此,仰卫官吏照依牌内事理,多写告示,张挂通衢,仍遍谕各屯人等,于二麦收获之后,各照名下应纳本折钱粮,尽数赴卫上纳。如坚抗不完及拖欠最多者,即指名申报本道,以凭重处,仍解院严惩。该卫亦当思催督兵饷第一要务,慎勿怠玩,自取罪戾。

商洛中军请募补标兵事

看得商洛万山丛错,壤连楚豫。昔年杆贼为虐,残毁最甚。弥望蒿莱,人烟稀少,防守侦探,时时难容疏忽。兼以密迩竹溪、房县,正值义王归顺,郝逆惊惶靡定,有北逃华山之信,则商洛一带尤为目前第一要地。且其地西通兴汉,入川逃兵恐潜匿于丛岭叠嶂之中,搜捕良非容易。此万难与不要紧地方同日而论也。况额设兵原止三百,又皆步兵,并无一马,此即足额犹虑不足应用。而自奉部文以后,裁汰者未敢擅补,若不亟请宪示,速为召募,恐营伍愈见单弱,甚非所以固疆圉而弭变乱也。既经中军官呈详前来,相应呈请,伏祈宪台俯念残疆用兵正殷,营伍单弱可虑,将缺额准令募补。以后营中再有老弱疾病,不堪捍御者,不时裁汰更换,务令兵皆精强,庶岩疆有赖,而于核兵节饷之意两得之矣。

冲关用兵正殷,缺额可否募补,希赐转详,以便遵守事

据潼关营参将刘手本为照各营缺额兵马,前奉部院明文,非系边疆要地者暂停添补,遵行在案。但查潼关一营处三秦门户,路通数省,无论地势险要,控制晋豫,兵力单弱,无以壮金汤而弭奸暴。且各省协饷必由关门,差使络绎往来,护送日无宁晷,非僻缓者可同例而论也。

查该营经制额兵数止一千,除先奉文抽调各处驻防,及新奉调贴防并要地安塘,以及缺额未补者,存关之兵止四百有奇耳。不惟战守单弱,岩疆可虑,恐遇紧要差遣,亦难分身四应。况前奉部文,原查系不紧要地方者暂停添补,非一概不准添补也。特未经请明宪示,故凡裁汰兵丁,俱未敢擅补。今准该营移请前来,相应呈请,伏乞部院俯念冲关重地,留兵无几,或将缺额兵丁准令该营陆续募补,以资战守。其后营中如有老幼疾病者,不时严加裁革,即另选精健者充补,必使一兵足一兵之用,庶岩疆有赖,而于庙堂核兵节饷之意亦无负矣。

缘系兵马地方事宜,统候宪裁。

冲关差使如织，越境长途极苦，希详照界安塘，以专责任，以保无虞事

据潼关营手本，看得潼关额设兵马一千，前改拨神道岭营二百，又分汛华州青冈坪二百、澄城县五十，今岁又调防川兵七十，见在关者止四百八十名耳。除步兵外，马兵止一百二十六名，可谓寡矣。

而地处川陕门户，轮蹄交错，颁赍诏敕者，护送饷鞘者，搬移满洲家口者，起解逃人者，种种络绎不绝。每次用兵多者百余名，少者数十名。西抵渭南，北送蒲州，未有休息之时。独是东往河南一路直达洛阳，往返千余里，动须十余日。而十余日之内紧要差使又不知凡几矣。一差方发，一差又至。年来草豆腾涌，马皆柽腹，奔驰倒毙，相望于路，言之实堪悯恻。且张茅、峡石一带号称险阻，人烟寥落，诏敕以及逃人等事俱关系重大，越境五百里而代人应役，倘有疏虞，谁任其咎？此该营之所以不禁大声呼吁也。

合无祈请宪台悯念冲关兵寡差繁，移咨豫中各部院，檄行河南守道分拨营兵，驻防于陕西、灵宝之间，接替一应公差，庶免越境远涉。且各有专责，而重务不致贻误矣。不特此也，设兵原为固圉靖乱，非专为护送差使计也。今寥寥马兵，终日往来豫境，竟无驻关之时，万一关内偶有草窃，刻须发遣，而兵方奔走于伊洛崤渑之间，是地方养兵而不得兵之用，岂设兵之本意乎？

本道遵奉宪檄，申明纪律，加意操练，务求兵精马壮，以固金汤。而目击该营情形如此，故不敢不冒昧申请而仰冀宪恩也。既经该营移会前来，相应呈请，伏候宪裁。

申饬清狱事

照得时方盛暑,湿热烦蒸。囹圄之中,惨苦倍甚。念此一切囚犯有情可矜疑、驳批覆谳者,有党羽实繁、差拘待询者,有波累株连、疑信相半、遽难轻释者,有异乡盗伙、远核虚实者。寄命圜扉,呻吟痛楚,殊为可念。

本道政刑之不修,不能使草长罗张,冀望其明冤缓死。为此,仰厅官吏转饬所属州卫、州县官吏,照牌内事理,即便亲诣各监,查现在重犯实有若干名,每日口粮若干,足延喘息否,夜卧有无荐板,墙壁有无修筑,污秽有无涤除,禁卒有无凌虐,疾病有无医疗,轻犯有无滥禁,赎缓有无监追事在赦前,应宽释者有无淹滞不为申请,有无滥囚妇女,佐贰官有无擅监人犯,一一查明,据实逐款回报。仍严饬狱中禁子多燃苍术,贮凉水,以防瘟疫传染。如漫不加意,视人命如草菅,本道体访得出,或被人告发,定转报各院静听裁夺,恐不能自邀宽典也。

慎之,速速!

经过兵丁不许入城,已奉严旨申饬,谆谕士民,速进城修筑房舍,以固封守,以奠民生事

照得潼关城内昔年栋宇连云,自兵燹以后,庐舍灰烬。兼以大兵经临,进城歇宿,供应烦难,肆行无忌。因此,士民心怀疑惧,以堡寨为安。城内房屋,任其倾圮,一望之中,惟见颓垣破壁而已。

向因盗贼失事,多系远乡村堡,已屡谕修筑城舍。近阅邸报,见兵部覆京畿道一本内议:"以后各该将领统兵防剿,经过府州县卫城,俱在城外驻宿,粮草运出城外支领。如有贸易事故,须禀明本将,移会地方官,量遣数人入城,公平购买,随完随出。如有违禁,借端扰民者,该府州县卫官申报督抚,按题参重处。府州县卫官容隐不报者,一并参处。仍刊刻木榜,通行晓谕,永著为令。奉旨依议通行申饬钦遵。"煌煌明纶,谁敢不遵?凡我百姓,岂可遗弃城业,自甘荒郊!为此,示仰潼关士民人等知悉:

凡城内空房,皆尔祖宗辛苦构造,以遗尔子若孙,使有所托足,安忍终弃?况城内居住,可以卫朝廷之封守,可以免盗贼之窥伺,可永无兵丁之骚扰。如坚持成见,自甘废毁,甚之拆取椽瓦,以资贩卖者,印官申报本道,以凭重处。若日后兵丁不遵法纪,进城骚扰,本道定力请参,决不相负。

严禁行使低假银色事

照得造做假银,屡奉严禁,不意奸徒恬不知畏。关中连年荒歉,穷民病于谷贵。今岁麦禾稍登,农民又病于谷贱。小民终岁勤动,因国课急迫,负戴①升合,入市求售,又值神奸将低假银两巧为诱骗。愚夫愚妇,骤堕其术,号天震地,计无复之。兴言及此,良堪痛恨!至于低下银色,虽不若伪造者全无可用,然行使艰难,亏折不少。凡此刻薄钱房,希图自己便宜,不顾穷民生死,天理王法,皆难轻贷,合再行严禁。为此,示仰所属军民人等知悉:

以后市肆交易,俱用纹银制钱。敢有仍前做造低假银色,及知情行使者,听被害人指名评告,或牙行据实举首,定尽法惩处。如牙行通同阿隐,事发一体连坐。今低下银色处处有之,至于朝邑之赵渡镇、韩城之芝川镇、蒲城之兴市镇等处,尤为神奸造作假银之薮,该管官仍当加意禁饬,访确连人拿解,本道以凭重究。勿得姑息纵容,贻害良民,自干罪戾。

校记
① "戴"似为"载"字误。

示 谕 事

照得赌博为盗贼之源。新奉圣旨,严定条例:"赌博正犯,杖一百,徒三年;开立赌场之人,杖一百,流三千里;如两邻人等知而不举者,责四十板。"

煌煌新例,遵行在案。为此,仰营标中军及该卫印捕官即传示兵民人等,共为遵守。如有开场赌博者,两邻速行举首免罪,仍重赏示劝。开场赌博之人照新例处分。如通同容隐,被官拿获,开场赌博及两邻人等一并照例严惩。若中军、印捕等官不行严拿,被人告发,系兵罪在中军,系民罪在印捕。中军、印捕官仍每月各具兵民有无赌博日结,投道查考,俱勿违错。

盗贼横行,捕务日弛,急图振励,期观盗息民安之效事

照得严保甲,防盗贼,为地方官第一急务。本道莅任两载,申

饬不啻数十余次。近日各属强窃屡见,缉捕无闻。本道大声疾呼,终然如聋如聩。兵快专司捕盗,今且通伙分赃,透信贿放,而妄拿平人,肆行吓诈。本道不知咎将谁归也,合行严饬。

为此,仰州县官吏查照文内事理,即加意严保甲,诘奸宄。沿乡各堡寨责令堡长、寨头昼夜堤防,更鼓巡锣,达旦勿懈。集镇四头,各立栅栏,地方司其启闭。勿令客商携资夜行,致冒不测。总要无事互相稽察,有事互相救护,照本道节次牌票申饬事款,一一遵行。

仍挑选胆勇捕快人等各备器械,时常操演,不时在于四境荒僻地方巡逻哨探,或扮作诸色人等,分头讥察访缉,务得真正窝家踪迹。但不得铺张声色,借端骚扰。如遇有窃发声息,即电追飚驰,必期当下擒获,勿使各盗出境远遁。如敢隐匿欺饰,养痈贻患,及纵容捕快诬良民而放真盗,法纪俱在,本道决不徇庇,以自溺督责之任。慎之!

祈 晴 事

迩来秋雨连绵,溪流暴涨,禾黍不得登场,麦田难以播种。哀哀我民,何堪如此灾厉也!今本道闭阁思过,冀消变异,仍于次日黎明赴城隍庙祈晴。官吏师生人等至期随班行礼,勿得有误。

谕各行户知悉事

照得本道莅任以来,日用蔬菜及布匹等物俱发市价,纹银当堂给散,尔行户所共知者。但恐本道公出,不能当堂给散,买办仍用行使银色及扣除短少,致茕茕行户亏折资本,敢怒而不敢言者有之。今已革除行户及买办名色,俱先发纹银,著健役轮班平买。敢有执持行使低银,口称本道买办者,即跪门喊禀,以凭尽法惩处不贷。

申明主仆之分,以正颓风事

窃照大清律内,凡奴婢告家长者,与子卑幼罪同,杖一百,徒三年;但诬告者绞;凡奴婢殴家长者,皆斩;杀家长者,皆凌迟处死;过失杀者绞,伤者杖一百,流三千里。主仆之分,其严如此。

秦地自变乱以后,法纪陵夷。豪奴悍婢讼主殴主者累累见告。甚至投充兵丁,招引无藉凶棍,肆行索诈骗主之财,殴打锁绑,目无天日,闻之令人发竖。俱依律究治外,合再出示晓谕。为此,示仰州县卫绅衿士民家仆知悉:

以后当念家长名分最尊,但告即不诬,亦当徒杖;但殴即无伤,亦当大辟。法令森严,凛凛遵奉,勿得故违。如有犯者,本道秉持国宪,不能稍从宽典,其无后悔。

再行严禁赌博,以杜乱萌事

照得赌博者破家之根本,盗贼之源薮,屡经严禁,不啻三令五申。奸民竟不遵依,不士不农,不工不商,专以赌博为事。聚一般恶少酗酒呼卢,穷日彻夜,开场抽头,放梢磊利,以致倾家败产,为非作盗,深可痛恨。为此,示仰该州县卫城市堡镇军民人等知悉:

各宜恪遵法禁，安分守己。如仍前不悛，恣意赌博，及聚众十人以上饮酒至二鼓以后者，巡捕员役即行锁拿，照律究拟外，仍重责枷号。乡约、地方人等举首者，将所赌之物尽数充赏；容隐者，事犯一体连坐。如不肖劣衿及豪强、兵丁、衙蠹，乡保不敢首，兵快不敢问者，印官不时察访，如果得实，指名申报本道，以凭重处不贷。

申　饬　事

照得马政关系最重，凡升任回籍官员骑马过关，非奉茶①院号票，不得私度，严饬不啻再三矣。近日巡捕官役盘诘疏忽，致蒙院檄屡查。及行该厅究问，有回称遵奉前院木榜，入关马匹曾登记号簿者，称高脚驮骡，并无夹带马匹者。但入关马匹未经预报，出关无马亦未申闻。及行查之后，捕官怵于功令，朦胧回报。是否真情，有何的据？近见臬司袁李相继东行，至今未见该厅呈缴院票，不知何故？若不预先查明报院，致宪檄迅发，殊为不便。

合行严查，并行申饬。为此，仰厅官吏照牌内事理，即查臬司袁李出关曾否请有本院号票，有无骑从马匹。如有号票，即速缴道，以凭转报；如无马匹，亦具文从实报道，以凭转报。以后凡遇入关官员骑有长马，一面登记号簿，一面具文开列数目、毛齿，报院存案。至于出关官员骑带马匹，查有院挂发号票，照例验明马数相符，方许放关，留票缴查。如有额外夹带私马，即羁报院候夺外，若无请发号票，或系入关原骑长马，登记有簿，毛片口齿一一皆合者，或系骡驴车舆，并无夹带马匹者，俱要一一盘查明白，备述缘由，并取捕官兵役，盘诘无弊，甘结申道，转院裁夺。勿待奉查，方草草回报。

该厅身膺重寄,筹画有素。是否可行,或尚有未尽事宜,有益马政者,详议妥确呈报,以凭请示遵行。

校记
① "荼"疑为"察"字误。

摘催顽户速完屯粮,以济军需事

据潼关卫申报节年积欠粮银花户姓名册,照该卫屯粮,关系军需考成之法,严切已极。不意竟有刁顽花户,历年不曾封纳分毫,专以抗逋国赋。官吏不敢究问,屯老不敢追呼。此等之民,几同化外,目中尚知有三尺乎?若不摘出姓名,勒限督比,是良善之民不免催科之扰,而顽猾之户得遂刁奸之计也。合行出示晓谕,为此,仰阖卫军民人等知悉:

今麦谷丰登,开征已久。除已前完粮累年不欠者,准照常征收外,其十一年以前积欠幸邀恩诏蠲免,而十二年以后钱粮仍未完纳者,俱勒限于本月二十日必要照数通完。如仍前坚抗不遵,即著该卫差役拿解本道,以凭重惩,仍指名报院严处不贷。

严剔衙役抗粮之弊事

照得屯粮关系军需,严檄催督,拖欠如故。良由势豪积蠹视① 国法,屯老不敢追呼,粮头不敢开报,以致官受参罚,吏受责比,深可痛恨。但该卫为本道驻扎之地,官快人等多系该卫屯民,虽本道三令五申，不许怠缓国课，恐其中有奸顽之徒以戒谕为故事，仍然抗逋稽迟。该卫曲为掩护，不肯指名申报，本道何由严惩？今欲厘剔顽户之弊，当先自本道衙门为始，合行禁饬。

为此，仰卫官吏查照票内事理，即将本道现在书吏官快各色人等，逐名严查，其名下钱粮有无拖欠，备细造册，限日内报道，以凭查核。如该卫代为容隐朦溷，不肯从实查报，本道设法访出，定治该卫以徇隐之罪。

慎之，速速。

校记

① "视"前似缺一"藐"或"轻"字。

乞预严饬，以便稽查，以靖地方事

据华阴县申称，华邑东有岳庙，南有华山等情，据此，合行严饬。为此，仰厅官吏查照该县申详事理，即便转饬潼、商所属州县，张示乡村镇堡，如有朝谒华山者，各赴该管州县讨发路引，方许前来。仍饬该县严为稽察，不得纵容奸宄，致生事端。如无引票，即系来历不明，便当法究，毋得轻恕。

禁 约 事

照得委官名色，本道屡经禁饬。今访得有管鸣珂为该卫拘唤，伺候过往上司，何得擅称卫委官，公然列之门牌，登之簿籍，招摇乡

里,殊可诧异!除已薄惩,仍严令该卫改正外,合通行晓谕。为此,示仰军民人等知悉:

自示之后,敢有擅称委官,招摇乡里者,即扭禀本道,以凭重究,决不轻贷。

严饬茶马之禁事

照得茶马关边疆重务,屡奉院檄严饬,如雷如霆。而所司官役竟若罔闻,一味徇纵,成何法纪,合行严饬!

为此,仰厅官吏,文到即便严饬所属州县卫官吏严责巡捕员役,在于该管境内扼要处所时加巡缉。仍大张告示,严行禁饬,如有马贩茶徒私入境内,即便擒拿申报。至于过关马匹,非奉院号,不论系何衙门,俱要大破情面,细细盘查,报院候夺。如敢仍前疏玩徇纵,即申报本道,以凭转报题参。

茶马事务,该厅尤有专责,当今①禁令②森严之时,尤当力为振刷,痛除积弊,以尽职掌,勿得稍为包容,自蹈徇纵之咎。文到各先具遵依报查,勿违。

校记
① "今"原文为"令"字。
② "令"原文为"今"字

申报盗情事

照得刘峙家失盗一事,已屡严行该县,勒限缉捕矣。但盗贼关系重大，督捕之法，不得不严；帰拿之法，不容不密；审讯不可不细；起赃不可不确。盖不严不密，则真犯兔脱矣；不细不确，则无辜雉罹矣。盗不严刑，固不肯轻招，然严刑之下，何求不得？为盗所扳，固多非良民，然以宿仇扳诬亦累累皆是。今之有司弭盗无术，缉盗无法，玉石不分，影响是执，致无辜含冤，元凶漏网。屡蒙严旨申饬，岂可慢不加慎，致干功令，合行再饬。

为此，仰朝邑县官吏照票事理，严督巡捕员役密密帰拿，务要最真最确，不得捕风捉影，惊扰闾里。缉获盗贼，详审口供，刻速起赃，具招定案，不得逼令妄肆扳引。至于失主赃物，仍传刘峙到堂细细开列，如金环金簪等物是何模样，轻重若干；杭罗绫䌷等物是何花样，有无记号。诸如此类，俱要备细抄来存案。即彼自己不能记真，许回家向经收妇女问明。庶后日失主认赃时，问官亦可心信。仍姑宽限二十日缉获究招解道。

如有违错，定行揭报题参，慎之。

申报病故监犯事

据朝邑县申报，监犯苟得有病故等情。看得该县刘生员家失盗一案，已严行该县缉拿伙贼。为该县印捕者当思弭盗安民，地方官本等职业。既平日疏防，使奸宄肆志，良民因劫杀而死，自当昼夜靡宁，设法擒获真贼真赃，以正法典，以赎罪愆。乃半月有余，杳无一获，而无辜被系者累累有徒。夹拶盈庭，囹圄几满，苟[①]得有亦未起获真赃，不数日而监毙狱底。今功令森严，非叛逆及真命真盗，不许擅用夹拶，亦不许立毙杖下。审盗宜速，不许久稽时日，不许株连无辜。久奉部文，申饬在案，该县竟视为故纸耶！拟合行查。

为此，仰朝邑县官吏文到即查，苟②得有是否真贼，有何的据，或系炎天夹拶立毙，或系禁卒凌虐致死，或系正犯赃买，故杀灭口，从实查明回报。凡狱中无赃无证，株连蔓引之人，及续获贼犯，俱即刻申解本道，以凭面问踪迹。仍严责巡捕官役设法密缉真贼，毋得以地方失事为奇货，借端骚扰，令闾阎惊忧，真犯贿纵。

三尺凛凛，本道不能稍假情面也，慎之！慎之！

校记

①② "苟"原文为"荀"字，正之。

咎征叠见，谆谕寮属共图修省实政，以回灾变，以安民生事

照得秦中连年荒歉，五谷不升。嗷嗷穷民，室如悬罄。今岁仰赖天休，二麦稍登，方幸吾民有更生之望。不期入秋以来霪雨累旬，冰雹叠告，城郭倾圮，庐舍漂没。哀哀苍赤，或毕命于岩墙，或殒身于波涛。靡室靡家，飘摇风雨。今秋云暮矣，云雾千山，沸腾万壑，秋禾不得登场，二麦难以播种，农夫束耜而隅泣，士子废卷而坐叹。

夫灾不虚生，决由人事。此皆吾徒奉职无状，民气愁苦，蒸为恒雨。而恒雨之殃，还属民受。元元何辜，罹兹惨极！王嘉有言："动民以行不以言，应天以实不以文。"既不能崇德博施，承顺天道于未有谴告之先，今灾祲著见，犹不能恐惧修省，以回神祇之怒，则下民何赖焉。

为此，示仰道属州县卫官吏各痛自修省，或催科无术，奸胥盈橐，而良民赔累；或刑罚不中，豪强恣横，而愚懦含冤；或谳盗不察，而雉兔同其罝罗；或防兵无律，而荆棘生于市井；或暮夜之苞苴未除；或囹圄之淹滞未释；或虎吏飞而食于乡酂，或鳄族坐而唊其比间；或赎锾无力而强追；或鳏寡死亡而莫救。但使冤含，匹妇便可霜贾六月。俱要从头检点，加意咨询。如大患在身，奋然立去，勿牵制于左右之口。

至于本道申饬牌票有不当者，径行缴销。允过罪赎有无力者，径行宽免，勿拘常格，以重兴本道之过。如能相体谆切至意，有所省察，有所兴革，下苏民困，上回天心，定据实转报，以为计实政，决不负良吏苦心也。

严饬审盗宜速，不得株连无辜事

示谕仰各州县卫所军民人等知悉：

以后凡地方拿获盗贼，该印官立刻审追原赃，具详结案。不许久羁时日，诬害良善，及借端苛索，酷刑勒供，更不许缉捕员役，私下拷吓，妄拿平民，株连无辜。如有前项等弊，或经本道访出，或经被害告发，定立刻转报参处，不止去职革役而已。

兴利除弊之大，莫若裁并卫所，丁田归之州县，以足财用，以苏民生事

据西安府呈详，看得潼关一卫设有专城，界连晋豫，为三省之

咽喉，实全秦之门户。且屯田分隶两省，地方最为辽阔。又路处首冲，过往兵马，轮蹄交错；刍糗车牛，供应繁苦。况昔年设卫建学，文教武备，以屏捍川陕，而左右州县皆相去遥远，未敢遽议归并，似当仍旧为便也。

水利关国课民命，乞批定夺事

看得华阴东南峪口，有水一渠。源发于杨村，环绕而下，经薛家河、金盆屯达于寺南，以入于渭。

前朝万历年间曾争水相讼，知县王九畴断明水归，寺南原碑犹在也。今岁六月大旱，王钦、任应殿等争水浇灌，互告纷纷。本道批行厅县，两经断明，仍因旧案。盖以寺南虽去水遥远，而地势平衍，阡陌相连，顺流灌溉，为力最便。因水科粮，输赋独重。蜿蜒细流，不得不归之寺南者，势也。杨村等处虽系泉发之地，然夹硐而耘，凿石开亩，多在山坡冈岭之际，必须旁杀以费人力，灌溉匪易。故从前水利不归，亦势也。是从前之案非夺彼而益此，实因势而导利。而任应殿等哓哓控吁不已，始而严行叱拒，既而数村士庶合词哀吁，言寺南土沃犹得用水，杨村地最薄瘠，亦有金银粮，独无涓滴之润。本道以水利关国课民命，不敢执持成见，严驳该县对册履亩，逐段丈量。据称：该县亲诣诸村，同居民踏勘，得杨村、薛家河共有金地一十八亩一分三厘六毫四丝，银地四十六亩一分八厘。又金盆屯共银地六亩八分四厘，坐落悉与册合。夫以硗确薄瘠之地，曾锡铁之不如，而派坐金粮，若无水力，何堪如此重赋乎？独怪当日王令碑中何不言及，岂昔年原无金银粮，果因底册之失，故捏造报如该县所云耶？但今坐落分明，与册无异，粮既不能为之请减，乌可绝其灌溉？幸为地不多，或如该县所请，督令严立界限，非金银地者不许滥用分毫，更不许堵截，使下流壅塞。盖此水涓涓细流，若上用者多，则达于寺南者少。仍候宪示，立石严禁，永为遵守，则庶乎其可也。

前断因地势之自然而未查及金银粮数，今日之议又从国课民生起见，可否饬行，是在宪裁定夺施行。

详陈屯政等事

照得已行该州县造册垦荒及屡催去后，窃照兵燹之后，地方残毁，惊鸿失所，田畴荒芜，正供缺额，故特设屯道招垦。今奉旨责成本道兼理。殚精剔厘，必使户口日增，野无旷土，方不负朝廷委任之意。

近日盗贼宁息，生聚渐繁。凡昔日流离外方者，谁无首丘之思？若地方官加意招徕，安有忍弃坟墓，抛骨肉，长作异乡之客者？乃奉行已久，不啻三令五申，而该州县荒地多至千百余顷。或招徕之道未尽得宜，与抑游食者多未尽归农；与或豪奸将熟作荒，欺隐国课；或壤地硗确湿下，势难耕耘，以致课额久诎。司农仰屋国计民生，将何赖焉？况开荒三年，方准起科，目前现给屯本，朝廷恩意何等优渥！凡我百姓及时开耕，坐享膏壤，子子孙孙，皆安居乐业。以视离乡弃井，流离无告，不大悬绝耶？

今值西成种麦之时，故再行急劝。为此，仰州县官吏即将牌内事理出示晓谕，速将所有荒地悉劝土著穷黎，暨流亡归业之民趁时播种，三年之后方照民地纳粮。中有隐熟作荒者，许即以首，免罪给照为业。仍将开垦过地数限九月终先造册报道，以凭查核，慎毋怠视，自取咎戾。

禁 约 事

照得本道职任方面，当揽持大体，表正府县，非瑟瑟五听三讯，判断曲直为责。但恐百姓实有冤抑，全不受词，非清问下民之意。故于初二、十六日定为放告常期。今尔百姓甚不相体，一逢出署，随街逐路，迎马首而陈词，动以十数，平政辟人之体安在？及审所告事情，多系小忿驾诳，甚可厌恶。

今恩诏遝颁，普天同庆。凡有小过，咸与维新。尔百姓亦当仰体皇恩，解忿息争。如有不得已事，有司剖断不明，听于放告日期明白控诉。果赃官酷吏，豪奸悍兵，虐众殃民，及真强盗人命者，特设告牌四面于辕门外，许坐大堂之日，抱牌陈告。敢有故违，仍前跪伏衢巷喊鸣投状者，巡捕官锁拿，定行责治，决不轻贷。

首严吏治，以苏残黎，以奠封疆事

照得商属屡罹兵燹，荆榛瓦砾，凋敝已极，一二遗黎真膏尽髓竭之日。有司不能噢咻抚循，以生此民，而反朘民以居。不但上违功令，抑且自失本心，甚非朝廷设官之意。本道承乏代篆，期与二三守令互相砥砺，保此孑遗。今约法四条，各宜实实遵行。若以为常谈也而土苴视之，本道秉性方严，畏此简书，断不敢以五日京兆姑为曲徇也。

一、今日民穷财尽，正供尚难完纳，乃有司贪墨成风，额赋之外增加火耗，以充私橐。且任凭总书飞洒诡冒，干没渔猎。甚之里老骗收花户重纳，比限不分多寡，一体鞭扑。豪猾竟不到官，专责下户。或死丁荒地，逼见在摊包；或诡隐田粮，致甲中受累。嗟嗟，小民灰烬之余，肋力有几，何堪如此剥削乎？以后州县官吏各宜猛省，痛改前辙。如有犯者，官员定行申参，蠹役按赃究遣。

一、准理词讼，原为分冤理柱，是非曲直，片言可折。自是有司职掌，佐贰不得干预，久奉明文申饬矣。今访得佐贰官员不守本职，私准呈状，阿谀有司，逢迎势豪，以快壮为指挥，以夹打为上策。苞苴公行，颠倒是非，以致柔良负屈，贫贱含冤，殊干法纪。今后敢有仍蹈前辙，及印官滥批佐贰代理者，本道访闻，一并呈报参处。

一、差役之设，不过奔走传奉而已。迩来有司不遵经制，正差之外滥收副役。或催提钱粮，或勾摄人犯，动辄差人。不知此辈得票到手，势如哮虎，百计酷吓，不厌不休。小民终岁勤动，不足供贿赂之资，以致正赋愈亏，冤抑莫诉，真堪痛恨！以后州县或行木皂催征，或令原告拘唤，敢有擅差一役下乡扰民者，官役一并申究不贷。

一、囹圄之设，原以羁囚重犯也。近来各官草菅人命，不知哀矜。无论事之大小，情之轻重，泾渭莫分，辄将妇女家属一概涵寄监仓，久不审结。甚至借端索贿，充入私囊，方才释放。贫穷之家淹滞狱底，吞声待毙。今后州县除人命强盗，谋逆重罪，钦件院件外，如系户婚田土笞杖罪名，敢滥监一人，及将妇女家属收监追逼者，以酷暴申参。

严禁左道,以端风尚,以弭乱源事

伏读《大清律》一款:"凡师巫假降邪神,书符咒水,扶鸾祷圣,自号端公、太保、师婆,及妄称弥勒佛、白莲社、明尊教、白云宗等会一应左道乱正之术,或隐藏图像,烧香集众,夜聚晓散,佯修善事,煽惑人民,为首者绞,为从者各杖一百,流三千里。"煌煌律令,天下臣民皆所遵守。

近以平山之事,几致变乱。又新奉明旨,申饬极其严切。乃访得朝邑、韩城、澄城等处有等奸民,专以邪说教门烧香聚徒,坐台持号,鸣鼓结幡,迎神建庙,明造妖言,暗操乱柄。以致蠢辈无知,深信笃好,百顺奉承,夜聚晓散,习以为常。甚至妇女性惑,倾心听讲,竭力布施,骗财渔色,人心煽动,妨化乱正,莫此为甚。为此,示仰军民人等知悉:

人伦之理,出自性真。而名教之中自有乐地。自示后凡以前不知误犯者,各宜洗心涤虑,早求改弦,概从宽宥。若坚执不悟,许地方乡保人等指实首告,以凭拿究,如律定罪。如敢容隐,或经本道访出,或被旁人告发,一体连坐。三尺凛凛,决不轻贷。

申　饬　事

照得囹圄之设,原以系重囚而申国法也。今恩诏屡颁,普天同庆。凡有小过,咸与维新。自非钦犯与情罪重大,例不应赦者,自当仰体皇仁,概从宽宥。至于州县词讼,片言可折。朝服金矢,夕乐耕桑,乃不负子民之任。近访得所属州县无论事之轻重,辄将人犯系狱,累月耽延,不行结止,以致无辜之民呼天抢地,狱吏之责拷无已时。本当即行申究,姑行严饬。

为此,仰官吏即将监禁人犯分别轻重罪名,作速审明,放归农业。如仍前淹滞不结,致令冤民吞声圜土者,本道定指名揭参,决不宽徇。慎之! 慎之!

恳恩详转等事

据潼关递运所、华阴县申前事,驿传道批,一体遵行。因申转到府,该府看得潼关所原无额设,车价银两独以夫役工食那给情由,仰蒙宪示行。

据华阴县所称:计其所夫工食,额银不足以抵家口。用过车辆脚价,比照州县不给脚价,与例可原。但运用斈①须车辆,有似夫抬易车之类,难与大兵家口分派,车辆一例全免。仍照该所先奉督抚两院批示,每车脚价东送一两,西送五钱。或按程每车十里,脚价一钱。俾所夫去其太重,任其所轻,亦无空苦之怨。该县详议前来,合请上裁批示,以便转饬,遵照可也,等因呈详蒙批:潼关经过大兵与家口所用车辆,自应照各州县帮协之例免给脚价。其寻常运用斈②须如详,于募夫额银内按程算给,仰府饬行缴等因到府行县,备仰到所,蒙此该卑职遵照,一体遵行。等因申转到道。

看得潼关所协济牛车,当时议定每车一辆,脚价往东一两,往西五钱,已有定例。每遇提车,按数支给。只因张总镇经过用车为数最多,该所站银势不能给。故比各州县协济之例,概免支发。至于寻常用车,应于夫银内按程算给。已奉贵道裁定。但以寻常二字未定额数,故数月以来该所任意迁延,毫未给散。茕茕车户,赔累何堪?盖寻常车辆,原系所夫之差,民间代之应急,岂有不给脚价之理?况协济该所者乃朝同蒲城之人,皆涉洛渡渭,往返二三百里。即潼关军屯,零星四散,亦有在二三百里外者,自备糇粮,代授鞭挞。有守候耽延之苦,有使费需索之烦,往往资斧告匮,卖牛典车,仅以身归。即次次给价,犹恐得不偿失,若尽数停支,势必难堪。怨愤愁苦,所必不免者也。然而地处极冲,轮蹄交错,所夫嗦①嗦②奔命,日不暇给。况大兵过往,动辄数百辆,一月之内,有至十余次者。如一概全给,势必夫尽逃,站尽坏,星轺络绎,谁为供应?当此之时,所谓夫苦民苦,两难之际,固知贵道前批府详真硕算。但求称议定数目,或百辆以上免给,或几十辆以上者免给。颁示画一,移文过道,以便稽查,永远遵行可也。

校记

①② "嗦"字音义不详,疑为"些"的异体字。

戢虎暴以除民害事

照得妖由人兴。人无衅焉,妖不自作。本道暨各州县刑之颇僻狱之放纷。苛政之害,甚于猛虎,以致恶兽咸召而来,吞噬残黎,攫啮牲畜。各官既不能希踪古循良吏,增修德政,使虎类知感而渡河,自应责彼兽人驱除虎害。乃近见各属有民间擒得虎豹,强徵其皮献之官府,是百姓冒死而得者,止供官府馈送之资,何所利而为乎?为此,示仰州县官吏即传谕有虎地方人等知悉:

如有猎户善于搏虎者,听其捕逐擒获。一切皮肉任彼变卖,不得强行索取。更当洗濯其心，捐除苛政，勿蹈乳虎之诮。

再饬置簿，以恤冲驿事

照得驿递苦累至极，本道加意体恤，必系紧急军情万不得已者，方填号票，量给一马，仍严禁需索之弊。乃过往差役，邮符在手，鞭笞驿卒，勒索酒食，种种不法，难以枚举。

为此，仰州县官吏置立簿籍，赴道请印，每日应付过马匹数目、差役姓名，有无需索威凌，一一填簿，按季报道查验。如隐漏不报，查出定提究不贷。

禁 约 事

照得龙驹寨为三省通衢，经商孔道。自兵燹以后，店舍丘墟，行旅断绝。今草莱渐辟，货物稍通。乃访得店户集头旧有供应道州陋规，凡器具安置，犒赏花红等项，俱取给于此地，一年所费极为不赀。本道闻之不胜骇异，居官者不能保障孑遗，与地方休息，而视坊甲为外府，恣意以取，小民灰烬之余，何堪如此剥削乎？为此，示仰该州各衙门官吏及本寨居民人等知悉：

以后务要樽节民财。所需器用，俱照民间价值，不得再累店户措办。如敢故违，许居民据实赴道陈告，官以扰民申参，衙役按赃究遣。本道断不以五日京兆辞避怨嫌，徒托空言也。

禁革乱俗，以正伦常事

本道省览民词，见凌孤逼寡，诈奸诈盗；爱富欺贫，逐婿停婚；兄弟阋墙，妇姑谇语，悖伦伤化之事累累见告。窃以三秦为文武周召之地，何教化之凌夷至此？更可骇异者，兄收弟妻，弟收兄妻，法当两绞。而乡村愚人公然嫁娶，甚至父母主婚，亲朋相贺，真禽兽之行，恬不知怪，安望其礼让兴行，孝友成俗乎？为此，示仰军民人等知悉：

凡以前不知犯法者，即日离异改正。如瞒昧因循者，许乡约保甲合词公举，审明定按律处死不恕。

户口凋残已极，穷黎苦累难堪，请敕部详，以昭画一，以垂永久事

照得编审均徭，上关国赋，下系民生，为典甚重。今奉文责成本道总理其事。本道秉宪关门，去州县颇远，闾阎室家，消长虚盈，应升应擦，安能　周知？州县官身亲地方，为民父母，必深山穷谷之中无隐不达，妇人孺子之情无微不照，方谓知此州知此县。编审之时，一秉虚公，勿疏勿怠，勿偏勿私，庶几赋役适均，贫富得所。若于百姓痛痒全不关心，专靠经承，任意升擦，赋多者减，囊空者增。豪猾巨富，得遂其奸；单丁女口，反罹其苦。私家之屋既润，朝廷之版遂亏。甚至暗通贿赂，明受请托，功令不畏，民怨莫恤，上天鉴临，决难欺蔽。

为此，仰州县官吏即定日期，齐集里老书手人等于城隍庙中，斋戒誓神，虚公编定，造简明册籍并里甲花撒，候本道再行亲查。若士夫各有天理，各有子孙，必不肯妄自把持，自伤阴德也。

酌并潼关税务等事

照得潼关税务昔无专官，致滋冒滥。蒙按院高题请，专责该厅抽收，按季类解藩司，以佐军需。杜需索而清侵隐，法诚至善。但恐事久人玩，狃于故习，以致奸弊丛生，甚非朝廷裕储通商之意。本道莅任以来，已严饬该厅，极力厘剔。兹阅邸报户部题定事例，凡关税诸差设置循环空簿，先期赴部请印。商货应纳税抄令各商亲填数目，按季报部科磨对，不许书役代写，以防侵渔隐漏。该厅经收税务，事同一体，宜遵画一之法，以为永久之计。

为此，仰厅官吏，文到即将该厅抽收商税银两置簿，径赴藩司请印。每遇商货临关，将应出税抄令各商亲填写数目，勿令书役代书。按季将簿赍司核销，以课实效。如此，则关税肃清而军需有赖。

事切要务，慎勿以泛言相视，仍具遵依缘由报查。

穷兵枵腹堪悯等事

据潼关卫申，本道看得折冲御侮在兵，而养锋蓄锐在饷。兵饷半本半折，久成定例，诸营皆然，本道何敢破例妄请？但地方情形各有不同，今饷银告匮，凑处维艰，守候动逾半载，三军日切呼庚。

久劳宪台之睿虑,苟本地尚可通融,不酌量申请以济缓急,不但贻误封疆,且有负宪台矣。

窃以潼关壤界三省,全秦门户,地方最为扼要,差使最为浩繁。兵丁奔走供应往返千里,不遑休息。又皆四方招聚之徒,非若土著防守,有田产贸易可以取资也。且地极荒残,连岁旱歉,人民零落,借贷无门,专靠月饷以为糊口。自八月以来饷银未领,各兵鹑衣菜色,哀吁迫切,殆无虚日。入春青黄不接,愈觉惶惶靡宁。拥集呼诉,驱之不去,不得已申以朝廷大义,谕以宪台德威,始俯首听命。夫百姓即甚驯朴,饥寒切肤,犹有铤而走险者。况此强悍血气之辈,枵腹荷戈,妻子啼饥,其为隐忧,当不可测。

今据该卫详称,积贮本色,仓廒盈满,节年旧欠,接踵完纳,苦无别廒收贮。今春气湿热,陈陈相因,浥烂可虞。请将营标应领司库折色兑支潼仓,本色誊廒收放,既免庚癸之呼,更无朽腐之虞,似属可行。本道复查潼仓麦米专支营标兵丁,过往大兵另有滩粮,不在此数。又查旧案,顺治十二年四季皆支本色,十三年春夏又兼支本色,盖亦那缓就急,营卫两便之计也。今时势迫切,俯祈宪台轸念岩疆,破格优恤,准批明示,或每岁俱支本色,或支春夏冬三季本色,以便遵奉,免藩司兑发之劳,省营将守候之苦,兵丁无脱巾之虞,仓禀无红腐之患,竭力捍御,巩固封疆,地方幸甚。

况设兵原以卫民戢盗也。本道屡奉宪檄,加意清汰,申明纪律,禁戢强暴。一有违犯,绳以军法,亦以饷糈不缺约结其心。今衣食不足,谁肯枕戈待毙?万一夺民间一斗之粟,一束之帛,激之则生变,纵之则殃民,是卫民而反以厉民,戢盗而反以生盗,此又本道所苦思熟虑而不敢不请命于宪台者也。

严禁兵丁赌博,以靖乱源事

照得兵饷告匮,拨发艰难。本道不惜笔舌,为尔兵丁请命,惟望藉此饱腾之惠,养其身以有用。今闻兵丁得饷到手,相聚而博。胜者志得意满,负者落魂丧魄,赤手而懊恨矣。囊空羞涩则计赚平民,攘取财货,自陷于凶人。祸乱大源,实阶于此。若鬻器甲,逃营伍,又不待言也。夫尔兵丁苟有余闲,何不善谷乃甲胄,淬砺乃干戈,习击刺,演骑射,投石超距,自有军中之戏,顾耽此游手之事,殊属愚昧。为此,示仰营标兵丁知悉:

以后各念领饷甚难,毫厘颗粒皆当珍爱,以为妻孥饮食之费。敢有不遵,仍前窃习赌博,中军等官访拿申解,定以军法从事,决不轻贷。

申明乡饮,以重大典事

照得乡饮酒礼,所以表耆德,教万民,甚重典也。近来有司多视为故事,或废而不举,或举而不得其人,旷坠大典,罪莫甚焉。

本道谬膺方面,孜孜以敦崇教化,砥砺末俗为务。因思古人如陈太丘、王彦方诸君子,皆望重闾里,使奸宄姓名畏为所知。夫十室之邑,必有忠信;三人并行,厥有我师。今或有其人而壅于上闻,是守令之过也。为此,仰州县官吏即将数年来乡饮宾介开具姓名、年齿、德行实迹,报道查考。以后务慎择公论推服者,预期申闻,勿使田舍翁多收五斛粟而滥膺此数也。

申饬学校，以端士习事

照得人才者天下理乱之由，学校者人才邪正之本。今苏湖之风既远，蒲霍之教无闻，即有司之贤者拔英俊而厚加作养，分会约而严行督责，不过曰举业云尔。夫朝廷悬宾兴重典，诸士争进取荣阶，即不令有司提调，学官训迪，宁乏乡举甲第哉！如曰学校惟为举业，举业专以词章，则经书垂训，贻后人利达之资；科目用人，开天下富贵之路，于身家诚得矣。不知朝廷取富贵利达人安用也？堂曰明伦，不亦迂远不情之甚乎？

夫特立之英，好修之彦，世不可谓无人。但自教指一迷，学政久废，士终日聚谈，无一语讲求道义；终日诵读，无一字照管身心。说正言者则笑为道学，吹求其短；不诡随者则恶为古板，厌弃其人。不知世道人心何所底止！余以为当恸哭几绝，而世终执迷莫悟也。夫诸生以教官为师，而学校则守令提调，朝廷付之以满庠青衿之士，望之以养贤待用之益，教授授以何道？学正正得何人？教谕谕以何事？训导导者何说？提者提撕，调者调习，所提调者何效？朝廷命官之意，顾名而思之，清夜能无愧怍乎？

思昔盛时，学有崇礼义之风，人有上君子之德。修之家则规言矩行，不以狎昵邪肆愧峨冠博带之身；命之仕则体国忧民，不以势利纷华改羔羊素丝之节。今之人未必皆出古人下，不知当时郡邑师长果由何道而臻此也。

夫秦古圣人之墟也，诸生中躬行实践，究心洙泗濂洛关闽之学者定不乏[①]人。然数月来询采风谣，省览民词，见其间父兄伯叔、乡曲师长，越礼争讼者有之矣；淫邪妇女，官私娼优，奸通包占者有之矣；邻里地房、亲朋财物侵夺骗赖者有之矣；乡党间入公门，政务干预请托者有之矣；逋负钱粮、交结党与、挟制官府者有之矣；捏贴匿名、聚谈邪僻、生事造言者有之矣；宫室车马、冠履衣裳，豪奢败俗者有之矣；或骗货利，或报仇嫌，唆词健讼者有之矣；或以贪财，或缘醉酒，詈众殴人者有之矣；或包牙店，或领秤尺，把持行市者有之矣；或交结棍恶，或扛帮愚少赌博倾家者有之矣；或搬弄是非，或起编绰号，浮薄败群者有之矣。朔望视学，无一士从而礼先圣者。幌车所过，执词喊禀者累累；放告之期，罗而跪拜者如林。呜呼，学校之弊至此极矣！

即有号称贤者，亦不过记诵词章，揣摩举业，剽窃糟粕，体贴训诂。至于致知力行之学，经世安民之业，亦曾留心否？试问本州县风俗如何转移，仓廪如何充实，盗贼如何消弭，荒歉如何救济，差役如何均平，地粮如何清楚，冠婚丧祭如何合礼，鳏寡孤独如何得依，不悖于古可行于今者，诸生亦曾留心否？诸生今日作秀才，他日登朝，宁一切责任皆平生梦寐不及，要作详审精密之事，成光明俊伟之功，岂不难哉？

本道忝有风纪之责，所望诸生志伊尹之所志，学颜子之所学。人人有天下万物各得其所之性分，有天下万物各得其所之学问，勿视经史为富贵资本，学校为利达道场。为有道君子所笑，则幸甚。如有前项之徒不遵约束，百姓皆吾赤子，忍令其抱冤负恨，以诸生为寇仇乎？轻则发学夏楚，重则移文革黜。一学至五人者，教官立刻申参；至三人者，改注下考。仰州县官吏即照牌内事理，抄传该学师生，一体遵依。仍具文报查，勿得故违。

校记

① "乏"原文为"之"字，正之。

劝谕平籴，以济穷黎事

照得关中兵燹之后，雨旸时若，民犹艰食。今岁旱魃为虐，谷价腾涌，穷民嗷嗷，无所归命。本道消弭无术，日夜忧惧。访得此地薄俗，每遇岁歉，富家封闭仓廪，散财增籴，以致市价益高，茕独愈困，富家千仓万箱，颗颗如珠。

不知古人赈饥者大获阴德之报，闭籴者遂罹奇异之殃。历观往迹，鉴戒炯然。凡我百姓趁时平粜，阴受福佑，明获利益，岂非甚善！若富独有余，贫独不足，不但邻里亲识穷饿可悯，究至半菽不饱，谁甘转死沟壑？万一计无复之，自弃于凶人，富者又安能家累千金，洗腆用酒而言无事乎？除本道率属痛自修省，冀回灾眚外，合行劝谕。为此，仰合属绅衿士庶人等知悉：

凡素封之家，酌算家口蓄积，仅可接济麦熟者，照常存贮。有余尽数出粜以济穷黎，民气既和，天行亦若，甘霖早沛，共享乐利之休。若悭吝固执，专图网利，乡约地方公举到官，重笞四十，罚谷备赈。如有广出积贮，平价市粜者，该州县分别多寡申报本道，酌量给扁奖励，以为富而行义者劝，决不食言，慎勿违玩！

率属修省，以回灾变事

照得关中连岁旱歉，去冬雨雪鲜少，入春恒旸转亢。云油油而飚兴，雨垂垂而日出。近且狂风阴霾，发屋拔树，麦苗渐槁，百姓无所归命。

本道表率一方，不能增修德政，以感天和。而吏墨兵骄，政乖法颇，闾阎怨而不闻，陇亩困而莫恤，是宜降疾咎于厥躬，乃反累我烝民。烝民何罪？古人有言曰：应天以诚不以文。今不能侧躬修省，徒饬雩祝之仪，虽史巫纷若，终非所以消弭灾患之道也。夫匹夫一念之诚，犹能上通于天，岂我十五州县卫文武官吏，无一人至诚能感格天心者乎？合行率属修省。

为此，仰州县官吏当思吾人之大命在天，上天之至爱在民。闭阁循省，或政令乖宜，或刑狱烦苛，或赋税失均，或私派太重，或蠹役作奸而不知禁，或苞苴公行而不知检。实实体察，实实改悔。三日之内得甘霖溥降，庶几禾稼稍苏，不至荐于饥荒。况天地之于人，犹父母之于子。父母不弃改过之子，天道必不绝悔罪之人。各宜竭诚无饰，文到先具遵依报查。

严禁私帮，以申法纪，以苏民困事

照得驿站之设，原酌量冲繁，额定马数，以供皇华之使。马匹官买官养，久奉明旨申饬。不意有藐视纶音，擅行私帮，如华州之甚者。前奉上台明文，议定州马止留十匹入号，以助驿马之不足，诚上不病国，下不累民。而该州罔恤民瘼，辄将州马私派里民至七八十匹，一切差使皆取给于此。每遇星轺络绎，驿吏袖手傍观，专一催督里下。甚则用至百十余匹，需索赔累，不可胜计。小民饮泣吞声，莫敢谁何！不知额设驿站钱粮侵没何处？更可异者，该州以驿马止供兵部勘合火牌之用，即抚督按各部院巡历考审，亦专责之州马，驿吏以其无火牌也，而漠若罔闻，此真不可解者。

本道不知此例创自何人？出何典制？何他邑之驿马独劳而该

州之里民独苦也？且该州视里民为痛痒不相关，每遇各衙门差遣，人役手无马票，滥行应付。以里民之膏血为献媚之先资。而衙蠹劣衿，市棍势仆，盘踞其中，视为利孔，若不急为厘剔，民艰何日得苏？合行晓谕严禁。为此，示仰该州驿递官吏暨里民人等知悉：

断自今日为始，以后凡遇兵部勘合火牌，照常应付。本省各部院经临巡历，俱照各州县定例支应。州马祇遵宪裁，十匹之外不许擅增一骑。其余一切衙门差役，俱不得徇情滥给。如敢抗违，或经本道访闻，或经里下告发，官以冒破站银，酷虐百姓揭报题参，拿问追拟。吏役照例流徙。三尺凛凛，决难宽贷。

禁革陋规，以苏民困事

照得秦省自兵燹以后，灰烬遗黎真膏尽髓竭之时，司牧者爱养百姓，除正供外分毫不宜朘民。本道访知各州县陋规，凡上司过往，铺垫安置，薪水纸札，无不督责见年轮置备办，糜费多端。而华州尤为烦苛，佥派里民支应公馆。某公馆属某什排支应，凡家具、槽锄、毡席、彩帐，一一取之。事竣收领，多半毁坏。工房借端索贿，卖此害彼，任意去留。且赔纳房租日增价值，每岁所费极为不赀。嗟！嗟！朝廷建立守令，固望保障孑遗，撙节民财，一切与地方休息。若视闾阎小民痛痒不关，则脂膏有几，何堪此层层克剥乎？除已往不究外，合行谕禁。为此，示仰该州官吏人等知悉：

嗣后凡一切公馆毋得仍前佥派什排，需索无厌。如敢听信奸胥，因循积弊，借端朘削里民者，或经本道访闻，或经里民告发，官定揭报题参，衙役按赃究遣，断不顾恤情面，避辞怨嫌，令小民敢怒而不敢言也。

疏通籴粜，急救民命事

据朝邑阌县居民张守恩等连名禀称，时值亢旸，禾苗枯槁，本邑人稠地狭，即丰岁尚赖郃、澄麦粮。今二县阻断兴贩，致令麦价日增。乞天恩准潼关廉道疏通籴粜等情，照得出示晓谕，仰阌县集镇士民并各牙侩知悉：

凡遇道属商民携赀告籴，务要照依时价，两平易买，任凭转运，毋得封仓闭廪，遏抑贩粜，使穷民坐而受困。本道已躬率州县官捐俸，差官往谷贱地方收籴，仍一面申请上台，严禁驻防兵将借端勒索，一面移檄邻境，撤其藩篱。舟车转运，络绎不绝，庶几米麦充牣，价值减损。若有富户巨室，醵金随籴，或发仓平粜，本道定给匾优奖，仍赏赐钱币。既得厚利，又获荣名，何惮而不为此？

如敢故违，仍前囤米闭粜，故昂市价，致贫民嗷嗷待毙者，是助旱魃为虐。除抗法奸徒，许商民喊禀，本道依律拿究，将所囤米谷入官备赈外，仍将该管官职名揭报题参，决不姑息。罔断封殖，一家流离一路也。

卑员越例烦渎，严行戒饬，以肃法体事

看得驿有冲僻，岁有丰歉，原难一概并论。而潼关驿不隶卫辖，较之州县尤称艰苦。且地通数省，为全秦门户，冠盖之使，络绎不绝。每遇大差遝至，所需马匹或至数十，或至盈百，月无虚日，日无停蹄。况今时值亢旱，不但豆草腾贵，抑且市肆一空，虽有价值，

无处寻买。马匹枵腹奔驰，倒毙颠蹶，道路相望，诚不可不急为调停也。为目前之计，莫若暂宽七分之例，仍准照旧规，料豆草束，按时值给买。造册报查，如有冒破等弊者，官吏按律究治，不少宽贷。待年稔价平之后，则七分已定，不烦稽核，而侵欺可杜矣。

抑彼尤称苦者，往往有悍卒差官不畏明禁，需索无厌，邮传任其逼迫，官吏供其鞭挞。拣选肥壮，勒令折干。及至上路，惟知捶楚，不顾驿马之生死。所以马夫跪门拥诉，号泣不休。本道已张示通衢，严饬驲官不得私以民脂献媚差官。如彼不遵功令，强行需索，即禀本道具详部院，请示定夺。或以过客一时捶楚不及禀，差官日后挟仇不敢禀，宁忍气吞声，不敢不曲意趋奉，此真本道所无可如何者也。且驿官职微人轻，爱鼎者少。驿站钱粮关系匪细，既非卫辖，似当彼此照州县官养之例，责成就近专官料理其事，庶差官稍知谨畏，而钱粮亦不至朦溷矣。

缘系院行会议事理，既经该厅详议前来，相应移会贵道，烦照院牌情节，再为详议妥确，通详督抚批示遵行。仍希文过道转行该驿，遵照施行，毋得故违。

行查旱灾事

照此件业已备行该府，速将所属州县卫所旱灾大略情形先行驰报。去后至今二十余日，屡经严催，未据前来。凡查勘灾伤，当若救焚拯溺。况事关题请，何得怠缓从事，合行经催。

为此，仰朝邑县官吏查照该府转奉原行，即查该县境内某处旱甚，麦苗尽枯；某处次之，或有苗可望。一面先将大略情形飞报该府，汇赍本道，立等移送藩司转院具题，一面严查轻重，分数造印截册，由府报道转报。

慎勿刻缓，视民艰若罔闻，以负上台轸恤灾荒之意。先将报府日期具文查考。

抚民厅为举告逆子事

批：党正民告其子不孝，行提日久，未获复。再三哀恳，自言误听后妻之言，求免拘拿，准注销。昔鲁人有父子相讼，孔子三月不别，既而释之。人伦之讼，与他事固自不同。此缴。

华州详吞业杀命事

看得秦民多因区区小忿，兄弟叔侄争讼不已。风俗重利轻伦，如此真堪浩叹！惠自荣以数分遗田，兄弟操戈，同气之义何居？至于动借人命，尤为可恨。本当杖惩，但念无知残黎，且修怨在宗族之间，望其式好，无尤纸赎，姑准宽免。以后凡遇此等事，皆当责令乡约族长劝谕和息，动其天良。如怙过不悛，便非人类，当加倍重处，以为乡民之戒。

华州呈报打夺客人马成货物事

看得强盗截劫行旅，巡捕员役疏玩可知，仰州勒限严缉，务在速获，依律究拟解报。

该州盗贼屡见,多系五鼓时分,且多在西十三里铺上下。五鼓岂客商径行之时?贼十余人白昼窝藏何地?店家纵容早行,有无知情?贼无马匹,携赃岂能远走?窝主定在该州境内。但能力行保甲之法,自然奸宄无所逃其情状。而该州视为故事,不肯澄清根本。捕役优游养奸,缉捕罔效,均难辞责。仰州速为奋励,彻底清查,务得根株而剪除之,不得优忽从事也。缴。

华州详捉获盗贼事

看得董豹当堂口供,与郝守才、李计冬、李文兴同伙劫布,其为真贼无疑。但该州初申,四月三十日布客赵文友被劫,而所供事情俱在三月内,意劫掠习惯,不止一次,何三月内之失主竟茫无姓名耶?有无凶器,有无杀伤,仰州严审的确,按律妥招,勿枉勿纵。

蒲城县恳讨宪批弹压,以革积弊,
以惩刁顽事

看得钱粮自封投柜,各县皆然,何独蒲城有异于是?人凡包纳钱粮,多非良民。两季索讨,保无分外赔偿。当此凋敝之后,农民脂膏有几,而堪此辈剥削耶?

夫国家赋税,践土之民义不容辞。虽甚黠顽,岂肯甘心梗化?若该县严革积弊,勿差役惊扰,使得渔利其间,既有以感服其心,因而立后至之令。民独何心,敢不急公而自取罪戾乎?该县莅任既久,土俗民情自能熟谙,务求上不病国,下不病民,夙弊既清,催科

不烦,乃为称任,此缴。

华州详诡灭吞杀事

看杨璃、杨珍身列青衿,一重妻族,一重田产,遂阋墙生衅,肆意丑诋。朔望趋步明伦堂上,能无汗颜?本当如拟,恐为黉宫之玷,姑从宽免罪,仍发学戒,饬逢朔望跪读《常棣》八章,手书改过呈词缴道,原地断归毓良,管业过粮摘契,缴。

诡灭吞杀事

据华州生员杨璃、杨珍告前事,本道因兄弟争讼,已行儒学戒饬,逢朔望跪读《常棣》八章,仍手书改过呈词缴道讫。昨本道按临华州,二生连袂参谒,自陈悔过,情词真切。知其式好如初,殊为欣慰。为此,仰州官吏即将原详速缴,免具改过呈词。仍申谕阖学诸生,不可诮其一行之错,仍当服其从善之美。其敦古道以为民先,须至票者。

澄城一件防兵盘获等事

批:孙廉等为盗多年,罪贯满盈。杀人之祖而夺其畜,抑何狠耶!孙廉已服天诛,三接等当堂公讯,赃证皆确,俯首无辞,自当按律置之重典。仰县即转解长安,归结前件。

方今盗贼横行,使为盗者不诛,而擒盗者不赏,则地方永无宁日。况明设购赏,久奉院行。所获骡马,应赏塘兵马一匹,以鼓后效。余令失主认领,俱当堂亲具领状,仍候院详行。缴。

华阴县详违宪霸水事

批:考县志,仙峪水利在纺车,盖地势自然,其来久矣。册报水利原因石捷漫溢之水,五方里独饶耳,非专指亢旱时言之也。使石捷可凿,何不明凿于九年报水利册之时,而私凿于十三年大旱之后?华令奉文开渠,而不敢轻凿分寸,五方村民乃敢鸠众行之,此纺车等村所以哓哓致控也。且天时无常,今年因旱而凿潭,使邻村不得余润。若明年涝,又将何如?县详大概已悉,但水道系民间久远之利,必至公至平,方可永息争端,仰府再行确审招解,以便转报。

朝邑县一件指官扰民事

批:望仙观地居冲要,棍徒假称兵役,诈骗货物,勒令载送塘丁,逞意肆虐,均属不法。除本道已经出示赵渡晓谕外,该县仍备述此意,严示望仙观,以后再有此等,即指名告道,以凭拿究。至于塘报,事关重大,夜晚酌量护送。但需索等弊万难宽假耳。此缴。

华州详报地方事

批：据详，贾寰贵素行狂悖，酩酊归来，操刃逞凶，破父之手，真死有余辜矣。但据寰父当堂口供，破手之说原无确见。而贾纯厚，素无义方之训，乘醉刺杀长子，次子扑救，亦几不免，何残忍至此！呜呼噫嘻，亲杀其子而中情不怛，推此而昆季岂不同犬马？推此而族党岂不若土芥？卵翼之恩，禽鸟犹然，何人之无良反不如乎？按律委无别条，满杖庶蔽厥辜。缴。

华阴县详西王等村争水一事

前经本道府县秉公审断，久蒙抚院详允，永为定制。实因山势自然，亦册报水利之旧迹，非有一毫私心穿凿于其间也。何五方村劣衿刁民，仍强欲凿潭，但知自私自利，不顾邻里生死，且袖藏凶器，蜂拥喧阗。天理于焉灭绝，王法视若弁髦，殊为可恨。

彼动则借口水利册，不知水利册原因寻常自然之水，何常凿开潭口始报上也？使天生石揵原塞于西王诸村之上，虽禾苗尽槁①，止有望流而叹耳，谁敢向五方村而问之？使当日造水利册之时曾凿潭口，今西王诸村虽禾苗尽槁②，又谁敢向五方而问之？总之，潭水自然之利也，水利册亦因其利而利之也。凿潭者刁民之恶习也，结党狂肆者，顽梗之故态也。

今天气亢旱，率由人事乖违，官吏不能宣流德教，使民遂生复性。而若辈又逞其强悍不法之气，欲全专其利，而不畏王章，其何罪如之？仰该县备述此意,晓谕五方士民各安分守法,平心静气。民气既和,天行亦若,甘霖溥降,共享乐利之休。若恃其刁野,坚执不悟,该县即速详道,以便转达各部院,请示严究,决不轻贷。此缴。

校记

①② "槁"原文为"稿"字,正之。

朝邑县一件公举节孝等事

生员雷开祉等公举详批:闫氏茹蘗饮冰,事姑训子,诚足风励人伦,仪型闺阃。仰县先给扁优奖,仍具详学道,以凭汇转。此缴。

遵旨会选堪任镇将等事

照得节准驿传道关蒙军门宪牌,行催陈镇营兵家口经过应用车辆,速备停当,以候应用,情由到道,准此。除先已备行该州县各照依分派车数催备去后,今据郃阳县不思军机急务,犹以详请议帮,殊属不谙。为照各属协济牛车,原为劳苦适均,业经各部院批允,司道公议,饬行在案。又凡大兵经过,邻邑协济,不得偏累一邑。新奉俞旨,通行钦遵。今陈镇用车数多,原非寻常供应可比,自宜亟速备办,照依分派原数协济,庶裨军务。若观望议帮,势必难行。

本道待罪兹土,事事从民情起见。今值亢旸为虐,麦禾尽槁,修省步祷，为民请命。而天听甚高，微诚罔格。又值此异常大兵，目击民情，惶惶昼夜靡宁，寝食俱废。谁非本道赤子，岂忍见此荼苦？但事关军机，刻难容缓。本道轸恤有心，宽豁无术，合再严饬亟催。

为此，仰邵阳县官吏查照原行并今事理，即备述此意，示谕士民各宜体谅本道苦衷，速为备办。正当极难处之时而奉令不居人后，愈见尚义急公之雅。如本地实不能出车，该县即酌办牛驴，务求足原数之用，毋得悠忽迟延，希冀意外，以致临时失误军机。责有攸归，勿谓本道言之不早也。

再行严饬防御，以靖地方事

照得司牧以安民为本，安民以弭盗为先。今天道亢旱，疾苦百姓重以饥馑，缺饷兵丁恣其强悍，诚恐奸宄乘机易于窃发。本道屡经申饬所属严查保甲，以清其源；团练乡勇，以待其发，真不啻舌敝颖秃。而各州县视若罔闻。近如邵阳县申报，强贼百十余人操戈挟矢，烧房劫杀，不知印巡等官驻防兵将所司何事？除已经本道申报，见奉严檄，查取该管文武各官职名，合再通行申饬。

仰州县官吏查照先令牌内事理，即督率巡捕员役，并移会驻防官兵，不时在于该管地方巡逻哨探，务得贼之来踪去迹，互相传报。遇有窃发，相机邀截迎击。仍饬保甲人等闻贼声息，接联传警，协力夹攻，把截隘路，尽行歼灭，勿使出境远遁。一应未尽机宜，悉听从长区处。若该州县能设布方略，使盗贼落胆，疆圉宁靖，即特揭请荐，断不悭吝，以灰任事之心。若驻防兵丁能电追飙驰，当场擒获贼首者，飞报本道，重加奖赏，所获器械马匹尽数给领。若保甲乡勇人等能协力擒获真贼一名者,赏银十两,谷十石;告发窝主,得真赃实犯者,赏银二十两,谷二十石;若其党类真心悔过,自行投首者,宥其前罪,一体重赏。该州县即将赏格明张印示,遍贴城市乡村堡寨,仍将刻示赍道查验,使人人知为盗有必死之法,擒盗有必得之赏,窝贼者即身亡家灭,告窝者获荣名厚利。谁得谁失,宜何去何从也。

至于防守兵丁借端骚扰,狡玩捕役妄拿平民,及容贼诬扳,吓诈财物,并卖放真贼,及遇盗逗留畏缩者,访闻得实,兵丁以军法从事,捕役依律究治。印官养痈贻患,立刻申参,决难宽贷。

文到日具遵依报查。

行查旱灾事

查勘旱灾大略情形,业已备行该州县踏勘造册。速报去后,今新奉部文,责成本道亲诣踏勘,已发册式造报矣。但恐视为故事,或任凭里长开报,经承因缘为奸;或置高阁,贻误限期,均属不便,合行亟催。

为此,仰州县官吏照依原行,即便亲诣四境,务要遍行查勘的确,分别轻重分数,照依原发册式,星夜攒造印截册五本,速赍本道,立等阅转。本道仍不日亲临踏验。如勘报不实者,查出疏玩官吏,定立刻申究不贷。

严禁差役下乡扰民事

照得差役之设，不过奔走传奉而已。迩来有司不遵经制，正差之外，滥收副役，种种多人。且积年衙蠹奸巧百端，有司为其蒙蔽。或催提钱粮，或勾摄人犯，动辄差遣。不知此辈得票到手，势如哮虎，百计酷吓，不餍不休。小民终岁勤动，不足供贿赂之资。呜呼！人当伏处草茅时，畴不腐心切齿于蠹役下乡之苦，一行作吏，此事遂忘。如其爱之也，焉有不爱茕茕小民而反爱蠹胥？如其畏之也，焉有不畏凛凛王章，而反畏黠吏？良由平日与之交通贿赂，倒授以柄，故不敢约束耳，亦不职甚矣！

本道下车时即严行禁约，不谓视为故事，竟不省改。因亢旸为虐，又痛切劝勉，冀图悔悟，不意犹有漠不关心者。今特出示晓谕所属军民人等知悉：

以后各州县卫印佐官再有擅差鲸役，下乡扰民，需索行凶者，即收其票签，赴道衙门跪禀，审实定照新例计赃流徙，官吏立刻申参。拦阻之人一并严惩不贷。

革长班以除弊端事

照得行省衙门原与京师不同，今闻各州县皆无端设长班名色，殊可诧异。即曰报事不可无人，亦不过用马夫轮班传报足矣，何必长班为？且此辈借端招摇，串通过往差役作弊生事。甚至父子相袭把持，上下牢不可破，故民间私相语曰："要去见州县官，先来谒长班。"为官者闻此言,能无惕然乎?

为此,仰州县官吏即将该州县长班革去,仍复马夫更换报事。如敢故违,是不遵经制而擅役私人也。自取罪戾,深为未便,先具遵依报查。

谆谕属员,共保残黎事

照得本道持廉秉公,正己率属,惟望各州县恪遵功令,子惠黎元,勤勤恳恳,申饬劝勉,真不啻舌敝颖秃。乃贤者固多警惕,而不肖者置若罔闻。

见百姓困穷,盲尔全不动色;闻民间疾苦,嗒然了不关心。苞苴公行,簠簋有玷。吏书之奸弊丛生,皂快之诈索无忌。堂下喧哗,无复一毫之惧;案边拨置,不殊众楚之咻。催科火耗太重,而宽士夫之包占;听断刑讯太酷,而受贵达之嘱托。甚者以势力之大小为曲直,以私情之喜怒为出入。暮夜之金,托腹心过送,贫而理直者吞声;匹夫之璧,借题目索求,富而身卑者重足。些小之事,辄提妇女;偶尔之争,累月系逮。犯人本无力也,而强审有力,卖儿女以完单;问罪既纳银也,又分外罚银,变产业以销票。里甲多无名之供,夫马多私帮之累。官价买物久经严禁也,乃竟赊骗累年,而分文不给;官收吏解,恭奉明纶也,乃竟什排封纳,而收头起解。佐贰,其寮属也,公然准理词讼,竟不约束;蠧棍,其氓隶也,公然武断乡曲,毫无惩戒。独不思朝廷张官置吏,责任何重!小民称父呼母,望惠何殷!如此作官,不但上干宪典,抑且自丧本心。

今阴阳乖戾,雨泽愆期。本道备位兹土,闾阎怨而不闻,陇亩困而莫恤,皆本道之罪也。是用侧躬修省,冀回天谴。又以一人之精诚有限,故痛切呼我寮属共图改悔。今又月余矣,访之舆论,似犹有漠不动心者,故明张示谕,与百姓共见之。若有前项等弊因循不悛,任凭申告,本道定据款申参,决不敢稍有徇庇,令小民之困苦无已时也。

幸各珍惜,予言不再。

饷务事

准提督王手本等因,为照兵马粮饷,半本半折,久有成规,本道何敢违例妄请?但查去冬原因藩司饷银不足,潼仓积有余朽,而兵丁枵腹奔驰,穷饿待毙。本道以封疆重寄,不忍坐视,申请部院暂改本色,以止庚癸之呼。旋蒙部院批司查议,司覆除去搭钱朋合外,余银以粮抵饷,以后每年仍以半本半折支放等情呈详部院,奉有允示。文到之日,军士踊跃欢呼,无不祝颂部院之鸿恩者。

查搭钱既领,朋合既除,是一季未曾全领本色也。况去岁秋季八、九两月虽准免支阌、灵二县,彼称旧欠已经解完,新粮尚未开征,差催檄催,藐无一应。是潼营秋季兵饷至今尚未全领也。今以应支本色之月再改折色,军士失望,又不知守候何时?嗷嗷穷丁,似难责饿殍荷戈也。本道于邸报中伏读部院《协饷拖欠数多等事》一疏内云:"秦中三冬无雪,一春不雨,即使月饷时给,犹恐不足以资糊口。况压欠日久,虽慈母不能保其弱子,况三军之众乎?"本道每诵此言以告群兵,无不感激涕零,戴部院之高厚。

虽近来各省协饷转运关门,陆续不绝,但恐汉中、秦川各边待饷者甚众,未能遽及潼营。伏惟贵督慨为转请部院,轸念潼关重地营兵差使浩繁,送诏护鞘,日无宁晷。冬季未全支本色,且系一时特恩，俯准春季仍照定例支给。在部院为不费之惠，而实足鼓励三军之气，使士饱马腾，为朝廷捍御岩疆，地方幸甚。

既经该营复请本色前来，相应移会贵督裁酌转达，详示遵行。希文过道知会转移施行。

恳题速补要地道缺，以理残疆事

本道谬蒙宪台委署商洛，自受事以来，屈指八阅月矣。夙夜兢兢，不敢辞避艰难，惟期殚智竭力，以仰副宪台之德意。然而才力浅薄，识量有限，又兼时势孔亟，若不早恳宪恩速赐题请，万一贻误封疆，虽加斥谴，亦何益焉。

窃惟商洛为秦地东南门户，壤界楚豫，层岭叠嶂，亏蔽日月。自残破以后，杆贼肆起，人烟断绝，较之他属，最久最惨。现今五州县缺城者二，官吏栖迟山巅，野无居人。即有城者亦皆雉堞颓敝，极目一望，惟见颓垣破壁而已。且密迩郧寇，风鹤时警。西接兴安，逃兵时闻。又值异常旱灾，麦苗尽槁。入夏风霾不息，秋种难播，人心惶惶靡宁。当此之时，操练兵马，防御城池，安辑贫民，盘诘奸宄，提调州县，协力岩疆，实时刻不可乏人。而本道潼关又极冲极疲，大兵络绎不绝，供应最为繁难。澄、白、韩、郃一带皆昔年盗薮，遇此荒歉，百姓汹汹不定，恐萑苻乘机窃发，绸缪桑土，亦时刻难懈者也。况潼、商相去三百余里，中隔华岳、秦岭，声闻不通，当年设立两道，去年并留不裁，知各宪台已洞悉此情形久矣。

去年十一月，始补浙江提学道张佥事。至二月，又因前任事被论，奉有察议之旨，至今尚未开缺。本省关内守巡临巩陇右各道，升转皆在张佥事被参之后，久已铨补，将次到任。而商洛尚悬缺未补，则知内部以奉旨无革职二字，故必俟浙江督抚按察议具题，始开缺也。伏读礼科原疏，参张金事列款甚多，浙江上台遵奉钦件，必详细驳勘，得其确情，始敢会题，断非朝夕可以结局。如必候彼地事结开缺，是商洛经年无官也。即事结开缺，万一再推升一两广三闽之官，领凭到任，往返稽迟，是商洛年半无官也。商洛非无事之地，目下非无事之时，虽仰藉宪台德威，幸而无虞，其事体之废弛者亦必多矣。恳祈宪台垂念封疆为重，慨赐题请求就近铨补，星驰受事。如张金事察议事结，不妨改补别道，庶不至悬万难久缺之官，以待数千里外被论候议之人，则地方幸甚，本道幸甚。

为此，今将前由理合具呈，伏乞照详施行。

塘　报　事

看得秦地辽阔，盗贼时警。本道恪奉宪饬，申谕所属加意防范，严保甲以清其源，安塘兵以待其发。又明设购赏，操练乡勇，真不啻舌敝颖秃。

今时值荒旱，人心惶惶，又叠蒙宪檄，三令五申，乃不意犹有郃阳县杨家坡之事。本道据该县塘报，即刻转申宪台，复一面细加查缉。续据该县申称，杨丕、孟家原系小村，并无堡寨，离县四十里，接壤同、澄。一更贼入家行劫，当被乡民纠众，救援者三人带伤，并无劫去财物。而杨生初称数十人，又称百十人，盖黑夜仓卒之际，莫能辨其确数。本道奉文踏勘灾伤，亲履县境，即拘杨家坡乡保地方严加亲审，供吐一一相符。且称众人扑救，贼中亦有带伤者，次早犹见血痕漓漓。草间所弃器械多系枣柳等棍，大约皆乡村无赖之徒也。使地方官平日恪遵申饬，严查保甲，禁戢奸宄，遇无赖不安生理之人即行驱逐，严加惩创，纵有一二不革心者，亦不敢公然结聚矣。况贼无马匹，又兼带伤，昏夜岂能远遁？若平日申明号令，乡保人等一面救护，一面传警，坐塘兵丁电击风驰，可以立刻全获。而延缓过甚，致令兔脱。

今严限已满，杳无缉捕，疏玩之罪诚不敢为该县印捕防将宽也。但典史宋之龙委因陈总镇兵经过，协济牛车，赴关支应兵马，原未在县。而贼未劫财，未杀人，乡民力为救护，县官未敢欺隐，且地处三界，离城辽远。或姑开一面，勒令会同邻州县文武官将协力缉拿，务期必获，以靖根株。

是在宪台详示，遵行今将取获职名，据实申报，统候宪裁。

欺君虐民极冤事

据府厅会拟，呈详两司，转详部院，已有成案。只因黄河滩地未经丈量，而韩民陈三谦等呶呶控陈，谓其该县虚报荒数重粮为词。本道兹奉上委，理宜亲履河干，逐段清丈，与官民分剖是非，奈因关门兵马络绎，又兼代摄商雒，事务殷繁，日无宁晷。且现今各院巡历考审，集于一时，万难速往。又查滩地为数颇多，履亩清丈，非朝夕可完。若求速则未免错乱，非所以仰体上台之意，下服百姓之心。若旷日迟久，则关门重地，贻误必多。

今该厅奉文，委署韩篆合行就便委丈，为此，仰厅官吏查照备云批示事理，即将陈三谦所告慌报滩地照依批详情节，亲诣河干，逐段清丈，要见该县原报过滩地若干，该起粮若干，今种地之民要见某某，现种地若干，该粮若干，通融清丈明白，合盘打算。其中果否有慌报及隐种情弊，备细造具地粮花名，印截清册，呈道以凭覆核转报。

事关重大，务要至公清核，毋得疏略迟缓。

抚民同知呈详为欺君虐民等事

看得陈三谦等所告滩地一案，蒙宪台批行清丈者，原为稽查虚报谎数，必求真确，以服民心也。本道仰体德意，敢不细加查厘？随督令署县抚民刘同知履亩清丈，查得韩城县东面距河，沿河上下土田崩滩无常。地既冲崩，而粮仍照常赔纳，已称苦累。地或滩出，而民有旧输原粮，岂容重增？今逐村清丈，有地数足额者，如东院等二十余村是也。彼既未控陈，又甘心具结，是与前报之数相符，故不必再有纷更矣。至称地缩而苦累者，止此西院等六村。

该厅详称，随河流曲直，地势阔长，段段躬亲，共丈出缩地三十六顷一十六亩一厘九毫六丝二忽，造册呈赍本道。以事关国课民命，必求详慎，再三驳查，俱无异词。犹恐不确，因奉文勘验旱灾，躬履沿河一带询问乡民，逐畔查对，与该厅清丈所报地数一一相符。总之，林令原报滩地之中除原地有粮者二百四十二顷，缩地三十六顷一十六亩一厘九毫六丝二忽外，计实增地二百八十二顷二十亩六分七厘二毫四丝八忽耳。则今日惟有按亩行粮，而重粮包赔之累自可免矣。

又细阅县详，内称"新奉宪檄准户部咨催，黄河丈滩以十三年为始，照数征解，以济兵饷"等语，谨将丈明地粮数目分晰造册，相应呈请宪台。悯念孑遗，或准照新增实数行粮，或别赐定夺，缘系清丈地亩事理，本道未敢擅专。

咨访救荒实政，以济穷黎事

照得时已夏至，甘霖未沛，秋难播种，三农绝望，小民流离，饥饿之状将有不堪闻见者。为民父母，遂恝然置之度外，坐视其死而不救乎？昔富郑公之在青州，赵清献之在会稽，皆岁逢奇灾而民不病，岂异人任若，实有至诚恻怛之心。见民之无食犹己①之饥，见民之无衣犹己②之寒。夙夜惶惶，不患无生全之法，合行咨访。

为此，仰州县官吏遵照牌内事理，仍转行佐领儒学师生人等各抒己③见，苟有救荒善策，务详细条陈，具陈本道，以便采择。若果良法美意足以救民御灾者，除严饬所属遵行外，仍转详各院通行全省，以济万姓。

慎勿视为故事，负本道诚求之意，速速！

校记

①②③ 文中"己"字原文为"已"，正之。

严禁溺杀子女，以全天性，以厚风俗事

窃惟人类莫亲于父子，父子之亲本于天性。古人幼子不笞，壮子不詈，盖以父子主恩彝伦根柢，于是诚重之也。

秦中民俗大都鸷悍而薄伦，常嗜利而轻骨肉。近日乃有杀子捏讼者，三月之内叠见。本道自叹待罪兹土，不能宣流教化，因闭阁思过，不敢自逸。又访得民间有溺杀女子之事，呜呼，亲杀其子

而中情不恒,推此而昆季岂不若犬马?推此而族党岂不若土芥?犷狠嗜杀,亦复何极,安得不盗贼滋多,刑狱放纷乎?夫猛虎有顾子之情,牛羊有舐犊之爱,乃人之无良,而反不如一物。其为妖孽,机祥莫大于是,而恬不为怪,不亦异乎?

本道廉其弊源,有因娶妇校量奁资,百端勒索,遂以生女为伤心而杀之者;有贫民子多无力并育,因而杀之者。夫婚姻而论财,最为恶俗。除一面严行禁革外,今天道亢旱,恐透骨寒氓生子不存者必多。夫屠宰之细尚在禁止,如此风不殄,上干天和,当无穷极,合行严禁。为此,示仰城乡军民人等知悉:

各念儿女皆祖妣枝叶,溺杀儿女不独不慈,先已不孝。伐木杀兽尚云暴殄天物,何况自己①血胤?若真正一贫彻骨,子多不能自育者,许乡保邻佑具结报道,本道蠲俸代为鞠养。其或预惜朘送,仍然沉杀,许乡保邻佑出首,重责枷示,逐出境外。邻里知情不首,事发一并重惩,决不轻贷。

校记

① "己"原文为"巳",正之。

目击冲驿倒敝,希速请示,
以专责成,以通国脉事

照得潼关乃全秦门户,四省冲衢,差使络绎,轮蹄无宁。驿站孤悬卫境,钱粮出自华阴,非若他驿设在州县,一年站银不假外求,可以斟酌丰歉,自为补救者也。兹值岁歉,草料腾贵,站银实不敷用。驿丞卑微之官,委难设措,冒死控陈,情非得已。前准移会详议,奉有部院批示，责令抚民厅料理，已转行该厅接管，而该厅亦因时艰，申文吁请，意透华阴兼管，府议请详贵道，转详与否，未有确闻。

目今驿已倒废，马死多半。即存者亦悬槽待毙，不堪驱策。而奉诏京官，满洲部堂，不时经临。驿官闻信潜藏，马夫逃避山外，随风踉跄之马一无可用，致累邻封越站递送。昨自汉中奉诏回京满洲两部堂，至因驿官暗逃，中火未备，本道偕刘参戎拜诏毕，各致羊酒果肉，仅仅一餐而去。虽两公曲为体谅，然岂所以待天使之道乎？本道目睹颠危之状，或行厅转催，或径行县提，预拨站银以济目前之急，真不啻舌敝颖秃。而县官职司钱粮，又丁艰候代，不敢透支那借，自取罪愆。驿官点金乏术，束手待毙，大声疾呼，厅县藐无一应，若不急为绸缪，冲驿立见倒废，贻害地方似匪浅鲜。

为此，合关贵道希速主持。或仍照部院批示，责令抚民厅接管料理，或照府议归并华阴，速赐转详请示，急令专官加意整顿，庶残驿复苏，而国脉不至中阻矣。驿递为贵道专司，而本道待罪兹土，闻见颇确，至于斟酌救济，惟在贵道裁转。仍希文过道以凭施行，事在危迫，请勿缓视。

禁宰耕牛，以重农务事

照得六畜之内，惟牛最有功于人。田地赖其犁转，谷麦凭之播种。纵使毛齿衰残，亦当念壮用其力。老弃其身，甚为不仁，宜推敝帷敝，盖埋藏犬马之谊，况正资耕耘之年，而横加屠宰，毋论报生以死，冥谴必加。屠宰滋多，牛日少而价日踊，则地浡荒而民浡贫，理所必至者也，合行严禁。

为此，示仰兵民屠户人等，以后敢有仍前贪窃嗜利，宰杀耕牛者，巡捕官及里保人等即行拿解重究，举首者即将牛价充赏。除依律决治外，仍重责枷号示儆。如巡捕员役里保人等互相贿庇，访出一体连坐，决不姑宥。

塘报贼情事

本月初九日，据驻防华州千总刘彪报称等情，据此为照：杆贼结聚，杀人掳妻，烧毁民房。地方非常之变，该州平日所为何事？既无防范于前，又无缉捕于后，巡捕员役如此疏玩，深可痛恨。

为此，仰州官吏即查龙岭乡民是何姓名；贼级三顿现在何处；马应库、马应秀带伤，生死何如；马思臣果否已死；曹氏有无下落；杆贼果有若干人，向屯聚何处，今奔向何往。一面严督捕官会同驻防千总刘彪等奋勇协力进剿，务必尽获，净其根株，解道申请正法；仍一面确查前项情节，据实报道，勿得一字含糊，自取罪咎。如贼势重大，即速星驰报闻，以便另发精兵擒剿。若敢迟延朦胧，冀苟且掩饰，贻祸地方者，定指名揭参，决不轻贷。慎之，慎之！

禁 约 事

照得本道职司风纪，表正属员，必己公而后可责人之不公，己廉而后可责人之不廉。故莅任以来，杜绝馈遗，严革请托，不敢稍有徇私，自玷冰玉。乃近日有等不肖有司，藐视宪纲，辄将公文封筒，代人投递私书。甚至擅具禀启，借端馈送，深可痛恨。至于出巡按临之地，一切铺陈安置，小饭下程俱屡经严禁，竟不遵依，违玩殊甚。为此，再行晓谕：

以后如有公文封筒，擅具私书禀启，请托馈遗者，上号吏不得朦胧上号。如违，当堂拆出，定指名揭参。上号吏重法惩处，其经临州县，违禁用铺陈等项者，提该房吏重责，决不姑恕。

申饬刑名事

照得本道秉持国宪，为民伸冤理枉，然不敢侵府县之职。必事关人命、强盗、豪奸、悍卒、衙蠹、邪教重大等情，方准审理。乃近日刁讼成俗，往往些小事情动借极大题目，希图准状；或本身理屈，反捏词诬控，希图摭掩。及至研审，多属子虚。而承问官往往不能虚心执法，反曲意护惜。即被告全然无过，亦必吹毛索垢，曰不合不善调停，致激某不甘。告讼一例科罚，毫无惩创，以致刁风愈炽，狱讼日繁，殊为可恨。更有事极微小，律例当笞，亦必引不应得为而为之事理。重者律不知何说？甚至原被干证一齐问罪，黑白不分，曲直莫辨，令善良短气，凶恶肆志。此等朦混，又不知何说也？笞杖罪名可审实详报，至于徒流以上，自当连人申解，以凭面审定夺。乃竟有拟绞拟戍，止因本道批发原状，无解报字者，亦止以空文招报。观其招案，似可允转，而徐访事情，实大相刺谬。盖问官成见在胸，胥吏逢迎意旨，铺叙成招，大半失实。或恣凭喜怒，或徇假嘱托，得意者惟恐解审烛察其弊，问屈者虽欲求解，亦不允从，此所以批详甫下而告辨纷纷。夫听讼犹人，若果至公无私，何难令两造输服乎？更有词意含糊，模棱两可，覆阅再三，全无确据。

夫详者，详细之义；审者，研究之义。大易雷电，皆至丰取，威照并行。故曰：君子以折狱致刑，若优柔蒙昧，徒悬嘉肺之石，不章雷电之令，成何法体？合通行申饬。为此，仰厅州官吏即照牌内事理转行所属州县，以后凡奉本道批词涉虚者即照律反坐，事细者酌量笞逐。具由申报，不得一例引杖；被告无过，不得吹毛索垢。或事关重大，或罪轻而情可恨，或事尚可疑，不能信为确案者，俱连人解道，以凭面审，勿得仍前朦胧，致民冤莫伸，嚣讼愈盛，自溺厥职，大为不便。

文到令各具遵依报查。

兴复社学，以端蒙养事

照得化民成俗，莫先于学。古者自国中至于闾党乡遂皆有学，自少至老，未尝出于学之中。故礼让兴行，风俗朴茂。自圣教湮晦，人心陷溺，士习日媮，风尚不振。有司粉饰文具者颇多，而身任教化者绝少。又兼以兵戈扰攘之际，士皆弃其故业，奔走四方。下邑穷乡，岂无俊秀子弟，止为训导无人，观摩无助，甚至衣食有缺，不能供给束脩，以致一字不识，一善不闻。椎鲁愚顽，多以恶败，真可叹惜！

本道奉敕潼土，练兵督饷之暇，孜孜以兴学育才为务。日进儒生，考德问业。年来风教渐著，向往颇多。近以摄篆商洛，稍稍考校文艺，乃应试者寥寥无几。山阳等县，一学仅一二人，余皆寄居别境，本道窃为慨然。昔文翁化蜀，令狐训彝，俱成文物之俗。况商洛素称文物之乡，平定已十余年。若有司加意文教，知必有少年俊秀蒸蒸兴起者。

为此，仰州县官吏，文到将该州县本城内外，或乡村集镇大约二百家以上者，即设立社学，令乡约各查本里子弟，年八岁以上，十六以下，共若干人，报于该州县。除能自备束脩外，如果家贫无资，该州县申名报道，以凭量为设处廪谷束脩。再行儒学教官，通查该学诸生中有学问淳笃，躬修礼让者，开送印官，聘以为师。当此任者，须要端庄敬慎，以为后生模楷。先讲明《孝经》、《小学》诸书，教之歌诗习礼，问安视膳，进退揖让之德，循循善诱，使知身心之学，勿玩愒岁月，虚应故事。

大抵社学非为教习举业，专以端本为务，若其行止不端，曾出入衙门，嘱托公事，不能安贫守道者，虽文词优长，教官不得开送。其有剽窃异端邪说，炫奇立异，蛊惑后生者，即革去馆谷，另选教读。其学规遵本道颁发王文成公教条，勿得听信流俗，妄自更改。然须该州县诚爱恻怛，视民如子，勤勤恳恳，隆师重道，方克有成。数年之后，人文蔚起，礼教日新，庶不负本道兴复社学之意。勿忽。

急查忠烈实迹，以备表扬，以范末俗事

照得节义，人之大闲；纲常，国家之命脉。世有忠臣孝子，天地赖以不坏，日月赖以常明。

今圣主在上，旌庐表墓，发微阐幽，凡以激劝一代之士气人心，非徒使既没之幽魂凛凛生色于九原也。访得故明潼关卫指挥使张尔猷忠烈性成，韬略夙裕。当逆闯入关，将吏披靡，独本官誓不偷生，血战殉城。刚烈之气，久而弥彰。然十载以来，地方之俎豆未闻，朝廷之褒宠未加，实为缺典。

为此，仰该卫官吏即将本官生平伟绩，及殉难确状备查的实，取官吏师生印结具报，以凭申请题旌，仍先立碑表扬，速速。

查 议 事

照得地方之官自当办地方之事。潼关卫掌印官外设千总二员,皆奉旨部铨,而职掌无多。至于滩粮狱囚,或关系军需,或关系重犯,责任匪轻。乃以委官杨祚昌管理,印官竟不稽察,二员不得过而问焉。殊不合理,合行查议。

为此,仰卫官吏文到即查杨祚昌所管事务。年来收纳有无加耗,支放有无朦混,狱囚有无疏忽。一一查明,各造交代清册。即于二千总一经历中,选择老练勤慎,可分任其事者一并详道,以凭酌委施行。

复乡饮以重大典事

照得乡饮酒礼,所以表耆德,教万民,甚重典也。该卫久废坠不举,不知何故?或无堪举之人?与夫十室之邑,必有忠信,岂该卫遂无正直醇谨,行著闾里者乎?年来额征乡饮钱粮,支销何处?今十月届期,合行预饬。

为此,仰卫官吏即查此典废坠几载,钱粮系谁冒破。仍确查乡老有行乎月旦,可为士民仪型者举为大宾,即额设钱粮不足应用,不妨量备盒酒,事事从俭。总以得人为主,不在仪文之过丰也。

卷八　江西岭北参政公移

严禁参谒事

照得本道赋性孤介,夙夜饮冰,惟知上畏功令,下畏民岩。一切繁文缛节,深所厌绝。故途中属县具禀迎接,一概原文发回。但本道苴虔在迹,诚恐各属不肯敦修实政,仍袭旧例,擅离城守,远事参谒,妨废政务,贻误地方,殊为不便,合行严禁。

为此,仰府官吏即转行所属各县,当念地方辽阔,城有荆榛,山有伏莽,务要殚精惕励,夙夜维勤,使民生日遂,民性日复,以副本道期望之意。宪纲册、城图志书,候本道到任之日差人投递。如有不遵禁约,仍来参谒,定提吏重责,决不相贷。

文到即令各具遵依,报查毋违。

晓谕事

照得南安为江粤要冲,往时商贾喧阗,货物辐辏。今岁传闻有靖南王移镇西蜀，驾由豫章。故客商恐封备船只，裹足不前。即居民亦虑供应繁难，惶惶靡定。今本道接阅邸报，见户部一本为："移镇在即等事奉旨，靖南王仍留广东，已有旨了，钦此。"合行晓谕，为此，示仰客商居民人等知悉：

从前封船皆因候迎王驾，今已留镇广东。此后纵偶有官兵过往，需舟有限。况海氛荡平，江淮宁谧，巨舻长帆，通行无碍。尔商民各宜安心乐业，勿得似前惊惶，自误生理未便。

严饬防御，以靖地方事

照得司牧以安民为本，安民以弭盗为先。盖萑苻之众聚，则桑麻之野荒。虔南壤邻闽粤，风鹤时警，且岩峒深密，奸宄丛伏。严查保甲，以清其源；操练乡勇，以待其发。屡经各台申饬，真不啻详且切矣。而所属实心遵行者固有，虚应故事者实多。巨憝藏匿，漫无觉察。强贼操弓挟矢，烧房劫掠，频频见告，不知印捕等官分防兵将所司何事？合通行申饬。

为此，仰府县官吏查照牌内事理，督率巡捕员役移会分汛官兵，不时在于该管地方巡逻哨探，务得贼之来踪去迹，互相传报。遇有窃发，相机邀截迎，务期尽获。仍饬保甲人等体守望相助之意，平日互相稽察，闻贼声息，接联传警，协力夹攻。把截隘路，尽行擒缉，勿使出境远遁。一应未尽机宜，悉听从长区处。若该府厅县能设布方略，使盗贼落胆，疆圉宁靖，本道即特报各院，力请荐扬，断不悭吝，以灰任事之心。若驻防兵丁能电追飙驰，当场擒获真正贼首者，飞报本道，重加奖赏。所获器械马匹，尽数给领。若系汛兵行劫，而能自相举首者，准与纪功。若其党类真心悔过，自行投首者,宥其前罪,一体重赏。该府厅县明张印示,遍行晓谕,使人人知为盗有必死之法,擒盗有必得之赏,窝贼者身亡家灭,告窝者获荣名厚利。谁得谁失,宜何去何从也。至于防兵借端骚扰,擅拿良民,希图报功,包歇村妇,酗酒赌博,遇盗生发,坐视不救者,军法具在。若狡玩捕役妄拿乡愚,及容贼诬扳,吓诈财物,并卖放真贼者,依律究治。若保甲人等不从公举,挟私诬盗,审实以法惩处。印官养痈贻患,立刻揭参。

功令森严,毋自贻误,文到先具遵依。仍每月具有无失事印结投道查考,俱无违错。

严禁溺杀子女,以全天性,以厚风俗事

窃闻人类莫亲于父子,父子之亲,本于天性。而五品三物,由此肇修;教化风俗,因之美厚。古人幼子不笞,壮子不詈,诚以父子主恩,彝伦根柢乎!

是降及后世,乃有沉湛儿女之事。呜呼噫嘻!亲杀其子而中情不怛,推此而昆季岂不可推刃?推此而族党岂不同寄物?犷狠嗜杀,亦复何极,安得不盗贼滋多,刑狱放纷乎?不谓虔南犹有此风,夫舐犊之爱不可割,乳虎之威不可犯。异类犹然,如人之无良,而反不如一物?失常尚谓不祥,今或父子相杀,其为妖孽,机祥莫大于此。而恬不为怪,不亦异乎?昔之贤大夫所以不按城南杀人大盗,而先按城北杀子妇,夫诚知化理之本也。

本道已廉其弊源,起于习俗狃利。娶妇之家,校量奁资,人遂以女为厌物。贫民恐其育鞠,复以减口为添粮至计。除一面与贤士大夫酌定聘嫁之式,裁为一书,与士民永守勿替外,合先立法严

禁。为此，示仰城乡各色人民知悉：

嗣后各念儿女皆祖妣枝叶，溺死儿女不独不慈，先已不孝。伐木杀兽，尚云暴殄天物，何况自己骨血。如复安忍怙恶，预惜媵送之费！而菹杀婴儿，许诸人皆得公首，验实以其家半入官，给养鳏寡。若透骨寒氓，子多无力并育，乡约地方具结报道，本道蠲俸酌恤。其有悍不遵教，非复吾民，重笞五十，逐之境外。仍每遇朔望日，责令保长将本里人户有无溺死情由结覆该县，一月一汇报本道查考，毋违。

崇祀先贤，以昭景行事

窃照宋信国文山先生、明文成阳明先生精忠大节，正学伟勋，立亿万载臣子之模型，开千百年圣道之真统。虔州为二公莅政敷教之地，今祠宇倾圮，俎豆弗馨，甚非所以景仰前修而昭示来兹也。

阅郡志，文山旧祀于清忠祠，阳明祠在府学之右，俱当渐次修理。但今圣庙尚未毕工，二祠力难并举，而祀典不可一日废坠。本道反覆思维，欲于濂泉书院堂上总立三龛，中祀周程三夫子；左置一龛，祀文山先生；右置一龛，祀阳明先生，于义为当。查清忠祠，并祀清献、信国二公。然书院以濂溪为祀主，而濂溪两为清献寮属，又年少于清献。位次不安，故清献必另祠为便。但事关大典，不便轻忽。为此，仰赣县官吏查照牌内事理，再加酌议，务要至当不易。如果可行，即速命工选坚洁木植，修制三龛，置立两先生木主。工完具文报道，以便择期迎神，牲帛恭祭，以妥先哲之灵，以昭景行之意。

慎之，勿忽。

遵谕敬陈南赣险隘,并陈设防机宜事

据赣刑厅呈详前事内称,奉本道查询地方险隘,汛守方略:窃照虔之为地,闽粤错壤,江山环浏,山必有峒,地必有坑。坑堑之外,复有坑堑;峒壑之中,又有峒壑。郁为盗薮,非始自今。屡发大兵攻围搜剿,虽各破巢斩馘,终难草雉兔狝。卑职揆度形势,莫若于雩之平头砦分设劲旅驻防,居中制外,胜算在我。既可弹压瑞雩赣之智乡、石崆、梓山、罗汉岩等处,又可控制兴国之梅窖峒、五门峒、螃蟹薮等处。无事则守,有事则战。扼闽粤之上游,联江山之胜势,将见半壁疆索永享磐石之安等情,呈详到道。

据此,为照该县石崆地方丛谷叠嶂,鼎峙棋立,深沟密洞,歧路百出。已据该县申请,蒙虔院檄发防兵汛守矣。今该厅所称平头砦坐落何处,果否可以控制,各属与石崆谁为险要,该县久在地方,筹画必确,合行查议。

为此,仰县官吏即照牌内事理,细细查明平头砦形势,扼塞果否可以控制,各处与石崆谁为险要,或当两处设兵,或止宜专防一处,一一确详,并令善工绘图,并申以凭酌夺。本道总从地方起见,该县勿以议出府厅,不肯从实确详,及草率迟延,俱非本道平心咨询之意。速速!

急谕流民归业,开垦荒田,以奠民生,以足国用事

照得斯民衣食之源在田土,朝廷财用之本在赋税。田土荒芜,则下民衣食不足,而赋税因之缺少,财用因之告匮。此国家根本之计,非细故也。

本道奉敕兹土,夙夜思维,惟在宣布德意,绥辑军民。尤先以招徕流亡,劝课垦荒为第一义。昨自赣赴庚,搴帷遥望,惟见荆榛满山,荒莱弥野。旧日村落,今皆颓垣败壁,虎豹纵横,伤心惨目,不觉挥涕。念我百姓,或因避乱,或因逃荒,舍离坟墓,抛弃骨肉,万苦千辛,违乡越井。今幸盗贼宁息,地方安堵,临风怀想,应动首丘之思。况屡奉明纶,荒芜田地,官给牛种,任民开垦,三年起科。恩德浩荡,至于如斯。若地方官加意招徕,安有忍弃庐墓,离亲戚长作异乡之客者?乃遵行已久,不啻三令五申,而佩袪杳然,石田如故。良由有司招辑不勤,劝课不力,以致衣食缺乏,赋税告匮,国计民生,将何赖乎?合行晓谕。为此,示仰官吏军民人等知悉:

凡现在土著者,务宜及时耕耨;流亡他乡者,务宜及时归业;有田土者,当尽力南亩;无田土者,准令开无主荒地;无力开垦者,官给牛种,三年后方准起科。各地方有司亦当劳来劝相,鼓舞兴作。勿使差役下乡骚扰;里甲勿滥准词讼,妨废农业;勿以荒报熟,致民赔累;勿加耗科派,致民逃窜。有一于此,本道为百姓保护身命,自不能为属官爱惜功名。若能使里无游民,野无旷土,本道不靳特揭荐扬优叙,成例具在,断不负良吏苦心。

各宜恪遵,毋得违误。

严禁馈送请托,以肃吏治事

照得本道谬叨方面,职在正己饬法,表率属员。必己秉公而后可责人之不公,己持廉而后可责人之不廉。故夙夜兢兢,饮冰茹檗,上凛天鉴,下畏民瞻。尤先以杜绝馈遗,严革请托为第一义。今莅任方新,诚恐各属或因循陋规,借端馈送;或夤缘贵介,致书游扬。俱无益实政,有乖治体,合行严禁。为此,示仰府县官吏军民人等知悉:

各宜精白乃心,涤除陋习,持身如玉,爱民如子。兴利务勤,去弊务尽。天道最公,国宪最严。果操凛四知,政成三异,不烦奔兢,自膺显擢。倘或篦篦稍玷,桁杨不检,本道念切民依,断不徇假。上台白简如霜,决难宽贷。平日枉费精神,究竟毫无效验,何若殚精竭虑,恪供职业,省交际之烦,绝夤缘之私,上下风清,不愧不怍也。

自禁之后,如以本道之言为故事,漫不遵依,仍循陋例者,定指名揭报,力请题参。幸各慎重,勿贻后悔。令各具遵依,报查毋违。

严禁邪教,以正风俗,以遏乱源事

伏读《大清律》一款:"凡师巫假降邪神,书符咒水,扶鸾祷圣,自号端公、太保、师婆,及妄称弥勒佛、白莲社、明尊教、白云宗等会,一应左道乱正之术。或隐藏图像,烧香集众,夜聚晓散,佯修善事,煽惑人民。为首者绞,为从者各杖一百,流三千里。"煌煌律令,天下臣民皆所遵守。又新奉上谕："治天下必先正人心，正人心必先黜邪术。今后再有踵行邪教，乃前聚会烧香，敛钱号佛等事，于定律外加等治罪。钦此。"天语昭昭，炳若日星。

乃近访得虔南境内，仍有不法奸民踵习邪教，煽惑乡愚，自称经主传头，起会结党，夜聚晓散。男女促膝淫秽，等于禽兽；里党成群招集，真若啸聚。愚民误堕其术，迷罔颠倒，至死不悟。以此遍境成风，牢不可破。而有司因循玩愒，不肯以正风俗，靖地方为急，任凭虿虻无礼无法，罔知有廉耻畏惮。万一此辈结连日久，一旦酿成祸乱，如平山、洦川故辙，不知地方官何以自解乎？本道秉宪一方，以扶正驱邪为己任，务必设法擒缉，靖其根株，永绝乱萌。恐有司仍袭往套，一味优柔，悖严纶而养祸乱，殊为不便。为此，仰道属官吏、士民、乡约、地方人等知悉：

人伦之理出自天性，而名教之中自有乐地。各亲其亲，各长其长。秀者安于诗书，朴者安于耕凿，勿得踵习无为、白莲，及近日大乘、闻香秘密诸教，自干宪典。如从前不知误犯者，各宜洗心涤虑，蚤求改弦，概从宽宥。若执迷不悟，许地方官严行缉拿，申解本道，以凭穷究奸状，如例定罪。如本地方官漫无稽察，本道另有访闻，或经人告发，定指名揭报参处。

总之，此辈煽惑之术最诡，愚民迷锢日深。乡约地方多其党类，方倾心信服，谁肯轻意举首？若非本县印官设法体访，痛加惩创，则邪教无日可息，风俗无日可正，变乱无日可止。关系世道人心，地方安危，实非浅鲜，特谕。

严禁假名营债,倍利坑贫,以苏残黎事

照得虔南叠罹兵火,一二孑遗仅存皮骨。即百方抚绥,犹虑救死不赡。乃访得所属各县有等奸棍,勾通杂弁豪兵,以放营债为名,窥下户逋欠钱粮,或窥愚民干连词讼,情急时迫,便结连党类,甘言美语,诱票揭纸券到手,倍利压月,倒票换约,累利作本。有初揭不过数两,展转而至百余两者,迨至力不能还,则群虎上门拥逼打骂,无所不至。或折准其田产,或拆散其子女,愚民只因一时误堕其术,遂致倾家败产,骨肉分离,有仰天号泣而忿然毙命者。

呜呼,放债岁息三分不为无利,若贪图非分之财,至逼伤人命,明有王法,幽有鬼神,恐两不能逃避也。合出示严禁,为此,示仰军民人等知悉:

以后放债取息,止许三分。敢有视利若饴,如前项土棍营兵不遵法禁者,许被害之家据实陈告,审实按律究惩,追赃助饷,决不姑息。使小民饮泣吞声,莫可如何也。慎之!慎之!

举行月课,以兴学育材事

照得豫章为理学节义之乡,自宋以来,名臣大儒冠裳相望。南赣处天围僻坳,而崆峒、庾岭之蟠回,贡水、章江之环绕。周、程过化于先,阳明敷教于后。山川之钟灵既异,往哲之遗范犹存。其间士子必多沉潜究性道之传,平澹静聪明之气。但自变乱以后,城舍灰烬,士皆避居深山,敬业乐群之事久矣不讲。

本道忝分宣兹土，不揆浅陋，妄欲集多士于书院，仿朱子白鹿洞遗法，相与考德问业。故先取制举业而课之。如有原本六艺，本道自具半豹之窥；其或瑕瑜不相掩者，本道亦可效他山之助，勿谓刑名钱谷之司遂不暇论文讲学也。为此，仰府县官吏即转行儒学教官，约城乡诸生，告以本道虚心请教之意。每月择期齐集明伦堂或清静公所，该府县同教官质明莅事，封锁如闱，开本道所发题目，面加课试，俾尽所长。卷完，该府县先加评点，固封解道，以凭细阅。若童子中有秀心英姿，可以远到者，一体收试，勿得阻抑，以隘吾道。至于外府贤士流寓本地者，更宜敦请，不可固拒。各教官亦当相体，实实举行，勿令诸生领题家作，或倩人录旧，及苟且了事，负本道饥渴之怀。

严禁焚毁尸骸，以厚风俗事

照得生养死葬，古今之定礼。掩骼埋胔，乃圣王之首政。不意此地犹有焚毁尸骸之俗，夫人死未几，骸骨尚暖，一旦焚其尸而扬其灰，曾于敝帷埋狗之不若也。忍心害理，一至于此。甚至有力之家施诸至亲之内，充其心尚何事不可为，何恶不可忍与？此不仁之俗必易于作乱，即死而魂无所依，亦必酿而为厉。腥秽之气上通于天，定降而为水旱饥馑之灾。伤败风俗，召致祸乱，莫此为甚，合行严禁。为此，示仰居民人等知悉：

以后凡有死尸，毋论亲疏，概不许仍前焚毁。如有真正贫婺，不能备棺，并寄寓之人死无葬地者，许乡约地方结报该县，转报本道，以凭捐资设备棺木，于附城处所置立义冢瘗葬，敢有不遵明禁，仍前擅自焚尸，地方乡约公举赴道，定按律重处，仍枷号示众。如地方乡约互相容隐,查出一并连坐。至于有力者焚其至亲,尤可痛恨。犯者必立行处死,断不姑贷。

此本道谆谆以敦本厚俗相约,法在必行,慎勿以身尝试。

招徕流亡,修复故居,以奠民生

照得南安素称雄郡,水路通衢,自应阛阓喧填①,商贾辐辏,成一繁盛景象。地方官生聚教养,即从此概见。乃自兵燹以来,一二残黎万死一生,相率携持妇子,荡析离居。兼之兵马云扰,心怀疑惧,即绅衿巨姓,亦皆星散远方。祖遗房屋,任其倾圮。治城之内,一望萧条,惟有败瓦颓垣,寒烟衰草。本道见之,实切恫瘝,合行晓谕,为此,示仰南安军民人等知悉:

城内房屋基址,皆尔祖宗辛苦构造,以遗尔子若孙,使有所托足,安忍终弃?向日虑兵丁占栖,故观望不修。今兵丁住居已定,前此占栖俱经退回。自今以后,谁敢违旨逾越尺寸?况过往兵马不许入城,久奉明纶,钦遵在案。城内居住,可以卫朝廷之封守,可以免盗贼之窥伺,可永无过往兵马之骚扰,我百姓俱当趁此机会,各将旧时居址,随其材力鸠工修筑。或有愿租地基,自创房舍者,听其两家议明,具呈给照。或有本主逃亡故绝,许邻佑人等查明具结,听人捐赀筑室,永远为业,本主宗族不得争论。如兵丁妄意侵占,许赴本道陈告,以凭究处。地方各官务要加意招徕,庶几渐去萧索之景,浸臻蓄阜之象。慎勿自干废毁,羁旅荒郊,负本道安辑抚绥至意。

校记

① "填"似为"闽"字误。

修复书院，以重道源事

窃照南安为周程三夫子传授道统之地，实称东南邹鲁，与九江、隆兴、吉州、赣郡偶而游寓者不同。府学东壁旧有道源书院，宋理宗宸书扁额辉煌，章江数百年来士子弦诵其中，相继未衰。

自兵燹以后，堂庑尽毁，遗像沉埋，蔓草荒烟，牌版纵横。本道徘徊太息，深虑吾道荆榛，后进无所式型，合先蠲俸修葺。为此，仰府官吏即移行各厅县，先估计工料约费若干，量力捐助。趁此秋成之后，觅夫修理，务要坚整宏敞。庶濂洛授受之所彰明于天下，以昭圣朝崇儒之治，兴后学景行之思，其于教化，实非小补。速速！

禁革陋规，以苏民困事

照得虔南自兵燹之后，灰烬遗黎，膏尽髓竭。司牧者自当加意爱养，除正供外，分毫不宜朘民。本道访知各县陋规，凡上司过往，铺垫安置中伙下程，毡席彩帐。甚至过客往来，酒席供给，无不督责现年轮置备办，糜费多端。毡条等项事竣，收领多半毁坏，工房任意作奸，莫可穷诘。

嗟！嗟！朝廷建立守令，固望保障孑遗，撙节民财，一切与地方休息。若视闾阎为外府，痛痒不关，恣意以取，小民脂膏有几，何堪此层层克剥乎？合行禁谕，为此，示仰道属官，仰县官吏查照吏里民人等知悉：

以后一切供应，不得仍前派乡约、现年、里长轮值备办。如敢听信奸胥，因仍积弊，借端朘削里民者，或经本道访闻，或系里长告发，官定揭报题参，衙役计赃按照新例流遣，断难宽徇，令小民敢怒而不敢言也。

慎之，慎之，勿贻后悔。

严禁停舟僻地，以免盗患事

照得往来船只遇暮止泊，自应赶烟户凑集，素无暴客之所。若山僻野地，即为维繁，未免诲盗而生其戎心，合行严禁。为此，示仰客商船户，地方人等知悉：

江干荒凉，盗贼易于窃发。上下船只必择可泊之处方许停宿。若地方僻险，不利止宿者，舟子倦行莫前，致有疏虞，必以通盗治罪。该地方乡保居民，停舟时不为晓谕，劫舟时不为救护，亦从重究处。一切乘船之人亦须不惜小费，不辞辛勤，协同船户，竭力驾至人烟众多处所，庶免盗贼之患，勿与长年执拗，自贻伊戚也。

严饬操练，以资守御事

照得时方多事，捍卫需人。况南安处五岭要会，尤藉膂力强壮、精娴技艺者以备指臂之用。昨本道较阅，时见标丁技无所长，力不能胜，有兵同于无兵，其于固圉折冲何赖焉。本当严加汰革，以肃军伍，姑饬训练以观后效。

为此，仰中军官周国璧以后三日一次掺练，逢五日候本道亲阅。如有精通技艺，堪资防御者，本道不惜重赏，以示鼓励。如仍前弓矢生粗，步伍散乱，将本兵当场重责革去。

慎毋怠忽，自贻后悔。

申严城守门禁监狱，以防不虞事

照得雩都、兴国等县警报屡至，南安相去遥远，势难相机策应。本道拟暂往赣城面请方略，捕剿丑类，安定地方。但南安旧城有右协府厅县弹压防守，可恃无虞。惟水城止军厅一官，又赴宁都署篆。外此一二小吏，才力浅薄，恐犷悍之徒不服约束，巡查不严，往来无忌。城守监狱，关系重大，万一稍有疏虞，地方官不能辞其咎也。

查得该府惟照磨职掌颇简，合行责成严查，照票内事理，饬令照磨孙希贤即日移驻水城，将城门锁钥交付收管，谨其启闭，协同本道中军、大庾县典史严加防范。昼则盘诘奸宄，夜则稽查更筹，督率标兵民兵照本道节次申饬，时常戒备，不得偷安怠玩，致滋不虞。司狱官王应宿责令严查监犯，昼夜堤防。饬令大庾县官不时稽察，以防疏忽。该府师帅一方，责任尤重，当严督各官蚤夜惟谨。本道虽暂赴赣城，可无南顾之忧矣。

慎之！慎之！

纂修郡乘，以彰文献事

照得各府州县之有志也，其所纪载不越四境之中，而实能备国史之所未尽。赣郡总江楚之枢键，扼闽粤之咽喉，山川险隘，视他郡为重。各宦乡贤，指不胜屈。而兵燹以后，典籍尽付灰烬。各县志书，止有宁都、石城、定南数处，他邑荡然无存。府志止购得一部，条例分明，犹称善志。但事止于万历末年，近今之事阙焉未载。

及今不图，恐世远言湮，老成凋谢，虽欲从事，势必更难。拟合先刊旧本，继纂续编。为此，仰府官吏即将发去赣州府旧志一部十二本，转发赣县，选善书者誊写精工，务要欧颜字体。校正无讹，同原本赍道，以便发刊外，再行各县印官儒学，于故家宿硕采访旧籍，网罗遗事，并各县新定赋役之轻重，户口之多寡，城卫之兴革，官制之增减，选举之姓氏，先达之艺文，俱博求广揽，限一月内陆续经赍本道。再令各属各举所知有博通典故，精于史裁者，不拘绅衿，山林隐逸，俱敦礼延请，起送赴道，于濂溪书院开局裒辑，以补前志之未备，庶几可以昭鉴戒，明法制。不徒美文章之观，为黼黻之事已也。

幸各祗慎，毋得怠缓。

查取先贤遗文事

窃照黄洛村、何善山两先生理学文章，得姚江心传。雩都为讲学之地，语录、文集、板籍，必有存者。今正学湮晦，士习乖谬，正当表章真儒，以奖励后进，合行查取。为此，仰雩都县即查两先生语录、文集等书。如原板尚在，印刷数部，赍道以凭颁发南赣各学使诸生，共为传习。如原板无存，即多方购求善本，抄誊一部，校正无讹，赍道以凭考阅。毋得迟违，速速。

援师大获奇捷，海逆歼遁无遗，亟示晓谕，以安民心事

照得本年九月二十五日，据提塘官周国佐报称："八月十一日奉江抚部院张出示前事，据安庆府塘拨千总何承统报称，七月二十三日，苏州提督梁提兵援省，于观音门顶马大战，贼众手足失措，斩级数千余，贼退四十里。操江总漕、两部院领兵援剿，取复瓜州，夺船数百只，贼艘大败。杀戮逆贼，精锐尽丧。郑成功大哭而去，远遁海口。兵马过江，并无阻滞。芜湖一带俱已安宁"等情。塘报到道，据此合行出示晓谕，仰道属军民人等知悉：

当知皇运鼎新，纲纪彰明，将勇兵强，海宇底定。区区逆氛，指日净尽。尔等各宜安心乐业，耕田输赋。地方一切利弊，候本道与府厅各官商榷，次第兴除，务令兵火凋敝之区渐睹生养安全之效。毋得妄自纷扰，致干罪戾，贻误身家。

戢虎暴以除民害事

照得虔南兵燹之后，人民凋丧殆尽，荆榛塞路，虎豹昼游，吞噬残黎，攫啮牲畜。本道暨府县各官不能如古循良吏，增修德政，使虎类知感而渡河，自应责令乡民驱除虎害。乃近见各属有民间擒

得虎豹，强缴其皮献之官府。是百姓冒死而得者，止供官府馈送之资，何所利而为之乎？合行申饬！

为此，仰府县官吏即便大张告示，晓谕乡民人等，如有猎户善于搏虎者，听其捕逐擒获，一切皮肉任彼变卖，不得强行索取。仍破格赏赉，以示鼓劝。各官更当洗濯其心，慎重刑狱，毋使人谓苛政之害甚于猛虎也。

仍将行过缘由回报查考，毋违。

塘 报 事

据该府塘报：据该县呈报李玉廷复谋不轨等情到道。查本道奉敕虔南，弭盗安民，与有专责。地方盗贼生发，即当飞报本道，以凭筹画方略，此于下车后不啻三令五申矣。不谓该县视本道为赘疣，竟无一字相闻。初接府报，已不胜愕然，犹以为差役之迟滞也。今数日杳无一报，岂该县以地方安危，本道毫无干涉乎？经承藐玩至此，真堪痛恨，合行提究。

为此，仰雩都县官吏即查，李玉廷复谋不轨有何的据；该县塘报不令本道与闻，是何意见。文到即日明白具文回报，并将藐玩经承一并解道惩处，勿得抗延。刻速！刻速！

严饬塘报贼情事

照得弭盗安民，地方官第一急务。近来属县视为缓图，漠不关心。平日防范之法既疏，事后缉捕之术又怠。且迟延不报，有三日后以验文申报，照寻常入铺司投递，六七日内始达赣城，十数日方达南郡本道者。更有上报虔院，下报该府，以本道为赘疣，竟无一字通闻者。如此玩盗殃民，藐视法纪，殊可诧异。本当即行揭参，姑特酌定限期，再为严饬。

为此，仰府官吏即转饬所属各县印官吏，查照票内事理，如遇盗贼生发，一面照本道节次申饬，星速缉捕，一面刻速差的当健役，遵律例昼夜须行三百里，飞报本道，以凭转请发兵剿捕。报内并书时刻及经承差役姓名。如差役迟误时刻者，罪在差役；签发迟误时刻者，罪在经承。若隐匿不报者，访出定指名揭报题参。

功令森严，勿贻后悔。

开 报 事

赣州府详："犯人黄吉等招由，看得宁都县私收帮运一案，前奉虔院宪檄，已行该府严审，随据府详，宁都帮运之需系合县绅衿士民会议，书立合同。每石帮运官盘费银一钱，乃民间自愿乐输，非私行科派者可比。又称逐一研审，县丞委无私派情弊"到道。本道恐其徇庇，复批驳严审，务得确情，以凭转报催。据署府毕同知详称："帮贴之议，实因一邑士庶思粮官解运，万不能赔，恐其终将攀已，故有此陋规。而效尤因循不改，原非良法，仍照原拟复详"到道。

窃以漕粮官解，自属善法。粮官赔累难支，投江而死者累累有徒。前虔宪请改省运为赣运，路减三分之二，官民称便。四分水脚之议已奉部文，谁敢擅自改变？即果有不敷，仍当明白申详，听候上台裁定，何竟违例私帮？乃借口士庶公议，官无染指，谓可以置身事外耶？当今功令何等森严？陈效夔身为职官,岂不习闻,如此朦混,诚难一日留于地方,亟应斥逐,伏候宪夺。其黄吉驾船不慎,拟杖示惩。并应追救米工银及效夔借过赔米银,俱如府议,蒙将黄吉取问罪犯报夺。

钱粮不容冒支,恳准确查造报等事

宁都县详钱粮不容冒支由批:据详,逃隶悍仆,挂名行伍,便不识主父,不畏官长,窝赌放头,强买强卖,琐吊禁殴,无所不为,深为可恨。仰县即出示禁约,以后如有此等,听该县严拿究解。稽察虚冒,汰革老弱,奉有部文,自当实心遵行。拘定每月十六日过堂查点,反觉烦琐难行。至于支领月米,按季候虔院檄示,遵照可也。此缴。

缉解贼总,以靖地方事

赣军厅详贼犯伊福寿等由批:二犯既系异乡流棍,先被贼掳,后被兵捉,其为匪类无疑。当今地方多事,此徒岂宜轻纵？原奉院批开明年分月日备入原文,今详仍然混混,何也？驳行已五阅月,甘结既未取获,黎任我亦未提到,不知此案将来如何归结？仰理刑厅严提任我并当日举报之人,将二犯实迹根究明白,确招,速报缴。

弑叔异冤事

南刑厅详犯人谢尚迪招由批：此案大概已明，惟殴叔二字大关风化，招中甚属含糊，故驳行覆讯确招，殴叔有无的据，一言而决耳。今一言不问，岂该厅职司一郡刑名，而法不能行于劣衿耶？干证无一人解到，欲使本道何以究审耶？此系院件，耽延已久，且平反情罪，系该厅本等职业，惟欲草草了事，本道实不得其解。仰速确审妥招，报缴。

杀死弟命事

赣刑厅造报谭良彦招由，看得谭良彦挟仇造款，与胞弟谭良奇谋杀，砍首弃于河，将尸抱于野，杀婢焚屋以图饰罪，死有余辜。良彦处决，无容另议。

特申画一之法，以振积玩，以清案牍事

照得本道衙门举行事件，莫非要务。如钱粮则漕政军储等事，如刑名则人命强盗等情，皆关系重大，刻难容缓。本道莅任伊始，稽查旧案，尘封卷宗盈几充栋，多由奉行衙门一味怠忽，任凭经承因循支吾，竟致沉阁有数月不报者，有经年不报者，如此废弛，成何政体！

今量定画一之法,凡干钦件、院件及一切钱粮刑名,重大诸项,初则酌路之远近量定限票。初限不应,则发"风"字宪票行催。所行事件倘能依限详缴,经承吏书姑免深究。如风字过限不报,则发"火"字宪票,一面速完前件,仍令经承执文赴道,面禀所以不能完结之由,以凭裁夺。倘此限犹然不覆不结,则发"雷"字宪票,提该衙门经承吏书正身解道,计事惩究。如竟抗违不来,必立差役锁拿经承赴道,加倍严处。倘事关重大,并将本役解赴各院责惩。如捏文饰覆,及藐抗不遵不解,以宪行为故事,除玩役尽法究治外,定将本官以疲软揭参。

仍先责令吏书造循环簿二本,限文到三日内赴道请印,发回该府厅县卫,将本道一切牌票批详,按月逐日,一一登记明白。每季终逐件开具已完未完具结,差吏赴道赍比。如未完过多,及朦胧妄捏已完,或愆期不比,并事件遗漏者,定将经承从重责究。

法在必行,为此,仰府厅县卫官吏遵依施行。此本道因循积玩已极,不得不然,非过为烦琐也。速速,毋违!

超豁罪赎事

照得新奉上谕:杖罪自三十五两至二十两止。盖以从前罪赎太轻,民易犯法,故量加增益,以惩创奸恶,使民知畏,无非刑期无刑之意。然贫民无力完纳,有司不加矜察,往往些小词讼,监追经年,妨废农业,殊为可悯。故本道遇各属呈详,招罪必审夺再四,除情真罪当者照春夏赎银充饷,秋冬赎谷备赈之例,尽数造册,移司报院达部外,其情有可矜及贫穷不能完纳者,俱行批免,以省牵累。

查得安远县于十六年十二月二十八日申招,林成力杖一百,罪银三十五两，本道已经批令照冬季例买谷贮该县仓备赈，取仓收报道，以凭补移两司。去后至今，二月已尽，尚未报到。冬季册已达部，不便再补。本道念今农功方兴，恐该县拘禁追比，妨废东作，以伤天和，合行豁免。为此，示仰安远县官吏即唤犯人林成力到官，量责三十板释放，罪银免追。如已经追完，即发还本犯收领，不得令承隐匿侵欺丝毫。如违，许本犯赴道喊禀，以凭提究，按律计赃究追，决不轻贷。

仍具遵依报查，速速！

销算顺治十六年分兵马钱粮事

赣州府详各属逋欠十六年分兵饷缘由，据此，查兵饷为三军续命之膏，况虔南征剿方殷，营兵悬釜待炊，时刻难延。本道莅任以来，无时不以兵饷为第一义，望各县解济，何啻饥渴？严檄飞驰，手口交瘁。无奈各县玩愒成习，如聋如瞆，至今奏销期迫，仍然未能全完。致厪宪台清虑，谆谆谕以上年处分龟鉴，是于催追兵饷之中，仍存爱惜属吏功名之意，未尝时刻怠忽。或移檄切责，或提比经承，大破情面，罔避怨劳。

今据陆续申解，仍未全完者，兴国、上犹两县是也；执减编为辞，坚不完解者，安远是也；叠催杳无一应者，宁都、崇义是也。总之，各县素称疲玩，去岁或半载无官，或盗贼纵横，或地苦民残。本道督催有心，点金无术，此又无可奈何者也。现今一面严行南赣二府，并上犹、崇义、宁都、兴国、安远五县，勒催续完，数目另报外，缘系奉催未完兵饷，恐误奏销事理，合就据实详报。

申严门禁,以重城守事

照得城门之禁所以诘奸宄,防暴乱,最宜谨慎。前阅邸报,如河南郾城等县只因门禁不严,操弓骑马者手持假票,公然入城,遂致大变。即近日吉水、新喻等处,或因城守不谨,或因盘诘疏忽,至于伤官劫狱。鉴戒炯然,岂可不为警惕?况南赣两郡县或路处冲繁,或城郭空虚。冲繁则过往必杂,空虚则堤防宜固,尤不可不昼夜凛凛也,合行严饬。

为此,仰府官吏转行属县官吏,申谕守门兵役,严加盘查。凡有骑马带弓箭及形迹可疑者,必有真正印票。有事本城禀明该县印官,方许入城。但不得借此扰害平民,使担柴卖菜者受其需索,妇女往来遭其陵侮,大为不便。夜间更当谨慎,切不可轻发锁钥,致滋不虞。该县印官不时单骑查点,宁无事过防,不可有事失备。慎之,慎之。

急催官员贤否事

照得吏治清则民生安。本道忝此方表率,下车之始,自当首询吏治。况按院巡历在迩,尤难容缓。为此,仰府厅查照原行,即将所属文武各员逐一确加评骘,务期名实不爽,贞污昭然。刻速赍报本道,将藉手以庶几知人之明。至于吏书臧否各册,一时不能全完,另文呈报可也。

下吏受过有由，恩诏之赦款允协等事

赣州府详原任同知朱之垣援例呈请开复由批：前奉各部院檄，转行该府。查前后任事各官有与例相合，秉公确核，造册具详，以凭转请开复。若据代申不参一语，谓之确核可乎？原任朱同知奉抚院题参，部议革职，果否与注误之例相符，仰府详查原情，径申布政司酌转，仍报本道查考。事关题覆，毋得朦溷，此缴。

敬陈丈造之详，备述收归之便等事

赣刑厅详赣县清查田粮，归户完粮由批：阅赣县归户册式，可谓备极详明。各属皆照此法行之，自足杜飞洒诡寄之奸，绝兼并包赔之累，欠户无所影藏，征收自易为力，丘段既各分明，讼端亦可渐息。仰该厅即行各县照式造报，仍严饬不得借端科派，自干罪戾，以仰副按台清赋至意。候院批示行缴。

佥选殷丁等事

赣军厅详南安所佥选殷丁漕运由批：南安所旧无漕运之责，故前奉兴利除弊之大莫若裁并卫所一案，已经署道，据两府详议，以该所去赣卫二百余里，输纳钱粮不便，应归并大庾、上犹转详四院矣。此议原奉部文甚合，自当候题覆遵行，恐未便擅议纷更也。况原以无漕运之责,故议归附近县。若比例佥旗,是有漕责矣。不几于前议悖谬乎？南安同知摄篆宁都,相去五百余里,就近佥选之说,岂该厅现署府事而属县之代庖,未闻其姓名耶？仰厅仍遵定例,佥选该所归县与否,候会题也。

严禁行使低假银色事

照得民间银两,上完国课,下资生策。做造假银,久奉严旨,特设重典。赫赫皇言,钦遵在案,奈何奸徒恬不知畏,仍前做造,欺天罔人,莫此为甚。夫小民终岁勤苦,始获些须土产,以万不得已之费赴市求售,又值神奸将低假银两巧为诱骗,愚夫愚妇骤堕其奸,号天震地,计无复之。兴言及此,真堪痛恨。更有一等刻薄钱炉,故将纹银兑易低假使用,止图自己便宜,不顾穷民艰难。天理王法,皆难轻贷,合出示严禁。为此,示仰军民人等知悉：

以后市肆交易,俱用纹银制钱,敢有仍前做造低假银色,及知情行使者,听被害人指名陈告,或牙行据实举首,定尽法惩处。如牙行通同阿隐,事发一体连坐。该管印官仍加意禁饬确访,连人拿解本道,以凭重究,毋得故违。

申严城守,以重封疆事

照得城池为有司第一重务,官民性命系于斯,仓库狱囚系于斯。况虔南萑苻未靖,闽粤之寇时切震邻。而城垣颓敝,民居鲜少,若不严加防守,万一奸宄窥伺,患生不测,深为可虑,合行严饬。

为此，仰府官吏转行属县，责令巡捕官役，会同汛防官兵昼夜防范城头，更鼓巡锣，时常戒备，不得苟且偷安，致滋不虞。至于城垣有因霪雨倾坏者，该县当亲行查堪，估计丈数，作速设法修理，本道亦可蠲俸相助，不得科派里甲，自干功令。慎之，慎之。

文到即具遵依报查，勿违。

申饬清狱事

照得时方盛暑，湿热烦蒸，囹圄之中惨苦倍甚。一切囚犯，有情可矜疑，驳批覆谳者；有党羽实繁，差拘待讯者；有波累株连，疑信相半，遽难轻释者；有异乡盗伙，远核虚实者。甚之，有不肖有司监追赎锾者，滥囚妇女家属者，事犯在赦前，淹滞不为申请者。无重无轻，寄身圜扉，呻吟痛楚，殊为可念。

本道政刑之不修，不能使草长罗张，冀望其明冤缓死。为此，仰府厅官吏照牌内事理，即亲诣府县监前吊出现在人犯，逐一细问情节，开造清册，某犯为某事，某年某月日奉某衙门发监。或候详，或候决，或应讨保，或应释放，件件开具略节，不得遗落一犯。限日内缴道，以凭亲行清理。仍查各犯每日口粮若干，足延喘息否，夜卧有无荐板，墙壁有无修筑，秽污有无涤除，禁卒有无陵虐，疾病有无医疗，狱官有无违禁，擅用拶枷匣床刑具，一一据实回报。

再严饬狱中禁作多然苍术，贮清水，以防瘟疫传染。如敢漫不加意，视人命如草菅，本道体访得出，或被人告发，定提司狱禁卒严法重处。仍通饬各属县俱照此例，细细从实查报，以后按季登填循环簿，申报稽考，俱无违缓。速速！

严禁宰杀耕牛,以重农务事

照得六畜之内,惟牛最有功于人。田地赖其犁转,麦稻凭之播种。纵使毛齿衰残,亦当念壮用其力,老弃其身,甚为不仁,况正资耕耘之年而横加屠宰。毋论报生以死,冥谴必加。且屠宰资多,牛日少而价日涌,则地愈荒而民愈贫,理所必至也,合行严禁。为此,示仰军民屠户人等知悉:

以后敢有土棍串通营兵结党窝宰,及贪窃嗜利宰杀耕牛者,巡捕官及保甲、地方、邻佑,即行赴道禀首,以凭拿解,尽法重处。仍枷号示众,并将牛价尽赏举首之人。如捕官、保甲、邻佑人等通同贿庇,访出一并严惩,决不姑贷。

晓 谕 事

照得南赣凋残之后,一二遗黎俱膏尽髓竭。司牧者必加意爱养,庶几灰烬孑遗可望起色。乃访闻各属,凡上司过往,中火坐饭,俱令现年、里长备办,差役就中需索,苦不堪言。违禁剥民,深为可恨。

本道经过地方,一蔬一米,俱发纹银照时价两平公买。中火坐饭一概未用,诚恐该房吏役仍指称供应本道名色,苦累里甲。是本道有洁己之实,而小民仍受骚扰之害。合出示晓谕。为此,示仰南康现年、里长人等知悉:

如有假借本道名色,用现年一蔬一米者,即赴道喊禀,以凭拿究,照新例流遣不恕。

申严城守,以专责成,以防不虞事

照得海氛荡平,巨寇歼灭,而雩都、兴国等处小丑窃发,扰害乡民。本道以南安路远,策应不及,暂赴赣城面请方略,誓必灭此朝食。本道静夜筹度天时人事,山泽伏莽今岁合当殄灭。指日事定,即返旆南安。但旧城有右协府厅暨县官弹压防守,而新城官少民多,特委府照磨专心料理,诚恐兵民之中有一二犷悍之徒,不守法纪,不遵约束,殊为不便,合行严饬。为此,示仰各该官吏兵民人等知悉:

照磨孙希贤新硎初发,才力有为,即日移驻新城。城门锁钥用心收管,谨其启闭,协同大庾典史吴雄严加防范。昼则盘诘奸宄,夜则稽察更筹,点验栅栏,照本道节次申饬事理,时常戒备,勿以一时小康遂偷安怠玩,致滋不虞。监狱巨犯累累,关系最重,司狱王应宿昼夜点查,谨慎堤防。重囚严牢固之法,勿使禁卒疏懈;轻犯存哀矜之心,莫使禁卒凌虐。仍令禁卒每夜于狱中击梆巡更,司狱官于三四鼓时或鸡鸣时暗至狱前,察其更漏。如偷惰熟寐,即重加责惩。

尔各官受此委任,打起精神,以恪共职掌,保守地方为务。本道虽在赣城,可无南顾之忧,当竭力荐拔,断不相负。如强悍之徒,不守法纪,不遵约束,即报该府法处,汇报本道,以凭拿究重惩。本道必不姑息徇纵,以灰各官苦心。若尔各官以本道之委任为故事,任意悠忽,定揭报各部院分别题参斥逐。若致有疏虞,尔身家性命不能自保。国宪凛凛,断难宽贷。

大盗劫狱可骇等事

案照逆犯张熊窝藏会昌境内,搜获伪敕银印、伪札关防,该县毫无觉察,犹执称守法无过,冒昧通详,疏忽甚矣。据熊供称,逆党甚众,且首逆方应佐系奉旨缉拿巨犯,屡蒙四院严檄,并准臬司巡西道移会本道,俱经檄行该府通行各属印捕防弁等官,密速羅缉,至今数月,杳无获报。或该府之未加意督催耶?抑各该县之玩愒从事耶?倘此日不加意严缉,异日别处供报,差官直赴该地方拿获,又如会昌故事,文武各官不知将何以自解?合亟严行催缉。

为此,仰府县官吏即便严行所属印捕各官,并移各该营协弁,勒令捕巡。各官并移会驻防备弁,多差捕快兵役,遍境密探。如寺院庵观、孤村密洞、客舍酒肆、娼门赌室、山僻河曲,尽力搜查。再严饬保甲,挨门逐户,务将逆首方应佐即万云龙,并余党方甫廷、万山药、张文举、张文相、姓阎、姓崔、曾深、李梦育、萧受、方义吾、方景容、蔡萃卿、蔡龙官、刘须友、赖俊德、郑亨衢、陈君用、刘祖等,昼夜羅缉,期在必获,毋得纵令兔脱,自干俞功令。毋得听凭各奉差员役虚应故事,怠玩延捱。并严谕不许波累无干,借端诈骗。如仍前玩泄,本道设法密访,若得一犯踪迹在该地方境内者,定将该县文武官以庇纵大逆,立行揭参,恐该府亦不能辞其责也,恐不止降级革职而已也。

文到即将设法缉访方略先报本道,以慰切切悬望之意,勿再视为故事,自贻噬脐。慎之,慎之。

查勘隘要地方,量设官兵防汛,以靖寇源事

看得赣南二郡当五岭之要会,处四省之错壤,层峦叠嶂,密箐深林,封豕长蛇,易为巢窟。前代至今,时常跳梁。虽亦兴师动众,歼魁俘囚,而旌旆甫旋,余烬复炽。且洞壑曲邃,邻境旁通。在此地则耕田输税,号为良民;在彼地则挥刃操戈,即同叛党。执之无从,搏之不得,终不能铲厥根株,空其峒垒,其地势使然也。故为今日之计,不当于盗贼已形之后择险而出奇,惟当于盗贼未聚之先因险而预备,使彼不敢生发,发不得肆志,则胜算在我,可保无虞矣。

本道恭承宪檄,查勘要隘,量设汛防。俟保甲效成,徐议撤回。仰见宪台洞悉虔南情形,急为桑土绸缪。本道凛遵指示,随备行两府,复遍檄属县,亲诣要隘,相度地理形势,酌量山冈平险,询访民情,筹度缓急。复严催不啻再四,据陆续报到,有称各隘不隶本邑所辖,无凭酌议者,赣县是也;有因士民遭寇乱兵蹂之后,愿操练乡勇,遵行保甲,家自为守,人自为战,不愿设立防兵,以滋骚扰者,兴国县是也。赣邑为院镇驻扎之地,兴国持地方无事之说,似不必再议矣。

宁都县详称,大柏地有永镇营官兵防守,又与鸭子岭、佛婆嶂等处相近,该营可以兼顾宁都。惟清泰乡离县独远,怀德、黄陂村人情犷悍,鹰眼未化,而乡民畏苦设兵,曾具呈前都院佟,准行停止。查该县为左协分驻之地,虽目下调援浙江,而存留兵力尚可肆应。宜严饬该营谨设塘汛,严加堤防,遇变接连传警,营弁率领健兵电击飙驰,与乡勇协力固御,不得推诿偷安,自取罪戾。似不必

另设防兵,致事权不一,反多掣肘,庶与部文不许零星设防之意两不相悖也。

惟雩都县以葛坳、宽田二处路当孔道,为数县要冲,急宜设兵弹压。龙南县以新兴保逼近粤寇,小丑伏莽,万难缺兵驻防。周推官条议以平头寨分设劲旅,可以控制诸邑,本道复询之城守营孔副将、镇标中军洪游击,图绘平头寨、葛坳、宽田,形势险夷。又檄行雩都县覆行查勘,据称宽田去石崆五里以北之韩婆嶂,以东之石井、木瓜,以南之龙泉,径相连不过数里。石崆丛山狭路,难以安营,前奉发防兵,现今移驻宽田,则宽田、石崆应作一地论也。平头寨为雩、兴、石、宁四县之界,实属要地,去葛坳止二十里,则平头寨、葛坳应作一地论也。此二地或各设兵二三百名,领以守备、千总等官,必得慎密,知方略,能约束兵马者。无事则静以弹压,有事则相机夹攻,庶克有济。

至于新兴保,已奉院发兵设防。然其地与横冈营相近,必与该营声息相通,协力守御。则兵不患寡,而地方有赖。此数处兵既设犄角相应,则紫山、银坑等处皆可镇压,足消反侧之心矣。

抑本道参之众论,尤有请者。兵合则强,兵分则弱。兵与将离则放恣易起,兵与民杂则骚扰易生。赣为东南雄镇,年来抽调防浙防闽者,逃亡裁汰未补者,为数甚多,重地渐见单弱。若分防太众,则兵力益薄,设有缓急,实为可虑。则免其抽调,补其缺额,实巩固根本至计。又兵丁强悍者多,安静者少;末弁猫鼠同眠者多,秋毫无犯者少。如陈子龙、刘应虎辈可为前鉴。今后分防各弁,当知地方无事即为上功,不必以斩馘俘囚为能,使民知有设兵之利,而不见设兵之害,是在宪台霜威震摄之耳。

瑞金县杳无一应,俟报到另议外,缘奉宪行查勘要隘地方,量设官兵防汛事理合就呈详,伏候宪裁。

飞 报 事

据会昌县详报，张熊先年住居马村耕田，今奉上拿，莫知其故。缘由看得会昌县知县王志鳌，司篆百里，当思缉奸诘盗为县令第一要务。以大逆张熊潜匿本境，漫无觉察，反听关长地方呈报之词，辄信其历年守法，向善向化，冒昧申详，疏忽之罪，实不能为该县解也。

但察其原情，张熊踪迹诡秘，王令履任方新，且陈士文原供首逆方应佐居在上犹县营前，张熊居在瑞金县铜钵山，前道周参政以事关机密，恐防漏泄，故止密檄上、瑞两县协力缉捕，未尝通闻该县也。及至差官同乡导至渔公埠江口擒获张熊，实在会昌境界。该县未奉檄文，止据关长地方之报，见操弓挟矢，拥众拿人，事出骇异，莫知根由，遂令典史、巡检向前查问，亦势所必至。若谓其有心传关令方逆闻风而逃，及率众追赶，希图夺回原犯，该县身为民牧，凛凛王章岂不习闻？况两月新令，何所为而干犯宪典，从井救人如此也。但既经查问，见两道官役奉文缉逆，且现获伪敕伪印，何等重大，该县自当悚惕靡宁，深悔觉察无术，殚力搜缉余党，务靖根株，以赎前愆。以受事未几，哀恳宪慈鉴宥，犹可言也。乃事在二月二十六日，迟回月余，犹持毫无违犯之说申报抚宪，则该县之胶滞固谬而不可解亦已甚矣。平心定论，通同抗庇之情，该县所万万不敢蒙昧，固执之愆该县所断断难辞也。

其叛首方应佐严勒该县加意缉捕，务在必获外，今据该府查明追赶差官有无抗阻庇纵情节，合就呈详，伏候宪台裁夺。

属邑告警相仍，郡城无兵可虑，密请酌定硕画，以靖地方事

请详院剿贼缘由，看得赣当四省之冲，所藉以建威销萌，惟劲旅是赖。近因调援闽浙，又出剿饶州等寇，在赣之兵诚属单薄。今赣属雩、兴等县盗贼狂逞，洪、郑、高、王四游击俱已躬亲戎行。又蒙宪台垂念赣镇兵少，移调汀师互相夹剿，料此釜底游鱼，荡平定在指日矣。

今据该厅具详，风闻汀师旋汛，未知的否？窃谓此贼猖獗已极，非多集兵力不足寒贼人之胆。恐汀兵一去，赣师单弱，贼乘其虚，必恣肆无忌。若退师以守城池，则乡村任其掳掠，各县之民皆吾赤子，何忍见其荼毒？若穷兵进取，而贼势渐张，旷日迟久，未见歼厥渠魁，安保无意外之变？以宪台驻节之地，堂堂重镇，山泽小蠢辄敢逆我颜行？不及歼灭此朝食，万一狡贼计穷，遗一矢于属县之垣埔，不亦深可虑乎？

祈宪台密商总镇，仍留汀师会合赣师，协力夹剿。并祈预定方略，密饬各将，协心同力，如手足之互相救助，务期亟奏捷音，共成肤功，庶子遗之民获以安枕，而封疆固于磐石矣。

时势难支，恳请防兵，以保城池，以固根本事

雩都县请兵防守城池缘由，看得逆贼李玉廷啸聚猖獗，业奉宪

台发兵进剿。深入巢穴,虽有擒斩之捷,渠魁犹未授首。今贼情叵测,星散流毒。征师在外,自是分道堵杀,不难旦夕就缚矣。

但各营需用人夫草束等物所费浩繁,止以城内千家之士庶雇觅供应,又责以昼夜防守,势必难支。怨声盈耳,犹可谕以利害,若以老弱不经练习之民,徒以钝刀木棍恃为可守,诚非长策。今该县虑隆冬渐寒,恐难进剿。倘或班师,贼必攻城,以泄请兵之恨。详请调拨大营中千把总一员,领兵一二百名,在于城东郊外驻扎,饬令与民无扰。一以备防御城池,稍息城内久困之居民;一以备流潜之寇,闻报即可堵御,似属可行。合无呈请宪台酌发一旅,以保封疆,理合具详。

颁恩申详留兵永镇,以固上游,以靖地方事

呈详院留兵镇守龙南县缘由,看得龙南新兴、大龙、太平三保接壤粤疆,盗寇窃发,皆由于此。前明曾有东桃戍兵防守,后营废兵撤,寇复为害。自戊子以来,岁岁掳掠,民无安堵。是以去年发兵镇守,地方稍宁。因夏间兵去贼至,故士民欲为预防,呈恳永留,今该县为之详请。当此海氛震惊,伏莽思动之日,似应准留久戍,以固疆圉,以安人心可也。

请旨发审事

据南安府会同南雄府详,过兵孙大等杀死乡民钟应贞兄弟招

由，看得孙大与陈报国因赶马之役，不遵法纪，擅离营伍，持枪带刀，径入中村强取乡民钟应贞、钟应光之鸭，按之军令已不能无罪矣。殊不思鸡豚之利，细民资以为生。及应贞向前索取前鸭，孙大遂执枪刺胸，直贯后心，立刻殒命。应光见应贞被刺身死，喊众救命，孙大、陈报国复枪刃交加，不移时亦登鬼箓。

当时，钟应尧同嫂赴营哭诉，董游击亲行往勘，初欲马上拔刀以杀犯兵，继则捆缚孙大，移送到府，且移会之词惟言据情定罪，二命合当抵偿，此外无他词也。两尸业经相验，致命伤痕昭彰可据。孙大已经屡审，招供真情始终相符。前此承谳官以索鸭必致争闹，疑于斗殴，故依律拟绞。因奉平藩批驳，适逢赦例，援引招详，致奉各宪严驳，复行二府会审，孙大口供毫无改易。

详阅律例，两相角敌方谓之斗殴。今孙大等逞凶兵之威，应贞兄弟势力万不相敌。观二府前招，孙大丰美优游，敢请轿于二府之前。入狱则苦主供食，乘轿则苦主承办，是羁身囹圄之中，尚且无官长，残虐乡民，苦主宁鬻二子而不敢与抗，况昔现为营丁，执持枪刀，而谓乡民敢与敌斗乎？且当时执枪者止孙大一人，应光腰间之伤报国未及面质，检验亦系枪痕，是应贞之命毙于孙大之手，而应光之命大亦当平分其罪。反覆审断，恩例固不相符，即缳首亦未合律，拟以故杀，庶足昭三尺之法，而瞑二魂之目也。

至于钱粮衣甲之失，董游击之呈报时日已不相符。若果稍有遗失，移解孙大之时岂肯默默无言？陈印已回广东，金朝选之口供可凭；乡民啸党围庙，董怀德之饰词无据。驳谳再四，字字真确。按律定罪，孙大一斩允当，陈报国已经文村贼炮伤亡，免究。

事关钦案，伏候宪裁。

打死人命事

赣刑厅详刘大富打死萧天标招由,看得刘大富堂妹刘氏配与萧天标之子萧明为妻。产后染疾,天标延医调治稍痊,大富接妹归家,饮食过伤,夙恙复发,遂而物故。天标备棺收敛,情理尽矣。大富与其弟大祥思借端吓诈,未遂其欲,辄以孝礼为词,大富奋拳凶殴,致天标立刻殒命。屡经检审,伤痕俱真,证供皆确,按律绞抵,当俯首服辜也。大祥助殴,伤无致命,又非元谋,依余人之律,似不为纵。刘君禄叠审,委系无干,应行释放,免其拖累。

活活打死人命事

赣州府详蔡达生打死钟惟亮招由,看得蔡达生与营兵朱大奇有瓜葛之戚,遂假威呈凶,代其卖肉,横行于馆驿之前,置肉惟亮屠案。在惟亮情自难堪,彼此交殴,达生理已不直,乃复构大奇以图报复。惟亮知系兵党,潜藏三日,至十九日始敢出市,情亦可怜矣。而达生复偕大奇以贱价强买起䏑,协力殴打。后惟亮入城鸣冤,二凶又伏于城内观音阁前扭执惟亮,拳石交加,以致惟亮之命越宿而告殒。

屡经检审,伤真证确,拟抵何辞?然达生虽甚凶悍,非倚恃大奇兵威未必至此。推情理论,二犯厥罪惟均,但一命一抵,达生实为首祸,按律缳颈,以谢幽魂。大奇依元谋城旦,似非枉纵。朱天同原未在场,朱心池在傍叱,力不能救,俱应释豁。萧君甫等审系无干,仰体宪慈释放,以免拖累矣。

土霸魍魉,乡民涂炭等事

据赣刑厅造报斩犯袁利亨招由,看得袁利亨、赖国材焚屋杀人,劫财掳妇,受害之家证供凿凿。且又藏匿伪印伪札,竟不焚毁,意何为也?骈斩犹有余辜。生景华、张明采附贼情真,得财无据,改徒拟以实流,似非枉纵。禁卒张成防守不严,经承欧鸿不行通报,分别徒杖。逃犯刘清海等仍行缉结。

出 巡 事①

赣刑厅造报黄一鹏招由,看得黄一鹏乘乱立营,杀殴无忌,被害环攻,人怨已极,立诛以抒众愤,谁曰不宜?第事犯在顺治五年以前,至十三年始发觉揭报,其间相隔有八九年、十余年之久。前此寂无一言,虽时当乱离,或未暇攻讦,而辟案至重,不敢草率。况屡经恩赦,其兄弟三人,两人毙命。今一鹏尚多矜疑,似未便轻议深入也。

校记
① 本文题目与正文内容似不相符,存疑。

飞报乡兵奋勇等事①

赣刑厅造报王凤等招由，看得王凤、陈尚元聚众为盗，伙劫官船，天网不漏，随被乡兵阵擒。同伙二十八人，被戮者张望天等十九名，脱逃者王得功等三名，生擒者王凤等六名。内周二汉、曾成孔已经瘐死，夏元、蔡光与续获之刘可任、夏清仔又挖狱脱逃。今凤与尚元屡审已确，骈斩何辞？至脱逃之王得功等、穴狱之夏元等仍严行缉结。其写书觅寓之业林，与官守不谨之典史王万镇，拟杖示惩，似非过纵。盗妻三口，小子一名，虽与叛案不同，而逃贼未获，难以议释。奉虔院发监，应否的保？

校记
① 本文题目与正文内容似不相符，存疑。

堂上万里，下情难达等事①

赣刑厅造报廖保贞招由，看得廖保贞与刘览等同时阵获，而不与览等同赴市曹者，谓其藉口连斩三贼，故得肆其狡辩耳。然宋士达等业已投诚，而敢行诱杀及三人，族党相率报仇，官兵一至，始来投见。未几，又与刘胡二贼挺身跃马，身披虎甲，乃为贾将所擒。此人生成盗骨，变幻无端，拟以一斩，似无容置喙也。

校记

① 本文题目与正文内容似不相符,存疑。

拿获假冒大兵沿乡淫掳事

赣刑厅造报曾喜等招由,看得曾喜与监故之陈瞻明等假冒大兵,沿乡劫掠,甚而掳妇强奸,恣意轮宿。朱氏年方十二,竟以淫毙。如此凶狠,何论得财与否。屡审已确,亟宜悬首,以泄众恨。

申报逃兵等事

赣刑厅造报王先招由,看得王先与陈元押解逃人,自当恪守法纪,乃敢沿途杀掠。执棍先登者王先也,继其后者陈元也。竟将陈寿捆缚打落水中,赶入深潭而死。舟中银币诸物悉抢而去,诚王法之所不容,并斩亦不为过。既经臬司屡驳,复据刑厅议,拟斩为首之王先,遣为从之陈元,以慰旅魂,以彰法纪。

迅报异乱事

赣刑厅造报方良甫等招由,看得方良甫等谋杀张泰吾兄弟也,设酒聚饮,立刃三命,而又抄其家资牲畜,掳其妻妾子女,残忍狠毒,天日为昏。屡经驳讯,良甫、聂科、林汝柏三犯实为首恶,均拟一斩,以慰幽魂,以彰国法。加功之张君融等与淫妇聂氏严提缉究，万难容其兔脱也。

打死驿卒事

赣刑厅造报李长寿招由，看得李长寿殴毙驿卒谢胜也，因需索常例，言语相触，拳脚石棍，致胜立时殒命。检审已确，拟抵不枉。斗殴缳项之条，似足蔽辜也。

活活踢死人命事

赣刑厅造报傅先招由，看得傅先差拘逃兵，自当照名缉解，何乃株连房户，视为奇货，饱欲则释，拂意则锁。福吾贫无以应，竟怒踢肾囊而死，凶悍情状，令人发指。斗殴原非本律，威缚似已得情，虔宪批驳再三，无非恐凶人漏网，悍兵肆志耳。然法实止此，仍照原拟遇恩赦不减，该厅之议似非枉纵也。

申报防兵杀死印官仆命事

赣刑厅造报王文见招由，看得王文见防守上犹，絷民间之豕于月城之内，已不遵纪律矣。县官发钥开门，收还原主。所开者内城门，非外城门也。使文见果以防守为重，开门之时便当致诘，况持钥而出，驱猪而入，明明禀命而来，大呼杀贼，胡为乎？梓平自恃县令家仆，立而抗语，一刀数刃，肠溃脑裂，惨毒至此，法岂容宽？县令之仆视如草芥,矧平民乎？故杀律例似为确当。此案奉抚宪屡驳,县令久已离任,干证死亡无凭,该厅改绞拟流,本道未敢擅议。

移会查验伪首事

赣州府造报王勇总等招由,看得王勇总等一案初经前道会审,称其张旗列阵,汹汹对敌,杀伤我兵,当阵擒获,按律骈斩,自不为枉。及奉虔院批行府厅会审,口供种种互异。狡贼时久饰辨,固难凭信,其词招情前后矛盾,恐非如铁之案。见驳府厅覆讯,俟招报查核具详。

活活打死人命事

赣州府造报蔡达生招由,看得蔡达生与营兵朱大奇之殴死钟惟亮也,事起于卖肉细故。惟亮知是营兵,藏避三日,情甚可怜。二犯凶狠性成,必欲殴死而快心焉。达生首祸,绚首不枉;大奇元谋,城旦犹幸。

缉解贼总,以靖地方事

赣军厅造报伊福寿等缘由,看得伊福寿、李奇珍皆异乡流棍,暂寓宁地。先为贼掳,旋被兵获,自属匪类。但既非阵擒,又无苦主确证,故得肆其狡辨。而承谳官不能不为之矜请也。乃邻佑田主不肯出结。审讯未明，不便轻为发落。黎任我系原拿之人，拘提不至，已驳赣刑厅严提。任我并举报之人，根究明白，另详酌转，今奉审录。

移会查验伪首事

赣州府造报陈廷甫等缘由，看得陈廷甫、陈相元与已故郭王才等居邻贼窟，见大兵征贼，牵牲馈米以饷士卒。刘应虎疑系狡谋，诱而执缚，假称各围献出。复捏贼首诡名，希图要功，情罪显然。屡经研审，出首缚献，俱无的据。各犯获于犒师，非擒于对垒，情俱可矜，宜暂羁候题。但此案与王勇总等一案奉有前虔院一疏具报，仍同一时并题之。批勇总情节未明，又各犯查取县官印结、亲邻保状未至，致稽汇详。

海逆肆犯有年，讹言浪传无忌，晓谕官民勿听眩惑，以定人心，奉宪晓谕事

照得海逆猖狂，乘沿海一二郡县一时疏防，肆行剽掠。江南重兵满汉数万，谋士猛将如雨如云。且部院身亲督战，屡奏捷音。禁旅遄发，不日可到，此正天厌逆恶，扫灭凶氛之时。况我赣南雄兵劲旅甲于东南，金城汤池巩如磐石。又去江南数千里，区区逆舰，安敢望我旌旄，自求齑粉？

但贼计最狡，先布流言，不曰今日破某城，即曰明日攻某地，往来之人因讹传讹。我百姓皆兵火余生，惊魂未定，轻听浪传，遂生

疑畏,甚至有欲携家出城避匿深山者。本道已檄行各属,张示晓谕,使各安心乐业,不得妄自迁移,自取丧身失业之祸,已不啻谆切矣。合再遍行晓谕,为此,示仰赣南军民人等知悉:

当思皇运鼎新,四方底定。郑逆海上飘忽,偷生旦夕,且所恃者巨舰长帆,不过出没岛屿耳,安能远离巢窟,犯我豫章哉?尔等各安乃心,照常乐业,勿听讹言,徒事惊惶。至于携家出城,尤为非计。夫城池可以御暴,官兵可以防奸。若播迁郊野,万一土寇窃发,杀身破家,实属自取。敢有传讹恐吓,即系蓄谋不轨。乡约地方,协擒赴县,审实解赴本道,以凭转解部院,按律正法。如敢坚执不悟,仍搬移出城。守门兵丁拿获解道,亦决不轻恕。

本道诚心相告,矢诸天日,各倾心谛听,家喻户晓,立破狐疑,安守常业,勿得故违,自贻后悔。

恭陈裁并未当粮务,远摄非宜,敬陈一得,仰祈睿鉴,以重国计,以安民生事

准司咨安南所裁并卫丁田归之州县等因,移咨复行确查,再详绎部文,细加酌夺。照得南安所归并赣卫,其不便有五,而归并附近州县其便有三:

南赣相去二百余里,山峻滩险,往返为艰。屯丁耕种南安,输纳赣卫;军丁去官遥远,办纳濡滞,呼应不灵。又道路荒榛,虎豹昼游,身带钱粮,非结伴不敢起行。至于单丁女户,税银不过数钱,往返路费,倍于所纳。脂膏有限,势必因循挂欠;虑官提比,势必逃亡他乡,其不便一也。

刁军倚恃荒僻，抗粮不封，卫官鞭长不及，必至差役勾摄。差役奔驰数日，始见花户之面，需索骚扰必甚，旬日之费，不足供胥役一饱。官受考成之累，民受追呼之苦，钱粮必至拖欠，国课势难取足，其不便二也。

南安控扼梅岭，素称重地。该所屯丁原设以资守御，漕运事务，例不与闻。今若归并赣卫，必佥丁造船，其屯户之殷实贫穷，官远则闻见不确，必至假手书识。其中受贿作奸，卖富差贫，为弊多端。且平日概无漕运之例，其人必不谙漕运之事，万一违误运期，虽罪有应得，终属无济，其不便三也。

平时承办钱粮，道路既苦，艰难一遇。佥丁派役，农业必至尽废。该所兵燹之后，蒿莱盈畴。年来渐次开垦，其实十室九空。若再至荒废，恐流亡又复载道。而南安极冲极疲之地，防御无人，城守何赖，其不便四也。

且当今逃人之禁甚严，保甲之法屡奉俞旨申饬，该所既附赣卫，则编牌立保，县令不便约束。而卫官在二三百里之外，耳目难周，则军屯必为藏垢纳污之薮。盗贼窃发，逃人潜匿，县卫互相推诿，其不便五也。

若准归附近州县，属大庾者归并大庾，属上犹者归并上犹。钱粮与县民一例征输，无道路之费，则办纳自易；无跋涉之劳，则输将必速。差役无烦勾摄，刁顽不敢抗逋，赋税有济，考成无累，此便于国课者也。佥造漕船，不至互诿。该卫官丁相近，贫富刁良，平日闻见必确，不致专倚胥役，致滋弊窦，此便于漕运者也。在大庾境内者，尽属大庾管理；在上犹境内者，尽属上犹管理。逃人一体稽察，保甲一体编定，无掣肘之虞，无抗拒之患，盗贼奸宄，无所容匿。平日互相堤防，遇变互相救援，县官则无旁诿，不敢泄泄从事，地方可奏宁谧之效，此又便于地方者也。

反覆图维，正与部文相合。合就移覆，为此备咨前去，烦请查照酌转。

敬陈盐政壅滞之由，并酌因时疏通之法，仰祈睿鉴，以裕课饷事

准驿盐道手本前事，南、赣、吉三府议派应销盐引缘由，据此为照。

盐法上关国课，下系民生，额数一定，难容缺少。兹当派引之初，必从长酌议，期于均平，方能商民交利，永久可行。本道反覆思维，惟计口食盐，终属妥便。如但论县分，不论户口，则是南安之上犹、崇义，可与赣属之宁都比论。而赣属之安远、长宁，亦可与吉郡之庐陵并衡也。户口浮于引数，办纳固有余力。若引浮于户口，或数倍于户口，则民力有限，必致缺额，将来官受考成之累，民受追比之苦，脂膏既竭，国课何裨？今广盐额引一万八千之数，惟有合吉、南、赣三府属县总计户口若干，每口应食盐若干，每岁应销引若干，照数均派，庶可经久。如三府之户口不足销此一万八千之引，伏恳贵道据实请详，酌量照减。俟流亡渐归，荒芜渐垦，再为加增，庶三府受福无穷。如万不能减，亦惟于三府户口定额中稍为均摊，尚不至偏苦悬绝也。

如曰地荒而粮存，人逃而差在，此亦三府同病，不但吉郡为然也。且盐政系贵道专司，查照通省之例可以一言而定，檄行三府，照例遵依，似不必往返驳议，徒劳筑舍也。

又覆盐道应销盐引缘由，据此为照。

南、赣、吉三府岁额广引一万八千，道奉文酌派，事属创始，必

计户口销引，方可永垂无弊。今准大移，将三府实在人丁户口通盘合算，计口销引，甚为均平。且九府行盐成规具在，三府曷敢互异？如此则国课无亏损之虞，民生无偏苦之患，有司亦不敢不恪遵成法，勉副考成也。

今据两府回详，皆无异词，惟南安府称上犹一县新定全书，户口一千六百八十一丁，今贵道所开一千九百一丁口，则多三百丁口。或祈查照该县实在户口，应销引若干，余剩浮引，仍于三府属按户口均匀增销，庶该县官民获凛遵课程，不致陨越矣。

统候贵道酌转三院批夺赐示，以便行令三府恪遵，按年督销。合就移覆。

移会查验伪首事

赣州府详贼犯陈廷甫等缘由，据此看得见监陈廷甫、陈相元，与先故陈振华、续故郭王才等共一十二名，皆赣镇守备刘应虎会剿长宁时被缚者也。当三协合师会剿长宁之时，奉两省部院谆切申谕，令府佐县官分别良盗，纪验功次。又饬以严束兵丁，毋得因而生事，波累良善；毋得贪功生事，掳掠良寨；沿途经过，毋得骚扰。又必先行确查贼巢的据、贼首姓名，然后刻期出师。宪虑可谓周详矣！

三协遵承方略，抚剿兼施，崔苻已见肃清。只因难民胡大钜有贼百余奔蒲昌之一言，公议分道搜剿。而刘应虎则路由黄沙镇进兵，途过田心等围，陈廷甫等牵牲馈米以饷师旅。应虎疑系狡谋，遂执而缚之。夫廷甫等即居近贼巢，平日未必无染。而壶浆相迎，欢然恐后，在应虎就而抚之可也，何遂缚其身，破其围？且假称路获一人，又称各围长献出。路获一人，是何姓名？何不令为乡导，而杳然不知其所之耶？各围长系何姓名？长宁印官躬自随营分别良盗，此十二人者何未经该县一审耶？即胡大钜之言亦止称蒲昌，未尝言及田心、田坑、飞龙寨也，止曰有贼奔逃蒲昌，未尝指称贼首也。今一一坐以都总、副总、神总、大总等名目，是诚何心哉？

在应虎，不过以出师后期无所擒获，则羞于无功，擒非贼首，则功亦不大，必欲加此十二人以贼首之名，以成克捷之报，无乃犯贪功生事之戒耶。况前宪行查贼首无十二人之姓名，三协塘报亦无十二人之姓名，则十二人之非真贼可知矣。前虔宪之所以不即正法，而令审明招详，另题请旨发落，良亦疑其非真贼而慎重之意也。

因事关重大，再三驳审，郭王才等十人相继毙狱。及本道莅任，接宪文已止存陈廷甫等二人，行府厅确讯。又本道当堂严究廷甫，口供先当库吏，见充里长，与原招无异。长宁县印结，士民保状昭然可据。陈相元系廷甫之侄，素习农业，均非贼类。彼死者不可复生，存者审讯既明，似不宜久羁囹圄，自当速请释豁，以广皇仁者也。

刘应虎已经别案题参，见在候审，无容另议。

移会查验伪首事

赣州府招详贼犯蓝桂等缘由，看得蓝桂等一案先经前道严参政会审，称其甘心梗化，从逆不悛。当官兵追剿之时，敢于张旗列阵，汹汹对敌，杀伤我兵。当阵擒获，拟以骈首。后经屡招，皆称无容再议矣。奉宪批细加研鞫，仰见慎重刑狱，爱惜民人之盛心，敢不逐一细加确究，务令狡贼不至漏网，良善不至冤毙，以副朝廷钦恤至意，遂严行府厅，屡经驳讯，各犯口供与前种种互异。盖初经擒获，真情难掩。而时日久远，狡谋易生。然就其后来口供，亦俱言被贼捉去，旋为大兵所获，虽百长、先锋名目，与列阵对敌情状坚不承认，要不敢狡饰为未至贼营也。

当莦苻肆起，地方云扰，遣将出师，凡在贼营，自皆力而拘之，以奏廓清之效，何暇问其为贼久暂？则王勇总等六名贼头未必尽确胁从，的有可据。但既获于贼营，岂敢轻开一面？仍照前拟，似不为枉。刘赤仔供打苎麻为生，被贼拿去逃出，中途过①兵擒获。蓝桂供挑油为生，被贼拿去锁打望赎。路途遥远，未曾来赎，大兵进剿，搜之茅蓬。钟大将供强盗破围，拿在贼营，五日逃出，于龙南地方为兵擒来。此三犯从贼情非得已，被获又非当阵，罪疑惟轻，似当末减。王丙仔年方幼稚，且父子被贼所执，父受刃而子被掳，情属可怜，已奉宪批释，本道无容覆议。

事关重大，伏祈再加详确，庶免出入之愆。

校记

① "过"似为"遇"字误。

藩差骚扰驿递，兵丁凌辱印官，仰祈睿鉴事

赣州府详兵丁凌辱印官缘由，据此本道看得曲龙随从马章京奉差过虔勘合，止开船九只。水西驿驿丞王谏畏其凌逼，已应付至四十只，驿中原簿昭昭可据也。曲龙又向县索船索水手厨役供应等项，未满其欲，遂辱骂印官，殴打县役，咆哮情状，骇人听闻。阖郡士民，忿恨惊惶，群奔控宪。蒙宪台亲舆河干，马章京始将曲龙

送出。龙仍然踞傲,至理屈词穷,马章京用鞭责丐免。

使当时果有扯衣抢银花船之事,不知有何如凶暴,岂肯默默北去,置抢夺之银于不问乎?待数月之后始为此抵饰之计,其不足信也明矣。平藩法令严明,料遣发时必戒谕再三。而不意若辈之违犯约束如此。冲繁之驿疲苦已极,骚扰之害屡奉严纶申饬。远方下吏凌辱不堪之状久在庙堂洞鉴中,而此尤其强横异常者也。

据该府会同推官问明,将被殴之郭钦并公呈贡生钟元亨、生员钟天裕、救证居民萧君甫、郭之标、刘芳六人申解前来,相应转解宪裁定夺。

钱粮不容冒支,恳准确查造报,设立良法,以垂永久事

宁都县详杜兵冒支月粮吁规缘由,看得兵以卫民,民以养兵,兵民原属一体。文官征收赋税,以供兵饷;武官操练兵马,以捍封疆。文武官亦皆相资也。

前因兵饷告绌,凡裁汰逃故兵丁,奉旨概停募补。后因营伍单弱,复奉旨募补足额,则知地方未安,不可一日无兵,即不可一日缺饷。况虔南壤联四省,密箐险谷,所在皆是。伏莽肆起,防剿正殷。催督虔饷,日劳宪台清虑。地方官员值此风鹤告警,人心汹汹之时,竭尽心血,犹恐催科不足,是必一兵实有一兵之用足,折冲御侮,而小民之胼胝汗血不至虚靡也。

每岁两季,本道奉宪行,出其不意,密行查点,裁汰老弱,稽察虚冒,造册报宪达部,遵行在案。但赣之去宁四百余里,虽单骑迅发,亦必四日始达该营,则老弱虚冒者仍可预备顶替。是有点查之

名,而未必有稽核之实也。但该县请每月十六过堂查点,似又烦琐难行。且拘定日期,仍可预备,非出其不意密行查点之意也。以后除两季点兵仍候宪檄,照常遵行外,合无行令该县,就近或二月一次,或一季一次,不时驰赴该营,照平日领饷册籍对其年貌,查其腰牌,逐名稽察。如有老弱病废,即时申报宪台汰除,另补精锐者充伍。如此庶营伍无虚縻之饷,地方得实用之兵,于以弹压奸宄,消弭变乱,未必无小补也。

至于支领月米,向例系该营请详,奉宪批允,方准就近关支。在宁都省解虏之费,在营伍省领运之苦,实为至便。该县请于候文准领之日,该营备造文册,当堂给散,似属可行。盖公堂分散,自无克减之弊。且领饷之人即平日应点之人,亦无假冒之弊。又使兵丁知月米皆仰给于县官,亦不至藐视邑令,凌虐乡民。县官畏兵丁之咆哮,自不敢不从公给散,而一颗一粒皆足资饱腾而结心膂矣。

若夫逃隶悍仆,一入营头,挂名行伍。便尔不识主父,不畏官司,窝赌放头,强买强卖,锁串禁殴,无所不至。此系各营通弊,俱奉宪禁饬久矣。或营中仍有悍不遵依者,相应再请宪示。如以后有此不法,听该县指名申报,以凭提究可也。

缘本批查报,理合详议,呈请宪裁。

剿杀叛贼乡勇姓名,听候奖励,以鼓人心事

长宁县本城土叛作孽缘由,看得长宁县叛贼曹子布、曹子粟等向居城内,暗通粤寇,潜谋不轨,于十六年十二月二十七日,同伙贼傅豹等忽起异变,杀死街民,逼官勒印。及该县具文密报,请兵剿

除,为彼所获,益加横肆。真逆天巨叛,罪不容诛。

幸虔院预念粤寇之害,先期移咨广省各院,遣将发兵,剿破广贼,遂使贼之外援不至。该县密令典史郑之鹏,巡检王显祖、徐良弼,乡宦张问行,贡生张尚纬,生员曹世治等督率各坊乡勇,并传外厢乡勇进城备力救援,当即杀死贼首曹子布、傅豹等。乡勇被伤者三人,余贼奔溃。又经各保乡勇沿途缉杀,夺获伪示,曹子粟、陈彩等贼亦俱授首。共斩贼级二十五颗,见今地方安堵。

此贼皆世居长宁,乃敢包藏祸心,谋逆作乱。若非宪台颁行保甲之法,申饬有素,该县仰遵德意,训练乡勇,绅衿明于大义,众志成城,戮力剪灭,何能使渠魁尽歼,定大乱于呼吸? 除仍严行搜剿余党外,今据该县查明,前来相应转请宪裁,将有功绅士乡民酌行奖励。阵亡家属酌赐优恤,以鼓忠勇,以励后效。

统候批示遵行。

盗犯越狱事

赣州府详监犯苗应宾等招由,看得苗应宾厕迹营伍,与盗犯夏元等潜通线索,同谢袁太带银入监,暗行贿赂,密谋越狱。沙间之耳语,狱内之寄书,张胜之口供凿凿,问何以出监,则掘洞于后墙也;问何以出城,则从涌金门望江楼之中,以布坠下。五犯先后次第,历历可指也。且伙贼买船由南安来接应,开船下储潭,达柏家村,去路又甚分明也。

应宾情节屡谳已确,毫无疑窦。独是原招引劫囚律详察情罪,细绎律文,则觉有未安者。盖用强劫夺而后谓之劫囚,应宾通贿密谋,乘夜掘洞,情虽可恨,终无强劫之迹。该府厅改拟私窃之罪,当无所置喙也。但贼尚未获，似难远遣，监候以待罪人之得，庶法理不至枉纵。至于孔朝胜、孙许儿二犯坚称，系应宾仇扳。即应宾亦供二犯实不知越狱情由。曾胜亦供应宾与袁太同进监门，未见两人之面。翻阅原招，拿获二犯时，亦未审问一语，并无口供可凭。如此遂拟骈斩，无怪二犯之哓哓呼吁也。

本道初拟事久，狡饰两驳，研审各犯供词，始终无异。此二犯者应行释放，以免无辜含冤。曾胜等俱如原议，伏候宪裁。

塘报擒渠斩逆事

赣刑厅详贼犯陈元蓍等招由，看得邓逢吉、陈元蓍久为贼孽，地方受其荼毒，论平日罪恶，皆在不赦。巡检陈正金遵宪招令投诚，逢吉造册报名，过堂领赏，回家之后狼心不改，横肆犹前，复为陈子龙、郭沧所擒。且有旗帜刀枪，假刻关防，一并解宪。但严驳两厅反覆鞫讯，令旗、令箭等物皆非当阵所获，逢吉、元蓍等犯亦非一处被擒。黄廷佑、郭沧先后口供游移，细加推求，而知各犯列旗对阵之说，实塘报之饰词也。既非阵获，又经投诚，虽居民称其做旗号，造军器，而未有确据。至于劫掠何村，杀伤何人，亦无苦主的证也。

刑名以律例为师，二犯实无死法矣。虽然二犯鹰眼犹存，零民饮恨切骨，幸逢吉回家未几，旋就束缚耳。若假以岁时，二犯终当啸聚山林无疑。观今海寇猖獗，而虔南遂伏莽蠢动，在在风鹤。二犯若引投诚之例，释放不究，是囹圄中少一贼犯，地方上多一土寇也，其不便莫大焉。该厅拟详律流置远方，似斟酌法理，庶几不至枉纵也。至于黄六仔、陈应龙、林运衡、余继伦皆耕夫佣奴，委属无辜，久羁狱底，淹淹待毙，似应即速摘发，行该县安插，取结存案者也。陈正金受贿全无风影，相应免议。

逆贼荡平在即，愚民迷锢可悯，谆切晓谕，协心剪除，以保全身家事

照得皇清鼎运维新，海宇底定，滇黔峒瑶之地皆归版图，南交西域之人毕献方物。去年海寇郑成功以数万之众，舳舻蔽江。一旦大兵云集，扫荡无余。况区区小丑，乃敢抗逆王师！逆孽李玉庭以山魈泽怪，凭恃险阻，攻劫乡村，杀害人民，掳掠财畜，焚毁房屋，逆天灭伦，神人共恨。本道下车，奉各院明文，委曲招抚，无非仰体朝廷浩荡宏恩，不忍概行诛戮。不谓玉庭罪大孽极，迷锢日深，乘海寇变乱，民心惶惑之时，遂大肆凶焰，复行啸聚。虔院震怒，发兵已经捣其巢窟，擒其党羽，今已鸟散瓦解，正如入釜之鱼，投罝之兔，迷魂丧魄，死亡无日，是乃上天欲灭此贼之秋。

但念地方百姓，或有从前被其迫胁，不得不从者；或有惧其凶暴，虑其未必遽死，日后报复，藏匿容隐，不敢与官兵通信者；或有父母妻子被其屠戮，饮恨切骨，志欲报仇而孤立无助者。殊不知李贼此番势穷力蹙，众叛亲离。天道人事，合当殄灭。况都院威令著于兵民，恩信洽于远迩，今悬赏张示，炳若日星。若迫胁之众能擒缚献捷，或斩首报功，千金重赏，断不少吝。从前过恶，尽行宥免。至于良民未到贼营者，尤当齐心同志，远近传访，果得此贼踪迹，一面飞报官兵，一面协力擒斩。料此时贼党东奔西窜，为数不多，斩剿亦易。但绝数孽之根，可泄万姓之恨，则地方永免盗贼之杀掳，永免官兵之搜求。且尔等父母妻子被其屠戮者亦得瞑目九泉，孝

子义士，何惮而不为此？试观贼党，如大张胜已就戎索，通谋窝隐者执缚累累，新经招安者分发各伍，入册食粮，或给票回家，归农开垦。擒缚张胜者即出于新降抚目王君宠之手，见蒙都院重赏，题叙明鉴不爽。孰得孰失，宜何去何从也？为此，示仰各县乡保居民及被贼胁从人等知悉：

各宜仰体朝廷覆载宏恩，都院深仁厚泽，涣然醒悟，如寐忽觉，反邪归正，弃逆效顺，保全身家，专在此时。本朝之法，为贼不悛，被官兵擒获者，必诛无赦；窝藏贼犯，及通同作乱者，亦必诛无赦；倒戈投顺者，尽宥前愆；诛逆自效者，加等赏擢。本道念尔等皆吾赤子，不忍令执迷不悟，故剖白心腑，痛切晓谕。

从吾言者为良民，迷溺不醒者指日尽罹锋刃。血膏原野，后悔何及？思之！思之！

招辑残黎及时归耕，共图生全，无误身命事

照得虔南兵火，遗黎三空四尽。自去岁至今复遭李逆蹂躏，焚劫屠掳，备极惨毒。以致田地不得耕种，不得收获，穷民嗷嗷无所控诉。幸虔院恭奉天讨，遣将誓师。士勇兵强，踊跃用命，已捣其巢窟，俘其头领。今贼抛家弃妻，东奔西窜，偷生于荆榛之中，摇尾于釜甑之内，指顾之间，必当授首。

今时方春和，正小民尽力南亩之时，恐心怀惊疑，仍然避匿，坐失良时。异日贼虽荡平，而稼穑无望，何以为仰事府育之资？况虔兵半载征剿，辛勤劳苦，兵饷仰给各县。若田畴荒芜，赋税缺额，岂能令彼枵腹荷戈，为民捍圉？合谆切晓谕。为此，示仰赣属军民人

等知悉：

趁此东作之时，各宜归寻南亩，加意耕耘。李逆殄灭在即，万不能为尔等之害。如尔等肯齐心协力，照本道前申饬保甲之法，实实遵行，区区玉庭何难擒缚斩首，献之辕门，以领重赏！而乃藏首远避，荒废田庐，殊属愚昧。至于前此曾被迫胁者，今能豁然醒悟，弃戈归农，与乡民同力捍贼，共事耕作，地方居民不得追究旧恶，致复惊窜。虔院号令严明，官兵秋毫无犯，断不分外追求，株累良善。总之，今日用兵，惟以定乱安民为事，不以搜求党羽为功。稔恶贼魁，誓必剿灭；胁从余党，概可宥免。但能弃戈归正，当下即成良民。

生死关头，间不容发。本道心事如青天白日，言无虚假，各宜深思，毋贻后悔。

再饬招徕开垦，以奠民生事

照得本道钦奉敕谕，有劝课垦种之责，必令里无游民，野无旷土，方不负委任之意。下车以来，屡经申饬。今当春和，农功伊始，恐各属劝相不力，令惰农之民待命于天而负天之时，责成于地而余地之力，稼穑不兴，草莱如故，本道亦有旷官之惧。

为此，仰府官吏即便通行所属各县，遍谕境内小民，趁此东作之时，如见在土著者，亟宜及时耕耨；流亡他乡者，务宜及时归业；有田土者，当尽力南亩；无田土者，准令开垦无主荒田，印官给照，永为己业；无力开垦者，官给牛种，三年后方准照例起科。地方有司亦当劳来劝相，鼓舞兴作，不时巡行郊野，躬亲督课，勿差役下乡骚扰。里甲勿滥准词讼，妨废农业；勿以荒作熟，致民赔累；勿加耗科派,致民逃窜;勿妄兴不急土木;勿妄监轻罪人犯。至于民间酾饮赌博,敛钱唱会,打醮进香,皆召乱耗财,妨农废业之大蠹,尤当严禁。

本道专以农政之修否为有司之殿最,若能使里无游民,野无旷土,本道不靳特揭,荐扬优叙。成例具在,断不负良吏苦心,仍将劝垦过荒田亩数造册报道,以凭查考。

文到即令各先具遵依缴报,速速。

塘报擒渠斩逆事

赣州府申详贼犯陈元蜚等缘由,看此案奉院宪牌,陈元蜚等有马匹、器械、关防,经前道会审,兵刃、旗帜、令箭、令旗、伪印、关防,确有可凭。各犯自认无辞,俯首服辜。今该府据供俱请矜释。以家藏伪印之贼可以宽释,则天下无不可释放之贼矣!旗箭、伪印、关防今见贮何处?伪印、关防是铜是木,系何官衔?既实心投诚,何不将此犯禁之物首之官府,或投之水火,而仍留于家,则存心不测可知矣。

详中并未究明,事关重大,不便草草。理刑厅专司刑名,仰提案内人犯逐一穷究到底,勿得听其支饰,致有枉纵。速速报。

禀 报 事

赣县禀报杀死女人缘由批:据报,地方杀死人命,事关重大。但不知系谁氏妇女,年岁若干,因何至打船空厂?伤痕在何处?仇耶？盗耶？抑有别情耶？空厂左右有无邻居，杀人必有喊叫声息，邻人岂得全无听闻？忽有人报，是何姓名？仰该县即细细查验明确，严缉真正凶犯，究明如律招解。速速缴。

协济之蚀侵已久等事

赣州府详定南县、龙南县各属协济银两由批：此案两奉院批，一据定南申，一据龙南申，俱经前道转行该府查议。自当并叙缘由，何得将龙南一批全不提起？岂原行为该房沈匿耶？定南荒残最甚，协济银两拖欠如许。各县称皇恩赦免，不知果否拖欠在民，抑从前官役侵欺耶？新定全书果否全无款项？庐陵不在遐方，何至杳无回报？院限十日全完，今已年半矣，该府犹未查明，止以验文草草回塞，不知该经承何以怠玩至此极耶？仰府逐一再加确查，应解者速行催解。厉檄庐陵勒限回报，仍备叙原行详报酌转，勿再令经承覆瓿也。

速速缴！

衙蠹玩法事

宁都县详书手玩法由批：劝垦荒土，上足国课，下利民生，为今日第一要务。十五年开荒册屡经檄催，立等造报，何物曾学礼等敢藏匿原牌，科敛肥己，赃私累累，真弁髦三尺矣！衙役犯赃，不准折赎，新例甚严，何得仍以赎请？仰赣州府严提确审，并缉叶国遴等一并究明，照例分别招解缴。

遵谕敬陈南赣险隘等事

赣刑厅详设防虔南汛守等由批：览详，虔南山川险隘，汛守方略指次如掌。伏波将军聚米而谈，不是过也。即当藉手转达各院，以为巩固封疆之计。此缴。

逆渠投诚未出，难民安插无绪等事

雩都县详李玉庭执迷不出由批：李玉庭依山负隅，执迷不出，逆顺祸福之机全然不知，可谓愚矣。且伊父见在省城，生杀惟部院之命。彼逡巡狡诈，不念及乃父乎？天伦恩义，恝然至此，真良心死尽，天理灭绝。恐深山大泽之禽兽亦将羞与为伍，党羽苟有人心，岂肯从之趋死？

昨奉部院宪牌，剀切严明，已行该县矣。仰遵依再行面谕，无负部院始终推心置腹之意。速速报。

久狱久冤，四命哭超事

赣刑厅呈详犯人邓湛旸等招由批：此案两家十八命，只因该县隐匿盗情，沈搁不理，遂耽延八载，竟成疑狱。当时邓纯一与地方刘李朋等俱告报在两日之后，十一人之尸骸俱存，使该县留心民命，何难审定铁案？乃竟置之不问，而承讞官又不能虚公研究，偏听失人，殊可异也。

今是非大端已明。金寿之久已物故，郭氏之杳无踪影，教化仔之信传于两年之前。其为王起泰之借端起衅，毋烦再论。起泰率众攻杀，出于邓瑞贞之口，即钟氏、曾氏等之哀诉，王调、王尚之干证，亦皆由于起泰之提掇，则起泰为戎首无疑。邻佑李舒庭、李德先俱供：九年四月十一日，强盗围了邓家房子。次日，厅厨俱是死尸。今北房被毁，而二尸现存，则王起泰之聚众执械杀人围屋是真。如是巨凶，舍其人命不究，仅拟诬告之条，当耶？否耶？

今功令森严，狱情久延不结，问官皆当任咎。拟罪不当，刑官尤有专责。该厅再细究真情，查明确当律例，刻速招解。本道莅任一月，迟误之咎不任受也。立候缴。

夙疾举发，势在莫支等事

石城县详患病由批：石城荒残小邑，该县饮冰六载，弭盗垦荒，备极苦心，本道素所深悉。即偶有微恙，自当勉事药饵，务求速愈，岂得兴怀莼鲈，遽赋《归来》？仰善自调摄，稍痊即出视事。仍候院司详行缴。

活杀八命事

赣刑厅呈详犯人廖养重等招由批：此案已经八载，若曰不系谋杀、故杀，则当援引恩赦以苏沉狱。然观其白日挥刃惨杀七命，即三犯缳首死者，犹有余恨。细阅招情，详察律意，威力主死之条是否允协？事关多命，不便草转。该厅职司明刑，正于此等疑狱见折狱之能，务要究其真正凶手。当抵者，当释者，引拟妥律报止。具新详不必备录前招，耽延时日。速速。

塘报擒渠斩逆事

赣刑厅详贼犯陈玄蚩由批：据邓逢吉供，是被擒在九月初四日。而黄廷佑初供，九月十九日石峆地方黄茂清同邓逢吉数千人来冲营。陈子龙塘报称，二十四日范日星、黄茂清、管瑞明、邓逢吉、李秀元等统兵厮杀。时日不符，岂逢吉被擒二十日，而子龙始假捏塘报乎？抑逢吉狡供投诚，回家一日即拿，以见反覆无据，为后日脱网之地乎？廷佑又供拿贼来历，自有经手可鞫，经手的系何人？陈、邓二犯俱供到营四五日，忽见有此器械，此器械的自何来？事关大案，狡贼饰辨与劣弁冒功俱难轻轻放过，仰该厅再一确讯，连人解道，以凭面审定夺。

塘报擒渠斩逆事

赣刑厅详邓逢吉等由批：据审，黄六仔、陈应龙、林运衡、余继伦皆为人佣工，口供甚确，断非贼徒。仰该厅即行各该县，取其邻里田主甘结报道，以凭转详开释。邓逢吉、陈元蚩俱系千总郭沧所拿，则沧即为经手之人矣。本道唤沧面讯，据称元蚩获于寒婆嶂，逢吉获于芭蕉坑。而逢吉之居址即在芭蕉坑，且并其妻刘氏一同俘获，岂妇人亦能对敌乎？则沧之言不足信也明矣。但令旗一根上有伪印一颗,篆文为"建威将军之印",不知此系黄茂清之印否? 茂清投诚,此印曾缴否? 当今寇氛未靖,若借伪印以招摇惑乱人心,大为不便,张熊可谓前鉴也。该厅仍唤郭千总细问此旗来历,茂清投诚曾否缴有伪印,不得以"不知何来"四字遂为的据也。

原批府详,仍未粘缴,何也? 一并查缴,速速。

移会查验伪首事

赣州府详犯人陈廷甫等由批:郭王才等与陈廷甫、陈相元俱系良民。刘应虎捏报要功,天理军法灭绝尽矣。事关题奏,厅详虽已明悉,该府未具勘语,不便转报。蓝桂一案,既系一疏,自当一时并详。虔宪原疏未得披读,仰该府一并查呈,备入看语,限次日即报。

呜呼,死者不可复生,本道三复此案,未尝不为之长叹息也。十二人中止存二人,淹淹囹圄,岂堪再为耽延哉? 速速缴。

塘报擒渠斩逆事

赣刑厅详犯人陈元蛰等由批:据郭沧供,未见陈玄蛰拿旗抢出物件,仍有供的菩萨。夫行阵岂供佛之地? 则是得之房中,非得之阵上也明甚。但元蛰为茂清之家仆,逢吉为投诚之旧贼,元蛰于茂清就抚之后,逢吉于过堂回家之后,曾否劫掠某村,杀伤某人,该县士民自有确论。如果有劫杀的据,又不在阵获不阵获也。

总之,乱后余孽,投诚则抚之,为贼则诛之,无非为民计耳。若就抚而后擒,是阻人投顺之路;为贼而不诛,是贻百姓无穷之殃。

仰厅仍行各该县从公确查，不得以从前事迹溷入，亦不得曲为徇纵。限五日内报厅转报本道，同黄六仔结状并缴。

移会查验伪首事

赣州府详贼犯王勇总等招由批：蓝桂等一案初经前道会审，称张旗列阵，汹汹对敌，杀伤我兵，当阵擒获。再经军厅覆讯，又称委无异词。故后数招皆置之，无容再议矣。

今据该府厅详，口供与前绝不相合，及本道当堂研审，又与今详互异。如蓝桂初供，系上下庄打仗，脚疼躲在屋蓬下拿住。既曰打仗，虽因脚疼潜匿，仍与阵擒无异。今称挑油为生，未言何时入营？大兵进剿，途遇拿来，不知系何地名？还是自贼营逃出被擒，还是途间挑油被擒？该府据拟减等，是否允当？刘赤仔初供贼拉去三年，岁时已久，则甘心作贼可知。今供在营止十日，是否之确？且各犯口供皆被贼拿去，先从后逃，独与赤仔一人改拟流罪，果否足服各犯之心何？前副将初供，系南雄府始兴县人，今供原名陈多嘴，湖广桂阳人。及本道面讯，又坚称本名邓家彦，叔名邓思昌，实系始兴人，并不知陈多嘴为何人，从未到桂阳，何前后不侔如此？王勇总招头称惠州和平人，厅详称南康县龙回堡人。本道面讯，又称实非南康人，潘长仔亦非韶州人。此皆招中之粗节，便种种不合，可见诸犯形踪诡秘，言词闪烁，而欲执为定案，本道惴惴不敢信也。钟大将被兵拿于何地，或系先自贼营逃出，被擒于家；或系阵败潜遁，次日搜出。此中亦当辨明，庶不至失出失入。

事关题覆，各犯生死关头，难容一笔草率，致有枉纵。仰府仍会同刑厅虚公再加研究，务要字字真确，以成铁案，毋得仍前游移未便，速速缴。

劫杀事

兴国县详犯人王有采等由批：据该县前申称，王有采旧系王大勇党羽，挟仇杀掳，王永冠等七人尽行杀死，妇女悉被掳去。胞嫂钟氏逃回说知等情。今钟氏现在何处？何不提来一问？如果是真，则有采惨杀七命，岂得朦胧一杖了事？且王有采先以本名告，后以王德魁名告，情词闪烁，殊为可疑。仰县严提事内人犯，虚公确审，招解军厅。批详何得混粘本道详内？经承藐玩极矣，一并究惩，速报此缴。

行查荒熟事

南安府详崇义县荒熟田亩由批：南安各县兵火之后荆榛塞路，佩犊无闻。招流移，垦荒土，自是县令第一首务。屡奉明纶，有司劝谕开垦，岂容捏报开荒，希图恩典？

据详称，前任知县朱组绶任内，奉庄知府吊取该县经承谢家绣造报开垦。夫劝垦造册，系县官职掌，该府岂得不据县册，勒令经承造报耶？且开荒必有花户姓名，岂家绣茫无凭据，任意分撒，而县官亦付之不问耶？或系前官以荒作熟，捏报邀功；或系今日以熟作荒，希图混免；或系先前开垦，后复荒芜。必要彻底澄清，方可据实转报。如荒芜是真，自当力请豁免，以苏残黎。若有未确未得，草草混请，致亏国赋。

仰府遴委廉干厅官亲诣该县履亩清查，务要至公无私，取具粮户认状，与府厅县印结一并粘申，详明情由，速报缴。

请旨发审事

南安府详犯人孙大等由批：孙大等因抢夺乡民之鸭，辄枪刃交加，致钟应贞兄弟毙命顷刻。明系故杀，与斗殴殊科。各院批示最为严切，今详仍照原拟。陈报国仍未缉获，何以伸国法而瞑死者之目？且非仰体平藩兵民一视之盛心也！事关钦案，何敢失出失入？况耽延已久，若再奉院驳，迟误限期，谁任其咎？

仰该府再会同南雄府再加确拟，务与律合。严缉报国，期于必获，以正国宪。速速报。

塘报擒渠斩逆事

赣刑厅详犯人陈元蜚等招由批：陈元蜚、邓逢吉久为贼孽，士民饮恨切骨。若受抚情真，则法当从宽；如诈降仍叛，则宪典不赦。雩都地方居民称其过堂回来做旗号，造军器，仍同旧党作乱，是阳抚阴叛。特未指实劫掠某村，杀伤某人耳。今以杀之无名，拟以实流，不知有成例可援否？但降为诈降，情更可恨，未可以受抚二字为二犯祝纲也。况元蜚抚册无名，茂清不认为家仆，又何为而概从末减乎？

黄六仔等无人出保，押发原籍安插，是否妥便，仰该厅再确议报缴。

议立社学，以广教育事

赣州府详捐输兴立社学由批：江右为理学之乡，昔王文成公敷教虔南，一时黄洛村、何善山诸先生蔚然兴起。海内之视南赣称东南邹鲁矣！近年以来，属兵戈扰攘之后，下邑穷乡，岂无俊秀子弟？止为训导无人，观摩无助，甚至衣食有缺，不能供给束修，以致一字不识，一善不闻，椎鲁愚顽，多以恶败，真可叹息！

今立社学以养童蒙，置义田以备馆谷，诚今日第一要务。本道亦捐银伍十两助成盛举，仍发去本道旧刻《社学教约》一册，即王文成公《训蒙条约》也。仰该府发赣县照式刊刻，颁布学中，使教读遵依，勿得听信流俗，妄自更改。仍通行所属各县，俱要一体设立，必查访学问醇正，品行端方者聘以为师。其行止不端，曾出入衙门，嘱托公事，不能安贫乐道者，虽文辞优长，不许滥充师席。其有剽窃异端邪说，炫奇出异，蛊惑后生者，即革去馆谷，另选良师。为师者须循循善诱，使知身心之本，勿玩愒岁月，虚应故事。然须该府县诚爱恻怛，视民如子，勤勤恳恳，隆师重道，方克有成。数年之后人文蔚起，礼教日新，庶不负本道兴立社学之意。

仍取各属县遵依报缴。

查明铺兵身死等事

赣刑①详雩都县解张时宇监候病故由批：张时宇既审系无辜，未及具详而毕命狱中，则长逝者饮恨无穷矣。二十五日至初三日，不过数日耳,该厅审时,本犯有无病症,得病于某日,系何样病症,狱官曾否传医调治,或是禁卒酷刻,或系衣食断绝,或有别项情故?夫杀人之贼,罪在不赦。今不应死而死之以狱,是何异于重囚处决者也。仰厅仍细心查明,并将狱官职名呈报,不但惩其已往,亦可儆其将来,毋得草草。

其尸速令尸亲领埋,取领状报缴。

校记

① "刑"字后似脱"厅"字。

查明铺兵身死缘由,据实报明事

赣刑厅详谢木寿、张时宇、邹士先等招由批:张时宇因与乐安之谢木寿耕田相识,索其饭而斫其身,则非同党可知,未可以窝论也。既系病死,委无别情,姑免深究。速令尸亲领回掩埋。在官木寿之被执,姓名之误也。邹士先等之被诬,皆仇扳也,俱系无辜,自应释放。

独是该县拿获木寿之时,何不请发时宇与之面质,而一味严刑,令良民受累。夫盗非严刑固不轻招,而严刑之下何求不得? 此作吏者所当痛戒也,即拟转详请示。但查县文止称拿邱足华、邱复初二犯,未言获士先。即乡民保状,亦不及士先,解厅四犯则有士先而无复初,不知士先有无保状,复初何以不解? 仰厅一面查明,以凭转详;一面速行瑞金县勒限严缉真贼谢木寿,务获究明报缴。

盗犯越狱事

赣刑厅详犯人苗应宾等口供互异由批：苗应宾带银入监，付夏元分布打点，以图越狱。沙间之耳语，狱中之寄书，掘洞后墙，布坠城下，且约王宇等买船接下储潭，此岂朝夕之谋也？原拟已确，无容再议。

查应宾系曾胜供出，而孔朝胜等系应宾扳出，当府厅与贾副将会审朝胜等，口供一字不录。今已奉具题，而二犯哓哓称辨自非，反覆详审，最真最确，未便轻为祝网。阅招内称应宾三人带银二两八钱，与谢衷太布置入狱，是三人同入狱矣，如此则曾胜、谢衷太耳目自不能掩，又何须拿获？应宾严刑方始扳出，今日曾胜等具在，尚可细问也。独是掘洞以至坠城，必非应宾一人。二犯供系仇扳，应宾亦供实不知情，恐系时久，三犯又有情弊，冀求脱网，亦不可知。

仰该厅再精心研鞫，无枉无纵，速报缴。

吁宪恩准招抚，以安庶类事

宁都县详难民复里供谣，招安逆党由批：夏秋海寇猖獗，山泽伏莽，乘机蠢动。愚民无知，被其胁诱，未必出自本心。今四方底定，区区小丑，何难殄灭？

但奸宄抗化，论法实难宽宥。而愚民陷网，论情不无可矜。今朝廷宥罪招降之典，炳如日星，若此徒果翻然悔悟，革心投诚，自可赦其既往，嘉与维新。仰县出示，推诚招抚，使彼共悉朝廷德意与各部院宏恩，返邪归正，保全身家。入伍耕田，随其所愿。如执迷不悟，大兵一临，虽欲禽纵三驱，苟全性命，断不能矣。

本道念彼皆吾赤子，故谆谆如此，勿忽缴。

盗贼劫船事

南康县验报窝坑塘有贼二十余人，抢劫广东举人陆光祥、客商黎世重等船四只由批：

陆举人与客船①黎世重等倚塘泊舟，自谓可恃无虞。乃贼船假装差官，持刀带箭，乘夜劫掠。塘兵先无稽察，后无救应，所司何事？地在该县上流，去县五十余里，顺流而下，自由该县城下经过。使闻报星夜追缉，岂能飞渡？不意该县漫不经心，十六日晚失事，二十日晚始报到道，且验文草草塞责，怠忽极矣。

仰县严督捕役，加意缉拿，务获真盗。并查陆举人等见在何处，人口有无被伤，劫去赃物若干，一一查明。仍将违玩经承解道惩处，速速报。

校记

① "船"疑为"商"字误。

盗犯越狱事

赣刑厅详覆问过犯人苗应宾等议拟由批：苗应宾无劫囚之迹

是矣,但身为营兵,私通监内强盗,为之布置接引,擅越禁城而去,较之平民,情更可恨。况今贼尚未获,改拟边戍,果否情罪允协?孔朝胜、孙许儿当时原未招承,草草遂拟骈斩,真为可异!但今时已久远,遽议释放,是否得情?

事关钦案,不便草转,仰赣州府会同刑厅秉公执法,再隔别细加穷究,确拟妥招。限三日内报。

移解投顺,自愿归农事

龙南县详涂茂星等投诚由批:翁源县小水、瓦全二围既系粤寇往来必由之路,居民供应酒食情非得已。况奉院悬牌招抚,涂茂星等各率妻子悔过投诚。自当赦其前罪,嘉与维新,以昭大信,不便复咎既往,阻人投诚之路也。应如何安插,仰该县即行确议妥当,造册具结,速报缴。

移 解 事

赣州府详贼犯周礼明等覆确由批:本道面审周礼明、钟亥、吴长仔,口供无异,其为真贼无疑。独刘元升供:一家避贼于瑞金地方,回家取稻谷,被大兵擒来,并未至贼营。恐系时久狡辨,冀求幸生。但真贼则当正法,不可不有以服其心。仰府再一细讯,务得确情。即录本犯口供,立刻具看语报道,以凭酌转,速缴。

遵化归诚，恳恩准抚事

宁都县详抚贼邹嘉祥等由批：据报，邹嘉详等遵谕投诚，倾心向化，自当宥彼前愆，以彰大信，不得听地方居民推求往事，为之报复旧仇，沮抑归降之路。仰即令备造花名，尽缴器械，听候院批示安插。

敬陈末议，设镇兵以防寇等事

宁都县详设防事宜由批：设立防兵，招徕开耕，洵今日地方急务。设防事宜已牌行该县查议，仰即酌议，妥确报道，以凭转院。发兵设汛，招辑残民，宽宥胁从，屡示不啻谆谆矣。既经复请，候本道再示晓谕：

自李逆猖獗，出师数月，已屡奏捣巢献俘之捷。今釜底游魂，势穷力蹙，擒缚指日可待。若该县真有至诚恻怛之心，实实以宥胁安民为务，境内良民人人亲官兵而仇盗贼，不出一月，必有斩李逆之头献之辕门者。若一味虚应故事，使各院宏恩及本道真心不能达于乡曲，皆为贼通信而不为官兵向导，地方何时为宁宇乎？该县为民父母，勿以虚文塞责，至望此缴。

亟请多设禁卒等事

赣刑厅详添设更夫禁卒由批：府监内重犯一百八十名，止以六名禁卒看守，可谓疏弛极矣。且多系钦案大囚与近日阵擒贼犯，凶类聚于一处，防守无人，万一奸宄叵测，咎将谁归？狱中房屋不多，此一百八十名中岂无一二情可矜释者？无重无轻，一入囹圄，数载不结。目今天气渐热，湿秽薰蒸，有罪不至死而死者，所伤天理不细。

该厅称各邑例有额设，禁卒皆领工食。各邑动称囹圄空虚，应照禁卒年貌册坐名提取。此议似属可行。盖各重犯俱解赣城，俱系府监，故各县得以囹圄空虚。而禁卒冒滥工食银两，毫无事事，诚属无益。仰该府即坐名提取，勒限解到，毋许延缓时刻。俟重犯归结渐少，仍行发回。仍速多拨健壮，昼夜用心防护。移行军厅，添设更夫。再周围细查，必须墙垣高厚，荆棘密树，更鼓巡锣，达旦勿懈。仍将各犯逐一查审，如有情轻可矜释者，即造册具详报道，或径报都院裁夺，讨保宽释。至于拨派营兵，候详院饬行可也。

事关重大，慎之，速速缴。

呈报人命事

赣刑厅详犯人钟日奇等招由批：钟日奇窥堂兄钟日意积银十五两，遂与钟伯元同谋杀死，支解其尸，凶惨异常，伦理大变，阅之而不怒发切齿者非人情也。

彼狡饰为报父仇。焉有同居共爨,而有夙仇之理?况曰意父死十余年,日奇父前年病死,钟兴会之口供凿凿不诬乎!本道面审,两犯俯首服辜,已无疑议。但按律故杀人,杀死之后欲求避罪,割碎死尸,弃置埋设,以故杀论。今于气尚未断之时乱刀交下,支解七块,与死后避罪者是否相符?且故杀律在监候斩罪条内。此为凡人言也,日奇与日意系同祖堂兄弟,似与凡人殊科。

情罪重大,务求详慎。凶器曾否拘获,详中未曾说明。仰厅一并查确,妥招速报。立等转报,此缴。

开 报 事

赣州府详宁都县县丞陈效奭、船户黄吉等私派招由批:私派之弊,屡奉严禁。功令森森,难容假借。据详称民自乐输,非官科派。信如此言,当输纳恐后,何以尚有未完?则知非尽民情之乐矣。如揭中所开,祭江用猪羊可矣,花红布与江神何用?差舍酒饭俱用私征银两,何可为训?县丞系职官,不可与小民徒步是矣。使县丞不解粮赴府,其轿夫亦私派钱粮供用乎?因损船而有蒸晒,使黄吉谨慎掺舟,无损舟湿米之虞,此三十三两五钱者,不知归之官乎?仍还之民乎?

事关民间利弊,不便草转,仰府会同军厅再加严讯,务得确情。如律招报,速速缴。

活活打死男命事

会昌县申详犯人钟时京、尹际汉告息由批：人命重情，岂容私和？大凡地方有告人命者，该县当即刻赴尸所相验，吊集一干人犯审明起衅根由，有无夙仇；下手的系何人，执何凶器；打伤某处，是否致命之处；伤痕轻重若干，是否致命之伤；眼见的证何人，一一具详，速报本道。如果系真正人命，然后批令细检确拟；如系尸亲假命图赖，自有本等律条。

查此案在去年十月，今已八阅月矣，尚未检审明确，止具文请息，不知此八月内所为何事？本道大惑不解！且前道批有张含委检等语，文中亦未叙明。事关人命，不便草草，仰理刑厅严究，依律确招报，速速缴。

缉解贼总，以靖地方事

赣军厅详问过贼犯伊福寿、李奇珍口供由批：据审伊福寿口供：七月二十五日被贼拿去，二十八日走回。李奇珍供：七月二十三日被贼拿去，二十五日走回。是二犯为贼驱使，不过三日耳。且系练总查报，非从贼营擒获，情俱可矜，似应请释。但查县详，福寿田主曾伯求今称曾凤廷，名字既已互异，又详云不识田主之面，田主亦不认识。则所供情节，明系二犯狡口饰辨，冀求脱网。

事关盗情，务求详慎。仰厅再加确讯，刻速招报。此缴。

营兵包船，违误军机等事

南安府详兵丁杨九龙包船辱官由批：据该府原详，杨九龙包揽船只，秽詈印官，大干法纪。及至奉批查审，复云未敢相詈。仍发营充伍。如此，则兵丁之骄横者复何所忌惮，牧民之吏从此低眉下气于悍卒之前，茕茕百姓又将何以自存乎？事关营兵，不便姑息，仰府再确查解报，以凭转达，速速缴。

呈报马船朽烂等事

赣州府详马船朽烂由批：此船系何年打造？何年解用？如果年深日久，更造犹可；如视为外县之物，全不照管，任凭狂风飘荡破坏，则求更造，何可为训！且船必先损伤而后破烂，何不预请修理，犹易为力，必止存烂板旧钉而后求新造耶？或应行更修，或应责令赔造，详中殊属游移，不便转报，仰府再加确议速报。

不粘原牌，何以稽查？原行一并申饬缴。

逆贼投诚未出，难民安插无绪亟行等事

雩都县详李玉庭不出投见由批：李玉庭屡奉部院推诚招抚，自当倾心来归，返邪归正，转祸为福，正在此时。何乃称病深山，坐失机会！朝廷恩德浩荡，凡革心向化，俱破格叙用，玉庭谅不闻知！

部院心事如青天白日，从前奉谕投诚，尽从优录，一切前非概置不究。况免死之牌已经给发，玉庭复何所疑畏？即果偶有小病，所居之山去赣城不远，不妨驱车至城投见本道。暂寓庵寺，本道朝夕遣医致药，病痊拨舟送至省城，叩见部院。若犹豫不决，恐将来后悔无及。

本道莅任方新，志在抚绥地方。若一人不归王化，实切痌瘝。该县备述本道推诚至意，再行婉谕，务令出山，方见真心醒悟。如坚执不从，即报本道，以凭定夺。速速缴。

赣郡养马独苦等事

赣州府详养马由批：此事已经前都院具题，奉有俞旨。今南安以大庾地隘民贫申详控吁。若不详议妥确，恐一旦养马届期，贻误未便。仰府仍会同南安府从长酌议，务要经久可行，详报本道，以凭酌转，勿得草草具详，朝奉文而夕复申吁也。此缴。

活杀八命事

赣刑厅详犯人廖养重等招中批：廖养重等与姜公赞等以争禾细故，互相殴杀。观廖姓悔过请谢，似与谋杀故杀有间。但挥戈当市，立杀六命，被伤姜方新再宿而亡。当兵刃相接，天日为昏。即日心镜毙狱，然姜姓亡命，岂一手一足之力乎？五徒七杖可抵六命否？狱重初情，苏司李原招何不备入口供？忽称十月，忽称九月，何为确据？仰厅再细加研审，务要罪人输服，死者瞑目。仍将招供查明，依律确拟。速报。

民少荒多事

赣州府详丁启成熟作荒由批：据详称丁启等冒他姓之荒，掩在己之熟，捏告归屯，希图逋课。责令与严灿计亩分垦，按期升科足矣。但阅周刑官原详，在十九年起科。查此案已奉抚部院宪牌，于十七年升科，该府已具遵行缘由报道矣，何一事而两易其说？欲本道何所据以转报？该县何所遵以奉行也。仰速再确议报。

咨请严鞫事

赣州府详犯人李光启由批：刘氏既果系王仁之妻，仰候转详部院移咨，李光启强占远戍兵妇，大干法纪。唐光印既系保人，何得纵令兔脱，且与之俱逝。此中情弊，明玺知之必确。宁都解投何人，辄检生逃回？仰府逐一确查，严缉光启务获，候院批示，至日定夺，缴。

屯粮全完，恳查转报，以免遗累等事

赣州卫详屯粮全完由批：该卫自称屯粮全完，本道檄行军厅，查取清册转报。该卫抗延不缴，经承貌玩极矣。今忽申赉册卷，恳求转报，何也？藩司承行恣意刁难，果有凭据，该卫即当直申本司，未有不尽法严处者，何哓哓向本道控吁耶？册卷候查明，仍同钦奉敕谕一案转报可也。

查明铺兵身死缘由，据实回报事

雩都县详剃刀径杀铺兵易健由批：铺兵易健送文被杀，地方大变。仰该县严督巡捕员役移会驻防将弁，勒限严缉。真贼务要尽数擒获。本道已檄瑞金县协缉谢木寿矣。该县再速密移，星夜屦拿，严究招解，毋得怠忽，自取咎戾。缴。

禀 报 事

赣县禀报奸道刘德明、营兵宋子英扬幡鸣锣由批：邪术煽惑人心，为治道大蠹。屡奉上谕严饬。本道下车即以此为首务，严督所属设法缉拿究奸状，不啻三令五申矣。奸道刘德明倡率营兵宋子英数十人，扬幡鸣锣，直入县堂，殴打守门人役，目无三尺，真堪诧异！仰该府严拿重究，于定律外加等治罪，仍解道转报。

上谕煌煌，毋得徇纵，速速。

打死父命事

赣州府详犯人刘大富等招由批：刘氏产病身亡，乃翁生则延医，死则棺敛。刘大富索诈不遂，辄逞凶痛殴，致天标殒命，很暴极矣，罪至缳抵，务求详慎。仰理刑厅再细加研审，果否用拳殴死，有无凶器，伤痕是否的确，人命拖累多人，是一虐政。刘大祥等果系无干，应否释放？确议妥招解报。速速缴。

严饬防御，以固封疆事

南安府详两城各官分守，并捐资买谷由批：南安路当冲要，城郭空虚，未雨之防，不可不慎。据详，会同协镇及各官分汛督守，捐资买谷，以备军储，具见固圉良谋，此本道所寤寐企望者也。中军已勒令星驰前去矣。此缴。

汇报有功官兵，擒获活贼等事

赣军厅详何石扬仔等缘由，看得擒获活贼一案，共犯六名，难妇二名。其钟过房、张先仔、钟玉龙、李洁宇四名先后病故，现在监禁者止何石扬仔、张应我二人耳。应我屡经审讯，耕田为业，口供凿凿，已行兴国，取有田主王魁寰、邻佑陈益贵等、甲长胡四我等甘结可据。张应我委系无辜，理应候示释放，独是何石扬仔因难民萧富有见其与贼打旗之说，故承谳者不敢轻为祝网。然细阅招词，年方十八，正在愚蒙。六月为贼所掳，七月大兵来剿，为贼胁从，时日无几。窥贼将溃，乘间潜藏，被乡民擒获于山上，未尝有执械拒敌之实也。

兵将志在廓清，疑似者难容兔脱；断狱贵在平恕，可矜者未敢深入。则该厅所称寇盗蜂起，民不聊生，被掳之夫皆同难民。盖亦仰体宪台好生之德,冀邀宽大之政者也。本道三复此案,钟过房等情多可矜,而死者不可复生,仅余二犯,何敢再为耽延,使囹圄之冤魂相继不绝也。除萧氏取有伊亲夫郭柱廷、胞弟郭柱贞结状在卷,杨氏仍严行该厅,速催泰和县着令原夫萧海宇到日领回,取领状另报。何石扬仔仍一面行该厅严催长宁邻里甘结,并行宁都查其果否在田头新坊耕田,有无邻佑可凭,至日另报外,缘伏祈宪台电鉴始末。或念张、何二犯事同一体,一并宽释,或候何犯甘结到日另结。统惟宪裁,批示遵行。

粤贼抢劫事

准岭东道相移犯人李悦有等缘由,准此。看得李悦有之被龚庆吾诬盗也。祸起争婚,事因图赖。蒙宪台矜察详慎,檄发岭东道,查馆卷之有无,以为此案之确证,真犀照之下无微不见。从此圜土无冤,良民有幸矣。

本道遵示备移岭东道,今准移覆情由,并移送王昌瑞告生卖枕妻,文卷到道,查词内有李悦有之名。且庆吾所指为盗之九人,皆馆案昌瑞所告之被犯。则争婚仇诬,情弊昭然矣。呜呼,隔省飞盗,安能遍识其姓名?无械无赃,何所据而诬之为强劫乎?且此一案也,李惟高、李舒华毙命于先,邓明瘐死于后,无辜冤魂,悲号狱底,三复此案,不禁为之发竖也。

龚庆吾始而白夺人妻,既而诬良为盗,陷杀三命,罪极难逭。李悦有应速行释放,李毓明等应免缉究,龚庆吾应按律究拟,以为诬良之戒。伏候宪台批示。

严催奏销军器钱粮事

赣州府详请留军器钱粮,制造火药缘由,看得虔南总江楚之枢键,扼闽粤之咽喉,即在承平,难忘绸缪。矧今海警频闻,伏莽思逞。折冲御侮虽藉劲旅,而耀威制胜实资火药为长技。前此叠经大变,而金汤有磐石之固,战伐著克捷之功者,悉赖火药之力。

是以前院佟具疏题请,准于存留军器项下动用,诚未雨彻桑之计也。若将存剩银两尽行解部,万一小丑窃发,火药不敷,且硝磺非本地所产,采买弗及,不亦深可虑乎?此存剩银两亟应请留,为制造火药之用。众议佥同,皆从封疆起见,似不烦再计而决矣。

至春秋二季操练,阅兵霜降,俱系大典,似难轻裁。惟开门、定更、迎送,火药用过一千二百斤,自应照数赔补。今准总镇移称,本镇用过者捐资备补,似亦可行,伏候宪裁。

移解投顺,自愿归农事

龙南县详翁源逆民涂茂星等投诚,请示安插缘由。勘得翁源县小水、瓦全壤联龙邑,粤寇出没,路必由此。彼地居民涂茂星等供贼酒食,罪固难辞,而情非得已。今因官兵搜剿,畏死来归,不欲复回原籍者,无非恐本地受贼害者不能忘情,复图报复耳。当会剿时原奉宪牌,晓谕逆民,有愿投诚,亦准安插归农。煌煌信义,素孚远迩。自不便追究前恶,以阻归降之路。但大兵会剿,势穷来归,安插之法不可不善。该府议以当令附郭而居,勿使聚处。

查粤贼尚未尽诛，龙邑密迩翁源，若革面未革心，借招安之名仍暗通线索，则地方重受其害，亦非所以保全其身。似不若檄行龙令，将涂茂星等并家口押送来赣查询，愿充伍者发营补伍，愿耕农者分发离粤稍远各县安插开种，编入保甲。仍取邻佑保甲田主结状，著令不时密密体察，勿使暗出远游，庶潜藏消不轨之心，共遵维新之化，反侧归诚后患可杜矣。

仰候宪裁批夺。

亟请多设禁卒更夫，以防不虞，万难刻缓事

赣刑厅详多设兵役，防狱缘由，本道勘得赣州府狱内钦案大囚，与近日阵擒贼犯共一百八十名，止以六名禁卒看守。万一奸谋叵测，关系匪细。

今据该厅详称各邑例有额设禁卒，动称囹圄空虚。盖各属重犯向例俱解赣城，皆羁府狱。故府狱几于城市，而各县圜扉罗雀，理固然也。禁卒冒滥工食，毫无事事，固不若如该厅之议，照禁卒年貌册坐名提取，解赣守狱，俟重犯归结渐少，仍行发回。是不必另募禁卒，另议工食，而各县无虚设之役，重囚有防护之人。本道已行该府照行，并令多拨健壮防护，及移行军厅，添设更夫。再周围细查，必须墙垣高厚，荆棘密树，更鼓巡逻，达旦勿懈，务保无虞。

仍确查一百八十名中，有情可矜疑者立刻具详请示，酌夺保候宽释外，其派拨营兵防护，据称有旧例可循。今日监内新获贼犯甚多，需兵防护尤不可缓。但未奉宪示，不便遽行。合就转详宪台，批示行营，照例派拨，庶监犯无意外之虞，而地方免疏玩之惩矣。

恳恩申文留兵镇守，以靖地方，以安民生事

石城县呈详请留兵防御缘由，本道勘得石城界连广昌、宁化、宁都等处，因去冬寇贼充斥，民心惊惶，申请宪台发兵驻防。因而贼闻风远遁，不敢窥犯，地方稍获宁谧之庆矣。今该县士民以贼氛未靖，恐兵撤而贼复至。又该县去赣窎远，恐救应不及，残黎难堪蹂躏，恳留久驻，以为靖乱安民之计。且称把总宋可林遵奉约束，与民相安。与其易以他将，则骤至地方，兵民未免猜疑，固不若仍留该弁，以安凤鹤之人心可耳。但该弁所领兵数无多，若狡贼猖狂，仍当飞报，请兵应援，不可以些须防兵遂为足当一面也。

今准城守营移覆前来，合就转详宪裁。

呈报盗贼劫船事

南康县报窝坑被盗劫船缘由，据此查得陆举人与客商黎世重等倚塘泊舟，贼党假称差船，结伙戎装，持刀带箭，乘夜劫掠，飞棹下流而去。见有遗落无号箭七枝。

似此强贼横行江湖，塘兵漫无稽察，客船势必裹足。若非仰藉宪威，严饬营将塘汛，并沿河府县协力剿捕，以靖地方，奸宄何所畏惮也。况时已二更，非客船往来之时，飞棹而下，沿河塘兵何不拦阻？地在南康之上五十余里，水路曲折，非二日不能抵赣关。若该县一面飞报，一面星夜追缉，岂能飞渡？至于储厅，虽职司商税，然

开关有时，并恳谕令以后于抽收客税之中并严讥察之法，无令奸宄漏网，以为客舟之害。似亦疏通行旅，安缉地方之要务也。

据该县申报前来，除一面行该县，勒令捕盗员役上紧缉拿务获外，合就转报，统惟宪裁。

又回详三院前事

本道勘得窝坑地则南康县所属，而塘则赣镇城守营兵丁之分汛也。十六年十二月十六日，广东新会举人陆光祥与客商黎世重等黄昏泊舟塘下，被贼劫掠。塘兵事先漫不盘诘，事后漫不救援。本道据南康县报文，具详呈报宪台，奉檄严查，遵移行协营府县查明被伤姓名，劫去货物，及塘兵人数。并饬沿途水陆挨缉真贼，务在必获，毋容漏网兔脱，及受贿卖放。去后，今据该府县查明：举人陆光祥，商人黄华曜、黎世重、邝瑶、唐御、黄哑，五六人各被刀箭中伤，并未死亡。其贼当晚遗弃棉布、皮箱等件及盘缠银两，俱系举人挑回，今已各归广东。至于客商货物曾否尽获，无凭查考等情。又准城守营孔副将移覆，塘兵原派二十五名，因调援江省，调剿雩都，回府领饷共去二十一名，故止存汛四名，并具有奉调塘兵姓名等由呈道。

总之，此一案也，贼船二十余人俱系戎装，带有弓箭，明系营中悍卒，捧读宪檄真洞若观火矣。塘兵虽止四人，当思设防分汛至意，倍加严谨为是。既追至贤女铺，何不呼邻塘汛兵协力追缉？而优游复返，至十七日未时始赴县通报，何其漠不关心也！通贼之情虽无确据，怠玩之罪百喙奚辞乎？南康县离窝坑五十余里，路远不及救应，但境内失事，责无可诿。

相应严饬该塘百总程道成、管队蒋元龙，并该县巡捕典史赵洪猷，严督塘兵并捕快，勒限一月内缉获真犯，解审定招。但不得借拿贼名色吓诈乡民。如有此等情弊，及优忽怠玩，过限不获，应提究按律惩处可也。

既准据各协营府县查明，移报前来，合就转报，伏候宪裁。

军　务　事

奉虔院苏宪牌，即行赣县，严饬查实详报。今据该县覆详前来，据此本道看得李贼以山魅泽怪，逆天作孽，乡村被其蹂躏，人民被其杀掳。凡身任地方之责者，谁不痛心切齿，思欲灭此朝食！荷蒙宪台恭奉天讨，遣将誓师，信赏必罚，恩威并用，以故士勇兵强，踊跃用命。今贼之巢窟已经捣破，头目亦被擒获。李逆势穷力蹙，东奔西窜，正如入釜之鱼，投罝之兔，迷魂丧魄。指顾之间，可以授首。若乡民齐心协力，何难擒缚斩馘，献之辕门？独怪山野愚民昧于逆顺之机，惧其平日之凶暴，窝藏容隐，不肯与官兵通信。及大兵闻信飞至，则又早已遁去。以致兵马暴露半载，未有休息，而逆贼犹得偷生于荆棘之中也。

本道夙夜忧心，奉宪颁发明示，遍檄各属。又大张晓谕，委曲劝导，使共知宪台悬赏宥罪，恩信炳若日星。自谓愚民虽甚顽梗，亦当涣然醒悟，如寐忽觉。与官兵相亲，而与盗贼为仇，与官兵协力灭贼，以保全身家，而不与盗贼朋比为虐，以自取诛戮也。而不意近在赣县境内，犹公然藏匿李贼之眷属，及贼兄弟党羽，如曲村一带者。则该县之不能仰体宪台盛心，使乡曲顽民洞晓无疑，反邪归正，保甲尽成虚文，团练亦无实效，怠忽之愆百喙何辞？今奉严檄,自知惶悚,以巡检典史不足寄任,欲奋身前往要辖地方,以及窝藏处所,设法挨挤;多方搜缉,得其虚实真伪,驰报扑灭,亦见悔悟振刷之意。但该县地处冲繁,事务冗杂,且境界辽阔,难免疏漏,今既欲亲赴搜查,或可宥其往愆,责以后效。是在宪台垂鉴批示,非本道所敢擅便。

又查毕同知已奉宪委,随营搜缉贼窝。该县或应于兵所未到之处,分路搜缉;或责以严查保甲,整饬乡勇,宣布宪台德意,使民真信无疑;或令其亲赴梓山催趱夫役。必令丛菁一空,贼无所匿。务要竭尽心力,共图灭贼之事,以不负县令之职。但仓库狱囚不能乏人料理,仍要速往速来,不得久延,以致疏虞,自取罪戾可也。统候裁夺。

禁革私收盐税事

照得盐课关系军需,南、赣、吉三府例行广盐,迩来奉文派引一万八千张,各官俱有考成。若无引私盐得以横行,则有引官盐必至壅滞,国课告绌,考成受累,甚为不便。则疏通官盐,盘诘私贩,诚今日地方官第一要务也。

前据该府申详,大庾县五里山肩挑无引盐,税委郁林司巡检李人龙征收缘由到道,已经批发去后。但此例不知创自何时,原奉何衙门明文? 署县齐同知呈详复税,曾否通详? 各院作何批示? 此项银两每年若干,应解何衙门充饷? 既曰无引,便是越境私贩,缘何又公然纵放,抽收私税? 功令森严,事非奉旨,不便因仍往规,合行查明禁止。

为此,仰府县官吏即查五里山盐税起自何年,原奉何衙门明文，齐同知呈详复税，各院作何批示，每年征银共若干，应解某衙门充饷，查明报道。如奉院宪行，即候本道转详院请示裁革；如未奉院行，文到即出示永行禁止。以后巡检专司盘诘盗贼、奸细、逃人、邪教、私盐等事，不得擅自抽税。如敢不遵禁革，仍前私收侵肥，致私贩公行，官引壅滞，一有访闻，定揭参究追，决难轻贷。

文到即具该府县并巡检遵依，具由报道，以凭查考。仍将前批申正职掌一详申缴。

行查荒熟事

南安府呈详崇义县荒熟田亩缘由，据此，本道勘得自兵燹以后，人民流亡，田畴荒芜。则招徕劝垦，上足国课，下利民生，自是有司职掌。但未有以蒿莱满目之地，捏报开垦，妄希恩典。如原任南安府知府庄正中、原任崇义县知县朱组绶之甚者也。

据该县见任知县周维新申报捏荒作熟情由，蒙宪台檄行本道，随转行该府秉公确查，饬令不可一毫偏徇，致亏国赋。又虑申详出自该县，若仍委该县查勘，恐有朦胧吁免，冀脱考成之弊，复委推官孙仁溶履亩踏验。据称，该县七里荒芜甚多，造册报道，但其册中捏报续垦，及应蠲数目未经开明，复驳该府覆核的，详审缘由。催提再四，今据详称：顺治十一年内并无花户开垦认结，经承谢家绣任意开造认垦一千八百五十石零二抄九撮九圭九粟一糁六粒。报垦之后即以十二年起科，编入全书。继朱知县而来者病故，知县王宰署县，训导郑孟焜亦未详明捏报数中，自十一年至十六年陆续开垦过三百六十石六斗四升三合零，尚有未垦一千四百八十九石二斗九升零，此皆积岁老荒也。

慨念崇义昔年寇氛蹂躏，罹祸最惨。百姓或转死沟壑，或身毙锋镝，迄今户口萧然，村落阒如。即有一二孑遗，亦皆半菽不饱，一枝莫栖。官斯地者不能竭力休养，而反责令包赔荒粮，心何忍与？今劝谕新垦三年后起科，煌煌特恩，沾被海宇，若不特请豁免，是朝廷轸恤之泽为一二守令壅蔽，不得下究于崇民也。且民皆虑开垦之后即追数年之逋欠，必以开荒为畏，忍视桀桀之莠而不肯负耜南亩，谕之不从，督之不应，情所必至。则岁额正供断不能完，考成日严，参罚必甚，是官之受累无穷也。若有司但知功名，罔念抚字，任意催科，鞭扑日加，是民之赔累无尽也。灰烬余生，何以堪此？势必为惊鸿，为骇鹿，转徙他方。将见熟者渐次变荒，而荒者永远不熟，所病者不但在官在民，而国赋不大亏不止。

则今日仰恳宪恩，特疏题蠲，一以副朝廷浩荡之德意，一以收流离困苦之民心，而实亦足国赋安地方之长算也。其捏报之田，责令该县多方招徕开垦，遵照定例，三年起科，以信功令。从此，崇义之民知无赔累之害，感被宪德，必鼓舞耕耨。地无遗利，国无逋租，所禆实非浅鲜也。

所有南安范知府、孙推官、崇义周知县，印结并荒熟册，及里递结状各二本，一并呈报。经承谢家绣见在府禁，伏候宪裁。

查勘要隘地方，量设官兵防汛等事

呈详七处要害设防缘由，本道看得虔南为闽粤咽喉，江楚枢纽，层峦叠嶂，深峒险坑，奸宄之徒时常出没。虽在承平，犹烦兵旅，载在舆志可考而知也。

前蒙宪台隐念伏莽未靖，鹰眼实繁，檄行查议要害设防。前道转行各属酌议，几同筑舍。本道莅任，严催呈报，适值海氛告警，李逆复肆猖獗，宪台秉钺誓师，抚剿兼用。今已立见荡平。然而地方险要，歧路百出，自非添设劲旅，驻守厄隘，以遏将来之患，恐此残黎未得安然耕穮，终非靖乱宁民之长算也。兹复奉宪檄，念时异事殊，境地不同，再行从长参酌，本道岂敢拘泥成见，不详加确议！随转行府县，又备移行间，各将相度地理形势，熟察贼径出没，遵照宪示，细细商确。

今准据详移，除龙南新兴堡，及宁都萧田、黄陂，已奉宪行设兵驻汛，无容再议外，今查赣县之曲村，万木阴翳，曲径旁通。如湛田、莲塘、九山、紫山、公埠、鸭公嶂、小禾溪，及古径、西岭等处左右前后，皆今日盗贼出没之地。而曲村为其总会，则设兵未有急于此者。其次，则均村亦属兴、万交界，山岗稍平，较之曲村似为稍缓。兴国则莲塘、营前、阳平观三处，接连永丰、万安，上通六关、梅窖峒、樟木山等处。三处设兵，则诸险皆可控制矣。雩都则石崆、宽田，与刘田尾、韩婆嶂相近；平头寨、田屋与葛坳、银坑、长乐里相近。石崆、平头寨设兵，则诸险亦可控制矣。至于万安交界之白羊坳，乃庐陵、泰和门户，仍候宪台行吉安营拨兵分防。如此，则要会厄塞，星罗棋布然。

必择营弁中慎密守纪律、知方略、能约束兵马、谙练军机者统率。无事则静以弹压，耕凿不扰。而各乡堡遵行保甲条约，自相稽察，自相防卫。遇盗贼窃发，防兵剿捕于前，乡勇协助于后。邻近各营声息相通，犄角互应。则奸宄无所容身，而地方可奏宁谧之效。

若夫应委何官，应设兵若干，虽洪游击与各县俱有条议，然必酌量两标兵马实在数目，先除留镇赣城为居重驭轻之计外，通融计议分拨，是在宪台裁夺，或移商总镇，酌妥议行。

饬保甲分别兵民，以靖地方，杜混害民事

详赣县四坊乡约刘主器等具呈保甲分别兵民情由，本道看得赣城当四省之交，五方杂处，土著居民仅十之三四，而兵丁居其强半。然民有保甲，受县令之约束；兵有伍籍，守营将之纪律。责任既专，稽察犹易。独是有卸粮之闲丁在营中，虽已除名，而往来形迹无异平时，百姓何由觉知？更有前院镇长随遗留不归，问之营将则非兵，问之县令则非民，乡约不知其姓名，甲长亦畏其威势者，比比也。于是有无藉光棍假冒营头，以吓诈乡民者矣；甚之有旗下逃人改名易姓，错居坊保，而无人觉察者矣；又有江洋大盗踪迹诡秘，因与营兵亲识而无人盘问者矣。奸宄之徒既有窟穴，平时乡保邻佑不敢稽察，及事败露，并罹法网，情实堪悯，此刘主器等所以激切陈控也。

今参酌府县详议，兵民各为一牌。兵丁每家门首悬牌一面，上书本兵姓名，系某标某营某局兵丁，男妇大小几名口，有无异姓亲识同居，用本营关防钤盖。居址相近者，十家立一甲长，使互相稽查。仍严责成千把百总各稽察本管兵丁。如营兵为盗，自属纪律不严之罪。又每兵入伍，必取营官并无逃人逃兵，奸宄匪类甘结存案，方准入伍。若其中仍有逃人逃兵，奸宄匪类，或招来踪迹不明之人而不能觉察出首者，是从前既朦胧出结，后又通同徇庇，罪何容辞？若裁汰除粮及犯事革伍者，该营即将姓名移送府县，另改编入民牌，不得含糊，令两处影射以滋奸弊。如此，则真兵之保甲清矣。

若民则责成赣县令各坊居民，亦照前式各置门牌，上书某人年

若干岁，系某县某里民籍，或某卫某所军籍，男妇大小几名口，作何生理。如系生员，即书某学生员；如系衙役，即书某衙门，或书吏，或快手之类。有无异姓亲识同居。牌用县印钤盖。其有外省流寓，或开铺面，或系佣工，如居住已久，来历分明，即取乡约地方认实保结，一体编入保甲。其门牌上并书保甲姓名，以便稽核。其十家长俱照旧式遵行，如此，则军民之保甲清矣。

仍责令十家长各置门簿一扇，如某家今日多某人，若系平常往来亲识，不必盘问。如面目可疑，即同众问何姓名，现在何处居住，来此何干，注之于簿，去后方销。如某家今夜少某人，便同众问往何处，去作何事体，亦注之于簿，回来方销。若虚出实归，乍贫乍富，形踪闪烁，言语错乱，便首之县官，以凭查询明白。若借端需索升谷分银，许本人首告，从重追究。

至于前院镇长随留住者，如年力壮健，愿入伍者，仍收入营食粮。若年老力衰，不愿充兵者，令讨的当真实保人，一体编入保甲。不得倚恃强梁，使乡约甲长不敢稽查，以为地方之害。至于往来客商，许各店家每晚开列姓名货物，及初到并起行日期，赴府县投报，以备查考。如此，则不兵不民，流寓无根之徒清矣。

总之，功令至今日严切已极，一有疏忽，官民功名身家所系，宁过严，勿过宽。初行似近于繁琐，行之既久，兵民不相妨碍，奸宄无所容匿。虽人烟杂沓而纲维条条不紊，地方安堵，文武官皆无意外之累矣。

移　解　事

呈详贼犯周礼明等案缘由，本道看得李逆倡乱，山泽愚民甘心从贼者有之，被其威胁者有之。论法则凡在贼营，皆难邀不法之条，然罪非首恶，情可矜疑。承谳者因不敢一笔注定，以伤朝廷浩荡之恩也。

周礼明、钟亥、吴长仔甘心从贼，屡审无异。惟刘元升因口供游移，随驳赣府覆讯。据称与萧瑞文对面相质，称元升自九月十四日拿去，十月十三日拿回，在营二十日。始虽由于迫胁，继则出于情愿。事关贼党，与周礼明等三犯难分差等，应候批示，移司成招定罪。萧瑞文果年尚幼稚，全家杀戮，捆缚盗穴，非甘心从贼者比。所当与王元生一并超释，先行县取结安插，以宏宪台解网之仁者也。

合候批示遵行。

积病难痊，恳恩速赐题请，俯准休致，无误岩疆事

窃惟本道一介寒儒，叨授史职，两任方面，自以捐躯不足报称万一。受事以来，茹蘗饮冰。凡地方兵民疾苦，时事利弊，加意厘剔，不敢时刻懈怠。幸蒙宪鉴垂照，获免罪戾。不期赋质薄脆，积劳成疾。平日怔忡时作，筋骨疼痛，饮食鲜少。医生诊脉，即言幼年思虑劳役，心血枯槁；脾胃损伤，肺火燥急。若不静养调摄，恐一发不可救药。本道以时方多事，夙夜忧心，何暇调摄？夏月疟痢交作，犹抱病视事。不期南安月夜巡城，山岚毒雾，最易侵人。虚损之后，感以瘴疬，夙病陡发，头眩耳鸣，气喘上涌，干呕不止。脊臂痛如刀刺，心中怔忡不宁。潮热盗汗，腹中块痞疼痛异常。饮食不进，竟夜不眠，闻人言语，则心神荒乱。医生刘良相、刘应芳终日验

视服药，竟无功效。

窃思南赣两府为四省咽喉，地重事繁。宪台励精图治，昕夕弗倦。以本道驽钝之才，即竭尽心力，犹惧不能仰佐高深。而积疴在身，日事药饵，虽宪台过为优容，本道何以自安？况五脏皆虚损已久，断非朝夕可愈。调理不痊，所关本道一身犹小，事体废弛，所关朝廷地方实大。哀恳宪台垂念南赣要地，非病躯可以料理，慨赐具题，准令休致。倘得谢事归里，或可勉力调摄，稍延残喘。

情蹙词迫，言无伦叙，万祈鉴宥。

病势愈加，服药罔效，再恳恩怜，蚤赐具题休致，生还故里事

窃照本道庸劣之才，荷蒙宪台高厚深恩。受事以来，夙夜饮冰，拮据不遑，弗敢一刻懈怠，以负隆恩。昨于本月初九日具有"积病难痊"等事一详，恳请代题休致，未奉宪批示。每日延医调治，务求速痊。一面扶病料理公事，不期病势愈加日甚一日。汤水不进，昼夜不眠，痰气上涌，呕吐不止。百节痛楚，皮骨仅存。十六、十七两夜，昏沉不醒人事，赖家人环救，至黎明方苏。二十二夜，又复如是。遥望家园，实有不获生归之虑，故不禁急切呼吁焉。

目今病势危笃，业已至此。而簿书萦心，梦寐不宁，公务必至废弛，骸骨恐难生还。宪台栽培，真同覆载，当必有恻然动念者。兹再恳洪恩，垂鉴真情，慨赐具题。倘得生还故里，与高年父母一面，世世顶戴高厚矣。

本道年甫三十，功名非易。况南安仰邀宪台德威，地方粗安。若病势不至急迫，谁肯轻解组绶？统祈鉴察，本道幸甚，地方幸甚！

直陈病源,仰恳宪鉴,以光大典事

窃照本道猥以庸菲,谬当繁巨。受事以来,饮冰自誓,鸡鸣而起,日昃不食,目击疲顽,刻意兴除,不遗余力,务期振起夙弊,以仰答宪台高厚之恩。无奈负质尪弱,积劳成痾,先疟后痢,医药不痊。后因海氛告警,人心汹汹,昼夜绸缪,不敢时刻息忽,虚损之余,遂成笃疾。

于九月十九日奉虔院宪票为调商机务事:"照得赣当四省冲区,际兹多事之时,一切军机重务虽由本都院筹画,而弹压兵民,绥缉地方,相商妥确,犹惟监司是赖。今该道远驻南安,凡有机务商酌,必待文檄往返,致滋濡滞,合亟促回。为此,仰守北道官吏照依事理,文到即便束装起行,星速回赣,商酌地方机务,料理未完事件,共襄本院之不逮可也。毋得迟延。"奉此,本道即日赴赣,星夜驰驱,毒雾侵伤,抵赣而病,遂不起矣。

已两次具详宪台,自当静候批夺,何敢纷纷渎请。但目下宪旌临赣,一应囚犯审录、钱粮综核、官吏考察、操练监射以及随巡二郡属邑,皆系本道职掌。兹者呻吟床褥,百节痛楚,痞块塞胸,医药无灵。偶披一文,即时昏晕。本道旷职之罪,百口莫辞。其于宪台代狩大典,未免陨越。若不先期陈明,必至临期误事。查本道同城知府范时秀青年老成,事事振刷,吏弊民情,知之已熟。伏祈宪台垂念随巡大典不可缺官,暂将道篆批令代管。仍一面责令两郡,一应紧要事件刻期料理,本道得稍事药饵,延残喘以候会题,庶大典有光而疾不至骤殒朝露矣。

积病难痊，恳恩速赐题请，俯准休致，无误岩疆事

蒙按院李批本道呈详前事，蒙批："虔南当地方多事之秋，正藉屏藩振刷，以起疮痍，该道未可以病乞休也，宜力疾视事可耳。此缴。"又于十一月初九日，蒙本院批本道详为"病势愈加，服药罔效，再恳恩怜，亟赐具题休致，得生还故里事"，蒙批："该道照前详，力疾视事可也。仍候抚院详，行缴。"

蒙此，本道捧读宪批，不胜感激。窃自念赋性疏拙，才力短浅，仰蒙宪台高厚生成，捐糜难报。况值代狩虔南，正百寮瞻仰德容，俯听甄别之时，本道不幸久染沉疴，医药罔效，见风则体战心摇，披文则头眩目昏，腿软筋缩，扶掖后行，不能匍匐辕门，一供鞭策。中心惶惶，寤寐靡宁。然两奉宪批，俱令"力疾视事"。又见宪件未完甚多，不敢以病自逶于昏晕之余，勉力料理。自谓一息尚存，此心不敢少懈。不意于本月二十三日检点号件，差役赍比，遂头眩眼黑，昏倒在地。家人灌以姜汤，许久方苏，故不敢不再恳切哀吁，仰冀宪台垂察。

抑本道病源，更有实情万难自遗者。本道年十四岁即遭闯寇破城，母仗节骂贼，殉难最惨，本道已抱终天之恨。嗣后流离间关，惟父子相依为命。今父年已衰老，久患肠澼，家鲜良医，药饵毫无功效。左右伏侍，并无以次子侄。本道赴任时便道归省，以凭限急迫，不敢久留，遂星驰就道。临行之时，父执手涕泣曰："我病万难支持，你今远去南安四千余里，不知何时得再相见？"本道闻之心肝裂碎，马首南驰，方寸昏乱。抵任以后，见诸事废弛，竭蹶经营，心

血损耗，终日忽忽若有所失。兼以瘴疠交侵，水土不服，一病遂成沈疴。若溘先朝露为异乡之魂，老父闻知，病必愈加，是本道废弛地方，不可以为臣；病贻亲忧，不可以为子。午夜号泣，中心如刺，情实急切，自非医药所能奏效。

前通详四院已蒙批，委府厅行查，并取医生甘结，申报在案，恭念宪台深仁宏恩，本道承被最深。未蒙批允，夙夜弗宁，敢冒威严，尽吐微情。万恳垂鉴下悃。字字实出本心。病入心腑，实难排遣，非敢一言虚假，以诳宪聪。更望垂念岩疆，难容卧理，贻误地方，立赐题请，罢斥归里。倘得生还，与老父相见，世世顶戴高厚。

外官告病，例不起用，本道非情不得已，宁不顾惜功名，自甘废弃？即此可察本道之心矣。情急词迫，冒昧呈请，统惟鉴宥。

逆渠既获，处置宜断，谨陈善后之计，仰冀采择，以靖地方事

窃照本道以庸菲之才谬当重地，夙夜兢兢，未敢怠忽。不意夙疾陡发，医药罔效。今奉旨休致，候部文到即当卸事出疆。犬马微躯，得以生还故乡，实出万幸。

窃念本道一介书生，叨蒙大宠，读书中秘，洊历方面，君恩深重，涓埃莫报。今当沈疴呻吟之际，目击地方大利大害，不敢以已去之身缄默不言，以负朝廷生成之恩，宪台栽培之德。谨冒昧开列三四款，伏候宪台鉴夺。

一、诛首逆以绝后患。逆贼李玉庭依山据险，梗化有年。恶浮跻跖，威比黄巢。潜通海宼，家藏伪谕。以人命为草菅，以淫掳为游戏。鳏人之夫，孤人之子。今零、兴之间田畴荒芜，人民死亡逃

衅者，伊谁之罪也？幸赖宪台神谋妙算，就我戎索，似当立正典刑，悬首藁街，以泄万姓之忿，以安反侧之心。而久羁囹圄，与从前陆续擒获贼党并旧日钦案大犯，与夫株连未结之徒，同游圜扉之内。且在外借名招安，鹰眼未化者，眈眈虎视。彼以应死之身百计求脱，其心必专。昼夜经营，万一变出意外，不知何以御之？此切肤之患，不可不为之亟计者也。伏祈宪台迅速会疏，以慰朝廷宵旰之忧，将李玉庭、李庭甫、张胜等逆蠢赐正法，庶渠魁既灭，人心大定矣。

一、慎招降以安人心。宥过招降，朝廷浩荡之典，炳若日星。然贼有不同，降亦各异。有原本良民，被贼迫胁，不得不从，大兵一至，倒戈投顺者；有积逆稔恶，见大兵追剿，势穷力蹙，假投降以延残喘，而心仍不可问者。原本良民，其情可矜，以得生为幸，永无他念矣。至于积逆稔恶，名为投降而心仍不可问者，如李秀庭、张宁、严胜等是也。此辈罪大恶极，今既投诚，自当宽宥前愆，然必当使知天恩浩荡，侥幸得生，洗涤肺肠，革心向化，将从前所掳人之妻子，所勒人之田产牛马，尽数退还，方可准其安插。如仍前霸占，且勒逼重价求赎，威陵污辱，无所不至，是从前为山贼，而今为官贼也，小民之冤何时可伸？

伏祈宪台垂念投诚之中等差各异，分别处置，勿使狡猾者遂其奸计，长其凶谋。至于被贼迫胁，情可矜悯。或年方幼稚，不堪荷戈者，直当放令归农，复称良民，不必强之入伍，徒縻粮饷，则地方可弭无穷之患矣。

一、宽胁从以宥无辜。李逆倚恃险阻，大肆猖獗，良民被其荼毒，谁不饮泣吞声？然而势微力孤，一与之抗，身家性命一旦灰烬。及至兵来，彼已远遁。故良民虽视为深仇，而不敢显与之绝，此情较之与贼为敌者更惨也。从前渠魁未获，故搜缉党羽，冀得李逆踪迹。今李逆既已成擒，凡从前缉拿各犯，似当详审确情。如真正通谋叛乱者，罪在不赦外，若属影响无的据者，念其原属吾赤子，概从宽宥，以昭宪台解网之泽。使民知贼无幸生之法，民无枉死之患。山泽遗黎，永戴隆恩矣。至于原报被获难妇，尤当速行各该原籍，令亲属领回，不宜久羁。伏候宪裁。

一、设防兵以靖反侧。赣南二郡当五岭之要会，处四省之错壤，层峦叠嶂，密箐深林，封豕长蛇，易为巢窟。前代至今，时常跳梁。虽亦兴师动众，歼魁俘囚，而旌旗甫旋，余烬复炽。且洞壑曲邃，邻境旁通，终难铲厥根株，空其峒垒，其地势然也。故于盗贼已形之后，择险而出奇，不若于盗贼未聚之先，因险而预备，使彼不得生发，发不得肆志，则胜算在我，可保无虞矣。

本道去年受事未几，奉都院檄行据各县，查勘要隘，方在呈详，而海氛告警，李逆猖獗。使其巢穴前后备设重兵，统以慎密将弁，可以朝发夕擒，何至劳师半载？今幸仗宪台威灵，元凶被缚，恐余党未尽，善后之策，不可不为之预计也。今各县重地，除龙南之新兴堡，及宁都之萧田、黄陂，已奉宪行设兵驻汛，无容再议外，查赣县之曲村，万木阴翳，曲径旁通。如湛田、莲塘、九山、紫山、公埠、鸭公嶂、小禾溪，及古径、西岭等处，左右前后，皆盗贼出没之地。而曲村为其总会，此今日地之最要者。雩都则石峆、宽田，北有韩婆嶂，东有石井、木瓜，南有龙泉径，相连不过数里。石峆丛山险峒，岐径百出，然地隘难以安营。前奉发防兵，亦移驻宽田。宽田设兵，则诸险皆可控制矣。平头寨为雩、兴、石、宁四县之界，与葛坳、银坑、长乐里相近，皆属重地。平头寨设兵，则诸险皆可控制矣。至于兴国，则莲塘、营前、阳平观三处接连永丰、万安，上通六关、梅窖峒、樟木山等处羊肠曲径，险厄最甚，此亦当设兵弹压者。以上各汛，似各得兵二三百名，统以守备，或经制千总等弁。

又，万安交界白羊坳，乃庐陵、泰和门户，前朝大司马郭讳子章建议以吉安营兵分防其地，今仍恳宪台檄行吉安或万安营，酌量拨兵分汛。则要会厄塞，星罗棋布，然必择营弁中慎密守纪律，知方略，能约束兵马，谙练军机者统率。无事则静以弹压，耕凿不扰。而各乡堡遵行保甲条约，自相稽察，自相防卫。有事则相机夹攻，与邻近各营声息相通，犄角互应，庶奸宄无所容身，而地方可奏宁谧之效。又当戒谕各将，使知地方无事即为上功，不得借端搜求，以滋骚扰，使民知有设兵之利，而不见设兵之害。

此实今日善后之要策，不敢不悬恩于宪台者也。伏候宪裁，地方幸甚。

巨蠹蝗国，劣衿抗官事

呈详犯人汤吉先等招由，本道看得汤吉先以吏房书役承行援纳银两，因司催紧急，商同本房书手吴元试借支存留库银，以完钦件。此移缓就急，原非侵欺可比，但承解获批，不迅速回销，以致该县疑其侵盗。今所借银两已经署印，陈同知去任，吴知县陆续追完，补归正款。而吉先复称清狱保外，兔脱无踪，严催缉拿，两载不获。

吉先愚而玩法，厥罪难辞。按律那移出纳，还充官用，以监守自盗论，所以重监守之防也。吉先与吴元试仍照原拟，于法不枉。其子汤大荣以青衿代母求宽，辞或过激，情非得已。世岂有身列黉序，坐视其母出官刑辱而不为之分剖者乎？既无裂带碎衣之事，明系该县迁怒，妄申褫革，实为太过。仍当还其衣顶，以伸士气。但现今在逃，若准其复学，彼或闻风来归。如仍逷逴不返，使彼以旷学见黜，庶诸生知不至以母获罪，弦诵之地，犹有彝伦也。

至于经承萧应章，不谙律例，妄引赎条，与吉先族长汤达元、岳父廖迪如、保歇萧德，分别拟杖，以儆怠玩。但事在十五年正月恩赦之先，今又逢新赦，应否援免。

呈报任内汰革冗役事

窃照裁汰冗役，屡奉严旨申饬，诚以衙门多一役则多一作弊之人也。

本道钦奉敕书内云："首在约束衙门官吏胥役，使知恪遵法纪，毋致作弊生事，扰害官民。监司本源既正，方可表率属员，克循职业。钦此！"本道自莅任以来，夙夜砥砺，茹蘖饮冰，上畏功令，下畏民嵒，于内外衙役绳约，惟恐不严。虽官舍民舍名色，前道久已裁革。而现在供役者犹未能尽循经制，本道尽数裁汰。复查其有从前兴词被讼，逋粮旷役，及办事怠玩误公者，随即责革，出示晓谕。仍行牌原籍县分照民一例当差，取结存案，不许假借衙门名色招摇乡里。

至于一切文案，俱本道亲自裁定，并不假手书吏。与僚属相约，惕以功令森严，民生困苦，钦件宪件，关系重大，限期刻难违逾。其奉行迟滞，惟严檄催提。甚之破面切责，断不轻差一役下县。以此衙役丛奸者少，亦无差遣不敷之患。

今本道因病请休，出疆在迩，谨将汰革过各役姓名呈报宪闻，伏祈鉴照。

卷九　苏松告谕

关防诈伪事

照得本都院原籍中州，距江南二千余里。家世清白，子弟闭门读书，不与闻外事。本都院赋性硁硁，交游寡少，星相山人，素所厌绝。一二亲识，皆株守桑梓，总无往来江湖、游学贸易之事。况本都院弱冠登朝，剔历中外，生平孤介自持，海内共知。今幸逢尧舜之主，知遇之隆，迥出寻常。即竭尽才力，何能报称万一？惟有精白一心，持廉秉公，期官吏守法，士民乐业，庶几稍尽职掌，无负君恩。但抚属地处冲繁，奸伪丛杂，往往有假借姓名，影射诈骗，巧变百出，如鬼如蜮。愚民无识，堕其术中，受害无量，深可痛恨，合行禁约。为此，示仰抚属文武官员、军民人等知悉：

倘有游学经商、星相墨客之流，假托本都院宗族亲识，招摇生事者，该管官司立行拿解，以凭尽法究处。如地方店户邻佑人等容隐不报，事发一体治罪。若该管官失于觉察，与之通刺往还，一并纠参。

官箴所系，法在必行，慎毋套视，须至关防者。

钦奉上谕事

本年十月初八日准户部咨开等因到院,准此,合行出示晓谕。为此,示仰该地方官民人等知悉:

皇上巡狩南行,原以抚恤编氓,观风问俗,一应沿途供用皆在京储备,毫不取之民间。尔民务须仰体皇上爱养至意,照常宁处。士农工贾各安本业。毋得听信无知煽惑,迁移远避,有负圣明轸恤之怀。如有不法官役借名支应,悖旨私征,及擅派民间一应物件,一经察出,定行题参治罪。蠹役立拿杖毙,决不姑贷。

各宜凛遵!

晓　谕　事

照得皇上巡狩,原为采风问俗,抚恤下民,周知疾苦之意。况续准户部咨奉上谕:凡一应沿途供用,皆令在京所司储备,毫不取之民间。惟恐地方官不能体悉,借端支应滥取,反为扰累,业已通行,大张晓谕。至于钦差部堂查勘路途,不过以所经之处崎岖高下,有碍乘舆者稍为削平填塞,并未有毁垣坏屋之说。本院自出都历山东抵境,见居民皆安堵如旧。

近闻三吴刁诈成风,轰传銮舆经临通衢,处所必得宽大,圻庐坏舍。甚至深山穷谷,奸徒借端吓诈,大非皇上巡行加惠元元至意,合亟通行禁饬。为此,示仰抚属官吏军民人等知悉:

自示之后,各宜凛遵,毋得借端生事,妄行圻毁民房。敢有不法奸蠹仍前恐吓愚民，希图诈婪者，一经访确，奸蠹立拿杖毙。地方官不行觉察，即以悖旨虐民，飞章参处，决不姑贷。

晓　谕　事

照得本都院下车三日，例当放告，以通民情。但吴中健讼成俗，讼师地棍，表里作奸，往往驾捏虚词，教唆诬告，与本等事情毫无风影。及至准理，原被各受挟制，欲罢不能，皆至倾家乃已。本都院稔悉此弊，痛恨已久，亟欲湔除，今特酌定状式，颁行晓谕。为此，示仰抚属军民人等知悉：

嗣后务照所开条款一体遵奉，毋得仍蹈前辙，听信讼师簸弄，自罹法网。本院听讼惟以初词为主，不许续投禀讼。初讼一字涉虚，即行反坐。各宜慎思，毋贻后悔。

一、民间事情每先告本管州县。如果审断不公，情有冤抑，方许上控。如状内不将某月日告过某衙门，如何审断不公情节开写明白，朦混越告，一概不准。

一、告贪官污吏，无赃迹实据，过付确证年月日期者不准。

一、告谋叛通逆，光棍冒旗，势宦土豪，巨窝访蠹等情，非确有实迹证据者不准。如假捏幸准，审实照律反坐，决不姑恕。

一、告额外私征苛派，无款项数目、年月证据者不准。

一、真正人命，强盗例由该管州县通申批审，未经断结，不许越告。如问官徇情枉法，必须开明月日，伤证赃仗，据实陈告，违者不准。

一、旧事翻新，及户婚田土，口角小嫌，捏装重大名色，希图诳准，审诬定行反坐。

一、一词两事粘连,款单牵累多人,及被证过三名,以至非关奸情,牵涉妇女者不准。

一、不开代书歇家各姓名住址者,即系匿名刁讼,并无副状,字格逾式者,一概不准。

清理监狱事

照得仲冬严寒,囹圄罪囚冻馁堪怜。况今恩诏涣颁,小过咸与维新。为此,仰司道府州官吏即行所属,将监犯逐一确查。凡关钦案不赦重情,仍照常固监,囚粮草荐均给,不许狱卒陵虐,扣克狱毙。其余一切轻罪,分别保释,候诏到遵行,仍将清理缘由呈覆,毋违。

观 风 事

照得三吴素号人文渊薮,名卿巨儒,后先接踵。理学经济,彪炳汗青。本部院髫年受书,见闻所及,当年朝著,建白大义,撑柱国是,江南君子实为眉目,中心不胜企慕!顷岁以来,备员史局,殚力编摩,江左名贤,传述难尽。抚卷叹息,以为长江大海,叠嶂洪浸,天地清淑之气于是焉萃,故人文之盛如此,非他方所可颉颃也。今填抚兹土,欲与多士讲道考德,究明濂洛宗传。受事以来,迎送銮舆,案牍山积。督军筹饷,日不暇给。今岁序方新,正多士奋发下帷之时,合先循例观风。

制义者,朝廷功令所在,诸生致身先资。且六经之微旨,圣贤之精义在焉。文恪、文懿,荆川、震川皆乡先哲,制义为海内所宗,未可视为逢年之技也。又念诸生多博极经史,贯穿笺疏,辨异同于毫厘,穷制度之源流,含咀英华,驰骤《骚》《雅》,故不敢以一格相绳于经书之外。更列论、表、考、议诸体,间附古风、近体诗目,欲令各尽所长,以见一时之盛,合行传檄。

为此,仰该府州官吏查照牌内事理,即转行所属州县,出示晓谕,会同该学教官择期传集诸生及苦志儒童,扃锁严密,将本都院封发题目开示考试,务必黎明出题,薄暮收卷,使得尽一日之功。毋促期催迫,致妨惨淡经营。试毕,公同各官钤印固封,赍解本都院评阅。即名列辟雍愿与者,不妨另封呈送。该府州县须敬慎从事,毋散题征文,及漏泄题目,令抄誊代倩。

本都院遴拔既定,仍亲加覆试。赝鼎混呈,捉刀必究,尚其慎之。

严禁征收钱粮勒索火耗私派之弊,以恤民艰,以清赋税告谕

江南财赋甲于天下,小民输将正供,拮据维艰。兼以递年水旱频仍,困苦尤甚。皇上轸念茕黎,宵旰不遑。额征正赋之外,不得横征私派。多科勒索,定有处分严例。州县有司,务宜洁己奉法,杜绝私派,痛除耗羡,俾民间省一分浮费,即可完一分正供。司道府为属员表率,尤宜端本澄清,划剔蠹弊,禁止苞苴,则州县免分外之需,小民即可受宽大之惠。额赋易于完办,各官亦免考成之累,庶不负朝廷简任牧民之意。

乃有等不肖官吏惟图营私饱橐,罔顾功令民瘼。或于派征之

时浮额多科，或于收纳之际加勒火耗。如地亩钱粮，江南各属额赋已重，每征正银一两，部法之外，多勒耗羡八九分至一钱不等，而江北州县竟有加至一钱五六，以至一钱七八分者。至于杂办钱粮，如行夫、牙户、匠班、渔课、碾饷等项，竟不开明每丁应征数目，止开某户应征几丁字样，通同奸胥蠹役，恣意横征。每丁止应征正银一两四五钱者，竟征二三两，仍复加四五勒耗。再如酒税一项，原因用兵需饷，暂行征收。为民牧者自应体恤民隐，照额收解，乃视同几①肉，亦复加四征收。更有并非额编，横行派累。如田房税额，既经按照业户卖契计数征收税银，复于田亩上按图按甲加数派征。及借称某项公费，并捐助名色，辄加派里递，指一征十，官蠹分肥。此皆州县刻削下民脂膏之弊也。司道衙门凡遇州县交钱粮，则有坐平耗羡名色，弹兑陋规。库官、胥吏、堂役，以及把门、轿伞之夫，俱有收银使费。种种锢习，难以悉数，此则司道府婪索州县之弊也。

此等弊窦在从前督抚历经严禁，稍为敛戢者固有，而阳奉阴违者实多。本院未出都门，久已稔悉。及入境以来，见闻更有真切。嗟！小民有限脂膏，上下官蠹如此层层剥削，无怪乎民生日蹙，朝廷正赋岁岁逋悬动盈千万！若不严行惩创，何以救民水火，无亏国储？除现在密访参拿外，合行出示禁饬。

嗣后各宜洗涤肺肠，改弦易辙。凡州县征收正杂钱粮，务按由单科则。应征确数，如法验派明白，开写单票，令民通晓，毋容额外私加毫忽。仍听纳户照依部颁法马按数称兑，自封投柜。柜役止许登填流水，截给串票，不许执戥秤收。司道衙门如遇州县解交钱粮，一依部法平准兑收明白。即便印掣批文，送院销算，永杜积弊。如有不肖官蠹怙恶不悛，仍踵前项诸弊，许诸色人等不时赴院具禀。一经察确，官则飞疏参拿，役则立刻杖毙。倘有奸顽里甲，劣衿衙蠹,输纳粮银故为短少,亦必查验真实,申报究惩。不得窥视殷实之家,借名纳银轻少,签提捉拿,饱其溪壑。如有此等,定行飞提重治。

本院执法如山,言出必行,断不宽假,各宜猛省,无贻噬脐,慎之!慎之!

校记

① "几"本祠堂本为"凡"字,从四库本。

严行设法催提,永禁滥差滋扰,以杜侵那告谕①

江②南各属为③财赋重区,款目滋④繁。有一项之征解,即有一项之考成。州县印官固宜竭力征输,以副功令,毋容堕误。而在上诸司各有督催之责,贵乎严立期限以程完欠,不在滥差滋扰。

乃向来司道府衙门立法不善,惟以差提为能事,不论刑名钱谷,不计轻重缓急,动辄差催⑤州县。甫及开征,而司道府之差役接踵而至。更有一项钱粮,而有守催⑥之名不一而足。此辈一下州县,惟知恣肆勒索,讲说差规,需索酒食。溪壑既盈,即置公事于不问。稍不遂欲,非耸禀锁拿,即私行殴辱。而州县经承率皆穷役,既无身家以应若辈无厌之求,欲冀一时稍宽,不得不多方承顺。因而那撮钱粮,侵蚀国帑,势所必至。

本院深悉此弊,屡经通行饬禁⑦。近闻州县仍有⑧守催、坐催⑨等差纷纷盘踞。在诸司之敢于玩违者,或以州县征解愆期,呼应不灵,谓差提可以速结⑩,独不思⑪司道府官为属员表率,若能设法催提⑫,严立程限,示以必信,别有⑬劝惩,下属纵使⑭冥顽,亦必感而知奋,可以不烦差扰,何竟漫无区画,惟以⑮滥差⑯为事⑰?且差往往不系公事,甚至有不行牌票,令书吏下县口催,多系私意科敛。不肖蠹役增饰恐吓,有司心知其伪,不敢声言,常至那借库项,以应其求。钱粮亏空,都由于此,尤为不法,合再示禁⑱:

凡督催钱粮及一切钦部刑名事案,务须设法勉励,分别劝惩,示以必信必从,不得轻差一役。州县各官亦宜仰体急公,上紧完结,勿以⑲不差催而忽玩。如敢⑳仍前滥差下县,致滋索扰侵那情弊,本院见闻所及,立即密拿。差役并经承重处外,定将违禁差扰缘由特疏指参。㉑

校记

① 山平堂本题为"禁差杜扰",从本祠堂本。
② 山平堂本"江"前有"照得"二字,从本祠堂本。
③ 山平堂本无"为"字,从本祠堂本。
④ 山平堂本"滋"为"最"字,从本祠堂本。
⑤ 山平堂本"催"为"提"字,从本祠堂本。
⑥ 山平堂本"守催"后有"划催"二字,从本祠堂本。
⑦ 山平堂本"饬禁"后有"稍为敛迹"句。
⑧ 山平堂本"仍有"后有"各衙门"三字。
⑨ 山平堂本"守催坐催"为"坐催守催",从本祠堂本。
⑩ 山平堂本"速结"后有"遂尔悍然而弗顾"句。
⑪ 山平堂本"思"为"知"字,从本祠堂本。
⑫ 山平堂本"催提"为"行催",从本祠堂本。
⑬ 山平堂本"有"为"以"字,从本祠堂本。
⑭ 山平堂本"使"为"极"字,从本祠堂本。
⑮ 山平堂本"以"为"事"字,从本祠堂本。

⑯ 山平堂本"滥差"后有"殊为可恨"句。
⑰ 山平堂本无"为事"二字,从本祠堂本。
⑱ 山平堂本"示禁"后有"为此示仰抚属官吏知悉"句。
⑲ 山平堂本"勿以"为"不得以",从本祠堂本。
⑳ 山平堂本"如敢"后有"故违"二字,从本祠堂本。
㉑ 山平堂本"指参"后有"倘州县官惰征完误,亦即据实揭报,以凭参处。各宜慎之,毋自贻戚"句。

严禁妇女入寺燃身,以正风化告谕

妇职但司中馈,闺幼专习女红,皆宜静处闺帏,别嫌明微。即异姓①亲戚,不得相见。

乃闻开元等寺何物妖僧,创为报母之说,煽惑民间妇女百十成群,裸体燃烛②肩臂,谓之"点肉身灯"。夜以继日,男女混杂,伤风败俗,闻者掩耳。而乃习久不察,视为故常,良可哀悯。即曰亲恩当报,生养死葬,自有定礼。违礼辱身,是谓不孝,何名报恩?合行出示。为此,示仰该管官吏及军民住持人等知悉:

嗣后妇女各宜静处闺帏,不得仍蹈从前恶习,入寺裸体点肉身灯。如有犯者,许地方附近居民禀官,严拿究处。女坐其父,妇坐其夫。僧道容隐不行举发者,解院重责三十板,枷示寺门三个月,不贷。

校记

① "姓"疑为"性"字误。
② "燃烛"本祠堂本为"然燃"二字,从四库本。

严禁请托,以肃官箴告谕①

江苏地号繁盛②,游客所聚,风俗刁诈,人心险恶。官斯土者,往往以③情面请托败其官声,得罪公论,祸不旋踵。

本院廿载林泉,六年史局,茹蘖饮冰,甘之若性。奉命抚吴,誓之关帝④神前:"断绝交游,不畏强御。受贿徇情,神明殛之!"将及一载,地方官民颇能相信。惟是积习日久,不肖小吏犹多觊玩⑤,不知本院执法到底,辄欲自行⑥尝试。有⑦一缺出,争谋署篆。皆素行贪恶败检无耻之徒,不知世⑧有天理王法。虽本院大声疾呼,犹然聩聩者⑨。此等奸徒,岂⑩可以百里相寄乎?夫百里之地⑪钱粮刑名,皆国计民生所关,若⑫部选非人,本院尚当白简严纠,稍有徇纵⑬,便属溺职。若委署非人,罪何可逭⑭!然委署重任矣⑮,而⑯署官不能尽职,是署官负本院也;若先⑰徇情滥授⑱,是本院以朝廷⑲百里民命卖与匪人也。即其人不至⑳大败,而本院之心尚可㉑对上天,告皇上乎?除凡㉒不自安分,妄行营谋者另行纠处外,合行晓谕。为此㉓,示仰大小属吏㉔知悉:

各宜体谅㉕本院誓神之意,恪守官箴,无㉖怀侥幸。如㉗本院不能慎终如始,一㉘有徇假,不妨公揭通衢,以彰本院负国之罪。如㉙本院清苦劳悴自甘,毫无私弊,亦求相谅,以全晚节,幸甚!幸甚!

校记

① 山平堂本题目为"严禁请托",从本祠堂本。
② 山平堂本此句前有"照得"二字。

③ 山平堂本"以"为"由"字,从本祠堂本。
④ 山平堂本"帝"为"圣"字,从本祠堂本。
⑤ 山平堂本"玩"为"法"字,从本祠堂本。
⑥ 山平堂本"自行"为"以身"二字,从本祠堂本。
⑦ 山平堂本"有"为"遇"字,从本祠堂本。
⑧ 山平堂本"世"为"上"字,从本祠堂本。
⑨ 山平堂本"聩聩者"为"聩聩若此",从本祠堂本。
⑩ 本祠堂本无"岂"字,从山平堂本。
⑪ 山平堂本"之地"为"以内"二字,从本祠堂本。
⑫ 本祠堂本"若"为"即"字,从山平堂本。
⑬ 山平堂本"纵"为"假"字,从本祠堂本。
⑭ "若委署非人,罪何可逭"句,山平堂本为"而况于委署乎?若畀匪人,罪何可逭!"
⑮ "然委署重任矣"句,山平堂本为"夫委署亦甚重"。
⑯ 山平堂本无"而"字,从本祠堂本。
⑰ 山平堂本无"先"字,从本祠堂本。
⑱ 山平堂本"授"为"委"字,从本祠堂本。
⑲ 山平堂本无"朝廷"二字,从本祠堂本。
⑳ 山平堂本"至"为"致"字,从本祠堂本。
㉑ 山平堂本"可"后有"以"字,从本祠堂本。
㉒ 山平堂本无"凡"字,从本祠堂本。
㉓ 山平堂本无"为此"二字,从本祠堂本。
㉔ 山平堂本"大小属吏"后有"人等"二字,从本祠堂本。
㉕ 山平堂本"谅"为"贴"字,从本祠堂本。
㉖ 山平堂本"无"为"毋"字,从本祠堂本。
㉗ 山平堂本无"如"字,从本祠堂本。
㉘ 山平堂本"一"为"稍"字,从本祠堂本。
㉙ 山平堂本"如"为"若"字,从本祠堂本。

亢旱不雨，急图修省，以祈有年告谕

民间插莳方毕，惟赖雨旸时若，可期丰稔。不意仲夏至今，雨泽愆期，近日亢旱弥甚，田禾将槁。本院念切民瘼，中心如灼。切思天道人事感应不爽，自非官墨兵骄，即系政苛刑滥。除本院率属痛自修省外，仍建坛祈祷，禁止屠沽，清理刑狱。惕天之变，分民之忧，庶几甘霖早沛，不致荐于饥荒。各宜虔诚，无饰具文。

严禁兵丁扰民，以安蔀屋告谕

江南财赋重地，民间一草一木俱关国课。至于各营兵马，自有额设粮饷料干，按月支给，岂容横取？况驻防兵丁违禁扰民，屡奉严纶申饬，犯者即行参处。

乃闻各属有等不法营兵，每借砍马草为名，将民间田荡所产芦苇恣行樵采。稍或劝阻，即逞凶暴。乡僻小民，孰敢抗敌？惟有饮痛吞声而已。甚至纵放马匹，践踏禾苗，纠合营使，砍伐坟树，种种肆恶，俱干军纪。该管营弁漫无约束，亦属不职。除现在察访拿究外，合行严禁。为此，示仰各营弁兵丁知悉：

嗣后务须严明纪律，约束队伍，毋得纵容兵厮在外生事，砍斫民间一草一木。如有不遵，即便据实通报革治。倘该管将弁知情故纵，或经本院察出，或被告发，定以纵兵虐民会疏指参，并拿悍兵以军法重处，决不姑贷。

严禁滥委家丁,以肃吏治告谕

地方公务,该管官员各宜加意澄清,剔除积弊,使上不误公,下不扰民,庶免咎戾。胥役不过供奔走传号令而已;至于家丁,乃本官私人,尤不得干预地方之事。本院下车之始,已经严禁。

近闻各地方官抗玩不遵,以衙蠹为腹心,视关防若具文。无论修造监工,开仓监兑,造船办料等,一概倚任家丁胥役。互相结扰,狐假虎威。恣睢肆横,层层剥削。刁难需索,窘辱备至。卖富差贫,弊窦百出。一切公事经此辈之手,尽为吞噬之具。此等情状,本官岂真聋瞆不闻乎?或以此辈为诚信足仗乎?抑假手攫金以自肥乎?溺职若此,深可痛恨,合行出示严禁。为此,示仰抚属官吏军民人等知悉:

嗣后一切公务,如有仍前擅委家丁出外招摇,刁难良懦,需索私费者,许被害人等不时赴院①控告,官即参拿,役立杖毙。各宜凛遵,勿贻噬脐。

校记
① 四库本"院"为"辕"字,从本祠堂本。

严行饬禁告谕

各项当官久经禁革。白票取物,有干功令。不意苏城尚有冰窨承值官府,相沿莫能革除。

查设厂藏冰,盖因春夏江海鱼鲜远来,非冰即腐。窨户在于腊月凿窨收贮,待时发卖,以觅微利。而苏州大小衙门辄以冰为驱暑纳凉之具。每遇夏月,差票络绎,恣意白取,供应上司,饱送知交,视为应得。致窨户雇夫雇船,挑运装送,所费不赀。甚且各衙门搭盖马厂,与夫包束家伙需用草索,亦著窨户出夫打造。即或稍给工价,悉被胥差兵役中饱,究竟不沾实惠。种种弊害,殊堪矜悯,合亟饬禁。为此,示仰苏郡官役军民人等知悉:

嗣后炎天用冰,务要给价平买,偿其工费。至于搭厂夫役草索,不得仍著窨户备办。如有奸役朦官白取及混派夫役,致滋民困,或经本院访闻,或被受害告发,定行官参役拿,不贷。

严禁讳盗,以靖地方告谕

吴下盗风日炽。由于地方官虑处分严切,遇有被盗,便与失主为仇,逼令隐匿不报。其盗情重大,势不可掩者,逼令改强为窃,甚至昧却良心,辄拿家属妇女审询,坐以是奸非盗,敲拶并行,以致失主畏其苦累,不得不隐忍缄默。即申报矣,奉文勒缉,往来解比,差役盘费,悉出失主。盗之所余不尽不止,其意总要失主有不敢不讳之势。而后官长得安然遂其讳盗之心。既助盗以虐民,实驱民而为盗,是官长实盗魁也。如此作官,惟知有自己功名,不知有良民身家性命,不但上负朝廷,抑且绝灭天理。每日坐堂开衙,乘舆张盖,何面目与斯民相对乎? 合行严禁。

以后当严禁保甲以清盗源。如有失盗,不论是强是窃,俱限三日内拿获真盗,追出真赃申报,分别照例定罪。如不即行缉拿,数日之后贼已远遁,赃已花分,即获盗亦难定招。若以后仍前逼勒失主,隐匿不报,及借端诬蔑,酷刑勒供,并缉捕①员役索取失主盘费,及妄拿平人,私下拷吓,株连无辜者,或经本院访闻,或被失主告发,官员立刻题参拿,役杖毙。

校记

① 四库本无"并缉捕"三字,从本祠堂本。

举行乡约以善风俗告谕

古昔盛时,士有庠序学校以乐其群,民有比闾族党以萃其涣,礼让兴行,风俗朴茂。迩来教化不明,人心陷溺,父兄之训戒不先,里党之熏陶无素,因之一善未闻,多以恶败。至于犯法,有司辄执三尺以绳之,轻则杖笞,重则绞斩①,每岁谳狱之章常至千余。

本院昔承乏纶阁,阅诸曹奏牍,每至大狱,辄反覆不置。窃叹孰无父母,孰无妻子,一旦身罹刑辟,莫能救助,为之泣下。夫先王以刑弼教,非以刑为教也。一言不教而惟刑是加,岂父母斯民之意乎？今奉命抚吴,见俗尚浮华,人情嚣诈,讦讼见于宗族,仇杀起于比闾。泰伯季子之风微,而专诸要离之习胜,欲挽回末俗,驯至②醇良,条约频颁,未见省改。中夜思维,人心本善,岂尽下愚不移？从容渐摩,自当感动。乡约之法,最为近古。恭读上谕十六条,圣人之言广大精微,修身齐家之道,迁善远罪之方,总不外此。

抚属府州县卫所官吏,定期每月朔望会集士民于公所。其乡镇等处各择一空阔祠宇,选年高有德,为乡人所重者敬谨讲说,务要明白痛切,使人感动。平居无事,则互相叮宁。一有过恶,则彼此讦责,共存天理,共守王法。孝亲敬长,讲信修睦,敦尚朴实,解息忿争，无负圣天子尚德缓刑，化民成俗至意。

无徒视为具文。

校记

① 四库本"绞斩"二字为"斩绞"，从本祠堂本。
② 本祠堂本"至"为"致"字，从四库本。

禁止船户涉险夜行，以弭盗贼，以安行旅告谕

苏郡为南北通衢，商贾往来如织。又素称泽国，河港繁多。经商贸易之人皆赖舟楫，以利攸行，应由官塘大河而走，晓行夜泊，以保无虞。且沿塘各处巡船汛兵，联络防守，稍有警息，亦可呼应追捕。

乃有无知船户，或贪捷径，或图赶路，每每竟由荒僻冒险夜行，以致盗贼乘机窃发，莫能救援。至于客商雇船，俱由牙埠。此辈熟知船户来历，客商远来投牙雇载，自无疏虞。常有贪鄙之夫，吝惜小费，不由船牙写载，私自雇觅，遂致奸恶水手瞰有重资，故意行走僻路，勾盗劫掠。甚有亡命之徒以舟为饵，减价揽载，诱令入彀。行至中途，肆行谋害。不特①资财一空，且有性命之忧。祸端莫测，深可痛恨，合行严饬示禁。

自后，凡客商雇船装货，务须著落埠头，雇觅熟识船户，写立票约，仍由官塘大河行走。遇晚停泊民居稠密，有兵所处，以便巡逻。不得贪走捷径，越站夜行，致有失事之虞。如有牙埠不察船户来历，混将奸船雇装客货，以及船户违禁行走僻径者，一经事发，提牙

埠船户一体严究治罪,断不姑徇。尔等商民各宜猛省,保全资本性命,慎毋行险侥幸,自贻伊戚也。

校记

① 四库本"特"为"时"字,从本祠堂本。

严禁阻葬恶习,以弘孝治告谕

民间买地安葬,原属各从其便。乃吴下恶俗,每有棍徒构同势豪,凡遇民间造坟,辄借称妨碍风水,煽惑阻挠,肆行吓诈。稍不遂欲,纠集打降拳勇,百十成群,或毁撤砖石灰料,或黉夜掘坏地脉。甚至掀翻棺木,打伤人命,肆横无忌。遂至讦讼纷争,拖累破家,安葬无期,终成暴露,言之真堪发指。本院稔①悉此等恶习,已经严禁。不谓苏松属县其风犹炽,此皆地方有司奉行不力故耳。合亟严行示禁。为此,示仰抚属官吏军民人等知悉:

嗣后民间造坟安葬,听从其便。如有不法棍徒怙恶不悛,仍敢纠众阻葬,许受害之人指名具告。地方官严拿解院,以凭尽法重处。如有司奉行不力,或经本院别有访闻,定以溺职指参,决不姑宽。

校记

① 四库本"稔"为"深"字,从本祠堂本。

严禁营债盘剥重利，以除民害告谕

放债每两三分起息，载在律令。近闻各处营兵不遵定例，当放债之时先扣加一利息，加一折色，搭配低潮，短少分数，带领、保人又扣克使用茶酒花费，名为一两，其实不过数钱①。及至还债，则利上起利，辗转盘剥，动至数十倍。少或拖欠，辄行吊打陵辱。每致赴水悬梁，或逼献产屋妻孥。

又有印子钱名色，通计本利，逐日抽取二分，公然开店铺勾引乡愚。小民一时费用无出，图济目前。后即竭力经营，每日所得些微，何能偿还重利？一入陷井，无计自脱。有限之脂膏尽为此辈吮噬。闻苏城内外开张此店者不下数十百家，民生安得不蹙？更有营旗兵丁等②肆行撞掠与大盗等，尤为暴横，合行严禁。

嗣后百姓各安本业，不得轻揭债银。各营兵丁亦各恪遵功令，不得身为中保，及租房与人开张债店，射利无厌。地方严加讥察，如有违犯，兵则拿解该管衙门究治，中保人等立行枷责，仍将利银责令赔偿，追券焚毁。如有折算子女财产，逼人赴水投缳，情罪重大，立即具文申报本院，飞章请旨，从重处分。

校记

① 本祠堂本"数钱"为"钱数"，从四库本。
② 本祠堂本"兵丁等"三字为"苦独立"，从四库本。

严禁营兵放马斫青,以安民生,以裕国课告谕

江南为财赋奥区,寸土皆有课税。民间艺植输粮,非荒芜废地可比。凡营伍马匹,自有额设草豆喂养。如有放牧,不许作践禾稼。久奉严纶,孰敢违背?

乃闻有不法营弁纵兵结党成群,放马出城。或啮食禾麦,或侵伐墓木,所遇无敢撄触。如马在田,偶或驱赶,即以伤马为题,无端扎诈。至于水乡茭芦草荡,皆有赋之区,兵丁借名斫青,纵令小厮擅捉农船,联舲逐队,伙结到乡,将有课芦苇肆行砍斫①,公然装载货卖,致民赔粮饮泣。又草船所过之处,遇民船则故意冲击,殴夺篙橹。傍村居则遍掠鸡豚,横取柴草。更有地方棍徒假作营装,勾引暴戾,种种扰害,均干军纪。

向来提督总镇熟知其弊,严加禁饬,不啻三令五申。乃兵厮远离部曲,罔知遵守。将令约束,端在平时。方今东作将兴,菜麦满畦,茅檐蔀屋,力穑多艰,尤宜敛戢安农。除一面严饬各营兵②弁并密访拿究外,合行出示:

嗣后如有不法兵丁小厮,借名放马斫青,伤残禾麦,强斫③荡柴,擅捉民船,扰害乡村,及地方棍徒勾引生事者,诸色人等协力擒拿,解官申究,以凭军法严治。

校记
① ③ 本祠堂本"斫"为"砟"字,从四库本。
② 本祠堂本无"兵"字,从四库本。

晓谕告报版荒

长洲县版荒田地，本院因念里民包赔苦累，是以示令自行开报定夺。然功令森严，事干地亩钱粮，题报请豁，谈何容易？必实系不毛绝地，方可据实报明，候委官察勘。若一毫虚假，万一奉旨差官察勘，罪将谁归？无奈里民良顽不等，竟将原有种植可以供赋之田一概混呈，妄希蠲减，以致荒数累万，真伪难分矣。目今东作方殷，若委官履亩踏勘，必致妨误农业，相应停止。为此，示仰长洲县里民知悉：

国课严急，无草草具题之理，俟秋获之后，遴选清廉才能官员确访真实，不毛之地另行分析①，缓其征比。量充②杂办差徭，不许指名造册等费科派分文，以致重累穷民。

如有故违，本院一有访闻，定行从重究处。

校记
① 本祠堂本"析"为"晰"字，从四库本。
② 本祠堂本"充"为"先"字，从四库本。

严禁赌博，以绝盗源告谕

士农工商，各有本业。赌博为非，律有明禁①。吴下有等无赖棍徒，开赌场引诱良家子弟，群集赌博，彻夜呼卢。良贱不分，兵民混杂。一入彀中，莫能悔悟，腰缠罄尽，流入匪类。穿窬掏摸，无所不为。开赌棍徒但知拈头取利,孰论奸良?以致赌博之场竟成盗薮,贻祸地方,深可痛恨。至于绅衿读书明理,尤当砥砺廉隅,戒绝怠荒。名教自有乐地,何乃亦以斗马吊为事?总缘习俗已成,莫能自振。甚至与士卒细民为伍,礼让全无,惟凭机械恶习。

久经严禁印造马吊纸牌,令其改业,孰意憨不畏法之徒仍不悔悟。除现在查访拿究外,合行严禁。为此,示仰诸色人等知悉:

士农工商,各务本业。不得相聚赌博,陷入不义,甘蹈法网。如有不法棍徒开场纠赌,以及私造纸牌,暗行发卖,许地邻保甲人等协力擒拿,赴禀本县印官,转解本院,究询明白,按律从重治罪。如地邻保甲徇情容隐,事发一体究处。

各宜猛省,毋自执迷。

校记

① 四库本"禁"为"条"字,从本祠堂本。

禁略贩子女,以全人伦,挽颓俗告谕

略贩之罪,新例甚严。乃吴下恶俗,有等奸媒牙保,觇知贫人子女稍有姿色,辄巧言哄动。或称官宦讨取媵妾,或称富豪收为儿女,始以重价,立成文券。及至攫金到手,半入奸囊,而为父母者止图目前之货财,不顾骨肉之分散。或父母稍有良心,不受哄骗,若辈即纠合党类,俟候子女偶然出门,竟行诱抬入窟,辗转远卖,得价瓜分。迨其父母告官追缉,其去已远,杳然莫可根踪。不独骨肉① 分离,反多公庭拖累。言念及此,殊堪发指。

又有一等无赖之徒,嫖赌放荡,衣食不给,被奸媒设骗。或将本身妻子自卖远方，永离乡井，甚至鬻为水贩，堕落娼家。更有为富不仁之辈，收买人家子女，教习吹弹技艺。通同媒媪，诱纨袴子弟，婪取重价，卖为姬妾。

此种浇风，惟苏郡、淮扬、江宁为甚。愚民误堕其术，生离远别，而若辈坐享其利。天理王法，皆所难容。该管有司身在地方，视为细事，漠不相关，全无禁戢，溺职殊甚。本院念切维风，合行严禁。为此，示仰抚属官吏军民人等知悉：

凡有前项奸媒贩棍，以及收养瘦马之徒，严行驱逐出境。如瞖②不畏死，潜顿境内，仍前拐贩子女，许邻里保甲赴该管官据实举报，解本院审明，题请正法。邻甲容隐不报，一体治罪。至若穷民不惜儿女远卖他乡，有司官务须多方劝谕，令其悔悟。如冥顽无知，甘心抛弃，一并照例惩处，决不姑贷。

各宜猛省，毋蹈法网！

校记

① 四库本"肉"为"月"字，从本祠堂本。
② 四库本"瞖"为"憨"字，从本祠堂本。

严禁刁风，以安良善告谕

圣贤语：治不过教以田里树畜，申以孝弟礼让，遂至比屋可封，刑罚可措者。今日教化陵夷，奸伪滋起，稂莠不剪，而欲休息，盖亦难矣。吴中刁恶游民，最为百姓苦①患者②，约举数端，严加惩创。自示之后，凡以前违犯者当思涣然省改。如长恶不悛，三尺具在，断不宽假，毋谓本院不教而杀也。

一、奸暴游民，结党歃血。或假称欠债，或捏骗赌博，持棍操刀，行凶打降。一人有仇，则聚众同报；一人告状，则彼此扛帮。甚至窥寡妇孤儿家道殷实而柔懦愚蒙，便指奸盗诱赌诱嫖，或强使揭银，或唆调争讼。又勾引旗营机匠，结交衙门皂快，挟同诈财，互相容隐。更有欺隐田粮，抗逋国课，窝盗窝访，保官保吏，坏法乱纪，真堪痛恨。自示后五日内不即解散，本院访出，尽法究处。各重性命，其毋后悔。

一、民间或因小小口角，邂逅身死，并无致死情由，尸亲指死者为奇货，或抬尸上门，或混③抢家财，或锤棒扎打，或伤器物，势同盗贼，不厌不休。以后如有此等，尽法重惩，枷示三月，决不轻恕。

一、刁民心怀奸伪，志在得财。家中但无营生，就要捘寻告状。更有一种讼师，专一起灭词讼，教唆愚民。或捏写无影虚词，或隐匿年月姓名，或以活人作死，或盗人墓检尸，或造混告二三十人，或牵连无干妇女，或假冒籍贯，或擅用粘单，或一状未问一状又投，或上司衙门连递数纸，以致批问纷纷，提人扰乱。有分毫小事而经年不结者；有东审西详，往返千余里者。饥寒疾病，老弱之人连累常死，庄农佣工之家尽误生活。及至事完之日，不过笞杖，罪名多半全无指实。

如此奸诈之徒，扰乱生民，死有余辜。往往反坐，通不知惩。以后州县置无耻刁民簿，除原因辨冤诉屈，所告得实者，不分曾否告几次，免其登记外，其余但系半虚者即登此簿。簿登三次者，将本犯扭解本院，以凭尽法重治。所告多人，除紧关重犯外，其无干牵告之人所费盘缠，即于本犯名下计日追银，给牵告之人收领。乡党良民休与为礼。

一、造言之人无端捏事，见影生风。或平起满街议论；或写帖捏名文书，擅编歌谣剧戏；或谈说闺门是非。除致出人命者即依律定罪外,乡人等但有指实者,即便公举到官,有司尽法重治,枷示三月,本院记恶,良民不与为礼。

一、赌博乃败家之缘由,做贼之根本。开场者譬如窝主,束手分财;赌博者譬如盗贼,伙瞒贼幼。此辈若不严缉,地方安得宁谧?各州县官于城市乡村印贴告示,但有拿获真正赌博者,除照例尽法究治外,仍于本犯名下追银十两充赏。

校记

①② 四库本无"苦"与"者"二字,从本祠堂本。

③ 四库本无"混"字,从本祠堂本。

明正学,勤课艺告谕

圣学明则风俗淳,蒙养正则士习端,训练勤则艺业精。吴中人士文章藻丽为天下冠,而敦本正始,明伦敬身之道犹有未尽讲明者。夫本始之教,莫重于《孝经》。而养蒙育德,莫切于《小学》,合行定期开讲。为此,仰该学教官即便聘耆儒,每月十一日在明伦堂讲《孝经》、《小学》之日,长、吴二县各社学教读,俱率生徒听讲。月课之日,教读一体听候课试。其供给各衙门分日轮备,毋得违错。

禁赛会演戏告谕

吴下风俗每事浮夸粉饰,动多无益之费。外观富庶,内鲜盖藏。偶遇灾祲,救死不瞻,本院不胜痛惜。如遇迎神赛会,搭台演戏一节，耗费尤甚，酿祸更深。此皆地方无赖棍徒借祈年报赛为名，图饱贪腹。每至春时出头敛财，排门科派。于田间空旷之地高搭戏台，哄动远近。男妇群聚往观，举国若狂，废时失业，田畴菜麦蹂躏无遗。甚至拳勇恶少，寻衅斗狠，攘窃荒淫，迷失子女，每每祸端，难以悉数。

本院窃为尔民计，以此无益之费而周恤乡党亲族，刊布嘉言懿行，则人颂好善，积累阴功。何苦以终岁勤劬所获，轻掷于一日，曾有何益？本院已屡次谆谆告诫，城市之间稍稍敛迹，而乡村僻处曾未之改，深为民病，合行出示严禁。

禁印造马吊纸牌告谕

民生于勤荒于嬉，故礼有游惰之罚，律严赌博之禁。何意乃有马吊纸牌一事？士农工商，各有本业。一执纸牌，旷时废业。无赖棍徒，引诱富豪子弟，一副之内，动经数千。一夕之间，输赢盈万。夜以继日，叫呼若狂。主仆混杂，上下无分。奸淫窃盗，乘间而起，真可痛恨。合行严饬，以后概不许印造纸牌，如再不遵，立拿重究。

钦奉恩诏事

照得恩赦弘颁，普天同庆。凡司府州县狱中罪囚，除情最重大，赦例所不原者照常监固，速行审明，通详定夺外，其余康熙二十三年九月二十四日恩赦以前轻罪人犯尽行释放。如不遵诏款滥行监禁者，许罪人家属不时赴本院辕门禀诉。立拿经承重处，本官以抗违诏令听候题参。

饬　查　事

据该县申覆。修葺院署并未撮动库帑,亦无科派里下等情,并送原卷查核前来。据此查阅卷内系本院未发票之先,奉前院檄行修理衙门,本院票到之后即行停止。既无撮动库帑及科派里下情弊,姑准存案,所有卷宗合行发还。为此,仰县官吏即将发回公务事卷一宗查收,毋违。

示　谕　事

本院员役繁杂殊甚,或犯事改名投入,或本身生监抗粮争讼,班头揭出,其余五人具结存案,违究。

禁龙舟告谕

习俗之奢俭,动关闾阎之肥瘠。吴民家鲜盖藏,犹自浮费相尚。如午日竞渡,其一也,合行严禁。

自后毋论近城远乡,一切龙舟概不许集资修葺。如有恶少棍徒不遵禁约,倡议思修,严拿枷示。尔民各当务本,凡遇令节,家庭之间洗腆用酒,以享高年,以娱妇子,既无大费,又有真乐。何苦以终岁勤劳所得,轻掷一旦!

荷花荡闹会亦与此同例,毋得抗违取罪。

严禁私刻淫邪小说戏文告谕

为政莫先于正人心,正人心莫先于正学术。朝廷崇儒重道,文治修明,表章经术,罢斥邪说,斯道如日中天。独江苏坊贾惟知射利,专结一种无品无学、希图苟得之徒,编纂小说、传奇,宣淫诲诈,备极秽亵,污人耳目。绣像镂版,极巧穷工,致游侠无行与年少志趋未定之人,血气摇荡,淫邪之念日生,奸伪之习滋甚。风俗陵替,莫能救正,深可痛恨!合行严禁,仰书坊人等知悉:

除《十三经》、《二十一史》及《性理通鉴纲目》等书外,如宋、元、明以来大儒注解经学之书,及理学、经济、文集、语录未经刊板,或板籍毁失者,照依原式另行翻刻,不得听信狂妄后生,轻易增删,致失古人著述意旨。今当修明正学之时,此等书出,远近购之者众,其行广而且久。尔等计利,亦当出此。若曰古书深奥,难以通俗,或请老诚纯谨之士选取古今忠孝廉节、敦仁尚让、实事善恶、感应懔懔可畏者,编为醒世训俗之书,既可化导愚蒙,亦足检点身心,在所不禁。若仍前编刻淫词小说戏曲,坏乱人心,伤败风俗者,许人据实出首,将书板立行焚毁。其编次者、刊刻者、发卖者一并重责,枷号通衢,仍追原工价勒限另刻古书一部,完日发落。

严禁奢靡告谕

衣食之原,在于勤俭。三吴风尚浮华,不安本分。胥隶屠沽,娼优下贱，无不戴貂衣绣，炫丽矜奇。文人喜作淫词，疾病之家听信巫觋欺诳，辄行祷禳，鼓吹喧阗，牲肴浪费，贫民称贷于人。又有游手好闲之徒，或假神道生辰，或称祈安保岁，赛会庆祝，杂扮故事，儿女涵淆，举国狂骛，为首苛敛干没。或因酗酒聚博，致生事端。又有优觞妓筵，酒船胜会，排列高果，铺设看席，糜费不赀，争相夸尚。更或治丧举殡，戏乐参灵，尤为无礼。

凡此种种，一皆百姓火耕水耨，辛苦所致。恣其浪费，毫不检恤，民力安得不竭？国税安得不逋？自后胥隶娼优，概不许著花缎、貂帽、缎靴，犯者许人扭禀，变价充赏。疾病祈禳，若有巫觋赛会祈保，罪坐事主。寻常宴会，不过五簋。酒船妓乐，高果看席，及丧殡戏乐，概行禁止。如敢故犯，该地方官严拿究惩。

兴复社学，以端蒙养告谕

化民成俗，莫先于兴学育材。合行出示，将本城内外及乡区村镇大约二十家以上者，设社学一处。查本乡子弟年八岁以上，二十岁以下若干人，除能自备束脩外，如果家贫无资者，该府州县量为设处廪谷，本院亦捐俸相助。再行儒学教官，通查该学诸生中有学问纯正，品行端谨者，开送聘以为师。当此任者须要端肃谨慎，为后生模楷。先讲明《孝经》、《小学》，教之歌诗习礼，问安视膳，进退揖让之节，循循善诱，使知存心敦行之学。然后进以四书五经，以程朱传注为主，勿玩愒岁月，虚应故事。

大抵社学为教习学业，专以养蒙育德。其行止不端，及出入衙门，嘱托公事，不能安贫守道者，虽文词优长，教官不得开报。其剽窃异端邪说，炫事立异，蛊惑后生者，即革去馆谷，另选教读。

须该府州县诚爱恻怛，视民如子，勤勤恳恳，隆师重道，方克有成。数年之后士习益端，礼让可风，庶不负朝廷兴行教化，及本院乐育人材之意。果有实效者，本院不靳特疏荐扬。不然，虽有他长，无教育之实迹，难登荐牍。

禁止参谒事

照得本都院恭膺简命，抚治江苏，期与诸司共图实政，仰副宸衷。缛节繁文，本都院素所厌绝。兹当莅任之初，诚恐各官因循故套，远来参谒，有旷职守，无益官方，合先严行饬禁。

为此，仰司道府州官吏查照来文，即便转行所属，一体恪遵，毋得循套远谒，擅离地方，未便。

严禁馈送请托，以肃吏治事

照得本院镇抚三吴，职在振肃风纪，激浊扬清。必持廉秉公，毫无假借，方能使贪吏革心，士民乐业。故夙夜兢兢，饮冰茹蘖，上懔天鉴，下畏民瞻。尤先以杜绝馈遗，严革请托为第一义。今莅任方新，诚恐各属因循陋规，借端馈送，或夤缘贵介，致书游扬，皆无益实政，有乖治体，合行严禁。为此，示仰抚属官吏军民、司道府官吏，转行所属官员人等知悉：

各宜清白乃心，涤除陋习，持身如玉，爱民如子，兴利务勤，去弊务尽。果操凛四知，政成三异，不烦奔竞，自膺显擢。倘簠簋稍玷，桁杨不检，白简如霜，断难宽贷。平日费尽心力，究竟毫无效验,何如殚精竭虑,恪共职业,省交际之烦,绝夤缘之私,上下风清,不愧不怍也。

自示之后,如以本院之言为故事,是必本院素行未孚,故不相信,指名题参,勿贻后悔。

再饬实行裁汰,以清蠹窟事

照得汰役之行,盖因各衙门白役过多,非舞文弄法,即藉端索诈,肆其荼毒,大为民害。是以特檄清厘。在诸司自当以民生为念,实加沙汰,将革过姓名呈报。

据该府县申报经制各役姓名册到院,称衙役俱遵经制,并无额外多设,本院阅之甚为诧异。盖乃近见各属,或称恪遵经制,并无额外多留,或称先奉前院行文,业已尽行厘剔。殊不知"经制"二字原以涂饰耳目,额外贴役,天下皆然,江苏尤甚。今云并无多设,悉遵经制,将谁欺乎?江苏事务繁冗,尽遵经制,势有不能。但一衙门多至千余人,有至数千者。此辈衣食皆仰给于衙门,朝夕所谋,所为何事?见事风生,借端诈骗,情弊多端。虽间或奉行裁革,此辈凭城倚社,百足不僵。央情行贿,朝出暮入,比比皆是,真正归农者有几?本都院素所稔悉。况本都院凡有申饬禁革,皆知之真而行之力,非虚文了事者。今竟全不奉行,惟以空文搪塞。即此遵照经制留用一语,其为捏饬显然,深可痛恨。本应据文参处,姑再通行严饬。

为此,仰官吏查照原今事理,即将该衙门胥役慎选清白良民,身家无碍者充当,凡系积年猾胥,奸棍白役,犯罪被刑,更名易姓之辈,务期用心觉察,尽数革逐。其革过姓名,造册呈报,一面出示晓谕,使民通晓。本院但要该司道府州县实心革汰,不究往日滥用多役,如敢阳奉阴违,朦胧混覆,察出官参役处,断不宽假,慎之速速。

一、本院钦承简命,巡抚江苏,察吏安民,实为首务。冀与诸司勉尽乃职,以仰副圣主殷殷图治至意。属吏果有操守洁白,惠政宜民,兴行教化,剔弊厘奸,自当亟为采录,不靳荐扬。如有贪黩枉法,酷虐乖张,及阘茸废事,信任蠹役者,一经访确,立行题参。白简如霜,决难宽贷。

一、江南财赋甲天下,京庾军饷,藉给实多。连年水旱频仍,民不聊生,剜肉医疮,情状堪悯。全在司牧寓抚字于催科,征输有法。无事敲扑,庶穷民可望生全,国课不至亏欠,倘私勒增耗,侵渔那混,假手吏胥完欠,及擅用重刑,毫无矜恤,征收悠忽,完解愆期,定行参处,决不姑容。

一、抚属地方襟江带海,夙号岩疆。朝廷设官养兵,汛守綦重。必须平时操演,方可有备无虞。不得藉口升平,逍遥河上。如有伐狐击兔,以逞雄心;投石超距,致疏骑射者,一并参革。至于纵兵扰民,向有厉禁,各宜凛遵。

一、本院初由翰苑,两任监司。近复承乏内阁,与闻大政。诸司章奏,朝夕检阅;吏治民情,刑名钱谷,留心颇久。文移稿案,无烦假手宾佐。敢有不法奸徒指称幕府知交,在外指骗,印捕各官不时查解。被诈之人许击鼓喊禀,以凭严拿究处。

一、封疆民社各有责成,文武官弁岂容擅离职守?况本院惟以职业修废为各官殿最,一切繁文缛节概行禁绝。贺节祝寿陋套,尤种种可厌。有借名擅至院署请谒者,参处不贷。即同城诸司,非关紧急事务,非时参谒,亦一概不许传禀。盖省一刻应酬,便息一刻精神,办一刻公务。至于游客干谒,尤宜严禁。此辈有害民生,无益政事。本院赋性孤介,与人落落,断不能以地方物力结纳私交。

封口书函，毋得混投。惟京报会稿，塘报军务，随时击鼓传进，违者重惩。

一、衙役借差肆诈，最为厉民，本院素所痛恨。非至紧军务，钦部重案，断不轻遣员役下属滋扰。诸司咸宜体恤，毋得违禁滥差，致干功令。如有不遵，察拿重惩，该管官飞章参处。

一、放告定于每月初二、十六两日。果有重大冤抑事情，兴革利弊，依期投告，查阅批审。如捏诬越诉，必行反坐。至巡历地方及公出时拦街喊冤，甚至赴水抹项，假装肤诉情形，希图逛准，明系雇倩无赖之人。除不准收状外，仍行责治，以遏刁风。

一、本院素甘淡泊，一应日用薪米等项，俱发现银平买。倘买办员役不照时值强陵赊克，许即指告，以凭责究。至巡历处所下程小饭，铺设迎送，尽行禁止。如随巡员役藉端不法，有犯必惩。

申严速结事件，以免沉滞事

照得本院衙门一切奉行钦部事件，非关紧急粮饷，即系重大刑狱。所属诸司自当悉心料理，上紧完结，庶几无旷职守。况例限綦严，转瞬即已届期。无如迩来积玩成习，一味耽延。虽由吏胥茹贿沉搣①，亦因本官利欲薰心，借端苛驳。不即转详，竟尔高阁。直待贿赂到手，方始苟且塞责。倘诛求未遂，则诿称某官迟延，某官急玩，上下推卸，相率成风。

盖以定例违限处分，专责督抚，而于下司无涉也。今本院仿照现行例一催二催之后，即用飞签按程计日，守提经承亲赍回话。其驳查事件止催一次，如违限不到，亦即飞签守提，不许邮封递缴。签限有违，一面专责锁拿经承重处，一面将该管官量其事之大小，轻则以才力不及,重则以罢软无为,分别指参。断不止以迟延案件为言,琐琐从事也,合行通饬。

为此,仰司道官吏照牌事理,即便转行所属大小正佐各官,务须大破积习。凡有奉行事件,随到随行,随行随结。至本院牌签,初次以半月为限,一催以十日为限,二催以五日为限,飞签以三日为限。期于必行必信。所望诸司实心奉行,毋以套言泛视。倘仍踵积习,宪法昭然,断难宽假。

文到先具遵依缴查。

校记

① "捺"疑为"捺"字。

严禁擅用非刑,以重民命事

照得刑具之设,原以禁奸止暴,期于无刑,不得滥加,以逞酷虐。即如夹棍一法,原以处大盗、真正人命,及光棍豪蠹之坚不招承者,然犹再四审详,不得已而用之,期于得情而止。历经题请,不许擅用。功令昭昭,有如星日。

近闻有等官司一逢审断,不问事之大小,情之重轻,辄用夹棍,动辄拷掠。一出门外,不似人形;一入狱中,或登鬼箓。如此等官,真天理灭绝,良心死尽,苍鹰乳虎,未足云喻。此必是酷以济贪,猛以极欲。民间但有小事,不能保其性命,只得哀求衙蠹,私通幕宾,暮夜之金,充满其家。官得其一,衙蠹幕宾分肥其九。究竟贪酷之罪自己承当。国宪森严,谁能相贷?至于征比钱粮,即有拖欠,亦不过量加责惩,仅以示辱。小民贫苦,力实有限,惩戒之中,常存哀矜。故吴中旧俗,谓杖之最轻者曰比较棒,今竟以夹棍等刑施之欠粮之户。龙须大板,密拶重枷,无所不至。签拿行杖,种种须费。竭蹶得银,仅支杂费。寡妇孤儿,亦所不免。如此作官,纵逃王法,难逃天刑。从古及今,鉴戒昭然。

本院林居二十年,贪酷官吏行径闻见最真,痛心疾首久矣。今访闻吴中相沿成习,更出平日见闻之外。下车方始,姑行禁约严饬。为此,示仰抚属官吏人等知悉:

司道府州县官吏,嗣后如非真正人命强盗、光棍、衙蠹、土豪,不许擅用夹棍,违者定行参处,决不姑容。本院赋性耿介,执法如山,权贵请托,毫无用处。各宜猛省,无贻噬脐。

申饬学校,以端士习事

照得人才者天下理乱之由,学校者人才邪正之本。今安定之风既远,蒲霍之教无闻。学路久迷,人心日坏,浮伪之习益甚,奔竞之术益工。士子终日聚谈,无一语讲求道义;终日诵读,无一字照管身心。为正言者,则笑为道义,吹求其短;不诡随者,则恶为古板,厌弃其人。不知世道人心何所底止?

本都院承乏三吴,立意略浮华而重实行。诸生中有孝、友、礼、让,践履笃实者,本都院当致式庐之礼;有研究濂、洛、关、闽之学,躬行心得者,本都院当执经问道,处之师友之间。此等君子真地方祥麟瑞凤,提学宜勤加采访,即时报闻。

本都院省览民词,见诸生中与父兄师长争讼者有之;奸通妇女,包占娼优者有之;侵夺房产,诓骗财物者有之;包揽钱粮,交结党与,挟制官府者有之;充当地方图长,歇家粮总,辱人贱行,恬不知耻者有之；捏贴匿名，生事造言者有之；身为讼师，窝访卖访，各衙门线索在其掌握者有之；贪财报怨，聚众殴人，为打降主帅者有之；包领牙店，把持行市者有之；扛帮恶少，伙诱愚顽，赌博倾家者有之；搬弄是非，起编绰号，浮薄败群者有之。春秋释菜，礼先圣者寥寥；幌车所过，执词喊禀者累累，放告之期罗而跪拜者如林。三吴称人文渊薮，前辈名贤，身列缝掖，顾然负公辅之望，何今日学校猥杂至于如此，殊可怪也。

为此，仰提学道官吏查照牌内事理，即转行本都院所属七府一州五十二州县，并金山、卫海、门乡等儒学教官，各严加戒谕诸生。如有前项之徒，轻则申该道革黜，重则按律定罪，报本都院题参。一学至五人者，该道立将教官申参；至三人者，注下考候大计处分，慎毋宽贷。先令各教官具文报查，毋违。

严饬事

照得本都院颁发一切告示，俱关国计民生，地方利弊，务须实贴通衢，令民家谕户晓。乃各属有司玩忽成习，每有发到告示，竟不粘贴，任凭蠹役地棍通同藏匿，以致兴革之事，小民未及周知，蠹棍得以朦胧作弊，殊属玩法，合亟严行饬查。

为此，仰府州官吏查照来文事理，即将本院到任以来颁发各属告示，何故竟不粘贴，立速逐一查明，据实呈覆。仍严饬所属，嗣后如有发到告示，务须随到随行粘贴通衢，令民共晓，毋得仍听蠹役作弊隐匿，有负本院为国计民生至意。如敢故违，访出定提经承究处。该管官不行觉察，亦难辞咎。

慎之，仍具遵依报查。

严禁事

照得本院衙门职司风宪,灯旗牌额岂容滥冒!近见河下官民船只竟有擅挂巡抚军门灯笼,及竖立水牌,往来河口,假借招摇。甚至冒势陵人,斗狠生事,殊为不法。除现在尽数查拿外,合行晓谕。为此,示仰各属官民船户人等知悉:

嗣后一切大小船只,永不许设立本院衙门水牌灯笼,如敢故违,即属假冒,许诸色人等执禀所在官司,转报本都院,以凭严究。各宜凛遵,毋贻后悔。

访拿积蠹光棍,以靖地方事

照得三吴刁诈成风,沿袭有素。曩有一种奸恶积棍,把持衙门,交通胥吏,起灭词讼,蠹害百端。百姓殒命倾家而莫能避其螫,有司袖手旁观而不敢犯其锋。见者心寒,言之发指。本都院洞悉其情形久矣。莅任以来,留心采访,业已确闻一二。地方该管官亲民有日,宁有不晓然在胸之理?意者恐搏虎不中,反为虎噬,故逡巡退缩耳,合行查饬。

为此,仰司道府,文到转行所属州县,即严加缉访。如有元恶巨憝,人情共愤者,将恶款事迹访查明确,立刻具详申报,以凭提拿,按律究治。不得徇纵渠魁,反以无知愚顽苟且塞责,亦不得寄耳目于吏胥,使得挟嫌乘隙,诬陷善良。其大奸大恶,或系院司道府盐关蠹役,或系学校劣衿,一听严加缉解,不得顾惜瞻徇。

本院执法不摇，万不至出柙漏网，使得反噬。以此静地方之奸回，即以此定有司之贤否。若怠玩纵容，视为故事，一经本院亲为访拿，地方官一并飞章参处，决不轻贷。

咨访民瘼，敬求忠告，以匡不逮事

照得本院谬膺简命，填抚三吴，深惧黯劣，无以仰副朝廷任使之意，俯答士民期望之心。念先儒为政，署其门曰："求通民情，愿闻己过。"本院窃仿此意，除地方文武官久任兹土，闻见有素，不时条陈外，乡士大夫，耆儒硕学，留心民瘼，洞晰利弊根源，自为桑梓谋。或本院兴除不力，耳目不广，昧于事机不合民情者，幸尽言无讳，本院当斋心受之，次第施行。父老子弟，疾苦切身，熟思拯救之法，许于每月初三、十八两日随投文进院具词条陈，但不许借题讦告，牵连人姓名，假公言泄私忿，负本院真切求言之意。

饬 行 事

照得本院衙门所行事件俱系钦部重案，统据司道府州具详咨题。如人命则讯其致死有无谋故，以及为从、加功、口供、见证、凶器，务要真确有据，庶成铁案。生者死者，两无所憾。逃人则查明是何年月脱逃，是何月日盘获，并本逃之旂色主领。盗案则究其上盗情形，伙盗确数，并赃物的实，逐一研讯，取具供词。不得听经承改易口供，失主急图了事，妄认赃物，捕役冀免责比，以他案充数。又将案内要紧情节核妥叙详，庶几披阅之下一目了然，据以咨题，方为妥协。

近见该司道府州申详各案,细绎紧要处所每多游移渗漏,而于绝不相关之处反将间词泛语铺陈满纸,为奸宄开幸脱之门,良儒蒙覆盆之冤。殊为可恨,合亟饬行。

为此,仰司道府州官吏查照来文事理,嗣后呈详本院文册,凡关咨题案件,该司道府州务要躬亲查阅,仍著令谙练经承逐一核对,应详者详,应略者略,务必简明切要。毋得仍前多入浮词泛语,草率混淆。如事关重辟,必须连人解院,亲审定夺,方缮疏具题。断不能据纸上刀笔之词,含糊入告。如敢故违,定将该管经承立提重惩,决不轻贷。

文到先具遵依报查,毋违。

严禁当官,以除民害事

照得苏郡赋重地狭,小民全赖日逐营运,以资糊口。又地处要冲,差使往来络绎不绝,乃奸猾胥役,擅立当官名色。凡遇兵马差使经临,一切需用物料,无不取之行户。及至给发官价,又复从中扣克。甚至指一派十,各种蠹害,难以枚举。

嗟!此小民有限资本,何堪如此剥削?虽经前院屡禁,但此辈饕餮性成,弁髦法纪,民累未除,派扰如故。除现据藩司详请批令,勒石永禁外,合行晓谕。为此,示仰该县官役及牙户人等知悉:

嗣后凡有兵马差使往来,需用粮料,务须照依时价,现银采买,不得仍借当官名色恣意滥取,以及短价亏累,冒破开销。如有此等,许受害人指名赴院控告,以凭严拿究审。蠹役按法处死,该管官从重纠参,断不宽贷。尔等牙户既无当官之累,其应得牙用亦宜节减,使买卖均沾利益,毋得多行勒索,并干咎戾。

申禁佐贰受词,以儆官邪事

照得朝廷设官分职,各有专司。佐贰擅受民词,久乖禁例。乃有等不肖厅官利欲薰心,弁髦功令,每每私收状词,滥差恣扰。或者钻通府正,以献媚为纵贪之计。堂受其要挟,将批送为酬答之文。甚至县佐杂职,典检微员,亦借命盗名色,擅收报单,不申正印,竟自差提审问。逞威拷掠,不论情理曲直,惟图贿赂充盈。更有奸险讼棍,或因正官已经审结,难于翻告,或因厅衙易于准销,起灭自由,遂视佐贰衙门为捷径,夤缘嘱托,颠倒是非,种种弊端,莫可胜数。不特大玷官箴,实且重滋民累。虽前任督抚屡经禁饬,但恐日久玩弛,合行申禁。

为此,仰司道府官吏照牌事理,即便转饬所属府厅州县佐贰首领等官,务宜洗心涤虑,痛自省改。粮捕巡防,各尽职业,不得违例越分,擅收民词。倘有不肖佐贰,仍蹈前辙,正印官即行揭报,以凭从重参处。县佐杂职,本院先行拿究,然后咨部斥逐。倘印官徇情不举,该司道即将印官揭报,定照徇庇例一并题参。各宜猛省,毋贻后悔。

文到先取各属佐贰官遵依甘结送查,毋违。

申 饬 事

照得本都院职司风宪,所属大小各衙门应行事宜,一切呈详验报,例有定体,无容紊越。如钱粮以藩司为统会,刑名以臬司为总持,学校以学道为政,漕务以粮道为政。解支销算与承审招详,以及举节旌孝,惩治劣衿,自必由县至府,经府详司道,转详到院,查核定夺。即或间有紧要事件不及转申,径详本院。此在正印衙门犹可变通,并无佐贰杂职等官可以越次乱详。近来大使巡检,驿丞千总动以琐屑细事具文申请,殊非政体,合行饬禁。

为此,仰司官吏查照来文即便遵照转饬,嗣后无论州县佐贰及巡驿千总等官,凡属应行事宜,必须先向该管衙门呈明覆核,具文转详。广文必事关风化,有裨劝惩,方由学道转申,不得以琐屑繁碎之事轻行混渎,有伤雅道。若各官地位卑微,或该管上司借事威制,胥吏需索吓诈,冤抑莫可控诉者,不妨直达本院,当为之申雪。如仍前小事越详,先提经承重处,即本官亦难辞躁妄之咎。

文到先取各官遵依报查,毋违。

严　饬　事

照得本都院秉性孤介,操凛冰霜,上畏功令,下畏民嵒。一切繁文缛节,概行禁绝。况江南赋重事繁,风俗刁诈,官斯土者昼夜拮据,犹日不暇给,安有余闲精神作无益之事?乃近日以来,往往见各属印信封甬内藏四六贺节禀启,殊违禁例。除出示著挂号吏细加检察,概不许收外,合行严饬。

为此,仰司道府州官吏遵照牌内事理,即转行所属各州县,嗣后务宜体谅本都院诚心相约之意,各守职业,殚心政教,期于返朴还淳。本都院专以操守清浊,政事修废定属员殿最,断不以仪文疏密为喜怒,此可质之天日,久而益信者。如仍蹈前辙,再以四六陋习藏印封内投送者,是以本都院之言为虚伪也,立即指参,决不稍为宽假。尚各自爱,毋贻后悔,慎之。

钦奉恩诏事

准户部咨开等因到院,准此除行藩司粮道通饬,遵照依由单每亩应征漕粮若干,应免若干,细加分别扣免带征外,合行出示晓谕。为此,示仰抚属官吏粮里人等知悉:

康熙二十四年起运二十三年分漕粮,赦免三分之一。康熙十三年起至二十二年拖欠漕项钱粮,自康熙二十三年起,每年带征一年。此蒙皇上特恩,轸恤小民,务使得沾实惠。如有不肖官员少扣横征,乘机侵蚀,衙役借端需索使费,或经本院访闻,或被告发,定即从重题参拿究,决不轻贷。毋以功名身命尝试也,慎之。

申禁征兑漕粮锢弊,除民累以肃漕政事

照得漕糈额数,惟三吴为重。蠹弊丛生,亦惟三吴为甚。今本都院下车之日正值征漕之际,访闻各属罔遵功令,印官不行亲自征收,或旁委丞簿杂职代管,或滥差家人亲戚经收,每致书役仓蠹串通弊①。先借修仓铺垫,擅行苛派。复指兑规耗赠,额外加勒。或藉称筛扬,折算给申;或踢斛淋尖,分烹耗羡。甚有豪顽抗欠不比,本人混佥图书、粮长、当年等项,里役责其带催代比,偏累乡愚。积奸盘踞,不行驱逐,混立仓夫、收书、𢹂②夫等项名色,任其勒索使费,包揽折干若卫帮。又有不法弁丁借名掯索,种种弊端,难以悉

数。

前任各院原经节次申饬，有犯必惩，未尝宽假。但改过自新者固有，而怙终不悛者亦复不少。除行粮道府正监兑各官严加察禁外，合就出示晓谕。为此，示仰抚属在漕官吏弁丁粮里人等知悉：

康熙二十三年分应征漕粮、南赠等米，统照由单科则，一条编征。粮户务将干圆洁净好米依限完纳。在官须照较定部颁制斛平斛响挡。前项勒索诸弊概行禁除，不许多收毫勺。仓场冗役尽行革逐，不得阳奉阴违。顽户按欠摘比，不许偏累里役。至于领运弁丁，务将漕船预期修舱，报明监兑，编定先后，截廒配船。开兑之日每船一纲一旗，赴仓点筹看斛，逐船挨次受兑，不许拥众入仓，恃强多勒。倘有违犯，印官运弁飞章参处，蠹役悍丁立拿杖毙。

法在必行，断不轻贷。各宜凛遵，毋贻后悔。

校记
① "弊"前疑缺一"舞"或"作"字。
② "挡"音义不详，疑为"攩"字误。

申禁征兑漕粮痼弊，除民累以肃漕政事

照得漕粮官收官兑，久有成例。漕赠银米，业已随正编征，正数之外毋许多加毫勺。在漕诸司自宜遵法收兑，躬加料理，庶能弊绝风清。

惟是江宁江北各属名为官收，实是民收。有等衿棍充当粮里长、区头，兜收包揽，辄借兑运脚费名色，串通官役，公然科派，无不指一派十，私赠几及正供。至于弁丁受兑，又多借名指索，误漕厉

民。本都院前在京师已知其概,入境以来访闻最确。除行道府监兑各官严加察禁外,合就出示晓谕。为此,示仰抚属在漕官吏、弁丁、粮里人等知悉:

征收康熙二十三年分漕粮,花户各将干圆米石自行赴仓交纳,不许搀和糠粃稻谷。印官须照部颁制斛,亲身验收,平斛响挡,不许粮里长、区头串通蠹役,包揽勒耗。其领运弁丁务将漕船预期修舱完固,开兑之日,每船止许一纲一旗,赴仓点筹看斛,逐船挨次受兑,不许拥众入仓,恃强刁掯。倘有违犯,印官运弁,飞章参处;蠹棍悍丁,立拿杖毙。

法在必行,断不轻贷,各宜凛遵,毋贻后悔。

严禁官旗勒兑,以速漕运事

照得省外各卫所领运弁丁,平日既有俸工屯田养赡,临运又有行月安家月粮,犹恐其解比交收,长途需费,故于正耗之外复加五米五十银之赠,优恤可谓至极。民力已在不支,乃有漕船到次,先讲私赠。各帮连结,不容先兑。经旬累日,不餍不休。有司恐误漕限,只得勉遂其欲。此皆官弁染指分肥,故与旗军猫鼠同眠,不行约束,一任运丁辗转取盈,重困吾民。

现蒙朝廷浩荡宏恩,特免漕粮三分之一。正当仰体皇仁,洗心涤虑,庶使积弊一清,闾阎生色,除经严檄该道通行转饬外,为此,示仰在漕各官弁及旗丁粮里人等知悉:

凡帮船到次,即报监兑印官编定先后,截廒配船。于开兑之后挨次交兑,务期遵限开行。倘有悍弁奸旗勒兑需索,有米不肯受兑,既收不肯兑清,掯留通关,希违漕限者,监兑官即行查拿,申解严究。或粮道监兑各官扣克银米,勒索陋规,亦许旗丁据实呈告,以凭参处。

法在必行,各宜凛遵,毋贻后悔。

晓 谕 事

照得康熙二十四年起运二十三年分漕粮,钦奉恩诏免三分之一。本院接准部文,随经出示晓谕在案,惟是五米十五银诏款未曾言及。然属随漕给军以资挽运之项,今正漕既免,似当一例扣蠲。现行藩司粮道会查具详,咨部请示,但恐有司概行追比,粮户观望,反稽漕限,合再出示晓谕。为此,示仰抚属官吏粮里人等知悉:

康熙二十四年所运二十三年分漕粮,钦遵恩诏,扣免三分之一,其应蠲漕粮项下五米十五银,本院现行司道查详咨部,著即暂照三分之一扣征,听候部示。其余实征正赠漕米,以及南白粮凤米,南军局恤等项米麦豆石,速行照数征收,遵限解给,毋得观望延挨,贻误重运不便。

严饬催攒重事

照得康熙二十四年起运二十三年分漕粮,本院严督征兑,有已兑完起行,有现在攒兑,不日开帮。但恐不法弁丁沿途逗留,迟误淮限,合饬驱催。

为此,仰道官吏查照来文事理,立即转行沿河文武各官,亲往河干,将重运漕船挨程催赶前进,不许延阁。将逐日催过船数开明帮次，五日一报，听候查核。倘有旗丁停泊揽载，生事扰民，即许拿解究惩。如沿途各官催攒不力，或纵容兵役借端需索，该道察出，指名报参，毋违。

销圩九年等事

前据昆山县士民呼子谷等呈请丈量田地一案，本院以此事为该县未了之局，随经批发该司。布政司转饬该县酌议应行事宜，去后至今，未据申覆。

地亩钱粮，关全邑利害，丈量之事最为繁难。且履亩施丈，非一手一足所能办，呼生老儒言之虽若凿凿，行之恐有未逮。呼生即至公无私，所用何人，岂能尽公？且饮食纸张之费出在何处？事不博采众论，以阖县之事一老儒任之，谁能降心相从？且凡关大利大害之事，宁慎重毋轻率，宁迟之岁月，毋责效旦夕。亦未有县令充耳不闻而事能成就之理，合行查议。

为此，仰布政司官吏即行该县，昆山县官吏查照原行，即广集绅衿里民会议妥确，务择公正无欺，操守清洁，老成历练，能耐烦劳，公论推服者若干人，或为总领，或为分任，有纲有目，同心合力，再将饮食纸张等费从长商议，然后举行。毋得推诿，置之不问，使老儒坐困。亦毋听其纷纷议论，事同道旁筑舍，使田亩永远混淆，民间受害无穷。限文到半月内详报，毋违。

晓 谕 事

照得本都院素甘淡泊,不尚浮华。今出境查灾,诚恐沿途官员踵袭陋套,借名备办下程小饭及铺设结彩等项名色,科派铺户,扰累穷民,深为未便,合行晓谕禁止。为此,示仰该地方官民人等知悉:

本都院经过地方,粒米寸薪俱照民间时价发现银自买。下程小饭、中火等项概不收用。至于铺设彩帐,尤所厌绝。如有不肖官役借名备办供应,科派铺户,糜费民膏,一经访出,定行官参役处,决不姑徇。

慎勿泛视,自贻伊戚也。

示仰官吏兵民人等知悉事

照得本院秉性孤介,操严四知,上畏简书,下恤民困,不敢自暇自逸。昼作夜思,手书目视,俱出独裁。吏书人等不过奉行号件,伺候签书而已。事之行否,断不授意此辈,令得诪张幻罔,荧惑听闻。此辈亦无自开口。

如有奸棍妄称打点,诈骗民钱,或书吏下班借名招摇,指称查算册籍,简点文移,索取贿赂,及漏泄机密事情者,许被害之家及旁人闻见真者具状陈禀,当立刻置之死地。三尺法决不为此辈宽也。

严禁差役下属扰民贻害事

照得差役之设不过奔走传奉而已。迩来各官不遵经制,正差之外滥收副役,副役之外各有党羽。遇事风生,奸巧万状,本官堕其术中,或征收钱粮,或拘提人犯,动辄差遣。不知此辈得票到手,便视为奇货,飞桨下乡,索取规例,百计酷索,不餍不休。国课未完而民脂已尽,冤抑未伸而两造如洗。即欲急公完课,悔过息争,差役逼勒,势难自由。以致正供愈亏,民冤愈深,种种弊端,莫可究诘。

又司道府厅不分事之大小缓急,动辄差役下所属州县。此辈朝出署门,举止便异。暮宿镇店,威福即行。直上公堂,与县令分庭抗礼;锁拿经承,咆哮放恣,莫可谁何。娄诈财贿,充囊无厌,递相剥削,究竟皆属民膏。

本都院下车以来,稔悉此等情状,合亟行示禁。为此,示仰抚属官民人等知悉:嗣后催科则用截票,听其依限完纳。所完偶未及分,量宽数日,听其措办。词讼则票给原告,协同图区甲长拘唤,不得辄用差役下乡。上司行催所属,俱由递铺发票定限严催,亦不得辄行差提。如有事关钦限,经承抗玩,三催不应者,止许正差一人搭附便舟,不得飞驾双橹快船,高悬水牌灯笼,多带水手党羽,沿途吓诈,及故意迟延,恣行勒索。

如有仍袭前弊,稔恶不悛者,许受害人等不时赴院呈控,以凭尽法究治,计赃定罪。仍将本官一并参处不贷。

严禁关蠹积弊，以安商民事

照得设关司榷，原为裕国通商。梁头原分丈尺，货物定有则例，毋许额外加收。乃年来关蠹作弊日甚，商民不得亲填红簿。税票又无数目，登查多立名色。层层勒取，朋比分侵，莫可究诘。如满料船只一倍科至十倍。小船例不纳税者，亦一概横征。往来商旅饮恨吞声，申诉无门。

夫设关收税，货物抵关犹有成例。至于本地薪米，乃民间日用饮食之常。乡僻小口，又居民往来之路。或有奸商越关，取道小径，果系漏税犯法，惩处自有正条，岂容不分商民，尽为网罗，无处不巡拦，无物不盘诘，直至较量锱铢，几于路断行人。似此病商病民，其何以堪！

本都院奉命抚吴，志在剔弊除奸。除现在确访拿究外，合亟示禁。为此，示仰该关各役知悉：嗣后商民凡有货物到关，只依本船梁头丈尺，遵照部颁则例完纳。仍令本商亲填红簿，给与税票登注数目，毋得仍前额外加收。其支河窄港，巡船白拉诸弊，概行革除。如敢故违，或经本院访闻，或被商民首告，立刻锁拿，究审得实，轻则按律治罪，重则请旨正法，决不姑容。慎勿阳奉阴违，以身尝试。

严禁刁棍保债，以杜扰害事

照得百姓各有本业，力作自给，勤劳节俭，皆可足用。断不宜轻揭债银，贻累后日。乃有一等无赖奸民，或串通营旗机局，或依附势族大家,乘愚民偶尔空乏,或因婚嫁无资,或因赌输致困,探知其家有房产可售,妻女可抵,或父兄可累,姻亲可扳,辄身为中保,多方钩搭,诳其立券。迨立券之后,本利相生,辗转无已。盘算几时,则家产人口尽皆折入,宗族亲戚,无不受害。虽朝廷屡有严禁,律例森然,究之事发,则放债者罹刑;事寝,则揭银者受累。而作保居间者置身局外,安坐中饱,宜其敢于肆恶而无所忌惮也。合亟行严禁,为此,示仰军民人等知悉:

嗣后当思勤俭二字为保家之要,勿奢靡,勿赌荡,断不可听信奸诈之言,轻揭债银。即刁棍奸徒以后亦不得诳骗愚懦,为之居间作保。犯者先将保人严拿,尽法究治,责令赔偿。其放债折准子女产业者,依律治罪,揭债之人一并究惩。

法在必行,决不轻贷。特示。

钦奉上谕事

准咨仰抚属官吏军民知悉:今圣驾巡狩,万姓共乐升平。銮舆经临,毋得挟私诳告,故违拿究。

停止词讼事

照得时当岁暮,士农工贾各有卒岁之谋,例应停讼,与民休息。况恩诏洪颁,凡在赦前之事概不准行。尤宜仰体皇仁,宏开法网,诚恐诸司违例准理,合行严饬。

为此,仰司道府州官吏,文到立刻转行所属,将一切词讼概行停止。有从前准过者,亦即掣销,不许滥行拘扰。其钦部命盗叛逆重情,照常审理,速行详结。

著即大张告示,晓谕通知。如敢故违,察出定行题参。慎切!

钦奉上谕事

康熙二十三年十一月初四日奉上谕:"谕总督王,巡抚汤、薛:朕向闻江南财赋之地,今观民风土俗,通衢市镇,似觉充盈。至于乡村之饶,民情之朴,不及北方,皆因粉饰奢华所致。尔等身为大小有司,当洁己爱民,奉公守法,激浊扬清,体恤民隐。务令敦本尚实,家给人足,以副朕望老安少怀之至意。钦此!"

钦遵拟合就行。为此,仰司官吏即便移行各司道并所属府州县一体钦遵,仍查照抄粘上谕,及总督、部院、安徽抚院、本都院奏对缘由,转行苏州府遴取能书楷字之人并精工刻手,选石镌刻,竖立圆妙观,昭示臣民世世遵守。工竣之日将碑文呈验,毋违。

禁 约 事

照得学宫为教化原本,朝廷极其隆崇。圣主之尊,犹必临雍释奠,岂琳宫梵宇所可比重?今闻有营兵牧厮,辄敢放马牧牛,蹂躏秽亵,赌博戏侮,肆无忌惮,不法殊甚,合亟严禁。为此,示仰该学官役及兵民人等知悉:

嗣后一切营兵牧厮,不许闯入学内赌博戏侮及放牧牛马,污秽作践。如敢故违,许即扭禀,以凭重责枷示。该学夫役亦当时常扫除，殿庑阶墀务要洁净。本院不时察验，以示劝惩。毋忽！

禁约事

照得周忠介公清忠刚介，正气凌霄。闻其风烈，足以廉顽立懦。祠堂遗像，生气凛凛，本院景仰有素。入祠瞻礼，想见当年节概。但其地逼近府署，胥役人等往往借寓造册，亵秽侮慢。甚至赌博饮酒，喧哗无忌。殊不知忠直之臣生为正人，殁为明神。如混行亵渎，不有阳罚，即有阴谴，为此，示仰地方居民人等知悉：

自后如有胥役入祠亵渎，及饮酒赌博，戏侮喧哗者，即扭禀本院，重责枷示不贷。

清理监狱事

据该厅造呈苏府长、吴二县各监铺人犯花名略节册到院，据此，查册内有关钦案及侵盗钱粮罪犯，并事在赦后者应行监禁外，尚有赦前轻罪人犯应行省释，合就饬行。

为此，仰本官即将发夹监犯略节册三本，查照粘签应保释者立刻保释，应查覆者立刻查覆。限文到二日内将遵行缘由呈报，以凭核夺。原册并缴，毋违。

再陈地方之害等事

据该县条陈,请禁巡船白拉,赛会演剧,假命打抢、土棍把持,招徕垦荒各款缘由到院,除经批开,详内各款俱切时弊。该县果能力行禁革,亦可谓良吏矣。但借命抄抢,土棍把持,及赛会糜费等项恶习,吴中在在俱有,不独锡邑为然。

本院已有示禁,仰布政司会同江、常、苏、松、淮扬、淮徐各道再严行禁饬。其白拉害民一款,前据长、吴各县会详,已批该司确议,勒石永禁,仰速照前批详报等因批行外,合就行知。

为此,仰县官吏查照来文事理,即将本院批饬缘由知照该县,仍加意力行禁饬,出示城乡,遍行晓谕,务使浇风渐息,民俗渐淳,于以见该县之实心实政也。本院拭目俟之。

清汰衙门员役事

照得本院查点标员内有舍人俞六吉,曾役过吴县门子,违例投充。又效用林文彬,舍人姚起凤、沈允仁,或点名不到,或来历不明,同班不敢具结,俱经革除外,查各员皆系该县人氏,诚恐仍冒标员名色,在籍招摇生事,亦未可定。又承差吴九仪,舍人高焕、沈大经,俱情愿归农,亦准退役,合并行知。为此,仰县官吏查照来文事理,即便知照,毋违。

申严纪律，以肃营伍事

照得姑苏重地，特设三营兵马保固疆圉，护卫民生。各将弁自当申明纪律，教演士卒，务期兵民相安，队伍整肃，始为称职。近闻营中老弱充数，虚糜粮饷。甚有骄悍不法之辈生事扰民，此皆该管将领约束不严，训练不勤所致。今酌定五款，再加申饬。为此，仰该将查照来文，并粘列款目转饬所属弁兵，逐一凛遵，务期一洗旧习，严加约束，时勤操练。本都院不时点查较阅，大示劝惩，毋得违误。仍出示晓谕兵丁，通知先具遵依报查。

一、营中有年幼识字，略晓文理者，令读五经四书，时常讲说，使得通晓。仍一概按期教演骑射，武艺不得生疏。

一、军中老弱疾病，懒惰不振，酗酒生事，虚诈不实，好传讹言惑乱人心者，革退另补，毋许冗滥，虚糜粮饷。

一、百姓俱设保甲，军士岂容疏纵？如本队兵朝出暮归，回家所带何物，本夜容留何人，家道乍贫乍富，衣服乍破乍整，为奸为盗，人谁不知？以后千把总管队互相觉察，如有通盗显迹，即行申报本都院，先以军法捆打，仍发有司依律定罪。队长知而不举，事发一体重究。

一、兵以卫民，民以养兵。营中兵饷一丝一粒，孰非小民胼胝汗血！如有放马打草，践踏民田，抢夺民物，酗酒聚众，肆行打诈，及放债违禁取利者，痛加惩处革伍。

一、守千把总，不许借名克减兵粮，违者许军士控告，立行提究。

裁汰冗役事

照得衙门胥役,定有经制。额外多用,即属违例。况此辈本来白役,又鲜身家,朋比作奸,招摇生事,无所不为。吏道弊坏,民生憔悴,率皆由此。

本都院奉命抚吴,首在安民除害。业将本院衙门冗员冗役尽数除名,勒令归农。仍行文各该原籍知照外,惟是各衙门不遵经制,滥行收用,全无定额。一衙门多至数千人,官长竟不识面。呼朋引类,以一充十。试思此辈有何志向,有何作为,不过鱼肉小民,弁髦法纪。抚属衙门盈百,是千里之内有数百万虎狼也。若不清厘,流毒何底?

除恶迹最著者另行访拿外,为此牌仰司道府厅州县照牌事理,即将该衙门吏书皂快等役务遵经制,慎选谨慎无过,身家殷实者充当。其有奸棍白役、积年猾胥、犯罪被刑、更名易姓、倚恃衙门、图饱溪壑者,尽行裁汰。先具遵依报查,限文到五日内将汰过姓名造册呈报。仍出示晓谕里民尽知,以杜假借之端。如敢阳奉阴违,仍行滥留,致滋作奸害民,察出定以违例不职指参,决不姑贷。

申明弭盗之令,以安民生事

照得三吴为南北通衢,兵农商贾鳞次杂处,奸宄易于丛生,顽良难以辨白。本院下车之始,首以靖盗安民为念,屡经查禁。不谓迩来盗案频闻,间阎惊扰。皆因法久废弛,稽查疏懈。

查苏城内外街巷向来设有栅栏,每夜定更之后,无分大小居民,轮流看守。讵意懈弛偷安,贫富不均,遂至所树木栅颓者颓而缺者缺,地方有司亦听其废而不行修补。再如六门谯楼,自当责成守门官兵按时计刻,鸣锣击柝,以分更次。今乃竟尔寝废,无惑乎盗风日炽,民患未除也。至于布坊踹匠,皆系异乡穷徒,无籍可稽,日则踹布为业,夜则聚党为非。大则明火执械,小则钻舱挖壁,公行无忌。若辈佣趁来苏投主踹布,原有保头,领布踹踏,原有坊主。若不严行责成,为害不浅。除出示晓谕,行道府厅遵照外,合行严饬,出示晓谕。为此,仰道府厅县官吏查照来文事理,示仰苏城官吏士民商贾人等知悉:

嗣后城内城外街市处所,凡有原旧设立栅栏,逐一稽查。倾颓者即为修整,缺废者照旧置立。责令居民查照往例,轮流看守,不许偷安。但不许差拨营兵以致生事扰民,每夜放号炮之后,即当禁止夜行。如有各衙门员役奉差公事,及应比里甲粮长,自有照票可验。其民间婚丧疾病生产等事,俱应讯问居址,即行放走。其城楼更鼓,照旧举行。若夫金阊一带踹布匠役,如一坊踹匠,著落保头、坊长。如内有酗酒赌博,及犯盗情事件,保头、坊长连坐。其知情自首者免处,仍不许挟仇妄首。至于保头之来历,坊主尤当详察,方可发布分踹。遇晚责令保头将散匠尽行收闭一处,不许听其在外行走。至于地方遇有强窃失事,该印捕官尤须严督捕役先将盗贼广行缉拿,勒限追比,必俟获日审拟追赃,不得预将事主拘摄拖累。倘地方有司奉行不力,及旁委衙官,滥差衙役,以致生事扰害,定以纵盗殃民,从重指参。

严禁容留匪类，以靖地方事

照得苏城商贾萃聚，五方杂处，常有远方无赖奸徒勾通本地市棍，潜藏境内，互相招摇，暗行诈骗。逃人叛犯，举杂其中，贻害地方，不可胜言。如阊关、枫桥、浒墅关，为人烟稠密之地，尤易藏奸。而虎丘一带，离城弯远，游手好闲之辈往往结伴嬉游。改名换姓，或诳称势要亲识，或假称官府族党。客店僧房，不察来历，任其栖止。甚至信其夸大之言，倾身结纳，希图余润。此辈踪迹诡秘，小则诱拐子女，大则玷污官箴，深可痛恨，合行严禁。为此，示仰该管官吏及军民人等知悉：

嗣后僧房客店，凡有远来投寓，或称官宦亲识，或称候补职官，大言无忌，形迹闪烁，即系无赖光棍，一概不许留歇。其茶坊酒肆，亦各留心稽察。倘有此等不法之人，保甲、十家长即时举报，有司严拿，详报本都院尽法惩处。轻则递解原籍，重则照光棍例治罪。如有容隐不报，事发一体拿究，决不姑贷。

钦遵上谕，以明教化，以善风俗事

照得本院抚治三吴，孜孜以化民成俗为务。乃三吴风俗日敝，人心不古，侈靡相尚，僭滥多端，嚣讼益繁，豪棍遍地。孝弟礼让之风陵替已甚，敦本尚实之意杳矣无闻。本院未能力挽积习，实深惶愧。

因检阅各部颁发上谕，见康熙九年十月内奉有上谕颁行十六条,曰:"敦孝弟以重人伦,笃宗族以昭雍睦,和乡党以息争讼,重农桑以足衣食,尚节俭以惜财用,隆学校以端士习,黜异端以崇正学,讲法律以儆愚顽,明礼让以厚风俗,务本业以定民志,训子弟以禁非为,息诬告以全良善,戒窝逃以免株连,完钱粮以省催科,联保甲以弭盗贼,解仇忿以重身命。"窃叹圣人之言广大精微,修身齐家之道,迁善远罪之方尽于此矣。

乃久经通行,颁布所属,务令实心举行,而地方各官不能仰体上意,视为故事。今十五年矣,问之父老子弟,竟未知十六条名目。乡约不闻讲习,士民何由传诵?壅闭圣教,罪莫大焉。但训辞简重,必须解释。查有部颁浙抚陈直解本院增补近年圣政,刻板已完,合亟定期开讲。为此,示仰所属官吏士民人等知悉:

苏郡定于圆妙观,按期本院亲诣。其各府州县城内,或城隍庙,或择宽敞寺院,于每月朔望,地方印官率领僚属,传齐乡绅士民,无论商贾匠役,营中兵丁,尽来叩拜龙亭。选择诸生中素行端方,不出入衙门者,分司讲解,务要详细阐发,使人听之警醒。以仰副圣主敦崇教化,尚德缓刑至意。各宜敬谨奉行,毋得视为虚文。

申严包纳钱粮之禁,以祛蠹安民事

照得额征赋税,每年刊有易知由单,预期颁布。在小民按亩输纳,完者归农,欠者赴比,理法晓然。乃江苏各属相沿立有图催、图识、保户、歇家、公正、首名、区头、区书、站柜种种名色,指难胜屈。统而言之,总系包揽钱粮之积蠹,吮吸民膏之蟊贼。

盖江南州县户口繁多,科则庞杂,有司畏其琐屑,视总比为捷径之方。经承藉称造册诸费,仗若辈为聚敛之计,以致积年盘踞。

甚至衙蠹劣衿，钻营充当，锢弊相仍。凡合里合图之田地人丁，悉归掌握。飞洒混淆，受其簸弄。即有一二乡民将应输钱粮赴城投纳，反指为欠粮之人，构同差役带比。县官不察，惟按通图完欠，责其逋抗，横加敲扑，致乡民视县庭为畏途，而以贿托为得计。于是，一应钱粮莫不一网兜收。重勒火耗，恣意侵渔。或贿嘱经总，卖限宽比；或竟尔烹分，以欠作完。迨那新掩旧，莫可收拾。而此辈本无身家，飘然远遁，拖累粮户重复冤赔。

嗟！此额赋繁重之区，十室九空之候，按则输纳已是艰难，何堪再供蠹役朘削，无怪乎赋日绌而考成日累也。今新年地丁开征伊始，若不穷流塞源，势必因循陋习，贻害将何底止？合行晓谕严饬。为此，示仰抚属州县官吏及粮户人等知悉：

查照来文事理，即便转饬所属，嗣后征输钱粮，务遵截票，按月稽比之法谕令粮户，按限自封赴柜完纳。凡额征完欠，尤须躬亲综核，不得假手胥役，致滋奸弊。其图催、区差、保歇等项名色，一切害民蠹役，概行革逐。如有不遵限完纳者，止摘比花户本身。若能遵限清完，免比归农。间有顽户，加以薄惩。则良者愈知争先，顽者畏法勉励。并不许复立粮里长、现年、图书、总书诸役，及佥点粮户，轮当带比，致令经承差役借端需索。溪壑难厌，正供愈亏。

文到将檄饬缘由多书告示晓谕，仍先取具遵依呈报。若该州县果能实力奉行，祛蠹安民，裕课足国者，本院不靳荐扬，以备优擢。如仍蹈故辙，阳奉阴违，或经本院访闻，或被旁人告发，除飞提蠹役杖毙外，定将印官以溺职指参，决不轻恕。

再申严禁卧批之弊，以清钱粮事

照得各属解司钱粮号批，从前悬宕不清。虽因有司畏顾考成，捏填空批，报解差役中途侵蚀，弹兑缺欠。而该司衙门库书经承，亦多指秤、看平、估色、出收、掣批等项需索掯捺，以致经年沈阁，混淆日甚。

前院有立法禁革，屡经通行申饬。凡系解司钱粮，务照批内填解之数兑付解差，责令将批投院登号之后，速赴司库交收。如有欠平，即照实收之数填入，批匣印掣，同库收呈验销发，期于收掣迅速，不致差役守候，并杜胥役勒索之弊。法立至善，自宜永久遵循。乃本院莅任以来，检查各属号批，有不先行送院登号，径赴司库兑收者；有已经挂发该司，不遵定限掣销者。揆厥所由，无非上下经承线索通同藉此补挂，稽延之渐，欲将号批仍前寝阁，得以从中欺隐，败坏良法，殊为可恨。除已挂未掣并越号各批，见在彻底清查，另行提究外，合再严饬。

为此，仰司官吏遵照来文事理，嗣后本院挂发各属号批，该司务须随到随收，随收随掣。如有欠平，即照实收之数填入批匣，定限三日内印掣批回，同库收送院挂销，转发各属备照。倘有捏填空批，报解无银，立即据实呈报，以凭提究。如有未经送院挂号，径赴该司交收者，仍将原批呈请本院登记，发司收兑。亦不得竟行印掣，以致迟速难稽。此后再有违误，定提库胥承发，一并究处。至本院将批回已经转发各属，亦限该属于三日内即具文报院查考，免差役中途不慎损坏遗落等弊。该司一并转饬各属遵依，仍先具文报查，均毋违延。慎之，速速！

饬行征粮要务，永杜混冒积弊事

照得州县征收钱粮有一定之数，民间输纳钱粮有一定之额。自康熙十八年奉旨停止造送赤历之后，凡征粮之完欠，以流水为凭；完粮之多寡，以由单为据。

久经申饬，乃该司与所属府县各官视为具文。如年终查盘有司之完欠，未闻吊取流水一为稽察，直至奏销考成之时行查分数，苟且塞责，以致那新掩旧，捏欠作完。上下相蒙，无从考核。至于小民完粮，向有易知由单通行颁布，必使家喻户晓，庶几弊端可绝。迩来司府不过算就科则，一总达部。而转行下属者竟直尘封，以致荒熟不分，轻重莫辨。甚至蠹胥私征科派，豪猾飞洒隐漏，里下无由悉知。种种弊窦，从兹而起。该司为钱粮总汇，亟宜实力举行，难容膜视，合行申饬。

为此，仰司官吏照牌事理。嗣后各属征收钱粮，务要逐季吊取流水印簿，躬亲察验，仍于年终汇齐，考核其每岁易知由单。务要刷印多张，不拘城乡村镇，广行颁布，必使人人共晓，不得因循陋习，优游从事，致生弊端。

文到先具遵依缴查，毋违。

立法严禁卧批之弊等事

照得州县解司钱粮填用号批，例应先送本院衙门挂号，发司兑收印掣送销，以杜侵隐，以稽迟速。乃迩来各属玩不遵依，将批径投奔布政司收存。又不即行兑擎,延至经年,始将批收补送挂销。明系领解员役串通司胥,借端沈阁,希图侵那。至本院销发各属号批,自应遵限即具收管呈送,庶遗落损坏,得以稽查。乃亦故为迟缓,或竟不申送经承。如此抗违,深属不法,合再通饬。

为此,仰府州官吏查照来文事理,而便转饬所属。嗣后解司钱粮务遵定法,责令解差将批先送本院登号,然后赴司交银兑擎,不得仍前补送挂销,致难稽考。至本院销发各属批收,酌量程途远近,定限文到三日内即具收管送查。倘此后仍敢玩违,定提经承重处,该印官仍听指参,决不姑恕。慎之,毋忽!

禁收税索诈之弊,以安民生事

照得海寇荡平,奉旨开禁,许民自造五百石以下船只,编号,印烙,稽查,任其装载,往来出入。原以便民,非以厉民。经司道条议,刘河闸口委官收税,止为越省贸易而设。至崇明一县虽在海中,实苏郡属邑,官吏士民往来势不能免。故虽当禁海之时,未尝不听其往来也。

乃近闻刘河闸口收税官员,将崇明之民变运些须土产完纳赋税者,一概照越省贸易例征收。是各省受开海之利,而崇邑反受开海之害。且闻税口初开,税官、兵丁、衙蠹、地棍,无不视为利薮,蝇聚蚊攒,加二戥头,加一火耗。船至闸口,地棍衙蠹百般索扰,私立挂号、盘舱、开闸、出票等项名色,恣行婪索。官胥分饱,以致民困不堪,道路侧目。是竟不知有功令,不知有性命矣!除一面密访参究外,合行出示禁革。为此,示仰该管官役并商民人等知悉:

嗣后凡有民间越省贸易货物,方许照额征收税银,即便放行,不得额外需索陋规使费。至于郡城本地民间往来日用之物,不许一概苛勒。如敢故违,或被旁人首告,或经本院察出,定将该管官以私征纠参提问,蠹役土棍,立拿杖毙,决不姑贷。

严饬三吴风俗浮薄事

照得三吴风尚俗号浮薄,迩来假借条陈,纷纷乱道。大则谤议朝政,小则攻讦官长,不谙国体,罔识功令。但逞私臆,妄希品题,殊负本院真切求言之意。况此地赋役繁重,水旱频仍,年来戡定叛逆,供亿维艰。仰赖圣皇渊谋睿算,四海廓清,正当返朴归淳,休①养生息。凡好事纷更之说,一切报罢。今当春和,士则潜心诵读,农则尽力耕耘,各安本分,共享升平,不必千里奔驰,大言无当。如再故违,不能一概包荒矣。

校记
① "休"原文为"体"字,正之。

晓 谕 事

照得吴民尚争好胜,讦讼成风。每逢告期,所投呈状动辄盈千。而公出之时,尚有拦街叫喊者不计其数。哀号迫切,情似奇冤大枉。一经批审,半属子虚,始知此辈非冤民也,乃刁民也。至于初三、十八两日,原因下车之始,恐各属利弊或未尽知,听据实条陈,以达民情,取其近理者稍示奖励,冀开直言之路。近见所投呈词多挟私假公之事，甚至明开原被干证姓名，将争讼事情一概混投，殊负本院惓惓初意。

已屡经晓谕，不啻谆切。而此番呈词较前乃反更多。狱讼繁兴，非地方之福也，本院欲一概不准，恐实有冤枉。量准一二批审之后，承问官不得以本院原告稍存宽假，一字虚诬，即行按律加等治罪。初三、十八日期自今停止。如有公事，仍归初二、十六两日，本院分别阅之，总期息事平争，安分乐业，毋以身家为讼师所卖。

修葺古祠，以崇圣德事

照得泰伯以天下让，孔子称为至德。吴中数千年文物之盛，实自泰伯开之。狄梁公巡抚江南，毁淫祠千七百所而此庙独留。今淫祠遍境内，而泰伯庙倾圮最甚，以此见吴民之忘本而有司之不知务也。

今已撤毁淫祠所谓邀圣堂者，取其材木兴复大殿，已属布政司总理其事，将次兴工。为此，仰府官吏遵照来文，即于本都院寄库赎银内先动支伍拾两，为工匠之费，陆续再有设处。该府委员督工，留意稽查，不得浮冒，亦不得扣克短少，更不得派取民间一木一瓦，以滋扰累。俟工料粗备，择起工日期本院亲诣祭告，毋得违误。

严禁停柩不葬，以弘孝治，以广仁德事

照得人子事亲，生养死葬，礼之当然。古者葬有定期，在礼未葬不除服，诚以父母窀穸未安，为人子者悲情哀绪，无一日可自释

也。在律经年暴露不葬者,杖八十,所以使人子及时举葬,不忘其亲也。

吴下风俗浇薄,俗多禁忌。或因费用艰难,或谓显扬有待,或过信堪舆之说。非曰吉壤难求,则曰岁向不利,日复一日,遂有累世暴露,未封马鬣者。不知称家而葬,负土可成,种种繁费,原属无益。穷通得丧,有命在天。身世浮名,谁能自必?至于青乌家说,渺冥何凭?富贵之家,远卜牛眠,往往再世而衰。贫穷之子,偶尔安厝,每见子孙繁昌。古人云:阴地不如心地。奈何惑溺邪说,竟成弃置。甚至遗棺渐朽,枯骸零落,闻者惨戚,当之晏然。天性既漓,人心且死。更有祖父母、兄弟、夫妇连停数棺,一旦或因赋税难完,或因债负相迫,辄变卖栖房以应急需,而遗棺累累,移厝荒郊,雨淋日曝,置之不问。甚至穷民无地葬埋,辄托名水葬,举而委之深渊。古人于犬马犹有帷盖之义,今惨忍至此,真犬马之不如矣。合行严禁,为此,示谕抚属军民人等知悉:

慎终追远,先贤明训。天性之良,岂容澌灭。详绎示内事理,各自醒悟。如有祖父母、父母之丧,务要遵循礼制,确奉律令,按期即行举葬。如已过期,趁今春月清明前后,百无禁忌,立行葬埋。不得参灵张乐,广招浮屠,糜费财物,自蹈非礼。更不得惑溺风水,拘忌时日,任意迁延,致成遗弃。

地方府州县官委贤能佐贰,或广文通查境内寺庙山场,有久寄棺木无人认视者,询明来历,著落地方里老,立行掩埋。仍用片石刻记,再另册登记号数,详注某寺某庙,某年某省人寄放,今葬某地第几穴,俟其子孙来寻,不至迷失。若敢托言水葬,举祖父母、父母、兄弟、夫妇遗骸委弃深渊者,查实拿究,立置重典,决不轻贷。

为理财用人等事

准吏部咨:"内开吏部等衙门覆都察院左副都御史张题前事内一款,康熙十八年至二十二年止,未完民欠钱粮若一时并征,恐民力有限,钱粮反不能得应。二十四年起分年带征,仍行各省督抚将各年未完钱粮数目,造报户部查核,奉旨依议,钦此!"钦遵移咨到院,准此除行布政司转行各府州县遵奉外,合行出示晓谕。为此,示仰抚属各府州县官吏士民人等知悉:

康熙十七年以前地丁民欠钱粮,已蒙恩诏蠲豁,十八年至二十二年一时并征。民生苦累,本都院已具疏题请分年带征,奉旨该部议奏。适左副都条陈内一款系同一事,奉有俞旨。本都院疏无庸另议。此乃皇上轸念穷黎,特恩浩荡,万姓免并征之苦,蒙福无量。恐地方贪官蠹胥仍行混征,或指称部费,妄行科派,上负圣恩,使小民不得实沾惠泽。又恐小民不明带征之例,妄以二十三年目下奏销钱粮,一概观望,或将带征十八年钱粮怠忽从事,仍不肯尽数全完。上负圣恩,自陷顽梗之罪,均为不便。自示之后,如贪官蠹胥敢行混征,及指称部费科派丝毫者,许士民据实赴本都院控告,立行参处。尔士民亦当感戴皇恩,将二十三年目下奏销钱粮星夜尽数全完。其分年带征十八年钱粮,务要照限输纳,年终全完。

如仍前怠玩拖欠,自处顽梗,地方官据实申报,亦尽法惩处。国宪昭然,各宜祗遵,无贻后悔,慎之!

申饬狱政，以重民命事

照得盗贼滋盛，狱讼繁兴，重辟之囚，案卷充积。至于其中有情可矜疑，驳批覆谳者；有党羽众多，差拘待讯者；有疑信相半，遽难轻释者；有异乡伙犯，远核虚实者。甚之有监追赎锾者；滥禁妇女；事犯赦前，不为请释者。无重无轻，寄身圜扉，呻吟痛楚，殊为可念。更有牢头狱霸行暴殴人，需索银钱，夺其衣食。或卧之矢溺之中，或肘诸柱楹之上。甚至有要索不遂，陵虐致死者；有仇家买求狱卒，设计致死者；有伙盗通同狱卒，致死首犯以灭口；有狱卒放债逼凶，专利坑贫，因而致死者；有无钱通贿，得病不报，待其垂死而递病呈，或死后而补病呈者。倘系情真罪当之囚，瘐死犹可。若抱冤待辨之人，株连未结之案，一概死于囹圄，所伤天理不细，合行严饬。

为此，仰司道府照牌内事理，严加体察，转行所属。嗣后轻犯株连之人，及妇女非犯奸杀，皆不得囚禁。即重犯，关防当严，亦不得陵虐。凡例有口粮，严责狱吏勿使扣减。墙壁要修筑，秽污要涤除。暑中多燃苍术，贮清水，以防瘟疫。或有疾病，命医调理。先取刑房吏并囚亲告治结状，详开某囚感某疾，某医调治。果不能痊，再取尸亲告领结状，并医生病案，一同粘申。尤必印官细心体察，毋以循例取结了事。嗣后狱犯再有死节不明，或一月之内连死三人者，定以陵虐罪囚严提该狱官吏究处，即印官亦难辞咎。

慎毋草菅民命，自伤阴功，慎之！文到令各具遵依缴查。

禁 约 事

照得三吴风俗奢靡，人情刁悍，本都院下车之始即严行禁约。酒船优戏，概行革除；土妓流娼，尽行驱逐；恶棍打降，严拿究治。数月以来，苏郡近地渐渐改观，民间岁省无数金钱，地方亦觉宁静。

近访得盛泽镇地界江浙两省之间，自恃辽远，辄敢抗不遵行。酒船优戏，歌吹喧天。娼妓恶棍，丛杂聚集，斗争时闻，赌博日众，殊为可恶。该镇地产绸绢，男妇则终岁蚕织，商贾亦远涉江湖，勤劳已极，赢利几何，何必作此无益耗费本业？况招集流棍，往往盗杂处其间，尤为地方隐忧，合行严禁。为此，示仰该镇居民商贾人等知悉：

嗣后各宜确遵禁约，敦尚淳朴，不得仍前酒船演戏。其娼妓流棍，立刻驱逐。如有抗玩不遵，许该地方诸色人等不时举报。该地方官亦当留心访察，严拿究治。倘或视为具文，本都院一有访闻，除将本犯立拿责惩枷示外，仍将该地方官以才力不及参纠不贷，特示！

严禁借端私派，以除民害事

照得任土作贡，每岁各有定额，此外不许多派丝毫。煌煌功令，炳如日星。近访得镇江一府私派种种，如圣驾南巡，不动民间一草一木，何擅派民间千余两？至修理金山，发织造银两，将军督修，有司原不与其事，而按亩加派，各县包赔，此奉何衙门明文？如此违旨害民，真堪诧异！此外修造舢船，采办铜斤，无不加派民间。层层朘削，莫可枚举！不知身为朝廷职官，目无功令，惟以残虐生民为事，天理王法，谁能相贷？除另行查究外，合行严禁。为此，示仰官吏军民人等知悉：

每岁除正供外，凡一应差役兴造，俱与百姓无干。其从前私派，及自今再有借名索诈使费者，许受害人等据实控告，审确官即参拿，役立杖毙。本都院执法如山，令在必行，各宜猛省，无贻后悔。

为此，仰镇江府官吏即查前项私派，如修理金山，系奉何衙门明文？按亩科银，各县包赔，及修船办铜等事，种种据实申报，以凭定夺，毋得含糊。

严禁左道凶徒，以端风尚，以靖地方事

照得江淮地瘠民贫，风俗浇薄，盗贼时闻，奸宄窃发，勾旗索诈，贻害地方者，指不胜屈。本都院特饬各属严行保甲，冀望地方官实心奉行，庶几盗息民安，风俗还醇。

乃访得淮、徐、邳、睢、萧、砀、沛、丰一带有等恶俗，专好聚众烧香，纠钱赛戏。蚩蚩愚氓，狃于邀福之说，而奸猾之徒即藉为射利之源。纠合远近，置簿敛资，鸣锣张幡，什百成群。更有邪教传头、白莲、无为、闻香等会，夜聚晓散，男女杂遝，骗财渔色，习为故常。蠢辈无知，惑溺不解，百计承顺。煽动人心，明造妖言，暗操乱柄。当其始事，则有会首、香头，以一约十，以十约百，遂至接州连郡，蒂固根深。甲长、保长皆敛钱随会。竭力布施之人，安望其有所稽察也。又有一般恶少，或因睚眦小忿，辄招集党羽，角势相攻。或遇

公事勾摄,即呼朋引类,持械截夺,抗粮殴差,比比见告。

凡此瞖不畏死之徒,愚懦者不敢望其锋焰。彼即窝隐匪类,肆为不法,岂茕茕甲长所敢过问。夫保甲之法原以稽察奸宄,弭盗安民,今恶俗不除,则保甲徒为具文,合行严禁。为此,示仰该州县军民人等知悉:

嗣后务须各务本业,共保身家。各亲其亲,各长其长。即是真正善人,即是太平景象。如有前项聚众烧香,纠钱赛会,邪教传头,男女混杂,及率众打架,持械抢夺,种种不法,梗坏保甲之政者,该地方官访确立拿,解赴本都院辕门,以凭尽法重处。自后地方保甲如敢仍前容隐,定行一体连坐。三尺凛凛,决不宽贷。

严禁摊派输谷,以除民累事

照得朝廷重农积粟,原以豫备饥荒。常平、义仓、社仓,名目虽殊,无非加惠斯民之意。地方官吏必须仰体朝廷德意,善为奉行,务令弊端尽绝,民生不扰,始为称任。

近闻各地方官全无爱民实心,一任蠹役指拨。或称输粟数多,可以仰邀奖赏;或谓百姓刁猾,势须坐额征收。本官一入其说,牢不可破,不论岁之丰歉,家之有无,按户均摊,逐亩签派。殊不思此辈蠹役利欲薰心,平日尚假借官威诈害百端,遇有事机,指一科十。本官褎如充耳,甚至不肖自行染指。朝廷爱民仁政,反为厉民之阶,可恨殊甚。且丹徒一邑,绝不闻该县官加意奉行,惟该府自为举报,与别府事例迥异。而民间怨讟之声亦归该府,以为府吏如虎,择人而食,不知何以得此?除出示严禁外,合亟行查。

为此,仰府官吏查照来文事理,嗣后每岁收成之时,止许地方官劝民随意输捐，不得按户逐亩科派定数。所输之粟，随其多寡，即为登填，尽数汇报，不得听任蠹役恣意侵蚀。至如本院所行义仓，止许地方官劝谕民间自为储备，一切事宜悉听民便。与常平仓重农积粟等案毫不相涉，更不得藉端滋扰。违者许受害人等不时赴院呈控。官即参拿，役立杖毙，决不姑贷。并查阳、坛二县俱系该县奉行，而丹徒一县何独该府举报？是否该县官委卸不任？抑府胥藉此中饱？逐一查明，据实申报。以后仍归该县，以成画一之例，毋违。

水灾异常，谆谕属寮实图修省，以回灾变事

照得淮、扬两郡夙称泽国，民生昏垫已极。荷蒙圣恩，蠲免淹赋，孑遗仅存，尚望有秋，民得稍苏。岂期今岁霪雨为虐，黄淮诸湖，波涛齐泻，万壑沸腾，庐舍飘荡。男妇号泣，远近声闻。本院蒿目惊心，中夜不寐。

夫灾不虚生，决由人事，此皆官吏奉职无状，民气愁苦，蒸为恒雨。而恒雨之殃，还属民受。元元何辜，罹兹惨极！王嘉有言：动民以行，不以言应。天以实不以义，既不能崇德慎刑，承顺天道，于未有谴告之先。今灾祲著见，又不能恐惧修省，以回神祇之怒，则下民何赖焉？除本院已经具题力请蠲赈，并行司道博访绅衿耆老，条陈救荒良策，迅速举行外，合行晓谕。为此，示仰道府州县营卫官吏知悉：

当兹异灾，各痛自修省。或催科无术，奸胥盈橐，而良民赔累；或刑罚不中，豪强恣横，而愚懦含冤；或缉盗不严，而拖累失主；或

防兵无律,而骚扰居民;或私派繁杂;或差徭急迫;或暮夜之苞苴未除;或囹圄之淹滞未释;或虎吏飞而食人;或土棍坐而噬肉;或赎锾无力而强迫;或鳏寡死亡而莫救。但使冤含,匹妇便可霜陨六月,俱要从头检点,加意咨询。如大患在身,奋然立去,勿牵制左右之口。如能相体谆切至意,有所省察,有所兴革,下苏民困,上回天心,即将所改事宜据实申报,以为计册实政,决不负良吏苦心也。

真切呼吁,幸勿套视!

霪雨灾患非常等事

照得淮、扬、徐三属叠罹水患,今岁五、六、七月间,暴雨盆倾,河湖交涨,禾稼尽没,庐舍飘荡。城市之间,非舟莫通。兼以飓风海潮,溺死人民无数。据各属申报,及呈状所陈,有妇子六七人共结一绳,系于风车而死者;有一家崩屋,压死十余人者;有人众争舟,舟小风大而覆者;有依附草木,身泊蒲苇上以死者;有飘居高岸,复为蛇虺所啮死者;有迁止寺塔,索救不得,饥饿而死者。伤心惨目,莫可名状。

嗟!嗟!吾民何遭此异劫?惟此孑遗,迁身无地,糊口无食。目下秋尽冬来,饥寒交迫,若不设法赈济,必致尽填沟壑。谁非朝廷赤子,宁忍坐视不救?除本院题请大沛皇仁,广赐蠲赈,仍动司库正项钱粮,委官江楚买米分赈外,但库项未必允销,而杯水何能普济?天灾流行,何国蔑有?谊切邻封,义难漠视。本院大声疾呼,求将伯之助,至今惟据按察司捐谷一千石,此外各属未有应者。岂本院爱民不诚,无以相动耶?合再饬行。

为此,仰司道府官吏查照来文,即便转行苏松所属各官,竭力倡捐，并鼓励绅衿商民人等量力捐助。先将捐数具文详报，以凭拨发赈济，汇疏具题。如捐数合于议叙之例，官员则请加级纪录，商民则请顶带荣身。如或力不从愿，未合议叙之例，本院亦当从优旌奖，决不泯好义之诚。

事关救荒重务，务宜实力举行，多方鼓劝，慎勿泛视，速速！

颁行赈粥条例，以图救荒实政事

照得今岁江北霪雨为灾，河湖交涨，饥民嗷嗷，朝不保夕。本都院日夜计念，寝食都废，题请大沛皇仁，赐蠲赐赈。又告籴邻省，求助巨室，不遗余力。但被灾之地既广，而待赈之日甚长，既虑委任之非人，又患发赈之无策。

除素有体面，家无升合，不肯同赴粥场，岂可闭门待尽？或赈谷，或赈银，务有定数、定期，无使豪强串通衙役假名虚冒，致廪谷不继。至于老幼孤独，颠连无告之人，必须煮粥，差有实惠。盖粥场之内，众目昭然，自非真正赤贫，谁肯持碗就食？一便也。强梁者不过满腹，而孤弱者亦得糊口，二便也。其中弊端，不过煮少报多，及杂以剩坏之物二者而已。诚慎选谨厚生儒，殷实大户，存心仁慈能耐烦劳者，每场委任二三人，使互相觉察。彼既不缺衣食，孰肯侵蚀官粮，结怨饥民？三便也。随处多立粥场，就食者不出一二十里之内，既无露宿之苦，且得顾盼其家，四便也。倘有绅衿家道饶裕，及富商大户，好义乐施，力能独任一场，即使其人自监之。既济饥民，且可省胥役之扰，五便也。

所有煮粥应行事宜开列于后：

一、广煮粥之地。查得饥民无定方，而煮粥有定处。若不多设处所，以粥就民，而但图自己近便，使饥民就食于场，归宿于家，十里之外即不胜其跋涉矣。壮丁赴场犹可随在歇止，至于衰老残疾，以及妇女小儿，岂能远来就粥？若令乞粥归家，不惟道远难携，亦且稽察无据。今宜多设粥场，如城郭人民繁庶者，每城四门外各设一场。其城郭人民不多者，于两门之外各设一场。至于乡间，相距十五六里，即须于人烟稠密之处，有寺庙公所者各设一场，至远不过二十里。若荒野之地则不拘，庶于人情为便。

一、择管场之人。每场应立监督二人，总管粥场事务，稽察一切奸弊。掌簿一人，主登记米粮柴薪出入数目，及每日食粥饥民名数。司谷四人，两人收掌米粮，两人收掌柴薪。各就立场处所选择殷实忠诚，廉干可托，素为一方推服者充当。其人如果实心办事，克称任使，事后分别奖励。倘有从中作弊，发觉者计侵蚀米粮一斗，定罚还米十石。

一、计煮粥之费。一切官仓及乐输诸米掌印官，酌量各粥场约需石数。每十日一发，差在官夫役分送，公同该场监督、掌簿交明收掌米粮之人，积在该场严密处所，监督判封条，收掌人主锁钥。

至食粥饥民，各场每日人数多寡不齐。监督先期酌量该场应需锅灶桶杓若干，又酌定每锅容米若干，编定字号，每晚掌簿报食粥人数于监督，监督视其人数多寡，计每日每人以官斗六合为率，共需下米若干锅。照依锅数，各用刊刻小票填注某月日某号锅，应领米若干，散给锅头。次日黎明，锅头执票赴收掌米粮处交票领米，即刻携注锅中。不许先期支领，亦不许携往他处，以杜侵蚀。其支柴薪亦如之。

收掌米粮之人每晚将收到小票交付掌簿登号。每月终，公同监督清查一月内赈过饥民若干，用过米柴若干，填单报明该州县，以凭事后销算。其应用器具即于附近处所随便酌量借用，如有破损,事后补还。饥民有自携碗箸者,听从自便。

一、行劝输之令。善不独行,当与好义者共之。掌印官为民父母,不得惮劳,宜亲携簿籍,减从裹粮,遍历城市乡村,亲见绅衿富民,多方鼓劝。或愿捐粮若干石,或煮粥若干日,饲养若干人,俱令自登簿籍,造册呈院,以凭奖励。其各场需用柴薪,掌印官便宜设处。至有好义绅衿,富商大贾,力能独任一场者,即令其人自为监督,该州县不须另行委任,致滋掣肘。仍将赈过饥民数目报查,以凭格外优奖。

一、别食粥之人。凡来食粥者,报明该场监督,立簿二扇,分为班次。老者不耐饥,为一班,粥先给。有疾者勿令杂处众中,为一班,粥先给。少壮者为一班,最后给。造次颠沛之时,男女不可无别。令男坐左边,女坐右边,各以老疾少壮为序。倘有游闲棍徒,假充饥民,杂入场内,调谑妇女者,该监督即鸣官重惩。

一、定散粥之法。鸣鼓一通,食粥之人各依班次坐定,不许越次争食。水火夫将煮熟粥抬桶遍向两边面前,各照碗数满注。周而复始,大率每人止于两碗。如有不遵条约,越次争食者,定非真正安分饥民,该监督即行挥出。若聚众抢夺,严拿加倍重处。治乱民以安良民,不得姑息。

一、课煮粥之实。每锅四口,设锅头一名,著监督择尚义好善之人充当。外设火夫二名,柴水夫二名,俱就饥民中选少壮者用之。每日责令锅头领米下锅煮粥,务要稠熟,堪疗饥腹。如有扣克米粮柴薪,以致粥不如法,及惰慢误事者,轻则该监督自行驱逐,重则鸣官责治。

以上一切事宜,须掌印官留心料理,不时单骑稽察。至于拣选监督诸人,相度立场善地,并须广询众论,曲体人情。不得偏执己见,亦不得轻信近习,以致奸棍营谋,就中取利。如果殚心任事,使饥民得均沾实惠，本都院不吝荐扬。如慢不经心，任凭蠹棍侵扰，致饥民转死十人以上者，一经访闻，定以溺职题参，决不姑贷。

禁止建碑立祠，以正恶俗事①

据苏松两府士民刘理、俞宗、张华等，又据苏州府士民黄中坚、范汝瞻、许元等，又据苏松两府士民陆吉、陈瑞、赵甫等②纷纷具呈，妄称颂③本院德政，请立碑建书院，作生祠等情④，本院阅之不胜骇异。

苏松赋重役繁，民生困苦，上下掣肘，诸事维艰。本院夙夜拮据，丛脞实多。扪心自揣，有过无功。况见任官辄自立碑，律有明禁。至于建书院，造生祠，尤为末俗谄谀之习，本院素所深恶。吴门生祠如林，岂必尽有功德？甚至过者指斥其姓名，历数其劣状，未尝以其有生祠而称美⑤之也。若周文襄、王端毅、海忠介三公，忠直廉惠之名表表天壤，史书载之，儿童知之，今曾无半间之享。本院欲为存一俎豆之地，而苦于工费，为之中止，可见生祠之不足贵矣。至于书院，原先儒讲学明道⑥之所，今因避生祠之名而概称讲⑦院，尤属无谓。此⑧皆好事无行⑨之徒借以媚官长，诈乡愚，渔利行私。今欲加于本院，是以本院为好谀喜谄之愚人⑩也，何待本院之薄也！合行严禁。为此，示仰两府官吏⑪士民人等知悉：

各宜恪遵功令，禁⑫绝恶俗⑬。前项具呈士民亦宜各守本分，自安生业，毋得踵习陋套，上干律例。府县官吏著落地方保长不时巡察，如有不遵⑭，即行指名报院，以凭提究，无违⑮。

校记

① 山平堂本题目为"禁止建碑立祠"。
② 山平堂本无"刘理、俞宗、张华等,又据苏州府士民黄中坚、范汝瞻、许元等,又据苏松两府士民陆吉、陈瑞、赵甫等"数语。
③ 山平堂本无"颂"字,从本祠堂本。
④ 山平堂本"情"为"因"字,从本祠堂本。
⑤ 山平堂本"美"为"羡"字,从本祠堂本。
⑥ 山平堂本"讲学明道"为"讲明道德",从本祠堂本。
⑦ 山平堂本"讲"为"书"字,从本祠堂本。
⑧ 山平堂本无"此"字,从本祠堂本。
⑨ 山平堂本无"无行"二字,从本祠堂本。
⑩ 山平堂本"好谀喜诒之愚人"句为"好谀喜佞之人"。
⑪ 山平堂本无"官吏"二字,从本祠堂本。
⑫ 山平堂本"禁"为"止"字,从本祠堂本。
⑬ 山平堂本"俗"为"习"字,从本祠堂本。
⑭ 山平堂本"不遵"为"故违"二字,从本祠堂本。
⑮ 山平堂本无"无违"二字,从本祠堂本。

毁淫祠以正风化事

照得吴中素多淫祠,上方山尤为最著。邪魅惑人已数百年,远近男妇昼夜奔趋。败坏风俗,于斯已极。本院下车之初,即行禁止,妇女进香者较前稍稀。不意本院因赈荒赴淮,适值会期,男妇又复丛集。本院念人心迷惑日久,非文告所能省悟,已将其像泥塑者投之太湖水中,木雕者投之烈炬,已成泥土灰烬矣。又虑其地尚存,数年后妖孽师巫必倡邪怪之说,仍旧兴复。惟有另设刚大正直神像,庶足以镇压鬼魅,震慑人心,拟合饬行。

为此，仰吴县官吏查照牌内事理，即选匠役，择期另敬塑关圣帝君神像一座，务要庄严壮伟，侍从如式。限岁内妆成，本院躬诣祭告，毋得迟违。

申饬事

照得县令一官，以洁己爱民为尽职。兴化地处河湖下流，民生昏垫已极。今岁更值异常水患，饥民嗷嗷堪怜。该县莅任方新，正当夙夜忧勤，抚绥残黎，以副职任。本院因议赈往来淮扬，体察民情，询问风俗，该县重士爱民之绩无闻，而乖张刚愎之名已著，怨谤沸腾，远迩如一。本院始而疑，既而不能不信。该县为云朔名族，庭训有素，何一旦不自爱重，欲与贪墨同辙，深为可怪！或者误听左右之言，不察南北之宜，兴革无渐，举动乖方，未能收揽民情，骤欲刬除夙弊，衙蠹乘间进言，该县罔知觉察。本当即行司道廉访实迹，具疏入告，念方新任，特行申饬，以励后效。

为此，仰兴化县官吏照牌内事理速猛然醒悟，洗涤肺腑，毋①以衙役之言为可信，毋②以士民之情为可拂。精白一心，洁己爱民，缓征停讼，加意赈恤，务令灾民得所，不至流离失业，转怨诽为祝颂，化仇仇为腹心。困苦之民易怨易感，司牧之官宁宽勿刻。如仍不自改弦，秽声一著，本院惟知功令，保全无策，该县功名已矣。独不为身家性命计乎？独不为祖父师友地③乎？思之，思之。

文到即具遵依，报查毋④违。

校记
①②④ "毋"原文为"母"字。

③ 原文"地"似为"计"字误。

严禁扒手，以除民害事

照得京口为南北通津，商贾辐辏之所，兵民杂处，奸宄丛生。向来地棍勾结旗厮并无赖恶少，投旗坏法。逐出无归者潜住镇城内外，逐队成群，无恶不为，名曰扒手。或挪放营债，滚折妻孥；或冒捏逃人，恣意诈骗；或驾舟引渡，至江心而乘机搜索；或揽挑行李，走空僻而勾党截邀；或遇乡农攫抽柴米；或用假银强买物件，甚至窝藏贼盗，劫掠分肥。种种流毒，实为厉阶。行旅往来，视为畏途。除出示严禁外，合并饬行道府各官察访拿究外，合亟示禁。为此牌示，仰道府官吏查照来文事理，即便严行查察，该文武官吏，军民人等知悉：

如有前项扒手恶棍，在于江岸闸口等处挑人行李货物、诈害商民者，该地方官即便多差兵捕，尽数擒拿。如系旗人，径解将军衙门，一面详报本都院咨会发落。如系冒旗棍徒，锁解本都院军前，以凭从重究处。地邻保甲容隐不报，事发一体治罪。地方各官徇情故纵，或经本都院访实，或被受害人首告，定以溺职纠参，断不宽假。各宜慎之。

严禁妇女入寺庙烧香，以正风俗事

照得维扬风俗奢靡，流弊已极，妇女冶游恶习尤甚。本院下车之初，即通行严禁。今吴门寺观游女绝迹，浮华之俗焕然丕变。独

维扬积习日深,恬不为怪,皆地方官奉行不力。而富商豪右,怙侈灭义,罔知省悟故也,合再严禁。为此,示仰官吏各色人等知悉:

以后妇女当静处深闺,恪守女诫。如有艳妆冶游,入寺庙烧香,与淫僧奸棍为伍者,妇坐其夫,女坐其父,无父坐其兄弟。僧道尼姑不行拒绝,敢于招引者,该地方官一并锁拿解院,尽法重处,枷示通衢,决不姑贷。地方官纵容不举,或本院访闻,或旁人出首,地方官以才力不及定考。

各宜慎之,毋忽。

恳赐宪示,以便封植事

据官属汪义呈称:"窃先贤杨公,讳循吉,遗墓坐落吴县十一都三十五图,乏嗣主祀,被地棍侵占,私相卖买,已历数姓。周图锄作菜地,棺骸暴露,家主翰林院汪目击心伤。幸有从游周生员等景仰前贤,捐银一十四两,契买居民丁程美、仇仲甫所占地墓。现在培土掩棺,栽松植碑。恐有地方棍徒仍行亲占,伏乞给示勒石永禁。"等情到院,据此为照。

杨南峰先生文章品望表著先朝,只因承嗣乏人,致墓田被地棍侵占,棺骸暴露,殊可悯恻。今汪太史倡率后进,捐金买地,修葺墓道,高义足称。诚恐仍有不法棍徒擅行侵占,无知愚民樵采牧放,使先贤不能保一抔之土,后学凭吊徒切感伤,深为不便,合行禁约。为此,示仰该地方人等知悉:

此系汪太史用价置买之地,为先贤封植。墓道左右,邻家不得妄肆侵占。樵夫牧竖,不得牧放牲畜,剪伐树木,致有损伤。如有故违,许坟丁赴有司禀控查处。情罪重者,具报本院拿究不贷。

禁约事

照得长洲县周庄镇为苏松接壤之区,原属僻地。向来提标兵马俱由昆山官塘行走,近闻有等员役往来苏松,不由大路,每每在镇停宿,指称粮饷军需,传唤居民,支更带绊,踏捉农船。以致商贾贸易裹足不前。乡镇小民惊惶无措,殊属不法。除移咨昭武将军查禁外,合行晓谕。为此,示仰该地方居民人等及汛守弁兵知悉:

嗣后一切标员人役务各凛遵法纪。如有奉差公事,往来郡城,仍由官塘行走,不得住宿僻镇,骚扰居民,以及捉船带绊,贻累农商。如有故违,许诸色人等指名禀控,以凭查拿,军法重处,决不姑贷。

再饬访拿,以除民害事

照得三吴蠹棍狼狈为奸,生事诈赃,蒙官肆虐,种种恶端,难以枚举。本院留心体访,业已得其一二。是以上年十一月间通饬察拿解究,延今四月,尚无揭报,岂上下衙役尽皆改过守法,而地方豪棍遂能革心革面者乎?显系徇纵,合就饬催。

为此,仰司道府州官吏查照原今事理,即便严加缉访,凡有前项著名蠹棍流毒民间,神人共愤者,无论院司道府盐关蠹役,及势豪、劣衿、讼师、打降,逐一廉取确实款迹,具揭固封,星驰详院,以凭提拿重究。但不得旁寄耳目,瞻徇情面,辄以菜佣塞责,致渠魁漏网,自干隐庇之咎。

严禁焚棺水葬，以广孝思，以厚风俗事

据长吴二县在城居民呈称："吴民水葬，极为惨痛。始举肉尸火煅，继埽骨殖投渊，形迹无存，莫可凭吊。今蒙宪禁，停柩不葬，但窭户无墓可瘗。查苏城六门外向有广孝阡，每处可容万柩，伏乞一体施恩，出示招葬，不许将棺火煅，违者治以重罪。并取各坛土工不烧，执结呈递，阴功无量。"等情到院，据此为照。

吴民罔知务本，每事不循古礼，亲属丧亡，不思竭力以营窀穸，始则停棺暴露，继乃毁骨沉渊。此等恶俗不知起于何代，言之深可太息。且举尸焚毁，秽气冲天，何忍闻见？此皆为民上者教化不宣，以致相习成俗，陷民非义。兹据前情，除檄行长吴二县确查义冢处所，听民随便安葬外，合亟饬禁。为此，示仰苏城内外居民人等知悉：

凡有已故尊长及眷属尸棺，一概不许焚烧，俱于就近广孝阡处所觅取一抔，开圹掩埋。或立片石为记，或树木桩存识，俾日后不致遗亡，便于祭埽。至此地原系公占无粮，如有指称办赋名色，需索阻挠，许即指名控告。但此虽公所，为数有限，止可尺土容棺，不许恃强多占，妨碍他人。嗣后如有仍旧不葬，将棺焚毁，一经查出，定行从重治罪不贷。

除出示严禁焚棺，听民安葬义冢外，合就饬查，为此，仰县官吏照牌事理，即查六门外广孝阡共有若干处，所在于某某地方，每处若干亩数，约可容棺几许，是否向系公占无粮，目今有无隙地可以广听贫民安葬。务须两县会同逐处亲临勘确，绘画图式，开明亩数界址。设或窄隘不敷，作何开拓，蠲除粮额，一并定议详院，以凭阅

夺。一面晓谕居民,各于就近义冢随便葬埋,不许仍踵故习,将棺焚毁。并取各坛土工,不致烧棺。遵依执结送查,俱毋违误。

严禁借端私派,以除民害事

照得任土作贡,岁有常额,易知由单之外不得科取分毫。煌煌功令,炳如日星。

镇江修理金山,奉旨发织造银两,将军督修,此与地方官有何干涉？近闻该府按亩加派,所属各县俱有包赔,殊堪诧异！此事可以私派,何事不可？岂以百姓愚懦,固可恣意剥蚀？上官概是聋瞆,全无闻见乎？除示禁饬外,合行严查。

为此牌仰司道官吏,查照牌内事理,即将前项科派情由,银数多寡,是否地方官自行入已,抑或蠹役蒙蔽作奸。限文到三日内严查确实,具详报夺。如或徇情容隐,本都院一有确访,定将该司道一并参处。慎之,速速！

恭陈末议等事

据江苏布政司详覆泰兴县条议敬惜字纸、救育遗婴、赈恤贫老、禁绝火债四款,逐一参酌加看,开列一册到院。据此,除惜字、育婴、赈贫三款系有司之事,无庸赘叙外,查该司册开一据泰兴县原议,曰请禁火债剥众云等情,据此为照。

江南各属地窄人稠,务农者少,逐末者多。更兼荒歉之余,间阎十室九空,肩挑负贩之徒本少利微,日博蝇头,犹艰糊口。全在休养生息，庶几疮痍可起。若再加以私债剥蚀，则穷民益无生计。查印债重利，最为民害。蚩蚩之氓偶因一时缓急，不觉堕其术中。称贷之时，先去扣头、折色、带头、保人等项，一两实止数钱。及至银方到手，而索债者已随其后矣。按期取盈，声势相加，稍或愆期，利上起利。小民竭力经营，弗能填其溪壑。甚有借债还债，层层滚算。有限脂膏，尽为吮噬。迫力竭计穷，流为匪类者有之，轻生以殉者有之。种种厉阶，难更仆数。此皆无藉棍徒昧心射利者之所为，而营兵旗厮罔知法纪，相率效尤者亦复不少。

本院稔悉此弊，屡经颁示禁饬，谆谆剀谕在案。兹据该司议详前情，除批令通行外，相应咨请贵镇将军织造，一体通饬各营将弁，严加禁戢。如有违犯，即绳以法。仍责该管官以失察之咎。庶无知厮卒稍凛三尺，而残喘孑遗亦可渐登袵席矣。除害安民，谅有同心也。

奇弊屠商号宪灭蠹事

案据附居长洲县，原籍徽州府歙县民方耀呈词前事内称："苏州浒墅一关止有量船纳钞之例，并无抽税之款。设定则例额，无增减正项钱粮四则，平料加平，补料加补。如船七尺起，一丈八尺止，上供十两五钱为满。今被大蠹郑国柱等违旨额外私立奇弊苛征，加出磨头、高堆、提驳、脚驳、七新、八新、七尖、八尖、又七新、又八新、又七尖、又八尖、八二三入库、九二三入库、新兴桥工讼费、火耗、加平照票、使用看船酒钱等弊。如一丈八尺，征至九十九两三钱九分。正饷十两五钱外，其余之赃，群蠹朦官，上中下三等烹分。朝廷设柜，令商自投填注。部颁堂簿，不容见面，红单照票，不填完银数目,止填丈尺。只此一弊,可谓悖旨屠商,明彰大弊。耀于八月初七日载米三百六十石由关量船一丈三尺,旧例三两一钱五分,被征五十七两二钱。船户徐忠证印票据,复遭白拉。杨奉调丈量,王猷等看船,索诈使用,拥挤踏船沉米,血本无剩。情极告长洲县,申苏州府,转申司道,俱准。总被蠹等财灵掠起,并未对簿一次。流落难归,求食申冤。欣幸宪天冰心铁面,三吴群黎之生面已开。关弊未除,水陆商民之生机未判,叩宪亲审,关弊立除。"等情前来,据此随经批行江苏布政司严提究审在案。

又据浙江绍兴府会稽县生员沈彪呈为"漏蠹貎抗狡脱,潜浙愈猖,据实首明,号救提究"事内称云等情前来,据此为照:

郑国柱一犯盘距浒关,罪恶贯盈。本院行司提审,遽尔脱逃。既于上年十二月二十一日潜回浙江绍兴府山阴县东光地方居住。本院又闻伊曾经捐纳鸿胪寺序班职衔,辄敢自恃,隔省貎抗,不行赴质。似此蠹国病商之积猾,岂容漏网?所当咨请贵院威灵,迅檄该地方官查确,郑国柱果否捐纳京职,移示过院,以便题参。一面将本犯押解来苏,俾得转发究审。

谅贵院除害安良,自有同心也,相应咨会。为此,合咨贵院烦查请照。

永杜夤缘请托之弊,以肃官方事

照得朝廷设官置吏,专以牧养斯民为主,必须奉公守法,庶几不负职守。

本院下车以来,闻吴中奔竞成俗,请托之习牢不可破。每一州县缺出,旋有无耻之徒钻营委署,纷纷藩司之门。在上官虽不过曲徇情面，而此辈实系用贿行求。夫既以贿得篆，岂有洁己爱民之理？是以朝廷百里之地为市也。但今可委之人原自无多，而能坚持静听者甚少。即秉公遴委，亦半属请托而得人。见其同用贿赂，同求情面，其不得者，只以为彼工我拙，因而奔竞之风几无底止。

自后州县正印缺出应委署官，该司务察所属正途出身，先检府佐贰。府佐贰无人，再检州县佐贰。除才品庸下，平日操守不谨，有据可指者不得开列外，其余开列可委者二三人，仿照吏部选官之例，令其亲赴本院当堂自行擘签。如路远现有职守，不便远来者，听苏州府知府代擘。至于差委办解颜料等事，如采买青蓝布匹已定三府同知、通判轮流办解，当照苏、松、常三府次序挨委。今为期尚远，即著为定例。俾临期人知有一定之例，不致群起躁竞，稍存恬退之风，以养廉耻之念，官箴无玷，吏治以肃。且署印者先无所费，则能洁己爱民；办解者先无所费，则能洁己急公。其所关非细，合就饬行查议。

为此，仰司官吏照牌事理，即将本院所行檄内擘签轮委事宜，可否稍除弊端，再加确议，通详总督部院暨本院，以凭会夺，著为定例，毋违。

晓 谕 事

照得长、吴二县役田、花利、义租等银，原系正赋之外另行派征。虽曰公田余租，然民间最称苦累。本都院悯念尔民赋重役繁，除将旧例有应解充本都院吏书公费者，饬行司县概行豁免外，合行出示晓谕。为此，示仰长、吴二县役田各户知悉：

花利、义租银内，向充抚院衙门吏书公费银两，自康熙二十四年为始,尽行豁免。如有不法蠹胥借名滥征,或指称豁免使费,妄派丝毫,或经访闻,或被告发,定行立拿,蠹役处死,决不轻贷。

特示。

晓 谕 事

照得苏松等属版荒田地钱粮,久奉恩纶豁免。惟长洲县版荒昔年总归清丈案内勘报,虽废基绝冢,已经豁除二十一顷零,其余版荒田地仍照旧完办荒平米折。每荒平米一石,纳银五钱三分零,未得与太仓等九州县一例邀蠲。其间产芦荻可完正供者固有,而不毛顽土历年赔累者亦多。本都院念切民瘼,除现在檄行布政司选委廉员查勘外,但版荒田地散处各图,必须报明确数,庶便挨图寻丘,问号察勘真伪,以杜混冒。合行出示晓谕,为此,示仰长洲县士民粮里人等知悉:

凡有真正版荒赔粮田地,各自开明坐落仓分,都图字圩,第几丘,计田若干;绘列丘形,注明四址及业户姓名;现在完办几斗几升;则荒平米折银若干,或办几斗几升。则熟田粮折造册,一样二本。一投长洲县,一投本都院,以备查勘。此册定限二月初一起至二十日止,许尔民逐日投递。如过此期,不准收勘。至于产有芦苇茅荻等项,可以樵采办粮,及有主坟地,不得概作版荒开报。其已于清丈案内豁免者,亦不得重复混呈,妄希冒蠲。如有故违,一经察出,定行依律重处。设有衙役地棍指称请蠲版荒,科敛分文使费,尔民亦即指名呈控,以凭严拿审实,立毙杖下,决不轻贷。

各宜凛遵,毋贻后悔。

申明例限，以清沉滞事

照得一应钦部事件，非关钱粮紧务，即系刑狱重情，俱有一定例限，难容逾越。如人命事案，则以告发之日为始，限六个月审招完结。盗案则以失事之日为始，限四个月将失事缘由、疏防职名报参。至一切钦部事件，概以本都院准到部文之日为始，四个月内咨题。屡奉上谕，严行申饬，不准展限。如有逾期，以限满之日为始，扣至完结之日，按月处分。轻则降俸，重则镌革。煌煌功令，刊刻甚严。凡奉行州县，务必随到随行，各依定限，先期详报，以便司府覆核转详。倘有未明未协，可以驳覆清楚，不致稽迟牵扰。

乃近来各属罔知例限，因循积习，一味玩延。司道府官漫无程督。及至定限届期，本都院签檄催提，惟以属员报参为了事。而承审承查事案，一任经胥沉捺，或借翻驳株求，经年累月，不能完结，堕误职守，莫此为甚，合行通饬。

为此，仰司道府州官吏查照来文，凡一应钦部事件，人命盗案，各州县务宜查审明协，预期申详。该司道府州即行覆核妥确，于限内详报本院，以凭依限咨题。如申饬之后，仍前惰窳，逾限不覆，及临限草率具详，致烦驳votes耽误，除按件严提经承究处外，仍将该司道府州从重指参不贷。慎之！

遵敕征收等事

准督理海税监督手本移称云等因到院，准此为照。孟河向无收税之例,因丹阳一带严冬水涸,漕船壅阻,恐违例限,是以议令商船暂走长江,绕道南来,仍由浒墅关纳税。此诚一时权宜,非定例也。今若再开税务,则是由江头以至苏府两处输纳,商民视为畏途,势必仍走丹阳。恐禁之则病商,听之则误漕,两为未便。

至于海关移文内有"捐纳之事例已停等事案内条议一款,武进县有孟河等口,是孟河为应征海口无疑"等语,查原条议系布政司行各府县查报,凡其境内港口,不论滨海滨江,尽行开列,共有六十余处,非尽滨海也。故该司止定刘河、漴缺、黄田港、任家港、庙湾五处收税。查黄田港亦非滨海,止因分府抽税,而江阴县在常府之最东,故酌定税口耳。至于孟河等口去海甚远,至武进奔牛地方仍入运河,归浒墅关收税。只因疏通漕运,令商船迁道,由此与海口无涉也。

又恭读海关敕书,云其海口内桥津地方船车贸易等物概勿征税,是内地之税,与海关无涉矣。海关受兹委任,似当广示恩信,速行招商,飘洋贸捕。凡出海口贸捕者,照所定则例征税。如隐匿不报,及势豪包揽侵克,致亏国课,并夹带禁物,营船越界往来夹带货者,照例拿究,以仰遵敕谕。凡在官民,谁敢不奉行惟谨!客商闻风而至,海税必至充盈。若海口内桥津地方纵收税,能有几何?徒起事端,恐非朝廷开海之意。

事关海税,本院不宜与闻,但准海关移文有违敕之说,故敢略陈其愚。至于奸棍毁灭誊黄,窃去税旗等事,已行布、按二司,会同察明,通详会夺。相应先将孟河不系海口,不应收税缘由咨明。为此合咨。

公吁宪恩始终请豁事

本年正月二十一日,据苏松道刘副使详称:"正月十九日据苏州府太仓州崇明县进士吴标云,本道仰体惠爱边黎德意,冒昧具详,应否允行,伏候宪裁。"等情到院,据此为照。海氛宁靖,皇恩大弛海禁,令民造船越省贸捕。滨海之民,莫不欢欣踊跃,感颂朝廷浩荡之仁。前据司道条议刘河一口,议于此处设官收税。又因崇明孤悬海外,恐商民不便输税,有令县官就近经收之议。此皆指越省贸捕船只而言,非谓崇明之民些微土产尽取而税之也。盖崇明虽居海中,乃苏郡属邑,士民往来郡城,势不能已。当禁海之时,固未尝禁其出入也,何也? 崇明之于苏郡,犹门庭之于堂奥也。今虑崇明之民或有越省贸捕者,或有他处奸民将越省贸捕之物,影射崇明内地名色,希图漏税者,遂并将真实崇明之人运变些须土产,完纳赋税者,一概与越省贸捕一例征收,是崇民一出门即无不税之物。各省蒙开海之利,而崇邑弹丸,独受开海之害。且崇民下海口必由施翘,上海岸必由刘河,今既税施翘,又税刘河,是由崇至苏,即逾两关。自来设关之密,未有甚于此者,岂朝廷开海禁之意乎? 宜乎其绅士军民遑遑奔吁,遣之不去也。

兹据该道具详,七了口与施翘河对渡,令将原设划报渡船,令该县编号给票,往来装运民间土产等物,河口验票免税。其越省贸捕船只仍归刘河口出入,似为妥便。查此案条议,虽经据以会题,而崇明系苏郡属邑,民间土产微物,禁海时未尝断绝者,条议内原未议及起税。且贸捕船只必由刘河,其他港口甚多,亦不能禁。本地居民不许往来,七了口与他港口等耳,何他港昔禁而今开,独七了昔开而今禁？稍一变通，与会题事宜毫无妨碍，而崇民生计不至阻滞，更于苏郡各属中亦无偏枯之叹焉！

贵部院爱民素切，谅有同心，相应咨商。为此，合咨烦请查照裁夺示覆，以便转饬，遵照施行。

咨会禁饬事

照得崇明一邑，孤悬海外。近奉皇恩，大开海禁，许民造船越省贸捕，诚以边海民生非藉此无以乐利也。至若该地土产货物，必从苏郡内地变售，而渡海往来必由施翘河出口。已据司道会议，仍用划报渡船装运，免其征税。盖以崇明为苏郡属邑，与越省贸捕不同，业经通行，遵照在案。

近闻有等不法汛兵，藉名盘查，遇商民装运船只，毋论土产货物，一概需索。即行人往来，手携肩负之物，锱铢不遗。且河口置有栅木，原以盘诘奸伪，非为阻抑小民。乃每过一栅，必需索银钱方始放行。遂使此一方民举足维艰，每日环绕公署，号泣盈庭，本院慰谕再三而去。

贵镇驻镇海疆，戢兵安民，谅有同心。相应咨会，为此合咨，烦为查照出示禁戢，并转行各营将领一体遵照。仍祈示覆。

严禁强勒田租私债，以拯残黎事

照得淮扬地方灾患频仍，徐属州县土瘠民贫。今岁夏秋霪雨滂沱，河湖漫溢，田禾室庐，尽付洪波。失业灾黎，流离颠沛，惨苦万状。本都院蒿目忧心,寝食俱废,除灾田应征正赋已经题请破格蠲恤,并动支司库现银,委员赴江楚购买米石,复又吁请各部院、将军,檄行司道府广募捐输,力图拯救,本院会同总督漕部院,分路亲赈,务期保此孑遗不至逃亡失所。

凡富家大户,皆系比闾族党,尤当相赒相恤,敦亲睦之谊。民气既和,天行自若。一应田租利债,皆应暂缓,俟转年丰稔偿还。在富家好行其德,在贫民可保其生。岂意有等不法势豪,昧却天理,惟图封殖。国课尚蠲,私租不免,喝纵恶仆,百般逼勒,至令投缳自刎,忿恨殒身。不思富家田地全赖佃户耕种,佃户逃亡,田畴荒芜,纵有威力,亦何所施?至于私债,尤当暂宽。惟此,灾民露处风飡,饥寒交迫,虽加酷逼,有何抵偿?天道好还,从来不爽,为富不仁,难逃谴责。况贫者转死沟壑,不能保其性命。甚或计无复之,甘自弃于凶人,富者安能家累千金,洗腆用酒,而言无事乎?此又人事之昭然者,各当醒悟,不宜执迷,合行晓谕。为此,示仰该属绅衿富户、商民人等知悉:

今岁水灾深重,民困实甚。大家巨室,积有余谷,尽行出粜。本院江楚米至,价当自平。再蠲各色杂粮,分任粥场。趁此荒年,好积阴功。活及万人,子孙当有福庆。佃户应输田租,从宽免追。保护佃户,以俟丰年,田地不至荒芜,租课依然尚在。不得纵容悍仆百端逼勒。至于乘其窘迫,折准子女,尤为鬼神所不宥。若系熟田,仍照例完租。以资输赋,亦不得希图通赖。一切私债,概不许索。如不法势豪罔恤灾患,仍前恃强追呼,咆哮诟詈,驱迫穷民,至令逃亡自尽,一经访出,大则题参究拟,小则严提重处,断不姑贷。

慎毋抗违,自贻后悔。

再严滥差勒耗之弊,以肃官方,以苏民困事

照得扬属地方灾沴频仍,水患未弭,民生困苦,较别属为尤甚。郡城阛阓之间,虽足壮观,四乡僻壤,以及高宝、兴泰等处,或田沉水底,或栖止堤干,流离凋瘵,情形诚堪悯恻。全赖地方各官整躬率属,洁己爱民,湔剔蠹弊,痛绝耗羡,俾小民省得一分浮费,即可完得一分正供,庶几稍培元气,渐起疮痍。

乃扬属钱粮科则,正杂款项繁多,地丁之外,则有另征。杂办、牙饷、碾饷、行夫、单夫、行税、坐税之不一其名。而不肖官吏膜①视民瘼,征收之际,不行明白开列应输科则,或额外私加,或倍勒耗费。如地丁钱粮,尚有易知由单刊布应输数目,小民间有知识,犹不敢恣肆多科,然完纳正银一两,重戥勒耗每至加二三不等。至于杂办、行夫等项,民间既不知有额征数目,县官又不将每户每丁应输若干明白开写,止列应完几户几丁字样,恣意横征。应输正银一两,竟有征至二三两之多。如此蠹弊,府厅衙门不行严加察禁,反多借名稽查月报日报、挂号销号、支存茶果等项名色,勒索州县每两二三分不等。复行每项滥设坐催、提催等差,一州县不下二三十人,更番盘踞,索扰无休。是州县官之敢于横征苛敛者,皆由府厅官谒躬不正,有以纵之。嗟!小民有限脂膏,何堪上下诛求,层层剥削!无怪乎民生日蹙,而国赋日悬也。

本都院深悉诸弊,下车之始,即首先严禁。今访闻扬府所属官吏悍然不遵,或有日暮途穷之辈为家人,衙蠹眩惑,不特踵袭旧弊,且更加甚。是将欲厚其囊橐,为子孙身家之计乎?不知功令森严,

白简如霜,一旦败露,身陷囹圄,求归老首丘,何可得乎？合再严行饬禁,为此,示仰该属官吏军民人等知悉：

州县官征收正杂钱粮,务按由单科则,及应输确数逐项明白开写,令民通晓。不得仍前通同朦混,额外横征。正银悉照部法,听民秤准,自封投柜。不许纵容胥蠹执戥秤收,加重勒耗。府厅各官尤宜清慎自持,正己率属,痛绝从前诸弊。不得止图一时肥润,罔知国宪难宽。其借稽查、挂销,及拘提人犯等项名目滥差滋扰,即时尽数撤回。倘悍然故违,本都院耳目最真,执法如山,见闻所及,定行飞疏纠参,断不姑为宽假。

悖入悖出,经训昭然。贪黩虐民,王章难逭。各宜洗涤,慎勿泄视。凛切！凛切！

校记

① "膜"似为"漠"字误。

地沉民逃殆尽等事

照得邳州一邑,今岁水患非常,灾民叠遭困厄。虽六月内被淹之田已据勘明分数,照例题蠲,但自七月以后复据纷纷详控,又遭大雨飓风,连绵匝旬,阖邑田地,尽付波臣。四望郊原,如同沧海。人畜淹没,男妇啼号,汹汹思窜。

本院披阅之下,疚心疾首,寝食靡宁。既经批饬该藩司转饬该州,力图抚绥,暂停征比,并令细加察议,将淹沉田地作何请蠲,被灾遗黎作何赈恤,新旧钱粮作何宽缓,逐一酌议,妥确通详。大声疾呼,已不啻至再至三矣。乃至今未据确覆。至查该州原报,残邑已蒙粮田永废,田地逾沉、三案永沉、堤占等田五千七十余顷。先据士民呈吁,并据该州申报,当即批饬确勘议详,乃竟任意迟延。既不查勘明白,据实呈请前报被灾案内,又不一并详请题蠲,反行除去。是熟田被灾,尚可望三分之蠲恤,而此积淹占废之田,反不能一例邀蠲,此皆该司州玩泄从事,误此灾黎也。况该州并卫地在一方,又不一时具详,致题报先后参差,不知该州身为民牧,何漫不经心至此?今该州田地陆沉,几成废治,若不亟图拯救,将来赋税何出?民生何赖?本院日夜北望,焦心如焚,而该州又千里来苏,任灾民逃窜,置之不问,不知是何意见?令人大惑不解!合亟饬议。

为此,仰司州官吏,文到立将邳州原报水灾田地,今又被淹缘由,遵照节次批饬事理,即日逐一妥议,切实通详。并将残邑已蒙等事三案积淹堤废等田,或应一并汇请,或应另案详题,亦即确议,造具册结通详,以凭会夺。

事关国计民瘼,如再悠忽,定以溺职指参不贷。切速!切速!

再严征漕之禁,以清锢弊,以除民累事

照得征收漕粮,弊窦百端,皆由在漕道厅州县各官托胥役为腹心,置民瘼于度外,因循苟且,视若固然。上负国恩,下惭民牧,莫此为甚。本都院下车之初已经严饬禁约,不啻舌敝颖秃。今又值开兑在即,恐有不肖有司及瞥不畏死之胥役日久生玩,故智复萌。除行粮道府正监兑各官严加察禁外,合再出示严禁。为此,示仰抚属在漕官吏粮里人等知悉:

康熙二十四年分应征漕白南赠等米,俱照由单科则一条编征。

其勒索诸弊概行禁绝，不许多收毫勺。如有违犯，许受害人赴院喊禀。官即飞章参拿，吏则按律定罪。各宜凛遵，勿悔噬脐。

所有应禁款项开列于后：

一、禁收粮委任衙役及差亲丁之弊。访得管漕书役及仓夫等类，名虽逐年更换，其实仍系老奸积棍钻充，舞文弄法，无所不至。乃历来印官以事冗粮多，不耐劳瘁，或委衙役监收，或差亲丁管督。不知此等下役罔顾民瘼，惟知剥削。每串通蠹棍，朋比侵渔。此为百弊之源，首应禁绝，违者参处不恕。

一、禁蠹役豪强坐完轻粮之弊。民间每岁完纳粮米，有漕白之分，有南军兵粮局恤之别。盖漕白为运通之粮，必须洁白圆整。此外，南军等粮则民间日食之米，皆可上纳。访得江南积弊，蠹役豪强，串通经承，将自己粮米派完南军等类，尽将忠厚零星细户之粮派完漕白。是完纳虽同，而苦累迥别，殊属不公。各州县官务严督经承均平分派。如仍前纵蠹作奸，令百姓苦乐不均者，访实官参役处。

一、禁经承受贿卖限之弊。访得三吴民多怠玩，凡漕粮开征，不思上紧办纳，以完自己分内之事，乃任意迟延，临限买嘱经承将额数改多为少，完数捏少作多。苟免一时比责，不知转盼开兑，水落石出，完者自完，欠者仍欠。或锁拿追比，或拨军对夫，作奸自毙，何益之有？嗣后州县官务将每图甲应完原额，及每比完数亲行核明实填。比较簿内比毕，即将此簿携入内衙清查。欠者摘比，完者给串归农，毋将比簿付经承收掌，听凭捏欠作完，并捏不给串，致粮户经日守候。如漫不经心，致滋前弊，一经访实，除提经承重处外，本官定以聋聩注考。

一、禁额外加收耗赠之弊。访得收漕积弊每多额外加收。小民终岁勤动，所获无多，正供尚苦完纳维艰，何堪分外苛取。嗣后凡民间完纳粮米，著照由单刊载之数输将，如有不法官役指名耗折，勒索加赠，或于额外科收，或在见收米内扣除者，察访得实，参究不恕。

一、禁踢斛尖量之弊。访得征收漕粮，踢斛尖量最为民害。所以本院上年莅任，即通饬斛上钉挡，公平收放。此法虽经遵行，不意其中又生奸计。每多钉挡松宽，提起推去，尚留寸许，是徒存钉挡之名，未除高斛之弊，殊为可恨。嗣后各印官须一秉至公，另用檀木做造方平斛挡，紧钉斛上。令斛手将斛平放晒盘上，勿许踢动，务期一推净尽，不浮颗粒。如敢仍前钉挡松宽，纵容踢斛高提，多收肥己者，或经粮里喊告，或经密访确实，定行参究不贷。

一、禁粮斛暗藏衬木之弊。访得三吴猾吏止图肥己，不顾王章。每于造斛之时密嘱奸匠，将粮斛墙底之间预造衬木四条，斫削光平，浑无缝迹，起解印烙时抽出衬木，周围包钉软薄铁皮，欺朦验发。收米则启铁加衬，兑军则去衬复元。每底藏分许，即抵面浮半寸。如斯奸弊，令人发指。嗣后粮里完米，须看明收斛墙底间无弊者，方行起筹。如有暗藏衬木，著喊众通知赴辕门控告，以凭立拿，经承尽法重处，仍究造斛奸匠。

一、禁索送开仓心红，勒呈样米之弊。访得不肖有司专以收漕为利薮，每于开征时嘱经承按图索送心红陋规，于收米时又按户勒呈样米，惟思填尔溪壑，不惜竭民膏脂，大玷官箴，曷称司牧？嗣后各官须痛改前非，洁己自爱。民各有心，断无不鼓舞输将，早完正赋之理。如执迷不醒，仍行勒索呈送者，定行参处。

一、禁各役勒索陋规之弊。访得收漕各役，名色不一，总属经承、催差、仓书、起筹之类。凡值百姓负运完粮，经承则勒索纸张规礼，催差则勒索人事酒食，仓书则勒索给串钱，起筹则勒索效劳钱，仓夫则勒索鞋脚钱。按石计算，害非鲜小。民膏有限，何堪层层剥削？嗣后该州县官严行禁革，时刻稽察。如本官徇庇纵容，许粮里赴院喊禀，以凭拿究。

一、禁勒取修仓铺垫之弊。查得仓廒皆系建造坚固，铺垫篾箪极为耐久，非岁岁修换者可比。乃江南弊政，每年收米，印官徇纵书役勒取修仓垫铺之费，皆按粮计派，深属累民。嗣后严行禁革，即遇仓廒渗漏，篾箪破损，该印官捐俸修补。如敢阳奉阴违者，定提经管书役重究。

一、禁道府厅官擅差索扰之弊。访得漕粮一经开征，道府厅官差票四出。初则守催开征，次则坐催日报收数，次则取报全完，终则守取兑军通关。每一差到县，管粮经承始则有迎风酒，继则有接待酒，每日则有供应饭食，终则有起程人事，送行酒席。计支应少需七八金，多至数十金不等。嗟哉！猾吏不特不肯捐自己之囊橐，派取粮里，抑且遇事生风，以一科十，为害无穷。嗣后印官务将开征日收，以及征兑全完，兑军通关，依期申报。如有怠玩，州县申报逾限者，道府厅官止许飞檄严催，不得擅差一役。如有故违者，许印官将差役姓名申报本都院，以凭拿究。如有经承藉称各衙门差役供应酒席、起程人事名目，索取粮里者，受害粮里即赴院控告，立拿尽法究处，决不姑贷。

严禁旗丁勒索，以纾官困事

照得三吴漕白官收官兑，民困既苏，为有司者未免增兑军之累。况迩来一应征收陋规，本院已禁革殆尽，则今日之有司更非昔日可比矣。倘不清厘兑军之弊，有司其何以堪？

素访弁丁赴兑帮船之中，有旗甲，有伍长，有纲司，有管班，有舵工水手等类，无一不朵颐漕粮。豺狼成群，咆哮需索，先满溪壑，方行受兑。及开兑之时，则又百般刁难。或米本干燥也，而藉称潮湿；或米本洁白也，而藉称黄杂；或米本圆整也，而藉称碎小。讲扇飏，讲赠贴，有一不遂，不得起斛。及遂矣而起斛面，兑完又掯通关，开帮又索花红。种种陋弊，大为有司之累，合亟出示严禁。为此，示仰各卫帮弁丁人等知悉：

尔等领运赴通，沿途起浅盘坝，原有许多艰苦。但朝廷额设军丁，各有屯田领运；正改兑米，各有定耗；行粮月米，各有额编。此外，苏、松、常、镇，则有五米十银；江淮等处，则有五米五银。若领给毫勺无亏，尔等尚有赢余。惟是道役侵扣，州县拖延，致尔等费用不敷，遂生奸弊。本都院久悉弊源，除另示禁饬粮道，将折色赠银足色足发，月粮五米随漕拨给，使尔等得受实惠外，其前项勒索，州县兑漕陋规尽行革除，各务恪遵以保身命。如敢故违，许正印官指名飞报本都院，以凭专差拿究。运官则飞章参处，旗丁则按律定罪，决不姑贷。慎之毋忽。

冲驿苦累，申饬禁革陋规事

照得下江驿路冲繁，淮、扬、徐尤为苦累。近奉部文裁减复一，钱粮不敷，处处告困。旧例蠲扣灾荒及不敷缺额等银，俱于司库拨给，而各属裁站等银又应解司。此既赴司起解，彼又赴司支领。更有一处而有应领应解之繁，往返徒劳，并有守候之苦，有扣克之弊。

本院已经具疏题请，嗣后各属驿递，凡有不敷荒缺，蠲停应补银两，应照河工例，即于本州县地丁实征银内就近拨足。如本州县地丁偶遇灾荒蠲免，不能足额，即于邻封州县应解裁站银内按数协抵，而将附近成熟州县裁站银两应协别属者，统归司库充饷，以免县驿解领守候之苦，并杜侵渔扣克之弊。但未知部覆何如，未便遽行知照。

昨本院因赈荒至淮，各属俱陈驿困。且言丁藩司发银，每百两止八十两。今该司每百两止六十两，本院不胜骇异。驿站钱粮乃夫马计口之需，如此克减，冲驿安得不夫逃马毙？该司如此，若州县官再加克减，夫马何以支应？是部文议裁者二分，而该司克减者四分也。若将克减之数尽行给发，则是复二之外又复二也，驿站何苦之有？

昨据该司呈详，徐属二十四年灾缺站银，请于各属本年解司裁站银两，先行酌给六分接济。本院因念徐属驿递冲繁，已经批允给发。但恐锢弊相沿，胥役扣克，冲邮夫马不沾实济，合就饬提验给。为此，仰司官吏文到即将司库拨补，徐属本年应给六分站银，照数兑准解院，以凭当堂验明，给发原差领回应济。以后各属领银俱报明本院，将所发站银解院，当堂给付原差，候本院所请，就近拨抵。

部覆到日，另行知照，毋违，速速！

严禁征收白粮积弊，以恤民力事

照得起运白粮，系上供玉粒，自应悉心经理，先期运解。乃州县印官每每私委佐贰，另款征收，致微员串同蠹役，设立验米、给票、看斛、筛扇等项名目，恣意诛求，科索无已。如春办折耗，业已随正编征，复私加赠费，包索人夫。原有糠粞抵用，又勒令捐输。或米本干洁，故称花杂，勒掯不收；或运米进仓，刻意筛扬，浮高斛面。至于糯米，每县不过数百余石，乃概云糯米价昂，内扣外加，任凭折算。更有迫令折银，分肥入己。种种弊端，不可胜言。

是以本都院严行饬禁，务令印官随漕收贮，痛除积弊。今二十四年分白粮正当征办之时，而各属或称仓厫不足，或称包索无办，纷纷具详，无非欲踵陋习，冀吸民膏。除经严驳，并出示晓谕外，恐不肖官胥瞽不畏法，阳奉阴违，合再申饬。

为此，仰道州县官吏查照来文事理，本年白粮俱责成州县官随漕并征，择米色纯一者即另厫收贮，春办不得另立名色，滥委佐贰征收，使民有分纳应比之累。其租赁硪臼，包索人夫，诸费悉照原编，与糠秕资用，不许私加耗羡。如敢故违，纵蠹盘踞，及令内丁亲戚借名看米，额外婪诈，前项诸弊，本都院闻见所及，官即纠参，役拿杖毙，断不宽假。

各宜凛遵，毋贻后悔。文到即取遵依报查。

钦奉恩诏事

案照各属孤贫，屡奉恩谕，令有司留心赡养，毋使失所。久经通饬，遵照在案。惟是额编口粮柴布银米，原为矜恤无告而设，自应及时散给，使茕独得沾实惠。恐州县蠹胥冒滥扣克，希图中饱，以致皇仁不能下逮，合亟饬查。

为此，仰府州官吏查照来文，即查康熙二十四年分恤孤银米曾否按数给足，有无冒滥扣克，严行确查。取各属遵依，并孤贫领状报查。如有仍踵前弊，该府州即据实申报，以凭飞提重究。

毋得徇延，取咎未便。

谨陈河工善后事宜等事

据淮扬道呈报，山阳县运口地方应建石闸，及清河县西建造双金门闸一座，挑引河一万余丈。即以挑河上之土筑堤，束水顺流，不致散漫，缘由到院，据此为照。

山阳县运口所建石闸，既称所泄之水仍入文华寺与支河，汇归运河南下，并无淹漫民田之处，似无庸议。惟查清河县西建造双金门闸，下开挑引河固泄水要道，但民间田地俱关输赋之区。今挑河一万余丈，由清河至安东，共若干里，既非旧河，自是民田。今挑河筑堤，计毁废民田若干，应作何题请蠲豁，文中并未明言。若挑河之后，民间纷纷控吁，责将谁归？事关会议具题事宜，岂容如此含糊？合亟饬查。

为此，仰道官吏文到立查清河县西建闸挑河地方，是否见系征粮民业，有无损害之处，立刻据实回覆，以凭定夺。如与民田无碍，该道府县即各具印结，申报本院，藉以覆旨。如再含糊，先将该道指名题参。

慎毋迟延，速！速！

严禁役满恋栈，以除弊源，以信功令事

照得在外大小各衙门吏攒人等，向多役满恋缺，丛弊滋害。是以定例五年，即行出缺，不许仍复盘踞，屡经奉旨通行。本院下车之始，即于裁汰冗役内一并饬禁在案。诚恐各衙门阳奉阴违，不行

觉察。而此辈鲜廉寡耻,罔知顾忌,仍然恋踞,作奸舞弊,蠹国害民,深为未便,合再严行饬查。

为此,仰司道府州官吏查照来文,凡属吏书攒役人等一经役满,即便勒令出缺归里,不许徇纵容留。衙门如敢故违,或经本院访闻,或被旁人首告,定行照例参处,决不轻贷。仍将实在现役若干,役满若干,一并造册详报,以凭稽核。

文到先具遵依报查,毋违。

查修城内河道,以通舟楫,以便民用事

照得城内水道,犹人身之血脉也,贵于流通,不宜壅滞。苏郡城内支川曲渠,源自太湖,吐纳交贯,舟楫旁通。不但宣泄风气,亦且便民往来。近年久不疏浚,人居稠密,灰土壅塞,可通舟楫者无几。及今不行修治,必至化为平陆。民间完漕,巨室收租,皆须负戴①,劳苦当倍。且水火常相为胜负,官民房屋栉次鳞比,水既淤涸,设有火灾,何以御之?

旧岁赖天之佑,幸稍丰稔。今当春和,合行饬修。为此,仰苏松道查照牌内事理,即转行苏州府及长、吴两县,速查城内大小河道共有若干,应作何修理,会同绅衿耆老酌议,妥确具详定夺,以便择日兴工,毋得迟延。

校记
① "戴"疑为"载"字误。

请敕修先贤祠宇，崇正学以维风教事

案准礼部咨前事等因，已行布政司转行各府州，饬遵查报，去后惟查江宁府先贤祠宇甚多，而明道程子祠在上元县地方，文公朱子、西山真子皆曾为之记。宋理宗赐明道书院额，较之他祠宇更为隆重。不知今栋宇垣墙尚坚固不至倾颓否？岁时祭祀不至缺失否？诸生尚有讲习其中者否？合行饬查。

为此，仰江宁府官吏查照牌内事理，即转行上元、江宁两县，查明程子祠堂现今建在何处，曾否修整，岁时祭祀曾否举行，诸生有无讲习其中。先行具文报院定夺。如有倾颓，速行设法修葺。其余凡系先儒读书讲学之地祠宇书院，另行查明续报。

毋得迟延，速速！

修复先儒书院，以崇正学事

照得东林书院为宋杨龟山先生讲学之地。至明，顾端文、高忠宪两先生于此倡明正学，斯道如日中天，远近名贤同时相应。揩柱国是，维持纲常，世道人心，匡扶实多。本院束发受书，即切景慕。今岁春初，亲诣道南祠瞻拜，登讲堂与诸生考德问业，徘徊久之。但见垣墉颓圮，景象萧条，已面属该县加意整理。今准部文："各直省督抚学臣，查明所属先贤读书之所有倾颓者，设法修葺。令该地方官鼓舞儒生讲习。"奉有俞旨，本院所属先贤读书之所，未有重于东林书院者，兴复自不容缓。除行布政司转饬该府县遵行外，合专饬行。

为此,仰司府县官吏查照牌内事理,即饬行无锡县官亲诣东林书院遍行阅视,如垣墉有倾颓,门窗有损坏者,即设法修葺,务要处处坚固,轮奂一新。仍约集乡绅耆儒,循仿顾、高两先生讲学遗规,定期举行。庶几真儒辈出,正学日明,仰副圣主崇儒重道,兴起斯文至意。

毋得视为具文,自干咎戾。

严禁汛捕指陷私盐,以除民害事

照得江阴地方滨临江浒,为淮浙引盐分界之处,私盐出没,所在不乏。汛捕人役自应奉公巡缉,杜绝枭贩,以疏引课,庶几地方宁谧,闾阎安堵。乃此辈捕快,率多无籍之徒,一充此役,视为利薮。真正大伙私贩,受贿徇纵,过而不问。其或贫民肩负少许食盐,动辄指为巨枭,拿解塞责。甚至抛撒私盐,指陷窝家,肆行图诈。拖累平民,种种不法,流毒无穷,合行出示严禁。为此,示仰该县官役商民人等知悉:

嗣后巡盐捕役,务须慎选诚实有身家之人充当,令于境内巡缉。遇有奸枭兴贩,务须执法拿解。如有无籍不法棍徒,冒滥此役,以私盐为罔,陷诈善良者,许诸色人等赴院指名具控,以凭严拿重惩。该管官不行觉察,一并参处,决不宽假,毋贻后悔。

严禁地棍假逃行诈，以靖地方事

照得吴俗轻浮，务本者少，游手好闲之徒资生无策，每每卖身旗下，旋复背主逃回。即有一班无赖地棍，串通交结，以为奇货。凡有夙昔仇嫌，无不肆其诈害。或指窝家，或称寄物，信口诬扳，拖累不已。甚有设心奸险，本非逃人，亦冒旗下诈骗。乡愚莫知来历，即或发觉到官，良民畏累隐忍，畴肯挺身出质？

此等奸徒，恃逃人无刑讯之法，遂以旗下为护身之符。殊不知定例内奸徒结党，借逃诈害，无论旗厮民人，俱照光棍例治罪。煌煌功令，久经颁布，乃该地方僻处江滨，暋不畏死之徒尚多流毒，除已往姑不究外，合行严示申禁。为此，示仰江阴县官吏军民人等知悉：

嗣后如有地方奸棍勾引逃人，与假冒投旗诈害良民者，地邻保甲人等协力擒拿，解送有司，究审得实，申报本都院，以凭照例具题，立置重典。倘该地方官因循膜视，故纵殃民，察出定行一并纠参，决不姑贷。

各宜凛遵。

晓 谕 事

照得圣驾临幸，宣谕臣民。煌煌谟训，昭示千秋。建立碑亭，俱系各官捐俸修理；一瓦一砖，一木一石，俱照时价发买；匠役工食，俱如数发给。诚恐不肖官员借名私派，或管工官役克减丝毫，及擅取民间一瓦一砖，一木一石者，非所以昭敬慎而宣皇仁也，合行晓谕。为此，示仰苏属官民人等知悉：

如有不肖官役假借修理圣谕碑亭，擅派民间丝毫，及借取瓦砖木石，或扣克匠役工食，亏累小民者，或经本院访出，或被告发，官行纠参，吏役人等严拿，尽法究处不贷。

饬查学宫事宜事

照得府学名宦祠久矣倾圮无存，今已蠲助重建一新。第查名宦神位，悉照府学旧志。而旧志凡另有专祠者俱未载入。如范文正公、胡安定先生与韦刺史，皆专祠于学，自不必再入名宦祠矣。如狄梁公、文信公、周文襄、夏忠靖，功德昭著，旧祠皆不在学内，且多湮废，使诸公竟不得与俎豆之飨，实属缺典，合行饬查。

为此，仰府学教官即详查汉唐宋明以来游宦此地，功德最著，未入名宦祠者，备列姓名、官爵，以凭斟酌补入。其不甚著者姑阙之可也。慎毋迟延。

申　饬　事

照得郡守职任方面，为属僚之师帅。该府操守谨严，心存慈惠，所以本院前据士民公呈，特疏题留，荷蒙宸鉴，准带所降之级留任，自当倍加策励，恪供职业，庶不负圣主俯采下情，破格使过之意。

乃近见奉行一切事件，振作之气全无，隳废之状日见。偏执怠惰，罔克虚公勤敏。凡有钦部事件，置之尘封，毫不理论。竟不知各有定限，难以逾违。如常熟、江阴二县，合界沙洲，纷争已久，既经会勘，自当平情公议，以便据详咨部。乃仍行专详，且词气忿激，全非持平息争之道。不知事关题咨，司道府县之详俱当全叙。若偏执己见，附会刁民，何以入告乎？此以彼为势豪，彼亦以此为势豪，是争端无已时也，岂太守之言乎？又盐枭王瑞征等拒捕溺死汛兵，系关具题重案，承审数月，供看游移，以致坐误限期。又江阴县主簿、把总，文武殊途，辄于元旦互殴讦控；宜兴县境内运丁沉漏漕船，强将汛兵锁拿过淮，该府身在地方，全无约束。又武进、宜兴二县正署各官交盘钱粮，或已经革职，或已经病故，一任行催，杳不清查报参。他如靖江县土豪刘耀等抗粮辱官，竟置不理。及经批审，亦无回覆。武进县蠹恶陶三疏纵脱逃，任其远扬，久不执法拿究。诸如此类，难以枚举。

总之，居官全要心平气和，秉公持正。良善者保护之，刁恶者惩治之。奉行案件，尤宜凛遵功令，依期完结。若自以官为土民保留，辄违道干誉，事事因循，不敢执法剖断，吏治民风，必至大坏。是该府先已自负朝廷，非本院之有负该府。宪纪昭然，断不能一味涵容也，合行申饬。

为此，仰该府照牌事理。嗣后，务须大破积习，痛改前非，殚心政务。凡前项事件，即速清理完结，毋得傲慢任性，毫不关心。俾本院乐观成效，实所厚望。倘再仍前因循误事，白简具在，毋谓言之不蚤也。慎之，慎之。

酌定名宦祀典事

前行查名宦祠有应补入者,据该学开列,唐李栖筠,后梁钱元璙、宋李禹卿、蒋璨、王遂、常懋、元师朵列秃,明魏观八人,皆政绩卓卓,有功德于民,洵当补入祠内。再查《唐书》,狄梁公自冬官侍郎持节江南巡抚使,毁淫祠千七百所。该学开公为河南道安抚大使,考公曾为河北道行军元帅,更拜河北安抚大使。今云河南道,不知何据?但唐初江南道所辖地广,苏非驻节之地,故郡志不载,似不便入祠。

夫名宦祀于学宫,必其人德业文学足动后人之景慕者,方可入祠。若在郡虽政事少有可观,而大节无称,亦不便滥入。若有忠孝大节及德业文学表于世者,即在任不久,而遗风余烈犹足辉煌俎豆。本院备考旧志,文信公、周文襄、夏忠靖三公外,如唐韩滉、白居易、狄兼谟、李绅、宋滕、宗谅、孙觉、王觌、庄徽、胡松年、洪遵、虞允文、张世桀,明巡抚苏松李秉、苏松道凌义渠,或以忠节著,或以文学称,或以功业显,皆表表史册。而在苏宦迹,亦复班班可纪,似当一并入祠,以昭盛典。

为此,仰苏州府儒学教官再博询耆旧参酌,可否详考诸公官阶,及在苏原衔,造册报院,以凭置主,择吉入祠。仍刊入郡志,以见宦迹之盛。乡贤既自巫咸、季札始,名宦可否自伍子胥始,一并确议,具详定夺,毋得迟延。

查取遗书事

照得吴中风俗浇漓，浮华盛而实行衰，彝伦攸斁，士习不端。本院思有以挽之，每月吉在明伦堂讲解《孝经》、《小学》，发其本性之良，以正学术之本。江阴故户部侍郎张公讳有誉所著《〈孝经〉义衍补》六卷，切实条畅，可资诵习，仰县官吏即备纸张，印刷五六十本，送院分散听讲各生。再张公曾刻胡敬斋先生《居业录》，今板存否？如尚存，亦印刷十本。该县前辈乡先生更有何著述，有关经学史书者，一并查明具报。又张公亦尝究心二氏之学，闻有刻过《经解》，各印一本，以备参阅，毋得迟延。

禁遏邪淫，以正人心，以厚风俗事

照得吴民好事鬼魅，俗多淫祠，而上方山为最。邪魅惑人，其来已久。民间烧香趋奉，寒暑不辍。小而疾病贸易，大而冠婚嫁娶，莫不先事祭祷。画舫戏筵，备极奢侈。牲肴罗列，耗费不赀。无论豪富之家，穷奢争胜。即负贩糊口之徒，朝不谋夕。每遇岁时，亦必称贷质当，竭力谄媚。甚有国家赋税未必能完，父母孝养未必能至，而于谄事邪鬼，则倾囊刲肉而不惜，其愚惑亦已甚矣。更有一班无耻奸恶妇人，名为师娘，假称上方五显降附，妄言祸福，极其怪诞。愚夫愚妇，奉之如神明。罗拜听从，兼行布施，惑世诬民，尤可痛恨！

此虽愚民执迷不悟，亦由为民上者不知化导惊醒，以致世风日下，民生日蹙。外负繁华之名，内抱空虚之病，良可慨叹。本院下车之始，即行禁止妇女烧香。上年复将上方山五显塑像投畀水火，改塑关帝神像以镇压之，自不致复兴妖孽矣。但吴中淫祠在在不乏，今窟穴虽已荡除，诚恐市镇村落仍有奸徒煽惑，深为民贼。除行苏州等府通查境内淫祠，尽将塑像撤毁，酌议改立社学义仓，或取其材料助修学宫贤祠外，合行出示晓谕。为此，示仰苏属士民人等知悉：

嗣后民间婚嫁大事，以及岁时伏腊，止须祭其祖先，不许备设茶筵，邀请邪淫鬼魅，恣意糜费。店铺刷印纸马，尽行毁板灭迹。如有故违，许地邻保甲人等据实首报，以凭查拿，枷责示众。其师巫邪术，亦即报官驱逐，不许容留。至于地方祠宇，除历代先贤忠孝及土谷正神，仍旧奉祀不议外，其余凡系淫祠，概赴有司举报，以凭委官勘明，酌议更改。如地方保甲徇情隐庇，事发一体治罪，决不姑宽，各宜猛省。本院为尔百姓惜无益之费，以期室家康阜，勿以迂阔视之，慎切！慎切！

除出示晓禁外，合行饬查。为此，仰府官吏照牌事理，即便转行所属，通查境内祠宇，何处正神应留，何处淫祠宜废，何代先贤忠孝，有功德于民，尚无崇祀，逐一详查明白。将淫祠塑像尽行撤毁，或改作社学义仓，或改作先贤祠宇，或取其材料，充修学宫，会同绅衿耆硕，从公酌详夺。至民间婚嫁大事，以及岁时伏腊，止须祭其祖先，不许备设茶筵，邀请邪淫鬼魅，恣意糜费。店铺刷印纸马，尽行毁板灭迹。师巫邪术，驱逐离境，不许容留。责令地方保甲稽查，如敢故违，一有发觉，即行据实申报，以凭查拿重处。

通取遵依，缴查毋违。

名山苦累未除等事

据虎丘山僧广岩等呈称："窃照本山零星茶地，祖业相传，办粮当差，并非官地。有茶树百株，一岁所产不满二十斤。每当清明时候，府县发封封锁园门，寺僧鸣锣击柝，昼夜专守。迨茗芽既抽，府县亲临采焙，纤悉无遗。虽给官价，不足供制备家伙，修葺墙垣等费。其文武衙门不知有限之茶已经采尽，或单或票，著僧要茶；或绅衿到山购觅，不曰抗违，即曰盗卖。种种祸害，难以枚举。"等情具呈到院。

据此照虎丘之茶有限，而僧人受害无穷。读文肃公薙茶说，不禁为之叹息。本院抚吴一载，不知虎丘茶作何状，以为薙茶之后，山中遂无此种矣。据呈，府县官役扰害如故，殊可骇异，合行严禁。为此，示仰诸色人等知悉：

嗣后各衙门不许指称馈送上司名色，封锁茶园，恣行采取，以及好事棍徒到山购觅，扰累僧众。如有不肖官员仍前取用，一经访出，定行从重指参。衙役棍徒立拿惩处，决不姑贷。

严禁贴揭腾谤，以戢刁风事

照得奸棍张贴揭帖，禁例森严。乃吴下刁民弁髦王法，每因睚眦小怨，田土细衅，辄便装架大题，摭拾浮词，刊写款揭，交相诋毁，玷人祖宗，污人闺阃。编成鄙俚不堪之语，砌入新奇骈丽之词，遍贴街衢，耸动听闻。甚至揭奸淫则图人妻女淫亵之像，揭偷盗则图人穿窬掘壁之形。种种刁诬变幻，真可痛恨！

此皆讼师奸棍设计诈人，理不能胜，借此诬蔑之事，以图陷害。究竟公道难泯，三尺具在，徒伤天理，何损于人？合行出示严禁。为此，示仰抚属军民人等知悉：

嗣后各宜安分息争，以保身家。不许造生事刊刻谤揭，以及图画形像，污辱他人祖先闺阃。如敢故违，或经本院访闻，或被受害告发，定行立拿审实，按照光棍例治罪，决不轻贷。

严禁丐头肆横，以除民害事

照得苏属地方有等强悍棍徒，懒习手艺，罔知稼穑，甘入下流，管押乞丐，名曰纲头。而纲头之下又有甲头，布散城市乡村，各踞地界。凡系开张店铺之家，每年勒取常例。探听民间婚丧嫁娶之事，登门讲炙使费，需索酒食，动至数千数百文不等。即贫窭之家，亦所不免。稍拂其意，则号召疲癃秽臭乞丐蜂拥其家，撒泼狂呼，不餍不止。甚至乡僻穷民不幸而遇凶丧，衣棺尚苦无措，若辈丧心残忍，犹复引类呼朋，索酒索钱，无不剜肉以遂其欲。种种诈害，难以枚举。地方有司，全无禁戢。穷民饮恨，莫敢谁何！以致酿成其恶，肆无忌惮。

此等恶棍，苏松属邑俱有，而各乡镇尤甚。除见在察访拿究外，合亟严禁。为此，仰军民人等知悉：前项丐头恶棍各宜洗涤肺肠，改邪归正，以保躯命。如敢怙恶不悛，仍前诈害乡民，勒索常例，许地邻保甲及受害居民指名赴院呈控，以凭严拿究审，重杖枷示，决不宽纵，长此恶风也。

慎之，特示。

四哭奇冤事

据该道呈缴捐赎王胜身价银两缘由到院,据此为照。王胜被诱卖身投旗一案,前因王胜不能备价,本院捐赀给发,该道著令原中取赎去后,今据回称,王胜夫妻子女已经胡笔帖式家给领完聚,所发身价坚不收领,而原契称系遗失无存。是否真情,合再查给。

为此,仰道官吏即将捐给银两,速著原中褚大等赍往胡笔帖式家收领,仍取原契缴查。如果遗失无存,亦当取具执照,报院存案。若既令其夫妻子女完聚,又不收领身价,不还原契,日后另起葛藤,则今日之举徒滋后日争讼之端,是为德不终,殊为不便。本院不忍失信于匹夫匹妇,该道面谕原中褚大往达此意,如坚执不从,本院之意已尽矣,亦听之而已。

即具文报夺,毋违。

禁 约 事

照得吴民听信师巫鬼魅,俗多淫祠,耗费财物,惑乱人心,其来已久。本院莅任之始,即行禁革。近复将上方山塑像俱行撤毁,禁革茶筵陋习,苏郡士民稍知醒悟。乃闻吴江城内灰一保地方有五圣阁,名小上方,聚集尼姑,倡言惑众。每逢新岁,举邑若狂。男女混杂,耗财酿祸,深为不法,合行禁约。

为此,仰县官吏文到即将小上方淫祠,并查该县境内凡有五圣像,俱行立刻毁除,并禁茶筵邀请邪淫鬼魅。一体遵行,毋得故违。

严禁商纲指官箕敛，以清积弊，以肃鹾政事

照得两淮盐场旧有匦费名色，皆商纲指称各衙门官役，及过往贵客使费，派敛不赀。小商隐忍赔垫，敢怒而不敢言。积弊久沿，殊可痛恨。本都院下车以来，一切陋规尽行禁止。但扬属去苏鸾远，恐仍有不法奸徒或假借本都院衙门员役名色，暗行索诈者，除见在密访拿究外，合行示禁。为此，示仰两淮商人知悉：

如有商纲指称本都院衙门员役名色，派敛毫厘使费，或本都院衙门员役私自需索毫厘者，许受害商人不时赴院呈控，以凭拿究，审实立行处死。或司道等衙门有押派商纲，勒出陋规者，亦许商纲控告，审实将本官立行参处。各商扶同隐讳，一并拿究不贷。

各宜凛遵，毋得故违。特示。

晓 谕 事

照得本院秉持风宪，凡审理钦件，重大刑狱，皆关吏治民命。矢公矢慎，上凛天鉴，下畏民瞻，惟恐失出失入，致有冤枉。但上下相承，自有定体。司道府县，转转驳审，期于平允。不谓竟有不肖官员假借钦件、院件，肆行吓诈，广纳贿赂，骇人听闻。以朝廷青天白日之法纪，为贪吏肥饱身家之计，令人发指。本当即行查参，但踪迹诡秘，难得确据，未便以风闻入告，合行晓谕。为此，示仰官吏军民人等知悉：

以后如有此等弊端,许被害人等据实赴院陈告,本院亲提审实,即行列款题参,决不宽假。勿得隐忍缄默,使法纪荡然。

本院赋性孤冷,不能包荒,各宜慎之!

严禁扰累铺户,以苏民困事

照得江宁府城为省会冲繁之地,官府经临,使臣驻扎,络绎不绝。每有衙门蠹役指称借备铺设,及公馆取用名色,动辄著落铺户供应桌凳床椅等项。差票四出,恣行恐吓,刻不容缓。至于文武科场,接诏拜表,习仪拜牌,祈晴祷雨,设局造册等项,需用床帐桌椅家伙,无一不取之铺户。甚至宴会游乐,射箭饮酒,迎风送行,喜寿祭醮,一切私事,亦皆滥取于民间。渐至满洲旗下,见借办成风,亦皆相率效尤。经纪小民,扰累多端,无有宁晷。取用之时,则雇人挑送,往返有脚力之费。及至事竣赴领,则衙门蠹役,勒掯守候。更有借名多取,遗失损坏。种种疾苦,难以枚举。小民隐恨吞声,向隅无告。

总督部院体恤民艰,已严行示禁。本都院虽驻节苏城,而省会重地,尤为关心。向闻省城沿习陋规,不一而足,已节次饬禁,何竟抗不遵依,致令铺户赔累难支,资业消乏,日甚一日。不肖官役弁髦功令极矣,合亟严示禁。为此,示仰该属官吏军民人等知悉:

嗣后各宜凛遵功令,一切公私事务,需用床帐桌椅家伙,不许白票滥取,扰累铺户。如有府县各衙门胥役,仍敢指称当官名色,肆行取用,许受害铺户指名禀控,以凭严拿重究。该管官失察,一并会疏参处,决不姑徇。慎之,特示。

钦奉恩诏事

据江苏布政司章布政使详称,奉江抚都院宪牌,开准户部咨开云等情到院,据此为照,康熙二十四年起运二十三年分漕粮,钦奉恩诏免三分之一。当即通行遵照,并出示晓谕在案。续据该司道以灰石银两系漕粮内扣出折征,而漕赠银米及本折行月,均属按粮编征赠贴运丁之用,详请一例扣蠲,业经据以咨达。现候贵部示覆。

惟是高淳、溧水二县额征漕粮,于顺治年间题准改折,嘉定、安东二县额征漕粮自明季改折,我朝照旧折征。虽已统归地丁起解,然原属漕粮款项,是以康熙十三年地丁钱粮,奉上谕蠲免一半,而嘉定县折漕先经一例扣免。续遵部驳,仍行补征,是折漕原属漕项不得与地丁钱粮同邀浩荡之恩矣。

今奉恩诏,漕粮免三分之一,则嘉定等四县改折漕粮,自应一例蠲免三分之一。但未奉部示,不敢遽行扣蠲,相应咨请贵部,迅赐裁示,以便转饬遵奉者也。为此合咨贵部,请烦查照施行。

理财用人等事

据江苏布政司章布政使详称:"奉江抚都院宪牌,准吏部咨开文选清吏司案呈奉本部,送吏科抄出。吏部等衙门覆都察院左都御史张题前事,该臣等会议,得都察院左都御史张疏称直隶、山东、山西、河南所属各县俱有升迁之员,而江南、浙江、湖广、江西、福建、广东、陕西,合七省共一百一十七县,竟无升迁一人。前开钱粮难完,各县种种积弊,皆有害于征输。行令各省抚臣确察繁剧属县,遴选本省廉能素著,熟知利弊之官,照直隶通州保举例题,补内有人地相宜,照旧留任等语。查此七省各县钱粮难完,未必尽由民欠,皆因官不得人,征输无术,额外科派,胥役需索,以致小民受累。正项难完,应请敕下七省督抚,确查地方凋敝,钱粮难完州县开明缘由,将本省所属州县官员内循良慈爱,征粮有法者保题调补,务使地方渐有起色,钱粮全完。其调补之官三年内果能将该州县经征,及分年带征钱粮全完,并兴利除害,有益民生之处,该督抚据实具题,吏部准其即升。如有钱粮不完,及希图升转,生事害民者,将保题之督抚一并从重议处。"

又疏称:"积年拖欠钱粮,照诏款自康熙十三年起至二十二年止,江南拖欠漕项钱粮每年带征一年,以免小民一时并征之苦。一例分年带征,有能于三年之内清廉爱民,劝输全完者,不次优升"等语。查江南等省十七年以前未完民欠钱粮,于康熙二十年十二月二十日奉恩诏蠲免。据各省督抚将实在民欠钱粮保题户部,俱经豁免在案,应无庸议。其十八年至二十二年止未完民欠钱粮,若一时并征,恐民力有限,钱粮反不能得。应自二十四年起分年带征,仍行各省督抚,将各年未完钱粮数目造报户部查核。

又疏称:"如有骚扰驿递,豪强隐漏,蠹役包侵等弊,应严加申饬,以儆将来。如有前官捏垦虚粮,陵谷变迁废地,责令该县清丈明确,报部除豁"等语。查兵部例内差使驰驿行走官员,将州县驿递人员辱骂殴打,索诈财物,将领去之官革职。如系拨什库差官,拿交刑部,从重治罪,通行在案。至开垦荒地例内,有未经开垦捏报者,督抚降二级,罚俸一年;道府降四级调用;州县卫所官革职。且前官任内如果有陵谷变迁废地,并捏垦赔补虚粮之处,接任官岂有不即行申报督抚请豁之理？应将此二款无庸议,恭候命下之日,臣等遵奉施行。

康熙二十四年三月初七日奉旨："依议,钦此,钦遵!"抄部送司,相应行咨。为此,合咨前去,烦为钦遵,查照施行等因到院,备行到司,奉此随经转行各府州属遵照在案。今该本使司查得部文内开康熙十八年至二十二年止,未完民欠钱粮,若一时并征,民力有限,钱粮反不能得。应自二十四年起分年带征等因,除现行各属确查实在民欠钱粮数目,造册送部外,惟是部文内所开积年拖欠钱粮,原指一切民欠而言。则凡系拖欠,在民之银自应遵奉部文,一例带征,以沾浩荡。今查各年未完芦课钱粮,原系民间按亩输将之项,当日备陈旧欠无征等事案内,奉旨将康熙十年至十二年地丁钱粮蠲免,十三年至十六年地丁分年带征,续将芦课未完,请同地丁一例蠲缓。奉有部文允准在案。今康熙十八年至二十二年民欠既奉俞旨带征,所有各年课银应否率循旧例,与地丁钱粮一并,自康熙二十四年为始,分年带征。其各年抚司府州县催征年限,统俟带征之年另将完欠造报。仍先确查民欠实数,造册报部查考,相应仰请咨部示夺,以便遵循。等情到院,据此相应咨达。为此,会同总督部院王合咨贵部,请烦查照施行。

题明巡逻会哨之法,永靖海氛,仰祈睿鉴事

据苏松道刘副使详称云统候会核咨题定夺等因到院,据此为照。

海禁已开,大海之中,奸宄易于窃发,或至扰害商民。官兵巡

逻固不可少，然官兵出洋借端生事，亦势所必至。本院愚见，以为承平之时，镇定为要。与其无事而滋扰，不若持重而有待。一循旧制，各安汛守，总要号令严明，操练以时。万一奸宄窃发，可以一鼓成擒。平日出洋巡逻，恐致反生事端。

鄙陋之见，自知无当，仰承咨询，不敢不竭一得之愚。相应咨会，为此，合咨贵部院，请烦查照施行。

再行申饬狱政，以广钦恤之恩事

照得地方官教化不明，政刑不修，以致盗贼滋起，狱讼繁兴。圜扉之内，至不能容。夫有司既不能使囹圄空虚，犹当思议狱缓死。乃近来囚犯监毙累累见告，本院每省览案牍，不觉废卷而叹。虽从前屡经申饬，而司狱之官毫不加意。牢头狱霸，行暴殴人。或饮食入门，而本囚不得入口；或敝裤到狱，而本囚不得被身；或卧之矢溺之中；或肘诸柱楹之上。甚至强盗初入，温饱之家无不唆逼诬扳。有要索不遂，陵虐致死者；有仇家买求狱卒，设计致死者；有伙盗通同狱卒，致死首犯以灭口者；有狱卒放债逞凶，专利坑贫，因而致死者；有无钱通贿，断其供给，有病不报，待其垂毙而递病呈，或死后而补病呈者。

倘系情真罪当之囚，瘐死犹可。中间有抱冤待辨之人，株连未结之案，一概死于囹圄，所伤天理不细。夫于公治狱平恕，而子孙皆至公卿；欧阳夜烛检书，而文忠遂参政事。援古证今，报应如响。为此，仰司道府州官吏查照牌内事理，即转行所属州县，今天气渐暑，一切监禁人犯，凡关命盗逃人等件重案，俱刻期审明详结。倘轻事株连，及妇女非犯奸杀重罪，皆不得滥禁。至若斩绞军流重犯，照例均给口粮，毋许胥役扣克，禁卒陵虐。其或原有狱田日久隐没者，概行清出；监房颓敝者，设法修整。暑中多燃苍术，卧所用板高铺。或有疾病，印官必用心查验，督医诊视。如漠不关心，病死数多，不但宪法难容，恐阎罗一本帐簿，不能相恕，亦可畏也。

各宜猛省，毋视具文，通取遵依缴查。

无锡县东林书院呈详事

看东林书院龟山先生讲学地，故当时从祀，皆门人相传。即忠定、南轩、象山、慈湖之贤，犹加厘正，盖先儒之慎如此。顾、高诸先生皆兴复东林，同堂讲习，其祀于东林固宜启贞以后，仰再查确详报缴。

临行晓谕士民①

本都②院抚吴三③载，④一饮一食，何莫非百姓⑤脂膏？而地方刑名钱谷⑥，簿书鞅掌，昼夜拮据，未尝暇逸。心虽无穷，力实有限。⑦

今蒙圣恩优擢，辅导东宫，职任重大，本当闻命就道。⑧因钦件部案限满当结，稍稍料理，即星驰北上。尔百姓念本都院爱民有心，忘本都院救民无术，罢市挽留数⑨日，聚集院署，哀号之声至不忍闻。本都院与尔百姓一体相关，岂忍因本都院之行遂⑩使尔等士废诗⑪书，农废耒耕，商废贸易？本都院为之寝食不安。本都院于地方利弊，民生疾苦，知之颇真，入朝之后，或至尊顾问，或因事敷陈，或九卿会议，当尽力凿凿言之。况圣主眷念财赋重地，必简公忠清惠，⑫才德兼全之大臣，十倍于本都院者来抚兹土，尔百姓何用多虑？

本都院平日告诫尔百姓之言历历具在。即朔望率尔百姓叩拜龙亭，讲解《乡约》，亦欲使⑬尔百姓知君臣大义，朝廷⑭恩德。自今以后，愿尔百姓孝亲敬长，教子训孙，忠信勤俭，公平谦让，事要忍耐，勿得妄兴词讼。心要慈和，勿得轻起斗争；勿赌博，勿淫佚，勿听邪诞师巫之说复兴淫祠。虀完国课，共享天和。此本都院惓惓望于⑮尔百姓者。本都院身在京华，此心尤当往来于此地。

本都院见尔百姓如此情状，既愧平日救民之道未尽，又不忍遽恝然而去。但君命不敢留⑯，辅导东宫之任谊不敢辞。惟尔士归书舍，农归田畴，商归市肆，使本都院之心稍安，无复⑰纷纷扰乱可⑱也。

校记

① 山平堂本题目为"临行晓谕"。

② 山平堂本无"都"字，从本祠堂本。

③ 山平堂本"三"为"二"字，从本祠堂本。

④ 山平堂本本句前有"照得"二字，从本祠堂本。

⑤ 山平堂本"百姓"前有"尔"字，从本祠堂本。

⑥ 山平堂本"刑名钱谷"为"钱谷刑名"，从本祠堂本。

⑦ 山平堂本在"力实有限"后有："兼以功令严切，有心知有利于民，而职掌各分，掣肘殊多。如长洲之版荒，昆山之田粮，崇明之税务，江海之坍田，邠州之沉地。或事尚有待，或查报未明。至于驿递之复二，芦洲之办铜，山阴之缺丁，皆新拜疏而未奉命者。民生疾苦，莫大于苏松之浮粮，淮扬之水患。虽请命于朝，而事关重大，未易举行，此皆本院夙夜负疚者"等语。

⑧ "辅导东宫，职任重大，本当闻命就道"一语，山平堂本为"君命召，不

俟驾,此固臣子之礼。辅导东宫,尤与寻常职任不同,岂敢迟回,以蹈不敬之罪"。

⑨ 山平堂本无"数"字,从本祠堂本。

⑩ 山平堂本无"遂"字,从本祠堂本。

⑪ 本祠堂本"诗"为"读",从山平堂本。

⑫ 山平堂本"况圣主眷念财赋重地,必简公忠清惠"一语前有"垂鉴鄙诚,未必不大有造于尔百性。若身在此地,去天甚远,或有奏请,格于部覆,未必有济"数语。

⑬ 山平堂本无"使"字,从本祠堂本。

⑭ 山平堂本"朝廷"后有"之"字,从本祠堂本。

⑮ 山平堂本无"于"字,从本祠堂本。

⑯ 山平堂本"留"为"违"字,从本祠堂本。

⑰ 山平堂本"无复"为"毋得"二字,从本祠堂本。

⑱ 山平堂本无"可"字,从本祠堂本。

卷十 诗 词

诗

咏 史

昆仑有瑶树,丹凤翔其杪。朝餐县圃露,暮宿星辰表。皓月满晴空,羽翮何缥缈！我爱徐孺子,清修自皎皎。韬精在南郡,高卧白云晓。群贤方碌碌,谁能测渺杳？郭泰奖人伦,申屠耽林沼。浩然凌云姿,岂复虞缯缴！

夏日咏怀

初夏朝气清,绿阴映竹阁。好鸟时来集,微风散林薄。养疴丰暇日,坐卧对云壑。图书纷几席,茗碗常间错。偶尔属篇章,怡情忘简略。采药支短筇,寻泉踏芒屩。岂曰谢浮荣,明志贵澹泊。世人逐妄迹,真源谁启钥？柱史崇虚无,金仙戒执著。大道本源[①]微,会心在寂寞。矜智适成愚,要眇何由度？郁郁南涧松,百丈岩如削。遥望浮②云中,缥缈飞白鹤。于斯悟至理,俯仰增辽廓。

校记
① "源"山平堂本为"渊",从本祠堂本。
② "浮"山平堂本为"白",从本祠堂本。

金陵别姜西溟

忆昨桂发时,遇子梁溪上。携手游名园,登高共眺赏。我行到白门,夜月苦怀想。落叶禅房寂,忽闻扣门响。相见各欢然,秉烛对书幌。高楼恣啸咏,古道互推奖。钟阜郁嵯峨,秦淮平如掌。信美非吾乡,兹晨理归桨。送我大江滨,悲歌何慨慷!世事本浮云,素心贵不爽。愿言各努力,庶足慰吾党。

赠李映碧先生　三首

蚤年登朝著,端笏拜彤闱。抗疏表孤忠,旭日丽黄扉。维时甘陵部,南北势相违。正色两不阿,岳岳世所希。元祐盛名贤,党论多是非。玄①黄未息战,国是将安归?惟有哲人在,秉道还识几。石室留谏草,梦回尚依稀。

又②

鲁国遗经火,口传赖伏生。九十秦博士,典谟亦已明。文献岿灵光,斗杓示景行。著述藏名岳,大义何峥嵘!虎观待鸿儒,丹诏下江城。老夫难趋走,岂敢抗弓旌?抽书授使者,卷轴满巨籝。白云封岩谷,时闻鸾凤声。

又③

向歆嗣经学,彪固续汉史。世业重兰台,千秋谁继美?先生令子贤,载笔石渠里。文藻曜朝华,持论平如水。众人警未闻,庭训实尔尔。余也衰朽姿,追随愧迂鄙。南望东海滨,丹霞明若绮。愿言从执鞭,厕身堂庑底。恨无鸿鹄翼,翻飞平原里。

校记
① "玄"本祠堂本为"元"字,从山平堂本。
②③ 山平堂本每首诗间有"又"字,从之。

题张鞠存见示《乡贤合祀传》

昔明神庙时,海内正清宴。学术半瞿昙,文章竞藻绚。淮上有张公,峨峨邦之彦。盍年登朝著,含香侍紫殿。典礼佐秩宗,矫矫人争羡。抗疏定皇储,慷慨泪如霰。藩封宗派清,文体为一变。权贵咸侧目,拂袖归乡县。卧看东山云,丹铅手不倦。再世得农部,家学源流衍。经术接曲江,五车皆贯穿。姓字重贤书,才华一时擅。对策继董贾,当宁①数称善。正值国步艰,中原日飞箭。谁为筹军需,饱腾资酣战。辛苦期报国,家忧谢吊唁。墨缞更登陴,江淮明组练。至今乡间间,童髦颂德遍。俎豆并黉宫,春秋报祀延。令子当朝杰,借余南宫荐。联翩趋金阙,情怀自缱绻。相别二十年,尺素无由转。奉诏征文学,公名如雷电。更有嗣君贤,彩笔益葱茜。联篇复累轴,字字重黄绢。父子登蒲轮,史册亦罕见。余也樗散姿,甘老农圃贱。滥竽②何惭惶,待放归耕便。相见叙阔踪,示我《乡贤传》。再拜仰遗徽,伟绩何能撰。他年过淮上,芳樽或可奠。

校记

① "宀"字音义不详。
② "竿"字本祠堂本为"竿"字,从山平堂本。

送黄俞邰闻讣南归

挥泪向河梁,燕山暮凝雪。握手送君归,欲语声呜咽。定交十载余,千里音书阔。今夏再相遇,一见警华发。君家书盈屋,石仓未足埒。缥缃充画栋,一一为我揭。编目近七万,真赝俱能别。太母年最高,贤明女中杰。喜君有良朋,美酒为我设。时余憩僧庐,往来无间缺。携书上小舟,高吟青溪月。楼头相顾笑,笙箫为暂歇。是时有明诏,征聘到岩穴。使者频至门,敦趋日弥切。同人相劝驾,君怀独惙惙。向予垂涕言:老母年将耋,捧檄虽有心,中情难委决。惟母察其情,治装勿使辍。读书逢圣主,致身贵蚤达。何况旁求殷,乃自甘汨没。我力尚未衰,犹可自存活。君闻母训言,踌躇未忍发。迟回复浃旬,母意终难越。予久卧烟萝,才力最①薄劣。盛朝广搜罗,亦预征书末。先后至京师,相期砥素节。君文高扬马,声名动朝列。上卿求识面,招邀多贤哲。一日过余邸,颜色暗如铁。云具陈情章,未得达天阙。出稿以相示,一字一泣血。三日不相见,麻衣腰垂绖。乃是凶问来,长号肝肠裂。唁赙自元宰,走吊冠裳白。余感贤母德,泪下不能竭。忆昔十年时,君表我母烈。大笔真如椽,幽冥亦感彻。我抱终天恨,较君更惨绝。今日送君归,严飙正凛冽。瘦影何萧条,黯淡桑干陌。努力慎自爱,宗祊一身子。母志终当酬,毋使性空灭。遥望石城云,愁暗为君结。

校记
① 本祠堂本为"最",山平堂本为"勋",从本祠堂本。

赋得黄花晚节香

秋气凛凛露为霜,独见孤英带晚凉。绛叶飘零依碧涧,参差鸿雁满寒塘。碧涧寒塘忆昔日,芳枝葳蕤金茎密。云锦高张霞雾举,游丝摇曳花欲语。过眼繁华曾几时,百卉具腓今何许?寒圃萧条秋风凄,玉蕊繁香疏径齐。自有高松同晚岁,还须竹影傍清畦。独立秋光甘自媚,安能斗彩桃李蹊。况得长近幽人屋,霜根冷枝结幽独。君不见梧桐百丈宿鸾凤,金井叶飘空碌碌。

送陈别驾

自余结茅东涧侧,往来车盖不相识。使君下马入深林,高谈萝薜为生色。大幅长篇挂素壁,邻翁相见各自失。平生性僻耽丘壑,十年未履郡斋阈。知君为政最风流,雪苑桑麻清露湿。忽传使君闻双讣,远近父老泪沾臆。云昔板舆迎养时,莱衣进酒乐何极?高堂忽动枌榆念,万里舟车随不得。马嘶岭上白云晓,帆落江边村树黑。此时海内尚升平,游子南望情嘿嘿。一旦烽火照三山,关河咫尺分南北。梁园闽海春复秋,梦想何由生羽翼。今年银汉洗甲兵,家书才到颜如墨。泪洒庭梧枝尽枯,童叟赴唁路途塞。更闻群鸟百千翎,绕署哀鸣声不息。古来至孝格天人,冬笋江鱼纪史笔。言见此事最分明,一时赋咏倾乡国。我闻此言叹且泣,送君南陌百端集。吴江水碧越山青,一路望君情恻恻。

长安春日行

锦绣山河千里壮,龙文气结九重开。流云迟日春光暖,御柳摇扬傍露台。京都自昔称佳丽,城中半是王侯第。峻阁重楼夹道悬,云房雾宇相亏蔽。上林更接西山色,峰叠翠黛烟凝湿。朝霞片片蔼燕关,照曜金茎淑气入。九陌三条香尘起,万户千门春色里。雕楹银榜映花红,光射御沟烂若绮。是时至尊坐玉清,柏梁赋罢奏《咸》《韺》。炉烟缥缈鸾旗动,晨旭黄扉瑞霭平。词臣侍从承清宴,珥笔数上南薰殿。下直从容归凤池,传呼应制文章善。只今海内正销兵,滇池剑阁扫欃枪。壮士不赋从军乐,野老惟闻布谷声。圣人制作追谟诰,一朝寮友似嘤鸣。微臣窃幸逢景运,愿作衢谣随玉笙。

祝总宪魏老先生寿

五岳崚嶒镇中域,恒山独峙天北极。嵯峨万仞倚寒空,鸿濛郁积青苍色。真气磅礴伟人生,丰标直与岳峥嵘。弱冠凤池励素节,冰壶皎洁月轮清。梧垣夜半草封事,青蒲对仗百寮惊。深虑危言关大计,折槛批鳞非近名。上书辞阙奉母还,蹁跹彩衣画堂前。子孙罗列诵书史,青笋白鱼入馔鲜。紫荆关外云如屯,中有紫气映朝暾。

海内苍生望霖雨,谢公东山道愈尊。元老推毂来帝里,诏下九重礼遇敦。豸冠峨峨柏台上,感时补牍丹心存。至尊含笑纳忠谏,主圣臣直古罕见。致身八座位孤卿,班行藉藉人争羡。一朝边徼忽传烽,军储转运仰司农。羽檄纷纷遣调繁,白发深坐见愁容。国计民情难两便,盈庭聚议谁称善。精诚寤寐与天通,汲黯在朝胜百战。只今秉宪肃百寮,双①藤倚户影萧萧。五纬芒寒钦正色,四时节序依斗杓。好士拳拳若饥渴,夹袋怀中字不没。汝南月旦品题新,折节访寻及短褐。狄相荐贤总为国,欧公宏奖老未歇。由来至性兼虚衷,门馆寂寂绝干谒。学问原期体用全,秉道绝欺重昔贤。退食鲑菜无兼味,幽独盟心手一编。子臣弟友期无愧,直从庸德识先天。先生尝述西河教,笃信谨守是真传。生平学力从此入,月落光明照万川。余违讲堂二十载,关山迢递想丰采。今岁应诏举贤良,燕台市骏及郭隗。藤帽棕鞋旧业荒,牧豕宁堪拜庙廊。窃禄先朝无寸补,敢贪耕凿卧沧浪。小臣有母年七十,获终菽水主恩长。重得抠衣聆要旨,此行不至空怅怅。高秋正值悬弧辰,旅次何能献野芹。愿体大易天行健,斯道斯民在一身。北岳石楼瑶草秀,薄言采之祝千春。

校记

① 本祠堂本"双"为"呵"字,从山平堂本。

送富云麓请假归闽

我昔退耕在南亩,先生闻望齐北斗。千里赠言古道存,朝夕奉持如琼玖。重到承明又几年,追随剑佩良非偶。朝罢同看太液云,五更听漏阙门久。容台政简昼多闲,一卷青编常在手。探道欲过羲皇前,论诗不作风雅后。圣朝礼乐继唐虞,夙夜寅清功不朽。月明紫帽动归心,忍上离亭为折柳。闽海迢迢万里余,劝公更进燕山酒。至尊稽古资元臣,肯使山中遗寿考。愿公且莫恋云松,经纶黄阁谁当右。倘过清溪遇李膺,谓厚庵先生。为问可御蒲轮否。

汪钝翁六十初度

先生家邻具区泽,万顷琉璃界天白。异书扪腹五千卷,海内共推文章伯。六经同异识旨归,妙义微言恣探索。往余卧病睢阳城,南望茂苑风生腋。同时应召到京华,旅舍萧条数晨夕。史局编摩一载余,接膝谈宴曾莫逆。共抽金柜论兴衰,独秉霜毫判心迹。扶风笔削诓专长,龙门述作无殊格。先生体貌清且癯,双瞳颎水神奕奕。闭户文成三百篇,一朝纸贵长安陌。尘埃难婴旷士怀,片帆归向五湖宅。几回延伫想瑶华,路远何由生羽翮。昨年①奉使过浙西,回舻暂作姑苏客。先生高卧闻我来,披衣携手话畴昔。月出三更虎阜晓,睥睨千秋兴莫释。扁舟送我上河梁,风苦霜清叹睽隔。云山有约计难成,惆怅高天空局蹐。头白汗青杳无期,浮生浪度竟何益。闻君甲子正初周,山中乐事良不易。雨后寒烟拂钓竿,花时芳草侵游屐。河豚欲上鲞鱼肥,子弟门生环讲席。我欲从之路阻修,侧身一望吴江碧。

校记
① 山平堂本"年"为"夜"字,从本祠堂本。

祝王农山暨①夫人双寿

燕山槲叶秋光晓,凝望吴淞风日好。举觞再拜祝遐龄,月下双鸾应难老。忆昔射策黄金殿,同年尽是文章彦。解褐手摩石鼓篇,联辔齐赴樱桃宴。凌云声价重明光,一代才名惟君擅,五更入朝霜满裘,明星高话玉河秋。余时好为天官家言,先生入朝,指太白问余躔度。当时意气偏豪甚,睥睨古今谁与俦。君乘辎轩汉阴还,我亦携琴看华山。潦倒虫著归田赋,正直真宜獬豸冠。上书动关天下计,鸣驺遥识万人看。功高度支令闻播,峻阶行当陟入座。臣心如水圣明知,一朝清节谁能过?拜表出都供帐荣,汉庭不数二疏行。水②落波寒鲈鱼脍,莼羹曾动去官情。况是高堂正健饭,绣衣舞罢献瑶觞。又闻清闺傲戒勤,昧旦鸡鸣有少君。紫霞叠锡天边诰,祁祁象服香氤氲。过庭更睹河东凤,海上三山光气分。茌苒风尘二十年,我甘卧病梁园田。那知衰白荆榛里,随风吹到玉堂前。汗简编摩老眼花,两郎才调重金华。追随敢自叹迂拙③,羡尔青箱本世家。鸣佩朝朝太液东,供奉日闻④长乐钟。至尊寻名思旧德,三卿应见五云红。琅玕赐第锦屏开,八珍还分御馔来。方朔麻姑齐进酒,蟠桃花比海桑久。

校记

① 山平堂本"暨"后多一"姚"字,从本祠堂本。
② "水"山平堂本为"木"字,从本祠堂本。
③ "拙"本祠堂本为"狂"字,从山平堂本。
④ "闻"山平堂本为"间"字,从本祠堂本。

顺治九年七月二十日,上驾亲出郊外,谕遣定远大将军、敬谨亲王及诸将南征应制　壬辰七月御试

圣主崇文德,宗臣事远征。偃戈诚庙算,勤武岂皇情？为广薰风化,仍期瀚海平。晓云随凤辇,秋月近龙旌。湛露分丹禁,彤弓锡汉京。投醪御酒彻,缉衮军容清。湘野怀征旆,沧波待洗兵。应闻旄羽至,率舞拜干城。

中秋萝翁斋中宴集

僻巷逢迎少,惟君得数过。爽秋今正半,高友意如何？卜宅门相望,论文兴不磨。开樽临紫桂,解带挂青萝。洗砚题①新赋,分题和旧歌。隔篱见②怪石,转径踏深莎。树杪宿鸦动,灯前坠叶多。举头看素魄,回盼失银河。铜漏还传箭,金乌渐耀波。百年日日醉,莫自叹蹉跎。

校记
① "题"本祠堂本为"索"字,从山平堂本。
② "见"山平堂本为"窥"字,从本祠堂本。

省　　耕

夏甸传游豫,虞庭重省方。恤农烦儆戒,任土定输将。往牒休

堪著，兴师道自长。亲推回黛耜，祈谷卜年芳。鸾辂乘春发，凤旗拂曙张。属车连迥陌，羽葆度横塘。郡吏迎仙仗，遂师觐衮裳。风吹桃叶嫩，云罩麦畦凉。曲水潆轩盖，晴林驻鹓鹩。咨询保介切，申劝籽耘忙。圣泽沾原隰，庞眉乐帝乡。宝歧含雨翠，高穗映霞黄。帐殿看驯雉，平田认远杨。实函欣亚旅，蔀屋富仓箱。无逸成天德，思艰迈古皇。宽徭恩屡纪，赐复史难详。国步登淳古，民生跻寿昌。舜弦闻愠解，尧酒醉衢康。共识氤氲气，永觇岁德祥。《豳风》今继响，奕叶颂无疆。

应诏御试恭纪四十韵

虞帝辟门日，镐京访洛年。夔龙赓喜起，毕散接班联。号令多师古，声华重集贤。缥缃充玉几，冠佩秩经筵。天锡图书秘，春呈云汉鲜。体仁功自懋，建极道无前。制作开三统，清宁抚五弦。诗歌谐《雅》《颂》，翰藻丽山川。游衍怀明旦，丝纶动象躔。鸿儒聚白虎，侍史撤金莲。械朴功施久，钧陶礼乐全。旁招穷海澨，吁俊及林泉。荐引宁论地，吹嘘不计员。公孤方拜让，台谏复骈肩。岳牧搜扬切，宰衡启事连。云岩鹤诏促，谷口蒲轮遄。纬度占文曜，风雷起蛰渊。渥洼空骏马，湘沚绝蘅荃。盛举超曩代，旷逢岂偶缘。自当谨舞蹈，何敢尚屯邅？耆硕推辕固，妙龄俪仲宣。朔南咸至止，仕隐各无偏。争著京都赋，竞裁羽猎篇。月分漕挽米，日费水衡钱。鱼愧冯谖食，金羞郭隗先。霁阳当禁苑，芳树映华旃。典礼临轩重，工寮将事虔。琼阶闻晓奏，彩仗绕炉烟。五字英才著，一经旧学传。文成献黼扆，赋就立花砖。东壁霞光灿，少微淑气缠。龙颜常自喜，凤扇欲徐还。不数瀛州宴，俨如紫禁旋。同声称饮澨,野老羡登仙。才岂马卿亚,虚承孝武怜。两朝感际遇,一志矢贞坚。讴咏休明瑞,祈瞻历数延。得贤擿汉颂,大宝续唐编。逊志期宗传,健行望体乾。昭回垂万祀,奕叶奉尧天。

院中宿直八韵

清切推丹地,瞻依近紫宸。龙池钟漏晚,凤沼月华新。古木流霜影,宫云澹玉津。圣皇开治象,元化正含淳。幸备班行后,叨承异数频。端贞期拜献,樗散愧冠绅。年老才将尽,忧多道转亲。夜深星斗阔,始悟与天邻。

送林玉岩奉使琉球十二韵

水国藩封远,儒臣星使遥。鸾章颁绛阙,麟绣下青霄。岭路秋花丽,闽山宿雾消。前驱陈玉节,负弩簇金镖。到海风常正,开帆浪不骄。扶桑看涌日,蜃市障回潮。岛屿疑神岳,京华认斗杓。鲛人迎上客,卉服护仙槎。博望通殊域,陆生重汉朝。文章堪喻蜀,干羽足征苗。不数楼船绩,宁烦铜柱标。归来王会日,拜手听箫韶。

中秋陆处实同年留饮斋中,和吴见末韵二首①

相对话生平,开樽听雨声。客中逢令节,林下见交情。白社风原古,柴桑世不争。从来乐志者,非是爱逃名。

别墅仍留憩,竹林笑语声。儿童知客意,鸥鹭识秋情。天肯容吾懒,拙能免世争。他年重过访,不必更通名。

校记
① 原诗无"二首"二字,此为辑校者所加。

寄示儿溥二首①

浪迹真无计,门庭汝暂持。雨多怜稼误,地下虑墙危。官税完应早,乡租催漫迟。近闻文体变,前辈法须知。

汝祖坟前树,今年看几回?叔贤书共读,弟幼酒同杯。药裹宜常晒,柴扉莫浪开。初冬当返棹,候我竹林隈。

校记
① 原诗无"二首"二字,此为辑校者所加。

西湖听庄蝶庵弹琴

系缆孤山下,石床理素琴。岚光千嶂满,松影六桥深。古调传天籁,清弦寄道心。曲终人俱静,明月照幽襟。

送陈别驾之南阳

送客宛中去,行吟驿路纡。浮云高密宅,古木武侯庐。险隘商颜近,土风京洛如。此乡兵火后,邑井半丘墟。

家居感怀五首①

滥缀先朝供奉班,平明珥笔侍龙颜。辟雍进讲华旃细,藉亩亲推黛耜还。南国远通琼海贡,西羌不闭玉门关。沧江白发君门远,怅望高天未可攀。

岩关锁钥设咸东,指顾河山百二雄。华岳崚嶒高汉苑,渭川波浪注秦宫。旌旗闪月貔貅静,冠盖连云陇蜀通。自是太平多暇日,书生何以答皇功?

萧条仆马南安署,日倚江楼眺碧岑。瘴岭朝昏云似墨,蛮村草木桂成林。归乡幸慰趋庭志,卧病终违报主心。一叶扁舟还载石,片帆风正自长吟。

城隅小筑避风尘,三径茅斋可寄身。药饵关心朋旧少,青编满架校雠新。傍松叠石平如案,裹露看花折赠邻。崖岸年来消减尽,庄生齐物不须陈。

滇南交北尽王封,谁道今为塞上烽。壮士捶牛何意气,将军缓带自从容。挽输困苦追呼急,露布频烦恩数重。独喜临边老相国,招降十万事春农。

校记
① 山平堂本无"五首"二字,从本祠堂本。

立　　春

冬晴正觉日霜静,风转俄惊节序新。倚槛腊梅香欲尽,隔溪官柳翠先匀。时艰可信沧洲稳,老去方知古道真。拟待东林莺语细,莫辞华发醉芳春。

春霁友人以诗相投,书此谢之

春霁园林暖尚遥,石栏残雪未全消。同人词赋相投赠,把卷吟哦慰寂寥。箕斗浮名终是幻,巢由高枕不须招。眼看药笋沿溪绿,岸帻披襟酒一瓢。

春日即事　次信庵韵①

杜门久矣谢繁华,不道春光取次奢。柳市烟笼含宿雨,桃村日照散明霞。旧藏楔帖时开玩,新注茶经可共夸。迸笋当阶碍杖屦②,茅轩小径不妨斜。

校记
① 山平堂本无副题,从本祠堂本。
② "屦"山平堂本为"履"字,从本祠堂本。

春日感怀兼呈仲方

漫说登临春事饶,衡门两版闭清宵。频闻白帝烽烟暗,苦忆朱方鼓角摇。忧世何妨同浊醉,畏人真欲混渔樵。袁安小阁相邻近,箬笠往还何①待招!

校记
① "何"山平堂本为"莫"字,从本祠堂本。

崇祯壬午,闯寇破宁陵,文学翟先生仗节死之。今督学使采舆论祀之乡贤,余感其事,聊述短章纪之

成仁本属中庸事,落落乾坤有几人?天以三纲作砥柱,士将一死答君亲。理无两路须求是,节到当头要认真。我至沙随吊往烈,泮宫俎豆肃冠绅。

新秋雨后抑庄西斋宴集

雨歇林溪烟未收,凭栏云物见新秋。叶心果熟红将绽,阶面苔深翠欲流。棋局频移竹映榻,酒壶好待月登楼。惟君最爱清狂客,尘世何人识醉游。

饮张尔成少参署中

高斋竹柏漏声残,促席停杯兴未阑。千里风尘惊短发,十年供奉忆同官。霜清卫水云帆壮,雪满天雄玉尘寒。北斗共瞻新气象,故人几许在长安?

送王去非督学江西二首①

春日仙郎出凤楼,锦帆云树下南州。龙门高倚章江晓,虎观遥开庐岳秋。且自瞻星知紫气,何妨悬榻待名流。起衰八代属君任,莫倚登临夸壮游。

豫章讲院凌云构,鹿洞鹅湖天下稀。朱陆遗风今在否?王罗盛事岂相违?三江波静涵明月,五老峰高入太微。我昔扁舟曾系缆,十年朋旧思依依。

校记

① 山平堂本无"二首"二字,从本祠堂本。

送张少参内召二首①

云霄供奉旧仙班,紫禁传宣新赐环。十载使星高象阙,九天卿月照龙颜。旆旌载路秋光好,侍从重来玉佩闲。闻道至尊勤顾问,夜深前席莫虚还。

联袂铜龙吟暮曛,廿年踪迹叹离群。世间懒慢无如我,天下文章尽在君。别殿谈经炉气上,玉骢扈跸晓光分。瀛洲旧侣如相问,三径荒芜未可闻。

校记

① 山平堂本无"二首"二字,从本祠堂本。

赠湖州吴太守二首①

仙郎起草最知名,几载寨帷雪上行。按部雨余香稻晚,课农花发晓云轻。南宫书画添新谱,李相亭台续旧盟。闻道宾朋常满座,清樽真②见古人情。

行藏久矣付烟萝,为忆旧③游买棹过。两岸蓼花窥客鬓,一江寒梦落渔蓑。水归吴会疑无地,峰入苕溪宛似螺,知尔登临频作赋,岘山高会近如何?

校记
① 山平堂本无"二首"二字,从本祠堂本。
② "真"字山平堂本为"直",从本祠堂本。
③ "旧"字山平堂本为"佳",从本祠堂本。

赠吴冉渠少府二首①

五月榴花照画轩,一时人物压中原。图书邺架雄东壁,金鼓楼船控海门。月上晚湖②两岸寺,云生京口千③家村。传闻汉殿虚青琐,曳履风云侍斗垣。

使君政简坐东亭,绕郡青山似画屏。座有词人续楚颂,门迎仙客注丹经。当年百粤怀廉吏,此日三江识岁星。自笑④十年空白发,扁舟湖海叹浮萍。

校记
① 山平堂本无"二首"二字,从本祠堂本。
② "湖"字山平堂本为"潮"字,从本祠堂本。
③ "千"字山平堂本为"万",从本祠堂本。
④ "笑"字山平堂本为"是",从本祠堂本。

赠何雍南

江左风流迥不群,萧斋梧影坐斜曛。逸才自昔悲摇落,高志应堪寄野云。入室儿童争问字,到门宾客定能文。欲寻丁卯桥边路,见说许浑能①似君。

校记

① "能"字山平堂本为"得",从本祠堂本。

京口赠友人

结宇三江紫岫间,薜萝绕磴俯澄湾。陆机《文赋》年方少,陶亮《闲情》兴未悭。花满芳樽留素月,窗明彩笔照青山。把君一卷吟萧寺,夜雨孤灯好闭关。

锡山别贺天士

浪迹湖山求友声,文章惟尔重西京。一时赠缟多名士,千里传书动上卿。对酒方惊秋叶晚,登舟已挂片帆轻。莫愁别后云鸿阔,梁苑吴江月共明。

东林寺二首①

疏雨松林白鹤栖,远公精舍一峰西。青枫云锁谈经洞,碧水莲开送客溪。法相仍传阿育记,残碑犹是晋人题。石栏把酒怀元亮,烟绕柴桑望欲迷。

参差石势抱禅扉,万仞群峰带落晖。碧涧渟泓数声响,白云缥缈一僧归。闲从苔壁识残籀,静爱风泉坐钓矶。五老青牛烟嶂外,明年策杖莫相违。

校记

① 山平堂本无"二首"二字,从本祠堂本。

送李襄水赴楚幕

诏选名贤佐上游,一时宾客重荆州。论兵定忆羊公碣,作赋先登王粲楼。霜夜剑光高虎气,暮云画角动江秋。甘泉伫望烽烟静,汉殿铭勋第一筹。

戊午应召入都,留别里中亲友

萧然萝薜绝双鱼,云外忽①传有鹤书。学道原因息翻早,出山翻悔避名疏。幽花谷口遥相映,野鹭溪边迥自如。龙尾班行真济济,拙庸应许归②茅庐。

簇簇郊关拥画轮,临河握手话酸辛。艺花选石多同调,待漏鸣珂少故人。倦鸟宁能历远岫,归云何意覆通津。入朝倘得辞簪绂,春水还期理钓纶。

校记

① "忽"字山平堂本为"惊",从本祠堂本。
② "归"字山平堂本为"返",从本祠堂本。

途中苦雨

西风久雨苦凄迷,客子逢人问路蹊。远浦暗云藏古寺,断桥平水接长堤。当车苦雾征衣湿,倚岸高槐独鸟啼。岁暮可能归旧隐,村邻浊酒正堪携。

长垣北十里学堂冈有夫子庙,相传四贤言志处
庙内有党怀英篆书"杏坛"二大字。

柳陌乍随冈势转,杏坛忽傍柏林开。辙环鲁卫行将老,道继唐虞志未灰。蝌蚪文销存赑屃①,蚁尊岁久剥云雷。阶前风雨传松籁,疑是瑟声入座来。

校记

① "赑屃"山平堂本为"屃赑",从本祠堂本。

送李子德奉旨归养二首①

蓟门疏雨澹秋阴,惟尔斯行重古今。赋就上林才赐第,表陈东

掖蚕抽簪。关河落照乡山迥,驿路鸣蝉野树深。到日高堂应戏彩,御香未散绕衣襟。

史才经术在关中,诏领群儒集汉宫。瞻望白云子舍在,拜违黄阙主恩隆。比邻载酒东皋子,山史先生。戴笠谈诗角里翁,亭林先生。回首应怜同调客,编摹寂寞老扬雄。

校记
① 山平堂本无"二首"二字,从本祠堂本。

辛酉二月初侍讲筵纪事二首

文华春殿旭光浓,帝简儒臣侍九重。紫禁天章词焕烂,红云宝幄语从容。细旂风定牙签启,衮袖香飘玉佩从。典学千秋际圣主,微臣何以称遭逢!

御气氤氲绕玉皇,西清霞彩映龙裳。经陈谟典天心正,学阐勋华帝道昌。敢向圣朝称管晏,何须文藻继班扬。恩深覆载安能报?诵读衡茅志未忘。

拟上赐大臣游温泉诗四首①

山陵叠翠倚层霄,瑞霭晴临碧涧遥。石上泉声随玉漏,岩边树色映金镖。云峰远结盘龙气,瀑水近当踞虎桥。一奉恩荣歌镐燕,长从仙跸听箫韶。

碧潭波绕翠微回,帐殿红云覆绿苔。阆苑烟深朝绛节,华清春晓对蓬莱。山光献寿天杯永,宝翰腾辉御牓开。万国共瞻隆孝治,漫言骊阜重仙台。

傍岩依岫敞离宫,诏赐恩波卿贰同。阁道周回香溜里,衣冠趋步彩云中。不须雕斫伤元化,惟有真淳表圣功。何事露台诵②汉主,万年俭德仰皇风。

蓟北烟峦俯大溪,甘泉春色接丹梯。晓来岚气当窗入,雨过花光拂座低。摇曳霓旌依涧转,参差豹尾与云齐。愿将景物同民乐,薄海蒸生望紫泥。

校记
① 山平堂本无"四首"二字,从本祠堂本。
② "诵"山平堂本为"称",从本祠堂本。

祝金悚存侍郎

蚤岁文章动紫宸,丰标勋业重簪绅。台端硕画排群议,枢府秘①筹仗伟人。铃阁常闲还执法,牙签满座更留宾。请看玉树菁葱色,直与乔松插汉津。

校记

① "秘"山平堂本为"雄"字,从本祠堂本。

送王子言请假归省

五载京华心事违,主恩今许觐庭闱。白云路绕漕河转,乡树阴连岱色微。客里诗成题驿壁,堂前花发待斑衣。故人潦倒长安久,何日如君赋曰归。

赠柯素培右通①政二首②

垂绅梧掖正华年,几载清卿侍御筵。折槛尽关天下计,伏蒲还使万人传。芰荷掩映吴江雨,鸿雁飞鸣楚③泽烟。鼛鼓日闻勤庙算,正须舟楫济洪川。

银台班近紫微垣,元老频承异数恩。只为思亲怀故里,倏然拜表出都门。月明酒载东山墅,花发诗成独乐园。玉树双双凌碧汉,德星常是照华轩。

校记

① "通"山平堂本为"参"字,从本祠堂本。
② 山平堂本无"二首"二字,从本祠堂本。
③ "楚"山平堂本为"笠"字,从本祠堂本。

人日和郭快圃作次韵①

椒花彩胜懒随人,闭户摊书笑此身。白首校文尝午夜,寒天点《易》及霜晨。节迟时未立春。郊柳应含冻,雪少村梅可放春。稍待西山芳草绿,招邀朋辈醉芳辰。

校记
① 山平堂本无"次韵"二字,从本祠堂本。

题　画

秋林不厌静,高士自能闲。镇日茅亭下,开窗对远山。

题 观 音 像

我本学洙泗,邀君来我轩。圆通有妙理,相对已忘言。

西来庵题壁

禅门深锁万松间,江上白云自往还。雨过卷帘无别①事,一编《周易》对焦山。

校记

① "别"山平堂本为"余"字,从本祠堂本。

西来庵赠水斋上人 上人旧为宁夏总兵。

白马西来扫野云,居人谁识旧将军。《楞严》读罢焚香坐,一钵江泉到夜分。

戏　　赠

饭办松花荠办衣,同群鸥鸟浑忘机。驼冈不减柴桑社,拟剪蓬茅待汝归。

赠怀庆太守二首

野王山路晓云横,一水潆洄绕郡清。两岸柳条凝露湿,年年常见使君情。

西门古庙邺城阴,父老笙箫直到今。见说行山青似黛,济源争比浊漳深。

词

贺新郎　秋思

雨①脚才收了,竹帘②开。梧桐坠露,淡烟如扫,一派秋声吹木末,况渐蘋衰枫老。问今岁,秋光多少?贳酒东皋凝望眼,看浮云变幻入③林纱。思畴昔,荣④怀抱。　　空江采得莼丝好,棹轻舠遥峰隐约,放歌霞表。世事浑同蕉鹿梦,拟向华胥醉倒。更说甚,桃花源杳,白帢青鞋寻钓侣,待月生,一笛惊鸥鸟。悲欢话,付溪草。

校记
① "雨"本祠堂本为"两"字,从山平堂本。
② "帘"山平堂本为"篱",从本祠堂本。
③ "入"山平堂本为"归"字,从本祠堂本。
④ "荣"似为"萦"字误。

满江红　后池千叶莲盛开漫赋

藕叶铺池,连阴雨,溪流青涨。东里叟,扶筇还问,后渠无恙。随地菰蒲双鹭①宿,垂杨半掩波纹上。碧烟开,映晓弄新妆,轻盈状。

庐山社,幽情漾。溘浦岸,清风宕。似层层红艳,美人堪饷。月下时闻芳露滴,呼儿学作渔郎唱。梦醒来,十里野塘中,遥相望。

校记

① "鹭"山平堂本为"露"字,从本祠堂本。

千秋岁　八月十六日夜玩月

暮霞成绮,又送冰轮起。花影袅,帘波细。轻清河汉色,珍重嫦娥意。今岁好,今宵赊取明年醉。　　玉笛清堪寄,云母屏还倚。瓜再削,杯重洗,红牙翻旧谱,妙舞风吹袂。澄露滴,盈阶桂落天如水。

满庭芳　秋日闲居

云澹霜洲,雁飞葭浦,两行烟树柴门。纸窗茅屋,秋气映朝暾①。壮岁归田作赋,十余载高卧丘园。渔樵伴,时来问讯,红叶认山村。　　漫论今古事,柴桑谷口,往迹犹存。但茶香竹里,酒沸松根,午榻清眠梦觉,看篱畔菊蕊堪餐,凭栏坐,《南华》一卷,朗咏到黄昏。

校记

① "暾"山平堂本为"墩",从本祠堂本。

第二编　汤子遗书续编

睢阳汤斌潜庵　著

卷一　奏疏、序、书、记、志、传

奏疏

由苏抚升任至京面奏恭纪①

由江苏巡抚升任至京，奉上谕曰："汝在江苏能洁己率属，实心任事。天下官有才者不少，操守谨慎者未能多见。汝前陛辞时，自言平日不敢自欺，今克践此言，朕用嘉悦，故行超擢，尔其勉之。"

臣斌奏曰："臣学识庸陋，蒙皇上简任江抚，奉职无状，惟陨越是惧，乃蒙皇上不次超擢，臣敢不勉竭心力，以图报称万一。"

上问："江苏风景如何？"

奏曰："苏松去年颇称丰稔，淮、扬、徐去岁异常水灾，蒙圣恩蠲赋赈恤，民庆更生。邳、宿等五州县蠲旧年一半、今年一半钱粮，万姓欢呼。惟徐州所属地最荒瘠，水灾之后，今春民困较甚。"

上曰："一路风景如何？"

奏曰："臣经过地方，畿辅广平以北麦田丰收，开州以南稍旱，凤阳、蒙城一路饥民甚多。闻宿州、灵璧一带去年水灾，今春麦尚未熟，民间谋生无策。"

上曰："凤阳地瘠民贫,饥荒自是难堪。"圣意恻然久之,又问:"江苏风俗如何?"

奏曰:"前年陛辞时,蒙皇上面谕:'苏州风俗奢侈浮华,当以移风易俗为先。'圣驾巡狩,谕臣民敦本尚实,返朴还醇。万姓无不感动。臣仰奉皇上德意,朝夕告诫,风俗亦渐改观。"

上问:"吏治何如?"

斌奏曰:"江南吏治,自于成龙、余国柱后,有司知守法。臣遵奉功令,复多方劝诫,吏治渐归醇谨。"

上问:"有司中有好官否?"

斌奏曰:"松江知府鲁超才具亦优。"

上曰:"祖进朝何如?"

奏曰:"祖进朝朴实人,操守真廉,士民爱戴。前议降调时,民间罢市,群聚臣署号泣乞留,臣敢据实上闻。"

上问:"高成美何如?"

斌奏曰:"其人亦有才。"

上曰:"作官有才固好,若操守不谨,恃才多事,反为民累。"

臣斌奏曰:"诚如上谕。"

又问总督。

斌奏曰:"事体晓畅,与地方安静。"

上曰:"操守能仿佛于成龙否?于成龙之廉,世间原不多见,亦难以此律人,但能与地方相安亦足矣。"

又问:"今直抚于成龙何如?"

斌奏曰:"成龙曾为江宁知府,臣知其人清而不刻,且有才略,有担当,用为巡抚,天下服皇上知人之明。"

上曰:"往日闻吴中乡绅多事,近日何如?"

奏曰:"苏州乡绅如大学士宋德宜居乡最善。"

上曰:"朕知之。"

复奏曰:"汪琬养病山中,不与外事缪肜,亦杜门读书,其余俱谨慎。臣在位年余,实未见乡绅以私事干渎。彭定求之父彭珑,彭宁求之祖彭行先,皆年高品行甚端。臣于朔望集士民讲解上谕,二人必来叩拜龙亭,为士民之倡。"

上曰:"有博学好古之人否?"

奏曰:"吴俗素重文学,隐居著述者亦颇有人。"

上问:"下河开海口事如何?"

奏曰:"皇上命尚书萨穆哈、学士穆成格等,与总漕徐旭龄及臣询问下河民情,臣等遍历海口各州县。初来人众言语嘈杂,不能归一,即各州县水道、海口亦不相同。大约其言以开海口积水可泄,但四分工银,今年荒歉,恐不足用。惟高邮、兴化之民闻筑堤开河,毁其坟墓庐舍,皆甚言其不便。部臣公议,以筑堤取土艰难,工必不成,且毁人坟墓庐舍,非皇上轸念民生之意。开海口工亦浩大,恐多费帑金,不能奏绩,不如暂停为便。臣与徐旭龄议,以目下遍地皆水,工力难施,暂停未为不善,遂同具题。但念此事乃我皇上巡狩江南,亲见民间房屋淹没水中,圣主恫瘝念切,遂命大臣相视海口,简选贤能,开海泄水,真尧舜之心也。今议暂停则可,若竟中辍,非臣子所敢擅议。且上流之水滔滔而来,下流无一出路,不但民间田地永无涸期,且恐城郭人民将有不恻之患。如兴化去年城内水深数尺,万一三五年间再遇水灾,一城付之巨浸,臣等何所逃罪?"

上曰:"汝意云何?"

斌奏曰:"淮扬实天下泽国,若曰开海口则水遂尽涸,臣不敢为此言。但水有去路,开一丈则有一丈之益,开一尺则有一尺之益。使浮溢之水渐去,则旧日湖河之形可寻。再加疏浚筑防,工夫自有次第。然举事当念民生,尤当重国计。若多费帑金,而水不能尽涸,非长策也。请无多发帑金,止于七州县钱粮中酌量款项,暂停一二年起解,留为修河之用。此外,再议设处之法。总之,以本地民力,本地钱粮,开本地海口,心既专一,工不误用,不作大举,不多设官,渐渐做去,当有成效。"

上曰:"此意曾与萨穆哈等言之否?"

奏曰:"臣与总漕臣徐旭龄曾向萨穆哈等言之。"

上曰:"本内何未叙及?"

奏曰:"当时先起清字稿,不便繁琐,萨穆哈以奉命询问民情,止当以民间口供开列具闻,此言俟上问及当面奏,候皇上睿裁。又海水内灌坏田之说,臣以为无虑。臣询之土人,当日范仲淹筑堤时,海水与堤甚近。今海水远者百里,近者六七十里。海之潮汐犹人之呼吸也,有一定时刻,有一定分量。平日海潮所及,原不甚远,江河之水为海潮所涌,乃江河之水,非海水也。飓风海啸,非常灾异,岂可预计?"

上曰:"此理朕所深知,人不明潮汐之理,故有此言耳。"

遂命至内廷赐食,谢恩而出。是日也,臣斌自彰义门外趋朝,未及转奏,因九卿奏事,有言臣斌至者,即奉旨传见,顾问殷殷,奏对匆遽,语无伦叙。仰蒙圣恩优容,臣不胜惶恐,谨纪其大略,以识恩遇耳。

校记

① 原文无标题,题目为点校者所加。

敬陈春秋诣讲疏

题为圣主谕教维勤,青宫典学日懋,请定春秋诣主敬殿讲书之礼,以昭圣德,以光睿学事。

切惟古帝王莫不以豫教太子为首务,然皆选择宫寮,委之辅导。或崇尚虚文,鲜有实效,未有以君父之尊躬亲谕教,慈孝之隆,作述之盛如今日者也。我皇上乾元首出,天德生知,契精一之传。心学远宗尧舜,阐图书之秘。微言上接羲文,谨一二日兢业之几,开亿万年昌隆之绪。皇太子岐嶷天纵,敏悟性成。我皇上声律身度,言动皆师。复于听政之暇,亲行谕教,典谟训诰之文,明新中和之旨,罔不阐发精微。下及六书之细,亦皆日有程课。御笔指受,毫发无遗,诵读靡间于晨昏,步趋必准诸规矩。

臣等猥以庸菲,备员讲席,恭见皇太子研究经书,发明义理,睿识超卓,洞晰源流。虽曰粹质之本,然实由圣教之至善。臣等自愧疏陋,无以仰助高深,兹敢冒昧陈请者,本年闰四月二十四日皇太子出阁,亲祭传心殿,即于主敬殿开讲,其后臣等每日进讲。皇太子宫谕臣等:从容坐论,优游探讨。盛暑霖雨,未尝少辍。视前代徒饰具文,风雨寒暑辄行辍讲者相去远矣。惟是明朝《会典》载东宫出阁后,每日文华后殿讲读。虽日讲之外无春秋会讲之仪,但今皇太子主敬殿开讲,止于出阁一日,合无于每年春秋月择吉请皇太子诣传心殿致祭,即于主敬殿讲官进讲四书经义各一章,余日仍照常宫中进讲,庶实学与典礼兼备,令模可垂法于无既矣。

如果臣等所言不谬,伏乞圣鉴,敕部议覆施行,为此具本谨题。

奉旨:"这本说的是,该部确议具奏。"

据实回奏疏

奏为遵旨："明白具奏，钦此，钦遵！"臣捧读之下，不胜战栗惶恐。蒙皇上不即处分，令臣逐一具奏，臣敢不据实一一回奏，听候圣裁？

臣才质庸暗，蒙皇上拔置讲筵，不次超擢，受恩之深，无如臣者。皇太子出阁，千里召臣，俾长宫寮，臣独何心，敢不自励。如有一念一事忍负皇上者，即皇上宽臣，臣何颜自立于天地之间？但赋性疏愚，暗于事机，惟知报国，不敢爱身。臣于六曹之事一无所预，滥缀会议之班。议一事必究一事之始终，务竭一得之见，以听任事者之采择。而识体得宜，实有未逮。

捧读严纶，悚然自愧。皇上敬天法祖，崇儒重道，表章正学，轸恤民艰，蠲赋省刑，旌廉黜暴，裁决庶务，必期仁至义尽。万几余暇，考古论经。披图玩象，自朝至暮，曾无寸晷自逸。所谓声律身度言动，可为世法。乃臣以管窥天之见，皇上圣不自圣，臣益仰圣德难名矣。

又皇太子尚在冲龄，正当黾勉学问，诚如圣谕。臣备员讲官，进讲之际，皇太子尝宣述圣谕，皆关圣学治道之精微。皇上谕教之严，臣久知之。见皇太子讲解经书，言简而理备，传注数十言不能尽者，辄以一二言该之。时当溽暑，冠带整肃，终日俨然读书习字，无旁视，无倦容，故臣敢以"静正端恭"四字拟之。盖大圣心传自出寻常见闻之表，总非俗儒所能仰赞也。

至臣言动轻率，愆过多端，敢不据实陈奏。臣与耿介，昔年同为词臣，其刻苦自励，杜绝交游，心窃重之，故冒昧荐举。但自顺治十二年外转后，迄今三十二年竟未谋面，不知其衰老聋聩以至于此。以三十二年未见面之人遽列荐章，臣罪何辞？及介进京，臣一见惊其衰老，已自惶恐。介即具呈吏部，自陈老病耳聋，不堪共职。皇上越次超擢，臣益加悚惧，犹勉其鼓励精神以图报效，不即具疏自劾，臣罪何辞？

又灵台郎董汉臣本市井无赖，妄肆条陈，中及皇太子讲学事。其始也，既以御笔删除，而不敢议及。御史陶式玉纠其越职言事，奉旨下问。臣亦就疏论疏，以方今求言之时越职，罪似可宽。殊不思汉臣疏内各款皆抄录旧文，语多浮泛，惟是皇上谕教皇太子何等精详，小臣何知，辄敢妄议！臣不能请旨严究真情，使狂妄小臣幸逭国宪，臣罪何辞？故臣自谓言动轻率，愆过多端，难逃圣鉴，臣不敢自讳也。

至供奉皇太子左右，皇太子法书睿德谦冲，谕臣详校，赐臣雕管，臣逊谢不遑，冒昧从令，逾违典礼，不胜惶汗。虽曾面奏罪状，而大失敬慎之道。臣衰病神昏，遂至失仪。又臣不敢自昧者也。

敢一一声明，惟有席藁待罪，请听皇上处分，以为溺职之戒。臣原同耿介公疏，因详陈认罪情节，介不便列名，相应一并声名，缘系遵旨逐一明白具奏事理，字多逾格，臣不胜战栗，待命之至，为此具本，谨具奏闻。

请 解 任 疏

奏为圣恩高厚未报，微臣积病日深，谨披沥吁陈，祈赐解任回籍，以免旷职事。

臣草茅愚陋，谬荷圣恩，起自田间，优擢侍从，三年讲幄，五月纶扉，异数频膺，涓埃莫报。三吴繁剧之地，尤非薄劣所堪，拮据不遑，丛脞叠见。岂期未承严谴，复邀旷典，入侍青宫，宠遇之隆无以加矣。乃臣智短学疏，咎深罪大，仰蒙我皇上圣度如天，曲从宽贷，高厚之恩万死难酬，何敢以犬马之疾上渎宸听？奈臣草木末质，年逾六旬，精力衰惫，心血久枯。自六月内胃脘作痛，过服克伐之剂，元气益复虚损，饮食呕吐，怔忡健忘，神思恍惚，头目眩晕。因恋主上心切，犹强事药饵，力疾趋朝，冀追省往愆，薄收后效。不意于八月初七等日呕血数次，病遂增剧。痰火上升，虚烦喘急，闻人声则惊悸，感微风则战栗，展转床褥，形体仅存。延医胗^①视，以为元气亏损已极，断非旦夕可疗。

抑臣更有苦衷。臣继母素禀怯弱，夏月得家信，忽感半身不遂之症，臣方寸已乱。八月初十日又接家信，言臣母病至委顿，四肢拘挛，转侧须人。昼夜涕泣，思臣一见面。臣闻之肝肠迸裂，呕血几绝。按京臣省亲具有定期，臣不敢破例请假。惟是臣病势危笃，万万不堪供职，仰祈我皇上圣心垂怜，赐臣解任回籍，庶母子得一相见。倘臣母得保余年，臣溘然长逝，亦无所恨。臣侥幸不即填沟壑，尚冀捐糜有日，亦不敢自图便安。

臣受我皇上天地生成之恩，葵藿微忱，依依何敢言去？但臣母景薄崦嵫，而臣复病侵膏肓，情实交迫，不得不冒昧吁陈，伏望皇上弘慈矜悯。

拜疏陨涕，不胜恳切战栗，待命之至。

校记
① "胗"似为"诊"字误。

赴苏抚任陛辞恭纪

午门外赐鞍马,乾清门赐宴毕,上命近御座前,问曰:"尔有何启奏?"

臣奏曰:"臣一介寒儒,学识浅陋,蒙皇上知遇之恩,高天厚地,未能图报万一。今更不由会推,特简巡抚,命下之日,举朝以为异数。臣感极涕零,惶恐无地。一则圣恩深重;二则臣素性硁硁,不识时宜;三则地方繁难,倍于他省。今将远离阙廷,不能常近天颜,应行事宜,求皇上教诲。"

上谕曰:"朕以尔久侍讲筵,老成端谨,江苏为东南重地,故特简用。居官以正风俗为先,江苏风俗奢侈浮华,尔当加意化导。移风易俗,非旦夕之事,从容渐摩,使之改心易虑,当有成效。钱粮历年不能清,亦须留意。尔在内阁,曾看诸部院章疏,刑名大案,失入失出者常多,此皆地方官听谳不慎,不能使世无冤民。于此更当留意。近日江南吏治稍稍就理,尔洁己率属,庶几改观。"

斌奏曰:"地方之事,臣未受仕,何敢妄奏。据平日所闻,江苏风俗吏治,诚如圣谕。但赋额繁重,历年不能全完。闻每年新粮旧欠,一时并征,头绪繁多,官民交困,不知如何为善?"

上曰:"赋额久定,但当清厘耳。"

斌奏曰:"臣才虽驽钝,平生兢兢不敢自苟,况幸逢尧舜之主,真千载际遇,何敢自负?惟有精白一心,洁己率属,抚安百姓,仰副皇上爱民图治至意。臣孤踪止知有君父,从此去天日远,不胜感怆。"

上曰:"江南人情浇薄,如于成龙居官廉洁,亦不免谤议。"

斌奏曰:"于成龙居官果廉,当时谤议沸腾,赖皇上圣明,得全始终。"

上曰:"汝勉之无虑也。"

斌辞出,至后左门,内侍传旨:"汤斌在讲筵日久,今以江南地方要紧,令之远行,朕心亦所不忍。其赐白金五百两,表里十端,临行之日,令再入朝,朕更有谕旨。"斌谢恩而出。

十一日辰时,上御乾清门。斌面谢恩,奏:"臣于本日起行,不知何日再觐天颜,惟谨遵圣训,勉力以图报称耳。"

上退,命侍讲学士高士奇传旨曰:"乾清宫是汝讲书之地,汝进来一饭。"遂引至南书房赐食,曰:"此御馔也。"

斌同高士奇励杜讷食讫,上命翟太监颁赐御书三轴。臣谢曰:"臣远离阙廷,瞻对御笔,如对天颜。臣本庸拙,惟不要钱,臣可自信,以此报皇上可也。"

谨缮恭谢疏

奏为圣恩高厚未酬,微臣赋命屡薄,伏枕哀鸣,仰祈宸鉴事:

臣一介草茅,以词臣外用,因病回籍几二十年。荷蒙圣恩,起自田间,备员侍从,旋擢讲筵,由宫寮超迁学士,异数隆恩,已属过分,又蒙特简巡抚江苏。皇上不以臣奉职无状,更加旷典,温谕褒嘉,命臣入侍青宫,以礼部尚书管詹事府事。臣才短学疏,加以老病,精力昏愦,愆过丛积,乃蒙圣恩曲加宽宥,复遣医诊视,谕臣在寓调理。又授臣工部尚书,臣感极涕零,力疾受事,思竭驽骀,勉图报效于万一。

奈臣福命浅薄,于本月初八日偕同官臣阿兰泰等往张家湾查看楠木，感触风寒，归寓痰疾陡发，奄奄垂毙。伏念臣至陋极愚，遭逢圣主宠赉，频膺优擢，不次知遇之恩，旷古希觏，捐糜顶踵，不足仰酬高厚。乃未报涓埃，遽填沟壑，生负殊恩，死难瞑目。臣从此永辞圣世不得复觐天颜，犬马之报愿结来生，谨伏枕叩头恭谢天恩。

含泪口授，臣男生员溥缮疏以闻，臣无任感激，呜咽之至。

序

贺吴玉京先生升冏卿序

国之大事唯兵，而兵之事其大者无逾马。有虞以畜马之责委伯翳，成周刍秣之式掌之六官，而又有较人、庚人、趣马、巫马之属，为官最众。则马政之崇也，自古然矣。然而骅牝溯心于塞渊，驹牧咏志于无邪，其道又岂但在奔霄腾雾而已乎？冏寺养天闲，以备国家缓急之用，前代兢兢重之。自奉法者寖失，而法因以敝，马亦随之潜耗。璅夫妄议驾言病民，至欲革种马者屡矣，其大意谓非其地耳。赖一二大臣如胡庄敏辈力争之，卒以不罢。予尝反复古今已事，唐垂拱以王毛仲为内外厩，使东幸之日色自为群望之如云锦，不必皆出自月支，而来于西极也。宋余靖亦言养马在人不在地，彼岂耳不闻渥洼之产，而目不识大宛之名乎？即何得以李将军之勒师万里外者，为王制之经耶？

玉翁吴公以西属硕儒博综典故，倾然负公辅之望。司铨之日冰霜著节，常奉命典试中州，所举多砥砺名行之士，盖其精神相符合也。及副臬三吴，参藩关右，车辙所至，辄敷徽猷。九华之野，岐阳之墟，其人于于睢睢而讴思者，彼诚有不能已于中者在矣。今天子念马政至重，特简任公。而公以外台内擢卿贰，此异数也。余别公久，闻之窃有庆焉。夫马政之敝也以人更其敝，而新之非其人，又奚赖公，诚足以服物，而才足以应变，所谓无往而不可，无施而不当者也。

嗟夫，相马之于相士其道一也。公持铨而天下应者共其职，衡文而天下应者乐其业，岂执策临之，而曰天下无良马乎？会见六厩充盈，边牧蕃息，追伯翳之勋，睹成周之盛，区区毛仲之事何足为公道哉？然予又读《尚书》，穆王命伯冏为大正，其命曰："懋乃后德，交修不逮。"又曰："仆臣正，厥后克正；仆臣谀，厥后自圣。"则岂特为国家之重务，于以赞翊圣德，实嘉赖之矣。凡此皆非公莫克胜任，予既为国家得人庆，而又快予之获从公游也。

会宪副某君于公有永叔、子瞻之谊，千里丐文，以为公赠，乃不辞而为之序。

同社诸子文序

世之言文者众矣，然圣学不明，吾未见其能文也。古之学者明道德，叙彝伦。平居师友所训，弟子所习，无非诚意正心，修己治人之事，故其动静语默，各得其宜。而天地事物之理，古今治乱之由，日月星辰之所以行，鬼神之所以幽，山川之所以久，风雷霜雪之所以变，无所不著。则天下文章，莫大于是矣。

孔孟既殁，文与道二。秦汉以来，英华特出之才瑰玮奇丽，驰骋上下者甚众,而未能折衷于六经。有宋濂溪崛起千载之下,明道、伊川、横渠、尧夫、晦庵、象山数君子,先后讲明圣贤之道;而涑水、庐陵、南丰之属,始彬彬为大雅之文。读其书虽与古之作者未知孰先孰后,然考其指归,不当于圣人之意者盖亦鲜矣。近世阳明出,而龙溪、心斋、东郭继之,理学倡明于世,故一时荆川、遵岩、震川文词比隆于嘉祐。由斯观之,文章之得失岂不系于圣道哉?

吾郡文学于中州称盛,同志诸君子皆镵心六艺,寻坠绪于微芒,而复能瑰玮奇丽,驰骋上下者也。余官京师四载,今承乏关中,便道归省,诸友人将梓其近艺,命予为序。予束载就道,未暇竟读,然观其平日之讲训肄习,其足以发明圣学可知矣。夫班固《艺文志》,唐四库书目所载,俱秦汉以来能文之士,今皆散亡磨灭,存者不能十一。而《易通》、《西铭》诸篇,几几与六经并传。则言之不足恃,而道为可贵也。诸君皆善为文者,故莫若勉之以道而告以是言,然予亦同学之士,亦将因此以自励焉。

书

复同乡为程公立德政碑书

程公德政,脍炙人口,立碑铭功,未足称述万一。但见任立碑,禁例甚明,乡绅岂得无闻?况程公荣升在迩,何不稍待?君子易事而难说也,说之不以道不说也。程公,君子也,我辈可不以道事之乎?非敢阻挠此举,诚义有所不可耳。鄙见如此,惟诸公裁之。

与李襄水书

小儿北上,过承雅爱,感谢,感谢。老亲家暂乐丘园,读书赋诗,著述等身。令子贤孙,才名冠冕一时。且鼎望甚重,庙堂当有弓旌之典。槐梧虚左,薜荔难留,连茹之吉,自不筮而得。

弟赋性疏梗,杜门编摩,虽出入凤池鸾渚,而心犹在驼峰菊泉。贵公劳心补衮,形影不及东观。发凡起例无人,各家自立宗旨。成稿千余,凝尘积网。评骘无闻,校勘何在?头白可期,汗青无日。公私同异,总无论已。昔刘知几为史官,与诸公凿枘相违,故所载削皆与俗浮沉。虽自谓依违苟从,犹大为同时所忌。身当其职,而吾道不行,此所以发愤而作《史通》也。弟作《太祖本纪》四卷,幸已成篇。五十年中武功文德如日月之光,岂俗笔所能图绘?汉史不敢同日语矣,较《唐书》则为详,拟《元史》则似洁。其他如后妃、武臣、儒林,皆粗具结构,不足观也。缮写乏人,未能请教。

弟托梁紫定礼书,乞怂恿成之,更藉裁定方妙。

今是园竹木翕然可观矣,池中藕如船否?牟山文思之佳,不知又当何如?不得一晤,梦寐及之。年来诗兴颓唐,不能一咏志喜,惭愧,惭愧。

答耿逸庵书

八月初有小札由柘城奉寄,附拙卷请教。想此时可尘览矣。接手翰更拜读《学记》,体裁严整,论学切要,与考亭、西山诸作相上下,真不朽之篇,叹服不尽。

修建书院,会友讲学,老年翁守先待后,远绍关洛,功德最巨。弟固陋无文,何能纪述?仰承台命,不敢以辞。且景仰先哲,又当名岳胜地,高贤游止,倘得附名其间,以遂平生之志,幸莫大焉。即欲具草,因史稿数篇正在经营,才短笔钝,心思遂为所羁。而应试人不能久待,稍迟脱稿,仍由柘城呈上,不敢久误也。

嵩阳书院创自五代,前贤必有碑记。查《通志》不见,《县志》或《嵩山志》当有载者,便中惠教乃妙。闻子维言新刻《嵩山志》甚佳,如得一读,以当卧游,真大快事也。

秋云落月,延伫何极!玉阶先生报函附呈,临楮驰依。

答王介公先生书

自违台范,岁月倏忽,修候疏阔,抱歉何如?频晤潘年翁,敬询起居,知先生台履贞胜,家庭雍肃,曷胜欣忭!欲遣一价代叩崇阶,鹿鹿缁尘,遂因循至今,惶恐殊甚。

三世兄远临,拜接华函,如觐函丈。先生德隆学邃,体用兼全。宦迹所至,功在生民。西台奏章,录在国史。久居东山,望重朝野。世兄文名奕奕,先生蕴蓄未尽展施者,世兄当益光大之,此天道之必然,无俟蓍蔡而知也。

斌伏处林泉二十年,耕读之外一无所问。同城官长,从无私谒。太守以上,不通姓字。村林老稚,形骸相忘。舆台贱隶,横加欺凌,受之怡然,不与校也,实愿终老丘壑。不期圣主求贤,谬膺荐牍,长吏敦迫,仓皇就道。入都匿影僧寮,绝迹公卿。乃复蒙恩,滥竽史职,昼夜编摩,心血耗尽。去秋一病,断粒七日。一二老仆环侍，旁无期功之亲。孤灯旅舍，万念俱寂，危中幻景千状，视此躯如空花阳焰。不谓一丝仅存，竟渐痊可。以史事未终，不能引归。今春决意辞职，又以皇后山陵之役稍待。不期又蒙简拔讲筵，兼纪起居，不敢遽以私请。生平所学几何，安能仰助高深？且赋性迂疏，交游稀少，长安风景大异往时，事事不能偕俗，不知何时得返初服，了此一段蛇足也。

薄仪二种，聊以伴束，伏乞哂存。更望宽怀加餐，为世仪型，曷胜瞻依，悚侧之至。

与少司农魏环极书

曩在长安，承先生过爱，指诲殷殷，私心铭刻不尽。倏而一别，不意遂至廿载，所以然者，始则懔遵功令，未敢片纸入都；既而谢病归田，鳞鸿无便。遂稽修候，疏阔之罪，可谓极矣。然精神向往，梦寐如在左右。每与友人论学，或教家之子弟，必举阁下见诲之语以相勉，自谓欲报知己，惟在勉强学问。傥于斯道粗有所窥，固可千里同堂。仪文繁缛，非所以事大贤也。家居不能常见邸抄，闻有大疏，无远近必购求读之，手录成帙。窃以先生正色立朝似王沂公，而通达国体，忠诚笃挚，即司马君实不能过也。向徒于简册中忾慕昔贤，何幸身亲见之！

至于荐雪海年翁一事，尤有补牍之风。雪翁学识才胆为第一流人物，必有以报国不负知己之举。斌拭目望之，往来夏峰，读手教及所寄文字，晤马构斯兄得知家庭孝友，乡党信服之评。又王叔平中翰，见示"圣人门，圣人家"六字，篆诸大刻，仰见指示真切，追踪濂洛。当今道统端有所属，恨不日侍宫墙，亲承绪论也。舍亲唐峻甫家报中常述垂问厚意,叔平亦备述注念,知先生不以疏阔见罪,而雅爱之意殷殷无异昔时,盖大贤不忘愚贱,不责疏简如此。若必拘山林不通候长安公卿之义,是自外于有道君子也,是矫激不合中道也。今世兄高登贤书,名臣大儒复得贤子孙继其家学,真吾道之幸,非寻常科第之荣,闻之喜极欲舞。谨藉舍亲北旋之便,恭候道履,并布区区之意。

斌赋质庸钝,年来忧患困苦中锻炼,稍稍得力。觉前剽窃书册语言,于性分终无干涉,惟求出不愧朋友,入不愧妻子,展卷不愧诗书。人生光阴不可把玩,未知向后能稍有进益否?尚祈不吝鞭策,俾勿堕迷途。虽不能日聆欬謦,领受教益,无异躬侍几席也。

前在夏峰读尊札,有《日知录》《儒言录》,渴欲一读,不知今俱付梓否?

临楲北望,伏惟为国为道自爱。久居林泉,贱刺不敢概从仕例,知先生以道相与,非以位相加也,统惟尊照,原宥不宣。

答耿逸庵书

秋末偶患痰嗽,药饵误投,几至困顿。苏门之役,儿溥代往。归来捧致手教,读之如晤清范。嵩少之约,无时不往来于怀。以老年翁正学端品,交情真至,一别廿年,弟何能恝然于中也。

顷闻构斯兄述居乡仁德,惠洽闾里,具见民胞物与之意。仲诚年翁侨寓,密迩同游,相履之盛,令人健羡。又构斯皆同门高贤与年翁讲堂相望,德星之聚,远过陈荀。春风咏歌,悠然可想。

昨读夏峰先生年谱中载年翁证学数则,精进之极,佩服,佩服。外有小札,希致之仲诚,余不宣。

答张仲诚书

壬子冬得承手教,赐《为学次第书》,捧诵数过,中正确实,学者有所依据,有功圣学大矣。昔乏便羽,未得奉谢,向慕徒殷。

闻侨寓嵩少,与逸庵年兄、构斯、宽夫诸社翁快聚一堂,印证所学,无异鹿洞、鹅湖,诚千古盛事。此中会语,必有发先贤未发之蕴者,倘蒙便中寄示,使弟闻所未闻,真大幸也。秋末病至缠绵,夏峰先生执绋之役,小儿代往。归来得接手教,甚慰渴怀。弟与逸翁久有卢岩石淙之约,俗务牵羁,不能如愿,徒增惆怅耳。

秦地正在抢攘,西行断宜慎重。事权在人,筹画非易,书不尽言,统希神照。

与某给谏书

阅邸报知荣补梧垣,欢欣累日。官阶久定,而独称贺者,以圣主治化熙洽,求言若渴。建白称旨,辄膺不次之擢,一时相继而起,言路大振。朝有鸣凤,野无豺狼,真士君子得志行道之日也。

足下经济实学,乘时展布,海内士人,仰望丰采。虽朝无阙事,不劳谏书,而嘉谟嘉猷,无妨入告。但事尧舜之主,以至诚不欺为要。上关国计,下切民生,识体得宜,勿为泛言,陆敬舆、司马君实在今日矣。

兹因便使附候,疏节之愆,幸惟原谅。

答戴岩荦司农书

老公祖先生阁下心孚一德，道赞两仪。曩在长安，得瞻风度，私心仰止，如泰山乔岳。别来倏已廿载，未能具一函之问，疏越殊深。

前承乏西江，得叨经碧先生同舟之雅，荷蒙良诲，铭刻不尽。归田已十六春秋，往来苏门见夏峰先生，屈指当代名贤，辄首推阁下。博大敦庞，足以翊运匡时。又知道履贞胜，耆年遐福，天相元老真儒，永斯人命脉，不胜雀忭。更得拜读大刻《论学手书》，皆字字恳切，如听招提晨钟，恨不能负笈从游，日闻所未闻。乃承台翰，猥及奖藉，殷殷焚香盥诵，如侍左右，仰见诱掖后学盛心，谢谢。侍斌迂鄙庸陋，不通世务。虽立志未敢后于恒人，而才力有限，实有绠短汲深之惧。伏望大君子陶铸人伦，不遗凡近。时惠南车，俾勿迷歧路，庶不至虚度此生，感当何如也。

临楮北望，可任翘企。

与张子友人书

武林得晤清范，别来遂已三载，崇雅堂前老桂偃松，青灯对雨，至今依依如昨也。

贵乡才薮，兄高才博学，为一时领袖。但学问之事原无止境，稍有歇手，便是退步。孔子曰："发愤忘食，乐以忘忧。"有愤便有乐。若平日无愤无乐，只是悠悠，何可言学？学者，让天下第一等人不做，做第二等人，便是无志。词章训诂，皆为圣学之蠹，一切填词小技，何须着意为之？望兄屏去一切，潜心经学，为近里着己之功。

异日或挂帆南去，于两高天竺之间，芒鞋竹杖，重续昔游，互正所学，不知能相视而笑，莫逆于心否？

与王东皋书

曩在长安把袂谈心，相期千秋。别来倏及廿载，夙夜自盟，不敢一时苟且，有负知己。然未有一介之使、一函之问，上彻阍人之听，非敢自疏。始则凛遵功令，未敢一字入都门，后以谢病归田，戢影林间，又乏便鸿。经年不见邸报，荣假仙里多不闻知，以此遂稽修候，而中心仰止，无异嵩衡。

老年台正学清节，渊识宏才，为当今第一等人物。居铨衡一尘不染，厘奸剔弊，胥吏如木偶，三堂拱手受成，即旧人噤不敢发一语以枉公道。此即杜祁公犹难之，无论前辈云浦、泾阳也。西台丰裁岳岳，经国硕画，确然可行，非大言鲜成事者。幸附交谱之末，无事忾慕昔贤于简编之中，非甚快事也欤。

有人自京师来，知尚未荣补。近始闻里居，未赴京华。今国家多故，至尊宵旰不遑。老年台清名久注，御屏正当入赞。勿密鸿猷硕谟，使海内收治平之效。天下事极难措手，必得二三正人还可匡救，此山林耕夫日夜望之者也。

兹因舍亲王映淇新授贵邑学博，赴任之便藉手恭候起居。舍亲博学娴词赋，为文坛牛耳，弟共研席最久。幸在龙门之下，伏望时赐指诲，感佩当无既也。临颖神与俱驰。

答张上若书

前岁舍亲北上，曾附小函奉候，兼为长公高捷一陈贺私，不意以迁途未达典记。我辈同馆同年兄弟，如老年翁真品邃学，笃论鸿词，实未多得。弟私心仰止，形诸梦寐。相去数百里，不能时通尺素，矧把臂谭心，如追随禁院时耶！

老年翁金钟玉衡之品，自当领袖朝端，赞襄盛治，乃久卧东山。今四方多故，圣主寤寐求贤，松菊恐未可恋也。近见为老年伯校正遗书，缵述盛事，具见大孝。古来名臣大儒，鸿德丰功，必得贤子孙继其堂构，方能使精神与天壤同永。老年伯经术事功，卓在谏垣，则魏文贞、陆敬舆也；秉节钺，则韩襄毅、马端肃也。而时势之难不啻过之，晚年读《易》，上晤羲文，远绍洛闽，出处皎然，为一代完人，非近儒所及。

承赐《云隐堂集》，弟每晨起盥手捧读如奉教，自愧才识弇陋，不足称述万一。且自秋月一病，百日稍俟。春和当勉竭芜思，奉请郢削。贱名得附卷末，亦大幸也。远叨腆贶，不敢过却，拜登嘉惠，临楮菀结。

与许典三书

别后倏复二载，怀仰弥切。

言路藉重名贤，世道人心端有攸赖，太平之运实肇于此，深可欣幸。承教大刻阐明吾道源流，圣教始终立义不磨，真足继往开来。今圣主懋学勤政，自朝至于日中昃，不遑暇食，不世出之主也。际此昌期，吾道当兴。愧侍从之臣学术浅陋，无能仰助高深。老年翁拜献所学，正色昌言，必能大有补益。惟及时命驾，勿久恋丘园，幸甚。

玉峰朝拜官而夕上疏，丰裁甚可敬爱。任待庵一日五疏，启奏之时声与泪俱，言路遂有起色，专望台台为之领袖也。高子节要即致之启南，此公素负英气，近日学力更深，与博公皆天演之瑞也。

使旋甚迫，率复不尽。

答小岑书

自别台范，时切云树之思。远承手教，言义理气数甚辨。但以仆之浅陋，与祠部公并论则过甚矣。祠部公蚤年学道，悟性命之旨，平生不肯稍自委蛇以取禄位。纠弹权贵，风裁岳岳。晚年托兴声律，心地空明，毫无挂碍。古人如渊明、逸少，皆负经世之才，遭时不偶，仅托诗酒翰墨以自见。然当时富贵烜赫者皆湮没无闻，而二子高风远韵，至今犹在人耳目间。识此则可以论祠部公矣，岂后生末学所可同日而语哉？

长兄天赋异才，克承家学，向来著作已足自名一家。《读〈易〉近解》，扫除训诂家言，发明经旨，象数义理兼该无遗，不依傍前人，而又非有意标新立异，翻驳前说者。不意晚年见此奇特，真喜而不寐也。近日阁务殷繁，戴星出入，拮据不遑。稍暇拟作数言附之卷末，藉以不朽。

《春秋志》更得一读乃快。临楮不尽依切。

答王继祖书

都门晤教,见道丈英毅之气发于眉宇,将来事业名位皆未可量。快慰,快慰。贵乡山水雄秀,风气完密,所出人物必有非常建树,不若他郡多以文藻著胜也。转盼春期,伫望领袖礼闱蚤为世用,幸磨砺以须勿过让也。

远承手教,深荷注存。前拜读令先祖家传,即付之倪暗公。后暗公以读礼南归,匆匆遗失原稿。虽采他本载入,终恐纪述有误,今正将合卷幸再寄一本。忠直名臣,有光汗青,何敢不敬慎!

伏惟迅发为望,临楮依依。

寄丁景行巡抚书

洞庭衡湘,形胜甲天下,固南服重地也。节钺巨任,朝廷环顾藩臬,而慎畀之,良以建威布德,镇抚军民,非大君子莫克胜任耳。太史王六翰奉命滇中,还朝当经贵治,藉便奉候。

濂溪周子,为理学大宗,开洛闽之传。道州,其乡里也。程、朱皆有博士,而周之后人未得邀一命之荣以奉其祭祀,实为阙典。倘蒙檄行郡县,访求后裔,援程、朱二家例为之题请,真千秋不朽盛事,但不可令匪人假冒耳。

万里驰械,不尽瞻依。

答张承武书

前在史馆,因施愚老疑"格物"二字止见于《大学》,而"格"字古经书无训。穷至字者历举诸说,而究归于朱子之说为正,未尝疑朱子之说为未尽也。先生坐稍远,想未听真耶。乃烦台札开示,敬谢,敬谢。

弟虽无所知,生平服膺朱子最切。阳明之学当时争论已多,近日名公卿声名权力震天下,辟之不遗余力矣。先生以孔孟自任,距邪卫道,以阳明为少正卯、杨墨,自无不可。弟愚陋无似,不能测阳明之藩篱,实未敢,亦未暇也。

寄李襄水书

舟次高邮,知老亲家驻盖秣陵,以为岁内返棹,相聚里门,一话积悃。壮游正适,而弟匆匆北上,竟未能一瞻色笑,怅惘何如!元长亲家邀我芳园,醉我旨酒,且河梁把袂,情怀依依。老来归兴益浓,亲交情重,每一念及,不禁黯然。弟滥叨国恩,涓埃未报,冀图稍尽寸心,便可自求遂初,复寻鸥鹭。而学术短浅,才力稀微,头白如霜,论思何在?此中甘苦,未易言也。

每见卿贰会推,大寮辄兴才难之叹。弟谓当世有经国鸿才如襄水先生而使之,嘲云啸月,俯仰岩壑,乃反咎天之生才偏啬今日乎?诸公未尝不以弟言为然也。

司咨已投,阮老以为咨部必须亲到。千里酷旱,吾乡为甚。救荒之术何以筹之？闻州尊锐意兴革，前与蛮老所商，似属可行。乞老亲家大力赞成，亦佳事也。

牟山作何功课，便中示知为望。

日日五更入朝，新例严切，精神困顿，诸事废绝。南望秋堂，真如蓬莱方丈矣。临楮不尽愿言。

与汪苕文书

咸中兄入都，得拜手教，知道履康胜，欣慰，欣慰。

弟与泽州念史事重大，议奉强出。山台意坚定，不敢重违。先生命世大儒，乐志山林，令人作天际真人想。史事刊修甚急，今冬可以完稿，明岁再加改削，可以草草告成。世有班马，乃得逍遥林下，史可知矣。

局中议论不一，错互叠见。弟才识疏暗，分任正统后七十年列传，兼天文、五行、历法三志。此七十年中人物最盛，稿最冗杂芜秽。止倪文毅一篇出之大作，其难何如？三志皆非素习，诸公以弟略晓一二相委耳。春间竭昼夜两月之力，始完《历志》。绠短汲深，即专精殚思，尚不能胜任。又有《圣训》、《会典》之役，辞之不得。然其事分任尚易为力，不意陈、孙二公一时迁职，力荐代者，遂及于弟。初不相闻，至五月十三日，忽传进宣旨，同新院长进讲内廷。每日黎明鹄立殿下，至午讲罢方出。盛暑不辍，精神困惫，无复入人理，以此史事愈荒。讲筵史局，势难相兼。馆中济济多才，而求备于疏庸无似之一身，贤者处逸，愚者任劳，此何说也！弟迂拙不识变通，每敷陈经旨，常寓规戒，多至切直。同列皆以为怪，以为素无此风。圣度宽大，不以为忤，久之必蒙斥谴，然弟之自处审矣。

泽州于史事不能得之先生,而弟于此事不能求免于泽州。然此命也,非泽州之所能为也,惟于云霄之上想慕先生已耳。

鹿忠节公寻声谱,乞转致周先生,以中有忠介公诗,恐其家无稿也。

敝门人范景密迩高斋,能常请教否?乞直教之,勿使为习气所染,习气大可畏也。

余情缕缕不尽。

答耿逸庵书

前承示大集,纯正精洌,得先儒真传,即欲附数言于卷末,以志同学之谊。况重以台命,何敢迟延?只因年衰,心血久枯,史事繁重,虽有多人,任事者绝少。谬叨总裁,义难他诿。幸未任方略,圣训俱本实录,为力较易。近又进讲内廷,每日黎明入朝,午后始归,即史事亦不得不放下。精神困惫,实不能支。况此非应酬文字,当立诚,不敢苟作,稍迟即具稿呈览,断不敢负台命也。

张父母治行,近今罕觏。卓异之典,原以备台谏铨衡之选。而部中循例,仅晋一官,何以待治行平等者?然学道君子随地是学,远近美恶皆于性分无干,非意计所及。闻张父母处之坦然,此正平日学问得力处。

粤民新离干戈,正儒者所宜尽心之时。顷乔石林自粤西回,言彼地大吏甚贤,政教俱合理。贤者相得益章,当有显功异擢。弟不能作文奉送,亦不敢以札奉渎,乞叱名致意。

又闻抚台请主大梁书院。省会四方之中,兴教为易。当事,能敬贤崇学,此意不可不成之。

秋风渐厉，为道珍摄是望。临启依依。

记

睢城西关帝庙记

睢城西三十里有庙祀青帝，不知所自始，土人号曰离蚁庙。于其前为宫，奉汉前将军壮缪关侯。称帝者从时制也，作之者，居民尚纪臣也。余舅之子赵祚昌来言曰："纪臣勤稼穑，好行善事，酾赀为此宫。数年而后就更募地五十亩，为岁时伏腊祭祀之用，且以供守庙者之饘粥，敢请为文纪其事。"

余告之曰："今天下为宫祀帝者，比间皆然。若处处伐石为碑纪之，则山为之堕，而颖为之竭矣。且帝亦何须于此？此地非若许昌、荆州，为帝立功建大节处，亦无容纪。若欲侈陈栋宇之闳丽，工役之勤劳，此不足明教而正俗，敢辞。"而祚昌请不已。曰："无已，则言事神之道可乎？"

夫神正直刚大，不可媚以私者也。事之之道，必孝以事亲，敬以事长，信以处友，勇以徙义，直以距邪，刚以制欲，廉以居利。复深耕易耨，以供赋税。勿妄交游，勿信异教，勿以贫懦为可侮，勿以隐微为可欺。如此行之不倦，神必佑之。苟或不然，即日宰牲设醴，焚香呼号，非神意也。《易》曰："积善之家，必有余庆；积不善之家，必有余殃。"夫亦先明所为善而已矣。《诗》曰："神之格思，不可度思，矧可射思，流动充满，何时容吾厌斁。"此诚意之学，而事神之道在是矣。

朱晦翁不作祀庙文字,余何敢望晦翁？然惧乡人不明乎为善之道,愿以此言告之。

志

通奉大夫、陕西布政使司右布政使、环洲成公墓表 代作。

公讳仲龙,字为霖,成氏,其先世为晋人,后为大名之长垣人。祖曰宰,知睢州;父曰莲,赠按察司副使。孝廉公三子,长曰伯龙,进士,为按察副使;仲即公;季曰季龙。

公幼好学,于古今书无不读。为人惇厚坦易,而遇事敢断。好谈兵,人莫能度也。万历戊子举于乡,越十四年成进士,拜夏邑令。夏故僻邑,公简省科条,豪贵不敢犯。盗猝起,萧砀人心汹汹,公统所部子弟周旋矢石间。明设购赏,盗皆却走。桴鼓稀鸣,民以安堵。逾年举治,剧徙永城。当是时,巨寇拥众数万,屠掠梁宋。旁郡吏多弃城走者,公独增埤浚隍为固圉计。乙亥,贼自会亭飞驰至夹攻,用版刍实濠,以水绵翼木遮拥而进。公令以炬矼投之立烬,贼少却,而环攻不解。公曰:"此非悬重赏,众不鼓。"贮千金募敢死士绹而掩击之,禽俘以数百计,寇破走。时,徐沛土寇虎视永邑,闻公声威,旋皆解散,吏民人人相庆。岁终,上计举卓异,为两河第一。

戊寅夏四月，召入京。上御中左门询公戡乱功次，公对称旨。上以公能兵，遂擢兵科给事中。公以骤蒙主知，思倾身以报之。所持过峻，人且以公为不得久居中。未几，果出为浙江参议，兵备台州。台俗生女多溺不举，婢老有白发弗偶者。公至，勒石垂戒：凡溺女锢婢者，坐父母家长以罪。其法至今便之。顷之，大陈海寇突入，濒境劫掠。两浙久安，初闻声斗则掩耳走。当戍将校皆纨绔儿，咋舌相戒，宁以法死。顾裨将曰："上以我知兵，故授我兵。垣当太邱，弹丸地，数万巨寇，我率步卒却之，何有此乌合之徒哉？"裨唯唯相顾不信也，然亦不敢言。公遂登枫山，遴战艘五百，申明约束，军容大振。即移檄温、宁夹击之。寇穷，且食尽，缚其魁请降，乱遂定。

捷功闻，上嘉悦之，擢陕西关内道参政，浙吏民以数万挽车毂，且哭曰："公幸活我，奈何我去县官，独不念东南百姓耶？"控吁中丞公再借寇一年，中丞许之。疏上，不可，公遂行。

壬午，丁太夫人艰。乙酉，大清定鼎，诏求逸佚。用部使者荐，起公为山西岢岚道参政。二年，进秩陕西右布政使。未一年，入贺，遂致仕。公所至皆有善政，凡非关一方安危者，皆不载，载其大者如此。

噫，予中州人也。公筮仕中州，故知公最详。往年予在京邸，寓石驸马街，与公实比邻，公数数过予。公敦厚诚悫，与人温温，不立崖岸。而遇事慷慨，言及古人忠孝抑郁事，辄呜咽太息，徙倚悲歌，不能自已。夫文墨吏能抚循百姓，抑已贤矣。一旦乱起仓卒，能从容定变，不动声色，非至诚孚人而能如是乎？今永夏之民述公御贼事有至流涕者。台州绘像立祠，岁时曳节跋履，若少壮不期自至，稽首祠下。呜呼，使公得久于朝，尸而祝之者当不止数郡，而仅仅以外藩终，悲夫！岂其时有幸不幸耶？要之，其所建白亦弘矣。

且子弟皆博学好古，能世其业，岂天故靳其施以待于后之人耶？吾盖以此益知良吏之必有后，而天之所以厚公子孙者讵可量哉！配孺人殷氏，继王氏，俱先公卒。今孺人李氏，男三人：一象瑶，官生；象理，举人；象珽，举人。女三人。

公以万历辛巳六月二十九日生，以顺治甲午二月十四日卒。墓在邑西十二里之留村。

封建昌府推官王公墓志铭

公讳某，字某，睢阳人，其先鹿邑徙也。高祖讳朗，重义乐施，常捐千金修明伦堂。里有大差役，辄躬任之。郡守曰："王君好义，必昌厥后。"朗生讳宗尧，国学生，是为公曾祖。宗尧生二子：之宾、之佐，皆庠生。之佐以子逢元贵，赠奉宪大夫、邵武府知府。之宾生公考，讳承泰，积德累行，有古君子风，为颍上训导，士子奉为典型。元配汤氏，次孙氏、窦氏、王氏，子七人：曰煜，曰灿，曰炜，曰辉，曰燦，曰炳，公其四也。

公伟躯干，美须髯。幼颖异，于书无所不读，补开封府庠员。开封巨郡，试者常千余人，公每试辄冠军。与人语，讷讷若不出口。及论文，则证据经吏，踔厉风发，一时贤士皆倾慕之。然公淬志砥行，究心性命，不屑屑举子业。会河南乱，所至无完堵。公先事而避不及，于险乱稍定，益勤勤课子弟以学。常谓诸子弟曰："世之华胱者不少矣，不务建竖，沟壑其心，虽跻通显，何裨世道？吾实薄之。夫人亦在践履何如耳，岂必登琐闼，历金门，始称殊绝哉？"

己丑、壬辰，伯子、仲子相继登进士，奉职内外。每遗书以宣扬君德，爱惜民命为训，语不及家私。某年以覃恩受仲子封为文林郎、建昌府推官。冬，举乡饮酒礼，郡侯躬率师生执缵币登堂以请，公固辞不获。至日，子侄甥孙扶持肩舆，邻里无少长曳节跋履，聚观泮水者数千人，交口赞美之，四方传绘以为荣。

公天性和乐，不为崖岸崭绝之行。年既高，岁时与亲友饮酒，醉呼诙调笑歌以为常。又精易数，常慨然曰："人生显晦何常，吾辛苦数十年不得一第，晚承恩荣如此。然大数有定，明年秋夏之间吾当与古人游矣。"会天子以灾异涣发大赦，伯奉诏甘肃，明年夏归里，逾月公果卒，享年六十有七。

呜呼，予与公家世为姻好，时常从公游，伯子、仲子皆予同榜进士，故知公为深。甲午，伯子与予俱官京师，恒邑邑不乐，叩之，则曰："予父年六十余矣，予禄薄，不能迎养也，弟又远任盱江，将奈之何哉？"及使甘肃也，奉尺一之诏，星驰万里，度非所乐。乃抵家，幸遇含殓，以此见公之至德。故天若假之一时，使有子奉终事也。仲子闻讣，设位以哭。江右士民无远近，争赙恐后，呜呼，可谓贤也已。

公配高孺人，子二：长震生，壬辰进士，授中书科中书舍人；次嘉生，己丑进士，授江西建昌府推官。女一，孙三。

公以万历十七年己丑八月十七日生，以顺治十二年己未八月卒，葬于夏陵七里厚台岗之新阡。铭曰：

猗与懿德，令闻孔彰。不朽为寿，耄耋非长。矧铭哲育，休命丕昌。纶綍奕奕，燕翼无疆。松柏蓊郁，回流抱冈。爰卜玄庐，万世有庆。

传

文林郎江西广信府推官雪潭任公传

任公,讳文晔,字联璧,号雪潭。先世自洪洞徙新乡,遂为新乡人。少好学为文,惊动长老。弱冠补博士弟子员。每试辄冠曹偶,壬午登乡荐。先是,丙子伯兄文朗已登贤书矣,联车入都,士林荣之。

当是时,李自成已踞关陕,震动畿辅。而太翁年高,公亦无意策名,归偕伯兄舆太翁入百门耘斗峰,拾橡栗,汲石泉,有终焉之意。而是时,李逆设河北伪官,迫公入秦,公慷慨裂檄,人皆危之,公怡如也。

皇清顺治丙戌,始捷南宫。念太翁年高,未就廷对。丁亥,成进士,授陕西凤翔府推官。未赴任,丁太翁艰,服阕,补江西之广信。执法不阿,属吏奉如严师,而大意本于宽厚。南昌太守被劾,谳者坐以通叛。其母年八十,诣公申理,公力辨其枉,得减等。时,九仙山贼杨文踞险为乱,抚军蔡公提兵进剿,委公督饷。崎岖冈岭间转运不绝,文遂授首。又同诸将搜剿余孽。公令军士各带糇粮,继以舴艋,供馈充羡,遂成底定,蔡公举酒劳之,曰:"地方敉宁,任司李之功也。"诸将获贼妻女,必审问姓氏居处,令其家携归完聚,民有绘像以祀者。

尤加意文学,月课奖拔。及乡试同考,所得多知名士。捷礼闱入禁苑，以文章著称者，若而人众归藻鉴焉。清江杨机部公尽节赣江，其子贫困废学，公访致资之读书，列名黉序，其高义如此。

公既久次，具有声望，于例当内迁，竟以平反疑狱忤上官意，中以考功法报罢。公曰："吾以持法受过，夫复何憾？且老母方倚闾，得归依膝下，吾之愿也。"抵家，承欢之余研究性理宗旨，课子弟以学。未几，太孺人卒，公两执亲丧，哀毁尽礼。暇时筑东园，远眺太行，近挹苏门，与老友结社饮酒赋诗，陶然忘世。后进执经问业者户外屦满。子璇，己未进士，选庶吉士，寄书勉以上报君恩，无忘祖德，语不及私。喜读《大易》《老子》，自号袭常道人。所著《泽畔吟》《清商曲》《东园草》《繁霜吟》，篇什甚富。卒年六十有六。

史官汤斌曰：余尝往来夏峰，数过新乡，见公长身玉立，美髯疏眉，巍然巨德长者也。因忆昔年官豫章，其乡先生往往称公司李时事，而成就机部，后人尤乐道之。世有名贤，哀郢沈湘，而子孙沦于耕牧，弗得与衣冠为伍，谁有过而问者？若公之所为，真可令闻者涕零矣。乃以直道忤时，不获大用于世，惜哉！然其居乡厚德，里人奉为典型。子孙砥砺名行，克光家学，天之报清白吏，信有征矣。

同治庚午冬，重刻先文正公全集。史稿之外，统为《汤子遗书》。其中编次视原刻少为变易，而篇数则仍其旧云。

慨自捻乱以来，节烈、贤良两祠均毁于火，所藏集板荡焉无存。乱定后祠宇虽次第落成，而重刻全集力有未逮。幸蒙河帅苏赓堂先生倡捐重赀，各大宪慨分清俸，因得授梓开镌。嗣以功亏一篑，久未告竣。适州尊梦榴沈公来牧吾土，询知原委，捐赀以助，聿观厥成。于戏！先文正公经猷学术，卓然为一代名人，虽片纸单词，当世咸知宝贵。兹于全集之外尚有家藏抄本二卷，为先曾伯祖兰墅公手辑。若不同登梨枣，深恐散佚失传，是后裔之责也。因复加校订，附刻全集之后，庶先人手泽不至沦没，亦以成兰墅公未成之志云。

时在同治拾年,岁在辛未如月。

六世孙树茗谨跋

卷二 表、颂、杂记、诗、词、四书文、解

表

拟谢表

上悯念畿辅灾荒,特发帑金二十四万两,敕满汉大臣分郡赈济,全活饥民无算,廷臣谢表。

顺治十一年

伏以圣德象天,畿甸洽阜财之化;皇仁溥露,股肱襄解缊之施,海隅尽复旦之乡。而敷惠宜先,三辅寮寀,皆旬宣之吏而作邻。实藉六卿,辇毂无虞,轮裳攸庆。臣等诚惶诚恐,稽首顿首上言。

窃惟虞廷九载,洪流奠而四隩攸同;亳都七年,桑林祷而九围咸式。盖天灾敷被,盛世亦有云汉之歌;圣泽翱翔,穷鄂始免星罶之叹。若乃南有箕而北有斗,二东厓杼轴之空;釜无糜而桁无襦,

九重鲜钧驷之具。颂丹诏于关右,实赖长沙;移玉节于东京,爰崇汲黯。或发廪南郡,或止辇洛阳,常平之仓开甘露神雀之盛,度支之奏成永泰大历之休。绘流民而为图,辉煌玉简;开义仓而分社,照曜齐封。至于醉酒风高,武德占丰年之瑞;桑耕日暖,杜陵慨盛世之春。均输利析秋毫,淳夫之谏章维切;青苗等于商贾,眉山之奏草堪悲。圣徽云遥,仁风邈著,或因星使之至止,或因玉辇之偶经。采桑椹于峄山,感太子而驻马。供蒲苇于淮甸,逢御史而停车。令闻奕于百年,隆施止于数县,从未有宣麻殿陛,授节公卿,千里咸临,八郡攸被如今日者也。

兹盖伏遇皇帝陛下德同姚姒,道迈黄虞。长乐风清,薰弦来凤仪之庆;金华漏永,云旗表麟趾之祥。紫芝有歌,河清有赋,瞻云日者十载;蠲租有诏,耕藉有文,定图箓者万年。日月明矣,凡钻燧凿榆之民咸廑宸虑;河山奠矣,岂捧辇服毂之地罔切皇情。乃临省阙而云怀,呼臣邻而予助。看浑河而如带,两岸寒烟;望岳云而如楼,千里哀草。苏门易水,尽鸠形鹄面之夫;大伾溥沱,唯赪尾羝羊之咏。室如悬罄,空闻布谷之声;野无青禾,谁怜载胜之羽。兴云霓于天上,滋雨露于日边。乃发帑金二十四万,乃命卿佐一十六人,损尚衣以为民衣,宁慕集囊于汉主,减玉食以为民食。非仅假籯于古皇。分郡齐临,岂夸金章紫绶?单车就道,谁同饮酒游山?男耕女桑,尽饔鼓而轩舞;燕云赵野,咸祝华而呼嵩。

臣等滥缀朝班,伏承天宠。或俎豆罔习,从龙于丰镐之前;或经济无闻,拜贽于郏鄏之后。旌旗缥缈,睹圣泽之云飞;闾阎崔巍,感皇恩之露灏。伏望宏此帝德,懋乃神功。巽命时申,东连日出洦盘之郡;天颜常涣,西渐流沙积石之乡。哀哀农夫,常歌含哺;粲粲公子,永无履霜。金瓯固于周京,玉烛调于虞代。臣等无任瞻天仰圣,激切屏营之至,谨奉表称谢以闻。

颂

甘泉房中产芝九茎颂　并序

臣闻圣世崇德，不侈祥瑞。而天休丕至，自表嘉征。粤稽上古，卿云著于阙庭，凤凰巢于阿阁，猗与盛哉！至今辉煌玉简，照曜竹书。盖一代之兴有明圣显懿之德，必有嘉符异祉。而文学待① 从之臣，因珥笔以纪盛事，所以答天祥而昭国祯也。

今大汉隆兴，蕴渥之贶七十余载。湛恩汪濊，洽被方外。是故命师西指，巴蜀献琛；移节南临，番禺入贡。天马宝鼎之歌，荐于郊庙；麟狩云封之事，著于纪年。盖圣德广布，西渐流沙之乡，东被日出之郡，故能使山海秘珍应期而至。乃于元封二年夏六月，甘泉房中产芝九茎。紫辉素质，炳耀绚烂，诚灵台之所未睹，往牒之所希觏。夫白环楛矢，来自异域；素雉丹乌，徒侈奇文。然尚用勒青编聿昭后世，况地出斋房，物称灵产者乎？且陛下元默为神，澹泊为德，轸念民依，夙夜不遑。乃今一茎五穗之祥，甘露和风之休，遍丁郊圻。而元符所钟，更在昭格神明之地，是陛下精诚交乎，而上帝来贶也。诚宜诞发大惠，以扬圣朝之令祉。

微臣职居纪言，谨拜手稽首而献颂曰：

大汉五世，皇风维淳。闿泽诞敷，日月为邻。山来赤凤，谷无隐麟。元鹤在沼，宝鼎出津。甘泉之宫，碧涧嶙岣。翠旌时御，玉节星陈。云影纠缦，如菌如轮。爰有紫芝，烂然其荣。纷纷郁郁，碧叶金茎。紫雾如盖,油油菁菁。

考之古纪,蓂荚始生。用验晦朔,历象以明。屈轶之草,指邪是名。圣睿惟哲,贤愚必清。何须假草,乃奏升平。惟此紫芝,零露瀼瀼。色连宫树,影入梧筐。九华葳蕤,并茂齐芳。玉佩掩映,云锦高张。气非兰蕙,王者之香。渥有宝马,天子是歌。爰献颂章,以续嘉禾。

渭水汤汤,黄山峨峨,汉德无疆,永保天和。

校记

① "待"似应为"侍"字。

杂 记

本 纪 条 例

一、本纪自晋宋以来法渐详密。《唐书》以诏辞骈丽删去,仅存高祖一诏,亦多裁节。书法义例务从简严,前史之体为之一变。而王言无征,后人讥之。《宋史》因事定例,不似《唐书》之严,而事加详。诏令言辞亦剪裁载入,一代事迹灿然完备。《元史》繁芜,不足观矣。

窃以本纪记一帝始终,非同纲目一书。原本《春秋》,义取褒贬,另有目以详其事也。如即位册立,诸诏记其事,删其文可也。如战攻方略,训戒臣民,志传不能载者,必须总括数句,其事方明,则《宋史》可法也。《汉书》有一诏而本纪与志传详略异者，知出史臣剪裁，非尽原文也。细看《宋史》言动皆记，实备左右史之体，故本纪当以《宋史》为法。

一、皇后初立，得其正者曰立皇后某氏。继立曰以某妃某氏为皇后。

一、皇子生前史例不书，《宋史》惟书子构生，或以其为南渡之主，故特书之。帝之生日见于本纪，初生可不书。诸亲王封薨书，郡王不书。皇贵等妃书，太子诸王妃不书。

一、内阁、两京尚书、都御史除拜皆书，卒于官书，其致仕大臣勋德著者书。《宋史》大臣致仕，如富弼、欧阳修薨皆书，不必卒于官也。

一、增设在京衙门，及在外藩臬以上者书，余皆见志中，不书。其紧要卫所，关边防大计者，不在此例。

一、日食、太白经天、昼见彗孛，及京师地震、水旱、大雨、雹伤稼书，流星、月食之类，天文志详之，不书。

一、外国朝贡书。土司入贡不书。一年之内，一国二三入贡，或诸国俱入贡，于月终岁终汇书之，此沈约以来例。

一、勋爵初封书，袭封不书。既绝复封者书。

一、赈饥书，其遣官姓名不书。"赈"前史俱作"振"，今从之。

一、蠲租赋书，夏税秋粮等名不必琐书。

一、各帝后尊号俱见各帝后纪传。上尊号时但书上某帝后尊号，不必详书。

一、即位、册封、除拜、颁诏、行幸等事书日，攻伐、谋叛、书反等事皆不书日。以非一朝一夕之故，不可以日计也。

一、用兵两相攻曰攻，以大加小曰伐，加有罪曰讨，天子自征曰征，此欧阳公例。易得曰取，难得曰克，掩其不备曰袭。我战退敌曰却之，我胜追奔曰败之，我战败曰败绩，小挫曰不利，未战而奔曰溃，以身归曰降，以地归曰附。

一、书外国侵犯曰犯，番苗瑶僮土司曰叛，草泽特起曰反。又叛者背此而附彼，犹臣于人也。反自下而谋上，恶逆之大者。造谋未行曰谋叛，土贼无主名曰作乱，破城曰陷。

一、凡诛戮至凌迟曰磔某于市，斩曰伏诛，杖杀者曰杀。某官某人下锦衣镇抚者曰下诏狱，下刑部、都察院者曰下法司。廷杖者曰杖某于廷，定大辟曰论死。谪降曰贬，革职曰削籍，军流曰戍。当其罪增"有罪"二字。

一、祭祀、亲祭书，初定典礼书，每岁春秋循例遣官不书。

一、临幸远者，书车驾幸某地。车驾还宫，近者止书某地，此司马温公例。

一、殿试传胪，书赐殿试举人某等进士及第出身几百人。

一、建言当见本传。有大关系者前史亦间载入，若泛常称二事三事者削之。

一、督抚初设则书，循例相代者不书。或有事绩与除罢相关者则书之。

一、大兴作，如宫殿城池皆书。

一、遇难死得其正者曰死之，才智不足卫身曰遇害。

潼关署中记

外方面与词臣大是不同，须办全付精神。属官书吏，中军门下听用，俱要持重谨密，颦笑不可侮人。不妨事事讲究，但不可轻说一个是字，不可轻露意旨。盖我们一言，彼遂记之终身，衙役遂借之出卖于人，不可不慎也。

此评文移须要前后照管，要三年如一日。不然，前后自相矛盾，人便谓我梦昏，则乘间思有以中之矣。

衙役左右不可寄耳目。

上台公差至，随时打发，不停时刻，温言谕之。或府官于州县行提事件，亦不许过三日，不许带副差骚扰地方。本城内凡有过往，不论兵马下吏，差官差役，令地方门军店家，即刻报知，写一字记之于壁，或过三日不去者，即查若人缘何久留，随便发付。

定官评务要的确，要爱惜人才。功令森严，人家性命家族所系，非小可也，慎之。

下官申文，照详照验，勿听人言。分别即照验者不当，只管批驳。

坐堂各处，申详俱要当面批定，或允或驳，俱将缘由当面与犯人说出，原文即交于本解子。一应文移俱随到随批，勿落胥吏之手。

一日晚上，将一日行过事件细想一番。或有未妥，即速改正。或写一字记之，呈稿时量改之可也。

延见父老，勿令长跪。当温言和气，咨访地方安危利弊，与稼穑丰歉，米谷贵贱。且不可安坐，当降礼接之。

钦限不可下行。

行户买办，宁过费，勿刻减。必令月终本铺自具片纸，本道一月之内取物若干，发价若干。即不曾取物，亦要具一帖云本道并不曾取物。

与胥吏言，不妨及民间细事，但留心察之，且以观其人之邪正。

公生明，廉生威。

至诚勿欺。

正己率属。

约束兵丁衙役。

勿用官价,勿多准状,勿拿访,以安静无为为主。

喜怒不可形于色。见喜者便妄作威福,见怒者即生防备。

和平和养,与民相安。

严禁茶马。

勿已甚,勿多事。

立法宜严,用法宜宽。

训练兵士为要。

行所无事。

清廉、勤慎、方严。

爽快,镇静,有条理。

四衙门三字不可放在胸中。

凡事以难心处之,无不易;以易心处之,无不难。

本分之外不加毫末。

事上官恭敬而勤谨。

持己端方,政令简肃,不事苛察。

务持大体。

宽一分则民受一分之赐。

勿作奇文字。

守拙。

因其势而利导之。

以学为治。

勿改平生。

讲做官者以钻营为上策,以权术为得计,呜呼!王政圣学之不明也久矣。

既往不究。

体恤属吏。

事事在规矩之中,又当力任地方之事。

莅官学道当渐修,不在事务之见美,名誉之速成也。若二三年在官,人不能指其过,亦复不能见其功,是即为真学者,真居士矣。

程子曰:"一命之士,苟存心于爱物,于人必有所济。"

兵民不可偏重,失民心不可。然失兵心则失将心,失将心则地方安危系之矣,可忽乎哉?

禁邪教。

禁苛税。

禁蒲城歇家纳粮。

严禁赌博,以弭盗源。

立义学,设馆谷。

不执己见。解到人犯,随到随审。无干被累,立行释放。解犯久滞歇家,解批过限五日,令上号吏扭禀重责。

语道务以德性为先。而知能爱敬,不失赤子孩提之素。造道以中庸为至,而圣神功化,咸归百姓日用之常。至若多闻多见,而择识《论语》,明言其为知之次,而非虚灵之体。克伐怨欲,不行《论语》,重惜其用力之难,而非恻隐之良。虽学者全功,均所不废。然老农之于田也,佳禾既植,始事刈草之图;场师之于圃也,芳林已树,乃勤培灌之力。如或次第少差,毕竟徒劳无益。

课农桑。

兴教化。

育人才。

重乡约。

慎乡饮。

立学校。
修先贤祠宇。
重祀典。
积贮。
立社仓。
招流移。
浚沟渠。
养济院。
赈饥民。
禁火耗。
清钱粮。
简词讼。
禁滥监。
表节孝。
禁唆讼。
严注销。
严关防。
禁游客。
体行户。
重保甲。
弭盗贼。
禁赌博。
核军饷。
重官评。
息奔趋流浪之志,以从事于爱亲敬长之实。
日用之间或诞谩恣睢,而不知所学。或因循玩愒,坐废时日。

无适而非道,无事而非理也;无事而非理,无事而非学也。维皇降衷以来。天道终,人道始,其源流内外一也。学也者,所由尽人以继天者也。

显之为彝伦,征之为达德,发之为言行,措之为政教。道之大原出于天,具于人心,散于万事万物,非格物致知则不能明其理。然非此心虚明宁静,则昏昧放逸,又无以为格物致知之本。程子所谓涵养,须用敬进。学则在致知者,正欲居敬穷理,交互用力,以进于道也。

人之所以异于禽兽者,伦理而已。何谓伦?父子、君臣、夫妇、长幼、朋友,五者之伦序是也。何谓理?即父子有亲,君臣有义,夫妇有别,长幼有序,朋友有信,五者之天理是也。于伦理明且尽,始得称为人之名。苟伦理一失,虽具人之形,其实与禽兽何异哉?既得天地之理气,凝合而为人,其可不思所以尽其人道乎?

其或饱暖,终日无所用心,纵其耳目口鼻之欲,肆其四体百骸之安,耽嗜于非礼之声色臭味,沦溺于非礼之私欲宴安,身虽有人之形,于禽兽何异?仰贻天地凝形赋理之羞,俯为父母流传一气之玷,将何以自立于世哉?

人但充其治文章之心,而忠孝廉节,智勇功名不外是矣。修之则彝伦日用也,悟之则神化性命也。圣人所以下学上达,与天地同流,如此而已矣。

尧舜禹汤以伦理治天下,夫子以六经治万世。天下之治乱由人心之邪正,人心之邪正由学术之明晦,学术之明晦由当事者之好尚。所好在正学则正学明,正学明则人心正,人心正则治化淳。所好在词章则正学晦,正学晦则人心不正,人心不正则治化不兴。盖上之所好,下即成俗。感应之机,捷于影响。

真正豪杰方能无待而兴,其余则全赖有位之人劳来匡直,多方鼓舞。阳明先生自为驿丞,以总督四省,所在以讲学为务,挺身号召,远迩云从。当秉钺临戎,而犹讲筵大启,指挥军令。与弟子答问齐宣,直指人心。一念独知之微,以为是王霸义利人鬼关也。闻者莫不戚戚然有动于中。是时士习蔑裂于辞章记诵,安以为学?自先生倡,而天下始知立本于求心,始信人性之皆善,而尧舜之皆可为也。于是,雨化风行,云蒸豹变,一时学术如日中天。

讲学创自孔子而盛于孟子。至宋儒出,而始有以接孟子之传。然中兴于宋而禁于宋,是宋之不竞以禁讲之故,非讲之故也。

彼此皆以忠孝大义相劝勉,使人人皆知正道,皆知君亲之大伦,或可以少挽江河狂澜于万一。

人欲化为天理,则身心太平;小人化为君子,则天下太平。

人皆可以为尧舜,世岂不可以为唐虞?

中之为德,庸德也;中之为言,庸言也。喜怒哀乐中节,子臣弟友尽道是也。于此一一中节,一一尽道,直至中和致而位育臻,然后可以合无声无臭之妙,然后可以语尽性至命之学。

心不坚确,志不奋扬,力不勇猛,而欲徙义改过,虽千悔万悔,竟无补于分毫。

名心胜者必作伪。

吕新吾先生曰:"士君子要养心气,心气一衰,天下事分毫做不得。"

防欲如挽逆水之舟,才歇手便下流;力善如缘无枝之木,才住脚便下坠。是以君子之心无时而不敬畏,无屋漏工夫做不得宇宙事业。

孙夏峰先生曰:"大凡向学之人,独立之意多近于方方之弊也。为单板随人之意,多近于圆圆之弊也。为软熟初学,宜以方入学,力深单板自化,断不可失之软熟耳。"

新吾先生为同郡先哲，夏峰先生为今日先觉，敬摘语录数则为同志劝，惟共留意焉。

姑苏记事

苏州田赋，宋三十余万石，元八十余万石，至明几至三百万。按洪武初，官田重额止于七斗三升，而今民间乃有一石三斗、一石六斗或二石者。盖莫知其所始，岂所谓抄没官田者乎？固非定则也。且洪武中正耗不过二百一十四万，然犹屡下宽贷之诏。永乐以来漕运愈远，加耗滋多，乃至三百万石。宣宗深悯斯民之困，特下诏蠲减官田重额。知府况钟又累疏奏减七十余万，吴民赖以稍苏。然民间重额今犹未尽除，岂当时有司不能奉行诏旨之过耶！

洪[①]武初，七县官民田地共六万七千四百九十顷有奇，官民田二万九千九百顷有奇，起科凡一十一则。一则七斗三升，一则六斗三升，一则五斗三升，一则四斗三升，一则三斗三升，一则二斗三升，一则一斗三升，一则一斗，一则五升，一则三升，一则一升。民田地二万九千四十五顷有奇，起科凡十则，一则五斗三升，一则四斗三升，一则三斗三升，一则二斗六升，一则二斗三升，一则一斗六升，一则一斗三升，一则五升，一则三升，一则一升，抄没田地一万六千六百三十八顷有奇，内有原额今科之分。原额田起科凡六则，一则七斗三升，一则六斗三升，一则五斗六升，一则五斗三升，一则四斗三升，一则四斗。今科田自五斗五升至三升止，凡二十八则。崇明官田又有曰江淮田、江浙田、职田、学院田，俱科黄赤豆。抄没田有曰故官田、江浙故官田、没官田，俱税米。弘治十六年，一州七县实征官民抄没田地、山荡等项共九万四千七百八十五顷有奇，官田、抄没等项六万五千三顷有奇,民田等项三万四千六百九十七顷有奇。嘉靖十七年,太仓等八州县原额科粮官民田地等项八万六千三百九十七顷有奇。除崇明县官民田地涂荡八千三百二十四顷有奇,今经清查,弊隐田二千八百三十九顷有奇,于内阴消过弊田四百五十三顷有奇。

府学延袤一万九千丈周,一百五十亩地,故广陵王钱元璙南园。景祐元年,范文正公守乡郡,因州人朱公绰等请,始为奏闻立学。今所仍给田五顷,以赡②学徒。延安定胡先生主教事。嘉祐中,刑□③郎中富严建六经阁。熙宁中,校理李绽又割南园地广之。元祐中,生徒日众,公绰之子长文掌教事,议欲尽南园余地为斋庐,会范公子纯礼制置江淮漕事,过家,为奏请诏给度牒十纸充费。

巡抚行台在南宫坊,即"鹤山书院"。自永乐、宣德来,巡抚大臣治事之所。正统十年,知府朱胜建来鹤楼三间于后堂北,其东别为公宇。一区即魏公读易亭遗趾,旧为刑部主事从巡抚官理讼所。居后革今府官,清军居此,俗称清军馆。

魏文靖公宅。宋端平间,公都督江淮,理宗赐第吴中,有高节堂、靖共堂、读易亭,复亲书"鹤山书院"四大字赐之,即今巡抚治所。王宾诗:"几回除拜到中朝,门径于今草已饶。只有声名在人世,西山相并独相高。"张雨题鹤山书院:"寂寂茅堂昼掩门,藤阴花气野池浑。情知建业青精饭,不到临邛白发孙。"

减粮额。

蠲旧欠。

兴水利。

举义仓。

立社学。

淮扬水患。

江宁、扬州、镇江等处涸田,缓报。

不可漏意于绅士。

不通属员交际。

严禁藩司火耗。

严禁关差需索。

不差役提事,量力而行,见几而作。

禁妇女游寺院。

求通民情,愿闻己过。

执事床帐卓围,以及薪米皆预发价。

禁中军不干预政事。

不轻丈田,不为已甚,不生事,因物付物。

禁光棍结党打诈人。

禁旗丁奸暴,或诈作江头夫骗人行李。

传宣已革,不可立。

衙役不必轻裁,有过勿补。

往来满洲近侍优礼,概不馈贶。

凡一切条陈纷更地亩者,勿轻许。一番纷更,弊益甚。巨家得利不可究诘④。

严谕藩省清旧欠,勿妄出结。

不可露喜露怒,则人得窥之。

禁责青衿。

比较敲朴,无已可恨。

关盐大有关系,一毫不染指。

执事不过十对,衙役繁多,无所用之,概免。差徭与乡绅等,穷民愈苦。

严杜游客。

均役。

待县令宜平易。县令官小,视督抚惴惴。恐得罪,宜稍宽假,使得尽其言,且察其人之贤否。方面多有奥援,目无督抚,不可假藉,假借则肆无忌惮矣。

七八月收稻之时当宽比。

兵马过往派夫船,大张告示,使民知确数,无使吏胥多派。且明示期会,免守候时月。

不轻批署篆官。立一定例,勿令司道卖印。投河自尽人命,禁织造府挟尸亲抄掠人家。

词状即刻定限行提,勿听下司受贿徇情,延推索诈。

禁打降。

禁以人命为奇货。

禁复房地价无了期。

事事澹人心,平虚张之气,化大事为小事,化小事为无事。

简以驭繁,静以制动。

初至,以镇定处之,稍示意旨则人得而尝之矣。欲厘弊而弊不可尽,是自乱也;欲厘弊而弊从此生,是自生弊也。

禁画船箫鼓。

禁浮夸。

文章行事,风俗民情,总是虚而不实。

臬司提人甚恶,当禁。

禁京口旗丁骗人。

禁州县比较,不得用夹棍。

禁书手受贿,比簿改千为百。

禁里长妄派使费,正赋愈不能完。

禁讳盗。

小事速结，大事宁慎重勿急迫，一误则不可悔矣。

内外线索不通，关防不可不慎。

不露端倪。

织造干预民事，藉端骗诈良善。

禁关吏暴横。

偶尔唤取盐商，隔别细问所费之详，约定价值，再将所言与盐道细商。各衙门除盐院外所费若干，皆与平气商确减之。

学道进学补廪，不许有私。

臬司贤否，词讼细心阅之，勿有一毫忽略。

劳民伤财之事不可为。

勇于任事而民不见德，安静无为而民思之。

细问客商关税之详。

我之所应有者去之，尔之所应有者不去，犹可言也。我之所应有并为尔之所有，有是理乎？

严禁酒船龙舟燃香放灯，迎神宴饮，教戏衣服过奢者。

贪官污吏，衙蠹豪奴，许人不时首告，拦阻者罪之。

编淫词戏曲刊印者处。

编淫歌污人闺门者重处。盖吴俗以讥讪品题人为能事。

储将不宜多设。

禁夜行船结盗图财。

禁行家经纪动亏客本。

禁妇人入寺烧香看戏。

禁火葬、溺女。

举孝子节妇。

不尚游览，不尚诗文交游。

举行社仓。

属官蒙蔽贪婪，塌茸钱粮，侵那预征，私派地方，过往抽丰，关说乡绅，把持包揽，交通旗兵窝盗，句逃营债。

事来而顺应之，不可无故而先生事端。

节名至大，不可妄交非类，以坏名节。

一言不妄发，则庶乎寡过矣。

少言沉默最妙。

不能感人，皆诚之未至。

觉人诈而不形于言，有余味。

不必厉声色，于人辨是非，较长短。

事已往，不追最好。

立定脚根，却须宽和以处之。凡所为，当下即求合理，勿曰今日姑如此，明日改之。一事苟，无不苟矣。

方为一事即欲人知，浅之尤者。

凡事宁缓勿急，天下事那不是忙中错了。人言多，有说闻，斯行之，却使不得。

勿为赫赫之功。

禁开元寺妇女燃身灯，裸体与僧为伍。

本衙门人役五人具保，不拘名次相连，但知之最真者具保，如经事发，一并责革。

蛊药迷人，残折肢体，吴江为甚。

京口撤兵不可听，松江兵可量裁。

告衙蠹勿批司道，恐藉以吓官为利也。亲提面审，轻则责枷革役，重则参官。

不准词状，不必贴出。收入宅内，分府封记备查。

州县解银批回，先到院挂号，后发司。如银不足数，即就所收实数给批,免解役守候。

截留漕粮给兵饷。

禁织造府人指债骗人妇女。

禁幼童学戏。

禁窝赌。

江苏刁恶成习。凡词讼,初次状子皆全无风影,虚张夸大,瞒天说谎。及至审理,再具投词,始渐露端倪。承审官亦置初状不问。以此刁风日炽,莫可究诘。今本院断以初状为主,一字涉虚,即行反坐。后具投词,概不准理。

地方大利大弊,应兴应革;或本院行事未合民情,未符公论;或司道府州县贪婪酷暴,重加火耗;衙蠹肆恶,隐匿盗情;兵丁土豪,豪奴市棍,结党聚众,打降诈骗等事,皆得密封投递。或明投,听从其便。冀以兼听并观,通达下情。若徇私害公,报复私仇,本院自有确见,不为所惑。敢有拦阻,许喊禀,定行重究。

均田均役,官收官兑。

禁刁民诬告,挟制官府。书吏三月换班,当更换时自造号簿,已完若干,未完若干。未完者通作十分,下班三个月务要接管催完。临换班考其成。完至九分者免责,其余以所欠分数责治。本班前两月奉到号件依限催结,后一月准作下班督催数内。

赦前追比宜清。

题稿删削洁净,勿存疑窦。

部有驳本,毋轻许藩司打点,派费属县。

上方山、虎丘寺、荷花荡游船,妇女淫祀迎赛,禁之必严。

禁贫民卖子女,奸媒欺诳,转卖远方学戏。

禁院司书办坐四轿,与州县分庭抗礼。

江以南率累世不葬,或溺风水,或苦于厚费,宜严查。

权柄要在手，不可授于人。

上疏宜简宜慎。

勿授部曹以柄。

待织造外宽和而内严峻，寻一府佐驭之。

逃人立刻起解，不许妄扳窝主。

禁扬州转卖女子为娼。

漕粮耗米近年太重，宜设法严禁。

输纳漕米，无故留难刁蹬，不即收支。及到有先后，主司不依原到次序收支，按律治罪。

兴化县民田为减水坝下流淹没，当开支河，使归海。

禁白捕打降。

勿讲学。

勿作怪。勿欲速效。

不立意见。

自己不徇情，乡绅游客不得妄干。恐词讼批行属下，仍不免情面请托，当体察之。

死罪改活，活罪改死，罪及应流徒人犯，过限或时不及热审，而必待热审后解，皆下查取职名。

生辰令节，当预期传谕，不许祝贺，厉意绝之。

浮粮当具疏。

累年带征当具疏。

苏松十年旧欠，在赦前应免者约九十余万，部以太多，不肯免，驳回，当陆续分款言。某项与赦例相合，徐徐上去，或可宽免。

定斗斛，画一关税，不依则收，告者皆光棍，非商也，不宜轻准。

盐中一名匣费，供各院司常例，当革。

下库查盘，严其令，缓其期。

芦洲数年一丈,率以粮道督之,实未曾丈而使费无算,可令州县日报,免科派。

一删招批,允后另叙简招,以便具题。

一援赦,除应赦人犯即行保释外。

大案引律例,加"应否"字样,应听部议。

盗案初参,职名止应简略,大概不备叙口供。

田房税尽收尽解。

免顾光禄义租五比。

驿递归本州县,免协济。

芦洲白粮当请豁免。

校记

① "洪"原文为"淇",正之。
② "赡"原文为"瞻",正之。
③ 原文"刑"后空一字。
④ "诘"原文为"诰",正之。

题孟陟公《虎丘三十咏册》

陟公先生文章风采照耀中州,甲辰之岁,挂帆江东。翠崖丹壑,笻屐殆遍。至虎丘,留连经旬。花晨月夕,与骚人墨客呼酒赋诗,兴酣淋漓。题咏满壁,吴下相传,以为京兆、衡山风流依稀犹在也。庚戌过余草堂,出手书《虎丘三十咏》见示,天真烂熳,不染尘俗,而书法如飞鸿戏海,舞鹤翔空,真艺林之宝也。余尝三过虎丘,数年以来,每当春花初敷,秋桂盈庭,犹时时梦在剑池、鹤涧之间。

今闻陟公镌石榘廊,他日策蹇相过,追念昔游,勉构短章,附大雅之后,不知可当一噱否?

赠　　言

徐君电发以征辟官禁苑,文章诗赋在香山、涪翁之间,尝请假里居,门庭萧然。还署未匝月,遽谪官而去,同朝士大夫多赋诗以赠其行。余方病,杜门谢客,不能出郊一送,又怔忡不能为诗,无以为电发赠。乃强起,邀至小亭,酌酒而告之曰:

人生岂必以一官为重哉?古之贤者宦迹落寞,而声名表表于后世者众矣。如君之才,固不以官之崇卑论也。吴中山水清妍,多隐君子。君往从之,相与究性命之微,探濂洛之旨,必将敛华就实,超然自得,道德之归有日矣。岂止以文辞擅长乎?余违夙好,潦倒中外,精力颓然,而势不能以遽去。即幸而得请,而旧学荒落,无所进益,百年碌碌,良可叹也。人生绌于此者必伸于彼,君不得志于时矣,必有闻于后者,君其勉之。

电发曰:"诺!"书以志别。

示　溥　儿

予才本疏庸,性复懒漫,五年史局,三载讲筵,昼夜拮据,不遑宁处。蒙皇上特简,赞襄纶扉。甫四阅月,出自宸断,擢抚江苏。闻命自天,惊惶无地。惟有饮冰茹檗,洁己率属。上下交际,尽行断绝。一切陋规,彻底厘剔。即过往奉差,满汉大小官员,丝毫无所馈遗。权贵豪右，谤议阻挠，概所不恤，然后为地方兴利除弊。旌廉黜贪，知则必为，为则必力，仰报圣主知遇之恩，此予所自矢也。况总督于公芳规在前，岂可稍稍改变，使人谓宸断不如会推，伤尧舜知人之明，臣子之罪尚可逭乎？

但江苏财赋繁重，头绪如茧丝牛毛。且风俗刁悍，狱讼繁兴，即少年精敏，犹难措手，衰年多病，岂能胜任？欲聘取一二幕宾相助，而家无蓄积，数椽茅屋，几顷薄田，不足供饘粥，幕宾束脩，从何处出？一人心血，能有几何？矧枯槁之余，勉强支吾，不过一年，乞恩还乡，即万幸矣。

自今以后，亲戚交游，年谊门墙，俱付之漠然若不相识，岂予之所乐哉？诚有所不得已也。汝辈幸遍告亲友，俯察微情，曲赐体量。万一有千里相访者，一概不能相面。或盘费已尽，不能归家，非某之罪也。

直抒情愫，言之呜咽。

功 过 定 约

不肖幼遵庭训，诵读之外，原无他好。丧乱之后，流离四方，备尝险阻。幸赖祖宗之德，蒙恩叨列史馆。四载以来，布袍蔬食，杜门却扫，独念圣贤与人本来无二，深悔从前甘自暴弃。今奉命外迁，藉便归省，承欢之余，亦惟读书学道。恐因缘陋习，不自觉察，开罪乡党，后悔何及？谨于功过，格外妄增数款，以自省戒，庶几少免愆尤云耳。

既附乡绅之末，或地方有大利弊，当请命于公祖父母官，自当随诸公之后。若因自己私事，亲友词讼，妄发片纸，及轻入公署者百过。

吾家自高祖相传，今日不满二十人，皆读书耕田，兢兢自慎。或远派别宗不遵乡约，嗜酒忿戾，触犯亲识田产贸易，希图自便，负债不还，起端争讼等事，断不敢护庇，以枉公道，违者百过。

既浅陋无似，正赖高贤时赐明诲。有肯以圣贤之道赐教、德业相劝、过失相规者，当长跪受之。或以诗文见教者，亦敬受之；或以稼穑相告者，亦敬受之。若有事欲求尺牍，及引人寄名奴籍，甚至求封条牌橛以诬乡党者，断不敢听，误听者百过。

家居原无多事，老仆数人足供薪水之用。田间止存旧佃数人，以给耕获，无用者尽行汰去。若有饮酒赌博，放心无忌，得罪乡党，及假主人名色赊取货物等弊，知而不逐去者百过。

或妄收仆人，无论安分生事，俱百过。

淡泊所以明志，纷华奢侈易失本心。即如宴饮一事，本以合欢，若宰杀过甚，以恣口腹之欲，恐有道尊客亦所不许。自今以后，亦不敢概随往例。

敝庐足以蔽风雨，薄田足以供饘粥。自今以后，不置一亩地，不买一间房，非敢矫一时之廉，庶几免后人之危。

呜呼，积善之家，必有余庆；积不善之家，必有余殃。天理既明，王法复著，敢不惕诸！

乙未上冬逋庵定约于京师之文昌阁

诗

奉赠孙征君先生

太行之麓苏门山,啸台万仞不可攀。松柏槠杉夹石路,清泉百道日潺潺。此地从来寓大儒,前有康节后姚枢。河内泌乡相过从,谈经学道足欢娱。四百年来讲院虚,夏峰夫子此结庐。夫子家在容城北,白沙滱水绕门闾。十里江村老奉常,吟风弄月每回翔。读书共许追濂洛,文藻谁屑继马杨①。庐墓六年致驯兔,及门为废蓼莪章。采风使者告天子,丹诏辉煌下未央。手挽松楸不忍去,路人相看泪千行。一朝常侍祸清流,窦武陈蕃柱见收。朝士闭门那敢问,橐饘夜向白河头。海关波浪掀天动,燕喜当年推张仲。吉甫已乘紫塞云,魂魄不时来入梦。自从世事变沧桑,躬驾柴车卫水旁。仲淹续经拟邹鲁,陶潜托兴在羲皇。河阳薛公推祭酒,蒲轮下贲虚席久。征书岁岁到山岩,手把遗编坐瓮牖。多少生徒依绛帐,公卿剑佩遥相望。抠衣问字争近前,子孙甥婿围藜杖。晚来烧烛对醹醑,歌诗弹琴声相续。微言妙旨共讨寻,三尺雪深犹未足。有时蓝舆梅溪上,有时著屐云门嶂。春风时雨化工同,蔬水箪瓢乐难况。余也忝为授经人,提撕语语传其真。斯文在天未坠地,敢不努力追前尘。大哉夫子真殊伦,乾坤元气在一身。兼山堂下梅花发,明月来时好问津。

校记

① "杨"似为"扬"字误。

过京口赠张公选学宪

十年同侍汉明光,江上欣瞻绿野堂。启事共称山吏部,传经还比宋欧阳。紫宸独赐金袍灿,丹禁双标玉树香。自笑疏慵空伏枕,漫从云壑问行藏。

过滁州

澹烟疏雨过春城,无限幽花绕路生。竹外流泉归远壑,林间啼鸟报新晴。山僧携笠穿云度,田父荷锄傍涧行。遥望西南深秀处,醉翁应自未忘情。

题李恒阳柳林巷二首①

浑河一望柳烟青,十里浓阴护草亭。月色满床书万卷,春风秋雨忆传经。

王恭阁下柳花开,摇曳千条傍水隈。更爱小堂双粉壁,鲁公笔迹照苍苔。

校记

① "二首"为辑校者所加。

祝吴太夫人六帙

华筵恰值坤元月,莱舞欣逢燕喜辰。子以慈恩成国士,天留阃德报忠臣。广陵入梦银涛壮,芸阁联辉玉树新。早晚肩舆朝内殿,礼宗锡号太夫人。

题方渭仁健松斋

名园乱后百花稀,剩有孤松对落晖。岁久磻根浑似盖,云深霜干渐成围。月明鹤影回庭际,风起涛声入钓矶。有日传经登讲座,何须麈尾向人挥。

赋得火树银花合四首① 次与参韵

陡然宝树万株红,枝叶缤纷斗化工。无数琼花齐放芯,银河光彻五云中。

朱霞绮丽散京华,结就光明殿上花。世界金银非幻事,瞿昙亲现演三车。

赤光片片九衢中，炎帝移来海桂丛。开落无端人不测，仙葩非是藉春风。

城传不夜有还无，眼见奇花涌地铺。一自开元留异谱，升平春夕足欢娱。

校记
① "四首"为辑校者所加。

赠赵将军

中原儒将拥貔狳，细柳新开控上游。缓带轻裘羊叔子，纶巾羽扇武乡侯。江南鼙鼓笑谈定，海外烟云指顾收。会见盛朝麟阁上，峥嵘图画照千秋。

湖上遇蝶庵

雨过登楼好，飞泉入座凉。竹深高士宅，莲净古侩堂。采药穿云渡，题诗满客囊。湖山喜见汝，把臂卧沧浪。

金陵遇皆山宗兄

长安载酒寻花日，往事追怀意悯然。旅舍形容惊渐老，殊方兄弟倍相怜。天空雁度吴江月，露冷风高白下船。握手几时复别去，临歧泪落暮云前。

寄　弟

老母高堂上，时时问起居。年衰宜强饭，秋冷劝添裙。友道敬能久，师传习莫虚。家藏书万卷，好自爱居诸。

寿胡母陈太孺人八十

宜家钟郝素风存，江上欣瞻世德门。百岁熊丸称大母，九霄凤翻看文孙。仙源竞献方平脯，碧海遥传玉女樽。云里婺星光正灿，年年常照彩衣翻。

祝戚价人同年暨夫人六十双寿

懒将身世老风尘，彭泽归来五柳春。绛帐传经白日静，名山采药道情真。闺中喜对齐眉友，林下还携偕隐人。更是今年同检历，笑看花甲又重新。

题赵水星画卷二首①

披图忽见两高峰,我昔凌风蹋几重?有客水轩凝望久,青帘白舫漫从容。

雨过六桥荷叶香,柳梢塔影对斜阳。看君着意孤山里,可有鹤飞到草堂。

校记
① "二首"二字为辑校者所加。

牛太翁六十寿

紫气氤氲绕画屏,方瞳如水醉芳醽。勋名蚤岁传鸾禁,著作千秋属鲤庭。戏彩铜龙才下直,赐尊白虎正谭经。老人星映台垣里,沉瀣平吞衍鹤龄。

送史子明令西乡

闻君捧檄去,作宰汉南乡。巴岭睛①峦近,班侯故垒荒。人烟兵后少,井税遘难偿。抚绥劳循吏,桓宣政莫忘。

校记

① "睛"疑为"晴"字误。

程母康太夫人节烈诗

盛代定都日,关洛尚未收。风尘聚群盗,杀戮遍林丘。节母秉大义,烈志凌高秋。投崖誓不辱,芳名冠中州。有子怀壮略,骨相当封侯。千里赴汉上,三日哭未休。将军奇其表,慷慨矢同仇。缚贼如犬豕,长恸把吴钩。从此事戎马,登坛拥上游。书生遭丧乱,力不任戈矛。纵抱终天恨,空感逝水愁。三复节母篇,抚卷涕泗流。

题 风 水 图

岩岩岱宗石,白云覆崇岫。南接徂徕松,峄蒙烟霞富。汶泗会洙沂,蜿蜒如错绣。造化钟灵粹,贤圣自辐辏。丈夫由来杰,闺德亦天授。恭惟王太母,徽音垂宇宙。孝慈本性生,诗礼家声旧。怡颜奉姑嫜,课读勤宵昼。我师承慈训,赋献三都就。双旌下中原,骢马翔陕右。天子眷股肱,纶绰被堂构。方得辞圭组,修潍怡眉寿。一旦驾紫鸾,缥缈云轩骤。士女景遗行,况乃念顾复。蓼莪为废卷,陇墓亲封甃。悲风吹高木,万籁寒光透。白鹤唳清空,萧然日影瘦。夜深星汉明,翘瞻婺女宿。

祝严灏亭太夫人七十寿二首①

地接吴峰秀,星分婺女光。素风传旧德,彤管著新芳。道蕴诗名重,大家垂范长。夜灯映画荻,明月照流黄。令子为房杜,贤孙继马杨②。直声通禁掖,彩笔耀文昌。珂散蓬莱署,笏排玳瑁床。

九重颁凤诰,奕叶荷龙章。玉露分仙掌,斑衣出尚方。鹿回松影下,鹤舞芝台旁。花里板舆稳,云阴翠盖凉。安期方进枣,王母递飞觞。南极颂争献,柏舟赋未央。四方同燕喜,巴句愧琳琅。

校记
① "二首"为辑校者所加。
② "杨"似为"扬"字误。

祝同年沈绎堂母太夫人寿二首①

宝历重逢闰七月,南星光接斗三台。熊丸久对青灯灿,豸绣今迎丹诏来。花近画屏映彩袖,云连嵩岳照霞杯。请看此日长松下,仙鹿双双卧碧苔。

娄江佳气锦云舒,令子登朝慰倚闾。金马门前裁紫诰,凤凰台下驻香车。称觥共进麻姑酒,绕膝犹传孟母书。西望长庚遥献颂,拟寻丹诀供华裾。

校记
① "二首"为辑校者所加。

贺李进士襄水

海甸入王会,旌贤重礼闱。马从宫树过,人醉曲江归。射策通三殿,雄文达九闱。圣皇侧席久,得尔慰宵衣。

赠州守二首①

十载梁园庆有秋,偶逢积雨赖深谋。蠹台雾锁开官灶,驼阜云屯驻旅舟。鱼麦无烦元结赋,画图漫作监门愁。请看禾黍平畴绿,父老于今颂未休。

泽国苍茫赋野鸿,使君高惠比华嵩。三春烟暖鱼龙岸,万户歌吹芦荻风。发廪何须推汲黯,济荒今复睹文忠。共知紫陛忧民隐,临御应旌卓异功。

校记
① "二首"为辑校者所加。

礼部宴朝鲜贡使

远臣万里觐龙裳,御酒笙箫宗伯堂。禹贡由来列卉服,尧樽今更及扶桑。入朝幸聆南薰奏,过海犹传湛露章。闻道旧封箕子国,好将《洪范》答明光。

挽逸士李肩绳二首①

千年绝学归江村,薪火传来赖子存。落月荒山霜海地,不堪远客赋招魂。

峻节清风接静修,漳滨云物足淹留。自从应诏修文后,风到长林尽是秋。

校记
① "二首"为辑校者所加。

金滩逢孟二清,以诗见赠,依韵奉答

当代论才子,君名重艺林。相逢惊岁晚,把酒快投簪。室挂游山屐,囊存卖赋金。明年拟结伴,长啸白云深。

王君山自光州过访

与君相别十年余,千里携笻问索居。盛代才名称独步,碧山著述近谁如? 穿篱剪蔬云浮树,把酒谈诗月到除。高枕衡门真病懒,几时还过野人庐?

和郡判游驼冈书院作　用原韵

驼峰葱郁峙中州,仙吏乘春揽胜游。策杖莓苔寻断碣,赋诗啸傲蹋荒丘。排空襄阜云常满,绕岸湖光静不流。从此诵弦同洛下,诸生莫漫重离愁。

王豸岩斋中瓶花

青郊芳艳倍常年,折向高斋朵朵鲜。胜友寻春岂在远,名花对酒更堪怜。避尘浑似含朝露,隔幌犹疑带晚烟。知尔诗情同给事,漫将别业认蓝田。

喜　雨

万物今逢雨,愁怀倏已空。阶添新叶翠,篱绽小花红。农鼓村村动,渔歌处处通。登楼一眺望,天地总濛濛。

题季远之像卷　次周伯衡给事韵

偶到松前酒一卮,石床宴坐对弹棋。秋山漠漠幽人意,画出风流是恺之。

送张敦复学士请假南归

十年供奉主恩深,一表陈情重古今。经国文章留秘殿,瞻云涕泪见臣心。挂帆江路春生浪,驻盖龙眠树欲阴。模楷中朝谁得似?期君还旆马骎骎。

送金悚存年兄赴京

重臣分陕镇中州,日下声名第一流。襟带百城雄九域,旬宣十载领诸侯。横经旧誉镂青管,述职新恩傍紫斿。闻道至尊前席待,蚤将姓字御屏留。

送郡守解任归里

停樽昨日夏云过,北望燕台送玉珂。渤海声名同调少,中山书箧为功多。归旌惟载梁园月,野老犹传叔度歌。圣主赐环今日事,行藏莫自叹蹉跎。

吊尹烈妇诗

中州昔丧乱,千里无完堵。大将拥旌旄,闻风散部伍。守令携印降,忠孝弃如土。而乃深闺人,秉义不可侮。许昌尹烈妇,抱儿守茅宇。仓皇贼骑来,驱掠似风雨。逼令舍其儿,从之赴汴浒。烈妇誓死殉,大骂婴其斧。数载天兵临,妖氛不复睹。安知非义魂,助我王师武。孤儿才且贤,文章重词府。诵诗废蓼莪,泣血永怀苦。投我沈公篇,悲风满庭庑。我母同节烈,读之心欲腐。

寿 魏 广 文

秋色淡明霞,长松映水面。遥见紫气中,笙箫开广宴。白鹤舞庭除,盈座罗群彦。共道先生贤,苏湖未足羡。頖宫泌于河,时光倏若电。一旦凌云构,藻荇何葱蒨。楹桷既坚良,尺度亦称善。父老扶杖来,春秋看释奠。先生悬绛帐,钟鼓鸣讲院。诗书与礼乐,启迪未云倦。士习从兹正,文风亦丕变。今值悬弧辰,登堂各欢忭。屏绘嵩高图,歌章皆新撰。我是同年友,闻之喜可见。忆昔苏门游,一榜多英倩。携手啸台巅,峰壑踏可遍。今日桂花开,相将呼亲串。且看明年春,胪唱黄金殿。

再祝四首①

睢水之阳,有桂其香。携我尊酒,言跻公堂。雍雍来宾,揖让先后。载拜载祝,祝公眉寿。

公德云何,泮林斯作。有觉其楹,翚飞其阁。多士济济,歌豳吹雅。绛帐马融,风流潇洒。

何以祝之？如嵩如河。裁裁浩浩,不息不磨。北堂萱茂,棣华维繁。庭阶葱倩,玉树芝兰。

何以献之？安期之枣。玉盘桃实,来自蓬岛。笙箫既备,月明风细。维秋之中,乙卯者岁。

校记
① "四首"为辑校者所加。

白　燕　堂

堂开白燕禁林西,传道当年白燕栖。夜月入帘云影乱,炎天出栋雪花低。仙郎载酒呼同社,词客含毫和旧题。岁岁衔泥多紫翼,傍檐落水自萋迷。

赠无锡令吴伯成

江涵莲影渡扁舟,行治闻君第一流。按部清风香稻暖,课农明月野塘秋。传家带砺功勋重,华国文章快胜游。传道中朝虚画省,征书伫下凤凰楼。

初 雪

时序方秋尽,纷纭白雪轻。随风叶应乱,带雨花还成。雁影连云湿,松光入夜明。菊残犹淡荡,竹老转幽清。委积明鸳瓦,萦回点玉泓。只疑梁苑里,枚马共逢迎。

赋得金阙晓钟开万户

明霞隐映建章寒,九陌开时漏未阑。清响噌吰入太液,余音缥缈近雕栏。浮空应与宫云静,带晓犹看玉露洿。花底从容来上客,佩声相续益珊珊。

雀 鹰

一脱臂韝去,飞飞暮云平。霜气心眸回,秋风羽翮轻。逐禽凌紫塞,带隼落金城。作赋愁看汝,长杨自有情。

祝大司马张湛虚年伯

霖雨资贤佐,嵩高降甫申。异人原有自,伟器固殊伦。磊落先朝事,峥嵘报主身。振衣登锁闼,秉笏动朝绅。待漏珂声回,焚香谏草频。朝廷推汲黯,帷幄藉陈遵。钺指三苗静,营开五岭春。罗浮云飘缈,铜柱碧嶙峋。湛露分丹禁,彤弓锡紫宸。临轩数召见,移榻每相亲。曳履通星斗,抽簪思鲧鲶。蒲车看解绶,杨柳羡垂纶。谢傅东山卧,裴公绿野晨。芳兰罗碧砌,玉树插青旻。丹穴凤皆好,瀛洲客又新。燕山高出地,东海阔无津。南望锦堂月,稚圭实比邻。

词

拜星月慢　天丝

澹宕遥空,带云飘坠,正是三秋暮景。摇曳斜阳,看欲飞还住,随风舞,挂向秦楼楚馆,一任冥途忘去。惹起情怀,荡漾知何处？

料天孙,织锦余丝缕。到寒来,散作人间絮。望断芳信天涯,情系紫雁羽。莫轻轻,放过层霄路。付琴轸,弹尽相思语。人世事,江月空花,似卿无凭据。

应天长　寿菊泉

文章独步,暂谢簪裳,管领艺林,除目堪羡门庭闲。靓高吟,倚松竹,麻仙洞,武夷谷。琴鹤到处传清馥。看今日,玉树茏葱,牙签盈屋。　　开宴锦堂中,白雪梅花,恰值一阳复。刻羽引商,满座宾朋,醉醽醁。劝君起,当国轴,行马赐第歌钟簇。那时节,采药蓬壶,蟠桃正熟。

御街行　祝寿

薰风淡淡吹红药,看舞松阴鹤,彩衣戏罢写《兰亭》。泼墨烟云飞落,马卿作赋,少文山水,总是高人托。　　尚书赐第多芸阁,长咏还深酌。哥窑杯里乳泉茶,好友来时烹著。年年今日,弹棋分韵,说甚蓬莱乐。

醉蓬莱　贺端午日寿

画桥人竞渡,纨扇香罗,榴花如火。隔浦湘帘,见嘉宾盈座。锦字填词,银筝按谱,共举南山贺。盘堆交梨,如爪[①]仙枣,华筵真可。　　白社风流,似公有几?妙楷洛神,丽情江左。捧砚含毫,有个樵青妥。鹦鹉桃笙,茗碗经卷,曲室风光,大句漏,寻丹天台,采药好来遗我。

校记

① "爪"似为"瓜"字误。

四书文

王延年辑校评点。

君子无所争

秉心无竞,君子之性静矣。夫求君子于争,而其心果有竞焉?否也!谓非定性之学深乎,且天地旷旷,尔何所容?其激烈者,而无如性,学未优,辄自授之所也。隽解。若乃迪德于和平,而与万物相推胥,予以澹漠之意,岂犹有异同之未泯乎?

吾以是相君子,君子之心定矣。定故无欲,静观天下,安往有求胜之私?通题甚紧。君子之性旷矣,旷故无蔽,游行宇内,何在有气矜之累?其无所争也哉。君子经纶出险,功名其所争也。然功名之事,以学问深之则已无功与名之可倚。沉着。而勒勋著绩,一皆神明中事矣,倚名有争,倚功有争,而居学则别无可争也,盖澹澹焉。理解如画沙印泥。尔刚正自持,节烈其所争也。然节烈之事,以道德争之,则已无节与烈之可恃。而言坊行表,一皆性情中事矣。恃节有争,恃烈有争,而考道则别无可争也,盖浑浑焉。尔且所谓争者,非止矜于其气也。矜于气者易治,矜于性者难治,君子不治气而治性,久之而气化矣。

久之而治气之性亦化。故争者其气,所争者其性。探原之论。

合气与性尽摄于静虚之内,而有何忿戾之未消?抑所谓争者,非止竞于其情也。竞于情者易御,竞于理者难御,君子不御情而御理,久之而情融矣,久之而御情之理亦融。渺众虑而为言。故争者其情,所争者其理。合情与理,胥归于浑穆之天,而有何风裁之过峻?此非君子之不争也,有意为不争而争,已不能无,惟无意为不争,而争已不知何有展矣。君子吾不能不罢然高望矣。

<small>以功名节烈为争,所以性化理融。见争之无所耻于虚衍。其言有物,粹然儒者之文。</small>

王延年识

德行:颜渊、闵子骞、冉伯牛、仲弓;言语:宰我、子贡;政事:冉有、季路;文学:子游、子夏

圣门备天下之材,惜其仅以从难著也。盖德行、言语、政事、文学,皆盛世之选也,而乃郁郁若此哉?此夫子所以追思而太息耳。且从来富贵而名湮灭者不可胜纪,惟倜傥非常之人称焉。盖一室而备公孤之选,草野而具庙堂之观,斯其人宁可以感遇论哉!虽然天下之生此人也意其甚难,生之也难,固必困之。抑且重困之,使后世之儒读其书,怀其世,犹为之废卷而叹息,况在师弟之间乎?

昔吾夫子躬秉神姿,不幸而生乱世之末流,于是乎抱道东山,讲学阙里。一时出其堂者,率皆公卿大贤之器焉。使其得时而驾,展翼采而筹司勋,虽所称文王四友,周公万人不啻过也,而夫子可以垂裳老矣。今即其从游陈蔡之间[①],科则惟四,人则惟十。追稽其时,抑何盛与!帝廷考绩,必崇迈德之英;王室辨官,首登明良之佐。圣天子在上,斧扆而论道,秉圭而燮理,此其选也,而乃穷愁至此哉?且其为穷愁者又安在也?

或者曰，春秋以词命为盛衰，而学者以历聘为重轻。是以晋郑之国，代有文人；齐鲁之邦，不乏谈士。自非华辨惊俗，乌足声施当世乎？而吾党之中又不乏人也。驰才于鲁卫，结驷于吴越，令誉煌煌，敌国雅望，言念君子，竟或去而或从矣。意以道崇行尊者难免末世之疑，阔谈高辨者恐遭天地之妒。当今之世，晏婴、公孙诸人皆以政事自表，蔚然海内，而泗水文人，乃区区进退权门也。即其后著绩于清，敷勋于蒲，名业亦甚烂然。未几而哲人陨落，呜呼，伤已！抑闻之古人有道德隆备而词章不少概见者焉。故《洪范》、《易》、《象》、《箕文》，不因以显其圣；《夏贡》、《周礼》、《禹旦》不资以表其才，意功成勋烂，不必以文章著见者乎。

吾夫子删定《诗》、《书》，而执简著奇者，门弟子多事之。一时雅言所及，何彬彬质有其文也。一则以习《礼》而称宗伯之材，一则以序《诗》而号良史之选，同堂之士每宗焉。迄于今有授教于西河者矣，有扬采于吴南者矣，而缅怀伊人，伊人竟安在哉？试悉稽之，德行：颜渊、闵子骞、冉伯牛、仲弓；言语：宰我、子贡；政事：冉有、季路；文学：子游、子夏。抑此数子为冢宰者，有人为大司徒者，有人补周官之阙绪。东迁以后之诗者，有人惜也不见于周京而聚于草野，不著名于太史之笔而但表称于匹夫之书也。且其后，《春秋》告成，弟子归里，汶水汤汤，洙水洋洋，扶杖逍遥，惟赐在也，而夫子泣下矣。

  以周程张朱之品而出以典谟训诰之词，当成童下笔时，已具内圣外王本领。

校记

① "间"原文为"问"字。

天下归仁焉

合天下以为复见仁有隆业也。夫仁必及世而后全,目非天下之归,不疑仁之量为隘乎！尝思洁清自治,饬士之雅材,懿德宏通,大儒之至诣,则一人好修而四国训行乃始全乎。的当。其为夙夜之事,焉论为仁于克复之后,可进观其量乎！饬躬谨而海隅不率,德虽美,勿美也。故清衷弘锡,保之原则,群黎已福于静正。懋迪勤而黎献罔怀,道虽善,勿善也。故当身劭劼懋之精,则谣俗丕变于神明。天下归仁,仁不有,然与海甸殷遥。殊其数者殊其志,仁者不虑此也。

彼夫恭让著有道之容,箴铭昭淑慎之意,词旨沉着,更妙在与题亲切,不落肤泛。不过自毖其彝衷,而闻风景悦已共深其来思。盖感以至性,则人与人无岐性；动以天良,则人与人同一天也。舆情纷颐,多所觊者,亦多所事,仁者不虑此也。彼夫愬愬不形于动静,庄敬日严于几履。要止自谨其斋居,而承服讴吟已旁乎于众志,盖贶以中心,则君子知慕树以德音,即小人亦知化也。

而仁者初不敢自恃矣,何也？天下虽大,藏于一身之中,藏于念之中耳。则慎谣俗也,不如慎章程；精醇。慎章程也,不如慎嗜欲。固知保合各正,原无把彼注兹之劳,而仁者正不容自限矣,何也？吾学虽深,莫聪于天下之民,莫明于天下之民也。以为著于独也,而已彰于庭；顺逆洗发,理无滞机。以为彰于庭也,而已歌于野。更知服物匡俗,乃其征心见性之实。王者有皇极之建而道路和恒,儒行无风谣之志而懿德协应,谁无一日顾可缓于克复哉！

疏"归"字照注只作许与说,而意言深厚,自不落肤浅。套头句向夜深得，心从天外归理，题之能事尽矣。

王延年识

俎豆之事则尝闻之，军旅之事未之学也

圣人正时君之志，而自道其所学非所问也。盖为国重礼教，军旅非所当志也，岂俎豆是学而乐闻此耶？是故必为灵公正之也，意以君之以陈问于丘也，得无以军旅之事丘尝学之，亦丘尝闻之乎？岂知人各有能有不能，若此者，非丘之所能也。丘之所学而能者，盖有在矣。

丘惟以君子之为国也莫重于礼，而礼尤先于宗庙之祭。出语有根据，行文有次第。君子之议礼也莫大于祭，而祭必始诸俎豆之陈，为之稽其数焉，辨其等焉。完清事字。周旋于清庙明堂之中，而秩然有节者，是则丘之所尝讲求而幸有闻者也，为之正其器焉，修其纪焉。举要。赞相于对越骏奔之时而灿然有文者，是则丘之所尝究心而窃有闻者也。入祭于太庙，既得闻我鲁之典仪；问礼于适周，又得闻一代之王制。斯礼也，斯事也，丘敢自以为无闻乎哉？尝闻略施点染，不枯不滥。

若所谓军旅也者，则非丘之所知也。已三军五军之方，此惟为君强战者之所明习也。丘固未娴其略也，进旅退旅之法，此惟善为战陈者之所熟知也。丘固未讲其术也，世虽方务于战争，然丘则以为危事而弗之学也。况周自散军以来已示天下，弗复用久矣。亦略为未学点染。丘将习礼之不暇，而何暇于诘戎兵乎？回顾上截从容大雅。时虽日事于征伐，然丘则以为凶器而弗之学也，况周自武成以后已示天下，弗复试久矣，丘将修文之不遑而遑于治武事乎？使

以其所未学者尝试于吾君之前,几于诬君甚矣。君必欲闻其说乎?则非丘之所敢知也。

<small>明白疏通,醇雅朴茂,仿佛《近思录》所采《政事》条中二程诸语。</small>

<small>王延年识</small>

见善如不及 一章

圣人述所闻而慨所见之不逮焉。夫好善恶不善之诚,亦世之所谓难能而可贵者也。而求志达道者深远矣,安得尽副其所闻耶?

且夫观古义之微,则思独行之士;而感生民之变,时思命世之材。二者古今有同情也,而盛衰之感在是矣。丘也纲罗载籍,非独太息于旧闻之坠,而实以尚友百世之人。凡其性情所近,与夫学问所成,至于度量规模之相越者,盖无一不在吾意中矣。丘也环历诸邦,非徒有志于大道之行,而实以阴求天下之士。其自邹鲁从游,以及列国公卿,与夫山林草莽之佚遗者,又无一不在吾目中矣。

夫观人者见善可以得其情,而见不善可以知其守。能好能恶,所谓独行之士,名教之所宗也。置之乡间,可以表人伦而示之则;用之邦国,可以激末俗而使之清。吾目中盖犹有斯人矣。而因思所闻如不及,如探汤者或庶几焉。若夫处则君子观其志,而出则天下望其道。能求能达,所谓命世之材,天人之所赖也。乐行忧违,而确乎其不可拔时,至事起而悠然若取诸怀,吾意中盖久有斯语矣。而合之所见为隐居,为行义者,孰是其人耶?天地抑邪与正之心,虽昏乱而不容尽泯。<small>精理不磨。</small>故生民之秀时出之,以扶风教之衰。若夫天民大人,拨乱世而反之正者,必先有一代之事功,数百年之平治,而后生是人焉以会之,虽彼苍亦有不容轻假者矣。

圣贤侧身修行之道,苟愿学而皆有可循。故自好之儒,常慨然以为吾身之任。若夫可潜可见,运造化而生于心者,非《诗》《书》所能启牖,师友所能辅成,而常无所挟焉以造之。维孔明天分胸襟,亦是如此。则人力固有不可强齐者矣。夫大道之行,三代之英,丘固有志焉,而未逮也。乃今欲一见其人而亦不可得耶。而吾所得见者,亦不可旦暮遇之者也,吾若今之天下何哉?

俯仰古今,深究天人之理,落落浩浩。而题中精蕴包举无遗,平生志事,于斯可见。

汤之盘铭　全章

历稽新民之学,而君子之用宜全也。盖身者,新民之本;而命者,新民之终。稽于商周,不可决其所用哉。且颂明德者,道不越乎自修之文;而考新民者,法必求夫古王之世。便逗末①节意。

尝试论之,昭明之颂,治隆商周。显临之业,义综《诗》、《书》。自汤而文而武,非皆新民之君子哉! 提笔高老。汤之新不胜述,而铭于《盘》者可志也。迄今绎其词日新又新。汤若无意于及民矣,然内治之不淑,胡观风而偕靖? 紧甚。则言新者此其一。武之新不胜述,而见于《康诰》,其彰彰也。迄今读其书,言作言新,武若皇然不自安矣。苟震励之未昭,胡弃咎之可望? 则言新者此其一。文之新不胜述,而见于《大雅》者可纪也。迄今歌其篇什,旧邦新命,文之积累为有效矣。然孔迩之未普,曷丕休之滋至? 则言新者此又其一。

所虑者天子深宫浴修,民愚未易承化。递翻层跌,总为末节无所不用,作势耳。然且德一敷而师爽,教一行而顽率。古民不易为民,古王亦不易为王,渐渍在文告之间。与所虑者圣人大化濯俗在上,未易监临。然且俗一变而上帝居歆,风一淑而昊天永佑。一圣作而化行,一圣继而道立,盥乎在笾豆之列与,是故君子夙夜惕其志,庙堂弘其猷。<small>顿佳。</small>一代之兵农礼乐焕然更新,于先朝而犹不敢以晏安称足者自懈。百年之图箴,铭以悆之,诰训以惕之。<small>才脱全文,更见法密。</small>朝廷之明,禋合漠厘,然自陟于天下而犹必以几康允迪者,永敦久大之业,无他,用其极焉耳。大学之道如此。

<small>提落收束,高老绝伦,顿挫波澜,泽以古雅。以此追逼嘉隆矩矱,方当突过。</small>

<small>王延年识</small>

校记

① "未"疑为"末"字。

其严乎富润屋,德润身

"独"之可畏也,"慎"之而德著矣。夫"独"之严,不慎者弗克知也。而"慎"之宁无其效乎,则何不进富而观德之所润哉!

且诚意之学,只此欺慊之两途。<small>语必扼要。</small>以听人之取舍,求其谨凛,于其际者,往往而鲜也。若夫中之所存既无或恕之,念者而外之,所著自有光昭之象焉。则戒欺求慊之际,岂外此诚形之理乎?曾子之致傚于指视可思矣。意由心生,而视之者亦若随意而至,则只只乎若或形之也。意缘几动,而指之者亦若应几而赴,则兢兢乎若或见之也。而犹得谓屋漏可欺,不必存俨恪之心。大德可馞,无烦凛明旦之惕也哉!<small>映下无迹。</small>

夫人之心多以纠绳之所未加,则相与忽之矣。兹当退藏之地,虽意之未起而"独"中之意已予我,以不得不防之几。危言耸听。则事境之危尚有危于此者乎?抑人之心恒以观察之所不至,则相与玩之矣。兹当寂处之时,虽意之偶动,而意内之"独"即告我以不得或肆之端,则事几之迫尚有迫于此者乎?其严乎以"独"之严,不敢或欺也,不可无戒欺之功,彼终日劳劳,自欺者果何为乎?以独之严,不可不慊也,必将有求慊之事,则生平皇皇,求慊者宁无验耶?

今夫千金之子,家温食厚,固深藏若虚矣,而何以美轮美奂,必显盈宁丰亨之象哉?直入老劲。盖富之润屋然也。而德之润身岂异是乎?当求诚之初,未见宽假于吾身也,则其刻厉于幽独之中,疑若危惧而无以即安,而积厚流光,亦若有藏之而弥著者焉。

温温恭人,维德之基。此岂幸致也哉!即既诚以后亦未尝稍懈于吾身也,则其无愧于隐微之地,只自快适而非以彰美,而由中达外,亦自有隐之而弥宣者焉。抑抑威仪,维德之隅,亦岂矫饰也哉?甚矣,德之润身也。非知"独"之严,而兢兢以慎之,而何能意诚于中,而德形于外也,而人可不"慎独"哉?

清警疏快,恢恢乎游刃有余地矣。——原评

为之者疾,用之者舒

调疾舒之平为与用皆生矣。夫以疾予为,以舒予用,何一而非生哉?故曰:"生财有大道。"

且财也者,造物之常生者也。帝王与造物争衡,贵权其缓急。而调摄之务,使在下者作其必奋之几,而在上者养其有余之力。固不特众寡得宜,遂足尽生财之道也。

夫人亦知财不为则不生乎？为者人之功也。惟善生者能以人用天。精确。使时地之权亡于人力，而滋生之途不广矣。则当就为而急策之曰"疾"。今试思园圃有毓，虞衡有作，薮牧有养，蓄嫔妇臣妾有化，治疏材十二，职登万民，谁非各出其经营以为之者？虽然水、火、木、金、土，其精与阴阳俱列，而怠者不克收其宝。得班刘论之髓。彼夫今日不为明日，亡货一日而息万人之业，独非为也钦哉？是惟国去三满，岁擅四秋，以至东作西成南讹，务为天下先。疾舒切贴。之今而后，六府孔修，九职咸任，皆有以达物之性而相物之成。此其道为制克于生越，稽古慎德，主所为教，兴锄修稼，政命旅徇，诏地求者，其道具在也。

夫人亦知财不用亦不生乎？用者消之数也。惟善生者能以消为息，使泉布之流滞于扑满，而化生之理不神矣。第当就用而徐商之曰："舒今试思关市待缮服，邦中待宾客，邦都待祭祀，家削币余待匦颁，赐予三十年制国用，谁非群视其蓄积以用之者？虽然吉凶军宾嘉其数，与风会相循，而侈者多不如其则，彼夫货门不闭，出孔渐丰，一民而兼四主之奉，独非用也钦哉？坚对。是惟重则射轻，贱则泄平，爰及日成月要岁会，务为天下后。坚对。之今而后，一年余三，三年余九，皆有以蓄于常盈而孕于不尽，此其道为留生于克越，稽古慎德，主所为诛辟名授，式法平兴，积治丰凶者，其道具在也。

苟使当疾者反舒，则财之入者仅取其半，使当舒者反疾，而财之出者又耗其半，故必缓急相济，而生财之大道斯尽耳。

精雅锻炼，字值千金。——原评

不察于鸡豚

不勤小物,居官之箴也。夫鸡豚是察,特庶人事尔。既从大夫之后,可不守官箴乎?

且天子察天下,群侯察其国,百尔有位,以察其家,职固然也。□擒。乃以官司之任,下晰纤细之图,惟是褊心亦不知本计矣。问大夫之富,数马以对,其可不自察耶。从上引入。四牡修广,亦既刍牧有余粮矣,何至媲贫交谪而下侵细民,两骖雁行亦既诏稭有厚禄矣!岂其肉食是谋,而贱同养畜?隽妙对精。

鸡豚之察当不然尔。周礼有鸡人之职以供王牲,此有司事耳。若靖共尔位,务存要略,当不于埘于桀,问鸡栖于日夕也。至肥牡以速,诸舅不过藉此以联朋旧之欢,而可自侈蕃息,与周官有鸡彝之司以修祭器,此庶尹职耳。递讲更见流逸。若夙夜在公,贵持大体,当不朝斯夕斯,问鸡鸣于风雨也。至燔炙以献皇尸,不过藉此以隆神保之飨,而可私计孔阜与问鸡戒旦?才思睿发,曲折多姿。士人不遑暇逸,则听司晨而知儆鸡,亦可以比德,独奈何争鸡口之雄,而孜孜末利?博硕肥腯,民力告其普存,则睹备腯之咸有豚,亦所以布惠,独奈何操豚蹄之祝?而攘攘谋生,训尔有家,毋[①]以官为市也可!

风雅之音,自饶刻挚。言言剀切,可作官箴。

王延年识

校记

① "毋"原文为"母"字。

有余不敢尽

从谨言而得余,而谨之心无敦矣。盖言既谨矣,何余之有?正惟以谨之心见为有余也,虽欲尽焉,得而尽乎?

且儒者立言于世,虽非获已要,皆道之余也。然尚口数穷,卒不知辞之费。语妙。括囊无咎,犹自惧语之烦,则非言之贻诟,而慎此言者自见为诟耳。庸言之谨,吾何以拟之中正之论!原非亲奇可喜而又申以金铭,虽有言若无言也,宁有余乎?然正惟有言若无言,而一言之简,不啻千百言之繁,以为谨也,忽已余矣。妙口解入微。平易之辞原非大言夸世,而又惕以檠箴,虽多言实寡言也,安有余乎?然正惟多言实寡言,而一言必求其正以则时,若千百言之丽以淫,心弥谨也,言弥余矣,言之余何自有也?惟其谨之,是以有之。言之余原未尝尽也,因其谨之,并不敢尽。味无穷而炙愈出。

或曰:无尽言,尽言多悔。夫必待悔而始谨,已无及矣。平居激发忠孝,其事何难?慷慨直陈。但一言忠孝,而内考为臣为子之身,觉矢口无非逾分,尚思援乎?古证乎?有余二字看得妙,则不敢尽意自刻露矣。今发摅中心所欲白乎?夫何敢!或曰:无尽言,尽言必败。夫必虑败而后谨,亦难追矣。生平感慕友恭,其说亦能曲折尽致。但一言友恭而自返,为弟为友之已觉,启齿每多溢美,尚思发其端竟其委,罄写意中所欲出乎,夫何敢!

笺口之戒,宁王之申,徽于丹书也。非以其尽言而徽之,与要之徽,尽言者非徽于当言之时,而徽于未言之先,则其兢兢致凛者盖有本矣。扪舌之坊,睿圣之托,箴于白圭也,非惧其尽言而箴之。

与要之箴尽言者,非箴以不言之迹,而箴以无言之神,则其乾乾日惕者,意良厚矣。透辟。此非言之有余而心见为有余也,亦非言之有所不尽而心有所不敢尽也,夫亦愈知谨矣。滴滴归原。

细能切理,简且会心,蕴藉风流,殊可想即。

王延年识

本诸身,征诸庶民

建极以观民,王天下之业昭矣。夫一人者,庶民之极。身正而民从,不胥天下而寡过也。与尝谓王者创制显庸,虽六服之内皆其修,而实宫庭之外无余事。故玉藻无多诰,亶昭明以偕藏;匡俗无异理,偕平康而敛福。则方宇清燕之风何在?非朕躬之敷锡也。

吾是以观三重之君子,执极绥猷,每多丕变。四方之具,第恐管簪之修不可咏歌,万姓亦难以喻风雨之情。古致纷披。陈常艺极,恒有威望。服物之势,第恐沐浴之体不彰海甸,四海亦难以达钟鼓之灵,则诚有以本诸身乎!建极维皇,若日月在躬,焉耳于以征诸庶民乎?保极惟氓,若海宇在囿,焉耳履崇高之地?謦笑皆成风会,君子有厥位也,又殚厥心恒深夙夜基命之志焉。严周官之典,而朝仪允肃;明王制之条,而轨物聿备,是岂为民而允迪?宕逸。与拥尊巍之势,率履皆关下土,君子有厥权也。又敦厥德,每凛昕夕罔怠之图焉。

《礼经》颁于更老,而王路和恒;《史记》悬于天室,而皇躬雍穆,是岂为民而笃叙与?而此时之民风亦甚徯应也。民无常性,听上推移,今而后性良动焉。笔笔雅切,可作实录。五礼之道明,司徒不必诰矣;三轨之制章,考工不必纠矣;六书之体著,太史不必督矣。

翕然向风，何甚捷也。布之门不若行之朝，行之朝不若修之躬，谁得而禁诸？民无常俗，听上蒸变，今而后习俗美焉。

文物秀于东南，无乖尔文矣；输輓利于西北，无戾尔度矣；德行修于中土，无变尔礼矣。晏然安化，何甚速也！郊遂不如其辟雍，辟雍不如其性情，谁得而御诸？故观于身而知三重之权大也。毖之深宫，九州如携而如取，观庶民而知寡过之机迅也；树之风声，牖民如主而如璋，奈何不慎厥身哉？

<small>言言实际，披抉欲尽。局法轻重，尤得题情，若其浸淫于古。言言不凡，典雅名贵，拟以商周。法物文品，当居最上一流。</small>

<small>王延年识</small>

子路人告之以有过则喜

闻过而喜，能补过者也。夫告以有过而思，讳之人情乎？子路则心喜也。以是补过，可谓加于人一等矣。

尝尚论昔人，而叹人之度量相越，岂不远哉？以无过之圣人而论，则不自怙非者，诚非绝诣，然无如人之好匿瑕也。即规以近修，而近修已渺难即矣。<small>含毫悚然。</small>吾乃思子路焉。闻之仲尼曰："自吾有由，恶言不入。则抗直不阿，为吾道之干城者，莫子路若也。"<small>微波宕漾。</small>而犹然有过乎？而犹然有过而待告乎？

虽然人非祈无过之难，而知有过之难；非自知有过之难，而人告以有过之难；非告以有过之难，而告之即喜之难也。大都过之所在，为严师者直言无畏，徒曰："人耳，非必师道临之也。"以无所短长之口而忽予以纠绳，曰："子过矣！子过矣！"吾恐强者怒于言，即柔者亦拂于色矣。<small>翻处笔意隽妙。</small>过之攸萌，为良友者尽情不讳，止曰："人耳，非必友谊亲之也。"以漠不相识之素而忽授以非谪，曰："是尔之过也夫！是尔之过也夫！"吾知意气之士艴然不悦，即沉潜之子亦勃然不平矣。

而子路喜甚。吾不知告之过者当乎？否乎？当则不啻药石也。即使未当，而突然相纠，其真爱由也哉。是当固喜，否亦喜。总之，告以有过，则不论当否也。则字醒甚。吾不知告之过者昵乎？仇乎？昵则不啻知己也，即使未昵，而非意相加，其真厚由也哉。是昵固喜，仇愈喜。总之，告以有过则不问其仇与昵也，谓聆过而幡然改图，故有此衎怀乎！然俟改图而喜，犹后念也。喜则喜矣，何待异日之纠虔，谓知过而徐为补救，故有兹怿思乎？挑逗处添毫欲活。然思补救而喜，犹迂虑也。喜则喜矣，正在一时之虚受，由斯心以廓于善，虽禹与舜亦不过是矣。

笔情爽豁，理致沈深，非于进德修业，乾乾不息之功，真实有得，何能道只字耶？

王延年识

昔者鲁缪公

去齐而思鲁，有今昔之感焉，夫有大不惬于今而追念昔者也。鲁缪之事，于去齐时倍伤感云。对客意谓子齐人也，知有齐王已尔。予生长于邹，接壤于鲁，窃尝景慕高风，低徊留之不能去，然向亦罕记忆矣。悼今日之无聊，企畴昔其难再，不禁穆然有思于鲁之令主焉。一折入韵，按下。

予尝与王言："汤武，此昔者明王也。挑昔者。今予为东海逋臣矣，而犹道莘野之聘。衬缪公。渭滨之招，则子当哂吾为迂。"予尝于王言:"尧舜,此昔者盛帝也,今予为临淄逐客矣,而犹述元德之升,元恺之举,则子当嗤吾为愚。"乃历世未遥,邻封甚近,固有周公之孙缪公者。以齐与鲁较,衬笔。则泱泱大风,鲁固不逮乎,然何必扬扢及此?转笔。惟念缁衣好贤,既不得如溱洧之司徒,或得如龟蒙之冢君也,文情曲折。亦未可知,则且咨嗟忾慕于缪公矣。扣住题。以今者之齐与昔者之鲁较,则堂堂千里,鲁尤不足数乎,顾何暇论列及此,惟念干旄迈士,既不得如楚宫之兴主,或得如徕甫之嗣君也亦未可知,则且神游遐想于缪公矣。

稽其时,岂无由义居仁,类今日之韦布而抱辅世长民之略者乎?倪东国名侯,情不深于杕杜,予何必凭而吊之?合具能扣住题位。曰:"此中心之好,在鲁缪公也。稽其时,岂无黜伯崇王,类今兹之儒素而韫数过时可之怀者乎?惟宗邦贤辟,心常系于白驹,予忍不仰而思之,曰:此嘉客之留,因鲁缪公也。以意中已不系属之齐而思及于鲁,则反觉为意中事;以目前漠不相关之王而念及于缪,则反觉如目前人。情致如生。噫,鲁缪公之于子思自有人在。如君辈者,决不令在子思之侧也。

<small>一唱三叹,每从抚今追昔之下,时露忠君爱国之情,便觉语语悱恻。

王延年识</small>

虽欲耕,得乎后稷教民稼穑

二圣之于耕已不自为,而教民为之也,夫耕非大人之为也。禹治水而不得耕,稷教民而不自耕,二圣人曷尝以并耕哉!且昔尧之时,舜总敷治之权,益掌虞衡之职,此非无使民稼穑之心,然皆欲耕而不得矣。

时又若禹也,稷也,皆有事于民者也。然以今考之,终有不与民并耕焉者。方洪水之患未息,顿此二句,虽欲得乎?有意在笔先之妙。稼穑之利未兴,禹也承尧而往八年,不以为劳,惟业业于在官,而初何事于田工之即?嗣鲧而兴,三过不以为恝;惟兢兢于有位而初,何遑于百亩之忧?非不容心于稼也,水患未平,举天下之稼且罔以播种焉。伏下总无痕迹。读去只是钩勒虚字。吾胼胝以为之,犹惧其不给,虽欲亲为之稼而可得乎?非不容心于穑也,神理。水患未平,举天下之穑且罔以成功焉。吾夙夜以图之,犹恐其不继,虽欲亲为之穑而可得乎?是禹固无事于耕也。稷之缵禹而为农师也,亦何尝身为之哉?直接是先正手法,用经恰好。惟以此教民已。以为稼穑之事,小人之所依也,非大人之所亲也。故劳力以自为,反无以遍阻饥之众,而劳心以教民自足,以致平成之休于焉。

因禹功之既施而贻之美,利导天下以粒食之源。句句与上节气脉不断,方是此题起止。乘中国之可食而锡之嘉种,开生民以奠丽之泽。耕之事始于稼也,吾不与民并之,而惟以教民稼焉。此教行而天下晓然于稼,政之修矣,岂必其身亲夫稼而后可以缵禹之成乎?耕之事终于穑也,吾不与民并之,而惟以教民穑焉。此教行而天下晓然于穑,事之修矣,岂必其身亲夫穑而后可以底禹之绩乎?夫即其有稼穑之教也。

稷欲耕犹之禹也,即其教民而不自为也;稷之欲耕而不得,亦犹之禹也。顾上自然。当时之不为并耕者,岂独禹哉?噫,禹之不并耕也,与天下以可耕之地;稷不并耕也,教天下以可耕之方。双收极合。彼倡为并耕者,岂其功多于禹稷耶?

吊渡挽合,搭题陋诀。提挈回顾,划住联络。绝去俗套,而不逾于法,嘉隆矩矱也。古朴亲切,洗空胶粉,似薛敬轩手笔。

王延年识

仁义忠信，乐善不倦，此天爵也

著天爵之实，可无慕乎性外之事矣。夫言爵而推本于天，要不外仁义忠信。与乐善者近，是则内力何可不敦哉！

今夫儒生穷理，每乐以性命之有本，而切言荣被之有据。轩然而来。盖本之性者深，而一世莫能尚；原诸内者宏，而万物莫能加。斯独隆之业为不可企耳。如所称天爵者，天也，乌得而爵之，毋乃元苍之上，实有三德六德之明。试而隐寄其辟门，黜陟之权爵也，胡尊而天之？毋乃庆赏之典，实本于上帝冥漠之衷，而显示其禽受敷施之用。不然也，昊锡之理，不黼黻而荣；帝降之彝，不珩玉而贵。则仁义忠信，乐善不倦者非乎？

慈良本于性衷，则裁制各当；醇笃原于帝锡，则朴厚攸隆。直起是古法。而复敦敏有作不懈，夫黾勉念慈之图焉，是岂宠荣所能加与？乃知布衣有子谅易直之美，一代之功名莫与京尔。蔼恻动于渊怀，则秩叙聿昭；诚朴发自圣性，则愍贞道著。而复懋勤罔斁，日凛夫大命，原始之机焉，是岂轩冕所能加与！乃知韦素有名德馨香之具，上帝之宠荷为独隆尔。

盖匹夫寡蓄令，曰鲜德哉！一段情味深厚，原非小家数。然驰诏而至无难，驭富富之，驭贵贵之也。彼浩浩养真者本于天则，而性命之敦琢备焉。吾亦惟效天工帝载之文，以为赞颂已耳，而敢轻自标置，与草茅无奇，咸曰凉德哉！然执玉而招无难，门左千之，门右千之也。彼蔼蔼天良者，奉厥性始，而神明之粹精毓焉。吾亦惟尊松川云岳之灵，以为扬扢已耳，而敢不重为珍惜与？是以天爵足尚也，缅怀古人，实怀我心矣。

思致沉实,笔更雅健。昔人论公干有逸气,而犹未道如此文,良无遗憾矣。

王延年识

奚有于是,亦为之而已矣

人之所以作圣者,不惟其形,惟其为也。夫圣不系于形也,志于圣者亦在为之而已,可徒以形求哉?

孟子晓曹交若曰:"天下之言践形者固必归之圣,而天下之言作圣者则不系于形。紧切,无肤泛习气。据子之较形于汤文,岂不以为尧者亦形尧之形而已矣,为舜者亦形舜之形而已矣?"以予观之,形奚足拘哉?昔尧舜之大哉而君哉也,固非以形之超乎人也,惟在为之以立其极。今吾人之希尧而希舜也,亦非以形之类乎圣也,惟在为之以作其成。汤能为之,则继唐虞而圣于商汤,不徒以其形也。以汤文作衬,仍顶为尧舜得旨。慕汤之能尧舜者,亦奚有于九尺哉?顾其能为汤之为焉,如此而已矣。"能"字出得有力。文能为之,则继唐虞而圣于周,文不徒以其形也。慕文之能尧舜者,亦奚有于十尺哉?顾其能为文之为焉,如此而已矣。由此奋然以必为,则虽其形之远乎圣,而圣可为也。宛转相赴,却极与奚有口气相合。如其有不能为者焉,亦惟人之自弃耳,于形何与乎?由此而退然以不为,则虽其形之肖乎圣,而圣不可为也。如其有能为者焉,亦惟人之自力耳,于形何与乎?

盖天以尧舜之理赋诸人,与之体必有所以帅其体者。抉出奚有所以然,并为之根本。固有待于人之为之也,而非徒形也。故人以尧舜之理成诸身,有是形必有所以践其形者,亦有在于我之为之也,而非徒形也。求之以为则人皆可为,而求之以形则人不必皆可为。与上"为"字照应,是正脉。子诚恃九尺之长而莫之为也,将不由食粟终哉。

> 伊川、颜子所好何学论言? 圣人可学而至在,力行以求至。信道笃则行之果,行之果则守之固,是即题为字义也。篇中讲"为"字处精蕴不减伊川,若是字竟指形体说,认题更为精细,是大儒讲学之文。
>
> 王延年识

存其心,养其性,所以事天也

君子敬天之学,存养交致其功而已。盖心性原于天,不第知之,而且有以事之,则存养之功何如哉? 且儒者穷理,而后每乐观学问之有本,以敬持神明之所自。来脉紧清。

盖览彻元初,而宏业日跻,其体备为足恃耳。知天之后可无所以事之哉? 夫天乌得而事之,降衷有自,何以敦阴骘之灵? 恒性克缓,何以笃维皇之锡? 则其心其性非乎存之养之,尚可已乎。无谓天邈依心而处,故中材皆有其虚灵。峭甚。而每锢于情识之多,乌睹所谓渊渊者与。天固无以愚贱赠人之理,而人实以愚贱自待,则弃天殊甚。毋谓天远原性而居,故凡人亦有其秉彝,而每敌于涵泳之疏。乌睹所谓优优者与,天实有以忠孝望人之心。而人不能以忠孝自敦,则亵天殊甚。故君子夙夜自严,而几杖亦书古铭,朝夕悠愫,而风雨不暂永思,即出王游衍,亦必凛以曰明曰旦之精,岂好为是勤劳与诚! 以此心一佚,则上帝之明威可畏也。大放厥辞,醇而肆矣。抑君子嗜欲必戒,涵葆于动静之间;仁义克全,调摄于刚柔之际。即视听貌言,亦必惕以五事三德之范,岂好为是黾勉与诚,以此性一失，则维皇之明命堪凛也。

盖人无一刻离天之时，丽于有生以后，而仍通于无物以先，则其理不得以中断。天亦无一刻离人之时，宅于无形声之始，而著于有形声之中，则其功不可以不严。知此者其于性善不动心之旨，思过半矣。

疏义切实，结体浑成，且能融贯儒先①精蕴。探喉出之，略无障碍。此种文字，当与传注并垂不朽。

王延年识

先文正公著作各体俱备，悉载遗书，独制艺流传颇少。盖甫逾弱冠，即入翰林；两任监司，年未三十。抽簪归里，闭户读书，专心性命之学，故制艺不多为也。今从王似斋先生所缉本朝传文中得十数艺，亟登全集，并志不朽云。

六世孙树荟敬识

校记

① "儒先"疑为"先儒"误。

解

乾坤两卦解

《周易》上经

周，代名也。卦为伏羲所画，而其辞则文王周公所系，故谓之"周"。以"易"名书者，以有交易、变易之义。

交易以对待言，从卦图上看；变易以流行言，从蓍策上看。交易是阳交于阴，阴交于阳，如天地定位，上下相对也。而天气下降以交于地，地气上腾以交于天。推之山泽，则相通者也。雷风则相益者也，水火则相济者也。天地间盖无物不然，是所谓交易也。变易如阳极变阴，阴极变阳，此天地自然之理。而占筮有九八七六之数，九变为七，六变为八，亦有变易之义。

天地间物物皆是易，不是交易便是变易，二端之外更无他也。此古圣人以"易"命书之义也。

☰乾上
☰乾下

乾元、亨、利、贞。

伏羲仰观俯察，见阴阳有奇偶之数，故画一奇以象阳，画一偶以象阴。见一阴一阳，有各生一阴一阳之象，故自下而上，再倍而三，以成八卦。

乾，健也。阳主于动，动而有常。其动不息，非至健者不能。是知阳性至健，而其成形之大者为天。故三奇之卦名之曰乾。而拟之以天，三画已具，八卦已成。则又倍其画以成六画，而于八卦之上各加八卦，以成六十四卦。此卦六爻皆奇，上下皆乾，则阳之纯而健之至也。故乾之名天之象，皆不易焉。

元、亨、利、贞，文王所系之辞，以断一卦之吉凶。所谓《彖》，辞也；元，大也；亨，通也；利，宜也；贞，正而固也。乾道大通而至正，筮得此卦者，当得大通，而必利在正固，此圣人作易开物，成务教人，以法天修德之要也。

乾卦之辞只是要人如乾朕，坤卦之辞只是要人如坤揉。至如揉蛊等卦，则又须反其象有随时而顺之之义，有随时而制之之义。

易道只是时时皆有此二义在，学者细察之。

初九　潜龙，勿用。

"初九"者，卦下阳爻之名。凡画卦者，自下而上，故以下爻为初阳数。九为老，七为少，老变而少不变，故谓阳爻为九。

"潜龙，勿用"，周公所系之辞，以断一爻之吉凶。所谓爻，辞也；龙，阳物也。故乾爻皆取象焉。而初之位则潜也，初阳在下，未可施用，故象为潜龙，占为勿用。此爻在士之未仕者，得之则当隐约以待时；在仕者得之，亦当隐身而退避；在庶民得之，则不利有所往；在商贾得之，则宜深藏而不市。若以天子之尊而得此爻，亦或时当主静，或事当谨密也。

凡古卦爻皆然，不可拘泥也。

九二　见龙在田，利见大人。

九二，有刚健中正之德。出潜离隐，而为"见龙"。二于三才为地道，地上即田也。上应九五，故利见九五之大人，以行其道，如伊尹之遇成汤，太公之遇文王也。乾坤纯体，不分刚柔，而以同德相应，故其象如此。

九三　君子终日乾乾。夕惕若厉，无咎。

九阳爻三阳位过刚不中，居下之上乃危地也。然性体刚健，有能乾乾惕厉之象。人能以危道处危地。则终于不危矣，故无咎。三居二乾之间有乾乾之象，居下乾之终，有日终而夕之象。

九四　或跃在渊，无咎。

或者，疑而未定之辞。据田与渊言，则渊若下于田；据跃与见言,则跃而起,为向乎天矣。盖谓之见,则其势已定;谓之跃,则其势方兴。九阳志于进,四阴则不果于进,居上之下,改革之际,进退未定,故疑之。人能及时而动,进退随时,则无咎矣。否则,或先时而有为,则不免于躁进;或后时而不为,又不免于失时,皆咎也。

九五　飞龙在天,利见大人。

有刚健中正之德,以居尊位,其象为龙之飞而上乎天,遂当霖雨天下矣,然必得在下。大德之人,方能共成天下之事。如尧之得舜,舜之得禹、皋陶也。

上九　亢龙,有悔。

九五之位尊之极,九五之德中正之极,九五之时盛之极,过此则亢矣。上九过于上而不能下,故有悔,惟圣人知进退存亡而无过,则不至于悔也。

用九　见群龙无首,吉。

"用九",指六爻皆变言也。以阳居乾,体纯乎刚者也。刚柔相济,乃为得中。六爻皆变则为坤,本刚而能用柔,吉之道也。见者仿佛之辞,与见豕负涂略同。龙非无首,见其如是耳。若以刚为天下先,其凶可知。

朱子作张魏公行状,末述其所论刚柔之义,曰:"君道主刚,而其动也用柔,故乾动则为坤矣。臣道主柔,而其动也用刚,故坤动则为乾矣。夫必远好色,必去小人,必安社稷,必服四夷,乾之刚也。至于礼臣下,恤百姓,虚心取善,舍己从人,其动莫非柔矣。不敢倡始,不敢争先,循分守安,进退之类,坤之柔也。至于犯颜敢谏,捐躯尽节,可杀而不可辱,可用而不可使为不义。托孤寄命,正色立朝，其动莫非刚矣。善观易者必观刚柔之中，而究其所以，用则六十四卦，三百八十四爻，或得或失，或吉或凶，皆可以类推。不知刚柔之用，不足以言易也。"此说本乾用九之刚而能柔及坤，用六变而为阳之类，亦有相发明者，故备录之。

《彖》曰：大哉乾元，万物资始，乃统天。

"彖"者文王所系之辞，夫子从而释之，通谓之彖。彖者材也，言一卦之材也。后人解彖者断也，断一卦之吉凶也。又解豕走悦也，豕走而悦，有开舒发扬之意。卦辞发扬，卦蕴无所不尽，故取义于此。诸说不一，总之，依孔子"材"之一字可也，不必过凿。

《易》本占卜之书，曰元、亨、利、贞者，文王主于卜筮以教人也。至于孔子之传，则专于义理矣，故以元、亨、利、贞分为四德，而此则专以天道明乾义也。"大哉"，叹辞。"乾元"者，乾之元也。元，大也，始也。"乾元"，天德之大始，故万物之生皆资之以为始，此言气而不言形。若涉于形，便是坤之资生矣。又为四德之首，而贯乎天德之始终，故曰："统天。"天出乎震，而生长收藏，不过此四德而已。统四德则统天矣，"资始"者无物不有也，"统天"者无时不然也。无物不有，无时不然，此乾元之所以为大也。此释元之义。

朱子曰："天地只是一个春气，发生之初为春气，长得过便为夏，收敛便为秋，消缩尽便为冬。明年又复从春起，浑然只是一个发生之气。此可见元之统天。"愚谓春生夏长秋收冬藏，此亦论其大概，其实阳气无消尽之时，故花木有至秋末隆冬而始开放者，是春生之气固贯彻于四时而无时息也。

云行雨施，品物流形。

向者乾元资始之时，仅有其气而犹未有其形也。坤元资生之时,始有其形而犹未流其形也。至是,则气发泄之盛而云行雨施矣。品物得云雨之滋润,莫不畅然,各流其形而生生不已,机不停滞,此乾之亨也。云行雨施者,气之亨;品物流行者,物随造化以亨。云行雨施,犹是气之可见者。若不得内面乾德之亨的道理在,亦不能云行雨施,亦无从而流形矣。

大明终始,六位时成,时乘六龙以御天。戢山刘氏曰,此一条疑在"乃利贞"下。

始即元也,终谓贞也。不终则无始,不贞则无以为元也。圣人,"大明"乾道之终始,则见六爻之位各有攸当,皆以时自然而成,而乘此六龙以行天道。爻有定位,故曰六位。"六龙"者,潜见惕跃飞亢之六龙也。时成者,如位在初时当为潜位,在上时当为亢也。乘龙御天者,当处之时则乘潜龙,当出之时则乘飞龙。时当勿用,圣人则勿用;时当知悔,圣人则知悔也。乘龙御天,只是时中,乘六龙便是御天。谓之乘者,因龙字生也。

御者,如御车之御,以见进退,迟速之在我耳。学者当观其时成时,乘圣人时中变化,行无辙迹之妙可也。

上一节专赞乾元,此一节则赞圣人。知乾元六爻之理而行乾元之事,则泽及于物,足以为万国咸宁之基本矣,乃圣人之元亨也。

乾道变化,各正性命,保合太和,乃利贞。

变者化之渐,化者变之成。各者即一物,原来有一身各有族类,不混淆也。正者,言万物受益,各得其宜,即一身还有一乾坤,不相倚附妨害也。物所受为性,天所赋为命,保者常存而不亏,合者翕聚而不散。太和阴阳会合,冲和之气也。

"各正"者,各正于万物向实之初。"保合"者,保合于万物向实之后。言乾道变化不穷,固品物流形矣。至秋,则物皆向实,各正其所受所赋之性命;至冬,则保合其太和,生意饱足,无少缺欠。

凡资始于元,流形于亨者,至此告其终,敛其迹矣。虽万物之利贞,实乾道之利贞也,故曰"乃利贞"。就各"正言"则曰性命,性命虽以理言,而不离乎气;就"保合"言,则曰"太和"。"太和"虽以气言,而不离乎理,其实非有二也。

首出庶物,万国咸宁。

圣人端拱,首出于万民之上,犹乾道变化,无所作为,万国各得其所。而"咸宁"犹万物之各正性命,而保合,太和也。乘龙御天,是天道在圣人运行之中,至今日则端拱无为而天下平,此圣人之利、贞也。

《象》曰:天行健,君子以自强不息。

象者,伏羲卦之上下。两象谓之大象,又周公六爻所"系辞"之象谓之小象,孔子从而释之,通谓之象,即象辞之传。以象曰起之是也,象者,像也。孔子于释卦名卦辞之后,而复加之以大象者,盖卦名卦辞之说有限,而圣人胸中义理无穷。故自天行健,至火在水上未济,此是六十四卦之象,自有六十四卦之名也。自君子自强不息,至慎辨物居,方此又是人事中自有六十四卦名之象也。凡此皆圣人之蕴,因卦以发者也。

"天行"者见其一日一周,而明日又一周,若复重之象,非至"健"者不能也。以者,用也,有所因而用之之辞,即箕子以之之以也。自强者,一念一事莫非天德之刚也。息者,间以人欲也。天理周流,人欲退听,故"自强不息"。若少有一毫阴柔之私以间之,则息矣。"天行健"者,在天之乾也。自强不息者,在我之乾也。君子自强不息之实,究竟亦不外乎体仁,足以长人嘉会,足以合礼利物,足以和义贞固,足以干事而已。四德何所不赅,此便是合其天德之刚也。

"潜龙勿用",阳在下也。
　　阳在下者,阳爻居于下也。阳故称龙,在下故勿用。此以下举周公所系六爻之辞而释之。

"见龙在田",德施普也。
　　德即刚健中正之德,出潜离隐,则君德已著,化及于物,其施已普也。

"终日乾乾",反复道也。
　　"反复",犹往来言。君子所以朝乾夕惕者,此心去去来来,惟在此道而已。

"或跃在渊",进无咎也。
　　可以进而不必进,则其进以时,故无咎也。

"飞龙在天",大人造也。
　　造,作也,言作而在上也。大人,龙也。飞在天,作而在上也。大人释龙字,造释飞字,此只言飞龙在天。下同声相应一节,则言利见;大人上治一节,方言大人之事;乃位乎天德一节,则见其非无德而据尊位。四意自别。

"亢龙有悔",盈不可久也。

阴阳盈虚，一定之理。盈即亢，不可久，致悔之由。

"用九"，天德不可为首也。

阳刚天德，须用坤德以济之。若任刚好先，则过矣。故用九，言阳则不可为物先也。

《文言》曰："元"者，善之长也；"亨"者，嘉之会也；"利"者，义之和也；"贞"者，事之干也。

孔子于彖象既作之后，犹以乾坤之道大，而六爻之义广也，故复作文言以申明之，所以尽其蕴也。虚斋蔡氏曰："'文言'二字之义，犹后世所谓释文也。"文者，释也；言指旧文也。乾道所包者广，有在天之元、亨、利、贞，有圣人之元、亨、利、贞，有在人所具之元、亨、利、贞，此则就人所具而言也。

元者，生物之始，天地之德莫先于此。而在人则为仁，是仁者，人身之元也，仁义礼智皆善也。仁则为万善之所从出，故为善之长。亨者，生物之通。物至于此，莫不嘉美，是理之显著。亨通者，即在人之礼也。人由礼行，则事事皆通；悖礼行，则处处皆滞。故以亨属礼，一动一静，一语一默。以至事父事君，皆有天理之节。文所谓礼仪三百，威仪三千，许多嘉美辐凑得来，乃嘉美之会聚也。

利者，生物之遂，物各得宜，不相妨害。在人则为义，义安处即是利也。如上下彼此，各得其当然之分，不相乖戾，此乃义之和也，斯所谓利也。贞者，生物之成，实理具备。所谓保合太和，而为将来元亨利贞之根柢也，在人则为智。贞有二意：正而固也，而总属知，故不知正之所在，非智也。或知正之所在，而不能固守，非智也。孟子曰："智之实知，斯二者弗去是也。"惟知事亲从兄，正也；弗去，固也。干者，木之身而枝叶所依以立者也，知正之所在而固守之,则事依以立,故为事之干也。此四者,就天之在人者言下,体仁四句,就人事之当然言。

君子体仁,足以长人;嘉会,足以合礼;利物,足以和义;贞固,足以干事。

体者所存所发,无不在于仁,是此身以仁为体也。以仁为体,则无一物不在所爱之中,自足以长。人所谓仁者,宜在高位也,如此,则天德之元在我矣。会者,众理之所聚,然必至善恰好,皆天理人情,自然之至,而无不嘉美焉。则动容周旋,无不中礼,故足以合礼。如此,则天德之亨在我矣。

不相妨害之谓利,利则必和。无所乖戾之谓和,和则必利。义者,处物得宜之谓也。物虽万有不齐,然各有自然之定理,故能处物得宜而不相妨害,则上下尊卑之间自恩义浃洽,无所乖戾。而义无不和,如此,则天德之利在我矣。贞固,贞字只当正字,仅得象辞。贞字之半,事有未正必欲其正。事之既正,必守其正。正而且固,故足以干事。如此,则天德之贞在我矣。

君子行此四德者,故曰:乾元、亨、利、贞。

行此四德,即体仁、嘉会、利物、贞固也。然非君子之至健,岂能行此? 故曰乾元、亨、利、贞,所以明君子即乾也。

初九曰:"潜龙勿用。"何谓也? 子曰:"龙,德而隐者也,不易乎世,不成乎名,遁世无闷,不见是而无闷。乐则行之,忧则违之,确乎其不可拔,潜龙也。"

圣人,神明不测,故曰龙,德在下故曰隐。不易乎世者守其道,不为世所移也。不成乎名者晦其才,不求知于时也。"遁世无闷"

者,不见用于世而无闷也。不见是而无闷者,不见信于人而无闷也。不易乎世与遁世举一身言,不成名,不见是就所长言。"乐则行之,忧则违之",犹言用之则行,舍之则藏,见得是用,舍无与于己。行藏安于所遇,初九何尝有乐行时?乐行句特以起忧违一句耳。若但知忧违而不能乐行,何以为龙德而隐?"确乎其不可拔",言其忧违之操坚不可夺,此所以为潜龙也。

九二曰:"见龙在田,利见大人。"何谓也?子曰:"龙德而正中者也。庸言之信,庸行之谨,闲邪存其诚,善世而不伐,德博而化。《易》曰:'见龙在田,利见大人。'君德也。"

正中者,初居下,三居上,二正当其中,是以龙德而处正中者也。庸言亦信者,无一言之不信也。庸行亦谨者,无一行之不谨也。既信既谨,其德已盛,而犹闲邪以存其诚,所谓无致亦保也。念念皆诚,则发之言行,愈信谨矣,如此则善。盖一世而心不自满,德施者溥而物为之化,此皆大人之事。虽非君位,君之德也,同一圣人耳。其在初九,则人但见其德之不易乎世,不成乎名,与乐行忧违确乎其不可拔而已。至于九二,则出潜离隐,而德已章显于世矣,故人得见其"庸言之信,庸行之谨,闲邪存其诚,善世①而不伐,德博而化",此皆时位为之也,所谓有隐显而无浅深也。

校记
① "世",原文讹作"也"。

九三曰:"君子终日乾乾,夕惕若厉,无咎。"何谓也?子曰:"君子进德修业,忠信所以进德也。修辞立其诚,所以居业也。知至至之,可与言几也;知终终之,可与存义也。是故居上位而不骄,在下位而不忧,故乾乾因其时而惕,虽危无咎矣。"

"君子终日乾乾,夕惕若厉"者非无事而徒勤也。盖进德修业也,忠信主于心者,无一念之不诚也。修辞见于事者,无一言之不实也。德以心言,业以事言,信者以实之谓,非言而有信之信。修辞立其诚,不言事者事归于诚,然后其言为不妄也。德则日新不已,故曰进业则如屋宇,未修则修之,既修则居之,故曰修曰居。

先知为几知,理之所在,而必至之。知之在先,故可与此"进德"之事。知理必至,是而后为可止之地,遂守之不移。守之在后,故可与存义。此"居业"之事,君子之学如是,故在上在下,不骄不忧,君子所以"终日乾乾,夕惕若厉"者,以此故也。

九四曰:"或跃在渊,无咎。"何谓也?子曰:"上下无常,非为邪也;进退无恒,非离群也。君子进德修业,欲及时也,故无咎。"

"上下"者,进退之已成;"进退"者,上下之未定。四之或跃或处,上下无常,似乎有求进之意者,不几于为邪乎?然其实非为邪也。进退无恒,似乎独离其群者,然其实非离群也。盖君子进德修业欲及时也,惟及时以进,修而不干时以行险,此其所以无咎也。上进释跃字义,下退释渊字义,无常无恒释或字义,"非为邪"、"非离群",释"无咎"义。

九五曰:"飞龙在天,利见大人。"何谓也?子曰:"同声相应,同气相求。水流湿,火就燥,云从龙,风从虎,圣人作而万物睹。本乎天者亲上,本乎地者亲下,则各从其类也。"

"同声相应",如鹤鸣而子和,雄鸣而雌应之类是也。"同气相求",如日火之精,而以阳燧取火于日;月水之精,而以鉴取水于月之类是也。湿者下地,故水之流趋之;燥者干物,故火之然就之。

龙兴则云生,故云从龙;虎啸则风烈,故风从虎。圣人既作,则万民莫不快睹。所以然者,以天地阴阳之理皆各从其类也。天在上,凡本乎天者皆亲之,如动物是也;地在下,凡本乎地者皆亲之,如植物是也。

圣人为人类之首,以九五之德位同类之大人,岂不相亲?所以利见者以此。或问:九二亦"利见大人"者,亦有声应气求之理,何为无一言及之?曰:九二德上意多,九五位上意多,九二之为大人,特取其德耳。若九五则中天下,而立定四海之民为万国之所朝宗,其于声应气,求之理固表表然其尤显著也。

上九曰:"亢龙有悔。"何谓也?子曰:"贵而无位,高而无民,贤人在下位而无辅,是以动而有悔也。"

六龙之首,故曰高贵;非君非臣,故曰"无位";纯阳无阴,故曰"无民"。九五以下皆贤人也。贤人宜为之辅,以上九之亢而莫有辅之者,故"动而有悔"也。

"潜龙勿用",下也。

以其位下也。

"见龙在田",时舍也。

舍,止息也。出潜离隐,未得君位,姑随时而止息也。

"终日乾乾",行事也。

行所当行之事,即进德修业也。

"或跃在渊",自试也。

自试其时之可否,而不遽进也。

"飞龙在天",上治也。
　　居上以治下也。

"亢龙有悔",穷之灾也。
　　以其处位之穷,穷则灾生也。

乾元"用九",天下治也。
　　君道刚而能柔,天下无不治也。

"潜龙勿用",阳气潜藏。
　　阳在下也,以爻言;"潜龙勿用",下也,以位言;此则以气言。阳气潜藏,正阴气极盛之时,天地闭,贤人隐,所以勿用。

"见龙在田",天下文明。
　　龙德见于地上,则天下被其德化,而成文明之俗也,所谓百姓昭明也。

"终日乾乾",与时偕行。
　　天之健终日不息,九三之进修亦与之偕行而不息,故曰"与时偕行"。

"或跃在渊",乾道乃革。
　　九四离下,内卦之位升上,外卦之位变革之时,故且进且退,疑而未定也。

"飞龙在天",乃位乎天德。

"天德"即天位,有是天德而居是天位,故曰"乃位乎天德"。惟圣人在天子之位,斯可言此。若无德而据尊位,谓之天位,则可谓之位乎?"天德"则不可也!

"亢龙有悔",与时偕极。

时当亢极而不知变通,乃与时而偕极,故有悔。

乾元"用九",乃见天则。

刚而能柔,天之则也。圣德刚而能柔则天,则于圣人见之矣。

"乾元"者,始而亨者也。
"利贞"者,性情也。
乾始能以美利利天下,不言所利,大矣哉!

《文言》既分元、亨、利、贞为四德矣,然元实统四德,故此合言之,所以极赞乾元也。始而亨者,言物方资始之时,已有必亨之理,则亨者固此乾始之所亨也。性者,百物具足之理;情者,百物出入之机。方元亨时,非无性情也。但生意未足,实理未完,故必至于收敛归藏,乃见性情之实耳。是利贞者,亦乾始之所成就也。乾元始物,能使庶物生成,无不嘉美,无不利赖,是以美利利天下也。而庶物自成其形,自成其性,造化机缄,浑然不露,莫知其所以然,则乾元岂不大哉!

大哉乾乎,刚健中正,纯粹精也。

"大哉乾乎",乾字包四德。"刚健中正"、"纯粹精"者则正,指四德言也。四德运行，元而亨，亨而利，利而贞，贞而复元，无所屈挠，无少间断，此便是刚，此便是健。且当元而元，元之末则继以亨；当亨而亨，亨之末则继以利；当利而利，利之末则继以贞。贞下又起元，此是行之无过不及处中也。元自为元，亨自为亨，利自为利，贞自为贞，此是位之不偏处。正也，此四者乾之德也。纯者，刚健不杂于阴柔。粹者，中正不杂于邪恶。而精者，又纯粹之至极也。乾德之妙，非一言所能尽，故首以刚健中正赞之，犹未足也。又赞之以纯粹，又赞之以精，非圣人知天地之化而与之默契无间，亦论不及此。

六爻发挥，旁通情也。
时乘六龙，以御天也；云行雨施，天下平也。

  情者，乾之情也。发挥者，每一画有一爻辞，以发挥之也。旁通者，曲尽也。言乾道刚健中正，纯粹以精，乾道固大矣。惟圣人立六爻以发挥之，有初之潜，二之见，三之惕，四之跃，五之飞，上之亢，该括曲尽乎乾之情而无遗。"时乘六龙"以行天道，其德泽流行敷布，如天之"云行雨施"。而"天下平"则乾，道之大不在乾而在圣人矣。此第五节复申首章之意。

君子以成德为行，日可见之行也。"潜"之为言也，隐而未见，行而
  未成，是以君子"弗用"也。
  德者，行之本；行者，德之用。盖有有其德而不见诸行者，未有有其行而不本诸德者。"成德"者，已成之德也。君子以已成之德举而措之于行，则其事业之所就指日可见矣。然所能者德也，所不能者时也。"潜之为言"也，"隐而未见"也，惟其"隐而未见"，故"行而未成"，时位厄之也。是以占者之君子亦当知之而勿用也。

君子学以聚之,问以辨之,宽以居之,仁以行之。《易》曰:"见龙在田,利见大人。"君德也。

龙德正中,虽以爻言,然圣人之德不过此正中而已。多闻多见,所以聚夫众理也。然所聚之理有是非得失焉,有精粗本末焉。又必亲师取友,"问以辨之",欲其明也。至于是非得失,各有所归。本末精粗,无所不尽。则须优游餍饫,勿忘勿助,俾所聚所辨之理,蓄于吾心者,融会贯通,而居之安矣。至于事至物来之时,则以其所居者行之,必须合乎天理之公,而无一毫意必固我之私,所谓"仁以行之"也。四者大人之德所由成也,虽非君位,而"君德"已备矣。

九三重刚而不中,上不在天,下不在田,故乾乾因其时而惕,虽危无咎矣。

三居下卦之上,四居上卦之下,交接处以刚接刚,故曰"重刚",非指阳爻居阳位也。所以九四居阴位者,亦曰"重刚"。位非二五,故曰不中。过中而居下之上,上未至于天,下已离于田,以时论之,盖危惧之时也。九三因其时而乾乾兢惕,故虽危而不至于咎。君子顺时兢惕,所以为泰也。

九四重刚而不中,上不在天,下不在田,中不在人,故"或"之。"或"之者,疑之也,故"无咎"。

在人谓三也。三四虽皆人位,至四则出乎人之上,而逼近九五矣,盖可疑之位也,故"或"之。"或"之者,疑之也。惟其疑必审时而进矣,故"无咎"。

夫"大人"者,与天地合其德,与日月合其明,与四时合其序,与鬼神合其吉凶。先天而天弗违,后天而而奉天时。天且弗违,而况于人乎?况于鬼神乎?

九五,大人之德,以道为体,只是无私而已。故覆载无私,天地之德也。其照临无私,日月之明也;其生息无私,四时之序也;其祸福无私,鬼神之凶吉也。凡此皆道也,大人与道为一,其德皆有以合之。是故意之所为,创制立法,若先天意而为之者,而天弗违悖。如所谓荐之于天而天受之是也。知理之所在奉而行之,为后天而奉天时。如所谓天叙有典,而我惇之;天秩有礼,而我庸之是也。大人之心纯乎天理,与天浑合,先后相应,不差毫发。天且弗违于大人,而况于人?乃得天地之理以生鬼神,不过天地之功用,虽欲违乎大人,岂能违天乎?然非天人鬼神同为一本,何能与之相合而无间哉?

"亢"之为言也,知进而不知退,知存而不知亡,知得而不知丧。

进退者身也,存亡者位也,得丧者物也。

其惟圣人乎!知进退存亡而不失其正者,其惟圣人乎!

消长之理,知之既明而处之不失其正,唯圣人能之。再言其惟圣人,始若设问而卒自应之,见非圣人不能也。此第六节复申前数节未尽之意。

☷坤上
☷坤下

坤元、亨,利牝马之贞。君子有攸往,先迷后得主利。西南得朋,东北丧朋,安贞吉。

偶者,阴之数也;坤者,顺也,阴之性也。阴之成形莫大于地,故三画皆偶,则名坤而象地。六画皆偶,则纯阴而顺之至矣,故名象皆不易焉。坤元、亨与乾元、亨不同,乾无所不元、亨也,坤只是柔顺者元亨也。马象乾,牝马取其为乾之配。马全是健,牝牛全是顺,牝马顺而健者也,要非顺外有健也。其健亦是顺之健也。

乾无不统,坤则为乾所统占者之。君子先乾而行,则失其主而迷错;后乾而行,则得其主而利矣。盖造化之理,阴从阳以生,物待唱而和者也。君为臣主,夫为妻主,后乾即得所主矣。利孰大焉?本义阳主义,阴主利,象辞无主利意。《文言》后得主而有常,程传增一利字,未敢从也。

西南东北,以文王圆图,阳气始于东北而盛于东南;阴气始于西南而盛于西北。西南乃坤之本乡,兑离巽三女同坤居之,故为得朋;震坎艮三男同乾居东北,则非女之朋矣。故"丧朋",阴从阳为正,惟丧其三女之朋,从乎其阳,则有生育之功,是能安于正也,安于其正故吉。　　此段依来注。

《彖》曰:至哉坤"元",万物资生,乃顺承天。

至者,极也。只自坤分内言亦到极处也。大则无所不统,故以大赞乾,而以至赞坤,亦见阳全阴半之理也。万物生成只是一元之气而已,非乾有一元而坤复又有一元也。乾以施之,坤则受之,总一气相感而已。生者形之始,万物之形皆生于地,然非地之自能为也。天所施之,气至则生矣,故曰"乃顺承天"。

此释卦辞之元。

坤厚载物,德合无疆。含宏光大,品物咸亨。

"坤厚载物",以德言,"德合无疆",即指其载物之厚。德也,"含宏光大"是也。无疆者,乾也;含者,包容也;宏者,是所含者无物不有以蕴蓄而言也;光者,昭明也。大则是其光无远不届,以宣著而言也。坤之亨在光大二字,然必蓄诸内者宏,而后发诸外者盛,盖不翕聚则不能发散也。"品物咸亨",正是万物洁齐,物皆相见之时,此品物随坤而亨也。

此释卦辞之亨。

"牝马"地类,行地无疆,柔顺"利贞"。

地属阴,牝阴物,故曰地类。又行地之物也,行地无疆,则顺而健矣,此则柔顺所利之贞也,故利牝马之贞。

此释卦辞牝马之贞。

"君子"攸行,"先迷"失道,"后"顺"得"常。"西南得朋",乃与类行;"东北丧朋",乃终有庆。"安贞"之"吉",应地无疆。

君子攸行,即文王卦辞。君子有攸,往言占者君子有所往也。失道者,失其坤顺之道也;得常者,得其坤顺之常也。先乾而动,则迷而失道;后乾而动,则顺而得常。西南虽得朋,不过与巽离兑之女同类而行耳。若丧乎三女之朋,能从乎阳则有生物之功矣,终必有庆也。盖柔顺从阳者,乃坤道之安于其正也。能安于其正,则阳施阴受,生物无疆,应乎地之无疆矣。

此释卦辞君子有攸往,至安贞吉。

《象》曰:地势坤,君子以厚德载物。

地坤之象地势者,见其高下相因之无穷,亦重坤之象也。又天以气运,故曰天行地,以形载,故曰"地势";"厚德载物"者,以深厚之德容载庶物也。

初六　履霜,坚冰至。

六阴数,六老而八少。阳数进,进则寡,以至于多,故七少而九老。阴数退,退则多而至于寡,故八少而六老。阴始生于下,其端甚微,而其势必盛,故其象如履霜,而知坚冰之将至。占者当防微杜渐,图之不可不早也。《易》为君子谋,乾言勿用,即复卦闭关之义,欲君子之难进也。坤言坚冰,即姤卦女壮之戒,防小人之易长也。

《象》曰:"履霜坚冰",阴始凝也。驯致其道,至"坚冰"也。

《魏志》作"初六,履霜",今从之。阴始凝而为霜,驯习因循,渐致其阴。道之盛,理势之必然也。小人虽微,渐至于盛,为世道人心计者,其谨之。

六二　直、方、大、不习,无不利。

坤至柔而动也,刚直也。至静而德方,方也。含宏光大,大也。六二柔顺,中正得坤,道之纯者。故在内则为直,所存者柔顺中正也;在外则为方,所处者柔顺中正也。且直纯乎直,方纯乎方,而又光辉盛大也。不待学习而无不利,言直者自直,方者自方,大者自大,不思不勉,坦然由之而无疑也。夫坤,天下之至顺也,而推其德则合乎乾之无疆矣,夫岂寻常之顺德而已哉!

《象》曰:六二之动,"直"以"方"也。"不习无不利",地道光也。

以字即而字。大传曰:"蓍之德圆而神,卦之德方以智。古文多通用。言六二之德,惟动可见,其主于内者直,而行于外者方也。直方则大矣。方直,大地之道也,不待学习而无不利。"地道光",显其功顺成也。

六三　含章,可贞。或从王事,无成有终。

六阴三阳,阴得阳位,内含章美,可贞以守,不轻于自见也。即或时出而从王事,不敢当其成功,必能致力以终事。爻有此象,故戒占者如此。

《象》曰:"含章可贞",以时发也。"或从王事",知光大也。

以时发者,言非终于自守,待时而出,有所为也。"或从王事",连下无成有终,孔子小象多如此。尽力终事,不擅其美,其智虑"光大"也。

六四　括囊,无咎无誉。

括囊,结囊口也。阴虚中囊,象重阴结闭,括象六四。以性体言则重阴,为能括囊;以时位言则不中,又当括囊也。吉凶悔吝,生于动,括囊不出,复何咎乎?然名亦无从生矣。

《象》曰:"括囊无咎",慎不害也。

括囊,慎也;无咎,不害也。

六五　黄裳,元吉。

黄,中色,言其中也。裳下饰言其顺也。黄从五字来,裳从六字来,六五以阴居尊,中顺之德充诸内而见诸外,居尊而能下,人者也。故有是象,而其占则元吉也。凡言吉者只是事吉而已。元吉则于道理为尽善而元吉也。《宋史·郭雍传》曰:"坤虽臣道,五实君位。虽以柔德,不害其为君。犹乾之九二,虽有君德,不害其为臣。故乾有两君德而无两君,坤有两臣德而无两臣。"

《象》曰:"黄裳元吉",文在中也。

黄裳中顺之。见于外者,未有见于外而不本于内者也。

上六　龙战于野,其血玄黄。

阴盛之极,至与阳争。阳固龙阴,亦龙也。阳方甚微,固无胜阴之势。然阴虽盛,亦无独克之理,故其象为龙。战于野,其血玄黄。进而至于卦外,故曰"野"。阳固伤而阴亦伤,故曰"玄黄"。两败俱伤,其凶可知。曰坚冰至者,所以防龙战于野之祸,于其始曰"龙战于野"者,所以著坚冰之至于其终。

《象》曰:"龙战于野",其道穷也。

阴盛之极,其道必穷。穷则必争,理势之自然也。

用六　利永贞。

阴柔本不能固守,今六阴皆变,而阳则刚,足以济柔,而能永贞矣。

《象》曰:"用六永贞",以大终也。

阳大阴小,今始阴而终阳,故曰大终。

《文言》曰:坤至柔而动也,刚至静而德方。后得主而有常。含万物而化光。坤道其顺乎,承天而时行。

动者,生物所动之机;德者,生物所得之质。乾刚坤柔,定体也,坤至柔矣。然乾之施一至坤即能翕,受而敷施之,其生物之机沛然不可遏止,此又柔中之刚矣。乾动坤静,定体也,坤固至静矣。

及其承乾之施,陶熔万类,各有定形,不可移易。如根荄者不可为胎卵,羽毛者不可为鳞介,此又静中之方矣。

柔无为矣,而刚则能动;静无形矣,而方则有体。柔静者,顺也,体也;刚方者,健也,用也。

后得主而有常者,后乎乾则得乾为主,乃坤道之常也。含万物而化光者,静翕之时含万物生意于其中。及其动辟,则化生万物而有光显也。坤道其顺乎赞之也。坤之于乾,犹臣之于君,妻之于夫,亦惟顺承其命而已。一施一受,不敢先时而起,亦不敢后时而不应,此所以赞其顺也。"此以上申《象》传之意。依来注。

积善之家,必有余庆;积不善之家,必有余殃。臣弑其君,子弑其父,非一朝一夕之故,其所由来者渐矣,由辨之不早辨也。《易》曰:"履霜,坚冰至。"盖言顺也。

天下之事,未有不由积而成。家之所积者善,则福庆及于子孙;所积不善,则灾殃流于后世。其大至于弑逆之祸,皆因积累而至,非朝夕所能成也。

由来者渐,责臣子也;辨之不早,责君父也。为君者当于其微时而辨之,勿使潜滋暗长,以至祸发而不可止。《易》曰:"履霜,坚冰至",盖言顺习因循,以至此也。

"直",其正也;"方",其义也。君子敬以直内,义以方外,敬义立而德不孤,"直、方、大,不习无不利",则不疑其所行也。

直者何也?言其本体之正无少邪曲也。方者何也?言其裁制之宜无少差谬也。此六二之所以为直方也。君子主敬以直其内,使此心纯乎天理而无一毫人欲之私;守义以方其外,使凡事顺应无违而各还其本然之量。内外交养,体用咸备,不期直而自直。敬立，不期方而自方；义立，则德盛而不孤矣，不孤则大矣。

从容中道，何疑之有？此所以不习无不利也。不曰直方而德不孤，必曰"敬义立而德不孤"者，直方是见成字目，敬义是工夫字目。乾言进修，坤言敬义，其曰忠信，则敬之谓也；其曰修辞立诚，则义之谓也。直方不可为也，敬义所可自尽也。学圣人者由于进修，欲进修者先于敬义，呜呼，备矣！

阴虽有美，"含"之以从王事，弗敢成也。地道也，妻道也，臣道也。地道"无成"，而代"有终"也。

阴虽有美，含之或从王事，不敢有其成者，非其才有所不足不能成也，乃其分之不敢成也。何也？天统乎地，夫统乎妻，君统乎臣。故地道也，妻道也，臣道也，皆不敢先自主也。天能始物而不能终物，地继其后而终之，则地之所有终者，终天之所未终也。而成功则上之于天也，故曰"'无成'，而代'有终'"也。

天地变化，草木蕃；天地闭，贤人隐。《易》曰："括囊，无咎无誉。"盖言谨也。

"天地变化"二句乃引下文之辞，言天地交感，变化万物，草木且蕃盛，则君臣际会，贤人道亨可知矣。若天地闭隔，则万物不随，君臣道绝，贤人隐遁。坤本阴卦，六四重阴，又不中则阴之极矣，正天地闭塞，不能变化之时也。故当谨守不出者以此。

君子"黄"中通理，正位居体，美在其中而畅于四支，发于事业，美之至也。

"黄"者，中德也；"中"者，内也。言中德之在内也。"通"者，贯通；"理"者，条理。人之一心虚灵不昧，具众理而应万事，未有滞塞混淆而可称有德者也,此释爻辞黄之义。"正位",居尊位也。"体"者,乾坤之定体也。乾阳乃上体,坤阴乃下体,虽居正位而不失为下之体,此释爻辞裳之义。美在其中而通畅于四支,所谓四体,不言而喻也。发见于事业,则天下国家无所处而不当也,岂非"美之至"乎!深赞之以见爻辞之所以言元吉也。

阴疑于阳必"战",为其嫌于无阳也,故称"龙"焉。犹未离其类也,故称"血"焉。夫"玄黄"者,天地之杂也,天玄而地黄。

"疑"者,似也。似与已均敌,无大小之差也。阴本不可与阳战,今盛极似与阳为敌,故以战言,阴盛已无阳矣。本不可以称龙,而阳不可一日无也,故称龙以存阳也。虽称龙犹未离阴之类也,故称血。血,阴物也,其色玄黄。天地之色杂矣,阴阳俱伤也。

先文正公穷经功深,每欲折衷先儒论说,自辑一书,是以寄征君孙先生书云:"五经中惟《易》与《春秋》最难。先治其难者。"后缘征君有《洛学编》之命,遂暂辍其功,故稿多星列散佚。今于旧箧中检得《乾坤两卦解》,虽吉光片羽,亦足征先文正公穷经之苦心尔。

曾孙发祥谨识

此解虽间有与义传稍异者,然其发明义传之意详尽精确,与他家迥然不同。解两卦已如此,于全经可知其深得乎易理,而有功于程朱也亦可见已。

后学谢连成谨识

汤斌集

〔清〕汤斌 著
范志亭 范哲 辑校

下

中州古籍出版社

第三编 明史稿

睢州汤斌潜庵 拟
同里田兰芳篑山 评

《明史》凡例议

明太祖四代考妣,止当于本纪内载明,不必另作附纪。汉高祖父太公身为太上皇,光武父南顿君身为邑令,两汉书皆不作纪。况四祖皆先殁,又无事可考乎?唐宋史亦无此例。

睿宗当依《汉书》定陶共王例为妥,直作纪未安。定陶共王哀帝即位,追尊为共皇帝,置寝庙京师,序昭穆如孝元,汉史止称定陶共王而已,其追尊事皆叙入传中。故兴宗当称懿文太子,睿宗当称兴献王,仍载入诸王下。必君临天下方称纪,则统系分明耳。

汉史以后止有儒林传,独《宋史》儒林传外特立"道学传",以其时周、程、张、朱继洙泗之传,不可同于诸儒,故特立一传,以表正宗。康节、南轩,则羽翼程朱者也;象山之学未大彰,从之者寡,自难与朱子并列;蔡季通、仲默、吕东莱、胡文定、真西山,学术最正,著述最有功,皆不得列于道学;而黄直卿、李敬子、陈安卿、张元德、李公晦、黄商伯,独得以门人附朱子之后,可见当时史臣特表程朱之统系,而未尝一一较量其学术之高下也。

元之许鲁斋、吴草庐、金仁山、许白云,未尝不可以称道学,而《元史》不立"道学传",宋、王两先生于此盖斟酌之详矣。

明之儒者,纯粹正大,莫如薛文清公,而门人阎子与白尧佐不足大发明其学。曹月川著书立教,在文清之先,泾野、枫山、虚斋、整庵，虽与文清之学相近，要皆独有心得，非师弟相传授。其时，程朱之学大明于世，有志圣贤者皆能寻绎得之，非如宋之濂洛、龟山、延平、紫阳，确有渊源也。白沙、敬斋同出康斋之门，而学术迥别，可见学者贵自得，不专在师传也。

正嘉之间，王文成倡良知之宗，其门人为独盛。后顾、高诸先生虽亦尝驳正无善无恶之说，大端末始与阳明为异。盖阳明之学直截透快，略近象山，而与孔孟不悖，实足为驰骛书册，忘却本心者下一箴砭。其立言有过处，门人有流弊，不能为之讳，至其见地光明，发明本心，如拔本塞源诸论，圣人复起，不能易也。不然，岂百余年高贤大儒，尽为所惑。从祀庙庭，经举朝会议，尽雷同附和与。

今日修史，如依《宋史》"道学传"例，则当以薛文清、曹月川、吕泾野、胡敬斋、蔡虚斋、罗整庵等为一卷，王文成、邹东郭、钱绪山、罗念庵等为一卷，顾泾阳、高景逸、冯少墟、刘念台等为一卷。"道学传"不便用多人。诸公以道学为重，亦不必入前大传矣。大约成弘以上，文清之派为盛；嘉隆之际，文成之派为盛；万历以后，高、顾诸君子终焉。

平叙一代之学统，而序中论其学术之同异，稍稍言及流弊，固无妨也。如不立"道学传"，止称"儒林传"，则薛以相臣，王以勋封，俱入大传，儒林则以曹月川、陈白沙、陈克庵、胡敬斋、罗念庵、王龙溪、罗近溪诸公可得一二十人，与注经释传者先后并列焉。如汉之董江都，唐之韩昌黎，宋之司马文正公，皆在大传，固不碍其为大儒从祀孔庙也。

总之，修史与专家著述不同，专家著述可据一人之私见；奉旨修史，必合一代之公评，未可用意见肆讥弹也。或曰，阳明功业学术，实录议之矣。实录亦不足信乎？曰：《武宗实录》作于世宗初年，操笔者多忌功争名之辈。辨得最明确。定谥赠爵，在隆庆初年；

从祀孔庙,在万历十二年,则事久论定也。今不从事久论定之言,而反从忌功争名之说乎？从来具臣滥叨恤典,实繁有徒,以阳明之功,身后赠谥祭葬,一切不行,岂公道乎？且实录何可尽信？如以为实录可尽信也,则方正学叩头乞哀亦可信乎？

文苑必著述成家者方可入。若以一二首诗佳便入文苑,则文苑太滥矣。

酷吏与奸臣相去甚远。立心杀戮正人,败坏国家事,此之谓奸臣；意主于为国,而用法惨酷,君子恶其不仁,故名之为酷吏。观汉史所载赵禹、张汤、董宣、阳球,或以廉平著,或以彊项名,特好杀人立威,故史家置之"酷吏",所以严"循吏"之辨也,若许显纯辈乃奸臣,非酷吏也。史家分限甚严,未可以酷吏为奸臣,末减地也。

宦官传当分别邪正,未可专论时代。

宸濠寘鐇,依《汉书》七国例为妥,不必立"叛宗传"。

议极平正,且有关系。

本纪条例

一、凡太祖自将,如龙湾、康郎之战,自当详叙；若命将,则大攻战方书。

一、初起兵收取地方,如江阴、常熟、诸暨、无为等州县,皆与敌邻境,称要地,故备书。其后,必大郡始书。盖攻取次第,不可略,不敢繁也。

一、实录载至正十六年秋七月己卯朔,诸将奉太祖为吴国公,而牧斋先生据俞本《记事录》、叶子奇《上孙炎书》以为当在二十一年正月,相去六年。窃以当年史臣与太祖同时,不应舛误至此。太祖是时兼总江南行中书省事,则书中丞相之称,亦无足疑,故仍以实录为正。

一、太祖初制中书省、都督府、御史台为三太府。而中书省尤重,故中书除罢皆书;御史大夫、中丞、左右都督,除罢亦书。六部隶中书省,尚书初无定员,有一部三四尚书者,因其后渐重,故除拜亦皆书。罢中书省之后,尚书、左右都御史除罢皆书;侍郎以下,非超擢者不书。行中书省参政,初设则书;其后,由尚书迁转则书。盖记尚书除罢,非为行省参政也。若尚书亦自罢中书后,似更简当。

一、殿阁大学士、四辅官虽不与政事,而体甚重,乃太祖特置,且无表可载,故书。如宋濂为学士承旨、宋讷为祭酒之类,特书一二,以著得人,亦前史例。

一、旌表节孝,不能备书。有特诏旌表者,书一二以见开国所尚。

一、车驾幸某处,车驾还京师,用《资治通鉴》例。王公书薨,侯、伯以下书卒,亦用《资治通鉴》例。功臣人众,其薨卒不能尽书。自六王诸公及殁后赠公者书,殁于军中、卒于官者书,余不书。

一、德庆侯廖永忠卒,实录为之立传,备书其功次与卒之岁月,而又曰上赙遗之甚厚,以其子权袭爵,而《通鉴》、《博论》,及刘辰《国初事迹》,皆曰诛死。颍国公卒,实录不为立传,而寄传于封拜条下。宋国公卒后,恤典全阙,世不能无疑。夫实录于功臣书诛者众矣,何独于数公讳之?宋公之死,大都多影响之辞。颍公俗传谬妄不足道,独《博论》一书,出自宁藩,似可尊信。然则实录所云,赙遗之厚,子权之袭爵,皆妄耶。世远言湮,不得已证之前史。前史凡明正典刑者则书诛,有他故者照常例书之。如汉成帝赐翟方进牛酒,即日自杀,上秘之。此载方进传,而成帝纪止书丞相翟方进薨,此例之最可据者。况诸公之传不能明言其故,何嫌于书薨书卒乎?

一、太祖承元之后,修复典礼功最大,且多出独断,非由臣下奏请,以有礼、乐等志,本纪不能尽载,止书一二大者。

一、昭示奸党录,不见于实录,折衷诸家著述,定以二十三年五月。牧斋云此录次第刊布,未必在此时也。且既云刊布,应流传天下,何以止有内阁秘本,此不能无疑。

一、初封则书,追赠不书,因死节死事追赠者皆书;袭封不书,因有功袭封者皆书;大封功臣,人众不能备书,书侯者几人。此前史例。

一、实录诸本多错简,有与志表互见者俟志表成,再对校补删,方可定本。

大节目然有发明。

卷一　太祖本纪一

太祖开天行道,肇纪立极。大圣至神,仁文义武,俊德成功。

高皇帝讳元璋,字国瑞,姓朱氏,濠州钟离人。先世居沛,徙句容。熙祖徙家渡淮,居泗上。仁祖世珍始徙钟离。太祖乃仁祖季子也,母淳皇后陈氏。

元天历元年戊辰九月丁丑,生于东乡,赤光烛天如火。

十岁徙西乡。既长,凤目龙颜,奇骨贯顶,廓然有大志。

至正四年,旱、蝗,民大疫。皇考妣及伯兄相次殁。太祖年十七,贫无以殓,乡人刘继祖畀以葬地。既而,二兄他徙求食,太祖乃入皇觉寺为僧。逾月,僧饥散去。太祖西游至合肥,道病。有两紫衣人与俱,病瘥忽不见。<u>叙神怪亦简。</u>

至六安,遇一老人负箧行,惫甚。太祖怜之,谓曰:"吾为翁负。"老人无所让。至暮,谓太祖曰:"公有奇表,贵不可言,愿自爱。"太祖辞谢,问姓名,不答而去。

历光、固、汝、颍诸州,凡三年复还寺。所居室夜复有光如昼,时见龙形。同侣异之。

十一年,汝、颍、江、淮兵大起。<u>大关目。</u>

十二年春,定远人郭子兴据濠州,焚皇觉寺。太祖诣伽蓝卜:

出避不吉,即守故亦不吉。久之祝曰:"岂当从豪杰举事耶？"投珓即大吉。念诸将皆无大略,莫可共事者,有故人以书来招,太祖不应。见起事之慎,规模便非常。

会元将彻里不花攻濠,俘其民。太祖惧,乃以闰三月朔入濠。门者疑之,执告子兴。子兴奇其状貌,与语大悦。命长九夫,凡攻伐往辄胜,以素所抚宿州马公女妻焉,即高皇后也。军中呼为朱公子。太祖智略绝人,而深沉不耀。子兴与孙德崖同起事,不相能,太祖屡调护之。做事人本领。

九月,元丞相脱脱破徐州,州将彭早住、赵均用奔濠。脱脱命贾鲁进围之,太祖与子兴竭力捍御。子兴礼早住而轻均用,德崖与均用谋执子兴,太祖力救得出。

十三年春,贾鲁死,围解。太祖还里募兵,得徐达,一见语合。又得汤和等七百余人。子兴喜,署为镇抚。太祖以七百人归别将,而独与徐达等二十四人南略定远。有民兵号驴牌砦,孤军无所属,太祖命费聚等以计降之,得壮士三千人而东,夜袭元张知院军于横涧山,得精甲二万。

七月,下滁州。定远人李善长来谒,太祖器之,留掌书记。

无何,彭早住等请兵同守盱泗,太祖辞,不往。

早住死,均用专兵柄,将以计杀子兴。太祖阴使人说均用,均用亦惮太祖英武。子兴乃得将所部万人至滁,太祖以部兵三万人归之。居无何,子兴信谗,悉夺太祖兵。太祖无预征伐,而事之愈谨。

会元兵围滁,他将出辄败。太祖直前奋击,众皆披靡。徐引还,子兴感悟。

十四年春正月,张士诚据高邮,自称诚王,国号周。冬十月,元将攻之,分兵围六合。其帅素与子兴隙,求救不许。太祖曰:"六合与滁唇齿也。"请行。子兴曰:"祷之。"太祖曰:"无疑,何祷为?"引兵东据瓦梁垒。元兵移攻,用计绐之。以其众还滁,元兵不敢逼。既而,元兵大至,将攻滁,设伏败之。复阴使人说其将,乃解去。

十五年春正月,取和阳,连败元兵。子兴檄太祖守和阳,踞诸将上。诸将多子兴旧部,曲不相下。太祖秘其檄。晨兴,诸将皆先入坐,席右几满。时俗尚右。太祖后至,即坐席左。及视事,皆瞠目相顾,不能出一语。太祖剖决如流,众稍稍屈议。分工甓城,期三日。太祖工皆竣,而诸将多不就,乃出檄南向坐,曰:"奉主帅命总诸公兵,今甓城后期,当行军法。"诸将顿首谢,自是,皆慑服。

初,诸将破城多暴掠。太祖聚所掠子女于门,令其家相扶携去,民大悦。

既而,元兵数万来攻,太祖击败之。元兵复分屯新塘、高望及鸡笼山,阻我饷道。太祖拔其旁砦,数出奇兵,破之。

无何,郭子兴卒,会颍川人刘福通奉韩林儿称帝亳州,改元龙凤,国号宋。移檄以郭子兴子天叙为都元帅,张天祐为右副元帅,太祖为左副元帅。太祖慨然曰:"丈夫宁能受制于人?"然是时,徐寿辉据蕲州,方国珍据台州,张士诚在高邮,其余跨州郡僭名号者甚众。而林儿以宋后为名,乃用其年号以令军中。其禀受不苟如此。

时,将谋渡江,乏舟楫,会俞通海等以巢湖水军来附,喜曰:"吾事济矣!"自往抚之,遂以其众出江口,击败元蛮子海牙军。六月,乘风下牛渚,拔采石。诸将久饥,见粮畜争取之。太祖谓徐达曰:"今幸克捷,当乘胜直取太平。若听诸将掠食,江东非我有矣!"令悉断舟楫,放急流中,谓诸军曰:"今日破太平会食。"遂自观津渡,急攻,拔其城,执元万户纳哈出,总管靳义赴水死。太祖曰:"义士也,礼葬之。"张榜戒戢军士:斩违令卒,以徇!一军肃然。改太平路为府,置太平兴国翼元帅府,太祖行大元帅事。旗帜尚赤。

辛酉,元阿鲁灰等以舟蔽姑孰口,断归路。陈野先以方山民兵数万来攻,太祖命徐达等迎战。复遣别将潜军绕其后夹击,擒野先。众悉降。

甲子,取溧水州。

秋七月壬辰,命张天祐攻集庆路,不克。野先阳归附而阴与元军通,太祖知其不诚,纵之归。野先收余众屯板桥,伪告捷,且请用舟师捣镇江,为持久计。太祖报曰:"历代以长江天堑,故须会集舟师。今大军既渡江据上游,与前代事异,宜乘时进取,纡回何为?"情势灼然,故足折人阴谋。

八月丁丑,克芜湖,置永昌翼。

九月,天祐再攻集庆,野先遂与福寿合,大破天祐军。天祐及郭天叙皆死,野先为青衣军所杀。

十二月壬子,释纳哈出北归。

十六年春二月,大破蛮子海牙于采石。

三月癸未,至江宁镇俘陈兆先,降其众三万六千人,择骁健五百人隶麾下,众不自安。至暮令悉入卫,屏旧人,独冯国用侍太祖解甲,酣寝达旦。众相语曰:"朱元帅赤心待人,敢不尽力!"

庚寅,克集庆路。元御史大夫福寿力战死,降军民五十余万。太祖召官吏父老谕之曰:"元失其政,干戈并起,我来为民除乱耳。其各安职业,毋恐。贤士有能相助为治者,吾礼用之。吏勿贪暴,以殃吾民。旧政不便者,吾为汝除之。"于是军民大喜过望。改集庆路为应天府,置天兴翼统军大元帅府,以礼葬福寿。得儒士夏煜等十余人,皆录用之。置上元、江宁二县,遂定都焉。俨然沛公入关规模。

居数日,将取镇江,虑兵为民害,召诸将素不戢下者,欲置之法。李善长请救乃免。戒徐达等曰:"吾自起兵,不妄杀,若等宜体吾意。"丁酉,克镇江,改江淮府,置淮兴翼。

六月乙卯,克广德路,置广兴翼。

辛未,置行枢密院于太平。

秋七月己卯,诸将奉太祖为吴国公,以元御史台为府。置江南行中书省,太祖兼总省事。置僚佐李善长、宋思颜为参议;置江南行枢密院帐前总制亲兵都指挥使司五翼元帅府。

辛巳,士诚寇江淮,徐达败之于龙潭。遂攻常州,不下。

九月戊寅,如江淮府谒孔子庙,遣儒生告谕父老勤农桑。还应天。

冬十月,士诚奉书修好,请输岁赋犒军,太祖复书数其开衅召兵,不报。

十七年二月戊申,克长兴,置永兴翼。三月壬午,克常州,置昆陵翼。

夏四月,自将攻宁国,克之。得军士十万,属县皆下。

五月己卯,克泰兴。

六月己未,克江阴。

秋七月丁丑,克常熟。

庚辰,克徽州,置雄锋翼。

九月癸酉,婺源州元帅汪同来降。甲戌,江浙平章夏章来降。

冬十月壬申,克池州。甲申,克扬州,置淮海翼。

十二月己丑,释囚。

是年,明玉珍据重庆路。

十八年春正月甲寅,汤和败士诚兵于常州。
二月乙亥,以常遇春为江南行中书省都督大元帅,康茂才为营田使。
三月己亥,录囚。
丙辰,克建德路,置德兴翼。
夏四月己巳,故天完将赵普胜,陷池州;六月癸酉,取浦江。谢再兴败友谅兵于石埭。甲午,廖永安败士诚兵于常熟。八月己丑,吴良败士诚兵于江阴。
冬十月辛未,取兰溪,置闽越翼。
甲戌,克宜兴,置全吴翼。
十一月甲子,以婺州久攻不下,自将征之。十二月庚辰,如徽州,召耆儒唐仲宝、姚琏访民事,赐父老布帛。壬午,至婺,元石抹宜孙自处州来援,胡德济败之,城遂下。甲申入城,禁剽掠。城未下前一日,五色云见城西,氤氲如盖,太祖驻师处也。丙戌,置中书分省于婺州,备官属置金华、星源、浦江各翼,发仓振贫民,下令禁酒。召儒士许元等十三人直省中进讲经史,选富民子弟充宿卫,号御中军。有曾氏女子自言通天文,以其惑众,戮于市。

十九年春正月,将取浙东,戒诸将曰:"克城以武,而非仁莫能守也。吾比入建康,秋毫无犯,故一举而定。每闻诸将得一城不妄杀,辄喜不自胜。夫师行如烈火,人必避之。为将者能以不杀为武,岂惟国家之利,子孙实受其福。"
命知府王宗显立郡学。时丧乱之后,学校久废,始闻弦诵声,人情欢悦。戊戌,方国珍遣使贡献。

胡大海克诸暨,置明海翼。二月甲子,士诚寇江阴,吴良等击败之。

三月甲午,赦囚,除大逆不道及敌之间谍外,皆宥之。

丁巳,朱文忠败士诚兵于建德。

赵普胜寇太平县,胡惟贤败之;又寇枞阳、石埭,张德兴败之。

夏四月癸酉,徐达遣俞通海复池州。以达为奉国上将军,同知枢密院事,通海佥枢密院事。

戊寅,胡大海败士诚兵于绍兴,又败之于萧山。丁亥,汤和败士诚兵于常州。

五月辛亥,授胡大海进取方略,还应天。

八月庚午,取无为州。

九月丁未,克衢州,置金斗翼。

十一月壬寅,克处州,置安南翼。

二十年二月庚申,元福建行省参政袁天禄等来请降。

三月戊子,征刘基、宋濂、章溢、叶琛至应天。

五月丁亥,徐达败陈友谅于池州。

常遇春杀降卒,太祖闻之不悦,悉释未杀者。闰五月丙辰,友谅陷太平,守将花云、朱文逊,院判王鼎、知府许瑗死之。

戊午,陈友谅弑其主徐寿辉自称帝,国号汉,约张士诚夹攻应天。将引兵东下,群臣皆恐。或请先复太平牵制之,或请自将迎击之,太祖皆不可。乃先遣胡大海攻信州制其后,而召康茂才为书诱致之。李善长曰:"方患之,何为速之?"太祖曰:"机不可失,迟则两受敌矣。"友谅见书,果引兵下。太祖遣冯国胜、常遇春率帐前军伏石灰山后,徐达阵南门外,杨璟驻大胜港,张德胜、朱虎出舟师龙江关外,太祖总大军于卢龙山,令偃帜山左,曰:"举帜则伏兵尽起。"

乙丑,友谅舟至大胜港,璟整兵御之。友谅退向龙湾。时酷暑,太祖衣紫茸甲,张盖督兵,见士卒流汗,命去盖。众欲战,太祖曰:"天且雨,趣食,乘雨击之。"时,天无云,众莫信。须臾大雨,众心竞奋。雨止举帜,伏兵尽起。达等水陆夹击,大破之。杀溺死者无算,俘二万余人。其将张志雄等皆降。友谅乘别舸脱走,于所乘舟中得茂才书。太祖曰:"友谅愚至此,何能为也?"徐达乘胜,遂复太平,取安庆,置宁江翼。叙事简括有法。

戊寅,胡大海拔信州,置龙虎翼。

六月辛亥,筑太平城。

壬子,耿再成败石抹宜孙于庆元,宜孙死。太祖壮其节,遣使祭之。

秋七月乙丑,浮梁守将于光降;九月戊寅,故天完将欧普祥降。

二十一年春正月辛酉,以邓愈为中书参政,仍佥枢密院事,总制各翼军马。二月甲申,立《盐茶法》。己亥,置宝源局。三月丁丑,改枢密院为大都督府,以兄子文正为大都督,节制中外诸军。李善长兼司马,邵荣为中书省平章,常遇春为参知政事。

薛显以泗州降。

夏四月辛巳,李善长为参知政事。

五月甲戌,胡大海镇金华。

汉将李明道寇信州,元帅夏德润战死。六月丙午,大海救信州,败明道于城下,执之。

秋七月壬申,汉复陷安庆。

八月己卯,遣使通好元平章察罕。

庚寅,自将伐汉。戊戌复安庆。乘风至小孤山,傅友德、丁普郎降。壬寅,及友谅战于江州,大破之,友谅夜奔武昌。癸卯,太祖入江州。甲辰,进拔南康,蕲黄、广济、饶州、建昌、抚州相继下。

二十二年春正月辛亥,汉江西行省丞相胡廷瑞以龙兴降。壬戌,太祖入龙兴,开仓库振穷乏,放友谅所畜麋鹿于西山。悉蠲苛政,士民大悦。袁瑞、临江、吉安等府相继下。

乙亥,彭时中以龙泉降。

二月癸未,金华苗军蒋英等杀参政胡大海以叛,郎中王恺死之。朱文忠遣兵讨之,英降于士诚。

丁亥,处州苗军李祐之等杀院判耿再成以叛,都事孙炎、知府王道同、元帅朱文刚死之。

辛卯,邓愈留守洪都。三月癸亥,降将祝宗等叛,陷洪都。邓愈走还应天,都事万思诚、知府叶琛死之。

是月,明玉珍自称帝于重庆,国号夏。

夏四月己卯,邵荣克处州,李祐之伏诛。

甲午,徐达复洪都,祝宗、亡八、新淦伏诛。

五月丙午,朱文正镇洪都。

六月戊寅,察罕遣使来报书,留我使不遣。

秋七月丙辰,邵荣、赵继祖谋反,伏诛。八月癸巳,汉熊天瑞陷吉安。十二月丁亥,朱文正复吉安。

元户部尚书张昶航海来通好。察罕卒养子扩廓帖木儿代将,遣使献马,归我使者。

二十三年春正月壬寅朔,以汤和为中书左丞。

丙寅,遣都事汪河往报扩廓帖木儿书。

二月壬申朔,谕将士曰:"兴国之本在强兵足食。昔汉武以屯田定西戎,魏武以务农足军食。定伯兴王,莫不由此。军兴以来,民无宁居,田土荒芜。故令将士屯田,且耕且战。数年之间,惟康茂才得谷一万五千石,他将所部军不多获,岂地利不均?盖勤惰不同耳。其各督军士及时垦种,以裕兵食,国有攸赖。"

癸酉,士诚遣吕珍破安丰,杀刘福通。

戊寅,移浙江行省于严州。

三月辛丑,太祖自将救安丰,破吕珍兵。左君弼自庐州来援,又破之。韩林儿来归。徐达围庐州,元将竹昌忻都乘间入安丰。

夏四月壬戌,友谅围洪都。乙丑,诸全守将谢再兴杀知州栾凤,叛附于士诚。

五月己巳,汉复陷吉安,参政刘齐、知府朱叔华死之。陷临江,同知赵天麟死之。癸酉,陷无为州,知州董曾死之。

是月,建礼贤馆,集刘基、陶安诸人讲论经史。张子明来告急。

秋七月癸酉,太祖自将舟师二十万救洪都,友谅解围。迎战,丁亥遇于康郎山。太祖谓诸将:"彼巨舰不利进退,可破也。"戊子,徐达破其前军,俞通海以火炮焚其舟二十余艘,汉军死者甚众,韩成等亦战死。张定边直犯太祖舟,舟胶于沙,几殆,常遇春从旁射中定边。俞通海援舟骤进,水涌乃解。是夜,命徐达还守应天。明日,友谅以巨舟联锁重楼,高者十余丈。太祖选轻利斗舰,躬提幡鼓,斩队长退缩者十余人,士皆殊死战。丁普郎等皆死。晡时,东北风起,别以舟载干荻,乘风纵火,焚汉楼船数百艘,烟焰张天。汉之骁将多焚死,友谅夺气。鏖战三日,廖永忠等以六舟深入,众军踊跃相从,呼声动天地。友谅遂大败。壬辰,移军泊左蠡,友谅亦移潴矶相持。友谅尽杀所获战士,太祖悉出所俘,有伤者疗之遣还。令曰:"但获敌兵皆勿杀。"遂出湖口,立栅以待。八月壬戌,友谅食尽突出,太祖麾军击之。友谅中流矢死,俘其太子善儿,其次子理奔武昌。九月壬申,还应天,论功行赏,谓诸将曰:"我救安丰,使友谅顺流乘虚直捣建康,大事去矣。乃顿师南昌,宜其亡也。"叙事不漏不冗,得本纪体。

壬午,复亲征武昌。李善长、邓愈留守。

是月,张士诚自称吴王。

冬十月壬寅,围武昌、汉阳及湖北诸郡,皆降。追封死事功臣张德胜等三人。

十二月丙申,命诸将坚壁勿战,还应天。

戊午,阅武鸡笼山。群臣以功德日隆,屡表劝进。太祖曰:"戎马未息,疮痍未苏,天命人心未可知也。昔武王克商,戢干戈,橐弓矢,大告武成,然后与民更始。今日之议且止。"群臣固请。

二十四年春正月丙寅朔,即吴王位,建百官,下教曰:"令以李善长为右相国,徐达为左相国,常遇春、俞通海为平章政事。"谕善长等曰:"卿等为生民计,推戴予,宜协心成治。建国之初,当先正纪纲。元氏昏弱,威福下移,驯致于乱,今宜鉴之。"立子标为王世子。

二月乙未,复视师武昌。癸丑,陈理降,汉、沔、荆、岳皆下,李明道伏诛。乙卯,置湖广行中书省,以杨璟为参政。

三月乙丑,还应天。丙寅,封理归德侯。

丁卯,置起居注给事中。

戊辰,以汤和为平章政事,定大都督府等官制。

庚午,罢诸翼元帅,置十七卫亲军指挥使司,令曰:"自古圣王必得贤士大夫以成治。今幅员日广,卓荦奇伟之才或隐山林,或藏士伍,非在上者,尊显之无由自见。有能上书陈治道武略出众者,参军都督府以名闻,即文采不足而识量可称,亦令诣阙,将亲试之。郡县官年五十以上者,虽练达政事而精力已衰。有司选年二十五以上有学识才干者,送中书省参用之。十年之后,老者休谢而少者已习事,则官使得人。其下有司,使明知予意。"御西楼,有军士十余,自言战功求赏,谕之曰:"尔曹不见徐相国乎,贵为元勋,而同时相从者犹在行伍,予岂忘之?顾才力弗能过人故也。国家名爵,恶可幸得?苟能立大功,虽封侯不吝也。"皆愧服,自是无敢言者。

江西行省以友谅镂金床进太祖,曰:"此何异孟昶七宝溺器!"亟毁之。

夏四月,建忠臣祠于康郎山,祀丁普郎等三十五人。又建祠于南昌,祀赵德胜等十四人。丙午,开铁冶。

丁未,徐达围庐州,左君弼走安丰。

壬戌,开鼓铸,立《部伍法》。

六月戊戌,湖广溪洞长官向思明等来附。

戊午,命群臣直言得失。

秋七月丁丑,克庐州。戊寅,置江淮行省于庐州。

八月壬辰,常遇春克新淦。

乙未,复吉安,遂围赣州。

九月辛巳,命塑功臣像于卞壶及蒋子文庙,以时致祭。其南昌及康郎山、处州、金华、太平各忠臣庙,有司致祭如之。

甲申,徐达取江陵,姜珏以城降。遂取湘潭、辰衡诸郡,土司易华降。胡深败方明善于平阳。

冬十月乙未,以廖永安为士诚所执不屈,遥授江淮行省平章政事,封楚国公。

己未,张士信侵长兴。十一月辛巳,汤和败士信于长兴。

是月,慈利土官覃垕、夏克武来附。

十二月庚寅,徐达克辰州,遂克衡州。

丙辰,新淦邓仲谦作乱,杀知州王贞。

二十五年春正月己巳,常遇春克赣州,熊天瑞降。

徐达取宝庆、靖州,安抚司及诸长官司皆降。

遇春进师,南安、韶州、南雄,皆降。

邓愈讨故汉将饶鼎臣于安福,何文辉讨邓仲谦,斩之。

甲申,大都督文正有罪,太祖自至南昌执之,废居桐城。

乙酉,阅将士。

二月己丑,元福建行省平章陈友定侵处州,胡深击败之,遂下浦城。

丙午,士诚将李伯升寇新城,朱文忠败之。

五月乙亥,常遇春克安陆;己卯,克襄阳。

六月己丑,思南宣慰使田仁智来附。

丁酉,王国宝会师克安福;壬子,胡深克乐清,朱亮祖克崇安,合攻建宁,深被执死之。

乙卯,课民种桑麻木棉。

秋七月丁巳,汤和讨叛将周安于永新。

甲子,再与扩廓帖木儿书。

思州宣抚司田仁厚来附。

壬午,置太史监,以刘基为太史令。

九月丙辰,置国子学。

明玉珍遣使来通好,命都事孙养浩往报书。

冬十月戊戌,下令讨张士诚。辛丑,徐达帅师取淮东;乙巳,围泰州,败其援兵。

癸丑,信州贼萧明犯饶州,知府陶安败之。

闰月己未,太祖如江阴,授达方略。

戊辰,汤和克永新,俘周安等以献,诛之。

庚辰,克泰州,俘卒五千,遣戍辰、潭二州。时大寒,人赐衣履布帛,妻子相保,皆大悦呼万岁。

十一月甲申朔,盗陷婺源,知州白谦死之。

辛卯,徐达进攻高邮,命冯国胜节制高邮诸军,俾达还军泰州。

甲午,饶鼎臣败死于茶陵。

己酉,以张昶、傅瓛为中书省参知政事。

徐达败士诚兵于宜兴。十二月乙卯,费子贤败士诚兵于安吉。

二十六年春正月癸未,士诚窥江阴,太祖自将救之,舟骑并进。士诚掠西津而遁。康茂才追,败之于浮子门。辛卯,还应天,谓中书省曰:"大乱未平,民多转徙失本业。而军国之用皆取于民。方东作,其令有司劝农事,勿夺其时。"谕风宪官存大体,勿缄默,勿卖直。

二月癸丑,湖广参政张彬败周文贵于辰州。

丁卯,容美洞宣抚使田光宝等来附。

青田贼夏清四犯庆元,浙东按察佥事章溢败之。

己巳,置两淮都转运盐司。

下令曰:"向以军旅方殷,民竭力供赋。而造酒醪以靡谷,故行禁酒之令。今欲塞其源,其令农民今岁毋得种糯。"

是月夏,明玉珍卒,子升立。

三月丙申,徐达克高邮,以所俘卒戍沔阳、辰州,赐粟布有差。大索军中,掠人妻女者罪之。

夏四月癸丑,明升遣使来聘。乙卯,梅思祖以淮安降。

庚申,李济以濠州降。

壬戌,陆聚以徐、宿二州降。

甲子,如濠州。

丁卯,沛县、鱼台、邳萧、宿迁、睢宁皆降。

戊辰,方国珍遣使来贡。

太祖退念皇考妣葬时礼未备,欲改葬。或言:"王气已固,不宜动。"乃止。置守墓二十家。乡里父老来见,置酒宴饮,极欢。召故人汪文、刘英,各赐粟帛,曰:"吾去乡十有余年,今乃得归省坟墓,与父老子弟复相见。退念曩时,诚可哀痛!今不得久留,父老幸教子弟孝弟力田,无远贾。滨淮诸郡尚苦寇钞,父老善自爱,今为父老除租赋。"皆叩首谢。

辛未,徐达克安丰,获忻都等,竹昌左君弼皆走汴梁。分兵破扩廓于徐州。

五月壬午,太祖还应天,见所过多荒芜,谕有司招流移。

庚寅,求遗书。

秋七月辛巳,复遣使与扩廓帖木儿书。

是月,廖永安卒于平江。

八月庚戌,拓应天城,作新宫于钟山之阳。

辛亥,命左相国徐达为大将军、平章政事常遇春为副将军,帅师二十万东征,亲誓师祭江。谕诸将戒士卒守纪律。若士诚全城归命,不劳用师;苟或不然,克城之日抚其人民,无妄杀。人才可用即选用之。闻士诚母葬阊门外,为禁刍牧,诸将务相辑和。尤为盛德。达等既受命,太祖问诸将:"用师宜孰先?"遇春对以当直捣姑苏。太祖曰:"不然。士诚与张天骐、潘原明相为手足,今不先分其势,遽攻姑苏,援兵四合,何以取胜?莫若先拔湖州,继收杭州,羽翼既披,然后移兵姑苏,此万全之计也。"癸丑,诸将发龙江;辛酉,师至太湖,熊天瑞叛降于士诚;甲戌,败张天骐于湖州,又败士诚于皂林。九月乙未,朱文忠攻杭州。

己亥,明升遣使来聘。

廖永忠取德清。

丙午,参政蔡哲报聘于蜀。

冬十月壬子,遇春败士诚兵于乌镇。甲子,朱文忠攻桐庐。十一月甲申,张天骐等以湖州降。辛卯,朱文忠下余杭,潘原明以杭州降。癸卯,遂围平江。甲辰,送元丑的长寿北还,蒋英伏诛。

十二月己未,置浙江行中书省于杭州,以李文忠为平章政事。

陈友定将阮德柔以建宁来降。

始定议,以明年为吴元年。甲子,立郊坛宗庙,祭告山川。所司进宫殿图,命悉去雕琢奇丽者。一代简朴之风基此。

吴元年春正月戊戌,令曰:"太平、应天诸郡,吾渡江开创地,供亿先劳,其免太平租二年;应天、镇江、宁国、广德各一年。"

谕中书省:"进笺必寓警戒,毋饰虚美。"

戴德取沅州,李胜降。

庚子,松江、嘉定降。

甲辰,复与扩廓帖木儿书。

二月丁未,傅友德执扩廓将李二于徐州。

壬子,章溢讨苕洋叛将周遂卿,斩之。

癸丑,置两浙都转运盐司。

乙丑,书谕左君弼,归其母于陈州。

三月戊寅,蔡哲归自蜀,图所经山川扼塞以献。

壬午,杨璟取澧州,思沅安抚使来附。

丁酉,始设文武科取士。

振灵壁、虹县流民。

夏四月丙午,克崇德州。

壬子,谕起居注詹同等:"史贵直笔,所以鉴也。凡予言行善恶,直书,毋有所讳。"

乙卯,中书平章政事俞通海卒。

己未,下书诘责方国珍拥兵观望十二罪。

丁卯,李文忠调兵戍沿海州县。

五月,旱,斋居减膳。

己丑,湖广行省讨平江寨贼王世明,执之。己亥初,置翰林院,以陶安为学士。

令曰:"予以布衣抚定江左十有三年,中原之民流离颠顿,无有所归。徐、宿、濠、泗、寿、邳、海安、襄阳、安陆等郡县及自今新附之民,皆复田租三年。"

六月甲寅,罢参议府。

戊辰,大雨,群臣请复膳,太祖曰:"亢旱为灾,皆予不德所致。今虽得雨,损稼必多。纵肉食能甘之乎?"其赐民今年田租。

癸酉,命朝贺罢女乐,诛参知政事张昶。盛德事。

秋七月乙亥,阅定雅乐。

丙子,除郡县官二百三十四人,赐布帛、道里费,及其父母妻子有差,谕之曰:"以养汝廉,奉公无渔民也。"

甲申,左相国李善长等请曰:"大王起濠梁,不阶尺寸,遂成大业。四方群雄,削除殆尽,远近莫不归心,愿早正大位,以承天命。"太祖曰:"自古帝王知天命已归,犹且谦让,以俟有德。尝笑陈友谅初得一隅,妄自尊大,骄恣速亡,吾岂能更蹈之?"

己丑,雷震宫门鸱吻,赦中外罪囚。辛丑,置太常、大理、司农、将作四司。

八月癸酉,圜丘、方丘及社稷坛成。

甲寅,命协律郎冷谦定乐。

丙寅,祀山川。还宫,谕世子等"戒盈满,谨怠荒"。

征江西儒士颜六奇、萧飞凤、刘千至都,以老疾赐帛遣还。

九月甲戌,太庙成。

命朱亮祖讨方国珍。

戊寅,诏:"先王之政,罪不及孥。自今除大逆不道,外毋连坐。"

辛巳,徐达克平江,执张士诚以献,熊天瑞伏诛。

癸未,取无锡州;乙酉,取通州。

丁亥,诸将大会京师。

己丑,张士诚自杀。辛卯,置宣徽院。

丁酉,朱亮祖攻台州,败方国珍,指挥严德战死。

戊戌,遣使送元宗室神保大王及黑汉等九人于元主。再以书遗扩廓帖木儿,赐之文绮。

辛丑,论平吴功,封李善长宣国公、徐达信国公、常遇春鄂国公。余将士赏赉有差。

克台州。

癸卯,新宫成,命博士熊鼎书古人行事可鉴戒者于壁,又书《大学衍义》于两庑,曰:"前代宫室多施绘画,予以为无益,故书此以备观省。"太祖往往自发神谟,多超出汉唐诸主之上。

冬十月甲辰,遣起居注吴琳等以币求遗贤于四方。

乙巳,徙苏州富民实濠州。

丙午,定百官礼仪。尚左,改右丞相为左丞相。

建元臣余阙祠于安庆,李黼祠于江州。

壬子,置御史台及各道按察司,以汤和为左御史大夫,邓愈为右御史大夫,刘基、章溢为御史中丞。谕之曰:"国家立三大府,总天下之政。台宪尤为清要,治人者必先自治。《诗》云'刚亦不吐,柔亦不茹',此大臣之体也。卿等勉之。"

癸丑，以方国珍未下，命御史大夫汤和为征南将军，佥大都督府事，吴祯为副，讨之。

甲寅，初定《律令》。

丙辰，以书谕元将李思齐、张思道。

丁巳，宴功臣于西楼。

戊午，考正太庙雅乐。

庚申，与诸将谋北伐，常遇春请直捣元都，太祖曰："彼建都百年，城守必固。苟悬师深入，自顿坚城之下，馈饷不继，外援四集，此危道也。吾欲先取山东，撤其屏蔽；旋师河南，披其羽翼；拔潼关而守之，扼其门户。天下形胜在我掌握，然后进兵元都，则彼势孤援绝，不战可克。鼓行而西，云中、九原，以及关陇可席卷而定矣！"诸将皆曰："善！"神谟妙算，不减汉世祖、唐太宗，而正大过之，真不世出英主也。

甲子，命右丞相信国公徐达为征虏大将军、中书平章军国重事，鄂国公常遇春为副将军，帅师二十五万北取中原；中书平章胡廷瑞为征南将军、江西行省左丞何文辉为副将军，取福建；湖广行省平章杨璟、左丞周德兴取广西。祃祭大誓诸将。

乙丑，遣世子诣临濠谒陵。

丙寅，檄谕齐鲁、河洛、燕蓟、秦晋之人。己巳，以大军北征，恐脱因帖木儿乘间窃发，申谕边境守将严兵备御。

蔡添禄取宝庆、新化，朱亮祖克温州。

辛未，王宣遣使上表贺平吴，请内附。

十一月癸酉，朱亮祖败方明善于乐清。

乙亥，明升遣使来聘。辛巳，汤和克庆元，国珍浮海。

壬午，王宣叛，徐达讨，斩之。

乙酉，定大都督府及各卫官制，康茂才同知都督府事。

己丑，汤和、廖永忠会师讨国珍。甲午，视圜丘，命世子历农家，观稼穑艰难。

乙未冬至，初颁《戊申大统历令》，自明年，以十月朔颁历为定期。

戊戌，命侍臣举贤良。

己亥，闻应天有滞狱，曰："京师且然，何况郡县！"谕有司自今依时决遣。

庚子，韩政克滕州。辛丑，徐达克益都。

十二月甲辰，颁《行律令》。

丁未，张兴祖下东平，兖东郡县皆下。

置尚宝司。

己酉，徐达下济南。

胡廷瑞下邵武。

庚戌，张兴祖下济宁，方国珍降。

丁巳，胡廷瑞下建阳，徙方国珍官属居濠州。

戊午，颁《律令直解》。

命汤和、廖永忠自海道取福建。

左相国李善长率群臣奉表劝即帝位，三请皆不许。明日，复率群臣固请，曰："大王谦让之德闻于海内。然天命不可违，愿为生民计，徇群臣之请。"太祖曰："孤以中原未平，不敢遽自称尊。卿等言为生民计，其勉从卿。"辛酉，李善长等进即位仪。甲子，告于上帝。

戊辰，登州、莱州降。

汤和克福州。

是岁，定各县为上、中、下三等。

减金华田租。

洪武元年春正月己亥,即皇帝位于钟山之阳,告于南郊,定有天下之号曰"大明",建元洪武。祭告太庙,追尊皇高祖考曰玄皇帝,庙号德祖;高祖妣曰元皇后。皇曾祖考曰恒皇帝,庙号懿祖;曾祖妣曰恒皇后。皇祖考曰裕皇帝,庙号熙祖;祖妣王氏曰裕皇后。皇考曰淳皇帝,庙号仁祖;妣陈氏曰淳皇后。还御奉天殿,立皇后马氏,世子标为皇太子。以李善长为左丞相,徐达为右丞相,余功臣进爵有差。

丙子,诏告天下,追封皇伯考以下为王,命制宗庙祭器曰:"礼顺人情,俗儒泥古好用古,笾豆之属甚无谓。今太庙服御器用,皆如事生之仪。"

丁丑,奉天殿宴群臣。

戊寅,迁新宫。

方国珍入朝,赐第居京师。

辛巳,以中书左丞相、宣国公李善长兼太子少师,中书右丞相、信国公徐达兼太子少傅,中书平章军国重事、鄂国公常遇春兼太子少保;右都督冯宗异兼右詹事,中书平章政事胡廷瑞、廖永忠、李伯升兼同知詹事,中书左丞赵庸、右丞王溥兼副詹事,中书参政杨宪、傅瓛兼詹事丞,同知大都督府事;康茂才兼左率府使,张兴祖兼右率府使,大都督副使顾时兼同知左率府事,孙兴祖兼同知右率府事;大都督府佥事吴祯兼左率府副使,耿炳文兼右率府副使;御史大夫邓愈、汤和兼谕德御史;中丞刘基、章溢兼赞善大夫,治书侍御史文原吉、范显祖兼太子宾客。谕善长等曰:"前代廷臣与宫僚不协,谗构易生。朕以省台勋旧辅导东宫,兼选名儒为之宾友,崇德尊贤,上下无间。如斯制也,江充之奸无自而作。"远虑。所以三百年太子皆无动摇者。

谕群臣进谠言,戒省府,功臣无骄盈,保禄位。

癸未,杨璟败元兵于永州,宝庆卫百户周迪战死,遣官祭之。

甲申,命周铸等一百六十四人核浙西田,谕以"赋役不均,则百姓怨咨,无妄增损以病民",赐衣遣之。

壬辰,胡廷美克建宁。

己亥,遣官诣登莱祭海。

庚子,以翰林学士陶安知制诰,监修国史。

命邓愈为征戍将军,取南阳以北州郡。

是月,汤和下兴化,克延平,执陈友定以献,诛之。

郡县官来朝,谕以"天下初定,百姓财力俱困,休息在廉吏",赐敕遣之。眷眷爱民,如此安得不兴!

二月壬寅,诏定圜丘、方丘、宗庙社稷礼。

汤和下漳州。

癸卯,以平章廖永忠为征南将军,参政朱亮祖为副,取广东。

汀州、泉州降。

丁未,以太牢祀孔子于国学,仍遣使诣曲阜致祭。戊申,始祭大社大稷。

庚戌,定宗庙时享礼,春特祭,余三时合祭。

诏衣冠如唐制,禁袭蒙古服式、语音及姓名者。

癸丑,常遇春克东昌。

甲寅,杨璟取宝庆,败周文贵,遂下邵阳。

命左丞相李善长祭告四渎。己未,谕侍御史文原吉等曰:"日月之行,犹有薄蚀。朕举事岂能尽善?比来台臣久无诤言,岂朕不能听受耶!"

乙丑,初定役法。

谕:"兴作必于农隙。"

戊辰,始定祭天地宗庙社稷冕服之制。

庚午,追封皇姊为孝亲公主,以李贞为驸马都尉,封恩亲侯。
庚午,选国子生周琦等侍太子读书禁中。
三月辛未,谕翰林学士朱升纂述《女诫》。
铸洪武通宝,钱制凡五等。
壬申,杨璟克全州。
癸酉,遣官祭仁祖陵及鲁山淮渎。以太牢祀三皇。
甲戌,赐武臣绣衣,谕以"亲贤士大夫以广其识"。
癸未,杨璟下常宁。
近臣请开山东银场,不听。
丙戌,武冈州降。
衍圣公孔希学来朝。
戊子,谕山东郡县访求贤才及废官,复谕:"征贤各从其志,不得驱迫。流寓愿归乡者,听。"
辛卯,慧星见昴北,凡十九日灭。
丁酉,邓愈克南阳。
己亥,编《存心录》。
徐达取汴梁。左君弼竹昌降。
夏四月辛丑,蕲州进竹簟,却之。命四方非奉诏毋辄贡献。
元江西分省左丞何真以广东诸郡县降。
丁未,始祫享太庙。戊甲,命图古孝行及身所历艰难起兵战伐事为册,示子孙。
徐达、常遇春大破元兵于洛水,遂拔河南路。
廖永忠取龙潭。
元国子监祭酒孔克坚来朝,赐宅一区,马一匹,月给米二十斛。
乙卯,征河南儒士睢明义等至京。
廖永忠执邵宗愚,斩之,广东平。

丙辰,谕侍臣曰:"宦官典兵预政,祸乱由之。履霜坚冰,可不慎诸!"

丁巳,杨璟克永州。

癸亥,置山东行中书省,以汪广洋为参政。

追封胡深为缙云郡伯。

甲子,车驾北巡。

丙寅,冯宗异入潼关,李思齐、张思道遁去。

五月癸酉,袁州卫百户艾明击山寇战死,遣官祭之。

己卯,梧州降。

庚寅,幸汴梁,改汴梁路为开封府。

癸巳,置中书分省于开封,以杨宪署省事。

是月,浔贵诸州皆下。

六月庚子,大将军徐达等入见行在所。

壬寅,亲祀开封诸神祇。

遣官祭境内山川。

己未,徐达、常遇春会师北征。

壬戌,杨璟、朱亮祖会兵克靖江,沐英破金子隆于延平。

戊辰,廖永忠下南宁。

江西江水暴溢,坏民庐舍。遣使振恤。

是月,遣使祭元故平章察罕。

秋七月己巳,邓愈取随州。

广西左右江土官皆降。

壬申,遣使授大将军徐达北征阵图。

丙子,敕北方府县官民:"新附凋瘵,将何以安养之?无使流移。其简徭役以厚其生,劝孝弟以正其俗,无负朕意。"命中书给赏,以风励之。

戊子,象州降。

广西平。

己丑,康茂才取安邑。

庚寅,振恤中原民老稚孤贫者。

丙申,冯宗异留守开封。

丁酉,皇太子摄享太庙。

都下火。

大将军徐达等会师东昌。

南海县民关敏讨贼被杀,赠官立祠。可谓不遗幽隐矣。

扬州自五月至是月不雨,伤稼。

闰月,庚子,徐达取卫辉;癸卯,取彰德;丁未,车驾还京师。

徐达取广平。

己酉,征天下荐举贤才,授府州县官,赐路费遣之。

庚戌,诏定军礼。

壬子,常遇春克德州。

辛酉,徐达师次直沽。癸亥,大败元兵于河西务;乙丑,克通州;丙寅,元主北遁。

李文忠执金子隆,福建平。

以水旱,除苏州、太平、宁国诸府田租①。

八月己巳,诏曰:"顷幸大梁,父老皆曰:宋之旧京,四方朝贡,道里适均。夫宅中图大则形势重,建邦启土则根本先,其以应天府为南京,开封府为北京,朕春秋巡狩焉。"

庚午,徐达入元都。

壬申,以灾异谕群臣修省。诏中书省集耆儒议便民事可弭天变者。

甲戌,革汉张道陵裔孙"天师"号。

丁丑，遣官释奠孔子，定春秋二仲祀孔子仪。

初设六部，以滕毅为吏部尚书、杨思义户部尚书、钱用壬礼部尚书、陈亮兵部尚书、周祯刑部尚书、单安仁工部尚书。以将作隶工部，罢司农、大理二司。

御史中丞刘基还青田。

己卯，诏天下与民更始：赦殊死以下；有司厚恤从征将士家；逋逃者得自首；新克州郡，妄杀者罪之；输赋京师，道里远者官为转运，毋重困民；镇江密迩京师，供亿繁难，旱蝗尤甚，给复两年；所在荒田，听民垦种，给复三年；衍圣公及曲阜知县并如前代制复其家；顷因乱，刑民往往用军律，中书详议，务从中典；决囚必待秋后；书籍田器不得征税；除逋租，宿责勿收；蒙古、色目人有才能者擢用；收恤鳏寡孤独，废疾不能自存者；民年七十以上，一子侍；御史台、按察司慎选贤良方正之人以佐国家；儒臣同刑部官详议《唐律》，日奏二十条，取进止。

壬午，改大都路为北平府。车驾北巡。癸未，置燕山六卫于北平，赐长兴、安吉明年田租。

戊子，徐达分兵略大同。

癸巳，幸开封府。

甲午，放元宫人。

命乘舆服御物，当饰金者易以铜。

九月壬寅，以孙兴祖领大都督分府，镇北平。

江西行省参政陶安卒。戊申，取永平。

癸亥，诏曰："朕惟天下之广必赖贤士共理之。今贤士隐岩穴者尚众，岂有司失于敦劝欤？朝廷疏于礼待欤？抑朕寡昧，不足以致贤欤？将在位者壅蔽，使贤者不上达欤？贤士大夫幼学壮行，岂没世而已哉！朕愿与诸儒讲明治道，有能辅朕安民者，有司礼遣。"

赐将士阵亡者米布。

乙丑,常遇春徇下保定。

丁卯,下中山。

冬十月戊辰,明升遣使贺平元都。

己巳,下真定。

庚午,冯宗异下怀庆。

辛未,皇太子摄享太庙。

癸酉,下泽州。

乙亥,以滕毅为江西行省参政,盛原辅为吏部尚书。

丙子,命郡县考正祀典。

丁丑,车驾还京师。

冯宗异下潞州。戊寅,以元都平,诏天下。

己卯,诬告谋反者反坐,著为令。

戊子,徙北平军民于开封。

置京畿都漕运司。辛卯,汪河奉使还,擢吏部侍郎。

癸巳,傅友德下平定州。

甲午,司天监进元主所造水精宫刻漏,谓侍臣曰:"废万几而用心于此,所谓作无益害有益也。使移此心以治天下,何至乱亡?"命碎之。

丁酉,浚后湖及龙湾河。

十一月己亥,遣文原吉等循行天下求贤才。

庚子,有事于圜丘,还告太庙御殿,行庆成礼。

辛丑,宴群臣于奉天殿,宴东宫官及儒士于大本堂。帝自作《时雪赋》,命儒臣作《钟山龙蟠赋》,各赐冠服。

甲辰,以孔子五十六世孙希学袭封衍圣公,谕礼臣曰:"孔子万世帝王之师,后嗣秩止三品,不称褒崇,其进秩二品,赐银印。"

丙午,诏郡县各立社稷坛,庶人祭里社土谷,禁淫祠。

癸丑,以盛原辅为山东行省参政,张明善为吏部尚书,周祯为治书侍御史。

戊午,康茂才克河中。

癸亥,以手书召御史中丞刘基于青田。

甲子,诏定冠礼,定临朝冕服及王公以下冠服之制。

是月,金商、均房诸郡平。

十二月丁卯,以汪广洋、刘惟敬为中书省参政,钱唐为刑部尚书,钱用壬致仕。

徐达破扩廓帖木儿兵,遂克太原。

乙巳,置登闻鼓于午门外,御史监视引奏告冤者。

庚午,徐达分兵击贺宗哲于石州。

辛未,诏定官民丧礼。

壬申,改宣徽院为光禄寺,太史院为司天监。

癸酉,诏定皇太子以下婚礼。

乙亥,冯宗异克平阳。

戊寅,徐达与诸将会师太原。

己卯,以户部侍郎杭琪为本部尚书。

辛巳,起复济南府知府崔亮为礼部尚书。

壬午,冯宗异克绛州。

丁亥,筑坛祭故功臣于鸡笼山。

壬辰,以平元都遣使颁诏高丽、安南。以书谕明升。

校记

① "租"原文为"祖"字,正之。

卷二　太祖本纪二

二年正月辛丑，命天下祀典神祇，有司依时致祭。不在祀典而功德及民者，其祠毋得辄毁。

甲辰，以蔡哲为中书省参政。

乙丑，立功臣庙于鸡笼山。

丁未，享太庙，以廖永安等七人配。

定翰林院官制。

庚戌，遣官分祭岳镇海渎，遣孔克坚祀孔子于阙里。诏曰："朕起布衣，拯生民涂炭，命将北征，齐鲁之民箪食壶浆以迎，朕甚嘉之。元年已免山东租，然苦旱，民尚未苏。近平燕都，下晋冀，其民数被兵困，征敛尤甚。其免山东、北平、山西今年租税。河南师旅所经，未遑加惠。今大军已北，西抵潼关，北界大河，南至唐、邓、光、息，悉于蠲免，称朕恤民厚下之意。"

又诏曰："朕肇基江左，应天、镇江、太平、宁国、广德为吾股肱郡，供亿烦重。今六合一家，我子孙百世何能忘江左之民！去岁曾免田租，忽罹天灾，惠而不及，朕心缺焉。其复免诸郡及无为州租一年。"

癸丑，更定太庙时享日期，用清明、端午、七月望、冬至筑坛。祀马神于后湖。

乙卯,遣使以即位诏谕日本、占城、爪①哇、西洋诸国。

己未,制太庙四代帝后冠服成命,各以二袭藏于庙,仍各别具二袭祝告焚之。

庚申,敕谕太原诸将,定大将军以下位次。

常遇春取大同。

振湖广饥。

是月,倭寇登莱。

二月丙寅,诏修《元史》。遣使诏谕云南。

戊辰,遣官祭武成王庙。

己巳,占城入贡。

辛未,遣使以玺书赐占城、爪哇、日本诸国。

乙亥,立仁祖陵碑,上陵名曰英陵。

壬午,耕籍田。

三月丙申,以旱灾祭告皇考妣曰:"祖宗德配皇天,以有今日。念微时荒歉,父母茹草杂炊,痛何敢忘？兹者风雨不时,愿与后妃草蔬粝食,以答天谴。"

丁酉,遣中书参政蔡哲祀三皇,立十八坛,亲祭祈雨。

徐达师入奉元路,张思道遁去。改奉元路为西安府,振关中饥。

丙午,常遇春帅入凤翔,李思齐遁去。

戊申,谕翰林:"为文宜明道理,通世务,无事浮藻。"为文之要尽此。

癸丑,置北平、广西二行中书省,以盛原辅为北平参政,刘惟敬为广西参政。

甲寅,以刘希鲁为刑部尚书。

傅友德克凤州。

戊午,谕中书省臣曰:"太学育才之地,所以兴礼乐,明教化。古帝王建国,君民以此为先。朕承困弊之余,首建太学,礼聘师儒。今学者日众,而斋舍卑隘,不足以居。其令工部增益学舍必高明轩敞,使游息有地,成德达才,可望焉。"

夏四月乙丑,遣高丽流人还国,以玺书赐其国王。

丙寅,常遇春还师北平。

丁卯,徐达取陇州。

戊辰,置陕西、山西二行中书省,以汪广洋为陕西参政,杨宪为山西参政,改河南分省为行省。

己巳,命博士孔克仁等授诸皇子经。令功臣子弟入学。

庚午,徐达取泰州。

甲戌,入伏羌。

乙亥,编《祖训录》。

以单安仁为兵部尚书,孙克义为工部尚书。

致书元主,并赐元将纳哈出书。

徐达取巩昌。丙子,赐秦陇等郡田租。

丁丑,冯宗异取临洮,李思齐降。顾时取兰州。己卯,徐达取安定州,所向皆捷,遂次开城。

是月,太仓卫指挥佥事翁德破倭寇升秩,赏赉军士有差。淮安、宁国、镇江、扬州、台州各献瑞麦。命自今可停献瑞。

五月甲午朔,日有食之。

更英陵曰皇陵。

遣使诏谕土蕃。

丁酉,徐达取平凉,遂下延安。辛丑,张良臣以庆阳降。

癸丑,有事于方丘,还告太庙御殿,行庆成礼。

乙巳,幸钟山。归,至独龙冈,见农夫冒暑而耘,遂徒步至淳化门,始骑入。顾侍臣曰:"民惟邦本,司牧者何可不念也。"

戊申,张良臣以庆阳叛。

癸丑,置福建行中书省,以蔡哲为参政。

辛酉,诏太常:"凡时物,先荐宗庙,然后进御。"

御史中丞章溢卒。

追封淳皇后父陈公为杨王,母王氏为杨王夫人;皇后父马公为徐王,母郑氏为徐王夫人,建庙于太庙之东。

六月甲子,宁州降。

庚午,遣官祭兰山压死军士。

己卯,常遇春、李文忠克开平,元主北遁。

壬午,安南入贡。遣翰林院侍读、学士张以宁典簿牛谅,封陈日煃为安南国王。

壬辰,追封严德为天水郡公。

秋七月癸巳,以世家宝为刑部尚书。

乙未,遣儒士欧阳佑十二人往北平采元末事迹,修《元史》。

己亥,副将军鄂国公常遇春薨于军。

丁未,广西各土司入贡,命世袭如故。中书省臣请迁诸洞蛮于内地,不许。

丙辰,明升遣使来贡。

八月癸亥,亲祭鄂国公遇春于龙江。

甲子,高丽国王王颛遣使来贺即位,请封爵。

乙丑,赐明升玺书,遣其使还国。

丙寅,元兵攻大同,李文忠败之,执脱列伯,降其众万余人。

己巳,命吏部定内侍诸司官制,谕之曰:"此辈止备使令,不须多人。驭之之道,当常使之畏法,不可使之有功。有功则骄恣,畏法则检束。自古宦者败人国家,历有炯鉴,世世子孙慎之。"

左丞相李善长等上所修《元史》。

乙亥,镇抚吴祐败倭寇于淮安。

丙子,遣符玺郎契斯封王颛为高丽国王。

壬午,以给事中安统为兵部尚书。

癸未,徐达克庆阳,张良臣伏诛。

戊子,以陆仲亨署大都督府事。

庚寅,命儒臣纂修礼书。诏天下举高志博学,练达时务之士。年四十以上者礼聘至京,参考古今制度,以定一代之典。其年过五十未及四②十,非深通经术者勿遣。

九月甲午,贺宗哲寇兰州,冯宗异击败之。

辛丑,召徐达等还京,冯宗异留总军事。

以杨宪为中书省右丞,王居仁为兵部尚书。

癸卯,诏以临濠府为中都,建城郭宫室如京师之制。

初行考绩法。

复和州殁王事者之家。

丙午,高丽贺天寿节。占城入贡。

癸丑,考宫悬制度,诏有司举通律吕者。

甲寅,初制铁券。

乙卯,吐蕃寇洮河,指挥韦正败之。

丁巳,赐元平章欧阳朝佐等三百六十人冠带,授官有差。

戊午,征南将军廖永忠等班师还,皇太子迎之龙湾,仍送归第。其重有功如此。

冬十月壬戌,高丽使还,以玺书赐其国王王颛,谕以持危保国之道。仍赐王冠服、《大统历》、六经、四书、《汉书》、《通鉴》并乐器及陪臣冠服。

遣杨璟招谕明升。

己巳，以陈亮为中书省参政，知吏、户、礼三部事。

甲戌，甘露降于钟山。危素请告祖庙，宣示史馆，不许。

庚辰，图信国公达、开平王遇春战迹于功臣庙。

癸未，以睢稼为中书省参政。

潭州卫指挥同知丘广为总兵官，指挥佥事胡海、左君弼副之，讨江左上思州蛮寇。

辛卯，诏曰："古帝王育人才、正风俗莫先于学校。兵兴以来，人习干戈，罔识俎豆，朕欲复先王之治，其令天下郡县皆立学校。"

是月，遣使致书元主，告以顺天道以存宗祀。

十一月壬辰，大将军徐达等还自陕西。

甲午，以孙克义为河南行省参政，安统为山西行省参政。

乙未，以张允为工部尚书，刘诚为兵部尚书。

乙巳，有事于圜丘，以仁祖配。

己酉，复以周祯为刑部尚书，贬世家宝为庐陵县知县。

庚申，以朱昭为户部尚书，杨思义为陕西行省参政。辛酉，以侯至善为中书省参政，樊思民为户部尚书。振应天、苏松杭湖饥。

十二月壬戌，遣编修罗复仁、主事张福诏谕安南、占城，各罢兵。

贬朱昭为苏州府知府，以樊思民为大都督府参议。

戊辰，杨璟使蜀还。

李文忠俘脱列伯以献，帝曰："惟才是用也。"释其缚而官之。

甲戌，遣中书省管勾、甘桓等封阿答阿者为占城国王。

高丽谢封爵。

辛巳，冯宗异还自陕西，以未召辄还诘责之。

壬午，诏以安南、高丽国山川著之祀典。

甲申，振西安饥。

己丑，大赉平定中原及征南将士。

庚寅，扩廓寇兰州，指挥于光赴援，死之。

是月，上思州蛮寇平。

是岁，置河东、河间、长芦、陕西、福建都转运盐使司及各提举司。

三年春正月癸巳，命信国公徐达为征虏大将军，出定西，浙江行省平章李文忠为左副将军，出居庸北征。

命肃朝仪，非侍从大臣不得上殿。

甲午，谕御史台按察司振肃纪纲，无负风宪之任。

来安知府岑汉忠及其弟汉良招谕云南十六郡县，因以兵守其土。上闻，遣使赐以文绮。上尊仍命招谕未附者。

定朝日夕月礼。

庚子，遣使祀安南、高丽、占城国内山川。

壬寅，吏部请除有罪官于儋崖诸郡，帝曰："四海一家，儋崖亦王土，宜抚以良吏，奈何居罪人耶？"

辛亥，以胡惟庸为中书省参政。

丁巳，命户部主事李亨驰驿振西安、凤翔饥。

以滕德为兵部尚书，贬周祯为惠州府经历。以班用吉为刑部尚书。

二月辛酉，帝行后苑，见乳鹊，叹曰："鸟劬劳若是，况父母恩乎！"命群臣亲老者归养。

甲子，祀先农。

乙丑，诏续修《元史》。

庚午，召浙西富民入见，赐酒馔，戒谕数千言，因颁行之，曰教民榜。

甲戌，肇庆府经历裴源遇贼，不屈，死之，赠官二等。

丙子，朝日东郊。

癸未，追封郭子兴为滁阳王，妻张氏为王夫人，立庙滁州。

乙酉，指挥金朝兴取东胜州。

戊子，诏曰："国家稽古建官，期臻至治。六部政繁任重，而在位未尽得人。有司其悉心访求贤才可任部务者。"

是月，李文忠下兴和，进兵察罕脑儿，执元平章竹贞。

三月庚寅，诏蠲应天各郡、浙东、江西、河南、北平、山东租税。

壬辰，享太庙以常遇春配。

戊戌，蠲徐州、邳州夏税。

庚子，置秘书监。

壬寅，以吴琳为吏部尚书，滕德、李廷桂为户部尚书。

己酉，贬杭琪为陕州知州。

是月，遣使诏谕日本。

置察言司。

夏四月乙丑，册封皇子樉为秦王，棡晋王，棣燕王，橚吴王，桢楚王，榑齐王，梓潭王，杞赵王，檀鲁王。从孙守谦靖江王。设置相傅官属，诏告天下。

丙寅，置大宗正院。

徐达大破扩廓于定西。

己巳，再与元主书。

壬申，安南以其国王陈日熞卒，来告哀。遣编修王廉往祭，赙吏部主事林唐臣赍诏封日熞为国王。

祭汉伏波将军马援于横州。

遣亲王祭功臣庙。

庚辰，置弘文馆。

癸未,以杨宪为中书省左丞。

置磨勘司。

是月,元主殂于应昌。

慈利土司覃垕作乱,杨璟讨之,不克。

五月己丑,徐达取兴元。

邓愈招谕吐蕃。

甲午,置司农司于河南。

乙未,册孙氏为贵妃,吴氏克妃,郭氏惠妃,郭氏宁妃,达氏定妃,胡氏顺妃。申严宫阃之禁。

丁酉,诏举博学笃行之士。

李文忠次开平,大败元兵,都督孙兴祖等战死。

己亥,诏曰:"成周取才贡士,汉唐及宋各有定制。前元依古设科,待士甚优。其后,权势之家引纳奔竞。所得资品,或反高于贡士。士耻与并进,往往遁迹山林。朕建官惟贤,自今年八月始设科举之制。士有经明行修,博通古今,名实相应者,亲策于廷。中外文臣皆由是选,非是毋得出身。安南、高丽、占城皆得以乡贡试京师。

甲辰,李文忠克应昌,获元主孙买的里八剌。

乙巳,建斋宫于圜丘、方丘之间。

丁未,行大射礼。

戊申,有事于方丘。以仁祖配定服色,尚赤。甲寅,邓愈克河州。

丙辰,蠲苏州逋租三十余万石。

蔚州安定县大风雨雹,伤稼。诏:自渡江以来,先锋、元帅及都尉、指挥,子孙不能承袭者,禄其家。

遣使以书谕纳哈出。以汪广洋为右丞相。

帝以久旱,斋戒;后妃执爨为农家食;太子、诸王亲馈。六月戊午朔四更,帝布服草履,步祷山川坛,席藁露坐。昼曝烈日,夜则卧地,凡三日还宫。仍斋于西庑。辛酉,大赉将士,疏狱囚,求天下通经术明治道者。壬戌大雨。自汤以六事自责后少比。

癸亥,诏岳镇、海渎、城隍诸神,皆称山水郡县本名,罢前代封号。

甲子,设御史纠仪。

禁官民禳告星斗,僧道建醮用青词,及白莲等教扶鸾咒水诸术。

庚午,改司天监为钦天监。

壬申,左副将军李文忠捷表至,命凡仕元者勿贺。更属天地之量。谕中书省曰:"元立国百年,朕之祖父皆享其太平。天讫其运,于朕何与?捷音夸诞,朕甚不取。"谥元主曰顺帝。取天下之公,待前王之厚,几于无我矣。三代而下未见此气象。

癸酉,李文忠送元主孙买的里八剌至京,封崇礼侯。

安南国王陈日烓遣使谢恩,贡方物。

丙子,祭告天地于南郊。

丁丑,祭告太庙,颁大一统诏于天下。

编修罗复仁、主事张福还自安南,以不受馈奖之。

戊寅,谕云南八番、西域、西洋、琐里、爪哇、艮儿诸国。

振溧水县水灾。

诏天下府州县立城隍庙。

庚辰,右丞相汪广洋罢。

葬宋理宗颅骨于故陵。

元四大王犯大同,指挥桑桂、郑亨击败之。

辛巳,命州县立义冢。

移江南民田临濠,给复三年。

癸未,增广太学生。

置亲军都尉府及仪鸾司。

滦州水,延安雨雹,蠲田租。

是月,倭寇浙闽沿海,官兵击败之。

除临濠税粮。

吐蕃宣慰使何琐、南普等来降。

秋七月丁亥,翰林学士宋濂、待制王祎等进续修《元史》。

壬辰,立碑午门外,刻国家政令可为定制者。

辛丑,革察言司。壬寅,赐文武官朝服、公服。

甲辰,明升遣使来献楠木。

乙巳,吏部尚书吴琳致仕。

河南田生虫食麻菽,命官捕之。

甲寅,以王兴福为吏部尚书,陶凯为礼部尚书。

山东自五月至是月不雨。青州蝗。

中书左丞杨宪有罪,诛。

八月丁巳,遣官释奠孔子,敕衍圣公致祭阙里。官具牲币,岁为常。

乙未,都督同知康茂才卒。命中书定职官居室舆服等第。

遣使招谕吐蕃、暹罗诸国。占城入贡。高丽谢赐冕服,纳元所授金印。

乙丑,京师大雨水,振之。

戊辰,改应天府知府为府尹。

陶凯请御膳奏乐,以征战未息,不许。禁官民服器僭用黄色,及绘帝后圣贤像、日月、龙凤等形者。

戊寅,诏谕三佛、齐浡泥、真腊等国。

己卯,夕月西郊。

癸未,更定宗庙四时祭期,用孟月并岁除,凡五祭。

乙酉,命掩骼埋胔。

九月庚寅,以程昱为户部尚书。

丙申,盗袭莒州,同知牟鲁死之。

庚子,以商暠为吏部尚书,蒋思德户部尚书,杨训文礼部尚书,刘大昕刑部尚书,安然、安庆工部尚书。

壬寅,以李谦为中书省参政。

爪哇、西洋入贡。

癸卯,天寿节祭太庙。

癸丑,高丽入贡,贺皇太子千秋节。

修《大明集礼》成。

冬十月丙辰,命儒士于午门与诸将帅诵说经书。

赐畿内郡县孤独癃疾者布,人一匹。

辛酉,高丽贺天寿节,不及礼其使而遣之。

癸亥,命江夏侯周德兴为征南将军,讨慈利土酋覃垕及诸洞蛮。

辛巳,遣使致书元太子爱猷识里达腊。

是月,周德兴至慈利,覃垕遁去。

十一月壬辰,大将军徐达、左副将军李文忠班师还,车驾劳于龙江。甲午,告于郊庙。

以宋冕为户部尚书。

丙申,大封功臣,进李善长为韩国公,徐达魏国公。封开平忠武王常遇春子茂为郑国公、李文忠曹国公、冯胜宋国公、邓愈卫国公,汤和等侯者二十八人。帝与诸将从容宴语,曰:"天下一统,诸将力也。"徐达顿首曰:"臣等起献亩事陛下,每奉庙算征伐,及其成功,不爽毫发。陛下殆天授,臣等何与焉。"帝曰:"天下初发难也,诸雄并起,荒淫剽掠,为生民患。张氏以富,陈氏以强,冯陵吴楚,自谓无敌。朕孤军渡江,一无所恃,惟不嗜杀人,布信义而已。赖卿等同心共济,故来者如归。人有言士诚逼近,宜先击之。朕谓友谅志骄,士诚器小。志骄则好生事,器小则无远图,故友谅有鄱阳之役,士诚卒不能出姑苏以为之援。向使先攻士诚,则浙西诸城并力坚守,友谅必空国而来,是两受其敝也。二寇既除,所以先平山东,次河洛者,先声既振,幽蓟自倾。扩廓、张思道、李思齐皆百战之余,未肯遽降。急之非北走燕则西走蜀,故出其不意,反斾而北,燕都既举,然后西征,次第平定。而扩廓犹拒朕师,向使未下燕都,骤与角力,胜负之数未可知也。"诸将皆服。丁酉,诏告天下。

戊戌,命李文忠掌大都督府事。

设坛祭诸将之战殁者。辛亥,料民数。

十二月乙卯朔,封汪广洋为忠勤伯,刘基为诚意伯。

谪王兴福为西安府知府。以郎本中为吏部尚书。

辛酉,《大明志书》成,遣使致书元太子,并招谕和林诸部。

甲子,遣官祭南海。

建奉先殿。乙丑,贬商暠③为侍御史,以周时中为吏部尚书。

戊辰,封薛显为永城侯,贬居南海。

立厉坛于后湖。

庚午,遣使祭历代帝王陵寝。

壬申,周德兴平长沙蛮寇。

癸酉,命守令久任。

丁丑,禁武官纵军鬻贩。

戊寅,以冯胜为大都督府右都督。己卯,赐魏国公等勋臣田。

放故元臣王成等二百余人还乡。

自春至冬,日中屡有黑子,诏廷臣直言得失。

甲申,享太庙,行家人礼。

四年春正月丙戌,中书左丞相李善长致仕,以汪广洋为中书右丞相,胡惟庸为中书左丞。

丁亥,命中山侯汤和为征西将军,江夏侯周德兴、德庆侯廖永忠为副将军,出瞿塘;颍川侯傅友德为前将军、济宁侯顾时为副将军,出秦陇,共伐明升。

庚寅,建圜丘、方丘、日月、社稷、山川坛及太庙于临濠。

甲午,复阙里孔氏二十六户徭役。

丙申,诸暨水,蠲田租。

己亥,初定宪纲。

癸卯,改建杨王、徐王庙于墓所。以天寒,发内府布帛制绵衣,加赐蔚朔、宁夏守边将士。

乙巳,中书省奏给宦官月俸,不听。

丙午,安南贡驯象。

丁未,令直省设科连试三年,自后三年一举,著为令。

戊申,山西旱,蠲田租。

二月戊午,王廉、林唐臣使安南还。其国王陈日烓遣使谢恩,贡方物。前使张以宁同达,卒于道。

以刘惟谦为刑部尚书。

太白昼见。

丁卯,改铸小钱。戊辰,诏赐太平、镇江、宁国今年田租。

己巳,奉先殿成。帝及皇太子,诸王日二朝,皇后率妃嫔日进膳。月朔,荐新以为常。

辛未,赐北方屯田民牛。

癸酉,蠲慈利三年田租。

甲戌,车驾幸中都。壬午,还宫。

故元辽阳行省平章刘益以辽东降,改授辽东卫指挥同知。

三月乙酉,策试贡士,赐吴伯宗等百二十人进士及第,出身有差。

丙戌,改筑圜丘、方丘坛。

癸巳,赐功臣六公、二十五侯,及丞相左右丞参政临濠田。

丁酉,罢司农司。

戊戌,日中有黑子。

壬寅,肤施旱,蠲田租。

癸卯,命钦天监官久任,禁以医祀三皇。

庚戌,定有司三年称职者给诰。

癸丑,中书省奏行百官起居礼,进膳用乐,不许。

闰月己未,以宋冕为河南行省参政。

赐功臣守墓人户。

庚申,收元五省八翼汉军十四万余户。三户出一军,隶北平诸卫。

甲子,贬班用吉为江西按察司副使。

丙子,以李友谅为刑部尚书。

庚辰,以刘贞为治书侍御史。

壬午,以陈修为吏部尚书。夏四月癸未,以蒋思德、秦文绎为户部尚书。

丙戌,傅友德克阶州。戊子,汤和克归州。己丑,友德克文州。都督同知汪兴祖战死。庚寅,以伐蜀未捷,复命永嘉侯朱亮祖为右副将军济师。

乙未,广德侯华高卒于崖州。

庚子，召陕西儒士赵晋、浙江儒士张羽至京。

辛丑，傅友德克隆州。癸卯，克绵州。

丙午，征山林隐逸及儒士贡举下第者。

戊申，太白昼见。

立元臣福寿祠。

五月乙卯，诏赐江西今年秋租。

造用宝金牌及军中调发符牌。

丁巳，以李守道、詹同为吏部尚书。

丙寅，立大社坛于中都。

故元辽东平章洪保保、马彦翚等杀指挥同知刘益。

乙亥，诏赐浙江今年秋租。

戊寅，以杨训文为户部尚书。

六月壬午，太白昼见。

傅友德克汉州。

以徐本为户部尚书。

辛卯，廖永忠入夔州。

戊戌夏，丁世贞陷文州，守将朱显忠死之。

壬寅，故元右丞张良佐杀马彦翚，执其党以献。洪保保奔附纳哈出。

癸卯，汤和至重庆，明升降。

是月，纳哈出据金山。

秋七月庚申，傅友德下成都。

李文忠按行四川，抚绥军民。乙丑，封明升归义侯。

丁卯，定科举格，禁吏胥应试。

辛未，淮安侯华云龙执元平章僧家奴于云州。

壬申，元甘肃行省平章阿寒柏等降，率其官属入朝。

占城告安南侵扰,诏谕安南罢兵。

丙子,置四川行中书省,以刘惟谦为参政。

庚辰,江阴侯吴良平绥宁蛮砦,丁世贞为其下所杀。

八月辛巳,改造用宝金牌。

丙戌,免征没官田租。

己亥,以左司郎中海渊为户部尚书。

庚子,周德兴克保宁,四川平。

癸卯,诏谕佛菻。

戊申,宜春侯黄彬平赣州山寇。

己酉,命陕西行省官同御史开仓振饥。

遣使谕云南八番、乌撒诸蛮。

是月,高州海寇作乱,通判王名善死之。雷州千户黄肃计平之。

九月庚戌朔,日有食之。

乙卯,以磨勘司令端以善为刑部尚书,遣御史分道核仓库盐课。

壬戌,以安庆为北平行省参政,朱守仁为工部尚书。

丁丑,以州县征税侵渔,用富户为粮长督乡赋。

是月,邓愈平郧县盗。

冬十月丙申,征西将军汤和等班师还。

是月,修京城。

十一月庚申,命官吏犯赃罪者勿贷。

甲戌,都卫指挥遴才授任,不许世袭,著为令。

十二月甲申,谕勋臣约束僮仆。

丙戌,命工部尚书朱守仁廉察山东官吏。

禁军民浮海。

庚寅，命汉中贮茶易马西番。辛卯，大赉平蜀将士。课功，以傅友德、廖永忠为最。壬辰，赐汤和田万亩，追封汪兴祖为东胜侯。

弛沿江芦禁。

癸巳，汉中知府费震有罪被逮，以其多惠政宥之。

戊戌，授开平王遇春参随六十八人官。

壬寅，诏定官民揖拜礼。

是岁，畿内、河南、陕西、山西、北平旱，大名水，蠲振有差。

高丽、日本、真腊、暹罗斛、三佛、齐浡泥皆入贡。

五年春正月壬子，置王府三护卫。

诏以罪谪两广者屯田临濠。

癸丑，遣待制王祎诏谕云南。

壬戌，暹罗斛、琐里、爪哇入贡。

甲子，遣行人杨载诏谕琉球。

乙丑，赐魏国公达、曹国公文忠、宋国公胜交趾弓矢。

徙陈理、明升于高丽。

戊辰，定文武选法。

乙巳，命皇太子及秦王祭皇陵。

庚午，命魏国公徐达为征虏大将军，曹国公李文忠为左副将军，宋国公冯胜为征西将军，分道帅师讨扩廓；卫国公邓愈为征南将军，江夏侯周德兴、江阴侯吴良为副将军，分道帅师讨湖南诸洞蛮；靖海侯吴祯督海运辽东。

二月庚辰，浚运河。

癸未，临濠火。

丙戌，安南陈叔明入贡，却之。

蠲太原、大同、河曲盐粮。

辛卯,置四川茶盐都转运司及秦州茶马司。

壬辰,都下火,燔卫军庐舍、仓粮兵器。

乙巳,诏一家父子兄弟从军者,免其父兄。

丁未,日中有黑子。

天下建申明亭。

三月戊申,复京师民徭役。

己酉,诸将子弟幼者入国学,长者随朝参。

辛亥,命礼部明等威革旧习。

壬子,以徐本为浙江行省参政,李友谅为福建行省参政,安然为山东行省参政,乐韶为兵部尚书,吴云为刑部尚书,黄肃为工部尚书。

丁卯,都督蓝玉败扩廓于土剌河。

庚午,澧州洞蛮平。

壬申,高丽贺平蜀,遣子弟入国学。

四月己卯,济南、莱州旱,运粟振之。

戊戌,诏天下行乡饮酒礼。

是月,杨璟平散毛等三十九洞。

五月癸丑夜,中都万岁山雨雹,大如弹丸,戒将士严备不虞。

以赵嗣坚为吏部尚书。

戊午,以旱,宫中蔬食,是夜大雨。

诏曰:"天下大定,崇礼义,正风俗为先。曩者遭乱流散为人奴隶者皆免为庶人。贫无以自养者同里共贷之。近代狃于习俗,婚姻论财;丧葬富者僭侈,贫者假贷,务崇眩耀。又有惑阴阳拘忌,停柩经年。中书集议,明示禁约。考定品官命妇冠服及士庶人衣巾、妇女服饰,颁式中外,期复旧典。僧道斋荐,往往男女混杂,饮酒食肉,有司严禁之。闽广私宫男子役使者,没官为奴。"

骁骑羽林江阴诸卫火。

倭寇海盐。

六月丁丑,遣吏部尚书赵嗣坚振山东饥。

戊寅,冯胜克甘州。

庚辰,登莱、东昌旱,遣使驰驿,蠲今年夏税及逋租徭役。

丁亥,倭寇宁德。

自甲申至是日,太白昼见,赐京师民户帛一匹,振东昌、河间、庆阳饥。

癸巳,定六部岁终考绩法。

甲午,以海渊为福建行省参政。

青州、莱州蝗。

丙申,郡县立养济院。

壬寅,吴良平会同蛮寇。

癸卯,指挥毛骧败倭寇于温州。

甲辰,镌红牌悬宫中,戒谕后妃。

李文忠兵至称海,宣宁侯曹良臣等战死,元兵北遁。

度四川田。

是月,冯胜克肃州,进兵亦集乃路,降其城还。

乙巳,作铁榜戒功臣。

秋七月甲寅,建观星台于中都之独山。

丙辰,汤和及元兵战于断头山,败绩。指挥同知章存道死之。

辛酉,京师地震。

庚午,高丽奏耽罗国不朝贡,秀兰山多逋逃,乞讨罪,不听。

是月,苏州、开封水,徐州、大同蝗,凤翔、平凉雨雹伤稼,蠲田租。

八月丙子,诏:自今凡遇郊祀,皇太子留宫中居守。

己卯,贵州宣慰使霭翠请讨珑居,不听。

庚辰,通州、海门水,蠲田租。

罢天下贺圣节及冬至表笺。

丙戌,申明诫谕书成,颁天下,以吕本为吏部尚书。

壬辰,录用左降武职官。丙申,吴良平五开诸蛮凡二百三十三洞。

倭寇福宁。

庚子,建开平王遇春祠于北平。

甲辰,元兵袭云内,同知黄理战死。

九月乙巳,修太庙。

戊午,周德兴克洒城州。

壬戌,圣寿节诏群臣勿贺,仍谕高丽以后免贺圣寿。是日,斋居蔬食,岁为常。

甲子,占城入贡。

冬,十月庚寅,高丽贺明年正旦,诏谕自今三年一贡。仍赐王颛药饵。

丁酉,鞑靼来降。蠲畿内郡县秋租。

十一月癸亥,诏建六公二十七侯第宅于中都。河间、真定旱,平凉雨雹伤稼,并蠲田租。

是月,徐达、冯胜、邓愈班师还,大赉军士。

吴祯还自辽东,纳哈出寇辽东。

十二月甲戌,诏曰:"农桑衣食之本,学校理道之原。朕数颁条章,欲使民丰衣足食,理道畅焉。何有司奉行不力,秩满给由者往往不书农桑学校实绩,甚乖朕意。今后违制者降罚。民有不奉天时尽地利,及师不教导生徒惰学者皆论如律。"

辛巳,命百官奏事,启皇太子。

甲申,幸三山门,见役者裸行水中,曰:"今日重裘犹寒,役若乃尔!"罢京师浚濠及中都工作。

太白昼见。

丙戌,都下火。

甲午,以李信为吏部尚书。

庚子,放内苑禽兽。

乌思藏入贡,为士④番所掠,命邓愈为征西将军讨之。

壬寅,杨载使琉球还。中山王察度遣弟泰期入贡。

贬吴祯为定辽卫指挥使。

再遣使与元幼主及其臣刘仲德、朱彦德书。

是月,城大同。

六年春正月癸丑,辽东金、复二州旱,蠲田租。

《群经类要》成。

甲寅,以举人张唯、王辉等为编修,萧韶为秘书监直长,读书文华堂。

贬汪广洋为广东行省参政,以李信为山西行省参政。

戊午,定校练军士律。

庚申,访求天下经术才德可为祭酒者。

壬戌,遣使祭江渎。

己巳,乌思藏入贡。

庚午,罗源山贼作乱,百户王铭战死。

是月,安南陈叔明入贡谢罪,且请封命以前王印视事。

二月辛巳,置群牧监于滁州。

壬午,禁教坊以古帝王圣贤为优戏者。

振崇明饥。

戊子,改群牧监为太仆寺,始定马政。

增筑国子学舍。

乙未,旌龙游县民夏文昭"四世同居,一门三节妇"。

暂停科举,命举贤才,先德行。

庚子,以陶凯、吴云为湖广行省参政,刑部郎中颜希哲为户部尚书。

壬寅,命御史台按察司考察有司,明黜陟。

以牛谅为礼部尚书,高万杰为刑部尚书。

三月癸卯朔,日有食之。

颁《昭鉴录》于诸王。

甲辰,礼部上所定礼仪。帝曰:"礼者,人道之纪纲,朕欲振举废坠,其更与诸儒参考,以复先王之旧。"大哉,王言!

乙巳,分给事中为六科。

戊申,大阅。

壬子,命魏国公徐达为大将军,率诸将北平山西备边。

是月,修临濠皇城。

袁洪、平筠连蛮寇。

夏四月甲戌,以黄肃、高万杰为广西行省参政。

己卯,赐故勋臣廖永安等谥号。

诏每岁春秋遣官祭元臣福寿,著为令。帝曰:"疾风识劲草,其福寿之谓乎!为人臣者,当如是也。"

乙酉,以建安去年雨雹,蠲田租。

乙丑,高丽入贡,谢赐。

五月壬寅,颁《祖训录》于诸王。

癸卯,诏定公侯以下家庙礼仪,赐亲王仪仗车辂。

诏曰:"俗吏寡学术,故犯法者众。自今省台六部以经史时务课属吏,岁终考之。"

戊辰,以李敏为工部尚书。

六月壬午,盱眙进瑞麦,荐宗庙。

乙酉,以浙江按察司副使孙克义为刑部尚书,户部郎中吕熙为本部尚书。

是月,筑京城。

扩廓寇雁门,指挥吴均败之。

北平、河南、陕西蝗,汾州旱,并蠲田租。

秋七月壬寅,通考自渡江以来诸省水旱灾伤,抚慰振恤。

以御史中丞陈宁兼领国子监事。

庚戌,增省府台官禄。

以吕熙为吏部尚书。

壬子,以胡惟庸为中书右丞相,陈宁为右御史大夫。丙子,以丁玉、冯冕为中书省参政,乐韶凤为翰林院侍读,学士孙克义、刘仁为兵部尚书,刘惟谦为刑部尚书,俞溥为户部尚书,詹同为翰林学士承旨,仍兼吏部尚书,吕本为太常寺卿。

己未,遣官祭功臣庙。以新战没定辽卫指挥高茂等三十八人祔。是月,振苏州、延安饥,蠲和州及河南胙城县田租。

八月乙亥,诏凡指挥没于战阵者,皆赐公田。

乙酉,建历代帝王庙于京师。

辛卯,徙朔州民于内地。

壬辰,分天下府为三等。

戊戌,占城入贡,奏攻败海寇,献俘,优赉之。是月,蠲华州、临潼等县田租。

衍圣公孔希学来朝。赐敕慰劳,礼部致饩。暨归,赍白金文绮。光禄设宴,翰林官饯之。

九月庚子,以刘昭先为礼部尚书,赵羾为工部尚书。

振冀州、枣强饥;应天、浙江、江西今岁粮税悉代以布。

壬寅,编《日历》。

甲辰,设戒饬榜。

庚戌,禁表笺奏疏用骈偶。此亦崇实之一端。

壬子,振真定诸县饥。

乙卯,命诸司常事启皇太子,大者乃奏闻。

壬戌,改临濠府为中立府。

冬,十月丙子,徙山西边民于中都。

辛巳,高丽贡马。

庚寅,以李俨为户部尚书,陈璇为刑部尚书。

壬辰,考前代纠劾宦官法。

癸巳,以中书参政冯冕署刑部尚书。

丁酉,立开平王庙于中立府。

十一月辛丑,命聊城县修帝颛顼陵庙。

己酉,占城攻败安南,来告捷,遣使谕罢兵。

癸丑,建历代帝王庙于中立府;建元世祖庙于北平。

汾州旱,蠲田租。州官上言:"秋种幸成,愿入赋如故。"帝曰:"此聚敛臣,欲剥民以希宠。已遇旱,纵有收,裁足食,况已免,复征不可谓信。"不许。

丁巳,田州饥,诏赐牛种,仍蠲税三年。

复以李俨为刑部尚书。

己未,闻潞州贡人参劳民,罢之。谓近臣曰:"往,金华贡香稻,朕止之。遂于苑中自种数十亩,观刈获为乐。及计所入,亦足供用。太原岁进葡萄酒,亦令停罢。政在养民,岂以口腹累民哉?"

甲子,真定属县饥,命尚书刘仁等分行振恤,仍蠲租税。

丙寅，冬至，帝不豫，改郊期于闰月。闰月乙亥，升故功臣子孙应袭者二百九人。

己丑，颁详定《大明律》。

十二月丁酉，诏府州县止存一寺一观，禁女子为尼。

以唐铎为刑部尚书。

庚申，浚陈州河通漕。

是岁，暹罗斛三入贡，高丽、真腊、三佛齐各入贡。帝曰："外国朝贡，无间远近。朕德薄，何以当之？古之王者厚往而薄来，其加赐文绮以答其意。"是月，待制王祎遇害于云南。

七年春正月庚子，诏六部司官，毋轻调。

振松江水灾。

命靖海侯吴祯为总兵官、都督佥事，于显为副，出海捕倭。

二月丁酉朔，日有食之。

戊戌，阿难功德国入贡。

丁未，皇太子、诸王祭旗纛。

自庚戌至甲寅，日中有黑子。

丁巳，济南、卫辉、平阳、太原、汾州旱蝗，蠲今年租。

戊午，诏修曲阜孔子庙及祭器，设孔、颜、孟三氏教谕。

癸亥，发太仓振苏州属县。

三月戊辰，以刘仁为广东行省参政。

癸巳，暹罗斛入贡，以无表文却之。诏远国世一朝，高丽三年一聘，著为令。安南陈叔明请以弟煓权国事，许之。

夏，四月戊戌，以丁玉为中书省右丞，唐铎为太常寺卿、都督佥事。蓝玉等拔兴和。

癸卯，置铁冶官一十三所。

甲辰,命山郡水不通漕者金银钱布代输。

乙巳,命高阳县修帝高辛庙。

丙辰,以汪广洋为左御史大夫。

五月丙寅,修《皇明宝训》。

己巳,蠲苏松、嘉兴夏税。

壬申,高丽入贡,署名错误,却其贡,赐玺书责之。

癸酉,以侯至善为中书省参政。

甲戌,修太庙。

丙子,以严达为工部尚书,赵著为礼部尚书。

戊寅,真定等四十二府州县旱,蠲税振恤。

辛巳,振苏州饥民三十万户,贷谷种农具。

癸巳,减苏、松、嘉、湖四府极重田税之半。

甲午,安南陈𤊟奉表谢恩。

久旱,亲祷,已而大雨。

学士承旨兼吏部尚书詹同致仕。

是月,北平、河间、山东、河南捕蝗。

六月乙未,日本入贡,以无表文却之。

癸卯,复以詹同为学士承旨。

壬子,蠲陕西逋租。

戊午,置皇陵祠祭署,以汪文为署令,刘英为署丞,世袭。

汰北方减僻州县官凡三百八人。

西域撒里畏兀儿入贡。

癸亥,召淮安侯华云龙于北平,卒于道。

是月,陕西平凉、延安、靖宁、郿州雨雹,山西、山东、河南、北平蝗,并蠲田租。

秋七月,倭寇胶州、海州,官兵连败之。

自庚辰至甲申,太白昼见。

丁亥,贬牛谅为主事。

壬辰,以颜希哲为山西行省参政,李俨为陕西行省参政,马贯为户部尚书。

八月甲午,亲祀历代帝王庙。

复以牛谅为礼部尚书。

丁酉,以占城去年告捷,遣使赍上尊金织文绮,赐其国王。

戊戌,遣元威顺王子伯伯诏谕云南。

庚子,改中立府为凤阳府。

辛丑,诏武臣战死,妻子不能自存者,有司以名闻,官为存养,无使失所。

遣使赐元臣秃鲁及乃儿不花书。

甲辰,遣元旧官赵天佑,诏谕大理。

庚戌,以孙克义为湖广行省参政。

丁巳,构屋龙江,养贫民废疾者。

河间等府饥,蠲租振恤。

九月丁丑,遣买的里八剌北归,仍与其父爱猷识里达腊书。

丙戌,诛元四大王党三十六人。

庚寅,贵妃孙氏薨。

冬十月庚申,琉球、三佛齐入贡。

十一月壬戌,《孝慈录》成。

纳哈出复寇辽阳,千户吴寿败之。

乙丑,改建奉先殿。

丙寅,释诖误囚。

丁丑,暹罗斛献方物于皇太子,命其使朝东宫献之。

壬午,召用官吏以罪屯田凤阳者。

乙酉,命儒士于诸司习吏事。

十二月甲午,员外郎许允德使朵甘乌思藏。

戊戌,开封水,蠲田租。

甲辰,御注《道德经》成。

甲寅,乌思藏入贡。

乙卯,刑部侍郎李浩使琉球。

乙未,许允德卒于河州。

庚申,牛谅免。

八年春正月壬戌,以章善为礼部尚书。

癸亥,撒里畏兀儿来朝。

辛未,遣官祭功臣庙,以华云龙等一百八人祔。

癸酉,山阳县民请代父系狱。帝曰:"为孝子屈法。"释之。

丙子,《洪武圣政》成。

辛巳,邓愈等十三公侯分诣诸省,开卫屯田。

丁亥,天下立社学。是月,河决开封。

高丽、占城、暹罗斛、日本、爪哇、三佛齐皆入贡。二月辛卯,以李敏为江西行省参政。

乙巳,以都督府经历韩焯为户部尚书,俞溥为江西行省参政,马贯为浙江行省参政。

丙午,《资世通训》成。

癸丑,耕籍田。

三月辛酉,造大明宝钞。

癸亥,蠲北平、河间租税。

丙寅,命皇太子及诸王祭皇陵。

丁卯,高丽国王王颛卒,来告哀。

戊辰，选国子生三百六十人，分教北方。

丙子，立张巡、许远庙于归德州。

戊寅，以赵好德、宋冕为户部尚书。

癸未，置中都国子学。

甲申，德庆侯廖永忠卒。

《洪武正韵》成。

夏，四月庚寅，改建奉先殿成。

辛卯，车驾幸中都，遣官祭滁阳王庙。丁酉，皇太子摄享太庙。甲辰，祭告天地于中都。

乙巳，仁祖忌日，祭皇陵。遣官祭开平王常遇春祠。丙午，遣李文忠祭杨王墓。辛亥，淳皇后忌日，祭皇陵。丁巳，车驾还宫。

河南、彰德、北平、大名蝗，陕西、临洮、平凉、河州雨雹伤麦，并蠲田租。

罢修中都，止营建两京。议赐六部尚书及各行省参政公田禄米。

诚意伯刘基卒。

五月戊辰，减汉中租徭。辛巳，以宋冕、赵好德为陕西行省参政。

是月，贵州苗蛮叛，指挥同知胡汝讨平之。

六月，高邮水，沧景、河间旱，蠲田租。

秋七月己未朔，日有食之。

辛酉，改作太庙。

戊辰，诏百官奔父母丧，不待报。

丙戌，以章善署湖广行省参政。

是月，应天、湖广旱，蠲田租。

八月己亥，敕韩国公李善长等分道劝农。

丁巳,太白昼见。

九月辛酉,改建大内宫殿。

戊辰,湖广行省参政吴云使云南。

丙戌,以张筹为礼部尚书。

冬十月丁亥,诏举富民素行端洁,达时务者。

乙未,筑凤阳皇陵城。

丁酉,占城、暹罗斛、三佛齐入贡。

丁未,开封、睢州、淮安水,蠲田租。

壬子,命皇太子、诸王讲武中都。

诏天下都卫并改为都指挥使司,隶大都督府。

十一月甲戌,甘露降于南郊,群臣称贺,却之。

戊寅,以李泰、周肃为户部尚书。

十二月戊子,京师地震。

丙午,宛平蝗,苏、松、嘉、湖等郡水,蠲租振恤。

纳哈出寇金州,都指挥马云、叶旺败之。

校记

① 《明史稿》中"爪哇"多为"瓜哇",尽改之。
② "四"疑为"六"字误。
③ "嵩"讹为"嵩"字,正之。
③ "士"似为"土"字误。

卷三　太祖本纪三

九年春正月甲子,以徐本为陕西行省参政,赵嗣坚为广东行省参政,左司郎中韩士原为刑部尚书。

丙寅,遣官祭功臣庙,以余隆等百三十人祔。

甲戌,以都督佥事谢成、户部尚书李泰等为诸王相傅。

保定、河间旱,蠲田租。

二月己丑,泰安州民得封禅玉简十六来献,命仍瘗其所。

辛丑,太白昼见五日。

三月己卯,诏曰:"迩者西征敦煌,北讨沙漠,军需甲仗,皆资山陕。外有转运之艰,内有秦、晋二王宫殿之役,民劳苦不休。比敕户部较储蓄军食可支三年,夏秋二税,其悉蠲之。河南、福建、江西、浙江、北平、湖广、淮扬并蠲今年田租。"

夏四月甲申,李浩使琉球还。其国王察度遣弟泰期从浩来朝谢恩,贡方物。日本入贡且谢罪,以表词不诚,诏责问之。

己丑,天下税粮许银钞钱绢代输。

丙申,更置考功承敕司文三监。

己酉,追赠死事功臣赵德胜等七人。京师自去年八月不雨,至是月庚戌始雨。

五月甲寅,安南入贡。

乙卯,禁秦蜀军民入西番互市。

工匠作宫殿,死者给槥椟,赐钞归葬,复其家三年。自四月庚戌雨,至是月癸酉始霁。

己卯,朵甘乌思藏灌顶国师入贡。

六月丁亥,以宋濂为翰林学士,承旨知制诰兼赞善。

甲子,改行中书省为承宣布政使司。

丙申,以开封府知府王博为户部尚书。

己亥,重建奉先殿,成。

戊申,岐宁卫经历熊鼎还京,道遇寇死。赐祭葬,立祠。

己酉,罢各布政司宝泉局鼓铸。

秋七月癸丑朔,日有食之。

甲寅,以韩士原为江西布政使。

乙卯,遣官祭功臣庙,以何文辉等一百六人祔。

甲子,立倒钞法。

己巳,以兵部侍郎李允为本部尚书。

丁丑,蠲苏、松、嘉、湖下田租三十万石。滦州昌黎五县旱,蠲租振恤。

是月,湖广、山东大水。

八月乙酉,以户部侍郎周斌、郎中契斯为本部尚书。

丙申,亲祀历代帝王庙。

己亥,览邦入贡。

己酉,遣官巡省历代帝王陵寝,禁百步内刍牧。设守陵户,修其崩摧者,定三年一遣官致祭。仍饬有司葺境内忠臣烈士祠,分遣国子生修岳镇海渎祠,以后遣官及有司致祭,毋与京师春秋二祭同日。著为令。

是月,西番朵儿只巴叛,河州卫指挥使宁正讨平之。

九月甲子,命凡边卫指挥之没王事者,按没日遣官祭之。

丁卯,高丽入贡。

己巳,天寿圣节免朝贺,勿奏事。

闰月庚寅,以星变求直言。

癸巳,定丞相以下各官品级,罢中书省平章、参知政事等官。

丙午,海州学正曾秉正应诏陈言,擢思文监丞。

冬十月己未,太庙成。自是,四时之祭皆合享。

丙子,命秦、晋、燕、吴、楚、齐六王练兵中都。

十一月戊子,徙山西真定民于凤阳屯田。

庚寅,旌蕲水县民王焘七世同居。

西域献良马。

戊申,靖江王守谦就国。

十二月庚戌,颁建言式,禁繁文。

戊午,以浙江参政商暠、北平参政唐俊为刑部尚书,江西参政李敏为工部尚书。

乙未,定诸司官以九年考满。

庚申,以中书郎中王敏为吏部尚书。

甲戌,贵州蛮仡佬叛,指挥顾成讨平之。

放元故臣蔡子英归塞北。

命都督同知沐英诣关陕问民疾苦。

是年,革湖广汉阳、桂阳二府。天下州升为府者二,府改为州者十八,州改为县者十二。

畿内及浙江、湖广水,北平、保定、江西饶州旱,振恤有差。

十年春正月庚戌,以李允为礼部尚书,陈铭为兵部尚书,秦中为刑部尚书。

乙酉,翰林学士承旨宋濂致仕。

己亥,罢将作司。甲辰,谕中书省:"元末铨法淹滞,选人久守乏资,则糊口医卜,使贤者丧所守。自今以品为差,给舟车路费,著为令。"

丁未,罢思文监。

琉球入贡。

是月,安南陈煓攻占城,战死。高丽为故王王颛请谥号,以被弑,不许。

苏、松、嘉、湖水,户赐钞一锭。

二月乙卯,以唐俊为福建布政司参政。

丁巳,贬李允为太仆寺丞,陈铭为兵部郎中。

甲子,振苏、松、嘉、湖饥,户米一石,凡十三万一千二百余户。丁卯,诏免见任官徭役。

己巳,遣御史吉昌等十三人分巡天下。

壬申,以北平按察佥事吕本为礼部尚书。

三月乙未,免故官家徭役三年,仍选用其子孙。

夏四月己酉,命卫国公邓愈为征西将军、都督同知沐英为副,讨土番。

是月,太平、宁国、长沙、宜兴、钱塘水,振之。

五月戊寅,核户粮,州改为县者十二,县并者六十。

丙戌,高丽入贡,却之。

戊子,以周斌为刑部尚书,吕本为两浙都转运盐使,李敏为福建都转运盐使,贬秦中、商暠为刑部郎中。丁酉,以契斯为山西布政司参政,沈立本为户部尚书。

庚子,命韩国公李善长、曹国公李文忠同议军国重事。

癸卯,湖广水,户赐钞一锭。

邓愈败吐蕃，追至昆仑山，大捷而还。

丙午，钱钞兼行。

户部主事赵乾坐振饥迟缓，诛。

是月，指挥郑遇春败番寇于凉州。

六月丁巳，谕臣民言事者，实封直达。

罢磨勘司。

丙寅，诏政事无大小，先启皇太子裁决，后奏闻。

命李善长等分祀岳镇海渎。

秋七月甲申，置通政使司。

以周斌为陕西布政司参政，尹性为刑部尚书。

遣监察御史巡按州县。

占城、淡巴入贡。

八月庚戌，建大祀殿于南郊，合祀天地。改建社稷坛。

丁巳，三佛齐国王怛麻沙那阿者卒，其子麻那者巫里遣使入贡，请印绶。

是月，平凉陨霜，杀禾稼。

九月丙子，蠲浙西遭水田租。

庚辰，诸王还自中都。

乙酉，暹罗斛遣子入贡。遣礼部员外郎王恒等赐以印绶。

丙申，振浙东遭水州县。

辛丑，以胡惟庸为左丞相，汪广洋为右丞相，陈宁为左御史大夫，丁玉为右御史大夫。

冬十月丙午，社稷坛成，行奉安礼，以仁祖配。

乙卯，荧惑犯舆鬼，敕大臣修德禳灾。复诏河州守将严备不虞。

振北平流民及永平遭水灾者。

戊午,封沐英为西平侯。辛酉,赐百官公田。

甲戌,遣使立麻那者巫里为三佛齐国王。

新宫成,谕侍臣曰:"朕凡有兴作,量度再三,未尝过度。皇后在宫中亦能以俭率下,躬服浣濯,皆非矫也,实恐暴殄天物,伤民财。诸臣禄入有制,宜体朕心,崇节俭,省浮费。"

十一月丁丑,赦杖罪以下。

壬午,罢四川茶盐运司。

癸未,爪哇入贡。

卫国公邓愈薨。

丁亥冬至,合祀天地于奉天殿。

是月,蠲河南、陕西、广东、湖广今年田租。

周德兴有罪下狱,特宥之。

四川土司董贴里叛,命御史大夫丁玉为平羌将军讨之。

十二月乙巳朔,日有食之。

谕政事启东宫者,大臣更参酌可否,然后奏闻。

录功臣死事及病卒者子孙五百余人,授指挥、千户有差。

辛亥,真腊入贡。

戊辰,丁玉至威州,董贴里降。

是岁,高丽五入贡,皆却之,遣使责问。

十一年春正月甲戌,册封皇子椿为蜀王、柏湘王、桂豫王、楧汉王、植卫王;改封吴王橚为周王。

己卯,进封汤和为信国公。

是月,安南国陈煓卒,其弟炜来告哀,遣使往吊。

二月戊午,浚滹沱河。

癸亥,命皇太子祀皇陵。

东平侯韩政卒。

辛未,蠲雷州斥卤田租。

是月,指挥胡渊平茂州蛮。

三月癸酉,暹罗斛入贡。

丁丑,诏分考绩官为三等,称职无过者赐坐宴,有过者立宴,不称职者立于门外。

壬午,秦王樉、晋王㭎就国。

禁奏事先白中书省。

丁亥,命庶官有才能居下位者,毋限资格。

夏四月己酉,阇婆入贡。

贬张筹为员外郎,以礼部侍郎朱梦炎为本部尚书,兵部郎中陈铭为吏部尚书。丁卯,沈立本免,以户部侍郎费震、兵部侍郎李焕文并为本部尚书。

是月,元嗣君爱猷识理达腊殂,遣使三祭之。

五月癸酉,诏纂《春秋本末》。

丙子,定天下岁造兵器之数。

高丽、琉球入贡。

丁酉,蠲苏、松、嘉、湖逋租六十五万有奇。

戊戌,平阳、广平旱,蠲租振之。

六月己酉,以李焕文为吏部尚书,贬陈铭为都督府掌判官。

己巳,五开洞蛮吴面儿叛,杀指挥佥事过兴,命辰州卫指挥使杨仲名为总兵官讨之。

秋七月丁丑,山西猗氏等县饥,陕西同、华二州旱,蠲租振之。

丁酉,禁谪戍人上封事。

己亥,诏谕元丞相驴儿。

八月乙卯,平凉雨雹伤稼,蠲田租。

壬戌,乌思藏入贡。

丁卯,苏州等府遭海患,振之。

己巳,以工部侍郎朱瑛为本部尚书。

蠲应天等府、广德等州秋税。

诏谕元将纳哈出。

九月丙申,追封刘继祖为义惠侯。

冬十月丙辰,河决兰阳,蠲田租。

辛酉,占城入贡。

是月,大祀殿成。

十一月庚午,五开叛蛮平。

命西平侯沐英为征西将军,帅师讨西番。

戊寅,封丘河溢,平凉蝗,并蠲田租。

苏州知府李亨丧母,闻其廉谨,赐米钞敕奖之。

十二月己亥,蠲苏、松、嘉、湖五府鱼课。

癸卯,以刑部侍郎沈立本为本部尚书。

丁未,溢亨、百花、暹罗斛三国入贡。

甲寅,衍圣公孔希学致仕。

翰林学士承旨宋濂来朝,赐敕劳之。

丙辰,以李焕文为四川布政司参政。

丁巳,朵甘、乌思藏、灌顶国师入贡。

遣僧宗泐等使西域。

广西布政使臧哲丧母,赐米钞。自是,凡官以父母丧,去官家居者,皆有赐。

诏谕元丞相哈剌、章蛮子、驴儿、纳哈出等。

遣高丽使臣还国,赐敕谕之。

十二年春正月辛未,燕王、周王、楚王、齐王自凤阳来朝。

乙亥,罢天下盐运司批验所三十有二。

己卯,始合祀天地于南郊。

丁亥,以陈煜为吏部尚书。

有司任瘴厉地方者减一考。

乙未,诏居官三年无过,遭丧去者,依品予半俸;终制未及三年者,予全俸三月。著为令。

丙申,命国子生归省,赐衣钞。其父母、祖父母、伯叔父母,人赐帛二匹。

是月,沐英讨洮州十八族叛番,丁玉讨松州叛番,皆平之。

二月乙巳,雨雪连旬,敕赐天下穷民钞,京师户加盐十五斤至十斤有差。

三月戊辰,以费震为湖广布政使,户部侍郎顾礼为本部尚书。壬申,以莱州府知府董俊为兵部尚书,明州府知府余文昇为工部尚书。

夏四月甲辰,眉县民彭普贵作乱,知县顾师圣遇害,命恤其家。

戊申,以沈立本为江西布政使。

乙丑,诏致仕官四品以下者升一等,赐诰敕。

五月癸未,蠲北平租税。

闰月,戊戌,太白昼见。

丁未,日本入贡。

六月壬申,定皇太子与诸王通问及相见礼。

戊子,诏国公年老者三日一朝。

己丑,武昌、陈州大水。

秋,七月乙未,遣官祭功臣庙,以吴祯等百九十三人祔。

戊申,何锁南普等携家来朝。

己未,李文忠提督大都督府事。

是月,丁玉讨眉县贼,平之。

八月戊寅,诏:"元末案牍繁冗,吏非积岁莫能通晓,奸弊易生。廷臣议简明格式,颁示诸司。"

辛巳,谕中书省:"人臣事君,保全始终为难。自今致仕,官复其家。终身无所,与乡党别席,同爵序齿,庶民以官礼见。"

九月乙未,以顾礼为刑部尚书。

己亥,沐英大破西番,班师。

庚子,顾礼卒。

癸卯,以通政参议方霡为中书省参政,张筹为礼部尚书。甲辰,以丁玉为左御史大夫,浙江布政使安然为右御史大夫,重庆知府殷哲为中书省参政,户部侍郎任彬为本部尚书。丁未,以常州知府张度为吏部尚书。

己酉,占城入贡,中书省不以时奏,敕责之。

癸亥,秦王、晋王来朝。

冬十月,爪哇、暹罗斛入贡。

十一月甲午,叙征西功,仇成等侯者十二人。

庚子,雷。

甲辰,贬殷哲为右通政。

甲寅,济宁侯顾时卒。

戊午,以刑部员外郎吕宗艺为本部尚书。辛酉,以殷哲为中书省左丞,左参议李素为右丞,兵部郎中赵本为本部尚书。

是月,都督佥事马云讨大宁寇,平之。

十二月甲申,以丁玉为大都督府左都督。

丁亥,选侨寓京师有才能者授官,余占籍赐钞有差。

壬辰,诏举卜筮官。

是月,右丞相汪广洋有罪,贬海南,赐死于道。安南入贡。高丽入贡,却之。

征天下博学老成之士。

元吏部侍郎伯颜子中饮鸩死。

十三年春正月癸巳,高丽入贡不如约,诏诘问之。

戊戌,左丞相胡惟庸谋反,及其党御史大夫陈宁等伏诛。己亥,革中书省,罢丞相,归其职于六部。分大都督府为五军都督府。

庚子,以山西参政契斯为吏部尚书,河南按察使郑九成为礼部尚书,应天府尹徐铎为户部尚书,锡之诰命。癸卯,布告天下。

乙巳,御奉天门,亲除百官。

壬子,遣官祭功臣庙。以顾时等二百八十人祔。

丁巳,以安然为左御史中丞,大都督府掌判官洪彝为吏部尚书。

广东卫百户翁显讨山寇,战死。

二月壬戌,诏郡县举聪明正直、孝弟力田、贤良方正文学之士,及精通术数者。

以嘉兴府知府薛祥为工部尚书。

发丹符验天下金谷之数。

壬申,以契斯为礼部尚书。

命西平侯沐英讨脱火赤于和林。

乙亥,遣官祀汉蒋子文、晋卞壶、南唐刘仁瞻、宋曹彬、元福寿五庙。

丁丑,以重定内外文武官,岁给禄米俸钞之制,勒石。

三月壬辰,减苏、松、嘉、湖四府重租十之二。

壬寅,燕王棣就国。

戊申,更定六部官制。

庚戌,琉球入贡。

壬子,沐英兵渡流沙,俘脱火赤等及其部曲以归。

夏四月乙丑,以礼部侍郎刘崧署吏部尚书。赐京师民钞,以丁多寡为差,孤独老疾者倍之。

甲申,都督濮英俘元柳城王等及其部曲以归。

戊子,谕群臣曰:"天下非乏贤也,谓皋夔、益稷不复生,方叔、召虎不再出,是薄天下之士也。但世有升降,才有差等耳。人主能量才授职,则无施不可。其各举所知以闻。"

改封廖永安为郧国公,胡美为临川侯。

五月辛卯,湖广置县十一,州升府,县升州者六。

甲午,雷震谨身殿,诏曰:"间者宰辅非才,肆奸乱政。朕思创造艰难,生民不易,按法诛之。昧于知人,实朕之过。上天垂戒,朕甚惧焉,可赦天下。"殊死以下,免追逋军。蠲畿内今年田租,放山西军二万四千户为民,释京师及临濠屯田输作者。

韩国公李善长理台事。

己亥,诏曰:"朕君临天下十有三年,仓廪府库,皆民所供。而朕未有及民之惠,何以慰天下之望?其尽蠲天下今年田租,复罢黜官情可原者。"

壬寅,都督濮英兵至赤斤站,俘元豳王亦怜真及其部曲以归。

丁未,赐京卫军士征战伤残者钞。

癸丑,以户部郎中范敏署本部尚书。

丙辰,免太常斋郎徭役。

敕召教授吴源、儒士王本等至京。

署吏部尚书刘崧致仕。

罢御史台及各道按察司。

日本入贡,以无表却之。

六月庚申,蠲山西盐课。四川夏税以布代绢。

癸亥,安南入贡。

丙寅,雷震奉天门,避正殿省愆。

丁卯,罢王府工役。

癸酉,以太常寺少卿阮畯为吏部尚书。

遣使敕召儒士李延龄等二十一人。

丁丑,置谏院官。戊寅,诏军民嫁娶丧祭之物皆勿税。

己卯,置行人司。

甲申,置判禄司。

礼部尚书契斯致仕。

暹罗斛入贡。

颁《臣戒录》。

秋七月壬辰,复京官家。

癸巳,罢秘书监。

甲午,太白昼见。

庚子,留高丽使周谊于京师,遣其通事还。禁高丽人擅入中国。

甲辰,濮英兵至苦峪,大捷。

倭寇东莞。

戊申,遣使敕召儒士林克坚等十二人。

壬子,李善长等表请贺天寿节,章再上,乃许。

丁巳,以礼部侍郎李冕试本部尚书。

八月癸酉,征贤良方正杨遇春等至京,遇春乞归,许之。

丙戌,置应天府学,赐天下学校师生廪饩。

九月甲午,日本入贡,却之。

乙巳，天寿节始御殿受朝贺，宴群臣于谨身殿。

占城贡驯象。

丙午，置四辅官告太庙。以王本、杜佑、龚敩为春官，杜斅、赵民望、吴源为夏官。秋、冬官缺，以春夏官摄之。

是月，安置宋濂于茂州。

冬，十月辛酉，遣使敕召儒士宋讷等、教谕石璞等十三人，敕吏部曰："比遣使遍谕有司，各举才能，以备任使，而有司不体朕意，往往以庸才充贡。已敕所司按之以法。其申谕有司加意询访，务得真才。"

壬戌，罢诸王相傅，置长史司。

高邮水，蠲田租。

乙丑，以徐铎试湖广右布政使。

己巳，赐谏官衣。

癸酉，汰天下巡检非要地者三百五十四司。

甲戌，雷电。

丁丑，琉球、真腊、爪哇入贡。

己卯，以李冕为江西布政司试参政。

十一月，癸巳，擢教谕石璞为户部侍郎。

甲午，诏公侯及武臣子弟习乐舞供祀事。

乙未，徐达还自北平。

丙午，元平章完者不花与乃儿不花寇永平，指挥刘广战死，千户王辂败之，擒完者不花以归，乃儿不花遁去。

癸丑，定文官三考，才能显著者赐诰。

十二月，天下郡县所举聪明正直、孝弟力田、贤良方正、文学才干之士至京者八百六十余人，各授布政使司参政、参议等官有差。

遣使诏谕日本。

是岁，天下州升为府者一，县升为州者六。置州一，置县七十有三。

十四年春正月戊子，命魏国公徐达为征虏大将军，信国公汤和为左副将军，颍川侯傅友德为右副将军，帅师讨乃儿不花。

范敏免命新授官各举所知，定为五等。乙巳，命吏部曰："引诸科贤才至端门，四辅谏院官问难，以观其能。"

辛亥，罢造兵器。

癸丑，诏公侯武臣子弟受业国子学。

丙辰，诏求隐逸。以礼部侍郎李叔正为本部尚书。

命州县定赋役册。

刑官谳狱，议定请旨，送四辅官谏院给事中核奏行之，有疑则封驳。著为令。

二月丙寅，楚王桢就国。

辛未，以户部侍郎徐辉试本部尚书。

丁丑，申明乡饮酒礼。

设各承宣布政使司左右布政使。

庚辰，核官田。

三月丙戌，诏曰："唐虞三代之君任贤使能，民皆远罪，刑措不用，享年永久。朕夙夜究心，未臻斯效。意者委任非人，致民陷于刑辟，朕甚愍焉。其大赦天下，与民更始。"

丁亥，复置各道提刑按察司并分司。

庚寅，诏徒流罪酌道里远近，务处以人众可居之地，以全其生。

辛丑，颁五经四书于北方学校。

授宋国公冯胜将军印，节制河南。

夏四月丙辰，改建国子学，命国子生兼读刘向《说苑》及律令。

己未，国子学司业刘崧卒。

甲子，谕刑部曰："恶名，人之所耻。一有蹉跌，虽悔何及？自今犯者宥罪复职，书过于门，改则除之。不悛者论如律。"此即用识哉之意书。

是月，大将军徐达等至北黄河，西平侯沐英略公主山，大获。

复置磨勘司。

五月乙酉，哈梅里阿老丁来贡马，遣招谕吐番。

是月，五溪蛮作乱，江夏侯周德兴讨平之。

六月丙辰，选国子生，得三十七人，命博极群书，以期大用。人赐罗绮巾靴。

安南入贡。以其掠边郡，却之。敕自今安南入贡，并勿纳。

戊寅，筑海盐县海塘成。

秋七月丁亥，以刑部郎中胡桢试本部尚书。

日本入贡，却之。

己亥，故元将校火里火真等七十二人率遗民七百七十余户来归。将校各赐文绮，居遗民于北平，月给米钞。

壬子，禁官民不得服玄黄紫色。

八月乙丑，南雄侯赵庸平阳春蛮寇，献捷，命诛其魁，余宥之。庚辰，河决祥符，命防护旧堤，勿塞河劳民。辛巳，徐达等北征还。

九月壬午，命颍川侯傅友德为征南将军，永昌侯蓝玉为左副将军，西平侯沐英为右副将军，帅师征云南。

魏国公徐达镇北平。

壬辰，建滁阳王庙于滁州。

丁未，以考功监令李澄为兵部尚书。

是月，四川水。尽源、通塔、平散毛诸洞长官作乱，江夏侯周德兴等讨平之。

冬十月壬子朔,日有食之。

癸丑,命法司录囚,翰林院给事中、春坊正字司直郎会议平允,后覆奏论决。

甲寅,蠲京畿民田秋税,官田减半。

癸亥,遣御史林愿等分道录囚。

己巳,禁濒海民私通外国。

陈州、祥符水,蠲田租。

壬申,定考功法。

是月,海阳县民作乱,赵庸讨平之。

周王橚就国。

爪哇入贡。

十一月丁亥,以徐州、直隶六部,嘉兴、湖州二府改隶浙江。

壬辰,核天下废寺田没官。

己亥,复置大理寺及审刑司。

己巳,朵甘乌思藏入贡。

江阴侯吴良卒。

起复太常寺卿唐铎为兵部尚书。

己酉,禁有司烦学官以吏事。<small>知治本也。</small>

是月,福安县民作乱,延安侯唐胜宗讨平之。

广州海寇曹真攻东莞诸县,南雄侯赵庸讨平之。

十二月壬子,以礼部郎中高信试本部尚书。

丁巳,命翰林院春坊官考驳诸司章奏。

辛酉,傅友德等克普定。戊辰,败梁王兵于白石江,遂下曲靖,拔乌撒。癸酉,蓝玉、沐英下云南,梁王把匝剌瓦尔密奔于普宁自杀。

是月,唐胜宗平温处山寇。

东川乌蒙芒部诸蛮皆降。

十五年春正月辛巳,始用九奏乐章。
景川侯曹震、定远侯王弼下威楚路。
丙戌,命侍讲火原洁等编《华夷译语》。
丁亥,置贵州都指挥使司。
己丑,减大辟囚。
庚寅,蠲开封府逋税。
乙未,爪哇入贡。
庚戌,命天下朝觐官各举所知一人。
二月壬子,河南水,敕驸马都尉李祺振之。
癸丑,置云南都指挥使司。
甲寅,置云南布政使司,改中庆路为云南府,诏告天下。
壬戌,琉球、乌思藏入贡。
甲戌,天鼓鸣。
祥符、陈州水,蠲田租。
以翰林典籍刘仲质为礼部尚书。
闰月甲午,赐云南土酋冠带,诰敕任知州等官。
癸卯,蓝玉克大理,遂取鹤庆。车里、平缅相继降,西南诸蛮平。
三月丙寅,以吏部试侍郎李信、工部试侍郎赵俊并为本部尚书。
己巳,赐云南文武官祭服。
庚午,河决朝邑。
夏四月甲申,迁元梁王把匝剌瓦尔密及威顺王子伯伯家属于耽罗。

丙戌,谕礼部曰:"天下郡县庙学并建,而报祀之礼止行京师,实为阙典。其定释奠礼仪颁天下学校,每岁春秋二仲行事。学田租入官者悉归于学。"仍定府州县学田为三等。

丁亥,太白昼见。

壬辰,诏蠲直隶诸府、浙江、江西、河南、山东税粮。

乙未,改仪鸾司为锦衣卫。

丙申,更定左右春坊官制,设司经局。

丙午,西堡蛮寇普定,指挥顾成败之。

五月己未,改建国子监成。乙丑,幸国子监,行释菜礼,礼臣曰:"孔子虽圣人,臣也,宜一奠再拜。"帝曰:"孔子明道德以教万世,岂可以职位论?"乃四拜。圣人达识。御彝伦堂,祭酒吴顒等以次进讲,帝曰:"中正之道无逾于儒,卿等以孔子之道为教,使诸生咸趋于正,则朝廷得人矣。"取《尚书》、《大禹》、《皋陶谟》、《洪范》自为讲说,赐宴。翼日,吴顒率学官生徒上表谢,人赐衣二袭。

庚午,颁学规于国子监。

癸酉,擢贤良方正郭允道为户部尚书。

丙子,广平府吏王允请开磁州铁冶,帝曰:"朕闻王者使天下无遗贤,不闻无遗利。今军器不乏,而民业已定,若复设此,必重扰之。"杖之流海南。大哉王言!

丁丑,遣行人赍敕巾聘经明行修之士,见任教授等官职,专教士毋遣。

谕廷臣曰:"辽东早寒,土旷人稀,朕不欲置行省劳百姓,设卫戍之。岁饷海上,非得已也。每闻一夫当有航海之行,家人号泣赍送,乃有溺死者,朕通夕不寐。其议屯田法。"仁心穷彻幽隐如此。

六月戊寅,诏国子监官年老者,寒暑雨雪免朝。

是月,湖广、贵州各番酋洞蛮皆来朝贡。《云南志》书成。

秋七月戊申，太白昼见。

乙卯，荥泽河溢。

辛酉，太白昼见。

旌真定孝妇刘氏，遣中使赐衣钞，复其家。

乙亥，以助教开济试刑部尚书。

傅友德等大败乌撒。是月，蕲春侯康铎、宣德侯金朝兴卒于军。

八月丁丑，诏礼部设科取士，三年一行为定制。

辛巳，颁学校禁例十二，勒卧碑于天下明伦堂。振嘉定饥。

乙酉，禁私毁申明亭。

丙戌，皇后崩。

壬寅，秦王、晋王、燕王、周王、楚王至京。

定征聘秀才以七科考试。擢秀才曾泰为户部尚书。

乙巳，营阳侯杨璟卒。

九月丁未，太白昼见。

己酉，吏部以所征儒士郑韬等三千七百余人入见，谕之曰："卿等诚贤，然山林之中岂无如卿者，其悉告朕。"于是，儒士张宁荐董伦等，复遣使征之，赐韬等钞人一锭。寻各授布政使等官。

癸亥，置天下提刑按察分司，以儒士王存中等五百三十一人为试佥事，人按二县，谕曰："吏弊莫甚于墨，庸鄙次之。廉问纠举，勿蹈因循。"

甲子，天寿节以皇后在殡，不受朝贺。

庚午，葬孝慈皇后于孝陵。

占城入贡。

是月，云南诸蛮复叛，沐英讨平之。

冬十月丙子，置都察院，设十二道监察御史。

壬午，汝南侯梅思祖卒于云南。

癸未，诏天下来朝官各举茂才一人。

戊子，命按察司考察学官，不通经术者送部别用；其通经术能文章而滞下僚者，以名闻。

癸巳，诸王还国。

乙未，齐王榑就国。

十一月癸丑，冬至，以皇后丧免庆贺。赐京师官民、国子师生节钱。

戊午，初置殿阁大学士，以礼部尚书刘仲质为华盖殿大学士，翰林学士宋讷为文渊阁大学士，检讨吴伯宗为武英殿大学士，典籍吴沈为东阁大学士。征耆儒鲍恂、余诠、张长年至京，赐坐顾问，命为文华殿大学士。恂等以老疾辞归。

壬戌，敕修国子监藏书。

壬申，擢监察御史任昂为礼部尚书。

癸酉，福州卫请造战船，帝曰："天下幸无事，造战船何为？"

甲戌，以兵部尚书唐铎为谏议大夫，都御史赵仁为兵部尚书。

十二月乙亥，封李新为崇山侯。

己丑，筑山海卫城。

辛卯，振北平屯卒。

庚子，命军士建言所司印封递闻。

辛丑，停山东采铅役。

十六年春正月乙巳朔，以皇后丧，御殿不举乐。

琉球国中山王察度、山南王承察度并遣使入贡。

庚戌，遣官祭战殁指挥佥事雍桂，恤其家。

有子犯法当死，其父行财求免。事觉，御史奏，并置法。帝曰：

"生死大故,父子至亲,见死而救,于情可恕,其赦之。"因谕法司:"凡论决,必再三详谳,覆奏后行,毋重伤人命。"钦恤之意可掬。

壬戌,以文渊阁大学士宋讷为国子监祭酒。

己巳,暹罗斛入贡。

壬申,命曹国公李文忠兼领国子监事。

陈敬为吏部尚书。

二月戊寅,旌栾城孝妇甄氏门闾;癸未,旌登封孝子王中门闾。

己丑,《精诚录》成。

乙未,命天下学校岁贡士于京师,翰林考试不中者,罚为吏。

丁酉,蠲凤阳、和州田租。

三月甲辰,命西平侯沐英留镇云南。

丙寅,谕户部曰:"凤阳临淮,朕故乡,皇陵在焉。令世世复毋事。"

壬申,罢提刑按察分司,定《诈伪律》。

夏四月己卯,诏外国朝正旦者,俱于畿内会同入京,无有先后。

甲申,振蔚州饥。

乙未,遣使赍勘合文册,赐暹罗、占城、真腊诸国。

己亥,蠲宁国二十年逋租。

五月乙巳,敕天下卫所以时训练士卒,至冬,更番赴京较试。

庚申,蠲畿内诸府租税。

甲子,孝陵殿成。

六月癸酉,命举儒士吏员练达时务善词命者。

戊子,设左右都御史。

辛卯,赐滁州民租。

秋七月壬子,遣官祭娲皇陵于赵城。

壬戌,禁力士校尉擅入官署。

庚午,太白昼见四日。

八月壬申朔,日有食之。

甲戌,诏曰:"比者政事苟且,上下相蒙,阃郡连岁不闻。有所激劝,具云吏称民安。其令御史按察司巡行访察之。"

丁亥,戒武臣请托有司。

乙未,遣使颁赐占城、暹罗斛、真腊诸国。

九月甲辰,诏曰:"频岁丰稔,民多贫困,其咎安在?岂徭役烦重,吏因缘为奸,病吾民欤?设不幸荒歉,顾当何如?且农民最苦。有司思所以振救之,政令烦苛者罪不宥。"

癸亥,命申国公邓镇为征南副将军,讨龙泉山寇。

分遣给事中等官清理军籍。

冬,十月甲申,蠲霸州东安鱼课。

戊子,诏京官试职一年,考核称职者实授给诰敕,不称者黜之。著为令。

高丽入贡,却之。

乙未,太白昼见四日。

安陆侯吴复卒于云南。

十一月壬子,诏文翁、张咏附李冰祠,卓茂、黄霸、陆逊、陆抗、陆凯、李龙迁、狄仁杰、谢夷甫、李繍、李宗可各祀于其郡。

甲寅,蠲凤阳、寿州今年田租。

十二月癸未,江西参议胡昱请设卫御盗,帝曰:"民之为盗,由无良吏抚绥所致,岂兵少耶!是知其末不知其本也。"

甲午,刑部尚书开济有罪,诛。

须文达那入贡。

十七年春正月己亥,琉球、暹罗斛入贡。

乙巳，故官有父母子女者月给米八斗，无父母而子女幼者听人收养，月给米如之。

戊申，旌山阴县民徐允让及妻潘氏孝节。

己酉，以左金都御史詹徽为左都御史、户部右侍郎栗恕试本部尚书、左参军刘逵试刑部尚书、右参军麦至德试工部尚书。

丁巳，诏免外国入贡者私税。

壬戌，汤和筑附海诸城。

甲子，起复左通政余炘试吏部尚书。

丙寅，起用罢免官通经术有才干者。

二月己巳，遣僧智光等使西天尼八剌国。

庚午，安南入贡。

三月戊戌，颁科举式。

曹国公李文忠薨。

丁未，征南将军傅友德等班师还。

庚戌，擢磨勘司令俞纶试兵部尚书。

壬子，停造宝钞。

蠲常德遭水逋租。

甲子，赦天下。

丙寅，诏改建法司于太平门外。

夏四月壬午，论平云南功，进封傅友德为颍国公，陈桓等侯者四人。

以八事考核有司，著为令。

癸未，大赉征南将校。

是月，天下岁贡，及外国酋长遣子入学者凡数千人，学舍不能容，增筑五百间于集贤门外。

五月甲寅，恤海运溺死军士家。

丙寅,凉州卫指挥使宋晟讨西番叛酋,至亦集乃路,俘其国公平章以下及所部万八千七百余人,收其壮士九百八十人,余悉遣还。

以郭桓为试户部尚书。擢祥符县丞邹俊为大理寺卿。

谕辽东守将毋留高丽使。

六月戊辰,诏天下诸司来朝,各书事功册。

己巳,城荆州,置亲王、博士。命礼部议王与博士相见礼。

戊寅,高丽贡马三千匹,请以马代贡金,报可。

辛巳,颁孔子庙乐器。

壬午,蠲北平、吉安、龙泉今年田租。

己丑,以栗恕为福建布政司参政。

乙未,睢州巴河决。

秋七月戊戌,敕内官勿与外事,诸司不得与内官监文移往来。

丙戌,州户不及三千,改为县者三十七。

己丑,免河南等布政使司隐漏粮一万八千余石。

己亥,以徐允恭署左军都督府事。

丙午,谕吏部:郡县荐举多冒滥,自今取贤由乡举里选。

己酉,筑后湖城。

癸丑,命百官迎养父母者,官给舟车。

甲寅,遣助教杨盘等使安南征饷。诏朝觐官举属官廉能及地方人才,吏部录举主姓名,秩满考殿最,视其黜陟。

乙卯,诏郡县赋役验丁粮,均贫富。

丙辰,敕降卒编入京卫者为民。

丁巳,蠲畿内各府今年田租之半。

戊午,用监察御史唐铎言,选练达通儒术吏事者任布政、按察之职。

庚申，以秋暑虑囚。

壬戌，盱眙民伪造天书，伏诛。

乙丑，秦、晋、燕、周、楚、齐六王来朝。

八月丙寅，河决开封，遣官塞之。

乙亥，孝慈皇后祔庙。

丙子，蠲开封遭水田租。戊寅，复以任昂为礼部尚书。

己丑，蠲天下逋租。甲午，蠲太原今年租。

九月己酉，诸王还国。

甲寅，权高丽国事王禑请袭封，并请王颛谥号，不许。

乙卯，蠲西安今年租。

癸亥，占城入贡。

冬十月丙寅，册李氏为淑妃，摄宫中事。

丁卯，复辽东海运。

丙子，河南、北平水，敕驸马都尉李祺等六人分道振之。

丙戌，以左谕德、赵瑁为礼部尚书。

丁亥，蠲大名遭水田租。

闰月庚子，选儒士五十人为各道试监察御史。

乙巳，禁方面官侵郡县之职。

癸丑，命天下诸司刑狱皆属刑部、都察院详议，大理寺覆审后决。

辛酉，建学辽东，颁孔子庙祭器、乐器。

壬戌，蠲昆山遭水田租。

是月，《大明清类天文分野》书成。

十一月丙子，蠲广东翁源县租税。

庚寅，擢左审刑王惠迪为刑部尚书。

十二月己亥，谕侍臣曰："孔子云：'十室之邑必有忠信。'今天下岂曰无贤者乎？昔常何荐马周,唐太宗嘉其能知人。今若能致一马周,朕岂爱爵赏？天下谁副朕望者？"

壬子,蠲云南三年田租。

是月,杨盘使安南还,其国遣使入贡。

改作功臣庙。

十八年春正月癸亥,高丽、暹罗斛、琉球入贡。

甲子,擢太原府同知温祥卿为兵部尚书,以山东左布政使徐铎为户部尚书,广东左布政使徐本为工部尚书；贬郭桓为户部右侍郎,麦至德为工部左侍郎。

丁丑,高丽贡马五千匹、黄金五百斤、银布皆五万,免其岁贡。三年一朝如例。己卯,第天下民户为三等。

壬辰,建徐王享堂于宿州故里。

是月,东兰州蛮韦富挠作乱,广西都指挥使司讨平之。

二月甲午,雷电雨雹,诏臣民极言得失。

己未,魏国公徐达薨。

是月,松州羌反,成都卫指挥佥事成信讨平之。

三月壬戌,策试贡士,赐丁显等四百七十二人进士及第,出身有差。

增造京官居舍。

内外官父母殁任所者,有司舟车资送,著为令。

乙亥,蠲畿内各府今年田租。命进士观政诸司,在翰林院承敕监者称庶吉士。

辛巳,罢考功监。

是月,户部右侍郎郭桓坐盗官粮,诛。

以翰林院待诏朱善为文渊阁大学士。

夏四月乙未,五色云见,群臣表贺,不许。

敕靖宁侯叶昇城海、盖、复三州。

丁酉,吏部尚书余炘有罪,诛。

辛丑,太白昼见三日。

壬寅,命录有司善恶于旌善、申明二亭。

是月,思州洞蛮作乱,以汤和为将军,从楚王讨平之。

五月丙寅,罢判禄司。

丙子,蠲泰州遭水田租。

览舆地图,侍臣言:幅员之广,古所未有。帝曰:"地广则教化难周,人众则抚摩难遍,此正当戒慎。元之天下,地非不广也,一失其道,国祚随灭,可为殷鉴。"

是月,应天、荆黄、常德大水。

六月癸巳,贬温祥卿为刑部主事。

辛丑,太白昼见六日。

戊申,定外官三年一朝,著为令。

辛亥,太白昼见。

秋七月乙丑,丹徒知县胡孟、通丞郭伯高坐事当逮,耆民诣阙请留,赐酒慰劳之。自是,州县当去官,父老乞留者皆降敕奖励,赐衣币复任。此自善法。在今日反滋弊窦矣,有治人而无治法良然。

丙寅,命户部以天下税粮课程之数勒石。

辛未,蠲陕西隐漏地租十二万七千石。

甲戌,遣国子学录张溥、行人段裕,封王禑为高丽国王,国子典簿周倬、行人雒英颁诰赐王颛谥。

甲申,诏岁贡生员不中式,提调官以贡举非其人论;贡不如期,以违制论。当时重岁贡之选如此。

丙戌,命国子生病者,官给医药,久病不瘥者遣行人送归,经过所司供药物。死者给棺敛,仍归其葬。当时重监生如此。

八月乙未,诏邠州立姜嫄、公刘二庙。

丙午,赐公侯钞人一万锭,令还乡建第宅。

是月,河南水,发内帑钞振之。

九月乙亥,洞蛮吴面儿寇古州。

戊寅,太白经天,与荧惑同度,有客星入太微垣。

辛巳,有客星犯右执法出端门。

乙酉,太白昼见。夜有客星入翼彗,长丈余。

丁亥,以翰林检讨茹太素为户部尚书。

太白昼见,犯荧惑。夜有客星在轸宿西南,彗扫翼宿。

戊子,谕户部曰:"先王之世,男耕女蚕,虽遇水旱,无饥寒之忧。自什一途开,淫巧技作,然后农桑道废。朕思足食在禁末作,足衣在禁华靡。其申谕天下,四民各安其业,毋得游食,庶民勿得衣锦绣。"

冬十月己丑,颁《御制大诰》,赐湘、潭、鲁、蜀四王十七史。

蠲北平今年田租之半。

庚寅,有客星犯军门,彗星扫天庙。

癸巳,孟氏子孙以罪输作,帝曰:"大贤之后虽有罪,亦当屈法宥之。"遂遣还。因诏:"凡先贤子孙以罪输作者,并放免。"

丙申,太白昼见四日。

筑观星台于鸡鸣山,以雨花台为回回观星台。

丁酉,蠲广东经乱逋租。

辛丑,太白昼见四日。

乙巳,湘王柏、鲁王檀就国,蜀王椿居凤阳。

乙卯,以都察院右副都御史唐铎为刑部尚书。

汤和俘吴面儿以献,伏诛。

十一月,蠲河南、山东、北平今年田租。

十二月,庚寅,潭王梓就国。

丁酉,修都城。

丙午,诏曰:"朕闻古者选用孝廉。孝者,忠厚恺悌;廉者,洁己好修。如此,则可以从政矣。其今州县有孝廉著闻者以礼遣之,非其人勿举。"

戊申,贬茹太素为监察御史。

高丽入贡。

是月,平缅宣慰使思伦发反,都督冯诚讨之,败绩,千户王升死之。罢各布政司铁冶。

十九年春正月辛酉,振应天、北平、大名遭水州县。

庚辰,汤和等平蛮还。

高丽、琉球、暹罗斛入贡。

二月丙申,耕籍田。

癸丑,振河南饥。

是月,云南臻洞、西浦诸蛮叛,颍国公傅友德讨平之。

三月丁巳,罢审刑司。

辛未,颁《御制大诰续编》,罢中外文武官节钱,俱赐宴。

辛巳,复赐北方学校五经四书。

壬午,吴江水,蠲田租。

《省躬录》成。

夏四月丁亥,遣御史蔡新、给事中宫俊视河南遭水民户,振济不及者补给之。所粥子女,官为收赎。

扬州、兴化水,免鱼课。

乙未,赐致仕都督瞿通、王珪钞,令还乡建第宅。

壬寅,诏:凡民游惰,不事生产,及舍匿他境游民者,徙之远方。

五月丙辰,以崇德知县华辉、丞齐博刚正执法,遣行人赍敕劳之。

戊辰,新淦妖僧玉琳伏诛。

丁丑,补振河南民三千余户。

六月甲辰,诏有司存问高年。其八十以上贫者月给米五斗、酒三斗、肉五斤;九十以上岁加帛一匹、絮一斤。应天、凤阳二府富民年八十以上赐爵里士,九十以上赐爵社士,与县官均礼,复其家。孤子无田者岁给米六石,废疾者岁给米布如例。士卒伤残,除其籍,复徭役三年。官军阵殁,其子世袭。著为令。

丁未,青州旱,郑州蝗,振之。诏:河南供亿军旅不休,自今止征原额税粮。荒田听垦,禁科扰者。

癸丑,赐造赋役册户钞。

是月,麻哈苗蛮作乱,傅友德讨平之。

秋七月癸未,诏举经明行修,练达时务之士。年六十以上者,置翰林院备顾问;六十以下者,于六部布政、按察司用之。

八月辛卯,取畿内富民子弟补吏。

甲辰,命皇太子修祖陵,葬德祖以下帝后衣冠。

九月甲寅,占城遣子贺天寿节。

庚申,沐英奏云南屯田,纾民力,足兵食,诏可。

召傅友德还。

高丽入贡。

丙子,雨絮。

癸未,遣行人刘敏等颁赐真腊诸国。

冬十月庚寅,太白昼见凡七日。

颁《志戒录》。

十一月,湖广朝纳峒蛮作乱,指挥吴麟讨平之。

辛酉,日本入贡,却之。

丁卯,高丽请易冠服,不许。

十二月癸未朔,日有食之。

庚寅,蠲泗州陵户徭役。

癸巳,颁《御制大诰》三编。

禁外府卫所擅遣将领庆贺亲王废职务者。

戊申,安南入贡。

是月,番寇作乱,指挥马烨败之;巨津州蛮叛,千户浦泉战死,吉安侯陆仲亨讨之。

置大宁卫,御纳哈出。

卷四　太祖本纪四

二十年春正月癸丑，命宋国公冯胜为大将军，颍国公傅友德为左副将军，永昌侯蓝玉为右副将军，帅师二十万讨纳哈出，曹国公李景隆等继之。焚锦衣卫刑具。

二月壬午，临午门阅武。

甲申，蓝玉袭庆州。

辛卯，琉球入贡。

乙未，耕籍田，宴群臣于坛所。

甲辰，御注《尚书》、《洪范》成。

是月，沿海置卫防倭。

三月辛亥，冯胜筑大宁、宽河、会州、富峪四城，驻师大宁。

癸酉，高丽归辽沈流民四十五户。

徙民成都，辟芜田。

夏四月戊子，罢磨勘司。

庚寅，蠲山东、北平、河南、山西运饷大宁者今年夏税。

禁番使以麻铁出境。

五月丙子，安南入贡。

六月甲申，诏吏民戍辽东者力田讲武，不得更上封事。

癸巳，以监察御史李原名为礼部试尚书。

戊戌，太白经天。

庚子，临江侯陈镛从征纳哈出，与大将军胜异道遇寇被害。

丁未，蓝玉执纳哈出，降其众，胜，班师还。

闰月庚申，都督濮英遇寇，死之。

甲戌，诏民间子弟讲读《大诰》。

秋七月丁酉，礼部请立武学，设武举科，建昭烈武成王庙，帝曰："立武学，专习韬钤，是分文武为二也，朕甚不取。且太公、齐侯而祀以王，与周天子并，不可，其去王号从祀帝王庙。"

壬寅，太白三辰昼见。

封何真为东莞伯。

八月丁巳，安南入贡。

庚申，遣使颁印于真腊、暹罗斛国。

癸亥，建祖陵享殿。

癸酉，冯胜械常茂至京。九月戊寅，封纳哈出为海西侯。

癸未，置大宁都指挥使司。

庚寅，蠲祖陵洒扫户税粮。癸巳，永城侯薛显卒于军。

乙未，天寿节宴群臣于奉天殿。

高丽、安南、占城、真腊、撒马儿罕入贡。

丁酉，安置常茂于龙州。

丁未，以蓝玉为大将军，唐胜宗、郭英为副，北靖沙漠。

冬，十月戊申，封朱寿为舳舻侯，张赫为航海侯。

建历代忠臣庙成。命应天府以四孟月及岁除致祭。

丁巳，诏公侯、驸马等使非奉符不得乘传。

丁卯，颁礼仪定式。

丙子，冯胜以罪召还，就第凤阳奉朝请。

十一月辛巳，蠲延安山地税。

壬午，命普定侯陈桓等总制诸军屯田云南。
乙酉，征河南儒士岳宗原等九人，授布政司官。
乙丑，信国公汤和筑宁海、临山诸卫五十九城防倭。
十二月丁未，琉球入贡。
己巳，振济南东昌、东平饥民凡六万三千八百余户。
庚午，西天尼、八剌、朵甘、乌思藏入贡。
壬申，遣刑部尚书唐铎振登、莱二府饥。
是月，制《大诰》戒武臣。

二十一年春正月辛巳，思伦发入寇马龙，都督宁正讨败之。
壬午，复韶州唐臣张九龄、宋臣余靖祠祀。
甲午，遣使驰驿振山东饥，仍逮治官吏之不以闻者。
丙申，占城、琉球入贡。
二月庚戌，命官入流品以上，非奏闻不得逮治。
甲寅，诏以历代名臣三十七人从祀帝王庙，罢隋文帝祀。
庚申，蠲贵州土司逋税，遣使勘六番茶课，仍听民互易。
丙戌，元四大王来降。命随西平侯英戍云南。
三月乙亥，策试贡士，赐任亨泰等九十七人进士及第、出身有差。
己卯，东莞伯何真卒。
乙酉，增修南郊坛壝。
丙戌，遣安庆侯仇成振山东饥。
庚寅，安南遣使来朝。
己亥，遣进士行监察御史事，分巡州县，以御史久任者与俱。
是月，朵只生番寇潘州，指挥周助讨败之。
西平侯英讨思伦发，平之。

夏四月壬子，兰阳县民陈济樵等年百岁，赐里仁冠，月给酒肉，岁加帛絮。南皮县民李敬先等，平遥县民梁义等年九十、八十，各赐酒肉帛絮有差，复其家，诏县官时存问。

遣行人董绍戒谕占城国王阿答阿者。

壬戌，高丽请统属铁岭，不许。

丙寅，谕巡按御史："官吏贪墨鬻法者逮问，不得举细事兴大狱。"

己巳，太白昼见。

是月，大将军蓝玉师至捕鱼儿海，脱古思帖木儿北遁，获其次子地保奴，班师。

五月甲戌朔，日有食之。

戊戌，减丰城县官租。

辛丑，雷震玄武门。六月癸卯，雷震洪武门。

甲辰，赐信国公汤和还乡。

丁未，以唐铎为兵部尚书。

甲子，命颍国公傅友德为征南将军，西平侯沐英为左副将军，普定侯陈桓为右副将军，景川侯曹震、靖宁侯叶升为参将，讨东川蛮。

己巳，征隐士谢天启为山西布政使司右参议。

辛未，遣使祭云南山川，谕武臣存恤军士。

秋七月癸酉，追封濮英为乐浪公。

戊寅，遣使送地保奴于琉球。

安庆侯仇成卒。

甲申，置北平行都司于大宁。

脱因帖木儿谋叛，伏诛。

丙戌，命武臣子弟习《大诰》。

己丑,诏武臣年未六十致仕者,支原官半俸。

甲午,除徐州、萧沛等四县夏税。

丙申,太白昼见。

辛丑,海西侯纳哈出卒。

占城入贡。

八月壬寅,迁泽潞民于河北诸郡屯田,赐钞,给复三年。

甲寅,召致仕武臣任布政司官者悉还职。

乙卯,命九卿各举文学干济之士。

丙辰,八百媳妇国入贡。

己未,青州饥。

降匿灾府州县官十七人。

天鸣,自壬戌至甲子三日夜不止。

丁卯,大将军蓝玉北征还。戊辰,宴北征诸将于奉天殿,帝赋诗三章,群臣皆和。封孙恪为全宁侯,作八条敕戒武臣。

九月丙戌,秦、晋、燕、周、楚、齐、湘、鲁、潭九王来朝。

暹罗斛、真腊贡驯象,撒马罕儿贡马。

丁亥,琉球贺天寿节。

壬辰,诸王还国。

癸巳,越州土酋阿资叛,西平侯沐英、颍国公傅友德讨之。

冬十月癸卯,电。

丁未,更定屯田法。

庚申,高丽国王王禑请逊位于其子昌。

乙丑,颁《武臣训戒录》。

是月,东川蛮平。

十一月壬午,颁《武臣保身敕》。

十二月壬子,高丽入贡。癸丑,安南谢赐敕贡象,诏三岁一朝,象犀之属毋进。

壬戌,进封蓝玉为凉国公。

是年,安南黎一元弑其主,陈炜立叔明子日焜主国事。

二十二年春正月乙亥,诏修中岳庙。

壬午,拓大宁、会州、富峪、宽河城。

丙戌,改大宗正院为宗人府,以秦王为宗人令、晋王左宗正、燕王右宗正、周王左宗人、楚王右宗人。

庚寅,署高丽国事王昌请入朝,不许。

是月,都督佥事聂纬等击叛贼字罗哥于鄜延,平之。

二月壬寅,赐耆民酒肉絮帛。

癸卯,以刑部右侍郎赵勉、兵部左侍郎沈溍并为本部尚书。

壬戌,禁武臣不得预民事。

癸亥,浙江金乡卫造军器扰民,平阳县知县张础具闻,帝嘉其称职,遣行人赍敕奖之,赐以上尊彩币。

丁卯,以户部左侍郎杨靖、工部右侍郎秦逵并为本部尚书。

是月,沐英、傅友德大败阿资于越州,降之。

湖广安福千户夏得忠结九溪洞蛮作乱,东川侯胡海、普定侯陈桓、靖宁侯叶升讨之。升执得忠以献,伏诛,九溪平。

三月庚午,命颍国公傅友德等公侯都督二十四人分驻川湖诸卫练兵,控制诸蛮。改给事中为源士。

夏四月己亥,命杭、湖、温、台、苏、松诸郡贫民就耕淮南,官给农具,复其家三年。

乙巳,赐湖广诸府贫民钞。庚戌,振莱州、兖州饥。

甲寅,迁元降臣于耽罗。

丙寅,置詹事院,以兵部尚书唐铎兼詹事。

遣御史按山东官匿灾不以闻者。

五月辛卯,置泰宁、朵颜、福余三卫于兀良哈。

乙未,唐铎致仕。

佥都御史黄政从征云南,还次普安遇寇,与其子琬皆力战死。

是月,都督何福平都匀叛蛮。

六月辛亥,命举孝廉茂才,年四十以下者试行人司。

真腊、暹罗斛入贡。

是月,河南开封、彰德旱,蠲税振贷。

秋七月丁卯,赐百官朝服锦绶。

八月丙申,蠲江西徭役及荒田租。

癸卯,署高丽国事王昌复请入朝,不许。

乙卯,诏天下府州县各举高年有德,识时务者一人。

颁更定《大明律》。

九月丙寅朔,日有食之。

戊辰,廷臣有言,比来儒士起田里,擢用骤峻,非所以重名器。帝曰:"患不得贤耳。若伊尹出有莘,孔明起隆中,岂谓骤哉!"

振广东饥。

冬十月丁巳,西平侯沐英来朝,宴于奉天门。

十一月己卯,赦思伦发罪,麓川平。

命天下里选耆硕,随有司入朝观政,三月遣归。

乙酉,安南入贡。

十二月丁酉,蠲南海逋租。

甲辰,周王橚弃其国,贬居云南。

丁未,都督佥事聂纬讨把撒川叛番,败之。

庚戌,鲁王檀薨。

是年,高丽、占城、暹罗斛、真腊并入贡。蒙古也速迭儿弑其主脱古思帖木儿,立坤帖木儿。

二十三年春正月乙丑,召周王橚于云南,长子有燉监国。

丙寅,蜀王椿就国。

丁卯,命晋王、燕王帅师征元咬住及乃儿不花,颍国公傅友德等皆受节度。此诸王骄蹇之由。

甲戌,信国公汤和来朝,幸其第。

辛巳,以鞑靼指挥安童为刑部尚书。

诏高丽人在辽东市易,勿禁。

乙酉,东川侯胡海充总兵官,讨赣州山寇。

敕齐王率兵听燕王节制。

赏平蛮功。

庚寅,河决归德州。

是月,高丽请改立王徭权国事,报可。

二月丁酉,祭酒宋讷卒。

甲辰,以刑部右侍郎凌汉署吏部事。壬子,以隐士吴敦义、李翰为陕西布政使司左、右参政。

丙辰,耕籍田。

六科给事中父兄来朝观政,人赐钞还。告谕乡里,帅民为善。

戊午,沅陵县主簿张杰有罪,以其母苦节,宥之,加禄终养。此旷典也,圣世磨砺人如此。

庚申,武臣子弟嗜酒博弈,不习武艺,与民争利者,夺俸守边。

癸亥,蓝玉克散毛洞。

修归德州凤池河防。

三月壬申,发山东、河南仓粟贷贫民。

丁亥,太白昼见。

戊子，默剌国来朝。

癸巳，燕王师次迤都，咬住、乃儿不花及忽哥赤、阿鲁帖木儿皆降。

夏四月丙申，潭王梓自焚。

庚子，置京师外城十五门。

闰月癸亥，燕王遣使奏捷，赐钞百万。

安南入贡，以非贡期遣还。

己巳，以咬住为副都御史、忽哥赤为工部右侍郎、乃儿不花、阿鲁帖木儿等各授指挥使有差。太祖颠倒人，不测乃如此。

甲戌，始停期服奔丧之制。

丙子，诏除滁阳诸监马户租，官田减半，永为例。

己卯，免河泊所贡翎毛。

戊子，赐宋国公十一公侯钞，建先茔神道碑。

是月，施南诸洞蛮、黄田山寇俱平。

五月癸巳，以杨靖为刑部尚书、沈溍为工部尚书、赵勉为户部尚书、秦逵为兵部尚书，俱赐诰诏，自今京官三年皆迁调，著为令。

复以沈溍为兵部尚书，秦逵为工部尚书。

诏遣公侯还乡。六公十侯各赐黄金钞币有差。

乙未，哈梅里入贡。

己酉，播州、贵州诸土司皆遣子入太学。

甲寅，遣天下随朝里老赍钞七十九万，各就本地籴谷立仓备荒。

乙卯，韩国公李善长有罪自杀，吉安侯陆仲亨等赐死。

六月，蓝玉平都匀、散毛诸洞蛮。

丁卯，海门县飓风，海涌，坏庐舍，溺死居民无算。遣官修筑堤岸，振之。

辛未,赐公侯百户铁册。

庚辰,以左都御史詹徽兼吏部尚书。

丙戌,选耆民有才德知典故者四百五十二人,授以官。

山东自闰四月不雨,至是月戊子始雨。

秋七月壬辰,河决开封;癸巳,崇明海溢,并振之。

命蜀王核征南将士,功高者赐爵一级。

甲辰,高丽遣使送元伯伯、太子男六十奴等至京,赐银钞有差。

八月甲子,航海侯张赫卒。

丙寅,河南、北平、山东水,蠲振有差。诏选举毋用吏。

甲戌,清理邮符。

九月庚寅朔,日有食之。

壬寅,封桑敬为徽先伯。

冬十月,赣州山寇平。

戊寅,颁《〈韵会〉定正》。

己卯,振湖广遭水州县。

甲申,封张铨为永定侯。

乙酉,禁军民交通外番。

十一月壬子,以都察院右副都御史茹瑺为兵部试尚书。

癸丑,选耆民百六十七人为府县官。

十二月癸亥,高丽贡玳瑁笔,分赐翰林学士。

戊寅,遣国子生十四人存恤山东流民。

是岁,高丽、占城、真腊、琉球、暹罗斛、西域、西蕃诸国皆入贡。

选耆民授官千九百一十六人,谕侍臣曰:"汉以爵赐民至二三级者,听民转移与子,甚无谓也。夫爵以命有德,滥及不肖,贤者何劝焉?"

二十四年春正月癸巳,发吴县、长洲、常熟民三万八千余人修通州海岸。

乙未,筑上虞海堤。

庚子,免山东诸府鱼课。

丙午,振山东遭水州县。

戊申,命颍国公傅友德佩将军印,充总兵官,定远侯王弼、武定侯郭英为副,赴北平备边。

己酉,赐耆民酒肉絮帛。

庚戌,曲阜知县以水灾未报当逮,帝曰:"先圣之后,勿问。"振之。

振崇明饥,修圩岸。丙辰,蠲山东诸府田租。

二月戊午,西域哈梅里请以马互市,不许。

己未,赐甘肃屯官农器、谷种。

壬申,耕籍田。

甲戌,振徐、沛饥。

己卯,琉球入贡。

三月戊子朔,日有食之。

遣魏国公徐辉祖、曹国公李景隆、凉国公蓝玉等赴陕西防边。

己丑,市马高丽。

乙未,遣靖宁侯叶升练兵甘肃。

丁酉,策试贡士,赐许观等三十一人进士及第,出身有差。

丙辰,命齐王榑帅兵猎于开平,至秋高入塞。

夏四月戊午,暹罗斛入贡。

甲子,振山东、山西流民;乙丑,振河南遭水州县。

戊辰,铸浑天仪成。

辛未,册封皇子㮵为庆王、权宁王、楩岷王、橞谷王、松韩王、模沈王、楹安王、柽唐王、栋郢王、橤伊王。

罢承敕郎。

丙子,夜有慧星二,一入紫微垣闾阖门,犯天床;一犯六甲,扫五帝座。

庚辰,修祖陵。

辛巳,浙东海堤成。

癸未,命燕王总兵出塞。

五月辛卯,幸龙光山,阅将士射柳。

戊戌,命汉、卫、谷、庆、宁、岷六王练兵临清。

乙巳,以国子监生日本人滕祐寿为观察使。

甲寅,振北平遭水州县。

自三月至是月,不雨。

六月丁巳,清汰僧道。

命有司朔望谒文庙,与师生讲说经史。

己未,诏廷臣参考历代礼制,更定冠服、居室、器用制度。

辛酉,选历事官分行天下,劝学求贤。

甲子,以久旱虑囚。

甲戌,赐诸王《史记》、《通鉴》。

戊寅,颁书籍于北方学校。

秋七月丙戌,毁天下寺观逾额者。

庚寅,命刑部左侍郎李似初、都察院左佥都御史张构,同阁门使、观察使侍班备顾问,纠正百司阙遗。

丁亥,东川侯胡海卒。

庚子,徙富民实京师。

辛丑,蠲畿内诸府官租之半。

癸丑,别失八里入贡。

八月乙卯,召秦王樉至京师。

乙丑,皇太子巡抚陕西。

丙寅,遣使存恤茕独。

丁卯,高丽贡马。

己卯,以山东、河南仓粟贷贫民。

辛巳,太白昼见。

是月,都督佥事刘真等讨哈梅里,败之。

九月乙酉,高丽、琉球入贡。

主事宽彻及御史韩敬、评事唐钰使西域。

甲午,代州、五台饥,除军粮。

庚子,免建宁岁贡龙团茶。

罢阁门使。

是月,倭寇雷州,百户李玉、镇抚陶鼎战死。

冬十月甲寅,遣使颁赐高丽。

丁巳,北平、河间水,蠲今年田租。

乙丑,南丰县典史冯坚言九事称旨,擢佥都御史。

赐福建耆民酒肉絮帛。

十一月癸未,赐国子生襕衫巾条。

己丑,占城入贡,却之。

癸巳,命天下生员兼读诰律。

己亥,赏民间弟子能诵《大诰》者。

庚戌,皇太子还自陕西。晋王㭎来朝。

辛亥,振河南遭水州县。

是月,五开堂崖诸洞苗蛮作乱,都督佥事茅鼎、杨春会师讨平之。

十二月癸亥,以詹徽为吏部尚书,仍兼左都御史。副都御史袁泰为右都御史。

癸酉,高丽入贡。

戊寅,购书福建,颁赐北方儒学。

辛巳,阿资复叛,命都督佥事何福为平羌将军,讨之。

是月,天下更造赋役黄册成。

二十五年春正月戊子,周王来朝。

庚寅,河决阳武,筑堤防。

丙申,送元梁王孙爱颜帖木儿于耽罗。

辛丑,宥死罪囚输粟于边。

壬寅,晋、燕、楚、湘四王来朝。

丙午,祥符河决,蠲今年田租。

是月,何福讨都匀、毕节啰啰诸蛮,克之。

二月丁巳,青、兖、登、莱、济南饥,免鱼课。

戊午,诏在外公侯还京。

庚申,晋、燕、周、楚、湘五王还国。

辛酉,太白昼见。

甲子,诏学校兼习射与书数。

丙寅,耕籍田。

癸酉,将校谪戍云南者俱复官。

庚辰,命天下卫所军卒以十之七屯种,十之三城守。

曹县主簿刘郁因事逮系,耆民诣阙言其廉惠,帝曰:"吏廉惠则民赖之,朕所求也。"命复其官。

三月癸未,命宋国公冯胜等十三公侯分理陕西、山西、河南诸卫。

甲申,振北平水灾,蠲田租。

丁亥,舳舻侯朱寿、左军都督佥事黄辂,督海运辽东。

庚寅,改封豫王桂为代王,汉王楧为肃王,卫王植为辽王。

罢筑凤阳城。

丙申,遣官祭诸王国境内山川。

癸卯,两浙盐运使陈龚贬云南,有言其为胡惟庸党者。以元忠臣福寿子宥之。帝之加忠节如此。

夏四月,建昌卫指挥使月鲁帖木儿等叛,指挥使安的败之。转攻蓟州,指挥佥事鲁毅败之。

丁卯,谕廷臣:"唐虞之时,百僚师师,群后德让,诸臣景行,古人无败礼失度。"

乙亥,原轻系囚。

丙子,皇太子薨。

戊寅,诏都督聂纬权总兵,都督徐司马、四川都指挥使瞿能为左右副,讨月鲁帖木儿。

五月癸未,琉球国中山王察度遣使入贡,并遣其从子入国学。

陈州、原武水,振之。

壬辰,北平、江西、陕西饥,以仓粟贷之。

戊申,以浙江按察司佥事解敏署都察院事。

庚戌,高丽入贡。

六月戊午,封俞通渊为越嶲侯。

癸亥,颁《学规》于天下学校。

丁卯,西平侯沐英卒于云南。

辛未,振江西、南安饥。

丙子,蠲湖广竹山逋税。

秋七月庚辰,秦王还国。

癸未,瞿能大败月鲁帖木儿。

庚寅,以云南都指挥使宁正为左军都督府左都督,左军都督府佥事冯诚为右军都督府右都督,同镇守云南。

辛卯,以大理寺卿张廷兰为左副都御史,署院事。

丁未,改詹事院为府,以兵部尚书致仕唐铎兼詹事。

八月癸丑,代王桂就国。

己未,江夏侯周德兴有罪,诛。

庚申,葬懿文皇太子。

丙寅,国子监辟射圃,赐诸生弓矢。

丁卯,命宋国公冯胜、颍国公傅友德赴山西,谕耆老以屯田守边至意。开国公常升等二十四人分行太原等府屯田。

辛未,燕王、湘王来朝。

改建宗人府、五府、六部、太常司官署于朝门左右。

甲戌,岁给公侯禄各归赐田于官。

丙子,靖宁侯叶升坐胡惟庸党,伏诛。

复武官谪戍大宁云贵者官。

颁《醒贪简要录》。

九月丁亥,以按察使张景德、张希仁、徐志行、何均宝同署都察院事。

庚寅,立皇太孙允炆。

戊戌,燕王、湘王还国。

癸卯,工部尚书秦逵有罪自杀。

乙巳,分遣国子生百七十一人,考天下诸司案牍。

戊申,疏溧阳县银墅东灞河。

禁陕西都司遣兵随秦王出入。

是月,高丽门下侍郎李成桂废其权国事王瑶,来请旨,听之。

冬十月乙亥,沐春袭封西平侯,镇云南。

十一月甲午,蓝玉俘月鲁帖木儿以献,伏诛。

权高丽国事李成桂遣使奉慰,贡祭礼。

壬寅,诏凤、庐、滁、和民户种桑、枣、柿各二百。

甲辰,蠲祥符河浸田租。

重定中外文武百司品阶勋禄之制。

十二月丙辰,安陆知州余彦诚以征税愆期当逮,闻其勤于抚字,宥之,赐宴还职。

用知事周昌言,士人坐微过谴者,有司皆得荐举。

庚申,琉球国山南王察度遣使入贡,并遣兄子入国学。

乙丑,都督佥事杨春讨靖州绥宁蛮寇,平之。

甲戌,以宋国公冯胜、颍国公傅友德兼太子太师,曹国公李景隆、凉国公蓝玉兼太子太傅,开国公常升、全宁侯孙恪兼太子太保,詹徽为太子少保兼吏部尚书,茹瑺为太子少保兼兵部尚书,任亨泰为詹事府兼翰林院修撰。

闰月乙酉,更高丽国号曰朝鲜。

甲辰,户部尚书赵勉有罪诛。

二十六年春正月丁未,朝鲜、安南及广西、四川、云南诸土司入贡,赐宴于会同馆。

册美人李氏为贤妃、葛氏丽妃、刘氏惠妃。

戊申,免天下耆民来朝。

乙卯,起致仕兵部尚书唐铎兼太子宾客。

癸亥,肃王楧、辽王植、庆王㭎、宁王权就国。

琉球入贡。

戊辰,颁《大成乐器》于天下府学。

辛未,以刑部尚书杨靖兼太子宾客。

二月丁丑,命晋王总兵出塞。

遣使颁《金铜信符》于西凉、山丹诸卫。有征发,合符始行。

乙酉,蜀王来朝。

凉国公蓝玉以谋反,及其党鹤庆侯张翼等、吏部尚书詹徽等皆伏诛。

丁亥,蜀王还国。

庚寅,耕籍田。

癸巳,朝鲜贡马,赉以布帛。

丙申,爪哇入贡。

壬寅,西番僧贡龙马。

三月戊申,缅国入贡。

辛亥,敕代王率护卫出塞,听晋王节制。

乙卯,以驸马都尉王宁掌后军都督府事。

丙辰,命冯胜、傅友德练兵北平,听燕王节制。凡军中机务先奏闻,后启王。著为令。

壬戌,会宁侯张温、中军都督萧用坐蓝玉党,伏诛。

甲子,以驸马都尉李坚掌前军都督府事。

庚午,颁《诸司职掌》及《稽制录》。

夏四月乙亥,孝感饥,遣官乘传发仓贷之。自今凡岁饥,先贷后闻,著为令。

己卯,镇海卫千户黎旻巡海遇贼,先遁。百户韩观等四十人战死。诏录观等功,黎旻伏诛。

壬午,沈阳侯察罕坐蓝玉党,伏诛。

甲申,复指挥使四百七十九人官。

戊子,周王及其世子来朝。

庚寅,以久旱诏群臣直言得失,疏罪囚。

阿鲁帖木儿、乃儿不花坐谋逆,伏诛。

辛卯,琉球入贡,遣子入国学。

壬辰,高邮、兴化、滁州民饥,官发仓振之,报闻。

丙申,榆社陨霜杀麦。

诏安南废立,绝其朝贡。

戊戌,周王及其世子还国。赐颍国公傅友德第于凤阳。

甲辰,太白昼见。

五月乙卯,淮安、盐城旱,官振仓粟之半。报闻,遣行人尽发之。

赏陕西民弟代兄戍。

监守相容者。

戊辰,越巂侯俞通渊有罪,削爵。

庚午,琉球入贡。

六月丙子,朝鲜入贡,谢赐国号。

壬辰,左军都督马俊坐蓝玉党,伏诛。

遣使敕谕朝鲜。

丁酉,禁锦衣卫鞫刑,所逮者属法司。

肇州吏目诸葛伯衡以廉擢陕西布政司右参议。

戊戌,以户部右侍郎郁新、工部右侍郎严震直并为本部尚书。

辛丑,禁公侯制度僭侈。

癸卯,诏诸王入朝。

秋七月甲辰朔,日有食之。

丙午,罢外司鼓铸。

戊申,选秀才张宗璇等随詹事春坊入直文华殿。

辛亥,敕辽东严备朝鲜。

癸丑,以都督佥事刘德为中军都督府左都督,袁洪为左军都督府左都督。

己巳,右军都督聂纬坐蓝玉党,伏诛。

辛未,遣官祭庐山,为周颠仙立碑。

是月,普定土司作乱,都指挥顾成讨平之。乐昌盗起,指挥雍文讨平之。

八月甲戌,散骑舍人刘昌捕河北盗王天锡,斩之。

庚辰,除授官免试职。

癸未,秦、晋、燕、周、齐五王入朝。

赐天下儒学训导冠带。

戊子,宴群臣于奉天门。

赦胡惟庸、蓝玉余党。

庚子,太白昼见。

九月,道州蛮作乱,永州百户李实战死,指挥许仁讨平之。

癸丑,代、肃、辽、庆、宁五王入朝。

甲子,东宫官缺,命群臣举孝廉笃行之士,以浦江郑济为左庶子、王勤为右庶子。会稽县知县邹鲁以执法被诬,事白擢大理寺丞。

丙寅,诸王还国。

壬申,朝鲜谢罪入贡。冬,十月丙戌,宥朝鲜罪。

己丑,罢中都国子监,以其师生入国学。

丙申,擢国子监生六十人为左布政使等官。

十一月甲寅,发汉中等府民修栈道。

戊午,诏朝鲜人隔河互市,不许入境。

己未,东莞叛寇何迪伏诛。

丁卯,爪哇入贡。

是月,青、兖、济南、济宁水。

十二月壬申,贬严震直为监察御史。
庚寅,暹罗斛入贡。
庚子,《永鉴录》成,颁赐诸王。《世臣总录》成,颁示中外百官。
禁军民用"太孙、太保、太师"等字命名。

二十七年春正月壬寅,蠲青州、兖州田租。
乙巳,命都察院戒饬按察司,官无窃禄徇私。
禁寺院擅收儿童为僧。
辛亥,云南洞蛮寇建昌,都督徐凯败之。
甲寅,禁民间用番香。
丙辰,召信国公汤和入朝,赐钞遣还。
辛酉,命曹国公李景隆佩平羌将军印,镇甘肃。
以天下郡县仓粟贷贫民。
甲子,乌思藏灌顶国师入贡。
乙丑,建汉臣关羽庙于鸡鸣山。
二月庚辰,诏罢在外文武诸司公宴。
壬午,蠲如皋、华亭逋赋。
甲午,蠲山东遭水田租。
是月,琉球、缅国、朵甘、乌思藏入贡。
三月庚子,策试贡士,赐张信等一百人进士及第,出身有差。
辛丑,命魏国公徐辉祖、安陆侯吴杰沿海练兵防倭。
癸卯,以太子宾客、兵部尚书唐铎为太子少保。
发山西军城东胜,北平军城宣府。
丙午,蠲山东宁阳县田租。仍杖使臣核水灾之不实者。
丁未,定武官比试之例。
乙酉,授琉球国王相亚兰匏秩正五品,赐公服一袭。

甲寅,命韩王松、沈王模往省秦晋诸王。
甲子,以四方底平,收藏甲兵,示不复用。
夏四月庚辰,诏乾州立唐臣浑瑊祠。
壬午,命民间高年有德者理其乡之词讼。
丙戌,征儒臣订正《蔡沈书传》。
爪哇入贡。
五月甲寅,安南入贡,却之。
癸亥,以少詹事兼翰林修撰任亨泰为礼部尚书。
丙寅,命诸司奉旨毋得称圣。凡命遣皆称钦,著为令。
是月,以吏部左侍郎翟善为本部尚书。
六月丁丑,蠲山东滋阳县田租。
戊寅,免海运。
八月辛未,蠲祥符、阳武、封丘遭水田租。
癸酉,免输桑穰。
甲戌,命安陆侯吴杰、永定侯张铨广东备倭。
乙亥,遣国子生循行郡县,兴水利。
丙戌,陕西阶文千户张者叛,以左都督宁正为平羌将军讨之。
以疏钞禁用铜钱,赐百官钞,宴于醉仙楼。
九月乙巳,凡割股卧冰者不得旌表,著为令。
丙午,撒马儿罕入贡。
乙卯,朝鲜国王李旦遣子入贡。
庚申,修《环宇通志》成。
丙辰,复辽东屯田十年。
以都察院左副都御史曹铭为右都御史。
冬十月壬午,令武官子弟年十五以下入府县学讲读经史,兼读御制《武臣鉴戒》诸书。学成选任牧民之职。

己丑,停建岷王宫殿。

十一月戊戌,朝鲜贡马且谢罪。

乙丑,颍国公傅友德薨。

是月,阿资复叛,西平侯沐春等讨败之。

十二月辛未,凿郁林江。

是月,紫江蛮作乱,都指挥程暹讨平之。

贾哈剌寇盐井,指挥佥事陈进战死。

二十八年春正月丙申,朝鲜、琉球入贡。

辛亥,敕周王、晋王以河南、山西卫军筑城塞北屯田。

甲子,敕燕王帅师征三万卫。

是月,阶文叛,寇及阿资,皆平。

二月丁卯,宋国公冯胜薨。

徙民东昌,开芜田。

甲戌,以工部侍郎王隽为本部尚书,都察院左佥都御史王平为右都御史。

乙丑,谕天下民百户为里。凡婚姻死丧,疾病患难,春秋耕获,协力相助,以教民厚。

诏城边郡。

三月戊戌,命都督佥事朱信充总兵官,督海运辽东。

乙巳,谷王橞就国。

癸丑,秦王樉薨。

戊午,罢太仆寺群监官,以其马隶有司。

是月,陕西、四川二都司大败西番,以其民编籍输赋。

夏四月己巳,分遣国子生勾稽吏牍。

庚午,琉球入贡。

辛未,停建辽王宫殿。

壬申,指挥姚祥俘蛮寇邓华仔以献,伏诛。

甲申,命致仕兵部尚书唐铎招谕龙州土官赵宗寿。

五月癸丑,安南贡驯象。

六月乙丑,肃王楧就国。

丙寅,册秦世子尚炳为秦王。

壬申,诏土司皆立儒学。

辛巳,总兵官周兴等追西阳哈至开原,不及而还。

己丑,敕曰:"朕自起兵四十余年,凡人情伪无不洞悉,时于法外从权处断,非守成之君所可遵行。以后嗣君止守律与《大诰》,不得擅用肉刑。罢丞相,设五府、六部、都察院、通政、大理,分理庶政,大权归之朝廷。以后敢有请立丞相者,群臣共奏诛之。皇亲惟谋逆不赦,余罪具请上裁,不得擅自逮问。"

秋七月,宜山蛮寇广西,指挥韩观讨平之。

戊戌,河南确山县野蚕成茧,群臣表贺。帝曰:"一邑偶有之,不足衣被天下,何贺焉?"

丙辰,诏大臣负重谴得免者列九品班后。

戊午,诏曰:"孔子作《春秋》,明三纲,叙九法,为百王轨范。修身立政,备于其中。处事决疑,畴能舍此?近诸生鲜明《春秋》,继自今咸宜习读,博士勤课之。"

有献道书者,曰:"朕所用者圣贤之道,炼丹烧药之说,诞妄不经,何所用乎?"却之。

八月丁卯,命左都督杨文佩征南将军印,帅师讨赵宗寿及奉议、南丹诸叛蛮。

朝鲜贡马。

戊辰,遣礼部尚书任亨泰、御史严震直使安南,谕以方讨龙州,慎守边境,毋纳叛启衅。

信国公汤和薨。

辛巳,兵部尚书唐铎还,宗寿伏罪。杨文移兵奉议,铎参军事。

丁亥,命指挥佥事胡冕为前将军,讨郴州、桂阳山贼。

九月甲午,岷王楩就国。

丙申,赵宗寿来朝贡。

丁酉,崇山侯李新、左都御史曹铭有罪,诛。

蠲京畿及山东税粮。

是夜初更,天鸣。自东北起南行,至二更止。

己酉,朝鲜入贡。

燕王、代王进嘉禾。

庚戌,颁祖训于内外诸司,敕后世有议更改祖制者,以奸臣论,杀无赦。

是月,郴州、桂阳贼平。

闰月丁卯,贬翟善为宣化知县。

庚寅,减亲王岁赐禄米,以资军国。

是月,镇远苗蛮叛,指挥万继、百户吴彬战死,指挥许能讨平之。

罢各郡县铁冶。

冬十月庚子,立皇太孙妃马氏。

是月,广南土官侬贞佑叛,都指挥王俊讨平之。

十一月,贵州土官阿傍叛,都指挥顾成讨平之。

乙亥,《礼制集要》成,颁示中外。

暹罗斛入贡。

是月,奉议、南丹、都匀蛮寇悉平。

十二月壬辰,诏山东、河南新种桑枣与新垦田,同免征科。

朝鲜入贡,以表辞不恭留其使。

辛亥,《洪武志书》成。

戊午,遣内使赵达使暹罗斛,祭其国王。

是年,遣给事中傅安、郭骥使西域。

大兴水利,天下开塘堰凡四万九百八十有奇,疏河渠凡九千二百有奇。

二十九年春正月壬戌,以詹事府丞杜泽为吏部尚书,左春坊左赞善门克新为礼部尚书。

己巳,琉球入贡。

乙亥,朝鲜请印诰,不许。

二月己丑,缅国与思伦发相攻,遣行人李思聪、钱古训谕解之。

甲午,礼部尚书任亨泰还自安南,贬监察御史。

是月,安南以陈叔明卒,来告哀。以叔明篡弑得国,不遣使吊慰,谕其国知之。

胡冕平广东、广西诸寇,俘渠魁以献,斩之。仍戒其纵杀。

振彭泽饥,杖匿灾者。

三月庚申,都督朱信等督海运辽东。

辛酉,楚王、湘王入朝,丁卯还国。

壬申,以董仲舒从祀孔子庙庭,黜扬雄。

壬午,遣行人陈诚立撒里畏兀儿为安定卫指挥使司。

癸未,运农器于大宁卫。

以都督佥事徐增寿为右军都督府左都督,李增枝为前军都督府左都督,沐晟为后军都督府左都督。

夏四月丁未,琉球入贡。

右军都督府左都督宁正卒。

五月庚申,蠲武安通赋。

庚午,遣使种桑于湖南诸郡。

六月戊申,以工部左侍郎孙显署本部尚书。

秋七月丙子,蠲辰州、麻阳逋租。

癸未,晋王进嘉禾。

八月丁亥,命兰州卫指挥佥事徐遵解边任归葬。

丁酉,以大理寺寺丞夏恕署刑部尚书。

丁未,诏蠲畿内诸府田租。

己酉,礼部尚书门克新卒。

贬都察院右都御史来恭为刑部右侍郎。

九月丙辰,修广西兴安县灵渠。

朝鲜遣使贺天寿节,并送撰表人郑总等,留之不遣。

乙亥,大赉天下致仕武臣二千五百余人。语及昔日共艰难,脱略威严,款语移时。诸臣感激,有泣下者。

冬十月戊戌,致仕武官人晋一级,授任边卫。

甲寅,改天下按察司为四十一道。

十一月己卯,免国子监官朝朔望。

壬戌,蠲北平霸州、大城田租。

己巳,颁《稽古定制》于功臣。

壬申,以刑部主事邓文铿署都察院事。

戊寅,琉球入贡。

十二月乙酉,遣行人陈诚、吕让使安南。

癸卯,朝鲜入贡。

己酉,乌思藏贡剑及甲胄。

是月,顺宁土酋阿罗作乱,西平侯沐春讨平之。

是年,罢大理寺。

三十年春正月乙丑,沔县贼高福兴作乱,征西将军耿炳文讨之。

丁卯,山西、北平、陕西、甘肃、辽东置行太仆寺。

辛未,城开平卫。

乙亥,除黄河两岸鱼课。

己卯,谕翰林官进谠言。

改礼仪司为鸿胪寺。

颁《为政要录》。

二月丙戌,琉球、占城入贡。朝鲜谢恩,戒谕之。

庚寅,水西土酋叛,顾成为征南将军讨之。

癸巳,以工部左侍郎孙显为本部尚书。

丁酉,敕秦、蜀二王巡禁私茶。

己亥,命靖江王世子赞仪遍省诸王。

甲辰,廷臣请讨安南,不许。

三月癸丑,策试贡士,赐陈𬮿等五十一人进士及第,出身有差。

辛未,顾成破水西叛酋。

夏恕请加谋逆者诛三族,帝以其太过,命如律。

壬午,荧惑入太微,敕楚王桢谨天戒。

是月,古州上婆洞蛮林宽叛,千户吴得、镇抚井乎战死,赠官世袭,恤其家。

夏四月乙酉,敕晋王、燕王备边十事。

禁出海互市。

辛卯,林宽犯新化,千户纪达败之。

己亥,命都指挥使齐让为平羌将军,讨林宽。

丁酉,革天下铁冶所。

癸卯，以杨靖为都察院左都御史，严震直为右都御史。

是月，筑玉林天城。水西诸蛮平。

五月壬子朔，日有食之。

甲寅，《大明律诰》成。

乙卯，命楚王桢、湘王柏讨古州洞蛮。

丙辰，擢司务暴昭为刑部右侍郎。

丙寅，山东流民屯田，赐复一年。

己巳，始建辽王府于广宁。

谕都督陈信严备朝鲜。

己卯，天下讲读《大诰》，师生来朝者凡十九万三千四百余人，并赐钞遣还。

六月辛巳，策试礼部下第贡士，赐韩克忠等六十一人进士及第，出身有差。

置政平、讼理二幡虑囚。丁亥，敕楚王、湘王生擒蛮寇，无得轻杀。

己酉，诏陕西禁马出潼关、武关。驸马都尉欧阳伦坐贩私茶，赐死。

秋七月癸丑，命监察御史张亨等署都察院事。

丁巳，左都御史杨靖有罪，赐死。

乙丑，禁边将私鬻马。

壬申，致仕兵部尚书兼太子少保唐铎卒。

八月辛巳，命楚王桢讨黔阳辰溪蛮寇。

丁亥，河决开封，移仓库于荥阳。

己丑，以严震直为工部尚书。

丁酉，朵甘、乌思藏使臣犯私茶禁，以远人毋论。

己亥，以义门郑沂为礼部尚书。

辛丑，暹罗斛入贡。
丁未，禁诸王兴作。
九月庚戌，高福兴伏诛。
辛亥，命天下郡县置木铎，老人以六谕徇于道路。
丁巳，晋王、代王进嘉禾凡一百四十八本。
癸亥，城铜鼓。
朝鲜入贡。
戊辰，平缅刀干孟，逐其宣慰使思伦发以叛，西平侯沐春送思伦发于京师。
乙亥，齐让平蛮无功，都督杨文佩前将军印代之。
冬十月己卯，淮安雨伤稼，蠲田租。癸未，命以土物代输逋赋。
乙酉，齐让俘蛮寇林宽等以献。
复停海运。
甲辰，赐凤阳今年田租。
朝鲜入贡，复以表语涉讥讪，拘其使。
丁未，暹罗斛入贡。
十一月，宥武定侯郭英罪。
丙辰，命都督佥事徐凯等讨叛酋贾哈剌。
癸酉，命沐春为前将军，讨刀干孟。
甲戌，齐让坐征蛮逗留，诛。
十二月癸未，帝不豫。
癸巳，琉球入贡。
乙巳，遣思伦发还云南。

三十一年春正月乙卯，暹罗斛、琉球入贡。
二月庚辰，设学于虎踞关，教武臣子弟。

乙酉,倭寇山东,指挥陶铎败之。

丁酉,寇浙江,千户王斌、镇抚袁润战死,恤其家。

甲辰,贾哈剌伏诛。

三月戊申,琉球入贡。

己未,晋王㭎薨。

癸亥,赐琉球国中山王察度冠带并陪臣冠服。

甲戌,蠲凤阳、怀远去年田租。

夏四月丁丑,琉球国中山王察度遣使谢赐,贡马及方物。罢回回钦天监。

戊子,以刑部侍郎暴昭为左都御史。

庚寅,五府兵部请讨朝鲜,不许。

丁酉,立晋世子济熺为晋王。

擢龙江卫经历黄福为工部左侍郎。

壬寅,蠲盐城、山阳田租。

五月丁未,西平侯沐春击平缅,大败之,沐春卒。都督何福执刀干孟,归思伦发于平缅。

辛亥,以昌邑去年海溢没民田,蠲其租。

占城入贡。

甲寅,帝不豫。

丙寅,暹罗斛入贡。

再复山东流民一年。

丁卯,高邮、泰州水,蠲田租。

闰五月乙酉,帝崩于西宫,年七十一。遗命:丧葬仪物,一以俭素,不用金玉;孝陵山川因其故无所改;天下臣民哭临三日皆释服,无妨嫁娶。

辛卯,葬孝陵。

永乐元年，上尊谥曰"圣神文武钦明启运俊德成功统天大孝高皇帝"，庙号"太祖"。嘉靖十七年，加土①尊谥曰"开天行道肇纪立极大圣至神仁文义武俊德成功高皇帝"。

帝聪明神武，勤于听断。昧爽临朝，薄暮还宫，虽寒署不废。士无贵贱，皆得引见。一事裁决未当，中夜弗寐。仰观天象，见一星失次，即为惶惧。体察政事，次第札记，待旦行之。侍臣承间以轩皇养性之说进，帝曰："朕岂不知颐养可以永年，但自古国家未有不以勤而兴，息而废者。天命去留，人心向背，深可畏也，何敢暇逸？"尝曰："天人之理无二，人当以心为天。"指宫中隙地示太子曰："此非不可起台榭为游观地，第令内使种蔬，诚不忍劳民也。"其言甚微，舜命汤诰以后不可多见。视事东阁，暑甚流汗。侍臣见其更衣，皆经浣濯。御史中丞陈宁等来奏事，帝方免冠栉发见之。遂移入帏内，栉已正冠，始出相见。微时，未尝学问。及攻讨四方，与诸儒息马讲艺，援笔为文，顷刻数千言，并极典赡无所凝滞。

与廷臣论及汉唐以来女宠、外戚、宦官、藩镇祸及国家，曰："人君不迩声色，严宫闱之防，女祸何自而生？不牵私爱，惟贤是用，外戚之祸何自而作？供给扫除，不假兵柄，则无宦官之祸；上下相维，中外相制，防壅蔽，谨下移，使财归有司，兵须合符，安有权臣、藩镇之患？至于修饬边备，文德怀柔，来者御之，去不穷追，则疆圉巩固，万世之法戒备矣！"

赞曰：唐虞禅受尚矣。汤武皆由诸侯而王；汉高起徒步，尚藉亭长；唐宋之兴，皆因势乘便。太祖出自侧微，不阶尺土一民，而削平僭乱，定有中原。海外君长，奉正朔受冠带。功烈之盛，方册所载，未尝有也。承元之后，制作礼乐，修明旧章，崇儒术，重祀典，求贤赐租之诏无岁不下。礼高年，褒孝弟，励农桑，旌廉能，重节义，黜贪墨，盖功德兼隆焉。至其家法谨严，后妃不得预政，外戚无请谒之私;任五府六部,而朝无专政之臣;置卫屯田,而国无养兵之费。尤其立法之善者独是惩元政废弛,治尚刚严,所谓治乱国用重典与！然时时越法,有所纵舍,大抵疏于微贱而详于贵近,故功臣保全亦异于唐宋矣！至朝鲜、安南内乱,则惟以玺书告诫,不事征讨,又非好大喜功者所可及也,祚几三百不亦宜乎！

纲罗裁制不蔓不遗,诸大征讨挈纲而已,可谓极尽简然。篇幅尤繁,其势为之,又何言哉！一代三百年规模备于是篇,洵足冠冕全史。

忆壬戌春,先生以典试竣过里,出此卷相示,请余评其文体。余目曰:"简。"先生色喜,曰:"正恐不能当得此字耳。"问答之语如昨,而先生已乘箕归天矣。灯下阅此,不禁泪落也。

校记

① "土"字疑为"上"字误。

卷五　历志一

自古圣人致治，历数为先。然大易之义，取象乎革。历代推验，未有久而不变者也。故黄帝迄秦，历凡六改；汉凡五改；魏迄隋，凡十三改；唐迄五代，凡十六改；宋凡十八改；金迄元，凡三改。

而元郭守敬《授时历》为最密。其法以至元十八年辛巳为历元，上推下验，岁实消长，百年各一。初定气应五十五万六百分，闰应二十万一千八百五十分，转应十三万一千九百四分，交应二十六万一百八十七分八十六秒。行之未久，三十一年甲午五月望，月食不效，差天二刻。守敬于是取诸应而损益之，闰应为二十万二千五十分，转应为十三万二百五分，交应为二十六万三百八十八分，惟气应如初。（甲午改应，《元史》失载）夫守敬集历学之大成，加以精思广测，谓已尽运行消息之变矣，乃当其世，犹不免差焉，岂非天载无穷，其变迁尚多故与！

明初，太史院使刘基进《戊申大统历》，迄监正元统，制四准分，以洪武甲子为历元，其名虽易，而法仍元旧。所异者特去上下消长之说，及改从应天晷刻耳。

太祖又尝以《回回历》科隶钦天监，命翰林李翀等译其书，以与《大统历》参校。成祖北迁，监官承用应天晷刻。

正统末，议更造《己巳大统历》，晷刻用顺天。行之未久，寻复旧晷。

嗣后,《大统》浸疏,交食多舛,中间专官治理,则有若太常少卿童轩,光禄少卿乐頀、华湘等;著书考正,则有若郑端清、世子载堉、按察使邢云路等;建议修改,则有若中官正周濂南、太仆少卿李之藻等最著。然学属专家,监官往往拘泥旧闻,惮于改作。事同筑舍,迄无定论。

崇祯中,议用西洋法,命阁臣徐光启、光禄卿李天经先后董其事。时布衣魏文魁上疏排之,诏立两局推验。庄烈愍皇帝亦于内庭设仪器临测,参校累年,西法独密,然亦未及颁行。此有明一代制历之大概也。

今采其沿革,议论著于篇端。《大统历》以元统历法,通轨为断。《回回》、《西洋》二历法咸列于后,备稽考焉。

吴元年十一月乙未冬至,太祖以《大统历》成,谓刘基曰:"历数者国之大事,帝王敬天勤民之本也。天象行度有迟速,古今历法有疏密,必得其要,庶能无差。卿等推步各宜慎之。"

洪武元年,改太史院为司天监,又置回回司天监。十月甲午,诏征元太史院使张佑、张沂,司农卿兼太史院使成隶,太史同知郭让、朱茂,监候刘孝忠,灵台郎张容,司天太监赵恂,少监王可大、石泽、李义,回回司天太监黑的儿、阿都剌,监丞迭里月实,凡十四人。

二年,又召元回回司天台官郑阿里等十一人至京,议历法。

三年,定为钦天监,设四科:曰天文,曰漏刻,曰大统历,曰回回历。自五官正而下至天文生,各专科肄焉。五官正理历法,岁造《大统历》、《御览月令历》、《六壬遁甲历》、《七政躔度历》。上之御历三十事,民历三十二事,《六壬遁甲历》六十七事。挈壶正知漏刻,孔壶为漏,浮箭为刻,以考中星昏明之度,而皆统于监正丞。

十年三月丁未,帝与群臣论天与日月五星之行。翰林应奉傅藻、典籍黄麟、考功监丞郭传,皆以蔡氏左旋之说对。帝曰:"天左旋,日月五星右旋,二十八宿经也。附天体而不动,日月五星,纬乎天者也。朕自起兵以来,与善推步者仰观天象,二十有三年矣。尝夜指一宿为主,太阴初居是宿之西,尽一夜则渐过而东矣。由此观之,则是右旋。此自有历家本论,尔等犹守蔡氏之说,岂所谓格物致知之学乎?"

十五年九月,帝谕翰林臣李翀、吴伯宗曰:"迩来西域阴阳家推测天象至为精密。其纬度之法,又中国书所未备,宜译其书,以时披阅。"遂召钦天监灵台郎海答儿、阿答兀丁,回回大师马沙亦黑、马哈麻等译之。

十七年闰十月,钦天监漏刻博士元统言:"一代之兴,必有一代之制。今历以《大统》为名,而积分犹踵《授时》之数,非所以重始敬正也。至元辛巳至今洪武甲子,积一百四年。以历法推之,得三亿七千六百一十九万九千七百七十五分,《经》云,大约七十年而差一度,每岁差一分五十秒。辛巳至今,年远数盈,渐差天度,拟合修改。臣今推演得洪武甲子闰准分一十八万二千七十分一十八秒,气准分五十五万三百七十五分,转准分二十九万九千六百九十分,交准分一十一万五千一百五分八秒。若夫七政之迟疾,逆顺伏见不齐,其理深奥,实难推演。闻磨勘司令王道亨有师郭伯玉者,精明九数之学。若得斯人推《大统历》法,庶几可成一代之制。"疏奏报可,擢统为监正。统取元《授时历》,经去岁实消长之说,析其条例,错综其文,得四卷。以洪武十七年甲子为历元,命曰《〈大统历法〉通轨》。

二十六年,钦天监监副李德芳言:"元至元辛巳历元,上推往古,每百年长一日;下验将来,每百年消一日,永久不可易也。今监正元统改作洪武甲子,历元不用消长之法,以考春秋鲁献公十五年戊寅,岁距至元辛巳二千一百六十三年。以辛巳为历元,推得天正冬至在甲寅日夜子初三刻,与当时实测数相合。洪武甲子为元,上距献公戊寅岁二千二百六十六年。推得天正冬至在己未日午正三刻,比辛巳为元差四日六时五刻。今当复用辛巳元及消长之法,方合天道。"疏入,元统亦奏辩所推甲子历元实不谬。太祖曰:"二统皆难凭,但验七政,交会行度无差者为是。"自是,钦天监以洪武甲子为历元,而造历依《授时》法推算如初。

二十九年,铸浑天仪成。

三十一年,罢回回钦天监。

永乐迁都顺天,监官承用统法,仍依应天晷漏。冬夏昼夜,长止五十九刻,短止四十一刻。

正统十四年春,正月朔,颁《己巳大统历》,冬夏至,昼夜至六十二刻。

其冬,景帝即位,天文生马轼乞改《大统历》昼夜时刻。下廷臣集议,监正许惇等奏:"前监正彭德清于观象台测验,以北京校之南京,北极出地上高三度有奇,南极入地下低三度有奇;冬至昼短三刻,夏至昼长三刻。逐一考究,奏准改入《大统历》内,永为定式。轼起自军匠,不谙历数,其言妄诞不足听也。"帝曰:"历虽造于京师,而太阳出入度数,则当以四方之中为准。昔尧命羲和、仲叔四人分测验于四方,以定四时之仲。今京师观象台在尧幽都之地,太阳出入之度,其可以为准乎?今后造历仍用洪武、永乐间旧制。"

景泰元年正月辛卯卯正三刻,月食。钦天监误推辰初初刻,致失救护。下监官法司论徒,诏宥之。

成化十年,以监官多不职,时云南提学佥事童轩以知历名,遂擢太常寺少卿,掌钦天监事。

十五年十一月戊戌望,月食。先是钦天监奏:"月未入,见食一分;已入,不见食八分。"至是,辰四刻未入。食既,轩具言:"晋隋以来,虽立岁差之法,终鲜精密。况南北高下,地有不同,岂能吻合天象?监官不能随时修改,故多舛误。"而帝亦以天象微渺,不之罪也。

十七年,真定县教谕俞正已上改历议,谓:"成化十四年戊戌十一月初一日己丑子正初刻,合朔冬至,日月与天同会于斗宿七度,至三十三年丁巳十一月初一日戊辰酉正初刻,合朔冬至,日月与天复同会于斗宿七度,所谓气朔分齐,是为一章者也。将一章十有九年七闰之数,编册进呈。"下礼部。尚书周洪谟掌钦天监事,童轩与正已参考讲论。洪谟等奏:"正已止据邵子《皇极经世书》及《历代天文志》推算气朔,又祖述前人评论岁差之意,言古今历法俱各有差。轻率狂妄,请下法司治罪。"而轩亦奏:"正已所进册内,每月俱以大小编排,止有合朔,并无弦望。于本年六月后作闰六月。夫本年若闰六月,即今八月当作七月。观数日以来气候岂七月令乎?又其言成化十四年戊戌为章尽之年,当闰十月而不置闰,故冬至差一十二日。且谓今历冬至、合朔、闰月三者皆差。臣思历日乃正朔之书,借使置闰或差,则寒暑反易,农桑庶务,尽失其候矣。晦朔弦望或差,则本监所算日月交食日时,并所躔宿度亦俱差矣,今何为尽验乎?况戊戌置闰,溯而上之无不差者。又其言天地间有自然之冬至,有自然之闰月,非人力私见所得而损益。今乃自以己意创为八十七年约法,每月大小相间编排,有合朔而无弦望,是以区区私见,强欲合天也。宜正其罪,以为妄言之戒。"下诏狱。

十九年三月己酉晓刻,月食。天文生张升上言:"以历测象,从古为然。然立法一定而天运不齐,故自何承天、唐一行以来,皆有岁差之法。我国家历因元旧至今二百余年,而占候者尚泥古法,宜其舛也。今月十七日晓刻月食，以古法占则食十一分八十八秒，月未入见食八分四十一秒，月已入不见食三分四十七秒。以臣新法占，则食十一分四十八秒，与古法差四十秒。月未入见食十一分八秒，与古法差二分六十七秒，月已入不见食四十秒，与古法差三分七秒。臣不自量，欲以辛丑起历元，用岁周三百六十五日二千四百二十五分为中积分，比《授时历》稍加损益，为《大明万年历》，庶占候之际，不致有误。"章下礼部，而钦天监以为祖制不可变，于是，升说不行。

弘治八年八月丙寅，十一年十一月丁丑，占月食，皆不应。

十三年五月甲寅朔，日食。钦天监预推寅亏卯圆，及期乃亏于卯而复圆于辰。

十六年二月壬子望，监官以为月当食一分二十秒，已复不食。

正德十二年六月乙巳朔，十三年五月己亥朔，两日食，起复皆弗合。于是，漏刻博士朱裕上言："《授时历》法比汉唐宋历固为精密，但至元辛巳距今二百三十七年，历岁既久，不能无差。《回回历》自开皇己未，至今九百余年，亦有疏舛。连年推算日月交食。算多食少，算少食多，时刻分秒，与天不合。盖赤道岁差一分五十秒，距今正德辛巳，当差三百六十分；黄道岁差一分三十八秒半，今当差三百三十二分四十秒。若不量加损益，将来愈久愈差，乞简命大臣一员总理其事。令本监官生半推古法，半推新法，两相校验。奚疏奚密，观象台测验黄道、赤道度分若干；日月五星，躔度疏密；漏刻科推测昏旦中星调品，昼夜壶漏；回回科推验西域九执历法。仍遣官之南京及浙江诸省，候土圭以测今时。视至元天道修短若干，节气早晚何如，往复参校，众途同归，则交食可正，而七政可齐。"章下礼部，议覆："以为星历之学，必得明天人之理如许衡、郭守敬者，斯可任考验之责，裕及监官历法未必皆精，邃难委以是任。

今十月望月食,中官正周濂等所推算与古法及裕所奏各不同,请至期考验。"

既而濂等言:"自汉刘洪造《乾象历》,始觉岁周余分太强;晋虞喜、宋何承天、祖冲之始立岁差法;元许衡、王恂、郭守敬等宗而用之,损岁余,益天周,强弱相减,得日躔岁退之差一分五十秒。以至元辛巳岁前天正冬至,日躔赤道箕宿十度,黄道箕宿九度二十二分一十七秒为《授时历》元,推验可谓至密。但用之年久,岁差退移天度太远,致有差失。臣考元至正戊子冬至,赤道岁差退天一度五十秒,黄道岁差退天九十二分九十八秒;永乐乙未冬至,赤道岁差退天一度五十秒,黄道岁差退天九十二分八十六秒。成化辛丑冬至,赤道岁差退天九十九分,黄道岁差退天九十一分四十二秒。今正德乙亥,距至元辛巳二百三十五年,赤道岁差当退天三度五十二分五十秒;黄道岁差当退天三度二十五分七十四秒,不经改正,则推步岂能合于天道?臣以岁差之术参详校验,考得正德丙子岁前天正冬至,气应二十七日四百七十五分,合得辛卯日丑初初刻,日躔赤道箕宿六度四十七分五十秒,黄道箕宿五度九十六分四十三秒为历元。不用古法,积年则作一算起,每年加一算,仍减一用之。其中积分数目,俱自此始。其气闰转交四应。并周天黄道二十八宿十二宫次分界,诸类历法立成,悉从岁差随时改正。望敕礼臣并监正董理其事,再选官生二三人与臣上自至元辛巳为始,下至未来戊子为终,通计二百四十八年,将日月交食,用古法、新法逐一推算,考验精密,庶合于天。"

礼部覆奏:"以濂等所推近是,但古法未可轻变。请今后仍依古法推算,再于官生内选精通历学者,同濂等以新法参验。久之果有定则,别为奏请。"从之。

十五年,礼部员外郎郑善夫上言:"天道幽渺,其数精微。以人合天,洵匪易事。如岁差之法,晋虞喜以五十年差一度,久而验之弗合也。何承天以百年,刘焯以七十五年,僧一行以八十三年,久而验之,又弗合也。许衡、郭守敬定以六十六年有余,似已密矣。今据法推演,仍又不合天道,岂易言哉！臣以为欲定岁差,宜定岁法。岁有小余,积四期余一日。以一日分加于四期,则二至余分,只争丝忽,此所宜定也。其次宜定合朔。古人以一日百刻而变为九十四分者,以气朔有不尽之数,难分也。凡月三十日,二气盈四百一十一分二十五秒,一朔虚四百四十一分,积虚盈之数以制闰,故定朔必视四百四十一分。前后为朓朒只在一分之间,此又所宜定也。至于日月交食,日食最为难测。盖月食分数,但论距交远近,别无四时加减。且月小暗虚,大月入暗,虚而食。故八方所见皆同。若日为月体所掩而食,则日大而月小,日上而月下,日远而月近。日行有四时之异,月行有九道之分,故北方食既,南方才半亏;南方食既,北方才半亏。其时刻分秒,必须据地定表,因时求合而后准。如正德九年八月辛卯日食,历官报食八分六十七秒,而闽广之地遂至食既,时刻分秒安得而同？今宜按交食以更历元,时分刻,刻分分,分分秒,极精极细。即至于半秒难分之处,亦须酌量而定,不然,则差之半秒,积以岁月,躔离朓朒,皆不合原算矣！"不报。

十六年,朱裕复言:"本监观星台圭表尺寸不一,难以准测。推算历数,用南京日出分秒,似相矛盾。乞敕礼部会举洞达天人,精究理学大臣一员总理其事,改铸铜表,以考四时日中之景。仍乞遣通晓历学官生,赴河南阳城察旧立土圭,以合今日之晷。及山东、湖广、陕西、大名等处分立圭表,以测晷景,错综参验,定为成法,庶几合朔得真,交食不谬。"诏下所司。

是年,以南京户科给事中乐护、工部主事华湘通历法,俱擢光禄寺少卿,管钦天监事。

嘉靖二年，湘言："历数之兴，代有作者，曷尝不广集众思，期于永久不变哉？然不数岁而辄差者，由天周日周之难齐也。日之差验于中星，尧冬至昏昴中，日在虚七度。今冬至昏室中，日在箕三度，计去尧未四千年，而差者五十度矣。《授时历》法每岁差一分五十秒，至元辛巳至今二百四十二年，合差三度有奇。是以正德戊寅日食，庚辰月食，时刻分秒起复方位，类与推算迕。臣以为古今善治历者三家：汉《太初》以'钟律'，唐《大衍》以'蓍策'，元《授时》以'晷景'。而'晷景'为近，其所因者本也。欲正历而不登台测景，皆空言臆见，非事实已。伏望许臣暂住朝参，督同中官正周濂等，及冬至前，诣观象台昼夜推测，日记月书，至来年冬至，以验二十四气分，至合朔日躔月离黄赤二道昏旦中星七政四余之度，视元辛巳所测离合何如？差次录闻。更乞敕礼部，延访有能知历理如扬雄，精历数如邵雍，智巧天授如僧一行、郭守敬其人者，征赴京师，令详定岁差，以成一代之制。"下礼部集议。而蘧谓历不可改，与湘所见颇异。礼部因言："我朝历因于元，经耶律楚材、许衡、王恂、郭守敬诸大儒之手，固难议改。然推步之法，贵随时考验，符合天运。今湘欲自行测候，用定岁差，不为无识。请行本监，令二臣各尽所见，穷极异同，以协天道。"从之。

七年闰十月朔，以《大统历》推，日不食；以《回回历》推，日食二分四十七秒。已而不食。

十九年三月癸巳朔，钦天监言："日当食。"已而不食。帝大喜，曰："上天示眷，朕知仰承！"实历官推步之疏，而帝反以为瑞征也。

隆庆三年，掌监事顺天府府丞周相刊《大统历》法。其历原历叙古今诸历异同，以为至元辛巳，至今隆庆己巳，计二百八十九年。年远数盈，岁差天度，失今不考，差必愈甚，苟非精理数善测验者，而漫言修改，恐推演傅会，反失其真，不若仍旧之为愈。

时,又有唐顺之、周述学等前后论历。顺之善句股、弧矢之法,尝言:"冬至黄赤道有二十四度之差,而黄道在赤道外,所以黄道岁差比赤道岁差少一十一秒。此斜直之别也。"又云:"作历造月道而不造星道,盖未备事也。"又云:"太阴第一第二加减如母子,得子则不用母;五星第一第二加减如兄弟,相并而各致其用。"述学尝撰《大统万年通议》,其论二至日度盈缩,曰:"赤道当天之腰围,而黄道出入赤道各二十四度,则黄道冬至之去南极,与夏至之去北极,其相距之数均也。去极之数既均,则其度之敛狭亦同矣。冬至日行黄道一度五分,则夏至日行黄道亦当一度五分。今夏至日行黄道不及一度,似乎冬至之度狭,而夏至之度阔,是岂去极之度不均,而敛狭之数有异乎?抑冬夏太阳之行真有盈缩之殊乎?而非然也。盖天地阴阳之气有升降,而太阳之行亦随之而有升降故耳。自冬至以至于夏至,阳之升也;自夏至以至于冬至,阴之降也。人在地中观其行度,则夏至之太阳若在轮廓之表。其度阔,故日行不及一度,谓之缩历;冬至之太阳若在辐辏之间,其度狭,故日行一度有余,谓之盈历,是日度有盈缩之异,乃日道有升降之所致也。"

又论日食时差法,曰:"据午地以论日食,如在午前,则未及黄白度分相掩,而人在地中斜视,先已见食。及至黄白度分相掩,则食过矣。如地之偏东者,又方见食也。故午前日食,则见食速,而当减其午前分也;在午后,则黄白度分虽掩,而人在地中斜视,犹未见食,如地之偏西者,或先见食也。必俟月行更东,地中斜视,方能见食。故午后日食,则见食迟,而当加其午后分也。所以,立时差分法,以加减定朔,而为日食甚定分。"

又议《回回历》之日度,曰:"其白羊戍宫三十度,日行得三十一日,即太阳之升而行黄宫之阔度也。人马寅宫亦三十度,日行二十九日,即太阳之降而行黄宫之狭度也。其各宫分之日数有多寡,即

《大统历》各黄宫日数之有多寡也。"

又议《回回历》之五星纬度,曰:"五星合伏之度,或于黄近,或于黄远,或在黄南,或在黄北。但每同经度,而于纬度不易同也。若经纬相同,则当星黄之交矣。交乃星与黄交,合乃星与日合,非一事也。"余议历甚多,不具录。

万历十二年,钦天监奏:"依《大统历》推算,本年十一月癸酉朔,日食九十二秒。依《回回历》推算不食。"已而,《回回历》验,礼科给事中侯先春奏:"自洪武迄今,二百二十年未尝改历,年远数盈,渐差天度。迩者月食在酉而曰戌,月食将既而曰未,九分差舛甚矣。即一交食而气朔闰余躔离朓朒之类,尽属参错可知。今宜诏求天下深明历理者,博采群书,随时考验。且该监见有《回回历》科,其推算日月交食,及五星凌犯最为精细。曩者日食时刻分秒并不差舛,只以原非《大统历》法,遂置不用。臣以为《授时历》可采,《回回历》亦可采。取其能合天度而已。如果吻合,何妨纂入《大统历》中,以成一代之制。"诏曰:"可。"

二十年五月甲戌夜,月食,监官推算差一日。

二十三年九月,郑世子载堉进《圣寿万年历》,疏略曰:"高皇帝革命之时,元历未久,气朔未差,故不改作,但讨论润色而已。今则积年既久,气朔渐差,《后汉志》所谓三百年斗历改宪者,宜在此时。我皇上以万历为元,而九年辛巳,岁适当斗历改宪之期。又协乾元用九之义,历元正在是矣。高皇帝尝有意考七政之运行,定二统之是否,而未遂。继述之盛举,宁不有待于今日乎?臣尝取《大统》与《授时》二历校之,考古则气差三日,推今则时差九刻。且万历辛巳岁十一月冬至,《大统》在丁丑,而《授时》在丙子;乙酉岁冬至,《大统》在戊戌,而《授时》在丁酉,是皆相差一日。夫节气差天一日,则置闰差天一月;闰差一月,则时差一季;时差一季,则岁差一年。其所差者岂小小而已哉？臣又推万历一百年冬至，二历相差十余刻；一千年冬至，二历相差二日；一万年冬至，二历相差百余日。或以为《授时》减分太峻，失之先天；《大统》不减，失之后天。或谓《授时》近密，《大统》为疏；或谓《授时》未必全是。二历强弱之间宜有所折衷。于是，仰体太祖二统难凭之意，和会二家，酌取中数，以成新历。更采众说所长，辑为一书，名曰《律历融通》。大旨出于许衡，而与衡历不同。

"《后汉志》曰：'阴阳和则景至，律气应则灰除。'是故，天子常以日冬夏至御前殿，合八能之士，陈八音，听乐均，度晷景，候钟律，权土灰，放阴阳，效则和，否则占。《晋志》曰：'日冬至，音比林钟，浸以浊；日夏至，音比黄钟，浸以清。'十二律，应二十四气之变。其为音也，一律而生五音，十二律而为六十音。因而六之六六三十六，故三百六十音，以当一岁之日。故律历之数，天地之道也。夫黄钟乃律历本原，而旧历罕言之，新法则以步律吕爻象为首，此与旧历不同，一也。

"尧时，冬至日躔所在宿次；刘宋何承天以岁差及中星考之，应在须女十度左右；唐一行《大衍历》议曰：'刘炫推尧时日在虚危间，则夏至火已过中。'虞𠜍推尧时日在斗牛间，则冬至昴尚未中。盖尧时日在女虚间，则春分昏张一度中，秋分虚九度中，冬至胃二度中，昴距星直午正之东十二度，夏至尾十一度中，心后星直午正之西十二度。四序进退，不逾午正间，轨漏使然也。元人历议亦云，尧时冬至，日在女虚之交，而《授时历》考之，乃在牛宿二度，是与虞𠜍同。《大统历》考之，乃在危宿一度，是与刘炫同。相差二十六度，皆不与《尧典》合。新法上考尧元年甲辰岁夏至午中，日在柳宿十二度左右；冬至午中，日在女宿十度左右。心昴昏中各去午正不逾半次，与承天、一行二家之说合，而与旧历不同，二也。

"《春秋左传》昭公二十年己丑,日南至。《授时历》推之得戊子,先《左传》一日;《大统历》推之得壬辰,后《左传》三日;新法推之,与《左传》合。此与旧历不同三也。

"《授时历》以至元十八年为元,《大统历》以洪武十七年为元,新法则以万历九年为历元,其余各条不同者,多详见历议。望敕部会集大臣名儒,参订采用,以成一代之制。其法首曰:'步发敛。'取嘉靖甲寅岁为历元,元纪四千五百六十期,实千四百六十一节气,岁差一秒七十五忽,岁周气策无定率,各随岁差,求而用之。律应五十五日六十刻八十九分,律总旬周六十日。次曰:'步朔闰。'朔策二十九日五十三刻五分九十三秒,望策十四日七十六刻五十二分九十六秒半,弦策七日三十八刻二十六分四十八秒少,闰应十九日三十六刻十九分。次曰:'步日躔。'日平行一度,躔周三百六十五度二十五分,躔中百八十二度六十二分半,象策九十一度三十一分二十五秒,半象策四十五度六十五分六十二秒半,辰策三十度四十三分七十五秒,半辰策十五度二十一分八十七秒半,赤道岁差一分五十秒,黄道岁差一分三十八秒,盈初缩末限八十八日九十一刻,缩初盈末限九十三日七十一刻,周应二百八十三度二十二分三十九秒。次曰:'步晷漏。'京师北极出地四十度太,冬至中晷,恒数丈五尺九寸六分;夏至中晷,恒数二尺三寸四分。冬至昼,夏至夜,三十八刻;夏至昼,冬至夜,六十二刻。次曰:'步月离。'月平行十三度三十六分八十七秒半,离周三百三十六限十六分六十秒,离中百六十八限八分三十秒,离象八十四限四分十五秒,转周二十七日五十五刻四十六分,转中十三日七十七刻七十三分,转象六日八十八刻八十六分半,转差一日九十七刻六十分,转应七日五十刻三十四分。次曰:'步交道。'正交三百六十三度七十九分三十四秒,中交百八十一度八十九分六十七秒,距交十四度六十六分六十六秒,交周二十七日二十一刻二十二分二十四秒,交中十三日六十刻六十一分十二秒,交差二日三十一刻八十三分六十九秒,交应二十日四十七刻三十四分。次曰:'步交食。'日食交外限六度,定法六十一;日食交内限八度,定法八十一。月食限十三度五分,定法八十七。次曰:'步五纬。'合应:土星二百六十二日三千二十六分,木星三百一十日一千八百三十七分,火星三百四十三日五千一百七十六分,金星二百三日八千三百四十七分,水星九十一日七千六百二十八分。周率:土星三百七十八日九百一十六分,木星三百九十八日八千八百分,火星七百七十九日九千二百九十分,金星五百八十三日九千二十六分,水星一百一十五日八千七百六十分。历应:土星八千六百四日五千三百三十八分,木星四千一十八日六千七十三分,火星三百一十四日四十九分,金星六十日一千九百七十五分,水星二百五十三日七千四百九十七分。度率:土星二十九日四千二百五十五分,木星十一日八千五百八十二分,火星一日八千八百七分半,金星一日,水星一日。伏见:土星十八度,木星十三度,火星十九度,金星十度半。水星夕伏晨见十九度,晨伏夕见十六度半。

"又取历代国史所志历五十家,按所距年各以其术推当时及近岁之冬至。复取新率上考与相参,得古历下推皆后天。惟《统天》、《授时》与天合。而新率上推,则合者三十有六,以为历法最后最密之验。又取鲁僖公五年丙寅岁正月,至洪武十六年癸亥岁十一月,二千三十八年之间,传志所载二至晷景凡六十事,用《太初》、《大衍》、《纪元》、《授时》、《大统》五历及新法考之,惟《授时》合者四十八,新法合者四十九,余皆疏。

"又取汉武帝元光元年丁未岁,至陈宣帝太建八年丙申岁七百余年间史志,原载日月食分加时起复方位有据者数事,以元儒旧法并新法考之,仍取万历甲午已后日月交食亦各数事,校其异同,往则稽于史,来则验于天,以校二法之疏密。其隋唐后未及千年,不足校疏密者略之。其议岁余也,曰历家所谓岁差者有三:曰日躔岁差,曰五星岁差,曰节气岁差。前代诸历但有日躔差、五星差,其节气差则自《统天》《授时》二家始焉。

"夫阴阳消长之理以渐而积,未有不从秒起便至分者。《授时历》于百年之际顿加一分,考古冬至,虽或偶中,揆之于理,实有未然。假如春秋鲁隐公三年辛酉岁,下距至元辛巳二千年,以《授时》本法算之,于岁实当加二十分,得庚午日六刻,为其年天正冬至。次年壬戌岁,下距至元辛巳一千九百九十九年,本法当加十九分,得乙亥日五十刻四十四分,为其年天正冬至。两冬至相减,得相距三百六十五日四十四刻四十四分,则是岁余九分日之四,非四分日之一也。历法之谬,莫甚于此。新法以其差率不均,稍订正之。设若每年增损二秒,推而上之,则失昭公己丑。假如每年增损一秒或一秒半,则失僖公辛亥。今酌取中数,每年增损一秒有奇,则两得之矣。其法置定距自相乘,七因八归,所得百约之为分,命曰岁差。"

其议日躔也,曰:"古历绪余见于经典,灼然可考,莫如日躔及中星焉。而推步家鲜有达者,穿凿纷纭,至今未定,盖由不知夏时之与周正异也。大抵夏历以节气为主,周历以中气为主,何承天以正月甲子夜半合朔为上元,进乖夏朔,退非周正。故近代推月令小正者,皆不与古合。尝以新法岁差,上考《尧典》中星,则所谓四仲月,盖自节气之始。至于中气之终,三十日内之中星耳。后世执著于二分二至,是亦误矣。《礼记》注疏曰:'月令昏明中星,皆大略而言,不与历正同。但在一月之内有中者,即得载之。所以昏明之星,不可正以历法,但举大略耳。'此说得之。《汉志》曰:元封七年十一月甲子朔旦冬至，日月在建星，又曰在牵牛之初。宋祁曰：'建星在斗后十三度，在牛前十一度，是《太初》所测，亦止得其大略耳。'《大衍历议》谓四分历冬至，后天三日，日必先天三度。故当时以为日在斗二十一度。以今密率考之，实在斗十七八度之间而已。刘宋之世，何承天以为日应在斗十三四度，祖冲之以为在斗十一度，是亦未有定说。唐一行曰：'日之所在难知。'汉世课昏明中星，为法已浅。今候夜半中星，以求日冲，近于得密。而水有清浊，壶有增减，或积尘所拥，故漏有迟疾，臣等频夜候中星，而前后相差或至三度，大率冬至远不过斗十四度，近不出十度。以此观之，一行所测盖亦未为密也。按东晋以前未有岁差之说，自虞喜始觉其差，故创立岁差术。历虽不传，其法可考也。且如推尧元年冬至日躔宿度，诸家所见亦各不同。虞喜以为在危，何承天谓在须女十度左右，刘孝孙以为在危一，刘焯以为在虚六，《大衍》在虚一，《纪元》在虚六。至《授时历》上考往古，每百年岁周长一分，天周消一分。尧距至元三千六百余年，依本法岁周当为三百六十五万二千四百六十一分，天周当为三百六十五万二千五百三十九分。如是推之，则尧时日在牛二。《大统历》不用消长之术，则当在危一有奇，二历相差二十六度。其推冬至之日，及有闰无闰，亦各不同。四仲中星各随日躔而异。诸家所见，互有异同。窃以为承天、一行二家之说盖近之矣。"

其议晷景也，曰："自汉太初至于刘宋元嘉，上下数百年间，冬至皆后天三日。何承天立表测景，始知其误。然则观天地之高远，在阴阳之消长，以正位辨方定时考闰，莫近乎圭表。而推步晷景，乃治历之要也。元许衡等造《授时历》，亦凭晷景为本，而于历经不载推步晷景之术，是为缺略。今以晷景名篇，盖补《大统》之缺也。唐一行曰：'日行有南北，晷漏有长短。'然二十四气晷差疾徐不同者,句股使然也。直规中则差迟,与句股数齐则差急,随辰极高下不同,如黄道漏刻,此乃数之浅者,近代且犹未晓。"

按自《大衍》而后,各家步晷之术虽异,大概不过以距二至日分,自乘为实,增损定率。或乘除加减,二至恒晷,为所求晷而已。今用北极出地度数,兼弧矢、句股二术以求之,庶尽其原。又随地形高下立差以尽变,前此所未有也。

又曰:"南至晷景见于经传者,惟僖公五年、昭公二十年二条而已。余或见于《春秋》、《命历序》等谶纬之书。即汉、隋志所引者,今皆未敢以为据。《授时历议》,据《前汉志》鲁献公十五年戊寅岁正月甲寅朔旦冬至,引用为首。夫献公十五年,下距隐公元年己未岁,百六十一年,其非春秋时明矣。而《元志》乃云自春秋献公以来。又云,昭公冬至,乃日度失行之验。误矣!夫献公甲寅冬至别无所据,惟刘歆《三统历》是据也。岂《左传》不足信,而歆乃可信乎?太初元年冬至在辛酉,歆乃以为甲子,差天三日,尚不能知,而能逆知上下数百载乎?故凡春秋前后千载之间,气朔交食,《长历》、《大衍》所推近是,刘歆,班固所说全非也。"

又曰:"《大衍历议》,谓宋元嘉十三年十一月甲戌,景长为日度变行,《授时历议》亦云,窃以为过矣。苟日度失行,当如岁差渐渐而移。今岁既已不合,来岁岂能复合耶?盖前人所测或未密耳。夫冬至之景一丈有余,表高晷长,则景虚而淡,欲就虚景之中考其真实,或设望筒,或置副表景符之类,以求实景。然望筒或一低昂,副表景符或一前却,所据之表或稍有倾欹,圭面或稍有斜侧,兼以测景之人工拙不同,用意详略亦异,二至前后数日之景,进退只在毫厘之间,偃侸之际,要亦难辨。夫阳城岳台,略分南北,尚有不同,况于四海九服之远,相去千百余里。委托之人,未知当否。既非目击其实,所报晷景宁足信乎?"

其议漏刻也,曰:"日月带食出入,五星晨昏伏见,历家设法,悉因晷漏为准。而晷漏则随地势南北辰极高下为异焉。元人都燕,其《授时历》七曜出没之早晏,四时昼夜之永短,皆准大都晷漏。国初都金陵,故《大统历》出入之时刻,及昼夜之消长,改从南京晷漏。《大统》夏至昼,冬至夜,皆五十九刻;冬至昼,夏至夜皆四十一刻。《授时》夏至昼,冬至夜皆六十二刻;冬至昼,夏至夜皆三十八刻,相差三刻有奇。今推交食分秒,南北东西等差,及五星定伏定见,皆因元人旧法,而独改其漏刻,是以互相舛误也。且元统改历之时,未能预知。成祖迁都之事,故不得不以南监观星台测验为准。永乐以后,自当宗法北监测验,所以大一统而尊帝都也。故新法晷漏,始从元历所推,为其与今京师晷刻相合也。"

其议日食也,曰:"日道与月道相交处有二,若正会于交,则月体障尽日体,谓之食既;若但在交前后而度相近者,亦食而不既。月行交外,食偏南;月行交内,食偏北。近于交际食分多,远于交际食分少。天之交限,此大率也。又有人之交限,旧云:假令中国食既,戴日之下所亏才半;化外反观,则交而不食;化外食既,戴日之下所亏才半;中国反观,则交而不食。何则?日如大赤丸,月如小黑丸,共悬一线。日上而月下,即其下正望之,黑丸必掩赤丸,似食之既。及旁观,有远近之差,则食数有多寡矣。春分已后,日行赤道北畔,交外偏多,交内偏少;秋分已后,日行赤道南畔,交外偏少,交内偏多,是故有南北差。冬至已后,日行黄道东畔,午前偏多,午后偏少;夏至已后,日行黄道西畔,午前偏少,午后偏多,是故有东西差。日中仰视则高,旦暮平视则低,是故有距午差。食于中前见早,食于中后见迟,是故有时差。凡此诸差,惟日有之,月则无也。

"正德九年八月辛卯朔,日食。《大统历》推之,合食八分六十七秒,而闽广之区遂至食既。彼处言官以历不效为言,然京师所观,止食八九分耳。故推交食,惟日颇难。盖宇宙之广,未可以一术齐。欲推九服之变,必各据其处考晷景之短长,揆辰极之高下,顺天求合,与地偕变,增损其法而后准也。历经推定之数,徒以中国所见者言之耳。

"旧云,月行内道,在黄道之北,食多有验;月行外道,在黄道之南,虽遇正交,无由掩映,食多不验。又云,天之交限,虽系内道,若在人之交限之外,类同外道,日亦不食。此说似矣,而未尽也。假若夏至前后,日食于寅卯、酉戌之间,人向东北、西北而观之,则外道食分,反多于内道矣。此前贤所未发而旧历所未及也。"

其议月食也,曰:"暗虚者景也。景之蔽月,无早晚高卑之异,亦无四时九服之殊。譬如悬一黑丸于暗室,其左燃烛,其右悬一白丸,若烛光为黑丸所蔽,则白丸不受其光矣。人在四旁视之,所见无不同也。故月食无时差之说。自《纪元历》妄立时差,金《大定历》因之,元儒格物穷理,而亦为其所惑。若《授时历》月食求时差者误矣。新法不用时差,直以定望加时,便为食甚时刻。"

其议五纬也,曰:"古法推步五纬,不知有变数之加减。北齐张子信仰观岁久,知五纬有盈缩之变,当加减以求其逐日之躔。盖五纬不由黄道,亦不由月所行道,而出入黄道内外各自有其道。视日远近为迟疾,其变数之加减,如里路之径直斜曲也。宋人有曰:古今历法,五星行度,惟留退之际最多差。自内而进者其退必向外,自外而进者其退必由内。其迹如循柳叶,两末锐于中间,往还之道相去甚远。故星行两末,成度稍迟,以其斜行故也。中间成度稍速,以其径绝故也。历家但知行度有迟速,不知道径又有斜直之异。前代修历多止增损旧法而已,未尝实考天度。其法须测验每夜昏晓夜半,月及五星所在度秒,置簿录之。满五年,其间剔去云阴及昼见日数外,可得三年实行,然后可以算术缀之。昔蔡邕上书云:愿匍匐于浑仪之下,按度考数,著于篇章,以成一代盛典。夫古人何不饱暖自逸,而愿为此辛苦事者,惧抱艺而长终,惜绝传于来世,欲伸葵藿之忱,遑恤出位之罪哉?"

章下礼部,尚书范谦覆奏:"以《大统历》造自太祖,行之二百余年,一旦更新其名,既失创法至意,又骇中外听闻。且考《元志》至元四年,西域札马鲁丁撰进《万年历》,则《万年历》名元已有之,不便袭用。至岁差之法,上古无闻,汉洛下闳始知有差,晋虞喜始立差法,自后代有差法之议,竟无画一之规。所以求之者大约有三:曰考月令之中星,移次应节;曰测二至之日景,长短应候;曰验交食之分秒,起复应时。考以衡管,测以臬表,验以漏刻,斯亦侂得之矣。夫天体至广,历家以周天三百六十五度四分度之一而纪日月星辰之行次,又析一度为百分,一分为百秒,可谓密矣。然浑象之体,径仅数尺,外布三百六十五度,四分度之一,每不及指许,安所置分秒哉?至于臬表之树,不过数尺,刻漏之筹,不越数寸,以天之高且广也,而以径尺寸之物求之,欲其纤微不爽,不亦难乎?故方其差在分秒之间无可验者,至逾一度,乃可以管窥耳。此所以穷古今之智巧不能尽其变欤!今之谈历者,或得其算而无测验之具,即有具而置非其地,则亦无准,宜非墨守者之所能自信也。即如世子言以《大统》、《授时》二历相校,考古则气差三日,推今则时差九刻。夫时差九刻,在亥子之间则移一日;在晦朔之交则移一月。此可验之于近也。设移而前则生明在二日之昏,设移而后则生明在四日之夕矣。弦望亦宜各差一日,今似未至此也。"

载堉议遂格不行。

卷六　历志二

二十四年三月壬午，占月食不应。

河南按察司佥事邢云路言："治历之要，无逾观象、测景、候时、筹策四事。臣以四事窥天运，胥日异而月不同。即如今年日至，《大统》推在乙未日申正二刻，臣以癸巳、甲午、丙申、丁酉之晷相加减，实测二百五十九刻七十三分四十五秒，得乙未日未正一刻。复取前后二十余日，计二千余刻。日日而量之，秒秒而校之皆同，未正一刻无殊科。此日行所至，昭昭在天，可以数筹，可以景测，乃《大统》差至后天九刻余，计气应，应损九百余分而不自觉，岂其未尝筹测耶？不宁惟是。今年立春、夏至、立冬皆适值子半之交。臣测立春乙亥，而《大统》推丙子；臣测夏至壬辰，而《大统》推癸巳；臣测立冬己酉，而《大统》推庚戌。夫立春、立冬，乃王者行阳德阴德之令，而夏至则其祀方泽之期也。今皆相隔一日，则理人事神之谓何？是岂为细故耶？且历法疏密，验在交食，自昔记之矣。乃今年闰八月朔，日有食之。《大统》推初亏巳正二刻食几既，而臣候初亏巳正一刻，食止七分余。《大统》实后天几二刻，而计闰应及转应若交应，则各宜如法增损之矣。盖日食八分以下，阴历交前，初亏西北，固历家所共知也。今闰八月朔日食，实在阴历交前，初亏西北，其食七分余明甚，安得谓之初亏正西，食甚九分八十六秒耶？而

《大统》之不效亦明甚。然此八月也，若或值元日于子半，则当退履端于月穷，而朝贺大礼，当在月正二日矣！又可谓细故耶？此而不改，臣窃恐愈久愈差，将不流而至春秋之食晦不止。臣故曰：闰应、转应、交应之宜俱改也。"

而刑科给事中李应策亦言："《大统历》本之郭守敬，以彼减二十四分二十五秒于周岁，加二十五分七十五秒于周天，窥度精到，有陋《太初》《大衍》等为不足言者。然积六十六年有奇而退一度，则推验之始已知有差，何不即酌定画一，而必俟其退一度逾六十六年而后更？无乃厘毫之除加之周天者微多，减之周岁者微少，纤悉难究，姑置此为盈虚之验，而探颐索隐，不能不随时以待欤！云路持观象、测景、候时、筹策四事，议诸应宜俱改，使得《中秘星历》一编阅而校焉，必自有得。而是时历官皆承世族，隶名食禄，本无知历者，见云路疏甚恶之。于是，监正张应侯奏诋其诬，且言僭妄惑世，其心不可问。礼部尚书范谦乃言：历数精微，欲斟酌损益，缘旧为新，非监官胶执成法者所能为也。乞以云路提督钦天监事，督率官属，精心测候，积之数年，酌定岁差，世世遵循，以成一代之典章。至律例所禁，乃指民间妄言妖祥者尔。若夫天官书、天文志、历书、历志载在史册，昭然可考，固国家之大事，学士大夫之所宜讨论者也。岂星官历士之所得私乎？《大明会典》云：天文地理艺术之人，礼部博访取用，何尝禁人习学乎？监官拘守成算，既不能深思测验以穷其变，又不能虚心考订以复其常。今幸有其人，所当和衷共事，毋专己守残，徒怀妒忌为也。"不报。

三十八年，礼部上言："先据钦天监奏，本年十一月壬寅朔，日食七分五十七秒。未时正一刻初亏，申时初三刻食甚，酉时初初刻复圆。食甚日躔尾宿一十五度八十五分一十三秒。及见，兵部职方司员外郎范守己疏称：亲验日暮，未时不亏。至申时初刻，始见西南略有亏形,正二刻方食甚,酉初初刻尚未复圆,而日已入地。又以分数不至七分五十余秒。臣惟治历明时,国家要务,历官果按成法而差,则当如前代岁差之法,随时修改,以合天道。今岁冬至,日躔当在箕四度二十二分明甚。乃历官七政,历内辛丑年已注箕三度。后知其谬,仍改箕四度。夫岁差之法既有错误,则日食安得与天符合?今当博求通知历学者,令与监员集议。又如华湘所言,于冬至前亲诣观象台昼夜推测,日记月书,至次年冬至于各行度一一验实,以核前闻。则于成法果合果离,果当修改与否,必有亲切著明者,而后历可议也。至于日食,宜讲里差。盖日轮大,月魄小,故自下望之,南北不同,则食分有多寡;东西不同,则食时有先后。于此并加研考,庶历法靡差而明时有赖矣。"

三十九年,五官正周子愚言:"大西洋归化,远臣庞迪峨、熊三拔等携有彼国历法,多中国典籍所未备者,乞照洪武中译西域历法例,取知历儒臣,率同监官将诸书尽译,以补典籍之缺。"礼部因奏:"精通历学,如按察使邢云路、兵部郎中范守己,为时所推,请改授京卿,共理历事。又翰林院检讨徐光启、南京工部员外李之藻,亦皆精心历理,可与庞迪峨、熊三拔等同译西洋历法,俾云路等参订修改。然历法疏密,莫显于交食,欲议修历,必重测验。乞敕所司修治仪器,以便从事。"疏入,留中。

四十年四月己卯,晓望月食。先是钦天监奏:推食,六分二十秒初亏,寅一刻复圆,辰初刻至期。测得寅三刻初亏,约食三分余。

四十一年,南京太仆寺少卿李之藻上《西历法》,略言:迩年台监失职,推算日月交食,时刻亏分,往往差谬。交食既差,定朔定气,由是皆舛。伏见大西洋国归化远臣庞迪峨、龙华民、熊三拔、阳玛诺等,洞知历算之学,携有彼国书籍,久渐声教,晓习华音。其言天文历数,有中国昔贤所未及道者。一曰天包地外,地在天中。其体皆圆，皆以三百六十度算之，地径各有测法。从地窥天，其自地心测算与自地面测算者都有不同。二曰地面南北。其北极出地，高低度分不等；其赤道所离天顶，亦因而异，以辨地方风气寒暑之节。三曰各处地方所见黄道，各有高低斜直之异，故其昼夜长短亦各不同。所得日景，有表北景，有表南景，亦有周围圆景。四曰七政行度不同，各为一重天，层层包裹，推算周径各有其法。五曰列宿在天另行度，以二万五千余岁一周，此古今中星所以不同之故，不当指列宿之天为昼夜一周之天。六曰五星之天各有小轮，原俱平行，特为小轮旋转于大轮之上下，故人从地面测之，觉有顺逆迟疾之异。七曰岁差分秒多寡，古今不同。盖列宿天外，别有两重之天。动运不同，各有定算，其差极微。八曰七政诸天之中心各与地心不同处所，春分至秋分多九日，秋分至春分少九日，此由太阳天心与地心不同处所，人从地面望之，觉有盈缩之差。其本行初无盈缩。九曰太阴小轮，不但算得迟疾，又且测得高下、远近、大小之异。交食多寡，非此不确。十曰日月交食，随其出地高低之度，视法不同，而人从所居地面南北望之又皆不同。兼此二者，食分乃审。十一曰日月交食，人从地面望之，东方先见，西方后见。凡地面差三十度则食差一时，而以南北相距二百五十里作一度，东西则视所离赤道以为减差。十二曰日食与合朔不同。日食在午前，则先食后合；在午后，则先合后食。凡出地入地之时近于地平，其差多至八刻，渐近于午，则其差时渐少。十三曰日月食所在之宫，每次不同，皆有捷法定理，可以用器转测。十四曰节气当求太阳真度。如春秋分日，乃太阳正当黄赤二道相交之处，不当计日匀分。凡此十四事，臣观前此天文历志诸书皆未能及。或有依稀揣度，颇与相近，然亦初无一定之见。惟是诸臣能备论之，不徒论其度数而已，又能论其所以然之理。盖缘彼国不以天文历学为禁，五千年来，通国之俊曹聚而讲究之。窥测既核，研辨亦审，与中国数百年来始得一人，无师无友，自悟自是，此岂可以疏密校者哉！观其所制窥天窥日之器，种种精绝，即使郭守敬诸人尚①在，未或测其皮肤。又况见在台监诸人，刻漏尘封，星台迹断者，自非可同日而论也。昔年利玛窦最②称博览超悟，其学未传。溘先朝露，士论至今惜之。今庞迪峨等须发已白，年龄向衰失，今不图政，恐后无解人。伏乞敕下礼部，亟开馆局，将迪峨等所有历法，照依原文译出成书，其于鼓吹休明，观文成化，不无裨补也。"

又，礼科给事中姚永济亦以为言。

四十四年，邢云路献《七政真数》，其略曰："凡步历之法，必以两交相对。彼交印此交，此交符彼交，两交正而中间时刻分秒之度数，自一一可按。七政之行，其理皆同。日月之交食，即五星之凌犯，以同度同道也。故日月食为日月交。五星在黄道间合伏，为日与五星交；月与五星凌犯，为月与五星交；木星与火星凌犯，为木星与火星交。推之五星互犯，莫不皆然。故两交相对，而互相发明，七政之能事毕矣。以此法布算，今岁七月十六日戊寅，夜望月食，推得是月望交泛分一十三日八十四刻五十六分六十三秒，阴历交前一度二十二分三秒九十五微，月食分一十三分五十九秒六十九微，定用分六刻六十八分四十五秒二十一微，既内分二刻八十六分六十五秒七十微，既外分三刻八十一分七十九秒五十一微，初亏分六刻四十三分二十秒八十九微，食既分一十刻二十五分四十微，食甚分一十三刻一十一分六十六秒一十微，生光分一十五刻九十八分三十一秒八十微，复圆分一十九刻八十分一十一秒三十一微。初亏，丑初二刻；食既，丑正二刻；食甚，寅初一刻；生光，寅初三刻；复明，寅正三刻。此月食之数，即日月交之数也。其推步五星盈初之数，即五星交之数也。二数定而七政明矣。"

天启元年春,云路详述日月交食分数,以备修历。言:"臣数岁以来,勉竭心力,正表凿度,孔壶浮箭,步得日月交食详悉分数,谨此具述。按新法推,泰昌元年庚申岁十一月十六日己丑夜望月食,初亏漏下二百七十三筹五十三分,计九十七刻二十四分;食既,漏下二百九十四筹六十分,计八十八分;生光漏下三百三十二筹四十分,计七刻四十分;复圆漏下三百五十三筹四十八分,计一十一刻。各以发敛求之,得初亏夜子初一刻,食既子正一刻,食甚子正四刻,生光丑初三刻,复圆丑正三刻,月食一十四分九十九秒。食甚月离黄道毕宿一十四度三十分一十秒。而《授时》则推:初亏子正一刻,食既丑初一刻,食甚丑正初刻,生光丑正三刻,复圆寅初三刻,月食一十三分三十一秒,月离黄道毕宿一十四度三十四分四十四秒,与天不合。如以《授时》为是,臣当是日以漏箭自子平计至初亏,月在五车星下,天关星西,诸王东第一星为九十七刻三十四分,而夜子初一刻无疑。乃仰观在天,管窥所共睹,隶首所共算者,《授时》误矣。是其见在之数与天合符者也。复以此法推天启元年辛酉岁四月壬申朔日食,初亏申正一刻,食甚酉初一刻,复圆酉正初刻,日食一分八十六秒,复圆日在天未入地。食不及三分不救,而《授时》则推是日食初亏申正三刻,食甚酉正初刻,复圆戌初初刻,日食三分九十一秒,日未入已复光三分一十三秒,日已入未复光八十秒,与天不合。以新法推,天启三年癸亥岁九月壬寅夜望月食,初亏申正三刻,食甚酉初三刻,复圆戌初初刻,月食五分三十八秒。月未出已食五分二十五秒,月已出见食一十三秒,不及一分不救。而《授时》则推月食七分八秒,月未出已食一分九十八秒,月已出见食五分一十秒,与天不合。是其未来之数以见在之数知之者也。再以此法上推,而宋而唐而汉,惟宋仁宗天圣二年甲子岁五月丁亥朔,日食五十七秒。考《宋史》载,是年五月朔,日当食五分有奇,候之不食。司天监奏日食不应,中书奉表称贺。以郭守敬《授时》历法算,亦当食不食。以新法推,唐开元十二年甲子岁七月戊午朔,日食在寅刻。及日出止见食一分四十秒。考《唐史》载,一行算是年七月朔当食半强,自交趾至朔方候之不食。一行以为德之动天。以《授时》法算,亦当食不食。以新法推,汉灵帝熹平四年乙卯岁正月己巳朔,日食在寅刻。及日出止见食一分十秒。考汉史无日食。蔡邕上书谓元旦亲见日体微伤,同群臣赴宫门,欲救不得。以《授时》历法算,是日卯时日食。

"夫此三日食乃紊乱悬绝之最甚者。凡日食不及三分,与不食同,不救。夜食亦不为食。唐宋皆食一分余,算不及三分。而历官皆以日月失行。乃日月何尝失行？汉、唐、宋及郭守敬俱算差,而新法俱算合,是其已往之数与天合符者也。汉熹平至今一千四百余年之久,而新法犹合,则未来皆合可知,然臣独未敢自以为是也。盖天道高远,自古难求,后之不察,率多轻易作法,诎诎之圣。如元《授时历》成,著为历经,自谓推算之精,古今无比。而未久辄差。臣今不揣妄意窥天,亦安保其尽善,第所立新法,颇似近密。臣今年七十有三矣,止求进言,非求进身,伏乞敕部议覆。"章下礼部。

至冬,云路又奏:"臣本年春言四月朔日食历数。临期测验,分刻乃有不合。臣始悟历元立法,原自无差。而其差者,乃今《大统历》沿郭守敬《授时历》之误也。盖日食者,月食之也。故正历一准于月食,而月之分数与限度定法,皆其纲领最大者。《授时》定月食分三十分及十五分,月食限十三度五分,定限八十七分,此守敬率南北日官以仪器测验于天,自丙子至庚辰,又经甲午再验几二十年。自谓推步之精,可永久无弊。以故《大统历》用之,臣今所步历亦用之。及四月朔日食测验方见其差,乃悟。以异乘同除,另变其法,变月食分三十分为三十五分,变十五分为十七分五十秒,变定限十三度五分为十三度十二分五十秒,变定法八十七分为七十五分。诸数既变,乃依旧历元立法布历,一一方合,然后知历元法原自无差,而其差者《大统》相沿《授时》法误之也。故必如臣所推,以五千七百四十为日食成限,以四千九百二十为月食成限,以三十五分为月食分,而黜郭守敬之三十分,方为正法。"章下礼部知之。

云路尝言:《授时历》法,上考下推,每百年消长一分。而李德芳疏称消长一日,德芳误也。若元统闰气转交四准,实皆《授时》之数,接年续之,但去其消长之法,而一无所改,乃竟以修改自命,将谁欺乎?且《授时》之法,乃六十六年三分年之二差一度,统谓七十年差一度,亦非云路复辨论《授时》、《大统》二历之失。

其论《授时》也,一曰《授时》求盈缩迟疾差立二术,一术不拘整日、半日,奇零时刻以平立差三乘之为密;一术用加分损益积度,乃以二日对减,余乘时刻立零数,则分秒微有不合为疏也。一曰《授时》定南北东西定差,先言阴阳二历于南北定差,云在盈初缩未者,交前阴历减,阳历加;交后阴历加,阳历减。在缩初盈未者反是。于东西定差云在盈中前者,交前阴历减,阳历加;交后阴历加,阳历减。中后者,交前阴历加,阳历减;交后阴历减,阳历加。在缩反是,皆非也。夫方求定差,尚未有正交、中交限度,则阴阳历去中前后度从何而出?则于何处加减之?正法曰:南北差,盈初缩未。正交减,中交加,缩初盈。未正交加中交减。东西差,盈历正交中前减,中后加。中交中前加,中后减。缩历正交中前加,中后减,中交中前减,中后加为是。一曰《授时》引李梵、苏统皆以月行当有迟疾,不必在牵牛、东井、娄角之间,乃由行道有远近出入所生,其言似是而非也。盖月行高低处在牵牛、东井至娄角始平行者,古时则然,而久之则渐移他宿。如日躔,汉时在斗,而今退至箕,所谓不必在牵牛、东井、娄角之间者此也。若谓为月行当有迟疾,由道有远近，出入所生，则非。盖月行迟疾远近，出入所生，乃月行一周天，出入黄道内外宽狭所离之数。在古时每周高低处在牵牛、东井间，平行俱在娄角。至年久方渐移他宿耳。故守敬引李淳之言以证月行迟疾之理，其说似是而非，不可不辨。一曰日食为月所掩，人以目视，九服不同，故有时差分。月食行入暗虚，异地所见皆同，宜无时差。故《宋志》、《应天》等历，直以定望小余为食甚定分，而《纪元历》则立时差。金重修《大明历》亦用之，《授时历》因而未革。其谓月食分视定望分在日周四分之一，巳下为卯前，巳上复减半周为卯后。在四分之三，巳下减去半周为酉前，巳上复减日周为酉后。以卯酉前后分自乘，退二位，如四百七十八而一为时差，子前以减，子后以加，皆加减定望分。此《元史》之文，其说非也。然《授时》时差之说固非，而揆以密率，则月亦有时差焉。其时差者乃人处其偏，日出入分早晚不一，则人目所视去日月对冲之中心，少顷方至，微有差殊也。故以日周减卯酉前后分余数，止在刻下分秒间为时差，以加于定望 为食甚定分。然而，有加无减者，以日月相对相迎之故耳。若异地则反是，此月食无时差中之时差也。一曰《元史》载《授时》求月食既法，以既内分与一十分相减相乘，平方开之，所得以五千七百四十乘之。如入定限，行度而一，为既内分，非也。盖日大月之半，故日食定法二十分，月食定法三十分。三十分半之而十五分，乃月食既分。如月食十分已上者，去其十分，余为既单分。是月西边与日西边齐，至日东边所食之数为既单分也。以既单分用减 月食既分十五分，余复以单分乘之，平方开之，所得以四千九百二十乘之。如入定限，行度而一，为既内分，以减定用为既外分为是。若如《授时》云，以既内分与一十分相减相乘，夫未得数先，安得有既内分？一十分已过之数，又与既分无预，何以相减相乘为也？且四十九刻二十分者，乃以昏至晓，夜六时，因每时八刻二十分，所得之数为夜定法也。若五十七刻四十分者，乃以晓至昏七时。因每时八刻二十分，所得之数为昼定法也。昼定法乃推日食所用，而守敬误用以推月食定用分并食既分，非其类矣。今钦天监用四十九刻二十分，却是。

其论《大统》也，一曰《革象新书》载斗钢所指，谓之月建。又载建子之月，次名元枵，以至建亥之月次名娵訾。此赵缘督之言，其说非也。盖在天宫次，原与月建无关。况正月昏时斗杓指寅，惟雨水后六日则然。雨水后六日以前，斗杓不指丑乎？雨水后六日指寅，惟今时则然。久之天星渐移，数百年后不转，而二月指丑乎？缘督不知，而误以天星之次舍加为地盘之月建，钦天监不知，而刻于《天文星图考略》中，几何而不述乱人之耳目耶？一曰四正者岁周之四分也，冬至即冬正，夏至即夏正，春分前三日为春正，秋分后三日为秋正。每正初日，则黄赤道同度。如元《授时》冬至初日，至箕宿十度，至今万历年退至箕宿五度，以推天正冬至。赤道变黄道，则惟宜以冬至初日下赤道，度率一度八分六十五秒而一即得黄道度正。以是日赤黄道同度，为四正之一正也。今《大统》推冬至初日，因此时日躔箕五度，遂误用至后五度下率不及减，以四度下率一度八分四十九秒减之。若曰，今日躔箕五度，亦宜用五度率也，则大谬不然矣。夫日躔箕五度者，乃三百余年自箕十度退至箕五度也。与冬至初度行至至后之五度何关？如久而日退于尾十九度，亦将以十九度下之度率减之乎？何悖戾之甚也。一曰《授时历》至元辛巳，黄道躔度十二交宫界。守敬所测也，至今三百余年，冬至日躔已退五度，则宜另考日躔宫界，另以赤道变黄道，以合今时在天宫界。从古历家未有以三百年后仍用三百年前黄道者。考《唐志》云："日躔宿度，如邮传之过。宿度既差，黄道随而变矣。"《元志》云："黄道宿度当据岁差所移，依术推变。"嘉靖初，乐藝亦尝以是为言，何监官不之察也。一曰元大都即今顺天府。《授时》大都测景，夏至昼六十二刻，夜三十八刻，冬至反是。我朝洪武初，南京测景，冬夏昼夜长止五十九刻，短止四十一刻。今钦天监以《授时》大都之历法，步洪武南京之刻漏，冬夏二至各差三刻。以故，正统十四年历，冬夏至昼夜六十一刻，想监官以漏记之，觉其差而改，人骇以为异，而不知为顺天测景宜然之数也。

校记

① 山平堂本"尚"为"而"字，从本祠堂本。
② 山平堂本"最"为"辄"字，从本祠堂本。

卷七 历志三

崇祯二年五月乙酉朔，日食。《大统历》预推食三分二十四秒。初亏巳正三刻，食甚午初三刻，复圆午正三刻。《回回历》预推，食五分五十二秒。初亏午初三刻，食甚午正三刻，复圆未初三刻。时礼部侍郎兼翰林院侍读学士徐光启预推：顺天府见食二分有奇。初亏巳正三刻二分，食甚午初二刻六分，复圆午初四刻六分。应天府见食六分有奇，琼州府食既，大宁以北不见食。已而，光启之法验，《大统》《回回历》皆疏。庄烈愍帝切责钦天监官，于是，礼部言："据五官正戈丰年等称，《大统历》乃国初监正元统所定，其实即郭守敬《授时历》也。二百六十年来，历官按法推步，一毫未尝增损，非惟不敢，亦不能。若妄有窜易，则失之益远矣。窃详，历始于唐尧，至今四千年。其法从粗入精，从疏入密。汉唐以来，有差至二日、一日者，后有差一二时者。至于守敬《授时》之法，古今称为极密。然中间刻数依其本法，尚不能无差。此其立法固然，非职所能更改。岂惟职等即守敬以至元十八年成历，越十八年为大德三年八月，已推当食而不食；大德六年六月，又食而失推。载在《律历志》可考也。是时，守敬方以昭文殿大学士知太史院事，亦付之无可奈何，良以心思技术已尽于此，不能复有进步矣。夫彼立法者尚然，况职等斤斤守法者哉？今欲循守旧法，向后不能无差。欲行修改,更非浅陋所及。遵奉严纶,措躬无地。臣惟历法大典,唐虞以来,咸所隆重,故无百年不改之历。我国家事事度越前代,而独此一事略无更定,岂所以昭圣朝之令典哉？乞允臣奏,开局修改。"从之。

乃议以本部侍郎兼翰林院侍读学士徐光启督修历法。且言:"近世言历诸家,大都宗郭守敬旧法。比于见在历官,艺犹鲁卫。至若岁差环转,岁实参差。天有纬度,地有经度,列宿有本行月,五星有本轮,日月有真会,似会皆古来所未闻。惟西国之历有之。而舍此数法,则交食凌犯,终无密合之理,宜取其法参互考订,使与《大统》法会同归一,即本朝之历可以远迈前代矣。"

已而,徐光启上《历法修正十事》。其一,议岁差每岁东行渐长渐短之数,以正古来百年、五十年、六十六年多寡互异之说。其二,议岁实小余昔多今少,渐次改易,及日景长短,岁岁不同之因,以定冬至,以正气朔。其三,每日测验日行经度,以定盈缩加减真率,东西南北高下之差,以步日躔。其四,夜测月行经纬度数,以定交转迟疾真率,东西南北高下之差,以步月离。其五,密测列宿经纬行度,以定七政盈缩、迟疾、顺逆、违离、远近之数。其六,密测五星经纬行度,以定小轮行度迟疾、留逆、伏见之数,东西南北高下之差,以推步凌犯。其七,推变黄赤道广狭度数,密测二道距度,及月五星各道与黄道相距之度,以定交转。其八,议日月去交远近及真会、似会之因,以定距午时差之真率,以正交食。其九,测日行,考知二极出入地度数,以定周天纬度,以齐七政。因月食考知东西相距地轮经度,以定交食时刻。其十,依唐元法随地测验二极出入地度数,地轮经纬,以求昼夜晨昏永短,以正交食有无先后多寡之数。因举南京太仆寺少卿李之藻、西洋人龙华民、邓玉函同襄历务,疏奏,报可。九月癸卯,开历局,命光启督修历法。

三年，邓玉函卒，征西洋人汤若望、罗雅谷译书演算。进光启礼部尚书兼翰林院学士，协理詹事府詹事，督修历法如故。

时，巡按四川监察御史马如蛟荐资县诸生冷守忠①精历学，都察院以所呈历书送局。光启复咨云："历之始事先定气朔，历之终事必验交食。今崇祯四年辛未岁前冬至，《大统历》推在庚午十一月十八日亥正一刻，新法定在十九日丑初一刻五分四十一秒，则《大统历》已先天一十二刻有奇。乃守忠②所推在酉初四刻，又先于《大统》一十六刻，比之新法共先二十八刻有奇，燕越苍素，不啻远矣。更考是年四月十五日戊午夜望月食，钦天监推食限一十四分九十九秒，初亏于正东，为丑初三刻。食既为丑正三刻，食甚为寅初二刻，生光为寅正一刻，复光于正西，为卯初初刻。而新法所推，则食限二十六分六十秒。其在顺天府则初亏在丑初一刻，内第二十五分三十秒；食既在丑正一刻，内第五十一分二十三秒；食甚在寅初一刻，内第六分四十三秒；生光在寅初四刻，内第五十九分二秒；复圆在卯初初刻，内第二分二十三秒。又依各省直道里推之，如四川成都府，则初亏在子正初刻九十一分一十三秒，食既在丑初一刻二十六分六十七秒，食甚在丑正初刻七十分六十三秒，生光在寅初初刻二十六分四十秒，复圆在寅正初刻五十分七十三秒。盖顺天府复圆之时，月轮准在地平上未入。四川复圆之时，月轮尚在地平上一十五度有奇。守忠③云加时在昼，此则相左之甚，而明白易见也。"

四年，夏四月戊午夜望月食。光启预定月食分秒时刻方位，奏言："日食随地不同，则用地纬度算其食分多少，用地经度算其加时早晏。月食分秒，海内并同，止用地经度推求先后时刻。汉安帝元初三年三月二日日食，史官不见，辽东以闻。五年八月朔日食，史官不见，张掖以闻。盖食在早，独见于辽东；食在晚，独见于张掖。

当时京师不见食，非史官之罪，而不能言辽东、张掖之见食，则其法为未密也。《唐书》载：北极出地，自林邑十七度至蔚州四十度。元人设四海测验二十七所，庶几知详求经纬之法矣。臣从舆地图约略推步，开载各省今食初亏度分，盖食分多少既天下皆同，则余率可以类推。不若日食之经纬各殊，必须详备也。又月体一十五分，则尽入暗虚，亦十五分止耳。而臣今推二十六分六十秒者，盖暗虚体大于月。若食时去交稍远，即月体不能全入暗虚，止从月体论其分数。是夕之食极近于二道之交，故月入暗虚一十五分方为食既，更进一十一分有奇，乃得生光。故为二十六分有奇。如《回回历》推十八分四十七秒，略同此法也。"

已而，四川呈报冷守忠④原推四月十五交十六日月食，寅正二刻初亏，卯初二刻食甚，卯正二刻复圆，月食一十三分二十八秒。至期，参政贺自镜等公同候验，乃初亏正东子正初刻，食既丑初三刻，食甚丑正初刻，生光寅初三刻，复圆正西寅正二刻。与新法吻合。守忠⑤所推实差二时。

冬，十月辛丑朔，日食。新法预推，顺天府见食二分一十二秒；初亏，午正一刻，内九十四分四十一秒；食甚，未初二刻，内一十三分三十三秒；复圆，未初四刻，内五十一分三十三秒；食甚，日躔黄道大火一度二十五分二十八秒，月离白道，经度未至中交二度一十五分二十一秒。纬度距黄道北，实行七十五分二十二秒，不应见食。用三差法算得本地视行距黄道北二十七分，又用二径折半法算得见食分如前。应天府以南，全不见食。大漠以北食既，例以京师见食未及三分，不救护。光启言："日月交食，皆天验之大者。而月食在夜，加时早晚，苦无定据。惟日食按晷定时，无可迁就，故历法疏密，独此最为的证。况臣等纂辑新法渐次就绪。而向后交食，为期尚远。此时不一指实，与监员共见。至历成之后，无凭取验，何从强其必信而安意习之乎？且是食之必当测候有四说焉。按日食有时差，旧法用距午为限，中前宜减，中后宜加，以定加时早晚。若食在正中，则无时差，不用加减。故台官相传，谓日食加时有差，多在早晚，日中必合。独今此食既在日中，而加时则旧术在后，新术在前，当差三刻以上。所以然者，七政运行，皆依黄道，不由赤道。旧法所谓中，乃赤道之午中，而不知所谓中者，黄道之正中也。黄赤二道之中，独冬夏二至乃得同度，余日渐次相离。今十月朔去冬至度数尚远，两中之差二十三度有奇，岂可仍因食限近午不加不减乎？若食在二至，又正午相值，果可无差。即食于他时，而不在日中，即差之原尚多亦复难辨。适际此日，又值此时，足为显证，是可验时差之正术，一也。交食之法既无差误，及至临期实候，其加时又或少有后先，此则不因天度而因地度。地度者，地之经度也。本方之地经度未得真率，则加时难定其法，必从交食时测验数次，乃可校勘画一。今此食依新术测候，其加时刻分或前后未合，当取从前所记地经度分，斟酌改定，此可以求里差之真率，二也。时差一法，溺于所闻。但知中无加减，而不知中分黄赤。今一经目见，一经口授，人人知加时之因黄道，人人知黄道极之岁一周天，奈何以赤道之午正为黄道之中限乎？因此推彼，他术皆然，足以明学习之甚易，三也。监臣所最苦者，从来议历之人诋为擅改，不知其斤斤墨守郭守敬之法，即欲改不能也。守敬之法加胜丁前多矣，而谓其至今无差，亦不能也。如时差等术盖非一人一世之聪明所能揣测，必因千百年之积候而后智者会通以立法。若前无绪业，即守敬不能骤得之，况诸臣乎？此足以明疏失之非辜，四也。有此四者，即分数甚少，亦宜详加测候，以求显验。"从之。

至期，光启率监员预点日晷，调壶漏，将测高仪器推定食甚刻分。应得日轨高于地平三十五度四十分。又于密室中斜开一隙，置窥筒远镜以测亏复，画日体分数图板，以定食分。候至午正二刻，方见初亏。至正四刻，食甚，仪上得日高三十五度四十分，未初三刻内，已见复圆。食甚分数未及二分。于是，光启言："臣前疏四款，其第二言本方里差经度未得真率，今食甚之度分密合，在经度里差，似已无烦更定矣。独食分未合原推者，盖因太阳光大，能减月魄，必食及四五分以上，乃得与原推相合。然此测用密室窥筒，形象分明，方能得此分数。倘止凭目力，则炫耀不真；或水盆映照，亦荡摇难定。恐所少尚不止此也。"帝是之。

时有满城布衣魏文魁著《历元》、《历测》二书。是年，令其子象乾进《历元》于朝。通政司送局考验，光启为摘当极论者七事："其一，岁实自汉以来，代有减差，至《授时》减为二十四分二十五秒。依郭法百年消一，今当为二十一秒有奇。而《历元》用杨级、赵知微之三十六秒，翻覆骤加，与郭法悬殊矣。所宜极论者一。其一，句股弧矢，历学之斧斤绳尺也。每测皆觅弧背，每算皆求弧矢。而今历测中，犹用围三径一，开方求矢之法，此术一误，何所不误？所宜极论者二。其一，冬夏至不为盈缩之定限，今考日躔，春分迄夏至，夏至迄秋分，此两限中日时刻分不等。又立春迄立夏，立秋迄立冬，此两限中日时刻分亦不等。此皆测量易见，推算易明之事。盖太阳盈缩之实限，宜在夏冬二至之后，而各有时日刻分，代有长消加减，所宜极论者三。其一，旧历言太阴最高得疾，最低得迟，且以圭表测而得之，非也。太阴迟疾，是入转内事；表测高下，是入交内事。若云交即是转，缘何交终转终，两率互异？既是二法，岂容混推，以交道之高下，为转率之迟疾耶？交转即是二行，而月行转周之上，又复左旋。所以，最高向西行，则极迟；最低向东行，乃极疾。正与旧法相反，五星高下迟疾，亦皆准此，所宜极论者四。其一，日食法谓在正午无时差，非也。时差言距，非距赤道之午中，乃距黄道限东西各九十度之正中也。而黄道限之正中，在午中前后有差至二十余度者，若依正午加减，焉能必合？所宜极论者五。其一，交食限定为阴历距交八度，阳历距交六度，亦非也。本局考定，阴历当十七度，阳历当八度，月食则定限南北各十二度。所宜极论者六。其一，《历测》云：宋文帝元嘉六年十一月己丑朔，日食不尽如钩，昼星见。今以郭氏《授时历》推之，止食六分九十六秒。郭历舛矣，不知所谓舛者何也。如郭历，果推不尽如钩，昼星见，则真舛耳。今云六分九十六秒，乃是密合，非舛也。夫月食，天下皆同。日食九服各异，前史类能言之。南宋都于金陵，郭历造于燕中，相去三千里。北极出地差八度，日食分数，宜有异同矣。其云不尽如钩，当在九分左右，而极差八度，时在十一月，则食差当得二分弱。郭历推得七分弱，非密合而何？本局今定日食分数，首言交，次言地，次言时，一不可阙。所宜极论者七。"

已而，文魁反复论难，语甚忿激。于是，光启更申前说开喻之，著为《学历小辩》。其一曰岁实小余，自汉迄元，渐次减率，彼皆实测实算，以为当然，何独今日乃应骤加？或处士实测冬至时刻，知《大统》未尝后天，故加之耶，此亦不为无见，然亦知冬至时刻，终古无定率乎？使果有定率，则处士所定岁余，岁岁加增足矣，何为每测必差，乃至校自定小余更多四刻以上耶？今新法定用岁实，更减于元。不知者必谓卟惟先犬，且先《大统》，乃以推壬申冬至，《大统》得己亥寅正一刻，而新法得己亥辰初一刻十八分，何也？盖正岁年与步月离相似，冬至无定率，与定朔定望无定率一也。朔望无定率，宜以平朔望加减之；冬至无定率，宜以平年加减之。若郭太史所增减之岁实者，平年也。故新法之平，冬至虽在《大统》前，其定冬至恒在《大统》后也。其二曰句股三乘术非误也，特径一围，三不合耳。弧与弦终古无相准之率，无论古率、徽率、太一率，即多分之至万万亿，犹是弦也，不则外周之切线也。且弧弦之术，举手即须。每推一法，数四用之。即依古率推演，已觉太繁，况徽密诸率乎？新法于此有论说，有立成，有通率，都为八十余万言。作者虽劳，用者甚逸。且其为用又甚大，故名《大测》。处士欲罗而致之历元中，窃恐崇台九成，延袤百丈而不混者，或未易寄人庑下也。其三曰旧法冬夏二至为盈缩之定限，今云否者，非无据也。古名历家精详测候，见春分至立夏，行四十五度有奇；立秋至秋分，亦行四十五度有奇。其度分等，而中间所历时日不等。又时日多寡，世世不等。因知日行最高度，上古在夏至前，今世在夏至后六度，则夏至后六度乃真盈缩之限，此即真冬至所自出矣，达者自能豁然。其四曰旧法用圭表测太阴，谓得去地高庳者，交道也，非转率也。九年再测者亦非测太阴，测月孛也。月交东骛，月转西驰，两道违行，是生月孛。孛者，悖也。月转至是，则违天行，故最迟也。九年以内，孛实行天一周，四年半在高，四年半在庳。其测高测庳之月日，太阴必与孛同度。既得同度，必是最迟，岂因圭表所测去地高下为其迟疾耶？且孛虽九年而一周，月则二十七日有奇而一转。若洞悉交转之义，深明平自之说，即月月自有其迟疾，日日可得其高下，何必九年哉？如必九年，乃得则岁星须十二年，填星须二十九年，岁差须二万五千余年，谁能待之？其五曰，日食距午时差，旧法以为论时则定朔小余五十刻是也。新法以为论度，则黄道九十度限是也。时与度有时而合，有时而离。有食在午中，或近午左右，而推算时刻乃不合者，其度限去午左右稍远故也。如今年十月朔，日食午正。而监推乃在未初，《回回历》在未正，亦一证已。其六曰，日食距交限，新法定为阴历十七度，阳历八度，非妄也。即今年十月朔日食甚，依法推得日食甚时，月未至中交十四度强，而食及二分，则初入食限，岂非距交十七度乎？何得定为阴历八度耶？其说不自西法始。《大统历》推日食在正交、中交限度。法曰：视其交定度如在七度以下或三百四十二度以上，皆为食在正交。夫置三百四十二度以减交终度，余二十二度则是正交，后二十二度为食限矣。又曰：如在一百七十五度以上或二百二度以下皆为食在中交。夫置交中度以减二百二度，余二十度则是中交，前二十度为食限矣。至宋仁宗天圣二年甲子岁五月丁亥朔，历官推当食不食，司天奏日食不应。中书奉表称贺。诸历推算，皆云当食。夫于法则实当食，而于时则实不食，今当何以解之？按西历，日食有变差一法。是日在阴历距交十度强，于法当食，而独此日此地之南北差变为东西差，故论天行，则地心与日月两心俱参直，实不失食。而从人目所见，则日月相距近变为远，实不得食，顾独汴京为然。若从汴以东数千里，则渐见食，至东北万余里以外，将全见食也。推历之难全在此等。盖日食独在黄道中限，乃无变差；不在中限，虽食午正，亦必有之。故曰东西时差不以午正为限，以黄道九十度之正中为限也。变则时时不同，或多变为少，或少变为多，或有变为无，或无变为有。其多变为少，少变为多者，人但以推步为未工，竟不知未工者安在也。无变为有，人多不觉。然古史所载，亦有食而失推者，职此之故。星历家虽蒙失占之罚，亦竟不知其所由，惟有变为无，则推步在先，至期弗验，不得不传耳。其七曰，末一则本部原咨有二说，一谓南北里差。《元史》称四海测验二十七所，大都北极出地四十度太强，扬州三十三度。今测得金陵三十二度半，校差八度少，依每度二百五十里推之，则二千余里。为其南北径线，有里差则有食分差，安可谓日食南北之分秒等耶？试问之南来人，今年十月朔曾见日食与否，当自知之。一谓东西里差尽大地，人皆以日出处为东，日入处为西；皆以日出时为卯，日入时为西。有定东西，无定卯酉也。南北里差论北极出地若干里，而高下差一度；东西里差，论七政出入亦若干里，而后先差一度。不易之定论，验诸交食，最易见矣。

五年，光启以礼部尚书兼东阁大学士预机务，仍督修历法。是年十月十一日，光启奏："本年九月十五日月食。先时，钦天监以《授时历》法推，初亏在卯初一刻。臣等以新法推，初亏在卯初三刻；《回回》科推，初亏在辰初初刻。三法异同，致奉诘问，正欲至期测候，籍以辨其离合。不意候至卯初，遂有阴云，迄于天明，未见开朗。三法是非既无征验。则其所以不同之因，臣不得不溯流穷源而备陈之。盖闻交食之法，先求平朔望。平朔望之算起于历元。今历法本用元《授时历》，以至元辛巳为历元，当时所立四应稍有未合。臣等新法以崇祯元年戊辰为历元，两者相提，已推得旧法后天六十五分为半刻有奇矣。既得平朔望以求定朔望，定朔望，即日月之食甚定分也。法以日躔盈缩，月转迟疾，推其各差。又以两差之校为加减时差，用以加减于平数得定数焉。昨，九月十四日夜望，则太阳在缩历。而《授时》法缩历起夏至，不知日有最高，有夏至两行异法，缩历宜从最高起算也。惟宋绍兴年间，两行同度。郭守敬后此百年，去离仅一度有奇。故未觉今最高一行已在夏至后六日有奇，以推缩差，则旧法后天一十八分有奇也。是日太阴在疾历，迟疾之法，《授时》止论一转周，新法谓之自行。轮月自行之外又有两次轮。以次密推，则旧法疾历先天二度有奇。以推疾差，又后天四十分也。次以缩疾两差相校，变为时而求定望，宜用减法。旧法则一推而得四十八刻九十分，新法再推，先得四十一刻一十三分有奇，次得四十四刻八分。两得相校，又差三刻弱，故旧法之食甚定分，得二十八刻弱，新法得三十刻弱。以推初亏，则旧法得在子正后二十二刻二十二分，为卯初一刻；新法得在子正后二十三刻五十九分，为卯初三刻，此旧法与新法异同之因也。若《回回历》又异二法者，臣等实未能尽晓其故，仅知彼历元为阿剌必年，与隋开皇相值，去今一千三十余载矣。年远数殊，意其平朔望亦未合也。即以减分论，则是日太阳缩历在四宫一度。依彼法得缩差一度四十一分,新法得一度四十三分,其差二分。太阴疾历在十宫十七度,依彼法得疾差二度一十九分半,新法得二度六分,其差一十三分半,两差相并,得十五分半。变为时约彼法在新法后四刻,今差五刻者,意其缘或在历元四应,否则,创法之处,距西一万余里,或里差又未合也。总之,三家所报,各依其本法,展转推求,乃始得之,不能立异以相畸,亦不能中变以相就,必欲辨其疏密,则在临食之时,实测实验而已。今已往之事无复可论,将来准法,似须商求。所宜求者盖有二端:其一曰食分多寡。按交食法中,不惟推步为难,并校验亦复未易。日食时阳晶晃耀,每先食而后见。月食时游气纷侵,每先见而后食,盖食者二体相交之谓也。日食既交,因其大光,人目未见,必至一分以上,乃得之。月食未交,暗虚之旁,先有黑景侵入于月。及其体交,反无界限。故推步纵无舛谬,而校验多任目任意揣摩,景向不能灼见分数,以证原推得失。如宋臣周琮所定,差天一分以下为亲,二分以下为近,三分以下为远,非苟自恕,盖其术止此而已。今欲灼见实分,有近造窥筒,新法日食时用于密室中,取其光景,映照尺素之上,自初亏至复圆,所见分数界限真确,画然不爽。月食不能定其分秒之限,然二体离合之际,鄞鄂著明。中间色象,亦与目测迥异,此定分法也。其一曰加时早晚。定时之术,相传有壶漏为古法,近有轮钟为简法。然而调品皆由人力,迁就可凭人意,故不如求端于日星。昼则用日,夜则任用一星,皆以仪器测取经纬度数,推算得之,是为本法。其验之,则测日有平晷。新法测星有立晷新法,皆砻石范铜,镜画数度,节气时刻,一一分明。以之校论,交食皆于本晷之上,某时某刻,先期注定,至时征验,是合是离,灼然易见,此定时法也。二法既立,一遇交食,则诸术之得失疏密,自然莫遁矣。然台官之历,郭守敬之历也。守敬之法,今日之所谓差,当时之所谓密也。古今月食,诸史不载。所载日食，自汉至隋，凡二百九十三，而食于晦日者七十七，晦初一日者三，初二日者三。其疏如此。唐至五代，凡一百一十，而食于晦日者一，初二日者一，初三日者一，稍密矣。宋凡一百四十八，则无晦食。更密⑥矣。犹有推食而不食者十三。元凡四十五，亦无晦食，犹有推食而不食者一，食而失推者一，夜食而书昼者一，至加时先后，至四五刻者，当其时已然，至今遵用不改，安能无误？乃守敬之法三百年来，世共推以为度越前代，何也？高远无穷之事，必积时累世，乃稍见其端倪，故汉至今千七百岁，立法者仅十有三家。盖于数十百年间一校工拙，非一人之心思智力所能黾勉者也。守敬集前古之大成，故所差仅四五刻，比于前代，洵为密矣。若使守敬复生今世，欲更求精密，计非苦心极力，假以数年，恐未易得，何可责于沿袭旧法如诸台臣者乎？"

六年，冬十月，以山东参政李天经督修历法。时，光启以病辞历务，逾月卒，所著《崇祯历书》几百卷。

七年，魏文魁上言：历官所推交食节气皆非是。于是，命文魁入京测验。是时，言历者四家，原设《大统》、《回回》而外，别立西洋为西局，文魁为东局。言人人殊，议历有如聚讼云。

是年，闰八月十八日，天经言："本年八月秋分，《大统历》算在八月三十日未正一刻，新法算在闰八月初二日未初一刻一十分，相距约差两日。臣于闰八月二日，同监局官生测太阳午正高五十度六分，尚差一分入交。推变时刻应在未初一刻一十分，吻合新历。随取辅臣徐光启从前测景簿勘对，数年俱合。《春秋传》曰：'分同道也，至相过也。'二语可为今日节气差讹之一证。盖太阳行黄道中线迨二分，而黄道与赤道相交，此昼夜之所以平而分之，名所由起也。迨二至，则过赤道内外各二十三度有奇矣。夫过赤道二十三度有奇为真至，则两道相交于一线，讵不为真分乎？即旧法亦知分前分后之有昼夜平，但拘泥一定之法，平分岁实，计日立算，其于盈缩加减之理，多所未晓，无怪其认平与分为二也，何也？太阳有平行，有实行。平则每日约行若干；而实则有多有寡，日日不等，必从最高起算，用法加减之，始得真度分，真节气。故新法之与旧法，惟冬夏二至止差时刻，余则有差至一日二日者。不独秋分为然，皆所当讲求画一者也。"

九月十二日，天经言："臣考测七政，预报会合凌犯行度，内开九月初四日昏初，火星与土星同度。初七日卯正二刻，金星与土星同度。十一日昏初，金星与火星同度。臣偕罗雅谷等同郎中陈六韐等，并监局官生诣观星台，候至昏初，用简仪测得火星在尾四度五十分，土星在尾四度七十分。至初七日，候测土金，适遇云掩难见。十一日，又诣台，仍用简仪测得金星在尾十五度一十分，火星在尾十五度二十分。臣思火土之同度也。旧法推在初七，而臣报初四者合，是旧法后天三日，而新法密，金火之同度也。旧法推在初三，而臣报十一日合，是旧法先天八日，而新法又密。盖五星一道，千古尘蒙。即守敬诸人，当年且不能别创一解，别树一义，如今日之累黍不差者，何况剿袭旧说者乎？"

又，文魁奏："天经所报，木星犯积尸，不合。"于是，天经又言："测验之法，非止一端。测验之仪，非止一器。要皆各适其用。而窥管则创自西洋，为用甚大。窥管之制，论其圆径不过寸许，凡两星密联，星体细微，及两星相距半度以内，新法所谓三十分，穷仪器与目力不能测见者，皆能明晰。其容半度强者，即此管之度分也。如觜宿三星相距三十七分，则不能同见。五车西柱下二星，相距四十四分，愈不能同见。其为半度强明甚。臣于闰八月二十五日夜，及九月初一日夜，同部监诸臣在局仰见木星在鬼宿之中，距积尸仅半度。因木星光大，气体不显，是以独用此管。人人各自窥见积尸为数十小星团聚,木星与积尸共纳一管。礼臣陈六翰所谓恍见木星之侧,有数小星结聚,云系鬼宿中积尸气者是也。而文魁指为未犯,但据臆算,未经实测。据称,初二日木星已在柳初,则前此岂能越鬼宿而飞渡乎?且臣报闰八月二十四日,而文魁算在九月初一日,相距七日,度分已移,乃执为不犯之证,谬矣!然木星之于积气后此出鬼宿,退行时尚一犯焉。既退而顺行时,又一犯焉,非直此日之犯已也。"

十月十三日,天经预报,木星退行、顺行,两经鬼宿行度尺寸晷刻,已而皆验。

八年四月初四日,天经上历法条议二十六则,其"七政公说之议"七:一曰诸曜之应宜改。盖日月五星各有本行,其行有平有视,而平行起算之根则为应。应者,乃某曜某日某时躔某宫次之数。今新法改定诸应,悉从崇祯元年戊辰前,冬至后己卯日第一子正为始。二曰测诸曜行度用赤道仪尚不足,应用黄道仪。盖太阳由黄道中线行,日月五星各有本道,亦皆出入黄道内外,而不行赤道。若用赤道仪测之,则所得经纬度分须通以黄、赤道率表乃可。否则,所测经度宿次非本曜天上所在之宫次也。三曰诸方七政行度,随地推算不等。盖日月东西见食,其时各有先后,既无庸疑矣。则太阳之躔二十四节气,与月五星之掩食凌犯,安得不与交食同一理乎?故新法立成,诸表虽以顺天府为主,而推算诸方行度,亦皆各有本法。四曰诸曜加减分用平立定三差法尚不足。盖加减平行以求视行,乃历家之要务。第天实圆体,与平异类,旧所用三差法,俱从句股平形定者,于天体未合。即各盈缩损益之数未得其真。今新法加减诸表,乃以圆齐圆,差可合天。五曰随时随地可求诸曜之经度。盖旧法欲得某日某曜经度,必先推各曜冬至日所行宫度宿次,后乃以各段日度比算得之。今法不拘时日方所,只检本表一推步即是。六曰径一围三,非弧矢真法。盖古历家以直线测圆形,名曰弧矢法。而算用径一围三,谬也。今立割圆八线表,其用简而大。弧矢等线,但乘除一次,便能得之,非若向之展转求商,累时方成一率者可比。七曰球上三角三弧形,非句股可尽。盖古法测天,以句股为本。然句股弦乃三腰之形,句与股交,必为直角。遇斜角则句股穷矣。且天为圆球,其面上与诸道相割生多三弧形,因以测诸星经纬度分,二者一句股不足以尽之。

"恒星之议"四:一曰恒星本行即所谓岁差,从黄道极起算,盖各星距赤极度分,古今不同。其距赤道内外也,亦古今不同。而距黄极或距黄道内外,则皆终古如一。所以日月五星,俱依黄道行。其恒星本行应从黄极起算,以为岁差之率。二曰古今各宿度不同。盖恒星以黄道极为极,故各宿距星行度与赤道极时近时远。行渐近极,即赤极所出过距星线渐密,其本宿赤道弧则校小。渐远极,即过距星线渐疏,其本宿赤道弧则校大。此缘二道二极不同故,非距星有异行,亦非距星有易位也。如觜宿距星古测距参二度,或一度半度,又或五分。今测之,不啻无分,且侵入参宿二十四分,此非可证之一端乎?三曰夜中测星定时。盖太阳依赤道左行,每十五度为一小时,三度四十五分为一刻。今任指一星测之,必校其本星经行,与太阳经行得相距若干度分。又得其距子午圈前后若干度分,则以加减推太阳距本圈若干,因以变为真时刻。四曰宋时所定十二宫次在某宿度,今不能定于某宿度。盖因恒星有本行,宿度已右移故也。

"太阳之议"四:一曰太阳盈缩之限,非冬、夏二至,此限亦微有行动。盖旧法以冬、夏二至为太阳盈缩初末之限,即新法所谓最高及最高冲也。因测冬至至春分,又测春分至夏至,中间日数不等。觉冬至太阳行疾而盈,夏至行迟而缩焉。今新法亦测得自冬而夏,自夏而冬，或自春而夏，自夏而秋。两测中积非一算得此，限不在二至，已过六度有奇。且年年行动，初无一定之数。二曰以圭表测冬、夏二至，非法之善。盖二至前后，太阳南北之行甚微，则表景长短之差亦微。如冬、夏至前后三日，太阳一日南北行为天度六十分之一。设表长一丈，冬、夏至二日之景约差一分三十秒。夫一分三十秒为一日之差。则测差一秒，当为六刻七分。圭上一秒之差，人目能保不误乎？且景符之光线，阔亦不止数秒。一秒得六刻有奇，若测差二三秒，算几差二十刻，又安所得准乎？今法独用春、秋二分，盖以此时太阳一日南北行二十四分，计一日景差一寸二分，即测差一二秒，算不满一刻。其差甚微，校二至为最密。三曰日出入分，应从顺天府起算。盖诸方北极出地不同，晨昏时刻亦因以异，《大统》依应天府推算，是以昼夜长短未能合天。甚至日月东西带食，所推未如所算，多缘于此。今悉依顺天府改定。四曰平节气，非天上真节气。盖旧法气策为一十五万二一八四三七五，此乃岁周二十四分之一。然太阳之行有盈有缩，不得平分。如以平数定春秋分，则春分后天二日，秋分先天二日矣。今悉改定。

"太阴之议"四：一曰朔望之外，别有损益，分一加减不足尽之。盖旧法定太阴平行，一日为十三度有奇。算朔望，别有加法减法，大率为五度有奇。然两弦时多寡不一，此加减法不足以齐之。即《授时》亦言月朔望时，一日平行十三度有奇，朔望外平行数不定。似明其理，未著其法。今于加减外，再用一加减，名为二三均数，理明而数亦尽。二曰纬度不能定于五度，时多时寡。盖纬度难定五度，古今历家俱言之。以交食分数及交泛等测定，黄白二道相距约五度。然朔望外两道距度，有损有益，大距计五度三分度之一。若一月有两食，其弦时用仪求距黄道度五度，未能合天。三曰交行有损益分。盖罗睺计都即正交、中交行度。古定交行一日，逆行三分,千百年俱为平行。今细测之,月有时在交上,以平求之,必不合算。因设一加减为交行均数。四曰天行无紫气。盖旧谓紫气生于闰余,又曰紫气为木之余气。今细考诸曜,此种行度无从而得,无象可明,则知作者为妄增,后来为传会。

"交食之议"四:一曰日月景径分恒不一。盖日月有时行最高,有时行最庳。因高庳遂相距有远近,近则见大,远则见小。又因远近得太阴过景,有时厚,或有时薄。所以,径分不能为一。二曰日食午正非中限,乃以黄道九十度限为中限,盖南北东西差,皆以视度与实度相校而得。日月之实度俱依黄道,则视度安得不从黄道论其初末以求中限乎?且黄道出地平上两象限,自有其高也,亦自有其中也。此理未明,或有宜加反减,宜减反加者。凡日食加时,不得合天,皆缘于此。三曰日食初亏复圆时刻多寡恒不一,非二时折半之说。盖视差能变实行为视行,则以视差校食甚前后,鲜有不参差者!夫视差既食甚前后不一,又安能令视行前后一乎?今以视行推变时刻,则初亏复圆,其不能恒为一也明矣。四曰诸方各依地径推算时刻及日食分。盖地面上见日月出没,与在中各有前后不同,即所得时刻亦不同。故见食虽一而时刻异,此日月食皆一理。若日食则因视差随地不一,即太阴视距不一,所以见食分数亦因之异焉。

"五纬之议"三:一曰五星应用太阳视行,以段目定之不得。盖五星皆以太阳为主,其与太阳合伏也则疾行,其与太阳冲也则退行。且太阳之行有迟有疾,而五星亦各有本行外之太阳迟疾,则合伏日数,时多时寡,自不可以段目定其度分。二曰五星应加纬行。盖月有白道,半在黄道内,半在黄道外。而五星亦然,其出入各于黄道有定距度。又土、木、火三星冲太阳纬大,合伏太阳纬小。金、水二星顺伏纬小,逆伏纬大。宜详考之。三曰测五星当用恒星为准则。盖测星用黄道仪外，宜用弧矢等仪，将所测纬星视距二恒星若干度分，依法布算，方得本星真经纬度分，或绘图亦可免算。

十二月十四日，天经言："《大统》载，本年水星三月十八日晨见，至四月二十一日晨伏。则前此皆见时矣。新法载，三、四、五、六等月俱伏。臣会同监正张守登等，于四月十四日五鼓，登台测验良久，直至日出，委无水星出见。又于十七日再三详测，其不见也如故，则是新法所算水星晨不见密合矣。又，《大统》载，本年水星八月初七日晨伏不见，至九月二十一日夕见，则前此皆不见时矣。新法载，七月二十五日水星晨见，至八月二十三日晨不见。又八月十三日，《大统》载木星在张一度，新法算得在张四度。是日子正初刻，与轩辕大星同度同分。臣因于八月十三日子时，会同守登等测验，木星果与轩辕大星同在一线。少顷，水星晨见东方。则是新法所算水星晨见又密合。而木星与轩辕同度，亦皆历历不爽矣。本年八月二十七日，新法算得木、火、月是日寅正二刻同在张六度三十三分。《大统》载，是日木在张四度，火、月张三度。至期测得木、火、月果在同度一线上。则是木、火、月同度。又与新法吻合矣。"

九年正月十五日辛酉，晓望月食，天经及《大统》、《回回》历科，各预推顺天亏复食甚分秒时刻。天经恐至期云掩难见，乃以法并推各省，奏遣官生赴河南、山西，分行测验。至期，天经与罗雅谷、汤若望、大理寺评事王应遴、礼部祠祭司主事李焴等，同赴观象台，而文魁亦在焉。候至初亏，台官用简仪测月得在卯初一刻四十三分，与天经等所推合。又同时用立运仪测得去极七十九度七十分，校文魁所推差四度。至食甚，《大统》推食三分一十五秒，月未入见食一分五十四秒；《回回》推食一分九十三秒，月未入见食三十五秒；文魁推食四分三十一秒，在天见食三分八十二秒，是皆未至。食甚，月已西入地平。而西局独推食甚月在地平上高四度二十分，见食三分八秒,月未入见复光六十五秒。维时用立运仪测得月果西高四度余,政西局所推食甚时也。复用简仪测月,得在卯正一刻,与天经等所推又合。良久,至卯正二刻,月光渐复,而各法俱不得,仍执带食之说矣。

已而,河南咨报,月初亏时用象限仪测角宿南星,西高三十七度二十七分,推得为寅正四刻内五十六分;食甚,测河鼓中星东高四十度弱,推得卯正一刻内一十三分,见食三分有奇。复光未几,旋入地平,与原推一一吻合。而山西咨报,望前测太原北极高三十七度四十四分,至食时云掩,无从考验亏复。

是月,得旨:测验月食,新法为近。但以十三日为雨水,其再奏明。天经覆言:"《大统》推本年正月十五日辛酉子正二刻雨水,新法推本年正月十三日己未卯初二刻八分雨水。两法相校,先后几差二日。而臣岂无说而敢臆为创改乎?盖论节气有二法:一为平节气,一为定节气。平节气者以三百六十五日二四二五为岁实,而以二十四平分之,计日定率每得一十五日二千一百八十四分三十七秒五十微为一节气,故从岁前冬至起算,必越六十日八十七刻有奇,而始历雨水。旧法所推十五日子正二刻者此也,日度之节气也。定节气者,以三百六十为周天度,而亦以二十四平分之。因天立差,每得一十五度为一节气。故从岁前冬至起算,考定太阳所躔宿次止须五十九日二刻有奇,而已满六十度。新法所推十三日卯初二刻八分雨水者此也,天度之节气也。盖太阳之行有盈有缩,日日不等。冬至后行盈,盈则其行疾,一日行天一度有奇。夏至后行缩,缩则其行迟,一日所行不及一度。此非用法加减之,必不合天。顾可拘泥气策以平分岁实乎?请以春秋分证之。旧法推本年二月十六日巳正四刻春分,新法则推十四日卯正二刻五分。而旧法亦于本月十四日下注:昼五十刻,夜五十刻矣。旧法又推本年八月二十三日丑初三刻秋分,新法则推二十五日丑初初刻十分。而旧法随于本月二十五日下注:昼五十刻,夜五十刻矣。顾名思义,分者,黄赤二道相交之点。太阳行至此点,昼夜之时刻各等;过此,则分内外而昼夜遂有长短。乃昼夜平分在二月十四日与八月二十五日,而春秋分顾推十六日与二十三日乎?知春秋分则知各节气,知各节气则知雨水。臣前疏所谓冬夏二至止差时刻,余则有差至一日、二日者,正指是也。"

已而,天经于二分届期会部员及监局官生,每午赴台以象限仪累测午正日太阳高度,得二月十四日高五十度八分;十五日高五十度三十三分;八月二十四日高五十度一十五分;二十五日高四十九度五十二分。终测,天经曰:"夫春秋分者,黄、赤二道相交,太阳至此平分天中。如京师北极出地三十九度五十五分,则赤道应高五十度五分,自南往北者高度必渐多;自北往南者高度必渐少,理甚明也。今置二月十四日所测,加以地半径二分,校赤道已多五分。盖原推春分在卯正二刻五分,至午正已过二十一刻五分矣。是时,太阳纬行每日二十四分弱;时越二十一刻五分,则纬行应加五分强。所谓自南往北,高度渐多也。至十五日并地半径已多至三十分,况十六日乎?置八月二十五日所测,加以地半径校赤道少一十一分,盖原推秋分在丑初初刻十分。至午正乃过四十三刻五分,则纬行应减一十一分,所谓自北往南,高度渐少也。若二十四日并地半径已多一十二分,况二十三日乎?"

既,又以《节气图》示之,曰:"内规分三百六十五度四分度之一者,日度也;外规分三百六十度者,天度也。旧法计日定率,每得十五日二千一百八十四分有奇为一气。而新法止取天度十五焉。故自冬至起算,越九十一日三十一刻六分,而始历春分者,日度为之限也。乃在天则已逾限二度余矣。又越二百七十三日九十三刻一十九分，而即交秋分者，亦日度为之限也。乃在天所不及者尚二度余矣，岂非旧法春分每后天二日，秋分每先天二日耶？"于是，具颠末奏闻。是岁冬，进天经山东按察使，仍管历务。

十年正月辛丑朔，日食，天经等预推京师见食一分一十秒，初亏午正二刻五十六分，食甚未初一刻八十三分，复圆未正初刻六十二分。应天见食一分二十二秒，初亏午正初刻八十三分，食甚未初二刻七十六分，复圆申初初刻四十二分。济南见食二分三十三秒，初亏午正二刻七十六分，食甚未初二刻五十六分，复圆未正二刻七分。福州见食四分一十二秒，初亏午正初刻六十二分，食甚未初二刻六十九分，复圆申初初刻三十五分。杭州见食四分四十秒，初亏午正二刻七分，食甚未正初刻三分，复圆申初一刻六十九分。朝鲜见食三分八十六秒，初亏未初初刻九十分，食甚未正二刻二分，复圆申初二刻八十三分。南昌见食二分九十七秒，初亏午初三刻四十二分，食甚未初初刻八十三分，复圆未正一刻九十分。武昌见食一分八十九秒，初亏午初三刻二十五分，食甚未初初刻六十九分，复圆未正一刻六十九分。开封见食一分四十八秒，初亏午正初刻五十五分，食甚未初初刻五十六分，复圆未正初刻二十一分。广州见食三分九十三秒，初亏午正初刻六十九分，食甚未初一刻六十九分，复圆未正二刻三十五分。太原不见食。桂林见食一分八十九秒，初亏午初一刻四十九分，食甚午正二刻七分，复圆未初二刻四十二分。西安见食二十五秒，与不见食等。贵阳见食九十五秒，初亏巳正三刻七十六分，食甚午初一刻八十三分，复圆午正三刻二分。成都见食九十二秒，初亏午初一刻六十九分，食甚午正一刻二十一分，复圆未初初刻五十五分。云南见食一十六秒，与不见食等。食甚，日躔黄道，女宿初度一十分，依赤道为女宿二度一十六分。而《大统历》推食一分六十三秒，《回回历》推食三分七十秒，东局推止有游气侵光三十余秒。

已而,会同测验,惟天经所推为密。

十一年正月,诏仍行《大统历》。如交食、经纬、晦朔、弦望,因年远有差者,准傍求参考。新法推测屡近,许同《回回》科存监学习。魏象乾等赐白金贮丝散遣回籍。七月,进天经光禄寺卿,仍管历务。

十四年十二月,天经言:"《大统》置闰,但论月无中气。臣局新法,尤视合朔后先。今所进十五年新历,其十月、十二月中气,适交次月合朔时刻之前,所以月内虽无中气,而实非闰月。盖气在朔前,即此气尚属前月之晦也。至十六年正月后,止有惊蛰一节,而春分中气,交次月合朔之后,则其月当闰无疑也。"

十六年二月乙丑朔,日食。新法推京师见日食分秒,已而,又皆验。八月,诏西法果密,即改为《大统历法》,通行天下。无何,遇国变,竟未施行。

<small>文简意畅。叙新法处,诠次校详,会于法者深也。</small>

校记

① "忠"字诸本均为"中",本祠堂本为"忠"。
②③④⑤ "忠"字本祠堂本开始为"忠"后作"中",正之。
⑥ "密"字本祠堂本为空格,从它本补。

卷八　后妃传

高、文、昭、章、睿、景、纯七朝后妃传

孝慈高皇后，姓马氏，宿州闵子乡人，宋太保默之后。父马公游侠尚节概。母郑氏，早卒。

马公素善郭子兴，尝避仇客濠，以后托子兴，寻亦卒。子兴育之如己女。既奇太祖，遂以配焉。

后聪明有智鉴，好书史。太祖在军有札记，辄命后掌之，仓卒未尝遗失。子兴信谗，多猜忌，后善事其妻张氏，弥缝阙略，疑衅渐释。

太祖克太平后，率将士家属渡江。龙湾之役，尽发宫中金帛犒战士。尝谓太祖曰："定天下以不嗜杀人为本，人心所归，即天命也。"太祖深然之。参军郭景祥守和州，人有言其子持槊欲杀父者，太祖将行诛，后曰："景祥止一子，人言或不实。杀之，绝其后矣。"太祖复察之，果枉。告后曰："非汝言，几误杀此子。"

李文忠守严州，杨宪言其不法事。太祖欲召还，后曰："严州临敌境，不宜轻易将。且文忠素贤，宪言未可遽信。"太祖悟，遂止。文忠卒克杭州，成犄角之功者，后之力也。

后既多所裨益,太祖雅重之。即帝位册为皇后。尝对群臣以唐太宗、长孙皇后相拟,间以语后,后曰:"妾闻夫妇相保易,君臣相保难。陛下不忘妾同贫贱,愿无忘群臣共艰难。且妾安敢比长孙皇后,愿陛下以尧舜为法耳。"

帝欲官后亲族,后曰:"陛下以圣德受命,作事当为后世法。愿无以爵禄私外戚。"帝善其言而止。

后勤于内治,选女史数人,日讲说古训,至夜分不倦。闻汉唐以后,惟宋多贤后,命女史录其家法行事,朝夕省览。或言宋仁厚太过者,后曰:"过仁厚不犹愈于刻薄乎?"

问女史:"黄老何教?而窦太后好之。"对曰:"清静无为,若绝仁弃义,民复孝慈是也。"后曰:"孝慈即仁义,事讵有绝仁义而为孝慈者哉?"

喜读小学,以为言易晓,事易行,于人道无所不备,请帝表章之。

帝性英断,威福不可测,后能随事规谏。或因服御诘责左右,辄曰:"陛下忘昔日艰难耶?"前殿决事或震怒,及还宫,后从容谏曰:"人无全才,愿陛下器使,赦小过。"帝尝霁容谢焉。赞善李希颜教诸王经,偶以管击王额。帝怒甚,后曰:"恶有以尧舜之道教吾子,顾怒之耶?"宋濂得罪,几不测,后曰:"民家为子弟请一先生,尚欲以礼全始终,况贵为天子乎?"其因事匡救多类此。

帝尝怒谴宫人,后辄执付宫正司议罪。帝问其故,后曰:"妾闻赏罚惟公足以服人,当怒行罚,必有偏重。付宫正则酌其平矣。"

一日,问帝:"今天下之民安乎?"帝曰:"后妃主内政,此非尔所宜问也。"后曰:"陛下为天下父,妾忝为天下母。民犹子也。子之安否,何可不问?"岁凶,忧形于色。帝告以发仓廪赈恤,后曰:"赈恤之有方,不如蓄积之先备。"帝深然之。救荒良谋。

诸将克元都，输其宝货至京。后曰："元有是，何以不能守而失之？意者货财非宝，帝王自有宝与！"帝曰："朕知汝意，盖谓得贤为宝耳。"后拜谢曰："诚如陛下言。妾与陛下起贫贱，至有今日。恒恐骄纵生于奢侈，危亡起于细微，故愿得贤人共理天下，实大宝也。"

尝曰："人主自奉欲薄，养贤欲丰。念京官俸入有限，而家有远近，必有不能自给者。仕宦亦难，何独百姓？"帝幸太学还，后问："太学生几何？"曰："数千。"曰："人才众矣！诸生有廪食，妻子无所仰给，宁无累于心乎？"帝于京官时赐，周恤于监生，月赐粮给其家，恩数甚优，实自后发之。

帝尝令应死囚筑城赎罪，后曰："罚役赎罪，至仁也。但久困之囚，加以劳役，恐不免死亡。"帝遂罢其役，悉释之。

尝谓帝曰："事几得失，本君心之邪正；天下安危，视民情之苦乐。"又曰："法屡更必弊，法弊则奸生。民数扰必困，民困则乱生。"帝叹曰："至言也！"命女史书之于册。

帝御膳，后尝躬自省视。平居服大练，浣濯之衣，衾裯虽敝，不忍易。左右皆以为太俭，后曰："吾闻古之后妃皆以富而能俭，贵而能勤见称史册。盖奢侈之心易萌，崇高之位难处。吾日夜惕励，未尝自宁，欲以身先后宫，为国家惜福耳。"闻元世祖后煮故弓弦事，亦命取练，织为被褥，以惠贫老。余帛颣丝，缉成衣裳，赐诸工妃、公主，曰："蚕桑不易，此在民间犹为难得。汝等生长富贵，不可不知也。"

命妇入朝，延接如家人礼。念父母蚤亡，言及未尝不流涕。帝感其意，为修墓建庙，礼秩甚备。

洪武十五年，得疾，群臣请祷祀，求名医，后谓帝曰："死生有命，祷祀何益？且医何能活人？陛下悼妾，必杀医，是重妾过也。"

疾亟,帝问所欲言。曰:"妾幸事陛下,承宗庙,母天下,妇人之荣至此极矣,尚何言? 惟愿陛下求贤纳谏,慎终如始,子孙皆贤,臣民得所而已。"八月丙戌崩,年五十一。帝恸悼,终身不复立后。

九月庚子,葬孝陵,谥曰孝慈皇后。

及小祥,礼部奏令天下诸司致祭。帝止之曰:"后在时,尝不欲费天下财。今令天下致祭,非后意也。"

宫人歌曰:"我后圣慈,化行家邦。抚我育我,怀德难忘。怀德难忘,于千万年。泌彼下泉,悠悠苍天!"

生皇子五人:长懿文太子,次秦王、晋王、太宗文皇帝、周王;皇女二人:宁国公主、安庆公主。

永乐九年,加上尊谥:孝慈昭宪至仁文德承天顺圣高皇后。嘉靖十七年,加上:孝慈贞化哲仁顺徽成天育圣至德高皇后。

成穆贵妃孙氏,先世陈州人。父和卿,仕元,家江南常州。母晁氏。妃性颖慧,年十三,父母亡,随仲兄范避兵扬州,遇青军陷城,元帅马世熊得之,育为义女。年十八,太祖闻其有容德,纳焉。

即帝位,册为贵妃,位众妃上,生四女。

洪武七年九月庚寅薨,年三十有二。赐谥成穆。

帝以妃无子,命吴王橚称慈母,服丧三年。东宫诸王皆期,敕儒臣作《孝慈录》。庶子为生母服三年,嫡子众子为庶母期,自妃始。葬楮冈,赐妃兄瑛田租三百石,令供岁祀。后附葬孝陵。以一人之私而变前王之礼于三重,似为未尽。

仁孝文皇后徐氏,凤阳人也。父中山武宁王达,母谢氏。后生有异质,父母课以经史,广其知识,后一览辄成诵。由是博通群籍,见古人嘉言善行一再思,辄曰:"此可仿而行也。"

洪武九年正月，册为燕王妃。王之北平，后从之，内政肃然。

王起兵，后留与世子居守。敌兵攻城甚急，城中几不支。后亲帅诸将校妻甲胄登城陴守，城赖以完。

太宗即位，十一月壬辰制曰："自古内治之隆，率由女德。妫汭嫔虞，涂山翼夏。姬周之盛，本自姜任。迄我皇考，龙飞启运，身致太平。惟是我皇妣孝慈高后坤元合德，克相厥成。尔徐氏为朕正妃，赞助藩国二十年于兹。朕躬行天讨，无内顾之忧。今克济艰难，肃清寰宇，亦惟是尔协赞力。朕登大宝，其立尔为皇后。

后既正位，中宫益自祗励。凡有献纳，多当上意。尝言："累年南北战争，兵民俱敝，宜与休息。"

时，帝用人颇以新旧为间。后谏曰："人才难得，昔伊尹佐汤，太公翼武，皆胜国人。况今贤才乃太祖所遗乎？宜释猜嫌，悉用之。"帝嘉纳。

每燕闲，与帝语及先朝事，上问："犹记忆先后遗言，何者最要乎？"后历举以对无遗，帝称善。

弟增寿阴有翊戴功，为建文帝所杀，至是帝将追命以爵。后力言不可，帝曰："后欲为汉明德耶？顾今非以外戚故。"竟追封定国公，命其子景昌袭爵。命下，乃以告后，非后志也。后以景昌年幼骤贵，恐负国恩，为先世辱，请令就学，帝从之。

初册立皇太子，封汉、赵二王。后曰："太子天下本，诸王藩屏所资，愿择老成端士辅养德器。"会选宫僚，劝帝仍用廷臣兼焉，曰："任使一则疑隙不生。此诚先朝善制，宜万世守之。"帝以为然。

后素爱太子仁厚，而以汉庶人不雅驯，颇厌之，时时请帝早教。帝亦以为然，其远识如此。

帝劳于政事，每日昃未食，后亦不食以待。尝问："陛下与共图政理者谁何？"帝曰："六卿治政务，翰林职论思典词命，皆朝夕左右者也。"因请悉赐其命妇冠服、钞币,且手书谕之曰:"妻之事夫,其道岂止于衣服馈食?必有德行之助焉。古公侯夫人及大夫士之妻,助成其夫之德化,有形于诗歌载诸史册者,古今人岂相远哉?吾在宫中,旦夕侍上,未尝不以生民为念。每承顾问,多见听纳。今上所与共理者六卿、翰林之臣数辈诸命妇,讵无所以翊赞于内乎?百姓安则国家安,国家安则君臣同享富贵,泽及子孙矣。"又召翰林学士解缙、黄淮、胡广、胡俨、杨荣、杨士奇、金幼孜妻入见柔仪殿,劳赐备至。

尝观《女宪》、《女戒》诸书,抽其要义,作《内训》二十篇。又著《劝善书》,后皆颁行天下。

永乐五年七月乙未崩,年四十有六。

生仁宗昭皇帝及汉庶人高煦、赵王高燧,永安、永平、安成、咸宁四公主。

后性不喜华饰,自御俭素。至病且大渐,犹以民未休息为念。劝帝广求人才,辨别邪正,勿弃小过,教子孙以学,亲宗室以恩,驭外戚以法。戒太子曰:"夙夜勤恪,敬事君父。"崩后,帝念之不忘,谓群臣曰:"皇后仁明贤淑,汉马后、唐长孙之伦也。虽处深宫,无一念不在生民。今朕入宫不复闻直言矣。"

是年十月甲午,册谥曰"仁孝"。七年,葬天寿山,升祔太庙。

二十二年,仁宗即位,改葬长陵,上尊谥曰"仁孝慈懿诚明庄献配天齐圣文皇后"。

孝诚昭皇后张氏,河南永城人。父麒,兵马指挥,以后贵封彭城伯,见《外戚传》。

洪武二十八年闰九月壬午,册为燕世子妃,永乐二年夏四月甲戌,册为皇太子妃。

仁宗体肥硕，不便骑射，太宗恚之至，命有司减食物一日。当是时，汉王高煦强武，当上意，仁宗在东宫濒危，居恒悒悒不乐。后譬喻宽慰，勉以孝谨，卒赖以全。

仁宗即位，立为皇后。

明年，仁宗崩，宣宗立，尊为皇太后。

太后念祖宗创业维艰，谕帝恪守成宪，委任老成。帝亦最孝，一日，奉太后游西苑，帝躬掖太后舆上万岁山，奉觞上寿，献诗颂圣德。太后悦，酌酒赐帝，且谕曰："今天下幸无事，吾母子得同此乐，皆天与祖宗之赐。惟此下民，天与祖宗之赤子，当加意爱养，无使饥寒，庶副天与祖宗之意。"帝拜稽首曰："谨受教。"

宣德五年二月，帝以清明节近，召蹇义、杨士奇、杨荣谕之曰："皇太后笃念祖宗功德，虑朕不克负荷。昔汉明帝奉太后谒陵，著于史册。今朕将奉太后谒二陵，以慰圣心礼欤。"义等对曰："太后圣孝，陛下敬承之，礼之正也。"帝以闻于太后，太后喜，越二日，五军严备供具，出大内，不烦有司。帝躬鞚鞭骑，导太后辇至清河桥，帝下马扶辇过桥，复骑。远近呼"万岁"，声动林野。至沙河，帝指天寿山，曰："二陵在其下。"后望之怆然。时陵旁居民迎拜道左，太后顾谓帝曰："百姓爱戴君上，以能安之。古帝王保有天下，垂裕子孙，令闻长世，惟是能安民耳。国家轻徭薄赋，存恤茕独，庶几为民父母之道。"于是，奉太后视道旁农家，召其媪，问所业及安否。其妇女老幼皆欢喜踊跃，应对质朴，如家人然。太后喜，赐钞帛饮食。有进蔬食酒浆者，太后尝之，举以赐帝，曰："此农家味，当知之。"明日见扈从大臣张辅等于行殿，慰劳甚至，赐酒馔、白金、文绮有差。还京，命帝作《赏春赋》，叙道中景物及农家作业之状。此事自古所无，写得朴而缛。

英宗即位，尊为太皇太后。以书戒兄彭城伯杲都督升循礼度，修恭俭。自今惟朝朔望，勿预政事。不然，有祖宗法在，不敢赦。杨士奇等言："都督升贤，非他外戚比，愿仍令与闻政事。"老奸语。有诏，不许。

先是宣宗崩，后取宫中一切玩好及不急之务皆罢之，禁中官毋得用事。时英宗幼冲，大臣请太后垂帘视事，不许，曰："毋坏我祖宗家法，使母后预政也。"是时，政在台阁，委用三杨。有诏，凡朝廷大政，必先白太皇太后，然后行。太皇太后令悉付内阁议决。时，王振有宠于帝，太皇太后每数日必遣中官至阁内问："连日曾有何事商确？"即以帖开某日有某事来议，如何施行。太皇太后验之，有不付内阁议者，必召振责之。

正统二年春正月，太皇太后御便殿，帝西向侍，召英国公张辅，大学士杨士奇、杨荣、杨溥，尚书胡濙入朝，左右女官杂佩刀剑，仪卫森然。如汉废昌邑节次。辅等西下侍太皇太后，顾谓帝曰："此五人皆先朝简任，皇帝凡有行，必与之计可否。非五人赞成，不可行也。"帝跽受命。有顷，召太监王振至，俯伏阶下。太皇太后颜色顿异，叱曰："汝侍皇帝起居多不律，今赐汝死。"于是，女官加刃振颈。帝跽为之请，诸臣咸顿首。太皇太后曰："皇帝幼冲，岂知若辈自古坏人国家多矣，吾且听皇帝及诸臣留振，今后再干国事，必罪不宥。"

正统七年十月，大渐，召大臣问："朝廷尚有何大事未举者？"杨士奇对曰："建文临御天下四年，当命史官修其实录，仍用建文年号；大宗诏收方孝孺文字者论死，乞弛其禁。"太皇太后默然。士奇等顿首，称受顾命而出。此谓之善将顺。乙巳崩，合葬献陵。

后既崩，王振遂用事。未几有土木之变，人益追思后，以为宣、英二朝天下治平，群贤在列，后之力居多。时称"女中尧舜"。见后为功于时者甚大。

后生宣宗章皇帝、越王瞻墉、襄王瞻墡。

十一月丁巳,上尊谥曰"孝诚恭肃明德弘仁顺天启圣昭皇后",祔庙。

恭让章皇后胡氏,山东济宁州人。父荣以长女善围为女官,给事掖庭,得授锦衣百户。后,其第三女也,讳善祥,永乐十五年七月册封为皇太孙妃。

二十二年十月,仁宗嗣位,册立为皇太子妃。

洪熙元年七月,宣宗即位,立为皇后。

当是时,海内宁谧,车驾数事游幸,后每乘间规讽,帝颇不怿。后素贞静恬澹,善病艰嗣。而贵妃孙氏有子,宠冠后宫。宫中有讽后退逊者,后表请闲居。帝谕礼部曰:"比皇后胡氏自罹多病,不能恭承祭养,重以无子,固怀廉退,上表请间,朕念夫妇之义,拒而不从。恳辞再三,益加惓切。已从所志就闲别居,其称号、服食、侍从,悉如旧。"亦明朝一大变。册孙氏为皇后。三年二月,赐后号"静慈仙师",退居长安宫。皇太后念其贤,甚怜之,尝召入清宁宫。每燕会,必命居孙后之上,恩礼甚笃。

正统七年,太后崩,凡六宫有位号者皆得祭奠。后不敢与孙后列,乃同诸妃嫔祭奠。因痛哭不已,八年冬十月薨。

初,后之将废也,帝召张辅、蹇义、夏原吉、杨士奇、杨荣面谕之曰:"朕年三十,未有子息,中宫屡产不育,日者言中宫禄命不宜男。今幸贵妃有子,必立为嗣。母以子贵,自古有之。但中宫如何处置?"因举后过失数事。荣曰:"如此,则废之可也。"帝曰:"有故事否?"义以宋仁宗废郭后对。士奇曰:"古人有言,臣事帝后,犹子事父母也。子岂当议母?且宋仁宗废郭后,孔道辅、范仲淹率台谏十数人叩宫门谏,皆被黜。史册讥之。今闻中宫过失,皆非当废之罪,臣何敢将顺?"议未决,明日,上召士奇、荣至西角门,问议如何。荣于怀中出一纸,列后过失二十事,曰:"即此可废。"帝览二三事,遽艴然曰:"渠曷尝有此,宗庙无神灵耶?"顾士奇曰:"尔何言?"对曰:"汉光武废后,诏曰异常之事,非国休福。宋仁宗废后,后亦深悔,愿陛下三思。"帝不怿而罢。他日又召问五人,辅、原吉言:"陛下慎处,必求得当。"后独召士奇,士奇请问:"中宫与贵妃情谊何如?"帝曰:"平日极和睦,今中宫病,贵妃朝暮慰藉甚殷。"士奇曰:"如此,惟乘后有疾,导之辞让,则进退以礼。"帝深以为然。又数日,召士奇曰:"卿言甚善,中宫果欣然辞。太后尚未听,中宫复坚辞,必得请。"士奇因曰:"若然,则愿陛下待两宫两家如一。昔宋仁宗废郭后,而待郭氏恩礼有加。"帝曰:"朕不食言。"后乃废。及薨,孙后命廷臣议丧事。时,士奇在告,诸臣就问之。士奇曰:"当以后礼殓葬景陵。"诸臣曰:"此非中宫意。"士奇不答,惟曰:"万世骂名!"遂上议以嫔礼葬之金山。后以无过废,宣宗晚年亦悔之,叹曰:"此朕少年事。"欲复位号,不果。

天顺六年,孙后崩,皇后钱氏为英宗言:"胡后贤而无罪,废为仙师。其死也,人畏太后,殓葬皆不如礼。"劝上复其位号。英宗召李贤问之,贤对曰:"陛下此念,天地鬼神实式临之。然臣愚见,愿陵寝、享殿、神主皆更如奉先殿式,庶几称陛下之明孝。"七年闰七月,加谥曰"恭让诚顺康穆静慈章皇后",修其陵寝,不祔庙。此事惟杨士奇始终持正,后来李贤亦好。如杨荣、蹇义、敬宗、夷简之流,奴材也。

孝恭章皇后孙氏,山东邹平县人。父忠,永城县主簿,以后贵封会昌伯。

后有殊色,性机警。彭城侯麒选媵,孝诚皇后入宫时,年十余岁。已而,太宗为太孙选济宁胡皇后为妃,而以后为嫔。

仁宗临御，册胡皇后为皇太子妃，并以妃冠服赐后。

宣德元年，册立胡皇后，而后为贵妃。故事：皇后金册、金宝，皇贵妃而下，有册无宝。独后有宠，得请于太后，特制金宝赐之，遂为定例。当是时，后宠冠后宫，而胡后贞静恬退，且遘疾无子。后阳朝暮慰藉，而阴用计倾之。会英宗皇帝生，于是，后宠愈盛。帝遂有废立之志，使人讽胡后上表请闲。后犹辞曰："皇后病痊，当有子。妾子敢先皇后子耶？"帝于是立英宗为皇太子。宣德三年二月，废皇后胡氏，下诏曰："贵妃孙氏，昔皇祖选嫔于朕，十有余年，德义之茂，冠于后宫。实生长子为皇太子，春秋之义，母以子贵，宜正位中宫。"三月癸未，册立为皇后。

五年二月，从太皇太后谒陵。

英宗即位，尊为皇太后。

正统十四年八月，英宗北狩时，京营单弱，人情汹汹，有建议南迁者。太后用侍郎于谦策，决意战守。敕郕王监国，立皇庶长子为皇太子。己巳，下诏曰："迩因也先犯塞，毒害生灵，皇帝恐祸连宗社，亲率六师往正厥罪，不意被留朔漠。尚念臣民不可无主，兹于皇庶子三人中，择其长且贤者正位东宫。仍命郕王为辅，代总国政，抚安天下。"丙子，文武大臣合辞请郕王即位，太后从之，是为景帝。十二月丁未，尊为上圣皇太后。

时，英宗在迤北，太后时以貂裘等物寄之。及幽闭南内，困惫殊至。太后时时遣中使问遗，保护百端，得无恙焉。天顺元年二月，英宗复辟，召阁臣李贤等曰："朕惟母后深恩无以为报。况朕居南内七年，危疑之际实赖保全。今又定策禁中，俾朕复位。欲效前代上徽号，少伸孝情，如何？"于是，贤等拟上尊号曰"圣烈慈寿皇太后"。二年正月己卯，上宝册颁诏天下。

六年九月乙未，后崩。乙卯，上尊谥曰"孝恭懿宪慈仁庄烈齐天配圣章皇后",合葬景陵,祔庙。

父忠进封至安国公,晋太保。长孙继宗嗣会昌侯,次四人皆都督,子孙数十人皆官于朝。

孝庄睿皇后钱氏,直隶海州人。先世万一以军功封昭勇将军右金吾指挥使,世其爵。至后父贵中军都督,以女贵,追赠安昌伯。

正统八年,年十六,册立为皇后,事上恭谨,逮下有恩礼。

十四年,英宗北狩,后每夜哀吁天,倦则卧地,因损一股。复以哭泣伤明。倾宫中所有,佐迎驾之费。及在南城不自得,后尝曲为慰解焉。初,景帝即位,迁居仁寿宫。英宗复辟,复正位中宫,待景皇后有恩礼。申明胡皇后之冤,复共位号。

弟钦钟皆以从上北征,没土木。帝念之,欲封其子雄,后辄辞谢,帝以是重之。

然竟无子。妃周氏生子,是为宪宗。天顺八年春正月,帝不豫,召皇太子曰:"后名位素定,当孝养以终天年,与朕合葬。"宪宗即位,尊为皇太后,加号"慈懿",而尊其所生母贵妃周氏为太后。

成化四年六月二十八日,后崩,年四十三,位中宫者盖二十三年。

初,将上两宫徽号,内臣夏时倡言:"钱后久病,宜止尊所生母为太后。"大学士李贤曰:"天子新即位,四海颙望,宜遵遗诏。庶几顺天理,合人心。"彭时曰:"朝廷所以服天下,惟在正纲常。若止尊所生,恐损圣德。"夏时曰:"待请命。"少顷,传旨曰:"子为皇帝,母当为太后,岂有无子而称太后者?宣德时有例。"彭时曰:"今日事与宣德殊。昔胡后让位,退居别宫,故正统初不加尊号。今名分固在,岂得有疑议?若阿谀顺从,是万世罪人也。所以不敢不极言者,为欲全皇上圣德耳。若推大孝之心,则两宫同尊为宜。"众然之。特再入请命,良久出,曰:"得上再三劝谕,蒙俞允矣。"将草诏,李贤、彭时复议曰:"同尊是矣,然正宫例加二字,不然,则无分别。"于是,尊后为"慈懿"皇太后。颁诏天下。

及是后崩,复诏礼部会议葬祔礼。彭时曰:"梓宫当合葬裕陵,神主当祔庙。"内臣惟怀恩以为正。夏时曰:"慈懿无子,且有疾,岂宜入山陵？第比胡后例可。"彭时曰:"太后母仪天下垂三十年,臣子岂忍别议？一或乖礼,奚示天下!"彭时谓廷臣曰:"此事当力争,不可使上有失德。"翼日,帝御文华殿,召辅臣至,问曰:"慈懿礼将何如？"彭时曰:"陛下孝事两宫,圣德彰著。今合葬裕陵,大孝乃全。"商辂曰:"外议汹汹,若不祔葬,则人心不服,如圣德何？"刘健曰:"孝者,从义不从令。"帝默然良久,曰:"合葬固是孝,若因此失圣母心,岂得为孝？"彭时曰:"皇上大孝,当以先帝之心为心。先帝待慈懿始终如一,今安诸左,虚其右,则两全,庶不失先帝意。"上颔之。明日,大臣奏言:"大行慈懿皇太后作配英庙,正位中宫。皇上嗣位,已伸尊称。先帝夫妇之伦,陛下母子之义,无容议矣。今寿终之后,所宜合葬裕陵,祔享太庙。乃闻欲别卜葬地,是必以皇太后千秋万年后当与先帝并尊陵庙,自嫌二后并配,非本朝制耳。夫有二太后自今日始,则并祔陵庙亦当自今日始。且前代一帝二后并配陵庙者未易悉数。即汉文帝尊薄太后,吕后虽得罪宗社,卒与高帝并葬长陵。宋仁宗追尊李宸妃,刘后虽无子,与真宗同享人庙。是二君者,未闻以二后遗讥;而薄后宸妃,未闻以并配失尊也。今陛下奈何不遵先帝遗诏,而见反出汉文、宋仁下,令慈懿皇太后不得与吕氏、刘氏同尊享乎？且千秋万年后,皇太后与慈懿同在陵庙,使后世知生存之日雍和无间,永久之后,并美无穷,是臣等所深愿也。"

疏入,犹命集群臣议。于是,尚书姚夔、詹事柯潜、给事中魏元等皆执奏如初。尚书李秉等复上疏言："天下者，祖宗之天下！陛下有祖宗之天下，则当守祖宗之成法。今以母后私违先帝意，坏祖宗成法，如大孝何？"疏上，复率文武百官跪伏文华门候旨。自巳至申，帝览奏，为恳请于皇太后。稍见从，遂出数奏，同词批答曰："卿等所言，皆合朕意。合葬之礼，蒙允行矣。"于是，皆呼万岁而退。

盖上纯孝，两宫无间，议葬原非出上意云。明日上尊号曰"孝庄献穆宏惠显仁恭天钦圣睿皇后"。

孝肃皇后周氏，直隶昌平人。父能，以后贵追赠庆云伯。后初以宫人侍英宗，以正统十二年十月生太子，是为宪宗。天顺元年四月，册为贵妃。

八年，宪宗即位，尊为皇太后，与慈懿并。是时，孝宗生，西宫母纪氏薨，贵妃万氏谋不测。太后育之宫中，饮食起居，必亲视焉。卒赖以亡恙。

成化二十三年四月丙寅，上徽号曰"圣慈仁寿皇太后"。

是年十月乙亥，孝宗即位，加太皇太后。

七年七月，不豫。孝宗寝食不安，夜起焚香祝天。会春郊当宴，以太后疾诏罢。至是，后体康复。乃作诰谕，略曰："粤自英皇厌代，予正位长乐。宪宗皇帝克尽子道，以天下养，二十四年无异一日。皇帝嗣位，实能继述先志，敦尚彝伦，奉养之礼至隆厚矣。予偶婴疡疾，皇帝夜起吁天，为予请命。春郊罢宴，问视惟勤。顷者医药奏功，食饮如旧。老年疾体，竟底康宁。以昔视今，父子一道，予甚嘉焉。"盖后遘疾时，感上诚孝，谓天下物皆帝所有，无以为报，故托之文辞以彰圣孝。且命副藏内阁，传之无穷焉。帝亦奉表称谢。

十一年十月，清宁宫灾，后居仁寿宫。十二年十二月，清宁宫成,后迁居焉。

先是,后外家有赐田本官地,有司请厘正,帝难焉。后闻,曰:"皇帝为国守法,奈何吾以家事挠之。"竟归其地于官。

十七年三月壬戌,崩。己巳,上尊谥曰"孝肃贞顺康懿光烈辅天成圣太皇太后",合葬裕陵,祀奉慈殿。

初,慈懿崩,已有周太后他日并祔陵庙之议。至是,帝召大学士刘健等至暖阁,出裕陵图相示,言孝庄元堂与英庙皇堂相去数丈,间隔不通,曰此大非礼。健等曰:"成化初,事有难处。臣子姑委曲将顺。"帝曰:"此皆内臣所为,内臣有几人识道理者?昨见彭时、姚夔奏章,先朝大臣忠厚为国如此。"因论祔庙礼,健等奏:"先年虽定二后并配享英庙。其实汉以前惟一帝一后,唐始有二后,宋亦有三后并祔者。"帝曰:"事须师古,末世鄙亵不足学。宗庙至重,岂可僭差?太皇太后鞠育朕躬,恩德深重,朕何敢忘?但我朝祖宗以来,无并祔事,坏法安可自朕始?"欲于仁寿宫前殿别奉祀焉。人主蔼然发仁孝之音,人臣侃侃执守正之见,当上下情谊熙和,议论合礼,令人想吁咈都俞景象。

尚书吴宽奏:"《鲁颂·闷宫》,春秋考仲子之宫,皆为别庙。汉唐以来亦然。至宋始有并祔祭者,其礼已谬。然皆诸帝继室,非后世子孙追尊之比。惟李宸妃没,仁宗悲恸,乃追尊祔祭,非礼不足法。"帝以为然。于是,遂定祀于奉慈殿。中外翕然,称合礼云。

嘉靖时,奉主于陵殿,止称皇后。

父能晋太傅,加宁国公。后弟寿嗣、庆云、侯彧封长宁伯,寻世袭。寿子璋、瑾、瓒、瑛,彧子瑭、瑁,皆授锦衣、锦指挥。

景皇后汪氏,顺天人。父瑛,兵马指挥。

正统十年八月丙寅,册封郕王妃。

十四年十二月甲寅，郕王以监国即位，册为皇后。

景帝废宪宗为沂王，欲立其长子见济为皇太子，后执不可，且曰："恐碍监国之称。"帝不悦。三年五月，遂废居别宫。而以见济母杭氏为皇后。甲戌，礼部郎中章纶上弭灾疏，首请复后中宫。忤旨，逮系榜掠，几死。

英宗复辟，仍称郕王妃。景帝崩，议令后殉，赖李贤言，遂寝。宪宗既复东宫，极感后意，所以礼奉之甚隆。尤见爱于太皇太后。既迁居旧邸，每遇节序，必邀入宫中，叙家人礼。当迁旧邸时，英宗以问李贤，贤对曰："于礼甚惬，但用度不可缺。"帝曰："更欲加厚。"又，宪宗为之护持，故服食供帐颇饶裕焉。然性沈毅，不能委曲。一日，英宗入内帑，求故所系玉玲珑。知在汪所，左右劝后出还上。后坚不肯。后语人云："是实有之。吾谓景泰虽废，亦尝为天子七年。一腰系何不可消受？乃见迫耶！且景泰天下尚归之上，何有此数片玉？当上索时，吾实怒，而沉之井矣。"其不欲与时俯仰如此。

后与景帝齐年，弘治中犹存。正德元年十二月始薨。帝为辍朝三日，用皇妃礼合葬金山。明年，上尊谥曰"贞惠安和景皇后"。

杭氏生怀愍太子见济，景帝立为皇后，以景泰七年二月庚子薨，谥"肃孝"，祔庙。

天顺元年，礼部尚书胡濙等奏："陛下正位改元，杭氏以弟妇倨列太庙时享，不便拜谒，当迁别室。"诏从之。二月庚子，革封号，为庶人。

贤妃李氏，先景帝薨，谥"恭靖"。

宪宗纯皇帝废后吴氏，顺天人。父俊，以女贵，官都督同知。天顺八年秋七月，册为皇后。初，帝在东宫，英宗为择配得十二人，选王氏、吴氏、柏氏留宫中。及即位,太监牛玉用事,俊与深相结,故吴氏得册立为后,非帝意也。甫逾月,下诏勒上册宝,废居闲宫。于是,下玉诏狱,俊及子雄皆遣戍登州卫。

后,孝宗生,纪后暴卒。万妃方专宠妒虐,赖后保抱惟谨,故得免于祸。孝宗即位,念其德,命宫中进膳,御服皆如母后仪。官其兄子经为锦衣卫千户。

正德中薨。以妃礼葬。

孝贞纯皇后王氏,直隶上元人。父镇,中军都督。宪宗为太子,选入宫。吴后既废,其年十月册立为皇后。后本英庙所亲选,且柔顺纯和,言动合度。既正位中宫,益宏逮下之德。时,万妃宠冠后宫,后处之坦然。

孝宗即位,尊为皇太后。

武宗即位,加尊太皇太后。

正德五年,上尊号曰"慈圣康寿太皇太后"。

十三年二月,崩,合葬茂陵。

三月,上尊谥曰"孝贞庄懿恭靖仁慈钦天辅圣纯皇后",祔太庙。

父镇,追赠阜国公,谥康穆。兄源,封瑞安伯,予世券。寻进侯,加太傅,赠太师,谥荣靖。弟清,封崇善伯;潾封安仁伯。源子桥嗣瑞安伯。

贵妃万氏,山东诸城人。父贵,为县吏。坐事徙霸州,生妃。四岁入掖庭,为圣烈孙太后宫女。及笄,侍宪宗于青宫。性谲善媚,帝即位,遂专宠。皇后吴氏之废实由妃。

及孝贞正位中宫,每以厚德优容之。

册封为贵妃，益尚机黠，六宫希得进御。帝每游幸宫中，妃尝戎服为先驱。

生皇子祐极，帝喜甚，至为遣中使四出祈祐山川，立为太子。逾月薨，妃亦自是不复娠矣。

数年储嗣未定，中外为忧。言者每劝上溥恩泽，然未敢显言妃之妒也。惟给事中李森言及之，而宠乃益甚。初居昭德宫，后移安喜宫。进封皇贵妃，服用器物，穷极僭拟。父贵授都督，兄通授都指挥使，兄妻王氏出入掖庭，权宠震一时。大学士万安联为同宗，与刘吉皆附之。凡朝士无耻希进者，蝟集其家。

会彗星屡见，大学士彭时疏言："外廷大政固所当先，而宫中根本亦为至急。凡女子中年无子。虽有所生，亦多不育。谚云：子出多母。今宫嫔数多，宜生者众，然数年未闻焉。必爱有所专，过生之期故也。伏望舍其旧而新是图。务正名分，均恩爱，以广继嗣。为宗社大计，则人心安而灾异息矣。"礼部尚书姚夔亦以为言。帝皆优诏答之，曰："内事，朕自有处。"

寻，六科给事中魏元等上疏曰："窃见年来灾异叠仍，近日彗星光拂台垣，人心汹惧，皆阴盛阳微之证也。臣闻君之于后，犹天之于地，不可参贰。今道路讹言陛下于中宫或有参贰之者。大臣尝以为言，陛下谓'内事，朕自处置'，屏息倾听，将及半年。而昭德宫进膳不减，中宫不增。宫墙虽深，而视听甚近；衽席虽微，而县象甚著。陛下震位尚虚，岂可以宗庙社稷之大计，一付于爱专情一之所，而不求子孙众多，以固国本，安民心哉？伏愿思祖宗传体之重，明伉俪之义，严嫡庶之分，使阴阳各归其分。宗社万年之基将在于此。"御史康永韶等亦以为言。帝览之，置弗省也。

妃益骄恣，四方所进奇货皆归之。中贵用事者一忤妃意，辄见斥逐。一时佞幸，如钱能、覃勤、汪直、梁芳、韦兴辈，皆假贡献，内结欢妃,因作威福,至于弄兵构祸,皆妃主之也。

纪妃逊居西宫,生子。数年出,妃饮之酒,中鸩而薨。

梁芳、韦兴等承望妃意,作奇技淫巧,祷祠宫观,及采买宝石,帑藏为之一空。帝一日指示芳等曰:"帑藏之空,皆由汝二人。吾不与汝计,后人必有罪汝者。"盖指东宫也。芳等退而惧。帝方钟爱兴王,或为芳等谋曰:"不如语昭德,劝上易之,立兴王。是昭德无子而有子,兴王无国而有国。如此共保富贵无穷,岂直免祸哉!"芳然之,言于妃,妃力劝上易储。会泰山震,台官奏应在东朝不宁。帝领之,意遂寝。

二十三年春,帝郊祀,大雾,人皆惊。明日,庆成宴罢,帝还宫,忽报妃薨。妃体丰肥,是日,以拂子挞一宫人,怒甚,遂病痰死。帝闻,怃然曰:"万便长去,吾亦安能久乎?"为辍视朝七日,谥"恭肃端慎荣靖",葬天寿山。

至弘治初,言者藉藉。有云母后遗痛未伸,宜废妃号,籍其家,赖天子仁厚,重违先帝意,卒置不究云。

孝惠皇太后邵氏,杭州昌化人。知书,有容色。年十四,聘者七人皆死。一指挥聘之,已上马迎矣,坠而死。其父林,充漕卒,携至京师,选入掖庭。

成化十二年,册为宸妃。

二十三年,封贵妃。

生兴王祐杬、岐王祐棆、雍王祐枟。

世宗入继大统,进称皇太后。太后老且盲矣,喜其孙为皇帝,以手摸世宗身顶至踵。上尊号曰"寿安皇太后"。大赦天下,封弟喜昌化伯。

十一月庚申,后崩。癸未,命择葬地。初卜橡子岭,而帝意欲附近茂陵。数降旨集议,大学士杨廷和等言:"昔宋宁宗欲祔孝宗于裕思诸陵,朱熹以为祖陵不当数兴工作,惊动神灵。请如原议,卜宅橡子岭便。"帝犹豫未允。后用工部侍郎贾咏奏,卒葬茂陵。

明年,上尊谥曰"孝惠康肃温仁懿顺协天祐圣皇太后"。已加称太皇太后。寻,奉主陵庙。

卷九　列传一

王直、王翱、李秉、崔恭、姚夔、尹旻列传

　　王直,字行俭,泰和人。祖子兴,元末隐居教授,不应辟举。洪武初,征为说书,论事称旨,授福建盐运司副使。父伯贞,官肇庆知府。

　　直少以学自奋,举永乐二年进士,改翰林庶吉士,简内阁书机密文字,除修撰。成祖幸北平,皇太子监国,黄淮、杨士奇留辅导,直与焉,迁侍读。

　　洪熙初,迁右庶子兼侍读学士。宣德中进少詹事。凡朝廷大制作,皆以属直。

　　正统初,修《宣宗实录》,直为总裁。书成,进礼部左侍郎兼学士。寻,出理部事。

　　八年,迁吏部尚书。也先犯边,车驾亲征,直率廷臣上言:"边鄙之事,惟在守御严固而已。国朝备边最为得策,谋臣猛将,坚甲利兵,所在屯戍,且耕且守,足以久安。今宜饬缘边诸帅慎固封疆,申明号令,坚壁清野,按兵蓄锐,坐以待之。彼前不得战,退无所掠,自当远遁,何必亲御六师以临塞下?况秋暑未退,旱气蕴隆,青

草不丰,水泉犹潴,人畜之用,实有未充。又车驾既出,四方猝有急奏,未能即达。其他变故,难保必无兵凶战危,明王慎之。以至尊躬履险地,臣等窃以为不可。"弗听。未几,有土木之败。先见。

景帝立,直屡请迎上皇,不允。会帝御文华门,诏公卿杂议。直抗言:"宜遣使,勿贻他日悔。"帝不悦。既罢朝,太监兴安出曰:"公等固欲遣使,孰可行者?有文天祥、富弼其人乎?"众相顾莫敢发言。直面发赤,厉声曰:"是何言?莫非王臣!惟上命孰敢不行者?"言至再,辞色愈厉。安语塞,卒遣使迎复,其功为多。持正。

景泰三年,以易太子进少傅,兼太子太师。直心知不可,又不能强谏。因累章求退,居常郁郁不乐。得失并见。

天顺元年,致仕归。

直方面修髯,器宇弘伟。为文章才敏而思密。在馆阁三十年,恭勤不懈。及为吏部,与蹇义、何文渊、王翱先后共事。义累朝名德,亦推重直,称其雅量,尤留意人才。南京吏部尚书魏骥告老,请留之;刑部尚书缺,举邝埜;荐虞祥为户部侍郎;奇马文升之才,擢为御史。临川聂大年以直不相汲引,为文诮直。大年死,泣铭其墓,恨不能荐大年也。

归田后,常乘肩舆行阡陌间课耕作,子孙迭称觞为寿,怡然自乐。年八十四卒。赠太保,谥文端。始直与金溪王英俱久留翰林,并官八座,以直居第在东,时称英为西王,直为东王。然英豪宕不羁,直性严重,寡言笑,家法修整,论者以直为优。

子稹,字希稷,为文有程度,用荐为泰和训导,迁南京国子博士,改翰林院检讨,署监丞事。训生徒宽而有法。祭酒吴节亟称之曰"君子人"也。寻,以原官掌南京翰林院事。闻母丧去官,未至家卒。曾孙思自有传。

王翱,字九皋,盐山人。永乐十三年会试贡士于行在,礼部举翱第五。时,成祖欲建都北平,思得北士用之。得翱大喜,召见,赐酒食。及殿对,奏名二甲第一,入翰林为庶吉士,授大理左寺正,左迁行人。

宣德元年,以杨士奇荐,擢行在山东道御史。十年,擢佥都御史。

正统元年,镇守江西。还,复巡盐浙江。

四年,松潘用兵,命翱同都督李安往讨之。事平,镇守陕西。

七年,提督辽东军务。翱以辽东法令久弛,将士骄玩,贼至皆不肯力战,因诸将庭谒,召都督以下责以"丧师失律,罪当斩"。军中股栗叩首,愿效死自赎。翱乃自行边,起山海关,抵开原。缮城垣,浚沟堑,斥堠相望。又以边塞孤远,军兴辄虞匮缺,缘俗立法,令有罪者悉得收赎,十年间得金、谷、马、牛、羊无算。遂督诸军出塞,屡有斩获。进右副都御史。指挥孙瓛以漏关鞭戍卒至死,其妻女哭之亦死。他卒诉瓛杀一家三人。翱曰:"卒死法,妻死夫,女死父,非杀也。"瓛得无累,卒以能将名。

十四年秋,也先猝犯广宁,翱收兵入保。或谓翱:城不可守。翱怒,按剑曰:"敢言弃城者斩。"伺寇怠,遣诸将分道击之,也先势蹙引去。

景泰三年,还掌院事,寻加太子太保。

会两广寇乱,复命翱往。寇闻翱至,大惧款服,翱亦推诚抚之,岭南遂安。翱久历军中,恩威并用,所至辄有功,他人莫能及也。

四年,召还,迁吏部尚书,与王直同掌部事。

天顺改元,直老,乃专任翱。时李贤为石亨所谮谪外,帝以问翱,翱力言贤无罪,贤得留。贤在内阁亦左右翱,翱以是得行其志。可知无人君侧者树绩为难。

帝尝从容谓贤:"今六部皆得人,惜吏部王翱老尔!"贤对曰:"翱虽老,精力未衰。闻禄命之说,翱寿最高。"帝喜曰:"如此,可无虑。"

每进退大臣,帝必召翱咨可否。宠待日隆,群臣无敢望。所推择文武大吏耿九畴、轩輗、年富、李秉、程信、施聚、焦礼、范信,皆为名臣。

尝侍游西苑,醉,命扶还其家。南城五花楼成,召翱落之。称翱先生,赏赐优渥。每引选入奉天门,或雨雪,中贵扶掖上下。有所游幸,召翱俱,辄传侍郎代选。然翱归,虽极暮,必莅署阅所选,惟恐有不当也。一段叙主眷之隆,下结以勤部事,见臣主一德之美。

宪宗立,加太子太保,特命免雨雪朝,朝以朔望。三上疏乞骸骨,降旨慰留,数遣医视疾。

三年,疾甚,乃许致仕。卒年八十有四。赠太保,谥忠肃。

翱刚明正直,忧国奉公。每见朝廷行一善政,则喜见颜色;稍未善,攒眉终日。闻四方水旱灾伤,急询所在官吏有无积储,民得不流离饿死否?真公忠,大臣心事,一一写出。

在铨曹,谢绝请谒。公余恒宿直庐,非岁时朔望谒先祠,未尝归私第。论荐不使人知,忘情恩怨,曰:"吏部岂快心恩怨地也。"名言。

自处尤廉峻。景帝知翱贫,诏为治第盐山,力辞不受。

孙瞵荫入太学,不使应省试,曰:"汝幸得门荫,勿妨寒士路。"

有中贵遗明珠数颗,辞之弗获,缀珠衣领间。数年中贵死,召其犹子还之。

女嫁为畿内仕人贾杰妻,翱夫人数遣迎女,杰恚,曰:"君翁典铨,移我官京师反手尔,何往来不惮烦也!"夫人闻之,乘间置酒跪请翱,翱怒,推案击夫人,伤面。杰亦卒不调也。

方曹钦反，执李贤于长安门，往见翱，翱叱曰："朝廷何负若？若乃反耶！杀李公毋宁杀我。"钦遽谢曰："不敢惊长者！"贤得免。

每朝退，孑然独行。马昂、崔恭辈皆翱所推举，同列九卿，直名呼之，其为时严重如此。李贤尝谓翱："乱而敬，扰而毅，简而廉，刚而塞，强而义。皋陶九德，王公有其五矣！"

尝对便殿，英宗曰："北人文雅藻饰不及南人，顾质直雄伟，缓急当得力。"翱承帝指引，用多北人。然所举皆能其职。见非承望风指比。至姚夔在吏部，始推挽南人，而清誉稍不逮翱。故世以翱为善知人。

子䇎，世官锦衣卫千户。

李秉，字执中，曹州人。少孤力学。正统元年进士，授延平推官。郡中豪强为暴，吏莫敢问，秉下车立捕治之。为豪强所构下狱，久之事得白，秉亦由是知名。

都御史王文奇其才，荐为都察院经历。久之，改户部主事，迁郎中，督漕凤阳，理饷宣府，所至事集。

景泰二年，侍郎刘琏督边，储多侵欺，秉劾去之。就擢秉为右佥都御史，总督宣府边储，参赞军务。时，边警频仍，田尽荒芜。秉请三万金市牛山东、河南，给俵播种，秋熟还官。民既乐业，而边饷亦足。

其明年，瓦剌入贡，秉言："瓦剌使臣至三千余人，马驼杂畜可四万余匹，多寄牧宣府。臣按永乐、宣德间外国进马，验其不堪者，令逐塞外水草，不许入境。自正统间始入牧大同，以故习地利，数盗边。今贡使人畜过多，宜防其诈。"景帝善之。

是岁，兼巡抚，寻改提督军务。荐叶盛知兵，参赞独石诸军。而奏总兵纪广、副总兵杨能不职状。帝曰："塞圉方棘，不可以细故捃大将，下巡按。"御史核报："广亦讦秉专权。"有诏召秉还京。科道交章言："以捃撼之口，遽罢重臣，不可。"乃遣言官即讯广，讦果妄。秉视事如故。秉尽心边政，纤悉毕具。凡所条奏，辄报可，下诸边仿行之。秉益招徕流移，兴起学舍，清理屯田，给医药，施棺椁，掩鹞儿岭遗骸万五千。简选锐士，教以战阵，军声大振。

诸部落牧塞下，廷议剿之。秉曰："边外故诸部牧地，非犯边也。若掩杀之，幸功开衅，不祥莫大焉。"乃止。

诸部质所掠男妇求易米。朝议成丁以上予一石，幼者半之。诸部尽求一石。镇将不可，秉尽予之，曰："使知朝廷贵人而贱物也。专擅之罪，吾自当之。"帝闻之，乃以秉为有识。

天顺初，罢天下巡抚、总督官，致仕者二十人，留用者四人。秉复得巡抚应天诸府。时岁饥，出库金佐运费易米以赈，劾罢贪吏数十人，所部肃然。

太平知府缺，秉荐刑部员外郎欧阳熙、瑞州通判史宗礼可补。

御史李固等六人分俸养亲，名列不谨。秉疏六臣以养得罪，伤圣明孝治，乞宥之。言官因纠秉。方命，遂召秉还。初，秉在宣府，尝摘发武臣事，属巡按御史张鹏讯。鹏曰："我岂公属吏耶！"执不与讯。秉奏劾下鹏治，鹏则治之，曰："非为李公，奉诏也。"其后，鹏与杨瑄因劾曹石戍南丹卫。锦衣指挥门达封识梏拳，遣千户监戍甚严。行至南都，瑄曰："李公在此，恐以前故，不能周旋我两人。"语未既，传呼至。见瑄、鹏哭不能起，解带贻之，长跪千户，请脱其梏。或曰："此门锦衣手自封识。又曹石方横，恐为公累。"秉曰："苟有罪，吾自当之。"自是，两人所过，士大夫皆厚为礼，人以此益多秉。

秉既还，会李贤请设诸边巡抚如故，而秉改大同。大同总兵石彪前已劾罢都御史年富，益骄恣。秉持正自若，彪益忌之。会有守备久病，秉请代，以长随坐专擅逮下锦衣狱。门达修前隙，因指秉先抚南畿，荐欧阳熙等，又为李固等解罪为徇私。又有希曹石意者摭拾秉近事。帝俱命达按之。秉力辨不屈，有诏罢为民。

居三年，复以荐起南京右佥都御史。

成化元年，以边关多故，命秉巡抚宣府，兼理军务。

召入为左副都御史。居两月，进左都御史。先是御史有所弹击，必先白都御史，都御史承望权贵意指而后敢许，秉一听御史所为。会当计吏，黜罢贪废，倍于其旧，仕路为之一清。

明年秋，复命整饬大同边备，并总督辽东，首劾太监李良、武安侯郑宏失律，诏弗问。

时，建州三卫毛怜、海西等使者入贡，边臣往往验方物不称，辄拒却之。自是贡使不至。秉言："怀远之道，来则受之。计物厚薄，适以召衅，非所以安边也。"亡何，董山纠海西诸部落入犯辽东，秉遣诸将分据险要，而提兵直入海东山，骤与寇遇。指挥徐英失利先却，秉拔剑将斩之。英愿效死，振戈复前，诸军鼓而从之，遂大捷，俘获甚众。

明年，还京师，寇复至。都指挥邓佐力战死，辽东大震。复命秉为总督，与武靖伯赵辅率兵讨之。比至，以一大牢祭佐，擢用其子，而治副将施英逗遛罪，遂大发兵。五道并进，七日而至，燔其庐帐，禽馘千计而还。捷闻，天子嘉其绩，赐麒麟服，劳以牛酒，加太子少保。

先是吏部尚书王翱卒，下廷推，上命待秉至，是遂擢吏部尚书。秉念受知最深，报国惟在用人，奏拟迁擢，汲汲恐后。顾其为人，宽裕有容，中怀无隐，而守法尝至过当。提三语是受谗之根，一路摹书，极详悉。

侍读彭华者，大学士时从弟也，属其群从及故人子，秉皆黜之。

中官欲用其乡人为要官，秉执不可，更予外补。以天下庶官厉民取财，皆缘为太学生时久次贫乏债为之累。乃仿古身言书判例试之，四者不称，则给冠带还家。由是诸太学生构为蜚语，籍籍长安市。左侍郎崔恭以次当得尚书，而秉顾出己上，心颇不平；右侍郎尹旻常学于秉，秉初皆屈意下之，有所商榷，辄见听从。外人遂言吏部权尽归两侍郎矣。秉自是稍悔，两人亦颇嗛秉。而御史康永诏者往来秉所，酒酣絮语，数言商辂、姚夔、程信、马昂不称职状。会星变，永诏请汰京官，并言辂等当罢。时考察京官，大臣被核，听自陈，由是辂等益忌秉，而京官被汰者恚且诟，曰："去我辈足消天变耶！"

御史戴用请方面官如正统间例，听在廷三品以上荐举，语颇侵吏部。有诏从用言，而令四品以上吏部具缺取上裁。于是，御史刘璧、吴远、冯徽言："陛下高处九重，焉能尽臣下短长。今云取上裁，乃内阁欲揽权耳，请一切归吏部便。"亡何，又值计吏，斥退者益众，又多大臣姻党。旻为上章，请都御史覆考，留者几半，给事中萧彦庄险而鸷，与大理卿王概同郡相比。亦冀秉去代其位，嗾彦庄劾秉举错任情，且言其阴结年深御史以揽权。下法司议，恭、旻辄承伏，曰："言官所劾诚当。顾吾两人言之，奈公不听何！"刑部尚书陆瑜附会二人意，为奏帝以秉负任，使夺太子少保致仕，而罢布政使孙遇、丘陵、佥事李龄等官。三人皆世所目为正人，而彦庄指为秉私人者也。又命彦庄指秉所结御史为谁？则以刘璧等三人对，帝大怒，俱下锦衣狱，令杂治论杖赎，遂出璧等为知县，而停彦庄俸。丘陵诉彦庄前奉使过治所，嗔无礼，际故见讦。廷鞫，果有，因坐彦庄诬罔，谪大宁驿丞，陵得复官。

方秉被劾时，势汹汹且逮秉，秉谓人曰："为我语阁中诸老，秉罪惟上所命，第毋入狱，入狱秉必不出，恐伤国体。刚正风概可想。

因具疏引咎,略不自辨。是时,天下举子方会试礼部,投卷奋骂曰:"李公,天下正人!奸邪诬之,若罪李公,愿罢我等试以赎。"及见帝,薄责秉乃已。秉行,官属饯送数百人,有泣下者。秉慷慨登车去,时论益贤之。秉去,而恭遂为尚书。

秉居乡,与河州王竑并为时望所属。竑高自标置,而秉谦和接物。出入闾巷,岁时伏腊,与啬夫里老为鸡豚社饮。竑颇以是为言,秉闻之自若,曰:"大臣者,岂长为之?立朝居乡,固自异耳!"名言。秉诚心直道,夷险一节,屡遭谤黜;角巾野服,如将终身。然国家有事,朝召夕至。其后,侍讲陈音等荐疏十余上,大臣终忌其方鲠,竟不起。年八十二卒,赠太子少保,谥襄敏。

彦庄之谪丞也,署大宁县,为盗所杀,戕其家。人以为有天道。何异《史记》记武安之遭鬼笞。

崔恭,字克让,广宗人。正统元年进士,除户部主事,历郎中,督延绥粮储,有能誉。

以李贤荐,知莱州府。莱滨海难治,恭至,循行属邑,奖善良,去贪暴,增修学宫、庙堂斋舍。莱库岁入漕海布数万,久辄浥烂,守者率至破家。恭请量留数千匹,余并出为军饷,守者便之。

十三年,大旱,蝗。恭亲督捕,焚瘗略尽。乃发郡县仓,劝富民出粟赈贷,奏免属邑逋租,全活甚众。

明年,也先犯京师,恭集民兵数千,遣官部署入援。

是岁,议城临清,檄发郡夫。恭以方春,民且乏食,请俟秋成。及秋檄再下,始以郡民赴役,无后期者。

居郡六年,莱人歌颂,至比汉杨震。震尝刺是郡,民为立祠。恭去后,登、莱复大饥,莱父老相谓曰:"使崔使君在,我辈何至此?"因为树碑震祠中。

超迁湖广右布政使。苗寇侵武冈，守臣议进兵。恭督民兵输饷助之，寇乃就抚。公安、监利流民擅相攻，恭曰："勿急，急之变且大。"下令："愿附籍者听，否，且俟秋遣归。"众遂定。

寻迁江西为左。临行，囊中惟图书、衣数袭而已。司有广济库官吏干没至五十万，恭发其奸。上都御史韩雍按治之，坐前布政使，夺其官。

又制均徭法。酌轻重，十年一役。后遂守为定例。

弋阳王奠壏讦宁王奠培不法，韩雍率三司官以闻，诏遣中官方伯乐、佥都御史余俨案之，戍其教授游坚。王由是怨，待三司寝倨，恭不能堪。王又尝嘱恭增造宫殿，又请南昌城内东西二湖派岁禄于近府属县，恭皆执不从。护卫军有犯，辄持法不少贷。王愈怒，讦恭僭造火夫号衣诸事。敕御史张纲覆之，无验。王复奏纲私庇恭。于是，恭与按察使原杰、巡按御史周一清连章论王私献、惠二王所遗宫人；护卫军生女，长不令嫁，辄收之；逼内官熊璧自杀。其护卫横甚，不削夺，虑有变。帝遣中官怀忠偕锦衣卫官案之，具如恭等言，坐夺护卫。王诬奏恭事，置不问。

天顺二年，擢右副都御史，巡抚苏、松诸郡，按部进耆老，令人得尽言利病。为兴革，佐都督徐恭浚仪真漕河；又浚常镇河避江险；已，又治松江起昆山之夏界口，至嘉定之庄家泾，凡浚万四千二百余丈；又浚曹家港、蒲塘、新泾诸水。民赖其利，因目曹家港为都堂浦。

先是，周忱奏定耗羡则例，时颇称便。李秉改定以赋之轻重递为盈缩，其例甚平而难于稽算。吏不胜烦扰，弊益滋。恭乃罢去，悉如忱之旧。巡抚苏松，自周忱后恭为特著。其行事多仿忱为之。然尚严切，不若忱之宽。至欲蠲民疾苦，如恫瘝在身，则与忱无异也。

四年,英宗以王翱请老,命举一人佐之。翱以恭对,帝喜,以为右侍郎。恭佐翱,用人无偏党,翱亦倚任不疑。帝尝与李贤论王翱,因言:"恭与姚夔亦佳。"贤对曰:"恭、夔才器,异日皆尚书选。"帝以为然。会帝崩,不果用。比翱卒,而宪宗竟采廷议用李秉。恭不悦,与右侍郎尹旻比而谋去之,而恭卒代秉为尚书。直笔,不以瑜掩瑕。未久,以母丧去。九年,起南吏部尚书。故例,南太学生历事满,必抵北京纪选,贫者苦往复,率多淹滞,恭疏请得纪选南部。

寻,奉敕参赞南京机务,以疾累请致仕。许之,赐玺书嘉劳,倾都饯送,十余里不绝。

十五年,卒。赠太子少保,谥庄敏。

恭初无子,以从子珂为后。已而生子璿,恩荫皆属珂,人以为难。

为人廉靖自守,遇人不为矫饰,而是非臧否必归于正。在吏部尤知大体,爱惜人才,奖拔后进。顾以排李秉为时议所讥,不得比于翱、秉云。

姚夔,字大章,桐庐人。正统七年进士,乡、会试皆第一,授吏科给事中。郕王监国,诸大臣议劝即位。未决,询诸给事,夔曰:"朝廷任大臣,正为社稷计,何询小臣为?"议遂定。

也先薄都城,夔请檄。总兵杨洪、曹义各部劲兵夹击之。亡何师集,也先引去。

景泰元年,超擢南京刑部右侍郎。

三年,改南礼部,奉敕考察云南官吏。明年还朝,留礼部。

景帝不豫,尚书胡濙在告,夔强之出,率群臣请立皇太子。商辂具稿:"有陛下宣宗皇帝之子当立宣宗皇帝之孙"语,夔于"立"字上加一"复"字。疏具拟,诘旦入奏,而是夜英宗已复位。石亨等恶夔不附己，潜而出之南京。帝雅知夔，又微闻前复储议，驿召还，赐二品服，迁礼部左侍郎。

明年，吏部侍郎缺，帝以问李贤，贤言夔表里相称，有大臣之量，遂移吏部。有知府以贪败，重贿石亨，求复官。右侍郎孙弘，亨党也，欲予之。夔不可，曰："我宁失官，不能随人。"已而亨败，弘亦左迁，夔名益重。

七年，进礼部尚书。夔明典礼，宪宗初即位，耕籍田，幸太学，悉夔奏请。

时，帝颇事斋醮，工役赏赐寖广。夔率群臣上言："陛下念祖宗付托，闵斯民艰瘁，勿以目前无事而肆于佚乐。以礼法齐家，以节俭制用，官爵毋滥授，金帛毋虚縻，土木毋妄兴，斋醮毋频设，出入有方，游幸有度，留心万几，无忘政务。"帝嘉其言，慰谕之。

朝鲜进海东青。夔言："非故事，明王不宝远物。请下诏，非常贡，毋得进。"

又言：尚书王佐、邝埜，土木死事。虽赠少保，未得易名，请比黄福例赐谥。皆从之。

四年，上言："陛下春秋鼎盛，而震位尚虚，宜均爱六宫，以广胤嗣。异端之说，尤不足听。乞罢西山所建寺塔，斥回阿叱里之徒，勤视经筵，裁决庶政。亲君子，远小人，服食言动，悉遵祖宗成宪，以回天意。"又言："今日之治不在他求，惟守成化初政足矣。"帝嘉纳之。

慈懿皇太后崩，中旨别议葬地。大学士彭时、商辂持不可。帝重违周太后意，下廷臣集议。夔率群臣疏言："慈懿皇太后作配先帝二十余年，诚孝一心，险夷一德，先帝眷礼，始终无间。字字恳切。陛下嗣位既隆，所尊复崇，所亲至仁，大孝昭于天下。今日合葬升祔，典礼具在。一有不慎，违先帝之心，损母后之德。纲常大事，使将来据礼而议改,如陛下孝德何?"此与立太子二事尤伟。疏凡三上,又率群臣伏哭文华殿门,声彻大内。帝为感动,固请周太后始从其议。旨下,夔率群臣呼万岁而退。其后,孝宗尝见夔及彭时疏,谓刘健曰:"先朝大臣忠厚为国如此。"

南京兵部尚书李宾奉敕赈流民,议官民子弟纳粟入监。夔言:"太学育才之地,顷年为数已滥,今复有此,恐天下以货为贤,请别为处置。"从之。

夔尝荐佥都御史张岐巡抚辽东,坐累逮系。御史谢文祥因劾夔失举,帝怒,下文祥狱。夔请宥文以开言路。因乞罢,不许。

五年,代崔恭为吏部尚书。

明年,以雪雨失时,率诸司条上时政,因言:"陛下一身宗社,生灵所萃,可忧之事方众。水旱灾伤,盗贼边患,无日无之,可忧也;贤人未用,小人未远,可忧也;正道未修,邪术未屏,可忧也。乞令内阁诸臣每五日一奏天下事,陛下时御便殿,咨谋可否而行之。"

时,畿内大饥,夔请遣官循行郡邑,督有司行赈。帝为遣郎中桂茂之等十四人往。

明年,加太子少保。彗星出,轩辕反覆,讽谏语益明切。

江南海溢,漂民庐舍。夔上言:"宋儒真德秀云:'人主修德讲学,则天下安。昆虫草木,各得其所。'从来祸乱常起于灾伤,饥馑之余,毋谓天道疏远,有象无应。请命廷臣讲求安民弭患之方。"帝因饬励百司,免是年租赋盐课,皆自夔疏发之。

夔见灾异洊臻,时忧形于色,乞罢归田里,不许。未几,卒,赠少保,谥文敏。

夔才识通敏,遇事立断。立朝三十余年,忧国之心,老而弥笃。其在吏部,铨注明允。论荐人才,率能称职。顾颇右南人,又不拘小节,论者以夔练达类唐杜黄裳,而清谨不及云。

尹旻，字同仁，历城人。举乡试第一。正统十三年进士，改翰林院庶吉士，授刑科给事中。景帝时国事危疑，旻建白多傅正议。

天顺初，迁左给事中。尝奏事殿中，英宗见其仪观环玮，欲大用之。累迁通政司左参议。册封安南国王，至广东，闻黎琮弑立，乃奏闻还京。

五年，督饷陕西。言："边骑刍秣不敷，宜开中盐。或即塞下募民输纳，缘事官吏及杂犯皆得入刍赎罪。请敕部议。"又言："西边输挽，动经数百里外。平凉之人旱疫相继，又遭征发，渐以逃亡，转而为盗。即寇患可除，而隐忧方大。"帝以为然，诏边将亟画战守，毋重困农民。以母丧归。

明年，驿召至京，擢吏部右侍郎。久之，转左。

成化初，出董漕事事集。王翱、李秉、崔恭、姚夔相继掌铨，皆倚信旻。旻有才略，通敏无滞，四尚书皆倚重之。时，在廷诸大臣南北各私其乡党，议遂兴，掌吏部者见忌尤易。王翱最号刚正，在位为久。自秉以下，不久辄罢。而劾秉者为给事中、江西萧彦庄。北人哗然，指南党善倾危。而内阁执政故南人也，颇患之，乃进恭以弭谤。甫数月，恭以忧去。及夔为尚书，好引用南人，北人又构以蜚语，至曰："斩却姚夔头，去祭王翱墓。"彭时欲召崔恭于南京，而旻佐铨久，欲得之。不得已，遂用旻。既为尚书，甄别人物，随才授任，各得其职。凡经铨注，虽稠人小吏，既久犹识其名，奸伪无所售。而考功一以典例行之，一时选人皆以为能。历加太子少保，至太子太傅，凡典铨者十四年。

大学士万安与学士彭华皆有所干请，旻不应，安与华大恶之。方士李孜省贵幸用事，亦屡干旻，旻亦不可。又尝应召陈言，请罢传奉。每传奉下部，旻辄持之，故孜省恶之尤深。于是，安、华、孜省比而谋旻矣。见旻之去虽非无过,而实由此发之。而是时大学士刘珝,旻乡人也,位亚于安,安惮之,不得行。既而,珝免官归,安引尹直入阁,共谋构旻,顾未有以发也。而旻子侍讲龙,颇通贿,南人哗之。旻乡人兵部郎中邹袭坐事谪官,而蔚州左卫指挥使张旺等奏留之,下部议,旻请可其奏。孜省遂从中谮之,传旨切责。而安又使逻卒刺得袭、旺交通状,遂下旺等狱,罢袭为民。而安等讽言官并劾旻,遂夺太子太傅。逾月,东厂官校复诃龙诸阴事,下龙诏狱。于是,言官复劾龙窃父权大开幸门,而旻纵子枉法,失大臣体。有旨执龙拷讯,辞连多官。狱具,除龙名,旻致仕。侍郎耿裕等以失救正,停俸有差。侍郎倪钟、秦纮等皆坐。旻乡里故旧贬斥者凡数十人。

孝宗即位,孜省伏诛,安等相继罢斥,言官累疏荐旻。而旻已老,不果用。

弘治十六年卒,年八十二,赠太子太保,谥恭简。

旻既去,而耿裕代为尚书。两月,李孜省谮而迁之,以李裕代。

简洁劲俏中详核曲尽,非海盐所可肩随。

胡濙、魏骥列传

胡濙,字源洁,武进人也。生而发白,弥月乃黑,见者异之。

举建文二年进士,授兵科给事中。

永乐元年,进户科都给事中,寻署祭酒。建文帝之崩,或言实逊去,诸旧臣多从亡者。成祖大疑之,熟察近侍中独濙忠实可任,乃遣巡行天下。名访张邋遢而阴察人心向背,与建文帝所在。时传帝入滇南,故濙在湖、湘最久。十四年,闻母丧,还朝,乞终制,不许,迁礼部左侍郎。仍遣之出。

明年,巡江浙。二十一年,巡均襄。还朝,会车驾北征,驻跸宣府。滢夜驰谒帝,已卧,闻滢至,遽披衣起,召入,曰:"卿驱驰良苦。"赐坐,与语。滢顿首徐奏,曰:"不足虑也。"滢未至时,传言建文蹈海去,帝分遣内臣郑和数辈浮海下西洋,及闻滢语,疑始释。不独宽忧成祖,亦所以安建文也,用心最苦。

仁宗监国,数为高煦所间,复命滢至南京伺察之。滢密疏监国七事,且言太子诚敬孝谨,无他。帝览之大悦。仁宗即位,转太子宾客兼南京祭酒。后阅宫中密疏,见所述七事,叹曰:"滢忠慎,朕不及知也。"未及召而崩。宣宗即位,复礼部左侍郎兼太子宾客。其冬来朝,留行在礼部。

明年,代吕震为尚书。

二年,赐帝给阁。三年,赐银章二,其文曰"文恭世家"、"清和恭靖"。

是秋,扈驾出会州;明年夏,再扈巡边,尽赐所没常豪民田宅。寻,兼詹事。

六年,兼领行在户部事。滢有才猷,深厚不泄,礼典财赋,经画有章。国家大议与阁臣相可否,必执正论。帝尝曲宴,辄命滢与杨士奇、蹇义、夏原吉侍,曰:"海内无虞,四卿力也。"

正统元年,失行在礼部印,上章自劾。帝不问,命改给。

九年,引年请致仕,不许。

十四年,英宗北征,留守京师。

景帝即位,进太子太傅。时,云南金齿卫知事袁敏请遣使通候上皇起居,下部集议。会遣右都御史杨善使瓦剌,滢因言:"上皇蒙尘已久,宜附善等量斋服食御物如敏言。"不报。

上皇驾旋,敕礼部具迎复仪注。王文以为不可,众莫敢言。滢独上仪注,言:"宜遣礼部大臣迎至龙虎台,锦衣卫指挥领官校丹陛驾辇迎至居庸关,百官以次出迎北郊外。太上皇入自安定门,于东上北门南面坐。皇帝见毕,百官朝谒。奉上皇入南内。"此是朝廷大节目,亦是忠安大建白,详载乃史家善善得宜处。帝难之,曰:"迎驾居庸,用一车二马足矣。"给事中刘福等言:"迎驾不宜礼太薄。"帝曰:"尊称太上,何云薄耶!"滢言:"福欲陛下笃厚尊亲耳。"朝退,得一匿名书,言上皇至京师,帝宜避位逊辞,而后受命。因述唐肃宗故事。给事中于泰以闻,帝怒,命按捕,因下千户龚遂荣诏狱。滢言:"父兄一也。肃宗收复两京,迎还上皇故事,与今日略同。愿陛下备法驾迎上皇安定门外,于礼为宜。"帝竟仅迎东安门内。驾入南宫,百官行见礼焉。十二月,滢率礼官请以正旦群臣朝上皇于延安门,不报。

二年,灾异,乞归,不许。

三年,以太子太傅加少傅。怀献太子立,进兼太子太师。

十一月,己巳,上皇万寿节。滢请百官拜贺于延安门,不许。

英宗复位,力疾入请老,辞师傅职。帝念滢前后诸疏,特赐宝镪织金袭衣,给驿舟以归。独以易储,故罢其师傅。

明年,遣子长宁入谢。帝慰劳有加,赐长宁官锦衣卫世镇抚使,归终养。

滢为人平易宽和,廉静寡欲,白奉简薄,兴居有常。立朝几六十年,十知礼部贡举,虽佣夫竖子亦知其为长者。屡处人主骨肉危疑之际,委曲调剂,所全实多。公一生大节目。惟易储一事,不能力争。士论犹有歉云。此责贤者之备意。

弟克恭、克宁、克诚并年逾七十,雍容白首,名其堂曰"寿岂"。卒年八十九,赠太傅,谥忠安。

魏骥，字仲房，其先固始人，徙临安。父希哲，洪武初知上高县，又徙萧山，遂为萧山人。

骥少嗜学，通五经。永乐三年乡荐，明年，会试乙科。授松江府学训导，以"真知实践"为训。诸生读书学宫，夜分自携茗粥劳问。与诸生相见，必整衣冠，无间寒暑。士皆感激自奋。满九载，诸生诣阙请留，命复任。

久之，用荐迁太常博士。太宗谓之曰："刘履节为御史九年，高皇帝方授是官，固不轻予人也。"

十七年，侍皇太子北上，署行在太常寺事。次年，始举郊坛、宗庙、耕籍诸大典礼，骥皆与议。

二十二年，扈从北征。会太宗崩榆木川，与议丧仪。

宣德初，迁吏部考功员外郎、南京太常寺少卿。

正统三年，召试行在吏部左侍郎，逾年为真。有进士未终制，求为考功者，同官将许之，骥持不可。

法司因旱恤刑。有王纲者，恶逆当辟。或悯其少，欲缓之。骥曰："此妇人之仁，天道不时，正谓此也。"狱决而雨。

畿甸蝗，奉诏巡视，问民疾苦，所至蝗为之息。

时，中官王振怙宠，权侔人主。公卿道遇之皆敛舆却避，骥与遇崇文门，独不为礼。振衔之，潛于帝。一日，帝御便殿，忽召问骥，骥具实对，且慷慨言曰："臣不才，备位卿贰，而避奄人，臣不足惜，奈朝廷何？"帝动容嘉叹。寻以老辞，不许，调礼部，改南京吏部。

十三年，满九载。入见，乞致仕，不许，进南京吏部尚书。

郕王监国，率诸司条上安攘事宜，多见施行。

景泰元年，至京师请老。大学士陈循，骥门生也，请问曰："先生虽位冢宰，未尝立朝，愿少待，事在循辈而已。"骥正色曰："君为辅臣,当为天下进贤才,不得私一座主。"退语人曰:"渠以朝廷事为己私事,安得善终?"竟致仕去。想见恬淡安和气宇。

骥端厚祗慎,顾径直好别白君子小人,恒曰:"无是非之心,非人也。"

莅官持大体。在太常山川坛获双白兔,圻内生瑞麦,皆却不进。奉使畿甸,复汉循吏及唐狄仁杰祠。

家居二十年,忧国及民,老而弥笃。萧山故多水患,有宋县令杨时湖堤遗迹,骥躬倡修筑西江、北海、湘湖、螺山、石岩、毕公诸塘堰,捍江潮,兴湖利,乡人赖之。

居,恒布衣粝食。不殖生产。事兄教谕骐,虽耄益恭谨。时戴笠行田间,与野人田父杂处,不为崖异。常遇钱塘主簿,不及避。簿遣隶呵问之,徐答曰:"萧山魏骥也。"主簿仓皇前谢,骥慰遣之。

成化七年,监察御史梁昉上言:"臣先任萧山县,窃见致仕南京吏部尚书魏骥生平学行醇笃,心术正大,谙于世事,瞭于国体。今致仕二十余年,年九十八岁。臣读前史,有以归老赐禄毕其身者,有尊养三老五更者,有安车薄轮召者,有赐几杖者,上齿德也。骥齿德有余,爵在上卿,以曾、孟言可称达尊,乞下所司,斟酌前代故事施行。"遣行人存问,赐羊酒,命有司月给米三石。使命未至,骥以是月前卒。预书戒其子完辞祭葬,勿累乡里。病革,起坐举手曰:"无以报朝廷!"完以骥遗言诣阙辞营葬,并乞以工料金赈饥民。帝怃然曰:"骥临终遗命,犹恐劳民,可谓纯臣矣!"许之,赐谥文靖。九年,赐祠萧山,与杨时合祠。

骥性廉介,富于文学。常两奉使册封庆代二王府,赐遗一无所受。屡典文柄,如陈循、萧镃、李贤、周叙、刘定之辈,出其门者多为名公卿。所著有《南斋集》、《素履集》、《理学正义》、《水利切要》诸书。

胡公建白于骨肉之际，魏公安闲于进退之间，叙次处使人读之一则恻然兴怀，一则旷然安遇。

苗衷、马愉、高谷、陈循、萧镃、王文、江渊、王一宁、许彬列传

苗衷，字秉彝，定远人，永乐七年举礼部。会太宗巡狩北京，诏中式举人，入国子监读书。

九年，车驾还京，廷试，擢衷一甲第二，授编修。

宣德初，预修两朝实录，进侍讲。

正统初，以杨士奇荐，与高谷、马愉、曹鼐同直经筵。

三年，预修宣庙实录，进侍读学士。

十年，迁兵部侍郎，兼侍读学士。入阁预机务。

景泰元年，进兵部尚书，兼学士。会两京多灾，衷上疏自劾，乞致仕。上赐诏曰："卿高第发身，事我皇曾祖考，以逮于朕凡四十年，历官翰苑，寅畏小心。朕方进卿大司马兼翰林长官，冀有倚毗。曾未几时，遽以老辞。揆之古先哲王求旧之美，固不能忘，而士大夫甘退之节亦不可拂。特赐宝镪金绮，给舟以归，以副朕怀贤念旧之意。"卒年八十，赠少保，谥文康。子稼，官监察御史。

衷为人温厚简重，外和内庄，乐道人善。尝主考会试，得姚夔、吕原、刘俨、韩雍、程信、项忠、白圭，后皆以功名显，时称得人。

马愉，字性和，临朐人。宣宗二年进士第一，授翰林修撰。进学文渊阁，召试称旨，赐宝楮。正统元年，杨士奇荐直经筵。三年，进侍讲学士。五年，入阁预机务，寻迁礼部右侍郎。卒，赠尚书兼

学士,赠官兼职自愉始。

愉以文学受知两朝,为人端重简默,门无私谒。论事务崇宽厚。杨士奇尝展墓,还,言所历郡县预备仓多倾圮。或谓兹事久废,无烦经营。愉曰:"政之兴废在人。积贮,天下大命也,而可缓乎?"因署议以闻。帝为遣廷臣巡视。又奏:"郡县狱岁久不决,率致瘐死,有乖天和。宜遣练达刑名者详审之。"帝并嘉纳,敕下所司。

边寇窃发,上方命将往剿。会其别部使至,众议请执之。愉抗言曰:"赏善罚恶,为治之本。因恶以罪善,非法;乘人之来而止之,非武。"帝从之,厚遣其使。于是,所部皆感悦,岁入贡不绝。

其持论得大体类如此。

高谷,字世用,扬州兴化人。十岁补诸生,永乐十三年举进士,改庶吉士,授中书舍人。

洪熙初,以荐迁翰林侍讲。

正统元年,用大学士杨士奇荐,充讲官,赐三品服,与修实录,累进工部右侍郎,入内阁典机务。

英宗北征,谷留守京师。

景帝立,进工部尚书,兼翰林学士,掌阁务如故。是时,也先数请奉迎英宗,而时出侵宣府、大同间。廷议遣使通问,相顾莫敢应。中书舍人赵荣发愤独请行,谷壮之。解所佩金带以赠,曰:"子,忠义人也!"

英宗还,将至京,廷臣议奉迎礼。有千户龚遂荣者投书谷所,言:"上皇之出,非为游畋。今人心未厌,礼宜从厚。"谷袖其书入朝,遍示廷臣,曰:"武夫尚知此礼,况儒臣乎?"此得附善法。都御史王文趣止之,余皆错愕,不敢出言。而谷执议益坚。已而,言官奏闻，景帝诘书所从得，谷直前对曰："得自臣所。"于是，遂荣恐累谷，自缚诣阙下。可谓两得。下诏狱，寻赦出，而卒具礼迎英宗安定门外，如谷议。

景泰二年，进少保、东阁大学士。

明年，易储议起。大学士陈循赞成之，谷不敢争，寻加太子太傅，亦不敢辞。七年，进谨身殿大学士。是岁秋，陈循、王文以子不得举乡试，构考官刘俨等。谷时在告，强起力救之，且曰："大臣子与孤寒竞进，已不可。况又不安义命，欲藉此构考官乎！"于是，止黜林挺一人，事遂已。

英宗复位，循、文等皆得罪。谷谢病，而英宗谓谷长者，曰："谷在内阁议迎驾及南内事，常左右朕。其赐金帛袭衣，给驿舟以归。"寻，复赐敕奖谕备至。谷既去位，杜门绝宾客，有问及景泰、天顺间事者，辄不应。居四年，病卒，年七十。

谷美丰仪，乐俭素。任中书时尝奉命写经。寺中遇雨，徒跣归。或劳苦之，谷对曰："谷何足惜？盍达执政白上止其事，所全不更大乎！"闻者伟之。

及位台司，敝庐瘠田，仅给晨夕。身没未几，子孙贫窭。

当时，内阁七人，独谷号持正，尝曰："清议可畏！"以是见忌于人，亦以是受知英宗。

成化初，以姚夔言得赠太保，谥文义。

陈循，字德遵，江西泰和人。举乡试第一，永乐十三年进士，廷对第一，授翰林修撰。循才思飚发，为文援笔立就，且习熟朝廷典故。成祖幸北京，命循取秘阁书诣行在，遂留侍焉。

洪熙元年，进侍讲。

宣德初，与杨溥同受命直南宫，日承顾问，赐第玉河桥西。巡幸未尝不从。

五年，进侍讲学士。宣宗留心经史，颇以文翰自雄。御史张楷作诗献帝，涉时政，帝疑其干进，欲罪之。循曰："彼亦忠爱故也。"事遂解。而御史陈祚出按江西，又上疏劝读《大学衍义》，语类讥诮。帝大怒，立命往逮。既而问循，循顿首曰："是诚当读。祚小臣，且处远方，不知圣学渊深。然其心则无他也。"帝怒稍平。比逮至下狱，后竟免死。

正统元年，兼经筵讲官。

七年，进翰林院学士。

九年，入文渊阁典机务。

十年，进户部右侍郎兼学士。土木之变，廷议汹汹。循居中用事，所言多见采纳。进户部尚书，兼职如故。

也先拥英宗入关，索大臣出迎。循请敕各边精骑入卫，且广发榜文，招谕回蕃，以疑其心，也先卒敛兵去。

英宗归，景帝无意返正，循依违其间。景泰二年，进少保。

景帝欲易太子，内畏诸大臣议。先期召循等从容宴宫中，各赐黄金甚厚。循得赐，意大感悦。事去矣，与英公正相类。比乎诏下群臣议废立，循遂先以为可以，恩加太子太傅。循既宠任。乃集古帝王行事，名曰《勤政要典》，上之。帝嘉纳。

七年，进华盖殿大学士。是午秋，以子英与少保工文了伦应顺天乡试，未中式，遂与文构考官刘俨、黄谏，欲中以危法。赖高谷力救得免。景帝重违循、文意，特赐二子会试。于是，言官交章论循、文以天子股肱，私其子挠乱国法，宜赐罢斥。帝心善之，然竟无所罪也。

帝不豫，廷议请复立东宫。未决，而夺门之事起。英宗复位，于谦、王文皆置重典。杖循百，戍铁岭卫。循久居政地而刻躁多私,为士论所薄。至严谴,则石亨、徐有贞辈为之,非帝意也。

后亨等相继败。循自贬所上疏,言:"臣历事列圣,遭逢陛下,备员东阁。郕王摄位,以臣通晓典制,使如旧供职。论事不能迎合,每见疏外。强辨。及郕王疾笃,议立东宫,方具疏未进,而亨等已迎驾复位。缘郕王有疾,惟亨尝蒙宣至斋宫,受命代祀。亲见病已弥留,故与所亲厚密议迎复,冀邀功赏。臣思天位陛下所固有;百官六军,谁不倾心爱戴?当天与人归之!时群臣备法驾,设大乐,恭诣南内,奉请临朝,非特宫禁不惊,抑亦可示天下万世。此却是正论。而亨等侥幸一时,计不出此,卒皆自取祸败。臣服事累叶,曾著微劳,实为所挤,惟陛下怜察。"英宗悯之,诏归田里,抵家一年卒。

循邑人萧镃,同时在内阁,与循俱被劾,罢为民。

镃字孟勤,宣德二年进士。八年,宣宗命杨溥合选三科,所得士拔二十八人为庶吉士,镃为首。

十年,授编修。正统元年,进侍读。十二年,为国子监祭酒。

景泰元年,以老病辞,监丞鲍相率监生三千人叩阙请留。景帝可其奏,命充经筵讲官。

二年,幸学,命坐讲《通鉴》《尚书》。称旨,进户部侍郎兼翰林学士。入文渊阁与陈循、王文辈同事。

三年,易储议起。镃曰:"无易树子,霸者所禁,矧天朝乎?"不听,以恩加太子少师。

七年,进户部尚书。景帝不豫,诸臣议复立宪宗。吏部侍郎李贤私以问镃,镃曰:"既退,不可再也。"邪说。于是,众喻其意。英宗复位,遂削籍。天顺八年,卒。

镃学问该博,文章尔雅,言动类长者。然性猜忌,遇事辄多退避，人以此少之。

王文，字千之，初名强，束鹿人也。永乐中由举人计偕京师，成祖命选下第者，给冠带，入国子监进学。文与焉。此传写文刻险传丽丑正朋奸处，神采飞动。

十九年，举进士，授监察御史。持廉奉法，为都御史顾佐所称。时，彰德妖贼张普祥谋逆，奉命往治。还奏称旨，赐今名，迁陕西按察使。

正统四年，以荐擢右副都御史，巡抚宁夏，入为大理寺卿。久之，迁右都御史。劾吏部尚书侯琎贪墨，中外惮其风采。十年，代陈镒镇守陕西。以疾求退，召迁掌院事。

文为人深刻有城府，果于自用，面目严冷。与陈镒同事，一揖之外未尝接谈，顾不能无所附丽。尝希王振意论大理寺少卿薛瑄狱，竟坐瑄死，为清论所斥。

也先寇大同，时议令边民入城避军锋，文独谓也先无足畏，愿镇定，无摇民心。已而寇退，景帝遂以为能，益见委任。

也先议送上皇还京，千户龚遂荣投匿名书于高谷所，言奉迎礼宜从厚。主上当避位恳辞，而后受命。谷袖其书入朝示文武大臣，皆莫敢发言。胡濙、王直欲上闻，文曰："匿名文书可上闻耶？"及叶盛、程信疏入得旨，文独不怿。英宗同銮，廷臣议往迎。文曰："公等谓上皇果来耶？也先岂真不索金帛，不索土地，而遂送驾来耶？"辞色甚恚，众相视莫敢言，然恶之者滋众矣。

三年，广西奸人黄玹请易储，下廷议，文首云当易，众唯唯署名。给事中李侃执笔大恸，都给事中林聪抗言："皇太子已立，无过，当置何地？"文怒瞋之，聪不得已，亦署，而太子竟易，文加太子太保。

当是时，高谷与陈循不相能，各欲引人自助。于是请增阁员。而文又深结中官王诚，谋入阁益急。循举其乡人萧维祯，谷遂举文。于是，以吏部尚书兼翰林学士入直文渊阁。文既秉政，嗾御史王溥论聪，欲致之死，赖高谷力救得免。而文遂与谷隙。

未几，奉敕巡视苏、松饥民，获长洲强盗许道师等二百人。文欲张大其功，悉坐以谋反，械送京师。言官请会官勘实，减释为多。盖其刻深如此。

寻，进少保，兼东阁大学士，再进谨身殿。七年，以子伦不得举，与陈循讦考官刘俨等，欲置于法，语具俨传。

景帝不豫，群臣请复立沂王。文曰："知朝廷之意谁属耶？"议未定而英宗复位，石亨等遂嗾言官劾文与于谦等谋迎立襄世子，命鞫于廷。文力辨曰："召亲王须用金牌信符，遣人必有马牌。内府、兵部俱可验。"辞气激壮。廷臣知其诬，无敢为之言者，遂与谦同斩于市，诸子悉戍边。一时人痛谦之死，而亦知文之冤也。然谦有社稷功，而以文平日迎驾、易储之议，实有以启之，故论者不能与谦同云。

宪宗立，赦其子伦还，改名宗彝，复中成化二年进士，官至南京礼部尚书。诉父冤，诏复其官，加太保，谥毅愍。

宗彝机警巧宦，附汪直，开衅建州。又曲断御史强珍狱，为时所讥。

江渊，字世用，四川江津人。宣德五年进士，八年，改庶吉士。正统元年，授编修。十二年，以侍讲选入东阁。累进刑部右侍郎，兼翰林院学士。是篇于无贬辞处见不足，笔法颇妙。

郕王监国，徐有贞倡议南迁。太监金英叱出之，踉跄过左掖门。时，渊在直，迎问之，有贞曰："以吾议南迁不合也。"于是，渊入，因极陈固守之策。时兵部尚书于谦亦以为言，遂大见称许。

未几，也先薄京师，命渊参都督孙镗军事，营于城西。也先引还，寻改户部右侍郎，仍兼翰林学士，预机务。

景泰二年，大理寺丞薛瑄自松潘督饷还，乞致仕。渊请留之以慰人望。又言礼部侍郎王一宁可大用。诏一宁侍经筵，而瑄留治事如故。

又言："今春土星入垣，近日太白昼见，日食朔旦，此纪纲不振，法度纵弛所致。往者星变，大臣求退，朝廷不许，忝冒班行。乞将臣先赐黜罢，则如臣之冒滥者亦必自省，退避贤路，然后慎简才贤，以资任使，庶可感召天和，销弭灾眚。"因陈三事：一请赏边卫以孤也先之势；一请释余丁以安军职之家；一请禁诬讦以免枉滥之害。诏悉施行。

明年，京师久雪不霁，渊又上言："汉刘向曰：'凡雨，阴也；雪又雨之阴也。出非其时，迫近象也。'兹当仲春，少阳用事，而寒气协之。占法以为人君刑法暴滥之象。伏惟陛下恩威溥洽，凡一刑一罚，未尝不曲从宽宥，何上天示戒如此？臣窃恐有司奉行有所未至，冤枉有所未伸。且向者下明诏，免景泰二年税粮之三，今复移檄追征，则是朝廷自失大信于民，怨气郁结所由致也。伏愿陛下涣发德音，信诏令以保万类，幸甚。"有旨：法司申冤滥，诘问户部何故违诏。卞尚书金濂于狱。卒免税如令。

以易储，恩加太子少师。

五年，同平江侯陈豫往山东、河南抚安军民。渊请筑淮安月城以护常盈仓，修徐州东城以护广运仓。事下所司。

当是时，内阁多不相能，而陈循、王文尤刻私。渊好议论，每为同官所抑，意忽忽不乐。会兵部尚书于谦以病在告，诏推内阁一人协理部事。渊有意出，而循、文等难之。乃调工部尚书石璞于兵部,而渊竟补工部。渊颇失望。

明年,英宗复位,与陈循等俱谪戍辽东,未几卒。后,曹吉祥、石亨败,乃追复其官。

王一宁,仙居人。父俊用,任国子监丞,一宁年十三,随父居京师,以能诗名。仁宗在东宫闻之,召见,试《银河诗》,深见嘉赏。使读书国子监。

年二十二,举进士,遭父丧,家居且十年。

宣宗诏求文章之士,一宁适需次至京师。吏部以名闻,召试称旨。擢吏部稽勋司主事,供事文华殿,改翰林修撰。

正统初,与修《宣宗实录》成,进侍讲。复以母忧去。

九年,充讲官,授内使书,累迁礼部右侍郎。

景泰元年,讨贵州叛苗,命一宁督饷。湖广军兴,弗匮。一宁本以文术进,暇日辄诣学召师生讲论经义。居数月,湖湘士风为之一振。

明年,召还京师,仍理部事。

以江渊荐,又内使王诚以受业旧恩左右之,寻迁左侍郎兼翰林院学士,入文渊阁,参预机务。

三年,景帝易储,加太子少师。是岁,以疾卒,年五十有六,赠太子太保、礼部尚书,谥文通。

一宁闿敏疏达,为文有体,然圆熟希世,不能有所树立,士论惜之。

许彬,字道中,宁阳人。登永乐十三年进士,改庶吉士,授检讨。

正统间,累迁太常寺卿。

景泰元年，英宗北还，议遣近臣迎驾，彬毅然请行。至宣府，谒见英宗。命书《罪己诏》及《谕群臣敕》，仍遣祭土木阵亡官军，以此受知英宗。

八年正月，景帝不豫，武清侯石亨等密议迎驾南内，以其谋问彬，彬曰："此社稷功也，虽然，彬老矣，无能为矣，盍图之徐元玉。"元玉者，有贞字也。英宗复位，进彬礼部左侍郎兼翰林院学士，入文渊阁办事。

彬既执政，推诚布公。然亦无所建白。

未几，为石亨所忌，出为南京礼部侍郎，寻谪陕西参政。亨败，乃复官。

卒，赠礼部尚书，谥襄敏。

陈循、王文、高谷、江渊既有事迹可纪，随文加意自成曲折。馀因同类，比附具始末而已。

曹鼐、张益、邝埜、王佐、丁铉、王永和、邓棨、姚铣、鲍辉、包良佐、黄绶、黄裳、俞鉴、申佑、张瑭、罗如墉、马豫、李昱列传

曹鼐，字德恒，宁晋人。宣德初，以举人署代州学正。自陈年少不敢为人师，愿入太学肄业，或得一剧官自效。改泰和县典史。明初用人，不拘如此。

七年，部匠役入都，疏乞会试，中礼部第二，廷试进士第一人，授翰林院修撰。正统元年，兼经筵讲官，预修《宣宗实录》。书成，进侍讲。

五年二月，以杨士奇等荐，同马愉并直内阁，典机务。

九年，进翰林学士。鼐为人内刚外和，通达政体。时，士奇等相继卒。凡议大政，诸臣皆推决于鼐。中官王振用事，鼐正色不少假，振亦惮而忌之。寻迁吏部左侍郎，仍兼翰林学士。

十四年，也先寇大同，王振劝帝亲征。鼐与诸大臣扈跸从至宣府。诸臣请班师，不听，鼐曰："臣子固不足惜，主上系天下安危，岂可轻进？"振怒曰："倘有此，亦天命也。"是何意解？惟一骄至此。既而前驱，败报踵至，振始惧，还次土木。也先遣使通和，帝召鼐草诏答之。寇骑突蹂阵而入，鼐及从官数十人皆死之。景帝立，赠荣禄大夫、少傅、吏部尚书兼文渊阁大学士，谥文襄，官其子恩大理评事。英宗复位，加赠太傅，改谥文忠。

又官其子锦衣卫百户。

张益，字士谦，江宁人。永乐十三年进士，改翰林庶吉士，授中书舍人。迁大理寺左评事。

宣德九年，命与庶吉士江渊、徐珵、萧镃等三十七人读书文渊阁。

正统三年，迁修撰。于内府授小内使书，满九载，进侍读学士。

十四年五月，命入内阁知制诰。八月，从驾北征，死于土木，赠翰林学士，谥文僖。官其子翊鸿胪寺序班。

益能文，善小楷。与杨溥善，又与太常卿夏昶以著作相高，昶见益《石渠阁赋》遂不复作文，其推重如此。

邝埜，字孟质，郴州宜章人。父子辅，为句容教谕。埜登永乐七年进士。授监察御史。时，车驾在北京，或奏南京钞法为豪民沮坏，帝遣埜廉视。众谓将起大狱，埜惟擒一二市豪归奏，曰："市人闻令惧，钞法通矣。"事遂已。

倭犯辽东，戍守失律者百余人皆应死，命垫往按问。垫开陈其可矜状，帝以为然，悉宥之。

十六年，石州人告变，擢垫为陕西按察使，敕以便宜会兵剿捕。垫察其诬。乃反坐告变者。

以父忧归，服除，擢应天府尹。上言："京郡秩三品特给银印，与外郡不同。迩者监察官遇事，辄便追呼，非所以重国体也。宜定式如古京兆之制。"从之。

正统元年，进兵部侍郎。尚书王骥数出巡边，垫独任部事。

四年，京师霪雨，垫上言："阴气为沴，兵象也，臣奉职无状，乞罢。"优旨留之。

天下军卫总旗、小旗当代者，例必就试京师。有道远无资不能就试者，至终身不得代，乃请于各都司试之，时以为便。

中官王振私人徐晞为尚书，垫持正不阿，晞虽险诈，亦雅重之。十年，代晞为尚书。

十四年秋，也先入犯。振力主亲征，外廷不得与议。及诏下，垫抗言："塞垣有警，边将足御之。陛下为宗庙社稷主，奈何自轻乎？"不听，车驾出关，垫与户部尚书王佐竟日跪草中，力请回銮。振怒，令与佐随辎重行。垫坠马几殆，或劝留怀来就医药。垫曰："至尊在前，岂敢托疾自便！"会雷雨大作，太监郭敬密白振不可进状，始议班师。次宣府，寇骑踵至。垫再上章，请疾驱入关，严兵为殿，皆不报。又诣行殿申请，振益怒，曰："腐儒安知兵事？再言者死！"垫曰："我为社稷生灵计，何得以死惧我？"振愈怒，叱左右扶出。垫与佐相对泣帐中。亡何，师覆，垫死，年六十五。

垫为人端谨，性至孝，父子辅教甚严。垫在陕西，久思欲见父，会乡试，与僚友谋聘父为考官。子辅怒曰："子居宪司而父为考官，何以防范？"驰书责之。又尝以俸市褐寄父，子辅复贻书责曰："汝掌一方刑名，当洗冤释滞，以无忝任使，何从得此褐，乃欲以污我耶？"封还之，埜奉书跪诵泣受教。已是子辅一好传。埜历官四十年，所在有冰蘖声，本父之教也。景泰初，赠埜少保，谥忠肃，官其子仪为主事。

王佐，海丰人。永乐中举乡试，入太学肄业，以学行著，擢吏科给事中。议论常持大体，不尚苛细，曰："吾为国家爱惜人才，不敢搜索士大夫隐私，败其名检。"

宣德初，超擢户部右侍郎。六年，平江伯陈瑄言："江南粮储军运不足，请发民十二万，分直挽输。"佐言："江南民运已至淮徐，若复调发，是重困也。惟就附近官军择便拨运，量给庸耗便。"会江南巡抚周忱言与佐合，卒从其议。

寻，经理陕西粮储。时，军卫收纳税粮，奸蠹百端，请改隶有司。报可。

十年，镇守河南。未几，召入为左侍郎，监督通州仓，进本部尚书。时，南北军兴调发，府库日虚。佐节省调剂，经费不绌，而民亦安之。

十四年，从驾北征，与兵部尚书邝埜力请回銮，跪草中竟日。王振怒，不听，师陷土木，佐死。

佐性坦直，勤于学问。虽政务棼集，不废书史。为政无赫赫名，而事无不举。

景帝立，赠少保，谥忠简。

丁铉，字用济，丰城人。永乐十三年进士，授太常寺博士，历刑部主事、郎中。

正统三年，擢本部右侍郎，与尚书魏源相参决，号称明允。

五年,朝议:受赃枉法者,无多少,悉戍边。铉言:"如此,则一钱之入与千万同罪,轻重失宜。"乃与源及都御史陈镒议:重者论戍,轻者罚运砖米赎罪。遂著为令。

十年,命往川陕运茶易马。时,岁俭课艰,奏减常数以俟丰岁,公私便之。

十三年,山东、河南旱蝗,铉奉敕巡视,发仓廪,黜贪吏,民皆复业。

十四年,也先犯大同,王振主亲征。诏未下而外廷寖闻之,铉即上章言:"边陲有警,镇将之责也,何烦六师?"不报,遂从行。师次唐家岭,军中夜惊,失大将所在,铉叹曰:"是岂可以用兵耶?"因诣行殿,力请车驾还京师:"惟严号令,明赏罚,诸将用命,敌当自退。若轻万乘以蹈虎尾,如宗庙社稷何!"帝嘉其言,未决。退,又上章力净,皆为王振所沮。师溃,铉死。

铉貌皙白,寡言笑,退然若无能。及任事,强毅不回,人以此重之。

景帝立,赠刑部尚书,谥襄敏。录其子琥为大理寺评事。

王永和,字用节,昆山人。父有疾,伏枕十七年,永和奉事无懈。

以明经举于乡,乞就教职以便养。吏部尚书蹇义器之,荐为兵科给事中。

正统间,以都给事中超迁工部右侍郎,往视淮南诸郡,访求利病,致便宜于民。比还,掌部事。

河决山东,改而北注,漕河溃溢。永和受命往治,浚道有方。

比还,扈跸死于土木。妻陆有贤行,闻永和变,痛哀成疾死。

邓棨,字孟扩,南城人。永乐间进士,授监察御史,巡按苏、松。当代,父老二千余人诣阙乞留。得请,复留一年。

以杨士奇荐,迁陕西按察使。居陕十年,不携家人子弟。

正统十年,超迁右副都御史,英宗北征扈跸。次榆林,疏请旋轸。言甚激切,不报。

土木师溃,从者请棨脱去,棨叱之曰:"主辱臣死,分也。銮舆不返,尚何言归?"深入死之,赠右都御史,谥襄敏。子瑞大理寺右评事,痛不得父尸,以所收平日爪发并字迹、衣冠,敛而葬之。

龚全安,兰溪人。以进士授工科给事中,历迁左通政。黄养正,名蒙,以字行,瑞安人。九岁,以善书荐,授中书舍人。累官太常少卿。戴庆祖,溧阳人。王一居,上元人。并以乐舞生授赞礼郎,累官太常少卿。皆以扈跸北征死。

姚铣,字孟声,侯官人。永乐二十二年进士。宣德初,擢刑科给事中。遭母丧,服除,改工科。正统间,引疾家居,凡七载。以荐起兵科都给事中,上言:"外吏造作刑具,非法考掠,轻罪概同重囚,冤死者众,乞令天下录每岁考死及系死诸犯名数类为册,送三法司详核。"议格不行。

铣性恬退,不求苟进。历二十余年,始迁一级,扈驾北征,策其必败,遣仆归贻家人诗曰:"许国丹心今日尽,输忠白骨几时还?"遂死于难。

鲍辉,字淑大,平阳人。宣德八年进士,授工科给事中,改刑科。上言:"有司抑配商盐,敛怨于上。州县官考满,夤缘保留,宜禁止之。畿辅、山、陕饥,请命大臣亟赈之,仍宽其徭赋以安民心。"

正统间，海内久安，武事渐弛。上言："奸宄之伏，恒于承平。武备之修，当于无事。今天下都司卫所，官溺于晏安，器具不修，军士糜恤，冒支粮饷，规避征发。比者延平寇起，朝命两都司调军征进，迁延旬月，不能会集。及至临阵，辄复畏缩。非赖朝廷威信，贼悔罪自新，欲藉此辈戮力剪除，曷克有济？乞敕兵部议下巡按及清军御史，会同三司官大加简阅，推择公忠智勇者为之将领，庶武备可饬，疆圉足赖。"朝廷是其言，下所司行之。

车驾北征，辉督右掖军纪战功。师溃土木，死焉。

包良佐，字克忠，慈溪人。正统七年进士，授吏科给事中。上言："吏治考课未严，宜选清望大臣巡察。"又言："福建官司贪黩致盗，宜正刑章。"悉从之。至是，从驾遇难死。

黄绶，平谷人。洪武末，以奇童召见，读书国子监。正统十年，举进士，授山东道御史，律己严峻。十四年，扈从北征，上言："兵玩备弛，敌锋正锐，陛下奈何以祖宗付托之身亲蹈危机。"不报，师次鹞儿岭阵亡。

黄裳，字元吉，曲江人。少读书过目成诵。正统七年进士，授监察御史。院中弹文多出其手，都御史陈鉴倚重之。

十年，言浙江宁、绍、台疫死三万人，宜蠲租赈恤。又言："科道考满，黜陟当出上裁。若由吏部奏升，言官职司纠弹，宁无致怵！欲如文彦博之荐唐介，古今几人哉？"帝并从之。

巡按两浙，言经历河上，见民遭水患，奏请赈恤。诏免淮、徐、济、宁诸郡县粮税之半，仍发廪赈之。扈驾北征，殁于土木。同时死者：御史张洪、魏贞、尹铉、章存德、夏诚、孙庆、林祥凤、申佑，凡九人。

俞鉴，字元吉，桐城人。正统六年进士，授兵部职。方司主事，车驾北征。郎中胡宁当从行，以病求代，鉴慷慨许诺。或曰："公家远子幼，奈何轻身耶？"鉴厉声曰："此岂臣子言身家时乎？"因抚二子，摩其顶曰："若等自成人，我不能顾矣。"时尚书邝埜知其贤，军事多与之谋。鉴曰："惟有力劝上班师耳。"至土木，遇难而死。

申佑，贵州人。为诸生读书思州府，裹粮徒步。常从父之田，父为虎衔去。佑挺身持杖奋击之，虎逸，父免咥焉。

正统中，以举人肄业。国学祭酒李时勉被枷国学门，佑随石大用抗疏救之。寻举进士，官御史，扈跸土木死之。

张瑭，字廷玉，慈溪人。正统四年进士，为刑部主事。能洞晰疑案，立决淹狱。时，尚书金濂聪察，颇轻属吏，瑭抱案诣前，从容举所鞫囚数名罪，矢口如流，不烦省阅，濂改容礼焉。

扈跸土木死。

楼泽，字济霖，永康人。刘会，英山人。同登正统十年进士，泽为刑部主事，会为户部主事，亦同死。

罗如墉，字本崇；尹昌，字辑祯，皆吉水人。正统中同为行人。亲征议起，群臣逆知必败，皆冀幸免。昌谓同官曰："孰与吾偕行？"众俯首未应。如墉急对曰："主忧臣辱，今日又何择乎？"遂自请行。过太常刘俨，曰："此行必死，以墓铭累君。"俨曰："何至此？"如墉曰："行当验耳！"径上马去，土木师溃，同日死之。

马豫,字彦安,临清人。宣德八年进士,官大理寺副。性刚直不阿,谳狱详明。扈驾北伐,土木失利,语其仆曰:"我奉驾而来,一旦至此,汝急归告主母还临清,我有死而已。"厉声叱贼,死之。

邓鉴,黄陂人,官光禄寺署丞。

李昱,字文昭,潞人。宣德间举乡试,卒业太学,授光禄寺署丞。扈从北征,师溃被执。不屈,临以白刃,昱曰:"主辱臣死,今日固吾死所也。"遂被害。

> 曹鼐、邝埜、王佐,其死表表。诸臣同罹闵凶,且生平各有善状可纪,固不忍没之。简编之繁,奚恤也。

李实、罗绮、王复、赵荣列传　附袁彬、哈铭、沙狐狸

李实,字孟诚。其先武陵人,后徙四川合州。举进士,为礼科给事中。

景泰元年,也先使阿剌请和。诸臣奏请遣使迎复上皇,景帝不怿。赖尚书王直、少保于谦言,于是,以实为礼部右侍郎往,大理少卿罗绮为副。敕出,不及迎复事。实惊入白内阁,太监兴安诟曰:"尔第奉黄纸以行,他何与知?"实遂行。既至,也先引见上皇所居毡氆帐,食饮皆膻酪。牛车一乘,为移营之具。实等叩首泣下。上皇问:"太后、今上无恙?"实私以糗饵常服进,上皇曰:"我此行非为游畋,为宗社计耳。也先欲归我,卿归报朝廷善图之。倘得归,愿为庶人,守祖宗陵墓足矣!"因泣下。实曰:"此皆王振所为,当年宠亦太过。"上皇曰:"此固朕之不明,然振未败时,谁肯言者?"也先谓实曰:"皇帝在此,我等不敢慢。每遣使南朝令来迎,竟不至,何

也?"实等反覆陈奉迎意,也先言:"朝廷遣汝通问,何可遽言奉迎?汝归奏,遣二三大臣来,我奉驾回,无疑也。"盖自少保谦绝和议,也先虽拥留上皇,徒抱空质,无所要。于此见上皇得归实由于谦。其下亦厌兵,故与实等言如此。实等南归,未至京,朝廷再遣都御史杨善往通问。实还朝,上言:"臣奉使塞外,见也先欲奉上皇南还。惟陛下别遣大臣迎驾。倘也先变诈不测,则曲在彼;若不遣使,则曲在我。惟陛下裁度,臣不避斧钺,昧死以闻。"帝曰:"俟杨善还再议。"后,善竟迎英宗以归。其始为迎驾之议者,实之力居多也。

寻,进右都御史,巡抚湖广。还,掌院事。坐事,免官家居,颇恣肆。为乡人所讦,下诏狱,籍其家。成化初,复官,卒。

实幼以商游江南,舟覆,几溺死。遂奋志读书,以功名显。平生好口辨,不拘绳检,人以是少之。

罗绮,字尚䌹,磁州人。宣德五年进士,为监察御史,迁大理寺丞。

景泰初,也先屡使议和,绮进右少卿,副李实往。也先见二人至,喜,遣使同绮追还扰边兵马,遂定回銮之议。还朝,出镇宁夏。

二年,进刑部侍郎。松潘蛮叛,董卜、韩胡都指挥克罗俄监粲,攻下杂谷,夺安抚司印。土寇王永陷关堡,都御史寇深不能治,命绮往征之。绮雄伟有谋,开布恩信。未期年,克罗俄监粲悔过献印,遣将周贵等擒王永,诛之。松潘万山巑岏,有贼卓劳、阿儿结等,常乘隙攻夺馈饷,即奔匿岩洞,莫可究诘。绮曰:"不大威之不惩!"简选精锐,乘夜衔枚。捣其窟穴。绮介胄从之,遂擒斩劳等显示诸蛮,连道无虞。捷闻,奖赉有加。绮志在招降,常破除崖岸,一切以简易从事。间与蛮儿接杯酒欢,松潘人爱慕不忍叛。后改副都御史,亦坐是得谤,贬广西参政。

既还磁,与乡人不相能,告绮在松潘颇通赂遗,又与州同知龙约私议朝政。逮狱论死,籍其家。

王复,字初阳,固安人。正统六年进士,授刑科给事中。知边情,识大体,凡论奏多可施行。进通政司左参议。

英宗北狩,景帝即位,以复为礼部侍郎,同中书舍人赵荣出使也先营。既归,改右通政,俄转左进通政使。

英宗复位,念旧劳,进兵部左侍郎。

成化元年,进本部尚书。是时,总兵赵辅会剿大藤峡诸贼,调湖广、广西土兵合番汉官军分布梧、肇、广州诸郡县。未几,以地方少宁,奏请班师。复言:"班师未可遽言。请令会同都御史韩雍等详议,必剿抚得宜,无后患而后可。"朝论是之。

未几,以尚书奉命巡边。复既知边情,因亲身策马相度形势,上言:"延绥、宁夏、甘凉一带,东起黄河岸府谷堡,西至宁夏花马池,东西萦纡二千余里。险隘俱在腹中,境外全无屏障,惟恃墩台城堡以为保障耳。又其地出入参差,道里不均,远者至一百二十余里,近者或五六十里。军反居内,民反居外,一遇有警,官军未行,人民仓储被掠已尽。所设兵马,不过虚声应援而已。又西南直抵庆阳,烽火不接,防御无闻。其北面墩台皆稀疏旷远,非御边之长策也。臣集众议,必当更置为便。及今声势稍宁,先摘拨军余采办木植,候春暖土开,委官监督,协力兴工。移府谷堡于芭州旧城,移东村堡于高汉岭,移响水堡于黑河山,移土门堡于十顷坪,移兔鹘堡于响铃塔,移白洛城于砖营,移塞门堡于务柳庄。不惟东西径直,亦兼水草利便。又自安边营接庆阳,自定边营接环州。其间计里鸠工,应增墩台三十有五。又宁夏中路,灵州以南原无墩台,东西二路声闻不接。卤骑深入,路恒由此,请移东路。兴武卫近内与花马池、灵州东西相距各百里。自花马池东南至环县,西南至小盐池,西路自分水岭至靖卤城,中路灵州至石沟驿。一路出葫芦峡,一路出萌城,计二十里设一墩台,凡立墩台者五十有八。周遭筑墙深厚宽广,可以容粮运。又于其中招徕商旅,通事惠工。量拨近卫屯军守御,赐之坚甲絮衣,劲弓利矢,益以边郡之良骑,缓急策应,足以遥振军威,此一劳永逸之道也。又以延绥城堡最为辽远,而官吏反稀,请增官置帅,驻兵高家堡、龙川诸地。先拨陕西、郿庆、甘肃等军轮班掺守。不足则以土兵助之,至于糗粮器仗,取之少监。庶几战守有人,边备充实,捍御可以无虞。"奏上,皆报可。

复在边建置,如增立凉州中卫,清理庄浪卫镇、羌驿路,及永昌、西宁诸城堡,多合时宜。而言者乃谓治兵非复所长,特命白圭代之,改复于工部,加太子太保。复谨守法制,声名尤胜于本兵时。

有中官领腾骧左右四卫勇士,厮养及牧马军余,乞制成衣裤以为冬赏,复驳之。兵部尚书余子俊谓复曰:"库中衣裤甚多,君何吝焉?"复曰:"祖宗立法,胖袄裤鞋,原留给应调征行之士,使其刻日起程,无劳缝制。京军守卫,无调遣之劳,则岁给冬衣,破花令军妻自为之,此成宪也。今四卫军士既有岁给,又以此加厚,非惟失国家警备非常之意,且使恩出内竖,于国体甚亵。"子俊改容谢之。

宪宗素宠信番僧,赏赐稠叠,其封号有加至三十余字者。凡国王法师死京师,例官为营造坟塔。复言:"此僧平日受赐过多,宜出其赀,自为营建,不须动支官帑。"帝皆从之。

复之能持大体类如此。

十五年,灾异求言。都给事中张海等劾奏:四方水旱,皆复与户部尚书杨鼎、南京兵部尚书薛远、吏部侍郎钱溥四人失职所致,宜赐罢斥,上不听。

逾年,复致仕。又逾年,卒,谥庄简。

赵荣，字孟仁。其先西域人，寓闽县。初姓王氏。其舅萨琦为编修，荣从来京。正统间，以善楷书授中书舍人，直文渊阁。

景帝即位，也先奉上皇至土城，邀大臣出迎，众相视莫肯往，独荣毅然请行。大学士高谷壮之，解金带为赠。加鸿胪寺卿，与通政左参议王复诣北营，朝见上皇。也先谓荣等皆微官，宜命大臣来。还，改太常寺少卿，直文渊阁如故。

景泰元年六月，也先复遣完者脱欢来言，欲送归上皇。景帝疑其诈，廷臣多力争，谓彼纵以诈来，我当推诚待之。于是，复以荣为工部右侍郎、贰都御史杨善为使，奉英宗还京。语详善传，寻迁左侍郎。

英宗复位，迁工部尚书。

五年，曹钦反，杀指挥使逯杲、都御史寇深，军逼阙下。荣披甲跃马，大呼于市曰："孰为豪杰？来从我杀曹钦，勿有退避！"顷之，从者数百人。遂同怀宁伯孙镗等击败钦东长安门外。事平论功，兼支大理寺卿俸。他日，英宗与大学士李贤从容论人才，语及荣，贤曰："此人难得，如曹钦反时，文臣畏缩远遁，况兵非己责，孰肯身亲尝试者？惟荣躬擐甲胄，振臂一呼，从者甚众。夫能于矢石倥偬之下奖励士卒，灭贼成功如此，殆不易及。"帝曰："固忠臣也。"

七年，卒于官，荫一子锦衣卫指挥佥事。

袁彬，锦衣校尉也，从英宗北征，没卤中饲马，久乃使侍帝。帝得彬甚喜。彬识字，善言笑，时时为隐语悦帝。尝得羊髀，进而共啖之。哈铭者，故与父某为通事，留北庭。时脱衣易一羊见帝，帝以铭晓卤语，亦留之。又有沙狐狸，往来汲水负薪甚勤。三人皆为帝所亲，而彬、铭则同帝卧起帐中。帝苦野宿寒，彬常以胁暖帝足，铭寝熟①手加帝胸,帝徐下之,因与说严子陵事,铭叩头谢。彬尝中寒,帝亲治糜食彬,且厌彬背,令汗浃乃已。

也先听太监喜宁计,挟帝掠大同、万全,直趋都城。复欲拥之袭宁夏,诡言送帝达南京。彬、铭密告曰:"此去南京数千里,何由至耶?"帝乃止之。宁恨计不行,嗾也先杀彬,帝为泣请不得,铭故昵也先,竟用谈笑解。

也先欲以妹进御,彬教帝以婉词却之。

帝留漠北,期年时郁郁不乐,多得此三人慰解。

既归,景帝绌彬劳,授试百户。英宗复辟,乃擢锦衣都指挥佥事,理卫事;铭为指挥同知,赐姓杨;狐狸为百户,赐姓名李成。以城东第一区为彬第,引太液池水绕其门。彬娶,使元舅孙显宗主之间,召宴略用家人礼。先后赐予甚渥。

时,门达骤宠贵,与彬比肩不相能。诇得彬妾父奸利事,奏下彬狱。法司论赎罪还职,达意未快。会力士某向役属彬,坐事戍边,归而怨彬弗救也。达遂使讦彬受曹、石金,及诸不法数十事。帝不怿,曰:"彬倚故人负我,法当治。"顾谓达:"须终还朕一活袁彬。"达加锻炼,具诬服。京城中有军匠杨埙,善海外丹髹,时号杨倭漆。少年喜事,辄击登闻鼓讼彬冤。并下达问,达怒,榜且笞之,曰:"必有人憗汝!"埙恐遂笞死,窥达意在内阁李贤,仰而呼:"有阴事愿白!",达使前,前曰:"小人何能办疏,乃李阁老代我草耳。今重累我,若得引讯大庭,当于众前尽发若谋。"达喜,促罢笞,与汤沐,赐之酒肉,入言于帝。会三法司鞫午门外,欲遂执贤。太监裴当以为不可,乃止。埙既至阙下。遂大呼:"天乎,冤哉!小人何从见李阁老?门指挥饵我。令引若!"因探其怀曰:"肉犹在!"达出不意,色变。众以达故,邃罢讯,竟以彬绞埙斩论上。帝命调彬南京锦衣卫,毁赐第,而锢埙于狱。

宪宗即位,召彬还。达得罪减死,戍岭西,彬饯且馈之。人谓彬虽武夫,其事略同古人云。

彬寻进都指挥同知,致仕。子勋亦仕至锦衣都指挥佥事。

嘉靖中,复追录翼卫功,官其孙天章如彬职。

李成既为百户,恃旧恩,径入内求迁官。帝怒,下之狱。杨铭与达官也先帖木儿,谋脱成,会帝幸曹吉祥家,也先进为成请,帝知出铭意,并系之。寻谪铭贵州副千户,后遇赦俱复官,至锦衣都指挥。弘治中,犹为大通事,而成不知所终。

诸人以迎奉护驾同传,其文似不及通纪之详,然国书例以具体为得要,琢锥纯健功,固不易耳。

校记

① "熟"似为"热"字误。

卷十　列传二

于谦列传　附朱骥、范广、王伟

于谦，字廷益，其先世河南人。曾祖九思仕元杭州路总管，请老家钱塘，遂为钱塘人。

谦生而颀皙如冠玉。七岁，僧兰古春见而奇之，曰："所相人无若此儿者，异日救时宰相也。"

登永乐十九年进士。宣德元年，授山西道御史。谦音吐鸿邕，每奏对，声朗朗彻殿陛，宣宗固目属之。

巡按江西，辨冤狱，出数百人于死。

还朝，从征汉庶人。既就缚，帝猝命谦数其罪。谦应声数百言，辞严义正。庶人流汗伏地，不敢仰视。帝大喜，赏赉与大臣等。

五年，超迁兵部右侍郎，巡抚河南、山西。谦受命遍历境内，问民疾苦。岁饶则多出官镪籴民粟，俭则减直以粜。公私便之。山东、陕西饥民转徙河南，谦命各授田与牛种而宽其税。河将溃，筑堤障之，多植榆柳其上。五里有亭，亭有长，尝率卒责以修补。以大同在塞外，按山西者不及至，请别设御史治之。又奏夺镇将私田为官屯，边用充溢。谦于吏术民事无所不精到，而尤以足兵食，明举措,振纪纲为急。当是时,三杨当国,皆重谦。所奏请,朝上夕报可,以是得行其志。

正统中,议事京师。或请具装橐稍资馈遗,谦笑举两袖曰:"吾惟有清风耳!"因赋诗见志。谦荐参政孙原贞、王来自代。时王振用事,以谦无所馈嗛之。嗾言官劾谦久不迁,怨望,擅举人自代,亡人臣礼,下法司论罪。未几,覆出,左迁大理寺少卿。河南、山西民赴阙请留谦者近万人。周、晋诸王亦言之,乃命以少卿复巡抚。十二年,始召入为兵部右侍郎,前后在镇十八年矣。

十四年秋,也先大举入寇,王振挟帝亲征,谦与尚书邝埜谏,不听。埜从行,而谦留治部事。土木师溃,帝北陷,京师大震。太子幼,皇太后诏郕王监国。王御左顺门,廷臣争言振罪应族,王仓卒未有以应。众汹汹搒振党锦衣指挥马顺及毛贵、王遗二长随,下捶死之。班行乱,王惧,屡欲起,谦直前掖止之,请下令曰:"顺等有罪,捶死弗论。"即遣都御史陈镒籍振家,械其侄山磔于市。诸臣始退,王乃起还宫。时,日已向午,谦袍袖尽裂,徐步出左掖门。吏部尚书王直执谦手叹曰:"朝廷正藉公耳!今日虽百王直,何能为!"皇太后闻之,曰:"国家幸赖斯人。"寻,进兵部尚书,委以军事,加太子太保。辞,不许。乃上言:"扈驾大臣预军事进止,当以失机论。即死,亦不宜滥恤。"报可。

九月,景帝即位。谦入见,慷慨泣奏,曰:"贼不道,犯我边陲,邀留大驾,既得志,必长驱而南。今六军陷没,武库兵器皆尽,宜亟遣官分道募兵,集民夫,更漕卒,练神机三营。复令工部并日饬戎器,户部调兵食。驰檄各边镇搜乘缮械,相机策应。臣书生,不谙军旅,当此国步艰难,不敢不以身任。如或不效,则请治臣之罪以谢天下。"言毕,呜咽不止,帝为感动。忠贞之烈,千载如见。

冬,十月,也先自紫荆关入,杀掠官民,警报日急。侍讲徐珵好言天象，倡言紫微、中宫皆有变，宜及时南迁。廷臣多和之，谦厉声曰："言迁者可斩也！夫京师天下本，宗庙、社稷、陵寝在焉，百官、万姓、帑藏、储蓄亡恙。一动足，大势去矣。寇乘胜骄，无足畏，奈何欲蹈靖康覆辙乎？"大计。帝是谦言，议始定。

谦乃奏："用王通、杨善守京城，孙镗、卫颖、张軏、雷通分兵出战，石亨、杨洪、柳溥为总兵监，以给事中王竑、叶盛、程信、姚夔尽移郭外人入城，所至坚壁清野，勿与战。通州粮百万，悉散给官军，令运入城。刍茭不及运者焚之，勿资敌。"谦躬擐甲胄，慷慨誓将士，人皆感奋。也先众薄城下，石亨议敛兵老之，谦不可，曰："贼气张矣，我奈何示弱？"乃军德胜门外。当是时，诸门皆有兵，总号二十万。贼见严阵，不敢犯。要大臣出议和，索金帛。帝以问谦，谦曰："臣受命治军旅，他非所敢闻也。"乃约战。初以上皇在寇军，未敢急击。谍亦精细。谍知上皇既西发，乃以火炮击其营，死者数千人。也先大沮，众请乘胜追躝，谦曰："胜未足雪耻，偶不捷，所损多矣。"榜谕"番回奚汉，能擒斩也先来献者赏万金，封国公"以疑之。相持数日，寇引去。有诏褒嘉，进少保，总督军务、尚书如故。谦固辞，客有颂谦功者，谦谢曰："四郊多垒，卿大夫耻之。今但不城下盟耳，敢邀赏哉！"

大同参将许贵请遣使通和，徐为讨贼计。谦言："前者非不遣使。季铎、岳谦往，贼旋入寇；王复、赵荣继往，不获征上皇一信，何可言和？且以义则仇不共天，又寇贪而多诈，万一和议既行，而彼肆无厌之求。从之，则坐敝；违之，则速变。若能大修武备，相机战守，使彼欲不得逞，上皇当自还矣。"因劾贵："介胄之臣而退怯如此，法当诛。"于是，边将人人言战守，无他议矣。

于是，分遣都督刘全等屯真、保、通、涿、易五路，以刘安统之。俄而，也先逼朱谦于关子口，又袭石亨雁门。谦请自将大举，会寇退,乃止。

喜宁者,故降贼也。自宫为奄人,复没漠北,颇知中国险易虚实。也先诸所要挟皆出宁谋。谦密属都督杨俊诱而磔之,又授计侍郎王伟诱诛谍者小田儿。也先既失内间,数遣使通款,许奉归上皇。时,大臣王直等请遣使迎驾甚力,帝不怿。谦从容进曰:"天位已定,谁敢异议?惟君臣大义,兄弟至情,自当遣使奉迎耳。"此上皇之所以得归也。帝改容曰:"从汝,从汝!"于是,遣都御史杨善等复往,上皇遂还京师。

先是,永乐中番人降者处之近畿,也先入犯,多从之而北。会西南方用兵,谦奏:"籍其有名号者厚资遣从征,有功则官之。已更遣其妻子。"自是,肘腋间无他患。

杨洪既自独石入,卫所留老弱,凡八城悉委弃。谦谓此宣府屏垣也,使都督孙安以轻骑出龙门关据之,而召民屯田战守,又令成山伯王通城昌平卫陵寝,平江伯陈豫筑临清城,皆为重镇。

三年,立怀献太子,加太子太傅,兼支二俸。复固辞,不许。

贵州苗作乱,侍郎何文渊议罢布、按二司,专设都司,以大将镇之。谦曰:"是弃之也。"持不可。

京军分隶五军,神机三千诸营将不相统。卒有征调,兵将皆非素习。谦请选精卒十五万,分十营,营置一都督领之。五千人为小营,营置一都指挥领之。更番团操,以待遣调。余归本营训练。团营之制始此。

当是时,也先既屡犯京师,脱脱不花寇辽东,孛来出寇陕西,浙江叶宗留、福建邓茂七、广东黄萧养,各拥众僭号。南蛮西番,复乘间蠢动。命将出师,变在俄顷。谦内固京城,外筹边镇,条画悉中机宜。一段典奥,似班孟坚,秾缛逾范蔚宗。僚吏受成,相顾骇服,虽宿将勋臣,小不中程律,即请旨诘责,片纸行万里外,无不惴惴效力。

帝推诚倚任，而口不言功，深自敛饬。帝常赐第阙西，谦曰："国家多难，何以家为？"取前后所赐玺书、袍铠、冠带、弓剑之属，悉加封识。岁时，一谨视而已。

谦自奉俭约，所居仅蔽风雨。旁无姬侍，平时多宿直房，以便朝谒。间病痰壅，帝遣中使更番省视，见谦家具萧然，具以闻。特敕尚方颁给。和药需竹沥，帝为亲幸万岁山伐竹取沥以赐。或言谦柄用太过，帝意益坚，然怨谤自此深矣。

初，徐珵议南迁，因谦言，为帝所薄。以下历叙所以死者，极曲琐。后改名有贞，求迁国子祭酒。谦为奏请，帝不可。有贞不知谦荐己，深怨谦。石亨初坐事系狱，谦请赦而用之。城下之役，亨功不如谦，顾世侯爵，乃请官谦子冕府军副千户，谦辞让数四，且曰："纵臣欲为子求官，当乞恩君父，何必假手于亨？"亨惭，益憾谦。屡辞兵柄，谦亦辞总督。帝为谕解。亨从子彪骁雄，谦数裁抑，出彪为大同游击将军。于是，恨谦切骨。太监曹吉祥、刘永诚皆与谦共事兵间，惮谦凌己，衔之，亦往往思构谦。帝不豫，有贞与亨、吉祥谋开南城门复上皇位，遂诬谦与大学士王文、太监舒良等欲盗金符迎立襄世子。都御史萧维祯责簿坐谋反当族。廷鞫时，文不胜愤，仰首辨不已。谦曰："亨等意如此，辨何为？"狱具，英宗犹豫，曰："谦实有功，若何？"有贞进曰："不杀谦，今日之事无名。"帝意乃决，遂斩东市，家属戍边。

谦死之日，天日阴霾，行路涕泣。都督同知陈逵密赂守者收瘗其尸。吉祥麾下指挥朵耳者，以一觞酹谦死地而恸。吉祥抶之，明日复酹恸如故。

谦之死，皇太后初不知。比闻，嗟悼累日，帝亦悔之。籍谦家无长物，而正室镭钥甚固，皆上赐物也。代谦为兵部尚书者陈汝言，亨党也，未一年败，籍其赀列内庑。帝召大臣入视，愀然曰："于谦终始景泰朝,被眷遇,死无余赀。汝言官未久,赀抑何多也?"亨等皆失色。俄,西北边报至,帝忧之。恭顺侯吴瑾侍进曰:"于谦在,当不至此!"帝默然。

成化元年,宪宗诏复谦官,赦其家,遣行人谕祭,有云:"先帝已知其枉,朕心实怜其忠。"天下传而诵之。

弘治三年,赠太傅,谥肃愍。万历中,更谥忠肃,建祠墓侧,曰旌功,岁时有司祀焉。

子冕,初官锦衣卫副千户。谦既死,谪戍龙门卫。后复官,改文秩,授兵部员外郎。迁礼部郎中、南太仆司少卿、应天府尹。致仕,有文学,节概修洁。所至以干济闻。无子,以族人允忠子为后,世杭州卫千户。嗣孙嵩官至镇守福建都督佥事。

陈逵,六合人,以荫任忠义左卫指挥,历同知。李时勉尝荐其才,镇通州及倒马关,皆有捕盗功。

如《汉书》中霍光、翟方进诸传手法。

朱骥,字尚德,大兴人。祖喜,洪武中以仪卫司积功锦衣右所正千户,世袭。

骥初家贫未娶,落魄不为人知。尝给事尚书于谦门,谦奇其貌,以女妻之。谦妻董夫人恚曰:"生女不求快婿,顾与穷革耶?"谦笑曰:"此非儿女子所知也。"卒归骥。

骥性宽厚,不喜刻核。既嗣祖父官,益勤于其职。奉使江浙间,馈遗一无所受。

天顺元年坐谦事,戍威远卫。成化初赦还,复原官。

以荐擢指挥佥事,理卫务。上弭盗安民六事,帝纳之。

时,五城官吏多玩愒为奸府,骥尽发其积弊,辇毂肃然。

京师民大饥,夺升斗为旦夕计,所司逮捕辄论死。骥曰:"此穷民,可矜也。"狱上,多末减。妖僧真惠伪为书诱惑同类,语涉不道。事觉,株数十百人。骥谓:"当罪者独惠耳,愚民何辜?"坐惠死,余悉遣戍。

边卫卒告其邻人传习妖书,冀诇发受赏。骥斥之,焚其书遣归。

先是,骥在谪所,边寇入犯,从总兵高阳伯李文御之,斩其酋把秃王。至是,论功进指挥同知,世袭。

累迁都指挥同知,帝察其忠实可大任,特擢都指挥使掌卫事,兼理机务。赐敕褒美,赍予优渥。得入侍经筵,与宴郊祀,赐莽衣,时以为荣。

骥虽受委任,不为势利怵。尝奉命杖忤旨者,或奏骥用杖小。帝怒,遣中使诘责。骥具以实对,卒不易杖也。

弘治四年,卒于官。方天顺间,门达、逯杲先后掌锦衣卫事,肆为罗织,虐害无辜。及汪直开西厂,缉事益恣横。旗校四出,株连蔓引,衣冠惴惴不能自保。骥掌卫二十余年,一以静镇之。小心慎密,不妄兴一事,亦不妄遣旗校。僚属有推任,多至显官。士大夫莫不贤骥,而叹于谦为知人。

范广,丹徒人。世袭辽东卫都指挥。英宗北狩,景帝任尚书于谦决策战守,悉召诸宿将入卫京师。谦独荐广材勇,召为后军都督佥事,寻掌大营围子手。

也先入犯,谦与武清伯石亨帅师陈九门,广为左副总兵。城下之捷,以神枪火箭杀贼数百人。复与杨洪、孙镗等分道蹙寇,连败之于固安、霸州,夺还人畜万余,迁都督同知。

谦请命诸将分营训练。广副石亨,统四万人,掌后军都督府事。寇窥沙窝,广屯隆庆右卫,率轻骑出黄花镇,截贼归路,颇有斩获。

景泰元年,又命总五军大营。寻,瓦剌寇万全,都督朱谦请益兵。谦奏广充总兵官,与都御史罗通出镇宣府。寇退,以边军饷乏,奉敕驻居庸关。旋召还,同石亨等练京营兵。左军都督孙镗出行边,广掌府事。

广骁果善战,知礼义,为谦所知。数与亨共治兵,亨及张轨皆深忌之。亨既谋杀谦,遂以广为谦党并论死。京师人既怜谦功大被诬,而又以广同罹惨祸,为之语云:"鹭鸶冰上走,何处觅鱼嗛?"又云:"京师米贵,安得饭广?"闻者哀焉。

广既死,张轨冒夺门功封侯。一日朝退,马上为拱揖状。从者问之,曰:"适见范都督也。"归而病,遂死。

成化元年,诏雪谦冤,亦复广官。子升袭宁卫指挥佥事。

时,有武兴者以右都督充右副总兵,与广等同战彰义门。寇至前,列神铳、弓矢、短兵次之,杀伤甚多。适有报效内官数百骑争功,跃马出,阵乱,兴中流矢死。

论曰:己巳之变,社稷危而复安,实于谦之功也。当也先拥上皇谕下大同,守者登陴谢曰:"赖天地宗庙之灵,国有君矣!"呜呼!彼方挟上皇为奇货,多方以胁我,而我漠然应之,示留之无益。于是,彼之气屈,而我奉迎之说得行。谦之谋诚伟矣!不然,和议一行,大势在彼,将帅为所牵制,国威不可复振,銮舆不可复旋,其不至为南宋也者几希?

若易储之事,谦无一言,岂其势必有不可谏者。然当景帝不豫,怀献先殒,群臣非迎故君复辟,则奉沂王即位,此人心之公亦谦之志也。乃憸邪之夫既乘间徼功,而又诬罔诛戮以快私怨,小人知有富贵已耳,遑恤国家哉!

> 论极尽当日情事,得春秋是非之旨。

王伟,字士英,攸县人。随父伯灵谪戍宣府,年十四,宣宗北巡,献《安边颂》,命补保安州学生。举正统元年进士,改翰林院庶吉士,授户部主事,甚有时誉。

景泰监国,命伟行监察御史事。纠集民壮,守广平,迁兵部职方郎中。上言二事:曰勤政务,曰专将权,帝并嘉纳。

时,边圉多事,文移填委,伟援笔立就,皆中机会。少保于谦专任之,引使佐己,超拜兵部右侍郎。奉命行边,常密奏方略。

时,有小田儿者,本中国人,降瓦剌,导也先屡为边患。伟受谦密计,至阳和城,见其随北使入贡,伏勇士于道,执而斩之。绐卤曰:"彼思其亲亡去矣!"自是,边患稍息。

天顺初,伟为石亨所构,免官归。

成化三年,复召为兵部右侍郎。初,亨构于谦等党逆,镂板榜示天下,至是伟以为言,乃并毁之。

五年,以病乞归,命还家养疾。疾已北上,卒于道。年五十有三。赐祭葬如例。

伟性颖敏,善议论,尤熟于边事。但颇任智数而急于仕进。在兵部,尝扬于谦短。谦语人曰:"王士英宁忧不得吾此位耶?何用汲汲如此!"

杨洪、郭登、朱永列传

杨洪,字宗道,应天六合人。世汉中百户。父璟战死灵璧,洪以永乐初嗣官,调开平。

八年,从文皇北征至干难河,获人马还献。帝曰:"将才也!"命籍记之。圣主知人尝在侧微时。

洪熙元年，从阳武侯战红山，斩获多。

四年，命洪巡徼塞下，降玺书劳之，曰："洪为国尽力，不避险艰。朕用尔嘉宜，益慎重，毋轻。而脱有挟私害尔者，以闻朕，必治之。"由是，杨千户名震北边。

六年，御寇大石门。为垒向贼，相持者久之。而别选骁骑绕出其后，寇遂乞降。或请歼之，洪曰："杀降，不武！"乃收其部落以归。

明年，诏洪筑城于西猫儿峪，留兵戍之。

八年，追寇孤树林，得甲首四十，累功进指挥佥事。

英宗即位，召入京师问边计，称旨，进指挥使，赐金绮、甲胄、弓矢，进游击将军。巡边遇寇，挥军张两翼进，擒其渠首白暖台还，迁都指挥佥事。

当是时，中外方讲和好，以故不大举。即扰边，多者不过百余骑，少者或十数骑。而洪机变敏捷，时出奇兵。或夜劫垒，未尝小北。于开平、赤城诸要害处为垒，旁设蒺藜，渠笞环之，故敌兵不得逞。

陕西参政年富言："诸将竞恤其私而忘国事，苟得如洪者二三人，即边患可弭。"帝以为然。命副都督李谦守备怀来。

尚书魏源巡边，指挥杜衡诬讦洪，源为雪之，而贬衡广西。部卒李友金复诬讦洪，帝付洪自治。又常举洪励诸将，洪益自奋。

兀良哈入寇，追败之兴州，斩获甚众。

都督谦老而怯。洪在军尝奖励将士当戮力击贼，谦辄笑曰："徒杀吾人耳，贼可尽乎？"语寖闻，遂召谦还，以洪代之。袭寇西凉亭，与兀良哈战伯颜山，皆获其渠首。

洪尝追贼，马蹶伤足。奋起大呼，军士随之，卒大捷。帝降敕慰劳，且命医乘传视疾。

迁都指挥同知，充左参将，镇宣府。增筑开平城，自宣府以东至潮河川，益烽堠六十余。寻进都指挥使。

受诏追阿木狼，大获，进都督佥事。

充左参将，守独石。累进左都督，赐玺书褒谕，佩镇朔将军印，充总兵官。

土木师溃，帝道宣府。也先伪诏洪开门迎驾，洪坚闭不出，对曰："臣奉陛下命守此土，天已暮，不敢启。"帝复为书遗洪，洪缚其使，上其书京师。时，景帝立，使使驰报："所献上皇书诈也，自今若此者，无复受。"寻封洪为昌平伯，给禄千一百石。

已，率兵至土木，收甲胄器仗之属分给诸卫，以不先请被诘责。

亡何，也先大举犯京师，洪将二万骑入援，与都督孙镗、范广由涿州紫荆关转战至固安，大捷，进封侯。命以所部留京师，总三千营兵，兼领左军都督府事，赐世券。

佩镇朔将军印，还镇宣府，造连环万弩为战守具。

三年，以疾还京，寻卒。赠颍国公，谥武襄。洪在宣府最久，抚循士卒，不敢专杀，士卒皆乐为死。亦颇好学，近儒者，尝请建学宣府，教诸将子弟，识者多之。

洪卒，子杰嗣侯。庶子俊以擒喜宁功，官右都督。从子四人：能都督同知，信都督佥事，仁锦衣卫指挥佥事，智开平卫指挥使。杰上言："臣家一侯三都督，诸苍头得官旗者十六人。臣大惧，盛满不足报称，乞停苍头职役。"许之嗣侯，岁余而卒。

杰无子，庶兄俊嗣侯，骁勇，每战深入。时，也先数寇边，俊请选沿边将士分奇正兵捣其巢穴，且曰："三军之害，犹豫最甚。臣受恩实深，即马革裹尸，所不辞也。"少保于谦谓非万全，计遂寝。

景泰四年，命充游击将军，与都督刘深巡宣府，经理独石诸城。参政叶盛言俊曾溃军，乞罢遣，乃令护瓦剌使者出塞。至永宁卫，被酒鞭守备。都指挥姚贵至,相讦奏俊。又衔盛斥己,悉封还己先后所得敕命,明其有功。于是,言官共劾俊跋扈,命法司廷鞫论死,子珍嗣侯。

天顺元年,帝追恨洪守宣府不启门,而俊在永宁、怀来亦密戒将士毋轻纳。又为石亨、张轨所构,竟斩西市。珍戍广西。

八年,赦珍,授龙虎指挥使。孙越乞调开平。能少从洪学兵法,从战有功,授镇抚。洪从子宗周为开平指挥使,疾不任事,以能代之。正统十四年,迁都指挥佥事,屡战辄胜。累迁都督同知,佐都督纪广守宣府。召总神机营兵。

天顺元年,以迎复功进左都督,与石彪合援大同有功,封武强流伯,禄千石。上疏请乘寇弊举兵殄之,不许。能持身廉,功名几与洪埒。卒,无子,以其弟伦袭羽林右卫指挥使。

信,幼武悍,从洪征兴州,战西凉亭、白塔儿,再战紫荆、倒马、五郎河,有功。景泰二年,累进都督佥事,充副总兵,守宣府。

天顺元年,进都督同知,移镇延绥,佩将军印。

明年,击走孛来毛里孩于青阳沟,封彰武伯。

寇入大同,高阳伯李文不能御,兵部荐信代之,拜征西将军,总大同兵,屡捷,予世券。

寻,总三千营,并将京营、大同、宣府兵出征延绥,与都御史项忠会兵拒寇。大捷,还镇大同。累岁逻骑不敢南牧。

信在边近四十年,镇以安静,然遇战辄克。卒,赠侯,谥武毅。

自洪,兄弟皆佩将印,威名震西北边。一时推名将者皆言杨氏。昌平侯既废,能亦以流爵弗世,而信独传其子瑾。弘治元年,领将军宿卫,逾年卒。子质幼优给,久之得嗣。嘉靖中,领三千营右军都督府佥事。卒,子儒嗣,领府军前卫。卒,子炳嗣。隆庆初,右军都督佥事,协守南京。已改左都督。

郭登，字元登，临淮人。武定侯英遮孙也。年七岁，书不再读辄成诵。十岁，能文词。

永乐二十二年，充勋卫舍人。

正统七年，从王骥征麓川，分镇临安，诸蛮长帖服，献牛酒。

九年，从沐斌征腾冲，积功署都指挥佥事。

十四年七月，也先大入塞，帝亲征至万安，西宁侯宋瑛、武进伯朱冕全军覆没。乃加登都督佥事，副广宁伯刘安守大同。仓卒议班师，登告学士曹鼐、张益："驾入宜紫荆关。"而王振卒奉驾向居庸。至土木，帝北陷。当是时，大同城门昼闭，军士战死，所余皆创残。登涕泣拊循之，吊死问伤，亲为裹创傅药。或谓登曰："事至此，城旦夕且破，徒自苦何为？"登曰："吾与此城誓存亡，当不令诸君独死也。"

八月，也先拥上皇至城下索金币，约曰："赂至，即归驾。"登闭门不纳。上皇曰："朕与登有姻，何拒朕若是？"登传奏曰："臣奉命守城，不敢擅启闭。"竟不出。校尉袁彬以头触门大呼。刘安及给事中孙祥、知府霍瑄出见，赂至，也先笑不应。登曰："此绐我耳，当以计劫其营，夺驾归。"因召壮士与之盟，激以忠义。壮士皆踊跃，愿效死。将遣行，或以危言沮之。也先惊扰，竟拥上皇去。登大恸，曰："奴果败吾事！"时，贼势张甚，刘安以他故还朝，独留登守大同。

十月，也先犯京师，登欲率所部从雁门入援。先以蜡书驰奏，略曰："贼骑长驱，三关失险。流连内地，为患匪轻。臣悉起军民入护阙庭。京兵击于内，臣击于外，使贼腹背受敌，首尾不救。"又曰："忠诚在己，敢忘报国之心？成败在天，不负为臣之节！"奏至，贼已退。优诏褒答。又疏言："贼众虽回，去边不远。传云：黄河已冻，且向延绥。青草渐生,再侵京阙。事虽未信,情亦可推。"

十二月,也先再犯京师。登以京兵新选,不可轻战,疏言:"比者我师屡挫,寇势方张。较其利钝,诚难为敌。臣愚以为今日之势可以养锐,不可轻战;可以智取,不可力争。紫荆诸关隘选练达有智计者率敢死士,据高侦贼多寡。涞水、易州、真定、保定一带,积薪架炮,使烽烟相望。仍列候骑递报边情。贼小至则举一烽一炮,大至则举三烽三炮。京兵犄角,分据要害。坚壁清野,以逸待劳,不出旬日,贼必遁矣。"累迁右都督。

也先自屡胜来出入如无人。登不胜愤,昼夜激厉将士,定赏格,期必杀贼。景泰元年正月,忽报贼入境。登蹑之,行七十里至水头。会日暮休兵,夜二鼓,贼自朔州掠回,列十二营。登召将士问计,或言:"彼众我寡,莫若全军且退。"登曰:"我军去城已百里,人马疲。今退,贼以铁骑追我,立尽矣。"即按剑起曰:"敢言退者,斩!"乃上马薄贼营。时天渐明,贼以数百骑迎战,登率先陷其阵,诸军继进。登射杀二人,手格杀一人,贼大败。追四十余里,至栲栳山,斩首二百余级,夺回人马弓刀万计。捷闻,封定襄伯,食千一百石,与世券。是役也,登以八百骑破贼数千,为当时战功第一。

登因大同数被寇,上疏曰:"大同地居边塞,贼不时出没,军民艰于樵采。臣辄出鄙见,仿古制,造为偏箱车,用以防护军民。其车辕长一丈三尺,前后横辕阔九尺,高七尺五寸。箱用薄板,各留置铳之孔。轮轴如民间二样。轻车其出,则左右两箱次第联络,前后两头辕轸相依,各用钩镮互相牵搭。棚布为幕,舒卷随宜。每车插小黄旗以壮军威。仍载脱卸鹿角二,长一丈三尺,遇止,离车十五步外,钩连为外藩。每车用神枪二人,铜炮一人,枪手二人,强弓一人,牌手二人,长刀二人,通用甲士十人。无事则轮流推挽,有事则齐力防卫,衣粮器械皆具车内。遇贼来攻,势有可乘则开壁出战,势或未便,则坚壁固守。外用常车载大小将军炮,每方五座,共二十座。每座用推挽及药匠十二人,共一百四十人。其马步官军或一千,或二千,出哨策应。转输樵采之人皆处围中。又置一四轮车,高一丈二尺,别用木梯接高一丈五尺有奇。上列五色旗,觇某方有贼,以某方之旗招呼。闻鼓而进,闻金而退,相地度形,斟酌进退。行如长蛇,首尾俱至。止为方城,四壁坚合。守己制人,似为可用。"

巡抚沈固任事久,边境不戢。登劾之曰:"左都御史固法令不行,致边城官吏大肆奸贪。以灰土和米麦,军士饥寒,无所控诉。乞选廉明刚正者代固。臣窃见礼部尚书杨宁、河南左布政使年富皆足胜任,乞敕廷臣会议,选委一人,与臣协理,庶克有济。"后,果以富代固。

又疏曰:"往者承平日久,人心骄逸,居官者惟肆贪婪,绝无廉耻。酿成污浊之风,致有蒙尘之祸。污浊之风,其祸足延人主,读之悚然。今狡贼虽云请和,变态叵测。傥或渝盟,大同一镇首先受敌。及今无事之时,若不早为处置,一旦贼至,猝无所措。国家受侮已深,边事岂容屡坏?"

贼退,欲大兴屯田,乏牛、种,疏乞官为措置。

四年秋,病,召还。登初至大同,士卒可战者不数百,马仅百余骑。不数年,马至万五千,精卒数万人。常恨马少,步卒追贼不及,乃以己意造为搅地龙、飞天网诸法,凿为深堑,覆以土木,人马通行如实地。贼入围中,发其机,顷刻十余里皆陷。登智勇有文武才,料敌制胜,不爽毫发。与贼相拒一年,大小数十百战,未尝挫衄。当是时,惟巡抚年富知登。而登与都督孙镗龃龉,镗乞分登军,登称疾不出,富为闻于朝,帝诘责镗。

天顺二年,夺爵为都督佥事,镇甘肃。

成化初,复爵,佩平羌将军印,镇甘肃。未几召还,总神机营,掌中军府事。寻命提督十二团营。

八年,卒。赠侯,谥忠武。

登性至孝,母有疾,尝两刲股以进,居丧秉礼。工诗,所著有《联珠集》。

登无子,以兄尚宝丞斌之子嵩请于朝为后,得嗣伯,减禄五百石。

十四年,卒。子参乞嗣,不许,世授指挥使。

朱永,字景昌,夏邑人。为人长躯伟貌,举止顾盼有威容,人望之凛如也。

祖真以靖难功,世授中都留守、指挥佥事。父谦嗣,累征迤北,功升万全都指挥使,历官左都督。景泰初,佩镇朔将军印,总兵宣府。英宗北狩,过城下,谦率永出谒,顿首哭献犒军费。屡出兵截战有功,以斩首中律,封抚宁伯,与世袭。当是时,定襄伯郭登帅大同,谦帅宣府,声名略相埒。谦勇略文采虽不及登,而持身谨慎,卒以功名终赠侯,追谥武襄。

永嗣伯,奉朝请。

英宗自南宫复辟,见永而识之。曰:"是子侯也,非宣府食我于门者耶?"即日召侍左右,有所询,辄以意对,往往称旨。

时,太监曹吉祥、忠国公石亨恃宠骄恣,英宗疑而恶之,以心腹寄永。永亦慎重不泄。

英宗大渐,谕皇太子曰:"诸侯伯中,惟永知兵,可任大事。"寻,总三千营,兼十二团营,掌右军都督府事。时,郭登出镇甘肃,永奏留登共事。或曰:"定襄,宿将也。子在事久,能屈体为之下乎?"永笑曰:"吾知治天子军须得材耳,遑问其他?"于是,物情归永。

成化二年，荆襄盗刘千斤作乱。永同尚书白圭讨平之。赐爵侯。

六年，阿罗出寇延绥，永复与左都御史王越出塞击之，擒斩有功，即军中赐爵世侯，留镇三边。

七年，阿罗出，再屯柳树涧。永出奇邀战，有功。

十四年，召还。再论塞上功，加太子太保。

时，汪直方贵幸，喜言兵。辽东巡抚陈钺希直意，诡言建州引朵颜三卫入寇，杀贡人起衅以为兵端，钺私说直曰："建州弱，可乘也。"计永必帅师，直监其军，而己得总制焉。时，直己纳钺赂，遂改命钺。十五年十月，永果为将军，发兵袭破之。赐爵保国公。钺于是与直、永有隙，而又不敢显。与直忤，反曲体媚之。会套贼寇延绥，钺闻，嗾直兴师，以永佩印为将军，合兵出塞。钺侦知贼营在威宁、海子，乃与直谋曰："大同去威宁近，若随大军徐行，必无奇功。"乃给永将兵出南路，而随直选轻骑出孤店关，乘风雪薄威宁、海子，尽俘其众而还。时，永道回远，所费兵食巨万，马死者不可胜计。比至榆林，敌众散去，一无捕获。于是，钺以文臣得封伯，直荫锡逾等，而永无功，赏不行。自是，永大愧悔，事直愈谨，不敢复与钺异矣。寻，积前功赐阶光禄大夫、右柱国加太子太傅，岁益禄米三百石，予铁券。

明年，复出大同，御亦思焉，因赐爵世公。

又明年，以镇朔将军总大同、宣府兵。还，加太傅兼太子太师。

永前后凡八佩将军印，入统六军，尽护诸将。用法严整，而制敌设奇不能如王越。未几，直败，钺亦败窜，永以有内主，独不与。

弘治初，进太师，改领后军都督府，总团营如故。自是，朝廷清明，边徼无事，兵亦不复出矣。

九年，卒，追封宣平王。初谥武襄，以同父谦谥，辞改武毅。

子晖将嗣爵,朝议以永功本不当公,难之。诏特予袭一世。晖久从永塞下,亦多历行阵,既受爵,则年垂五十矣。寻,掌右军府事。

寇犯延绥,拜征卤大将军,与太监苗逵、都御史史琳讨之。大将军印最重,不易当。晖继永佩之,人以为荣。会天大雪,寇远遁,兵出无功。而苗逵以幸故,要晖以大捷闻。诏议封赏,给事、御史言:"所得贼首才三级,马牛羊不及数百,而报功乃云斩获无算,晖等相率为欺罔,请论罪。"帝难苗逵,不听,而赏亦薄。

未几,复出御寇宣府、大同,加太保。卒,赠太傅。

子麒仍嗣,为抚宁侯,数领军府。以征蛮将军与两广都御史姚镆平田州,诛岑猛,加太子太保。召还,卒。

子岳嗣,亦以平蛮将军出镇湖广,罢归,卒。

从弟冈嗣,卒。子国弼嗣。明亡爵除。

<small>三将贤否虽殊,而方略战功各有过人处,叙次亦坚鸷可诵。</small>

徐有贞、杨善、石亨列传

徐有贞,字元武,初名珵,吴县人。宣德八年进士,改庶吉士。宣宗召试便殿,名在第一,即受编修。

正统初,进侍讲。珵短小精悍,目光烂烂,为人多智数,好功名。既入翰林,不屑专以文章著。凡天官、地理、兵法、水利、阴阳、方术之书,莫不究习。尤喜占步星文,自负多奇验。时承平久,武备偷惰,珵上防边疏数千言,帝善之,而不能用。<small>初起固已异人。</small>

十四年,乘舆陷土木,郕王监国,召廷臣问计,珵言:"紫微垣已动,宜亟南迁。"太监金英叱去之。兵部侍郎于谦言:"倡议南迁者当斩！"珵大沮，不敢复言事。

景帝即位，出文臣十五人分屯要害，为京师声援。群议犹以珵为才，假监察御史守彰德。下符集兵招致多太行群盗，竟什伍之不尺籍，曰："事宁，任若所之。"具见方略出众。

召还，仍官侍讲。珵急功名，既久不得迁，因以玉带遗陈循，且曰："窃推先生命当玉带矣，敢以献。"循喜，乃教之曰："易君名，毋使朝廷习之。"遂更"有贞"。当是时，用人决于尚书谦。有贞欲得祭酒，属谦门下士为游说，谦曲意从之。言于帝，帝曰："有贞虽有才华，然为人倾危。使教国子，不虑士心术坏耶？"谦不能对。有贞不知荐已，而反疑中沮，积前事，深怨谦。

景泰三年，迁左谕德。先是河决张秋，运道阻。前后遣使者治，皆无功。诏集议文渊阁举代者，廷臣以有贞名上。而帝前复有左右之者，遂擢金都御史以行。有贞既循河相度，乃上言："请先疏水势，次治决口，后浚运道。"始作渠起张秋，至卫、沁河流旁出，不顺者悉堰之。长袤皆万丈，障水北归，漕河由是始通。更筑其缺为水门，大堰虹堤，交相捍御，出沮洳而资灌溉者百数十万顷。凡三载讫工。语详《河渠志》中，遂进左副都御史。还，理院事。时景泰七年也。

明年，帝不豫。内阁方议复储，而都督张轨、张𫐄、武清侯石亨、太监曹吉祥辈谋复上皇位。奄人、武夫不知计，先密叩太常许彬，彬曰："此希世功，顾彬老矣，无能为。有徐元玉者，善奇策，自负文武才不下于尚书，而博学过之。名位反出其下，郁郁久思一逞，盍就图之。"元玉，有贞旧字也，亨故与有贞善。诸人因夜会有贞家，有贞大喜，曰："太上前亲征，非游畋也。天下无离心，谋当出此。第不识南城知此意否？"轨曰："已有阴达之者。"曰："必获报，乃可。"后，夜复会，曰："报得矣！"有贞乃升屋览步乾象，亟下曰：

"时在今夕,勿失!"会卤骑薄都城,有贞言:"宜乘此阴纳兵,设有问,以奉旨备非常对。"诸人既仓皇去,有贞遂与家人决,曰:"归则人,不归鬼矣!"往与轨、亨、吉祥及王骥、杨善、陈汝言等收诸门钥。四鼓,开长安门,纳兵守门。内官及宿卫者出,叱之,皆退兵纳。已有贞命仍锁诸门,曰:"外兵入,事去矣!"时,天色晦冥,众惶惑,曰:"事济否?"有贞趣行,且大言:"时至矣,勿退!"既薄南城,门锢,有贞命撞垣入。上皇灯下独出,问:"尔等何为?"有贞等俯伏合声请登位。乃呼舆来,兵士惊惶不能举,有贞率诸人助挽以前登舆,又率诸人挽以行。时,星月忽明,上皇因顾问:"诸卿为谁?"各具官对。

入奉天门,有贞前导,门者拒。上皇曰:"朕太上皇帝也。"遂反走。既升殿,诸人犹拥舆前。武士以椎击有贞,上皇叱止之,遂升座。

诸门启,百官方入,候景帝视朝,闻南城及殿中呼噪声,相顾惊愕。有贞出,号于众曰:"太上皇复位矣!趋入[①]贺!"

是日,有贞以本官兼学士参内阁机务。又明日,加兵部尚书。未几,有贞以己乃谋首功,冠文武,论列帝前,遂封武功伯兼华盖殿大学士,掌文渊阁事,赐号"奉天翊卫推诚宣力守正文臣",禄千一百石,世锦衣指挥使。当给诰券,竟自为之。辞有"缵禹成功"之语,武功亦所自择也。

当是时,少保谦等既下狱,坐以迎立外藩,无左验竟论斩。人多归咎有贞。而陈循素有德于有贞者,及其谪戍,亦不能救也。然一时内阁诸臣,死徙斥逐略尽。于是,事权尽归有贞矣。

既得志,帝又数数召见,或命不时赴朝,益自喜。而窥帝因曹、石辈求请无厌,有倦色,遂欲自异。凡用人行政稍持正,李贤复从旁助之。亨大不悦,吉祥初自虑不知书,恐事归司礼,力赞帝听任内阁,欲使德己。已而,吉祥荐用私人,内阁辄阻抑,吉祥亦怒。曹、石始争宠,利不相能,至是遂合。帝时时屏人言事,因令小竖窃伏听,故泄其语,帝惊问曰:"安得知?"左右对:"有贞实扬之,不特此。帝前后语某日某事,外间无弗闻。"帝自是疏有贞。

会御史杨瑄劾曹、石侵占民田,帝奖其敢言,两人已疑有贞主使。及张鹏等具草欲悉纠亨他罪,状未上而给事王铉漏言亨,因与吉祥同诉于帝,下诸御史狱。复伏地泣,谓内阁实使之。于是,并下有贞与贤狱。是时,雷电冰雹,大风折木,帝感悟而重违曹、石意,出有贞为广东参政。顾两人憾不已,必欲杀之。更令人投匿名书,指斥乘舆,云有贞怨望,使其客为之。行至德州,复逮问。锻炼其客,终不承。亨、吉祥乃合言于帝,曰:"有贞武功伯,诰辞出己手,杂他制诰中,进得给与。禹,帝王也,敢云缵武功,则曹操所始封。"帝出示法司,于是刑部侍郎刘广衡等复奏:"有贞诈撰制文,窃弄国柄,自谓治水,希踪神禹,敢以定策冒贪天功,不臣不忠,当弃市。"会雷震承天门,遂宥死,徙金齿。他日,帝问有贞于吕原,对曰:"被谗远谪,不胜困顿。"退而具疏讼其冤。

天顺四年,石亨父子已伏诛,吉祥亦疏远,不任事。帝乃谕李贤、王翱曰:"徐有贞当时何大罪,而为石亨辈所陷耶?可放还。"有贞自金齿归。后二年,吉祥以反诛。时意气尚壮,犹冀帝复召,常仰观天,见将星在吴,惟己足当之,故有力。恒以铁鞭自随,数起舞。及闻韩雍两广征蛮有功,乃掷鞭太息,曰:"孺子亦能将乎?"遂放浪山水间。醉或绕屋驰,且呼曰:"人不知我久之!"乃卒。一段精光炯炯射人,读之使人呜咽。

或曰,夺门论功时有贞语亨:"愿冠侧注以从兄后。"亨入言即得封。已而与亨左,时短之于帝。匿名书之狱,微客马士权几不免。既出狱,许以女婚其子,归竟负约。时以是惜其才而薄其人。

成化初,复冠带,终无援而起之者。盖薄其人也。

叙法浓郁详整,在孟坚伯仲间。

校记

① "入"原文为"人"字,正之。

杨善,字思敬,其先太原人。徙北平,补北平诸生。不甚通经术,而性沉敏,能代人策事。燕师起,年甫十七,与城守,署典仪所引礼舍人。

永乐初,召补鸿胪寺序班,寻改鸣赞,进司宾署丞,选侍皇太子,累进鸿胪卿。善伟风仪,工举止,音吐如洪钟。每朝谒引进奏时,上目属之。既家都城,以积著起赀,筑室郭外,极园亭花木之胜,用以招致贵要,时时宴赏其中。每当朝罢休直,则车骑辐辏。以是大得公卿间誉,而中贵人亦多好之者。满考,进礼部左侍郎。

正统十四年,从北征,师溃,间行达京师。时年六十有五矣。

也先入寇,善以晓畅军事改左副都御史,同都督王通提督守备京城。寇退,进右都御史。

自侍郎至右都御史,皆领鸿胪寺事。是时,上皇在漠北,元旦故事:自朝正出,即相率于朝房投谒称贺。善独流涕,曰:"此何时也,太上皇帝何所,而吾曹自相贺耶?"众愧,为之止。而朝廷所遣使漠北,若王复、赵荣、李实先后奉迎,皆不得要领,意益缓。会也先来,责复等非大臣,不能通两国好。不得已,复遣善。然绝不为奉迎计,亦不与善一钱。善乃悉出家财,不足则更称贷,市绮绣、师比、阿锡、女红、线扣之类以往。妙。既出境,也先所使馆伴者来与饮帐中,诧善,曰:"土木之役为何?六师抑何弱也!"善谩应曰:"汝家幸胜我耳。虽然,非福!"妙。伴惊问,善曰:"往者六师之劲皆南征,而中贵人振欲邀上皇幸故里。一不为战备,故令汝得意。今先后募得材官、技击可三十万,悉教以神枪炮火,皆命中百步外,洞人马腹。南征二十万人亦已归,更得蛮中机弓伏弩,傅毒药射虎豹立毙,试良验。又用言者计,沿边要害皆隐金锥马,所值蹄立穿。又购刺客千百辈,夜度营幕若猿猱。"伴色动,善因曰:"惜哉,皆已矣!无所用矣!"问:"何以言无用?"曰:"和议成,方且欢好若兄弟,而又何用也?"因赂之,伴悉以告也先,也先气折。次日入谒,乃大赂之,也先喜。坐定,善直前责之曰:"太上皇帝朝,太师岁使,必三千人,金帛器服接于道。即稚子亡弗赍者,乃背盟好,何也?"也先曰:"然则奈何削我马价? 与我帛时有剪裂短幅者。又前后使人往,多不归。"善曰:"非削马价也。太师马日增,价不继而不忍拒,以故微损之。太师自度价比前孰多?"也先曰:"者!"善复曰:"帛有一二剪裂,幅不足者,皆诸通事为之也,事露已诛矣。即所进马有劣弱,而貂皮敝,亦岂太师意耶? 且先后使者来,各赐织金衣,临行加赏宴。而使人间有在中国盗者,归恐得罪,故亡去,何从知也。"也先复曰:"者!"善因复进曰:"太师两入关,杀我军民过当,顾汝部曲死伤亦不少矣。上天好生,太师独好杀,是故数见雷警。不如与我和,两罢兵。"当是时,善反覆数千言,未尝一及迎上皇。也先因谓善:"汝大臣来,敕书何不及奉迎?"善于是曰:"此欲成太师名,令自为之。更妙。使载之诏书。而太师奉行,是迫朝命也,非太师诚心也。"更妙。也先喜,且曰:"皇帝归,还为帝否?"善言:"天位已定,难再易。"也先又曰:"古尧舜事若何?"善言:"尧让位于舜,今日兄让弟,正合古。"妙。也先大服。

时有平章昂克者问善:"何不以重宝来购?"善谓克:"得重宝而归我上皇,天下后世谓官人贪。虽然上皇归而德太师,则重宝亦继至也。"妙。也先大悦,曰:"者! 者!"凡言"者",译言"是"也。是时,也先意已定,谓其众曰:"曩令大臣迎。今既至,若不与,失信。"还顾善,笑曰:"我止图一美名,史书好为记之。"动于善言矣。遂引善见上皇。善问安已,侍立。也先数目上皇,上皇曰:"太师与汝坐。"善顿首曰:"君臣之礼,虽草野何敢废哉?"也先啮指曰:"咄,咄!汝曹中国礼若此!"归功之辞。竟以轻骑奉上皇与善归。归,而景帝以非初遣旨,薄其赏,仅迁左都御史,仍领寺事。间处带叙景帝过恶,有史法。而尚书谦心许之,从行子弟有得官者。

上皇居南宫,元旦将复修贺谒,善复泫然曰:"太上皇不受贺,何吾曹乃相贺也?"众于是益称之。

景泰三年,易东宫,加太子太保。善始事王振,后更善曹吉祥,而与石亨比。久之,景帝病,善知亨、吉祥有迎复上皇谋,遂与之合。上皇复位,论善功,封奉天翊卫推诚宣力武臣,特进光禄大夫、柱国、兴济伯,岁禄千二百石,予世券,改领左军都督府,寻加礼部尚书,兼领部事。继因王骥请改号"守正文臣",录其子并养子出使功,得禄秩者十余人。旬日间恩赐赫奕,陈请无不允。招权纳赂,与石亨、张軏辈埒。亨等忌之,稍稍间于上。以是,渐疏绌,未几,卒。年七十五,赠兴济侯,谥忠敏。

善虽负才辨以巧取功名,而恰怆多城府。其为序班坐事,与庶吉士章朴同系狱,久相狎,朴言家有《方孝孺集》。时方穷治孝孺党,善从借观,密奏之,朴遂诛死,而善得复官。于谦、王文之戮,陈循等之窜皆有力焉。一时矫饰似忠,非其性然也。在鸿胪凡五十年,谙习国家仪典无过善者。

卒之四年,子琮以例夺爵为锦衣卫指挥使,然帝终念迎驾功,孙增复得尚公主,官驸马都尉。

叙出使一段,以俚语形容,愈觉笔墨飞动。

石亨，渭南人。家世军官，亨嗣世。父岩，为宽河卫指挥佥事，累战功至都督佥事，充大同左参将，守万全路。从子彪以舍人从亨有功，授大同卫镇抚。亨为参将，彪亦积功至指挥同知，参亨谋。

亨方面丰体，美髯及膝，彪体貌雄伟，髯亦过腹。两人初尝贳酒市中，有望气者见而异之，曰："今平世，奈何二人有封侯相？"

英宗师溃土木，亨与总兵官杨洪坐不救乘舆，系诏狱。未几，也先复入寇，有荐亨勇者，兵部尚书于谦言于帝，立出之，令屯安定门。亨善骑射，有胆略，每战辄舞大刀先入。彪能拓数石弓，尤善用斧。亨出，则彪继之，故常为军锋冠。及是寇犯安定门，亨即挥刀跃马进，左右冲突，独杀数十人。彪持斧率亲兵从之，诸军蜂涌鼓噪，寇遂却。转战至城南，亨令彪以千人诱之。寇见兵少，果来。薄，亨大呼奋击，寇乃大败。追三日夜至清风店，又败之。寇尽弃所掠，饵我师，得遁去。塞外詟其名，呼"石爷爷"。兵部上亨功第一，封武清伯，寻进为侯，总京营兵，加太子太师。彪擢都督佥事，充大同游击将军，寇畏之亚于亨，亦呼"石王"云。

当是时，少保谦以尚书总督军务，亨虽爵为侯，每事禀成不得专。已而恃功骄横，谦又时时裁抑之。亨固畏，不敢动，而中实怏怏甚。会帝不豫，亨与张軏、曹吉祥、徐有贞辈奉上皇复辟，遂诬谦与内阁王文谋立襄藩，力赞英宗杀之，语详谦传。

亨以夺门首功，进封忠国公，前后增禄三千石。彪封定远伯，充大同副总兵。弟、侄、婿及义儿官锦衣者五十余人，部曲、亲故窜名夺门籍中得官者至四千余人。亨始严惮惟少保谦，谦既死，遂下视诸公卿。日与曹吉祥出入禁廷，进退文武大臣，罢诸巡抚，帝每曲意从之。夺民间妇女、田庐、财贿不胜计。与徐有贞、李贤有隙，构下诏狱。岳正常以帝意讽使敛戢，亦被谗逐。亨既快意恩仇，久而帝亦心厌之。

一日,帝御翔凤楼,望见亨第极伟丽,因问:"何人第宅?"恭顺侯吴瑾谬对曰:"是必王府。"帝曰:"非也。"瑾曰:"非王居谁敢僭拟若此者?"帝嘿然。

会亨所荐陈汝言以贿败,帝陈籍物庑下,召大臣入视,曰:"于谦在兵部久且专,没入无余物。汝言曾几时,累累若尔!"色变久之,亨辈俯首而已。抚宁伯朱永出,谓人曰:"今日观上意,亨辈将不免。"

先是于谦之死,皇太后不知。后为帝言谦匡济多难之功,迎立外藩之诬,帝始悟。

又尝与李贤论及夺门,贤极言此辈贪功冒险,非实有忠爱心。且其事不可示后世,帝益大悟,遂深恶亨辈。

寻,谕门者:"总兵官非宣召不得纳,诸武臣不得日候亨门。"然间命亨巡边以安其心。从子彪犹以镇番延绥杀贼功进为侯。

亨武人,不识事变。初见帝亲己,既而李贤与锦衣逯杲宠出其上,辄瞠目有愠色。至是失意,遂怨望。

会彪谋镇大同,令千户杨斌等奏保,帝觉之,鞫得彪指使状,遂下彪狱。法司获其绣蟒龙衣,并用违禁寝床献亨。而指挥邹叔彝习通甲兵符,匿亨所被缉。乃解亨兵柄,罢归第。

明年正月,彗星见,日累晕,逯杲言:"亨与从孙俊日造妖言,怨望益甚。且畜死士,专望朝廷动止。光禄寺火,仰而嘻曰:'大也。'观其心实不轨。"帝以章示廷臣,皆曰罪不可宥,遂收之,籍其家。二月,亨死狱中。法官请戮尸,且以罪状布告中外。帝曰:"亨既死,姑瘗之,并原其子。"厚道。而彪与俊俱伏诛。以玺书下诸王,述不得已收亨意。

初亨既杀于谦,又逐岳正、徐有贞,度不为众所与。有门客谢昭,自拟张甯劝之荐士。闻抚州处士吴与弼名,遂托内阁贤代草荐之。亨父子久在大同，习知士马，雄诸边。已抚之素厚，缓急可得力，且故时部曲恒往来其家。有童先者，尝出妖书示之，云："惟有石人不动。"讽亨为逆。亨意亦欲与彪表里，握重兵以挟制朝廷。会帝疏薄之，谋益急，数召亲昵屏人语，延术士问祸福。又对客多愁叹不平，竟坐是败。

彪尤贪暴，尝诬劾大同巡抚年富，及即讯事，皆亡实。代王增禄米，彪言亨与己力，王至为跪谢。又数侮其总兵，总兵不胜愤。因彪尝城威宁、海子，遂为蜚语云彪将反，促召还。未几，见诛。

同时，曹吉祥从子钦无战功，以夺门骤封昭武伯，亨死后一年竟反。

> 武功之喜事躁进，兴济之结援矫饰，忠国之怙宠骄横，一一以质语肖之，须眉宛然。

陈祚、刘球、钟同、廖庄、章纶、刘铉、孟玘、刘实、杨瑄列传

陈祚，字永锡，吴县人。永乐十年进士，选翰林院庶吉士，寻擢河南右参议。为政务持大体。时方营建武当山，祚言事忤旨。编置武当且十年，躬操畚锸，不以为劳，曰："此上命也。"

宣宗初，召为监察御史，巡按福建。还，上言："白塔河上通邵伯，下注大江。苏杭舟楫往往避江涛险恶，多取道于此。今河流浅狭，如移邵伯闸坝，官役少事疏浚，更置闸储水，以通漕运，公私实便。"从之。

再巡按江西，上言："宋儒真德秀《大学衍义》一书，有裨治道，请于经筵进讲。"帝时方博综经史，大怒，曰："朕不识《大学》，尚堪

作皇帝耶？"内未外本，可知帝不识《大学》。又其疏中有"薄嗜欲，除游幸，辨忠佞"语，疑有所指，斥逮下诏狱，并其父母妻子禁锢者五年。

英宗即位，始释出，复其官，还其家属，则祚父已瘐死。祚再疏乞归葬终丧，许之。

正统四年，巡按湖广。时辽王贵焰多不法事，祚抗章劾之。帝怒，复逮系论死。未几，辽事露，狱解，改南道御史。

户部侍郎吴玺奏举主事吴悦，悦有过，不得举，诏下法司。悦不胜拷掠而死，祚劾法司以私意杀人，请罪之。刑科不闻，有所驳参，请与同罪。帝昰其言，会以赦免，严敕所司，著为令。

迁福建按察佥事，闽人素悉祚刚直，相戒不敢挠法。漳、泉诸郡多淫祠，悉撤毁之，以其材治学宫，修廨舍。寇起沙县，祚已移疾，巡抚、都御史薛希琏强起之，剿抚方略多出于祚。事平，即致仕。

祚严于疾恶，刚介自持，以言事数濒死，无所屈挠。归而杜门却扫，订经籍，立家训，言不及时事。独重其里人邢量，旦则挟册质疑，薄暮乃归。量终岁不一至祚庐，祚不怪也。今日先难得一不至门人，况欲得不怪者。

景泰三年，册怀愍太子。尚书杨翕以潜邸①旧人，自吴入贺。祚曰："异哉！公此行，吾谓公当谏也，奚贺为？"其见义明决，虽老弥厉如此。年七十五卒。

四世孙鎏布政使，恬愉寡营，善大书，为时所重。

校记

① "邸"音义不明，疑为"邸"字误。

刘球，字求乐，安福人也。永乐十九年进士，自守清苦，好读书。根本。家居十年,从学者甚众,受礼部仪制司主事。

杨士奇荐侍经筵,与修《宣宗实录》成,改翰林院侍讲。从弟玭知莆田,遗球夏布一匹,封还之。贻书戒曰:"汝当力行清白,此非所望也。"

正统六年,王振用事,欲立威边方,用兵部尚书王骥远征麓川。球抗疏言:"麓川荒远,即叛服不足为中国轻重。今脱欢、也先并吞诸部,深谋入寇,大臣舍门庭之近图边徼之远,非计之得也。请罢麓川兵,专事西北,谨烽堠,修墩堡,选将练师,丰粮裕糗,庶有备无患。"不报。

已而,骥师再出,球复上言:"臣闻明王不困中国以事远人,故汉文弃尉佗之怨,先帝释黎利之诛。臣窃以麓川僻陋,虽置之度外未为失也。必欲治之,请如赵充国屯田以降叛羌故事,因云南土兵以耕以守,通好木邦车里以为外援。措置有方,不同迂儒消兵之论。虽不能速于成功,而制胜万里无逾此也。"又不报。

八年四月,雷震奉天殿,球又应诏上言:"臣按春秋,知君心之所感,天心之所应,如响应声,如影随形。国家成败兴亡,莫不系之。昔桑谷生朝,大戊修政,而殷道兴;雉雊于鼎,武丁正德,而殷邦靖;旱魃为虐,宣王省愆,而王化行。故灾异之来皆天心,仁爱人君而欲止其乱也。陛下因天变,素服辍朝,下诏罪己,与殷宗周宣之心异世同揆矣。臣窃以为今日所当先者有十事焉:

"古之圣王动与天合,雨旸寒燠罔不时若,惟能懋勤典学,无益之事屏而不御,故心正而天从之。臣愿陛下御经筵之时多,居宫苑之时少,数进儒臣讲求至理,笃危微精一之功,极修齐治平之道,则学问至而天心顺矣。夫政由己出,则权不下移。太祖太宗日视三朝,时召大臣于便殿,裁决庶政,有疑则与机务之臣商确而折衷之,故权归于上。陛下临御九年,明习庶政,诚宜循二圣之成规,复亲决之故事，以绝宵人之干预也。

"夫君所与共天职者大臣也，故古之择大臣者必询诸左右，询诸大夫，询诸国人，又察其果贤也，然后用之。及其有犯，不欲直指其罪，曰簠簋不饰，曰帷簿不修。虽至大罪，盘水加剑，使自裁而已，终不加刑也。今者进用大臣，未尝出公论也。及有小失，辄桎梏而棰楚之若奴隶。然曾未几时，又复其职，甚非所以待大臣之体也。臣愿自今任大臣务极天下之选，慊众论之公，若有小犯，姑置勿论。果不可容，然后下法司定罪，使自就焉。勿辄系辱，庶不乖与共天职之意。

"今之太常，古之秩宗，必得清慎习礼者为之，然后可交于神明。故舜命伯夷曰：'惟寅直清！'今太常卿贰皆缺，久无儒雅之臣考礼正仪于其间。祀享宁无不虔？礼度宁无少乖？宜选儒臣，使领其职，庶可明礼乐而享鬼神。古者省方巡狩，所以考政问俗。而汉、唐、宋亦数遣绣衣、采访等使巡行郡县。洪武、永乐间亦尝行之。此典久废不举，故吏多贪酷，民不聊生。军卫之臣为害尤甚。宜择公明廉干之人分行天下，无论文武官吏，皆得考察。黜罢贪墨，旌表廉能，询军民利病而兴革之，吏治修而民生安矣。

"刑罚不中，足召灾谴。古者人君不亲刑狱，必付理官，《书》云：'予曰辟，尔惟勿辟；予曰宥，尔惟勿宥，惟厥中。'盖恐徇喜怒而有所轻重也。迩者法司上狱，有奉敕减重为轻，或加轻为重。法司既不能执奏，虑囚之际，希合上旨，冤抑之积职此之由。臣以为法司专典刑狱，当使各尽其职。虽有犯跸盗环之事，犹当如张释之之执奏。若有徇私枉法，则罪不赦。至于赎罪诸例，如运砖纳米，亦非古法。其究使贪者幸免，廉者蒙辜。宜诏法司，自今臣下非犯公罪，不得听赎，则刑赏无不中矣。

"春秋营筑，悉书以示戒也。今京师兴作五六年矣，虽曰不烦民而役军,军非民乎?既须之御暴而又责之力役,其何堪也。比者四方灾荒,乞减租税,多不见许。即奉诏赈恤,亦鲜实惠。流徙失业,实可伤痛。

"兵凶战危,天道所厌。麓川连年用兵,死者十有七八。今疮痍未复,又遣定西侯蒋贵远征缅甸。今献思任发于军前,夫思任发逋逃之寇耳,果生擒以归,亦不过献诸廷,磔诸市,悬首通衢而已,何补于国家之治?而缅甸将挟以为功,必求与木邦分麓川之地。若不与,则致怨;与之,则两蛮坐大。是减一麓川,生二麓川也。兵争无已,死者必多。臣见陛下每录重囚,多赐曲原。今乃驱十余万无罪之人而争一边荒逋窜之寇,臣愚,窃以为舛也。

"《易》曰:'君子思患而预防之。'今脱欢、也先贡使日增,诚恐包藏祸心,为患不测。请分遣给事中、御史,阅视京边官军,及时训练,勿使助工各厂服役私家。公武举之选,以求良将;定召募之法以来武勇;广屯田,收中盐,以厚储蓄。则武备无缺,而外患无虞。此皆今日急务,所以感格上天,召致太平,端不外此。臣不揆愚陋,昧死上言。"

疏入,命五府、六部、都察院集议。初,球言麓川事,振固已衔之。锦衣指挥彭德清者,球乡人也,素附振,公卿率趋谒,而球绝不与通。德清恨之,遂指疏中"亲政揽权"一事,语振曰:"此暗指公耳。"振推案大怒曰:"必杀之!"会修撰董璘自乞为太常寺官,而球疏中有"太常宜用儒臣"语,振遂指球为同谋,并逮二人下锦衣狱,阴属马顺从狱中杀球。夜深,顺携一小校持刃至球所,球方卧,起立,大呼:"太祖太宗在天,汝何人,得擅杀我!"颈断而体犹植,遂趣倒,支解瘗之。璘从旁窃血裙遗球家。后其子钺求球尸,仅得一臂,乃裹裙以殓。

顺有子病久,忽起捽顺发,拳且蹴之,曰:"老贼,令尔异日祸逾我。我,刘球也!"顺惊悸,俄而子死。

小校素为都御史耿九畴所识,貌丰而皙。后,一日相遇,疽而瘠。九畴惊曰:"何顿改也!"小较①泣曰:"奸人误我杀刘公。近闻刘公忠臣,即死不敢复见矣。"亡何,果死。

球之死也,余姚布衣成器登龙泉山,为文哭而祭焉,名其地曰"祭忠台"。

土木之难,振被杀,朝士立击顺死。

景帝怜球忠,赠翰林学士,谥忠愍。

球二子,长钺,次钎,皆笃学。痛父冤,遂绝意仕进,躬耕养母。球既得恤,兄弟乃出应举,先后成进士。钺,广东参政;钎,云南按察使。

璘,字德文,高邮人。永乐十六年会试第一,授编修,以母老乞归。母病,思食鲫鱼,非其时矣。璘祷于神,举网得二鲫以奉母,母病寻愈,璘以是事神甚谨。已起,转修撰。狱解,遂归,不复出。

校记

① "较"疑为"校"字误。

钟同,字世京,永丰人。父复,官翰林院修撰,与刘球善,以文学气节相推重。同少有至性,尝过庐陵忠节祠,叹曰:"死后不入此祠,非丈夫也。"

景泰二年,举进士,授监察御史,上言:"臣居草茅,闻王振擅权,戕戮忠臣刘球。由是直臣钳口,无能止上皇之行,遂有今日之祸。既而陛下诛奸党,旌忠直,亲命六师御敌于郊,也先丧气,俯首北归。奈何边氛甫退,疮痍未复,而侈心遽生,令人失望。伏愿鉴前车之覆辙,奋发有为,无徇货色,无甘游戏。古之谏臣如此,不闻学士大夫以不知体咎之，足见当时人心犹正。亲庶政以总威权，敦伦理以厚风俗，辨邪正以专委任，严赏罚以彰善恶，崇风宪以专弹劾。去无益之费，罢冗杂之员，禁僧道之蠹民，择贤将以养军，然后亲率群臣谢过郊庙，如成汤之六事自责，太宗之十渐必改，庶几天意可回，太平可致。"

又言："昔者尝命将帅各陈方略，经旬逾时，互相推托。夫御敌之方莫先用贤，贤才之生何代无之？陛下求贤若渴，而大臣排抑尤甚。所举者皆居温食厚之家，亲戚朋旧之子。其长材屈抑下位者谁能荐之？此臣所以抚膺长叹，而恐他日噬脐莫及也。"

疏入，下所司集议以闻。而宁阳侯陈懋、吏部尚书王直等皆上章请罢，诏慰留之。

会怀献太子卒，同入朝，每与人论储位事，辄慷慨流涕。因草奏，先示礼部尚书胡濙。濙见之咋舌，戒无妄言。当时固有此辈。同不听，遂上言："父有天下，固当传之于子。然太子薨逝，则知天命有在。兹皇储未建，国本无依。臣窃以为上皇之子即陛下之子，沂王天资厚重，诚可为宗庙社稷托。伏望扩天地之量，敦友于之仁，择日行礼，复其储位，用延祖宗无疆之休。"必如此乃谓之建言。帝览疏，不怿。后数日，章纶继以复储言，遂并下锦衣狱，痛加拷掠，窘辱万状，系狱逾年，南京大理少卿廖庄入朝，亦以尝请复储封，并杖阙下，同竟死，时年三十二。

方同之上疏也，其素所乘马过沟，忽伏地不肯起。同叱曰："吾不畏死，尔则奚惧？"同死后三日，马长号数声而死。

英宗复位，叹曰："钟同忠诚节义，可贯金石。"赠大理左寺丞，官其子启知县。启上疏请同遗骸归葬。时，同尸瘗狱中久，血渍臀间洗出，倍鲜好。

成化中，复录其次子越通政司知事，给同妻罗氏月廪。赐谥恭憨,从祀忠节祠,如同初志云。

廖庄,字安止,吉水人。宣德五年进士,改翰林院庶吉士,授刑科给事中。

正统六年,陕右饥,命庄赈之,得便宜行事,全活甚众。

时,杨士奇久在内阁,家人有不法者,庄抗章论之。或谓庄曰:"奈何不为杨公地?"庄曰:"此正所以为杨公也。"

迁大理寺丞,寻转南京大理寺左少卿。

景泰五年,灾异求言,庄因上言:"自上皇被留北庭,陛下抚有万方,屡降诏书以上皇銮舆未复为言,陛下之心即尧舜之心也。赖宗社神灵,庙堂胜算,迎归上皇。臣远臣未知万几之暇曾时朝见,以叙天伦之乐,敦友爱之情否?臣向者伏睹上皇即位之初,册封陛下,奄有大国。每遇正旦、冬至,令群臣谒贺陛下于东庑,恩礼隆洽,百官感动。今幸迎归上皇,伏望笃亲亲之恩,时时朝见南宫。或讲明家法,或商榷治道。岁时令节,仍令群臣朝见,以慰上皇之心。如此,则孝弟刑于国家,恩义通于神明,灾可弭而祥可召矣。

"又不特此也。太子者,天下之本。臣愚,窃以为上皇之子,陛下之犹子也。宜令亲近儒臣,诵读经书,以待皇嗣之生,使天下臣民晓然知陛下有公天下之心。

"盖天下者,太祖太宗之天下。仁宗宣宗继体守成者,此天下也。上皇北征,亦为此天下也。今陛下抚而有之,念祖宗创业之艰难,思所以系属天下之人心,即弭灾召祥之道,亦莫过于此。"剀切,真经世不朽之文。疏入,不报。

明年秋,以考绩来京。而是时,钟同、章纶方以请复储触帝怒,罪且不测。帝因追恨庄,遂并逮杖之,贬定羌驿丞。天顺初召还。遭父丧,特与祭葬。

服除,改南京大理寺卿;寻迁南京礼部侍郎。会御史有言庄者,帝斥不听,曰:"廖庄大节可取。"召入为刑部左侍郎。逾年卒。

庄以忠义闻天下。素刚直,言辞尝愤激,好面折人过,然不矜细节。喜与宾客游,既在法司,或劝稍谢往来,远嫌疑。庄笑曰:"臣门如市,臣心如水,吾无愧吾心而已。"卒之日,无以为敛,众哀钱助其丧。人始信庄实廉靖云。赠刑部尚书,谥"恭敏"。

章纶,初名岜,字大经,乐清人。正统四年进士,授南京礼部主事。

景泰初,迁仪制司郎中,屡有建白,条上《太平十六策》,反覆万余言,并切时政。五年,车驾将幸隆福寺,纶言:"以万乘之君,临异端之地,史官书之,万世传之,实累圣德。"帝览疏即止。由是,纶益奋发言事。

会御史钟同请复立沂王为皇太子,纶继之陈《修德弭灾十四事》中言:"上皇君临天下十有四年,是为天下之父也。与陛下同气,是为至亲之兄也。陛下亲受册封,是为上皇之臣也。上皇远在塞外,下诏传位,是以天位授陛下也。陛下尊之为太上皇帝,是亦天下之至尊也。幸而奉迎还宫,是陛下之至愿,亦天下之至愿也。上皇天性谦冲,宅平居易,伏望陛下时节朔望率群臣朝见于延安门,以隆尊崇之礼,以敦天显之情。又,复汪皇后于中宫,正天下之母仪;复沂王于储位,定天下之大本。如此,则天意可回,灾沴可消。"疏入,帝大怒,时日已暝,宫门闭,乃传旨自门隙中出,即下锦衣狱拷讯。又二日并下钟同狱逮治。炮烙煅炼,逼引大臣主使及交通南城状。帝亦险毒,乃尔意者亦臣下附会所为耶。濒死,卒无一语。会天大风雨,黄沙四塞,乃缓其狱,令囚系之。而廖庄自南京来,亦尝请复储位。于是,缚三人至午门前杖之,同死,庄远谪,纶仍因系。

英宗复位,始出之狱中,擢礼部右侍郎。命内侍检纶前疏,不得。内侍从旁诵数言,帝亟称曰:"好臣子,为朕家事受如此楚毒。"

纶既以大节为帝所重,而同列者多忌之。系狱久,有足疾。石亨招公卿饮,纶辞不往。在礼部又与杨善数论事不合,亨、善共短纶于帝,出为南京礼部侍郎,寻改南吏部侍郎。

宪宗即位,有司以遗诏请大婚,纶言:"山陵尚新,元朔未改,百日从吉,心实未安。释服公除,虽有常制,顾谅阴大婚,情礼则殊。乞敕礼部俟来春举行。"合乎天理。

成化元年,两淮饥,奏救荒四事。

四年,敕纶会南京都御史高明考察庶官,纶与明持论不协。又吏科给事中王让以争坐位互有辨论,毛举纶他细事奏之,特遣侍郎叶盛等体勘,事得白。

五年,星变,自劾,不许。转礼部左侍郎。

十二年,请老,未几卒。纶处南都凡六考,前后十有八年。晚自号"憨夫",尝曰:"在我者有义与命,在彼者非吾所知也。"修身处世诚不出此。其始终彊直如此。赠尚书,谥恭毅,官其次子立为鸿胪主簿。

长子元应举进士,仕至广东布政使,亦有直名。

当同、纶下狱时,进士杨集奏记。集自不凡,惜不备他事。于谦曰:"奸人黄𤧛进说易储,本为脱死计。倘钟、章二公死杖下,奈清议何?"谦持示王文,文曰:"书生昧朝体,乃有胆气,当进一级。"出之知安州。进士授知州自集始。集字浩然,常熟人。

刘钎,字伏和,球次子也。球以直言受祸,钎与伯兄钺啮指出血。读书养母,誓不禄仕。会景皇帝即位,言官讼球事,下诏旌恤。

江西巡抚杨彦谧劝钎就试,举景泰五年进士,改庶吉士,授监察御史,巡按直隶、真定。有嫠妇不安其室,族长者愧焉,群毙之。有司坐以谋杀,议抵者七人。钎曰:"是何可深罪也?"悉出之。

再按福建,都指挥钱辂与其长有隙,诬以反。钎鞫之曰:"是勃豀诤语者,何至是?"卒释之。汀州豪有攘邻家墓而不得者,则佯为青乌家言,曰:"是葬法当极贵,应出帝王。"事闻,遣中贵人会钎杂验之。钎笑曰:"此海滨斥卤,宁有帝王地耶?"置妄言者于理。

天顺八年,迁浙江按察司副使,提督学政。

成化七年,迁浙江按察使,寻调云南,屡决疑狱。人曰:"刘公恂雅士,为学使固宜,乃决狱明察如是耶?"云南境与哀牢交趾错,最桀骜难治,钎独以恩信结之。僰人爨妇,去后犹讴思不置云。

钎生平事母孝,与兄参政钺极友爱,江西称为忠孝刘家。

孟玘,字廷振,其先世临淮人,徙铅山。祖德以浙东金牌元帅归太祖,立战功,守闽之太平坊,因家焉。

玘登正统四年进士,历户、礼二部主事。沙寇邓茂七反,官兵数失利。玘陈攻守策,用其议,卒俘茂七,沙寇以平。

土木之难,玘中数刃,矢贯其髀,堕丛尸中得不死。

景泰即位,议易储,郎中章纶、御史钟同争最力,同杖死,纶幽诏狱。玘继有言,自分不免,复不死。

英宗居南内三年,群臣无敢请朝谒者。玘因旱极谏,忤旨,出知莱州,又知庐州,成化三年卒。

刘实,字嘉秀,安福人。宣德五年进士,选庶吉士。自陈才薄亲老,乞教职,不许。

授金华府同知。金华旱,多逋赋,民至鬻子女偿之,实疏请得免,又赎还子女。以母丧归庐墓,三年服除,迁顺天府治中。

景泰中,以荐入翰林修书。为人刚直峻峭,意所不可,达官贵人必面斥之。修书见人作不佳,辄面加雌黄,人亦以此忌之。

书未成,以三考满,迁南雄知府。未数月,有中官使岭外,将至,遣卒先觇供张。不办,实又不假色词。卒怒,还告。明日,从中使入驿,与诸从骑弓剑列左右。群僚庭参毕,留实诘辱之。而南雄民从驿门外望见,竞趋入翼蔽。实出,中使相视惊愕,徐问实所以得民状,欲召实谢之,实不往。中使去至韶,韶人言:"南雄且驿书讼朝使矣。"中使惧,急遣骑驰奏,诬实毁敕,大不敬,冀以抵罪。然实未尝先言也。既闻,逮下诏狱。实从狱中上书,言:"臣从官三十年,未尝以妻子自随,餐粗衣敝,为国家爱养小民,不忍劳费之,以是触忤天使,无所逃罪。"上览书,意稍解。而中官交潛之,竟瘐死狱中。

实性廉介,不取民一钱。民有馈鹅者,实不受,民委之去,实纵鹅门外,恣其所之。将去金华时,体无完衣。寒剧,至不可忍,则贷民氁毼以行。历数里而霁,裹而识之邮亭,以畀其民。公暇读书,即肩舆中手一编不辍。中夜有得,蹴童子燃灯起书。殁后,南雄人哀而祀之。

孙丙,工部侍郎。

杨瑄,字廷献,丰城人。景泰五年进士,天顺初为御史。印马畿内至河间,民遮诉太监曹吉祥、忠国公石亨夺其田。瑄列状以闻。英宗召阁臣李贤、徐有贞曰:"真御史也!"命吏部识之,且将大用。

瑄还京,适彗孛屡见。曹、石恶益张,瑄复偕同官张鹏率十三道御史共劾之。有漏言于吉祥者,吉祥与亨先入,反潛御史结党,激怒英宗。及疏入,召诸御史诣文华殿,俾诵弹章,历诘之。瑄与御史周斌且对,帝曰:"诸罪果实,何至今方言?"悉下诏狱。狱官逼瑄诬引左都御史耿九畴、副都御史罗绮,刑极惨酷。瑄濒死,无一语他及。而九畴、绮及大学士有贞、贤先后并下狱。会大风雨雹,拔木坏屋,帝亦感悟,于是皆得末减,而瑄与鹏谪戍辽东铁岭卫,道遇赦,还。或谓瑄、鹏宜诣亨、吉祥谢,庶免后患,卒不往。复谪戍广西南丹,两人同一手栲,传旨曰:"逃则杀之!"命一千户监行。至南京,巡抚都御史李秉出视之,哭不能起,请于千户脱手栲,解所系金带遗之,故得至戍所无恙。后五年,曹、石相继诛,乃释归。

宪宗即位,复瑄官,迁浙江按察副使,修治定海城。北捍海塘县,西走马堤、霩衢、健跳、海盐塘,逾二千三百丈①,工尤巨。寻迁按察使,奏:"西湖水故可溉诸邑田十六万顷,今湮过半。请浚深之。"设防置闸,抵海宁、黄湾,溉诸邑田如故。功未就而卒。

瑄伉爽有志节,喜功业,才贝②亦足济之。病亟,同官省候,尚与论筑海塘法及浚西湖之利,无一语及私。

子源,字本清,以通晓天文,仕五官监候。正德元年,刘瑾乱政,上言:"自七月初,大角及心宿、中星动摇不止。大角,天王之坐;心宿、中星,天王正位也。俱宜安静,今乃动摇,其占曰:人主不安,国有忧。意者皇上轻举逸游,弋猎无度,以致然也。又,北斗第二、第三、第四星明不如常。第二曰天璇法星,后妃之象。后妃不得其宠则不明;广营宫室,妄凿山陵则不明。第三曰天机令星,不爱百姓,骤兴征徭则不明。第四曰天权伐星,号令不明则不明。伏乞只畏天戒,安居深宫,绝嬉戏,禁游畋,罢弓马,停工作,申严号令,毋轻出入。抑远宠幸,裁节赏赐,亲元老大臣。日惟讲习诗书,以弥灾变。"疏下礼部,部覆:"源占候之言,深切时弊。当尽见之行事,则圣德新,治化著,而天变自消矣。"当时亦有此等好部覆。帝是之。

寻,复上言:"十一月二十六日以来,霾雾交作,是为众邪之气,阴冒于阳,臣欺于君,小人擅权,下将叛上。"引譬甚力,瑾怒,矫旨杖三十释之。

明年,又上言:"自正德二年来,一向占候,得火星入太微垣帝座前,或东或西,往来不一。更乞思患预防。"盖专指瑾也,瑾大怒,召而叱之,曰:"若何等官,亦学为忠臣。"源厉声曰:"官有大小,忠君之心一也。"矫旨,又杖六十,谪戍肃州。以伤重,行至河阳驿卒,其妻度氏斩芦衣之,葬驿后。

杨氏父子以忠谏名天下,士论多之,而源以小臣抗节,尤为人所难。万历中,廷臣请追谥先朝名臣者,必及源,熹宗即位,赐谥忠怀。

<small>一传以进言合,皆国家大计,人伦至情,可以正人心,扶社稷,生死不以动于中。或濒至死,或竟不救,是宇宙间气所生。而摹写亦激壮毅烈,使人感奋兴起。</small>

校记

① "文"疑为"丈"字误。
② "贝"疑为"具"字误。

卷十一　列传三

李贤、彭时、商辂列传

李贤，字原德，邓州人。生而奇敏，举河南乡试第一，宣德八年进士。使察河津蝗灾，得就见薛瑄，瑄甚加器重。为正人称许，不啻华衮之荣。

正统初，上言："塞外降人官京师者不下万人，其俸视朝臣过十倍，平时恃恩骄纵，一旦边陲有警，势难久安。惟渐次出之于外，既省虚费，且可消患未萌。"时不能从，其后土木变起，所言皆验。

除吏部验封司主事。时，文武官诰敕，非九年不得给，贤言："限以九年，或官不能秩满，或亲老不待，其不得者十常八九，无以劝臣下，请仍三年便。"从之。

太学因元制敝陋。贤言："国家定都北京以来，废弛莫甚于太学，创新莫多于佛寺，举措可谓大舛。请以寺观之费修举太学，养贤及民，必收其效。"寻诏新太学，实贤启之。

十四年，以文选郎中从北征，濒死，得还。

景帝即位，上《正本十策》：曰勤圣学，曰顾箴铭，曰戒嗜欲，曰绝玩好，曰慎举措，曰崇节俭，曰畏天变，曰抑贵近，曰振士风，曰结民心。凡数千言,帝善之,命翰林官书,置座右。

又上御边事宜言:"迤北恃弓马利驰突,请用战车火枪,行可为阵,止则为营,使彼技无所逞。然决胜万全,在严纪律,明赏罚,鼓勇作气,皆以进死为荣,退生为辱。如是而不取胜者,未之闻也。"是冬,擢兵部右侍郎。

明年,命察四川不职吏。还,改户部。

时,也先数请讲和,贤奏:"也先弑主,并吞诸部,包藏祸心。今听其讲和,贡马辇,送金帛,丑类日强,生民日困,持此悠悠,实非长策。乞敕边臣练兵观隙,毋徒弱中国。"兵部尚书于谦壮之,请下其章励边将。已,迁吏部侍郎。

英宗复位,命兼翰林院学士,入直文渊阁,进吏部尚书,与徐有贞同预机务。贤气度端凝,善奏对,帝深眷之。

山东饥,出内帑银三万赈之。不足,召阁臣议。有贞谓颁赈多中饱,无益。贤曰:"天下事在奉行得人。若惩宿弊而不贷,坐视民饥死。是因噎废食也。"帝即命增四万两。

景泰中,三岁一度僧以万计。贤言:"此皆游手之民,蠹国损食,请改十年一度。"著为令。

会石亨、曹吉祥与有贞争权不相下,并忌贤。已而,御史杨瑄、张鹏交章论亨等不法,亨等疑有贞、贤嗾之,泣诉帝前:"臣迎驾有何负?而有贞、贤必欲杀臣!"遂下有贞、贤诏狱。是日,风雷大作,坏承天门鸱吻,帝惧,释之,并外谪为参政。居二日,帝念贤无过,以语尚书王翱。翱因言贤淳谨可大用,遂留为吏部左侍郎,寻复尚书、学士,入阁如故。亨知贤遽未可动,乃阳与贤交欢。贤亦深自敛抑,非宣召不入。而帝顾益亲贤,顾问无虚日。好作用。

孛来尝近塞猎,亨言:"传国玺在彼,可命将掩而取也。"帝色动,贤曰:"比岁灾祲,中国耗弊,惟休息是急。寇既不我犯,奈何自贾边衅？况秦玺亡国之物，岂足为宝？"事遂寝。

亨以文臣抑制边将，请罢各边巡抚，未几，边徼骚然。贤奏复之，推李秉、白圭等，时称得人。

帝既心厌亨等干政，尝屏人问贤，对曰："陛下惟独断则权自不下移，幸门可塞。"未几，亨败，帝复问贤夺门事，贤言："当时亦有要臣者，臣不敢从。"帝惊问："何也？"曰："天位，陛下所固有。若郕王不讳群臣表请，复位名正言顺，何至以夺门为功？是。且夺之名何以示后世？此辈贪富贵，非为社稷计。万一事未行，郕王左右先觉之，亨等无足惜，将置陛下何地？尤是。《易》曰：'开国承家，小人勿用。'此之谓也。"帝悚然。理明议正，启沃之善也。

命革夺门冒功者四千余人。始议革时，帝虑摇众心，贤请令自首改正，不坐罪，乃可。已而，廷议按追其禄，众皆汹汹。贤复请免追，人心始安。帝嘉其善处大事，赐近第，赏赉有加。

会举大计，朝觐官集阙下。贤以为不大劝惩，吏治不肃，请旌尤异者十人赐宴礼部。帝命贤及王翱主之，而黜不职者数百人。

四年，孛来寇大同，深入雁门。明年，复寇凉州庄浪。而天下大水，江南北尤甚。贤外筹边计，内请宽恤百姓，罢一切征求，所言多见听。

亨既死，吉祥父子愈自疑。八年，曹钦反，执贤于朝房，击伤其首，将杀之，赖王翱解护得免，语具翱传。官军围钦私第，贤请降旨："能擒贼党者官之。"时方扰攘，不知贤所在，帝得奏，知贤在，甚喜。钦既败，召贤裹伤入见，慰劳之。贤言："贼既诛，宜亟宥胁从，以安反侧；诏示天下，停罢不急之务，与民休息；自曹、石等排斥谏臣，塞言者路，天下事壅于上闻，驯致祸乱，非诏求直言不可。"帝皆从之，加贤太子少保。

七年二月，空中有声，贤曰："上不恤，下厥有鼓妖，惟便民可以弭灾。"因请罢江南织造,清锦衣狱,止边臣贡物,停内外采买。帝未能尽行,贤执争数四,同列皆寒悚。贤退曰:"大臣知无不言,岂可卷舌偷位耶!"

尝荐布政陆瑜为刑部尚书。或谮贤有私,久之,瑜至,人谓且拟侍郎。贤曰:"吾以尚书荐,而改拟侍郎,则自信不笃矣。"竟拟尚书,瑜果称职。

时,锦衣指挥门达怙宠多挠法。贤间言帝:"今中外无事,惟一害未除耳。"具陈达罪状,帝廉得其实,召达告戒之,达怨贤刺骨。因袁彬狱,嗾所讯军匠杨埋,使诬引贤。埋不肯,乃免。语在达传。事既白,乞罢,不许。

当天顺之世,帝任贤甚专。每独对,必良久方出。有疑事,悉咨贤为可否。贤亦竭诚奉公,屡劝帝接见大臣。见贤之公忠,亦见贤之作用。有所推荐,必先与吏、兵二部论定。及入对,曰:"臣之所见如是;文臣,陛下问王翱;武臣,陛下问马昂。"一时,若耿九畴、轩𫐐、年富、王竑、程信、姚夔诸贤皆引置卿贰,许贵、颜彪皆至大帅。故人不病其专,虽见疾权幸,数罹谗口,而帝独不疑,得展其志者以此也。

宪宗即位,加少保,进华盖殿大学士,知经筵事、光禄大夫、柱国。

时议上两宫位号,贤请遵遗诏,彭时继之,两宫得并尊。

会灾异屡见,日黯无光。贤言:"日为君象,君德明则日光盛。惟陛下敬以修身,正以御下,刚以断事,明以察微,持之不怠,则天变自弭,和气自生。"

时,门达谪岭外,其党益怨贤,构以蜚语,帝觉其诬,下令禁捕匿名书。贤又乞罢,曰:"臣蒙先帝殊遇,感激图效。乃奸臣切齿甘心,石亨、曹钦、门达凡数见矣。臣职在政府,义绝奸私,谗怨所归,中伤百出。不亟引避,终不自全。"帝慰留之。

已,又大风电,拔郊坛树,贤具言:"天变孔赫,乞勉加修省。左右前后,宜择老成端谨之人。若逢迎喜事之辈,愿陛下斥而远之。"

吴皇后废,南给事中王徽等请诛牛玉,语侵贤。帝怒,谪言者,遣卫士宿贤家,谨护出入。而贤遇事愈执持不少避。奏夺太平侯张瑾、兴济伯杨宗以下爵,复故少保于谦官,赐祭改葬,皆近幸所不喜者。

有司请造卤簿,贤言:"内库车驾尚有未经御者,奚劳民为?"遂报罢。闲废宫人,贤请出之于外,帝立放千余人。

成化二年,遭父丧,特诏起复,三辞不许。遣中官护行营葬,立促还。至京又辞甚切,帝遣使至第宣意乃留。视阁事,条上道中所见军民利病,皆报可。

是岁秋,又率廷臣言:"祖宗创业垂统,宫禁甚严,毋纵出入。帑藏充积,无妄耗费。伏望省览《祖训》一书,刻意恭俭。"帝嘉纳。是时,番僧国师出入宫禁,佞幸赏赉,耗内帑无算,故其言如此。

冬十二月,卒,年五十九。帝为震悼,赠太师,谥文达。

贤始进,有盛名。杨士奇当国,欲邀一见,谢弗往也。既柄用,自以受知人主,事有得失,言无不尽。初慈寿皇太后丧礼未终,适孟冬,享太庙,请俟服除举行。及郊祀,帝以足疾欲遣官代,复力请至坛,卒披而竣礼。

慈静仙师者,宣宗故后也。坐废崩,英宗以问贤,贤请复其位号,乃谥恭让章皇后。

景帝葬,将以汪后殉,贤言:"汪后素失宠,且二女皆幼,可悯。"遂命出居旧邸。

建庶人久锢大内,英宗欲宥之,贤力赞曰:"陛下此心,太祖在天之灵实式凭也。"英宗悦,令居凤阳,听出入。宪宗在东宫,忽中谗言。英宗不豫，卧便殿，密告贤，贤顿首伏地，曰："此国本也，愿陛下三思。"帝悟，立召太子至，贤扶太子谢。太子抱帝足而泣，帝亦泣，谗竟不得行。

处士吴与弼聘至，不受官。贤请始终礼遇，以励廉节。

有试礼部不第者，讦考官有私。英宗不悦，贤对曰："考官实公，臣弟让亦不在中列，可见矣。"帝意乃解。

锦衣卫讦临川、弋阳二王阴事，论死，讯无左验，帝叹曰："观此，则枉死者多矣！"贤曰："法司明知其枉，畏此辈，不敢申理。乞明诏诸司平反，毋得畏势引嫌。"帝立召，面戒之。由是，狱成有末减者。

又尝言："内帑余财，不以济军民，则人主必生侈心，而移之于土木、祷祠、声色之用。"名言。自贤秉政前后，发帑金救荒恤边，凡数十万计，皆贤与有力。

故事，方面官敕三品，京官举保。贤改令吏部：每缺举二人，请上简用。并推之例始此。

自三杨以来，得君无逾贤者。随事进言，往往切中。素好汲引，独叶盛以邱濬浚一言遂见龃龉，罗伦坐论，起复谪官，王翱引文彦博待唐介故事，请留伦。贤谢曰："潞公市恩，归怨朝廷，吾不可以效之。"竟不为救。当世亦以是少之。

所著有《古穰杂录》、《天顺日录》，各三卷。

贤为救时名相，叙笔简括，善无毛发之遗，亦是佳构。

彭时，字纯道，安福人。领乡荐入国子学。祭酒李时勉名知人，辄目为公辅器。

正统十三年，举进士第一，授翰林院修撰。

景帝即位，同商辂入内阁预机务，迁侍读。

继母卒,固请终丧,忤旨去。

服除,进左春坊大学士,迁太常寺少卿,不复与阁事。

天顺元年,岳正、许彬既罢,英宗求可任用者,召见时问,知为状元。又问:"年几何?"曰:"犬马齿四十二。"帝笑曰:"正服官时也。"赐食出。明日,诏入内阁,预机务。寻,进学士。帝方专向大学士李贤,数召贤独对。然贤特重时,退必咨之。时引义不阿,或争可否,至失色。贤亦服其谅直。

贤严重,欲置座文渊阁南向。时力沮之,曰:"殿阁皆至尊所临御,人臣无南面礼。"贤不能夺。

慈寿皇太后上尊号,将下诏,时谓此诏宜推恩,贤以一年两赦不可。时曰:"非为赦也。谓宜下优老之诏,朝臣父母年七十与诰敕,百姓八十给冠带,是'老吾老以及人之老'也。"贤曰:"善!"即奏行之。

帝雅爱时风度。会选庶吉士,命贤多用北人,南人必若时者方可与选。贤以语时,时曰:"立贤无方,何分南北?南人才出时上者正多也。"贤韪其言,南人得与者三人,而张元桢与焉。

会门达阴构贤于帝,帝惑之,曰:"去贤,行专用时矣。"或传其语,时矍然曰:"李公有相才,何可去?"因力直之,且曰:"李公去,时不得独留。"语颇闻帝,帝意遂解。其推能让善又如此。贤亦数称之曰:"彭纯道真君子也。"

英宗大渐,与贤同受顾命。宪宗嗣位,议上中宫徽号。中官希旨,言钱后久病,不当称太后。贤言:"遗诏已定,何用多言?"时曰:"李公言是也,朝廷治天下在正纲常,若遗所当尊,亏损非细。"顷之,中官复传言:"子为天子,母为太后。岂有无子而称太后者耶?宣德间固有故事也。"时曰:"今日事与宣德间不同。胡后曾上表让位,退居别宫,故正统初不加尊。今名分固在,岂可以为比乎?为人臣子阿谀从顺,此万世罪人也。"于是,诸中官争为危语以动时,时拱手向天,曰:"太祖太宗灵爽在上,谁敢有二心?中宫既无子,何利而为之争?臣义不敢默者,凡欲全圣德也。若推大孝之心,则两宫并尊为宜。"议乃定,时复以两宫同称,未有分别,乃请尊钱皇后为慈懿皇太后,周贵妃为皇太后。古人何等用心,丝毫必求尽如此,此之谓忠。礼成,进吏部右侍郎兼学士,知经筵。

成化元年,进兵部尚书,兼官如故。

明年,乞归省,遣中使护行。已而,大学士贤卒,时抵家未逾月,手诏趣还朝。地震,陈修省事宜,帝嘉纳,赐麒麟服。

《英宗实录》成,进太子少保兼文渊阁大学士。

慈懿皇太后崩,诏议山陵。诸中官复欲于裕陵左右别卜葬地,时曰:"慈懿皇太后作配先帝,正位中宫,陛下尊为皇太后,诏示天下,是先帝全夫妇之伦,陛下全母子之恩,久为臣民信服矣。今梓宫当合葬裕陵,主当祔庙,他无可议。且汉文帝尊所生母薄太后,而吕后仍祔高祖长陵;宋仁宗追尊生母李宸妃,而刘后仍祔真宗太庙。今若陵庙不祔,则有乖前美,贻讥来叶。"于是,诸大臣相继上章争之,帝犹重违太后意。时与礼部尚书姚夔率群臣伏哭文华殿门不起,声闻大内。帝与太后皆感动,始从时议。前后两大礼处嫌疑之间,得无阙失者,时之力也。

是时,万贵妃专宠无子,会彗见,时言:"修省之实,宫中为本。请正宫闱之分,溥嫔御之恩,用广继嗣为宗社大计。"又言:"大臣进退,皆宜断自宸衷。或集廷臣佥议,不可专委近侍,致政柄旁落。"帝虽不能尽从,而心嘉其忠。

四年,副都御史项忠讨满四,兵初失利,伏羌伯毛忠战死。朝议遣抚宁伯朱永往济师。永故难其行,多所邀请。时度永怯贼,且道远师缓,往必无益。而是时,忠亦报兵围满四于石城,遂力言永可无往。帝问故,时曰:"贼若四出攻剽,遣兵诚不可缓。今入山自保,我军围守甚固,此困兽耳。不一两月必成擒矣。"惟商辂以为然,而兵部尚书程信忿曰:"关中旦暮危,不遣兵,必有执其咎者!"时终不为动,曰:"此何虑?观项忠疏必能办贼也。"亡何,满四就擒,卒如时言。寻改吏部尚书。

五年冬,无雪。时言:"自古天灾皆由民怨感召。近日上供采办,城门监税掊克过甚;而献珠宝者倍估增值,渔耗帑藏,愁苦闾阎,乞尽革以惠小民。"从之。

景帝固安公主居西内,年已及笄,时请早下降,俾无失时。

中官刘永诚殁,其家以军功乞赠伯爵。时引祖训不许。或言:"宋童贯且封王伯,何足靳?"时曰:"此岂盛世事耶?"

时以旧臣见倚重,遇事争执无避。而是时帝稍倦勤,大臣希得进见白事。又万安同在内阁,与戚畹中官连结,上下壅隔。时颇怀忧。七年冬,彗复见,时言《政本七事》,曰屏异端,谨命令,亲接见,慎赏罚,纳谏诤,励职守,清官庄。且请赐清宴,面陈时失。帝乃御内殿,召时等入见。时方奏免武臣减俸一事,未毕,安遽大声呼"万岁"引退,时不得已,亦退,语在安传。自后不复再召。时恚恨为安所绐,求罢益切,累疏乞骸骨,不许。

十一年,进少保,逾月卒。年六十,赠太师,谥文宪。

时立朝三十年,孜孜奉国,非有疾未尝不在公。公退,未尝以政语子弟;有所论荐,终不使其人知。痛自节损,非其义不取。平生无惰容,外和内刚,有儒者风。

子颐,荫尚宝司丞。

商辂,字弘载,淳安人。少颖敏力学,宣德中举,浙江乡试第一。正统十年,会试、廷试皆第一。有明以制科取士,三试皆第一者,惟辂一人。除修撰,选入东阁习制诰。辂丰姿环伟,英宗目异之,擢为展书官。

景帝即位,命入内阁参预机务。迁侍读,屡陈边务。寻迁学士。

迎上皇至居庸关。已上皇居南宫,锦衣指挥卢忠妄言告变,中官阮浪被刑死,犹亟穷治不已。诸大臣无敢言者,辂独奏曰:"不可听宵人以伤大伦。"帝悟,乃诛忠。

三年,广西罪人黄玹上书请易太子,辂曰:"此国大事,皇太后在上,臣子谁敢轻议?"而廷臣多附玹议。于是,皇太子遂废为沂王,而更立皇子见济为皇太子。辂迁兵部左侍郎兼左春坊大学士,赐第南薰里。

明年,怀献太子薨。

八年,景帝不豫,未有继嗣,众心汹汹。辂与礼部侍郎姚夔请复立沂王为太子,不许,将继进。辂援笔曰:"陛下,宣宗章皇帝之子,当立宣宗章皇帝之孙!"闻者感动,以日暮奏,未及入,而是夜石亨等已夺门迎上皇复位,诸大臣多见诛窜。辂亦下狱,上书自陈争复储至再,疏可覆验。石亨恶之,文致于谦案中,论死。久乃得旨,夺官为民。

宪宗立,三年,心念辂故尝持正议,效忠多,特遣使驿召至京,以野服见,命复原官,仍入内阁。首言"勤政、纳谏、储将材、饬边备、省冗官、设社仓、崇先圣之号、广造士之法",凡八事,帝嘉纳。

是时,大学士彭时当国,慈懿皇太后之丧,辂与时力持,得祔陵庙如礼。

会御史林诚等诋辂不当用,辂求罢,帝曰:"朕用卿不疑,何恤人言?"欲罪诚等,辂曰:"臣尝请优容言者,幸陛下允从,奈何因论臣复责言者乎?"帝喜曰:"辂真大臣也!"诚等得不问。

进兵部尚书。时,皇庄厉民甚,仁寿太后庄户与民争田,欲徙民塞外。辂曰:"岂有细民敢与朝廷抗耶? 且天子以天下为家,何以庄为?"遂从宽贷。

八年,改户部尚书,兼文渊阁大学士。

彭时卒,帝任辂益专。尝召见,语及景泰间事,辂极言景泰有社稷功,帝号当复。左右闻者皆泣,帝亦泣,遂下诏复景帝尊号,祭礼如诸陵。

悼恭太子薨,帝以储位为忧,而西宫纪妃有子六岁矣,畏万贵妃,莫敢言。久之,左右稍闻于帝,帝喜,立召见,皇子遂留宫中,而纪妃仍居西宫。辂恐贵妃不利于皇子,思为保护计而难于言,上疏略曰:"皇子聪明岐嶷,国本攸系。重以贵妃抚育保护,恩逾已出。但外议者皆谓皇子之母因病别居,久不得见。揆之人情,犹为未顺。伏望敕令移就近所,俾母子朝夕接见。而皇子仍藉贵妃抚育,宗社幸甚。"于是,纪妃迁永寿宫。辂又请出皇子示群臣,敕礼部拟名以闻。越数日,帝自率皇子御文华门。文武大臣进见,辂趋御座前,顿首曰:"陛下践祚十年,储位尚虚,天下臣民引领望久矣,当即立为皇太子,安中外心。"帝颔之,曰:"朕知卿意。"逾月,纪妃薨,辂请如宋李宸妃故事。于是,殡葬谥号悉如礼。是年冬,皇太子立,加辂太子少保,改吏部尚书。

十二年,建玉皇阁宫北,内臣执事与郊祀礼等。辂言:"郊祀之典,祖宗岁一举行,惟天至尊,礼无烦渎。传说告高宗曰黩于祭祀,时谓弗钦。礼烦则乱,事神则难。今礼烦意怠,如事天何?"诏为罢祠。

黑眚见,疏弭灾八事:曰番僧国师毋重给符券;曰四方常贡外,勿受玩好;曰许诸人直言;曰分遣部使虑囚,省冤狱;曰停不急营造;曰实三边军储;曰守沿边关隘;曰设云南巡抚。

乾清宫门灾，工部请采木蜀楚。辂曰："上天垂戒，宜少缓之，以存警畏。"从之。

寻，进谨身殿大学士。时，中官汪直督西厂，恃宠数兴大狱。辂率阁臣条直十罪，言："近日诇察太烦，刑网太密，人情汹汹。疑畏盖由陛下委听断于汪直，直又寄耳目于群小如韦瑛、王英辈，皆自言亲承密旨，得专刑杀，贼虐善良。陛下若谓摘奸禁乱，法不得已，则前此数年何以帖然无事？且曹钦之变皆由逯杲刺事激成，痛可惩鉴，非速罢伺察之司，戮凶邪之党，天下安危未可知也。"帝愠曰："一内竖何遽危天下？谁实主此奏者？"命太监怀恩传旨诘责甚厉。辂正色曰："朝臣无大小，有罪皆请旨逮问，直敢擅收三品以上京官；大同宣府，边城要害，守备缓急不可缺，直敢一日擒械数人；南京，祖宗根本地，留守大臣直敢擅自收捕；诸近侍在帝左右，直敢辄易置。直不去，天下安得不危？"时，阁臣刘珝等亦同声并争，怀恩咋舌退。辂顾珝等谢曰："诸公皆为国如此，辂复何忧？"是日，遂罢西厂。然直虽不视厂事，而宠幸如故。会故大学士杨荣曾孙晔有罪，为直所发，语连辂，直又从中间之。而御史戴缙、王德颂直功以觊幸进，请复西厂。辂遂力求去，加少保，驰传归。辂既去，士大夫益俯首事直，无有与抗者矣。

辂为人质直有容与。钱溥、黎淳不相能，淳、溥作文肆议讪辂，不校至义所不可介，然未莫能夺。初，万贵妃重辂名，出父像属赞，遗金帛甚厚，辂力辞。使者告以妃意，辂曰："非上命，不敢承也。"贵妃不悦，辂终不顾。

家居十年卒，年七十三，赠太傅，谥文毅。

子良臣，成化二年进士，翰林院侍讲。良辅，刑部主事。孙汝谦，尚宝司丞。

贤之才，时与辂之守，亦有明宰辅之表表者。贤类姚崇，时、辂类宋璟。其施设持守，笔下踔厉刚确。

岳正、吕原、刘定之、刘珝列传

岳正，字季方，漷县人。举礼部第一，进士第二人，授翰林院编修，迁左赞善。天顺初，改修撰，以吏部尚书王翱荐，召见文华殿。

正长身美须髯，帝遥望遽色喜。既登陛，又喜，问："年几何？"对曰："四十。""家何在？"曰："漷县。"又问："举进士何科？"曰："正统十三年。"帝益喜，曰："汝既我北方人，朕又首擢汝。今用汝内阁，须努力辅朕。许彬老矣，不足恃也。"正顿首受命出，赴阁。石亨、张軏遇之愕然。比入，帝曰："今日择一阁臣，甚喜！"亨、軏请为谁。帝曰："岳正，但官小耳，须与吏部侍郎兼学士。"亨、軏以不由己进，阳顿首贺曰："陛下既得人，俟试之。称职，进官未晚也。"帝默然。

时时得召见言事。钦天监汤序奏灾异以奸臣未去，帝问正，对曰："奸臣无主名，即求之，人人自危。且序术浅不足信。"事遂止。

锦衣官校逻得一妖言僧，狱具坐反论。太监牛玉请官逻者，正谓事纵得实，不过合妖言律，逻者准格得赏，不宜与官。朝论韪之。

亨与太监曹吉祥擅权，有匿名书指斥吉祥罪状。吉祥怒，请榜购告捕者。正与吕原入见，曰："为政有体，盗贼责兵部，奸究责法司。天子出榜购募，未之前闻。且尧建进善之旌，舜立诽谤之木。秦始皇拒谏，乃下诽谤妖言之令。由此过失不闻，卒以亡国，愿陛下以尧舜为法，以秦为戒。且必欲廉得其人，缓则自露，亟则逾匿。"吉祥方固争，帝曰："正言是也。"因不问。

亨从子彪镇大同，遣使献捷。使者言捕斩无算，皆枭置林木间。正取地图指示之曰:"某地至某地四面沙漠,无林木,汝枭置何所?"其人语塞。

是时,亨、吉祥势大横。正间为帝言:"盍早制之,不者,且有变。"帝曰:"汝可往告朕意。"正径造二人所,讽令自戢,解兵柄。忠朴可爱。吉祥与亨忿,谓正:"实短我,顾藉上语劫我!"因合谋去正。会承天门灾,下诏罪己。正草诏历陈弊政,词切直,亨等遂构蜚语,指为谤讪,谪广东钦州同知。道潩,以母老留旬日。而兵部尚书陈汝言,故曹、石党也。正在帝前尝言其不可用,因衔正。嗾逻者中以私事逮拷,诏狱,谪戍肃州镇彝所。都督季铎遂奏夺其所居第。正至涿州,夜宿传舍,手梏急掌坟且死。涿人杨四者能急人难,取醇酒醉解人,夜伺其熟寐,脱梏刲中,又啖以金,乃得至戍所。

亨、吉祥既坐反,诛,帝谓李贤曰:"岳正固尝言之。"贤对曰:"正有老母,得放归,幸甚。"乃释为民。

宪宗即位,御史吕洪等请复正官。吏部拟调南京,帝特留之,命充经筵讲官,纂修《英宗实录》。正既复官,自以为当大用,贤欲荐为南京国子祭酒,正不悦,颇怨望。不济。有潜之于贤者,贤亦嗛之。故事,清理武选贴黄,会推兵部侍郎及都御史各一人。时,兵部尚书王竑等会荐正可侍郎,都给事中张宁可都御史。有旨,用侍郎王复,都御史林聪,而责会推不公,并出正、宁为知府。宁知汀州,而正知兴化。宁亦负时名,故时论为之哗然。正至官,勤修民事,兴水利。又积谷贷民,手司出纳,吏不得缘为奸。由是,民食其德,而规利者腾为谤言。三年来朝,遂乞致仕。时,季铎败,敕还正故第居。三年卒。

正文章气节,名动天下。在内阁才二十八日,任事敢言。或时廷争,至语唾溅御衣,有规以信而后谏者,正慨然曰:"上顾我厚,不敢不尽心。子以谏官处我耶?"英宗亦悉其忠,谪戍时谓近臣:"须还我生岳正。"故权幸不敢加害。又时念曰:"岳正倒好,只是大胆。"正因用帝语自题像赞曰:"岳正倒好,只是大胆!惟帝念哉,必当有感。如或赦汝,再敢不敢?臣尝诵古人之言,益将之死而靡憾也。"其始终强项如此。

正无子,一女适李东阳。嘉靖中,追赠太常寺卿,谥文肃。所著《类博稿》十卷。

吕原,字逢原,秀水人。父嗣芳,万泉教谕;兄本,为景州学正。父殁景州,不能归丧。或劝火葬,痛哭不肯从。权厝景州,时时至墓,哭甚哀,见者为堕泪。已,奉母南归,家益贫,读书学舍。知府黄懋得秀水学官文奇之,学官对曰:"此里中童子吕生所为也。"吕生贫,学官致家塾教诸子。懋辄叹:"郡童子中乃有文士如吕生!"急召入,见其衣蓝缕。试之,文甚善,问经史,辄应口诵,懋益惊异。与善衣,谢不受。会葺学舍,有余材,曰:"生家贫,鬻此且得善价。"又谢:"不能!"懋乃益大奇吕生,曰:"吕生贫,能如是!"时,知府得辄补学官弟子员,即遣原入学。是秋,举浙江乡试第一。明年,为正统七年,登进士第二,授翰林院编修,侍经筵。

景泰初,遣祭蜀王。王子馈赆,谢不受。

寻进侍讲,迁右中允,与左中允倪谦即文华殿东庑,授小内侍书。一日,帝至庑中,命谦讲《诗·国风》,原讲《书·尧典》,皆称旨。问二人官阶,对曰:"皆正六品。"命左右取官制览再三,顾语各进官,而原得侍讲学士。自是,迁坐旁壁下。帝再至,问:"何乃踽踽?"对曰:"君父尝临坐,臣子避不敢当。"帝嘉其恭谨,后至馆,辄立语,或东西行不复坐。俄进左春坊大学士。天顺元年,改通政司左参议,仍兼侍讲入内阁,寻进翰林学士。

原性厚重,仪状端伟。石亨等用事贵倨,顾独敬原。原朝会,衣青袍,亨笑曰:"行为先生易绯。"原不答。

无何,岳正与原列上曹、石罪状,疏留中。曹、石觉,大恐。先是承天门灾,正草《罪己诏》。至是,摘其语谓谤讪。帝怒,坐便殿召群臣,厉声曰:"正大胆,固敢尔。原素恭谨,左右正,何也?"正遂罢去,原得留,与李贤同直内阁,贤通达,遇事立断。原守正恪诚,稍济以持重。

遭母丧,去道景州,启父窆归合葬。舟中枕藉苫块,极哀毁,竟病,抵家遂卒。赠礼部左侍郎,谥文懿。原在内阁六年,持身端洁,所得廪禄分赡宗族。卒之日,箧中惟赐衣几袭而已。至老勤学不辍,所著有《介轩集》。

子意,字秉之。初以父荫补国子生,供事翰林,迁中书舍人。意负志略,手不释书。为文好《左传》、《史记》,唐宋诸大家不屑也。顾自以不阶科目,恚曰:"先公岂以任子期我哉?"疏乞自试。言者劾其非例,宪宗特嘉许之。七年,中顺天乡试;已试礼部,不第,仍为中书舍人。

累迁礼部主客司郎中,典属国事,谙习掌故。琉球国请岁一入贡,意取贾市得便利。意以非制格之。回回贡使乞道广东归国,朝廷将许之。意持不可,曰:"西彝贡有常道,更之起它衅。且经涉江海万余里,劳费滋甚。"遂寝其奏。

二十二年,以荐进南京太仆寺少卿。故事:太仆马数,禁人不得问。卷簿多磨灭,登耗无考。意曰:"它官不与闻,是也;太仆职此,而可贸贸耶?"议请马政卷簿,太仆官三年一照,著为令。

弘治六年,迁南京右通政,累迁太常寺卿。辑累朝祀典因革若干卷,意所历精办。刘瑾方用事,不屈节。会为言官撼论不辩,再疏乞罢,自号九柏山人。

刘定之，字主静，永新人。父髦，有学行，永乐间领乡荐。隐居石潭，日授定之书数千言，而不令作文。一日，见其私作，喜曰："此子八面才，一第不足多也。"

正统元年，举礼部第一，登进士及第，授编修。

四年，京城大水，定之上疏，其略谓："雨水阴象。扶阳抑阴，在进贤退不肖，安内攘外而已。公卿侍从，当以时召见，俾承清问，因以观察其才否而进退之。比岁西戎犯顺，滇南寇警。宜督边将，修武备，渐移降人，以绝隐忧。

"今京官多不愿为守令，而守令亦不得入为京官。坐此不自爱惜。又大臣及五品以上始得荐举人才，其途隘而难公。考唐宋旧制，朝士多带京秩任牧守，出入浔更，以备公卿之选。又常参官受事三月举一人自代，吏部记其姓名。举主多者必公，举主贤者必善类。遇有缺官，选择任使。二者可略仿行之。

"至于守令，牧养为先，宜令风宪铨司详加考核，毋取才辨而收猛酷；毋薄廉恕而长贪婪。古者人臣有丧，三年不呼其门，所以劝忠孝也。今海内又安，无金革之变，凡文臣父母之丧，勿强起复，以敦教本。

"夫输粟授官，助荒政也。间有本非好义，意在希恩，假借虚秩滋为不法，宜准官给诰，敕例有犯坐名追夺。"语多切时弊，不报。

景泰元年，进侍讲。定之博学多闻，自以词臣默默无所见属。边事日棘，益发愤论列，上言："昔者晋之怀愍，宋之徽、钦，其时皆因边塞外破，藩镇内溃，救援不集，播迁无所，然后有蒙尘之祸。未有若今日天下之大，数十万之众，奉上皇于漠北者也。元帝继统，高宗嗣服，皆舍弃故都，偏安一隅。然尚能奋既衰之势，以御方张之敌。未有如今日，也先乘胜长驱，直抵京城。以师武臣之众，既不能奋武以破敌，又不能约和以迎驾，听其自来自去者也。盖国势之弱,虽非陛下所能遽使之强,岂可不思自强之术而力行之乎？臣愚,敢陈所见,以俟采择。

"臣观近日京军之战,但知坚壁持重,而不能出奇制胜。甚至前败而后不救,左出而右不随。谓宜仿宋吴玠、吴璘三叠阵法,互相应援,不至狼狈。

"至铁骑冲突,必资刀斧以制之。昔郭子仪破安禄山八万骑,用千人执长刀如墙而进；韩世忠破兀术拐子马,用五百人执长斧上揕人胸,下砍马足,此其明验也。

"日者也先出入不能禁御,紫荆、居庸号称关塞,实皆坦途,盖兵士寡弱,亭障缺败,蹊隧疏漏,非朝夕之积也。今宜增兵士,缮亭障,塞蹊隧,如古画疆分守之制。陆则掘地为堑,水则置柜潴泉。或多植榆柳以制奔突,或多招乡勇以助官军,此古人之已事,今日犹可行也。

"使臣内蕴忠悃,外工专对。汉文帝遣陆贾立屈尉佗,宋仁宗遣富弼用戢契丹,奈何专以译人驵夫辱中国哉？宜用文武贤臣备正使之选,令通敏者为之介其动静,言语纤悉必记,回日奏闻,庶不至招衅启戎矣。

"往者漠北降人留置京师,授官职,给全俸。比或衔破关塞,奔归故土；或乘伺机便,寇掠畿甸。今宜乘大兵聚集之时迁徙其人,远居南土。或以为兵,使与中国之兵部伍相错,以牵制之；或以为民,使与中国之民里甲相杂,以染化之。又省俸给,减漕挽,不至重为异日之患。

"天下农出粟,女出布,以养兵也。兵受粟于仓,受布于库,以卫国也。向者兵士受粟、布于公门,纳月钱于私室,不习攻伐,转冒工商。一旦临敌,如驱羊拒狼,几何不殆？今宜痛革其弊,勤加训练。其令而不率者,则诛以徇。

"夫养兵则费出于民,兵败而民受其祸。况守令朘民,犹将帅朘兵也,今宜严纠考,慎黜陟。大臣举官,有犯赃者宜连坐举主,然后贪墨者少,荐举者慎,民赖以安矣。

"古者贩缯、屠狗、被褐、扪虱之流遭遇雄主,类皆兴王致霸。而括以赵奢之子,陨首于白起;离以王翦之孙,系颈于项羽,将岂必有种哉?今国家用将,有出于将门之中者,若石亨、杨洪是也;有出于将门之外者,若于谦、杨善是也。然将能知将,宜令各举所知,不拘门阀,公卿、侍从,亦令有知皆举,量能而任,庶几拔十得五,将材由此而充矣。

"蜀之图兴汉也,恃诸葛亮;宋之图御金也,恃张浚。二人皆忠义素著,功业久立。及街亭一败,亮辞丞相;符离未捷,浚解都督。待收后效,乃复前官。今石亨等将兵御敌,未闻摧陷廓清,迎回銮辂,但迭为胜负,互相杀伤而已。而爵晋通侯,阶登一品。天下之人未闻其功但见其赏,岂不怠忠臣义士之心乎?宜令仍循旧秩,勿躐新阶,他日勋名振而爵赏加,未为晚也。夫既与而不忍夺者,姑息之政也;既进而不肯退者,患失之心也。上不行姑息之政,下不怀患失之心,则治平可计日而望也。顷有临阵而死者,有越关而生者,亦宜急加赏罚,则人知所劝戒矣。

"人主当总揽乾纲,亲决机务。宜日御便殿,使近臣侍于侧,大臣奏于前。言官察邪正而加纠弹,史官书言动以示劝惩。君臣恣谋,互相可否,以求至当。此前代故事,祖宗成法,陛下遵而行之。决万机也益以熟,而察百官也益以明。若仅封章奏入,中旨传出,臣恐偏听生奸,独任成乱,治化何由底雍熙乎?

"人主之德,欲其明如日月,以察直枉;仁如天地,以覆群生;勇如雷霆,以收威柄。故司马光之告君以仁、明、武为言。所谓仁明武,即《中庸》所谓知仁勇也。非学岂能之哉?夫五经、诸史至博也。流览多识,即儒生犹或难之。臣谓经莫要于《尚书》、《春秋》,史莫正于《通鉴》、《纲目》,陛下留心垂览。其于君也,既知禹、汤、文、武之所以兴,又知桀、纣、幽、厉之所以替,而趋避审矣。于驭内臣也,既知有吕强、张承业之忠,又知有仇士良、陈弘志之恶;于驭外臣也,既知有萧、曹、房、杜之良,又知有李林甫、杨国忠之奸,而用舍当矣。其于知、仁、勇之助,岂不大哉?

"今天下如金瓯未缺,陛下诚能本于德学以见于政治,臣见国势可强,仇耻可雪,兄弟之恩可全,祖宗之治可复。"书奏,帝称善。

三年,迁司经局洗马。会也先贡马,乞通使,廷议请勿报。定之言:"宜遣使羁縻之,我得益修内治。"

七年,迁右庶子。天顺元年,改通政司左参议,兼侍讲如故,寻进太常寺少卿兼侍讲学士,知经筵。

成化二年,进太常寺卿,兼侍读学士,入直文渊阁,参预机务。

三年,进工部右侍郎兼大学士,又进礼部左侍郎。

四年,久旱,定之上言:"人主,天也;中宫,地也。今久旱,风霾二气不和,是天地之心未畅也。意者谓陛下于中宫礼遇疏欤!英宗皇帝出建庶人,令配耦生聚,天下称仁。今郕王女已及笄,宜早为择配,以继英宗之志。

"伊傅周召之告嗣王,必曰成汤,曰文武。高皇帝德业隆盛,愿陛下取御制诸书,及史臣所纂《宝训》与《大学衍义》、《贞观政要》,相间进讲,以比商周子孙取法成汤文武之意。

"帝王致治保邦,佛老不与焉。今承平日久,民生日众,物产不足供衣食,而内奉朝廷,外给边境,日增月盛。又复靡费于此,其何以堪?今纵未能尽去,请于先朝所赐寺观姑存其旧,勿再增廓。"

疏入,留中。议者谓其言或泥古,然所陈多大计,不肯容悦。

慈懿皇太后崩,彭时请合葬裕陵,帝恐拂周太后意。定之曰:

"孝子从义不从令。即圣母有言,亦不可从也。"古大臣风概如此。左右皆为失色。

五年八月,卒。赠礼部尚书,谥文安。

定之为文,援笔立就,稿不易幅。尝有质宋人名氏者,就案列其世次,若谱系然,人服其详博。一时制作多出其手,于国史笔削尤多。性孝友,贫时,授徒资养;既贵,则分禄以赡族人。

弟宾之,湖广参议;安之,乡贡士;宜之,泰州学正。皆严事定之如父。所著有《易经图释》十二卷、《宋论》二卷、《策略》十卷、《呆斋集》十卷。

刘珝,字叔温,寿光人。生而有文在其面,有老人相之曰:"是类丞字,后当为相。"

八岁能文,年十九中乡试。初赴试时道经临淄,值河溢,仆马俱溺。珝行水中半里余,神气自若,人咸异之。

明年,试礼部不第。入太学,与三原王恕、襄陵邢让为同舍生。洁苦自励,以学业志操见称。

登正统十三年进士,改翰林院庶吉士,授编修,历修撰。天顺初,迁右中允侍讲。东宫宪宗即位,以旧宫僚浸见任用,历迁太常寺卿,兼侍读学士。

十年,进吏部左侍郎,直经筵。珝自以侍主上最久,尽心开导,时陈谠言,闻者敬悚。

明年,诏以本官兼翰林院学士,入文渊阁预机务。帝每呼为东刘先生,赐印章一,其文曰"嘉猷"赞翊。十三年,进户部尚书,加太子少保、文渊阁大学士。《文华大训》成,加太子太保,进谨身殿。

珝丰姿秀伟,望之俨然。在内阁遇事直言无所回互。员外郎林俊论僧继晓、内侍梁芳下诏狱,珝于帝前解之得免。李孜省左道乱政，动摇国本。珝密疏力沮其谋。又素薄万安，时时语坐客，斥安负国，且亡行。安积嫌，因与刘吉比而构为飞语，假俳优以中伤之。往往叙细琐简而详，质而腴，最足为记事。一日，太监覃昌至阁召安、吉赴西角门，珝欲偕往，昌止之。至则出帝手封，启视之，乃讦珝与太监汪直有连，及纵子受金数事。安等佯惊曰："此即匿名文书也，朝廷何不火之，而以付臣等？且事属暧昧，何从而明？即子有过，珝亦未之或知也。"昌曰："向科道官劾汪直，疏上已讶无刘名。今圣意坚不可回，二公不早为计，明旦且将无及！"安曰："珝亲已老，俟其亲终奔丧而归，何如？"曰："不能待也。"安曰："如此，则请令珝以亲老乞休，朝廷以礼遣之，庶全君臣始终之义。"昌曰："圣意正欲如此，当以语刘。"

次日，珝遂上疏致仕，而不及养亲。帝命昌再出问安，安曰："珝欲去久矣，此书盖预撰者。昨猝不及详，遂以书进。"昌还奏，许之。仍赐驰驿，月廪岁隶白金楮币甚厚，一如安言，其实排之使去者安与吉也。

先是汪直用事时，大学士商辂常率珝等共攻之，帝震怒，传旨诘责。珝对益侃侃，遂罢西厂。无何，复设。珝常以为忧，言之，帝不听。其后，直出镇大同，宠渐衰。言官交章发其罪。有旨："朝廷自有处置。"安揣知帝意，始贝①疏论罢。珝雅不欲与安共事，故不列名，安等遂以是诬之。

然当时内阁三人，惟珝为独贤。景泰间，常议迎銮；成化初，与议慈懿皇太后丧礼，有大臣之节。为人性刚，不能容物。好谈论，恶之者辄以狂躁目之，卒为小人所中。帝以东宫旧臣，亦知其无过，竟迫于浮议，遂使仓卒引退。而彭华、尹直相继入内阁，安、吉之党乃益固。

弘治三年，珝痛父殁，哀毁成疾卒。赠太保，谥文和。其先丁母忧。时曾庐墓侧,乡人表其所居为仁孝里。嘉靖二年,言官上其孝行,遣官致祭,赐祠额曰"昭贤"。

> 岳正之刚方,吕原之谨愿。刘定之文如贾长沙,刘珝节如申屠嘉,能使之精神跃然。

校记

① "贝"疑为"具"字误。

轩𫐐、耿九畴、耿裕、年富、杨继宗列传

轩𫐐,字惟行,鹿邑人。永乐二十二年进士,未除官,督漕淮上。冬月堕水,既出,拥被坐,有司亟进衣,不受。徐俟旧衣干衣之。授行人司副。正统元年,擢监察御史,巡按福建。锄奸剔蠹,贪污者多投牒引去。清理江南、浙江军政,劾不职官四十余人。

迁浙江按察使。前使奢汰不检,𫐐力矫其弊。妻执井爨,所着寒暑一布袍而已。居常蔬食,与僚属约:三日出俸,市肉一斤。僚属多不能堪。故旧至,食不过一豆。间或具鸡黍,闻者尽惊异:轩廉使何上客,乃割鸡耶?

闻亲丧,隔宿即行,同僚不及追送。服除,擢副都御史,巡抚浙江。时,土寇吴金八等攻掠城邑,杀长吏。𫐐至,遣间谍悬赏格,复调沿海备倭官军分守要害,亲督将士与战,平之。福建贼罗丕、廖宁八攻劫尤溪,渐抵浙境。𫐐发兵指授方略,捕其渠魁,贼遂溃散。改掌南京都察院。

天顺初,英宗加意用人。既召耿九畴为右都御史,而以𫐐为刑部尚书。未几,九畴为石亨挤去,𫐐亦病请致仕。帝亲召见,曰:

"昔浙江廉使,考满,归家具仅一竹笼,是汝耶?"轭顿首谢。又问:"卿年未老。病已,可再用乎?"轭顿首辞疾。帝赐白金为道路费。

亨败,帝复思轭,召为左都御史,总督江南粮储。而九畴亦召还,为南京刑部尚书。轭复以老乞骸骨,不待报,径归。抵家时未午,趣具浴。浴毕,问天早暮,家人曰:"午矣!"欠伸而卒。

轭性方严,遇人无贤否,峻拒不与接。其在南都,岁时诣礼部拜表庆贺,屏居一室,撤烛,朝衣端坐,寂无一言。鼓严,出行礼,礼毕,竟御肩舆归。僚侪闻其来,辄避去,不乐与之处。武库郎沈琮尝言:"留都大臣,惟轭与魏骥廉平峻伟,不务文饰。"李贤称之曰:"轭公,鸟中孤凤也。"在浙江与南海周新并名。与耿九畴同举进士,同被召命,同以刚直著,故天下又称曰"轭耿"。

耿九畴,字禹范,卢氏人。永乐二十二年进士,宣德六年,授礼科给事中。议论持大体,有清誉。

正统二年,大臣言两淮盐法弊,宜得重名检者治之,于是推择为盐运司同知。廉直不可干以私,条奏《盐法》,便宜数事,著为令。遭母丧,盐场民数千人诣阙乞留。迁都转运使,时,轩轭为浙江按察使,刚介有声,而九畴与齐名。尝坐水旁,一童子曰:"水清不若使君清也。"

已而,被诬,逮至京。事白,擢刑部右侍郎。屡辨疑狱,无所挠屈。

凤阳岁凶,盗且起,敕往抚之。奏留英武、飞熊诸卫军耕守其地,招徕流民七万户,境赖以安。寻,奉命兼视两淮盐政,奏罢易米法。

景泰初,敕录诸郡大辟囚。九畴悉心平反,释冤囚二十六人。有妇人至何苟家者,去而死。妇家讼苟与弟杀妇,苟诬服。九畴廉得杀妇者,出苟于狱,人服其明。

代还巡抚陕西。励廉能,屏贪墨,威望益著。先是六部卿佐使外,文移不得辄下按察司,以故多偃蹇,不奉束约。九畴首奏改之。

边将请增临洮诸卫戍兵,九畴言:"边城士卒不为少。将官能严纪律,精练习,勤抚恤,绝侵渔,养锐气,加以赏罚明信,一可当百。不然,徒冗食耳。"乃不增戍。

边民春夏出田作,秋冬辄徙入塞。九畴奏:"边将所以御寇卫民也。今民皆避寇失业,大不职。"因禁民入徙,有被寇者,治守帅之罪。

转右副都御史。会有旨:市羊角为灯。奏言:"昔宋神宗买浙灯,苏轼谏止。今买羊角制灯,无乃类是。《书》曰:'不矜细行,终累大德。'"其事遂止。

继以灾异,诏求直言。复上奏曰:"天下有必然之理,有或然之数,理可尽而数不可泥。愿陛下延儒硕以广聪明,公赏罚以别忠佞,择守令以惠黎元,简将帅以固边疆。此所谓必然之理,不可忽也。"优诏答之。

天顺初,议事至京,帝顾侍臣曰:"耿九畴,廉正人也。"留为右都御史。时,子裕任给事中,上言:"臣父子同居要地,非宜。"改裕翰林检讨。九畴自庆遭逢,益思所以报称。因奏陈五事曰崇廉耻,清刑狱,劝农桑,节军赏,任风宪。帝嘉纳之。

时,边境多事,九畴谓罪由石亨,将率诸御史廷劾之。事泄,反为诬,逮诏狱。帝察其冤,仅谪江西右布政使。寻调四川。

帝念九畴不置,与李贤论人才及之,贤曰:"九畴操行,诚不易得。"乃召还,将以为礼部尚书。既至,怜其老,改南京刑部尚书。居一年,卒。

帝深悼之,曰:"朕置九畴于南,欲遂其优闲耳,而遽亡耶!"赐谥清惠。九畴性孝友，亲殁遇亡忌，悲恸如初丧，事兄尽礼。尝慕司马光之为人，奉身节俭，无他嗜好。公退，焚香读书而已。交游不泛，论事是非确然不挠。于人材邪正之辨尤严，累遭谗困，卒不改其操。子裕自有传。

裕，字好问，尚书九畴子也。景泰五年举进士，改庶吉士，授户科给事中，转工科。

天顺元年，以九畴任都御史，父子例不同居言路，改裕翰林院检讨。是年，九畴以劾石亨贬，而裕亦坐贬泗州判官。寻丁父忧，服阕，补定州。成化初，言者白其无罪，复召还为检讨，与修《英宗实录》，进修撰。历国子监司业、祭酒。时，异姓诸侯伯年幼者皆肄业监中。裕类古诸侯勋戚言行可法者为书授之，帝闻而嘉叹。

历吏部左右侍郎，进本部尚书。当是时，大学士万安用事，安故与裕不谐。又李孜省私其乡人，欲使代裕位，遂造飞语。会进士陆瓛授镇江推官，瓛自谓先世苏州人，乞于他省改授，吏部不为覆奏。又，户部郎中汪洪自宣府督粮回，未久即升参议。并为东厂所发，瓛、洪皆下狱。侍郎黎淳坐调南京，而裕夺俸两月。帝既已薄责裕，科道更交章劾裕，帝复宥之。裕入谢，既出，而帝怒曰："吾再宽裕罪，宜两谢。今乃一谢，岂以夺俸故意不足耶？"命中使诘责。用是调南京礼部，而李裕遂为吏部尚书。

二十三年，改南兵部，参赞机务。寻，召入，为礼部尚书。时，孝宗新即位，励精求治。所行大典礼，并下裕议。裕博通掌故，酌古今，引经传，一时翕然称善。

又特①重识大体。崇王请朝，裕言："王虽至亲，于制不得朝。况今岁饥，所过供亿，民将不堪，请遵祖制便。"帝乃遣书止王毋朝。

撒马儿罕由海道贡异兽，裕与侍郎倪岳极言："贾彝嗜利，辄开海道。宜却去,勿令远人启窥伺心。"

畿内多自宫求进者,裕疏请禁止,违者治其罪。自此民间自宫之禁始严。

弘治六年,复为吏部尚书,加太子太保。九年卒,赠荣禄大夫、太保,谥文恪,官其孙为中书舍人。

裕美须髯,善谈论。在吏部荐进贤才,务协舆论,不为毁誉爱憎摇夺。守正律身,干谒断绝。义所不可,即内降墨敕,封章抗议,铮铮然不少贬屈也。有弟任都督府都事,秩满当迁,故迟之,曰:"吾弟当如是。"人服其无私。父子清修,不营产业。虽两世俱登华要,萧然澹泊,与儒生无异。御史汪宣疏荐先后吏部之臣,谓"廉介端贞,莫如王翱;公直忠亮,莫如王恕;坦夷无私,莫如耿裕"。时论以为知人。

年富,字大有,怀远人。本姓严,籍讹为年。永乐中乡贡,授山东德平训导。乞修定"文庙配享从祀封爵礼仪"。

九载,擢吏科给事中,上言:"国家可忧,边寇为甚。近年招纳丑类,縻以官爵,杂处京都,坐费国用,养乱招危,必在于此。宜遣还故土,消我内衅。

"府军前卫幼军,原选取民间子弟,随侍东宫。今死亡残疾,仍于民间佥补,富者皆以贿免。请于二十五所内以一所调补。

"又军民之家,规免税徭,冒为僧道,累以万计。不织不耕,坐享温饱,宜悉遣复业。"议多施行。

出为陕西参政,迁河南布政使。岁饥,流民至数十万,肆剽掠。富赈抚之,皆定。

会也先数侵边,乃以富为右副都御史,提督大同军务。富执法严,所至厘革积弊,玩法者多不悦,代府诸王亦怨之。襄垣王逊煓诬奏富，景帝知其枉，敕王守法度，勿得污风宪大臣。

有小卒吴淮告富不法，谓侵郭总兵坐。于谦曰："穰苴布衣，监庄贾军，以军法诛贾，卒破秦晋强列国；裴度，御使中丞，督淮西诸大帅平蔡。近日，左都御史王翱、右佥都御史邹来学，皆位诸总兵上，以军令出翱等故也。淮妄言，沮军法，宜究主者。"事遂寝。

先是，富尝按山西参政林厚，坐厚法，厚反诬富。景帝曰："厚怨富诬富，欲得自便。富持法平，朕终不以一人言辱贤臣也。"竟削厚官。又按分守内臣韦力转贪虐，力转亦许富御史，言富枉状，事得白。

天顺初，石彪在大同，复忌富，竟中富危法，逮至京。英宗素知富。又大学士李贤力为之解，遣官体勘，果无实状。得致仕去。

未几，起南京兵部右侍郎。寻转左，改左副都御史，巡抚山东。

四年，召入为户部尚书。左右不悦富者，辄巧潜沮富。帝不听，谓李贤曰："富能执法，正宜司国计。"又以吏部尚书王翱年老，谋继之者，贤曰："非富不可。"帝益器重富不置。

成化初，陕西数用兵，督饷非其人，军兴屡乏。富荐杨璿、余子俊可使。吏部论富侵官，富曰："荐贤为国，非私也。若事必任己，恐乖推让之美。"因力求去，不许。是年卒于官，谥"恭定"。

富在位，自以受知主上，当任无所让。遇大事，僚佐有未决者，富言："君等第无署名，有利害，我自当之。"性刚介特甚，尤恶干请。人度不能得之，富事且行，故言不可；且不行，故言可。富辄反之。即为所欺，亦不悔焉。

杨继宗，字承芳，阳城人。天顺元年进士，授刑部主事。狱囚桎梏久，多瘐死。继宗慨然曰："此辈即应死，奈何不令缓须臾哉！"时与食饮栉沐，活者数百人。吏部尚书王翱闻而贤之，荐知嘉兴府。继宗携一苍头,书一箧。署中萧然如旅舍,而为政则务恤民,时时集父老问风俗,禁民为非。博奕樗蒲之具,市不得鬻。子弟八岁不就学者,罚其父兄。里有节孝,令长各得以其名上。

其巨猾,则立见锄治不少贷。有张升者,为暴于郡,吏不敢诘。继宗置诸法。民谣曰:"虎去害除,其乐何如?"

里豪盗官绢,上官欲贳之。指豪语继宗,曰:"是当有失主?"继宗曰:"朝廷乃失主。""告者何人也?"曰:"太守即告者。"上官语塞。

御史行郡,清军杖人辄至死。继宗榜通衢曰:"御史杖人至死者,诣府告理。"见御史曰:"为治有大体,公奈何欲补已绝之伍,而杀不辜之命乎?请以属太守。"御史不能折,从之。顾怒甚,将行,突入郡衙。继宗引卧内,发箧示之,敝衣数事而已,御史惭而去。

郡当孔道,中官往来索厚赂,继宗直与菱芡。历日,中官曰:"我无需此,太守幸多与我金钱,或好布绢。"继宗曰:"诺!"即发牒取库金钱,语之曰:"金钱在也,布绢可市而有矣。幸与太守印券,他日好磨勘。"中官咋舌不敢受。妙。继宗入觐,汪直欲见之,不可。宪宗问直:"来朝郡县官,孰廉?"直对曰:"天下官不爱钱者,惟杨继宗一人耳。"

九年,秩满,超迁浙江按察使。每朔望会僚佐,辄仰天誓曰:"衣冠受贿,不还故里,南有钱塘,北有扬子!"异时官吏所需,取办和买民间,供镇守内臣张庆日万钱,继宗悉裁罢之,庆积不能平。有兄敏在司礼,每于帝前毁继宗,帝曰:"得非不私一钱之杨继宗乎?"敏惶恐,遗书庆曰:"勿与较,上已知其人矣!"

闻母丧,立解印,跣哭出,止驿亭下,一老苍头挟衣数袭、律书数卷相随去。

服除,以佥都御史巡抚顺天。京畿戚宦,多侵占民田。继宗廉知,尽夺而还之。按部至黑水、石门、黄土诸镇,亭埭多不治。继宗仰叹曰:"朝廷以腹心寄臣,诸要害一不为备,设有缓急,奈何督将士修饬?"夙夜戒警,一时军政肃焉。

会有日蚀星变之异,求直言。继宗应诏,请取回诸镇守中官,及罢中外文武臣贪残害民者。且曰:"臣效王珪确论:督抚大吏,必贤如周忱、李秉、王竑者任之;布政宪使,必贤如王恕、轩輗者任之;知府,必贤如崔恭、王宇者任之。下此斗筲之器,不堪任使。"奏入,不报。

而贵近益忌之,以事左迁云南按察副使。继宗单车之任,并苍头去之。洞瑶反,官军数万不能下,继宗亲往谕之,署其旗曰"云南副使杨继宗"。众望见罗拜,曰:"闻公名久矣,今赖公活吾属,愿受约束,不敢复叛。"乱遂定。

弘治初,迁湖广按察使。甫至,命汲水百斛,洗涤厅事,曰:"吾以除贪污气也!"于是,人人股栗。

寻,擢佥都御史,巡抚云南。继宗去云南未久,三司多旧僚,相见欢好如初。既而,出位揖之曰:"明日有公事,诸君幸相谅。"遂劾其不职者八人黜之,未几,卒于官。

继宗常言:"吾初仕,欲学包拯,终不能及。"然所至发奸摘伏,皆有异绩,其下畏之若神明。论者谓于拯无忝云。

继宗居忧时,汪直往吊于坟所,拜起,手抚继宗须曰:"比闻公名,今貌乃尔。"继宗曰:"继宗貌陋,但亏体辱亲,未之敢也。"直不敢复言。

此传以清节为纲,其他才能特^①经纬,而笔亦清辣,使人读之有余畏。

校记

① "特"字似为"持"字误。

卷十二　列传四

周忱、柴车、陈镒列传

周忱,字恂如,吉水人。永乐二年进士。选庶吉士二十八人读书文渊阁,以应列宿。忱自陈年少,乞预,帝嘉其志,许之。授刑部主事,进员外郎。

忱有经世材,入仕几二十年,浮沉部曹。洪熙中,始迁越府长史,人莫之知也。当是时,苏州因国初为张士诚所据,其义兵头目之田,与给赐功臣暨豪强兼并没入者,悉以私租科税,故田赋独重。一郡积逋至七百九十余万石。松江、常州亦然。

宣德五年,以夏原吉荐,擢忱工部右侍郎,巡抚江南。忱至,询问父老,得其要领。乃移行在户部书,曰:"忱闻治民之道,在于禁游惰,劝耕稼。盖游惰禁,则土著固,而避劳就逸者无所容。耕稼劝,则农业兴,而弃本逐末者不得纵。由是,赋役可均,而国用可足。今天下之民,常怀土而重迁;苏松之民,常轻去其乡而乐于转徙。天下之民,出其乡而无所容;苏松之民,出其乡则足以售其巧。忱尝历询其弊,盖有七焉:

"其一,大户苞阴也。富豪之家,或以私债准折人丁,或以威力夺人子女。赐之姓而目为义男；更其名而命为仆隶。是人既得为其役属，又不复更其差粮；由是，豪家之役属日增，而南亩之农夫日减矣。

"其一，豪匠冒合也。苏松人匠丛聚，两京乡里之逃避差徭者，率依归焉。在南者，应天不知其名；在北者，顺天亦无其籍。一户当匠，而冒合数户；一人为工，而隐蔽数人。有司不敢问，比邻不复疑。由是，豪匠之生计日盛，而南亩之农民日衰矣。

"其一，船居浮荡也。苏松五湖三泖，积水之乡，流移之人，挈家于舟，以贸易为名，规免赋役。乡都之里甲无处根寻，外地之巡司不复诘问。由是，舟居之丁口日蕃，而南亩之农夫日削矣。

"其一，则军囚牵引也。犯罪之人遣戍各卫所者，辄诱乡里贫民为余丁；遣徒各驿站者，又招乡里小户为役使。如淮安二卫，苏州遣戍者不过数人。今填街塞巷，皆军人之家属。仪真一驿苏州站徒者不过数家，今连栱接栋，皆囚丁之户口，官府不问其来历，里胥莫究其姓名。由是，军囚之生计日盛，而南亩之农夫日消矣。

"其一，屯营隐占也。太仓、镇海、金山等卫，青村、南汇、吴淞江等所，皆为边海城池。官旗犯罪，例不调伍。因有所恃，愈肆豪强。遂使避役奸民，转相依附。州县文书频移，卫所坚然不答。由是，屯营之藏聚日多，而南亩之农夫日耗矣。

"其一，邻境避匿也。有司教养无方，禁令废弛，遂使斯民流移转徙。舍瘠土而就膏腴，营新居而弃旧业。官府之勾摄者因越境而令不行，乡村之讥察者每相容而置不问。由是，邻境之客户日众，而南亩之农夫日寡矣。

"其一，僧道招诱也。天下寺观，莫甚于苏松，故苏松之僧道弥满于四海。乡里游惰之民，率相依为之执役。假服缁黄，伪持钵锡，以一人住持，而为之服劳者常数十人。以一人出家，而与之周旋者常八九辈。由是僧道之徒侣日广，而南亩之农夫日狭矣。

"凡天下事，不可有一人之侥幸，苟有一人侥幸而获免，则必有一人不幸而受其弊者。苏松侥幸之人如此其多，则不幸而受其弊者从可知矣。是皆游惰不禁，耕稼不劝，故奸民得以避劳就逸，弃本逐末，非立法以治之，其害固未易去也。"

于是，朝中公卿争言忱晓畅吴中事宜，请令得便宜行事矣。

于是，忱创为平米法，令大小户一例加耗，请工部铸铁斛给属县，于是，出入均平。

先是，苏州粮额二百九十余万石。宣德间，诏官田减原额十之二三。户部止减抄没官田，而旧额不减。忱乃与知府况钟奏言："洪武、永乐间，抄没官田，人力犹可以胜其不胜者。正在旧额官田，请令苏、松、嘉、湖等官田准民田起科。"于是，苏州得减课七十余万石。

初，各府秋粮无仓可贮。粮长收之私家，名曰"团粮"。侵渔不可胜计。忱曰："钱入民手，虽良民不免妄用。"命诸县于水次置便民仓，每岁核夏税秋粮之数，填由帖而分给之，视旧所减三之一矣。又于粮长中以力产厚薄，分上下户为押运，以均其劳逸远近。粮有存剩，积之诸仓，号曰"余米"。米有羡则减耗，次年征十六，又次年征十五。更有羡，乃奏立济农仓。

水旱不时，农民缺食，及纲运丁风漂盗夺者，赈给转假，秋成还官。其修筑圩岸，开浚河渠，人支饩廪，不责偿也。又于农时假贷，必验下户贫乏者给之，亦以秋成与粮并赋。若凶岁，则再赈。其奸顽不偿者，令有司书其名，不复再给。

是年夏，江南旱，三吴饥民三百余万，尽发诸仓犹不足赡。忱乃积思：苏松常三府，运粮一百万石贮南京，以给官军月俸。若令就此给发，既免劳民，且省费六十万石以入济农仓，农无患矣，亟请于上,行之。明年再饥,令诸郡大发济农米以赈贫,而民不知灾。

先是,民弃官田而逃者人一履亩,即执以偿其赋,良田多弃而不耕。忱召民开垦而薄其税,以招徕之。奏请绝户官田,不分旧额抄没,悉照民田例起科,其坍陷诸田,复尽除其税。于是,田野日辟,流亡来归。

往时,里河运粮,军民相半。军船则出官厂,民则自雇舟。率三石而致一石,经年往复,动失农时。忱乃与平江伯陈瑄议,于淮安、瓜州诸水次设为交兑之法。又恐兑舟遭风,令州县支籴余米。建仓瓜州,以俟交兑。而民运之困苏。

江南马草,运赴两京,所费不赀。忱建议运北者于通州草场设立官库,改为折色;运南者则轻赍赴彼买纳,人称便焉。

先是,洪武初,以北方久被兵,民不能买马当站,令苏、松、常、镇四郡,合民粮五百石以上者代出上马一匹;四百石以上者,代出中马一匹;三百石以上者,代出下马一匹,分给北直、山东、山西、陕西驿递,而总其事于马头。永乐中犹沿为故事,当编买之时,三吴民粮不敷,每马一匹有编贴四五十家,多至二三百家者。一夫被勾,则贴户数百,民无宁日。而铺垫之费不与焉。忱建言:"各地驿站,所在有司俱有孳生马匹,可以选补各驿。附近卫所旗军,可以当站。洪武初,借编江南驿马不过二千,若今照数拨替,占用官马不多,可免江南数百万家征敛勾稽之苦。又令每田 亩,收米九合。随粮带纳,别贮廒仓。遇有死损,验马上中下给米备偿,而马头科敛之患息。

方忱之初至江南也有所兴革,人多骇之。法行既久,东南无事,常赋之外,一无他役,百姓不知有催科。于是,忱益务为宽大。凡置兵船,建闸坝,浚河堤,修廨舍、学校、先贤祠墓、桥梁、道路,岁费以万计,皆取之余米。即客有介朝士书来者,人人得其欢心。每议事入京师，往返数千里，但以尺符颁府县，境内帖然。

正统初，两淮盐课亏，敕忱巡视。忱奏令苏州等府，每县拨济农羸米一二万石，运贮扬州盐场，准其县明年田租，听灶户上私盐给米。时，米贵盐贱，官得积盐，民得食米，公私便之。

已，又奉敕经理两浙及松江盐课。时，华亭、上海二县各场通课至六十三万余引，灶丁逃亡。忱治之一如治田赋。谓田赋宜养农夫，盐课宜养盐丁，复上言四事："一谓灶丁贫乏，牢盆莫办，宜官铸铁锅给之。一谓灶丁之外复有卤丁，灶丁办课而已，卤丁乃谙煎煮。今灶丁既贫，卤丁益窘。前代尝有赡盐官田，分给灶丁。洪武初，乃责其田赋，令二县灶丁岁征秋粮五六余万，请即存留本地，免其兑运。所省耗米，存养卤丁，及所雇补煎逃户额盐之人。一谓盐场旧设总催头目，赤身驵猾，生事朘削，灶丁失业。职此之由，请择殷良灶丁充役，则事易集而人不扰。一谓官课之亏，由私盐得售。虽有缉捕，阴寄心腹，宜择良民为老人，率里甲往来巡视。私贩发露，必究所经道路及容纵之人。则民间无所藏奸，而盐徒息矣。"上命速行之。

当是时，忱所节灶户运耗，乃得余米三万二千余石，亦仿济农仓法，置赡盐仓分贮。既以赈赡盐丁，复补逃亡缺课。又远乡灶丁艰于亲煮者，例出柴直，亦贮各仓为支给。由是，灶丁复业，盐课大殖。

九载考满，转户部左侍郎，巡抚如故。

明年，浙西以海潮啮岸为患，忱至海盐，筑捍海塘。通郡七县，役夫万人，自春至冬，费以万计。度支纤毫，皆出公帑，民力略无损焉。

忱既久任江南，与吏民相习若家人父子，益破去崖岸，虽卑官贱吏，苟有计画，必虚心延访。所至问父老利病，或微行，与田夫野老谈农桑琐事,以此益悉民情。尝诣吴淞江相视水利,见嘉定、上海间,沿江生茂草,多淤流,乃浚昆山、顾浦诸河,使水汛流驶,下流之壅尽涤。至于金山卫、独树营,及刘河诸浦无不尽治。时以匹马往来江上,见者不知其为巡抚也。

然所兴革既大破成法,诸奸猾不便者,播流言沮坏之。户科给事中李素等,遂言忱妄变旧章,专擅科敛,掊多益少,乞正其欺罔之罪。忱上章自理,言:"臣诚妄作聪明,擅为更变,然江南苏常诸郡,自永乐元年至宣德七年,苏州一郡积欠七百九十三万六千有奇,松江、常州亦然。臣受命以来破例立法,正供无缺,节省浮费,更多赢余,留备赈济。及军需供用,未尝烦国。民间积逋,亦以次补完。臣所坐如此,愿伏罪。"法司不恨,帝乃置不问。

而奸民尹宗礼等窃羡余,互相告讦,以挠其法。忱乃召宗礼等问曰:"是反不便于尔耶?"乃谢事不理。亡何奸弊纷起,民皆流涕道路,及复故乃安。

正统十四年,进户部尚书,寻改工部,仍巡抚江南。遣郎中朱昂、赵泰,主事吴复、张恺,随忱分理诸务。

景泰元年春,奉敕同兵部尚书王骥、丰城侯李贤提督南京各卫所屯田。以人言自劾乞罢,帝召忱还,以户部侍郎李敏代之,忱复上章自理,朝廷虽知其无他,然竟以疾致仕。忱既去,户部取忱所积余米括为公赋,官吏因之侵渔,储备萧然。其后三吴大饥,道殣相望,课逋如故矣!良法立之不易,以一妄人废之,诚为可惜。古今皆然,可为三叹!

忱历事五朝几五十年,巡抚江南者二十二年。刚直不挠,终始一致。其爱民也出于至诚,又性机警,能应变。吴中岁祲,米值腾踊,忱知湖州大稔,令人多橐金往,湖人闻大贾来,皆昂其直。忱密戒止勿籴。第盛言吴地米价高移之,可得倍称。于是,诸贾争运入吴，忱乃尽发仓廪贷民，市价大平。诸贾失望，忱乃召诸人，劳以牛酒，出官钱，平价籴之，且给以扉屦资。诸贾皆得意去，仓庾复满。

朝廷尝以彩绘宫殿，敕忱供牛胶万斤。会忱赴京，遇诸途，敕使趣之还。忱不应，至京言内库贮牛皮至多，岁久朽腐，请以煎胶，归即以赢米市皮还库。

也先犯都城，朝议欲焚通州仓，绝寇资。忱方入觐，言："仓米数百万，可充京军一城饷，宜即以给之。徒付煨烬，何为？"

时，边事孔棘，忱任工部。兵部索兵仗数百万计，忱依数成造。独兜鍪以水磨旷时日，忱令鋈以锡，旬日毕具。

忱于四方阴晴风雨无不知。有言于某日江中遭风失米者，忱言："是日江中无风！"取日记示之，其人惊服。

性又强记。人或以钱谷刑狱，故乱其旧案试之。忱历言向支拨决断时日，按籍考验，无一爽者。

忱去后，吴人遍立生祠祀之。

景泰四年卒，年七十三，谥文襄。

与忱同事者知府况钟、同知赵泰。钟自有传。泰，字熙和，潞城人。永乐中举人，授常州府同知，有廉惠声。浚孟渎、得胜二河，置魏村闸，民不言劳；岁旱，祷雨立应；飞蝗入境，焚香吁天，蝗尽他徙。忱、钟奏减重赋，泰亦检常州浮粮，请并减之。秩满，升工部郎中，复佐忱巡抚江南，以疾卒，人皆惜之。

论曰：周忱，为国家理财节用之臣，能虚心访问，善采众谋，计画深远，苟可利国利民，破格为之。是以声施至今，尸祝不绝。均是财用出入，巧者有余，拙者不足，岂有异道哉？夫亦盈缩于缓急贵贱之间而为之制耳。然非幽隐毕察，纤悉不遗，何以及此？呜乎，若忱者，可谓古之遗爱矣。

> 摹画处使人奋然生任事之心，篇章沉赡，力敌班、范。

柴车,字叔舆,钱塘人,永乐二年,以举人授兵部武选司主事,历员外郎。从尚书方宾扈驾北征。军事倚办仓卒,无所留滞。

八年,出为江西参议。岁余,入为职方司郎中。会讹言上游将有变,诏沿江择郡守,以车知岳州府。三岁,郡大治,复入为职方郎中。

宣德五年,擢兵部右侍郎,寻转左。奉敕往山西、辽东、甘肃清屯饬边,所至皆有实绩。

正统元年,朵儿只伯寇凉州,命尚书王骥等经略,而以车参赞军务。副总兵刘广援镇番,遇寇而退。寇逼凉州,广闭门不出,寇大掠而去,反冒功徼赏。车劾其罔上不法,诏械广父子至京师。又,宁夏守将胡清、滕暹丧师失律;镇守太监王贵部下赛因不花等漏泄边情,叛亡复归,贵匿不以闻,车并劾奏。帝嘉其公忠,赐白金文绮以旌之。

有长脱脱木儿者,永乐初,随其部长来归,未几叛去。至是,复来归。车以其叛服不常,请薄赐赏赉,徙江南卫所,给以室庐廪禄,无使同类交引为中国患。下部议,尚书王骥请依永乐间例,处之河间、德州,车议遂不行。旋以败朵儿只伯功,进俸一级。

车尽心边务,尤杜绝侥幸。凡有功赏,虽奉诏必覆验而后行,诈冒者必据法纠正。指挥刘永讼车减其功赏。永有内援,降旨严诘。车言:"永功不副赏,臣何敢市恩以枉军法?"岷州土官后能以家人冒功得升赏,车奏罢其所升官,能复以为请,帝宥之,车反覆论其不可,曰:"诈冒如能者,非一人,臣方次第按核。今宥能,如诸人何?若无功得官,则捐躯命死敌者何以待之?陛下倘以能土人宜宽假,则以他名赐爵,人莫敢援例。若以诈冒得官,则军法不信,臣窃以为不便。"帝深嘉其忠,复遣使赐白金文绮,特命进从二品禄。

三年,进兵部尚书,仍参赞军务。既而事平召还,理部事,侍经筵。寻,请归省墓,定限往还,赐钞遣焉。

明年还朝,疾作,遣太医日往视,寻卒。

车历仕四朝,操履清洁。在江西时以采木入闽,经广信,其府官以旧知馈蜜一罂,发视皆白金。车笑曰:"公不知故人矣!"却不受。边将多以宴乐为豪举,车斥去酒肉,不御。凡公宴皆不赴。其介特多此类,故当时称风节者,必举车。

陈镒,字有戒,吴县人。永乐十年进士,授四川道御史。迁湖广按察司副使,再历山东、浙江,皆有名称。宣德十年,擢都察院右副都御史,镇守陕西。

正统二年,诏兼提督宁夏延绥边备,六年,代还。

逾年,又命镒往,且听便宜行事。

九年,进右都御史。寻以延宁、甘肃边务废弛,诏镒与靖远伯王骥往理之。

十年,又代还。

镒自宣德末出镇陕西,十余年间,两被征还,辄以陕人保留。故入朝未几旋即赴镇,至是,始召还理院事,不复遣矣。

英宗北辕,郕王监国,镒同尚书于谦等奏奸臣王振倾危宗社,历数其罪,至数千言,请族诛之。痛哭声彻殿庭。王遽起入,太监金瑛传令旨且退。众欲捽瑛,瑛惧,入请,命镒籍振并其党彭得清等家,磔振侄、锦衣指挥王山于市,众心始定。

于谦虑奸宄乘乱窃发,建议分遣廷臣抚绥军民,因荐镒及罗通、曹参、杨信民等奉敕往。而镒往通州、河间,至于临清。所在措置得宜,军民安堵。

景泰二年,陕西岁饥,流亡塞路,军士万余人控所司抚,愿得镒来赈恤，活万姓。监司驿闻，朝廷慰谕遣之。居一年，赈贷抚摩，襁负咸归。还朝，赐玉带、白金、彩币，进太子太保、荣禄大夫、左都御史，理院事。

镒性宽恕，品格端凝，伟貌丰髯。自为御史，居官恪慎，而风裁俨然。在陕西储峙粮糗，选厉将士，与凡水利屯种，咸悉心筹画，曲尽其道。又于甘肃、宁夏极边修筑台堡千余所，如此措置，使人那得不爱戴。长民者不视此鼓舞，其人必土木无情。虽寇骑突犯，常先事为备，不至丧失。故每还朝，陕人必遮道泣送，不忍舍。比至欢迎，或走数百里外。久旱，镒至必雨；雨久，必霁。人益爱戴之，呼为"黑髯慈父"云。然在院建白殊少，以疾乞致仕，给驿归，卒，谥僖敏。

三人以通材懋绩著，文亦有组舞磬控之乐。

侣钟、白昂、李敏、叶淇、李孟旸、李衍、林泮、谢士元、夏埙、邢表列传

侣钟，字大器，郓城人。成化二年进士，长身白皙，不妄语笑。授监察御史，巡视两淮盐课。一时中官奉使过淮者，皆屏不与见，风节大著。又按应天、浙江，皆力持宪纲。凡行台亭榭，旧以备游眺者，悉封不视。尝曰："小民之不得安于田里者，有司虐政害之也，彼卖菜佣何为哉？"一时，墨吏皆望风引疾去。还，掌诸道章奏。

都御史马文升为汪直所忌，讽钟劾之，钟不可，遂被潜受杖。卒不屈，以都御史王越荐，迁大理寺右寺丞，寻转左。十八年，迁右少卿。

明年，大同有警，命钟出抚畿辅，事定还朝，擢右副都御史，巡抚保定等府，兼督紫荆等关。

二十一年，召为刑部右侍郎。遭母丧归，道与都督王信遇诸漕河，持体高简。信以其慢己，乃以事中之，服阕，谪知云南曲靖军民府，改徽州，复召为大理寺左少卿。

三年，迁右副都御史，巡抚苏松诸府，兼总督粮储。择廉吏，禁侵渔。岁大水，条奏宽恤事宜，户部格不行。时遣廷臣赍帑金，赈杭、嘉、湖三府，因上言："苏、松、杭、嘉、湖五府，均赤子也。论赋役，则苏、松为重；论灾伤，则三府较轻。今三府蒙赈恤，而苏、松之民乃独不蒙轸念乎！"帝览奏感动。又言："江南水旱频仍，苏、松下田苦水，而徽宁山田苦旱，请停本年贡物，劝民输粟备赈。"俱报可。

六年，召为户部右侍郎，总督京储。

八年，改吏部左侍郎，进右都御史。

十三年，迁户部尚书。时，国用不足，上言："冗食太多，宜汰内降官吏。光禄寺供应太繁，宜减内侍及画工、番僧酒馔。天下粮税岁不充用，宜自郡王以下禄廪量为裁减。太仓银不宜收入内库。内库所蓄金帛不宜修醮造像，及充私赏。城门中使不宜干预国课。"其辞剀切。又创板库以贮羡金，积至四十余万两。在部四年，屡赐金币。有疾，遣医诊视，慰谕有加。

会贵戚奏乞盐引，钟执奏不与，帝卒从之。而以不能检其子为言官所论，钟不自安，请老，给驿归。

武宗即位，诏进荣禄大夫。居家以书史自娱，言及时事，辄郁郁不乐。正德六年卒，年七十三。病且革，其子以后事请，不答。但曰："天下事大可忧！"而已。

白昂，字廷仪，武进人。天顺元年进士，为南刑科给事中。劾户部尚书张凤不法，忤旨，自南京械至，下诏狱，已而得释。

成化四年，因灾异上言六事，其略谓："陛下即位，尝诏罢贡献矣,而贡献不绝;罢织造矣,而织造自如;禁权豪不得中盐,不得乞地矣,京城内外不得创寺观矣,已而皆如故。愿陛下守大信,勿以亲幸易度。"

顷之,御史谢文祥论事得罪。昂奏文祥所言诚妄,但因而窜逐,恐言官解体,非盛世事。

迁应天府丞,历南大理寺少卿,进都察院左佥都御史,兼操江。时,巨寇刘通出没海上,昂调兵遏其归路,通大窘。乃宣布威信,纵之去。通感泣,尽率其党以降。昂仿古在泮献囚之义,坐太仓学宫受之,执通送京师。进右副都御史,寻迁南兵部右侍郎。

凤阳皇陵圮,诏治之。时岁歉兴大役,人以为忧。昂刻期督工,役速而费省,且以赢钱赈恤灾民,民不病饥。

弘治三年,改户部左侍郎。河决金龙口,漕运多阻。昂奉敕往治,从上游相度水势,发卒数万,自阳武至仪封,筑长堤捍之。遂导河自中牟至尉氏下颍州,合淮水入海。于是,修汴堤,树以万柳。又命郎中娄性于宿州浚古睢河入运道;命主事谢绩筑萧县徐集诸口;复自鱼台历德州至吴桥,修古河堤;自东牟至兴济凿小河十三道,引水入大清河及古黄河以入海。每河口作石堰,水赢缩以时开阖。由是,河渐复故道,漕运以济。时,高邮甓社湖震荡,善覆舟,乃用知州毛实言,开复湖于东岸,连亘五十里,名曰"康济",舟行往来便之。

进右都御史,掌院事。以天下卫所士卒十去其五,所司侵牟,莫可究诘。预核尺籍定数俾清军,御史案籍搜考,以绝奸欺。

六年,拜刑部尚书。昂议法尝本忠厚,御史李兴以疾恶过甚,捶人至死,论辟。昂曰:"兴固可罪,然所致死多奸豪大猾,与故杀者殊科。"兴因得免。

尝患条例繁多,吏得因缘滋弊,乃删复厘庞,奏颁中外官司,守以为式。

尝自诵曰："君子之心公而恕。"又曰："秋霜之肃，何如春阳之温。"故治狱平反为多。然性尚圆通，善因事为功。故事成而人不忌之。在部七年，以病乞休，加太子太傅。乘传归，卒，赠太保，谥康敏。

毛实，余姚人。成化间进士，知霸州。以霸为九河之交，多水患，乃自黄岱口至清河口，筑堤九十余里，以防桑干河之冲；自莫金口至苑家口，筑堤三十余里，以遏中亭河之溢。或谓皆受昂指云。

昂子圻，字辅之，年十九举进士，由主事数迁至浙江参议。时有承刘瑾风旨，议开处州银坑者，圻执不可。不得已请以赎金充内帑丐免，事得寝。鄞少年为日本馆甥，随使入贡。鄞人执少年，使大噪，圻曰："中国亡此人，何损治体？而乃以琐琐启边衅。"纵逸去。

长兴有田啮于水凡八十顷，而税仍在民，民病甚，圻为奏免。

转福建参政。汀、漳盗起，圻率民兵至大田驿，相拒二十余日。会镇东官军至，合击之，贼解散去。

进山东左布政使，迁应天府尹，遂擢都察院右副都御史，提督南京粮储，上便宜七事。时京储岁入一百二十七万，而所出者反至一百五十余万。圻以为根本重地，储蓄减耗，至所出多于所入，何以持久？请革冗费冗食。劾武臣逋负不法者数人。旋以母忧得疾，卒。

子悦，字贞夫。初以荫补国子生，后推荫与弟。登进士，历官尚宝司司丞。

李敏，字公勉，襄城人。景泰五年进士，授湖广道监察御史。天顺初，贵州苗蛮作乱，奉敕往抚之。比还，巡按畿内，振肃风纪，人不敢为奸。

尝行部蓟州,见馈饷取道海口,多遭覆溺,因建议别开三河避风涛,运艘得直抵蓟州,军民便之。

出为浙江按察使,历山西、四川左右布政使。成化十三年,擢都察院右副都御史,巡抚大同。大同逼近漠北,游骑出没,守墩军辄被掩杀。敏简壮士设伏,伺其至,突起擒之,自是不复犯。

又以山东、河南输粮赴镇,每岁数万石,皆更涉险远,运费数倍。敏计正支外悉令输银,将士得以市战马,治军装。边用益饶,民力不困。居二年,召为兵部右侍郎。时,辽东巡抚、都御史陈钺附汪直,启边衅,数以威胁兵部。敏屹不为动,未几以疾乞归。

二十二年,河南大饥,敏方家居,条上救荒数事。起左副都御史,巡抚保定诸府,兼提督紫荆等关。明年,改命督漕淮上。因极言漕政宿弊皆由京通二仓官吏责取羡余,正额日亏,盘剥守候,积不能堪。丁役逃亡,大误漕计,是利归官吏而害贻军国也,宜严加禁革。令巡仓御史觉察奏闻。至于改兑粮米,乞纳通仓,免其赴京,便敕下所司行之。

寻,进户部尚书。时,水旱见告,所在乞免田租,章满阙门。敏手自裁决,奏报曾无留滞。

孝宗嗣位,例行赏赉。而边境方以乏储告。又成化之季,工役斋醮,冗官滥赏,费皆累巨万,府库为之虚耗。敏悉心筹画,因言:"盐法为国用所资,比者岁久法坏,当简风力大臣往经理之。"诏如其议。而是时,诸贵戚颇恃恩幸,与民争利。有欲请京畿隙地,及乞鹰房、牧马场千顷者,敏悉执奏,谓:"畿内地在祖宗朝,贵戚故尝乞请,朝廷不许,而以与小民,至公也。今不可中变。"又言:"鹰房、牧场,止二百余顷,其余皆民产也。今夺耕耨之区为牧放之所,不可以示天下。"已而事并得寝。

会京师大水,诏群臣陈时政阙失。敏复极言畿内官庄之滥,势豪之横。其言侃侃,贵戚为之敛戢。

在部五年,以疾致仕。敏历仕四朝,留心国计。其所论列,剀切而畅于事理。生平笃行谊,好儒雅,所得禄赐悉以分诸昆弟、故人,家无余财。尝因亲丧里居,筑室紫云山麓,聚书数千卷,与学者讲习其中。又市地数十亩,以供廪给。及巡抚大同时,遂具疏籍之于官,请敕额曰"紫云书院"。大同在边地,孔庙旧无雅乐。敏奏请颁赐,俾诸生以时肄习。大同之得备乐祀孔子,自敏始。卒,赠太子太保,谥恭靖。

叶淇,字本清,山阳人。景泰五年进士,授监察御史。时有与淇同名同官者言南城事,英宗复位,言者已外任,误执淇鞫之,备极惨刑。久之,察其枉,逮言者伏诛,而出淇知武陟县。

历迁广西按察司佥事。捕南宁寇,诏赐绮帛。

迁陕西副使,备岷州,抚松潘贼,以功进按察使。

成化二十一年,擢都察院佥都御史,巡抚山西,兼督雁门诸关。寻改大同,赞理军务。

弘治元年,召为户部右侍郎。四年,进尚书,加太子少保。时,哈密陷于吐鲁番,守臣欲处之内地,请给廪食以迁。淇不可,曰:"是自祸也!"事得寝。

每廷议用兵,辄持不可,曰:"谋国惜财用,独不患转输费耶?"

国初,天下盐课俱开中各边上纳米豆,商人近边转运。以故,耕者趋利,边地尽垦。城堡、仓廒,增至数万。淇以为就边纳粮价少,而商人有远涉之虞,不若于运司纳银,价多而商人得易致之便。规目前近利而忘远害者,不可以谋国。遂奏请两淮盐课,于运司开中纳银,输太仓银库收贮,分给各边,盐价积至一百余万两。虽得稍赢,而边地遂至荒芜，仓廒为之日倾。年例之银，官吏侵蚀。散及军士，十仅六七。粮价腾贵，边计日绌，洪永之法不可复矣。或曰：淇与大学士徐溥同年，厚善此议，实溥教之。而淇家居淮上，盐商皆其乡曲，故意主便商而不计其误国也。法有不利，公私皆无以自解。

九年，充廷试读卷官，忽眩仆于御座前，遂致仕，卒，赠太子太保。从子赟历官刑部侍郎。

李孟旸，字时雍，睢州人。以乡举卒业太学。祭酒邢让为言官所讦下狱，孟旸率同舍生诣阙请代，辞气激烈，义声动一时。

举成化八年进士，授户科给事中，奉使大同。归，陈边备十事，多见采纳。所言民壮事，著为令。

时，占城为安南所侵，其国王遇害。诏遣使封其弟齐亚麻勿庵为王，未至而勿庵死。其臣提婆苔贿使臣，取所封印意图自王。使还，其国人复推勿庵弟古来以请。帝怒，坐前使罪，遣孟旸往定之。孟旸上言："占城险僻，安南未靖，而提婆苔又图自王。万一弗顺，损中国威。宜纵来使传命古来出境受诏，使提婆苔归所封印。仍敕安南悔过，勿得妄有所侵。"帝以其言为然。孟旸留广东数年，卒致古来于崖州，定其封而还。盖成化二十年也，迁礼科都给事中。

弘治初，出为湖广左参政，进广西左布政使。八年，擢右副都御史，提督南京粮储。请改折勋臣禄米以省转输，民便之。进南京户部侍郎。

十五年，进南工部尚书。中官议修旧宫，计费以百万，孟旸曰："国家定都北京，为万世不拔之基，修此何为？"议乃寝。

南畿织造多取资苇课，岁久，为势家所侵。孟旸一清之，于是，课增用足而民不扰。言者欲蠲苇课，孟旸言："苇，洲人争佃之，其利可知，苟蠲其课而用不足，则将加派于民。是损本实而益浮蠹也。"人服其远识。

正德初，见权奸用事，慨然曰："可以去矣！"抗疏力请致仕。锡诰给驿，月廪岁隶如制。卒年七十有八。

孟旸明经博学，所为文号《南冈集》。弟孟旺，同榜进士，官按察使，以风节著。

李衍，字文盛，隆庆州人。景泰二年进士，授兵部主事，历迁郎中。成化初，出为河南右参议，檄所部户树桑枣，长吏岁上其数，即用以课殿最，农政具举。

内艰，服除，改理四川松藩粮储。见彭索河荒田，召问土人："地可耕，而弃之何也？"众谓生蛮为患。衍相要害，设墩堡堑栅为防，民耕无扰。时，松藩有堡曰张腊，茂州有堡曰松溪，往往为生蛮所攻，衍督兵擒斩数百人，蛮乃遁。捷闻，赐钞币。灌县都江堰坏，岁役夫四万人修之。吏因缘为奸，堰卒不成。衍减其夫十之八，吏无所牟利，不逾岁而告成。

久之，擢右副都御史，巡抚河南。

十六年，进户部右侍郎，巡视山海关兵备，置床子弩万五千，弩可射三百余步。又设飞木飞石各数十万，堑山城峭壁东西数百里。

入为左侍郎，权尚书事。时，畿辅大旱，谷不登。当输边者类橐银就籴，谷踊贵。衍奏请输银太仓，而以太仓米输边，米价遂平。

二十年，总督三边军储，兼赈饥民。时关陕不雨三年矣，衍步祷辄雨。引泾水为渠以溉田，民赖其利。还朝，赐赉有加。

明年，为本部尚书，督京通仓。僚吏熟其名，无敢法者。

衍简直，与人不能委曲，虽权贵不为掩护，权贵人亦多怨之。言官论其偏刻，遂致仕。

弘治五年，以立太子恩进阶一品，年七十四卒于家。

林泮,字用养,闽县人。成化八年进士,授南京大理寺评事,历寺正。以治狱名出知广州府。郡有蓝澳诸蛮峒肆乱,泮督兵入其巢,擒斩渠魁。因图其地形,会兵尽平之。丰湖堡十三村民聚为盗,亲入其村,谕以威信,盗悉化为良民。

迁广西参政,督屯田粮储。时,逋粮三十万莫能办,泮闻湖南米贱,乃下令减直征银,籴米湖南,逋粮遽足。

历江西左右布政使,入为顺天府尹,进户部右侍郎,总督粮储。寻进南京户部尚书。时,刘瑾乱政,大臣多以中旨罢。泮既出都,诏勒致仕,复坐以他事,罚米二百石输边。

泮性廉介,历仕三十七年,归无室庐,寄寓僧寺。生平重节义,知广州时,尝过崖门山,见大书刻石上:"元丞相伯颜灭宋于此。"泮磨石改书:"宋太傅枢密院使张世杰死节于此。"即此已可传。

谢士元,字仲仁,闽县人。景泰间进士,授户部主事,督通州仓。上疏言事,尚书年富器之。时与阉宦抗,阉不胜忿,计中伤士元去,罗织士元罪,卒无所得。

出为建昌知府,大新学宫,作礼乐器,立观德亭,行射法。购书万余卷,贮讲堂。建祠祀李觏,表孝子节妇,间为敦化;表忠劝学三图,图系以诗,俾弦诵知向慕,俗为之一变。

先是民习伪讼。士元至,群怀伪券讼田宅,推其豪者一人先入。甫上券,士元疾叱之,曰:"伪耳!"僚吏愕,不知所以。士元笑曰:"券今式,而所讼乃二十年事,岂非伪耶?"民惊以为神,皆逸去。

岁饥,士元捐俸金为倡,劝富民开廪延籴,民赖以济。

九载秩满,民诣阙上书请留,诏加俸治事如故。

以忧去,服阕,补广信府。永丰有银穴久闭,而处州民常盗发,动至数千人。兵吏惮其骁犷，皆自慑。时，士元迁四川右参政，将代，或劝士元先去以避其锋，士元曰："见难而避，无勇；贻患于人，不仁。"乃勒兵循灵山以东趋之。贼阳遁，兵亦休，且炊。贼突至，遮刺士元，伤左股，血流洞靴。士元裹创力战，获其贼首，俘斩甚众，卒塞银穴而还。

既至四川，东乡故盗薮，三劫巴县，有司莫敢制。士元督兵捕斩数百人，盗几尽。众议徙县，士元不听，曰："盗不畏远，畏有备耳。"檄县吏修隍，以士兵戍之，卒亦无忧。

居六年，以廷荐即擢右副都御史，巡抚其地。有大小娃者将煽乱。士元托行边驰往指挥部署，壁垒肃然，贼大恐，私幸其未发，献羊豕，罗拜道左，曰："乃今得幸见公。"士元褰帷徐行，命译者扬言德威，慰遣之，事乃定。

先是输边者多为奸利，士元遣吏覆核，得逋米十三万石有奇。会大祲，流民趋就食，士元为广室十余区，糜以食之。医病葬死，给归者以符，使传食至其家，所全活数万人。

弘治中，以疾致仕。又三年卒。

士元性孝友，弟若侄终身不析居。遇事不顾利害，必达其志。尤恶邪术，在建昌，南城民得石像，蒙腐鼠置屋上，群鸦噪啄，往来翔集。民佯惊，聚其邻观之，咸以为神，趋祀者日众。士元取其像碎于庭，乃止。

士元喜论兵，晚年好读《易》，作"玩易轩"，所著有《约庵稿》数十卷。

夏埙，字宗成，天台人。景泰二年进士，授监察御史。巡按广西、福建，皆以除贪戢盗得名。

天顺初，清军江西，劾镇守太监叶达不法状，直声益著。

六年，迁广东按察使。两广旧用兵守城时，兵不足，以乡民代之。埙曰："畴无父母妻子，顾使舍其家以卫人哉！"悉遣归。民皆感泣，曰："夏公活我也。"

埙复上言："瑶僮之乱，胁民为贼，进则驱以当矢石，退则杀之，民之苦贼久矣。今用兵不已，馈饷日增，恐外患未除，内变先作，此不可不熟虑也。请慎选府州县官，抚绥招徕，俾耕凿之民怀恩固守，胁从之众闻风来归。又择方面大吏，总领其事，则任专而人附，今日急务莫切于此。"帝是之。

都御史韩雍等既破贼凯还，侈张供具，埙徐进曰："师以为民，乃以燕乐病民，可乎？"雍改容谢。

成化初，迁布政使，已徙江西，人咸喜，曰："是能抗叶太监者。"

未几，擢右副都御史，巡抚四川。境连苗獠，多剧寇。埙立互知会捕法，贼皆敛戢。古州苗万数徙居烂土已久，有诬为贼乡导者，廷议逐之。埙亟奏曰："驭蛮如驭虎狼。静则置之，使不疑；动则羁縻，使勿为患。今方静，奈何动之？"事遂寝。松茂请益兵，埙谓将不在兵，兵不在众，以精锐四千八百人更戍，一无所增。条上六事，曰：严责成以驭将，慎举错以安民，权事宜以制变，量繁简以任人，重将权以御寇贼，设官攒以典出纳。皆抚驭要计。

寻，引疾归。生平刚介廉洁，未尝诎意于人，人亦不得干以私。好读书，职务填委，未尝少废。然颇涉高亢，且不耐事，故卒以龃龉，不得尽行其志。

子镜，字德树，成化二十三年进士。时李孜省乱政，不欲仕，上书乞近府教职。吏部尚书王恕惜其才，不与。俾归，益读书。

弘治初，庶吉士邹智、进士李文祥、御史汤鼐、给事中方向、中书舍人吉人，各上疏言时政，论劾大学士万安、刘吉、尹直、太监蒋琮等，以直节相标榜。御史魏璋希吉意，劾鼐，逮锦衣狱，辞连智等。镔适谒选,抗疏论救,言文祥等皆以言得罪,夫言官无流窜之加,不足彰其誉,罪愈重名愈高。但非人主之福耳,惟圣主优容之。则言者无祸亦无名,名固归于人主矣。因极论刘吉等壅蔽言路。吉大怒,矫旨并下诏狱,寻释之。

遂谢病归。家居十年,始起赴选。明,火筛入寇,廷议急征剿。镔独以寇患虽可忧,而萧墙隐祸尤切。复上疏陈自家抵都,数千里间百姓流离,赋役烦苦,势豪横害,与有司不能镇抚。历叙其饥馑流亡之状,且引宋太祖灯宴为戒,乞移见在之冗费助军需,勿取已困之民财充妄用。选人即能言大事,如此,使此辈居言路,天下事岂足虑哉! 疏入,不报。

寻,授南京大理寺评事,守备太监违禁受民词,疏请夺其权。复不报,乃请假终养。

嘉靖初,诏起用,以老辞,年八十余卒。

初,父埙抚四川时,镔方弱冠,即为诗以盈满讽,埙欣然解组归。五年而殁,当是时,埙父子皆以清节直行著于东南。

遇事则直前,遇官则恬退,世少此人。

邢表,字居正,文安人。天顺元年进士,授获嘉知县。民犷悍多盗,表专结以恩信,均徭薄赋,复流民七千八百户,择民间俊秀子弟,建社学教之。久之,境内无盗。

以治行高等,擢彰德知府。调卫辉,历山东布政司左参政,进右布政使,以忧去。

服阕,补四川。值旱灾,道殣相望。修常平仓法,出庾廪赈恤,全活数万。

弘治三年,即擢都察院右副都御史,巡抚其地。表言:"川事之坏,由土司之骄淫也。且制苗未可纯用汉法,而贪帅往往好为激变以邀功名。诸偏裨又多纨袴子弟,柔脆不任驰驱,以故窃发。本易制也,必纵之而使张。即大创亦易举也,又必弛之而使蔓。盖不蔓则无以縻大官之钱,不张则无以为封拜之地,此西南诸蛮所以易戢而难靖者,职斯故也。乃简壮勇充部伍,诛首恶,安反侧,置戍建堡,烽堠相望,于是伏莽遂息。"

又言:"大荒之后继以大兵,民乃艰食,乱是用长,窃谓屯田不举,非所以计久远也。顾屯法之不行者,缘岁有丰歉,而租无增损。一遇凶荒,谷未登场,追呼已迫,此边陲所以饶可耕之田而草莱弥望,荷戈之士不免庚癸之呼也。今与军民约,课耕不课税,俾沿边旷土尽力开垦。粟多则价贱,以银易粟,农民无输将之苦,而边储无匮乏之忧,此百年无弊之道也。"奏上,报可。行之二年,得羡谷数万。

会有建昌之役,戎服临阵者八阅月,以疾卒于军,殁之日,家无余赀,军民缟素者数月。

一传虽若无赫然之迹,而劲洁雅素,使俌良高蹈之节毕见无遗,不愧良史。

王骥、杨宁、侯琎、王越列传

王骥,字尚德,束鹿人。长身伟干多力,便骑射,刚毅有胆。举永乐四年进士,为兵科给事中。使山西,奏蠲盐池逋课二十万,人皆德之,遂迁其省按察司副使。召入,为顺天府尹,擢兵部右侍郎。

时承平久,军政渐弛,骥以整饬戎备为己任,奏减内外卫所及王府护卫余丁之在营者,又定陕西卫所军士更番操练法。九载,进尚书,坐议边事迟五日期,与侍郎邝埜同下狱,寻释之。

正统二年，阿台朵儿只伯数侵掠甘凉诸边，诸将莫能御。于是，英宗命骥辍部务行边，制诏一切便宜行事。是时，都指挥使安敬为偏将，黩而怯。都督蒋贵、都御史曹翼，追寇至鱼儿海。将及之，而敬谓前途无水草，不可进，引还。曹翼言状，英宗密敕骥责贵死状，而僇敬军中以徇。骥故秘之，而疾驱至军中，大会将士。方就列，问诸将曰："曩大军追敌，逗挠误事者为谁？"诸将伏地顿首，曰："诸将皆无状，然先退者都指挥使安敬也。"骥命缚敬，立斩辕门下。而顾都督蒋贵曰："公为大将，遇敌辄引退，亦当死。"贵惶恐伏地，不敢仰视。久之，乃称诏责状以闻，一军股栗。遂大阅将士，分兵画地，使诸将自为防御。会别部把秃孛罗寇庄浪，都指挥魏荣遂击走之，而尽收其男女驼马以归，军为之一振。

骥以二月出，八月还京。阿台寻复入寇，诏任礼为平羌将军，蒋贵、赵安为副，而特命骥往监督，诸将悉取进止。骥谍知寇营所在，乃选精骑授蒋贵，使为前锋，直捣狼山。而自与任礼等率大军为后继。且谓贵曰："勉旃，不成功，无相见也。"何异叙卫青之用武刚车时。贵遇寇于石城，击走之。骥曰："寇未大衄，骤退，且复来，使我疲于奔命，非计也。"乃令贵复帅精骑二千出镇夷关，昼夜兼行，追及，大败之。得其左丞及裨将百人，斩首三百余，获金银玺印各一，驼马兵甲千计。骥与任礼兵至梧桐林，得枢密同知佥院十五人，万户二人，招降部落数十帐，穷追至黑泉而还。右军赵安等出昌宁，至刁力沟，得右丞达鲁花赤三十人，驼马甲兵称是。是役也，分道出塞，期会夹攻，转战二千余里，阿台走死。论功，贵、礼皆封伯，而骥以兵部尚书，兼支大理寺卿俸。寻，诏还，理部事。

六年，有麓川之役。麓川本百夷僻远，不当中国一郡。宣慰司、土官思任发叛，黔国公沐晟遣将讨之，不利，廷议遣官招谕。而王振方用事，喜功名，骥知振指，力主用兵，振大悦，遂绌廷议，拜蒋贵为平蛮将军,骥总督军务,大发东南诸道兵十五万讨之,转饷半天下。濒行,赐骥、贵黄金兜牟、细铠、蟒绣、绯衣、朱弓矢。骥驰传至云南,会天大暑,众请按兵,骥曰:"贼方炽,毒吾民,敢阻军者斩。"

于是,部署诸将。至金沙江分军三路,捣上江寨。上江贼扼塞,攻三日不下。会大风,纵火焚栅,乘势力攻,斩首五万余级,上江平。遂由夹象石渡,贼乘险自守,骥督兵深入,破连环七砦于沙木笼山,又败其象阵于泥沟箐,拔摩泥寨,长驱抵麓川。俘斩及溺死者数万,思任发奔缅甸,以大捷闻。

而是时,维摩土司韦郎罗僭称广新王,诏骥移师讨之。骥曰:"此不足血吾刃也。"遣偏师压其境,言王尚书大军且至。贼惊溃,韦郎罗走安南。即传檄且入安南追贼,安南王大惧,斩其首并缚其妻子来献。

广南富州土司侬郎与沈正交恶,构兵十余年,骥移文谕之,立解。师还,帝遣户部侍郎王质赍羊酒,迎劳数百里外。既入见,赐宴奉天门,封靖远伯,岁食禄千二百石,予铁券,世袭指挥同知,赐赉逾等。贵亦进封定西侯。

骥自是以勋爵奉朝请,不预兵部政矣。而是时,思任发尚窜缅甸,其子思机发率余众往来窥伺。乃复命骥总督云南军务,于是,骥率都督冉保、毛福寿,及定西侯等,会木邦等蛮兵进讨。而思机发走入缅甸,竟不可得,仅纵兵捣其巢,俘其妻子,及从贼百余,战象十一,立陇川宣慰司而还。骥加禄三百石,贵五百石。

亡何,思任发为千户王政所杀,而思机发凶暴益甚,数入寇。时,定西侯已死,复以骥为总督,宫聚为平蛮将军,帅师十五万直抵金沙江。贼立栅西岸,骥潜渡破之。贼又立栅于鬼哭山巅,骥纵火连破诸寨。坠崖谷死者以万计,而竟不能得思机发。

当是时,王师屯孟邦。其地在金沙江西,去麓川又千余里,诸蛮见大军皆震怖，曰："自古汉人无渡金沙江者，今王师至此，岂天威耶？"而窥大军亦欲还，复拥思任发少子思陆据孟养。骥度贼终不可灭，乃与思陆约，立誓金沙江上，曰："石烂江枯，尔乃得渡！"思陆亦惧而听命，乃班师。

议者颇咎骥老师费财，以一隅骚动天下。而云南训导詹英抗言："骥等多役民夫，麾下大军一日起行，互相蹂践。又每军负米五斗，跋涉山谷，不胜其苦，自缢者多。师抵金沙江，彷徨不敢渡。既渡，缩朒不敢攻。指挥路宣、翟亨等俟贼解散，多捕渔户以为贼俘，此何异李宓之败，而杨国忠以捷闻也。"奏下法司，王振主之，仅停奖劳而已。

寻，改骥为平蛮将军，讨贵州苗，获其魁划平王虫富者，槛送京师。再加岁禄百石，予世券。

土木之难，廷臣劾振，因连骥，景帝以骥多功，置不问，复召为总督南京机务。南畿素习偷惰，戎务废弛，骥至，一以所驭军法教之。而尚书于谦弗重也，因事解其任，奉朝请。帝虽罢骥，而内犹严之。时禁私役阉人，惟黔国公、宁阳侯得留四人，骥独留六人。骥老且八十，跃马，食肉，纵酒，盛声伎如故。

会石亨等奉英宗复辟，骥与焉，仍召领兵部事，加号奉天翊卫推诚宣力守正文臣、光禄大夫、柱国。数月请老。又三年，乃卒。年八十三，赠靖远侯，谥忠毅。

子瑞嗣。瑞卒，子添嗣。添尚嘉善长公主，卒，子宪嗣。宪卒，子瑾嗣。瑾卒，子学诗嗣。学诗卒，无子，弟学礼嗣。

从骥南征文吏中，名最著者为杨宁、侯琎。

杨宁，字彦谧，歙县人。宣德五年进士，授刑部主事。正统四年，朝廷命将讨思任发，宁随行。次麓川，贼遣人伪约降，众皆喜，宁独曰："兵未加而敌降,是诱我也。"众以为迂,因请督运金齿。已而师败,众以失机遣,宁因此知名,迁郎中。

六年,兵部尚书王骥大举伐麓川,仍以宁行。师入境,宁督战,攻贼上江砦。矢石如雨,宁战益力,遂克之。进攻沙木笼山,贼栅险拒守。宁曰："贼狃于前胜,当多方分其势,使不暇并力,乃可图也。"骥从之,令诸将并进,连破七寨,事具王骥传。师还,超拜刑部右侍郎。

九年,参赞云南军务。至镇,练兵伍,督屯耕。有土目恭项者,尝随征有功,宁奏置陇川宣抚司,以项为宣抚,人皆悦服。时,朝议以腾冲险要宜城之,以控制诸蛮。或谓其地险恶,多瘴疠,不可城,宁曰:"我知奉命而已,遑恤其他。"即往相地度工,励诸将士,月余而工毕。因建学舍,选生徒,令务学,以变其俗,境内化之。

十一年,召还,复命巡抚江西。时,浙闽东粤,寇盗并发,江右当其冲。宁按郡县,增修城垣,练兵为备。贼有侵轶者辄击斩之,皆畏避不敢犯。宁益镇以简静,暇则遍历诸郡,宣上德意,询求民瘼,远近以安。

景泰初,入为礼部尚书,与胡濙同治部事。未几,以足病调南京刑部尚书。天顺改元,致仕归,逾年卒,年五十九。子烱,以宁麓川功,授徽州府,世袭千户。

侯琎,字廷玉,泽州人。少慷慨有大志,举山西乡试第一。宣德二年成进士,为行人。会四川、云南、广西诸土官争地,累年不决,命琎往,悉为更正而还,帝以为能。

寻,副礼部侍郎章敞使交趾,抵关,关门甚卑隘。先驱者请伛而入。琎不可,曰:"此中国所谓狗窦也。土人出入固当,岂敢以辱天使?请从此还。"交趾人为毁关乃入。由是事琎益谨。及归,毫发无所受，迁兵部主事。

尝从会昌伯赵安、尚书柴车等出铁门关御寇有功，进郎中。

尚书王骥讨麓川，玬参军事。贼攻大候琔州，玬率偏师往救，令曰："贼骄矣，我宜速战，掩其不备，可破也。"即麾兵亟进，贼出不意，大溃，斩首万级。遂乘胜下石甸等十余寨。时骥至麓川，贼据险隘，军不得进。玬由高黎贡山兼程夜行，与大军合，压其巢，遂平麓川。师还，拜礼部右侍郎。

亡何，遂代杨宁镇云南，予敕便宜从事。会再讨麓川余党，玬引偏师由平崖南袭思机发所居寨，获其妻孥及辎重万计。捷闻，迁左侍郎。母丧，归葬毕，促还镇。

寻，改兵部左侍郎。时，思机发窜孟养，复命王骥南征。玬与都督张轨分兵进剿，抵金沙江，造船先济，斩获功为多。还镇云南。

景泰初，遣使赍敕嘉劳，值贵州苗叛，攻围新添、平越诸卫。道梗，城中食且尽，命玬督军往讨。时普定围急，乃自云南选射士冠锋，自将驰至普定。疾战，矢下如雨，贼大败，围解，遂趋贵州。都督田礼以兵来会，克龙里、瓮城、羊肠、杨老诸寨，新添、平越诸围俱解。捷闻，加兵部尚书。

又进克安庄、西堡诸苗。时，暑雨进兵，中瘴疠。舁至普定，对将吏无一语及私，惟饬以会兵进剿，无遗民患而已。遂卒，年五十有三。帝闻，甚悼惜之，归其柩于泽州，官为营葬焉。

王越，字世昌，浚县人。博涉书史，为文章援笔立就。善骑射，好谈经济大略，年二十六，中景泰二年进士。方对策大廷，忽旋风掣其卷扬去。监试御史为言，得给卷毕事。逾年，朝鲜贡使至，携所扬卷以进。景帝见越姓名，谓吏部曰："识之，此当任风宪。"因授监察御史。

英宗复辟，每视朝，见越进止奏对，数目属之，特迁山东按察使。

大同报警，议置巡抚，帝喟然曰："安得如韩雍者而任之？"时雍已抚宣府，吏部乃以越请，延见便殿。越故伟服而短其袂，帝望而喜，曰："此非快御史耶？可弁而将也。"遂擢右副都御史以行。会边警稍息，乃饬兵政，缮器甲，简卒伍，修堡寨，为经久计。寻，以病告还京。病良已，成化三年，协理院事。

久之，以总督视师延绥，袭破敌于崖窬①川，又破之于黄草梁，进右都御史。

先是文臣视师者，从大军后，坐拥旄纛，出号令，行赏罚而已。至越而始，多选跳荡武骑为腹心，亲与寇角。或设伏邀击破之，故所至有功。

九年十月，同武靖伯赵辅统兵搜套越，谍知满都鲁、孛罗忽、乞加思兰等渡河分寇西路，而妻子营于红盐池，乃率总兵许宁、游击将军周玉，将精骑五千袭之。出榆林，过红儿山，逾白碱滩，两昼夜行八百三十里。将至，分兵千人为十伏，而身与宁等张兵为两翼，薄其营，大破之，擒斩三百余级，获女稚驼马器械无算，焚其庐帐而还。写得英气烈烈。满都鲁方行剽至韦州，辎重充溢，以牛车为营卫。越命副总兵王玺等邀击之，斩其红衣二骁将，众溃围而去。明日，总兵刘聚又伏兵败之于三岔。及归，而庐帐妻子畜产皆荡尽，乃相顾痛哭远徙，不敢复居河套故地。自满都鲁等据套以来，朝廷三遣大将，聚兵八万，费军需巨万，皆莫敢深入。当此之时，越为奇功，加太子少保，总督三边。

未几，徙镇固原，自以功大赏薄，为尚书白圭所抑，怏怏移疾，请还京师。命与李宾同掌院事，兼提督十二团营。因请移所加官爵，赏破红盐池将士，不报。进太子太保，兵部尚书。越功大赏薄，壮心难羁，因即安于汪直，以自见固。其幸薄无守，亦国家自失威柄，有以驱之也。人主御将，可不慎哉！

时，太监汪直用事，年少好言兵，越阴附之。适大同告警，诏保国公朱永为将军，越为总督，直监其军。越至大同，大破敌于威宁海子，而永无功，语在永传。捷闻，封奉天翊运推诚宣力守正文臣，特进光禄大夫、柱国、威宁伯，仍兼左都御史，赐券世袭。越既受封，宜就西班。御史许进等引王骥、杨善例，奏请仍领院事，而越亦自愿列故班，许之。

寻复出师至大同。适寇从山东堡入，越纵兵击之于黑石崖，擒十人，斩首百级，获马七百余匹。诏进太子太傅，增岁禄四百石，复录一子官。是役也，斩级少，于法仅下赏，而封拜横溢，则以直在事，欲贵重之。越于是改掌前军都督府事，总督五军十二团营兵马，竟就西班，且望侯矣。

汪直任事久，为其侪偶所忌。而大学士万安、刘吉皆侧目于越，复命越为将军，同直出宣府御边。事平，越等请班师，不许，遂巡延绥。寇入河西清水营诸路，越使游击将军刘宁败之于塔儿山，参将支玉败之于大㟍梁，延绥总兵许宁败之于三里塔，擒十三人，斩首三百余，寇亦创惧，不敢近边。论功，仅加禄米五十石，而直赏亦薄。寻改征西将军，镇大同，不得称大帅，犹与直共一镇。安等复请移越帅延绥，而命延绥帅许宁镇大同。言者以宁、直不相能，遂调直于南京御马监。直既行，则奸大露。给事、御史交章纠直，因并纠越。诏削官爵，追诰券，徙置安陆州，尽夺其诸子官。越既败，一时朝士大夫虽快其去，然亦有谓罚太重，非平者。又其在台端，所旌拔御史屠滽、侣钟等皆为大官。而故吏将佐多贵显，时时称越才。弘治元年赦还，寻上书自列冤状。会有左右之者，孝宗命以左都御史致仕。

越姿表奇迈,议论英发。久历边陲,于敌情诚伪,将士劳逸,无不了如指掌。对阵意思安闲,谋而后发。其自奉若诸侯王,而御军恤士,财往来若流水,笼罩豪杰,不知所从。人亦乐为之用。又长于吏事,刺案章奏,口占授记,悉中条理。下至射艺象纬堪舆之说,罔不贯通。越既以功名自负,遂破崖岸而为之。叙越一段风神奕耀,使人不敢作史汉以下看。军行过陕西,秦王赐宴奏伎,越语王:"下官为王吠犬久矣,宁有以相酬者?"因尽乞其伎女以归。一日大雪,在延绥张灯豪饮毡帐中,使诸伎抱琵琶捧觞,而一千户诇敌还,即召入与谭敌事甚悉,大喜,曰:"寒矣!"手金卮饮之。复谭,则益喜,命弹琵琶侑酒,并金卮予之。已又谭,则又喜,指其中最姝丽者曰:"汝无妻乎?以与汝。"自是,千户所至为效死力,积功至指挥使。红盐池之役,夜袭满都鲁帐。将至,暴风起尘翳目,众惑欲归。一老卒前曰:"天赞我也。去而风使敌不觉;归而猝遇敌人掠者还,而我据上游,皆是风也。"越遂下马拜之,功成,推以为千户。越在安陆与还浚,猎射张饮,声乐如常时,而其进取志不少衰。家近京师,得通于贵幸,中旨召掌都察院事,为言官论阻。

又数年,火筛犯边,兵部言,宜得一重臣往剿。吏部屠滽以越名上,帝召,陛见,进太子太保,兼左都御史,总制世肃、宁夏、延绥军务,赐敕许便宜行事。越至军,督将出战,斩首捕生过当,加少保,兼太子太保。因请以兵援哈密,复其王,思立功还故爵,事未行,会中贵人李广败,言者颇牵连及越。以忧悸卒于甘州,年七十四。赠太傅,谥襄敏,诸子皆官卫指挥使。

初,越在时,人多咎其好事贪功,开边衅。及越死,而帅卒孱弱,其冒功费财滋甚,边臣竟未有如越者。

二王固是可惜人,无如功名之念太急耳!"非宁静无以致远",负才者最宜三复。

校记

① "窨"音义不详,疑为"窰"的异体字,今作"窨"。

李时勉、陈敬宗、谢铎、鲁铎、赵永、刘铉列传

李时勉,名懋,以字行,安福人。童卯时即知向学,辄以圣贤自励。曰:"颜四勿,曾三省,吾则何人,敢不加勉!"稍长,益自刻励。常冬夜读书,以敝絮裹足纳桶中,达旦不辍。遂博涉经史,举永乐二年进士,选庶吉士,与修《太祖实录》。以忧去。

服阕,授刑部主事,与修《永乐大典》。书成,改翰林院侍读。

三殿灾,诏求直言。时勉同侍讲邹缉条上十五事,多见采纳。寻坐谤下狱,得释。

仁宗时,复上书言事,触忌讳,帝怒甚,命武士缚至便殿,以金瓜挝之,胁折仆地。异出复苏,明日改交趾道御史。又明日,下诏狱。时帝已疾亟,时勉疏寝不出,其语秘,世莫得而知也。

宣宗立,以时勉懋言抵先帝,狂率无人臣礼,命左右就狱缚时勉入讯,必杀之。已,又令锦衣王指挥即缚时勉斩西市,毋复入。王指挥趋从端西门出,而时勉已为前使者缚入端东门,相左,遂得至帝前。帝一见,盛怒,急令诵前奏何语,时勉诵至六事止,言曰:"天威严重,臣已不能记忆。"帝色稍霁。曰:"是第难言尔?"问草安在,对曰:"焚之矣。"于是,帝意益解,更以时勉为忠臣,立释其缚,复官侍读。寻,迁侍读学士。

帝幸史馆,循故事撒金钱于地,众皆俯首拾取。时勉独植立不动,帝乃出袖中余钱赐之。他日,又至文渊阁,赐诸学士酒。帝曰:

"时勉,卿非朕安能饮此酒哉?"时勉顿首谢。

正统三年,进学士,掌院事,兼经筵官。

寻,迁国子监祭酒。时勉性方严,然在太学,又不专尚苛切,务以平恕得士心。其立教一仿宋胡瑗遗法,随才成就之。黉舍中灯火彻曙,吟诵声相答。诸生贫不能室者,病不能药者,死不能衾椁者,悉出俸钱营助。以是士争自劝勉,视时勉如父母。

会王振用事,朝士多造门,时勉独不往。及振奉命诣文庙进香,又抗不为礼。振心衔之,未有以中也。先是彝伦堂前有大树,旁枝颇妨诸生班直,时勉命芟之。振因矫中旨,以擅伐官树为时勉罪,与司业赵琬、掌馔金鉴,并荷校监前。官校至,时勉方课士东厢,徐召诸生前,面定所业高下,顾其属曰:"以此揭之榜,俾有所劝惩。"语毕乃行,神色自若。诸生号泣,走阙下请救。有石大用者,具疏请以身代。诸生皆环集朝门,呼声彻殿庭,振所使诇事者闻诸生语不平,恐激变。适会昌侯孙忠亦因太后言帝,事乃释。会昌侯者,太后父也。时方生日,太后使人颁赐其家,侯因附奏:"臣今岁殊不乐!"问其故,曰:"比年每得公卿为贺,李祭酒不过一幅帕绢,然得此人一至为荣。今公卿皆集,独祭酒为朝庭械禁,座中无此客,故不乐。"太后乃语帝曰:"祭酒贵臣,奈何辱之?"帝亟命出时勉。时已荷校三日,帝初未之知也。

时勉既得出,自念奉天子命,表率多士,朝廷固当以礼接之,徒以失阉寺欢乃致囚辱,师道废诎不尊。欲留,恐再辱,遂力求去。帝不许,复累章恳请,岁辄三四上。至十二年,乃赐金帛驰驿以归。时勉将就道,士大夫皆祖帐都门外,太学师生具旗幛鼓乐送者几三千人,无不泣下者。王直见而叹曰:"二疏以后,未有此也!"

既归,家贫不能自给。及闻帝北狩,悲恸,遣孙骥诣阙上书,言选将、练兵、亲贤、远佞、复仇、雪耻数事。景泰优诏答之。遂以是岁卒，年七十七。

巡抚、都御史韩雍为请谥于朝。下礼部议，尚书胡濙言："时勉官止四品，而学行无愧古人，宜如雍请。"谥曰文毅。好尚书，不然则议格矣。成化五年，追赠礼部侍郎，改谥忠文。

石大用，丰润人。在太学久未知名。时勉被逮，号于众曰："师犹父也！今罹难，为弟子者忍坐视乎？"倡诸生伏阙请代。众初难之，大用曰："朋友急难，况师乎？"独自闭门草奏，言："民生于三，事之如一。时勉奉朝命为太学师，今以细故械首囚辱，事关纲常。且年几七十，更值炎署，臣恐其死亡无日，伏乞容臣代，以全师生恩义。"诸生随之者数千人。于是，大用一日名重都下。未几，举乡试，官至户部主事。

> 叙两受祸处如画。

论曰：时勉当仁、宣之世，濒死者再矣。其不死者幸也。然使时勉遇暴主，批逆鳞以死，亦无足深怪。二君明之令主而逗其怒，几杀直臣，杜谏诤之门，沮敢言之气，其为主德累岂细哉？昔伊尹之告太甲曰："有言逆于汝，心必求诸道。甚矣，人主于逆耳之言，不可不深思而熟审之也。

> 此论专戒听言者。

陈敬宗，字光世，慈溪人。父孟藻，知德兴县有声。敬宗举永乐二年进士，选庶吉士，授刑部主事，与修《五经四书大全》。改翰林院侍讲，献《北京赋》及《为善阴骘颂》。十七年，卿云见，甘露降，献《圣德瑞应颂》。其冬，甘露再降孝陵松柏，复为颂以献。敬宗文辞典雅，甚为帝所称赏。母丧归。

宣德改元，召修成祖、仁宗实录。寻擢南京国子监司业。秩满，迁祭酒。敬宗持身严，虽燕居未尝有惰容。其在太学，力以师道自任，训士规范，肃于朝廷。士事敬宗，亦如对君父。诸生会食时，言笑稍失次，即令待罪堂下不少贷。以故始或有怨者，然久之无不安习其教。北雍生徒闻敬宗名，至请于朝，愿改而南，从卒业。

襄城伯李隆雅重敬宗，知其善饮，时时置酒延款。一夕，饮过剧，兀坐喧颓中，言貌俨然，如未尝饮者。人或微伺之，见敬宗拳握甚谨，其自检摄如此。

尝考绩至京师，王振欲见之，令侍郎周忱致语，敬宗曰："吾为诸生师，而私谒中贵，诸生即不我知，我何面目对诸生哉？"忱乃谓振曰："敬宗倔强，未可以力致。独其书法高，公姑以求书为名，先之以礼币，彼必来谢，见之易矣。"振遂贻敬宗文锦羊酒，求书程子四箴，敬宗走笔书之，而返其币，终不往。在太学二十余年，其所教士有位至卿贰者，敬宗独久不调，盖以此也。吏部尚书王直尝欲用为刑部侍郎，敬宗谢曰："忝与公为知己，奈何释俎豆之事，而辱以司空城旦书乎？"直乃已。

景泰初，致仕。又数年卒，年八十三，后追赠礼部侍郎，谥文定。

初，敬宗与李时勉同在翰林，袁忠彻善相，尝令并立，曰："二公他日功名相埒。"敬宗仪望魁伟，美须髯。时勉貌稍寝，又短小，人或未信。及二人皆官祭酒，并负重望。时勉宽平，得士心；而矜严好礼，则推敬宗。一时称为南陈北李云。

谢铎，字鸣治，台州太平人。天顺八年进士，由庶吉士授翰林院编修。成化中，累官侍讲，尝奉命校理《通鉴》、《纲目》，因言："宋神宗喜《通鉴》，理宗好《纲目》，不能推之政治，终无救于败亡之祸。愿陛下亲贤讲学，穷理修身，以立大本，毋为二君之徒好。"

帝御经筵，铎进讲《中庸》"诚之"之义，以汉武内多欲而外施仁义,唐太宗行仁义而闺门多惭德为不诚;梁武好佛法,唐德宗任卢杞,不审于治道之邪正,人才之贤否,为不能择善;唐明皇开元之政几致太平,末年乃溺于所爱;宪宗削平僭乱,后乃信方士迎佛骨,为不能固执。反覆引喻,盖以讽谏也。帝善之而不能用。

寻,以丧去。既终制,称疾不起。

弘治初,起修《宪宗实录》。未几,迁南京国子监祭酒,条上修明教化六事。其一正祀典,请进杨时从祀,而罢吴澄,以澄忘宋事元故也。礼部尚书傅瀚持之,乃进时而澄仍留如故。其明年,遂请致仕。

家居久之,言者交荐。即冢①拜礼部侍郎,掌祭酒事。铎念求退得迁,非义所安,固辞,乞旧官供职,不许。时章懋亦被召为南祭酒,两人俱以学行重天下,南北之士皆以为得师云。

铎尝以太学人才所自出,不可不清其本。请禁纳粟、纳马之例。又以士能饬廉隅,耻趋竞,皆在上者有以养之。监故有羡金,悉籍之官,均赡学宫生徒,不私一线。在南时构东西书库楼,庋经史镂版;于北则拓庙街市庐舍三十余区,为博士助教讲肄之所。

十六年,引年请老,诏特予告。

正德初,大臣复有荐铎宜大用者,刘瑾勒令致仕。五年,卒,赠礼部尚书,谥文肃。

铎生平学问以纲维人伦为宗,以剖白事实为用,以抑扬邪正为志,以遗外声利为情。尝拟《皇明铙歌》十二篇上于朝,以铺张太祖功烈之盛。又上《烈祖诗》十二章,以为继述守成之助,皆传于世。

嘉靖中,礼官复议祀典,竟从铎言,罢澄从祀。

校记
① "冢",疑为"家"之误。

鲁铎，字振之，景陵人。弘治十五年，举会试第一，选庶吉士，授翰林院编修。铎性廉静，闭门自守，不妄与人交。武宗立，出使安南，馈遗一不受，安南人称叹。

还，迁国子监司业，累擢南祭酒，寻改北。铎屡典成均，教士切实为学，不专章句，尝以师严然后道尊。士有假归废学者，痛加训饬，必使悔过乃已，人皆肃然。

久之，谢病归，有终焉之志。嘉靖初，刑部尚书林俊上言："祭酒，师儒之长，前代多以德器醇厚者为之，诚为国育才以化民成俗，非细故也。伏见前祭酒鲁铎，性质浑朴，志尚清纯。道足以崇雅黜浮，学足以订顽立懦。方今圣明践阼，正育贤成德之时，如铎者宜如孝宗朝谢铎故事，特赐召用，以为多士矜式。"乃复起为南祭酒。逾年，复请致仕，累征不起。卒，谥文恪。

铎以德望重于时。居乡日，有盗掠人牛马，或绐云："鲁祭酒物也！"立纵之去。

大学士李东阳生辰。铎与赵永皆其门生也，相约各以二帊为寿。比检笥，已亡有。徐曰："乡有馈干鱼者，盍以此往？"询诸庖，食过半矣。乃以余持诣东阳，东阳喜，为烹鱼置酒，留二人饮，极欢乃去。其风致如此。

赵永，字尔锡，临淮人。与铎同年举进士，由庶吉士授编修，复与铎相继为国子监祭酒，师道甚著。世宗幸学，永进讲《大禹谟》，敷陈剀切，帝屡目属之。寻迁南京礼部侍郎。大学士杨一清重其才，欲引以自助，乃为他语挑之，永正色曰："可以缨冕污吾道乎？"遂请致仕。去时，人皆称其廉介。

刘铉，字宗器，长洲人。弥月而孤，事母以孝闻。永乐中，以善书征入翰林。举顺天乡试，授中书舍人。宣德初，预修两朝《实录》，迁兵部主事。正统初，再预修《宣宗实录》，迁翰林院侍讲，以内阁曹鼐荐教习庶吉士。正统十四年，进侍讲学士，充经筵讲官。

景帝称摄，诸司劝进，铉独不署名。铉同郡人杨翥，以故郴邸长史入朝，主铉家。帝数召见翥内殿，翥荐铉及吕原可大用。帝以疏授中官宋某，曰："识之久之，莫问也。"会中官病，延医盛叔大。既知其为长洲人，因曰："长洲有刘先生，宁识之乎？"曰："刘铉学士耶？古执人也！"中官曰："上知之，行且大用之矣，君幸为我邀来一见，可乎？"盛退告铉，铉不怿，曰："上奚从知我？必翥言也。主于我而言我，岂雕琢我哉？且我见中官何为？"终不往。

当是时，易储之议渐起。会礼部两侍郎缺，廷议择可任者，帝命取翥疏送阁中。

大学士陈循因拟铉，江渊阻之，曰："此素不能任事。"乃更用编修萨琦。铉闻而喜，曰："江公知我！"

未几，迁国子监祭酒。及景帝立子见济为太子，廷臣皆具表称贺。铉独否，司业谓铉："百官俱贺。国子监独无，可乎？"铉正色曰："成均以课士则可，以表贺则不可！"遂止。

英宗复位，阅易储贺表，独无国子监官名，问大学士徐有贞，曰："尔时祭酒何人？"有贞以铉对。召见文华殿，叹息褒嘉良久，曰："遂烦卿傅太子。"迁少詹事。寻卒，赠礼部左侍郎，谥文恭。

铉在翰林，与王璲同时，璲为文若宿成，铉必淹时乃就。然沉至深切，期于经国匡主，璲亦不及也。在太学规条严整，与人虽造次，未尝一语出于浮薄。若同官子弟见焉，拜起必如礼。性廉厉，不治产业。杨士奇尝至其居，湫隘无以容足，徘徊太息而去。

子瀚，严毅有父风，官至按察司副使。孙荣，以任子为郎，至太常卿。

  数祭酒皆以严正风骨胜,而铉更冷峻。文以本色语绘之,其气犹岳立纸上。

卷十三　列传五

罗通、罗亨信、马昂、寇深、王来列传

罗通，字学古，吉水人。曾祖仲渊，国初以富民徙实京师。永乐中上书言事，成祖嘉之。仁宗监国时，尝诣东宫，白江宁、上元两县令冤，仁宗称为长者。

通弱冠举永乐十年进士，授监察御史，巡按四川。蜀藩出入僭用乘舆仪从，通悉收之。始，蜀中士大夫见通年少，稍易之。至是皆惊服。通一用玺书，以威严为治。

还朝，偕诸御史请罢巡边，忤旨未发。会交趾平，地绝远，多瘴疠。而夷獠新附，不乐受约束。中朝士惮往，乃诏御史，予三级知交趾诸州，而通得清化。无何，黎利复叛。而成山侯王通兵败，擅与利媾，檄割七城与利，清化亦在割中。通怒曰："王通不受上命，丧师辱国，此诚通生死所耳。"于是，独不与利清化。利大发兵八万人来攻，通出奇大败之。贼不敢复向清化。逾年，诏使至，如成山侯语，乃率吏士归交趾，事大坏。帝怒收成山侯论死，赎为庶人。余罢斥殆尽，而独引劳通。改户部员外郎，迁兵部郎中。

正统三年，从尚书王骥北征，坐事下狱。久之，谪容山闸官，调

东莞河泊所。

景帝即位,边事棘,廷臣有以通名荐者,召复为兵部员外郎,守居庸关。通上言:"臣窃见邓艾取蜀,蜀守成都备艾。艾从剑关缘崖而入,蜀破而守成都者犹不知。刘裕取秦,秦守潼关备裕。王镇恶乘舟溯渭至咸阳,秦破而潼关守者犹不知。居庸固京师后门,相去百里。一失守则敌入京师在旦夕耳。臣遍阅诸厄塞,有口可通人马者七十所,可通人不通马者一百三十所。须多方设备,京师乃固。"又乞命大臣总督军务。帝即擢通副都御史便宜行事。

已而,也先拥众入①塞,破紫荆关,直犯都城。尚书于谦等营德胜门,力战却之。寻复逼居庸甚急,会天大寒,通令老弱汲水灌城。城冰坚滑,不得近,七日乃走。通追击,大破之。捷闻,赐玺书褒奖。

召入参赞军务,理院事。通计宣、大诸路关口墙栅为敌残破,请敕石亨自紫荆出大同,杨洪自居庸出宣府,沿途统督官军堵塞修理。因言:"边军妄报首功,虚张敌势,都城之战,斩获几何,而冒滥升赏?"又言:"拖玉珥貂者,皆全躯保位之臣,曾无报国奉公之志。"

与谦等忤,未几,也先复寇宣府。谦因言,宜选谋略大臣往镇山西。杨洪亦乞遣文职重臣率兵出雁门。用鹿角抬营,护山西馈运。廷臣推通往,通意不乐,请与谦、洪同行。帝仍以命通。通提兵至怀来,逐寇出长安岭外。师还,协赞京营军务。

四年,进左都御史,旋加太子少保。景帝不豫,石亨、张𫐄谋复上皇,密语通。通曰:"窃观天象,事必济。予老矣,不能从,诸公好为之。"寻遭丧归。

天顺三年,起复右都御史。未几致仕,年八十余。临终,诸子进药,通曰:"罗通生死,岂在草木哉?"

成化中,隆庆州父老诣阙颂通功,敕祠居庸关。边人以通为神,水旱疾疫,必祷焉。

校记
① "入"原文为"人"字,正之。

罗亨信,字用实,东莞人。永乐二年进士,授工科给事中。坐事贬交趾。洪熙初起为监察御史,巡按畿内有声,超擢都察院右佥都御史。

正统二年,阿台朵儿只伯扰边,参赞陕西军务、同都督蒋贵等率师搜捕。贵等驻师鱼海,逗留不进。亨信至其营,让之曰:"公等受国恩甚厚,握重兵,临敌退缩,安用公等?且公等特畏死耳!死国法,孰与死敌?"贵等色变,佯应曰:"诺!"然终无进兵意。亨信乃上疏,曰:"臣等奉命出师,以陛下神灵,士卒用命。刍菱盈积,车甲充满,一鼓而进,贼必成擒。都督臣贵等逡巡不发,老师玩寇,遂无成功。今水冻草枯,宜且休师,多遣间谍探贼所在。请俟来春,专命重臣量调精兵,约会宁夏军马,仍从鱼海分道进击,庶贼首可得,边境可宁。"帝以章示尚书王骥,并下贵等。贵等感奋,明年战于石城,大捷,东西夹击千有余里,斩获无算。阿台朵儿只伯以数骑遁。论功,进亨信禄一等,赉白金文绮。

先是,遭父丧请归,帝令夺情视事。至是,始命归葬,赐楮币千缗,令事竣还朝。巡抚宣府、大同,总督屯田。十年,进右副都御史,前后奏汰冗官,省虚费,积边储,禁私役,皆报可。

又言:"臣观瓦剌情状,惟俟衅端,欲为边患。请修各卫城堡,以防深入。宣府距怀来二百余里,空阔无援。请于净水坪立马营,移保安卫美谷所于沙城西,互相联络。而于险厄峪日①,各立关隘,于计为便。"时议难之。

石亨请科大同四州七县民三丁之一为兵，亨信奏止之。又有诏令宣府诸卫军余田地量亩起科，亨信言："塞北诸军防边劳苦。其余丁无他生业，惟事田作。冬春迎送瓦剌使臣，秋月修治关梁斥堠，不遑休息。一岁在田不过数月耳。边地硗瘠，霜早收薄。若征其税，则人不复耕，必逃窜他所。军心携贰，谁与共守？"帝嘉纳之。

十四年，转左副都御史。会土木变作，廷议征宣府兵入卫，官吏各率其民弃城走。亨信仗剑坐城门下，令曰："敢出城者，手斩之！"又进诸将而誓之曰："朝廷付亨信以此城，亨信以死守之而已，愿诸君无怀他志。"城中老稚闻亨信言乃稍定。也先奉车驾至城南，传谕开门。亨信立城上语曰："吾奉天子命守此城，不敢擅启闭。"也先引去。当是时，天子既北，寇日薄城下，关门左右皆为战场，积骸遍山谷。而朝议纷纭未定，握兵之将愕眙蹢躅。亨信以孤城当其冲，外御强寇，内屏京师，卒能全城还报天子。见其时之难为，则功为甚伟。

景泰元年，以年逾七十，乞致仕，不许。是秋，入京陛见，辞益力，免冠叩首。上见其着兜鍪处，颠发皆尽，乃许焉。归八年卒。年八十有一。

校记

① "日"疑为"口"之误。

马昂，字景高，沧州人。貌魁梧。乡举，授序班。正统初，擢监察御史，整饬大同兵备。刑部失囚，尚书以下俱获罪，超擢刑部右侍郎。

改副都御史，参赞甘肃军务。劾都督王喜玩寇罪，喜坐谪戍。赤斤、蒙古、罕东诸番屡掠入贡驼马，昂率兵邀击之，擒其酋。

景泰初,以疾乞休。帝不悦,命致仕。

未几,两广总督王翱入为尚书,起昂总督军务,兼巡抚两广。昂至,擒贼渠周铁等,献俘京师,进右都御史。又平斗峒贼,改左都御史。

未几,复乞致仕。入见,留巡山西诸边。还,掌院事。

天顺初,进兵部尚书。帝素伟其貌,又以李贤荐,甚眷之。

石亨败,其党冒夺门军功者尽削职。又悉调老弱军官于外,而行之有次第,不惊扰,昂力居多。

五年,陕西边警,总督与怀宁侯孙镗西征。师且出,会曹钦反,夜战于东华门外,竟斩钦。以功加太子少保,世锦衣卫百户,仍掌部事。自是,宠遇日加,珍奇文锦之赐,勋戚莫敢望焉。

成化初,调户部尚书,与都御史林聪等点阅京兵。检精锐为十二营,更番教练。又定将领黜陟之制,议皆自昂发之。

未几,以星变致仕。昂屡任边陲,晓畅兵事,英宗委任昂与吏部王翱埒。每召见,询将官短长。用边镇巡抚,必令李贤、王翱与昂议,故一时边镇督抚多得其人。及为户部,亦欲理财裕国,顾会计非其所长,功名损于兵部时。

卒年七十八,赠少保,谥恭襄。录子忠国子生,恕锦衣世百户。

寇深,字文渊,真定唐县人。幼机警。永乐中,以诸生上书告乡人谋变,得召为国子生。时有言山东钱谷多积弊,遣中官陈保往察之,求国子生敏练者,得深与俱。深会计精详,保甚喜。还朝,闻之于帝,授刑部主事,迁员外郎,尽心刑狱,大臣亦称其才。

正统初,以荐迁山西按察司副使。录囚诸郡,奏释五十余人。

十一年,四川松潘不靖,守臣请选才勇武臣出师剿之。帝方以抚循为意,雅不欲用武臣,乃召深同鸿胪寺署丞祁全往抚谕。未几,擢右佥都御史,提督松潘兵备。至则奏请诸将徐贵、郭礼、孙敬画地分守,而悉听镇守、都指挥佥事王杲调遣。经略稍定,即率兵破贼砦,擒其渠魁,械送京师,诸番詟服。乃相其要害,建关堡城池六十余所,哨台三百七十余座,平治险阻,开通饷道,边境晏然。以功进左副都御史,有彩币白金之赐。

寻,改提督辽东军务。深为人刚果,遇事敢任,在蜀既树威名,及往辽,官属皆畏惮。而深顾稍尚宽和,众加悦服。

妖贼李福惠聚众鼓乱,深遣都指挥周英捕获之。

景泰五年,有边寇,深分遣将士追剿,颇有斩获,威名益振。

深在边岁久,以母老累上章乞归,不许。七年,还京议事。时母年九十余矣,深急请归省。至家母已病笃,服阕,进左都御史。

当是时,边疆多故。帝以深历练既久,雅重之。尝召访政务,呼老寇而不名。然深无学术,晚年益严刻忮急,睚眦必报,百僚震惮。初,善事曹钦父子。已而渐疏,钦颇恨。及深掌宪职,而十三道御史连章劾钦,钦益恨之次骨。未几,钦反,执深,深不屈,遂遇害。年六十九,赠少保,谥庄愍。

王来,字原之,慈溪人。伟姿貌,倜傥不群。少随父居金溪,里中有丛祠,俗云善为人祸福,群惑焉。来斧劈其象,毁之,撤其祠。

父桓,洪武中为卢氏知县。以老归,尝为武弁诬,构下丁理。来甫弱冠,即上书白父冤。

宣德二年,举会试乙榜,授新建县教谕。先是王府时祭,多以生员充乐舞生。来请以道士易之,著为令。

以荐擢监察御史,巡按苏州。敕偕巡抚、侍郎周忱考察官吏,中有"请自上裁"语。来曰:"贪官污吏,当去即去之,迟留何为?"请易敕,奏上,从之。中官陈武假挟太皇太后懿旨横江南。来摘其与诏不合者将劾之，武惧，为稍沮。还诉于帝。翼日朝罢，帝问都御史顾佐："苏州巡按为谁？"佐以来对。帝曰："识之，后毋失此人也。"

正统初，少师杨士奇荐为山西左参政。廉明练达，事至立决。巡抚、侍郎于谦亟称之，将举以自代。然刚锐太过，时伤严察，为当道所不容，遂调广东左参政。

十四年，迁河南左布政使。有言周王将谋不利者，朝议讨之。来力陈不可，自诣王宫，历历陈祸福。王悔悟，阖宫痛哭，急让还护卫卒以自赎，事乃解。河水溢，且啮汴城，来筑堤捍之，城以无虞。

景泰初，擢都察院左副都御史，巡抚河南、湖广。寻进都御史，兼大理寺卿。苗民乱黔、楚间，官兵连岁扑剿，不得灭，命来往总督之。来驰至湖广沅州，分兵九万八千为五哨，进逼靖州。连战大破之，斩首三千余级。贼走匿香炉寨，寨悬万山中，陡绝不可上。来审向导，树木栅，架飞楼，以岔枪火箭，昼交夹击。发巨炮裂其崖石，拔寨，生擒贼首韦同烈，并贼将五十八人，余悉抚定。遂于贵州清平道上刻石纪功，曰"平蛮恩信碑"。师还，帝召见便殿慰劳之。

迁南京工部尚书，兼大理寺卿。天顺初致仕，成化六年，卒于家。

林聪、叶盛、朱鉴、李侃、沈固、程信列传

林聪，字季聪，宁德人。正统四年进士，授刑科给事中。景帝即位，劾光禄卿奈亨附王振得卿寺，亨坐罢去。又劾总兵官孙镗、杨洪、石亨不协，降敕谕之。景泰元年，迁吏科都给事中。劾驸马

都尉石璟横夺民田，璟坐免官。

时，司礼监金英家奴李庆杀人，法司莫敢问。聪劾英怙宠，并论都御史陈镒、王文、御史宋瑮、谢琚等畏势长奸。又内侍单增骄纵，大臣有馈赠如王振时者。聪复率六科十三道尽暴其恶，皆下锦衣逮治。久之，宥镒、文而罢瑮等。聪直声震朝廷。

二年，上皇将还，议迎复礼。千户龚遂荣投匿名书于高谷家，谷以示廷臣。王直曰："此所谓礼失求诸野耳。"胡濙欲上闻，王文止之。聪上言："直、濙皆股肱大臣，不当私语，龃龉大政。"诏按之。遂荣恐累谷，自首，曰："迎上皇，礼本当厚。遂荣投此帖，冀感动，无他肠，甘死无悔。"乃下廷议。或言，也先遣使言和不可信。即迎驾，一车二马足矣。聪言："上皇北狩，与陛下迎銮，皆社稷纲常大计，宜从厚，无贻他日悔。"

三年，议易储。聪与御史朱英言不可，然未敢争。寻命廷臣俱兼宫僚，聪改右司直郎。商辂曰："言官不可无聪。"复为吏科都给事中。

四年，也先遣使来贡，自称大元田盛大可汗，朝廷欲赐敕书，而难其称，下廷臣议。聪言："也先弑逆而遣使入贡，将觇朝廷有人否耳。今从其所自称，则长贼志而示中国弱。若仍其故号，又恐激其怒为边境患。请待以常礼，赐敕来使，令归语以君臣上下之分，顺逆吉凶之道，庶国体不失，亦可示强于外。乃大臣议至欲称为瓦剌可汗，意谓不从彼称，必召边衅。借使称之，彼复他求，又将若何？臣愚以为不称可汗，他日入寇尚可明正其罪，恭行天罚；一称可汗，则陛下既已与之矣，后将何以正其罪乎？"时，安远侯柳溥、郎中章纶，亦以为言。帝卒从诸大臣议，称可汗答之。盖惜之。

户部侍郎张睿、国子祭酒刘铉并母丧，夺情。聪抗言："侍郎，六卿之亚；祭酒，师儒之宗；忠孝，大节所关。请令遵制终丧。大臣身系安危,不得已夺情起复,亦一时权宜,非经世之大典。若一概夺情,遂成故事,子道既亏,臣节难保。时无金革,请循旧章。"时论伟之。

五年,因灾异率六科给事中条上修德弭灾事宜,累数千言。其大要以绝玩好,谨嗜欲,戒逸乐,公黜陟,为崇德之本。杂引五行诸书,谓积雪穷阴,震雷不时,皆阴盛阳微,小人进,君子退之象。且言:"陛下之臣,得无有君子尚在疏远,而小人幸蒙亲任者欤?得无有骜桀专恣,窃禄苟容者欤?木冰,兵象也。山东、河南、徐邳淮泗之间,水旱相仍,贫穷无告,而外敌强横,所当思患而预防之。"又曰:"斋醮供僧之费,虽曰给自内帑,其实出于民间。借曰①祈福禳灾,而天灾叠见,民艰自若,何补国家之分寸?"又曰:"武清侯石亨、都督王竑等,奏讨牧田动至二三百顷。加以狡狯之徒,倚势横侵,怨归朝廷,何可不禁?"语皆剀切中时弊,帝嘉纳焉。

当是时,谏臣惟聪与叶盛最著。然亦用是为人所忌。又尝劾吏部尚书何文渊、刑部尚书俞士悦、工部侍郎张敏、通政使李锡,虽或留或罢,而大臣忌之愈甚。都御史王文入内阁,因讽御史黄溥等劾聪数挟制吏部,紊乱选法,因摭拾数事以闻,诏集廷臣会鞫,坐大臣专擅选法论死。礼部尚书胡濙不署名,曰:"大臣以私怨杀谏官,不可。"拂衣出,议亦旋罢。濙归称病,数日不朝,帝遣太监兴安问之,对曰:"老臣本无病,闻欲杀林聪,殊惊悸耳。"帝闻,即释聪。左迁国子监学正。

英宗复位,超擢右佥都御史。赈饥山东,还,进右副都御史。捕江淮盗贼,以便宜擒渠魁数人,余无所问。

丁内艰,起复,固辞,不许。命掌院事。

天顺五年,曹钦反,冒功者至割乞儿头上功,都人不敢夜出,聪力言其害。钦妻父贺老,以素与钦绝,请宥之。

先是，都御史力能制十三道御史，使不言。聪掌台，诸御史争言事，大臣多厌之。或以咎聪，聪曰："己不能言，而复道人使不言，非聪所能也。"

成化二年，江淮旱，人相食，命聪往抚。奏请发仓，及留漕粟数十万石赈之。

九载满，进右都御史。

七年，出抚大同。八年，致仕，十年，起掌南京都察院事。多此一起。十三年，召入为刑部尚书，加太子少保，与定西侯蒋琬按事辽东，马文升坐谪戍。

明年，乞致仕，不许。十八年，卒于官，赠少保，谥庄敏。

聪恂恂和易，遇事刚决，知无不言。晚更为谦厚，与物无忤。或疑稍涉浮沉，辽东之行，与汪直共事，不无附会，声望因之少损云。

校记

① "日"疑为"口"之误。

叶盛，字与中，昆山人。正统十年进士，授兵科给事中。英宗北狩，郕王监国，盛率同列请先诛将士扈从失律者，然后选将练兵，为复仇计。

也先迫都城，一日三上疏言兵事，闻者壮之。寇退，复言："也先以送驾为名，志在索赂，缓战守之具，误将士之谋，不可不察也。昔金兵南下，宋人狃于和议，遂成靖康之祸，可为炯鉴。"又言："宜明赏罚，以示劝惩。勇战如孙镗，死事如谢泽、韩清，此当赏也。其守御不严，赴难不力者，当罚也。"

迁都给事中。时有议留边帅守京师者，盛言："今日之事，边关为急。往者独石、马营不弃,则六师何以陷土木？紫荆、白羊不破,则塞马何以薄都城？即此而观,则知边关不固,纵守京师,不过保九门而已,如陵寝郊坛何？如圻甸生灵何？臣谓宜固守宣府、居庸便。"

会河南陈州流民聚为乱,敕盛往视。除贪虐,赈饥寒,民稍解散。归而上言:"流民幸成编户,然人杂五方,其情不一。斗争仇杀,时时有之。宜专官抚辑,庶可无虞。"又言:"河南郡邑旱蝗相仍,请加宽恤。"

英宗将入关,有投匿名书请迎驾避位者,诸大臣畏忌不敢言,盛具疏进之。又闻帝在宫中,好乘舟射鱼,请复午朝以绝佚豫。一时直声震都下。

迁山西参政。以李秉荐协赞都督孙安军事。先是,独石、马营八城遭寇残毁。盛至,次第修复。列上利害兴革八事,又设暖铺,以便行旅；均蔬圃,以给将士；立社学、置义冢,疗疾扶伤,纤悉备具。又请帑金五千两,买牛千头,俾戍卒不任战者屯田以给军食。在镇五年,边用以饶。

遭父丧,去。英宗素知其名,天顺二年,起复为佥都御史,巡抚两广。与都督颜彪破贼砦七百余所,斩首万级,方请立军府梧州。居中调度,为破峡计。或有以杀降谤者,遂召盛还,代以韩雍。邱濬素与盛不相能,上书内阁,李贤颇实其事。又有潜言,贤信之,故敕雍曰:"无若叶盛之杀降也。"盛置不辨,遂还。

成化初,代李秉巡抚宣府,复举官牛车屯之法,修筑屯堡七百余所,垦田四千顷,边用复饶,寇希入塞。

三年,上疏言:"臣见故永宁伯谭广居宣府二十余年,至今儿童妇女皆知其名。臣诚感叹。以广之功名爵位,及身而止,请加赠谥,录及后人,以为边臣之劝。臣因推举,耳目睹记如广类者,若镇守广西都督山云、浙江都督许亨、宁夏都督张泰等，皆有贤声。臣又因而推举文职大臣如广类者，则纯诚朴忠，如王直、胡滢、高谷；清德正学，如仪智、薛瑄、陈琏、吴溥、杨翥、吴讷；风节凝峻，如钱习礼、李时勉；廉恭体国，如师达、古朴、顾佐、王质、鲁穆、李棠、杨信民、轩輗、王宇；公勤才望，如金忠、张本、魏源、张骏、罗汝敬、刘中敷、邝埜、王佐、王翺、侯琎、徐琦、王士嘉、李嘉、段民、焦宏、金问、萨琦、王恂、张凤、沈翼、年富、贾铨；太学模范，如胡俨、陈敬宗。他如魏骥、陈泰、李敏、马谨，亦有可称。又有没于王事，如邓棨等者。国家有道之长，百年于兹。仁贤辈出，中外皆有其人。臣寡陋不能悉知，乞特命儒臣缮阅记载，大集在廷，博求公议。其行能尤著者，并加恩典。昔汉、晋于萧何、羊祜，则恩及其妻；唐太宗于屈突通、张道源，则录及其子。陛下诚采臣议，举行汉唐令典，百官有位，风励实多。"帝称善，于是，广得赠侯赐谥。而顾佐、轩輗、马谨、王士嘉、沈翼之后，皆得收录。当时，益以盛为贤。

顷之，迁礼部右侍郎。明年，改吏部。李贤卒，敕尚书王翺简可入内阁者，翺举柯潜等五人，盛名在第四，帝不果用。

时，卤久居河套，廷议以十万众大举逐之。沿河筑城抵东胜，徙民耕守。帝壮其议，敕盛往，与督抚详议以闻。初，盛为谏官，喜论兵事。历南北边，常多建白。既往来三边，知时无良将，边备久虚，转运复艰。搜河套，复东胜，未可轻议，乃上疏以守为长策，战乃权宜。如必决计用战，亦宜坚壁清野，伺其剽掠而归，气盈心惰，则设伏以邀其前，纵骑以袭其后。令彼一遭挫衄，庶可遏其再来。又或乘其入①掠，分遣精卒进捣老营，彼将反顾，内外夹击，庶多卤获。然必守固而后战可议也。帝善其言，然廷臣犹主复套之说。盛既归，遂命赵辅出师，用众八万，费巨万计，两年迄无功而还，人以是服盛之先见焉。寻转左侍郎。卒，谥文庄。

初,盛为给事中,与林聪并以敢言名。后聪以勘辽东马文升事,为时论所讥。尹旻与张宁论六科人物,宁独称聪,旻曰:"季聪何敢望与中也。"其为当时所重如此。

<small>练达通方,复能持以老识,明臣之不数见者。点睛处能使其隐悉见。</small>

校记
① "入"原文为"人",正之。

朱鉴,字用明,晋江人。举乡试,授蒲圻教谕。宣德初,擢监察御史,巡按湖广。时,梅花峒贼萧启宁等久剿无功,鉴谕降之。请复旧制,命副使佥事按行所属,问民疾苦。湖湘俗重货殖,男女过三十尚无室家。鉴申明洪武礼法,其俗遂变。事满当代,都御史顾佐等奏留之。

正统初,复按广东。驰谕钦州叛民黄金广等散其众。

明年,代还。帝命勋卫官习《兵法》、《臣鉴》诸书,择御史董之台,议推鉴。乃奏设武学,著为令。

七年,转山西左参政,进右布政使。景帝监国,就擢右副都御史,巡抚其地。鉴上言:"圣驾北辕,古今异变。夫千金之子坐不垂堂,是何奸邪窃弄,遂使至此?夫既往难追,将来宜谨。今也先奸诈百端,剽掠杀戮,动数十万。复假托和亲,往来遣使,一则觇我虚实,一则通我降人。盖以送驾为由,则必开关延接,稍示抗拒,彼即有辞。请选将练兵,重其事权。监军中贵,悉行停罢。重整散漫之兵,广募智勇之士,罄奸邪之积,发太仓之陈,重悬赏格,用劝肤功。再征勤王之兵,合力复仇,大驾可还,敌兵自退。如也先欲送驾结好,实固未为可喜,虚则愈宜加防。务令单骑敛甲,仍敕骁将谨备,虽暂苟安，还当振旅。窃见王振浊乱天下，震惊神器。江南寇发，皆以诛振为名。夫事归朝廷则治，归宦官则乱。自秦汉唐宋以来，丧位失国，未有不由此者。昔太祖高皇帝与群臣议事，必屏去左右，恐泄事机。伏望念祖宗开创之劳，将相经营之苦，选智勇，托忠义，开直谏之路，杜权幸之门。凡军国重事，委任大臣，必当有济。苟或仍用内侍，窃持国柄，外寇不至，内衅必生，欲以雪耻复仇，臣未见其可。"太后读其疏，至泣下。

景帝即位，首劾通事指挥李让潜通瓦剌罪，请增置通、蓟诸巡抚，帝悉从之。

景泰元年，移镇雁门。上皇还国，帝敕边将掩击也先。鉴上言："臣闻帝王不计小忿以安民。也先慕义请和，送还上皇。彼以诚来，我宜以诚报。且其归去边未远，我既失信，彼且无状，臣愚未见其可。"帝嘉纳焉。因命兼巡抚山西。

会遣大臣案行天下，礼部侍郎邹干至山西，多所论劾。鉴言："自干至，民间刁讦日甚，请召干还。"干因论鉴徇护，帝是干言，召鉴还佐院事。未几，乞致仕归。

初，景帝易储，鉴贻大学士陈循书，言其不可。且曰："陛下于上皇，当避位以全大义，奈何反为幽闭？"循省览惊悸，不敢言，士论壮之。

成化十四年，卒。先是寇逼雁门，鉴遣兵御之，麾下壮士陈福跃入阵，逐北数十里。明年战代州，贼围之数重，矢下如雨，福殊死战，贼为敛却，遂溃围出。福慷慨誓灭贼，病不解甲。击贼归，血汗沾背，力竭病渴，数日死。福，莆田人，年三十六。

李侃，字希正，东安人。正统七年进士，授户科给事中，进都给事中。也先犯京师，议者欲燔城外积刍，无为寇资。侃言："臣窃计寇轻剽,无持久心,请勿燔便。"景帝为遣都御史陈镒禁止之。

尝面纠户部尚书金濂违例征敛罪,诏宥之。侃跪伏帝前不肯起,言濂罪大不可赦,卒下濂狱。

时有易储之议,百官皆署名。侃与都给事中林聪、御史朱英持不可。久之度不可争,乃署,执笔而恸。及选宫僚,以侃有声望,擢詹事府丞。

时,史馆欲仿朱熹例修《宋元纲目》,奏选文学之臣充纂修官,侃与焉。书未成而英宗复位,改太常寺丞。

丁父忧,服阕补太仆丞,进少卿。未几,擢右佥都御史,巡抚山西,兼提督雁门。首劾巡按御史李杰不职,杰坐除名,贪墨者望风敛避。时,边方无事,侃志在安辑,饬守备,广储积,以振风俗,正人心为务,乃至令吏胥被儒巾服。时雍雍趋走,以为可变化其心,论者颇以为迂。寻以母忧去,军民拥留,至不得行。

服除,固请致仕。成化二十一年,卒。

侃于官才四品,例不得赐恤。帝念其贤,特赐祭葬。

侃性笃孝。北兵犯京师,二亲在容城,请告,冒白刃迎之。晚年家居贫甚,死之日,几无以为敛。子二:德恢、德仁,俱进士,历官有声。

沈固,字仲威,丹阳人。幼受书乡塾,日记万言。太祖御制《大诰》三篇成,令有司举秀民能读者。固方九岁与选,召至京,试诵,终篇无遗谬。赐钞还。

既弱冠,举京闱乡试,授沂州同知,诸老吏皆畏惮之。州西宝山社故产银矿,或言于朝,请置局采办。下有司勘实,固执奏,谓利少而费多,恐扰民生变。成祖是其言,事遂寝。

征入,为户部员外郎。迁郎中,出为山东右参政,督饷北边。

还，会仁宗立，命以本官同武安侯郑亨督军镇大同，赐玺书以行。

宣德间，数建白边事。有言大同民私隐田税者，遣侍郎柴车等按之。固言："边地薄而赋重，人所不堪。且戎事方殷，宜从宽大。"帝嘉其识体。

正统初，特诏褒美，赐白金文绮。因上言："西北二边，脱欢等数入为寇，彼未经大创故也。计诸关隘，延袤千里，寇所从入，不可胜备。间与之值，薄有斩获。而近奉诏旨，不许穷追，以是往往得志去，有轻我心。臣谓不探虎穴，安得虎子，请敕缘边诸将，临战见可而进，勿惮追奔。平居则多置间谍，觇贼牙帐所在，乘隙突出，捣其巢窟。或数以轻骑挠之，彼将奔命不暇，何寇之能为？"未几，固与征西前将军方政、游击将军杨洪等率师护朝贡使臣出境，因绝漠度赤山，耀兵破阵而还。寻命综理兵食，特铸总督边储印使佩之。

乃复陈边计，谓："兵之所需，惟饷为急。将欲安边，当务久计。臣尝历事大同，颇知地理。其中路有青杨林、马头；山西则有桦皮沟、行院屯；稍迤而东，则烂柴沟、阳和滩，诸处皆沃土，美水草，先朝屯种所也。自边患日深，镇臣迁民入保为免祸计，其地遂为废壤。臣谓古今备边长策，莫如屯田，此赵充国之所以困先零也。宜分遣诸屯步卒，就近垦治，而以春秋陈兵护其耕获，足国赡军，无便于此。"又言："大同为云朔岩疆，密迩巨敌。每遇征讨，诸将奉敕尽行。倘敌以偏师缀我，而潜军趋镇，何以御之？自后出战居守，当分任其责，庶可万全无害。"时善其策，而不能用。

七年，加户部右侍郎。丁母忧，帝以边事方棘，诏驰驿奔丧，事毕还镇。

固揣知脱欢子也先日益强盛，必怀异图，因上边情十事，未报。而也先果分道入寇。朝廷命西宁侯宋瑛抚师督战，不利，惟固以居守独完。

会帝信王振言,下令亲征,振威胁文武大臣以从。次大同,固入谒,欲言不得间,车驾遂北。后也先拥帝复至大同,固独与广宁伯刘安率众出城朝见。帝命括金帛犒也先军,众难之,固曰:"主忧臣辱,主辱臣死。今主上有急,正人臣效死之时,而惜库物耶?昔宁俞纳橐馈以救卫侯,陈平用秘计以免汉祖,古今皆以为功,不以为罪,倘天佑圣朝,以权道饵之,脱吾君于难,虽不奉命,犹将为之,况闻命乎?固请奉诏,有罪当独坐,不以累诸君。"众皆曰"善",遂尽所有献焉。事闻,户部请下吏较勘,欲因以中之。固不为动,其事亦卒白。

是年冬,以城守却敌功,累迁至左都御史。为言者所忌,引去。

居亡何,英宗复位。召固至,入见便殿,慰谕再三,即日拜户部尚书,赐白金文币、奇南带、织金云鹤袭衣。每内宴,固必与,或时偕游西苑,数赐珍果尚方食。一时,诸大臣无与比。

三年,上疏乞骸骨,帝亦念其老,许之。陛辞之日,仍赐宴及钞币有加。

宪宗嗣位,进阶荣禄大夫。卒年八十二。

固历事五朝,任边镇者二十七年。前后所得玺书三百余函,章奏亦数百篇。为人多筹略,尤善谈边事。初在大同时,郭登为镇将,英宗驾至城下,固首议迎銮,而登一意拒守。其后,登数有战功,帝以此得返,然帝卒憾登而德固,固遂以恩宠终其身。独在大同,以中贵势焰方盛,奏请给内官诰敕。朝廷以非旧典不从,为世所讥云。

程信,字彦实,休宁人。洪武中,徙河间。举顺天乡试,登正统七年进士,授吏科给事中。

英宗北征,偕廷臣上疏谏止,不报。已而,师溃土木,也先南侵,景帝命信监军守西城。上言五事,曰:新号令以振军威,募勇敢以备警急,召勤王以遏南侵,设武备以防内变,养锐气以备战守,皆见采纳。

也先进薄都城,都督孙镗御之失利,急呼城门求入。信坚持不可,上言:"镗小失利即开门纳入,寇将益张,人心益危。趣镗战必效死力。"帝立下诏勿纳镗,镗附城殊死战。信与都督王通、都御史杨善,自城上鼓噪,发火枪炮石为镗声援,也先引退。遂请敕于谦、石亨,移营关厢外,号令诸将,以此军威益振。

景泰元年,册封华阳王妃,充副使至蜀。还,言道过畿辅,民饥,乞赈贷。又言:"河间因被兵,罢遣学官生徒,乞复旧。"皆报可。

进左给事中。廷议奉迎上皇,时有龚千户者投密书大学士高谷家,言礼宜从厚。谷言于朝,众相视莫敢发。信倡同列会疏入奏,留中不报。

英宗居南宫,信上中兴固本十策,首言敬天。谓天象屡变,请帝隆孝友之实以答天心。闻者壮之。

三年,出为山东参政,督饷辽东。辽东巡抚寇深奏仓官吏卒盗粮一石以上者死。又造新斛,视旧加二寸许。信立碎而火之,曰:"彼真盗,死不足恤。今故为此斛,置人死地,岂情也哉?"寻以忧去。

六年,起补四川,理饷松潘。土酋作乱,偕侍郎罗绮破其黑虎诸寨。

天顺元年,入贺,时录景泰间进言者,于是留为太仆寺卿。故事:太仆当理营卫马,信综核不少假借。而是时,三营大将石亨、孙镗、曹钦,并以夺门功有宠,为上言太仆苛急,请改隶兵部。信言:"高皇帝谕太仆寺,马数勿令人知。若改隶兵部,马登耗太仆不得闻,即有警,马不给,请独以责兵部。"帝是其言,命复归太仆。

二年，迁佥都御史，巡抚辽东。建州董山潜通朝鲜，受中枢院使制。信廉得其制辞，奏请先发伐其谋。帝遣一给事中使朝鲜，一锦衣译官使建州。初不肯承，出制辞示之，皆惊愕服罪，乞贡马以谢。

孛来将入寇，信提兵出境外，屯三月乃解。

会都指挥夏霖与总兵海宁伯董兴相倚，恣为不法。兴，曹吉祥姻也。佥事胡鼎发霖奸赃四十事，信以状闻，诏锦衣指挥郭英逮霖，籍其家。英入霖贿，为言虚实相半，寇深因劾信轻听鼎言，吉祥主之，逮下诏狱。事白，调南京太仆少卿。

五年，召为刑部右侍郎，以忧去。成化元年，起兵部，寻转左。当是时，两广、川陕、荆襄诸路用兵，信区画方略，皆中机宜。

未几，四川山都掌蛮叛，师久无功。进信尚书，与襄城伯李瑾统番汉兵讨之。信至永宁，自督大军向金鹅池。又分三路，期会于大坝，用神铳劲弩攻贼，连破二十余砦，斩俘甚众。贼复走入天井、水磨二洞。洞幽暗不可入，室洞围守月余，贼死几尽。信又阴察九姓土獠附贼，还师剿之。遂请分山都掌故地隶永宁芒部，更大坝为太平川，立长官司。论功，进兼大理寺卿，赐白金彩币。言官劾信上首功不实，信四疏乞休，不许。

六年春，旱。应诏上言："延绥、两广岁遭杀掠，边以捷闻，朝以捷贺，上下相蒙，边事益坏。四方流民尽聚荆襄，不早区画，变且将起。天子六师，居重驭轻。京营士马疲耗，器甲顿朽，缓急可忧。凡此皆宜更张之大者。"诏下所司，尚书白圭难之。未几，三边有事，而荆襄流民为乱，卒如信言。

时有搜剿河套之议，信执不可。大同守将杨信请师三万巡边，信曰："三万人搜套则少，巡边则多。"卒与二万人，而其议遂罢。

改南京参赞机务。劾免应城伯孙继先，其党皆谪岭表，军府肃然。

明年,致仕,卒。赠太子少保,谥襄毅,以功世锦衣百户。

信才气果锐,然沉思曲算,顾不轻发。方征川蛮,诏进退生杀,皆得便宜从事。信自出师迄凯旋,不敢擅爵一人,擅杀一人。同事者以为言,信曰:"刑赏,人主大柄,顾阃外事不易集而假之人。若幸而事集,辄自专,非人臣之道,且必有奇祸。"名论。在南京,守臣或欲预钱谷、讼狱事,信曰:"参赞机务,所以谨非常。若此,乃有司职也。"论者以为得体。

子敏政,字克勤,十岁以神童荐。英宗诏读书翰林,大学士李贤、彭时,学士吕原、中允刘珝,皆当世硕儒,咸就之讲授。贤尤爱重之,以女妻焉。

举成化元年进士,授翰林院编修,与修《续资治通鉴》、《纲目》诸书。如言:宋石守信、王审琦,不预陈桥之谋;周韩通、李筠、李重,进书死节;开宝八年,李煜降,始罢分注书;正统,张世杰死之下。书宋亡之类,条例皆自敏政发之。又言:"宋太祖太宗授受大事也,当时史臣不能详记,遂启千古之疑。"别著《宋纪受终考》三卷。当是时,翰林中称敏政学问博赡,李东阳文章俊雅,陈音性行真纯,为成、弘两朝之冠。

未几,诏侍讲经筵,寻兼东宫讲读。

孝宗即位,叙进宫臣,迁詹事府少詹事,兼侍讲学士。宪宗升祔,诏议祧迁之制,及孝穆皇后神主奉享之礼,敏政代太傅英国公张懋等草奏,谓:"德祖比周之后稷。太祖太宗,比周之文武,俱百世不迁,宜祧懿祖一庙。孝穆皇后,比周之姜嫄,及宋之章献、章懿二后,宜别庙奉祀。"与礼臣议合,帝皆从之。

又请厘正文庙祀典,谓:"戴圣、刘向、贾逵、马融、何休、王肃、王弼、杜预八人,宜褫爵罢祀;郑众、卢植、郑玄、服虔、范宁五人,宜各祀于乡。后苍说礼万言,号曲台礼,戴圣等皆受业。今《礼记》非后苍不传,宜加封爵,与左丘明一体从祀。蘧瑗、林放、公伯寮不在弟子之列;申枨、申党、申续疑为一人;秦冉、颜何疑字画讹误;隋王通、宋胡瑗身立师道,宜加封爵从祀。乞别祀启圣王,以颜无由、曾点、孔鲤、孟孙氏配享,程珦、朱松从祀。"大抵敏政议论与宋濂相表里。又请录开国功臣后嗣,又请以杨时从祀孔庙。其博综典礼类如此。

敏政为人高自标置,俯视其侪偶。先是台臣奏进贤退不肖,敏政名在所进中,当事者已有逐敏政之心矣。会雨灾,御史魏璋遂指摘及之,诏以詹事府少詹事致仕。

已,复召还,迁太常卿兼翰林院侍读学士,掌院事,以忧去。

弘治十年,起纂修会典副总裁,辞不就。

明年,服阕,进礼部右侍郎。

又明年,主会试,忌之者诬敏政泄策题,鬻进士得金钱无算。言官华昶、林廷玉疏相继入,帝逮讯午门,所言皆不实,昶等调外任。敏政素负时名,不能忍辱下人,要津人亦幸敏政败污蔑,去则不可复起。廷辨日,并无相左右者,敏政竟夺职致仕。逾年,愤懑卒。后闱事大白,刑部主事钟祥、沈文华抗疏伸雪,赠礼部尚书。

敏政修眉长髯,风神清茂,其论从祀诸贤、与录开国功臣后嗣、嘉靖中议礼,多见施行。有《篁墩集》九十卷、《新安文献志》一百卷、《宋遗民录》五十卷、《皇明文衡》一百卷、《瀛贤奏对录》十卷。

子埈,以祖信功,官至锦衣卫副千户。

此皆以刚直著称,而宣力边徼者。

白圭、项忠、原杰列传

白圭,字宗玉,南宫人。正统七年进士,除监察御史。从英宗北征,土木之陷,御史得生还者二人,圭其一也。

郕王摄位,简廷臣分道募兵勤王,而圭得泽州。会寇退,召还。

迁陕西按察副使。民有掠食官粮者,有司置之法,圭恻然曰:"民以饥故至此,可悯也。"杖而释之。

迁浙江布政使。值叶宗留乱后,力请巡抚孙原贞奏蠲逋赋,浙人以安。

天顺二年,进右副都御史,赞理湖广、贵州军务,同南和侯方瑛破东苗水车坝等五百余寨,擒贼首千把猪,俘斩各数千人。贼既平,会湖广灾,就命巡抚。有敕督造战舰甚急,佥议赋材于民,圭持不可,请于藩府以抽分木代造,民多德之。

四年,召为兵部右侍郎。会孛来寇庄浪,命圭与左都御史王竑出赞军务,入对便殿,赐赉优渥。比至陕,边军新失利,寇张甚,圭按兵不战。寇分道自东园堡渡河入掠,圭驰至固原,寇奄至,从骑仅百人,令悉下马结阵以待。寇冲突者三,疑有伏,乃引去。蹑击之,获二十余骑及马、牛、羊以归。又追战于花马池,颇有斩获,寇乃解去。明年,进工部尚书。

成化二年,荆襄贼刘通、石龙并聚众行剽。通所部至四万余人,僭号称王。抚宁伯朱永将诸道兵往讨,而命圭为兵部尚书总督军务。圭与永决策深入南漳,分兵遏其奔路,击贼雁坪及古路山,斩其子刘聪及其党苗虎,乘胜蹙贼格兜山。贼退保岩砦,圭身自督战,士皆攀藤葛争先登,呼声震岩谷。又遣别将以劲卒千人取间道出贼后，焚其巢，斩首数千，通遂就擒。龙逸去未几，又追擒之，并其党六百三十余人献俘京师。流民受抚者万余人，奏言："荆襄山谷阻深，流民啸聚，往往弄兵，今幸扫除，议于房县、南漳、当阳险隘增官分戍。"报可。

遭父丧归葬。明年，加太子少保，兼兵部尚书。召还，提督十二团营，赐玉带、宝刀、织金麒麟服宠之。乞终制，不许。

四年，彗星见，请分命大臣巡问疾苦，旌廉黜贪，以弭天变。从之。

满四之叛，关中大震。圭举都督刘玉为帅，卒能平贼。

以母丧归，又诏促还朝，遂卒于官。赠少傅，谥恭敏。官其子锦衣百户。

圭凝重有器度。尝会议边务，请敕王越等调兵大举搜套，收一劳永逸之功。越奏不可乃止。累典征讨，未尝令家人冒功得官。公退辄闭门静坐，请谒多不得通。雅笃故旧，有丧不能举，辄为殡具。在贵州时人有愤中官虐，欲刺之者误入圭所。圭拥衾问之，刺者惊曰："我公也！"即自刎，不殊，仆于地。圭呼烛视持救，善遣之，人称其雅量。

子钺，字秉德，举进士第二人，授翰林院编修。历弘、正二朝，累官礼部尚书，兼学士入内阁。数为考官，典诰敕，掌翰林院及詹事府事，加太子少保。

钺以名公卿子，习闻典故，加之问学，词翰清蔚见称于时。为尚书时，刘瑾用事，虽稍敛逊，然能不失其正焉。正德五年卒，赠太子太保，谥文裕。

项忠，字荩臣，嘉善人。正统七年进士，授刑部主事，迁员外郎。从英宗北征被俘，为之饲马，乘间挟良马南奔，马疲辄弃之。

徒跣七昼夜得还,迁郎中。

景泰初,迁广东按察副使,按部高州。谍报贼携男妇数百剽村落。部将请发兵,忠曰:"流贼,无家也,勿妄杀!"已而有俘者,讯之,果良民被掠者,尽释之。

四年,从都御史马昂征泷水瑶,言于昂曰:"此瑶倚大藤峡恃险播恶,胁从者众,难以进攻。莫若慑贼以威,谕民以德。民出则贼势弱,而成功易矣。"昂喜,以军委忠监之。忠遂与诸将进兵,破函口关,追斩其酋,降数千人。

丁父忧,起补山东。

天顺初,进陕西按察使。会岁饥,不待报辄发廪,赈活万余人。

丁母忧归,陕人赴阙乞留,改右副都御史,巡抚其地。洮岷羌叛,忠上言:"羌志在卤掠而已,尽诛则伤仁,遽抚则不威,请听臣以便宜从事。"报可。乃发兵拒险,三日卒降其众而还。

成化元年,毛里孩、孛罗忽争河套,遂犯榆林。忠请选河州诸卫锐卒及庆阳壮勇御之。浃旬不退,廷议命彰武伯杨信、宁远伯任寿、总兵李杲,合三镇兵往援。薄有斩获,遽请班师。无何,毛里孩大掠延绥,复遣信出讨,而以忠为提督军务。于是,劾诸将拥兵观望罪,遂督诸军大破之,擒斩五千,降诏慰劳。忠请合诸镇兵十万,以明春出塞逐寇,会毛里孩弃套东遁,乃止。

岁人饥,筑西安及延安、临洮等城,使佣作力食。西安水泉卤不可食,为开龙首渠三十里,以便民汲。又疏泾阳郑白渠,灌田七万顷,名其渠曰"广惠"。

三年,召还为右副都御史。

四年,固原土达满四劫其从子、指挥使玚,据石城以叛。旬日间众且二万,官军数失利。命忠总督军务,与都督刘玉往讨之,集兵八万。九月,忠至固原,与巡抚马文升相度形势,分军七屯,环城十余里。贼乘高拒我，伏羌伯毛忠战死，刘玉被围，中流矢，军稍引却。忠即阵斩一千户以徇，众奋勇力战，围解，救玉出。忠语众将曰："贼据险，可坐困，不可仰攻也。"

会有星孛在秦分，诸将争言罢兵，忠曰："昔李晟讨朱泚，不荧惑守岁乎？而卒克敌，今何疑焉？"石城东西皆峭壁，无水泉，文升请断贼樵汲路，贼稍稍困。廷议遣抚宁侯朱永率京兵四万济师。忠虑京军脆弱，不足用。且永至，事权必挠，乃上疏言状，曰："贼行就俘，济师无益。"大学士彭时、商辂言："观忠布置，必能破贼。"而兵部尚书程信难之，忠乃请永循边而西，勿遽至军。而督兵攻城益急。贼诈请降，忠、玉单骑至城下，与四、珪语。良久，文升率兵继之，直前挟珪以归，四沮丧，复坚壁不出。

十一月，忠遣卒由间道乘高纵火。会风大作，飞炬入城，燔其栈栅。而文升令军士平濠直进，贼窘，多出降者。杨虎狸者素为满四所信，夜出汲被擒。忠叱令斩之，虎狸伏地乞效死，忠乃赐以金钩束慰遣之。越数日，虎狸果诱满四出，官军擒之。急击，下石城，夷险阻，瘗战胔，凿石纪功，还军固原。生擒者八百余人，械满四及其魁党二百人送京师伏诛。请于石城北增设一卫，留兵戍守，关陕悉平。

初，忠督兵行，间矢石雨下，不少避。文升劝忠持重，忠叹曰："受命讨贼，久无成功，吾义当死。"文升服其忠勇。

当石城未下时，天寒甚，出师且百日。朝议虑贼乘间与套合，关中且大乱。赖忠、玉、文升料敌明审，露宿原野者六旬，卒能殄灭巨寇。然朝中自彭时、商辂外，忌之者众。同时，若赵辅、刘聚、王越，功不能过忠，辄取封爵，而忠仅进一阶。寻召还，以右都御史协理院事。

白圭之平刘通也，诸郡邑戍守未设。无何，荆襄大饥，其党李原、王洪等复相聚作乱,流民归者近数十万人。僭名号,署官属,流劫诸郡。七年,命忠总督军务,同都督李震往讨。至襄阳,见兵单弱,奏调永保土兵。诸将请速进兵,忠曰:"流民逃聚山谷,非为寇也。既陷贼中,不能自脱耳。"乃分兵列山口要害,多设旗帜钲鼓,而遣人持榜入山招谕:有能去贼自归者,禁勿杀。众故闻忠诛满四名,已震恐。至是,携老弱来归者甚众。

先是,白圭常遣锦衣百户吴绶赞参将王信军,因说信曰:"一招而贼瓦解,如是用我辈?"遂为浮言以败抚事。而圭闻之亦请毋调土兵。忠惊曰:"彼来归者,畏兵威耳。且山中贼尚众,若土兵不调,彼何所畏? 出者复入,其及图乎?"乃疏论绶罪,帝召绶还,而听忠调土兵如故。

四月,兵大集,令二十五万人分八道进,忠与震建大将旗鼓于房竹间。贼匿老弱深山中,而出精锐数万以抗我师。纵土兵击之,斩堕二百。忠度贼出入所经处,伏锐卒六千于山侧,令散兵纵马解鞍以诱贼。贼出,伏发,大败之。忠度官军连胜,贼势必溃,复遣父老入山招之,旬日流民归者复数万。原、洪等伺隙出劫,李震同副使余洵乘暴雨溪涨,贼半渡,横截击之,贼堕溪死者千计,遂擒原、洪,斩俘二千,出贼家属二万八千有奇。户选一丁戍湖广诸卫,余附籍给田。忠恐余孽未尽,复督军入山搜捕,俘斩八百,获器械杂畜以数千计。

捷闻,降诏褒谕,留忠抚治。初忠下令逐流民,有司乘兵威驱迫,死者枕藉山谷。会有星孛天田,言官遂指忠妄杀所致。帝曰:"流民为患,中外交咨,赖忠等扫除,今乃追论耶?"不听。白圭亦言所上首功前后不合,亦不听。于是,进忠左都御史,震左都督,诸将赏擢有差。忠上疏自列:"臣肃将天威,克平逋寇,妒嫉之徒,播为流言,至谓彗孛皆臣所致。夫荆襄寇乱,远迩荼毒。臣斩俘者皆首恶也，今诸臣言皆良家子，不知前屡奏猖獗者谁耶？枢臣白圭亦尝身任其事矣，今日之举，圭之遗也，盍亦少思乎？昔马援征南，蒙薏苡之谤；邓艾伐蜀，来槛车之征。非惟功不见录，反致身且不保。臣幸际圣明，不加斧钺。然众口铄金，其实可畏。乞赐骸骨，勿使臣为马、邓之续。"温诏答之。自是，荆襄无贼患者三十余年。窃谓此功较平满四更烈。

入为刑部尚书。逾年，代白圭为兵部尚书。锦衣百户韦瑛挟汪直屡兴大狱，忠奋笔草疏，偕诸大臣发直、瑛等奸状。会大学士商辂等亦发直十罪，词甚激切。帝不得已戍瑛，罢直西厂，直见帝泣诉曰："此内臣黄赐、陈祖生中奴也。"帝为之调赐等南京，以慰其意。又以御史戴缙讼直奉法无他，乃复令直领厂事如故。而吴绶自荆襄还，为千户，附直用事，因诬讦忠。下廷讯，忠抗辨不少屈，竟夺官去。初，直用事，诸大臣耻与往来。已而，一二大臣首结直，因相引附，嗾言官排异己者。于是，大学士商辂首乞去。都御史李宾、刑部尚书董芳、户部尚书薛远、兵部尚书程万里相继去。而直益横。已而诸奸皆败，大臣相继复官，忠得复兵部尚书。致仕，家居二十六年卒，年八十二。赠太子太保，谥襄毅。

忠倜傥谙练，刚直不阿，能知人服善。在兵部以职方司为要枢，遂调刘大夏、陆深为郎，部务悉举。

子经，孙锡，皆举进士。经江西参政，锡南光禄卿。镛以忠荫，世苏州卫指挥[①]。锡子治元、梦元，皆举进士。

自忠大征荆襄后，其地几空。已而，岁复饥，流民复集。有司惩前事，严逐之而已。祭酒周洪谟闵其事，为著《流民说》，谓："山谷旷远，民遭水旱，上不能赈恤，则转徙其间。不若因而抚定之，使占版籍为土著，可以填实襄、邓户口。"又援晋侨置南雍州为征。成化十二年，流民大集，右都御史李宾恐生变，乃即洪谟说上之。而湖广巡按御史吴道宏,亦请如洪谟言,遂命右副都御史原杰往莅之。用史联缀法。

校记

① 此句"镛"字前疑有字缺失,据后文,似缺"经子"二字。

原杰,字子英,阳城人。正统十年进士,授监察御史,巡按江西,捕猾盗数百人,有能名,就迁江西按察使。

成化初,迁山东布政使,进右副都御史,巡抚其地。召为户部左侍郎。

六年,巡视河南,奏:"黄河为患,迁徙不常。彼陷则此淤,军民就淤垦种,以给口食,供赋税,盖取此以补彼也。奸徒阴结王府官校,概指为园场屯地,投献徼赏,王府辄便收占,民不聊生。请自今奸民谪戍,王府官受献横占,并治以法。"从之。遭母丧去。会江西盗起,以杰两任江西,能得民,诏起复往治。事平,改右副都御史。

杰为人廉静,有智略,推诚待物,所至有功。而区画荆襄流民,功尤伟。荆襄之上游曰郧阳,介湖广、河南、陕西三省间。丛山密箐,中多旷土,元末流民入据为乱。洪武中,邓愈以大兵剿除之,空其地。正统初,流民稍集,诏御史金敬抚辑,未定而还。自是,集聚益多,无所禀约束,黠悍者直相雄长。成化初,刘千斤乱,尚书白圭剿平,而戍守未设。余孽李胡子复乱,流民从者至数十万人。都御史项忠复讨之,既定,下令逐流民。有司乘兵威迫遣,盛夏道暍,多以流亡疾疫死。十二年,复大集。于是,剿驱策并困。右都御史李宾请立州县统治,仍置卫所资守御。宪宗是其议,命杰以左副都御史往抚之。杰至,遍历山陬,宣上德意,延问诸流民,无不忻然愿附籍为土著。于是,大会湖广、河南、陕西抚按官籍之,得二十一万三千余户，听归故土者十之一二。其愿留者许各占旷土，垦治为业。流民与土著相参错居，因视要害，析地置县。于湖广得竹溪、郧西；于河南得桐柏、南召、伊阳；于陕西得白河、山阳。又升商县为商州，即郧县设郧阳府卫，立行都司。而总制以都御史得抚治八郡，有事得调发三省文武吏如指臂。凡设府卫各一，州一，县七，荐知邓州吴远为郧阳知府。诸州县皆择邻境良能吏为之。所集流民为户一十九万一百七十有奇，计口三十九万有奇，垦荒田一万四千顷有奇。图上其事，又以地界三省，无统纪，因荐御史吴道宏代己任。帝览奏大悦，悉报可。擢道宏为大理少卿代杰，而进杰为右都御史。由是，荆襄千余里竟以无事。

将还朝，而左都御史王越忌之，言于内阁。会南兵部尚书缺，吏部以侍郎滕翁世资名上，皆见格。乃特命杰，杰既以劳成疾，闻命，郁郁不乐，疏辞不许，卒于南阳之驿舍，年六十一。八郡民闻之流涕，为立祠。盖抚定流民使占籍，其说虽创自周洪谟，奏于李宾、吴道宏等，惟杰处之能尽其方略云。赠太子太保，录其子宗敏国子生。

叙战抚处锐气硕画，如见铁马交驰，轩车煦沫。

王竑、韩雍、吴琛、朱英、邓廷瓒、余子俊、徐廷璋列传

王竑，字公度，其先居江夏。祖俊卿坐事戍河西，遂为河州人。少豪迈负气，自以生长西邮，志存立功。登正统四年进士，授户科给事中。正色敢言，以汲黯、朱云自期。

英宗北征，陷土木。郕王摄朝，午门群臣劾王振误国。读弹文

毕,王曰:"出!待命。"众皆哭,伏地不起。锦衣指挥马顺者,振党也,厉声叱言者去。竑奋臂起捽顺发,啮其面,骂曰:"若党权奸为恶,致皇帝蒙尘,罪当诛,今尚敢尔耶!"与众共击之,立毙。王遽起入,竑率群臣随王,仍伏地哭。王使中官金英问所欲言,曰:"振党王、毛二阉犹在,请置于法。"遂出二人,众又捶杀之。曳三尸东安门外,籍振家。当此之时,竑名震天下。

郕王已即帝位,也先拥众数万,挟上皇犯京师。命竑为佥都御史,同太监兴安提督守御九门。

也先退,命竑守居庸关。时边镇累陷,人无固志。居庸都指挥夏忠等护运军粮,中道闻炮声,以为寇至,辄奔还。竑劾奏之,一军震慑。遂大阅士卒,缮险隘,饬戎备,居庸屹然称重镇。寻以疾代归。

景泰二年,督漕淮上,兼巡抚江北诸郡。首劾巡河御史王珉贪淫,谪戍。会岁大祲,竑引咎,疏曰:"窃见山东、河南抵江北徐淮,自去年正月大雪异常,夏秋霪潦,庐舍漂荡,稻麦污莱。入春连月风雨沍寒,天意不测,甚为可畏。在《易》泰卦象曰:'内阳外阴,君子道长,小人道消。'否卦象曰:'内阴外阳,君子道消,小人道长。'今方春阳,长候类秋冬,阴盛阳微。殆食禄者君子少而小人众也。伏望陛下念宗庙社稷之重,上天告戒之切,责有位之臣痛自修省。进君子,退小人。省刑罚而止聚敛,节财用而抑贡献。罢无益之工,严无功之赏,散财以收民心,爱民以植邦本。庶人事修而天变可回。臣滥居台宪,致此灾异,无所逃罪,伏乞罢归田里,以答咎谴。"疏入,帝下诏申励大臣,敕所在发廪赈济。

然是时,徐淮道殣相望,竑不待报即开仓发赈。已而,山东、河南流民就食者闻风猝至。诸廪悉竭,惟广运仓尚有余积,而留备京储,主以中官,竑欲发之,主者不可。竑往告之,曰:"民惟邦本,本固邦宁。今民穷至此，旦夕且为盗，将上忧朝廷，遑惜京储耶？公不吾从，脱有变，当先斩公以谢众，然后自请死耳。"竑辞色俱厉，而中官亦素闻其杀马顺名，惧而从之。竑复上言："广运所储，仅支三月。请令内外问刑官，自死罪以下得入粟，于被灾所在就便贮赈。"帝从其议，命侍郎邹干赍帑金三万两驰赴淮徐，听竑便宜调度。竑躬自巡问，遣属吏四出，劝谕富民及沿淮上下商舟悉令出粟，所全活者百八十余万人，复业者五千家。他境流移安辑者万六百余家。病者有医药，死者具棺殡。乃自劾前矫制罪以其状闻。初，帝得流民奏大惊，曰："吾民其饥死矣，奈何？"及竑疏至，喜曰："贤哉，都御史也。活我百姓，其勿劾。"遂进左副都御史，仍治淮安。

英宗复位，石亨、张轨等用事，以汰冗员，左迁浙江参政。亨复追论竑是尝首击振党者，遂除名，编管江夏。

居亡何，帝于宫中得竑景泰中疏，有"正伦理，笃恩义"语，顾左右曰："竑此言乃为朕也！"因录治漕功，遣官送归河州。

天顺五年，孛来寇庄浪，命都督冯宗往讨，诏竑以原官与兵部侍郎白圭参赞军务。竑与宗击孛来于红崖子川，败之。班师入朝，英宗慰劳备至。仍令督漕，抚治淮扬。先是竑救荒时，淮人歌之曰："生我者父母，活我者巡抚。凶年不荒，军民安堵！"立祠祀之。及是闻竑至，远近皆相庆，老稚累累迎拜道中，至数日不止。

宪宗即位，言官称竑才望可属重仕，不宜久在外，遂召为兵部尚书。时，两广苗贼据大藤峡称乱，帝锐意征之，下廷臣集议。竑首举都督赵辅、前侍郎韩雍可用，苗贼遂平。

因言："总兵官征讨，毋得奏带私人，妄冒功。"次又请复京营军士旧额，禁势家豪帅擅役营丁。其言与时忤，不报。及荐都给事中张宁、修撰岳正，为阁臣李贤所沮，并出之于外。竑愤然曰："大臣以道事君，不可则止。吾可以行矣！"遂三上章乞休。

竑历官十余年，在兵部仅三月，而声望重一时，无贤愚皆信之。既归，御史吴远等合疏荐竑："练习边务，缓急足恃。乞速起用，以慰群情。"不果用，家居二十余年，卒，赠太子少保，谥庄毅。

韩雍，字永熙，长洲人，徙家宛平。弱冠举进士，授监察御史。负气果敢，陵诸御史上。尝录囚砀山，教谕丘纯遇膳夫过苛，其父教令逃去，因告纯杀其子，取河中浮支解尸以证。他御史榜掠，纯遂诬服，坐以极刑。雍疑之，踪迹得其人，冤始白。

巡按江西，众犹易雍年少。及视事，踔厉风发，纠弹墨吏五十七人，前后御史皆不及。会岁饥，庐陵盗起。雍与巡抚、侍郎杨宁设计捕剧贼二百余人，悉戮之，境内以安。宁语人曰："韩公虽年少，才百倍，宁何可当也。"

时，福建邓茂七反，有诏江浙会征。既而，福建巡按御史以贼且受抚，止兵勿进。雍曰："贼果降，退师未晚也。"趣进兵，贼果复叛，赖雍定之。浙江御史初得福建牒，止不进。及贼平，以其牒奏闻，福建御史坐死，人以是益知雍多大略。

寻，迁广东副使。大学士陈循知其才，言于上，擢佥都御史，代宁巡抚江西。论劾宁王不法事，遂削护卫。时，雍年未三十也，而诸所更定施行，后来皆守为成式。

天顺初，坐陈循累，贬山西副使，寻罢归。

未几，召为大理寺少卿。寻复佥都御史，佐寇深理院事。深素刚愎，而独心重雍。石亨既诛，锦衣指挥刘敬坐直房，邀亨午具，用朋党律罪死。雍抗言："律文交结朋党，重柰乱朝政耳。今以一饭当之，非律意也。且亨盛时，大臣中固有朝夕趋其门，宴会累时者，独坐敬，何也？"敬遂获免。

遭母丧去。以边警起复，巡抚大同。召见文华殿，赐钞劳之，曰："烦卿守北门！"雍经画部署，不由成法，边备大修，寇不近塞。

七年，召还议事，帝壮其表，留为兵部右侍郎。顾大学士贤曰："安得风度如雍者而代之？"

未几，又坐侍读学士钱溥，累贬浙江参政。雍既屡进屡黜，甚不得意，日从宾客赋诗选胜而已。会两广寇起，命都督赵辅发湖、湘、闽、广土汉兵讨之。兵部尚书王竑曰："韩雍才气无双，若属之讨贼，可免南顾忧。"遂以雍为佥都御史，赞理军务。至则会众议进取，辅曰："分军蹙贼入广西，可破也。"雍曰："不然，古者仗钺临戎，得制阃外，苟利国家，专之可也。夫兵有合为正，分为奇者。两广地鲜完郡，大藤峡，贼根本也。不以全师捣其本，乃分兵以趋末。分兵势弱，趋末难尽。今全师据其地，则南可援高、肇、雷、廉，东可应南韶，西可取柳庆，北可断阳峒诸路，势若常山之蛇，首尾互应。彼分而拒，我聚而攻，志曰先人有夺人之心，此之谓也。"辅曰："诚如公言。"于是，以雍为才，军事一决于雍。雍乃以三万人兼程而前，至全州阳峒。西延苗贼为梗，雍首击灭之。斩失律指挥四人于军门，将士皆股栗。

至桂林，雍按地图与诸将议曰："修仁、荔浦，峡之羽翼也，不先剪除，则峡势不孤。"乃以承顺、保靖两江土兵十六万人先破修仁。进至力山，俘斩八千余，荔浦亦定。遂直抵峡口。有儒生里老数十人伏军前，曰："我辈苦贼久矣，今幸遇天兵，得生为良民，愿先马首为向导。"雍顾左右，叱曰："此皆贼耳，缚斩之！"左右初亦疑，既缚而利刃出。乃悉支解，分挂林箐中，累累相属，贼大惊曰："天神至矣！"悉反走。遂连破石门诸寨，贼复遁入桂州横石诸崖，据险立栅。雍挥壮士以大斧刊木开道，众军鼓噪并登，贼遂大溃。前后俘斩四千七百有奇，磨崖纪功而还。峡故有藤如虹，横两崖间。至是断之，更名断藤峡。复遣将四出，雷、廉、高、肇诸贼次第削平。雍因请改上隆州隶浔州，复故土官岑铎领州事。诸巡检以有功土人为之，立藤县千户所，而以蛮人从军者李庆为之长。又请授新会知县陶鲁为宪职，使守梧、浔、肇庆诸郡，诏悉如雍议。

进副都御史，提督两广军务。荫一子锦衣千户，雍以让其弟。而辅封武靖伯。雍以两粤辽远，复请重臣分理军事。

寻，以父丧去。未几，巡按御史龚晟、佥事陶鲁、林锦，并以两广事权，宜专请开府梧州，仍命大臣总制。部议以为无如雍者。再起，复进右都御史以往。

雍在镇尊严拟王公。三司长吏长跪白事，军门设铜鼓数十，仪节详密，宾从极一时之选。军务填委，判断如流，而赋诗饮酒不辍。然军府取用过侈，又凡事专决，为镇守中官所忌，遂以骄奢见纠。遣使即讯，无所坐，竟致仕归。

雍洞达剀爽，重信义。临戎莅政，决机致胜。发奸摘伏如神。而事简心平，不为崖谷。_{此制事根本。}盛年引归，郁郁以终，人多惜之。年五十有三，谥襄毅。

嘉靖初，言官追论雍功，请录其后。兵部言："雍故与赵辅同功，运谋决策，实出于雍。陶鲁军绩，皆雍指授。其劳勋实与前总督尚书王翱埒。今辅子孙世承伯爵，翱、鲁之后俱袭锦衣，而雍赏不延世，请比翱例。"不报。

同时，有张祚者，华亭人。景泰中进士，以御史迁广东佥事。雍委任先于陶鲁，常率兵分路进讨，凡军粮俱倚办之。仅再迁，秩终河南副使。

吴琛，字舆璧，繁昌人。景泰二年进士，授监察御史。犒军甘肃，巡按四川，皆有名。

英宗初，石亨乱政，琛与同官纠之。忤旨，调知迁安县。适有雨雹之异,命还职。

故事,三法司会谳狱囚及十三道文案,必择御史中有才望者综理之,琛与焉。

进大理寺少卿。岁余,迁佥都御史,巡抚甘肃,西番、扒沙、巴哇等七族岁寇边,累抚之不服。琛与平羌将军卫颖讨之,斩获甚众,以功加俸二级。

成化初,以议事入京,留佐院事。时,淮南荐饥,奉命赈恤,以便宜专决,为权贵所嫉,被诬左官。代者林聪行事一准琛旧,谓琛实益民,未尝负国也。由是诬白而名益著。

遭丧,服将阕,适两广总督韩雍以艰去,乃即家命琛往代。半岁,雍夺情再至,乃召琛还,复巡抚湖广。

五年,西边有寇警。廷议以琛常在西陲,习知兵事,调琛巡抚陕西。楚人遮道诉镇守,三司官连章留之。诏特报可,进副都御史。

未几,雍致仕,复推琛往知。雍以骄侈罢,于是矫以清约。琛武功不如韩雍,抚循招徕,亦不若朱英最著。然自雍大创之余,因时劝诱,使柳庆瑶僮蒲伏听命,琛之功实多。一年,卒于官。人又谓琛在两粤日浅,使得如湖湘时,功名亦未必少逊英也。

朱英,字时杰,桂阳①人。五岁而孤,能自感奋,通《易》、《书》、《诗》三经。正统十年进士,授监察御史。

十四年,浙闽盗起,帝简御史十三人与中官分守各郡,而英得处州。时,叶宗留反,其党周明松等四出剽掠,骎骎合闽寇。时,大军尚驻金华,处州道梗。英从间道至,榜谕胁从,降者甚众。以计生致明松等数人,械送庆元。谍者报贼众来劫,中官大惧,英立戮明松等于市,贼遂散去,事平还朝。

景帝将易储，英独与林聪言其不可。会帝召内阁江渊议事，英前语渊曰："无故易皇太子，人心大失望。公当国，不可不争。"已而，竟易之，英与聪相向泣。

寻，有诏：风宪官被告讦者悉外补，英复极论之。英为御史有名，坐是不为执政所悦。迁广东参议，过家省母，橐中惟赐金十两。母曰："儿居官若此，吾无忧矣！"

英至广，抚凋瘵，招流亡，立均徭法。其法以十年为限，一役九休，民甚称便。

峒蛮为乱，抚之不定。进兵讨之，其党降者百余人。大帅悉欲诛之，英固争，戮首恶而已。都御史叶盛属英督察剿贼者，参将范信诬廉横间民为贼，欲歼之。英驰赴信垒，即讯，悉纵去。信忿其计不行，旬月不肯还。会盛使至，英密请令信班师，全活者甚众。

以事入京，时林聪已为都御史，语英曰："君沮易储，当时虽无封事，盍亦自列，吾能证之。"英耻于自言，竟不答。

寻，进参政，遭母丧去。

服阕，补陕西，迁福建右布政使。居二年，迁陕西左布政使。所至用均徭法，民大便之。

寻，擢副都御史，巡抚甘肃。会两广总督吴琛卒，廷议以英熟粤事，遂以代琛。顾两粤自韩雍大征之后，民徭穷窘。将帅喜邀功，张大声势，利在俘掠，名为雕剿。英至，则以守易攻，揭榜购诛首恶；胁从归服，许为编户；约饬将士，无得恫张。先后平郁林、木头诸蛮，招荔浦、马平、苍梧、阳朔诸瑶。凡为户四万三千六百，丁十五万，田粮万五千有奇。复请建永安州，以处降蛮，两粤以靖。赐敕褒谕，进右都御史，食禄从一品。

田州知府岑溥与从子思明知府钦久内属，酋长黄明，烝溥祖母，因间钦以叛。总兵请用师，英曰："何事于兵？吾将使岑氏献其首耳。"遣间使讽钦诛明以雪耻,钦感泣,斩明,传首军门。

交趾、老挝治兵相攻,边臣入告。帝问英处置之宜,对曰:"交趾蕞尔国,不过与老挝争瓯,脱耳遣使谕之,当即悔惧。"帝从其言,交趾果上表谢罪,贡方物如旧。其为治以明决佐其持重,皆此类也。

在粤十年,召还,掌院事。考满,加太子少保。卒于官,赠太子太保。

英与韩雍、吴琛俱以御史起家有名,先后总督两广。雍虽平寇有功,顾为人恢阔,自奉赠遗过侈,因得谤去。琛务为谦抑,有所赠遗,才及金帛,辄辞不受。至英益标清节,妻子不从之官,惟一老苍头给侍而已。有时玺书旌以金币,英受藏玺书,贮金币于库。自言:"吾莅官,苟得为民省一钱!"还室,神气顿爽。英在甘肃积军羡三十万,在两粤四十余万,悉付司,计者不上闻。或问之,答曰:"此边臣常分,何足言!"人谓英知大体云。正德中,追谥恭简。

校记
① "阳"原文为"杨"字,正之。

邓廷瓒,字宗器,巴陵人。景泰五年进士,知淳安县,多惠政,而无赫赫名,九载未迁。巡抚广西,都御史张鹏独知其才,荐知梧州府,会丁母忧去。

服除,迁太仆寺丞。时,贵州新设程番府,地在万山中。夷獠杂居,吏部难其人,特推廷瓒为知府。廷瓒悉心规画,凡城郭衢巷,庙宇廨舍,以次兴造。榜谕诸獠,使受约束,政平令和,莫不感悦。垦田不逾界,入市不二价,四境晏然,浸知礼让。巡抚陈俨以廷瓒治绩异等,奏请久任,九载始迁山东参政,寻进布政使。弘治二年,擢右副都御史,巡抚贵州。

时,黑苗称乱,滇蜀道梗,敕廷瓒提督军务,同镇远侯顾溥统兵八万讨之。始至,招抚不从,乃调兵食,决策征剿。苗逆顺杂处,廷瓒布檄山谷,顺命者抚之。临阵号令严明,将士无敢逾越。破砦百余,擒其渠首,献俘京师。斩获八千,招还流移五千余户。捷闻,降敕褒嘉。廷瓒奏言:"都匀、清平二卫九长官司,其人皆世禄骄恣,残虐苗民,致使生乱。四十余年,军疲戍守,民困转输。今幸元憝就除,非大更张不可。请改为郡县流官与土官兼治之,于计为便。"诏曰:"可。"于是,始设都匀府一,独山、麻哈州二,清平县一,更置官吏,具如廷瓒议。

八年,召为左都御史,掌南京都察院事。仅数月,出为提督两广军务,镇梧州。自都御史韩雍平大藤峡后,率选宪臣有才望者镇抚其地,多以威严为治。廷瓒一镇以简静,凡事总大纲而已。属吏有贤者辄荐举。或不职,特去一二太甚者。奏汰诸冗员,曰:"禄俸出于民,毋徒费也。"顾群蛮以劫掠为常,往往出没闽楚间,廷瓒言都御史金泽:"巡抚偏方非宜。请以江西一省付泽,而使二司听节制,庶可调度兵饷。迁衡州兵备治所于郴州,以便控制。又以广东泷水为贼巢,宜即其地设千户所,调军守御,给隙地屯田,为久远计。"上悉从之。

廷瓒于群蛮结以恩信,兵不轻发。若郁林川、云矿、大柱诸种作乱,以次讨平。其后四会诸下县饥,盗窃发,势尤炽,廷瓒设法擒李景先、覃杰等二百余人,余解散归农,两广无事。廷瓒性乐简易,自为州县至大寮,处事求济,待人不疑,雅量廓如,莫窥其际。至所设施,动中机宜,人莫能及也。

自梧州召还,复命掌南京都察院事。未行,卒,赠太子少保,谥襄毅。

余子俊,字士英,四川青神人。父祥,户部郎中,廉介重信义。子俊少孤,才略开敏,登景泰二年进士,历户部郎,出知西安府。城中水咸,饮辄病。为开新渠,引灞浐水贯城市,人得户汲,号余公渠。又泾阳洪日堰,山高水下,不利灌输,乃凿山开水道,灌田千顷。居六年,以治行考最,赐玺书旌异,超擢陕西布政使。时会讨满四,供饷立办。

成化八年,擢副都御史,巡抚延绥。初,正统中,都督王祯始城榆林,置十八砦。成化中,始置卫,而规制褊隘。子俊请广其城,增筑营堡,以陕中诡漏军籍,及罪谪南戍子孙不习南土者,皆听编伍实之。建学立官师,择其少俊补弟子员。又教军士树蔬果,开畀石,拓地屯田,岁得粮十余万石。由是,榆林始为重镇。

是时,迤北部落入河套,久不出,帝数遣文武重臣督诸军御之。子俊疏言:"陕西三边,延庆最近内地,国初远斥边寇黄河外,尽延庆无马迹。至正统初,稍渡河杀掠,始沿边立界石,创营堡,筑墩台。天顺以来,侦我东西诸边,各据险难犯。唯延庆地无险阻,利驰突,数来侵犯,掠我边人为向导,遂知河套所在,入屯其中。而我列戍守御反在其外,宿兵既无宁息,刍饷费且亿万。臣以为沿边界石一带墩台空处,筑墙立堡。其间多高山峻崖,依山随势,或铲或筑,或加挑堑,绵引相接为边墙。"便报可。于是,东起清水营紫城砦,西接宁夏花马池,东西二千里。每二三里为对角敌台砦,连比不绝,空处筑台如新月状,以瞭敌避射。凡堡十有二,崖砦八百一十有九,小墩七十有八,大墩一十有五,役兵四万余人,不三月告成。自是,塞外侦骑望之咭指去。

十二年,移镇陕西,讨平岷州叛羌,赐敕奖励。条上安民选将之方,朝廷皆议行之。

十三年，入为兵部尚书。子俊在边久，熟知敌情将校勇怯，道里险易，出入所由。凡边臣奏议，从中调度，辄中机宜。以母忧去。

服除，改户部尚书，加太子太保。

秋，大同报警，命总督宣府、大同、山西三关军务，以为战车可当铁骑，绘式奏上试之，不果用，寇亦引去。

寻，召还。会星变，上言乞罢土木，重盐法，停滥恩，禁争利；杜贵幸之乞闲田，罢中官之预外事，帝皆嘉纳。

二十二年，再出总督宣、大。子俊果锐有为，当镇抚延绥时，创立边墙，谤怨蜂起，卒坚执以成功。至是，欲推榆林法，尽修宣、大两镇边墙。事已得请，而忌之者众，交章论劾，至遣工部杜谦等勘报。奏言："子俊在镇二年，用官银一百五十万两，粮料二百三十余万石，劳民耗财，不为无过。"夺太子太保，以左都御史致仕。

岁余，复召为兵部尚书。以疾乞休，不许，温旨赐赉有加。会楚蜀大祲，虑有变，奏遣将臣镇压，以销未萌。疾且革，犹屡问章上得报否。或曰章犹未下。侧身面内而卒，年六十一，赠太保，谥肃敏。

子俊外和内严，正不忤俗，廉不市名。奏对符檄，援笔立就，文简义该。平生仕宦多在西北，而榆林修边之功最大。尝曰："人臣事君，当随事尽力。凡有建树，即近且小，亦必为百年之计。"又曰："大臣谋国，遇大利害当身任其责，岂得养交市恩为远怨自全之地！"又尝极论都御史陈钺希汪直意，开辽东边衅，宜置重典。贵州守将请合兵讨播贼，子俊谓贼在四川，而贵州请讨，必要功也，奏请勿许。百户韦瑛以附汪直谪戍，妄告人妖言谋变，子俊拒不问。瑛白所私太监张善定，属有司捕系百余人，欲煅成狱。子俊曰："是当归之法司，廷鞫皆妄。"遂斩瑛，余悉遣去。其慎重如此。

子置，以荫累官锦衣卫同知，忤刘瑾，调南京。孙承勋、承业皆进士。承勋翰林院修撰，承业云南按察司佥事。

徐廷璋，字公器，罗山人。性豪迈有才略。景泰二年进士，授工科给事中，上言七事，略谓：师保之官惟人不求备。今每部增尚书，都察院增左右副佥都御史三十余人，遍加官衔，名器滥矣。教职之选，宜用副榜举人。取备师资，今专取岁贡监生儒士充位，素无积学，问难茫然，师儒陋矣。科举岁贡，宣德、正统间，例无冗滥。今二者增额四倍，烦耗无益，士路芜矣。天子绥来万方，不贵异物。近年蛮裔屡贡金银、宝石、火鸡、白鹿之属，未足为祥。而驿送骚然烦费，远人窥中国矣。国家特遣封疆大臣，镇抚要害。今河南、山东、湖广、浙江皆内地，可省巡抚而并力于辽东、永平、紫荆各边境。且毋令久任，以滋熟玩，则封守固矣。京师地称首善，天下所取则。今节序男女溷集，焚香寺观，风俗以坏。而小臣阿附大臣，奸邪滋长，政府不清，并宜禁治，以正百官万民者也。疏入，景帝报曰："朕初嗣位，故加旧臣以公孤之职，余可采用。"遂省四巡抚。久之，以忧去。

天顺五年，迁兵科都给事中。时，锦衣指挥门达事败，命廷臣会鞫。众犹畏达不敢言。廷璋怒，叱校尉刑讯，达乃伏辜。

八年，擢右佥都御史，巡抚延绥。成化元年，改甘肃。奏边陲方略，所言决功赏、任智勇二事称旨，命亟行之。

八年，改巡抚宁夏，击边寇有功。指挥以下加级者三十五人。又多修治边墙，堑山堙谷，亘数百里，边人以为保障。当是时，余子俊巡抚榆林，马文升巡抚陕西。廷璋名迹次于余、马，称关中三巡抚。然边隅不靖，间苦侵掠。九年，兵部尚书白圭奏称："廷璋刚方有为，未娴军旅，请与湖广巡抚吴琛更调，以尽其才。"帝不允。会参赞军务、左都御史王越奏韦州之捷。兵部奏验所斩首多中国人面目，官兵妄杀冒功。而巡抚徐廷璋有疾，并未督阵，宜案治。帝命科臣勘实以闻。是年,宁夏地数震,帝虽置前事不问,而廷璋已倦边事。十一年,致仕去。

> 竑、雍、英、子俊皆恢有用之才。其叙赈饥,征大藤、治榆林,浓腴有史法。

卷十四　列传六

金濂、张楷、张瓒、孙仁、汪浩、陶鲁、孔镛、毛吉、童轩、张海列传

金濂，字宗瀚，淮安山阳人。永乐十六年进士，授监察御史，风裁崭然，建白为多。

宣德初，巡按广东，廉名甲于一时。

正统元年，出为陕西按察司副使。时征朵儿只伯，督饷军中，以功擢佥都御史，提督宁夏军务。濂有心计，善筹策，储胥充裕，西陲晏然。寻进副都御史。

还京，奏对称旨，拜刑部尚书。

十三年，沙县民邓茂七反。初遣都督刘聚等同佥都御史张楷讨之，久无成功。朝廷以聚等兵寡，不足灭贼，乃敕宁阳侯陈懋、保定伯梁瑶、平江伯陈豫、都督范雄、董兴，率京营二万人，及浙江、江西都司军，合四万七千人会讨，而以濂参赞军务。当是时，帝念茂七本良民，有司抚御失宜，遂至铤①而走险，下诏赦胁从，禁株连。又用户部主事孟玘言，敕诸将分道并进，预据要害，以防奔突，训励谆复。更以楷等遇敌逗留，降旨切责。先是楷等败书叠闻，至是见

朝廷震怒，又大军将至，而贼围延平日久，乃奋发与刘德新设伏攻之。茂七死，余贼复拥其兄子伯孙据九龙山接战。濂与陈豫及楷合兵列阵山口，掩旗息甲，出羸卒以诱贼，而别选精兵伏其山后。贼果空壁来攻，伏兵乘虚入据其营，尽执其家属。贼退，无所归。副使邵宏誉统兵继之，遂获伯孙。捷闻，帝以闽寇稍平，令楷等旋师讨浙寇，而以余党付濂经理。濂亦不能大有所剿除。御史顾瑄等上章纠劾，诏勿问。

土木之难，户部尚书王佐死，乃调濂为户部尚书，加太子太保。时边事方殷，濂志期济国，会官集议樽节粮储便宜十六事以闻。大约减岁禄，裁冗官，停二俸并支，罢师生会馔诸费。综核纤细，怨谤不恤。一时国用军需，赖以不匮。

时，瓦剌遣使进马，及送使臣高能等来朝。帝欲断其往来，不复遣使。濂言："遣使通和，行之已久。一旦谢绝，恐启边衅。今人民凋敝，仓廪空虚，缓急诚为可虑。"且曰："汉高帝以三十万众困于平城，何况今日？若遽欲雪耻复仇，恐非万全之计。"帝曰："遣使与否，朕自有处。平城之事，非所宜言。"

景泰二年，诏免天下税粮。濂虑经费日绌，移文停征米麦，其银布绢丝，征输如故。有司追呼加切，民颇怨望。学士江渊、给事中李侃，皆以为言。科道因交章劾濂身总邦计，使朝廷失信于民，且发其私家数事。诏下都察院狱，濂上章自列，寻诏削其宫保，调工部。

未几，吏部尚书何文渊以经理财赋，非濂不可，乃还户部，旋以易储复宫保。致仕，卒。遣官谕祭，仍以军功追封沭阳伯，谥荣襄，厚赐其家。

濂性廉介刚果，然褊急不能容物，接下多暴怒。在刑部值王振用事，数以私怨兴狱，而濂持法又颇刻深。士大夫以是少之，至谓承望振意,未必然也。为人雪无辨之冤,大是是非之正。

校记
① "铤"原文为"挺"字,正之。

　　张楷,字式之,慈溪人。永乐二十二年进士。宣德初,奉命督关中,车骑从北征,先期而集,还,受监察御史。
　　有巨盗系刑部狱,吏受赇阴脱之。楷劾罢尚书赵羾以下十余人,名声大振。
　　历陕西佥事副使。时,靖远伯王骥巡边,楷上安边十二策于朝,多见采纳。
　　正统十二年,擢左佥都御史。畿甸蝗,敕楷往,驰行八郡捕之。真定知府慢令,奏请枷号,众皆震悚,蝗灾为息。
　　福建邓茂七反,众至数万,诏御史丁瑄乘传往抚。而以楷监左都督刘聚,及都督佥事陈荣、陈诏、刘德新等兵往讨之。至南畿,分遣德新出江西建昌会邵武,而自以三千人由浙入闽。时处州贼叶宗留掠铅山,道梗。楷军至广信不得前。闽人趣楷,进军者相属,而浙东诸司请楷便宜击宗留。巡按江西御史韩雍亦言宗留猖獗,郡邑危在旦暮,皆国事也,岂忍坐视?楷不知所从,指挥戴礼愿往剿之。楷乃使将五百人往,战黄柏铺,杀伤相当,宗留中流矢死。贼退保阴浆源山,复拥叶希八为帅。而茂七悉众趋延平,瑄率官军婴城固守,遣使驰迎楷。丽水盗陈鉴湖者率所部附茂七,亦与希八等声援相闻。希八等见官军趋闽急,复出掠,欲引众走浦城。楷复命戴礼拒之。陈荣言于楷曰:"受命讨贼,今延平事急,而铅山不通,我辈逗留不进,只遣一部将往,朝廷知之,何所逃罪?"楷乃属荣兵二千人会礼击希八等。而鉴湖从旁设伏夹击,官军大败,荣、礼死焉。

事闻，朝廷以楷等兵少，虑不足灭贼，乃命宁阳侯陈懋、尚书金濂统京营及江浙兵四万七千人往讨。楷谓刘聚曰："贼闻大军至，必有惧心，可因以携之。"即具榜遣人驰谕威信。时，贼移围将乐，刘德新乘夜袭破之，围解。而宁阳侯大军亦至。楷方驻兵建宁，乃阴致贼党黄琴、罗汝先为间谍，诱茂七复攻延平。于是设伏后洋、沙溪，而以轻兵挑之，佯败，贼追入浮桥。瑄督军出城突击，贼遂大溃。茂七中流矢死。楷遂斩其首，露布以闻。都督佥事徐恭讨陈鉴湖，未克，楷旋师协擒之。

景泰元年，回朝。先是言官劾楷逗留罪，英宗屡下诏切责。及茂七之死，实由丁瑄督指挥刘福之功，楷掩而有之。福不能平，因讼其事。宁阳侯以闻，诏免官归里。

天顺初，得复官。致仕。

明年，楷入谢。会陕西用兵，使督军饷。还，为南京右佥都御史。入贺，卒于京师。

楷喜吟诗。其征闽也，言官论其耽诗玩寇。又居官颇纵弛，无廉介之誉。其再起也，或言因赂曹吉祥得之，故人竞振暴其短，或至过实云。

始终叙征邓茂七一事，文颇详委。

张瓒，字宗器，孝感人。正统十三年进士，初为工部虞衡司主事，有声郎署间。尝从尚书石璞督饷陕西、河南，又从侍郎赵仁塞决河于沙湾，并以才见称，迁郎中。

天顺四年，出知太原府。丁父忧，服除，补宁波。有中官福住者，监市舶，怙势肆虐。瓒条上其罪，住及其党皆伏法，瓒直名震一时。

出为广东参政,迁浙江左布政使。

成化十年,擢右副都御史,巡抚四川。蜀中苗番杂处,地险狭而民好乱。瓒欲以教化抚绥其民,乃编教令数十条,使吏入山遍谕之。

十二年,播州宣慰使杨辉奏本州旧有夭坝于诸寨,近为生苗窃据,数扰边,敕瓒便宜行事。而是时,松潘、茂叠诸番皆窃发,攻围城邑,杀伤将吏。朝廷以地荒远,既宽诸将失律之罪,而诏瓒兼督松茂、安绵诸军事。瓒以松潘险僻,运道艰阻,未可轻举。而播州生苗占据内地,宜先剪除。遂率兵至夭坝于,晓以威信。贼崛强如故,乃督军与辉等分道夹击,破寨十六,斩首四百余级,降者以万计。置安宁宣抚司而还。事闻,降敕奖劳。

瓒以母病乞归,中路闻丧。而松茂诸番复挟蛮部以叛,诏夺情视师,乃驰还至军。审度形势,自松潘至威茂,皆复岭相属,路险隘。而松潘、茂州、叠溪三城为蜀西塞,洮河江汉之源皆出焉,古维州旧壤也。自三城无备,故番人得阑入为寇,出没安绵、江油、石泉间。瓒乃檄总兵官尧或及参将孙暠,分驻其地为声援。而乘间修河西旧路,作浮梁,治月城,避偏桥栈道。自是,转输称便,为持久之计。

十四年六月,会师攻白草坝、西坡、禅定数寨,斩获亡算。曲山三寨负险自保,复进兵击破之。诸番望风降附,先后破寨五十有二,降寨一百有五。展拓茂州城池,增置墩堡,留兵戍守。遂上疏班师,朝廷嘉其功,进户部左侍郎。

辞归终制。南京御史郭经等上言:四川西塞重地,巡抚未易得人,乞留瓒经理。不报。

十五年,起左副都御史,总督漕运,兼巡抚凤、庐等府。卒于官。瓒才气过人,喜以功名自见。忌者或咎其启衅生事,然能熟谙番情，知地形险易。威望闻于西南，人亦莫能过也。

孙仁，字世荣，贵池人。景泰二年进士。奉命核永平、山海边饷，赐金劳之。明年，授南户部主事。

天顺中，历工、户二部郎中。尝提督济宁闸河，再督粮京畿，监户部仓。七年，出知顺庆府，以忧去。服除，补西安。时方征固原，仁转饷给事，有诏优奖。

寻，迁本省参政，累进左布政使。

会四川巡抚张瓒被召赴阙，遂以仁为右副都御史代之。瓒既大破松茂诸部，及仁代，帝亦稍厌兵，屡诏镇巡官毋擅启边衅，即有警，当以抚谕为先。故仁一以简静为务，时召其渠率，谕谨守约束。是时，诸部亦新经创，多不振，故蜀民益得休息。

仁益设关隘，严守御，使人得保聚。为久安计，乃奏以佥事范纯为大坝兵备副使，备播州生苗。以都指挥刘升守碉门、紫石，指挥使陶亨守越嶲，备黎、雅二州番罗诸族。又以都指挥李镐为松潘参将，备龙州、安绵、石泉诸蛮。经历岁月，次第弥缝其阙，置戍多于瓒时。其他缘边僻邑，壤接羌番，俗犷悍难驯者，则皆分地立县。或升县为州，或易置长吏以治之而已。终仁之世，未尝大用兵，惟平黑虎等三寨。然亦皆先抚谕降三千余人，而黑虎贼首犹拒命，始勒兵捕斩数十级，焚其寨而还。其后，火掌坝诸番纠众阻绝粮道，仁已得请出师，会招讨司禽其渠以献，师亦旋罢。番汉之人并安之。故仁虽无大战功，而名与瓒等。

二十一年，进户部侍郎，因乞骸骨归。仁为人能持重养威，未尝因事幸功。莅蜀八年，善抚循百姓，以礼遇士大夫。宋濂墓在成都，毁于水，仁为迁葬。适蜀王府承奉宋昌作寿藏于成都东门外，遂请以葬濂。昌以濂名臣，且同姓许焉，时论两贤之。

论曰：甚矣，任事之难也。张瓒帅蜀，服叛定乱之勋，于西南为最著，然当时或讥其启衅及张大鲜实者。此与李德裕经略维州，而牛僧孺忌其成功何以异哉！孙仁当廓清之后继以休息，非其才有不能，亦措置之势则然。观其防维周密为数世计，功亦不在瓒下矣。

论二人为称情。

汪浩，字弘初，石首人。景泰二年进士，授南京大理寺副。天顺中，迁四川按察司佥事。蜀地险多盗，有司莫敢问。浩募选壮士，躬自训督，出入险阻，咸夔潼嘉诸贼，以次就俘。自是才名著闻，就擢都察院右佥都御史，巡抚其地。

成化初，都督何洪、指挥杨英等为反贼赵铎所杀，铎势益猖獗。童轩以讨贼无功被逮，浩奏请调兵会剿。宪宗命广义伯吴琮、佥都御史吴琛等率京兵以往。未至，浩申明赏罚，鼓励将士。绵竹典史萧让率里长王志恭等奋勇击败贼众，铎势遂沮，引其党趋彰明县。千户田仪等设伏梓潼道上，参将周贵率兵直捣其巢，铎仓皇奔石子冈，仪麾兵斩之。或曰："龙州士兵杀铎，不之识也。"仪绐取其首，传送成都，遂罢征西之师。浩乃奏要害之地设邻水、乐至、东乡、资阳四县以控制之，报可。

三年，山都掌蛮叛，命襄城伯李瑾、兵部尚书程信讨之。至永宁卫集议方略，众谓贼据山砦，路险峻，骤难扑灭。浩慷慨言曰："贼恃险为民害久矣，今将军率大兵至，若不一创，贼将益蔓，请为公身任之。"信壮其言。明年二月，信定议分五军并进。都督芮成自戎县入，都御史陈宜、参将吴经自芒部入，都指挥韩忠自普水脑入，贵州总兵南宁①伯毛荣为左哨，自李子关入，而浩率参将宰用为右哨，自渡船铺入，俱会大坝。荣先进，浩继之。贼凭高倚险，镖弩礌石乱下，诸军万弩仰射，贼多被伤，遁入深箐。于是，乘风纵火，焚其屋庐畜聚殆尽。其龙背、豹尾等砦皆克，斩五千余级，擒二千人，获铜鼓四十。捷闻，降敕奖谕，赏赉有差。寻，迁右副都御史。

初，长宁人侍读周洪谟建议：山都掌蛮地设长官司戎县，流官专辖汉民，帝善之，下镇守巡抚宣谕诸蛮，诸蛮大悦，诣叙州见都督芮成，贡马谢恩，成劳之。浩与成议，立都掌、箐前、大坝三长官司，令诸蛮自择首领。疏上，行铸印矣，戎县人不利土官者诋成所招诸蛮枭雄可虑，宜乘机诛之。浩以为然，自成都驰至戎县。诸蛮来迎，浩责让之，伏甲出，立杀二百七十余人。成闻之怒，然畏浩，不敢自异，遂诳称蛮初降复叛，竟以捷闻。余蛮忿甚，遂赴贵州诈降，都指挥丁实等迎入。伏起，杀官军五千人。浩闻变夜奔长宁，贼追之不及，呼于城下，曰："是周侍读使都御史杀吾父兄，誓屠此城无遗也。"既闻戎县人劫其家，乃解去。至是，攻掠无虚日。县官诣浩告急，浩辄怒曰："我方奏捷，何又有贼耶？"捶之几死。然贼终欲求抚，乞改设土官，贡马如故，不敢言杀父兄事。浩以前衅抑不与奏，至是大军会剿虽幸成功，而浩与成终不相能。许奏被逮，廷鞫浩，杖死多人。帝亦素闻其暴戾，特降旨谪戍独石卫。而成亦贪纵不法，仅镌二级。论者以浩杀降致乱，功不敌过云。

其破大坝也，贼遁入凌霄城。城险峻不可登，其南深箐数十里无人迹。叙南卫指挥使李铲率三千人梯雪岭，再宿至其下。贼不觉也，故破之，斩三百余级，堕崖死者甚众。后叙功，独不及铲，时论惜之。

校记

① 本祠堂本缺"宁"字，从康熙本。

陶鲁,字自强,郁林人。父成起家举人,累官浙江按察司副使。正统十三年,处州贼叶宗留等逼兰溪。成昼夜警备,擒其党与数百人,降者二千余人。宗留遁入温台山谷间,久之,其党陶得二复出,攻武义。武义故树栅为城。成方督兵力战,贼伏谍烧栅,不支,遂遇害。事闻,赠浙江布政司右参政。

鲁年二十,以父任授广东新会县丞。知县王重奇之,授以经。鲁日从重后堂授经,出治丞事。无何,学益进。鲁为人慷慨饶智计,能断大事。顾倜傥不事规检,形貌颓然。旦日当谒上官,令尉咸集,鲁尝昏睡,后期至,遭笞骂,益放意自若。

总督两广都御史韩雍之讨大藤峡也,威仪环卫甚盛。自监司以下辄长跽受教。鲁隶麾下日久,无所见长。有猾贼最剽黠,所居峒又在恶溪密箐间,屡攻不能破。雍方画策深思,鲁执食器徘徊帐阒间。雍微见之,叱曰:"丞乃平视我,且揣我,何事?"鲁历阶上,徐应曰:"公得毋以某峒事耶?此甚易耳!"雍怒,戟手言曰:"贼扼险塞自固,吾提兵深入,所部文武将吏不下百十人,顾无一胜任者?若言易,何也?且若丞一邑不能办,安能办贼?若狂悖,应受笞。"当是时,环戟门将吏皆失色,莫敢仰视。鲁抗言曰:"明公奈何轻量天下士夫!所谓贼难破者,非破贼难也,难其人也!明公读古史,抑尝见有蒋琬、庞统其人乎?彼皆治一邑不称,卒为蜀名臣。明公第不用鲁耳,诚用鲁,此区区者请为明公破之!"言未毕,雍立起,改容曰:"吾今任若所为,然须士卒几何?"曰:"三百人。"雍少之,鲁曰:"足矣!"

出,树帜,下令军中曰:"有能力举百钧,射中二百步者立帜下!"再试三军之士,十五万之众,及格者仅二百五十人。复募数日,又得五十人。鲁曰:"吾事济矣!"与三百人俱冒矢石拔砦先登,遂大破贼,斩首无算。所俘获钱帛子女悉分予三百人,气益奋。当是时,贼闻陶家军至,即抱头窜,遇则自缚乞活,无能有所枝梧。督府两广劲卒往往俱出三百人下,雍所籍以平贼者,鲁功为多。

会重死,即代重为新会知县。无何,迁广州府同知,仍知县事。历广东按察司佥事副使,进湖广按察使、左右布政使,皆奉玺书。兼广东副使,并治广西,时人称为"三广公"。

鲁自丞至布政使,平泷水后山贼,置从化县;平恩平、阳江贼,置恩平县;平新宁、白水贼,置新宁县。凡所置县,辄立学宫,以兴教化为先。又平浔梧、荔浦、府江、田州诸贼,凡斩二万一千四百余级,抚十三万七千人。两广倚以保障者四十五年。卒,赐祠新会,录其后一人为锦衣千户。

孔镛,字韶文,孔子五十八代孙也。高祖克信,元季侨居长洲。父友谅,举进士,知双流县,多政绩。擢刑科给事中,卒。

镛少孤力学。时,督学、御史孙鼎教人务先德行,置敦本,籍列镛名于首。镛用是益勉励,登景泰五年进士。知都昌县,分户九等,以定民赋,设仓水次以便收敛,民甚利之。

寻,以弟铭尚宁府郡主,改知连山县。连山壤接昭贺,瑶僮出没,无廨宇可居,俸给皆绝。镛访知民所在,亲往招之,望见皆惊走。既而,炊饭民舍,辄留钱偿其值。民渐亲镛,相率还。镛慰劳赈恤,俾复故业,教以耕织战守。道路渐通,县治以复。会御史叶盛督兵征广西,檄镛随军。镛所至招徕,皆闻风降附。诸将有妄杀人者,镛尝力争,全活甚众。

以荐迁知高州府。府数被寇,先是守者皆龌龊无大略,民自远来奔,率闭城门弗纳,遂为贼所杀。又疑城中人为贼戚属,株连加屠戮。贼以是激怒其众,外攻内应,率致城陷。镛至,乃开门悉纳来者，加意抚摩。为义冢城外，以瘗民之疾疫死者。自是，流亡日归，城不能容，于东北隅筑新城以居焉。

时，贼屯境内者千计，而邓公长、冯晓二人为之魁。公长屯茅峒，晓屯化州，屡招之不从。镛一日晨起，屏驺从，以羸①卒四人控辔出城，直抵茅峒，道遇贼徒，告曰："我，新太守也。尔当导行。"渐近峒，林木蔽亏，羸卒逸其二。公长骤闻太守至，不知所为。亟呼其党环甲出迎。镛已至，下马入坐庭中。公长见镛坦易甚，且从者止二人，与其徒皆卸甲罗拜。镛使前，谕以祸福，如家人语，贼徒有泣下者。曰："吾未晡食，当设草具。"公长跪上酒食。既食，曰："日且暮，愿留宿山中。"夜解衣酣寝，凡再宿而返。公长遣数十骑送之，城中人皆惊，以为太守且为贼所执。镛使数十骑止城外，而独与羸卒入城，取谷帛使载之而归。公长益感泣，遂自焚其巢，率党千余人来降。公长既降，诸贼次第纳款。独晓恃险未服。镛选死士三百人乘夜抵化州，晓不意兵至，仓皇出匿，获其妻子以归，抚恤甚厚。晓闻之，亦大感泣，遂以其党五百人降，境内悉平。事闻，赐玺书褒美，迁按察司副使。

遭母丧，服除，改广西。瑶僮闻镛名，相率远遁。迁广西按察使，又迁布政使，遂擢右副都御史，巡抚贵州，赐敕便宜行事。

时，清平部苗阿溪者桀骜多智，其养子阿剌以勇力相资，横行部落中。守臣皆得溪赂，骄不可制。镛以问监军总帅，皆为溪解。镛乃行部至清平，闻指挥王通颇明大义，优礼之，询以时事。通条对甚悉，而独不及溪。镛曰："吾闻此中事，阿溪为大。若不言，何也？"通默然，再问，终不对。镛曰："吾以若能办大事，今庸人耳！"通曰："公毋以阿溪为也。通言之而公事办则一方受福；不办，公将损威而通且赤族矣。顾溪所恃者二人，曰指挥王曾、总旗陈瑞。公必欲致溪，先得此两人则溪乃可图也。"

翼日，镛大会将校，曰："吾欲择一人堪巡徼者。"因熟视曾曰："可！"众出，镛谓曾曰："汝何得与贼通？"曾大惊，辨不已。镛曰："阿溪岁赂上官，皆汝导之。不服，斩矣！"曾叩头不敢言。镛曰："吾今贳汝，欲取溪，计安出？"曾曰："阿溪不易得也。必更得陈瑞谋之乃可。"镛曰："汝为我呼入！"瑞入，镛讯之如曾，瑞屡顾曾，曾曰："明公已知之矣，第当相尽力耳。"二人卒以计擒溪，刺磔之境上。群蛮震慑，边徼无事。

镛素秉清节。先时，自广东还，家人私携一英石。既至舟矣，镛怒而投之水中。镛历仕三十余年，皆在边陲。触瘴成疾，上疏乞骸骨，不许。弘治初，召为工部侍郎。行至富阳卒，年六十三。卒时，日正中，白气自舟尾上贯天表，一大星莹莹然，人目之为孔镛星。

同时有信宜知县李时敏，平乐人。亦以才干称，尝平广贼乱，以功迁化州知州，粤人并称孔李云。

校记

① "赢"原文为"嬴"，正之。

毛吉，字宗吉，余姚人。少补生员，教官以赞薄朴之，吉不平，起碎所衣衫出，乃以儒士中乡试。

景泰五年，举进士。授刑部广东司主事。故事：十三司分理在京刑狱，而广东司当治锦衣卫卒。卫卒，天子亲军，主阴刺百司事，故虩横。而是时，掌卫事门达尤纵恶。虽大臣稍失意辄构以重法，以故皆震恐。卒有犯下司，悉好遣之，莫敢问。至吉，独法治不稍贷。卒大憾，群詈吉曰"毛葛剌"云。吉尝遇门达西街，诸官引马避去。吉独于马上举鞭抗揖过。达愕然，顾左右曰："谁也？"左右曰：

"是所谓'毛葛刺'者也。"于是，达怒，百计求吉过。会吉以病误朝，参下卫，卫卒闻之喜，且走白达，曰："'毛葛刺'至矣。"抡巨杖杖之，骨见几死。既而复职，即绳锦衣卒如故。

稍进至郎中，迁广东按察司佥事，分巡潮、惠二府。黜墨吏，摧强宗，阴除奸宄为民患者，民大悦。久之当代，百姓诣抚按乞留者以万数。方是时，剧贼杨辉据程乡之宝龙峒，而其党曾玉、谢莹据龙归石坑，已攻破安远、上杭，将还攻程乡。于是，抚按具疏留。吉乃料民壮，檄旁近官军，得七百人。裹粮倍道，一日行二百余里，质明掩至石坑。贼出三千人陈山下。官军见贼众惊却，吉拔剑先登，军皆殊死战。自辰至午，贼败走。追之，擒曾玉及其徒二十余人，斩首三百，乘胜破龙归及宝龙诸峒，遂斩辉、莹。

会高、雷、廉三府苦贼，请吉往。时，三府独海康知县王骐数破贼。吉至，即督骐领民壮与贼战。贼败，斩首数百级，夺回被掠子女千计。既而，贼分三道攻吴川，吉命骐出贼不意，破其一，余皆遁去。进副使，降敕奖谕，委以全广军务，使便宜调度。而骐亦得迁雷州府通判。

成化元年，贼寇翁源。吉帅官军二千余人兼程进，斩获百余级，贼西奔。既而，新会告急，吉率都指挥焦用、指挥阎华、孙璧合官军民壮，至大磴与贼战。贼败走。乘胜追至云岫山，去贼营十里而舍。分兵三道，期鸡鸣蓐食进击。会夜晦失期，贼觉走，伏山后，军士突入空营，争取其辎重。贼拥众驰下，官军大乱。贼迫之，阎华马踬见杀，众皆溃，吉仗剑大呼遮之，不能止。从吏廖振白吉避去。吉叱之，且殿且战。贼合力趋吉，吉犹斩数人，刃折，遂遇害。

先是岭表将士无敢杀贼者，惟吉与王骐协力。骐，大理人，以力战先吉死。事闻，赠吉通议大夫、广东按察使，谥忠襄。骐赠雷州府同知。

子科,举进士,历官云南按察使。

童轩,字士昂,上元人。父碧瑄,以精天官学,永乐初命入文渊阁纂修《步算》诸书。

轩幼颖敏,博学强记,举景泰二年进士,授南京吏科给事中,有志经世之业。杜门深居,不妄交游。上言六事,曰:省冗员,公考察,倡武勇,择师儒,杜幸达,恤京民。多见采纳。

时,诏南京守备采办翠毛、鱼鲉诸物以万计,轩极言其不可。

英宗复位,劾户部尚书张凤,反坐下狱。会帝于宫中见轩前后奏疏,嘉其敢言,特诏复官。寻改户科。

成化初,轩言:"帝王之治当知本末,隆圣德,用贤才,纳忠谏,爱小民,谨边备,本也;而簿书刑名,特其末耳。愿时引儒臣,讲求祖宗谟训,及古帝王修身用人之道,推而行之,则圣德隆矣。贤才隐于下僚,或居散地,有终身不得见一能,展一策者。宜命在廷三品大臣,岁举堪任方面一人。且严连坐之法,即进用大臣,亦召三品以上,于便殿各举一人以对。科道纠察其非,则贤才进矣。台省建言,意本忠爱,赏其直而贷其过,则忠谏出矣。养民之政在户部,凡奏报灾伤,宜即加优恤,则民生遂矣。多方求将,历试所长。官民小罪,令输粟于边,则边备修矣。"帝优诏答之。

四川盗王应高、赵铎叛,敕轩往抚。至则遍历贼巢,宣布威德,谕以祸福,应高等先后迎降。轩召与饮食,尽慰遣之,进都给事中。既而复畔去,轩上言:"蜀寇挟诈难信,宜决策用兵。"遂偕镇巡三司分兵入险,斩获颇众。轩以为铎无足虑,遂请班师,且进露布自叙功伐。既而,四川守臣报铎势复张。于是,廷议哗然,归咎于轩。诏下法司论死,而轩坚持铎无足虑。会捷奏至,得宽其狱,坐贬寿昌知县。未几入觐,上疏自理,廷议以为冤。改云南按察司佥事,提调云贵学政。

轩又习知历法。时，钦天监官治历多舛，廷臣交章荐轩，召拜太常寺少卿，掌钦天监事。再进太常寺卿，仍掌监事。教谕俞正已请改历法，命轩与之考论，不合，上言："岁差置闰，其来已久。虽日月薄蚀，不无先后。晷刻之殊，分秒多寡之异，则以土有南北高下不同故耳。正已不知古法，欲以小智乱成式，宜下之理。"复言："天下阴阳官，纳粟免考非制。"皆从之。

俄以病归。孝宗即位，复召掌监事。元年夏六月朔，日有食之。轩言："日食纪元之初，当盛夏火旺之候，宜修身穷理，进君子，退小人，以谨天戒。"辞监事，且举吴昊、张绅、高钟自代。

其冬，进都察院右副都御史，提督松潘军务，兼巡抚。时，四川岁祲，开仓赈贷，为粥以食饿者，流移之民给以糇粮，俾复故业。南路镇番苦蛮酋出入，岁减军粮以备犒赏，军多逃亡。轩奏以四川官帑银布代之，兵食以足。又言："松茂威叠，戍守甚艰，而叠溪一路尤甚。宜调兵设卫，令一都指挥守之。要路各设一仓，以便转输，令一布政司官督之。"又言："沿边卫所州县皆在万山中，关堡与蛮夷共，有害而无利。松茂一路尤称崎岖，宜捐之，则关仓廪可减，兵无远戍之劳，民省转输之苦，蛮有坐困之机。"凡八害三利以闻。事下所司议行。又荐按察使林俊才可任巡抚，时论韪之。

迁南京吏部侍郎，再进南京礼部尚书，前后陈奏累数千言，皆军国重务。累疏乞归，许之。

轩质清气粹，癯然若不胜衣。而强学好问，至老不倦。为文渊博雄丽，足自名家。天性孝友，事嫡母过于所生。分禄以养兄子，终身如一日。至其自奉，蔬食饮水，泊如也。卒年七十有四，赠太子少保。

张海,字文渊,德州人也。举成化二年进士,由户科右给事中四迁至顺天府丞,进太仆寺卿。丁艰,服除,赴补,遇吏部尚书尹旻以人言去位。一时,政府尽斥其同乡人,海亦黜为云南鹤庆知府。

弘治元年,召为顺天府尹,迁兵部右侍郎。

六年,命与都督同知侯谦偕往经略哈密。哈密者,古伊吾庐地,永乐二年,以元裔安克帖木儿贡马,太宗封为忠顺王。即其地建哈密卫以居之,使通西域、天方等三十八国贡道。忠顺王死,兄子脱脱嗣位,赐金印诰命,数传至罕慎,为土鲁番所杀。朝廷复立其孙陕巴为王。土鲁番又袭执之,遣兵据其地,故孝宗命海等经略焉。

海谓:"御戎之道,先固疆围。如永昌、镇彝等卫,比近甘肃,今永昌既被杀掠,而镇彝人户牛羊茁壮,敌尤觊觎。两路孤悬难守,宜择谋勇二人,率游兵二千互为策应,内既无虞,徐图其外,自治之道也。"奏免副帅一人,罪镇守以下三人,以为误事之戒。

乃上安边方略六事。其一为"先计以遏乱略",大约谓:土番蟠据西域,交构叛夷,以规贡利。昔莎车杀汉所置王,冯奉世矫制诛之。郅支单于拘留汉使,陈汤矫诏杀之。今阿黑麻杀罕慎,有莎车之罪;执陕巴,有郅支之恶。臣计此贼专仰贡路为生,可以计屈,未可兵破。若仍姑息,恐堕其计中。以占哈密为利阶,以养陕巴为奇货,乱亦何时已耶?不若追回给赐土番赏赉,收贮甘州,封闭嘉峪关,暂绝西域贡道,拘留其使,以彰天威,以挫寇志。纵一二人归语其酋,自审去就。责重诸将练兵聚粮,为经久之图。俟彼款塞求通,果有诚意宾服,上请区处,则内振国威,外定祸乱,哈密可复也。帝从之。

当是时,大通事锦衣卫指挥佥事王英上言:"朝廷设立哈密,当西域诸国贡路。每岁诸方贡使至此,必少憩以馆谷之。或遇番寇劫掠，则兵马亦可接护，柔远之道可谓至矣。今土番夺城劫印，并执陕巴，迹其所为，悖逆殊甚。闻罕束左卫居哈密之南，野乜乞里居哈密之东北，怨土番次骨，今宜降敕旌劳罕东、赤斤等部，使与火者赛亦辈尽力合攻，以除土番之患，是以寇攻寇之计也。又迤西诸国，皆藉入贡互市为利。今因土番为逆，下令诸国使臣不许进贡，则诸国因失互利，必与为仇，而阿黑妻子亦不得诸国贿赂，不能无怨。是土鲁番之城空无人迹，必弗能久占哈密矣。"

而廷议皆欲命海以檄往。如归陕巴，听其入贡，否则，即留前使勿遣。海至甘州，奏立奄克辈为都督指挥等官，分居苦峪城，以图兴复。又移敕令送归陕巴，竟不报。乃修嘉峪关，捕哈密奸人私通土鲁番者，悉戍广西。复上奏曰："今土鲁番贡使复来，而陕巴尚未归，城池尚未复，臣谨遵成算，凡所贡方物，尽驱出关，示以绝意。其前次贡使，仍旧拘留。封闭嘉峪关，用遏西域贡路。此后如天方国或撒马儿罕使臣来贡，仍详验放入。其来自土鲁番者一切拒之。至于哈密余人，令暂居苦峪城，修隍浚池，使行有所赍，来有所止，耕牧者亦颇有其具，臣当归朝复命。"

海还自甘肃，言官并劾海等奉命经略哈密二年，事未就理，辄上奏请还。及至真定，复得敕令赈恤甘凉边军。海等又不请命，径自入朝。宜论以法。而帝亦怒其无功，因逮下法司狱。寻贬山西参政，至任未逾年卒。自是之后，经略哈密者皆不得其要领。延至嘉隆之末，哈密终为土鲁番所据，残裔款关内附，督抚王梦弼命寄居甘肃之间，时北敌日强，朝廷频岁仅备北边，无暇及关外事矣。因事以究其终，史法则然。

论曰：太宗初置哈密，本以馆谷西番，隔绝羌寇。乃脱脱既无嫡嗣，罕慎陕巴，并以非类援立，淫凶不堪负荷。至拜牙郎直从叛如流水，乃欲强之归国，为我外藩，庸有冀乎？扬旌万里，侈言兴继，只令小丑得挟城印为市，靡敝中土，盖亦惧矣。张海受事二年，未见成功，急于言归，卒挂其议。后马文升袭击牙兰，最为得策，惜阃外违制，败我良谋。彭、王两经略，并以边才倚用。然彭躁而疏，王忮而愎，适以疆事供阴阳报复之用，功罪翻局，若反覆掌，可为寒心。乃议者至谓哈密不复，比于邓骘之弃凉州。然则光武之闭玉门，反不足法欤。

论极得理。

诸人事各不同，贤否亦异。或以战功在边方，并有可论，故相联成篇耶！

韩青、种兴、蒋信、周玉、周玺、董旻、和勇、张钦、神英列传

韩青，全椒人。英勇过人，善骑射。永乐中，太宗征迤北，闻青名，命为前锋，攻杀甚众。师驻阳和，命青率劲骑击贼，贼望风溃。

从宣宗讨汉庶人，又讨甘延诸叛羌，累进山东都指挥佥事。操持清慎，门无私谒。暇则与贤士大夫论说今古，以资见闻。尝驻节临清，总督江淮漕运，将士不劳而事集。

土木之变，出守紫荆关。关宽敞，多岐路，守者悃悾。青仓卒招劲骑百余，谕以忠义，令尽死报国，众皆感泣。也先悉众南侵，七日至大同，九日至广昌，破紫荆关。青纵突骑逆战于升儿湾，身被数创，中流矢，自午达申，转战益力。贼围之数重，欲招降青，青大骂不屈，自刎死。是日，监军副都御史孙祥亦死。阅三日，得青尸，躬无完肤，颜面如生。赠镇国将军、山东都指挥同知，以子嗣爵。

种兴，顺天通州人。初袭义勇左卫指挥佥事，以荐进都指挥佥事，正统元年北征，以功进都指挥同知。

二年，败贼于骆驼山，巡边至本纳荒泥，禽贼把台等六人。论功，赉白金彩币。

从游击将陈友袭阿良哈，首功最，进都指挥使。寻，守备广武。景泰初，充左参将，镇守宁夏西路。

天顺元年，贼犯洛阳川，营于羚羊角屯。兴率师御之于河，贼不得渡。乃阳循故道北归，而伏兵于堡左右。兴率锐卒千余人追击之，至洛阳川伏发，为流矢所中，裹创力战以死。事闻，遣官谕祭。子昌，授巩昌卫指挥使。兴老将习兵，大小数百战，未尝衄。至是，孤军出河外，救援不至，为敌所诱。边人哀之。

蒋信者，忠勇王①金忠甥也，初名把台。成祖时，忠率部众来降，把台实赞成之。既而，成祖知其谋，特授都督，乃赐今姓名。屡从战塞北，有功。

宣宗立，念信远来归化，无资产自给，命给全俸。及忠卒，无子，遂封信忠勇伯，食禄岁千石。土木之败，降也先，也先以为族类，甚爱之。令隶其弟赛罕王部下。而信顾不乐也，郁郁思南归。其年秋，获谍者三人，二为奄人喜宁家奴，一乃信麾下指挥使安猛哥，始知信已降敌。而也先谋入寇，故使三人来觇，且潜结指挥石连台为内应，于是，斩谍者，籍喜宁家，而释信家不问，恐惊诸降人也。

已而，定襄伯郭登复获谍者，械至京，且述喜宁代也先画策，将以五月阳称送太上皇归，因突据京师。先遣间窥军马虚实，大明皇帝果立否，立者何如人。又言：信尝谒太上皇，语辄痛哭，云"帝归则信归，帝留则信留"。其心常在中国。彼诱也先肆掠者，乃喜宁及小田儿也。又言：先是战大同，八平章死战京城下，卯那孩平章及弟孛罗死，人马伤毙者十余万。今大营栅九龙口，精骑屯断头山。所甚畏者中国大炮、神铳、短枪尔。

会瓦剌使皮儿马黑麻来贡马，且约和，信旧部将伯颜答里从。信因遣密告少保于谦，曰："信感国恩，思归久矣，不获间。每南望，挥涕惭死无地。"谦因奏言："信倍德降敌，罪宜孥戮。陛下不忍加诛，矜全其家，恩甚厚。信或未知，宜令伯颜答里北还，密谕信妻子无恙。令画策沮敌，毋南寇。或伺间擒杀也先来归，拜王爵。因敌用间，事成，足以弭乱；不成，亦足疑寇心。"景帝从谦言。

信从上皇至大同，大同诸将吏不敢出。喜宁嗾也先杀袁彬，信告上皇获免。上皇在迤北，信拥护功居多。后卒从上皇归。居无何，卒，赠忠勇侯，谥僖顺。

子也儿孛忽嗣封，天顺元年改名善。

校记

① "玉"，疑为"王"之误。

周玉，字廷璧，其先滁人。父贤，有勇略，善战，积功凡七迁，至后军都督府佥事，充右参将，守独石。天顺二年，寇犯延绥，召贤帅师往援，与贼战多斩获。三年，哨贼野马涧，为流矢所中死，赠都督同知。

玉时甫弱冠，痛父殁王事，感愤誓灭贼。授万全都司都指挥同知，督屯田。巡抚叶盛荐掌都司事。

成化元年，王越总诸道兵，以为游击将军，领奇兵。是岁，援延绥，斩获甚众。

九年春，寇逼漫天岭，率所部拒之，斩首七十余级，获驼马器仗以万计，论功进都指挥使。时，贼虽挫衄，然尚据河套为巢穴，议潜兵捣之。诸将相顾莫敢任，玉慷慨请行。与许宁率轻骑直趋红盐池，擒斩三百五十余人，焚其巢，俘斩无算，进署都督佥事。

十年秋，援宣府西路，战于马营、齐家沟，再战赤城，所向皆捷。

明年，遂充副总兵镇宣府。十三年，佩镇朔将军印留镇。谍报，贼数窥边。玉计大创之，率兵出青边口，至红崖，复至龙门、狮子冲，屡破其众，追奔至水磨湾乃还。功最，进署都督同知。

十九年，贼出柴沟堡，玉逐之，抵白腰山。寻，复援大同、天城，追击之于定安营，皆斩获贼级，夺其军资牛马而归。积二功，得予实授，仍署右都督。是年，挂征西将军印，徙镇宁夏。冬十月，败贼枣儿沟。

二十二年，寇犯甘肃，命挂平羌将军印镇守，赐敕奖励，盖至是凡三佩印矣。

明年，实授右都督。先是成化初，土鲁番入哈密，掳王母金印去。至是，复杀都督罕慎，据其城。朝议大发兵进讨，玉请因迤西使还，命赍诏往谕，可不烦兵革。已果入贡，帝大悦，赐敕奖谕。

玉严毅凝峻。自偏裨至大将，抚士卒有恩，稍不用命，罚无赦。每遇敌，计定后战，故常取胜。寇至，见其旗帜，辄惊遁。边关倚重者三十余年，然亦因是成疾。前后七十疏乞解兵柄，皆不允。弘治八年卒，谥武僖。

周玺，字廷玉，其先迁安人，后家东安。玺少负气自豪，遇事刚决无所避。精骑射，知兵习战，所向辄有功。成化二年，袭父职指挥使。七年，征迤北功，进署都指挥佥事，充右参将，分守阳和。

十六年，威宁海功进都指挥同知，调大同副总兵。

十七年，黑山墩功进都指挥使。

十八年，黑石崖功署都督佥事。

十九年，亦思马因大举入寇，玺分兵三千人赴怀仁。贼逼夏米庄，中军失利，玺还兵援之。夜遇贼，乘胜张甚，玺大呼厉将士，曰："今日有进无退，退则无遗类矣！"众感奋与战，贼少却。良久，复深入，玺臂中流矢，呼左右拔镞，督战益锐，与子鹏击杀数十人。会游击将军刘宁至，合兵。中军溃卒亦稍集，共击贼，贼退。诸失律者皆坐罪，玺独以功实授都督佥事。

二十年，总兵镇代州，兼督雁门三关。

弘治初，移镇陕西，复充总兵官。佩征西将军印，镇宁夏。玺尝念大功未立，既开府，益自树立。修边墙，缮墩堡，训军积粟，为经久计。忽得疾，且革，召诸子曰："吾承祖父业，历边镇二十余年，大小数十战。幸有功，今得佩印专阃，更复何望？独未尝大创贼报天子为憾，今死矣！"气垂绝，忽大呼曰："好杀！好杀！"遂瞑。

董镔，字世宏，先世怀宁人。祖真保，燕山左卫百户。从成祖起兵，历指挥佥事，战死夹河。父智代，仕至大同中屯卫指挥使，徙治河间。

镔骈胁铁面，膂力绝人。性沉毅，寡言笑。稍长，涉经史，习《金版》《六韬》，善骑射，一时军职子弟无及者。兄宣嗣父职，卒，无嗣，镔继任。

正统十四年，也先入寇，给事中程信荐其谋勇，召赴京。城下之捷，廷议遣追蹑，镔言："国兵新衄，贼势尚张，不若固守。贼内不得战，外无所掠，必引去。"尚书于谦深然之。

先是永乐中处降人河间、东昌诸郡，为肘腋患。会西南用兵，谦奏选其骁勇，从都督毛福寿征蛮。而余众乘间剽劫，谦谓镔可任，荐署都指挥佥事。将兵自京抵河间，徇捕之。兼督河间、沈阳、大同三卫兵。盗平，遂命镇守河间。地濒水，土城坏。贼至，拒水守之。寯甓外城，增重门，训民戢士，人赖以安。

景泰四年，召还，督操神机营。

六年，从南和伯方瑛征湖广五开铜鼓苗，四十余战皆捷。至抬罗、抬纲二寨，山益险恶，众惊顾莫敢前。寯奋勇先登，诸军乘之，遂克。以功实授都指挥佥事。

天顺元年，署左军都督府佥事，尝与诸公侯校射南苑，矢发皆中。帝大喜，他日指谓诸将曰："此黑面都督最善射！"特赐钞币二千。

曹钦反，寯率麾下士邀战西长安门外。贼溃奔还家，遂与诸军擒钦，论功实授都督佥事。

是岁，总扬州诸道，备倭军，开府于吴。历将士，严斥堠，简修战舰戎器。暇则延礼师儒，凡武学与乡选辄厚赆之。隶庠序者为蠲其徭役，时以为贤。

寻，兼领苏、常、通、泰诸州郡。时，盐徒钱厚聚众倡乱，僭号江海上公，东南骚动。寯画图分诸道刻期进兵，策贼败必走江北嘹角嘴，约巡盐御史伏兵数百为应，且曰："如约，当捕贼无余。不然，且逸其半。"已而，失约，寯独以兵进，获厚及其党数十人，余奔嘹角嘴。其料敌如此。

成化九年，以疾归。子清袭为永清左卫指挥使。

寯少孤，事母至孝。母病，日跪奉汤药，三月不懈。诸子皆训以礼义，无席宠怙侈者。家居崇经讲武，有古儒将风。

和勇，迤北人。祖阿鲁台初为瓦剌马哈木所败，率其部落称臣内附。永乐初，封和宁王，仍居漠北，后复叛。宣德九年，为瓦剌脱欢所杀。其子阿卜只俺，勇之父也，穷蹙来归。命随军，积功为中军都督，赐第京师，寻卒。勇以父故，为锦衣指挥使。

正统十四年，英宗北陷，也先拥众入紫荆关，总兵官杨洪等帅师败之。勇从诸将追击，大有斩获，历迁都督佥事。

天顺元年，进都督同知。

五年，都御史叶盛、都督颜彪讨两广蛮贼，以勇为游击将军。

成化元年，大藤峡贼复反，仍以游击将军从都御史韩雍、征蛮将军都督赵辅统兵往讨。师至浔州，诸将并进，勇斩级功多，进左都督，封靖安伯，食禄千一百石。

勇为将猛而有方略，性廉谨。两广之役诸将满橐中装，勇于财物无所私，世以此多之。卒，赠侯，谥武敏。子忠，亦历战功为锦衣指挥佥事。乞嗣伯，不许，得指挥使。

张钦，字克敬，京卫人，世将家。永乐二十一年代父任南京留守右卫指挥佥事。

正统六年，从征麓川，抵镇康州，破降其酋。进攻上江诸寨，下之，王骥奇其功，承制进都指挥佥事。时，诸军自沙木笼山进围麓川，钦率偏师潜入其中坚，大军乘之。思任发走缅甸，余众悉降。师还，得世袭指挥使。

八年，掌中都留守司事。以所部兵从宁阳侯陈懋讨闽寇邓茂七，进都指挥同知。

景泰元年，再从入闽，歼余寇延平，进都指挥使。尚书于谦上钦前后功，奏署后军都督府佥事，调中军。

天顺元年，副彰武伯杨信守延绥、庆阳。明年，孛来寇神木，帅师御之于柴沟。捷闻，进都督同知，充左参将，专守延绥西路。孛来既不得志，复大入安边营。钦分道拒之，连战于花马池、野马涧，俘其将鬼力赤，获驼马兵仗。及还，所掠人畜，视柴沟倍之，特敕褒谕。

杨信奉诏移大同，钦代领其众。寻佩征卤副将军印，总延绥各道兵。成化元年，召还，复理中军。时方大阅简精兵十二万，钦分统扬威营。盖出入兵间者三十五年，卒，赠左都督。

神英，字景贤，寿州人。祖忠、父杰，永乐中从北征，累立战功，官至陕西都司都指挥同知。天顺元年，杰卒，英袭职为榆林宁塞营守备，屡将骑兵从都督张钦、参将房能、彰武伯杨信战宁夏，皆功最。

成化元年，兵部尚书王竑行边，奏英功，进都指挥佥事。四年，从征石城，复有功，进指挥使，充延绥右参将。时，乩加思兰潜伏河套，数入寇。英率师御之，败之于开荒川，复败之于芦沟，以功进署都督佥事。

余子俊建议筑边墙，英经营规度，子俊数称其能。

十三年，挂征西将军印，充总兵官，镇守宁夏。已改靖西将军，镇延绥。复改镇朔将军，镇宣府。

弘治元年，以大同为京师屏蔽，英宿将有功，缓急可倚赖，乃复佩征西前将军印。总兵镇守，申军令，严斥堠，寇惮之，每有侵犯，辄挫衄去。

十三年，召还京，统理果勇营务。

明年，充右参将，督京营兵。征延绥，再充左参将。治兵宣府，所向克捷。论功，为诸将冠。

正德元年，进都督同知，佥书左军都督府事，剿畿辅剧贼，进右都督。

五年，给事中殴豸劾英年老不任军旅，致仕。是时，刘瑾用事，英素习瑾。有旨：英历官五十余年，战功多，下兵部议封爵。尚书曹元尽录上英前后首功，中律。复下廷臣议，莫敢异，遂封泾阳伯，食禄八百石,予世券。数月,瑾败,言官交章论英以金宝万计赂瑾得封,夺爵,缴诰券,仍以右都督致仕。然英实骁勇,敢战先登,累有斩获功。论如衡平,方可是非古人。

蒋贵、任礼、赵安、谭广、山云、毛忠、赵辅、李震、王信列传

蒋贵,字大富,江都人。由燕山护卫卒从成祖起兵,积功至昌国卫指挥同知。

已从平交趾,四出沙漠,败敌于九龙口。洪熙元年,复败之大松岭,斩获功多,进都指挥佥事,移掌彭城卫。

宣德二年,松潘蛮叛,充右参将,帅兵往讨。首募乡导,绝险而进,贼大惊,一日十数战,遂败之。明年,进都指挥同知,镇守密云诸关。寻进都督佥事,充副总兵。贵大阅士卒,进兵连破四十余砦,斩首千五百级,俘获称是,以功进总兵官,佩平蛮将军印,镇守其地。

正统初,召还为右都督。是时,阿台朵儿只伯数扰塞下,杀掠吏民,边将屡失利,乃命贵仍以右副总兵与左都督任礼分道御之。礼与贵势敌不相下,狐疑莫发。都御史罗亨信与都督赵安率兵至鱼儿海,约贵军共击之,为安敬所误。乃遣王骥责状,语具骥传。贵感奋,后战于石城,斩获功最。寇窜兀鲁乃地。贵自镇彝间道兼行三日夜追至,败之,俘其左丞脱罗及禆校数百人,获金银玺印各一,驼马兵甲以千计,阿台朵儿只伯以数骑遁去。还,封定西伯,禄二千石,佩平羌将军印,镇其地。是役也,任礼、赵安皆有功封伯。而上以贵功尤大,予世券。

是时,云南麓川思任发叛,官军讨之不利。于是,命尚书王骥总督军务,而贵为平蛮将军,合汉土兵十五万人往讨。濒行,赐赉甚厚。骥、贵以二万人趋上江,居五日,阅师江上。抵麓川,思任发携一子间道走孟养。获虎符、金牌、信符、宣慰司印,进封贵为侯。贵果勇善战,虽至大将,犹摧锋陷坚,骥前后皆赖之。而贵非骥亦无由奋发成大功。

思任发既窜,其子思机发纠余众居麓川者往来窥伺。复命骥总督云南,率都督同知冉保等讨之。比至,思机发已前走缅甸,索之不获。而思机发众渐盛,不能制。骥请济师,改命贵佩印,冉保、毛福寿为左右参将,调士兵五万往讨,发卒转饷三十万人。贵等至云南,檄缅甸,令送思任发。缅人阳听命而迁延不至。骥谓贵曰:"此绐我也。过江则扼我归路,且瘴疠将发,不战何待?"乃进次腾冲,分军为五,与贵及都督沐昂各将一军驰之。及江,缅人拥众大至,骥乃诱其使,宣言听犒,而贵潜以兵沿江下,焚其舟数百艘,缅人溃。遂趋者蓝捣思机发巢,破之。思机发脱身走,得其妻子、部落九十余人,象十一而还。益贵禄五百石。

正统二年,总兵御边。又明年,卒,年七十。赠泾国公,谥武勇。

长子义跛,以义子琬嗣侯,领直宿将军侍卫。

成化初,佩平羌将军印,镇甘肃。琬少敏慧,略涉经史。一时,诸子侯多推让之。顾尚气挟诈,在镇恶巡按御史郑已矜傲,诬以罪,按之无验。而琬方有宠,竟坐已戍。

八年,召还,协守南京,兼督操江。

十年,以灾异上章,乞解机务。且言:"血气方壮,愿领边寄自效。"帝褒答之。寻,召总神机营兵。

十年,琬上言:"太祖肇建南京,京城外复筑土城以卫居民,诚万世之业。今北京止有内城,正统己巳之变,众庶奔窜,内无所容,前事可鉴也。"又言:"养兵之制,莫善屯田。今竭东南民力,转漕以实京庾。又劳八郡民飞挽以供边饷,兵民俱敝。费出无经,则以屯田之利未遍举也。且大同、宣府诸塞下膏腴土田,无虑数十万,悉为豪右所占,租税不供。稍遇兵荒,全仰内郡。即畿内八郡良田,势要之家又妄以荒芜陈乞,日益朘削。失业之民,控诉无所。脱使边关警,内郡何由济?运道阻,京师何由给?居安思危,不可不虑。"疏入下所司,虽不能尽行,时论韪之。

十三年,帅京军二万往大同防秋。陈军中机宜十余事,皆报可。明年召还,加太子太保。

十五年,偕太监汪直、尚书林聪按事辽东,并图上方略。

二十年,卤大举入寇,诏珫佩将军印,总京兵往御,兼节制宣大诸军。亡何,卤引去,班师。

又明年,加太保,兼太子太傅。明年卒,赠凉国公,谥敏毅。

子骥嗣侯,典京营兵。弘治八年,充总兵,守蓟州、永平、山海。十三年,佩前将军印,镇辽东,征还侍卫,董神机五千营。十八年,守湖广。正德初,刘瑾方横,尝索赂于骥,骥弗予。亡何,卒。骥历官中外二十余年,卒之日,家无余赀。

子经嗣,卒,子傅嗣。嘉靖三十一年,镇两广,以平瑶功,加太子太保,卒。

无子,弟佑嗣。卒,子建元嗣。卒,子承勋嗣。卒,子惟恭嗣。卒,子秉忠嗣。京师陷,乃绝。

任礼,字尚义,临漳人。洪武末隶籍大兴卫,从成祖起兵,累功为指挥同知。四从出塞,进都督佥事。从宣宗征汉庶人,擢右都督,寻转左。

正统元年，佩平羌将军印，充左副总兵，镇甘肃，与蒋贵等并出塞，无功。

三年，以总兵从王骥西征，击败阿台朵儿只伯于石城，复帅兵追至梧桐林，执其枢密、同知、院判等官十五人。又至亦集乃地，执其万户二人，朵儿只伯远窜。礼将二千骑追袭五百余里，至黑泉而还。以功封宁远伯，食禄千二百石。

八年四月，赤斥蒙古卫都督佥事且旺失加请移居内地，以避瓦剌，礼持不可。已而，请建寺其地，礼又持不可。

十一年，沙州卫都督佥事喃哥等欲内附，未决，礼以大军薄之，尽收其部落入塞。复发兵抵罕东，擒叛酋锁喃奔。

十四年，也先分道入寇，抵肃州。礼遣都督王喜御之。喜违礼节制，战临水堡，败；复益兵，令都指挥刘震截之两山口，又败。奉御阮和，都指挥谷聪、胡麟，指挥阎震皆战死。失亡士马以万计。征还，兵部劾之，诏杖喜百，谪戍甘肃。震责状，宥礼等以伯就第。

景泰元年，复起，督三千营，已命率兵巡易、涿、真、保诸州郡。以老辞，勒致仕。

久之起，守备南京。天顺初，入掌中府。亡何，以老奉朝请。

礼起卒伍，至大将。虽不知书，而持律守正，未尝有过。在边岁久，熟知外国情形。正统时，尝奏也先久蓄异志，狡焉思逞，不可不为之备。时，王振用事，以为过虑。未几，果有土木之变，人称其先见。成化初，卒。赠侯，谥僖武。

子寿，从征朵儿只伯，王骥言其骁勇冠军，朝廷赏劳有加。后征满四失律，征还，下狱论死。减戍广西，卒。子弘乞嗣，与世京卫指挥使。

赵安，狄道人。洪武间，坐从兄琦罪，谪戍甘州。永乐初，贡马,除临洮卫百户。使西域,从北征,以功进指挥同知。

宣德中,充左参将,从都督陈怀征松潘番寇有功,进都督佥事。奉诏使毕力木江。

还,复以左参将从都督史昭讨曲先,斩俘为多。

又同侍郎徐晞征阿台朵儿只伯等,进都督同知。

寻充副总兵,守甘肃。

正统三年,从王骥西征,擒乃颜剌忽及奄克台等,封会川流伯,食禄千石。

四年,镇凉州。安勇毅有将略,屡立战功,与任礼名相埒。卒于官,谕祭赗恤如例。

子瑛,都督同知。卒,子铉乞嗣伯,不许。

谭广,丹徒人。开国初为燕山百户,从成祖起兵,首缚中朝人陈荣等三十二人,败尚书齐泰兵。又战白沟、真定、夹河,以功迁指挥使。又败都督韩观兵,迁大宁都指挥使。再从出塞,至九龙口,以神机营兵先锋破敌,进都督,镇宣府。

洪熙元年,佩镇朔将军印。宣德八年,广以事杖杀万全都司经历萧翔,言官交章奏劾。帝曰:"汉大将军卫青提兵于外,将士有罪,未尝轻毙,皆请天子自裁,时以为知礼。盖善作威福,良臣弗为。广武人不学,未达此义。念久在边圉,其宥之。都察院仍封示弹章,俾之知儆。"深知御将之术,故操纵各得。

正统元年,以捕获中律,封永宁流伯,食禄千石。九年,卒于镇。广素以骁果知名,文皇帝出塞,每用为前锋。镇宣府二十年,威行塞外。

十年,子亨为指挥使,屡乞嗣伯。吏部言非世券,不许。

成化三年,巡抚宣府。佥都御史叶盛言:"故永宁伯谭广,逮事太宗,功在漠北。所统部曲,号谭家军。镇宣府,儿童妇女,皆知其贤。而爵位仅及身而止,与功不称。"事下吏部,格不行,时论惜之。

山云,徐州人。父青,永乐时官都督佥事。云姿貌魁梧,善骑射,性廉勇,有智略。以荫为金吾左卫指挥,同都御史王彰修边,自居庸至山海,程率有功。又从成祖出塞力战,擒斩多,进都督佥事。初,青从高皇帝起百户,积劳二十余年。后从燕王南下有功,始得佥军府。而云年少,弯弓驰边塞,不数年,遂如父官。于是,一时彻侯宿将,无不羡其材。

洪熙元年,命充游击将军,备蓟州、永平、山海。

宣德二年,代顾兴祖镇广西。时,溪洞瑶僮叛服不常,岁杀掠吏民以万计。云至,肃号令,公赏罚,临敌身先士卒,设奇用间,贼不能测。三年,讨忻城蛮寇谭团等,于永淳县破之。四年,进剿柳、浔二州寇廖得宁、蓝其陆等,斩之。五年,讨平乐蛮;再讨庆远诸蛮。九年,督部将彭英、李义等,剿捕思恩蛮寇覃公砦、梁公成、潘通天等,追捕余党,悉平之。凡云前后征剿,共斩首九千三百七十七级,归陷贼男妇二千二百四十四人,擒杀兴安诸邑寇渠魁二百九十四人,收七源等州归附家属三百七十有七人,筑堡九,城四,传舍五百余区。分列要害,侦探迅密。又遣两江狼兵屯种近山荒田,断贼出没。自是,瑶僮屈服,终云之世,悉受约束,威行岭表。

先是,诸蛮岁掠吏民以万计。官军讨捕则退保岩砦,山固多藤,蔓引纠结,上垒木石。官军至,则断藤下之,人皆辟易。云一日聚牛羊,系苇其角。夜半发火驱向贼。贼望见,以为大军至,亟断藤,木石尽下。比明不见官军,遂弛备。云乃引军驰造其下,贼木石已尽,遂登山歼之。凡云临敌应变类如此。

方云之始至也,有郑牢者,帅府老隶也,逮事前帅韩观。观威严,每醉后,命牢传令杀人,牢疑不当,辄留之。俟观醒,入白其冤,观悔,为贳其人,益德牢,以其能释己过也。至是,有言牢于云者。云进牢试问曰:"自古为将者不忌贪,此地饶,珍货我亦可贪乎?"牢曰:"白袍点墨,不可湔也。"云曰:"人言土司馈献,苟不纳,彼疑且忿,奈何?"牢曰:"居官黩货,国宪甚严。矧前帅之败,鲜不由贿。公不畏朝廷乃畏蛮子耶?"云竦然举手谢之。云既绝馈献,颇更以严法驭诸司,曰:"此辈犷悍,不知朝廷法久矣。若遽示姑息,乱之道也。"至抚辑军民,则率尚慈惠,人以此益畏爱之。明云能用人,此即牢一小传。

正统元年,贵州按察使应履平劾云擅作威福。云自陈,上不问。三年,卒。

初,韩观守广西,专杀。庆远诸生来迓,观曰:"此皆贼觇我也。"推出斩之。云镇广西几十年,恩威并用,不轻杀人。故卒之日,粤人巷哭罢市,立祠祀之。上闻,赠怀远伯,谥襄毅。子俊,袭府军前卫指挥。

毛忠,字允诚,先世蜀人,后徙武威。曾祖哈剌歹,洪武初率众归附,遂隶籍凉州。父宝,以勇力选充总甲。永乐中,从捕沙州叛寇,进伍长。复从出塞,授永昌卫百户,卒。

忠膂力绝人,善骑射。年二十,代宝领兵,从征宁夏。至贺兰山后擒斩有功。复从北征,至牛璧山。宣德中,从征曲先叛寇,进永昌副千户。

再从征哈剌脱欢,进指挥佥事。

从破阿台兵于凉州,又从破敌于黑山,进指挥同知。

正统元年,从总兵蒋贵征朵儿只伯,以七骑破其前锋。功最,进都指挥佥事,寻进同知。

哈密使臣朝贡归，过罕东地被掠。命忠出罕东追抚。忠至，大集渠魁，谕以恩信，皆罗拜，尽归其俘掠而还。沙州都督喃哥潜通瓦刺，谋入寇，忠设计擒斩之，进都指挥使。征罕东功最，进右军都督府佥事。

援参将刘震于半截墩，斩获甚众，充右参将，镇甘肃。

先是，忠擒番僧加失领真至京师，赦不诛，逃至也先营用事。礼部侍郎李实往迎英宗，僧欲中忠以奇祸，设问答语告实。实归奏之，朝廷知其诬，不问，调守福建。

英宗复位，即日召为都督同知，命同西宁侯宋诚出镇甘凉。召见文华殿，赐玉带，明日再赐白金织蟒。寻又召至文华殿，面谕降敕奖励，赐银钞。兵出凉州，三战三捷。论功，进右军左都督。

孛来拥众寇庄浪，与总兵卫颖分兵追击之。贼少却，即领骑士三千于凉州十二里铺立营。众方集，贼数万骑突至。忠率将士悉力拒敌，贼应弦坠马者无算。众稍却，贼帅复立阵前，大言以惑我军，围益急。忠单骑出，责以不臣之罪，目眦尽裂。会援军大至，贼遂解去。复大捷于永昌。同卫颖征番，忠先登，手斩番贼，转战俘获功多，封伏羌伯，食禄千石，总兵镇甘肃。

固原州满四反，聚众万余据石城。官军追剿，皆莫能破。宪宗命右副都御史项忠督师讨之，令忠率甘凉军马往会。军既至，都御史命忠等由木沟头进。忠令曰："闻炮声而纵，见烟举而回。"次日，薄石城门，遇贼迎敌，以二百骑冲炮架山、截山，夺险连破七峰。山上老稚号泣奔走。功垂成，忽昏雾起，他哨误先举烟掣军，贼乘风尽抽余党，以死决战。忠孤军相持，自巳至酉，大小十余战。射矢皆尽，拾贼矢射，亦尽。忠为流矢所中，回至半山而卒。

忠孙铠，前后跃马射贼甚众。贼执铠，断指裂额，曰："尔能复射否？"是日，从子海及铠同没于军。事闻，追赠奉天翊运宣力武臣,特进荣禄大夫、柱国、伏羌侯,谥武勇。世袭伯爵。

忠初名哈剌,后始赐姓及名。生长西陲,知边情,由校尉至大将,屡经战阵,奋勇却敌。敌所畏惟忠,忠死,益肆猖獗云。

初,忠之死也,夜半风起,折旗纛,拔庐帐,营中士卒皆闻甲马声。幕下卒王宽,梦忠告曰:"我必马上生擒满四!"既觉,惊愕。御史邓本端闻之,即起祝曰:"嘻,毛公死矣,幸助我灭贼,当具奏立庙祀公。"未几,满四就擒,伏诛。

忠子佺先卒。孙锐嗣,有祖风。弘治十三年,镇两广,再加太子太傅。正德三年,刘瑾索锐贿不能应,落太子太傅,夺禄十五,勒罢。瑾诛,锐自陈,得还禄复官。嘉靖三年卒,赠太傅,谥威襄。

子江嗣。卒,无子,弟汉嗣。卒,无子,侄桓嗣。卒,子登嗣。卒,子国辅嗣。卒,子承祚嗣。明亡,爵除。

叙战功官爵谨严,似樊郦诸传。

赵辅,凤阳人,梁国武桓公德胜从孙也。父本,字宗立,未生而孤。既长,袭任邳州卫指挥使。督造海舟,创新闸,以才能称。于戎事尤练习,从太宗入金陵,四征沙漠。又从宣宗讨汉庶人,功最,进山东都指挥佥事。山东饥,朝议停支屯卒月粮,本争曰:"支尚苦不给,不支则转沟壑矣!"发廪给如故。吏不可,本曰:"有罪,我当之!"因以上闻,卒如所请。未几,卒。

辅嗣为济宁左卫指挥使。正统十四年,也先内犯,吏部尚书王直等荐辅才,召署都指挥佥事,管京营。

景泰元年,充左参将,出守怀来。

天顺初,进都督同知,掌右军事,与董造南内宫殿。又督运木植于徐州。工成,赐白金彩币。

成化元年,上战车制。

是年，两广蛮作乱。兵部尚书王竑荐韩雍总军务，乃以辅为征彝将军，发两京、江西、湖广兵讨之。辅亲督战，至大藤峡，擒斩贼级二万一千有奇，俘获贼属一万二千，夺回被俘男妇六千四百，马牛羊辎重不可胜数。破贼寨八百三十，毁贼房二万五百。师还，封武靖伯，食禄千二百石。是年，余贼复相聚为盗。巡按御史端宏奏辅等破峡有功，然妄言贼息民安，罪亦当问。辅上疏自陈，并请率兵图效，诏止之。

三年五月，充总兵官，同都御史李秉率兵讨董山。大捷，进流侯。

辅自起偏裨至大将，两平剧寇，皆以材略为时所称。大藤之役，机宜悉出韩雍，而辅推诚善下。及讨董山，复与李秉同心协力，故所向辄有功。可知将以禀命有济，勿谓无威而遂违节制，以致败衄也。

八年，乩加思兰出没河套，廷议大发兵剿之。尚书白圭请遣威望武臣为总兵，乃复命辅偕右都御史王越刻期大举。辅、越议还兵守边图进取，为言官所劾。十一月，以疾还。十年，辅辞流侯，乞世伯，帝许之。

二十二年，卒。追封容国公，谥恭肃。

子承庆嗣。卒，子弘泽嗣。卒，子世爵嗣。卒，子国斌嗣。卒，子光远嗣。卒，子祖芳嗣。明亡，爵除。

李震，南阳人。父谦，都督佥事，震嗣指挥使。正统中，征兀良哈木麓川，并以功最，历迁都督佥事。

天顺四年，充总兵官，征武冈黎平贼。五年，进攻两广、贵州蛮，进都督同知。

成化元年，还兵征荆襄贼，进左都督。

十一年，震奏沅、靖等卫控制川、贵、广西诸蛮，顷见蔡溪清水江苗贼，攻掠获利，辄相效尤。请如靖远伯王骥故事，会兵搜剿，期于殄灭。宪宗曰："蛮邦不靖，自古患之。要在边将羁縻得宜，使不敢越境为乱而已，曷必以殄灭为快哉？震等其与川、贵、广西将吏各督兵民，分屯要害，仍相度机宜，酌量剿抚。若贼势果炽，必须统军进讨，宜俟转输既足，奏取进止。"明见万里，得御将制戎长策。

十二年，与右副都御史刘斌督军分五道而进，破寨六百有奇，斩获万计。敕奖谕之，封兴宁流伯，食禄千石。

震在荆襄，与参将吴经有隙。经弟绶掌镇抚司，从汪直刺事。适有道人以黄白术得罪，即附奏震尝匿道人，私习谶纬，将谋不轨。遣使逮至京，震途遇直，呼曰："一介武夫，蒙恩担爵，富贵已极，更欲何为？此仇家吴经所为，愿公听察！"直佯若不闻，下震锦衣狱，鞫讯无验。久之，帝亦察其枉，宥之。直败，震乃得复爵。乞诰券，不许。卒后，子昂不得嗣。

王信，字君实，南郑人。父忠，征迤北战死。母岳氏，生信甫半岁，苦志守节。奏闻，并旌忠节。

正统中，信袭宽河卫千户。十四年，也先犯京师，拒战西直门，进指挥佥事。

景泰六年，从征五开诸蛮，迁指挥同知。天顺五年，署都督佥事，守代州，提督雁门关。

成化初，守荆襄。

二年，石龙、刘通反。信度房陵地势险阻，率数十骑拒之。时，民兵不满千人，贼众四千余，突至力攻，主帅逗留不援。信拒战四十余日，乃选死士从间道出城五六里，举火炮。贼疑援兵且至，惊走，追斩六十级。

转都指挥同知，镇临清，兼理仓储。凡官民利弊及河道闸坝，区画悉中条理。

移镇湖广,有诏询军民机务,条上八事,曰:缮城隍,广储蓄,省徭役,立赏罚,选廉能,禁窝盗,练将才,慎守备。又以地方水灾,禾稼漂没,郧阳新筑城垣倾颓过半,奏陈备患之策,帝皆嘉纳。

永顺、保靖二土官世相仇杀,信谕以祸福,即解。

靖州及武冈蛮久不戢,守臣议剿灭之。信不可,乃亲诣边境召诸蛮,犒以牛酒,责其跳梁无状。众稽颡曰:"累岁苦挥使征索,故乱耳。今将军恤我厚,敢复反耶?"乱遂平。

十七年,疏言:"湖广诸蛮虽腹中之蠹,实无能为。但我军利其窃发,可以邀功。今宜选精锐,慎堤防,其患自息。荆襄流逋,本避徭役耳,滥加诛杀,恐及无辜。城池器械,以备不虞,当亟修缮。南亩之农,无所蓄积,敛获未竟,糇粮已空。机杼方停,布缕何在?求免饥寒,不可得也。乞选守令加意存恤。滥升官爵,无虑千百,皆无一矢之劳,冒崇阶之赏,乞查勘削夺。三司方面所以折冲御侮,承宣激扬者也,当公以格物,廉以律己。端本澄源,在朝廷而已。"

所部指挥刘斌、张全有智勇,疏荐于朝,其略曰:"英雄之士,处心刚正,安肯抑心低首,奔走媚求?若不曲加延访,则贤才多隐,志士沉匿,朝廷虽欲得人任用,何能广乎?"

迁都督同知,总理漕运。慷慨语人曰:"荷国厚恩,未能报称。此行当以江水涤肺肠,少尽区区耳!"帅府旧有湖,前帅擅渔利其中。信开通以泊运舟。凡公私势要,夺水病运道者,一裁以法。

信沉毅简重,喜儒素,出入省驺从。尝曰:"俭足以久,死之后不以侈累子孙,我所遗也。"历镇三十年,不营私产,不为子弟乞官。遇故人婚丧,则倾资助之。

子继善、从善,皆举进士有名。

此武臣之功德并懋者,叙战功各有简法。

卷十五　列传七

钱习礼、周叙、陈音、邢让、刘俨、钱溥、柯潜、谢一夔、倪谦、傅瀚、黎淳、王华列传

钱习礼,名干,以字行,吉水人。永乐六年,举乡试第一。明年,中会试。时,上北征,逾二年始殿试,改翰林院庶吉士,授检讨。习礼家故与练子宁有姻,乡人忌之者,恒以是持之。杨荣乘间白于帝曰:"习礼有文学史才,愿陛下怜察。"帝笑曰:"使子宁在,朕且用之,况习礼乎?"事遂解。

洪熙初,迁侍读,知制诰。

宣德三年,进侍读学士。宣宗好文翰,屡燕见儒臣。元夕,召近臣观灯万岁山,赐宴。习礼与诸臣赋诗以献。又驾幸史馆,亲赋《招隐歌》以示习礼。

进学士,掌翰林院事。院署初建,命大学士皆至,习礼不为设座。或疑之,习礼曰:"此非三公府也。"杨士奇等请于帝,帝乃命工部具座,礼部叙位次。于是,士奇等始自内阁出,坐诸学士上。习礼曰:"事由上定则可,吾岂敢为佞乎?"人以为有体。

十年,进礼部右侍郎。习礼性潇洒,在翰林多清暇,以文章议论为士类所推。每佳时休沐,同宾朋文酒倡和为乐。至于要职剧务,雅非所好。礼部虽位望优崇,然簿书期会,尝与诸部相参。命下日,或往贺之,习礼曰:"吾今且为有司矣,何贺为?"力辞不允。

又命兼署吏部。是时,王振日用事,达官多拜其第,习礼耻为之。屈意不自得,因自陈年老不可用,乞骸骨。既致仕,乃大喜,曰:"为侍郎久妨吟咏,今纵吾于云霄间矣!"公卿大夫饯别都门外,各赋诗为赠。习礼独取《归去来辞》,长歌以自娱。

习礼孝友忠信,笃于伦谊。好古秉礼,教人不倦。累主文柄,知名士皆出其门。家居十五年卒,年八十有九。谥文肃。所著有《应制》、《归田》诸集。

> 习礼清正文雅,为翰林佳士。使以子宁累废,朝廷几于失人。可知人主以宽大为盛德。

周叙,字功叙,吉水人。年十一能诗。永乐十六年进士,选庶吉士。承诏作《黄鹦鹉赋》,称旨,授编修。

宣宗时,预修《太宗实录》,书成,进修撰。

英宗时,修《宣宗实录》,充经筵讲官,进侍读。

上言:"君道莫大于奉天恤民,臣职惟在于辅君成化。比者天旱,陛下责躬虔祷,而臣下不闻效忠补过,徒见陈情乞用之章;掌铨选者,罔论贤否,徒循资格;司国计者,不问农桑,惟勤赋敛。军士困于造作,刑罚失其中正。风宪乏激扬之公,言官惟缄默是尚。又僧道旧有定额,近或多至数万。徭役乏人,户口日耗,蠹损国政,莫此为甚。今京畿、山东流民众多,皆有司不能矜恤所致。夫风宪为耳目之司,守令任抚字之寄,宜精其选。风宪得人而后守令尽职,则风宪又守令之纲领也。"帝以章示诸大臣,于是,吏部尚书王直等皆引罪求罢,帝慰留之。

十一年,奉命祭衡山。事竣过家,以枉道为怨家所讦,诏勿问。

未几,调署南京院事,寻进侍讲学士。请重修宋、辽、金史,叙之先人，尝言："三史当以宋为正统，辽、金皆当附书。"叙著论申述其旨。至是，特疏以请，诏许自撰行世。叙遂日夜纂辑不倦，然卒未成书。

郕王监国，上言："昔周公辅成王，当承平之日。今殿下辅太子，值板荡之秋，视周公尤为艰巨。虽日日望鸾舆早还，然敌情叵测。时日悠迈，人心易摇，可不深谋熟虑乎？谓宜先博选辨士，卑词重币，暂为君父屈。若能鸾舆旋轸，则结好和亲，世世利赖。不然，堂堂天朝，疆域万里，兵甲数百万，岂不能汛扫北庭，以图报复哉？"谨陈八事，曰励刚明，亲经史，修军政，选贤才，安民心，广言路，谨几微，修庶政。累数千言，王嘉纳焉。

景帝即位，复上致治、保邦、中兴、太平诸策。引喻开讽，帝深嘉之。

寻以疾卒。叙生平负气节，内刚外和，笃于行谊。金陵有妇人以妖幻动一时，其甥因之登太常寺丞，贺者踵至。叙曰："人为妖，远之不暇，矧贺之也？"其持正类如此。

陈音，字师召，莆田人。天顺八年进士，改庶吉士。成化二年，授编修。是时，宪宗倦勤，而番僧左道日由中官以进。音上疏曰："养德莫先于讲学，讲学莫先于好问。今陛下虽御经筵，势分尊严。上有疑而不问，卜有陈而难明。圣学之疏，实缘于此。愿退朝之暇，择儒臣有学行者引对便殿，从容赐坐，有疑辄问。必能启沃圣聪，有所裨益。异端者，正道之反，害治之大者也。今所号佛子法王真人，无寸长可采，名位尊隆，赏与滥溢，宜一切罢遣。自今有请修建寺观者，悉置于法。庶几妖妄可绝，正道以明。"不听。

又请召还李秉、罗伦、张元祯、王徽、章懋等复原官，而举陈献章列言职。亦不听。

音既屡言事，而中官佞幸多恶之。有旨责其偏见妄言，音不为动。

司礼太监黄赐母死，廷臣皆往吊，翰林独无诣者。一日，侍讲徐琼言于众曰："时且如此，独得不往乎？"众或应或默，音大怒，曰："天子侍从之臣，相率而拜内侍之庭，其若清议何？"议遂寝。

汪直在西厂，气焰烜赫。其党韦瑛夜帅逻校入兵部主事杨士纬家，并拷掠其妻子。众骇，莫敢问。音居比舍，亟乘埤呼曰："尔何人？敢擅辱朝臣，不畏国法耶！"其人曰："尔何人？乃敢不畏西厂！"音厉声曰："尔欲知我乎？我翰林陈音也！"其人既素闻音名，又辞气刚正，乃为之少戢。

十三年，进侍讲。十九年，迁南太常寺少卿。时，大学士刘吉有父丧，诏起复。吉阳疏辞，阴托外戚万喜言于上，固留之。音自南京贻书劝其力辞，吉不悦，其后有缺，吏部拟音，吉辄力阻之，曰："音腐儒，不可用。"以故累年不得调。弘治二年，署南翰林院事。六年，吉败，乃进太常卿。

七年，卒于官。音性宽缓，懵于世务。人或戏之，置不校。为文典实有理致，尤邃于经学。一时，名公卿如大学士王鏊、太常卿齐章、通政吴裕、布政使倪阜等，皆受业其门云。

邢让，字逊之，襄陵人。正统十三年进士，改庶吉士，授翰林院检讨。

景泰元年，也先遣使同李实来请和，且言将奉上皇还京。群臣请遣实复往，帝难之。及遣使，竟不及迎复事。群臣交章请，帝命俟杨善再议。让上言："近者，群臣请迎复上皇封章数上，陛下不许，岂不以也先变诈不足信欤？如以为不足信，则前此已不必讲和矣。我之所以和者，为上皇也。不迎上皇而与之和，将安图乎？天下之事，成败势也。君子于事不必其皆成，惟为所当为而已。上皇之于陛下，君也，兄也。迎复之事，所当为也。于此不图，臣恐窃中贼计，彼将假大义以为入寇之端，臣未知孰为曲直也。如从群臣之请，则上皇之回否虽未可必，而陛下笃君亲之义，昭然于天下矣。臣又闻，兵家以曲直为壮老。我迎而彼不许，则曲在彼矣。由是而兴问罪之师，不亦善乎？"疏入，得优旨，当时服其忠鲠。

丁父忧，起复，进修撰。

成化二年，迁国子监祭酒，创立敕谕、学规诸碑。修《国子监通志》，课诸生诵小学及诸经，痛惩谒告之弊，人以是称之。

五年，迁礼部右侍郎。七年，下诏狱。先是国子监例有师生会馔钱，相沿日久。让取以新学舍及碑刻诸费，不籍记，又不文移有司，遂为典簿王允所私。陈鉴代让，亦不察核。至是，给事中丘弘等言之。掌助教事检讨叶时复讦允，下刑部，请逮让、鉴置对，不许。言官交章论劾，遂逮让、鉴，及司业张业，坐监守自盗论死。让狱中上书，言与学士万安、李泰素有隙，故倡此，而丘弘承风奏劾。且宣言怖刑部使传致臣。帝命会官杂治。国子生卢楷、杨守阯等奋曰："邢公振励学校，不私一钱。今被诬，吾侪义不可不救。"于是，生徒百余人诣阙请代。下法司议，得免死，赎为民。九年卒，年四十五。

让刚直负才气，敏于文艺。然狭中有所轻重人，辄形辞色。锐意师道，而忌者轧之，卒得祸。

楷，东阳人，举乡试第一，能文章，早卒。守阯后官至布政使。

刘俨，字宣化，吉水人。幼端介，好古力学，弱冠中乡试。潜心学问凡二十六年，正统七年，举进士第一，授翰林修撰。十二年，选讲读以下官十人入东阁掌制诰，俨与焉。

景泰三年,迁左春坊大学士,修《君鉴》、《寰宇通志》及《宋元通鉴纲目》,进太常寺少卿,兼侍读学士。

七年,与编修黄谏主顺天乡试。内阁陈循子瑛、王文子伦就试,皆不得举。循等论奏俨阅文不明,取士徇私。又监试御史林鹗同邑林挺在中列,而译字刘淳卷注翰林院考中送试,例不黜落,榜发无名,因劾俨违制。且摘试题虽欲自绝,并策问有"无正统"语,激帝怒。请如洪武中罪刘三吾等例,重开科考试。于是,六科给事中张宁等交章论循、文坏法营私,失大臣体,请逮问如例。帝曲宥之,命翰林院覆阅诸得举者。高谷惧俨等祸且不测,因奏事,召至榻前,力言二臣子文亦可观,顾解有定额,俨等本无罪。由是俨等得释,而瑛、伦特旨赐举人,许赴会试。王文复疏辨,帝不喜,曰:"敢再言者,以大臣擅法论。"乃已。明年,英宗复位,循、文得罪,二子竟不得试。

俨性刚直,取予不苟。族人贫者为丧葬婚娶。仿范仲淹立义田,人有贷,辄焚其券。立朝侃侃,不为势利屈。为文春容典雅,以古学名于时。卒,赠礼部左侍郎,谥文介。

> 如典试起狱事,以事则足以考见一时得失,以文则足以添加篇牍色态。

钱溥,字原博,华亭人。正统四年进士,召试《蔷薇露诗》称旨,命教内侍书,授翰林院检讨,累官左谕德。

天顺元年,改尚宝寺少卿。时叙夺门功,溥谓兵部尚书陈汝言曰:"方今论功行赏,殆无虚日。而母后徽号未加,独非缺典与!"汝言以其言入奏,英宗大喜,寻迁侍读学士。

六年,颁诏安南,贻书与其王论郊迎礼甚悉。濒行,赆以金,不受。王遣陪臣赍金入奏,乃以帝命受之。时以为得体。

顾性轻躁嗜进，自教内侍书，遂与中官往来。王伦受业于溥，寻事宪宗于东宫，颇恣肆。英宗不豫，伦出谒溥，溥欲深相结，因坐伦上座，留饮至晡。语间，伦问东宫纳妃事如何，溥曰："当以遗诏行之。"溥所居与学士陈文邻，每内侍来谒，必邀文共饮。至是，独不召，文疑之，使人密伺，得其语。及帝崩草诏，李贤当秉笔，文夺之，曰："已有草之者矣！"因言溥、伦画计，将退贤进溥，罢兵部尚书马昂，以韩雍代之。贤怒以闻，遂下溥狱，坐交通近侍律论死。寻赦免，谪广东顺德知县。

成化二年，复故官，闲住。

九年，起，掌南京翰林院事。秩满赴京，擢南京吏部左侍郎，为给事中张海所劾。时，溥入贺圣节，因乞归，命以本部尚书致仕。卒，谥文通。

柯潜，字孟时，莆田人。少颖异，数岁能诗，弱冠举于乡。以地远京师，不忍离亲赴举，读书莲花峰下。景泰二年，登会试，廷对第一，授翰林修撰。寻，侍经筵，朝廷制作，多出其手。进右中允，修《历代君鉴》成，有金绮之赐。

四年，修《寰宇通志》，历司经局洗马。

典应天乡试。抵扬州，有举子赂求关节者，潜怒，执付有司，棘闱肃然。

天顺初，迁尚宝少卿，兼职如故。

宪宗即位，以旧宫僚擢翰林学士。《英宗实录》成，进少詹事。

有诏议慈懿太后丧礼，潜率僚属上章请祔葬裕陵。援引古制，辞极明切。诸大臣相继力争，未得旨。潜曰："朝廷大事，臣子大节，舍是奚所用心！"再疏争之。顷之，召至文华殿面谕，皆从其请。

未几，赐经筵儒臣七人冠服。时，潜已闻父丧，乃即家赐之，潜居丧尽礼。会缺祭酒，帝难其人。有诏起用，潜乞终制，言："忠孝无二理，事君事亲无两心。使亲丧可短，则他日所以事君者可知矣。"帝为感动，许之。潜素无疾，居苫块久，患左足风痹，竟不起。讣闻，帝悼惜，特遣官赐祭营葬。时年五十一。

潜为学士，以古文教庶吉士。前则李东阳等十八人，继则林瀚等二十四人，古文号一时之盛。公余辄偕门人览胜赋诗。即院中后圃构清风亭，亭下凿池莳芙蕖。尝宴息其中，后人称为柯亭。植柏数株于后堂，号学士柏。风流文采，偃映前后。而遇事敢言，屹如山岳，为可重云。

谢一夔，字大韶，新建人。祖永亨，避仇外家，冒王姓，至一夔始复姓谢。父得仁，为汀州推官，以廉干称。邓茂七围汀州，率民兵击走之。官军俘三百余人，尽诬为贼。得仁白都指挥马雄，悉遣归。雄得汀人通贼名姓，将斩以徇，得仁力请焚其籍。在汀十八年卒，吏民请于朝，立祠祀焉。

一夔天顺四年举进士第一，授翰林院修撰，与修《英宗实录》。宪宗初为日讲官。彗星见，应诏陈五事：曰正宫闱，曰亲大臣，曰开言路，曰慎刑狱，曰戒妄费。语多剀切。

时，命儒臣纂《宋元通鉴纲目》，一夔分修《元史》，因推广前待制王祎之论，以泰定帝世祖长孙宜承大统，燕帖木儿迎立明文，冀图富贵。乃于燕帖木儿举兵以谋逆书；凡将兵附者，以谋叛书；于上都遣兵以讨贼书。一正前史之谬。

进翰林院学士、礼部右侍郎。仪文制度，悉加厘定。

二十二年，进工部尚书。帝信梁芳言，复建大永昌寺，命一夔督造。辞疾，不允。恚愤而卒。赠太子少保，谥文庄。

生平笃于孝义。成化时，请假省墓，立义学、义田、义仓，乡间德之。主应天乡试,得王鏊;分校南宫,得罗伦,皆为名臣。

倪谦,字克让,其先钱塘人,洪武中徙实京师,遂为上元人。生有四乳,目光如电。年十八,举进士第三,授翰林院编修。博综掌故,虽老于文学者弗能及。奉命祀北岳,使朝鲜。

景泰初,以左中允同吕原入直文华殿。一日,帝命谦讲《国风》,原讲《尧典》。既罢,帝问二人何官,对以左中允兼侍读。帝曰:"二官品同,安得相兼?"乃命以侍讲学士兼中允。寻,转左春坊大学士。

天顺元年,改通政司左参议兼侍讲。遣祭辽、荆、楚三藩,还,进学士,侍宪宗于东宫。

明年,主顺天乡试。左都御史寇深嘱中其子林,谦不从。又,谦受业生章懋亦不得中式,衔之。于是,与锦衣卫缉事者比言谦出使,为辽府仪宾谋复爵,谦为具奏稿,得金钱无算,以章懋为征。下诏狱,移都察院,深论谦当谪戍开平。宪宗立,上疏自理,诏以原官致仕。

寻,起为翰林学士,与子岳同入史馆,纂修《英宗实录》。迁南京礼部右侍郎,复为言官所论。乞休,宪宗念其旧劳,召起原职,力辞不许。与同官请建皇储,再上"谨天灾"、"勤圣学"、"育人才"数事,进南礼部尚书。致仕,卒,赠太子太保,谥文僖。

谦性孝友。兄诚,高士也。筑别墅于韩桥江畔,足迹不入城市。人或言其弟侄之贵,即掩耳而走。谦事之终身无间言,诚卒,无嗣,谦抚孤女过于所生。

为尚书时,私居闾阎甚狭,列肆皆铁工。谦舆从出入,众皆起立。谦语之曰:"汝吾乡人,毋为我出入妨尔作务。"再谕乃从。后,一御史亦居于此,愤民倨坐,执送有司加罪。民诉曰:"小人为倪尚书所误!"备述前事,且云:"愚民无知,实不晓御史又尊于尚书也。"有司惭而释之。

所著有《玉堂》、《上谷》、《归田》、《南宫》、《辽海》、《皇华》诸稿,共二百卷。

子岳、阜。岳自有传,阜以进士为庶吉士,历官四川右布政使,以廉介著。

傅瀚,字曰川,新喻人。天顺七年进士,选翰林院庶吉士,除检讨。宪宗即位,一日于内得古帖,断烂不可读。命中使持至史馆,适瀚在直,即次为韵,语授中使以复。宪宗大悦,有珍馔法酝之赐。九载,进修撰,迁左谕德,充经筵讲官,侍孝宗于东宫。弘治初,进太常少卿,兼侍读。《宪宗实录》成,进太常寺卿,兼侍讲学士,掌院事。六年,迁礼部右侍郎。初,礼部十年一度僧道,以左都御史马文升言停止。至是,复行开度。僧道集京师者以万计。瀚言:"此辈蠹耗天下,宜痛加禁革。纵未能如祖宗朝之制,亦当稍赐裁抑。或二十年,或二十五年一度便。"诏曰:"可。"时以杨时从祀孔子庙廷,言者因论罗从彦、李侗亦当从祀。瀚言:"二子著述,视尹焞、游酢、谢良佐,未知所先后? 二子从祀,则三人似不可遗。道学所在,其可滥乎?"乃止。

俄以本官兼翰林学士,掌詹事府事。十三年,进礼部尚书。会京师地震,雨雹,四方灾异日闻。瀚上言:"方今赋重役繁,民穷财尽,宜躬节俭以先天下。"陕西地震尤甚,复同府部大臣条奏三十一事,皆报可。

陕西巡抚熊翀等以郿县民所得玉玺献,以为秦玺复出,乞颁示天下。瀚言:"自有秦玺以来,历代完缺真伪之迹具载史册。今所进玺,形制篆刻,皆不类,其为赝作无疑。且人主受命在德不在玺。

太祖以圣德受命,制传国玺。圣子神孙恪奉祖训。百余年来别无古玺,而休征滋至。今日即得秦玺,安所用之?"孝宗以其言为是,薄赏其人遣之。

保定府献白鸦以为瑞,瀚劾其妄。

在部建白,多传正义。未几卒,赠太子太保,谥文穆。

瀚博学强记,处事缜密,虽小不苟。独以程敏政之狱颇为士论所薄。初,瀚谋入内阁,嗾同乡监生江瑢劾大学士刘健等,冀代其位。既而,恐谋泄,遂倡言瑢与学士程敏政善,且奏词决非瑢所能。而奏中"排抑胜己"一言,又实敏政平生心事。以此,大臣多不直敏政。适敏政有科场之狱,言官交攻。大臣无左右之者,遂不能白。敏政既死,瀚自礼部代敏政为詹事。瀚家人晨起,忽见敏政入瀚室。又数见怪,瀚因忧悸成疾,逾年死。人始知瑢之奏有由也。

黎淳,字太朴,华容人。天顺元年进士第一,授修撰。成化元年,充经筵讲官,迁左谕德、左庶子。十四年,擢吏部右侍郎。二十二年,改南京吏部左侍郎。

弘治元年,擢南京工部尚书,寻改礼部。有门生令华亭,以红云布寄淳,淳不纳。即书其封识上曰:"古之为令,植桑拔荼;今之为令,织布添花。吾不用此妖服也。"以疾致仕。卒,谥文僖。

淳性介寡合。然为庶子时,训导高瑶请追上景皇帝庙号。其言曰:"正统己巳之变,先帝北狩,陛下方在东宫,宗社危如一发。使非郕王继统,国有长君,则祸乱何由而平?銮舆何由而返?迨先帝复辟,其贪天功以为己力者,遂加厚诬,俾不得正其终。典礼未称,人心愤郁,愿追加庙号,展亲亲之义。"下礼部议之,淳驳之曰:"郕王即帝位,承国于何君?受命于何主?在当时虽曰主少国疑,四方多事,然周成王时,姬旦实有功之叔父,何不遂取天位?或亦一道,但问其心,果如何耳?虽曰神器久虚,不可无人,然共和之际,周召皆王国之懿亲,何不共分姬室?特以君臣有定分而不敢耳。先帝明并日月,裁处已久,人心已定,若误听高瑶加郕王庙号,必祭告太庙,行祔享之礼;必迁梓宫,造山陵;必追复皇太后、皇后之称;必当尽复当时所用之人,所行之政。诬先帝为不明,陷陛下于不孝,此必有小人主使之者。太甚。不然,彼草茅疏贱,安敢妄言,以烦天听哉?"帝曰:"景泰已事,朕不介意,岂臣下所当言?显是献谄希恩。"其罢议。淳素称长者,一时士论讥之。

论曰:景帝功在社稷,正位七年,非甚失德。复其位号,谁曰不宜?黎淳笃行君子也,力诋景帝不遗余力。至曰高瑶"疏贱之臣,必有小人主之",何异同文之狱也。宪宗昔以东宫见废,无所介意,且曰"献谄希恩",帝真明主哉!

王华,字德辉,余姚人。成化十七年进士第一,授翰林院修撰。孝宗即位,与修《宪宗实录》,充经筵讲官。丁父忧,服阕,迁右谕德,上《劝学疏》,其略谓:"《诗》云:'学有缉熙于光明。'今一岁经筵不过三四御,而日讲或旬日始一举行,则缉熙之功,无乃有间与?"帝嘉纳。自是,御讲筵日勤。

弘治九年,充日讲官,赐金带。

明年,兼东宫讲读,进翰林院学士、教庶吉士,纂修《大明会典》成,迁詹事府少詹事。寻,进礼部右侍郎,仍兼日讲。

时,张皇后宠眷正隆,而内侍李广方用事。一日,讲《大学衍义》,至唐李辅国与张后事,诸学士以为当迁就讳之,华持不可。特诵说详尽,开讽明切。左右悚然,而帝亦乐闻不厌。罢讲,特命赐馔。寻,转左侍郎。

武宗即位,刘瑾用事,士大夫奔走其门如骛,华独不往。时,子守仁为兵部主事，以言事触瑾坐贬，而华亦迁南京吏部尚书。

华平生孝友，居乡多厚德。瑾微时，从华乡人游，颇闻其概。又在讲筵，数以古谊规切人主。瑾重之，使人通殷勤，冀往谢，华又不应。瑾怒，遂以中旨勒致仕。既而有以同年生所为事诬华者。或曰："不白，且得罪。"华曰："讦友过以免罪，吾不为也。"

华气质醇厚，不立边幅。母岑氏封太夫人，年百岁，华亦逾七十，朝夕嬉戏左右。此为人生难得事。

宸濠反，守仁起兵讨之。时，远近传闻骇愕，或谓宸濠将阴遣刺客，请为避地计。华曰："守仁伸大义讨贼，我可先去以为民望乎？"趣府县调兵食，禁讹言以安人心。武宗南巡，奸党害守仁功，飞语构陷，旦夕不可测。华寂若无闻，惟戒家人谨出入，慎言语而已。世宗即位，守仁进南京兵部尚书，封新建伯，遣行人存问于家，有羊酒之赐。朝廷推论守仁功，进封华及其祖父皆伯爵。部咨至，属疾且革。闻使者已在门，促守仁出迎，曰："虽仓遽，焉可废礼？"是日遂卒，年七十七。

陈文、万安、刘吉列传

陈文，字安简，庐陵人。正统元年进士，授编修。文颀皙，仪观甚伟，大学士杨士奇重之。十三年，诏选翰林十人进学东阁，文与焉。

英宗初御经筵，充展书官。帝屡目属之，寻进侍讲。

景泰二年，以大学士高谷荐，迁云南右布政使。云南地远民贫，连岁转饷贵州，劳费尤甚。文乃画策商贾代输，而倍其直以偿之。令下，商皆欢趋，民间岁省亦过半。境内税课额钞七十余万，典者率多侵欺,官或累岁不能得俸。文按治如法,课日羡溢。居数年,诸事修举。久之,转广东左布政使,以母忧未赴。英宗复位,问左右:"向侍朕经筵,顾而皙者今何官耶?"曰:"布政使。"召至京,以为詹事。乞终制,不许,遂侍东宫讲读。

六年,学士吕原卒,帝问李贤谁可代者,曰:"柯潜可。"出告吏部尚书王翱,翱曰:"陈文以次当及,奈何?"明日,贤入见以闻,遂进文礼部右侍郎,兼学士入内阁。文既入,数与贤争事,曰:"吾非若所荐也。"构钱溥、韩雍,皆坐谪去,语具溥传。

宪宗即位,改吏部左侍郎,同知经筵事。再进礼部尚书,兼职如故。

时,修撰罗伦论李贤夺情,文又阴助贤,伦坐贬,益为时论所薄。

《英宗实录》成,加太子少保,兼文渊阁大学士,尚书如故。

四年,卒,赠少傅,谥庄靖。

文以才能自许,初久淹在外,士大夫多冀其进用。及被召浼参大政,未闻有所建明。朝退,则引宾客故人置酒为曲宴,颇多请属。又性下急少容,虽睚眦必不释也。文殁后,礼部主事陆渊之、御史谢文铎等皆具疏论文不当得美谥,帝以谥典已行,寝其奏。

万安,字循吉,眉州人。长身魁颜,眉目如刻画。视其外,宽然长者也。正统十三年进士,改庶吉士,授编修。

景泰中,以易储迁左春坊司直郎,转右中允,改尚宝司丞,仍兼编修。

天顺二年,进侍讲,兼学士。

成化改元,进少詹事。五年,进礼部左侍郎,兼翰林院学士,入内阁。

安初为编修时,李泰与之同官,内侍①李永昌养子也。少于安十二岁,安顾兄事之,得其欢。泰有内援,然每迁必挟安,使出已②上。俱累官至少詹事,兼侍讲学士。会阁臣缺员,内议将用泰,辄又让,曰:"万安可。少长于泰,又贤。"退以语安:"子先为之,我不患不至也。"安既用,亡他长足见知主上,则阴结帝左右,伺喜怒;外以势恫喝诸省曹,取货贿而已。而是时,昭德万贵妃方宠冠后宫。安私于内侍曰:"妃故眉山人,安族姑也,而又与安妻有连。"妃常欲张其门阀与他妃竞,闻之大悦。安与妃弟锦衣指挥万通为族属,数往来其家。通妻王氏有母至自博兴,王谓其母曰:"向家贫时,以妹为人妇,今安在也?"母曰:"第记为四川万编修者询之。"编修固万早年官耳。由是,又与通为姻娅。通妻出入掖庭,安得悉知宫中动静,势益固。

七年十二月,彗星见天田,犯太微。廷臣多言君臣悬隔,上下不交,请时召阁臣面议政事。大学士彭时亦以为言。于是,司礼监诸内臣乃约以帝御殿日召对,且曰:"初见情意未孚,姑俟再,勿多言也。"及入时首陈一二事,帝方可其奏,安遽叩头呼万岁。时与商辂等不得已,皆同声叩头出。诸内臣语人曰:"若尝言不得召见,既见呼万岁耳,实无一奇谋至计也。"闻者哄然,谓之"万岁阁老"。时、辂等甚恨之。

未几,帝命太监汪直刺事西厂,权力倾中外。辂率内阁抗章劾罢,其事甚伟。安初已列名,而潜使人布腹心于直。俄复设西厂,辂引去,安遂为阁臣首。

孝宗出阁,进吏部尚书兼谨身殿大学士、太子太保,历少傅,兼太子太师、华盖殿大学士,进少师,预机务者凡二十年。内连宫掖,外交宦寺,朝野疾之如仇,而位秩亦日隆。会帝季年倦于政,任李孜省,使伺察百官,得密奏。人皆侧目,安欣然与相结,反假之以窃弄威福,芟除异己。先时,礼部侍郎邢让、祭酒陈鉴,皆以守正罢。诸大臣中负重名如王恕、马文升等,皆什伯出安上。而中外推公辅,尝首王恕;斥贪庸,必首安,故尤以忌见摈。一时六曹卿寺无有敢诵言其罪者。惟大学士刘珝性伉直,与之争,辄计逐之。自是,内阁亦无人,其所与共事者尹直、彭华,皆小人也。而尚书尹旻、侍郎秦纮辈,悉文致其罪以去。安自知负国甚,又惧帝寝觉其奸,乃数劫制言官,而私挟媚道以蛊惑帝。有倪进贤者,粗习书,滑稽亡行,与安昵,日引与论御内术,辄验。因令就试得第,夤缘为庶吉士,授御史。安遂上其术禁中,帝甚秘之。

孝宗初立,言者将共攻安。忽有诏,不许风闻纠劾。众皆疑安所属草为己地,愤益甚。适御史汤鼐以会敕诣阁,安从容语以故,曰:"此里面意也。"鼐即以其语奏闻,谓:"古人善则归君,过则归己。今安抑塞言路,归过于君,无人臣礼,奸邪不可用。"于是,庶吉士邹智、御史文贵、姜洪等,俱交章列其罪状。先是,帝在东宫已素恶安。会宪宗崩,内侍于宫中得疏一小箧,则皆论房中术者,末署曰"臣安进"。帝命太监怀恩持至阁,曰:"此大臣所为耶!"安愧汗伏地,喑不能出声。及诸臣疏入,帝即日下其章,令恩面诘之。每展一牍,安辄絮辨,跪泣求哀,无去意。恩直前摘其牙牌,曰:"请出矣!"始惶遽索马归第,上疏乞骸骨。时,安年已七十余,尚于道上望三台星,冀复用也。归一载卒,犹赠太师,谥文康。失赏罚之正。

初,孝穆皇太后之薨,内庭藉藉,言谋出昭德宫。及安将败时,县丞徐顿上书发其事,命下礼部议。覆奏,请逮万家亲戚曾出入宫闱者鞫问,安惊惧不知所为。赖其党尹直尚在内阁,共拟旨寝之。而孝宗亦仁厚,置不问。其后,安子礼部侍郎翼,翼子翰林编修弘璧,并淫恣早死,家财累巨万,妾媵僮仆挟之以奔,皆立尽。当时谓安虽幸免于族诛,而子孙亡遗种。快心语,亦无奈语。

校记

① "内侍"前似缺"奏"一字。
② "已"疑为"己"字误。

刘吉,字祐之,博野人。正统十三年进士,改庶吉士。授编修,充经筵讲官,进修撰。吉无学术,惟善审时势,能附会,以取容而已。

天顺四年,郑世子祁锳及泾阳王祁铣以罪征至京,命吉与陈鉴教之。吉等拜揖,世子及王皆还答。帝闻,心善之,因遣归藩,而以吉侍宪宗讲读于东宫。遭母丧,去。

宪宗即位,以旧宫僚进侍读。《英宗实录》成,进侍读学士。累迁礼部左侍郎,寻兼翰林学士,入文渊阁预机务。十三年,进礼部尚书,兼职如故。

会阁臣商辂率同官劾汪直,请罢西厂,吉与焉。帝使太监怀恩至阁诘责,次及吉,吉具对如辂等言。是时,兵部尚书项忠同六卿会疏力争,怀恩阴主于内。吉亦无能与之异同,得不败。

明年,孝宗出阁,加太子少保,兼文渊阁大学士。又四年,遭父丧,有诏起复。吉三上章乞终制,而阴属贵戚万喜为援,帝降敕遣官召还,吉遂绯衣视事。编修陈音以书劝其终制,不报。而对客谈笑无戚容,由是,人始恶之。

是年,《文华大训》成,加太子太保、武英殿大学士。

二十一年,改户部尚书、谨身殿大学士,寻进少保,兼太子太傅。

孝宗初立,言者多攻内阁。会星变,庶吉士邹智上言:"星变见于朝廷,盖阳不能制阴之象也。宜进君子,退小人。"因言万安、尹直、刘吉皆小人,而以王恕、王竑、彭韶为君子。吉甚衔之。已而,安、直皆被论去,而吉独留,委任愈益专。吉虑言者将及己,乃建议欲超迁科道官处以不次之位。又奏拔给事中贺钦、御史强珍、员外郎林俊等十余人,皆知名士,故人无复有言之者。

寻,加少傅,兼太子太师、吏部尚书,知经筵事。

会天寿山大风雹坏寝殿瓦,帝谕群臣修省。右遮子张升上言:"应天之实,当以辅导之臣为先。今万安、尹直相继斥罢,独刘吉尚存,厚结言官,昏夜款门,柔佞取容,无所不至。贵戚万喜,依凭宫闱,凶焰薰灼。吉与缔姻,请托公府,赂入私门。吉以患失鄙夫,为讲官领袖,臣与旅进,实为汗颜。因疏其十罪,宜亟斥遣,以应灾异。"御史魏璋劾升,谪南京工部员外郎。明年,璋复以妖言劾御史汤鼐、知州刘概下狱,辞连兵部主事李文祥,吉以宿憾讽璋入智名,智坐谪死。

四年,《宪宗实录》成,进吉少师、华盖殿大学士,秩一品,加特进。

会帝欲封张皇后弟伯爵,命撰诰敕。吉言:"必尽封周、王二太后家子弟方可。"其实稽迟,以俟贿耳。帝侦知之,恶其诈,勒令致仕。去逾年,大盗入其室,惊怖死,年六十七。赠太师,谥文穆。

吉在政府十八年,多与金壬游,喜同而恶异。廷臣与之忤,辄使言官劾去之。有所论列,必巧窃美名自缘饰。孝宗朝,尝被命撰祷雨文,吉言:"迩者奸徒袭用李孜省、邓常恩之故术,见月宿在毕,天将阴雨,遂奏请祈祷。幸而有中,以希进用。谨按《诗》云:'月离于毕,俾滂沱矣!'《书》曰:'月之从星,则以风雨。'今月宿在毕,雨降之征也。臣恐幸门一开,争言祈祷,启衅召祸,实基于此。"其言颇似知道者。又因星变请省用度,戒游乐,屏谗佞,止斋醮。及军士久劳,工役烧造,内官扰民,俱宜停罢。帝亦信其忠诚,甚见听用。虽屡被劾,而进官加秩无虚岁。或嘲之为刘棉花,以其耐弹也。及既斥,濒行,京师人群欢于市,曰:"棉花去矣!"天下闻而笑之。

<small>奸状丑态,描写都尽。使后有所戒。如禹铸九鼎,神奸辨而民无逢不若之虑矣。</small>

方瑛、毛胜、陈友、曹义、施聚、焦礼、刘聚列传

方瑛,全椒人。曾祖得铭,开国初为百户;父政,靖难功为左军都督府同知,洪熙、宣德间屡佩将军印,总兵镇交趾、开平、大同。正统三年,征麓川战没,赠威远伯,谥忠毅。

瑛以父功为金吾指挥使,发愤报父仇。乞领父兵,从定西伯蒋贵攻思任发,效死先登,破贼寨,进都指挥使。

七年,从靖远伯王骥征贡章、沙坝、河岭诸蛮,进后军都督府佥事,充参将,守云南。时,贼子思机发复据孟养,瑛率兵进剿,获其妻子象马而还。

十三年,擒师宗州贼首黑救、番来等,还京,进都督同知。

已而,从兵部侍郎侯琎征贵州,功最,进右都督,充总兵,移守贵州。

景泰元年,征香炉山功,转左。再平草塘叛贼。寻召还,分总五军营,封南和伯,食禄千石,与世券。

明年,佩平蛮将军印,讨铜鼓诸苗,俘斩无算,留镇湖广、贵州。

英宗复位,进流侯。明年,东苗于把猪僭号称乱,擒送京师。

又明年,出剿都匀,平之,最功。前后凡平寨一千二百,斩首万七千,俘获二万有奇,平苗之功无与为比。

璞天资英迈,通古兵法,而行师制敌,不主故常。是以所向有功。常上兵法及阵图,老将多称之。

四年,卒,谥忠襄。

子毅嗣。卒,子寿祥嗣。卒,以尝论大礼得赠太子太保,子东嗣。卒,子炳嗣。卒,子应奇嗣。卒,从叔华嗣。卒,子一元嗣。明亡,爵除。

毛胜,初名福寿,蓟州人。伯祖毛那海,洪武二十一年归附,授燕山中护卫闲牧官。三十一年,随成祖征九门,克怀来有功,进副千户。

克雄县、真定,进指挥佥事。

攻取大宁郑村坝,又战白沟河,攻济南,有功。又战东昌、藁城,及渡江入应天。历进都指挥同知。

卒,无子。福寿祖安泰,那海母弟也,嗣为羽林指挥使。卒,长子济嗣。济卒无子,福寿嗣。以兄济九龙口功授都指挥使。

正统六年,从靖远伯王骥征麓川,击走刁招汉,从攻思任发,有功,进都督佥事。明年,再攻麓川,功最,进同知。

十四年,击也先于大同,斩获功最,进左都督,巡徼紫荆、倒马诸关。

景泰元年,重安江苗贼叛,充副总兵,率河间、东昌降人往讨。户部主事陈汝言言福寿先世本塞外人,恐其志不可信,敕王骥善御之,无使惊疑,以邀成功。既至,请济师,总戎者有难色。福寿曰:"吾奉命讨贼,惟敌是求。"即日以兵压其境,贼众跃马致师,福寿挟弓注矢,一发殪其酋,余贼惊溃。由是,香炉山诸寨皆望风詟服。

生擒渠首韦同烈、记哥等，送京师斩之，峒贼以平。论功，封南宁伯。五年，进屯金川，斩俘功最，与世券。始改名胜，字用钦。

复移金齿弹压诸蛮。胜在镇号令虽严，而御军抚蛮，率以仁恕。刁放革复叛，胜率精兵突至腾冲，亲缚放革，众悉慑伏。天顺二年，卒，赠南宁侯，谥忠壮。

子荣嗣。成化四年，从襄城伯李瑾讨四川山都掌蛮，先登。八年，坐法调广西，立功。卒，子文嗣。卒，子良嗣。卒，子重器嗣。卒，无子，弟邦器嗣。卒，弟国器嗣。卒，子孟龙嗣。明亡，爵除。

陈友，全椒人。事太宗为骑卒，迁百户。

从征迤北，进千户。

正统初，通使顺宁王，招脱欢来降，进都指挥佥事。

充游击将军，将兵出宁夏塞，进都督佥事。

又将兵出龙门口，进同知。

充左参将，南征苗贼于香炉山，进右都督，镇守湖广。

天顺元年，南征苗贼于五开、铜鼓诸山，封武平伯，食禄千石，与世券。

出镇番卫，俘斩无算，充总兵，捕套贼于延绥塞外，封流侯。

最功，招降者一，南征者二，出塞者五。历事四朝，垂四十年，未尝败北。

四年，卒，赠沔国公，谥武僖。

子能嗣。卒，子纲嗣。卒，子勋嗣。卒，无子，弟熹嗣。卒，子大策嗣。卒，子永禄嗣。卒，子世恩嗣。明亡，爵除。

曹义，字敬方，仪真人。祖勇，燕山卫百户。父胜，指挥佥事，义弱冠袭父职。时，太宗肃清沙漠，将士非遴选不得从。义扈跸出塞,至半壁山。

宣德初,江西洞贼窃发,义往抚剿。

正统初,出辽东宁远塞,追敌于白云山,取其辎重。复从成国公朱勇会兵两汊口,败敌于羊肠河。

十四年,与敌战辽河,摧其前锋。旋师至广平山、东川洲,敌骑踵至,回兵击破之。

景泰初,追敌至梨皮峪、鹰湖东,与参将胡原分左右翼夹击,歼焉。

巡边至仙灵寺,敌穿塞深入。义率副将焦礼等设三伏以待。薄暮敌至,奋击,大破之。

最功,前后大战十一,小战二十,俘获七百五十余人,畜产二十余匹;夺还被掠男妇八千,器械辎重无算。由都指挥佥事历中府都督佥事、辽东副总兵,佩前将军印、左右都督,封丰润伯,岁禄千二百石,赐世券。未几,奉朝请归京师。天顺三年,卒,赠丰润侯,谥庄武。

子麟,先卒,庶子振嗣。坐法革衣冠,习礼国子监。逾年复爵,又坐法夺禄一年。卒,庶子恺嗣。卒,嘉靖中,子栋乞嗣,吏科驳义非开国靖难功,不得嗣。上与栋嗣伯,卒,庶子松乞嗣,吏部言:"曹义以边将立功封伯,传三世,予夺,请上裁。"松得嗣。卒,子文炳嗣。卒,子国治嗣。明亡,爵除。

施聚,北通州人。父忠,立功洪武、永乐间,至金吾卫指挥使,将兵从出塞,殁于阵。聚嗣官,累有战功。

正统九年,以都指挥从征兀良哈,拔砦塞旗,历都督佥事、辽东参将,进都督总兵官。

英宗陷迤北,聚闻恸哭,即日集将校勤王。部下或献牛酒,聚曰:"今天子安在,吾心何飨此?"悉拒不受。倍道驰至京师,屯兵守御。天顺元年,封怀柔伯,食禄千一百石,与世券。

聚为将武勇朴直,与士卒同甘苦。在辽东训练有法。增缮亭障,兴学校,讲礼让,边人皆畏服之。卒,赠怀柔侯,谥威靖。

子荣嗣。卒,子鉴嗣,坐法,谪贵州。立功,赦复爵,不得任军政。卒,子瓒嗣。卒,无子,弟瑾嗣。卒,子煮乞嗣,吏部以聚无他奇功,幸封伯,而孙鉴复犯法,蒙恩宥数世,在典为滥,请上裁定。诏予煮嗣伯。卒,子嵩嗣。卒,子光祖嗣。卒,子壮猷嗣。明亡,爵除。

焦礼,字尚节,山后人。父焦八思台,洪武中归降,除蓟州卫指挥佥事。礼以舍人从军有功,太祖喜,与礼官,辞不受。

宣德初,嗣父官,累立功于辽东,当阵生擒贼帅,进辽东指挥使,再进都指挥佥事。以征哨功进同知。

正统初,用都督曹义荐,进都指挥使,御寇于海西,获士马甚众。敕守宁远,论功,进左军都督府佥事,协理府事,仍守宁远。败敌于境外,进都督同知,再进右都督,充副总兵。

景泰元年,破敌于小团山,斩获数千,生致渠魁一人,转左都督。

英宗复位,封东宁伯,食禄一千二百石,与世券。

明年,召至京,谒见便殿,慰劳有加。赐织蟒、甲胄、弓矢诸物甚备,遣还。镇守辽东二十余年,年八十二卒,赠东宁侯,谥襄毅。

适孙寿嗣。卒,无子,寿弟俊嗣。卒,子淇嗣。卒,子一凤嗣。卒,无子,淇弟询嗣。卒,无子,再从侄栋嗣。卒,子文耀嗣。卒,子梦熊嗣。明亡,爵除。

刘聚,清丰人,太监永诚从子也。骁勇有智略。永诚镇甘肃,聚随塞上立功,历官都督同知。

天顺五年,曹钦反京师,捕贼有功,进右都督。

成化六年,统兵出延绥塞。遇敌身被七创,溅血殷鞍马,督战愈力,大破乜烈忽,斩首百余级,俘获二千人,封宁晋伯。代武靖侯赵辅为将军,将陕西诸路军马出榆林塞。斩首四百五十级,获马牛羊无算,与世券。

是年,再出塞搜套。敌忽大至,聚设伏破之,斩首百五十级,夺人畜数万。十年,卒。赠宁晋侯,谥威武。

聚虽借中珰起家,剖符封伯,然屡经战阵,能自致于功名。黄草梁之战,敌合围数重。聚率家僮及麾下数十人溃围南出,人服其勇。

子禄嗣。卒,无子,弟福嗣。福为京营总兵,加太子太保。弘治十三年,孝宗召辅臣于平台,议诸将去留,福与成山伯王通皆勒罢。卒,子岳嗣。卒,无子,从子文嗣。卒,子良玺嗣。卒,无子,叔斌嗣。卒,子应元嗣。卒,子天锡嗣。明亡,爵除。

诸传简而不瘠。

石璞、薛希琏、陆瑜、石瑁、薛远、陈翼、杨鼎、翁世资、林鹗、樊莹、王概、陈俊、高明、刘孜、张鹏列传

石璞,字仲玉,临漳人。永乐间贡士,授监察御史。宣德间迁江西按察使,再迁山西布政使。

璞性刚介,有治才。在江西时,有民娶妇三日,妇归宁失之。

妇翁讼婿杀女,婿不胜榜掠,自诬弃尸前塘中。使求尸,果得之。狱成,璞独心疑之,曰:"杀人而弃尸,非深怨者不如是也。彼初婚,方燕好,胡乃尔?"祷于神,夜梦人画一"麥"字,璞思曰:"'麥'者,两人夹一人也。"比明,械囚趣行刑,囚未出,遥见一童子从门屏窥。亟捕之,童子惧,悉吐实。则二道士素与妇通,匿之稿麦中,实未尝死。前塘所得者,盖他人尸也。人号璞曰"断鬼石"。

正统十三年,擢工部尚书。河决荥阳,奉命往治,决口寻塞。

处州盗起,往讨平之。

景泰初,也先寇独石,璞兼大理寺卿,往督军务。事平,进太子太保。

六年,少保于谦以病在告,调兵部尚书,协理部事。

七年,湖广苗叛,奸民李珍、魏元冲为之用。又命璞总督军务,以计擒珍、元冲,槛送京师。苗平,还治部事。

天顺元年致仕。四年,帝谓大学士贤曰:"石璞,纯臣也。闻尚健,然苦贫,盍为我召之!"时,君臣情相通如此。既至,青袍角带以入。帝问:"前赐尔绯玉安在?"璞顿首谢,言:"臣孤忠无援,自分填沟壑矣。陛下无故召臣,臣惧无状,必有罪当诛谴耳。"帝悦。是时,璞微聩,故命以左都御史掌院事于南京。

成化元年,致仕归。璞在山西时,其妻与诸僚妻宴,归而有愠色。璞怪之,对曰:"今日比肩列坐者,皆金珠绮绣,冠披甚都。吾萧然荆布,甚不称布政妻也。"璞曰:"尔何坐?"曰:"席首"。璞曰:"使吾墨于官,汝安得此座?彼金珠绮绣者,后欲居汝席者得乎?"

璞归,无室庐,假官署以居。后于城西作屋三楹,卑暗殆不可处。邑人有为典史归者,治具延璞,陈金银杯斝十余。璞遽问:"尔宦几年?"曰:"未一考也。""然则尔胡归?"曰:"奸民以贪蔑我耳。"璞怫然曰:"使吾治尔,尔尚得还乡里哉?"拂衣出。

薛希琏,字廷器,丽水人。宣德五年进士,以年少诏归学三年。召授监察御史,负气敢言。正统元年,按河南;五年,廷选侍郎何文渊等十余人,赐玺书分行天下举荒政,而琏得江西。以便宜兴水利,广储蓄,民甚德之,超迁刑部右侍郎。

八年,巡视畿内,理凤阳屯田,巡抚南京十二郡。所至不拘文法,而能恤民疾苦。

十三年,与崇信伯费钊、都督范雄偕镇抚福建。时,福安贼陈严四等自称王,集众千余,焚掠福州所属州县。而沙县贼罗丕、廖宁八等,亦以千余人入尤溪,杀其主簿。诏都督高礼、指挥仲福将兵往助钊、雄等。亡何,贼突入汀之清流,大掠。于是,福建告急之使踵至,诏趣高礼等进兵。希琏使人抵贼垒,谕降其胁从者以万计,他盗逃入海者亦弃兵自缚请死,琏悉释之,使归田。而令范雄等督兵分道击负固者,擒斩殆尽,罗丕等窜匿深山中。下令悬重赏购之。于是,沙县人罗文通等阳置酒奉贼,诱致丕,执之以献。函首送京师。论功,入为刑部尚书。

景泰三年,考察山东官吏,黜贪鄙者二百五十余人。时旱蝗,祷泰山而雨,蝗悉毙。因发廪赈贷,活饥民无算。

天顺初,调南京刑部尚书。未几,疾作,卒于官,年六十。

琏仪度修整,言论雍容,而行已在清浊之间。才足任事,不尚讦直,士论多之。

陆瑜,字廷玉,鄞县人。宣德八年进士,除刑部主事。郎中仲闵见而伟之,数举国初律令沿革告瑜。于是,瑜于律例多所谙究。进员外郎。

正统九年,岁旱,敕理淮苏诸郡刑狱。悉心平反,得减罪者千三百余人。尚书金濂亟称其能,进郎中,超迁山东右布政使。

景泰二年,山东洊饥,民忿富户闭粜,相与挺而发其粟,以强劫坐死者三十有六人。瑜至,则悉出之,曰:"百姓苦饥,攘粟苟活耳。"遂得未减。河决张秋,命佥都御史徐有贞往治。瑜躬督其役,水患遂息,寻转左。

天顺二年,大学士李贤荐其才,召入为刑部尚书。时锦衣卫指挥门达怙宠作威,有卫卒诬指挥李斌与弟健谋逆,达锻成狱,复下法司,诸臣相顾莫敢议。瑜独以为冤,达怒,语侵瑜。瑜曰:"法司所执者祖宗之法,瑜何敢弃法而枉族人?"达遂诬瑜党恶。已而,英宗察其无他,置不问。

五年,曹钦反。系其佃户数千人坐以叛党,将诛之,瑜语都御史李宾曰:"钦反起仓卒,佃户何由得知?况相去或数百里乎!"李以为然。于是,数千人皆得免。

当是时,瑜奉公守法,习熟典故。凡大狱,属官不能决者,则以白瑜,瑜辄举某时某事类此。退索故牍阅之,年月一无少谬。以此甚当帝心。帝或游幸,时时召从行,礼遇优渥。

成化三年夏,以尚书满九载,乞休,不许。

五年,疾剧甚,遣中使、御医临问。乞休,又不许。越两月,疾再作,恳辞官,许之,赐钞慰劳。寻以仁寿太后加尊号,推恩进阶一品。

弘治二年卒,年八十一,谥康僖。

瑜官刑部尚书十五年,不随时浮沉。诸司贤者礼之如宾,其不称职者驭之甚严。然既改,则坦怀相待,不咎既往。是以人咸安之。与门达素不协,及达败,言者争欲置之死,瑜言:"达典制狱,任情轻重,不可谓无罪。然较纪纲、马顺,则有间矣。"达卒得不死。以是,人服其量。然考达罪状,实不容诛云。可知天讨,非人市名之具。

石珤,字信之,应州人。宣德八年进士,正统初,授礼科给事中。

寻出知金华府。处州贼杨熙,流劫郡县,珤修城积粟以备之。已而军兴,日费不赀,百姓避寇来者皆乏食。珤将发仓以济,大吏或难之,珤曰:"彼迫于饿殍,则亦为盗耳。夫迫民为盗,与擅发官粟,罪孰重?我宁就其轻者。"卒发粟济之,流民不至填沟壑,而军饷亦不告匮。朝廷闻之以为能,超迁福建右布政使。寻擢南京吏部左侍郎。

以王翱荐,代萧晅为礼部尚书。珤悃愊无文,寡学问,典礼尤非所长,大学士李贤每以为言,帝曰:"姑留之,恐后来者亦未能远过也。"

六年夏四月,帝御奉天门,有旨召礼部官,珤举止失措。帝颇不怿,命贤谕意,令自引退。及珤具疏自陈,帝念其笃实无他过,意不忍,曰:"珤大臣,岂可以小失去哉?"遂复留。

七年,以老致仕,卒于家。

珤为人似无足取,然存之可见有明诸帝待臣下忠厚。

薛远,字维远,无为州人。正统七年进士,授户部主事。景泰中,进郎中。承部檄核南畿通税,得羡余万石,归之于公。又同御史倪敬按大同边储,搜抉隐匿,边饷以足。

天顺元年,使交趾。还,擢本部右侍郎,以母丧归。

五年,河决开封。诏起复工部侍郎,总督河道。至则集丁壮三万余人,分工授任,决口遂塞。又至扬州海门,凿河四十里以泄积潦。蠲谷赈饥,伐材为屋,以处流移。比还,民遮道攀留,数百里不绝。

成化初,两广蛮獠叛,朝廷兴师征之,远以户部侍郎往调兵食。念贼方据险,非重赏则士不效死;而重赏之,即所费不赀。乃谕众:能破贼者,即有其辎重。于是,人皆奋勇赴敌。师抵大藤峡,远躬冒矢石,腹背夹攻。贼平,转左侍郎,赐金绮。

寻进尚书,总督京储。时汪直用事,众争趋附,远独与之抗。直嗾言官论之,遂致仕归。

十五年,以荐起南兵部尚书,参赞机务。岁余,复力请致仕。卒,年八十有二。

远于礼乐兵刑,天文律历,靡不涉猎,尤熟国家典故。在户部最久,文移奏札,皆手自裁定,吏胥拱手奉行而已。仕宦四十年,家无长物,食无兼味,室无媵妾,曰:"吾少时事亲恒不足,今安忍有也。"人以是益称之。

陈翼,字冲霄,虹县人。正统元年进士,授行在户部主事。二年,也先寇边,王师北征,公私无宿储。翼承命往永平诸府备刍粮百万。还奏称旨,复命籴粟辽东实边。事竣,进郎中,督漕江西。

先是,岁赋俱军运。时方用武,有司督民趣办甚急。翼至,曰:"赋无后期足矣,奚亟为?"案行郡邑,劝富家具舟分漕,且抚慰之,曰:"此一时权宜。师还,不尔劳也。"众皆乐从。以父丧乞归,督抚交章留之。诏翼卒事,翼已归里;闻命,复往督漕。抵京师,乃归终丧。

会诏大臣荐举方面,即家擢山西右布政使。至则奏蠲逋粟十余万石。五台山木,民以为利,时禁采取,翼弛其令。雁门关既设兵屯守,复役民分成,请罢遣归农。暇日筑忻州城,又增修阳曲诸庙学,民不知役。

天顺初，召拜都察院右副都御史，巡抚宁夏。时，西边连岁用兵，民重困，翼拊循备至。籍贫民计口给食，免逋租，民以稍苏。文庙祭祀，以岁俭不具牲牢。翼谓非本朝尊崇先师之典，且无以化导边氓，奏复如旧制。孛来入寇，边将辄失利，翼移檄诸郡固城堡，缮器械，募材武士为土兵，参以官军，为守御计。

迁南户部左侍郎。

成化元年，总督京储，首劾罢不职者数人。时，仓庾废坏，修复之资例取具军役。而公有余材，则积以待敝。翼叹曰："虚有用之物，困无告之民，吾不忍为也。"皆便宜从事。

遭继母丧，命起复，翼乞终制。既禫，进南户部尚书，总督如故。翼感恩遇，每晨兴入公馆治事，日旰未休，卒以此成疾。疾甚，犹日省署文移不少息，遂卒于官。

为人严毅有风概。自为郎署，人已惮其刚直。及出更藩镇，入长台宪，年德益茂，后进以得容接为幸。而下吏趣走听令，无敢仰视者。

杨鼎，字宗器，咸宁人。家贫力学，举乡试第一。试礼部不第，例入监。闻南祭酒陈敬宗学行，请往焉。负笈走数千里，不携一僮自随。及居门下，躬自执爨，敬宗以为难。既阅其文，叹曰："此六馆中颜子也。"*读此等事，使人长气。*

有知府某者闻其才，将妻以女，鼎以不告父母辞。乃属鼎乡人、尚书徐琦谓敬宗曰："杨生贫而妇家故饶，幸稍资给，虽父母闻必喜，何辞为？"敬宗亦劝之，鼎曰："原宪虽贫，于道则富；倚顿虽富，于道则贫。鼎从先生学，其敢慕富乎？"敬宗益重其操。

正统四年，举会试第一，廷对第二人，授翰林院编修。一时馆阁诸臣皆素知鼎贤，而大学士杨士奇尤器重焉。会被选进学东阁，岸然以功名自许，不甚屑屑为文辞。尝建言修饬戎备，通漕三边，同辈皆诮其迂，鼎益自信。未几，也先果大入寇。诏推择才望之臣分守要地，即改鼎监察御史，备兖州。

事平，进侍讲，兼左中允。

以阁臣高谷荐，侍经筵。寻擢户部右侍郎。初，鼎自兖还也，论功将进副都御史，辞弗就。至是，廷臣复言其有经理才，遂超数阶佐户部。鼎自以清修笃学，理国计、司利权雅非所乐，而受任后，甚有能声。

天顺元年，转左侍郎。为兵部尚书陈汝言所忌，以事中之。时，汝言方有宠。帝贤鼎，独置不问。

尝命中官牛玉谕旨，欲以江南折粮银入实内帑，而以他税物充武臣俸。鼎从容陈其不可。牛马羊房乏刍，议征什二，又以民艰沮之。皆得报罢。

成化四年，进本部尚书。时延绥用兵日久，廷议欲预征边饷，鼎上疏曰："阿罗出住牧河套，数为边患，迨今三年矣。国家耗费数百万，一切权宜补救，如引盐、收马、征运之法，亦既尽行，而军兴之乏如故，盖无有为国家计长久者也。今民罢财匮，复议预征，患将有不可胜言者。夫越千里而馈粮，陆挽则艰，舟运则易。今之黄河即汉唐漕运故道也。其间虽有三门析津之险，然盐艘木筏，往来不绝。三门而上，故有小河可达延绥。若放古人倒仓之法，以刍粟分贮水次，溯流徐运，何忧不济？舟楫既通，不惟民困得苏，且可岁带解盐数十万以益淮课，资国用，此万世利也。"疏上，请身督其事，报可。而当时多谓难行，议遂沮。

十五年，乞休。凡五上章，乃以太子少保致仕。赐敕给驿舟，仍月给米二石，舆夫四人终其身。大臣致仕，恩礼有加，盖自鼎与尚书邹干始也。

鼎在翰林有盛名，官户部最久，尝书"十思"于座隅，曰："量思宽，犯思忍，劳思先，功思让，坐思下，行思后，名思晦，位思卑，守思终，退思早"以自省。其他规画，多凿凿可施用。所创立盐税二法尤称善。以清操持正见重累朝，常谓人曰："吾生平无可取者，惟识'廉耻'二字耳！"

年七十六卒，赠太子太保，谥庄敏。

子时畅，进士，官太常卿，兼翰林院侍讲学士，时敷领乡荐兵部司务。

翁世资，字资甫，莆田人。父瑛，官翰林院检讨，世资从侍京师。因为国子生，举正统七年进士，授户部主事。性强记，好检阅图籍，凡户口登耗，条例沿革，辄能究悉，遂以明习典故闻于时。寻，以父丧去官。

景泰初，边事孔棘，户部调度刍饷，章日数上。而尚书金濂性复严急，尚综核，诸曹郎无足当意者。顾独以世资为能，因奏起复。世资固辞，得终制。

服除，复补户部，尚典各司章奏。有大事，濂必与咨谋，未尝不称善。进本司郎中。

适江南水灾，属世资往勘，因发粟赈济，奏免税粮五十万石，杂办倍之。

英宗复位，大臣多见罢黜，独以姚夔、世资可大用。乃擢夔礼部右侍郎，而以世资为工部右侍郎。会内织染局言苏杭等府岁造文绮七千余匹不足用，乞倍其数，督以尚官。世资谓东南水潦，民方艰食，宜稍樽节，以苏罢困。与尚书赵荣、左侍郎霍瑄议减其半。荣、瑄皆难之，世资曰："即得罪，某独坐，不以相及也。"疏入，帝果怒，推主议者。于是，下世资锦衣狱。久之，念其无他，然犹贬衡州知府。

到官,直疑狱数十人。有卫帅不法,为世资所裁抑,遂诬以怨望讦奏,逮至京。已而,帝觉其枉,谪卫帅,徙之他郡,而复世资官。

成化初,迁江西左布政使,寻擢都察院右副都御史,巡抚山东。上言:"山东比岁嗛饥,谷贵伤农。民更籴谷输官,其直数倍。今新税虽从减免,而旧逋仍复追征,是重困也。宜止征起运京储,及徐、德、临清诸仓米,其存留者通行会计,约支数年,则宿逋改折银布,充给官吏俸钱,俟年丰复旧。如此,则积储不乏,而谷价可平。"又言:"诸仓存积米麦,岁久恐致红腐。宜俟来春二谷未登,分给贫民。秋成征还官庾。"并报可。

八年,岁复大祲,奏发仓粟五十万,存活百余万人。又令民垦闲田万九千余顷,具籍以闻。

是年九月,召拜户部左侍郎。未几,命提督仓场,进本部尚书,领职如故。

十七年,掌部事。世资久历户部,自景泰中为郎已获时誉。至是,得专国计。凡财赋出入,剂量盈缩,多适事宜。

又二年,得疾乞休,以太子少保致仕。乘传以归,月廪岁夫如例。行至仪真,卒。赠太子少傅。

世资体貌魁硕,饶心计,才思通敏,而颇尚浮靡,不矜细行,论者少之。人当自省。

林鹗,字一鹗,浙江太平人。景泰二年进士,授监察御史。时,言官皆新进喜事,好掊擿人细过,鹗独持大体,不尚苛细。尝监试京闱,大学士陈循、王文子不得举,以私憾诬考官。又以鹗同邑林挺得举,并诬鹗私挺。逮挺诏狱,将中鹗以法,赖言官交章劾循、文,事得解。

英宗复位，召大臣择言路有才望厚重者知大郡，遂出鹗知镇江府。陛见，赐食及楮币，谕擢用意。鹗至府，尽革诸弊政之不便民者。然未尝一言暴前人短，人以是益贤之。

镇江漕河经孟渎颇险，言者请凿河自七里港引金山上流，通丹阳以避之。鹗谓其道迂远多石，且坏民庐墓，请按京口闸、甘露坝故迹稍浚之，使通舟春启闸、秋渡坝，功力较省。从其议，果便。

无何，调苏州。苏俗夸诈，好兴作。鹗一切镇之以简静，即有建革，必详审至再。吴人重鹗名，望旦夕效。居数月辄笑太守迂缓，久之，见所区画皆久远计，则又大喜，称林太守"康济才"。

超迁江西按察使。谳狱必丽情法，不意为重轻。广信妖贼妄称天神惑众，旁近邑尽惊。鹗榜戮其魁，遂解。

历左右布政使。岁饥，奏减民田租十五万石。岭南有獠寇，鹗调兵捍境上，寇不得入。

成化六年，擢南刑部侍郎，以母忧去。服除，召入北部。鹗年未五十，誉望出诸公右，众冀其大用，未几，卒。

鹗秉礼法，造次必恭慎。公余辄危坐读书。事母孝，母性严，曲得其欢心。历仕二十六年，殁之日不能具棺敛，友人为经纪其丧，其廉洁如此。嘉靖二十二年，御史赵大佑上其节行，赠刑部尚书，谥恭肃。

樊莹，字廷璧，常州人。天顺八年，举进士，引疾归养，久之拜行人。奉使四川，屏馈金不受。土官作"却金亭"识之。

擢监察御史。会山东盗起，莹奉玺书追剿，不逾月，获其渠首。巡两淮，条上清军事宜，著为令。

又巡按云南，交人诱边氓掠杀吏民，方议用兵，莹驰檄谕祸福。交人畏其清梗，皆款服。

改松江知府。松赋役繁重，岁用民夫挽漕数百万石。民夫不相统制，即有耗，辄均补，奸猾因以为利。又其递运诸费，率皆沿途易米取办，益便侵渔，用是连岁耗折。莹请革民夫，俾粮长专运，而宽其杂费。每岁征米，自长运外余悉以银代，民咸欢趋。巡抚下其法于他郡，悉遵行之。

寻，遭母忧去。起，补平阳府。以侍郎黄孔昭荐，超迁河南按察使。时，巡抚徐恪属所司核钱谷数，众逊谢，以问莹，莹曰："视万犹千，视千犹百耳，夫何难？"恪于是举莹。部吏钩考，旬日宿蠹一清。

进应天府尹，迁左副都御史，巡抚湖广。锦田结两广瑶僮为寇，众几三万。莹曰："贼众如此，理不可尽杀。"乃下令宥胁从，计擒其倡乱者十八人，置之法，余并解散。

时，所属水旱，诸藩府缮修未息。莹奏通广盐以助工作，给赈恤，停罢诸不急之费以百万计，民不至困。

以疾乞休，家居七年，言官交章论荐。大学士李东阳、尚书马文升、刘大夏并称誉于朝。起，抚治郧阳，改南京刑部侍郎。

十六年，云南昼晦五日，命兼左佥都御史巡视云贵。至则劾奏镇守及巡抚官罪状，黜罢不职文武吏千余人。时，年几七十，单车寻问疾苦，虽岩谷险阻，亦必亲至。经画措置，威惠大行，土官畏服。

召为南京刑部尚书。十八年夏致仕，优诏褒嘉，给月廪舆夫如例。

正德初，刘瑾用事，以会勘隆平侯争袭事，牵连及莹。削秩罚米，寻卒。瑾诛，赠太子少保，谥清简。

莹诚悫坦易，所居仅蔽风雨。乡邻老稚见者翕翕然，皆接以诚。农月，坐篮舆戴笠行田间，与耕夫相应答。子孙习其教，无不朴愿力学者。

王概,字同节,庐陵人。正统七年进士,授刑部主事,历员外郎中,迁湖广右参政,再迁河南按察使。隽迈刻励,有才负气,尤熟于刑名。时因系满狱,概讯鞠数日,狱为之空。

天顺初,为逻校所诬,下诏狱。概之在湖广也,襄宪王素才之。至是,王入朝,帝问所过官吏贤否,王对曰:"臣自发河南,百姓数千遮道诉王廉使冤。且言王廉使清劲,锄豪拊善,有恩有威,殿下幸为百姓转奏天子,还我王廉使!"帝闻之喜,立释概,复任。

寻擢右副都御史,巡抚陕西。时,关中洊饥,盗贼窃发。概设法赈荒,全活数万人。

七年,迁大理寺卿。在寺十年,凡谳奏参错情法,多所平反。时法司听狱类尚深刻,概独持明允,济以长厚。诸所审驳,会文切理,谳狱者传以为式。汲引属吏,有与为同列者,然好面折人过,人亦忌之。

成化八年,迁刑部尚书。大学士商辂荐概代姚夔为吏部尚书。当是时,内阁与铨曹递相龃龉,南北党迄不相下。姚夔在部五年,北人多不服。而概亦不得吏部,乃议者谓李秉之去,弹稿由概所为。又云,刑部尚书陆瑜致仕,概谋代其任。左侍郎曾翚,其乡人也。以资望不服,抗疏而去。士论惜焉。

卒,谥恭毅。

子臣,成化五年进士,翰林侍讲,终广西参政。

陈俊,字时英,莆田人。正统十三年进士,由户部主事历员外郎中。尝督饷天津,部征秋刍,岁增三十余万束。俊言:"旧负未办,新额荐积,人不能堪。请止输原数。"便诏许之。

天顺五年，两广合兵讨叛蛮，假俊便宜督饷。时，郡邑残破，军兴旁午，俊悉力筹画，赋不加而饷足。母丧乞归，不许。明年，蛮平始归。

成化元年，超擢南京太常寺少卿；四年，进户部右侍郎。俊练习钱谷，凡四方灾伤，边镇刍粟，奏请裁酌，手批口答，曲折盈缩，无不当其宜，尚书杨鼎甚倚重之。

京师大饥，诏发太仓粟平粜。权贵有乘时射利者，俊曰："凡粜以升斗为率，过一石者，非贫民也，宜勿与。"其计遂阻，饥民获济。

八年，用兵河套。敕俊总督军饷。俊言："榆林延绥，粮道险远，输者病之。请发帑金于近边市易，且修西安、韩城、同官运道，以便飞挽。"论功，进俸一级。

明年，改吏部侍郎，再进南京户部尚书。按典制，拒请托，节省浮费，不下数十万。历吏、兵二部尚书，加太子少保，致仕。俊历官数十年，所在有称。然功名独显于户部时。卒，谥康懿。

高明，字上达，贵溪人。景泰二年进士，为御史。彭城民苦官吏贪暴，讼于朝，明当按问。时例越诉者戍边。明上言："戍边之例，防诬诉也。今民所诉不诬，法止当杖。"乡民赵钊等为妖言，吏贪功，诬以谋反。狱上，明曰："此愚民，处以妖言足矣。"帝皆曰："可。"

巡按河南。时黄河南徙，近河居民占耕新滩。议者欲履亩增税，明曰："河徙无常，税额不改。异日复为巨浸，民何以堪？"事遂寝。

天顺四年，御史赵铭等劾朝觐官，语触忌讳。帝怒，诘疏出谁手。众惧，莫敢对。明曰："实明为之。"帝怒解，顾左右曰："贤御史也！"释不问。

石亨既诛,籍其家,僮仆皆见收。明言:"亨诚有罪,然无反状,僮仆不宜坐。"免者百人。其持法平恕多类此。

寻,迁大理寺丞。成化初,擢南京右佥都御史。会霪雨为灾,明上言:"陛下即位以来,罢贡献,革宿弊,宜上格天心,雨旸时若。乃自春徂夏,阴阳愆期,霪雨不节。《洪范》"五行"传曰:阴气强积,生雨水之灾。臣以理推之,君为阳,臣为阴,岂权下移欤?朝廷为阳,宫禁为阴,阉宦盛欤?惟陛下亟修人事,以回天心。"时称其直。

扬州盐寇起,守兵失利,明造巨舰,榜曰"筹亭",往来江上督战。又授方略于御史顾以山、戴琥,擒贼九百余人。并江置逻堡,乘高候望,贼出没踪迹皆得之,江海为之一清。

奉命清理盐法,劾罢中官大吏数人,侧目者众。

六年,考察南京庶官,奏罢不职者几十六员。吏部侍郎章纶言其黜陟任意。事下侍郎叶盛体勘。明因乞罢,不许。无何,以终养告归。

十四年,上杭盗起,即家起明讨贼。力疾赴闽,平之,即乞休,纳符敕去。

尝言:"孔戣三宜去,司空图三宜休。吾无才,一宜去;有病,二宜去;亲老无兄弟,三宜去。以治盗,宜再起;贼平,宜再去。"自称"五宜居士"。卒后,其子请谥,廷臣多素不合者,格不行。士论惜之。

刘孜,字显孜,万安人。正统十年进士,授监察御史。十四年,巡按辽东。英宗北辕,脱脱不花来寇,孜督边将抗御。监军官潜与寇通,即劾罢之。闻京师有南迁之议,飞骑驰奏,乞斩言者,以固人心。疏荐薛瑄、王偭可大用。期满当代,廷议以边务方殷,孜为将士所惮,更留一载。

景泰四年,迁山东按察使,再迁左布政使。

未几,擢右副都御史,巡抚南畿。江南财赋自周忱后鲜能得其要领者。孜规条悉仿忱旧,不事烦扰。时,松江多芜田,税不可除,累及里甲。孜减其税科,召民分佃,谓之官租。不逾年,芜秽尽辟,常额复旧。又岁积羡米二十万,以备凶荒,民咸赖焉。

八年,进南京刑部尚书。惩南部法令久弛,一切矫之以严。以疾致仕归,舟至严州富春山而卒。

张鹏,字腾霄,涞水人。景泰三年进士,授监察御史。居官以謇谔称,然务持大体,不以苛察为能。尝上书言四事,曰戒怠荒、端国本、罢供献、重名器。帝皆嘉纳焉。

六年,监湖广南和伯军。明年,清理京畿马政。

英宗复位,石亨恃夺门功,怙宠恣威福。鹏愤甚,率同官杨瑄等合疏纠之。亨泣诉帝前,讦鹏为已诛内官张永侄,故结连诸御史诬已。遂被构,谪戍辽阳,又改广西南丹卫。

成化元年,言官白其枉,诏复官,迁福建按察使。

四年,擢左佥都御史,巡抚广西。广西既鹏旧所谪戍地,蛮獠土俗,一切洞悉。其所施设,民皆便之。

五年,言官列中外大臣不职者,误及鹏,帝心知其忠,弗问。

寻,命理南京都察院事,复总督漕运,兼巡抚淮扬诸府。时,境内苦盗,鹏辑捕有方。逾年盗息,仍还京理院事。

未几,进副都御史,巡抚宁夏。

寻,召入,历兵部左右侍郎,进尚书。深以生事喜功为戒,尤刚劲能执持。武臣有乞金齿卫参将者,坚不许。

辽东守臣以所俘男女献,帝悉以分赐诸宦官。鹏惧边将因之肆暴掠,开边衅,立奏止之。

云南孟蜜思旧属木邦,久之益强,因请自置官司,领属修贡。鹏曰:"彼今且骄恣如是,况重以朝命将益横,后恐不可制。"事遂寝。

居数年,以太子少保致仕。归七年卒,年七十二,谥懿简。

论曰:鹏为人戆直,始虽落落难近,卒坦率无他肠,人亦以是服之。生平大节,尤在其为御史时。石亨怙宠,而鹏早发其谋,后不幸言而中。曲突徙薪,鹏其不愧谏职哉!

此直节大臣而有方面勋者,诠次极典厚不浮。

卷十六　列传八

**练纲、赵敔、周斌、盛颙、张宁、王徽、庄昶、
黄孔昭、毛弘、魏元、邹智、李文祥列传**

练纲,字从道,长洲人。嗜学,通《春秋》。为人风岸孤峭,不能与世轩轾。

宣德间,举乡试,入国子监,历事都察院。正统十四年,郕王监国,纲上中兴八策,曰谨天变,急先务,正军法,布恩泽,广言路,屏奸邪,公荐举,察群吏。大要谓中兴与创业无异,因败为成,转祸为福,在君心一转移间而已。

也先逼京城,复上言:"贼不道非直,邀留大驾,索求金帛,且将效金人以汴宋愚我也。国家舆图之广,仓廪甲兵固非宋比①。然求其人如种师道、李纲,亦未多见。所倚为安危者,兵部尚书于谦、武清伯石亨耳,宜令坚守中军,遣将分兵接战,俟其深入,乃奋击之。仍敕各边将勒兵内向,邀其归路。更择宗室亲王,忠孝著闻者,同镇巡官募义士入援。文武群臣敢主和议,及倡言南迁者即为奸臣,立诛之,勿使误国。"疏入,帝嘉纳。

寻,擢浙江道御史。景泰二年,巡视两淮盐政,劾驸马都尉赵

辉,权贵为之敛戢。

纲以漕舟由江阴夏港孟渎河入江,抵瓜州②,往往失利,请浚常州南新河、泰兴北新河,及江都白塔诸水,参差相对,横渡较近。又以立闸开河,工费繁浩,请借商舟财力。商苦久候,当必乐从。下廷议,命尚书石璞按视行之。

时,宣府都督纪广与巡抚李秉互讦,命纲与给事中严诚往察。还奏二臣相争皆细故,请勿问。

诏求直言,率诸御史陈储边、恤军、选将,及优礼大臣诸事。

复以吏部违制,举用有过,监司杨珏、李颙等率诸御史极论其私,且言:"往者按察使何自学、张清辈,皆以应黜举用,旋复自败。又副使陈质、佥事曾蒙简,或考满平迁,或未久优擢。尔时臣等非不欲论劾,但直言触忌,往往辄为所挫。是以言官尽以言为讳,至宁负主上,不敢犯大臣。今吏部专权鬻爵,日以滋甚,臣等如复不言,陛下何由得知?请下尚书何文渊、侍郎项文曜于法司,并治王直、俞山失察之罪。"帝是其言,姑宥文渊等。明年,文渊下狱致仕去。帝命廷臣举可任吏部者,纲言:"左都御史王翱,严公峭直;右副都御史年富,操履端方;大理寺卿薛瑄,守正不回。三人者皆可称任使。"于是,以翱为吏部尚书,富为户部尚书,瑄亦相继柄用。

初,京师戒严,募四方丁壮隶勇敢营。岁久多逃去,大臣请治其罪,编之尺籍。纲言:"召募之初,皆激以忠义,许事定遣还。今日久未沾恩赉,饥寒迫身,势必逃亡。陛下好生,何忍使无辜之民名编尺籍?刑赏失中,恐生他虞。且边方需人正殷,倘更召募,谁复应之?"有诏:"毋问!"来归者数千人。

帝尝以纲协赞延绥军务,纲自陈名轻任重,乞领都御史。帝不许,因并寝其命。

五年,巡按福建。时,官台山民聚为盗,渠魁逸而胁从逮系者累累,纲悉释之。趣师剿捕,且罪逸渠魁者,于是与诸司忤。而按察使杨珏,故为纲所论,乃以纲纵盗闻。当道亦多忌之,遂谪陕西邠州判官,再徙甘州前卫经历。

以父丧归,遂不复出。葺旧业尹山之阳,奉先贤范仲淹、文天祥像其中,语人曰:"吾自分得用于时,当学范公;否则,为文公死尔。今两失之,故奉遗像以见吾志。"纲性刚鲠嫉恶,有不可,必面折之。遇事敢言,台中为之语曰:"殴宁手,练纲口。"

校记
① "比"原文为"北",正之。
② "州"似为"洲"字误。

赵敩,字叔成,武进人。景泰五年进士,授江西道御史。天顺中,以言事贬介休知县,寻复职。

成化元年,赦故尚书于谦子冕还籍,敩因上言:"谦为石亨、曹吉祥等诬陷,榜其罪以示天下。不一二年,亨等皆已伏诛。当大驾北狩,寇逼都城,人心汹汹,独赖有谦力排群议,保固宗社,其功不小。今以冤死,乞收回前榜,特从褒恤,以慰孤忠。"帝曰:"御史言是。自昔奸邪不甚人之罪,则不能大已之功。朕在青宫,稔闻谦冤,所司其悉如御史言,亟行之。"于是,复谦官,遣行人致祭,冕还府军千户,敩之力也。

又言:"张鹏、杨瑄,天顺初论亨谪戍,已蒙召用。郎中吴节、御史叶淇等所犯皆轻,均应复职。"帝并从之。

巡按江西,岁饥,请留兑军米纳仓备赈,蠲免户口盐钞,民赖以济。

江西俗尚嚣讼,动辄诬讦。有司风宪官往往不察贤否,概从逮系。敔以为激浊扬清，自有宪体，不当为违道干誉之事，请通敕巡按按察，今后职官有罪，审实请旨，不得辄行逮系。帝从其言，于是，讼讦稍息。

秩满当代，士民诣阙请留。户部尚书马昂亦以江西涪饥，敔不可去，就迁为按察使。敔在江西久，习知利弊。至是，益勤于职，吏民畏爱。然执法径情，颇不便于豪右，朝贵亦多忌之。十四年，入觐，敔与福建布政使钟清、浙江按察使刘钎，皆以清慎负时望，并坐黜，士论惜焉。

时，浙江布政使张清亦廉谨被劾。清巴县人，宣德五年进士，授户部主事，历布政使，奉职清苦，非客至不御酒肉，人号为"菜张"。浙俗素侈，一教以节俭。同僚多不堪，竟以老疾罢。

周斌，字国用，昌黎人。景泰间进士，授御史。侃侃不事细琐。历巡南畿、河南、陕西，有能声。

天顺改元，石亨、曹吉祥辈擅权作威福，排陷善类，无敢撄之者。斌倡同官张鹏、周瑄，疏其欺罔大罪十余事。帝震怒，逮至便殿，俾诵弹章，历诘之。众惶惧伏地不能语。斌神色自若，手持疏，朗读不少慑。每读至一事，辄正色别白之，且读且对，历陈二人罪状明甚。至其冒功滥职，帝愕然曰："彼率将士迎驾有功，何谓'冒'？朝廷论功行赏，乃曰'滥'哉？"斌曰："此辈皆贪天功。且当时迎驾止数百人，光禄赐酒馔名数具在。今超迁至数千人，非冒滥何？"帝默然。已悉下锦衣狱，斌贬江阴知县，诸御史亦坐贬。后，曹、石败，帝从内阁李贤议，黜冒迎驾功迁官者四千余人，卒如斌言。

斌为政外虽严厉，内实坦恕。其知江阴也，士民闻风屏息，久乃爱戴之，尝为歌曰："旱为灾，周公祷，甘露来；水为患，周公祷，阴云散。"擢开封知府，江阴民扳辕泣留不可得，为立生祠，勒碑。其知开封，又大治。迁陕西参政，至广东右布政使。莅事甫阅月卒。

盛颙，字时望，无锡人。景泰二年进士，授河南道御史，直谅敢言。

英宗复位，石亨、曹吉祥倚夺门功，专权开边衅。颙中夜徬徨，曰："事关军国，乌可畏祸不言耶？"偕同官张鹏、杨瑄等将具疏论之，而兵科给事中王铉者，故曹、石私人也，泄其谋于亨等。于是，二人先入泣诉帝前，帝大怒。翌日，诸御史疏始上。帝御便殿，召诸御史入，盛气待之，掷疏案下，令自读。读至半，帝曰："止！"乃摘疏中语折之，颙等辨不屈，帝意稍解。而亨等复泣诉不已，于是鹏等皆谪戍。颙坐贬束鹿知县，县民苦徭役不均，颙为立九则法，后莫能改。

丁母忧，民相率诣阙请留，不得，候服阕，复诣阙乞颙再任，朝廷许之。

亨等败，以荐擢知邵武府，再调延平，历迁云南右布政使。

丁父忧，服除，改陕西，寻转左。召入，为刑部侍郎，俄调南京。

未行，会山东旱饥，盗起，命为都察院右副都御史，巡抚山东。相机画策，取前人救荒之政合于时者，次第举行赈恤之。余所储尚五百余万，邻省民更来就食。复行九则法于诸郡。访求前代贤臣有功齐鲁者，为建祠祀之。在任三年，年七十，以老疾致仕归。卒，年七十五。居官四十余年，不附权要。虽历危险，晚跻通要，以功名终。

张宁，字靖之，海盐人。景泰五年进士，授礼科给事中，历都给事中。居官戆直不阿，每遇大议，帝辄问张给事云何。

七年，内阁陈循、王文以其子不预乡荐，诬讦考官刘俨等，几得罪。宁上疏言："科目之制，本以搜罗寒畯。若大臣皆私其子，则公器只为请托之阶，其何以示天下？"闻者韪之。

天顺中，数数裁抑曹、石请乞事，声名大振。太监覃包慕其名，数遣人邀与相见，卒不往，人以是益贤之。

朝鲜仇杀毛怜内降，遣宁往。既行，复敕使臣取便进止。宁时已至辽阳，即拜敕，言："此大事也，曷敢自便？"竟至朝鲜，致命而还。

有请以"天纵"字加孔子称号者，宁言："孔子道大德尊，非称谓所能尽。今第当遵行其道，不然，即加至百字何益？"今之尊朱子，尊阳明，互为之出，力致辨者当念此言。帝以为然。

成化初，皇太后生辰，设斋建醮。大臣至，敛金钱，为太后祈福。宁言："人臣于君，愿其福也，当劝以修德善；愿其寿也，当劝以去逸欲。即欲为太后祈福，惟当辅相陛下，和保小民，惠济四海。故《诗》言'求福不回'；《书》言'天寿平格'。若崇奉释老，事祈祝，行之只坏名教，传之惧伤风俗，非所以赞圣孝也。"帝可其奏。

宁前后守正持大体，用是颇见知于上，然亦为大臣所忌。会南京给事中王徽等以劾牛玉，并及阁臣礼官法司，得远谪。宁与六科申救，诸大臣益不悦。会尚书王竑荐宁及岳正堪任侍郎、都御史，有旨皆出为知府，而宁得汀州。

宁至汀，先教化，后刑罚，表节义，励学校，一切厉民弊政悉罢去，郡政一新。居汀三年，朝议将起凤望之臣，巡按御史张敬特荐宁，不报。宁遂力请致仕归。

宁魁垒负志节，然亦矜才傲物，坐蒙忌嫉。家居二十年卒。无子，有二妾，宁死，剪发誓死。不下楼者四十年，诏以双节旌之。

王徽，字尚文，应天人。天顺元年进士，改庶吉士，除南刑科给事中。

宪宗即位，与同官王渊上言："伏惟陛下嗣登大宝，屡诏求言。忠言谠论，日进于前。事在陛下者，固已举行矣。其下所司者，或不便已私，辄托他故抑之。至奸佞在位，尤惧直言。故于进言之人多方钳制，或指为轻薄，或搜其瑕疵。凡有更张，则曰变乱成法；凡有荐举，则曰专擅铨政；凡有弹劾，则曰挟私排陷。非徒无益于国，实足自祸其身。言路之壅，实坐于此。伏望于当行者即赐施行，即言之不当，亦宏天地之量，宽斧钺之诛，则明目达聪，事无壅蔽。又见比岁以来大臣犯公罪者系累下狱，裸衣受刑，不数日寻复旧职。夫大臣，群僚之表也。陛下诚重大臣，要使勿轻进而已。顾乃屈辱之如此，彼将何颜立人上乎？今内外总兵官，非倚勋戚，则凭贿赂，率多鄙夫，何当重任？推原其故，由本兵不得其人故也。今兵部尚书马昂，臣以其人无大略当罢。自古人君禁廷侍御，未有不用宦官者。中间贤者固有，而奸邪实多。若委以国政，授以大权，致令败坏，然后加刑。是始则爱之，终则杀之，非所以保全之也。臣愿陛下法高皇帝而已矣。不许私立产业，不许典兵预政，不许与文武官交接。惟择谨愿者奉侍左右，厚其赏赉，使他无所冀。此天下之福，亦宦官之福也。"

无何，中官牛玉以选后不慎，谪种菜南京。将至，徽奋袂呼曰："贼在近，庸可失乎？"亟率同官李钧等合疏纠之，略曰：人主治天下，在明号令，修纪纲。其要人主操赏罚之柄而已。牛玉选后不当，以致废立，当明赐诛殛，用快中外。乃仅薄谪陪京，臣恐纪纲号令自此不振矣。册立大事，阁臣漫不加意；掌礼之官，阿附于先；执法之司，苟容于后。臣以为皆可罪也。且臣等昔有疏言保全宦官事，乃保全之道未闻，而牛玉之祸旋作。夫往不可谏，来犹可追。

臣等不敢远引，请以近事征之。正统末有王振矣，讵意复有吉祥；天顺初有吉祥矣，讵意复有牛玉。若又不思所以预防，安知牛玉之后，终无玉耶？时李贤在内阁，而疏侵及之。帝怒，责徽等妄言，俱贬远方州判，而徽得普安。侍郎叶盛、编修陈音相继请留，章数上。最后，御史杨琅言之尤切，几得罪。

徽在普安七年，强项一如为谏官时。弘治初，吏部尚书王恕荐起为陕西左参议。寻病归，遂卒，年八十三。

徽论治，每诵张宣公语："无求办事之人，当求晓事之人。"论士习，惟以廉耻不饬，奔趋日下为可忧。尝曰："今仕者以刚方为刻，怠缓为宽；学者以持正为滞，恬软为通；为文以典雅为肤浅，怪刻为古健。"储巏、林俊，皆服其言。

子韦，弘治间进士，太仆少卿。性至孝，有文学名。

庄昶，字孔旸，江浦人。成化二年进士，改庶吉士，授翰林检讨，与陈献章、罗伦为友。

成化三年十一月，以明年内庭张灯，命翰林分撰诗词。昶与编修章懋、黄仲昭上疏谏曰："陛下即位之初，下温诏放田租，绝贡献，停不急之务，天下欣然承望太平久矣。今日之举，特以两宫皇太后在上，欲极孝养，以奉其欢耳。然臣闻大孝养志，不在玩好。臣等伏睹两宫母后，恭俭慈仁之德著于天下，岂以张灯为乐哉？况今川广弗靖，辽东寇乱，江西、湖广大旱，数千里民不聊生，正陛下宵旰焦劳，不遑暇食之时。两宫母后当与同忧之日，又何暇为此耶？且翰林以论思代言为职，虽供奉文字亦尝为之，然鄙俚不经之词，岂宜进于君上？若不取法圣贤，而曲引苏轼、宋郊为比，自取侮慢，罪复何辞？又尝伏读宣宗《翰林箴》曰：'启沃之言，惟义与仁。尧舜之道，邹孟以陈。'张灯之举，恐非尧舜之道；张灯之诗，恐非仁义之言。臣等知陛下之心即祖宗之心,故不敢以妄陈于前。或谓此直微事细故,亦何足论。然止漆器,恶旨酒,停露台,古之圣帝明王正以欲不可纵,渐不可长故也。"疏入,谪桂阳州判官。给事中毛弘、御史陈庄论救,改南京行人司副。

久之,以忧去,不复起,居定山垂三十年。巡抚王恕以白金十五镒葺敝庐,昶曰:"受官办以理私庐,不可。"

不尚著述,有所自得,辄见于诗。尝曰:"圣贤为世道,或制其过,辅相其不足。诸子于传注所以引不及者至矣,今学者执闻见至于没溺沦胥,非制其过,可乎?"

大臣论荐章十余上,俱不起。大学士邱濬语人曰:"引天下士背朝廷者,昶也。"昶不得已,乃出,谒吏部,不拜,而尚书耿裕延接甚恭。或谓昶过倨,昶曰:"第求不失已足矣。官,外物耳。"复行人司副,迁南京吏部验封司郎中。居十二日,以疾乞归定山。

有凤皇翔千仞之势,虽有赠缴,将安所施?

黄孔昭,字世显,黄岩人。父瑜,兵部职方主事,贤名甚著。孔昭年十四遭父母丧,哀毁骨立。既长,建宁知府贺竑知其贤,举为松溪训导,不就。

以天顺四年进士,授屯田主事。尝奉使江西,乡人仕其地者以尺帛馈,却弗受。寮友惮其严峻,以计挤之,无所得。

同司郎坐事去官,孔昭独署司事。悉革宿弊,名大起。

迁都水员外郎,改文选,进郎中。持选法惟谨,尤汲汲以人才为念。尝曰:"国家用才,犹农家之积粟。粟积于丰年,乃可以济饥;才储于平时,斯可以济事。顷者,司铨衡以闭门绝客为高,天下人才何由而知?"公退,客至辄延见,察其才质高下,参以舆论为册记之,故荐用悉当其才。或势家干请,欲用其私人,辄力言不可。

即不能尽阻,后其人多自败,众益服其先见。有大臣任子将选而死,乞京衔掩棺。应之曰:"朝廷名器,非赙襚物也。"

生平不妄交游,惟布政使陈选、侍郎谢铎以道义相好。奉诏荐举人才,孔昭举应天府尹樊莹、福建按察佥事章懋,士论以为得人。

谢铎尝曰:"黄君在文选,每见其喜,则知贤者之为进;见其忧,则知不肖者之不得退。"二语置孔昭甚高。如是者十五年,始终不少变。

迁右通政。三年,进南京工部右侍郎。孔昭体貌严重,不苟语笑。尝朝罢,有太监立禁城柳阴邀与语,辄径出不顾。为文以实理胜,所著曰《定轩集》。

嘉靖中,赠礼部尚书,谥文毅。

子俌,亦为文选郎中。子绾以荫仕至礼部侍郎。

毛弘,字士广,鄞县人。天顺元年进士,授刑科给事中,历都给事中。性伉直,喜言事,无所回互。成化初,宪宗用阁臣商辂言,复修撰罗伦官,弘因请悉复天顺以后因言被斥者给事中王徽、王渊、朱宽、李钧、李翔等官,以广圣德,全国体。不报。

又言:"近陛下退朝之暇,常事内操。砲声远闻,震惊宗庙。近灾变叠见,日月赤色,阴气晦蒙,大风震烈,黄雾蔽天;辽东、宣府地震有声,四川地震者三百七十五次。揆厥变异,皆阴盛阳微之象也。况寇盗充斥,水旱洊臻,仓廪多虚,公私交困,正陛下侧身修行,思患预防之时,岂宜以逸乐为事?伏望以敬作所崇尚俭约。罢宴游以养圣心,辍滥赏以足国用。日御经筵,讲明圣学。敕戒臣工,同加修省。庶几天怒可回,人心以慰。"时,御史展毓等亦以是为言,帝并嘉纳。

又以内廷张灯,编修章懋、黄仲昭、检讨庄昶直谏忤旨,各廷杖贬外任。弘率同列上言："臣闻君明臣直。懋等直言,实由陛下圣明。一旦远斥,恐遐迩流传,有损从谏之美。"章上,帝怒稍解,懋等得改调南京。又有旨严禁博徒,枷项死者三十余人。弘等奏:"重犯论死,行刑犹待霜后。稍可矜疑,即从末减。今以博戏之过,一时毕命,荷校其于圣世祥刑之意,不无有伤。况小民蚩蚩,亦有故误,乞分轻重三等,庶几刑当其罪。"帝遽报可。

又,给事中董旻、御史胡深等以星变请退学士商辂、尚书姚夔等,帝怒其妄诋大臣,廷鞫下狱。弘率同列上言:"朝廷设立言官,正欲使之言尔,习为缄默,非国家之福。乞赐优容,以昭修省之实。"会辂亦为言之,乃予杖复官。

江西正一嗣教真人张元吉凶暴贪淫,至僭用御器,擅易制书,私室置狱,备极惨毒。或磔人肢体,投诸深渊,有司莫敢谁何。诸生蔡让因巡按御史赵敔试士发策,询及民瘼,胪列元吉罪状,敔亦未敢问也。其族人赴阙具奏,遣官往勘得实,械送法司鞫之,元吉具服。刑部尚书陆瑜等言:"元吉所犯,律当极刑。且其先世无功于国,无补于世,宜绝其荫封,无使印行符箓,以诬惑斯世。"帝可其奏,命监候,未决也。弘愤然具奏曰:"元吉罪大恶极,宜押赴市曹诛之,何所待也?"既而有旨:宥死戍边。弘复言:"王制执左道以惑众者,杀不以听。陛下纵欲宥元吉,如王法何?"不报。

当是时,朝廷有大政事,众必视弘言为可否。弘持正,未尝有所阿附。朝士皆私相谓曰:"言路有人!"

慈懿皇太后崩,议葬祔礼。弘言:"慈懿作配先帝,为皇上母,葬祔裕陵,主祔太庙,为万世不易定礼。陛下生事两宫如一,天下称孝。今慈懿崩逝,乃欲别葬,是有二也。即皇太后不从,亦当几谏,无使得罪祖宗,贻讥天下后世。"义正词严,方是以道事君。会阁部大臣力争,卒得合葬如礼。皇太后闻其言,问左右:"毛给事何如人,真谏官也。"

无何,中寒疾暴卒,朝野惜之。

子骅,以举人知光山县,有惠政。

魏元,字景善,朝城人。天顺元年进士,授礼科给事中。其年九月星变,元率诸给事上言:"窃见入春以来,灾异叠见。近又彗见东方,光拂台垣,皆阴盛阳微之证也。臣等待罪言路,固知言出祸随。然与其不言而得罪宗社,不若言之而得罪陛下为愈也。臣闻君之与后,犹天之与地,有不可得而参贰者焉。传闻陛下或有参贰之者,尚书姚夔等向尝言之,陛下谓内事朕自裁制,屏息倾听。将及半年,而昭德宫进膳未闻少减,中宫未闻少增。衽席虽微,悬象甚著。且陛下富有春秋,而震宫尚虚,岂可以宗庙社稷之大计,一付之爱专情壹之人,而不求所以固国本,安民心哉?

"又四方水旱,民困日急,盗贼日盛,荆襄流民,所在劫杀。夫君者,民之父母也。子有疾苦,父母必为之寝食不安。今陛下作民父母,闻民饥寒,不见省惧,仅循故事付部施行。而尚书马昂,身列六卿,视为泛常。凡有奏报,不曰彼处设法,则曰窒碍难行。微有利害,即乞圣裁。持寻常应付之言,为终身经济之策。是犹子诉饥寒而父母罔闻也。今民间无可以为计者,乞罢征税,发内帑,亟遣官赈济,庶可少收人心。

"又朝廷宠信僧道,费无限赀财,建无益斋醮。而西番札实巴等又加以法王名号,出乘棕舆,导用金吾仪仗,缙绅为之避路。赐予骈蕃,过于亲王,悖理乱法,莫此为甚。乞革去法王等号,遣发本国,追取赏赐,以赈饥民。仍敕寺观,永不得擅请斋醮,以蠹国用。

"又天下之财不在官则在民。今公私交困,盖由赏赉无节,玩好太多。或造塔写经,或画像琢玉。一物之微,累价巨万。夫人君赏当于理,则人心喜;赏当于功,则人心劝;赏不易得,则人心荣。愿屏绝玩好,罢斥不急之务。至于云南矿场,悉宜停止。

"又大臣者,君之冢子,而群臣则众子也。若冢子怀奸,而众子效尤,为父者恬不之治,则家必败矣。今两京文武大臣多奸贪蒙蔽之徒。陛下勿谓其位高而不忍遽去,勿谓先朝旧臣而暂且宽容。宜令自陈休致,以全大体。其贪恋不去者,令科道纠举。而臣等滥居言路,无补于时,亦望罢归,以戒不职。"

当是时,尚书姚夔、御史康永韶等相继有言,帝悉优诏答之。

四年六月,慈懿皇后崩,时议以为不当祔葬裕陵。大学士彭时等力争,大臣伏哭文华殿门。元率给事三十九人交章论辩;御史康永韶等亦率同官四十一人继之,卒得祔享如礼。

元出为福建右参政,巡视海道。严禁土人不得越海私贩。有海商赍重宝赂元,元怒曰:"吾昔为贫诸生,犹不为非义动,今幸贵显,何至以贾人金污我?"叱出之。

母忧归,庐墓三年,复除江西参政。卒。

邹智,字汝愚,合州人。年十二能文章。尝居龙泉庵,家贫,扫树叶焚之,读书达旦。成化二十二年,乡荐第一。计偕道出三原,尚书王恕家居,智往见之,曰:"治道消长,在君子小人进退。方今小人在位,群奸肆毒。智此行非为一第,正欲上告天子,使进君子,退小人,则天下其庶几乎?"恕笑而不答。

明年,成进士,选庶吉士,即疏论时事。

会宪宗崩,孝宗即位。万安、刘吉辅政。时御史汤鼐、中书舍人吉人,进士李文祥,并以进贤退不肖持论,见浮沉世事者辄唾骂之。智皆与之善,安等恶之。

弘治二年,星变求直言。智上言:"伏睹今月十日五鼓,大星飞流,起西北,亘东南,光芒烛地,蜿蜒如龙,人马辟易,盖阳不能制阴之象也。臣窃惟陛下即位以来,斥宦官,远左道,减浮费,抑冗员,凡天下人所欲未得,所患未去者,以次罢行,宜其克享天心。而变异若此,何哉?臣反覆思之,无乃阴之当消者未消,阳之当长者未长。而陛下事天者犹未至与?

"伏读明诏,利所当兴,弊所当革。许人指实,条具以闻。夫欲兴天下之利,当求利之所以兴;欲革天下之弊,当求弊之所以革。利莫利于君子进,弊莫弊于小人不退。小人不退,欲弊之革不可得也;君子不进,欲利之兴不可得也。臣见少师万安持禄怙宠,殊无厌足;少保刘吉,附下罔上,漫无可否;太子少保尹直,挟诈怀奸,全无廉耻,世之所谓小人也。陛下留之则君德必不能辅,朝政必不能修,纪纲必坏,风俗必偷。天下之贤必观望而不来;天下之邪必盘结而不去。臣愿陛下讽之再辞,以全其体;给之余禄,以饱其欲;放之田野,以休其劳,则天下之弊革矣。

"至如致仕尚书王恕,托志忠勤,可任大事;尚书王竑,秉节刚劲,可寝大奸;都御史彭韶,学识醇正,可决大疑。世之所谓君子也,陛下用之,则君德必开明,朝政必清肃,纪纲必振,风俗必醇。天下之贤,必拔茅而来;天下之邪,必望风而去。臣愿陛下予之安车,以优其礼;赐之手诏,以重其行;置之左右,以展其蕴,则天下之利兴矣。

"然君子所以不进,小人所以不退,岂无自哉?大抵宦官之权重也。汉元帝尝任萧望之、周堪矣,一制于弘恭、石显,不得以行其志。宋孝宗尝任陈俊卿、刘珙矣,一间于陈源、甘升,则不得以尽其才。李林甫、牛仙客与高力士相为犄角,而明皇之朝政乱。贾似道、丁大全与董宋臣相为表里,而理宗之国势微。君子小人进退之机,未尝不在于此曹之盛衰也。臣愿陛下待宦官者一以太祖为法,则君子可进，而小人可退矣。"层层辨剥，剀切详明，文之豪劲，亦类贾长沙。不报。

顷之，鼐羌印马赴阁会救，抗言："公等辅新政，未见尽善。安谓我辈非不竭力，如上不从何！"鼐退，即劾安不当，归过于君，非人臣之义。既而，安与直并罢，鼐等益自喜志得，行相矜诩。吉愈侧目，哄御史魏璋能去鼐等者予若美官，璋日夜伺鼐等短。

鼐，寿州人也。知州刘概尝以书贻鼐，言梦一人骑牛陷淖中，公左手把一石子，文五色，右手捉牛角引之出。占之曰："人骑牛，象国姓也。石子一文五色，弹也。公弹章具文采，称第一也。引之出，公引君当道也。"鼐出书示座客，璋颇闻之。其明年，四川饥，遣官往赈，吉人上言："所遣人不任，宜令鼐等往。"于是，璋遂劾人抵抗成命，更相荐誉，私立朋党，并发概与鼐书。词连智、文祥，并下狱鞠之。

智身亲三木，仅余残喘，神色自若。对状言："智与鼐等相会，或论经筵，不宜以大寒大暑辍讲；或论午朝，不宜以一事两事塞责；或论纪纲废弛；或论风俗浮沉；或论生民憔悴，无赈济之策；或论边境空虚，无储积之具。舍此不知其他。"

刑官坐以妖言惑众罪死，侍郎彭韶辞不判，吏部尚书王恕谓："律重妖言，如亡秦者胡之谶是也。今概语虽狂妄，意在报国。昔秦时以忠谏为诽谤，深计为妖言，天下非之。臣恐陛下以一概累平明之治，今后世不独过秦也。"刑部尚书何乔新亦争之，概与鼐等皆减死远戍，智、文祥谪官。智谪广东石城所吏目，毅然就道。衣结屦穿，几不能存。人馈遗之，不受。至石城，都御史秦纮檄令往广州修书。因与陈献章游，士多从之学。居四年，以公事至顺德，暴卒，年二十六，广人归其柩于蜀。

鼐久锢河西，及谢迁相，乃得释还寿州。

而魏璋当时迁大理丞,寻坐他罪下狱。王恕出之为同知,悒悒死。

李文祥,字天瑞,麻城人。祖正芳,山西右布政使。父瀬,仕至参政,世有名德。

文祥少好学,以风义自持。成化末,与万安、孙弘璧同举进士。安欲引附己,令弘璧延款于家。属题画鸠,文祥奋笔立成,有云:"春来风雨寻常事,莫把天恩作己恩。"安见之不悦也。

孝宗新政,上言:"祖宗创立六部,又设内阁,分理庶务,参赞万几。顷者权移内侍,赏罚任其喜怒,祸福听其转移。仇视言官,痛加摧挫。公行贿赂,滥授冗员。阿顺者则交相接引,违忤者则巧为逸谤。朝野寒心,道路侧目。伏愿陛下严饬左右,明彰国法,择谨厚谦畏者以供使令。更宜博选大臣,咨诹治理。推心委任,不复猜疑。窃闻致仕尚书王竑、王恕,孤忠自许,年力未衰。南京主事林俊、贵州思南府推官王纯,皆抱忠贞,兼优材识。伏愿陛下起竑等置之公辅,俊等列之谏垣,旦夕亲其议论,政事必有裨补。且人才难得,自古为然。习俗移人,豪杰不免。惟兹臣庶不尽庸愚,岂无思奋,能知愧负!即是名流,乐其危蒉,斯为下品。陛下明照庶务,公察群寮。其间素分不才,甘心无耻,罔上营私,违天蠹物者,小臣则遂罢去,大臣则宜遣归,余皆许以自新,以图后效。则位不乏才,官多称德。至古昔圣王悬鼓设木,自求谤议。言之纵非本情,听者亦足为戒,何害于国?遽欲罪之,伏愿陛下少霁严威,辄加优礼。言切而理惬者,必引导以尽其情;识寡而辞拙者,亦含容以嘉其意;谏诤无隐者,褒其直而勿责其非;谋猷可采者,奖其情而亟行其策。大率君子之言,决非小人所利。人主有问,必以他事中伤。如有所疑,乞赐片时引对。"疏入,召至左顺门,中旨诘责。文祥从容置对而出，寻除咸宁县丞。

弘治元年，以南京吏部主事储巏言召还，以为兵部主事。未几，吉人之狱起，谪贵州兴宁卫经历。既抵任，都御史邓廷瓒奉命征苗，咨以方略，奇之，欲荐为宪职。文祥言："昔以言事出，今以军功进，可乎？"因请进表京师，南还至商城曲河。适大雪，渡河冰陷，溺死，年三十。

文祥弱冠意气，傲视一世。既颠踬久，更深自挹损，以浮名为戒。享年不永，人皆惜之。

论曰：汉史传贾谊之死，曰："年三十二矣，盖惜之也。"今观智年二十六，文祥年三十，殆不及矣！读其二疏，岂止痛哭流涕，长大息哉！然贾生遇文帝，犹得为长沙王傅；二子遇孝宗，顾摈斥穷荒，不得其死。君臣之际难言之矣！然则贾生者，未可谓之不幸也。三复斯言，使人呜咽流涕。

> 此皆以直谏显，而清骨劲节尤纯粹无疵，有明宝臣也。叙亦激昂爽直可诵。

孙镗、卫颖、董兴、李文列传

孙镗，大同人。永乐中袭指挥同知，从出塞有功，进都指挥佥事。

正统中，充参将。捕处州贼，迁都督佥事，加右都督，击也先有功。

景泰初，坐事下狱，以武清侯石亨等疏救得释。

寻为大同副总兵。与郭登不协，乞罢兵柄，不许。

四年，请尽统精锐出塞袭也先，敕止之。

天顺元年,以夺门功封怀宁伯,食禄千一百石,与世券。

五年,充陕西总兵官,与兵部尚书马昂西备边。期以七月庚子出师,而昭武伯曹钦谋于是日举兵杀镗、昂,夺其军。反先一夕召其党群饮于家。时镗候陛辞,宿朝房,而都指挥马亮自钦家逸出告变。镗作奏投长安右门罅上闻,帝遽系中官曹吉祥宫中,而密诏皇城、京城诸门勿启。曹吉祥者,钦之继父,与谋者也。镗微服至太平侯张瑾家议讨贼。钦知事泄,遂呼躁四出,杀左都御史寇深等,攻长安右门,不得入。走攻左门,又不得入,遂火东安门。镗呼,瑾不敢出,乃促其二子辅、轨召集征西兵二千人,镗大呼曰:"曹钦反,先立功者侯矣!"众从镗逐贼至东安门。天渐曙,贼稍稍散去。轨猝与钦遇,挥刀中钦臂,贼亦刺轨杀之。钦负伤,率数十骑走安定、东直、齐化诸门,不得出,乃窜归其家。时大雨如注,镗调神炮诸营兵,奋呼而入,钦投井中死。尽擒其党,伏诛。镗进封侯,加禄二百石,与世券。赠轨义勇卫百户世袭。

成化元年,尽革夺门功,帝曰:"镗有劳于国,可食禄奉朝请。"

七年,卒,赠涞国公,谥武敏。

子辅乞嗣,帝曰:"镗以夺门封,然灭曹贼功大,辅可嗣侯。"

辅卒,子泰嗣;卒,子应爵嗣;卒,子瑛嗣;卒,无子,弟瑁嗣;卒,子秉元嗣;卒,子世忠嗣。

卫颖,华亭人。父青,都督佥事。颖袭山东济南卫指挥使,正统九年,迁署都指挥佥事。

十四年,御也先有功,进都指挥同知。

又御寇黄花镇、白羊口,迁都督佥事。

再战西直门、紫荆关,进都督同知。

景泰三年,充总兵,守宣府。四年,掌京营。

天顺元年，加左都督，进封宣城伯，食禄千一百石，与世券，移镇甘肃。五年，佩将军印，奏移庄浪城堡。又条上三事：散官储以裕军户，给苑马以壮兵威，设罪赎以赡财用，皆从之。

八年，征西番功最。成化元年，尽革夺门功，颖以军功得不革，增禄百石。

四年，被劾夺禄，寻命食禄奉朝请。

弘治十一年卒，赠侯，谥壮勇。

子璋嗣。卒，子锌嗣，嘉靖中为京营总兵。卒，子守正嗣。卒，子国本嗣。

董兴，乡里未详。以都督佥事从宁阳侯陈懋等征闽寇邓茂七有功，进都督同知。

正统十四年，广东贼黄萧养反，僭号"顺天王"。总兵、安乡伯张安与战溺死；都指挥佥事王清被执遇害，岭表大震。廷议择将，命兴充左副总兵，调江西、两广兵讨之，而以户部侍郎孟鉴赞理军务。当是时，萧养围广州且四十余日，城几破。城中人饿死者相枕藉。巡抚、都御史杨信民冒围而入。信民恩德素著于广，益事招徕，贼将就抚，会信民卒，贼乃益炽。

景泰元年二月，兴始至广，调兵未集。萧养屯河南岸，声势甚盛。兴之发京师也，天文生冯轼从行，长于占策，善决事。中道夜半闻鸡鸣，兴问曰："此何祥也？"对曰："鸡鸣不以时，由赏罚不信也。愿公申严军令，无妄杀。"兴性果锐，而不能戢下，故轼以是戒之。经清远峡，有白鱼入舟中，轼曰："此武王伐纣之兆也。事虽不同，然胜可必矣。"至是，诸将士见贼势方众，欲请济师。轼曰："兵贵神速，请济师则缓不及事。奉诏讨贼，广民皆引首以望成功，所调狼兵骁悍可用也，安能按兵为持久之计乎？"兴从之，与贼相持，旬日未决。

三月初,夜有大星坠河南。轼以占书告兴曰:"自今更四旬,贼可破也。"四月,兴率兵至大洲头,猝与贼遇。战,遂大破之。杀溺死者万余人,萧养中流矢死,函首送京师,枭于市。其党曾贤等百余人并伏诛。兴复进兵攻三山、潘村、五斗、北水冲、鹤金斗诸堡,皆克之,燔其庐舍。而大良堡贼黄大纲,萧养父也,拥众万余,舟八百艘,纵横海上。兴分兵三路攻之,擒大纲等,俘馘甚众。捷闻,天子嘉其功,进兴后军右都督,鉴右都御史。将士各增官有差。

其后,左监丞阮能驻广州,能有内援,颇骄横。兴畏之,凡事依违不能自主,威望大损。有贼黄公庞引山瑶为乱,陷钦州,降于交趾。海寇乘之攻新会诸县,都指挥佥事杜信战死,兴迁延不能救也。六年,召还,同抚宁伯朱永、都督同知卫颖分督宣威、果敢、振武三营。顾与中官曹吉祥姻娅,深相结。天顺初,以夺门功,封海宁伯,食禄千一百石。仍理后军都督府事。总兵辽东,益事苛敛。比昵都指挥夏霖为奸利,巡抚程信屡裁抑之。

曹钦反,吉祥伏诛,坐夺爵,流广西。

时人以兴附权嗜利,无大将才。而平广寇功不可没也。

李文,西宁人,会宁伯英之义子也。幼从英征安定、曲先等寇,授西宁卫指挥佥事,进都指挥使。练西宁土兵,迁右都督。孛来屡为边患,天顺元年,以文为征西前将军、总兵官,镇守大同。夏四月,孛来贡使五百余人还,过大同高山站,以供馈不敷,杀戍卒百人,夺马甲而去。未几,以二千余骑犯威远卫,文严阵以待。敌骑薄阵,文挥兵冲击,擒斩甚众,积功封高阳伯。寻坐事贬都督佥事。

时,毛里孩寇延绥,以文为总兵官,同定远伯石彪会都督杨信等击之,斩七十余级。

成化初，四川番蛮作乱，调文镇守威茂。二年，黑虎等寨番贼来攻保子关，文遣兵击之，斩首六十余级。文抚治番裔，大著恩信。

而哈密为土鲁番速檀阿力所并，屡为边患。兵部尚书白圭等言哈密实西域咽喉地也，若弃而不救，窃恐赤斤、蒙古、罕东、曲先、安定、苦峪、沙州诸卫，为土鲁番所胁，则我之藩篱尽撤，而甘肃之患方大。上命集廷臣议之，于是，会昌侯孙继宗等上言："今番寇党与未成，宜遣使敕赤斤、蒙古、罕东等卫，谕以大义，俾知唇亡齿寒之势。且速檀阿力贡使既至，宜因赐之敕谕，使悔过自新，庶可以散其奸谋。纵哈密不能自存，而诸卫内附之志亦得以自固。"因举文等晓习番情，请令经复哈密，许便宜从事。宪宗从之。乃敕文偕右通政刘文等率师往。

文等遣指挥佥事马俊等赍敕往谕速檀阿力，俾还哈密。速檀阿力遣使以番书及方物随俊等入贡，哈密土人潜从来归者五百人。文等以闻，且言："速檀阿力所部马步兵不过三千余，请与巡抚、都御史朱英等调官军会赤斤、罕东等卫，及哈密都督罕慎等克期收复。"朝廷从之。其后师虽无功，土鲁番自是不敢轻犯内地。

文历戎行久，士卒乐为之用。弘治二年卒，子镛世袭西宁指挥使。

<small>叙事约而畅，朴而腴，三国南北史不足为役。</small>

彭韶、何乔新、周经列传

彭韶，字凤仪，莆田人。天顺元年进士。成化初为刑部员外郎，疏论佥都御史张岐不称风纪，宜召用王竑、李秉、叶盛，以副人望。忤旨，下诏狱。给事中毛弘等论救得释。

寻，迁广东司郎中，司隶畿辅事。多涉贵近，藉势请托，韶守法屹然，一无所挠。锦衣指挥周彧，太后弟也，以真定武强、武邑二县民田浮于赋额，奏请籍为闲田，命韶往视。韶至，循田周视而归，上疏自劾曰："昔田文令冯驩收责于薛，驩顾折券矫赐薛人。今真定田，祖宗来赋额已定，许民开种。即为恒产，不复增科，以劝力农。功臣戚里之家，与国咸休，岂与民争尺寸之地？臣诚不忍夺小民衣食附益贵戚，请伏奉使无状之罪。"疏入，诏以田归民，而责韶邀名，方命复下诏狱。言官交章论救，得释。

他日复有请荒田者，帝怒，顾左右曰："周彧为彭韶所持使，朕至今负惭，岂宜更有陈乞？"立却其奏。当是时，韶与何乔新同官，并有重名，一时称为"何彭"。

六年，迁四川按察副使；寻，进按察使。秉正嫉邪，悉罢淫祠之在境内者。署前有庙祀五显，韶以为不经。而以赵忭遗爱在蜀，撤五显像而祀之。请王府祭葬，宜停遣内官及行人，以省劳费。又劾云南镇守太监钱能贡象马宝石珍禽之属，近又进金灯，号为奇绝。万里劳民，骚扰邮传，乞正其罪。

十四年，迁广东布政使，以新会举人陈献章为贤，首荐之。

时，汪直用事，中使四出。镇守太监顾恒、市舶太监韦春、珠池监丞黄福，皆以进奉为名，所至需求，民不胜扰，韶先后论奏。最后锦衣镇抚梁海者，太监芳弟也，往来广中尤横。韶极言其害，芳方有宠，见疏大怒，谋倾韶。会帝以韶言切直，意不怿，芳辄从傍言彭韶每事方命邀名，徒以左班相左右，益恣肆无忌如此。帝瞠目视之，芳伏地叩首，噤不敢发。然未几竟改调贵州。

二十年，吏部尚书尹旻荐为副都御史，巡抚应天。

明年星变。上言："臣伏见彗见天田，初发于岁终，再见于正旦。岁暮者，天道之终；正旦者，岁事之始，此天心仁爱，欲陛下善始善终也。臣见陛下嗣位之初，宫闱正肃，名秩粲然，家礼正矣。内侍近臣，进用希简，防微周矣；禁止贡献，俭德昭矣；爱惜名器，用人慎矣。迩年以来，宫中进奉，贵妃加于嫡后。褒宠其家，几与先帝后家埒。陛下春秋鼎盛，嗣续宜繁。而震位尚虚，人心疑惧。此正家之道不终也。增寺人员数以万计，利源兵柄，尽付其手。作奸犯法，一切优容，此防微之道不终也。各省镇守中官，争市珍异，动称敕旨，科扰小民。古人遇灾必减膳撤乐，而今更纵刑余，渔民蠹国，此持俭之道不终也。六卿并加师保，监寺兼领崇阶，及予告而归，廪食舆夫，滥加庸鄙。爵赏一轻，谁人知劝？此用人之道不终也。惟陛下翻然觉悟，慎终如始，天下幸甚。"时已召为大理寺卿，未入京，疏入，即改副都御史，巡抚顺天。

孝宗即位，召为刑部右侍郎。无何，嘉兴百户陈辅盗贩获罪，因而作乱，敕韶巡视浙江。韶至，劾罢不职守臣，诛其首恶数人，事遂定。

既以本官兼佥都御史，整理盐法。韶以浙西通舟楫，而浙东亭户抑配尤甚，因定其输直轻重，奏蠲宿负，减处、温二府课额，以灶户煎办征赔折阅之苦，绘为八图以献。

弘治三年，入为吏部右侍郎。时王恕为尚书，韶同心持正，力拒权贵，请谒断绝，铨法称平。

其冬，昔见天津，应诏陈政刑失中者数事，谓："彭城伯张信，与沙门宗鼎相讦，皆以无验论赎。既而，信罢兵柄，鼎置不问，是玩法也。中官刘玉与囚孙泰通外戚，谋复亲藩，乃付泰法司，而玉留中，是庇奸也。刑部谳囚论鬼薪，或输白垩，所以备营缮也。乃令浚河隍以待游观，饰馆宇以俟行幸，是启侈也。赎锾虽非正供，亦民脂膏，乃以为浮屠、道士之用，是养邪也。此数事者其端一开，不可复杜，欲以消灾异，致太平难矣！"

又请："午朝无虚循故事，宜日御左顺门，如大除拜、大灾异，阁臣面议取旨，部臣就御前敷陈政务，庶世事日熟，而群臣邪正可见。"帝皆嘉纳。

明年，进刑部尚书。韶在郎署，既与乔新齐名，至是，遂代乔新为尚书。持法明慎，与乔新相当也。安远侯柳景镇两广，都御史秦纮发其奸赃巨万。景与庆云伯家有连，诬纮，遂并逮。韶力持之，卒抵景罪，褫其爵。赃入八百两，有旨免追。韶复执奏，言："昔唐宣宗元舅郑光官租不入，京兆尹韦澳械其庄吏，宣宗欲宽之，澳不奉诏。景无元舅之亲，赃非负租之比，而独蒙宽典，是臣等守法愧于韦澳也。且赃可幸免，则他日爵位征镇何求不得？奸回藉口，法吏灰心，非国家之利也。"然景竟以内援得免。

御史彭程监视光禄寺，论修理皇坛器皿，言："此李孜省以斋醮欺先帝者，陛下奈何蹈此？"帝怒，下程诏狱。韶言："程为御史，论谏乃其职。顾援引往事，致伤圣怀，然其心欲因事纳忠耳。臣闻光禄岁费无纪，恣为侵渔，及今不节，难为继矣。"帝乃令光禄具岁费之数以闻。

韶在部，近侍多不悦，尝摘发司属小过怵韶，韶不为动。会有荆王见潚事奏上，淹旬不下。内官王明、苗通、高永杀人坐死，复减等遣戍。昌国公张峦起坟宏壮，逾制役军至数万。畿内黠民冒充陵庙户，及旗校匠工名目，致赋役不均，流亡日众，皆弊政之大者。韶因亢旱极言之，不报。遂累疏乞致仕，不许。自劾素餐，上慰留之。又累疏，始命乘传归。

弘治八年，南京地震，御史宗彝等请举遗逸，因言："韶与何乔新、强珍、谢铎、陈献章、章懋、彭程，俱宜召用。"不报。韶归四年卒，赠太子少保，谥惠安。

正德初，林俊巡抚江西，言韶谥不副行，乞如魏骥、吴讷、叶盛，改谥文,庶足服今信后。事虽不行,士论韪之。

何乔新,字廷秀,广昌人。父文渊,吏部尚书。乔新少多疾,年十一,读《通鉴》续编,修撰周旋问:"孺子知其义乎?"乔新曰:"吕文焕降元不书叛,张世杰溺海不书死节;曹彬、包拯之卒,不书官;纪羲轩多诞妄,而并辽金于宋,于义未当。"旋大惊,曰:"子才识不凡,将来名位非我所及也!"

举景泰五年进士,奉使淮西。知县阎徽,少受学于文渊,以白金文绮为赠,乔新力却之。徽曰:"吾寄吾师,非赠子也。"乔新曰:"子寿吾父,附他人则可,附吾则不可。"卒不受。

使还,授南京礼部主事,遭父丧归。

服除,改刑部主事,历迁郎中。案锦衣卫诸官校狱,无稍贷,名由是起。

迁福建按察司副使。浙寇千余人盗采寿宁银矿,所过剽掠,乔新募兵击斩之。福宁豪民尤氏,横暴杀人,出入以兵甲自随者二十年;福清薛氏所居濒海,岁出与诸番互市,谋作乱。乔新设方略,先后掩捕,海滨以宁。

福安、宁德银矿久绝,有司责民岁课,多破产,奏减之。

清流、归化、里界、将乐、沙县民恃险僻,不供徭赋。乔新白都御史,即里置县,行部问民疾苦,次第兴除,不屑以簿书为能。

迁河南按察使。都御史原杰招抚流民至南阳,引以自助。先是都御史项忠驱逐流民,严厉过当。及闻杰至,皆逃窜山谷。乔新亲入山招之,附籍者六万余户。

迁湖广右布政使。荆襄大水,均赈恤,平徭役,轻重列九等,民称便。

十七年,擢右佥都御史,巡抚山西。小王子犯塞,乔新伏兵灰沟营,邀击之,斩获甚众。进副都御史,奉敕理狱,末减为多。爰书简明,宪宗览而善之。入为刑部右侍郎。

小王子寇大同,杀边将,畿内震骇,命乔新往督军务。乔新获谍者,知卤营可取,将出奇捣之,小王子遁去。

乔新善体察民隐,自河南、湖广,所至皆值水旱。或平籴,或赈贷,随时制宜,全活者不可胜计。至是,山西复大饥,人相食,请尽蠲租赋,发内帑及盐课银数万两,粥祠部僧道牒得粟数十万石,择有司之贤者分赈。死者槥而葬之。又僦民疏沟渠,偿以粟,所活三十余万人,招还流冗十四万户。沟渠成,民赖其利,山西人尸祝之。

还朝,播州宣慰使杨爱与其庶兄友构怨,友奏爱有异谋,命乔新往勘。还朝,乔新言:"杨氏有播五百余年,群蛮所戴,一旦囚系之,恐骤见酋长窘辱,惊扰为变。乞召二人面质,弗置狱。"从之。还奏爱实不反,友恃父嬖图夺其官耳,请薄罚爱而处友以远郡。播人遂安。

弘治元年,进南京刑部尚书,言:"沿江芦洲,率为中官占夺,有讼者辄云为进奉计。今陛下既罢贡献,乞以芦洲还民。"上以为可。

召入为刑部尚书。与王恕、马文升、彭韶并负时望。而乔新与韶并以刑部郎起家,法律尤所熟习。锦衣卫官校有所逮捕。率赍驾帖,不关白法司。乔新请复先朝精微批之旧,以遏矫伪。

其明年,京城大水,恐内外刑狱有枉者,上言:"《大明律》高皇帝所亲定,列圣所推广,情理轻重,可为至备。然其文深奥,官吏讲解未明,往往以辞害意。臣按律:子孙骂祖父母、父母,及妻妾骂夫之祖父母、父母者,并绞。注云:亲告乃坐。又曰:祖父母、父母诬告子孙妇者,勿论。夫既云亲告矣,又云诬告者,良以爱憎之情,常人不免。有听后妻憎前子者;有爱少而憎长,肥子而瘠孙;又有憎子孙及子孙妇者。今亲告遂坐,则虽薛包、王祥之行,所失一言,且不免诛。而今问者遇有前事,辄云亲告坐绞,岂不误哉?

"按律编发边远充军,北人戍南,南人戍北,固以惩罪,亦以远奸。而近者徒取实边,云可屯田御敌,不问南北,多发西北边卫,往往逃窜,为恶如故。逃者虽仍论死,犯者终莫省戒。况其中又有晓边情习番语者,有如汉之卫律,宋之张元亡入其中,为敌谋主,不可不鉴。

"臣按律计赃科罪,必须估钞。然计赃科罪,律虽一定,以赃估钞,例则随时。国初每银一两直钞一贯,今则直贯八十,是国初常人盗银八十两乃绞,今坐一两也。监守盗银四十两乃斩,今则坐五钱也。

"《书》曰:衷者,中也。不轻不重之谓也。乞下臣言。"会议时,刘吉在内阁,素嫉乔新,悉格不行。

郎中魏绅者,乔新素重之。大理丞缺,御史邹鲁觊焉。乔新荐绅,鲁大恨。会乔新外家与乡人讼,即诬乔新受其金钱为行贿。吉取中旨,下诸人锦衣卫狱。或劝乔新诉,乔新曰:"诉己则自文,诉人则涉讦,吾有解去耳。"顷之,穷治无验,予致仕。后,鲁为仇家瞎两目,犯罪论戍,士论快焉。

乔新博学嗜古,闻异书辄从假录,至三万余卷,手自较雠。尤深于《周礼》,所著有《周礼集注》、《宋元史臆见》、《椒丘稿》。

年七十余卒,江西巡抚林俊为彭韶及乔新请谥,吏部覆奏:"有旨令具乔新致仕之由上闻。"吏科给事中吴世忠言:"乔新奄逝,士类咨嗟。林俊为之请谥,上令考当日致仕之故,不知陛下欲与洗雪前枉耶?亦圣意别有所存耶?臣考乔新学行政事,莫不优长。忠勤刚介,老而弥笃。御史邹鲁,挟私诬以小事。一辞不辨,敛然退归,杜门著书,人事寡接。四川土官杨爱感其旧恩,寄以药物,峻辞却之。于此不受,其他可知;林下不受,当路可知。乔新刚介之名,满于士大夫之口。邹鲁摈死,人谓殃庆之公。若必考退身之由,疑旌贤之典,则如宋蒋之奇尝诬奏欧阳修矣,胡纮辈尝诬奏朱熹矣!然当时人主不以一人私情废万世公论,赠官加谥。亦陛下今日劝惩之大权也。"有此昌言,荣于易名多矣。事竟寝。

正德十一年,广昌知县张溁复以为言,乃赠太子太傅,予荫。明年,赐谥文肃。

乔新孙源,万历初为刑部右侍郎,亦有清节。涛①举乡试第一,授安庆府推官。到官三日,吏白当伏谒监司。涛②颦蹙,曰:"非吾所能!"即弃官去。

校记
①② "涛"字诸本皆为"源"字,当为"源"字误。

魏绅,字廷佩,曲阜人。年二十六举于乡。弘治初为刑部郎中,为尚书何乔新所器重,迁南京大理寺丞,进右佥都御史,巡抚山西。于偏头关迤西要害地筑边置墩,赐玺书慰劳。又以宁武关城隘而兵单脆,扩城数十里,建营舍,募土兵。进右副都御史,巡抚苏松,定崇明之乱。弘治十八年,进刑部右侍郎。明年正月卒。绅事亲孝,亲丧庐墓,感嘉禾之瑞。长身美髯,居官所至有声,人皆服乔新之知人。

周经,字伯常,其先阳曲人,后寓江浦,南京刑部尚书瑄子也。举天顺四年进士,选庶吉士。与刘健、张元桢并为李贤、彭时所重,授检讨,历左春坊、左中允,侍皇太子讲《文华大训》,太子起立拱听。阁臣谓宜请太子坐,经不从。回翔翰苑几三十年,孝宗即位,迁太常寺少卿,兼侍读;已而,进礼部右侍郎,改吏部,寻转左侍郎。

上欲以通政司经历高得禄为参议，经执不可。

灵寿人私献民田于太监李广，经同王恕论奏，户部弗允。更会诸司奏，事得寝。

六年，上以灾异求言，尚书耿裕复推经草奏。经请早视朝，勤听政，节侈费，省游幸，止贡献。而斥乐戏一事语尤切直。上使左右密访草疏主名，裕曰："疏名首吏部，裕实具草。"经曰："疏草本出经，即有罪，罪经。"时论两贤焉。

九年，升户部尚书。当是时，孝宗宽仁弘恕，户部管天下利权。奸蠹所萃，挟势行私者不可胜纪。少不如意，毁谤随之。经按行祖宗成宪，事所不可，虽成命已下，抗疏力争。阉官戚畹，凡有请乞，一切罢减。上虽不尽用，因而裁之者屡矣。宽逋缓征，减省冗滥。四方告灾，必覆奏豁免。每委官监税，恒以节爱为言。课入多者，与下考异，时苛切之风为之少衰。

先是诸王府多请自领河泊所税，经言有伤国体，且民力不堪，皆执不与。

中官出南京织造者请长芦盐引，鬻于两淮，经言："盐策本以济边，各有分地。公许越境，则私贩必多。"又织造浙江者请竹木税，经言："关征非旧，且浙地大水，民困征役。"并执不与。上是经言，并停织造。

大同缺战马，兵部尚书马文升请太仓银市马。既得旨矣，经曰："粮马各有司存，祖训六部不得相压。兵部辄侵户部权，非祖训。"上改命以太仆寺银给之。

给事中鲁昂言国用不足，请尽括诸省税役金钱输太仓，经曰："度支不足，宜俭于国，不宜浚于民。良言，此即有若向彻之意。织造赏赉，斋醮土木，为费日广。不是之节，乃欲括天下财尽归京师，给事言非是。"

中官传旨取太仓银三万两为灯费,经言:"以小民膏血,供耳目玩好,不可。"

内灵台奏酒①扫卒当给月廪,经言:"禁地,非外人得入,不过为守者私役耳。"再疏争之。

清宁宫灾,议修建,兵部欲调山东民夫七千余人,经言:"东土岁歉民贫,不可使远去乡井,请以本部羡银就京师雇役。"

寿宁侯张延龄乞于河间赐田亩加税二分,经言:"王府赐田,例亩税二分,外戚不宜独优。又宪宗妃家私田与民田比,一切夺以归民,寿宁不宜独异。"疏三四上争之。

经之执持类如此。

太监李广既死,帝得其朝臣馈遗簿大怒。科道官因劾诸臣有及经者,既概置不问。群臣廷谢,经独上疏曰:"昨日科道官劾奏故太监李广并奔竞李广之人,臣名亦与。虽蒙恩不问,实含伤忍痛,无以自明。臣累蒙列圣任用,受恩如天,惟自淬励,无负终始。果若科道所言,是匪类也。当自惭死,奚待谴责?且人之奔竞李广者,冀其进言左右,图宠眷耳。陛下试思广在时曾言及臣否?更乞敕法司将广家人严加鞫问,必究簿籍所在。臣果有馈遗,即不须多,但寸金尺帛,即诛臣以示百官。果无干涉,亦乞洗雪,使天下晓然,知臣非贪嗜无耻之人,庶几得展布四体,终事圣明。若令含污忍垢,苟就班行,必将悲伤抑郁,死填沟壑,目且不瞑。"帝慰答之。

十三年,以星变乞致仕,加太子太保,乘传归。

武宗嗣位,起南京户部尚书,辞不赴。三年,再起礼部,复辞。降敕趣至京,疾作,累疏乞休,许之。逾三年,卒,赠太保,谥文端。

经子曾举进士,官尚宝少卿。

论曰:语有之,为法曹而刻则伤人身,为户曹而刻则破人家。故头会箕敛之法,惨于赤族。而桑弘羊、孔仅之祸,烈于周来赵张,有激乎其言之也。彭韶、何乔新之在刑部,可谓明允详慎矣。若夫周经在户部,先恤民后理财,惨刻聚敛之风为之少变。呜呼,若三人者,岂非有猷有守之大臣欤!

　　一论极尽。

校记

① "洒"字似为"洒"字误。

卷十七　列传九

徐溥、邱濬、刘健、谢迁、李东阳列传

徐溥,字时用,宜兴人。祖鉴,知琼州,有惠政;父琳,以孝闻。溥儿时不为嬉戏,舅氏称他子弟歌善,溥曰:"歌能显亲扬名耶?"哀取经书法言,匿夹袋中自警。里师疑为弄具,迫视之,乃大惊,谢曰:"吾不能为若师矣!"

景泰五年,进士及第,授编修,累迁左庶子、少詹事,转太常寺卿,兼学士,进礼部侍郎,改吏部。

孝宗即位,进礼部尚书,兼文渊阁大学士。与刘健同日入内阁,知经筵。

弘治四年,《宪宗实录》成,以总裁官加太子太傅、户部尚书,进武英殿。

七年,进光禄大夫、柱国、少傅,兼太子太傅、吏部尚书,直谨身殿。时,钦天监正李华以不职罢,传旨复其官,溥言:"陛下即位以来,大小迁除皆出题拟,别无内降指挥,以故干请断绝。今传帖一行,幸门遂启,臣等不敢苟从。"会星陨地震,乞罢不许。

八年,同健荐李东阳、谢迁入内阁。太皇太后欲令崇王来朝,

帝已降旨,溥等言:"藩王入朝,非例也。"会尚书倪岳等亦言之,乃止。

占城国王奏安南侵扰,帝欲遣官往谕,溥又言:"外国相攻,有司驰檄谕之足矣,何劳遣使?倘或抗令,致亏国体;问罪兴师,则费财劳力,于国无益,甚不可也。"时以为知体。

是年十二月,诏撰《三清乐章》。溥同健等言:"天子祭天地,夫天至尊无对,故礼以少为贵,物以简为诚。祭不过南郊,时不过孟春,牲不过特牛。盖祭不欲频,频则反渎;物不欲丰,丰则反亵。《书》曰'黩于祭祀,时谓弗钦',此之谓也。汉祀五帝,儒者非之,况三清乃邪妄之说。谓一天之上有三大帝,乃以老聃当其一。是以人鬼列于天神,非礼也。至于郊祀乐章,皇祖旧制。今所传《三清乐章》,虽载《永乐大典》,是书博采弗精,不可为后世法。臣等诵读儒书,邪说俚曲尤所不习,且不敢以非道事陛下。国家初设文渊阁,简学士居之,诚欲其议政事,论经史,弼补阙失,非欲阿谀顺旨,以取容悦也。臣等待罪此地,而使异端杂进,辅导无状,不胜惶恐。"帝嘉纳之。

是时,中官李广以烧炼斋醮被宠。十年二月,溥等复言:"祖宗朝尝面召儒臣,咨议政事。今朝参外不得一睹天颜。诸司章奏,决断不时。经筵日讲,不过数日。夫人君之心必有所系。正人既疏,则邪说必乘间而入,近有以斋醮烧炼进者。宋徽宗崇尚道教,科仪符箓,一时最盛。及金兵围城,方士郭京诳称作法,卒致乘舆播迁,社稷倾覆。此真言人所不敢言,不知古人之心何以能然?无他,见义明也。至若烧炼,其祸尤惨。金石之药,性多酷烈。一入肠腑,为祸百端。唐宪宗药发致疾,遂殒其身。虽杖杀柳泌,竟亦何益?今龙虎山、上清宫、神乐观、祖师殿,及内府番经厂皆焚毁无遗。神如有灵,何不自保?天厌其秽,亦已明甚。

"自古奸臣佞人，蛊惑君心，必以太平无事为言。祸患一来，悔之无及。唐臣李绛言：'忧先于事，可以无忧；事至而忧，无益于事。'今承平日久，狃于晏安。然工役繁兴，兵民困苦。近岁以来，荧惑失度，太阳无光，天鸣地震，妖异叠闻，将然之患，诚为可忧。伏愿严早朝之节，复奏事之期。讲学以勤，接下以礼，远邪佞之人，斥诬罔之说，则圣德日新，圣政日理，太平之业，可保无虞矣。"

奏入，帝亟报可，虽未遽能去广，而天下颂之。未几，以疾辞，不许。诏风雨寒暑免朝参。

十一年，皇太子出阁，加少师，兼太子太师、华盖殿大学士。

明年，以目疾乞归，帝眷留久之乃许。赐袭衣白镪，月米岁夫如例。逾年，卒，年七十二。赠太师，谥文靖，遣行人谕祭者九。

溥承刘吉恣作威福之后，一处以简静。有所谋议，归于慎守成法而已。退食私第，咨访人才，如恐不及。登崇贤俊，一时号称得人。人有过误，辄为掩覆，曰："天生才甚难，以微瑕骤弃，吾不忍也。"或病其无所建白，谢曰："祖宗法度甚备，患不能守耳，何更张为？"尝因事纳忠，屡遇大狱，事连宗藩贵近，逮系言官，皆委曲调剂，卒全国体。仪容俨雅，和易可亲。而仓卒剖决，非其所长。当弘治十年，溥等请孝宗省览章奏。三月甲子，帝遣太监韦泰召溥同健、东阳、迁至文华殿，命近御案，授笔札。司礼太监皆环跪，取诸司题奏，令面拟批答以进。帝应手改定，略无凝滞。昼漏频移，赐茶而退。论者以为自英宗与李贤召对燕闲，至今四十年来此事仅见。而溥等应对不能称上意，为可惜也。

性好古玩，或投以名画，辄得荐举，时论讥之。

邱濬，字仲深，琼山人。幼孤，母李氏教之，日诵万言。贫不能致书，或假之市肆，或走数百里求藏书家，委曲与之交，因得借观。

至五六年不倦,其颛笃如此。

举乡贡第一。景泰五年中会试,廷试当元,以貌寝置二甲首,选庶吉士。洗马李绍谓刘定之曰:"主静生长名邦,兼奉庭闻,固宜浩博;邱君海外孤生,安所师友,乃亦如是!"

授编修,益习本朝典故,兼好谈兵法。成化初,两广未靖,都督赵辅、佥都御史韩雍讨之。濬奏记大学士李贤曰:"两广用兵之策,大要有二:曰逐,曰困而已。愚以为广东宜用逐,广西宜用困。何也?广东故无贼,皆自广西,贼归,广东定矣,所以必逐也。广西贼巢多距峭岭险峡,官军虽百万不能入,所以,必困也。然逐当为四路:一自广州趋肇庆,历四会、封川、沂于藤江;一自新兴至高州,径电白出茂名,间道下岑溪;一自藤县沂江登陆,由郁林、博白达雷州,复自石城过灵山,下横州;一自连州径贺县,出平乐,而皆会于浔州,此逐策也。

"广西瑶寇以大藤峡为巨薮,龙栗诸蛮视为动止。其地前临河道,后抵柳庆,左界昭梧,右接邕贵,中皆高山峻岭。其田尽在山外,俗惟刀耕火种,无储偫。若进兵屯守,扰其耕耨,蹂其青苗,使贼出无所掠,退不得耕,不过一二年可坐困矣。春夏之交,蛮地大瘴,进兵必以七月。春夏退兵浔州,既秋复进,更番休息,士不告病,此困策也。

"大今口贼多丁昔者,大都皆良民耳。寇既焚荡其室庐,戕杀其亲属,复劫持而虐用之。大军至则贼遁逃不可复见,而良民尽歼焉,其情可哀也。今宜宥胁从之民,许其杀贼赎罪。有陷贼归愿报仇者,编为义兵。

"罢总兵旗牌及挽弓报效诸名目;土官从军,凡所俘获,悉畀之;禁两江私盐以资赏劳。如是,而军威不振,贼不破者,未之有也。"

贤善其策，闻于上。命录示赵辅、韩雍，卒用以破贼，皆浚之计也。

迁侍讲，与修《英宗实录》，进侍读学士。濬在讲筵，虽貌寝陋，而音旨洪畅，宪宗独悦之。累迁国子祭酒，加礼部侍郎。

宋真德秀《大学衍义》至修身、齐家而止。濬更采辑经传子史言治国平天下者，附以己见，为百六十卷，凡列总目十二，细目百十有九，曰《〈大学衍义〉补》。又为一卷曰《审几微》，以补前书诚意正心之要。孝宗嗣位，书适成，表上之，帝深嘉悦，赐白金文绮，命所司镂板以行。

进礼部尚书，掌詹事府事，修《宪宗实录》，充副总裁。以老乞休，命朝朔望，以终史事。

《实录》成，加太子太保，兼文渊阁大学士，时年七十一矣，三疏固辞，不允。

濬将以《〈大学衍义〉补》次第奏行，乃首言储图籍事，其略曰："前代藏书之富，有至三十七万卷者。今国家图书之储，两京皆有专官。而文渊阁书目不及前代十一，两京国子监所存，不过累朝颁降典籍而已。请将内阁藏书分官考校，其有副本，分送两京国子监。无副本者，付监钞录。再敕天下提学宪臣将内阁未备书籍购访民间，缮写汇献。高皇帝御极三十余年，诏令文辞多出宸衷，非前代帝王假手词臣之比。至当时儒臣所纂，又有《宝训》、《日历》、《圣政记》等书，藏之秘阁，臣民无由睹记，请镂板颁布。更仿《贞观政要》提纲分类，以昭谟烈之盛。列圣实录，代经六帝，世盈十纪，既无石室之藏，又无名山之副，典守或疏，恐遂沉没。后之秉史笔者，传闻异辞，无所考信。请于文渊阁旁别建重楼，累以砖石，铜匮扃𫌨，庋之高层，为异日纂修之资。"

时，中官李广渐进左道，濬因灾异上言："成化间，彗星三见，遍扫三垣，地无虑五、六百震。迩者彗见天津，地震天鸣无虚日，且异鸟三鸣于禁中。考诸经史，天变莫大于彗孛，在三垣三台尤重；地变莫大于震动，在京师边防为急，矧禽鸟动物，得气之先。春秋二百四十二年，书彗孛者三，地震者五，飞禽者二。今乃屡见于二十五六年之间，变不虚生，甚可畏也。臣愿陛下体上天仁爱之深，念祖宗基业之重，端身以立本，清心以应务。谨好尚，勿惑于异端；节财用，勿至于耗国；公任使，勿失于偏听；禁私谒，以肃内政；明义理，以绝神奸；慎俭德，以怀永图；勤政务，以宏至治。庶可以回天灾，消物异。"帝知濬老儒，多读书，奏入辄报可。

六年，当大计官吏，吏部尚书王恕奏黜罢者几二千人，濬请如唐虞三考黜陟之制，未及三载者复任。未为大错。虽经一考，非贪暴有显迹者且勿斥。因拟旨留七十人，恕颇不悦。有客作大司马王公传者，历叙恕谏疏。濬以恕为沽直，居恒与门客言之，且言恕行事不合祖宗法度。会内宴，濬以内阁坐恕上，而恕以位公孤不相下，以是交有言。此则彼此俱有未尽。而太医院判刘文泰尝往来濬家，以失职憾恕，讦其变乱旧章。又言及作传事，恕疑濬教之，遂力求去。文泰下狱，词果连及濬，濬亦抗疏自辨。帝不问，言者哗然，多不直濬矣。此则大非光明事。

逾年，加少保，改户部尚书、武英殿大学士。累以疾辞，不许。八年，卒于官，赠特进左柱国、太傅，谥文庄。

濬好议论，与人争是非，未必一一中道，而博辨不少屈。既老，右目失明，诵读著书不辍。以《通鉴纲目》义重正统，秦汉隋唐之间予夺太速，次其治乱升降，与国统偏全，作《世史正纲》；采诸儒言行，作《家礼仪节》；集朱子微言，作《朱子学的》。然评确往事，好为矫激，如论秦桧，称其于宋有再造功，范仲淹生事之类，皆怪诡可骇。至修《英宗实录》，或云于谦之死当以不轨书，则曰："己巳之变,微于公,社稷已矣,岂得为武臣修私怨哉?"其持正又如此。

性廉介,所居城东私第极湫隘,四十余年不易。

正德十年,以巡按御史言,赐祠于乡,曰景贤,以配宋学士苏轼。

刘健,字希贤,洛阳人。少好性理之学,与里中老儒阎禹锡、白良辅游,得河东薛瑄之传,登天顺四年进士,改庶吉士,授编修。

成化中,迁修撰,历右谕德、左庶子,进少詹事。

孝宗即位,进礼部右侍郎,兼翰林院学士,入内阁参预机务。健性简静直方,在翰林闭户读书,寡交游,人以木彊目之。及入阁,则练习典故,有经济大略。与徐溥、邱濬同事,正色无所依违。

弘治四年,《宪宗实录》成,以总裁进礼部尚书,兼文渊阁大学士。

时,帝虽亲政,犹守宪宗之旧,未能有所兴革。太监李广用事宫中,健等亦不能有所施设也。

七年,进武英殿,加太子太保。

明年,浚卒,健同溥荐李东阳、谢迁入东阁。

十一年,进谨身殿,加少傅,兼太子太傅、户部尚书。亡何,溥致仕,健为首辅,与东阳、迁同心辅政。会清宁宫灾,引咎避位。因言:"古之帝王未有不遇灾而惧者。近年以来,灾异频仍,内宫火灾尤甚。议者或以为天道茫昧,变不足畏,此乃慢天之说;或以为海内乂安,患不足虞,此乃误国之言;或以斋醮祈祷为弭灾,此乃邪妄之术,适足以亵天;或以纵囚释罪为修德,此乃姑息之弊,适足以长恶。从来奸佞常用此说荧惑圣聪,因而贿赂公行,赏罚失当,纪纲废弛,贤否混淆,工役繁兴,军民困惫。愁叹之声,仰干和气。天心仁爱,降灾异以警动陛下,此正奋发励精,一新庶政之日也。"温诏嘉纳。

而是时，李广惧罪自杀，其党蔡昭等为请祠额，已得旨，健等争曰："内臣之有祠额，祭葬非礼也。广死而奸露，人方以陛下当追正其罪，乃复厚其恤典，使奸欺之徒与忠良无别，何以劝来者？臣等不敢奉诏。"事遂寝。

明年，国子生江瑢上书指斥政府，健等合疏请罢，帝慰留之，而下瑢于狱。健等又言："陛下以臣等使言者获罪，臣等罪滋大。"帝乃赦瑢。

其冬，清宁宫成，命能仁寺番僧设坛祝之，健以为不可。帝虽不能止，而心是之。

十四年秋，帝以军兴缺饷，屡下廷议。健等上言："天下之财，其生有限。非平时节缩，缓急安足赖？今光禄岁供无艺，织作务为新巧。宫观斋醮之费累千万，太仓所贮不足饷战士，而内供至四十余万。宗藩贵戚占中盐，乞赐田动亦数千万。而土木工作，传奉之禄，夫匠之饩廪不与焉。欲财之不匮，其道无由，愿陛下躬行节俭，为中外倡，而令廷臣得毕献救荒革弊之策，臣等为陛下酌行之。"诏曰："可！"居数日，复有诏遣中官建醮武当，令健等撰祝文及敕，健等谏曰："顷臣等所请，幸陛下垂听。今甫数日又有此命，臣等将顺，是陛下为不信，而臣等将蒙阿谀之诛。"乃罢弗遣。

是冬，监督军务太监苗逵诡称捣巢，以三级报捷兵部，拟擢七人，赏四千余人。而中旨复下健等拟进先登者秩二百有奇。健等言："功薄而滥赏，诸边尤而效之，寇至谁御？此国家大计，臣等不敢坏兵部法。"遂寝。

明年夏，诏拟浮屠像赞，健等疏曰："王言，天下后世所取法也。如宋太祖赞孔、颜，高宗赞七十二子，史册传之，以为盛事。本朝惟英宗冲龄即位，尝御制佛子像赞。当时大臣不能引义固诤，臣窃恨之。仰惟陛下圣明，重道崇儒，中外臣民拭目以观圣政。若亲制赞辞，以张异端之教，流播四方，损国体不细。"帝为之遽止。

冬，东宫有疾，帝视朝渐晏。健等力谏，帝由是益励精省览，至乙夜不倦。尝召三人至文华殿或平台暖阁，面议政事。健等知无不言，累赐健等玉带蟒衣。

十六年，以《大明会典》成，加少师，兼太子太师、吏部尚书，进华盖殿。是岁，一品满九载，命兼支大学士禄。

当是时，国家号为平治，帝事两宫皇太后甚孝谨，而两宫皆好佛老，以故宫中多设斋醮。又遣中使进神袍于泰山，或昼散灯市上。健等谏曰："天下事有轻重缓急，不得其序则乱，而所不当为者毋论也。夫事之重且急者，亲贤爱民，赏功罚罪是已。陛下于声色货利无所嗜好，但恐佛老神鬼之事有妨圣政耳。夫当祭之神，不过天地、宗庙、社稷、山川，及古圣贤。其礼有时，而其用有节，于政与民无害也。佛老之教则不然。夫宠僧道则尊贤之礼疏，耗帑藏则爱民之意阙。以方便为仁厚，则冒功求进者得蒙滥赏；以慈悲为宽容，则坏法失律者得逃重罚，弊无大于此者。"帝嘉纳之。

明年，复有诏建延寿塔于朝阳门外，健等复谏曰："前代人主信佛老者，莫如梁武、宋徽。一则饿死台城，一则身毙五国。殷鉴不远，岂可忽诸？太祖列宗以尧舜周孔之道传之于今，何藉于佛？今寺观相望，僧道日繁，且造延寿之名上惑圣聪。陛下信其游说，辄与施行。夫尧舜之寿皆过百岁，当时未有僧道、寺塔，不知谁与延之？陛下德合天道，政协民心，则和气致祥。圣子神孙，享万万无疆之寿，何假于僧道、寺塔之力？若建塔造寺果可以祈国家之福，延君王之寿，则臣等虽家出资财，身就工役，亦且为之。但决知其无是理耳。祖宗朝间有寺塔之举，当时财力有余，虽终无益，未见大损。今太仓空乏，边饷匮绌，灾伤逃亡，赈济无措。而寺塔之费，动以数万计,若省此财为赈济之用,即可以活数百万生灵之命,岂非祈福延寿之一道哉?"

又,封道士杜永祺等为真人,使健等草敕,复谏曰:"在廷师保大臣至尊显矣!必待秩满绩最乃得锡封。况祖宗庙号不过十六字,而妖妄贱流乃至十八字。传之百祀,谓陛下赐之,臣等又为之辞,其若之何?"疏入,皆罢。

是夏,小王子犯大同,帝问所以御之者,健言:"塞上兵少,京军止可相助为声援,不若生长边方之人习谙战斗,多方选募,厚其赏劳,兵可毋调而集也。"因备陈安边事宜。亡何,边警狎至。帝选京军四万人将使驰援,语健等曰:"大同,朕股肱郡,赤子遭蹂躏,朕不可已。"健对曰:"陛下垂念赤子,幸甚!顾京军须整备,未可轻发也。"迁亦曰:"京师固重于边!"东阳曰:"北方诸部与朵颜通、潮河川、古北口皆其冲也。若牵我于西而乘东之虚,何以为计?宜少待其定而图之。"帝以为然。会兵部尚书刘大夏入对,如健等言,乃止。小王子亦寻退。

帝在位久,益明习机务。而仁慈敬慎,尤欲守成法,恶惨刻,欲尽革诸烦苛弊政。健等亦竭诚尽虑,每召对,辄屏左右。左右窃从门屏窥,但闻上数数称善。帝或偶恙,不能亲祀,或视朝少迟,必使中官谕意。如睿皇后陵庙,礼张天祥狱,进退府营公侯伯,去留大臣,厘饬屯田、盐法、茶马诸政,健劝赞为多。当是时,健等三人在内阁,而马文升、刘大夏、韩文、戴珊在部院,天下想望丰采。帝语及宫中事,毅然欲尽削近侍,权复高皇帝之旧,健等亦未敢轻发也。

而上体清癯,太子未壮,恒俩然忧之。十八年,帝大渐,召健等入乾清宫,力疾起坐,执健手曰:"太子颇聪明,但未知好学,先生辈善辅之。"健等顿首谢曰:"敢不尽力!"

武宗嗣位,加健左柱国。三人并以古制辅翼嗣君,海内宴然。

而帝在青宫，颇事宴佚。比即位，宦者导之为声色犬马之好，于是，初政寝弛。会京师阴雨，自六月至于八月，健等相顾曰："此阴盛阳微之征也。"乃上言，曰："陛下登极诏出，中外欢呼，想望太平。今两月以来未闻减冗员几何，革传奉几何？诏书所载，徒为空文。此阴阳所以不调，雨旸所以不若也。如诸门局仓库及诸省守备内臣，旧设有数，今且数倍。朝廷养军若匠，费以百万计，仅足供其使令，宁可不汰；文武诸臣，旷职偾事，虚縻廪禄者，宁可不黜？内官御用诸监，匠官画士，多至数千人，剥民膏脂以供无益，宁可不罢；承运司钥库金钱，皆累数百万，支放存留，宁可不稽？更如内苑珍禽奇兽，宜放之山林；先朝宫人，亦宜遣使宁家。庶政令日新，乃可化灾为福。"温诏答之。

文华殿旧供佛像，健极言非礼，帝立命撤去。

已而，遣东阳祭灵济宫二真君，健等言："淫祀也，宜罢。且请自今阁臣惟奉命释奠孔子，其余概无所预。"帝以祀典已久，不欲废，第令以后太常寺致祭而已。

属中宦刘瑾、马永成、高凤、罗祥、魏彬、邱聚、谷大用、张永用事，号为"八党"，相率挠府府权，而帝益宴游无节，不亲政事。健请裁汰内官，请经筵日讲，章数十上。既而，吏部尚书马文升、户部尚书韩文、兵部尚书刘大夏、都御史张敷华各上章争职掌，健等拟旨如文升等言。帝不听，令更拟，健等力谏，又不报。乃上疏自劾求罢，曰："臣等愚昧，先帝顾命惓惓以陛下为托。臣等痛心刻骨，誓以死报。迩者地动天鸣，五纬凌犯，星斗昼见，白虹贯日，灾异叠见，不可胜纪。京师道路杀人，各边败书累至，民生困苦，府库空虚。历观载籍，未有知此而不乱者。且诏令废格，变易殆尽。百司庶府，仿效成风。执奏者谓之渎扰，厘剔者谓之纷更。忧在于民生国计，若罔闻知；事涉于近幸贵戚，牢不可破。臣等叨居重地，徒拥虚衔。或旨从中出，略不与闻；或有所议拟，径行改易；累有论列，多不见省。若冒顾命之名，不尽辅导之实，既负先帝，又负陛下。天下后世，其谓臣何？"

又数日，率同官陈政令十失，指斥贵戚近幸尤切。健自以年逾七十，辅导无状，力求罢免。前后章十余上，情辞迫切，皆慰留不许。

又因灾异上疏曰："自古人君以敬勤为德，怠荒为戒。近来视朝太迟，免朝太多，奏事渐晚，游戏渐广。时当长夏，停止日讲，不知陛下宫中何所事事？滥赏妄费，非所以崇俭德；弹射钓猎，非所以养仁心。鹰犬狐兔，田野之物，不可育于朝廷；弓矢甲胄，战斗之象，不可施于宫禁。夫圣学久旷，正人不亲，直言不闻，下情不达，而此数者交杂于前，臣窃忧之。京师灾异，较四方尤重，天心示警，亦已明甚。伏望陛下为宗庙社稷计，天下幸甚！"帝曰："朕闻帝王不能无过，贵改过。卿等休矣。"健等乃言，曰："陛下幸听臣言，臣等死且不朽。请以府部诸臣所言摘其要者，愿置之座隅，朝夕省览，曰无单骑驰驱，轻出宫禁；曰无频幸监局，泛舟海子；曰无事鹰犬弹射；曰无纳内侍供食。"疏入，报闻而已。

于是，健等以政事日紊，皆由瑾等，连章请诛之。而言官亦交章论诸阉，并下阁，健等持之甚力。瑾等业已窘，相对涕泣。会韩文率九卿伏阙上疏，帝命司礼太监陈宽、李荣、王岳入内阁议。一日三至，且欲安置瑾等于南京。健推案哭曰："先帝临崩，执老臣手，付以大事。陵土未干，而使佞幸若此！臣老且死，何面目见先帝于地下乎！"迁亦坚持之，两人声色俱厉，而东阳独无言，宽等辞去。

健以岳素恶瑾等所为，令与范亨、徐智密请于上诛瑾等。而吏部尚书焦芳素以健不庇己，遂泄其谋于瑾，瑾等泣诉帝前。俄有旨收岳等下掖庭狱,而命瑾掌司礼监。健、东阳、迁即日乞致仕,遂听健、迁去,而留东阳。焦芳因之入内阁。

健之去,赐敕给驿,月粟、岁夫犹循旧典。给事吕翀、刘蒨言健、迁顾命老臣,宜留辅朝廷,不可听去。不报。健出日,东阳祖饯欷歔,健正色曰:"何用此为?当日出一语,则今日同归矣!"

瑾恨不已,尽捕治言官之论救健、迁者,褫韩文官。居一年,矫旨列健、迁等五十三人为奸党,榜示朝堂。又二年,坐推举怀才抱德士草诏出健,夺官罚米。

健家居,杜门谢客,亲知罕见其面。瑾诛,复官致仕。

比闻帝数巡边,幸江南,辄叹息不食,曰:"吾死,诚无以见先帝!"辄举孝宗时事,泪潸潸下也。

嘉靖初,命行人赍敕存问,以司马光、文彦博为比。又遣抚臣就其第致束帛饩羊,上尊酒,官其孙成学为中书舍人。卒年九十四,遗表劝上正身勤学,亲贤远佞,累数千言。帝震悼,赐恤甚厚。赠太师,谥文靖。

健在内阁,正色率下,同乡无所党比,僚寀谒私宅,不与交一言。及入朝论事,关大体者辄侃侃言之。时,李梦阳、何景明诗赋高天下,士争效之。李东阳以诗文汲引名士,而健若不闻,独教人通经穷理,至斥李、杜为酒徒。景明年少有文名,且健同乡人,谓当得翰林,而健以为其福薄,不许也。

> 健诸议论皆昌伟,欲去刘瑾,尤为功在社稷。叙次处精神严而动。

谢迁,字于乔,余姚人。成化十年,乡试第一。明年,复举进士第一。授修撰,迁右谕德,充经筵讲官。

孝宗即位,进左庶子。中官郭镛请豫选女子入宫,或诸王馆中习礼,以待册封,迁上言:"伏闻陛下用内官言,欲豫选妃嫔,以充后宫,臣窃惑之。六宫之制,固所当备。但山陵未毕,礼当有待。臣意进言必以广储嗣为说。陛下富于春秋,中宫正位,则其余嫔御宜可少缓。俟谅阴既终,徐议其事未晚也。臣闻九经之义远色为先,陛下嗣服伊始,正亲贤修德之时,奈何以宫闱细故为圣德累?"帝善之。时帝方向学,迁务积诚以开上听。每进讲前夕,必正衣冠,习诵如侍上前。及当讲,敷陈详明,帝数称善。

弘治四年,进少詹事兼侍读学士,相继丁内外忧。

八年,同李东阳入内阁。时服未阕,力辞。服除,始拜命。

十一年,皇太子出阁,加太子少保、兵部尚书,兼东阁大学士。上疏以亲贤远佞,勤学戒逸为皇太子劝,帝甚嘉悦。

十六年,改武英殿,加太子太保、礼部尚书。迁长身玉立,仪观俊伟。时刘健为首辅,迁与东阳三人同心效职。健任事刚确,东阳长于文学,而迁持论谔谔,与之相济。时人语曰:"李公谋,刘公断,谢公尤侃侃。"时,兵部以塞下乏军,兴议加南方折徭之一,迁曰:"先朝以官田税至重,故使输金以宽之。若复议益,民将不堪。且足国在节用,苟用之不节,虽加赋何益?"事遂寝。

孝肃太后崩,礼官拟与孝庄太后并祔太庙。迁请如周祀姜嫄礼,别立奉慈殿祀之。中外翕然,事具《礼志》。

辽东守将张天祥妄杀冒赏,近幸欲曲庇之,迁执不可。内府诸库及仓场马坊各司内侍,多作奸集贿,而御马监军士自以禁军不隶本兵,空名支饷。迁皆承间请旨禁约,且曰:"严立科条,有犯必诛。"近幸益侧目。

无何,帝大渐,召迁三人至御榻受顾命。武宗嗣位,加少傅,兼太子太傅,与健等秉持古义。初政犹肃,而帝好驰骋犬马,不乐诗书。因天变,阁臣皆上章自劾,迁求去甚力。既不得,复上疏荐吴宽、王鏊自代,不报。

刘瑾等八党乱政,迁益不得其职,居恒悒悒,与健等奏请诛之。而言官章疏相继上,下阁拟旨,迁又与健力持必诛瑾等。会尚书韩文帅九卿伏阙上书,帝遣中官陈宽等至阁议,欲发瑾等南京安置,迁持愈坚。语中泄,瑾遂掌司礼监,迁等连争不允,遂具疏乞致仕。当孝宗时,迁既力抑近幸,瑾等久衔之。至是,憾益甚,疏上,遂听其去。然犹以顾命臣,颁敕给驿,月廪岁隶尚如例。颇行,更赐白金彩币。及既去,而吏部尚书焦芳继入阁,尝憾迁举宽、鏊自代,而不及己。瑾又以阁议时,迁尝訾謷,刺刺切齿,欲甘心于迁。遣侦四出伺迁事,无所得。会诏举怀才抱德士,余姚周礼、徐子元、许龙,上虞徐文彪应诏试吏部,文中有引用恭显事者,瑾大怒,下诏狱,榜掠剟刺,械戍镇番,而以四人者迁乡人也。其草荐举诏,则健为之,遂矫旨黜健、迁为民。而迁弟兵部员外郎迪,子编修丕,皆坐削籍。仍榜禁余姚人并毋得为京朝官。方迁之去也,言官交章请留,皆下诏狱。人为迁危,至是,危益甚。而迁处之坦然,曰:"天祐皇明,我当无他。"日与客围棋赋诗,若不知有忧患者。五年,瑾诛,诏复职,致仕。

世宗即位,言官交荐,始遣使存问。起迪参议,丕复官翰林,迁乃遣子正入谢曰:"臣猥蒙孝宗知遇,顾托之重,不自量力。思图报称,格心无术,引身退避,自分与草木同腐。幸沟壑未填,得逢圣明,不加负国之诛,反锡优老之典,顾慈恩厚,效死何时!惟有一言,少资献纳。臣闻《说命》曰'学于古训',又曰'监于先王成宪'。仰惟圣性睿哲,本属生知,而圣德成就,必资问学。经筵儒臣,分直进讲。燕闲之时,尤宜博览群籍,以广见闻。苟有疑义,即召劝讲之臣,面赐质问。戒一暴十寒之失,积日就月将之功。祖宗成法,斟酌古今,万世可以常行。奈何政久弊积,渐失其初,宜申饬百司讲求成宪。苟有窒碍,即召执政之臣面加商榷,务合旧制。夫一日万几,未易周通,而一心万化,惟在知要。若夫军民利病,政治阙失,明诏所司,直言无隐。况以言为职者林立于廷,必能为陛下次第陈之。惟兼听广纳,不以疏贱而或遗,不以拂逆而见拒,则宗社幸甚,生民幸甚!"帝温旨慰答,仍荫子正中书舍人。

嘉靖二年,诏有司存问。

五年,遣行人赍手敕即家起拜少傅、户部尚书、谨身殿大学士。时,迁年已七十九矣,力疾至京,未几即求去。而帝待迁厚,每天寒,免朝参;除夕,赐御制诗;郊祀,赐织锦大带。及以病告,则太医赐药饵,光禄致酒饩,使者相望于道,而迁竟以疾辞去。

十年,卒于家,年八十有三,谥文正。

迁器量弘达,而处事敏决,每中机要。大同边警,孝宗欲选京军驰援,迁曰:"京师固重于边。"健、东阳亦力言之,遂止,然警亦寻息。荆襄流民将为变,迁调旨随宜安集,附籍还乡,各从其愿。时附籍者众,编户约三十万。后其议中止,而余众复叛,其明审如此。

子㔶,乡试第一,登进士及第,历官吏部侍郎,赠礼部尚书。

李东阳,字宾之,先世茶陵人,以戍籍居京师。四岁,能作径尺大书。景帝召见甚喜,抱置膝上,赐珍果宝镪。

六岁、八岁,两召试讲《尚书》大义,命肄业京学。

年十八,举顺天乡试。天顺八年,成进士,选庶吉士,授编修,累迁侍讲学士,充东宫讲官。父丧,服阕,与修《宪宗实录》,迁左庶子。《实录》成,进太常寺少卿,掌翰林院事,充经筵日讲官。

弘治五年,旱灾求言。时,经筵方讲《孟子》,东阳引《孟子》中切君心治道者数条,附以时政得失,累数千言上之,帝称善。

以徐溥、刘健荐,进礼部右侍郎,典诰敕。

八年,进文渊阁大学士,参预机务。当是时,孝宗思更新庶政,徐溥、刘健相继柄国,东阳与谢迁同日登用。凡遇时政阙失,无不尽言极谏。东阳长于文辞,章奏起草,恒必属之。孝宗尝虚怀容纳,匡救为多,一时并称贤相。

十七年,重建阙里,庙成,奉命往祭。还,上言:"臣奉使远涉川陆,适遇亢旱,风霾屡作。天津一带夏麦枯死,秋种未播。曳缆之夫,身无完衣;荷锄之民,面有菜色。临清、安平,盗贼纵横,青州尤甚。南来人言淮阳诸府流亡载道,人至相食。江南浙东方数千里,户口消耗,军伍空虚,官库无旬日之储,俸粮有累月之逋。夫以东南财赋所出,一岁之饥已至于此。北地呰窳,素无积聚。今秋再歉,何以堪之?

"臣自非经过其地,则虽久处官曹,日理章疏,犹不得其详,况陛下九重之上耶?臣访之道路,询之官吏,皆言冗食太众,国用无经,差役频繁,科派重叠。京城修造,前后相仍。供役军士,财力交殚。每遇班操,宁死不赴。势家巨族,田连郡县。请乞不已,征求过度。亲王之国,供亿之费,每至二三十万。游手之徒,托名皇亲,附搭盐船,声言造店关津,网罗商税。国家建都于北,仰给东南,商贾惊散,大非细故。更有织造内官,纵使群小掊击闸河官吏,逐散鬻贩穷民,所在骚然,未易枚举。

"夫闾阎之情,郡县不得而知也;郡县之情,庙堂不得而知也;庙堂之情,九重不得而知也。是皆始于容隐,成于蒙蔽。容隐之端甚小,蒙蔽之祸甚深。臣请以所见喻之。节用,如闸河然,节一分则上有一分之益;广储,如蓄源然,积一分则下有一分之利。今公私交困,惟在圣心转移之间而已。

"臣在山东,伏闻陛下以灾异屡见,饬群臣尽言无讳。然诏旨频降,章疏毕陈,而事关贵戚,动为掣肘。累岁经时,俱见遏罢。诚恐今日所言,又为虚文。伏望采择,断在必行。"帝嘉叹,悉付所司。

因自劾求退,不许。

明年,孝宗不豫,与健、迁同受顾命。武宗即位,加少傅,兼太子太傅。帝好佚游,不亲政事,同健、迁力谏,章十余上多不见省。是时刘瑾等专政,号为"八党"。东阳与健、迁连章请诛瑾等。及户部尚书韩文率九卿伏阙上书,帝命中官陈宽等一日三至阁议,将安置瑾等于南京。健、迁力持必诛之,而东阳独无言,事具健传。东阳与健、迁乞归,瑾等以东阳不言为德,即帝亦厌健等,乃听其去,而以温旨留东阳。东阳耻独留,据案流涕,乞同罢,不许,寻加少师兼太子太师、吏部尚书,华盖殿大学士。

刘瑾益专权甚,焦芳入内阁,与之比,朝政益乱。东阳弥缝其间,外为随顺,时时有所补救。瑾方以威劫士大夫,尚宝卿崔璇、御史姚祥、主事张伟以奉使乘肩舆,为逻卒诬执,辄荷校东长安门,东阳力救。给事中安奎、御史张彧以纠弹失瑾意,亦荷校,东阳又力救。都御史杨一清以直道忤瑾,罗织逮系,东阳又力救。早朝有投匿名文书数瑾罪者,朝臣悉下诏狱,东阳又力救,乘间言于帝曰:"陛下励精图治,威令大行,中外臣民,罔不悚惧。但霜雪之后继以阳春,此天道也。今或以一时之失而穷数十年之远,以一事之错而累数十人之众。人才难得,伏望矜察。"帝不省,而瑾亦微衔东阳,摘其所修《通鉴纂要》中疵谬数条,及缮写不精者,讽言官劾东阳不敬。凡与事各官夺俸黜名者二十余人,东阳仅得不坐。

焦芳忌东阳位压己上,又其子黄中不得一甲,益憾之,日思所以中伤。而东阳与瑾深相结,每调旨先探瑾意,即瑾有奏,辄拟优答。瑾亦重其诗文。元明宫成,东阳为撰碑颂德,于是,与瑾相得甚欢。凡瑾所为刻核事,尝缓颊宽譬,杂以谐调,事往往得解。且被其德者以为委曲济事,保全善类,天下实受其福,而气节之士多薄之。南京吏部侍郎罗玘者,东阳门下士也,独上书东阳曰:"公竭忠尽诚，天下皆知。《易》曰：'不俟终日。'此言非与谓公当依依者，皆自为谋者也。百岁后公身集百诟，谁能解之？白首老生，受恩居多，当此不言，谁复言者？"因请削门生之籍，遂自致仕去。东阳得书，俯首长吁，至夜不能寐。累疏辞位不得，然居恒忆玘言，往往泣下。

瑾败，东阳言："臣备员禁近，与瑾事体相关。调旨撰敕，或被驳再三，或径自改窜，或持回私家，假手他人，或递出誊黄，逼令落稿。臣委曲匡持，期于少济，而因循隐忍，所损亦多。理应黜罢，夫复何言？"且请磨元明宫碑文，帝慰止之。

顷之，以置镐诛特进左柱国。荫一子尚宝司丞。奏言："天意昭回，圣心洞悟，奸阉屏除，罪藩斯得，臣请奉身以退。"不许。

河南寇平，论功赐赉，辞武荫，改文职。御使张芹言："东阳顾命大臣，方瑾乱政，降礼屈辱，遂使骄横，荼毒天下。今又冒受恩赏，虽善为身谋，如先帝之命何？"疏入，东阳持之而泣，帝夺芹俸以慰之。

帝虽事游嬉，终以东阳先朝老臣，体貌颇优，东阳亦时时为正言。有旨增修豹房，禁内建立佛寺，东阳言："此举上累圣德，无以垂示将来。"中官谷大用辞免西厂，复命提督官校缉访讹言。东阳言："讹言禁之足矣，更增官校，徒滋惊疑。且大用既免骤复，恐损政体。"最后，帝虽不尽听，然优诏答之。

帝用近侍言，欲调宣府边军三千入卫，而以京军更番戍边。东阳力持不可。比差可。时，大臣台谏，皆以为言。中官旁午索诏，帝坐乾清宫门，必欲今夕属草。东阳极言不便者十，且曰："府部科道皆称不便，岂臣辅导之地，独敢误国？"帝不听。明日，旨从内降，东阳乃请休致，诏许之，犹赐敕褒谕，令有司时加存问，月廪岁隶如例。子兆先，有文名，早卒，荫侄兆延为中书舍人。

又四年卒，赠太师，谥文正。东阳慧悟夙成，文章遍天下。朝廷诏令典册，多出其手。数典文衡，程式为时所重。工篆隶，尤娴乐府。好推挽才俊，一时名士群出其门。朝罢讲艺谈文，吐纳风流，而稍近通脱。东阳之病也，杨一清视之。东阳曰："身后事敢以相累。"一清曰："本朝无谥文正者，请用以奉公。"东阳自床上顿首曰："荷公厚意。"后竟得之，故人以为溢美云。

论曰：孝宗之世最多名臣。内阁五人，溥以宽和著，濬以博综闻。虽各有所短，皆称贤焉，未可执一而论也。健、迁正色直道，謇謇匪躬。阉竖乱政，秉义固诤，确乎其不可拔，庶几古大臣风烈。说者谓申屠嘉之于邓通，韩琦之于任守忠，皆能伸威庙堂，决策呼吸，似非健、迁所能及。然自太祖废丞相，阁臣权微，与汉宋迥异。而阉竖盘结根深，武宗溺于宴佚，欲以力争，而诛其左右之近习亦已难矣！使因群阉之请谪之南京，俾离左右，不至蛊惑君心，或可从容得志。而几事不密，遂令奸邪得以抵隙示恩，垂成而败，可为痛惜！要之刚直之节，始终不渝。事君之道，健、迁无愧焉。两朝章疏载其大者，庶后有所考。东阳依违固宠，晚节不振。若当时一言相助，并出都门，何至独蒙垢厉乎？

<small>如此大篇，约而该，详而不秽，良史才也。论尤名通。</small>

王恕、倪岳、马文升、许进列传

王恕，字宗贯，三原人。正统十三年进士，改翰林院庶吉士。翰林以治古文辞为业，而恕为学专以明体达用，本之经术，以究极当世之务，以是不得留。出为大理寺左评事，迁左寺副。<small>当时翰林</small>

之选已异于永乐时如此。条上刑罚之不中者六事,议行之。

景泰五年,迁扬州知府。值岁饥,请赈于朝,不待报,即发仓粟赈之。作资政书院,教郡子弟,延文学行谊之士为之师,士风兴起。

天顺四年,以考最超迁江西右布政使。岭寇犯赣州,奉檄讨平之,转河南为左。

成化元年,擢都察院右副都御史,抚治南阳、荆襄。诸府地险狭,秦楚之流民萃焉。矿盗亦不时起。军府初立,事多草创,恕次第经画,境内以安。奔母丧,两月盗复起,诏还任,至则盗并解散。刘千斤之乱,总兵官朱永既平贼,欲纵兵俘馘以邀功。恕不可,下令曰:"擅杀者死!"众肃然莫敢犯。因榜谕流民,各使复业,民建祠绘像事之。乞终制,不许。

四年,改巡抚河南,进左副都御史。时大水,赈灾均赋,民无流移。

七年,迁南京刑部右侍郎。复奔父丧。服除,以原官治漕河。浚高邮、邵伯诸湖,修雷公上下句城、陈公四塘水闸。上言:"自京师抵扬州,南北三千余里,水旱频仍,民皆艰食。乃三月甲午,山东昼晦,灾谴非常,乞命廷臣讲求弭灾恤患之策。"帝为给复山东一年。

九年,迁南京户部左侍郎。

十二年,改左副都御史,巡抚云南。时,朝议以云南在万里外,地接交南,而镇守中官横甚,欲借恕弹压。恕心知所谓,单车携二僮往。是时,镇守太监钱能遣其麾下指挥郭景等以玉带、龙衣、吴装玩好,驰驿谒安南王黎灏,灏报以生金、通犀、象齿,数往来互市。又遣指挥庐安、苏本、百户杨能,与千崖、孟密诸司交通。恕皆廉得之,遣骑执景,景惧,自杀。系安等于狱,悉籍其赀。因露章劾能私通外国,罪当死。能又遣使乘驿进黄鹦鹉,恕上言:"明王不贵远物,今万里劳人,贡一羽族,恐天下有以窥上意。"因尽发能贪黩暴横状,且言:"昔交趾以镇守非人,致一方陷没,腾冲启衅,致麓川叛逆。今日之事,殆又甚焉。"帝为感动,诏能还,安置南京,而付安等九人于理。当是时,安南王灏潜遣人入临安市生铜,铸兵器,欲乘间袭滇微恕,事且不测。明年,进右都御史。

又明年,召还,掌南京都察院事。恕在云南九阅月,疏数十上。黔公诸大帅以及土酋皆惴惴奉三尺。往返仅衣、书一橐而已。

十五年,进南京兵部尚书,参赞机务。未几,以原官兼右副都御史,巡抚南畿。南畿诸郡赋役繁重,有司收纳率多羡入,请严禁革。光禄寺岁供白粲概及庖人贱工,请稍裁损。又织造缯彩,贡献花木禽鸟,供亿频数,民不堪扰。上言:"古之明王有投珠抵璧,却千里马,焚雉头裘者,非不知珍玩之可爱,恐因而妨政事,失人心耳。愿陛下崇恭俭为天下先,召还织造官。明敕中外,无献珍玩奇货。生民幸甚!"皆报可。

应天、镇江、太平、宁国、广德官田税重,奏减耗米十余万石,以常州羡米补夏税六万石,及诸府户口盐钞六百万贯。各郡水灾,奏免秋粮六十余万。而周行赈贷,全活者至二百余万人。

太监杜福以中旨下常州,取截江网及刻丝观音罗汉,恕又上言:"帝王之学有要,典谟训诰,及无逸旅獒。上不之取,而取截江网者,何琐琐也。佛像外道,不足污清览。"

又太监王敬挟千户王臣以妖术取中旨,乘传至江南收市图籍珍玩,因而张皇声势,搜括民间财宝,人心汹汹。恕上言:"当此凶岁,谓宜遣使赈济,而乃横索玩好。昔唐太宗遣使讽梁州献名鹰,明皇令益州织半臂褙子,进琵琶捍拨、镂牙合子等物,苏颋不奉诏,臣何敢不勉力效之?"因尽列敬等罪状,敬亦诬奏恕。会中官尚铭亦发敬奸状,帝乃下敬诏狱,并其党十九人皆谪戍。而枭王臣首于市,远近称快。论者谓南畿自设巡抚以来,前有周忱,后有恕。忱官十八载,恕未及其半。忱善调物情,而恕刚方,为权幸所嫉,忱易而恕尤难也。

二十年,复改南京兵部尚书。时钱能复守备南京,语人曰:"王公,天人也,吾惟有敬事而已。"恕察其少自敛抑,坦怀待之。

寻,以年至乞休,不许。秩满,加太子少保。

会刑部员外郎林俊论中官梁方与妖僧继晓比而请帑造寺,宜正其罪,忤旨,下诏狱。都督府经历张黼救之,亦下狱。恕言:"京师祀天地止一坛,享祖宗止一庙,而奉佛多至千余寺。一寺立而移民居者且百家,费内帑者且数十万,此舛也。俊言当不宜罪。"会星变,还俊等官。然帝不能无嗛,而恕益侃侃,论列无少避,天下争倾慕之。遇朝事有所不可,必曰:"王公胡不言也?"则又曰:"公疏且至矣!"已而,恕疏果至。至为谣曰:"两京十二部,独有一王恕。"于是,恕直声震天下。贵近皆侧目,而帝愈心厌之。

二十二年,以起用传奉官,恕上言:"政令失信!"语尤切直。俄有旨,削宫保致仕。恕既去,名益高,主事王纯言恕社稷大臣,朝著无与比,不可使去。帝怒,贬之。廷臣相继推荐,皆不报。

孝宗立,召为吏部尚书,仍加太子太保。言官交章言恕贤且老,不当任剧职,宜置内阁备顾问。帝曰:"朕用蹇义、王直故事,官恕吏部。谋议无所不听,何必内阁也?"恕既受命,益以天下事自任。帝于东宫旧侍多所登进,又赐服色庄田,恕争之力,帝罥辞以报。南京守备太监蒋琮与御史姜绾相讦,诏谪绾而琮独留。恕言不可示天下以私。徽王见沛,乞归德州田,已得旨,恕言:"王国之懿亲,不当争尺寸地,使小民失业,宜收成命。"赐书谕王。寿宁伯张峦请勋号诰券,恕言:"钱、王两太后正位中宫数十年,钱承宗、王源始邀封爵。今皇后立甫三年,峦已封伯,又遽有此请,恐累圣德,不可许。"通政司经历高禄,峦妹婿也,超迁本司参议,恕又言:"禄历官未久,骤迁美秩，无以服天下心。愿陛下以天下之官待天下之士，勿私贵戚，勿妨公议。"帝多听从。两广都御史秦纮劾安远侯柳景不法，而为景所诬，与俱罢。恕言："纮不当罢！"卒奏起为户部尚书。

恕知无不言，有不合，即引疾求退。帝尝温旨慰留，而大学士刘吉深嫉之。凡有奏请，必加沮抑。恕以不得其职，屡乞骸骨，帝辄巽辞报谢。遇大风雨雪，皆令免朝。岁时珍鲜金绮之赐，与阁臣埒。

无何，吉罢，复与大学士邱濬相左。六年，考察朝觐官，恕奏黜而濬调旨留之者七十余人。恕因求罢不许，有刘文泰者，太医院判，以求迁官为恕所阻，内衔恕，故往来濬家。知濬忮恕，因奏恕里居日嘱人作传，镂板行之。于疏草留中者概曰不报，彰先帝拒谏之失，无人臣礼。恕自理言："臣传作于成化二十年，致仕在二十二年，此非有望于先帝者。且传中所载，皆足以昭先帝纳谏之美，何名彰过？文泰无赖小人，逞此机深文巧之辞，必有老于文学而多阴谋者主之，乞赐廷鞫，以正法纪。"遂下文泰狱，狱具，词连濬，谓疏中"沽直谤君"四字出濬意。帝贬文泰官，责恕沽名，令焚其传草，而置濬不问。恕以是求去益力，遂听驰驿归。又二年，濬卒，文泰往吊，濬夫人叱之出，曰："以若故，使我公龁王公，负天下不义名，何吊为？"闻者快之。

恕晚亦究心学问，士大夫问业者日至其门。正德初，遣行人赍手敕存问，复上言国家大政数事。又三年卒，年九十三。卒之日，有风雷白气之异，赠特进、左柱国、太师，谥端毅。

恕扬历中外五十余年，始终无一疵玷，天下称名臣者必首恕。一时如彭韶、张悦、周经、耿裕、何乔新、倪岳之徒，悉引置至大寮，王徽、黄仲昭、贺钦等皆被荐用。弘治十余年间，众正盈朝，职业修理，号为极盛者，恕之力也。

恕五子十三孙，多贤且显。少子承裕，字天宇，幼时著《太极动静图说》,为人传诵。始婚,自著《婚礼用中》,呈父恕择用之。

年二十余领乡荐。弘治六年,成进士。恕尝问蔡清:"今学者满天下,何故人才难得?"清言:"固有由也。上之人养之者未尽其道,下之人又售之急。名论!士人不可不存此于心。既已得官,或无暇于学,或自谓无用学矣。识见既卑,践履必薄,规为必粗,虽有美质,安能成材乎?"恕深然之。会恕致政,即令承裕告归侍养,授徒于弘道书院者十余年。

正德初,始除兵科给事中,以言事忤刘瑾,罚米三百石输边。

父丧,归。起故官,迁太仆少卿,累进户部侍郎。

嘉靖元年,拜南京户部尚书。在部二岁,清逋税一百七十万石,积羡银四万八千余两,人称其干济。世宗手书"清平正直"褒之。

致仕,卒,谥康僖。人谓能继父业,如范忠宣于文正云。

倪岳,字舜咨,尚书谦长子也。谦尝奉诏祀北岳,因祈子于神。母姚夜梦绯袍神入室,寤而岳生,故名之曰岳。举天顺八年进士,入翰林为编修。

成化中,进侍读,充经筵讲官。久之,进学士,擢礼部右侍郎,寻转左。

岳为人环玮秀异,目光炯炯,望之若神人。然自少文章敏捷,居官益博综经术,贯穿经世之学。每大廷集议,辄慷慨极论。一切军国便宜,多所参定。又长于奏疏,操笔数千言,会文切理,无不舂容条畅,善启人主意。既佐礼部,是时耿裕方为尚书,常称疾在告。惟以方正持大体,诸若礼文制度,率皆待岳而决。

弘治改元,宪宗祔庙议起。议者咸谓太祖为不迁之祖,德、懿、僖、仁四庙,以次当祧。岳言:"是知尊太祖,而未知太祖之尊其祖也。国家自德祖而上,莫推其世,则德祖比周之后稷,其不可祧也明甚。懿、僖、仁三祖当祧，今宜祧懿祖一庙，别于寝庙后建藏祧，所以效古夹室之制。每岁暮奉祧主合享，以备古大祫之制礼也。"议者又谓孝穆皇后当祔庙者，岳言："周姜嫄为帝喾次妃，后稷之母，故周礼有享。先妣乐舞，盖指姜嫄。而《鲁颂·閟宫》之诗，特见其名，此别庙之证。且唐宋以来，皆有故事可考。"又有欲改孔庙从祀诸儒及七十二子者，岳言："马融、王弼之徒，立身不无贬议。然秦汉以来，六经出于煨烬，赖诸儒各抱遗经，专门授受，故得复存。自唐之注疏，咸加祖述，迄今引用尚多，何可尽废？至于七十二子名字，相沿已久。生二千余年之后，安敢臆定？"诏悉从其议。

诸疏皆岳所具草也。会灾异求言，岳与裕合疏陈七事，已又独陈八事。大率讽上躬节俭以先天下，言："四方奢靡成俗，财匮民穷，惟从上所好而已。且天下之土地有限，而宗室之分封益增，后将何以继之？是宜以时减杀。比岁额外设官多滥，凡所供亿，皆出于民，民安得不困？亦宜以时裁革。"其言虽不尽用，然公卿间率推重岳，与王恕、马文升、刘大夏三人者齐名朝廷，帝亦深器其才，有意大用之矣。于是，遂代裕为尚书。

又数劝上勤讲学，开言路，黜奸贪，进忠直，止无功之赏，停不急之役。贾胡邀利，以奇兽献者，不可受；番僧惑世，以异术售者，不可进。

故事，岁终类上四方所奏灾异，具义而已，岳必详次。其月日博引经史为据，言甚恳至，冀以感动帝心，帝颇嘉纳焉。调南京吏部，改兵部，参赞机务。召为吏部尚书，益以进退人才为己任，干请皆遏不行。或谓岳别白太过，且召怨，岳笑曰："吾职当如是耳，他非所恤也。"

同官中尤推逊马文升，然论事不肯苟阿。文升尝言："方今财用大耗，惟苏、松折粮银价可稍增，以储国费。"岳曰："东南民力已竭,顾复重之,万一有意外变,谁任其咎?"事乃止。

十四年,卒于官,赠少保,谥文毅。

岳前后所上奏疏甚夥。其在南京,论西北用兵利病,略曰:"近岁毛里孩、阿罗忽、孛罗出、乜思加兰大为边患,盖缘河套之中,水草甘肥,易于屯札。腹里之地,道路旷远,难于守御,是以辖榆林者若孤山、安塞、安边、定边诸路,辖宁夏者若花马池、兴武诸路,皆其入寇之所。迤东则延安、绥德、鄜州诸路,迤西则环庆、平凉、固原诸路,皆其肆掠之所,拥众长驱,远逾千里,近不下数十百里。诸将或婴城自守,或拥兵自卫,轻佻者挫衄,怯懦者退藏,既不能折其前锋,又不能邀其归路。敌进获重利,退无后忧,以致兵势不辑,边患靡宁。四年三举,绝无寸功。或高卧而归,或安行以返,析圭担爵,优游朝行。辇帛舆金,充牣私室。且其军旅一动,辄报捷音,赐予滥施,官秩轻授。甚至妄杀被掠平民,捏称首级。凡功籍所载,赏格所加者,非私家之子弟,即权门之厮养。而骨委战尘,血膏草野者,非什伍之卒,即转饷之民。天怒人怨,祸机日深,非细故也。

"京营素号冗怯,此宜留镇京师,以壮根本。顾乃轻于出御,用亵天威。延绥边也,去京师远;宣府、大同,亦边也,去京师近。彼有门庭之喻,此无陛楯之严,可乎?顷兵部建议遂于宣府出兵五千,大同出兵一万,并力以援延绥,而不虑其相去既远,往返不逮,人心厌于转移,马力疲于奔轶。况乎声东击西者,敌人之奸态也;捣虚批亢者,兵家之长策也。精锐既尽乎西,老弱乃留于北,万一北或有警,而西未可离,首尾冲决,远近坐困,其谓为得策乎?

"至于延绥兵马屯集,军饷不赀,乃以山西、河南之民任飞刍转粟之役。仰关西向,徒步千里,夫运而妻供,父挽而子荷,道路愁怨,井落空虚。幸而至也,束刍百钱,斗粟倍直。不幸遇贼,身已毙矣。输将不足,则有轻赍。轻赍不足,又有预征。水旱不可先知,丰歉未能逆卜,如之何?其可预征也。甚不得已,令民输刍粟以补官。然媚权贵私亲故者,或出空牒以授之,而仓庚无升合之入。

"又令民输刍粟以给盐,然恃豪右专请托者率占虚名而鬻之,而商贾费倍蓰之利,官级日滥,盐法日沮,而边储之不充如故也。

"又朝廷出帑藏以给边者,岁为银数十万。山西、河南之民输轻赍于边者,岁亦不下数十万。银日积而多,则银益贱;粟日散而少,则粟益贵。不知者以茶盐银布名为准折粮价,实则侵克军需。故朝廷有縻廪之虞,军士无鼓腹之乐。至于兵马所经,例须应付。居平人日米一升,马日刍一束,追逐一日之间,或一二堡,或三四城,岂能俱给哉?而典守者阴怀窃攘之计,巧为影射之谋。凡其所经,悉有开支,背公行私,罔上病下,莫此为甚。"

又曰:"举朝论议纷纭不一。其有怀敌忾之心,驰夷吾之志者,率谓统十万之众,裹半月之粮,奋武扬威,足使河套一空。计非不善也,然帝王之兵,以全取胜;孙吴之法,以逸待劳。今欲鼓勇前行,穷搜远击,乘危履险,侥幸万一。赢粮远随,则重不及事;提兵深入,则孤不可援。且其间地方千里,绵亘无际,既无城郭之居,亦无委积之守。情见势屈,为敌所乘。失坐胜之机,蹈覆没之辙必矣!复有欲图大举,以建奇功者,谓必尽除朵颜诸卫,乘胜而西,遂平河套。夫祖宗之于诸卫也,不过羁縻保塞,以固吾圉耳。今设若是,将使藩篱顿坏,边衅益多。妄挑祸患,是为无策。或又谓昔之东胜不可守,既已弃东胜矣;今之延绥不易守,莫若并弃延绥,则兵民可以息肩,关陕得以安枕。夫一民尺土,皆受之于天于祖宗,不可忽也。向失东胜,故今日之害萃于延绥,而关陕骚动;今弃延绥,则异日之害钟于关陕,而京师震惊。贼逾近而莫支,祸逾大而难救,夫亦谋国之谬者矣!"

遂条备边五事。其一为复边漕,略曰:今关陕所需,皆山西、河南所给。三方俱近黄河,中间虽有三门、析津、龙门之险,然昔汉唐粮饷由此而通。即今盐艘木筏,往来无滞。且以今户部所计山右米豆,必令运贮潼关卫及陕州诸仓。诸州卫地皆滨河,可通舟楫。倘踵故迹而行,以省陆用之费,公私之利,奚啻万万也。况方今河道当潼关北数十里,接连渭河,可通陕西及凤翔、巩昌。渭河西流十里,接连洛河,可通延安及北上源以达边堡。又西流三百余里,接连泾河,可通庆阳。且龙门之上旧有小河径通延绥,加以修浚,必可行舟。此宜命水部诸臣示以必行之意,相度地形,访求故迹,某处可以水运,某处避险可以陆运,某处可设仓以备倒运,某处可造舟以备装运,悉疏通而导涤之,毋惮一时之劳,而失永远之利。不但三方之困获纾,虽远方之物,不难致矣。

岳之立论详尽,切于世用,皆此类也。所著有《青溪漫稿》六十卷。明代父子为学士翰林,得并谥文,自岳父子始。文集并传,自王忠文而后再见云。

岳无子,以弟皋之子霖为后,官至澄江知府,有惠政。

霖子民悦,蕲水知县,民悦子翰儒,寻甸知府,皆以文章世其家。

马文升,字负图,钧州人。貌环奇,多膂力。幼与群儿戏,十数为群,角之靡不仆。

登景泰二年进士,授监察御史,历按山西、湖广,还,领全台章奏。

遭母丧,服除,超迁福建按察使。

成化元年,进南京大理寺卿,遭父丧。

四年,固原满四劫其从子、指挥玚据石城以叛,陕西巡抚、都御史陈介讨之,败绩,逮下诏狱。即家起文升为右副都御史,代为巡抚,佐总督项忠,率诸军讨之。文升急驰传至陕时,项忠兵已发,则简卒乘,申约束,通转饷,五日而驰至军,与项忠会。贼来与战,杀伤相当。而伏羌伯毛忠轻敌先登,中流矢死,军稍引却。文升率麾下为后继,且令斩先退者,军始定。

既而,知贼城中无水,刍粟渐匮,乃断其樵汲路。贼稍稍困,诈请降,项忠与总兵刘玉轻骑往,未得要领。文升复继之,遂挟珷以归,满四益坚守。石城外濠深十丈,不可攻。文升令军士人负一土囊填濠,濠平,大设攻具,贼甚惧,降者日众,诱满四执之。贼平,诣固原召谕父老,奏复三年。选锐卒千人从军,而移珷于西安左卫,复其故官。西人皆悦,不复叛。以功进左副都御史。

会汉中李胡子、潼关火蝎儿、蒲城王彪肆起劫掠,悉捕灭之。歼西固番族之不即命者三十余曹。

临洮、巩昌饥,转粟赈给,全活以万计。

修茶政,易番马八千有奇,边骑充斥。

进提督甘、凉、宁夏三镇军务。临巩寇警,文升遣兵逐之至黑水口,俘其平章迭列孙。寇复掠韦州,深入好水川,文升复破之于汤羊岭,斩首二百,名其岭得胜坡。岷州番叛,发精骑五千至细草滩,获其渠首,西鄙以宁。文升军功甚盛,奏捷不为夸张。中亦无主之者,故大者仅赍金帛,小者报闻而已。

十一年,入为兵部右侍郎。明年,出总辽东军务,制五花营、八阵图训士。还,进左侍郎,加俸一级。

文升既去,陈钺代为巡抚。钺为人贪而险,好诇将吏小罪,辄罚马而释之,由是马价踊贵,而将士益无所顾忌。文升上言边政,因及之钺,以是嗛文升。钺无才略,不能抚辑诸边卫。于是,海西及建州三卫皆叛。十四年正月入寇,钺不能拒。适僧格等十八族贡使至抚顺,钺方谋所以自解,乃置之狱,而夜掩屠其族殆尽,更奏捣巢捷。于是诸卫益愤，大掠不可御。中官汪直欲自往定之，宪宗令中官怀恩诣内阁，会兵部议。尚书余子俊曰："屠贡使何以弭衅？"或言以大官饵之，文升曰："此何足释怨？宋李继迁事可鉴也。"恩曰："然！则遣大臣偕译使往抚耳。"其意欲以阻汪直。而文升疾应曰："善！"

怀恩入言于帝，即命文升偕通事詹升往。直闻之，已不能无憾，乃令其私人王英与俱，文升又谢绝之。疾驰至镇，宣玺书抚慰被屠家，赐以布粟。而海西与三卫亦来听抚，文升察其意多诈，乃具言其状，而伏兵为备。越数日，果引兵入，伏发，斩俘数千。酋长惧而乞降，文升请于朝，得袭官者十余人，事遂定。

而汪直欲自以为功，仍统兵至开元。文升语之曰："事幸定矣！"直不怿。文升又与之抗礼，奴①视其左右，落落无所馈遗，直益怒。而陈钺则戎装远迓，饬厨传盛供帐。更易青衣私见直，叩头为便辟状。复贿其仆从。直大喜，钺复乘间毁文升，直既怒文升，遂与钺日夜谋所以倾之，然无以发也。

文升还，赐牢醴，视事如故。而辽东守臣以失事闻，诏逮都督欧信等至，以直故久未讯。会直往河南，遂下信等狱。直归，怒甚，请与定西侯蒋琬、刑部尚书林聪往勘，狱遂解。而钺赂直倾文升益急，直还，遂密奏文升在镇禁易农器，使海西人不得耕，故叛。帝颇信之，于是，复遣直偕聪往勘。文升所禁者实铁器，非农器也，而聪竟不敢异，遂下文升锦衣狱，谪戍重庆卫，天下闻而冤之。

直遂与钺大发兵讨海西，耗费无算。久之，直败，诏复文升官。

十九年，起左副都御史，复巡抚辽东。士卒闻之皆鼓舞。文升至是凡三渡辽，辽人益讴思之。

亡何，进右都御史，总督漕运，兼巡抚淮扬。岁旱，文升预留江南粮二十万石，舟费十万金，免一切采办，悉力赈恤，民无流殍。

召入为兵部尚书。文升念天下方困于兵,思与民休息。贵州都匀苗叛,守臣请合三镇兵讨之,文升持不可,惟请遣官勘处而已,卒无事。

时,方士李孜省用事,病其刚直,乘间挤之,以中旨调南京。而即家起余子俊代之。

孝宗在东宫,雅闻文升名。及即位,既罢遣李孜省等,乃召文升为左都御史。陛见,赐绯衣。文升感殊遇,益自奋励。帝躬耕藉田,既宴,教坊以杂伎进,出狎语。文升正色曰:"汝曹第陈农家作苦,使新天子知稼穑艰难而已,狎语何为?"即斥去。

御史纠仪下狱,文升言:"陛下即位之初,不宜辄罪言官。"遂得释。

又上时政十五事,皆凿凿中时宜,帝悉报可,次第施行之。

遇水旱灾异,随事匡救,中外倚以为重。尤留心边计,请严甘、凉守御,逐部落之牧河套者。寻命提督十二团营,掌院事如故。未几,子俊卒,复为兵部尚书。

时,京师大水,陈时政十余事,语多侵贵幸。而严核六军诸校,黜其贪懦者三十余人,于是多怨文升。或夜持弓矢伺其门,或作谤书射入东长安门内。赖帝知文升深,下诏锦衣卫大索。而给文升骑士十二,出入为卫。文升因乞休,优诏不许。

属文升有小疾。而小王子以数万骑牧大同,塞下势汹汹。帝使中官挟医视疾,因问计。文升谓:"小王子方败于他部,势已绌,无能为也。请密为之备,而声言逼之。"小王子果徙去。有伪为小王子书求贡者,文升曰:"诈也。"既而,小王子果别有书来,人服其识。

安南侵夺占城五州地,诏勒还之,不肯听。会二国各入贡,文升请面折于廷,因喻以恩威利害,安南词服,卒还其侵地。

广西土司岑钦与从子溥相仇杀,守臣欲讨之,文升不许,第令腾书戒饬，已皆纳款请罪。

其持重识机宜皆类此。

遭继母丧，手诏起复。文升力请终制，不许。累进太子太保。

疏陈赋役之弊，谓四方灾异，皆由于此。帝为恻然，下所司议所以纾民者。

先是土鲁番锁檀阿力擒哈密王母，夺其金印。久之锁檀阿力死，其子阿黑麻以金印哈密来归。文升谓哈密不靖，恐为甘肃忧，求得元后陕巴立之，复为阿黑麻所卤。文升请执阿黑麻贡使在京师者流闽广，而荐都御史许进抚甘肃，欲用汉陈汤故事，遣将袭斩之。进与副将彭清乘夜直抵哈密，阿黑麻惧，乃上书谢罪，而归陕巴及金印，文升亦奏还其贡使，而哈密复。语具进传。

十三年，火筛寇大同，烽火达京师，帝召诸大臣入对便殿。文升荐保国公朱晖等练兵为备，更遣许进、陈锐率师出宣大御之，火筛寻退。

文升外扬国威，内杜幸萌，凡关大体切机要者，尽思极虑，谔谔无所避。皇太子出阁，文升颇闻太子好佚游，上言："太子，国之储贰，天下根本，宜择老成纯谨之士以资启沃，不宜杂以浮薄之流，亏损圣德。"帝深感之，乃用谕德王鏊等十余人为讲官。

有旨，授画工张玘等二十七人为锦衣千户。文升言："此先朝弊孔，赖陛下窒之，今复启之耶？且无功而冒军职，使边将解体。"江南岁祲，有司请募民入粟，授以指挥等官，文升复言："指挥为武臣要职，不可。"帝皆为停止。清宁宫灾，诏议更作，文升言："团营军困于役，楚蜀连年灾祲，不胜采办。今三厂储木可材，太仆寺马惜薪司薪收其价，可以佐。费不足，则幸发内帑继之，工可就。"帝从其言，故工成而公私不告匮。十四年，陕西地震，请停斋醮，罢传奉，撤织造绒褐中官，赈恤死伤之家，皆优诏从之。

文升虽为兵部,而国家事有当言者无不尽言,未尝以职守拘如此。

最后,复上安边十二事,累数千言,其设总制大臣,裁内官冗员,帝颇难之。文升数争执,卒不果行。

先是吏部尚书缺,廷推文升,而都御史屠滽越次得之。文升颇不平,滽乃阳为退逊班其下。及滽致仕,又廷推文升,而言官乃言文升才宜司马,不当迁,复以倪岳代滽,而特加文升少傅以慰之。至是岳卒,文升始拜吏部尚书,寻加太子太傅。

十七年,当大计天下吏,帝召文升至暖阁,谕以大彰黜陟,以副委任,文升顿首谢。时年已老,艰步履,命中官掖之下阶,于是,罢不职官二千余人。至考察京官,而给事中吴蕣、王盖自以躁妄当斥,因先诬论文升及都御史戴珊,欲两持以解。文升曰:"安可市名而废法乎?"悉署去之,人无间言。

满九载,加少师,兼太子太师。

时,风雨坏南京、凤阳诸陵庙,文升因悉考天下灾异上之,而条修省十余事,皆优诏嘉纳。

始,文升为都御史时,王恕在吏部,二人皆知无不言。恕切直而文升练达,每一疏出,天下争相传诵。及恕去,人望皆归文升。太监李广挟左道贵幸,朝士多趋其门。及败,弹章满阙下,公卿无得免者,独不能及文升。以此公卿益严事之,而天子凭仟益专。洎为吏部,年八十,每朝见,修髯长眉,衣冠甚伟,任事未尝少衰。孝宗崩,梓宫出德胜门,文升徒步号哭二十余里,自谓知遇之隆,不足报称云。

武宗立,吉凶典礼计费二百万。户部至议裁诸王赐例及借公庄田租课,文升言:"新主嗣位,恩未下而先夺之,非礼也。"预籍诸布政司及大郡帑积数,请使进之,得数百万,不搜括而用足。

弘治中，天子最慎名器，然传升者犹七百六十三人，文升悉奏革之。又请籍宁晋、河间、静海皇庄地，悉以予民。而收其赋为太后两宫费，因革中官之主皇庄者。

中官王瑞以大婚礼器篆刻番字，应用儒士李鼎等七人。已得旨，文升力持之，曰："此曹皆昔考察无行，今复用之，何以杜幸门？"乃别选八人以进。而给事中安奎因刺得瑞纳贿状，劾之，瑞恚，诬文升抗旨。更下廷臣议，皆如文升言。

文升因乞归，不许。

当是时，朝政已移于中官，而文升在位久，左侍郎焦芳觊文升位欲夺之。会两广总督缺，文升推兵部侍郎熊绣，绣怏怏不欲行，乃讽御史何天惧劾文升衰老，不任职，文升力求致仕。先后二十一疏，许之。芳与刘瑾善，遂代文升为吏部尚书。

文升之归，人主尚优礼之，赐玺书、宝钞、锦彩，乘传以行。给月廪岁隶，倾都供张送之。居三年，而焦芳构于瑾，坐荐许进及雍泰，指为朋党，削秩。寻卒，年八十五。瑾诛，始复官，赠太傅，谥端肃。

文升立朝五十余年，思虑精深，博通故实，文武兼资，尤长于应变。功在边镇，外国皆闻其名。尤重气节，励廉隅。子总以乡贡士，待选吏部。文升使请外，曰："必大臣子而京秩，谁当外者？"其介操如此。

没后逾年，而河北盗赵燧等流剽河南，至禹州，以文升家在焉，舍之去。

文升虽贵且老，好学不倦。所著有《西征石城》、《兴复哈密》、《抚安辽东》三记，奏议数十卷。

嘉靖初，加赠特进、左柱国、太师。

校记

① "奴"疑为"怒"字误。

许进,字季升,灵宝人。成化二年进士,除监察御史,巡按甘肃、山东,皆有声。还京,劾都御史陈钺,救御史强珍,坐夺俸。

有道士以黄白术干兴宁伯李震不遂,走诉于汪直,诬以谋反,逮震及家属下锦衣狱锻炼之。廷臣皆知其冤,畏直莫敢言。进独发道士奸状,乃磔道士而释震。直怒,欲中伤,无所得,摘他疏中诖字奏之,杖几殆。

满三考,迁山东按察副使,监乡试。有欲私势家子弟者,进厉声曰:"天下公道尽废,幸此事存,若尔是无事不坏也!"东昌有武人子怀金,挟一生饮酒家。是夜,武人子被杀,无主名,有司捕生拷讯,生自诬服。进疑之,私念必酒家所为,悉拘县中贾客,验其私历。于杀人之次日见酒家易布数匹,一鞫而伏,乃释生。

弘治元年,迁广西按察使,寻擢佥都御史,巡抚大同。小王子、瓦剌二族闻进威名,来修贡职。当是时,大同士马强,军容严整。而进沉毅果敢,倏忽应变,具合机宜。以故每贡多者三千人,少者二千。至关皆下马脱弓矢,入馆俯首听命而不敢哗。

代藩诸郡王多恣横,与巡抚通馈遗,干没刍饷。进一切持以法无所假。武邑王聪沐不法,奏黜为庶人,诸宗室由是惮进。

已而,劾太监石岩贪暴,岩亦指进擅用帑帜,贬兖州知府。抵任,更为宽平,不复如向时。或问其故,进曰:"昔为法司,今则郡有司耳,何可同?"

七年,迁陕西按察使。明年,吐鲁番阿黑麻劫忠顺王陕巴,而使其将牙兰据哈密。牙兰机警有谋,力能并开六弓,夜宿常十徙,常轻中国。兵部尚书马文升既奏执其贡使,以为办此事非进不可,乃荐为佥都御史,巡抚甘肃。进既至,谋潜师袭取哈密城,诸将皆难之。进曰:"蕞尔小丑,敢陆梁如此者,谓我不敢深入耳!堂堂天朝,不能发一镞塞外,何以威远夷?吾非贪功,以雪耻也。"总兵刘宁力赞之,乃结赤斤、罕东为援,而厚抚哈密遗族居苦峪者。又连和小列秃部落,使断吐鲁番东援牙兰之路。筹画既定,十一月调集番汉军出嘉峪关,命副将彭清为前锋,进、宁与镇守太监陆訚统大军继之。越八日,诸军俱会于羽集乜川。薄暮大风扬沙,军士寒栗,僵卧马下。进出帐外劳军,闻异鸟悲鸣,将士或泣下沾衣,进曰:"男儿报国,死沙场幸矣,何泣为?"将士皆感奋。夜半,风止雨雪,冒雪兼程而进。又六日,侵晨奄至哈密城下。四面攻之,贼悉力拒战。自寅至辰,贼气渐衰。我师呼噪并进,凿城为坎,蚁附而登,贼众大溃,退保土剌。

土剌者,华言大台也。诸军既入城,复战于土剌下,斩首六十余级,获陕巴妻女及马牛羊二千有奇。牙兰乘间逸去,余众逃匿山谷,惟土剌守者将千人。诸军发炮石攻之,死者复百十人,犹未下。问其俘,则皆哈密人为牙兰所劫者,进乃传令勿攻。宁附进耳,谓之曰:"斩此八百人,可得封侯!"进不可,遣使谕降之,即下。于是,探牙兰所向,分守要害,而疏请怀辑、罕东诸国藉以为援,散叶鲁番党与以孤其势,遂班师还。事闻,升进右副都御史,余各升赏有差。

越二年,阿黑麻遣使上书谢罪,以陕巴及金印来归。西域遂定,进之力也。

明年,改抚陕西。继张敷华之后,因其旧加整齐焉,关陇称治。十年,召为户部右侍郎。外戚夺河间民田,进覆核归之民。

十三年,火筛犯大同,游骑及宣府。敕进与太监金辅、平江伯陈锐共御之。从征诸将多贵游子弟为参随，冀冒功赏。进出居庸关令尽编伍，军法部署，诸贵介不便，竞媒蘖之。已而，总兵王玺违进节制致败，进劾奏之。孝宗以进不会同辅、锐，责其偏执，召还京。言官劾辅等玩寇殃民，并及进，乃令致仕。

既归，尚书林瀚、都御史林俊等论荐者四十余疏，未及召而孝宗崩。武宗即位，乃召为兵部左侍郎，提督团营。进荐都御史雍泰代己，不报。当是时，兵部尚书刘大夏屡求去，进至，大夏曰："吾可去矣！"谓进曰："勉为国家负荷，报先帝德。"正德元年，竟代大夏为兵部尚书。

时，帝多不亲政，疏请勤圣学，戒游逸，复条时政最急者。乞鉴古人官府一体之意，勿中阻。

时，太监王岳奏官校王缙等缉事捕盗有功，有旨各升一级。进言："边将出万死得一贼首，始晋一级。此辈冒滥升赏，边将闻之，孰不解体！"又言："团营军士非为营造而设。且养兵之道，必于无事时得其心，始能于有事时得其力。"因备言内监占役军士纳钱诸弊，又搜辑累朝事例，奏为絜令以杜吏奸。

居兵部半岁，改吏部。凡荐人，先行谊后才艺，尤重气节恬退之士。行取推官罗凤文谒文选郎，不跪。郎以告进，进曰："为推官不屈文选，他日不为强项御史耶？"遂用之。郎中孙燧为进素识，诸郎频候问，而燧踪迹殊疏阔，至推大理寺丞，乃独及燧。平生严毅自持，后进入谒，必留语良久，以观其才，故用之各当其任。

然刘瑾方恣横，进多与牴牾，亦不能尽行其意。瑾恶杨廷和、刘忠，进即出之南京，人或以是议。进方进督团营时，与刘瑾同事。进既练习军务，每阅操，口授方略，谈笑指挥，意度闲雅，瑾及诸老将咸服。一日操毕，忽呼三校至帐下，各杖数十。瑾请其故，进出权贵请托札示之。瑾益心折，至是终衔进，欲去之。而大学士焦芳以干请不得,积恨尤甚,因谋用张彩为文选郎,共图挤进。故事,主事署员外得为郎中,进有所推,瑾以为非制。又以雍泰平日刚暴,进荐雍为欺,遂与马文升、刘大夏俱削籍。进子诰、赞在翰林,皆调外任。瑾怒犹未解,摘进在大同时尝籍军出雇役钱失勾校,欲籍其家,会瑾诛得解,复官致仕。卒,赠太子太保。嘉靖五年,谥襄毅。

八子,六登科:诏,举乡试,蚤卒;诰,南京户部尚书;赞,文渊阁大学士;诗,工部郎中;词,知府;论,兵部尚书。

王恕之持正,倪岳之练达,马文升、许进之方略,庶几一代伟人。而进稍不逮也。文字篇幅亦谨严。

卷十八　列传十

刘大夏、戴珊、张敷华列传

刘大夏,字时雍,华容人。父仁宅,以乡举知瑞昌县。有流民千余家匿山中,逻者索赂不得,则诬民反。有司议加兵,仁宅单骑入山招之,民争出辨,遂罢兵。

擢御史,历广西按察副使。土酋黄玹杀其兄玥及其家七百人,仁宅与参政曾翚往治之。玹密使人通款,而父子挟重兵相诇。仁宅阳许诺,留翚浔州,而自至南宁。玹使二子来谒,伏甲执之。玹迫,则间遣人入京师请易储,遂得脱,且骤迁都督。因摭他事以报,仁宅遂谢事归,橐仅七金,时称廉吏。

大夏年二十,举乡试第一,登天顺八年进士,改翰林庶吉士,解馆当留。顾自请试吏,授兵部,职方司主事。一生经纬具此。再迁郎中,讨论边疆河漕,核兵籍虚实强弱,奏覆悉中机宜。而是时中官汪直用事,与保国公永、威宁伯越比而创边衅。大夏欲抑绌之不能,时时扼腕。会安南黎灏侵占城地,西略诸蛮部,败于老挝。直欲乘间讨之,以中旨索永乐间下安南故牍。大夏亟匿之,吏不能得。尚书余子俊数榜吏,大夏徐告曰:"兵衅一开,西南立糜烂矣,籍有无不足诘也。"要言不烦。子俊悟,事因得寝。

朝鲜入贡,道经鸦鹘关,既迂回,又苦建州邀截,请改由鸭绿江便。中官有朝鲜人,阴为之地,尚书将许之,大夏曰:"鸭绿道便,昔人岂不知?顾迂回数大镇,此殆祖宗微意,不可变。"乃弗许。寻大同师失律,仓卒告警。每调发军马,尚书必问刘郎中云何,用其言辄效。

秩满,拟进太仆卿,而大夏志在亲民,亟请外。好志趣,与宋人乞郡之意不同。得福建参政,迁广东右布政使,转浙江为左,所至兴革皆为久远计。在广东讨后山贼不计首功。俘至,召土人验实乃坐,全活甚众。

弘治六年,河决张秋,擢右副都御史往治之。大夏既受命,循河上下千余里,周览形势,上言:"河性湍悍,张秋乃下流,势难猝治。当于上流分导南下,再筑长堤以御横波。且防大名、山东之患,俟其循轨,而后决可塞也。"奏入报可。工方兴,而东堤复决九十余丈。于是,命中官李兴、平江伯陈锐协理之。而山东副使杨茂仁请召还兴、锐,以专事权,抒财力。有旨逮茂仁下狱,群议沸腾,谓河卒不可治。大夏屹不为动,乃先疏荆隆口、黄陵冈,导河上流南下徐淮;复疏孙家渡、四府营,以通运道。筑长堤首起胙城,历长垣、东明、曹县,以达于虞城,凡三百六十里。筑新堤自荆隆口至小宋,凡一百六十里,五旬而告竣。更张秋曰安平镇,赐玺书褒美,进左副都御史,理院事。转户部右侍郎,寻转左。

十年,奉敕经理宣、大。濒行,尚书周经谓曰:"宣、大市籴皆为势家子弟利,此行刚则贾祸。"大夏曰:"处天下事,以理不以势;策天下事,在近不在远。名言。俟至彼图之。"至则询问父老,得其要领。乃悬价市籴,令官民愿输者米自十石以上,刍自百束以上,皆听。往时籴买法,粟千石,刍万束乃听,以故中官、武臣家得操利权。今法立，人得自告输，势家即欲收买无所得。不两月庾丰士饱，边人便之。

明年，移疾乞致仕，疏三上得归。筑草堂东山下，天下因称之曰东山先生。

二年，用廷臣荐，起右都御史，总制两广。敕使及门，携二僮遂行。广人故思大夏，鼓舞称庆。大夏亦精心无倦，禁镇守中官及总兵私役军士。裁省供亿，盗贼为之衰止。一岁，所再求去，皆不许。此便是脚。要知与前请试吏，请外不是两心。

亡何，召为兵部尚书，力辞，复不许。既廷谢，帝曰："朕数用卿，而数引疾，何也？"大夏顿首言："臣老且病，窃见今天下民穷财尽，脱有不虞，责在兵部。自度力不足办此，故辞耳。"此其所以能办也。帝默然。居数日，复召问，曰："国家征敛有常，何至今日而民穷财尽也？"对曰："正谓不尽有常耳！他不具论，如广西岁取铎木，广东取香药，费固以万计。"

无何，又召问天下军士强弱，对曰："今天下民穷而军尤甚，欲作其锐良难。"帝曰："诸军居有月粮，出有行粮，其贫何故？"对曰："江南困于转漕，江北困于京操，他困又不止此。且月粮、行粮半与其帅共之，军得无穷乎？"帝太息曰："朕临御久，乃不知天下军民困，何以为人主？"圣主。明日，诏内外诸司，各以利弊闻。帝方锐意太平，察知大夏廉且练事，委任益重。时左都御史戴珊亦以材见知，每有宣召，或专及大夏，或与珊同召，诸大臣不能与也。一路写大夏言事，恻怛动帝，虚心委任，不矜不饰，如睹都俞气象。

中官苗逵在延绥尝出塞，小有克获，辄以捷闻。帝欲令帅师大举，而问大夏曰："卿在广，知苗逵乎？延绥少息肩矣。"大夏对曰："臣在广不知。然问之从征将士，所俘获妇稚十数耳，赖朝廷威德，幸而全军以归，未可为善。"帝曰："太宗时频年出塞，不尝破敌乎？"

对曰："陛下神武,自上符太宗,而将领士马远不逮昔。且其时淇国公小违节制,举十万众悉委沙漠,奈何易言之?度今惟守为胜算耳。"时,戴珊亦从傍赞决,帝遽曰:"微二人,朕几误!"何等听受!先是,帝以问大学士刘健,健亦力言其不可,帝犹未信也,至是乃止。

庄浪土帅鲁麟为甘肃副将,求大将印不得,恃其部落强,径归庄浪。廷臣惧生变,有欲予之大将印者,有欲召还京处之散地者。帝问大夏,对曰:"皆不可,麟贪虐失众心,无能为也。请敕奖其先世之忠顺,而听其就闲。"麟既失意,久之复使使诣大夏求印,大夏曰:"麟苟笃忠贞,且为朝廷名将,何印之足云!今归未旬月,遽求起用,不可。"麟竟怏怏病死。

三边缺总兵,帝命中官李荣语大夏,用李杰本外戚荐也。荣曰:"有旨传奉,大夏且执奏。肯听奴辈口语邪?"为此辈所信,亦大难。帝手书杰姓名,朝罢召授之。大夏退,语同列曰:"此非帅臣选。"别推二人以请中旨。卒用杰,未几,以不称职论罢。帝谓大夏曰:"悔不用卿言。"

帝欲宿兵近地为左右辅,大夏请发保定操军万人还之镇,以为西卫;京东兵纳之密云、蓟州,以为东卫,报可。而中官监京营者恚失兵,造飞语揭之宫门。帝以示大夏,曰:"宫门岂外人能至,必此曹不利失兵耳!"汉昭何以过?

修清宁宫,下部役军万余人,大夏请减十之五。帝命中官语内阁拟旨诘责,刘健曰:"惜军力,兵部职也。近刘尚书屡乞休,温旨勉留,尚请未已。若诘责,彼将以不职固辞,更用何人代之?"一时协恭之雅亦见。中官以闻,帝欣然如大夏请。

当是时,大夏在兵部以天下安危为己任,而扶引善类尤切。刑部尚书闵珪谳狱忤旨,帝与大夏语及之而怒,大夏曰:"人臣执法,不过效忠朝廷。珪所为无足异者。"帝色解,竟允珪奏。郎中李梦阳建言下诏狱,赐还职。会大夏独对,帝曰:"比外议若何?"大夏顿首言:"近有旨释李梦阳,中外欢呼圣德如天地。"其随事效忠类如此。

帝尝召大夏便殿,谕曰:"临事辄思召卿,虑越职而止。后有当行罢者其具揭帖以进。"对曰:"臣下以揭帖进,朝廷以揭帖行,何异斜封墨敕耶?陛下远师帝王,近法祖宗。事之可否,外付府部,内咨内阁可矣。揭帖徒滋弊,且非示后世法,臣不敢效顺。"何等正大!帝称善。又尝问:"天下何时太平?"对曰:"求治亦难太急,凡用人行政,惟求顺理,久之自治。"

大夏每被召,跪御榻前,帝左右顾,近侍辄引避去。尝入对久,惫不能兴,帝呼李荣掖之出。既出,荣扶而请曰:"吾辈事上久,罪多矣,幸公少隐之。"大夏曰:"主上圣明,大夏于政事外,不敢轻毁誉人,今日力求退耳。"

一日,大夏与珊对毕,帝曰:"觐吏来集,闻诸大臣皆引嫌杜门。若二卿纵开门延客,谁复以贿通也。"因出白金二锭分赐之,曰:"小佐尔廉,戒毋廷谢,恐他人或觖望。"圣主。大夏与珊受帝眷既深,所赍金币上尊岁时不绝。而大夏至赐玉带麒麟服,即刘健首内阁,马文升以师臣为六卿长,不敢望。以是廷臣多侧目,帝故知之,益倚重,咨访政事无虚日,而天下亦引领望治。

未几,帝崩。武宗即位,好狎游。大夏请裁革中官冗员,罢锦衣千户金琦、太和山守备韦兴职任,皆不听。

时,戴珊已卒,大夏知不可为,遂引年乞骸骨。章四上,诏加太子太保,赐玺书乘传归。濒行,又赐彩币宝镪。而给事中王翊、张桧乞勉留大夏,不报。李梦阳作《东山草堂歌》以送之,词旨激壮,天下传诵。大夏既归,葛巾野服,往来山水间。然尝俶装若远行状,或问之,曰:"珰方横,须有地置我矣。"

初,孝宗问边饷匮绌之由,大夏言:"臣在广城,抚按镇司供亿不啻一中官,饷安得不绌?"帝曰:"今后必廉如邓原,麦秀而后补。不然,姑阙之。"又,孝宗言诸司弊莫甚于御马监、光禄寺,大夏复劝帝独断行之。遂敕兵部同给事中、御史清理,岁省冗费十余万金。又,管团营时,议革腾骧四卫军士万三千九百有奇,天下称快,而近幸滋不悦。比大夏归,诸军士当番直,故不入。帝怪之,问左右,皆曰:"刘尚书所汰也。"帝不怿,中官宁瑾素重大夏,叩首曰:"此先皇帝意。"遂免。

无何,刘瑾乱政,与诸中官修旧郤。又刘宇者,孝宗尝斥为小人,亦怨大夏不为之解,遂与焦芳比而谮于瑾,曰:"籍大夏家可当边费十二。"会尚书潘蕃以土官岑猛事下狱,词连大夏,瑾因坐以激变。左都御史屠滽言:"检律,刘尚书无死法。"瑾谩骂曰:"即不死,可无戍耶?"李东阳亦为之婉解,瑾又使诇。大夏家实贫,始得戍肃州卫。大夏年七十三,徒步荷戈,匍匐至大明门下,叩首而去。观者塞路,叹息泣下。父老携筐进食,所至为罢市焚香,祝刘尚书生还。

比至戍所,诸司惮瑾,绝馈问,生徒传食之。遇团操,辄荷戈就伍。所司固辞,大夏曰:"军固当役也。"所携止一仆。或问:"何不挈子姓?"大夏曰:"吾宦时,不为子孙乞恩泽。今垂老得罪,忍令同死戍所邪?"五年夏,赦归。八月,瑾诛,复官致仕。言官请并复廪秩,而中官用事者终嗛之,不许。

大夏归,教子孙力田谋食。稍赢,散之故旧宗族。居数岁卒,年八十一。赠太保,谥忠宣。

大夏尝言:"居官以正己为先。所谓正己,不独戒利,亦当远名。"士人亦当如此。又尝谓陈献章曰:"予存心之功十九,致知之功十一。"所居东山草堂仅数楹,性不饮酒,客至举觞相劝而已。其被逮也,方锄菜园中,入室携数百钱跨小驴就道。已家居,有门下生为巡抚,枉百里谒之,道遇扶犁者,问孰为尚书家。扶犁者引之登堂,即大夏也。

尝曰:"人生盖棺论定。身在一日,犹有一日之忧。"质实下手人语。

朝鲜使者在鸿胪寺馆,遇大夏邑子张生,因问大夏起居,曰:"吾国闻刘东山名久矣。"安南使者入贡,曰:"闻刘尚书戍边,今安否?"其为外国所重如此。

> 华容,余生平最所钦仰。此传形其美玉无瑕,表里莹彻。不独事功之伟,学问之精,并君臣一德,僚友同心。弘治十八年太和景色,一一皆出,诚传神手也。

戴珊,字廷珍,浮梁人。父旻,以乡贡官教授,好抗言高论,尝奏禁吏胥被绣乘马。有提学居丧起复者,旻告之曰:"风化所系,无以示诸生。"事遂寝。

珊幼端亮,明性理学,与刘大夏同举进士。成化初,擢御史,督南畿学政。正身率士,敦实抑浮。

十四年,转陕西按察副使,仍督学政。所部虽穷乡,无不至。约束严明,修古圣贤祠墓,增秩祀典,旌表节孝,士子久而益亲。

三迁至福建左布政使。自奉俭约,无他嗜好,终任不持闽海一物。

弘治初,以王恕荐,擢副都御史,抚治郧阳。豪右多纳亡命为利,珊刻日令自首。部勒骁锐,制营阵法。蜀盗野王刚初起夔州,流劫竹山、平利诸县,势张甚,守臣莫敢发。珊请合四川、湖陕兵讨之。檄副使朱汉等分道并进,诛其渠魁,纵胁从千余人,事遂定。

入为刑部右侍郎,与尚书何乔新、彭韶先后协心,执法不阿,寻转左。勘荆、晋二王府狱,称平允,进南京刑部尚书。

十三年,召为左都御史,掌院事,益自检饬。虽簿书之细,必极精核。帝尝亲鞫大狱,诸司震悚,珊从容应对,时有开析。帝尝霁颜纳之,狱以不枉。

会考察京官,给事中吴舜、王盖虑以不职见黜,连疏诬诋文升及珊,自劾乞休。御史冯允中等言:"文升、珊历事累朝,清德素著,不可因浮词致废大典。"帝下诏慰留。珊言:"舜、盖自知应黜,故先劾臣。臣今黜之,彼曰挟私;避嫌不黜,是负委任。"卒皆黜之。

帝知珊清谨,每御便殿,或坐金台,辄宣刘大夏与珊接膝面语,至移晷刻。赍金币,上尊珍馔无虚月。一日,与大夏对良久,帝曰:"时当述职,诸大臣皆杜门,如二卿门何必杜?"各赐白金,属勿廷谢,曰:"汝同列有相忌者。"

珊以老疾求退,优诏勉留,遣医赐食,慰谕有加。珊感激泣下,帝为动容。一日,私恳大夏曰:"珊老病子幼,恐一旦溘先朝露。公同年好友,受知主上深,何惜为珊一言乎?"大夏唯唯。后,帝召大夏议事毕,问珊病近且何如,大夏具言:"珊实病,累疏乞休,本出情实,伏乞怜允。"帝曰:"彼教卿言耶?"大夏曰:"珊在告,臣往视珊,珊恐微诚不能动天听,令臣代奏,诚如圣谕。"帝曰:"主人留客坚,客为强留,珊独不能为朕留耶?三代以下无此君臣。且朕以天下事付托卿辈,犹家人父子。太平未兆,何忍舍朕先归?"泫然者久之。大夏出以告,珊泣曰:"臣死此官矣?"亡何,帝崩,珊以新君嗣位,不忍言去,力疾视事。疾再作,遂卒于官。赠太子太保,谥恭简。

珊德性和粹,洞达无城府,顾耿耿不苟合。奉职守法,不为物挠,而意常近厚。通籍四十余年,家无余赀。勤官守,辰入酉出,穷寒暑不变。退居惟焚香读书而已。初,大夏常语:"人在位,不可多受人知,平生得数人相助德业者足矣。"不独居官当如此。以故立朝惟与珊及李东阳、张敷华善。及珊卒，而敷华入左都御史，与珊齐名。

张敷华，字公实，安福人。父洪，为御史，从英宗北征，死于土木。

敷华少负气节，年七岁，里有社树为祟，麾群儿尽伐之。祟除，里人异焉。

景泰初，录死事后荫国子生。举天顺八年进士，改庶吉士。解馆当留，与刘大夏独愿就部曹，以周知庶政，授兵部主事。历员外郎、郎中。敷华廉重有威，与大夏并名郎署间。

迁浙江参议，监温处矿课。景宁矿盗起，镇巡议加兵，敷华曰："此可抚而弭也。"亲从数十骑往谕，贼露刃待，谛视曰："真我张公也！"咸投刃罗拜听命。乃斩渠魁十二人，余悉解散。累进右布政使。凡居浙十余年，无赫赫声，而境内大治。

迁湖广左布政使。荆王见潚故骄纵，胁守臣取蕲州治为宫。敷华独不为署奏，乃寝。其后王卒以罪废。岁大祲，出官钱缮修学宫，俾贫民资其佣直，全活甚众。

弘治四年，擢右副都御史，巡抚山西。中道奔母丧，服阕，仍巡抚如故。山西岁歉，藩禄不继，请增河东盐课以资之。会霖雨，躬祷于神，池独不坏。又言："大同边饷多折纳，利商困民，非经久策，请太原以北可通车者运米。"民便之。

八年，改抚陕西，下令婚娶无论财，丧葬不得举乐，以兴民俗。有妖僧张金峰聚徒山中为乱，廷议且用兵。兵部尚书马文升独曰："张都御史必能了此。"不数日，敷华果授计山中父老缚金峰以献。

九年，迁南京刑部右侍郎。

十二年，改右都御史，总督漕运，兼巡抚江北，尽斥武臣诸贪暴不法者。时漕司负算,例得假太仓金,稍宽其息,明年来偿前负,则又前后相踵,积负滋多。敷华曰:"上剥下攘,漕坐是困。国贷取息,非政体也。"峻为之禁。高邮湖堤岁久且圮,浚深沟以杀水势。又筑宝应堤,民利赖焉。

十四年,改南右都御史,振肃风纪。与吏部尚书林瀚、佥都御史林俊、祭酒章懋,称南都四君子。会考南曹,瀚欲悉汰鄙薄者,敷华多保持之。尝曰:"宁失不明,毋为不仁。"瀚亦不能夺也。

十七年,上言:"天下灾异荐臻,意者忠谠之言或未尽行,奸贪之吏或未尽黜。或科敛重而民穷,或工作频而军困,或奔竞者渐昌,乾没者渐肆,或俭约之风未兴,或僭逾之俗未革。乞命中外臣工各加修省。至诸司所陈民间利病,往往中格,宜申饬之,以课实效。"帝嘉纳之。

明年,孝宗崩,武宗嗣位,迁南京刑部尚书。寻,召为左都御史,掌院事。敷华久在南都,声望已重。骤掌内台,天下想望风采。自处刚严,杜绝奔竞。而爱惜人才,务持大体。时马文升、刘大夏相继去国,帝不亲政,权归阉寺,非复孝宗之旧矣。刘瑾等号为八党,给事艾洪等以为言,帝下诏切责,敷华上疏请贷之。

顷之,英国公懋与诸大臣及给事刘菠、御史朱廷声、徐铨、赵佑等交章劾瑾,必置之法。帝曰:"朕自处之。"于是,敷华乃上疏曰:"臣闻《书》曰:'敕天之命,惟时惟几。'《诗》曰:'敬之敬之,天惟显思!'诚以君天下者,当严恭寅畏不可息也。致治之盛,莫过虞、周。虞氏兢业万几,周家天保治内,采薇治外,克艰厥后,无敢戏豫。是以神化宜民,馨香昭受。天启皇明,圣神相继。太祖高皇帝有言:'丧乱之源,由于骄逸。'太宗文皇帝有言:'天下虽安,不可忘危。'膺眷迓休,有由然矣。孝宗皇帝方大有为,而龙驭上升。继序不忘,实在陛下。夫何春夏以来,宴乐逸游,日狎憸壬,政令与诏旨相违,行事与成宪相乖,以致上干天变,下拂人心。今给事中菼、御史廷声等连章论列,陛下但付所司;英国公懋与臣等列名上请,陛下曰:'朕自处置①。'臣窃叹之。

"臣请略言时政之弊:如四十万库藏已竭,而取用不已。六七岁童子何知,而号为勇士。织造停矣又织造,传奉革矣又传奉。盐法方遣大臣整理,而太监复奉带引盐;地亩方遣科道清核,而太监仍奏讨田土。管操太监何以数更?镇守内臣何为屡换?王钦、邓广未尝到部而与甘宁监仓,则政令纷拏;韦经索取官库,而准雇觅水手,则弊端滋蔓。国家大事,百官争之不足,数人坏之有余。

"贾谊有言:'天下大器,置安则安,置危则危。'宋绶有言:'自古帝王未尝不学。'真德秀有言:'无逸则寿。'诸葛亮曰:'亲贤臣,远小人,先汉所以兴隆。'陈子昂曰:'人不可使穷,穷则奸宄生。'臣愿陛下详计而审处焉。"

疏入,不报,而八党益怒。其冬十二月晦,瑾矫诏勒致仕。敷华即日买车就道,至徐州洪,坐小艇触石几溺死。瑾恨未已,更欲借总漕楚粮浥烂,且坐赃罪。修撰康海知之,过瑾曰:"秦人爱张公如父母,公秦人也,忍相薄耶?"瑾意乃解,然犹以朋党榜之朝堂。家居一年,病且革,衣冠榇家庙,返榻而卒。

敷华与戴珊相继入台,其行事颇类,而刚介过之。瑾诛后二年,赠太子少保,谥简肃。

敷华明辨义利,较若黑白。有所不可,不以利害祸福为迁就。总漕时,尝督运入京,诸大珰因阁臣李东阳致名香为寿,冀往谢,敷华固辞,重违阁臣意,各报以币。使者出,复反之,曰:"几误矣,吾生平无内交,顾一旦自败耶?"方是真正检点。其后,刘大夏荐敷华,帝曰:"敷华诚佳,但太峻耳。"公之品可知。为部郎,尝奉使,道遇盗,劫其囊,得七金而已。使隶市肉,屠讼隶易金。或曰:"安知非相公金?"屠曰:"相公惟用俸金,无恶金也。"

孙鳌为御史,亦以鲠直著。

> 三人品地才干,诚有明不多得之人。所遇之时,亦人生不易遇之时。文字一一与他分明。

校记

① 参照前文,"置"疑为"之"字误。

邹来学、邹干、王质、焦宏、孙原贞列传

邹来学,字时敏,麻城人。宣德八年进士,除户部主事,督饷镇番。总督王骥一见器之,寻迁员外郎。麓川之役,骥请以从军,令督前锋。所向克敌,降附甚众。迁郎中,赐白金文绮。

以内艰去,起复为通政司参议,总理山海关粮储。

正统十四年,擢金都御史,整饬蓟州边备,总理粮储,兼巡抚顺天、永平。时边事孔棘,来学广斥堠,谨烽燧,举将材,守要害,寇不敢犯。因上言:"承平日久,武备懈弛,关隘非不可守,而军伍精锐者半为权豪所占。乞惩艾简阅之,兵气庶可振作。"又言:"神京四塞之地,寇敢深入者,以有险不守故也。今议者类以敛人畜,窖仓粟为至计,此可施之边城,未可用之畿甸也。以都城而议,坚壁清野,九门之外,将悉听其蹂躏乎?宜急选禁旅,付文武大臣分屯险要,俾首尾相应,及其惰归,内外夹攻,必获全胜。"廷议韪之。

寇退,因命来学率所部趋紫荆关,偕总兵杨洪追蹑之。有功,遂命提督居庸、紫荆、倒马、白羊、龙泉诸关,武臣皆听节制。来学又言:"畿甸迤西,山川固为险阻,而夷坦尚多,寇骑随处得以阑入。

若分守诸臣，诚能渐次修塞，自当有隘可凭。乃平日虚应故事，临时束手张望，懒惰之弊，今日为极。臣非不知因循者合人情，更张者招物议，特以边陲重寄，不容坐视废弛。"遂修筑喜峰、界岭、董家、罗家诸口，及一片石、罗文谷各关城，务极雄壮完固。迁蓟州仓于城中，更令兵民屯耕守以省转输。京东西边，至是晏然。

景泰中，苏松诸郡频年水旱，进副都御史往抚之。既至，言："江南之民疲苦已极，虽百方宽恤，饥穷自若也。乞留本岁京粮三十万石，已征者悉贷于民，来岁听臣设法偿官。庶国赋不亏，饥民得济。"诏从之。

先是江南诸郡苦民运，已而令军兑输京，民稍休息。及边警调军防秋，仍令民自输，役者五十万人，羡费银三十万两，米四十万石。正粮少而浮用多，民复大困。至是，来学请复军兑之法，民困以纾。

一年，卒于官。来学经理之才亚于周忱。特以抚吴日浅，故声施不及云。

邹干，字宗盛，余杭人。父济，永乐中少詹事。仁宗于春宫，甚被礼遇。卒时，干尚幼，适仁宗监国南京，即遣补应天府学生，赐钞二千贯，月给米二石以资养之。干感奋力学，正统四年举进士，授兵部职，方司主事，历武库司郎中。

英宗北陷，都城戒严，一时甲仗粮饷，综理需人，超擢兵部右侍郎。干才具敏捷，仓猝应变，或不待奏报，施行辄得其宜。一日，诸军拥东城门，请给刍稿。时，乡民万余避兵城下，呼号求入，守者难之。干曰："刍稿不得，马瘦毙已耳。城以卫民，有急而拒之，焉用城为？"亟启门纳之。

景泰元年，改礼部。三年，奉敕考察山西官吏，奏黜布政使侯复等五十余人。河南、凤阳大水,诏往赈救,奏免税粮十余万。既归,复督理易州山厂,积弊顿革。因请设主事综核其事,干总大纲而已。

三年,召还,治部事,寻迁左侍郎。

天顺初,尚书胡濙致仕去,诸册立大礼并从干裁定。时,襄王来朝,故事当祭门而入。自迁都后来朝礼绝无知者,干检太常故典行之。沈王佶烽奏弟妹婚嫁已受封册,适遇父丧,未得成礼。今已越大祥,请择吉举行。下部议,干言:"三年之丧,礼之大者,且服内成婚,律有明禁。今王与郡王、郡主皆父丧未终,辄行婚礼,不可。"帝曰:"此长史不能辅导之故。"诏巡按御史执问如律。帝不豫,请复行皇太子御文华门代朝礼。七年,干知贡举,适贡院火,逮下诏狱,寻释之。

成化二年,巡抚畿内,进南礼部尚书,寻改吏部。居二年,召还,复礼部。

干为人谦谨,喜称人之善,遇事不肯诡随。尝因灾异,极言妄费滥赏及修苑囿设斋醮之弊。加太子少保,屡疏乞归。汪直嗾言官论之,命驰驿归。月米岁夫加厚。

弘治中,浙江饥,干手疏以闻。孝宗嘉其身居田里,能达民隐,诏有司如所奏赈恤,仍出内帑彩币劳之。比至,干已卒,年八十四,赠太子太保,谥康僖。

王质,字梦瑾,太和人。永乐中,由乡贡为南阳县学训导,擢监察御史,迁四川参政。时,松潘土番争地仇杀,久不能平。质召其长开谕祸福,皆感悟,各归所侵地,结为婚媾。

久之,迁山东布政使。正统六年,入为户部右侍郎。

八年,刑部尚书缺,上命大臣择老成谨厚者,吏部尚书王直等言无如质优,遂进刑部尚书。

居五月,坐失狱,仍左迁户部右侍郎。质故在部明习典故,检核部事,芟繁正讹,均节委积。内外轻重,咸有品式。寻命经理福建、浙江银场。质雅知开场不便,迫上命不敢辞,郁郁不乐,道病卒。质久宦,家无长物,不蓄姬媵。然廉而不苟,持论和平,人以此多之。

初,洪武时各银场岁课,福建二千六百余两,浙江二千八百余两。永乐以后岁有增益。宣德间,福建至四万二千余两,浙江至九万四千余两,自是地力殚而民不堪命矣。帝初即位,诏闭矿罢冶,勿言场课,民大苏。至是,有盗矿脉相杀伤者。御史孙毓等遂言:"复开银场,则利权在上,盗无所容。"事下两省三司集议,惟浙江按察使轩輗奏言:"戢小盗,有司事耳。开场虽一时之利,而费出民间。官吏驿骚,人心摇动,其患甚大。"朝廷是其言,寝之。已而给事中陈传阿中贵意,复请开场,诸言利者附和之。天子因以为然,以质廉谨,使典其事。质既卒,朝廷以闭矿久,今初开,损大臣不祥,乃议二省场课视宣德时各征其半,然犹数倍国初。而内外使者,冠盖相望。间阎供亿,过于公税。于是民困盗起,至正统末,以王师讨之乃定。

此以矿场之害附见,可存。

焦宏,字克明,叶县人。永乐十九年进士,授监察御史,巡按贵州。有疑狱,论死者已百余人。宏鞫实,尽释之,抵罪裁十人而已,由是名誉大著。

迁江西按察副使,进右布政使。奏免九江芦课,兴学舍,修复濂溪书院,罗郡邑髦士习业其中,厚以廪饩,文风大振。

正统六年,入为户部右侍郎。时,倭寇数犯内地,命往浙闽苏松饬兵备御。宏奏："缘海卫所,宜画疆分守,不得互诿。增设城堡,戍卒周岁交代,勿逾时日,以均劳逸。"尝亲历卫所,廉察军吏,得其营私废公状,请分敕御史巡视闽浙,使惩戢奸顽,益严武备,朝廷皆见施行。又尝巡行至嘉定,民诉故有田数百顷已归官而责赋如故,验之果然,曰:"我方佐司农,而民间有此困乎?"立奏蠲之。

逾年,复督北征军饷,奏修山海卫,迁安镇仓厫,增置喜峰口平坡仓,广储粮糗。自是军行无乏。

时有言开闽浙银场者,命往勘之。宏心知其害民,然不能强谏,乃言"采银诚可利国,但矿脉消长无时,开场之后,恐滋奸伪"而已。

十年,朝廷以陕西缘边多宿重兵,仰食内地。河南近陕,设卫兴屯,恐无实效。乃命宏巡历二省,起归开至甘肃,凡仓廪虚实,耕获勤惰,皆分别赏罚之。次年,陕西大熟,奏旗军月饷以谷贱愿折银,乞依所请贮谷各边,益宽输挽。从之。

七月,还部。宏自为御史至侍郎,岁岁出使,所历东西南北,经行万里,未尝言劳。最后大军讨思机发,复督军饷。直抵金沙江,冒瘴疠,输粮糒弗绝。师还,便道抵家,病益甚,遂卒,年五十八。

孙原贞,本名瑀,以字行,江西德兴人。永乐十三年进士,累官河南参政。巡抚、侍郎于谦举以自代,王振阻之,不果用。

寻迁浙江左布政使。时,福建贼吴金八等流劫温、处,巡抚轩𬨎奏遣原贞会剿,以功进兵部右侍郎,参赞军务。

景泰元年三月,京师烈风昼晦,诏求直言。原贞伤英宗信用王振之失,而虑中原流民未复,为国家隐忧,上疏近万言。其论流民略曰:臣前任河南参政,稽察流民通三十万户。开封、兖州、凤阳、大名壤地相接,河滨湖泊,蒲苇弥望,天旱水涸,遂成膏腴。逋逃之民潜耕其中,及河流泛溢,复转徙他乡。今南阳、商邓、襄樊、汉沔之间,流民日众。饥寒交迫,相聚为盗。以中原腹心之地为流民渊薮。昔者陈涉、王常、张角、王弥,皆由此而起。万一岁逢饥馑,其中保无弓马迅捷,膂力过人,如黑山飞燕、黄龙大眼、白波左校之徒狡焉起强,虽劳师十万,转输千里,难遽成功。谓宜及年谷丰熟,遣大臣徇行,责令有司籍为编民。验丁口以给田业,随土宜以课桑农,举乡饮以导其父兄,立社学以训其子弟,建乡约使知敦本,设义仓使知备荒。德礼以道之,刑法以齐之。然后徐议赋役,庶无将来之患也。

其论权幸,略曰:昔尧舜之世,犹流共工,殛伯鲧,况后世之臣,而谓无共、鲧哉?高皇帝设中书省以总政权。及胡惟庸诛,诏罢中书。太宗时,锦衣卫纪纲恃恩弄权,贪利僭分。事觉诛其党,籍其家,榜示天下,垂戒后世。上皇信任王振,擅作威福,内外官僚罔不畏惮。正直气沮,奸宄朋兴。迨至妄意邀功,轻玩巨寇,虽上皇智勇天锡,然目未见敌,身未经战,且帏幄运筹,朝士莫预,安能定庙算以授诸将哉?是以诸将不知主谋,诸军不知将令,锋刃未接,营阵已陷。当国家全盛之日,军非不精,马非不良,兵甲非不坚利,临机失措,不战而丧师辱主,为万世笑,自古以来未之有也。权奸误国如此,杀身赤族,虽其自取。然也先且乘势入关犯京师,惊陵寝,赖陛下委任将相,协力运谋,誓师问罪,彼始悔祸,奉归乘舆。斯皆往事,鉴戒昭然。今所任用,未闻有此,然宜慎之于未然。伏惟陛下视朝之暇日,御便殿集勋旧之臣,延英俊之士,访论治道,商确政事,好问好察,以通下情。明目达聪,以广上智。总揽乾纲,独奋英断,法尧舜之除凶,体祖宗之去邪。务兼听以纳谠言,毋偏信以长奸计,则贤者日进,官皆得人,而权幸远矣。帝嘉纳其言。

二年,闽浙盗平,进兵部尚书,镇守浙江、福建,奏置云和、宣平、景宁、永安、寿宁五县。

明年,致仕。原贞清慎自持,功名皆著于浙。未尝一日在朝廷,人以为未尽其用。归老岁寒溪,因以岁寒自号。卒年八十九。

子需,成化八年进士,南京吏部尚书,自有传。

胡拱辰、章敞、李纲、彭琉、张悦列传

胡拱辰,字共之,淳安人。性简朴,敝衣疏食澹如也。正统四年进士,授黟县知县。三年,上绩吏部,黟民念其贫,醵金追送境上,一无所受。

擢福建道御史。陈镒掌院事,慎许可,拱辰独当其意。

遭父丧,归。英宗北狩,吏部遣官至家,夺情起复,乃驰驿还京。补江西道御史,屡上封事,惓惓以选将保邦,修德弭灾为言。

天顺元年,迁贵州左参政,分守威清。时,安庄卫、白水堡诸蛮叛服不常,仡佬蛮头目沈时保入见,大言:"我所辖多豪恶,愿得号令相界铃束之。不然,恐贻他日患。"拱辰历声叱之,曰:"但斩尔头,籍尔财产,此即号令,无他也。"时保股栗不敢仰视。遂过普定以告副总兵方瑛,遣普定卫指挥郭贵往擒之,并其妻子置之法,其患始息。复以计服女土官奢贵,而遣其所善王逊宣谕土官安陇富,于是,金鸡、札佐等驿道悉通。

成化元年,迁广西布政使。会瑶人作乱,命都御史韩雍讨之,拱辰协同总兵官冒险深入,平荔浦,遂乘盛水陆间进,复平断藤峡。进四川左布政使。

八年,擢南京右副都御史,提督操江。异时剽掠渠魁,悉以计捕获之。

十一年，改南京兵部侍郎。时，宪宗春秋已盛，储位尚虚，拱辰首与倪岳、崔恭等疏请蚤定国本，言甚激切。廷臣交章继之，宪宗嘉纳。时，孝宗生已六岁，因立之，储位遂定。

明年，转南京左副都御史。

十七年，入贺万寿，上章乞休，召至便殿慰留之。

二十年，进南京工部尚书，修内府宫殿，经理朝阳门外桐漆诸园，务节财省事，人便之。奏增虞衡、营缮二司主事各一员。

十三年，年七十，以老乞归，许之，进荣禄大夫。孝宗闻其贫不能具衣食，命有司给月廪岁隶，进光禄大夫，赐赉有加。

武宗即位，遣行人赍玺书存问。

三年，卒，年九十有二。巡按御史史鉴言拱辰廉贫可悯，卒之日几不能敛，棺、衾资于有司，衣帛助于亲党。亦一代盛美。帝震悼，赠太子少傅，谥庄懿。

拱辰仕宦五十年，非大节庆不衣绯绣；非宾祭，不具鸡豚。于先世室庐无所增饰，清慎之名重于朝野。尤嗜书，所著有《鸡肋集》、《锦官稿》、《从征稿》、《华封纪事》、《山居杂咏》、《亦拙斋诗集》等书。

章敞，字尚文，会稽人。永乐二年进士，选翰林庶吉士，与修《永乐大典》。十年，授刑部主事，同纂《五经四书》及《性理大全》。书成，重赉金币。

敞性刚毅，遇事不肯婷婀，而善决疑狱。时，西山有劫盗，诏捕之急。捕者掩执数百人，敞察其枉，惟留一人拘之，余悉遣出，期诘旦复至。同官疑之，诘旦数百人皆如约至，后勘验其人皆非盗，而所拘一人实盗也，众始服其明。其审他狱如此类甚众。转员外郎，寻迁郎中。改吏部。

宣德中，擢行在礼部右侍郎。奉使安南，黎利权署国事，遣人请相见礼，敞语之曰："天使衔命，抚辑尔邦。礼制有定，何用请为？"利闻，惶恐趋拜，奉事惟谨，敞正色待之。及还，馈赆一无所受。利以所馈物付贡使，将中道致之。及关，敞亲阅所贡方物，余悉缄付关吏。后利死，其子麟署国事，敞复奉命往，关吏识之，曰："此前却金使者也。"

正统初，晋王请故护卫军田。田久为民有，敕敞往经理之。至则较军数授田，余悉归民，王不悦，敞曰："藩国先设三卫，今止一千户所。以三卫军田归一所，得无太过。且王藩屏朝廷，军民皆一体，夺民益军，非至公之义也。"王悟，曰："方面诸官，虽有此言，吾岂敢上烦朝廷？"还奏，帝深嘉之。

未几，迁左侍郎。时，尚书胡濙政尚宽大，敞佐以严明。承平既久，典礼品式，因革轻重，不能无异，吏胥因缘为奸。乃集国初至今所行条格，参酌定例，事获适宜，奸弊顿息。

比岁，度僧道辄以千计。请依洪武间例，三岁一度。

外国贡使日给廪饩，庖人常侵克之，敞闻之，曰："小人为口腹计，而使朝廷薄柔远之礼，可乎？"即令所司具日给之数，付通事稽核。或给不如数，通事以告，辄督治之。自是远人以为朝廷恩礼有加，贡献益谨。

敞为人重交谊，拯济患难，惟恐弗及。在刑部时，有同官二人坐累戍边，资送甚厚。殁，又为经理丧事，恤其孤婺，人称其德。

正统二年卒，祭葬如例。

李纲，字廷张，长清人。幼从父来京师，家僮驱车行，失足坠车下，车轹身横，度而不伤，人咸异之。

登天顺元年进士，授监察御史，以公廉伉直为名。疏陈时政得失，无所规避。出按南畿、浙江，先为条教风告，官吏有不悛者，然后执法弹劾。举廉能，奖恬退，庶事咸理，威名流闻。奉使陕西延绥，编集士兵处置得宜，边人畏服。

还，迁太仆寺少卿，视马真定永保间。往时视马者至，有司敛钱馈遗，率以为常。至是风清弊绝。一日按行冀州，剧贼驱骑猝至，乃从容解箧相示，贼指隶人曰："此岂太仆李公耶？我等误矣。"跃马逊谢而去。

遭忧，服阕，迁左佥都御史，总督漕运。与平江伯陈锐共事，奏请运艘遭风失粮者免其逮问，军民称便。

以疾卒于官，锐为具含敛，启其箧视之，惟敝衣数袭而已。挥涕曰："真君子也。"为奏其清节于朝，特赐祭葬。

时，同邑有张纲，字大振，第进士，授监察御史。时，中官曹吉祥欲庇一指挥，庶夺嫡荫，纲疏阻之。出按宁藩，削护卫军士，再巡湖广。有李总兵者遗以千金，纲却之，仍纠其罪。屡进佥都御史，巡抚顺天，御边有功。宪宗尝比之王越，以刚直不合于时，引疾致仕，卒。

高安，字曰恭，睢州人。弱冠第进士，知文水县。逾年，县大治，擢监察御史，丰裁崭然。汪直用事，以不附己期中伤之，伺察无所得。直心亦服，乃白宪宗曰："天下不要钱官，御史高安耳。"年二十六卒于官。

彭琉，字毓敬，安福人。幼聪敏，有志操，永乐十六年举进士。时，初建京营，大臣荐琉才，命董其事，令行无后期者。溧水人虞真以财力自雄，数梗法，琉召谕之曰："若所以安居享丰产者，朝廷赐之。而顾梗法何耶？不改，吾将执三尺绳汝。"真自是驯服。侍郎李友直嘉其能，为之延誉，事竣，授政和知县。御史李寀时巡银场，恶琉禁其家人为奸利,乃文致以罪坐枉道还家,罢为民。

洪熙元年,以荐授临清教谕。造士有成法,杨士奇高其学行,荐为翰林院编修。琉益甘贫励学。正统初,与修《五伦书》及《宣宗实录》。

时,简儒臣有学行者十三人,授宪职,提督天下学校,而琉得广东。比至,峻规条,严考课。开导诸生,务先德行后文艺。增修黉舍凡二千余间。书籍残缺者刻而传之,岭南士风为之一变。复兼督农桑,黜陟官吏,皆奉法不挠。

秩满,迁山西按察司副使,仍督学政。

景泰初,罢提学,改任湖广,赞理广西军务。

逾年,引疾致仕。家居久之,忽疾作,不能言,秉笔书曰:"内不见己,外不见人。"又曰:"保躬全归,始终不移。"书毕而卒。

生平寡嗜欲,甘劳苦,居官泊然如布素。勤于职务,动以古人自处,廉名直节,虽老不衰。所著有《备忘录》、《慎庵》等集。

张悦,字时敏,华亭人。少凝静,笃学力行,乡里推重。举天顺四年进士,授刑部主事,历员外郎,出为江西佥事,迁浙江提学副使。初,循例糊名校士,既而曰:"我且自疑,人谁信我?"直书诸生姓名。权贵请嘱,屹不为动。

成化二年,以湖广按察使入觐。时,中官尚铭在东厂用事,诇察入觐官,动辄罗箝。众竞趋其门,悦独不往。铭衔甚,命逻卒日夜伺察,无所得。未几,铭败,悦名益彰。擢都察院右佥都御史,迁工部右侍郎。

孝宗初立,诸大臣多上疏引去,悦曰:"新君嗣位,正当竭股肱报国,岂臣子言去之时耶?"寻改礼部,再改吏部。

弘治六年,大旱,上陈遵旧章,恤小民,崇俭素,裁冗食,禁滥罚数事。又上修德、图治二疏,并嘉纳。

时,尚书王恕负时望,悦左右之两摄选,众议翕然。恕致仕,众望属悦。时议用翰林入吏部,悦出为南院右都御史。

八年,迁南京吏部尚书。明年,改兵部,赞机务,严重不挠。每议事持大体,留都倚重。尝谓人曰:"古圣贤所为皆大公无私,故其事业光明俊伟。今之人去古远矣,竭其公忠犹不及,况复济以私乎?"在刑部,有嘱所亲者,曰:"不敢绌公法,但对簿乞假一词,使渠知某曾为之地耳。"讫事卒不言。问之,曰:"彼故无罪,吾据法宥之,敢伪以市恩乎?"或言有善读书不能作吏者,笑曰:"此正不善读书耳!天下有缘儒术为吏治者而过焉,吾不信也。"足救以无用,归过读书之弊,开天下以为学之路,有功名教之言。

六疏乞归,赐玺书,乘传归。居处旧庐,杜门谢客。见风俗奢靡,力崇节俭,书箴于屏,为荐绅倡,世传诵之。卒,赠太子太保,谥庄简。

黄润玉、刘纲、应履平、蔡蒙、杨琚、项骐、吴倬、张昺、杨峻列传

黄润玉,字孟清,鄞县人。生而颖异,方严好礼义。五岁侍母病,夜不解带。

六岁就塾,书过目辄成诵。行道见遗金不顾,人皆异之。

十二岁,闻郡守修乡饮礼,往观之。归而书其仪于册,家人曰:"书此何为?"曰:"此先王教人孝弟之遗意也,故识之耳。"

岁十三,为永乐元年,父被择当迁实北京,润玉诣官请代,官少之,对曰:"父去,日益老;儿去,日益长。"官异而从之。逾年抵京,

与同役者筑室城北,垦圃鬻蔬以为生。稍隙,辄肆力于学,尝曰:"学圣人从分寸始。"又曰:"明理在读书,制行当谨独。"其立志如此。

举京闱乡试,授建昌府学训导。外艰,服阕,改南昌,用荐擢行在交趾道监察御史,巡按湖广,奏斥藩臬以下不职者百二十余人。

正统二年,新设直省提学官。以杨士奇荐,改广西按察司佥事,提调学政。粤右地阻蛮徼,人文朴傺,润玉督敕师儒,振起文教,士始彬彬向学矣。

内艰,服阕,改湖广佥事,持法甚严。时,巡抚都御史李实乘势骄横,润玉独无所加礼,连黜墨吏二人,皆实姻党也。实大怒,撼其短不得,乃劾润玉不谙刑律,坐贬含山县知县。县多逋税,润玉谓税逋由于民之失业,乃浚麻河以通水利,农桑大兴。县有芦场,吏胥丛穴为奸蠹,润玉悉革其弊。徭均讼平,民感悦之。

寻,请老致仕,居家二十年,杜门不出,学者称为南山先生。卒年八十有九。

平生峻介,寡交游。所称许者惟李时勉、薛瑄二人而已。所著有《仪礼戴记附注》、《经书补注》、《学庸通指》、《考定深衣古制》、《宁波简要志》、《孙子注》、《南山理事录》、《南山诗文稿》若干卷。

子隆,以进士累官四川按察司副使,有政声。

刘纲,字文纪,禹州人。敦确有干局,永乐中第进士,为府谷知县,政教兼举,治行大著。

迁知宁州。纲以宁凋敝日久,因俗为治,教民播种之方,诵读之要。均赋役,置屯田。简兵练武,不专事绳墨,期年废坠俱兴。

以母忧去,代者已至,民诣阙奏留。成祖别用代者,令纲起复,乘传往。纲益慎狱省刑,民不忍犯。州有龙尾湫,时出光怪,远近诧以为神。纲伺其光见射之,应手而灭,泄其水视之,巨鼍也。一日行野中,值横石为矼,马惊不度,谛视之,则范仲淹所撰狄仁杰碑也,即呼役起立之,建祠祀仁杰,人称异焉。

后丁父忧,又以州人奏留,仁宗特赐玺书褒异,加四品服。尝以考绩至京,帝亲召,问劳以酒馔。

正统初,以老乞休,章数上,得致仕,年七十矣。居宁凡三十四年。去之日,父老步送数百里,哭声震野。宁州旧有六君子祠,祀狄仁杰以下尝为刺史者,至是,生祀纲其中,改曰"七君子祠"。家居十余年,年八十四卒。宁民问遗躅至,其卒也,多裹粮致吊。明兴以来,为州之久,得民之深,无纲如也。

孙宇,弘治间为大学士,赠纲如宇官。

应履平,浙江奉化人。第进士,授德化知县,历官吏部稽勋司郎中,出为德安知府。秩满,迁贵州按察使。

履平性刚直,所至祛除奸蠹,论事不避嫌怨。旧制,都督遣人下诸卫征发,必领内府勘合,赴都司稽验,不敢越司下卫。至是,军府使者往往不领勘合,止给本军关文。乘传四驰,经历诸卫,朘削军旗,军旗苦之,而右军府使黔者尤甚。宣德七年,履平疏言:"勘合之设,所以防奸。今悍不遵用,脱有诈伪,何从稽察?臣窃谓内而军府,外而阃司,兵政所关,诚非细故。嗣后五府遣使无勘合者,臣请令所司执诣京师,付法司治罪。"宣宗善其言,命右军府具实以闻,复命行在都察院移诸司永守之,诸军府为之戢伏。

贵州地接广西,时都督佥事山云镇广西,备御蛮僮,调贵州各卫军岁以万余人,春秋更代,逃亡则取广卫军补伍。履平奏言:"贵州地连滇粤,苗蛮杂处,但宜示之兵威,未可绳以刑宪。若军伍空虚,缓急何赖?今每岁遣往广西备御诸军,于彼逃亡,于此责补。

如宣德五年二月,遣发五千余人,逃者二千八百有奇。今年补之,明年复然。不数年后贵州卫所必空。而总兵官山云不究远图,惟计近利。诚恐积久军困民残,咎将谁执?乞敕兵部,凡贵州调往广西官军,悉令还卫,非惟少息士卒,亦且预备不虞。"疏闻,命兵部檄云,严责广西都司属卫追取逃亡军士补伍,其贵州现调操备者暂留粤中,侯编发军士足用,即尽遣还。

当是时,云自谓镇粤有功,虽朝廷采用履平言,顾尝心轻履平。部檄到,大笑曰:"书生何敢妄言?"正统元年,履平遂劾云专权擅威福,诏诘责云,云乃大惊,上章自理。朝廷虽宥其罪,仍降敕戒谕,云自是气慑者久之。履平又以军伍不足,请自后卫所官旗杂犯死徒流者,俱送镇将立功,期满还伍;其边军犯盗,及上官民与官旗罪轻者,俱入粟赎罪。从之。

三年,转云南左布政使。四年,征麓川。官军回驻金齿者数万人,供亿难继。履平奏:"量留偏裨率附近士卒备御,余宜遣回听调发。"报可。

寻乞致仕去。履平在黔久,过黔,黔民皆涕泣。其后犹追思,饮食必祭之。

蔡蒙,字时中,吴县人。年十一有文名,知府况钟奇之,抚其背曰:"孺子幸自爱,他日名位当类我。"

以贡入国子监。兵部尚书马昂言:"枢曹奏牍,皆关机密,不宜纯用椽吏。乞简太学生缮写,称职者以不次用。"诏许之。蒙历事仅半载,吏部考绩优等,授浙江温州府同知。矿盗起,命中使督兵捕之。城中民闻兵且至,皆惧,遽撤桥梁,垒石塞路。蒙夜半闻报惊起,急率众撤石通道,伐木为舆梁。黎明兵至,乃通行无滞。会大雨雪,兵僵死过半,议选丁壮补伍,蒙请曰:"贼本乌合,窜跳山谷间,争小利耳,非大敌也。今益兵蹙之,度求生无路,必致死力。即殄灭,所伤实多。莫若遣一介使往谕之,彼且立解散矣。"中使曰:"善!然非君莫可属者。"蒙即许诺,单骑抵贼巢,慷慨谕祸福。贼大感悟,皆乞降。

事平,取民之丁壮为银赋长,领坑夫事采凿,而俾素封家就其地结庐以居,故盗卒不能起。

山潦啮乐清田数十顷,而赋税如故,民患之。蒙筑堤堰,谨蓄泄,水不为害。浙西大饥,遣官往赈,征粟有司。他府仓卒不能办,独蒙储粟五万石以待,民受其惠。

遭父忧归,起复知湖广辰州,寻改广西之南宁。广西蛮獠杂处,蒙治之三年,俗大变。田州土司岑猛与其族弄兵,蒙往晓譬,乃戢服。

久之乞归。蒙起太学生,至郡守,有名如钟言。

杨琚,泰和人也。喜言兵,景泰五年进士,授兵部主事,出镇山海关。

成化二年,进武选郎中,征西军前纪功,上奏言:"臣奉命巡行,见延绥、庆阳二境东接偏头关,西至宁夏花马池,相去二千余里,营堡稀疏,武备单弱,以致套贼屡为边患。近有百户朱长,年已七十余,自幼熟游河套,亲与臣言套内地广田腴,有盐池海子。葭鄜之民往往出墩外田作。正统间,宁夏总兵黄鉴欲将偏头、东胜两关,黄河西岸至宁夏黑山立城堡十三,墩台七十有奇,聚材官驺卒,发劲弩长戟于十三城堡中,则七百里之地易于侦望,不难守矣。当时议者不察,徒以地平衍难据已之。后总兵石亨又欲将延绥一路营堡移徙直道,以府谷堡移柴关故城,孤山、东村二堡移野芦川,神木堡移杨家城,柏林、高家二堡移石落涧,双山堡移真溪滩,榆林城移桦林、白涧滩，响水、波罗二堡移白上窑，土门堡移白腊峰，大兔鹘堡移滥柴关，龙州城移北城，寒门堡移古窑，清边营移㮠河，宁塞营移察罕脑儿。直与安边、定边相对，形势钩联，墩台络绎，则宁夏东路与偏关河边营堡俱在其内矣。而当时守土者又以徙置烦劳已之。二策不行，至今贻患。臣以长言质之土人，皆云若如前策，移营展堡不惟可以御敌于外，且使军民得田作于内。积之数年，边储渐充，转饷可省。臣窃见套贼连年入寇，朝廷命将阻征，调兵四万有奇，人马刍粟日费四百余金。以一岁计之，当费十五六万，而赏劳转运之费不与焉。孰若以一年之费，给宁夏偏关军民，使协力移展城堡，密置墩台，且守且耕之为愈也。"宪宗以为然，令备边兵部尚书王复经理焉。

时，宁夏副总兵林盛亦好言兵，上书言："臣见榆林、宁夏一路有警，即调京军及各镇士马久顿边城，寇乃安处河套，彼反为主，我反为客，势成倒置。敌若大举，调集之军云合雾散，亦与城守者无异。今陕西西安、洮河、秦巩等卫诸军约有十万，简阅精壮，可得四五万人，脱有寇警，即令镇守诸官酌量缓急，分调平凉、固原、环庆、鄜延，各路表里应援，则战守有备，既不远烦师旅，亦可少省刍粮。如果贼势甚张，许乞师应援。

"盖古之将者，赏罚诚信，号令严明，故士卒畏将不畏敌。今则反是，以修明军务为立异，坐视姑息为老成。平居乏驭下之威，临事多犯令之卒，败军误国，职此之由。

"向者贼冲突边疆，尚能捍御，今远居河套，安可穷搜？但使我能练兵储粟，坚壁清野，使彼进退失利，可不驱而遁。且今边卫贪官狡卒，纠结成风，卖富役贫，抽强配弱。是以甲仗非素习之器，队伍无共难之心，养士虽多，无益国计。"宪宗亦是之。

而琚寻出为参议，往治荆襄，筑老龙堤，疏竹筒河，皆有益于民。而开设郧阳功尤多。以参政卒，盛亦累功至总兵。

项骐，字文祥，仁和人。景泰七年进士，授南京吏部司务，历迁南京刑部郎中。

当宪宗即位，诏求直言，骐应诏陈五事，曰：务正学，纳谏诤，崇节义，远近习，弭天变。语甚切直，皆人所不敢言。未几，以病乞致仕。甘贫屡空，僦屋以居。巡按御史高其节，授室一椽，始遂栖托。家居三十年，无疾而终。

巡按唐凤仪以骐与王琦、褚遂良同里，表其里为"忠清里"。学使孔天胤又别建"扬清祠"以祀之。

吴悼，字克大，淳安人。成化十一年进士，授南京刑部主事。王恕巡抚江南，荐悼理苏松诸郡刑狱，听断明允。

迁贵州按察司佥事。贵多军卫，生徒无廪饩，站军亦无额粮。悼始设学田，又请给站军粟月三斗。改建新添卫学，通关索岭驿路，修举废坠，官民称便。

程番盗起，守臣遁走。三司议发兵，莫敢前。悼曰："此可抚而定也。"单车谕降之。

都匀地形险阻，蛮獠跳梁。且百年屡征不克。弘治三年，巡抚都御史邓廷瓒荐悼才，擢都匀兵备副使。时，太监汪直、镇远侯顾溥及廷瓒会四省兵讨黑苗乜富架等，悼遣熟苗诈降乜富架，诱令入寇，因伏兵擒之，并执其二子。诸路乘胜深入，抵其巢穴，凡破一百一十余寨，斩级俘获八千余。捷闻，降敕奖劳。

又，贼围官兵于合江州，复率师援之，贼解围走。

时，悼威名大著，贼望风奔溃，相戒避都匀副使。当是时，菜兰、和壁、犁田诸洞悉下，平麻、六洞、九名、九姓等诸苗亦皆归附，设府州县控驭之。贵州为之一靖,盖倬之功为多。廷瓒上平贼功,以倬为最,副使俞俊次之。倬进秩二级,俊一级。

七年,迁云南按察使。以父丧归。服阕,补广西。十四年入觐,卒于兴安驿。

张昺,字仲明,宁波人,都御史楷之子也。成化八年进士,授铅山知县。初至,平亩税之不均者,民便之。行邑界,见大树荫二十余亩,昺曰:"是将病田。"使从吏伐焉,父老谓此树神,不可伐。不听,甫运斤,血出,众惧欲止,昺怒,手持斧为倡,三日卒断其树。树有巨巢,堕三妇人,绝而苏,自言为狂风吹至楼上,与少年俱不知在树巢也。知为妖摄,驱之还家。县俗尚巫,有巫厉人能隐形,吏莫敢捕,昺驰至其家,以县篆加巫背,鞭之立死。乃尽毁诸淫祠。

有寡妇惟一子,为虎噬,具牒控虎。即移檄于神,约五日系虎至。及期,果二虎伏庭下。昺挟弓矢出,叱曰:"谁食吾民?法当死,无罪者免。"一虎起,敛尾去,其一伏不动。昺抽矢三发,皆贯其首,殪焉。以虎畀节妇,一县称为神君。

邑大旱,祈祷不雨。昺乃斋宿神祠,梦妇人衣缟素泣拜。觉而识其里居姓氏,即躬至其所,鞫之,盖付四妻祝氏。夫死,舅姑迫令改嫁,潜投后圃池中死。舅姑即死所填以土,久不泄,昺命启土,貌如生。乃罪其舅姑,为文吊之,忽雨如注。诸异政多此类。

擢南京监察御史。时,威宁伯王越与保国公朱永,与太监汪直比而构边衅,昺曰:"是为国家害不小。"即抗章论之,辞连内阁、司礼监。由是,内外大臣皆衔昺,然未有以发也。会昺劾南京守备太监蒋琮,琮因诬昺擅威福,昺坐贬通政司经历。

寻以荐迁四川按察司佥事,进副使。太监马某以术士周慧善黄白术,将进之朝。昺曰:"是柳泌也。"即擒慧论罪,徙之极边。

岁余，引疾归家四明之楝庄，因以为号。环堵萧然，出入不能备骑从，而意致容与。以经史自娱，有馈之者，辄不受。居数年，都御史王燧以赈至，馈屡百金。坚拒不得，乃受下户饥民例一分，以答其意。鄞知县丁某重屡，且夕候起居，为具蔬食，屡曰："吾诚不给芋栗，奈何以此烦令君！"卒弗受。炊烟屡绝，家人至不能忍。及卒，含敛不具，有司经纪其丧。其清节如此。

杨峻，字惟高，进贤人。成化二年进士，知丹徒县。宽严并用，百废俱兴。召为云南道御史，出清军湖广，摘发奸弊，吏莫能欺。

擢广东佥事。有千户滥杀冒功，事发逃匿，诈言已死，有司系其仆于狱二十余年矣。峻鞫其妻无戚容，疑之，密遣人踪迹，果得之广州。

丁忧，服阕，改福建汀漳兵备。历迁副使、按察使、左布政使，皆在浙。有报父仇抵死者，峻以其孝，特释之。镇守中官恣横，峻面数其罪，取铁索欲与之骈锁诣京，势乃稍戢。改南京光禄卿，凡所供具，悉为减省。故事岁进酒十万罂，军民转运稽程，属吏多获罪。峻请命巡仓者监之，宿累始除。

弘治十六年，以年至七十谢政归，正德七年卒。峻为人方严，莅事精敏，终日俨然，未常悦人以词色，人亦多不悦之，以此不获柄用。守官廉，服食俭素，有人所不堪者。所居与县治邻，致仕十年，足迹未尝一至县门。亲终庐墓，至老生日不举宴。诲后进必以正笃，于故旧盛衰如一，乡邦重之。

<u>三传无一超群事堪润笔墨，而文亦简净不蔓。</u>

何文渊、李裕、屠滽、萧维祯、俞士悦列传

何文渊,字巨川,广昌人。永乐十六年进士,授监察御史,巡按山东。洪熙元年,命考察四川吏治,殿最称当。

宣德五年,以都御史顾佐荐,赐玺书,出知温州府,三年政化大行,一郡称治。七年冬入觐,道括苍岭,永嘉丞遣其子以金赆,却之,后人为立却金馆。帝闻其政,召入便殿,命中使传诏奖劳,宴于庭,以御制招隐诗赐之。既复任,感帝恩遇,益尽心职业。暇则与诸生周旋、章纶辈讲论经史,后皆以文行名。

处州盗起,官军讨之不克。文渊词知贼据乌风洞,悉捕其渠魁。时,都指挥李贵等执平民使诬服,文渊移牒,言贼已获,所捕皆平民也。于是,二百余人皆得释。

民有兄弟争财,召父老谕以天伦大义,兄弟感悔如初。布政使黄泽上其治行,赐玺书奖励增秩,守郡如故。而礼部尚书胡濙复荐文渊宜大用,乃超擢刑部右侍郎。军民号泣请留,频行,送者万余人,立祠祀焉。

正统元年,理淮扬盐法。五年,复理京畿荒政。麓川思任发叛,已遣人谢罪。廷臣复议讨之,文渊请遣官宣谕,如终梗化,相机捕剿,免出师转饷之劳。

六年,旱,敕审系囚。时苦盗,言者请自今有犯以窃盗,榜其门。文渊具言:"律有常宪。今为盗者多,若尽署门,数年间窃盗牌额遍海内,实伤治体。"议乃寝。

以疾求罢,许之。

景帝即位,陈循荐起为吏部左侍郎。贵州蛮反,文渊请罢布政

司,仍如洪武中设总兵官镇守,于谦言其非便,遂止。

景泰元年,进本部尚书,以易储恩加太子太保。文渊在温州廉静寡欲,称良吏。及起为吏部,声誉大减。会灾异,吏科都给事中林聪等交章论其贪纵奸邪,请罢黜以回天意。文渊疏乞致仕,帝温旨慰留。于是,聪等论益力,并劾左庶子周旋。旋故文渊在温州所拔士,帝欲宥之,给事中曹凯廷争曰:"文渊奸邪,旋党比法不可纵。"乃并下狱。文渊故与太监兴安善,其得留也,安有力焉,聪劾章内有"嘱托内臣"语,帝诘责,乃释文渊,命致仕。

英宗复位,革所加太子太保。文渊自以易太子诏中"天佑下民作之君,父有天下传之子"二语出其手,虑及祸。时副都御史陈泰左迁广东按察道,广昌有传泰来为文渊者,遂自经死。

子乔新,别有传。

观此可知人之才具有宜不宜,用人者可不知器使之义乎?

李裕,字资德,丰城人。景泰五年进士,授监察御史。天顺中,巡按陕西,上安边八事,其选将、练兵、汰守令、安流民,皆中时弊,诏所司行之。

安远伯石彪坐首功不实,下裕核之。彪从父忠国公亨以书求庇,裕焚其书以实闻。亨亦旋败,由是,有强直声。

久之,擢山东按察使。平青州大岘山贼七十余砦,迁陕西左布政使。

入为顺天府尹,数裁抑权贵,禁投献,革和买,减惜薪,司夫役。府中有给引钱数千缗,例归尹,裕减其直,悉贮之官。

进右副都御史,总督漕务,兼巡抚凤、庐诸郡,请浚白塔、孟渎二河以便漕。又以张秋、南旺、淮安、西湖诸堤植木捍水,岁修筑非久安计,乃与郎中杨恭、主事郭升等准其直以石易之,民不病役。

寻，丁父忧。服除，进右都御史，佐院事。汪直既败，裕因请雪诸臣之忤直得罪者，帝不悦，与左都御史屠滽皆夺禄。

又以棰御史得谤，调南京。

秩满赴阙，留为工部尚书。未几转吏部。时，乡人李孜省方幸，故得骤迁。以下皆以掩所入之不正。裕颇病之，乃力主持正厘弊，谓僚属曰："诸君亦知天官名曹之意乎？五服五章，天所以命有德也。今与诸君约，愿无获罪于天。"

故事考察黜吏之目有四：曰老疾，曰贪酷，曰素行不谨。裕奏言："人之材质不同，偏执则类酷，迟钝则类软。乞创立才力不及一途，以惜人才。"帝善之，遂著为令。

尹旻为尚书，深疾江西人，以故为万安、李孜省所倾。裕惩之，一无所较，人服其公。

弘治初，言者谓裕之进由孜省，不当久居位，裕为《辨诬录》，连疏乞致仕去。正德六年卒，年八十八。裕扬历中外，所至以廉介称。及既贵，为孜省所累，天下惜之。

屠滽，字朝宗，鄞县人。成化二年进士。试监察御史，明法令，善折狱，当奏谳，援笔立成，不烦窜易。都御史王越使掌诸道奏章，且荐才可大用，超擢佥都御史，调南院。

安南侵占城，逐其王子古来奔广东。事闻于朝，遣滽出按。滽移檄安南王，谕令罢兵。乃募勇健千人，以海舟二十艘护古来归国。古来持宝器异香为报，滽悉不受。既而古来遣使以闻，奉命乃受。于是以所献贮礼部。弘治初，总制两广。未几，召还掌院事，进左都御史，加太子少保。

寻，迁吏部尚书，满三年，加太子太保。既又以太子出阁，加太子太傅。在位练达精敏，尝因灾异请革内降除授，谓："天下士事诗书而躬案牍，数十年不得一官。而白身之人或因奔竞乞怜，或缘技艺蒙幸，如拾芥然，不可以为训。且今之传奉，即汉所谓西邸之爵，唐所谓斜封之官，宋所谓内降之职，甚为政体之累。陛下当远宗尧舜，近守祖法，岂可袭汉、唐、宋之弊政乎？"众皆服其确论。

言官有欲开纳马之例者，复抗疏曰："朝廷仓库及太仆见积尚多，奈何开此？万一闻于塞外，将谓中国战马财用俱已空竭，不亦生戎心乎？"议遂格。

每注选，至烟瘴地辄停笔久之，曰："是必择其风土相宜者。"此尤见仁心为质。因奏著为令。

科道庞泮等下狱，率府部院寺大臣争之得释。顾疏于防检，时时为言官所论。会尚书周经以劾免，帝召潆问，潆曰："此言官挟私耳，经无过。且言官无不挟私者。"因并辨劾己之枉，辞气颇忿。帝不悦，诏诘责之，潆乃乞去。

潆家居，恒郁郁不乐。武宗初，征诣京师。当是时，大臣守正者多去位，而潆独以故职兼左都御史掌院事。

潆长议论，而善与时俯仰。然素明达，遇义所不可，亦不苟从。刘瑾恶刘大夏，诬其为都御史时激变土官岑猛，论死。潆曰："大夏无死罪。"得减论，故瑾亦嗛之。正德四年致仕，越三年卒，赠太保，谥襄惠。

潆性宽厚。在吏部，办事官捧砚，潆初衣白绫甚泽，其人误倾墨汁衣上，匍伏请罪，潆笑，挥曰："去，去！吾方恶其太白，亦何罪？"

尝自谓："手持此笔论狱，惟恐误杀一人；掌铨衡，惟恐误黜一人。"世称其长者。有乡人冒称潆子，请谒郡县。其怨家发之，潆呼至，但相戒曰："汝甘为吾子，置而翁何地耶？国法可畏，后慎勿为此。"

萧维祯，本名兆，以字行，庐陵人。宣德五年进士，授刑部主事。正统初，汰冗官，维祯当去，尚书魏源奏留之。历本部郎中，擢大理寺丞。扈驾北征，师溃土木，维祯得间亡归。时有令：溃卒过期不首者罪之。维祯言："方今人心汹汹，招徕之犹恐不至，奈何欲罪之，遏其归路乎？"遂罢其令。

景泰元年，进大理寺卿。有尚宝丞棰杀家奴，论死。维祯曰："杀奴而死，则杀平人者何以加之？"以是得释。

三年，擢都察院左都御史，协理院事。与易储议，加太子少保。

四年，掌院事。八年正月，景帝不豫，百官问安左顺门外，太监兴安自内出，问曰："若等何官？"答曰："五府、六部、都察院堂上官。"安曰："若皆朝廷大臣，不能为社稷计，徒日日问安，何为耶？"真是可鄙！众默然而退。维祯同副都御史徐有贞集诸御史曰："兴安之言，若达其意否？"众曰："储宫立，无他患矣。"维祯喜，曰："然！"众还草疏，略言：圣躬不宁，五日未朝，内外忧惧，伏望蚤建元良，正位东宫，以定人心。稿具，明日集文武官于左掖门，会议具题。维祯举笔更"建"字为"择"字，众愕然。奏上，不许。于是，中外忧虑。时，传旨十七日御朝，廷臣议俟帝视朝复请。至期，遂有夺门之事。

英宗复位，执于谦、王文下狱，石亨、徐有贞等谓谦、文与中官舒良等谋迎襄王，然实无显迹。廷鞫日，维祯遂文致谦等狱，俱坐谋逆死。谦等冤死，虽亨辈主之，而维祯党奸诬忠，当时人尤切齿。未几，英宗亦烛其奸，调南京以远之。

四年，迁南刑部尚书。后左都御史寇深为曹钦所杀，议举代者，大学士李贤荐维祯，帝曰："此人素於吉祥通殷勤，吉祥力荐之，非端士也。"遂不用。

七年,改南兵部尚书,参赞机务。寻以病致仕,家居八年卒。赐祭葬如例,谥文昭。

俞士悦,字仕朝,长洲人。面铁色,而仪观岸伟,发声如洪钟。永乐十三年举进士,擢监察御史,历迁湖广按察副使。民不戒于火,延及臬署,僚吏皆骇走,士悦具衣冠向火再拜,风徐返,火灭。岁旱,有司用道家术,焚蛇磔燕,士悦命屏去,斋沐露祷,大雨三日。

正统四年,进浙江布政司参政。初至,佯若不解事者,群吏易之。越数日,尽得其奸猾状,发摘若神,吏大惊。

倭寇犯境,城乍、澉二浦以备。

七年,迁河南右布政使。三日,召为大理寺卿。

英宗北征,擢右都御史,留守京师。也先入寇,同都督卫颖守德胜、安定二门,不解甲者十余日。事平,进刑部尚书。

景泰元年,修倒马关,卒二百人逃归,法当戍。而卒皆讼冤,言逃由食尽。士悦奏:"律设大法,礼顺人情。此卒食尽而逃,又自首,可原也。请自今卒逃而自首者,谪使守瞭二年,期满遣去。"报可,著为令。

三年,以易储加太子太保。顾士悦既位卿贰,晋宫保,号尊显矣,乃为希世保位计,辄随人俯仰,靡所执持。是年大旱,因言者革锦衣卫官校。后南京守备言江淮间盗贼猬起,乞行御史锦衣卫缉捕,士悦因以为锦衣官校可复。给事中叶盛曰:"锦衣官校为民害久矣,幸一旦革去,奈何欲复乎?"于是,士悦又以为盛言是,果不可复。

少保王文衔给事中林聪刻己,思中以危法。会聪所亲坐事应答,聪为之请,主者发其书,下聪刑部狱。士悦因阿文意,论聪死。礼部尚书胡濙称病,曰:"朝廷无故杀言官,使老臣心悸。"帝竟释聪。

敕建隆福寺成饭僧,又希帝意,请收所枭贼首,释荷校罪人,以广福利。为刑科给事中尹旻所劾,士悦不怿,因乞休,不许。自是,益事残刻,少所平反。

七年,有卒为怨家所讦,下部逮讯。员外郎彭广案之以为诬。士悦恐失出获罪,遂欲论死。广具以闻,调都察院锦衣卫鞫之。广所案是,士悦愈不平,复执奏,更命会鞫于廷。卒竟无罪,以故益为人所薄。天顺改元,下狱,谪戍辽东。成化初赦还,复其官,遂卒。

<small>文渊、裕、潚、维祯、士悦各不能以功名终。而文渊治郡,屠潚达事爱才,犹为可取。维祯则小人之尤,当在诛殛之科,又当别论也。文则人还生面,而功过亦不相掩,春秋法也。</small>

卷十九　列传十一

秦纮、潘荣、孙需、闵珪、史琳、何鉴列传

秦纮，字世缨，单县人。景泰二年进士。初为南京监察御史，司收局内监傅锁儿肆恶，纮劾正其罪。又闻遣中官往江南采翠毛、鱼鰦等物，即疏谏止。权贵因以事中之，谪北黄驿丞。

以御史练纲荐，迁知雄县。奉御杜坚捕天鹅至其境，从人暴横，纮执而杖之。坚奏下锦衣狱，民数千人诣阙讼冤，诏贳之。调府谷，迁知葭州、秦州，俱有善政。

母丧归，起知巩昌府，累迁陕西参政、右佥都御史，巡抚山西。镇国将军奇涧夺人田产，纮劾之。庆成王为奏辩，且诬纮诸违法事，诏削将军官爵禄米有差，责王纵子妄奏，削禄米三之一。纮无所坐，然以王故改抚河南。会汪直以事至，纮独与抗礼，且密奏直所至烦扰百姓。直还，帝问巡抚孰贤，直以纮对。帝出纮奏示之，直叩头伏罪，益称纮不置。帝贤纮而释直不问。

逾年，又改抚宣府。纮在边亲被甲与诸将士逐寇。战顺圣川，又战兴宁，皆捷。寇远遁。尝上言："宣、大粮刍不足，故以河东、两淮盐引召商上纳。而商乘时射利，始则不报，以要轻价；终则缓纳，

以待时丰。本欲济急而反缓不及事。不若以两处盐引即本地变价输银宣府便。"又言："各边镇守官每以官舍自随,专营私弊,无益于事,请停罢。"皆从之。

召还,理院事,迁户部侍郎。时,大学士万安与吏部尚书尹旻交恶,旻既罢,以纮旻乡人,嗾御史诬纮为党,出为广西参政,稍迁福建布政使。

弘治初,王恕特奏为左副都御史,督理漕运,进右都御史,总制两广。总兵官、安远侯柳景贪虐不法,纮劾奏之,而景亦摭他事诬纮,诏下景狱。命给事中屈伸往勘,具得景赃私巨万,沮坏盐法,交土官,通番货,杖杀军职诸状。而纮独在任有亲故过之,曾与见,亦以是为罪。当是时,景累世勋旧,又姻连太后周氏,家势张甚,勘官不得不以微罪坐纮。而景犹抗不服,于是,会官廷鞫,逮纮至京,对簿法司。卒当景死,帝特宥之。而纮亦致仕。言官交章讼纮枉,王恕言："景当死,陛下既免之矣,而恩不及纮。是为地方军民之害者可宽,而除地方军民之害者不可用也。何以昭劝惩之典哉?"乃以为南京户部尚书。

十一年,引疾去。去三年,寇数入固原,言者谓纮有威名,虽老尚可用。起户部尚书,兼右副都御史,总制固原。逾年,兼督延绥、宁夏、甘肃三边军务。纮言："固原为陕西要路,官军万八千人散守城堡二十四所。兵分则力弱,非益兵不可。顾临巩、秦州诸军,岁赴甘凉备御。及他方有警,又调甘凉与京营征讨。夫京师天下本,边将手握重兵。一遇有事,辄请京军援应,岂强干弱枝之道哉?今后京营兵毋轻发,其临巩、甘凉诸军各还本镇,选知兵宿将一二人各守其地。则人以成为家而乐于趋役,军以将为命而自奋战心,庶为两得。"

又言："治边之道,守御为本。平凉北四百里旧有豫望城,固靖北三百里旧有石峡口及双峰台城，此皆要地，最宜设备。修此三者，东连环庆，北顾韦州，烽火相传，互为声势，此第一厄也。稍南，军民野处，所当随山修堡，使险固可依。又有西安州、镇戎所、海剌、都打剌、赤黑水口、干盐池、撒都城，犬牙参错，此第二厄也。又南则有固、靖二卫、平滩堡、一条城、东山城、白阳城，分布守御，此第三厄也。又益南则有火龙沟、虎山沟、金佛峡、麻张沟、海子口，乃深入腹里之路。山间蹊径，用力不多，其墙各以石甃，其门俱用铁裹。墙上建营房分兵防护，一夫守险，百人难越，此第四厄也。布置既定，则我之往攻易，彼之入犯难。"

纮初至固原，见土狭民贫，为拓城郭，定盐价，不匝月，商旅皆集，民用渐裕。又见固原迤北，延袤千里，闲田无虑数十万顷。但旷野近边，无城堡可依，议于花马池迤西至小盐池二百里，每二十里增筑一小堡。固原迤北诸处亦各筑屯堡，募人居种。规摹已定，而宁夏都御史刘宪意多不同。纮言："臣尝论三边要害，延绥、甘凉地虽广而士马精强。宁夏士马虽怯弱，而河山险阻。惟花马池至固原，士马怯弱，墩台疏远。一有警即至固原而入腹里，故花马池必当增筑城堡墩台，韦州、豫望城诸处必当增筑居种屯堡。今固原迤南修筑将完，惟花马池迤北二百里当筑十堡。而宪危言阻众，垂成之工必且就废，深为可惜。乞令宪制三边，而改臣抚宁夏，终此边防为便。"于是，帝下诏责宪，宪伏罪，卒如纮策。

又尝以意作战车试之，轻利可用，名曰"全胜车"上之，颁其式于各边。

纮在事三年，督修诸边城堡一万四千余所，边堑六千四百余里，边镇屹然。前后经略西陲者，皆以纮为第一云。杨一清踵纮后行边至其地，叹曰："秦公文吏，观其行事，虽古名将何以加之？"其为人推服如此。

寻,又召还视部事。以老疾乞休,疏数上乃许之。明年卒,年八十。赠少保,谥襄毅。

纮廉介绝俗,居官五十余年,出镇南北,所居仅蔽风雨。妻孥菜羹麦饭,常不得饱。又性刚,不受屈折。督漕运时,以御史姜洪文移不逊,上书论之,谪洪乃已。在广被逮,官校至,纮方议讨后山诸贼,治军事毕,从容就道,仪卫驺从,略不贬损。识量深沉,不独以强项为主。既逾岭,始囚服就系,谓官校曰:"两广民夷杂处,总制体统崇重,遽就拘执,恐损国威,使彼有轻朝廷心。今既逾岭,真囚人矣。"自处严重多此类,人皆惮之。

论曰:自秦筑长城以限内外,而历代防边之议于是昉矣。明兴,定都于燕,设辽东、大同、宣府、延绥、宁夏、甘肃六边,各屯重兵守之。其后,大宁徙,蓟州危,三韩没,山海震,东胜失,山西薄,河套弃,固原迫,四镇始皆称边。然前之边六而守日坚,后之边九而守日瑕,岂非在乎得人不得人与?宣正以还,为边患者大率在西北。其间,边臣以功名著,如王骥、陈镒、余子俊、马文升辈多可称道。若其相地形险易,量士马强弱,规画精详,经理微密,为边塞永久之利,则纮尤不可及焉。于戏!令任事之人皆如是,奚至贻朝廷外顾之忧哉?故取纮在边时行事议论节录之,而著于篇。

是何用意?不但区区以著作为心。

潘荣,字尊用,漳州龙溪人。正统十三年进士。景泰初,擢吏科给事中。

言停起复,抑奔竞数事,转左给事中。时,诏礼部:"言官假名报怨者具奏罪之。"荣因上言:"致理之道,求言为要。故《尚书》称尧之德曰'稽于众,舍己从人';称舜之德曰'明目达聪,好问好察';述禹之兴曰'闻昌言则拜';颂汤之圣曰'从谏弗咈'。其他英君谊辟,或置鼓以求谏,或设木以招谤,所以有过则改,闻善则从,当时治安,后世称圣。陛下即位以来累诏求言,中外咸庆。顷因言官陈列,违忤圣意,遂至敕部参详。迹涉私嫌,即从吏议,此诏一下,士大夫以言为讳。今瓦剌陆梁,边疆多事,正陛下忧勤采纳之时,恐未可以此阻言者之路也。"报曰:"国家法制久定,今有假托建言,用报私仇,故有此禁,何曾阻抑言路?仍敕部具悉朕意。"

五年,请假省亲,帝念其贫,赐楮帛为道里费。

遭父丧,服除,出使琉球,赐玉带、麒麟服。使还,进吏科都给事中。

成化六年二月,京师阴霾昼晦,荣率同官上言:"陛下庶政一新,自宜天心降格。乃者风霾屡作,当昼晦冥,岂应天之道犹有未至欤?人君一身,动与天准。敬天之道,不独斋戒祈祷而已。政令不宜,下民失所,非敬天也;崇尚珍玩,费用不节,非敬天也;后宫无序,恩泽不均,非敬天也;爵滥及于贱役,赏妄加于无功,非敬天也。愿陛下痛自悔励,实图修省,庶几天意可回,灾异可消。"不报。未几,迁南太常寺少卿。

十二年,进南户部右侍郎,总督南京粮储。寻,改都察院右副都御史,仍领部事。严剔积弊,免军士盘运之费,仓积羡粮数万斛,奏上备赈饥用。

十七年,入为户部左侍郎,署部事。岁旱,漕河淤塞,奉敕督治运舟,综理有方,飞挽无阻,进本部尚书。以老疾乞休,给驿归,月廪岁隶如例。卒,年七十八,赠太子太保。

孙需,字孚占,德兴人。成化八年进士,授常州府推官。善决狱,有疑案,一经需谳,无不立断,由是有闻于时。

运河淤塞,时议取径别凿一河,久之不就。以属需,需相地授役,约先完者赏。众欢趋,旬月告成。三年考绩当迁,巡抚牟俸奏请留任。

又二年,擢南监察御史。时妖僧继晓以左道得幸,需偕同官上书请诛之。帝怒其戆,杖于朝,直声益振。

尝巡仓中都,镇守中官骄倨,榜其门曰:"谒者入,文东武西。"需不往,将上疏劾其僭,中官惧,卒正宾主之礼。

迁四川按察副使。岁大祲,需闻湖广有积粟,偕佥事金泽往贷,得三十万石,分地赈给,全活无算。以父忧去。故事:监司出峡,率令有司编筏传舟,以防滟滪之险。至荆州市其竹木值数百金,需拒弗用,亦竟无他。

服除,补湖广,未至,道迁浙江按察使,再迁布政使,益以清节自励。浙人称清德者,必曰"前刘后孙",刘者,大夏也。

未几,擢都察院右副都御史,巡抚河南。时,岁凶,汴河溢,啮城,城且坏,需令民筑堤而予之佣值,趋者日众,堤成而饥民获济,公私便之。有旨下河南取牡丹三千本植禁中,需上言:"役耳目以劳民力,非盛世事。"泌阳知县冯宪忤宗藩,已下抚按会讯,寻复逮诏狱,需又言:"国家令如反汗,何以示天下?"事并得寝。

居三年,镇守中官刘琅朘民自殖,需辄以法裁之,且禁民不得投牒琅所,有犯者据法论戍。琅大恨,诣需跽请曰:"盍稍纵绳墨,使得饮勺水于此乎!"需不听,琅内惭,恨需刺骨,阴谋去需白便。遂调抚陕西,比至,拊循士卒。闻警,必擐甲先驱。而需亦劳悴且病矣,乞休,不许。无何,召还京。其去河南及陕西也,民皆遮道呼号,千里不绝。彰德府官以铜雀砚赠行,亦却勿受。论者以其廉不可及。

时,郧阳流民无所归,乃改需提督郧阳。需招徕,谕告给牛种,散廪饩,安辑者数万口。乃建学舍,令子弟讲诵其中,暇则身往课习,民无惰业。境内武当山遇祷祠,辄赋民钱,需曰:"山有香钱巨万,守者皆牟以自利,而顾以疲县累吾民,何也?"令籍贮均州,自是民得无赋。

正德初,进南兵部侍郎。荣王之国过金陵,欲登城眺览,需谓祖制不得擅登,王亦惮之而止。其刚严如此。

进南礼部尚书。刘瑾用事,迁官者率行赇以谢,需独无所馈。瑾衔之,摭他故罚米输边。竟犹未已,复矫旨令致仕。

瑾诛,起南工部尚书,改刑部,又改吏部尚书。考察庶官,所黜数人,或颇负时望。闻者疑之,及廉其实,所黜果当。于是,益服需之明。复上言修政弭灾,戒游佃,抑权幸诸事,皆切直。不报。

以年及辞位,诏乘传归,有司月廪岁隶如例。卒,赠太子太保,谥清简。

闵珪,字朝瑛,乌程人。天顺八年进士,授山东道监察御史,出为江西按察副使,进广东按察使。

成化二十一年,南赣盗起,擢都察院右佥都御史,巡抚江西。上言:"盗贼之作,皆由于巨室横取民财,民不堪命,故挺而走险。请治豪右之不法者,以绝其源,则盗可得而弭也。"于是,贵人多忌珪,欲中伤之。而李孜省因言珪不胜任,天子以为然,左迁广西按察使。

弘治初,复副都御史,巡抚畿甸,进刑部侍郎。四年,进右都御史,总督两广军务。番嵎、泷水、柳庆、平乐诸瑶僮之为乱者,相继讨平。其讨古田也,都督马俊及参政马铉败死。时谓致败自俊,珪曰:"吾总督诸军,奈何独罪死者乎?"乃引咎自劾,时议欲济师,珪不可,设重购缉之,已而,贼果相率归降。安南使臣奏:"入贡道凭祥、龙州,辄为所梗。"诏下处分,珪曰:"是各有罪焉。"乃檄安南无得挟私货,凭祥、龙州无得阻贡物,其争遂息。

八年,进南京刑部尚书,寻改都察院左都御史,加太子少保。

十三年,召为刑部尚书。前后屡治大狱,皆会情比律,归于仁恕。乐工袁林以罪死狱中,逻者谓刑部郎中丁哲滥刑致之。事连御史陈玉,下廷议。时,宦官从中主其事,众相顾莫敢言,珪第拟如律。及吏徐,珪为哲申理,并下狱穷治,珪复执如初,俱得末减。

辽东都指挥张天祥以袭杀冒功,大理寺少卿吴一贯当其罪死。会天祥死于狱,孝宗大怒,亲鞫于廷,将置一贯重辟。珪与都御史戴珊进曰:"一贯推按不实,罪当徒。"帝怒不解。又力净曰:"法如是足矣!"于是,一贯止贬官去。

后又尝谳狱不称旨,固争,帝不悦,与尚书刘大夏论及之,大夏曰:"法司执法,恩归朝廷,似未可深究。"上曰:"尔第言古者何人如此执法?"大夏见帝怒,莫知所对,因曰:"孟子云:'舜为天子,皋陶为士,执之而已。'"帝默然,久之徐曰:"朕亦知闵珪老成,欲求一人易之不可得,但凡事执持太过耳。"明日,卒从其议。

及刘瑾用事,遂请致仕。卒,赠太保,谥庄懿。

秦纮清干,闵珪守法,令人有何处得来之叹。

史琳,字天瑞,余姚人。成化二年进士,授工科给事中。值佞幸用事,朝廷颇事宴游。上元张灯,费以万计。又崇饰浮屠,刹宇相望。琳抗章论之,直声震一时。

九年,出为陕西右参议。巩昌番贼为梗,率兵掩击,尽降其众,遂出行部。自安定历会宁、金兰,抵秦州,增斥堠,缮城堡,以断贼路。又转关中之粟以实甘凉。往来边徼凡二年,尽得其形胜扼塞及战守方略。俄以忧去。

服除,补福建,转江西左参政。南赣盗起,攻城邑,杀官吏,督兵剿捕，俘斩七百余人。

弘治元年，迁右布政使。四年，转左。藩府岁禄多倍取于民，琳请所司类输之，民免侵削。

琳既久历外任，悉谙利弊。方锐意为民兴革，无何，擢左副都御史，巡抚保定等处，兼提督紫荆诸关。畿甸民困于重役，戍卒疲于罚班，而时滹沱水张①，溢坏民庐舍，乃为定徭役，免重税，开支流，民赖以苏。嬖臣矫旨藉真定、大名诸州县果园，以备供应，琳上言："此地入之朝廷，何啻毫毛？而实百姓衣食之原也。穷民失业，变生可虞，惟陛下念之。"诏遣官覆视，如其言，乃止。

九年，入为工部右侍郎，与尚书徐贯尽力曹务。尝因灾异上言停织造，省供应，皆报可。

十三年，以左侍郎兼佥都御史经略紫荆等关，寻进右都御史。大同边警频闻，朝廷命太监苗逵为监督，保国公朱晖为总兵，而以琳提督军务。琳先驰至镇，会计兵马刍粮。俄寇退，还，掌院事。

十四年，小王子自宁夏犯固原，又犯榆林。假琳便宜行事。益兵七千人，率偏师先往，薄有斩获，未能得其要领。时，南京刑部员外郎李祚言河套不可弃，而给事中周旋亦言琳疏略不检，有旨责琳治军无状。于是，以保国公朱晖为大将军出宣府，都督李俊、李澄为左、右参将出大同，与琳会师延绥。晖等既至，觇敌兵所在，乘夜潜师直捣河套。敌不意大兵骤至，惊遁，乃毁其庐帐而还。捷闻，各赐敕褒美，副以彩币宝镪。琳入朝，陈边务十三事。

十七年，复与保国公晖治兵京营。武宗初立，国事抢攘，宣府游兵复失利，与晖提师赴援。琳出宣府，晖出大同，分督诸将合势邀击，斩获以百计。捷再上，褒谕如初。师还，帝遣中官迎劳，宠赐有加。

琳自居九列，前后请老十余疏，辄慰留。平生多艺能，于诸推步、占候、医药之术靡不通涉。一日,见荧惑犯左执法,谓人曰:"是必有当之者。"已而,左都御史戴珊卒,曰:"未也。"及代掌院事,不逾月亦卒。年六十有九,赠太子少保、左都御史,再赠太子太保。

校记
① "张"似为"涨"字误。

何鉴,字世光,浙之新昌人。年二十八登进士,时有诏,年三十者得赴翰林选,同列多增年以进,鉴曰:"未入仕,先欺君,可乎?"独不赴。

明年,授宜兴知县,疾白粮揽运者累民,更议每甲选六户自运。岁贡茶万五千斤,额外解费不赀。鉴雇舟解送,罢尚京马船,军民便之。

十年,以卓异征入为御史,巡宣府、大同。中官廖礼同参将周贤捕妖人,连逮良民百余,鉴覆按非实,奏宥之,决遣者七人而已。查盘边储侵耗,劾巡抚郑宁及监司以下数十人,置裨将孟玺、胡观等四十人于法。

十五年,巡凤、庐、淮、扬等郡。凤阳陵军倚禁木殃民,鉴按视其地,命止禁山麓,其平地樵采者不坐。著为令。

十七年,出为河南知府。上遣中官陈喜开取嵩、卢等县矿洞。鉴力止不可,且陈状,已而竟无所得。值岁大凶,悬格劝富民输赈,借徐、淮二仓余米,苏、常二府钱帛,而停解本郡漕粮以活饥民。其时,他郡人相食,盗贼杀官劫库,河南独晏然,治行称天下第一。

迁山东参政,历四川左布政使。吏部尚书王恕等考绩,鉴复第一。用是不三月,擢都察院右副都御史,巡视江浙粮储。弘治七年,苏松大水,饥民啸聚,以便宜发漕米十五万石赈之。

十年，巡抚山东，适阙里庙灾。庙故金章宗所建，规制卑隘。请于朝，拓而新之。工费十五万，取给关税，亡累民。

十八年，以刑部左侍郎兼佥都御史，核河南、湖广、陕西户口，期年报籍，得户二十三万五千六百有奇，丁口七十三万九千六百有奇。疏条处置地方十事以闻。

正德二年，进南京兵部尚书。时，内外守备皆刘瑾私人，诸卫弁倚藉声焰，钩联午贯。鉴略无所顾，发军中积弊，检核五十一卫军官。权贵无所关请，乃衔鉴，中以蜚语，坐事罚米。后瑾诛，诸附援者诛斥殆尽，而鉴召入为刑部尚书。寻改兵部，奉敕提督军务，赐蟒衣玉带。

先是霸州文安贼刘六、刘七、齐彦名等以诛瑾为名，拥众数千，残破畿南州县，山东、河南并受其毒。而蓝廷瑞、鄢本恕、方四、刘烈起四川，延及襄汉；李四仔、汪成一、王浩八起江西，阻桃林洞、华林寨、大帽山为乱，皆张甚。帝既命刑部尚书洪钟、总兵官杨宏往四川，都御史陈金、副总兵张勇往江西，都御史马中锡、惠安伯张伟往畿辅、山东，各率兵征讨。又以兵部尚书王敞疏暗不任兵枢，特改命鉴。鉴选练将士，奏起刘瑾所罢宿将白玉等数人，修浚畿辅、山东城隍，令乡镇结伍立栅相应援，令河南、山西发兵守黄河，断太行，以防奔突，令京操官军留守本处郡邑，令漕船各简精卒一人驻所过河滨护运，通行旅。诏悉从之。

亡何，贼屠枣强，破广平、清河、南宫、故城、献县而北。鉴奏遣都督张俊、王琮分御之。文安、霸州贼闻之，遁还山东。马中锡、张伟拥兵不截战，鉴劾以纵贼，征下诏狱。调宣府副将许泰，游击邰永帅师入驻涿州，延绥副将冯祯驻保定，又奏遣侍郎陆完督军。已而，贼复至霸州，都人震恐。帝召问策所出，对曰："边兵已到涿州，贼来正自送死。但恐陆完南行，急谕之可及也。"夜启正阳门出檄，檄至，完军方发，遂反趋固安，合诸将兵蹙贼，贼大败。官兵势振，完乘胜驱之。许泰败贼于半壁店，郤永败贼于鉴桥。冯祯新至，败贼于裴子岩。

鉴以军威已立，患贼多奔逸，不能旦夕尽，方谋益兵四路截剿，而帝忽遣太监谷大用、伏羌伯毛锐军临清。贼觇知大用等军稍远，时十二月朔，欲因帝出祀南效犯车驾。先日奔霸州，二更报至，鉴未寝，手书帖子递入长安门，记守门中官姓名，令逐门递入。司礼监立达御前，传九门严守，缒城令通州、良乡、涿州各为备。又以常制调禁军营于南海子、芦沟桥、羊角房三所。令既定，夜漏方五下。厥明，帝召问："今日可出否？"鉴奏："已有备，当蚤出以安人心。"驾遂出，竣礼而还。贼西南掠新城、饶阳、临城、赵州、晋州诸州县而去。鉴度其不东向临清，必南趋彰德，促完等分道急追。至彰德，贼方围汤阴，望风遁走。许泰、冯祯追，战败之。贼渡河冰，陷死者无算。诏加鉴太子少保，诸将升赏有差。

时，杨虎、刘七分兵自宿迁破睢宁、灵璧、虹县，转掠亳州。为炮击覆舟，虎及其党九人溺死。而刘三、赵风子、邢老虎代领其众，贼势复张，入河南，破虞城、裕州等二十四州县，焚劫杀戮，掘垦墓酷甚。鉴复檄宣府、大同、辽东、延绥诸镇将，续调未发兵各数千，遄赴军前，责诸将计日灭贼，且请都御史彭泽往河南督之。帝嘉其能，赐麒麟服。

七年正月朔日方朝，忽传贼又抵霸州。群臣皆变色，鉴默计宣、大续调兵已至涿，从容发符，调先在涿兵赵霸堵杀，贼复遁去。时，陆完在山东，恐贼逼京师，方遣将赴援，未至而霸围已解。贼先后破州县无算，流毒数千里。然四窥京师，卒不能过霸州一步。

自是，郤永败之穆陵，时源、神周败之汴梁，仇钺、彭泽败之汝宁，永复与许泰败之临朐[①]、沂水。贼日奔而南，转掠武昌、九江间,复折而泊舟通州、狼山,竟为诸将所蹙。彦名授首,六、七相继溺死。由鉴举用陆完、彭泽,及再调边兵之力也。事闻,适陈金、洪钟平江西、四川捷奏,上论功,加鉴太子太保,进阶光禄大夫,勋柱国,荫一子锦衣百户。

八年,予告归。鉴为人诚实果敢,遇所当为辄毅然为之。虽怵以利害不易。尝病锦衣卫为诸阉窟穴,冗官至千余人,奏乞简斥。

宸濠以媚瑾复护卫,及瑾败,再革。鉴为兵部,濠百计不能复。鉴去,一请即得之。

其与人平恕,常市隙地建坊,邻家慑其势昂不利己,鉴闻之,令埋深二尺许,邻人德之。后他坊多仆而此独坚无恙。

里居六年,讲求乡邑利病兴革,必得请而后已。众为之立祠,颜曰"乡德"。士大夫称五峰先生。士大夫家居,不可不念此。

清节通材,区画处亦凛凛有色气。

校记

① "朐"原文为"眗"字,正之。

周洪谟、杨守陈列传

周洪谟,字尧弼,四川长宁人也。正统十年进士,善文辞,谙国家典故,授编修,迁左赞善。劝景帝亲经筵以讲圣学,谨圣德以惇化本。复条上时政十二事,寻转侍讲,掌南京翰林院。

成化初,召修《英宗实录》,进侍读学士。四川蛮寇作乱,上书言御寇方略。寇闻之怒,至围长宁,欲劫其家。

历两京国子监祭酒,上言祀礼、储蓄、省刑、减役、薄税等十事。

悯荆襄流民之变,著《流民图说》。后李宾、原杰从其议,以有成功。

又请加孔子帝号,改"大成至圣"为"神圣广运",宜增冕十二旒,衣十二章;十笾十豆,各增十二;六佾之舞,增为八。且言:"古者鸣球琴瑟,堂上之乐;笙镛柷敔,堂下之乐。而干羽舞两阶,今舞羽居上,乐器居下,非古制。"宪宗命礼官议。尚书邹干覆奏:"孔子,万世帝王所尊。'大成至圣'之号,祖宗以来既仍其旧,不必增益。今'神圣广运',出于伯益赞尧之言,不若'大成至圣'本于《孟子》《中庸》,犹可仿佛也。笾豆佾舞之数,祖宗斟酌,已有定式。易谥号,加器数,举不足为孔子重轻,惟佾舞居下,宜命太常考正之。"洪谟复以为言。宪宗降制笾豆佾舞,俱如奏增焉。

进礼部右侍郎,寻代张文质为尚书。当是时,国家承平,典礼时举,四裔朝贡不绝,皆洪谟掌其仪节。大者如东宫大婚,太庙祔祧,前此未有,尽洪谟与内阁大臣参酌定制行之。

又言:"尚书蔡传璇玑玉衡非是,以故占步不合。"手制其器,以木代之,规制工巧,人服其精。

西番乌斯藏合诸族入贡,邀赏逾旧额,岁增至三四千人。河西诸番又诡称乌斯藏族益不可究,请视日本入贡例给与符二十道,书其使名及贡物于符上,识以旧赐金印,至关验是后纳,否即斥去。时以为便。

二十三年,加太子少保。时,月当食不食,众议宜贺。洪谟言:"此阴胜之象,岂可贺耶?"

平生自少至老,未尝一日去书不观。在朝知无不言。弘治初,致政归,力疾上安攘事宜,其论"积民食",略曰:国家设预备仓以积谷,有司视为具文,宜立规制通行天下。凡积粟以万石为率,遇上年官积十之三,中年十之二,下年十之一。积久,十里小县可至十万石，百里大县可至百万石。有司以积谷盈歉为殿最，不幸遇灾，验口赈给。俟上年还官，中年还三之二，下年三之一，概蠲其息。凡官民所积，小县满十万，大县满百万，则有备无患矣。

其"抚流民"，略曰：西汉时，召信臣守南阳，流民自附八万余口。东晋时，雍州旧在西安，因流民来聚，襄阳乃侨置南雍州于襄水之侧。松滋县旧隶庐州，因流民来聚荆州，乃侨置松滋县于荆江之南。其后，南雍州并于襄阳，松滋县隶于荆州，此往事之可法者也。成化七年，从检讨张宽之奏，流民聚处者械归里，适值溽暑，饥渴而死，疫疠并行，舟师递解者惧其相染，覆之于江。后令都御史原杰招抚，计死者九十余万人，故当时四川、陕西地震五百余次，灾伤遍于天下，此今事之宜鉴者也。今宜著令，流民与各郡县相邻者仿召信臣故事，听其附籍，仍复九年，待其安定，然后征之。远而不可附籍者，仿晋南雍州、松滋县故事，设州县，置官吏，编里甲，建庠序，以教治之，则流民尽良民矣。

其"弭强寇"，略曰：东汉时，广陵贼张婴寇扬①、徐，太守张纲单车造婴垒，申示国恩，婴即降。今强寇时常有之，宜先令人以张婴故事备录本末，开谕招抚。如其听从，散归农亩；否则，征剿未晚也。

其"剿广寇"，略曰：汉顺帝时，日南象林蛮反，乃募蛮裔，使自相攻，岭外悉平。唐明皇时，酉原贼黄乾耀等叛，诏募环古酋领方子弹、甘令辉等讨之，遂斩乾耀。今广西左右两江知府土兵不下四十万，若蛮人出没，不调中国军马，止用土兵征剿，转输金帛，以资粮饷。如其有功，历阶而上，以至都督而止，则人皆赴功，无不可破之贼矣。

其议"征西南裔及土蕃"，略曰：汉昭帝时，西南姑缯叶榆杀蓝州太守，乃召昫町侯亡波击之。唐德宗时，土蕃入寇，乃召云南异牟寻击之。今贵州苗贼，即古西南裔。如其出没，则调贵州、四川各宣慰司土兵以征。松潘即古之土蕃，山路峻险，输转愈难，常被截掠，此四川之大害也。乞将松潘官军留其半守卫，移其半于山麓之下，庶省运粮之五。仍召松潘所辖四宣抚司长官与约，能剿捕诸羌者升赏逾格，则四川大害可除矣。

其"征剿云南边境及经制云南境外地方"，略曰：云南、老挝等处，地瘴气毒，进者必死。若不得已而征之，宜调土兵，资以馈饷，约以升赏。昔唐调异牟寻以征土蕃，远在境外，尚克成功，况近在云南者耶？至于临安县南有野人一区，内不属云南，外不属交趾。宜善谕其酋长，许建衙门，自推寨主，允其三年贡马，免一应差拨。内可以屏障云南，外可以捍蔽交趾矣。

其"经制湖广诸蛮"，略曰：宋太祖时，辰州秦再雄武略勇健，擢辰州刺史。终太祖世，边境辑宁。今辰州诸地克平，宜如宋太祖故事，使各峒酋长自择，可立宣抚长官司并土官、知府等官，则边徼无虞矣。

其"经制四川，都掌大坝"，略曰：太祖经略云南、贵州及各边境，设立土官、宣慰、宣抚、知府、知州、知县等官，独广西蛮蜒，湖广苗僮、溪峒，四川都掌大坝三处未尽设立，每有出没剽掠之患。宜如祖宗成宪，设立土官为便。

洪谟之留心世务，长于议论，多此类也。

又谓："有明五经取士，士遵濂洛成说，应主司求其于精微，宁无疑辨。偶翻阅有得，辄为剖析，得二百四事，名《辨疑录》以献，意欲掇于诸经本注之下，恒自诩吾为此录，发经书之蕴，正先儒之失，虽三公之贵，不与易也。"古人自重其书如此。书上，不报。然洪谟读书论事，好执己见，果于自是。亦是一病。晚年章奏多为人指摘，天子独谅其朴忠。

弘治三年卒，谥文安。

校记

① "扬"，原文讹作"杨"字，正之。

杨守陈，字维新，鄞县人。父自惩，为县吏，有阴德。守陈景泰元年乡试第一；明年，成进士，改庶吉士。寻遭父丧，祖父母继没，居庐七年。

服除，授翰林院编修，累迁司经局洗马，充经筵讲官。尝进讲《武成篇》，因曰："《鲁论》称舜'无为而治'，《周书》称武王'垂拱而天下治'，是则圣人之治，皆不劳而逸也。然后世人主有深居禁中，委政内侍者，乃召望夷之祸。有高居无为，肆情嬖艳者，乃启禄山之变。是何也？盖大舜、武王，能举相除凶，惇信明义，忧劳于先，逸安于后。后世人主则安其危而利其菑乐，其所以亡耳。此圣狂治乱所以异，惟陛下留意。"左右听者悚然，退相语曰："真讲官也！"寻，进侍讲学士。

守陈官五品十六年，泊然退处。当路有欲援之者，谢曰："吾犹嫠妇也，守节三十年，今老矣，顾改志耶？"

孝宗出阁，复为东宫讲官，迁少詹事。

弘治元年，宫僚皆进官，拟进南京吏部右侍郎，帝曰："守陈宜留此。"因改北。

宪宗升祔，礼官议祧懿祖，而以德祖比宋僖祖不祧，守陈言："礼天子七庙，祖功宗德，故凡号太祖者，必以配天。若商周契稷，皆有功德，非直原本统也。宋僖祖及我德祖，可比商报乙周亚圉，非契稷比。议者习见宋儒，尝取王安石说，遂七庙既有始祖，又有太祖。太祖配天，又不得正位南向，名与实乖，非礼。今请祧德、懿、熙三祖,而自仁祖以下为七庙。异时自仁祖及仁宗以下亲尽则祧。而太祖太宗,百世不迁。祧主藏于后寝,袷礼行于前庙,时享尊太祖,袷祭尊德祖,恩义各尽,庶无悖礼。"时不能从,然识者是之。

又言:"宜遵祖宗旧制,开大小经筵以讲学,御早午朝以听政。其大小经筵必择端介博雅之臣侍班进讲。凡四书五经诸史,祖宗典训,百官题奏,皆当聚之文华殿后,日轮内阁大臣一员,讲官二员,使居前殿右厢。陛下退朝,常御后殿或前殿,躬加研阅。倘有所疑,则录示讲官,使得面对。午朝则陛下御文华门,内阁府部院寺大臣科道官轮番列侍。遇有大政会议,使人各尽其谋,陛下审而行之。其余具本奏者,则召内阁面议批。凡内外官员见辞赴任,或自任所来见者,陛下必俯降辞色,曲询利弊,俾各从实以对,因以察其贤否而加黜陟焉。大抵一日之间居文华殿之时多,处乾清宫之时少。俾贤才常接于耳目,视听不偏于左右,则内外交修,始终如一。若但如近日日讲午朝应故事,凡百题奏皆付内监诸臣调旨批答,臣恐积弊未革,后患滋深。"帝深嘉纳。后数年,时召辅臣坐论政事,阅章奏,面相可否,皆守陈发之也。

会充《宪宗实录》副总裁,因请解部务专史职,不允。因言:"吏部进退百官,王恕尚招人言,臣何人,岂胜此任?"乃以本官兼詹事府丞,专事史馆。守陈尝云:"国可灭,史不可灭。皆极有关系。靖难后不记建文君事,遂使当时朝政与方、黄死事诸臣皆阙落无传。及今搜采犹可补辑。景帝已正位号,《英宗实录》标目犹书郕戾王,附宜改正。凡疏留中者,即忠言正议。国家大政事例不得登《实录》,宜宣付史馆,以备遗忘。"疏具病,不果上。

卒,谥文懿,赠礼部尚书。

初,守陈居丧时作《礼记》、《周礼》、《仪礼》私钞,继旁读群经,见先儒传注有不合意,又作《周易》《尚书》《诗》《春秋》《孝经》、《大学》《中庸》《论语》私钞。于《书》谓《舜典》"象以典刑"一章,乃舜命官语,非史臣纪事之词。古者罪人不孥,而《汉书》引《汤誓》"孥"作"奴",盖或"奴"或僇,随其罪之轻重施之也。《大诰》"今蠢今翼日",当以"今翼"为句,谓武庚今无知,如虫之蠢动。今有党如鸟之翼羽,"日"字应属下句,犹《左传》"日,卫不睦"也。于《诗》以《卷耳》为大夫行役者之作,谓"陟冈"、"陟砠"、"马疾①"、"仆痛",非后妃思虑所及。以《柏舟》非妇人之诗,谓其心不可转,威仪不可选,正孔子所谓"吾于《柏舟》见匹夫执志之不可易者也"。至以《郑》、《卫》之诗非,即郑声,其辨尤详,大约谓《春秋》主事当无不载,《诗》主辞当有所择。朱子修《通鉴纲目》,于莽、操、吕、武之事靡不备书。其续楚词则神女季姬,皆断为礼法之罪人,《高唐赋》亦视为倡家之读《礼》。若《郑》、《卫》诸篇,果为淫者所作,圣人必不录之矣。其不肯与人苟同,类如此也。

弟守阯,南京吏部尚书;从弟守随,工部尚书;守隅,广西布政使。子茂元,刑部侍郎;茂仁,四川按察使。

守阯,字惟立,成化十四年进士第二,授翰林院编修。二十三年满考,会其从兄守随官御史,为奸人李孜省所中谪官,守阯亦迁南京侍读。

弘治元年,召还,纂修《宪宗实录》,进左谕德,累迁侍讲学士,掌翰林院事,南京吏部右侍郎。疏乞省墓回京,迁左,请老,不许。

武宗即位,以年满七十进尚书致仕。刘瑾专政,夺所加官。瑾败,乃复。家居七年,卒,赠太子少保。

守阯文学议论颇似守陈,历官亦略相同。尝对掌南北翰林院,时人荣之。

守陈殁,哭奠于私室者二年,人称其孝友。

守随，字惟贞，成化二年进士，授监察御史。权贵人犯法，数按治之。尝劾奏僧继晓，直声震一时。

巡按江西，李孜省奸暴乡里，守随举按其罪，当谪戍。孜省走京师，结纳中贵，以左道得幸。守随自江西还，孜省已为太常丞。守随即言孜省赃吏，不宜典祠庙百神之祀。改上林苑监。已而，吏部拟守随大理寺丞、南京大理寺少卿，皆为孜省所格。久之，迁应天府丞。时，孜省益贵，用事被密旨，得举察百官。矫中旨，调南宁知府。孜省诛，擢应天府尹。

先是守随官府丞时，守备太监蒋琮、陈祖侵后湖堧地为田，又渔于湖，为御史孙纮所论，下守随勘，悉绳以法，琮等深怨之。至是，复为所构，谪广西参政。久之，稍迁按察使，擢南京，操江都御史、大理寺卿。

正德初，进工部尚书，仍掌寺事。太监李兴盗皇陵木，罪当死。刘瑾为请间，守随峻拒之。兴谓人曰："我有金四十万，留十万养亲，以三十万脱我死，何不可为者？"守随持兴益急，卒以内降免。亡何，诸大臣韩文等伏阙论瑾，守随又独疏言其奸状。文等既被逐，守随亦致仕。瑾寻指斥大学士刘健等五十三人为奸党，守随与焉，削其官。又追论守随在大理时治狱失当，罚米二百石。瑾败，复官，致仕。卒年八十五，赠太子少保，谥康简。

茂元，字志仁，成化八年进士，历官刑部郎中。数辨冤狱有声。迁湖广按察副使。以丧去官，服阕，补山东副使。河决张秋，命都御史刘大夏偕太监李兴、平江伯陈锐往治之。初祭河神，天气阴晦，帛不能燃。茂元上言："神示此异，必有警戒。水，阴也，象应后宫。今后戚家怙势暴横，乞加裁抑，以消灾变。又，李兴、陈锐参随人众，日费不赀，乞召还之。以治河事专委大夏。"又请罢取天下画工，仍革临清镇守。

时,寿宁侯兄弟贵幸用事,所为多不法,廷臣无敢言者。茂元疏入,下狱,言官交章论救。孝宗知其无罪,然亦未能遽释也。久之,谪长沙府同知,自免归。寻,起知安庆府,迁广西参政。

正德初刘瑾擅政,中外官馈问稍后,辄获谴。或以讽茂元,茂元叹曰:"馈从何出?非盗官帑,则朘民膏。以此自救,是畏无妄之灾,犯有名之律,谴将益深,其可乎?"遂不应,致仕去。

瑾诛,再起江西参政,寻迁云南布政使,擢右佥都御史,巡抚贵州。复召为南京右副都御史。时,方讨箪子坪、五寨、平头、乌鸡苗寇,茂元以为兵粮已集,事贵神速,若需后人至,寇有备矣。公忠。乃督将士进发,不一月,寇悉奔溃。进南京兵部侍郎,改刑部。卒年六十七。

杨氏自守陈以清节著,兄弟父子间自相师法,皆质直不阿,遇事敢言,见称于时,为世家云。

> 周、杨,文臣之清正者,摘取诸牍议俱扼要语,足征先生能长于识。

校记

① "疾",《诗经》原文为"瘼"字。

张瑄、杨信民、潘蕃、杜铭、周季麟列传

张瑄,字廷玺,江浦人也。少贫,丧母,受经于姊夫李侃。正统七年,与侃同举进士,授刑部主事。再进至郎中,出为吉安知府。

吉安俗尚巫,刻木像神,丹漆而衣冠之。聚众迎导,举国若狂,瑄严禁弗止。后于途遇之,大怒,即叱令弃像水中,置首事者于法。无何,瑄遘危疾,郡之父老皆曰神为祟也,请复之,瑄复大怒,不许,

疾亦寻瘳。

会大饥，白上官，不俟报辄发廪赈贷。更建祠祀忠节，修治文庙、府廨、桥梁、道路，使民各以力食。一切俱举，民不知饥。

吏部考绩第一，迁广东右布政使。

时，广西流贼越境寇连山，瑄督军擒其渠魁。遂筑城堡，大治兵。阳江、新兴诸贼以次悉平。时，两出师征大藤峡，瑄功为多。每捷闻，朝廷辄赐彩帛银牌，以旌其功。最后，赐织金云鹤衣一袭，瑄益感奋。凡事务为久远，造预备仓凡六十二，修陂塘圩岸凡四千六百余，增筑广州、新会等十二城，军民赖以安堵。

成化四年，转左布政使。明年满九载当赴京，军民奔走乞留。于是，镇守巡抚交章荐其治行，请再任以慰民情，诏许之。

八年，进都察院右副都御史，巡抚福建。所属州县无经岁之储，劝民出羡粟贮仓以备荒，复饷额以恤军士。闽安镇出海口二港，元时用铁缆横截港口，以御海寇，其后浸废。瑄命所司造铁缆三，缆长皆百余丈，两岸维以铁杙，中以二十筏驾之。小港如制，而缆差缩。由是，海寇绝迹不敢近。又以计捕斩山贼渠首，散其余党。朝廷以为能，降敕褒嘉。

镇守太监金胜暴横不可制，瑄劾去之。

闽俗信阴阳拘忌，有停丧十余年不葬者。下令计日举葬，人无敢违，旧俗为之一变。

未几，调巡抚河南。时，按察使何乔新、副使陈选并有廉能声，特荐于朝，时称知人。河南军粮旧例交兑元城，非河南境，难钤制，请改置仓于彰德水次，军民称便。

会汴梁饥，发官廪为粥于城四门外及各寺观，无衣者给官库布绵，无室者以关厢空屋处之，流民如归。

十四年，改南京刑部左侍郎，进本部尚书。在部九年，断狱明允。

二十三年,致仕。弘治七年卒于家,年七十有八。

瑄知吉安时,巡抚都御史韩雍威望烜赫,属官皆望尘罗拜。瑄不少诎,雍亦重之。暨为布政使,而雍复受命提督军务,瑄事之甚谨。或谓瑄风节减于昔时,然能赞襄成功有足多者。至其师事李侃,终身不改,人以古道称之,无异辞云。

杨信民,名诚,以字行,新昌人。永乐十八年乡荐,宣德五年除工科给事中,正统八年出为广东布政司参议。广东去京师远,物产富饶。官其地多以黩货闻,吏治日偷。信民以洁廉宽大为治,暇则巡行衢市田野,问民所苦。有以斗讼牵连者,辄纵遣之。初信民之出也,受密旨许言事。至是访民间利弊所宜兴革,辄条奏闻,上悉可其奏。凡所建罢十余事。

信民性易直,负意气,不下人。同僚居官不法者,辄面折其过。即一善可录,位虽贱,必甄拔不遗。常曰:"吾受朝廷付托之重,俾旬宣一方,忍视民愁叹困苦之不恤乎!"广东按察使郭智,居官不法,信民劾罢之。代智者黄翰行事如智,又劾罢之。词连佥事韦广,上书讦奏信民,遂并逮赴京师。广人走万里诣阙,言信民公勤廉能,乞留以安百姓。既而,法司鞫得实,翰、广皆坐除名,复信民官。

会土木之变,命守白羊口,而广州贼黄萧养作乱,僭号东阳王,据五羊驿为行宫。都指挥王清战死,岭表大震。事闻,诏遣都督董兴帅师往讨,广人在京师者连章乞信民。乃以信民为佥都御史,巡抚广东,捕盗贼。先是贼围广州,官军战屡败,守土者闭门,禁民出入,樵采路绝。信民至,开城门,发仓廪,给民木锲得出入自如。贼至乃收保,广人大悦。信民宣布朝廷威德,激励士卒,屡战屡捷。

继乃使人持檄入贼营谕以恩信。萧养感泣,曰:"得杨公一言,死不憾。"克期纳款,信民单车出受降。贼数万人皆欢,曰:"果吾杨公耶!"争投戈罗拜,有泣下者。

会董兴军至,声言剿贼,贼忽中变。夜有大星陨广州城外,又七日,信民暴疾卒,景泰元年三月十二日也。军民奔走聚哭,城中皆缟素。贼闻之,亦曰:"杨公死,吾属无类矣!"未几,董兴平贼,所过悉屠戮。民仰天号曰:"杨公在,岂使吾曹至是哉?"讣闻,录其子玧为太学生。立祠广州,成化二十年,从选人卢从愿请,命有司岁以忌日祭信民祠,著祭典,谥恭惠。

初,永乐中,粤人周志新为纪纲陷死,信民时存恤其家,语人曰:"周志新当代第一人,吾不及也。"户部侍郎陈琏尝称信民"存心仁,处事义,予民信,终始一心,夷险一节",人以为笃论云。

潘蕃,字廷芳,崇德人。从父徙京师,占籍留守前卫。初冒钟姓,举成化二年进士,始授刑部主事,迁郎中。山西沁源王与知州金泽互讦,蕃往按,置其左右用事者于法。云南镇守中官钱能贪利启衅,都御史王恕劾之,蕃又往按知事由,指挥卢安论如律,并请治能,士论壮之。

出知安庆府,以严明为治。改郧阳,时郧阳初开,抚治流民遂为土著。

四迁至右副都御史,巡抚四川,兼提督松潘军务。常单车行视松茂,边人畏服。

迁南京刑部右侍郎,寻改兵部。

未几,进右都御史,总督两广。两广自韩雍后幕府威重,军门执锐者常万人,蕃悉罢去,仅留数十人给使,令余并以配诸将备调发。与将吏约,依故事无所纷更。有密封白事者,一切禁罢。然其节制特严,号令出,即大将不敢喘息。方面官稍违约束,辄法治不少贷。

琼州黎符南蛇叛于海南,众号数万,官军击之不下。蕃率狼土兵二万渡海往讨,初遇贼不利,都指挥何清战死。蕃亲鼓之,诸军皆殊死斗,乃破贼,斩南蛇,平其巢,群黎悉定。

论功,进左都御史。而思恩知府岑濬与其兄子、田州知府岑猛相仇杀不解。濬攻陷田州,猛走军门乞援,蕃檄濬罢兵,弗听。蕃乃合总兵毛锐等兵十余万,分六道破诸关隘,围濬于旧城,濬自杀,枭之以徇。思明酋黄绍与其子文昌叛,蕃遣将讨之,皆伏诛。而丰湖十三瑶寇及惠州古仔、唐大鬓等以次悉平。凡五年间,前后斩获土寇一万三千有奇,又奏裁冗官二十七员,岭表大治。

正德改元,召为南刑部尚书。亡何,乞致仕,命乘传归。

初,蕃既平岑濬之乱,请改二府设流官,而降猛同知。时尚书刘大夏议独相左,乃奏徙猛别府。及蕃去而猛复叛,瑾遂用此逮蕃及大夏下狱,将论死,以大臣申救,减戍甘肃。瑾诛,诏复官归里。

凡六年卒。卒之日,属其子曰:"吾贫不能丧,衣裁被体,卑其封,毋先为葬期。阴阳拘忌,吾所不信,须晴日即襄事可也。"其子泣而从之。

嘉靖十八年,用御史傅凤翔请,赐葬祭。

先是,蕃从两广入为尚书,归家无宅,税他人宅居而隘。每与乡人饮,必露坐花下,醉任所之。及被逮,乡人同游者皆相送。蕃械系拱手就道,观者流涕。

杜铭,字敬修,金堂人。正统十年进士,授刑部河南司主事,总十三司章奏。群僚堂参时,罗立厅事,各以疑狱质铭,如铭言,所治狱辄善。历官郎中,他司正郎缺,即以印绶委铭兼领之。每出署,群吏抱印累累归私第，人以为荣。

景泰六年，尚书江渊巡视南畿、河南、山东，举铭自辅。未几，奉玺书虑囚贵州，出滞狱数百人。遭丧，服除，例改他部。刑部奏再借铭治狱一年，庶无冤囚，复除河南司。

天顺四年，甘肃警急，兵部尚书马昂行边，举铭参议幕府。寻迁云南按察司副使。一年，守臣交章荐补试按察使，寻改贵州为真。居三年，迁湖广左布政使，治行悉称异等。

成化八年，召为户部侍郎，转刑部。

十一年，按事襄垣王府。未还，会寇犯河套，入北边，即道中命铭提督山西三边军务。铭出代州，历雁门、宁武，至偏头关，遍行边垒，览形胜险要厄塞，时时召老兵退卒，问战守之宜。建议偏头关东连威远，西带保德，北接沙漠，烽烟骤起，戍者出战，邑遂为虚，请设千户所一，领十百户所，即以戍兵愿留者实其伍。又置按察副使，督治三关，勿使劲卒占役私家。于要害设立墩堡壁垒，旌旗相望。寇知有备，遁去。

二十一年，迁工部尚书，掌大理寺事，寻改刑部尚书。铭久典刑狱，明于法令，持中不苛，时称平允。当铭为侍郎，贵州毕节卫人讼都指挥林晟与其子雄不道，谓反形已具。朝廷遣科道并锦衣卫官按其事，铭谓使者曰："铭故尝官于彼，晟荡佚逾法，事诚有之。铭敢保其无他。"使者入铭言，至彼按之，果亡所得。晟德铭，遣人致重赂谢，铭曰："吾为国法耳，宁为晟耶？"拒弗受。

乞归，赐宝镪，给驿以行。归题其庐曰"敬斋"。兄弟宾客日过从。农时扶杖课家人田作，耕父野叟争携酒饷铭，铭引满不辞。家居十有余年卒。

周季麟，字公瑞，宁州人。成化八年进士，授兵部主事，清禁军及畿内、山东、西边军,得健卒八万。历员外郎、郎中。

弘治初,迁浙江参政。武康盗起,驰入山中抚定之。历迁河南左布政使,筹国计,搜剔隐蠹。周王欲罪其世子,季麟为之调护。王怒解,卒以慈孝名。

抚按交章荐,擢右副都御史,巡抚甘肃。先是哈密为土鲁番锁檀阿力所据,朝廷立陕巴为王,复为土鲁番阿黑麻袭执。朝廷遣许进巡抚甘肃,进乘夜直抵哈密,阿黑麻惧,乃归陕巴并所夺敕印。季麟承进之后,会左都御史王越等请仍立陕巴为忠顺王,给以原敕,还居哈密。而季麟颁教令,使阿黑麻受约束,议朝贡如旧制,诸部帖伏。而陕巴之族安定国王亦慕义来享。帝嘉悦,赐季麟金绮,奖励有加。

北庭小王子拥众数万入河套,往来波罗、贺兰间。季麟谨候望,重间谍,寇不为患。

因劾总兵官、恭顺侯吴鉴怯衄状,诏罢鉴,而以武安侯郑英代之。

时西安设防冬民兵五千,以寇警偶召入城守,岁久为例,民患之。季麟乃下令岁用千人,春秋更番,而罢四千人归农,民皆大悦,而势家要人旧役民兵者多不便之。会以阁臣荐召还,调蓟州。蓟州草场御马监京营牧地与民田接畛,往往侵蚀,争讦无虚日。季麟考图籍,正疆界,众慴服,而权贵侵蚀者又不便之。

十八年,武宗嗣位,以病乞归。既而刘瑾构以他事夺职,罚米千石。瑾诛,例复官,而季麟老矣。

正德十三年卒,赠右都御史,谥僖敏。

王继、王宇、徐源、韩邦问、徐贯、徐恪、陈泰、陈寿列传

王继,字述之,祥符人也。成化二年进士,授云南道监察御史,巡按山西,风裁特著。藩府有欲胁夺民居者,畏继而止。

出为陕西按察司佥事,进山西按察使。中官奉命采石胆于紫碧山,求之不得,继令取小石子给之。中官怒,曰:"石胆古书所载,何以云无?"继曰:"麟凤亦古书所载,今有之乎?"事遂寝。

丁忧,服除,两迁山西右布政使。

孝宗即位,擢都察院右副都御史,巡抚陕西。哈密忠顺王为土鲁番所灭,据其土地。继训练将士,昭示德威,土鲁番款服。卒立忠顺王,后继膺白金文绮之赐。

弘治三年,改抚宣府,寻调甘肃。

五年,进南京兵部右侍郎。九年,召为户部左侍郎,总督仓储。十年,进户部尚书,督仓储如故。

时李广权倾中外,大臣多贿给之,继独不与通。至是广死,籍其家,得纳贿簿,言官劾论,章日数十上,帝悉宥之。明日早朝,空班谢罪,惟继与兵部尚书马文升垂绅屹立无怍色焉。写得有声有色。当时,廷臣虽蒙优容,亦渐罢去,而继与文升之名益著。

无何,改南京刑部尚书,寻调兵部,参赞军务。以疾乞致仕,有旨慰留,报未至而继卒,赠太子少保,赐祭葬如例。

继为人清慎诚悫,有才识,遇事敢为。历官四十年,所至有声。家无厚蓄。李广之败,风节特著。当时望其大用,而反有留都之调,天下惜之。

王宇,字仲宏,祥符人。童卯时日记万言,巡抚、侍郎于谦一见奇之,曰:"此大器也。"登正统四年进士,授南户部主事,管理粮储,痛革宿弊,廉能之声大著。

迁知抚州府,处士吴与弼隐居学道,宇荐于朝。郡治旁为前官种鱼塘,宇填为仓,储粟万石以赈饥。宜黄山中多虎,宇为文祷于神,虎一夕逸去。金溪民聚众剽掠,宇曰:"此迫于饥寒耳。"开仓赈之,皆涕泣散去。初赴抚州时,所携止朝祭服一箧,律令数卷,比去,不增一物。

天顺元年,超迁山东布政使。岁大饥,设法赈济,全活数万人。

二年,擢左副都御史,巡抚宣府,兼理大同。时石亨与侄彪骤贵骄恣,而大同其旧镇地,索取尤横,皆莫敢谁何。宇独抗疏劾之,以为大蠹大奸莫甚于此。乞置于法,以消未形之患,闻者无不敬惮。亨、彪败,帝嘉其忠直。

寻,遭母丧归。召起复,拜大理寺卿,固辞终制,不许。

七年,卒,贫无以敛。帝闻恻然,曰:"此佳士也!"遣官祭葬。

徐源,字仲山,长洲人。少好学工文,成化中举进士,授工部主事,改兵部,历员外郎中,集群吏自誓曰:"某硁硁知朝廷法耳!"诸权贵请嘱,戒阍者勿通,而阴籍其姓名,若将入奏者。权贵凛然,贿托遂绝。

时,天下武功爵几二十万,坐耗禄不赀。绝者往往以疏远袭,至不可究诘。源奏:"名器宜慎,必核实宗派乃许袭,滥冒者一切报罢。"旧例,以罪亡者落职,源谓:"罪有重轻,以笞杖之故而革其职,不已甚乎?"

出为广东右参政,时剿云桂瑶僮,源督饷,舟车相属,师以克济。

弘治十二年,擢右副都御史,巡抚山东。值岁饥,源与敕使侍郎何鉴分行赈济,割临清仓米八万余石,补岁漕额。明年将征偿,源奏:"民赖赈给得稍苏,而又遽征之,与不赈何殊?"诏悉蠲之。

泾王就封于沂,以水涸将由陆之国,大索舆马役夫,民为骚动。源檄所司姑缓之,亟发卒浚河,淤者立通,得顺流而东,公私无扰。未几,致仕卒。

源温粹宽仁,称长者。而执守坚定,虽当官案牍山积,未尝一日去书不观。文章博雅,王鏊亟称之。

韩邦问,字大经,会稽人。成化五年进士,授大理寺评事,转寺副。奉敕虑囚四川,释冤狱九十余人。

出知淮安府。淮当南北之冲,供役甚繁。邦问随事节省,民德之。江北四府多滞狱,泗州官军尝诬奏无辜,逮死者众。邦问辨理,咸得其情。

迁陕西参政,历四川、广东布政使,所至皆以惠闻。

弘治十二年,进都察院右副都御史,巡抚江西。时洞民负险为盗,岁久莫能制。邦问奏立土官军,布威德,地方以宁。太监驻饶州烧造供御磁器,邦问力言:"小民凋敝之状可悯,祖宗恭俭之节当师。"孝宗感其言,中止。

邦问性直,遂为当路者所阻。抗章请老,不许,改抚河南。有旨取乐工,邦问弗遣,上疏引放郑声为戒,词甚切直,报可。

正德改元,迁南京大理寺卿,累迁刑部尚书。致仕,家居二十余年,恭俭清慎,始终一节。卒,谥庄僖。

徐贯,字原一,淳安人。幼明敏,从姚夔受《春秋》。登天顺元年进士，授兵部职方司主事，历郎中。贯在郎署久习枢务，一时以为能。

迁福建右参政，巡视海道，分守延、邵等四府。闽中饥，出官廪赈救，全活甚众，进右布政使。复值大疫，死者相枕藉，奉敕祭告封内山川，复发库帑给槥瘗之。转山东左布政使。

弘治元年，擢都察院右副都御史，巡抚辽东。时辽左法令久弛，反侧跳荡，患且不测。贯始至，劾参将佟昱不职，黜之。镇守总兵多役军卒为佃户，悉行禁革。时议城潮河川，贯与兵部侍郎王宗彝、巡抚屠勋相视地势，以川口土浮脆，城不便，请增兵戍守，边境以宁。

七年冬，召为工部左侍郎。苏松渐遭水患，命往治。贯讲求水利，以吴淞、白茅港东临大海，西接昆承诸湖，泛溢不常，为患尤巨，乃起帆归浦至分庄七十余里，旁浚斜堰、七浦塘诸水。虑费无所措，与巡抚何鉴议役其地，即用其地之人，分地程工分工赋粮，凡用粟二十八万石，役夫二十五万人，不旬月告成，东南民赖之。

九年，进本部尚书，清宁宫灾，上弭灾六事：止织造、恤边民、停传奉、恤供应、节财用、戒无益，皆切中时弊，帝纳之。加太子少保。

彗星见，上疏乞致仕，加太子太傅，驰驿归，岁给夫米，优其老。卒，赠太保，谥康懿。

徐恪，字公肃，常熟人。成化二年进士，以吏部侍郎叶盛荐，授工科给事中。转湖广左参议，三迁至河南左布政使。徽王自署吏，恪以非制革之。王怒，指恪侮慢，请治其罪，帝曰："藩王置吏，非祖制也。恪革之固当。"以书谕王勉自爱。

河徙逼汴城，廷臣议徙诸王府、三司于许，恪极言不可，乃止。

弘治三年，擢都察院右副都御史，巡抚河南。户部遣使督通赋甚急,恪言:"河徙民困,请免征。"许之。

弘治七年,河复决张秋。廷议谓河不可治,有请复海运者,恪上言:"黄河之患,古今有之。汉决瓠子,被灾不过数郡,武帝至躬劳万乘,沉璧马,吁神祇,将军以下皆亲负薪,卒成宣房之筑。况今日事关漕运,尤不可已者哉。议者见黄陵冈塞口不合,张秋护堤复溃,遂谓河不可塞,至欲复行海运。臣窃以为过矣,夫黄陵冈非真不可塞也?顾修筑堤防之功多,疏浚分杀之功少,河浅水溢,湍悍之势不可遽回耳。今宜先加疏浚,自荥泽孙家渡下至项城南顿,使由泗入淮,以杀其上流之势。又以黄陵冈贾鲁旧河南经曹县梁进口,下通归德,使由徐入淮,以杀下流之势。水势既杀,则决口可塞,运道可通。

"且成大事者不惜小费,就远图者不计近功。昔元贾鲁建治河之策,内降中统钞一百八十四万五千余锭,凡庸工、物料、衣粮、医药之需,皆赖以给,故鲁无区画之劳而河患以平。今工兴费繁,所在仓廪空虚,敢请下诏,凡畿辅、河南、山东应用人夫,每名免税粮二石。役夫十万,所免岁计不过二十万石。幸而成功,实国家无穷之利。以天下之大,国计之重,所费甚寡,收效甚博,何惮而不为之?

"再,请敕刘大夏专理河事,户工二部协心赞襄。臣虽庸劣,当竭智力与大夏随地分工。官吏军民中有才能巧思者,使各效其用。毋计日月,必求成绩。小有偾败,勿辄阻挫。"诏所司议行。

御史言:"汉中、郧阳、夔州皆去省辽远,盗发不能治,请别立一省专莅之。"下诸巡抚议,恪独持不可,遂寝。

恪在河南久,权幸多不便,谋去之。无何调巡抚湖广。临行,汴人为之罢市,有司以羡金治行,恪正色拒之,且自咎曰:"吾乃不为人所信如此。"

湖广始建藩封,宦竖旁午于道,载盐百余艘,抑市于民。恪立捕其下置于法,权幸愈不便。百计潜毁。帝知其忠直,降中旨迁恪南京工部侍郎。恪上言:"爵禄者,天下之公。传奉非美名,顾臣何人,敢干清议?臣自惟释褐登朝,未尝有所攀援,今日之迁,实出意外。愿陛下毋以臣废国家法。"辞气峭直,求退甚力。帝曰:"此朕意,卿勉就职。"恪始拜命。在工部,勾计详密,胥吏无所售其奸。权幸家旧例乞给班匠,恪悉靳不与,怨之者众。赖帝知之深,故谮卒不能行也。

以年至请致仕,不许。六载考绩,进阶正议大夫、资治尹。入谢,疾作于廷中,命给驿归。

言者数言恪敦重可任大事,将起用,不果。恪仪观甚伟,生平慕魏骥为人,故功名略与相埒。临终自以受主眷深,未能报称,戒其子"勿请恤典,以重吾过"。朝廷闻之,赐葬祭如制。

陈泰,字吉亨,光泽人。永乐中举乡试第一。宣德中,除安庆府学训导。正统二年,廷臣交荐其贤,擢监察御史,奉命按贵州。时都指挥宫聚素桀骜,闻泰至,敛戢不敢肆。

大军征麓川,岁取土兵二千为乡导,战失利,辄杀土兵冒功,泰奏罢之。

越数月,召还,复巡按山西。会南北畿旱涝相仍,诏求直言。泰言:"《洪范》:'庶征皆由人事。'乞罢大臣不法者以回天意。"于是,都御史陈智、侍郎李庸、祭酒贝泰等皆罢去。奏劾山西布按及州县官之贪残者,悉置之法。

明年,复被命巡按山东,泰以在职多匪人,濒行上疏数千言,大要以选贤去奸为治本,帝嘉纳。

寻擢四川按察使。逾年蜀大治,都御史寇深忌其才名,嗾所私陈敏诬泰杖杀人,下刑部狱。久之得白,复故官。

十四年,也先入寇,命协同诸将守紫荆关,巡视沿边诸屯堡。

景泰元年,迁大理寺右少卿,守备白羊口。再迁右佥都御史,镇易州,节制紫荆、倒马诸关,区画战守甚周。寇知有备,不敢犯。三上章辞位,不许。

五年,转左佥都御史,疏理徐州、吕梁二洪,浚临清、济宁诸河道。

七年,巡抚苏、松、常、镇及嘉、湖诸郡,莅下严而不苛,政令清明,吏不能作奸。

天顺初,御史沈固言六部尚书、都御史增设多员,请行裁汰,泰左迁广东按察司副使。连遭父母忧,服阕,复左佥都御史,巡抚四川。父老闻其至,竞相告曰:"陈宪使复来,吾辈无患矣!"至则劾罢贪墨吏数十人,蜀复称治。

八年,进右副都御史,巡抚淮扬,兼督漕运。

成化元年,力辞归家,居五年卒。泰操履清白,有才力。为御史时,以搏击得名。所至风规棱棱,而功名于吴蜀尤著云。

陈寿,字本仁。其先新淦人,洪武间,戍籍辽东卫。寿少故贫甚,落落自豪。稍长,从贺钦学,已乃遍历宣府、大同、关西诸镇,欲持戈建功名。积二年,无所遇,归理旧业。登成化八年进士,授户科给事中,阅视宣、大边防,劾去镇守中官之不法者数人。

时万贵妃专宠,族人横甚。中官梁芳又结妖僧继晓干国法,寿抗疏论之,逮系诏狱,寻得释。

弘治元年,以都给事中迁大理寺丞,寻调南京光禄寺少卿,进南鸿胪卿。

十三年,擢佥都御史,巡抚延绥。会火筛入寇,出奇兵却之,加俸一等。

十六年,进南京都察院右副都御史。

正德元年,南京科道以劾刘瑾被逮,寿抗疏申救。瑾怒,夺职,既归田,杜门谢客。陕西镇守中官廖镗暴虐吏民,杨一清言寿忠鲠,轻去就,宜起抚陕。乃即家拜命,至陕,清劲执法,镗为之敛戢。

未几,迁南京兵部右侍郎。去陕时,陕人号哭拥舆,移日不得行。

寿为言官时,直论时政得失无隐,独不妄弹劾人,曰:"吾父戒我勿作刑官,以刑官能枉人。若言官,枉人尤甚。吾不敢妄言。"杨一清曰:"宋王素为谏官,言人材难得,无事之时,当为朝廷爱惜。"程伯淳为御史,告君曰:"使臣拾遗补阙则可,若搜索臣下短长,以沽直名,臣不能也。"本仁得之矣。嘉靖初,诏进一品,阶荣禄大夫,以羊酒彩币存问于家。时年八十有三。

寿历官四十余年,大半在散地,食禄任事不久,其建明树立多可述,而廉名尤著。老年诸子旅寓飘泊,环堵萧然。殁不能葬。久之,亲旧相周,仅毕其丧。都督杨宏,陕人也,上疏言寿仁廉恤下,请恤其后。其感人久而无斁如此。

> 诸短篇虽无意为文,然端凝有法。至其括人生平,颇露丰棱,犹是吾学编中所少。

卷二十　列传十二

张文锦、蔡天祐、胡瓒、张瓒、刘源清、楚书、樊继祖、苏祐列传

张文锦,山东安丘人。弘治十二年进士,授户部主事,历郎中,出为安庆知府。

宸濠反,众号十万,舳舻蔽江而下,声言直取南京。文锦与都指挥杨锐、指挥崔文令军士鼓噪登城,大骂宸濠,遂留攻安庆。佥事潘鹏,安庆人也,持檄至城下招降。其家人登城相见,遥呼问安否,崔文手斩之,磔其尸投城下,引弓射鹏,鹏走免。文锦尽诛鹏家,宸濠大怒,亲督兵运土塞隍,树云楼高十余丈瞰城中,慢辞斥文武官不识天命。文锦亦于城中架飞楼张弩射之,夜缒人焚其云楼。贼复架天梯来攻,又以油苇焚之。攻城十八日,众虑不支,文锦呼天以祷,士气愈厉。锐募死士夜劫其营,营中数惊,竟夜不得休息。会王守仁已取南昌,遂仓皇引去。宸濠之不能扬帆直下留都者,文锦与锐等之力也。及宸濠平,论功,超擢太仆寺少卿。

嘉靖元年,拜右副都御史,巡抚大同。文锦既以拒宸濠得重名,遂锐意振刷,而操切无序。人于得意事不可再往,执之以御万感,

大同北距塞四望平漫,寇一鸣鞭,荡无可御,文锦曰:"镇城外即战场,何以示重？寇犯宣府,不数战不能近城,以葛峪、白阳诸堡为之外蔽也。大同何以独否？"于是议于城北九十里外增设五堡,曰水口、曰宣宁、曰只河、曰柳沟、曰桦沟,参议韩邦靖估工费三十万,文锦不怿。邦靖以疾归,文锦遂减为三万。奏闻,兴工,参将贾鉴督役严急。堡成,简略过甚,徙镇卒二千五百家往戍之,众皆惮行。请召募新丁,不听,总兵太监咸以为言。文锦怒,曰:"如此,则令不行矣。夫令行自近始,镇抚亲兵,部曲先往,则众军莫敢哗矣。"镇抚亲兵,皆素游佚。有良室宅,闻当发,皆大恐,请单身分番,又不听。文锦严令趣之,鉴白文锦,杖其队长,督之行。于是,军心忿不可解。郭鉴、柳忠等遂倡乱,杀鉴,裂其尸,走出塞上,屯焦山墩。

文锦恐与寇连,招抚之。入城,即索治首乱者。鉴等大惧,乃复相聚焚大同府门,劫狱囚,又焚都御史府门。文锦仓卒逾垣匿宗室博野王府。诸乱卒围王府,大呼曰:"张巡抚不出,我且燔王宫。"王惧,出文锦,鉴等杀之,亦裂其尸。遂发府库兵仗,焚镇守总兵公署,总兵江桓等皆走免。乃出逮系故总兵官朱振于狱,胁令为帅。

巡按王官以事闻,帝咎文锦抚驭失宜,命兵部侍郎李昆承诏赦乱卒。昆言:"文锦筑堡守险,为边镇建不拔之功。惟刚愎自用,不恤群情,致兹大变。文锦不足惜,国家百五十年纪纲法度,一朝隳坏,痛恨何可言？今当急罢群情所不顺者,敕新任镇巡官协衷共济王事。惟是文锦骨发暴露,妻子流离,乞加收恤。"其论极平恕。不报。

其妻李氏上疏辨冤,帝怒,命执抱疏人治之。于是,巡抚江西都御史陈洪谟奏:"文锦边围重臣,刚愎致变,诚宜加谴,以为付托不效之戒。然事在朝廷,虽诛戮之可也。若假手士卒,传之四方,寖生陵替之阶,于国家所损不小。乞矜其哀吁,量赐优恤。"

复降旨诘责。于是言者以文锦为讳。万历中,始下所司议恤,赠右都御史,谥庄愍,犹以其守安庆功也。

蔡天祐,字成之,河南睢州人。父晟,历官济南知府,以廉惠著。

天祐举弘治十八年进士,改庶吉士,授吏科给事中,封驳不避权贵。

出为福建按察司佥事。时江西盗起,帅兵协剿平之。

转山东参议。龙山、淄川盗起,捕其魁,余党悉散。

转副使,守辽阳。值岁歉,多方赈恤,活饥民万余人。辟海道圩田六万顷,民名之曰"蔡公田"。

累转山西按察使。

嘉靖三年,擢右佥都御史,巡抚大同。时大同五堡兵乱,杀巡抚张文锦,天子以文锦刚愎致变,命侍郎李昆承诏曲赦乱卒。而朝议选京营兵万二千人将西征,远近汹汹,天祐闻命就道。或劝之曰:"贼据城,公以孤身入虎狼之群,危道也,不若徐行,候京兵至,同进剿,可以有功。"天祐曰:"前抚以刚愎致变,首恶者数悍卒耳,非举城尽叛也。急之变且中起,如藩王官民何?"于是从数骑,皆宾客儒生入其城,诘旦,集军士谕以朝廷威德,令献首乱者兵可罢。众心稍定。

会尚书金献民、总兵杭雄征甘肃过大同,乱卒疑甚。适进士李枝转饷至镇,众益恐,曰:"此奉密旨,尽杀大同人以犒军者。"夜二鼓,火起,卒尽甲,围枝驿馆,枝从门间出牒示之乃解。夜复火起,杀知县王文昌,燔民居数十间,代王弃宫眷走宣府。天祐以状闻,于是上命户部左侍郎胡瓒总制宣、大军务。诏曰:"索首祸,宥胁从。"师次阳和,天祐复集众传诏谕之,与总兵桂勇捕诛倡乱军士岳世美等五十四人，上疏乞止瓒兵。

先是，敕前镇守太监王觐及革任总兵江桓、陈时密疏首恶姓名，觐疏五人，桓、时疏八人，皆以郭鉴为首。至是，敕瓒按名捕诛。瓒仍驻兵阳和，声言进讨。天祐复与勇计擒郭鉴等十一人斩之，函首送瓒。越二日，鉴父郭疤子复纠胡雄、徐毡儿等煽惑诸卒，夜攻破勇第，杀家众，磔尸于坊。执勇将杀之，天祐闻变，亟驰晓谕，勇得不遇害。斩徐毡儿等，乱稍定。

代王还大同，瓒遂班师。吏部左侍郎孟春言："疤子未获，恐潜逃塞外为边患，乞仍敕瓒，或别遣大臣亟往，务尽根株。"而蓟镇总兵马永请督军进讨，天子嘉之。疤子自度不免，复潜入城谋乱，夜焚总兵王振第。明旦，天祐令闭城大索，获疤子、胡雄及其党焦哑云等三十四人，悉斩以徇。胁从者宣诏宥之，人心帖然。事闻，天子嘉其功，进副都御史。

又剿灵丘矿贼，论功，赐金币有加。

五年，卤骑犯大同，率所部与战，斩获功多，降敕奖谕。

九年，升兵部左侍郎。在大同时，藩禄久缺，奉敕便宜措置。增淮商引价，御史李天枢追论之，有诏核实。天祐疏请致仕。

明年，上察其枉。刘源清总制宣、大，荐天祐自代，即家起用。至中途疾作，辞归，逾年卒于家。

天祐少负异资，精易数，兼通历象兵法。好宾客，坦易宽和，而发奸摘伏若神。大同兵乱，宪府胥隶皆其党。都御史动静乱卒皆知之。天祐招星卜琴弈，宾客往来，具悉军中情事，以此得成功。在镇七年，德威大著。去后，父老为立安辑祠。

为文必傅经义，与崔铣相上下。自奉淡薄，田园不及百亩。所居石冈书屋仅蔽风雨。著《石冈集》十卷。

胡瓒，字伯珩，直隶永年县人也。弘治六年进士，授行人，册封湖广、河南、山西诸王。以廉谨闻，擢监察御史。

外艰，服阕，出按陕西。时刘瑾窃柄，以瓒不附己，凡符檄下诸司未办者，皆责瓒督竣之。遂留陕二年始得代。

瑾诛，进南京大理寺丞，升右少卿，寻转左。

时，江西副使胡世宁奏宸濠有异志，权幸多纳濠赂。逮世宁系狱，钱宁胁法司坐以诬告亲王罪。法司皆心知其不可而莫敢言，瓒独叹息曰："世宁之言，果尽诬乎？夫人臣出万死为国家效忠而杀之，如公论何？"于是，得轻比。奏入留中，人谓且不测。久之，世宁得遣戍，而瓒止夺俸。直名由此益著。擢左佥都御史，巡抚大同。陈边务六事，皆报可。

武宗巡幸至镇，寇大至。瓒督官军与战，斩馘甚众。赐以玺书，蟒衣三袭，白金三十两，荫一子锦衣百户。瓒以地处沙漠，车驾不宜久留。且扈从诸臣多怙势挠法，上疏极论请蚤回銮舆。至引汉袁盎谏文帝西驰峻坂之论，辞极剀切。月余不得报，人又为瓒惧，瓒曰："苟无害军民，身家何虑焉？"久之，竟不得报，因复乞休，许之。

十六年，即家起南京操江。嘉靖元年，拜右副都御史。逾年，进南京刑部右侍郎。寻改北，转户部左侍郎。

四年，大同兵变，杀都御史，朝廷命大臣抚之，益骄悖。敕瓒提督军务，偕都督鲁纲统兵往。瓒曰："此首恶数人耳，新抚足办之矣。"未至大同四十里驻兵，声言进讨。巡抚蔡天祐先后捕诛乱卒郭鉴等，函首送军门，瓒遂班师还京。于是给事中郑一鹏、御史萧一中交章论瓒等奉命讨贼，兵不临城，遽请旋师，当下所司责状。帝以渠魁既歼，地方幸平，不问也。

屡疏乞休，温诏勉留之。初，魏国有赐田山海、抚宁诸县几千顷,后让归官给民为业,而其孙光祚复请之。瓒奏:"抚宁逼近塞下,一旦夺贫民田,恐生意外变。"帝以为然,卒不与。盖其持论不阿类如此。

升南京工部尚书,致仕归,逾月以疾卒,年五十有九。

张瓒,直隶沧州人。弘治十八年进士,授吏科给事中,累迁左通政、太常寺卿。嘉靖十年,升户部右侍郎。

大同兵变,刘源清进讨不效,遂改瓒兵部左侍郎兼副都御史,往代其任。瓒入军下令曰:"毋攻城,吾将有请也。"因遣骑招孙允中于怀仁,使入城宣谕,又遣副总兵梁震乘隙率家丁五百人入城,会巡抚樊继祖用郎中詹荣计,斩黄镇等,函首献军门。瓒至城下,令诸路兵退二舍,以示无他,诸将以次上谒。又明日,与御史苏祐张鼓吹,整仪卫,自南门入,诸文武将佐置酒高会,赏赉有功将士。城中乃大定。瓒还驻宣府遥制之,留梁震及参将史俊兵于大同东西二路备边,所调兵悉归原镇。事闻,帝大悦,诏户部发帑金十一万赈被难军民,召瓒还京,赏劳甚厚。

三边总制尚书唐龙奏遣大臣调度甘肃兵饷。以瓒往,敕许便宜行事。

十四年,总督两广,召入为兵部尚书。驾幸承天,皇太子监国,留京师参赞机务。

二十一年,提督团营,仍理部事。

瓒状貌魁梧,相者言其多厚福。久居本兵,未尝有所更张。所建议者建堡筑塞,选山东、河陕矿徒戍守之外,嘿嘿充位而已。帝于封疆诸臣督责最严,偶失机宜,呵谴随之。而瓒独以谙练戎务,屡见褒嘉。皇穹宇及宗庙殿成,辄加宫保,赐恩荫。朝廷大典礼,如册妃嫔,立东宫,辄充捧册宝使。祭祀郊坛,分献视牲,赐予频繁,廷臣莫敢望焉。

御史包节劾其卖官鬻法,瓒疑都御史王廷相嗾之,因讦廷相交结方士。廷相上状自明,俱令供职如故。御史胡鳌、谢瑜、任瀛、桑乔相继论劾,章十余上。而给事中王烨更劾其与严嵩、胡守中阴结郭勋,大蠹兵政,其言至不可闻,皆蒙温旨慰留。御史黄正色劾瓒疏内有"守藩臬,无善状"语,瓒乞罢,云:"臣未任藩臬,但司马重任,非庸劣所堪。"帝见言者多失实,而以瓒为醇谨,不植党。于是,夺正色俸,而瓒之宠眷益固矣。帝尝与大学士李时言其处置大同事得宜。及卒,赠太保,谥恭襄,恤典加厚,果如相者之言云。

刘源清,字汝澄,山东东平人。正德九年进士,授江西进贤知县。时宸濠反,源清以县当午道,即日规战守计。揭旗大书"誓死报国"四字,仍积薪环室,戒曰:"即事急,火吾家,毋污贼手。"会宸濠妃家娄伯及阉人乐囦以兵出县境,源清募死士二百人绕出其后,获伯、囦诛之。贼复移檄招降,源清立斩其使。以是,濠兵不得越进贤而东。宸濠既平,召入为监察御史。

寻迁大理寺丞,未几擢佥都御史,巡抚宣、大。俺答大举入寇,总兵被围,源清遣所部将驰救,斩馘数十级,寇遁去。

滴水崖守郭春等据城叛,伪称"大王天师"等号。源清遣兵傅城,呼曰:"擒春等数人而止!"于是,守陴者执春等以献,斩之。

进副都御史,再进兵部左侍郎,总制宣、大。

十二年十月,大同卒王福胜、王保等杀总兵李瑾。先是瑾请于源清,大城之左浚濠四十里以遏突骑。大同自五堡变后,军法陵替。瑾持法素严,而源清下令峻急,故福胜等倡乱杀瑾,从者六七十人,拥朱振摄指挥使。巡抚潘仿仓卒不知所为,乱卒胁令具疏乞宥。代王走避宣府。源清上闻,命总兵郤永讨之。师次阳和,出榜晓谕，有"五堡之变，失在过宽"语，五堡遗孽见之，辄偶语不自安，谓将追理往事也。仿捕乱卒十余人，佥事孙允中槛诣军门，请旋师，且曰："五堡事朝廷已处分，幸勿复以为言。"源清曰："曩胡总制以兵不临城致言者纷纷，吾不可复蹈前辙。"乃以囚属御史苏祐，而遣参将赵纲率甲士三百人大捕乱党。比晚，讹言屠城，夜鼓噪四起，允中归，曲抚之，始定。

先是叛将遣人赍金帛出塞，为逻者所获，源清薄讯，具得振受拥立，规画城守状。为书召振至，讯之，振惧，仰药死。明日兵至城东，乱兵开关迎战，杀参将曹安等，官军斩关而入，城下死者可藉。是时，郤永与辽东游击武镗据南关，参将段堂据东关，副总兵张镇据北厂，三面攻城。城中胁故指挥马升、杨麟为渠帅，时时自洞门出相攻杀，迄不可下。永议决水灌城，仿与镇国将军俊櫍等六人谕止之，不听。俊櫍出见永，请缓兵，亦不听。永因扬言，大同欲奉一王子召塞外兵南袭金陵，以撼朝廷。仿列将士贪功妄杀状，间道上之。源清亦奏仿等党逆卒抗王师。言官劾仿罢去。

源清因多设逻卒，遏城中王府及有司军民，诸章疏而请益师至五万，粮饷器械称是。又言："城中衣冠之族悉已从贼。"兵部尚书王宪以为然，疏请得旨，选官军万二千人，命兵部左侍郎钱如京兼副都御史，都督佥事江桓佩印充总兵官以往，转通州仓米十二万于怀来城，户部侍郎张瓒督饷。给事中俞朝宴、御史苏祐纪功。既而桓巽愞，改用遂安伯陈鏸代之。师出有日，帝悟大同骤变，不足烦重兵。罢如京等勿遣，专责源清、永进讨。而是时大学士张孚敬力主源清议，礼部侍郎顾鼎臣、黄绾颇言用兵之非，然不敢显陈也。

官兵围城久，樵采路绝，城中大困。兵部知城不可攻，复下安抚之令。源清树帜招降，诸叛卒稍稍自投。翼日城中出樵采者三百余人，永悉执之。举城栗栗，乱卒尽裂招降帜，复潜勾塞外酋长十余人入城,指代府曰:"以此为那颜居。"那颜者,华言大人也。张乐宴酋长城闉内。数日,塞北精骑南掠朔应诸州,山西绎骚,源清告急,请募九边兵,且请增总制官御之,已得一意攻城。帝不许。源清乃百道进攻,募窑夫穴城,为毒烟所熏死者相藉。源清复请筑堤壅水灌之,帝大不怿,且曰:"宣、大,京师北门,何可破坏?"源清亦知事不可为,乃自劾求去。帝责其避难负托,与永并下诏狱,遂以张瓒为兵部左侍郎,兼副都御史代其任。

给事中曾忬言:"大同乱卒稔恶无上,律所谓谋叛,非谋杀也。议者曲从轻比,于法未尽。源清贪功偾事,诚难辞罪。第往为进贤令。宸濠之乱,倡众死守,有保障功。当蒙八议之贷。"不听。久之,黜源清为民,永镌二级。隆庆初,言官交章追论,赠兵部尚书,赐祭葬如例。源清忠贞孝友,崛起寒素,伟干负气,临义不顾利害。尝有恩荫,舍其子而荫弟之孤,人以为难。

子尔牧,举进士,累官户部郎中。西苑建醮,诏所征发,常以帑藏空乏闻,辄减损其额积,为中人所嫌。会严世蕃舍人窝占边盐,为尔牧所奏,世蕃恨之,风御史以变乱钱法劾尔牧。杖一百,削籍,人尤冤之。

楚书,字国宝,宁夏左卫人。嘉靖二年进士,知宝坻县,调余姚。丁艰服阕,补曲沃。

入为兵部职方主事,大同兵变,刘源清攻城不克,世宗遣书往视,寻谕阁臣曰:"朕病中,未尝不以大同为怀。叛军戕杀主将,罪不可原。既赦胁从,攻城何为?郤永骄纵无谋,刘源清贪功嗜杀。至引水灌城,玉石何由得分?北门重地,祖宗所遗,必欲城破人诛,异日何以修复?今当罢诸路兵,别遣通晓机宜文武大臣,计擒渠魁,庶不至师老财匮,于计为宜。"书既奉遣未行,闻帝阁中语,乃驰至大同，张榜宣示城内。亦得机宜。于是，大同宗室、官吏、耆老，皆知攻城非出上意，遂开门迎书入。书复具陈朝廷威德，城中皆呼万岁。其夕，马升、杨麟遂擒黄镇等斩之。次日，巡抚樊继祖单骑入，斩一二人以徇。又二日，总制侍郎张瓒与御史苏祐具仪卫入，抚定军民，盖书之力为多。

迁尚宝司丞，进少卿，迁太仆。

十八年，拜都察院右佥都御史，巡抚宣府。时边备久弛，书躬巡关隘。还，上言："宣府诸路墩台宜修者凡一百余座，边垣宜筑者凡二万五千丈，峻崖宜铲削者凡四万五千丈，请发内府金钱及时鸠工。"诏以太仆马价三万金与之。事竣，巡按臣阅视以闻。

十九年秋，俺答拥数万骑声言将东入，书策其必西，檄总兵白爵等整师以待。果自万全右卫入，爵败之于宣平。其别路入者，副总兵云冒败之。爵又大战于北庄，俺答兵过桑干河，半渡遇雨，急击，斩获甚众。捷闻，诏进书副都御史，爵都督同知，赏赉将士金币有差。

明年，以讨隆庆州妖贼张雄等功，有白金彩币之赐。

俺答再入寇，多所杀掠。给事中刘绘论之，遂回籍。

樊继祖，字孝甫，郓城人。曾祖敬，洪武中进士，累官刑部侍郎，督饷安南。

继祖登正德六年进士，授临颍知县。入为监察御史，巡按陕西。时武宗幸大同，俺答入寇，继祖上言："陕西当榆林、宁夏、甘肃三边，而西海又有亦卜剌部落，东西辽阔，调度应援必待奏请。而寇氛猝至，势若风雨。今俺答深入，亦卜剌渐徙而东，恐两地交通，南北攻扰，銮舆在边，可不深虑！访之父老，云往年寇犯平凉，以有固原总制，故得飞调甘延兵会战，寇惧而还。今请暂命大臣开府固原,提督三边,控制诸路,俟事定回京,庶得权宜制变之道。"疏入,不报,而时论韪之。

嘉靖元年,上言:"陛下入继大统,天下之人孰不延颈举踵,以望德化?即臣近所睹听,似渐不及于始者四事,敢冒昧以陈。陛下即位之初,日进词臣,讲论经史。今乃于孟冬辄罢,此志一懈,亲便佞之时多,接士大夫之时少。励精图治之心或转而为晏安佚豫之渐,是勤圣学渐不及始也。初,特召阁臣杨廷和等于便殿,与之议国政可否,近幸不得与闻。数月以来,兹典中辍,票拟多不见俞,岂廷和之议论有乖于前耶?是信大臣渐不及始也。初,言路广开,每赐采纳。迩来如张锐、张雄等狱,台谏交章执奏,竟从宽贷。而梁本茂、谢珊一言冒昧,即加谴责,是广听纳渐不及始也。初,赏必及于有功,罚不遗于显恶。乃今超擢加于藩邸旧人,而倡义督师,削平祸乱如王守仁者,迁延数月,未蒙行赏。卢明、商忠等明与濠通,皆得宽贷,怀藏二心者何所惮耶?是明赏罚渐不及始也。"帝嘉纳之。

又查勘畿辅皇庄,清出侵占民田二万余顷,才名大著。

转河南副使,升江西参政。时大同兵变,杀总兵李瑾,擢右佥都御史,巡抚大同。驰至阳和,与刘源清议不合,遂上疏:"请假金牌入城谕之,可立下。不然,恐贼计无复之,北走塞外,贻患非小也。"不俟命,即用郎中詹荣计,使指挥马升、千户杨麟募死士,捕斩首恶黄镇及许章等十人,遂单车入城,宣布朝廷德威,抚定军民。事闻,天子大喜,赏赍金币有加。

逾年,以捕获叛人杨铖,论功升副都御史。

筑聚落、高山二堡,扼寇要冲。帝以大同自张文锦修堡致变,抚臣相视为戒,莫敢任事者。继祖独力任之,特予恩荫,进兵部左侍郎。

驾幸承天，提督蓟州、山海边备，进兵部尚书，兼左副都御史，总督宣、大。时吉囊数纵掠关南，督兵应敌，积首功八百五十七级。

改工部尚书。殿工起，采办大木，督发不匮。后以太子少保致仕。

苏祐，字允吉，山东濮州人。少遭母丧，值寇至，家人趣之避，泣曰："母殡在堂，儿将焉往？愿以死守。"俄而寇去，人称其孝。

嘉靖五年成进士，知吴县。县编里五百，徭赋十年一更，簿书纷不可纪。祐分置粮里、塘长，使各署民产高下，参伍定役，徭赋称平。吴俗奢靡，治尚敦朴，三年化行。

丁嫡母艰，服阕，补束鹿。县多系囚，一日省释百人。民有昵妾杀其妻而沉之井者，前令弗能问也。祐捕置之法，一境肃然。未几，召为监察御史。

十二年元日，副都御史王应鹏以奏疏误，落职名，下诏狱。祐偕诸御史论救，皆廷杖。

无何，出按宣、大。大同兵变，杀总兵李瑾，胁都御史潘仿上疏白状，以为瑾素虐所致。祐谓瑾纵有罪，军士可擅杀乎？即具疏言："大同变虽由于激成，奸实本于玩生。乞集廷议，以正国典。"帝以为然，遣总督刘源清等帅师讨之。兵临城下，大同大窘，而惑于屠城之说不敢下。祐遣人谕之曰："凡用兵，固欲安之也，而讹言逆命者何？趣下即免，不则族矣？"久之，镇抚王宁出见，持城中将吏署状，阳为黄镇等乞原，阴以詹荣谋告。巡抚樊继祖密檄马升、杨麟先后捕斩黄镇等，传首出献。次日，祐按辔入城，集文武将佐，置酒高会，赏赍有功将士，大同遂定。

逾年按江北，值大旱①，请帑金六万赈贷，民赖以济。符离河患，筑石堤十里，人号"苏公堤"。

按山西,减大辟囚五十余人。

掌河南道,出为江西提学副使。

转山西参政,分守雁门三关。

召入,为大理少卿。

升都察院右佥都御史,巡抚保定。

顷之,进副都,巡抚山西,筑宁武关城。

召入,为刑部侍郎,改兵部。

嘉靖二十九年,以左侍郎兼右副都御史,总督宣大、山西军务。是秋,俺答犯京师,提兵入援,斩首卤数十,夺马牛以万计。论功赐金币,荫子国子生。俺答乞贡市,祐请"外示羁縻,内修战守",朝议伟之。

自翟鹏有摆边之议,行之数年,祐深以为不便,奏曰:"宣府之边,千有余里。一镇之军,率不过七八万。每里七八十人,岂足守御?寇聚而多,我分而寡。一处溃入,千里皆成虚设。寇既入边,我兵反后,此摆边之失也。臣以为守边不足,不若聚而守堡。各路步兵固守要害,骑兵相机战御。其入卫之兵,暂驻怀保、永隆间,闻②警分道入援,亦制敌之一策也。"疏上报可,升右都御史。

俄而,俺答以二十万入紫荆关,分掠山西。祐督诸镇兵邀击于广昌、灵丘,至磁窑口大战。俺答中伏炮而去,斩首四百有奇。捷奏,祭告郊庙,榜示九边,升兵部尚书,总督如故。荫一子锦衣千户。

未几,以年老致仕。

祐居边十年,知人善驭下。马芳、刘汉、胡镇、董一夔皆拔自偏校,各树功名。其入援京师也,与咸宁侯鸾俱,而鸾遂拜大将,贵宠无与比。至是出行边,使使告祐,请以首功一级为公少子官,祐谢曰:"辱将军念甚厚,然吾子非能从军也。吾又且旦暮罢去,不敢以累将军。"盖其守正如此。

祐既去镇,俺答入塞,总兵岳懋战败,许论奏兵败由刍饷不给,以祐在镇漫不省忧所致,帝怒逮下诏狱。而祐请饷奏牍具在,疏辨,帝不省,竟落籍为民。隆庆改元,诏予冠带,立东宫覃恩,复故官。家居十八年卒。

祐为人丰肌伟岸,戟髯电目,而和易可亲,不为城府。立朝耿介有大节,为文典雅。督学江西时,日阅数百卷,率能背诵。决科名次第,毫发不爽,人服其才云。

此数人皆首尾大同变事,得失不同,文能曲尽,可观。

校记

① "旱"原文为"早"字,正之。
② 本祠堂本"闻"为"关"字,从康熙本。

王大用、翟鹏、史道、王邦瑞、郭宗皋列传

王大用,字时行,扬州兴化人。

正德三年进士,授工部主事,督治漕舟,兼理临清漕闸。大用性果毅,以功名自任。会流寇刘六犯临清,大用辄募卒。会兵备使出郭而阵,分道邀贼,辄引去。

出为广东佥事。乐昌盗流劫湖南,会兵讨之。大用帅所部深入疾战,斩馘千余,进一级。

复征清远瑶贼,渡湟江,驰入巢中,获其酋,斩馘千余,再进一级。

又攻黄藤峡及十八山诸巢,获其酋,斩首二千余,以功进副使,兵备如故。

世宗即位，录征白水黎蛮及岭西高凉洞獠功，赐白金彩纻。累迁广西左布政使，升应天府尹。

嘉靖九年，拜右副都御史，巡抚顺天。廷臣以大用知兵，习塞上事，请改大同。大同兵单庱乏，悍卒数戕主帅，拜命者多难之。大用毅然就道，至则破孝文山贼刘善果，折廷相等，献馘京师，天子以为能。

条边备四事，其议边垣事，略曰："臣待罪行间，得巡览诸镇。他镇边垣相近，斥候为易。惟大同三边远者二百余里，近者四十里，道里辽旷，亭障不相属。卒有缓急，难以救助。而游徼侦卒，恐为敌获。辄伏匿近地，以故牒报不符情实。而陷贼中者往往泄我机密，边备不饬，职由于此。且士卒月廪必具转车人徒，赍至二边，须多遣将校，分部护之。率钟致一石，而区脱卤获不与焉。臣愚以为移入二边并力守御便。"疏入，报可。

大用勇于任事，更张无渐。给事中张润身、秦鳌交章论之。兵部议改调，而吏部以大用才识素优，若因人言辄易，则事权渐损。于是大用上疏自劾，曰："大同譬之下都顽民，五堡之变，张文锦不善用周公而败，蔡天祐继之，势不得不为君陈。七年于兹，至臣则毕公之时也。抵镇以来，有因有革，上下观听，辄相疑骇。以是二臣得于风闻，欲为陛下忠谋。顾臣自反，不得其咎，请行勘明。"帝褒留之。再疏乞休，改抚顺天。召掌院事。

会朵颜三卫拥众叩关，诈称入贡，诏大用督参将周瑊、萧升诣关阅实。大用单骑入城，调兵扼险，令瑊等张左右翼犄角之，寇谋泄宵遁。复谕其酋长干维者，令献里谷关地延袤五百余里，以为可缮边垣，省关营费大半，与定盟约而去。而御史张禄先时按大同，与大用不相下，至是劾大用生事构怨，竟坐免。

久之复用廷臣荐，起巡抚四川。当是时，天子方斋祀太乙，群臣争言符瑞,而大用屡以地震水旱请修省蠲租,帝颇厌之。或以告大用,大用曰:"臣老矣,岂敢以符瑞结主知哉?"已而,转南京刑部右侍郎。会川番乱,给事中扈永通追论之,遂回籍听勘,久之得白。晚家仪真,年七十五卒,赐祭葬如例。

翟鹏,字志南,直隶永平府抚宁卫人。正德三年进士,授户部主事,监九门课。时刘瑾窃柄,群党横索无度。鹏奏复榷钞之制,商民称便。督延绥边储,魏彬家在榆林,诸弟侄专擅盐利。复设抢纳之法,诸商称平,盐课以裕。

迁员外郎,视十库,倡同事者条上十事,皆报可,进郎中。

出为卫辉知府,治行为一时冠。世宗入继大统,道经其郡,官使往来,供应浩繁,皆先期立办,而民不扰。举卓异,有羊酒彩币之赐。

调开封府,释冤囚五百余人。

升陕西副使。整饬洮岷边备。时亦卜剌数入寇,设四祡济洮二城,奏留甘凉班军戍守。会同参将王机出奇斩获,寇大挫衄。进本省按察使。

擢右佥都御史,巡抚宁夏。自安化之变,将士骄惰,卒伍率习匠艺,占役镇守私第。守墩者类皆贫寒老弱,不任干戈。甲去乙来,频年不歇。甚至夫拨守墩,妻为坐铺。鹏尽清占役,定番上之法,劳逸得均。又,野鸡台二十余墩孤悬塞外,数年不守,寇骑往往由之以入,凭陵内地。鹏尽复之,边务次第修举。

而与都督佥事赵瑛不协。会警报至,瑛遣游击李勋御之,勋不肯行,语侵瑛。鹏遂别遣他将,而劾瑛威不能制下。瑛大憾,托疾辞任。鹏遂奏闻,且举副总兵江桓以代。诏不许,而瑛憾弥甚。会寇大入,桓逗留不战,亡失数多。瑛遂奏鹏用人失宜,鹏亦奏瑛骄抗,廷议两罢之。

二十一年,起原官,整饬直隶、山西等处军务。时,俺答犯石州,调兵御之,俘馘甚众。以功升兵部右侍郎,兼左佥都御史,总督宣大。上言边事,以各边遇中国被掠人近塞,驻牧者宜多方招徕,而罪其杀降邀功者。又言:"寇一入境,官军奋勇遏敌,虽无所斩馘,地方赖以无虞,其功当录。又如贼众我寡,奋身鏖战,虽有损折,未至残害地方者,其罪当原,以俘馘论功固也。亦有临战当先,摧锋陷阵者,不暇斩级,而后军乘胜斩获者,岂宜独计其功?以损折论罪固也。亦有数营并进,逡巡观望者得以苟全,而间或力战损军者,岂宜独治其罪?"帝以为然。

时有降人言寇将以三十万入犯,鹏驻师宣府请饷,疏三至,兵部令驰赴朔州,以便调度。而帝亦见为畏缩,降旨切责,罢任。且以文臣总督,徒拥虚名,牵制误事,非祖宗之旧,并罢不设。鹏既去,而俺答复大入山西。廷议非鹏无可任事者。起,仍前总督,且益以山东、河南并听节制,比前加重焉。

时吏部尚书许瓒议边塞渐颓,当倾天下财力修筑。廷议难之。鹏独以为战不足者,守有余,乃于冲要浚濠为垣,延袤三百九十余里,增筑新墩二百九十二座,护墩堡一十四座,增设守备操守十四员,起营房一千五百间,得地一万四千九百余顷。以地募军,省帑金数十万。

又以大同路远,不便转输,请将宣府客兵饷银改运大同,其应运大同军粮留给宣府客兵,两镇称便。

又言:"防边御寇,战守有要。欲东自平刑,西至偏关,画地分守。再设游兵,分驻宁武、雁门等关。敌如攻边,戍兵登陴拒敌,游兵出关夹攻,所谓守中有战。东自大同,西抵老营堡,因地设伏,预有定算。视贼所向,分兵待之。又于宣、大三关之界各设劲兵,以防奔逸。选善战官军六千,分左右两营,总督躬自将之,随机策应,所谓战中有守。"帝以其言下文武总督大臣,仍敕诸臣:"敢阻挠致误军机者,许鹏按问参奏。"仍诏:"自今遇敌,如有退缩逗留者,都指挥以下即斩以徇。"

鹏感帝知遇,益奋励以图报称。遣千户火赤力等远出塞外侦探,将有大举。至丰州遇寇,薄有斩获。以路远军士饥疲,亡失略相当。且实陈状,帝以将士深入,嘉其忠勇,厚赐赏恤,亡失不问也。

又以旧例,兵皆团操镇城,闻警出战。近年边患渐炽,往往夏秋之间分驻边堡,谓之暗伏。今后请自入秋悉令赴塞,画地分守,谓之摆边,九月终还镇。遂著为令。

二十三年三月,俺答寇龙门,所督总兵郤永等斩五十一级,以功升兵部尚书,兼都察院右副都御史,赏白金彩币有加。大抵鹏之为帅,以申明赏罚,搜讨军实,严号令,谨烽堠,远斥堠,固要害为务。蚤夜孜孜,不遑宁处。而呼吸应变,非其所长。

九月,巡抚都御史朱方请撤蓟镇防秋客兵,本兵毛伯温、郎中韩勋题复,并将宣大三关客兵尽撤,鹏不能争。俺答侦知,遂于十月初九日由膳房堡入塞。鹏自朔州闻警,夜半驰至马邑,调发兵食,而亲至浑源督战。当是时,羽书旁午,烽火达西内。俺答越插箭岭而南,攻破县邑,焚掠畿甸,帝方大怒。而兵科给事戴梦桂劾朱方建议撤兵,致寇乘间入犯。鹏手握重兵,漫不可否,俱逮系诏狱。御史舒汀等并论及本兵,于是,伯温罢任,方、勋皆廷杖,鹏遂遣戍。至河西务,为民家所窘。钞关主事杖其居民,厂卫以闻,复逮至京,寻卒于狱。

鹏所至皆有实迹。自守清白,常禄外纤芥无苟取。初在卫辉,将入觐,行李萧然。通判王江署府事,夜怀金遗之,自责曰:"岂我素履未孚于人耶?"江惭而退。奉命查勘总兵官白爵事,太监张佐遗书求救,且致黄金百镒。既开封,呼其使而反之。秉公按核,不少假借,其刚介如此。

史道,字克宏,涿州人。父俊,成化间进士,历官按察副使。

道登正德十二年进士,改庶吉士,授兵科给事中。为人壮往敢决,以才气自负。尝疏论谷大用、江彬误国谋逆,尚书王宪附丽阿党,谏止大臣杨廷和等及太监张佐等封爵,论救王琼、陆完死罪,章数十上,多见采纳。

嘉靖元年,奉使朝鲜。未几出为山西按察佥事,道疑廷和挤己。时廷和方争兴献大礼不能得,而道上疏论廷和专擅,且言:"先帝称威武大将军,廷和未尝力争。今于兴献帝一'皇'字,一'考'字,乃欲以去就争之,冀以动帝听。"尚书乔宇、彭泽交劾其妄,帝亦切责之,下诏狱。给事阎闳、御史曹嘉相继论救,帝怒其朋比,皆谪外。而道谪南阳通判,再谪金县丞。

久之,升佥事,入为光禄寺少卿。时杨一清、张孚敬不协,道因疏言:"辅臣宜和衷体国。"优诏答之。

亡何,升佥都御史,转大理寺卿,遂掌都察院事。因会推失误,为汪鋐所纠,罢任。

十五年,即家起佥都御史,巡抚大同。道自以家居畿辅,习知边塞情形,又屡经摧挫,思有以自见。至镇之明年,亲督兵会总兵梁震御寇于玉林川,又御之于沙河,捷闻,进右副都御史,巡抚如故。

十七年,御寇于丁家林及石岭关。十八年,又御于碌硇河,前后斩渠魁一人,卒二千余人,获马、驼、牛、羊三万,器械五万,又擒获妖贼王通、矿贼王喜等。事闻,帝嘉其功,赉以金币。

大同自张文锦筑堡致变后，督抚率尚因循，无敢任事者，道独慨然曰："前人病坐操切耳，非任事之咎也。"明见病源。乃建镇远、镇川、弘赐、镇卤、镇河五堡，联络相应，广地数百里，督军士垦田万余顷。进兵部右侍郎，巡抚如故。

二十年，俺答阿不孩遣使石天爵款塞求贡，道欲行羁縻之术，遂具书上闻。兵部以寇势方张，遽求入贡，非情实。是。且天爵本中国人，久居塞外，疑为间。行抚按究问，而道纵之归，何意？坐是镌级。而小王子遂拥众并塞南，掠岢岚、石州、忻平、寿阳，至太原、阳曲，被掠者宗室四人，仪宾一人，军民杀掠五万一千七百余人，京师震惊。大同镇卒阴与之折箭为盟，往来辄以所掠辎重遗之假道焉。道知之不问也，寻亦坐此削籍。

三十年，起左侍郎，总理大同马市。初，咸宁侯仇鸾倡通市之议，至是，俺答投译书宣大总督苏祐求通市。祐以闻，鸾力主之，杨继盛疏谏下狱，廷臣遂不敢有异议者。道以昔尝主通贡未成，边警益甚，遂以此自任，开市于大同镇羌堡，道疏言："俺答与其子脱脱等易马二千七百余匹，进谢恩马九匹，译表一通，南向黄幄香案，叩头极恭谨，今秋可无虞。若日久不渝盟，非臣所敢知，至于先事之防在我，不可或缓。其再市及宣府开市日期，乞赐裁定。"事下兵部，而仇鸾言："夷俗以九数为至敬，宜遣官赍敕宣谕，仍厚赏以嘉向化。"帝以为然。赐俺答金带锦衣，仍命道遍诣宣府、延宁，经理开市事宜。未行而寇骑犯左卫，道诘之，则曰："此中国叛人萧芹、乔源所为。"芹自言有妖术咒人人死，喝城城颓，俺答惑之，乃捕其党五十余人，执芹、源妻子，告俺答："试喝城，不效，则执以予我。"脱脱曰："某日将自右卫入，试喝城，无敢掠也。"道上闻，且言："俺答怵于妖党，臣多方操纵，已得要领。诸部以俺答为雄，把都辛爱皆其亲子弟。制驭外国，在此人而已。"仇鸾亦以为言。未几，寇骑果犯右卫，立赏格购芹、源，脱脱执之致塞上，帝嘉道功，拜兵部尚书。

始，俺答入市，驱马至城下，计直取偿。其后，往往以羸马索厚直，弗予，辄大哗入。大同市，寇宣府。宣府市，寇大同。甚者币未出境而警报随至，并所得羸马掠之而去。俺答部落往来城外，辄以贡市为言，将士不敢逆拒。初市止马易布帛，至是，欲以牛羊易粟麦，朝议难之。道又上言："俺答贪而势强，凡资于我者，非钞掠无由得也，故岁被其侵暴。其言抑何悖也。彼之富者有马，而贫者不能得粟麦。富者十二，贫者十八，今不通融，恐冲决约束有误大计。"是何言与？是时俺答数遣使问市期，而廷臣谓所求渐侈，将来益有难从之请，议久不决。道又上言："臣于三月临边，俺答即传谕各部，禁其南牧。今请以牛羊易粟，盖借以定诸部落之心，且摆边之费最无益也，可谓力任矣。若暂停二十日，移其所省粮料，即可办此市费。弘赐等堡蓄粮尚多，权宜假借，亦足支给。所易牛羊充官军俸廪为利亦溥。惟速降明旨，边地幸甚。"

是时，宣、大督抚苏祐、何晋等见廷议不协，虑蒙首祸，皆上言以为不可。见亦非忠于国者。而仇鸾亦变初说，兵部尚书赵锦以羁縻终非长策，大学士严嵩亦以为不宜听要挟示弱，于是，下诏切责道不务边备，极是。令解任。而敕边臣一意战守，通市事始绝。然宣、大边防废弛，遂不可复矣。给事中何光裕、御史龚恺等交劾道误国，帝怒其希旨，各廷杖，而光裕遂死杖下。

复以道兼佥都御史，协理京营戎政。道以屡被人言，引疾请休，许之。逾年，犹以边功加太子少保，荫子锦衣百户。

畅言马市之弊，而次道主持之论，其罪自见。

王邦瑞，字惟贤，河南宜阳人。少倜傥负大略，总卯为诸生时，山东盗起,上剿寇十四策于河南府,府官异之,曰:"洛阳年少,何多奇耶!"

举正德十二年进士,改翰林庶吉士。丁父忧,服阕,以王亲出为广德知州。

丁祖忧,服阕,补滁州,以俸易经史百家,贮之学宫,士民称服其德。

累迁南京吏部文选郎中,出为陕西提学佥事。创正学书院,坐岁贡不时,贬滨州知州。

再转陕西副使,整饬固原兵备。时泾邠盗李孟春流劫河东西,督兵剿平之,民乃大靖。邦瑞本以文章饬吏治,自是始用武略显。

寻丁祖母忧,服阕,复提学陕西,转参政。又以母忧解职。既连遭丧,家居日久,益肆力于学。凡古今成败、典礼兵赋,法制沿革,皆能究其原委。尤留意于边防,山川险易,城堡道路,历历如指诸掌。

服除,以才望特擢都察院右佥都御史,巡抚宁夏。修营制,广间谍,具悉塞外情事。寇尝乘冰一入,整兵设伏败之,边境宁谧。转南京大理寺,升兵部右侍郎,转吏部左侍郎。

嘉靖二十九年,俺答犯都城,举朝震惊。帝历选廷臣可预大计者,特命邦瑞巡视九门。乃陈守御五策,请敕营兵阵郭外,启门纳四郊避寇者。寇退,请录九门诸将徐镛等功,治都指挥佥事陈善等五十八员罪。又请筑重城,浚九门濠堑,设闸大通桥蓄水,皆报可。

已而,改兵部左侍郎,兼都察院右佥都御史,赞理京营军务。邦瑞见营制久弛,上言:"国初京营劲兵不减七八十万,元戎宿将,比肩联迹,号为最盛。嗣是三大营变而为十二团营,又变而为两官厅。虽浸不如初,然军士尚足二十八万有奇。承平既久,武备益弛。今据籍止十四万有奇。而在营操练者不过五六万人而已。事势孔亟,战守之用,率老弱疲惫,市井游贩之徒。衣甲器械,取给临时,以此应敌,何克有济?臣谓军伍不足,其弊不在逃亡,而在占役;训练不精,其弊不在军士,而在将领。今之提督武臣及坐营等官,多世胄纨袴,不闲军旅。平时则役占营军,空名支饷;临操则招集市人,呼舞博笑而已,军安得足且精乎?

"往者尚书王琼、毛伯温、刘天和辈尝有意整饬之矣,将领恶其害己,阴行阻挠。而军士又习骄惰,厌纪律,辄藏匿涣散,流言肆起,清理未半,事竟中止。凋敝至极,遂启戎心。今陛下亲见其害矣,伏愿大振乾纲,严敕提督朱希忠、陈镒等,洗濯自新,推让贤能,以保禄位。选科道六员通察十二团营人马数目,参考户部粮籍,简汰老弱,勾补逃亡,然后人给衣甲器械,简谋勇将官,以时训练。科道官监视察,核宿弊以闻。陛下尤宜精心听纳,毋为浮言所摇,庶几军政可饬,边防无虞。"

帝甚嘉纳,命给事中俞鸾、御史吕光洵简阅军实,鸾等还奏:各营缺伍一万三百人,存者率老弱游惰,不任于戈。于是,罢希忠、镒等任,下兵部更议营制,改十二营为三大营,设文武大臣各一总其事。又设副将以下若干员,裁革内臣、提督、监枪等项若干人。公侯伯悉令自陈,听取进止。兵部罢黜都指挥以下不职者若干人,别选知兵将领充之。而邦瑞又举编修赵时春、主事申燧改兵部衔,专理营务,于是戎政骎骎改观矣。

帝益才邦瑞,乃以为兵部尚书。邦瑞亦以封疆为己任,陈安攘十二事。而咸宁侯仇鸾自大同提边兵入卫,虚声冒功,因主戎政,势张甚。鸾奏革蓟州总兵李凤鸣、大同总兵徐珏任,而荐京营副将成勋代凤鸣,密云副将徐仁代珏,帝皆从之。邦瑞言:"朝廷易置将帅必采公论,断自宸衷,所以慎防杜渐,示臣下不敢专也,鸾擅自更易,臣恐边将衅端日启。"不报。

鸾欲节制九边总兵,邦瑞以为不可。鸾议罢筑蓟镇边垣,邦瑞又以为不可。鸾积不能平,而邦瑞腾章劾鸾跋扈不道状。鸾阴中之,诏夺其官冠带领职,顷之,罢为民。邦瑞去,而鸾益横,久之得罪,帝乃思邦瑞言,即家召拜,戎政兵部尚书。邦瑞以老获用,见营务久弛,慷慨陈列,次第施行。

未几,病卒于官,赠太子少保,谥襄毅,遣行人护丧归葬。

邦瑞严毅有执,识量弘远,遇大事应机立断。历官四十年,所至有建树,尤以廉节著。卒后戎政缺人,帝辄思曰:"何处得王邦瑞?"其为上眷忆如此云。

郭宗皋,字君弼。先世江西万安人,明初徙山东登州福山所,遂为登州人。

嘉靖八年进士,改庶吉士。寻诏诸改庶吉士者皆罢为进士,受官如故。宗皋得刑部主事,寻改监察御史。

十二年十月,星陨如雨,宗皋上言:"变生无常,有先事而为兆者,有后事而为应者。举莫知其端,深求而的指之则凿矣。惟人君反躬修德,斯得其要。陛下毋以目前拂意之事为足应,毋以前人附会之说为足信。隆谦冲虚受之德,崇易简宽大之政,庶未来之变可消也。"时世宗新失哀冲太子,及大同兵变,以为足应星异。疏入,大怒,下诏狱,问目前拂意事安所指也,宗皋对状,言:"始因星变,窃意陛下必思天意所在而慎防之。寻乃有大同之变及皇子之薨,臣恐陛下以二事足当之而遂弛修省。又素阅天官诸书,见古人推测灾异,其说多妄。臣愚,望陛下刻意修省,勿尽信前闻而求之事应,直敦崇宽厚,察纳忠言,不专以严明为政,天下幸甚。"帝益怒,廷杖四十。

未几,出按苏松,奉宪纲从事。行部乘马,不御肩舆。太仓盐徒为盗,擒其渠魁,盗遂衰止。

复按顺天,会廷推巡抚保定刘夔协理院事,宗皋论夔无行谊,不称纲纪大臣,夺俸两月。

寻迁山西按察副使,备兵雁门。转陕西参政,入为大理少卿,寻拜右佥都御史,巡抚顺天。边备寝弛,陈便宜五事,大略以远侦探,选兵马,增戍卒,蓄刍粮,给火器为要。天子以其言切当,皆报可。

宗皋性简伉,在苏松时,大学士鼎臣奉召入都,道出吴门,登舟一揖,不交一言而退。其论刘夔也,以荐大学士时之子少卿坦为佞谄,大臣多忌之。又初登第,与江西士大夫修乡曲谊。及夏言、严嵩秉政,乃自引避,不从里子旅谒。抚畿甸,不通请问。琉璃河成,言、嵩出视,又不迎劳。以此二人嗛之尤甚。会宗皋请修居庸关,欲支筑边余银为工料费,帝疑有侵冒,而大臣复中之,遂罢归。下户部钩校。

居一年,覆奏所放散具有质佐,乃召复故官,巡抚大同。上谷有警,改抚宣府。无何,进兵部右侍郎,总督宣大、山西军务。大同当兵变后,上下务为姑息,众反不安,宗皋以法御之,即有乱行不少假贷,军中肃然。

二十八年九月,俺答以三万骑犯万全左卫,辄遣将有所斩获,贼引而东,次沙岭堡。总兵赵国忠相持不解,宗皋复遣大同总兵陈凤等以奇兵遮寇,而身擐甲胄,提轻骑逐之至鹞儿岭,大战自辰至酉。会大风雪,俺答退还营,次日复战,斩一酋首。

明年六月,俺答再犯大同,宗皋遣将与战,逐北斩首卤九十级。而会总兵张达、副总兵林椿战死。达,陕西人也,膂力绝人,平生遇敌好离营陷阵,所向有功。而是时,俺答先以数骑入边,边尉报状。御史胡宗宪喜事人也,会夜饮醉,属达曰:"将军可趣击贼。"达谓寇有伏兵,夜出不利,请待旦乃发。宗宪大呼:"若欲墨吾白简耶?"达不得已,以二百骑夜出,至弘赐堡,寇众大入,围之数重,冲突不得出。而椿方分兵击寇零骑于弥陀山,闻之,引兵救达。寇四面骑皆会,矢下如雨,皆死焉。二将死处,去制府二百里,宗皋闻其被围,趣发兵往救,至则无及。败书闻,天子愍之,赠达左都督,谥忠壮;椿都督同知,谥忠勇,各立祠予荫。而宗皋与巡抚都御史陈耀夺俸视事。以二将虽殁,而寇亦旋遁,官军被伤者少故也。

无何,给事中唐禹追谕达效死疆场,独其二子世杰授以血战溃围,此数十年边关未有之大衄。禹意在申明达功,而未知宗皋发踪指示逐北折级状。是时,帝斋居西内,览禹奏不怿者数日。有诏,达二子同荫,而逮宗皋及耀至京,各杖一百。耀遂死,而宗皋戍陕西靖卤卫。至戍所,僦民屋以居,耕牧自给。暇则手录方书施药饵,进生徒讲论经义。居塞上十七年,世宗一日札问兵部:"故督臣宗皋安在?"以谪戍对。廷臣部使荐至十余疏,而大学士嵩沮之,竟不复召也。

隆庆改元,奉遗诏从戍所召起刑部右侍郎,改兵部,协理戎政。至则升南京都察院右都御史,道中升南兵部尚书,参赞机务。而宗皋以年迫七十,上疏求罢,帝亦念其老,许焉。

万历六年,大婚礼成,宗皋年满八十,诏守臣及门存问。

十年,元子生,诏存问如初。以都御史吴时来请诏给廪米舆隶,岁以为常。

十六年,年满九十,遣行人奉彩币羊酒称制存问。

家居二十余年卒。晚年恩礼大臣所未有也。

宗皋为人刚方严重,言笑不苟,取予必慎。故事,宣大三镇供制府私藏岁若干金,皆斥为公费,令解官收掌,司其出入。天性孝友,所得禄赐,先进父母。弟尝有疾,灼艾颇难之,解衣先灼,以分其痛。内政整肃,子孙布衣芒屩,不尚纷华。年虽高,岁时大节,必焚香望拜。出入里门,不设车盖。气骨强健,澹泊自甘,声色玩好,一无所嗜。故临难不慑,享有耆寿云。

数公正气嘉猷,表表过人,而各有微累,然实孽非己生。独史道为难免君子之责也。笔墨淋漓,使其遂无遁情。

王忬、商大节、翁万达、
丁汝夔、杨守谦列传

王忬,字民应,苏州太仓人。父倬,武宗时南京兵部右侍郎。

忬以嘉靖二十年成进士,授行人,选监察御史。皇太子出阁,疏请崇师儒,遴宫僚,慎选近侍。且以武宗居青宫为戒。其言谔谔,世宗嘉纳之。

又劾罢缇帅宋兴。

出视河东盐法,岁余以疾归。

已复起,按湖广。时宦官廖斌镇承天,暴横自恣,陷前御史至戍。忬至,与之约曰:"中贵人不鱼肉吾百姓者,吾请事之;舍人子鱼肉吾百姓者,吾请为百姓治之。"于是,斌戒戢其下,终任无敢犯法。风裁大著。

代还,复按顺天。

二十九年,俺答自宣府东行,犯古北口。忬策边防必溃,骤上书言状。且言:"潮河川有径,一日夜可达通州。而通州军储所聚,臣请驰往守之。"既至,趣吏士登陴,徙舟楫之在东岸者。夜半,俺答部大至,竟不能逾河而西。时帝坐斋宫,深念边事,得忬疏大喜。而又使谍觇畿辅诸城,惟通州独完。又觇忬昼夜擐甲睥睨间,愈益大喜。会御史姜廷颐劾都御史王仪庸懦不职,遂特旨超擢忬右佥都御史代之。

忬既骤超迁,益思所以发舒。会寇退,请发帑金振诸中兵者,又请筑京城外郭,及城通州之张家湾,筑沿河敌台。时议者欲增补营兵,忬又言:"京军岁费刍粮百万,缓急无所赖,宜汰不宜增。"又请设蓟辽总督,置涿、昌、通、密四镇,拱护神京。次第报可,有白金文绮之赐。

逾年,巡抚山东。甫三月而倭寇起,廷议置重臣视师,以原官提督军务,巡视浙江及福兴、漳泉诸郡,仍敕便宜调发。临阵按军法诛赏。无何,改巡抚。忬才识通敏,承朱纨之后方圆并用,而宽大善用人。时参将俞大猷、汤克宽以材勇闻,忬推心委任。又奏释在系都指挥卢镗、尹凤等,分置诸郡,犄角应援。倭贼汪直结砦普陀,乘风凭陵诸郡,而其党徐学、毛勋、徐海、彭老等列兵近洋,与之呼应。忬授策大猷等率狼土兵及温、台黠徒夜从间道火其巢,贼众大溃。克宽夹击之,俘馘三百余,焚溺死者无算。忽风起军乱,贼乃逸去。尹凤将闽兵邀于表头、北茭诸洋,又俘馘三百余人。有萧显者,尤桀黠,屠南沙,还逼松江。卢镗掩击,大破之,斩其首,先后奏捷。如采淘港、石墩、长礁、吴淞诸战,俘馘率以数百计。又擒漳州通倭奸民苏老等三十余人,请旨诛之。其入奏也,不自以为功,率归之诸将,故人多用命焉。天子亦以忬不负委任,累赏银币有加。忬行部计倭所由道凡二十余县,次第毕城之,独慈溪人言不可城,及忬去一岁,而慈溪竟为倭所破。

三十三年,俺答入,大同陷。大将抚臣坐失律下狱,议置代。未决,帝以问阁臣,嵩惶恐不知所对,帝曰:"独王忬可耳!"遂手敕进右副都御史,移抚之。比至镇,值岁祲,请内帑金钱十余万赈之,全活万计。会俺答复入寇,合宣府兵破之。以功进兵部右侍郎,兼右佥都御史。寻转左，兼副都，总督蓟、辽、保定军务。

把都儿等数万骑犯古北、喜峰、冷口诸隘，凡三败之。明年，小王子屯怀来川，攻南塘、黑冲峪。已又攻大石沟，连击败之。兵部尚书杨博称忬制胜万全，为之请叙，于是，进右都御史，荫一子世袭千户，辞不受。

三十五年，打来孙等犯喜峰一片石，督兵拒，走之。未几，阑入滦河，颇有所杀掠，诏切责，夺一官。

明年，把都儿、辛爱等合兵犯马兰、义院诸口，却之，诏复所夺官。又以辽左功，录一子入国子监。

忬初以守通州功为帝所知，自御史超拜都御史，皆出特简，非由廷推也。而忬亦思奋发以图报称，帝亦雅器其才，眷注特重。虽小有挫衄，常屈法宥之。及滦河之役，宦官及宫人家被伤者号泣帝前，帝心颇动。而是时大学士嵩擅权，其子世蕃贪饕，屡责贿于边帅。忬不能副其望。又时时宴会，对客弹指，言其父子贪横，将败国事，嵩颇闻而衔之。而忬子世贞文名重海内，数以口语失欢于世蕃。会兵部员外郎杨继盛以纠嵩父子死东市，世贞为经纪其丧，作诗哭之，嵩恚之次骨，然未有以发也。_{叙致祸之由历历。}

时议者以蓟镇练兵可省调发十之六七，忬独以为此名美而无裨实用，调发如故。而尚书杨博议以蓟镇入卫兵，听宣大调遣。既命下，忬又执奏："蓟镇川原平旷，独恃入卫兵拥护神京，奈何听邻镇调发？臣不敢奉诏。"帝怒曰："向命蓟镇练兵，而忬不奉行。每岁防秋，惟恃征调，此岂为国远谋者，而今且纷争如是耶？"

兵部遣郎中一人与巡关御史备阅兵数虚实与操练若何，期一月还奏。而兵部遣职方郎唐顺之往，还奏曰："昔汉光武以渔阳突骑定天下，唐藩镇专兵而卢龙一道常虎视河北。古所谓其人慷慨勇悍而沉鸷，即今蓟镇之兵也。以臣所见，不惟尺籍耗减非复往时之旧,即见守边者除各关寨夜不收千余人。及三屯、建昌两营,古北、燕河两区,巡抚标下民兵射手数百人之外,皆羸兵惫马,朽甲钝戈。徒縻廪饷,不济缓急之用,故往年庚戌之变及近日宽佃河流、土墙之寇。至于近檄宣辽,远征延固以御之,甲胄虮虱于道途,杼轴匮竭于转输,盖积弊之极,其势不得不出于此。练主减客,圣谕久颁,不谓岁以征发为常,镇兵置而不理,谁之咎也？总督王忬、总兵欧阳安、巡抚马佩及诸将领袁正等,俱宜坐旷职误事之罚。而给事中王文炳因言兵既缺伍,而粮无减额,疑有侵冒。"疏上,独佩削籍,忬等镌俸二级而已。

帝间以问大学士嵩:"边兵入卫,乃旧制乎？"嵩对曰:"祖宗时无调边兵入内地者。正德七年,刘六猖獗,始调许泰、谷永领边兵讨贼。继而江彬统宣大兵至京扈武宗南巡,识者忧之,云此辈窥京军单弱,必骄横难制矣。未几大同叛乱,实由于此。往者,仇鸾奏选边兵十八枝防护京陵,未曰守蓟镇也。何栋奏蓟镇练兵未完,暂借二枝防守,非成例也。至忬始尽调边兵分守要害,岁以为常。去岁远征辽兵,致寇乘虚入犯,辽左遂空,实由边备久弛,互相因循尔。忬志骤于前,恐误国事。"帝闻之益恶忬矣。

三十八年,把都儿、辛爱数部屯会州,挟朵颜酋影克哈孩为向导,意在西入,而声言将东犯义院、冷口,以绐我师。忬信以为然,请援兵,不报。遽引兵而东,卤乃以其间由潘家口入渡滦河,大掠遵化、迁安、玉田、蓟州,驻内地五日,由大安口而还。事闻,有旨切责,令勉力图后效,第录诸将欧阳安等论死。而御史王渐、方辂等言:"忬病悸不任事,负上恩,当罢。"有旨停俸,而辂论之不已,且言其失策者三,可罪者四,遂逮忬及中军游击张伦下诏狱。

刑部当忬守备不设律戍边。帝曰:"诸将皆斩,出令者顾得附轻典非法？"于是,改忬当失陷城寨,伦当失误军机律,论斩。

穆宗即位，遵遗诏恤死事诸臣，世贞与其弟世懋伏阙上书白冤状，特复故官。久之，复录辽左功，赠兵部尚书，予祭葬。

商大节，字孟坚，湖广安陆州人。正德八年举于乡，再上春官不第，遂教谕洛阳。嘉靖二年成进士，授丰城知县。丰故无城，累遭寇掠，大节始城之。捕境内巨盗几尽。

以治行最，擢兵科给事中。

丁内外艰，服阕，降盐城县丞，三迁刑部郎，升广东佥事，整饬高肇兵备，抚绥瑶僮。遣其子弟习礼学宫，期年而蛮俗一变。会黎人反海南，驻兵凌水，捣其巢，以功增禄，赐金币。

三迁山东按察使，擢右佥都御史，巡抚保定，兼提督紫荆等关，日选将练兵。虑俺答倔强，一旦乘虚内侵，隐忧方大。疏请重根本，护神京，语甚切至。时帝方修真西苑，未省也。

无何，召入理院事。而俺答大举薄都城。奉命巡视九门。时内外抢攘，上疏请固守关厢，以安重地；一事权，肃号令，以张军威；急诛叛贼，以拯生灵；存恤内移军民，以固众志；悬重赏，招忠勇，以壮国势。侃侃数千言。奏入，报闻。

而是时仇鸾拜大将军，恩幸无比。鸾尝阴遣家丁时义勾俺答入寇，及都城事急，提兵入援，既自以为功，恐人发觉其奸状。见大节疏有急诛叛贼语，以为意有所蕴，衔之次骨。及大节进左副都御史，经略京城内外，募民间苍头伎勇异等四千人，并旧隶兵部巡卒别为一军，训练鼓舞，声威大振，鸾益忌之。大节奉命经略，特为捍卫都城，鸾乃奏画地分守，以京城外二十里为大节信地，且选大节部下精兵五万人自隶，而以脆弱京军付大节。大节以身列九卿，不当受鸾节制，且巡捕兵旧不隶京营，劾鸾包藏祸心。鸾亦疏排之，帝方急寇难，见之以为退避，遂逮下诏狱，论死。

未几鸾败，大节故部曲石铠、孙九思等数百人相率伏阙讼冤。兵部侍郎孙时彻因言："大节志在国家，只为逆鸾掣肘，以底于法，乞俯顺群情，还其初服。"帝以为徇私，降旨切责。久之，察大节无罪，行释之。适病卒，人皆恨鸾，无不惜大节者。

翁万达，字仁夫，广东揭阳人，嘉靖五年进士，授户部主事，榷河西务。戚畹侵商税，疏纠之。督通州仓，权贵挠运道，夺其舟，风裁凛然。

再进郎中。赈畿辅饥，减驺从，遍历乡村，民得实惠。事闻，有金帛羊酒之赐。

出为梧州知府。时咸宁侯仇鸾镇两广，纵健卒横行市肆间，万达缚其尤横者十余人杖系之，鸾不敢问，其下亦敛迹。

十六年，安南郑惟憭告莫登庸篡弑状，帝欲讨之。廷议未决。又二年，命鸾为将军、兵部尚书毛伯温参军务，率师进讨。蔡经巡抚广西，而以万达为广西征南副使。关吏饫莫氏赂常伺我兵虚实，往来不能禁。万达密遣间谍入安南，旬日尽得其状，乃下令曰："敢有出境通贼者磔之！"会龙川、凭祥土舍有赵楷，与韦应、李寰者煽乱，为登庸乡导。万达乃告伯温曰："三凶相倚，迫之则变生，缓之则滋蔓。然赵楷狙诈，李寰枭雄，难以兵胜。惟韦应悾懁寡虑，可以计擒。断其中坚，使不相属，然后楷、寰可次第获也。"伯温以为然，于是单骑突至太平，召思明土官黄朝谕以大义，朝遂设计擒应以献，楷、寰遂相继就俘。

先是左江断藤峡瑶酋侯公丁为乱，巡抚议征之。会安南之役不果，公丁益肆劫掠。至是，经以兵事属万达。万达廉得百户许雄素通贼状，贷其死，令以计给公丁出见。因属参议田汝成槛致经所磔之。乃令副总兵张经与指挥高乾分两军夹击贼巢，斩首千余级。

余贼奔入罗连山,追至,又斩首百余级。万达复移兵古陶小田,降者三千人,藤峡悉平,进浙江右参政。

伯温以安南未归命,而万达晓畅军机,请留广西,天子从之。于是,又告伯温曰:"今日所以处安南者有三:揖让而告成功,上策也;摄之以不敢不从,而兵不血刃,中策也;三令五申,草薙而禽狝之,此下策也。今宜总众长,兼群策,临之以惧,终之以谋,纵不得上,可得其中。"伯温又以为然。乃建大将旗鼓于镇南关,榜谕登庸束身来归,待以不死。万达与张经统兵四万人驻凭祥,誓师以听。捕获安南间谍丁南杰,厚赏而遣之,南杰遂说登庸及其侄文明等四十人尺组系颈,诣镇南关降。诏罢安南为都统司。班师论功,有诏增级,赏劳白金彩币有加。

进四川按察使,历陕西左右布政使。

二十三年,擢右副都御史,巡抚陕西。本年,进兵部右侍郎,兼右佥都御史,总督宣大军务。

二十五年,代王宗室充灼等谋召小王子入塞为乱,密行总兵周尚文捕其党。启代王收充灼等械至京,伏诛。论功,进左都御史,兼官如故。

尝奉诏会三镇官,议上防边修守事宜,大略言:设险有常道,用兵无定术,至论。审形势与时势之宜而以定规画,度工费,为修边之事。慎防秋,并兵力,重责成,量征调,实边堡,明出塞,计供亿,节财用,为守边之事。累数千言,帝嘉纳之。

又言:"大同为山西藩篱,宜掣山西摆边兵马,并力以守。"有旨允行,而巡抚山西都御史孙继鲁以为不便,万达再疏辨之,且请赐罢。诏逮继鲁勘问,而令万达严督总镇等官,亟图振举。继鲁竟械死狱中。

又言:"自今各将妄杀降冒功者,按实后不必解京,许巡按御史得于秋后枭示。"又上边储二十事，皆次第报可。

又于三镇筑边二百余里，墩台百七十余座，绘图以进，视原估节省九万余两。又仿古火器之制，造连珠、先锋、铁棒、雷飞等炮，一时军声大振。

二十八年二月，侦得俺答将大举犯宣府，以宣府总兵赵卿怯懦，奏调大同总兵周尚文御之。俺答果以数万骑自滴水崖南下，至隆庆州桥南，游击王钥、袁正与战，俺答稍引却，移营南向。尚文与遇曹家庄，搏战未决。万达督兵数千自怀来疾驰，去俺答营四十里。会日暮，西风暴作，索车数百辆曳柴鼓噪而进，尘气涨天，俺答大惊。军中呼曰："翁都堂兵至矣！"夜解围遁去。万达奏言："俺答窥宣府将懦，遂肆凭陵。赖宗庙神灵，侦报夙闻，先期征发，诸将摧锋陷阵，使不得南瞰居庸。臣幸待罪行间，敢昧死上将士功次！"当是时，寇势猖獗，京师震惊，帝忧甚，密遣使侦得万达亲督战状。捷闻，大喜，进兵部尚书，兼右副都御史，总督如故。加赉白金五十两，纻丝四表里，赐以玺书。将士赏劳有差。

会本兵缺，召入掌部事。以父丧回籍。

逾年，俺答入寇，郭宗皋等被逮。廷议夺情诏起，仍总督宣大，具疏乞终丧。会俺答薄都城，本兵丁汝夔得重谴，乃复改兵部尚书。万达方结庐墓间，闻命扶病单骑就道，未四十日抵京。

是时，帝日夜望万达至。见素无成谋，一时望助仓皇急态。意迟之，屡以问大学士嵩，嵩对曰："君命召，不俟驾，况今寇在门庭，犹观望迟回，如臣谊何？"险巧。嵩素嫉万达刚正，特以事变仓卒，简任出上意，故因问中伤之。而帝果大怒，遽改用王邦瑞，而贬万达兵部右侍郎，兼右佥都御史，经略紫荆等关。见嵩揣上意熟，在二"果"字。又以京察自陈乞罢任终制，帝疑其避事，益怒，遂降旨切责，削籍。顷之，复起为兵部尚书。命下而万达病卒，年五十五。

万达事亲至孝,父没既葬,身负土为坟,日上下山数里,不自知劳。为人精强沉毅,抗视千古。操笔为文,顷刻万言,辞气慷慨,浩乎若长江大河。至其蹈艰履险,动有成算。善御将士,能尽其才,而得其死力。料敌甚审,临战尝身先士卒,驰骋矢石间,故所至敌辄失利。当曾铣请复河套时,为议上之,大略言:"复套与捣巢不同,谨亭障,饬戎备,和行伍,养元气,以俟其隙。"为计之得,大学士言不能用也,论者惜之。

所著有《稽愆集》《平交纪略》《总督奏议》若干卷。

隆庆初,追谥襄毅。

丁汝夔,字大章,山东沾化人,正德十六年进士,改翰林院庶吉士。授工部屯田司主事,调礼部主客,再调吏部文选,进考功员外郎。世宗时议兴献礼,具疏明为人后义,廷杖谪官。

久之复职,出为山西副使。外艰,服阕,补陕西,寻进参政,三迁山西左布政使,擢右副都御史,巡抚甘肃。内艰,服阕,巡抚保定,疏言:"保定六郡,延厅①数千里。紫荆、倒马、故关诸镇外控云朔,内拱京师,宜广集兵马,分路按伏,留班军以资防守,调游兵以联声援。畜种马,厚储胥,以壮军势。"各条列上之。

又言:"国初边粮采征本色,故仓庾充盈。迩来改折,军士不能宿饱。今宜丰岁征米贮仓,以后贵则收本色,贱则改折,于馈饷为便。"皆报可。

改总督南京粮储,兼巡抚应天。时值岁祲,请于邻省平籴,免征关钞。再发南京三十六仓,量粜以济饥民。劝富家出谷备赈,酌给散官章服,应解户部仓粮,权收折色,于荒政为宜。皆敕下所司行之。

入为左副都御史,协理院事。以先任举劾互异,左迁湖广参政。甫三月起,巡抚河南。入为吏部左侍郎。

嘉靖二十八年十月,进兵部尚书,兼提督团营。当是时俺答日强,边事孔亟,汝夔骤膺重任,思有所引张,条上边务十事。其饬营关曰:"京营额设官军三十八万有奇,今仅十三四万。保定、蓟州两镇官军十二三万,今不满十万。仓卒有变,何以应之?请于团营中预选精壮,充勇敢等四营,每营各满万人,以曾历边方战阵将官领之,居常操练,有警出征。不必别立四衮征营,分弱营势。其两官厅,六枝出征,六枝操练,每枝各三千人,更番调遣。三大营及显武等八营亦皆以时训练,有警则先发两厅出征,官军分戍各关,次将勇敢等营分布四方为正兵。两厅备调者四枝,列四隅为奇兵,二枝往来巡哨为游兵。仍于防秋月量发保定、蓟州兵策应各关。选河间、保定精兵二枝,每枝三千人,一驻通州,一驻易州,以备东西各关应援。"其饬边镇务实政、广储积、时馈饷、重犒赏、开使过、宽受降、急抚绥、正军法诸事,皆凿凿可行,帝嘉纳之。

然汝夔性宽大长者,长于谋议。至于仓卒应变,非其所长。当是时,天子方斋居西内,厌闻兵事,而大学士嵩当国擅权,事多掣肘,不能有所施为。明年八月,俺答入犯,侦报错互,京师日数惊。汝夔急集诸营兵点阅登陴,老弱才五万人,又多占役勋戚中贵家。仓皇索武库兵仗,阉竖不时发。汝夔愤甚,连日夜调勤王兵先后集都下,而禁卫单弱,虑起内衅,侍郎王邦瑞请以巡捕军营长安街,汝夔亦请量掣外兵入营十王府庆寿寺。

有诏推大臣历边方娴韬钤者,吏部以旧尚书杨守礼,侍郎刘源清、史道,副都御史许论名上,汝夔自以身任本兵而求及在籍旧臣,虑有中伤者,遂具疏请委部事于侍郎谢兰,而躬督诸将出城御寇。嵩语汝夔曰:"塞上败可掩公枢府也。失利辇下,如国威何?"调旨不允。

仇鸾自大同远来，兵饥疲无所食，往往入村落肆行劫掠，或椎发诡称辽阳军。巡抚王仪捕治之，死者数人，鸾兵大哗。帝闻之，命逮仪，鸾兵益骄。汝夔不得已，禁勿捕。民间不知，见称辽阳军，谓汝夔山东人，存乡曲情相庇护。

及寇薄城，汝夔恐丧师，令诸将坚壁勿轻战。俺答游骑至安定门，杨守谦按兵不动，亦以兵部未檄调为辞，语闻禁中。城外火光烛天，诸宦寺见城外园墅残毁，环泣帝前，诉丁、杨贰于寇，帝怒甚。俺答退趋白羊口，京师解严。汝夔陈状引罪，帝以变出非常，欲有所诛罚以惩后，命执下狱。且趣具狱词。刑部侍郎彭黯、左都御史屠侨、大理卿沈良才以议狱延缓。刑科给事中张侃、杜汝祯、乌从善以违旨复奏，各廷杖，坐汝夔守备不设律弃市，妻流子戍，天下冤之。

当汝夔之承讯也，职方郎中王尚学从坐，汝夔曰："罪在本兵，司属无与。"尚学得减死。赴西市时犹问左右："王郎中免乎？"王之子化适在旁，谢曰："荷公恩，免矣。"汝夔叹曰："汝父劝我出兵，我为内阁所误，汝父免，我死无恨。"闻者为之泣下。

隆庆改元，都御史姜廷颐为讼冤，兵部尚书杨溥题请复职。曾孙鸣陛吏部郎中，最知名。

鸣陛，字仲玉，万历四十一年进士，知固始县。兴学校，开水利，治行为一时最。

入为吏部稽勋主事，转验封考功署司事，再转文选。外艰服阕，补稽勋员外。

当服阕时为天启七年，吏部尚书周应秋欲藉鸣陛为重，鸣陛恶其附珰，驰书显绝之。未几，应秋以珰败，人服其持正，且有先见云。

家居，白莲贼煽乱，散家财募士登陴固守，城以完。起验封郎中,年四十三,病卒于官。

校记
① 康熙本"厅"为"豪"字,从本祠堂本。

杨守谦,字允亨,湖广长沙县人。嘉靖八年进士。二十五年,由陕西左参政擢右佥都御史,巡抚山西,上言:"偏头、老营堡二所,余地千九百余顷,请兴举营田,可以内省京运,外严边防。"因荐副使张镐为提调,通判张应麒为总委,牛种取自本省,不以烦司农。帝称为忠谋,诏允行之,经画具有次第。

俄移抚延绥,请留镐久任以终其事。又二年,营田大兴,计秋获可当帑银十万,边关谷价顿减十之五。守谦因荐镐可大用,且言:"延绥、安定等边,地多旷土,亦可比例兴举。今军需浩繁,财用大匮,部曲屯田,此赵充国之所以制零羌也。"疏入,帝大悦,诏户部通饬九边,东自辽沈、西至固原,诸镇抚臣悉心讲求,务尽地力。守谦等特赐褒赉,以风有位。

守谦又言:"激劝军士,惟在重赏。赏不逾时,则士心竞奋。今令甲斩首一级者升一级,不愿升者予二十金。为赏已薄,而又查勘文移,动涉岁时。以故士心不劝。近以宣大事棘,增赏格至四十金,犹未优厚,请增为六十金,总巡官验明即给。盖增级袭荫,有官者利之。穷卒生计窘迫,觊赏而已,诚见斩馘者不移时即得金。彼被甲荷戈之辈,谁不相顾动色,愿忘其死? 若是,则寇不足平也。"兵部亦以为然,定斩首一级者予五十金,著为令。

二十七年,以修边功增俸,赐白金彩币有加。

二十九年,进副都御史,巡抚保定,兼提督紫荆等关。八月,俺答入犯古北口,京师震惊。守谦闻警,率先提师入援。至良乡,诏列营崇文门外。时仇鸾自大同至,朱楫、祝福、冯登亦各以其兵至,人心稍定。有诏守谦提督团营。

时,寇营去京城仅十里。鸾在通州,列营河西自固,守谦移东直门,有诏同仇鸾调度各路兵马相机战守。未几,以鸾为大将军,守谦进兵部左侍郎,兼右副都御史,协同提督内外诸军事。时,鸾自孤山移东直门,徘徊观望,伪斩死酋报功,张大虚声。守谦兵移安定门,薄俺答营。俺答兵势甚盛,守谦念众寡不敌,且无后继,愿以身蔽都城。而本兵丁汝夔亦虑丧师,戒勿轻战,遂坚壁不动。诸将离城远,见守谦不战,亦皆坚壁。贼遂焚毁城外,民间庐舍几尽。

有诏守谦与总兵朱楫等并力击之。楫等见寇势盛,莫敢前。守谦亦以兵部未檄调为辞。帝大怒,曰:"守谦名入援,何拥众自全?"遂同汝夔执下诏狱,坐失误军机律,竟斩西市。

守谦生平坦易无城府,三任边抚,驭下多恩礼。无赫赫名,而好为久远之谋。当与寇营相持时,幕中客有劝之战者,应之曰:"周亚夫,何人乎?"客曰:"公误矣,今日何得比汉法?"死之日,边城多流涕者。

此皆鸾、嵩中伤者,其事亦足令人酸鼻。而俺答薄都城亦一一备悉。

刘麟、陈其学、党以平、许宗鲁、刘夔列传

刘麟,字元瑞,南京广洋卫人。弘治九年进士,观政工部。时外戚用事,给事中庞泮等交章论劾,悉下诏狱。麟偕同榜进士陆昆奏言:"帝王通治道而来谏议,今泮等获罪,后有利害,谁复敢言?"不报。

授刑部主事,转员外郎。录囚畿内,全活三百九十余人。历郎中,出知绍兴府。时刘瑾擅权,士大夫迁除者必候谒而后敢受任。麟独不往,拜命即行。履郡政号廉平,而瑾衔之,甫五月,撼细故罢为民。士民醵金为赆,麟曰:"昔刘宠一钱,兹何多金也?"麾之去。

瑾诛,起知西安。遭母丧归。

服阕,转陕西参政。关中饥,边警日至。时议加赋助军储,麟曰:"靖边本以为民,今若此,内难亦可虑也。"会陕民诣阙陈困苦状,议遂寝。乃核储政,抑侵渔,赋不增而饷足,才名弥著。入为太仆卿,未几,进副都御史,巡抚真定,以病引归。

久之起大理卿,迁刑部侍郎,进工部尚书。请得进退其属,一时郎署极天下之选。

时供费浩繁,而库藏不立,小吏得领出纳,国计日耗。麟于是建议曰:"爱民必先节用。财货乃国脉民命所关,何可不慎?请立库名曰'节慎'。盖用财宜节,取民宜慎也。"天子以为然。日计视籍,月计视日,岁计视月,皆御史与其属共理之。自是,贪鄙者无所容。

又,大内设二十四监局,造作不协典式,糜费无虑万万。麟疏陈十二事,报可。其节省者十之五,而中官多不便之。会诏中官督苏松织造,麟以为非旧制,争之忤旨,遂致仕。显陵宫殿雨漏,复追论及麟,坐削籍。

卜居浙之长兴三十余年,与孙太初、龙子霓为友。萧然一室,赋诗自娱,非庆吊大故,未尝至城市。臧获数辈,仅给洒扫而已。建安李尚书尝访之于岘山下,了无宿具,以乳羊博市沽,风雨潇潇,欣然达旦。好楼居而力不能构,用篾篮舆悬之于梁,仅可弓卧,其上下收放皆自握之,名曰"神楼"。雅事可传。索其友文征明绘神楼图,注《丹经》几万言。

年八十七,赠太子少保,谥清惠。

<small>清孤足为群公之冠。</small>

陈其学,其先为宣城人。五世祖迪,建文时礼部尚书。不屈文皇帝,与其妻管、六子七孙同日死,自有传。

幼子珠,生甫五月,乳母芮潜置沟中得免,至八岁,为怨家所讦,文皇帝特宥其死。诏戍抚宁,寻徙登州,遂为登州人。

父鼎,弘治十八年进士,为给事中,劾权珰系诏狱。嘉靖初起官,累升至应天府尹。

其学以嘉靖二十三年成进士,授行人。为人沉静,耻干谒,遇事謇谔,不苟随人意。尚书许瓒语人曰:"此君大有父风。"选湖广道监察御史。时都督陆炳假窃威福,下逐客令,旗校驿骚,道路以目。自立钱法,禁民间钱不得行,至为罢市。又使其私人徐某结京山侯元,专擅盐利,挠蠚政。其学历数其罪劾之,有诏下徐某狱,而责炳、元对状,皆惶恐引罪谢,久乃得免。一时权贵为之敛迹,至相遇辄引马避道,曰:"无犯陈御史。"

巡按两淮盐法。利甲天下,弊窦百出,廉得綮要,为四事上之。

又言:"河臣胡松、漕臣韩士英,皆莅任不阅月,骤迁卿贰,视官如传舍,此国计所关,宜久任以专责成。"又言:"江洋盗贼充斥,总兵李俊脂韦不能制,请更选才将任之。"又言:"进奉内臣,科敛驿传,请饬南京守备,慎择贡使。"次第皆报可。

转陕西按察佥事,巡庆阳;迁参议,守榆林;再迁副使,兵备肃州。三任皆边塞重地,益习知地形险易,卤情缓急。时哈密倡乱,躬擐甲胄,率师出嘉峪关三百里,直抵敦煌,申明戒约。酋长出不意,罗拜谢罪,边关无虞。

迁参政,守花马池,防秋者三。寻升山西按察使,擢右佥都御史,巡抚大同。会俺答兀慎入犯左卫,同将军刘汉等御之。指授方略,斩捕首卤过当。

进右副都御史,巡抚陕西。韩藩岁禄不给,奉国将军融燸等百四十人至西安大噪,其学檄布政借帑金给之,列状上闻,废融燸为庶人。事见韩王传。

顷之,以本官总督南京粮储,条上三事,请本折兼收,民称便焉。

寻迁户部右侍郎、兵部左侍郎,总督陕西军务。考绩升右都御史,总督如故。俺答入寇延绥,号二十万,总兵郭江坚壁不战。其学度寇深入,遣都司冯时泰出塞捣其巢,寇遂不得逞志而去。时,泰陷没,巡按御史温如玉以闻,有诏图后效。

未几,定边被寇残掠,江等战死,如玉请褒恤江等,而亟治文武诸臣。兵科给事中欧阳一敬继论之,归听勘。事既白,即以原官总督宣大。丘富等入犯弘赐堡,督战败之,斩首卤过当。

诏理京营戎政,升南京刑部尚书,致仕。

历官自监司至制府,身不离塞垣。昼操阅军士,夜读兵书,未尝有一日暇逸。先后斩获、招降、修墩、缮垣,以功加一品俸,荫子侄各一人,赐金币者九。家居门巷萧然,无声色之奉,置学田以赡贫士。特诏存问,有司月致廪米,卒年八十,谥恭靖。

党以平,字守衡,河南禹州人。正德九年进士,授户部广西司主事。为人清节挺然,无所附丽。管淮安仓,宦官李宣干没粮储,具疏纠之。

回部,监收京畿钱粮。宝坻岁解红花子以石计,价止七钱,阉人例收至三十倍有奇。以平议令改解本色,阉人久视为利薮,假馈肉酒,实以白金,以平却之。卒改本色,民称便。

又，张锐之甥郭金、钱宁之仆胡泰，罔利病民，致亏国课。以平奏请监追，锐、宁大怒，将借事中伤。校尉侦察，卒无所得而止。

有吏除夕投金于户，以平元旦入署，呼吏出金问之，吏具服，笞而遣之。自是无敢以私尝者。

武宗新收家将朱乾等犯禁令，以平收系兵马司，将具疏，江彬闻之怒，呼数十人执以平至豹房，面奏请旨。将置之法，帝时方卧不省，久之事竟寝。

再迁郎中，风节大著，而才能任事。时京畿大祲，请发太仓米十余万石平粜，仍煮粥食饥民，米价不增，全活甚众。前后尚书孙交、秦金皆称其才可大用，部中事悉以委之。

世宗大礼议起，同黄待显等跪伏左顺门，廷杖下狱。久之，吏部拟以提学外补，秦尚书曰："金老矣，部事赖此官赞理。"疏留之。

逾年，拟升光禄少卿，以平曰："往见少卿有以鸽卵不备为内臣窘辱者，某不能为也。"力辞，出为浙江温处兵备副使。温处军素骄，因饷不给，啸聚为乱。单骑谕之，众皆首伏，惩其魁桀，即日解散。督府获海贼五百人，欲以为功。讯之，皆海中渔者为贼所掠，悉纵之。曰："杀无辜以幸赏，吾不为也。"

迁参政，分守两浙。再迁广西按察使，未行，升浙江右布政使，寻转左。入为太仆寺卿。

无何，进右副都御史，整饬蓟州边备，兼巡抚顺天。昌平为京陵要冲，供亿浩繁，奏减赋役十之二。浚蓟州运河，以通军需。

入，佐理院事。十八年六月，雷震奉先殿，自陈遂致仕归。

以平学有原本，所至聚鸿生畯儒，讲学无虚日。家居三十四年，太监黄锦与旧相知，南行过禹，许以起用。比北归再过，以平杜门不复与见。语人曰："刀锯之余，荐天下豪杰，司马子长之所耻也。元稹晚依宦竖得相，岂如白居易之为全节耶？"劲节可师。内外台谏前后论荐二十二疏，坚志不起。荐疏中有言其可属大事者，暑月见邸报，寒色凛然见于颜面，其避名恬退如此。

许宗鲁，字思诚，陕西咸宁人。正德十二年进士，改翰林庶吉士，授云南道监察御史。宸濠变起，上言："亲王护卫，宜隶守臣以消奸萌。"时论韪之。

世宗即位，奏请勤视朝，罢传奉，绝贡献，惜爵赏，重边备，宽征敛，累数千言，帝嘉纳之。

出按宣大。大同将素骄悍难制，察其甚者置之法，一时行伍肃然。

先是太监刘祥干没边饷以万计，罪止罢镇。复请下狱追问，祥大惧，尽偿所没，权贵为之敛迹。

御史曹嘉以论诸大臣被谪，宗鲁疏救之。又劾武定侯郭勋、太监萧敬不法事，不报。

后以地震，上言："群小窃政柄，宫壶议外事，国是已定而复易，罪人方获而遽释。"盖犹指勋、敬辈也，一时以为危言。

宣大故有大边，正德初以地辽远弃不守，边备寝弛。宗鲁条画大边急宜复状，廷议难之。因补筑近边，讫工，有银币之赐。具疏辞，且曰："愿陛下无忽重地。"是后，俺答日强，宣大益多事，人服其蚤见云。

出为湖广提学佥事。湖广地最旷远，往时学臣三岁始一试，宗鲁一岁辄遍。所至以行义教士。迁霸州兵备副使，既去，而楚士思之，具白抚按疏留，以副使仍提学如故。

入为太仆少卿，迁大理，擢右佥都御史，巡抚保定，兼提督紫荆等关。保定为畿辅近地，使车络绎，供应为艰。乃严核邮符，又定府州县徭役等式，筑堤障滹沱河。以功特赐玺书、羊酒、彩币旌焉。

十二年,察典拾遗,罢归。

二十九年,俺答犯都城,召复原官,驻昌平。无何,进副都御史,移抚辽东。辽东故与三卫互市,时议俺答开市辽东,宗鲁上疏言不可者十,事遂寝。

引疾致仕,所著有《少华》、《辽海》、《归田》诸集数十卷。

刘夔,字舜弼,山西襄垣人。正德六年进士,改庶吉士,授兵科给事中,迁刑科右,转户科左。

世宗即位,有诏起用太监萧敬,夔上言:"临御之始,当更新庶政,不宜先向用阉竖,此非所以令众庶见也。"辞意侃侃,留中者累日。帝察其忠实无他,卒降温旨慰之。

京东民田为权幸所据,奉敕往讯,按籍悉归之民,风裁大著。

以伯兄龙为礼部侍郎,例改翰林院检讨。

内艰,服除,与修《武庙实录》。事竣,拟加秩,谢恩后复疏辞。帝疑其矫,出中旨谪外任,通判大名。至则葺元城书院,进诸生阐经义,兴文教,不以迁客自居。

久之,始进南京宗人府经历、户部郎,再迁提学河南,历山东按察使,擢佥都御史,巡抚保定。值岁饥,责所属捕盗驱蝗,民赖以安。

更饬兵食,缮亭障。居三年,关塞无警。又以其暇治运河,葺岳祠,数膺玺书褒美。

召入,理院事。而御史郭宗皋论其荐举少卿李坦事,以坦为大学士时之子指为附会。天子以为诬,夺宗皋俸,夔仍巡抚。

逾年,具疏乞归,家居六年卒。著《黄岩集》、《金陵稿》、《恒阳集》、《处州录》及奏议七卷。

江东、李文进、龙大有列传

江东,字朝阳,山东朝城人。嘉靖八年进士,授户部主事,历刑部员外郎中,出为河南按察佥事,累升右副都御史,巡抚辽东。在任四年,拜兵部右侍郎,总督陕西三边军务。以疾归,起,总督宣大。还理部事。

嘉靖三十七年,俺答围大同右卫,诏东以侍郎权总督宣大救之。当是时,俺答驻右卫城西,黄台吉驻东南,脱脱驻西北,去城各三舍许。而抚臣朱笈、总兵龚业皆以候代,不视事。有尚表者,以罢任参将运饷入城,为寇所遮不得出。遂取库藏甲胄弓弩分授丁壮,坚守以待外援。被围久,刍粟俱尽,辄括食马牛,撤屋而爨,讹言沸腾,士卒无叛志。东受命即日就道,约巡抚杨选、总兵张承勋,选主客兵七万人,持七日粮,运米万斛,倍道趋进。距右卫百里,昼鸣鼓发铳,夜列万炬,火光烛天,俺答诸部望见,以为援兵大至,即解去。东等具仪卫入城,表伏道左,东下车执手慰劳,拊循军士,宣朝廷德意,城中皆呼万岁。

先是朝廷有弃右卫之议,帝疑之,以问大学士嵩,嵩意欲弃之而不敢任,对曰:"本兵许论尝总督宣人,当知状,请降旨问之。"_{奸如林甫之陷人。}论入见,极言右卫在大同西北,孤悬塞外。昔日所以得安,由东西堡寨联络策应也。今墩堡悉毁于寇,遗一孤城,声问隔绝,兵无宿粮,不能持久。今图永安,必复兵马原额。连岁荒歉,刍粟踊贵。能岁办五十万金,则此弹丸小城犹可保也。论盖设为难辞,欲帝自弃之。_{亦奸。}帝闻,顾拊几叹曰:"无右卫,是无大同也。"_{英主明断,所以不堕奸人彀中。}于是,毅然更易文武大吏,敕部措饷,发兵中使,错互于道。至是围解,兵部尚书杨博以闻,帝大喜,下诏命东驰驿还朝,赐二品大红纱衣一袭。东上守城将士功,帝为之升张承勋、尚表等四百二十八人。

明年,拜户部尚书。寻改南京兵部尚书,参赞机务,加太子少保。辞,不允。时振武营兵变之后,议者以为营兵可罢。东言:"振武营之选将以备倭,今倭患未可逆睹,而遽议罢,非计也。"天子以为然。

寻以池河兵变,南京科道杨铨、刘行素等论东驭军无纪,有旨解任。

无何,起兵部尚书,协理戎政。又明年,总督宣大军务,上疏曰:"边事孔棘,谋臣经略无虑数家。有为修边之说者,以为延袤数千里,筑垣乘塞,可恃无虞。而寇溃墙直入,曾无藩篱之固。有为筑堡之说者,以为人自为战,家自为守,星罗棋布,遍满川谷。然烽燧一警,望风瓦解。近遂有谓守不足恃,倡为主战之说者,以为专以战胜为功,不计败亡之罪,而不度彼已易于尝试,良将劲兵,销亡殆尽。凡此之计,臣目见其困矣。臣愚妄,谓今日惟以守边堡为要,而守之之法有十:积谷,一也;还征调,二也;练士兵,三也;增城浚池,四也;筑火墩以便耕牧,使商旅通行,有警易于收保,五也;造双轮车以备战守,六也;择任将帅,和睦行阵,七也;信赏必罚,八也;厚恤间谍,九也;严禁边军通外,十也。此十说者,拟之犁廷,老上拓壤,狼居诚非远猷,而言之必可行,行之必可成,成之必可久,无出于此。

"今日大弊尤在文武异心,上下不相信。责速效者务粉饰之计;惮明作者多因循之图;过疑畏者又逡巡而不敢试其所长。夫亡羊补牢,固已为晚,然方病蓄艾,尚犹可及。臣勉率诸臣,同心戮力,务祛夙弊。惟陛下宽其文法,俾得少效尺寸,臣不胜大幸。"天子以为然。

明年,辛爱把都儿入犯蓟西,烽火彻大内,东提兵急趋。总兵胡镇奋击于孤山,贼气丧,宵遁。东突出战于石匣,斩首七十九级。捷闻,加太子太保,荫一子国子生,赐蟒衣玉带。

在镇四年,前后条议边计不下数十,率朝上夕报可。帝尝遣中使馈食慰劳,玺书褒奖。一时边帅不敢望也。后命兼督蓟、辽等六镇,巡边卒于怀来。赠少保,谥恭襄。

东性慷慨豁达,推诚御下,所至人乐为用。自奉俭约,官登八座,田园不增,海内服其清德。独在宣大,听谗误劾山西副使张学颜,为时所讥云。

李文进,四川巴县人。举进士,授衢州府推官。为人英毅有节概,遇事侃侃敢言。选给事中,陈边计十二事,多见省纳。

时京师有僧号通法师者,聚众说法于天宁寺。文进上言:"妖僧通法师,聚徒众,建坛场,受戒说法,拥以盖舆,导以鼓吹。四方缁衣,聚至万人。跪拜伏听,男女混淆,甚有逋罪黠徒,髡发隐匿,因缘为奸。故四月以来,京师内外,盗贼窃发。辇毂之下,岂应有此?又富民豪族,朋连党结,倡为外护。愚民破财竭产,争先布施,因而干没重耗民赀。大者基乱,小者导侈,皆非细故。乞捕外护为首者数人,及通法师者,按治其罪。诸郡邑名山古刹,如有佛了法师假以讲经聚至百人者一体禁止,庶邪说不兴,异端可息。"疏入,帝称善者久之,命捕法师及寺主下锦衣卫勘问,礼部通行禁饬。

出为浙江按察副使,巡视海道,改岢岚兵备,升山西按察使。未几拜右佥都御史,巡抚大同。

三十八年九月,俺答入犯宣府洗马林及蔚州川,文进督兵策应。以功赏金币有加。

大同右卫北历玉林三百余里，接东胜川；地曰丰州，中国叛人丘富、赵全、李自馨等居之，筑城堡宫室甚壮丽，开良田数千顷，号曰"板升"。"板升"者，华言城也，富等以白莲妖术诱卤入寇，中国甚被其害。是时，俺答引众西掠且一年，留部落千余人于丰州。每夏辄徙帐大青山口避暑，而富等居板升如故。文进慨然曰："此中国隐患也，不取，将不可制。"而是时，总兵刘汉及旧将俞大猷皆负勇略，喜功名，乃谋乘间取之。部分参将王孟夏、麻禄等五十三人率锐卒三千前进，汉与副总兵赵岢等分三哨营于玉林隘为后劲，孟夏、禄夜半疾驰，昧爽及于丰州，鼓噪奋击，斩首八十三级，生擒六十七人，纵火焚其宫室。时富先随卤帐北徙，赵全走匿墩上。麻禄督兵掘墩，几堕矣。会俺答兵大至，乃引退。自馨仅而得免，擒其弟自桥及其母胡氏以归。获牛马橐驼无算。兵还，渡黑河，为追骑所及，且战且却。还与大营合，卤众乃驰去。诸军期以翼日入边，往返凡五日。捷闻，帝大喜，汉等升赏，文进荫一子国子生，赉以金币。遂进副都御史，总督宣大、山西军务。

益自奋发，上书愿乘春夏北马羸弱，扬兵捣巢，请饬三镇抚臣合兵共击，使腹背受敌。且欲复车战之制，征善驰射之士递相教练。又欲修宣府北垣以为外护，缮南山墩戍以为内防，其言甚伟。兵部以捣巢未宜轻言，南山陵寝所在，宜慎重。而刘汉又以六月出塞，败于黑河而还，巡按御史董学因论文进不能节制，帝以秋防无问。

逾年，卒于官，诏录其边功，赐祭葬。

龙大有，湖广茶陵人。正德十二年进士，初知祁州，调开州。丁艰，服阕，补广德州，升南京刑部郎，出知平乐府。进广西副使、浙江参政，再迁河南右布政使，所至以廉谨闻。

嘉靖二十年,擢右副都御史,巡抚大同。明年,俺答阿不孩遣石天爵、满受秃、满客汉来款塞。先是华人李山陷漠北,而肯切羁留中国。俺答屡请以山易肯切,朝廷不许,至是,复遣天爵等至。天爵去年为史道纵归,道坐镌级。而满客汉者,肯切之子也,边人不敢纳,以告大有。大有令墩军诱至,缚天爵而杀受秃等。乃以计禽闻,事下部议,谓天爵本以华民,为俺答役使。去岁守臣失计放还,遂致涂炭山西,震惊畿甸,罪不可贳。大有应机禽获,功最大,请优录之,以作边镇之气。天子以为然,诏进兵部右侍郎兼副都御史,巡抚如故。诸文武将吏升职、增禄、赉金币者数十人,巡按御史侯度亦进一级。遂磔天爵及肯切于市,传示九边。

天爵之来也,具言塞北事,谓俺答、小王子等九部驻青山,艳中国币帛。计所以得之者惟攻掠与贡市二端。攻掠得人畜而币帛绝少,且有损失,不如贡市完,因遣天爵等持令箭为信誓请贡市。一请不得则再,再请不得则纠众三十万,一循黄河东墙南下,一自太原东向,而以劲兵屯大同三关待战。其计如此,大有既奏磔天爵等,于是俺答大忿。六月,悉众入寇,掠太原及平阳、潞、沁诸郡县,屠杀极惨,辄以诱诛天爵为辞。

大有素廉谨,无济变大略。平生仕宦半在东南,边塞机宜,多有未谙。见寇氛日炽,忧惶不知所出,奏请调兵协守三关,天子亦深忧边患。有旨亟遣辽东兵分驻紫荆、居庸,蓟州兵驻白羊、倒马、龙泉故关,羽檄相望于道。而给事中冯良知等劾大有,以为诈功冒赏,曾无防御之能。给事中刘绘并劾山西抚臣刘臬、宣府抚臣楚书,俱下部议。而大有竟削籍遣戍。大有本以谨厚称,至是,以冒功见罪,时论惜之。

第四编　洛学编

睢州汤斌潜庵　辑
曾孙定祥　重较刊

凡　例

一、《关学编》首列圣门诸贤，按七十二子中宋、卫、陈、蔡，约得十有六人。因系统圣门，不敢以方域论，故前编断自两汉，正编断自程子。

一、汉初经师多出齐鲁。修明《周礼》，惟有緱氏。至戴圣删定《礼经》，王弼注疏《大易》，俱有功圣学。一以治行不检，一以祖尚老庄，并罢从祀。故不敢与緱氏诸贤同列前编。

一、横渠世家大梁，父知涪州，卒于官。诸孤皆幼，遂侨寓郿县。则横渠实中州产也。蓝田吕氏原籍汲郡，因久列关学，俱不敢附入。河洛正学收薛西原，考西原原籍偃师，生长亳州，亦犹蓝田吕氏也，概不敢泛入。

一、薛文清公本贯河东，发解中州，平生师友半在河洛，实中州明儒之宗，故详列其传，使学者有所考焉，非敢扳附名贤以自增重也。

一、此编原为论学而作，非同史传，故虽勋业烜著，节义凛烈，不敢泛入。即编中诸儒，有功绩繁重者，亦不能备载，以自有史传可备采览也。

一、事实俱本原传，间取门人纪述，不敢妄加增删，惧失实也。

一、平日闻见寡陋，又屏居荒野，典籍阙略，搜罗未广。有生平仰止最切而全传未得,止采通志数言,殊觉寥寥。至语录文集,兵火之后访求为艰。有家藏善本,倘肯惠教,总成全书,亦善与人同之意也。

一、昭代崇重理学,名儒辈出。中州嗣续濂洛,定不乏人。因时日尚近,著述多未行世,俟事久论定,另有编辑。

卷之一　前　编

汉

杜缑氏先生　子春

杜先生子春,河南缑氏人。治《周礼》,汉永平初年已九十,犹能诵识。时贾逵、郑众往受其业。二子为发明其说,著《〈周礼〉解》。后卫次仲、贾景伯、马融、郑康成,亦作《〈周礼〉训诂》,皆祖子春云。

钟次文先生　兴

钟先生兴,字次文,汝南人也。少从丁恭受严氏《春秋》。恭荐兴学行高明,光武召见,问以经义,应对甚明,帝善之,拜郎中。稍迁左中郎将,诏令定《春秋》章句,去其重复以授太子。又使宗室诸侯从兴受章句,封关内侯。兴自以无功不敢受爵,帝曰:"生教训太子及诸王侯,非大功耶?"兴曰:"臣师丁恭!"于是复封恭,而兴遂固辞不受爵,卒于官。

郑仲师先生　众

郑先生众,字仲师,梁人也。从父兴受《左氏春秋》,精力于学,明《三统历》,作《〈春秋〉难记条例》,兼通《易》、《诗》,知名于世。

建武中,太子及山阳王荆,因虎贲中郎将梁松以缣帛聘请众,欲为通义引籍,出入殿中。众谓松曰:"太子储君,无外交之义。汉有旧防,藩王不宜私通宾客。"遂辞不受。松复风众以长者意不可逆。众曰:"犯禁触罪,不如守正而死。"太子及荆闻而奇之,亦不强也。及梁氏事败,宾客多坐之,惟众不染于辞。

永平中,辟司空府,以明经给事中迁越骑司马,复留给事中。是时,北边遣使求和亲,显宗遣众持节往。众至,逼令众拜,众不为屈。围守闭之,不与水火,欲胁服众,众拔刀自誓,乃止。更发使随众还京师,朝议欲遣使报之,众上疏谏,不从,复遣众。众不得已,既行,在道连上书固争之。诏切责众,遣还,系廷尉,会赦免。后帝见北使来者,得众争礼之状,乃复召众为军司马,拜中郎将,迁武威太守、左冯翊。

建初六年,为大司农,以清正称。受诏作《春秋》,删十九篇。八年卒。

服子慎先生　虔

服先生虔,字子慎,荥阳人也。少以清苦建志,入太学受业。有雅才,善著文论,作《〈春秋左氏传〉解》若干卷。又以《左传》驳何休之所驳汉事六十条。举孝廉,汉灵帝末,拜九江太守。免遭乱,客行病卒。

唐

韩昌黎先生　愈

先生名愈,字退之,邓州南阳人。生三岁而孤,随伯兄会贬官岭表,会卒,嫂郑鞠之。自知读书,日记数千百言。比长,尽能通六经百家学,擢进士第。

会董晋为宣武节度使,表署观察推官。晋卒,先生从丧出。不四日,汴军乱,乃去,依武宁节度使张建封。建封辟府推官。操行坚正,鲠言无所忌,调四门博士,迁监察御史。上疏极论宫市,德宗怒,贬山阳令。有爱在民,民生子多以其姓字之。改江陵法曹参军。元和初,拜河南令,迁职方员外郎。坐事,复为博士。既才高数黜官,又下迁,作《进学解》以自谕。执政览之,奇其才,改比部郎中、史馆修撰，转考功，知制诰，进中书舍人。

初，宪宗将平蔡，命御史中丞裴度使诸军案视。及还，具言贼可灭，与宰相议，不合。先生亦奏言："淮西连年四向侵掠，得不偿费。以三州残弊困剧之余而当天下全力，其败可立而待也。然未可知者，在陛下断与不断耳。"执政不喜，改太子右庶子。及度以宰相节度彰义军，宣慰淮西，奏为行军司马。先生请乘遽先入汴，说韩宏使叶力、元济平，迁刑部侍郎。

宪宗遣使往凤翔，迎佛骨入禁中，王公士人奔走膜呗，至为灼体肤，委珍贝，腾沓系路。先生上表极谏，帝大怒，持示宰相，将抵以死。裴度、崔群曰："愈言讦牾，罪之诚宜。然非内怀至忠，安能及此！愿少宽假，以来谏争。"乃贬潮州刺史。既至潮，以表谢。帝持示宰相，曰："愈前所论，是大爱朕，然不当言天子事佛。"乃年促耳改袁州刺史。初，先生至潮，问民疾苦，皆曰恶溪有鳄鱼为民害。为文祝之，其夕暴风震起，溪中数日水尽涸，西徙六十里，自是潮无鳄鱼患。袁人以男女为隶，过期不赎则没入之，先生悉计庸得赎，所没者，归之父母七百余人，因与约，禁其为隶。

召，拜国子祭酒，奏儒生为学官，日使会讲。生徒奔走，听闻者相喜曰："韩公来为祭酒，国子监不寂寞矣。"转兵部侍郎。镇州乱，杀田宏正而立王廷凑，诏先生宣抚。既行，众皆危之。元稹言："韩愈可惜！"穆宗亦悔，诏令度事从宜，无必入。先生曰："安有受君命而滞留自顾？"遂疾驱入，廷凑严兵迓之，甲士陈庭。既坐，廷凑曰："所以纷纷者，乃此士卒也。"先生大声曰："天子以公为将帅材，故赐以节，岂意同贼反邪？"语未终，士前奋曰："前太师为国击朱滔，血衣犹在。此军何负，乃以为贼乎？"先生曰："以为尔不记先太师也，若犹记之，固善。天宝以来，安禄山、史思明、李希烈等，有子若孙在乎？亦有居官者乎？"众曰："无！"先生曰："田公以魏博六州归朝廷,官中书令,父子受旌节。刘悟、李祐皆大镇,此尔军所共闻也。"众曰:"宏正刻,故此军不安。"先生曰:"然。尔曹害田公,又残其家矣,复何道?"众欢曰:"善!"廷凑虑众变,疾麾使去,因曰:"今欲廷凑何所为?"先生曰:"神策六军将如牛元翼者亦不乏,但朝廷顾大体,不可弃之。公久围之,何也?"廷凑曰:"即出之。"先生曰:"若尔则无事矣。"会元翼亦溃围出,廷凑不追。先生归奏其语,帝大悦。

转吏部侍郎。凡令史皆不锁,听出入,曰:"人所以畏鬼者,以其不能见也。如可见,则人不畏矣。选人不得见令史,故令史势重。听其出入,则势轻。"转京兆尹兼御史大夫,复为吏部侍郎。

长庆四年卒,年五十七,赠礼部尚书,谥曰文。

先生性宏通,与人交,荣悴不易。少时与洛阳人孟郊、郡人张籍友善。二人名位未振,先生不避寒暑,称荐于公卿间。而籍终成科第,荣于经仕。后虽通贵,每退公之隙,则相与谈宴,论文赋诗如平昔。诱励后进,馆之者十六七,虽晨炊不给,怡然不介意。

大抵以兴起名教,宏奖仁义为事。常以为自魏晋以还,为文者多拘偶对,而经诰之指归,迁雄之气格不复振起矣。故所为文务返近体。抒意立言,自成一家新语,后学之士取为师法。当时作者甚众,无以过之,故世称韩文焉。《新唐书》赞曰:"唐兴承五代,王政不纲,文弊质穷,蛙俚混并。天下已定,治荒剔蠹,讨究儒术,以兴典宪。涵浸殆百余年,其后文章稍稍可述。至贞元、元和间,愈遂以六经之文为诸儒倡,障堤末流,反刓以朴,划伪以真。然愈之才自视司马迁、扬雄,至班固以下不论也。当其所得,粹然一出于正。刊落陈言,横骛别驱,汪洋大肆,要之无牴牾圣人者。其道盖自比孟子,以荀况、扬雄为未淳,宁不信然!至进谏陈谋,排艰恤孤,矫拂偷末,皇皇于仁义,可谓笃道君子矣。自晋迄隋,老佛显行,圣道不断如带。诸儒倚天下正议,助为怪神,愈独喟然引圣,争四海之惑。虽蒙讪笑,跲而复奋,始若未之信,卒大显于时。昔孟子拒杨墨,去孔子才二百年。愈排二家乃去千余岁,拨衰反正,功与齐而力倍之,所以过况、雄为不少矣。自愈没,其言大行,学者仰之如泰山北斗。"云。

宋

穆伯长先生　修

先生名修,字伯长,汝南人。师陈抟,传其易学。图书、象数变通之妙,秦汉以来鲜有知者,先生得之后,以授李之才,之才授康节邵先生,而易学遂大著。

宋初,学者方从事声律,习为骈俪撏裂,号为时文,以相夸尚。先生独倡为古文,河南尹洙从之学古文。又传其《春秋》学,遂以古文经学名天下。其后,欧阳、苏、曾相继,文章上接两汉者,由先生倡之也。

性严少合,有题其诗于禁中壁间者,真宗见之,深加赏叹,问侍臣曰:"此为谁诗?"或以穆修对,上曰:"有文如此,公卿何以不荐?"丁谓曰:"此人行不逮文。"由是上不复问。先生与谓有布衣旧,谓赴夔漕,先生犹未仕。相遇汉上,谓意先生当先致礼,竟不一揖而去,故谓衔之。

登进士第,为颍州文学参军,故当时称曰穆参军云。老益贫,家有唐本《韩柳集》,丐于所亲,得金镂板,印数百帙,携入京师鬻之。有儒生数辈至肆共取阅,先生夺取,怒视曰:"先辈能读一篇,不失一句,当以全部相送。"遂终年不售,而世亦以此知习韩柳文云。

卷之二　正　编

宋

程明道先生　颢

先生名颢,字伯淳,河南人。高祖羽,太子少师。父珦,大中大夫。

先生生而神气秀爽,叔祖母抱之行,不觉钗坠。后数日方求之,先生未能言,以手指示,随所往,果得之,人皆惊异。数岁,诵诗书强记过人。十岁,赋《酌贪泉诗》曰:"中心如自固,外物岂能迁?"十五六时,与弟伊川以大中公命,从周元公受学,慨然有求道之志,遂厌科举之业。已泛滥于诸家,出入于老释,几十年反求诸六经而得之。

二十六举进士,调鄠县主簿。令以其年少,疑于事未习也,易之,而先生折疑狱如神,令大奇之。有税官贪,怙膂力,自诡能杀人,监司州将未敢发。闻先生至,辄宣言:"外人谓某盗官钱,新主簿将发之,某势穷必杀人。"先生笑曰:"人之为言一至于此。食君之禄,讵忍为盗?苟有之,将救死不暇,安能杀人?"其人默然,私偿所盗,卒以善去。南山僧舍有石佛,岁传其首放光,远近男女聚观,昼夜杂处,守令莫敢禁止。先生诘其僧曰:"吾闻石佛岁现光,有诸?"曰:"然。"戒曰:"俟复见,必先白。吾职事不能往,当取其首就观之。"自是不复有光。

再调上元主簿。上元田税不均,先生为令画法,民不知扰,而一邑大均。摄邑事,诉讼日不下数百,先生处之有方,不阅月,民讼遂简。江南稻田赖坡塘以溉。盛夏,塘堤大决,计非千夫不可塞。法当言之府,府禀于漕司,然后计功调役,非月余不能兴作。先生曰:"比如是,苗稿久矣,民将何食?救民获罪,所不辞也。"遂发民塞之,岁则大熟。先生常云:"一命之士,苟存心于爱物,于人必有所济。"

仁宗登遐,遗制:官吏成服三日而除。三日之朝,府尹率群官将释服,先生曰:"三日除服,遗诏所命,莫敢违也,请尽今日。若朝而除之,所服止二日尔。"尹怒不从,先生曰:"公自除之,颢非至夜不敢释也。"一时相视无敢除者。茅山龙池有龙如蜥蜴而五色,祥符中,中使取二龙。至中途,中使奏一龙飞空而去,人遂严奉以为神物,先生尝捕而脯之。始至,见人持竿粘飞鸟。取其竿折之,教使勿为。自是,邑民不敢畜禽鸟。

移泽州晋城令,座右书"视民如伤"。云:某常愧此四字。民以事至邑者,必告之以孝弟忠信,入所以事父兄,出所以事长上。度乡村远近为五保,使之力役相助,患难相恤,奸伪无所容。凡孤茕残废者,责之亲戚乡党,使无失所;行旅出于其途者,疾病皆有所养。诸乡皆有校,暇时亲至,召父老而与之语。儿童所读书,亲为正句读。教者不善,则为易置。俗始不知为学,先生择弟子之秀者聚而教之。去邑才十余年,而服儒服者盖数百人矣。乡民为社会,为立科条,旌别善恶,使有劝有耻。邑几万室,三年之间无强盗及斗死者。秩满,代者且至,吏夜扣门称有杀人者,先生曰:"吾邑安有此?诚有之,必某村某人也。"问之果然。曰:"吾常疑此人恶,少之弗革者也。"

改著作佐郎,寻以御史中丞吕公著荐,授太子中允,权监察御史里行。神宗素知先生名,召对之日,从容咨访,前后进说甚多。大要以正心、窒欲、求贤、育材为先。上尝使推择人才,先生所荐数十人,而以父表弟张载暨弟颐为首。常言,人主当防未萌之欲。时,王安石日益信用。先生每进见,必为上陈君道以至诚仁爱为本,未尝及功利。上问所以为御史,对曰:"使臣拾遗补阙,裨赞朝廷则可;使臣掇拾群下短长,以沽直名则不能。"上叹赏,以为得御史体。又尝曰:"任人唤做哑御史,只是要格君心。"凡所献纳,必据经术。事常辨于早而戒于渐。一日,上纵言及辞命,先生曰:"人主之学,惟当务为急,辞命非所先也。"所作章疏,不饰辞辩,惟开陈详说,欲以诚意感悟上心。尝极陈治道,神宗曰:"此尧舜之事,朕何敢当?"先生愀然曰:"陛下此言非天下之福也。"

安石浸行其说,先生意多不合。事出必论列,数月之间,章数十上。安石与先生虽道不同,而尝谓先生忠信。先生每与论事,心平气和,安石多为之动。尝被旨赴中书议事,安石方怒言者,厉色待之。先生徐曰:"天下之事非一家私议,愿公平气以听之。"安石为之愧屈。又曰:"管仲犹能言出令当如流水,以顺民心,今参政苦要做不顺人心事,何耶?"安石初议改法,攻之者至有肆詈,先生独以至诚开纳君相。疏入,辄削稿,曰:"扬己矜众,吾所不为。"又曰:"熙宁初,介甫行新法,并用君子小人。君子正直不合,介甫以为俗学不通世务;小人苟容诡佞,介甫以为有材能,知变通。介甫性狠,众人皆以为不可,则执之愈坚。君子既去,所用皆小人,争为刻薄,故害天下益深。使众君子不与之争,势久自缓委曲。平章尚有听从之理,俾小人无隙以乘,其为害不至如此之甚也。"天下以为知言。又云:"新政之改,亦是吾党争之太过。成就今日之事,涂炭天下,亦须两分其罪可也。"

既而,除京西提刑,改差镇宁军节度判官。为守者严刻多忌,始意先生尝任台宪,必不尽力职事,而又虑其慢己。既而,先生事之甚恭,虽管库细务无不尽心。事小未安,必与之辨,遂无不从者,相与甚欢。河清卒于法不他役,时中人程昉为外都水丞,怙势蔑视州郡,欲尽取诸埽兵治二股河,先生以法拒之。昉请于朝,命以八百与之。天方大寒,昉肆虐,众逃归。州官畏昉,欲弗纳。先生曰:"此逃死自归,弗纳必为乱。昉有言,某自当之。"即亲往开门抚纳,谕归休三日复役,众欢呼而入。具以事上闻,得不复遣。后昉奏事过州,见先生言甘而气慑,既而,扬言于众曰:"澶卒之溃,乃程中允诱之,吾必诉于上。"同列以告,先生笑曰:"彼方惮我,何能尔也。"果不敢言。会曹村埽决,时先生方救护小吴,相去百里,一夜驰至,曰:"曹村决,京城可虞,臣子之分,身可塞亦为之。"谕士卒曰:"朝廷养尔辈,正为缓急。尔知曹村决则注京城乎?"众皆感激自效,数日而合。其后,曹村之下复决,遂久不塞,大为朝廷忧。人以为使先生在职,安有是也。

遂求监局便养,监洛河竹木务。用荐改太常丞。神宗犹念之不置,会修《三经义》,语执政曰:"程颢可用。"执政王安石不对。有自洛入对者,问程颢在彼否,连言佳士。后以星变,应诏论朝政益切。还朝,差知扶沟县事。会水灾民饥,先生请发粟贷之,得谷六千石,饥者用济。司农视贷籍户同而所贷不等,檄县杖主吏,先生言:"济饥,当以口之众寡,不当以户之高下。且令实为之,非吏罪。"乃得已。内侍都知王中正巡阅保甲,权宠至盛,诸邑供帐,竞务华鲜。先生曰:"吾邑贫,安能效他邑?且取于民,法所禁也。今有故青帐可用之。"先生在邑余岁,中正往来境上,卒不入。有犯小盗者,先生谓曰:"汝能改行,吾薄汝罪。"盗叩首,愿自新。后数月,复穿窬,吏捕及门。盗告其妻曰:"我与太丞约,不复为盗,今何面目见之邪?"遂自经。以亲老求近乡监局,得监汝州酒税。

先生虽小官,贤士大夫视其进退以卜兴衰。哲宗即位,召为宗正寺丞。未行,以疾终,元丰八年也,年五十有四。

文彦博表其墓曰:"明道先生而弟颐序之曰,周公没,圣人之道不行;孟某死,圣人之学不传。道不行,百世无善治;学不传,千载无真儒。无善治,士犹得以明夫善治之道,以淑诸人,以传诸后;无真儒,则天下贸贸焉莫知所之,人欲肆而天理灭矣。先生生于四百年之后,得不传之学于遗经,以兴起斯文为己任,辨异端,辟邪说,使圣人之道焕然复明于世,盖自孟子之后一人而已。然学者于道不知所向,则不知斯人之为功;不知所至,则孰知斯名之称情也哉!"

又言:"先生资禀既异,而充养有道。纯粹如精金,温润如良玉;宽而有制,和而不流。忠诚贯于金石,孝弟通于神明。视其色,其接物也如春阳之温;听其言,其入人也如时雨之润。胸怀洞然,彻视无间。测其蕴,则浩乎若沧溟之无际。行己内主于敬,而行之以恕;见善若出于己不欲,勿施于人。居广居而行大道,言有物而动有常。为学明于庶物,察于人伦;知尽性至命,必本于孝弟;穷神知化,由通于礼乐。辨异端似是之非,开百代未明之惑。其言曰:道之不明,异端害之也。昔之害近而易知,今之害深而难辨;昔之惑人也乘其迷暗;今之入人也因其高明。自谓之穷神知化,而不足以开物成务。言为无不周遍,实则外于伦理,穷深极微,而不可以入尧舜之道,天下之学非浅陋固滞则必入于此,是皆正路之蓁芜,圣门之蔽塞,辟之而后可以入道。

"先生进将觉斯人,退将明之书,不幸早世,皆未及也。其辨析精微,稍见于世者,学者之所传尔。先生之门学者众矣,其言平易易知,贤愚皆获其益,如群饮河,各充其量。其教人自致知,至于知止诚意,至于平天下,洒扫应对,至于穷理尽性,循循有叙。病世之学者舍近趋远,处下窥高,所以轻自大而卒无得也。至于接物,辨而不间,感而能通。教人而人易从,怒人而人不怨,贤愚善恶,咸得其心。狡伪者献其诚,暴慢者致其恭,闻风而诚服;觊德者心醉,虽小人以趋向之异。顾于利害,时见排斥,退而省其私,未有不以先生为君子也。

"先生为政,治恶以宽,处烦而裕。当法令繁密之际,未尝从众为应文逃责之事。人皆病于拘碍,而先生处之绰然;众忧以为甚难,而先生为之沛然。虽当仓卒,不动声色。方监司竞为严急之时,其待先生卒得宽厚,设施之际,有所赖焉。先生所为纲条法度,人可效而为也,至其道之而从,动之而和,不求物而物应,未施信而民信,则人不可及也。"

谥纯公,从祀孔子庙庭。

程伊川先生　颐

先生名颐,字正叔。年十四五,与兄伯淳同受学于舂陵周茂叔。年十八上书阙下,述王道,黜世俗之论。乞召对面陈所学,不报,因游太学。时海陵胡瑗主教事,以颜子所好何学论试诸生,得先生文大惊,即延见,处以学职。吕希哲与伊川邻斋,以师礼事焉。既而,四方之士从游者日益众。

举进士不第,遂不复就试,以明道淑人为己任。熙宁间,近臣屡荐,自以学不足,不愿仕也。哲宗初,门下侍郎司马光、尚书吕公著,及西京留守韩绛各疏其行义于朝,授西京国子监教授,再辞。寻召,赴阙除秘书省校书郎,辞曰:"祖宗时布衣被召,自有故事。今臣未得入见,未敢祗命。"于是召对,命为崇政殿说书。

念上春秋富,当豫养成德,疏经筵三事:其一,谓人主一日之间接贤士大夫之时多,亲宦官宫妾之时少,则自然气质变化,德器成就。宜选贤德以备讲官,因使陪侍宿直,从容访问,不独渐磨道义。至于人情物态,稼穑艰难,积久自然通达。其二,请上左右内侍宫人,皆选老成厚重之人,不使侈靡之物,浅俗之言接于耳目。仍置经筵,祗应内臣十人伺,上在宫中动息,必使经筵官闻之,得以随事规谏。其三,请讲官坐讲,以养人主尊儒重道之心,寅畏祗惧之德。而曰若言可行,敢不就职,如不可用,愿听其辞。

故事,暑月辍讲。又奏言:"辅导少主,不宜疏略如此,乞令讲官朝参日上殿问起居,因得从容纳诲,以辅上德。"初秋,即令讲官轮日入侍。先生每进讲,必宿斋预戒,冀感动上心。而讲读官以禄薄,例得兼他职。差判登闻鼓院,先生曰:"古人以蒲芦喻教,谓当以诚化也。若营营于职事,纷纭于诉讼,时至上前,然后善其辞说,以颊舌感之,不已浅乎?"辞不受。

所论说常于文义外反复推明,务归于启沃。帝在宫中行,漱水避蚁,问:"有是乎?"曰:"然,诚恐伤之尔。"先生曰:"此恻隐之心也,愿陛下推此心以及四海,则天下幸甚。"一日,讲罢未退,帝忽起,凭槛折柳枝,先生进曰:"方春发生,不可无故摧折。"一日所讲书,有帝藩邸嫌名,中官以黄覆之。讲毕进曰:"人主之势不患不尊,患臣下尊之过甚而骄心生尔。请自今旧名、嫌名勿复避。"时神宗之丧未除,百官以冬至表贺,先生言:"节序迁流,慕思弥切,请改贺为慰。"及除丧,有司请张乐置宴,先生又言:"除丧即吉,因事用乐而已矣。今特设是喜之,非古人不得已除丧之意。"乃辍乐。诸以德礼匡辅类如此。

先生谓司马公:"经筵中得范淳夫为善也。"公曰:"淳夫今修史,进用有阶矣。"先生曰:"非谓然也,颐自度少温润之气,淳夫色温而气和,尤可开陈是非,悟主心。"时,文潞公以太师、平章、军国重事侍经筵,终日俨立不少懈,帝谕以少休,不去。而先生入侍,容色甚庄,或问曰:"君之严,视潞公之恭孰善?"先生曰:"潞公四朝大臣,事幼主礼不得不恭。吾以布衣职劝讲,不敢不自重也。"

在职累月不请俸,吏亦不致。诸公觇知之,俾户曹特给郊庙沾恩。不为妻求封,或问之,曰:"颐起草莱被召,再辞职不获,而后受命,顾为妻求封乎?"经筵承受张茂则尝招诸讲官啜茶观画,先生曰:"吾平生不啜茶,亦不识画。"竟不往。

文彦博尝与吕公著、范纯仁入侍经筵,闻先生讲说,退相与叹曰:"真侍讲也。"一时人士归其门者甚盛,而先生亦以天下自任,论议褒贬,无所顾避。一日赴讲,会上疮疹,不坐已累日,先生退,诣宰臣,问:"上不御殿,知否?"曰:"不知。"先生曰:"二圣临朝,上不御殿,太皇不当独坐。且人主有疾而大臣不知,可乎?"由是大臣多不悦。而翰林学士苏轼以文章名世,好狎侮,见先生端严,以为不近人情者伪也,于是党论起,差管西京国子监。

以丁大中公忧去官,服除,除直秘阁,仍判西京国子监,辞。监察御史董敦逸纠其疏有"怨望轻躁"语,罢奉祠。绍圣中,党祸作,放归田,寻编管涪州。谢良佐曰:"闻此乃族子与门人邢恕为之耳。"先生曰:"族子至愚,不足责。故人情厚,不敢疑。"赴涪渡江,中流船几覆,舟中人号哭,先生独正襟安坐如常。已而及岸,同舟有父老问曰:"当危无怖色,何也?"先生曰:"心存诚敬耳。"父老曰:

"心存诚敬固善,然不若无心。"先生欲与之言,径去不顾。在涪注《周易》,与弟子讲学,不以为忧,赦归不以为喜。自涪还洛,容色髭发皆胜平昔,自谓学之力也。

元符末,复通直郎,权判西京国子监。先生欲引疾,既而就职,尹焞疑之,先生曰:"上初即位,被大恩,不如是,何以承德意?道之不行已知之矣。受一月之俸然后惟所欲耳。"崇宁中,言者论其因奸党论荐得官,虽尝正罪罚,而叙复过优,今复著书毁朝政。有旨追毁出身文字,所在监司觉察所著书,于是先生迁居龙门之南,止四方学者曰:"尊所闻,行所知,可矣,不必及吾门也。"五年,复宣议郎,致仕。大观二年九月,卒于家,年七十五。

疾革,门人进曰:"先生平日所学,要于今日用。"先生气已微,张目曰:"道要用,便不是。"言讫而逝。尝谓张绎曰:"吾受气甚薄,三十而浸盛,四十五十而后完。今年七十二年,校其筋力无损也。"绎曰:"先生岂以受气之薄而厚为保生耶?"先生喟然曰:"吾以忘生徇欲为深耻。"时,《易传》成书已久,学者莫得传授,或以为请。先生曰:"自量精力未衰,尚觊有少进耳。"其后寝疾,始以授尹焞、张绎。

先生天性端严,学造纯粹,自知自信,中立不倚。始甚爱《表记》中"君子庄敬日强,安肆日偷"之语,守为学要。其修身行法,庄重有体,肃如也。

盖明道德性宽大,规模广阔;伊川气质刚方,文理密察。其道虽同而造德则异,故明道尝为条例司官,不以为浼。伊川为作行状,乃不载其事。明道谓青苗法可且放过;而伊川乃于西监一状,校计如此,可谓不同矣。但明道所处乃大贤以上事学者未至而轻议之,恐失所守。伊川所处虽高,然实中人可跂及。学者只当以此为法,则庶乎寡过矣。胡安国曰:"昔尝见邹志完论近世人物,因问：明道如何？曰：此人得志，使万物各得其所。又问：伊川何如？曰：却不得比明道。又问：何以不得比？曰：为有不通处。"后来再论二先生学术，志完却曰："伊川见处极高。昔鲜于侁曾问：颜子在陋巷不改其乐，不知所乐者何事？伊川却曰：寻常道，颜子所乐者何？侁曰不过是说所乐者道。伊川曰：若有道可乐，便不是颜子。以此见伊川见处极高。"

游酢、杨时来见，一日伊川瞑坐，二子侍立不敢去。久之，伊川乃顾曰："二子犹在此乎？日暮矣，姑就舍。"二子退，则门外雪深尺余矣。晚年接学者乃更平易，盖其学已到至处，但于圣人气象差少从容耳。明道则已从容，惜其早死，不及用也。使及用于元祐间，则不至有后日事矣。

邵康节先生　雍

先生名雍，字尧夫。其先范阳人，祖德新迁衡漳。父古徙共城，后徙洛，为洛人。

先生少以才自雄，欲树功名于当世，于书无所不读。始为学即坚苦，筑室苏门山百源之上。李之才挺之摄共城令，自造其庐，问曰："子何所学？"曰："为科举进取之学耳。"挺之曰："科举之外有义理之学，子知之乎？"曰："未也，愿受教。"挺之曰："义理之外有物理之学，子知之乎？"曰："未也，愿受教。"挺之曰："物理之外有性命之学，子知之乎？"曰："未也，愿受教。"于是先生尽受其学，严事之，即旅宿，饭必襕，坐必拜也。弥刻厉自进，蔬素不厌，寒不炉，暑不扇，夜不就枕席。数年道既通，慨然曰："昔人尚友千古，而吾未及四方，可乎？"于是走吴适楚，周流齐、鲁、梁、晋之墟。久之，幡然来归，曰："道在是矣。"遂不复出。

结庐洛上，蓬荜环堵，不蔽风雨，躬爨以养其父母，浩然乐也。名其居曰"安乐窝"。讲学于家，未尝强以语人，而就问者日众。先生德器粹然，望之可知其贤。然清明坦易，不事表暴，不修防畛，正而不谅，通而不污，接人无贵贱。亲疏之间，燕笑终日不取，甚异于人也，故乡里化之，远近尊之。士大夫过洛，有不之公府而必至先生之庐者。

病畏寒暑，当大寒大暑时辄不出，常以仲春秋乘小车行游洛城中。随意所之，士大夫家听其车声，争倒屣迎致。虽儿童仆隶亦欢爱尊奉，以为"我家先生来也。"或留三五宿，或至经月忘返。与人言，依于孝弟忠信，以风谕于道。乐道人之善，而未尝及其恶，故贤者悦其德，不肖者服其化。所以厚风俗成人才者多矣。文潞公彦博、富郑公弼，皆以元老硕望至尊重。在洛见先生，尊礼之，与倡和游居。程纯公每见之，退辄太息，以为内圣外王之学也。远近学者从问经义，精深浩博，应对不穷，间与深知。论天下事，虽究心世务者不及也。端明殿学士司马光，兄事之。而纯德笃行，具为乡里所向慕，乡人至，相与语曰："毋为不善，毋使司马端明、邵先生知。"其畏慕如此。

会新法行，监司承风旨为严切，吏州县者苦操切不可为，争欲投劾去。先生勉之曰："此贤者尽力之时，新法诚严，第宽一分，则民受一分之赐，徒投劾何益？"时，州府以更法，故家食贫，至经月无酒，不能饷客，为薄粥代之，好事者时载酒以济其乏。

年六十始为隐者之服，曰："病且老，不复能为从事矣。"熙宁十年夏，感微疾，笑谓司马光曰："死生亦常事。"张载喜论命，来问疾，因曰："先生论命否？当推之。"尧夫曰："若天命则已知之矣，世俗所谓命，则不知也。"载曰："先生知天命矣，载尚何言。"伊川曰："先生至此，他人无以为力，愿自主张。"尧夫曰："无可主张者。"伊川又问："从此永诀，更有见告乎？"尧夫举两手示之曰："面前路径须令宽，路窄则自无著身处，况能使人行也？"人传有新报，尧夫问："有甚事？"曰某事。尧夫曰："我将为收却幽州也。"七月初四日，大书诗一章："生于太平世，死于太平世。客问年几何，六十有七岁。俯仰天地间，浩然独无愧。"以是夜五更捐馆。

明道志其墓曰："自七十子学于仲尼，其传可见者惟曾子，所以告子思，子思所以授孟子者耳。其余门人各以其材之所宜为学，虽同尊圣人，所因而入者门户则众矣。况后此千余岁，师道不立，学者莫知其从来，独先生之学为有传也。语成德者昔难其居，若先生之道就所至而论之，可谓安且成矣。"

元祐中，韩维、尹洛请谥于朝，常博欧阳棐议曰："雍少笃学有大志，久而后知道德之归，且以为学者之患在于好恶先成乎心，而挟其私智以求于道，则蔽于所好而不得其真。故求之至于四方万里之远，天地阴阳，屈伸消长之变，无所不可，而必折衷于圣人，虽深于象数，先见默识，未尝以自名也。其学淳一而不杂，居之而安，行之而成，平易浑大，不见圭角，其自得深矣。"

按谥法，温良好乐曰康，能固所守曰节，谥曰康节先生。所著《皇极经世》六十卷。晚尤喜为诗，平易而造于理，有《击壤集》二十卷，自为之序。

吕原明先生　希哲　附**吕居仁**本中

先生名希哲，字原明，申国正献公之长子。正献公居家简重，夫人性严有法，虽甚爱先生，然教之事事循蹈规矩。甫十岁，祁寒暑雨，侍立终日，不命之坐，不敢坐也。焦千之严毅方正，正献公招延之，使教诸子。诸生少有过差，千之端坐，召与相对，终日竟夕不与之语，诸生恐惧畏服，方略降颜色。时先生方十余岁，即从之游，故德器成就大异众人。既又从胡安定于太学，后遍从孙复、石介、李觏游。

始与伊川俱事胡安定。先生少伊川一二岁，察其学问渊源非他人比，首以师礼事之。而明道、横渠皆与先生游，由是知见日益广大。然先生亦未尝专主一说，务略去枝叶，一意涵养，直截简径，以造圣人。专慕曾子之学，尽力乎其内者。其读经书平直简要，不为辞说，以知言为先，自得为本，躬行为实，不尚虚言，不为异行。

以恩补官。元祐中除兵部员外郎，充崇政殿说书，日夕劝导人主以修身为本，修身以正心诚意为本。绍圣初，出知太平州，坐党谪居和州。徽宗初，复官知单州，召为光禄少卿直秘阁。知曹州，寻夺职。知相州、邢州，奉祠。晚居宿州真杨间，十余年衣食不给，有至绝粮数日者，处之晏如。静坐一室，家事一切不问，不以毫发事托州县。日读《易》一爻，遍考古今诸儒之说，默坐沉思，随事解释。夜则与子孙评论古今，商榷得失，久之方罢。

尝云："自少官守处，未尝干人举荐。仲父舜徒，守官会稽，人或讥其不求知者，仲父对词甚好，云：'勤于职事，其他不敢不慎。'乃所以求知也。"又云："后生初学，自须理会气象，气象好时百事自当。气象者，辞令容止、轻重疾徐，足以见之矣。不惟君子小人于此焉分，亦贵贱寿夭之所由定也。"又云："攻其恶，无攻人之恶，盖自攻其恶。日夜且自点检，丝毫不尽，即不慊于心矣，岂有工夫点检他人耶？行己务自省察校量，以自进益。"

晚年言十余年前在楚州，桥坏堕水中，时觉心动。数年前大病已稍稍胜前，今次疾病全不动矣。其自力如此。政和中卒，年七十八。

　　子好问,资政殿学士。孙本中,字居仁,少从杨时、游酢、尹焞游。绍兴初特赐进士,累官中书舍人兼侍讲,权直学士院,谥文清。所著有《〈春秋〉解》、《童蒙训》、《师友渊源录》各若干卷,行于世。孙祖谦、祖俭,南渡后寓居婺州,世有中原文献之传。

尹彦明先生　焞

　　先生名焞,字彦明,一字德充,世为洛人。少孤,事母陈氏至孝。为举子时,教授苏昞一见奇之,谓曰:"子以状元及第即学乎?唯复科举之外,更有所谓学耶!"先生疑之,一日昞因会茶,举盏以示曰:"此岂不是学?"先生有省,遂往见伊川受学。伊川告以敬,问敬,曰:"主一之谓。"问主一,曰:"无适之谓。"自是服膺终身。

　　绍圣初,年十九,应进士举,策问诛元祐党籍,先生叹曰:"吾尚可以干禄乎?"不对而出,告于伊川曰:"某不复应进士举矣。"伊川曰:"汝有母在,未容废禄仕也。"先生归白其母,母曰:"吾但知汝以善养,不知以禄养。"先生喜,出告伊川,伊川曰:"贤哉,母也!"于是终身不复应举。四方学者及伊川门,必令先诣彦明开诱之,曰:"我死而不失其正者,尹氏子也。"伊川既没,先生授徒洛中,非吊丧问疾不出户,洛人士以事伊川者事之。

　　大观中,谏官范致虚言程颐倡为异端,尹焞、张绎为之羽翼,乞锢勿用。先生深自韬隐,而声闻益盛。靖康初,种师道以德行可备劝讲荐,召至京师,梅执礼、吕好问、邵溥、胡安国合奏,乞特擢用。先生度时不可为,力谢病归,赐号和靖处士。次年,金人陷洛,家尽覆。先生死复苏,门人舁置山谷中而免。建炎四年,刘豫卑辞厚礼聘之，不从。以兵恐之，先生夜为赴水自沉者，得亡去。徒步奔蜀，至阆，止于涪，曰："先师之所尝读《易》也。"辟三畏斋以居，人罕识其面。

绍兴五年，侍讲范冲举以自代，召赴行在，再以疾辞。帝曰："焞可谓恬退矣。"张浚力请召至，七年，授崇政殿说书，敕有司敦遣，乃就道。会谏官陈公辅诋程学，先生复辞曰："学程氏者焞也，生事之二十年，殁守其学，又二十年矣。使焞厕经筵，所敷绎不过其师说，使舍所学以言，则欺君父也。"留不进。于是大臣言："焞拒刘豫，有不可夺之节，其所养可知。"诏趣行，既至，召见，曰："朕思卿久矣，俟卿以讲学，不敢以有他。"先生退而喜曰："圣主也，道几有行乎？"乃就职。每进讲前夕，必斋沐，以来日所当讲书置案上，朝服再拜，次日乃入侍讲。曰："必欲以所言感悟君父，敢不敬乎？"又曰："人君其尊如天，吾所言得入，则天下蒙其福；不入，则反是，安敢不尽诚敬？"

八年，除秘书少监，顷之乞归田里。不允，上谕参知政事刘大中曰："尹焞学问渊源足为后进矜式。班列中得老成人领袖，亦是朝廷气象。"冬时讲筵初开，讲"好之者不如乐之者"，先生曰："此安而有之？"上语中书舍人吕本中曰："此尹焞受用处。"朱震疾，亟荐先生自代，赵鼎亦推先生可以继震。九年，除先生左通直，权礼部侍郎。是时，秦桧力主和议，先生在病中，上疏力谏，以为不可。又以书切责桧，桧大怒。先生力辞乞归，得观祠而去。次年乞老，寓会稽，十二年卒。

方赴召时，祭告伊川墓而后行，曰："能行所学则未也，不辱师门则有之。"高宗尝称曰："观尹焞所行，尽一部《论语》。"可谓知焞矣。疾革，督门人问学，曰："有疑便问，病亦何妨？"其纯至如此。所著有《〈论语〉解》，及《门人问答》行世。年七十二。

谢显道先生 良佐

谢先生名良佐，字显道，上蔡人。习举业已知名，与游酢、杨时、吕大临在二程之门，号四先生。

初，良佐往扶沟见明道，受学甚笃。明道谓之曰："贤辈在此相从，只是学某言语，故其学心口不相应，盍若行之？"请问，曰："且静坐。"良佐质小，鲁然诚笃。每理会，事未深彻，其颡有泚，初以记问。为学自负该博，对明道举史书不遗一字，明道曰："贤却记得许多，可谓玩物丧志。"良佐汗流浃背，面发赤。明道云："只此便是恻隐之心。"及见明道读史，又却逐行看过，不差一字。良佐初不服，后来省悟，却将此事做话头，接引博学之士。明道曰："鸢飞戾天，向上更有天在；鱼跃于渊，向下更有渊在。"于是良佐恍然于何思何虑之体也。曰："心本一，支离而去者，乃意耳。"语浩然之气曰："须于心得其正时识取。"明道许之曰："是子展拓得开，将来可望。"

后，卒业伊川所，伊川问所造，曰："天下何思何虑。"伊川曰："是则有是理，贤发得太早在于是。"良佐孜孜于省克甚力，作簿自记日用言动礼与非礼以自绳。尝曰："克己须从性偏难克处克将去。"与伊川别一年，来见，问所学，对曰："惟去得一矜字。"曰："何故？"曰："仔细检点得来，病痛尽在这里。若按伏得这个罪过，方有向进处。"伊川因语在坐同志，曰："此人为学切问近思者也。"良佐将归应举，伊川曰："何不试于太学？"对曰："蔡人鲜习《礼记》决科之利耳。"伊川曰："汝之是心已不可入于尧舜之道矣，夫以子贡之高识，曷尝规规于货利哉？特于丰约之间不能无留情耳。且贫富有命，彼乃留情于其间，多见其不信道也。故圣人谓之不受命有志于道者,要当去此心而后可语也。"良佐乃止。

是岁,亦登进士第,宰应城。胡安国以典学使者行部过之,不敢问以职事,顾因介绍,请以弟子礼见。入门,见吏卒植立庭中,如土木偶人,肃然起敬,遂禀学焉。良佐语之曰:"游子尝问某,一切外物能放置得下否。某对之曰,实尝从此上措功来。"安国问:"何也?"曰:"物无根者易拔,树木有根故难拔。虽枝条剪落尽,已复生。人诸欲皆有根,能于欲根净洗,所从来痛克之,令无所系,则无事矣。"

建中间召对,除书局。忤旨,去,监京西竹木场。坐飞语,诏狱褫官。尝言:"知命虽浅近也,要信得及。将来做田地,就上面下工夫,吾平生未尝干人。"在书局,亦不谒执政。或劝之,曰:"彼安能陶铸我,我自有命在。若信不及,风吹草动便生恐惧忧喜,枉做却闲工夫,枉用却闲心力。信得命及便养得气,不挫折。"又言:"旧多恐惧,常于危阶上习之。得善笔,爱之欲书,令坏乃已。"伊川自涪归,见学者多从佛学,惟良佐与杨中立不变,曰:"惟谢、杨二君长进。"

晚益平质,或问敬,曰:"于俨若思时见之。"问矜持何如?曰:"矜持而过则病也。"太学博士朱震请教,良佐曰:"待与贤说一部《论语》。"震私念:"今日暮迫暮,何从得款侍,说《论语》乎?"已饮之,酒数行,起居游语如常。已忽掀髯曰:"听说《论语》'举于见齐'、'衰师冕见'二章曰,圣人之道无微显,内外一以贯之。由洒扫、应对、进退,即上达天德。一部《论语》尽于此。"或问良佐:"色欲想绝多时?"曰:"伊川则不绝,某则断此二十年。"又问:"于势利如何?"曰:"打透此关十余年矣。当初大故做工夫,拣难舍底弃却,后来渐渐轻。今日于器物之类,置之只为合要用,并无健羡心。"

所著有《〈论语〉说文集》、《语录》行世,谥文肃。

张思叔先生 绎

先生名绎,字思叔,河南寿安人。家甚微,年长未知读书,为人佣作。一日见县官出,传呼道路,先生颇羡慕之,问人何以得如此,或告之曰:"此读书所致耳。"先生始发愤从人受学。执劳苦之役,教者怜其志,颇劝勉之。后能文,入县学,被荐,以科举之学不足为也,因至僧寺,见道楷禅师,悦其道,有祝发从之之意。

时,周恭叔行已官洛中,先生亦从之。恭叔谓之曰:"子,他日程先生归,可从之学,无为空祝发也。"及伊川归自涪陵,先生年三十始从之学,读《孟子》"志士不忘在沟壑,勇士不忘丧其元",慨然有得,盖谓守此则无不可为之事。后穷理造微,伊川甚许之,妻以族女。学者从之渐众。

尹焞尝谓伊川曰:"张绎每闻先生语,往往言下解悟,焞须再三寻思,或更请问,然后解悟。然他日持守,恐绎不及焞。"伊川以为然。伊川尝言晚得二士,又言:"张绎俊,尹焞鲁。俊恐他日过之,鲁者终有守也。"

先生长于为文,又善辨事。伊川殁一年,先生亦殁。和靖被召,尝曰:"思叔若到今日,当召用,必能有为于世。"

尝记伊川言行一编,名曰《师说》。

刘质夫先生 绚

先生名绚,字质夫,河南人。髫龄即事两程先生受学,明道语人曰:"他人敏则敏矣,然未易保也,斯人之志吾无疑焉。"以祖荫为寿安主簿,迁潞之长子令。邑俗故淳古,而先生又诚心爱利。丁母忧,父老数千人遮道留,久之乃得去。富郑公叹以为古县令也。元祐初,以侍讲韩维荐,授京兆府教授。侍御史王岩叟正言:"朱光庭言:《春秋》学废已久,绚治《春秋》深通。"试太学博士。

先生明粹温恭,孝弟乐善,不为异端所惑,故其履也安;内日加重,无交战之病,故其行也果。既病,谓李端伯曰:"吾病,每眩瞀,但正心端坐,气即下平。居持养气,可忽乎?"治《春秋》专以孔孟之言断经意。将殁,尚以例类质与士大夫。启手足,自盥颒,安然而逝。

先生在程门,与人但有所知,惟恐不与人共。程学之兴,先生及端伯有力焉。伊川曰:"质夫沛然。"又曰:"明道平和简易,惟刘绚庶几似之。"谢上蔡云:"向见程先生言《春秋》,须广见诸家之说,其门人惟刘质夫得先生意旨最多。"

李端伯先生 吁 附**孟敦夫**厚

先生名吁,字端伯,洛阳人。才识颖悟,举进士,元祐中为秘书郎。闳肆开发,伊川谓其才器可大受。

与刘质夫相继卒。伊川哭之哀,悲传学之难焉。又云:"明道语录,只有李吁本无错。他人多只依说时,不敢改动,或脱忘一两字,便大别。李吁却得其意,不拘言语,往往录得都是。"朱子曰:"刘质夫、李端伯、吕与叔诸公所造尤深,所得尤粹。"

时,洛阳有孟厚,字敦夫,从伊川学。独处一室,粪秽不治。伊川曰:"学不在此,假使洒扫得洁净,莫更快人意否?"一日,伊川曰:

"子何不见尹焞、张绎,朋友间最好讲学。"敦夫见和靖曰:"先生令厚来见二公。若彦明,厚所愿见;如思叔,莫不必见否?"和靖曰:"只不必见思叔之心,便是不必见焞之心也。"后,伊川之葬,门人畏党祸莫敢至,独敦夫与尹、张、范棫、邵溥送焉。

朱公掞先生　光庭

先生名光庭,字公掞,河南偃师人。举进士,调万年簿。是时,纯公主鄠县簿,关中举以并称。元祐初,以温公荐,入为左正言。入对,首辨大臣忠邪,继请天子燕闲与儒臣讲习辅圣德。诸进退大臣,损益政事,论奏无虚日,宣仁甚咨纳焉。迁右谏议大夫、给事中。党论作,补外数月复召。刘丞相挚罢政,封麻还落职,知亳州,有惠政,人尸祝之。改潞州,邻境饥,流民载路。劳来安集,日为饮食之,至不暇食,遂病卒。

先生少受学于胡安定,已从孙复受《春秋》,已又从二程先生于洛。服行所闻,造次不息。见善如贲育,惟恐不及;见不善如避水火,惟恐及之。后谒明道于颍昌,退谓人曰:"光庭于春风中坐三月矣,愈益涣然。"归,坐卧一室,室两旁各一牖,牖各三十六隔,一书"天道之要",一书"仁义之道",而中以"思无邪,无不敬"二语榜之,意以敬一天人贯上下也。父丧,庐墓侧三年。事诸父尽道,御诸弟友,家人惇睦无间言。为人方正,望之可畏,而即之谦恭虚己,常若不足也。常谓释氏为世教大患,高明之士既沉溺于性宗,中下之材又缠缚于因果,故力排异端,以扶圣教。家素裕,自奉甚薄。仕至朝列,犹粝食不厌。

其殁也,正公祭之文,以为笃学力行,至于没齿不渝。莅民临事，造次动静，一由至诚，可质神明，贯金石。虽尚论古人，难其比也。其信许如此。

邵子文先生　伯温

先生名伯温，字子文，康节之子。入闻父教，出与司马君实、吕晦叔、二程子交，故所闻日博。而尤习世务，以荐授大名府教授，调长子尉。

初，蔡确罢相，邢恕自河阳诣确，谋造定策事。及司马康诣阙，恕召之。先生谓康曰："公休除丧，未见君，不宜枉道先见朋友。"康曰："已诺之。"先生曰："恕倾巧，或以事要公休，若从之，必贻异日悔。"康竟往，恕果劝康作书诵确有定策功。为他日保家计，康遂作书如恕指，盖以康为光子，得其言世必见信。既而，梁焘以谏议召恕，遂力言确有定策功，且以康书为证。焘不悦，康始悔之。

绍圣初，章惇为相。惇尝事康节，欲用先生，不往。会当赴吏部铨，明道谓曰："吾危子之行也。"先生曰："岂不欲见先公地下耶？"至则先就部拟官，而后见宰相，惇与论及康节之学，曰："嗟乎！吾于先生不能卒业也。"子文曰："先君先天之学，论天地万物之理尽矣。其信也，则人之仇怨反复可忘矣。"惇方兴党狱，故以此讽之。惇悚然出监永兴钱监。时，元祐诸贤方南迁，士鲜访之者。先生见范祖禹于咸平，见范纯仁于颖昌。或为之恐，不顾也。

徽宗即位，上书辨宣仁诬谤，解元祐党，分君子小人，戒劳民用兵，语极恳至。除知泉州，请罢岁输泸南诸州绫绢丝绵数十万，以宽民力。擢提点成都路刑狱，贼史斌窥剑门，先生与蜀帅卢法厚合谋防守，贼竟不能入，蜀人德之。绍兴四年卒，年七十八。初，康节常语子文曰:"世行乱,蜀安,可避居。"及宣和末,子文载家使蜀,故免于难。

先生尝论元祐、绍圣之政曰:"公卿大夫当知国体。以蔡确奸邪,投之死地何足惜?然尝为宰相,当以宰相待之。范忠宣知国体者也,故欲薄其罪。言既不用,退而行确词命,然后求去,君子长者用心也。刘挚、梁焘、刘安世、王岩叟忠真有余,然疾恶已甚,卒贻后日缙绅之祸,不能无过也。"

赵鼎少从先生游,及相,始赠秘阁修撰。尝表其墓曰:"以学行起元祐,以名节居绍圣,以建言废崇宁。"世以此三言尽先生出处云。所著《河南集》《闻见录》《皇极系述》《辩诬辨惑》《皇极经世序》《观物内外篇解》近百卷。

程可久先生[①] 迥

先生名迥,字可久,宁陵人。避靖康乱南徙余姚,登进士,历知进贤、上饶数县。尝曰:"令与吏服食者,皆民之膏血也。曾不是思而横敛害民,鬼神其无知乎?"故政宽而明,令简而信。绥强抚弱,导以恩义。积年仇讼,一语解去。猾吏奸民,久而悛悔,欺诈以革。暇则宾礼贤士,从容尽欢。进其子弟之秀者为之陈说《诗》《书》疑义,隐德潜善,无问幽明,皆表而出之,以励风俗。或上官所未悉者,必再抗辨,不为苟止。

所著有《古〈易〉考》、《〈春秋〉传文史》、《评经史说》等书。卒官朝奉郎,朱熹以书告先生子绚曰:"敬维先德,博闻至行,追配古人。释经订史,开悟后人,非独章句之儒而已。曾不一试,而奄弃盛时,此志士所为咨嗟而不能已者。然著书满家,足以传世,是亦足以不朽也。"

绚,巴陵尉,能理冤狱。孙仲熊,亦有名。

校记

① "可久",本祠堂本作"沙随",从其他诸本。

卷之三　正　编

元

许鲁斋先生　衡

先生名衡,字平仲,号鲁斋,怀之河内人也。父通,避地河南。己巳,生先生于新郑。幼有异质,七岁入学授章句,问其师曰:"读书何为?"师曰:"取科第耳。"曰:"如斯而已乎?"师大奇之。每授书,即能问其旨义。久之,师谓其父曰:"儿颖悟不凡,他日必有大过人者,吾非其师也。"

稍长,嗜学如饥渴。值世乱,且贫无书,尝从日者家得《〈尚书〉疏义》。避难岨崃,得王辅嗣《〈易〉说》,夜思昼诵,身体而力践之,言动必揆诸义而后发。尝暑中过河阳,喝甚。道有梨,众争取啖之,先生独危坐树下自若。或问之,曰:"非其有而取之,非义也。"人曰:"世乱无主。"曰:"梨无主,吾心独无主乎?"转鲁留魏,自是出入经传,泛滥老释。下至医卜、诸子百家、兵刑、货殖、水利、算数之类,靡不研究。既而往来河洛间,从姚枢得程朱《易传》、《四书集注》。

或问及小学,书益大有得,谓从学者曰:"吾今乃始闻进学序矣。"悉取向来简帙焚之,使无大小,皆自小学入。从事于洒扫应对进退之节,为进德基本,笃信力行,以其身先之。尝与子书曰:"小学、四书,吾敬之如神明,能明此,他书虽不治可也。"

及枢被征,独处苏门,遂慨然以明道为己任。尝语人曰:"纲常不可一日亡于天下。苟在上者无以任之,则在下者之任也。"凡丧祭嫁娶,必征于礼,以倡其乡人。从学者浸盛,家贫躬耕。粟熟则食,不熟,杂糠核菜茹食之,处之泰然。歌诵之声传户外,如出金石。有余,即以分族人及诸生之贫者。人有所遗,一毫不义,弗受也。居姚枢雪斋庭,有果熟烂堕地,童子过之,亦不睨视而去。家人化之如此。

甲寅,元世祖出王秦中,召衡为京兆提学。秦人新释兵火,欲学无师,闻先生来,莫不喜。于是郡县皆建学。世祖即位,召至京师。时,王文统以言利进为平章政事,先生入侍,言治乱休戚,必以义为本。文统患之,奏以为太子太保,阳为尊用,实不使数侍上也。先生曰:"礼师傅于太子位东西乡。师傅坐,太子乃坐,今能复此乎?不能,则师道自我废也。"五辞,改命为国子祭酒。未几,谢病归。

至元二年,复召至京师,命议中书省事,先生上疏论立国规模、用人、立法、为君、难教养信法令五事,帝嘉纳之。四年,归怀;五年,复召还。六年,命与姚枢等定朝议;又与刘秉忠定官制。历考古今分并统属之序,去其权摄增置冗长侧置者,为图上之,帝甚悦。时阿合马专政,以子忽幸有金枢密院,先生执奏曰:"国家事权,兵、民、财三者而已,今其父典民与财,子又典兵,不可。"除中书左丞,固辞。不许,因谢病,帝召其子师可,入谢,旨且命举自代者,先生奏曰："用人，天子之大柄也，臣下泛论其贤否则可，若授之以位，则当断自宸衷，不可使臣下有市恩之渐也。"

帝久欲开太学，会先生请罢益力，乃以为集贤大学士兼国子祭酒。闻命喜，曰："此吾事也。"先生谓蒙古生质朴未散，视听专一，苟置之善士中涵养数年，将来必能为国家用。请征弟子耶律有尚、姚燧、王梓、刘安中等为斋长。时所选弟子皆幼稚，先生待之如成人，爱若子弟，出入进退，其严若君臣。尝问诸生："此章书义若推之自身，今日之事，有可用否？书中无疑，看得有疑；有疑，却看得无疑，方是有功。"其教人也，因其所明，开其所蔽，相其动息，以为张弛。课诵稍暇，即习礼，或习书算。少者则令习揖让、应对、进退，或投壶习射。负者罚读书若干遍。每说书不务多，惟恳款周折。或未甚领解，则引证设譬，必使通晓而后已。尝曰："敬敷五教在宽，今学中大体固须严密，然就中节目宜宽。盖人之品不同，有夙成者，有可成其大可成其小者，难一律强也。且不止因其材，又当随其学，所至渐进之。夫教人与用人反。用人当用其所长，教人当略其所短，渐摩成就。"故其教谆煦恳至，而从学者尊师敬业，日改月化，虽至童子亦知三纲五常为生人之道。先生自诣学不问家事，宾客皆谢绝。曰："学中若应接人，事业必妨。外人怨谤是己事，诸生学业，上命也。"故业专而教成。

十年，以权臣屡毁汉法，乞罢还怀。十五年，诏王恂及郭守敬等定新历，恂言："历家知历数而不知历理，宜得衡领之。"命以国子祭酒领太史院事。先生以冬至者历之本，而求历本者在验气。与太史令郭守敬等制仪象圭表，其法视古较密。悉去诸历积年月日法之传会者，一本天道，自然之教可以施之永久而无弊。十七年，历成，名《授时历》，颁之。

六月，以疾乞还怀，皇太子请以其子师可为怀孟总管，以便养。

且使谕衡曰:"公毋以道不行为忧也,公身安则道行有时矣。惟勉自爱。"先生既归,绝人事,居山中课耕,自治诚切,不严而整,闺门之内若朝廷。

十八年三月,病革。家人祠先,先生曰:"吾一日未死,宁不有事于祖考!"起,奠献如仪。既撤,家人馂,怡怡如也。顾语其子曰:"我平生为虚名所累,竟不能辞官,死后慎勿立碑,但书许某之墓四字,使子孙识其处足矣。"遂卒,年七十二。

怀人无贵贱少长,皆哭于门。四方学士闻讣,俱为位而哭,有数千里来祭吊者。人服其教金科玉律,听其言,虽武夫悍卒,无不感悟也。有未尝及门,但传其绪论而折节力行,卒为名世。丞相安童一见,语同列曰:"若辈自谓不相上下,盖十百与千万也。"王磐气盖一世,少所许可,独曰:"先生神明也。"

谥文正,从祀孔子庙廷。

姚公茂[①]先生 枢 附姚牧庵 燧

先生名枢,字公茂,其先永平柳城人,迁居洛阳。幼力学,志期甚高,识者称其有王佐之略。

元太宗时,与杨惟中北觐,太宗重之,赐锦衣金符,以行台郎中从军。至德安,得赵复,与语异之,挟与俱卧起。时复阖门遇难不欲生,伺先生寐熟亡去。先生觉,遽乘月驰马走积尸间,号之至水际,复已被发徒跣,号泣欲自沉。先生手挽之而归,委曲劝免,从与俱北,所谓江汉先生也。是时,洛闽学未行于北方,独金儒张文举稍以程易教授,未广也。至是,复以所记忆程朱诸经传注手录出之,先生与杨惟中首受其学。

会先生与行台长不合，弃官携家苏门。诛茅为室，作家庙，祀四世堂，龛宣圣像，以周、程、张、邵、司马六君子配，读书其间，竟日危坐。《四书传注》及《小学》镂板传之四方，以化民成俗自任。风日清佳，则鸣琴百泉之上，遁世乐天，若将终身。许平仲闻先生得伊洛之传，尽室来苏门相依以居。

世祖在潜邸以礼聘至，敷陈治道数千言，世祖奇其才，使授太子经。二年，以为太子太师，不拜，改大司农。四年，拜中书左丞。十年，拜昭文馆大学士。十三年拜承旨。后二年卒，年七十八。谥文献。

从子燧，字端甫，生三岁而孤，育于伯父公茂。年十三，见许平仲于苏门，十八始受学于长安。时未尝为文，视流辈所作，惟见其不如古人，心弗是也。二十四始读韩退之文，试习为之，人谓有作者风。稍就正于平仲，平仲曰："文章固发闻士子之利器，然先有能一世之名，将何以应人之见役哉？非其人而与之，与非其人而拒之，均罪也，非周身斯世之道也。"

至元七年，平仲以国子祭酒教贵胄，奏召旧弟子十二人。端甫自太原驿致馆下。元贞初为翰林直学士，修《世祖实录》，拜江西行省参知政事。仁宗居藩邸，开宫师府，端甫年已七十，遣正字吕洙如汉征四皓故事，起为太子宾客。未几，除承旨学士，寻拜太子少傅。辞谢曰："昔臣先伯父枢尝除是官，尚不敢拜，臣何敢受？"授承旨知制诰，得告归。再召，不赴，卒于家，年七十六，谥曰文。

端甫先在苏门读《通鉴纲目》，尝病国统散于逐年，不能一览而得其离合之概。至告病江东，著《国统离合表》若干卷，年经而图纬之，如《史记》诸表，将附《朱子凡例》之后。其学有得于平仲，由穷理致知，反躬实践，为世名儒云。

校记
① 《洛学编》目录为"公茂",正文题目为"文献",为一致,从目录。

明

薛敬轩先生　瑄

先生名瑄,字德温,号敬轩,山西河津人。先生初生,肌肤如水晶,五内皆见,家人欲不举。祖仲义闻啼声曰:"非常儿也。"卜之吉,乃育之。

自幼读书史,目辄成诵,端重不为儿嬉,年十二能诗赋。时元儒魏希文、范汝舟诸公以御史谪戍,父延与讲学,皆结为小友,不敢以师自居。退谓人曰:"圣门有人矣。"既壮,读宋四子书,叹曰:"此道学正脉也!"遂焚所作诗赋,专心性理之学。精思力践,言动必质诸书。一有不合,终夜不寐。

寻,父司教鄢陵,故事,庠无举者,谪教官戍。父乃强先生应河南乡试,遂举永乐庚子,河南第一。明年辛丑,登第。学士杨文贞欲延训诸子,先生固辞。居父丧,服阕,会宣庙思振风纪,擢云南道监察御史。时相三杨欲识其面,令人要之,先生辞云:"职在纠劾,不敢见也。"一日,于朝班中识之,曰:"薛君见且不可得,况得而屈乎!"寻监湖广银场,黜贪墨,正风俗。手录《性理大全》,晨夜玩读,潜思有得,即秉烛疾书,深探密指,或通宵忘寝。正统改元,初设提学，宪臣郭琎荐，授佥事山东，先生欣然就之，曰："此吾事也。"首明理学，以朱子白鹿洞学规开示诸生，俾先力行而后文艺。谆切诲诱，随其才器成就之，诸生感慕，皆呼之曰"薛夫子"。

时中官王振专政，思引一正人以镇众议。一日问三杨："吾乡谁可大用者？"皆荐先生。因召为大理寺右少卿，诸生泣送数百里，为位而尸之。寻转左。三杨以用先生出振意，欲先生一见振，不往；再使语之，又不往。振先遣馈，则又却之。一日，振问："薛卿安在？"三杨为逊谢，以李贤故及门，令道意，先生正色曰："原德亦为是言乎，安有受爵公朝，拜恩私门耶？"振闻憾甚。一日，振会议东阁，诸卿皆拜，先生独立。振知其为先生也，连揖之，中实衔焉。会御史台有冤狱，振从子山实主之。先生为辨其冤，三覆三反。台臣王文谄事振，又曲庇御史，奏先生出入人罪。振又嗾言官劾先生受贿，故庇死狱，请廷鞫。先生呼文字曰："若为御史长，当引避。"文怒，奏强囚不服问理，振曰："是固当死。"竟坐辟，系狱待决。人皆危之，先生怡然曰："辩冤获咎，死亦何愧！"手持《周易》，日玩诵不辍。冬月临刑，门人皆奔走哭，先生神色自若，曰："吾道固然。"兵部侍郎王伟申救之，子淳等三人愿代父死。振有老仆，是日伏厨下哭，振问故，对曰："闻今日薛夫子将刑，故也。"振意少解，既而三覆奏，得宥戍边，寻放归田。通政李锡叹曰："真铁汉也！"

先生家居六年，日杜门学道，弟子从者甚众，造诣益邃。正统乙巳，以言官程信等荐，起为大理寺丞。景泰初乞致仕，学士江渊疏留之。明年，升南京大理寺卿。守备中官兴安、袁诚，时无抗礼者，先生至，安曰："此与王振作对者，何可屈耶？"午节馈扇，先生曰："此朝廷礼，不敢受。"苏松饥，民贷粟富民不得，遂火其庐，窜海中，王文即讯，坐谋叛，论死连数百家。先生抗章力辨之，获免者众。文谓人曰："此老倔强犹昔。"中官金英过南京，公卿俱饯于江上，先生独不往，以此重其为人。至京言于众曰："南京好官惟薛卿耳。"御史刘孜荐先生粹学饬躬，进无所求，退无所累，诚君子之儒，宜召供馆阁，亲劝讲，不报。

壬申秋，召为大理寺卿，复乞致仕，不允。裕陵复位，用杨善荐，以礼部右侍郎兼翰林院学士入内阁。李贤迎贺曰："先生道其行乎？"先生怃然曰："某自外臣骤进，诚意未孚，殆其难哉。"一日，召入便殿，上方燕服，先生凝立不入，上遽易法服，召乃入。语及平日诚意正心之学，剀切动上意，左右太息曰："此正薛夫子也。"于谦、王文坐极刑，先生曰："陛下复辟，天也。今正月阳生，乃天之道，二臣罪间，陛下用刑宜体天。"乃诏减一等。时有矜迎复功者，先生曰："许鲁斋不陈伐宋谋，凡事取必于智，而不循天理之正，非圣贤之道也。"

寻令主会试，录首序，以正学复性为言。或请《易》，曰："平生所学惟此。"事竣，转左侍郎。上留心致治，日召见，会议遣征狮于西番，持不可，不听。又曹、石专用事，徐有贞、李贤等皆落职，乃叹曰："君子见几而作，宁俟终日！"遂引疾，乞致仕。石亨来视疾曰："即先生不留，当为请敕即家塾主教事，且以为养。"先生曰："昔元世祖赐许鲁斋敕令归设教，鲁斋悬之屋梁，终不以示人。若教以为养，何若不辞官耶？"亨叹息而去。得命即发，在阁五阅月耳。

舟至直沽，遇风雨乏粮，日中未举火，吟咏不辍。子淳愠，见先生宴然曰："身困道亨，庸何伤？"居家八年，南阳当国，每以书候，终不答，或问之，曰："昔温公居洛，未尝答政府书，固退居之道也。"终日俨然，随其所寓，图书箴规常在左右。接人无大小贵贱，以诚教人有序，其言平易简切，不事穿凿，归于精微。晚年玩心高明，默契其妙，有不言而自悟者，常为诗曰："七十六年无一事，此心惟觉性通天。"为学专务体验躬行，不务论说。尝曰："圣贤千言万语，皆说人身心上事，惓惓以复性为教，居敬为功。"所著《读书录》、《河洛集》行于世。

天顺甲申六月十五日，忽遘疾，衣冠危坐而逝，年七十有六。赠礼部尚书，谥文清。尝曰："自朱子后性理已明，正不必著书。程明道、许鲁斋皆未尝有所著作，而言道统者必归焉。"弘治九年，科臣杨廉言："《读书录》粹然一出于正，请刊置太学。"并赐祠额曰"正学"。隆庆五年辛未，从祀孔庙。

曹月川先生　端

先生名端，字正夫，渑池人。天资颖异，读书静专，坐下足两砖处皆穿。永乐戊子举于乡。事父母最孝，及遭丧，五味不入口，寝苫枕块，始终不易。既葬，庐墓六年，不用浮屠巫觋。诣县上书请毁淫祠，年荒劝赈，存活甚众。

父好善信佛，及闻端言圣贤之道，即从之，于是作"夜行烛"一书与诵之。其言曰："佛氏以空为性，非天命之性，人受之中；老子以虚为道，非率性之道，人由之路。"其言甚精。为霍州学正十余年，日事著述，教人务躬行实践。士子皆服从，郡人亦皆薰陶而化。方岳重职，不敢以属礼待，至其郡必敬谒之。凡考校诸庠生，必请端主其去取。后调蒲州学正，霍庠弟子上章愿留之，蒲庠弟子亦上章争之。霍州先上，得允。后竟终于霍，一郡人罢市巷哭，童子亦悲泣，其德化感人如此。所著有《四书详说》、《太极图通书》、《西铭释文》、《孝经述解》、《性理文集》、《儒家宗统谱》、《家规辑》、《存疑录》等书。

宣德九年卒，后谥靖修。薛文清赞曰："质纯气清，理明心定，笃信好古，距邪闲正。有德有言，以淑后人。美哉君子，光辉日新。"陈达曰："曹月川学行在吴康斋之右。杨方震《理学录》乃载康斋而遗月川，岂薄其为校官耶？"正德中，大司马彭泽称月川为本朝理学之冠，又举从祀孔子庙庭。

阎子与先生　禹锡　附同邑**白尧佐**良辅、**乔廷仪**缙

先生名禹锡，字子与，洛阳人。负气自许，不肯脂韦世俗，亦不事边幅①，与物无忤。童时颖敏，读书日记万言。长，博极群书。性至孝，九岁丧父，哀毁过人。

正统甲子，年十九，领河南乡荐。明年授昌黎训导。丙寅，以母丧徒步归，庐于墓。终制，有强暴见化，白蚁出集之应。有司以闻，诏旌其间。既而闻河汾薛文清公讲明濂洛关闽学，遂谢举业从之游，得其大指而归。以考功员外郎纪振荐，为开州训导，遂以其所得为教，四方从者日众，学舍几不能容。州之民无少长皆化之，曰："无为阎先生所刺也。"稍涉不义，即相诫曰："毋令阎先生知之。"一时洛人至比之司马端明云。

天顺丁丑，李文达、王忠肃、姚文敏相继论荐，为国子学正，寻升监丞。诸生事干谒者悉不得行，不遂者或以贾怨。癸未谪徽州府经历，诸生诣阙奏留者至再。甲申，升南京国子监助教，复转监丞，掌京卫武学事。世禄子弟悉知读书，由礼登甲科者相望。而中外拥貂蝉，握虎符，号称儒将者亦多出其门。四典文衡，尤号得人，久之声望愈隆。超拜御史，提督畿内学校。励名节，敦士风，抑词章之习，明本原之学，取周子《太极图说》、《通书》，为士子讲明之，一时人士皆粗知性理。又疏陈场屋数十弊，皆赐施行，世方仰其有

为。

无何，无疾而逝，公卿大臣多惜之，士子如失怙恃。宦游三十年，囊无余赀，死之日环堵萧然，门生属吏赙而殡之。著述甚富，有《自信集》《晦庵要语》《二程全集》《薛文清公读书录》《河汾诗文》《司马法》《吴子注解》《孙子选注》《武学词范》行于世。

时，同邑有白先生，名良辅，字尧佐。初请业薛文清公，不许。良辅乃束修为贽，跽其门，至日昃而色愈恭。文清以其诚，置弟子列。居岁余，受其业而归。登景泰辛未进士，拜监察御史，按秦晋，俱有名，历官太仆卿。所著有《太极解》《律吕新书释义》《中庸肤见》行于世。

乔先生名缙，字廷仪。少颖敏，师事薛文清。成化壬辰举进士，授兵部主事，累迁部②中。出补四川参议。时马湖府知府安鳌杀叙南卫千户曹明，狱久不具，御史檄先生鞫治，一讯即服。未几，苗蛮叛，王师出讨，敕先生督饷。苗蛮平，上赐文绮宝钞以旌之，仍晋阶二品。弘治初致仕卒。所著有《性理辨惑》诸书行世。

校记

① "幅"原文为"辐"字，正之。
② "部"疑为"郎"字误。

王凝斋先生　鸿儒

先生名鸿儒，字懋学，南阳人。聪悟天成，书过目成诵，作字端劲有古法。里人有为府史者，尝致先生佐书府中。知府段坚见先生书顾奇史，史对曰："史里人王生书也。"坚即召见，曰："子风神清彻,岂尘埃中人?"即留读书府中,续食授衣,遣入郡学为诸生。提学副使陈选异其文,曰:"此高才生,文章经世者,非直举业也。"未几,乡荐第一。

成化丁未成进士。筮仕南京户部,出纳仓庾,榷舟督税,皆有条式,声绩遂著。弘治九年升佥事,提学山西。十五年,进副使,提学如故。在晋九载,教人以涵养为本,文艺为末。正己率人,简约条束,生徒请益,因材开发,竟日不倦。教之不率至再三,益恳恻,得改悟辄喜,士以故益信向。孝宗励治思贤,尝召见刘大夏论人材曰:"藩臬中如王鸿儒,他日可大用。"大夏曰:"诚如圣谕。"

正德改元,乞致仕,赐告。四年,家拜国子祭酒,不数月忧去。七年,又家拜南京户部侍郎,十年,召入吏部,历左右侍郎。尝曰:"惟诚与直能济国事,趋名者亦趋利,于社稷生民无益也。"时吏部尚书陆完有才名,顾与宸濠通,先生亟称夏忠靖、王忠肃二公贤,可师法,感动完,完意不说。十四年三月,升南户部尚书。是岁六月,宸濠反,完败。先生出督饷留都,至九江,闻变,溯流欲入武昌,约守臣起兵讨贼,又闻康陵南巡,益愤懑,疽发背,卒,谥文庄。

先生博闻多识,学有体要,宏裕奥衍,交发互溢。尤明国家故事,凡祖宗设政任人,及先辈立朝行已,历历能言,皆有按据。至论时务,要决成败,可否通塞,援证今古,如探囊指掌。待物开诚,和而有礼,不问人私,人亦不敢以私问也。所著有《凝斋集》若干卷。

许函谷先生　诰

先生名诰,字廷纶,灵宝人。襄毅公仲子。十岁善属文。

弘治乙卯,与弟赞同举于乡。己未成进士,授户科给事。奉命清理延绥仓场,有苗中官者督三边,贪纵罔法。诰具状劾之,直声遂著。正德初,以旧德遗老起襄毅公为大司马,大臣子弟例不居言路,改翰林院检讨。逆瑾欲纳交,先生痛绝之,瑾怒,矫诏黜襄毅公籍,罚边储三百石。先生谪广西全州判官,历险冒瘴与魑魅伍,终无戚容。会奔襄毅公丧,服除,即绝意仕宦。遨览潜修,受徒讲道,若将终身。久之当路交荐,称其探赜研微,见道渊邃,可备顾问。时有诏,凡守正不阿,为逆瑾所斥者皆录之。起尚宝丞,复以病请告,里居十余年。嘉靖改元,复起南京通政司参议。

时,讲学者北称函谷,南称阳明。先生入南都,人士咸就席问难,辅臣荐宜充经幄,改侍讲学士为经筵讲官。上缉熙圣学四事:一曰则图书以明道原,二曰主圣经以求道是,三曰辨诸儒以祛道惑,四曰屏杂说以防道害。进讲剀切,古昔兴衰治忽之际,如指诸掌,帝皆虚怀听纳,益加眷注。寻擢太常卿,掌国子监祭酒事。奖风节,抑华竞,以经世为士筌,尊德为学轨,人士翕然化之。太学生有遐方旅榇者几三十人,先生购地葬之。复周给衣食不给者数十人,奏罢教职不称者二人,及劾勋戚习礼不律者,一时成均肃然。

先是文华殿左室列三教师像,帝欲从古易以木主。先生以所著道统书上之,帝悦,即撤其旧像,立皇帝、王师八主南向,周、孔二主东西向,命辅臣与诰九人瞻拜主前,面谕之曰:"朕奉先圣先师于此,庶起敬慕,以逊志于学,卿等其罔朕弃。"先生衍喜怒哀乐章入讲。帝谓诰欲以一人之情通天下之情,所言良是。

寻擢吏部右侍郎。时天下入计,先生门户清肃,人无敢私谒者,乃具奏以戒诸司,帝从之。复上疏乞休,帝不允,擢南户部尚书。仓场经费,多所裁省。复上疏乞休,帝以留都国计非诰不可,不允。会将入朝,疾作卒,年六十四。

先生天性孝友,敦重人伦,以身率世,不数数于人。其学本诸实行,达之世务。尝曰:"圣贤所传心法,六籍所遗训典,要在用世绥人耳,苟无益于时,文将奚为?"所著有《通鉴前篇》、《图书管见》、《道统源流》、《〈诗〉考》、《〈易〉参》、《〈春秋〉易见》、《〈中庸〉本义》、《太极图论》、《性学篇》等书。谥庄敏,赠太子太保。

学者称为函谷先生。仪封王肃敏论曰:"函谷论太极曰:气理兼备,不涉于无;论性曰:理气浑全,本无支离,俱不可专以理言。卓乎,命世之见矣!"

孙钟元先生曰:庄敏公立朝风裁,难进易退,便是圣门家法。至其所学,以践诸实行,达之世务为主,尤为紧切,真是有体有用。余尝论学,有共解,有独解。言前人之言,行前人之行,众闻而安之,耳目不惊,此共解也。言前人之所未言,行前人之所未行,群起而攻之,翻驳成案,此独解也。独解非深造自得,独辟心灵未易言。函谷与阳明并峙南北,而阳明与紫阳异同。公形气性理之论,亦不寻宋儒成说,盖学求自得,总期不谬于圣人耳,固不顾曲儒之訾议也。

何柏斋先生 瑭　附门人周大经道、娄子靖枢、刘次山泾

先生名瑭,字粹夫,怀庆卫籍武陟人。生而端凝,不事嬉戏,人谓为痴儿。七岁时入郡城,见家有弥勒佛塑像,抗言请去之。十九以圣贤之学自励,闻许文正、薛文清一言一行,或得其遗书,则欣然忘寝食,曰:"二先生世未远而居甚近,忘所师法,学其谓何?"

弘治辛酉,河南乡试第一。明年,成进士,选翰林庶吉士,改编修。不纳泛交,不入要门,能勤慎职事,士论重之。刘瑾窃政,一日赠川扇于诸翰林,有入而跪见者,先生独长揖。瑾怒,不以赠。受

赠者复跪谢,先生正色曰:"何跪而又跪也?"瑾大怒,诘其姓名,前对曰:"编修何瑭。"瑾大恚。出即乞归,谓崔子钟曰:"吾两人不可易节。"子钟曰:"某安义命久矣!"瑾诛,擢修撰。

先生真率恬淡,励志躬行,外无仆从,内无媵妾。所居舍尘秽恒积,虽朝衣冠不尚鲜明。以进讲经筵,触犯忌讳,调开州同知。修黄陵冈堤岸成,晋东昌府同知。即乞归,隐居南村,四方从学甚众。既遭父丧,值武宗崩,辍讲授,哀毁骨立。

嘉靖改元,擢山西提学副使。不果起,再擢提学浙江。敦本尚实,士气丕变。未几,晋南京太常寺少卿,转正卿。与湛甘泉、郭杏东修明古太学法,学者翕然宗之。阁臣荐先生可大用,始入京相晤,辄面数其十三愆,众为愕然。改工、户、礼三部侍郎。乞致仕,上已许之,御史毛凤诏荐先生敦朴正大,堪典邦礼,改命在京调理。及再乞休,遂升南京右都御史。

寻致仕家居。与关中吕泾野、仪封王浚川、灵宝许松皋诸人简札往来,究辨经书性命之旨。行己教人,切近精实,泾野以比之圣门由赐。为文浩瀚畅达,阴阳律吕以及医卜术数,亦皆通究。所著有《儒学管见》、《阴阳律吕管见》、《医学管见》诸书。学者称柏斋先生。素有足疾,遭母丧,袒跣至废坐立,二十二年癸卯九月卒,年七十一。

先生性洁气刚,涵养和粹,虽世局变推而独不受染。临事毅然不可夺,难进易退,有高世之节。门人请梓文录,曰:"圣贤之道,昭在六籍如日星,后学愧不能知而行之。自宋以来,儒者之论方苦太多,此吾之所深惧也。"仪封张浒东曰:"闻诸先生有言,明兴一百年,惟河东薛文清为笃行醇儒,然克守文清之典型者,粹夫也。"闽中林对山曰:"当柏斋时以学名者,皆务为高论,以争相陵驾。惟柏斋不言而躬行。"关中马溪田曰:"公家居时,东南学者入于达摩之门,更相传习,柏斋力距而辟之。合三说观之,先生之学可知矣!"

门人周道、娄枢、刘泾俱怀庆人。道字大经,嘉靖丙辰进士,擢御史。巡按宣大。时大同逆党成擒,人情汹沸,道请戮元恶,余罔治,军民帖然。驾南狩,选科道四人扈从,道与焉。途次,劾大将军等,为珰人所挤。

枢,字子靖。嘉靖乙酉领乡荐,会朝绅议礼不相下。又议阳明之学,且为洛蜀党。枢著《克伐怨欲论》四章,为陆祭酒、林司业称赏,授广宗令。刘巡抚籍民兵,枢谓扰民,上乡兵议。刘面从实心衔之,适樊御史问安民去贪之略,枢应以所令勿反所好作去甚论剌之,樊大恨,以事褫职。广宗民肖像祀之。

泾字次山,嘉靖丁未进士,由庶吉士改御史。历知凤翔、登州两郡,官至副使。尝刻《柏斋集》,能倡明师说。

崔后渠先生　铣

先生名铣,字子钟,一字仲凫,河南安阳人。父升,四川参政,历官廉慎,有古循吏风。与金事曲锐齐名,蜀人为之语曰:"崔参曲金,屹如雪山。"先生天资颖敏,诵览绝人,弱冠举乡试,入太学。与四方知名士秦伟、马理、吕柟、寇天叙、马卿、张士隆友。务明经修行,毋慕高虚,毋溺训诂,一以洙泗为师。

弘治乙丑举进士,改庶吉士,授编修,纂修《敬皇实录》。

正德初,逆瑾窃政,卿佐皆往谒。先生遇之,独长揖,瑾怒。他日史官旅见,又与何瑭长揖如前,瑾益怒,谓张彩曰:"翰林后生多轻薄,崔铣尤甚。"彩曰:"北方赖此人倡古学,挫抑之不可。"实录成,瑾矫旨,以练达政务为名,出翰林诸臣于外。调南京稽勋主事,益约同志讲论经史。部有积储,胥役易以恶米,先生治之。尚书曰:"公谪仙也,何为此?"对曰:"何勤非忠,何忠非分。"

五年庚午,瑾诛,还职。时武宗以逸豫弃万机,而时事大棘。辅臣方以文艺奔走,士大夫渐尔成风。先生上书茶陵,劝以及时悟主,救民荐贤,理财强兵,毋徒以文艺自好。恳恳千余言,时论韪之。九年,御史王廷相下狱濒死,亟诣执政,曲救出之。经筵进讲,以纳谏争,去谗顽,戒逸豫为劝。时权幸钱廖辈在侧,大贤之。十一年丙子考绩升侍读,明年丁丑以疾请告。梁储素重先生,固留之。值同考会试,时宰托私其子,拒不许,遂力疏归。作《喻问见志》,构后渠书屋,董耕授徒,意泊如也。

嘉靖改元,起,修纂《武庙实录》,仍充经筵讲官。二年癸未,擢南京国子祭酒。开诚心,崇正义,明经学,正文体,奖隽惩惰。日衣冠坐讲堂,诸生朝夕问难,响答不倦。且周贫拯急,问疾赙丧,多士悦服。三年甲申,议大礼,有欲引先生为助者,耻于党附,拒之。时江南北大饥,人相食,乃抗疏劝世宗勤圣学,辨忠邪,以回天变。且言近者张璁等,以献议超迁;蒋冕、汪俊、吕柟、邹守益等,以异议罢斥;段续、薛蕙等下狱。皇上求备礼于所生,至孝也。然当详稽礼经,大顺人情。今独任己意,亦曷有极。自分得罪,已报致仕。归囊无江南一物,惟图书数箧而已。诸生送者千余人,多从渡江,涕拜而别。

归田,读书洹上,远近从学者众。教以研经饬行,曰:"道在五伦,学在治心,功在慎独。"又曰:"日诵六经,不力行,则得其字耳;心无定静之力,则行乃迹耳。"家居十六年,杜门著书,以阐道翼经为志。朝臣多引荐者,愈自晦约。或劝通问当道,曰:"有义命。"

十八年己亥,东宫立,慎选宫僚,召补少詹兼侍读学士,一时想望风采。比至咨政,讲学无虚日。寻转南京礼部右侍郎。时都御史王玮言句容朱家巷为帝祖乡，坟址具在，宜表扬。先生独持不可，曰："兴王之基，难可臆断，失实为罔。"事竟寝。明年庚子，署户部，清耗厘弊。秋，入贺圣节，时值风霾之变，上疏自劾，温旨慰留，过家疾作，遂乞致仕。欲续《十翼》，解《春秋》，注《孟子》，删定宋元史，病剧未克。二十年辛丑卒，年六十四，赠礼部尚书，谥文敏。

生平端严抗爽，无世俗依阿态。素履皭然，出处无玷，乡人拟之程伊川。居恒考正经史，折衷群言，咸有确论。文章追琢入古，世称宗工。所著《松窗寤言》、《〈中庸〉凡》、《〈大学〉全文》、《政议十翼》、《读〈易〉余言》、《郡志》、《洹词》，及删定二程遗书《中说考》、《晦庵文钞》、《文苑春秋》诸书行世。学者称后渠先生。

先生研极六经，尤深于《诗》。于《易》谓好奇者浚义于象流为凿，而尚古之法久失不传，夫皇羲画卦，文王周公系辞，孔子作翼一也。谓《易》道加详焉可矣，乃曰："有羲《易》，有文王周公《易》，有孔子《易》，支矣哉。"作《〈周易〉余言》。于《诗》，谓毛之说《关雎》也，曰："忧在进贤，不淫其色，无伤善之心，美哉训乎！周之后妃广于求助，精在得媛。未得而求之，已得而乐之。协众善以事一人，志在相夫，忘其躬也。乐乃有与略于色也，是《关雎》之义也。"后之说《关雎》异焉，曰："宫人乐得淑女以配君子，则宫人当于何属之？岂文王未纳室先畜嬖御欤？今六经之文，缺讹有间矣，近古者犹得其音尘，君子无轻乎变古焉。"

又言："《诗》大序微粹，非卜子不能，即小序犹之不可废也。"作《〈诗〉解》，论"二南"曰："文王之诗谓之《雅》，则文王未王也，非王朝天下之故；谓之《风》，则文王王业所基，非列国可同也。故异其称曰《南》。"论《豳》曰："周王业太王基之，文王康之，武王、周公成之。周公以人臣而有功于王业，故系之《豳》，不得于君故为变。夫子序《诗》首"二南"，曰始基之矣，终《豳》，曰既成而昌之矣，故反十二国之变,慰《桧》《曹》之思,开《小雅》之治,非《豳》其孰能之?"论《卫风》曰:"夫子存《绿衣》而下四诗于变风,首"二南"之化也。周得后妃而致"二南",卫失庄姜而召狄祸,故《诗》首《国风》,本性命而正人伦也。礼始冠婚,明基兆而防来变也,录《桑中》,卫之淫昭矣,录《溱洧》,郑之淫昭矣。必曰诸篇皆淫风也,夫子胡然而累载之乎?"论《鲁颂》曰:"圣人以著变也,《风》《雅》皆有变焉。曰《颂》美其功何谓变?曰《周颂》用诸庙,《鲁颂》用诸燕。周述先,鲁祷君,周王也,鲁侯也。周之词典,鲁气溢而辞夸,非变而何?夫《鲁颂》文之极弊也,不继以商则几灭质矣,故受之以商。鲁无《风》,何也?曰治《春秋》之例也。有所讳,故逊词以尽臣恭;有不能讳焉,故不泯实以垂戒。《南山》《猗嗟》,著之齐,桓庄之内政泯矣,故三桓始牙,鲁驯不竞以亡。"其深解类此。

论《尚书》曰:"孔子删《书》为百篇,今存者伏生二十八篇,传信可也。晋人晚出之《书》,传疑可也。《书》录事之大与变者,平世小节无与焉。《尧典》,禅也;《甘誓》,世也;《汤武》,伐也;《盘庚》,迁也;《大诰》,摄也;《顾命》,防也;《吕刑》,衰也;《文侯之命》,乱也。王熄而伯兴,故《秦誓》终焉。书始《尧典》,咨于"四岳",终于《秦誓》,荣在一人,其圣道之要乎?"

论《春秋》曰:"《春秋》以王律伯,将以复《书》之政焉,故知《书》与《春秋》之旨,可以裁世变,议本末。"又曰:"唐虞禅,夏后继,汤武放伐,世久而道降,物丰而变起。然代天理民,不以富己,其道一也。《春秋》主威夺而侯政佚,无能任汤武之事者。伯乘其隙假名义以主盟天下,几欲改物。伯又衰,则举一世胥盗而已。夫子删《书》与《诗》,又作《春秋》,标前之盛,著后之衰,申王之纯,正伯之诈,定是非,垂劝戒,而说者求奇竞博,刻核于一字,末哉,末哉!以为至哉。"

"程纯公之学也,经无故训,所明者意;行无枝蔓,所存者性。仕不以能见,谏不以直著,让知而任咎,亡己而洁众,仇者赞其忠信,顽者说其德义,有宋以来斯人而已。约哉正公之学也,释经不泥,见奇不问,敬者合内外之道也。理性即命至矣,一天与人也。是故可贵贱,可患难矣,非君子其孰能之? 朱文公性既高明,济之沈毅,邃探于浑沦,细入于丝毛。发道指诸掌,辟邪如状其肺肝。然每读一篇,辄心目开朗,惑解而志奋也。"其笃信程朱如此。

退处相台,作楼储书。取《孝经》、《四书》、《易》、《书》、《诗》、《春秋》、《仪礼》、《周礼》、《小戴礼》,曰:"此本言也。"取《程易传》、《程志》、《程文略》,曰:"此干言也。"取《左传》、温公《通鉴》、《宋元纲目》、《文章正宗》、《陶诗》、《选诗》,曰:"此支言也。"韵学与焉,曰数卷楼。

其论学曰:"天生烝民,物必有则,故学躬修九容,行采九德,心不强操而存,守不径趋而约矣。"曰:"读经见诸行事,因事验其经旨,是故卒至不骇,可以御变矣。迕言不狎,可以出令矣;小物克慎,可以举大矣;仆婢服义,可以使民矣。"曰:"常情闻毁则忧而思,思则勉于善矣。闻誉则喜,喜则矜,矜必放,是毁益而誉损也。学者不闻规过之直,宁受毁可也。无观善之朋,宁远誉可也。"曰:"觉心之放即求也,知我之病即药也,矜己之是即非也,妒人之长即短也。"曰:"克己者犹御敌,进而无却;养德者犹水渍物,渐而不骤;慎思者如瀎井,汲其泉而愈新;辨疑者如解丝,理其绪而自整。"曰:"天道恒进,故人心好上;天运有常,而人则躐等。故思穷于微眇,而行忽于疾徐;辨彻乎宇宙,而心荒于日月,是以切己求要之为贵。"其论之精如此,然性刚毅,志在卫道辟邪,多诋訾,或未尽得其情云。

王濬川先生 廷相

先生名廷相,字子衡,仪封人。十三四岁时,即以能赋诗古文名。

弘治壬戌,登进士,改庶吉士,授兵科给事中。与大梁李梦阳、信阳何景明、武功康海、东吴徐祯卿、鄠杜王九思,以古文倡天下。先生于国朝典章,时政机宜,尤究心焉。

以直忤时,谪亳州判,识薛蕙于稠人中,亲授以成其学。寻知高淳,晋御史。督学北畿,有权阉三王、二刘者以赂于先生,引使者于庭,焚其书,王刘衔之。及按陕西时,权阉廖镗出镇,朘削无度,先生严禁裁抑。镗诬奏,王刘协力相构,逮系诏狱。九卿科道抗章论救,谪赣榆县丞。历升提督四川、山东学政。自御史历兹,盖三督学政,皆正学术,严考校。在蜀会何景明,督学关陕,共约为条教行之,至今教人养士之道尚尊为成轨。

晋湖广按察使,数决疑狱。平李见寇乱,以山东布政。居母忧,著《丧礼备纂》。起,巡抚四川。沙保向信猖獗,三巴震撼,率兵剿除,悉降其众。绩奏,赐玺书褒嘉,晋兵部侍郎。督修边功,清查腾骧边腹,宫府赖之,晋南兵部尚书。谓祖宗根本重地,守备重权,不宜久属魏国专司,请如各处文武推代,上嘉纳之。守备更置推代自先生始。

召,掌都察院事,仍原职提督十二团营。一日,肃皇帝谕群臣,欲令太子监国,以便颐养。人心错愕,不知所出。先生奏:"太子春秋方幼,知识未定。一旦御事,恐事失分别,且壅蔽将自此而生,后虽觉无及。"疏入,其事报罢。寻加太子太保。上将南幸承天,累疏恳留，上皆温旨慰答，即命廷相辅行，掌军务及行在兵部都察院事。一日，上问沿途劳费，具以实对，裁省甚多，有玉带厩马之赐。

先生位九列，弟与子犹布衣。所亲尝问以为请，先生曰："以吾之窃厚禄而载高位，亦足庇弟子矣？彼学既无成，强冒朝廷名器，其将谓何？"与人处，凡可济人事，无不为之，而不自以为德。至于一字许可必慎，一介取与必谨。好集书，老不释卷，以身心为体验。凡有益国事，有补圣学，虽负天下之谤不恤。肃庙初建，称亲之议诸臣聚讼。张文忠引先生所著论以证之，大礼寻定。自世儒转相传袭为"致良知"之说，或几以禅定乱德。乃力辩之，谓：婴儿在胞中自能饮食，出胞时便能视听，此天性之知，神化之不容已者。自余因习而知，因悟而知，因过而知，因疑而知，皆人道之知也。剖析甚明。

嘉靖中，严嵩秉政，货赂公行。先生应变自陈，疏言："大臣法，小臣廉。"刺嵩甚切。其守坚定，不避权焰类如此。

所著有《沟断集》、《台使集》、《近海集》、《吴中稿》、《华阳稿》、《泉上稿》、《家居集》、《慎言雅述》诸书，共六十卷。《奏议公移》、《归田集》共三十卷。

卒年九十一。隆庆初赠少保，谥肃敏。许文简公赞谓："先生持守类洪洞韩忠定，参赞类青溪倪文毅，掌宪类安福张简肃。若方之古人，宋李沆之忠义，鲁宗道之骨鲠，二陆之理学，苏黄之词藻，皆可拟也。"可谓备悉其形容矣。

王苍谷先生　尚䌹

先生名尚䌹，字锦夫，郏县人。五岁读《孝经》，七岁就外傅，日记数百言。或谓曰:"子后当及第。"应之曰:"读书宁止为荣进已耶?"比长,尽通五经诸子,尤邃于三礼。年十八以儒士举于乡。

壬戌,成进士,授兵部主事。调吏部,历稽勋、验封两司。尚书张彩依阿逆瑾,势焰薰灼。每有私嘱,辄以正对,且反复理论。彩不堪,甚衔之。不阅月,彩坐瑾党伏诛,杨文襄公为尚书,先生议论亦多不合,遂乞补外,出为山西参政。疏请侍养,家居十九年。乐道安贫,养亲教子。于苍山谷中筑读书台,养粹凝虚,脱落潇洒。

起四川参政,不赴;再起陕西,以母命就道。时陕西值边警,文襄起为总制,见先生喜曰:"吾今日乃知王锦夫也!"即以兵柄付之。不阅月,奏捷,文襄特疏以荐。未几,闻母丧,奔归终制。适岁大饥,奏救荒十三事。复除山西参政,迁浙江右布政使。巡按御史李佶傲蹇,妄摭论列,先生曰:"御史为朝廷耳目之官,乃怙势凌人,尚可仕乎?"遂弃官归。吏部奏李佶职在激扬,论事不实,复移檄起先生于家,督促再三,次年始入浙,卒于官。

所著有《苍谷集》十二卷。薛方山曰:"苍谷文追秦汉,诗逼苏李。"一时艺林咸称作者,然实非先生之所尚也。先生平生每右两程而左三苏,崇理学而鄙词翰。使假之以年,当必有继往圣而开来学者。而世顾以功名事业期之,又岂足以知先生哉。

孙钟元先生曰:当时推理学者必以公与何文定为首称。谓王浚川、李峋岨、何大复、孟有涯诸公,乃文章气节之士。大文章何妨于理学,而理学不专在文章。如耽于文章,则一文章士而已矣。气节何妨于理学,而理学亦不专在气节,如耽于气节,则亦一气节士而已矣。公生平立节,固其所长。而文章非其所短,终不肯以一节著者,则学问之所得深矣。知廉勇艺,而文之以礼乐,到文之之时,岂复有知廉勇艺之可名?夫子所云礼乐,即夫子所云好学欤。

尤西川先生 时熙　附门人李子仁士元、谢仲川江、陈道征麟、董淑化尧封

先生名时熙,字季美,洛阳人。嘉靖壬午登乡荐。见王文成公《传习录》读之,豁然有契,于是厌弃词章,一意圣人之学。

除署元氏学事,教士端趋向,重躬行。阐姚江宗旨而不徒以文艺为课。丁艰服阕,复除章丘。谕章丘亦如谕元氏也。升国子学政。徐文贞公时为祭酒,特重之,每令六馆师生以先生为准。

年四十,念古人"道明德立"语,因自诘曰:"我今道明耶?德立耶?"不觉泪下。已慨然曰:"学无师承,终属懒散,夙志之谓何?"乃介寮友项渔浦师事刘晴川。晴川,文成高弟也。先生自庆不及事文成,犹及事文成门人,乃以体验于心。泊一切见闻悟入者,悉请质焉。无何,晴川以言逮狱,则笔所疑契,时时从犴狴①中印正不少辍。又因得切磋于朱近斋、钱绪山、何吉阳、唐一庵、周讷溪诸君子。升户部浙江司主事,管浒墅钞关。所榷仅足国课,纤毫不以自污。至奉己淡泊,人所弗堪,先生处之恰如也。

年四十五,以母老乞终养。归洛三十余年,足迹未常濡公门,终身蓬荜布素,常至空乏。居常独坐小斋,见后进来学者,喜动颜色。与之言终日无隳堕气。其言曰:"士不讲学久矣,人苟不顺流俗,肯来讲求道理,不必所见皆同。即是同志,但当虚心切己,共求精一耳。"又曰:"讲学是解缚之法,有世俗缚,有贤传缚,有圣经缚,有师说缚,有意见缚,皆是名利做根。解得此缚才是学。"其答问也,随人浅深,诱各不同。有欲向静处收放心者,曰:"放者心也,静须心静。若身静,治其末耳,却恐或为外道所摄。圣门一贯,只指

本体。若忠恕，便就应酬上说。则曰本体无物，何一何万，应酬是本体发用，就此处用工。"问致知，则曰："饮食不知滋味，必有寒热之病；身体不知痛痒，必有痿痹之症；人心不知好善恶恶，必有偏私之病。病去则本然者复，自知方便成天下之亹亹矣。"

其为说大抵祖文成"致良知"，而要归于提省人心，使知所向往不容自己。晚年有慨于传文成之学失其真，至谓良知上还有一层者，喟然曰："良知无终始，无外内，安得更有上面一层？于是令学者只于见在职分用功，而曰道无浅深，职分固道之实地也，且孔门以孝弟为为仁之本。"其论学也，曰："主忠信，谓终身可行者其恕乎？此非文成宗旨，而后学所宜遵耶？"其立教平实易简，使学者循之可以入道，而不至以虚见为实际，可谓有功文成矣。所著有《拟学小记》、《圣谕衍》行于世。

门人洛阳李士元、谢江、陈麟、董尧封能崇师说，新安孟化鲤尤著云。

士元，字子仁。弱冠时，即有志圣贤之学。会西川先生讲业洛中，即首为依归。初授如皋教谕，常进诸生语之曰："性命之理，只在人伦日用间。"故其为教，奖行检，析经旨，一时士风翕然丕变。后晋国子监助教，端轨彰志，一若在如皋时。转庆阳府通判，督粮靖边营，寻迁代州知州。诸所兴除，为民永赖者不可枚举。后以绝无馈遗致怒当道，中伤罢官。时，牛生素善黄白术，虑了仁归无糊口计，愿以其术售。答曰："三十年所学何事？"竟笑而却之。居里，日以尤先生为观型，笃信不移。未几，以疾卒。尤先生泫然曰："斯道孤矣！"

江，字仲川，嘉靖丁未进士。初授行人，奉使南阳，却唐藩馈，声明赫起，以望擢工科给事。会山陵兴工，往督其事，条便宜，裁冗蠹，省帑金数万计。工竣，例应迁秩，时分宜当国，嫌仲川不附己，止增俸一级。值世宗议进香,仲川独陈不可,忤旨廷杖。未几,迁礼科都给事中。尚书赵文华受诏南征,作威福,流毒上下。仲川率同官疏其奸,拂执政意,矫旨再杖,罢为民。怡然曰:"以直道贾罪,非名教所弃绝,今而后讲学,素志庶可慰矣!"穆宗继统,召还罪谴,诸臣抚按交荐。仲川杜门日久,与长安诸老不相闻问。同年有作宗伯者遗之书曰:"道之显晦虽由命,而通情达志未可尽废也。"仲川得书不答,后亦无报谢,以故同时得罪诸臣俱被登用,惟仲川止复冠带。所著有《岷阳谏草》、《岷阳诗集》,与《滋心语录》行于世。

麟,字道征。素厌博士家言,谓与理道无当。后念家贫亲老,乃稍稍屈就之,遂登嘉靖癸丑进士。尝语人曰:"吾虽以此取科第,然词章记诵,殊非心得之快也。"筮仕河间推官,谨廉隅,绝馈遗[2],属吏无敢干以私。莅任初,夜止小寺,闻哭声,寻声履之,得妇人尸,廉知张姓奸逼状,遂坐之法。民有兄弟争者,积诚感悟,皆泣下请罪,相友爱如初。寻拜礼科给事,甫七日,建言,廷杖削籍。闻尤西川倡道里中,遂执弟子礼。有按部使者及门,辄引分逊避。父母卒,乡人有以诞辰致贺者,作永慕诗以却之。所著有《归田漫录》行世。

尧封,字淑化,嘉靖癸丑进士。擢御史,按四川。值三殿采木,蜀民疲于奔命。淑化极力调停,公事毕而民不告病。世宗每称御史而不名,寻升都御史。掺江为江陵所衔,夺官。江陵败,起抚甘肃。累官户部侍郎,谥恭敏,赠尚书。子,定策。万历甲辰进士。擢御史,疏曰:"古人以讲学为实,今人以讲学为名。臣乡曹端、尤时熙、孟化鲤三贤,皆以孝弟忠信为践履,以杜门却扫暗修,出为真经济,处为真学问。"盖确论云。

校记

① "犴狌",平常用为"狌犴"。
② "遗",本祠堂本为"遣",从山平堂本。

鲁惺庵先生　邦彦

先生名邦彦,字郑卿,号惺庵,睢州人。七岁失怙,家贫甚,出就外傅。稍知经义,即以圣人为可学,被服造次,不离儒者。

嘉靖己酉,省试第一。庚戌,成进士,官行人司行人。奉使唐藩,王享以厚币,辞曰:"天子亲兄弟之国,使某备持节焉。"交摈而退君之赐也,无所辱大礼。劳以筐筥,曰:"受飨馆人,已宿饱矣,敢辞。"满一考,当选备侍从,不且拜曹郎,无还故署者。时严嵩柄国,先生素不与通。故事选郎贵倨,用事诸曹无敢雁行进者,先生独与抗礼,以是迟久不迁。先生念母老,遂请终养以归。杜门却轨,潜心经术。时海内学者多宗阳明,先生独专主程朱,曰:"从来论学皆主敬,濂溪独曰主静。一字不同,便成岐路。今师心自用,以闻见为支离,以践履为义外,夷考其行,果圣人之徒也与哉。"

隆庆改元,搜访遗逸。台省交荐,起吏部主事,改光禄丞,皆不拜。上疏陈十事:首言圣学以敬为主;次请谅暗之内,停罢游宴;三请大臣轮对便殿;四谓言官当崇大体,大臣当略小嫌,勿使吾君轻其人并疑其言;五言内臣宜近正人;六言大臣当有匡辅之实,不宜专以拟票题覆为事;七请仿程颐奏开延英院之意,储真材备用;八请躬行节俭,风示海内;九请祀薛瑄、胡居仁、曹端诸儒,并刻《小学困知记》颁布学宫,使人知趋向;十言近日文法日密,忠信日薄,宜敦浑厚以回风尚。皆凿凿可施行。时执政内隙先生,疏偶及之乡人。留不果上,见者以为有经世之具。

先生经学既深,留心世务,闻朝政得失,忧喜形于色。辞对朝贵大夫,多危言忠告。人私相语曰:鲁君论太高,宜其不调也。杨襄毅掌铨,贻书曰:"海内以公出处卜世道。"耿楚侗曰:"临大节不可夺,吾信鲁君矣。"

所著有《河图洛书说》、《〈大学〉讲》、《〈中庸〉解》、《就正录》,皆平正精实,多前人所未发。尝语人曰:"中庸不可能也,学之从狷介始。通方之人,不足与议矣。"平生细行必矜,非礼弗履。

万历二年八月卒,年四十有七。巡按御史疏请从祀大梁总祠,报闻。

孟云浦先生　化鲤

先生名化鲤,字叔龙,号云浦,新安人。年十六七时,慨然以古道自任。尝曰:"古人为学,必正心修身,无愧怍而后即安,岂沾沾举子业哉!"闻尤西川先生倡道洛阳,往师事焉。读《拟学小记》,曰:"濂洛真传,其在于此。"凡西川所言,手自记辑成帙。曰:"西川要语,以贡肄业太学。"与郭青螺、黄慎轩、孟我疆联会讲学,以道义相砥砺。

万历癸酉,中河南乡试。故事,同年具呈坊价,先生瞿然曰:"吾辈方将起家,清仕路,抑奔竞,乃先行请托耶!"独不列名。

庚辰,成进士,授南户部主事。时,相欲致先生为重,终不往谒。丁外艰,服阕,补户部。江南、山东大饥,先生奉命往赈,全活无算,尤厚赉善士。改验封主事。丁内艰,前后丧制,一准家礼,斟酌合宜,可为法式。居丧不茹荤,不入内,不妄言笑。

起复,补稽勋,历文选。往例,铨法先白政府,然后具疏。先生以用人为朝廷公典,无先白大臣理。中珰请托,毫不假借。都给事张栋以建言国本谪,先生特疏起之,忤旨削籍。跨蹇出都,行李萧然,家僮徒步归家。

设会讲学,寒暑弗辍。四方之士,闻风负笈。所著有《尊闻录文集》、《读〈易〉瘖言》、《诸儒要录》行世。吕豫石曰:"先生之学,以无欲为宗。其教人则专以孝弟、忠信、慎独为要,不为高深悬冥之论。至平至实,至易至简,至纯至粹。"门人王以悟自总卯师先生,信先生尤笃,其赞先生曰:"仕以达道,学本无欲。"知言哉!

吕新吾先生 坤

先生名坤,字叔简,号新吾,宁陵人。离襁褓即不妄言笑,不与群儿嬉戏。初读书,苦训诂家言杂乱,乃一切弃置,默坐澄心,体认本旨,久之了悟。年十五,五经皆通。读性理诸书,欣然有会,作《夜气钞》,拓《良心诗》,立论专主躬行,作《省心记》以自检。

嘉靖辛酉,举于乡;隆庆辛未,成进士。丁母忧。万历甲戌,对策,授襄垣令。襄垣剧邑,治尚严明。邻境清浊二漳,河堤溃,漂田庐无算。先生设法积谷,立河仓以备修筑,民不知役。饬学宫设学田,时进诸生讲说经术,期月政通人和。明年调大同,培植柔良,裁抑豪横,政声如治襄时。先是襄垣土豪某被先生大创几毙。去之日,追数百里,及之,曰:"某蒙明公创悔,因知悔悟,今而后不复犯法矣。"知大同时,山阴王家屏以大宗伯服阕,赴京过大同,其姊夫以人命坐抵,向先生言之,答曰:"狱已成,不可反矣。"嗣家屏任冢宰,向僚友曰:"天下第一不受请托,无如大同令也!"特疏荐之。

戊寅,升吏部主事。故事,新曹郎尚缄默卑伏,不敢轻有可否,先生独峥峥不少畏避。在部十年,当转京卿,为忌者出为山东参政,分守济南。先生曰:"学者通籍以来,无往非行义之日,何必京堂哉?"单骑就道。时山东旱荒,先生建议平粜缓征,全活者以万计。创冬生院以恤残疾。境内泰山,海内香火云集,奸民伪为山神搜盘,摄人财物。先生发觉其奸,狂诞顿息。

庚寅,升山西按察使。辛卯,升陕西右布政使。壬辰,升巡抚山西右佥都御史。先生谓吏治无良,未有不自大吏始者。凡事皆自责自任,馈遗赎羡尽杜绝之。知天下将多事,更严边防,养将材,募勇略,造战具,严马政,密间谍,计军费。所辖边垣延袤千里,经理画然,具有成绩,朝廷倚以为重。

癸巳,擢晋都察院左佥都御史,协理院事。明年甲午,升刑部右侍郎,寻转左。在京四年,与董范之议,朝鲜之议,石门之议,坚守一说,屹屹不少动。是时,天下多故,国是日非,灾异叠见。先生草《忧危疏》数千言上之,恶之者中以奇祸,举朝为危。先生不辩,引疾乞休。

家居,遇邑疾苦,辄身任之。如修城力主其议,地亩、钱粮、差徭多所调停,邑人至今赖之。

福清当国,尝荐于上。都门相知,嘱令致谢。先生曰:"宰相为国荐人,公也,若致谢,是以谢为求矣。"竟不应。权珰某赍书帛至,先生曰:"大臣交结内侍,律有明禁,况素未识面乎!"原函付回,其守正不阿类如此。

林居四十年,自奉俭约,不置生产,惟日与门弟子讲论不辍。有负笈自千里而来者,称沙随夫子云。

先生尝谓:"六经简易明切,诸儒因之聚讼而裂道,深文而晦道,拘泥而隘道,遂失其旨。六经者,天地万物之史;天地万物者,六经之案也，而总寄之圣人。圣人之心，道之府也；圣人之身，道之舆也；圣人之言，道之钥也。天地以道铸圣人，圣人以道铸天下。"又曰："世道任自然，圣人立世教而约之以当。然礼法者，维持世教之善物也。国之存亡，民之死生，于是乎系巢由。披卷佛老庄列，决礼法之防而溃之。近有念不及民物，学不本诚敬，心不存惕励忧勤，拾瞿昙余唾，开方便法门，以自适其猖狂恣睢之意。薄庸言庸行为土苴，视三百三千为桎梏。世道名教，荡无畛域。宜自吾儒经史外，诸清奇高远，窈冥支诞之言，悉付诸火。"作《道脉图》，又曰："一身罪过都是我心承当，五官百体无罪；两间罪过都是我身承当，天地万物无罪。"作《呻吟语》。尝推"理欲生长极至"之说以警世，复为图以广之。谓凶人之与众人，其初非与圣人远也。潜滋已久，不觉自移，故舜、跖只争一念。

年八十三卒于家，临终作《返挽歌》自饯，自撰墓志铭。自述性直不委婉，严毅少温燠，居官持法而情凉，居家义胜而恩薄。当事过激，涵养功疏，奉先人"天理"二字于膺堂，不敢失坠。遗命勿用风水阴阳家言。所著有《家礼翼》、《家礼疑》、《去伪斋集》、《闺范》、《实政录》、《交泰韵》等书。赠刑部尚书，赐祭葬。

汤斌曰：余居近先生之里，见其邑之城郭井野、里甲赋役之法，与夫冠昏丧祭、宴飨丰约之仪，皆先生手定，数十年无敢改易者。儿童妇女，至今犹称吕夫子也。其《实政录》所载，如乡约保甲、义仓社学、编审丈量、养老字幼，种种俱有成规，周详通变而无繁琐难行之患。余潼、虔之政，实奉先生为师。至《呻吟语》，性命理欲之辨，天道人事之宜，言之痛切，令人读之如冷水浇背，真体用兼备之儒也。其子孙守其遗教，周旋步履，俱有常度。居官清白，能世其家。先生之学，真非可以声音笑貌为之者矣，余每过宁陵，必瞻拜先生之祠，低徊留连不能去也。

杨晋庵先生　东明　附**杨述复**涧

先生名东明,字启昧,号晋庵,虞城人。

万历庚辰进士。授中书舍人,考选礼科给事中。神庙静摄深宫,君臣暌隔。先生具保安圣躬一疏,又请立东宫,又请预教太子,并留中。又请崇重《孝经》,论劾枢臣,疏凡数十上。转刑部。万历三十年河决,大祲,齐梁淮徐间数千里人相食。先生绘流民图上之,神宗恻然传示两宫圣母、中宫皇后省览,遂出帑银三十万往赈,全活几千万人。巡视京营,因日久法废,军耗于占役,马疲于雇倩。切禁冒滥,营卫改观。旋掌吏科。乙未,分校礼闱,称得士。因抗疏,左迁陕西布政司照磨。光庙御极,起太常少卿,晋大理光禄卿。始建首善书院,与邹南皋、冯少墟名贤数十辈相与羽翼圣学,后转南京通政使。卒,赠刑部尚书。

所著有《性理晰疑》、《金台会语》、《山居功课》、《青琐荩言》诸书行世。

同时有杨先生涧,字湛加,一字述复,商丘人。万历壬午举人。师杨复所以正心为则。与里中孝廉王国祯以道学自励。初仕兴化县,置祭田数百亩以祀范文正公。又立讲堂,兴学课士,如大学士吴甡、大司寇解学龙,皆出其门。后知霸州,时内侍居霸者多扰害地方。先生携印抵都,谒司礼监,痛陈其状,司礼遂戒其下不得犯杨知州法,一境肃然。致仕后,霸乡老来问讯者尝数十人,涕泣不忍去。

徐涵斋先生　养相

先生名养相,字子存,号涵斋,又号近恒,睢州人。

少工举子业,研究经传,解悟疑讹。为文雄沛自得,取法先秦两汉。复潜心性理之学,曰:"为学不宗濂洛,非学也。"

嘉靖己酉登乡荐,丙辰成进士。筮仕余姚,时倭寇猖獗,创建南城,民免锋镝。表章阳明之学,与多士朝夕讲习,三年兴起甚众。转兵部车驾司主事。以守正不阿忤时相,罢归。遂以明道淑人为己任,日聚生徒讲解经书性理,辨晰几微,穷极渊奥,远近从学者常数百人。驼冈锦水之间比屋弦诵也。

平生事亲极孝,父病,侍汤药寝食,栉沐俱废。治丧一遵古礼,不用浮屠,不宴吊客,缙绅家多取法焉。弟养大,进士,早殁,抚其遗孤成立。万历丙申卒,年七十六。所著有《四书说略》、《〈礼经〉辑览》、《近恒文集》,藏于家。

汤斌曰:先生孝友笃行,孚于门外。平生以讲学为事。余少,见乡之前辈传先生绪言,盖得阳明之心传者也。当令余姚时,去阳明卒未久,伪学之禁尚严。先生独聚诸生于讲院,阐明阳明之学,以此忤当道意,中蜚语罢归。家居开讲,生徒来者至堂不能容,盖数十年所未有也。

王惺所先生　以悟

先生名以悟,字惺所,陕州人。万历甲辰进士。授邢台令,升兵部主事，历官山西参政。

先生童时闻孟云浦之贤，即裹粮求为弟子，诚苦备至。既而引见西川，喜谓得人，称之曰："王生其貌曰休休耳，其气曰充充耳，其心曰空空耳。"既成进士。淡泊若寒素。在邢台，刻《复古》、《谕俗》、《谕士》诸约。适邢大饥，条上利病二十事，设厂煮粥。虽穷乡山坡，必躬亲严稽，民沾实惠。或置绵衣，或以俸钱代赎鬻妻子者。举卓异，擢兵曹，感时事，请罢内市。严禁卫，杜异端，皆关切大政，不报。时有阙门殴御史者，具疏论遣。置鼎新会，与士大夫论学。出参山西政，萧然行李，单车就道。

甫三月即告归。与张抱初、张春宇、吕豫石诸人，倡明师说于正学书院。嗣会于分陕龙兴寺，又会于甘裳，学者如归。其言曰："自道学不明，世往往薄躬行为无奇。其上者溺情训诂，藉口翼道；下者以文人援悬虚要妙之说，自列于儒林。此皆吾道之蠹耳。夫躬行岂易言哉？终身体之不能尽，尧舜之犹病，文之望道未见孔子之何？有未能，皆学不能尽处。"又与张抱初论学，诗云："自昔由来说克艰，立心只在危微间。男儿事业参天地，合下先须透此关。"又云："终日纷纷何所求，几人知向此中修？孩提一念通天地，翻弃宝山学比丘。"尝曰："须回顾此担子如何担，究竟如何结果。岁月不多，恐碌碌过去。"

分校顺天乡试，鹿忠节善继出其门。

张洗心先生　信民　附**申子渊**志深

先生名信民，字孚著，渑池人。因读《易》至"洗心藏密"语有契，遂自号洗心。

童时向慕月川，言动奉以为程。闻新安孟云浦倡道函关，往从之，毅然以斯道为己任。以明经知陇西，士鲜知学。为建社学，刻《洛西三先生要言》《训蒙要纂》等书，启迪多士。任事不避权贵，谪检校。与冯少墟商订学问，日夜匪懈。归田后，秦晋及汝颍睢阳之士，云拥川至，室不能容。台使者李日宣请主韶阳，会过其庐，恨相见之晚。建正学书院，日与王惺所、张泰宇、孟宇键、吕豫石诸公讲《太极》《周易》。天启之季，学遭历禁，就小东山下建静室，养晦其中。

崇祯初，抚按交辟，结洛社，发明致中和之义，且疏请为太学师。所著：《日抄》《理学汇粹剖疑》《讲学会解》《月川年谱》《训蒙要纂》《四礼述》《一嚎录》《仰止稿》《洗心录》行世。

申志深，字子渊，延津人。岁贡，攻苦力学，坐卧一室者四十年。绳床木几，当手足处，皆痕深寸许。著有《时习语录》一卷。

子，如埙。万历乙酉乡试。能世其学，尝慕伯玉寡过未能之意。有《望蘧谭》一卷。孙，绍芳，拔贡。性孝友，重行谊，间党无间言。著《资治说约》数万言，孙征君为序以表著之。万侍御泰有传。

贺景瞻先生　仲轼

先生名仲轼，字养敬，一字景瞻，获嘉人。少近痴，嗜读书，无他好，远色茹淡。

万历癸卯举于乡，庚戌成进士，知礼泉县。俗刁悍，里胥作奸，先生力清诸弊。以外艰归，服阕，补青浦。青浦冠绅之薮，书牍无虚日。先生誓不以法假人，监司台使者至，不浚民膏以饬厨传。士子季有考，月有课。漕粟官民屯悉贮于仓，粟杂糅责在民，加耗抑勒责在军，军民两得其平。修海忠介祠，为文以见志。

升刑部主事，具疏奏父凤山先生之冤。先是凤山先生为缮部郎，经营乾清、坤宁两宫，力塞漏卮，杜绝请托，为忌者中以考功法。先生奏辨得旨，公论以明。升本部郎中，汤道衡以诬逮讯，先生具疏申救，道衡得释。出为镇江知府。丹阳姜志礼以忤珰罢归，一日部札下郡，为冢宰赵南星狱辞，札尾书"姜志礼"三字。巡抚行提勘，先生曰："志礼为四品京卿，不奉旨谁敢擅提？"巡抚厉色曰："不行提，必得罪。"先生曰："固知得罪，然不敢辞。若今日奉时局，异日以擅提京卿责状，将何辞对？择祸莫若正。"巡抚无以难也。

丁卯，升陕西西宁道副使。因珰私人劾奏镌级，遂拂衣归。癸酉，起补武德兵备，杜馈遗，绝竿牍。所属营卫，励精操练。严沙汰，利器械，信赏罚，清占役。以其清汰余粮银，为买马置火药，后敌薄城所赖以制御者，即先生所备也。御史袁化中与杨左诸公同死珰祸，先生捐俸葬之。丁继母忧，归。

甲申二月，寇氛横逼，所在纳款，先生抚心太息曰："人臣大节难亏，读书贵有实用。"伪官到县，先生欲詈贼死，侄行素曰："伯父无官守，可不死。不如诣阙直陈，死君父前。"先生恐路梗不能达，死小盗手无益。伪官要先生入城，先生大怒曰："贼敢见我乎？"谓弟侄曰："道二，仁与不仁而已矣。出此入彼，再无中立。一生功力，视此一日。吾家自先典膳公以来，世受国恩。国家一旦有急，不以死报，何以对吾皇？何以见吾祖考？况河北千里名区，岂可无一殉义之臣乎？妻恭人王氏，妾李氏、张氏、王氏余不忍手刃。有愿从死者随吾入墓，不愿者吾亦不强也。"即登楼取酒，与弟侄辈饮。弟侄出，即扃户自尽。妻王氏、妾三人俱相随以次缢于梁间。是日天忽昼晦，烈风折木发屋，人以为忠愤所感云。

先生孝友忠义，本于天性。生平学问，于《春秋》为多。作《《春秋〉归义》，悉破诸儒牵强迁就之例，以求合先圣笔削之心。首严春王正月之辨，而于弑君篡国，中外名分，考据详核，辨驳明切。后之君子有志《春秋》者，不能不取衷也。又有《柏园初草》、《冬官纪事》、《八卦》等集，共八十余卷。议论多出独见，不依傍前人，亦不存道学名目，真近代豪杰之士云。

吕忠节先生 维祺

先生名维祺，字介孺，号豫石，河南新安人。父孔学有隐德，以孝旌。

先生为诸生时，即毅然以圣贤自任。登万历癸丑进士，授兖州推官，以孝弟感民，民为之化。擢吏部郎，谢馈遗，绝嘱托。冢宰某为给事所弹，公在考功，复奏不徇冢宰意，冢宰大怒。公曰："不公安足服中外？口可钳耶？不如是，有挂冠神武门去耳！"冢宰寻亦悔，谢曰："我过矣！"房师魏南乐倚珰执政，求迁弟某官，先生持不可，曰："吾讵不知师之介弟欤？朝廷之制，吾不敢私也。"当熹宗初正位，人心弗定，诸阉导之幸小南城。卤簿已出，先生先请见于慈庆宫门，约省台抗疏，调护圣躬，近侍不得干预政事，防微杜渐，不可一步轻动。

旋予假省亲，八年家居，立芝泉书院，修明濂洛之学。时天下方以讲学为讳，先生与邹南皋、冯少墟、曹贞予往来讲论不辍。河南会城建魏珰祠，公以书诃诸绅曰："须髯丈夫，岂可效阴狐，令士气凋丧耶？"

甲子，推考功郎，魏珰矫旨另用。烈宗御极，起尚宝卿，转太常，上保泰防微八事。授南户部侍郎，清核侵冒以百万计。任五年,余饷可支三年,庚实不苦竭。授南兵部尚书,汰冗登勇,兵实不滥。复群多士,立丰芑大社,讲明正学,未几,以父病乞归。

集郡士立伊洛社,以守先待后自责。与王惺所、张泰宇、李虚斋、王文苑、孟守键、许松麓、刘澄远诸人,大会于正学书院,讲太极《周易》,发明致中和之义。尝述象山之言:"人不可以无学,犹鱼不可以无水。赋人之形而不求尽乎人之道,虚生浪死,其在富贵者,适足以播恶遗臭。"

戊寅,流寇诡抚当事者议安置河汝,人心汹汹如沸,维祺力为挽止。冬十二月,贼势猖獗,侵窥河洛。率家人分守北城,缒家丁杀十余贼。次日西城忽溃,诸子以无守土责为言。维祺曰:"受国深恩,与城存亡,义无可逃。况读圣贤书,所学何事?"贼至被执,曰:"非吕尚书耶?稔知公善,当谋出。"维祺艴然,贼遂掖出城门。贼渠曰:"吕尚书今日请兵,明日议剿,何逼人太甚?"维祺厉声骂曰:"恨无兵马杀汝狗彘,事至此止有一死。"时福藩已被贼缚,公顾之曰:"纲常为重,万万不可跪贼!"贼令之降,先生曰:"世宁有屈降吕尚书哉?"北向拜阙曰:"圣恩未报,臣心已竭。"西向拜父母,从容就刃而死。

维祺尝言:"一生精神结聚在《孝经》,二十年潜玩躬行,未尝少怠。每论孔曾相传得力于战兢十二字,故曾子易箦示门人曰:'吾知免,夫非谓免于毁伤,盖战兢之心死而后已。'"尝疏进《孝经》,请颁学宫。所著有《〈孝经〉本义》、《或问大全》、《存古篇》、《明德堂集》、《奏疏音韵》、《日月灯》行世。

汤斌曰:吕明德先生之《孝经大全》,贺景瞻先生之《春秋归义》,张湛虚先生之《〈易经〉增注》,俱有功圣经,可颁置学宫。

刘湛六先生 理顺

先生名理顺，字复礼，一字湛六，杞县人。幼孤，奉母至孝。稍失意，辄啼泣，母悦乃已。事兄如严父。弱冠举于乡，久之不第。以风教人伦为己任，恬淡自持而常病，语人曰："学贵绝欲，吾生平困于病，然其所得，卒亦不出此也。"

崇祯甲戌成进士，为廷试第一人。庄烈愍皇帝喜甚，顾左右曰："朕今日自擢得一德行耆老。"盖以先生历十试，且策语多危论也。授修撰，司起居注，管理六曹章奏。纂修《大明会典》，先生皆与焉。继为经筵讲官，开陈详切，上每嘉纳之。太子出学，复选任焉。尝入侍东朝，一宫僚以体丰滞几间，太子忽笑，众皆笑。先生挺立端视，丰采隐然，太子笑为顿止，上闻愈益眷之矣。

兵部尚书杨嗣昌议夺情，忽中旨内用，中外骇然，相继论劾。嗣昌力诋言者，曰："君纲在父纲上。战国分裂，谊固可逃，天下一家，无可逃也。"先生深疾之，继而易吉入阁，先生大痛，即归草疏曰："陛下立贤无方，辅臣自处失宜。嗣昌果有嘉谋，即在兵部，尽可入告。如刘大夏戴珊故事，以俟服阕入侍未晚，岂有政本之地，先忘其亲乎？且嗣昌只宜引罪，岂宜罪人？君纲父纲之论，悖道极矣。嗣昌殆病狂丧心者耳。"嗣昌见其草，深衔之。已而馆中皆谒贺，先生又不往，复向所亲曰："文弱不能灭贼，可谓进退失据矣！"于是，嗣昌大怒，嗾忌者夺其讲席。转展书先生，不起。

久之，上念其名，遂畀经筵兼知制诰。其在制诰也，虽撰予不一，率皆端士劳臣，鼓忠褒勤之词。至于宦官恩幸，为上所宠注者，终不得邀其一语。故每当其视草竞相诩曰："此刘公语也。"持之以为荣。

是时闯寇蹂躏中原，先生习知寇形，且以诸将无办寇志，不过犘金钱，集都门，分贿权贵，为蔽隐计。而秉铨司枢职封驳者，亦凭是为予夺奖劾。感愤隐忧，义形于色。每于众中论天下大势，以为积薪厝火，祸将不救。汴围急，复议援剿之策，请分屯河北，抚练死士，如李抱真泽潞故事，以图恢复。当事率以为狂，不能用也。继而贼破潼关，入三秦，先生叹曰："事去矣！"遂遣其长子归，留妻妾处京师，自分必死。甲申三月，贼薄都城。先生括所藏得百五十金，送城上犒守者。翼日黎明入朝，欲请上发帑金募死士为背城计。抵长安门，警卫散落，觐班寂然，遇一宦者曰："大家已不知所在，尚欲谁谒也？"是时，城中贼骑已充斥矣。还至寓，有门生来谒，请所向，先生曰："既及吾门，须辨一'忠'字。"客去，送之如平日仪。归，杜门具袍笏，北面再拜。起，书一纸曰："成仁取义，孔孟所传。文信践之，吾何不然？既占科名，岂敢苟全？三忠祠内，无愧前贤。"笔势端劲，无异暇时。写已，正冠自尽。妻万氏，妾李氏皆死。甲申谥文正。

国朝改谥文烈，与祭田，春秋致祭。先生生平学问，以诚为主。一言一动，必准于礼。造次颠沛，未尝偶违。亲戚子弟无少长，每见必正容揖让。即密友，终未见其嬉笑燕惰之色。人有过，必婉曲导之，请改方已。有贫困疾病濒于死者，设法救济，保全人骨肉伦理者甚众。至遇时事有阙，则痛哭流涕，披露肝膈，虽触嫌犯危，弗恤也。卒至国变，从容殉节以死，非诚之所积而能然乎。所著有文集十二卷行世。

王获嘉先生 慕祥

先生名慕祥,字承休,睢州人。原籍获嘉,故因以为号云。

性至孝,八岁母病,昼夜执爂侍药饵,经月不懈。母怜其幼,令之睡,乃屏息假寐。母微动,辄觉。励志读书,以大儒自期。二十四岁始入郡庠,端庄凝重,履绳蹈矩,对妻孥如宾客。以移风易俗为己任,于北城设坛一,南城设坛二,集里中子弟讲《孝经》、《小学》,风雨寒暑不愆期。又立质对会,取质人对神之义。凡存心行事,朔望条书一疏,相率焚于神前。纂《释圣训》五册,宪使通行各属,令老儒朔望登讲。游其门者百余人,严立课程,先德行而后文艺,稍轶即严诃之。人所行非义,有潜自改悔者曰:"虑为王先生知也。"后生子弟嬉戏,见先生来,至有逾垣避者。金忠节公父显名,为郡学博,忠节建言削籍。省亲至郡,见先生叹曰:"伊川之流也!"令其诸弟皆从学焉。

所著有《艮明山房文集》、《闻见录》诸书,皆根极理道,颇多发明云。

洛学之编,盖先文正公承征君孙钟元先生命也,初刊于崇明令王公廷灿。崇明盖先文正公门人也。携其板以归,故家藏廖廖。每名公巨卿、文人学士觅读维艰。余小子,因踵崇明旧本,倩诸同人,重加校阅梓行,俾无鱼鲁豕亥之讹尔。

乾隆元年丙辰秋七月,曾孙定祥谨识。

第五编 补遗

奏　疏

酌留站银疏

该臣看得江苏等八府州属驿站项下恩诏案内复给二分钱粮，先准部复，通行照安徽议裁之处查明具题，行据各属，咸以下江驿递繁冲，万难裁减，纷纷详吁。

臣以部文通行议裁，且上江下江同为一省，岂得独异？用是仰体樽节至意，议照安属裁减具题，然留六银两，诚难足用。今据布政使章钦文、驿传道佥事范永茂具详前来，臣反复踌躇，不敢过执前说，以误邮传。窃以江、苏、常、镇、淮、扬各府州属，实为南北咽喉，九省通衢，与安徽虽同为一省，而冲僻较若天壤。臣自议裁之后，随有荒缺蠲停，就近拨补之请，盖亦从万难措置中聊为补救冲驿之计，部复未允，则别无调剂驿困之法。司邮之官恐致马毙夫逃，公务废阻，纷纷控吁，殆无虚日。况山东、河南驿站复给钱粮，俱奉免裁。臣属之水陆交冲较他省实难并论，若不据实上陈，倘致贻误急差，为罪非细，仰恳皇上俯鉴。

臣属驿站较安徽繁简实属悬绝，准将极冲各驿恩诏案内复给银两，照数仍留。其次冲、稍冲僻处原复银一万一千九百六两二钱，自康熙二十四年十月初七日奉旨之日为始，扣算截裁，康熙二十五年以后照数充饷，庶节省冗费之意，与调剂驿困之法并行而不悖矣。

山平堂藏版《汤子遗书》卷三

辞辅导本稿

六月二十日：礼部尚书、管詹事府詹事汤斌、詹事府少詹事兼翰林院侍讲学士耿介，奏为圣主谕教精详，青宫睿学尽善，辅导重任万难冒昧忝窃事。

恭惟皇上声律身度，一言一动，皆足垂法万世，至谕教之善，尤为亘古未有。顷奉旨选择辅导，九卿博采内外，无敢应命。诚以任大责重，未易漫举。臣等在诸臣中尤属至愚极陋，无足比数，乃蒙圣恩及之，闻命惊惶不知所措。数日以来，躬侍皇太子左右，仰见睿学渊深，自强不息。四书诸经，任举一篇，无不阐发精微，表里贯彻。即下及书法之细，亦皆精妙。虽英敏性成，犹竟日诵读不辍。而视听言动，静正端庄，溽暑之中，曾无惰容。此皆臣等躬亲仪范，益仰我皇上谕教之善，实宗社万年无疆之庆，臣等惟有欢忭踊跃而已。若以臣等愚陋疏拙之人，冒辅导至大之任，罪戾深重，一刻难容。况臣等年力衰迈，言动轻率，愆过多端，难逃圣鉴。倘有疏忽，臣等一身冒罪所关犹小，而有负皇上生成深恩，所关实大也。

臣等万万不敢忝窃，谨死陈情，伏乞皇上俯察愚忱，收回成命，以安臣分，臣等不胜惶悚战栗之至，为此具本谨具奏闻。

摘自耿介《敬恕堂存稿》卷九

语 录 类

语　　录①

圣人何尝废学？然缉熙敬止，非矜持也。由义而行，非行义也。思而无思，为而无为，是之谓圣学。

不曾去根本上理会，胸中浅狭，才有一功一善，便无安着处，虽强遏抑，终止不住。

君子处世不可使有咎，并不可使有誉，然却非是愦愦过日子。

《易》言"由来者渐"。在周子谓之几，在张子谓之豫。

夫子三十而立。《易》云"敬义立"。"立"字难认，人心被许多人欲牵扯，便立脚不住。须是人欲旁引他不得，移动他不得，是之谓立。

人当以礼义自胜，不当以血气胜人。内自讼斯得之矣。

潜括是乾坤妙用。

心之不正，非独有些苟且。凡急躁不宁耐亦是。

无竞事而犹有竞心，亦非也。竞心之忘即为道心之正，争心于是乎绝。

君子出处全以道义自主持，命固不足道也。

人生涉世尽履危机。以和处之，则情相洽；以礼持之，则分相安，庸何伤？

和悦中仍不失刚强，有无限妙处。人能知此，足消磨天下之客气，而天下无难处之人矣。

人有雅素之守，然后志不矜，行不污。此学者出门第一步。

果中有核曰仁，仁具生生不已之妙。故仁全而天地人之道归焉矣。

圣人教人求仁，只是要人不坏心术。狂狷是不坏心术的，乡愿是坏尽心术的。

毋意毋必，毋固毋我，是为道心，着一念即为人心。存心养性，修身以俟，斯为立命。纷一念即堕岩墙。

人之心只要得其所主，不以动而移，不以人而隔，最初一念动以天，不杂以人。

与物以实理者天，全物之实理者圣人。

人事外岂复有天，不尽人事便是违天。

君子慎德，积小以高。大盖不忽乎小，正以养大，本大原也。

治心妙方无过一淡，种种受用都在淡中讨出来。

人心公则一，私则殊。

朱子曰："提空名以向道，而其实无以自拔于流俗之所为，则亦君子所不取也。"余深有味乎其言。

脚跟竖立不定，总由自己放倒，不干他人事。

人岂有甘心为恶者？只为善不力，便渐渐到甘心为恶上去。

"无欲"二字是一了百了工夫，然须从寡欲入手。

人之所欲，莫甚于衽席，莫甚于货利。一顺其欲，而害随之矣。

请问学《庸》宗旨，先生曰："《大学》工夫约于诚意，诚意之极为至善。《中庸》工夫约于诚身，诚身之极为至诚。未有不正其学术而能正人心者也。"

凡学问到透彻处，其言自都近情。

圣贤极平常语，若不曾在人情物理事变上做过工夫，便信不及。

必平居穷理明义，使中有定见而力足以守之，然后出而涉世应物，庶几不失其正。

文章与事业大抵皆气之所为。气得其养则发而为言，成为文章，皆充然而有余，措而为行形，为事业，亦毅然而不可夺。

能不为利害生死所移易，然后能断然于取舍得失之际。

刘忠宣公曰："居官以正己为先。"我生平奉此语为标准。

君亲分上，苟吾力之所及，无弗为也。若可以为而不为，便于忠孝之道未尽。

事之成否存乎天，惟尽吾力之所得为者而已。

处事未必合宜，此心必有惄然不安处。此不安处便是天理，便是良知。若心入于邪僻，肆然无不安之处，遂成其为无忌惮之小人。

愚者必贪，贪者必愚。

以谲尝者格以诚，以大投者化以小，以急授者持以缓，以气凌者驯以和，以动迫者镇以静，然非平日有养不能。

偌大世界，全赖三纲五常为之撑柱。除三纲五常外，别无道理。不从三纲五常上整顿，别无治法。

人臣欲行其志，全不可炫才使气，惟敬畏可以格君心。

立言行事，虽有异于庸人，而其心窃有所私，虽义亦利。

作事之舛误多由于意气之未平。意气之未平，每起于存心之不恕。《大学》"絜矩之道"，即恕之道也。

君子小人之介，辨之于暗然、的然。彼的然者必有喧赫动人处，而反目之为小人。若暗然者，不过循其日用常行，而共信之为君子。可知笃志潜修，躬行实践，与立异矫情以干誉者本来原自迥别，故究竟终必殊途。

用柔媚货财以邀非义之荣，及其败也，必有奇耻。

或云衡文以收罗名士为要。先生曰："使暗中摸索而得，则主司与名士共信文章有灵，宁不彼此两荣？若有意求之，恐非朝廷命遣衡文之意，爱名士何如尊朝廷也？"

人之家业未有不勤成而侈废者。吴俗好侈，坏在这几只酒船上。竞胜嬉游，已足废业，而又加以祀神之费，画船箫鼓，无一日休，此吴俗之大蠹也。

先生初抚吴时，每月放告。后于十有八日许士民赴台条陈。余曰："此先生下择刍荛之虚怀，但有学有识有品之人，岂肯轻至公庭？恐赴台陈说者未必尽正人，不无假公济私之弊。"先生曰："我借此以周知此地民情土俗耳。其言之或公或私，或当或否，自须具眼辨别。平日无穷理工夫，鲜有不为所眩惑者，所虑诚是也。"

问："从来官长告谕，未尝不谆谆严切，而吏民皆视为具文。独奉先生告谕，咸觉厘然有动于中，凛凛不敢犯。且有互相诵述，诫以勿违，勉以必遵者，何以感乎群心若是？"先生曰："我亦不知官役士民果遵信悦从否。但从来官长告谕，原未曾询察民俗之宜，参酌事情之当，第用主文旧本套话，写来张挂，本是涂饰耳目之具，安望令行禁止？我之意不开多事之门，不行寡恩之事，审利害之重轻，为兴除之缓急，示不轻发，发则必行，如是而已。昔人云：为治不在多言。须识此意。"

先生从案牍中见寒家被窃，严批勒限获贼。余进谢，因曰："物已失，如甑已破，何敢望获贼追赃？但失窃频闻，闾阎殊未安枕，小民畏累，不敢报官，故未尽上达耳。然获盗不如弭盗，弭盗之方惟有保甲。昔王文成行之而效，近于制台认真行之，民间叨二载安宁之福。今只求饬行保甲，便是地方之幸。"先生曰："我任潼关时，亦曾行保甲而效，及履任江南，闻前此于北山力行保甲，贵乡缙绅颇不以为然。曾请教汪钝翁，钝翁亦云不必行。故条约已具，未经颁布。""毕竟江南地方应行保甲否？"对曰："保甲何地不宜？钝翁从未做外官，故不知保甲有益耳。"先生乃颁布条约，务期力行，旋以内召去任而止。

> 炳最迂拙，荷先生引为同志，目为老友，得与闻反身修己工夫，希圣希贤宗旨服膺有日。昆陵拜别，相订候先生宦成而归，当负笈从游，备洒扫于门下。孰意山颓木坏，不果所愿。追忆训辞，仅存铭心不忘者凡五十二条，其追忆不真不全者宁阙焉。
>
> 平江蔡方炳识

小人不可与作缘。此须留意，一失身于匪类，后虽欲自拔不可得。《易传》云："君子以远小人，不恶而严。"极当体贴待之。恶则君子必为小人所嫉，而多所中伤；严则小人自不能近，故不恶又须严也。

问："《周礼》是周公书否？"先生曰："当出自周公，但未见施行耳。其中大经大法委曲而详尽，非圣人不能作。《冬官②》缺者，盖经秦火之后失传耳。或公偶未完，不必以《考工记》补之。"

观礼仪，便见一举一动莫非天理之流行。

程朱教人主敬，真是彻上彻下。如《孝经》一书，只能敬其身才是孝，服劳奉养，显亲扬名，岂不足为孝？然必以立身为本，若亏体辱亲，虽日奉三牲之养何益？《孝经》中"如临深渊，如履薄冰"，"不敢慢"，"不敢恶"，兢兢业业，何等敬身！此是大本大源学问。

从古圣贤煞有手段，得志行道，便雷厉风行，不是一味退弱。看《大学》《平天下》章可见。

自幼读了四书，如今阅历久之，觉得一句一字不可移易。

"不畜聚敛之臣",看上文"畜马乘,不畜牛羊",下一"畜"字,圣贤分明把聚敛之臣以异类待之。

读书只管多,读则文义自显。苏子瞻曰:"好书不厌千回读,熟诵深思旨自知。"熟读深思是读书要法。子瞻读《汉书》做数次看,亦是此法。看其作文甚飘逸,然一生文字却从班椽来。

此道不在多言,惟时时刻刻将先圣先贤言语反复寻绎,一一体会上身来,久久得一贯通处是真主脑。先圣先贤无间言语,句句是要义,只被千百年来皮肤训诂埋没,令圣贤垂世立教,字字从诚意中发出来的,都晦昧不得显现,亦散漫不得归一。所以学者靠不得书册,却离不得书册;离不得师友,亦靠不得师友。惟得之难,此理始真为我有,故圣人循循善诱也。观夫子之告曾子与告子贡一贯者,可识其旨矣。

天地何时不生才？虽衰晚亦有之,顾用之何如耳。明季如卢九台、孙白谷、蔡云怡都是有用之材,万吉人亦不易得。

一代文有一代习气,必有大力者方能挽回。如唐之昌黎、宋之庐陵,方能独辟风气。元文平庸,姚牧庵亦好,然不耐寻绎。戴剡源清幽,能不为时所转。明初宋文宪公是开代手,然有平弱处。方正学起手气势雄劲,读至后幅每不称。王文成不以古文名家,然只是理足而法自备,不易及也。震川味淡而旨永,似胜荆川、遵岩。荆川常极力摹画,得之震川,如无意为文,而自然入妙。如黥、彭、樊、郦一般,都是名将,到韩淮阴便出奇无穷,多多益善。看他胸中,便再有个项羽亦能灭的手段。今有千钧之石于此,一人竭尽气力而后举之,一人从容轻举,如转环弄丸,无他,力大故也。

人好声气亦是病,将来仕途最难自立脚。

躬行固难,只是行得一寸是一寸,积累将去。

曾见某人言学,好奇怪,心疑其伪。后出来做事业,颇狼狈,以其心术不光明也。所以学问在心上做,终是不错。

仁、智、勇三者缺一不可。看甚事到面前,四方八面,都要看得玲珑透彻,毅然行将去。一味仁柔,亦不济事。

辟阳明者,除非敢辟孟子。

> 佳性鲁钝,每有所闻,精义微言,过辄易忘。今岁侍函丈,蒙指诲者略为札记,庶可反复玩味,有益身心,或不堕为小人之归耳。日久成帙,名曰《师说》。
>
> 丙寅春日　沈佳记

校记

① 以上由蔡方炳、沈佳、孙绎武、高菖生等人所集六十五条语录,载山平堂本《汤子遗书》内,本祠堂本未收入,故补入。

② "官"原文为"宫"字,正之。

东林讲学录①

先生内召北上,于康熙丙寅四月十七日道经锡山,至东林书院。先谒道南祠,旋登讲堂拜,燕居庙坐,再得草庐侍讲诸生。首讲《大哉圣人之道》一章,次讲《尚书》全部大旨。讲毕,先生乃徐申其说曰:

主敬一心,信是千古道学之要。自帝王、师、相而下至于庶人,学以修身为本,即当以钦敬为心。如今日一堂上下,卑以承尊,幼以从长,总是尊贤取友大道中人,总关切于学问大事。出则事君,入则事亲,始基在此。所以古人希圣希天,必先从师问道,莫不原于主敬也。

但今人视从师问道为梯荣之途,往往借誉门墙,不求实益,此则于圣人之道分毫无得矣。即如顷间所讲"大哉"一章，开口说个"圣人之道"，可见发育峻极都是圣人力量实实到此境界，可见三百三千都是圣人精神实实贯彻其中。所以，大而天地清宁，山川奠定，细而草木咸若，蠢动舍生，其时主张造化统备三才者，圣人实实有功。若没有圣人，将不成世界矣。考之唐虞三代，何以治而不乱？何以盛而不衰？崇恃有圣人耳。故曰待其人而后行。其人者，至德之人也。必有至德，才得凝聚至道，乃知上为天地立心，下为生民立命，惟赖有圣人。苟非圣人，则德不至，道不凝，天地万物将何所恃哉？

然而圣人虽不能世出，至道不可一日而息也。孟子有云："人皆可以为尧舜。"盖缘人性皆善，故各有大道之责，有志者起而修德凝道，可不勉乎？是在君子。君子者，所以继往圣开末学也。惟圣人德性广大高明，故而且厚，此道之所以大而无外也。故君子尊之，则必致广大极高明，温故敦厚，以完吾大而无外之力量。惟圣人问学精微中庸，新而有礼，此道之所以小而无间也。故君子道之，则必尽精微道中庸，知新崇礼，以全吾小而无间之精神。如此，则内圣外王之道一身具备，以此居上则不骄，为下者亦自谓之不倍。

要晓得不骄不倍，都是圣人地位的事。必如后章王天下者，考诸三王而不谬，建诸天地而不悖，以至鬼神无疑，百世不惑，如尧、舜、禹、汤、文、武，才是个真能不骄。必如后章不好自用，不好自专，不敢作礼乐，吾从周如孔子，圣人终其身只自尽其为下之道，才是个真能不倍。

由是而遇无道，则言以显其道，典谟训诰，见诸治功，是足兴也；由是而遇无道，则默以藏其身，如文王、箕子，养晦以自全。孔子固穷，学《易》无大过，是只容也。足兴足容，功用甚大，何故？但引《烝民篇》"明哲保身"两言以结之,须知保身不止,知几免祸而已。要见得此身原是尧、舜、禹、汤、文、武、周、孔之身,非等凡民躯壳,自然不敢不保护。果能位育参赞,功在两间,便是天之肖子;或小心敬天,挽回气运,亦是天之功臣,此乃所谓明哲之君子也。盖从修德凝道得来,所由时行时止,主持宇宙者也。意在推重仲尼,莫看小了,原与洋洋优优道理相配,方是能保也。大凡经书同是一理,参得透彻,则左之右之逢其原矣。即今日讲论,可以类推。

东林后学孙绎武、高蒿生同录

校记

① 本篇收入山平堂本《汤子遗书》内,本祠堂本未收入。原文无标题,题目为辑校者所加。

困 学 录

汤潜庵先生《志学会约》,曩由松江闻教授呈本刊以遍给诸生。兹检先生遗书原本,后无日记条规,未知闻教授所据何本?其节录文概从略,后引吕叔简语亦未标明。因取原本付苏州书局重刊,不加增减,以存其旧。

后缀《困学录》一册,系先生读书札记,语皆志学者所当循览也。

先生倡明理学,恪宗程朱,于金溪、姚江之学兼有取焉。所著《语录》,持论平正,约而可循。盖实能以躬行征讲学而力去夫形体之私者,以黜浮华而惩怠弃,洵有功名教哉!吴中为先生旧治,相传政事卓卓在人耳目间。其所设施,皆以正人心端风俗为务,足见学术之有本矣。学者读先生之书闻风兴起,由志学以希贤圣,下学上达,日进无疆,所当与同志共勉之。

光绪四年九月，长乐后学林天龄题于金阊试院景范堂之东室

学者莫要于存诚。

为学莫先义利之辨。

立志便要为圣人。以第一等人让他人，而甘居第二等人者，皆无志者也。

孟子性善之说最为精微，学者须要认得真切。认得真切，工夫自不容已。人自受生以来，即有气质之性。即尧舜同一大圣，气质岂能无异？天理固是，天命气质亦非人为。天理纯然至善，气质纯驳不一，皆是与生俱生，难分先后。声色臭味固是气质，用事恰好处便是天理。恻隐、羞恶、辞让、是非，天理端倪，遇事随时发露，但如电光石火，转瞬灭没。察识扩充，必须着力。此处若轻放过，人欲遂至滋长，天理终无灭绝时，但锢蔽日深，无能发现，尧、舜尚致儆危，吾人何可自懈？

人只为有此形态，遂与天命间隔。然无此形体，则道无所寄，故君子重身以为道也。克去形体之私，以全我也。

静中观喜怒哀乐未发时，湛然虚空，方知此身内外总是一天。鸢飞鱼跃，形体毫无隔碍。

朱子曰："人者，天地之心。"此言极精。

钱启新曰："心之理便是性。"

人身之外皆天，人心之内亦天。故举念即与天通，是以君子必慎其独也。

礼乐不可斯须去身，无非为气质之性难以制伏，时时防闲，全

此天理耳。

古人制礼,揖让拜跪,至繁曲矣。即登阶入门,举足先后,俱有定式,岂过为是琐细哉?总要此心无时不存一举足之失,虽然无大关系,亦足见心之不在焉,故君子慎之也。

收心无他法,惟常提惺,才提便在此。

莫冤屈了心,心原是知善知恶的,但令本心出来用事,莫遮盖他,莫阻挠他,自然不差。

这工夫如挽逆水之舟,一息放下不得。

圣贤掀天揭地事业,总要"暗室"、"屋漏"中工夫。"暗室"、"屋漏"中有不慊于心,便与天理有亏欠,如何能做出光明俊伟事业来?亦有英雄建功立业而"屋漏"多亏欠者,虽于世未必无补,毕竟是无本之枝,转眼萎谢,反不如布衣之士后世馨香也。

对人为道义之言,"暗室"为私利之事,其盗也欤?

人为不善,最是闲居时。大庭广众应事接物,毕竟畏人指摘,言动不敢放肆。一至闲居,则弛然自肆,无复畏忌,种种邪妄念头相继而起。不知人虽不知,吾心其可欺乎?天地鬼神其可欺乎?吾心不可质天地鬼神,胸中便消沮闭藏,不待见君子而后厌然也。

人言居官事务纷杂,学道倍难。以今观之,居官时上有朝廷之功令,下有百姓之视听,心思不得不细密,精神不得不振作。一归林下,觉此身于世无责任,便易懈弛。若不倍加勤惕,散缓不可收拾,竟成天地间一废人矣。当常如天地鬼神临之在上,质之在旁,妻孥仆从皆如严宾畏友,此心庶不散失。

朋友讲习,近于好名,易生谤议。吾谓好名与否,顾此心何如?如果从名起见,究竟成一伪儒,何益之有?若实从心身性命用工夫,不与朋友讲习此理,何由得明?至于外人谤议,正可考证吾学是非。吾辈初学,自有行不掩言处,何妨任人议论,我辈亦有警醒。

若有避谤之心,此心便不可入道,即非君子暗然之学。

遇横逆之来而不怒,遭变故之起而不惊,当非常之谤而不辨,可以任大事矣。

学者志气常如朝日,孔子"发愤忘食,乐以忘忧,不知老之将至",是何如精神!今人志气昏惰,绝无精进勇猛之意,何由成得事?

五伦是人生合下具有底,圣人只是件件还他当然。的个道理,君君臣臣,父父子子,兄兄弟弟,夫夫妇妇,何曾着一毫意见?佛氏弃父母离妻子,是多少作怪。

不见己过,是心不存一。检点来喜怒哀乐,多不中节;视听言动,多不合礼。自己克治不暇,何敢责备他人?

陆子曰:"昼观诸妻子,夜卜诸梦寐,两无所愧,然后言学。"

禅家曰:"一翳在眼,空花乱坠。"此言却好,可见心上容不得一物。

吕新吾曰:"忍、激二字,是祸福关。"

动时只见发挥不尽,那里觉错?事后追思,便浑身汗下矣。只大公了便是包涵天下气象。

讲学非讲书也,讲学句句是躬行。今人以讲书为讲学,大非。

君子待小人不恶而严。从前识认不恶字,未免近于不严。自今细体贴严字,庶几成其不恶。

学者于义利之界要一刀两断,天下有大于生死者乎?认得生死如旦暮,更有何事牵恋!

人生为利,切而言之,不过怕饿死。乞儿犹有志气。人试于不义之财一毫不取,看饿死饿不死?

孔子"发愤忘食,乐以忘忧,不知老之将至",七十岁犹如朝日,觉至今精神现。

学者动静起居,虽"暗室"、"屋漏",常如天地鬼神临之在上,应事接物自然不须安排,隐显一致。否则,虽勉强矜持,终不自然,必有手忙脚乱时。

小人不可与作缘。

涵养是主人,省察是奴仆。

人真明得性善,便真知尧、舜可为。

今人刻意诗词,专精文章,焚香烹茶,鉴别古玩,自以为雅,而身心不知检点,见之事殊多糊涂,闻尧、舜可为,则惊骇不敢信,此之谓俗人,非雅也。

日与俗人处,所言惟在计较利害,打算贫富。恩怨最足坏人心术,堕人志气。

"守本分"三字最好,尧、舜事业本分外不加毫末。

遇拂逆事征声发色,皆为锻炼琢磨之助,不可草草过去。

马文忠公曰:"丈夫处世,即寿考不过百年。百年中除老稚之日,见于世者不过三十年。此三十年可使其人重于泰山,可使其人轻于鸿毛。是以君子慎之。"

人终日往来征逐,陪奉世情,何时是料理真我的①候?

凡事以义为主,不可徇人情为行止。

横逆,吾性之药石。

学者先须识仁。仁者,天地生物之心,而人所得之以生者,失此则不可以为人。仁者,以天地万物为一体,一有隔碍,便为不仁。识得此体,日用动静无非天理流行,触处皆灵,方可言不愧不怍。

《论语》首篇多信字。盖不信则事事皆假。"巧言令色",只是假,故"鲜仁"。

人自至朝至暮检点,若爱人的意思多,则生意满腔,便是上达机括;若恶人的意思多,则怒气填胸,便是堕落的机括。当恶人时,止见其人当恶,不知此心一有所着,不能消化,或至迁怒不已,胸中便昏天黑地。且将见恶,于君子矣,何暇恶人?

徇情欲而舍性命,图安逸而忘远大,无顶天立地志气,无希圣希贤学问,不足以为人也。

敬轩先生曰:"第一要有浑厚包涵从容广大之气象。"

道止在动止语默之间,身外求道远矣!

圣人一片实心。种种道理,皆从此出。

只于身心耳目,口鼻手足,动静应事接物,至今至小处看太极尤分明,不必专论于千古之上,六合之外也。然近者小者既尽,则远者大者可默识而一以贯之矣。

满天地是生物之心,满腔子是生物之心。

仁道至大,即天地生物之心也。

活泼泼地,仁之发也。

余思数日,未得其说,忽于恻然隐恤慈良之端,似可即用以窥体。有一毫忮害之心,即非仁矣。

知觉不可以训仁,所以能知觉者仁也。

仁则满腔子是恻隐之心,故有知觉。不仁则此心顽然无知觉矣。

无我,则内外合而与天为一矣。

天地以生物为心,而所生之物因各得夫天地生物之心以为心,所以人皆有不忍人之心。不忍人之心即天地生物之心,所谓元也。

充满天地皆元气流行,此仁道,所以为大也。

万物不能碍天之大,万事不能碍心之虚。

心中无一物,其大浩然无涯。

人心贵乎光明洁净。

人恻然慈良之心,即天地蔼然生物之心。

天理浩浩无穷,惟心足以管之。

心者气之灵,而理之枢也。

校记

① 此处似脱一"时"字。

嵩 谈 录

我朝睢阳汤文正公以大儒而为名臣,其学问、经济卓然焕然,俱足以炳耀千古。所著《汤子遗书》十卷已采入《四库》。今从裔孙尉氏教谕若寿处得读《嵩谈录》一卷,盖公讲学有得,随笔录而成篇,藏诸家塾者也。

公之学从阳明入手,而折衷于紫阳,知明处当极高明。而通中庸盖曲尽下学上达之蕴,于此编中可以见公学之有原本,有归宿。其领悟之高,践履之实,诚非狃于虚无窒滞者所能几也。夫考亭为孔门功臣,秦汉以来一人而已。而姚江之趣虽殊,然亦自有心得。后之操戈于姚江者,必其不如姚江者也;反唇于考亭者,必其不知考亭者也。如公者,可谓善学古人者已。

鹤于义理之学懵无所知,然每读两家门人聚讼之书,辄以为非深知其师之学者。今得见公所著录而益以为信,谨以数言赘于卷端。

道光甲申闰七月既望,东吴后学吴慈鹤谨志

今学者病在无静中工夫。且向静中治心,一切道理自渐有进。然此心亦最难认,须先认得,而治之功多有所加。此心最虚空,无处体贴,直是持敬,则自有见处。待见得时却最实,治之功乃不影响。待此心既治,如木之有根,水之有源。成性存,存道义之门矣。

先儒令人求未发气象,寻孔、颜之乐此语只如和尚参禅,标一模糊之语令人参悟,所以绳锁人。□□其动扰,而引之专敬可也。

其实未发处最有实体,最有实功。徒以气象言,已非中庸本意。孔、颜之乐,乃治心之味。所谓时习之说,而朋来之乐也。用此功方知其乐,不用不可以预拟也。

幼闻祖父之训,茫不知所为。及遭乱亡,颇悖家训。乡科遇复试之变,恐惧念过,思路穷绝,方悟家训为至爱。此生非圣贤,无处放颇,又徘徊常说,终无入路。得阳明言以立根脚,但尽头一步,又是跷蹊不踏实地,却用朱子作煞落。今揆之经书,乃合符矣。

立志存养、穷理,总是存养一事。立志是存养起头,穷理是存养落脚,分之确有次第。

问:"昨言一念常在,如抱日月,说得毋有禅的意思?"曰:"不可看得太高,此语只如常。惺惺心要在腔子里一般,只是各人说来觉别。"问:"还得许多工夫方到此?"曰:"不然,此是开手,不是了手,此后方有事干。若用许多工夫,只完此局,此周海门、王龙溪之说,便跷蹊不著实。所谓一念常在者,即收放心,操则存的工夫。心放,不操存在这里,把甚么去做别工夫,故属第一层最初工夫。但学者往往苦于认心不真,故操存亦只影响,须寻个心之真体是如何,方能实有所操,实有所存,而心之真体明而已。须要他常常明,便是常常在,此一点明常在,岂不如抱日月乎?原文有"此段不了"句。

宽夫今日看得高,只是乍闻,做来自平。问:"此后事如何干?"曰:"公昨所谓要除杂思虑,此后正不怕他思虑杂。我此明体,正有用处,任他声色货利,来一件便将一件彻底思索一番,穷得他骨露筋出。件件如此结果了,一切邪恶,皆被我看得透,堪厌堪憎,则永不来矣,何用除他?"曰:"虽是第一层工夫,先生可是待几多时能如此?"曰:"□也有数年,但数年只谓之寻门路,及寻得门路在此,方向此行,岂不是初入门,此后方有事干耶! 今学者止坐终日寻路,便说有工夫,其实永①入门。"

构斯曰:"友曰,人只须去恶,去尽恶便只剩得有善。"仲诚曰:"如此却好。其奈终去不得。"构斯曰:"闲邪诚自得。"仲诚曰:"字面亦须讲,闲是拦挡他,不使得入。却是谁去拦挡他,闲的便是诚了。只因人将诚字看作成效,存字全不置讲。此诚却是要存的,存字下口念存得此诚在内,有了主子,却要自不容他入来,观《易》语,上下文自明。"友曰:"学者要静坐,还是静中得力。"曰:"然,但不知心体操无所操,存无所存,静坐何用?"曰:"人又是静实行。"曰:"今所谓实行者,只是说修身一节。修身容易,说不得以先格致知、诚意、正心许多工夫。学者未见有捉摸处,即所谓实行,亦空忙乱也。"□曰:"可知学必有本?"曰:"然,物有本末,事有终始,知所先后则近道矣。"

宽夫问:"《大学》条目,诚意为重,似是。"曰:"先儒多如此说,亦只因诚字题目重,故争为快论。其实经文未见有侧趋之意,若论所重,则在致知。故先字文法,至致知而止,可见也"。曰:"在明明德,又可见也。"孔子原文。

复赵宽夫帖子曰:"把捉在这里之说,把捉即操也,在这里即存也。本孔孟之言,以俗字代之耳。操存此心便在,在则明,视而见,听而闻,食而知味,以应事务,则甚便而无所滞也。心不在焉便昏,视而不见,听而不闻,食而不知味,是不能应事物而滞也。朱子所谓收得此心,在这里截然,便是未发之中,便是浑然天理。事物之来随其是非,自见得分晓。常常恁地收拾得这心在,便是执权衡以度物是也。凡尊礼,所云之病,皆无虑矣。要之,此心体为一切工夫之大本，先之其大，然后可言别工夫。非己而语，此是最以第一层工夫，入得此门，然后有事皆是不□□□是。"

择善固执，皆由此明心做去，涵此而养之，则用敬也。又复以此择善而固执之，以增益不能也。朱子所谓苟知其放心而求之，则即此求知之处。一念悚然，此心体用之全，已在是矣。由是持敬以存其体，穷理以致其用，日增月益，自将有欲罢而不能者矣。程子主一之说，曰不之东，不之西，如此只是中。不之此，不之彼，如此只是内。同是一说，尊札所云是越猎欲速成也。

宽夫问："邵子曰：一念未起，鬼神莫知，不由乎我，更由予谁？此际如何下一我字？程子曰：喜怒哀乐之未发谓之中。此时下不得个静字，却又不肯下个动字，何也？且一念未起，鬼神莫知，与未发是同是别？"曰："邵子此语不可看得太高，只是说此时起善念也由我，起恶念也由我。虽鬼神不能测我之起念，更可由谁也？未发之中，当时程子亦未看得到，然语意则是未发之中，纯是工夫。故云下不得静字，然只是未发，亦下动字不得。看来虽有工夫，只可说静。若动则已发也，邵子未起念之说无工夫，非未发之中明矣。当时邵之学以因物睹物为至妙，不作主意，与中庸豫之之说别，豫即中也。"

勿谓生质有限，识力有定，每于静中思病，必见所未见，而识日精矣。每于动中改行，必行所未行，而力日强矣。识力原是工夫，何尝限人，人自限之。

古之为学者，见先生正冠，则皆相视其冠；见先生振[2]襟，则皆自顾其襟；见先生整顿颜色，则各自然然，敛手收足。昔孔子一饮食，一动息，门人皆详观之而怡道，故子贡尝曰："夫子之文章，可得而闻也。"古之师善教，弟子善学，是以德日进而学有成也。朋友亦然。昔人有与食坐中，见其人转项者，遂不自安，曰："得毋我有陋乎？"友曰："君无失也，乃某哎呼不避席，吾转项以觉之，不悟也。君何学之勤乎？"遂拜为知友。善学者鉴人而省己，否则，人觉之而不知也。昔人有惯疾者，好于器中翻拨调治，满座皆为不食。友具实告之，曰："为汝箸有口濡也。"乃翻然悟，存心之学，自是为雅儒。

学者动曰饮食男女中有性命流行，此言不谓不精。及察其饮食，有放饭者，有流□者，有肉食，有调羹□□□取便者，有咳噫不避席者，故圣人教人学礼，所以寓性命之道而动合天人也。儒者但以为不与人争食为□□□觉自好者能之，何性命之粗也，此方是心学。动曰饮食中有性命，体之而行之谓之学，不知而问之谓之问，此力行之实际，仁义之根源，故愧魂梦者此心，敬妻子者此心，入而事父兄善乡党者此心，出而事公卿忠朝廷者此心。若此处学问无实地，言纲常，说伦理，步步皆踏空矣。

此学纯乎定静安虑。人不睹也，而己有戒慎；人不闻也，而己有恐惧，故无须臾可以离道。非性命之流行何哉？若此处无学，故常觉精神余闲，终日抄语录，诵格言，广声气，搜遗文，表节孝，工辞章，古人不以此为切己之学。

存养穷理，圣人经书无此分别，原是一路工夫。心方存时便知此理，非穷理而何？方穷理时心便收敛，在理上非存养而何？故经书说存养处不更言穷理，说穷理处不更言存养，只缘先儒分了，今不与人说个次叙，便生旁岐枝节矣。

逸庵问："随时随处体认天理，而功归于慎独，此作柄语如何？"曰："此自不差，但观语气，上一语重，下一语轻，便少操柄，不见得力。问随处体认之天理，是逐物各其之天理，非吾心浑然之天理。慎独方是吾心浑然之天理，以此作主，是主敬工夫。由此方能随时随处逐物而体认之。"曰："然如常说，不过随时随处以慎其独，不见平日存养，便不踏实地，故不如圣人语。定静安虑，而后能得，方有把柄。戒慎恐惧于未发,而后中节,方有把柄。"

随处体认天理一语,极得机栝,往往可言而不可行者。尚少一层工夫于前也。吾言之,人终不言,只缘那层工夫从心力起,既隐微而复勤敏,人惮之耳。此下尚有七句。

逸庵曰:"妙哉,感物也。无利来感我,何由成我之义?无客来感我,何由成我之礼?"

子夏曰:"大德不逾闲,小德出入,可非出入,遂可为其难,不可以遽至耳。如树木损一干一枝,虽有伤不妨,若根本则不可也。

逸庵问:"知机难捉摸?"曰:"是误于谚讲。圣人本说得确实。《易传》曰:'知机其神乎?'君子上交不谄,下交不渎,其知机乎?几者,动之微,吉之先见者也。不谄不渎,有何难捉处?这便至神。"曰:"神处何如?"曰:"方其不谄不渎,这般动作,全无吉事可见,亦甚见微弱耳。故曰动之微,而此其中有无穷之吉,谁能见得?君子见之,故曰吉之先见。君子见此,即断然行之,不俟终日。那时人方笑君子愚。□□子□,而迨其后身成名立,为万人之圣,只似君子,非人所为,而有鬼神佑之者,然何其神也。"

问:"人不知而不愠,愠如何化?"曰:"不愠是工夫,著这个而做,不必言化。"此下少十二句。此是为学者说,恐将精神漏泄在外。则学力不纯,要养得动心忍性,有所不为,而后可以有为。若不知他当愠,徒是愚昧。"愚昧"下尚有十一句。

人皆可以为尧舜,□下□□句。可以为主字。步地宽敞,尧、舜在万里之远。其行去道路,原留在者里,任人走的,走十里是十里之尧、舜,走千百里是千百里之尧、舜。原文十七句,□□为一句。远近不同,同是一路人。故曰:夫道一而已矣。若错走到桀、纣路上,便是一里二里,也算桀、纣了。

人虽终日学问,得力处只在一旦翻然,或一言有中。耿先生学志切实，一旦予问之曰："先生每日问，心中觉有新的意思否？"先生曰："否。"予曰："须静坐存心一番。"固举李光弼入军，旌旗变色，语□意如此方有得。那旌旗只是此色，如何会变？只是光弼存心自有见处。又固举□某昔日自存心处告之。先生退，静坐存心，又于动处行处虽□□□而存之。□□□□□□。自此乃大得力，发为谭论，迥自别异。目今乃识得敬字，存养字，非口讲可明。他日语予曰："所闻讲论，虽□只是即日□□。"

逸庵曰："问博学详说，详说即约字否？"曰："然，不讲得明白，也约不来。"问"反"字，曰："详说便开了去，不开去不明。开去在那边，者地里却归复在身边。详说二字便是审问、慎思、明辨，反约便及笃行。"问约之以礼，曰："礼便是文，文□□三千三百之礼于册简。礼将那册简上所载行之身。文礼不殊，而博约则异，博只是览那文，约则从那古人文上警惧到我心中，遂以绳束我身，不敢放肆也。孔子也只是与颜子将古圣人文详说之，遂以约束他的身心，如此，则己不□于道矣。而颜子却又将此文礼不放下，久久习学，尽其识力，遂自得逢源，以见天道而至命矣。

人看书若不默存一存，便都不省。书便是存养，居穷理之前了。

有学者具美质，不信存心之学，语以先敬之说，则云大居敬而后穷理，此自是成语。□□说。仲诚闻之口："不信存心而轻语敬，是未省敬字。敬字不是恁容易说，戒慎乎其所不睹，恐惧乎其所不闻，方是敬字原本。定静□虑，方是敬字工夫。观于缉熙敬止，释知止一节可知，敬字工夫最细密，最有层次。学者只缘心粗性急，□□贤圣人□□理欲侥幸而得，所以终不得也。

逸庵先生曰："入手定在一敬字，才不敬，便没了，者心便糊涂。一些事做不来，才敬心便在者里，便明白，事事不差。"仲诚曰："人亦莫不曰敬,看来只知戒慎恐惧之大意,不达不睹不闻之深情,故言敬只是粗粗字,而体验不到身边来。""仲诚曰"旁有"奈他们终信不及何他们"句。

学者最忌有止心,有成见。有止心,凡非所素闻即不问不察,虽紧切语,亦只皮肤过去。有成见,于所不能省者则谓不然,能省者必且曰吾已知之。斯二者吾未如之何也已矣。

逸庵曰:"此心才敬,便一毫杂念俱屏退多大力量?"仲诚曰:"省是真知敬字,实有体验,能有此敬,是已天理为主了,却又不怕杂念生。声色货利来时,便就此思索他个到地,穷得他个恶状尽,永再不来。"逸庵曰:"此便是要而后能虑也。"仲诚然之,曰:"没此敬作主,强推去,则无益;容他来,实助恶。他们终信不及,先务穷理,实蹈此病。"

小人既得君,有权位。君子既无强争之□,彼一言一动者托君而行,君可争也。有托君者,则不可争也。观□□□□可知。东汉、东林诸君子□徒无学□,去小人□□□□□□于彼未得君之日,不见不闻。

右《嵩谈录》一卷乃汤文正公手迹,其令嗣五世孙若寿所珍藏也。若寿以选贡为尉氏学教谕,予按试至尉氏,询公遗集,既取其手刻诗文稿、疏稿、《洛学篇》见贻。越日出此《录》以示,《录》凡二十九则,盖与耿逸庵、张仲诚、赵宽夫往复论学之语。宽夫未暇深考,寿案:宽夫名御众,直隶乐川人,流寓密县。逸庵讳介,登封人。顺治壬辰进士,由检讨出为福建巡海道。仲诚讳沐,上蔡人,顺治戊戌进士,授内黄令。皆力任斯道,躬行实践,有勋业,著述行于世。

观《录》,公自言志学之始,徘徊众说,终无入路,得阳明言以立根脚,但尽头一步又是蹊跻不踏实地,却用朱子作煞落。观此,我公之学可见矣。其曰得阳明言以立根脚者,良知之说也;其曰用朱子作煞落者,居敬穷理之说也。如此则尊德、性道、问学已合而为一矣。故公之书于朱、陆之论多所折衷,每不喜人诋斥阳明,而以妄戈矛为戒,实为允当。

纵观二十九则,大旨教人认识心体。心体既得,治之功方有所加,此即孟子求放心之说。由是持敬以立其体,穷理以致其用,学术之精确岂有过于此者哉?论者或疑认识心体之说有类禅学,窃谓释氏之学其失也,特有体无用耳。明心见性之说所以立其体者,其于吾儒固不甚相远也。逸庵、仲诚二公皆重言敬。逸庵曰:"此心才敬,便一毫杂念俱屏退,多大力量!"仲诚称之曰:"者是知敬,实有体验。能有此敬便已天理为主了。"学者观此,夫亦可以知所从事矣。

道光二年,岁次壬午相月上浣,

江西武宁后学卢渐拜手书后

汤文正为③学问经济,为我朝第一。其生平得力具见于此。公自谓得阳明言以立根脚,而处处功归笃实,所谓善学阳明者。使公生于宋时,与诸儒倡明道学,必无洛闽门户习气,真释然有德之言也。道光三年,承乏豫蕃,其五世孙名若寿者特④此卷来谒,盥手展阅,故过良用景仰。

江源杨国桢敬跋

校记

① "永"字疑为"未"字误。
② "振"疑为"振"字误。
③ 此处"为"字似多出。
④ "特"字疑为"持"字之误。

序

郑介夫《柳下堂集》序

今夫人尽可以为圣贤也,而律之以圣贤,则瞿然惊。夫人而不为圣贤,将为不肖乎?而指之为不肖,又何以拂然怒耶?盖其怒也,必不甘为不肖也。其宜也则高视圣贤也,情不甘则思避其名,视过高则坐失其实。避不肖之名而失圣贤之实,于是伪君子遍天下,而真小人乃不可复辨,可慨也。

夫天下有真君子焉。其学正,不惑于异端;其行洁,不侪于流俗;其言醇,而不杂迹,而能逋其持己也。约而严,无媚骨,无俙貌。其与人也,奖善而匡过。达则行道济时,穷则隐居,甘贫贱以老。今天下有其人乎?蒹葭白露,寤寐以之矣。

而余闻商丘郑介夫秀才,则仿佛似之。方余抚吴时,曾以书币肃使造秀才之庐,而致词曰:"知先生才且贤,能匡人不逮。惟是盂水豆羹,惧不足以奉先生,先生勿辞。"幸余诺,方戒涂,而余以礼宗去,不果来。然而郑介夫先生固日往来于余心而不去也。既余于侍从之暇,适得其著作,如于卷于友人,反复披诵,而与先生之神乃益亲,辄不禁焚香涤砚,弁数言于篇首,使世之读其书者,各有一郑先生往来于其心而不去,则庶乎人尽可为真君子,而不惊圣贤之名也夫。

蔡忠襄公政书序

吴郡蔡忠襄公,登万历己未进士,起家杭李,洊历中丞,巡抚山右,殉闯贼之难。具匡时勘乱之才,仅酬成仁取义之志,千古英雄所俯膺太息也。犹忆先大夫言崇祯辛巳河南大饥,斗米二金,人相食。司粮储者以不办输挽罢,时公以右藩摄粮道篆,慨然曰:"民无食,安办课?贼方以不征粮摇惑人心,我顾征粮是急,是驱民从贼也。"擅檄州县停征,上疏自劾,落职七级。

叹公明于国家大计,有仁者之勇。余因心识其人,旋考明季封疆大臣,能实心为国任事者惟公与卢公九台、孙公白谷为最,卒皆舍生殉国,以结不负君国之局,未尝不为之蠱①然以悲也。及见汪钝翁志公墓,称公"素宗王文成公之学,幸而功成,则为文成;不幸而身死,则为公"。始信公治术有本,非劳臣能吏可颉颃。先大夫之叹服不置,良有以也。往阅阳明文录,所载宰庐陵,抚南赣、江右,督两粤,凡恤民训俗,兴利革弊,戡奸服叛,诸政牍无一非良知妙用。世徒称其平濠伟伐,不知此特义所当为,所谓幸而功成者也。

兹从公之子方炳读公历任政书,名其牍曰"问心",名其札曰"勿欺"。即其所命之名,可以知公之所存矣。其告于君也曰:"勘定必须经济,经济不本圣贤,大道见小,欲速不足以拨乱反治。"又曰:"儒者心术不明,党同伐异,祸乱实基于此。"又面奏云:"治平要道,须从《大学》提纲挈领。若节目上逐件照管,便烦难了。"煌煌大儒之言,即程朱告君,不过如是。所以见诸政事,凡决疑狱,遴真才,兴正学,定大变,筹国是,恤民隐,饬吏治,一如阳明之从良知流出，世徒称其捐躯尽节，此特义无所逃，所谓不幸而身死者也。

嗟乎，文成、忠襄学同，遭变同。文成遇荒游之主，忠襄遇励精之君，而成败较殊，盖文成赖晋溪主持于内，故志得行。忠襄则独立楮梧，连章告急，而不应宸濠叛，于人心固定，国运方隆之时。②闯贼之肆，则在人心瓦解，大厦将倾而莫支之际，不济则以死，济之固圣人复起，不易斯言者也，岂容优劣于其间哉！然其制治保邦之伟略，可为世之为仕者法试。取忠襄之书，与文成之牍比而观之，以任国家之事也奚难。

山平堂藏版《汤子遗书》卷五

校记

① "蠱"音义不明，似为"盡"的俗字。
② 王文成平定朱宸濠之乱，蔡忠襄遭遇李自成起义，以上文意混淆，似为误刻。

祭　　文

祭高祖文

敢昭告于明故高祖骠骑将军、中都正留守汤公之茔曰：

惟我高祖，矢志忠贞，宣力帝疆。肆其神略，以靖寇壤。义旗所指，山岳震动。飙驰霆击，罔不畏竦。诞膺天眷，爰加世宠。衮衣肃裳，留守镐丰。世世子孙，藉兹茂功。皇家未造，叹彼沧桑。武功既骏，文教亦章。玄孙斌雩栎凡材，滥竽国裳。出入清禁，黾勉劻勷。四载史局，黎火煌煌。惟帝曰嗟，眷怀茅土。分命廷臣，锡之佩组。斌在班行，持节潼谷。自顾何能，邀兹异数。自非祖宗，德感昊天。渡流苗裔，泽被岗泉。实惧陨越，愧此琬炎。

卜行之吉，脂车秣马。敬登高阡，称觞献斝。灵爽启祐，以绥纯嘏。伏惟尚飨。

祭曾祖文

敢昭告于明故曾祖迪功郎、赵城县丞汤公之茔曰：

呜呼，惟我曾祖，积善成德，克有令誉。乃仅仅化被一乡，泽被二郡。至本代更三世，时异两朝。睢阳之士，鲁晋之民，咏思其德，弦诵其化。我后人亦藉是获奉禋祀，永有无穷之休焉。曾孙斌才质疏浅，行能无似。少遭丧乱，流离四方。尚赖祖宗之德，得以全身草莽。今圣明殷然于致治之难，特简近臣宣抚四方，而斌复滥与其数。但斌材最薄，蒙恩最厚，循躬自思，实切祗惧。非我曾祖德感皇天弘庇，后人岂能邀此异数？斌罔堪灵承，有忝祖宗之令闻，尚祈灵爽启祐，俾无获戾，朝廷免覆𫗧之责，四海宽负乘之诮，则世世子孙敬修俎豆，我祖亦承歆无斁矣。

奉使潼关，戒行有日，谨行祭告，伏惟之闻。子孙世世钦承无斁，尚飨。

祭显祖文

顺治十三年岁次丙申闰五月朔戊申,越祭日己酉,孙斌谨以祭品敢昭告于明故显祖武学亶斋汤公之茔曰:

呜呼,我祖禀性温良,行能范俗。当吾家未造,阋墙兴歌,而豪右因之肆其桀骜。我祖韬光敛耀,赍志而殁。卜宅荒原,松柏弗治,闾里为之感泣,况我子孙能不怆恻!丧乱频仍,奔走四方,尚赖我祖之德,得以全身草莽。乃学术短浅,叨蒙异数,今复奉命潼关,屏翰三秦。赋材最薄,蒙恩逾分。循事省绩,实深祇惧。自非我祖德感皇天弘庇,后人何以雩蒲之材独登殿陛,瓦矶之质滥缀圭璋?伏惟灵爽默祐,启迪愚蒙,使职业无亏,属吏循良,戎马安堵,士乐弦诵,民歌桑麻。藉以告之朝廷,庶免罪戾,则我祖有无穷之休矣。尚飨。

祭 母 文

敢昭告于明故显妣、应赠恭人汤母赵氏之神曰:

呜呼,我母既孝既慈,克勤克俭。载严绨绤,载茂蘋蘩。春经夏艺,夕膳朝餐。事姑无①方,纺绩馈馔。灯火萤萤,课儿经传。崇祯之季,曰维壬午,妖氛蔽天。凭陵中土,贞操匪衍。惟我母冰霜寒冽,白璧莹洁。井栏泪痕,岭石枯血。呜呼,三年十月,恩重昊天。五夜千秋,空悲逝水。牲醴供养,既阙生前;宅北封峦,复亏身后。九泉有知,目穿小子之飞鸣;千载何幸,魂切慈帏之节烈。男斌学术疏浅,谬膺异数。戊子登乡荐,己丑捷礼闱,壬辰读书中秘,甲午备员史馆,今复奉使潼谷,保障关陕。赋材最薄,蒙恩最厚,循事省绩,能无惶悚!自非我母,正气感天,贞魂悬日,乌能使蒲柳之材独登殿陛,瓦砾之质滥缀圭璋!

谨占初九日驱车就道,二十二日抵关受事,伏愿默祐愚衷,俾无获戾,朝廷免覆悚之责,四海宽负乘之诮,则世世获奉禋祀,亦少逭不孝之罪于万一矣。伏惟尚飨。

摘自《汤氏族谱》

校记

① "无"字似为错出。

年谱

征君孙先生年谱

门人 滦水赵御众
睢阳汤 斌
上谷魏一鳌
范阳耿 极 编次
后学 方 苞 订正

先生讳奇逢,字启泰,号钟元,两朝征聘不就,天下称曰孙征

君。晚年讲学夏峰，学者称曰"夏峰"。先生寿九十有二，按先生自叙云："余家先世小兴州人，上世无所考。明永乐初奉诏内徙，有祖讳忠者迁容城县东北贾家庄家焉。田庐坟墓俱在，此是为始祖。逾二世讳广，广生讳信，信生讳端，俱以农世其业，隐德弗耀。端生讳廷宝，以生齿繁衍，移居北城村。生讳臣，字敬所，由嘉靖辛酉举人，仕至河东盐运司运判。居官清慎，居乡宽忍，是为余大父。运判公生六子。先大人讳丕振，字肯轩，以生员授儒官，运判公季子也。生平孝友，为里党所推。定兴鹿忠节公善继铭其墓。母陈氏生余兄弟四人：长奇儒，字国重，忼爽有气节，县庠生，学使者给冠带儒官。次奇遇，字启运，县庠生。六行克备，远迩咸服其德。皆余兄也。季弟奇彦，字启美，天启辛酉恩贡，仕山东武城县知县，廉慎不愧余祖。余少席祖父余荫，长依兄弟兼师友之提携，自愧不克竖立。今八十有七矣，回忆生平，恍如隔世。儿子及门人辈每询旧事，辄信手笔之于册，志生我与成我之德于不忘也。"

此庚戌冬月，先生八十七岁时自叙也，于逐年之下仅记所寓之地，间及其事与人。其文甚略，今标以为纲，采辑事实附之为目。至庚戌后五年，于日谱中补入，亦准前例。

万历十二年甲申，十二月十四日戌时生。

先生生于北城村南，距容城县治三里，盖河东公卜筑之乡也。闻诸父老云先生能言甚迟，甫言即手指门楔字，能识字。

十八年庚寅，七岁。

入小学，蒙师邑庠生槐肖林正华。

二十二年甲午，十一岁。

始学文。

从师邑庠生张公鉴。

二十五年丁酉，十四岁。

入邑庠。

提学御史为周公孔教。

父命同仲兄、季弟从兄长学。

一日，先生随父肯轩公谒杨补庭。补庭为忠愍公子，先生大母族也。见先生奇而爱之，因问曰："设使我在围城中，外无救兵，内无粮草，应如之何？"先生应声曰："效死勿去！"补庭为肯轩公贺曰："此子足卜终身矣。"

与鹿伯顺论交。

鹿公讳善继，家定兴之江村，距先生所居北城三十里。相过论交，肯轩公见而喜之，谓先生曰："鹿子言动不凡，殆古之狂士。"后伯顺闻之，曰："何以得长者之知我乎！"

二十六年戊戌，十五岁。

食廪饩于庠。

二十八年庚子，十七岁。

秋八月，举顺天乡试。

主考为杨公道宾，福建晋江人。顾公天峻，江南昆山人。房师常公石麟，湖广黄冈人。常批其闱卷云："疾徐丰约，一准程朱。"先生尝云："余时于程朱尚未有所窥，师何所见？而预为启佑耶。"每晤，辄谓学人第一要择交，少年更为切务。

二十九年辛丑,十八岁。
春下第。

房师常过先生寓馆,人遗传奇本于案上,常大督过,因言:"古人以少年登科为大不幸,稍不自立,未有不败者。"先生因此益自奋勉,后每举以告吾党。

娶槐氏。邑庠德行生秋亭讳大成女。

三十年壬寅,十九岁。
父命从季父成轩公学,季父一切家务,父皆为之经理。

成轩公醇笃性成,其学得之河东公庭训。先生家学渊源,盖本诸此。先生非义不取,上官或有以灯火之资馈者,父母分给之,先生仍出为公用。

三十一年癸卯,二十岁。
在北城。

三十二年甲辰,二十一岁。
下第归。

肯轩公谓先生曰:"国朝重制科,不举南宫者谓之半截功名,未免降志。"后当路累荐举先生,每引此言,坚谢不出。

督学御史授父儒官,有司旌门。

肯轩公以生员授儒官,邑令蒋如苹请乡饮宾,其词曰:"品高月旦,德重乡评,独力养亲。克笃乌私之爱一经教子,早题雁塔之名,羽可为仪,俗因以变。"殆公实录云。

三十三年乙巳,二十二岁。

六月八日，先府君以偶患心痛卒，越三月，营葬事成。

先生居肯轩公丧，一准古礼。偕兄若弟结庐墓侧，于东南偶筑时思亭，设衣冠图书。乡老刘廷林、王动等岁时率众献食果，必哭于墓，肯轩公厚德入人之深，于此可见云。先生潦暑苫块中病，后每夏秋交辄痰饮嘈杂，废饮食成例。病者几四十年，至六旬后竟愈。

三十四年丙午，二十三岁。
居父忧。
偕兄弟居墓侧。
二月三日，祖母杨安人卒。
安人忠愍公再从侄女也，佐河东公宦游十余年，衣饰俭素，年八十余。先生曾言："祖母以恸吾父而陨命，余母恸姑而风病益增，哀哀诸孤，吁天无路，相对饮泣而已。"

三十五年丁未，二十四岁。
居父忧。
仍居墓侧。
九月服阙。
冬，邑绅梁如星为宦寺所窘辱，余与诸绅士言于郡县，事得白。
书略云："异哉梁孝廉、薛茂才之事，天理王法真是大变。夫薛珰一小竖子耳，余皆小竖子之奴隶耳，遂敢鞭棰孝廉，幽囚士子于奉诏入试之日，尚可谓有世道哉？阉人之炽恶，斯文之丧气也。明公风教攸握，值此非常异恶，察其主谋者何人？党恶者何人？严讯而置之法，庶秽污刑余之徒犹知有朝绅，犹知有天宪，则扶文抑暴之功高于千古矣。"

三十六年戊申，二十五岁。

春，建先祠成，合祀历代考妣，同族人岁时致祭。其基址规度，皆府君生时裁定。

祠在北城，先生祀先睦族之事各有定则，贫士皆可仿而行之。

十月九日，母陈孺人卒。

孺人构瘤疾三十二年，奉姑以孝称，家政井然。处异母、姊娌无间言。

三十七年己酉，二十六岁。

春，奉母合葬府君墓。

鹿忠节公为志铭，先生偕兄弟庐墓侧，张于度果中从庐中问业。

三十八年庚戌，二十七岁。

居母忧。

仍居墓侧。

邑学博谢慕劢尝过庐居论学。

谢讳梦豹，广东人，正身率士。所著有《修斋录》。

清苑贾钶《庐居纪事》略云："岁在乙巳，孙肯轩公殁，其嗣君国重、启运、启泰、启美同庐于墓三年。越戊申，公配陈孺人殁，四嗣君又庐于墓者三年。余按肯轩春秋仅享五十有五。其时国重、启运业声张黉序，启泰当髫稚，歌《鹿鸣》已五阅岁。启美发未燥。于乙巳游泮，公与陈孺人率嗣君奉杨太安人起居甚融融也。夏无病忽殁，嗣君兄弟谓未获申菽水日养，而风水永嗟，安忍遗先骸于野，而偃然家居乎！乃禀命太安人、孺人，就墓前横构一室，陈公之冠履图书，颜曰'栖神堂'。东南偶又结草屋如斗，南北对向，四壁茅篱，涂以泥土。西向者二：一待唁客，一贮家礼、子、史诸经典。北向者二：一设苫席、长枕、大被，四昆夜寝，一具突而黔，供饘粥。嗣君早暮焚香楮奠，椒浆、盂濯、中栉无不备，每饭跽设。遇佳辰令节，更罗列哭踊，历三年如一日。陈孺人久患呕，以痛公转剧。太安人又夕阳景，兼痛公不寿。四君庐居晨起展拜，即归趋两尊人所，勉为愉容，多方开慰，令诸妇善视膳，辄返墓间。无何，太安人逝，孺人痛公又痛姑，疾益剧。太安人服甫阕，而孺人逝矣。四君既合葬，扃其家之外户，水薪米盐零杂，以四时递送，诸妯娌划食一爨，夜栖共楼，并无烦四君内顾。四君一意读《礼》，日在栖神堂时对读，读罢对泣，泣罢再读，俨然肯轩公在上也。严寒盛暑，雨雪雷电，子夜风吼，四望阒寥，当此悲号呜咽，真所谓狖间肠寸断矣。饔飧最粗淡，谢绝曲蘖，鲜脆不御，如是者六年终始如一。呜呼，可不谓难哉！"

高阳孙文正公题庐诗："容城城坳大如斗，今古贤豪萃作薮。静修之修忠愍忠，撑拄乾坤万不朽。行天日月地江河，出奉君王入父母。孝廉崛起两贤乡，手握天常为世纽。黄金台上已知名，高堂舞彩歌曼寿。一朝风雨下庭帏，大椿零落萱花剖。夜台长夜寂无人，忍见野林狐兔走。九原日忆念儿心，六载枕苫相与守。诸妇同集一亩宫，优龙劣虎声如嘔。蓼莪有句不成读，黄土一抔泪为阜。紫荆花烂雨盈襟，鸿雁影联月在牖。陇亩咽寒几断肠，夜鸟泣云空翘首。我亲亦未尝君食，帝书日月悬培塿。感君兄弟倍酸辛，孝子忠臣天并久。君家兄弟远相传，亭亭玉树师且友。能与朝廷生异人，应得异不还报厚。"

定兴鹿忠节公诗云："横襟东海捐郎山，中有一庐无愧颜。毁后仅余眉宇在，愁来惟把蓼莪删。地当赵北燕南际，人跨椒山梦骥间。客子语言忽可味,细询知自见君还。"

三十九年辛亥,二十八岁。
正月,服阕。
先生家世清白,庐居时尝至饘粥不给,而守贫弥坚。一老苍头于墓傍种莱菔、北瓜,其大异常,见者以为三冬堇、七年粟之一验云。

按:先生志学当自此始。忆友人问曰:"先生自考,志学以何时为可循之日?"先生云:"少年妄意功名,自两亲见背,此念顿灰。与鹿伯顺为友,初以名节相砥砺,未免走入气质之偏处,暗然一从哀恸穷苦中得来。"

告同人为割耳李节妇助葬。
邑午方村节妇李氏,夫死曾割耳投棺中,誓不再适。贫老无依,先生纠同人养之数年。迄殁,为具棺助葬,并恤其子。后其子妇复励节一方,女教为之大著焉。

秋,寓京师,馆兵部郎杜友白家。
友白名诗,山东人,慕先生为人,以其子受学。

十一月,长子立雅生。

四十年壬子,二十九岁。
寓京师,孝子贾三槐受学。
三槐,字正卿,固安人。两庐父母墓,质过鲁,先生卒成就之。

晤曹贞予先生,举"仁体"以告。
贞予名于汴,山西安邑人,以正学自任。语先生"仁体反复发明",先生当下恍然觉此心与天地万物相通。

四十一年癸丑,三十岁。

下第,仍寓京师,居停主人牛俊臣。

俊臣,字仰泉,任侠好客,重先生品行,愿假馆,一时正人皆与之游。

与周景文论交。

鹿伯顺先生是年举进士。周景文顺昌,其同年友也。因伯顺与先生为友,一日向先生索杨忠愍集,先生曰:忠愍为世庙忠谏第一,君定不作第二人。伯顺有诗纪之曰:"寰中第二非吾事,好问椒山句里寻。"后周死逆珰最烈,果第一。

同鹿伯顺讲王文成《传习录》。

先生初守程朱甚笃,鹿先生讲次,每举姚江语。先生因读《传习录》"知行合一",跃然有得。自是寝食其中焉。

十一月,次子奏雅生。

四十二年甲寅,三十一岁。

在京师。

周绵贞时过余邸舍。

周名起元,江西人,以候命御史,在都见先生制艺"有志之丈夫,不受制于造物"句,向友人曰:"读孙公此二语,令人气跃千丈。"

六月,例病,与友人讲习以代医药。

先生自二十二岁庐中感嘈杂,每夏秋之交必发,废寝食,因自名为例病。友人许紫垣尔显时读书荣国寺,常邀过其舍,以讲习代医药,先生病渐瘳。

四十三年乙卯,三十二岁。

在京师。

为邑绅陈见斋立嗣。

陈名可成,举人,为令殁而无子。先生言于邑令徐君廷松,择近支一人继之。徐即告奠于其墓,且出金经理其家。

四十四年丙辰,三十三岁。
在京师。
薛孔泉、唐灼州、贾孔澜各遗子受学。

薛之子凤祚,贾之子尔霖。后先生以长女妻尔霖。

四十五年丁巳,三十四岁。
归容城。

先生居京师者六年,皆鹿伯顺、范一泉两先生为之左右。至薪水之需,牛仰泉任之。先生尝云:"余生平稍知自励,即服膺伯顺与一泉先生。伯顺每言以改过而成贤者,独见范老耳。"

为牛、阴两生免大户。

太守洪振滇派牛、阴两生收柜大户。牛为蓬莱令学曾子,阴为临朐令助子。邑绅旧无此例,先生合词致书,略云:"一时有令甲,一隅有风俗。容之乡绅士子,其一切养马纳粮,俱无异于平民。独于头役一节,从来得稍一宽假。今临朐、蓬莱二君即于宦途,若拙叨列贤书,素称曲谨,明公得之于月旦者自悉。今其两子,青衿也,屡赴秋闱,志期进取,乃俱不免于大户之役。即此时遵宪勉应,恐后来援以为例。北海有言:民犹子也,士大夫贤子也。爱子尤当爱子之贤者,或亦养贤及民之意,古所谓君之仁者善养士,此实某等所几幸于今日者也。"

八月,三子望雅生。
冬,长女归贾氏。

先生制布衣一袭,谓之曰:"汝家渐贵盛,归宁当著此服,勿忘吾家累世布素。"后女抚孤守节,寿八十余,临终仍以此服殓。

四十六年戊午,三十五岁。
七月二十七日,室人槐氏卒。
槐孺人年仅三十四岁,先生诔有云:"氏知大体,能甘贫,吾妻实吾友也。"文载家乘。
冬,同杨太仆读书西张寺。
杨名茂,定兴人。时李含朴、鹿伯顺、范怀洙常相过从。

四十七年己未,三十六岁。
为苏汤宇与王坦山太守书,略云:雄县廪生苏汤宇苦心砥行,学古之士也。生平孝友,雅重乡评,两举行优。荷蒙褒赏食廪,近三十年毫无分外一事。某等结社于二十年之前,不独交义相长,实以行谊共推。鹿职方伯顺、贾宪副孔澜俱同声味。姑举其一事,有同案生王进德弃世,妻李氏贫不能养,二子俱襁褓。汤宇固寒士也,慨然捐廪银一年,倡诸好义者为治恒产,迄今李氏母子得以完聚。苏生之修持雅多类是。今当陪贡之时,考居四等。本生属文于病荒之际,义命自安。某等论行于考试之余,甄拔是望三辅,士晓然知文艺之外,别有立身根本, ·方风教赖此举矣。"书入,苏生得复。

万历四十八年、泰昌元年庚申,三十七岁。
同门友任东海暑雄县谕,予过视,留十日归。
任名明臣,青县人,正躬率士,风教大行,先生极重之。
魏廓园出使江右,访余北城,定交杨忠愍公祠。

嘉善魏公，名大中，偕鹿伯顺访先生，诗云："平生幽谷间，神州恣飞越。云在北城北，不胜意勃窣。并辔获良俦，一舍奄超忽。登堂列玉昆，蔼然对清樾。久储易州酒，佐人以肴核。欢情不自持，后先微讴发。何必慕古人，俯仰亦恍惚。遥村绿四围，中天写明月。"

邑庠生杨格，忠愍族孙，以眚误被黜，余代为白。

杨格被黜，人皆怜其无辜。先生言之邑令，为申请得复。

为孝子赵廷桂助婚。

天启元年辛酉，三十八岁。

至京师赴鹿伯顺约。

左浮丘督畿辅学，归京师，晤于别墅。

左公名光斗，桐城人。谓魏公廓园曰："予屯差学差，俱于孙孝廉有候仪。予过容城，不能邀一见，窃疑之。"廓园以告，先生曰："不才系籍贤书院，体当廷谒。予于左公有故人之谊，不往见，乃以存故人也。"浮丘公闻之，曰："予知过矣。"乃折柬迎先生于别墅。

八月，继娶杨氏。

邑明经杨慎斋廉氏。

二年壬戌，三十九岁。

春二月，过山海关。

先是高阳孙阁部承宗自请督师，鹿公伯顺以参赞军务从，约先生过塞上。居三月，得遍观诸形胜。高阳公欲留之，先生急归。后高阳公序《孝友堂家乘》有云："尹吉甫中兴，乃归功于张仲孝友。"其推重先生如此。

三年癸亥,四十岁。

闻警,约同志练乡勇。

杨生以小嫌与余仲兄成讼,八月始解。后与生遇如初。仲兄尝言:"生平学力不见长益,处一讼八月,乃是磨炼实功夫。"

讼事解,杨生曰:"八月来血气相激,岂不能加一言以相诬。然而不忽者,正见余信君之深也。"

与鹿伯顺商正《四书说约》。

鹿先生著《说约》成,易州守徐恒山欲梓之,先生谓其中语有似诙者,宜订正。鹿先生深然之。

四年甲子,四十一岁。

左浮丘佥都以忤珰去国,期晤于白沟。

为同邑节妇陈氏举节。

节妇,孙国祚妻。呈词有云:"十有五岁而于归,二十三而夫逝。变生骨肉,即痛夫君为井底之魂;祸起萧墙,几欲同夫作水中之鬼,第婴儿在眼,稚女始孩,赵氏之孤谁怜?若敖之祀将馁。毁形以矢从一之志,断耳以寝妒嫉之谋。盖残形而形乃践,苦节而节乃彰。虽本分各完,立节者固无求于世,闻风兴起,旁观者宁不有动于心?"事闻,得旨旌表。

五年乙丑,四十二岁。

在北城。

李天笃、阎顾行、阎国宾、张泰阶、李鸣雷、洪月评、蔚云会、王弘圻、王际明受学。

左浮丘、魏廓园相继逮,下镇抚司。左之弟光明、魏之子学洢各相从。时厂卫严缉,为计避之所。

左、魏两公被逮,魏长君学洢先至,有缇萦上书之志,周文选顺昌亦遣使护学洢。时鹿先生以职方赞孙阁部于山海,先生与鹿太公毅然为之保护。凡脱祸而解厄者,不独破家不恤,亦且身命不顾。左、魏诸公子弟仆从以两先生为归矣。

左金都过白沟,先有字遗张果中,期先生相会,坐间环伺而窥听者皆缇骑也。金都举止自若,徐曰:"某被逮出门,八十岁老父母一痛绝地,此情何堪?"言之泣下。先生曰:"老公祖朝家大老,雨露雷霆,总属圣恩,主张须蚤定。"金都为收泪以谢。月下复邀先生会于公署,曰:"适大金吾公子云,当事者定欲死杨大洪。大洪死,我辈岂能独生?"时奉圣客氏,弟光先因素不礼于士君子,每谓其善者曰:"被逮诸老,一时名贤,我欲令吾母而求解于吾姊,庶可有济。"或举此言以告左公,公曰:"可向妇人女子求活耶?殊非丈夫。"先生韪之。左公又云:"有一王姓者,相从于患难中,烦觅一枝,聊为栖止。"先生究其人,乃云即其八弟光明也。因引与魏学洢同住鹿太公家,时往来于先生之北城。

左公过白沟之二日,廓园魏公亦逮至。为询果中,果中正走关门探消息,欲假半日迟先生一晤,缇骑苦不肯待。左、魏既下锦衣狱,掠追甚严。三日一比,五日一奏,意固不在完赃也。学洢每絮泣食不下咽,必欲入京伺动定,又苦无安顾此身处,乃易姓名为金子陶。先生之仲兄相我公伴之往。至良乡,学洢次且于旅舍。相我公率魏仆入都,住牛俊臣家。其仆自狱中朝暮往返,一日,魏使过锦衣王莅民,王曰:"令汝小主人自来,他住良乡某处,但戒严缉役不明言耳。"左拟赃二万,魏五千,立限严比。鹿太公与先生率同志者力为区处,炎蒸策蹇,酿得三百金,付魏使持北上。随闻廓园公毙杖下二日矣,学洢已跟跄扶柩去。时为学洢下榻者,固安有贾三槐,定兴有许显达,皆取以为入都便路。王永吉、杨光夔、杜濂、崔庚、范士楫，皆□金之人也。

孙高阳督师关门，为左、魏事上书。

珰难作，左金都有字遗先生与鹿化麟，云："二公道义之雅，须得一人亲诣关门，知秦庭之哭不同于泛泛。"翌日，化麟与先生之弟启美遂东行，先生上高阳书略云："左、魏诸君子清风大节，必不染指以庇罪人，此何待言？独以善类之宗，功臣之首，横被奇冤，自非有胸无心，谁不扼腕？维桑与梓，固浮丘旧履地也，遗爱在人，不止门墙之士兴歌《黄鸟》。昔卢次梗一莽男子耳，谢茂秦以眇布衣，为行哭于燕市，曰：诸君子不生为卢生地，乃从千载下哀湘而吊贾乎！李献吉在狱，何仲默致书杨邃庵求为引手；康德涵义急同调，至不自爱其名。浮丘、廓园之品固当直踞献吉，何次梗敢望？恨某等一介书生，无能哭诉，尚负惭于茂秦。阁下功德，前无邃庵怜才扶世之感，谅亦有激于中，稍一斡旋，且有出德涵上者。况两君子以道义臭味之雅，受知于阁下最深且久，阁下岂无意乎？"孙公见书，随具疏为关门事，欲请入觐面奏机宜。魏忠贤闻之，绕御床而哭曰："孙承宗提兵数万，为清君侧，奴辈必无噍类矣。"即驰旨止之。诸公之惨祸亦气数使然也。

魏给事既死，左金都之追比正严。先生与鹿太公计议：金都旧为屯田使鲁，以十三场籽粒为定兴开永赖之利，又为学使者简拔高等，悉知名士。因与乡民约：凡十三场籽粒地，每亩捐钱一文，便可得数十万缗。与青衿约，各随心力捐输。数日之内，义凑数百金。张果中、王拱极接替驰送，甫至而金都亦毙杖下矣。时共事酿金者贾尔霖、苏汤宇、李衷实、陈谔言、李童、胡向化、孔心学等也。一时道路哄传，宦官有指而目之者，曰：为左家敛银若干。众皆危语劝止之。太公曰："不知命，无以为君子。老夫固筹之熟矣。"先生曰："拼此一路，便无不可为之事。今日无不尽心，免得异日生悔。"

六年丙寅,四十三岁。

周景文又逮至,其友朱完天相从,有《北行日谱》。

周文选又逮,时鹿伯顺已从关门入里。周之友朱完天名祖文,携其手书云:"不肖以迂愚拙直,罹此严旨。雷霆雨露,均属圣恩,在臣子只应欢喜顺受。臣罪当诛兮,天王圣明,古人之言殆非欺我也。弱子同来,因其中途患病,反增一累,遂力遣之回。所仗止一密友朱完天,全赖仁兄为之覆庇。"先生云:"前番已历情形,一切可省。惟访王荏民一着,不意王出都。而周公亦拟赆五千。周之贫不减于魏也,完天回江村与鹿太公及伯顺先生熟筹详计,移贷百余金。又张希皋之八十,罗万象之五十,茅元仪三十,王永吉二十,皆义助也。鹿先生复遗字范质公,亦得二百。"时完天劳惫剧甚,先生令季弟启美率鹿仆赵顺送至京师,而周公又毙杖下矣。启美归,至芦沟桥,河水泛涨,居人一夜皆席卷去,启美几不免。并日绝食,步行泥水中。无几微退悔。事载《乙丙纪事》。茅公元仪有《范阳三烈士咏》,盖为鹿太公正与先生及张子果中也。

七年丁卯,四十四岁。

奉圣客氏弟光先介所知送名马一匹,余以家贫,不能具刍荛辞。光先再致养马之需,以病躯不能骑乘辞。

崇祯元年戊辰,四十五岁。

督学御史举孝行,得旨建坊。

御史李公名蕃,疏云:"为旌表事,孙某系保定府容城县人。甫弱冠,中万历庚子科顺天乡试,于三十三年六月丙丁父艰,庐墓旁三年,服阕。三十六年十月丙丁母艰,复庐墓所,不茹荤,不入内,六载如一日。里闬毫无间言。看得本生孝根天植,伦自性敦,弱冠莹声,庶几显扬。无添六载,庐墓洵称。明发有怀,堪励颓风。宜加旌表,奉旨建坊旌表,仍给二丁侍养终身。官绅乡族欲图建坊,谓不可委王命于草莽。"先生力止之。

表元义士魏敬益墓。

义士墓在容城县沙河村。元末岁饥,乡人鬻田千余亩于义士。后岁熟,尽还其田。事闻旌表,里名兴让。其后人家藏有还田卷,先生复表彰以广其传。

二年己巳,四十六岁。

二月三日,长兄崇我公卒。

崇我公慷爽,遇事能剖,有燕赵豪士风。

十月,畿辅闻警,邻邑亲友百余家皆就予北城,商避地计。邑令延予为城守,因皆入容城。

先生为远迩所归,故闻警即举家来依。先生不得已入容城,众皆从之。先生所储终岁之需,十余日而尽。

茅止生从孙高阳,于关门过余北城。

止生名元仪,归安人。时为高阳参赞军务。高阳公数向止生有毂①先生之言,止生因来请益。先生曰:"朝野属目关门,一片地子文十之雄耳。所与朝夕共事者二三大师也。倘有一见才之心便不能容人,人宁有为我用者?"止生极佩服其言。后替高阳追祖师一事,尝自言:"此可不负先生之教矣。"

是年,容城牛光祚、新安刘之跃从学。

三年庚午,四十七岁。

鹿伯顺里居,遣子立雅、奏雅、望雅,侄度雅、量雅、维雅、抱雅

就学江村。

鹿先生家居讲学,与先生朝夕相聚,商学问大旨。两先生之门人皆互相问学,先生故遣子侄皆就受业。

御史黄鹤岭疏请征聘。

巡按黄公名宗昌,疏略云:"为钦奉圣谕事,见任太常少卿鹿善继,清心劲骨,慷慨有大略。向在关门阁部资共筹画者三年。当逆珰用事之时炙手可热,而善继为其乡人,一冷如冰,其品可知。又容城县庚子科举人孙奇逢,可与谋大事。向地方有事,与鹿善继皆乡居,团聚乡兵,隐然成一重镇。且至孝性成,忠义激烈。但其人耻于干谒,不乐仕进。臣在伊邻邦作令六年,未常一见其面。倘以征聘之礼行之,定有以得其用。"奉旨:"鹿善继等着与核才酌用。"先生以病辞。

六月,例病,不饮食者六日。有晋州某以一丸服之,立愈。

七月,四子博雅生。

四年辛未,四十八岁。

在里门。

建邑前贤刘静修先生墓祠成。

静修先生墓在沟市村,旧未有祠。先生与伯顺及阎县绅士创成之。静修无后嗣,且力言于县令,俾免本村差徭,以供祭祀修筑。约每岁清明同人扫墓,岁以为常。

议李希直、张希古二公配飨静修祠。

《告阁学文》云:"静修先生前未有祠,自国子监丞李希直伸疏请从祀孔庙,章数上,始得旨许专祠,春秋祭祀。希直实先生之功臣也。希直立身立朝,大有裨于风教。既没,而门人张希古绍烈为筑室于场,告除廪米,庐于墓者三年。乃疏请为其师建祠,遗文见在可考也。都御史李侃文集载其兄希直遗事更详,又刑部尚书江浦张瑄集中有《希直祠堂记》。但荒废既久,基址无存。按其生平精力,全以静修为依归。希古又继师志,为静修请从祀。章数上,虽未得允,亦许记录。两先生皆是有功静修者,合宜置主配飨。"

十二月,长孙澜生。

立雅长子。

五年壬申,四十九岁。

茅止生再过北城。

高阳当关,欲题先生代鹿伯顺,令止生来商。先生曰:"君与伯顺从高阳,君之才亦君之志也。余既无其才,又无其志,愿老死,公车不敢借途求用。"

十一月,五子韵雅生。

六年癸酉,五十岁。

在北城。

申社约。

先生大父运判公结文社于宝藏寺,至先生三世矣。课子侄辈,及从学诸友肄业其中,为十约以勉之。一曰立志,一曰知学,一曰改过,一曰求友,一曰虚己,一曰率真,一曰定操,一曰尚齿,一曰肃仪,一曰固盟。

是年,刘范修师因张文峰维德从学。

七年甲戌,五十一岁。

春下第。

金伯玉来晤。

伯玉名铉,都门人。为兵部郎,参宦官张弘宪。家居以斯文自任,与先生论学。甲申,殉国难,先生为之立传。

韩参天过余论学。

参天名位,宛平布衣。与高景逸、刘念台诸公讲学。至是再过,先生有《送韩子南游序》。

三月,视弟启美于武城官署,刻《孝友堂家乘》。

《哀思录》、《永思录》、《先录》、《复学本末》、《诏旌记》、《草堂兰谱》,凡六种,孙恺阳、鹿伯顺、茅止生诸公各为序。

八月,同鹿太公谒孔林。

为邑绅刘允升扶孤。

刘允升任太湖令,因无子,绅士议择尔植而立之。刘死,其从侄某利其产,诬讼尔植为杀父。先生致书,县令直之。

八年乙亥,五十二岁。

三月,弟启美自武城告归。

启美公为令不及二载,以不善事上官告归。囊橐如洗,有《武城治略》、《武城录言》二卷,《怡怡轩诗》数卷。

九月,辞王给事保举。

礼科王名正志,河间人。保举先生谓"真孝真廉,有体有用"。奉旨取用,先生具呈力辞。再奉部文严催,谓"不赴者除革"。先生曰:"朝廷以贤者相待,而士以不肖自处,何罪之有?"终不往。先生具辞呈云:"某学古近迂,为儒趋腐,莫知保举之自见在起送之中。奉有檄文,促令赴部,此国家创开之盛典,亦学人希遘之殊恩,敢不闻命束装刻期就道?然士各有志,仕自有时。用才者必不强人,用世者必先度己,此其浅深分量,正可于将用未用之际明白剖决,以取进止。盖国家功令,首重制科。士子功名,应须甲第,此以下莫敢望焉。虽分符受事，无地不可见长，而任钜肩鸿，有时易于见短。事不克济者是谓辱身，卑不及格焉未免降志。某乡荐有年，计偕多次，包羞点额，卷土之志益坚。带病问下，下帷之心难死。张舌犹在，桑砚未穿，岂甘废业于半途，妄冀收功于末路？此先子弥留相戒之遗训，亦不肖生平自矢之初心也。况学而不优，恶可言仕？人即知我，孰若自知？漆雕之信未能，且辞仕使；子羔之质虽美，须用读书。愿依本业而就文场，第按成规以图进取。亦岂敢任鱼鸟之性，以自放于江湖之间哉！"

为孝子李之茂辨诬。

同伯顺过孙少师家，为十日留。

高阳县去容城百里，少师数走，字期鹿、孙两先生聚晤。方订岁一会于高阳，明年，鹿公遂殉难死矣。

是年，清苑王尔禄率弟尔禧从学。

黄侍御鹤岭过访北城。

鹤岭奉召过保定，期友人潘子美同来访先生。潘曰："余曾过孙先生门三重，未尝见片瓦，何以容从者乎？"黄公曰："某昔以此言入告，原得之耳闻，今幸目睹矣。"

九年丙子，五十三岁。

在北城。

七月，守容城，得全。

先生有《守容纪略》，直隶巡抚张其平以守御荐，奉旨取选，时加一级用恤。刑员外郎胡向化亦以守御荐，奉旨取选，时加一级用。

**七月二十九日，定兴失守，鹿伯顺死之。余次女嫁灵宝令杨茂子。生员士弘妻死于井，奉旨建坊旌表。伯顺之太公及子化麟携

家入容城,幸得全。

巡抚张其平疏略云:"原任太常寺少卿鹿善继千秋正气,一代伟人。服官数十载,功绩茂著。及养高林泉,惟知修身淑世。当人心风鹤之日,远居乡村,尽可避难。本官闻变激烈,毅然入城。止以忠义二字倡率士民,为效死勿去之计。迨城破,正色受刃。以圣贤道义之学为忠臣义士之举。生有令德,死著芳名。至如某某,及杨士弘之妻孙氏、某氏,虽匹夫匹妇之微,而义不共戴。杀身成仁,均之有关风化,应行旌恤。"奉旨,鹿善继赠大理寺卿,荫一子入监读书。仍建专祠赐谥。孙氏等该抚按建坊旌表。

与邑令议复祀典,恤死事者。

与邑令刘克极书,略云:"邑前辈胡炳南,登元末进士,隐居自乐,屡征不就,卒赐配飨静修,载在县志,不知何时遂失其主?幸遇明公主持名教,宜补此缺典,置主静修祠中。城头及死事诸人,既有南楼之祭。鄙意以为守城之人,其饥寒亦当念也。公饷尚存,请动支以完此项。然书生之效义,与衙役之趋公想亦有差别。生员胡堪夫妇同死于井,生员张应熊之女死于城破挺击。烈气刚肠,可以光昭汗简,明公宜给匾旌之。四境之义士、烈女,各为一祠,尤为盛举。井边烈女祠当此之时愈有关系。或即以今日之节烈而附于祠中,是亦前辉后映,彰往劝来之大机括也。孝妇刘文举之妻张氏、孝子赵廷桂,皆婆人贫困欲死,闻此时收贮土寇所掠之衣,或各给一二件,以燎其寒,是亦旌有德之意。"

十年丁丑,五十四岁。

在北城。

六月,六子尚雅生。

九月,梓《取节录》成。

凡六卷,共二十六门。先生自叙略云:"取节者,盖自名公硕辅,以及农夫、妇女,凡有一念一事之几于理道而得于闻见之真者,则急取而录之也。予窃惟古者史氏之书,其于名公硕辅,非为国家建大勋劳,捍大患也不以书;其于农夫妇女,一言一动之根于性而中于情,则汲汲焉以书。非与名公硕辅之略,而独与农夫妇女之勤也。名公硕辅,其贤之巨具众者也,事而为之书,则不胜书矣。农夫妇女,则其贤之微者也,事而不为之书,则不得书矣。是编也,自癸亥迄今,人不闻贵贱,行不问巨细,一念一事,可以兴豪杰而范世俗,则随笔书之。间亦有其人素在可憎,而偶有可录,尤不敢以恶而弃其美也。王汝止之言曰:"满街都是圣人焉。"知农夫妇女之所与知与能者,非即名公硕辅之所不知不能者乎!

十一年戊寅,五十五岁。

秋,同诸友入五峰山,结茅双峰,为避地讲习之计。

郭扶阳卫明、耿是经权等从先生入山受学。

冬,闻警,余兄弟携家至双峰,诸友相依而至者数百家。杜君异越有《五峰纪略》,茅止生有《〈扫盟余话〉序》。

五峰在易州西南九十里,去容城百七十里,汉王兴之五子避王莽之乱,隐居于此,世遂名为五公山。山之下有洪元宫,元儒刘静修有"方外道人留客住,门前尘世倩山遮"之句。又东南数里名双峰村,先生结庐于此,与同人修武备,兴文学。干戈抢攘之时,有礼乐弦诵之风。先生兄弟及一时从入山中者,汇其诗文曰《扫盟余话》,茅止生序云:"田子春辞骑都尉之命,率宗族乡党入徐无山中,扫地而盟之。从者五千余家,乃徐为定婚姻丧葬之礼,民遂以化。近者两子之役,容城受攻七昼夜,土垣陵迟,牛羊可上。启泰再辞征召,居郭外,曳杖入邑,从容指授,萃众心为城,城卒得全。天子嘉其功。启泰以无城而守幸也,不可以再,力请改筑,莫之应。戊寅,乃率其宗族乡党入双峰。入②兵入,从之者数县,累数千百人,多衣冠礼乐之士。乃所以整齐约束之者,一如子春。不半岁难平,未及为移风易俗之事,而筑险肄战之暇,神闲气整,倡和为诗歌。夫举世仓皇奔窜,师傅辇毂而处者,日夕如闻甲马声,舌不能下。而启泰能与其徒抑扬,予汝以著其斐然,此以制婚姻丧葬之礼,何有汉之名卿巨公宛转兵戈之中?强者篡,弱者依草木死。子春处之若无事然。今之强者以一死自贤,弱者以能脱一死为幸,启泰独恢乎其不可测也。而从之者又多豪杰之士,出能以定变,入能以乐道。启泰之遇较子春不更多乎!两征君上下二千年,皆在燕南赵北,岂偶然哉?吾故题之曰《扫盟余话》。"

冬,南大司马范质公檄聘赞画军务,辞不赴。

范公景文檄有云:"才识俱合,心迹双清,孝子可作忠臣,文事能兼武备。爰资囊智,用佐帷筹。"先生适在山中,辞不往。复有诗云:"东野林泉曲径环,烟波深处武陵闲。机缘不倩天孙补,生事惟将活水湲。月挂双峰吟共癖,露凝长夜酒成斑。何来檄草侵朝梦,肯令移文笑北山。"

十一月十日,高阳陷,孙少师合门殉难,有《高阳述闻》。

少师以元老殉国,一门子死孝,妇死节者二十余人。忌者尚持异议,先生为位哭以诗成《高阳述闻》,纪殉难事甚详。

十二年己卯,五十六岁。

在双峰。

人日偕友集竹园,诗云:"十年回首几风尘,此地别生一样春。海上云霞谁结伴,山中岁月此逢人。梦酣书榻怜余老,剑舞曲坛爱尔真。镇日竹园无俗事,柴门分手月光新。"

春,自双峰归,过百楼。耿氏扫别墅止余,令其子弟受学。

双峰去百楼百里,往来便道。耿好讷、好切,与侄权迎先生于其家,诸友相依而至者日渐众,门人从学日益进。

拟为鹿伯顺建祠于定兴殉难处。

为文告同人,略云:"惟我燕右,挺生哲人。生为理学名儒,死以忠节报国,立诚已盟于尔室,奏绩随见于当官。《说约》一编,点点滴滴述孔孟;认真诸种,源源本本祖伊周。以静修养高尚之心,蹈椒山杀身成仁之事。身非守土,甘矢念与城殉;家在城南,独锐意而北向。惟其死生之关一破,遂于君臣之义了然。节尽荒围,碧湛孤臣之血;神飞遥汉,赤倾九庙之灵。皇仁特许,以专祠祀典,岂容于久旷?卜期创始,既劳父母,公祖之主持指日告成,尚冀友朋亲知之佐理。肯堂肯构,行看庙貌之辉煌;载经载营,先问同心之踊跃。"

十三年庚辰,五十七岁。

在百楼。

《人日》诗云:"百楼逢人日,行年五十七。往事抵掌间,酸流骨孔出。田无负郭半,终鲜治生术。春官十一上,匹马归来疾。自分甘林壑,富贵非其质。此行虽勉赴,筋力已全失。幸有清修人,所学称入室。朝夕共嘤鸣,何事不可毕。有儿已成行,长幼颇秩秩。大者知名行,小者亦和吉。兄老兴尚娱,我老窃附民之逸。"

春,视弟启美于京师。

二月,次孙淦生。

望雅长子。

春夏不雨,岁大饥,人相食。饥民肃聚,余与百楼乡邻修备御。

鹿氏诸孙尽心洗心,杜越、张果中、鹿善治、贾三槐、陈铉各携家相依。余问业者数十人,皆环云鹤轩,书声相接。先生暇则视诸子习射于东圃。当啸聚肆劫之时,邻近村落皆焚掠一空,百楼独得安枕。是年秋,耿保汝极、田侪兰存芝从学。

秋,茅止生过余,同登张弘范看花台遗址。

十四年辛巳,五十八岁。
在百楼。
王生洲访余百楼,留十日而别。
王公名孙蕃,与先生为姻友。服阕将入都,与先生商榷天下事,论当世人物,俱在夹带中。明年,特授南御史,即参大珰刘元斌罪状,并罗尽时贤,荐举范质公、倪鸿宝二十余人。先生集中载与公往复书甚多。

十五年壬午,五十九岁。
在百楼。
十月,闻警,再入双峰。
山居,与同志约。
一、严同心,一、戒胜气,一、备器具,一、肃行止,一、储米豆。
告同志禁樵牧:"同志既避居于此,势必令人樵牧。或仆人无知,戕伐人树株,践踏人种蓄,令土人饮恨,便是我辈之不德也。今与同志约,戒严斯役,勿犯此禁。昔庚异行守禹山,与众誓之曰:毋樵采人所植。此古人先见之明,我辈当三复斯语。"
十一月望日,值警,同人俱集五峰。忽有火逸,势已炽,先生为文祝于山神,旋熄。
十二月,先生六十之辰,门人戚友百余人介杜君异言称觞,席地籍草,少长秩然,歌诗鼓琴。先生顾而乐之,顿忘身之在患难也。

坐中有诸壮士饮尽欢,各以其长自负。王枝鹿后至,谓先生曰:某长于韬略,某长于弓矢,某长于刀剑,某长于火器。先生谓王生曰:"子何所长?"王生曰:"调和诸将,某有微能。"先生曰:"诸子偏长,子称兼长矣。"

十六年癸未,六十岁。

在双峰。

春,辞公车路费。

二月,五弟启美卒于双峰旅舍。

武城公入山中,未几即病。夜常不寐,每吟诗以遣病魔。先生辄挑灯对榻,裁句以伴之,故劳郁成病,几殆。武城公殁之五日,病始苏,恸不及视含殓。数年后,每见武城公手迹诗文,泪下如雨。

修山寨告期。

三月二十七日,山中闻警甚急,赖同人守御得全。

先是先生入山,令夏鼎相视路径险阻,郭翼明酌度守御情形,部署诸同人量才分守。李子靖率其子祁守扼隘,自辰至午,鏖战三时,先生各诗纪之详。清凉寺对垒,纪耿权尽出其粟,供同人取给,尤先劳勚。

事平,同人拟各归里,祭告山神。

四月,还百楼旧居。

七月,移江村。

鹿静观邀过北海亭,赠以诗:"惨淡西山来,百楼重借止。四载历寒暄,主人情未已。君家笃世谊,拉我西江里。洒扫北海亭,欢洽济世美。园丁继新蔬,日夕佐薪水。兵去室如悬,岂堪为君累!贫与道相亲,太常晰妙指。衰年疏领略,愿与君悉此。复有相阅时,清夜月初起。"

十月,归北城,为弟启美营葬。

杜君异越志其墓,先生订辑其诗文若干卷,为《怡怡轩遗稿》藏于家。

邑令胡君廷佐,平凉人,闻先生归,单骑过访。及国初先生被征,严催就道,胡为部郎,向辇下诸大列曰:"尧舜在上,下有巢由。我辈浮沉仕路,使孙公得遂其志于长林丰草间,是亦圣朝宽大美事。"可称先生知己。

十七年甲申,六十一岁。
春,贼李自成犯京师,携家复入双峰。

先生有《野哭》诗,云:"至尊挺英姿,卓哉有为主。继统十七年,日思起隋窳。无如臣道微,有鼓而无舞。一朝天运摧,刚性不肯俯。惟君死社稷,大义有所取。虽未奏雍熙,纲维天地柱。后缁女先刃,神钦鬼翼怒。高皇应笑迎,谓不辱祖父。嗟余草莽臣,有泪徒缕缕。名列荐举间,论勋曾有谱。无力可杀贼,生也竟何补?"

四月,伪令冯持李贼檄,迫赴京授官,不赴。

时先生在山中,移避新安水乡,欲渐图南徙。贼势方张,所在啸聚,乘机思掠。忽从山中传一伪檄,水乡亦传一伪檄,至榖列多端,首严把棍,掳掠群小闻之敛迹。迨贼过,竟无敢犯者。事后,知先生仲子奏雅与耿子权所为也。不动声色,而地方得借以安,先生尝为同人言之。先是茅止生考黄巢始末曰,非考黄巢,考李自成也,先生服其先见。

五月,为大清顺治元年,自水乡归北城,遂病疮疡。
八月,三孙潜生。

立雅次子。

九月,巡按柳公以地方人才荐。奉旨:送内院。吏部启请擢

用,令有司敦促就道。以病辞。

柳名寅东,先生呈云:"某中明朝庚子科举人,迄今四十五载,行年六十一岁。然三十年来病胃痼疾每犯,辄旬日不食,坐致笔砚荒芜,耳目昏聩。迩复新病疮疡,缠绵不脱,亲友交怜其危苦,某亦自厌其余生。不意启荐,所属猥及庸陋愚昧。自感知残喘,实难就道。且其狼狈颠顿之形,皆明公所目睹,而非耳闻者也。伏乞俯监衰困,据实转申,则新朝德意当事陶成,某即犬衔结。"

十月,避瘟疫,携家三台寓梁桂林春晖堂,会诸友于静修书院。有《〈渡江赋〉辨》。岁暮,复归里。

邱文庄濬谓静修先生作《渡江赋》,幸宋之亡,竟以此阻从祀。先生曰:"《渡江赋》,哀之也。"时李完一、李胤绳、崔承一、李邺蕃诸子,尝讲习于书院。

二年乙酉,六十二岁。
在北城。

清苑高荐馨铚,新安魏莲陆一鳌、李晋亨知新,雄县马习仲之驯、容城孙备九凤立从学。

三月,刘玉孺司马遵旨举知,奉旨:送内院考试。以病再辞。

刘名余佑,顺天宛平人。

薛祭酒行屋以让贤荐,具以病辞。

薛名所蕴,孟县人。疏称:"国学为教胄之司,传经育才,厥职甚重,苟非其人,鲜克胜任。元用许衡、吴澄辈为祭酒,一代文教媲美,古昔有由然也。今创业之初,即选满汉子弟弦诵泽宫,作人之化,度越往代。而以臣谫陋,滥竽司成,心窃愧之。访得保定有容城县举人孙奇逢,以庚子贤书隐居教授四十余年。学深稽古,志切希贤,淡泊宁静,绝意仕进,远迩之士闻风矜式。特下弓旌,征聘出山,以长成均。师道立,而善人多,其庶几乎!"

三年丙戌,六十三岁。
三月,移居新安,寓薛锦轩别墅,额其斋曰:"云宿舍"。
是年春,先生田园俱供采地,遂驱车入新安。先生身无长物,到处自适。屡经烽火,闻警便行。尝云:"古人有言富不如贫,贵不如贱。此言人信不及。以余观之,少不为贫贱所困,老不为贫贱所不负,此贫贱耳。"

门人高荐馨、王五修、孙备九请余录问答语,自此始。
先生与陆③先生力任斯道,尝云:"伯顺以一人而兼直谅多闻之益。自鹿先生殁后,日与及门反复发明,皆言奉教于江村。吾友者如江村所云:五经四书只一句话可以了当,千圣万贤俱是发明。此理只一个:随时随事体认天理,则五经四书皆我注脚,还有甚不了当处。然此理包天地,贯古今,历从来多少帝王贤圣,发挥不尽,却一一全备于我之一身。故曰读有字书,要识无字理。有不能领会处,试默默向自身上体验,便了自当。"

问:"鹿先生谈柄多拈象山、阳明、念庵语。三先生之旨趣自无不同,而周、程、张、朱之旨趣岂遂有异乎?"先生曰:"三先生近里着已纯是提醒昏梦,搜掠肺肝,直接孟氏之传。须知从古圣贤都从立身行己处取齐,微有异同,自不必论。如周、程、张、朱,本同也。而细论之,特以师生兄弟未分门户耳。如朱、陆,本不同也,而朱子自谓南渡以后,入字着脚,真实理会,惟我与子静二人。后世学者实修不讲,专较语言文字,此正不学之过。从今后只理会其同,不必究晰其异,乃是真切为己之学。"

是年,都门金伸远镜、新安王五修之征、仇异浥宪稷从学。

四年丁亥，六十四岁。

在新安。

新安令王孟山家桢下车之日，即谒于云宿舍。孟山，淮安山阳人，令新安有清惠声。后令永年时，乃执贽称弟子。

邑有十老社，月一会，令子弟行酒。余仲兄亦与焉。

端阳日，张于度与相我公至新安，先生集诸老为尚齿之会。长于先生者：仇继轩，八十有一；罗好轩，八十；相我公，六十九；仇馥闻，六十八；薛锦轩，六十七；杨怀秋，六十六。少于先生者：魏明桢，六十一；张于度、刘元朴、王翼明，皆甫六十也。

五月，订高阳孙文正公年谱成。

文正公旧有谱，稿残缺。仲孙之藻求先生补辑，订成二卷。

纂辑《理学宗传》。

先生旧与鹿先生搜录诸儒语录甚多，书帙浩繁，经兵火散帙不全。至是，高轿王之征、陈铉，与先生季子博雅手为抄录，皆先生几经评阅。尝云："诸儒学问皆有深造自得之处，故其生平各能了当的一件大事。虽其间同异纷纭，辨论未已，我辈只宜平心探讨，各取其长。不必代他人争是非，求胜负也。一有争是非，求胜负之心，却于前人不相干涉，便是己私，便属浮气，乌能近里着己，直切了当？自己性命，此病关系殊不小。

五年戊子，六十五岁。

在新安。

春，修《新安县志》。

先生为义例十则，谓："节妇义夫非盖棺不得书；孝友义让不可自为乞请；子孙不得为祖父过溢美；采访不得以喜怒而加妍媸；立传勿以不羁而掩大节；名宦须造福于地方，乡贤务有俾于风俗。矢公矢慎,勿滥勿遗。"与高轿纂修逾三月始成。

秋,云宿舍为霪雨所坏,高侍御及诸门人为余筑双柳居,在学宫东。

先生同诸子诵读于学宫,颜乃来有联云:"近圣人之居,教亦多术矣;守先王之道,文不在兹乎?"

是年,安肃于杜若鸿渐、谢彝甫皇锡,清苑王誉之延褒从学。

冬,为邬广文孝征归榇。

新安学博邬萃,楚石首人,与先生友善,卒于学署。其子孔彰在楚路阻,不得闻讣。先生致书楚学使王天锡,资之北来。高侍御似斗资其归。时有以路梗难之者,孔彰曰:"俟路无拾遗,先子无归榇之日矣。"与老仆挽柩而行。先生壮之,竟抵石首。

十二月,四孙淳生。

望雅次子。

六年己丑,六十六岁。

在新安。

选陆放翁诗,手题云:"剑南高旷超逸,名之曰放,诚自为写照。其甘贫爱闲,慕隐喜幽,更有当于老怀也。至其生平大节,都在声韵字句之外。读《垂老》、《示儿》诗,是岂可以诗人目之?"

春夏之交,水乡萑苻将作乱北城。

十月,仲兄相我公卒,襄葬事。

相我公柔善有执,族党无间言。弥留时神气安闲,一语不稍乱。年七十一。先生为次其年谱。先生南徙,辞墓诗云:"竹马肩随近古稀,白头心事更依依。荆花落尽难归树,日断天空一雁飞。"

十一月十日,告墓携家南徙,留长子立雅守祠墓。至祁州,刁非有扫别墅止予,遗奏雅、韵雅率族党亲友南行。

先生南徙,族党门人相从者数十家。里族依恋不忍别,至有追送一二百里者。沿途人争挽留,俨然花外小车景况也。非有名包,博学励节,为左忠毅公所选士,先生与之讲论甚多。

同李符梦谒横渠张子祠。张子曾宦祁,故有祠。阳明门人徐日仁亦宦祁,与张子同祀焉。

符梦名艾兰,有志于学,先生教以《东铭》为入门功夫,《西铭》为学之本体。所谓无内外,无小大,一以贯之。符梦闻言自省,未几而殁,先生惜之。

日谱自出门始。

先生自叙略云:"自丙戌后,故园不可居,寄渥城者四越春秋。己丑五月,吾邑不戒,故园益不可一日居,思卜筑河朔,渐图渡河渡江。为幼子就婚茅氏地。行坞薛君于共城、林虑两山中各为庐舍待余。王孺、刘君复为计,即次之安,予始于己丑仲冬至祁州,刁非有孝廉下榻挽留,遂令奏雅、韵雅先行相视。明年春仲,奏雅自淇水来迎,遂南发。来此五阅月,千里之山川人物,或得之耳闻,或得之目睹,已大半在吾意中矣。予束发论交,以友朋为性命。今海内故人沦落殆尽,是谱也自出门相与之人,有倡和,有邮寄,有答问,又因而有所闻。节义之事与志行之人皆谱之,为磨砺省躬之助。"

是年,易州卢兆堂执贽于祁州。

七年庚寅,六十七岁。

二月,自祁州南发,望雅、侄量雅携家从,留博雅、尚雅奉其母在祁。

时王之征同博雅留祁,徒步送先生,不觉三百余里。至广平,闻其母追寻,始归。先生赠以诗曰:"尘沙眯目透重裘,借尔冲风兴未休。识得友朋真趣味,便知陈蔡也非忧。"

先生途次藁城晤毛晴岚三光,磁州晤张湛虚镜心,肥乡晤贺宣三应旌。

四月,抵淇县之西冈。奏雅、韵雅先同族党亲友在此。

五月,来苏门,同三无老人读《易》于闻啸楼。

三无老人李尉,字霞表,雄县人,精于《易》。先生著《读〈易〉大旨》,自此始。

七月,移入共城,颜其室曰"留云舍"。

厅事题柱云:"半亩亭台唯种月,一家生计只依云。"

十二月,奏雅、博雅奉其母至。

是年,新城王申之余佑,定兴马构斯尔楩,成安李含生之藻、王玉乘元镖,新安李性甫体天、李仕甫合天、李信甫明天,安邑马振公胤锡、马宜公载锡从学。

《励学文》:"无穷身世,有用精神。日图晏安,积成暴弃。时为警省,渐入精微。古人吃饭着衣,便是尽性至命。吾人谈天论地,总非行己立身。日用之功,惟静心可入。学问之道,非胜气能参。读有字书,要省无字理。学而时习,习何事与?逝者如斯,斯何物也?天地之大犹有憾,夫妇之愚可造端。三月不违,逾见不足;日月之至,尽有可观。富贵利达,人一转念即豪杰;矩行法言,士聊失足成凡民。赋性原同,因习而远。降才虽异,情发岂殊!夜气犹存,当默省梏亡我者何事?鸡鸣而起,急追寻舜跖分者何途?但求放心,要在责志。功有深浅,理无精粗。诵诗读书,举业不妨德业;学诗学礼,独闻亦是共闻。父兄师友之间,反躬无愧;起居饮食之际,乐趣何穷?仰望同人,告教小子。"

八年辛卯,六十八岁。

在辉县。

先生语余佑诸子曰："余五十年始识一贫字，正赖有同志者实履其境，而深咀其味。昔伯顺尝云：'吾于贫字未尝身试之，所称无谄无怨，终是虚谈。'今我辈以贫贱之身，值流离忧患之际，典琴书，质簪珥，忍病停药，日不再食者屡矣。对妻子似难快心，对同志应无惭色。此字不明，终非真实学问。大家不讲明，终非力砥流俗之意也。"余佑因铭其斋曰"共饥"。

又曰："昧爽丕显千古。治心之学达而在上者，着落在平章协和；穷而在下者，着落在修身求志；厄穷患难者，着落在空乏忧虞。舜说诸人：不阅历山版筑，深咀艰难之味，乌能兼善天下。空乏时丕显与协和时丕显总是一样。戒慎恐惧，以提醒此心耳。"

四月十九日，继室杨氏卒于共城旅舍。

杨孺人抚非己出之子女，终身无间言。前后六人，各不见其为异母也。前配槐孺人有母年老，孺人迎养于家，事之如母，里党贤之。先生终身贫旅，不事家人产，尝以一布囊贮米，经年不能满，孺人绝无愠色。

六月，葬室人。马玉笋赠夏峰地寄厝。

是年，安邑景乾祯应熊、汲县孟二青瑶，及雄县王生洲子一廉从学。

九年壬辰，六十九岁。

春，卫河使马玉笋以夏峰田庐见赠，为诸子躬耕之地，先令韵雅督治。

王笋名光裕，山西安邑人。

谓诸子侄曰："汝等学稼，吾虑汝不明习此事，而小视之也。舜耕历山，尹耕有莘，亮耕南阳，此是何等勋业！孔子于樊迟乃鄙而小之，此中道理甚活，正不相悖。当舜、尹躬耕时，浑身备礼、义、信之用,故能成舜、尹事业。孔子大道为公,正欲偕及门共兴东周,纳斯世于凿井、耕田,家给人足,岂区区以百亩之不治为忧哉?今日寄居苏门,不耕无以为养,且无以置吾躬也。不有耕者,无以佐读者,况负薪挂角,古人何尝不兼尽于一身。吾老矣,此躬不力,望汝等并耕不息。"

谓族党戚旧曰:"汝等千里之外既偕余来,复偕余止,各分田数亩,以共余耕。年之丰歉,有无共之,我闻'二人同心,其利断金'。愿各去私心,勿负闲气,各有父子兄弟夫妻,各安本分生活。吾之心事告汝,望汝大家听信,且转以告吾乡之附近居此者。"

十月,移居夏峰。

榻铭:"兀然一榻,每坐夜分。竹户绳床,风雪时闻。疏篱敝席,朴陋无文。客至时常乏酒,自奉安必有荤?旁人窃笑而窃怜,病叟心安而意欣。幸诸儒子,长幼成群,诵诗读书,膏续香焚。长枕大被,至性氤氲,兄弟而兼师友。眠食起居,随意适形。而不觉其纷纭。各为忍忉于其母,故念其父而弥殷。此一榻也,莫嗟落寞,莫厌荒凉,不愧乎一室之中,可以策千勋。"

顺天巡按御史陈浥水举山林隐逸,奉旨:"着督抚按起送来京。"

陈名棐,河南光州人。复寓书令颍州刘公勇体仁商进止。先生复书辞云:"衰病腐儒,谬辱大疏。齿及奉旨起送,顾某何人,邀此异数。然承国士相遇,不敢不披衷以陈:某五十余年老贤书,未尝就一官,迹似于隐,然实非隐也,病也。平生多病,兼短于才。倘不自揣,冒昧一出,势必狼狈而归。区区不足惜,不重为明公知人之谓乎?年逾七十,终老烟霞,得藏一日之拙,正所以报明公千载之知遇也。"

十年癸巳,七十岁。

春,有十老社,月一会于百泉。

苏门社题辞:"卫水悠悠,源泉混混。人以地灵而聚,地以人聚益灵。吾党数人,地分四省,偶来借闲于此,遂尔托契于心。或素嗜烟霞而鸿宴不下,或身经仕路而鹤性难驯,或冷暑优游而默探乎学旨,或寒窗攻苦而久淡乎名心。均抱用世之才,具有脱鹿之想,一觞一咏,聊达此日之性情。斯地斯人,永作千秋之盛事。古人岂难并驾,我辈猛自交修。非敢素餐,用申盟好。"

会约四则:一、定交,一、崇俭,一、爱善,一、忘己。文载集中。

正月,长曾孙用柔生。

澜长子。

三月,保定太守胡苍恒两次催檄至,具书辞。

以巡按御史陈荐,奉旨起送故也。

四月,读朱子晚年定论。

先生手书曰:"晦翁六十岁后,因目病静坐,痛悔向时工夫止是讲论文义,于日用全欠检点,深省痛惩。此是晦翁天资醇笃,真切用力,自觉自证。他人看不透,信不及,所谓中人以下不可语上,以故于子静、阳明之说纷纷觝悟,忘其为效忠之良友,谬以为竖敌之仇人。圣道大公,而学人自私,以为尊晦翁,乃不尊其所悟者,而偏尊其所悔者,晦翁不有余恫了!不能窥古人之藩篱,徒为古人争是非,此最是学人大病。"

问朱、陆同异,先生曰:"鹅湖之会,人皆咎其不同,余谓道一而已矣。不同宜求同,所谓南北海有圣出焉。此心同,此理同也。未至于同,万不可强不同以为同。由、求不同于游、夏,游、夏不同于颜、闵、点,曰:异乎,三子者之撰?子曰:我则异于是,于是不同,何病皆足入道?使当日弟兄友朋之际,不求心之安,强为说之同,是扶同也。先儒实地用功,不徇情面。子静之言曰:'建安亦无朱元晦,青田亦无陆子静。'晦翁之言曰:'南渡以来,入字着脚,真实理会,惟某与子静而已。'见二贤克己之学,偶尔辨论不合,正不足病也。"

《忆三君诗》序云:"三君者,谓无锡高景逸、关中冯少墟、吉水邹南皋也。三先生于神庙时聚讲,京师偶触其遗事,怅然恨昔日之未获一见也。因追忆之,以志企慕。

"忆昔神庙间,海内推三老。都门设讲堂,福清为主道。时彦蔚如云,日夕资探讨。我时游京师,摄衣欲往造。友人偶有见,寻师当自考。未几三老去,我亦竟潦倒。今逾三十年,海内鲜盟好。后辈律前辈,方悔见未蚤。初疑贤才生,天地实浩浩。鲁闵与由赐,接踵入怀抱。谁知竟不然,真人非易保。卓哉三君子,立身如月皋。言为世羽翼,披对尘心扫。古人异代交,犹思荐苹藻。我虽睹面违,私淑岂草草!"

十月,读罗念庵集。

手书云:"念庵,阳明之功臣,龙溪之益友也。阳明良知之说本之孟子,不虑而知龙溪,遂以为一念。灵明无内外,无寂感。吾人不昧此一念,灵明便是致知。或以良知不足以尽天下之变,必加见闻知识补益而助发之,便是俗学。此以一念之明为极,则一觉之顷为实际也。念庵曰:不然,阳明常以入井怵惕,孩提爱敬,平旦好恶三言为证,盖以一端之发见,未能即复其本体。故言怵惕矣,必以扩充继之。言好恶矣,必以长养继之。言爱敬矣,必以达之天下继之。孟子之意可见,阳明得其意者也,故亦不以良知为足,而以致知为功。念庵集中多以此立论,故曰阳明之功臣,龙溪之益友也。"

六孙溥生。

奏雅长子。

十一年甲午,七十一岁。

二月,赴磁州张湛虚之约。

张名镜心,潜心《易》学者有年,期为洛社之会。先生过之留月余。张公有子,十年不得见父矣。其侄亦失欢于其父,摈不得见者三年,先生为之调剂,俱父子如初。

南和白函三谓先生曰:"学问从源头上理会,并理字也无。"先生曰:"人生而静以上,虽不容说,然理却是天之所与。至其下手工夫,须随时随事体认天理。"

四月,过东昌,访张蓬玄。

张名凤翔,万历间与泾阳、景逸、少墟、南皋诸公讲习颇久,归田后数走字期过百泉,先生至磁,因携《理学宗传》就正焉。张谆谆于姚江"无善无恶心之体"一语,不能无疑。先生曰:"古人立言,意各有在。一人之言也而前后不同。孔子与及门论仁,论孝,论行,岂能一一同乎?夷、尹、惠皆圣,微、箕、比干皆仁。有程、朱,不可无陆、王。遵程、朱者,是欲因程、朱以见尼山;遵陆、王者,是欲因陆、王以见尼山。四子俱非尽境也。视、听、言、动,无非礼;子、臣、弟、友,能尽分。此圣学实境界。"蓬玄深然之,复出所著书八种,令先生为之笺订而别。

七月归,过汤阴南城坳,避贵客,为炮所震,耳遂聋。

先生此行有《游谱》,张蓬玄序云:"昔陈太丘诣荀明陵,贫俭无仆役,乃使元方将车,季方持杖。于时太史奏称:真人东行,天人相感,自古志之矣。容城孙启泰先生,前朝公车不赴,清朝征辟不起,盖龙德而隐者也。甲午夏四月,自苏门访余于东,门人马构斯、季子孙君孚扶侍以行。所过与人臣言忠,与人子言孝,与人弟言悌,望者以为高洁不可及,而即之甚恭而温,油油然有万物一体,满街圣人之意。先生之学学于天,怡然与造物同游,故远迩争迎致之,非人之所能为也。"

《游谱》有言:"春秋以天自处,二百四十年此天,二千四百年此天,二万四千年此天,此是祖述宪章,上律下袭,统体本领,故高尚有其事事天。其事也以其时居上九,事在峻极之天,故志尚甚高,非以高尚为事也。先生体认天理,处处见之。昼为宵得,则随笔疾书,间形歌咏。自家居以至之卫,之齐,未尝须臾息,亦未尝须臾忘。天一昼一夜行九十余万里,而天极常止其所而不动,人知先生之行,不知先生之止也。《易》曰:'艮其背不获其身,行其庭不见其人。'周天自行,太极自止,动中有静,未可岐视。谱中固尝言之太丘风谊似先生,而学问逊先生远矣。"

是年,太康耿太炤耀、耿亦夔帝德,肥乡李元善贞吉从学。

七孙沭生。

尚雅长子。

十二年乙未,七十二岁。

春,集晦庵文钞。

先生题云:"《宗传》旧选朱子,止取晚年。友人云:若只存此,则朱、陆当欣然相得,安得许多同异?余惟道问学,与尊德性原是一桩事,正不妨并存。见圣道之大,各人入门不同。又如格物,与阳明不同,俱当互见,以示天下后世。因简朱、陆'始焉不合,继焉渐合,终焉相合'之语,俱列于册。见友朋之益,相得之难,如此后之学者不知陆,并不知朱,必以为到底不合。至举晚年定论之语,亦不之信。见有人尊信陆子者则极力摈斥之,见有人指摘陆子者则极力推奖之,此与朱、陆何涉?适足以明己之拘,而不大千古学术,岂一己之意见遂为定评哉?王子格物之说冒险犯难,历尽诸攻,始得休息,然亦与朱、王何涉?究竟建安亦无朱元晦,青田亦无陆子静,姚江亦无王伯安。"

问晦翁、阳明之学,先生曰:"门宗分裂,使人知反而求之事物之际,晦翁之功也。然晦翁殁,而天下之实病不可不泄。词章繁兴,使人知反而求之心性之中,阳明之功也。然阳明殁,而天下之虚病不可不补。"

十二月,王天锡重刻鹿伯顺《四书说约》,于楚索序。

先生序略云:"鹿子《说约》久已梓行,其旨盖取子舆氏博学详说,将以反约之意。夫博与约,非二也。博原自约出,非约不能博。约原自博,具非博不能约。是义也,孔子固尝言之,颜子亦自承之,故曾子之修齐治平一本于诚意,子思之中和位育一归于慎独。迨至尧放勋、舜重华、禹平成,博矣。而一廷授受,执中而已矣。天之命于穆不已,万古此行生也,万古此于穆也。一越其宗,即为畔道,即诸儒继起,各以所见为发明。如周之'无欲',程之'主敬',朱之'穷理',陆之'本心',王之'良知',皆从浩博中体认精微。所谓殊途而同归,百虑而一致,正此说约之旨耳。今天锡复刻此编于楚,意谓伯顺之说得之阳明最深,而说最相合符。余谓由阳明而子静,而周、程、张、朱,岂有不符者哉?由孔子而建天地,质鬼神,考三王,俟后圣,亦岂有不符者哉?总之,本诸身者是则言无不合,言合而本诸身者非即合,亦离也。切愿学者因伯顺之说而观伯顺之行。余自丁酉交伯顺,至丙子殉义之年,盖四十载,深知其为浑成亏齐,得丧一死生之人,故其所说皆躬之所行,未可以语言文字观也。伯顺生平极服膺朱子,晚年定论,谓王子为朱子功臣,又何有朱、陆之异,而约之不合一哉?"

先生语诸子曰:"自浑朴散,而象数之繁,异同之见,理气之分,种种互起争长,然皆不谬于圣人,所谓小德之川流也。有统宗会元之至出焉，一以贯之，所谓大德之敦化也。我辈不能有此大见识，切不可专执一偏之见，正宜于古人议论，不同处着眼理会。如夷、尹、惠不同，微箕、比干不同，朱、陆不同，岂可相非，正借有此异以证其同合。知廉、勇、艺而文之，以礼乐方见冶铸之乎。"

十三年丙申，七十三岁。
九月，题夏峰草堂曰"兼山堂"。

友人问："卦之变化，乾可变而为坤，坤可变而为乾，六十四卦递相变，以至于无穷，其不变之义安在？"先生曰："有立于卦之先者，太极是也。二气五行相推相荡，天人理欲互消互长，而太极终古自如。善变者，阴变而为阳，化小人为君子。不善变者，阳变而为阴，化君子为小人。艮背无咎，无妄可贞，此《易》之所以教也。以'兼山'名堂，意有取于斯。"

三无道人联云："两山相兼，土之藏，水之润，风之散，日之暄，气至化行，总是无声无息。一背自止，趾之动，腓之随，身之安，辅之序，事因时起，依然何虑何思？"

十月一日，移先位于兼山堂之西。

先生手书《家祭仪注》于壁，云："久离丘垄，萍心未定，祭荐缺疏。迩即次稍安，移先位于斯堂，庶朝夕得依灵爽。凡我子若孙，入庙思敬，酌立仪注，愿身先之。晨起栉沐后入祠三揖，自入小学便不可废。朔望焚香拜。元旦昧爽，设祭四拜。四仲月用分至日，各设祭行四拜礼，令子孙供执事。凡佳辰令节，寒食寒衣皆拜。设时食，忌辰设食拜，子孙素食，不宜享客。有事出门，焚香拜，归亦如之。吉庆事卜期设祭。儿女婚姻，焚香以告生辰，弥月设食以献。新妇庙见设祭，主妇率之行礼。凡祭，妇人另行礼，各如仪。"

先生复手录先儒时祭祀先儒，则揭之于壁，与子孙反复发明。

至所书《仪注》，以身为教，即疾病未尝少废。每遇两先人讳辰犹斋戒，不与宴坐，色惨泪零，终身如一日也。

立雅欲归故园，破屋残田，思为料理。先生曰："我正欲汝去料理，跟寻祖宗旧业，竭力修筑耕耘，守而无失。但恐汝力薄骨脆，不能承任。抑知昊天上帝，为生人一大主人翁乎？日月星辰，则主伯亚旅也；山河大地，则田庐台池也。元会运世，乃所以永远为业。尧、舜、禹一中授受，乃传祖业之人。姬公仰而思之，孔子终日不食，则清理祖业，思为子孙万世贻谋之计。颜之克复，曾之忠恕，思之戒惧，孟之仁义，皆谨守先业不至荒坠。周之太极，程之定性，又从荒坠中而得其不绝之绪。子静宇宙吾分内，阳明六经皆册籍，皆祖宗旧簿也，而恍惚遇之其间，身版筑之劳，躬耕凿之力者，随时随地，未尝乏人。然零星曲隅，未睹大全，犹以沟浍而侈言。溟渤丘垤，而高谈华岱耳。屋破矣，田残矣，而广居安宅，万古常新。自开辟来火不能焚，水不能溺，家家有此祖业，家家不能料理，一任颓败荒芜，绝无有过而问焉者。天无日不生人，而不能得一承家立业之人，天负人耶？人负天耶？汝能料理及此，方是肖子。"

为槐庆堂归榇。

槐名公征，槐孺人从弟，魏县广文，卒于任，贫不能归榇。先生纠同人助之，三丧皆得归。

是年，武陟杭行麓世拯从学。

十四年丁酉，七十四岁。
在夏峰。
三月，渡黄河。
至杞主孟调之家。杨方伯闻之，欲晤先生，不入城而返。
七月，尚儿、诠孙入辉邑庠。

先生在辉本寄居,自此入籍。

八月,钜鹿杨犹龙过访。时殷伯岩、申孚孟俱集兼山堂。

犹龙名思圣,慕先生久。在杞不得晤,故来访于夏峰。时先生有《畿辅中州人物考》,杨留心当世人物,与之参订殊多。伯岩名岳,鸡泽人。孚孟名涵光,广平人,节愍公冢子,俱问学于先生。

九月,八孙浴生。

尚雅次子。

十一月,九孙溶生。

奏雅次子。

十二月,《中州人物考》成。

自叙云:"余来中州九年矣,中州之贤豪长者,同时而我不闻,我之不能取善于乡可知也。过去而我不闻,我之不能尚论千古,又可知也。语云:盖棺乃定。姑无论同时则尚友,古人可或靳欤!残年山居,无所事事,偶于素闻素见者得百余人,均之为人物耳。或以理学著;或以经济称;或殉难一朝,而以节义显;或抒忠有素,而以直谏名;或居身不苟,立朝有闻,人亦不得以一节目之,则方正之谓也。此五者途辙虽分,而本源乃合。第就其时其地,各成一品格,所谓君子,亦仁而已矣,何必同? 或曰:武与文则迥乎不同矣。余曰:不然。文以经邦,武以戡乱,益赞尧德曰,乃武乃文,智信仁勇,严宁直将,道亦相道也,亦君道也。若隐逸,则不以文武著称,抱道于身,未用于世。世有不可,必之行;而我无不可,必之藏,所谓隐显一致耳。故叙列入科,而以隐逸终焉。"

是年,新安杨乾行行健,新乡郭骕臣迓熙、郭俊臣遇熙,大兴李奕倩滋,大梁黄载公载从学。

十五年戊戌,七十五岁。

在夏峰。

先生题壁云:"人生最系恋者过去,最冀望者未来,最悠忽者见在。夫过去也已成逝水,无容系也;未来茫如捕风,无可冀也;独此见在之顷,或穷或通,时行时止,自有当然之道,应尽之心,乃悠悠忽忽,姑待之异日,诿责于他人。岁月虚掷,壮怀空老,良可浩叹。"

二月,《畿辅人物考》成。

其规模次第,一准《中州人物考》之例。

三月,葬张于度于夏峰北原,为作传。

先生诔以文,略曰:"于度为留顺高弟,从余入山入水五十年,未尝或离。左、魏之难,履虎尾,涉春冰,烈士之名满天下,卒归老于苏门。高蹈远隐,志士不忘在沟壑,其庶几乎?"

七月,辑《两大案录》。

先生自序略曰:"两案录者,一录从来创业之君若臣,一录从来中兴之君若臣。盖千古之英雄豪杰,经世宰物,莫有外焉者,故录之也。或曰:主圣臣忠,不必尽在创业与中兴,何独录此?曰:此原不可与守成者同日论也。不皆尺土,不籍一民,赤手而混一海内,此诚难矣。嘘既烬之灰,寻已坠之绪,疏逖而恢大业,亦岂易言?然中兴者,又视创业之规模小大,元气厚薄,以后后起者之绵促。汉高以匹夫而有天下,东汉节义之盛超轶前代;昭烈犹能偏安一隅,系汉九鼎。此古事之可见者,盖天原不轻生一大有为之人,经几屯蒙晦塞,戕夷杀戮之惨,始生一人焉以底定之。而一时之云龙风虎,共济时艰者,无一非承帝心之简在。而此一人之与众人洒,不知费几许心力,历几多死生,而始成此永清之烈,以仰答天心,亦艰矣哉。思其艰以图其易,民乃宁若以易心承之,鲜有不颠陨者。人徒见功之难成,若谓天之不欲平治天下,且疑天之私奸雄,岂知阴阳消长,气机感召有数存焉。即天且不能违,而况于人乎?两案之人不能尽举,举其著者。亦有我见为著而人见平,人见为平而我见为著者,各从所见而已矣。"

九月,题饿夫墓。

饿夫,姓彭名之灿,字了凡,蠡县诸生。甲申后弃诸生来游河朔,依先生以居。绅士为授粟,夷然不屑。有延之训子者不往,竟坐死于啸台之傍。先生义之,题曰:"饿夫墓"。有文有诗纪之。

冬,王申之率同人魏莲陆等葺余西山旧庐,为双峰书院。

易州隰崇岱书于石以记之,余佑与同人讲习其中。

是年,阳武王君佐际三、原武张天章灿然、新乡郭熙侯治化从学。

十六年己亥,七十六岁。

在夏峰。

示诸子曰:"邹子东廓尝语同志曰:除却自欺,便无病;除却慎独,便无学。此语原自道得,尽千圣万贤真切做工夫,只要慎独。慎独者,正慎其毋自欺者也。古来自欺者莫过乡愿,故圣门痛斥之,众皆悦之。欺人也,自以为是;欺己也,欺愈工而断吾真也益甚,自非独勘独证,戒惧提醒,终无自慊之路。尔辈诱染,未深天机,用事宜早致审于欺慊之介。尚其勉之,夙夜勿忘。"

三月,《四书近指》成。

先生自序曰:"或问学何为也哉?曰:学为圣人而已。曰:圣人可学而能乎?曰:可。孟子曰:'乃所愿则学孔子也。'曰:仲尼,日月也,犹天之不可阶而升也,乌能学?曰:日在天之心,心在人之中。天与日月不可学,亦学吾之心而已。心以天地万物为一体,其操切却在日用饮食之间,故曰不离日用常行。内直造先天未画前,尽心知性以知天,而圣人之能事毕矣。元公曰:圣希天明道。曰:

圣学本天。孔子亦曰：'知我者其天，天之外复何事哉？'夫子假年学《易》，而以不息法天行，在《春秋》以天自处。即《鲁论》二十篇，大之言仁言德，细之日用饮食，名色虽殊，要之文章皆性道。维天之命於穆不已，圣人以至诚配天，同一不已。诚者天之道，诚之者人之道。时习之学殆所称尽，人以合天则人也，而实天者乎？《鲁论》所载，无言不可会通，然其教之所重，而本之所汇，则时习一语，足尽诸贤之蕴。故鲁子得之而明德至善，子思得之而修道而教，孟子得之而集义养气以塞天地，皆所谓以一贯万者耳。不能得其一者，读书破万卷，究于自己身心毫无干涉。穷年矻矻，终老无闻，余尝与及门二三子拈'学而时习'一语，六经四书不能满其分量，千圣万贤不能出其范围。即如清任和至不一也，而所以一之者，曰：皆古圣人也。微、箕、比干至不一也，而所以一之者，曰：殷有三仁焉。支分派别之中，自有统宗会元之地。若其必不能一者，是其端与我异者耳，非本天之学也。夫子尝曰：不知言，无以知人。孟子亦曰：我知言。《鲁论》二十篇无一言不传圣人之精神色笑。而出二千余年学圣人之学者，载圣人之天而忘其高，履圣人之地而忘其厚，此仲尼之天地所以为大也。刘静修著有《四书精要》，惜久失传。鹿忠节《说约》一编，刻画生动。余耄矣，偶读《论语》，复识数言于其首，标曰：'近指'，以告吾党士之共读《论语》者，亦以示不可求之于远且难之意。"

寄西华左令："贵治自逆闯肆虐，有蹈东海而不为之臣，且耻与之同姓，理寒石畅和者，世所称鲁仲连后一人也。仆素未识其人，其风尚可廉顽立懦。闻其家有老母，仅一妾与两幼孙侍晨夕。有子为高节不能庇其母，此固仁人君子所恻然而深念也。仆访其诗文零落，尤甚惜之。足下维持风教，使寒石之精神常在天地间，而表章之功与之俱永矣。"

云南卢颂蓼贫老不能归里,余言之侨寓诸绅,修养老之礼。

卢鲁为卫广文,年九十余无妻子,先生倡养老之举。时,王蓼航为具棺,郭公望每岁为授衣。

诸子立会孟城。月两会文,每会问先儒学术异同,或礼制、祠祀、钱谷之事,使自为条议以质之。

是年,易州田怡埏乃亩,安肃赵炎,杞县刘菖、石始菖从学,始菖为文烈公冢孙,以文烈公集乞序。武城王国鼎旧师事启美,今为汲丞,复从先生学。

十七年庚子,七十七岁。
在夏峰。

友人问:"'执中'之传肇自虞廷,子思子又加一'庸'字,岂以中之意有未尽乎?"曰:"中,玄虚茫无把捉;庸,平常确有持循。尧、舜以来相传之意,传者中而意即庸也。非有二也,故德曰庸德,言曰庸言。只此一庸,而聪明识解之士多消熬不过,不跳于异端,便废于半途,故曰:中庸,其至矣乎,民鲜能久矣!庸,莫庸于子臣弟友,而尽分难庸;莫庸于喜怒哀乐,而中节难庸,则识中矣。"

又曰:"日用饮食之间,可以证圣,世人莫之信也。夫圣也而能离此日用饮食乎哉?行庸德,谨庸言,不以饥渴之害为心害,圣人之能事毕矣。子曰:吾无行,不与二三子。正言此日用饮食也。能于此日用饮食而无惭,便可以俟千百世圣人而不惑,岂可以其日用饮食也而忽诸?"

二月,次曾孙用霖生。

澜次子。

三月,考《苏门遗事》。

先生自序,略曰:"事何云遗也?万事何以遗?庚辰以来,将历三世。道之升降,政之因革,与人才之消长,孰为纲之,纪之,经之,纶之,而使之不遗乎?辛酉,孝廉王遵道尝搜邑之大利病,汇成帙以告邑令,陈必谦冀其见诸行事,为永赖之图。愿莫之遂,惜身殒没,而子孙零落,其所言何事竟不可考。浸寻至今日,辉人辉事无复有过而问焉者矣。余虽衰病,偶有触于见闻者,有往迹则有记,无迹而文献可征者则有考,至势不可支,时不可失,有议、记与考之类。风教攸关,而议则民命所系。语虽不文,意不敢苟。间有二三子代予成之者,二三子之意一予之意也。八十年来咏歌苏山苏水者,碑碣烂焉,自有辨其去取,当与众共之。"

九月,十孙汉生。

博雅长子。

十月,书《孝友堂家规》。

先生谓诸子曰:"迩来士大夫绝不讲家规身范,故子若孙鲜克由礼,不旋踵而坏名灾己,辱身丧家,不知家规当先以身作范。祖父不能对子孙,子孙不能对祖父,皆其身多惭德者也。一家之中老老幼幼,夫夫妇妇,各无惭德,此是羲皇世界。孝友为政,政孰有大焉者乎?舜值父母兄弟之变,汤武值君臣之变,周公值兄弟之变,虽各无惭德,然饮泣自伤,乌能愉快于无言之地。吾家先媺,以慈孝遗后人,子孙世守勿替,是在尔曹勉之。"

友人问阳明教旨,先生曰:"人有性有情有才,当浑然未发时,无才之可见,并无情之可言,只有一至善而已。故曰:无善无恶心之体。其发也,则情生焉。虽未见才,而有善有恶,便非浑然之体。故曰:有善有恶意之动。既动矣,而善中有恶,恶中有善,善之情无尽,恶之情亦无尽,必须吾炯然不昧之良以辨晰之。故曰:知善知恶,是良知。既知善,必为善;既知恶,必去恶。善恶情之发露,而为善去恶,才之效灵也。故曰:为善去恶是格物,物格正己,而物正者也,是学问之终事。格至事物而穷其理,是学问之始事。"

是年,滦州赵宽夫御众,卢龙韩子新鼎业、王伯生埙,密县钱升阶佳选,光州陈向敏,宿州王有、陈澎从学。

十八年辛丑,七十八岁。

在夏峰。

先生谓一鳌、乃亩曰:"子夏、子张同是圣门高弟,一言可与不可拒,一言尊嘉矜容,盖二贤各得圣人之一体。一是学'毋友不如己'者,一是学'泛爱众而亲仁',各成其是,非有二也。"

元日,辑《圣学录》成。

先生自序云:"三代以前,治统即道统也;三代以后,有治统而无道统,道统于是乎归之儒。韩子愈《原道》曰:'尧以是传之舜,舜以是传之禹,禹以是传之汤、文、周、孔,孔子传之孟轲,轲之死,不得其传。'周、程、张、朱乃所以传孔孟者也。递及于明,薛子瑄、陈子宪章、王子守仁,其最著。已如邹守益、罗洪先、顾宪成、冯从吾,皆醇儒,溯其源渊,盖缘二祖列宗。心学之密,直接一中之传,真以身行道于天下者也。世远言湮,惧其久而或晦,凡关于道统者辑为一帙,名为《圣学录》,使列圣之精神炳如日星,后之学者知诸儒之兴起,由作君作师者之钧,陶其所系,岂浅鲜哉? 尼山之纂修宪章为大,程、朱之传注表彰为先。某衰年寡识,敢曰表章前圣? 然赖天之灵,苟安丘壑,一日不死,一日不敢谓无事。自辛丑元日焚香手录,共得若干首,末附臆测,以俟后之君子考衷焉。"

二月,戴严荦寓书问学。

严荦名明说,沧州人。先生答书略云:"来书以闲邪存诚相质,略尽其愚。夫诚合下,浑然不存,自存天之事也。闲邪存诚,以人复天,诚之者事大。易闲邪以存诚,即所谓去人欲而存天理也。人欲去一分,天理自复一分;人欲尽去,天理全复矣。得力处自在闲邪。孔子之改过徙义,颜子之不贰不迁,鲁子之戒欺求慊,子思之不疚无恶,孟子之集义慊心,总之,一闲邪而已。其着落在庸德庸言,其功夫在学问思辨。德成之后,博而化善,世而不伐。未成之先,不知几多困勉,由愧悔而愤发。鼓风雷之益,见天地之心,立地便能超凡入圣。尧、舜、汤、文、孔、颜、思、孟,迄周、程诸大儒,总是一个功夫。天地古今一诚,流贯原无封畛,无悖违,只有一邪以障之,举是成迷,骨肉相残矣。闲之熟外,邪自不能攻,内邪自不得起。成性存,存仍嘘,天地古今,于太和一气之中。所谓反身而诚,乐莫大焉。"

三月,约游嵩山,至孟县而返。

韩鼎业来迎先生为嵩洛之游。于三月朔出门,子望雅、博雅、孙泩从。由新乡会于郭公望家,至获嘉拜贺景瞻先生祠,搜其遗集数种。过覃怀,诸友争延留,皆令其子若孙追随。有以襁褓至者,曰:"异日成人,曾于儿时见孙先生也。"孟县有隐士乔腾凤先生,过访其家薛行坞,留下榻于翕园。复约同游,嗣以事阻不及往,唯遣两子以谢候于嵩者。有《望嵩》诗云:"嵩岳依稀百里间,残年临路叹艰关。不才自顾非闻道,坐废中途只等闲。"有《嵩游日纪》。

四月,卫海督水田华石檄郡县诸生会于百泉书院,就余讲学,余辞之。

田名水沛。

五月,宁国吴生访余夏峰,集诸友于孟城,为讲习之会。

每月以十六日为期,同人远迩毕至,先生会语有云:"吾党能自好,稍有执持者,皆其有意见者也。不知'意见'二字最害事。胜气凌物,是己非人,学者第一要治此病。不能破除,毕竟是一自贤自知之人而已矣,安望其入德而闻道哉?舜之舍己,舍此意见也;孔之毋意,毋此意见也;颜之克己,克此意见也。意见各不同,虽有浅深理欲,总之执而不化,果能破除,心虚无物,物来自能顺应。我辈吃紧功夫全在于此。仲由喜闻过,令名无穷焉。尔等默然自省,勿欺勿讳,时时刻刻,全力破除此件,此是真实为己。学问外不必多讲,以恣口说。"

七月,三曾孙用桓生。

潜长子。

十月,成《述祖德》诗。

诗云:"维我始祖,肇自兴州。文皇召徙,各卜一畴。贾氏之庄,为世首丘。代乏闻人,桑土绸缪。迁居北城,曾祖庀麻。迈迹我祖,始衍箕裘。缔造维艰,敢望前修。

"于维我祖,人号佛儿。淳衷质行,而背无岐。年近知命,始荐棘闱。十年作吏,冰雪自持。宦虽不达,人信无欺。子孙曾玄,繁衍维祺。祖德惟馨,令誉永垂。

"于维我考,是谓克家。兄弟异乳,门内多华。考心用伤,动忍弥加。前承后启,矢志向涯。色养北堂,独力孔嘉。豪士悲歌,野老桑麻。彦方君实,携手同车。

"于维季父,讻讻古人。不达世务,不入俗尘。宁固宁俭,独守其真。与物无竞,返朴还淳。下董生帷,守原宪贫。我从问业,不堕迷津。司铎邺下,教泽犹新。

"惟我伯兄,赋性磊落。人所牵缠,片言领略。虽值家乏,意忘寂寞。杯酒浩歌,情有余绰。保安乡曲,辑强扶弱。居荆轲里,奉刘琨约。兄也实师,父命从学。

"维我仲兄,赋性和易。履道坦坦,萧条高寄。义激于中,珰祸不避。悍使之驯,贵不敢媚。得饮酒情,晰涉世义。长而有述,老学更邃。庶几有闻,以醒为醉。

"祖为廉吏，弟能继之。考有懿德，弟能宣之。为人为子，庶其无亏。朋友切切，兄弟怡怡。武学七载，不怕鬼窥。武城年余，不虑人嗤。无百亩田，有万首诗。"

是年，河内郭世昌、顾琮、沈大中、卢龙、张嵩岩，延津李鼎新从学。

十一月，十一孙湛生。

尚雅三子。

康熙元年壬寅，七十九岁。

在夏峰。

正月，《〈书经〉近指》成。

先生自序略云："蔡子九峰之言曰：二帝三王之治本于道，二帝三王之道本于心。得其心，则道与治固可得而言矣，然心何以得也？静言思之，曰：惟一敬。夫敬，德之聚也。惟敬始得凝聚此理，于心而无所放逸。倘或不敬，则心君纵恣，而天德亡，百体懈弛，而物则废，将于何处求道法，更于何处觅治法乎？尧、舜、禹以精一执中相授受，非敬而何以精？何以一？精处便是敬，敬之不息，而无所以杂之者，即为一，一则中矣。商汤、周武之建中建极，舍敬而中于何建，极于何建哉？不独汤、武，皋、夔、伊传周、召，诸大臣明良合德，臣主同心，其所合所同者，无一不本于敬。以敬德而祈天命，顾民碞，慎五刑，肃六师，时至事起，殊途同归，则二《典》者固三《谟》，诸《训》、《诰》、《誓》、《命》之昆仑也。自五十八篇推而至于六经之旨，亦无一不本于此。大凡不本于此者，皆旁门异说，非二帝三王治天下之大道。孔子与子路论君子曰：修己以敬，修己以安人，修己以安百姓。至安百姓，而尧、舜犹病。敬之分量，安得有穷时？敬之功程，安得有息时？尧之钦若昊天，天之健，尧之钦也。

舜自'夔夔齐栗,瞽瞍允若',以至玄德升闻。毛发骨节,总一敬之所传。见一息不敬,则无所以主此身者,与天地万物有何关涉?尧、舜、汤、文闻而知之,闻此敬耳;禹、皋、伊、吕见而知之,见此敬耳。"

四月,四曾孙用桢生。

诠长子。

五月,鹿忠节孙从心客死武安山中,迎其孤寡来夏峰。

韩鼎业资其来,郭公望为之周视。后魏一鳌为移葬夏峰。

王之征再来夏峰,先生手示云:"天理在日用动静上见,非谓日用动静即天理也。此处必须真实分明,方有功夫明道。天理二字是自己体贴出来,不能自己体贴,终与我无干。"又云:"道在日用饮食,谓日用饮食之合乎天则者是道,非日用饮食即道也。合乎天则是动容周旋中礼处。由户皆由道也,饮食皆至味也,明道正于此体贴。"

是年,汲县任真□含心、李合符中节从学。

二年癸卯,八十岁。

在夏峰。

《秉烛》吟云:"客里逢人日,草堂一题诗。题诗识夙昔,非以耽文辞。五十谢公车,八旬坐书帷。白头竟如斯,幸负垂髫时。因思卫武公,耄年何所窥? 独此嗜学心,相见有循持。人莫不饮食,其味鲜能知。人莫不由户,由道者其谁? 合则一切合,离则一切离。非可冒昧承,冒认只自欺。乾坤原易简,阴阳自偶奇。时物任行生,俯仰夫何疑。古来贤达人,别是一须眉。秉烛光几何,勉勉有前师。"

《识吾说》示诸子:"吾与吾周旋久,初不识我也。乃今恍惚识之,犹未能遽认也。谓人不识人,人易信;谓吾不识吾,吾亦难信。初不知吾,实不识吾也。吾有身,天人参焉者也。仰焉,而无愧于天者何在?俯焉,而无怍于人者何在?不能令此身之不愧不怍也,而谓识吾乎?吾有身,志气合焉者也。师焉而无恶,于志者何在?充焉而无馁,于气者何在?不能令此身之无恶无馁也,而谓识吾乎?子曰:吾十有五而志于学。此幼而识吾者也。颜子曰:既竭吾才,如有所立,卓尔。曾子曰:吾日三省吾身。此受夫子不倦之诲,而始识吾者也。吾敢言识吾乎哉?静言思之,吾不识吾,人负吾耶,吾负吾耶,乃乞灵于夫子。从吾所好,此识吾之路也。不识吾,恶能从吾?能从吾,不患不识吾矣。诸子各有吾,吾各有好,亦第各从所好焉尔。"

八月,河南提学使孔公刻余《四书近指》于大梁。

孔名胤樾。

先生谓御众诸子曰:"素贫贱,行乎贫贱,此是我辈今日第一紧要语。圣人不去,非道之贫贱,况今日乃道中之贫贱乎?第贫贱实有不堪之忧,苦心志,劳筋骨,饿体肤,俱不必言。至拂乱所为,英雄豪杰,几不能自主,此而不移也诚难矣。然动心忍性,增益不能者,却在此时。孔子曰:'志士不忘在沟壑。'孟子曰:'贫贱不能移。'此是圣贤豪杰的底本。

"学问不长进,多因己不肯舍,人不能容。不肯舍己,便自护己。己一护,内实多欲,何以容人?不能容人,便自责人。人一责,藏身不恕,其谁与我?积渐而往,文过饰非,皆自护己。一念生,嫉贤忌能,皆自责人。一念生,舍己之尽者为至圣,克己之当舍者为大贤。不能则自用而已矣,妄人而已矣。实能容之为乐育。勉而容之为含忍,不能容则褊哀而已矣,寡行而已矣。诸君今日既有志向学,静言思之,果无胜心否?果为人留余地否?不能也。不能而日思所以能之，如疾痛之在身，务求克治，则护己责人之私，便无地可以自容。此共学第一吃紧事，勿徒作口头语也。"

太原傅青主过夏峰，为其母贞耄君求志墓，先生重其人，随手书与人。

是年，辉县刘震之鸿声、大兴邓其可传、涿州张叔大兴泰、淮安吴嵩三册从学。

三年甲辰，八十一岁。

二月，闻济上事，余具呈，当事北行。

顺治九年，曾奉旨详察确访明末死难之人，在廷诸臣各举所知。先生故有《甲申大难录》一编，济宁州牧李为授梓。至是严野史之禁，有老蠹见编内有野史氏字，以为此奇货可居，遂首大部，李被逮。此信初传，闻者皆为变色。先生正在水部座上，闻之，饮食谈笑自若，曰："天下事只论有愧无愧，不论有祸无祸。八十一岁老人，得此已足矣。"遂投呈当事，自请赴部。适沧州陈子石奉敕来问学，辨析疑义，犹手为批答。同人皆诧其迂。奉敕曰："学术所关甚大，余固知先生不以此介念也。"迄登车，尚问难不已。

三月，至中途，闻简原书特为表忠，毫无触忌，释济守归，余遂返。

先生初北上时，李滋同仲子奏雅、仲孙淦、侄孙永庆，先往于顺德道中，遇刘鸿声自北归，传济宁守将复任。奏雅迎先生从大宁铺旋车。

先生途中语诸子曰："忧患恐惧，最怕有所。一有所，则我心无主。古来忠臣义士，孝子悌弟，只是能自作主张。无事不宜生事，有事不宜避事，学者正在此着力。"

至卫源，遇曹子顾学士，曰："张于度在乙丙间同先生周旋左、魏之难,今于度死,应必有张氏子姓从先生左右者。"时,于度之叔、于度之子皆从行,子顾为之称快。

答同人慰问,云:"当此之时,谁敢自谓无过？所恃者此心无疚。祸患死生,听之而已。借鬼神之祐,同人之庇,幸不罹于法纲,实出望外。从此当闭户修省,以答神人之休。'默'之一字,原圣人微妙,处其默足容此,是何等功力,何等境地,愿与诸同人精思而实体之。"

辉令知予归,复闻之督抚诸公。豫督刘疑之,余复北上。

《大难录》已经翻译,并无他。故吏、兵、刑三部俱已覆奏得旨。豫督刘坚促赴部,先生曰:"此鬼神令我展先人墓也。"复驱车就道。四月初,自卫源北发范阳,耿子亮振采来执贽,值先生已出门,追至宜沟,遂于车中问业。

五月,抵里门展墓,因念戚友、门人奔走道途,有古人急难之义,余以聋聩支离,饮食讲习若无与于己者,殊有愧于同人也。两番从余者甚多,而始终周旋则高荐馨、魏莲陆、李邺番、马构斯,子孙则博雅、韵雅及泩。

二十八日至保定,魏一鳌、高轿率同人迎于大鸡店。先生长女在郡,贾焯然,其外孙也,留郡城者四日。朔三日,抵北城旧庐,展祠墓毕,稍憩,即北发。

次涿州,闻大司寇高公似斗已致书刘督,事遂寝,因旋车归北城。

寄高似斗诗:"廿年踪迹隔龙门,魂梦依然双柳轩。顾我蹒跚兰谱灿,得公推解雪堂温。祥刑棘静阳春满,拯难风高古道存。闻说有堂开绿野,遥瞻紫气映山村。"

里门无事,戚友日相过从。余衰病,不能续旧游。自定兴涿州归,仅两至新安。

六月,为韵雅立祠,命名浩。

寄魏石生冢宰书云:"尝读古人薄感恩而重知己之言,以其知己之难也。至于感恩,亦有未可易言者。其坐享曲徙之福,与身膺焦烂之祸,虽其中有幸,有不幸,而谓能忘情焉必非人也。司马子长以绝代之才,常叹交游莫救。视左右亲近不为一言,遂至亏体辱亲,抱千古之恨。如祁奚往见于范宣,伟节陈说于窦、霍,其间有关一人之身,有关党人之祸,拯溺救焚之心亦云苦矣。而叔向未有感恩之辞,孟博竟无报德之语,岂古人心之所寓非近今所能窥耶?某之不类,不足方古人万一,且素未侍左右,通殷勤于大君子之前也。而先生出其调剂,扑烈焰于未燃,障崩流于未溃,始终爱护,较之奚与彪而泯其声色,较之问与滂而全其身名,此段至德求之史册中亦且难。其人感恩知己,两念并切,某亦且忘于无言矣。"

七月望日,修祀事。

合宗族老幼八十余人祠祭毕,各诣墓荐麻谷。祭毕,祠中享胙昭穆,坐修敦睦之义。

十二月,里门族党觞余北地,戚友门人毕至。

十四日,先生诞辰也。

先生在里门,诸友诸问各标见解,先生曰:"我辈论前人要虚心平气,毫不得以爱憎参之。太凡前人建一事,立一言,不知费多少苦心,而事始成,言始立。我辈即有一得之见,欲效忠告于前人,此中正不得太认真,过负气,徒快一时之口谈也。学问之道,表暴处多则暗修处少。与人言,须看其能承受与否,不得强聒以失言,此热心人之病。余老矣尚不能除,偶有所触,拈以志警。"

是年,容城孙鼎甫立勋、李吉占瑞征、李公杰昌宗、李觊生发长,易州崔鲁望若泰、田界埏迤理,清苑刘公理统,莆州高苊臣侃,新安管公式有度、杨亨子尔嘉、杨湛子尔淑、管振声嗣音、周御五维翰、陈宪五大廷、杜孟南郊从学。

四年乙巳,八十二岁。
在里门。

先生语同人曰:"陷于习俗,溺于闻见,伥伥然自以为是矣。然要领未挈,如舟无舵,安能涉风涛之险而免倾覆之患乎?大圣大贤固各有要领,如明道以体认天理为要领,阳明以致良知为要领。良知即天理,致即体认,功夫总是实有诸己之谓。不滞见闻而见闻莫非天理;良知之用不离习俗,而习俗总归天理。良知之真入水不溺,入火不焚,才是无入而不自得之君子。"

新城王济美方谷、容城刘重华鼎新从学。

正月,尚雅自夏峰至,致苏门诸友属望之意。在里门者为余筑旧庐相留。

容城诸友闻先生有返辕苏门之意,眷恋不忍别。属邑学博柴君拱醵金置产留之,先生辞以书云:"仆闻之隐不讳亲,贞不绝俗。十五年轻去其乡,展墓疏违,真有愧千古。人虽当出门祭告,别有祗承先人之意,然以情理论之,在家较在外,其义自长。诸亲知之,惓惓相留者,其成我也至矣。仆即不佞,宁忘斯雅?已与同人从长计算,暂作南北之游,徐图终老之计。两地之骨肉,两地之声气,庶不至睽隔耳。忽闻台下出单醵分以谋恒产,此举则万万不可。乙丙后大家皆贫无有余,何以补不足?且仆自束发时,闻先人训诫,承良友提携,辞受取予,颇不敢苟义利之辨。闻之已熟,望急收前单。君子爱人以德,唯原鉴也。幸甚。"

二月,过沧州,戴严苹具舆马,令季子王绥及其友陈遇尧来迎。下榻于定园,浃旬复归北城。韵雅从。

先生初意由沧州抵苏门,族党各含凄相留。先生以祠墓动念,遂仍归里门。

沧州从学者戴严荦明说率其子王绥、王洁、孙晏,及陈遇尧、赵时泰、孙扬陛、刘重庆。

三月,自里门南发。

先生十六日出门,杜君毕集诸友李昌宗家,各以所见相质。先生随人指引,夜分忘倦。先生曰:"余八十二岁人,念同人依恋之意,约一岁一度北来,窃不欲以衰老自阻。诸友应念病叟求益之怀,能自励于别后,庶不至暗然于临岐也。"有诗云:"耄年仍去国,临路意何穷?大道无南北,吾徒浑异同。酒斟燕市月,帆挂卫河风。非作随阳者,年年伴塞鸿。"

四月,至成安,留王玉乘家。

留成安月余,诸友兴起者甚众。从学者邯郸徐梦松、成安赵应文、及子廷灿,□廷儒弟廷秀,唐文龙、王特简。

五月,再抵夏峰。

诸友闻先生至,日来省视。先生曰:"学人要日日有愤焉求进之意,方免于堕落。一有悠忽,便成苟安。虽于日用饮食之间,伦常事物之际,未见有缺德败行之处,然不见其进便是退。此夫子所以发愤忘食。学如不及,日日忧德不修,义不徙,而不善不能改也。我辈可苟安而不思此一愤乎?愿我同人共勖之。"

六月,十二孙濂生。

尚雅四子。

十一月,张仲诚以书论学。

答书略云:"手教谓学以学此心,不至于天有难己者。此言能抉其要,与鄙意正相吻合。千圣万贤,总不外是,岂独四子?即六经之义,焉能出其范围。诸儒或小德之川流,或大德之敦化,亦岂能外于此哉?仆谓阳明接闻知之统,为后学辟一生而大破帖括。

口耳之习，学者果能见其确然不可拟议，当下承当，则自致其良知，即自信其本心。庶天之所与我者不至因循，半途废弃。一箦操之在我，穷达何分？时为平仲晋卿，则即为平仲晋卿之事；时为静修，刚即为静修之事。时之所遇者在天，而我之所学者本天，而不违乎时。此外师友之爽助自不可少，空谷穷山，何幸来有道之砺勉。仆策灯烛未光，尝以不学便老而衰自奋，便鸿望有以教我也。"

又答书云："手教亹亹千百言，不傍人口吻。至知行合一之说高明，重行字，此尤对学者口耳涉猎之病。仆昔与张东昌屡辨之，伊时亦持台意。东昌反复言之，大旨谓知行并进，庶不奇于一偏。即如时习当属之行，而知固在其中，到悦时则无知行之可分矣。不行固算不得知，不知将贸贸然行之乎？如适邦畿者，先计其路，向酌其资费，勿畏难自阻，必期至于邦畿而后已。去之之时，到之之后，将属之知乎？将属之行乎？此阳明子所以有知行合一之言也。阳明子接闻知之统，仆私心自信，不敢求他人共信之，不意鹿江村之后再得同心。至判朱、王为二，不欲持两可之说，足见自信其心。仆昔与吾友持之甚力，迄读晚年定论及其全书，而后知晦翁之学非后学可轻议。泾阳顾子论之，颇得其当耳。"

仲诚，名沐，上蔡人。令内黄，复遣二子烟、燨来贽。

是年，新乡尚威如重，鄢陵梁以道廷援、马千秋、王余厚，延津申宣国从学。

五年丙午，八十三岁。

在夏峰。

有会学无究竟，功无定程。身与境会，其性自灵。非行仁义，仁义无形。履道常坦，静坐独醒。鸢飞鱼跃，水落山青。

二月，过内黄。先是邑令张仲诚因余有北归之约，遂迎至内黄。迄至,而肢体困惫,复归夏峰,往返计月余。王埙、耿极,及韵雅从。

仲诚与绅士讲学于明伦堂,请先生登讲。先生辞不往。仲诚复率僚属、绅士就于行馆,先生曰:"昔朱子讲于白鹿洞,象山适至,发明义利之辨,至今服膺其说。今日使君不为紫阳,某亦不为象山。"因举夫子"学而时习"一语,反复谆切言之,谓子臣弟友之道俱在现前,不可须臾离,吾人无时不在道中,则无时不当在"习"中。一部《论语》句句皆"时习"之功。其"为人也孝弟",便是在孝弟上"时习"不可。"巧言令色"便是在言色上"时习"。"三省吾身"便是在为人、交友、师傅上"时习"。"道千乘之国",便是在敬信、节爱、使民上"时习",以至"无友不如己","过则勿惮改"。何处非"时习"之地,但人不能立志耳。孔子自"十五志学",以至"从心","不逾距",只满的"志"字分量。然义利之介最微,声色货利之私中人最细。才为所诱,便是志之不立,急须照察克治,不使一毫私伪存于其中始得。孔子生平不轻加人以"贼"字,而独以"乡原,为德之贼"者,以其忠信廉洁皆出于伪也。时时照察,时时克治,务去其欺而求其慊,方能日用论常不离于道耳。故愿学圣人者当自立志始。

八月,五曾孙用梓生。

澜三子。

九月,睢州汤孔伯来问学。

孔伯名斌。先生为《遁庵说》赠之,云:"《易·大过》之《象》曰:'君子以独立不惧,遁世无闷。'夫独立者,独守其道而已矣。苟世路荆榛,斯文沦晦,独立诚难,谁能不惧?遁世诚难,谁能无闷?惧生闷,闷还滋惧,彼茌中弱,植者灭没矣。即矫亢以犯难,行非独立之谓也,奚当于遁之义哉?遁虽以潜为义,然与退相反,非龙德不能潜。即于田于渊于天,总之,此龙德也。亦视其时何如耳?以退为进,则老氏之术,君子不贵也。夫子终身行,终身藏,藏可以必之于己,而行则德之于天,君子能违时乎哉?"

孔伯告归,口占送之:"师友道久衰,江村不可作。策以灯烛光,空山自寂寞。举世逐鸡群,子也云中鹤。道行待其人,乃身欣有托。相视在无言,鸢鱼自飞跃。偕登邵子窝,空中观楼阁。月窟与天根,开关而启钥。欲别不忍别,后晤有夙约。归当过内黄,咫尺即濂洛。"

十月,张仲诚刻《理学宗传》于内黄,命汤孔伯与博雅校订。

《宗传》刻未完,仲诚去官。卫辉太守程念伊竣其事。先生自序曰:"学以圣人为归,无论在上在下,一衷于理而已矣。理者,乾之元也,天之命也,人之性也。得志则放之家国天下者,而理未尝有所增;不得志则敛诸身心意知者,而理未尝有所损。故见之行事与寄之空言,原不可岐视。舍是天莫属其心,人莫必其命,而王路道术遂为天下裂矣。周子曰:'圣希天。'程子曰:'圣学本天。'又曰:'余学虽有所受,天理二字却是自己体贴出来。'余赋性庸拙,不能副天之所与我者。幼承良友鹿伯顺提携,时证诸先正之语。尝思之:颜子死而圣学不传,孟氏没而闻知有待。汉、隋、唐三子衍其端,濂、洛、关、闽五子大其统。嗣是而后,地各有其人,人各鸣其说,虽见者有偏全,识有大小,莫不分圣人之一体焉,余因是知理未尝一日不在。天下儒者之学,乃所以本诸天也。呜呼,学之有宗,犹国之有统,宗之有系也。系之宗有大有小,国之统有正有闰,而学之宗有天有心。今欲稽国之运数,当必分正统焉。溯家之本原,当先定大宗焉。论学之宗传,而不本诸天者其非善学者也。先正曰:道之大原出于天,神圣继之。尧舜而上,乾之元也;尧舜而下,其亨也。洙、泗、邹、鲁,其利也;濂、洛、关、闽,其贞也。分而言之,上古则羲皇,其元;尧、舜,其亨;禹、汤,其利;文、武、周公,其贞乎!

中古之统，元，其仲尼；亨，其颜鲁；利，其子思；贞，其孟子乎！近古之统，元，其周子；亨，其程、张；利，其朱子，孰为今日之贞乎？明洪、永表章宋哲，纳天下人士于理。熙、宣、成、弘之世，风俗笃醇。其时，有学有师，有传有习，即博即约，即知即行。盖仲尼没至二千年，由濂、洛而来，且五百有余岁矣。则姚江岂非紫阳之贞乎？余谓元公接孔子生知之统，而孟子自负为见知。静言思之，接周子之统者，非姚江其谁与？归程、朱，固元公之见知也，罗文恭、顾端文意有所属矣。

"宗传共十一人，于宋得七，于明得四，其余有汉、唐、隋儒考，宋、元儒考，明儒考各若干人。尚有未尽者，入补遗。补遗云者，谓其超异与圣人端绪微有不同，不得不严毫厘千里之辨。真修之悟其悟皆修，真悟之修其修皆悟。诸不本天之学者，区区较量于字句口耳之习，此为学也腐而少达。又有务为新奇，以自饰其好高炫外之智，其为学也伪而多惑。更有以理为入门之障，而以顿悟为得道之捷者，儒释未清，学术日晦，究不知何所抵极也？

"此编已三易，坐卧其中，出入与偕者逾三十年矣。少历经于贫贱，老困踬于流离。曩知饥之可以为食，寒之可以为衣，而今知跛之可以能履，眇之可以能视也。"

十二月，柏乡魏石生来书论学。

先生答书略云："文、武以前，道统在上。治统即道统也。孔子以后，道统在下，学统寄治统也。大人之实事，圣人之训述，显晦殊途，本源一致，总不出圣学本天一语，不本天则异端耳。天一命也，命一性也，性一善也。达而在上，与穷而在下同一命也。性也，则同一善也。君道以此治天下，师道以此觉天下，理一而已。穷理尽性至命，一以贯之。孔子论行，论仁，论孝，每每问同而答异。至微、箕、比、夷、尹、惠诸圣，使其生于孔、孟之后，当不止如朱、陆之异同,与朱、王之格物也。尊德、性道、问学,说虽不一本,是一事本人。既已相安,后世仍然聚讼。紫阳格物,人谓属知;阳明格物,人谓属行。又有谓穷理则格致,诚正之功皆在其中。正物则必兼举致知,诚意正心。而功始备而密,则是二子说,未尝不合而为一。如春夏秋冬,皆一其令。强而同之,势必不能。故非知天,必不能知人。盖行足以兼知,未有能行而不知者。知不足以兼行,耻躬不逮,圣人固虑之矣。"

是年,山东张汝霖、山西常大忠、上蔡王志旦从学。

六年丁未,八十四岁。
在夏峰。
先生偶书云:"夜来卧醒,明月照窗。忽忆孟子'夜气不足以存,则其违禽兽不远矣',不觉凛然惧,又不觉跃然喜也。夫何以惧也,惧其以人而沦于禽兽也,惭负天地,污辱父母,宁无惧乎?又何以喜也?喜违禽兽复转而为人也。性吾自尽,命吾自立,宁无喜乎?'夜气'二字,真是起死回生一粒金丹也。孟子真功于圣门哉?孟子自谓:'我善养吾浩然之气。'余思之,浩然之气,固夜气之所积也。存存不息,平旦如是,旦昼如是,极之而造次颠沛,无不如是。是义集而气自充,气充而行自慊,将见刚大之气,复归于径寸之舍。而道义之配,自塞乎天地之间矣。夜气者,人禽之关,亦死生之关也。"

正月,订《家礼酌》成。
先生自序云:"家礼酌者,何酌?夫贵贱贫富之不同,器数文物之互异,分之为各家自行之礼,合之为众家共由之礼,此其所以酌也。不惊夫妇之愚,不伤浑朴之旧,如其必不可行,必不能行者,则亦不必酌矣。窃自有《仪礼》以来,学士大夫之家相传为鼎彝,宝玩之而不用,非天下后世之罪,则礼之文也,繁也。孔子曰:'礼与其奢也,宁俭;丧与其易也,宁戚。'盖已心厌其繁,故多力以补救之。而后世之靡也滋甚,常思之孔子与子夏论礼曰:'绘事后素。'则其所先者可思也。中庸敦厚以崇礼,厚固其所先者哉?礼从厚出,即三千三百不足尽太素之体。所谓万殊原于一本,一本散为万殊者此耳。先圣先儒定礼,无非教人以敦厚之意。今之四礼虽云废弛,然天下无不冠不婚不丧不祭之人。十室之邑,必有忠信,但愿行礼者随分自尽,而不离其忠厚之初可也。近宁陵吕氏有《四礼疑》一书,其简易有先进之遗,间尝窃取其义。夫易知简能而天下之理得,更有望于后之君子。"

正月,六曾孙用樟生。

淳长子。

二月,陈子石再过夏峰。

奉敕两自沧州,千里来问学。先生嘉其笃志,临归,谓之曰:"论本体只是性善,论功夫只是慎独。善兼天下古今以为量,独合隐微见显以为功。"奉敕因请额其斋曰"慎",先生复为之说以贻之。

三月,程来仪病中介友正弟子礼。

西华程来仪,名起凤,约御众同问学夏峰,忽病剧,介御众代为纳贽。先生嘉其志而伤其年,为作传。

十一月,新安崔玉阶来问学。

玉阶,名蔚林,每岁过夏峰,先生与之问答甚多,有云:"子既有嗜于阳明,要得阳明与程、朱相剂为用之意,而非有牴牾也。得其相剂之意,则《宗传》中诸儒无一而不供吾之用。五味调而成羹,八音谐而成乐,四时备而成岁。智廉勇艺文之以礼乐,而始为成人。故川流敦化,识大识小,莫不有文武之道焉。能汇其源,则所触之一节皆全体也。存此一说,便欲废彼一说,有春而可废秋冬乎?有甘而可废辛辣乎？此必不得之数也。孔孟之用用在万世，六十四卦，三百八十四爻，皆言用耳。拘曲之士，不能用于一身，不能行于家庭，犹居然自命千古耶？杨晋庵之言曰：'身有显晦，道无穷达。'穷则独善其身，有多少力量在？路无旁蹊⑤，理惟一贯，第为之而已矣。"

七年戊申，八十五岁。

在夏峰。

卢龙韩子厚坤业从学。先生嘉其孝，有诗赠之。

赵宪清以其子庚介宽夫来贽。庚问："未尝学问，入门从何用功？"先生反复以孝弟勖之，谓："尧舜不外于孝弟，仁、义、礼、智、乐之实，统归于事亲。从兄协天，则帝不过为唐舜之孝子；孔子垂教万世，亦不过为春秋之孝子；孟子陈王道，明圣学，鄘管、晏，辟杨、墨，那一事离了孝弟？能见得孩提，孟子真面目在是矣。"

二月，七曾孙用模生。

潜次子。

三月，叙《鹿江村年谱》。

鹿先生门人陈铉始纂创年谱，先生为序，命长子立雅、杜子越搜其遗事续成之。

四月，张仲诚自上蔡来内黄，诸门人续至，留十余日而别。

《偶会》诗云："理惟仍旧毫无异，气却因时未有常。画饼已完难入口，剪花虽艳不闻香。经纶到手为指点，燮理随心自主张。运米搬柴皆妙道，尚余何事费商量？"

《示同人》诗云："学问要从躬上得，文辞璀灿总浮尘。年来疏漏堪邻⑥我，老去空谈恐误人。万紫千红浑是旧，单枝独叶漫夸新。洗心藏到无言处，此个工夫谁认真？"

四月，八曾孙用干生。

诠次子。

是年，山阴沈甘来，徽州方馥，沧州李玉铉，获嘉王柔新，新乡段廷琯、孙缵绪、张琰、张璘、郭景晖、刘若武、杜晋卿从学。

八年乙酉，八十六岁。
在夏峰。

《元日有述》："不谈仙术不谈禅，遇事只争一着先。地步放宽着脚稳，欲寻乐处但随缘。"

"东风育物人不知，动地惊天未足奇。尼父功夫惟默识，至今底蕴未能窥。"

是年，自春徂冬读《易》，再订《读〈易〉大旨》。先生初与三无老人读《易》于啸楼。嗣后集诸家之说，手书《读〈易〉大旨》。至是，几易其稿矣。

五月，诏举山林隐逸。辉邑谬以博儿应，有辞郡县诸公书。

与郡守程念伊书，略云："顷闻辉县奉采访山林功令，欲以豚儿姓名应之，其父子闻之，惶悚无地。某今年八十有六，耕凿洒扫，皆儿孙身自为之。豚儿博雅在某左右，居家则任书记琐屑之事，出门则代仆力奔走之劳。因是学业久荒，遂成废弃。今明公何所闻而欲使滥膺大典，不独有辱知人之明，而某以耄废之年失所依赖，明公尚宜相成以德也。"

六月，举玄孙。同人赠五世一堂诗文，汇成卷。

腊之十四日为先生诞辰，远迩同人毕至称觞。客甫入座，长孙澜适抱其孙自容城来。先生喜，加七箸，众皆以为快。

先生与宽夫以道升阶书，云："人道之器朴实聪明，因各有说。聪明者虽曰躲闪，然知其不可躲闪，则会得容易。其得力不更捷乎？颜子聪明天授，而以如愚出之，故能潜心而酝酿，翕聚处不肯少动。彼有聪明而躲闪者乃不聪不明者耳。尝思世界如急流石火，全凭几个至诚圣人运转其中一起一伏。通羲皇以来，是一个人，是一个心。中间虽有屯厄，元气环流，上生百世，下生百世，其在一身，如呼吸有消息，生死有消息，四时有消息，日夜有消息，而惟此至诚一念，无有夹杂，故无止息也。天之清，地之一，日之升，月之恒，山之峙，水之流，皆一诚焉。不诚，则乾坤熄矣。诚以事父，则为孝子，不孝，便是无父；诚以事君，则为忠臣，不忠，便是无君。聋者不闻钟鼓，盲者不见天地日月，渠自无相干涉耳。故曰：不诚无物。则诚身诚意，合千圣万贤发挥此诚字不尽，愿与吾党士共勉之。王心斋曰：'天下唯圣人之学好学。'不费些子气力，有无边快乐。若费些子气力，便不是圣人之学，便不乐。《中庸》之诚身，身吾之身也。《大学》之诚意，意吾之意也，有何费力而难于诚哉？

"圣学以性为宗，能尽性便能以一性纳古今。民物胎卵，气化之性，而我性不觉其大，又能于我不睹不闻，喜怒哀乐中见。民物忧喜，荣瘁生死之状，种种显见，无有隔处。故圣人上生百世，下生百世，祖述尧、舜，是孔子上生百世也。尧、舜之心至今在，是尧、舜下生百世也。千古圣人随缘出世，过去的圣贤即是未来的圣贤。禹、汤、文、武，即是孔、颜过去，关、闽、濂、洛，即是颜、鲁、思、闵复来。圣人精英在世，回环今古之间，总之，了当此一个'性'字不尽。若云性有尽时，则乾坤熄矣。万古此性，万古此人，叔季之世未尝化为鬼魅也。彼视晚近为难化者，非但薄待斯世之人，亦复辜负己性不小。"

语含真合符云："教人看喜怒哀乐未发前气象，此程门宗旨也，即濂溪无欲故静之旨也。尝思之喜怒哀乐未发，即不睹不闻之体也。看未发前气象,是教人下戒惧功夫,不是作一段虚光景玩弄。莫看此语太微妙,人人有喜怒哀乐未发之时。未发时,中何尝不在?中者,性也。中固鲜能,人岂有无性者哉?看未发前气象,正是戒惧。慎独功夫,在勿忘、勿助之间,此程门之所以多贤也。"

密令李松友尝以书问学,先生答云:"札中不见功,而独见过。依中庸而唯恐下达,此段用心之密,即慎独诚意之学。与今之所奉功过格者相去不啻天壤矣。况行之二十三年,本性自当发露,形迹自当浑合。台札犹拳拳不释,抑亦有所未安耶!盖人生局不论显晦,年不论强弱,天皆赋畀以全美之性。以一念真实心流通于天地间,施于家者以此,施于政者亦以此。但于统宗处理会,即外物之摇乱,正属磨炼,而本性之体自如就。今日为政一邑,不独大夫之贤,士之仁皆我所事之、友之,任触一民一物,一草一木,皆我性分中所有事。总本此恻隐至诚,一念所感动,至琐屑棘手之处,即至中至庸之理寓焉。把柄在我,随感而应,久之自当浑合。回思当日,逐事逐念考察,只属入门阶级,操修坚苦耳。以之拔本塞源,尚须理会头脑。"

六月,九曾孙用柱生。

淳次子。

十月,十曾孙用楠生。

澜四子。

是年,密县李希文、郑有四,新乡郭晋熙从学。

九年庚戌,八十七岁。

在夏峰。

先生语学者曰:"古人往矣,而读其书,诵其言,其人之精神眉宇宛宛如见,盖其人之生气原未息也。充实而有光辉谓之大,到得光辉发越时,则在天为日星,在地为河岳矣。岂复有晦冥之日耶?独怪今之人食息起居与古人无异,而奄奄待尽,安望其上生百世,下生百世,而有光辉发越时哉?余愿学者起头用力,要有李光弼入军,旌旗变色气象。其既也要有周亚夫中夜闻警,坚卧不起。定力两者兼之,庶为实学。有此一段生气,便是大而化之路头。"

又曰:"张子以变化气质为学,此便是知所用力者也。柴愚参鲁,师辟由谚,皆气质之杂也,而柴也泣血三年,未尝见齿。孔悝之难子曰:柴也来参,日省有三,承一贯之传子张,前有辉而后有光。子路无宿诺,喜闻过,是皆能变化气质,而有所得力者也。我辈第清夜省察此身之受病何在?而急求变化,则一日之用力,便当有一日之得力。所谓'一日克己复礼','天下归仁焉',其斯之谓与?得力后又闻用力之端。修中悟,悟中修,修后悟,悟后修,循环无端,新新不已。圣学与天同运者以此。"

是年,自春徂夏,再订《〈书经〉近指》。

二月,汤孔伯再过夏峰。

孔伯留兼山堂者浃旬,先生语连日夜,载答问甚多。一日曰:"尧舜之参赞天地,人可得而见也,孔子之赞人便难见。孔子之参赞在万世,及门士已早知其贤于尧、舜,然却自寻常日用一言一动中见之。如师冕见瞽目之人,此便是天地缺陷处。而及阶及席,相师之道,便是赞天地之缺。知孔子之参赞,则知人人有参赞尧舜可为。孔子之心,至今在明道。'天理'二字,自己体贴出来。此便是赞天地处。"

又曰:"君子远小人,不恶而严。孔子之于阳货,孟子之于王驩,皆远小人者也。孔子何等浑然,孟子便不免有痕迹,此孔、孟所以不同也。颜、曾皆传道之人。曾点漆雕开,皆见大意之人。而颜子喟然一叹与曾子之唯亦微有不同。孔子之全体大用,颜子之喟然一叹已全领之。所谓发天子之蕴者此也。故先儒云：颜渊没，而孔子之道未尽传点也。沂水春风之对，与知尔何以之间一若了不相涉者。然无用之用，其用乃大。夫子老安少怀之志，被此言从无意中道出，故不觉喟然。与之较之，悦开又自不同矣。孔、颜两喟然，有多少神情在，今千载下凡有耳者莫不闻其喟然之声。学孔、颜者，须从两喟然处会其神情，方见孔、颜生气至今在。"

十一曾孙用楷生。

潜三子。

五月，蔚州魏环溪寓书论学。

环溪尝以书问学。是年，居母忧，先生与书曰："闻之先正云：读《礼》之时凡事可废，独不废朋友讲习。盖讲习正读《礼》事也，罗文恭亦以为然。从来真儒硕士多奋起于读《礼》之时，此时孺慕念切，真性用事，故学专而力定。"

马玉笋又令其二子禹锡、九锡纳贽。

九月，李松友刻余《格物说》、《家礼酌》。

松友，名居易，东阿人，令密县，以不得越境受学频以书质。至是，遥拜称弟子。

莱芜吕原水、源介、宽夫同过夏峰受学，先生语之曰："须先淡其安饱之心方可言学。孔子称颜回曰：箪瓢陋巷，不改其乐。自谓好学，曰：疏水曲肱，乐在其中。孔、颜一生，只得力一'穷'字。鹿江村云：贫即是道。又云：穷字抬举人。知言哉！"原水闻而跃然，曰："终身佩服，受用不尽矣。"

宽夫问："箕子不死，为传道也，岂逆知有武王来访乎？"曰："箕子一日不死，殷家一日不亡。比干之死，虽比干之事，箕子视之，亦即己之事也。总之以天自处，武王之遇合，不遇合，皆无容心焉。故曰商、周之际，道在箕子。"

十月,魏莲陆三过夏峰,眷念衰迟,未忍言别,为扫一茅以居之。

一茅在兼山堂东偏。一鳌病不耐俗,先生曰:"圣人之教为愚夫愚妇之共由,贤人之教乃高人志士所独契。请看'师冕见'一章,便是圣人万物一体,胸襟位育天地全体,学者须进此一层方是。"

大名熊洛叔九畴年七十余,读先生《答问》、《宗传》诸书深有会于心。以病不能来夏峰,对耿极所藏《读〈易〉像》拜之,称弟子。以书问难,有《学言录》一卷,迄殁,先生序之。

薛仪甫凤祚自益都再视先生于夏峰,年七十余矣,携其所著《历学会通》二千余叶来质。先生曰:"夫子之性与天道,夫子之文章也。不明于吾之性,乌知所谓天之道;不明于日用之文章,又乌知所谓性与天道哉?'乡党'一篇,夫子之饮食起也,是即夫子之性命流行也。余尝谓读古人书任从何处领会,无不可直证,源源本本。盖道惟一,二则岐,故曰:吾道一以贯之,一物各具一太极,万物统体一太极。惟一,故无不贯,全在圣人身上泛应曲当。俗学不能一,禅学、玄学不能贯,名家、法家不必言矣。"

沧州刘兴秀,新乡郭承休、郭景旸、郭琰民、段四知、畅泰征、刘掔枟,辉县王邺、王邰、朱艺从学。

十一月,十二曾孙用栋生。

浩长子。

十年辛亥,八十八岁。

按:先生自叙:谱至庚戌止。是年以后,俱系门人从《日谱》中考入。

在夏峰。

先生语诸子曰:"无极而太极,无而未尝无也。太极本无极,有而未尝有也。有而未尝有,是真有也。无而未尝无,是真无也。故阳明曰:'无声无臭,而乾坤万有基焉,是无而未尝无也。'又曰:'不离日用常行,直造先天未画,是有而未尝有也。'无而未尝无,故视听言动合于天,则欲罢而不能;有而未尝有,故天则穆然,无方无体,欲从而未由。兹颜子之所以为真见也,所以,能发圣人之蕴,彼滞于有而耽于无者,胥失之焉。"

兼山堂示诸同人:"孩提之不学不虑,即圣人之不思不勉,但要识得不学虑,如何是不思勉。日用之共睹共闻,即道体之不睹不闻,但要识得共睹闻如何是不睹闻。圣人一生功力全在此处用,非一识得便了事也。尽人以合天,诚之者之事生安,却靠不得。大人不失赤子,不知有多少存养在;君子道不可离,不知有多少戒惧在。"

先生手书示诸门人曰:"《易》赞乾坤之简。《易》曰:'易知'、'易从','有亲'、'有功','可久'、'可大'。然则学无二事,无二道,根本苟立,保养不替,自然日新。所谓可久可大者,不出简易而已。惟其简易,故愈充实而愈有光辉。至诚无息,无息此也。三月不违,不违此也。日月至焉,至此也。故人皆可以为尧、舜。涂之人可以为禹,及其知之一也,及其成功一也,谓同此简易也。牛过堂下,孺子入井,其恻隐与仁者之恻隐,岂有两恻隐哉? 或谓此之恻隐,遂可为日月之至乎? 曰:日月之至是子张、子夏一流,从用功得来。日至月至,只是不纯。此之恻隐是偶触而露见,人性之皆善,非关学力。古人于同处不同处各要理会明白,方不为无端之言所惑。

"圣人之道,感应而已矣。故曰'无可无不可'。夫可不可,岂有定形哉? 有感而应,因天因地因人,岂容一毫己意于其间? 总之,行其所无事而已矣。从古诸大圣人,不独禹之行水为行所无事,尧舜之揖让,汤武之征诛,伊尹之放太甲,箕子之陈《洪范》,周公之东征,时至事起,总谓之行所无事。千载下骇为非常者与动容周旋,中礼不作岐观也。不能行所无事,非怕事则喜事。怕事者势必废事,喜事者势必生事。所谓天下本无事,庸人扰之耳。生事之非无事,人易知也。废事之托言无事,人未易知也。真能行所无事者,处则为真儒,出则为名世,是之谓天德,是之为王道,非孔孟之流却不能识认。"

七月,先生有疾。

十三之夜,先生偶感火症,溺不通,不粒食者十余日,自是步履遂艰,客至不揖。每日晨起,始罢入祠拜揖。遇两亲讳日及分至诸祭,犹令子孙扶掖踖拜。当病剧时,宣城施愚山闰章迁道来访,先生犹对榻间谈说。

沈绎堂荃来访,先生于榻上见之。绎堂自请下榻,言及充实之美,光辉之大,绎堂跃然以充名其斋。先生为记,略曰:"实矣,然后可充。无实,何充?能充,则实者益实矣。孔圣一生其所云时习,发愤,忘食,忘忧,而忘老者皆充之之功也。而光辉发越,即在其充之之中,人不可见已,亦莫知千百载后,无一人一事不在孔圣人光辉发越之中。凡所为臣之忠,子之孝,弟之悌,老之安,少之怀,友之信,皆孔圣人辉光也。不独孔子四配十哲两庑,充有偏全,故光有大小,要皆从实中来,充实可为也,而光辉不可为也。可为者下学也,不可为者上达也。孔子何有于我,是吾忧也,终身一下学而已矣,身一充实而已矣。"

蔚州魏环极在里,闻先生病剧,以先生身系斯文,祷于孔庭。

十一年壬子,八十九岁。

在夏峰。

崔玉阶将赴都,过视,先生曰:"学问之事,最怕偏见,尤忌胜心。偏见与执守相近,然一偏则愈执,而愈成拗矣。胜心与自任相近,然一胜则愈任,而愈背矣。善乎明道之言曰:'新法之成,大家激成,吾辈亦当分过。'此段心肠,此段言语,稍有偏见,胜心便不肯说,此便是大贤处。鹿江村尝云:'读有字书,要识无字理。朱陆异同,聚讼至今,要皆不识无字理,多为字句所障。'圣人学《易》,全是用《易》。《易》之用在天下万世,故《易》之言不可为典要,岂可于字句间求之?禹、稷、颜回,同道而出处异;微、箕、比干,同仁而去就死生异。比量于字句之间,终无自得之趣,究竟成一义袭而取耳。"

答容城李邺蓄、孙鼎甫诸子云:"先正云,丈夫方寸属我,天下事无不可为。吾辈今日第求方寸属我。且吾邑先哲在望,后起岂可诿之他人?此中所关匪细。岁月如驰,幸努力担荷。老夫虽衰,尚可佐一臂。昨与莲陆言此事靠师友不得,离师友亦不得也。"

病起,《述往》示诸儿及诸孙、曾:"辛亥秋初夕,病剧卧绳床。自忖无生理,冬尽渐回阳。新春颇健饭,朋来自远方。体中虽困顿,好友话偏长。因之忆往昔,历历不能忘。七岁入小学,十四游宫墙。十七举孝廉,二亲喜非常。勉之以成立,勿以浅近尝。国家重制科,作官须贤良。不谓连见背,形枯而神伤。自觉生气绝,耻事名利场。弟兄无外慕,妻妇厌糟糠。提携赖贤友,学问别有商。好书共我读,好酒浇我肠。我事彼代主,彼事我得详。异体而同心,管鲍可雁行。论交四十载,险难皆平康。已入姚江室,行登洙泗堂。家居以殉义,令我心彷徨。回首乙丙时,珰焰正猖狂。丙子在围城,四面何悲凉!戊寅避双峰,搜山势更张。甲申凌云栅,闯逆掳归装。甲辰表忠书,奇祸隐难量。皆得免于难,俱非意所望。我生多处旅,并州是故乡。但得有知己,何处不徜徉?况有六男儿,孙、曾绕膝旁。今得考终命,何啻在羲皇!"

五月,密令李松友以病告休,来夏峰问学。先生手书四则贻之:

"学有根本,有枝叶。在根本上做功最简要,心逸日休;在枝叶上做功最烦琐,心劳日拙。孟子曰:学问之道无他,求其放心而已。

"求放心,工夫在。慎独,是集义;不慎独,是义袭。

"慎独是一统的功夫,千圣万贤总只是这一件事,无内外,无精粗,无大小,一以贯之。

"伯淳言:学者须守下学上达之语,乃学之要。夫子自谓好古敏求,盖终身一下学也。而上达即在其中,即欲分之而不得也。"

八月,仲孙汶举河南乡试。先生谓之曰:"些小得意与些小失意而遂改其常度者,固是器识之小,正缘不知学之故,不学墙面人生,不幸莫大于是。尔今日立身之始,须有一段抵挡流俗之志。"

杨慕庐来问学,以诗三十韵为贽。出其与友人辨学书不傍人藩篱,先生以尊闻行知广之。

十一月,魏一鳌四至夏峰,与博雅编辑《北学编》。

一日,田洒庵与一鳌侍侧辨生死之说,一鳌谓从来大圣大贤,忠孝节义之人,所谓没后将的去者,定有一真不散。不然,何有没而为神,有感即应也。洒庵谓天地人物,一气也。气尽则散,安有不散者栖于冥冥之中? 二说请问先生,曰:"一真原自不散,试看尧、舜、汤、文、周、孔、颜、曾,精神俱在眼前,无一事一时而非尧、舜、周、孔之道。即匹夫节侠,一事到足色处其精神便自不散。若当生时已淹淹无气,何有于没后乎? 仁人孝子,祭鬼神则鬼神在,祭祖宗则祖宗在,只以本诸身者对天地质鬼神。"

十二年癸丑,九十岁。
在夏峰。

先生云:"人生如逆旅,宁几何时不亟自竖立?思所以不生而存,不死而亡者,以答天地父母生我此身场。到得启手启足之际,我所携之而来者绝无所携之而去。此生也真冈生而死,亦徒死耳,岂不可怜?子曰:朝闻夕可。盖急望人之有闻也。又曰:四十五十,而无闻焉,斯亦不足畏也已。颜子好学,有进无止,使稍为悠忽,三十二岁瞬息过矣。愿我同人互相策励,隔远不及晤者,遥相诰教,即如对老夫面语也。"

正月,先生命魏一鳌辑《北学编》成。

先生序略云:"学术之废与系世运之升降,前有创而后有承,人杰地灵,相需甚殷,亦后学之大幸也。居其乡,居其国而不能尽友乡国之善,士何能进而友天下,友千古哉?此编中所载诸先生正各有面目,其出处隐见。立言致行,虽有不同,要皆愿学孔子,不待文王而兴之人。故董、韩而后,若器之、静修、伯玉、学本程、朱;克恭、侪鹤、伯顺,力肩陈、王。因念紫阳当五星聚东井之际及其身,不免施伪学之禁。阳明功在社稷,当日忌者夺其爵,禁其学,非两先生之不幸,诚世道之不幸也。我辈生诸贤之后,自待岂宜菲薄?魏子亟岁挂冠,亟亟以表章前哲自任,则其居心可知矣。"

二月,成都费此度来学。

此度名密,寓扬州。自其父某得先生《岁寒集》读而悦之,遂令受学,先生扫雪亭以留之。因艰于听,此度尝以手代口,有答书云:"老夫年忽九十,耳目气血衰耗,无以益吾子远来就正之意。念衰朽少承家学,自先祖沐阳公与阳明高弟邹东廓之子讳美者,同举京兆,得闻其家学。故平生口无伪言,身无妄动,以躬行教子若孙。老夫奉父命从季父成轩公学,此渊源之所。自而尤得良友鹿伯顺夹助之力居多。伯顺深得阳明之学者也。老夫近见得学问一事,原不在寻行数墨,较量字句之间。建安、青田、姚江皆法效孔、孟,虽若不同，俱非立异。我辈只要眼阔心虚，实求自信，不必拾人颊吻说，随人转移耳。"

登封耿逸庵介来学。

逸庵由翰林出为大名道，有惠政。是年，介、汤斌受学，先生曰："君曾秉宪大名，余父母邦也，曷可以公祖而在弟子列？"逸庵执礼逾坚。每晨起，随门人入侍坐，请益不稍辍。先生手书答之云："数日来，或口语相印，或手疏相质，具见近里着己，知行并进之功。君犹竞于气质之未能变化，途径之或有差失，此足见好学之切矣。尝闻鹿伯顺言，说心在事上见，说己在人上见。离事物而虚谈性命，性命何着？外性命而泛言事物，事物何归？贤所云敬恕本体功夫，一齐俱到变化气质，须戒慎操存，久则不放，方能见活泼泼地，而气质自能变化矣。事无棘手，从学无歇手来。"

山阴姜定庵遣其子世来问学。定庵为刘念台门人，寄其师遗书及《易说》至。

临漳王荷与孙尔械介耿极来从学，先生云："圣人垂训立教，直欲天下万世皆入于圣贤之域。其四教曰文、行、忠、信，其雅言曰读书执礼，只是在用上说。所谓吾无行，而不与二三子也。孔子后孟子方说出心性，孟子后秦汉儒者多求诸训诂。濂溪、明道说性命入微妙矣。紫阳出，不得不从躬行实践上说，知得孟子之言，便知孔子之言精妙；知得朱子之言，便知周、程之语着实。"

钟国士前在覃怀，同其师郭九如从游，至是，复来问学。先生留课诸孙，手示有云："圣人之言极坦易，极精微，是在读者之领会。如颜、路请子之车，子路使门人为臣。高景逸以为穷理尽性之至，独异于佛氏言性处，念台谓夫子当日原自说得分明，卖车买椁，无臣有臣，正是一副见成道理。虽愚不肖，可与知者。此之谓天然自有之理，此之谓天然自有之性，门人辈只为私意所动，故愤愤。两先生皆大儒,而所见如此不善,会之又成朱、陆矣。要知刘之见从高出,有前说不可无后说,正不妨并存耳。"

六月,十三曾孙用楑生。

溥长子。

先生为《怀友诗》。

有序:"余生平借良友提携之益,晚年耄废,尤感及门之助。我秋夜不寐,因为《怀友》诗一章,以志老怀。往者怅志气之未申者,感河山之修阻,日月易迈,诸友其知余心否耶?

"孔圣有四友,又复借六侍。顾我耄而病,同人望更亟。匡我之不逮,诸贤时痌瘝。端亮曰孔伯,当仁不肯避。明达莲陆子,到手无棘事。新安勇向学,识力何超异?沧州讼往愆,晚节抉其秘。宽夫善补过,力为明学地。垂老轻去乡,荐馨共旅食。渥城有五修,答问借笔记。习仲能知几,介祺称高寄。子新饶侠肠,饯升阶薛仪。甫具识器⑦,构斯安贱贫。守身明大义,浑穆称保汝。不以穷失意,退步震之贤。虚衷亦夔智。骎臣有气魄,熙候无俗累。子石称儒慕,含真严指视。天章多慧根,子亮本美质。振公孝友人,景子嘉其志。伃兰与裕卿,问学渐有次。凫盟荆园语,鄂州辩学字。廉干推逸庵,此度博综备。进德而修业,努力各自治。我年已九十,烛光安足炽?愿言日有长,助我勿失坠。"

彰德许典三,名三礼,赴海宁任,过夏峰问学,先生曰:"夫子固言之矣,事大夫之贤,友士之仁。事字,友字中是夫子所以陶铸,士大夫所以成其贤与仁。徒事之友之,岂夫子告子贡之意?大人格君心之非,孝子喻亲于道,方成其为忠孝。成己成人,正己物正,此方是孔孟本领。"

又答书略云:"来字本末内外一齐俱到。所谓把柄在我,触处皆灵。衰老之人不禁踊跃称快。仆尝思濂溪三个'希'字,是直要到天上。天是何境地？人如何可到？濂溪此语是从'吾十有五而志于学'看出,自志学到知天命、耳顺、从心,行往坐卧,刻刻皆与天游。故曰:知我者,其天乎？他人皆信不及,子思独从安排不得处下个天命字,从不假造作处下个率字。又从一气浑然不可名状处下个中字。独字正是希天嫡传,曾子乃于明德即是希天,须在物上讨个的当。身心意知,家国天下,皆是物。格即神之格,思之格,感而遂通之谓。学者不以心为物役,却时时与物醇酢,无一事不是分内。须将戒惧之心时时提起,孝子之事亲,与仁人之事天原非岐。观正札中本体功夫浑然俱到,持此以往,居家以此,居官亦以此,第求自信,随时自有证悟也。"

十一月,先生命汤斌辑《洛学编》成。

先生序略云:"洛为天地之中,嵩高挺峙,黄河蜿蜒。自河洛图书,天地已泄其秘。而浑庞淳朴之气,人日由其中而不知。至程氏两夫子出,斯道大明,人知所趋的。学者于人伦日用,至庸极易之事,当下便有希圣达天路径。是道寄于人而学寄于天,盖洛之有学,所以合天人之归,定先后之统,关甚巨也。厥后废而复明,绝而复续,学问渊源,天中尤盛。宋兴伊洛,元大苏门。至有明而两河八郡,识大识小,各有传人。余移家夏峰,每怀思往哲,怅微言之未泯,念绝学之当传。汤子少负远志,壮岁即以病请,孜孜斯道为己任。十年以来,余见其学日进而心日虚,洛学之兴端有所属。因念斯道在人,求之即得。表前儒以兴起后学,如射者之趋的,必期于度;如舟子之涉海,必操其舵。所谓呼之使灵,叩之使觉,千载上下,南海北海,心同理同,又何有于洛以及濂与关、闽耶？盖学以希贤希圣为归,而其最初发愿一直便到希天上至。其中道路之迂曲,识力之偏全,自不能强之同。迄其所归川流者,以此敦化者,亦以此自不得有异也。"

十三年甲寅，九十一岁。

在夏峰。

《元日》诗有序："偶诵康节《焚香告天》诗，因为句贻汤孔伯。以孔伯祝余文援康节相拟也。

"我于古人审所从，生平最爱尧夫叟。先生生当全盛时，群贤功业乎何有？不事王侯铸群贤，搏挽乾坤道在手。兴来为吟自在诗，客至且饮欢喜酒。林间高阁望中希，花下小车不来久。焚香每诵告天诗，先生心事昭泰斗。外王内圣此一身，安老怀少而信友。汤子拟我愧非伦，先生敢敬不敢偶。怀古诗成欲寄君，晓起东风俨在柳。"

人日，集周春雨、尹芝仙于兼山堂。时闻警，或问："军兴，无人不骚动，学问应如何？"先生曰："古人无事常若有事，有事却如无事。禹之行水疏瀹决凿，皆是应如何而如何，所以谓之行其所无事。果能行所无事，天塌地陷，皆定数也。不能行所无事，鹊噪鸦鸣，皆异事也。唐虞揖让三杯酒，汤武征诛一苟棋，水到渠成。《易》云：'天下何思何虑？'此是学问第一义。"

先生语诸门人曰："一生苦乐，惟人自取，止争看的破看不破。少之时谋望于进取得失，分而忧乐形焉，得者几人？其壮也驰逐于功利贵贱，别而荣辱招焉，贵者几人？其志也属意于子孙贤不肖，异而成败系焉，贤者几人？看得破皆天定之数，岂容一毫介意于其间。此等处即无介意，则无时无处而不可领天地四时之趣。视世人之毁誉欣戚，浮视聚散，争如我山房白云之卷舒无定形，来去无定方也。古之达人高士谁非吾师？谁非吾友？其无愧怍于心者，自然睟盎于面背。故学者须寻孔、颜之乐，无此乐，终难语自得。"

四月，序《容城县志》。

先是崇祯癸未，邑令胡葵衷以志稿付先生。至是，先生作序付赵士麟授之梓。

安邑马胤锡与其育德书院同学周世怿、吴君炤、薛良瑾、杨震初、郭缵汾、杨念祖、张弘宽、王昊之、王奎斗、南初谦、乔弘德、景之瑄、刘日益、陈所蕴、谢鼎、南二谦、郭绳汾、刘枋龄、张宿焜、刘乔龄、王一中、马蕙、杨天爵，遥拜称弟子。

十四年乙卯，九十二岁。
正月，先生辑《苏门纪事》。

先生曾考苏门遗事数十则，尚未成帙。至是，复录此编，合而成《纪事》二卷。

耿逸庵录其与御众问答书来质。御众云："要希圣只是收敛，非谨慎之谓。去其所本无全其所本有而已。"逸庵云："吾闻之师曰：学问之着落在日用伦常。能于此中见得触处，皆天命流行，便是透得大原本所在。我辈果有戒惧工夫，久则气质自然变化。窃意日用间体认天理，而要之以主敬，时时小心翼翼，而后触处皆天命流行也。"先生曰："宽夫所云收敛非谨慎，谓须求此心恬，适使生机盎然，勿堕枯槁一路。逸庵所云体认天理，而要之以主敬，本体工夫一了百当，正与宽夫互相发明，所谓分之而无可分也。此事各就历处自修自证，到一层便觉一层，非止境。"

大名熊洛叙子梦飞，同广平宋拱微、安阳步翔从学。李梅村遣其子李对受学。新安刘绎祖旧以姻谱事先生，至是，正师弟之礼。

漆继俾世昌同御众来问学，先生曰："学问原是全体大用，一了百当之道。学者只从事于此，一事更无不尽。所谓一事者，复性而已。如乐正子何如人，孟子便从可欲之善直推到美大圣神地位，此可欲之善便是人之性善。从来惟尧、舜、孔子方能满此善之量，故孟子道性善言必称尧、舜。"又曰："乃所愿则学孔子也,只此一点性善,终身学之不尽,岂非全体大用,一了百当者乎?"

明说问先生宗旨,答书云："耿耿寸心,惟此共学。一事是非毁誉,勘之已明。疾病死生,守之颇固。返顾生平,虽所见有时而迁,而独之地不敢自欺。识得'天理'二字,衡准经纬,原是千圣真血脉,非语言文字承当。故说个心,即在事上见;说个己,即在人上见;说高远,在卑迩上见;说上达,在下学上见。战竞惕厉,不敢将就。冒认者只是慎独而已。数十年来奉教于师友者以此,印证于同学者亦以此。一息尚存,益当共励也。"

语诸子曰："'吾十有五章',是夫子自述年谱也。孟子愿学孔子,所称可欲之善即孔子志学之矩,有诸己则立矣,充实之美则不惑矣。充实而有光辉,则天命流行,有威有仪矣。大而化圣不可知,则耳顺、从心矣。充实可为,光辉不可为,我辈为学,亦只在立与不惑上着手。下学而上达在其中矣。

"谈朱学者,以朱学无流弊;谈王学者,以王学无流弊。二者皆有偏处。紫阳之后,实病不可不泄;姚江之后,虚病不可不补。救紫阳之流弊,子静其对症;救姚江之流弊,念庵其对症。夫子四友六侍,皆实有受益处,非虚也。舜之五臣,武之十乱,皆真师真友,所以成虞、周之治,不能亲师取友,只是不虚心,有执见,我辈当自体认。"

入春,先生饮食倍健,戚友门人来者,谈论夜分忘倦。至三月内,忽感风寒,微汗渐解,而食不甘味。每卧犹饮酒一杯。气弱难于讲说,手书日谱云："学问以了达生死为极诣,然世之所谓了达生死者轻生轻死,非真能达生达死也。真能达生死者则生不自徒生,而生足取重于世;死不徒死,而死足取重于世。颜子一闻四勿之旨,则请事斯语。由虽在四友六侍之列,然未知生,焉知死? 如由也而能承当,夫子必不曰不得其死,然能了达生死者,必不敢忘吾父母所遗之体,目能视,视还明;耳能听,听还聪;口能言,言还从;四体能动,动还礼,是之谓天下之大孝,惟天下之仁人乃能为。天下之孝子,言能自重其主与死,故能大其父母之所遗也。若以轻生死为达生,皆称闻道者矣。"

四月二十一日己酉未时,先生卒。

自朔日,先生即病剧,不能粒食。

二月,郝雪海塞外书至,犹手跋云:"老夫日益衰。天地生生之气不以远阻,不以老间。千古圣学皆本诸天,我辈果信得及。无非光天化日,便省许多葛藤矣。"

七日,曲周王体健介申涵光字来从学,先生以其年逾六十,力学有年,不宜在弟子列。且危病,不可以受徒。体健坚清,先生犹整衣冠相对,侍疾数日,始别去。先生口授曰:"学问之事在躬不在口,随时随处体认天理,此外,更无他说。我辈试自认天是何体,则一切可相忘于无言矣。"

十日,为曲周路文贞公振飞书殉难遗事,先生不食,神气虽日弱,晨起犹栉沐,令子孙扶掖稍坐,但不能多言,而色甚愉。

十四日,病益笃。

十五日,诸门人侍左右,先生各有勉励之言,子孙各有勉嘱。复举笔书云:"吾将去矣,此后勉之,全在尔等肩师传。率父显祖,古今大题目,须自己做一番。"

十九日,先生云:"子静病时令众人俱退,静以休息,是学问实际。"

二十一日巳刻,喉中微有痰,命扶坐,着衣冠,执立雅手,书"江村"二字。适韩鼎业自钧阳来省,伏榻前悲咽不胜,先生犹执手熟视,连呼子新。移时,遂长逝矣。门人与含殓者五十余人,子、孙、曾,玄服斩衰、齐衰者三十余人。官师绅士,下至负贩耕佣,跛瞽残疾之人,无论识与不识,皆匍匐奔吊,哀声震地。或远不能即至者,为位聚哭。殁后,有永年陈章,犹以书正师弟之谊;安平靳暗然千里来谒,自述以官羁滞,不得受学,对像以所学相质,泣下沾襟。李炼庵亦以数年奉教,未得一面,拜像长号。其仆役皆为感动。

十月十六日,葬先生于夏峰东原。

先生继配杨孺人原寄厝夏峰,已二十五年矣,素不泥堪舆家言,爱东原平敞,附近夏峰居第,遂下兆于此,迁杨孺人祔葬焉。元配槐孺人原葬容城祖茔,先生遗命留北地,诸子为槐孺人置木主,具衣衾,得祔葬。门人汤斌为文志其墓,容城亦奉先生衣冠及杨孺人木主,与槐孺人合葬焉。

是月,辉邑合卫郡绅士请祀先生于百泉书院。

百泉旧有圣庙,即朱之太极书院也。两庑列祀周、程,及宋元寓孺。先生殁,阖郡绅士合词上请学使,俾塑像列主,春秋得奉祭祀。

校记

① "毂"前似少一"推"字。
② "入"字疑衍。
③ "陆"疑为"鹿"字误。
④ 此处似脱失一字。
⑤ "蹊",原文误作"溪"。
⑥ "邻"字疑为"怜"字误。
⑦ 原文少一字。

书信

与耿逸庵①

前疏原因圣主恩深,欲效古人举贤自代。疏内之意自明,圣主垂鉴鄙诚,此少詹之命所由来也。不意事不如心,忌者四起,先生之局未结,而同时称病不出,有此理乎?弟为举朝所攻,稍有廉耻者未能一刻留也。弟生平颇知砥砺,今日赧颜已极,先生宜去之言真同心哉!弟所以不能亲送台驾者,以自今日断不出门耳。但弟今日去反甚难,此中久当知之。胸中万缕,不能多及。

摘自耿介《敬恕堂存稿》卷九

校记

① 原文题目为"附录汤潜庵先生回字",此题目为辑校者所加。

第六编　汤斌研究资料

传　略

汤　斌　附孙　之旭

汤斌，字孔伯，河南睢州人。明末流贼陷睢州，母赵氏殉节死，事具《明史·列女传》。父祖契，挈斌避兵浙江衢州。顺治二年，奉父还里。九年，成进士，选庶吉士，授国史院检讨。

方议修《明史》，斌应诏言："《宋史》修于元至正，而不讳文天祥、谢枋得之忠；《元史》修于明洪武，而亦著丁好礼、巴颜布哈之义。顺治元、二年间，前明诸臣有抗节不屈、临危致命者，不可概以叛书。宜命纂修诸臣勿事瞻顾。"下所司。大学士冯铨、金之俊等谓斌奖逆，拟旨严饬。世祖特召至南苑慰谕之。时府、道多缺员，上以用人方亟，当得文行兼优者，以学问为经济，选翰林官，得陈炉、黄志遴、王无咎、杨思圣、蓝润、王舜年、范周、马烨曾、沈荃及斌凡十人。

斌出为潼关道副使。时方用兵关中，征发四至。总兵陈德调湖南，将二万人至关欲留，斌以计出之，至洛阳哗溃。十六年，调江西岭北道。明将李玉廷率所部万人据零都山寨约降，未及期而郑成功犯江宁。斌策玉廷必变计，夜驰至南安设守。玉廷以兵至，见有备却走，遣追击，获玉廷。

斌念父老，以病乞休，丁父忧。服阕，闻容城孙奇逢讲学夏峰，负笈往从。康熙十七年，诏举博学鸿儒，尚书魏象枢、副都御史金鋐以斌荐，试一等，授翰林院侍讲，与修《明史》。二十年，充日讲起居注官、浙江乡试正考官，转侍读。二十一年，命为《明史》总裁官，迁左庶子。二十三年，擢内阁学士。江宁巡抚缺，方廷推，上曰："今以道学名者，言行或相悖。朕闻汤斌从孙奇逢学，有操守，可补江宁巡抚。"濒行，谕曰："居官以正风俗为先。江苏习尚华侈，其加意化导，非旦夕事，必从容渐摩，使之改心易虑。"赐鞍马一、表里十、银五百。复赐御书三轴，曰："今当远离，展此如对朕也！"十月，上南巡，至苏州，谕斌曰："向闻吴闾繁盛，今观其风土，尚虚华，安佚乐，逐末者多，力田者寡，尔当使之去奢返朴，事事务本，庶几可挽颓风。"上还跸，斌从至江宁，命还苏州，赐御书及狐腋蟒服。

初，余国柱为江宁巡抚，淮、扬二府被水，国柱疏言："水退，田可耕，明年当征赋。"斌遣覆勘，水未退，即田出水处犹未可耕，奏寝前议。二十四年，疏言："江苏赋税甲天下，每岁本折五六百万。上命分年带征漕欠，而地丁钱粮，自康熙十八年二十二年，五年并征。州县比较，十日一限。使每日轮比，则十日中三日空闲，七日赴比。民知剜补无术，伴皮骨以捱征比；官知催科计吏，伴降革以图卸担。恳将民欠地丁钱粮照漕项一例，于康熙二十四年起分年带征。"又疏言："苏、松土隘人稠，而条银漕白正耗以及白粮经费漕剩五米十银，杂项差徭，不可胜计。区区两府，田不加广，而当大省百余州县之赋，民力日绌。顺治初，钱粮起存相半，考成之例尚宽。后因兵饷急迫，起解数多，又定十分考成之例。一分不完，难逭部议。官吏顾惜功名，必多苟且。参罚期迫，则以欠作完；赔补维艰，又以完为欠。百姓脂膏已竭，有司智勇俱困。积欠年久，惟恃恩蠲。然与其赦免于追呼既穷之后，何苦酌减于征比未加之先。恳将苏松钱粮各照科则量减一二成，定适中可完之实数，再加科则稍加归并，使简易明白，便于稽覆。"又请蠲苏、松等七府州十三年至十七年未完银米，淮扬二府十八九两年灾欠，及邳州版荒、宿迁九厘地亩款项，并失额丁粮，皆下部议行。九厘地亩款项即明万历后暂加三饷，宿迁派银四千三百有奇，至是始得蠲免。

淮、扬、徐三府复水，斌条例蠲赈事宜，请发帑五万，籴米湖广，不崇诏下，即行咨请漕运总督徐旭龄、河道总督靳辅分赈淮安。斌赴清河、桃源、宿迁、邳、丰诸州县察赈，疏闻，上命侍郎素赫助之。先后奏劾知府赵禄星、张万寿、知县陈协浚、蔡司霈、卢绖、葛之英、刘涛、刘茂位等。常州知府祖进朝以失察属吏降调，斌察其廉，奏留之。又疏荐吴县知县刘滋、吴江知县郭琇廉能最著，而征收钱粮，未能十分全完，请予行取。下部皆议驳，特旨允行。

斌令诸州县立社学，讲《孝经》《小学》，修泰伯祠及宋范仲淹、明周顺昌祠，禁妇女游观，胥吏、倡优未得衣裘帛，毁淫祠小说，革火葬。苏州城西上方山有五通神祠，几数百年，远近奔走如鹜。谚谓其山曰"肉山"，其下石湖曰"酒海"。少妇病，巫辄言五通将娶为妇，往往瘵死。斌收其偶像，木者焚之，土者沉之，并饬诸州县有类此者悉毁之，撤其材修学宫。教化大行，民皆悦服。

方明珠用事，国柱附之。布政使龚其旋坐贪，为御史陆陇其所劾，因国柱贿明珠得缓，国柱更欲为斌言，以斌严正，不得发。及蠲江南赋，国柱使人语斌，谓皆明珠力，江南人宜有以报之，索赇，斌不应。比大计，外吏辇金于明珠门者不绝，而斌属吏独无。

二十五年，上为太子择辅导臣，廷臣有举斌者。诏曰："自古帝王谕教太子，必简和平谨恪之臣，统率官僚，专资辅翼。汤斌在讲筵时，素行谨慎，朕所稔知。及简任巡抚，洁己率属，实心任事。允宜拔擢，以风有位。"授礼部尚书，管詹事府事。将行，吴民泣留不得,罢市三日,遮首焚香送之。初,靳辅与按察使于成龙争论下河事,久未决。廷臣阿明珠意,多右辅。命尚书萨穆哈、穆成额会斌勘议,斌主浚下河如成龙言。萨穆哈等还京师,不以斌语闻。斌至,上问斌,斌以实对,萨穆哈等坐罢去。

二十六年五月,不雨,灵台郎董汉臣上书指斥时事,语侵执政,下廷议,明珠惶惧,将引罪。大学士王熙独曰:"市儿妄语,立斩之,事毕矣。"斌后至,国柱以告。斌曰:"汉臣应诏言事无死法。大臣不言而小臣言之,吾辈当自省。"上卒免汉臣罪。明珠、国柱愈恚,摘其语上闻,并撦斌在苏时文告语,曰"爱民有心,救民无术",以为谤讪,传旨诘问,斌性自陈资性愚昧,愆过丛集,乞赐严加处分。左都御史璬丹、王鸿绪等又连疏劾斌。会斌先荐后补道耿介为少詹事,同辅太子,介以老疾乞休。詹事尹泰等劾介侥幸求去,且及斌妄荐,议夺斌官,上独留斌任。国柱宣言上将隶斌旗籍,斌适扶病入朝,道路相传,闻者皆泣下。江南人客都下者,将击登闻鼓讼冤,继知无其事,乃散。

九月,改工部尚书。未几,疾作,遣太医珍视。十月,自通州勘贡木归,一夕卒,年六十一。斌既卒,上尝语廷臣曰:"朕遇汤斌不薄,而怨讪不休,何也?"明珠、国柱嫉斌甚,微上厚斌,斌祸且不测。

斌既师奇逢,习宋诸儒书。尝言:"滞事物以穷理,沉溺迹象,既支离而无本;离事物而致知,隳聪黜明,亦虚空而鲜实。"其教人,以为必先明义利之界,谨诚伪之关,为真经学、真道学;否则讲论、践履析为二事,世道何赖?斌笃守程、朱,亦不薄王守仁。身体力行,不尚讲论,所诣深粹。著有《洛学编》《潜庵语录》。雍正中,入贤良祠。乾隆元年,谥文正。道光三年,从祀孔子庙。

孙之旭,字孟升。康熙四十五年进士,官编修,改御史。出为霸昌道,内迁左通政。所至皆有声。

《清史稿·列传》卷五十二

汤潜庵先生

尹会一

先生讳斌,字孔伯,号潜庵,睢州人。八九岁时,听里中耆儒王慕祥讲《小学》,退即习仪节,征实行,慕祥异之。年十六就傅郭外。值流寇陷州城,母赵氏骂贼死。先生痛彻心骨,益自刻苦。后避乱三衢山中,每中夜读书,忽有所触,辄痛苦悲号,声震林谷。哭已复读,山中人咸哀之。乱定归里门。

顺治戊子,举于乡。己丑,会试中式。壬辰,成进士。馆选庶吉士,屏户无所造谒。甲午,授国史院检讨。时方议修《明史》,先生疏言:"《宋史》修于元至正,而不讳文天祥、谢枋得之忠;《元史》修于明洪武,而亦并列丁好礼、普颜不花之义。前明抗节死事诸臣,似未可概以叛书。"诏嘉谕之。乙未,简翰林科道,出任监司。先生得陕西按察使副使,备兵潼关。于是王师方下滇、蜀,潼关当孔道,征调旁午,民率窜走山谷。先生与帅约,资粮扉屦供如部符,外不得稍溢。帅肃队帖然过境。李廷玉者赣州巨寇也。赣为四省上游,崇山深箐,贼伏戎于莽有年。先生自潼关擢江西参政,分守岭北,设计擒获,而地方以宁。

后以父老乞归里,昕夕色养。益沉酣性命之学,渡河至夏峰,受业于孙钟元先生,所学愈益日进。居家二十年,践履笃实,涵养纯粹,褎然推一代巨儒。平湖陆稼书以先生不欲诋斥阳明,致书辨论学术甚力,后得先生书,语人曰:"余书,是孟子好辨章意;潜庵来书,是孟子反经章意。"终亦不复有所牴牾云。

戊午,诏举博学宏词,魏总宪、金副宪交章共荐。御试甲等,授翰林院侍讲，寻转侍读。出典浙试，称得士。还，充《明史》总裁官，既又直经筵。每入讲，必沉思积诚以感动，常于书义之外推明时政，都无忌讳。同列为先生震恐，先生自若也。甲子，擢内阁学士兼礼部侍郎，遂以右副都御史巡抚江苏。莅任后正己率属，问民疾苦。禁侈靡、兴教化，凡诸便民者，皆奏请行之。见属吏必反复叮咛，告以持身行政，忠君爱民之义。数月劾其不奉令者，由是吏治肃清。月吉讲圣谕，又定期集生徒讲《孝经》、《小学》，习俗为之一变。

丙寅春，特晋礼部尚书，掌詹事府詹事，以辅导青宫。先生闻召即行，吴民送者十余万人。其转移风俗成效，略具毁淫祠一疏中，疏曰："臣才具庸劣，奉命抚吴。陛辞之日，蒙我皇上谆谆诲谕，以移风易俗为先务。圣驾南巡，又谕以'敦本尚实，使民还淳返朴'。臣仰承德意，月吉齐士民讲解上谕十六条，又定期至学宫讲《孝经》、《小学》，使人知重伦常而敦实行。一年以来，风俗亦渐改观。窃以吴中之俗，尚气节而重文章。阛阓诗书以著述相高，固天下所未有也。但其风涉淫靡，黠者藉以为利，而愚者堕其术中，争相仿效，无所底止。如妇女好为冶游之习，靓妆艳服，连袂僧院。或群聚寺观，裸身燃臂，亏体诲淫。至于敛钱聚会，迎神赛社，一幡之直可数百金。刻造马吊纸牌，编作淫词艳曲，流传天下，坏人心术。婚丧不遵家礼，戏乐参灵，彩服送丧，仁孝之意衰，任恤之风微。而无赖少年，教习拳勇，身刺文绣，轻生好斗，名为打降。如此之类，不可枚举。臣皆严加禁饬，委曲告诫。今寺院无妇女之迹，河下无管弦之声。迎神罢会，艳曲绝编；打降之辈，亦稍稍敛迹。若地方有司守臣之法，三年之后，可以返朴还淳。且浮费简则赋税足，礼乐明而争讼息，固吴中之急务也。

"然此皆地方官力所能行，不敢上烦谕旨。惟有淫祠一事，挟祸福之说，年代久远，入人膏肓，非奉天语申饬，不能永绝根株。苏松淫祠有五通、五显、五方贤圣诸名号，皆荒诞不经。而民间家祀户祝，饮食必祭。妖邪巫觋创为怪诞之说，愚夫愚妇为其所惑，牢不可破。苏州府城西十里有楞伽山，俗名上方山，为五通所踞，几数百年。远近之人奔走如骛。牺牢酒醴之飨，歌舞笙簧之声，昼夜喧阗；男女杂遝，经年无时间歇，岁费金钱何止数十百万。商贾市肆之人，谓称贷于神可以致富，借直还债，祈报必丰。里谚谓其山曰'肉山'，其下石湖曰'酒海'。耗民财，荡民志，此为最甚。更可恨者，凡少年妇女有殊色者，偶有寒热之症，必曰五通将娶为妇。而其妇女亦恍惚梦与神遇，往往羸瘵而死。家人不以为哀，反艳称之。每岁常至数十家，视河伯娶妇之说更甚矣。

"夫荡民志，耗民财，又败坏风俗如此。皇上治教如日中天，岂容此淫昏之鬼肆行于光天化日之下？臣多方禁之。因臣以勘灾至淮，益肆猖獗。臣遂收取妖像，木偶者付之烈炬，土偶者投之深渊。檄行有司：'凡如此类尽数查毁！撤其材木备修学宫、葺城垣之用。'民始而骇，继而疑，以为从前曾有官长厌其妖妄，锐意除之，神即降之祸殃，皆为臣危之。数月之后见无他异，始大悟往日之非。然吴中师巫最黠而悍，诚恐臣去之后，必又造怪诞之说，箕敛民财，更议兴复。愚民无知，必复举国若狂，不可禁遏。请赐特旨严禁，勒石山巅，令地方官加意巡察。有敢兴复淫词者作何治罪。其巫觋人等，尽行责令改业，勿使邪说诳惑民听。天威所震，重寐当醒。人心既正，风俗可淳。更通行各直省，凡有类此者皆行禁革，有裨世道岂渺小哉！"①上嘉纳之。

苏、松两府赋役繁重，自有明已然，实为三百年以来之痼疾。先生吁请宽减，另定科则。格于部议，未及准行。至于改征积欠为分年，豁免芦课版荒，捐前明神庙所加九厘饷，减淮、扬、徐诸州县水灾正供,宽逃丁,苏驿困诸事,不惮再三入告。

当先生之内召也,上眷注愈隆。先生思所以报主者愈切,凡会议大事,上必问汤斌云何,先生正论谔谔不顾利害。天下方仰望风采,而忌之者亦众,旋调工部尚书。丁卯卒。呜呼! 以仁庙之圣,先生之贤,君臣遇合千载一期,虽倾轧者百端,而终不能摇动,岂非大儒之效欤!

所著有《洛学编》四卷、《睢州志》五卷、《明史稿》二十卷,并诗文二百余篇藏于家。乾隆元年,赐谥文正,遣官致祭,复御制碑文,树于墓道以表之。

> 尹会一曰:先生忠孝性成,笃志圣学,反躬实践,不慕高远。或劝之著书,曰:"学贵日新,今日之所是,异日未必不以为非,何敢妄作?"有味哉,先生之言也! 士不刚健笃实而先耀其采,可乎? 所著诸书,皆不得已而后言,若其居官奏疏,乃先生经国讦谟,以布优优之政者,忠肝古谊,余尝庄诵而如见之。

《洛学编续编》

校记

① 以上引文本于《汤子遗书》文会堂本,与本祠堂本多有不合处。

经筵讲官、工部尚书、谥文正公传

汤斌,字孔伯。生而端悫,里中王获嘉先生讲《小学》,听者甚众,斌年十二独倾耳,若有余味。退则见之于行,先生闻之曰:"是子殆不可量!"

顺治戊子,举于乡。己丑,会试中式。壬辰,成进士,改庶吉士。一室萧然,不与物接,惟魏象枢、曹本荣二人来,则以理道相切磋,晨夕无间也。乙未,简翰林。科道官外任,斌得陕西按察司副使,备兵潼关。是时方出师,由四川下滇、黔,而陕为往来孔道。每兵未至,斌先待之境上,逆与之约,部符供给外丝毫不得扰民。帅知斌不可犯,相戒敛队过其境,百姓得以安堵。迁江西布政司参政,分守岭北。时有李玉廷者伏莽山中,斌至,使人说之降。已奉约矣海汛急,斌度玉廷必有变,趣白巡抚曰:"玉廷向化未纯,闻警且生心。南安橹堞不固,必先是。"于是驰至南安,设计守御,甫毕而玉廷果来袭,知有备乃却,追擒斩之。

久之,念父病,遂请告归。承欢之余潜心性命之学,一日渡河至夏峰,拜孙钟元先生,称弟子。日闻所未闻,自是充养愈邃,诣力益坚,出入一马一仆,蔬食菜茹,有终焉之志矣。

戊午,被荐入都,寓居萧寺,长安知故概不与通。御试以优等授侍讲,纂修《明史》。

辛酉,典试浙江,寒畯多被收录。复命迁侍读,为经筵讲官。每进讲,开陈详切。天颜甚喜,于是眷注日隆,转内阁学士。江南巡抚缺,上时驻兴安,九卿已列孙在丰名推上,上特命斌往。陛辞赐以裘马,复出御书两轴曰:"展此如对联也。"斌受命感激,不敢过家。抵任,事大小必亲。奏疏、文移多自为之,手至生胼。奉己清约,苞苴绝于上下。请分年带征,以苏民困;沉淫鬼于江,以祛蛊惑;讲《孝经》以正人心;禁游船以厚风俗。期月之间,旧习不变。

丙寅,择人辅导东宫,以詹事府正詹兼礼部尚书召,吴人攀留者填街溢巷。斌谕以君命不可违,不退。给而登舟,夹岸焚香,号呼千里不绝,出境乃已。至都引见,天语温温,恤及其私。及就职命之坐讲。凡大事必问汤斌云何,斌亦正论不阿,众皆侧目,争欲撼去之。斌终不挠,上亦雅知斌,遇之益厚。

转工部尚书。一日看木河下,归邸,夜半得疾卒。讣闻,上深悼惜，命学士翁叔元酹酒灵座，俾所司传其丧还里，予祭葬焉。吴人闻斌死，哭声动天地，家家肖像祀之，复祀于学宫，以为自有巡抚来，帷周忱、海瑞及斌而三云。

著有《洛学编》、《明史稿》及《汤子遗书》、《潜庵语录》、诗文诸集。旋入祀陕西、江西、江南名宦祠。雍正十一年，入祀贤良祠。乾隆七年，河南学臣邹升恒疏称："汤斌一代理学名臣，儒林共仰，请追锡美谥，以惬舆情而符众望。"奉特旨予谥"文正"。乾隆四十六年，尹喜铨以汤斌暨范文程等五人从祀奏请，奉旨以汤斌曾侍理密亲王，未能尽心辅导，未蒙允准。嗣于四十八年复奉谕旨，以理密亲王性情乖张，即特选公正大臣如汤斌者为之辅导，亦不能有所匡救，是理密亲王不能受汤斌辅导之益，早在圣明洞鉴之中，非身有遗行者可比，应如所请，准其从祀文庙。奉旨允行。

《睢州志》

文 正 公 传

汤公讳斌，字孔伯，号潜庵，顺治戊子，举于乡。己丑，中会试。壬辰，成进士，授庶吉士、翰林院检讨。日事诵读，一室萧然，不与物接。

世祖诏翰林科道出任监司，公名在选中。有"品行清端，才猷瞻[①]裕"之谕，以应得职衔加一级，补陕西潼关道副使。绥戢兵民，戒约征旅，骄悍咸驯，疮痍顿起。

迁江西参政，分守岭北。时有警汛，兼忧伏莽，仓卒定变，上下赖之。

以父病告归，潜心性命之学，执贽夏峰孙钟元先生之门，订《理学宗传》。自是充养愈粹,诣力益坚。出入一仆一马,脱粟菜羹,有终焉之志。

戊午,以博学鸿儒荐起。己未,御试甲等,授侍讲,纂修《明史》。辛酉,典试浙江,转侍读,总裁《明史》,充起居注日讲官。开陈详切,天眷日隆。甲子,由左庶子超擢内阁学士。

特简苏松巡抚。陛辞之日,赐鞍马彩缎、白金五百两、御书曰"展此如见朕也"。上南巡,公扈跸至江宁,赐御书蟒裘,羊酒珍羞,其眷注多类此。抵任,剔除吏弊,禁绝苞苴,僚属皆洗心供职。吴俗奢靡,裁之以礼。立嫁娶丧葬定式,申赛会博戏之禁。重农事以兴本业,复社学以训子弟,讲《孝经》以敦人伦,表扬名宦以风厉来者,悉推诚感动,不徒条教虚文。又累疏陈吴民疾苦,请分年带征以苏民困。会淮扬水灾,倡属捐济,令无流播。吴地楞伽山五通神祠赛祷无虚日,公取淫鬼像投之石湖,以杜蛊惑。又奏请旨各省淫祠通行严禁。公抚吴三载,食惟蔬菜,专务以德化民,改过即止。

丙寅,圣祖谕:江宁巡抚汤斌洁己率属,实心办事,宜拔擢大用。特授礼部尚书,掌管詹事府事。还朝之日,吴人攀辕泣留,填街溢巷,千里不绝。

至都,天语温温,遇待益厚。命总裁《明史》。凡大事必遣咨问,尽心敷陈,不挠不隐。转工部尚书,兼经筵讲官。

以疾薨于位,享年六十有一。天子震悼,遣学士以茶酒赐奠,命驰驿回籍,照尚书品级颁赐祭葬。所著文集五卷、奏疏二卷、《明史稿》二十卷、《洛学编》四卷、《陕西公移》三卷、《江西公移》二卷、《苏松示谕》三卷,行于世。学者称为潜庵先生。辛巳,崇祀乡贤祠。戊戌,建祠于大梁书院。癸丑,世宗建贤良祠,入主赐祭。仍遣官谕祭于本籍,赐春秋特祭。乾隆二年谥文正。吴人生为立祠,没追思不忘,盖直道不泯云。

《江南志》

校记

① "瞻",似为"赡"字误。

汤　斌

字孔伯,号潜庵,睢州人。少不好弄,稍长益以学自奋。学无不读,尤好习宋儒书。顺治壬辰进士,授国史院检讨。方议修《明史》,斌疏言:"《宋史》修于元至正,而不讳文天祥、谢枋得之忠。《元史》修于明洪武,而亦并列丁好礼、普颜不花之义。前明诸臣抗节以死者似可不概以叛书,乞颁诏宽宥,俾史官得免瞻徇。"疏入,朝廷嘉纳之。

寻,改任潼关道副使。征调约束,驾驭有法,流民悉为归。复调岭北道参政,值海寇犯江宁,赣人骚然。斌密陈方略于上官,擒盗魁而贳其余党,赣人以安。上官方倚重,斌以亲老乞终养,里居二十年。丁忧,服阕,闻孙钟元讲学苏门,往受业门下,质疑问难,归而学行益邃,共推中原巨儒。举朝交荐,廷试甲等,补侍读,旋充《明史》总裁官。历官江苏巡抚。江南素多淫事,楞伽山五通神尤谨。鼓吹牲帛,赛祷相继。奸巫淫尼竞相煽惑。斌廉得其状,躬至五通祠毁之。众始骇,继而悦服。重修泰伯庙祀,朔望必亲往。数亲诣学宫,与诸生讲《孝经》,俾幼稚悉得列坐以听。他如范文正、周忠介二公祠皆躬谒以为众劝,吴俗自是大变。又屡上疏言吴人疾苦,请分年带征,请除版荒田赋,请免被灾州县粮。敷陈入告,未尝惮烦。大江以南穷乡僻巷,靡弗载颂其政。因公之姓至以谚语呼为"清汤"云。会擢正詹兼礼部尚书,吴人攀留者填街溢巷,送至渡淮乃已。

入都就职,遇朝议侃侃正言不阿。众皆侧目,思撼去之,斌终不挠。转工部尚书。以疾卒,年六十有一。乾隆二年始赐谥文正。所著有《洛学编》、《补〈睢州志〉》、《明史稿》、《潜庵遗稿》若干卷。子四人,长溥,次濬、次沆,次准,皆名诸生。

《归德府志》卷二十五

汤潜庵先生斌传

耿 介

汤斌,字孔伯,号潜庵,河南睢州人。生而颖异,自幼不好嬉戏。八九岁时,有耆儒王狄嘉开塾讲《小学》,人皆惮其严正,公独侍坐终日无倦容,归即见诸躬行。人皆异之,曰:"此子真大器也。"平日读书外无他嗜,家贫乏,书尝借人,篝火读达旦,率以为常。

年十六,就傅北郭外。值流寇薄州城,公冒难赴父母急,至则城已陷。太夫人骂贼死,公号泣不欲生,绝食者数日。赠公谕以有己在,强之乃食。避乱河北,既而南至三衢,读书山中。每念太夫人贞烈,恐不闻于世,益自刻励,尝中夜大哭,哭已复读,山中人皆感动。

乱定后始北归。顺治戊子,举于乡。己丑,会试中式。壬辰,成进士,授翰林院庶吉士。邸舍萧然,不蔽风雨。每入馆,一仆一马。箪瓢疏食,坐一室,竟日读书,不妄交游。于文艺外,即沈潜易理,究心圣贤之学。甲午,授国史院检讨。乙未,奉上传选翰林科道出任监司,公名在选中,有"品行清端,才猷赡裕"之谕,以应得职衔加一级用。

明年，补潼关道副使。潼关自明季乱后，户口逃亡不满三百家，兼以供应转输之繁，官吏科敛以办军需，民不堪命。公至，以身任之。兵且至则迓之境上，与申约束，皆肃然无敢犯者。属吏亦皆兢兢奉法。再阅岁，关城中流民归者数千户。为之严保甲，讲乡约，设学校，顿觉风移俗易。偶行部，遇雨止大树下，既去，民以朱栏护树，时人比之"甘棠"。其为人所爱慕如此。升岭北道参政，辖赣南二府，据四省上游，地大山深，寇盗出没，最称岩疆。公设密计擒巨寇李玉廷，而地方大定。

先是公由潼关移任，便道省亲，值赠公偶病，欲留养，例不可。抵任时遂忧思致疾，至是具呈乞归。三院皆难之，公报曰："某母赵氏，壬午殉难最惨，已负终天之恨。前赴任时，便道归省，某父抱病，马首南驰，方寸已乱，留之终无益于地方。且老父闻某病，病必剧，是某贻误岩疆，不可为臣；病贻亲忧，不可为子也。"三院见之恻然，乃代请，予告时年三十三矣。

归侍赠公，色养备至。已而谒孙钟元先生于夏峰，从受学。复访张仲诚于内黄，相与讲贯。其学要以居敬穷理、躬行实践。尝曰："吾人既体察天理之本，然而朝乾夕惕，自强不息，极之尽性至命。而操持不越日用饮食之间，显之事亲从兄，而精之遂至穷神知化之际。"其见道精确如此。

戊午，诏举博学鸿儒，魏公象枢、金公铉交疏荐公。单车就道，至则僦僧舍以居，生平故旧之在显要者绝不相闻。试毕，特命补翰林侍讲，充日讲官起居注。寻转侍读，典浙江试。壬戌，充《明史》总裁官。癸亥，直经筵，历左右庶子。公每当进讲，必反复阐发，以尽书旨，且于书外多所启沃。尝侍立，上顾问："平日有诗文乎？其缮写以进。"公手书进呈。上诏至乾清宫，命每篇讲说大意，良久乃出。甲子，擢内阁学士，兼礼部侍郎。在阁凡四月，遇事所当言必正言不少隐。公事外未尝与执政交一语。

未几,特简江宁巡抚。陛辞,上深加奖谕,赐赉优厚。比行,又入见,赐御书三轴,曰:"今当远离,展此如对朕也。"履任之初,适圣驾南巡,迎驾至淮安,上慰劳备至。扈从至江宁、仪征,命之还。时署中案牍如山,公皆亲自检阅。正己率属,绝苞苴,杜请托,严私派,清漕弊,省狱讼,汰蠹役,苏驿困,毁淫祠,禁侈靡,兴教化,凡诸便民者,皆奏请行之。见属吏必反复叮咛,告以君命不可负,民命不可残。数月劾其不奉令者,又劾其阳奉而阴违者。由是,吏治澄清,大江南北无一物不得其所。后立社学,聚生徒讲《孝经》、《小学》,月吉讲圣谕,风俗丕变。

丙寅春,皇太子将出阁,上谕吏部:"自古帝王谕教太子,必简和平谨恪之臣,专资赞导。江宁巡抚汤斌在经筵时素行谨慎,朕所稔知。及简任巡抚以来,洁己率属,实心任事,允宜拔擢大用,风示有位。"特授礼部尚书,掌詹事府事。闻召命即行,苏城及外郡之民送者十余万人。兼程北上,比入见,上温语慰劳之,因问沿途所见,以凤阳、徐州饥荒对。上即遣官往赈,活者无算。寻充经筵讲官,上特命行坐讲礼。复总裁《明史》。与会议,遇大事上必使人问汤斌云何。一日,上幸海淀,命公辅导皇太子,公具疏辞,奉旨令回奏,寻改工部尚书,诣潞河勘木回,一夕卒。上闻,遣学士以茶酒赐奠,命驰驿回籍,照尚书品级赐祭葬。

公刚毅介直,忠孝原于天性。笃志圣贤,潜修默证,内体诸心,外见诸行事。平易确实,不慕高远。于性命之渊微,造化之精奥,虽探讨穷究,而必以日用伦常为可据。于古今之治乱,事机之得失,皆综会贯通,而必以诚意正心为有本。明于审理而不顾利害,循分自尽而不希名誉,因事善处而不拘成见,见义勇为而不计后功。虽遇盘错,处患难而当机立断,神闲气定,如在事外,所谓得时措之宜者也。与人处久而愈亲，人有一长，必延誉而扶植之。至于以道义来从受学者，则执两端以示本体，工夫开发无复余蕴，使人知圣贤可学而至，而向往之心自不容已。所至兴学育才，成就为多。在林下时，或劝之著书，曰："学贵日新。今日之所是，异日未必不以为非，何敢妄作？"所著有《洛学编》二卷、《睢州志》五卷、诗文二百余篇、《明史》稿若干卷，行于世。

钱仪吉《碑传集》卷十六

汤　斌

蔡冠洛

汤斌，字孔伯，一字荆岘，号潜庵，河南睢州人。母赵氏，明末流贼陷州城殉节死。父祖契，携斌避兵，流寓浙江衢州。顺治二年，平定江南、江西，斌随父还里。

九年，举进士，由庶吉士授国史院检讨。十二年二月，应诏陈言，请广搜野乘遗书以修《明史》。且言："《宋史》修于元至正，特传文天祥之忠。《元史》修于明洪武，亦著巴颜布哈之义。我朝顺治元、二年间，前明诸臣亦有抗节不屈，临危致命者，与叛逆不同。宜令纂修诸臣勿事瞻顾，昭示纲常于万世。"下所司，大学士冯铨、金之俊等谓斌夸奖抗逆之人，拟旨严饬。世祖特诏斌至南宛，温谕移时。

九月，谕吏部曰："翰林官员读书中秘，习知法度，自能以学问为经济助登上理。兹朕亲行裁定十八员，皆品行清端，才猷赡裕，各照外转应得职衔升一级用。"于是斌为陕西潼关兵备道。十六年，调江西岭北道。甫至任，郑成功犯江宁，阴遣其党至赣州，流言煽诱，通海侯李玉廷踞雩都山寨，诈约降，实伺南安无备，谋陷城。

斌廉得成功奸细,白巡抚苏宏祖斩之。又请移兵守南安。玉廷果来犯,见有备,却走。游击洪起元追逐数月,乃就擒。斌以父老乞休归里,寻丁忧,既服阕,闻容城孙奇逢讲学夏峰,往受其业。

康熙十七年,诏举博学鸿儒,尚书魏象枢荐斌"学有渊源,躬行实践"。副都御史金铉荐斌"文词淹雅,品行端醇",召试一等,授翰林院侍讲,同编修彭孙遹等纂修《明史》。二十年,充日讲起居注官、浙江乡试正考官,转侍读。明年,为《明史》总裁官,并纂修太宗文皇帝、世祖章皇帝圣训,迁左春坊左庶子。二十三年二月,擢内阁学士,充《大清会典》副总裁官。时江宁巡抚余国柱内迁左都御史,调湖广巡抚王新命代之,新命旋迁两江总督。六月,九卿等会推学士孙在丰、浙江布政使石琳堪任江宁巡抚。上谕大学士曰:"所贵道学者在身体力行,见诸实事,非徒托之空言。今有道学名者甚多,考其究竟,言行皆悖。朕闻学士汤斌,曾与孙奇逢讲明道学,颇有定行。前典试浙江,操守甚善,可补授江宁巡抚。"

斌濒行,上谕曰:"以尔久侍讲筵,老成端谨。江苏为东南重地,故特简用。居官以正风俗为先。江苏风俗奢侈浮华,尔其加意化导。移风易俗,非旦夕事,从容渐摩,使之改心易虑,当有成效。钱粮历年不清,督抚所奏钱谷刑名大事多有舛错。尔能洁己率属,自然改观。"赐御书三,鞍马一,表裹十,银五百两。十月,上南巡至苏州,谕斌曰:"向闻吴闾繁盛,今观其风土,大略尚虚华,安佚乐,逐末者多,力田者寡,遂至家鲜盖藏,人情浇薄。尔当使之去奢返朴,事事务本,庶几家给人足,可挽颓风。朕欲周知地方风俗,小民生计,有事巡行。凡日用所需,皆自内府储备,秋毫不取之民间。恐不肖官吏借端妄派,以致扰民,尔其严察劾奏。"驾至江宁,谕斌回署治事。

二十四年四月,疏言苏松等府赋额繁重,康熙十八年以来积逋若同时并征,民力不能兼完。知县催科,几敲扑不辍,请于二十四年起,分年带征,俾官无挪新补旧之弊,民无废弃农桑之苦。疏下部议行。是年秋,淮、扬、徐三府复水,斌条列蠲赈事宜以闻,请发帑五万两,籴米湖广,先借所属知县仓谷散给。又言:"灾地百姓糊口无资,恐入冬饥寒兼迫,流亡者多。臣与漕臣徐旭龄、河臣靳辅定议,二臣就近分董淮安赈务,臣即至清河、桃源、宿迁、邳、丰诸州县察赈。"上命户部侍郎素赫往助督粮,俾灾民咸就抚辑。

时,吏部行取知县为御史,斌疏言:"行取定例,必钱粮胥完,而苏州、松江二府赋重役繁甲于天下,铨选得此,辄谓迁擢难期,颓然自放,或竟罔顾官箴。臣受任巡抚,首以察吏安民为念。遍告属员,圣上知人之明,出自天授,苟能洁己爱民,决不至久沉下位。故一时守令争自濯磨,操守廉洁,政绩表著者,实不乏人。然钱粮则万万不能十分全完,盖势处其难,智勇才力俱困。今若拘成例,势必以僻壤小邑,易于藏拙者塞责,未足以光巨典。惟吴县知县刘滋、吴江知县郭琇,廉能最著,乞俯准行取,以励循良。俾繁剧与两邑相符者,亦知有登进阶,相率奋勉。"疏下部议,以二员俱有钱粮未完,案格于例。得旨:"刘滋、郭琇,汤斌既称为廉能最著,准其行取。"

二十五年三月,斌疏言:"吴中风俗尚气节,重文章。而佻巧者每作淫词艳曲,坏人心术。蚩愚之民,敛财聚会,迎神赛社,一幡之值,至数百金;妇女有游冶之习,靓妆艳服,连袂寺院;无赖少年,习学拳勇,轻生好斗,名为打降。臣严加训饬,委曲告诫,一年以来,寺院无妇女之游,迎神罢会,艳曲绝编,打降敛迹。惟妖邪巫觋,习为怪诞之说,愚民为其所惑,牢不可破。苏州府城西上方山有五通淫祠,几数百年远近之人,奔走如鹜。牲牢酒醴之飨,歌舞笙簧之声,无时闲歇,谚谓其山曰'肉山'。其下石湖曰'酒海'。凡少年妇女有寒热症者,巫觋辄曰五通将娶为妇。病者神魂失据,往往羸瘵而死。每岁常至数十家,视河伯娶妇为更甚。臣多方禁之,其风稍息。比因臣勘灾至淮,乘隙益肆猖獗,臣遂收妖像木偶付之烈炬,土偶投之深渊。檄行有司,类此者尽撤毁之。其材备修学宫,葺城垣之用。民始而骇,以为从前曾有官长锐意革除,旋即遇祟而死,皆为臣危之。数月之后,见无他异,始大悟往日之非。然吴中巫觋,最黠且悍,恐臣去任后,又造怪诞之说,箕敛赀财,更议兴复。请赐特旨严禁,勒石山巅,庶可永绝根株。"疏上,得旨:"淫祠惑众诬民,有关风化,如所请勒石严禁,直隶及各省有似此者,一体饬遵。"

先是廷臣有言,辅导皇太子之任非斌不可者,于是上谕吏部曰:"自古帝王谕教太子,必简和平谨恪之臣统领官僚,专资赞导。江宁巡抚汤斌在讲筵时素行谨慎,朕所稔知。及简任巡抚以来,洁己率属,实心任事,允宜拔擢大用,风示有位。特授为礼部尚书,管詹事府事。"闰四月,斌至,谕曰:"天下官有才者不少,操守清廉者不多。见尔前陛辞时,言平日不敢自欺。今在江苏克践前言,朕用嘉悦,故行超擢,尔其勉之。"

初河臣靳辅与按察使于成龙论河工事,久未决,命尚书隆穆哈、穆成额往会斌勘议。斌谓:"宜浚高邮、宝应诸州县下河,俾积水渐归于海。开一尺有一尺之益,开一丈有一丈之益。"隆穆哈等因靳辅欲于下河筑堤,束水入海,还奏开浚无益。至是上询斌,斌以前议对。上诘问,隆穆哈、穆成额各语塞,遂褫其职。特遣侍郎孙在丰督浚下河如斌议。寻充经筵讲官,时始设太子讲官,以斌与詹事尹泰、郭棻、少詹事舒淑、中允阎世绳、赞善黄与坚充之。斌疏荐候补道耿介赋质刚方,践履笃实,潜心经传,学有渊源,虽年逾六旬,精力尚健,乞征取引见,以备录用。上遂授介为少詹事,命斌与介辅导太子。

二十六年十月卒,年六十有一。祀陕西、江西、江南名宦,雍正十年诏入贤良祠。乾隆元年,赐谥文正。斌学源出孙其逢,能持新安、荆溪之平,刻砺实行,为诸儒最。所著有《洛学编》、《睢州志》、《汤子遗书》、《明史稿》若干卷,《潜庵语录》、诗文诸集。

《清代七百名人传》

汤 斌

王藻菽

汤斌,字孔伯,号潜庵,一号荆岘,睢州人。少好读宋大儒书,喜陆子,以清苦励学。

顺治九年进士,选庶吉士,授编修,请广搜先代遗书及明代死难诸君子事迹以修《明史》。出为潼关道副使,时朝邑雷子霖以理学显,治事之暇,时时造其庐,以志景慕。量移岭北道参政,数月,雩都山寇就擒。移疾归,丁父忧。赴任日雇一骡,载朴被出关,去及受代衣物了无所增。家本贫,教授自给,往来梁宋间徒步代车。容城孙奇逢隐苏门,往谒,从受学,称弟子焉。

康熙十七年,征博学鸿儒试,授侍讲,转侍读。二十年,典浙江乡试。二十一年,为讲官,直经筵,务积诚以动上。尝言:"君心正则天下治,讲官须于此着力。"官左庶子。时梦登高山,一人自后越之,继至巅,悬"麻姑仙坛记"于壁,既觉不解所谓。癸亥,阁学缺,特用右庶子王鸿绪。甲子,汤继擢,上官日适。某督抚疏内有蔡经者,宛平相国笑曰:"蔡京,宋奸臣,胡同其音?"高阳相国曰:"此'麻姑仙坛记'中蔡经也。"汤闻之竦然。

二十三年,以左庶子超擢内阁学士,改右副都御史。会河南灾,阁臣议遣官往勘,公曰:"使者所至苛扰,不如令有司自勘。"已而,河南果畏勘灾,讳者过半。六月①,巡抚江苏。下车慕隐士徐枋名,先诣焉。长洲文点借居莲泾慧庆寺,卖书画自给,斌往候之,问政之所宜。点曰:"爱民先务在去其害民者,今虎丘采茶,郡县吏络绎征办,民以为苦矣!"斌归,下教立伐其树。湖荡菱芡赀课岁报加益,有司循例请,斌令测实减之,曰:"今兹数目当申户部,科则一定,使难省除。岁之丰俭不恒,租之盈绌亦异,未若宽之于始,使歉年不至逋悬,州县少催督之烦,小民得均受其惠也。"其持大体,多远谋如此。常州守祖进朝以公事免官,特乞留以慰民望。进朝制新衣履将达其殷勤,久之终不敢言,自著之。上方山祀五通神,灵异甚赫,祠中施设帷幕,巫者数十,公私请祷酹祀不绝。斌恶其妖妄,具疏请革其祀,奏准后登帅吏卒往,曳神像投之湖中。初山民掘地得碑,其文云:"肉山、酒海,遇汤而败。"及是果验,莫不异焉。公治文书常至四鼓,或劝少休,慨然曰:"吾职也,敢自暇逸乎!"俄以为礼部尚书。去苏日,士民无老少,痛苦走送,遮塞衢道,不得行。夫人乘舆出时,有败絮堕其舆前,藩伯见之为泣下。

既至京,掌詹事府事。俭素益甚。居委巷,御寒只一羊裘。冬日入朝,卫士识与不识,咸目之曰:"此羊裘者,即汤尚书矣!"会天不雨,灵台郎董汉臣上书极论时事,语侵执政。御史劾汉臣欺世盗名,请逮治。下内阁九卿议,公曰:"大臣不言,小臣言之,我辈当自省。"转大司空,掌詹事府事如故。课子溥读书,常至夜分,谓之曰:"我非望汝早贵,少当使苦,苦则志定,然后不失足为小人。"

斌论学颇宗阳明。平湖陆陇其著《学术辨》三篇难之,以为必尊朱子。斌之学源出容城,其根柢在姚江,而能持新安、金溪之平,大旨主于刻励,讲求实用,无王学杳冥放荡之弊,故二人异趣而同归。

善为诗,《夏日》云:"初夏朝气清,绿阴映竹阁。好鸟时来集,微风散林薄。"《赠吴湖州》云:"按部雨余香稻晚,课农花发晓云轻。"冲和恬淡,如见其襟抱,人以为不减司马光"烟曲香寻篆,杯深酒过花"也。

属有兴作,度材通州。归,得寒疾,夜半气逆上。病将革,戒子溥曰:"孟子言'乍见孺子皆有怵惕恻隐之心',汝等当养此真心,禀至性,求实理,不则,习为乡愿无益也。"既卒,家无余财,年六十一。所著《洛学编》四卷、《睢州志》五卷、《明史稿》二十卷、诗文二百许篇,名《潜庵集》,藏于家。

乾隆元年,诏立碑于墓道,追谥文正。道光三年,从大理寺少卿请从祀孔子庙庭。斌同时,登封耿介、上蔡张沐,并有志操学者,称为中州三大儒云。

《文献征存录》卷四

校记

① "六月"当为"十月"误。汤斌任江苏巡抚为康熙二十三年十月。

汤文正公传

杨　椿

公姓汤氏,讳斌,字孔伯,号荆岘,晚号潜庵,河南归德府睢州人也。顺治九年进士,改弘文院庶吉士。十一年,授国史院检讨。时议修《明史》,公上言:"陛下御极之初,前明诸臣有未达天心,抗节授命者,此与海内混一,窃名叛逆者不同,宜下宽大之诏,俾使臣得免瞻顾。"疏上,内院见之不悦,请罪公。夜半,世祖召至南苑,面语移时,以公为可大用。

明年,改整饬潼关兵备,分巡关内道、陕使按察使司副使。川湖云贵用兵往来关中者相属，咸骄横不戢。公征发有方，先使人迓之境上，与之约，皆肃然莫敢犯。岁大旱，麦不熟。春夏兵饷例支麦，公请发仓谷代之，军帅曰："若是，兵且变。"公曰："麦苗不盈尺，而军士必欲麦，此非兵变即民变耳。"召诸营弁谕之皆喜，曰："诺！"兵不苦饥而民不患苛索。

总兵官陈德之调湖南也，檄用车五千辆。至关，以母病欲留，公令集车二千辆于河下，置酒延陈饮，陈使人觇车，以为少。谓公曰："盍畀我银，令我自僦乎。"公曰："宜以人量车，使民知不足乃可。"陈传令军中，公坐关门上，俾以次升车，满十辆即遣出关。漏下四鼓，军尽出，设祖道关门外，遣骑击鼓传报。陈大惊，欲追还军，公曰："吾民驾牛裹粮十余日，势不得复返。且军已出关，不可复入。"陈遂行，至洛阳，母死，留治丧，陈为其下焚死，河南不靖者数月，关中宴然。

擢分守岭北道、江西布政使司参政。岭北山高箐深，故明将李玉廷据其间为大盗。公手书谕之，玉廷请降。未及期，郑成功犯江宁，公策玉廷必变，必先寇南安。夜驰往，设守毕，分兵扼要地。玉廷至，见有备，惊走，所向与兵遇战辄败。其党张熊谋应之，公遣兵捕熊，得伪敕一，札数百，黄金侯印一。熊素以金钱结民，民诉熊无罪者数千人。赣州巡抚苏宏祖谓公曰："民党叛，奈何？"公曰："此愚民，非党叛也。若党叛，将亡匿，尚敢连名来诉耶？毁敕札销印，以赏捕者，而以通盗论杀熊，则无事矣。"宏祖从之。玉廷扬言保熊者皆坐党叛律以恐民，民闻公言，遂无有叛者。邸报断九日，讹言江宁失守，宏祖将调兵防滩，公言："海寇陆战必败，此言必玉廷为之，分吾兵力耳。"有持伪檄至军门，公请宏祖立斩之。百姓人人惴恐，道中行者悉偶语。公登舆，羽书适至，公在舆中大言曰："郑成功败死矣！"闻者转相告，众遂安。未几，成功果败走，遂死。而玉廷先数日就擒,其弟廷秀以众降。当是时微公,赣几危。

公闻封中宪疾,自以病请告,宏祖谓公曰:"君年少,以病归,例不得复起。盍以终养请乎?"公曰:"吾有弟六龄,而以终养请,是无弟矣。即归,吾父必不乐,且奈何以此欺吾君哉?"五请,始许之,公时年三十三耳。

家居二十年。康熙十七年,魏敏果公荐公博学鸿儒,试补翰林院侍讲,转侍读,日值经筵。敷陈剀切,务以诚意动上听。上每正容纳之。事有他人不能言,公借书意阐发,上未尝不和颜受之也。

历左右春坊、左右庶子。二十三年,升内阁学士兼礼部侍郎。时天下无事,上将省方问俗,为百姓除患,苦以江南习尚奢丽,民多巧法,吏治亦寝臝废,欲改更之,俾务本崇实。知公有才守,先帝时名臣,命以都察院右副都御史巡抚江南。

既至,宣布谕旨,使吏民知上意,然后为民请命,前后疏数十上,所蠲诸州县银赋数十百万两,粮数十百万石。部议或从或否,上每以特旨行之。方上之自扬至苏也行,工部以苏城道隘,议毁民房以除道。总督王新命欲从之,公曰:"如此则数万家无所栖息,非圣天子问民疾苦意。"上大悦。

淮、扬、徐饥,发常平仓粟不足以赈贫民,倡文武官输粟继之,犹不给。檄布政司以库银五万两告籴于江西湖广。或曰:"此大事,宜请旨。"公曰:"候旨然后籴,民皆沟中瘠矣。圣天子爱民如子,吾宁先发后闻耳。"遣两同知往,戒曰:"至彼,当极陈灾状,言斗米一金。"两同知如其言,籴未及半,大贾争集淮扬,斗米百钱而已。上初闻民饥忧之,既闻公善赈,则甚悦。后知先发后闻也益大喜。

或请报菱芡税,公曰:"朝廷任土作贡,宽一分则民受一分之赐。菱芡岁或不熟,一报部即为永额,欲减之得乎?"海禁初开,浙江提督某请遣将巡海捕盗,诏沿海四省督抚议之,公曰:"有盗然后加兵,今盗在何所,而欲遣将乎？徒滋濒海患耳。"

苏、松州县官困于逋赋,不三岁辄罢,因不自爱,而私规近利。上官阴持之,索赂益急,亏库金系狱者累累。公进州县官训曰:"若等以金事上官为久宦计耳,今以逋赋累,尚何冀？我与君等约:能称职,我分当拔汝；即不能,以考成罢归,尚得奉先人垄墓,奈何日坐堂皇,引前官妻子勘产,顾反蹈所为耶？"皆顿首泣谢。又戒司道府不得责属吏馈。数月,劾其不奉令者,已又劾其阳奉阴违者。官吏传相敕历,总督将军亦相戒不受一钱。奉使京朝官过者迅棹疾行,未尝烦斗米之馈。

毁淫祠,绝游冶,驱优伶娼妓,罪奴仆之畔主者,惩市肆淫词小说之刊行者,禁有丧勿得火化,及久停柩于家,一岁中报葬者至三万余棺。二年巷无游民,室无佚女。农商工贾各敬其业。狃法及诬辞兴讼者洗手敛迹。民间所行或不善,父兄子弟相责曰:"奈何尚尔尔,将毋我汤公知也。"

上以公实心任事,屡诏嘉美。而是时内阁大学士纳兰明珠、户部尚书余国柱方用事,不便公所为,思中伤之。国柱与公同年进士,又先公为巡抚,相善也。江苏布政使龚其旋以贪为御史陆陇其所劾,因国柱行贿于明珠,事得缓。公受巡抚命,国柱频夜过,欲为请,终不敢。自惭无以报龚也,始心望。上蠲江南漕四分之一,国柱使人语公曰:"此皆北门力,宜以金四十万酬之。"使先后至,公禁勿与。属吏以民愿输告,曰:"不与,彼仇公必甚。"公曰:"民有银,宁不以完国赋而入私门乎？吾宁旦暮斥,不忍见若等剥民媚权贵也。"将按穷其事,其人叩头谢乃已。明珠、国柱以故皆憾公。

外吏辇金明珠门者不绝,惟公属无一人往。比大计,明珠索公一刺不可得,益怒。泰州民田为水淹,国柱为巡抚时以涸出报,州民诉于公,公遣官勘实。念请将为国柱累,不请则为民害无已时,奏言："前二年之水乍消乍长，抚臣未敢遽闻。今水更甚于前，乞亦免前租。"上从之，国柱得无恙，民德公因怨国柱。国柱不知公之为己也，反怨公。会公以奏销斗役口食报户部，国柱奏："斗役口食该抚明知不应支给，乃朦混奏请，宜敕吏部议。"吏部以朦混当革职，而前两抚皆请之，其一即国柱也。国柱惧，嘱吏部止议罚俸，上怒，曰："尔等不欲世有清官耶？而尚议汤斌乃尔。"并前两抚免之。

二十五年，上以皇太子将出阁，召公为礼部尚书，管詹事府事，民聚哭辕门外叩留公，又设甑敛钱为路费，将诣阙保留公。公出示晓谕乃止。既行，遮道焚香，送者无虑数亿万，逾千里不绝，公渡淮乃返。国柱使人觇知之，更大愧，而忌公益甚。

公至京，入见，上命公坐，问途中年岁若何。公奏凤阳灾状，且言徐州饥，入春尤甚，上遂遣学士麻尔图赈之。自是，廷议上必问汤斌云何。诸大臣所奏，公未及知者，必访公然后行。于是明珠、国柱愈畏公，恐公发其阴私。而议下河事，与公不合，尤患公。

下河者，山阳、盐城、宝应、高邮、江都、泰州、兴化地卑下，上流清口日淤，淮水溢。总河靳辅素出明珠门下，用幕客陈潢计，多设减水坝泄之。海口沙壅，水不能尽出，七州县田庐尽没水中。上南巡，舟过高邮、邵伯，悯之。御史李时谦请浚海口以出积水，上命尚书伊桑阿、萨木哈往视，还奏当如御史言。廷臣请命辅，上以命安徽按察使于成龙。寻因廷臣议，命成龙受辅节制。辅以己乃河臣，开海口而成龙董其役，己仅综理之，不悦。成龙议需银八十余万两，辅益愠。陈潢代辅草疏万余言以难之，其略曰：海口高于内地五尺，疏海口则引潮内侵，请先筑一丈六尺高之堤束内水高一丈，尽毁减水诸闸坝，建二大石闸于高邮、邵伯，泄洪泽湖、天长、盱眙之水使入堤。又建二大石闸于白驹场南北岸，束堤内之水使入海。共需银二百七十八万两有奇，又请增设官二百七十余员任其事。

上命廷臣议,廷臣是辅言。上召辅及成龙至,成龙力排辅议,廷臣复多右辅。上讯淮扬人官京师者,侍读乔莱等十一人皆言陛下行救民之事,靳辅建害民之议,断断不可行者有四。上命萨木哈、学士穆成格会公及总漕徐旭龄再勘,兼询七州县耆老。高邮、兴化民有受辅嘱者,言开海口多损人庐墓,愿罢工。公曰:"工不可罢也,上水日增,下无所泄,不十年无淮扬矣,尚何庐墓可保乎?今两府灾粮尽蠲,所余不满三十万,不若尽乞与民,令民自开。开一尺有一尺之益,开一丈有一丈之益,不作大举,不设多官,州县官督之便。"萨木哈、穆成格曰:"公言良是。第奉诏问民,疏中又可入公语耶?某归,当为公面奏之。"二人还,匿公语不奏,但言耆民愿停工役,上命暂止之。及公至入见,上问公,公对如所语萨木哈、穆成格者,上诘问二人,二人皆输伏,乃罢二人官,发帑金遣侍郎孙在丰浚之。

而命廷臣议塞减水坝,廷臣言必不可塞。上问公,公对曰:"臣闻旧时止有四坝,今增至三十六,不塞则水势分散,河流缓弱,河底必高。"国柱曰:"减水坝,明臣潘季驯成法。"公曰:"靳辅今与季驯不同,季驯减水坝放水出海,靳辅减水坝放水入田,塞之便。"其冬,下河水骤长数尺,在丰奏请闭诸闸坝。廷臣议,召在丰及辅,上曰:"在丰不必来,在丰不能与辅抗明矣。永闭闸坝,在丰岂敢轻言?在丰所请不过欲上河不放水耳。假令辅治下河,上流不塞,能于巨浸中从事乎?辅前欲闭诸口,今在丰为之,又云不可,岂非有意阻挠耶?其召辅来京,朕面问之。"辅至,言高邮坝可暂塞,高家堰坝不可塞。公言:"不塞则七州县水无所归,将来漕运亦大可虑。辅曰:"下河浚,恐海水倒灌。"公曰:"海之潮汐犹人之呼吸也,平日海潮所及,原不甚远。逆入者,江河水为海潮所涌,非海水也。飓风海啸,非常灾异,岂可预计?"上曰:"下河浚,海不内灌,朕可以理必之。"命廷臣再议,复俱以辅言为是。

公语辅曰:"昔潘季驯用高堰逼淮刷黄,不敢轻开尺寸者。今开六坝二闸矣,更加三十六湖之水尽注漕河,又开一百余丈之滚水坝泄之,独不思下河之地有限,上流之来水无穷,以有限之地供无穷之源,三二年间,黄水淮水,三十六湖之水停蓄泛滥,一线漕堤,势必大坏。开海口,治下河,救七州县民命,亦实为漕运久远计也。公所以坚执不移者,不过以开闸坝费帑金无算;今日可塞,昔日何以误开,恐有议之者耳。夫治水如治病,因病立方,补泄随时,不得以后日之用补咎前日之误泄,又安用固执乎?"明日入奏,辅言:"南坝塞,恐淮水弱,不能引入清口。黄水强,反逆灌入淮河。"上曰:"淮水不弱。或河南水少,以致淮弱耳。若塞高堰六坝,黄水岂能逆入耶?今欲浚下河而不塞高堰六坝,所谓不揣其本而齐其末,何益?"辅语塞。

上发议时,廷臣悉主辅,惟通政司参议成其范、科道王又旦、钱珏主成龙,后不敢坚对,余皆莫敢。自公还朝,终始与辅牴牾,上卒从公言闭高堰六坝。明珠、国柱愈恶公,辅亦比而与公为仇,谋去公甚力,然以上知公深,无奈公何也。

春旱,上求直言,五官灵台郎董汉臣上书言十事,语侵明珠。明珠惧,欲囚服待罪,大学士王某曰:"何必然?汉臣小臣也,敢言国事,是直以妄言戮之耳。"御史某闻之,劾汉臣希富贵,且言汉臣不知书,必有代草者。国柱时亦已为大学士,请命刑部究主使,上遣问九卿,公独白汉臣无罪。内阁传旨,令九卿更议,国柱目公曰:"幸勿违众。"公曰:"汉臣应诏言事,何罪?大臣不言,小臣言之,反罪言者耶?"举手指心曰:"如此中何?"国柱恨次骨。

上幸海淀,留公辅导皇太子,公病,具疏辞。明珠欲因此罪公,上不听。国柱嗾廷臣交章劾,复不听。左都御史某希明珠指劾汉臣。国柱使人语汉臣，即对簿，引汤公。汉臣曰："我安识汤公？我草疏已数年，三至通政司不得达，前后通政司可问也，奈何诬汤公？即讯我，我独识御史江蘩耳。"江蘩者，国柱姻也。上遣问汉臣，汉臣对如前，上意解。国柱忿且恚，摘公去苏时示"爱民有心，救民无术"语，诬公为诽谤。上问公，公欲对，国柱遂从旁止曰："上责问，宜叩头谢，奈何欲辨乎？"明日，左都御史某劾公辨非礼。上见"擢任巡抚，涓埃莫报"语，大怒，抵其疏于地，曰："乃并其巡抚不善耶？"顾明珠、国柱等曰："果尔，前擢用时，尔等何不言？"皆免冠谢。

大名道副使耿介，登封县人，年老家居。公以其笃学，荐侍皇太子讲，上以为少詹事。介性迂谨，国柱嗾廷臣劾之，并劾公。吏部议公革职，上命降级留任。明珠、国柱意不慊，朋谋公益急。

未几，公以继母病，疏请归省。上手诏："卿何忍舍朕去？将赐第京师，命卿迎养耳。"公奏："臣母老，万不能来。上即不舍臣，臣请暂归省，复来，以白衣领史事。"上不允，而国柱宣言：上怒甚，将隶公旗籍，已得旨，犹秘之，急召诏阁中。会公入朝，以病扶上舆，道路宣传：汤尚书入旗矣！皆泣下。江南人多客都下者，并集鼓厅门，将击登闻鼓讼冤，闻公还，始散。

越数日，上遣太医视公疾，改工部尚书。九卿议事，公入讲，适不至，科道又劾公，吏部议降级调用，上复命留任。明珠、国柱及劾者皆失色。二人既屡潛不得骋，将谋兴大狱，罗织公，会公薨乃已。康熙二十六年十月丙辰也，年六十有一。上遣学士二人奠茶酒，驰驿回籍，赐祭葬如故事。

后一月，国柱坐事，踉跄出国门。明年春，明珠、靳辅皆被劾罢官。陈潢者，以导辅阻挠下狱论死。仅吉按：陈潢，吾郡秀水人，靳文襄治河，皆奉其成谋以有成。今河干文襄祠堂有摘顶配飨者，即潢也。

雍正十一年，世宗命祀公贤良祠，御制文即其家祭之。今上乾隆二年,赐谥文正,御制碑文立于墓,复遣官致祭焉。

赞曰:公自幼志圣贤之学,中宪殁三年之外,往夏峰与容城孙钟元讲学,北面执弟子礼焉。圣祖尝语朝臣云:"今之有道学名者往往言行相违,惟汤斌有实行。"又云:"斌言不敢欺朕,朕验之良然。"盖其忠实心诚,信于天子也。三任外服,皆实有惠政可纪,而在江南尤著。以圣祖知公,公故能所见无不为,所言无不尽也。其自江南内召,士民建生祠于苏州学宫。既殁,会哭祠下者万余人,皆号恸失声,迄今奉祠不绝。长洲汪编修琬云:"江南数百年来,周文襄、王端毅而外,巡抚未有如公者。"昆山徐尚书乾学云:"公廉直如海忠介,而去其繁苛;精敏似周文襄,而加之方正。"皆知公而犹未尽者也。公之学诚而已矣,诚故获乎上以信乎民,斯不疑于所行也。呜呼,至矣哉,古之遗爱也已。

钱仪吉《碑传集》卷十六

睢州汤先生

先生讳斌,字孔伯,号荆岘,晚号潜庵。历官工部尚书。

少不好弄,稍长益励于学。于书无不读,而尤好习宋诸大儒书,尝谓:"宋以前儒者患不知道,今诸儒之说备矣。苟好学深思,人人可得,第患不力行耳。今虽横说竖说,可曾一语出古人范围,言愈多而道愈晦,语愈精而行愈伪。孔子辨为己为人,于讷言敏行三致意焉,真救世良方也。"

欲摘周、程、张、朱五先生要语为后学津梁,谓:"于此精思而力行之,虽为圣人无难。"所摘虽未就,意固有在矣。其《苏州府儒学碑记》有曰:"国家兴治化在正人心,而正人心在崇经术。汉儒专门名家，师说相承。当《诗》、《书》煨尽之余，仪文器数之目，删定传授之旨，犹存什一于千百。且其时选举不以词章，通经学古之士皆得上闻。朝廷定大议，断大疑，博士据经以对，故其时士大夫勇于自立，无苟简之心。孝弟廉让之行，更衰乱而不变，此重经之效也。其后虚无寂灭之说盛，声律骈俪之习工，而经学荒矣。宋濂、洛、关、闽诸大儒出，阐天人性道之源流，故天下知性不外乎仁义礼智，而虚无寂灭非性也；道不外乎人伦日用，而功利词章非道也。所谓得六经之精微，而继孔孟之绝学，又岂汉以后诸儒所可及欤！《宋史》'道学'、'儒林'厘为二传，盖以周、程、张、朱继往开来，其师友渊源不可与诸儒等耳，而道学经学自此分矣！夫所谓道学者，六经四书之旨体验于心，躬行而有得之谓也，非经书之外，更有不传之遗学也。故离经书而言道，此异端之所谓道也；外身心而言经，此俗儒之所谓经也。宗洙泗而祢洛闽，人心之所以正也；家柱史而户天竺，世道之所以衰也。

"今圣朝尊礼先圣，表彰正学，士子宜知所趋向矣。吾恐朝廷以实求而士子终以名应也，苟无骛乎其名而致力于其实，则亦曰躬行而已矣。故学者必先明义利之界，谨诚伪之关，则贫富贵贱之非道不处不去，必划然也。造次颠沛，生死祸福之间，不可移易者必确然也。毋为枉尺直寻之事，毋作捷径苟得之谋，宁拙毋巧，宁朴毋华，宁方毋圆，戒惧慎独之功无时可间，子臣弟友之职不敢不勉。不愧于大廷，亦不愧于屋漏，如此则发为议论，自能息邪距诐，而乡愿杨墨之教不得骋也；出为政事，自能尊王黜霸，而管、商、申、韩之政不得施也。其斯为真经学，其斯为真道学也已。否则，剽窃浮华，苟为哗世取宠之具，讲论践履，析为二事，即诵说先儒，世道亦何赖乎？"

又《嵩阳书院记》有曰："《中庸》之博学，将以笃行也；颜子之博文,将以约礼也;《大易》之穷理,将尽性而至命也;《大学》之格物,将以修齐治平也。今滞事物以为穷理,未免沈溺迹象,既支离而无本,离事物以言致知,又近于堕聪黜明,亦虚空而鲜实。学路久迷,习染日深。偶尔虚见,未为真得,非默识本体,诚敬存之。绵绵密密,不贰不息。前圣心传何能会通无间?故曰:苟不至德,至道不凝焉。呜呼,岂易言哉?"观此,则先生之言之教,专主程朱无疑也。

或谓其上孙征君书及答褚怀万、张仲诚、顾亭林等书,皆以阳明与朱子并论,而《志学会约》,有"'致良知'为圣学真脉"之语,盖先生师事苏门,初不欲显违其师,若友而及,其久而悔,学而成也,则纯乎程朱矣。其答陆清献书曰:"窃尝泛滥诸家,妄有论说。其后学稍进,心稍细,甚悔之。反复审择,知程朱为儒之正宗。欲求孔孟之道而不由程朱,犹航断港绝,潢而望至于海也必不可得矣。故所学虽未能望程朱之门墙,而不敢有他途之归。若夫姚江之学,嘉隆以来几遍天下。近年有一二巨公倡言,排之不遗余力,姚江之学遂衰,可谓有功于程朱矣!""仆之不敢诋斥姚江者,非笃信姚江之学也,非博长厚之誉也,以为欲明程朱之道者当心程朱之心。学程朱之学,穷理必极其精,居敬必极其至。喜怒哀乐,必求中节;视听言动,必求合礼;子臣弟友,必求尽分。久之人心咸孚,声应自众,即笃信阳明者亦晓然知圣学之有真也,而翻然从之。""仆年已衰暮,学不加进,实深自愧。惟愿默自体勘,求不愧先贤。或天稍假以年,果有所见,然后徐出数言,以就正海内君子未晚,此时正未敢漫然附和也。今天下真为程朱之学者,舍先生其谁归?故仆将奉大教为指南焉。"是则先生不主阳明可知矣,而后之称先生者,乃谓其初用阳明良知之言以立根脚。阳明顿悟,何根脚之有?不细读先生之遗稿,而妄加指议,先生有知,未必受其诬也。

先生与朋友讲习,以相观而善为主,未尝立有宗旨,为人指授。

晚在经筵,志存启沃。虽有撰述,惟求所以发明圣贤指趣,感格两宫听闻,斋祓悚惕,未敢一言出于矜炫也。

初出为潼关道副使,中原甫定,大军方下滇、蜀,关中当孔道,民多避匿。先生戒属吏:"毋科取民财,毋妄用驿夫,兵来吾自应之。"不三年流民归,复业者逾数千户。移岭北道参政,治所在赣州。赣四省上游,地穷山深沟箐,大盗窟穴其间。值海寇犯江宁,赣人骚然。先生密陈方略于上官,擒盗魁一人,诛海上谍者一人,及城中奸民与盗同谋者又一人,而贳其余党,赣人以靖。乞假养亲,里居二十年。

以荐举复起,由侍讲洊擢右副都御史,巡抚江南。江南故习豪侈,妇女嬉游以为常,无籍子率用斗殴,恐喝民财,先生悉禁止不少贷。又素多淫祠,事楞伽山五通神者,严寒剧暑,鼓吹牲帛,赛祷不绝。奸巫淫尼竞相煽惑。先生廉得其状,躬至五通祠取土偶投诸湖中。众始骇,久而大悦服。修泰伯祠,朔望必往躬谒。又谒范文正公及周忠介公祠以为众劝。数亲诣学宫,命诸生讲《孝经》,俾幼稚悉得列座以听,吴俗自是大变。屡上疏诉吴人疾苦,请改并征积逋为分年带征;请蠲十八、十九两年灾欠;请除邳州版荒田赋;又请蠲明神宗朝所加九厘饷;又请免淮、扬、徐水灾诸州县赋。部议或从或否,而先生初未尝惮烦也。擢礼部尚书,吴人空一城,痛哭守辕门。叩留不得,则塞城阻其行。又不得,则遮道焚香以送,逾千里不绝。忌者衔之。

及入朝,凡是非可否,必侃侃正言,不婀不挠。忌者益恨,力谋中伤,摘去吴时教令中语指为市恩干誉。上不听,仅令回奏。遂嗾廷臣交章屡劾,部议革职。上特宽其罚,镌五级留任。上疏乞暂归省,上遣使赍手诏慰留。忌者不得骋,更谋兴大狱,罗织其罪,适先生病革乃已。方祸急时,或劝先生委曲请诸公居间,冀得稍解者,哂曰："吾义命自安,六十老翁。尚何求哉?"

先生潜心圣贤之学,尽性至命,一以诚正为本,一以忠孝为先。尚力行,不尚讲论。观其事君临民,知其学之所得者深且粹也,正无事于言语文字也。卒谥文正,从祀两庑。

著有《潜庵先生遗稿》、《洛学编》、《明史稿》、《睢州志》、《苏州奏疏》。

子溥,字元博。能继其学弗替。

从学诸子:姚岳生、窦克勤、沈昭嗣、孙绎武、高菖生、田兰芳、张夏。

《学案小识·卷三·翼道学案》

工部尚书、谥文正汤斌传

汤斌,字孔伯,河南睢州人。母赵氏,明末流寇破睢城,殉节死。斌随父祖挈避兵河北,流寓江南。顺治元年,始奉父还睢。

斌天性纯孝,刻苦向学。中己丑进士,选庶吉士,授检讨,出为潼关道副使。时方削平滇、蜀,关中军旅孔道,征发旁午,斌办给如法。简差徭,严保甲,民以不扰,盗贼肃清。调岭北道参政,其治所与闽、广鳞比,奸宄出没。斌密布方略,擒渠魁李玉廷斩之,余党悉定。寻以父病假归。久之,用博学鸿辞荐,圣祖亲试高等,补翰林院侍讲,转侍读,直讲筵,敷陈切挚。圣祖知其品行醇悫,由庶子擢内阁学士,命巡抚江苏。斌为治谙大体,恢廓不疑。以江南赋重逋多,议请分年带征。又请减明末所增饷额,除邳州版荒田税,并报可。吴俗故奢靡,尤尚礼鬼。楞伽山有五通祠,民间岁进子女祷赛。斌投其像太湖中,淫祀遂绝。开置社学,导以礼让;身自布衣蔬食，为百姓先。莅吴三载，风俗丕变。

召为礼部尚书，寻改工部。卒，予祭葬如例。斌砥砺名节，刚方廉介，尤潜心理学，著有《洛学编》。乾隆元年追谥文正。

《国史贤良祠王大臣小传》卷下

行　略

先考讳斌，字孔伯，号荆岘，一号潜庵。

先世为滁州之来安人，始祖讳宽，从明太祖起兵，积功至广东神电卫，世袭百户。子讳铭，调中都金川门百户。再传讳庠，以功升睢阳卫前所，世袭千户，遂家焉。三传讳英，袭卫职。四传讳卿，以平巨寇王堂功升世袭本卫指挥佥事，累功至骠骑将军、中都正留守。五传讳易，以功至明威将军、陕西岷州卫守备，是为府君之高祖。子三，次讳希范，以贡生任山西赵城县县丞，是为府君之曾祖。子讳敏，为州庠生，即府君祖也。孝友宽仁，于兄弟族人笃爱无间言，与人终身无忤色。又尝以千金赴楚，为赵城公购棺木。比至岁大饥，遂倾囊赈之。再往，始获木焉。子四人，我祖其季也，讳祖契，庠生，慷慨明达，凡大义所关，介然不挠。乡党间每有所疑，或地方大事就正者，辄片言立决。府君既贵，惟谆谆以忠孝相勉励。诰封中宪大夫、陕西按察司副使。凡三为乡饮正宾，崇祀乡贤。子二，长即先府君。

府君自幼不好嬉戏。八九岁时，耆儒王先生慕祥开塾讲小学，人皆惮其严正，府君独侍坐终日无倦容，归即见诸行事。遇贵胄舆马赫奕者，泊然不以动念。王先生尝谓先大父曰："令子真大器也。"为制举义，尝不起草，宿儒多逊不能及。平日读书外无他嗜，家贫，常借人书，篝火读达旦，率以为常。

年十六，就傅北郭外。李自成寇睢城，府君闻变奔还。城已闭，乃绕濠痛哭。先大父及先大母赵恭人遣人从城上语使去，府君不忍远违，伏近郭外断蓬坑中。时州守遁，民开门纳贼，先大父负曾祖母而逃。府君闻贼入城，冒难奔赴。至则先大母已骂贼膺刃殁矣。府君号泣不欲生，绝食者六日。先大父强之乃食。既殡，随大父避难河北，舌耕以养。

既而，伯祖贲皇公卒衢州，有弱息留衢。大父率府君往，欲携之归，而李自成破北京，乃寓衢读书山中。每念先大母苦节，恐不闻于世，益自刻苦。尝中夜大哭，哭已复读。夜深，虎群啸林外，与书声相间。久之，山中民皆感动，时时来馈灯油米食。府君却不受，日焚败叶继晷，饮泉水咽糠秕而已。寻至南京，以流寓应试，七试皆冠军。已而有令，纳军需数两方许入庠，遂弃去。

乙酉，王师定中原，乃由江西泛鄱阳湖归。丙戌，补弟子员。戊子，举于乡。己丑，会试中式，壬辰，成进士。世祖章皇帝亲试，拟《御制大清会典序》及《送敬谨亲王南征诗》，改弘文院庶吉士。邸舍不蔽风雨，闭门读书，不妄交游。甲午，授国史院检讨。学士、山阴胡公兆龙欲屈致一见，终不肯往。乙未，诏选翰林科道，出任监司。府君名在选中，有"品行清端，才猷赡裕"之谕。以应得职衔加一级用。

明年补潼关道副使。潼关自明季乱后，民多逃窜，城中不满三百家。是时天兵下黔者屯成都、汉中，而经略洪公屯湖南。征调转输之众必经其地，官吏科敛以办军需，驿递重困。府君戒属吏曰："毋科取民财，毋妄用驿夫，兵来吾自应之。"自是大兵将至，府君使人迓之境外，与申约束曰："部文所需有不给者，公请劾我；若于额外动民间一草，我亦当论公。"是后，兵至肃然无敢犯者。属吏皆兢兢奉法，抚劳备至。再阅岁，关城中流民归者数千户。府君见乡大夫，惟问民疾苦及兵革事宜。有某公比日三谒无所言，府君甚异之，后闻其甥与人争产，欲为私请，既见，终不敢出口也。行保甲，有盗即获。自是四境晏然。又患民风强悍，为设学讲律。有兄弟相讼者，府君收其词不问，令于讲《乡约》时必至。凡三至，涕泣自陈悔过，遂出词还之，卒相友爱。府君去时犹追送数百里也。

顺治十四年，恭遇覃恩，阶中宪大夫，封先大父如其官，赠先大母恭人，府君心稍慰。

戊戌，抚军陈公荐于朝。时在任未三年，民爱之如父母。偶因勘荒行属邑，遇雨止大树下。既去，民以朱栏护树，时人比之甘棠云。

己亥，升岭北道参政，辖赣南二府。为治一如潼关时，甫三月，清积案八百余件。赣据四省上游，地大山深，亘称岩疆。有李玉廷者为明旧将，以本部万人入山为盗。府君过南昌，巡抚张公属之曰："赣寇非君莫办，剿抚惟所为。"府君至，以手书谕之，遂许降，约入山自招之。未及期七日而海寇犯江宁，报至，府君夜见赣抚苏公，请檄将士严城守，且曰："玉廷许降，非心服也，今必变矣。某敕文当驻南安，南安无兵，必先被寇，请往。"夜驰至郡，设守甫毕而寇果至，见有备惊走，曰："汤公预料如此，何可当也。"遂散兵焚掠。府君与抚军密计擒玉廷，其弟秀廷以众降。

当玉廷之初叛也，邸报断者九日，人情汹汹，讹言江宁失守。苏公将调兵防滩，府君策海寇陆战必败，讹言必玉廷为之，欲分我兵力耳。苏公遽起，执府君手曰："公言是也。"会捕得海寇谍者，苏公以属府君。一问即承，抚军曰："此当系狱候旨。"府君曰："今人心摇动，请旨往返万里，脱有变，奈何？"遂即斩以闻。数日报至，海寇败。

又平南王旗军孙大市马过南安,杀二人。其帅董游击诬被杀者以盗。问官仅拟斗杀律。平南王怒曰:"所杀者盗也,当勿论。"切责。南安守及推官皆错愕不敢问,乃援赦例以请。时府君初受事,白抚按曰:"势相敌者谓之斗。孙大持刃在营,身无寸伤,而民以兵死,拟斗不当,乞自审。"一讯得实,大止杀一人,其一乃陈报国杀也。"遂坐大斩。而申请平南索报国。回称报国攻文村死矣,然大竟抵罪。一时旗军畏服无敢犯者。

先是府君由潼关移任,便道省亲,值先大父病血痢,欲留养,例不可。抵任时遂忧思致疾,会军兴,力疾视事。贼平,具呈乞归。督抚按皆难之,驳再四。府君状报曰:"某母赵氏,壬午殉难最惨,已负终天之恨。赴任时归省,某父抱病。马首南驰,方寸已乱。留之终无益于地方。且老父闻某病,病必剧。是某贻误岩疆,不可为臣;病贻亲忧,不可为子也。"巡抚见之,恻然乃代请予告。时年三十三岁矣。

是行也,不孝溥方九岁,与母惧未从。先府君携二仆,往返八千里,平盗患。有马一匹,归时鬻之充资斧。百姓扶持相送,莫不叹息泣下,甚有痛哭者。

归侍先大父,色养备至。继大母轩爱府君如己出,府君竭诚尽孝,亦无异所生。每日暮,先大父遣就寝,犹读书至夜分不辍。后课不孝溥等亦然,曰:"吾非望汝蚤贵,少年儿宜使苦,苦则志定,将来不至失足也。"授四书外授《尚书》,已授昌黎文百篇,渐及《史》、《汉》先儒诸书,最后课举子业。曰:"汝将来长成,吾未必及教。汝先略读诸书,知大义,庶无废业。"呜呼,府君之为不孝等远虑如此,今追忆之,其何能不仰天长号耶?

居之西百步,为先大母赵恭人祠。每朔望谒家庙毕,必至祠肃拜,数十年如一日。甲辰,先大父卒,府君哀毁骨立,席藁柩旁,晨夕号恸。既葬,数日一省视。墓树数百株,一枝损必唏嘘不置。每遇先大父先大母忌辰辄素服,终日色惨然不乐。即至起官后亦题别主自随,虽事至丛剧,不废展谒。为幼叔延师教诲,冀其成立,曰:"以竟吾父未竟之志也。"

尝受业孙钟元先生之门,先生亟称之,作诗以赠行。居家闭门,郡守罕识其面。今浙江巡抚金公铉与府君同年,壬子,任河南布政使,相别二十年。见郡守问府君,对言:"睢州未闻有此人也。"金公以是益重之。

会上谕,举外官告病者。州守程公以名闻,金公力主之,府君以母老恳辞者三,事乃已。乙卯,上谕举贤才赴军前,大学士熊公赐履询之魏公象枢曰:"吾曩见某文,久欲荐之,然未谋面。"魏公曰:"此山中学道人也,举之诚当,顾其家贫甚,不能治装,奈何?"遂止。

戊午,诏举博学鸿儒。于是魏公、金公交章共荐,郡县迫之行,乃驾牛车入都。止僧舍中,日杜门危坐,未尝轻谒显达。既试,上亲第为甲等。部议以原官修《明史》,上命补翰林院侍讲。编纂日无暇晷,为明太祖本纪四卷、列传十余卷。

辛酉,充日讲起居官,寻转侍读。典浙江试,所得皆孤寒士,虽下第者皆啧啧称道。事竣即行,抚军李公本晟留之,终不可。

壬戌,充《明史》总裁。癸亥五月,始日直讲筵,纂修两朝圣训。五鼓入朝,讲毕,侍起居。归则裁定《明史》,成历法、天文志,及英、景、宪、孝四朝列传,考订期于确核。时方酷暑,汗流浃背不懈也。每日暮,正襟端坐,潜思经义,以备诘朝进讲。不孝溥请稍息,府君不听,曰:"此君命也。"是年,历左右庶子。尝侍立,上顾问:"汝平日有诗文乎?其缮写以进。"归寓,朝服手书,越日即呈御览。上召至乾清宫,语良久始出。尝恩赐缎纱,先捧至大父主前。再拜,仍寄大母以荣君赐。

甲子,超擢内阁学士兼礼部侍郎。在阁凡四月,公事外未尝与大学士接语。会江宁巡抚缺,廷推孙公在丰,上特擢授。陛辞,上深加奖谕。赐鞍马一、彩缎十、白金五百两,比行,又入见,上撤御馔赐之,复赐御书三轴,曰:"今当远离,展此如对朕也。"

时,上将南巡,乃星驰赴任。受事后文案山积。数日即迎驾北去,就舟中批发,昼夜不假寐者六日。既见上于淮安城南,上顾问慰籍备至。遂前驱至苏,苏城道极狭,制府将毁舍广驰道,府君曰:"如此,则数万人无所安息,非圣天子问民疾苦意。"遂下令止其事。上至,府君扈跸至江宁,上再赐御书一轴,蟒裘一袭、羊酒珍羞。回銮日传旨,令径归署。

时苏松赋重,积逋相仍,官不满三岁辄罢,以故皆不自爱,而私规近利。上官阴持其短,索赂益急。亏库金系狱者累累,富商大贾聚处都市,以侈靡相竞。男妇冶游,巫觋奉妖祠饰怪惑众。民日趋奸利,讼师主诬词兴狱,轻浮少年怀刃啸呼主打降。略识字则造淫词邪说,或结旗丁为主契券以夺平民,或盘据各官署舞文法,累世相承以擅利。淮扬十年昏垫,民不聊生,号称难治。

府君至则进州县吏,谓:"若等以金事上官,本为巧宦计。今官斯土者,既绝意升迁,尚何复冀而以库金媚人?顾汝等或为所胁,今与若更始,苟称职,吾力或能拔汝;即不能,以考成罢归,犹得守坟墓,乐余年,奈何日坐堂,皇引前官妻子勘产,顾反蹈所为?"皆顿首涕泣,曰:"公活我!"又戒司道府官不得责属吏馈,皆指天自誓,曰:"谨从公令。"于是,除耗羡,严私派,清漕弊,省狱讼,汰蠹役,杜请托,行保甲,革盐商匣费,一切皆以身先。数月,劾其不奉令者;已又劾其阳奉而阴违者。于是,属吏争自濯磨,制府以下相戒不受抚属一钱。奉使京官迅棹疾过,地方官未尝馈斗米,吏治大清。

府君爱民出于诚，为政以宽民力，恤疾苦，兴教化，培植根本为务。尝请改并征积逋为分年带征，免十八、十九两年灾欠，减赋额，宽考成，豁逃丁，调驿困，免芦课买铜，除邳州版荒，捐明神宗朝所加九厘饷，前后疏数十上。部议或从或否，而府君未尝以数为嫌。闻有灾伤，辄通夜不寐，疏立拜发。初至，报睢宁、沭阳、邳州灾，蠲赋数千两；又报泰州灾，并蠲前二年赋，且入永蠲案内；次年，淮、扬、徐大水，奏报免赋十余万两。又尽免高邮、宝应等州县赋复几十余万，发常平仓粟及丐将军提镇榷关输粟往赈，又檄布政司以库银五万两告籴江西、湖广，先发后闻。或以为不可，府君曰："候旨然后告籴，民皆沟中骨矣！吾宁先发金，脱格部议，以所籴平粜足偿库，何患乃？"遂遣两府同知往，诫曰："若至，极陈淮扬灾状，言米斗一金，购及半运还，俟后令。"已而，大贾争集淮扬，斗米百钱而已。后粜米偿库，国帑无损，而民赖以活者数十万。有司请报湖荡莲芡，府君驳还，曰："朝廷任土作贡，未闻问诸水滨。"老吏叩头以例请，府君曰："例自人作，宽一分则民受一分之赐，且莲芡岁或不熟，一报部即为永额，后欲去之，岂可得乎？"

又禁冶游，崇俭约，驱优伶，惩豪猾。淫词邪说、马吊博具，一切皆绝。又禁有丧者不得火化，及久不葬。比一岁，报葬者三万余棺。

有五通神者，江以南崇奉数百年，祸福立应。岁娶民间子女为妇，所娶妇皆立死，远近奔走如鹜。督抚初至，谒毕然后受事。府君取其像投太湖中，民大骇。已而，妖遂绝。

广立义仓、社学，聚生徒讲《孝经》、《小学》，月吉讲上谕、律令。民间凡所为稍不法者辄恐府君知，风俗大变。时民见吏胥皆奉法惟谨，权贵绝口不敢请托，而民用日省，乃因府君姓为谐语曰："黄连半夏人参汤"也。又以自奉俭约，谓之"豆腐汤"云。

吴县监生王某者，文恪公裔也。有奴窃赀逃数年矣，突引弓刀数十骑来，自称鬻身亲王府，诟骂索金钱。官吏莫敢呵问，以告府君，立收送狱中，论如法。又常熟县奴某，持其主之父国初受隆武札，迫主远出，欲据有主妇。府君廉知，大怒曰："国家屡更大赦，此草昧时事，何足问？而豪奴以胁若主乎？"拘到，追札付火，毙之杖下，百姓莫不称快。

时海禁初开，浙江提督请遣将巡海中捕盗，诏下四省议。府君议曰："盗聚然后加兵，今兵加何所？而轻遣将，徒使寇掠海中，为贾贸患，久之必成畏途。今当静以待动，无为事先。"督抚多如府君言，议上遂止。

故事印官委署，由布政使拟送，颇有用贿得者。府君谓未任而先有所费，何以责廉？令掣签如选例。

或请府君讲学，府君曰："尽吾职即学也，今人以讲学钓名誉，毁本业，而长奔竞，吾未见其可也。"或请为府君立书院，府君曰："吾不讲学，安有书院？比者功令禁生祠，所在称构书院，藉敛父老财，饰伪长奸，吾甚不取。"乃下令严禁。

吴有隐士徐枋者，居西山下四十年，人罕得见。府君重其品节，欲因以励颓俗。尝屏驺从造其门，枋终不肯出。久之府君乃去，时人两高之。

夏月蚊盛，从质库赎敝苎帐以自覆。锡山泉名天下，府君竟任未尝酌一杯水。朔望谒庙，属吏至，不敢代市瓣香。署中秉烛治事，夜四鼓始假寐，日中始食。自此心血枯槁，尝顾谓溥曰："古人云，食少事多，岂能久乎？"已而曰："君命即天命也。"一岁尝四至淮上，冬夜乘小渔舟渡江，几覆。北风凛冽，背痛者数日。归，值岁终封印，犹昼夜拮据。见属吏必反复叮咛，告以君恩不可负，民命不可残，谆谆如家人父子。

一时政绩卓然,而府君意犹未惬,盖经营措设十未竟二三,且曰:"吾自信者心耳,安能保其必当乎?"时一切当奏闻者皆有期会,过则夺俸。江苏所属,北至丰沛千二百里,兼按察司在江宁,相去复五百余里。杀人及盗质审动辄愈限,故往日事非不得已不奏。府君曰:"是欺也,且奸盗复何畏乎?"乃悉具奏,虽罹罚不恤。然每奏罚辄荷恩破格宽免。

府君之初受事也,值蠲漕四分之一,既而请分年带征。或以为柄臣功,先后索金四十万。府君禁使勿与。属吏以民愿输告,曰:"公不应,仇公必甚。"府君曰:"民有钱,宁不以输国赋而入私门乎?吾宁旦暮斥罢归田亩,诚不忍见若等剥民媚权贵也。"将按发穷其事,属吏叩头谢罪,良久乃已。当是时,天下争辇金钱入都,而府君属无一人往者,屡有求皆不行。乙丑秋,户部因奏销劾府君,吏部奏夺俸六月,上复特免。比大计,藩臬空手入都,都门索府君一刺不可得,莫不窃恨,然以上知府君,深无如何也。

丙寅春,皇太子将出阁,上谕吏部:"自古帝王谕教太子,必简和平谨恪之臣统领宫僚,专资赞导,江宁巡抚汤斌在讲筵时索行勤慎,朕所稔知。及简任巡抚以来,洁己率属,实心任事,允宜拔擢大用,风示有位。"特授礼部尚书,掌管詹事府事。闻召即议行,苏城罢市十余日,外郡之民亦接踵至,日聚辕门外号泣。伺府君出,群拥马首,甚欲闭城塞巷。又设数瓯敛钱为路费将叩阍,一日瓯满。府君曰:"诏旨宁可违乎?"委曲宣谕,乃得行。及行,送者十余万人,自苏至六合,不绝于道。

府君念大母年老,乃便归省视。会皇太子出阁届期,兼程北来。既见上,上喜甚,问路所由,具对。因奏凤阳灾状,且言徐州虽已荷恩蠲赋,比入春尚苦饥。上遽遣官往赈,活者无算。

上问下河事。下河者,本减出河中水,由高堰漕堤诸坝入高邮、宝应、兴化、泰州、泰兴、山阳、邳州、沭阳等州县,田庐皆没。上谕开渠入海,以居黄河下,故谓之下河。初,安徽按察使于公成龙督理下河,估金八十余万两。时于受总河节制,以图议上,而总河靳公辅驳其议曰:"吾以勾股法测潮高内水五尺,河开必内灌,法当筑丈五尺堤起高堰属之海,尽收各坝水入堤,束高丈余,则潮不入而堤外可尽为平田。须运土三百里外筑围水中,涸取围中土筑堤,非三百万两不可。堤成,垦涸地为田,鬻之民以偿库。"诏靳于廷议,未决。于是,上遣工部尚书萨公穆哈、侍郎穆公成格,会漕运总督、江苏巡抚询问民情。民畏靳公,多言愿罢工者。府君曰:"是不可罢也。上水日增而下无所泄,不十年无淮扬矣!靳徒以海内灌故异议,海可内灌宁俟今日!且吴淞、钱塘皆有潮,何独淮扬而虑内灌乎?今两府蠲灾外赋不满三十万,不若请尽乞民,令有司督民自开河。"萨曰:"公言良是。第奉诏问民疏中又可入公语耶?某见上当面奏矣。"及见,遂不奏。至是,府君具对如前语。上诘问萨等,辞服,皆革职。自是,忌者众矣。

是时,于已擢直隶巡抚,乃更用工部侍郎孙公在丰往督之。孙至,言开河三便,旬日下河水骤长,疏凿难施。上召靳公至,面谕塞河南岸及高堰坝,靳坚不肯从,曰:"坝塞堤必溃。"府君力争殿上,已又及九卿争午门外,凡两日,绌其议,竟闭减水坝一年。

时,上特命府君行坐讲礼,寻充经筵讲官。未几,复总裁《明史》,已更兼詹事官,与会议屡蒙垂问,恩礼殊异。人固忌府君且大用,而府君所执又数与要人忤。因共谋诬府君,诽谤构陷百端,一时仰其权势,贪其贿遗者皆从而扬其波,赖上圣明,终不信也。

丁卯五月,因旱,上使内阁聚问九卿兴革事宜,府君请复夏秋两税及罢芦课买铜,曰:"春种未布而责民输赋,比获,尽一岁之入以偿债且不足,以故凶岁多逃亡逋赋,丰岁亦不能有所储蓄。曩者国用不足,取济一时。今内帑充积如山,何不复夏秋两税,使勤农者有所积,虽水旱不为灾,不国民两利乎？至若芦课新例,并令买铜,铜非市所常有,榷关终岁专购,犹患缺额,奈何责职民事者办此？此不科取均贴,必责成芦户,不若仍听输银便。"时户部某公遽起,曰:"公休矣,即欲变此法,俟某去户部乃可,今不能也。"遂罢会。

会五官灵台郎董汉臣言十事忤阁臣意,御史劾汉臣越职言事,希富贵,内阁欲因下刑部究主使。上问九卿,独府君白汉臣无罪。已内阁复称旨传问,府君未对,某公目府君曰:"幸勿违众议。"府君厉声曰:"上因旱求言,汉臣应诏言事,何罪？大臣不能言,反罪言者,如此心何？"某大惭,自是恨刺骨。

居一二日,上幸海淀,有辅导皇太子之命。数日病,具疏辞,内阁欲因之加罪,上不听。第责令回奏,而忌者累章迭上,然亦不能有所指,上辄报闻而已。比府君回奏,事辄已,会詹事府复劾府君荐耿介老不称职,部议革职。上薄其罚,削五级留任。而忌者愈益怒,谋中伤益力,日夜丛谋,必欲挤之死地。人或告府君当防患者,或劝府君委曲使人请诸公为解者,府君笑曰:"吾生平以义命自信,且年逾六十,复何求？"时抱病杜门,伏枕读朱子文集,丹黄点注,无异平时。

上终察知府君孤介,不容于时,特遣御医诊视。寻命改工部尚书。是日九卿会议,府君入讲不至,科道即又劾府君,部议降二级调用。吏部尚书陈公廷敬争曰:"比者某等失朝,从严乃夺六月俸,何至是然。"竟不能得,上复命留任。

先是府君留溥等代养。是年七月,不孝沆来都。九月,闻府君病,不孝溥亦来。府君见溥等心颇喜,曰:"我昨病几危,上遣御医诊视,今渐愈矣。吾势不能去,倘不即填沟壑,犹当勉报君恩。顾汝祖母年迫桑榆，心中若割，奈何？"不孝溥恐府君心恸，乃诡词应曰："祖母近稍健，故某来耳。"府君大喜，曰："若此，母子相见尚有日也。"

居数日，奉命诣潞河勘楠木。越三日抵暮归，感风寒，微嗽，言笑如平时。漏下二鼓，犹戒不孝溥等曰："孟子言，'乍见孺子入井，皆有怵惕恻隐之心'。汝等养此真心，令时时发见，久之全体浑然，便可上达天德。若但依成规，袭外貌，终为乡愿无益也。"又粗问里中事，叹曰："吾少年交游，零落尽矣！"问夜何其，乃就寝，曰："明朝尚会议也。"不孝溥等就枕，展转不能寐。闻府君嗽声转急，披衣起视，则喉中有痰，疾呼尚能应。顷之遂卒。呜呼哀哉！天何不殄灭溥等而夺吾父之速耶？家无新衣，敝衣以敛。束贴金铜带，加朝服其上。朝服缎即上赐也，呜呼痛哉！

上闻，遣学士多奇、翁叔元以茶酒赐奠，命驰驿回籍，照尚书品级颁赐祭葬。皆出自睿断，非阁臣拟旨也。在京师，吊者莫不尽哀。扶柩出都，道旁骑者多下马，拱立叹息，以为难得。所过州县莫不致祭。入睢境，绅士父老白衣冠涕泣郊迎者近万人，相与扁其柩前曰："忠臣孝子！"虽儿童妇女莫不唏嘘沾襟也。

府君刚毅介直，忠孝原于天性。笃志圣学，潜修默证，内体诸心，外见诸事。平易确实，不慕高远。克勤小物，未尝放逸。于性命之渊微，造化之精奥，虽探讨穷索，而必以日用伦常为可据。于古今之治乱，事机之得失，皆综贯会通，而必以诚意正心为有本。生平无戏言戏动，好学深思，随事体认天理，久之愈益精明。遇事坦然泰然，有自得之乐。明于审理而不惑利害，循分自尽而不希名誉，因事善处而不执成见，见义勇为而不计后功。处纷错心常宁一，遇患难神色闲定，当即立断，而未尝后时。穷达一致而廓然无累，自治甚严而待人甚宽，宅心平恕而守法不阿。遇卑贱而不侮，对权贵而不慑,温然而不可犯,侃然而未尝激,故其居官也未尝有所与于人而人爱之,未尝有所威于人而人畏之。僚友不言而咸服,百姓闻风而革心。虽顽梗黠悍之徒,沉迷胶锢之俗,莫不令之而即行,教之而辄化。间有贪墨之吏,强暴之徒,不得已见之弹章,加之刑宪者,亦未尝不以府君为仁人也。人皆知府君刚正廉介,卓然有壁立千仞之操,而其所以感之而立应,既去而民不能忘,至诚恻怛,恫瘝一体之心,有潜入人而人不觉者,世或未之知也。

生平居无广厦,出无文轩,家无侍姬,食无珍羞。吴署多隙地,春月茅生,日采食之不厌。不孝等尝从容陈说,以为何太自苦?府君色戚然不答。不孝等数数言之,泣然流涕曰:"吾非欲俭,汝祖母未殉难时,日食粗粝,我未逮养故也。"

生平无杂学。因先大父病始学医,卜葬地学堪舆,占易以象象为主。常曰:"《易》非教人趋吉避凶,只审理之当否?其进退存亡,介在几微间,非沉潜玩味不能得也。"人有一言中理者辄心推逊之,且终身不忘。闻其某处有贤人及文学之士,尝以不见为恨。见四方人必问其土俗民情。遇节孝孜孜惟恐其沉没。所至兴学育才,成就为多。至人有负己者过则辄忘,不留于心。在林下时,或劝之著书,曰:"学贵日新。今之所是,异日未必不以为非,何敢妄为?"及再仕,虽欲为之不暇也。故著书最少。所著有《洛学编》二卷,《补〈睢州志〉》五卷、诗文二百余首,公移、条约约十余卷,未尽行世。

今江南常州府奉祀道南书院,苏人特建祠于学宫,有司以时致祭惟谨。而绅士复肖像于怀嵩堂中,岁时瞻拜,数郡毕至。里中从祀乡贤,建特祠奉烝尝焉。

府君生于天启丁卯十月二十日巳时,卒于康熙丁卯十月十一日卯时,享年六十有一。配我母马氏,封恭人,州庠员、乡饮正宾讳中骏公女。子四：长即不孝溥，廪膳生员，娶王氏，壬辰进士、江西提督学政、佥事讳生公女。次潏，廪膳生员，娶袁氏，国子监监生讳赋谌公女。三沆，廪膳生员，娶宋氏，巡抚江西、都察院右都御史讳荦公女。四准，娶侯氏，辛丑进士、中书科中书舍人讳元棐公女。女三：长适己丑进士、广东韶州府知府赵公讳霖吉子、监生登，先府君卒。次适己亥进士、湖广当阳县知县李公讳遥子、廪膳生员中。三适廪膳生员张公讳铭鼎子、生员淑文。俱马恭人出。孙五：之旭聘丁未进士、山西怀仁县知县崔公讳九嶷孙女、廪膳生员讳玳女。之遑聘江西提学佥事王公讳震生孙女、候选州同知讳组女。之戢聘当阳县知县李公讳遥孙女、监生讳初女，俱潏出。之昶聘壬辰进士、江南镇江府海防同知吴公讳淇孙女、监生讳学颐女。之盼幼未聘。俱沆出。孙女七：长适当阳县知县李公讳遥孙、监生初子滦。次适戊戌进士、户部右侍郎王公讳遵训孙、考城县儒学教谕讳光皋子、生员肇炜。三许字庚戌进士、原任内阁中书王公讳铮孙、监生讳涵子采，俱溥出。四、五、六、七幼，未许字。四、五、七潏出，六沆出。

康熙二十八年十月四日，奉窆于州城东南棘故城，赐葬新阡。不孝溥等苦块昏迷中和泪濡毫，语无伦次，惟冀大人君子哀而赐之铭，感且不朽！

子　溥、潏、沆、准述

故中宪大夫、工部尚书汤文正公事状

彭绍升

公讳斌，字孔伯，河南睢州人。高祖讳易，官岷州守备。曾祖讳希范，官赵城县丞。祖讳敏，父讳祖契，俱学生。祖契封中宪大夫、陕西按察司副使。明末，流贼陷州城，母赵氏被执不屈死，公从父避兵南下，寓衢州。顺治二年，大兵定江南始还里。

公少端谨，比长，博通群籍，尤好宋诸大儒书。五年，举乡荐。明年，登会试榜。又三年，成进士，选弘文院庶吉士。十一年，授国史院检讨。十二年春，应诏陈言，请广搜先代遗书，及明末死难诸臣事迹以修《明史》，且言："《宋史》修于元至正，不讳文天祥、谢枋得之忠。《元史》修于明洪武，并列丁好礼、普颜不哈之义。我朝顺治元、二年间，前明诸臣亦有抗节致命者，宜令纂修诸臣勿事瞻顾，昭示纲常于万世。"事下所司，大学士冯铨、金之俊等谓公夸奖抗逆之人，拟旨严饬。世祖心是公言，召至南苑，温语久之。

秋，诏选翰林科道十八人加一级外转，以公为陕西潼关兵备道。大兵下滇、蜀，关中当孔道。军所过颇骄横，民多窜匿。公随方调遣，过者悉敛手就约束。于是，设保甲，行乡约，建义仓，立社学，不三年，流民复业者数千户。岁旱无麦，而春夏兵饷例支麦。麦价浮于谷，公请发仓谷以代，军帅不可，曰："如是，兵且变。"公曰："民且饥死，独能不变乎？兵有变，吾自任之。"即与兵约："今与汝谷，明年将补偿若麦，而若以谷还官。"兵皆帖然，曰："愿如令。"于是，关西数千里麦征悉停。

十六年，调江西岭北道，辖赣南二府。李玉廷者，明旧将，以所部万人入雩都山为寇，公移书约降之。会海寇郑成功犯江宁，阴通玉廷，公获成功谍，白巡抚斩之。度玉廷且犯南安，即移兵为备。玉廷至，却走之。复请兵分守要害，扼其去路，数月玉廷就擒。

寻移疾归里。丁父忧，服除，谒夏峰孙征君，受其学。归而与诸学者为志学会，讲求体察，日益完粹。公之论学首严义利之辨，以为君子小人无它，喻义与喻利而已矣。平天下之道无它，以义为利，不以利为利而已矣。故其在官无取于属吏，属吏亦不敢取于民。上官知其然，其于公也亦无取焉。又尝论官无尊卑，为一官即尽一职，便是位天地育万物，不过如此。以是行于己，亦以是勉于人。视人如己，视民事如家事，奖善而遏恶，损己以益下。是故贤者信其心，不肖者亦服从其教。

康熙十七年，诏举博学鸿儒。都御史魏敏果公、副都御史金铉俱以公应诏。召试一等，授翰林院侍讲，纂修《明史》。二十年，充日讲起居注官、浙江乡试正考官，转侍读。明年，为《明史》总裁官，直经筵，纂修太宗世祖圣训。迁左春坊左庶子。公为讲官，每进讲，先一日斋肃潜思经义，务积诚以动上。尝言："君心正则天下治，如天枢之运众星。为讲官须于此处着力。"

二十三年，擢内阁学士，兼礼部侍郎，充《大清会典》副总裁官。河南灾，阁臣议遣官往勘，公曰："无益也。使者所至，苛扰实甚。州县一闻遣使，辄缀耕以待勘，是再荒也。不如令有司自勘良便。"已而，河南果畏勘灾，讳者过半。给事中任辰旦议巡狩封禅事，大学士拟旨切责，公曰："给事言是。"李沉曰："边患既息，恐人主渐生侈心，相公独不以为虑乎？"或议改法令，公曰："'官之失德宠赂章也。'不此之惩，区区之法，何足恃乎？"在阁凡四月，所言虽不尽用，然莫不敬而惮之。

六月，江宁巡抚缺，九卿会推学士孙在丰、浙江布政使石林，圣祖谕大学士曰："学士汤斌，曾与孙奇逢讲明道学。前典试浙江，操守甚善，可补授江宁巡抚。"濒行，谕以"江苏风俗奢华，尔其洁己率属，加意化导，俾革心易虑"。赐御书三，鞍马一，裘里十，银五百两。其年冬抵苏州，会圣祖南巡，迎驾至江宁，圣祖命回苏治事。苏城道狭，总督将毁民居广驰道，公曰："如此，则数万人无所安息，非主上勤民意也。"遽止之。驾返，送至江宁而还。于是革耗羡，禁私派，清漕政，汰蠹役，行保甲，革盐商匪费，自总督以下皆相传，戒不得受所属馈遗。京朝官使过者,毋敢有括索,所部肃然。

苏松向苦赋重,积欠甚多。而江北诸州县地瘠薄,又屡被水旱,公以为民气未苏,教化未易行也。于是,奏免淮扬水淹地赋,请缓苏松积欠为分年带征,俱下部议行。又请蠲十八年、十九年灾欠,请除邳州版荒地赋,又请蠲明神宗朝所加九厘饷,又极陈苏松浮粮之困,请量行酌减。二十四年秋,淮、扬、徐三府复被水,公条例蠲赈事宜以闻,借布政使库金五万告籴江西、湖广,不俟诏下,遣官遽行,是年米价大平。

谓善民俗莫先于兴学。益广社学之制,令城内外及乡镇二百家以上皆设学。乡之子弟就学者廪之,择诸生中贤者为之师。月会明伦堂讲《孝经》《小学》,复为期集士民讲上谕十六条,皆身莅之。禁妇女毋游观,胥吏倡优毋得衣裘帛,断坊刻淫祠小说。诸无赖为民害者,及借端煽诱者,悉痛除之。上方山有祠曰五通,祷赛甚盛,神横而好淫,公取其像投诸湖,其祀遂绝。

公自奉澹泊,脱粟羹豆与宾友共之。治文书率常至四鼓,日中始一食。或劝以少休,慨然曰:"君命即天命也,日监在兹,敢自暇逸乎?"

察吏严,劾府县官赵禄星、张万寿等八人贪酷罪,罢之。举廉能知县刘滋、郭琇。二人以积欠未完,格于部议,圣祖特破例用之。居二年,吏治日清,民俗丕变。

时,大学士明珠方树党招权利,引前江宁巡抚余国柱为户部尚书,先后蠲漕及缓征,以部费为名索金累巨万。布政使屡以为言,公弗许。及大计,两司治行有所需,惮公不敢发,遂徒手入京,以是诸要人皆不便公所为。

会皇太子出阁,或言辅导太子非公不可。二十五年春,圣祖遂下诏,以公为礼部尚书、管詹事府事。公去,苏士民遮塞衢道不得行，公以前论浮粮事屈于建议，因示谕有"爱民有心，救民无术"语。国柱与明珠谋闻于上，谓公市恩。既至，充经筵讲官，并充太子讲官，进讲东宫。首陈《大学》财聚民散之义，圣祖闻，谓皇太子曰："此列国分疆时语也，若天下一统，散将安之？"试问之，公对曰："土崩之势，甚于瓦解；秦隋以来，迄于胜国。未流之祸，可毋惩乎？"圣祖谅其忠，亦弗责也。

二十六年五月，不雨，圣祖命阁臣召问九卿兴革事宜，公言："民间春税力弗能堪，宜复夏秋两税。"又言："芦课征铜，铜不常有，仍听输银便。"余国柱遽起，挂公曰："公欲变此法，俟国柱去户部未晚也。"会诏求直言，灵台郎董汉臣上书极论时事，语侵执政。御史陶式玉劾汉臣摭拾浮词，欺世盗名，请逮治。下内阁九卿议，时国柱已为大学士，明珠内惧，议与国柱等囚服待罪。大学士王熙笑曰："市儿妄言，立斩之毕矣。"公后至，国柱以两议告，公曰："彼应诏言事，尔何罪？且所言早谕教，崇节俭，宜施行。大臣不言，小臣言之，我辈当自省。"于是大学士勒德洪、吏部尚书达哈嗒皆如公议。明珠入，国柱踵其后而与之语。已而，汉臣免议。

寻，诏公与达哈嗒、少詹事耿介辅导皇太子，公以疾辞。国柱传旨诘责，并问公："当会议时，何以有有惭对董汉臣语？"公引咎乞加处分。于是，左都御史璟丹、王鸿绪，副都御史徐元珙、郑重等并疏劾公，且追论公去苏时巧饰文告，沽名干誉。时，耿介方以疾乞休。介，公所荐也，于是，詹事□□①，少詹事舒淑、开音布、翁叔元劾介诈疾，并劾公不当荐介。而达哈嗒独上疏请与斌、介同罢，并下部察议，当革职。圣祖命公与达哈嗒俱降级留任，而独听介去。公适闻继母疾，乞归省，圣祖手诏慰留。忌者意未已，宣言上将隶公旗下。或劝公委曲诸公间以自解，公曰："六十老翁，尚何求？吾安之矣。"或又劝公发忌者阴事以纾祸，公曰："老母在，未敢以此试也。"

九月,有疾,敕御医就视,改工部尚书。九卿有会议事,公以入讲不至,复为科道所劾,部议降二级留任如故。十月,疾少间,属有兴作,度才通州。归得寒疾,夜半气逆上,遂卒。先是语人曰:"吾数月来心无一线放逸,得力深于平时。"临终戒子溥曰:"孟子言,乍见孺子②,'皆有怵惕恻隐之心',汝等当养此真心。真心时时发见,久之可上达天德。若徒袭取于外,终为乡愿无益也。"卒年六十一。

圣祖遣学士多奇、翁叔元奠茶酒,命驰驿归,以尚书礼祭葬。陕西、江西、江南诸大吏并采众议,请以公入名宦祠,报可。雍正十一年,诏入贤良祠。乾隆元年,追谥文正。所著《洛学编》、《潜庵文集》行于世。子四人:溥、濬、沆、准。

公之学不立门户,不矜日辩。尝论:朱子之学流而为诵说,其失也支;王之学流而为虚无,其失也荡。去短取长,补偏救弊,要以躬行心得为本。若乃党同伐异,终日喧呶,自以为闲道辟邪,不知其去道也日远。呜呼,公之用心可谓公而笃矣!夫其内省也密,故未尝骛于外;其自任也重,故未尝足于中;其仁于民物也诚,故其出也上孚而下应;其服习于天德也熟,故历夷险,尽常变,洒然而不系,安然而不迁。古之所谓大人者,非公其谁与?

昔曾大父侍讲公尝侍公几席,平生奉公为师法,辑公遗书板行南方。绍升读公书,慕公久,顾前辈所撰诸碑志,颇未尽本末,爰次公遗言行,采其荦荦大者,为之状如右。

钱仪吉《碑传集》卷十六

校记

① 原文此两字不清。参考其他资料,似为尹泰。尹泰时任詹事。

② 《孟子·公孙丑》原文为:"今人乍见孺子将入于井,皆有怵惕恻隐之心。"此处作者引时缺漏"将入于井"数字。

年　　谱

年谱初本

先生先世为滁之来安人,以军功为神电卫,世袭百户。始调中都,后调睢阳卫,升骠骑将军、中都正留守,世袭指挥佥事,因家焉。明威将军、陕西岷州卫守备讳易者,先生高祖也。曾祖讳希范,贡士、赵城县县丞;祖讳敏,州学生;父讳祖契,府学生。以先生贵,封中宪大夫、陕西按察司副使。先生讳斌,字孔伯,别号荆岘,晚又号潜庵,故天下称潜庵先生。

钱塘门人　王廷灿编辑

纪年	故明天启七年,丁卯	崇祯元年,戊辰	崇祯二年,己巳	崇祯三年,庚午	崇祯四年,辛未	崇祯五年,壬申
时事						
出处	十月二十日巳时,先生生。	先生二岁。	先生三岁。	先生四岁。内难外侮,一时并至,有豪绅挟势,将城宅田园尽为夺去。	先生五岁。不好嬉戏。母赵恭人口授《孝经》。	先生六岁。母赵恭人纺绩,命先生读书于旁,月下为先生讲《孝经》。
奏疏诗文						

纪年	崇祯六年，癸酉	崇祯七年，甲戌	崇祯八年，乙亥	崇祯九年，丙子	崇祯十年，丁丑	
时事						
出处	先生七岁，从伯贡皇公学。公讳允猷，为州学生，品行甚优。	先生八岁。耆儒王慕祥开塾讲小学，先生侍坐，终日无倦容，归即见诸行事。遇贵胄与马赫奕者，泊然不以动念。王先生谓中宪公曰："令子真圣贤中人也。"	先生九岁。自念世为伐阅旧族，恐贻弓冶羞，遂笃志圣贤之学。	先生十岁。读中宪公手抄《左》、《国》、《公》、《谷》、《史》、《汉》及《易通正蒙》诸书。	先生十一岁。唐定州公铉开馆课士，豪绅偶至其处，问州中后进属谁。唐公云先生气度端严，品格不凡。豪绅与先生送果一盘，旁观者羡之，先生竟拒而不受。豪绅遂艴然而去，将先生祖茔东凿井，祖茔西修佛寺，同邑皆为先生危，而先生夷然处之	
奏疏诗文						

纪年	崇祯十一年,戊①寅	崇祯十二年,己卯	崇祯十三年,庚辰	崇祯十四年,辛巳	崇祯十五年,壬午
时事			流贼李自成寇河南,拥众数十万。		流贼李自成寇睢阳。
出处	先生十二岁。为古文,诗歌非所好也。	先生十三岁。为制举义不起草,宿儒多逊为不能及。	先生十四岁。手录《太极图说》、《通书》、《定性书》、《东西铭》,沉玩潜思。	先生十五岁。应童子试,州守四川熊公滪奇其文,拔第一。十二月娶马恭人。	先生十六岁。就傅郭外,闻寇至,奔还。城门已闭,绕濠痛哭。父中宪公、母赵恭人遣人从城上语,使去。先生不忍远违,伏郭外断蓬坑中。州民开门纳贼,中宪公负母逃,先生冒险入城,赵恭人已骂贼膺刃死矣!先生号泣不欲生,绝食六日。中宪公强之乃食。既殡,随中宪公避难河北,舌耕以养。
奏疏诗文					

纪年	崇祯十六年,癸未	崇祯十七年,即大清顺治元年,甲申	顺治二年,乙酉	顺治三年,丙戌	顺治四年,丁亥
时事		流贼李自成破北京。	王师定中原。		
出处	先生十七岁。中宪公往衢州,先生随侍行。	先生十八岁。在衢州闻变,乃寓衢读书山中。每念母恭人节烈,常中夜大哭,哭已复读。夜深虎啸林外,与书声相间。山中民皆感动,时时来馈灯油米食,先生却不受。日焚败叶继晷,饮泉水,咽秕糠而已。寻至南京,以流寓应试,七试皆冠军。已而有令,纳军需数两方许与试,遂弃去。	先生十九岁。奉中宪公由江西泛鄱阳归。	先生二十岁,应童子试,州取第一,府取第二,补弟子员。提学刘公庆。	先生二十一岁。于书无所不读,尤肆力经史及宋儒诸书。
奏疏诗文					

纪年	顺治五年,戊子	顺治六年,己丑	顺治七年,庚寅	顺治八年,辛卯
时事				
出处	先生二十二岁。举于乡,正主考、吏部内江吴公允谦,副主考、礼部吉水钟公性朴,房考、推官济宁王公道新,批先生闱卷:"新采缀露,藻思倾峡。二三场端雅典赡,出经入史,体用兼备之士也。"	先生二十三岁,会试中式。总裁、大学士、南安洪公承畴,辽阳宁公完我,商丘宋公权,会稽王公文奎,房考兵科韩城李公化麟,阅先生卷,至二三场叹其淹博切要,曰:"必宿儒也!"榜发,知为少年,惊喜,皆以尘外相期。	先生二十四岁。杜门批阅《通鉴》、《史记》诸书。	先生二十五岁。在座主钟学使处阅卷读书。二月,长男溥生。
奏疏诗文				

纪年	顺治九年,壬辰	顺治十年,癸巳	顺治十一年,甲午	顺治十二年,乙未
时事			上遣学士传至南苑,天语温然,谓可大用。	诏选翰林科道,出任监司。
出处	先生二十六岁。成进士,授弘②文院庶吉士。邸舍不避风雨,闭户读书,不妄交游。学士山、阴胡公兆龙欲屈一见,终不肯往。	先生二十七岁。在馆课。	先生二十八岁。授国史院检讨,上疏言史事,深为政府所忌。	先生二十九岁。名在选中,有"品行清端,才猷赡裕"之谕。
奏疏诗文	应诏拟御制《大清会典例》、《送敬谨亲王诗》、《政贵知变谕》	《历代备荒考》、《诸儒问难论》	上《陈史法疏》,请表扬明末死难诸臣。	拟《汉文帝耕籍田诏》、《平湖南服云贵策》,拟《汉以禁囤假贫民举直言极谏诏》

纪年	顺治十三年,丙申	顺治十四年,丁酉	顺治十五年,戊戌	顺治十六年,己亥
时事		覃恩天下。		
出处	先生三十岁。以得职衔加一级用。补潼关道副使。九月次男濬生。	先生三十一岁。阶中宪大夫,封父如其官,赠母恭人。	先生三十二岁。时潼关自明季乱后民徙,城中不过十室,伐叛之师一岁数至。驿递极困。先生安置得宜。过者帖然。阅岁,流民归者数千户。先生治行为关中最。抚军陈公荐于朝,例当入为馆卿。许公作梅贻书贺曰:需稍费。先生复书:不可。	先生三十三岁。升岭北道参政,辖赣南二府。甫三月,清积案八百余件。赣南据四省上游,称岩疆。有明旧将李玉廷以万人入山为盗。值海寇犯江宁,赣人骇然。先生密陈方略于上官,擒玉廷而贳其余党,赣人以靖。上官方倚先生如左右手。先生念其父中宪公,乞假归养。有马一匹,鬻之充资斧。百姓扶持相送,莫不太息泣下,有痛哭者。
奏疏诗文		《华岳祈雨文》		《陈讨叛民书》

纪年	顺治十七年,庚子	顺治十八年,辛丑	今上康熙元年,壬寅	康熙二年,癸卯	康熙三年,甲辰	康熙四年,乙巳
时事		奉旨建赵恭人节烈祠。				
出处	先生三十四岁。里居,日侍中宪公、轩恭人,色养备至,竭诚尽孝。	先生三十五岁。日勤工修祠,立烈日中,永昼不懈。七月,三男沆生。	先生三十六岁。每日暮,中宪公遭就寝,犹读书至夜分不辍。先生尝云:"学者须要天理人欲之间见得分明,方始有益。一毫相杂,则非学。"	先生三十七岁。中宪公感痰症。先生昼夜不安,延医调治,稍愈则喜。	先生三十八岁。丁中宪公艰,席蒿柩旁,晨夕哀恸,一遵古礼。	先生三十九岁。葬中宪公,数日一省视。墓树数百株,一株损,唏嘘不置。
奏疏诗文						

纪年	康熙五年，丙午	康熙六年，丁未	康熙七年，戊申	康熙八年，己酉	康熙九年，庚戌
时事					
出处	先生四十岁。服阕，闻孙钟元先生讲学苏门，先生赁驴往，受业门下。每质所疑，孙先生极称之。归而所得益邃，所行益力，屹然推中原巨儒。十一月，赴内黄，订《理学宗传》。	先生四十一岁。孙征君寄先生书，云："江村既没，仆以骨脆胆薄，孤力肩承，三十余年未敢轻付，何幸得道丈付之！天挺宏毅之资，是天之有意于斯文，岂偶然哉！"	先生四十二岁。斟酌先儒，定《易》与《春秋》各一编。	先生四十三岁。订《志学会约》，尝云："士君子之行己也，皆如正考父之循墙而走，则傲慢之风渐息矣；其居丧也，皆如高柴之三年不见齿，则慎终之礼渐厚矣；其制用也，皆如晏子之濯冠浣衣以朝，则侈泰之习渐消矣。盖矫偏以就中，其亦因时制宜，善体小过之义乎！"	先生四十四岁。二月，再过夏峰，留兼山堂，问答甚多。尝云："人能自省察警觉，则高明广大，常自若，非有增损也。"
奏疏诗文	《上孙先生书》、《再上孙先生书》、《跋一乐堂卷》、《理学宗传序》	《答郡守宋公书》			

纪年	康熙十年,辛亥	康熙十一年,壬子	康熙十二年,癸丑	康熙十三年,甲寅	康熙十四年,乙卯
时事		谕举外官告病者,病痊以原官用。			上谕举贤才赴军前。
出处	先生四十五岁。睢州学宫旧在北城,壬午没于水,迁于新城民舍,诸贤主无所栖。先生建议重修,晨夕必往,指画制度,皆按典则。尝云:"后学要知'敬'之一字有力,开卷如对圣贤,掩卷必根义理。"正月,四子准生。	先生四十六岁,州守程公以先生应诏布政,金公铉力主之。先生以母老恳辞再三,事乃已。	先生四十七岁。著《洛学编》,云此编原为论学而作,非同史传,故不敢泛入也。	先生四十八岁。立绘川书院以光起后学。十月长孙之旭生。	先生四十九岁。熊公赐履欲荐之。魏公曰:"山中学道人也,家贫甚。"
奏疏诗文		《与州守程公书》			《与宋牧仲书》、《与杨树滋书》

纪年	康熙十五年,丙辰	康熙十六年,丁巳	康熙十七年,戊午	康熙十八年,己未
时事				御试博学鸿词,取汤斌等五十二人。
出处	先生五十岁。修《睢州志》,旁参无人。十二月,次孙之遥生。	先生五十一岁。闭户潜修,有遁世无闷之志。	先生五十二岁。总宪魏公象枢、副宪金公铉荐先生,郡县迫之行。先生驾牛车入都,止僧舍,终日杜门危坐斋中,题:"书中意味无穷,熟读深思始自得;日用伦常难尽,随时体认是躬行。"	先生五十三岁。御试,上亲第为甲等,补翰林院侍讲,修《明史》。八月,三孙之㝡生。
奏疏诗文	《家居感怀诗三首》	《学言》、《四书偶录序》	《应召入都留别里中亲友诗二首》、《途中苦雨诗》、《长垣北十里学堂冈有夫子庙,相传四贤言志处诗》、《赵宪清卷跋》、《钟先生传》	《应诏璇玑玉衡赋》、《省耕诗》、《御试恭纪四十韵》

纪年	康熙十九年,庚申	康熙二十年,辛酉	康熙二十一年,壬戌	康熙二十二年,癸亥
时事				
出处	先生五十四岁。修《明史》。魏莲陆至燕邸,见先生绳床破被,数椽不蔽风雨,慨然曰:"犹是山中面目也。"	先生五十五岁。充日讲起居官。主浙江乡试,转翰林院侍读。十二月,四孙之昶生。	先生五十六岁。充《明史》总裁。	先生五十七岁。转左右庶子,日直讲筵。纂修两朝圣训。每当进讲,常于书意之外竭诚敷陈。日侍立,上顾问:"汝平日有诗文乎?其缮写以进。"先生手书进呈,召至乾清宫,天语良久。其中有《刘蕺山学案序》,先生分别学术。时方有议阳明者,谓阳明用力处在知,而得力处亦在知。紫阳用力处在行,而得力处亦在行。先生云:"紫阳得力于行,而要必先之以知;阳明得力于知,而尤必推极于行。知行自不容分也。《大学》统论知行之先后,明知先行后而归重于行。孟子析论智圣之始终,明圣终不离智始,与《大学》互相发也。"上独然先生之论,于是时议衰息。十二月五,孙之盼生。
奏疏诗文	编《明太祖本纪》四卷,列传十余卷、《院中宿直八韵》、《孙征君诗跋》。	二月初,《侍讲筵纪事》二首、《拟上赐大臣游温泉》诗四首送。	《送陈别驾》诗	裁定《明史》历法、天文志、英、景、宪、孝四朝圣训。

纪年	康熙二十三年,甲子
时事	江苏巡抚余国柱升都察院左都御史。睢宁、沭阳、邳州水灾。皇上南巡。
出处	先生五十八岁。升内阁学士兼礼部侍郎。 　　上以河南灾,欲免岁赋之半,转通仓二十万石赈之。阁臣议遣官勘灾。先生云:"使者往往指青苗相胁,故郡县闻勘灾辄不敢播种。其苦更甚于灾。不若令地方官自勘为便。"给事任辰旦疏论巡狩封禅之谬,政府拟旨切责。先生谓垣中之言为是。先生在阁凡四月,公事外未尝与执政相款接,故每发大议多不从,然心知其以古义相许也。 　　江苏巡抚缺出,上特简先生,赐鞍马、彩缎、白金五百两,继赐御书三轴。先生十月初八日到任。苏州城内路甚隘,部文毁民居以除道,制府甚恐。先生曰:"圣天子问民疾苦,故有是行也。若之,何使民无宁居乎?"驾至,先生启奏,天颜甚喜。即报捐睢宁等灾,沭阳、邳州赋数千两,又报捐泰州前二年赋入永蠲案内。皇上南巡,先生扈跸至江宁,上再赐御书一轴、蟒裘一袭、羊酒珍羞,回銮日传旨令径归署。其眷注多类此。 　　江南故习豪侈,岁时妇女争炫耀,冶服嬉游山水以为常。而市井无赖子喜蒲博诸戏,又尚拳勇相斗殴。先生悉禁止不少贷。为政尚简静,然下令期于必行,赋吏蠹胥悉摇手屏足,相戒不敢犯。重修泰伯祠,朔望必往谒之。又谒范文正公祠、周忠介公祠,以为众劝。数诣学,命诸生讲《孝经》,俾幼稚悉得列坐以听。拊循细民,若惟恐伤之者。吴俗自是大变。时人见吏胥奉法,权贵不敢请托,而民用日省。乃因先生姓为谐语,曰"黄连半夏人参汤也";又以自奉俭约,谓"豆腐汤"。
奏疏诗文	《睢沭二邑秋灾情形疏》、《报泰州灾入永蠲案疏》、《请改并征积逋为分年带征疏》、《请蠲十八、十九两年灾欠疏》、《请除邳州版荒疏》、《请宽考成疏》、《请调驿困疏》、《请免芦课买铜疏》

纪年	康熙二十四年,乙丑	康熙二十五年,丙寅
时事	淮、扬、徐大水。 行取天下知县考选科道。	上谕吏部:"古帝王谕教太子,必简和平谨恪之臣统领宫僚,专资赞导。江宁巡抚汤斌任讲筵时素行勤慎,朕所稔知。及简任巡抚以来,洁己率属,实心任事,允宜拔擢大用,风示有位,特授礼部尚书,掌管詹事府。"
出处	先生五十九岁。奏免淮、扬、徐赋十余万,又尽蠲高邮、宝应等州赋数十万两,发常平仓粟。 吴中数多淫祠,事楞伽山五通神尤严,盛寒剧暑,载鼓吹牲帛往赛者无虚日。奸巫淫尼阑入人闺阁,竞相煽惑,吴人以是益困。先生取土偶投诸湖中,众始大骇,已而大悦。 荐吴县知县刘滋、吴江知县郭琇于朝。	先生六十岁。升礼部尚书、管詹事府事。先生闻命即日行,吴人空一城痛哭叩辕门,留先生不得,则塞城门阻先生行。又不得,则遮道焚香以送者数十万人,逾千里不绝。先生念继母年高,便道归省视。 太子出阁,先生侍讲。太子绿头牌启奏,上特命先生行坐讲礼。寻充经筵讲官,充《明史》总裁。每会议,上必问汤某云何。忌者恐大用,诽谤百端。
奏疏诗文	《毁淫祠正人心疏》	

纪年	康熙二十六年,丁卯
时事	考选天下行取官,以吴江知县郭琇为试监察御史。 阁臣宋文恪公荦,以余国柱为大学士,五官灵台郎董汉臣上书言事。 以前道臣耿介为詹事府少詹,选廷臣为皇太子辅导官。少詹事耿介以原道衔致仕。
出处	先生六十一岁。会董汉臣事起。汉臣上书言十事,语侵内阁。或言汉臣本不知书,有代草者。御史以深文劾汉臣,内阁拟旨下刑部究主使。上问九卿,独先生曰:"汉臣无罪。"内阁复传旨诘问。阁臣逆阻先生曰:"幸勿违众议。"先生厉声曰:"上因旱求言,汉臣应诏言事。大臣不能言,反罪言者,如此心何?"阁臣大惭恨。居一二日,有辅导皇太子之命,先生具疏辞。内阁欲因之加罪。上不听,第责令回奏。一时詹事府、翰林院、都察院累章劾奏,然实不能有所指,上辄报闻而已。 先是先生病,思归,荐前道臣耿介侍太子,冀以自代。耿公老儒迂谨,与举朝不相得,廷臣劾先生所荐非是,部议革职。上薄其罚,削五级留任。适先生闻继母病,上疏乞暂归省。上遣使赍手诏留,且欲赐第京师,命先生迎养。先生叩头,言母老不能来奏。上有旨,不允先生去。先生之乞归也,忌者宣言上怒,将隶先生籍旗下。得旨,犹秘之,召公诣阁中,先生以病扶掖上舆,道路哗传汤尚书入旗矣,皆泣下。而苏松诸郡客都下者数百人并集鼓厅门,将击登闻鼓讼冤,闻先生归,始散。是时,微上保全,祸几不测矣。 皇太子见先生羸瘠,大惊,曰:"公果病至此耶?"上察知先生孤介,不容于时,特遣御医诊视。寻命改工部尚书。是日九卿会议,先生人讲不至。科道官又劾先生,部议降二级调用。先生题于斋中有"君恩高似天,臣心直如矢"二语。上复命留任,不数日病革。十月初六日,奉命诣潞河勘楠木,阅三日,抵暮归。感寒微嗽,言笑如平时。漏下二鼓,犹与二子溥、沆讲"乍见孺子将入井"一章,问:"夜何?"其乃就寝,曰:"明朝尚会议也。"夜,二子闻先生嗽声转急,披衣起视,疾呼劝能应,顷之,遂薨。此十一日卯时也。家无新衣,敝衣以敛。贴金铜带加朝服其上,朝服缎,即上赐也。 上闻,遣学士多奇、翕叔元以茶酒赐奠。命驰驿回籍,照尚书品级颁赐祭葬,出自睿断,非阁臣拟旨也。 京师吊者莫不尽哀,扶榇出都;道旁骑者多下马拱立叹息。入里,白衣冠泣涕迎者近万人。先是吴人为先生建生祠于学宫,至是,会哭祠下者数千百人。有司以时致祭惟谨。常州奉祀道南书院,而绅士复肖像于怀嵩堂中,岁时瞻拜,数郡毕至。里中奉祀乡贤特祠奉烝尝焉。越十八年癸未,门人王廷灿令吴邑,从士民之请,建坊胥门之浒,以志追思云。
奏疏诗文	

校记

① "戌"原文为"戍"字,正之。
② "弘"原文为"宏"字,正之。

年谱定本

壬戌春,桐城方望溪先生南归,举《汤文正公遗书》示椿,曰:"前四十年,公门人钱塘王君廷灿为公年谱,叙公讲学颇悉,于立朝始末,则语焉不详。公子沆大惧不足阐先生德业,令侄孙嘉祥商谱于余。余老矣,旦晚作归计。嘉祥今有谒于君也,愿先一言为介。"椿谢不敏。嘉祥踵门者数四,椿不敢辞。

窃闻古之君子学而后入政,未闻有不学之名臣,亦未闻名臣必以讲学著者也。自帖括兴,而世之儒者茫然不知五伦五事为何物。一二大君子出,揭其要以示人,于是有讲学之名。后人随声附和,上焉者高谈性命,下焉者沉溺训诂,伐异党同,出奴入主,而于事上行己、养民、使民之大道,仍懵焉皆未之讲也。公自幼即有志圣贤之学,年未三十,世祖以公为可大用,由翰林为副使,为参政,所在著有声绩。其受业夏峰,尤切切以身体力行,见诸实事为急务。再召入都,扬历中外,忠诚温恪,不激不阿,生平所学业已见之施行。惟圣祖亦深器之,尝许公不欺,又目公有实行。迨公殁而帝心轸悼,襃恤之甚。至世宗登极,命祀公贤良祠。今上谥公曰文正。盖前代儒臣,或坎坷以老,殁久始彰;或当时则荣,卒乃泯焉。惟公生受殊知于二祖,殁膺异典于累朝。其宦游所历,尸祝公,俎豆公者,迄今如一日也。谓非公实学,光乎于上下而能然乎?

方公巡抚苏州,或请公讲学,公曰:"尽吾职即学也。今人以讲学钓名,隳本业而长奔竞,吾未见可也。"或请立书院,公曰:"称构书院,藉敛父老财,饰伪长奸,吾甚不取。"然则公何尝以讲学名!而其事上、行己、养民、使民之实事,亦何一不自学出者哉!昔朱子为伊川程子作谱,详于出处,而论心性诸说则略焉。公学本程朱,遭际则大过之。椿谨仿其例,采公旧谱并行略、墓志及他书之可据者,详谱之如右。其讲学诸语,有公遗书在,兹不录云。

乾隆七年六月望日武进杨椿

公姓汤氏,讳斌,字孔伯,号荆岘,晚号潜庵。先世滁州来安县人,始祖宽从明太祖起兵,以功授广东神电卫,世袭百户。子铭调中都留守,司金川门百户。子庠以功升睢阳卫前所,世袭千户,遂家睢州。庠子英,英子卿,积功升本卫,世袭指挥佥事,官骠骑将军、中都留守,司正留守。子讳易,公高祖也,官明威将军、陕西岷州卫守备。次子讳希范,公曾祖也,选贡生,官山西赵城县县丞。子讳敏,公祖也,睢州学生。子讳祖契,公父也,开封府学生。覃恩封中宪大夫、陕西按察使司副使。娶赵氏,公母也,覃恩赠恭人。

明熹宗哲皇帝天启七年丁卯,是岁十月二十日巳时,公生。

明庄烈愍皇帝崇祯元年,戊辰,公年二岁。

二年,己巳,公年三岁。

三年,庚午,公年四岁。

四年,辛未,公年五岁。性不好嬉戏。母赵恭人口授《孝经》。

五年,壬申,公年六岁。赵恭人纺绩,命公读书于旁。夜分不能得烛,则映月为公讲《孝经》大义。

六年,癸酉,公年七岁。从伯父贲皇学。贲皇名允猷,州学生,中宪公兄也。

七年，甲戌，公年八岁。耆儒王公慕祥开塾讲《小学》，公听讲终日无倦容，退即仿而行之。

八年，乙亥，公年九岁。

九年，丙子，公年十岁。即有志圣贤之学。

十年，丁丑，公年十一岁。定州牧唐公铉开馆课士。豪绅偶至其处，问州后进谁属，唐公云汤生其人也。豪绅致果于公，公不受，豪绅大怒，穿井于公祖茔东，建佛寺于其西。

十一年，戊寅，公年十二岁。为古文，诗歌旋屏去。

十二年，己卯，公年十三岁。

十三年，庚辰，公年十四岁。手录《太极图说》、《通书》、《定性书》、《东西铭》，沉思熟玩。

十四年，辛巳，公年十五岁。应童子试，州守拔公第一。是冬，马孺人来归，州庠生、乡饮正宾中骏女。

十五年，壬午，公年十六岁。三月，河南大乱，李自成破西华，数日陈州、太康皆陷。赵恭人谓中宪公曰："州为兵冲，未易保也。脱不幸，吾姑吾子累夫子，妾以一死谢夫子矣。"未几，城被围。公时从贲皇读书于城北，闻变还，城门闭，不得入，徘徊郭外。中宪登城泣谓其兄曰："老母在城中，我不可离也。我兄弟只此一子，今贼志在城耳，野外或可免，兄其率此子北行。先人有灵，无绝我嗣，乱定徐求我音耗也。"言毕大哭。贲皇遂率公奔龙塘，时三月二十日也。又二日，城陷，中宪负其母许孺人以逃。恭人经于梁，家人惊解之。复投井，井水浅，家人又出之。贼大至，露刃胁恭人，恭人厉声曰："众皆朝廷赤子，朝廷何负若，而甘心作贼。今大兵将集，当寸斩若，奈何刀锯胁人为？我虽弱女子，死当为厉鬼杀众耳。"遂遇害。贼徙宁陵，公蒙难入城，则恭人殉节已三日矣。颜色不变如生时，中宪公殡之故居之寝。公不饮食者六日，中宪公强之始啜粥。

十六年,癸未,公年十七岁。贲皇游学浙江,卒于衢州。许孺人亦卒,葬毕,中宪公往衢视兄丧,公随行。

大清世祖章皇帝顺治元年,甲申,公年十八岁。在衢读书山中,念母恭人,常中夜哭。哭已复读。夜深,虎啸林外,与书声相间,山民皆感动,馈公油与米,公不受,日饮泉水秕糠,夜焚败叶继晷而已。

二年,乙酉,公年十九岁。王师定中原,公奉中宪公由南昌泛鄱阳湖归里。

三年,丙戌,公年二十岁。州试、府试俱第一。学使刘讳庆试第三,补州学生员。

四年,丁亥,公年二十一岁。

五年,戊子,公年二十二岁。举河南乡试第三十四名。正主考吏部内江吴讳允谦、副主考礼部吉水钟讳性朴、房考推官济宁王讳道新,批公闱卷:"新采缀露,藻思倾峡,二三场端雅典赡,出经入史,体用兼备之士。"

六年,己丑,公年二十三岁。举会试第一百九十九名。总裁大学士南安洪公承畴、辽阳宁公完我、商丘宋公权、会稽王公文奎、房考韩城李讳化麟,批二三场,叹其淹博切要,曰:"必宿孺也!"

七年,庚寅,公年二十四岁。

八年,辛卯,公年二十五岁。二月长男溥生。

九年,壬辰,公年二十六岁。殿试第三甲第一百六十七名,赐同进士出身。世祖章皇帝亲试,拟御制序、诗各一首,改弘①文院庶吉士。公闭户读书,不妄与人交。学士、山阴胡兆龙欲屈公一见,终不往。

十年,癸巳,公年二十七岁。翰林曹本荣讲学都门,公与之质疑问难。

十一年，甲午，公年二十八岁。授国史院检讨。

十二年，乙未，公年二十九岁。时方议修《明史》，公遵谕陈言："修史只据实录，恐有未详，宜开献书之令。凡纪载可信者，宜并许参考。明末寇氛既张，官绅士女有抗节不屈，审议自裁者，请敕督抚访实奏闻，宣付史馆。《宋史》修于元至正三年，不讳文、谢之忠；《元史》修于明洪武二年，并列丁、普之义。今顺治元、二年间，尚有未达天心，临危致命，此与海内混一，窃名叛逆者不同。宜下诏宽宥，俾史臣得免瞻顾。"疏上，政府不悦，几得罪。世祖召见南苑，温奖再三，以公为可大用。未几，选翰林科道，出任监司，公与选中。世祖有"品行清端，才猷赡裕"之谕。

十三年，丙申，公年三十岁。授整敕潼关兵备、分巡关内道、陕西按察使司副使。潼关为用兵孔道，征调旁午，官吏科敛以应。公甫至，戒属吏曰："毋科取民财，毋妄用驿夫，兵来吾自应之。"自是大军至，公使迓之境上，约曰："部文所需有不给者，公请劾我。若额外动民一草，我亦当论公。"皆肃然莫敢犯。总兵官陈德之调湖南也，军士八千人，家累满万。将抵关，陈母病，欲留就医。公曰："关城如斗大，以二万人坐食于此，困必不支。"然母病，度不可强遣。时陈檄用车五千辆，侦者报曰："陈将军实用车二千余，皆折银。"公先集车二千辆，为陈置酒延之饮。陈使人觇车，车多匿河下。使者还报车甚少，陈谓公曰："盍畀我银，令我自雇乎？"公曰："善，但须以人量车，使民知不足乃可。"陈传令军中，公坐关门上，俾以次升车，满十辆即遣出关。河下车皆集，漏下四鼓，军尽出，无一人留者。公设祖道关门外，遣骑捶鼓传报。陈大惊，欲追还军，公曰："吾民驾牛裹粮十余日，一散不可复聚，且军已出关，不可复入。"陈不得已，遂行，至洛阳陈母死，治丧月余，军变，陈为其下焚死。

九月,次男溥生。

十四年,丁酉,公年三十一岁。岁大旱,麦不熟,兵饷春夏例支麦。公请发仓谷代之。军帅利麦价,言:"若是,兵且变。"公言于督抚,曰:"麦苗不盈尺,民方无以糊口,而军士必欲麦,此非兵变,即民变耳。请发仓谷,利害由我当之。"督抚曰:"然。"公召各营弁谕之,皆喜曰:"愿如令。"西安他属有给麦者,麦不时至,兵遂变。其后督抚每称公,谓僚属曰:"作事如汤君,真尽职,无遗憾矣!"

关中多盗,公严保甲,设钲鼓炮石。盗至,即以次传警,顷刻数百里。近者赴救,远者各扼要地。盗故不敢发,发亦辄得,后几夜不闭户。

有兄弟相讼者,收其词,不问。每于讲乡约时令读《常棣》之诗。如是者三,其人涕泣自陈,愿改过。乃出词还之。民兄弟遂相好如初。

公莅事精敏,案无留牍。关城五十里左右以讼至者,皆不赍宿粮,抵暮即返。见绅士惟问民疾苦及兴革事宜,言可行立行之。行之而善,曰某官教也,以故人乐尽言,然无敢干以私者。公清廉,文武属化之,不敢妄取于下,而上官亦戏谓公:"君礼物有班数。"各谅之,皆一无所受也。

十五年,戊戌,公年三十二岁。巡抚陈极新荐公治行为关中第一。公初至潼关,城中居民不满三百家,再阅岁,城中流民归者数千户。或问公何以为政,公曰:"吾惟于保甲、乡约、义学、社仓四者加之意而已。"又问曰:"得百姓心易,得僚属心难,公兼而致之何易也?"公曰:"吾于属吏不惟无所取,且力成其善,故或不以为苦耳。"尝勘荒行属邑,遇雨止大树下。既去,民以朱栏护之。时人比之甘棠。有自关中至睢州者,望公门则拜。经其祖茔,必再拜而后去。其得人心如此。

十六年，己亥，公年三十三岁。升分守岭北道、江西布政使司参政，辖赣州、南安二府。赣为四省上游，山高箐深，故明将李玉廷据其间为大盗。公过南昌，巡抚张朝璘属曰："赣寇非君莫办，剿抚惟所为。"公至，手书谕玉廷，玉廷请降。未几，海寇郑成功犯江宁，公夜见赣抚苏宏祖曰："玉廷之降，非心服也，今必变矣。某奉敕驻南安，南安无兵，必先被寇，请往。"即夜驰至郡，设守毕而玉廷果至，见有备，惊走。公复还赣与苏计，分设屯兵扼要害。玉廷所向与兵遇，战辄败，遂就擒。其弟秀廷以众降。

玉廷之复叛也，邸报断者九日，人情汹汹，讹言江宁失守。苏欲调兵防难，公曰："海寇陆战必败，讹言必玉廷为之，分吾兵力耳。"苏起，执公手曰："君言是也。"寻有持伪檄至军门，苏召公，食顷三至。公既见，命即宾馆中讯之。百姓观者如堵。其人昂首大言，公援笔拟立斩，入白苏，苏曰："当系狱候旨。"公曰："候旨当往返万里，脱有变，奈何？"令押赴市曹，其人大呼曰："两国相争，不斩来使。"公叱曰："汝贼耳，安敢言国！"遂斩之。百姓人人慑恐，道中行者悉偶语。公就舆，羽书适至。公阅之，遂从舆中大言曰："郑成功败死矣！"闻者转相告，众稍安。居数日，海寇果败。

张熊者，居瑞金县铜钵山，谋为乱应玉廷。遣兵捕获之，得伪敕一，札数百，黄金侯印一。熊以金钱素结民，民诉熊无罪者数千人。苏谓公曰："吾民皆党叛，奈何？"公曰："此愚民，非党叛也。若党叛，将走匿，又敢连名来诉耶？"苏曰："何为而可？"公曰："毁敕札销印以赏捕者，而以通盗论杀熊则无事矣。"苏从之。玉廷扬言："保熊者悉坐党叛律。"民闻公言，遂无有应者。

平南王旗军孙大市马过南安，杀二人。其帅董诬被杀者以盗。南安、南雄二知府讯之，拟斗殴杀律。平南王怒，二守恐，援赦例请。公曰："势相敌谓之斗。孙大持刀肆威，民势万不相敌。且大被鞫时尚乘肩舆二守前,狱中所需皆乡民供应。况昔现为旗军,手执利刃,而谓民敢与之斗乎?按律孙大罪当斩,与大同杀人之陈报国当严缉正法。"由是旗军过境咸敛戢,莫敢叫呶出声者。

公寻病,告归省父。督抚按俱不许,五请乃许之。公临行,请诛首逆以绝后患,慎招降以安人心,宽胁从以宥无辜,设防兵以靖反侧,督抚按多从之。公初莅任,有仆二人,马一匹,归时,鬻马以充资斧。百姓扶持相送,叹息泣下,有痛哭者。

十七年,庚子,公年三十四岁。家居,侍中宪公色养备至。继母轩恭人爱公如己出,公事之无异所生。日暮,中宪公寝,公读书夜分不休,课子溥、濬等尤严。

十八年,辛丑,公年三十五岁。诏建赵恭人节烈祠。先是顺治五年,河南提学佥事李震成檄知州房星晔建祠故居之东,每岁率官属祀之。十七年,巡按河南御史李粹然具事请于朝,诏旌门曰"节烈之门"。十八年,知州戴斌以故祠湫隘,改建今祠。既成,公奉主瞻拜,泪涔涔下,朔望谒家庙毕,必至祠肃拜,时刻未尝稍异。

七月三,男沆生。

圣祖仁皇帝康熙元年,壬寅,公年三十六岁。

二年,癸卯,公年三十七岁。七月,中宪公疾,公自是始学医。

三年,甲辰,公年三十八岁。四月,中宪公卒。

四年,乙巳,公年三十九岁。始学堪舆。十一月,葬中宪公州北十五里涧冈东南。间数日必往省视。墓木数百株,一枝损辄唏嘘不置。

五年,丙午,公年四十岁。七月,服阕。九月,至夏峰受业容城孙征君奇逢之门。

六年,丁未,公年四十一岁。自夏峰归。

七年,戊申,公年四十二岁。著《学言》一篇。

八年,己酉,公年四十三岁。与州中同志订《志学会》②。

九年,庚戌,公年四十四岁。二月,再过夏峰,留兼山堂与孙征君讲学。

十年,辛亥,公年四十五岁。修睢州学。先是学在城北濯锦池上,壬午岁没于水,迁新城民舍,殿庑不全,公议迁,庙制始备。

正月,四男准生。

十一年,壬子,公年四十六岁。同年金铉与公别二十年矣,为河南布政使。归德府知府往谒,铉问公起居,知府言睢州未闻有此人也,铉益重公。会诏举外官告病者,知州程正性以公名应,铉主之,公以母老再三辞。

十二年,癸丑,公年四十七岁。著《洛学编》。

十三年,甲寅,公年四十八岁。建绘川书院,与同志讲学。

十月,长孙之旭生。

十四年,乙卯,公年四十九岁。诏举贤才赴军前,大学士熊文端公向左都御史魏果敏公曰:"吾往见汤某文,欲荐之,然未识其面。"果敏公曰:"山中学道人也,举之诚当。顾其家贫甚,恐不能治装。"乃止。

十五年,丙辰,公年五十岁。修《睢州志》。

十二月,次孙之遴生。

十六年,丁巳,公年五十一岁。与耿介论学。介号逸庵,登封人,壬辰进士,由翰林检讨为福建巡海道,与公同受业夏峰者也。

十七年,戊午,公年五十二岁。

诏举博学鸿词,左都御史魏果敏公、副都御史金铉荐公居官清谨,二十年闭户读书,学有渊源,躬行实践,为文发明理趣,不尚浮艳。命下,府州官诣门请行,公驾牛车入都。

十八年,己未,公年五十三岁。三月丙申朔,御试太和殿,赐宴体仁阁下，圣祖亲第公诗赋为一等，诏改翰林院侍讲，纂修《明史》。

三月，三孙之戢生。

十九年，庚申，公年五十四岁。分修《明史》列传成。公以本纪记一帝始终，即位、册立、诸诏记其事，删其文可也。战攻、方略、训戒臣民之辞，志传不能载也，必采入本纪，事之本末始明。《唐书》以诏辞骈丽，概削不载，王言无征，史体为之一变；《宋史》事加详密，诏令多存，实兼左右史之体，今修明本纪，当以《宋史》为法。

二十年，辛酉，公年五十五岁。充日讲官，知起居注。

八月，主浙江乡试。所取多贫士之能读书者，浙人谓孤寒吐气。公闻之，语人曰："人才原不尽在孤寒中。"事竣即行。

十一月，省继母轩恭人于家。在道转翰林院侍读。

十二月，四孙之昶生。

二十一年，壬戌，公年五十六岁。充《明史》总裁，侍日讲《易经》。柘城窦克勤问讲官何职，公曰："讲官所职者大，君心正而天下治，犹天之枢纽转运众星，而人不之见。讲官又是默令枢纽能转运，底是何等关系？"

二十二年，癸亥，公年五十七岁。日直讲筵，历左右春坊、左右庶子，纂修两朝圣训。五鼓入朝，敷陈剀切，务以诚意动上听。朝臣有不能言者，公借书意阐发。圣祖每和颜受之。讲毕侍起居，归则裁定《明史》列传。日暮正襟端坐，潜思经义，以备诘朝进讲。

尝在乾清门，亲王见公，问从官曰："谁也？"从官以公对，亲王曰："闻汤庶子者，落落劲抗，是其人乎？"

圣祖命公录平日诗文进览，公手书文十篇、诗十首以进。圣祖首阅《亲耕籍田颂》，萧然改容曰："此世祖章皇帝事，汝为庶吉士作乎？"对曰："然。"次阅《春王正月辨》，命公陈大意，对曰："春王正月四字，先儒有言周改月兼改时者，有言改月不改时者，有言时月俱不改者。臣以本文断之,时月俱改之说为是。如冬十月雨雪,二月无冰,在夏时原不为异。《左传》僖公五年:'春王正月辛亥朔,日南至。''日南至'者,子月也,此改月改时之证也。胡安国言圣人以夏时冠周月,臣以为不然。行夏之时,圣人论道之言,《春秋》者,圣人尊王之书。以夏时冠周月,非为不倍之义。"上颔之。又次阅《拟汉以禁囿假贫民举直言极谏之士诏》,上问:"此诏为何而作?"对曰:"此汉元帝事,臣散馆时,世祖章皇帝御试,以此命题,臣蒙恩授检讨职。"又次阅《学言》,命述篇中大意,对曰:"自周子至朱子,学皆纯正精微。后学沉溺训诂,殊失程朱本意。王守仁致良知之学,正救末学流弊,但语多失中,门人又以虚见失其宗旨,致滋后人之议。臣窃谓补偏救弊,各有深心,愿学者识圣人之真,身体力行,久之当自有得,徒竞口语无益也。"上复颔之。又次阅《院中宿直诗》,问曰:"'忧多道转亲',何谓也?"对曰:"臣幼遭乱离,半生在忧患中,尝随事体认,于道理转觉亲近,诗辞朴拙,不胜惶恐。"上赐公纱缎,公捧至中宪公、赵恭人主前再拜,遣使归奉轩恭人。

十二月,五孙之盼生。

二十三年,甲子,公年五十八岁。二月,擢内阁学士,兼礼部侍郎。

河南灾,上欲免岁赋之半,运通仓米二十万石赈之。户部奏:"半赋当一百五十万,免之,恐国用不足。"大学士奏:"当遣官往勘。"公曰:"今天下所患者官皆匿灾,征赋以收耗羡,万无欺报理。且所遣官往往指青苗相胁,鞭笞长吏,搜括民钱。守令闻勘灾者至,辄禁民播种,害乃十倍于灾,不若令有司自勘便。"

工科给事中任辰旦疏议巡狩封禅之非。大学士拟旨切责。公言:"封禅固不可,巡狩若行,车驾将遍五岳,上德威远播,自无所虑。要不可为子孙法,公等宜审思之。"时有议变法者,公言:"使天下官皆不以货得,则法疏而弊自绝。今不澄其源,其究也上下相蒙而已。"

五月,命公为《大清会典》副总裁。公在阁四月,遇事直言,退未尝与用事者接一私语,诸公皆敬惮焉。

六月,江宁巡抚余国柱入为左都御史,上时在安兴,谕大学士曰:"所贵道学者必身体力行,见诸实事,非徒托之空言。今有道学名者甚多,考其究竟,言行相违。学士汤斌颇有实行。典试浙江,操守甚善,可以右都御史补授江宁巡抚。"

九月,驾还,公陛辞。赐鞍马一、彩币十、白金五百两。比行,入见,上撤御馔赐之。又赐御书三,曰:"今当远离,展此如对朕也。"

上时将南巡,公星驰莅任,旋迎上于淮安城南。文案山积,即舟中理之,不寝者六昼夜。既见上,上命公还苏。苏城道隘,部文毁民居以除道。总督王新命将从之,公曰:"如此,则数万家无所安息,非圣天子问民疾苦意。"上闻大悦。至江宁,复赐公御书一,蟒裘一,羊酒珍羞。

苏松赋甲天下,积逋相仍,官不满三岁辄罢,皆不自爱,而私规近利。上官阴持之,索赂益急,亏库金系狱者累累。公进州县官训之曰:"君等以金事上官,为仕宦计耳。今为逋赋累,尚复何冀?我与君等约:能称职,我分当拔汝;即不能,以考成罢归,尚得奉先人丘墓,奈何日坐堂皇,引前官妻子勘产,顾反蹈所为耶?"皆顿首泣谢。又戒司道府官:"不得责属吏馈。"皆誓曰:"愿从令!"于是除耗羡,严私派,清漕弊,省狱讼,汰蠹役,杜请托,行保甲,革匦费,数月劾其不奉令者,已又劾其阳奉阴违者,官吏争自濯磨。总督亦相戒不受一钱。奉使京朝官过者迅棹疾行,未尝烦斗米之馈。

吴民俗豪侈,服食器用多不节;又喜马吊诸戏,造淫词艳曲蛊诱人。岁时妇女炫妆冶服,嬉游山水间。市井无藉子尚拳勇,习斗殴,恐喝人财物。急即挟势豪为囊橐,蠹不可究。讼师诬辞兴狱,或出入官署为奸利,公皆禁诘之。不三月,巷无游民,寺无游女,农租商课,输纳以时,吏民觊法者咸洗手敛迹。民间所行或不善,父兄子弟相责曰:"奈何尚尔尔,将毋我汤公知也。"

二十四年,乙丑,公年五十九岁。为政简静,令出期于必行。恤民隐,植纲常,兴教化。州县水旱,报夕至朝即拜疏,所请蠲诸郡赋数十万。淮、扬、徐水灾民饥,公发常平仓粟赈之。不足,檄布政使以库银五万两令两同知籴米于江西、湖广。或云:"此大事,请旨乃可。"公曰:"候旨然后告籴,民皆沟中骨矣。吾宁先发后闻,倘格部议,吾以所籴者平粜,偿库金足矣。"戒两同知曰:"若至彼,当极陈灾状,言斗米值一金。"两同知往籴,未及半,大贾已争集淮扬,斗米百钱而已。

或请菱芡税,公曰:"朝廷任土作贡,宽一分则民受一分之赐。菱芡岁或不熟,一报部即为永额,欲减之得乎?"

海禁初开,浙江提督某请遣将巡海捕盗。诏沿海省督抚议,公曰:"有盗然后加兵,今盗在何所?而欲遣将,徒滋海贾患。"

公数诣学宫,令诸生讲《孝经》、《小学》,童子悉得侍坐听。重修泰伯祠,朔望必躬谒。又修范文正公、周忠介公祠,亲谒之为众劝。

吴士徐枋,文节公汧子也,隐居灵岩山四十年,未尝入城市。公屏骑从访之,枋不出,公久立其门。枋终不肯见,时人两高之。

王文恪公裔孙某有奴窃赀逃数年矣,一日引弓矢骑数十至主门,自称鹭身亲王府,索主金,主不应,大诟詈,势汹汹。公闻,立收之,论如法。常熟县奴某持其主之父国初受隆武札,迫其主远出,欲据有主妇。公知之,大怒曰:"国家屡更大赦,此草昧时事,何足问,而豪奴以胁其主乎?"追其札火之,毙奴于杖下。

苏州府城西十里有楞伽山,俗名上方山,山有五通神祠,远近赛祷如鹜,岁费金钱数十百万。谚谓其山曰"肉山",其下石湖曰"酒海"。少年妇女疾,必曰五通神将娶之。其妇女亦恍惚,梦与神遇,羸瘵而死。一岁常数十家。公语其属曰:"鬼神福善祸淫,冶幽赞化。若祭者免祸,不祭者即降以灾,此与贪官何异?若每岁娶妇,直一淫昏鬼耳。"命取像之木偶者火之,土偶者投于湖,撤祠材以修学宫,葺城垣,民始而骇,继而疑,终乃帖然大服。

无锡慧山泉名天下,公往来无锡,未尝饮一杯。尝夜烛治官书,四鼓始休,日中然后食。见人辄从容问近日所行果协人心否?有当行未及行者?或以悉协告,公曰:"吾自信者心耳,安保其必协乎?"见属吏告以君恩不可负,民命不可残,谆谆如家人父子。在任二年,前后疏数十上,皆为民请命。部议或从或否,公未尝以数为嫌。时民俗大变,民用日省,乃因公姓为谐语曰"黄连半夏人参汤"也。又以公俭约,谓"豆腐汤"云。

公与前抚余国柱为同年友,国柱后出阁臣之门。江苏布政使某以亏库金为御史所劾,因前抚行贿于阁臣,事得缓。公受命抚吴,前抚频夜过欲为请,终不敢出口。公按某如律,二人心怨之。泰州民田为水淹,会天旱,前抚以涸出报。公至,州民诉复淹,公遣官勘实,念请将累前抚,不请则为民害无已时。因奏言前二年之水乍消乍长,抚臣未敢遽闻。今水更甚于前,乞并免前租。上从之,前抚得无恙,民德公,因怨前抚。前抚闻,不知公之为己也,反恨公。

公初至,上命蠲漕四分之一。前抚时为户部尚书,遣人语公曰:"此皆北门之力也,宜以金四十万酬之。"前抚使先后至,公禁勿与。属吏以民愿输告,曰:"公不应,彼仇公必甚。"公曰:"民有银宁不以完国赋而入私门乎！吾宁旦暮斥，不忍见若等剥民媚权贵也。"将按穷其事，其人叩头谢乃已。时外吏辇金入都门者不绝，惟公属无一人往。比大计，藩臬素手入都门，索公一刺不可得，益怒。而前抚忌公声望，又以公诸事刚正不可犯，媒蘖公于阁臣，思所以中之。会公以奏销斗役食报户部。斗役者，苏松掌仓库役，岁不下六七百人。旧计口支食，吴逆乱，裁以充饷。二十年，吴逆平，诏督抚议复。前抚及护抚王新命皆给之。至是，前抚见公奏，喜曰："夫夫今自踣矣！"因奏曰："斗役支给口食，前两抚请销，俱臣部驳还。今该抚明知不应支给，及朦混奏请，宜敕吏部议"吏部以朦混当革职，而前两抚彼其一也。前抚惧，嘱吏部止议罚俸。上阅之，曰："尔等不欲世有清官耶？而尚议汤斌乃尔耶。"并前两抚皆免之。

其冬，上命尚书萨木哈、学士穆成格会公及总漕徐旭龄勘下河。下河者，山阳、盐城、宝应、高邮、泰州、兴化、如皋地卑下，上流清口日淤，淮、泗溢，总河多设减水坝泄之。海口沙壅，水不能尽出，七州县田庐尽没水中。上南巡，舟过高邮、邵伯，悯之，御史李时谦请浚海口以泄积水。上命尚书伊桑阿、萨木哈往视，还奏当如御史言。

明年春，遣安徽按察使于成龙专督之。寻以廷臣议，命成龙受总河节制。总河以己乃河臣，开海口而成龙董其役，己仅综理之，颇不悦。其冬，成龙议需银八十余万两，总河益愠，别具疏万余言，故为难词难之。其略曰：下河海口高昂，内地低海潮五尺，疏海口则引潮内侵。请先筑一丈六尺高之堤束内水。高一丈俾过海潮五尺。建二大石闸于高邮、邵伯泄洪泽、天长、盱眙之水俾入堤。自东逻镇南筑横堤抵高邮，自高邮城东筑大堤二，历兴化、白驹场至海口。又建二大石闸于白驹场南北岸，束所泄水入海。又先载远土筑围埂于水中，埂成，戽埂内水，取其土筑堤，共需银二百七十八万两有奇。先给帑而徐取偿于涸出之田,及纲盐所省之运费。又请设官二百七十余员,择才能者任之,俱优其升转。上命廷臣议,廷臣咸是总河言。上召总河及成龙至,成龙力排总河议,廷臣复多右总河。

上讯淮扬人官京师者,侍读乔莱等十人皆言:"陛下行救民之事,总河建害民之议,断不可行者有四。"上曰:"荐绅议如此,未知民间若何?"因命公会勘,兼询七州县耆老。耆老畏总河,多言愿罢工者。公曰:"工不可罢也,上水日增,下无所泄,不十年无淮扬矣!靳公以海水内灌,故异议。海可内灌,宁俟今日?且吴松、钱塘皆有潮,不内灌,独忧淮扬内灌乎?今两府灾粮尽蠲,所余不满三十万,不若尽乞与民,令民自开,州县官督之便。"萨木哈曰:"公言良是。第奉诏问民疏中又可入公语耶?某见上当为公奏之。"

二十五年,丙寅,公年六十岁。吴江县知县郭琇治行卓异,公特荐之。

三月,上谕吏部:"自古帝王谕教太子,必简和平谨恪之臣统领官僚,专资赞导。江宁巡抚汤斌在讲筵时素行勤慎,朕所稔知。简任巡抚以来,洁己率属,实心任事,允宜拔擢大用,风励有位。特授礼部尚书、管詹事府事。"公将行,吴民罢市。不数日,他郡民亦多至,聚辕门外叩留公。公出,拥公马泣留之。又设数瓯敛钱为路费,欲诣阙保留公。公出示晓之,始止。比行,遮道焚香送者无虑数亿万,逾千里不绝。公渡淮乃返。忌者觇知之益内愧,而吴民追思公,以所敛路费为公建生祠于学宫。

公以闰四月癸酉至京,甲戌入见。上喜曰:"天下有才官多,清谨有守者少。卿前陛辞时自言平日不敢欺,今在江苏克践斯言。朕用嘉悦,卿其勉之。"因问途中年岁若何,公奏凤阳灾状,且言徐州饥,入春尤甚。上遽遣学士麻某赈之。

先是萨木哈、穆成格还,匿公语不奏,但言耆民愿停工役。上复命二人同成龙及廷臣议之,阁臣曰:"成龙议需金百万两,若工可成,即千万何惜! 今乃以百万帑金尝试于必不可成之工,不如已。"上命暂止之。至是以问公,公对曰:"臣奉命至海口,见上流水滔滔而来,下流无所归入,不但七州县田亩可虞,三五年间,城郭人民皆将有不测之患。"上曰:"卿意若何?"对曰:"淮扬天下泽国,开海口则水可尽涸,臣不敢为此言。但开一丈则有一丈之益,开一尺则有一尺之益,浮水渐去,则旧日河湖之形可寻。请无多发帑,止于七州县钱粮中量停起解,留为治河之用。总之,以本地民力,本地钱粮开本地海口。心既专一,工不误用,不作大举,不设多官,久之自有成效。此意曾向萨木哈等言之。至海水内灌,臣谓可以无虑。海之潮汐犹人之呼吸也,有一定时刻,有一定分量。平日海潮所及,原不甚远。江河之水为海潮所涌逆入者,乃江河水,非海水也。飓风海啸,非常灾异,岂可预计?"上曰:"此理朕所深明,人苦不知,故有此妄言耳。"明日,诘问萨木哈、穆成格,二人皆输伏,乃罢二人官,发帑金遣工部侍郎孙在丰往浚之。

时以诸坝所减水淹民田,而浚下河必先塞减水坝,特命廷臣议。廷臣言:浚下河民生自可乐业,但塞减水坝恐一时溃决,受害更大。上曰:"卿等意皆同否?"公曰:"臣前往徐州视河,见减水坝太多。闻旧时止有四坝,今增至三十余,若不塞,恐水势分散,河流缓弱,河底渐高,将来运道有碍。"前抚曰:"减水坝乃明臣潘季驯成法,行之有效,故靳辅则之耳。"工部尚书杜臻曰:"靳辅之减水坝与潘季驯不同。季驯之减水坝放水出海,靳辅之减水坝放水入田,此其所以不同也。"

五月,上因皇太子出阁,命公行坐讲礼,寻充经筵讲官。未几,总裁《明史》。每廷议,上必问汤某云何。公感上知遇,凡是非可否必侃侃正言。而阁臣及前抚愈忌公,恐公发其私,谋去公益力。

是冬,在丰治下河,旬日水骤长数尺。在丰请敕总河尽闭诸坝。廷臣请召总河及在丰,俾各陈所见。上曰:"在丰不必来。在丰所请不过欲上河不放水耳。假令辅治下河,上流不塞,能于巨浸中从事乎?辅前欲闭诸口,今在丰为之,又云不可,岂非有意阻挠耶?其召辅来京,朕自面问之。"

二十六年,丁卯,公年六十一岁。正月,总河至,言高邮诸坝可塞,高家堰坝不可塞。上曰:"今浚下河,不在高邮闸坝,而在高家堰之坝。若黄河南闸坝尽塞,则黄水不入洪泽湖,湖中止有淮水,然后将高家堰坝暂堵一年,下河自得成功。"总河曰:"黄水强则入淮,淮水强则入黄,非人力所能禁。"公曰:"今云梯关与前不同。若塞高家堰坝,则淮水入黄,黄水无倒入淮之理。前者河堤单弱,不筑减水坝则黄河必致溃决。今堤既高坚,若塞闸坝,使水归一道,则沙不停塞,河身渐深。今辅恐黄河溃决,于南岸毛成铺、王家山、十八里屯、峰山、龙虎山俱筑减水坝,令黄水入洪泽湖,洪泽湖不能容,又于高家堰筑减水坝,令入七州县。今七州县水无所归,不但七州县之民被灾,二三年间,黄水、淮水、三十六湖之水并皆停蓄泛滥,则漕运亦大可虑。今陛下令塞高家堰坝,修理下河,岂特七州县民渐安生理,漕运亦永受其益矣。"总河曰:"浚下河使积水入海,虽善策,然恐海水倒灌。"上曰:"下河浚,海水断不内灌。朕可以理信之。今庙弯口通海,海水并未倒灌。惟潮发时水或逆入,潮退水即退矣,何虑耶?"

廷臣退,上命再议之。复多以总河言为是。公语总河曰:"天下水未有不以海为归者,潘季驯减水坝建于黄河北岸,欲其从灌口入海也。今南岸减水闸坝之水安归乎?归洪泽湖耳。湖水日增日涨,河流带沙,湖底渐高。昔潘季驯用高堰逼淮刷黄,不敢轻开尺寸者,今开六坝二闸矣。更加三十六湖之水尽注漕河,故又开一百丈之滚水坝以泄之,独不思下河之地有限,上流之来水无穷。以有限之地供无穷之源,将来水无所容,一线漕堤,势必大坏。开海口治下河,不特救七州县民命,实为漕运久远计也。今欲闭漕堤之坝,必先闭高堰之坝;欲闭高堰之坝,必先塞黄河南岸之闸坝。公所以坚执不移者,不过以开闸开坝费帑金无算,今日可塞,昔日何以误开,恐有议之者耳。夫治水如治病,因病立方,补泄随时,不得以后日之用补咎前日之误泄,又安用固执乎?"总河不从,明日入奏,总河曰:"黄河南坝若塞,恐淮水弱,不能引入清口。黄水发,反逆灌入淮河。"上曰:"淮水不弱,或河南水少,以致淮弱耳。若仅塞高家堰坝,黄水岂能逆入耶?今欲浚下河,但塞高邮五坝而不塞高家堰六坝,所谓不揣其本而齐其末,于事何益?"总河语塞。

始上发议时,廷臣悉主总河,惟通政司参议成其范、科道王又旦、钱珏主成龙,后不敢坚对,余皆莫敢异。自公还朝,终始与总河牴牾。上卒从公言闭六坝,阁臣与前抚愈恶公,然以上知公深,无奈公何也。

三月,旱。上命大学士传问九卿,政务有未合者悉举以对。公请复夏秋两税,罢芦课办铜,曰:"春种未布而责民输赋,比获,尽一岁之入以偿称贷且不足。今国家内帑充盈,复夏秋两税,不上下两利乎?州县官以芦课办铜,铜非市所常有,榷关者终岁购之犹缺额,奈何令司牧办此。此不科取均贴,即责成芦户,不若仍听输银便。"户部某遽起,曰:"公休矣!即欲变此法,俟我去户部乃可,今不能也。"遂罢会。③

五官灵台郎董汉臣应诏言十事,语侵内阁,阁臣惧,欲囚服待罪。某曰:"何必是,汉臣小臣也,敢言国是,直以妄言戮之耳。"御史某闻之,劾汉臣越职希富贵,且言汉臣不知书,必有代草者。内阁拟旨下刑部究主使。上遣问九卿，公独白汉臣无罪。内阁复传旨，令九卿更议。公未及对，前抚时已为大学士，目公曰："幸勿违众。"公曰："上因旱求言，汉臣应诏言事，何罪？且大臣不言而小臣言之，何罪言者耶？"举手指心曰："如此中何？"某大惭，益恨公刺骨。

居一二日，上幸海淀，命公辅导太子。公病，具疏辞。阁臣欲因此罪公，上不听，仅令公回奏。前抚复嗾廷臣交章劾公，又不听，后先报闻而已。左都御史某劾汉臣，前抚使人教汉臣即对簿引汤公。汉臣曰："我安识汤公？我草疏已数年，三至通政司不得达，前后通政司可问也，奈何诬汤公？即讯我，我独识御史江繁耳。"江繁者，前抚姻也。上遣礼部问汉臣，汉臣对如前。上意解，前抚愤且恚，谋所以伤公者，摘公出吴时示有"爱民有心，救民无术"语，诬公为诽谤。后数日，奏事毕，上问公，公欲对，阁臣某遽从旁止曰："上责问，当叩头谢，奈何欲辩乎？"明日，左都御史某劾公辩非礼。上阅疏，至"擢巡抚，涓埃莫报"语，大怒，抵其疏于地曰："乃并其巡抚不善耶？"因顾诸大学士曰："果尔，前擢用时尔等何不言？"皆免冠谢。

公病，欲归。自以新被谗不敢言，乃荐前道臣耿介侍皇太子讲，冀以自代。介至，上以为少詹事。介老儒迂谨，同僚皆不悦。前抚嗾廷臣劾介并劾公，部议革职，上命降五级留任。忌者意不惬，朋谋中伤公益急。会公闻继母病，疏请归省。上遣学士德格勒赍手诏慰谕，且言："卿何忍舍朕去，将赐第京师，命卿迎养耳。"公顿首言："臣母老，万不能来。上即不舍臣，臣请暂归省，复来以白衣领史事。"复不允。而忌者宣言："上怒甚，将隶公旗籍，已得旨，犹秘之。急召诣阁中。"会公入朝，以病扶掖上舆，道路哗传汤尚书入旗矣，皆泣下。江南人客都下者并集鼓厅门，将击登闻鼓讼冤。

闻公还，始散。

公病日甚，太子见公羸瘠，大惊曰："公病至此耶！"上遣御医来视，改公工部尚书。是日九卿议事，公以入讲不至，科道复劾公，部议降二级调用。尚书陈廷敬曰："比者某等失朝，仅夺六月俸，汤公何至是？"不听，奏上，上命公留任，忌者及劾公者皆失色。二人既屡谮不得骋，将谋兴大狱罗织公，不数日而公病遂革。

方祸急时，或劝公委曲诣诸公，必有居间解之者。公笑曰："吾生平义命自安，今年逾六十，尚何求哉？"或劝公发二人阴事以纾祸，公曰："老母在，未敢以此试也。"自讲所归，键户读书如平时。

冬，公往通州阅楠木，归即感寒疾，嗽甚。漏下二鼓，语二子溥、沆曰："孟子言'乍见孺子入井，皆有怵惕恻隐之心'。汝等当养此真心，令时时发见，可上与天通。若但依成规，袭外貌，终为乡愿无益也。"又粗问里中事，叹曰："少年交游，零落尽矣！"问夜何其，曰："明朝欲早会议也。"乃就寝。顷之，嗽声转急，遂薨。时十月十一日丙辰卯时也，享年六十有一。

上闻，遣学士多奇、翁叔元以茶酒奠公柩，旨曰："汤斌为巡抚日，廉以自守，屡加升用，忽闻溘逝，深轸朕怀。著驰驿回籍，赐祭葬如故事。"吴民闻公讣，会哭生祠下，咸号恸失声。常州府祀公道南书院，他郡亦多祠公者。而忌者后公卒之一月事败，踉跄出国门，人咸谓天道不爽云。

公潜心性道，于学无所不究，而一以忠孝诚正为本。尝与昆山顾炎武书云："近日言学者溺于空虚无当，窃谓孔门七十子，称颜子最为好学。孔子所与终日言而不违者，今《论语》所载不过'问仁'、'为邦'而已。言仁则以视听言动为目；为邦则以虞、夏、商、周为准；喟然一叹，亦以博文约礼为夫子之善诱，则圣贤之学非空虚无当也明矣。"故公居乡，乡人服其身教；居官未尝有所与于人而人爱之,未尝有所威于人而人畏之。间有贪墨之吏,疆暴之人,不得已见之弹章,加之刑宪者,亦未尝不以公为仁人也。生平居无广厦,出无文轩,旁无姬侍。在江苏抚署时,春月荠生,日采食之不厌。子溥等从容陈说,以为何太自苦,公戚然不答。溥等数数言,公泫然出涕曰:"吾非欲俭,汝祖母未殉难时,日食粗粝,我未逮养故也。"或劝公著书,曰:"学贵日新,今之所是异日未必不以为非,何敢轻言著述耶!"公既卒,门人王廷灿集其语录、奏疏各一卷,诗文七卷,公移五卷,告谕三卷,为《汤子遗书》。

二十七年,戊辰,五月初一日,皇帝遣河南等处承宣布政使司管理通省驿盐、仍以副使分守开归河道、加一级张思明谕祭于家。

二十八年,己巳,十月初四日,子溥等葬公州城东南三十里棘故城之赐茔,旋入祀乡贤祠及陕西、江西、江南名宦祠。

世宗宪皇帝雍正十一年,癸丑,六月初六日,命设公神位于贤良祠,春秋二仲祭之。

十一月十八日,皇帝遣分守河北兵备道加金都御史、驻扎武陟县管辖彰德、卫辉、怀庆三府兼管河务、河南布政使司参议孔传焕谕祭于家。

高宗纯皇帝乾隆二年,丁巳,三月二十日,赐谥文正。

六月二十五日,御制碑文。八月二十八日立于公祠。

十一月初三日,皇帝遣河南归德府知府、加一级纪录二十次李阆楸谕祭于家。

宣宗成皇帝道光三年,癸未,二月二十一日,奉上谕从祀文庙。

按:此谱乾隆八年先生三子沆付刻,道光十九年元孙巡等增辑。

校记

① "弘"原文为"宏"字,正之。
② 参考他文,此处当为"与中州同志订《志学会约》"。
③ 此处汤斌主张"复夏秋税"及"罢芦课办铜"事所语,与其子所撰《行略》中略有出入,但内容一致。大约二者所本不同。

呜呼！自道学之名立而门户之局兴,自门户之局兴而议论之涂裂,圣道之蓁芜晦蚀亦已久矣。汤文正公为理学大儒,为经济名臣,虽三尺童子皆知。公为泰山北斗,鲁邹嫡派也。虽然举世皆知公之功而不知公之学,举世皆知公之学而不知公之志,举世皆知公之志而不知公之所以光明磊落,纯粹笃实也,夫固不可以浅测之。今夫朱、陆异同自明,正德、嘉靖以后拾先哲之唾余,树党援之赤帜,踵而效之,其祸人心风俗也大矣。公有深痛于此,所以序《大学》,则曰:"后人诋朱子为支离,病阳明为虚寂,皆未睹《大学》之全者也。"又曰:"某妄谓今日无真紫阳,亦未必有真阳明也。"公盖确有所见,因以力杜门户之局,非如程篁墩道一编,徐文贞学则聊为调停中立之说已也。公又专务力行,不尚著书。尝曰:"学者著书,必真有所得,能发前人所未发而后可。程明道、许文正公未尝有所著作,而道统必归之。"呜呼,公岂不能举之于口笔之于书哉！惟是循循焉日用伦常随处体认,著力于身心意知之间,措施于家国天下之大。日月星辰,山川河岳,元元本本,活活泼泼,天不变,道亦不变也。以视一知半解,妄矜羽翼经典,轨范后进者何如耶！是则公之学也,是则公之志也,是则公之光明磊落,纯粹笃实,不求世之知而世之知者,固亦鲜矣。且夫《鲁论·志学》一章是圣人纪年之牒也。始于"志学"终于"从心",其间下学上达,有条而不紊。若夫三年期月之效,删定缵修之绩,直如浮云过太虚耳。圣人固不次及之，然则公之所志所学意在斯乎！意在斯乎！爰敢略公之勋名，惟述公之不立门户，不尚议论，缀诸年谱之末，以谂后世志公之志，学公之学者。

乾隆五年庚申九月中浣会稽后学鲁曾煜谨识

碑　铭

皇清经筵讲官、工部尚书
潜庵先生神道碑铭

荀卿言："大儒之效。"然自周孔以来，千百年间其为效者鲜矣。大儒在下，不为人主所知，固无论矣。大儒在上，人主知之，而群枉之门未闭，则燥湿不能就夫水火，草木终于变衰。故贾谊受知文帝而不胜于绛灌，董仲舒受知武帝而不胜于主父偃。唐德宗之于陆敬舆，相倚如左右手，不可谓不知也，卒弃之如断梗。宋神宗之于明道，哲宗之于伊川，不可谓不知也，新法行而外迁，伪议起而编管。朱元晦其在孝宗，秉烛读其封事，不可谓不知也，旋奉外祠。其在宁宗，恨不得为讲官，亦不可谓不知也，斥为伪学。宋潜溪为明太祖所知，开国诏令咸出其手，顾谪夔州以死。嗟呼，数君子非所称为大儒者乎，所遇又皆明主，而夔龙屈贾，转移俄顷，其效不复见于后世。此尚论者所以归之道命耳，吾于潜庵先生而愈信也。

先生讳斌，宁孔伯，别号潜庵。始祖宽从明开国，袭广东神电卫百户。其孙庠以功升睢阳卫千户,遂自滁州徙睢阳。高祖易岷州卫守备,曾祖希范以贡生任赵城县丞。祖敏,父契皆诸生,而父封按察司副使。妣赵氏,赠恭人。李自成破睢州,妣骂贼而死。先生自少卓立,举动尺寸,读书不割昏晓。避乱衢州,念母死节,益刻苦。

登顺治壬辰进士第,改弘文院庶吉士。甲午,授国史院检讨。明年,诏选翰林科道出任监司,先生为潼关道副使。乱后里徙市沉,城中不过十室,徇地伐畔之师兜鍪相望。先生待之以整,暇过帖帖然惟恐留其马迹。在潼三年,弛坠之构更获缔造,流民归户者数千。己亥,转岭北道参政。李玉廷烬党万人,先生开以丹青之信。会江宁戒严,料其中变,南安必以无兵先及。夙戒城守,寇至不能攻而去,玉廷就擒。平南军过南安,杀人以逞。有司以斗杀论,先生曰:"力敌者谓之斗。军无寸伤,而民以兵死,与律不应。"军卒抵法,戎亭肃然。旋以终养归。

甲辰,丁外艰。戊午,诏举博学鸿儒。以翰林侍讲纂修《明史》。辛酉,充日讲起居注官,转侍读,主试浙江。壬戌,充《明史》总裁。癸亥,日直讲筵,纂修两朝圣训,历左右庶子。每当进讲,必沉思积诚,以感动上意。而其为说,常于书义之外推明时政。时逆藩初定,先生忧盛持盈,凡朝中所不敢言者,都无忌讳。上数数色变目之,侍卫窃听,同列为先生震恐,先生自若也。上尝欲谒陵,先生言:"皇上孝思无疆。然天子之孝与世人异,明堂后土,固重于苍桐禹窆也,岂宜远出?"尝侍立,上顾问:"汝平日有诗文乎?其缮写以进。"先生手书进呈,召至乾清宫,面加矜奖。其中有《刘蕺山学案序》,先生分别学术。时方有议阳明者,上独然先生之论,于是时议衰息。

甲子,擢内阁学士兼礼部侍郎。上以河南灾,欲免岁赋之半,转通仓二十万石赈之。阁臣议遣官勘受灾轻重,先生曰:"使者衔命而出,往往指青苗相胁,搜括民钱。故郡县闻勘灾,辄不敢播种,其苦乃甚于灾,不若令地方官自勘为便。"已而,河南果畏勘灾,隐其十之五以上。给事任辰旦疏论巡狩封禅之谬,政府拟旨切责,先生谓:"垣中之言是也。李沆曰:'边患既息,恐人主渐生侈心。'今上威德无外相,公当以李沆之心为心。巡狩封禅,皆侈心所生也。"时议欲更化,先生曰:"'官之失德,宠赂章也。'不此之务,则愈密而愈疏。区区之法何预焉。"先生在阁凡四月,公事外未尝与执政相虔款,故每发大议多不从,然心知其以古义相许,莫不敬惮。

江宁巡抚缺,上特简先生。陛辞,金币之外,赐御书三轴,曰:"今当远离,展此如对朕也。"上南巡,制府将毁民居以除道,先生曰:"圣天子问民疾苦,故为是行也。若之,何厉民使无宁居乎?"止之。苏松逋赋日积,官其地者不能三年。淹来者息意荣阶,潜营刀末,上官又从而恐喝之,不得不私发官钱以救目睫,由是系狱者累累。先生进郡邑吏而告之曰:"若等以金事上官,自谓巧宦而不得免焉。是以金市死也,焉所不死而市之乎?吾为君等雪此声于天下。"皆顿首涕泣。先生身绝苞苴,监司以下如负霜雪,郡邑始解倒悬。

其兴利除害,若嗜欲于出境专之者,既无不为。而改积欠并征为分年带征,免十八、十九两年灾欠,免芦课买铜,除邳州版荒,捐万历所加九厘饷,及减赋额,宽考成,豁逃丁,苏驿困,诸事部议或从或否,先生不嫌其再三渎也。报部税莲芡,先生驳曰:"朝廷历任土作贡,未闻问诸水滨。"老吏以例对,先生曰:"例非天作,我能宽一分,则民受一分之赐。莲芡荒熟不常,一报部即为永额,后欲去之,岂可得乎?"

故事署官以贿得,先生曰:"是以本求息,商贾之道也,岂可见之吏治乎?"命掣签,一如选法。

江南多事五通,而上方山尤著。妖祥能凭妇女作祟,香灯旁午,先生斩其首投之太湖。未几,越界村落有言神避其处者,曰:"汤公正人,吾宁与之为敌?"

上之南巡,蠲粮四分之一。先生初受命,豫章索江苏银二十万①为柄臣功,先生曰:"恩自上出,可贪之为己力乎?"既抵任,藩司持豫章手书白前事,先生不应。及诏下,书县应蠲数挂之墙壁,曰:"蠲不及格,蠲而有别。"科者以告,继请分年带征。豫章时在司徒,欲相持为市。先是副院议亦及之,为部院所驳,先生持论特痛驳部疏,于是更下九卿。豫章又以为柄臣功,复索银如前数,又不应。属吏惧祸,以为出于民愿,先生曰:"吾以斯民痛惨无赖,故为是请。苟有饘粥余资,何不上充国赋,而令竭之豪门乎?吾年已老,且暮望归田里,不能阴纵属吏剥民媚权贵也。谁令汝为此根栝,吾当上闻。"皆叩头曰:"不敢!"豫章因此相仇。豫章为巡抚时,泰州水暂涸,遂报起科。已而复沉,不报。代豫章者甫两月迁去,又不报。先生欲尽报前二年灾,则例当罢两巡抚,两公必败。其事败且永为民病,乃称前二年水乍消乍长,抚臣未敢遽报。今水又盛于前时,乞并免前租,章下如所请。而事谣民口,豫章恨其好丑自彰。乙丑秋,遂令奏销,欲劾罢先生。吏部奏夺俸,上特免之。是时,天下争辇金钱如都门结劲援,而先生属下无一人往者。大计群吏,藩臬徒手入都,无先生一刺,时人为之语曰:"江苏庄乃大荒矣。"

丙寅春,皇太子将出阁,上简和平谨恪之臣谕教太子,特授礼部尚书,掌管詹事府事。苏城为之罢市,送者十余万人。至京,而上以下河之事为问。下河者,黄河之水从高堰漕堤诸坝减出,入高邮、宝应、兴化、泰州、泰兴、山阳、盐城等州县,泛滥无归,田庐皆没。上命开渠入海，以居黄河下，故谓之下河。安徽按察使于成龙督开下河，估金八十万两。于受总河节制，以图议上，而总河靳州驳其议曰："吾以勾股法测潮高内水五尺，河开必内灌。法当筑丈五尺堤，起高坝属之海，尽收各坝水束高堤中丈余，则潮不入，而堤外可尽为平田。须运土三百里外筑围水中，涸取围中土筑堤，非三百万不可。垦涸地为田鬻之民以偿库。"诏两河主者廷议，内阁九卿是靳州，于是遣工部尚书萨穆哈、侍郎穆成格，会漕运总督、江苏巡抚询问民情。民畏总河，多言欲罢工者。先生曰："是不可罢也，上水日增而下水无所泄，不十年无淮扬矣。总河徒以海内灌故异议，海若内灌，宁俟今日？且吴淞、钱塘皆有潮，何独淮扬而虑内灌乎？顾两河不协，从下河则上河必挠其事。今两府蠲灾外赋不满三十万，不若请尽乞民，令有司督民自开。"萨曰："公言良是。弟奉诏问民，公语不便入疏，某见上，当面奏耳。"萨见上，竟不奏。至是，先生具对如前语。上诘问，萨等辞服，皆革职。自是，朝端皆忌先生矣。

工部侍郎孙在丰代于，言开河三便，廷臣皆惭。旬日下河水骤长数丈，上疑靳州所为，召至面谕塞河南岸及高堰坝，靳州坚不宥从，曰："坝塞堤必溃。"内阁九卿从旁助靳州，先生独力争殿上。已又及九卿争午门外。凡两日绌其议，竟闭减水坝。豫章出而嘻曰："海岂可开哉？行且罢矣。"于是下河所需辄不得如请，效力于下河者亦不得比上河。议叙初计开海口四道，开至二道而高邮诸州县之水已日减一尺，靳州阻之益力。

先生之在苏也，税海者及于崇明，先生曰："崇明，吾属邑也，衣食贡赋，取办内地。今税之若何？"榷关者曰："货之出海，安知其不之日本、琉球，而必之崇明乎？"乃议大船入洋，小船入县，约非大船不榷。然每每不能如约，民以为苦。先生以榷海利少而害多，意欲并奏罢之。会迁去，不果。有知先生之意者倡言于朝，曰："汤公言海税宜罢。"语闻于上，先生诣阁，欲因之转奏，而榷关者系阁臣亲昵，恐先生言而罢之也，遽曰："公所言已知，阁中有急事，公且退。"先生不得已出，阁臣竟以便民白上，先生欲乘间自言，阁臣恐一旦发露，共谋去先生，指先生去苏时下教"爱民有心，救民无术"为诽谤。上素重先生，遇大事犹时时使人问："汤某云何如？"

丁卯五月，会议兴革事宜，先生请复夏秋两税，及罢芦课买铜。政府方与先生为仇，不肯入奏，司徒曰："公休矣，即欲变此法，待某去户部方可。今不能也。"遂罢会。

灵台郎董汉臣言事忤政府意，遂言汉臣不知书，有人授之者。豫章以盐差募御史劾之，上问九卿，独先生曰："汉臣无罪！"豫章目先生曰："幸勿违众议。"先生厉声曰："汉臣应诏言事，大臣不能言，反罪言者。"因以手指心曰："如此中何？"豫章大惭，回奏增减其言，以激上怒。

居一二日，上幸海淀，命群臣择辅导皇太子者，皆莫敢举，上曰："汤某、耿介、哈塔三人可。"先生知被诬，且疏辞，政府因欲加罪，上不听，但令回奏。讲官遂连章劾先生学术固陋。比回奏，而上亦不问，詹事某又劾先生荐耿介不称任，使部议革职，上止镌级留任。司宪某复劾汉臣，政府使人教汉臣即对簿引汤公，汉臣曰："我小人，安识汤公？且吾草疏已数年，三至通政司，皆驳还，前后通政某某可问也。奈何诬大臣？"已命礼部诘问，对如前，上意稍解。

后数日，上问去苏时书教，先生方欲对，阁臣恐阑及他语，从旁呵曰："上责问，宜叩头谢，奈何辨乎？"上遂起，先生趋出。明日，司宪劾辨上前非礼，且言其为巡抚无他长。上阅疏，怒曰："其为巡抚亦无一可耶？"因顾柄臣曰："果尔，擢用时何不言？"皆免冠谢。上于是始疑。先生会乞骸骨，政府从中构陷，学士德格勒至寓宣手诏慰谕，问："何忍舍朕去？今赐汝旗下田宅，迎母就养，为八旗矜式，汝意若何？"先生叩头言："母老，万不能来。上不舍臣，请革职，暂假归里省。复来，以白衣领史事。"上意解，付还原疏。政府持之甚力，上终不听。

先生已病甚，稍愈，入东宫讲，皇太子见而惊曰："先生一病至此乎！"顾形容顿改，悯然注视者久之。即日，上遣御医刘存恕诊视。改工部尚书，命下，政府大惊失色。九卿会议先生入讲不至，台省又劾，部议降级调用，上又留任。当是时，举朝以先生为怪魁，入朝望见皆引去。遇之途，辄昂首他顾，或佯怒诟其仆。隶东宫，同列离立数丈外，不交一语。或劝先生稍屈曲一诣诸公谢不敏，先生曰："吾年余六十，复何求？世岂有百年不死人哉？"终不往。未几，以勤劳卒官。上闻嗟叹，遣学士多奇、翁叔元诣柩前赐奠，下部议恤。

夫举朝与一人为难，荧惑百端，杀夫子者无罪，籍夫子者无禁。上终不为动，而礼茂庙堂，恩加松杞，不可谓不知之矣。顾举世推移，先生兀突以行古之道，揭杯水以救车薪，大儒之效曾不睹千仞之一咫，与汉唐诸子同其缺陷，能不悲夫！

先生之学本之孙钟元先生，以笃实而生光辉。谓良知救穷理之弊，性善救良知之弊。学者身体力行，久之徐有见焉，未尝不殊途同归。若学力不实，此心无主，徒从言语文字之末妄分畛域。根柢未立，枝叶皆伪，言愈多而道愈晦也。昔戢山宁人主见为迂阔，而不敢贬道以从时，宁与执政相龃龉，而不敢容默以阿世。先生之所自见者亦不越此数语。当危疑震撼之日，自谓数月来心无一线放逸，得力深于平时，岂非今世之大儒哉？

所著有《洛学编》二卷、《补〈睢州志〉》五卷、诗文二百余篇，藏于家。其于《明史》,太祖本纪四卷,英、景、宪、孝四朝列传十余卷,《天文志》一卷。

生天启丁卯十月二十日,卒康熙丁卯十月十一日。配马氏,封恭人。子曰长溥,次濬,次沆,俱廪膳生。次准。女三,赵登、李中、张淑文,其胥也。孙六:世卯、扶光、光裕、传胪、进贤、长真。孙女五。

余丁未讲学于越之证人书院,先生来访,余极谢皆不值。癸丑,钟元先生寄《理学宗传》,书云:"汤孔伯知太冲为蕺山薪传。"辛酉,先生主试浙中,始通书论学。乙丑,抚吴,余诣姑苏信宿,而先生于余之《明儒学案》皆得其宗旨所在,言从史馆史②中读之,且以汩没簿书,不得读书为恨。今年六月,先生之门人鲁德升自先生之丧次返,传先生之遗命,托以千秋。余泫然,把臂之言岂无田僮将一束楚,彼磨镜者何人哉?因不辞而铭之曰:

三代之治,惟有儒术。降自汉唐,事功杂出。儒行鬼琐,不关廊庙。辐辏关下,多非政要。真儒间世,何天之衢。如彼凤鸟,如彼河图。逸人目中,不容玉屑。私共呜呼,兽心鸟舌。大儒之效,荀子言之。旷世不闻,亦孔之悲。笃生潜庵,于睢之阳。儒学宗传,师门有光。道通而出,遭逢圣主。作砺作楫,为籹为黼。如何不然,执律毁吕。将定黄钟,弃夫巨黍。湖南鼓瑟,长沙赋鹏。哀哉斯民,伯淳无福。

康熙戊辰七月,姚江教弟黄宗羲顿首拜撰

校记

① 他文为"四十万"。
② 此处似多一"史"字。

墓 志 铭

康熙二十六年冬十月十一日,工部尚书睢州汤公斌薨于位,年六十有一。

公之病也,上遣御医诊视。及薨,又遣满汉学士浑酪奠公柩,命其孤驰驿护公丧归,诏予祭葬如故事。讣闻于吴,先是公尝驻节吴中,去逾年,而吴人追思不忘,为公建生祠于学宫。至是,会哭祠下者数千百人,悉号恸失声。有识谓数百年来自周文襄、王端毅两公而外,巡抚未有如公者也。而前公巡抚江南者方柄用,势焰张甚,忌公声望出己上,又尝以事征贿巨万于吴有司。有司议率民财以应,公禁不许,遂衔公刺骨。公既去吴还朝,上眷注益厚,忌者日夜用蜚语谗公于上前,必欲挤诸死地。赖上神圣,稔知公无他,公故得保功名以终。迨公捐馆舍未逾月,而忌者事败,踉跄出都门,凡都人士迄吴中父老子弟,咸指斥夫已氏姓名,戟手相诟詈,以其媒孽公故也。由是朝野公论始大白,而公之志不获伸于地上,庶几其伸于地下矣。越明年,诸孤将卜葬州东南黄冈之阡,先期遣使以书及行状来请铭。琬尝与公同为史官,又辱知交最深,乃核其世次官阀事行之实,序而铭之。

谨按公字孔伯,别自号荆岘,晚又号潜庵。先世由滁州之来安,以军功为金川门世袭百户,其后调睢阳卫,遂家于睢。后又以功世袭指挥佥事,五传至明威将军、岷州卫守备讳易者,公高祖也。曾祖赵城县县丞,讳希范。祖,州学生讳敏。考,州学生讳祖契,以公贵封中宪大夫、陕西按察司副使。妣,赵恭人,李自成之乱,恭人被执,骂贼不屈死,琬尝文其祠堂之碑。继母轩太恭人。

公少不好弄，稍长，益以学自奋，于书无所不读，而尤好习宋诸大儒书。年甫逾冠，举顺治戊子科乡试。明年，会试中式。越三年成进士，改弘文院庶吉士，授国史院检讨。时方议修《明史》，公疏言："《宋史》修于元至正，而不讳文天祥、谢枋得之忠；《元史》修于明洪武，而亦并列丁好礼、普颜不花之义。陛下应天顺人，而元、二年间前明诸臣犹有未达天心，抗节以死者，似不可概以叛书。乞颁宽宥之诏，俾史官得免瞻顾，则诸臣幸甚。"政府见公疏不悦，世祖召至南苑，慰劳再四，于是声誉大著。

无何，诏选翰林官任监司，俾习知民事以需大用。公与在选中，出为潼关道副使。于是中原初定，王师方下滇、蜀，关中当用兵孔道，征调往还者旁午，颇骄横不戢，民间苦之。加以差徭烦重，相率窜走山谷。公戒属吏："毋科取民财，毋妄用驿夫，兵来吾自应之。"已而，驾驭有法，来者悉奉约束惟谨。不三年，流民归复业者逾数千户。关中多盗，公严行保甲法，量地远近，俾民间各设钲鼓炮石。盗至，即以次传警，顷刻数百里。近者赴救，远者各扼要地，盗故不敢发，发亦辄得。所属遂大治。

升岭北道参政。公治所在赣，赣四省上游，地穷山深箐，大盗窟穴其间，时时出肆焚劫。值海寇犯江宁，赣人骚然，各汹汹思乱。公密陈方略于上官，擒盗魁一人，诛海上谍者一人，及城中奸民与盗通谋者又一人，而贳其余党，赣人以靖。上官方倚公如左右手。而公念其父中宪公，竟乞假归矣。

自是里居将二十年，性故廉介，补衣素食，怡然自适。官吏不知公者，或相陵侮，亦置不校也。中宪公服阕，闻孙钟元先生讲学苏门，赁驴往受业门下。每质所疑，先生亟称之。归而所得益邃，所行亦益力，屹然推中原巨儒。

举朝贤士大夫交口称说，以荐复起。御试甲等，补翰林院侍讲。与琬辈同入史馆,充日讲起居注官,寻转侍读。出典浙江乡试,还充《明史》总裁官。既又直经筵,纂修两朝圣训。公在上前进退翔雅,敷陈详尽,深契上意,超擢内阁学士,兼礼部侍郎。遂以右副都御史巡抚江南。陛辞之日,赐鞍马、彩缎、白金五百两,继赐御书三轴,谕曰:"展此如见朕也。"其眷注多类此。

江南故习豪侈,而吴中尤甚。服食玩好多不节,又喜蒲博诸戏,岁时妇女争炫妆冶服,嬉游山水间以为常。而市井无藉①子率尚拳勇,用斗殴恐伤民财。事急,即恃势豪为囊橐,不可究诘其尤。无良者则鬻身旗下,借以修故衅。公悉禁止不少贷。素多淫祠事,楞伽山五通神尤严,甚寒剧暑载鼓吹牲帛,往赛祷者骆驿相继。奸巫淫尼阑入人闺阁,竞相煽惑,吴人以是益困。公廉得其状,躬至五通祠,取土偶投诸湖中。众始大骇,久而又大悦服。

为政简静,然下令期于必行。赇吏蠹胥悉摇手屏足,相戒不敢犯。

重修泰伯祠,朔望必往躬谒。又谒范文正公及周忠介公祠以为众劝。数亲诣学宫,命诸生讲《孝经》,俾幼稚悉得列坐以听。抚循细民,若惟恐伤之者。吴俗自是大变,虽穷村僻壤,莫不感颂其政。里巷因公之姓,至以谚语呼公"清汤"云。

公屡上疏诉吴人疾苦,请改并征积逋为分年带征,请捐十八、十九两年灾欠,请除邳州版荒田赋,又捐明神宗朝所加九厘饷,又请免淮、扬、徐水灾诸州县赋。部议或从或否,而公初未尝惮烦也。

二十五年春,有诏擢礼部尚书、掌詹事府事。吴人空一城痛哭叩辕门,留公不得,则塞城闉阻公行。又不得,则遮道焚香以送者亡虑亿万人,逾千里不绝。及公渡淮乃已。忌者觇知之,愈益憾公。上遇公厚,每会推会议,必问汤某云何。公亦感上殊遇,凡是非可否,必侃侃正言,不阿不挠。忌者方力谋中伤,顾未有以发。

而会五官台郎董汉臣上书言十事,语侵内阁。或言汉臣本不知书,有代草者。御史受风指深文劾汉臣,内阁拟旨下部究主使。上乃命集九卿更议,众咸欲抵汉臣罪,忌者逆沮公幸勿倡异议,公曰:"彼应诏言事耳,大臣不言,将愧谢之不暇,而忍周内耶?"因举手自指心曰:"如此中何?"忌者大惭且愤,所以诬蔑公万端,且摘公去吴时教令中语,指为市恩干誉。于是公已患病,竟为谗言所中。

有辅导皇太子之命,公以病辞,忌者欲藉是加罪。上不听,仅令回奏。遂嗾廷臣交章劾公,又不听,后先报闻而已。先是公病思归,自以新被谗,不敢请告,乃荐前道臣耿介侍皇太子讲,冀以自代。耿公老儒迂谨,与举朝不相得,复嗾廷臣劾公所荐非是。部议革职,上特宽其罚,镌五级留任。犹不惬忌者意,群谋中伤益急。

公适闻太恭人病,乃上疏乞暂归省。上遣使赍手诏慰谕,且欲赐第京师,命公迎养。公叩头言老母万不能来奏上,有旨不允公去。当公之乞归也,忌者宣言上怒,将隶公旗下,得旨犹秘之。急召诣内阁中,公以病扶挟上舆,道路哗传汤尚书入旗矣,皆泣下。而苏、松诸郡客都下者数百人并集鼓厅门,将击登闻鼓讼冤,闻公还始散。是时微上保全,公祸几不测矣。

已而皇太子见公羸瘠大惊,曰:"公果病至此耶?"越数日,命改工部。忌者势不得骋,更谋兴大狱罗织公罪。不数日而公病遂革。方祸急时,或劝公委曲诣诸公居间俾稍解者,公哂曰:"吾义命自安,六十老翁,尚何求哉?"或又劝公发忌者阴事以纾其祸,公又曰:"吾有老母在,未敢以此试也。"故士大夫咸以为难。

配马恭人,子男子四,曰溥,曰濬,曰沆,皆州学生。曰准。子女子三,适国子监生赵登、诸生李中、张淑文。孙男五,孙女七。

公平居潜心圣贤之学,其于性命之渊微,造化之精奥,无所不探。而一以诚正为本,于古今之治忽,事会之得失,无所不综。而一以忠孝为先。所撰著《洛学编》一卷,《补〈睢州志〉》五卷,诗文若干卷。

琬前在史馆,出入必偕,藉公淬厉。讲贯者甚至不知公于程朱何如,以视真、魏、许、姚诸儒,则当出其上矣。琬方请急,亦尝讽公以归。未几,而公欲荐琬为《明史》副总裁。自江南被召,又欲以宫僚荐,琬固谢不可,且曰:"愿与公同其退,不愿与公同其进也。"琬长于公三岁,迄今犹腼颜人间,而公不可作矣。每一忆公,辄泪涔涔被面,何忍执笔铭诸?然琬雅以直谅为公所许,倘不能白公之志而暴其受谗始末,以示天下后世,不几负我死友哉!铭曰:

猗汤屡迁,肇兴睢阳。逮公之身,弥久益昌。为国纯臣,为世儒硕。道称洛闽,志宗稷益。维我世祖,拔公妙年。起家内院,付以大藩。翩然引身,潜蛰闾里。世祖储之,遗我圣子。入登侍从,出拊江淮。帝念疲氓,往哉汝谐。再期政成,遽蒙前席。构彼含沙,伏机以射。何交之泰,而命之遭。屡习于坎,出险斯艰。风雨露雷,罔非帝德。帝心简在,宁虞巨测。生荣殁哀,公奚憾焉。天可必乎,人定胜天。黄冈之丘,不骞不圮。瘗是铭诗,以俟良史。

汪琬 撰

谨按:篇中所云忌者,指明珠、余国柱等而言。先生于康熙二十六年十一月卒,至二十七年二月,御史郭琇参奏,明珠、余国柱皆革职。

校记

① "藉"似为"籍"字误。

汤潜庵先生墓表

工部尚书汤公潜庵先生既薨之二十年,其孙之旭始得以进士入翰林,尝来吴中。吴民思慕公,争欲识公子孙,盖公抚吴之德愈久而愈不忘也。公之抚吴也岁在甲子,皇上阅视河工幸苏州,驻跸三日,察公清廉爱民,从公言即日回銮。盖天子知公深,信公笃,而忌者不察,乃指摘公条教中语媒蘖万端,必欲置公于死,赖天子仁圣明察,曲为保全。今忌者之骨已朽,而公浩然之气常存于宇宙之间,至今炳若日星也。

吴俗故侈靡,岁时嬉游,笙歌管弦之声不绝于耳,妇女艳服冶容不绝于道。樗蒲之习行于闺阃。公悉痛绝之,而民亦自畏惧不敢犯。其尤著者,毁上方五路神淫祠,投土偶于湖,驱其淫僧,立碑禁止,撤余材以修泰伯庙。自唐狄梁公为江南巡抚,使毁淫祠千七百余所,于吴独留大禹、泰伯、季札、伍员庙。公生于数千百年下,后先相望,其揆一也。当公之毁五路神也,吴民皆惊愕不敢出声,公曰:"邪不胜正,必不殃祸于民也。"久之民始大信。其后五路神徙于他所,骎骎乎有复兴之势,碑随仆。公之长子在吴中,于大吏官舍感激发愤,大吏愧泪,垂立仆碑,其风复息。

公之教民也本于诚信,以培养生息为务,故不赏而劝,不怒而畏。惜公未久迁秩以去,去之日,吴民空城恸哭,叩辕门请留者填塞街巷。度不可得,乃相率焚香走送,数十万人逾江涉淮,驿路千余里。公既去,而思公者益深,为立生祠于府学中,名专祠惟韦苏州一人。民感公德,因立祠以配之。又为建坊于胥门外,曰"民不能忘",真不可忘也。

公之学躬行实践，以程朱为宗主，而不乐诋毁诸儒，谓"海内学术皆相尚以伪，学者未究朱程之理，而徒指斥前贤，以自居于卫道闲邪之功，我不为也。故于阳明不加诋斥者，欲以明程朱之道也。"或谓阳明不当诋斥朱子，公曰："此阳明之罪过也，于朱子何损？今人功业文章不能望阳明之万一，而学阳明之罪过，亦已惑矣。"

公年二十余入翰林，改监司，为潼关道副使；升岭北道，治赣州，以父老乞假归里。居二十年，读书奉亲，布衣蔬食，萧然自乐。丁父忧，服除，闻孙征君讲学苏门，公从之学，学益醇。寻以荐举，还为翰林，修《明史》。公前为检讨时，曾上言修史之法，谓前明诸臣仗节死义者，不宜概以叛书。疏入，先帝深加奖励，至是，则专笔削之事矣。公于《明史》诸志则以《历书》为任，知公之明于天文也。读孙侍郎书，知公之明于治河也。其于诸经史条分缕贯，凡性命精微之奥无所不达，而皆不自以为能。所修《明史》数十卷藏于家。

当谤焰之初起也，谓公祸且不测，未有以发。会灵台郎董汉臣以上书言事，辞多指斥。众欲加罪，公曰："大臣不言，而小臣言之，吾党之耻也。"忌者藉以为口实，指为公罪，不可。后公以辞辅导皇太子命，又欲罪之，复嗾廷臣交章劾公，上皆不听。后以母病乞暂归省，上为慰留，命赐第京师迎养，而公病已不可支矣。公之安于义命，不以死生祸福动摇其心，其得于学问者深也。

公，睢州人，讳斌，字潜庵，其世次官阀。与其他政事具家钝翁先生所作公墓志中，兹不赘。铉年二十四来游京师，即受业于公之门，窃闻绪论。今年六十余矣，而学不修，为可愧也。因读钝翁所为公墓志，补其遗缺，将告于其孙之旭，以表于公之墓前，以明圣天子始终全公之意。

左春坊左中允门人汪士铉述

钱仪吉《碑传集》卷十六

谨案：原编有答孙屺瞻开海口治下河书、毁淫祠禁邪说示三首，已见《经世文编》，今不录。

工部尚书汤公神道碑

工部尚书、睢阳汤公卒于位，其孤以其丧归葬之于某原。明年以官世治行来请碑铭，余不敢辞，爰按公行状，而以余所立朝亲见闻者备书铭之石碑，揭于墓道。序曰：

公讳斌，字孔伯，号荆岘，一号潜庵。顺治五年举于乡，次年会试中式。又三年成进士，改弘文院庶吉士。邸舍不避风雨，常宴坐读书，不妄有通谒。给事中蔚州魏公象枢、吏部汤阴王公伯勉，皆以清节名于时，每过门，辄揽辔徘徊，叹息乃去。甲午，授国史院检讨。时议修《明史》，上言：“宜依宋、辽、金、元史例，录南渡后死事诸臣。”执政诧其言，疏上，夜半传旨，召至南苑。人皆为公惧，然世祖皇帝顾与温语移时，不以为罪也。

乙未，诏选翰林，出为监司，公得潼关道副使。是时，黔师屯成都、汉中，经略兵屯湖南。关中征发四至，民逃匿十二三。公下车约束，每大军至，使人逆之境外，无得入城。总兵陈德之调湖南也，至关欲留，公谓：“二万人坐食于此，势必不支。”然须车载送，不可强遣也。于是陈檄车五千，两骑报曰：“陈将军实用车二千，其余待折镪以行。”公潜遣人僦车二千，而令民匿车河下，还报车少。将军乃谓公曰：“我自僦车，盍畀我钱乎？”公曰：“固善，顾必以人量车，每车坐几人，使民知其不足而补之。”陈遽传令军中，公乃出坐关门上，挥士以次升车，满十辆即遣出关。而河下车皆集，夜漏尽四鼓悉出关,无一人留者。因设祖道关门外,请将军出。将军闻鼓声大惊,欲追还军士,公曰:"吾民驾牛裹粮十余日,一散不可复聚。且军已出关,不得入也。"遂仓皇去,至洛阳留匝月,军变,焚杀。上闻,而关城以公故得宴然无事。未几,流民归者数千户。

岁旱无麦,而春夏兵饷例支麦,麦价浮于谷。公请发仓谷以代,军帅以为若是兵且变,督抚征麦益急,公曰:"吾民乏食,将弃为饿莩。公忧兵变,独不忧民变乎?"即发仓谷,与兵约:"今岁无麦,食此,明年将补支若麦,而以谷偿官。"皆喜曰:"愿如令。"于是关西数千里麦征悉停,兵民赖之。

公莅事精敏,讼无留狱,环境五十里听质者皆不赍宿粮。从卿士大夫咨民疾苦,罢行之。或有以私干者,见公辄缩朒不得发。常行勘荒,遇雨止大树下,民朱栏其树,时人以比之甘棠云。

转岭北道参政,辖赣南二府。甫三日,清积案八百余。李玉廷者明旧将,以所部万人入山为盗。公以书约降之,未及期七日而海寇犯江宁。公策玉廷必变计,夜驰至南安,设守毕,而寇果至,见有备,逃去。随请于知府,用将士分屯要害五六处,诫令固守,毋妄动。玉廷所向与兵遇,遂就擒,其党亦解散。

公持身清洁,所至欲为地方兴利除弊,其志甚锐,其才足以济之。而一本之于至诚,故上官虽时有牴牾,而终释不疑,以有成功。自潼关移任,仅携仆二人,往返八千里。既定大乱,念封中宪公病甚,即谋归省。督抚惜之,例外官予告,非特荐不得起。公故有异母弟甫六岁,督抚欲令权宜以终养请,公曰:"奈何以此欺吾君也。且谓无兄弟而归,吾父必不乐。"竟以病告罢,年才三十三云。

初,明末寇陷睢阳,公母赵恭人以节死。顺治间,始得旌。公之归也,日侍中宪公及轩恭人①,色养备至。而为赵恭人建祠于所居西偏。每朔望谒家庙毕,必至祠展拜嘘欷,里人私识其来时刻,先后二十年未尝少差。丁中宪忧,服阕,造苏门孙征君门,请受业。与同志为志学会,讲求玩索,所养日充粹。官长稀见其面。有同年任方伯者,见郡守问公近状,对言:"实未闻有此人。"方伯益嗟叹不已。

今上戊午,诏举博学鸿儒,司寇魏公以公名上,试补翰林院侍讲,同纂修《明史》。辛酉,充日讲起居注官,转侍读,典试浙江。壬戌,充《明史》总裁。次年,命直讲筵,纂修两朝圣训。公每日昃辄正襟端坐,潜思经义。比入讲敷陈详切,务以诚意动上听。历左右庶子,擢内阁学士,兼礼部侍郎。

居四年,会江宁巡抚缺,上命公往。陛辞,谕以"朕非忍出卿于外,顾江南风俗奢靡,讼狱繁伙,以卿耐清苦,特令往抚之,冀有所变革。"因赐鞍马一、彩缎十、白金五百两。比行,又入见,上撤御馔赐之。复赐御书三轴,曰:"今当远离,展此如对朕也。"时,上将南巡,急抵任,至则文案山积。数日迎驾北渡江,就舟中判决,昼夜不假寐者六日,而积滞尽清。公扈跸至江宁,上再赐书一轴、蟒裘、羊酒,传旨令径归署。

苏松旧积逋相仍,有司不满岁即罣误去,以故皆不自爱,而私规近利。上官阴持其短,索赂益急,亏公帑系者累累。公至则进州县吏,尽斥其所为,且曰:"今与若更始,苟称职,我不吝荐引。即不能,以考成罢归,犹得完身名,守坟墓。奈何日坐堂皇,引前官妻子对簿勘产,反蹈若所为?"皆顿首涕泣,曰:"公活我。"又诫司道郡守不得责属吏馈金,皆指天自誓,曰:"不敢!"于是除耗羡,严私派,清漕弊,汰蠹役,行保甲,革盐商羡费。一切皆以身先,屏绝请托。居数月,乃劾其贪暴尤甚者去之。自制府将军下皆转相戒,不受所属一钱,奉使京朝官,往来过客,迅棹疾去。亭传无斗粟之费,吏治廓然大清。

公之陛辞也,上谕以积逋当以次渐理,故公为政先谋宽民力,兴教化,培植根本为务。尝请改并征积逋为分年带征,免十八、十九两年灾欠。减赋额,宽考成,豁逃丁,调驿困,免芦课买铜,除邳州版荒,捐明万历朝所加九厘饷。闻有灾伤弊政,不问廷议可否,疏立拜发,亦恃上之知其诚悃,故见事无不为,所告无不尽也。初至,报睢宁、沭阳、邳州灾,上为之蠲赋数千两。又报泰州灾,并永蠲前二年赋。次年,淮、扬、徐大水,奏免赋十余万两,又尽免高邮、宝应、泰州、兴化、盐城等州县赋复数十余万。呜呼,上之嘉惠于民至矣,公所以将顺而宣布之者,岂非所谓主圣臣贤,千载一时者欤!

公犹以救荒之法为未尽,乃发常平仓粟,及丐将军提镇榷关输粟往赈,又檄布政司以库金五万两告籴江西、湖广。或谓公宜先奏闻,公曰:"吾君爱民,必候旨往籴,民不沟中瘠乎?"遂遣两同知行,诫之曰:"若至,极言淮扬饥状,米斗一金,令远近闻之。"籴才及半,运还,而大贾争泛舟下江,市中斗米直百钱而已。后岁熟,偿库,国帑无损,而民所全活以亿万计。有司请报湖荡莲芡,公驳还,固以例请,公曰:"例自人作,宽一分则民受一分之赐,且莲芡或不时熟,一报部即为永额,后欲去之可得乎?"

禁游冶,驱优伶倡妓,严市肆淫辞邪说之流行刊布者。禁有丧者无得火化及久停柩者。令下,一岁报葬者三万余棺。五通神者祠庙遍江南,巫射利诞妄,士女怵于祸福,奔走如骛。公取其像投湖中,民始大骇,已而妖遂绝。

吴县监生王某有奴窃赀逃出数年,突引弓刀二十骑,自称鬻身亲王府,诟骂索金钱。公立擒付狱,论如律。常熟县奴某持其主父国初得隆武札,迫主远遁,欲据有主妇。公廉知,大怒,曰:"国家屡更大赦,此草昧时事,何足问?而逆奴以胁若主乎!"追札燔之,毙之杖下。

广立义仓、社学,聚民讲《孝经》、《小学》,月吉读上谕律令,旧俗丕变。而或劝公以讲学者,公谢曰:"吾知尽吾职而已,不知讲学也。"又请为公立书院,公曰:"吾不讲学,安用书院?"盖公之学主于随处体认天理,其要归于自得。而外貌夷然,不自矜饰,故人非久相识者,不知其尝学道也。其学于苏门也,本崇姚江,而不以先入之言为主,故于濂洛关闽之书尊信之,尤笃余师孝昌先生著《学统》一编,公曰:"吾当拳拳服膺京邸。"与陆灵寿陇其谈三日夜,心契其说。与夫世之标宗旨,树藩篱以自炫鬻者迥然异趋,惟其一本于诚而已。

其乐闲静,甘澹泊,天性也。居官不以丝毫扰于民。夏,从质肆中易苎帐自蔽;春,野荠生,日采取啖之。脱粟羹豆,与幕客对饭,下至臧获,皆怡然无怨色。常州知府祖进朝有惠政,尝落职,公疏留之。进朝制衣靴欲奉公,久之不敢言,竟自服之。

旧蠲漕及地丁分年带征,权要以部费为名,前后索银四十余万。布政司屡以为请,且谓民乐输。公不可,请之亟,公怒,将发其事,吏叩头谢,久乃已。大计,藩臬托治装迁延无行意,公曰:"明日不行,行劾汝矣。"不得已,遂空手入都。而他部每郡县坐勒费至二三千金不止。

公见属吏必霁色告以君恩不可负,民命不可残,恳恳如家人语,故其下皆畏而爱之。以州县为亲民官,爱民必恤吏,立意培护,是以争自濯磨,勉于为善。公之文告坐而言,可起而行,使民易从,不为峭刻过举。公勤于政事,案牍纷烦,必躬亲裁决。凡行过公移,数月后属吏参谒,面询始末,辨论明晰。小有遗忘,命左右取原案翻阅,虚公探索,以求至当。属吏人人感服,不为苟且涂饰以邀取名誉。

方整刷未竟,会皇太子出阁,上谕吏部除授公礼部尚书、管詹事府事。至则立召见，问路所由及地方利病。公以凤阳灾对，上遽遣学士往赈。寻充经筵讲官，总裁《明史》。每晨东宫直讲，皇太子赐坐，称以先生。讲毕出预廷议。居久之，命与吏部尚书达哈塔日侍皇太子，上所以倚任公者甚至。

然公在吴时已有不便公所为者，以为形己之短而忌之。而公将入朝时，吴人欲攀辕留公，公譬晓之曰："天子仁圣，尔民疾苦，如某事某事，吾当入告，为尔蠲除。"忌者以公市恩百姓，谈议时政。又淮扬开浚下河，天子遣大臣二人会督抚议，众欲停工，公独不可。或劝公姑从众论，俟大臣入报天子，以公言口奏，唯圣明裁择，公不得已乃诺。大臣归，匿其辞不奏。及公陛见，上问下河事，具对本末。大臣皆得罪，从此举朝侧目。公亦以久劳簿领，精耗神疲，殿幄起居，动见抉摘。部复革职者再，降调者一。赖上宽仁曲全，仅镌级而已。

公请养母求去，不得。又自惟奉职无状，久留不可，阖门屏营，席稿待罪。每宣旨，则涕泣叩头请死，上闻之，恻然为之动容。未几，迁工部尚书。方受事而病，不可为矣。上遣御医诊视，疾稍间，奉命诣潞河勘楠木，感风寒，归遂大困。临殁，戒其子曰："孟子言'乍见孺子入井'，汝辈须养此真心，令时时发见。久之，全体浑然，可达天德。若袭取于外，终为乡愿无益也。"复以圣恩未报，母养未终为言。挽子溥手，指画草拟遗疏谢上，公遂瞑。上闻，遣学士多奇、翁叔元赐奠茶酒，命驰驿归，以尚书礼祭葬。

公忠孝廉洁出于天性，临事制义充之学问。平时见为迂阔，而当机磊磊立断。驭下凛不可以私干，而所在务宽小过。抚吴时，苏有高士徐枋，居西山四十年不入城，公屏驺从步行造门，枋终不肯见，公叹息而去，时议两高之。

其闻召将去吴也，百姓啼号罢市十余日，投匦敛钱，谋叩阍。

不得,则老幼提携奔送,自吴门至江北,千里不绝于道。其殁也,无知不知,皆哭曰:"正人死矣!"人谓公抚吴廉直似海忠介,而去其烦苛;精敏似周文襄,而加之方正。至其所学纯粹有体有用,蕴之而为道德,发之而为事业,而人尤惜其用之犹未尽者,则有非二公之所得而与者矣。

其家居室无广厦,侍无姬媵,日以读书养亲为事。所著有《洛学编》二卷,《补〈睢州志〉》二卷,诗文二百余篇,公移条约十余卷藏于家。享年五十有九。元配马氏,封恭人。子四人:溥、濬、沆、准。女三,皆适士族。铭曰:

惟汤于世宽始祖,遇明之兴奋厥武。积功神电卫百户,孙袭千户其讳庠。自滁来迁家睢阳,易守岷卫祖烈光。六传希范赵城丞,子敏孙契州诸生。三世弃武名一经,尚书生也为国器。性耽典籍弱不戏,学播仁种耨以义。朝出蓬山暮华阴,遗爱衍溢留虔南。华山高高贡水深,归栖子舍矢不出。再返玉堂讵意必,掌帝丝纶预机密,帝忧南顾予汝贤。公出整顿未两年,民蒸俗熙吏恪虔。帝曰汝归司胄教,彼夫已氏岂同调。蜮含狙伺术已巧,事有变迁理则那。主恩前后无偏颇,千载视此石嵯峨。

徐乾学　钱仪吉《碑传集》卷十六

校记

① "轩恭人"为汤斌继母,有文中称"轩太恭人",提法不一,皆存。

巡抚江宁等处、都察院右副都御史、升任礼部尚书、掌管詹事府事睢州汤公祠碑

古者纯臣挺运而兴，入则备启沃之资，出则膺保厘之任，盖由德粹学醇，设诚于内而致行之。是以风声所届，涵濡鼓动，初不自知，而孚于人者至速，垂于世者至久。《诗》《书》所称君陈毕公之命，一则曰"至治馨香，感于神明"；一则曰"道洽政治，泽润生民"。烝民江汉，并颂山甫。穆公所以式古训，矢文德之盛，有非汉唐以还循循效能，宣力之臣得以窥见本原者。若宋之濂溪、明道两夫子，负王佐才而无由展其宏猷懋理，岂非天人交待之会，间世一觏者欤！

维大中丞睢州汤公，始以文学侍从之选扬历屏藩，既而退身讲学者有年，迟久乃征史局，参讲幄。上知其清望特著也，一旦畀以巡抚江南之命。当是时，吏道混淆，官常颓敝，江南为甚。公受事，躬行廉洁，倡率其属，萧然宪署，茹粗服素。日进藩臬郡邑诸吏，告以绝馈遗，饬行检。初或革面，终亦革心，境内喁喁，赋平讼简。公以吴中风俗奢侈，教化荡夸，于是绳奸民，除蠹胥，戢暴卒，禁妇女之游冶，息优伶之猖狂。山塘箫鼓不闻，市井樗蒲顿歇。申饬所司，敦行乡约，广置义塾。又召耆儒课髦士，月旦躬诣学宫，亲讲《孝经》《小学》，一时环堵而观者黄童白叟，皆欣欣动色，而告曰："此三代礼乐气象，不图复见于今日也。"卒毁上方淫祠，投畀水火。闻者气慑，而公声色不动。令出必行，众益大服。信非慎独工夫极

至，何以臻此？淮扬濒河，横流溃溢，苏松岁祲，赋役由困。公则焦心劳思，请缓征，请蠲贷，请发赈，连章入奏，情词激楚，声泪迸吞，绝不顾惜一身利害焉。故民间见公一令，则交口传播；读公一疏，则聚首咨嗟也。

公来自康熙甲子秋九月，恭遇上始南巡，奉有"敦本尚实，使民还淳返朴"之谕，抚治未几，政教大洽。吴中旧习，丞丞丕变。丙寅春三月，遂以辅导东宫晋秩内擢。士民哀号，填闉塞路，公为慰劝谆笃，乃得出境以行。始公禁民间称颂功德，无得例兴生祠，及公既去，士民追思不能自已，议者以苏州府学公莅止宣化地也，就是庀材鸠工，以尸为祝，踊跃趋事，不日落成。而公骤薨于位，远近会哭凡数千人。会有传言，当轴媒蘖致公觊觎者，指斥诟厉，同声泄愤。仰赖上恩优恤，特曰"廉以自守"，礼遇由是始终。而是祠为萃涣合离之所，视夫贡谀献谄，漫兴土木者不可同日而语。佥曰："非公无以为学宫礼典之光，非学宫无以为明德之寄。"诚信然也。自公之薨以迄今，凡我乡人岁时走谒祠下者，焚香雪涕，必曰："吾辈薄祜，弗得久被公之政教而沐浴膏泽于无穷。"呜呼，公以潜修实践之素及诸出治临民，居高作倡。坦然无欲，而非饰节以炫名；毅然有为，而非市恩以邀誉。此真儒体用，迥绝夫权谋功利之为。则其至诚动物，有不可强而致者矣。

今年郡候贾君素庵下车伊始，治行循良，捐俸以葺公祠。而向者尚未征词勒石，定求曾侍公几席，窃附于泛埽趋跄之列，故不得以芜陋辞谨揭公抚吴政绩之大者书之，用以昭示久远，谓与古之纯臣德盛化神之所感，合轨同符，固非阿私所好也。后之继公而起者有能考其遗书，述其旧绩，安见遗爱不可复作也与！系以书曰：

翼翼孔庙，我公侑之。自春徂秋，实俎豆之。丕显儒术，济我烝民。期月而可，我道一伸。自公云徂，云迷雾霭。甘棠致思，芃黍余颂。畴其嗣者,仪型在兹。清风亮节,庶几企而。噫嘻!我公神其归来,生则既荣,殁则孔哀。民有遗直,职是可验。曷其朊仕,沦胥俗染。敬作此诗,用告庙工。昭哉奕世,瞻仰维崇。

赐进士及第、翰林院侍讲、日讲官、起居注、郡人受业彭定求顿首拜撰

帝王评价及朝廷活动

宸 章

康熙二十七年,戊辰,五月初一日,皇帝遣河南等处承宣布政使司、管理通省驿盐、仍以副使分守开归河道、加一级张司明,谕祭于经筵讲官、工部尚书汤斌之灵,曰:"鞠躬尽瘁,臣子之芳踪;恤死报勤,国家之盛典。尔汤斌操守廉洁,才猷素著,克尽职掌,厥有勤劳。方冀遐龄,忽焉长逝。朕用悼焉,特颁祭葬,以慰幽魂。呜呼!宠锡重垆,庶享匪躬之报;名垂信史,聿昭不朽之荣。尔其有知,尚克歆享。"

雍正十一年,癸丑,六月初六日,奉旨设位贤良祠,春秋二仲致祭。赐匾额"崇忠念旧"。

十一月十八日,皇帝遣分守河北兵备道加金都御史、驻扎武陟县管辖彰德、卫辉、怀庆三府,兼管河务、河南布政司参议孔传焕谕

祭于经筵讲官、工部尚书、管詹事府事汤斌之灵，曰："翊熙朝之泰运，端重良臣；稽册府之宏猷，宜崇元祀。盖成劳茂著，生平之风概如存；斯盛烈昭著，奕世之宠褒益笃。载申纶綍，式荐牲醴。尔汤斌行己端方，服官敬慎。出参方伯，已觇干济之才；入试鸿词，允称渊通之选。抚吴会而整躬励俗，清德可风；莅卿班而勤职奉公，醇修益懋。於戏！流芳竹帛，卓然一代之完人；树范岩廊，允矣千秋之茂典。列豆笾于祠宇，渥泽攸隆；布筵几于里闾，湛恩叠沛。灵其不昧，尚克钦承。"

乾隆二年，丁巳，三月二十日，赐谥文正。六月二十五日，御制碑文。八月二十八日，立于公祠，曰："朕惟人臣事君，忠清为重。其有原本理学，砥砺官方，为一代之纯臣。接先儒之正脉者则必溯厥曩徽，褒嘉美谥，升诸祀典，树以丰碑，所以久而愈彰也。尔原任经筵讲官、工部尚书汤斌，器资凝厚，品诣端醇。讲学乡邦，深体六经之蕴；历官禁近，每持一介之操。膺节钺以宣猷，膏流南国；矢寅清而典礼，望著中朝。冰衔兼领于宫端，水部仍趋于讲席。秉刚方之直节，生被殊荣；锡文正之嘉名，殁垂永誉。功宗聿祀，琬琰为昭。於戏！诚意正心，不负生平之所学；先忧后乐，如亲当日之高风。视此贞珉，光于奕世。"

于十一月初三日，皇帝遣河南归德府知府、加一级纪录二十次李闾林，谕祭于经筵讲官、工部尚书、管詹事府事、谥文正汤斌之灵，曰："国家褒贤劝善，首重真儒。人臣佐化宣猷，尤崇廉节。祀功宗而允协，锡嘉谥以常昭。尔原任工部尚书汤斌立品端方，当官清白。擢居馆职，文名擅宏博之长；久直讲帷，道脉得源流之正。自量才于两浙，化雨无私；逮建节于三吴，甘棠垂荫。超迁南省，衔兼宫尹之清；旋领冬宫，望倚经筵之重。一代之儒风足式，千秋之祀典宜光。於戏！廷议佥同,愈信清操于终始;老成不作,尚留遗爱于东南。特赐祭以锡名,庶来歆而来享。"

乾隆四十年,钦定《四库全书总目》提要御批:"《汤子遗书》十卷,国朝汤斌撰。斌有《洛学编》已著录。斌在国初与陆陇其俱号醇儒。陇其之学笃守程朱,其攻击陆王不遗余力。斌之学源出容城孙奇逢,其根柢在姚江,而能持新安、金溪之平。大旨主于刻励实行,以讲求实用,无王学杳冥放荡之弊,故二人异趣而同归。今集中所载语录可以见其所得力。又斌虽平生讲学,而康熙己未召试,以词科入翰林,故集中诗赋杂文亦皆彬彬典雅,无村塾鄙俚之气。至其奏议诸篇,规画周密,条析详明,尤昭昭在人耳目者矣。盖其著述之富,虽不及陆陇其,而有体有用,则斌尤通达治体云。"

乾隆四十七年,钦定《四库全书简明目录》,御批:"《汤子遗书》十卷,国朝汤斌撰。斌学出孙奇逢,主于坚苦自持,而事事讲求实用,故集中语录宗旨在朱陆之间。其奏疏皆规画周密,条析详明,不同迂论。文章虽其余事,而具协雅音。康熙己未召试博学鸿词,以诗赋入高等,亦讲学家所希有矣。"

乾隆年钦定国史《汤斌传》

汤斌,河南睢州人。母赵氏,明末流贼陷州城,殉节死。父祖契携斌避兵,流寓浙江衢州。

世祖章皇帝顺治二年,大兵定江南、江西,斌随其父旋里。九年举进士,由庶吉士授国史院检讨。十二年二月,应诏陈言,请广搜野乘遗书以修《明史》,且言:"《宋史》修于元至正,特传文天祥之忠;《元史》修于明洪武,亦著巴颜布哈之义。我朝顺治元、二年间,前明诸臣亦有抗节不屈,临危致命者,与叛逆不同,宜令纂修诸臣勿事瞻顾,昭示纲常于万世。"下所司,大学士冯铨、金之俊等谓斌夸奖抗逆之人,拟旨严饬。世祖特诏斌至南院,温谕移时。

九月,谕吏部曰:"翰林官员读书中秘,习知法度,自能以学问为经济,助登上理。兹朕亲行裁定十八员,皆品行清端,才猷赡裕,各照外转应得职衔升一级用。"于是,斌为陕西潼关兵备道。十六年调江西岭北道。甫至任,流贼郑成功犯江宁,阴遣贼党至赣州,流言煽诱。伪通海侯李玉廷踞零都山寨,诈约降,实伺南安无备,谋陷城。斌廉得成功奸细,白巡抚苏宏祖斩之。又请移兵守南安。玉廷果来犯,见有备,却走。游击洪起元追逐数月,乃就擒。

斌以父老乞休归里。寻丁忧,既服阕,闻容城孙奇逢讲学夏峰,往受其业。

圣祖仁皇帝康熙十七年,诏举博学鸿儒。尚书魏象枢荐斌"学有渊源,躬行实践",副都御史金铉荐斌"文词淹雅,品行端醇"。召试一等,授翰林院侍讲,同编修彭孙遹等纂修《明史》。

二十年,充日讲起居官、浙江乡试正考官,转侍读。明年,为《明史》总裁官,并纂修太宗文皇帝、世祖章皇帝圣训,迁左春坊左庶子。

二十三年二月,擢内阁学士,充《大清会典》副总裁官。时江宁巡抚余国柱内迁左都御史,调湖广巡抚王新命代之。新命旋迁两江总督。六月,九卿等会推学士孙在丰、浙江布政使石琳堪任江宁巡抚。上谕大学士曰:"所贵道学者在身体力行,见诸实事,非徒托之空言。今有道学名者甚多,考其究竟,言行皆悖。朕闻学士汤斌,曾与孙奇逢讲明道学,颇有定行。前典试浙江,操守甚善,可补授江宁巡抚。"斌濒行,上谕曰:"以尔久侍讲筵,老成端谨。江苏为东南重地,故特简用。居官以正风俗为先,江苏风俗奢侈浮华,尔其加意化导。移风易俗非旦夕事,从容渐摩,使之改心易虑,当有成效。钱粮历年不清,督抚所奏钱谷刑名大事,多有舛错。尔能洁己率属,自然改观。"赐御书三、鞍马一、表里十、银五百两。

十月,上南巡至苏州,谕斌曰:"向闻吴闾繁盛,今观其风土,大略尚虚华,安佚乐。逐末者多,力田者寡,遂至家鲜盖藏,人情浇薄。尔当使之去奢返朴,事事务本,庶几家给人足,可挽颓风。朕欲周知地方风俗,小民生计,有事巡行。凡日用所需皆自内府储备,秋毫不取之民间。恐不肖官吏借端妄派,以致扰民。尔其严察劾奏。"驾至江宁,谕斌回署治事,赐御书及狐腋蟒服。

初,余国柱任巡抚,奏言淮扬二府属水淹涸出者,令次年征输额赋。至是,斌以遣员履勘,仍然水淹,即涸出者亦未耕种。奏入,部议令再勘,斌乃以实奏,事乃寝。

二十四年四月,疏言苏松等府赋额繁重,康熙十八年以来积逋若同时并征,民力不能兼完。知县催科,几敲扑不辍。请于二十四年起分年带征。俾官无挪新补旧之弊,民无废弃农桑之苦。疏下部议行。是年秋,淮、扬、徐三府复水,斌条例蠲赈事宜以闻,请发帑五万两,籴米湖广。先借所属知县仓谷散给。又言:"灾地百姓糊口无资,恐入冬饥寒兼迫,流亡者多。臣与漕臣徐旭龄、河臣靳辅定议,二臣就近分董淮安赈务,臣即至清河、桃源、宿迁、邳、丰诸州县察赈。"上命户部侍郎素赫往助赈,俾灾民咸就抚辑。

斌先后奏劾苏州知府赵禄星、扬州知府张万寿、句容知县陈协濬、宜兴知县蔡司霈、如皋知县卢綎、睢宁知县葛之英、江都知县刘涛、金坛知县刘茂位等贪酷劣迹,并递革勘治。常州知府祖进朝以失察属吏降调,斌奏留之,部议不准。得旨:"祖进朝既经巡抚汤斌保奏清廉,可从所请,仍留原任,以劝廉吏。"

行取知县为御史,斌疏:官行取定例必钱粮胥完。而苏州、松江二府赋重役繁,甲于天下。铨选得此,辄谓迁擢难期,颓然自放,或竟罔顾官箴。臣受任巡抚,首以察吏安民为念,遍告属员:圣上知人之明,出自天授。苟能洁己爱民,决不至久沉下位。故一时守令争自濯磨,操守廉洁,政绩表著者实不乏人。然钱粮则万万不能十分全完。盖势处其难,智勇才力俱困。今若拘成例,势必以僻壤小邑易于藏拙者塞责,未足以光巨典。惟吴县知县刘滋、吴江知县郭琇廉能最著,乞俯准行取,以励循良。俾繁剧与两邑相符者亦知有登进阶,相率奋勉。"疏下部议,以二员俱有钱粮未完,案格于例。得旨:"刘滋、郭琇,汤斌既称为廉能最著,准其行取。①

二十五年三月,斌疏言:"吴中风俗尚气节,重文章,而佻巧者每作淫词艳曲坏人心术,蚩愚之民敛财聚会,迎神赛社,一幡之值至数百金。妇女有游冶之习,靓装艳服,连袂寺院。无赖少年,学习拳勇,轻生好斗,名为打降。臣严加训饬,委曲告诫,一年以来,寺院无妇女之游,迎神罢会,艳曲绝编,打降敛迹。惟妖邪巫觋,习为怪诞之说。愚民为其所惑,牢不可破。苏州府城西上方山有五通淫祠几数百年,远近之人奔走如骛;牲牢酒醴之飨,歌舞笙簧之声无时间歇。谚谓其山曰'肉山',其下石湖曰'酒海'。凡少年妇女有寒热症者,巫觋辄曰五通将娶为妇。病者神魂失据,往往羸瘵而死。每岁常至数十家。视河伯娶妇为更甚。臣多方禁之,其风稍息。比因臣勘灾至淮,乘隙益肆猖獗。臣遂收妖像木偶付之烈炬,土偶投之深渊。檄行有司,类此者尽撤毁之。其材备修学宫,葺城垣之用。民始而骇,以为从前曾有官长锐意革除,旋即遇祟而死,皆为臣危之。数月之后,见无他异,始大悟往日之非。然吴中巫觋最黠且悍,恐臣去任后又造怪诞之说,箕敛赀财,更议兴复。请赐特旨严禁,勒石山巅,庶可永绝根株。"②疏上,得旨:"淫祠惑众诬民,有关风化,如所请,勒石严禁。直隶及各省有似此者,一体饬遵。"

先自廷臣有言,辅导皇太子之任,非斌不可者。于是,上谕吏部曰:"自古帝王谕教太子,必简和平谨恪之臣统领官僚,专资赞导。江宁巡抚汤斌在讲筵时素行谨慎,朕所稔知。及简任巡抚以来,洁己率属,实心任事。允宜拔擢大用,风示有位。特授为礼部尚书,管詹事府事。"闰四月,斌至。谕曰:"天下官有才者不少,操守清廉者不多。见尔前陛辞时言平日不敢自欺。今在江苏克践前言,朕用嘉悦,故行超擢,尔其勉之。"

初,河臣靳辅与按察使于成龙论河工事,久未决。命尚书萨穆哈、穆成额往,会斌勘议。斌谓宜浚高邮、宝应诸县下河,俾积水渐归于海。开一尺有一尺之益,开一丈有一丈之益。萨穆哈等因靳辅欲于下河筑堤束水入海,还奏开浚无益。至是,上询斌,斌以前议对。上诘问萨穆哈、穆成额,各语塞,遂褫其职。特遣侍郎孙在丰督浚下河如斌议。

寻充经筵讲官。时始设太子讲官,以斌与詹事尹泰、郭棻,少詹事舒淑,中允阎世绳,赞善黄与坚充之,斌疏荐候补道耿介:"赋性刚方,践履笃实,潜心经传,学有渊源。虽年逾六旬,精力尚健,乞征取引见,以备录用。"上遂授介为少詹事,命斌与介辅导太子。

二十六年五月,因不雨,诏臣工直言得失。灵台郎董汉臣以谕教元长慎简宰执奏。御史陶式玉劾汉臣摭拾浮泛之事,夸大其词,欺世盗名,请逮系严鞫。疏下内阁,集九卿议。有欲重罪汉臣者。寻奉特旨免议。而余国柱时为大学士,以斌当九卿会议时有惭对董汉臣之语,传旨诘问。斌奏:"董汉臣以谕教为言,而臣忝长官僚,动违典礼,负疚实多。"上以词多含糊,令再回奏。斌言:"臣资性愚昧,前奉纶音,一时惶怖,罔知所措,本欲自陈愆过,致语多牵混,罪何可辞?臣自念供奉以来,并无正经善言足以仰助万一,而臣动违典礼,循省自惭,年来衰病侵寻,愆过丛积,乞赐严加处分,以警溺职。"上因其遮饰具奏,仍不明晰,降旨严饬之。

左都御史璙丹、王鸿绪,副都御史徐元珙、郑重等劾斌奉谕申饬,不痛自引咎,并追论其于苏州去任时巧饰文告,沽名干誉。会耿介以疾乞休。詹事尹泰,少詹事舒淑、开音布、翁淑元劾介侥幸求去,实无痼疾,并劾斌妄荐如尸之人。

吏部尚书达哈塔疏言:"臣奉命辅导东宫,数日之内负罪实多。以汤斌、耿介不能当其任,况庸陋如臣,乞准解退。"疏并下部察议:斌、介、达哈塔俱应革职。上命斌与达哈塔仍留任。

九月,改工部尚书。未几,疾作。遣太医诊视。十月,卒。年六十有一。

疏入,遣大臣奠茶酒。谕曰:"汤斌任巡抚时,廉以自守,特加擢用。忽闻溘逝,深轸朕怀。"命由驿还椟。下部议恤,部臣以斌曾降七级回奏,奉特旨仍如尚书例予祭葬。后祀陕西、江西、江南名宦。

世宗宪皇帝雍正十年,诏入贤良祠。

今上乾隆元年,赐谥文正。

所著有《洛学编》、《潜庵语录》、诗文诸集。

> 按:道光三年,始从祀孔子庙庭。而史传乃乾隆间史臣编纂,故从祀一节尚未列入。此篇系从现行《满汉名臣列传》恭录付刻。

校记

① ② 此二处均据汤斌奏疏,与原文略有出入。

又乾隆年钦定国史《汤斌传》

汤斌,字孔伯,号潜庵,河南归德睢州人。母赵氏,明末流寇破睢城,殉节死。斌随父祖契避兵河北,流寓江南。顺治二年,始奉父还睢。

斌天性纯孝,刻苦向学,中壬辰进士,选庶吉士,授检讨,出为潼关道副使。时方削平滇、蜀,关中军旅孔道,征发旁午。斌办给如法。简差徭,严保甲,盗贼肃清。调岭北道参政,其治所与闽、广鳞比,奸寇出没。斌密布方略,擒渠魁李玉廷斩之,余党悉定。寻以父病假归。久之,用博学鸿词荐,圣祖亲试,置高等,补翰林院侍讲,转侍读,直讲筵。敷陈切挚,圣祖知其品行醇悫,由庶子擢内阁学士,命巡抚江苏。

斌为治谙大体,恢廓不疑。以江南赋重逋多,议请分年带征。又请减明末所增饷额,除邳州版荒田税,并报可。吴俗故奢,敝尤尚礼鬼。楞伽山有五通祠,民间岁进子女祷赛。斌投其像太湖中,淫祀遂绝。开置社学,导以礼让。身自布衣疏食,为百姓先。莅吴三载,风俗丕变。

召为礼部尚书,寻改工部。卒,予祭葬如例。癸丑,祀贤良祠。斌砥砺名节,刚方廉介,尤潜心理学。著有《洛学编》。乾隆二年,追谥文正。

> 按:公之三子沆,乾隆二年将遗书并家中所藏合为一集而续刻之。其原跋有"雍正十一年,蒙恩入贤良祠,命词臣作传"等语。此篇自其续刻本录出,未知有误否?存查。

道光三年,癸未,二月二十一日,奉上谕:"礼部议覆,通政司参议卢浙请以汤斌从祀文庙一折。原任工部尚书汤斌,学术精醇。顺治年间有旨褒其品行清端,康熙年间有旨称其老成端谨。至其政绩卓著,则禁侈靡,兴教化,举善惩贪,兴利除弊。官岭北时,擒巨寇以靖地方;巡抚江苏时,毁不经之祀,化斗很之风,奏豁民欠,议减赋额。还京之日,部民送者十余万人。其余忠言谠论,剀切详明。正色立朝,始终一节。所学主于坚苦自持,事事讲求实用。著书立说,深醇笃实,中正和平。洵能昌明正学,远契心传,汤斌著从祀文庙东庑,列于明臣罗钦顺之次,以崇实学而阐幽光。钦此。"

谨按:同治二年六月,礼部再合原定及续增从祀诸儒,各就时代生年,一东一西,以次排列。奏改两庑班位,改列在西庑黄道周之次。

敕斌巡抚江宁一道

皇帝敕谕都察院右副都御史汤斌:

兹命尔巡抚江宁等处地方,总理粮储,提督军务,驻扎苏州府,专理该管地方及淮、扬二府、徐州一州。举劾文职贤否,粮饷刑名一切民事。尔宜宣布德意,抚安人民,约束衙门员役,使之恪遵法纪,毋致作弊生事,扰害兵民。

操练兵马,修浚城池,询访民瘼,禁戢奸顽。其掌印都司、行掌印都司、屯局都司、金书卫、守备、守御、千总卫、千总、经营钱谷、领运漕船,仍照旧听尔统辖。

所属地方应征应免钱粮,皆照户部题过新定经制遵行晓谕。仍细加体察,如有司各官朦胧重收,借端科派,参奏处治。

严饬所属察解逃人。

江南水利久壅,宜酌量疏浚堤防。

江海河荡之间素为盗薮，宜饬文武有司多方缉捕。如遇地方寇贼生发，即会同总督、提督、总兵官计议，统率将领，戮力剿灭，务尽根株。尤以水师为急，务必预修战舰，挑选精锐，以备不时调遣。

凡地方利弊有可苏息民困，振饬维新者，逐件条奏，请旨施行。地方备储之计，如常平、社仓等事，责令有司力行修举。

境内逃丁荒粮，责成道府转行有司，从实察核，造册开报。应蠲豁者奏请蠲豁。一面晓谕招徕，劝课农种，严禁滥征侵占，使民人乐业。毋容有司将见存人户概派包赔，以致重累黎民，转滋逃亡。

所属司道以下各官果有真心任事，廉能著效者，即据实举荐。如粉饰欺伪，贪酷殃民，庸懦溺职者，不时参奏。

副将以下武职听尔节制，并该管防守地方。剿御贼寇，提调兵马，举劾武职贤否，一切军务俱会同总督、提督行。如有武官骚扰地方，搅害良民，纵兵抢掠，及隐匿贼情不报等事，听尔会同总督、提督纠参，从重治罪。有与总漕相关者移咨会议，尔仍听总督节制。

敕中开载未尽事宜听尔详酌施行。年终将行过事迹及兵饷钱粮造册，送部察考。尔受兹委任，须持廉秉公，殚心竭力，以副委任。如怠玩废弛，贪黩乖张，贻误地方，责有所归，尔其慎之。

故谕。

康熙二十三年八月二十日

《康熙起居注》中有关资料

(康熙)二十二年八月二十二日辛酉。

早，上御乾清宫，讲官牛钮、张玉书、汤斌进讲"六五：帝乙归妹"二节、"上六：女承筐无实"二节。讲毕，上曰："《易》理精微，难以意测。就讲章披览，词意亦甚分明，然寻绎圣人系辞取象之旨，实非言语所能尽意，故《易》学最难。"牛钮、张玉书、汤斌奏曰："《易》理甚深，后人所解不能尽畅其理。皇上圣贤渊通，默契古圣人之心，故深知义理无穷，言不尽意。臣等所撰讲章，就诸儒所解纂辑其说，亦仅能发明大旨而已。"上然之。

八月二十三日壬戌。

早，上御乾清宫，讲官牛钮、张玉书、汤斌进讲"丰：亨"一节、《彖》曰"丰，大也"三节。《彖传》讲章内有云："骄心一生，何所不至？故圣人急急惕之以忧，以为安者危之伏也，治者乱之机也。"讲至此，上曰："这所发明极是。满招损，谦受益，圣人久安长治之道，只在持满而已。"牛钮等奏曰："皇上此言真保治之至言也。"

八月二十八日丁卯。

早，上御乾清宫，讲官牛钮、张玉书、汤斌进讲"九四：丰其蔀"二节、"六五：来章有庆誉"二节。讲毕，上问："尔等所修《明史》如何？"牛钮、张玉书、汤斌奏曰："嘉靖以前已纂修过半，万历朝事迹甚多，天启朝实录有残缺，崇祯朝无实录。今就所有邸报编纂事迹，方可分作纪传，所以万历以后成书较难。"上曰："时代既近，则瞻徇易生。史事昭垂永久，关系甚大，务宜从公论断。"牛钮等奏曰："臣等自愧浅陋，但虑识见未到，安敢不矢公矢慎。皇上圣谕，当与诸臣共勉之。"奏毕，出。

九月初十日戊寅。

早，上御乾清宫，讲官牛钮、张玉书、汤斌进讲"九三：频巽，吝"二节、"六四：悔亡"二节、"九五：贞吉"二节、"上九：巽在床下"二节。讲"六四"爻有"中臣事君以身，上臣事君以人"等语。上曰："大臣以人事君，必出于公心方可。"张玉书奏曰："圣谕诚然。若出私心，则所荐之人皆为党援矣。"汤斌奏曰："大臣之心惟辨公私，若以树私党为心，则不可以对朝廷。若合天下之贤才以共事朝廷，自是大臣公忠之道。"上颔之。

十月二十二日己未。

早，上御乾清宫，讲官牛钮、张玉书、汤斌进讲"九二：涣奔其机"二节、"六三：涣其躬"二节。汤斌讲次节，有"公尔忘私，国尔忘家"等语。讲毕，上曰："公尔忘私，国尔忘家，亦徒有此语耳，欲得其人甚难。"张玉书奏曰："此全在居心如何，外貌殊难知也。"上曰："一心为公能有几人？"玉书奏曰："人臣能为公为国，则身名俱泰；一涉于私，则名败身裂，究竟于己无补。"上然之。

十月二十四日辛酉。

早，上御乾清宫，讲官牛钮、张玉书、汤斌进讲"上九：涣其血，去逖出"二节、《节》："亨"一节。讲毕，上问："理学之名始于宋人否？"张玉书奏曰："天下道理具在人心，无事不有，宋儒讲辨更加详密耳。"上曰："日用常行无非此理，自有理学名色，彼此辨论益多。"牛钮奏曰："随事体认，义理真无穷尽，不必立理学之名。"上又问："汤斌云何？"斌奏曰："理学者本乎天理，合乎人心，尧、舜、孔、孟以来总是此理，原不分时代。宋儒讲理，视汉唐诸儒较细，故有理学之名。其实理学在躬行，近人辨论太繁耳。"上曰："朕见言行不相符者甚多，终日讲理学，而所行之事全与其言悖谬，岂可谓之理学？

若口虽不讲,而行事皆与道理符合,此即真理学也。"张玉书奏曰:"皇上此言真至言也。理学只在身体力行,岂尚辞说?"奏毕,出。

二十三年
正月三十日丙申。
……上曰:"现出浙江、湖广总督,江宁巡抚员缺,最为紧要,必择贤者补授,方于地方有济。如不得其人,则百姓受害不可胜言矣。此三缺须加意详审,务得相宜之人补授为当,尔等公议拟出来看。"

三月二十二日戊子。
……大学士、学士奏缴御制五台山碑文五道。大学士李霨等奏曰:"臣等公同详阅御制碑文,体裁正大,辞旨典雅,一字一句咸极精纯,尽善尽美,洵足辉映万古。"……汤斌奏曰:"发挥象教而归本仁义,议论正大,真天壤间大文。"

五月十三日戊寅。
早,上御瀛台门……明珠又奏曰:"江南、江西总督员缺,奉旨命臣等传谕九卿会推。据九卿诸臣云,总督一官控制两江数千里之地,必才干优长,操守廉洁,始克胜任。皇上慎重此选,宸虑极周。今公同推举,正拟现任苏松巡抚王新命,才守并优。"……上曰:"总督关系重大,膺斯任者固贵有人,尤贵有守,苟不能洁己率属,地方军民必受其害。"学士王鸿绪、汤斌奏曰:"王新命在湖广甚有政声。"

六月二十三日丁巳。

上驻跸近秀驼山池岸。晚刻,上御行幄,扈从学士等以折本请旨:九卿会推江宁巡抚员缺,正拟翰林院学士孙在丰,陪拟浙江布政使石琳。上曰:"此事前曾有旨问大学士,伊等云何?"学士麻尔图奏曰:"据大学士云,孙在丰系皇上洞悉之人,学问优通,长于事务。江南地方辽阔,事繁人众,此人甚当。陪拟石琳为人老成,亦能事之人。"上沉思良久曰:"朕观学士汤斌质朴耿直,与尔等同衙门,尔等以为何如?"学士阿哈达奏曰:"皇上睿见甚当。此人质直能事。"图纳奏曰:"人品优长,平昔寡交。"上曰:"道学者必在身体力行,见诸实事,非徒托之空言。今视汉官内务道学之名者甚多,考其究竟,言行皆背。如崔蔚林之好事,居乡不善,此可云道学乎?朕观汤斌颇有实行。"因顾侍读学士常书、朱马泰曰:"汤斌何如人?"常书等奏曰:"汤斌才学优长,立志坚介。"上曰:"较徐乾学何如?"常书等奏曰:"汤斌道学优长,徐乾学文章富丽。"上曰:"然。作文章谁及徐乾学?徐乾学视陈廷敬何如?"常书等奏曰:"作诗陈廷敬为优,文章大略相等。"上曰:"此二人有分别否?"常书等奏曰:"陈廷敬文章端重,徐乾学文章工妙。"上曰:"叶方蔼较陈廷敬何如?"常书等奏曰:"陈廷敬下笔敏捷,叶方蔼构思颇艰,及成文之后阅之尚佳,汉人莫不称许。此二人亦相等。"上曰:"朕闻陈廷敬欲将叶方蔼所作《明史》大加改正,曾改否?"常书等奏曰:"未闻改正。"上曰:"汉人所作文字最不喜人删改,或致成仇,凡事不务实为要,专尚虚名。满洲中尚有真正道学者。"复问曰:"汤斌、崔蔚林相殊否?"常书等奏曰:"此二人皇上知之甚悉。汤斌果远胜于崔蔚林。"上曰:"精通道学自古为难。朕闻汤斌曾与河南姓孙之人相与讲明,如此尚于道学相近。且汤斌前典试浙江,操守甚善,着补授江宁巡抚。"

八月十七日庚戌。

……又内阁学士汤斌升任员缺,开列少詹事蒋道等。

九月十七日庚午。

……赐江宁巡抚汤斌鞍马一匹,广东总兵官蔡璋内原鞍马一匹。

十月二十三日乙卯。

早,上御舟……杭州府将军马哈达,京口副都统张元勋、张思恭,杭州府副都统石文炳、巡抚薛柱斗、汤斌,京口右路总兵冯德昌等来朝。

十月二十八日庚申。

上幸观惠泉山。既登舟,命大学士明珠、总督王新命传江宁巡抚汤斌,谕曰:"朕欲知地方风俗,小民生计,有事巡行。凡需用之物,皆自内储备,秋毫不取之民间。恐地方或有不肖官员借端妄派,以致扰害穷民,尔其加意严察。如有此等,即指名题参,从重治罪。其沿途供役纤夫,及闻朕巡行至此远来聚观百姓,恐离家已遥,不能自归,尔逐一详察,多方区画,令其还家。尔巡抚率布政使即从此回,料理此等事,不必前送。"汤斌奏曰:"此番皇上巡行,所过地方钱粮尽行蠲免,凡需用诸物并不派取民间,又赏赉沿途穷苦人民,恩恤耆老,百姓莫不欢呼踊跃,引领以望皇上速临。至地方各官,臣已行严禁。又蒙皇上命科、道等官不时纠察,虽有不肖官员,亦何敢妄为?沿途供役纤夫已给工食。其人民愿睹天颜,从远方来者,亦各自备资给,无烦圣虑。皇上巡幸江南等处,实千载奇逢,臣愿送驾渡江始回,令布政使章钦文选。"斌再四退奏,上始允。

是日，又谕巡抚汤斌曰："苏州乡官汪琬原系翰林，为人厚重，学问优通，且居乡安静，不预外事，因此特赐御笔手卷一轴，尔遗①人付与。不必令其来见，着即在家谢恩。"

十一月初二日癸亥。
……赐江南总督王新命、巡抚汤斌、安徽巡抚薛柱斗狐腋蟒袍各一领。

十一月初四日乙丑。
……上自江宁回銮，出石城门，御舟至仪凤门外。督、抚、提、镇以下大小文武官员及地方缙绅士民不下数十万，于两岸跪送。上停舟谕曰："朕向闻江南财赋之地，今见通衢市镇似觉充盈。至于乡村之饶，人情之朴，不及北方，皆因粉饰奢华所致。尔等身为大小有司，当洁己爱民，奉公守法，激浊扬清，体恤民隐。务令敦本尚实，家给人足，以副朕老安少怀之至意。"总督王新命等奏曰："江南风俗浮华，人心浇漓，诚如圣谕。今皇上巡行，洞悉民隐，天语申饬，仰见圣心无刻不以民生风俗为念，即尧仁舜智亦不过是。臣等自当一一仰遵，洁己率属，祛浮崇俭。并遍谕百姓，务使穷陬僻壤，士敦礼让，民尚淳朴，以仰副皇上谆谆德教至意。仍于江宁、苏州、安庆诸处立石，大书深刻，以垂永久。从此江南士民型仁讲义，渐近淳古，以副皇上治臻上理至意。臣等不胜欢幸之至！"

二十四年
十一月二十二日戊寅。
……上因将乔莱等折子详览，谕曰："浚河原以救民，今靳辅所请与于成龙不同，或有累百姓，亦未可知。应遣满汉大臣有识见者往询地方父老，并详视形势，必期允协民情，俾有利无害，方于事有济。"宋德宜奏曰："总漕徐旭龄、巡抚汤斌皆身在地方，似应遣大臣会同详问地方父老。"上曰："着工部尚书萨木哈、学士穆成格速往淮安、高邮等处，会同徐旭龄、汤斌，详问地方父老，往返期于两旬内回奏。"

二十五年
二月初一日乙酉。
……又九卿会议开浚海口，应暂停止。上顾大学士曰："九卿所议若何？"明珠等奏曰："九卿会议，已经尚书萨木哈、学士穆成格奉旨往勘，会同总漕徐旭龄、巡抚汤斌，身至其地看验，熟审形势，议行停止，似乎可以。"上曰："海口不行开浚，则泛滥之水究无去路。若行开浚，使水有所泄，高邮等处沿城一带淹浸田亩可以涸出，庶有裨益。著于成龙、萨木哈、穆成格同九卿、詹事，及掌印科道再加详议。"

二月初三日丁亥。
……大学士觉罗勒德洪、明珠等以折本请旨：差回萨木哈等会同江南督、抚题请停止下河工程。上曰："尔等传问九卿若何？"明珠等奏曰："臣等传问九卿，俱云既经奉差大臣及该督、抚亲历河干，勘问彼处百姓，佥谓挑浚海口无甚利益，应照伊等所题停止。"上问曰："于成龙亦曾传问否？"明珠等奏曰："臣等曾传问之。据于成龙云：欲开浚海口，必修治串场河，其工费约用百余万两。臣等意以皇上凡事节俭，不致糜费，正欲节用以爱民耳。若此工果有裨于民，即费至千万两，固所不惜。若以百万帑金尝试于未必可成之工,殊为无益,不若留此金钱,以备各处赈济及蠲免地丁钱粮,于民实有裨益。此工似应停止。"上沉思久之,曰:"既经众议如是,著停止。"

三月初十日甲子。

……上又谕曰:"苏州巡抚汤斌居官廉洁,甚著贤声。向在讲筵,朕素所优眷。此诚可以大用。尔等会同九卿议奏。至詹事府关系最为紧要,现在官员殊不副职任,着一并传谕。"

三月十一日乙丑。

……明珠等又奏曰:"昨遵谕旨,臣等会同九卿、科道,议得江宁巡抚汤斌居官廉洁,人品端方,允堪内召,以副大用。至于詹事府衙门关系最为重大,自古以来,无不慎简贤良,以资辅导。今现任满詹事朱马泰,少詹事喇巴、色度俱不称职,宜令解任。其汉詹事郭棻为人既优,兼有学问。少詹事卢琦、归允肃学问俱优,仍应留任。至如汤斌操履清正,情性和平,洵可翼赞东宫,应升为礼部尚书,总管詹事府事。若尚书缺出,即行补授,仍兼理詹事,庶于皇上重国本,端豫教至意可以相副。而臣等仰见圣心深远,度越千古,诚不胜踊跃欣幸之至。"上曰:"尔等所议,深合朕心,即写谕旨来看。"

三月二十九日癸未。

……明珠等又奏曰:"皇太子出阁读书,臣等公同会议,每岁于春秋二季进讲时,应令内阁九卿、科道等官侍班。至于每日讲读,恭候皇上选用詹事官员,以备讲劝。应讲何书,詹事府奏请皇上指示遵行。"上曰:"读书贵于精进,必攻苦勤劳,日久始能洞彻,非一时骤能贯通者也。如得之甚易,则人尽通材,又何有优劣乎？若在大庭广厦之中,群臣纷集,未尝质疑问难,俄顷之间讲诵已毕,岂得谓之学耶？凡人学业成就,俱在少年。当幼冲之时,虽严加督责,犹恐未能专心致志,况可任其放逸乎？朕观前代之教太子,真同儿戏,何可为法？"明珠等奏曰："臣等窃闻皇上大圣人,而又淹贯经史,故凡动作威仪,古今罕觏。至于躬亲严加太子一节,诚可为法于万世者也。"上曰："此事关系甚大,尔衙门会同翰林院、詹事府、礼部详加定议具奏。"

四月初二日丙戌。

……大学士觉罗勒德洪、明珠等以折本请旨：九卿会推江宁巡抚汤斌升任员缺,以浙江巡抚赵士麟拟正,兵部侍郎马世济拟陪。上曰："尔等之意若何？"明珠等奏曰："赵士麟在浙江居官颇佳,既经九卿会推,共称其善,臣等众见似可调补此缺。"上曰："赵士麟居官诚善,着调补江宁巡抚。……"

闰四月二十一日甲戌。

……是日,礼部尚书、掌管詹事府事汤斌由江苏巡抚升任至京,陛见乾清门。上曰："汝在江苏能洁己率属,实心任事。天下官有才者不少,操守谨慎者未能多见。汝前陛辞时,自言平日不敢自欺,今克践此言,朕用嘉悦,故行超擢,尔其勉之。"汤斌奏曰："臣学识庸陋,蒙皇上简任江抚,奉职无状,惟陨越是惧。乃蒙皇上不次超擢,臣敢不勉竭心力,以图报称万一。"

上问："江苏风景如何？"汤斌奏曰："苏、松去年颇称丰稔。淮、扬、徐去岁异常水灾,蒙圣恩蠲赋赈恤,民庆更生。邳、宿等五州县,蠲旧年一半、今年一半钱粮,万姓欢呼。惟徐州所属,地最荒瘠,水灾之后,今春民困较甚。"上曰:"一路风景如何?"汤斌奏曰:"臣经过地方,畿辅广平以北,麦田丰收。开州以南稍旱,凤阳、蒙城一路饥民甚多。闻宿州、灵璧一带去年水灾,今春麦尚未熟,民间谋生无策。"上曰:"凤阳地瘠民贫,饥荒自是难堪。"圣意恻然久之,又问:"江苏风俗如何?"汤斌奏曰:"前年臣陛辞时,蒙皇上面谕,苏州风俗奢侈浮华,当以移风易俗为先。圣驾巡狩,谕臣民敦尚实,返朴还醇,万姓无不感动。臣仰奉皇上德意,朝夕告诫,风俗亦渐改观。"上问:"吏治如何?"汤斌奏曰:"江南吏治自于成龙、余国柱后,有司已知守法。臣遵奉功令,复多方劝诫,吏治渐归醇谨。"上问:"有司中有好官否?"汤斌奏曰:"松江知府鲁超,才具亦优。"上曰:"祖进朝何如?"汤斌奏曰:"祖进朝朴实人,操守真廉,士民爱戴。前议降调时,民间罢市,群聚臣署号泣乞留。臣敢据实上闻。"上问:"高成美何如?"汤斌奏曰:"其人亦有才。"上曰:"居官有才固好,若操守不谨,恃才多事,反为民累。"汤斌奏曰:"诚如圣谕。"上问:"总督王新命何如?"汤斌奏曰:"事体晓畅,与地方相安。"上曰:"操守能仿佛于成龙否?于成龙之廉,世间原不多见,亦难以此律人,但能与地方相安,亦足矣。"又问:"今直抚于成龙何如?"汤斌奏曰:"成龙曾为江宁知府,臣知其人清而不刻,且有才略,有担当,用为巡抚,天下服皇上知人之明。"上曰:"往日闻吴中乡绅多事,近日何如?"汤斌奏曰:"苏州乡绅,如大学士宋德宜,居乡最善。"上曰:"朕知之。"汤斌奏曰:"汪琬养病山中,不与外事。缪彤亦杜门读书。其余俱谨慎。臣在任年余,实未见乡绅以私事干渎。彭定求之父彭珑,彭宁求之祖彭行先,皆年高品行甚端。臣于朔望集士民讲解上谕,二人必来叩拜龙亭,为士民之倡。"上曰:"有博学好古之人否?"汤斌奏曰:"吴俗素重文学,隐居著述者亦颇有人。"

上问:"下河开口事如何?"汤斌奏曰:"皇上命尚书萨木哈、学士穆成格等与总漕徐旭龄及臣询问下河民情,臣等遍历海口各州、县,初来人众言语嘈杂,不能归一。即州、县水道海口亦不相同,大约其言以开海口,积水可泄,但四分工银,今年荒歉,恐不足用。惟高邮、兴化之民闻筑堤开河,毁其坟墓庐舍,皆甚言其不便。部臣公议以筑堤取土艰难,工必不成,且毁人坟墓庐舍,非皇上轸念民生之意。开海口工亦浩大,恐多费帑金,不能奏绩,不如暂停为便。臣与徐旭龄议,以目下遍地皆水,工力难施,暂停未为不善,遂同具题。但念此事乃我皇上巡狩江南,亲见民间房屋淹没水中,圣主恫瘝念切,随命大臣相视海口,简选贤能开海口泄水,真尧舜之心也。今议暂停则可,若竟中辍,非臣子所敢擅议。且上流之水滔滔而来,下流无一出路,不但民间田地永无涸期,且恐城郭人民将有不测之患。如兴化去年城内水深数尺,万一三五年间再遇水灾,一城付之巨浸,臣等何所逃罪?"上曰:"汝意云何?"汤斌奏曰:"淮扬实天下泽国。若曰开海口,则水遂尽涸,臣不敢为此言。但水有去路,开一丈则有一丈之益,开一尺则有一尺之益。使浮溢之水渐去,则旧日湖河之形可寻,再加疏浚筑防,工夫自有次第。然举事当念民生,尤当重国计,若多费帑金而水不能尽涸,非长策也。请无多发帑金,止于七州县钱粮中酌量款项,暂停一二年起解,留为修河之用。此外,再议设处之法。总之,以本地钱粮开本地海口,心既专一,工不误用,不作大举,不多设官,渐渐做去,当有成效。"上曰:"此意曾与萨木哈等言之否?"汤斌奏曰:"臣与总漕臣徐旭龄曾向萨木哈等言之。"上曰:"本内何未叙及?"汤斌奏曰:"当时先起清字稿,不便繁琐。萨木哈以奉命询问民情,止当以民间口供开列具闻。此言俟上问及当面奏,候皇上睿裁。又海水内灌坏田之说,臣以为无虑。臣询之土人,当日范仲淹筑堤时,海水与堤甚近。今海水远者百里,近者六七十里。海之潮汐,犹人之呼吸也,有一定时刻,有一定分量,平日海潮所及,原不甚远。江河之水为海潮所涌,乃江河之水,非海水也。飓风海啸,非常灾异,岂可预计?"上曰:"此理朕所深明,人不知潮汐之理,故有此言耳。"遂命至南书房赐食,谢恩而出。

闰四月二十二日乙亥。
……上又顾大学士等曰:"昨汤斌陛见时,朕问一路地方情景,据汤斌奏称,凤阳、徐州百姓岁荒无收,饥馑已甚,朕闻之不胜悯恻,应速行赈救。著学士麻尔图同户部司官一员,即于明日驰驿速往彼地查勘,一面开仓赈济,一面奏闻,务使饥民得所。"
……
上召礼部侍郎穆成格问曰:"昨汤斌奏称:前会议开浚下河时,满稿先成,翻译汉文,臣等看过,曾向萨木哈等云,若将下河高处挑浚,使积水渐归于海,于民亦稍有益。尔等答云,此语若入疏内觉为繁琐,我等回京面奏等语。尔等当日如何会议?回京时何以并不奏闻?"穆成格奏曰:"臣等至江南地方,与总漕徐旭龄、巡抚汤斌同至河干看视,又传问七州县民,皆称此水漫决日久,今欲开浚海口,其事甚难。臣等会议,河工应暂行停止,其挑浚下河高处,使积水渐归于海等语,汤斌等并未向臣等说。且徐旭龄、汤斌皆系地方大臣,若果开浚下河于民有益,即应奏闻。臣等并未曾有面奏之语。况海口开浚阔大,更有海潮倒入之患,亦未可定。"上曰:"海潮有一定之时,安有倒入之事?即如庙湾口,何曾闻有海水倒入耶?"又召问工部尚书萨木哈。萨木哈奏曰:"臣等到彼处与总漕徐旭龄、巡抚汤斌会同踏看河道,传集七州县民问时,齐集者甚众,各就地方情形而言。臣等因百姓过多,语言不一,遂令每州县派出通晓事体者十人，于淮安集问时，皆言不便挑浚。臣等遂公同商议，开浚下河所费不赀，事关重大，故议暂行停止。其汤斌等挑浚下河高处，使水归海，于民亦稍有益等语，闲谈时诚有之，并非公同商榷时之语也。臣等实不曾有回京面奏之言。"上曰："尔前回京面奏时，但云百姓皆言不便挑浚，并无各就地方情形而言之语。"萨木哈奏曰："臣前奏时只是举其大概，其各就地方情形而言之语，未奏是实。"上曰："尔每州县派出十人，是令高成美传集否？"萨木哈奏曰："系令徐旭龄传集。"上曰："尔等会议公事，何暇闲谈？"上又问曰："今尔等意谓此河可开浚否？"萨木哈奏曰："大堤恐不能筑，若将下河高阜处陆续挑浚，使水渐入于海，似亦可行。"奏毕，萨木哈出。

闰四月二十四日丁丑。

辰时，举行皇太子出阁读书典礼，上御保和殿，皇太子率满汉大学士、九卿、翰林院、詹事府官员行三跪九叩礼。

闰四月二十五日戊寅。

……上顾大学士勒德洪等曰："从来太子书字皆内阁詹事看详。今皇太子自六岁至今，所写满汉字一并发出，尔等传詹事会同较阅，将不到处来奏。"大学士勒德洪等捧出，同詹事汤斌等细加展阅。满字书《贞观政要》，汉字书古人格言。书法端重藏锋，俨然名帖。每张皆皇上逐日朱笔点阅者。

是日，皇太子讲官、礼部尚书、管詹事府事汤斌，詹事尹泰、郭棻等向侍卫纳尔泰、二格转奏曰："臣等今日于皇太子宫初行日讲，奉皇太子令旨曰：'皇父虑予幼稚，未知勤学，日以为念，即一字一画无不躬亲详示，勤加详示，勤加训诲。予性不敏，于皇父睿旨虽未尽能领会，然何敢不殚心竭力从事于学？四书、《书经》、《易经》

略能背读。既恭听皇父讲解，今复举行大典，设立讲员，敢不佩服《易经·蒙》卦之义。况尔等皆学问渊博，品行端方，可以倚任，所以皇父著尔等为予讲官，此正予重道崇儒之日也。今特于尔等进讲时，停其行礼侍立，赐坐进讲，庶得从容讨论，便于问难，可以讲解多时。'不胜惶悚，遂呈奏曰：臣等谫陋微末，学问粗疏，蒙皇太子勤学重道，孜孜不已，特加旷典，优待臣等，殊不克当。仍应行礼侍讲，以抒微悃。未蒙皇太子俞允，复奉令旨。谆谕臣等曰：'予意已定，实出至诚，尔等其勿固辞。'恭请皇上敕谕，今照旧例进讲。"奉旨："皇太子冲年，嘉问典学，尔等勿沮其意。况赐座进讲，古礼有之，着即遵行。"汤斌等又奏曰："赐坐免行礼，虽古有之，但臣等自分何人，焉敢邀此特典。"上曰："尔等既再三固辞，仍著行礼，还遵皇太子意坐讲。"随呈奏皇太子，蒙皇太子令旨曰："皇父既有谕旨，尔等遵行。"

五月初二日乙酉。

辰时，上御乾清门听政，部院各衙门官员面奏毕。大学士觉罗勒德洪、明珠……礼部尚书、管詹事府事汤斌……口奏曰："前代太子讲学俱属虚文，故不复讲。今因皇上豫教有素，启迪维勤，皇太子聪明天亶，以致学问有成，若行复讲，诚有裨于实学。臣等亦深为忻忻。"上曰："然。"汤斌等出。

五月十九日壬寅。

……

又翰林院题经筵讲官胡简静员缺，开列礼部尚书沙澄等。上曰："汤斌居官甚善，着补充经筵讲官。"

五月二十八日辛亥。
……

又议复萨木哈等回奏疏通海口事。杜臻等奏曰："臣等议得疏通海口,既于民生有益,应行疏浚,仍动支正项钱粮。其监视河工,或仍遣用于成龙,或另选用贤能之员,伏候睿裁。又汤斌言,海口应开之处曾令萨木哈、穆成格口奏等语。问萨木哈、穆成格云:海口应开系闲时论及,未曾要我必定启奏,我亦不曾许其特为奏闻。此处应俟命下之日,将萨木哈等查议。"

六月初五日丁巳。
……

明珠等又奏曰:"……又御史蒋鸣梧、黄斐等言:民间杂税应停,其派定额数,随所得之数征收。九卿等曰:此事经马祐题请,通行各省以来,不闻有累民之处。又尚书汤斌向臣等言曰:闻九卿中言我将海税累民奏闻皇上,亦不闻其累民。"上曰:"汤斌乃实语也。"

六月初八日庚申。
……

大学士觉罗勒德洪、明珠……以折本请旨:吏部题补詹事郭棻升任员缺,开列少詹事卢琦等。上问曰:"尔等之意云何?"吴正治等奏曰:"高士奇为人堪用。"上曰:"其次谁可?"明珠等奏曰:"论俸少詹事卢琦、归允肃亦可。"上曰:"汤斌补授可乎?"明珠等奏曰:"汤斌补授未尝不可,翰林院亦以侍郎兼管。"上曰:"汤斌著仍以尚书、管詹事府事。"

六月十六日戊辰。

……

大学士觉罗勒德洪、明珠……尚书汤斌等以皇太子讲官郭棻员缺,选择谕德徐潮、中允高裔引见。上曰:"伊等何如?"明珠等奏曰:"臣等传汤斌、尹泰至内阁,宣皇上谕旨:皇太子讲官关系紧要,务须公选学行兼优。据汤斌云:徐潮学问优长,且考试江南举人甚公。郭棻云:高裔学问虽居平常,然有孝行。"上曰:"熊赐瓒何如?"汤斌奏曰:"亦可。因皇太子讲官,故未选入翰林院官。"上曰:"翰、詹原无分别,尔等再议。"汤斌等出。上曰:"翰林官当闭户读书,不可干预他事。闻徐潮多事,其人似未可也。"吴正治奏曰:"翰林官员喜发议论。"上曰:"议论当固佳,恐妄言耳。"

大学士等以折本请旨:九卿会议,工部尚书萨木哈、礼部侍郎穆成格解尚书、侍郎任,以佐领随旗行走。上曰:"萨木哈、穆成格品行甚卑,以挑浚海口差往询问土著之民,回奏时甚为巧饰。此等之人岂堪委任?议令解任殊当,著依议。"

十月二十七日戊寅。
……

(上)因又顾大学士等曰:"伊等内有居官优者否?"王熙奏曰:"行取江南溧阳县知县裴宬居官诚善。吴江县知县郭琇系汤斌荐举,奏特旨行取者。"上顾问宋德宜,宋德宜曰:"裴宬居官清廉,郭琇有才,且在地方安静。"上问:"系何处人?"王熙奏曰:"裴宬河南人,郭琇山东人。"

二十六年丁卯
正月十七日丙申。
……内阁会同九卿、詹事、科道官员将开下河塞减水坝之处,问明总河靳辅,开写折子呈览。上曰:"尔等所议若何?"明珠奏曰:"臣等传靳辅来问,据云:高邮州之南两大减水坝,自正月可塞至五月,三小减水坝,自正月可塞至三月。高邮州之北,其坝亦有可塞之处,唯高家堰之坝断不可塞。其应塞之处,与孙在丰会议时并未说出,殊为不合,因将靳辅交与该部议处。"上顾问诸臣曰:"尔等之意若何?"余国柱、陈廷敬奏曰:"臣等之意皆同。"上曰:"开浚下河,其要不在高邮州之坝,惟在塞高家堰之坝。今不塞高家堰之坝,但塞高邮州之坝,何益之有?又郑都等岁前来奏云:臣等至彼,作速修理,可以成功。朕曾谕云:尔等未晓其故,安得速行修理?今果迟误矣。况靳辅到日,朕曾面问,其词颇穷。"

又召靳辅问曰:"九卿问尔之言与朕所问有不同处否?"靳辅奏曰:"大臣所问,止一处不同。"上曰:"何处不同?"靳辅奏曰:"大臣云:尔若堵塞淮水入黄河之口,今其流入七州县,则下河修理必至迟误等语。今修理正河尚钱粮忧不足,何得有钱粮堵塞无用之口?且黄水强,则流入淮河;淮水强,则流入黄河,并非人力所能禁止者。臣若阻挠挑浚下河,国法岂其可逃?"汤斌奏曰:"今云梯关与前不同,若塞高家堰之坝,则淮水自入黄河,黄水无倒入淮河之理。从前河坝单弱,不筑减水坝则黄河必致溃决。今堤既高坚,若塞堤坝,使水归一路,则不停塞,河身渐深。今靳辅唯恐黄河溃决,于毛城铺等处筑减水坝,今黄河之水入洪泽湖。洪泽湖不能容,又于高家堰筑减水坝,令入运河。运河不能容,又于高邮州等处筑减水坝,令入七州县。今七州县之水无所归,不但七州县之民被灾,三、二年间,黄水、淮水及三十六湖之水,并皆停蓄泛滥,则漕运亦甚可虑。今皇上令堵塞高家堰之堤修理下河,不止七州县之民渐安生理,即漕运亦永受其益矣。靳辅久任河工,必有所见。臣若令堵塞高家堰之堤,日后河决,臣安能任其罪?但以理而言,似属可行。"

靳辅曰："河工之事知之甚难，必身任二三年然后知之耳。偶尔经过，即云全知可乎？臣初至彼处，误修之处亦多，今始渐知其故。至挑浚下河，使积水入海，虽云善策，然下河既浚，恐海水倒灌可虑。"上曰："若挑下河，海水断无倒灌之理，此则朕可以保之。即如庙湾口现今通海，海水并未倒灌，但潮发时，则水或逆入，至潮退，水即退矣，此又何妨？"又顾伊桑阿曰："河工之事，尔俱知之，尔意若何？"伊桑阿奏曰："堵塞高家堰之堤，下河固可挑浚，即不堵塞高家堰之堤，下河亦可挑浚。但塞上流，则下河似尤易治耳。"上曰："若将黄河南岸毛城铺等处之减水坝闭塞，则黄河之水不入洪泽湖。黄河之水既不入洪泽湖，止有淮河之水，则高家堰之堤暂塞一年以挑浚下河，方能有济。尔等再行详议具奏。"

正月二十三日壬寅。

……是日，皇太子讲官尹泰、汤斌、徐潮进讲皇太子宫，皇太子讲"唯女子与小人为难养也"一节毕，谕曰："予常侍左右，闻皇父教诲云，最难处者小人，最难防者小人，但少有不当，即为所欺。览前代小人误国，皆因为上者信用之故，当念兹在兹。"

四月初四日辛亥。

……

大学士觉罗勒德洪、明珠等以折本请旨：吏部题汤斌所荐耿介应照何品级补用，请旨。上曰："朕闻耿介学问虽属平常，其人甚优，原任何官？"明珠等奏曰："原任副使道。"上曰："副使道系何品级？"明珠奏曰："系四品。"上曰："与京官中何项对品？"明珠等奏曰："与通政司左右参议、光禄寺少卿对品。"上曰："若以翰林官用，应照何品级？"明珠奏曰："侍读、侍讲俱可。"上曰："较此少优，可补何官?"明珠奏曰:"侍读学士、侍讲学士俱可。"上曰:"著以侍讲学士用。"

四月初十日丁巳
……
皇太子讲官尹泰、汤斌、徐潮进讲皇太子宫。

四月二十五日壬申。
……
是日,皇太子讲官尹泰、汤斌、徐潮进讲皇太子宫。

五月十一日戊子
……
巳时,召尚书陈廷敬、汤斌,侍郎徐乾学,少詹事耿介,侍读学士高士奇等,命侍郎、掌管院学士库勒纳引至乾清宫内,上出首题:"昊天与圣人皆有四府,其道何如?"次题:"阅农五言排律十二韵"面试。各以试卷呈览。上阅毕,谓诸臣曰:"朕政事之暇,惟好读书,始与熊赐履讲论经史,有疑必问,乐此不疲。继而张英、陈廷敬等以次进讲,于朕大有裨益。然限于资质,未能融贯,不过得其大概,从来不轻评论古人。即如《明史》一书,朕亦不遽加论断。然品评古人犹易,古人无可对证。若品评时人,即有对证,非古人可比矣!昨偶召德格勒讲书,言及熊赐瓒学问不如徐元梦。朕思汉人学问俱有根柢,乃云逊于元梦,朕心以为不然,故召尔等面试。今妍媸优劣已较然矣。"陈廷敬、汤斌、徐乾学等奏曰:"皇上圣学渊深,臣等文字荒谬,不堪呈览,总求皇上教诲。"德格勒奏曰:"臣系微寒,在皇上之前妄行奏对,死有余辜,仰冀圣恩宽宥。"上又取徐嘉炎试卷，问德格勒曰："尔昨言徐嘉炎如何？"德格勒曰："臣昨言其博而不精，又言其讲书不细。总是臣之无知，一时失言。"上笑曰："此亦无妨。总之，人之学问原有一定分量，真伪易明，若徒肆议论，而不知著作之难，则不自量矣！"因将德格勒、徐元梦、熊赐瓒三卷命汤斌朗诵一过。读毕，诸臣出，令于乾清宫门候旨。复以三卷令陈廷敬等传阅，从公定一次第。陈廷敬、汤斌、徐乾学等公拟熊赐瓒卷为最，徐元梦次之，德格勒卷不成诗文，难直等第之内，随转奏。复传谕曰："朕待满人、汉人俱为一体，总出于至公无私。如以美为恶，以恶为美，即非大公之道。今日已晚，明日又系行礼之期，将试卷交与库勒纳封固，收回衙门，传集未考翰林各官公同阅看，再来启奏。"

五月十五日壬辰。
……

上曰："朕观今时之人，不敦本务实，品行轻浮奢侈者甚多。虽国家政事粗备，而言路犹属壅塞。近观灵台郎董汉臣条奏疏内，有数条人皆畏惧不敢言者，伊竟言之。古云：不以人废言。董汉臣虽系微员，言尚切实。至伊疏内所称满洲之例乃起自祖宗，不可停止者，彼系微贱之人，何由知之？朕观可行之事已圈出数条，尔等带去即同九卿会议具奏。"午时，大学士等同九卿议毕，至乾清门。上命大学士、学士等及吏部尚书达哈塔，礼部尚书、管詹事府事汤斌进乾清宫。明珠等奏曰："皇上亲圈董汉臣条奏数款，臣等另行抄出，逐一详议。观舍己从人款，其言虽出于经史，然皇上听政以来，少有关系之事，必令九卿详议，以求至当，未有以己为是，而不从众议者。至所云达四聪，亦出于经史之言。然皇上勤政，每日御门接见臣工，凡事皆令各陈己见详议，只以臣等庸陋，不能仰副圣意，而君臣之间，从无阻隔。至广言路一款，皇上虚心纳谏，未有因条奏将科道官从重议处者。又恐科道侍班人怀畏惧，有意不敢言，特谕九卿停止科道侍班。即今汉臣极微之人，伊所条奏，尚令诸臣会议，言路未尝壅塞也。至如逃人之事，皇上洞悉民隐，屡经更定条例。又因缉获逃人将地方官加级即升之例俱已停止。据李之芳、张鹏云，山东逃人之事较前甚少。至所云风俗一款，今奢侈僭越诚如圣见。臣等恭惟皇上实心至意，专行节俭，复按品级定服色器用之制，已经通行晓谕，但臣等不能倡率实心遵行耳。嗣后臣等满汉诸臣，以身率行，令子弟族党共知效法。佐领则申谕所属之人，五城各官则申谕所属之民，庶自京师以至四方，风俗渐臻淳厚，而人不至于轻薄矣。"

上顾汤斌、达哈塔问曰："尔等之意若何？"汤斌奏曰："董汉臣条奏时弊，虽有一二切近处，但如何应行之处并未说明，故难以详议。且伊所条奏，皆皇上预行晓谕之事，但臣等不能实心奉行耳。"达哈塔奏曰："董汉臣条奏奢侈一款，尚属可行。但服色器用之禁已经定例通行，此后臣等满汉诸臣实心奉行，加意节俭，庶风俗渐归淳厚矣。"勒德洪奏曰："戏子、秧歌原非美俗，此等事亦应行禁止。"上曰："奢侈之风汉人居多，今满官田舍俱在畿辅之地，人皆知之。汉人内或有自称道学，粉饰名节，而本乡房舍几至半城者有人。此等事若遣满官稽察，即败露耳。如此奢侈之风在满洲乎，在汉人乎？"王熙奏曰："皇上所见甚明。臣等汉人内诚有如此者。"上曰："观今之人群集宴会，流行邪辟嬉戏者甚多。此等事若不行禁止，则渐流于放纵。或有身为大臣，沉湎之色形于颜面者，真非人类矣！宴饮嬉戏等事，如何禁止之处，着礼部议奏。"又谕曰："古有因灾变罢免大臣者，合于理否？"汤斌奏曰："臣等实忝所职。"余国柱奏曰："自古有云合乎理者，亦有云不合者。皇上宽仁同天地，如此询问，臣等实感愧交集矣。"

五月二十五日壬午。

又御史陶式玉题参董汉臣任意越职妄奏，上曰："尔等之意若何？"大学士明珠等奏曰："董汉臣身系微员，并无言责，因启奏公事，私上条陈，于大体不合。况伊条奏皆系现行之事，故票拟革职，严加议处。"上曰："前召尚书达哈塔、汤斌进内看董汉臣条奏之事，大学士勒德洪，尔曾云董汉臣条奏疏内尚有一款可行。"大学士勒德洪沉吟良久曰："臣忘之矣。"上曰："尔是日曾云一事可行，为何云忘之？"勒德洪又良久曰："然。臣曾云秧歌作戏应行禁止。"上曰："凡身任其事，不能明言始末，附和他人；议成之事，但持两可。至凡祭祀坛庙之时，推托残病躲避，不往斋戒，此等人虽有何益？且学士等具有言责，于应言处并不进言，至退后乃哓哓有词，真非人类，与禽兽何异？"学士禅布奏曰："上谕诚然。若于皇上之前竟无一言，而退后哓哓者，真畜类耳。"上曰："董汉臣应否议处，著问达哈塔、汤斌来奏。……"

大学士勒德洪等出，传谕尚书达哈塔、汤斌，曰："曾召尔等进内，看董汉臣条奏之事，今董汉臣应否议处，着问明尔等具奏。"达哈塔对曰："前令我等看董汉臣条奏之事，我曾云：此疏内奢侈一事虽经禁止，尚属可行。董汉臣身系微贱，越职条奏，于体统不合，应加议处。"汤斌对曰："令我等看董汉臣条奏之事，我曾奏云：伊疏内有一二款尚属切近可行，但如何应行处分并未题明。今思董汉臣微贱之人，身无言责，越职妄奏，于大体不合，应加议处。"

又强盗杨长儿一案，九卿会议曰："皇上洪恩浩荡，如天好生，强盗内宥免者甚众。今又虑宽纵太多，有害良民，圣谕诚然。据满汉诸臣众见，强盗乃僭越奢侈，废弃本业、暴横之徒，如此恶辈，屡加宽免,似无益于良民。但案内情有可疑者皇上偶行宽宥,亦无不可耳。"勒德洪等将此二事进内启奏。上曰:"董汉臣事,着九卿一并会议面奏。"

已时,上复御乾清门,九卿近前启奏董汉臣条陈及强盗杨长儿之事。上顾九卿曰:"尔等所议若何?"尚书科尔坤奏曰:"臣等公议:董汉臣微贱之人,并无言责,冒行条奏,于大体不合,应加议处。至强盗杨长儿之事,臣等公议:皇上念人命关系重大,强盗内从宽免者亦多。然强盗非善类,皆系僭越、酗酒、赌博、滥费失业之徒,如此恶辈,若行宽免,似无益于良民。皇上于强盗内情有可疑者偶有宽恕,亦在睿裁。"上顾汉大臣曰:"尔等之意若何?"陈廷敬、汤斌、梁清标、张玉书、王日藻奏曰:"强盗断不可恕,但案内或情有可疑者,皇上法外施仁亦可宽免一二人。"上问尚书佛伦曰:"尔专司此事,尔意若何?"佛伦奏曰:"强盗皆系恶徒,屡行宽免,似无益于良民。若情有可疑者,皇上偶免一二亦可。"上曰:"张鹏、耿介,曾任外官,必知强盗之事,尔等之意若何?"张鹏奏曰:"皇上好生之德,臣等自当仰体。但强盗屡行宽恕,似无益于良民。"上又顾汤斌曰:"尔曾任外官,必熟知强盗之事,尔意若何?"汤斌奏曰:"强盗断不可宽恕,然盗多由于讳盗,而讳盗由于处分过严,所以盗贼不熄,肆行劫掠。"上又问耿介。耿介奏曰:"强盗实不可恕。"九卿出。

五月二十七日甲辰。

……上又顾汤斌,问曰:"尔曾为巡抚,当知其中情弊。"汤斌奏曰:"皇上慎重刑名,凡盗案内有一线可生者,曲加宽贷一二人,此乃如天好生之心。但强盗实良民之大害,立法不得不严。律例内凡强盗得财者,不分首从俱斩。盖强盗非一二人所能行,必纠集多凶,或为之把风,或为之瞭望,此内但有行凶未行凶之别,而实相济为恶，故无论首从，皆当正法。至失主被盗报官后，地方官恐不全获，以致罢官，每欲脱卸己罪。或有逼勒失主，但报窃盗者；或有将贼数减报者。被劫之人不但失财可悯，而报官之后更多受累，故强盗实为良民之害。"……

勒德洪又奏曰："公议得董汉臣一介微贱，并无言责，殊为不合，且所条奏不过现行事条，应加议处。"上顾王熙、达哈塔，问曰："尔等云何？"王熙、达哈塔奏曰："董汉臣并无言责，乘公事条奏，殊乖体统。且伊所奏皆现行者，越职妄言，希图侥幸，应行议处。"上又顾问汤斌，汤斌奏曰："董汉臣无言责，妄奏不合。但愚人妄奏，应否宽免，恭候皇上睿裁。"上曰："董汉臣恣肆妄奏，希图侥幸，本当严加议处，姑从宽免。安泰等不将该衙门越职妄奏之员即行纠参，殊属不合！该部严察议奏。"

五月二十九日丙午。

……

（上）又谕大学士等曰："自皇太子就学以来，朕于听政之暇，时时指授，罔或有间，故学问渐有进益。如四书、《易经》、《书经》、《礼记》今俱已诵习。如此等处，诸臣在外，未必悉知。但朕日理万机，精神有限，课诵之事，恐未能兼，致误皇太子精进之功。著于汉大臣内择其学问优长者，令专侍皇太子左右，朝夕劝导，庶学问日进，而德性有成矣。尔等会同九卿选择具奏。"

六月初二日戊申。

……

大学士明珠、王熙、余国柱，学士吴祖兴等进前。王熙奏曰："臣等遵旨公议，皇上谕教皇太子，无间于朝夕寒暑，工夫切实精密。皇太子睿龄十四，读完诸经，学问大成。圣父圣子，此自古所未有，尧舜所不及，中外臣僚无不深知，无不欣庆。今蒙上谕以万机勤劳，命臣等择学行兼优者辅导皇太子。苟有此等人可以胜任，稍纾皇上勤劳，臣等敢不公同举出。只因实无其人，圣明亦所洞鉴。"上顾达哈塔问曰："尔意云何？"达哈塔奏曰："此责任甚为重要，欲仰副圣谕，实难其人。"上又顾问汤斌。汤斌奏曰："皇太子睿哲天纵，皇上深宫豫教，现今经书皆能淹贯，诚自古所未有。今圣谕谓万几无暇，命推文行端优者辅导东宫，以成圣德。睿虑诚深，但实难其人。"上曰："皇太子亦多阅经史，朕万几之余，不过与皇太子讲明经书大旨。至于言行之微，朕有训诫不及处，非专有启沃之人不可。纵无渊博通儒，或满洲、汉人内有品行端方，可资辅导者亦好，尔等再议具奏。"……

是日，皇太子讲官尹泰、汤斌、徐潮进讲。

六月初六日壬子。

……

上复谕明珠等曰："皇太子前必得谨慎之人，朝夕讲究，方为有益。达哈塔、汤斌、耿介三人皆有贤声，朕欲用之，尔等可传问九卿。"倾之，上复御勤政殿，明珠等同九卿奏曰："达哈塔谓：臣原系庸愚之人，蒙皇上简任吏部尚书，朝夕兢惕，惟惧陨越，不克称职，何能当此重任？汤斌谓：臣今年已六十外，诸事健忘，每日虽为皇太子讲书，不过读皇上钦定讲章。衰老之人，怎能当此重任？"上顾问九卿曰："尔等云何？"九卿同奏曰："此三人皇上简定极当。"上曰："皇太子讲书关系紧要，必简老成谨慎者，朝夕讲究于皇太子前。汤斌居官颇善。耿介虽年老耳重，素有贤名，犹可讲书。达哈塔诚实。此三人俱著朝夕于皇太子前讲书。"

六月初七日癸丑。

未时,上御畅春园门,皇太子及皇子四人侍命,内大臣、侍卫分列左右。大学士明珠,起居注官库勒纳、德格勒、博济、伊图、戴通、朱都纳侍立于左。尚书达哈塔、汤斌,少詹事耿介入跪。谕曰:"自古帝王,莫不以豫教储贰为国家根本。朕恐皇太子不深通学问,即未能明达治体,是以孳孳在念,面命耳提。自幼时勤加教督,训以礼节,不使一日暇逸,曾未暂离左右,即诃责之事往往不免。今皇太子在此,朕无饰言,阿保近侍亦皆知之。皇太子从来惟知读书,嬉戏之事一切不晓。即朕于众子,当其稚幼时,亦必令究心文学,严励礼节者,盖欲其明晓道义,谦以持身,期无陨越耳。尔等皆有声望于外,兹特命尔等训导东宫。朕观古昔贤君,训储不得其道,以致颠覆,往往有之,能保其身者少。如唐太宗亦称英明之主,而不能保全储副。朕深悉其故,虽闻见鲜寡,惟尽心训诲。而在外小人不知皇太子粗能诵读,谓尚宜选择正人,令之辅导。尔等皆有闻誉,今特委任。尔等宜体朕意,但毋使皇太子为不孝之子,朕为不慈之父,即朕之大幸矣!"汤斌奏曰:"皇上豫教元良,旷古所无,即尧、舜莫及之。"上曰:"大凡奏对贵乎诚实,尔此言皆谀谄面谀之语。今实非尧、舜之世,朕亦非尧、舜之君,尔遂云远过尧、舜,其果中心之诚然耶?今人面相扬颂,而退有后言,或三四人聚论,肆其谀议者有之。大凡人之言行,务期表里合一,若内外不符,实非人类。朕自来凡有举措,诚于中必形于外,论说于大庭广众之前,人人可以共质,无一毫粉饰,断不似他人心口各异。朕非以尔等学问优长,故尔委任。比来内庭考试,尔等所学造诣朕业已深知,翰林各官亦所共见。若专选才学,岂无较优于尔等者而用之?止缘尔等向有闻誉,故以相委耳。"达哈塔奏曰:"臣本最庸至陋,辅导皇太子责任极其重大,实非臣所能胜任。"上曰:"此言昨者尔已奏闻,朕所洞悉。汉人学问胜满洲百倍,朕未尝不知,但恐皇太子耽于汉习,所以不任汉人,朕自行诲励。今皇太子略通汉文,于凡学问之事,似无扞格。且讲解书义,有汤斌等在,尔惟引若等奉侍皇太子,导以满洲礼法,勿染汉习可也。尔部院官员教子者,不过粗通汉文,希图仕进,何尝有实以文武之艺,教其子为全才者乎!朕谨识祖宗家训,文武要务并行,讲肄骑射不敢少废,故令皇太子、皇子等既课以诗书,兼令娴习骑射。……"达哈塔奏曰:"皇太子乃天亶聪明,故当此髫年,学即大成,若臣下断不能如此。惟思皇上每日勤教太严,恐皇太子过劳。其不曾教谕皇太子之说,或有人言之,臣并未有言。至臣不但不通汉文,即汉语亦不甚知。臣之满语,汤斌等不知;斌等汉语,臣亦不知。日后阙失,臣一身之死小,诚恐有误大事。"上曰:"汤斌尔等皆为契友,同心辅导,不致有误。且欧阳修有云:君子有君子之党,小人有小人之党。今自夸诩为道学者,惟口为道学之言,不能实践者甚多。若辈亦有各立门户,自相诋毁者。又有遣人致书与同年门生,索取四五百金或千金者。此等行径,朕无不悉知。若行摘发,则为狭小苛刻,姑尔包荒。……"

六月初九日乙卯。

早,皇太子读书无逸斋。尚书达哈塔、汤斌,少詹事耿介入,行礼毕,侍立于东。起居注官库勒纳、田喜霈侍立于西。皇太子朗诵《礼记》数节、经义一篇,声韵清远,句读铿锵,反复抑扬,讽咏不辍。久之,谓汤斌曰:"书已熟,可背诵否?"斌立启曰:"昨日皇上(谕令)背书,今请皇太子定夺。"皇太子曰:"书已熟,尔等欲背则背,欲候则候。"斌方跪启曰:"谨候皇太子复诵书。"少顷,侍卫出,传谕曰:"皇上令尔等与皇太子背书。"斌即至案前跪。皇太子以书付斌,斌捧接，皇太子背诵不遗一字。斌以朱笔点定新书，读一过，退至原立处。

侍卫复出，传谕曰："皇上即来，可伺候。"上出御无逸斋，问汤斌等曰："皇太子背书能熟否？"斌奏曰："甚为纯熟。"皇太子侍立榻傍，捧进所读书于上前，即背立诵所读书，不遗一字如初。上以书授皇太子毕，命汤斌、耿介至前，问斌曰："河图洛书之义云何？"斌奏曰："河图洛书，天道扶阳抑阴意思，臣昔年与李光地讲论亦未能通晓。"上命斌转问耿介，介未能对。上又问斌："《书经》'汝无面从，退有后言'如何说？"斌奏曰："言无面谀而背毁。"上命斌问介："'钦四邻'如何？"三问介，亦未能对。上问斌："'一阳初动处，万物未生时'如何说？"斌奏曰："此邵子解复卦诗。"上曰："尔试诵此诗。"斌曰："'冬至子之半，天心无改移。一阳初动处，万物未生时。'"上曰："下句如何？"斌未能对。上曰："冬至时亦难说万物尽不生。此不过言一静字耳。"斌奏曰："圣谕诚然。"上又问曰："'火之性能迎而不能随，故灭；水之体能随而不能迎，故热'如何？"斌属思良久，未能对。又命斌转问介："'夏后氏五十而贡'数句如何？"介亦未能对。上乃谕斌曰："朕常读朱子、王阳明等书，道理亦为深微，乃门人各是其师说，互为攻击。夫道体本虚，顾力行何如耳。攻击者私也，私岂道乎？朕于古来人物从不肯轻为评议，即于今人亦然。若人心无私，何庸攻击？"斌奏曰："臣学问粗浅，亦不敢轻诋前人。当今山林中潜心实学者有人，而务虚名者亦复不少。"上曰："潜心实学者何拘山林平地？前者张德地为巡抚时，曾言沙土之地不产贤人。夫十室之邑必有忠信，贤哲笃生，原不择地，岂沙土即无贤人耶？德地之言殊为可鄙！朕深宫读书，常于书旨详加考究，尔试举经书中语来问。"斌奏曰："《中庸》'喜怒哀乐之未发'一节，请皇上俯赐圣教。"上为之探本穷原，条分缕晰，阐中和之奥义，敷本道之微言。讲至"天地位焉,万物育焉",将戒惧谨独,心正气顺,学问之极功,圣人之能事,《中庸》首章大旨,阐发宣示无复余蕴。斌奏曰:"天地万物亦可分属中和否?"上曰:"先儒分属中和良是。"斌奏曰:"圣学高深极矣。"达哈塔奏曰:"臣本庸劣之人,加以年齿衰老,不识汉字。皇太子睿学久已大成,即汤斌等亦赞服为不可及。辅导责任重大,非臣庸劣所堪,伏望皇上将老臣罢斥。"上曰:"朕在诸臣前任尔以辅导之职,尔如欲辞,可具疏来奏。"……

皇太子复坐,侍卫捧置纸笔于案。时盛夏初伏,溽暑炎热。皇太子凝神端穆,冠服严整,仪度从容,伏案作书,持笔甚敬。而汤斌、耿介常常昏倦,几至颠仆。久之,侍卫等进皇太子膳。皇太子令旨,命赐诸臣食。皇太子作书,书完,以所书汉文数百字,清文一章,令诸臣观。汤斌启曰:"此字端严秀劲,真佳书也。"……皇太子朗诵《礼记》数节,计百有二十遍,顾汤斌曰:"《礼记》已读过百二十遍矣。今所读经书系温旧书,应读几何?"斌启曰:"请照常。"皇太子复读经义如数。自初读至终篇,为时甚久,目不旁视,身不倚椅,无惰容,无倦志,正襟端坐,口诵手披。诸臣仰睹睿容,罔不欣怃。读毕,侍卫等再进皇太子膳。皇太子复令赐诸臣食。

少顷,侍卫张候苑中,皇太子出门外阶下立,左右奉弓矢,皇太子射御三回,中者甚多。射毕,复入坐,诸臣随入侍。汤斌、耿介跪案前,皇太子谓斌曰:"尔可于书中随意拈出,予为讲说。"斌指《大学》"汤之盘铭曰"一节及《中庸》"回之为人也"一章、"修身则道立"一节。皇太子不假思索,阐发奥旨,言简而义尽,词约而理明,经传神情,了然心口。斌复指"舜其大知也与"一章,皇太子亦为讲说。斌启曰:"何谓两端?"皇太子曰:"两端者善中之过与不及也,舜惟执此以用中,所以为大知。"斌与诸臣相顾悦服。时已薄暮,皇太子复令斌指书。斌启曰:"天道暑热,皇太子用功太多,请休息。"皇太子从之,诸臣趋而出。

六月初十日丙辰。
……

是日早,皇太子读书无逸斋。达哈塔、汤斌、耿介入,行礼毕,侍立于东。起居官德格勒、彭孙遹侍立于西。皇太子朗诵《礼记》数节,经义一篇,令汤斌近案前。斌跪,皇太子以书付斌,斌捧接,皇太子背诵不遗一字。复读新书,斌退原立处。皇太子写楷书一纸,约数百字。

辰时,皇上驾至,皇太子率诸臣至阶下恭迎。上至斋中升座,顾起居注官曰:"尔等观皇太子读书何如?"彭孙遹奏曰:"皇太子睿质岐嶷,学问渊通,实宗社万年无疆之庆。"上曰:"不能读书,饰以为能读;不能讲书,饰以为能讲,若此者非人类矣!"随取皇太子楷书细观。詹事尹泰入奏曰:"皇上命臣同汤斌、耿介行走,臣奉命在此,止可备皇太子使令而已。窃见皇上谕教皇太子过严,臣是詹事,职分所在,若畏死不敢言,异日死有余辜。汤斌、耿介学问平常,年又衰迈,恐不堪此任。"上曰:"俟再过数日裁之。"少顷,上回宫。

巳时,皇太子进膳,随赐诸臣食。食毕,皇太子又写楷书一纸,随以皇上《御制喜雨诗并序》示诸臣,诸臣恭读毕。……汤斌又以皇太子楷书示诸臣,诸臣览毕,启曰:"皇太子楷字,笔笔中锋,端妍秀劲,臣等何幸,得睹法书!"斌启曰:"臣两日来见皇太子学问精深,臣不能仰补万一,敢先启过皇太子,即具疏诣通政司奏闻皇上,求解此任。"皇太子曰:"皇父命汝辅导才及三四日,何为遽萌此意?汝殆见予每日读书,写字尚少,故欲辞任?果尔,予当再增功课,无为具疏以辞也。"斌又启曰:"皇太子每日功课甚多,臣岂敢因此告辞?"皇太子曰:"前皇父命汝时,汝何故不辞耶?"斌启曰:"彼时皇上始有谕旨,臣一时意见不及,故未辞奏。"皇太子曰:"汝之所请非予可以擅专,汝自面奏皇父可也。"斌叩头退。于时日已正中,甚暑。皇太子不挥扇,不解衣冠,端坐无惰容,而达哈塔、汤斌、耿介不能支持,斜立昏盹而已。皇太子随又写清书一纸毕,令达哈塔近前校对,复令诸臣观之。……皇太子又温诵《礼记》数节、经义一篇,各一百二十遍。诵毕,顾汤斌曰:"太皇太后明日幸畅春园,皇父于五鼓还宫恭迎,予应随去否?"斌启曰:"此事宜启奏皇上。"皇太子曰:"奏皇父自不待说,但应去与否,须咨汝以决。"斌启曰:"皇上一言一动俱成礼法,自当请旨以定去留,臣不敢擅便。"皇太子进膳,又赐诸臣食。

食毕,上复至斋中,命移案近南荣。皇太子、皇长子、皇三子、皇四子、皇五子、皇七子、皇八子俱侍。汤斌奏曰:"皇上教皇太子过严,当此暑天,功课太多,恐皇太子睿体劳苦。"上曰:"皇太子每日读书,皆是如此,虽寒暑无间,并不以为劳苦。若勉强为之,则不能如此暇豫。汝等亲见,可曾有一毫勉强乎?"因命尹泰、德格勒传谕曰:"朕宫中从无不读书之子。今诸皇子虽非大有学问之人所教,然已俱能读书。……今特召诸皇子至前讲诵,汝等试观之。"因取案上经书十余本,亲授汤斌曰:"汝可信手拈出,令诸皇子诵读。"汤斌随揭经书,皇三子、皇四子、皇七子、皇八子以次进前,各读数篇,纯熟舒徐,声音朗朗。……上曰:"朕幼年读书必以一百二十遍为率,盖不如此则义理不能淹贯,故教太子及诸皇子读书皆是如此。顾八代曾言其太多,谓只需数十遍便足,朕殊不以为然。即皇太子写字,向来仿史鹤龄,每写一纸,朕改抹者多,加点者少,未尝加圈。昨岁宣示内阁之时,汤斌等已皆知之,诸皇子在宫中从无人敢赞好者。若有人赞好,朕即非之。昨讲官入直,亲见皇太子读书、写字,有称扬之语,皇太子才始闻得人说一好字耳。"随命汤斌等写字。斌写唐诗一首,耿介写陈语一行,字俱平常。

六月十一日丁巳。

......

巳时,皇太子读书无逸斋。达哈塔、汤斌、耿介入,行礼毕,侍立于东。詹事尹泰亦侍立于东。起居注官伊图、高裔侍立于西。皇太子朗诵《礼记》数节、经义一篇,汤斌乃捧书跪听皇太子背诵。皇太子复读新书,顾斌曰:"长长字还应作上声,其二曰其三曰应读。"斌承命圈点讫。皇太子读新书毕,即写楷书。甫写时,耿介忽仆。皇太子问其故,汤斌启曰:"耿介早间头晕,臣等强起之乃入内,今痰气忽发,以故不能立。"皇太子令在外暂休,侍卫扶出。皇太子曰:"耿介老病,且时值暑热,应即遣归,但无皇父之旨,不敢擅遣,应奏闻。"顷,上令侍卫谕曰:"耿介老病可怜,在内功课从来甚久,彼何能奉侍?令暂回调摄,遣御医视之。"

......

皇太子复坐无逸斋,授汤斌四书一部,曰:"汝检出难者,予为讲解。"汤斌随出"樊迟问知"一章、"康诰曰克明德"一章、"仲尼祖述尧、舜"一章、"惟天下至圣"一节、"其为气也"二节。皇太子讲解,声韵顿挫铿锵,词不繁而精义奥旨无不毕露。皇太子问曰:"古井田之制,八家为井,人各百亩。若不及百亩,七十亩、八十亩,或偏隅之地,作何均分?予未了彻,尔试讲之。"斌不能讲。时已薄暮,诸臣出。

六月十二日戊午。

......

是日早，皇太子读书无逸斋。达哈塔、汤斌入，行礼毕，侍立于东。詹事尹泰亦侍立于东。……汤斌启奏曰："辅导东宫，责任重大。皇上曾命九卿选择，九卿诸臣两次回奏，皆云实难其人。不意皇上委臣是任，臣不胜恐惧，力辞奏请，皇上不允。数日来奉侍左右，仰见皇太子天亶聪明，皇上朝夕豫教，故能洞悉群书，睿学渊邃。若臣学本浅陋，且年齿衰迈，于皇太子实无少补，臣已将此情具本送至通政司矣。"皇太子曰："尔虽启奏，未奉皇父之旨，予何敢擅专？"汤斌启奏曰："臣非敢欲遽离左右，但以臣情由启知皇太子耳。"……皇太子朗诵《礼记》数节、经义一篇各数遍。命汤斌执书背诵，音韵铿锵，极其纯熟，即书旨俱已隐然宣露。汤斌启曰："新上《礼记》或逐篇挨读，抑摘取诵读？"皇太子曰："'檀弓亦逐'篇尽读，无所避忌。"汤斌遂以朱笔点定新读《礼记》数节及经义一篇，进呈皇太子。……

已时，皇太子仿帖书汉字一幅，临池正容端坐，连书数百余字，一笔不苟。付汤斌看，汤斌阅毕，启曰："书法匀且秀。"复捧与记注官朱都纳、米汉雯看毕。……

晚刻，出无逸斋前，习射三次，射法精妙，发多中的。射毕，复入无逸斋。令旨命汤斌至前，付以《四书》曰："尔于此中不拘何章，随便摘出，予将讲之。"汤斌启曰："数日奉侍皇太子，恭听讲解，知睿学极为渊深。皇太子本以天亶聪明，加之皇上豫教，故能至此，臣焉敢复令皇太子讲书？自古太子三日一进讲，隆冬盛暑俱暂停止。今皇太子讲书一日无间，虽元旦佳节封印之期亦不少辍。近日在内，恭睹皇上庭教甚严，自古未有。睿学大成，不但臣才疏陋，实无少补，即通国亦未有能胜此任者矣。向来日讲时，清晨进讲毕，到家犹可少憩。日来奉侍左右，直至日暮，实为疲惫。臣若稍可支吾，臣虽谫劣，日聆皇太子讲解，臣学亦有进益。躬亲圣人，乃臣之大幸也!"皇太子曰:"'圣人'二字予何敢当?予若不亲讲,则皇父问及何以奏对?"汤斌乃就榻前摘出《中庸》内"知斯三者"一节,《论语》内"知者乐水"一章、又"舜有天下选于众"一节,又《孟子》内"分人以财谓之惠"一节。皇太子开卷即讲,毫不思索,言简意赅。汤斌启曰:"皇太子讲解极其明晰,诚如九卿所云,辅导之责难得其人也。"

六月十三日己未。

早,皇太子读书无逸斋。汤斌入,行礼毕,侍立于东。起居注官翁叔元、博济侍立于西。皇太子命诸臣坐,诸臣叩头就坐。皇太子朗诵《礼记》数节、制义一篇各数遍。背诵讫,汤斌前跪进本日所读书,用朱笔点讫。皇太子读毕,进膳,赐诸臣食。

巳时,皇太子作书。书完,以所书汉文示汤斌等。斌启曰:"确是钟王的派。"叔元启曰:"皇太子书法于端楷中有飞动之致,兼晋、唐人之长,真一笔不苟。"……汤斌启曰:"皇太子天资既高,学力又到,故于满汉书法无不精工。臣前此初进讲《论语》时,即聆皇太子亲讲'志壹则动气,气壹则动志'二语,知皇太子已精通《孟子》。向闻皇太子熟读《易》、《书》二经,今又知读《礼记》,因是具悉皇太子在内庭工夫严密,皇上谕教勤劳,实非臣等所能仰窥万一。"……

皇太子命汤斌曰:"尔可展书拈出某章,以便予讲解。"斌辞不敢,皇太子强之,斌乃进前,跪指《大学》"所谓治国"一节,《论语》"道之以政"、"吾十有五而志于学"二章。皇太子讲解,口无停滞,洞中理解。……汤斌叩头启曰:"臣至愚极陋,荷蒙皇上隆恩拔擢,苟可竭其驽钝,死亦不辞。但皇太子如此天姿,如此学问,皇上如此谕教,圣父、圣子亘古所无,臣自揣何人,岂能仰佐万一?且臣衰老已极,精神实不能支,万万不敢当此任也。"

是日也,皇太子自卯至酉,正襟端坐,读书则节奏朗然,写字则声容不动,左右侍侧,莫不叹服。

六月十四日庚申。

早,吏部尚书达哈塔,詹事府詹事尹泰,起居注官戴通、胡会恩至畅春园门外,礼部尚书、管詹事府詹事汤斌因病后至。

辰时,侍卫尔格、海青令诸臣入侍,汤斌称病不能入侍,祈转奏。尔格等入奏。少顷出,传谕曰:"尔系何病?是旧病耶?尔今病,皇太子暂停讲,俟尔病痊进解耶?"汤斌奏曰:"臣在家时有心痛旧症,近来复发,实不能入侍。日内臣虽入侍,不曾进解。恭听皇太子讲书,伏见皇太子学问精深,皆由我皇上谕教有素。皇太子乃宗庙社稷根本,关系非轻,当此天气暑热,诚过劳。臣更有衷悃之言,《论语》云:'无友不如己者。'臣本非敢妄比,但臣学疏年迈,一毫无补,反致有损。"尔格、海青入奏出,复传谕曰:"朕平日教皇太子亦不过粗讲大概,日来委任尔等,朕已宽心。今闻尔病,朕心为之不安,尔且归调治。皇太子仍照常读书、写字,止暂停讲书,俟尔病愈之日照前讲书,尔等同来。向来非但皇太子功课寒暑不令间断,即诸皇子亦不令间断也。"

七月初三日己卯。
……

大学士觉罗勒德洪、明珠、王熙、余国柱等以折本请旨:尚书汤斌明白回奏,及尚书达哈塔所奏,命九卿公阅事。上曰:"九卿云何?"勒德洪奏曰:"九卿云:浑齐分户之处殊未明晰,达哈塔不能断理此事,应交该部审理。"上曰:"汤斌三次回奏,方始据实。"王熙奏曰:"此疏内但云擅执朱笔,并未申明擅执朱笔之故。圣明无远勿届,无微勿照。汤斌隐蔽妄奏,并未题明,在皇上之前犹且如此,倘在远方,更不知何如矣!皇上宽大无所不容,如此尚不据实陈奏,糊涂粉饰,诚大戆不如也。"余国柱奏曰:"汤斌假称道学,其实假不到底。"上曰:"尔等曾言汤斌为恺悌君子。"王熙奏曰:"臣等一时为虚名所误,此实臣等不能知人之罪,臣何敢置辨?"上曰:"尔等俱诚实人。前九卿举江苏巡抚时,曾举孙在丰。朕不用孙在丰而用汤斌,其后居官颇优,故补授尚书。达哈塔曾因才力不及,随旗行走,后以魏象枢荐举,又屡擢至尚书。今伊等俱欲为师为相,行止较前大相违背。且国家用人,或视其才能,或视其操守,有才能者当勤于办事,有操守者当益励清修。今或肆行议论,或钳口窃叹。前因达哈塔不能办理吏部之事,令葛思泰助之,且内阁亦有因人成事、尸位素餐者,不亲试其人而用之可乎?今可命九卿传汤斌至,详问擅执朱笔缘由。传达哈塔至,详问浑齐分户缘由。达哈塔与汤斌同事,汤斌等屡有失仪处,亦著问达哈塔。今日命九卿会议之事,达哈塔、汤斌亦著与议。朕非有意难之,正欲深知之耳。"

七月初四日庚辰。

辰时,上御畅春园。……觉罗勒德洪奏曰:"以汉话问汤斌,汤斌汉话答之,臣不明晰。"上曰:"凡事洞晰方可办理,若不洞晰,如何办事?"明珠奏曰:"九卿以擅执朱笔问汤斌,汤斌云:皇太子写仿毕,以朱笔付我,命将不好字×之。我即启皇太子曰:"我岂敢×皇太子之字耶?皇太子令旨曰:皇父有旨。因愚见不到,将皇太子仿内甚好之字擅加圈点。后知受朱笔圈点之罪,即在皇上前请罪,故疏内未全写出。"达哈塔言汤斌失仪,云皇太子写仿时,汤斌执书昏倦,以面掩书,惟垂头而已。上曰:"票签仍照常送进。"

七月三十日丙午。
……

大学士觉罗勒德洪奏曰:"臣等会同议政王公议得,向来服色亦曾屡行禁约,往往不可行而止。今若复加申禁,则小民舍现在所用之物另行置办,势必至于苦累。"上顾达哈塔曰:"尔曾云宜加禁约,今又以为不可行,何也?"达哈塔免冠叩首,奏曰:"臣本庸劣之人,一时妄奏。今议政王及诸大臣皆云行之不便,臣始自知其非,即加以重罪,亦无憾也。"汤斌免冠叩首奏曰:"臣罪当死,蒙皇上屡次宽宥,真天高地厚之恩。臣本愚昧,前者妄行陈奏。今思农桑为民生本业,若如此严禁,则商贾不通,民将何所依以为生计?似宜照旧例行。"勒德洪免冠叩首奏曰:"前因伊等陈奏,故臣亦以为宜行禁止。以今观之,果不便行也。"

八月初一日丁未。
……

大学士觉罗勒德洪、明珠、王熙,学士吴祖等以折本请旨:吏部议少詹事耿介借老称疾求去,应革职。尚书汤斌将无德无行如尸之耿介充贤特荐,应革职。上曰:"汤斌从宽免革职,著降五级留任。耿介从宽免革职,著革去少詹事,以原任道员品级休致。"

九月丙申。
礼部尚书、管詹事府事汤斌为工部尚书。

九月二十八日癸卯。
……

大学士觉罗勒德洪、明珠、王熙、余国柱等以折本请旨:吏部题补詹事府正詹汤斌升任员缺,开列候补正詹王扬昌等。上曰:"詹事职任最为紧要。朕观张英为人谨慎,学问亦优,在内廷年久,所行并无不端,着以礼部侍郎兼管詹事府事。"

校记
① "遗"似为"遗"字误。

《清实录》中有关资料

康熙二十三年
六月丁巳。
上谕大学士等曰:"凡所贵道学者必在身体力行,见诸实事,非徒托之空言。今汉臣内有道学之名者甚多,考其究竟,言行皆背。如崔蔚林之好事,居乡不善,此可云道学乎?精通道学自古为难。朕闻学士汤斌,曾与中州孙钟元相与讲明道学,颇有实行。前典试浙江,操守甚善,可补授江宁巡抚。"

八月庚午。
……江宁巡抚汤斌陛辞。上谕曰:"以尔久侍讲筵,老成端谨。江苏为东南重地,故特简用。居官以正风俗为先,江苏风俗奢侈浮华,尔当加意化导。移风易俗,非旦夕之事,从容渐摩,使之改心易虑,当有成效。钱粮历年不清,亦须留意。尔在内阁曾阅章疏,在外督抚所奏凡钱谷刑名大事,多有舛错,致令驳察,尔到地方尤当留意。近日江南吏治稍稍就理,尔能洁己率属,自然改观。"

汤斌出,传谕曰:"汤斌在讲筵年久,今远行,其赐白金五百两,表里十端。"临行之日,仍令入朝,更有谕旨。

十月己卯。

御舟自仪真渡扬子江,泊镇江府西门外。杭州将军马哈达、副都统石文炳,京口副都统张元勋、张思恭,安徽巡抚薛柱斗,江宁巡抚汤斌及地方官来朝。

乙未。

上幸虎丘,顾谓侍臣曰:"向闻吴闾繁盛,今观其风土,大略尚虚华,安佚乐,逐末者众,力田者寡,遂致家鲜盖藏,人情浇薄。为政者当使之去奢返朴,事事务本,庶几家给人足,可挽颓风。渐摩既久,自有熙皞气象。"

……

上幸惠山,谕江宁巡抚汤斌曰:"朕欲周知地方风俗,小民生计,有事巡行。凡需用之物,皆自内府储备,秋毫不取之民间。恐地方或有不肖官员借端妄派,以致扰害穷民。尔其加意严察,如有此等,即指名题参,从重治罪。其沿途供役纤夫,及闻朕巡行至此,远来聚观百姓,恐离家已遥,不能自归,尔逐一详察,多方区画,令其还家。"

《清实录·清圣祖实录》

按:《清圣祖实录》与《康熙起居注》大多重复,不予摘录。

《东华录》中有关资料

康熙十八年三月丙申朔,试博学鸿词,授彭孙遹等五十人翰林官有差。

按召试一等：彭孙遹编修、倪灿检讨、张烈编修、汪霦编修、乔莱编修、王顼龄编修、李因笃检讨、秦松龄检讨、周清原检讨、陈维崧检讨、徐嘉炎检讨、陆葇编修、冯勖检讨、钱中谐编修、汪楫检讨、袁佑编修、朱彝尊检讨、汤斌侍讲、汪琬编修、丘象随检讨。

二等：李来泰侍讲、潘耒检讨、沈珩编修、施闰章侍讲、米汉雯编修、黄与坚编修、李铠编修、徐釚检讨、沈筠编修、周庆曾编修、尤侗检讨、范必英检讨、崔如岳检讨、张鸿烈检讨、方象瑛编修、李澄中检讨、吴元龙侍读、庞垲检讨、毛奇龄检讨、金甫编修、吴任臣检讨、陈鸿绩检讨、曹宜溥检讨、毛升芳检讨、曹禾编修、黎骞检讨、高咏检讨、龙燮检讨、邵吴远侍讲、严绳孙检讨。皆入史馆纂修《明史》。

卷十一

先是，廷臣有言辅导皇太子之任非汤斌不可者。至是上谕吏部曰："自古帝王谕教太子，必简和平谨恪之臣统领宫僚，专资赞导。江宁巡抚汤斌在讲筵时，素行谨慎，朕所稔知。及简任巡抚以来，洁己率属，实心任事，允宜拔擢大用，风示有位。"

卷十二

二十六年五月，不雨，诏臣工直言得失。灵台郎董汉臣以谕教元良慎简宰执奏，御史陶式玉劾汉臣摭拾浮泛之事，夸大其词，请逮系严鞫。下九卿议，有欲重罪汉臣者，寻奉特旨免议。大学士余国柱以汤斌当九卿会议时有惭对董汉臣之语，传旨诘问。斌奏："董汉臣以谕教为言，而臣忝长官僚，动违典礼，负疚实多。"上以词多含糊，令再回奏。斌言："臣资性愚昧，前奉纶音，一时惶怖，罔知所措,年来衰病侵寻,愆过丛集,动违典礼,循省自惭,乞赐严加处分,以警溺职。"上因其遮饰,仍不明晰,严饬之。

卷十四

《清史稿·圣祖记》中有关资料

二十三年。

丁巳,以汤斌为江苏巡抚。

丁卯,余国柱为户部尚书。

丁亥,诏南巡,车驾所过赐复一年。辛亥,次桃源阅河工,慰劳役夫,戒河吏勿侵渔。临视天妃闸,与河臣靳辅论治河方略。壬子,上渡淮。甲寅,次高邮湖,登岸十余里,询耆老疾苦。丙辰,上幸焦山、金山,渡扬子江舟中,顾侍臣曰:"此皆战舰也,今以供巡幸,然艰难不可忘也。"戊午,上驻苏州。庚申,幸惠山,谕巡抚:"百姓远道来观,其不能归者,资遣之。"

《清史稿》中汤斌与彭孙遹、
耿介、窦克勤、郭琇的关系

彭孙遹,字骏孙,海盐人。……顺治十六年进士,授中书,素工词章,与王士禛齐名,号曰"彭王"。康熙十八年,开博学鸿儒科,诏中外诸臣广搜幽隐,备礼敦功,无论已仕未仕,征诣阙下,月饩太仓米。明年三月朔,召试太和殿。发赋、诗题各一,学士院给官纸,光禄布席,赐宴体仁阁下。于是天子亲擢孙遹一等一名,授编修。

自孙逷外,其籍浙江者,又有钱塘汪霦,秀水徐嘉炎、朱彝尊,平湖陆棻,海宁沈珩,仁和沈筠、吴任臣、邵远平,遂安方象瑛、毛升芳,萧山毛奇龄、鄞陈鸿绩,凡十三人。江苏二十三人,曰:上元倪灿,宝应乔莱,华亭王顼龄、吴元龙,无锡秦松龄、严绳孙,武进周清原,宜兴陈维崧,长洲冯勖、汪琬、尤侗、范必瑛,吴县钱中谐,仪真汪楫,淮安丘象随,吴江潘耒、徐钪,太仓黄与坚,常熟周庆曾,山阳李铠、张鸿烈,上海钱金甫,江阴曹禾。直隶五人,曰:大兴张烈,东明袁佑,宛平米汉雯,获鹿崔如岳,任丘庞垲。安徽三人,曰:宣城施闰章、高咏,望江龙燮。江西二人,曰:临川李来泰,清江黎骞。陕西一人,曰:富平李因笃。河南一人,曰:睢州汤斌。山东一人,曰:诸城李澄中。湖北一人,曰:黄冈曹宜溥。凡五十人,皆以翰林入史馆。其列二等者,亦多知名之士,称极盛焉。

《卷四百八十·彭孙遹》

二十五年,尚书汤斌疏荐介践履笃实,冰蘖自矢,召为少詹事。会斌被劾,介引疾乞休。詹事尹泰等劾介诈疾,并劾斌不当荐介。寻予假归……

卷四百八十《耿介》

窦克勤,字敏修,柘城人。闻耿介传百泉之学,从游嵩阳。六年,乡举至京师,谒睢州汤斌。一夕请业,斌谓师道不立,由教官之失职。劝克勤就教职,选泌阳教谕。

卷四百八十《窦克勤》

郭琇,字华野,山东即墨人。康熙九年进士,十八年,授江南吴江知县。材力强干,善疑狱。征赋行版串法,胥吏不能为奸。居官七年，治行为江南最。二十五年，巡抚汤斌荐琇居心恬淡，莅事精锐，请迁擢。部议以琇征赋未如额，寝其奏。圣祖特许之行取，授江南道御史。

……大学士明珠权柄，与余国柱比，颇营贿赂，权倾一时，久之为上所觉。琇疏劾明珠与国柱结党行私，详列诸罪状，并及佛伦、傅拉塔与辅按：指靳辅。等交通状，于是明珠等降黜有差。琇直声名天下，迁太常寺卿。

卷二百七十《郭琇》

《清史稿》中汤斌与明珠、余国柱、王鸿绪、靳辅、萨穆哈等朝臣的关系

二十四年，河道总督靳辅请于高邮、宝应诸州县筑堤，束黄河注海。按察使于成龙主浚海口，下廷臣议，用辅策。上询日讲官籍江南者，侍读乔莱力请用成龙策。上曰："乡官议如此，未知民意如何？"令萨穆哈与学士穆成额会漕运总督徐旭龄、巡抚汤斌详察民间利害。萨穆哈等行历海口诸州县，诸州县民陈状参差不一。檄诸州县，令各择通达事体者十人询利害，皆言浚海口不便。二十五年，萨穆哈还奏，谓详问居民，从成龙议，积水不能施工；从辅议，水中亦不能取土，请两罢之。是时成龙召诣京师，上命廷臣及萨穆哈、成龙再议。成龙言浚海口当兼治串场河，费至百余万。廷臣以为费钜，疏请停。未几，斌入为尚书，奏言："海口不急浚，再遇水，下游诸州县悉付巨浸。"上召问萨穆哈，萨穆哈不坚执前奏。复下廷臣议，始定用成龙策。上责萨穆哈前覆奏不实，夺官。

卷二百八十六《萨穆哈》

明珠既擅政,簠簋不饬,货贿山积。佛伦、余国柱,其党也,援引致高位。靳辅督南河,主筑堤束来水,不流不浚自通。于成龙等议浚下游,与异议。……

与索额图互植党倾轧。索额图生而贵盛,性倨肆,有不附己者显斥之,于朝士独亲李光第等。明珠则务谦和,轻财好施,以招徕新进,异己者以阴谋陷之,与徐乾学等相结合。索额图善事皇太子,而明珠反之。朝士有侍皇太子者,皆阴斥去。荐汤斌傅皇太子,即以倾斌。

卷二百六十九《明珠》

当明珠用事,国柱务罔利以迎合之。及内转左都御史,迁户部尚书,汤斌继国柱抚江苏,国柱索斌献明珠,斌不能应,由是倾之。

二十六年,授武英殿大学士,益与明珠结,一时称为"余秦桧"。会上谒陵,中途召于成龙入对,成龙尽发明珠、国柱等贪私。上归询高士奇,士奇亦以状闻。及郭琇疏论劾,言者蜂起。国柱门人陈世安亦具疏纠之,颇中要害,国柱遂夺官。既出都,于江宁治第宅,营生计,复为给事中何金兰所劾,遂命之回籍,卒于家。

卷二百六十九《余国柱》

(王鸿绪)二十六年擢左都御史。会灵台郎董汉臣疏陈时事,以谕教元良,慎简宰执为言。御史陶式玉劾汉臣摭拾浮言,欺世盗名,请逮治。鸿绪疏言:"钦天监灵台郎、博士等官,不择流品。星卜屠沽之徒,粗识数字,便得滥竽。请敕下考试,分别去留。"下部议行。汉臣及博士贾文然等十五人并以词理舛误黜。初,以式玉疏下九卿集议,尚书汤斌谓:大臣不言,惭对汉臣。汉臣既黜,鸿绪偕左都御史瑢丹、副都御史徐元珙合疏劾斌务名鲜实，并追论斌江宁巡抚去任时巧饰文告，以博虚名。上素重斌清廉，置弗问。

卷二百七十一《王鸿绪》

二十四年，成龙议疏海口泄积水，辅谓下河地卑于海五尺，疏海口引潮内侵，害滋大，议自高邮东车逻镇筑堤，历兴化白驹场，束所泄水入海。……

上颇右成龙，遣尚书萨穆哈、学士穆成格诣淮安，会漕督徐旭龄、巡抚汤斌详勘。

二十五年正月，萨穆哈等还奏，谓民间皆言浚海口无益。寻授成龙直隶巡抚，罢浚海口议。四月，召斌为尚书，入对，上复举其以问。斌言：浚海口必有益于民。上责穆萨哈、穆成格还京时不以实奏，夺官，召大学士及(乔)莱等定议浚海口，发帑二十万，命侍郎孙在丰等董其役。

卷二百七十九《靳辅》

《国史文苑传》中有关资料

初，圣祖仁皇帝尝问廷敬按：指翰林院学士陈廷敬。："今世谁能为古文者？"廷敬举琬以对，遂荐琬应鸿博，及琬病归，仁皇帝南巡，还次无锡，谕巡抚汤斌曰："汪琬久在翰林，文名甚著，近又闻其居乡不与闻外事，是诚可嘉。"特赐御书一轴，当时荣之。

《卷上·汪琬传》

追　祀

　　礼部钦奉上谕事：……大学士魏裔介谥文毅、王熙谥文靖、李之芳谥文襄、张玉书谥文贞、张英谥文端、吴典谥文端、李光地谥文贞、张鹏融谥文端、尚书汤斌谥文正、姚文然谥端恪……

雍正十一年六月初六日《崇祀贤良祠录》

　　汤斌学问深醇，经猷茂著，不愧名臣之风采。均推圣世之羽仪，德业久著于当时，声望流传于今日，允宜按厥生平追锡美谥，以垂永久。……钦定谥号文正，工部给碑价银三百五十两，本家自行建立，碑文撰拟钦定。……皇帝遣官谕祭，于乾隆二年八月二十八日立碑。

《谥文正公录》

乾隆皇帝钦题文正碑文

　　朕惟人臣事君忠清为重，其有原本理学，砥砺官方，为一代之纯臣。接先儒之正脉者，则必溯厥曩微，褒嘉美谥，升诸祀典，树以丰碑，所以久而愈彰也。

　　尔原任经筵讲官、工部尚书汤斌，资器凝厚，品诣端醇，讲学乡邦，深体六经之蕴。历官禁近，每持一介之操。膺节钺以宣猷，膏流南国；矢寅清而祀典，望著中朝。冰衔兼领于宫端，水部仍趋于讲席。秉刚方之直节，生被殊荣；锡文正之嘉名，没垂永誉。功宗聿祀，琬琰为昭。

於戏！诚意正心，不负生平之所学；先忧后乐，如亲当日之高风。视此贞珉，光于奕世。

乾隆二年八月二十四日

请求汤斌从祀文庙疏①

伏思本朝儒臣大不乏人，其他自不敢枚举，而天下士大夫所翕然同称者惟陆陇其、汤斌为最。康熙时号称"汤陆"，而汤之名犹在陆之上。陆之学恪守程朱，固无遗议。汤之学其初用王守仁良知之言以立脚根，而居敬以立体，穷理以致用。既尊德性，复道问学，实与程朱同出一辙。臣观其与同辈往复论学诸书，谆谆然以横分畛域，妄起戈矛为戒。广大宽和，尤为得体。《四库全书》提要特称其"能持新安、金溪之平"。

臣详查汤斌忠孝性成，幼即慕学。顺治壬辰进士，授职词垣，旋擢潼关道，升岭北道参议，俱有异政。终养回里时，有容城孙奇逢讲学苏门，犹折节奉贽。久之以荐起制科，授职史馆，纂修《明史》。出抚江左，正己率属，兴利除弊，政绩尤多。入值经筵，启沃勤恳，圣祖仁皇帝眷注甚隆，凤会议大事，必问汤斌云何。旋以疾终，朝野同慨。雍正十一年奉旨入祀贤良祠，赐谥文正，并颁制碑文、祭文。当时有以从祀请者，部议颇以著书尚少为疑。然祀典虽未即定，犹奉旨有"日久自有论定"之言。又于乾隆五年奉谕："汤斌、陆陇其学术醇正，言行相符，此二人者允为一时之冠，天下人士至今传诵之。"臣愚，窃以为先臣汤斌学术深醇，事业昭著，不减前贤。至以著书尚少为疑，则不言而躬行，正圣门所贵，德行之科所以先于文学。

臣束发受书,稍识趋向,而于汤斌之学心切爱慕。尔来三载视学河南,经其故里,访求遗书,得其家所藏选订《嵩谈录》读之,平生问学,本末具存。读其文集,居官奏疏,经国讦谟,忠肝古道,谊体用行。其他杂文,亦无不可见其躬行心得之实。《四库全书》载《汤子遗书》十卷,谓"其坚苦自持,事事讲求实用;奏议规画周密,条析详明,不同迂论",非溢美也。

我皇上崇儒重道,上与列圣同符。登极以来优礼士类,兹于二月丁未亲谒文庙行释菜礼,又于二月十三日临雍讲学,鸿仪茂举,天下响风。先臣汤斌应否从祀之定论,或有待于陛下。

道光三年正月二十三日,通政司参议卢浙奏折

校记

① 题目为辑校者所加。

再请汤斌从祀文庙疏①

伏思先儒之付飨庙廷,必其人扶持名教,羽翼圣经,始克升诸从祀之列,典至巨也。

兹查阅国史所载《汤斌列传》,既汤斌文集内载:汤斌,籍隶河南睢州,顺治四年补学宫弟子,五年举于乡,六年会试中式,九年成进士,授职词垣。历官潼关道、岭北道参议,由博学鸿儒改授侍讲,洊升内阁学士、江苏巡抚、礼部工部尚书、管詹事府事。亦其生平崇实践,励清操。顺治年间有旨褒其"品行清端",康熙年间有旨称其"老成端谨",嗣复谕吏部以"汤斌在讲筵时素行勤慎,任巡抚时洁己率属，实心任事，宜拔擢大用，以风有位"。是汤斌之品学仰蒙列圣褒嘉，昭然载诸史册。至其政事，则禁侈靡，兴教化，举善惩贪，兴利除弊。而其尤著者，如官岭北时巨寇李玉廷伏戎深山密菁中，汤斌设计擒获，地方乃靖。巡抚江苏时毁流俗不经之祀，化轻生好斗之风，奏豁积年民欠，议减苏、松赋额，民心爱戴，至今歌颂不衰。即其奉旨回京时，苏民送者十余万人。德政感人之深可想见其贤。其他奏议忠言谠论，剖切详明，正色立朝，始终一节。所学出于孙奇逢，主于坚苦自持，事事讲求实用。著遗书十卷，并《洛学编》等书，俱深醇笃实，中正和平，询能倡明正学，远契先圣心传，与陆陇其相等而事业过之。

康熙年间奉旨入祀陕西、江西、江南名宦祠，雍正年间奉旨入祀贤良祠，乾隆元年赐谥文正。四十六年，尹嘉铨以汤斌及范文程等五人从祀奏请，钦奉高宗纯皇帝谕旨，以汤斌曾侍读理密亲王，未能尽心辅导，于褒傅之道有亏，未蒙允准。嗣于四十八年复奉谕旨，以理密亲王性情乖张，即特选公正大臣如汤斌者为之辅导，亦不能有所匡救。是理密亲王不能受汤斌辅导之益，早在圣明洞鉴中。

臣等伏思后夔典乐无以化朱均，尚父陈书不能匡管蔡。理密王缘心疾未余，情性变易，终至获咎。汤斌之未能匡救，尚非若范文程等之身有遗行者可比。至其品学精醇，政绩卓著，天下士大夫无不心悦诚服。臣等悉心核议，应如该参议所奏，准其从祀文庙东庑，在明臣罗钦顺之次。……

道光三年二月二十一日礼部尚书玉麟奏折

校记

① 题目为辑校者所加。

道光皇帝同意汤斌从祀文庙谕旨①

同日奉到上谕：礼部议复通政司参议卢浙请以汤斌从祀文庙一折，原任工部尚书汤斌学术精醇，顺治年间有旨褒其"品行清端"，康熙年间有旨称其"老成端谨"。至其政绩卓著，则禁侈靡，兴教化，举善惩贪，兴利除弊。官岭北时擒获巨寇以靖地方。巡抚江苏时毁不经之祀，化斗狠之风，奏豁民欠，议减赋额。还京之日部民送者十余万人。其余忠言谠论，剀切详明。正色立朝，始终一节。所学主于坚苦自持，事事讲求实用。著书立说，深醇笃实，中正平和，询能昌明正学，远契心传。汤斌著从祀文庙东庑，列于明臣罗钦顺之次，以崇实学而阐幽光。钦此。

《追祀》及其以下至此资料见《睢州汤氏族谱》

校记

① 题目为辑校者所加。

轶事、杂记

汤潜庵先生逸事

方　苞

睢州汤公内召时，吴人已建生祠，刻石纪德政；其殁也，巷哭里奠，缙绅学士争为诔表传记。其家有状，有志铭，有编年之谱。而德教在民，及诈不信之先觉，耳目众著，足为万世标准者，尚逸四事焉。

公巡抚江苏时，上言："岁侵免租，民困少苏而已。必屡举于丰年，富乃可藏于民。免当年之租，半饱于有司胥吏。故每遇国有大事，或水旱形见，不肖者转急征以待赐除。必预免次年，然后民不可欺，吏难巧法。"圣祖皇帝深嘉与之，遂定为经法。康熙年间，特谕户部："自今以往，海内农田正赋编折银，通三年轮免一年，周而复始。直省均以遍皆预免，不问丰凶。"其后虽以西边事起中辍，而大训炳然，籍藏于故府，圣子神孙，当重熙累洽之余，必将继志述事焉。是公之讦谟，实受其福者，非一世也。

淮泗涨漫，山阴、盐城、宝应、高邮、兴化、泰州、如皋七州县荡析离居。上南巡，命浚海口以泄积水，敕于成龙主工桯。寻以廷臣议，使受靳辅节制。成龙议工费八十余万，辅议海口沙淤，非起高邮车逻镇筑高堤，束内水高丈余，不能出海，费二百七十八万。上召辅及成龙面询，成龙力排辅议。淮南士大夫惧伤坟墓田庐，亦廷争之。乃命尚书萨木哈、学士穆成格，会公及总漕徐旭龄合勘，兼问七州县耆老云何。辅议本执政主之，至是，上心颇是成龙。廷臣知辅议势不行，欲并罢成龙功役。淮南士民言浚海口不宜，罢工者十八九，谓宜并罢者亦十之一二。使者意向之，公力争，使者曰："公言吾当口奏。"及公内召，上语及海口，公对："开一丈有一丈之利，开一尺有一尺之利。"上愕然，曰："尔时汝胡不言？"公乃具陈前事。诘旦，召二人与质对，二人强辨，公徐曰："某故知有此，汝行后即汇士民呈牒并谋议，具文书印册存漕臣所，漕臣亦如之存巡抚所。檄取，旬日后可复视也。"二人语塞。上怒，立罢之，而发官帑，遣工部侍郎孙在丰往浚下河。

公里人有受业公门者，以黄门奉使过苏谒公，曰："吾师方严，孰敢以事请？但东南盐政大病于商民，已闻知否？"公曰："吾不知。"因条举数事，每发，公诘难，正言其非。乃出，谢商人曰："吾师素明达，独于兹事未谙，见谓无一可行。"比使归逾月，次第禁革，一如所言。黄门每语人曰："吾师至诚，而或以术驭人，贤者固不可测也。"

苏之巨室有优，恃容仪，每阑入民宅，多见貌相，悦而与之私。或结党行强，所犯累累，有司不敢诘。闻公至，数月不出。公使人微迹而得之，痛予杖，戒毋伤筋骨。严伺守，故疮将合，更薄笞。朔望缚载以徇于市及四郊。久之，肤剥见骨，逾半岁始瘐死。由是，奇邪浮淫者心悸，相劝改前行。

盖公之诚明仁勇皆学问中出,故道足以济物而政无所偏。即此四事已足征公治法之全矣,而记述者乃逸之,以是知纪事纂言非于道粗有所闻,不能无失其体要也。

　　余游吴门,与蔡忠襄之子方炳善,告余以势家深心疾公之由。客京师,见四明《万斯同传》、慈溪《姜辰英逸事记》,备载构公者之阴谋巧言,而状志、年谱皆阙焉。或事相抵,或大体合而节目有异同,乃征于桐城张文端、安溪李文贞、长洲韩宗伯、钱塘徐冢宰,皆曰:"三君子之言信而有征。"盖公未尝以语家人,而士大夫各述所闻之显迹,亦未能究悉其所以然,故语焉而不详耳。乃并著之,俾公之子孙就而求索,以上之史馆,而三家之子孙,亦籍是以不殁其先人所传述也。

本祠堂本《汤子遗书》卷首

汤司空逸事

方　苞

　　国朝语名臣,必首睢州汤公。公自翰林出为监司,年四十从孙征君讲学夏峰,质行著河漳。其治绩吴淞十郡儿童妇女皆耳熟焉。立朝之节,同时士大夫多知之。惟受特知于圣主,而卒困于佥壬。其致怨之由,相构之迹,虽门人子弟或不能详也。

　　公巡抚江苏时,执政明珠有家隶言事多效,公卿震慑,所至大府常郊迎。过苏,畏公威声,弗敢谒。自监司以下朝夕候其门,公闻,使召之,将命者用故事以客礼请。从骑数十至辕门,顾谓左右:"主人出迎何迟也?"久之,辟大门传呼,大惊,窘迫,脱厮舆服被之入。至阶下,见公南面坐,乃跪而听命。公曰:"汝主与我同朝,闻汝来,故以酒食犒汝。"命门卒为主人。其人渐沮,即日去苏,归诉之,谋致难于公。

而公声绩甚焯,上方乡公,念公在外,无从得事端。会太子出阁读书,乃为上言:"汤某以理学为时所崇,辅教太子,非某不称。"上然之,遂以詹事征。公之内召也,比郡士民争以农器什物塞水陆道,不可行。公示谕:"吾在外,不能为父老德。往者屡请核减浮粮,并为廷议阻。今入见天子,且面陈之。"余相国国柱者,执政私人也,得此以告曰:"曩议皆上所可也。'善则归君,过则归己',而市于众以为名。使上知此,立蹶矣。"比公至,语已上闻,而公未之知。

进讲东宫,首《大学》"财聚民散"数则。毕讲,东宫入侍,上问所肄,具以闻。上曰:"此列国分疆时语也。若海内一统,民散将安之?试询之!"公具陈秦、隋土崩状,且言:"一统而民散,祸更烈于分国时。"上闻,犹谅其忠。

会灵台郎董汉臣上书,指斥时事及执政大臣,下内阁九卿廷议。执政惶悚,不知所为,议与同列囚服待罪。王相国熙继至,貌甚暇,徐曰:"市儿妄语,立斩之,则事毕矣。"执政曰:"上阅奏至再三,亲点次,类嘉与之,奈何君言若是?"王笑曰:"第以吾言入,视何如?"时公为宗伯,最后至,余相国述两议以决于公,公曰:"彼言虽妄,然无死法。大臣不言,故小臣言之,吾辈当自省也。"国柱曰:"此语可上闻乎?"公曰:"上见问,固当以此对。"执政入奏,国柱尾其后而与之语。命下,董汉臣免议。自是上滋不悦公。

戊辰,京师人争传上将籍公内府,为旗人表率。时公以兴作,度材于通州。某月某日,日下铺忽返,招乡人某官与语。客退,独坐一室。向晦,语家人:"吾腹不宁。"夜半遂殁。

既殁逾月,上与诸大臣语曰:"吾遇汤某特厚,而怨讪不休,何也?"众曰:"无之。"上曰:"廷议董汉臣,彼昌言:'朝无善政,君多失德,大臣不言,故小臣言之。'尚不为怨讪乎?"含怒而不发,众乃知公为执政及国柱所倾也。非上宽仁,凤重公,公以此无类矣。

公之以执政家隶生衅也,余闻之苏人蔡忠襄之子方炳及其族子又韶。其以董汉臣之议见诬,闻之相国桐城张公英、安溪李公光地。余国柱与执政比而倾公,闻之冢宰钱塘徐公潮。公之死,闻之孙征君之孙泘。公之孙之旭,余同年友也,叩公遗事,皆未之前闻,恐久而众说异端,故著其所闻于目击公事者。

钱仪吉《碑传集》卷十六

汤中丞杂记

冯　景

予问黄进士春江:"汤中丞潜庵,自明至今抚吴者谁比?"曰:"海忠介、周文襄,得公而三。"因言:公莅任时,某亲见其夫人及诸公子衣皆布,行李萧然,类贫士。而其日给惟菜韭。公一日阅簿,见某日市只鸡,公愕问曰:"吾至吴,未曾食鸡,谁市鸡者乎?"仆叩头曰:"公子。"公怒,立召公子,跽庭下而责之曰:"汝谓苏州鸡贱如河南邪,汝思哦鸡,便归去。恶有士不嚼菜根而能作百事者哉?"并答其仆而遣之。公生日,荐绅知公绝馈遗,惟制屏为寿。公辞焉,启曰:"汪琬撰文在上。"公命录以入而返其屏。

及内擢詹事,将行,百姓号呼如儿失母,罢市三日,各绘像以祀。去之日,穷乡下邑,士女童叟,手焚瓣香,咸来会送。民共阖城门不得出,公劳且慰曰:"我何德,而劳父老乃至于此?"民皆罗拜涕泣,良久乃得行。敝篚数肩,不增一物于旧,惟甘一史则吴中物。公指谓祖道诸公曰:"吴中价廉,故市之,然颇累马力。"

呜呼！清兴以来,八座之中一人而已。宋李及知杭州,在郡数年不市吴中一物,比去,惟市《白乐天集》一部,当时贤之。然李则郡守,而汤公位开府,又贤于幼几远矣。宜其可以媲美周、海而三也。

谨记之以备异日史官之阙。

钱仪吉《碑传集》卷十六

钱仪吉《碑传集》中其他有关资料

其冬,晋侍讲,即援例投牒请假。命下,岁暮矣,轻装出彰仪门。开春过睢阳,拜潜庵汤公殡馆。汤公尝与长宁君论学相契重,后陛见,圣祖询江南贤缙绅,汤公以长宁君对。公既敬汤公为一代伟人,又感汤公不遗幽隐,至长宁君名得彻天听,故尝以师礼事汤公。又恸汤公之困于金壬,而于汤公身后缱绻不已也。

罗有高《奉政大夫、翰林院侍讲、赠光禄大夫、吏部右侍郎加一级彭公定求行状》

常熟翁尚书①者,先生②之故人也,最重先生。是时枋臣③方排睢州汤文正公,而尚书为祭酒,受枋臣旨,劾睢州为伪学。枋臣因擢之副詹事以逼睢州,以睢州故兼詹事也。先生以文头责之,一日而其文遍传京师,尚书恨甚。顾枋臣有长子,多才,求学于先生,枋臣以此颇欲援先生登朝。枋臣有幸仆曰安三,势倾京师,内外官僚多事之,如旧史之萼山先生者,欲先生之一假借之而不得。枋臣之子乘间言于先生曰:"家君待先生厚,然而卒不得大有欤助,某以父子之间亦不能为力者何也？盖有人焉,愿先生少施颜色,则事可立谐。某亦知斯言非可以加之先生，然念先生老，宜降意焉。"先生投杯起曰："吾以汝为佳儿也，不料其无耻至此！"绝不与通。于是枋臣之子百计请罪于先生，始终执礼。而安三闻之恨甚，枋臣遂与尚书同沮先生。

全祖望《翰林院编修姜先生宸英墓表》

校记

① 常熟翁尚书：谓刑部尚书翁叔元。
② 先生：谓姜宸英。
③ 枋臣：谓大学士明珠。

余为童子，闻海内治古文者数人，而慈溪姜西溟其一焉。壬戌至京师，西溟不介而过余，总其文属讨论，曰："惟子知此，吾自度尚有不止于是者，以溺于科举之学，东西奔迫，不能尽其才，今悔而无及也。"时西溟长于以倍而又过焉，而交余若侪辈。其后丙子，同客天津，将别之前夕，抚余背而叹曰："吾老矣，会见不可以期。吾自少常恐为文苑传中人，而蹉跎至今。他日志吾墓，可录者三事耳。吾始至京，明氏之子成德延至其家，甚忠敬。一日进曰：'吾父信我不及信吾家某人，先生一与为礼，所欲无不可得者。'吾怒而斥曰：'始吾以子为佳公子，今得子矣。'即日卷书装遂与绝。昆山徐司寇健庵，吾故交也，能进退天下士。平生故人并退就弟子之列，独吾与为兄弟称。其子某作楼成，饮吾以落之，曰：'家君云名此必海内第一流，故以属先生。'吾笑曰：'是东乡，可名东楼。'健庵闻而憾焉。常熟翁司寇宝林，亦吾故交也，每乞吾文，曰：'吾名不见子集中，是吾恨也。'及翁以攻汤司空斌骤迁，据其位，吾发愤为文，谓古者辅教太子有太傅、少傅之官。太傅审父子君臣之道以示之，少傅奉太子以观太傅之德行而审谕之。今詹事有正贰,即古太傅、少傅之遗也。翁君之贰詹事,其正实睢州汤公。公治身当官立朝,斩然有法度,吾知翁君必能审谕汤公之德行以导太子矣。翁见之怃然,长跽而谢曰:'某知罪矣,然愿子勿出也。'吾越日刊而布之,翁用此相操尤急,此吾所以困至今也。"

方苞《记姜西溟遗言》

睢州汤公之抚吴,不名一钱;及为尚书,没无以殓,公(即徐乾学)亟出囊中金助之。

韩菼《资政大夫、经筵讲官、刑部尚书徐公乾学行状》

我朝前辈汤公潜庵、耿公逸庵,为中州理学之冠,海内学者多宗之。仪封张先生①生于二公之里,幼闻圣贤而喜。比长,毅然有志于学道,孜孜焉深嗜而笃好之,尊信程朱,独得其正,凡稍涉异端邪说,阳儒阴墨之论,举不足以淆其胸中,其为学也醇矣。

……尝考先生生平,抚吴政绩,略同睢州;而尊信程朱,则又近于嵩阳。可谓得二公之所长,而不徒托之空言也。

沈近思《诰授光禄大夫、礼部尚书、加二级赠太子太保、谥清恪仪封张先生墓表》

校记

① 张先生,谓张伯行。

《国史儒林传》中有关资料

二十五年,尚书汤斌疏荐介"践履笃实,冰蘖自矢",召为少詹事。会斌被劾,介引疾乞休,詹事尹泰等劾介诈疾,并劾斌不当荐介,寻予假归。

……中州讲学者有仪封张伯行、柘城窦克勤、上蔡张沐等,皆与斌、介同时。

《国史儒林传》卷上

《清朝野史大观》中有关资料

汤文正之清介三则

汤文正赴岭北道任,雇一骡载袱被出关去。及移疾受代,衣物了无所增。

汤文正公斌抚吴莅任时,夫人、公子皆布衣,行李萧然如寒士,日给惟菜韭。公一日阅簿,见某日市只鸡,愕问曰:"吾至此未尝食鸡,谁市此者?"仆以公子对。公怒,立召公子责之曰:"汝谓苏州鸡贱于河南耶?汝思啖鸡何可归去,世无有士不能咬菜根而能作百事者。"因命跪庭读《朱子家训》,并笞其仆而遣之。及去苏日,唯二十一史为吴中物,公指谓祖行诸公曰:"吴中价廉,故市之,然颇累马力。"其夫人乘舆出,有败絮堕其舆前,老少见者为泣下。

……公生日,缙绅知公绝馈遗,惟制屏为寿,公辞焉。启曰:"汪琬撰文在上。"公命录以入,仍返其屏。

卷五

汤文正之礼贤

……钱塘冯山公景条陈淮扬民困，因万季野上书，汤文正公见书三叹息，语季野致意，且勉立德，功不在徒言也。又尝语沈昭嗣曰："令友冯山公固是不朽人。"又曰："青史名长，不在暂时科第也。"文正公之礼贤下士，能受尽言如此。

卷五

汤文正荐陆在新

长洲陆明府在新为诸生时，敦尚气节，刻苦自励。彭山筑屋，躬耕读书，以孝廉为松江教授，斋规方雅，屏绝贽币。汤文正公抚吴，察其廉勤，以卓异荐。是岁，江南七府一州诸长史登启事者仅君一人，故事未有也。既入都，圣祖召见，赐蟒服，迁庐陵知县，大著声绩，世称文正之知人。

卷五

汤文正之憨直

睢州汤斌……清初顺治九年应选，入二甲，十三年授翰院，为明抗节致命诸臣纪实入国史，文字直书，少顾忌。阁臣冯铨、金之厚[①]两劾之。世祖召至，原奏与观，并温加慰谕。汤秉笔曾不因之少屈。抚苏时，圣祖南巡，江督几欲毁屋修御道，汤力争不可。圣祖至，奖曰："是事颇合朕爱民之意。"并撤御馔赐之。盖是时国基甫定，欲要结民心也。

① "厚"应为"俊"字之讹。

请削门生籍

长洲何焯,康熙时拔贡,赐举人,又赐进士,侍皇八子读。时,徐尚书乾学、翁祭酒叔元方收召海内新进,何亦及其门。会设太子讲官,以汤斌、尹泰、郭棻、舒淑、黄与坚任,汤荐候补道耿介。适清廷下诏求言,灵台郎董汉臣上书,多指斥时事。下九卿议,执政惶恐,与同列囚服待罪。汤于殿廷宣言:"董言虽妄,无死罪。大臣不言,故小臣言之,吾辈当自省。"明珠入告,以汤当会议时有惭对汉臣语,传旨诘问。汤具疏引罪,耿亦以疾乞休,于是翁叔元受要人旨,与尹泰、舒叔、开音布并劾耿实无病,汤妄荐。举朝多不平,何致书翁,请削门生籍,天下快焉。

卷五

何义门索还门生帖之异说

常熟铁庵司寇受要人旨,劾汤文正而据其位,何义门请削门生籍,屡见前人纪载。唯《履园丛话》称即墨郭琇令吴江时,前抚余国柱方掌纶扉,征贿巨万不与,嗾人劾奏,虞山司寇从而和之。长洲贡生何焯在京考选,为司寇门生,遂登翁之门,攘骂不已,索还门生帖,否则改称,不认为师。义门由是知名。与他说稍异,未知孰是。

卷五

汤文正栗主镇压五通神

崇明县学两庑先儒中汤文正公栗主时有疏阙。盖五通神为祟,民间被祟之家辄将公栗主私自移请供奉,则其祟自绝。见俞氏《耳邮录》。按公抚吴时禁绝淫祀,驱攘左道,当时淫昏遁形,或以海外为渊薮,而数百年后精灵灏气,犹复赫赫如斯,吁可敬也。

《述异》

淫　祠

三吴风俗信祀淫祠,康熙间汤文正公抚吴,曾经奏毁。久而禁弛,僧人渐搭房屋,香火复盛,祈祷者又接踵于途矣。道光乙未,江苏按察使裕谦复毁上方山五通祠,获僧傅德、成镒等,严加惩办,并禁民间如有私奉五通、太母、马公等像者,以左道论,由此始得稍息。

闻五通明祖定鼎分封后追赠阵亡毅魄,又由将士而思及兵卒,因取五人为伍意封作五通。以其死无所依,令逢寺庙宴神,必设下筵以享,此五通神之所由昉也。然兵卒奸淫,乃其生前故智,故死犹扰民间,特于贞烈之妇仍不敢祟,所谓邪不胜正也。昆山某氏女年方及笄而有姿色,一夕鸣机窗下,五通忽至前求耦。女曰:"妾尚处子,一有玷,误贻终身。西村有某妇,何不求之?"五通曰:"我曾至焉,奈彼心正不可犯。"女怒曰:"彼心正,我独不正耶?"举坐板扑之,应手而灭,亦无后患云。

《述异》

汤学士梦

左庶子汤潜庵(斌)夜梦登高山,已陟其半,忽一人自后越之先登。汤鼓勇继之,遂至山巅。顾一室空无所有,惟壁上悬麻姑仙坛记,既觉不知所谓。癸亥腊月,阁学缺,特用右坊王庶子俨斋(鸿绪)。甲子二月,阁学复缺,汤遂继擢。上官日,适某督抚疏内有蔡姓名经者,宛平王相公笑云:"蔡京,宋奸臣,胡同其音?"高阳李相公曰:"彼乃京字。此麻姑仙坛记中所云蔡经耳。"汤闻之竦然,事之前定如此。是年六月,特擢汤江苏巡抚,盖麻姑坛在抚州,而蔡经家吴之洞庭也。

《述异》

《清代名人轶事》中有关资料

扁舟访隐

徐俟斋不出山者几四十年,巡抚汤公慕其品望,悉屏驺导,止从一小僮,驾扁舟访焉。鹤迹满径,松影在门,候之良久,竟不获见。叹息而返,吴人两高之。

卷一

"扁舟访隐"又说①

吴中宫詹徐文靖公,当明末时捐生殉国,自沉深渊。中丞汤公建专祠于虎阜,以表其节。文靖公长子俟斋先生,壬午孝廉也。遵父遗志,屏迹荒山,土室树屋。非其同志,虽通家世好不得见,与之书亦不答。卖箬画兰,非力不食,藜藿不糁,莫能强以一钱之馈。汤公欲见之不可得。一日,屏仪从,驾扁舟,携小童,叩门相晤,剧谈终日,饭脱粟而别。非先生无以当汤公之重,非汤公无以成先生之高,三吴人至今传为美谈。

文会堂《汤子遗书》卷一《轶事》

校记

① 题目为辑校者所加。

附辨汤文正致徐俟斋先生伪札

汤文正公抚吴时,尝屏驺从,再访俟斋先生于山中。先生避不见面,传之载籍,世已久知。乃嘉庆年间,忽有人伪造文正致俟斋手札,有"幸得拜见颜色"等语,其事绝奇。考先生《居易堂集》中有《偶书侯赢事后》一篇,文中论姜肱及寡妇人二段,即可证其必无见汤公之事。况集首答王兵备、田汪二知县等书,少年志节已如此,岂六十外遇汤公而反毁节乎?造此札者何至《居易堂集》未曾寓目?揆其意不如以文正墨迹世所宝贵,俟斋而曾见文正,尤人所创闻,借此以炫异谈而欺浅识,更难保无射利之思,而不顾厚诬高贤已甚。余见此札已得售其伪,而刊刻流传,恐后人信为真有其事,故特辨之。

卷一

施愚山造诣

吾乡全太史尝云愚山造诣,殆与魏敏果、汤文正、陆清献同道同德。魏、汤二尚书扬历槐棘,多所发舒。清献遭摧折而愈显,愚山于其中最为暗淡。

卷一

汤文正抚吴

其 一

汤文正斌抚吴时,有司报湖荡莲芡,公驳还,吏固以例请。曰:"例自人作,宽一分则民受一分之赐。且莲芡或不岁熟,一报部即为永额,欲去之得乎?"

常熟县奴讦告其主父国初时得隆武伪札,迫主远遁,欲据有主妇。公曰:"国家屡更大赦,此草昧事,何足问,而逆奴以胁其主乎?"追札燔之,毙奴杖下。

常州守祖进朝有惠政,落职,公奏留之。祖制衣靴欲奉公,久之不敢言,乃自著之。人谓公之廉直似海忠介而去其烦苛,精敏似周文襄而行以方正。若其学识纯粹,世惜其用之未尽者,又非二公之所得而比矣。公学宗孙夏峰先生,自言为方面时居官行政,只尊宁陵吕叔简《从政录》,行之不尽。惜文集不全,今所刊《汤子遗书》数种,皆失本来面目。

其 二

汤文正抚苏，奏毁上方山五通神庙，世以比之狄梁公、程明道也，至今啧啧。考同时汉军郭尚书世隆督浙、闽时，闽俗信鬼，多淫祠，黠者敛钱民间辄数十万，尚书檄诸州县毁之。离省治八百里有山奉五显神，庙貌壮丽甲闽中，一日野火自起，烬无寸椽，火熄而檄适至，仁廉刚直之气震慑淫昏，公之举可质文正矣。

其 三

汤文正公抚苏，步访徐枋，枋避而不见。任潼关道副使时，朝邑雷子霖以理学显，文正治事之暇，时造其庐，以志景慕。考后汉陈蕃守豫章，礼下徐稚。守乐安，日亦特设一榻，以待周璆。自来贤者莅官，固无不以访隐求贤为汲汲也。

当文正赴岭北道任时，雇一骡，载袱被出关去。及移疾受代，衣物了无所增。

文正之奏革淫祀，投五通神像于湖中，世多纪之。先是上方山民掘地得碑，其文曰："肉山酒海，遇汤而败。"可知淫昏气焰，必待正人得位而始衰，亦早有定数也。

汤文正内召去苏，其夫人乘舆出，有败絮堕其舆前，老少见者为泣下。至京，贫益甚，赁居委巷，御寒只一羊裘。冬月入朝，卫士识与不识，咸目之曰："此羊裘者，即汤尚书矣。"先义行公最喜谈于清端、陆清献及文正遗事，尝训人曰："清俭未必皆名臣，名臣未有不清俭。"

卷三

郭琇令吴江

郭制军琇令吴江时籧篨不饬。大吏将劾之，郭立誓痛改，令役担水洗县堂及内室，示民以更新。后果操行峻介，卒称直臣。以其事无稽，故置之。

偶读新城陈侍郎用光应诏言事摺子有云："臣闻汤斌为江南巡抚时，将劾吴江县知县郭琇。琇请见，愿以治行自赎，斌许之，遂一变而为良吏，且致位卿贰，以名臣显。"是人事不尽子虚矣。按康熙二十五年，文正抚苏，尝荐琇"居心冲澹，莅事精锐，宜行取"。部以催征未完格议，特旨允行，授御史。又三十八年春，圣祖南巡至德州，见琇跪道旁，谕阁臣曰："郭琇前令吴江，百姓至今感颂，其人有胆量，无朋比，可授湖广总督。"知郭制军之在吴江其改辙以后必有循良慈惠，深餍人心者。至于居台垣时劾河臣靳辅治河无功，劾大学士明珠、余国柱结党营私，背公纳贿，少詹高士奇、都御史王鸿绪等招摇依附，一时方严抗直之声几使辇下栗然，朝贵侧目。（详见公所著《华野疏稿》）其丰裁气骨，作令时必已不凡。特年少阔疏，人言偶惑，宜文正儆厉而奖掖之。不然，士大夫一命甫膺，甘为墨吏，素丝已颣，白璧难磨，尚何晚，盖立功之可冀乎！命如郭公，仍不能掩其生平之一节，有位君子庶知惧焉。

卷四

汤司空

睢州汤潜庵先生以江南巡抚内迁大司空。其殁于京邸也，同官唁之，身卧床板，上衣敝蓝丝袄，下著褐色布裤。检其所遗，惟竹笥内俸银八两。昆山徐大司寇赙以二十金乃能成殡。其清介若此，而生前尤以伪学劾之者，独为君子不其难乎？

卷十一

康熙博学鸿才

康熙己未,召试博学鸿才,最为盛典。内外荐举到京者五十九人,户部给与食用。除老病不能入试外,应试者五十人。赐宴后方给卷,取中一等二十名,二等三十名。其有官已仕者授翰林、讲读、编修有差。未仕之布衣亦授检讨。其年迈回籍者俱授内阁中书舍人。其中人材德业,理学政治,文章词翰,品行事功,无不悉备,洵无惭鸿博。最恬退者,李检讨因笃,甫授官日,旋清归养,即归。当时嫉妒者未免妄肆訾谗,呼为"野翰林"。又有诗曰:"自古文章推李杜,而今李杜亦稀奇。叶公蒙懂遭龙吓,冯妇痴呆被虎欺。谓读卷官高阳相国李蔚、宝坻相国杜立德、学院学士叶方蔼、益都相国冯溥。宿构零轶《衡玉赋》,失粘落韵省耕诗。命题《璇玑玉衡赋》、《省耕诗二十韵》。若教修史真羞死,胜国君臣亦皱眉"。授职者俱令修史。

卷十二

吴炽昌《客窗闲话》中有关资料

汤文正

苏郡社会甲于全省。暮春之际,举国若狂。其会首绅耆咸集神庙,公议分坊,敛资置办。彩衣务极鲜艳,搬演故事则翻新出奇,争奢斗富,即如寿星之袍,以珍珠满缀寿字;百蛮之宝,以经尺翡翠盘盛金叶火齐珠；钟进士送妹，以二尺余之白玉瓶，内插珊瑚枝，上站云拥美人，随小鬼执绣盖，此之谓抬阁。一座之价使人不能估测，不仅以金玉镯结阑干而已。如是者数十座，又有所为肩阁兜子，彩龙马道等类不计其数，以是故远近来观者千万人。凡临街之楼，招集妇女，皆凭栏俯瞩，粉白黛绿，迷眩一时。故少壮之徒争睹目力，百十成群，随会来往，评定美人。今年以某处某人为状元，必覆之四五日，会议金同，则探其父母夫家，皆有垂涎之意。

时有赵五官者，年十七八，已订婚孙姓，在钱局作伙。是日，随从纵观，知众所定之元，系及笄女，访之即孙姓，赵五官之未婚妻也。五官意乱神迷，惟欲速娶为快。第岁俸十余，于钱不敷奉母，何以为婚？与母谋之，母告以父在日有钱会，应得一百余千，或可敷用，但须摇点，未能操必得之权。五官忆及大五圣堂，其神甚灵，有求必应。至摇会之日，以香烛往告云："如得会，完娶之后，夫妇皆来叩谢。"祝毕赴会，举骰摇之，得三十六点，如愿而归。遗媒订期，纳采迎娶。花烛之下，妇果艳丽倾城，五官不禁狂喜，惟新妇似憎夫貌陋，然亦无词。

三朝后，具牲礼同妇往酬五圣而回。妇已卸妆矣，至晚，忽又盛饰端坐。五官入房，妇正色拒之曰："我非汝家人矣，五圣将迎我为夫人，法驾将临，汝其速退，勿干神怒也。"五官疑有疯疾，即出延医，医至，而妇已僵。异香满室，遥闻音乐之声，五官大恸。

殡殓后，以神夺民妇讼于邑，宰官斥其诬妄不准。奔告于府，太守视其人神色悲忿，姑纳其词。五官赴虎丘问卜，有某瞎子者，名重一时，为之卦成，骇曰："异哉，汝欲与神讼耶！讼果胜，今夜子时听审，勿远离也。"五官欣然归寓。

是时，汤文正公抚江南，正值之声震于遐迩，神亦畏之，暗随五官来，知太守已收呈状。黉夜入藩库，缘库内有三金宝系守藏之物，五圣盗之，穿库楼而出，神光烛天。巡守者皆误为火起，鸣钲高叫，方伯亲临，吏役俱集，开库检点，惟三金宝不知所之矣。五圣以宝入抚院内宅，示梦于夫人曰："予为吴江之五圣神，被顽民妄控于府，求为庇佑，愿以金宝为馈。"与掷之于妆台。夫人闻震声而觉，则金宝三枚俨在。爰命婢女请文正入，语以异事。言未毕，而门外传点声，请公升座。文正出，则两司百官咸聚，方伯以失宝事告。文正笑曰："盗易得，勿张惶也。"问首府曰："昨有人控神夺民妇者乎？以其词来。"太守曰："有之。"饬从者取到，立传赵五官。文正面鞫之，得实。

归宝于库，具狱牒正一真人府，请殛之。真人复文曰："神虽不正，妇亦淫邪，憎其夫而悦神貌，致启奸图，孽由自作。然阴阳道隔，虽和同强，申革圣神之号，遣发幽都，长为饿鬼，以正其罪可也。"文正命地方官扑五圣像，居民争毁之。今改为总官堂矣。

卷八

《解春集》中有关资料

轶　事

姑苏上方山有灵官庙，胏①蚃甚盛。康熙丙寅，汤中丞斌入庙问神何姓名，皆莫能对。按志无考，乃斥之曰淫祠也，沉神于水。神入嘉兴烟雨楼，见梦于道士曰："我灵官也，遭汤公斥逐，不敢复，尝苦露栖，尔其栖我，有福从之。"而上方之庙改祀汉寿亭侯。昔宋武帝永初二年夏初禁淫祠，唐狄梁公巡抚江南，奏毁吴楚淫祠千七百所，惟存其四。今公之治不特远申宋禁，复何让梁公哉！他郡可入,道士可梦,而公之令卒不敢抗,恶在其为灵也。唐李果为洛阳令,有刘兼者夜闻户外鬼语,曰:“古今正人李候是也,见其行事令人胆破,我辈可于他县求食。”然则公即不驱之,神亦将自遁。故惟千古正人能使其鬼不灵。谨书之,以诫世之巍然民上,媚灶而谄鬼者。

冯景撰

校记

① “肟”,疑为“肸”字误。《汉书·司马相如传》中有“肸蚃布写”句。

《依归集》中有关资料

江苏士绅百姓哭送汤斌赴京

康熙二十五年夏四月乙酉朔,上命巡抚江、宁、苏、松、常、镇、淮、扬七府一州都察院右副都御史睢州汤公入为礼部尚书、掌詹事府事。行有日矣,巡抚署旧驻苏州,于是七府一州之民,凡衣冠之士投入说以阻公行者,千里毕至。田野短褐之夫,号哭而来,跪于公之庭者,五百里内外至,至则无所于归,薪菜盐米至无所市贸。盖是时苏城之人,耕者辍,市者废,户昼掩闭已五日矣。于是,有露处者,有投古庙宿者,有叩门买米薪不得者,有仅而得者,相属于路,未尝出怨言。且曰:“是固苏民之义也。”

明日,竖黄旗署其上曰:“叩阍留宪”四大字。于是,有鸣钲以致众者,亦有吹铙者,击鼓者四出于道。又明日,而裹粮至者人益众多，自县、府、道、司听事之所，及四达之衢，行者至不得往来，皆哭泣失声，欲吁大吏请于公，少迟其行。则小民自诣阙下，吁留公，公曰："君命召，可须时日乎？"小民固留者自己丑至庚子，凡旬有余日。公固不可。

至公去之日，有炷香于手，跪哭于庭者；有数什伯为曹，垂涕洟于辕门外者。至持酒浆肴核，聚于坊巷间，愿脱公靴以为遗爱者，多至不可数。至于担夫担公书史筐笞，锜釜瓶盂、饮食服卧之具者，数人而已。先是乡之民有持锄钩田器者，市井之民有持瓦石土块以胥。公出，则填塞城门，使公之马不得行。至是，公亦掩涕，告于众曰："尔民诚义，然我不可留矣。"慰谕数日，始命役人除去之，始得登舟。舟中之炷香者，跪哭者，私自涕洟者，持酒浆肴核来脱靴者又如前。而闾阎之间，楼台之上，对街临水之处，妇人孺子之仰而观，俯而视者，亦无不流涕者。

徐行至浒墅，则两岸之民有黎而老者，童而孺者，有扶杖者，有牵衣裾者，有老妇携稚子后至者，有跛一足者，有两目不见物者，有稚子失足或堕水者，皆叩首哭曰："愿得再一见大人颜色。"公不忍违其请，则开船窗又慰谕之如前。如是者连数十辈。

每经一二里许，则一大呼号如是，连大呼号者经数十里不绝。有壮而有力者，在陆则负缆往后，使驿夫不得前，声相邪许而已。在水则乘小舟横绝于中流，使公之舟不得行。是日也，计水陆二道合丁壮及老幼鳏寡废疾之人，盖百万数。而苏州之民实居十之四，松江居其二，五府一州之民亦居其四。而朝冠绛袍玄靴跪于岸者，有拱揖于旁者，有骑而被甲执大旗者，鼓吹者，执刀斧者，有立而甲胄，手弓矢者，执旗帜者，举不在是数焉。

公之舟渐出浒关数十里，则闻常、镇界上之民迎公者又盈万至矣。已而，又闻江宁、扬州之木贾以数百万钜木蔽江而来，横绝于江口矣；又闻淮、徐之饥民向为公活者，又扶老挈幼，以万万计，梗绝于瓜步、六合、浦口之间矣。于是，众益汹汹，谓公可以毋行矣。

时，苏郡之乡先生侍讲缪公，邀同郡同官编修汪公、钱公，检讨尤公，缪公辈会饯于舟次。至是，侍讲公出而告于众曰："汤公是行也，为皇上豫教太子也。皇上爱尔民，不得豫教太子，欲豫教太子，不得不用正人端士，舍公其谁耶？公果可留，我辈士大夫宁不为朝廷言之耶？"众叩头皆曰："然！我等小人独惜汤公去之速耳。十年不可俟，则俟六年，犹不可，则三年之近岂不可俟？"于是诸乡先生又曰："尔等诚义，然不知天子不可抗耶！东南一隅之民，固可以与四海九州八蛮之人争我公耶？"众唯唯，复号哭如前。于是，苏、松二府之民间有叩头谢公而归者，自常州以上五府一州之民皆掩泣而随公行矣。当是时，虽狡胥悍隶，强兵暴卒，俳优贱夫，巫觋下流，素所疾公者，至是亦觉恻然有动乎中者，不知其何为也？

常熟薛孝熙记

《纪略》中有关资料

吴民请求康熙皇帝赐谥汤斌①

康熙二十八年二月十九日，上幸会稽致祭禹陵，回銮至吴，万民执香，一路跪迎。舟次胥门，上登陆凉冕元衮，行入彩亭，乘辇进城。吴士民章望等向城叩谢圣恩，手捧本章上献。上回顾，随奏云为前抚臣汤斌请谥祭事。上顾侍卫，侍卫收本驰去。二十日，上驻跸织造衙门，万民俯伏嵩呼，献供留驾。侍卫出，传上谕：收米一撮,福桔一枚。万民谢恩出。二十二日,圣驾回京,士民执香跪送,过枫桥,俯伏申奏"为名臣前抚院汤某叩恩敕赐谥祭"十四字,侍卫挥手云:"回去罢。"

校记

① 题目为辑校者所加。

易宗夔《新世说》中有关资料

汤潜庵让舍狂妄下属

汤潜庵为江苏巡抚,其赴任时,布衣牛车,从一老苍头。中途遇一年少官,衣冠华丽,骑从纷纭。或先之,或后之,有时触其舆盖,从者辄怒声呵叱,公不与校,避之路隅。无何抵逆旅,公已入上屋,年少官后至,从者叱店主令相让,店言已有客对,从者曰:"不问谁何,必移以让。某县太爷至,讵容他人占此?"店主婉商于公,公即移入旁舍焉。

《雅量》

汤潜庵称颂黄太冲

汤潜庵称黄太冲曰:"黄先生论学,如大禹之治水,导水导山,脉络分明,吾党之斗杓也。"

《赏鉴》

姜西溟与翁叔元

姜西溟辑校者按：为清初学者，与朱彝尊、严绳孙称江南三布衣，对汤斌十分推重。与翁叔元辑校者按：康熙初年进士，与汤斌同在詹事府辅导太子。相善，翁尝谓公曰："吾名不见子集中，是吾恨也。"翁官祭酒，余国柱方排汤潜庵，翁受指使，劾睢州伪学，遂擢少詹，以睢州管詹事府也。公发愤为文以规之曰：古者辅教太子，有太傅少傅之官。太傅审父子君臣之道以示之，少傅奉太子以观太傅之德行而审谕之。今詹事有正贰，即古太傅少傅之遗也，翁公贰詹事，其正实睢州汤公。公治身当官立朝，斩然有法度，吾知翁君必能审谕汤公之德行以导太子矣。"翁见之，怃然曰："某知罪矣，然愿子勿出也。"越日而公刊布之，遍传辇下，翁恨之刺骨。

《规箴》

龚炜《巢林笔谈》中有关资料

徐健庵称汤文正抚吴

我邑健庵徐公，称汤文正公抚吴"以海忠介之清刚，而去其烦苛；以周文襄之慈爱，而加之方正。"四语，人与文都不朽。有一大僚，劾文正公抚吴无一善状者，系徐公门生，其亦下乔木而入于幽谷者欤！

《续编》卷上

陆汤圣学

平湖尝言,予得《孟子·好辩》章意,潜庵得《反经》章意。二公于圣学,并不亚于孟,觉汤公持论尤醇。

《续编》卷下

《栖霞阁野乘》中有关资料

文与也之廉洁

文点,字与也,长洲人。文氏累世儒雅,待诏之书法,三桥之篆刻,世宝贵若球璜。至文肃公震孟,复以经纶气节领袖东林,事载前史。鼎革后,文肃之孙点,又负盛名。诗古文辞、书画金石,咸不失高曾矩法。执亲丧三年,止酒撤肉,昼夜居庐。服除,祀事惟谨。朔望,肃衣冠拜宗祠;祭日,虽风雨必返祭。兄然,为逋赋所累,转贷亲懿,输之官。薄游京师,有贵人欲以国子博士荐,力辞引去。富人子具兼金求画,期以三日走取,恚曰:"仆非画工,安得受促迫?"掷金于地。其人再请,不顾。尝舍莲经慧庆寺。汤斌抚苏,屏骑访之,问为政之要。曰:"爱民先务,在去其害。如虎丘采茶,府县吏络绎征办,积弊有年,公能除之,即善政矣。"斌乃伐其树。斌尝语曰:"闻先生存田三亩,何以给饘粥?"对曰:"贫者,士之幸也。"斌称善。一亭户拥厚赀,以千金为寿,请通姓名于斌。曰:"汤公以道义交我,我岂负之?若既伤惠,吾复伤廉,奚取为?"亭户惭而退。

郭琇有墨吏声

汤文正公斌抚苏时,闻吴江今郭琇有墨吏声,公面责之。郭曰:"向来上官要钱,卑职无措,只得取之于民。今大人如能一清如水,卑职何敢贪耶?"公曰:"姑试汝。"郭回任,呼役汲水洗其堂,由是大改前辙,公善,特保举卓异。

王士禛《池北偶谈》中有关资料

宁陵城

侍讲汤先生斌言:"初宁陵城小而卑,吕新吾先生以刑侍家居,谋大之。县人难于改作,或生怨谤。公曰:'三十年后当知吾意。'至流贼之乱,适三十年矣,境内百姓携家入保者以数万计。县人德之,为立祠。"

《明史》开局

康熙十七年,内阁奉上谕,求海内博学宏词之儒,以备顾问著作。时阁部以下,内外荐举者一百八十六人。十八年三月朔,御试体仁阁,下《璇玑玉衡赋》、《省耕二十韵诗》。中选者彭孙遹等五十人。有旨俱以翰林用,开局编修《明史》。候补少卿一人邵吴远改侍读;监司汤斌、李来泰、施闰章三人,郎中吴元龙一人改侍讲。进士彭孙遹、中书舍人袁佑等授编修；贡、举、监生、生员、布衣倪粲等授检讨。以原任翰林院掌院学士徐元文为监修官，翰林院掌院学士叶方蔼、右春坊庶子兼侍讲张玉书为总裁官，开局内东华门外。

增起居注官

辛酉四月，增起居注日讲官八人。汤荆岘斌、秦对岩松龄、徐健庵乾学、曹峨眉禾、王瑁湖顼龄、朱竹宅彝尊、严藕渔绳孙、潘稼堂耒，合旧讲官共十六人。

翰詹之长

康熙二十七年，掌詹事府事、礼部尚书汤公斌改工书，以礼部左侍郎张公英兼詹事府事；二十八年，翰林院掌院学士李公光地调通政使，以文华殿大学士兼户部尚书徐公元文兼管翰林院事，皆不设正员。其后张公以礼书兼掌翰、詹二衙门事。

日　　讲

今上亲政后，选翰林官直讲禁中，先在弘德殿，后移于乾清宫。讲官始则熊赐履，继为史鹤龄、孙在丰、张英、徐元文、陈廷敬、叶方蔼、张玉书、汤斌、归允肃。大抵以掌院学士一员与翰林官一员同讲，止二员。惟戊午，陈、叶日讲，而上幸南海子，叶偶病假旬日，以张代之。后叶疾愈入直，遂三员同直讲。史以编修归，殁于家。特赐祭葬，其恩礼非外庭所敢望也。

毁　淫　祠

康熙丙寅，擢江宁巡抚、都御史汤斌礼部尚书、掌詹事府事。汤濒行，疏毁吴下淫祠五通、五显、刘猛将、五方贤圣等庙，恭请上谕，勒石上方山。得俞旨通行直省。初，汤以阁学迁巡抚，过予邸舍，予为言吴中妇女好入寺院烧香，首当禁止。汤以为然，在吴遂力行之，风俗一变。若淫祠一节，尤于世道人心裨益不小。汤自言昔为方面时，只遵宁陵吕叔简先生《从政录》行之，其抚吴亦此志云。

四　詹　事

本朝詹事府屡裁。康熙十五年，立皇太子，乃复设正詹兼翰林院侍读学士、少詹兼翰林院侍讲学士。至故友华亭沈文恪公荃始以讲筵劳加礼部侍郎。二十五年，东宫出阁读书，乃召江宁巡抚、都御史汤公斌以礼部尚书兼詹事。时詹事为郭公棻，少詹事为卢公琦、屺公允肃，三公皆仍其旧，故同时有四詹事。未几，郭迁阁学，即以汤为正詹，不另补。东宫初出阁，钦定讲官五人：汤、郭二公外，则满洲正詹尹泰、少詹舒淑、左春坊中允阎世绳、左春坊赞善黄与坚也。郭既迁去，以右春坊谕德徐潮补充之。予以少詹事予告在乙丑九月，出阁在丙寅闰四月。

苏门孙先生言行

……先生尝言："七十岁工夫，较六十而密。八十岁工夫，较七十而密。九十岁工夫，较八十而密。"汤孔伯斌云："先生之学以慎独为宗，以体忍天理为要，以日用伦常为实际。"康熙甲辰，先生以《大难录》一事牵连北上，途中语门人曰："忧患恐惧，最怕有所。一有所，则我心无主。古来忠臣孝子，义士悌弟，只是能自作主张。学者正在此处着力。"先生病革时语学者云："近得一语，实为要诀，但未敢拈以示人。许平仲能化老僧还俗，此语通彻，天德王道，一齐了贯。"

王　文　成

王文成公为明第一流人物，立德、立功、立言皆躒绝顶。康熙中，开明史馆，秉笔者訾謷太甚，亡友叶文敏方蔼时为总裁，予与之辨论，反复至于再四。二十二年四月，上宣谕汤侍读荆岘斌，令进所著诗文，且蒙召对。中有《王守仁论》，上阅之，问汤意云何，汤因对以守仁"致良知"之说，与朱子不相刺谬，且言守仁直节丰功，不独理学。上首肯曰："朕意亦如此。"睿鉴公明，远出流俗之外，史馆从此其有定论乎？

耿逸庵　张仲诚

耿介字逸庵，河南登封人，顺治壬辰进士，翰林检讨，迁大名道副使。康熙丙寅腊月，礼部尚书、掌詹事府汤潜庵斌疏荐之，略云：

"原任翰林院简讨转直隶大名道副使、丁忧回籍河南登封人耿介，赋质刚方，践履笃实，服官冰蘖自矢，家居淡泊自甘，潜心经传，学有渊源。今虽年逾六旬，精力尚健，老成宿素，罕见其俦。迩者皇上念卫既齐之贤，复其原官，凡有寸长，谁不思奋！臣才具最下，恩遇过隆，岂敢窃位蔽贤，自昧举知之义。倘蒙鉴臣愚诚，将介征取来京，赐以引见。可否录用，自有睿裁，非臣愚所敢擅议也。"云云。吏部覆准，下河南巡抚起送入京。奉旨"从优授翰林院侍讲学士"。未几，升詹事府少詹事。予曩为汤公作绘川书院时，有云："辕辕有耿介，上蔡有张沐。著书各满家，众流汇川渎。耿公实廉吏，斋厨甘杞菊。张公赴征车，万里向巴蜀。"正谓是也。沐字仲诚，顺治戊戌进士，曾知内黄县，后以魏尚书环溪象枢荐，起知四川资县，谢病归。

李光第《榕村语录》续集中有关资料

汤（斌）之入也，上意甚重之，北门（明珠）、大冶（余国柱）知徐东海与之为难，上意方向东海之学问，因以挡汤内召徐。汤为大冶同年，又外不甚露锋棱如魏环溪，故二君欲借一用。徐恐出己上，遂必挤之下石，即发动海关事。值廷议，东海先语汤云："今日之事，苏州数百万生灵，悬于老公祖，主此议者非老公祖而谁？"汤云："某已进来，何力之有。"徐曰："虽然，老公祖皇上倚重，又新在地方上来，知此事之切者莫如老公祖，合郡生灵，敬以相属。"及廷议，徐却不言，梁真定（清标）天真烂熳，即发此论："汤老先生宜主此议。"汤遂云："与民争利的事，岂有与地方有益的，但只得其人还好，若不得其人，四处巡拦，害民无穷。"回奏大家含糊，也不入此一段言语，不过是闲论语。东海入南书房，即增饰此段话，入在皇上耳，谓汤言此事民甚劳苦。

上召明公云:"汤某是道学,如何亦两口。彼进京时,予问以海关事,彼云无害。今日九卿议,如何又说害民,尔问他。"汤被传问,在途,大冶附耳云:"有人害年兄,到阁只可伸说,得其人便无害"语。汤如其言以对。明公即云:"我晓得了,是了,公请回。"时予正为内阁学士也。明又将此语修饰回奏,上以为是,大怒东海,着人切责云:"都是汝苏州乡绅,欲做买卖,恐添一关,于己不便。上牟公家之利,下渔小民之利,不肯设此,而又赖汤斌说害民,汤斌何尝有此语?他说得其人便无害。元是天下何事不是不得其人便有害。"徐健庵绝不慌,言:"汤如何赖得,九卿实共闻之,不然,可问梁清标。若此语是臣造的,难道他在苏州出告示安慰百姓,上有铃的印,也是臣造得不成?"上问云:"告示何在?"健庵云:"臣家就有。"上云:"你明日带告示来。"明日果将此送进。上大怒云:"元来假道学是如此。古人善则归君,过则归己。如今的道学,便是过则归君,善则归己。"彼时满州詹事府是尹泰,上即命尹泰传旨责问:"你是大臣,你说海关不好,部议不准,我依部议是常事,果然不好,何妨再三争,我未必就把你问罪。古大臣不避斧钺,为民请命,何遽不言,卸过于我,而云汝'爱民有心,救民无术',将谓我无心爱民耶?"汤彼时还可解说,汤讷于言,只磕头谢罪而已。

此事由南书房转奏,北门、大冶皆不知。徐又向汤云:"此告示是大冶拿进,北门、宛平不相容。"而他为之愤懑不平,涕泪交流,一日一遍去安慰潜庵。汤至死不知其由东海也。如今人将此狱归之北门、大冶,又移之翁宝林、王俨斋,全无干。翁、王不过见皇上怒,廷叱之,参劾之,以助上威怒而已,非起之由也。汤既死,健庵又激郭华野(琇)为汤报仇。华野乃汤荐举门生也。

《续集》卷十五

耿介著作中有关资料

耿介自叙

癸丑,籍睢阳汤潜庵先生为介绍,远诣苏门,执贽于夏峰孙先生。留三日,开发以大道之要,觉得触处皆性命流行。
……
庚申、辛酉之间,柘城窦敏修先生三过书院,其志道合具见于往来书札唱和诗章。汤潜庵先生时时惠我翰教,诱掖谆至,启迪为多。
……
甲子,纂修《〈孝经〉易知》成……抚军汤潜庵先生为之序,颁发所属学宫,使多士诵习。
……
丙寅,十二月十五日,睢阳汤潜庵先生以书来言:"弟昔滥附同馆,朝夕聆教,四十三人中最称莫逆。不谓一别遂至三十年,虽尺素时通,而未得一接光霁,殊为歉然。弟谫陋无似,谬膺辅导东宫之任,夙夜入直,盛暑隆冬未尝少辍,自揣不克胜任。念古之大臣以人事君,蔽贤窃位,圣人所讥,已于前月初十日拜疏奉荐大名,盖亦举尔所知之义。年内奉旨下部,部覆当在新正。老年翁体用全备,兼善为怀,非石隐者比。况君命不俟驾,孔门自有规矩,谅老年翁审之有素,祈蚤诣安车,俟部文到,即遄驾可也。"……

奉旨,吏部议奏:"丁卯正月二十五日,吏部覆查,耿介河南进士，候补道副使。今汤斌既称耿介服官冰蘗自矢，家居澹泊自甘，潜心经传，学有渊源。征取来京，赐以引见，应请敕下该抚，令耿介来京，俟其到日，臣部具题引见可也。"

奉旨，依议部咨到日，遂于二月二十八日起程，由汴梁北上，各衙门程仪一概完璧，沿途经过州县俱不会面。三月十九日入都，即以"衰老耳聋重听，不堪录用"具呈吏部。本日，吏部即将原呈送回，次早即入朝进午门，由太和殿东角门、中和殿东角门、保和殿东角门至乾清门。

上御门，冢宰李讳之芳引见。上问："年岁若何？"冢宰奏曰："六十五岁，但耳聋重听。"上曰："想亦不甚聋。"遂退。

迟之数日，九卿启奏。上问吏部："昨引见之事何不见具题？"奏曰："正在查例。"于是援冯益都相公溥荐魏总宪象枢例具题：奉旨，耿介从优奉以侍讲学士用。四月十六日，吏部题为"升补詹事府少詹事，拟侍讲"。学士王封溁奉旨："耿介着升补詹事府少詹事，兼翰林侍讲学士。四月十八日到任，每随九卿会议启奏。"

五月初九日，因陪祀方泽坛，在本衙门斋戒，忽掌院学士来传，遂即到乾清门，侍卫引坐候。稍间，尚书汤斌、陈廷敬，侍郎徐乾学，讲读学士高士奇，起居注徐潮、孟亮揆、徐嘉炎、熊赐瓒、励杜讷皆至。掌院学士引入乾清宫，绕御榻设小桌十张，笔砚课格稿纸俱全。有题目一纸：《昊天与圣人皆有四府，其道何如》、诗《阅农》五言排律十二韵。侍卫引至东边第一坐，草稿方一半，上命侍卫取阅。传谕云："昊天有四府：春、夏、秋、冬。圣人有四府：《易》、《书》、《诗》、《春秋》。此四语出自何书？"奏曰："出自《皇极经世书》。"于是誊真完。上命侍卫取阅，传谕云："凡诗用平声韵者，上一句当用仄声，今首二句皆平声，有此规矩否？"奏曰："是一时错误，无此规矩。"传谕："改此一字。"

上自西懋勤殿出，坐御榻，以三卷命尚书汤斌读，余皆跪。余因无护膝，跪不安，上目侍卫，令扶起，云："且休息。"于是，伏藤垫上，俟读完趋出。次日，以御试共十卷发起居馆，传翰林各官齐集，公阅一日。上问："昨日文字谁好？"中堂奏："高士奇好。"上曰："耿介何如？"奏曰："□□道学语录，不是文章体裁。"

五月二十日，恭随圣驾祷雨天坛，甘霖立沛。

六月初七日，奉旨传吏部尚书达哈达、礼部尚书汤斌、詹事府少詹事耿介到海淀，中堂明引至畅春园无逸斋。皇上坐御榻，皇太子侍，行一跪三叩礼毕，上命三人辅导东宫。皇太子六岁时，皇上在宫中亲自教育，今十三岁，"四书"、《易经》、《书经》，已熟诵。见在读《礼记》。每于"四书"中抽讲一章，阐发简要不烦，而明白透彻。习清、汉字极端楷。傍晚，必习射一回，志正体直，可以观德。

六月初八日，上出坐御榻，为皇太子背书，阅所习字毕，上召至前，问："《中庸》一书以何为最要？"奏曰："维天之命，于穆不已，盖曰天之所以为天也，于乎不显。文王之德之纯，盖曰文王之所以为文王也，纯亦不已。《诗》曰：'不显惟德，百辟其利之。'是故君子笃恭而天平，大约以圣学法天主敬，寓颂美之意。"上亦略为发挥。皇太子仁孝庄敬，用功纯笃。东面坐御榻上，衣冠整肃，竟日诵读不辍，盛暑永昼手不挥扇。案上书卷笔砚必安置极端正，一毫不苟。与人言，极和蔼。方在冲龄，而德性问学涵养如此，真宗社无疆之庆也。

六月初九日，上出，为皇太子背书，阅所习字毕，上召至前问河图洛书之数，奏曰："河图数十，洛书数九。十者对待，九者流行。非对待无以立其体，非流行无以致其用。只流行便无穷尽。"上又问七八九六。奏曰："阳数用九不用七，取其老变也。阴数用六不用八，亦取其老变也。易穷则变，变则通，通则久，亦无穷之义。"

六月十二日,因与尚书汤同上疏辞辅导重任,阁下拟旨甚严。皇上将拟旨发回东阁。另奉旨,着回奏。

六月二十日回奏。二十六日奉旨"这具奏情节知道了,该部知道。"

七月初十日,在本衙门呈递告病。

七月二十四日,詹事府尹为特参充贤受职,借病推诿之□□奉旨该部严查议奏,吏部议革职。奉旨:耿介免革职,着削去少詹事,照依原道员品级休致。

八月初七日,出都门,二十二日归里。

《敩忱堂存稿》卷一

回奏本稿

六月十九日:詹事府少詹事兼翰林院侍讲学士耿介为遵旨明白具奏事。

臣于本月十二日同尚书臣汤斌具有"圣主教谕精详,青宫睿学尽善,辅导重任万难冒昧忝窃"一疏,于本月十八日接吏部咨开:"本月十七日奉旨着明白具奏,钦此钦遵。"臣跪读之下,不胜惶恐。除臣斌另本回奏外,臣敢不据实回奏,听候皇上处分?

臣才质庸陋,以顺治九年进士,叨受馆职,涖历方面,夙夜拮据,尺寸莫效。于康熙四年丁母忧之后,遂婴锢疾,偃息林泉二十有三年。药饵之余稍自涉猎经书,为乡塾训蒙之计。山僻之乡,闻见寡陋。臣斌旧为同官,相别三十余年,不知臣衰病荒疏,误以臣名上尘天听。部文到日,惶愧无地,有司迫促就道。自念君命召,不俟驾,古有明训,矧圣主在上,薄海内外,无不瞻仰恩光。臣系候补之官,敢不匍匐阙廷?倘得一觐天颜,归老丘壑,死无所恨。入京之日,即具呈铨部,自陈衰病耳聋,不堪录用。未允代题,荷蒙皇上不次擢用。闻命惊惧,罔知所措。又御试文辞鄙陋,诗律失韵,皇上不加谴斥,又追随九卿启奏。天语下询,以耳聋不知所对。早夜彷徨,静听处分,忧惧之深,病势益增。忽奉旨供奉皇太子左右,数日之间仰见皇上谕教之严。皇太子孝敬端庄,盛暑永昼诵读,精专书法端楷,冠带整肃,竟日无惰容,皆由我皇上法天行健,自强不息,接尧舜心传,阐洙泗奥义,以身立范,是以皇太子方在冲龄,德性学问精纯至此。

臣衰朽之年,得承恩遇,不胜欣幸。因连日侍立,病躯难支,遂至偃仆,罪不容宽。乃蒙皇上遣侍卫询问,赐之医药,天高地厚,涓尘莫报。今怔忡不寐,心神恍惚,饮食罕进,惟有仰吁天恩,即赐处分,以为剽窃虚名者之戒。臣垂老危病,不胜战栗惶悚之至,为此具本。

《敬恕堂存稿》卷九

与汤潜庵先生

语云:盛名之下,其实难副。客岁拜读大疏,即知衰老砣拙,恐为先生知人之累。所以不惮一来者,与先生三十年之别,思得一晤,其衰老聋聩之状一望便知。欲亲到大部一辞,不意蒙皇上破格擢用,夙夜之间,只深悚惧。昨因辞辅导,遂起无限风波。两被疏参,幸圣恩如天,尽归消释,优游无事,得返初服,惟焚香顶祝圣恩于无穷耳。

弟与先生睽隔二千里,别离三十年,精神魂梦相依,志同道合,不啻同堂。孚信之深,未有如吾两人者。弟生平朴拙,惟守得一诚字,不敢自欺欺人。虽宦海险阻,历尽盘错。人情世态,变诈百出,卒得超然远引,"功名"两字置之度外。又阅二十余年,岂以末路而丧之?昨出门时,盖自洗涤方寸。一切交际往来,辞受取与,一言一动,惟恐稍有疵瑕,以为先生羞。三月以来,戒慎恐惧,无一刻懈。先生爱我之深,既提携之,复教诲之,复周恤之,谊切手足,情同骨肉,弟将何以报先生哉?惟求此心仰不愧,俯不怍,言行无爽,初终一致,乃其所以报先生也。若夫悠悠之口乘机诋毁,究与我生平无损,我辈学力正要在今日用,毫无所容心于其间也,先生以为何如?

《敬恕堂存稿》卷九

与汤潜庵先生

先生真诚清操,深结主知。任是平地起波,圣明自有主宰,知不能为之摇也。然时则当去,仕止久速之间,惟先生与时偕行。昨言"谨密"二字,诚为今日急务。先生为弟忧深虑远,弟脱然归去,而先生犹介在进退之间,分袂之际,不能不怅然也。刻下起程,弗能亲叩,驰神不尽。

《敬恕堂存稿》卷九

与汤元博

生与尊翁先生自同馆以至今日,教诲提携,感佩之私,铭刻五内。昨八月初七日,握别之际,尊翁先生曰:"君行矣,弟亦从此欲去。但弟之去反甚难,久后当自知之。"不觉泣下。余曰:"先生深于《易》,仕止久速之间,惟先生随时处分中。介归,惟于邸中听好音耳。倘得遂斯志,当俟之双柏两溪之间,践三十年游嵩之约也。"

呜呼,谁知握别之顷,即永诀之时乎?阅十一月邸报,见遗疏,泪涔涔下,痛悼者久之。本欲策蹇睢阳,抚柩痛哭,尽哀伤之忱,但衰老残年,又半载以来心力耗竭,血气虚损,动履艰难,不克如愿。谨以瓣香遣小儿代叩灵前,惟祈鉴宥。

天气严寒,冀年史节哀自爱,以全大孝为祝。尊翁先生大事襄在何时?幸希示我。临楮悲摧之至。

《敬恕堂存稿》卷九

临漪园赘言自序

汤 准

康熙二十二年,岁在癸亥二月,余随元博先长兄奉先母马恭人进京师,时余年一十三岁,所僦居书室仅二间。

先司空方修《明史》,旁置一几,命余诵读其间,朝夕咿唔不逾户限。暮则燃灯,占毕至丙夜乃罢。每闻先司空向长兄讲论,辄竦立倾听,默识不忘,尝书片纸曰:"圣贤自可期。"先司空见之色喜曰:"汝所为耶能知是,吾无虑矣!"随书纸尾曰:"准儿勉之。"

甲子二月,先司空由庶子擢内阁学士,时于公余举古人成训相告,则心中勃勃然动。先司空入朝,独于榻上敛膝默坐,弗敢弛也。或有嘉宾至,窃于屏后,聆其绪论而识见亦渐开拓矣!十月,先司空受命巡抚江南,携至署中读书,乃授以《朱子》、《小学》,并《理学宗传》,时时展阅,晓然于心,知圣贤为必可学。丙寅三月,先司空晋秩宗伯还朝,余留家应试。丁卯十月十一日,先司空见背,哀毁中证取本来面目,为学之志益坚。

岁己巳,田篑山夫子设帐道存书院,余与姊丈张宪潞受学。田夫子诲谕谆谆,期望甚大。宪潞赋质英敏,至性过人,直谅多闻,兼而有之,贤师益友,得力最深。岁甲戌,敦请田夫子设帐于家,宪潞亦来就学,功课甚严,学业有进。嗣后累岁亲炙,诱掖日殷。辛巳八月,田夫子捐馆舍,恐负平日期望之意,益自努力。

年来闭关习静,不问户外事,时取先儒诸书,沉潜玩索,愈觉意味深长。间为儿辈讲解,或参以己见,不无一二发明。但过而辄忘,不复追忆。近乃笔之于纸,存其梗概,乃百中之一二也。念先儒深造炯识,其说最为详尽,今日所言,何能出其范围,适成其为赘而已,故订帙名之曰"赘言"。其中有互见发明以示叮咛之意者,亦欲儿辈挚挚存注于心而无忘,岂真有独见于心,可与古人立言者比?于是为序。

孙奇逢《日谱》中的有关资料

康熙五年丙午,八十三岁。……
十月。
……
初九日,睢州汤斌字孔伯,号荆岘,来贽。
十二日,为孔伯题《遁庵说》,稿入集。
……
十四日。荆岘问:"一阴一阳之谓道,继之者善也,成之者性也,请发明此义。"曰:"朱子说未有天地之先,毕竟先有此理,是道在阴阳之前也。程子说在物为理,谓有物方有理,《易》以道阴阳其理,止此矣。故曰一阴一阳之谓道,继之者善。……"
十九日,为节烈汤恭人赵氏立传,稿入集。

……

二十二日,荆岘告归,口占送之,兼柬仲诚。

康熙六年丁未,八十四岁。

三月十六日,寄汤荆岘:"江村既殁,仆以骨脆胆薄,孤力肩承。三十余年间有同人。"

……

五月二十八日,别君山,兼致孔伯、仲诚二君子:"命驾轻千里,胡为信宿留。因君识二岳,于我得同舟。议论空时辈,文章见道流。归途劳寄讯,垂老念朋俦。"

……

十二月初七日,答汤孔伯问学书:"仆生平求友,老而转切。天壤虽大,而有志者廖廖。中夜思维,可为浩叹。去岁得接有道,不独心志孚合。而且以身承担,衰老深快同心。别后神情梦想,宛如对语一堂,益信同此覆载,同此照临,真如比屋而居耳。《读〈易〉大旨》近已告完,尚欲策燃烛之光,冀一朝之有闻,仍欲再为进诣,方可出质同人,此时正不必灾木也。手札亹亹数千言,所见已窥堂奥。其言自无游移皮肤之病,读之见全体灵通,老怀鼓舞,能信及此,纵有千万头绪,变态种种,皆不殊本来所有,此意惟须涵养耳。近日同人远近皆有可观要求,信此心正,不宜与人多一番辩论。总姚江之学可考先王,可俟后圣,因龙溪之言遂开纷纭之论,龙溪实不能辞其咎,此论确当。仆明年八十有五,肢体日惫。所不灭者,方丁一点灵明耳。渡河之约,即有此心,恐成筑□亦不必憧憧也。"

康熙八年己酉,八十六岁。

……

二月初六日。复汤孔伯："别后时切念之。念仆四十年孤力独承之担，一旦得其人焉付之，此身轻快何言！然仆身轻了一分，未免为知己重了一分也。……"

三月初九日。……汤孔伯问："朱子谓程传言理甚精，而象数未备来。瞿塘究心象学二十九年，其注《易》或以卦情，或以卦形，或以卦体，或以中爻，或以爻变，或以占中，或以错综。与孔子言错综其数，非其中爻不备序卦杂卦之相联相配，似无不合，不知果皆自然之理与？抑未免有牵强之说与？瞿塘之学或可与程朱并行而不悖与？"曰："《易》之为书，辞、变、象、占，四者而已。河出图，洛出书，有自然之文章，圣人则之以立其辞。……"

康熙十二年癸丑，九十岁。

二月初三日，登封耿逸庵介、汤孔伯书来问学。（逸庵名介，以太史出为参副，自大名道丁艰归，遂不出。其清操惠政，士民思之。孔伯素称其好学。）

初六日，耿逸庵临路，索手书："与君一河之隔，家居十载，曩从孔伯识其为学人也。远承枉顾，虚怀下论，数日来或口语相印，或手疏相质，具见近里。……君与孔伯为友，洛学之兴有厚望焉。"

《清儒学案》中有关资料

潜庵学案　　天津　徐世昌

潜庵为夏峰弟子，夏峰之学以陆、王为宗，潜庵承师法而兼宗程、朱,出而为政,膏泽及民,清节冠世,独立不挠,儒术之效于斯为大,述《潜庵案》。

《汤先生斌》从略。

《潜庵家学》之《汤先生溥》、《汤先生准》、《汤先生恒泰》具从略。

潜庵弟子

王先生廷灿

王廷灿,字似斋,钱塘人。康熙辛酉举人,官江南崇明县知县。家世习理学,乡举出潜庵之门,遂从讲授。潜庵尝语之曰:"年少登科,切勿自喜。见识未到,学问未足,一生吃亏在此。即使登高第,陟高位,庸庸碌碌,徒与草木同朽耳。"又曰:"诸生能吃苦否?吃得苦,无事做不来。死于安乐,生于忧患,刻刻当存此念。学问之道,全在收拾此心,此心不曾收拾,毋论声色货利,皆是戕豁我身之具。即读书诵诗,亦为玩物丧志。"

潜庵卒后,其遗稿或刻于中州,或节要刻于吴门。先生搜辑遗文,益所未备,编为十卷,曰《汤子遗书》,附辑年谱刊行。既知吴县,从士民之请,为潜庵建坊胥门之浒,以志去思。

参见《汤子遗书》之《语录》及毛奇龄撰序、
《南畇学案》、《清儒学案》卷四十二

彭先生定求

彭定求,字勤止,号南畇,长洲人。……幼承家学,长师事睢州汤文正公,康熙丙辰一甲一名进士,授修撰。性澹荣利,鲠直自遂,……讲学研极性命,慨然以道自任。

潜庵交游

按：《汤子遗书》语录一卷，载笔述诸人称门人者凡三：王廷灿，及钱塘沈佳、秀水范景。皆潜庵典试浙江所得士，后从受业者。佳康熙戊辰进士，官安化知县；景康熙庚辰进士，官辉县知县。他如柘城窦克勤、巩县姚尔申，皆无门人之称，是未在弟子籍，今列入交游。

耿先生介

耿介，原名冲璧，字介石，号逸庵，登封人。顺治壬辰进士，改庶吉士，授检讨，出为福建巡海道。筑石城以捍海，除积弊，举冗费，戒贪墨，恩威大著。康熙初，调江西湖东道官省，改直隶大名道。直隶多逃人，株连牵引，一案至三四十人。在任期年三百余案，不蔓及无辜，民咸感之。母忧，归，执贽于孙夏峰之门，笃志躬行。复嵩阳书院，士风蒸起。以潜庵荐，特授侍讲学士，转少詹事，辅导皇太子。未几，以疾疏辞，被论休致。归，复主书院，日孜孜以讲学为事。潜庵称其"赋质刚方，践履笃实，服官冰蘖自矢"。家居淡泊自甘，潜心经传，学有渊源。著有《理学要旨》、《先正事略》，作《理学正经》、《〈孝经〉易知》、《中州道学编》、《敬恕堂存稿》。

参见尹会一撰传

田先生兰芳

田兰芳，字梁紫，号篑山，睢州人，诸生。事继母以孝闻。少豪迈不羁，严峻嫉恶。潜庵里居，立志学会，相与讲贯，遂笃志圣学。久之表里洞彻，同异贯通。潜庵尝与论为学毕竟以何者为要，先生举主敬以对，潜庵称善。乞作《潜庵记》、《贻书》、《论学》，前后数十通，身后遗文亦经评辑。晚年所造益邃，圭角俱化，主睢州道存书院，里中英彦咸北面称弟子。潜庵子准受业其门。卒年七十四，私谥诚确。先生著有《逸德轩文集》。

参见汤准撰传

潜庵从游

窦先生克勤

窦克勤,字敏修,一字艮斋,号静庵,又号遁斋,柘城人。自先世以理学相传,身体力行,立《日录》以自省。耿逸庵倡道嵩阳,以所学印可,为忘年交。乡举后至京师谒潜庵讲学,潜庵谓:"师道不立,由于教官失职。"勤就教职,除泌阳教谕。泌阳地小而僻,人鲜知学。立五社学,择学行足式者为之长。善则劝,过则惩。辑《理学正宗》,自濂洛关闽以及怀孟河津诸儒之原孔孟者,示以崇正黜邪之义。康熙戊辰成进士,改庶吉士。遭母丧,读《礼》居庐。建朱阳书院于柘城东郊,与诸生讲学。服阕,散馆,授检讨,分校会试,焚香誓天,所得士多名宿。圣祖命诸翰林作书,先生书"学宗孔孟,法在尧舜,而其要在慎独"十四字以进,上览而善之。

以父老乞归,增扩朱阳书院,倡导正学。中州自夏峰、嵩阳外,朱阳学者称盛。所著书《理学正宗》外,有《〈孝经〉阐义》、《事亲庸言》、《泌阳学条规》、《寻乐堂家书》、《寻乐堂文集》。

参见汤右曾撰墓志、尹会一撰传、《国朝学案小识》、《中州文征》

姚先生尔申

姚尔申,字岳生,号希庵,巩县人。诸生,从耿逸庵学,以文谒潜庵,潜庵称之曰:"河洛之间,复有如月川、云浦者出焉。"遂从问学,讨论切挚,能传潜庵、逸庵之学。著有《日知录》、《芸窗手草》、《潜阳问答》、《嵩谈录》、《太极图辨理》、《学要旨文集》。

参见《汤子遗书》、《中州文征》

序、论、书、颂、祭文、启、诗等

序、论

送汤潜庵先生巡抚江南序

朱彝尊

统百城之吏而表率之,画圻广则闻见难以悉周。然则曷以劝,曷以征,曷以化民成俗?此其道不外察吏而已。

大江之南职四民之业者,十仅得五,而游民居其半焉。安歌便舞,褕衣甘食,山遨而水嬉,经过者指为繁华佳丽之地,不知四民敝赳有糠籺不充者。逋赋之日增,寇宄之窃发,有司不自救,其过何能善其俗?顾察吏者束子令申,举起合格者不必尽贤,贤者又不得举,或贤而当劾者有焉。故曩之为督抚者举措一不当,民心涣而不能骤合,若是其难哉。使居是职者却赂遗,谢宾客,躬亲判牍,正己以率其属,斯亦可矣。然贤士大夫忠告之不闻,小民疾苦之未悉,不得不以耳目寄之属吏。夫以士民之所陈,或有未足尽信者,况属吏之爱憎乎!以此守官可也,将以劝惩其下,化民成俗,则必有道焉。

内阁学士兼礼部侍郎、睢州汤先生以讲幄侍从受知天子,特简巡抚江南。先生之学最醇,而不事异同之辨;先生之节最清,而不为崭绝之行。信义之有根,而德之有源者已。吾知先生为政,遇下以仁则路遗必不至,接贤士大夫以礼而广其询。谋则宾客不必谢,刑平其冤者而归于简也,害去其甚者而不用亟也。夫条教不烦则傝俗也易,察吏有术则民心举安。吾特言其粗者,若先生之学,盖挹之而不穷,施之而各有当也。于其行规以言,先生其何以处我?

《曝书亭集》卷四十一

送汤公潜庵巡抚江南序

潘　耒

东吴于古为扬州之境,厥土涂泥,厥田下下,以其民勤于生事,疾耕力作,不惮劳苦,故田亩日辟,户口日增。自唐以来,号为殷富。宋时亩税一斗。元有天下,令田税无过亩三升,民大乐业。元统、至元之间,吴中富盛闻天下。自明初没入张氏,故臣及土豪田按其私租籍征之,亩至八斗,而民始困。然其初止输南京耳,永乐中都北京,民始有转输之烦,加耗自倍。其初止官田赋重耳,民田亩税不过五升,其轻自若也。嘉靖中,并官民田一切以三斗起科,而民重困,然催科犹未急也。万历初,限分数为考成,缓征之法不得行而民愈困,然犹止常赋耳。天启以后,时有加派,复苦额外之征,民不堪命,以至于亡。盖吴中之民莫乐于元,莫困于明,非治有升降,田赋轻重使然也。

虽然当日之民固甚困,而犹能相保以生者,则以三百年来英君贤相念财赋根本之地,时时噢咻。其民小有水旱,辄除田租,捐放积逋,动数十万计。而督抚大吏又能深计曲算,行德意于成法之外。如周忱之减官田租额,刘孜之劝垦积荒,王恕之请蠲被水田租,朱瑄之奏蠲无征税粮,李克嗣之大修水利,欧阳驿之更定征徭法,皆能补偏救弊,变重为轻,是以民得小休,不至颠蹶。

国家承明积弊之后,田赋之重,转输之劳,一如往时。加以催科日益急,考成日益严,东作未动,追呼到门。数年逋租,并征一日。办正供而积逋不偿,输旧赋而新课不登。为有司者虽有龚、黄、卓、鲁之贤,鲜不厄于考课。迁除之路既绝,则取盈囊橐而止,贪残放纵,无所不至。吴民之困,未有甚于今日者也。主上仁圣,亦尝轸念东南之民,恻然欲除其疾苦。而军兴多故,未遑沛发德音。大吏即贤,亦未有如周文襄、王端毅之伦,忧国如家,为民请命者,岂天之未欲苏吾民与?亦有待而然与!

今年夏,江南巡抚有缺,吏部以当迁者名上及九卿,廷推皆不得命,命学士睢阳汤公持节以往。公固当代大贤,学醇而德充,体完而用巨,又荷主上特达之知,自密勿重臣出寄心膂,与他开府者有异,当大有为之时。而处积弊之后,改弦更张,因时通变,以拯吴人于阽危,非公将谁望焉?诚能以吴中重赋之本末与积困之情形具告于天子,不敢望复宋元及明初故额,即如宣德中诏书量减现额十之二三,民且欣然庆更生,此其上也。不然,而尽免积年逋租,令民专办本年正额,蠲不可得之虚数,而去无穷之逋累,此其次也。不然,而缓征收之期,如夏税秋粮旧制,宽考成之法,不必以十分为率,令民得稍休息,官得望升迁,又其次也。下此则无策焉。及公之身而不为,吾民其无望焉耳矣。

耒尝以铅椠从公于史馆,赋役一事窃究心焉,粗悉其颠末,今为公部民,言其地之疾苦,宜无大于此者。若夫一乡一邑之利弊,未敢屑屑为公道也。

钱仪吉《碑传集》卷十六

奉送大宗伯汤老先生还朝序

徐秉义

康熙二十有五年,皇太子将出阁就学,上特简公于群臣之中,命为礼部尚书兼詹事,以辅导太子。朝野闻之莫不称庆,曰师傅之任,固非公不可,咸服皇上之知人善任也。伏闻皇太子岐嶷天纵,英敏好学,得公为之赞导,朝夕纳诲,睿德日新,若决江河,沛然莫御也。将见皇太子之所就远过乎太甲、成王,而公之所遭实幸于伊尹、周公,岂非三代以来所罕觏者哉。

我皇上知人善任,哲比帝尧。其于公也,进之日讲以观其学,试之抚吴以觇其才,诚见夫学纯才达未有出公右者,乃以辅导之重任委之,非偶然也。《礼·世子》之篇曰:三王教世子,"出则有师","入则有保"。师也者,教之以事而喻诸德者也;保也者,慎其身以辅翼之而归诸道者也。何谓谕诸德?朱子所谓行道而有得于心也,博于文辞非德也。何谓归诸道?孟子所谓务引其君于当道也,歆于功利非道也。公之学专于实践而不尚文辞,期于志仁而不谋功利,盖皇上于公日讲之时而知其可任辅导者此也。

《书·伊训》之篇曰:"敷求哲人,俾辅于尔后嗣",又"儆于有位",曰"恒舞于宫,酣歌于室,是①谓巫风"。"殉于货色,恒于游畋,是②谓淫风"。"侮圣言,逆忠直,远耆德,比顽童,是③谓乱风"。由是观之,辅后嗣必求哲人,求哲人必其能格三风也。

吴俗尚鬼,上方之山有五圣焉,惑其淫邪者三百年,祷赛者画船笙歌,献宝陈羞,岁无虚日,日无虚时。其他淫祠千百莫可究诘。名优华筵,穷极奢丽。恒舞酣歌,用以娱宾者少,用以媚鬼神者多。

民间贫困亦由于此。公毅然去之,尽毁神像,投诸水火。崇祠先贤,以正民心,于是吴之巫风息矣。败德莫如货色,废时莫如游畋。公以廉洁持身,以俭朴风世,虽处朊仕,不异寒儒。僚属化之,不敢为贪墨之行,不敢徇耳目之好;士民化之,不事遨游,渐崇本务。于是吴之淫风息矣。公学问渊粹,非六经孔孟之言不出于口。讲明《孝经》,教民敦伦尊圣言也。发政施令,不徇己私,必求公是①,尚忠直也。访求学士,折节下之,延之讲席,相与讨论,亲耆德也。郑卫之声不使近客宴,优伶之贱不敢陵文士,云顽童也。于是吴之乱风息矣。

  盖皇上于公抚吴之日而知其可任辅导者此也,由《书》、《礼》之言推之,则公之所以弼赞太子者岂小补哉,实万世无疆之休也。公受此大任,朝野莫不称庆,独七郡之民如婴儿之去慈母。吴民为之罢市者五日,夫小民何知公之入也,岂徒太子赖以辅导,抑皇上资以启沃者也。《诗·烝民》之篇曰:"王命仲山甫,式是②百辟。缵戎祖考,王躬是保。出纳王命,王之喉舌。赋政于外,四方爰发。"盖言仲山甫出则经营四方,入则保辅王躬,惟其才德兼长,是以无所不济。今观于公何其似仲山甫也。他日道济天下,岂遗吴民哉!

  予于公之行为此荒言以送之,非致私喜也,上为国家庆,下为天下幸,而亦以慰吴民之恩也。

校记

①②③ "是",似为"时"字误。

《清史稿》中有关论述

论曰：清世以名臣从祀孔子庙，斌、陇其、伯行三人而已。皆以外吏起家，蒙圣祖恩遇。陇其官止御史，而廉能清正，民爱之如父母，与斌、伯行如一。其不为时所容而为圣祖所爱护也亦如一。君明而臣良，汉、唐以后盖亦罕矣。斌不薄王守仁，陇其笃守程朱，斥守仁甚峻，而伯行继之。要其躬行实践，施于政事，皆能无负其所学，虽趋向稍有广隘，亦无所轩轾焉。

卷二百六十五

梁启超对汤斌的评价

亭林学友表

亭林既老寿，且足迹半天下，虽不讲学，然一时贤士大夫乐从之游。观其所与交接者，而当时学者社会之面影略可睹焉。且足迹半天下，今钩稽本集，参以他书适此表，其人无关学术者不录，弟子及后辈附见。

归庄、万寿祺、阎若璩、黄宗羲……诸人略去。

汤斌：字孔伯，号荆岘，睢州人。孙夏峰弟子，在清为达官，谥文正。孔伯修《明史》，以书来问义例，亭林答之。

……

清初依草附木的为什么多跑朱学那条路去呢？原来满洲初建国时候文化极朴陋，他们向慕汉化，想找些汉人供奔走。看见科第出身的人便认为有学问。其实这些八股先生除了四书大全、五经大全外还懂什么呢？入关之后，稍微有点志节学术的人，或举义反抗，或抗节高蹈。其望风迎降及新朝科举的，又是那群极不堪的八股先生。除了《四书集注》外更无学问。清初那几位皇帝所看见的都是这些人。当然认这种学问便是汉族文化的代表。程朱学派变成当时宫廷信仰的中心，其原因在此。市语说："城中好高髻，四方高一尺。"专制国皇帝的好尚，自然影响到全国，靠程朱做官的人越来越多。程朱旗下的喽罗也越发多，况且挂着这个招牌，可以不消读书，只要口头上讲几句"格物穷理"便够了。那种谬为恭谨的样子，又可以不得罪人。恰当社会人心厌倦王学的时候，趁势打死老虎，还可以博卫道的美名。有这许多便宜勾当，谁又不会干呢？所以那时候的程朱学家其间伏处岩穴，阔然自修者，虽未尝没有可以令我们佩服的人，至于那些"以名臣兼儒臣"的大人先生们，内中如汤斌，如魏裔介，如魏象枢等，风骨尚可钦，但他们都是孙夏峰的门生，半带王学色彩。汤斌并且很受排挤，不得志。其余如熊赐履、张玉书、张伯行等，不过一群"非之无举，刺之无刺"的"乡愿"。此外越爱出锋头的人，品格越不可问。

《中国近三百年学术史》

《汤子遗书》序 之一

自濂洛关闽之失其传也，著书立说者徒知寻章摘句，而身心性命之学莫或能言。余以为与其口能言之身不能行之，无宁不言者犹率其真也。大司空潜庵汤先生文行久为学者所宗，迹其生平，始而仕，仕而已，已而复仕。入居匡赞，不亢不随者几何年？出任保厘，兴利除弊者几何年？其间闭户藏修，大阐鹅湖、鹿洞之教者又几何年？余景仰先生之为人，其品尚，其望重，言规行矩，津津乎与圣贤为徒，然恨未得从先生游，犹未知先生深也。

乙亥春，令子潆以先生遗集五卷见示，余受而读之，元元本本，理深而词达，气静而神恬。凡道德之源流，经史之根据，上可以利国家，下可以福苍生者，莫不丁宁反复，洋溢乎简端。间或寄情吟咏，托意歌词，亦惟抒写天真，得诗人温厚和平之致。以余思之，夫即本诸身心性命而见之著书立说，则见之著书立说而自益有味乎身心性命也明矣，又岂徒能言之而已哉！余乃今而后知先生深矣。

或曰，至人无言，苟能行之，焉用文为？夫古今之理，道秘而不宣。自有言而羽翼六经，仪型百世，作者谓之圣，述者谓之明，言固不可以尽废也。今先生虽殁，后之人诵其诗，读其书，不啻亲承謦咳，奉为楷模，藉非言又何以启之哉？余知溯濂洛关闽之传者，应为先生屈一指矣。

康熙乙亥四月朔　燕越胡介祉

《汤子遗书》序　之二

余避入睢州，值潜庵先生以关西参政请十旬假。就之论知本之学，与关东贺灵台先生知本说合，因留睢半月，且属余记其太夫人殉节事去。既而举制科，与先生作同年生，且同入史馆，遂得辩前代得失，并古今来礼教名法，知先生裕经术外扩而中坚，体用具备,真所谓应元运而兴者。会天子重其学,进青宫保傅,兼领参知,入东阁,作宰相判官。遂以春官侍郎出,开府江南,使扬历中外,为圣朝儒术之冠。余乞疾南还过其境,见关门坦坦然,农安亩而估习市,武吏与暴客刷迹而徙。閒楼夜鸣瑟,游媚贵富皆向晦阒外巷。余顾之叹曰:"儒术之效如此耶?"乃未几还院,补冬官尚书,而骤遭栋折,先生且骑鲸矣。

其在今距先生捐馆舍将二十年,而京朝先后思之者如昨日。江南之民一若服税服,虽相隔多岁月,而偶然敛衽,必哭泣。因有慕其人,稽其事,愿读其所遗书者。闻河抚阎君曾为梓其集而未备也。王子似斋者,先生门下士也,家世习理学,蚤岁见知,而授受亲切。其视扶风之于北海,不啻有过。然且筮仕吴城,正值先生所属地,遂辑旧集所遗轶购其全,捐俸而付之剞人。而以余为先生友,并具书问。属其同门沈子昭嗣踵余寓,而请余以序。

夫世之所谓三立者,谓夫德与功与言也。而实则一立而无所不立,古未有圣贤而关事功者,况文章乎!即宣尼抱圣德,每伤世之不我用,而退而著书。然而,书既成而圣德愈显,且有读其书而谓功在万世,虽尧、舜莫能过,则是文章之无闲于德与功也。先生践履笃实,务为善去恶,以求慎独。而出而应世,则入参宰执,出领方州,明明有实效,见诸成事,此其功德为何者?而即以文论,与子言孝,与臣言忠,不必饰讲席之迹,而发言中道,不偏亦不矫。其为群儒所取正者何限?然且言议慷慨,周旋政事堂,多所建白。而至于外台入告,则请赈请蠲,尤剧剀切。尝曰:"吾受天子命以出为民吏,目击恫瘝,即过为激锲,宁得罪死官下,亦何敢缄嘿负天子命!"而天子神圣,亦即以是优容之。然则先生之言其有系于世如此,若其高文典册,扬庙堂之盛,则纶扉判词,槐厅起草,举凡应制应试之作,往往而是。夫既已举于春官,囊笔三馆,而复登制科,膺鸿儒博学之选，则文可知矣。

似斋辑其书，复为编类：曰语录，曰奏疏，曰序，曰记，曰书牍，曰赋、颂、论、辨，曰碑版文，曰杂文，曰告谕，曰诗词，而总附年谱、志状于其末。嗟乎，世之求先生书者可以观焉。

康熙四十二年癸未，嘉平月萧山　毛奇龄

《汤子遗书》序　之三

道学至宋氏而上接孔孟之传，何传尔？其世异，其理同也。然而朱、陆异同，其说已纷如矣。时至今日，因攻诋阳明，并及象山。夫象山之教其徒不无流弊，而朱子因其说之不相合，益深思致力，务求得其至，是以立教万世。而《小学》、《近思录》、《太极通书》、《西铭》之解义益出，则象山亦朱子之功臣也。

余少时曾闻吾师改亭计氏之说如此，近乃得亲见之于潜庵汤先生。先生之言曰："学者读书，不务身体力行，专为先儒辨同异，亦玩物丧志。先儒之言都是自己用工夫体认过来，无一句不是实语。总之源头澄澈，随时立教，不妨互异。"此固先生平日之言也，故能反身而求，随处可以见诸施行。今观先生之在史局则严是非，在讲席则躬启沃，巡抚江南则民生日裕，辅导东宫则睿德日新。勤勤恳恳，无一事不从身体而力行之。故其遗书不徒为异同攻击，直探濂洛关闽之奥，于以垂世立教，为千古孔孟之心传也。至先生所蕴，不获尽见于世之故，则又天也，是非余之所得而言焉者矣。

往时豫省阁中丞曾为梓其集而未备，今吴邑似斋王君搜罗遗轶，捐俸刻之吴门。似斋固先生辛酉所得士也，余因识数语于简端。

吴江徐钪

《汤子遗书》序 之四

潜庵先生清修粹德，仪型屹然。来抚三吴，风移俗易。比隆淳古，遗爱深长。耕夫牧竖，犹能颂说不衰。于是，学士大夫皆知先生之为真儒，可以明体达用。谓其生居伊洛，效法程朱，俨在姚文献、许文正伯仲间也。虽然先生之表见于世者如此，而欲识其学所从入与所得力处，非读其书，究其指要之所存，则犹涉于循墙扪壁之见，而先生之精神面目，吐露几何哉！

定求暗弱无能，蚤志于学，幸待先生几席，稍闻謦咳。比先生没，受其文集，回环读之，数年于兹，乃信先生之学纯明笃实，非袭前人之皮膜，树一己之藩篱者可与同日而语。所以表里洞彻，足为后生法程也。夫学之必宗程朱，固家喻而户晓也。而先生之宗程朱则能力践乎程朱之行，而会通乎程朱之言。程朱之言居敬也，穷理也，未尝不知行一贯，博约同归，动静互摄也。相沿相习于帖括训诂之徒，支分节解，脉络壅阏，浸失程朱之本意。至于姚江，喟然为拔本塞源之论，揭致良知以为宗，孜孜教人扫荡人欲，扩充天理，则本体工夫包罗统括，直截简易，始知程朱所谓居敬穷理者，初非区为之涂，繁为之迹，正使程朱复生，当必引为同心之助。而议者好为排击，坐以新学异门，卒之意见沈痼，功利潜滋，则亦自托于程朱，而实自绝之者矣。

先生邃资夙禀，甫入承明，日与同志切劘正学，淡于仕进。壮岁抽簪，复从孙征君先生于百泉之上。青灯白雪，讲习亹亹，灼见性天，无少间隔，一以躬行心得为归，绝不拘牵文义，竞起戈矛。每曰：“姚江之学反本归原，正以救末流之弊，而特严其门人，虚见承袭，流为洸洋恣肆，致疑于以儒入禅者。此其善学姚江，正所以为善学程朱也与。”程子曰：百官万务，金革百万之众。饮水曲肱，乐在其中。是即周子无欲，故静之说也。先生体认真切，洒然有吟风弄月，以归吾与点也之意。故其视兰台石室也，细旃广厦也，县牙树戟，而兵刑钱谷之纷纭也，皆鸢之飞，鱼之跃也。极诸毁誉，利害为前，不动生我，顺而没我，宁一逝川之不舍浮云之太虚也。呜呼，非深于圣学者能之哉！

今其文集具在，特节其要而录之，非敢僭为取舍，亦曰先生之言实先生之行也。若第以语言文字观之，虽多亦何取焉？用是振纲挈领，奉为箴铭之在侧，庶乎从入之涂，得力之地，了然心目，由是知先圣先贤异世同堂，又何事群言之聚讼也与！

长洲　彭定求

《汤子遗书》序　之五

先大人著述，崇明令王似斋刻于吴门，为《汤子遗书》。分类编辑颇为详审，但家藏所未刊刻者中犹略焉弗备。沆幼承庭训，长随宦游，于先大人嘉言懿行耿耿在心目间，迄今犹追忆之而不忘。自先大人之薨，屈指已五十年。雍正十一年癸丑，蒙皇恩立贤良祠，祀于京城，祭于本籍，赐春秋特祀，命词臣作传。乾隆元年丙辰，又蒙皇恩钦谥文正，颁碑文、祭文，赐碑价，奕世旷典，诚数百年所未有。于今贤士大夫以及缙绅先生过吾睢者，必索于先大人遗书。今将遗书并家中所藏合为一集，已刻者存，未刻者补，仍似斋之旧名为"遗书"。首列宸章，重君命也；次载遗文，示不忘也。沆恐世远言湮,先大人嘉言懿行犹有略而未备者,故详志之如左。

乾隆二年丁巳八月望日　男沆谨识

《汤子遗书》序 之六

汤文正公为一代理学名臣,至今学者宗之。而朝论历数本朝前哲,每以汤、陆并称,陆谓稼书先生也。窃谓两先生品行略同,而所见微有别。陆一意谨守程朱,而汤则不摈陆王。观集中答稼书一书可见。一则卫道严,一则见道大,识者必有以权之矣。雍正乙卯之秋,升恒方承乏河南学政,直新天子即位求言,臣升恒摺奏三事,皆蒙俞允。内论汤公宜补谥一节,天子览之感动,更推广大臣数人皆一体补谥,而文正二字特出宸衷,盖自国朝以来无获此嘉名者。噫,亦盛矣!今遗书具在,学者景仰之余不徒诵其文,当师其品,师其学,庶不负文正公,不负圣天子郑重表章之意也夫。

时乾隆六年,岁在辛酉秋九月,锡山邹升恒

《汤子遗书》书后

以明明德,于天下为愿,而世不我用,何由彰儒者体用之全?故终其身,草野潜修,纵于道有得,纵贞教维风自任,而所谓成己成物,时措咸宜者,究托诸空言已。尔所以而知者,必皋、伊望散。系一线道脉于汉唐之际者,必江都、昌黎大明其道;于宋为守先待后之宗主者,必周、程、朱、陆。追洙泗接濂洛关闽,而递衍其传者,元必许文正,明必薛文清、王文成。

夷考诸贤，周子则洗冤泽物为己任也；二程子则天下以其进退卜世之隆污也；朱子则孝宗称政事却可观也；陆子则荆门之政可验躬行之效也；文正则教行于国子，儒风赖以不坠也；文清则东鲁诸生慕厨下老仆，哭奉使之中官嘉叹也；文成当日剿寇讨叛，事功赫奕，特适逢其会耳，而阐圣贤心传处即在此。观其为全为抚为督所设施，与诸贤之幼学壮行无异。信儒者体用先后，一揆身用，而道行断非草野之士所能及。

或曰：荷道统者，讵以名位有无为重轻？子津津于诸贤之政事，是论治统矣。炳应之曰：子亦知道统、治统固合一而不可分乎？世儒相传，先则道统在帝王，后则道统在儒者，故疑道与治有二统。观孔、孟而后，周、程以来，皆赖君上之尊崇而道统以垂，是道统仍在帝王也；皆出学以报君上，而治统以立，是治统亦在儒者也。

今天子尊儒重道，建业垂勋，兼古帝王道统治统之盛，岂无见知之人兴起其间？睢州潜庵汤先生殆其人欤！先生少壮登朝，中年解组，肆志问学，高卧林泉二十年，旋被征用。列史馆者五十人，独先生被上知遇，拜中丞之印，非公不可。先生抚吴，著绩果与文成比烈，是即皇上所以立治统也。青宫有需辅导，又荷上知遇，以为无以逾卿。先生侍直讲筵，果与伊川媲媺，是即皇上所以垂道统也。先生之荷圣道而佐盛治，固皇上立之垂之，而先生承之尔。

闻之立教者有言教，有政教。哓哓焉以空言觉天下，是谓言教；俾民服教畏神，入于善而不自知，是谓政教。今编次先生遗书，使读者知所以为学，先生之言教著焉。遗书间多论政，余吴人目睹抚吴时不赏不怒之劝威，特表先生政教，以洗迂儒无用之讥，故为道统治统合一之说，以见先生绍先儒一脉者在是，未可与文人之集同类而观也。

刻既成，敢僭笔书其后。

平江后学蔡方炳拜手谨识

《汤子遗书》重刊跋

同治庚午春二月,祥年奉檄调任睢州。下车之始,汤生若珩来见,询知生为文正公后裔,因述家藏公所著明史稿、语录、奏疏,并古今各体诗文,又诗余一卷,久已刊布海内,板存祠堂。咸丰己未,捻逆陷睢城,毁于火。贼平后,各大宪捐赀重刊,功亏一篑,尚未蒇事。祥年闻而皇然,窃以公理学经猷,文章功业,虽片纸单辞,后人咸知宝贵,矧为全集,苟能日置座右,精心体会,于立身行政之方必多裨益,一篑之功勉能任之,即嘱汤生亟为刊成,而谨识数言于尾,抑更有言者。

祥年,吴人也,公于康熙初来抚我吴,先六世祖隐居鸡笼山,公徒步往访,谢不见。请之再,隔篱谈数语而别,时人两贤之。其他兴文教,毁淫祠,功泽不可殚述,民不能忘之。坊屹峙胥江,观者咸深景慕。距今二百余年,以吴人而牧公乡土,纵不能媲美万一,而读公遗集,奉为官箴,并思先世之感承知己,而冀有以仰酬之。或以不负于公者,即不负于民,则亦公之所赐也。敢不勉欤!敢不勉欤!

同治九年岁次、庚午春二月,候补
直隶州知睢州事、古吴沈祥年谨跋

潜庵汤大司空遗稿序

襄陵潜庵汤先生学术师洙泗,政事慕唐虞。发为文章,应规中矩,心和而气平,一代伟人也。余景行之有素,己未岁始,相见于朝端,得一谋面。而先生出入金闺,行有尺寸,归即闭门著书,修《明史》,日课数纸以为常。凡饮食宴乐之会不与,以是独受知于圣主,一岁三迁。晋阁学,赞襄密勿,人以为景星庆云,得睹之为快。遂膺特简,出抚江南。江南之人如旱之有霖,喝之有荫,赤子之有慈母,迄今俎豆之,讴思之不忘。未几以宗伯召入掌詹事,遇益隆,操益励,岩岩侃侃,不比不阿。旋晋大司空,卒于京邸。

阅明年,余奉命抚豫,驻省会,距先生之居不二百里,屡思登堂瞻眺其读书乐道处,以职守未能已已。三月,因视河之便,始至锦襄,而先生之灵輀尚在。故庐萧然四壁,余进而展拜,俯仰泣下。及回署,乃遣役束生刍致祭。适嗣君以遗稿五卷见投,整衣冠庄诵,先生之声音性情历历在于纸上,则见夫雍容端肃,如大臣之垂绅正笏而立于朝也;则见夫庄恭静穆,如君子之斋居渊默而行于庭也;则见夫和平怡怿,如贤人之咏歌风舞而悠然自得也;则见夫坚毅刚栗,如大将之步伐止齐而刁斗无哗也。其凝以厚者如山之峙;其迅以疾者如水之流;其纤徐而含蓄者如太古之琴,疏越而远闻;其条畅而通达者如康庄之路,交驰而直进。沉酣乎濂、洛而不畸,咀味乎韩、欧而不肆。美矣,备矣,文章之能事尽矣,然先生未尝以文自耀也。欲使天下受其福而我宁居简嘿之名,欲使后世宗其行而不矜著述之富。其文之传者盖时至而物生,气升而籁应,合天地之自然者而已。抑余有感焉,三代以下所谓立德立功立言,能以一身兼之者谁哉？颜曾不遇，绛灌无文，马、班、潘、陆，言即传焉，而德与功无足述者。至若先生，其德则圭璋也，其功则钟鼎也，其言则麟之炳而凤之翙也。

天生圣君，必生一代之臣以佐之。先生弱冠登朝，仕十年而隐，隐二十年复被征，王恩优渥，一德一心，人莫能间。虽天夺先生之速，然如先生之得君，不可谓不遇矣。因读斯集而并及之，亦以慰先生于九原也。

<small>康熙二十九年岁次，庚午季冬，巡抚河南等处地方、提督军务、兼理河道、都察院右副都御史、加四级年家弟、宣镇阎兴邦拜撰</small>

《汤子遗稿》序

文不贵乎能言，而贵乎不能言。六经为亘古大文，然皆发于圣人之心所不容已。譬犹云既瀹而灵雨不得不降，气既至而蛰雷不得不鸣。雨降而生物润，雷出而地材奋。

则夫大儒立言，以垂教来世，亦岂得已哉？如《汤子遗书》是已。汤子为谁？睢阳潜庵先生也。先生位至工部尚书，卒于官，乃天下之学者以先生传正学，绍绝业，力肩斯道之重，为一代大儒，群宗而师之，故称子。始先生从容城孙钟元征君讲学于夏峰，以圣贤相期许。其学以"慎独"为宗，以"体认天理"为要，而实践于人伦日用之间。自少至老，服官中外，时时以忠主庇民，泽及万物为心。而其抚吴二年，深仁厚泽，距今垂二纪，士民讴思之如昨日，非至诚感人能至此乎？

予与先生生同乡，宦同朝。尝申之以世讲，重之以婚姻，予心钦其名德，严事之若师友。今又幸继先生后尘，奉命抚吴且十三载，无日不遵前事为后事之师，亦步亦趋，瞠乎恐后，守而弗失，幸免于戾。

先生纯德丰功，炳麟史册。至于文章尔雅，训词深厚，讲学有规，化民有教，读法于乡，箴儆于官，皆发于中心之所不容已。今《遗书》具在也，其门下士王大令廷灿表章师说，出奉金锓诸梨，可谓知所务矣。即讫工，请予序，予尝读先生书，纯粹以精，即片言寸简，无非卓然载道之文。诚若张子所云：为天地立心，为生民立命，为往圣继绝学，为万世开太平，庶几近之。

呜呼，如先生者岂非仁以为己任者哉！是其为文固实有诸其中，而非道不足而强言者所可几也，遂序之以行世。

西陵宋荦

《潜庵先生拟明史稿》序

论君子者，贵求之于其大，尤贵求之于其深。大者，迹也。古今来功盖天壤，言垂万世，人人可指而称，爰而传，所谓放之弥六合者是也。若夫所以运此功之机，发此言之本，渊乎其不可测也，邈乎其莫之御也，斯不谓之甚深甚深者乎？

在昔孔子之圣仅见行道之端，于摄政之三月。正叔、元晦卒，未获大用于当世。颜渊、闵子骞终身修德，求所谓著书立说，以惠来世无有也。将以功之未成，因病其机为未神，言之未立，遂疑其本犹未裕乎！千载而下，无不信孔子。程、朱所以不有其功者，特有以抑之，为斯世斯民之不幸，未尝不为之赍咨而涕洟。于颜、闵之无言，则知其培拥根本之诣远，而未暇及耳。然则得其培拥之裕而契其运用之神者,岂有他哉?亦惟于已试之功偶形之言,绅绎之以抽其绪,推究之以穷其涯。深者即得而大者未竟,不过时命不齐,与夫望道未见之心岂其果有所弗逮也哉!

吾里大司空潜庵汤公,君子也。方入小学即以圣贤之学自力,自筮仕后即以行其所学自命。尝小试于关陕岭徼而效。解组归田,年未四十,辄抱无闷之志,日取先儒诸书而熟覆之,更就正孙钟元先生于夏峰。久之,表里洞彻,同异贯通。然冲默自居,卒不敢自名一说。及为魏蔚州所推毂,受知圣主,瘝瘝吾道之行。在史局则严是非,在讲席则恭启沃,抚江苏无念不以民生为先,导青宫无事不以养正自效,亹亹焉必不愿就三代以下之功名。人或迂之,忌之,以祸患怵之,不少沮也。及公卒,天下之人知与不知,皆曰汤公不死,吾民其康乎!天下之士知与不知,皆曰汤公不死,吾道其昌乎!孰非以其必欲行决其能行,于其不敢易言信其能言乎?其不然者,则公之不克自主与公所有待而不欲遽出耳。

公卒之三月,其子溥搜得常所迫不得已者凡为诗文若干卷,在史局有《明史稿》若干卷,在苏州有奏疏若干卷,属余是正而刊之。公之为德于民,垂世立教之蕴亦可参见于是编矣。雠校即竟,各缀数语于篇末,盖以知公之深,聊以质公于幽而大者,不得尽见于世之故,则又余之雪涕无从也。

康熙戊辰五月望日,同里田兰芳拜撰

又《潜庵先生拟明史稿》序

史之为体有三:曰纪传,曰编年,曰记事。记事之源出自《尚书》,编年之法昉于《春秋》。后世"纪事本末",《资治通鉴》实因之。

惟其有所视效，故能精约晓畅，使人流览玩索，易见旨趣。独是纪传创于挽代，弗得圣人述作以为依归，虽文笔所至，震悍飘忽，而寄骚情于赏功罚罪之外，其意类多难明。要以究天人之理，尽古今之变，维世道，正人心，茫乎未有津涯也。后之仿其制者，亦徒摹其绘镂浓缛。至于体要之尚阙焉弗讲，求其先民是程以庶几经世之典也，盖其难哉！惟陈寿志三国稍悟向来之失，于是芟刊淘涤，以简摄腴，虽未蹈言约指远之域，而规模于焉粗具。

吾里汤潜庵司空学精而闻博，居乎天道人事，往古来今之变，皆已洞悉几微。与人言敷陈详明，而事族所会，直抉片言，人皆服为不烦。及其再入史馆，适有纂修《明史》之役，尝有书来曰："仆以猥才未学，滥膺编述，不特班、马门庭所不敢望，即求如陈承祚之裁制，终觉未能。"是言也，盖谓承祚尽刊繁枝，独存劲干，与古经记事之法有合，实慕之，非靳之也。故其为书明治乱，辨盛衰，崇贤良，黜奸回。辨天人于毫芒，别是非于微末。笔依承祚而取义实精，体准三国而折衷归当，遂使纪传一体无伤词费。宁特并驱袁马，直可上溯二经，譬人见滥觞之出，以为易挹，然终日酌取，万古不能尽也。

乃所修仅英、景、宪、孝四朝诸臣列传，不得兼总条贯，互见经纬，以尽其化裁之妙，为可惜焉。虽然知乐者聆一音，而神会夫大成之美；知味者吮一脔，而腹饫乎九鼎之膏。然则即四朝之治乱与诸臣之贤奸，而损益劝惩之理，不可推之于先生所未言，以识危微兴丧之几也哉。今而后史家之体，有以各得往圣传心之要，其先生为之权舆也夫。

同里田兰芳拜撰

《洛学编》序 之一

癸丑冬,汤子荆岘《洛学编》告成,索老夫一言以弁其首。余惟洛为天地之中,嵩高耸峙,黄河亘延,自河洛图书,天地已泄其秘。而浑穆醇厐之气,人日由其中而不知,是道寄于人而学寄于天。至程氏两夫子出,斯道大明,人知所趋舍。学者于日用伦常至庸极易之事,当下便有希圣达天路径,是道本于天而学寄于人。盖洛之有学,所以合天人之归,定先后之统,所关甚钜也。厥后废而复明,绝而复续,学问渊源,天中尤盛。宋兴伊洛,元大苏门,至有明而两河八郡各有传人。

余移家夏峰,每怀往哲,怅微言之未泯,喜绝学之当新。汤子少负远志,壮岁即以病请,孜孜以斯道为己任。十年以来,余见其学日进而心日虚,洛学之兴端有所属。因念斯道在人,求之即得。表前贤以励后进,如射者之趋的,必括于度;舟子之涉海,必操其舵。所谓呼之使灵,叩之使觉,千载上下,南海北海,心同理同,又何有于洛与濂关闽耶?盖学以希圣为诣,而其最初发志,一直便向希天上。至其中道路之迂曲,识见之偏全,自不能强之使同。迄证所归,川流者以此,敦化者以此,自不得有异也。我辈生诸贤之后,教泽在望,频藻常修,诚属厚幸。

聋聩老生,睹此编之成,不禁喜跃,爰题数语,以识汤子兴学之功云。

康熙十有二年,岁次癸丑,季冬既望,
九十叟孙奇逢拜题于夏峰山房

《洛学编》序 之二

理学以朱子为大成,而伊洛之学,则考亭之所自出也。吾乡汤文正公辑《洛学编》一书,正千古之学术,示天下以标准,厥功懋矣!往者博陵尹公已有续编,兹余同郡郭雪斋先生又从而补之,遂为完书。岁辛丑,余游都门,适曹岚樵给谏、刘蓉帆部郎两公捐资续刊告成。余读之,见其书言先儒造道之功,明白简易,使人人读之皆可得所持循,恍然于入道之有基,真接引后学之梯阶也。因题曰"理学入门第一书"。愿以公诸同志,庶不迷于向往云。

洪澳后学高攀桂香山氏谨识

《续洛学编》序 之一

《洛学编》一书,乃孙夏峰先生属汤文正公所辑也。尹元孚先生抚豫时续入国朝七人,可谓备矣。程先不佞,幸与夏峰先生同里,得读其遗书,间考中州遗献,自宋以来又得八人,僭为次叙,其传以附于卷末,非谓旧编所载有未周也。事莫难于创始,当文正公承命搜辑,时夏峰先生已届耄期,以目睹其成为快,故其告藏也速,而考核,未详者姑少缓焉,此昔人慎重之意也。今距元孚先生续后又数十年,为时既远,诚恐老成遗范久而就湮,故略存其梗概,庶先正典型借以不坠云。

后学郭程先谨识

《续洛学编》序 之二

曩闻孙征君既辑《理学宗传》，则以《北学编》属魏莲陆先生，而以《洛学编》属汤公文正。余监抚豫疆，既得读《洛学编》，心向往之。遂援释菜国故之义，秩于大梁书院，既又商榷续袝。自征君、文正二先生外，复得耿逸庵、张仲诚、张清恪、窦静庵、冉蟬庵诸先生，俱《洛学编》以后之遗献也。既敬其人，奚可不胪其事？余固弗及文正公之搜采该博，纪别精审，然窃有志焉，弗能已也。

今夫洛自出书以迄于今，圠苞苻，权舆橐龠，继继承承。数千百年间，天不变道亦不变。缘督为经，造车合辙，后先相望，厥义维均。自《洛学编》板于癸丑，又六十六年矣。此六十六年中，虽仅得七人，抑亦未可云不聚也。七人之内，沈潜高明，指趣不必尽同。各履其实，以要于一致。渊源有自，何多让焉！乃质之衣缝掖者，或张口呿呿，弗克置辨，并且懵其里居爵谥。嘻！亦太甚矣。先哲之就湮，后学之寡识，悠悠岁月，遂熄薪传，是余之大惧也，敢弗承文正公之志而续其后哉。

抑考征君《北学编》序，以遣海樵子七篇而忧之。若余之寡昧为忧滋甚，有能谂余以所遗者则以似以续，昭兹来许，岂惟余拜嘉，亦学道者所深幸也。

乾隆三年戊午秋七月，博陵后学尹会一题于大梁使院

《洛学编》介绍

是书述中州学派,分为二编。首列汉杜子春、郑兴、郑众、服虔、韩愈、宋穆修,谓之前编。次列二程子以下十三人,附录二人。元许衡以下三人,附录一人。明薛瑄以下二十人,附录七人,谓之正编。各评其学问行谊。盖虽以宋儒为主,而不废汉唐儒者之所长。后耿介作《中州道学编》,乃举唐以前悉删之,则纯乎门户之私,所见又与斌异矣。

《四库全书·存目》

《汤子遗书》目录提要

丁卯冬,先生薨于位,友人田篑山评其遗稿,刻于中州。彭少司成又刻节要于吴门,门人蔡彬与其宗人九霞谋刻全集,惜未梓完。癸未,灿搜辑遗文,益所未备,编为十卷,颜曰《汤子遗书》,从九霞之旧也。先生往矣,后之学者思先生而不得见,读先生遗书,如见先生焉。虽其毕生之道德功业垂诸不朽者不独以文传,然而读其文,益以见先生之不可及也云尔。

门人王廷灿谨识

卷 一

《周易》、《尚书》,四子书,皆古圣贤语录也,其言广大精深,总以阐明道要，降而为诸子百家。近于杂汉唐笺疏涉于诬，去圣贤之旨远矣。《皇极》、《西铭》、《近思录》诸书庶几近之。我夫子所以语人者，一以存诚主敬为宗，以修身实践为究竟，此真近得濂洛之微旨，远契邹鲁之道妙者也。集《语录》。

卷 二

嘉谋嘉猷入告，尔后大臣之体则然。然求其为民请命，而缠绵剀切，纸上如闻太息声者。匡稚圭、陆宣公、张曲江数人至今独传。夫子抚江南裁二载，而请蠲请赈疏凡数十上，恫瘝百姓，言人所不敢言，真所谓伤居尔体，痛在巨心。忠爱之诚，溢于楮背。今试取其文，展读再四，必不以余言为阿所好也。集《奏疏》。

卷 三

"序"之体不一，有序其书者，如孔子之序《书》，子夏之序《诗》是也；有序其人与事者，如汉史之世家、列传是也。要以理有旁搜，词无溢美，务使我之精思奥义概括乎其书与人与事之中，而实洋溢乎其书与人与事之外，于夫子之诸序见之矣。集《序文》。

卷 四

事何以记？甚重乎其事也。重其事奈何？黉宫明伦也。书院兴学也，立祠功德之在人心难毁也，会馆有记重桑梓也，记寺、记堂、记山房，或嘉其劳，或重其人也。砥世砺俗，彰往劝来，固煌煌乎巨典哉。有其事无其文不传，夫子之文诚足以传之矣。集《碑记》。

卷　五

杨恽之与会宗固多怨悱之词,昌黎之上宰相未免干进之意,若夫不卑不亢,辞旨和平,惟发明性命之微,与戒惧慎独之要者,尺牍中固不多得也。夫子集中如与孙征君、田篑山诸公书,绸缪往复,直抉性理。诸书之要,其中或简或详,各因其人。所云与吕公言不得不少,与温公言不得不多也。集《书牍》。

卷　六

赋颂之体丽以则,如陈周鼎商彝;论辨之体精而核,如指草蛇灰线,此其大凡也。析言之,赋不难于典赡而难于流逸,颂不难于张皇而难于微婉。论则确陈其是,不使我有未穷之蕴;辨则直指其非,不开人以可议之端。求其披窾导隙而义游刃有余者,微夫子吾谁与归？集《赋、颂、论、辨》。

卷　七

蔡中郎旷世逸才也,其志传碑铭之文无虑数十篇,而自叙则云:"不愧我文者,惟郭有道。"由此言观之,则伯喈之苟作亦多矣。我夫子生平不妄交一人,不轻发一语,岂其人既殁,顾反为谀墓之文乎？我信其文,因以信其文所传之人也。集《传》及《墓志》,并《行实》、《事状》。

卷　八

文之不能无杂著也,如岁之有闰余也,《大衍》之有归奇也,五岳之有分支,四渎之有岐渚也,皆天地自然之数而不可缺者。况经世之文原非常额所拘乎,欲分类则体孤,欲他附则义别,因另为一卷。集《杂文》。

卷　九

尝读汉诏,有云:"雕文刻镂,伤农事者也;锦绣纂组,害女红者也,是饥寒之本也。"又云:"人不患其不智,患其为诈;不患其不勇,患其为暴;不患其不富,患其无厌。"当时诏令所及,至有扶杖往观,叹息泣下者。夫子下车伊始,即有禁奢侈,严赌博,斥淫祠,诸教条刊布远近,训诫谆谆,务期与斯民更始。真浸淫乎汉诏而出之者。仁人之言,其利溥矣。集《告谕》。

卷　十

古诗以六朝为宗,康乐、参军,非不妍擅词场也,而必以渊明为称首。律体自遵三唐,高、岑、温、李,各臻妙境矣。然必于少陵推绝调焉。诗固佳,抑其人忠贞节烈,有必不可没者甚矣,诗固以人重也。今读夫子《赐游温泉》、《讲筵纪事》诸诗,体气神似少陵,诗余仿古乐府,而真至朴实,则俨然柴桑之遗也。诗不朽,有不朽乎其诗者在。集《诗词》。

附　录

集既成，因附年谱、行实并墓志、祭文、挽诗，与节要建坊等文于末，一以志夫子行事之实，一以存同人景行之私。盖传夫子之文所以传夫子之为人也。而夫子之文传，同人之颂述夫夫子者，亦将籍是以俱传。太史公所云："非附青云之士，恶能施声于后世。"盖于兹益信云。

《汤子遗书》成书过程

按：《汤子遗书》初经其门人王廷灿分类编辑，卷一曰语录，卷二曰奏疏，卷三曰序，卷四曰记，卷五曰书牍，卷六曰赋、颂、论、辨，卷七曰碑版文，卷八曰杂文，卷九曰告谕，卷十曰诗词。而总附年谱于其末，即《四库全书》所收《汤子遗书》十卷是也。先是由田兰芳尝评辑其遗稿为五卷，阎兴邦又加评梓行，斌裔孙又补刻疏稿、家书、年谱，均未进呈。同治庚午，苏廷魁重刊《汤子遗书》，以有续增，恐与《四库全书》所载卷数不符，因将杂文中学言移附卷一语录后，卷二奏疏照家刻本增订，以卷四之记并入卷三序文下，以卷五之书牍改作卷四，家书附于其末，以卷六之赋、颂、论、辨，改作卷五，而以卷八杂文中之拟诏、露布、策、考、启、引、题跋附入，以卷七、八之志传、墓表、行述、事状，及杂文中之像赞、祭文，改并作卷六。因告谕数目独多，以在潼关者分列作卷七，在岭北者分列作卷八，在江南者分列作卷九，而仍以诗词分列作卷十，如王氏本焉。

李敏修　《中州艺文录》

重刊《汤文正公全集》叙

睢州汤文正公生钟明季,长遇兴朝,壮岁弃官,遗荣求志。晚以博学鸿词征直史馆,出领使节,入傅青宫,二百年来天下学士大夫仰之若泰山北斗。我朝两举词科,恢宏耆硕之彦以百数,其德望尊显,中外交推为醇儒者,惟公一人而已。

公之学出于孙征君夏峰,务坚苦自励,不为异同门户之见。所为文奏议条教,原本经术,确可见诸施行。诗赋亦温润茂密,扬挖风雅,粹然一出于正。公之学行职业不因文自见,或以出应词科为惜。余思立德立言立功,古称三不朽,义无畸重。自宋贤倡道学,以经济为功利,文艺为浮华,盖疾承学之士不务本,希荣而无实,故痛切言之,非必谓文章勋业为吾道厉戒也。较而论之,词科不足以病公。公之名足以重词科,后生晚学不及见公,获公单词只语,宜何如宝贵而爱慕之,况公所为文多见道之言乎!

余自承宣陟巡河来中州近十年矣,居公之邦,慕公之为人,间取其遗书读之。岁久漫漶,罕觏善本,前以《洛学编》模千本示诸生,未及其全。刘汉台大令权刺睢州,复于公裔孙家得公《明史稿》二十卷,家书、墓志等文都为一编,怂恿付梓。中州理学名区,儒宗相望,入我朝必以文正公为称首。此邦人士景企前哲,读公书必有继公而兴者。余老矣,犹冀旦暮遇之。刊既成,爰缀言于简端,思古人念来者,盖不胜倦倦之意云。

同治庚午春,后学高要苏廷魁谨叙

《汤文正公年谱》序

同年友汤之旭,每言其祖潜庵先生之殁垂数十年,而编年之谱未就,以所难者事信而言文。余告之曰:"谱与志、传异体,惟事之信,言虽不文可也。"乾隆七年首夏,公之叔子沇以时贤所为状志、传记,属余编定且序之。时余告归,行有日矣,乃以付武进杨椿农先。冬十月,沇使使奉书以谱来,去取详略,一无所苟。

公之生平显著于世人之耳目者尽具矣。抑余因公谱之成,而叹圣祖仁皇帝大知至仁,乃前世所罕见也。自古忠良生乱世,事暗君,困于奸邪,而危死于非罪者无论矣。周亚夫之勋庸,申屠嘉之正直,而杀之者汉景帝也。宋真宗亦继世之贤君,寇平仲以股肱心腹相臣,为丁谓所逐,迟之又久,而后以目中不见为疑,不甚可怪乎!当秉钧者疾公如寇仇,要结九卿台垣,乘间抵隙,巧发奇中,必欲挤之死地,而圣祖终不惑于谗言,以全公之终始。岂非《易》所称"大君之宜",《记》所谓"聪明睿知,足有以临"者乎?

自古小人构陷忠良,暗昧奸欺之迹,必待世远人亡,野史、家乘流传而后暴著。惟公之殁,则同时士大夫讼言柄臣之阴贼,群小之朋从。长洲汪琬为志铭,四明万斯同、兹溪姜宏英作传记,大书深刻,无所还忌。其他各述所闻,播于四方者不可选纪。此虽诸君子砥砺廉隅,不能阕其义心,实由圣祖仁皇帝渊然深识。公殁未几时,构公诸臣同时罢黜,有以大作其公正之气,而不为权势所慑威,故兹编有所据以征其信也。

逮我世宗宪皇帝,特命设公神位于贤良祠。我皇上赐谥文正,御制碑文"诚意正心","先忧后乐",布在制辞。然后公之志事依日月之光而益明,而圣祖之至德,二圣之继承,就此一事,已卓然可为万世法。故终之旭之身,未敢为谱,而今乃出之。

至公之生平,其显者已略具是编;而金壬朋谋作匿,久散见于时贤之传述而不忘于天下之人之心,余无庸更置一辞也。

方苞撰

《年谱定本》序

壬戌春,桐城方望溪先生南归,举《汤文正公遗书》示椿曰:"前四十年,公门人钱塘王君廷灿为公年谱,叙公讲学颇悉,于立朝始末则语焉未详。公子沆大惧不足阐先人德业,令侄孙嘉祥商谱于余。余老矣,旦晚作归计。嘉祥今有谒于君也,愿先一言为介。"椿谢不敏,嘉详踵门者数四,椿不敢辞。

窃闻古之君子,学而后入政,未闻有不学之名臣,亦未闻名臣必以讲学著者也。自帖括兴,而世之儒者茫然不知五伦、五事为何物。一二大君子出,揭其要以示人,于是有讲学之名。后人随声附和,上焉者高谈性命,下焉者沉溺训诂。伐异党同,出奴入主,而于事上行己养民使民之大道乃懵焉皆未之讲也。

公自幼即有志圣贤之学,年未三十,世祖以公为可大用,由翰林为副使,为参政,所在著有声绩。其受业夏峰,尤切切以身体力行,见诸实事为急务。再召入都,扬厉中外。忠诚温恪,不激不阿,生平所学业已见之施行。

惟圣祖亦深器之,尝许公不欺,又目公有实行。迨公殁而帝心轸悼褒恤之甚。至世宗登极,命祀公贤良祠。今上谥公曰"文正",盖前代儒臣,或坎坷以老,殁久始彰;或当时则荣,卒乃泯焉。惟公生受殊知于二祖,殁膺异典于累朝,其宦游所历,尸祝公,俎豆公者迄今如一日也。谓非公实学光乎于上下而能然乎?

方公巡抚苏州,或请公讲学,公曰:"尽吾职即学也。今人以讲学钓名,隳本业而长奔竞,吾未见其可也。"或请立书院,公曰:"称构书院,借敛父老财,饰伪长奸,吾甚不取。"然则公何尝以讲学名?而其事上行己养民使民之实事,亦何一不自学出者哉?

昔朱子为伊川程子作谱,详于出处,而论心性诸说则略焉。公学本程朱,遭际则大过之。椿谨仿其例,采公旧谱,并行略、墓志,及他书之可据者详谱之如右,其讲学诸语,有公遗书在,兹不录云。

乾隆七年六月望日　武进杨椿

海内诗人姓名目录

顾炎武

吴伟业

李　蔚

熊伯龙

汤　斌

汪　琬

公论学者严义利之辨,故在官无取于属吏。又尝论官无尊卑,为一官即尽一职。临终戒子溥曰:"孟子言乍见孺子,皆有怵惕恻隐之心,汝等当养此真心。真心时时发见,久之可达天德。"卒年六十一。《二林居集》。

陆清献宗朱子,谓必黜阳明而后学术可一。汤文正不以为然。《松心录》松心曰:"陆之说不独偏而且谬。

张维屏《清代诗人艺谈录》

书　　信

答汤荆岘书

两函并至,深感注存。足下有子产博物之能,子政多闻之敏,而下问及于愚耄,不知臣精销亡,少时所闻,十不记其二三矣。闻之前辈老先生曰:《太祖实录》凡三修:一修于建文之时,则其书已焚,不存于世矣;再修于永乐之初,则昔时大梁宗正西亭曾有其书,而洪水滔天之后,遂不可问;今史成所存,及士大夫家讳《实录》之名,而改为《圣政记》者,皆三修之本也。然而再修三修所不同者,大抵为靖难一事。如弃大宁而并建立之制,及一切边事书之甚略,是也。至于颍、宋二公若果不以令终,则初修必已讳之矣。闻之先人曰:《实录》中附传于卒之下者,正也;不系卒而别见者,变也。当日史臣之微意。王元美先生作《信国公诗》曰:"所以恩泽终,颍、宋乃反是。"盖谓二公之不得其死,而不可谓之诛。且以汉事言之,武帝之于刘屈氂,谓之诛,可也;成帝之于翟方进,谓之诛,不可也。是史臣之所以微之也。今观卒后恩典之有无隆杀,则举一隅而三可反矣。至于即主位之月日,当如来谕,以《实录》为正耳。

自万历以还,是非之涂樊然淆乱,姑以目所尝见之书,其刻本则如《辛亥京察记事》、《辽事实录》(王在晋)、《清流摘镜》(王岳),《傫庵野钞》、《同时尚论录》(二书并蔡□□),《悫书》(蒋德璟);钞本则如《酌中志》(刘若愚),《恸余杂记》(史惇)之类皆不可阙,而遽数之不能终也。搜罗之博,裁断之精,是在大君子而已。

复汤荆岘书

子德西归,拜读手札。复有一牍具陈先妣节烈,及前朝旌表之概,求入史传,当已彻台览矣。

承问史事,弟年老遗忘,不敢臆对。但自万历以来,是非之涂,樊然淆乱,姑以目所尝见之书,其刻本则如《辛亥京察记事》、《辽事实录》(王公在晋)、《清流摘镜》(王岳),《傫庵野钞》、《同时尚论录》(二书并蔡某,忘其名),《悫书》(蒋公德璟);抄本则如《酌中志》(刘若愚,即《汪钝庵集》中所谓远志之苗)、《幸存录》(夏君允彝)、《恸余杂记》(史君惇)之类皆不可阙,而遽数之不能终也,搜罗之博,裁断之精,是在大君子而已。

弟近二十年精力并用音韵之学,今已刻之淮上,惟待自往与张君力臣面加订改。今年至睢,值淮西饥荒,又乏资斧,不果前行,明春当再裹粮东去。适马氏暂有所约,或于贵地暂有旬月之留,先此附闻。并有马宅一字,烦为寄往。率尔布候,不尽瞻驰。

以上两文摘自《顾亭林诗文集》

上汤潜庵先生书

陇其,浙西鄙儒,无所知识。蒙先生不弃惓惓,欲叩其所学,此前辈不遗菅菲之意,末学何幸而遇之?急欲出其胸中所疑,以就正有道。然知先生素敦淳古之风,不欲学者诋毁先儒,以开浇薄之门。若直陈所见,妄论先儒得失,恐迹涉诋毁,以蹈于浇薄之咎,是以踟躇而未敢陈。退而思之,诋毁先儒者,学者之大病也;辨别是非者,又学者之急务也。使避诋毁之迹混是非而不辨,恐有适越而北辕之病,且使所见未尽当,宜陈之大君子之前,以求针砭。遮掩覆匿,非切己自治之道也。是以敢布其固陋,惟高明终教之。

陇其尝窃以为孔孟之道,至朱子而大明。其行事载于年谱、行状,其言语载于文集、语类,其示学者切要之方,则见于《四书集注》,或《问〈小学〉》、《近思录》。其它经书凡经考定者,悉如化工造物,至矣,尽矣,不可以有加矣。学者舍是而欲求孔孟之道,犹舍规矩准绳而欲成室也,亦理所必无矣。是故前朝以其书列于学宫,使学者诵而法之。其背叛乎此者,虽有异敏才智,必黜而罪之。有明一代之制,无有善于此者。方其盛时,师无异教,人无异论,道德一而风俗淳,其明效大验,亦略可睹矣,虽百世守之可也。学者但患其不行,不患其不明;但当求入其堂奥,不当又自辟门户。

自阳明王氏目为影响支离,倡立新说,尽变其成法,知其不可,则又为晚年定论之书,援儒之墨,以伪乱真。天下靡然响应,皆放弃规矩而师心自用,学术坏而风俗气运随之,比之清谈之祸晋,非刻论也。今之君子,往往因其功业显赫,欲为回护,此诚尊崇往哲之盛心,然常闻之前辈所记载其功业亦不无遗议。此姑无论,即功业诚高,不过泽被一时,学术之辟则祸及万世,岂得以此而宽彼哉?且阳明之功,孰与管敬仲。敬仲之九合一匡,孟子犹羞称之,而况阳明乎!故尝窃谓今之学者,必尊朱子而黜阳明,然后是非明而学术一,人心可正,风俗可淳。阳明之学不熄,则朱子之学不尊。若以诋毁先儒为嫌,则阳明固尝比朱子于杨墨洪水猛兽矣!是以古之诋毁先儒者,莫若阳明也。今夫黜阳明,正黜夫诋毁先儒者也,何嫌何疑乎?罗整庵之《困知记》、陈清澜之《学蔀通辨》,其言阳明之失至详且悉,岂皆好诋毁人而为是哓哓耶,其亦有不得已者耶?学术之害其端甚微而祸最烈,故自古圣贤,未尝不谦退,贵忠厚,而于学之同异,必兢兢辨之,其所虑远矣!不然当今之世有能真实为阳明之学者,其贤于庸恶陋劣之徒,相去不万万耶,何为其议之也?

至于阳明之后,如梁溪、蕺山,皆一代端人正士,而其学亦有不可解者。名为救阳明之失,而实不能脱阳明之范围,其于"朱子家法"亦尽破坏。每读其书,未尝不重其人而疑其学。昔孟子于伯夷、柳下惠推为圣人、百世之师,至于论知言养气,则曰:"乃所愿则学孔子也。夷与惠皆不得与焉。"盖天下有兴起之师,有成德之师。兴起之师,廉顽立懦,能拔人心于陷溺之中;成德之师,切琢磨磋,能造人才于粹精之地。使以兴起之师而遂奉为成德之师,则偏辟固滞,其弊有不可胜言者。故如梁溪、蕺山以之兴起人心则有余,以之成就人材则不足,其学亦恐不可尽宗也

刍荛之见如此,不审先生以为何如?恃爱之深,敢发狂言,以待君子之教正,旧文数首并尘台览,统希垂鉴。临楮悚惶。

陆陇其《三鱼堂文集》卷五

颂、祭文、启、诗等

汤夫子颂

卓哉汤子,一代伟人。挺生应运,嵩岳降神。皋夔稷契,濂洛关闽。庶几媲美,兼备厥身。家称孝子,国号名臣。出为观察,毂政宁民。之纲之纪,克宽克仁。矫矫不阿,负气嶙峋。用舍行藏,乐我天真。帝心简在,召自枫宸。琳琅翰苑,黼黻朝绅。韩欧藻鉴,班马同伦。持衡两浙,桃李蓁蓁。泽被南土,望重北辰。追思风采,奕亦臣邻。仰昭仪表,莫不尊亲。

徐日昌撰

祭汤夫子祠文

粤维嵩岳,代生哲人。周多吉士,生甫及申。耆英宿德,宰相元臣。汝南论道,秘阁传经。渊源溯接,惟公绝伦。

初遘奇剥,寇衖庐焚。贞母罹难,誓捐厥身。含悲历志,严命是遵。流离东浙,备历艰辛。依栖山窟,猛虎为邻。夜攻坟史,彼啸我呻。采薇作饭,扫叶为薪。或怜馈食,固却且嗔。义不苟取,自昔谆谆。

幸逢圣代,得返里闉。文明肇启,应运攀鳞。南宫乙奏,不肯垂绅。吾斯未信,强学席珍。多文为富,志非饱温。学优则仕,乃达紫宸。校书虎观,藜火夜昕。古今典故,缕晰群分。旋膺旍旎,藩守西秦。供输约法,安集怀仁。疮痍顿起,骄悍咸驯。继迁南赣,抚叛绥循。静弭风鹤,智扫烟尘。江南半壁,赖以宁氛。劬劳报国,辄念老亲。陈情屡表,感动苍旻。去官就养,菽水非贫。五车博览,三经丛埋。匪耽岩壑,实慕昏晨。东山久卧,属望弥殷。

征书骤下,敦促缤纷。重登天禄,经筵备陈。学惟诚正,治先耕耘。帝念东南,赋重民屯。移风易俗,非公莫抡。澄清揽辔,至便埋轮。豺狼是问,乌茑是询。暑不张盖,寒不帷茵。食惟荼荠,饮则冰纯。正己率属,墨吏群奔。屏舆下士,道义知尊。吴民好讼,剑口锋唇。公惟教化,告语訚訚。吴俗好巫,载鬼号神。公惟正直,投诸水滨。利兴弊剔,刑简政均。积浇仍陋,一旦还淳。

时惟胄教,急藉凝丞。去我父母,师保青振。干戈羽籥,辅导殷勤。诗书礼乐,恭敬温文。懋成睿德,宠锡弥频。爰陟司空,夙夜惟寅。心劳力悫,一旦忽沦。吴民悲恸,罢市停畇。公之德业,实比阳春。敷天均被,南国尤欣。公之节操,有似松筠。穷且益坚,显则愈伸。公之立行,一本忠诚。求志行义,移孝事君。公之学道,远绍关闽。只期身体,不事谀闻。

廷灿不才,荷公陶甄。生我成我,欲报縻因。今来承乏,实公棠阴。勿剪勿伐,讴诵犹新。俎豆禋祀,永矢不泯。始知直道,乃生斯民。仪型匪远,愧疚弥隐。拜公祠下,来格来歆。

门人王廷灿

请以汤斌从祀文庙及熊赐履、郭琇入贤良祠札子

伏惟世宗宪皇帝特诏:故御史陆陇其从祀孔庙。故工部尚书汤斌,又荷我皇上特恩,赐谥文正,补入贤良祠。顷读圣谕,求直言极谏之士,首举陇其为标准。两朝圣主尚德褒贤,非独二臣之荣,乃邦家之光也。

臣窃思汤斌实学躬行,与陇其相匹,而立朝大节,则尤彰显,故五十年来,学者号称汤、陆。或谓其讲学之书,虽宗朱子,而亦间取陆、王。殊不思陆、王之身,已从祀孔庙,而乃以议斌,义无所处。

又世宗宪皇帝特建贤良祠以褒前励后,而故大学士熊赐履、左都御史郭琇尚未得与。想当时礼官未有以二臣生平入告者,窃思赐履当四辅臣柄国时,独上万言书劾之。是以圣祖仁皇帝甫亲大政,即擢居辅弼,专以《尚书》、《周易》及朱子之书启沃圣心。及晚年再起,立朝则不附权要,私居则泊若寒儒,可谓终始不渝矣。郭琇首发柄臣之朋党奸欺,圣祖仁皇帝赫然震怒,同时罢斥,朝政为之清明,善良由兹坦步,其功最著。窃观贤良祠诸臣,有远不及二臣,但以廉静勤慎而得定祀者矣,而二臣不与,海内公论多以为疑。

臣闻古昔圣王操三重之道,可进退百代,以制祀典。故唐虞以前,稷祀句龙,至成汤而易之以姬弃,其明征也。伏乞我皇上敕下内阁、九卿定议,俾汤斌从祀孔庙,则可以昭本朝理学之昌明;俾熊赐履、郭琇入贤良祠,则可以为公卿台垣之模楷。此海内有心有口

者之公言,非臣一人之私议也。

方苞撰

祭座主汤潜庵夫子文

呜呼,道历千载,圣远言湮,不有哲人,孰继其传?繄惟夫子,钟嵩岳之灵秀,绍伊洛之微言,力阐乎天人之秘,识参乎造化之权。以一心而为百代斯文之寄,以一身而为斯民社稷之攸关。方年少而登巍科,跻朊仕,不数载而遂高蹈乎林泉。及再出而应征召也,内侍讲幄,外抚吴会,皆著其蹇蹇。匪躬之节,而为圣主咨访之倦倦。继拜司空,文命方简。畀以大任,夫何竭忠尽瘁,竟溘焉馆舍之是捐。

呜呼!夫子之心昭揭若青天白日,夫子之行和霭若霁月春温,夫子之望尊严若北斗泰山。而其任道之勇也,不以一己之进退为忧喜,每以一夫不获其所为耻;不以一善成名自足,常以望道而未见为惭。其律身之严也,凛兮若秋霜之烈,毫无私欲之为累。湛然如长江之灈,而人不得以私事相干。其与人之和也,俨然望而起肃,即之如坐乎春风。秩然言之有条,使人皆足厌饫乎其间。故其论学,则大中至正,绝无门户之同异,惟宗乎洙泗濂洛为正传。其述经则审端寻绪,沉潜涵泳,绝无意见之偏私,惟阐乎六经四子为渊源。其肆力乎文章也,旁搜远绍,含英咀华,荟萃百家之旨,足以回狂澜而擖柱乎中天。至于教人之方,以躬行为要,以涵养真心为宗,因人而施,务循圣人之成法,而不徒袭乎简编。其用功之密,暗修默识,体认天理,虽当事机之纷沓,而此心宁一。常觉其不愧不怍,而怡然于《易》以象占为主,于《春秋》以经文为正,于《诗》、

《书》、《礼》、《乐》则有论述皆以经解经,正大详明。日新之学发乎心得,而不事穿凿乎陈言。洛学有编,郡乘有志,而国史之辑则期于确核。至历法、象纬、舆地,下及医卜之书,靡不为之究晰而精专。是以德业事功,超轶乎百代,而大节伟行,彪炳乎人寰。若夫孝友笃于家庭,诚信乎于僚友,仁慈洽乎民物。自童稚以迄强壮,自穷居以逮仕宦,无一事不可告人而质诸天。虽细微之事,步履之间,有见其晖吉之流露,而好善之诚,惟恐不及,疾恶之刚,若将浼焉。又发乎至性之醇,全拟其遇事明练,有更生、稚圭所未及;而立心正大,则与彦国、君实相参。其志操澹泊,有类乎诸葛、忠武;而造诣纯粹,殆合乎明道、伊川。斯真圣朝之名世,而得统于儒先者也。

佳荷蒙甄拔,久侍经帷,令季子准命从佳游,愧难报乎埃涓。思立雪之有日,未罄乎仰钻。步趋之力,忽闻曳杖之补,有失声于山颓木坏之奚瞻。呜呼,易名之典,崇祀之仪,方有俟乎天思之宠锡。而御止靡从,依归无所,又不胜其寝门私恸之流连。然而不忘者德,不朽者功,不可泯者史册之垂远,克继序者孝子之象贤,夫子其亦可以浩然含笑于九原。呜呼,尚飨!

仁和受业沈佳

建坊启 之一

盖闻表墓式庐,圣朝之盛典;称功播德,里巷之殷情。指官道之槐,怀人出涕;过长安之冢,下马兴嗟。况夫泛舟航于震泽,无非拯济之恩。观桃李于虎丘,尽属栽培之德,岂徒一时眷恋,暂尔讴歌,将使百世观瞻,永垂天壤。

恭惟前大中丞汤公祥开天凤，瑞启人龙，数科名则玉辔金马，让先谈铅椠而绣虎雕龙。却武膏流七郡，百万顷禾黍桑麻悉归灌注；仁复三吴，亿兆家楼台烟火尽荷绋冔。叱咤而神鬼咸惊，洵由正气怀柔，而吏民共惕，不用刑威劳心。未满三年，两袖清风，已遍蔀檐茅屋。去国已将念载，一轮明月常悬。皓魄丹心，迄今大雅云亡，先型不再。嗟兹黄童白叟，愿结草以无从。凄然绿水青山，缝衔环而莫报，此众情之所以不能已，而建坊之所以有自来也。凤翔缅怀耿介，追慕仁风，只手以擎天，威棱如在；埋轮而入地，劲节犹存。虽下吏未承德训，而为模为楷，恪有可导；在斯民亲沐思膏，则为雨为霖，难容忘报。

欲垂永久，端赖题标。睹彼庙貌，巍峨已立栾公之社，于今民心鼓舞。再成叔子之碑，俾翘首而观，音容如在。即俯躬而过，覆帱依然。蒙各宪之允行，自应鸠工而速举。然而千钧之鼎独力难擎，还须布地之金同寅共助。盖为山由乎一篑，渐至岌嶂；而巨海积于细流，亦资湄演。愿襄斯举，若庶民之子来，快睹乐成，等灵台于不日。

谨启。

梁凤翔撰

建坊启 之二

盖闻褒功录德，盛典著于朝章；咏泽怀仁，彝好存乎国俗。还珠渡虎，千秋政绩犹新；钦水悬鱼，百代风规未泯。因藉史书而流播，亦资金石以表扬。欲壮观瞻，须闳建树，迹期不朽，人以永存。

恭惟前大中丞汤公名世真儒，格天良弼，潜修朴学。畜年领袖清班,劲节清风。中岁羽仪方面,再起在论思之地。特简为柱石之臣,抚治南邦,还大化于隆古;保厘江甸,饮斯人以太和。不怒而威,积弊丛奸自革;不言而信,穷檐薄海交孚。惟正己而正人,风移俗易;以实心行实政,义洽仁渐。临莅未及三年,人人爱戴;升迁已逾十载,户户歌思。

治策闻声在弱冠之年,久钦风范。作吏值建牙之地,私淑休光,为楷作模。虽未亲承謦咳,谒祠拜像,有如肃对仪型。近披士子之呈,粤有建坊之举。通衢高阙,俾行人翘首瞻依。绿字丹书,令百世闻风兴起,洵属不刊之盛事。业蒙各宪之允行,惟是鸠工伐石,措费维艰,所以陈牍擎铃,呼号请助。俯惭末吏挹勺水以漆流,仰赖同寅衷众沙而成阜。式表怀贤之公好,勿虚戴德之舆忱。

谨启

陈治策撰

建坊启 之三

窃惟两间三不朽,道莫大于立德立功。五内万难忘谊,最切于生我成我。以故矜仁慕义,每兴百世之歌思;旌伐铭勋,恒著历朝之优典。棠阴江汉,召公之膏雨常留;碑树荆襄,数子之流风勿替。何况兴朝柱石,公忠卓冠乎臣邻;当世楷模,德泽遐孚于士庶。纵使史编扬扢,众耳皆闻,孰与道左标题,举目共见!

如我大司空汤老夫子,道原洙泗,学贯天人。案积囊萤,时彻性命精微之旨;文成倚马,弗尚风云月露之词。绮岁弹冠,还尝藿食;华年释褐,只事芸编。忠孝得之性生,经纶裕于凤抱。入则莪蒿负痛,皋鱼泣不成声;出则冰蘖坚操,伯起清堪自喻。勋阶屡擢,服官腾惠爱之声；扬历频经，率属擅清刚之举。平民受刃，取张朔于柱中；降贼操戈，戮卢循于海畔。至若才量玉尺，三吴归欧冶炉锤，鉴秉冰壶；两浙盈狄门桃李，悬鲥有甄。克捐闾左官缗，养鹤无粮，不食公家羡粒。平反直追于杜贯，索春沉钩；距不学赵韩，桁杨昼息。而且妖祠煽众，逢邺令而冰清；墨吏营私，遇袁安而焰冷。嗣有九重之宠命，遂虚万姓之攀留。乃进益尽忠，谔谔百僚之上；退思补过，循循三事之中。慷慨登朝，要在置身伊、吕之列；忧劳尽职，总以致君尧、舜为心迹。其康济民物，绥祐家邦，生前硕德，既已浃髓而沦肌；殁后深恩，忍听山颓而木萎。

廷灿以爨余朽质，既见材于推毂之年；机上残丝，复学制于建牙之地。感知弥切，图报宜先，属有建坊之请，敢辞负土之劳。但事易乐成，功难虑始，欲美观于大壮，藉襄力于同人。甑即生尘，宁吝渊明五斗；山还资篑，祈开公瑾双囷。

谨启。

王廷灿撰

《挽诗》序

古来贤人君子有功德于民，其生而存也则景行而则效之。即不幸殁也，咸嗟叹而咏歌之。自三代而下，垂诸史策者比比而有兹。惟吾潜庵汤夫子道高德厚，过化存神，固所称有功德于民者也。自山颓木坏，而后天下之人靡不含衣茹叹，如丧考妣。吴中为夫子驻节之地，风雅之士歌咏盛德而悼痛沦亡者，篇什尤多。廷灿既编辑遗书，付之剞劂，凡于吾夫子有所关涉，不拘颂言挽章，罔不博采搜罗，付于文集之后，所以明吾夫子深仁厚泽入人之深，且以见吴中人士爱戴之诚，不为溢美之辞而悉言夫践履之实，俾后之阅者咸知观感而兴起，其于世道人心补益殊非浅鲜。昔史称荀叔慈殁，学士制诔者二十有六人，以今视昔，不更有光哉！第随到随刻，编次无叙，惟先辈达尊谅而恕之。幸甚。

钱塘门人王廷灿拜识

挽　诗

至睢州谒汤潜庵先生祠堂

徐　钪　电发

大道已榛芜，讲学恒拘迂。伟哉汤先生，雪苑之醇儒。蚤射金闺策，读尽中秘书。许身于稷契，致主期唐虞。扬历外台久，归卧松阳庐。苏门孙夫子，六经勤菑畲。先生往从之，沿伊而溯朱。学贯天人际，品超姚许余。绘川筑书院，弦诵惜居诸。遗荣谢簪绂，优诏复敦趋。戴拜履彤墀，给礼领石渠。才识冠三长，班马为前驱。不久直经筵，启沃绍都俞。抚绥迄三吴，中孚感豚鱼。喁喁遍穷壤，化与三代俱。惟能本经术，泽遂被海隅。俄焉晋宫詹，辅导翊皇储。稽古桓荣并，后学甘盘如。自蒙宣室召，孩机踵前途。履险而习坎，宁肯效嗫嚅。抗论益謇謇，进退犹于于。天训固圣明，始终鉴臣愚。哲人已云萎，正气犹傍敷。嗟彼训狐鸟，两眼张睢盱。聚鬼兴征妖，震熠惊天衢。阳乌倏相照，侥幸仍须臾。曷若公精灵，千载恒不渝。予本渔樵侣，曾接公襟裾。抽简兰台侧，执咎时相于。自愧真不才，念载赋归与。俯仰瞻俎豆，仿佛奉盘盂。西州涕洟深,策马为踌躅。

挽汤夫子八首

门人王廷灿　似斋

不意光芒失宿雯,西风一恸泪沄沄。陈情有表思慈母,封禅无书答圣君。人望久期占梦卜,天心何故丧斯文。六年函丈承恩切,筑室松楸念祗殷。

瀛州领袖蕊珠仙,出守淮阳治行传。二陕功成推鸳鹭,千秋志在薄貂蝉。直将濂洛真儒续,不独关西夫子贤。白鹿至今留讲席,西门投策泪如泉。

生平小技薄雕虫,翻似《长杨赋》荐雄。雅擅三长传史笔,起衰八代仰宗风。丹书初命铜龙署,讲幄仍兼《白虎通》。簪笔石渠如佩印,马迁尚在更谁工?

儒臣暂借抚疮痍,驻节吴中恰一期。学道爱人殊不易,改弦鼓瑟复何疑。虎丘歌舞停春舫,茂苑淫昏斥夜祠。况是新租蠲去后,至今泪堕岘山碑。

一生孤介绝人援,何意歌谣彻帝阍。少海光摇开讲幄,九重眷重动文辕。名尊邓禹因时诏,坐龙程颐以道抡。身到玉楼还进秩,寸棺抔土总君恩。

事业范韩真足数,勋名周召可相于。宫中求谏时方切,殿上危言众不如。共订朝宗歌底绩,岂令吾道笑迂疏。都俞正际明良盛,宁必遗言效史鱼。

一年九转被殊恩,更以清名动至尊。梁有悬鱼惭史馈,坐常息烛撒官燔。公私所寄惟经述,清白还留到子孙。死后不须来大鸟,亲挥琬琰慰忠魂。

感旧彭宣不自持,青衫落拓泪如丝。未成国士羞言报,不遇名贤耻受知。地厚天高怀至德,读书稽古慰前期。可怜隔岁阊门路,拜手终成生死悲。

睢阳道中再哭汤夫子二首

门人 王廷灿

程门立雪六年余,肠断生前一纸书。今日睢阳城畔路,不教三步已回车。

至今四海仰人宗,莫叹当年道莫容。嵩岳长留千古色,青天三十六芙蓉。

汤先生挽词

年家子范潧 陶山

睢州先生世大儒,正己化物洽化敷。至今吴民怀旧德,明禋俎豆情欢愉。先生之学宗闽洛,息邪斥伪斫橛株。少登侍从著声誉,褒忠志绍良史狐。既典大藩历秦赣,诘奸禁暴民徯苏。设施未竟拂衣去，旨甘养志归休乎。素食里闬二十载，苏门讲学探骊珠。师锡宏材膺帝简，绅书再上承明庐。讲筵敷陈尽忠悃，罗珍宛委澄冰壶。超迁赍予隆眷注，往哉俾又来三吴。习俗豪侈困凋瘵，燠咻痛疾还其初。为政简静若饮醇，至诚下感豚鱼孚。吴民苦承胜国赋，不惮请命蠲逋租。晋秩卿尹方向用，谗言指摘交相诬。群飞刺天荷明圣，忽告起起命矣夫。吁叹吴民失怙恃，闻读老幼争号呼。祠堂绰楔久弥光，先生正气充寰区。嗟彼逸人旋被谴，瞬息皎日当天衢。忆昔荒祠佩明训，名贤振古道自符。先生既丧失模楷，遗文把读哀只且。摭拾生平陈敝帚，高山仰止微诚摅。

歌汤中丞遗爱坊

康熙癸未，睢州汤大中丞建坊胥门，作歌纪美。

长洲顾嗣立　侠君

睢州中丞一代儒，福星照耀来三吴。讴歌如新二十载，功德勒石临通衢。念公挺生在德里，中原文物称名区。夏峰负笈得奥窔，渊源直欲追程朱。玉堂篇翰乃余事，乾清奏对相交孚。特命儒臣拥节钺，闾间城内来分符。敦本务实正风俗，谆谆训诫垂良谟。浮夸粉饰所不尚，游民奸暴争逃逋。水花无胶六月静，治平秋雨烟模糊。顿令繁华游侠窟，熙熙皞皞歌唐虞。又闻吴俗喜事鬼，五通作祟凭妖巫。肉山酒海变胜地，金钱费掷惊痴愚。公曰此事甚荒诞，秽迹岂可留斯须。木者付火土投水，邪氛一扫山形癯。更怜苏松财赋重，敷陈入奏蠲浮租。圣心如伤动恻怛，青宫被命朝门趋。攀辕顿足集老幼，号啕恸哭声呱呱。白公堤畔多祠宇，雕楹画栋胡为乎？列诸学宫辉俎豆，文学政事开生徒。榠题日久渐漫漶，思泽犹自沦肌肤。近逢贤宰此踵武，门墙励志思规抚。伐山采石树坊表，经营不日争投输。清风邻邻动碧浪，胥江一掬天然图。我公精诚在天地，感格初不遗一夫。我公功德被四海，惠爱幸得专我苏。我公文章传万世，同时亦许穷精粗。凌轹坤乾拥山岳，磨刮日月县衡壶。小子生晚沐雅化，敢以蠡见量江湖。聊采公论咏芳躅，告万万古言非诬。

恭挽汤潜庵先生四十韵

桐溪后学周旦龄　汉绍

哲人久沦亡，大道长晦蚀。先生起洛下，仔肩实有力。岩岩孙征君，理学程朱匹。夏峰传绝业，彭戴皆入室。先生与之游，辨析义无窒。如涤去叮咛，百川汇为一。慎独裕其本，力行蹈其实。关闽濂洛宗，揭若中天日。发而为文辞，矞皇富缃帙。贯穿经史腴，综核百家籍。春王正月辨，千古垂不易。伊昔筮仕初，承明常入直。缀辑前代史，风霜董狐笔。上御乾清门，宣召进著述。拜手凛靖共，对扬惟怵惕。诗文十余章，爰达辅座侧。从容沾宠渥，都俞动颜色。帝曰斌也才，无忝良史职。球贝俨高悬，鲲鹏竞摩击。特简莅武林，抡文严甲乙。珉玉期必剖，殿最无少失。转盼抚我苏，蕆①勤励轸恤。首陈逋赋疏，婴鳞等药石。痛念民疮痍，何以登衽席？吴俗素浇漓，绮靡流荡泆。先生能澡刷，不贱蔬薪食。以身率下僚，私谒胥尽黜。苗莠而发栉，科条慎三尺。士敦仁让风，家务淳朴质。囊封毁淫祠，鬼神亦战栗。梁公欣再觏，文襄惊复出。唐虞三代理，由兹可渐格。肃谒先祖像，正气凝松柏。清节与直道，大字银钩画。先忠介祠，先生有"清节直道"四字题额。莅吴方二载，峻除遽敦迫。鳏茕为泣下，父老滋叹息。鞠躬辅储君，夙夜殚匡弼。

旻天胡不吊,溘焉就窀穸。呜呼房杜姿,远溯孔孟脉。贤豪不复作,悄怆何时释？

校记

① 此字原文如此,音义不明。

恭谒汤潜庵先生祠并读遗稿二首

吴门后学周用锡　晋蕃

一代仪型在,千秋俎豆光。危微宗圣学,廉洁肃官方。毁庙神灵震,崇儒雅化彰。莅吴才二载,回道倍堪伤。

道为东宫重,恩留南土均。一生空有作,天下更无人。经史存遗论,诗篇绝后尘。茂陵应诏取,凭仗戴彭身。先生高弟王似斋先生编集遗稿付梓。

谒睢州汤先生祠二首

吴郡后学范仪虞　皆我

漠漠天心不可推,斯文既丧世同哀。反淳已是乖前志,抱道何堪向夜台。造父御车遗辅轨,易牙烹鼎废盐梅。悬知英爽宜如在,雪涕灵祠奠一杯。

我公奚待爵为荣,道学真传朱与程。筹国不知成白发,出山原是为苍生。咸思笑见羲皇世,谁料悲听韭露声。白日作心人尽识,即须插竹验精诚。

读睢州汤先生遗书有作①

闻辑遗书意已欣,开编便觉气氤氲。匡时尽是从心学,载道真为有用文。白玉皎然初剖璞,碧天湛若乍披云。圣坚心印传毫素,后代津梁翊典坟。

校记
① 此诗诸本均未署作者姓名。

汤公挽词

吴江　周龙藻

初喜明良合,旋伤道命孤。世应摧直节,天亦丧醇儒。正色居朝右,昌言备庙谟。常羞持禄位,不拟保身躯。仗马方钳结,诚乌自毕逋。群嫌杨震戆,翻朕马光迂。白日高难照,青蝇点欲污。尸犹思指佞,瞑岂为怜吴。定论中朝在,遗哀南国殊。衔恩遍倪耄,会哭尽生徒。岘首碑宜勒,桐乡祀不巫。瓣香曾愿托,北望泪苏苏。

谒汤公祠

吴江　周龙藻

汤公圣贤徒,末俗一柱撑。昼为夜必告,天日同光明。抚吴不二载,其治早大行。所学有原本,政事传六经。鉴物虚似镜,御法平于衡。频笑微不假,声色傍难侦。公廉率僚属,休息宽徭征。淫祀尽屏斥,冶习俱砻硎。感激遍穷檐,淬砺先诸生。能使贪与暴,斤斤凛法程。小者形影匿,大者心面更。问公何所施,表里唯一诚。诚至动斯速,宁尚搏击名。祝公长且久,教诲依父兄。非但一方福,仁寿流祊宗。岂期玺书召,遮道徒喧争。瑟调弦复解,弓弛干谁檠？蠹官互叫啸,蟊吏群纵横。独有畎亩农,膏血愁敲榜。独有胶庠士,跬步防沟坑。梦寐望公还,白骨肉再生。枉木多恶直,浊流常妒清。骑箕一朝去,遗爱啼孩婴。呜呼古教化,沦浃肤髓盈。公留倘及今,风俗应已成。吴人自无禄,不得终帡幪。转念公在吴,伤毁周疲氓。鱼尾赪不息,日就鬵釜烹。九原定忾然,调残无由平。新祠学宫侧,报事伸民情。后公持节者,几闻泽鸿鸣。萧规能勿替,藉以慰公灵。

楞伽山诗

吴江　周龙藻

先生定秩祀,赫赫祭义悬。岂容淫昏鬼,得以非族干。世衰道始丧,恢诡滋神奸。咄哉楞加山,蒙诟数百年。冈峦非不美,有孽凭于巅。其事俚且诞,意出妖巫传。公然饰屋宇,金碧穷芳妍。木偶杂男女,佩玉而纡鬟。部卒侍两旁,肖像青红填。遂令无知辈,瞽聋自欺谩。石湖水清驶,什伍排画船。牲牢必修洁,箫鼓仍喧阗。虽值风雨夕,奔走惧少延。妇人尤啈沓,语恶不忍宣。心邪乘隙入,梦寐生狂颠。动云神所致,祷赛宜加虔。妖巫既得志,吠声益狺狺。鼓舞数邑民,真如蝇慕膻。每当昏礼成,先期陈几筵。乡村最可笑,立庙溪谷边。高广仅盈尺,尊奉同帝天。屈指百里中,日费千金钱。岂惟膏脂竭,风俗因之迁。阴霾蔽白日,沉痼无由痊。自昔守土吏,往往多名贤。逡巡惮摘发,半为祸福迁。汤公中州起,绝学今伊川。仗节抚吴下,俗变以身先。痛兹淫祀炽,能使民德惷。上章罗罪状,正气回两间。一朝纶綍降,尽取投深渊。震雷忽破垫,荒秽快洗湔。山灵亦生色,草木增葱芊。政成甫期月,玺书征何遄。一老天不遗,骑箕归星躔。俄闻公去后,群小复煽言。望祭伺昏夜,稍稍酒食骈。死灰偶不戒,虐焰恐再燃。我愿献此诗,片石山头镌。庶几百怪息,公德永不刊。

恭挽大司空睢州夫子二十韵

蒋桂馨

古道谁能复?斯文今则无。讴歌联八郡,恸哭震三吴。平政真如水,回奸不用铁。泽流遐迩遍,诚至鬼神乎。风俗还淳朴,天心眷硕肤。北归怀帝德,南望喜民苏。詹事新恩降,司空众议符。方期瞻相业,讵意丧鸿儒。畴昔存坊表,诸生学步趋。论文晨已入,讲道日将逋。点也闻长叹,参乎辱一呼。穷居甘蠖屈,侍坐拔泥途。三载留棠荫,扁舟指上都。金山挥涕泪,银管发琨瑜。先慈守节,蒙于身中手书"柏舟遗范"匾额。缄筒光家乘,铭心泣藐孤。贞操蒙奖擢,大业竟须臾。听鼓心犹切,升堂梦不殊。神伤怜父老,肠结况吾徒。道德丘山重,声名日月俱。祠堂依学舍,每拜辄嗟吁。公专祠在郡学中。

戊寅春过睢州,谒司空汤公祠

嘉定后学张大受　日容

过宋频登夫子堂,遗经犹访郑公乡。曾游朗月清风里,盖叹浮云白日傍。众母至今歌子产,伏龙畤昔起南阳。音容似昨人千里,赢得吴民泪满眶。

斯文天遣付秦灰,一老惊嗟泰岳颓。桓传几闻加几杖,傅岩虚望作盐梅。青蝇樊棘终俱灭,丹凤梧桐断不来。恤待祀官田主祭,可怜后死因蒿莱。

庚辰夏谒司空汤公祠

气与星辰回,功仍竹帛宏。重升家庙拜,再展部民情。众水须宗海,浮云不蔽明。何时降纶绋,典礼备哀荣。

清白遗孙子,风流溯古初。频蒙置尊酒,都喜说经书。日与公子彦深、稚平谈经。济济昔贤第,悠悠归客车。相邀到南国,碑拭泪流余。

过睢州恭谒大司空汤夫子祠

门人周南 山台

先祠数过志褒忠,窃愧微才备采风。寸进敢忘良药顾,超迁咸望傅伊功。大贤难免群邪嫉,正学从来举世攻。路出睢州拜遗像,回思曩事慨何穷!

谒府学汤公祠

长洲后学徐遵

虎丘片石才百亩,无有一吏无生祠。本朝六十一甲子,废祠瓦砾盈阶遂。先圣宫墙不易倒,到今舍宅范公称。后先辉映韦与胡,三祠奕奕何岐嶒。神京卿相集如云,河南汤公寂不闻。一朝抚吴承大受,士民见公如见母。剔除积弊不终朝,孔席未暖还朝右。魑魅狐狸白昼行,骑箕天上泪横肘。士民思公恒嗟吁,新祠鼎立同韦胡。吁嗟乎,虎丘淫祠等萤火,我公千秋俎豆无时无。

谒府学汤公祠

长洲后学吴昌求

中丞德望许谁伦,事业文章独老成。南国尽传周召伯,经筵常忆汉匡衡。去留有道存高节,洛蜀何人擅盛名。祠庙遗编俱不朽,千秋感慨泪纵横。

县侯王父母刊前抚汤尚书遗稿成,喜赋

长洲后学沈三喜

大儒去后俗仍顽,贤牧临吴雨露还。淑化渐看符旧迹,全书更喜出名山。言词不越伦常外,气象如游洙泗间。户置一编同面诲,流传师说赖曾颜。

睢阳汤大中丞挽诗二首

云间后学范旦勋　书常

河岳钟灵间气生,薪传濂洛入承明。学先主敬专涵养,政绝浮华返朴诚。减赋不嫌呼吁切,焚祠能使鬼神惊。羊公遗爱三吴在,堕泪遥同岘首情。

玉局频劳铅椠空,讲筵启沃侍璇宫。声华刊尽无枝叶,心性参来辨异同。入奏谠言知爱国,出持使节遍春风。龙文百斛抚名教,读罢方知我道东。

谒汤大中丞祠

长洲倪炜　彤文

沧浪亭子畔,宣圣学宫傍。巍巍高祠在,遗容瞻此堂。念昔下车初,吴会奢华场。士女逐饮食,子弟饰衣裳。世俗多浇薄,嗟嗟伦纪亡。公时倡乡约,始得扶三纲。更见楞伽下,画船昼夜忙。一疏奏朝廷,精忠达帝旁。天子曰都俞,神鬼勿猖狂。非公回天力,安能靖一方?厘奸与剔弊,匪类皆伏藏。两年感道德,莠亦化为良。一日九重召,凤阙自飞翔。经济展怀抱,苍生遥相望。孰知天难谌,人事更靡常。修文倏忽去,栋折榱崩伤。徽风流千古,名同日月长。俎豆永不朽,奕奕垂无疆。

恭挽汤大司空

长洲后学汪鹤鸣　皋闻

两年节钺镇三吴,竹帛留芳近代无。崇政不辞勤秉铎,辟邪何惜学投巫。去官琴鹤同清献,名世文章驾大苏。最是民情关切处,嘉谟入告屡蠲租。

谒汤大中丞祠

吴门许玑

国家养贤重君子,砥柱狂澜维纲纪。笃生中丞不世才,黼黻太平存大体。直声劲节古所嘉,文武作宪光邦家。下钟河岳之秀气,上含日月之光华。建旄开府东南域,廉顽立懦惩恶慝。祥刑敬狱毁淫祠,顿化薄俗敦实德。嘉谟嘉猷动帝廷,诏书一夕下青冥。入侍禁近握枢密,至今父老思棠荫。吁嗟天道不可测,泰山颓兮哲人没。修文已赴召玉楼,丹诚犹自悬金阙。巍巍祠宇傍宫墙,皋夔勋业辉穹苍。岂无椽笔留信史,能令姓字千秋香。

谒汤大中丞祠

苏州倪山堂

我公去吴后,越念载于兹。恨余生也晚,弗及一见之。为到学宫侧,再拜瞻高祠。父老为余言,公真王者师。莅吴不三载,顿教风俗移。申明乡约禁,谆谆罔倦弛。说孝与说弟,天性遂勿漓。更能隆学校,弦歌三代遗。政成间阎化,曷曾烦杖笞。可知民唯草,上唯风之吹。迄今已云久,还足动人思。贤哉吴邑侯,建坊胜立碑。如见其政绩,彰彰日月垂。余听父老言,深信不我欺。愿效甘棠颂,聊歌下里词。

读睢州先生遗文志慨

韩金范

不宗朱泗总旁门,公独寻源绝等伦。纬地经天儒者学,涵今茹古圣人言。昧乡得日昏蒙破,决谷逢春气象温。若使秉钧酬所愿,普天浇俗尽还淳。

恭谒汤大中丞丕祠下里词四章

菰芦后学范振

稽首阶前意最亲,瞻公遗像假中真。真真假假知何处,不在存生在立身。

公亡已阅数千支,其奈民心久愈思。今日一时公再活,人人拍手又涟湉。

革薄返醇渐返初,狂澜只手障江湖。至今俎豆虽如在,安得公生再抚吴。

公去当年未建祠,人人心上有公祠。而今反惧公生愠,满路皆祠我亦祠。

恭颂汤大中丞

松陵后学黄晟

先生底蕴甚深醇,治术端由学业真。惟事躬行为表率,遂移器俗沛然新。儒风不愧江都茂,遗爱何渐召伯巡。可惜吴民福分薄,一年未久失仁人。

抚吴一载民风新,平易近人人自亲。思昔去时尽下泪,且今回念暗伤神。体贤下士由情愫,讲法明伦善教申。倘若文襄历任久,返朴还醇古道振。

又谒汤大中丞祠

昔忆儿童竹马迎,今瞻庙貌寸心倾。才临十郡声无价,未满三载治有成。学道爱人君子泽,畏威易俗小民情。千秋泮辟同为奠,感激情深涕泗横。

追挽大司空汤潜庵先生

杨继光

河南道脉自来深,曾为苍生望作霖。天上九关余血碧,吴中千祀惜棠阴。春风遍洒西州泪,秋实应伤北诸心。不是平生崇道力,狂澜宁得整危襟。

读汤大中丞遗文即事

顾　锦

攀辕心未遂,景仰意仍绵。位育功能至,鸢鱼理自全。真儒虽没世,大道在遗编。展卷如亲炙,书绅为慕贤。

汤大中丞牌坊落成感赋

贾生富经济,董子究天人。我公兼二妙,到处庇斯民。教养修王政,栽培尽席珍。巍坊同岘首,对此一沾巾。

恭谒汤大中丞祠,兼颂建坊二十四韵

周廷耀

正气凌霄汉,芳型著简编。哲人其萎矣,吾道尚昭然。不任封疆重,安知儒术全。诏从金马下,节拥大江偏。开府门罗戟,中台位列躔。驱邪鬼神泣,约法吏人骈。邑跸麀䴠钺,回宫奏谠言。旗常功德铭,甲乙铸书宣。俗尚还淳朴,情深解倒悬。此心图报国,遑日赋归田。甄别三千士,搜罗什伯贤。乘船访有道,御李叹神仙。只欠三年久,还期数世延。圣明深器重,廷议会鹓迁。讵料遭时诟,难邀当路权。匪躬心曲折,尽职事迍邅。直道行三代,惠民戴二天。金谋成绰楔,不日上镂镌。夫子墙高峻,门人礼益专。丹楹依泮水,遗像想流川。景行于今烈,清风振古传。冠裳同肃穆,文物自蹁跹。沐浴纲常化,讴歌《雅》《颂》篇。春秋瞻俎豆,不愧是瑚琏。

挽睢州夫子

高侨鹤

陶成真梦感,大化尽忘形。日后思灵雨,生前见福星。有碑恒堕泪,无草不留青。江左祠堂在,千秋奉典型。

贤宰登祠日,同人推似师。一官方下拜,万姓共追思。碑字江心照,仁声童子知。相沿二十载,谁不动悲辞。

与书汤公全集有感

范君植

未尽孤忠答至尊,山颓木坏不堪论。岘山洒泪因怀德,泽国含栖为感恩。自有遗模能作范,何须歌些更招魂。文章岂待他年重,蚤布人寰当格言。

恭谒汤文正公贤良祠

周　劼

睢涣成文间气钟,熙朝景运庆遭逢。名臣事业垂江左,理学渊源溯夏峰。奏牍三千亲脱手,甲兵十万独罗胸。春秋应飨烝尝报,喜继程朱入辟雍。

汤尚书遗爱坊成，恭记二律以识盛事

彭定求

陡见峥嵘柱石磐，尚书情德表千官。棠阴地在歌方绩，岘首人来泪已残。声震山魅朝爽净，光摇江练夜涛寒。坊在胥江之浒，正与公所撤毁上方淫祠相望。道旁遗爱碑多少，过此应教别眼看。

谁能生死极荣哀，直在斯民亦谅哉。清献政声留蜀道，文成讲席布虔台。当年尚冀遵鸿复，此日空瞻化鹤来。一篑构基经岁月，只缘霖雨旧培栽。

睢阳道中再哭汤夫子

王廷灿

程门立雪六年余，肠断生前一纸书。今日睢阳城畔路，不教三步已回车。

至今四海仰人宗，莫叹当年道莫容。嵩岳长留千古色，青天三十六芙蓉。

读汤太夫子遗集

王延年

霜高月白雁声初，小阁挑灯读旧书。一代仪型今已矣，千秋俎豆果何如。程朱正学今方绩，闻见真传洵不虚。更有吴民思往事，岘山片石共欷歔。

悼汤夫子

周步瀛

先贤汤文正公,熙朝人瑞,旷代名儒,灵毓锦襄,学绍濂洛。荷薪传于百岁,修已为先;荣俎豆于千秋,上丁陪祀。瀛躬逢其盛,展拜维殷,爰题下里之词,聊展高山之仰。

中州自古钟灵地,洛学渊源有自年。深岁远年少真传,道统茫茫几欲坠。何意先生起后尘,竟是国朝第一人。见知闻知皆已渺,遥从百岁溯传薪。忆昔先生自年少,天资颖悟多敏妙。眼前雪亮观群书,曰静曰虚探深奥。泛游博览返真源,独窥圣教得其门。门内端为王化始,古今名教生彝伦。自痛中年偏失恃,流离时惊风鹤至。目击时势不可为,退处何曾干朝市。奈蒙征召自朝端,身与天下系危安。苟可利民兼利世,心机必尽力必殚。尤复正色而立朝,其中至足外奚挠。贪缘奔走羞为伍,清廉岂为沽名高。当年苏郡五通祠,争传娶妇愚氓蚩。巫觋借此穷需索,妇啼儿悲苦莫支。先生奏毁淫祠庙,力挽狂流扶名教。愚民始皆悟荒唐,不亚漳之西门豹。至其著书以立说,性命渊微俱透彻。奥交直登濂闽堂,义炳星辰与日月。日月叨瞻圣人光,巍巍万仞仰宫墙。馨香俎豆宠枫陛,末座追陪杏坛旁。

家世、家庭

陆游、朱熹、文天祥、杨万里等对汤斌上祖的评述

汤东野

陆 游

公讳东野,字质夫,登进士第,授江阴主簿、庐州观察、推官。召为国子监直讲进讲。建炎初,试工部,知建康府,代连南夫之任。时戍兵喜标①掠市井,公峻法绳之,民恃以安。徙知泰州,以户部判官知曹州,为开封府判官,复出为京东转运使,徙知兖州。入为秘书少监,以疾加龙图阁学士,知蔡州卒,年六十七。

公气仁色温,寡笑言言,若不能出口。及见义慷慨,辨且强也。方微时,已数劙切上官,无顾避及,老益自强,守所于古,不肯苟随。以故龃龉,一不以易意。

公事母孝,持己约。与人交尽其义,其于恩尤至也。治人居官,一以忠厚。矜智饰名,可为笃行君子矣。

公为人磊落明白,推诚自信,不为防虑。至其屡见侵害,皆置勿较云。

嘉泰元年十二月,华文阁学士、山阴陆游撰。

校记
① "标"疑为"摽"字误。

题汤氏双阙

朱　熹

唐室遥遥孝义门,屹然双阙至今存。□□泣尽思亲血,化作恩波遗子孙。

《睢州汤氏家谱》卷一

汤氏谱谍跋

文天祥

世以谱传而不能以像传。能并以传者,必先人勋业著于当时,道德鸣于一世,仍留其像与凡摸容。□盛不久,夫亦无谱之故也。汤氏谱像灿然可传千百世,而诸子孙瞻先人之像,读先人之谱,而不兴仰止之心未之有也。

《睢州汤氏家谱》卷一

汤氏谱谍跋

杨万里

家之有谱,犹国之有史也。史以记存亡,而谱则系昭穆。昭穆之能明,则宗派焉得而紊哉?今观汤氏之谱历数百年间而弗失,上寻其源流,下以见其嗣续,非善继善述而能之乎?书此为汤氏子孙勉。

《睢州汤氏家谱》卷一

诰封中宪大夫，陕西按察司副使、乡饮正宾汤公传

中宪公讳祖契，字孝先，号命式，家睢州，至公历七世矣。幼聪敏，读书治《毛诗》传注，弱冠精举子业，乃文丰数啬，博士弟子终其身，以子贵封中宪大夫、陕西按察司副使。

天性孝友，父病，衣冠侍汤药，四旬如一日。及襄大事尽礼，无或稍俭。寇陷睢，负母过河朔，奉养无阙。即变逢抢攘，仍扶其柩考妣合祔焉。有兄勉下，惟公饮食之，勿为家累。姊病迎归，调摄获复。兄游学故于浙，女十龄，鼎革之际冒险往，携回为择聘治奁，公其克家君子哉！

人莫不愿其子之尊显厚实者，公于大参授馆职，则教以敦古学，近正人。大参陈言妣①逆鳞，旋蒙优容。公寄书，惟恪供职业，不他及也。迨大参蒙世祖简潼关道副使，公至其署曰："我非就养，观汝为政耳。"乃以杨伯起四知训之，一月即返，濒行犹叮咛不辍。既大参迁岭北告归，公以父子聚首，问耕课读，为老年佳事。是常情重膴仕，公独重道义矣！

其谨身节用。大参通籍十余载，而田不加广，厩不为群，锡命后出入徒行，榱题不饰，当路竿牍无闻，僮仆有长衣不备者。其笃行乐施，封祖墓，修祭事。子弟不率，训使改过；族无亲疏，粟布周给，岁不贷；圣庙倾，则蠲金新之；城罹水，民饥则蠲谷食之。贫生之赠遗，尤其施于不报也。强能抗豪绅之势，而粥粥不敢先人；言可折绣斧之锋，而抑抑惟知守己。解冤抑而不贪其赂，谋桑梓而非

干以私。

晚年与乡中父老时晤谈,暇日过东郊林圃看花竹,日临古帖教七岁儿。口传学庸,手录古文,真有香山洛社之风,而好学嗜书终不可诎也。乡饮酒礼,郡伯敦请,三居正宾,其克光大典者欤。

公生于明万历三十二年甲辰十月初七日卯时,卒于康熙三年甲辰四月初五日辰时,享年六十有一。配刘氏恭人,廪膳生员刘升女,赋性幽闲;赵氏赠恭人,廪膳生员赵尚敬女,孝慈贞烈,旌表建坊立祠;轩氏应赠夫人,儒士轩光里女。子二。公墓在睢州城北涧冈东南。

<u>太仆寺少卿、新乡许作梅撰 《睢州汤氏家谱》卷三</u>

校记

① "妣",疑为"批"字。

汤祖契乡贤录 (节)

一、本宦子斌读书中秘,手寄书曰:"馆职清闲,正当肆力古学。为经世大业,勿得优游旷职,负遴选至意。翰苑天下名贤所聚,学问必有什倍于汝者,当虚心领略,方有进益。惟教敬以持身,俭以养德,为公辅器。"其寄书训诫皆类此。

一、本宦子斌备兵潼关,迎养至署,询之曰:"我来非就养也,观汝之为政耳。今地方凋敝极矣,宽一分则民受一分之赐,若不夙夜砥砺,使吏畏民怀,非但有负官方,抑且抱愧清夜。杨伯起为此地先贤,汝当敬奉四知之训。"其子斌居官廉慎,皆家教云。

……

一、本宦品望最隆，上官至睢者相见时，惟言地方凋瘁，水旱相仍而已，终不及他事。子登第十余年，田不加增，厩无肥马，童仆短衣敝裤。不入公门，识与不识，无不称为厚德长者。郡守戴公斌逢乡饮酒礼采舆论，敦请本宦为大宾。凡三与宾筵，环桥观者如堵，咸啧啧赞叹，为本宦克光大典云。

《诰封中宪大夫、陕西按察司副使汤公祖
契崇礼乡贤录》，《睢州汤氏家谱》卷四

诰封中宪大夫、陕西按察司副使暨赵恭人一道

奉天承运，皇帝制曰：兴孝维君，锡类弘昭，报本教忠。自父服官，敬用承家。尔汤祖契乃整饬潼关等处兵备、兼分巡关内道、陕西按察司副使汤斌之父，道在褆躬，爰被丝纶之重；志存作室，式弘堂之遗。兹以覃恩封尔为中宪大夫、陕西按察司副使，锡之诰命。於戏！恩逮所生，尔表象贤之美，风兹有位，尚敦燕翼之谋。

制曰：疏恩将母，弘推锡类之仁；移孝作忠，均切显扬之念。尔整饬潼关等处兵备、兼分巡关内道、陕西按察司副使汤斌母赵氏，爱子能劳，笃义方于杼柚；相夫克顺，端令范于闺闱。兹以覃恩赠尔为恭人。於戏！象服昭荣，聿荷廷纶之宠；熊丸遗教，永流泉壤之辉。

制诰

顺治十四年三月初十日之宝

诰授中宪大夫、整饬潼关兵备兼分巡关内道、陕西按察司副使暨马恭人一道

奉天承运,皇帝制曰:国家推恩而锡类,臣子懋德以图功。懿典攸存,忱恂宜勖。尔整饬潼关等处兵备兼分巡关内道、陕西按察司副使汤斌,慎以持躬,勤以莅事,服官有日,浡历监司。既奉职以无怨,复率属而克谨。欣逢庆典,宜沛新纶。兹以覃恩,特授尔阶中宪大夫,锡之诰命。

於戏!式弘车服之庸,用励显扬之志。尚钦荣命,益大嘉猷。初任内翰林庶吉士,二任国史院检讨,三任加一级,四任今职。

制曰:靖共尔位,良臣既效其勤;黾勉同心,淑女宜从其贵。尔整饬潼关等处兵备、兼分巡关内道陕西按察司副使汤斌妻马氏,克娴内则,能贞顺以宜家,载考国常,应褒嘉以锡宠。兹以覃恩封尔为恭人。

於戏!敬为德聚,实加儆戒,以相成柔合,女箴愈著,匦襄以永赉。

制诰

顺治十四年三月初十日之宝

诰赠恭人汤母赵氏节烈祠碑

汤母,睢州汤子斌之母也。母当崇祯末年逆闯肆虐,所至攻陷城邑。母义不受辱,骂贼死。逾七季,提学使李公震成檄守吏建祠

于睢州，春秋致祭。又十二年，巡按御史李公粹然疏其事于朝，表其闾曰："生员汤祖契妻赵氏节烈之门。子斌，由翰林院检讨兵备潼关，赠母恭人，君子以有斌为之子，故称曰汤母云。"

母，睢名族。父聚所公尚敬邃学笃行，与汤蕈斋公交好。时命式公祖契方幼，与论经义，奇之，遂许字焉。母生而端淑，有志操，读书通《孝经》及《烈女传》。年十三丧母，褚哀毁备，至十七岁归命式公。言动举止皆准礼法，蕈斋公风疾，母治羹理药惟谨。病亟，目不交睫者四十余日。及殁含殓，皆身经理，必诚必信，亲党谓母娴于礼。汤固世胄，后家渐落，堂上甘旨之需尝鬻簪珥市之。值岁祲，躬咽糠籺，子斌见之，戒勿闻大母，恐损老怀也。命式公性豁达，喜宾客，尝储美酝以待。每出游梁、宋间数月不返，母持家务，姻戚岁时问遗不废。素善病，一室萧寥，见者难堪，母独怡然。

崇祯庚辰，中州大乱，李自成拥众数十万，纵横开、归间。兼频年荒旱，饥民相率从贼。母尝对命式公曰："身为妇人，事有不测，断无苟全之理，姑老子幼，请以一身谢夫子矣。"明年，为女治嫁，斌年未弱冠，亦为受室。壬午三月，贼溃西华，先令斌从伯父贲皇公读书城北村舍。仓卒闻变，城闭不得入，母向人曰："遣之意固有再，来则俱死无益，为语吾儿善自立身，勿忘母平日言也。"未几城陷，遂整襟经于梁，家人解之。复入井，家人又出之。母怒曰："若教我偷生乎？贼至而不死，非节也；死不以时，非义也。"于是，贼已环至，露刃相向，母厉声骂贼，遂见杀，颜色不变，贼叹息罗拜。时崇祯十五年三月二十二日，年三十七。睢城殉义者乡坤，则通政使李公梦辰，闺阃独母为最烈。比后，遇忌辰阴云四合，悲风夜鸣，居人传其期比寒食云。

岁寒老人曰：余来中州，询甲申大难事，辄知母节烈状，嗣两河人往往称孔伯君斌之贤，则又知母能教子而更著其节也。孔伯自状其母,有曰:"斌初就外傅,归必课所读书。一日偕同学出城外,抵暮而归。母端坐不食,切责之曰:汝年少,志趋未定,而乐嬉游,吾将何望?"嗟乎!汤母可谓教子明大义者也。虽古断杼,惜阴之训,何以加诸!母生平大节于此征之,孔伯之学术于此基之矣。

历稽往史,独怪史迁不为烈女立传,而班固亦复略之。自汉建武以后,范晔综其成事,搜次鲍宣妻以下凡若干人。而晋、唐、宋、元诸史皆效法焉。若汤母者事舅姑以孝,相夫子以义,且成其子为名儒,复能致命于丧乱之日,追媲前休不为尤烈耶?呜呼!此不惟可为内则,世之发眉男子,自称问学所遇稍殊,辄为改易者视此,亦可以自励矣。

宫城孙奇逢撰并书　康熙六年,岁次丁未八月二十二日立石。　《睢州汤氏家谱》卷三

皇清诰赠恭人、例赠一品夫人、旌表节烈汤母赵恭人传

节母赵姓,河南睢州人。其先许昌徙也,世为望族。年十七归同邑文学汤君,讳祖契,字孝先。其子今为国史院检讨,讳斌,则以恭人之节义闻于朝者也。

汤于睢阳亦望姓,始祖以武功爵世授卫指挥佥事,自孝先以上三世用儒术闻矣。孝先之父曰亶斋,居家有礼法。恭人醮而庙,见亶斋,喜曰:"此必为贤妇,兴吾家。"亶斋尝大病,恭人调匕箸奉汤药,偕孝先侍疾者四十日。亶斋疾少间,见其孙立于旁,手摩囟顶,泪泣然承睫,曰:"吾子孝,新妇贤,殆将有后,其在此子乎!吾老,不及见矣。"亶斋殁,含殓以时,具恭人皆先事缝纫,附身附棺,应手

立办，亲党相顾而惊，微恭人不能以丧也。岁大祲，家益以贫落，傅玑之饰鬻既尽，则蚕绩继之。堂上馈饴修瀡弗缺于供，私则咽藜藿，食糠核，勿使姑闻。篝灯机杼，课检讨以夜读，烛不至则诵古书，俾暗而记之，略上口乃止。盖恭人少习《孝经》、《列女传》，识其大义，居常以训饬子女，欲亲见诸躬行，故其事舅姑服劳无倦，临患难志意较然不挫，所守诚天性然也。

河南方大乱，旱蝗不止，恭人忧之。为长女营嫁，检讨未应婚也，则又为营婚。慨然谓孝先曰："吾一子一女，志愿毕矣！世事至此，如姑年老何？"或问以身谋，则笑勿应。明年贼大至，睢阳旁邑皆陷，恭人闲定如平时，戒左右：莫惊吾姑也。先是检讨读书北山之麓，事急驰归，守陴者勿纳，则循城而号。恭人曰："来则俱死无益，不可令汤氏无后。"戒勿复入。城既破，孝先先负其母窜芦荄中，僅而后免。恭人召集家人，从容慷慨，自以景世高门，今日义无全理，止以姑老不得终事为恨，解衣带自缢，不绝；再投于井，笤井也，家人绁而出之。贼寻至，环以白刃，恭人大骂贼，刃交于胸，嘬血不挠。及旬而敛尸，僵如生。今建祠于故居之东，知州事者春秋祭祀不绝云。

吴伟业曰：节义之起也，岂不以读书知礼义哉！妇人女子仓皇逼侧，勇于一决，抑亦计无复之耳。观节母处危乱之中，不以身累其夫，不以死忧其亲，非其学问志行深有得于《孝经》、《女史》，能从容如是耶！黄河溃决，恭人之殡宫再没于水，论者谓天道太酷。嗟乎，梁园之侧，洛水之旁，其为高坟巨碣者何限，终委蔓草而号狐狸。今节母之英灵昭爽，翱翔乎星辰日月之际，又何有于衣裳形魄之壤土，而独令其平生行事载之图牒，传之丹青，俾知者播为奇闻异绩，则世教有裨，而于恭人读书知礼之志，亦可以无憾。余故谨次所闻，俱采风者识所考焉。

顺治十一年十月，娄东史氏吴伟业撰。　《睢州汤氏家谱》卷三

马恭人行略

先妣姓马氏，外祖乡饮正宾、庠员、公讳中骏，外祖母周氏，世为睢州名族。先妣幼娴姆仪，言动不苟，孝慈勤俭，根于天性。年十五归于先府君。明年壬午，先大父命府君随伯祖贡皇公读书城北庄上。先妣纺绩佐读，灯火荧荧，午夜不休。

三月，李自成寇睢城。府君闻难奔赴，至则先大母赵恭人已殉节，府君号泣不欲生，绝食者六日，大父强之乃食。既殡，随大父避乱河朔，险阻间关。先妣能茹辛苦，亲操井臼，供甘旨弗缺。乱定还家时，颓垣败瓦，四壁萧然，见者为泪下，而先妣怡然也。

戊子，府君举于乡。己丑壬辰，成进士，读书中秘。乙未，出为潼关道副使。遇覃恩封先妣为恭人。于是亲友毕至，轩车盈门，先妣乃粗衣蔬食，淡然无异平昔，识者共叹先妣之福量为不可测矣。己亥，府君迁岭北参政。年甫逾三十，即请告归里。时大父年亦未及丈乡，性倜傥好宾客，长者之车满户外。先妣佐府君承颜养志，黾勉有无，凡意所欲，无不预储以待，务得其欢心。癸卯秋，大父患痰嗽，府君衣不解带侍汤药，先妣调羹汤终始不怠。甲辰四月，大父病革，附身附棺无一物不身亲。每日鸡未鸣即起，夜半尚未假寐。或劝稍休息，先妣愀然曰："吾不能久侍吾姑，今又构此大变，苟一不慎，后悔何及！"事继大母轩太夫人，曲尽诚孝。门内雍穆，欢然无间，数十年如一日也。大母尝举以示叔父与诸姑曰："汝嫂贤孝，我向以为固。然近见世人亲儿亲妇，尚多参差不齐，如汝嫂者岂可多得？"呜呼！此固先妣之处事周详，亦以纯孝性成由来者

久矣。戊午，府君应诏入都。己未，遭先外祖母之变，辛酉，又遭先外祖变。棺椁衣衾，先妣俱竭力营办，葬后亲植墓碣曰："吾幸邀显荣，忍以此累吾兄弟耶！"癸亥，府君以庶子直讲筵，先妣二月入都，值天子有绫缎之赐，先妣手制衣一袭，遣使献太母曰："此君赐也。"

甲子，府君由内阁学士出抚江南，先妣随至署中。时府君厘革夙弊，即饮食供馈之仪，一切谢绝。署中日用，脱粟淡齑而已。先妣怡然自甘，暇日恒率童婢就隙地采荠而食，绝不以吴中华腴动心。适母舅幼韦公来省视，笑谓先妣曰："今巡抚署竟成苜蓿斋矣！"

丙寅春，府君入为礼部尚书，管詹事府事，念大母年高，留先妣奉养，星夜赴都。丁卯冬，转工部尚书，寻遭大故。讣至，先妣痛苦几绝，遂渐有疾。壬申夏，先长兄病革，先妣中心恻怛，寝食俱废。癸酉，又值大母丧，劳瘁过度。甲戌五月，病胃延医，百方调理，未能痊可。至乙亥二月十六日卒至见背。呜呼痛哉！天何不殒灭不孝等，而夺我母之速耶！

先妣自幼谨饬造次以礼。每日黎明即起，家中诸务俱亲理，不厌琐细。衣必数浣，食无兼味，华丽之服未尝寓目。待诸亲皆曲有恩意，赒给馈问，岁时不绝。性极慈，从不以疾言怒色加人。逢人必细问饮食，详悉寒暖。亲戚族党，下及婢仆至贱之人，处之各得其宜。抚爱诸孙及孙女，常令在侧，每有食物，呼来对案曰："吾甚乐此，非此无以娱老怀也。"庄佃欠租应催督者，先妣往往多以宽假，曰："世间惟此辈人最苦，宁留有余无使不足也。"教不孝等随事指引，尝曰："汝父念汝祖母苦节，励志读书，每日闻窗外乌鸦飞鸣声即惊起，至丙夜不休。后虽历官通显，每以汝祖母不及见为恨。汝辈须恪守清白，勿堕家声，至于贵贱穷通自有定数，可无计也。"不孝志之不敢忘，今追忆何能不仰天长号也耶！

先妣生于天启丁卯十一月二十日子时,卒于康熙乙亥二月十六日卯时,享年六十有九。子四:溥、濬、沆、准;女三:俱先妣所出;孙十一:之旭、之遑、之政、之昶、之盼、之昉、之昂、之昕、之曔、之昱、之暄;孙女十二;曾孙十二;曾孙女四人。乙亥十一月十一日合葬棘故城先府君赐葬之阡。

不孝男濬、沆、准泣血谨述。

《睢州汤氏家谱》卷四

岁进士、开封府荥泽县教谕绣甫 汤公及配袁孺人合葬墓志铭

康熙五十八年岁在己亥,原任荥泽县儒学教谕汤公绣甫卒于睢阳里第。越十有八年,公之德配袁太君亦卒。至是,其长男、太学生广渊谋举两大丧,而先期以状来征志铭于余。

按状,公讳斑,字绣甫,大司空文正公之同怀弟也。余自束发受书,即私淑文正公,而未得一出其门。康熙庚午,余尝过睢,谒田箕山先生于今是园中,先生语余曰:"吾睢读书知名者亦多,而要必推毂汤氏。他日继潜庵而兴者其绣甫乎!绣甫有道而文者也。"余时虽未识公,而闻箕山言窃向往之。

状称公生而端凝。初就外傅,封公喜其颖悟不凡,曰:"是儿大器也。"病中犹手抄古文数十卷,课之即成诵。比长,事兄文正公尤能曲尽弟道,率教惟谨,故其督课之勤往往彻丙夜不倦。一门之内,父子兄弟自相师授,由是两冠童试,旋食饩胶宫,每试辄倾其曹,此其家学渊源由来久矣。

公至性过人,方十岁而丧父。而婴儿之啼,擗踊之节,从兄居

庐,克襄大事。厥后文正公再举鸿博,浉历西清。既又开府吴中,频年动劳王事,远离子舍。是时太夫人在堂,一切晨昏定省,养志承欢,凡文正公所不得自尽者,惟公身自为之。而又念其兄之远宦于外也,一省视于京邸,再省视于吴门。聚首无几而眷恋庭闱,挥手遄归。其因心之诚,爱日之笃,两事交并于怀而不能自已者,其孝友苦心何如也!

或曰:以公之好学而艰于一第,若以阿兄之名位,较之其升沉显晦为不侔矣。余曰不然,世之居高位,食厚禄者,岂尽出于科第哉?以公之明达世务,重以介弟之声价,使其稍存干进之志,何难立致通显。而公独弗为,盖其所好者儒素而不在奢华,所重者天伦而不在利禄,所尚者道义而不在声誉,所志者施济而不在豪富。语云:富不期骄,贵不期侈。公未尝以门第骄人,而人亦忘其为贵介弟也者。箕山以有道而文者称之,而引为忘年友也,良有以哉。

高珩 《睢州汤氏家谱》卷四

汤斌长子汤溥

汤秀才溥,字元博,司空潜庵公冢子也。生而奇异,岐面高颡侈颐。不轻笑语,不妄交人,非其志之所合者,虽相对终日,默然以手画腹,即去亦莫之留也。人多病其骄,然溥亦不自知也。

溥性淡泊,一切饮食衣服居处若寒士然。方司空再官翰林日,溥已年逾三十,为诸生有名,乃犹从师受业。学舍去家殆三里,朝昏徒步,不辍寒暑。司空升内阁学士,报至,犹执经请益如平时。其器量诚大有过人者矣。溥为诸生,屡冠其曹,同试者皆争自引屈,以为其文章实,然终无一语,谓以司空故致然也。如此,则溥生平学植有以服人,而司空之至公不私,见信于人人者愈可征也。溥本有用世才,尝随司空宦游南北,得亲贤豪长者,熟闻朝廷典故。其识益高,力益定。余谓若遇大事自可不动声色办之,不然,方司空薨京邸时,群仇张弧,忧谗畏讥,而溥何弥缝委曲,尽哀尽礼,卒得恩命邮丧而归耶?

司空既殁,溥忧愤烦郁,三年之中未尝一日启齿。免丧后,率闭户居,虽所亲,亦经时弗得见。溥既不得意,偶游晋,染薄疾,其弟准逆之中途。病渐深,忽从肩舆上跃出,准趋掖之,则搦其腕,爪几入肤,曰:"义理之心赖血气以养,今血气病矣,恐不能作主,何抵家?"病遂革。

摘自田兰芳《文学元博公传》《睢州汤氏家谱》卷四

汤斌次子汤濬

司空潜庵先生笃志理学,大节尤瑰玮,具载国史。考为渭崖公。公讳濬,字彦深,司空仲子,自少禀承家学,年十七补博士弟子员,试辄冠曹耦。丰仪秀整,须眉伟然,望者咸畏敬之。而坦易近人,胸中无纤毫芥蒂。司空薨,公擘画丧祭,大礼一遵古制,闾里感动,称纯孝焉。

先是容城孙征君钟元讲学于苏门山,山旧有元儒姚、许二公书舍,征君手辟榛莽,招徕讲习。司空时已跻显位,徒步从游,尽得其学以归。公于父子间指受最悉,每谓学以躬行,心得为本,不尚标榜。阐明洛闽之宗旨,兼采金溪、姚江,贯弗陶铸,刃迎缕解。又以通经必明治道,旁搜史传,考鉴得失,多所发明。征君之学得司空而尊,公复世守弗替,如胡文定、蔡西山皆父子相师承,故中州人士究心理学者必以睢阳汤氏为宗。

摘自吴应枚《皇清诰封朝议大夫、直隶霸昌道布政司使参议、仍带监察御史谓崖汤公暨恭人袁太君合葬志铭》《睢州汤氏家谱》卷四

汤斌三子汤沆

曾祖讳沆,字淑源,号立亭,文正公第三子也。初降生,文正公卜之得坤之六二,曰直方,大不习,无不利。比入塾,文正公即命治《易》,授以经书,皆能成诵。少长,颖悟过人。凡朝廷典故以及濂洛关闽之学,一经指授,皆能识其大义。未冠入庠,既冠食饩,为举子业。尤喜化治隆万,屡应乡试,荐而不售,淡如也。

文正公抚吴时,命入署读书。及内升,又入都侍读。当时与文正公尝过往者,如施愚山、汪钝翁诸先生,先曾祖皆得亲其议论,故学日博,德日进也。文正公薨于京邸,与伯兄文学公扶榇归里,周详谨慎,无少遗憾。家居事两兄如父师,爱季弟如手足,伯仲和处,盖未尝数日离也。

……

文正公一生清慎,虽宦游数十年,家无赢余。析箸之后,曾祖母宋孺人为商丘大学士宋文康公女孙,吏部尚书宫师公女。性节俭,虽生于富贵,身无绮丽之衣,首无珠玉之饰。拮据四十余年,迨曾祖母去世之日颇称富有,增修贤良祠客舍三间,纂修文正公遗书全集,刻汤氏家谱,皆独力为之。

摘自汤懋学《应赠奉政大夫、敕授文林郎、国子监监丞、先曾祖立亭府君行略》《睢州汤氏家谱》卷四

汤斌三儿媳宋氏 （节）

孺人商丘宋氏，故太子少师、吏部尚书公讳荦女，而少保大学士文康公女孙也。生而敏慧，为母夫人所钟爱。

……

司空公卒京邸，孺人以不得视含敛为大戚，每忌日时祭，追忆往事，犹泪涔涔下也。以是中外皆称其贤。

先是司空公以理学名臣为士大夫冠冕，虽贵为开府，为上卿，而清介如寒素。所遗赀产无几也。淑翁以翩翩公子克守家风，门无杂宾，至料检出纳，拼挡什物，皆孺人自为之。而淑翁坐受其成，久之家渐以赡。

摘自高珩《宋孺人墓志铭》《睢州汤氏家谱》

汤斌四子汤准 （节）

先大父讳准，字稚平，号介亭。

……七岁就外傅，书过目辄成诵。年十三从先文正公宦游京师。时，先文正公方奉命修《明史》，坐先大父于案侧，经书亲为讲解。或举先儒格言与修身制行之要以为训，先大父即慨然以圣贤为必可学而至。一日书片纸曰："圣贤自可期。"先文正公见而喜曰："汝为之耶？能如此，吾无虑矣。"乃批纸尾曰："孺子勉之。"因授以《小学》及《理学宗传》。先大父受而读之，从容默玩，有会于心。足迹不出户外。先文正公入朝，则于榻上敛膝默坐，向往之志愈笃。

丁卯,先文正公薨于位。讣闻,先大父勺水不入口者数日,哀毁几灭性,三年未尝一启齿。

摘自汤之晫《岁进士、显祖考介亭府君行述》《睢州汤氏家谱》卷四